༄༅།།དགེ་བའི་བཤེས་གཉེན་ཆེན་མོ་བཤད་སྒྲུབ་རྒྱ་མཚོའི་གསུང་འབུམ་བཞུགས་སོ།།

པོད་གཉིས་པ།

མཚོ་སྔོ་ཁུལ་མི་རིགས་མཐོ་འབྲིང་དང་པོའི་བོད་ཡིག་སློབ་དཔྱོད་ཁང་གིས་བསྒྲིགས།

ཀྲུང་གོའི་བོད་རིག་པ་དཔེ་སྐྲུན་ཁང་།

རྩོམ་སྒྲིག་ཨུ་ལྷན།

བློ་འདྲི་བ། བནྡེ་བཀྲ་ཤིས།

གཙོ་སྒྲིག་པ། འཇིགས་མེད་རྡོ་རྗེ། བསོད་ནམས་དཔལ་ལྡན། གླུ་འབུམ་རྒྱལ།

ལག་བསྟར་རྩོམ་སྒྲིག་པ། སྙིང་མོ་རྒྱལ། འཕགས་མོ་དོན་གྲུབ།

རྩོམ་སྒྲིག་ཁོངས་མི།（ཀ་མལ་སུམ་ཅུའི་རིམ་པ་ལྟར་བསྒྲིགས།） ཀུན་བཟང་དོན་གྲུབ། ཀུན་ཐར་རྒྱལ། སྐལ་ལྡན་དོན་གྲུབ། གླུ་མོ་ཐར། མཁའ་འགྲོ་མཚོ། མགོན་པོ་ཚེ་རིང་། གཅོད་པ་ཐར། འཇམ་དབྱངས་ཚེ་རིང་། སྟོབས་ལྡན། དར་འབུམ་རྒྱལ། བདེ་སྐྱིད་མཚོ། ནམ་མཁའ་ཐར། གནམ་བྱམས་ཚེ་རིང་། གནམ་མཚོ་སྐྱིད། གནམ་ལྷ་ཡག དཔལ་ཆེན་རྡོ་རྗེ། པདྨ་རྡོ་རྗེ། པདྨ་རིན་ཆེན། པདྨ་དབང་ཆེན། ཚེ་རིང་རྡོ་རྗེ། ཚེ་རིང་དབང་མོ། ཟླ་བ་ཚེ་རིང་། བསོད་ནམས་ཡེ་ཤེས། བསོད་ནམས་དབང་ཕྱུག བསོད་ནམས་བཀྲ་ཤིས། ལྷ་མཁར་ཡག ཨ་རྒྱན་སྐྱབས།

编委会

顾　　问: 完德扎西

主　　编: 久迈多杰　索南华旦　冷本加

执行主编: 娘毛加　彭毛东主

编校成员: 更藏东主　更太加　尕旦东主　李毛太　看着措　公保才让　角巴太　加杨才让　多旦　达本加　德吉措　南卡太　南仙才让　南措吉　南拉优　华青多杰　万玛多杰　万玛仁青　万玛航欠　才让多杰　才让项毛　达哇才让　索南叶西　索南项秀　索南扎西　兰克优　俄坚杰

ཚུལ་ཁྲིམས་གཙང་མའི་གོས་ཀྱིས་སྐུབས། །
འཆད་རྩོད་རྩོམ་པའི་སྒྲོབས་པ་ཡངས། །
བཤད་སྒྲུབ་འཚོས་སྐྱོབ་གཉིས་ལྡན་པའི། །
ལེགས་བཤད་ལྷུན་པོའི་སྒྲོ་ལས་མཐོ། །

ཞེས་དཔར་སྐྲུན་ཞེས་ཚོག་གི་ཚུལ་དུ་དགེ་སྦྱོང་བློ་བཟང་བཤད་སྒྲུབ་རྒྱ་མཚོས་བྲིས། །

༄༅། །མགོ་བརྗོད།

དགེ་ལེགས་འོད་དཀར་གངས་ཀྱི་རི་བོར་ལེགས་བཤད་གཡུ་རལ་ཁྲུར་གྱིས་བརྗིད། །
ཀློ་ཏའི་ཆོས་སྲིད་རིག་གཞུང་སྲུང་ལ་དགག་སྒྲུབ་རིགས་པའི་མཆེ་སྡེར་རྣོ། །
སྐལ་བཟང་རི་སྐྱེས་རྒྱ་མཚོའི་ཚོགས་ལ་འཆད་ཉན་མི་འཇིགས་གོ་བགོས་པའི། །
ཕྱུག་རྗེས་སྲིད་པའི་ཁོངས་ལས་བརྒྱལ་བ་བཤེས་གཉེན་གདོང་ལྔའི་དབང་པོ་རྒྱལ། །

དེ་ཡང་མདོ་སྨད་བྱང་རྒྱུད་ཀྱི་ཆོས་སྡེ་ཆེན་པོ་དཔལ་ལྡན་བཀྲ་ཤིས་ཆོས་སྡིངས་ཀྱི་དགེ་བའི་བཤེས་གཉེན་ཆེན་མོ། ལྔ་རིག་སྨྲ་བའི་པཎ་ཆེན། བདག་ཅག་རྣམས་ལ་བཀའ་དྲིན་མཚུངས་ཟླ་མ་མཆིས་པའི་བླ་མ་དམ་པ་རྗེ་བཙུན་བཤད་སྒྲུབ་རྒྱ་མཚོའམ་མི་ཕམ་མཆོག་བྱུང་དགྱེས་པའི་བློ་གྲོས་སུ་གསོལ་བའི་དམ་པ་གང་ཉིད་ནི་བོད་རབ་བྱུང་བཅུ་དྲུག་པའི་ལྕགས་འབྲུག་སྟེ་སྤྱི་ལོ་༡༩༥༠པར་མདོ་ཁམས་གཡར་མོ་ཐང་གི་སའི་བྱེ་བྲག་ཆུ་གཏེར་ཆེན་པོ་ཁྲི་གཤོག་རྒྱལ་མོའི་ལྷོ་རྒྱུད་ཀྱི་སའི་ཆ། རིག་སྔོན་གཞུང་གི་མོང་གོལ་ཞེས་པའི་འབྲོག་སྡེར་སོག་པོའི་རིགས་སུ་སྐུ་འཁྲུངས། བྱིས་པའི་མཚན་ལ་ཀརྨ་དབང་ཆེན་ཞེས་ཞུ། དགུང་ལོ་དྲུག་ཏུ་སོན་པ་སྤྱི་ལོ་༡༩༥༦ལོར་ཡུལ་མདོ་སྨད་ཀྱི་ནཱ་ལེནྡྲ་ཆེན་པོ་ཧྲི་ཙ་བཀྲ་ཤིས་ཆོས་སྡིངས་སུ་ཕེབས་ཏེ་ཀུན་སྤངས་ཆེན་པོ་སྐན་གྲགས་རྒྱ་མཚོའི་མཚན་ཅན་ཀློག་གི་སློབ་དཔོན་དུ་བསྟེན་ནས་ཧྲི་ཚའི་ཀ་ཁ་ཞེས་བྱིས་པ་ཀློག་ལ་འཇུག་པའི་ཀ་དཔེ་དེ་ལས་ཕྲལ་སྦྱོར་གྱི་ཀློག་དང་གཟབ་གཤར་གྱི་ཡི་གེ་ཐམས་ཅད་ལ་ཐོགས་པ་མེད་པར་བློ་གྲོས་ཀྱི་པདྨོ་ཡོངས་སུ་རྒྱས་པར་གྱུར་ཏེ། དགུང་ལོ་བདུན་དུ་སོན་པ་སྤྱི་ལོ་༡༩༥༧པར་ཡོངས་ཀྱི་དགེ་བའི་བཤེས་གཉེན་ཆེན་པོ་རྗེ་འབྲོག་རུ་བ་ཚུལ་ཁྲིམས་རྒྱ་མཚོ་ལས་རབ་ཏུ་བྱུང་སྟེ། དགེ་བསྙེན། རབ་བྱུང་། ཚོགས་སྡོམ་དགེ་ཚུལ་གྱི་སྡོམ་པ་བཅས་མནོས་ཤིང་། མཚན་བཤད་སྒྲུབ་རྒྱ་མཚོ

ཞེས་སུ་གསོལ། དེ་ནས་རིམ་གྱིས་མངོན་པར་རྟོགས་པའི་རྒྱན་དང་དབུ་མ་འཇུག་པ་སོགས་དང་། གསང་བདེ་འཇིགས་གསུམ་གྱི་ཆོ་ག་སོགས་ཆོས་སྤྱོད་ཚོགས་འདོན་གྱི་སྐོར་དུ་མ་ཐུགས་འཛིན་གནང་ཞིང་རྒྱན་འཇུག་གི་ཚོགས་རྒྱུགས་ཕུལ། དགུང་ལོ་བཅུ་ལ་སོན་པ་ནས་རྗེ་འབྲུག་ཏུ་བ་གཙོས་དགེ་བའི་བཤེས་གཉེན་དུ་མ་ལས་རྭ་བསོད་ནམས་དབང་རྒྱལ་གྱི་《བསྡུས་གཞུང་ཉི་མའི་འོད་ཟེར་》གྱི་མཇུབ་ཁྲིད་ཡོངས་སུ་རྫོགས་པ་གསན་ཅིང་། ཡིག་ཆ་འདི་ཉིད་ཐུགས་འཛིན་གནང་བ་དང་ཆབས་ཅིག་ཆོས་གྲྭའི་རྩོད་པ་དང་རང་གིས་དཔྱད་པ་ཟུང་འབྲེལ་གནང་བའི་མཐུ་ལས་རིག་པའི་སྒོ་མོ་ཡངས་པར་ཕྱེ་ཞིང་། གཞུང་དོན་ལ་འཇུག་པའི་བློ་གྲོས་ཀྱི་འཇུག་ངོགས་སྐབས་འདི་ཉིད་ནས་རྙེད་པ་ལགས་སོ། །དེ་ནས་བཟུང་རབ་འབྱམས་གཞུང་བརྒྱའི་མངའ་བདག་ཡོངས་ཀྱི་དགེ་བའི་བཤེས་གཉེན་ཆེན་པོ་རྗེ་བཙུན་ཡེ་ཤེས་རྒྱ་མཚོའི་ཞལ་སྔ་ནས་གཙོས་མཁས་པའི་དབང་པོ་བཅུ་ཕྲག་གསུམ་ཙམ་བསམ་སྦྱོར་དག་པས་བསྟེན་ཏེ་སྤྱི་ལོ་༡༩༥༨པའི་བར་ལ། བསྡུས་ཚན་ཡོངས་རྫོགས་དང་བློ་རྟགས་གཉིས། རྣམ་འགྲེལ། སེམས་སེམས་བྱུང་། གྲུབ་མཐའ། ས་ལམ་སོགས་དང་། ཕར་ཕྱིན་མངོན་མཛོད་བརྗོད། བྱམས་གཞུང་། ཆོས་འཁོར། དགེ་འདུན་ཉི་ཤུ་སོགས་གཞུང་མང་པོ་གསན་པར་མ་ཟད། བརྐྱལ་བརྟག་ལའང་བརྩོན་པ་ཇོ་ཏུས་བཞིན་བསྟེན། ཐུན་མོང་རིག་གནས་ཀྱང་སྒྲ་སྙན་སྨན་རྩིས་སོགས་ལ་ཞིབ་ཏུ་སྦྱངས་ནས་མཁས་པའི་གྲགས་པ་རྒྱས། རྗེ་ལྷ་རི་བ་ཆེན་པོ་སོགས་མཁས་ཤིང་གྲུབ་པའི་དབང་ཕྱུག་བཅུ་ཕྲག་ཙམ་ལས་བདེ་གསང་འཇིགས་གསུམ་དང་། རྡོ་རྗེ་ཕྲེང་བ། སྒྲུབ་ཐབས་རིན་འབྱུང་། བ་རི་བརྒྱ་རྩ། འཇམ་དབྱངས་ཆོས་སྐོར་སོགས་སྤྱི་ཟུར་གྱི་དབང་དང་རྗེས་གནང་གི་སྐོར། ལམ་སྔགས་གཉིས། རིམ་ལྔ་གསལ་སྒྲོན་སོགས་ཀྱི་ཞལ་ལུང་། ལམ་ཁྲིད་དགེ་ལེགས་འོད་སྣང་འགྱེད་པའི་ཉིན་བྱེད་དང་སྟོན་འགྲོའི་ཁྲིད་ཆེན་བཞི་སོགས་ཀྱི་ཁྲིད། བསྟན་འགྱུར། རྗེ་ཡབ་སྲས་གསུམ། རྒྱལ་བ་དགེ་འདུན་གྲུབ། འདུལ་འཛིན་གྲགས་པ་རྒྱལ་མཚན། རྒྱལ་བ་བསྐལ་བཟང་རྒྱ་མཚོ། ཁྲི་དགེ་བློ་གྲོས་རྒྱ་མཚོ་སོགས་མཁས་གྲུབ་མང་པོའི་བཀའ་འབུམ་གྱི་ལུང་སོགས་

གསན་རྒྱུའི་སྐལ་བ་བྱུང་སྟེ་ཆོས་རྒྱུན་མང་པོའི་མཛོད་དུ་གྱུར། དེ་ལྟར་དད་བརྩོན་ཤེས་རབ་ཀྱི་གྲུ་གཟིངས་ཕན་ཚུན་འགྲན་པ་བཞིན་དུ་རིག་གཞུང་རྒྱ་མཚོའི་གླིང་དུ་ཁ་ལོ་བསྒྱུར་བ་ན་རྒྱལ་པོའི་ཆད་ལས་མི་བཟད་པའི་གོད་ཆག་ཆེན་པོ་བསྟན་འགྲོ་ཡོངས་ཀྱི་ཕན་བདེ་འབྱུང་བའི་གཤེད་དུ་ལྷུང་ཞིང་དགེ་འདུན་གྱི་འདུས་སྡེ་གཅིག་ཀྱང་མེད་པར་བཟོ་བར་བརྩམས་པའི་སྐབས་ཏེ། དམ་པ་གང་ཉིད་དགུང་ལོ་བཅོ་བརྒྱད་བཞེས་པ་སྤྱི་ལོ་༡༨༥༤པར་མི་འདོད་བཞིན་དུ་ཕ་ཡུལ་དུ་ཕེབས་དགོས་བྱུང་སྟེ་དུར་སྨྲིག་གི་ན་བཟའ་དོར་ཞིང་གྲོང་ཆས་སྤྲས་ནས་ཁྱིམ་པ་རྣམས་དང་མཉམ་དུ་ཟླ་འགར་སོ་ནམ་གྱི་ལས་ལ་ཞུགས། རྒྱལ་ཁམས་ཀུན་ལ་སྡུ་ན་མེད་པའི་འབྲུག་སྐད་ཆེས་ཆེར་གཡོས་ནས་ཤཱཀྱའི་རབ་བྱུང་གི་སྡེའི་རྒྱུད་ཀྱི་བསླབ་སྡོམ་དམ་ཚིག་བཙན་གྱིས་གཞན་དབང་དུས་གཏོང་བར་བྱེད་པ་བྱུང་བ་དེ་ལྟར་ནའང་དམ་པ་ཁོང་ཉིད་ནི། སློབ་དཔོན་ཀླུ་སྒྲུབ་ཞབས་ཀྱིས། ཤེས་རབ་ཀྱིས་ནི་ལུས་སྲུང་ལ། །དགྲ་ཡི་ཚོགས་ཀྱིས་ཅི་བྱར་ཡོད། །ལག་ན་གདུགས་དང་བཅས་པ་ལ། །ཆར་གྱི་རྒྱུན་གྱིས་ཛྲི་བ་མེད། །ཅེས་དང་། ཡ་རབས་རྣམས་ཀྱི་སྤྱོད་པ་ལ། །སྐྱེ་བོ་ངན་པས་གནོད་མི་འགྱུར། །རིན་ཆེན་སྦྲོན་མ་འབར་བའི་ཚེ། །འཐོར་རླུང་ཚོགས་ཀྱིས་མི་སོད་དོ། །ཞེས་གསུངས་པ་ལྟར་ཡིན་མིན་བདེན་རྫུན་དཔྱོད་པའི་ཤེས་རབ། སྤང་བླང་འཇུག་ལྡོག་འཛོལ་བ་མེད་པའི་རྣམ་དཔྱོད། ཁས་བླང་དམ་བཅའ་སྲོག་ལ་བབས་ཀྱང་འདོར་བ་མིན་པའི་བག་ཡོད། སྒོ་གསུམ་གྱི་སྤྱོད་པ་ཕྲ་ཞིབ་ཀུན་ལ་འབྲས་བུ་གང་འབྱུང་དཔྱོད་པའི་མིག་རྒྱང་། གནོད་བྱེད་མ་རུངས་པའི་ཚོགས་ལ་སྙིང་རྗེའི་གཟིགས་པ་ལྷག་པར་འཕེལ་ཏེ་ཁོང་ཁྲོ་བ་མེད་པ་དང་། དགེ་ལ་སྤྲོ་བའི་བརྩོན་པ་མེ་ལ་སྣུམ་བླུགས་པ་ལྟར་རབ་ཏུ་འབར་བ་དང་། རང་བཞིན་མི་བརྟན་པ་རླུང་ཁའི་དར་ལྕོག་ལྟ་བུ་མ་ཡིན་པར་ལས་གང་ལ་ཞུགས་པའི་མཐའ་བརྟན་ཞིང་གཡེལ་བ་མེད་པའི་ཕུན་ཚོགས་མཐའ་དག་ལྡན་སྐྱེས་སུ་མངའ་བའི་དན་རྟགས་མ་བསྒྲུལ་ལྷུན་གྱིས་གྲུབ་པས། དུས་འགྱུར་རྦབ་མོའི་རེག་བྱས་ཉིན་མཚན་ཀུན་ཏུ་གཅེས་ནའང་རང་གི་བསླབ་སྡོམ་ས་འོག་གི་གཏེར་དང་མི་གཙང་ཁྲོད་ཀྱི་གསེར་བཞིན་དུ་ཉམས་པ་

མེད་པར་བསྔུངས་པ་འདི་ཕོ་ནའི་མཛད་པའང་ཐལ་གྱིས་བསྒྲུན་དུ་མེད་པའི་གནས་སོ། །ལོ་དེའི་ཟླ་བརྒྱད་པ་ནས་བཟུང་རིག་སྨོན་གུང་ཧྲེའི་ཏང་ཞུས་བཀོད་སྒྲིག་ལྟར་ཡུལ་དེའི་སློབ་ཆུང་དགེ་རྒན་དུ་བསྐོས་ཏེ་སློབ་བུ་བརྒྱ་ཕྲག་གསུམ་ཙམ་ལ་བོད་ཡིག་བསླབས། དེ་ནས་བཟུང་སློབ་ཆུང་གཞན་དག་ཏུའང་བོད་ཡིག་དགེ་རྒན་གྱི་འགན་བཞེས་པ་དང་ཡིག་རྨོངས་སེལ་བའི་དགེ་རྒན་གྱི་ཕྱག་ལས་ཀྱང་གནང་བ་སོགས་ཀྱིས་མཚོན། ཐ་ཕྱིར་རོང་འབྲོག་པ་མང་པོ་ཡིག་རྨོངས་ལས་ཐར་བར་མཛད་ཅིང་མཚོ་ལྷོ་མི་རིགས་དགེ་ཐོན་སློབ་གྲྭ་སོགས་ལ་སློབ་མ་མི་ཉུང་བ་བསྐྱལ་པར་བྱས། དགུང་གྲངས་ཉེར་ལྔ་བཞེས་པ་སྤྱི་ལོ་༡༩༦༥པར་ཕྱི་ནང་གི་རྐྱེན་འགའ་ཞིག་གིས་མ་ཉེས་ཁ་གཡོགས་ཐེབས་ཏེ་ཕྱིར་རང་ཡུལ་དུ་ངལ་ལས་སྣ་ཚོགས་ལ་ཞུགས་ཏེ་སྐུ་ཚོགས་མང་པོ་མྱངས། སྐབས་དེ་དག་ཏུ་སྦྲ་གུར་སློབ་ཆུང་དང་རྟ་ཐོག་སློབ་ཆུང་བཅས་ཀྱི་དགེ་རྒན་གྱི་ཕྱག་ལས་གནང་བ་དང་། ཐོན་སྐྱེད་ཚ་ཁག་གི་རྩིས་གཉེར་བ་དང་རིག་སྨོན་གུང་ཧྲེའི་རྩིས་གཉེར་སོགས་ཁྲིད་པའི་འགན་ཡང་བཞེས། ང་བརྒྱད་ལོ་དང་རིག་གནས་གསར་བརྗེ་སོགས་གཏོར་བཅོམ་གྱི་ལས་འགུལ་སྣ་ཚོགས་མཚོ་ལྟར་བརྡོལ་ཞིང་རྒྱལ་ཁབ་ཀྱི་བཀའ་ཁྲིམས་བཙན་ཞིང་དམ་པར་གནས་པའི་དུས་སུའང་། དམ་པ་འདི་ཉིད་ཀྱིས་ནི་རེ་དོགས་དང་བརྟབ་སེམས་སྤངས་ཏེ་བླ་མ་དཀོན་མཆོག་ལ་བློ་འགེལ་བརྟན་ཞིང་། ཐུགས་དམ་དགེ་སྦྱོར་ལས་གཡེལ་བ་མེད་པའི་ངང་ནས་གསང་སྔགས་ཀྱིས་རྒྱུན་འཇུག་སོགས་ཞལ་འདོན་གནང་ཞིང་ཡི་དམ་མང་པོའི་མཚན་སྔགས་མང་དུ་བཟླས་པ་དང་། སློབ་གཉེར་མ་ཆག་པར་མཛད་པ་སོགས་ཆོས་ལྡན་གྱི་མཛད་སྤྱོད་ཕོ་ན་ལྷུར་བཞེས། ཁྱད་པར་དུ་སྒྲིག་དང་བསྡོམས་ཏེ་བསླབ་ཁྲིམས་ཕོ་ནར་གཅེས་སྲུས་གནང་བ་ནི། ཇི་སྐད་དུ། མཁས་གྲུབ་ཆེན་པོ་སྐྱབས་རྗེ་ཤར་གདོང་རིན་པོ་ཆེས་དམ་པ་འདི་ཉིད་ཀྱི་གསུང་འབུམ་ལ་གནང་བའི་ཤིས་ཚིག་ཏུ། ཚུལ་ཁྲིམས་གཙང་མའི་གོས་ཀྱིས་གླུབས། །ཞེས་གསུངས་པ་ཇི་ལྟ་བ་བཞིན་ནོ། །དེ་ལྟའི་འབྲུག་ལོང་གི་རླུང་ནག་པོ་མཚམས་མེད་པར་དཀྲིགས་པའི་གསེབ་ནས་ལུས་སྲོག་འབེན་ལ་བཙུགས་ཏེ་གསང་སྔགས་ཀྱིས་དཔེ་གློག་སྐྱོར་

འཛིན་མ་ཆག་པར་གནང་ཞིང་རང་བཞིན་ལྷན་སྐྱེས་ཀྱི་ཟབ་གསལ་མྱུར་བའི་ཤེས་རབ་ཉེ་ལྟར་གསལ་བས། སྔེ་གྲོང་དུ་རྩིས་འགོད་པའི་ལས་སྣེ་གཉེར་བ་ན་ཕྱག་གཡས་གཡོན་གཉིས་ཀྱིས་རྩིས་ཕྲེང་རེ་བཟུང་ནས་རྩིས་གཞི་མི་འདྲ་བ་གཉིས་དུས་གཅིག་ཏུ་འཁྲུལ་བ་མེད་པར་རྩི་ཐུབ་པ་སྔེ་མི་ཀུན་ལ་གྲགས་སོ། །ལོ་བཅུའི་གོད་ཆག་ཆེན་པོའི་སྨག་མུན་རིམ་གྱིས་སངས་ཏེ་རྒྱལ་ཁམས་བདེ་བའི་དུས་བཟང་ཀུན་ལ་རེས་སུམ་ཆད་པར་ཤར་ཏེ། སྲིད་གཞུང་གི་ཆོས་དད་རང་མོས་དང་བསྟུན་ཆོག་པའི་སྲིད་ཇུས་ལེགས་པོ་མངོན་འགྱུར་བྱུང་བ་དང་བསྟུན། གསེར་ས་འོག་ན་ཡོད་པའི་འོད་མཁའ་ལ་འཕྲོ་བའི་དཔེ་དང་རྒྱ་སྐར་ཁྲིད་ན་ཟླ་བ་བཞིན་ཀུན་གྱིས་མང་པོའི་ནང་ནས་ཁྱད་ཐོན་ཁྱད་འཕགས་སུ་ངེས་པ་ཉིད་ནས་སྤྱི་ལོ་༡༨༧༨ལོར་མཚོ་སྔོ་ཁུལ་མི་རིགས་དགེ་ཐོན་སློབ་གྲྭར་གདན་དྲངས་ཏེ་དགེ་རྒན་དུ་བཀུར། སློབ་གྲྭ་དེའི་དགེ་སློབ་གཙོས་མཚོ་སྔོ་ཁུལ་བོད་ཡིག་སློབ་འཁྲིད་དང་། གུང་ཧོ་རྫོང་བོད་ཡིག་སློབ་འཁྲིད། མཚོ་སྔོ་ཁུལ་མི་རིགས་སྐད་ཡིག་བྱ་བའི་གཞུང་ལས་ཁང་སོགས་སློབ་གྲྭ་དང་ལས་ཁུངས་ཀྱི་དགེ་རྒན་དང་ལས་བྱེད་པ། རྒྱ་ཚ་བཀྲ་ཤིས་ཆོས་སྡིངས་སོགས་ཆོས་སྡེ་དུ་མ་ནས་ཆེད་དུ་ཕེབས་པའི་གྲྭ་བཙུན་སོགས་དོན་གཉེར་དང་ལྡན་པའི་སློབ་བུ་མང་པོར་《པྲ་ཏིའི་ཀུན་བཟང་དགོངས་རྒྱན་》དང་《སི་ཏུའི་འགྲེལ་ཆེན།》《ཐོན་མིའི་ཞལ་ལུང་》སོགས་བརྡ་སྤྲོད་ཀྱི་སྐོར་དང་། 《སྙན་ངག་མེ་ལོང་།》《དབྱངས་ཅན་དགྱེས་གླུ།》《དཎྜིའི་དགོངས་རྒྱན།》《སྙན་ངག་སྤྱི་དོན།》《དུང་དཀར་སྙན་འགྲེལ།》 《སྙན་ངག་དཔེར་བརྗོད་བདུད་རྩིའི་མཚོད་ཡོན་》སོགས་ཚིག་རྒྱན་རིག་པའི་སྐོར། 《རྟོགས་བརྗོད་དཔག་བསམ་འཁྲི་ཤིང་》གི་ཡལ་འདབ་ཁ་ཤས་དང་《སྐྱེས་རབས་སོ་བཞི་བའི་》སྐྱེས་རབས་དུ་མ། 《སྤྲིན་གྱི་ཕོ་ཉ།》《ནྡ་མ་ཀླུའི་རྟོགས་བརྗོད།》རྗེ་བཙུན་ཤེས་རབ་རྒྱ་མཚོ་དང་། ཡོངས་འཛིན་བློ་བཟང་དཔལ་ལྡན། རྗེ་འཇིགས་མེད་དམ་ཆོས་རྒྱ་མཚོ་སོགས་ཀྱི་གསུང་འབུམ་ལས་བསྟོད་ཚོགས་དང་རྟོགས་བརྗོད། བསླབ་བྱ། འཕྲིན་ཡིག་སོགས་གནའ་རྩོམ་གྱི་སྐོར། 《བློ་གསལ་རིགས་སྒོ》དང་རྗེ་ཡེ་ཤེས་རྒྱ་མཚོའི་གསུང་གི་《གཏན་ཚིགས་རིགས་

པའི་སྣང་བ་》སོགས་བསྡུས་གྲྭ་དང་བློ་རྟགས་ཀྱི་སྐོར། 《སྐྱབས་འགྲོ།》《ཡོན་ཏན་གཞིར་གྱུར་མ།》《རྟེན་འབྲེལ་བསྟོད་པ།》《བཤེས་སྤྲིངས།》《མངོན་རྟོགས་རྒྱན་》དང་《དབུ་མ་འཇུག་པ་》སོགས་ནང་རིག་པའི་སྐོར། རྗེ་ཉིད་ཀྱི་《གངས་ཅན་སྨྲ་ལའི་སྨན་ལྗོངས་ཀྱི་ལོ་རྒྱུས་རིག་ཐིག་ཏུ་བཀོད་པ་ངོ་མཚར་ནོར་བུའི་མེ་ལོང་》སོགས་ཐུན་མོང་དང་ཐུན་མོང་མ་ཡིན་པའི་རིག་གནས་སྣ་ཚོགས་ཀྱི་ཞལ་ཁྲིད་ལེགས་པར་བསྐྱངས་པས། ཞལ་སློབ་བགྲང་ལས་འདས་པ་སྤྱི་ཚོགས་ཀྱི་ལས་གནས་སོ་སོར་རྒྱལ་ཁབ་དང་མི་རིགས་ཀྱི་བྱ་གཞག་སྣ་ཚོགས་རང་རྐྱ་ཐེར་བས་ཐུག་ཏུ་ཁྱེར་ནས་རྒྱལ་ཁབ་དང་མི་རིགས་ཀྱི་ཀ་བ་དང་གདུང་མ་ཤ་སྟག་དང་། དེ་དག་ལས་ཀྱང་རྩེར་སོན་ཁ་ཤས་སློབ་གྲྭ་ཆེན་མོ་སོགས་སུ་རིག་པ་སྨྲ་བའི་སྲོག་ཤིང་དུ་གྱུར་པའོ། །སྔོན་སུ་མཚོ་སྔོ་བོད་ཁུལ་དུ་རང་རིགས་ཀྱི་རིག་གནས་དར་ཁྱབ་ཏུ་སོང་ཞིང་སློབ་གྲྭ་ཆུང་འབྲིང་དག་ཏུ་བོད་ཡིག་བསླབ་བྱའི་གཙོ་བོར་འཛིན་པ་དང་། སྲིད་གཞུང་གིས་བོད་ཡིག་བཀོལ་སྤྱོད་བྱེད་པའི་སྲིད་ཇུས་གཏན་ལ་ཕབ་པ་ཚུན་ཆད་དམ་པ་གང་ཉིད་ཀྱི་བཀའ་དྲིན་ལས་མ་འདས་སོ། །གཞན་ཡང་མཚོ་སྔོན་མི་དམངས་ཀུན་ཁྱབ་ཆྙུང་འཕྲིན་ལས་ཁུངས་ཀྱི་རྒྱུད་བསྒྲགས་ནས་སུམ་རྟགས་དང་། མཚོ་སྔོན་སློབ་གསོ་སློབ་གྲྭ་ཆེན་མོ། ཀྲུང་གོའི་བོད་བརྒྱུད་ནང་བསྟན་མཐོ་རིམ་སློབ་གླིང་། རྫི་ཚ་བཀྲ་ཤིས་ཆོས་སྡིངས་སོགས་སུ་བོད་ཀྱི་རིག་གནས་སྣ་ཚོགས་ཞལ་ཁྲིད་གནང་སྟེ། སློབ་བུ་རྣམས་ལ་འདོད་མོས་བཞིན་དུ་རིག་པའི་བགོ་སྐལ་ཅི་དགར་འགྱེད་པ་བཅས་ཀྱིས་མཆོད་བོད་ཀྱི་རིག་གནས་ཉམས་པ་སོར་ཆུད་དང་མ་ཉམས་པ་གོང་དུ་སྤེལ་བའི་ཕྱོགས་ལ་མཛད་རྗེས་མི་དམན་པ་བཞག་པར་བརྟེན། དེའི་ཕྱིར་གནང་ཡོད་ཁོང་ཉིད་ལ་སྤྱི་རྟེང་དུ་ཁུལ་དང་ཞིང་ཆེན་རིམ་པའི་ཕུལ་བྱུང་དགེ་རྒན་སོགས་ཀྱི་གཟེངས་བསྟོད་ཀྱང་གང་མང་ཐོབ། ཕྱིད་པར་དུ་༡༩༨༧ལོའི་སྟོན་དུས་སུ་པཎ་ཆེན་ཐམས་ཅད་མཁྱེན་པ་སྐུ་ཕྲེང་བཅུ་པ་མཆོག་མཚོ་སྔོར་གཟིགས་ཞིབ་ཏུ་ཕེབས་པའི་སྐབས་སུ་གཟིམ་ཚུང་མཇལ་ཁ་གནང་སྟེ། དམ་པ་གང་ཉིད་ཀྱིས་རྒྱལ་བསྟན་ཡང་དར་གྱི་དུས་འདིར་རང་རིགས་ཀྱི་རིག་གནས་ལ་མཛད་རྗེས་མང་པོ་བཞག་པ་དང་རིག་གནས་སྤེལ་

བའི་ཐབས་སུ་ཐུགས་ཁུར་ཆེར་བསྐྱེད་གནང་བར་ཐུགས་དགྱེས་པའི་བཀའ་གསུང་མང་དུ་གནང་ཞིང་། པཎ་ཆེན་རིན་པོ་ཆེའི་སྐུ་པར་དང་ལྷུག་སྒྲུག་སོགས་ལེགས་སྐྱེས་སུ་གནང་ངོ་། །དེ་ལྟར་དགོན་སྡེ་དང་སློབ་གྲྭ་གཉིས་ཆར་ནས་སྐྱ་སེར་དང་སྐེར་གཞུང་གཉི་གར་རིག་གནས་འཆད་ཉན་གྱི་སྲོལ་བཟང་མ་ཉམས་པར་ཡར་ལྡན་དུ་སྤེལ་བ་སོགས་ཀྱིས་མཚོན་བསྟན་འགྲོའི་དོན་རྒྱ་ཆེར་གནང་ནས་དགུང་གྲངས་ང་བརྒྱད་བཞེས་པ་རབ་བྱུང་ས་ཕོ་སྟག་གི་ལོ་སྟེ། སྤྱི་ལོ་༡༩༩༨པའི་ཧོར་ཟླ་༢པའི་ཚེས་༡༢ཉིན་གཟུགས་སྐུའི་བཀོད་པ་ཆོས་དབྱིངས་སུ་བསྡུས་པའི་ཚུལ་བསྟན་པ་ཡིན་ནོ། །

འདིར་རྗེ་འདིའི་དངོས་བརྒྱུད་ཀྱི་སློབ་བུ་བདག་ཅག་གིས་དད་གུས་ཆེན་པོས་གང་གི་སྐུ་དྲིན་རི་རབ་ཀྱི་གཏོས་དང་མཉམ་པ་ལས་ཆ་ཤས་རྡུལ་ཕྲན་ཙམ་ཞིག་གཞལ་བར་འདོད་པ་དང་། རང་རེ་གངས་ཅན་གྱི་རིག་གནས་འཛམ་གླིང་ཡུལ་གྲུ་ཀུན་ཏུ་ཁྱབ་གདལ་དུ་སྤེལ་བའི་དུས་བཟང་འདིར་ལེགས་བཤད་འདི་ལྟ་བུའི་རྗེས་སུ་བསླབས་ན་ངེས་པར་དོན་དང་ལྡན་པར་དམིགས་པ་དང་། བོད་ཀྱི་རིག་གནས་དང་ལོ་རྒྱུས་ཞིབ་འཇུག་གི་ཐབས་སུ་བློ་ཁ་ཡངས་པོར་འབྱེད་པའི་རྐྱེན་དུ་འགྱུར་ངེས་པར་བསམས་པ་དང་། ཕྱིས་འབྱུང་གི་བློ་གསལ་དག་ལ་རིན་ཐང་གཞལ་དུ་མེད་པའི་གསོས་སུ་འགྱུར་བའམ། བླ་མའི་གསུང་རབ་རྣམས་ཡི་གེའི་གཟུགས་སུ་བཞེངས་པ་ནི་བླ་མའི་ཞབས་ཏོག་ཐམས་ཅད་ཀྱི་ཕུལ་དང་མཆོག་རབ་དམ་པར་འགྱུར་བའི་ཕན་ཡོན་འཛད་དུ་མེད་པ་དང་། སྒོས་སུ་ཕྱི་ནང་གི་འགལ་རྐྱེན་སྣ་མང་གིས་བོད་ཀྱི་སྐད་དང་ཡི་གེ་ཉམས་དམས་སུ་འགྱུར་བཞིན་པའི་དེང་གི་ཆར་འདི་དང་འདི་ལྟ་བུའི་གསུང་འབུམ་པར་འགོད་ཀྱི་ལས་ལ་འཇུག་པར་བྱས་ན་དགེ་མཚན་བརྒྱ་འགྱུར་གྱིས་འཕེལ་བར་མཐོང་ནས་གསུང་འབུམ་འདི་ཉིད་པར་དུ་བསྒྲུབ་པ་ལགས། དེ་ཡང་རྗེ་འདིའི་གསུང་འབུམ་ལ་ཞྭ་དམར་པཎྜི་ཏ་ཆེན་པོ་དང་རྗེ་ཡེ་ཤེས་རྒྱ་མཚོའི་རྣམ་ཐར་སོགས་རྣམ་ཐར་གྱི་རིམ་པ། རྔོག་ཚ་གདན་རབས་སོགས་དགོན་པའི་གདན་རབས་དང་ལོ་རྒྱུས་ཀྱི་རིམ་པ། གངས་ཅན་སྣ་ལའི་སྨན་ལྗོངས་ཀྱི་ལོ་རྒྱུས་རིག་ཐིག་ཏུ་བཀོད་པ་ངོ་མཚར་ནོར་བུའི་མེ་ལོང་

སོགས་དང་། གཏན་ཚིགས་རིག་པའི་རྣམ་གཞག་གོ་སླ་བར་བརྗོད་པ་སོགས་གཏན་ཚིགས་རིག་པའི་རིམ་པ། སྙན་ངག་སྤྲིན་གྱི་ཕོ་ཉ་དང་མངོན་བརྗོད་རྒྱ་མཚོའི་ཆུ་ཐིགས་ཀྱི་འགྲེལ་བ་སོགས་འགྲེལ་རྩོམ་གྱི་རིམ་པ། སྙན་ངག་དང་ལོ་རྒྱུས་སོགས་ལས་བརྩམས་པའི་དཔྱད་རྩོམ་སྣ་ཚོགས། དབྱངས་ཅན་མའི་བསྟོད་པ་སོགས་ལྷག་ལྷ་དང་ཡུལ་དམ་པ་ལ་བསྔགས་པའི་བསྟོད་ཚོགས་ཀྱི་རིམ་པ། ཆོས་རྒྱལ་སྲོང་བཙན་སྒམ་པོའི་རྟོགས་བརྗོད་སོགས་རྟོགས་བརྗོད་ཀྱི་རིམ་པ། ཀུན་མཁྱེན་ཆོས་ཀྱི་རྒྱལ་པོ་ཙོང་ཁ་པ་བློ་བཟང་གྲགས་པའི་དཔལ་ལ་གསོལ་བ་འདེབས་པའི་ཚིགས་སུ་བཅད་པའི་གཏམ་གཡས་འཁྱིལ་དུང་གི་སྒྲ་དབྱངས་སོགས་གསོལ་འདེབས་ཀྱི་རིམ་པ། གཞན་འཕྲིན་ཡིག་དང་། རྩོམ་གཞུང་། དྲིས་ལན་སོགས་མང་དུ་བཞུགས་སོ། །ཞེས་བོད་རབ་རྒྱན་ཤིང་ལུག་ལོ་སྟེ་སྤྱི་ལོ་༢༠༡༥པའི་ཟླ་༡༡ཚེས་༡༠ལ་རྩོམ་སྒྲིག་ཚོ་ཚུང་གིས་དད་གུས་རྩེ་གཅིག་གིས་བྲིས་པ་དགེའོ། །

དཀར་ཆག

༄༅། །དཔལ་སྤྲུལ་པའི་སྐྱིད་ཚལ་ཆེན་པོ་ཚབ་ཚའི་དགོན་གསར་བཀྲ་ཤིས་ཐེག་མཆོག་གླིང་གི་ལོ་རྒྱུས་ཤིན་ཏུ་མདོར་བསྡུས་ཏེ་བཀོད་པ་ངོ་མཚར་གཏམ་གྱི་སྙིང་པོ་ཞེས་བྱ་བ་བཞུགས་སོ། །

༄༅། །ཨོཾ་བདེ་ལེགས་སུ་གྱུར་ཅིག བླ་མ་དང་མགོན་པོ་འཇམ་པའི་དབྱངས་ལ་ཕྱག་འཚལ་ལོ། །གྲངས་མེད་བསྐལ་པར་རླབས་ཆེན་སྤྱོད་པའི་ཆུ་གཏེར་ཆེ་ལ་གཞན་ཕན་ཐུགས་བསྐྱེད་མཁའ་ལ་འཁྱུ་བའི་རྩེ་དགའ་ལས། །མཁྱེན་བརྩེ་དཀྱིལ་འཁོར་ཁྲི་གང་ཁྲལ་བ་སྐུ་བཞིའི་བདག་ཉིད་རྫོགས་སངས་རྒྱས་ཀྱི་ཟླ་གཞོན་མཁའ་ལ་མངོན་འཕགས་ཤིང་། །མཛད་འཕྲིན་འོད་དཀར་ཕྱོགས་བརྒྱར་འགྱེད་པའི་ངོ་མཚར་བླ་ན་འབར་བའི་ཕོ་ཉ་རྫོགས་ལྡན་ཀུན་དའི་ཚལ་ཡངས་པའི། །ཕྱོགས་སུ་སྨིན་པའི་དགེ་མཚན་དར་བའི་ཤིས་པའི་དཔལ་གང་རྣམ་པ་ཀུན་ཏུ་ཉམས་པ་མེད་པའི་མཆོག་སྩོལ་ཅིག །ཚོགས་གཉིས་རྒྱ་མཚོའི་སྙིང་པོར་ལེགས་སྨིན་ཅིང་། སྤངས་རྟོགས་ཡོན་ཏན་ཆ་ཤས་ཡོངས་རྫོགས་པའི། །རྨོངས་པའི་མུན་སྤུག་དྲུངས་འབྱིན་སྣང་བའི་ཡུལ། །སྨྲ་བའི་ཉི་མ་ཟབ་གཙང་སྲས་ལ་འདུད། །རྒྱལ་ཀུན་སོ་སོར་རྟོགས་པའི་ཡེ་ཤེས་རྟུལ། །ལྷུན་འགྲུབ་སྒྱུ་མའི་གར་གྱིས་རྩེན་པ་ལས། །མཁྱེན་རབ་སྣང་བའི་གཟི་འབར་ལྷག་པའི་ལྷས། །བདག་བློ་མི་ཟད་ཤེས་བྱའི་མཛོད་དུ་སྤྲུལ། །དུས་གསུམ་རྒྱལ་བའི་ཐུགས་རྗེ་གཅིག་བསྡུས་ནས། །མཚན་དཔེའི་འོད་ཀྱི་ཚོམ་བུར་སྨིན་པའི་སྐུ། །གངས་ལྗོངས་འགྲོ་ལ་ལྷག་པར་བརྩེ་བའི་མགོན། །ཕྱག་ན་པདྨོ་གཏན་གྱི་སྐྱབས་སུ་འཛིན། །ཆོས་ཀུན་རང་བཞིན་གདོད་ནས་སྟོང་པའི་དམིགས་མེད་དབྱིངས་སུ་བྱམས་བརྩེའི་ཆུ་འཛིན་འཁྲིགས་པ་ལས། །ཟབ་རྒྱས་ཆོས་ཆར་ཟད་པ་མེད་པར་དུས་སུ་འཇོ་བས་གདུལ་བྱའི་ཀུན་བཟོད་རབ་བརླན་པས། །ལུང་རྟོགས་ཡོན་ཏན་ལྗུ་གུ་སྨིན་མཛད་སྐལ་

བཟང་སྐྱེ་དགུ་ཡོངས་ཀྱི་མགོན་གཅིག་ཆོས་ཀྱི་རྗེ། །རྒྱལ་ཀུན་མཁྱེན་བརྩེ་ནུས་པའི་རང་
གཟུགས་བློ་བཟང་རྒྱལ་བའི་གདུང་འཚོབ་གཙུག་ན་རྒྱལ། །དགེ་ལེགས་ཚོགས་གཉིས་རྒྱ་
གཏེར་བསྒྲུབས་པ་ལས་འཁྲུངས་སྤྱངས་རྟོགས་ཆ་ཤས་ཀུན་ནས་རྫོགས། །འདུན་ལྡན་ཀུ་
མུད་འབུམ་སྟེ་སྐྱོང་བའི་གཉེན་གྱུར་མཁྱེན་བརྩེའི་ག་བུར་ཐིགས་ཕྲེང་འགྱེད། །མདོ་རྒྱུད་
ཐུབ་བསྟན་ནོར་འཛིན་མ་ལུས་གསལ་བྱེད་ལེགས་བཤད་སྣང་བའི་མུ་འཁྱུད་ཅན། །རིགས་
དང་དཀྱིལ་འཁོར་རྒྱ་མཚོ་སྤྲོ་བསྡུའི་བྱེད་པོ་སླ་བའི་བླ་བ་མཆོག་དེས་སྤྱངས། །དུས་ལས་
ཡོལ་མེད་ཐུགས་བསྐྱེད་པོ་ལས་སྨོངས་འདིའི་མཁའ་ལ་ཉེ་བར་དྲངས། །མཁས་བཙུན་
བཟང་པོའི་ཆ་ཤས་ཡོངས་གང་འཆད་རྩོད་རྩོམ་པའི་འོད་སྣང་ཅན། །ཚུལ་གནས་ཁྲིམས་
ལྡན་པད་མའི་གཉེན་གྱུར་ལུས་ཅན་རྒྱ་མཚོའི་མ་འདྲིས་བཤེས། །བཀའ་དྲིན་བླ་མེད་
ཡོངས་འཛིན་ཚོགས་ཀྱི་ཞབས་སེན་འོད་རིས་གཙུག་ན་མཛེས། །རྒྱལ་ཀུན་ཡེ་ཤེས་སྒྱུ་མའི་
རོལ་གར་ལས། །མངོན་པར་བཞེངས་པའི་མཚན་ཉིད་བཅུ་ལྡན་མགོན། །སྐལ་ལྡན་རྒྱ་
མཚོའི་གཉེན་གཅིག་ཆོས་ཀྱི་རྒྱལ། །གཏན་བདེའི་བར་དུ་གཙུག་གི་རྒྱན་དུ་ལེན། །དགེ་ལ་
འདུན་ལྡན་ཐུགས་བསྐྱེད་གསེར་འཁོར་ལོས། །ཆོས་ཚུལ་བཅུ་གཉིས་འཛིན་མར་དབང་
བསྒྱུར་ཏེ། །ལུང་རྟོགས་དཔལ་འབྱོར་རྒྱ་མཚོ་ལྷུན་གྲུབ་པའི། །དངོས་དོན་ཆོས་ཀྱི་རྒྱལ་པོ་
དེ་ལ་གུས། །ཁོར་ཡུག་མན་ཤེལ་བརྩེགས་པའི་ས་འཛིན་གྱིས། །ཡོངས་སུ་བསྐོར་བ་མྱ་
ངན་མེད་པའི་ཚལ། །ཐུབ་བསྟན་དཔག་བསམ་འཁྲི་ཤིང་དར་བབས་པས། །ལེགས་བྱས་
འདོད་དགུའི་དོག་པ་དབྱེད་དུ་འཛོམ། །ཨེ་མ་འཇམ་མགོན་ཆོས་ཀྱི་མེས་པོ་ཡིས། །ལེགས་
བཤད་གསེར་གྱི་ཁྱེ་བ་བྲན་པ་ལས། །བཤད་དང་སྒྲུབ་པའི་གཟི་བྱིན་ལྷམ་མེ་བའི། །ཆོས་
ཀྱི་སྟེ་ནི་འཛེགས་སྟེའི་མེ་ལ་རྟོག །ཁྱད་པར་བཀྲ་ཤིས་སྣང་བ་དཀར་པོའི་གཟིས། །མདོ་

སྔགས་ཐེག་མཆོག་པད་ཚལ་རྒྱས་མཛད་པའི། །ཁྲིམས་ལྡན་ཐང་དྲུག་འདུ་བའི་གླིང་
མཆོག་གང་། །ཇི་ལྟར་བྱུང་བའི་གཏམ་སྙན་བརྗོད་ལ་ཉོན། །

དེ་ལ་འདིར་ཆོས་སྡེ་འདི་ཉིད་འདེབས་པ་པོ་རྒྱུད་སྨད་མཁན་ཆེན་གྲགས་པ་བརྩོན་འགྲུས་ཀྱི་མཆོག་སྤྲུལ་མཁས་གྲུབ་ཆེན་པོ་རྗེ་དགེ་འདུན་ཆོས་འབྱོར་རྒྱ་མཚོ་སོགས་དམ་པ་དུ་མས་བྱིན་གྱིས་བརླབས་པའི་གདན་ས་དམ་པ། འདོད་ཆུང་ཆོག་ཤེས་དང་ཞི་དུལ་བག་ཡོད་ཀྱིས་འཚོ་ཞིང་། གསང་ཆེན་རིམ་གཉིས་ཀྱི་རྣལ་འབྱོར་ལ་རོལ་པའི་ཁྲིམས་ལྡན་རྡོ་རྗེ་འཛིན་པ་བརྒྱ་ཕྲག་དུ་མའི་བསྟི་གནས། སྒྲུབ་པའི་སྐྱིད་ཚལ་ཆེན་པོ་ཚབ་ཚའི་དགོན་གསར་བཀྲ་ཤིས་ཐེག་མཆོག་གླིང་གི་ལོ་རྒྱུས་གང་ངེས་ཤིན་ཏུ་བསྡུས་ཏེ་འགོད་པ་ལ་གསུམ་ལས། དང་པོ་གནས་ཀྱི་ཆེ་བ་མདོ་ཙམ་བརྗོད་པ། གཉིས་པ་འདེབས་པ་པོ་སྐུ་ཕྲེང་གསུམ་གྱི་རྣམ་ཐར་མདོར་བསྡུས། གསུམ་པ་ཆོས་སྡེ་འདི་ཇི་ལྟར་ཆགས་འདེབས་མཛད་ཚུལ། སྐུ་གསུང་ཐུགས་རྟེན་གྱི་དཀར་ཆག་དང་ཉམས་གསོ་བྱས་པའི་རིམ་པའོ། །

དང་པོ། གནས་ཀྱི་ཆེ་བ་མདོ་ཙམ་བརྗོད་པ། ཇི་སྐད་དུ། རྗེ་རིན་པོ་ཆེའི་རྣམ་ཐར་སྙན་ངག་མ་ལས། འདི་ནས་ཤར་གྱི་ཕྱོགས་ན་ཙོང་ཁ་ཞེས། །ས་ལ་གནས་ཀྱང་ལྷ་ཡི་འཇིག་རྟེན་དུ། །བརྟག་པར་བྱ་བ་ཡུལ་གྱི་དགེ་མཚན་ནི། །མ་ལུས་བགྲང་ལ་ཐུབ་རྣམས་ངལ་བ་ཡོད། །ཅེས་གསུངས་པ་ལྟར། དགེ་མཚན་བྱེ་བའི་དཔལ་གྱིས་མངོན་པར་མཛེས་པའི་སྨན་ལྗོངས། །གནའ་བོའི་དུས་ནས་སྙན་གྲགས་ཀྱི་རྒྱལ་མཚན་མཁའ་ལ་གཡོ་བའི་མདོ་སྨད་ཙོང་ཁའི་ཡུལ་གྱི་སའི་བྱེ་བྲག །ཆོས་རྒྱལ་སྲོང་བཙན་སྒམ་པོ་དང་། སློབ་དཔོན་པད་མ་འབྱུང་གནས་ཀྱིས་གདེངས་ཅན་ཀློན་པོའི་ཚུལ་འཛིན་སེམས་དཔའ་ཆེན་པོའི་ཕོ་བྲང་དུ་ལུང་གིས་བསྟན་པའི་ཆུ་གཏེར་ཆེན་པོ་ཁྲི་ཤོར་རྒྱལ་མོའི་ཉེ་འགྲམ། འཇིག་རྟེན་བྱེད་པོས་ཆེད་དུ་བཟོས་པ་ལྟ་བུའི་ས་འཛིན་གྱི་ཕྲེང་བ་དུ་མས་ཡོངས་སུ་བསྐོར་ཅིང་། ནེ་ཙོའི་གཤོག་པ་ལྟར་འཚམ་ཞིང་མཉེན་པའི་སྔོ་ལྗང་རྩྭ་གཞོན་གྱི་སྨྱུ་གུའི་གོས་བཟང་གིས་མངོན་པར་བཀླུབས་པའི་སྤང་ལྗོངས། མར་གད་ཞུན་མའི་བཞིན་རས་ལ་སྣ་ཚོགས་རིན་པོ་ཆེ་ལན་

ཚར་གྱིས་མངོན་པར་སྤྱད་པ་བཞིན། དཀར་སེར་དམར་སྔོ་ལ་སོགས་པའི་ཚོན་མདངས་སྣ་ཚོགས་དབང་གཞུ་ལྟར་རྣམ་པར་བཀྲ་བའི་སྟེང་འཕྱང་གི་ཁྱིམ་རྣམས་སུ་ཆང་བ་དྲུག་པའི་བུ་མོ་མཁྲིན་པའི་རྒྱུད་མངས་སྒྲེང་བ་ལ་བརྟེན་པ་མཚར་དུ་དངར་བ་སོགས་དགེ་མཚན་གྱི་ལང་ཚོས་རབ་ཏུ་དྲེགས་པའི་ནོར་འཛིན་བུ་མོ། སྤྱོས་ངད་ལྡང་བའི་རི་བོའམ་སྤུམ་རྩེན་གྱི་གནས་ལ་ཙོ་འདྲི་བ་ལྟ་བུའི་གསེར་ལྡན་སའི་ཐིག་ལེ། སྐྱེ་དགུ་མཐའ་དག་གི་མིག་དང་ཡིད་ཀྱི་དགའ་སྟོན་དུ་གྱུར་པ། ཁང་བཟང་བཀོད་པ་མི་འདྲ་བ་རྣམ་པར་རྒྱལ་བའི་ཕོ་བྲང་ལ་འགྲན་པ་འབུམ་ཕྲག་དུ་མས་ཕྱུར་བུར་གཏམས་ཤིང་། ནོར་དང་སྐྱེ་བོས་ཡོངས་སུ་གང་བའི་ཚབ་ཆ་བདེ་སྐྱིད་དར་ཐང་ངམ་མར་ཁྱུའི་མཚོ་མོར་འཁོད་པའི་གྲོང་བརྡལ་ཆེན་པོའི་སྟོད་ཀྱི་ཆ། གནའ་དུས་ཆོས་རྒྱལ་མེས་དབོན་རྣམས་ཀྱི་དུས་བོད་ཆེན་པོའི་མངའ་རིས་སུ་གཏོགས་ཤིང་། བཀའ་བློན་ཆེན་པོ་མགར་སྟོང་བཙན་ཡབ་སྲས་ཀྱིས་དྲག་པོ་གཡུལ་གྱི་ལས་མཛད་པར་རྒྱ་བོད་ལོ་རྒྱུས་ཀྱི་ཡིག་ཚང་ཁུངས་ཐུབ་རྣམས་སུ་གསལ་བའི་གནས། རྒྱལ་ཡུམ་ཆོས་ཀྱི་དཔལ་མོ་མི་མོའི་རྣམ་པར་རོལ་བ་རྒྱ་བཟའ་ཀོང་ཇོས་ཇོ་བོ་རིན་པོ་ཆེ་གདན་དྲངས་ནས་དབུས་སུ་ཕེབས་པའི་ལམ་བར་དུ་འདི་ཕྱོགས་སུ་ཡུན་རིང་བཞུགས་ཤིང་བྱིན་གྱིས་བརླབས་པ། བདུད་རྒྱལ་གླང་དར་མས་རྒྱལ་བའི་བསྟན་པ་རིན་པོ་ཆེ་ཆུང་ནས་བསྣུབས་ཤིང་། འབངས་ལ་ཡང་བའི་མནར་གཅོད་བཏང་བས་བོད་སིལ་བུར་འཐོར་རྗེས། དེའི་སྲས་རྒྱུད་དུ་བྱོན་པའི་རྒྱལ་པོའི་སྲས་པོ་ཁྲི་སྡེ་མདོ་ཁམས་སུ་ཕེབས་ནས་ཙོང་ཁའི་ཡུལ་ཆེན་བཙོ་བརྒྱད་སོགས་མདོ་སྨད་ཕལ་ཆེར་མངའ་མཛད་དེ། ཁྲི་དཔོན་གནང་བས་རྒྱལ་སྲས་སུ་གྲགས་པའི་རྒྱལ་ཕྲན་ཞིག་བྱུང་ཞིང་། སྐབས་དེ་དག་ཏུ་ཡུལ་འདི་འང་དེའི་མངའ་འོག་ཏུ་གཏོགས་པ། བར་སྐབས་ཤིག་ཏུ་བོད་ཨ་ཞའི་དཔོན་ཁྲི་ཏ་དམར་ཅན་དུ་གྲགས་པས་ཀྱང་ཡུལ་འདིས་མཚོན་མཚོ་སྔོན་པོའི་འགྲམ་རྒྱུད་ཀུན་དབང་བསྒྱུར་བ་དང་། དེའི་སྐབས་སུ་གྲུབ་ཆེན་གླང་དཀར་བ་ཕྱོགས་འདིར་ཕེབས་ཏེ་མཚོ་སྙིང་སོགས་ནས་ཡུན་རིང་བཞུགས་པར་གསུངས་པས་དམ་པ་འདི་འང་ཕྱོགས་འདིར་ཕེབས་ངེས་ཡིན་ལ། གཞན་ཡང་གནས་

འདིར་ད་དུང་རབ་བྱུང་བཅུ་བའི་ལྕགས་ལུག་(༡༥༧༡)ལོར་ཆ་ཧར་ཨལ་ཐན་རྒྱལ་པོར་ཆོས་སྤྲེལ་བའི་སྣང་བ་སྐྱེས་ཏེ་རྒྱལ་བ་བསོད་ནམས་རྒྱ་མཚོ་གདན་འདྲེན་པའི་གསེར་ཡིག་པ་མངགས་པ་ལ། རྒྱལ་བ་རིན་པོ་ཆེས་རེ་ཞིག་རྒྱལ་པོའི་བླ་མཆོད་དུ་འདུལ་བ་སློབ་དཔོན་བརྩོན་འགྲུས་བཟང་པོ་རྫོང་སྣ་མཛད། རབ་བྱུང་བཅུ་བའི་ས་སྟག་(༡༥༧༨)ལོར་ཕྱོགས་འདིར་ཆིབས་བསྒྱུར་དུས་ཆབ་ཚ་ཐེག་མཆོག་གླིང་དུ་རྒྱའི་བཟོ་པོ་དུ་མ་བཀུག་ནས་གཙུག་ལག་ཁང་མང་པོ་རྟེན་དང་བཅས་པ་ཤིན་ཏུ་རྒྱ་ཆེ་བ་བཞེངས་ནས་འགྲོ་དོན་ཆེན་པོ་མཛད་པ་དང་། ལྷ་བ་ཆེན་མོ་རྒྱ་ཕེབས་སྐབས་ཡར་ལམ་ཚ་གན་ཐོ་ལོ་གེ་ནས་བ་ཡན་ནོར་དང་ཆབ་ཚའི་ལྷ་ཁང་གི་ཉེ་འདབས་ནས་ཨ་རིག་ཆུ་ཚན་ཁར་ཕེབས་ཚུལ་གསངས་པའི་ཆབ་ཚ་འམ་ཆབ་ཆ་ཞེས་པའང་ཡུལ་འདི་ཡིན་ནམ་སྙམ་སྟེ། ཆོས་སྡེ་འདིའི་ཉེ་འདབས་རྒྱ་རའི་ལྷག་གི་མཁར་ཤུལ་དུ་ཉེ་སྔོན་ས་བརྟགས་ནས་ས་འོག་ཏུ་ལྷ་རྟེན་ཆག་པོ་དུ་མ་དང་ཤིང་བསྲེགས་པའི་སོལ་བ་མིའི་རུས་པ་ཆོག་པོ་མང་པོ་བྱུང་པར་ས་དེའི་མི་མང་པོས་བཤད་པས། ཐེག་མཆོག་ཆོས་འཁོར་གླིང་གི་གཙུག་ལག་ཁང་མཆོ་སྔོན་དུས་འབྲུག་གི་སྐབས་མེ་ལ་སྦྱར་བའི་ཤུལ་འདི་ཉིད་ཡིན་པར་གྲུབ། དེར་མ་ཟད་གོང་གི་ཚིག་ཤུགས་ལས་ཆབ་ཚ་ཞེས་པ་བ་ཡན་ནོར་གྱི་ཉེ་འདབས་ཤིག་ཏུ་ཡོད་པ་དང་། ཨ་རིག་ཆུ་ཚན་ཁར་ཕེབས་པའི་ལམ་ཡིན་པའང་ཤོར་དུ་རྟོགས་ཐུབ་པས་ད་ལྟའི་ཆབ་ཆ་ཞེས་པ་འདི་ལས་མ་འདས་སོ་སྙམ་མོ། །འོན་ཀྱང་འདི་ཙམ་ལས་རྒྱུ་མཚན་གསལ་པོ་གཞན་མ་ངེས་པས་ད་དུང་བློ་ལྡན་རྣམས་ཀྱིས་ཞིབ་ཏུ་དཔྱད་པར་བྱའོ། །དེ་ལྟར་དམ་པ་དུ་མས་བྱིན་གྱིས་བརླབས་ཤིང་ཞབས་ཀྱིས་བཅགས་པའི་གནས་ཀྱི་ཁྱད་པར་གཙོ་བོ་ནི། རྒྱབ་རི་མཉམ་མེད་བུ་རམ་ཤིང་བའི་ལུགས་བཟང་གི་གདུགས་དཀར་གཡོ་བ་མེད་པར་བརྟན་པའི་བརྟར་དཀར་ཕྱོགས་སྐྱོང་བའི་བློན་པོ་གསེར་ཆེན་གྱི་ཕོ་བྲང་གདུགས་དཀར་སྒྲེང་བ་ལྟ་བུ་དང་། ཤར་དུ་སྡེ་བཞིའི་ལེགས་ཚོགས་ཀྱི་བང་མཛོད་དང་གིས་འདུ་བའི་བརྟར་བར་ཤོན་དུང་རི་དཀར་པོ་ཡིད་བཞིན་གྱི་ནོར་བུ་སྤུངས་པ་ལྟ་བུ། ནུབ་ཏུ་མི་མཐུན་པས་རྐོལ་ཟེལ་གྱིས་གནོན་པའི་བརྟར་དཔལ་ཐུལ་ལྕགས་རི་ནག

པོ་དཔའ་བོ་གཡུལ་དུ་ཆས་པ་ལྟ་བུ། མདུན་དུ་ཆོས་སྐྱོང་རྣམ་བཞིའི་རྒྱུན་བཟང་ནམ་ཡང་ཆད་པ་མེད་པའི་བརྡར་རྔ་གླུང་གཀླའི་སྒྲིང་མོ་དལ་གྱིས་འབབ་པ། དགོན་གནས་རང་ནི། མདོ་སྔགས་ཟུང་དུ་འབྲེལ་བའི་འཇམ་མགོན་བླ་མའི་ལུགས་བཟང་དྲི་མ་མེད་པ་འདི་ཉིད་དར་ཞིང་རྒྱས་ལ་ཉམས་པ་མེད་པའི་རྟེན་འབྲེལ་དུ་རྡོ་རྗེ་ཕྱེད་པའི་དབྱིབས་སུ་གསལ་པོར་མངོན་པ་སོགས་ཡུལ་གྱི་དགེ་མཚན་མཐའ་ཡས་པ་དང་། ས་བཀྲ་ཤིས་ཤིང་བྱིན་ཆགས་པ། འདུ་འཛིས་དབེན་ཅིང་བག་ཕེབས་པ། མཐོངས་ཡངས་ཤིང་སའི་དྲོད་གྲང་སྙོམས་པ། ཉིན་བྱེད་འཆར་སྔ་ཞིང་ནུབ་འཕྱི་བ་སོགས་ཀློག་སྦྱོང་ཐོས་བསམ་རྣམས་ལ་དགོས་པའི་ཡུལ་གྱི་ཡོན་ཏན་ཐམས་ཅད་འཇིག་རྟེན་བྱེད་པོས་ཆེད་དུ་སྒྲིག་བཀོད་གནང་བ་ལྟར་རང་ཆས་སུ་མངའ་བ་ཡིན་ནོ། །དེ་ལས་གཞན་ཡང་ཡུལ་དཔྱད་ལེགས་པ་མཐའ་ཡས་པ་ཡོད་ཀྱང་ཡི་གེར་འཇིགས་ནས་འདི་ཙམ་གྱིས་ཚིག་ཤེས་པར་བྱས་ཏེ་ཞིབ་ཏུ་འགོད་པའི་ངལ་བ་མ་བྱས་སོ། །

སྨྲས་པ། ཡེ་ཤེས་འཇའ་གུར་ཀློང་ལས་ཉེར་བལྟམས་མཚན་དཔེའི་འོད་ཀྱི་སྣེག་པ་འཛིན། །སྲིད་ཞིའི་མཛེས་པའི་ལང་ཚོ་གཅིག་བསྡུས་ཀུན་ཡིད་བརྟན་པ་འཕྲོག་མཁས་མ། །རྒྱུད་སྟོང་པི་ཝང་དབྱངས་དང་ལྷན་དུ་དཔག་མེད་ཆོས་སྒོ་གླུ་ལེན་པའི། །རྒྱལ་བའི་ཡུམ་མཆོག་ཚངས་སྲས་མ་ཀྱེ་བརྗེ་བའི་སྤྱན་ཞགས་བདག་ལ་སྐྱོངས། །ཕྱག་ན་པདྨོའི་གསང་གསུམ་རོལ་གར་ལས། །བྱུང་བའི་གྲུ་འཛིན་གཉིས་པ་སྣ་ལའི་ལྗོངས། །སྲིད་ཞིའི་འཇིག་རྟེན་ཀུན་གྱི་གཙུག་རྒྱན་དུ། །བསྔགས་པའི་རོལ་མོ་སྐབས་གསུམ་ལྷ་ཡིས་བརྡུངས། །རྩ་གཞོན་སྨྱུ་གུ་མཐོན་ཁའི་མཇལ་ལ། །སྣ་ཚོགས་མདངས་ལྡན་སྟེང་འཕྱུང་ཕྲས་མཛེས་པ། །སྐབས་གསུམ་སྐྱེད་མོས་ཚལ་ལྟར་ཡིད་འོང་བའི། །གཡར་མོ་ཐང་ཞེས་སའི་སྙིང་པོ་མཆིས། །གནའ་དུས་མཁས་གྲུབ་རྒྱལ་བློན་བགྲང་ཡས་པས། །ལྗོངས་འདིར་དགེ་མཚན་དཔལ་གྱི་གཞི་བསྐྲུན་ཅིང་། །དེང་ཡང་ལེགས་ཚོགས་ནོར་བུའི་འོད་འབར་བ། །ལུས་ཅན་ཡོངས་ལ་མཐུན་སྣང་ཉིད་དུ་གྲུབ། །སྟོ་ལྷོང་མར་ཀད་གཞོན་ནུའི་ལང་ཚོ་ཡང་། །མོག་པོར་བྱེད་པའི་ས་འཛིན་དབང་པོའི་ཚོགས། །ཁོར་ཡུག་ར་བར་བྱེད་པོས་

བཟོས་པ་ཡང་། །ལྷ་ལམ་ཁང་བཟང་འདེགས་པའི་ཀ་བ་ཉིད། །མཁའ་དབྱིངས་ཉི་མས་བཞུས་པའི་ཐིགས་པའི་རྡུལ། །དབང་སྟོན་མདངས་འཛིན་གཡས་སུ་འཁྱིལ་བའི་ཆབ། །གཏེར་དུ་བརྫོལ་བའི་གདེངས་ཅན་ཕོ་བྲང་འགྲམ། །དགེ་མཚན་ཚ་རྗོགས་འཛིན་མའི་རྒྱན་དུ་གྲུབ། །ཅེས་བྱ་བ་ནི་བར་སྐབས་ཀྱི་ཚིགས་སུ་བཅད་པའོ། །

གཉིས་པ། དགོན་སྡེ་འདི་ཉིད་འདེབས་པ་པོ་སྐུ་ཕྲེང་གསུམ་གྱི་རྣམ་ཐར་མདོར་བསྡུས་ཏེ་འགོད་པ། དེ་ཡང་ལྷར་བཅས་སྐྱེ་དགུ་ཡོངས་ཀྱི་མ་འདྲིས་པའི་མཛའ་བཤེས་ཆེན་པོ། མདོ་རྒྱུད་རྒྱ་མཚོའི་དགོངས་དོན་དངོས་སྟོབས་རིགས་པས་འབྱེད་པ་ལ་གཞན་དྲིང་མི་འཛོག་པའི་མཁྱེན་རབ་ཀྱི་དབང་ཕྱུག་དམ་པ། ཉམས་རྟོགས་ཀྱི་ཀློང་བརྡོལ་ཞིང་གྲུབ་པའི་གོ་འཕང་མངོན་པོར་གཤེགས་ཀྱང་བཀའ་གདམས་རྣམ་ཐར་གཙང་མའི་ཀུན་སྤྱོད་ལས་མི་འདའ་བའི་གནས་བརྟན་འདུལ་བ་འཛིན་པ་ཆེན་པོ། དྲི་བྲལ་བསྟན་པའི་ཡང་སྙིང་འཇམ་མགོན་བླ་མའི་ལུགས་བཟང་སྤེལ་བ་ལ་འགྲན་པའི་ཟླ་དང་བྲལ་བའི་མཉམ་མེད་བུ་རམ་ཤིང་བའི་རིང་ལུགས་པ་ཆེན་པོ་རྗེ་མཁན་ཆེན་གྲགས་པ་བརྩོན་འགྲུས་ནི། ངེས་པའི་དོན་དུ་བསྐལ་བ་དཔག་ཏུ་མེད་པའི་སྔོན་རོལ་ནས་བྱང་ཆུབ་མཆོག་གི་བདུད་རྩི་མངོན་དུ་མཛད་ཅིང་། ཆོས་ཀྱི་དབྱིངས་ལས་མ་གཡོས་བཞིན་དུ་གདུལ་བྱའི་དོན་དུ་སླར་ཡང་དུར་སླིག་གར་གྱི་རྣམ་པར་རོལ་བ་ཞིག་ཡིན་པ་ནི། རྒྱུ་མཚན་མང་པོ་འགོད་མི་དགོས་པར་སྐུ་ཚེ་གང་གི་མཛད་སྤྱོད་རྣམས་ཀྱིས་འགྲུབ་ལ། སྤྱིར་ཡང་བསིལ་ལྡན་གྱི་ལྗོངས་འདིར་བྱོན་པའི་མཁས་གྲུབ་རྒྱལ་བློན་དེ་དག་ཕལ་ཆེར་ཕྱག་ན་པདྨོའི་རྣམ་སྤྲུལ་དུ་ངེས་ཏེ། ཇི་སྐད་དུ། ཇོ་རྗེ་འཆང་ཞྭ་དམར་པ་རྡོ་རྗེ་ཆེན་པོས། བསིལ་ལྡན་འཛིན་མའི་ལྟེ་བར་སྟོན་བྱོན་པའི། །ལོ་པཎ་མཁས་གྲུབ་དེ་དག་ཕལ་མོ་ཆེ། །ཕྱག་ན་པདྨོའི་སྤྲུལ་པར་རོ་གཅིག་ཕྱིར། །གང་དང་དབྱེ་བའི་ཁྱད་པར་སུ་ཡིས་དཔོག །ཅེས་གསུངས་པས་སོ། །རྒྱུ་མཚན་དེས་ན་སངས་རྒྱས་དང་བྱང་སེམས་ཀྱི་སྤྲུལ་བ་འདི་ཡིན་དང་འདི་མིན་ཞེས་ཁ་ཚོན་གཅོད་མི་ནུས་ལ། ཁྱད་པར་སྐྱེས་བུ་དམ་པ་འདི་འདྲའི་ཐུན་མིན་གྱི་རྣམ་ཐར་དག་ནི་བདག་འདྲས་འགོད་པར་རྗེ་མི་

ཐོགས་ནའང་། ཐུན་མོང་གི་རྣམ་ཐར་གང་ངེས་ཙམ་ཟད་འགོད་ན། དམ་པ་འདི་ཉིད་གཞོན་ནུའི་དུས་ནས་སྔོན་གོམས་དགེ་བའི་བག་ཆགས་སད་དེ་ཁྱིམ་ནས་ཁྱིམ་མེད་པར་རབ་ཏུ་བྱུང་། དབུས་འགྱུར་ཆོས་ཀྱི་སྙིང་ཚལ་ཆེན་པོ་དཔལ་ལྡན་སེ་ར་ཐེག་པ་ཆེན་པོའི་གླིང་གི་སེར་བྱེས་གྲྭ་ཚང་དུ་ཚོགས་ཞུགས་གནང་ཞིང་སློབ་གཉེར་ལ་འགྲུས་པར་མཛད། བར་སྐབས་ཤིག་ཏུ་ཐམས་ཅད་མཁྱེན་པ་ཀུན་གཟིགས་པཎ་ཆེན་རིན་པོ་ཆེ་དཔལ་ལྡན་ཡེ་ཤེས་མཆོག་ལ་མཇལ་སྐབས་ཐུགས་ཤིན་ཏུ་བརྩེ་བས་རྗེས་སུ་བཟུང་ཞིང་། ཁྱེད་ཀྱི་སྐུའི་སྐྱེས་པའི་ཕྲེང་བར་དགུང་ལོ་སུམ་ཅུ་ལས་མི་འདའ་བའི་སྐུ་གེགས་ཆེན་པོ་ཞིག་ཡོད་པས་ངེས་པར་གཟབ་པ་གལ་ཆེ་ཚུལ་དང་། སྐུ་ཚེ་སྔོན་མ་རྣམས་ལྷག་པའི་ལྷ་རྗེ་བཙུན་གཙུག་ཏོར་རྣམ་རྒྱལ་མ་ཡིན་པས་དེའི་བསྙེན་པ་མྱུར་དུ་བཏང་ན་བར་ཆད་སེལ་བའི་ལུང་བསྟན། ཡོང་གིས་ཀྱང་པཎ་ཆེན་རིན་པོ་ཆེའི་བཀའ་ལྟར་བཅད་རྒྱ་དམ་པོ་མཛད་དེ་ལྷག་པའི་ལྷ་དེའི་བསྙེན་པ་བཏང་ཞིང་གཟུངས་རིང་འབུམ་ལྷག་བཟླས་པ་གྲུབ་པའི་སྐབས། དུས་ཆོས་སོགས་བཟང་པོའི་ཉིན་ཞིག་གི་བདུད་རྩིའི་ཐུན་མཚམས་སུ། མཛེས་སྡུག་ཡིད་དུ་འོང་བའི་དགེ་སློང་མ་ཞིག་སྐུ་མདུན་དུ་དངོས་སུ་ཕེབས་ནས་ལྷ་རྫས་དར་དཀར་སྲིད་དུ་རིང་བ་ཞིག་དང་། རྗེ་བཙུན་རྣམ་རྒྱལ་མའི་སྐུ་བརྙན་ཁྲིད་པར་དུ་འཕགས་པ་ཞིག་ཕྱག་ཏུ་ཕུལ་ཏེ་ཕྱིར་ལོག་པའི་རྣམ་པ་མཛད་དེ་མི་སྣང་བར་གྱུར། ཡོང་ཤིན་ཏུ་ངོ་མཚར་ཏེ་རེ་ཞིག་ཏད་དེ་ལུས། ཐུགས་མཉམ་བཞེས་པའི་ཚེ་དར་དང་སྐུ་བརྙན་གཉིས་དངོས་སུ་ཕྱག་ན་བསྣམས་པ་ལ་ཞིབ་ཏུ་བརྟགས་པས། བླ་མ་དང་ལྷག་པའི་ལྷའི་ཐུགས་རྗེ་ལ་བརྟེན་ནས་སྐུ་གེགས་སེལ་ཞིང་དངོས་གྲུབ་ཀྱི་རྟགས་ཁྱད་པར་ཅན་དུ་ངེས་པ་རྙེད་དེ་ཆོ་ག་མཇུག་བསྡུས་ཤིང་སྐུ་མཚམས་གྲོལ། དེ་ནས་འཕྲལ་དུ་སླར་ཡང་སློབ་གཉེར་ལ་བརྩོན་པ་ཆེན་པོ་གནང་། ཡོངས་འཛིན་མཁས་པ་མང་པོ་བསྟེན་ཏེ་རྗེ་བཙུན་ཆོས་ཀྱི་རྒྱལ་མཚན་གྱིས་མཛད་པའི་སེར་བྱེས་ཡིག་ཆ་ཕལ་ཆེར་ཐུགས་འཛིན་མཛད་ཅིང་། འཇམ་མགོན་བླ་མ་ཡབ་སྲས་ཀྱི་ལེགས་བཤད་དང་རྒྱ་བོད་མཁས་གྲུབ་མང་པོའི་གཞུང་གྲུང་བསྒྲིགས་ནས་གཟིགས་རྟོག་ཞིབ་ཏུ་མཛད་པ་དང་བརྒྱལ་

བརྟགས་ཀྱིས་ལེགས་པར་གཏན་ལ་ཕབ་པས་མཁས་དགུའི་རྟེ་མོར་སོན་ཅིང་། ལྷ་ལྡན་སྨོན་ལམ་ཆེན་མོར་རིགས་སྨྲ་ཁྲི་ཕྲག་གདན་འཛོམས་པའི་དབུས་སུ་བཀའ་པོད་ལྔའི་གྲྭ་སྐོར་མཛད།

སློབ་གཉེར་གནས་སྐབས་སུ་ཇེ་སྐད་དུ། ཞང་སྟོན་ཆོས་ཀྱི་རྒྱལ་པོས། ཆོལ་དུ་ཐལ་མོས་གཞལ་དགོས་ཚོན་པོའི་ཤ །མར་ཆུར་བཙུད་བཟང་བསྡུས་པའི་ཞུན་དང་ཐུད། །སྦྱངས་པའི་དཀྱིལ་ན་གང་འཛམ་གང་ལེགས་ཀྱིས། །བསླུབས་པའི་གཅེས་ཕྲུག་ལང་ལ་ཟོར་བའི་ཚུལ། །མ་ཡིན་བྲག་སྟར་གདུས་པའི་ཁུ་བ་དང་། །ལོ་གཏོར་སྐམ་པོ་བརྡུངས་པའི་ཐུག་པ་སོགས། །ཟས་ཁོས་ངན་ངོན་ཙམ་ལ་བརྟེན་ནས་ནི། །ཚ་གྲང་བཀྲེས་སྐོམ་དཀའ་སྤྱོད་དང་དུ་བཞེས། །ཞེས་གསུངས་པ་ལྟར་སྐུ་གོང་མས་དོན་ཉུང་བྱ་ཉུང་གནང་ཞིང་། ཕྱག་རྒྱུ་ཡོད་ཚད་དགོན་སྡེ་འདི་གསར་འདེབས་ཀྱི་ཆེད་དུ་བཏང་བས་མྱ་ངན་ལས་འདའ་སྐབས་མང་པོ་མེད་ལ། ཁོང་གཞོན་པའི་དུས་མདུན་དུའང་མི་གོ་ཚོད་མེད་པས་ཕྱག་རྒྱུ་མང་པོ་མེད་ནའང་སློབ་གཉེར་གནང་སྐབས་བླ་སྤྱུལ་ཞིག་ཡིན་པ་རྒྱུ་མཚན་དུ་བྱས་ནས་རྙེད་འཚོལ་ལ་མ་འབད་པར་གྲྭ་རྒྱང་དཀྲུས་མའི་ལུགས་ལྟར་འཚོ་བའི་སྙིང་དཀའ་སྤྱད་དཔག་མེད་གནང་ཞིང་། ལྷ་རམས་དམ་བཅའི་གཏོང་སྒོ་རྣམས་ཀྱང་ཕུར་ཚོག་ནང་ཆེན་ཉིད་ནས་རོགས་སྐྱོར་དང་བསྐྱེ་བ་མཛད་པར་དགེ་རྒན་རིན་པོ་ཆེའི་གསུང་ལས་འབྱུང་ངོ་། །ཡོངས་འཛིན་རིན་པོ་ཆེ་དང་ཕུར་ཚོག་བྱམས་པ་རིན་པོ་ཆེ་ཁོང་གསུམ་གྱི་འདུན་གྲྭས་ལ་དབུས་གཙང་དུ་ཡུན་རིང་བཞུགས་ནས་ད་དུང་མདོ་སྔགས་རིག་གནས་ཀྱིས་བསྡུས་པའི་གཞུང་ལ་སློབ་གཉེར་དཔྱིས་ཕྱིན་པ་ཞིག་གནང་རྒྱུའི་འགྲོས་བཞེས་ཡོད་ནའང་། ཡུལ་ཕྱོགས་ནས་གདན་འདྲེན་པ་རིམ་པར་བཏང་བས་བཞེད་དགོངས་ལྟར་མ་བྱུང་བར་ལྷ་རམས་དམ་བཅའ་གྲུབ་བསྟུན་འཕྲལ་དུ་ཡུལ་ཕྱོགས་སུ་ཆིབས་བསྒྱུར། ཁོང་ཡུལ་འདིར་ཕེབས་མ་ཐག་ས་ལ་གཡང་ཆགས་ཤིང་བཙུད་འཛོམས་པ་སོགས་བཀྲ་ཤིས་པའི་དགེ་མཚན་འབུམ་ཕྲག་དུ་མ་དུས་གཅིག་ལ་ཤར་བར་གྱུར། ཆོས་ཐོག་རྣམས་སྔར་ལས་ཇེ་ལེགས་སུ་བཏང་། གྲྭ

ཚོགས་ཀྱང་མྱུར་དུ་རྒྱས་ཏེ་ཆོས་སྡེ་གཞན་དུ་མ་ལས་ལྷག་པ་བྱུང་བ་ནི། དམ་པ་འདི་ཁོ་ནའི་ཐུགས་རྗེའི་འོད་སྣང་དཀར་བའི་མཐུ་ཡིན་པར་འདིར་འཁོད་སེར་སྐྱ་མཆོག་དམན་ཡོངས་ལ་བསྒྲོན་མེད་དུ་གྲུབ་པོ། །འདིར་ཕྱིན་པའི་ཕྱི་ལོར་བྲ་ཁྱུང་དུ་ཕེབས་ཏེ་འདུས་པ་རྒྱ་མཚོའི་ཚོགས་ལ་མང་འགྱེད་གཟབ་པར་ཕུལ་ཞིང་བཀའ་པོད་ལྔའི་གྲྭ་སྐོར་མཛད་དེ། རྣམ་དཔྱོད་ཡངས་པའི་ཚོགས་ལ་ལེགས་བཤད་ཀྱི་སྐྱེས་བླ་ན་མེད་པ་ཕུལ་བས་མཁས་གྲགས་ཀྱིས་ས་སྟེང་ཁྱབ་ཅིང་། གཟུར་གནས་མཁས་རྒྱའི་ཡིད་ཀྱི་བརྟན་པ་དབང་མེད་དུ་འཕྲོག་སྟེ་བསྟུགས་པའི་མེ་ཏོག་འཐོར། དེའི་ཕྱི་ལོར་བྲ་ཁྱུང་གི་དབྱར་གནས་ཀྱི་སྦྱིན་བདག་གནང་ཞིང་དགེ་འདུན་སྟོང་ལྷག་འདུས་པ་ལ་བསྙེན་བཀུར་གྱི་ནོམ་པ་མཛད། དེའི་སྐབས་སྐྱབས་རྗེ་བདེ་ཡངས་རིན་པོ་ཆེ་ཁ་མཆུས་གཅེས་པ་རྗེ་འདི་ལ་ཞུས་པས། ཁོང་གིས་སྒྲུང་མར་ཐུགས་གཏད་ཀྱིས་འཕྲིན་བཅོལ་མཛད་པས་མགོན་པོ་ཀླུ་ཏྲ་པླ་ལའི་སྤྱན་ཆབ་དངོས་སུ་བབས་པ་སོགས་བྱུང་། འདི་ལ་ཕྱོགས་མཐོང་གི་ཡོལ་བས་མ་བསྒྲིབས་པར་དད་གུས་ཆེན་པོས་བརྟག་ན་བསྟན་འཛིན་གྱི་སྐྱེས་བུ་དང་བསྟན་སྲུང་ཁྱད་པར་ཅན་གྱི་སྣང་ཚུལ་བསམ་གྱིས་མི་ཁྱབ་པ་ཞིག་ཏུ་གདོན་མི་ཟའོ། །

གཞན་ཡང་མཚོ་སྔོན་པོའི་འགྲམ་གྱི་ཡུལ་འདིར་གོང་ནས་བསྟན་པ་བཞིན་སྐྱབས་མགོན་བསོད་ནམས་རྒྱ་མཚོ་དང་ཀུན་གཟིགས་ལྔ་བ་ཆེན་མོ་སོགས་རིམ་གཉིས་ཀྱི་རྣལ་འབྱོར་ལ་མངའ་འབྱོར་བའི་མཁས་གྲུབ་རྣམས་ཀྱིས་ལྷ་སྲུགས་ཉིང་འཛིན་གྱི་མཐུ་ལ་བརྟེན་ནས་ལྷ་འདྲེ་གདུག་པ་ཅན་མང་པོ་དམ་ལ་གནས་པར་བྱས་མོད། བསྟན་པ་འགྲིབ་པའི་དབང་གིས་ནག་ཕྱོགས་མི་མ་ཡིན་སྐྱེ་འགྲོའི་སྲོག་ལ་རྐོལ་བ་དུ་མ་སྣར་ཡང་བྱུང་ནས་བརྒྱལ་ནད་དང་སྨྱོ་འབོག་རང་ཤ་རང་གིས་ཟ་བ་སོགས་གནོད་འཚེ་ཡ་མ་བྲུང་གིས་གཅེས་པས་སྐྱེ་འགྲོ་མང་པོ་མྱ་ངན་གྱིས་ནོན་ཏེ་ལྷ་ལམ་ཏུ་བཏང་། དེའི་རྐྱེན་གྱིས་གནོད་བྱེད་དེ་དག་ཀྱང་མི་བཟོད་སྡུག་བསྔལ་དྲག་པོར་སྨྱོར་བ་དམ་པ་འདིས་སྙིང་མེད་ཡེ་ཤེས་ཀྱི་སྤྱན་རྣམ་པར་དག་པས་གཟིགས་ནས་ཤས་མི་བཟོད་པའི་སྙིང་རྗེ་ཆེན་པོས་ཀུན་ནས་བསླངས་ཏེ་གནོད་བྱེད་མ་

རྡུང་བ་དེ་དག་ཨར་ལ་གཏད་ཅིང་དམ་ལ་བཏགས་ནས་སྲུང་མར་བསྐོས་ཏེ་སེམས་ཅན་དཔག་ཏུ་མེད་པ་ལ་མི་འཇིགས་པའི་སྦྱིན་པ་བླ་ན་མེད་པ་བསྩལ་ཅིང་། རྒྱལ་བའི་བསྟན་པ་རིན་པོ་ཆེར་མི་མིན་གྱི་གནོད་པ་དང་བྲལ་བར་བྱས། ཚུལ་འདི་ནི་སློབ་དཔོན་མཚོ་སྐྱེས་རྡོ་རྗེའི་རྣམ་པར་ཐར་པ་ལ་ཅོ་འདྲི་བ་ཞིག་ཡིན་ཡང་དགག་བྱ་རྡུང་ཡོད་པས་གནས་ཚུལ་རེ་རེ་བཞིན་ཞིབ་ཏུ་འགོད་པར་མི་སྤྲོའོ། །རབ་བྱུང་བཅུ་དྲུག་པའི་ཆུ་ཕོ་འབྲུག་གི་ལོར་(༡༨༥༢)ཁོང་གིས་ཕྱོགས་འདིའི་སེར་སྐྱ་ཡོངས་ལ་སྡིག་སྤོང་དགེ་སྒྲུབ་ཀྱི་ཧིང་བསྐུལ་རྒྱ་ཆེར་མཛད་པས་མི་དགེ་བ་སྣ་རེ་མི་བྱེད་པ་དང་དགེ་བ་ཁས་ལེན་མཁན་མཐའ་ཡས་པ་བྱུང་སྐད། ཚུལ་དེ་ལ་བརྟེན་ནས་རྔོངས་པས་སྨྱོས་པའི་མ་རྡུང་བ་འགའ་ཞིག་གིས་གོང་རིམ་ཏང་གི་འགོ་ཁྲིད་དང་དམ་པ་འདི་གཉིས་ཀྱི་བར་དབྱེན་སྦྱོར་ཕྲམ་བཙུག་པ་ལ་བརྟེན་ནས་བླ་འགའི་རིང་ཉིན་ཕྱོལ་དུ་ཞིན་ཧེའི་སྐོད་ཕྱོགས་སུ་ཕེབས་དགོས་པ་བྱུང་ན་ཡང་། རབ་འབྱམས་གཞུང་བརྒྱའི་མངའ་བདག་བཤེས་གཉེན་ཆེན་པོ་༧རྗེ་ཤེས་རབ་རྒྱ་མཚོའི་གཙོས་ཞིང་ཆེན་གྱི་གཙོ་འཛིན་འགའ་འདིར་ཕེབས་ནས་དོན་རྐྱེན་དེར་བརྟག་དཔྱད་གནང་བས་ཕྲ་མ་མཁན་འགའི་བྱེད་པ་ཡིན་པ་ཐུགས་སུ་ཆུད་དེ་ཡུལ་དུ་ཕེབས་ན་འཛེམ་དོགས་ཅི་ཡང་གནང་མི་དགོས་པའི་བཀའ་ཡིག་བསྩལ། དེར་བརྟེན་འཕྲམས་རྡུའི་དཔོན་པོ་ཆོས་སྐྱོང་རྒྱལ་དང་སྣ་ཞན་ཀྲང་སོགས་ཞིན་ཧེར་སོང་སྟེ་ཞབས་ཞུའི་མི་སྣ་འགའ་གདན་དྲངས་ནས་བཀའ་ཡིག་ཁྱབ་བསྒྲགས་གནང་སྟེ། རང་ཡུལ་དུ་འཁོད་པའི་ཉི་མ་ཐག་གིས་བཅད་པ་ལྟར་བླ་དགུ་བའི་ཆོས་གཅིག་ཉིན་སྔ་འདིར་ཕྱིན་པའི་ཚེ་བསུ་བའི་བཀོད་པ་རྒྱ་ཆེན་པོས་བསུས་ཏེ་གཞི་བྱེས་ལྷན་འཛོམས་ཀྱི་དགའ་སྟོན་རྒྱ་ཆེར་བཤམས། དེའི་ལོ་སྟོན་མར་ཡོངས་རྫོགས་བསྟན་པའི་མངའ་བདག་བཀའ་དྲིན་མཚུངས་མེད་ཁྱབ་བདག་རྡོ་རྗེ་འཆང་ཆེན་པོ་རྗེ་ཞྭ་དམར་བ་བློ་བཟང་བཤད་སྒྲུབ་བསྟན་འཛིན་རྒྱ་མཚོ་དཔལ་བཟང་པོ་ཆོས་སྡེ་འདིར་གདན་དྲངས་ནས་འཇིགས་བྱེད་ཀྱི་དབང་སོགས་ཆོས་བཀའ་རྒྱ་ཆེར་ཞུས། རྗེ་ཚ་དཔལ་ལྡན་བཀྲ་ཤིས་ཆོས་སྡིངས་སུ་ཕེབས་ནས་དམ་པ་འདིའི་མདུན་ནས་ཀུན་རིག་གི་དབང་སོགས་གསན་རྗེས།

རང་དགོན་འདིར་འཇིགས་བྱེད་ཀྱི་བསྙེན་པ་དང་ཀུན་རིག་གི་བསྙེན་པ་ཡང་འཕྲལ་དུ་བཏང་ཞིང་། གྲྭ་ཚང་ལ་དབྱར་གནས་ཀྱི་དཀྱིལ་དུ་འཇིགས་བྱེད་སྒྲུབ་མཆོད་གསར་དུ་བཙུགས། སྐུ་གོང་མ་སྐུ་གཤེགས་པའི་ས་དེ་དང་འགག་གི་དགོན་ཤུལ་སྙིང་བ། དགོན་པའི་ཕྱོགས་བཞི་དང་གླིང་མདོ་རྣམས་སུ་ཉིད་ཀྱིས་དབུ་ཁྲིད་དེ་འབུམ་ཁང་གྲངས་མེད་པ་གསར་དུ་ལྷུགས།

ཀུན་སྤྱོངས་འདུལ་བ་འཛིན་པ་རྗེ་ལུང་རྟོགས་རྒྱ་མཚོས་ཞུས་པ་བཞིན་འདུལ་བ་མཚོ་ཊཱི་ཀ་གི་གཟབ་བཤད་ཟླ་བ་གཅིག་དང་ཕྱེད་ལ་གནང་། དེའི་ཕྱི་ལོར་བྱམས་ཁང་གྲུན་བཅོ་ལྔ་ཅན་རྟེན་དང་བརྟེན་པ་ཡོངས་རྫོགས་བཞེངས་གྲུབ་པོ། །དེ་ལྟར་དམ་པ་འདིས་བསྟན་པ་དང་འགྲོ་བ་འབའ་ཞིག་ཐུགས་ལ་བརྣགས་པའི་དབང་གིས་སྐུ་ཚེ་གང་པོར་ཐོས་བསམ་སྒོམ་པ་དང་བྱ་བ་ལས་ཀྱི་འཁོར་ལས་ཆོས་ལྡན་གྱི་མཛད་སྤྱོད་འབའ་ཞིག་གིས་དུས་འདས་པ་ལགས་ཀྱང་། རྒྱལ་བའི་བསྟན་པ་རིན་པོ་ཆེར་འདོད་ཡོན་བདུད་ཀྱི་གཡབ་མོས་གཙེས་པའི་ཚེ་བསྟན་འཛིན་ཆེན་པོ་འདི་ལ་ཡང་ཉེས་མེད་ཉེས་འགེལ་སྒྲོས་གནོད་པ་ཐེབས་ཏེ་རབ་རྒྱལ་ལྕགས་བྱི་ལོར་ཟི་ལིང་དུ་གཟུགས་སྐུའི་བཀོད་པ་ཆོས་དབྱིངས་སུ་བསྡུས་པ་ཡིན་ནོ། །

སྨྲས་པ། དྲི་མེད་ཚོགས་གཉིས་ནོར་འཛིན་ཡངས་པའི་གཞིར་སྨིན་སྤངས་རྟོགས་ཡོན་ཏན་ཕྱོགས་བཅུར་རྒྱས་པའི་རྩེར། །ཟླ་མེད་ལེགས་བཤད་འབྲས་བུའི་ཁུར་གྱིས་ཉེར་དུད་རྨད་བྱུང་གྲགས་པའི་བསུང་ཞིམ་ཀུན་ཏུ་ཁྱབ། །བླ་མེད་གུས་རྟག་བརྟོན་འགྲུས་རྩ་བ་རབ་བརྟན་སྐྱེ་དགུར་ཕན་དང་བདེ་བ་ཆར་དུ་འཛོ། །ནོར་མེད་མཁས་གྲུབ་ཡོངས་འདུས་གསར་བའི་ལྗོན་པར་བདག་བློ་དད་པའི་ཕྱོགས་སུ་ཀུན་ནས་ལྷུང་། །དགེ་ལེགས་མཁྱེན་བརྩེ་ཕུང་པོ་གཏིང་མཐའ་བྲལ་བར་སྤངས་རྟོགས་རླབས་ཀྱི་རྩེ་དགའ་རྒོད། །འདུན་ལྡན་མོས་པའི་འདོད་པ་མ་ལུས་འཛོ་མཛད་ལེགས་བཤད་ནོར་བུའི་མཛོད་ཀྱིས་གཏམས། །ཆོས་ཕུང་སླུང་བརྒྱ་སྒྲོ་དང་བསྟུ་བའི་བྱེད་པོ་ལེགས་བྱས་དཔལ་དང་འབྱོར་བའི་གཞི། །རྒྱལ

བ་རྒྱ་མཚོའི་སྤྱི་གཟུགས་བཤེས་གཉེན་དམ་པས་དེང་ནས་བྱང་ཆུབ་བར་དུ་སྐྱོངས། །འཇམ་དབྱངས་བླ་མའི་ལུགས་བཟང་གངས་རིའི་རྩེ་ན་འཛིགས་མེད་ལུང་རིགས་གད་རྒྱངས་ས་གསུམ་འདར་བའི་དབྱངས་སུ་གྲགས། །མདོ་རྒྱུད་ཐུབ་བསྟན་གཡུ་རལ་ཕྲུག་ན་རབ་མཛེས་བྱམས་དང་སྙིང་རྗེ་རང་མདངས་སྟོན་ཟླའི་དཔལ་ལ་རྣམ་པར་འཁྱུ། །ཆོས་སྲིད་འབྱོར་བའི་ལུས་རྩལ་ཀུན་ནས་རྒྱས་ཤིང་ཕས་རྒོལ་ཕ་སྐྱེས་རྒྱ་མཚོ་ཟིལ་གྱིས་གནོན་པའི་སྙིང་སྟོབས་ཅན། །ཟླ་མེད་སྨྲ་བའི་སེང་ཆེན་རྣམ་པར་འགྱིང་བས་སྤོངས་འདིར་ནམ་ཡང་ནག་ཕྱོགས་གདུག་པའི་གཅན་གཟན་བག་ལ་ཞ། །རྣམ་དག་ཚུལ་ཁྲིམས་གཙང་མས་གཞི་བཟུང་ཞིང་། །བསླབ་གསུམ་རིམ་གཉིས་ལམ་དུ་འགྲོས་བསྒྱུར་ཏེ། །ཟུང་འཇུག་འཆི་མེད་གཏན་བདེའི་ཕོ་བྲང་དུ། །ཡེ་ཤེས་བདུད་རྩིས་སྟོན་ནས་ཚིམས་ལེགས་ཀྱང་། །རྨད་བྱུང་ཐུགས་བསྐྱེད་ཁྱུང་སྟོན་སྐྱེས་ཀྱི་མཐུས། །མཁས་བཙུན་བཟང་པོའི་ཚ་ཛོགས་དཀྱིལ་འཁོར་ཅན། །ལེགས་བཤད་འོད་སྟོན་སྤྲོ་མཁས་ཉིན་བྱེད་དབང་། །སྐལ་ལྡན་པད་དཀར་སྐྱོང་བའི་མགོན་དུ་ཤར། །བརྟན་གཡོའི་དངོས་ཀུན་ཅིར་ཡང་བསྒྱུར་བཟོད་པའི། ཡོན་ཏན་སྤྲས་པའི་བརྟུལ་ཞུགས་ལྷུར་བཞེས་མོད། །སྐལ་བཟང་གདུལ་བྱའི་དད་པའི་མེ་ལོང་དུ། །ཡང་དག་སྣང་བརྙན་འཆར་བ་འགོག་ཏུ་མེད། །ན་ཆོད་སྔོ་ངའི་རྒྱུ་ལས་མ་གྲོལ་ཡང་། །ལེགས་གསུངས་དབྱངས་ཀྱིས་ས་གསུམ་གདུང་འཕྲོག་པའི། །མཁས་གྲུབ་ཀ་ལ་པིང་ཀའི་ཁྱད་ཆོས་འདིས། །ཁེངས་ལྡན་གཉིས་སྐྱེས་ཕལ་རྣམས་ཟིལ་གྱིས་མནན། །སྒྲུབ་དང་སུན་འབྱིན་གནས་ཀྱི་རི་སུལ་ན། །མི་འཇིགས་སྤོབས་པའི་དཔལ་གྱིས་ཉེར་འཚོ་བའི། །སྨྲ་མཁས་གདོང་ལྔ་མཁའ་ལ་འཕྱོ་བའི་ཞིང་། །སྲིད་ཞིའི་འཇིག་རྟེན་གསལ་བའི་འོད་འབར་བ། །སྐལ་བཟང་སྐྱེ་དགུའི་མིག་གི་དཔེད་དུ་སྨིན། །ཞེས་བྱ་བ་ནི་བར་སྐབས་ཀྱི་ཚིགས་སུ་བཅད་པའོ། །

གསུམ་པ། ཆོས་སྡེ་འདི་ཇི་ལྟར་ཆགས་འདེབས་མཛད་ཚུལ་དང་། སྐུ་གསུང་

ཐུགས་རྟེན་གྱི་དཀར་ཆག་དང་ཉམས་གསོ་བྱས་པའི་རིམ་པ། སེམས་དཔའ་ཆེན་པོ་ཨ་རིག་དགེ་བཤེས་ཆེན་མོ་གནས་ངེས་མེད་ཀྱི་རི་ཁྲོད་འགྲིམ་པའི་སྐབས་ཆོས་སྡེ་འདིའི་ཉེ་འདབས་གད་ཕུག་ཅིག་ཏུ་ཡུན་རིང་བཞུགས་ཤིང་འགྲོ་དོན་དཔག་ཏུ་མེད་པ་མཛད། དེའི་རྗེས་རྟ་པོ་སླན་པའམ་རྟ་པོ་སྒྲུང་གནས་པ་ཞེས་པའི་ཆོས་མཐུན་གྱི་སྐྱེས་བུ་དམ་པ་ཞིག་གནས་འདིར་ཕྱིན་ནས་ཡུན་རིང་གནས་བཅས། གྲོགས་དགེ་འདུན་ཁ་ཤས་ཀྱང་འདུས་པས་ཐོག་མར་གུར་དགོན་མཛད་དེ་ལོ་འགའ་བཞུགས་ཀྱང་། རྗེས་སུ་དགེ་བཤེས་ཆེན་མོའི་སྒྲུབ་ཕུག་གཞི་བྱས་ཏེ་སྒར་གཞི་བཟུང་བས། དགེ་འདུན་ཡང་རྗེ་མང་དུ་སོང་ནས་ཆོས་སྤྱོད་ཉམས་ལེན་འཕེལ་བཞིན་པའི་སྐབས་ཤིག་སྟེ། རབ་བྱུང་བཅུ་བཞི་པའི་སྟོད་ཀྱི་ཆ་ལ་ཀ་མདོ་དང་འབྲོག་ལུང་། འབན་རྩ་དང་གཅན་ཚ་ཉིན་སྲིབ་སོགས་དུས་འཁྲུག་གིས་གཙོས་པའི་དབང་གིས་ཆོ་ཁག་དང་ཡུལ་སྡེ་འགའ་ཞིག་ཡུལ་བུད་དེ་ས་འདིར་ཐོག་མར་གཞི་ཆགས། ཁོ་ཚོར་མཆོད་གནས་ཀྱི་དགེ་འདུན་གྱི་སྡེ་ཞིག་དང་། ཞིང་འདིའི་ཤེ་གསོན་ཀུན་ལ་ཚེ་རབས་གཏན་གྱི་སྐྱབས་གནས་སྐྱེས་བུ་དམ་པ་ཞིག་གདན་འདྲེན་རྒྱུའི་དགོས་མཁོ་ཤིན་ཏུ་ཆེ་ཞེས་ཚང་མས་བགྲོས་ཏེ། འབན་རྩའི་དགོན་མཆོག་དང་། ཀ་མདོ་བཀྲ་ཤིས། འབྲོག་ལུང་བྱམས་པ། རྒྱ་ཚང་རྡོ་རྗེ། དུམ་པ་སྒྲོལ་མ་ཐར། ཏུ་མང་བཀྲ་ཤིས། ཀ་རྒྱའི་ཚབ་རིལ་ལ་སོགས་བསྟན་པ་དང་བསྟན་འཛིན་ལ་མི་ཕྱེད་པའི་མོས་པ་བརྟན་པོ་ཅན་ཡོངས་ཀྱི་མགྲིན་གཅིག་གིས་བདག་ཅག་རྣམས་ཀྱི་མེ་ཏོག་ཐོག་པའི་ལྷ་སྐལ་སྐྱབས་གཅིག་དང་པོའི་སངས་རྒྱས། ཁྱབ་བདག་རྡོ་རྗེ་འཆང་ཆེན་པོ་དང་ངོ་བོ་དབྱེར་མ་མཆིས་པ། རྗེ་མཁན་ཆེན་དགེ་འདུན་ཆོས་འབྱོར་རྒྱ་མཚོ་དཔལ་བཟང་པོར་ཉམ་ཐག་མཐའ་འཁོབ་ཀྱི་འགྲོ་བ་རྣམས་ལ་ཐུགས་བརྩེ་བ་ཆེན་པོས་ཉེ་བར་དགོངས་ཏེ་དམ་པ་རིང་མེད་ཕྱོགས་འདིར་ཕེབས་ནས་རྒྱུན་བཞུགས་གནང་ཐོག་ཆོས་སྡེ་ཞིག་ཀྱང་སྨྱུར་དུ་ཕྱག་འདེབས་དགོས་ཚུལ་གསོལ་བ་ནན་ཆེར་བཏབ་པ་ལ། མགོན་པོ་གང་གིས་ཀྱང་ཕུར་བུ་ཅིག་བྱམས་པ་རིན་པོ་ཆེའི་དུས་མཆོད་ལ་དམིགས་ཏེ་མཆོད་འབུལ་རྒྱ་ཆེར་མཛད་བཞིན་པའི་སྐབས་དང་འཁེལ་བས། ཐུགས་ཤིན་

ཏུ་དགྱེས་པའི་ངང་ཞལ་བཞེས་མཛད་དེ་ལོ་དེར་ཕྱོགས་འདིར་ཆིབས་བསྒྱུར། སྐབས་དེ་ནས་ཕྱོགས་འདིར་གཞུག་མར་གནས་པའི་རྟ་པོ་སྨན་པའི་རྗེས་འཇུག་རྣམས་ཀྱང་ཉིད་ཀྱི་སློབ་མར་གྱུར་ཅིང་། དགོན་མགོ་རྗེ་ཉིད་ལ་ཕུལ་བ་ལ་གཞི་བྱས་ནས་དགོན་གནས་སྤོས་ཏེ། ད་ལྟའི་དགོན་པ་གནས་ས་འདིར་ས་འདུལ་དང་བཀྲ་ཤིས་གསོ་སྦྱོང་གནང་ཞིང་ཆབ་ཆའི་དགོན་གསར་བཀྲ་ཤིས་ཐེག་མཆོག་གླིང་འདི་རབ་བྱུང་བཅོ་ལྔ་བའི་ཤིང་ཕོ་རྟའི་(༡༨༩༤) ལོར་ཆགས་འདེབས་མཛད་པ་ཡིན་ནོ། །དེ་ནས་རབ་བྱུང་བཅུ་བདུན་པའི་མེ་མོ་ཡོས་འདིའི་ཡན་ལ་ལོ་དགུ་བཅུ་གོ་གསུམ་སོང་ཞིང་། རྟ་པོ་སྨན་པས་དགོན་གཞི་བཟུང་ནས་ལོ་བརྒྱ་དང་ལྔ་བཅུ་ལྷག་སོང་བའང་ཞོར་ལ་ཤེས་པར་བྱའོ། །དེ་ལྟར་རྒྱ་ར་ཚོ་ཁག་དྲུག་དང་། སྐྱི་ར་ཚོ་ཁག་བདུན། ཨེར་རྟེ་སོགས་ལྷ་འབངས་མཆོག་དམན་བར་མ་བཅས་ཀྱི་རེ་བ་དོན་ཡོད་པར་གྱུར་ཏེ་དགའ་སྤྲོའི་ངང་དམ་པ་ཉིད་དང་། འདུས་སྡེ་རིན་པོ་ཆེ་ལ་མཆོད་བཀུར་ཟླ་ན་མེད་པ་བྱས་ཐོག་དགོན་གནས་རྒྱ་བསྐྱེད་པའི་འདོད་མོས་ཞུས། ཐོག་མར་འོས་ཤིང་འཚམ་པའི་འདུ་ཁང་དང་བླ་བྲང་གསར་དུ་བཞེངས་པ་གྲུབ་བསྟུན་ཟླ་བ་ཡར་ངོ་དང་མར་ངོའི་བཅོ་ལྔའི་དུས་བཟང་ལ་དམ་པ་ཉིད་ཀྱི་རྒྱུན་གྱི་ཉམས་བཞེས་གནང་བའི་ཞལ་འདོན་རྣམས་འདོན་སྲོལ་དུ་བཙུགས་ནས་ཆོས་ཐོག་གི་དབུ་ཐོག་མར་བརྙེས། དེ་ནི་ས་ག་ཟླ་བར་ཆུ་མཆོད་འབུམ་དང་། མཆོད་མེ་ཁྲི་ལོངས་ངེས་པ་འབུལ་བཞིན་སྐྱབས་མགོན་གསེར་ཁང་པ་ཆེན་པོའི་ཕྱག་བཞེས་བཞིན་བླ་མ་མཆོད་པ་དང་སྨན་བླའི་ཕྱག་མཆོད་གསུང་བའི་སྲོལ་ད་ལྟའི་བར་དུ་མ་ཉམས་པར་གནས། དགའ་ལྡན་ལྷ་མཆོད་ཉིན་ལྔ། ཉི་ཟློག་ལ་ཉིན་བདུན་གྱི་རིང་ལ་སློལ་མའི་མཉལ་བཞི་བའི་རྒྱུན་བཙུགས་ནས་འདོན་རྟ་དབྱངས་དང་བཅས་པ་དམ་པ་ཉིད་ཀྱིས་ཁྲིད་པར་གྲགས།

གཞི་གསུམ་གྱི་ཕྱག་ལེན་རྣམས་ཀྱང་། ཐོག་མར་བཙུགས་པ་ནས་བཟུང་ད་ལྟའི་བར་མ་ཉམས་པར་ཡོད་དོ། །དེ་ལྟར་མགོན་པོ་གང་གི་སྐུ་ཕྲེང་གཉིས་ཀྱིས་ལེགས་པར་བསྐྱངས་པའི་མཐུ་ལས་ཡུལ་འདིར་བཤད་སྒྲུབ་ཀྱི་སྲོལ་བཟང་ཆེས་ཆེར་དར་བ་ཡིན་པས་

ལྷག་པར་བཀའ་དྲིན་ཆེ་བ་ཤེས་པར་བྱའོ། །གཞན་ཡང་། དགེ་སློང་བློ་བཟང་རྒྱ་མཚོ་དང་། དགེ་འདུན་འོད་ཟེར། འཇམ་དབྱངས་བཟོད་པ། འཇམ་དབྱངས་བརྩོན་འགྲུས། དགེ་འདུན་བསོད་ནམས། འཇམ་དབྱངས་རྒྱ་མཚོ་སོགས་ཀྱིས་སོ་ཐར་གྱི་མདོ་གསུང་བ་དང་། བསྒྲུབ་བྱ་དུ་མ་རབ་བྱུང་དང་བསྙེན་རྫོགས་ལ་བཀོད་པ་སོགས་ཀྱིས་སྟེ་འདིར་བཀའ་དྲིན་ཆེ་བ་ཡིན་ལ། ཁྱད་པར་དུ་མདོ་རྩའི་མཆོག་སྤྲུལ་རིན་པོ་ཆེ་རྗེ་བསྟན་འཛིན་རྒྱ་མཚོས་བྱམས་པའི་གོས་སྐུ་ཆེན་མོ་གསར་བསྐྲུན་གྱིས་མཚོན་ལུགས་གཉིས་ཀྱི་སྒོ་ནས་སྟེ་འདི་ཡུན་རིང་དུ་བསྐྱངས་པ་ཡིན་ནོ། །

ཆོས་སྡེ་འདིའི་སྐུ་གསུང་ཐུགས་རྟེན་ནི། འདུ་ཁང་ཀྱུན་ལྡི་གཞོགས་ཀྱུན་དྲུག་ཡོད་པ་ལ། རྟེན་གཙོ་བོར་རྗེ་གོང་མས་བཞེངས་པའི་རྗེ་གཟིགས་པ་ལྡི་ལྡན། དེའི་གཡས་སུ་ཀུན་དགའ་ར་བར་རྗེ་དགེ་འདུན་ཆོས་འཕྲོར་རྒྱ་མཚོའི་གདུང་རུས་སྙིང་པོར་བཞུགས་པའི་མཆོད་རྟེན་དང་། སྨན་ལྷ་བདེར་གཤེགས་བརྒྱད། ཚེ་ལྷ་རྣམ་གསུམ། དུས་གསུམ་སངས་རྒྱས། རྗེ་ཡབ་སྲས་གསུམ། སྒྲོལ་ལྗང་། རིགས་གསུམ་མགོན་པོ། དེའི་གཡས་སུ་བཀའ་འགྱུར་རྣམས་དང་། གཡོན་གྱི་དང་པོར་ཇོ་སྐུ་གནས་རྟེན་བཅུ་དྲུག་གིས་བསྐོར་བ། གཉིས་པར་བསྟན་འགྱུར། གཞོགས་གཡས་ཀྱི་དང་པོར་འཇིགས་བྱེད་ཀྱི་གཙོས་བདེ་གསང་གཉིས། མཁའ་སྤྱོད་མ། སྒྲ་བསྒྱུར་མར་པ། རྣ་ལོ་ཙྪ་བ། གྲུབ་ཆེན་ལ་ལི་ཏ་བཛྲ། གཉིས་པར་གཙུག་ཏོར་རྣམ་རྒྱལ་མའི་གཙོས་ཚེ་ལྷ་རྣམ་གསུམ། ཆོས་རྒྱལ་ཕྱི་ནང་གསང་སྒྲུབ། ཡོངས་འཛིན་བྱམས་པ་རིན་པོ་ཆེའི་འདྲ་སྐུ། མཁན་ཆེན་གྲགས་པ་བརྩོན་འགྲུས་ཀྱི་འདྲ་སྐུ། གསུམ་པར་འཇམ་དབྱངས་རིགས་ལྔའི་གཙོ་སྐུ། འཇམ་དབྱངས་སྨྲ་སེང་། དཔལ་ལྡན་ལྷ་མོ་དང་དྲེགས་པ་ལྕམ་སྲིང་། བཞི་བར་གདུགས་དཀར་མོ་ལ་བདེ་གཤེགས་གདུང་བདུན་དང་ལེགས་ལྡན་མཆེད་གསུམ་གྱིས་བསྐོར་བ། གཞོགས་འཁྲམ་གཡོན་གྱི་དང་པོར་བཅོམ་ལྡན་དུས་ཀྱི་འཁོར་ལོའི་གཙོས་ལོ་ཀྱོན་མ། འོད་ཟེར་ཅན་མ། རྡོ་འཁྲོལ་ཡབ་སྲས། མར་མི་དྭགས་གསུམ། ཕྱུར་མཛད་མགོན་པོ་དང་མགོན་དཀར། གཉིས་པར་

ངན་སོང་སྦྱོང་བའི་རྒྱལ་པོ་ཀུན་རིག་རྣམ་པར་སྣང་མཛད་ཀྱི་གཙོས་ཀུན་རིག་གི་ལྷ་སོ་བདུན། མགོན་པོ་ཞལ་བཞི་དང་ཕྱག་བཞི་པ། གསུམ་པར་རྡོ་རྗེ་སེམས་དཔའ་ལ་རྒྱལ་བ་རིགས་ལྔས་བསྐོར་བ། དམ་ཅན་དང་རྣམ་སྲས། བཞི་པར་སྟོན་པ་གཙོ་འཁོར་གསུམ་ལ་ལྟུང་བཤགས་ཀྱི་བདེ་གཤེགས་སོ་ལྔས་བསྐོར་བ། སྙིང་གི་རྒྱ་མཐོང་གྲུབ་གསུམ་གྱི་དཀྱིལ་དུ་རྗེ་རིན་པོ་ཆེར་རྒྱན་དྲུག་མཆོག་གཉིས་ཀྱིས་བསྐོར་བ། དེའི་གཡས་སུ་བདེ་བ་ཅན་གྱི་ཞིང་བཀོད། གཡོན་དུ་དགའ་ལྡན་ཡིད་དགའ་ཆོས་འཛིན་གྱི་ཞིང་བཀོད། གཡས་འགྲམ་དང་པོར་ཕྱག་རྗེ་ཆེན་པོ་བཅུ་གཅིག་ཞལ་གྱི་གཙོས་སེནྡྷེ་སྲྀ་དང་། གསང་བདག འཇམ་དབྱངས། འོད་དཔག་མེད། སྤྱན་རས་གཟིགས་ཕྱག་བཞི་པ། གཉིས་པར་རྗེ་བཙུན་སྒྲོལ་མའི་གཙོས་འཇིགས་པ་བརྒྱད་སྐྱོབ་མ། གཡོན་གྱི་དང་པོར་རྒྱལ་པོའི་ལུགས་ཀྱི་ཕྱག་རྗེ་ཆེན་པོ་མི་གཡོ་བ་དང་། བདུད་རྩི་འཁྱིལ་བ་སོགས་ལྷ་དྲུ་མས་བསྐོར་བ། གཉིས་པར་སྨན་ལྷ་བདེ་གཤེགས་བརྒྱད་སོགས་དམ་པའི་སྐྱེས་བུ་དུ་མས་རབ་ཏུ་གནས་པའི་ཚོགས་ཞིང་ཕབ་ཅིང་། བྱིན་རླབས་ཀྱི་ཚན་ཁ་འབར་བའི་བྲིས་འབུར་གྱི་སྐུ་གསུང་ཐུགས་རྟེན་མཐའ་ཡས་པ་བཞུགས་པ་ལགས་སོ། །འདི་དག་ཕལ་ཆེར་ས་ཕྱིའི་ལོར་གཏོར་ཀྱང་ད་ལྟ་དད་ལྡན་དུ་མས་མཐུན་རྐྱེན་སྦྱར་ཏེ་སྔར་ཡང་བཞེངས་ནས་སྐྱེ་དགུའི་བསོད་ནམས་ཀྱི་རྟེན་དུ་བཞུགས་བཞིན་པ་འདི་ལགས། སྐུ་རྗེས་མས་བཞེངས་པའི་བྱམས་ཁང་གི་རྟེན་གཙོ་བོ་རྗེ་བཙུན་མི་ཕམ་མགོན་པོ། ཁྱམས་སུ་མ་ཏི། སེནྡྷེ་སྲྀ། ཧྲཱ་རེ། སེང་གདོང་མ་སོགས་ཀྱི་གཟུངས་སྔགས་དུང་ཕྱུར་མང་པོ་ཡོངས་པའི་འཁོར་ཆུང་ཉེར་དྲུག་དང་། སྟེར་གྱི་འདུ་ཁང་གི་ཆོས་ར་རྒྱ་བསྐྱེད་དེ་ཕྱོགས་གསུམ་གར་གྲུབ་དགུ་རེ་ཡོད་པ་སྒོ་ཆེན་ཇ་ཁང་དང་བཅས་པ་ཉིད་ཀྱི་ཐུགས་དགོངས་ལྟར་ཡོངས་སུ་གྲུབ་པ་ཡིན་ལ། ཆོས་སྡེ་འདི་ཡང་རིམ་གྱིས་དར་རྒྱས་རྒྱ་ཆེར་བྱུང་སྟེ་ས་ཕྱི་ལོར་གྲྭ་ཤག་བདུན་ཅུ་ལྷག་ཙམ་དང་དགེ་ཚུལ་སློང་ཉིས་བརྒྱ་ལྷག་ཙམ་དུ་འཕེལ་རྒྱས་བྱུང་བ་ཡིན་ནོ། །

གཞན་ཡང་དམ་པ་འདིའི་སྐུ་ཕྲེང་དུ་མར་འདོད་ཁམས་དབང་མོས་དངོས་སུ་རྗེས་སུ

བཟུང་ཞིང་འཕྲིན་ལས་བསྒྲུབས་པས། དགོན་འདི་གསར་འདེབས་མཛད་སྐབས་ཀྱང་དཔལ་ལྡན་ལྷ་མོའི་ཞལ་ཐང་བཞེངས་ནས་ཉེར་སྐྱུལ་དང་རབ་གནས་གནང་བའི་ཚེ་འདུ་ཁང་ནང་དུ་འཚུབ་མ་གཡོས་ཤིང་། ཞལ་ཐང་འགྲུལ་བ་སོགས་ཡེ་ཤེས་པ་དངོས་སུ་ཞལ་ཐང་ལ་ཐིམ་པའི་སྣང་བ་བྱུང་བར་གྲགས་ལ། ད་ལྟའི་བར་དུའང་གཉན་ཆ་ཤིན་ཏུ་ཆེ་ཞིང་འཕྲིན་ལས་མྱུར་བར་ཕྱོགས་འདིའི་སེར་སྐྱ་ཀུན་ལ་བསྙོན་མེད་དུ་གྲུབ་པོ། །

ས་ཁྲི་ལོར་འདུ་ཁང་དང་གྲྭ་ཤག་འགའ་ལུས་པ་ལས་གཞན་སྐུ་གསུང་ཐུགས་རྟེན་ཤུལ་མེད་དུ་གྱུར་ཀྱང་། ལྕགས་སྤྲང་ལོར་སླར་ཡང་དགེ་འདུན་བཞི་བཅུ་ཙམ་འདུས་ཤིང་སྐུ་གསུང་ཐུགས་རྟེན་འགའ་ཞིག་ཀྱང་སླར་བཞེངས་མགོ་བརྩམས། ཆོས་སྲིད་རྣམས་ཀྱང་འཕེལ་བཞིན་པ་ལ། སླར་ཡང་ལོ་བཅུའི་དུས་ཟིང་བྱུང་ནས་དགོན་གཞི་ཕལ་ཆེར་ཤུལ་མེད་རྗེས་མེད་དུ་གྱུར་ནའང་། སྐྱབས་མཆོག་བསླུ་བ་མེད་པ་དང་ཆོས་སྐྱོང་སྲུང་མའི་ཐུགས་རྗེ་དང་། ཏང་གི་མི་རིགས་དང་ཆོས་ལུགས་སྲིད་ཇུས་སླར་ཡང་མངོན་གྱུར་བྱས་པ་ལ་བརྟེན་ནས་ལྕགས་སྤྲུལ་ལོར་ཆོས་སྡེ་འདིའི་སྒོ་ཐོག་མར་འབྱེད་སྐབས་དགེ་འདུན་བཅུ་བདུན་མ་གཏོགས་མེད་ཀྱང་། ད་ལྟ་འཕེལ་རྒྱས་ཆེན་པོ་འབྱུང་བཞིན་པ་འདི་ལགས་ལ། སྐུ་གསུང་ཐུགས་རྟེན་འགང་ཆེན་འགའ་དད་ལྡན་དག་གིས་སྦྱིན་སྐྱུངས་བྱས་པ་དང་། གཞན་པ་དག་གསར་དུ་བཞེངས་ནས་ཕྱར་བཞིན་གྲུབ་ཟིན་པ་ལགས་ལ། བྱམས་ཁང་ད་ལྟ་གསར་དུ་བཞེངས་བཞིན་པའི་སྐབས་ལགས་སོ། །

གཞན་ཡང་གོང་ནས་སྨྲས་པ་བཞིན་ཆོས་སྡེ་འདི་ཐོག་མར་ཨ་རིག་དགེ་བཤེས་ཆེན་མོའི་སྒྲུབ་ཕུག་ལ་གཞི་བྱས་ནས་ཆགས་འདེབས་མཛད་ཅིང་། ད་ལྟའི་རྟེན་གྱི་གཙོ་བོ་ཡང་དམ་པ་འདིའི་སྐུ་གདུང་ཡིད་བཞིན་ནོར་བུའི་དབུའི་ཆ་ཤས་ཤིག་སྙིང་པོར་བཞུགས་པའི་མཆོད་རྟེན་རིན་པོ་ཆེ་ཉིད་ཡིན་པ་ལ་དཔག་ན། ཆོས་སྡེ་འདི་ཡང་མགོན་པོ་གང་གི་ཐུགས་བསྐྱེད་བླན་མེད་པའི་མཐུ་ལས་བྱུང་བར་གོར་མ་ཆག དེའི་ཕྱིར་དམ་པ་འདིའི་རྣམ་ཐར་མདོར་བསྡུས་ཤིག་དང་སྐུ་གདུང་རིན་པོ་ཆེ་འདིར་བཞུགས་པའི་རྒྱུ་རྐྱེན་སོགས་འགོད་པར་བྱའོ། །

དེ་ཡང་མཁས་གྲུབ་ཆེན་པོ་འདི་ནི་རབ་བྱུང་བཅུ་གཉིས་པའི་མེ་རྟ་ལོར་(༡༧༢༨) ཨ་རིག་ཁྱེབ་ཀྱི་སར་ཡབ་མ་ཁྲི་འཕགས་པ་སྐྱབས་དང་ཡུམ་ཨ་སྐྱིད་བཟང་མོ་གཉིས་ཀྱི་སྲས་སུ་སྐུ་བལྟམས། ཆུང་དུས་གཤིས་རྒྱུད་ལེགས་ཤིང་ཤེས་རབ་ཆེ་བར་མཐོང་ནས་རྒྱ་ལི་སྤྲུལ་སྐུ་བློ་བཟང་བསྟན་དར་གྱིས་ཡབ་ཡུམ་ལ་བསླངས་ཏེ་ལེགས་པར་བསྐྱངས། མཚན་ལ་རྒྱལ་མཚན་འོད་ཟེར་རབ་བྱམས་པ་དགེ་ལེགས་རྒྱལ་མཚན་ཞེས་གསོལ།

དགུང་ལོ་བཅུ་བདུན་སྐྱེང་དགུས་སུ་ཕེབས། སེར་བྱེས་སུ་ལོ་བཅུ་གསུམ་རིང་ཐུགས་གཉེར་མཛད། གཞུང་མང་པོ་ཐུགས་ལ་བཟུང་། ལྟ་རམས་ཨང་དང་པོ་བྱུང་། རྒྱུད་སྨད་དུ་སྔགས་ལ་ཧིང་ཀྲུ་རིན་པོ་ཆེ་སོགས་ཐུགས་སྲས་རྣམས་དང་ཁྱད་པར་དུ་ཡབ་རྗེ་གསེར་ཁང་པ་ཆེན་པོས་སྐུ་གདུང་ཕྱི་ནས་འཛིམ་བྱུགས་ཀྱིས་རྗེའི་སྐུ་བརྙན་དང་ལྷ་ཁང་ཆུང་བ་ཞིག་བཞེངས། ཕྱིས་རྡོ་རྗེ་འཆང་སཾགྷའི་མཚན་ཅན་གྱིས་འབྲུམས་ཏུའི་དཔོན་པོ་བསོད་ལོ་དང་། སྒོ་མེ་དཔོན་པོ་སོགས་ལ་ཐུགས་བཀོད་གནང་སྟེ་གཙུག་ལག་ཁང་རྟེན་དང་བཅས་པ་ལེགས་པར་གྲུབ་ནས་སྐྱེ་དགུའི་བསོད་ནམས་ཀྱི་རྟེན་དུ་བར་ཕྱོན་ཏིང་ཀྲུའི་དགོན་གྱི་ཉེ་འདབས་སུ་བཞུགས་བཞིན་པ་ལ། ས་ཁྲིའི་ལོར་མི་བསྲུན་པ་འགས་གཙུག་ལག་ཁང་རྟེན་དང་བཅས་པ་གཏོར་སྐབས་ཆོས་མཐུན་གྱི་སྐྱེས་བུ་ཞིག་གིས་དབུ་སོགས་དུམ་བུ་འགའ་ས་འོག་ཏུ་སྦས། དེའི་རྗེས་ལྕགས་གླང་ལོར་ཆོས་སྡེ་འདིའི་ཆོས་སྒོ་འབྱེད་སྐབས་ར་རྒྱའི་དཔོན་པོ་བསྟན་དར་ལགས་ཀྱིས་རིན་ཆེན་གཉིས་པའི་མཆོད་རྟེན་ནང་དུ་བཞུགས་སུ་གསོལ་ཅིང་། སྡེ་འདིར་སྦྱོར་འཛུགས་མཛད། ལོ་བཅུའི་དུས་ཟིང་གི་སྐབས་སུ་དད་པ་དང་ཚུལ་ཁྲིམས་སོགས་བསྟུགས་འོས་ཡོན་ཏན་དུ་མས་ཐུགས་རྒྱུད་མཛེས་པའི་སྡེ་འདིའི་དབུ་མཛད་དམ་པ་སངས་རྒྱས་རྒྱ་མཚོས་སྐུ་གདུང་རིན་པོ་ཆེ་སྟོན་ནས་ཐབས་མཁས་ཀྱིས་གཞན་དུ་གདན་དྲངས་ཏེ་མཆོད་རྟེན་སྟར་བཞིན་བཞུགས་སུ་གསོལ། སྐུ་གསུང་ཐུགས་རྟེན་གཏོར་མཁན་རྣམས་ཀྱིས་ཇི་ལྟར་བཙན་འདྲི་བྱས་ཀྱང་། ར་རྒྱའི་དཔོན་པོས་འདིར་འབུལ་སྐབས་སྐུ་གདུང་བཞུགས་མིན་ཤེས་མ་བྱུང་ཞེས་པ་ཙམ་ལས་ལན་ཅི་ཡང་མ་བཏབ་སྟབས། ཕོ་བ་ཚོ་ཅི་བྱ་

གཏོལ་མེད་དུ་གྱུར་ན་ཡང་། སྐུ་གདུང་ས་འོག་ཏུ་སྦས་པའི་རྐྱེན་ལ་བརྟེན་ནས་ཕོ་རང་ནང་གྱིས་མནར་ཏེ་འདས་སོ། །

ཨུགས་སྤྲུལ་ལོར་ཆོས་སྒོ་ཕྱེ་བ་ནས་སྐུ་གདུང་རིན་པོ་ཆེ་ཇི་ལྟར་བཙལ་ཀྱང་མ་རྙེད་པ་ལ། འདུས་པའི་སྡེ་རིན་པོ་ཆེ་དང་ཆོས་སྐྱོང་སྲུང་མའི་ཐུགས་རྗེ་དང་ཁྱད་པར་དུ་སྡེ་འདིའི་གྲྭ་རིགས་དད་པ་དང་གཏོང་བའི་སྙིང་སྟོབས་ཐུལ་དུ་ཕྱིན་པ་བསླབ་གསུམ་རིམ་གཉིས་ཀྱི་རྣལ་འབྱོར་ལ་རོལ་བའི་གནས་བརྟན་ཆེན་པོ་ཨ་ཁུ་རིན་ཆེན་མཆོག་གིས། དཔལ་མཉམ་མེད་རི་བོ་དགེ་ལུགས་པའི་ཐུན་མོང་མ་ཡིན་པའི་ཆོས་སྐྱོང་ཆེན་པོ་རྒྱལ་ཆེན་རྡོ་རྗེ་ཤུགས་ལྡན་ལ་འཕྲིན་བཅོལ་གནད་སྨིན་གནང་བར་བརྟེན། སའི་ལྷ་མོའི་ཕྱག་ནས་གདན་དྲངས་ཏེ་ད་ལྟ་དད་ལྡན་དག་གིས་བསྐྲུན་པའི་རིན་ཆེན་གཉིས་པའི་མཆོད་རྟེན་དུ་བཞུགས་སུ་གསོལ་ཅིང་སྟོངས་འདིའི་སྐྱེ་དགུའི་བསོད་ནམས་ཀྱི་རྟེན་དུ་བཞུགས་བཞིན་པ་ལགས་སོ། །

ཞར་བྱུང་དུ་སྡེ་འདིར་སྔ་ཕྱིར་སྤྲུངས། རྗེ་བྱམས་པ་རིན་པོ་ཆེའི་དྲུང་ནས་ལོ་དྲུག་ཏུ་ཟབ་ཆོས་མཐའ་ཡས་པ་གསན་ཅིང་སྒོམ་སྒྲུབ་ཀྱི་ཞོར་རྗེའི་མདོ་སྔགས་ཀྱི་ལམ་རིམ་གཉིས་ཐུགས་ལ་བཟུང་སྟེ་སྐུ་འདའ་ཁའི་བར་ཞལ་འདོན་མཛད། ལོ་དྲུག་ཏུ་བླ་མའི་རྒྱལ་ཚབ་མཛད་དེ་ཡོངས་འཛིན་ངག་དབང་ཆོས་གྲགས་ལ་བཀའ་འགྱུར་གྱི་ལུང་ཐུལ་བ་སོགས་ཆོས་བཀའ་རྒྱ་ཆེར་གནང་། རྒྱལ་བ་པཎ་ཆེན་རྣམ་གཉིས། ཁྲི་ངག་དབང་མཆོག་ལྡན། ཨུང་སྐུ་རོལ་བའི་རྡོ་རྗེ་སོགས་མཁས་གྲུབ་དུ་མའི་ཞབས་ལ་གཏུགས། མདོ་རྒྱུད་དབང་ལུང་མན་ངག་མཐའ་ཡས་པ་གསན་བཞེས་མཛད། པཎ་ཆེན་རིན་པོ་ཆེའི་བཀས་རང་ཡུལ་དུ་དགོན་པ་འདེབས་པར་བསྐུལ་བ་བཞིན་འབྱོན་ཁར་སྒོ་ཁའི་ནང་དུ་གློང་རྡོལ་བླ་མ་རིན་པོ་ཆེ་ཕེབས་ཏེ་ཕན་ཚུན་ཕྱག་ནས་བཟུང་སྟེ་ཐུགས་སྨོན་གནང་། ཡུལ་དུ་ཕེབས་ནས་ཉིད་ཀྱིས་ཞི་བཞི་བ་ས་སྣང་ལོར་(༡༧༥༨)ཆོས་སྡེ་ཆེན་པོ་ར་རྒྱ་བཀྲ་ཤིས་འབྱུང་གནས་ཕྱག་འདེབས་མཛད་དེ་པཎ་ཆེན་རིན་པོ་ཆེར་ཕུལ། པཎ་ཆེན་ཐམས་ཅད་མཁྱེན་པའི་བཀའ་ལྟར་སེར་བྱེས་ལྟར་གྱི་འཆད་ཉན་བཙུགས་ཤིང་དར་རྒྱས་ཆེན་པོ་བྱུང་། ལྷ་ཁང་དང་སྐུ་གསུང་ཐུགས་

རྟེན་མང་དུ་བཞེངས་ནས་ལོ་ཉེར་བཞིར་ལེགས་པར་བསྐྱངས། ཆུ་བྱི་ལོར་དགོན་པ་ཐུགས་སྲས་ཞིང་བཟའ་རིན་པོ་ཆེར་གཏད་དེ་མདོ་སྨད་ཀྱི་དགོན་སྡེ་ཕལ་ཆེར་ཞབས་ཀྱིས་བཅགས་ཞིང་བཀའ་ཆོས་རྒྱ་ཆེར་སྩལ། དབེན་གནས་མཐའ་ཡས་པར་ལམ་རིམ་གཉིས་ཀྱི་ཉམས་བཞེས་ལ་བརྩོན་པར་མཛད། ཁྱད་པར་དུ་སྟོང་འཁོར་མཁར་ནང་ནི་དགོན་པ་དང་། ལྷ་ཁང་ལུང་བའི་བྲག་ཕུག་གཉིས་སུ་ཡུན་རིང་བཞུགས་ཞིང་བདེ་མཆོག་གི་གནས་ཡིན་པར་གསུངས། དགུང་ལོ་དོན་བརྒྱད་པ་ལ་སྨོ་མེ་ཏིང་ཀླུ་རི་ཁྲོད་ཀྱི་གནས་གཞི་ཕུར་ཐེབས་ནས་གད་ཕུག་ཅིག་ཏུ་བཞུགས། ཉིན་གཅིག་ཏིང་ཀླུ་རིན་པོ་ཆེ་སྙན་གྲགས་རྒྱ་མཚོ་ཕུག་པར་གདན་དྲངས་ཏེ་བདག་ཡུལ་འདི་ནས་འདས་སོང་ན་སྐུ་གདུང་འདིར་བཞུགས་ན་ཆོག་གམ་ཞེས་དྲིས་པས། ཏིང་ཀླུ་རིན་པོ་ཆེས་ཕྱག་ཕུལ་ནས་ཁྱེད་ལྟ་བུའི་བྱང་ཆུབ་སེམས་དཔའ་ཆེན་པོ་ཞིག་གི་སྐུ་གདུང་འདིར་བཞུགས་རྒྱུའི་སྐལ་བ་ཡོད་ན་བདག་ཅག་བསོད་ནམས་ཆེན་པོ་ལྡན་པ་ཡིན་པས་ཅིའི་ཕྱིར་མི་ཆོག་ཅེས་ཤིན་ཏུ་དང་བ་ཆེན་པོས་ཞུས་པས། ཐུགས་དགྱེས་པའི་ཉམས་མཛད། དེ་ནས་ལོ་དེའི་ཟླ་དགུ་བའི་ཚེས་གཅིག་ཉིན་གཟུགས་སྐུའི་བཀོད་པ་ཆོས་དབྱིངས་སུ་བསྡུས་སོ། །ཞིང་བཟའ་རིན་པོ་ཆེ་སོགས་བྱོན་ཅིང་ཆོས་བཀའ་རྒྱ་ཆེར་བསྩལ་བའི་བསྟན་འཛིན་གྱི་སྐྱེས་ཆེན་དམ་པ་འགའ་ཞིག་བརྗོད་ན། སྐྱབས་རྗེ་ལུང་རིགས་རྒྱ་མཚོའི་ཀུན་དགའ་བོ་དང་མཚུངས་པའི་ཉེ་གནས་ཆེན་པོ་མཁས་ཞིང་གྲུབ་པའི་དབང་ཕྱུག་རྗེ་ཁ་ཀླུ་བ་འཇམ་དབྱངས་དཔལ་ལྡན་གྱིས་རབ་བྱུང་བཅོ་ལྔ་པའི་མེ་སྤྲེལ་ལོར་དགོན་པ་འདིར་མགོན་པོའི་གཏོར་སྒྲུབ་གསར་དུ་བཙུགས་ཞིང་བཀའ་ཆོས་མང་པོ་གནང་བ་དང་། རབ་བྱུང་བཅུ་དྲུག་པའི་ཤིང་ཕག་ལོར་སྒྲུབ་རྒྱུད་བསྟན་པའི་མངའ་བདག་སྐྱབས་རྗེ་ཨ་རོལ་རིན་པོ་ཆེས་བཅོམ་ལྡན་དུས་ཀྱི་འཁོར་ལོའི་དབང་ཆེན་བསྩལ་ཅིང་། ལྕགས་འབྲུག་ལོར་སྣར་ཡང་སྣར་ཐང་བརྒྱ་རྩའི་རྗེས་གནང་ཡོངས་སུ་རྫོགས་པའི་བཀའ་དྲིན་བསྐྱངས་པ་དང་། རབ་བྱུང་བཅུ་དྲུག་པའི་ས་སྟག་ལོར་ཐར་ཤུལ་རིན་པོ་ཆེ་རྗེ་དགེ་འདུན་ཆོས་སྐྱོང་རྒྱ་མཚོས་ཀྱང་ཆོས་བཀའ་དུ་མ་གནང་བ་དང་། རབ་བྱུང་བཅུ་དྲུག་པའི་ལྕགས་

ཡོས་ལོར་ཡོངས་རྫོགས་བསྟན་པའི་མངའ་བདག་རྗེ་ཞྭ་དམར་བ་བློ་བཟང་བཤད་སྒྲུབ་བསྟན་འཛིན་རྒྱ་མཚོ་དཔལ་བཟང་པོས་རྡོ་རྗེ་འཇིགས་བྱེད་ཀྱི་དབང་སོགས་ཆོས་བཀའ་མང་དུ་བསྩལ་བ་དང་། སྐབས་ཤིག་ཏུ་ཨ་རིག་དགེ་བཤེས་ཆེན་མོའི་རྣམ་སྤྲུལ་ཡོངས་ཀྱི་དགེ་བའི་བཤེས་གཉེན་ཆེན་པོ་ལྷ་སྡེ་བ་རྗེ་ཡེ་ཤེས་རྒྱ་མཚོས་དཔལ་རྡོ་རྗེ་འཇིགས་བྱེད་ཀྱི་དབང་དང་གཞི་གསུམ་ཆོ་གའི་ཞལ་ལུང་སོགས་བཀའ་ཆོས་མང་པོ་སྩོལ་བ་དང་། གཞན་ཡང་། ཀུན་མཁྱེན་ཆེན་པོ་འཇམ་དབྱངས་བཞད་པའི་སྐུ་ཕྲེང་བཞི་བ། ཤར་ཐམས་ཅད་མཁྱེན་པའི་སྐུ་ཕྲེང་བདུན་པ། རྗེ་བདེ་ཡངས་རིན་པོ་ཆེ་སོགས་དམ་པའི་མཆོག་སྤྲུལ་དུ་མ་སྔ་ཕྱིར་ཕེབས་ཤིང་བྱིན་གྱིས་བརླབས་པའི་ཚུལ་ཤིན་ཏུ་མང་ལ་ཁྱད་པར་དུ་སྙིགས་དུས་ཀྱི་བསྟན་འགྲོར་གཅིག་ཏུ་སྨན་པ་ལ་ཐུགས་བསྐྱེད་ཀྱི་མཐུ་སྨིན་པ་ཟླ་མེད་མཁན་སྒྲུབ་ཆེན་པོ་རྗེ་ཡེ་ཤེས་རྒྱ་མཚོ་མཆོག་གིས་ཉེ་སྔོན་ཆོས་སྡེ་འདི་སྣར་གསོ་བྱས་པ་ནས་བཟུང་སྔ་ཕྱིར་ཐེངས་འགར་ཕེབས་ཏེ། གསང་བདེ་འཇིགས་གསུམ་གྱི་དབང་སོགས་དབང་གི་སྐོར། རིགས་གསུམ་སྤྱི་སྒྲུབ་ཀྱི་རྗེས་གནང་སོགས་རྗེས་གནང་གི་སྐོར། ལམ་ཁྲིད་འཇམ་དཔལ་ཞལ་ལུང་གི་ཁྲིད་སོགས་ཟབ་པ་དང་རྒྱ་ཆེ་བའི་དབང་ལུང་མན་ངག་གི་ཆོས་ཆར་དགུང་ནས་ཕབ་པས་སྡེ་འདི་དང་ཉེ་འཁོར་གྱི་སྐྱེ་དགུ་ཡོངས་ལ་མཆོག་ཏུ་བཀའ་དྲིན་ཆེ་བ་ཡིན་ལ། ད་ལོར་ཡང་གངས་ལྗོངས་འགྲོ་བའི་མགོན་སྐྱབས་གཅིག་པུ། ཀུན་གཟིགས་ཡེ་ཤེས་ཀྱི་ཉི་མ་པཎ་ཆེན་ཐམས་ཅད་མཁྱེན་ཅིང་གཟིགས་པ་ཆེན་པོས་ཞབས་པད་བཀྲ་ཤིས་ཀྱི་རེ་ཁ་སྡེ་འདིར་ཉེ་བར་བཀོད་དེ་བྱིན་རླབས་མི་ཧྲག་གི་ཆར་ཟད་མེད་དུ་འཇོ་བར་མཛད་དོ། །གོང་བཀོད་དེ་དག་གིས་མཚོན་ཐེག་པ་ཆེན་པོའི་དགེ་བའི་བཤེས་གཉེན་མཐའ་ཀླས་པས་ཆོས་སྡེ་འདིར་སྨིན་བྱེད་ཀྱི་དབང་། གྲོལ་བྱེད་ཀྱི་ཁྲིད། རྒྱབ་རྟེན་གྱི་ལུང་སོགས་མདོར་ན་མདོ་སྔགས་ཀྱིས་བསྡུས་པའི་ཆོས་ཀྱི་འཁོར་ལོ་རྒྱ་ཆེར་བསྐོར་ཀྱང་། དེ་དག་གི་ཚུལ་རེ་རེ་བཞིན་ཞིབ་ཏུ་འགོད་པར་མི་ནུས་པས་རེ་ཞིག་འདི་ཙམ་ལས་མ་སྦྱར་སོ། །

ཆོས་སྡེ་འདིའི་ཆོས་ཐོག་གི་རིམ་པ་ནི། ཚོ་འཕྲུལ་སྨོན་ལམ་རྒྱ་ལོའི་ཆོས་བཅུ་ནས་ཉེ

ཟླའི་ཉིན་ཀུང་བར་ཉིན་བཅུ་དང་ཕྱེད་ཀྱི་རིང་ལ་མཆོད་འབུལ་རྒྱ་ཆེར་བསྐྱར་བ་དང་ཆབས་ཅིག་བླམ་མཆོད་པའི་ཆོ་ག་དང་། སྨོན་ལམ་མདོ་གདུགས། ཆོས་སྤྱོད་སྐོར། སྤྱན་འདྲེན་ཁྲུས་གསོལ། རྗེའི་གསང་བའི་རྣམ་ཐར་སོགས་གསུངས་ཤིང་། གཞན་རིམ་གྲོ་གང་ཡོད་སྒྲུབ་པ་ཡིན་ལ། ལྷ་སྡེ་རྣམས་སྐོར་ཁག་ཕྱེད་དང་བཅུར་བགོས་ནས་རང་རང་གི་ཉིན་གྱི་བསྙེན་བཀུར་ཕུན་སུམ་ཚོགས་པ་ཞུ་སྲོལ་ཡོད། ཟླ་གཉིས་པའི་ཉེར་གཉིས་ནས་སྨན་ལྷའི་སྒྲུབ་མཆོད་ཀུན་མཁྱེན་འཇམ་དབྱངས་བཞད་པའི་དུས་མཆོད་ལ་དམིགས་པ་ཉིན་བདུན། ས་ག་ཟླ་བའི་ཆོས་གསུམ་ནས་ཞོགས་པར་བླ་མཆོད་དང་། དེ་ནས་སྨན་ཐུང་ཚར་རེ་ཕྱག་མཆོད་དང་བཅས་པས་མཆོད་པ་ལན་དགུ་སྟེ། ལོ་རེའི་གྲྭ་གྲངས་ལྟར་རྩིས་པས་ཆུ་མཆོད་འབུམ་ལོངས་ངེས་པ་དང་། ཉ་ལ་སྨྱུང་གནས། ཉེར་གཉིས་ནས་སྐྱ་གོང་མའི་དུས་མཆོད་ཉིན་བདུན། མཇུག་ཏུ་སྲུང་མའི་བསྐང་གསོལ་གར་འཆམ་བཅས་དང་། ཟླ་དྲུག་པའི་བཅོ་ལྔ་ལ་དབྱར་ཁས་ལེན། བཅུ་དྲུག་ནས་ཉེར་གཉིས་བར་གནས་བཅུ་གཤེགས་མཆོད་དང་ཆོས་སྤྱོད་སྐོར། བདུན་པའི་ཆོས་བརྒྱད་ནས་བཅུ་གསུམ་བར་འཇིགས་བྱེད་ལྷ་བཅུ་གསུམ་མའི་སྒྲུབ་མཆོད་དཔལ་ལྡན་སྨད་རྒྱུད་ཀྱི་ཕྱག་ལེན་ལྟར་དང་། བཅུ་བཞིའི་ཉིན་སྦྱིན་སྲེག ཉེར་གསུམ་ནས་ཉེར་དགུའི་བར་ཀུན་རིག་གི་སྒྲུབ་མཆོད་མཇུག་ཏུ་སྦྱིན་སྲེག་བཅས་དང་། ཟླ་བརྒྱད་པའི་ཆོས་གཅིག་ལ་དབྱར་གཡེང་ནས་སྟོངས་རྒྱུ་ཞིང་ཆོས་གསུམ་བཞི་གཉིས་ལ་དབྱར་སྟོན་ལ་རོལ། ཆོས་དགུ་ནས་བཅོ་ལྔའི་བར་མགོན་པོ་གཏོར་སྒྲུབ་ཉིན་བདུན། བཅུ་བདུན་ཉིན་རྗེ་འཇམ་དབྱངས་འཇིགས་མེད་ཐུབ་བསྟན་ཆོས་འཁོར་རྒྱ་མཚོ་དཔལ་བཟང་པོའི་དུས་མཆོད་ཀུན་རིག་གི་སྒྲུབ་མཆོད། བཅུ་བའི་ཉེར་གསུམ་ཉིན་ལོ་གཏོར་བཟླ་ཞིང་ཉིན་དེ་ནས་ཉེར་བདུན་པར་བླ་མཆོད་དང་། སྤྱན་འདྲེན་ཁྲུས་གསོལ། གནས་བཅུའི་གཤེགས་མཆོད། ཆོས་སྤྱོད་སྐོར། མདོ་གདུགས་གང་མང་བཅས་དང་ཕྱི་རྡོ་གསེར་ཞུན་མ་དང་འབྲེལ་སྲུང་མའི་བསྐང་བཤགས་གང་མང་གསུང་ལ། ཁྱད་པར་ཉེར་བདུན་དང་ཉེར་བརྒྱད་ཉིན་འཇིགས་བྱེད་ལྷ་བཅུ་གསུམ་མ་དང་མགོན་ཆོས་ལྔའི་ཚོ་ག་ཡོངས་རྫོགས་གསུང་

ཞིང་། ཉེར་བརྒྱད་ཉིན་གར་འཆམ་ཡོད། དགུན་ཉེ་ཕྱོག་ལ་སྒྲོལ་མས་མཇལ་བཞི་བ་ཉིན་བདུན་དང་། བོད་ལོ་ཉེར་གཉིས་ནས་མགོན་ཆོས་སོགས་ཀྱི་བསྐང་གསོལ་ཉིན་གསུམ་གསུངས་ཤིང་། ཉེར་ལྔའི་ཉིན་གྱི་འདོན་པ་རྣམས་ཉེར་དགུའི་ཉིན་གྱི་དུས་བཟང་ལྟར་ཡིན་ནོ། །སྤྱིར་བླ་རེའི་བཅོ་ལྔ་དང་ཉེར་དགུ་ཉིན་དུས་བཟང་གི་ཆོས་ཐོག་ཡིན། ཉིན་དེ་དག་ཏུ་ཚོགས་པར་ཆོས་སྤྱོད་རྣམས་དང་། རྣམ་རྒྱལ་གཟུངས་རིང་ཚར་ལྔ་བཅུ། ཉིན་གུང་འཇིགས་བྱེད་དཔའ་བོ་གཅིག་པ་དང་ཆོས་རྒྱལ་ཆོ་ག ཆོས་རྒྱལ་གཤེགས་གཏོར་བཅས་དང་། ཕྱི་ནང་དྲུག་ཅུ་བ་གནམ་ལྕགས་ཐོག་རྐོད་བཅས་གསུངས་པ་ཡིན་ནོ། །

འདིར་སྨྲས་པ། མ་སྨད་མཁྱེན་བརྩེའི་ཆུ་གཏེར་ཡངས་པའི་མཐའ། །ཀུན་གསལ་སྣེག་མོའི་ཁྱོན་དང་མཉམ་བརྡལ་བའི། །དུས་གསུམ་གཟིགས་པ་དུར་སྦྲིག་རོལ་གར་ཅན། །ཡོངས་འཛིན་དམ་པའི་ཚོགས་ལ་སྣར་ཡང་འདུད། །རྣམ་གསུམ་ཁྲིམས་གཙང་དུར་སྦྲིག་མཛེས་པའི་རྒྱལ་མཚན་སྲིད་ཞིའི་མཁའ་ལ་གཡོ་བ་མེད་པར་བསྒྲེངས། །གསང་ཆེན་རིམ་གཉིས་རྣལ་འབྱོར་ཟབ་མོའི་ནོར་བུའི་ཏོག་ལས་མཆོག་ཐུན་དངོས་གྲུབ་ཅི་དགར་འཛོ། །རིག་གྲོལ་ཡོན་ཏན་བཞི་ཟུང་དར་གྱིས་རབ་མཛེས་སྐྱེ་དགུའི་ཕན་དང་བདེ་བའི་གཞིར་གྱུར་པའི། །མཚུངས་མེད་ཆོས་ཀྱི་སྡེ་འདིར་རིམ་བཞིན་བྱོན་པའི་འཕགས་ཚོགས་འདུས་པའི་སྡེ་ལ་དང་བས་འདུད། །སྡོམ་གསུམ་གཙང་མའི་རྩ་བ་རབ་ཏུ་བརྟན། །ཐོས་བསམ་སྒོམ་པའི་ཤམ་བུ་འབུམ་དུ་བརྩེགས། །ཡང་དག་ལྟ་བ་མཆོག་གི་གདུགས་དཀར་པོ། །སྲིད་ཞིའི་མཁའ་ལ་གཡོ་མེད་བསྒྲེངས་གྱུར་ཅིག །བདེན་གཉིས་བདེན་བཞིའི་རི་མོ་གསལ་རྫོགས་པའི། །རྣམ་དག་མཁྱེན་ཡངས་གསེར་མིག་འཁྱིལ་བའི་ཉ། །དད་བརྩོན་གཤོག་རླབས་གཡོ་བའི་རློས་གར་གྱིས། །ཤེས་བྱའི་མཚོ་ལ་ཆགས་ཐོགས་མེད་གྱུར་ཅིག །མདོ་རྒྱུད་ཆུ་གཏེར་བསྲུབས་པ་ལས་འོངས་པའི། །ཟབ་རྒྱས་གདམས་པ་བདུད་རྩི་བསིལ་མ་ཡིས། །ལེགས་གཏམས་ཡོངས་རྫོགས་ལམ་གྱི་བུམ་པ་བཟང་། །ཐར་འདོད་ལེགས་བྲིས་འཚོ་བའི་གཞིར་གྱུར་ཅིག །མདོན་མཐོའི་རྟེན་བཟང་ལྷ་ཡི་དགའ་ཚལ་ན། །བཞད་

པའི་དྲན་དབང་པད་དཀར་འདབ་བརྒྱ་བའི། །མཛད་འཕྲིན་ཕྱོགས་བཅུར་ལྡང་བའི་དྲི་
ངད་ཀྱིས། །སྐལ་བཟང་རྐང་དྲུག་མགྲོན་དུ་བསུ་གྱུར་ཅིག །རྨད་བྱུང་ལྷག་བསམ་རང་
མདངས་རབ་ཏུ་དཀར། །གཞན་ཕན་མཛད་བཟང་རི་མོ་གཡས་སུ་འཁྱིལ། །ལེགས་པར་
བཤད་པ་སྐྱེ་བ་ལྔ་བའི་སྒྲ། །ཐར་འདོད་རྣམ་པའི་དཔྱིད་དུ་གྲགས་གྱུར་ཅིག །སྡུག་བསྔལ་
རླབས་ཕྲེང་གཡོ་བ་འཁོར་བའི་མཚོར། །འཁྱམས་པའི་ཉམ་ཐག་མ་མར་གྱུར་བའི་འགྲོ། །
གདན་བདེའི་གནས་སུ་བགྲོད་འདོད་སེམས་མཆོག་གི །དཔལ་བེའུ་མདུད་པ་གཞོམ་
གཞིགས་བྲལ་གྱུར་ཅིག །དྲི་བྲལ་གཞུང་བརྒྱ་མང་དུ་ཐོས་པའི་དོན། །དབེན་པར་དཔྱད་
འཛོག་ཟུང་གིས་ཉམས་བཞེས་པའི། །སྒྲིབ་གཉིས་ཟིལ་གནོན་སྒྲུབ་པའི་རྒྱལ་མཚན་ཆེ། །
སྣང་ཤས་རླུང་གིས་གཡོ་བ་མེད་གྱུར་ཅིག །བཤད་སྒྲུབ་གསེར་གྱི་འཁོར་ལོའི་རྒྱལ་ཐབས་
ཀྱིས། །ཐུབ་བསྟན་རྒྱ་མཚོའི་གོས་ཅན་དབང་བྱས་ཏེ། །རིས་མེད་སྐྱེ་དགུར་ཕན་བདེའི་
དཔལ་འཛོ་བའི། །གཞིགས་བྲལ་སྐུ་བཞིའི་རྒྱལ་ས་ཟིན་གྱུར་ཅིག །དུས་གསུམ་རྒྱལ་བའི་
ཡུམ་གཅིག་དབྱངས་ཅན་མ། །མ་ཏུང་སྒྲོག་གི་གཤེད་དུ་ཟློས་པའི་གར། །འདོད་ཁམས་
དབང་མོ་དཔལ་ལྡན་དམག་ཟོར་མས། །ཕྱོངས་འདིར་བཤད་སྒྲུབ་འོད་ཀྱིས་འགེངས་པར་
མཛོད། །འཛམ་གླིང་གྲུབ་པའི་འཁོར་བསྒྱུར་པད་འབྱུང་དང་། །བློ་བཟང་རྒྱལ་བ་གཉིས་
པས་བཀའ་བསྔོས་པའི། ལྷ་ཡི་དགེ་བསྙེན་རྡོ་རྗེ་ལེགས་པས་ཀྱང་། །ལས་བཞིའི་འཕྲིན་
ལས་གཡེལ་བ་མེད་པར་སྒྲུབས། །མཁས་དབང་ཉིན་བྱེད་འོད་ཀྱིས་མ་ཕྱེ་བའི། །སྡེ་འདིའི་
ལོ་རྒྱུས་བ་ཀུ་ལ་ཡི་འདབ། །བདག་བློ་ཉམ་ཆུང་སྣེག་མོའི་འགྲམ་ཚང་གིས། །ཙུང་ཟད་
འཛུམ་པར་བྱས་འདིའང་སྐལ་བཟང་སྐམ། །བྱིས་བློའི་སྐྱོན་གྱིས་ནོངས་པའི་ཚོགས་མཆིས་
ན། །གཟུར་གནས་མཁས་པའི་སྤྱན་སྔར་སྙིང་ནས་འཆགས། །འདིར་འབད་རྣམ་དཀར་
ཁོ་མའི་རྒྱུན་བཟང་པོ། །བྱང་ཆེན་སྟོན་པའི་གསོས་སུ་སིམ་གྱུར་ཅིག །ཅེས་ཚབ་ཚའི་
དགོན་གསར་བཀྲ་ཤིས་ཐེག་མཆོག་གླིང་གི་ལོ་རྒྱུས་ཤིན་ཏུ་མདོར་བསྡུས་ཏེ་བཀོད་པ་ངོ་

མཚར་གཏམ་གྱི་སྙིང་པོ་ཞེས་བྱ་བ་འདི་ནི་ལུགས་གཉིས་ལ་འཇུག་པའི་བློ་གྲོས་ཡངས་པ་དགོན་འདིའི་གྲྭ་རིགས་ཨ་ཁུ་ནོར་བུ་ལགས་ཀྱིས་བརྡོག་པའི་གནང་སྐྱེས་དང་བཅས་ནན་གྱིས་སྐུལ་བའི་ངོ་བཟློག་མ་ནུས་པར་ཕྲན་རྫོངས་རྐན་རིག་སྨོན་པ་བཤད་སྒྲུབ་རྒྱ་མཚོས། རབ་བྱུང་མེ་ཡོས་ལོར་(༡༩༨༧) ཆབ་ཆ་བདེ་སྐྱིད་དར་ཐང་གི་རང་ཤག་གཙུག་ལག་གན་མཛོད་ནས་ཐོག་མའི་ས་བོན་གྱི་ཚུལ་དུ་འབྲི་ཁྱུལ་བགྱིས་པའོ། །

འདི་ལ་དཔྱད་གཞི་ཤིན་ཏུ་དཀོན་པའི་དབང་གིས་ཕལ་ཆེར་ངག་རྒྱུན་ལྟར་བཀོད་པ་ཡིན་པས། གཟུར་གནས་བློ་ལྡན་རྣམས་ཀྱིས་ཐུགས་ཞིབ་མོས་ཞུ་དག་གནང་རོགས་འཚལ།

༄༅།།ཆོས་སྒོ་ཆེན་པོ་བྲག་དཀར་སྒྲོལ་རྫོང་ཐོས་བསམ་ཡོན་ཏན་དར་རྒྱས་གླིང་གི་ལོ་རྒྱུས་འདོད་འཇོ་ནོར་བུའི་དོ་ཤལ་ཞེས་བྱ་བ་བཞུགས་སོ། །

༄༅།།ཨོཾ་སྭ་སྟི། བླམ་དང་རྗེ་བཙུན་མཁྱེན་པའི་གཏེར་ལ་ཕྱག་འཚལ་ལོ། །
མཚན་དཔེའི་འོད་ཀྱི་ཚོམ་བུ་རྫོགས་སངས་རྒྱས། །
སྡུག་ཀུན་དྲུངས་འབྱིན་ཞི་བ་དམ་པའི་ཆོས། །
བསོད་ནམས་ཞིང་མཆོག་འཕགས་པའི་དགེ་འདུན་ཏེ། །
བསླུ་མེད་སྐྱབས་མཆོག་གསུམ་གྱིས་ཤིས་པ་སྩོལ། །
བློ་བརྟེན་རབ་བཟང་མགྲོགས་འགྲོ་བདུན་གྱིས་དྲངས། །
ལུང་རྟོགས་བསྟན་པའི་རི་གླིང་སྣང་བས་གསལ། །
རྒྱལ་ཀུན་སྤྱི་གཟུགས་ཆོས་ཀྱི་ཉིན་མོར་བྱེད། །
མཚན་ལྡན་མགོན་དེས་བྱང་ཆུབ་བར་དུ་སྐྱོངས། །
མཚན་དཔེའི་ཡོངས་འདུས་གསར་བའི་འབྲི་ཤིང་མཐོང་གྲོལ་
དགེ་ལེགས་བྱེ་བའི་གཏེར། །
ལེགས་གསུང་བདུད་རྩི་མངར་བའི་བཅུད་བཟང་སྲིད་ཞིའི་
གདུང་སེལ་སྨན་གྱི་མཆོག །
མཁྱེན་བརྩེའི་ཡལ་འདབ་ཕྱུག་གྱུར་བཀྲ་བ་བདེན་གཉིས་
ཤེས་བྱའི་ཁྱོན་ལ་ཁྱབ། །
མཚུངས་མེད་སྟོན་པ་ལྷ་ཡི་ལྷ་དེའི་ཞབས་ཀྱི་པདྨོ་གཙུག

གིས་མཚོད། །

གང་གི་ལུང་རྟོགས་ཐུབ་བསྟན་ནམ་མཁའི་ནོར། །

སྣོངས་འདིར་འདྲེན་མཛད་ལོ་པཎ་རྒྱལ་བློན་དང་། །

ཁྱད་པར་འཇམ་མགོན་རྒྱལ་བ་བརྒྱུད་པར་བཅས། །

མི་འགྱུར་དད་གསུམ་ནོར་བུའི་ཁྲི་ལ་བསྒྲུ། །

མཁས་བཙུན་བཟང་པོའི་མཚར་སྡུག་འདབ་སྟོང་བཀྲ།

ཐོས་བསམ་སྒོམ་པའི་ཟེལ་མངར་འབུམ་དུ་འཁྱིལ། །

འཆད་རྩོད་རྩོམ་པའི་དྲི་བསུང་ཕྱོགས་བཅུར་སྤྲོ། །

བཤེས་གཉེན་པད་དཀར་ཕྲེང་བ་གཙུག་ཏུ་བཀུར། །

བསྟན་དང་བསྟན་འཛིན་སྐྱོང་བར་ཞལ་བཞེས་པའི། །

རྡོ་རྗེའི་དམ་ཚིག་སྙིང་ལ་རབ་བཅངས་པ། །

སྲིད་གསུམ་བདག་མོ་དཔལ་ལྡན་དམག་ཟོར་མས། །

སྟེ་འདིའི་ཆོས་སྲིད་ལེགས་ཚོགས་སྤེལ་བར་མཛོད། །

བློ་ཆེན་རྒྱལ་བའི་གོ་འཕང་མངོན་བྱས་ཀྱང་། །

ཀུན་བཟང་སྤྱོད་པ་རྒྱ་མཚོར་སློབ་ཚུལ་གྱིས། །

ལུང་རྟོགས་བསྟན་པའི་རྒྱལ་མཚན་སྲིད་པའི་རྩེར། །

བསྒྲེངས་མཛད་དཔལ་ལྡན་བླ་མར་སྣང་ཡང་གུས། །

མགོན་དེའི་ཐུགས་བསྐྱེད་སྔ་ཡི་དྲི་བཞིན་གྱིས། །

ཉེར་དྲངས་བཤད་སྒྲུབ་ཏ་རེའི་བསུང་འཕྱུལ་བ། །

ཐོས་བསམ་ཡོན་ཏན་དར་ཞིང་རྒྱས་པའི་གླིང་། །

ཇི་ལྟར་བྱུང་བའི་གཏམ་སྙན་སྒྲོ་ལ་རངས། །

༧ དེ་ལ་འདིར་ཁྱབ་བདག་འཁོར་ལོ་སྡོམ་པ་དང་། འཕགས་མཆོག་འཇིག་རྟེན་

དབང་ཕྱུག་གི་ཞིང་ཁམས། དངོས་དོན་རྒྱལ་བ་རྒྱ་མཚོའི་ཡེ་ཤེས་རང་སྣང་ལས་གྲུབ་པའི་རྟེན་དང་བརྟེན་པའི་དཀྱིལ་འཁོར་མ་ལུས་པ་ལྷུན་གྱིས་གྲུབ་ཅིང་ཆུ་བུར་མིག་ལ་ཡང་བཟོ་བོ་མཁས་པའི་པིར་རྩེ་ལས་ཐོན་པ་ལ་ཅོ་འདྲི་བའི་སྐུ་གསུང་ཐུགས་ཀྱི་རྟེན་མཆོག་རང་བྱོན་དུ་བྱུང་བ་མཐའ་ཡས་པ་སྣང་དུ་མཆིས་པས། མཇལ་བ་ཙམ་གྱིས་དང་བ་འདྲེན་ཅིང་ཡིད་ཀྱི་བརྟན་པ་དབང་མེད་དུ་འཕྲོག་པ། མཁས་པ་དང་གྲུབ་པའི་སྐྱེ་བོ་མང་པོས་བྱིན་གྱིས་བརླབས་ཤིང་སྒྲུབ་པའི་རྒྱལ་མཚན་བསྒྲེངས་པའི་གནས། ཡུལ་མདོ་སྨད་ཀྱི་ཙ་རི་ཏྲ་གནས་མཆོག་བྲག་དཀར་སྤྲེལ་རྫོང་ཞེས་སྙན་གྲགས་ཀྱི་ཛ་ཛ་ཕྱོགས་ཀྱི་བུ་མོའི་རྣ་རྒྱན་དུ་གྱུར་པ་དེར། འཕགས་མཆོག་ཕྱག་ན་པདྨོ་དངར་སྐྱིག་གར་དུ་བསྒྲོས་པ་སྐབས་གཅིག་དང་པོའི་སངས་རྒྱས། མཚན་བརྗོད་པར་དཀའ་བ། དོན་གྱི་སྙད་དུ་མཚན་ནས་སྨྲས་ཏེ། ཡབ་རྗེ་རྡོ་རྗེ་འཆང་ཨ་རོལ་བ ༧ རྗེ་བཙུན་བློ་བཟང་ལུང་རྟོགས་བསྟན་པའི་རྒྱལ་མཚན་དཔལ་བཟང་པོའི་གདན་ས་དམ་པ། ཕྱི་སོ་སོར་ཐར་པའི་བརྟུལ་ཞུགས་ལ་གནས་ཤིང་། ནང་རིམ་གཉིས་ཀྱི་རྣལ་འབྱོར་ཟབ་མོར་གཞོལ་བའི་ཁྲིམས་ལྡན་རྡོ་རྗེ་འཛིན་པ་བརྒྱ་ཕྲག་མང་པོ་གདན་འཛོམས་པའི་ཐེག་ཆེན་ཆོས་ཀྱི་ཕོ་བྲང་། ལུང་རིགས་དབྱངས་སྙན་སྒྲོག་མཁས་དཔྱོད་ལྡན་ངང་སོ་འདུམ་གྱི་རོལ་མཚོ། ཕྱོགས་ཐམས་ཅད་ལས་རྣམ་པར་རྒྱལ་བའི་ཆོས་སྡེ་ཆེན་པོ་ཐོས་བསམ་ཡོན་ཏན་དར་རྒྱས་གླིང་གི་ལོ་རྒྱུས་གང་ངེས་རགས་ཙམ་འགོད་པ་ལ། འདེབས་པ་པོ་རྡོ་རྗེ་འཆང་ཆེན་པོའི་རྣམ་ཐར་མདོར་བསྡུས། དགོན་སྡེ་ཇི་ལྟར་ཆགས་འདེབས་གནང་ཚུལ། ཆོས་ཀྱི་ཁྲི་ལ་ཞབས་སྐྱེས་རྗེས་སྟོང་གི་རི་མོ་རིམ་གྱིས་བཀོད་པའི་འཕགས་ཆེན་དམ་པ་དག་གི་ལེགས་མཛད་རགས་ཙམ། སྐུ་གསུང་ཐུགས་རྟེན་གྱི་དཀར་ཆག གནས་ཀྱི་ཆེ་བ་མདོ་ཙམ། རྒྱལ་བསྟན་ཡང་དར་གྱི་སྐབས་འདིའི་གནས་ཚུལ་ཙུང་ཙམ་གླེང་བ་དང་དྲུག་ལས། དང་པོ། ཆོས་སྡེ་འདི་ཉིད་ཆགས་འདེབས་གནང་བ་པོ་བླ་མ་རྡོ་རྗེ་འཆང་ཆེན་པོའི་རྣམ་ཐར་མདོར་བསྡུས་ཏེ་ཞུ་བ་ལ།

ཆོས་སྡེ་འདི་ཉིད་ཐོག་མར་འདེབས་པ་པོ་ནི། རྒྱལ་བ་འོད་མཐའ་ཡས་པའི་ཡེ་ཤེས་

སྤྲུལ་འཕྲུལ་སློབ་དཔོན་ཆེན་པོ་པདྨ་ཀ་རས། བྱང་སེམས་བདུད་རྩི་འཛོ་ནུས་པའི། །ལུང་རིགས་དེད་དཔོན་བླ་མ་འབྱུང་། །དམར་པོ་ཞྭ་མིང་སྐྱེས་བུའང་འབྱུང་། །མདོ་སྔགས་རིས་མེད་སྒྲོན་མེ་བྱེད། །ཅེས་དང་། དེ་སོགས་པད་འབྱུང་ངའི་སྤྲུལ་བ་སུ་ཡིས་ཚད་བཟུང་ག་ལ་སྲིད། ཅེས་སྐུ་གོང་མ་སྐྱབས་མགོན་བློ་བཟང་ལུང་རིགས་རྒྱ་མཚོ་དང་། མགོན་པོ་གང་གི་ཐུགས་ཀྱི་སྲས་གཅིག་ཞྭ་དམར་པཎྜི་ཏ་ཆེན་པོ་གཉིས་ཀ་སློབ་དཔོན་ཆེན་པོ་ཉིད་ཀྱི་སྤྲུལ་བར་ཞལ་བཞེས་ཤིང་། མདོ་དང་སྔགས་ཀྱིས་བསྡུས་པའི་ཐུབ་བསྟན་རིན་པོ་ཆེ་གསལ་བའི་སྒྲོན་མེར་འགྱུར་བར་ལུང་གིས་བསྟན་པ་དང་། ཁྱད་པར་དུ་སྐྱབས་རྗེ་རྡོ་རྗེ་འཆང་ཆེན་པོ་འདི་ཉིད་ནི། ཡུམ་ཆེན་མོ་མི་མོའི་རྣམ་པར་རོལ་བ་མ་ཅིག་ལབ་ཀྱི་སྒྲོན་མས།

བྱང་ཆུབ་སེམས་དཔའི་སྤྲུལ་བ་འདི་འདྲ་འབྱུང་། །
འགྲོམ་གྱི་སྤྲུལ་བ་སྐྱེས་བུ་དམ་པ་ནི། །
ངུར་སྨྲིག་ཚུལ་འཛིན་བསླབ་པ་གསུམ་དང་ལྡན། །
རྒྱུད་སྡེ་ཆོས་ལ་སྙིང་པོ་བཅུད་དུ་འདྲེན། །
བསྟན་པའི་རྒྱལ་མཚན་སྐྱེས་བུ་དེ་འདྲ་འབྱུང་། །

ཞེས་མཚན་སྒྲ་དང་མཛད་པ་སོགས་གསལ་བར་ལུང་གིས་བསྟན་པ་ལྟར། གངས་ཅན་འགྲོ་བ་ཡོངས་ཀྱི་མེ་ཏོག་ཐོག་པའི་ལྷ་སྐལ་སྙིང་རྗེའི་རང་གཟུགས་འཕགས་མཆོག་ཕྱག་ན་པདྨོའི་སྤྲུལ་འཕྲུལ་འགྲོམ་སྟོན་པ་རྒྱལ་བའི་འབྱུང་གནས་བསམ་བཞིན་དུས་མཐའི་སྐྱེ་རྒྱུ་རྣམས་ཀྱི་མགོན་དང་དཔུང་གཉེན་དུ་གསུམ་ལྡན་རྡོ་རྗེ་འཛིན་པའི་སྐུར་བཞེངས་པ། ཐོས་བསམ་སྒོམ་གསུམ་དང་། མཁས་བཙུན་བཟང་གསུམ། འཆད་རྩོད་རྩོམ་གསུམ་གྱི་སྒོ་ནས་འཛམ་མགོན་བཤད་སྒྲུབ་ཀྱི་བསྟན་པ་རིན་པོ་ཆེ་འཛིན་ཅིང་སྤེལ་བ་ལ་རྒྱལ་བ་རང་ཉིད་ཀྱི་མཛད་པ་དང་སྒོ་ཀུན་ནས་མཚུངས་པ། བསྟན་འཛིན་བྱེ་བའི་གཙུག་རྒྱན་སྐྱབས་རྗེ་རྡོ་རྗེ་འཆང་ཆེན་པོ། དོན་གྱི་སྣང་དུ་མཚན་ནས་སྨོས་ཏེ། ༸རྗེ་བཙུན་བློ་བཟང་ལུང་རྟོགས་བསྟན་པའི་རྒྱལ་མཚན་དཔལ་བཟང་པོ་ཞེས་སྙན་པའི་བ་དན་དཀར་པོ་ས་གསུམ་ན་གཡོ་བ་

དེ་ཉིད་དོ། །དམ་པ་འདིས་ནི་རིང་ནས་ཡེ་ཤེས་མཆོག་གི་གོ་འཕང་མངོན་དུ་མཛད་ཅིང་། དག་པ་དང་མ་དག་པའི་འཇིག་རྟེན་གྱི་ཁམས་མཐའ་ཡས་པར་སྤྲུལ་པའི་རོལ་གར་བསམ་མི་ཁྱབ་པ་རིམ་དང་ཅིག་ཅར་དུ་སྟོན་ཏེ། དཔག་ཏུ་མེད་པའི་ལུས་ཅན་གྱི་དོན་མཛད་པའི་ཚུལ་ནི་རྒྱལ་བའི་མཁྱེན་པའི་ཡུལ་ལས་འདས་ན་བདག་འདྲས་བརྗོད་པར་ག་ལ་ནུས། འོན་ཀྱང་ཚད་མའི་སྐྱེས་བུ་དམ་པའི་གསུང་བཞིན་སྐྱེ་ཕྲེང་གོང་མ་འགའ་ཞིག་གི་མཚན་ཙམ་འགོད་ན། རྒྱལ་ཀུན་སྙིང་རྗེའི་རང་གཟུགས་འཕགས་མཆོག་ཕྱག་ན་པདྨོ། ཐལ་འགྱུར་བའི་ཤིང་རྟའི་སྲོལ་འབྱེད་སློབ་དཔོན་སངས་རྒྱས་བསྐྱངས། བཀའ་གདམས་བསྟན་པའི་མེས་པོ་འབྲོམ་སྟོན་རྒྱལ་བའི་འབྱུང་གནས། པོ་དོང་པཎྜི་ཏ་ཕྱོགས་ལས་རྣམ་རྒྱལ། རྗེ་དྲུང་མཁས་གྲུབ་བསམ་གཏན་རིན་ཆེན། རོང་སྟོན་མཁན་ཆེན་བློ་བཟང་གྲགས་པ། མགར་རྩེ་ཆོས་རྗེ་ཤེས་རབ་ཉི་མ། བྱང་ཕྱོགས་གྲུབ་པའི་གཙུག་རྒྱན་སྐལ་ལྡན་རས་པ་རྣམས་དང་། ཁྱད་པར་དུ་ཡོངས་སུ་གྲགས་པའི་སྐུ་ཕྲེང་དང་པོ་རབ་འབྱམས་གཞུང་བརྒྱའི་མངའ་བདག་ཨ་རོལ་གྲགས་པ་རྒྱ་མཚོ་དཔལ་བཟང་པོ། གཉིས་པ་ཁྱབ་བདག་འཁོར་ལོའི་མགོན་པོ་སྐྱབས་རྗེ་བློ་བཟང་ལུང་རིགས་རྒྱ་མཚོ། གསུམ་པ་ཡོངས་རྫོགས་བསྟན་པའི་བདག་པོ་རྡོ་རྗེ་འཆང་འདི་ཉིད་ཡིན་ནོ། །

དམ་པ་འདི་ཉིད་གང་དུ་འཁྲུངས་པའི་ཡུལ་ནི། གྲུབ་པའི་དབང་ཕྱུག་ཡབ་རྗེ་སྐལ་ལྡན་རྒྱ་མཚོའི་སྐུ་ཕྲེང་རིམ་བྱོན་གྱི་འཕྲིན་ལས་འདོད་དགུར་སྤེལ་བའི་ཡུལ། མདོ་སྨད་རེབ་གོང་གསེར་མོ་ལྗོངས་ཞེས་གྲགས་པའི་ཆ་ཤས་སྟོད་བཅུད་ལྡན་སུམ་ཚོགས་ཤིང་། དགེ་བཅུད་གཡང་དུ་འཁྱིལ་བའི་ཡུལ་གྲུ་ཨ་བུར་ཐེ་བུ་ཞེས་སྡེ་ཚོ་གཉིས་སུ་མཆེད་པའི་ནང་ཚན་ལས། ཨ་བུར་ཚོ་བའི་ཆར་གཏོགས། མགར་གྱི་རིགས་ལས་མཆེད་པའི་ཨ་བུར་ནང་སོའམ། ཡེ་ཧུའི་རྒྱུད་ལས་ཡབ་དགེ་འདུན་བསོད་ནམས་དང་། ཡུམ་སྒྲོལ་མ་སྐྱིད་གཉིས་ཀྱི་སྲས་སུ་རབ་བྱུང་བཅོ་ལྔ་བའི་ས་བྱི་(༡༨༨༨)ལོའི་ཟླ་ཚེས་གཟའ་སྐར་འཕྲོད་སྦྱོར་ལྡན་སུམ་ཚོགས་པའི་ཉིན་ངོ་མཚར་བའི་ལྟས་དུ་མ་དང་བཅས་སྐུ་བལྟམས། འཁྲུངས་མ་ཐག་

ནས་ཚོགས་བུར་སྤྱན་ཕྱེ་ཞིང་འཛུམ་དང་བཅས་བཞུགས་པ་སོགས་ཡ་མཚན་པའི་སྤྱོད་པ་ཕལ་བའི་སྐྱེ་བོའི་བསམ་ཡུལ་ལས་འདས་པ་བྱུང་། དེའི་ཚེ་ཡབ་ཀྱིས་ཡི་དམ་སྐྱབས་ཞེས་མཚན་གསོལ། སྐུ་ན་ཕྲ་མོའི་དུས་ཀྱི་རྩེད་འཇོའང་རི་ཁྲིད་འདེབས་པ་དང་། ལྷ་ཁང་བཞེངས་པ། མཆོད་པ་འབུལ་བ། ཕྱག་གཉིས་མཉམ་བཞག་མཛད་དེ་ཧིང་ངེ་འཛིན་ལ་བཞུགས་པའི་ཚུལ། གྲོགས་ཀྱི་བྱིས་པ་རྣམས་ལ་ཆོས་འཆད་པ་དང་། ཕྱག་དབང་འཛོག་པ་བུམ་ཆུ་སྟོར་བའི་རྣམ་པ་སོགས་རིང་ནས་ལེགས་མཛད་དེ་དག་ལ་གོམས་པའི་དྭན་རྟགས་དང་། ཕྱིས་འབྱུང་གི་རྟེན་འབྲེལ་གྱི་སྣང་བ་མངོན་དུ་གྱུར་པ་མང་པོ་མཛད། དགུང་ལོ་གསུམ་པའི་སྟེང་རྒྱལ་བའི་དབང་པོ་བཅུ་གསུམ་པ་ཆེན་པོའི་རིགས་ཀྱི་རྩོད་པན་ཡོངས་འཛིན་ཞྭ་དམར་པཎྜི་ཏ་དགེ་འདུན་བསྟན་འཛིན་རྒྱ་མཚོ་དཔལ་བཟང་པོ་དང་གྲུབ་པའི་དབང་ཕྱུག་རྗེ་འཇིགས་མེད་བསམ་གཏན་རིན་པོ་ཆེ་རྣམ་གཉིས་ཀྱི་ལུང་བཞིན། གསེར་ལྟོངས་ཡུལ་གྱི་སྐྱབས་མགོན་དྲུག་པ་ཆེན་པོ་རྗེ་བཙུན་བློ་བཟང་སྐལ་ལྡན་བསྟན་པའི་རྒྱལ་མཚན་དཔལ་བཟང་པོས་རྗེ་ཨ་རོལ་བློ་བཟང་ལུང་རིགས་རྒྱ་མཚོའི་ཡང་སྲིད་དུ་ཐུགས་ཐག་བཅད། དགུང་ལོ་ལྔའི་སྟེང་རོང་པོ་དགོན་ཆེན་གྱི་དགེ་བའི་བཤེས་གཉེན་ཆེན་པོ་རབ་འབྱམས་པ་བློ་བཟང་དར་རྒྱས་ཡོངས་འཛིན་དུ་བསྟེན་ཏེ། ཇི་སྐད་དུ། མདོ་སྡེ་རྒྱན་ལས། ཡི་གེ་འབྲི་མཆོད་སྦྱིན་པ་དང་། །ཉན་དང་ཀློག་དང་ལེན་པ་དང་། །ཞེས་གསུངས་པ་ལྟར་དབྱངས་དང་གསལ་བྱེད་ཀྱི་ཡི་གེ་སྦྱོར་ཀློག་དང་མགོ་སྐྱབས་འགྲོ་ནས་བཟུང་འདོན་ཆ་ཡོངས་རྫོགས་ཐུགས་འཛིན་མཛད་པར་དཀའ་ཚེགས་ཅུང་ཟད་ཀྱང་མེད་པར་ཐུགས་སུ་ཆུད། དགུང་ལོ་བདུན་པའི་སྟེང ༧ གོང་ས་སྐྱབས་མགོན་ཐམས་ཅད་མཁྱེན་པ་རྗེ་བཙུན་བློ་བཟང་སྐལ་ལྡན་བསྟན་པའི་རྒྱལ་མཚན་དཔལ་བཟང་པོའི་སྤྱན་སྔར། བར་མ་རབ་བྱུང་དང་དགེ་ཚུལ་གྱི་སྡོམ་པ་བཞེས་ཏེ་བློ་བཟང་ལུང་རྟོགས་བསྟན་པའི་རྒྱལ་མཚན་ཞེས་མཚན་གསོལ། དེ་ནས་ཟླ་ཚེས་དགེ་བར་རོང་པོ་དགོན་ཆེན་གྱི་ཐོས་བསམ་རྣམ་པར་རྒྱལ་བའི་གླིང་གི་ཆོས་གྲྭར་གསར་ཞུགས་ཀྱི་མཛད་སྒོ་གང་རྒྱས་གནང་ཞིང་བློ་གསལ་རིགས་

པ་སྨྲ་བའི་ཁྱུ་མཆོག་གི་དཔུང་ཆེན་པོ་དང་ལྡན་ཏུ། ཚད་མ་སྡེ་བདུན་མདོ་དང་བཅས་པའི་རིགས་ལམ་ཕྲ་ཞིབ་ཕྱོགས་གཅིག་ཏུ་བསྡུས་པའི་གྲྭ་ནས་མགོ་བཟུང་། དགུང་གྲངས་ཉེར་བཞིའི་བར་དུ་ཆོས་གྲྭར་ཆག་མེད་མཛད་དེ། གཞུང་ཆེན་བཀའ་པོད་ལྔའི་སྤྱི་དོན་དང་། མཐའ་དཔྱོད་ཀྱི་སྙིང་དཔེ་ཁྲིད་ཞིབ་རྒྱས་དང་། རྩོད་པ། དོགས་གཅོད། ཐུགས་འཛིན་སྐྱོར་སྦྱང་སོགས་ལ་ཤིན་ཏུ་དམར་བ་མཛད་པས་མཁས་དགུའི་ཡིད་ཀྱི་བརྟན་པ་དབང་མེད་དུ་འཕྲོག ཐུགས་རབ་ཤིན་ཏུ་ཆེ་བ། དཔེར་ན་སྔ་དྲོ་རེར་ལེགས་བཤད་སྙིང་པོའི་དཔེ་ཆ་མདའ་ཚད་མ་གསུམ་རེ་སྐྱོར་ཚད་ལྔ་དྲུག་ཙམ་གནང་ན་ཐུགས་ཐོག་ནས་ཤར་མར་འགྲོ་བ་དང་། གང་ཟིན་གཏན་ནས་བརྗེད་དུ་མེད་པས་གཟུངས་སྤོབས་ཤེས་རབ་ཀྱི་གཏེར་ལ་དབང་འབྱོར་བའི་རང་རྟགས་མངོན་དུ་གསལ། ཞོར་དུ་སུམ་རྟགས་དག་གསུམ། སྒྲ་སྙན་སྙན་རྩིས་སོགས་ཐུན་མོང་བའི་རིག་གནས་མཐའ་དག་ལ་སྦྱང་བ་མཐར་ཕྱིན་པ་གནང་། སྔན་ངག་གི་ལམ་ནས་ཚིག་སྦྱོར་ཕུན་སུམ་ཚོགས་པའི་གསུང་རྩོམ་གྱི་ཉམས་ལ་དེང་དུས་ཀྱི་མཁས་པར་རློམ་པ་སུས་ཀྱང་འགྲན་ཟླ་མེད་པ་མགྲིན་པའི་རྩ་མདུད་རང་གྲོལ་དུ་སོང་བའི་དན་རྟགས་སུ། སྐབས་རྗེ་ཁྲི་ཀན་ནོ་རྗེ་འཆང་ནས་བསྟགས་བརྗོད་ཀྱི་མེ་ཏོག་ཡང་ཡང་འཐོར་བར་ཐོས་སོ། །

གཞན་ཡང་ཐུན་མོང་མ་ཡིན་པའི་ནང་དོན་རིག་པ་ལས། གསང་སྔགས་རྒྱུད་སྡེ་བཞིའི་ལམ་གྱི་གནད་སྤྱི་དང་། བྱེ་བྲག་རྒྱུད་སྡེ་སོ་སོའི་དཀྱིལ་འཁོར་གྱི་ཐིག་དང་། ཕྱག་རྒྱ། གར་དང་། རོལ་མོ་འབུད་དཀྲོལ་བརྡུང་གསུམ་ཚུན་ཆད་ཀྱི་ཕྱག་ལེན་དང་། ཞིབ་ཆ་རྣམས་སོ་སོར་མ་འདྲེས་པར་བཤེས་གཉེན་མཁས་པའི་མདུན་སར་ཞིབ་ཁྲིད་དང་། བརྡར་ཤ་ཆོད་པའི་སྦྱང་བ་མཐར་ཕྱིན་པར་མཛད་པ་སོགས་མདོར་ན་མདོ་སྔགས་རིག་གནས་དང་བཅས་པའི་གཞུང་ལུགས་མཐའ་དག་ཐོས་ཙམ་དང་སྦྱང་ཙམ་མ་ཡིན་པར། ལུང་དང་རིགས་པའི་ལམ་ནས་ཐོས་བསམ་གྱིས་སྒྲོ་འདོགས་ལྷག་མ་མེད་པར་བཅད་དེ་མཁས་དགུའི་གཙུག་རྒྱན་དམ་པར་གྱུར།

དགུང་ལོ་ཉེར་གཅིག་པ་ས་སྤྲེལ་ལོའི་ས་ག་ཟླ་བའི་ཚེས་བཅུ་གཅིག་ལ་སྐྱབས་མགོན་ཐམས་ཅད་མཁྱེན་པ་རྗེ་བཙུན་བློ་བཟང་སྐལ་ལྡན་བསྟན་པའི་རྒྱལ་མཚན་དཔལ་བཟང་པོའི་ཞལ་སྔ་ནས་མཁན་སློབ་སྒྲུབས་མ་གནང་སྟེ་བརྟན་མཁས་གཉིས་ལྡན་གྱི་དགེ་འདུན་གྲངས་ཚང་བའི་དབུས་སུ་ད་ཆོག་ཆོག་ཉེས་མེད་ཕུན་ཚོགས་ཀྱི་སྒོ་ནས་བསླབ་གཞི་ཡོངས་སུ་རྫོགས་པའི་དགེ་སློང་གི་སྡོམ་པ་ལེགས་པར་མནོས་ཏེ། འདུལ་བ་འཛིན་པ་རྣམས་ཀྱི་གཙུག་ནོར་ལྟ་བུར་གྱུར། དེ་ཡང་བསྟན་པའི་སྙིང་པོ་འདུལ་ཁྲིམས་ཚུལ་བཞིན་དུ་བསྲུང་བ་ལ་རག་ལས་པར་གཟིགས་ནས་བསླབ་གཞི་ཕྲ་རགས་ཐམས་ཅད་སྲུང་ཐབས་རྣམ་པ་ལྔའི་སྒོ་ནས་ཉིན་མཚན་ཁོར་མོ་ཡུག་ཏུ་སྤྱན་གྱི་འབྲས་བུ་ལྟར་བསྲུང་བར་མཛད་དེ་འཕགས་པའི་ཡུལ་གྱི་ཉེ་བར་འཁོར་སྣར་འཇིག་རྟེན་དུ་ཐོན་པ་ལྟ་བུའི་མཛད་པ་བདག་གིར་བཞེས་པས་ཐུབ་བསྟན་ཡོངས་ཀྱི་བདག་པོར་མངོན་དུ་བཞེངས། ལོ་སྐྱ་ཕྱི་འདི་དག་གི་སྐབས་སུ་རྒྱལ་དབང་ཐམས་ཅད་མཁྱེན་པའི་རིགས་ཀྱི་ཅོད་པན་ཡོངས་འཛིན་ཞྭ་དམར་པཎྜི་ཏ་དགེ་འདུན་བསྟན་འཛིན་རྒྱ་མཚོ། གསེར་ལྡོངས་ཡུལ་གྱི་སྐྱབས་མགོན་དྲུག་པ་ཆེན་པོ་རྗེ་བཙུན་བློ་བཟང་སྐལ་ལྡན་བསྟན་པའི་རྒྱལ་མཚན། གཤིན་རྗེ་གཤེད་ཀྱི་རྣལ་འབྱོར་པ་གྲུབ་པའི་དབང་ཕྱུག་རྗེ་འཇིགས་མེད་བསམ་གཏན། སྐྱབས་མཆོག་གཱིཧྲེ་རིན་པོ་ཆེ་བློ་བཟང་འཕྲིན་ལས། རོང་པོའི་ཁྲི་ཆེན་རིན་པོ་ཆེ་འཇམ་དབྱངས་ཐུབ་བསྟན་རྒྱ་མཚོ། ཕོང་ཨ་ལགས་རིན་པོ་ཆེ་འཇིགས་མེད་འཕྲིན་ལས་རྒྱ་མཚོ། ཆེ་ཤོས་བྱང་ཆུབ་བསྟན་པའི་སྒྲོན་མེ་སོགས་མཁས་གྲུབ་དམ་པ་བཅུ་ཕྲག་ལྷག་གི་ཞབས་པད་ཉེ་བར་བསྟེན་ཏེ་རྒྱལ་བའི་བཀའ་དང་བསྟན་བཅོས་འགྱུར་རོ་ཅོག་གི་ལྟུགས་ལུང་གི་རྒྱུན་གང་བཞུགས་དང་། རྗེ་ཡབ་སྲས་གསུམ་དང་རྒྱལ་དབང་པཎ་ཆེན་སྐུ་ཕྲེང་རིམ་བྱོན། ས་སྐྱ་གོང་མ་རྣམ་ལྔ་སོགས་གྲུབ་མཐའ་རིས་མེད་ཀྱི་རྗེ་བཙུན་མཁས་པའི་དབང་པོ་ཚད་མར་གྱུར་པ་མཐའ་དག་གི་གསུང་འབུམ་གྱི་ལུང་རྒྱུན་གང་བཞུགས་དང་། བྱང་ཆུབ་ལམ་གྱི་རིམ་པའི་ཁྲིད་ཆེན་བརྒྱད་དུ་གྲགས་པ་དང་། གཞན་ཡང་ལམ་རིམ་བློ་སྦྱོང་། ལྟ་ཁྲིད་སྣན་བརྒྱུད་ཅི་རིགས་ཀྱི་ཁྲིད་དང་། ཞལ་ལུང་། མི་

ཏྲ་རྟོར་ཕྲེང་གཙོ་བྱས་རྒྱུད་སྡེ་བཞིའི་དཀྱིལ་འཁོར་གྱི་ལྷ་ཚོགས་དུ་མའི་སྨིན་བྱེད་ཀྱི་དབང་དང་། རྗེས་གནང་སྤྱི་བཀའ་དང་ཟུར་བཀའི་སྐོར་ཅི་བཞུགས། གསང་བདེ་འཇིགས་གསུམ་གཙོ་བྱས་པའི་རྒྱུད་སྡེ་གོང་མའི་རིམ་གཉིས་ཀྱི་ཁྲིད་དང་། ཞལ་ལུང་མན་ངག་སྣ་ཚོགས། ལྷག་ལྷའི་བེའུ་བུམ་དང་། ལས་ཚོགས་སོགས་ཀྱི་ལུང་ཁྲིད་དང་། ཞལ་ཤེས་སྙན་བརྒྱུད་གསང་བ་བཀའ་རྒྱ་མའི་སྐོར་སོགས་དེང་སྐབས་མདོ་དབུས་ཁམས་གསུམ་ན་དབང་ཁྲིད་ལུང་གསུམ་མན་ངག་སྙན་བརྒྱུད་ཀྱི་གདམས་པ་བར་མ་ཆད་པ་གང་བཞུགས། སྐུ་ངལ་ལ་མ་བལྟས་པར་རྩོལ་བ་དྲག་པོས་གསན་བཞེས་མཛད་པས་ཐོས་པ་རྒྱ་མཚོའི་ཕ་རོལ་ཏུ་སོན་ཅིང་། མན་ངག་རྒྱ་མཚོའི་གཏེར་ལ་མངའ་བརྙེར་བའི་ཆོས་ཀྱི་རྒྱལ་པོ་ཆེན་པོར་གྱུར་ཏོ། །

དགུང་གྲངས་ཉེར་ལྔ་བ་ཆུ་བྱི་ལོར། རོང་པོ་དགོན་ཆེན་གྱི་གསེར་ཁྲི་མངའ་གསོལ་མཛད་དེ་ལོ་ངོ་གསུམ་དང་དགེ་འདུན་འདུས་པ་རྒྱ་མཚོའི་བསྙེན་བཀུར་ཕུན་སུམ་ཚོགས་པའི་གཏོང་བ་མི་ཟད་པའི་སྒོ་ཕར་ཡངས་པོར་ཕྱེ་བར་མ་ཟད་ཆོས་འདུལ་བའི་བཅས་ཁྲིམས་སྤྱི་དང་། དགེ་འདུན་གྱི་ནང་ཁྲིམས། གྲྭ་ཚང་སོ་སོའི་ཐུན་མོང་བའི་བཅའ་ཁྲིམས་ལ་གཏིང་མནན་ཆེས་ཆེར་མཛད་པ་དང་། འཛིན་གྲྭ་སོ་སོར་སྐབས་གང་བབ་ཀྱི་རྒྱུགས་དང་ཚིག་བཞག རྩོད་པ། དཔེ་ཁྲིད་བློ་འཛིན། སྐྱོར་སྦྱོང་སོགས་ཀྱི་ཐད་ལྟ་རྟོགས་གང་ཞིབ་དང་། ཞི་དྲག་གང་འོས་ཀྱི་རྟེང་བསྐུལ་རྒྱུན་མ་ཆད་པར་གནང་བས། ལོ་དེ་དག་ཏུ་སྔོན་ལས་ལྷག་པར་ཆོས་གྲྭ་དར་རྒྱས་དང་། འཆད་ཉན་ཡར་རྒྱས་སུ་སོང་བར་ཀུན་གྱིས་གླེང་། དགུང་གྲངས་ཉེར་བརྒྱད་པ་ཤིང་ཡོས་ལོར། ཞྭ་དམར་པཎྜི་ཏ་དགེ་འདུན་བསྟན་འཛིན་རྒྱ་མཚོ་དཔལ་བཟང་པོའི་དྲུང་དུ་རི་ཁྲོད་ཀྱི་སྐྱབས་འཇུག་ཞུས་པས། ཞྭ་དམར་རྡོ་རྗེ་འཆང་ཐུགས་ཧ་ཅང་མཉེས་ཏེ། མ་འོངས་པའི་རྟེན་འབྲེལ་ལ་དགོངས་ནས། ཉིད་ཀྱི་སྐུ་གཟན་བཞེས་འཕྲོ་དང་སྐུ་གསུང་ཐུགས་རྟེན་འདུལ་འཛིན་རི་ཁྲོད་པ་བརྒྱ་ཕྲག་གཉིས་ལྷག་གི་མཚན་ཐོ་བཅས་ཕྱག་ཏུ་ཕུལ་ཞིང་། རང་ཉིད་ཀྱི་རྒྱལ་ཚབ་དམ་པར་དབང་བསྐུར་བར་མཛད་དེ་སྒྲུབ་རྒྱུད་བསྟན་པའི་བདག་པོར་མངའ་གསོལ། ལོ་དེར་གསེར་ལྗོངས་སྐྱབས་

མགོན་དྲུག་པ་ཆེན་པོ་དགོངས་པ་ཆོས་དབྱིངས་སུ་བསྡུས་པས། རོང་པོའི་ནང་སོ་གཙོ་བྱས་རེབ་གོང་ཤོག་པ་བཅུ་གཉིས་ཀྱིས་བླ་དཔོན་སེར་སྐྱ་དྲག་ཞན་དུ་མ་དང་། རོང་པོ་དགོན་ཆེན་གྱི་བླམ་ལས་སྡེའི་གཙོས་དགེ་འདུན་པ་ཡོངས་ཀྱིས་གསོལ་བ་བཏབ་པས། སྐྱབས་རྗེ་ཉིད་རོང་པོ་དགོན་ཆེན་དུ་སྐྱབས་མགོན་ཐམས་ཅད་མཁྱེན་པའི་རྒྱལ་ཚབ་ཏུ་བཞུགས་ཏེ། སྐྱབས་མགོན་བདུན་པ་ཆེན་པོ་གདན་སར་ཕེབས་པའི་བར་དགོན་ཆེན་གཙོ་བྱས་སྒྲུབ་སྡེ། ལྷ་འབབས་དང་བཅས་པའི་ཆོས་སྲིད་ཀྱི་བྱ་བ་སྤྱིའི་འགན་བཞེས་ཤིང་། ལྷག་པར་ཡང་སྲིད་རིན་པོ་ཆེ་རྩད་གཅོད་དང་། བརྟག་ཞུ། མཚན་འབུལ། གདན་ས་ཆེན་པོར་ཞབས་པད་འཁོད་པ་སོགས་ཀྱི་བྱ་བའི་གདུང་ཐག་ཏུ་བཞེས། ལོ་འདི་དག་གི་སྔ་རྗེས་སུ་རོང་པོ་དགོན་ཆེན་གྱི་གཙོས་སྒྲུབ་སྡེ་ཡོངས་ཀྱི་བླ་སྤྲུལ་དང་། སེར་སྐྱ་ཡོངས་ནས་ནན་ཞུ་མཛད་པ་ལྟར་སེམས་བསྐྱེད་མཆོད་པ་ཕྱག་ལེན་རྒྱས་པའི་ཚུལ་དང་། གཞན་ཡང་སོ་སོའི་འདོད་མོས་ལྟར་དབང་རྗེས་ལུང་གསུམ་མང་དུ་བསྩལ། བར་སྐབས་ཤིག་ཏུ་སྐྱབས་རྗེ་རྡོ་རྗེ་འཆང་ཉིད་ཀྱི་གདན་ས་ལྡང་ལུང་སྒར་གསར་དང་། ནགས་གཞིའི་རི་ཁྲོད་དུ་བཞུགས་པའི་ཚེ། ཐུན་མོང་བའི་སྣང་ཚོད་དུ་རྗེ་གོང་མ་ཨ་རོལ་བློ་བཟང་ལུང་རིགས་རྒྱ་མཚོའི་གཟིམ་ཁང་གི་ཁྱམས་རའི་ཤོགས་སུ་བྲག་དཀར་སྤྲེལ་རྫོང་གི་གནས་ཀྱི་བཀོད་པ་དང་། དེའི་མདུན་དུ་དགོན་པ་ཞིག་དང་། གནས་བདག་ཞིང་སྐྱོང་གཉན་སྤྲེལ་ཟླ་བའི་གཟུགས་རིས་བཅས་ལྡེབས་རིས་བྲིས་ཡོད་པ་ལ་གཟིགས་པ་དང་། མ་འོངས་པར་གནས་དེར་དགོན་པ་ཞིག་འདེབས་པའི་ལུང་བསྟན་མང་དུ་གསུངས་པར་གཟིགས་པའི་རྐྱེན་བྱས་ཏེ། དགེ་འདུན་རྒྱ་མཚོ་གཙོ་མཛད་དེ། རི་ཁྲོད་པ་བཞི་གནས་འདིར་བཞུགས་སུ་བཅུག ལོ་དེའི་སྟོན་ཀར་རོང་པོ་དགོན་ཆེན་དུ་ཕེབས་ནས་དགུན་བཞུགས་གནང་། དེའི་ཕྱི་ལོར་བསོད་ནམས་སྟོབས་ཀྱིས་ཕྱུག་པའི་རྐང་ཚའི་ཆེན་ཏུ་གཙོ་བྱས། དགོན་གྲོང་སེར་སྐྱ་ཐམས་ཅད་ཀྱི་རེ་བ་ལྟར་རྐང་ཚར་བྱོན་ནས་མི་ཏྲ་བརྒྱ་རྩའི་དབང་དང་། གཞན་ཡང་འདོན་ཆོས་མང་དུ་བསྩལ། དེ་ནས་ཨ་ཆོགས་སུ་ཕེབས་ནས་ཨ་ཆོགས་དཔོན་པོས་དགོན་པ་གསར་འདེབས་ཀྱི་མཐུན་རྐྱེན་དུ་རྟ་ཆེན་བརྒྱ་

དང་ལུག་སྟོང་གཅིག་ཕུལ། ལོ་དེར་སྤྲེལ་རྫོང་དགོན་དུ། རྗེ་ཉིད་ཀྱི་གཟིམ་ཁང་དང་། གྲྭ་ཤག་བཅོ་བརྒྱད་ཙམ་ལེགས་པར་གྲུབ་སྟེ། འདུ་ཁང་གྱུན་ལྷ་མ་ཞིག་གསར་བཞེངས་ཀྱི་འགོ་ཚུགས། ཤིང་གླང་ལོར་འདུལ་འཛིན་རི་ཁྲོད་པ་བསྟན་འཛིན་དང་། དགེ་བའི་བཤེས་གཉེན་གྲགས་པ་རྣམ་གཉིས་གཙོ་བོར་མཛད་པའི་རི་ཁྲོད་པ་བཅོ་བརྒྱད་དང་། གཞན་ཡང་དགོན་པར་གསར་ཞུགས་ཀྱི་དགེ་ཚུལ་སློང་མང་དུ་འདུས་པར་དུས་འབྲེལ་གྱི་གསོ་སྦྱོང་དང་། དབྱར་དགག་བཅས་གཞི་གསུམ་གྱི་ཕྱག་ལེན་ངོས་གཙང་ཕྲ་ཞིང་ཞིབ་པ་གསར་འཛུགས་གནང་། དེ་ནས་རིམ་གྱིས་གྲྭ་རྒྱུན་ཇེ་མང་ལ་སོང་སྟེ་ཚོགས་པ་རྒྱས་པར། མེ་སྟག་ལོ་ནས་བཟུང་ཟླ་རེའི་ཆོས་བརྒྱད་ལ་མཇལ་བཞི་བ་དང་། ཆོས་བཅུ་ལ་འཇིགས་བྱེད་བདག་འཇུག ཆོས་ཉེར་ལྔ་ལ་བདེ་མཆོག་སྒྲུབ་མཆོད་ཚོགས་འཁོར་དང་བཅས་པ། ཟླ་མཇུག་ལ་བསྐང་གསོལ་རྒྱས་པ། གཞན་ཡང་ལྷ་མཆོད་ཆེན་མོ་ཉིན་ལྔའི་རིང་བདེ་མཆོག་བདག་འཇུག་སོགས་ཚོགས་ཆོས་ཐོག་གི་འདོན་པ་དང་། འགྲིག་ལམ་གསར་འཛུགས་གནང་། དགུང་གྲངས་ཞེ་གཉིས་པ་ས་སྤྲུལ་ལོར། དགེ་བའི་བཤེས་གཉེན་ཆེན་པོ་རྡོ་ཚའི་ཡེ་ཤེས་རྒྱ་མཚོ་ཚང་དགོན་པར་གདན་འདྲེན་ཞུས་ཤིང་། འཆད་ཉན་གསར་འཛུགས་གནང་། ལོ་དེར་གཙང་ཆེ་བའི་སྤྲུལ་སྐུ་བློ་བཟང་ལུང་རྟོགས་ཉི་མ་ཁྲི་བར་བསྐོ་བཞག་གནང་སྟེ་དུས་བཞིའི་ཆོས་ཐོག་ཏུ་བསྡུས་གྲྭའི་འཛིན་གྲྭ་གསར་ཚུགས་རྣམས་ལ་ཚིག་བཞག་དང་། གཞན་ཆོས་ཐོག་སོ་སོར་བསྙེན་བཀུར་ཕུན་སུམ་ཚོགས་པ་བྱེད་རྒྱུའི་ལྟུགས་བཀོད་གནང་། དེ་ལྟར་དུ་གཙང་བ་རིན་པོ་ཆེ་ནས་ཀྱང་། ལོ་གསུམ་གྱི་རིང་འཆད་ཉན་དང་ཆོས་ཁྲིམས་དམ་འཛིན། བསྙེན་བཀུར་རྒྱ་ཆེན་གནང་བས་བླ་མ་དགེ་འདུན་འདུས་པའི་སྡེ་དང་བཅས་པར་ཐུགས་མཉེས་པའི་ཀུན་བཟང་མཆོད་སྤྲིན་ཁྱོན་ཀུན་དཀྲིགས། ལོ་སྔ་ཕྱི་འདི་དག་ནང་ཁང་ཚ་གོང་འོག་དང་འབྲུམས་ཏུ། བོང་སྟག་ཨ་ཚོགས་ལྷ་སྡེ་སོགས་སུ་ཕེབས་ཏེ་དགོན་སྡེ་ཆེ་ཆུང་རྣམས་ལ་གང་འདོད་ཀྱི་དབང་རྗེས་ལུང་གསུམ་དང་། གཞིས་བྱེས་ཀྱི་དད་ལྡན་སྐྱེ་བོ་མཐའ་དག་ལ་ཅི་འདོད་པའི་ཆོས་སྦྱིན་ཟད་པ་མེད་པའི་སྒོ་ཕྱེ་བས་ཐར་བ་དང་ཐམས་ཅད་

མཁྱེན་པའི་ས་བོན་བསྐྱུན་པར་མཛད། གཞན་ཡང་ཚབ་ཚའི་དགོན་སོ་མ་དང་ཨ་རིག་གཉིས་ནས་དུས་འཁོར་དབང་ཆེན་བསྐུལ།

དགུང་གྲངས་བཞི་བཅུ་བ་མེ་ཡོས་ལོ་ནས་གསེར་ལྷོངས་ཡུལ་གྱི་སྐྱབས་མགོན་བདུན་པ་ཆེན་པོའི་རིགས་ཀྱི་བདག་པོར་བཞེངས་ཏེ་བདེ་གསང་འཇིགས་གསུམ་གྱི་དབང་གིས་ཐོག་དྲངས་ཏེ་མི་ཏྲ་བརྒྱ་རྩ་སོགས་རྒྱུད་སྡེ་དུ་མའི་སྤྱི་ཐུར་གྱི་དབང་དང་། རྗེས་གནང་། ལམ་རིམ་ཆེན་མོ་དང་བདེ་ལམ་ཕྱག་ཆེན་སོགས་ལམ་རིམ་བློ་སྦྱོང་སྐོར་གྱི་ཁྲིད་དང་བཤད་ལུང་། འགྲེལ་བ་བཞི་སྦྲགས་ཀྱི་ཞལ་ལུང་། གཞན་ཡང་བེའུ་བུམ་སྣ་ཚོགས་ཀྱི་ལྗགས་ལུང་བསྐུལ། དགུང་གྲངས་ཞེ་བརྒྱད་པ་ཤིང་ཕག་ལོར་རོང་པོ་དགོན་ཆེན་དུ་ཆེད་བཞུགས་སྐབས། སེངྒེ་གཤོང་སོགས་སྒྲུབ་སྡེ་དུ་མས་གདན་ཞུས་ལྟར་སོ་སོར་ཕྱིན་ནས་འདོན་ཆོས་སྣ་ཚོགས་བསྐུལ་བ་དང་། ཐོ་རྒྱའི་བོད་སྐོར་དགོན་དུ་སེར་སྐྱ་སྟོང་ཕྲག་དུ་མ་འདུས་པར་དུས་འཁོར་དབང་གནང་། དེའི་སྐབས་ཐོ་རྒྱའི་བུད་མེད་བརྒྱ་ཕྲག་ལྷག་ཙམ་ལ་སྐྱབས་རྗེ་ཉིད་ནས་བསྙེན་གནས་ཡན་ལག་བརྒྱད་པའི་སྡོམ་པ་གནང་། དེ་ནས་བཟུང་ཁོ་མོ་ཚོས་རྗེ་སྲིད་འཚོ་བའི་བར་ཤ་དང་སྲོག་ཅོང་སྤྲངས་ཏེ་སྨྱུང་གནས་རྒྱུན་མ་ཆད་པར་སྲུང་བཞིན་མ་ཎི་དུང་ཕྱུར་གསོག་པ་དང་། རྒྱུན་དུ་མ་ཎི་འཁོར་ལོ་དང་མི་འབྲལ་བའི་ལུས་ངག་ཡིད་གསུམ་དགེ་བའི་ལམ་དུ་བཀོལ་བའི་སྲོལ་བྱུང་བ་ད་ལྟའང་མ་ཉམས་པར་ཡོད་པ་སྐྱབས་རྗེ་འདི་ཉིད་ཀྱི་ཐུགས་རྗེ་དང་བྱིན་རླབས་ཉིད་དོ། །དགུང་གྲངས་ཞེ་དགུ་བ་མེ་བྱི་ལོར་ཀུན་གཟིགས་སྣང་བ་མཐའ་ཡས་པཎ་ཆེན་ཐམས་ཅད་མཁྱེན་པ་ཆོས་ཀྱི་ཉི་མ་དཔལ་བཟང་པོ་སྐུ་འབུམ་ནས་རོང་པོ་དགོན་ཆེན་དུ་ཕེབས་སྐབས། སྐྱབས་རྗེ་ཉིད་ནས་འགན་གྱིས་གདུང་བསྙམས། དེ་ནས་སྐྱབས་རྗེ་མཆོག་གིས་ཐམས་ཅད་མཁྱེན་པ་འཁོར་བཅས་མགར་རྩེ་དགོན་དུ་གདན་ཞུས་གནང་བ་ལྟར། སྣང་བ་མཐའ་ཡས་མཆོག་སྐུ་འཁོར་རྒྱས་སྤྲོས་བཅས་མགར་རྩེ་དགོན་དུ་ཕྱག་ཕེབས་མཛད། དེ་དུས་ཀུན་གཟིགས་མཆོག་དང་གསེར་ཞལ་ལྡན་འཛོམས་དགྱེས་བཅེའི་གསུང་གླེང་གིས་འབྱུང་འགྱུར་བསྟན་འགྲོའི་དོན་དུ་སྨིན་པ་གནང་སྟེ་དངོས་

འབུལ་གྱི་རྣམ་གྲངས་སྤུམ་མཐོ་བ་ཕུལ་ཏེ། ཐུགས་མཉེས་པའི་མཆོད་པའི་སྤྲིན་ཕུང་ཕྱོན་དུ་དཀྲིགས། དགུང་གྲངས་ལྔ་བཅུ་བ་མེ་གླང་ལོར། དབུས་གཙང་ཆོས་ཀྱི་དགའ་ཚལ་དུ་ཆིབས་བསྒྱུར་གནང་སྟེ། རྗེ་ཤཱཀྱ་རྣམ་གཉིས་གཙོས་རྟེན་གཙོ་རྣམས་ལ་གསེར་ཆབ་སྒྲོན་འབུལ་དང་འབྲེལ། སྙན་དར་ལྷ་རྫས། རྗེ་བོ་ཡིད་བཞིན་ནོར་བུ་ལ་སྐུ་ཆོས་གསར་འབུལ་དང་། གཙུག་ལག་ཁང་རྣམ་གཉིས་ལ་སྟོང་མཆོད་ཕུལ་བ་དང་འབྲེལ་ཐུགས་སྨོན་ཟབ་སྨིན་གནང་བ་སོགས་རྣམ་པར་དཀར་བའི་ཕུང་པོ་མི་ཟད་པའི་གཏེར་དུ་བསྒྲུབས། ༧གོང་ས་ལྔ་མིའི་རྣམ་འདྲེན་སྐྱབས་མགོན་བཅུ་བཞི་བ་ཆེན་པོར་གཟིམ་ཚུང་མཇལ་ཁ་ཞུས་ཏེ་དངོས་འབུལ་གྱི་རྣམ་གྲངས་སྤུམ་མཐོ་བ་བཏེགས། གདན་ས་ཆེན་པོ་བཞི་དང་རྒྱུད་གྲྭ་རྣམ་གཉིས་གཙོས་ཆོས་སྡེ་ཁག་གི་དགེ་འདུན་པ་རེ་རེའི་ཕྱག་ཏུ་བོད་དངུལ་སྲང་གང་དང་ཞོ་ལྔ་རེའི་སྐུ་འགྱེད་ཕུལ་བ་སོགས་བསྙེན་བཀུར་རྒྱ་ཆེན་བྱས་ཏེ་འཁོར་གསུམ་རྣམ་པར་དག་པའི་མཆོད་པའི་སྤྲིན་ཕུང་བསམ་གྱིས་མི་ཁྱབ་པ་སྤྲོ་བ་མཛད།

གཞན་ཡང་བསམ་ཡས་དང་། གདན་ས་མཐིལ་སོགས་གནས་ཆེན་ཁག་ཡོད་ཚད་ལ་གནས་གཟིགས་དང་འབྲེལ། མཆོད་འབུལ་དང་སྐུ་འགྱེད་ཕུལ་ཏེ་ཐུགས་སྨོན་གཟབ་རྒྱས་གནང་། སྐྱབས་རྗེ་ཕུར་ལྕོག་རིན་པོ་ཆེ་སོགས་མཁས་གྲུབ་གཉིས་འཛོམས་ཀྱི་སྐྱེས་ཆེན་དམ་པ་དུ་མ་ཕན་ཚུན་དམ་པའི་ཆོས་ཀྱི་བདུད་རྩི་འདོད་པར་འཇོ་བ་སོགས་བསྟན་པའི་བྱ་བ་རླབས་པོ་ཆེ་ཐུགས་བཞེད་ལྟར་བདེ་བླག་ཏུ་འགྲུབ་ཅིང་། མཛད་འཕྲིན་ཕྱོགས་བཅུར་རྒྱས་པ་ལ་བརྟེན་ནས་སྙན་པའི་གྲགས་པ་ཡོངས་སུ་ཁྱབ། དེ་དུས་ཀྱི་སྲིད་སྐྱོང་སྟག་བྲག་རིན་པོ་ཆེ་ནས་རྗེ་འདི་ཉིད་ལ་མཁན་པོ་ནོ་མོ་ཧན་གྱི་ཆོ་ལོ་གནང་སྟེ་ལུགས་གཉིས་ཀྱི་གཟིགས་སྐྱོང་རྒྱ་ཆེ་བ་ཐོབ། དགུང་གྲངས་ང་གཅིག་པ་ས་སྟག་ལོར་མདོ་སྨད་ཕྱོགས་སུ་ཆིབས་བསྒྱུར་གནང་སྟེ་གདན་སའི་བླ་སྤྱིལ་ཁག་དང་མཚོ་སྔོན་ཕྱོགས་ཀྱི་བླ་དཔོན་སེར་སྐྱ་དྲག་ཞན་དུ་མས་བསུ་བ་རྒྱ་ཆེན་པོ་དང་བཅས་གནས་ཆེན་བྲག་དཀར་ལྷུན་གྱིས་གྲུབ་པའི་བདེ་ཆེན་ཆོས་རྫོང་གི་གདན་ས་ཆེན་པོ་ཐོས་བསམ་ཡོན་ཏན་དར་རྒྱས་གླིང་དུ་བདེ་བར་

བྱོན་ཏེ་དབུས་སྟོན་རྒྱ་ཆེན་པོ་དང་འབྲེལ་ཟང་ཟིང་གི་འཁོར་བ་མི་ཟད་པའི་སྒོ་འཕར་ཡངས་པོར་ཕྱེ། རྟེན་གཙོ་ཁག་ལ་མཆོད་འབུལ་དང་དགེ་འདུན་ལྔ་བརྒྱ་ཙམ་བཞུགས་པ་ལ་སྣམ་ཕྲུག་རྩེར་སྣོན་གྱི་ཟླ་གམ་རེ་སྐུ་འགྱེད་དུ་ཕུལ་ཞིང་བསྙེན་བཀུར་ཕུན་སུམ་ཚོགས་པའི་མཆོད་སྦྱིན་དཀྱིགས། དགུང་གྲངས་ང་གཉིས་པ་ས་ཡོས་ལོར་རོང་པོ་དགོན་ཆེན་གྱི་གདན་ས་གསུམ་གྱི་བླ་སྤྲུལ་གཙོས་སེར་སྐྱ་སྤྱི་འདུས་ཀྱི་གདན་དྲངས་པ་ལྟར་དགོན་ཆེན་དུ་ཆིབས་བསྒྱུར་མཛད། ༡ཁོང་ས་སྐྱབས་མགོན་མཆོག་སྤྲུལ་རིན་པོ་ཆེར་དགྱེས་མཇལ་དང་ཐུགས་ཡིད་གཅིག་འདྲེས་ཀྱིས་གསུང་གླེང་རྒྱས་སྤྲོས་བཅས་དངོས་འབུལ་གྱི་རྣམ་གྲངས་མི་དམན་པ་ཕུལ། རྟེན་གཙོ་ཁག་ལ་སྣན་དར་མར་མེ་སྟོང་འབུལ་སོགས་མཆོད་སྦྱིན་རྒྱ་ཆེན་ཕུལ་ཏེ་ཐུགས་སྨོན་གནང་སྨིན་གནང་། གྲྭ་ཚང་གསུམ་གྱི་དགེ་འདུན་ཆིག་སྟོང་ལྷག་དང་། རེ་ཁྲིད་པ་ཉིས་བརྒྱ་ལྷག་ལ་སྣམ་ཕྲུག་རྩེར་སྣོན་གྱི་གོང་སྣམ་རེ་སྐུ་འགྱེད་དུ་ཕུལ། དགུང་གྲངས་ང་གསུམ་པ་ལྕགས་འབྲུག་ལོར་སྤྲེལ་རྫོང་དགོན་དུ་གཞུང་ཆེན་པོ་ཏི་ལྟར་འཆད་ཉན་བྱེད་པའི་འཛིན་གྲྭ་ཡོངས་སུ་རྫོགས་པ་བཙུགས་ཟིན་པས། རྗེ་ཉིད་ཀྱི་ཞལ་ནས་པོ་ཏི་ལྟའི་འཆད་ཉན་ཀུན་མཁྱེན་ཆེན་པོ་འཇམ་དབྱངས་བཞད་པའི་རྡོ་རྗེའི་ཡིག་ཆའི་སྟེང་ནས་བྱེད་དགོས་པས་སྒོ་མང་ལྟར་ཡིན། དེ་ལ་རྟེན་འབྲེལ་གྱི་གནད་ཆེན་པོ་ཡོད་ཅེས་གསུངས། དེ་ནས་དགོན་པར་ཆོས་འདུལ་བའི་བཅའ་ཁྲིམས་དང་དགེ་འདུན་གྱི་ནང་ཁྲིམས་གཙོ་གལ་ཆེ་བར་དགོངས་ནས་བཅའ་ཡིག་ཆེན་པོ་ལྷུགས་རྩོམ་མཛད་དེ། མཁན་རིན་པོ་ཆེས་གཙོ་བྱས་ལས་སྡེ་འདུས་སྤྱི་ཡོངས་ལ་བཀའ་སློབ་དང་བཅས་སྩལ། ལོ་སྔ་ཕྱི་འདི་དག་གི་ནང་མཚོ་སྔོན་རྐང་ཚ་དང་། པོང་སྟག འབྲུམས་ཏྲ། ཨ་ཆོགས། ལྷ་སྡེ། གཙང་ཨ་རིག རྩེ་ཁོག རྔར། གཡུ་རྫོག བདུད་ཤུལ། ནགས་མཐའ། སྒོ་མེ་ཆོས་རྗེ་སོགས་ཡུལ་གྲུ་དང་། དགོན་སྡེ་ཆེ་ཆུང་དུ་མར་ཞབས་ཀྱིས་བཅགས་ཤིང་བྱིན་གྱིས་རླབས་ཏེ་ཡུལ་གྲུ་སོ་སོའི་བླ་དཔོན་དང་དད་ལྡན་སྐྱེས་པོ་བགྲང་གིས་མི་ལང་བ་སོ་སོའི་འདོད་མོས་བཞིན་དུ་དུས་འཁོར་དབང་ཆེན་དང་། མི་ཏྲ་རྡོར་ཕྲེང་སོགས་རྒྱུད་སྡེ་དུ་མའི་སྨིན་བྱེད་ཀྱི་དབང་དང་རྗེས་གནང་།

ལུང་དང་བྱིན་རླབས་གང་ལ་གང་འདོད་དུ་གནང་བས་གདུལ་བྱའི་རེ་བ་ཡོངས་སུ་བསྐངས་པར་མཛད་ཅིང་། དམ་པའི་ཆོས་ཀྱི་བདུད་རྩི་འདོད་པར་འཛོ་བས་གདུལ་བྱ་མཐའ་དག་ཐར་བ་དང་ཐམས་ཅད་མཁྱེན་པའི་ས་བོན་ཁྱད་པར་ཅན་བསྐྲུན་པར་མཛད་དོ། །

དགུང་གྲངས་ང་བདུན་པ་ཤིང་སྤྲེལ་ལོར། མགོན་ཤུལ་ཚོ་ཆེན་བཅུ་གཉིས་ཀྱིས་གདན་ཞུས་ལྟར་ཕྱོན་ནས་སེམས་བསྐྱེད་མཆོད་པ་གནང་། དེ་ནས་གཏེར་ལུང་དང་གསོས་དགོན་པར་ཕེབས་ནས། གསོས་གསེར་ཁྲི་རིན་པོ་ཆེ་གསོས་ཕྱོགས་འདུས་ཀྱི་ བླ་སྤྲུལ་སེར་སྐྱ་སྟོང་ཕྲག་བརྒྱལ་བར་སེམས་བསྐྱེད་མཆོད་པ་ཕྲུག་ལེན་རྒྱས་པའི་ཚུལ་དུ་སྩལ་བ་དང་། དེ་ནས་མགར་རྩེ་ནས་གདན་ཞུས་ལྟར་ཕྱོན་ཏེ་དུས་འཁོར་དབང་ཆེན་གནང་། དགུང་གྲངས་ང་བརྒྱད་པ་ཤིང་བྱ་ལོར་སྐྱབས་རྗེ་མི་ཉག་དོ་རྗེ་འཆང་། སྐུ་ཞབས་ཆུ་བཟང་རིན་པོ་ཆེ། ཆེ་ཐོས་རིན་པོ་ཆེ་སོགས་ནས་གདན་ཞུས་ལྟར་འཛམ་མགོན་བསྟན་པའི་འབྱུང་གནས་སྐྱ་འབུམ་བྱམས་པ་གླིང་དུ་ཆིབས་བསྒྱུར་མཛད། གསེར་གདུང་རིན་པོ་ཆེ་གསོས་རྟེན་གཙོ་ཁག་ལ་མཆོད་སྤྲིན་རྒྱ་མཚོས་ཐོག་དྲངས་འདུས་སྡེ་རིན་པོ་ཆེར་བསྙེན་བཀུར་གཟབ་རྒྱས་གནང་། བླ་སྤྲུལ་ཆེ་ཁག་རྣམས་ཀྱི་ཐུགས་བཞེད་ལྟར་ལྷག་ལྷ་དུ་མའི་དབང་དང་རྗེས་གནང་སོགས་འདོན་ཆོས་སྣ་ཚོགས་ཀྱིས་ཐུགས་བཞེད་བསྐངས། དགུང་གྲངས་རེ་བཞི་བ་ལྕགས་ཡོས་ལོར་སྐུ་འབུམ་དུ་ཕྱོན་ཏེ། ཀུན་གཟིགས་པཎ་ཆེན་ཐམས་ཅད་མཁྱེན་པའི་མཆོག་སྤྲུལ་རིན་པོ་ཆེར་མཇལ་ཕྲུག་ཕུལ་བས། ཀུན་གཟིགས་མཆོག་ནས་ཀྱང་ཐུགས་མཉེས་པ་ཆེན་པོས་གསུང་གླིང་མང་དུ་མཛད་ཅིང་། ལྷག་པར་སྐྱབས་རྗེ་འདི་ཉིད་ཀྱིས་དུས་མཐར་བསྟན་འགྲོར་སྨན་པའི་ལེགས་མཛད་རྒྱ་ཆེན་པོ་ལ་ཐུགས་ཀ་ཅང་རངས་པས། ཕྱིས་འབྱུང་རྟེན་འབྲེལ་གྱི་སྒོ་ལ་གཟིགས་ཏེ། སྟོན་པཎ་ཆེན་སྐུ་གོང་མས་རྒྱ་ནག་ནས་སངས་རྒྱས་སྟོང་སྐུ་ཆ་ཚང་ཚར་གསུམ་གདན་དྲངས་ཡོད་པ་ལས་ཆ་ཚང་གཅིག་ལྷག་ལུས་སུ་ཡོད་པ། སྐྱབས་རྗེ་འདི་ཉིད་ཀྱི་དགོན་པ་གསར་བསྐྲུན་གྱི་རྟེན་སྐལ་དུ་གནང་བ་སོགས་གཟིགས་སྐྱོང་ཚད་མེད་ཐོབ། སྐྱབས་རྗེ་ཉིད་ནས་ཀྱང་ཀུན་གཟིགས་ཐམས་ཅད་མཁྱེན་པ་

མཆོག་དབུས་གཙང་ཆོས་ཀྱི་གདན་ས་ཆེན་པོར་ཞབས་པད་བདེ་བར་བསྐྱོད་པ་ལ། ཉེ་བར་མཁོ་བའི་ཆ་རྐྱེན་དུ་དམིགས་ནས་མཛོ་ཕྲུས་ལེགས་སྣ་ཐག་ཆ་འགྲིག་བརྒྱ་དང་རྟ་ཆེན་ཕྲུས་བཟང་ལྔ་བཅུ་ཕེབས་རྫོངས་སུ་ཕུལ། ལོ་དེར་སྤྲེལ་རྫོང་དགོན་དུ་འདུ་ཁང་ཆེན་མོ་བསྐྲུར་བཞེངས་བྱེད་མགོ་ཚུགས། དགུང་གྲངས་རེ་ལྔ་བ་ཆུ་འབྲུག་ལོར། སྒོ་མི་དང་། ཛོ་སྒོར། འབབ་སློའུ་ཚང་སོགས་ནས་གདན་ཞུས་བཞིན་སོ་སོའི་རེ་འདུན་ལྟར་དུས་འཁོར་དབང་ཆེན་རེ་གནང་སྟེ་སླར་སྤྲེལ་རྫོང་དགོན་དུ་ཕྱིན། དེའི་ཚེ་དགེ་བའི་བཤེས་གཉེན་ཆེན་པོ་ཤེས་རབ་རྒྱ་མཚོ་ཞེས་མཚན་གྱི་རོལ་མོ་འཛམ་གླིང་ཡོངས་སུ་ཁྱབ་པ་གང་ཉིད་སྤྲེལ་རྫོང་དགོན་དུ་ཆིབས་བསྐྱོད་གནང་སྟེ་ཡུན་རིང་བཞུགས་པར། སྐྱབས་རྗེ་ཉིད་ཀྱི་བཀའ་ལུང་ལྟར་བཤེས་གཉེན་མཆོག་གིས་འདུས་སྡེ་ཡོངས་ལ་དགའ་ལྡན་ལྷ་དང་། ལམ་གཙོའི་ཁྲིད་རྒྱས་པར་སྩལ་བ་དང་། སྐུ་ཞབས་གཙང་བ་ཚང་། ཚུ་སྐྱ་ཚང་། ཁོ་ནག་ཚང་སོགས་བླ་སྤྲུལ་ཁག་དང་། དགེ་བའི་བཤེས་གཉེན་བློ་བཟང་རྒྱ་མཚོ་གཙོས་འཛིན་གྲྭ་གོང་མའི་སློབ་གཉེར་བ་ཡོངས་ལ་རྟེན་འབྲེལ་གྱི་ཚུལ་དུ་ཕར་ཕྱིན་གྱི་དབུ་ནས་མཇུག་ཁྲིད་གནང་། དེའི་སྐབས་བཤེས་གཉེན་མཆོག་གི་ཞལ་ནས། སྐུ་ཞབས་རིན་པོ་ཆེ་ནི་རྒྱལ་བའི་རྒྱལ་ཚབ་མི་ཕམ་མགོན་པོ་བསྟན་འགྲོའི་དཔལ་དུ་བསམ་བཞིན་སྲིད་པར་སྐྱེ་བ་བཞེས་པའི་སྐུ་དངོས་ཡིན་པ་ཚད་མས་གྲུབ། མཐའ་འཁོབ་ཀྱི་ས་སྟོང་འདི་ལྟ་བུར་འཆད་ཉན་གྱི་སྡེ་ཆེན་པོ་འདི་འདྲ་ཕྱག་འདེབས་མཛད་པ་འདི་ལས་སངས་རྒྱས་ཀྱི་བསྟན་པ་ལ་ཕྱག་རྗེས་འཇོག་རྒྱུ་མེད། འདི་ནི་རྗེ་བདག་ཉིད་ཆེན་པོས་རི་བོ་དགའ་ལྡན་དང་། ཀུན་མཁྱེན་ཆེན་པོ་འཇམ་དབྱངས་བཞད་པས་མདོ་སྨད་བླ་བྲང་བཀྲ་ཤིས་འཁྱིལ་ཕྱག་འདེབས་མཛད་པ་དང་སྒོ་ཀུན་ནས་མཚུངས། འདུ་ཁང་གསར་བ་འདི་ནི་སྤྲུལ་བའི་ལྷ་ཁང་དངོས་ཡིན། ཆ་རྐྱེན་གང་ཡང་མི་འཛོམས་པའི་ས་སྟོང་འདི་ལྟ་བུར་རྟེན་བཞེངས་འདི་འདྲའི་རྒྱ་ཆེན་པོའི་ཆ་རྐྱེན་རྣམས་འབད་རྩོལ་ཆེན་པོ་ལ་མ་ལྟོས་པར་ལྷུན་གྱིས་གྲུབ་པ་འདི་ལྟ་བུ་ལ་སྤྲུལ་པའི་ལྷ་ཁང་ཞེས་ཟེར། ལྷ་སའི་གཙུག་ལག་ཁང་རྣམ་གཉིས་དང་བསམ་ཡས་ལྷ་ཁང་ཆེན་མོ་སོགས་ལ་སྤྲུལ་པའི་ལྷ་ཁང་ཟེར་བའང་རྒྱུ་

མཚན་དེ་ལྟ་བུ་ལ་བརྟེན་ནས་བཏགས་པ་རེད་ཅེས་སོགས་ཐུགས་ཤིན་ཏུ་ངོ་མཚར་བའི་གསུང་མཆིད་མང་དུ་བགྱིས་པ་ཐོས་སོ། །

དགུང་ལོ་རེ་དྲུག་པ་ཆུ་སྦྲུལ་ལོའི་དབྱར་ཐོག་མཚོ་སྔོན་ཀང་ཚ་དང་ཨ་རིག་ཕྱོགས་ནས་གདན་ཞུས་ལྟར་ཕེབས་ཏེ། སླར་སྤྲུལ་སྐོང་དགོན་དུ་ཕྱིན་ནས་ཧོར་ཟླ་བརྒྱད་པའི་ཡར་ཚེས་ལ་འདུ་ཁང་ཆེན་མོ་ལེགས་འགྲུབ་ཀྱི་རབ་གནས་མཛད་པར། རྡོ་རྗེ་འཆང་ཉིད་ནས་སློབ་དཔོན་དང་། དགེ་བཤེས་རིན་པོ་ཆེ་ཤེས་རབ་རྒྱ་མཚོ་དཔལ་བཟང་པོས་རབ་གནས་ཀྱི་བཤད་པ་རྒྱས་པར་གནང་བ་དང་། གཞན་ཡང་སྐུ་ཞབས་ཆུ་བཟང་རིན་པོ་ཆེ། ཨན་རྒྱ་ཐེ་རིན་པོ་ཆེ་སོགས་བླ་སྤྲུལ་ཆེ་ཁག་དུ་མ་དང་བཅས་རོང་པོ་རྒྱུད་པའི་ཕྱག་བཞེས་ལྟར་གྱི་རབ་གནས་དགེ་ལེགས་ཆར་འབེབས་གནང་། དེའི་ཚེ་ངོ་མཚར་བའི་ལྟས་མང་དུ་བྱུང་བས་ཐམས་ཅད་དད་པའི་ས་ལ་བཀོད། དགའ་སྟོན་གྱི་མཛད་སྒོ་ལ་མཚོ་སྔོན་ཞིང་ཆེན་སྲིད་གཞུང་དང་། རྫོང་ཁག་བརྒྱད་ཀྱི་སྐུ་ཚབ་གཙོ་བྱས་མཚོ་སྔོན་དང་རེབ་གོང་ཕྱོགས་ཀྱི་བླ་དཔོན་དང་སྒྲུབ་སྡེ་ཁག་གི་སྐུ་ཚབ། དད་ལྡན་གྱི་སྦྱིན་པའི་བདག་པོ་བརྒྱ་ཕྲག་ལྷག་འདུས་པར། ཟང་ཟིང་དགའ་སྟོན་ནམ་མཁའ་མཛོད་ཀྱི་སྒོ་ཅིག་ཅར་དུ་ཕྱེ།

དགུང་གྲངས་རེ་བདུན་པ་ཤིང་རྟའི་ལོར། སྐུ་འབུམ་གཞུང་ནས་ནན་ཞུས་མཛད་པ་ལྟར་ལོ་དེའི་དཔྱིད་ཟླ་ར་བར་ཆོས་སྡེ་ཆེན་པོ་སྐུ་འབུམ་བྱམས་པ་གླིང་གི་མཁན་པོར་གསར་བཞུགས་ཀྱི་ཁྲི་སྟོན་རྒྱ་ཆེན་པོ་གནང་སྟེ་ཆེ་ཤོས་སྔར་བར་བཞུགས་གདན་འཛུགས། ལོ་གསུམ་གྱི་རིང་ལ་དགེ་འདུན་ཚོགས་པ་ཉིས་སྟོང་བཀྲལ་བར་ཆོས་སྲིད་ཟུང་འབྲེལ་གྱི་སྒོ་ནས་ལེགས་པར་བསྐྱངས་ཏེ། འཇམ་མགོན་རྒྱལ་བའི་བཤད་སྒྲུབ་ཀྱི་བསྟན་པ་རིན་པོ་ཆེ་དར་ཞིང་རྒྱས་ལ་ཡུན་རིང་དུ་གནས་པར་མཛད།

དགུང་ལོ་རེ་བརྒྱད་པ་ཤིང་ལུག་ལོར། ལྷར་བཅས་འགྲོ་བའི་གཙུག་རྒྱན་རྣམ་འདྲེན་ཕྱག་ན་པདྨོ་གོང་ས་རྒྱལ་དབང་ཐམས་ཅད་མཁྱེན་པ་མཆོག་པེ་ཅིན་ནས་སྐུ་འབུམ་དུ་ཆིབས་བསྒྱུར་མཛད་པར། སྐྱབས་རྗེ་ཉིད་བསུ་བ་ཨང་གསུམ་པའི་གྲས་སུ་ལན་ཀྲུའུ་རུ་ཕྱིན། གོང་

ས་རྒྱལ་དབང་ཐམས་ཅད་མཁྱེན་པ་ཆེན་པོར་གུས་ཕྱག་སྟོན་དུ་འགྲོ་བའི་གསེར་ཞལ་རྗེས་མཇལ་གྱི་བཀའ་དྲིན་ཐོབ། དེ་ཡང་གངས་ལྗོངས་འགྲོ་བའི་མགོན་པོ་སྙིང་རྗེའི་ལྷ་གཅིག་ཕྱག་ན་པདྨོ་སྲིད་པར་གར་དུ་བཟློས་པ། འཁྲོམ་སྟོན་རྒྱལ་བའི་འབྱུང་གནས་ཉིད་ཀྱི་སྤྲུལ་གཞི་གཅིག་ལས་བཀྱེས་པའི་རྣམ་འཕྲུལ་དྭངས་བའི་མཚོ་ནང་གི་ཟླ་གཟུགས་བཞིན་ཐུགས་རྒྱུད་ངོ་བོ་དབྱེར་མེད་དུ་གནས་པའི་དན་རྟགས་སུ། རྒྱལ་དབང་མཆོག་གི་གསུང་ལས། ཁྱེད་རང་བསུབ་ཨང་དང་པོའི་གྲས་སུ་མི་ཕེབས་པ་ཅི་ཡིན་ཞེས་བཀའ་སྐྱོལ་བར་ཁོང་གིས་བདག་བླ་ཆེན་མི་དྲག་གི་གྲས་སུ་མི་གཏོགས་པར་རི་ཁྲོད་པའི་བླ་མ་དཀྱུས་མ་ལྟ་བུར་གྱུར་རྐྱེན་ཡོང་མ་ཐོད་པས་དགོངས་འགལ་མེད་པ་ཞུ་ཞེས་ཞུས་པ་དང་། གཞན་ཡང་ཐུགས་ནང་ཤིན་ཏུ་གཤིན་པའི་གསུང་གླེང་མང་དུ་མཛད། དེ་ནས་རྒྱལ་དབང་མཆོག་དང་ལྷན་དུ་ཆོས་སྡེ་ཆེན་པོ་སྐུ་འབུམ་བྱམས་པ་གླིང་དུ་ཕྱིན། ལྷ་མིའི་རྣམ་འདྲེན་གོང་ས་རྒྱལ་དབང་ཐམས་ཅད་མཁྱེན་པས། གདན་སའི་བླ་སྤྲུལ་གཙོ་བྱས་ཕྱོགས་འདུས་ཀྱི་བླ་དཔོན་སེར་སྐྱ་དྲག་ཞན་སྐྱེ་བོ་ཕོ་མོ་འབུམ་ཕྲག་བརྒྱལ་བར་ཐུགས་རྗེ་ཆེན་པོའི་དབང་ཆེན་གནང་། དེའི་ཚེ་མེ་ཏོག་འཕེན་སྐབས་རྒྱལ་དབང་མཆོག་གི་ཞལ་སྔ་ནས། ད་ནི་བླ་སྤྲུལ་དཔོན་རིགས་ཆེ་འབྲིང་ཆུང་གསུམ་དང་། དད་ལྡན་སེར་སྐྱ་དམངས་ཚོགས་ཡོངས་ཀྱི་ཚབ་ཏུ་སྐུ་ཞབས་ཨ་རོལ་རིན་པོ་ཆེ་གཅིག་པུས་དཀྱིལ་འཁོར་དུ་མེ་ཏོག་འཕེན་རྒྱུ་ཡིན་པས་ཚང་མས་དེ་ལ་གསོལ་བ་ཐོབས་ཞེས་གསུངས་ཏེ། བླ་སློབ་ཡོངས་ཀྱི་ཚབ་ཏུ་སྐྱབས་རྗེ་རྡོ་རྗེ་འཆང་གཅིག་པུ་ལ་མེ་ཏོག་འཕེན་པར་གནང་བ་ནི། རིང་ནས་ཐུགས་བསྐྱེད་དང་སྨོན་ལམ་གྱི་མཐུ་བཙན་པས་སླད་མར་གདུལ་བྱ་མཐའ་དག་གི་མགོན་སྐྱབས་དང་། དཔུང་གཉེན་དམ་པ་རྡོ་རྗེ་འཆང་གཅིག་པུར་རག་ལས་པས་དེ་ལ་གསོལ་བ་ཐོབས་གསུངས་པས། དོན་དུ་སྤྱན་རས་གཟིགས་དབང་རྒྱལ་བའི་དབང་པོ་ཉིད་ཀྱི་རྒྱལ་ཚབ་ཏུ་དབང་བསྐུར་བར་ངེས་སོ། །དེ་ཡང་གངས་ཅན་འགྲོ་བ་ཡོངས་ཀྱི་མེ་ཏོག་ཐོག་པའི་ལྷ་སྐལ་སྙིང་རྗེའི་ལྷ་གཅིག་སྤྱན་རས་གཟིགས་དབང་མཆོག་རིགས་དང་རིགས་བདག་གི་རྣམ་རོལ་དུ་མའི་སྒྱུ་འཕྲུལ་གྱིས་སྐད་ཅིག་ཀྱང་གཡོ་བ་

མེད་པར་དུས་དང་རྣམ་པ་ཐམས་ཅད་དུ་གདུལ་བྱའི་དོན་འབའ་ཞིག་མཛད་པ་ལྟར་བཞེས་ཏེ་ལུས་ཅན་མཐའ་དག་ཐར་པ་དང་ཐམས་ཅད་མཁྱེན་པའི་ལམ་དུ་དགྲི་བར་མཛད་པ་ནི། གསེར་འོད་དམ་པའི་མདོ་ལས། སངས་རྒྱས་བཅོམ་ལྡན་བསམ་མི་ཁྱབ། །དེ་བཞིན་གཤེགས་པ་རྟག་པའི་སྐུ། །སེམས་ཅན་རྣམས་ལ་ཕན་པའི་ཕྱིར། །བཀོད་པ་རྣམ་པ་སྣ་ཚོགས་སྟོན། །ཞེས་དང་། རྒྱུད་བླ་མ་ལས། ཇི་ལྟར་གདུལ་བྱ་དག་པ་ཡི། །ཆུ་ཡི་སྣོད་ནི་ཐམས་ཅད་དུ། །བདེ་གཤེགས་ཉི་མའི་གཟུགས་བརྙན་ནི། །དཔག་ཏུ་མེད་པ་ཅིག་ཅར་འཆར། །ཞེས་གསུངས་པ་ལྟར་རོ། །སྐབས་དེར་སྐྱབས་རྗེ་ཉིད་གཙོ་བྱས་ཏེ་རེབ་གོང་རི་ཁྲོད་པ་དང་སྤྲེལ་རྫོང་དགོན་པའི་བླ་སྤྲུལ་འདུས་སྡེ་བཅས་ནས་རྒྱལ་དབང་ཐམས་ཅད་མཁྱེན་པར་བརྟན་བཞུགས་ཆེན་མོ་ཕུལ་ཏེ། རྒྱལ་མཆོག་ཉིད་ནས་ཀྱང་ཐུགས་དགྱེས་པ་ཆེན་པོས་ཞལ་བཞེས་གནང་བ་དང་འབྲེལ། ད་ལྟ་མདོ་སྨད་ཀྱི་ཕྱོགས་འདིར་བསྟན་འགྲོའི་བྱ་བ་རླབས་ཆེན་བདག་གིར་བཞེས་པ་ནི་ཁྱེད་གཅིག་པུར་གྱུར་པས་ཕྱིན་ཆད་ཀྱང་བསྟན་པ་དང་འགྲོ་བའི་དོན་རྒྱ་ཆེན་པོ་སྒྲུབ་པའི་ཐུགས་འགན་བླ་ལྷག་ཏུ་བཞེས་དགོས་པ་སོགས་ཀྱི་བཀའ་སློབ་སྙིང་དོན་ཅན་མང་དུ་བསྩལ། དེ་དུས་རྒྱལ་དབང་ཐམས་ཅད་མཁྱེན་པ་འཁྲུངས་ཡུལ་དུ་ཆིབས་བསྒྱུར་མཛད་པའི་སྔ་གོན་བྱེད་པ་ལ། སྐྱབས་རྗེ་ཉིད་ཀྱིས་ཆིབས་ཆེན་རྟེར་སོན་གཉིས་ཕུལ་བས་ཐུགས་མཉེས་པ་ཆེན་པོ་གནང་། དེ་ནས་སྐྱབས་རྗེ་ཉིད་སྤྲེལ་རྫོང་དགོན་དུ་ཕྱིན། མཚོ་སྔོན་ཕྱོགས་ཀྱི་བླ་དཔོན་ཆེ་དྲག་མང་ཆེ་བ་འདུས་པའི་སར། རྗེའི་ཞལ་ནས། ད་ནི་ཁོ་བོ་ལོ་ཡང་རྒས། ད་སྐབས་དགོན་པ་འདིའི་འཆད་ཉན་འཕེལ་རྒྱས་སུ་འགྲོ་བཞིན་པས་བཟང་། སྤྱིར་དགོན་སྡེ་འཕེལ་བ་བསྟན་པའི་སྦྱིན་བདག་ལ་རག་ལས་པས། ཕྱིན་ཆད་དགོན་པ་འདི་སྐྱོང་བའི་སྦྱིན་བདག་གཙོ་བོ་ཨ་ཚོགས་དང་ལྷ་སྡེ། ཤ་བྲང་བཅས་ཡིན་པས། སྨོན་ལམ་ཡང་མ་ཆག་པ་བྱེད་དགོས་ཞེས་པའི་བཀའ་གསུང་བསྩལ། དེའི་དུས་སུ་སྐྱབས་རྗེ་ཉིད་ཀྱིས་སྦྱིན་བདག་གི་གཙོ་བོ་དང་སྟོབས་རྒྱན་གྱིས་མཛེས་པ་རྐང་ཚའི་ཆེན་ཏུ་དང་། ཨ་རིག་ཆེན་ཏུ། ཨ་ཚོགས་ཆེན་ཏུ། ཤ་བྲང་དཔོན་པོ་སོགས་དང་།

གཞན་ཡང་སོག་པོའི་ཕྱང་། པེ་ལི། ཧོ་ཐོའུ་ཉེར་བཞིའི་བླ་དཔོན་ཆེ་དྲག་དུ་མས་གྲོས་མཐུན་གྱིས་རྫོ་ཉི་བླ་ཡན་ཆད་ནས་མཛོ་དགེ་སྣ་བར་མན་ཆད་ས་ནགས་རི་གསུམ་དང་། དེར་གཏོགས་པའི་རྫོང་འགྲོག་སྡེ་འབབངས་དང་བཅས་པ་བླ་མ་ཨ་རོལ་རིན་པོ་ཆེ་ལ་ཕུལ་བ་ཡིན། ཞེས་པའི་ཡི་གེ་གོས་ཆེན་སྟེང་བྲིས་ཏེ་དཔོན་སོ་སོས་རང་རང་གི་མིང་རྟགས་དང་ཐེལ་ཚེ་བརྒྱབ་སྟེ་སྐྱབས་རྗེ་རྡོ་རྗེ་འཆང་ལ་ཕུལ་ཅིང་། ཡུལ་གྲུ་དེ་དག་གི་སྐྱ་སེར་ཕོ་མོ་རྒན་གཞོན་ཤི་གསོན་ཐམས་ཅད་སྐྱེ་བ་དང་ཚེ་རབས་ཐམས་ཅད་དུ་བླ་མ་ཁྱེད་དང་མི་འབྲལ་བར་རྗེས་སུ་འཛིན་པའི་སྐྱབས་འཇུག་ཞུས་པ་ཐུགས་མཉེས་པའི་ཞལ་བཞེས་གནང་བ་དང་འབྲེལ་ཞལ་ཆེམས་ལྷ་བུའི་ཐུགས་བཀོད་འགའ་རེ་ཡང་གནང་བས་ཀུན་གྱི་ཡིད་ཐེ་ཚོམ་དུ་གྱུར།

དགུང་གྲངས་རེ་དགུ་བ་མེ་ཕྲེལ་ལོར། སྐུ་ཅུང་ཟད་སྙུང་བའི་རྣམ་པ་མཛད་སྐབས་དགོན་པའི་བླ་གྲྭ་ཐམས་ཅད་ནས་གདུང་ཤུགས་དྲག་པོས་གསོལ་བ་རྩེ་གཅིག་ཏུ་བཏབ་པར། རྗེའི་ཞལ་ནས། སྔར་བསྟན་པ་ལ་བྱ་བ་ཅུང་ཟད་ཙམ་བྱས་པ་ཡིན། ད་བསྟད་ཀྱང་བསྟན་འགྲོ་སྤྱི་ལ་ཕན་ཐོགས་འབྱུང་མིན་མི་ཤེས། དགོན་པ་ཡང་ངས་ཕན་ཐོགས་མི་འབྱུང་བས་མེད་ན་བཟང་། རང་གི་ལུས་ཕུང་འདི་ཡང་རང་ལ་མི་དབང་བའི་ཚོད་རེད། ངེད་ཀྱི་ཉུས་པ་སྤྱར་གང་འདི་ལ་དཔལ་ལྡན་ལྷ་མོས་བདག་ཐུབ་དགོས། ཁྱེད་རྣམས་ཀྱིས་ངའི་སྤྲུལ་སྐུའི་དོན་དུ་དཀའ་ངལ་མང་པོ་བྱེད་མི་དགོས་པར་སྐྱ་གོང་མའི་ཐུགས་བསྐྱེད་ཀྱི་མཐུ་ལས། གནས་འདིའི་ཉེ་འདབས་རང་གི་ལྷ་སྡེ་ཞིག་གི་ནང་ན་ཡོད་པར་སེམས་ཤིག དཀོན་མཆོག་གི་འཕྲིན་ལས་བསླུ་བ་མེད་པ་ཡིན་ཞེས་མ་འོངས་འབྱུང་འགྱུར་གྱི་གསུང་རྗེན་པར་གནང་བས་ཐམས་ཅད་ཡིད་སྐྱོ་ཞིང་གདུང་བས་གསོལ་འདེབས་ཡང་ཡང་ཞུས་པར། ད་དུང་རེ་ཞིག་ལ་སྐྱོན་མེད་པ་འདྲ་གསུངས། རྗེས་སུ་སྐུ་སྙུང་རིམ་དྭངས་སུ་སོང་རྗེས། མ་འོངས་པའི་རྟེན་འབྲེལ་ཁྱད་པར་ཅན་ལ་དགོངས་ནས་དགོན་པའི་འདུ་ཁང་ཆེན་མོའི་ནང་དུ་བླ་སྤྲུལ་ཁག་གཙོས་དགེ་འདུན་པ་ཡོངས་དང་། ཕྱོགས་འདུས་ཀྱི་སེར་སྐྱ་ཕོ་མོ་ཁྲི་ཕྲག་བརྒྱལ་

བར་དུས་འཁོར་དབང་ཆེན་བསྐུལ། དེའི་སྟོན་རོང་པོར་ཕེབས། ཨ་བུར་ཕེ་བུས་ཞུས་པ་ལྟར་ཕྱིན་ཏེ་སེམས་བསྐྱེད་མཆོད་པ་རྒྱས་པ་གནང་། དེ་ནས་གཏེར་ལུང་དང་། གཙོས་དགོན་པར་ཕེབས་ཏེ་དད་ལྡན་གྱི་འདུས་ཚོགས་ཡོངས་ལ་གང་ལ་གང་འདོད་ཀྱི་ཆོས་ཀྱི་བདུད་རྩི་ཅི་འདོད་དུ་འཛོ་བས་སྐྱེ་དགུའི་རེ་བ་ཚུལ་བཞིན་བསྐངས་ཏེ་སླར་ཡང་ལན་ཀྲུའུ་བརྒྱུད་ནས་ཟི་ལིང་དུ་ཕེབས།

དགུང་གྲངས་བདུན་ཅུ་བ་མེ་བྱི་ལོར་ཧང་ཅའི་རི་རྒན་སྐྱེ་འབུམ་ཁང་ཐང་དུ་ལྷ་སྟེས་ཞུས་ཏེ་བླ་སྤྲུལ་ཁག་མང་པོ་དང་། སེར་སྐྱ་འབུམ་ཕྲག་བརྒྱལ་བར་དུས་འཁོར་དབང་ཆེན་གནང་བའི་སྐབས་རྗེའི་ཞལ་ནས། ཁོ་བོས་མི་ཚེ་འདི་ལ་དུས་འཁོར་དབང་ཆེན་ཚར་ཉེར་བདུན་བཏང་ཟིན། སྟོན་པ་ཧཱ་ཆེན་སྐུ་གོང་མའི་བཀའ་ལུང་ལས། བདག་ལ་ཁྱོད་ཀྱིས་རིགས་ལྡན་ཉེར་ལྔའི་གྲངས་ཀྱི་རྟེན་འབྲེལ་ལས་དུས་འཁོར་དབང་ཆེན་ཚར་ཉེར་ལྔ་འདོན་དགོས་ཞེས་ལུང་བསྟན་གནང་ཡོད་ཀྱང་། ད་ནི་ཉེར་ལྔའི་གྲངས་ལས་བརྒལ་ཏེ་ཉེར་བདུན་ཟིན་པ་རྟེན་འབྲེལ་བཟང་། ད་རེ་དབང་ཞུ་བར་འོངས་པའི་སྐྱེ་བོ་རྣམས་མ་ཟད། འདིར་འོངས་མ་ཐུབ་ཀྱང་སེམས་གཏིང་ནས་ཉན་འདོད་སྐྱེས་པའི་རྒན་གཞོན་ཕོ་མོ་བྱིས་པ་སུ་ཡིན་ཡང་། དབང་ཆེན་འདི་ཐོབ་ངེས་ཡིན་པས་ཁྱེད་རང་རྣམས་སྐལ་བ་བཟང་། ཕྱིན་ཆད་འདི་ལྟ་བུའི་སྐལ་བ་ལྡན་རྒྱུ་དཀའ་མོ་རེད། ངེད་ཀྱིས་མཐོང་ཐོས་དྲན་རེག་གི་འབྲེལ་ཐོགས་པའི་སྐྱེ་བོ་མཐོ་དམན་བར་གསུམ་ཐམས་ཅད། མ་འོངས་བྱང་ཕྱོགས་ཤམྦྷ་ལར་རིགས་ལྡན་འཁོར་གྱི་ཐོག་མར་འགྱུར་བའི་སྨོན་ལམ་བཏབ་ཡོད། ཁྱོད་ཚོ་ལ་དད་པའི་ཨ་ལོང་བརྟན་པོ་ཡོད་ན་འདྲེན་པའི་ལྕགས་ཀྱུས་མི་བསླུ་བ་དཀོན་མཆོག་གི་བདེན་སྟོབས་དང་རྟེན་འབྲེལ་གྱི་ཆོས་ཉིད་ཡིན། ཞེས་དགོངས་གཞི་ཅན་གྱི་ཞལ་གསུང་མང་དུ་བསྐུལ་བ་ཐོབ་སོ། །

ད་ནི་མདོར་བསྡུས་ན། སྐྱབས་མགོན་རྗེ་རྗེ་འཆང་འདི་ཉིད་རྒྱལ་བ་ཐམས་ཅད་ཀྱི་བརྩེ་བའི་རང་གཟུགས་འཕགས་མཆོག་སྤྱན་རས་གཟིགས་དང་ཐ་མི་དད་པས། རིང་མོ་ཞིག་ནས་རྣམ་མཁྱེན་རྒྱལ་བའི་གོ་འཕང་མངོན་དུ་བྱས་ཟིན་ཀྱང་། སྐལ་བ་དང་ལྡན་པའི་

གདུལ་བྱ་རྣམས་རིམ་གྱིས་བཀྲི་བའི་ཆེད་དུ་རྒྱལ་སྲས་ཀྱི་སྤྱོད་པ་ལ་གསར་དུ་སློབ་པའི་ལེགས་མཛད་ལྟར་བཞེས་པ་སྟེ། དེ་ཡང་རྗེ་བཙུན་མི་ཕམ་མགོན་པོས། འདི་ན་དང་པོ་ཐོས་པ་ལ་བརྟེན་ཚུལ་བཞིན་ཡིད་ལ་བྱེད་པ་འབྱུང་། ཚུལ་བཞིན་ཡིད་ལ་བྱེད་པ་ལས་ནི་ཡང་དག་དོན་ཡུལ་ཡེ་ཤེས་འབྱུང་། ཞེས་གསུངས་པ་བཞིན་སྐྱབས་མགོན་ཐམས་ཅད་མཁྱེན་པ་རྗེ་བཙུན་བློ་བཟང་སྐལ་ལྡན་བསྟན་པའི་རྒྱལ་མཚན་དཔལ་བཟང་པོ་དང་། རྗེ་ཞྭ་དམར་པཎྜི་ཏ་ཆེན་པོ་སོགས་མཁས་གྲུབ་དམ་པ་མང་པོའི་ཞབས་པད་བསམ་སྦྱོར་གཉིས་ཀྱིས་ཚུལ་བཞིན་བསྟེན་ཏེ། འཁོར་ལོ་གསུམ་གྱི་དགོངས་འགྲེལ་བཀའ་པོད་ཆེན་པོ་ལྔ་དང་གསང་ཆེན་རྒྱུད་སྡེ་བཞིའི་གཞི་ལམ་འབྲས་བུའི་རྣམ་གཞག་བཅས་དང་། དབང་ལུང་རྗེས་གནང་མན་ངག་ལ་སོགས་པ་ད་སྐབས་གངས་རིའི་ཁྲོད་ན་བཞུགས་པ་ཕལ་ཆེར་གྲུས་རྟག་བརྩོན་འགྲུས་ལྷོད་པ་མེད་པས་གསན་སྦྱོང་མཐིལ་ཕྱིན་གནང་བའི་ཞོར་ལ་སྒྲ་སྙན་སྨན་རྩིས་སོགས་ཐུན་མོང་གི་རིག་གནས་ལའང་སྦྱོང་བ་རྒྱ་ཆེར་གནང་། དེ་ཡང་རང་བཞིན་གྱི་སྦྱོང་བ་ཙམ་མ་ཡིན་པར་ཐོས་དོན་གདམས་ངག་ཏུ་ཤར་བའི་ངེས་ཤེས་ཀྱིས་ནང་བྱན་ཆུད་པ་བྱུང་སྟེ་ཐོས་པ་རྒྱ་མཚོའི་ཕ་རོལ་ཏུ་ཕྱིན་པ་ཡིན་ལ། ཡོན་ཏན་ཐམས་ཅད་ཀྱི་གཞི་རྟེན་ནི་ཚུལ་ཁྲིམས་རྣམ་པར་དག་པ་ལ་རག་ལས་པར་དགོངས་ནས་སྡོམ་པ་གསུམ་གྱི་བཅས་མཚམས་མཐའ་དག་དྲན་ཤེས་བསྙེལ་བ་མེད་པར་རྟག་ཏུ་བསྲུང་སྟེ་ཕམ་ལྷག་དང་རྩ་ལྟུང་གི་ཉེས་པས་གཞར་ཡང་མ་གོས་པར་མཛད་ཅིང་། དུས་ཀྱི་དབང་གིས་ཉེས་བྱས་ཕྲ་མོ་རེ་བྱུང་ན་ཡང་རང་རང་གི་གཞུང་ནས་གསུངས་པའི་ཕྱིར་བཅོས་ཀྱི་ཚོགས་དག་པར་མཛད་དེ་ལྟུང་བ་དང་ཞག་ཏུ་མི་འགྲོག་པར་གནང་བས་གསུམ་ལྡན་རྡོ་རྗེ་འཛིན་པ་ཆེན་པོའི་སྐུར་བཞེངས་པ་ལགས་ཤིང་། བླ་མའི་རྣལ་འབྱོར་སྲོག་ཏུ་བྱས་ཏེ་ལམ་ཡོངས་རྫོགས་ཀྱི་ཉམས་བཞེས་ལ་ཆུ་བོའི་རྒྱུན་བཞིན་འགྲུས་པར་མཛད་པས་ངེས་འབྱུང་དང་བྱང་སེམས་ཀྱི་ལྟ་བ་རྣམ་པར་དག་པ་སོགས་ཐུགས་རྒྱུད་ལ་ཇི་བཞིན་འཁྲུངས་ཤིང་། ཞི་གནས་དང་དེ་ཁོ་ན་ཉིད་ལ་དམིགས་པའི་ལྷག་མཐོང་གི་ཏིང་ངེ་འཛིན་བརྟན་པོ་བརྙེས་པ་དང་། གང་སྣང་ལྷའི་འཁོར་ལོའི་རྣམ་

རོལ་ཏུ་ཤིན་ཏུ་གསལ་བའི་བསྐྱེད་རིམ་གྱི་རྣལ་འབྱོར་ཤིན་སྦྱངས་ཁྱད་པར་ཅན་གྱི་བདེ་བས་ཟིན་པའི་ཏིང་ངེ་འཛིན་དང་། དབེན་པ་གསུམ་དང་བདེན་པ་གཉིས་ཀྱི་གྲོལ་ལམ་ཕྱིན་ཅི་མ་ལོག་པ་ཟླ་ཉིའི་རྒྱུ་བ་དྷཱུ་ཏིར་ཞུགས་གནས་ཐིམ་གསུམ་བྱས་པ་ལས་བྱུང་བའི་དགའ་བཞིའི་ཡེ་ཤེས་མཉམ་བཞག་པ་དང་། དེ་ལས་ལངས་པའི་རྗེས་ཐོབ་གང་སྣང་སྟོང་བ་དང་། སྟོང་བ་བདེ་བ། བདེ་བ་ལྷན་སྐྱེས་ཀྱི་བདེ་སྟོང་གཉིས་སུ་མེད་པའི་ཡེ་ཤེས་རྡོ་རྗེ་འཆང་གི་རྣམ་རོལ་ཏུ་འཆར་བའི་ཉམས་རྟོགས་ཁྱད་པར་ཅན་མངའ་བརྙེས་པ་སྟེ་མདོར་ན་ལུང་དང་རྟོགས་པའི་ཡོན་ཏན་མ་ལུས་པ་ཇི་ལྟ་བ་བཞིན་ཐུགས་རྒྱུད་ལ་མངའ་བ་ཡིན་ལ། དེ་ལྟར་ཡོན་ཏན་གྱི་མཛོད་དུ་གྱུར་ནས་བསྟན་འགྲོའི་དོན་མཛད་པའི་ཚུལ་ལ། འཆད་པའི་ཡོན་ཏན་གྱི་དབང་དུ་བྱས་ན། དབང་ལུང་རྗེས་གནང་ཁྲིད་བཤད་ལུང་བསླབ་ལུང་ཉམས་ཁྲིད་སོགས་ཆོས་བཀའ་གང་གནང་བའི་ཚེ་ན་ཡང་། ཤེས་བྱེད་ཀྱི་ལུང་། མཐའ་གཅོད་ཀྱི་རིགས་པ། གསལ་བྱེད་ཀྱི་དཔེ་དང་བཅས་པའི་སྒོ་ནས་བློ་མཆོག་དམན་ཀུན་ལ་རང་རང་གི་བློ་ཚོད་དང་བསྟུན་པའི་གོ་རྒྱུ་ཆེ་ཞིང་། གདུལ་བྱའི་བློ་སྣ་ཆོས་ཕྱོགས་སུ་བསྒྱུར་བ་གཙོར་འདོན་སྒོས། སྐྱོན་དང་བྲལ་བ་འབབ་ཞིག་དང་། བརྒྱུད་ལྡན་དམ་པའི་ཕྱག་བཞེས་ཅུང་ཟད་ཀྱང་མ་ཉམས་པར་སྤེལ་བར་མཛད་ཅིང་། དེ་ལ་བརྟེན་ནས་མདོ་སྨད་སྟོད་བྱང་གི་ཆར་འབོད་པའི་གྲུབ་མཐའ་རིས་མེད་ཀྱི་བླ་མ་སྤྲུལ་སྐུ་ཡོད་ཚད་དང་། བཀའ་རབ་འབྱམས་སྨྲ་བའི་དགེ་བའི་བཤེས་གཉེན་དུས་ཐོག་དེར་ཕྱིན་པ་ཕལ་ཆེར་ཞལ་སློབ་ཏུ་མ་གྱུར་པ་མེད་པ་ལྟ་བུར་སྣང་བས་དེ་དག་གི་མཚན་རེ་རེ་བཞིན་ཞིབ་ཏུ་འགོད་མི་ནུས་སོ། །

རྩོད་པའི་ཡོན་ཏན་ནི། རྗེ་ཆོས་ཀྱི་ཉི་མས། སྒྲུབ་དང་སུན་འབྱིན་ཟློག་པར་དཀའ་བའི་མདའ། །དངོས་སྟོབས་རིགས་པའི་རྩལ་གྱིས་འཕངས་པ་ཡིས། །ཕས་རྒོལ་སྙིང་སྐྱེས་སྦུབས་པའི་གྲོགས་བཅོམ་སྟེ། །ཐུབ་བསྟན་གངས་རི་འཛིན་པ་ཁྱོད་གཅིག་ཉིད། །ཅེས་གསུངས་པ་ལྟར་རྗེ་འདིས་རང་ཉིད་རྒྱལ་བ་དང་གཞན་ཕམ་པར་འདོད་པའི་ཀུན་སློང་ངན་པ་ཐམས་ཅད་རིང་དུ་དོར་ནས་རྒྱལ་བའི་བསྟན་པ་རིན་པོ་ཆེ་ལ་མ་རྟོགས་པ་དང་ལོག་པར་

རྟོག་པ་དང་ཐེ་ཚོམ་གྱི་དྲི་མ་སེལ་བའི་ཆེད་འབའ་ཞིག་ཏུ་དམིགས་ཏེ། འབྲེལ་བླ་སྒྲུབ་པ། འགལ་བླ་འགོག་པ། མཚུངས་བླ་བསྒྲེ་བ་སོགས་སྟོད་པའི་ཡན་ལག་ཡོངས་སུ་རྫོགས་པའི་སྒོ་ནས་གཏི་མུག་གི་དྲ་བ་གཅོད་པ་རལ་གྲིའི་འཁོར་ལོ་ལྟ་བུ་དང་། སྲུན་འཇྲིན་རླུང་གིས་མི་གཡོ་བ་ལྷུན་པོ་ལྟ་བུ་ཚིག་དོན་ལ་མི་སྔོངས་པ་ཐུབ་པའི་སྤྲས་ལྟར་སྟོད་པ་གནང་བ་ཡིན་ལ། དབང་ལུང་ཁྲིད་སོགས་ཀྱི་སྐབས་སུ་གསུངས་བཤད་གང་གནང་ཐམས་ཅད་ལ་རྟོག་གེ་བ་དག་གིས་ཇི་ལྟར་དཔྱད་ཀྱང་སྐྱོན་གྱི་རྣམ་པ་ཕྲ་མོ་ཙམ་ཡང་མི་རྙེད་པ་ཡང་སྟོད་པའི་ཡོན་ཏན་ཡིན་ནོ། །

རྩོམ་པའི་ཡོན་ཏན་ནི། རིག་པའི་གནས་ལྔ་ལ་མཁས་པ་སོགས་རྩོམ་པའི་རྒྱུ་མ་ཚང་བ་མེད་པར་འཛོམས་པས་མདོ་རྒྱུད་གང་དག་གི་དགོངས་འགྲེལ་མཛད་དགོས་ནའང་ཆགས་ཐོགས་མི་མངའ་མོད། སྔོན་བྱོན་མཁས་གྲུབ་དམ་པའི་བཀའ་འབུམ་རི་བོའི་གཏོས་དང་མཉམ་པ་དག་རྟུལ་ཁྲིད་ན་འོ་བརྒྱལ་བར་གཟིགས་ནས་གསུང་རྩོམ་ཐོན་ཆེ་བ་མ་གནང་ལ། འོན་ཀྱང་ལམ་རིམ་སོགས་འགའ་བཞུགས་པ་ནི་དམ་པའི་མན་ངག་གིས་བརྒྱན་ཅིང་། ཉམས་མྱོང་གི་གསུང་ལེགས་གཤིས་གསུང་རབ་མཐའ་དག་གི་བརྗོད་བྱའི་གནད་འདུས་ཤིང་། གདུལ་བྱའི་རྒྱུད་འཁྱུལ་ཚབས་ཆེ་བ་སོགས་ཁྱད་ཆོས་བསམ་བརྗོད་ལས་འདས་པ་དང་། གསུང་མགུར་དང་དམ་པའི་གསོལ་འདེབས་སོགས་ཐོར་བུ་དུ་མ་བཞུགས་པ་ཡང་དོན་གྱི་གནད་དང་ཚིག་གི་ཉམས་སོགས་ཆ་གང་ནས་ཀྱང་འགྲན་ཟླ་བྲལ་བས་མཁས་པའི་ཡིད་འཕྲོག་ཅིང་། བསྟན་པ་རིན་པོ་ཆེའི་མཛེས་རྒྱན་དུ་གྱུར་པ་འབའ་ཞིག་ཡིན་ནོ། །

གཞན་ཡང་རྒྱལ་བསྟན་སྤྱི་དང་། ཁྱད་པར་མཉམ་མེད་ཙོང་ཁ་པ་ཆེན་པོའི་རིང་ལུགས་ཀྱི་རྒྱལ་མཚན་ཡུ་བ་ཐུག་ཏུ་བསྒྲེམས་པའི་ཁུར་ཆེན་ཉིད་གཅིག་པུས་བདག་གིར་བཞེས་ཤིང་། མདོ་སྨད་རྫོ་བྱང་གི་ཡུལ་གྲུ་མང་པོར་ཞབས་པད་བཀོད་དེ་དུས་འཁོར་དབང་ཆེན་ཚར་ཉེར་བདུན་གནང་བ་སོགས་ཆོས་བཀའ་རྒྱ་ཆེར་སྤེལ་ཏེ་མཛད་འཕྲིན་མཁའ་ཁྱབ་ཏུ་སྤྲོ་བའི་སྒོ་ནས་གདུལ་བྱ་མ་སྨིན་པ་སྨིན། སྨིན་པ་གྲོལ། གྲོལ་བ་མཐར་ཕྱིན་པར་མཛད་

པ་དང་། མཐོང་ཐོས་དྲན་རིག་གི་འབྲེལ་ཚད་དོན་ལྡན་གནང་བའི་ཚུལ་ཤིན་ཏུ་མང་ལ། དེ་དག་གི་སྟོབས་ཀྱིས་སྦྱོངས་འདིའི་དྲེགས་ལྡན་ཆེ་དགུ་སོགས་དྲག་ཞན་བར་མ་ཐམས་ཅད་ཀྱིས་གུས་པས་བཀུར་ཅིང་མཆོད་པ་ལ་བརྩོན་པའི་སྒོ་ནས་གཅིག་ཆོག་གཏན་གྱི་སྐྱབས་གནས་སུ་འཛིན་པ་སོགས་ཆོག་ཙམ་མིན་པར་དོན་ལ་གནས་པའི་ཚུལ་ནི། ༡༨༤༩ ལོ་རྒྱ་ཟ་བློན་ཆོས་ནས་ཐང་ནག་སོགས་ཀྱི་ས་ཆ་ཡོད་པའི་རྒྱ་རིགས་དང་ཧོས་རིགས་ཀྱི་སྡེ་བ་ཀུན་གཏོར་རྩིས་བྱེད་སྐབས། ཁོང་རིན་པོ་ཆེ་ནས་སྟག་གཡག་སོགས་རྒྱ་སྡེ་ལ་དགོན་པའི་གྲྭ་རྐན་རྣམས་ལ་བསྲུང་དུ་བཅུག་སྟེ། ཁོང་ཐང་ནག་ལ་ཕེབས་ནས་རྒྱ་ཟའི་བཤད་སྒྲུབ་དང་ཨ་ཉ་གཉིས་ལ། ཧ་བཞི་གོས་འཕྲུག་ལྔ། ཁོང་གི་སྟོད་འགག་བཅས་གནང་ནས་སློབ་གསོ་བཏང་སྟེ། དམག་ཕྱིར་འཐེན་བྱེད་དུ་བཅུག་པས། མི་དམངས་ལ་སྡར་དང་མི་འདྲ་བར་རང་རང་གི་འདོད་མོས་ལྟར། བློ་བདེ་བག་ཕེབས་ངང་ལས་ལ་བརྩོན་བཞིན་གནས་ཆོག་པའི་གོ་སྐབས་ཐོབ་པར་བརྟེན། བླ་མ་ཟེར་བ་དེ་ནི་འདི་འདྲ་ཞིག་ཡིན་དགོས་ཞེས་བསྟོད་བསྔགས་བྱེད་མཁན་ཡང་མང་པོ་བྱུང་བར་གྲགས། ཡང་ ༡༨༥༩ ལོར་སྔགས་ས་དང་ལོ་བའི་བར་མི་ཧ་བཞི་བཅུ་ཤི་བའི་གྱོད་དོན་བྱུང་སྐབས། འདུམ་སྒྲིག་མཁན་སྒོ་མེ་ཆེན་ཏུ་དང་བདུད་ཤུལ་ཆེན་ཏུ་སོགས་མི་དྲག་བླ་དཔོན་མང་པོ་ཡོད་ཀྱང་། ཐག་གཅོད་བྱེད་མ་ནུས་པར་ཀུན་གྱིས་ད་ནི་གྱོད་འདི་འདུམ་རྒྱུའི་རེ་བ་དང་བྲལ་སོང་སྙམ་པའི་དུས་སུ། སྐྱབས་རྗེ་ཨ་རོལ་རྡོ་རྗེ་འཆང་ནས་དམངས་སེམས་བདེ་ལ་འགོད་པའི་ཕྱིར་དུ། རང་ཉིད་ཀྱི་ཕྱག་རྫས་ཧ་ནོར་དྲུག་ཅུ་དང་གོས་འཕྲུག་སོགས་ཀྱི་བདག་རྐྱེན་དང་བཅས། ཀུན་ལ་ཉེ་རིང་མེད་པའི་སློབ་སྟོན་གནང་བ་དང་། ཁྱད་པར་དུ་ཁོང་གི་གཟིམ་སྤྱིས་སྐོར་ལྷ་མོའི་ཞལ་ཐང་འབྲལ་སྤྱངས་ཐུབ་པ་གསུང་རབ་ཀྱི་པོ་ཏི་རྣམས་གདན་དྲངས་པ་དང་། གྱོད་པ་ཕན་ཚུན་ཐམས་ཅད་འདིར་ཤོག་གསུངས་ནས་སོ་སོར་གྲལ་ལ་འཁོད་ནས་འདུག་ཏུ་བཅུག་པ་དང་། ཁོང་གིས་འབྲལ་སྤྱངས་དང་གསུང་རབ་པོ་ཏི་གཉིས་ཕྱག་ཏུ་བསྣམས་ནས། ད་ཁྱོད་ཚོར་ལྷ་དང་བླ་མ་ལ་མི་བྱེད་པའི་དད་འདུན་རྩེ་གཅིག་པ་ཞིག་ཡོད་ན་ད་ལྟ་རང་གྱོད་པ་ཕན་ཚུན་བར་དུ

མནའ་འཛོག་དགོས་ཞེས་གསུང་བ་ན། ཕོ་ཆོ་ལའང་ཕོང་རྗོ་རྗེ་འཆང་འདི་ཕྱི་གཏན་གྱི་
སྐྱབས་གནས་ཉག་གཅིག་ཏུ་འཛིན་པའི་ཡིད་ཆེས་བརྟན་པོ་ཡོད་པས། དེ་མ་ཐག་ཏུ་ཕོང་
ནས་ཅི་གསུང་མཐའ་དག་ཁས་བླངས་ཏེ་ཕན་ཚུན་བར་ལ་མནའ་དང་མགོར་ཆོས་བཞག་
ནས་མཐའ་བརྟན་ཅིང་ངོ་བོ་འགྱུར་བ་མེད་པའི་འགྲིག་འདུམ་གྱི་བྱ་བ་ཡང་དག་པ་ཞིག་
དངོས་སུ་གྲུབ་པར་བྱས་པ་དང་། ལོ་དྲུག་ཅུ་ལྷག་གི་སྔོན་རྐང་ཚའི་བླ་མ་རབ་བརྟན་དང་།
ཀློའུ་སྐེ་ཁ་སུག་ཐུ་གཉིས་ཀྱི་དུས་སུ་རྐང་ཚ་དང་ཀློའུ་ཚང་གཉིས་ཀྱི་བར་དུ་བྱུང་བའི་མི་རྟ་
དྲུག་ཅུ་བསད་པའི་གྱོད་དོན་དེ་ཡང་༡༨༥༨ལོ་སྤྱིལ་རྫོང་ནས་དབང་གསུང་སྐབས་དང་
བསྟུན་ནས། ཕོང་རིན་པོ་ཆེས་རྐང་ཚའི་སྐུ་ལོ་དང་ཀློའུ་ཁྲི་རྒྱལ་གཉིས་ལ་སློབ་སྟོན་རབ་དང་
རིམ་པ་གནང་བར་བརྟེན། ཕོ་རང་གཉིས་ནས་ཀྱང་ཕོང་གིས་ཞལ་གསུང་གནང་བ་ལྟར་ད
ནས་བཟུང་གྱོད་རྙིང་དེ་དང་འབྲེལ་བའི་གནད་དོན་ཅི་ཡང་མི་འབྱུང་བར་ཁས་བླངས་ཏེ་
འཁྲུན་ཐག་ཆོད་པར་བྱས་པ་སོགས་མང་པོ་ཡོད་པར་བཤད་ཀྱང་འདིར་དེ་ཙམ་ལས་མ་བྲིས་
སོ། །དེར་མ་ཟད་དགོན་སྡེ་རིས་མེད་ཐམས་ཅད་ལ་མཆོད་བཀུར་བསྙེན་གསུམ་ཡང་ཡང་
གནང་བ། དབུལ་ཕོངས་ལ་སྦྱིན་གཏོང་གནང་བ་དང་། རང་དགོན་ཐོས་བསམ་དར་རྒྱས་
གླིང་གསར་འདེབས་དང་། འདུ་ཁང་ཆེན་མོ་སོགས་རྟེན་བརྟེན་པ་མཐའ་ཡས་པ་གསར་
བཞེངས་སོགས་བྱ་བ་ལས་ཀྱི་འཁོར་ལོ་རྒྱ་ཆེར་སྤེལ་བ་སོགས་ཆོས་སྲིད་ཟུང་གིས་བསྟན་
འགྲོའི་དོན་རྒྱ་ཆེན་པོ་གནང་བ་ཡིན་ནོ། །མགོན་པོ་གང་གི་མཁས་བཙུན་བཟང་གསུམ་
དང་། ཐོས་བསམ་སྒོམ་གསུམ་གྱི་ཡོན་ཏན་དང་། ཕ་རོལ་ཏུ་ཕྱིན་པ་དྲུག་དང་བསྡུ་བའི་
དངོས་པོ་བཞི་སོགས་རྒྱལ་བའི་སྲས་ཀྱི་མཛད་བཟང་ལ་བསླབ་པའི་ཚུལ་ལས་བརྩམས་ཏེ་རྒྱ་
ཆེར་སྤྲོས་ནས་བརྗོད་རྒྱུས་ཕོངས་པ་མི་འདུག་ཀྱང་འདིར་ས་བཅད་མ་སྟོངས་ཙམ་དུ་ཅུང་
ཟད་སྨོས་པ་སྟེ། རྒྱས་པར་ནི་མཁས་ཤིང་གྲུབ་པའི་དབང་ཕྱུག་བསེ་མཆོག་སྤྲུལ་རིན་པོ་
ཆེས་རྣམ་ཐར་ཆེན་མོ་ལྷུགས་རྩོམ་གནང་བར་འགྱུར་བས་དེ་ལས་ཤེས་པར་བྱའོ། །

རྒྱལ་ཁབ་གསར་བ་དབུ་བརྙེས་རྗེས་ཏང་དང་སྲིད་གཞུང་གིས་ཐུགས་ཁུར་ཆེར་

བཞེས་གནང་འོག་རིན་པོ་ཆེ་ཉིད་ཞིན་ཧེ་རྫོང་མི་དམངས་ཨུ་ཡོན་ལྷན་ཁང་གི་ཨུ་ཡོན་དང་ཀྲུང་གོ་ནང་བསྟན་ཆ་འཛུགས་ཀྱི་ཧྲོས་ཀྲུང་གཞོན་པ། མཚོ་སྔོན་ཞིང་ཆེན་སྲིད་གྲོས་ཀྲུའུ་ཞི་གཞོན་པ་བཅས་ཀྱི་འགན་བཞེས་ཤིང་། རྒྱལ་ཕན་དང་དམངས་ཕན་གྱི་ལེགས་མཛད་ཀྱང་མང་དུ་བསྒྲུབ་པ་ཡིན་ནོ། །དགུང་གྲངས་དོན་གཅིག་པ་ས་ཕྲེ་ལོའི་ཧོར་ཟླ་དང་པོའི་ཚེས་བཅུ་གསུམ་ཉིན། ལོ་རེ་བཞིན་བསྟན་སྲིད་སྤྱིའི་ཆེད་དུ་ཕྱག་བརྟག་རེ་གནང་བའི་སྲོལ་སྟར་ནས་ཡོད་རྐྱེན། ལོ་དེར་བརྟགས་འབྲས་ལ། ད་ལོ་མོ་ཕྱྭ་བཟང་བ་མེད། ལོ་འདི་སྐྱིད་དུ་འདི་འདྲ་བ་གཏན་ནས་བྱུང་མ་མྱོང་། ལྷག་པར་བདག་ལ་ངན། ཞེས་གསུངས་པས་ཐམས་ཅད་སྐྲག་སྟེ། སྐྱིང་ཁོང་ནུས་པའི་གཏིང་ནས་ཕྱུར་ཚོགས་ཀྱིས་གསོལ་བ་བཏབ་སྟེ་ཞབས་བརྟན་ཞུས་པར། རྗེའི་ཞལ་ནས། ད་ལོར་རིམ་གྲོ་ཅི་བྱས་ཀྱང་བཟློག་ཐབས་མེད་ཅེས་གསུངས་ཏེ་མ་གནང་། དེ་ནས་ཐམས་ཅད་ཀྱིས་རེབ་གོང་རི་ཁྲོད་པ་གདན་དྲངས་ཏེ་ཞབས་བརྟན་བསྐྱབ་རྒྱུའི་བཀོད་སྒྲིག་རྗེ་ཉིད་ལ་མ་ཞུས་པར་གསང་ཐབས་ཀྱིས་རི་ཁྲོད་རྣམས་གདན་འདྲེན་དུ་བརྫངས། ཧོར་ཟླ་གཉིས་པའི་ཚེས་མགོར་སྐུ་ཞབས་ཆུ་བཟང་རིན་པོ་ཆེ་སོགས་བླ་སྤྲུལ་ཆེ་ཁག་འགར་གཤེད་སྐོར་སོགས་བཀའ་རྒྱ་མའི་དབང་འགའ་རེ་གནང་རྒྱུ་བྱས་ཏེ། དཀྱིལ་འཁོར་མཆོད་པ་དང་བཅས་པའི་གྲ་སྒྲིག་གྲུབ་པའི་སྔ་གོན་ཉིན་སློ་ཕྱུར་དུ་ཞིང་ཆེན་ནས་ཟི་ལིང་དུ་འཚོགས་འདུར་ཕེབས་དགོས་པའི་བཀའ་བཙན་གཉན་པོ་གནད་ཞུའི་རླངས་འཁོར་དང་བཅས་ལྷན་དུ་འབྱོར་བས་ཧོར་ཟླ་གཉིས་པའི་ཚེས་བཅུ་གཅིག་ལ་ཟི་ལིང་དུ་མི་ཕེབས་ཐབས་མེད་བྱུང་བ་ནི་གནས་སྐབས་ཀྱི་བར་ཆད་ཙམ་མ་ཡིན་པར་བསྟན་འགྲོ་སྤྱིའི་གེགས་རྐྱེན་བཟློག་ཐབས་བྲལ་བར་ཤེས། འོན་ཀྱང་དཀྱིལ་འཁོར་བཀྲམ་ཞིང་དབང་དང་སྔ་གོན་གྱི་མཆོད་པ་སོགས་ཡོངས་རྫོགས་གྲ་སྒྲིག་བྱས་ཏེ་རྗེས་སུ་བཞག་པ་ནི། ཕྱིས་འབྱུང་ཇི་སྲིད་བར་དུ་ཐུགས་རྗེས་གཟིགས་པ་མི་འདོར་བ་དང་གདན་སར་ཟབ་རྒྱས་ཆོས་ཀྱི་དགའ་སྟོན་རྒྱུན་མི་ཆད་པར་འབྱུང་བའི་རྟེན་འབྲེལ་ཕུན་སུམ་ཚོགས་པར་སྣང་ངོ། །

ཧོར་ཟླ་བཅུ་གཅིག་པའི་ཚེས་གཉིས་ཉིན་ཐྲི་ལིང་དུ་གཟུགས་སྐུ་རགས་པའི་བཀོད་པ་ཉེ་བར་བསྡུས་ཏེ་དོན་དམ་འོད་གསལ་ཆོས་ཀྱི་དབྱིངས་ལས་ལོངས་སྤྱོད་རྫོགས་པའི་སྐུར་མངོན་པར་བཞེངས་ཏེ། གང་ལ་གང་འདུལ་གྱི་གདུལ་བྱར་དེ་ལ་དེ་སྟོན་གྱིས་མཛད་པ་ཡིད་བཞིན་གྱི་ནོར་བུ་དང་། དཔག་བསམ་གྱི་ཤིང་བཞིན་ལྷུན་གྱིས་གྲུབ་པའི་འཇུག་པ་རྒྱུན་མི་ཆད་པ་ནི། རྒྱུད་བླ་མ་ལས། མྱ་ངན་འདས་པ་གཤེགས་མཛད་རྣམས། །ཡོངས་སུ་མ་དག་ཞིང་རྣམས་སུ། །སྲིད་པ་ཇི་སྲིད་གནས་པར་སྟོན། །ཞེས་དང་། རྗེ་བཙུན་བྱམས་པ་མགོན་པོས། གང་གི་མཛད་པ་ཇི་སྲིད་པར། འགྲོ་ལ་ཕན་པ་སྣ་ཚོགས་དག །མཉམ་དུ་མཛད་པའི་སྐུ་དེ་ནི། །ཐུབ་པའི་སྤྲུལ་སྐུ་རྒྱུན་མི་ཆད། །ཅེས་གསུངས་སོ། །

སྨྲས་པ། ལེགས་བྱས་བསོད་ནམས་འབུམ་གྱིས་ཉེར་བྲངས་པའི། །ཡིད་འཕྲོག་མཚན་དཔེའི་སྣང་བརྙན་པདྨོའི་ལྡོན། །སྐལ་བཟང་བུང་བའི་ཚོགས་རྣམས་འགུགས་པའི་དཔྱིད། །སྐྱབས་མཆོག་མཐོང་བ་དོན་ལྡན་སླར་ཡང་གྲུས། །མཛད་བཟང་རིན་ཆེན་འབྱུང་གནས་ཁྱོན་ཡོངས་རྫོགས། །རྒྱལ་སྲས་དེད་དཔོན་གྱིས་ཀྱང་ཡུལ་མིན་ན། མ་རིག་གིས་སྒྲིབ་ཚུར་མཐོང་སྐྱེ་བོ་ཡིས། །བསྐལ་བརྒྱར་འབད་ཀྱང་ཆ་ཙམ་ཇི་ལྟར་གཞལ། །གཟུགས་སྐུའི་ཟླ་གཞོན་གསེར་མོ་སྔོངས་ནས་ཆེས། །ལུང་རྟོགས་དཀྱིལ་འཁོར་ལྷ་ལྡན་ཞིང་ནས་རྫོགས། །འཕྲིན་ལས་འོད་སྣང་ནམ་མཁའི་མཐའ་ལ་འཕྲུད། །འགྲོ་མགོན་ཀུན་དའི་གཉེན་འདིར་སུ་མི་གུས། །འཛམ་མགོན་རིང་ལུགས་དྲི་བྲལ་གསེར་སྦྱངས་ཁམས། །ལྷ་སྤྱོད་གཙང་མའི་སྣང་བའི་མུ་འཕྲུད་ཅན། །འཆད་རྩོད་རྩོམ་པའི་ཤུགས་ཀྱིས་འདྲེན་པ་ལ། །མགོན་ཁྱོད་སྟོན་མེད་ཁྲུང་སྟོན་སྐྱེས་སུ་བསྔགས། །མཁྱེན་བརྩེ་ཆུ་འཛིན་ལང་ལོང་གཡོ་བ་ལས། །དབང་ལུང་གྲུ་ཆར་ལྷུག་ལྷུག་ཕབས་པའི་མཐུས། །དད་ལྡན་རོལ་མཚོ་ལྗང་ལྗང་འཕྲིལ་བ་ཀུན། དགའ་སྟོའི་རླབས་ཕྲེང་ཆལ་ཆིལ་གཡོ་བར་མཛད། །སྟོན་ཕྲིན་ལྷ་བརྒྱའི་གཙུག་རྒྱན་མར་མེ་མཛད། དེང་དུས་འགྲོ་བའི་འདྲེན་པ་བདག་གི་མགོན། །འབྲུངས་དུས་བཞུགས་ཡུལ་ཙམ་གྱི་ཐ་དད་དེ། །གཞན་པའི་ཁྱད་པར་འབྱེད་ཆོས་དམིགས་

སྲུ་མེད། །རབ་མཛེས་སྐུ་མཆོག་ཀུན་ཡིད་དད་པའི་ཞུལ། །ཞུལ་བྱུང་གསུང་གིས་གདུལ་བྱའི་རྨོངས་མུན་བཅོམ། །བཅོམ་ལྡན་རྒྱལ་ཀུན་ཡེ་ཤེས་གཅིག་བསྡུས་དཔལ། །དཔལ་ལྡན་བླ་མའི་སྐྱེས་བར་རྗེས་བཟུངས་ཤིག །ཅེས་པ་ནི་བར་སྐབས་ཀྱི་ཚིགས་སུ་བཅད་པའོ། །

གཉིས་པ་ཆོས་སྡེ་ཆེན་པོ་འདི་ཉིད་ཇི་ལྟར་ཆགས་འདེབས་གནང་ཚུལ་ནི། ཇི་སྐད་དུ། རྒྱལ་བའི་སྲས་པོ་ཞི་བ་ལྷས། །འགྲོ་བའི་སྡུག་བསྔལ་སྨན་གཅིག་པུ། །བདེ་བ་ཐམས་ཅད་འབྱུང་བའི་གནས། །བསྟན་པ……། ཞེས་གསུངས་པ་ལྟར་སྐྱེ་དགུ་ཡོངས་ཀྱི་རྒྱུད་པ་མ་ལུས་པ་སེལ་བའི་སྨན་དང་། ཕན་བདེ་ཀུན་གྱི་འབྱུང་གནས་ནི་རྒྱལ་བའི་བསྟན་པ་རིན་པོ་ཆེ་ཡིན་ལ། དེ་ཉིད་རིང་དུ་གནས་པ་ནི་དགེ་འདུན་གྱི་སྡེ་ཁོ་ན་ལ་རག་ལས་པར་དགོངས་ནས་སྟོན་ཐུན་མཁས་གྲུབ་དམ་པ་རྣམས་ཀྱིས་ཡུལ་གྲུ་མཐའ་ཡས་པ་ལ་དགེ་འདུན་གྱི་སྡེ་གྲངས་མེད་པ་སྤེལ་བར་མཛད་ཅིང་། རྗེ་བོ་བཀའ་གདམས་པ་རྣམས་ཀྱིས་བསྟན་པའི་དཀར་ཕྱོགས་ལ་དགོན་པ་བྲེ་ཞབས་ཙམ་རེ་ཡིན་ཡང་འདེབས་ཅི་ཐུབ་བྱ་ཞེས་གསུངས་པ་དང་། ཡབ་རྗེ་སྐལ་ལྡན་རས་པས་ཀྱང་། ཆོས་བཤད་སྒྲུབ་སྡེ་གཉིས་ལག་རྗེས་ལ། །ཁོང་ལུང་རིགས་མཁྱེན་པའི་མཁས་པ་དང་། །ཚེ་ཕྱི་མ་དོན་གཉེར་བྱ་བཏང་གིས། །ཕྱོགས་འདི་ན་ཉི་མ་ཤར་བཞིན་མཛེས། །ཞེས་གསུངས་སོ། །མཁས་པ་དང་གྲུབ་པའི་སྐྱེ་བོ་དེ་དག་གི་རྣམ་པར་ཐར་བ་དང་ཚུལ་མཐུན་པར། དཔལ་འཁོར་ལོ་སྡོམ་པའི་རྟེན་དང་བརྟེན་པའི་དཀྱིལ་འཁོར་ལྷུན་གྱིས་གྲུབ་པའི་གནས་མཆོག་བྲག་དཀར་སྒྲོལ་རྫོང་ཞེས་ཡོངས་སུ་གྲགས་པའི་ཡུལ་འདིར་འགྲོ་མགོན་ཨ་རོལ་གོང་མ་རྗེ་བཙུན་བློ་བཟང་ལུང་རིགས་རྒྱ་མཚོ་དཔལ་བཟང་པོ་དེ་ཉིད་ཀྱིས་ཐོག་མར་གནས་མཇལ་གནང་སྐབས་གནས་སྒོ་འགག་མར་ཀླུ་དབང་རྒྱལ་པོའི་སྐུ་ཤིན་ཏུ་ཆེ་བ་གཟིགས་ཤིང་། ཙ་རི་ཕུག་ཏུ་རྣལ་འབྱོར་མ་རང་བྱོན་སྟག་ཁྱུང་སོགས་གཟིགས་པ་དང་ཁྱད་པར་དུ་འཕགས་མཆོག་ཐུགས་རྗེ་ཆེན་པོ་ཕྱག་སྟོང་སྤྱན་སྟོང་འཁོར་བྱང་སེམས་དུ་མས་བསྐོར་བའི་དགྱེས་ཞལ་མངོན་སུམ་དུ་གཟིགས་ཤིང་། གནས་སྐོར་དུ་ཕེབས་ཚེ་རྒྱབ་ངོས་རྡོ་བརྩེགས་གྲུབ་ཆུ་ཡོད་ས་དེར་ནམ་མཁའི་མཐོངས་ནས

འཇའ་ཚོན་ཁ་དོག་སྣ་ལྔ་དཔྱིབས་ཟླུམ་པོ་ཆེ་ཆུང་དཀར་ཡོལ་ཙམ་པ་ཆེས་མང་པོ་འོད་ཟེར་
གྱི་སྤྲོད་བུ་ལ་བརྒྱུས་པ་ལྟར་ཕྲེང་བསྒྲིགས་ནས་བར་མ་ཆད་པར་རྗེ་ཉིད་ཀྱི་མདུན་དུ་བྱུང་བ་
ཡུན་རིང་གཟིགས་པ་དང་། གཟི་བརྗིད་ཤིན་ཏུ་ཆེ་བས་ལྟ་མི་ཕོད་པའི་དམ་ཙན་ཆོས་ཀྱི་
རྒྱལ་པོའི་སྐུའི་གཟུགས་སྣང་ཡང་ཡང་བྱུང་བ་སོགས་ཡི་དམ་གྱི་ལྷ་ནམ་མཁའི་སྐར་ཚོགས་ལྟ་
བུའི་ཞལ་མངོན་སུམ་དུ་གཟིགས་པ་དང་། གནས་འདིར་དགོན་སྡེ་ཕྱག་འདེབས་ཀྱི་ཐུགས་
སྨོན་རྒྱ་ཆེར་གནང་ཞིང་། དགུ་ཡི་བདེ་མཆོག་གསང་བའི་གནས། །དཀར་ལ་རྫོང་གི་བས་
མཐའ་རུ། །ཚུལ་ཁྲིམས་དྲི་མེད་གཙྭ་ཡི། །གྲུབ་པའི་རྒྱལ་མཚན་མངོན་མཐོ་བྱེད། །ཅེས་
དམ་པ་ཉིད་ཀྱི་མཆོག་སྤྲུལ་རྗེ་བླ་མ་འདི་ཉིད་དང་གནས་ཀྱི་མཚན་ཟུར་གསལ་བར་བསྟན་
པའི་སྒོ་ནས་གནས་མཆོག་འདིར་ཆོས་སྡེ་འདེབས་པར་ལུང་གིས་བསྟན་ཅིང་། འགྲོ་མགོན་
མཆོག་དེ་ཉིད་ཡུན་རིང་བཞུགས་ཏེ་སྒྲུབ་པའི་རྒྱལ་མཚན་བསྒྲེངས་ཤིང་གནས་བྱིན་གྱིས་
བརླབས་པ་དང་། རི་སྐྱོང་ནགས་གཞིའི་རི་ཁྲོད་ཀྱི་གཟིམ་སྤྱི་ལ་ཁྲམས་རའི་ལོགས་རིས་སུ་
བྲག་དཀར་སྤྲེལ་རྫོང་གི་གནས་རིའི་བཀོད་པ་དང་། དགོན་པ་ཞིག་གི་རྣམ་པ་གསལ་བར་
བཀོད་དེ་ཆོས་སྡེ་འདི་ཉིད་ཕྱག་འདེབས་གནང་རྒྱུའི་ཚུལ་རྣམས་སྒྲིབ་མེད་ཡེ་ཤེས་མཆོག་གི་
ཨ་དར་ཤར་འགོག་མེད་དུ་ཤར་བའི་ཚུལ་ཇི་ལྟ་བ་བཞིན་མཚོན་པ་གནང་ངོ་། །ཆླབས་པོ་
ཆེའི་ཐུགས་བསྐྱེད་རྨད་དུ་བྱུང་བ་དང་ལྡོངས་འདིའི་སྐྱེ་དགུ་ཡོངས་ཀྱི་ལེགས་བྱས་དུས་སུ་
བདོ་བ་ན་འབྲས་བུ་སྨིན་པ་ནི་ཆོས་ཉིད་ཡིན་ཏེ། ཇི་སྐད་དུ་རིགས་པའི་དབང་ཕྱུག་གིས།
རྒྱུ་ཚོགས་པ་ལས་འབྲས་སྐྱེས་པར། །རྗེས་སུ་དཔག་པ་གང་ཡིན་པ། །དོན་གཞན་ལ་ནི་མི་
ལྟོས་ཕྱིར། །དེ་ནི་རང་བཞིན་ཡིན་པར་བརྗོད། །ཅེས་གསུངས་པའི་ཕྱིར་རོ། །དེ་ལྟར་
ལེགས་བྱས་ཕུན་སུམ་ཚོགས་པའི་དགེ་འབྲས་ལང་ཚོ་དར་ལ་བབས་པ་ལ་མངོན་དུ་ཕྱོགས་པ་
ན།རྗེ་དེ་ཉིད་ཀྱི་མཆོག་སྤྲུལ་དམ་པ། རིགས་དང་དཀྱིལ་འཁོར་ཐམས་ཅད་སྤྲོ་ཞིང་བསྡུ་
བའི་བྱེད་པོ། ཁྱབ་བདག་རྡོ་རྗེ་སེམས་དཔའི་ངོ་བོ། རྗེ་བཙུན་བློ་བཟང་ལུང་རྟོགས་བསྟན་
པའི་རྒྱལ་མཚན་དཔལ་བཟང་པོ་དགུང་གྲངས་སོ་བཞི་བཞེས་པ་ལྕགས་བྱི་(༡༨༣༧)ལོར།

རྡོ་རྗེ་འཆང་ཉིད་ཀྱིས་གཙོ་མཛད་དེ། བྲ་བོ་རབ་འབྱམས་པ་རྡོ་རྗེ་རྒྱལ་དང་། རབ་འབྱམས་པ་བློ་བཟང་རྒྱ་མཚོ་ཉིད་ཀྱི་སྐུ་དཔོན་དགེ་བའི་བཤེས་གཉེན་དགེ་ལེགས་རྒྱ་མཚོ་སོགས་བཤེས་གཉེན་དམ་པ་བཅུ་ཕྲག་ལྷག་གི་འཁོར་དང་བཅས་རྐང་ཚ་དང་འབབ་གཞུང་བརྒྱུད་སེང་ལྡེང་དུ་ཕྱག་ཕེབས། དེར་ཡག་མོའི་དཔོན་ཞེས་སྡིགས་འཆང་གྲགས་ཅན་ཞིག་ཡོད་པ་དེས་རྗེ་འདི་ཉིད་ཀྱི་ཞལ་མཇལ་བ་ཙམ་གྱིས་མཆོག་ཏུ་དད་དེ། མཐའ་འཁོབ་ཀྱི་ཡུལ་གྲུ་འདིར་ཐུབ་བསྟན་རིན་པོ་ཆེ་དར་ཞིང་རྒྱས་པའི་སྐབས་འཇུག་ནན་ཞུ་དང་འབྲེལ་ཁོ་རང་གིས་གྲྭ་བཙུན་བཅུ་གསུམ་འདུས་པའི་དགེ་འདུན་གྱི་སྡེ་ཞིག་བཙུགས་ཡོད་པ་སྐབས་རྗེ་ཉིད་ལ་ཕུལ་བར་ཐུགས་མཉེས་པ་ཆེན་པོས་བདག་གིར་བཞེས་ཏེ། སྐུ་འཁོར་རབ་འབྱམས་པ་ཞིག་འཆད་ཉན་གྱི་སློབ་དཔོན་དང་། གཅིག་དགེ་བསྐོས་སུ་བསྐོ་བཞག་མཛད། ཡག་མོ་དཔོན་གྱིས་སྦྱིན་བདག་བྱས་ཏེ་འདུ་ཁང་ཆུང་བ་ཞིག་གསར་བཞེངས་གྲུབ་བསྟུན། རྗེའི་ཞལ་ནས་ད་ནི་རྟེན་འབྲེལ་ཕུན་སུམ་ཚོགས་པ་འགྲིགས་སོང་། འོན་ཀྱང་དགོན་པ་ཞེས་པ་གྲོང་ལས་རྒྱང་གྲགས་གཅིག་གིས་ཆོད་པའི་ཕ་རོལ་ཏུ་ཡོད་དགོས་པས། ཁྱེད་ཀྱིས་ཕུལ་བའི་དགོན་ཆུང་འདིའི་གྲྭ་རྒྱུན་གྱིས་གཞི་བྱས་ནས་དབེན་གནས་བྲག་དཀར་སྒྲོལ་རྗོང་དུ་དགོན་པ་འདེབས་པར་ངེད་ཀྱི་སྐུ་ཕྲེང་གོང་མའི་ལུང་བསྟན་ཡོད་ཚུལ་གྱི་ཕེབས་སྒོ་ཞིབ་པར་བསྒྲུལ། ལོ་འདིའི་སྤྱི་རྗེས་སུ་སྐུ་ཞབས་སྒོ་མང་རིན་པོ་ཆེ་སོགས་ཀྱིས་ནན་ཞུ་མཛད་པ་ལྟར། ཕོང་སྒོ་མང་ཚང་དང་བེའུ་མདོའི་ཆུ་དམར་ཚང་། དྲུང་ཡིག་ཚང་། ཇིར་དགེའི་སྐུ་ལོ་སོགས་ཡུལ་འདི་དང་ཕྱོགས་ཀྱི་སེར་སྐྱ་དྲག་ཞན་མང་དུ་འདུས་པ་ལ་རྒྱལ་བོའི་བཀའ་རིན་པོ་ཆེ་འགྱུར་རོ་ཅོག་གི་ལྷུགས་ལུང་གནང་།

དཀྱུང་གྲངས་སོ་ལྔ་བ་ཆུ་ཁྱི་ལོར་འབྱུང་འགྱུར་གྱི་རྟེན་འབྲེལ་དུ་དགོངས་ནས་ཚེ་འཕྲུལ་སྨོན་ལམ་གསར་འཛུགས་དང་། ཐོས་སྐྱ་ཆེན་མོ་གསར་བཞེངས་གྲུབ་པས་སེར་སྦྲེང་གིས་བསུས་ཏེ་ཞལ་ཕྱེ་ཞིང་ཁྲུས་གསོལ་དང་རབ་གནས་གནང་། ལོ་དེའི་དབྱར་དུས་སྐབས་རྗེ་ཉིད་སྒྲོལ་རྗོང་དུ་གནས་མཇལ་དང་འབྲེལ་དགོན་གནས་འཚོལ་བར་བྱོན་ཏེ། གནས་

རིའི་མདུན་དུ་ཕེབས་སྐབས་འཕགས་མཆོག་འཇིག་རྟེན་དབང་ཕྱུག་གི་དགྱེས་ཞལ་མངོན་སུམ་དུ་གཟིགས་པ་སོགས་ཆེས་ངོ་མཚར་བའི་རྣམ་ཐར་མང་དུ་མཆིས་ཀྱང་འདིར་མི་སྤྲོ་ལ། དེ་ནས་གནས་སྐོར་ལ་ཕེབས་པའི་ཚེ་གར་འོང་ཆ་མེད་པའི་བུད་མེད་ཅིག་གིས་མདུན་ནས་བསུས་ཏེ། ཁྱེད་ཕེབས་རག་བར་དུ་ཕོ་མོས་གནས་འདི་བསྲུངས་ནས་བསྡད་པ་ཡིན། གནས་འདི་ནས་ཁྱེད་ཀྱིས་དགོན་པ་ཞིག་ཐོབས་དང་། འདུལ་ཁྲིམས་གཙང་མའི་འདུས་སྡེ་ཞིག་ཆགས་ངེས་ཡིན་ལ། གནས་རིའི་རྩེ་ནས་ཆོས་དུང་ཆ་འབུད་ཀྱི་སྒྲ་ཐོས་ཚེ། དགེ་ཚུལ་སློང་མང་པོས་ཆོས་གོས་རྣམ་གསུམ་གསོལ་ནས་གནས་རིའི་རྩེར་ཕེབས་པ་མཐོང་ངེས་ཡིན་ཞེས་གསོལ། མིང་ལ་ཅི་ཟེར་བཀའ་འདྲི་གནང་བ་ལ། ཕོ་མོའི་མིང་ལ་བུད་མེད་དཀར་མོ་ཟེར་ཞེས་ཞུས། ཕྱིས་བུད་མེད་དེ་ནི་རྗེ་བཙུན་སྒྲོལ་མའམ་མ་ཅིག་གི་སྤྲུལ་བར་རྡོ་རྗེ་འཆང་ཉིད་ཀྱིས་གསུངས་སོ། །དེ་ལྟར་རིམ་གྱིས་ཕེབས་ཏེ་ད་ལྟའི་དགོན་གནས་འདིར་ཐོག་མར་སླེབས་པའི་ཚེ་སྔོན་ཨ་ལགས་ཇ་རོང་ཞེས་པའི་གྲུབ་པའི་དབང་ཕྱུག་ཅིག་གིས་རྡོའི་མཆོད་རྟེན་ཞིག་བཞེངས་ཏེ། ས་འདིར་ནམ་ཞིག་ན་ཆོས་གོས་མནབས་པའི་དགེ་འདུན་མང་པོས་བཀང་བ་འོང་ལ། དེའི་ཚེ་ངའི་མཆོད་རྟེན་འདི་དགོན་པའི་མཐར་སྐྱིལ་འོང་ཞེས་ལུང་བསྟན་གནང་བས་གནས་དེར་སྐྱབས་རྗེ་ཉིད་ཀྱི་ཆིབས་རྟ་གློ་བུར་དུ་ཉལ་བ་ན། རྗེའི་ཞལ་ནས་དགོན་གནས་འདི་ཡིན་གསུངས་ཏེ་ཆིབས་ལས་བཞོལ་ནས་ས་འདུལ་གནང་སྐབས་མི་མིན་དྲག་པོ་བདུད་བློན་རྡོ་རྗེ་ཐོག་རྒོད་མ་དགའ་བར་རླུང་འཚུབ་དྲག་པོ་སློང་བ་སོགས་བར་ཆད་ཀྱི་མཚན་མང་དུ་བསྟན་པ་བདག་གཞན་བརྗེ་བའི་བྱང་སེམས་ཀྱི་གོ་ཆ་བརྟན་པོ་དང་རིམ་གཉིས་རྣལ་འབྱོར་ཟབ་མོའི་མཆོན་རྟོན་འབར་བས་ཟིལ་གྱིས་མནན་ཏེ་དམ་ལ་བཞག་ནས་དགོན་འདིའི་ཆོས་སྲིད་དཔལ་འབྱོར་གྱི་འཕྲིན་ལས་ཚུལ་བཞིན་སྒྲུབ་པའི་བསྟན་བསྲུང་དུ་སྒྱུར་པ་སོགས་ཀྱང་བྱུང་ངོ་། །སྐབས་དེར་རྒན་པོ་འབྲུག་རྩེ་ཟེར་བ་ཞིག་གིས་རྒྱང་མི་རིང་བའི་གནས་ནས་ཀུ་ཀོ་ཀུ་ཀོ་ཞེས་དཔྱིད་ཀྱི་ཕོ་ཉའི་གདངས་སྙན་ལན་གསུམ་ཐོལ་བྱུང་དུ་བསྒྲགས་པས་ཡུལ་འདིར་ཐུབ་བསྟན་དཔྱིད་ཀྱི་དཔལ་ཡོན་རྒྱས་པའི་རྟེན་འབྲེལ་མ་བསྒྲིགས་

རང་འགྲིག་ཏུ་བྱུང་སྟེ་མགོན་པོ་ཉིད་ཀྱང་ཐུགས་དགྱེས་པའི་རྟེར་སོན། ཕྱིས་རྒན་པོ་དེའི་མིང་ལའང་ཁུ་བྱུག་ཏུ་འཇགས་སོ། །འགྲོ་བའི་མགོན་པོ་གང་ཉིད་དགུང་གྲངས་སོ་དྲུག་ཏུ་ཕེབས་པ། མཉམ་མེད་ཤཱཀྱའི་རྒྱལ་པོ་མྱ་ངན་ལས་འདས་པའི་ལོ་ལ་བཞེད་པ་མི་མཐུན་པ་མང་དུ་མཆིས་པ་ལས་ཕུག་པ་ཡབ་སྲས་ཀྱི་ལུགས་ལྟར་དཔའ་བོ་ལྷུགས་འབྲུག་ལ་འདས་ནས་ཟླ་བའི་ཕྲེང་བ་ཉིས་སྟོང་བརྒྱད་བརྒྱ་ཞག་མ་གསུམ་འདས་པ། རབ་བྱུང་བཅོ་ལྔ་བའི་ཁྲག་སྐྱུགས་ཆུ་ཕག(༡༨༢༣)ལོར་སྟོན་འཁོར་བཅུ་ཕྲག་ལྔག་གིས་བཀྲ་ཤིས་གསོ་སྦྱོང་བཞེས་ཤིང་། སྟོ་འཕྱེ་ཐེག་རྗེ་ཉིད་ཀྱིས་ཕྱག་བསྟར་ནས་འདེབས་པ་གནང་བ་དང་བུམ་གཏེར་སྦས་པ་སོགས་མཛད་དེ། བླ་མ་དང་ཡི་དམ་དཔའ་བོ་ཌཱ་ཀའི་ཚོགས་དང་དཔོན་སློབ་འཁོར་བཅས་ཀྱིས་དཔལ་འཁོར་ལོ་སྡོམ་པའི་ཚོགས་ཀྱི་འཁོར་ལོར་རོལ་བ་དང་། ཡུལ་འདིའི་གནས་བདག་རྣམས་ལ་ཡང་མཆོད་གཏོར་རྒྱ་ཆེར་ཕུལ་ཏེ། བསྟན་འགྲོའི་ཕན་བདེ་སྤྱི་དང་ཁྱད་པར་འཇམ་མགོན་བླ་མའི་མདོ་སྔགས་ཟུང་དུ་འབྲེལ་བའི་ལུགས་བཟང་དྲི་མས་དབེན་པ་འདི་ཉིད་འཕེལ་ཞིང་རྒྱས་པ་དང་གནས་འདིར་ལུང་རྟོགས་ཀྱི་བསྟན་པ་རིན་པོ་ཆེ་བཤད་སྒྲུབ་ཟུང་འབྲེལ་གྱིས་འཛིན་ཅིང་སྤེལ་བའི་དགེ་འདུན་གྱི་སྡེ་དབྱར་མཚོ་ལྟར་རྒྱས་པའི་ཐུགས་སྨོན་གནད་སྨིན་གནང་སྐབས་དེར་རྗེ་ཉིད་ལ་མི་ཕྱེད་པའི་དད་པ་བརྟན་པོ་ཅན་ཨ་ཚོགས་བསོད་ལོ་ཟེར་བས་ཆོས་དུང་དཀར་པོ་ཆ་གཅིག་འབུད་བཞིན་རྗེ་ཉིད་ཀྱི་ཕྱག་ཏུ་ཕུལ་བ་ཐུགས་དགྱེས་པ་ཆེན་པོས་བཞེས་ཏེ། གནས་འདིར་ཆོས་ཀྱི་དུང་རྒྱུན་མི་ཆད་པར་འབུད་པའི་རྟེན་འབྲེལ་འགྲིགས་སོ་གསུངས་ལ། ཕྱིས་དུང་དེ་གཉིས་དགོན་པའི་ཚོགས་དུང་བྱས་པ་ཡིན་ནོ། །སྐབས་དེའི་སྔ་ཕྱི་ཞིག་ཏུ་ས་བདག་ཇིར་དགེ་དཔོན་པོས་དགོན་ས་ཕུལ་བ་ནི་གཞུང་བརྒྱའི་མངའ་བདག་བཤེས་གཉེན་ཆེན་པོ་བྲཧྨ་ས་རས། ཇིར་དགེ་དཔོན་པོ་མ་ལ་ཡ་ཡི་ཀླུང་། །དད་པའི་དྲི་བསུང་རྒྱན་དུ་འཐུལ་བ་དེས། །ས་གཞི་ཕུལ་བའང་འཁྲོམ་གྱི་རྣ་སྒྲིང་དང་། །སྒྱུར་ན་ཀུན་ནས་འཇོར་བར་ཁོ་བོས་སེམས། །ཞེས་གསུངས་སོ། །བཤེས་གཉེན་ཆེན་པོ་འདི་ཉིད་ཀྱིས་མཛད་པའི་སྤྲེལ་རྫོང་གནས་བསྟོད་ནི་རྡོ་རྗེ་འཆང་ཉིད་ཀྱིས་

བསྐུལ་ཞིང་། ཆོས་སྡེ་ཆེན་པོ་འདི་ཉིད་ཆགས་འདེབས་གནང་རྗེས་ཡུན་རིང་མ་སོང་བར་བརྩམས་པ་ཡིན་པས། ལོ་རྒྱུས་ཀྱི་དབང་བཙན་པར་མ་ཟད། གསང་བ་བསམ་གྱིས་མི་ཁྱབ་པའི་གནས་མང་པོ་ཞིག་བརྗོད་དུ་ཡོད་པར་སེམས་ལ། གོང་གི་ཤོ་ལོ་ཀ་འདིར་ཡང་དངོས་ཤུགས་ཀྱིས་བསྟན་བྱ་ཆེས་མང་བར་ངེས་ཏེ། མགོན་པོ་གང་ཉིད་འགྲོ་མ་རྒྱལ་བའི་འབྱུང་གནས་ཀྱི་སྐུའི་སྐྱེས་པ་བཞེས་ནས་ན་སྒྲེང་ཕྱག་འདེབས་གནང་སྐབས་འཕྲང་ཁ་བེར་ཆུང་གིས་དགོན་གནས་ཕུལ་བ་དང་མཚུངས་པར་གསུངས་པས་ཤེས་སོ། །དགོན་ས་འབུལ་མཁན་ཇིར་དགེ་དཔོན་པོ་དབང་རྒྱལ་ནོར་བུ་དང་བསོད་ནམས་ཚེ་རིང་ཡབ་སྲས་ནི་ཆོས་རྒྱལ་སྲོང་བཙན་སྒམ་པོ་དང་འབྲུངས་བརྒྱུད་གཅིག་པ་བསྟན་འཛིན་ཆོས་ཀྱི་རྒྱལ་པོའི་གདུང་རྒྱུད་དུ་ཕྱོན་ཅིང་བསྟན་པ་དང་བསྟན་འཛིན་ལ་མི་ཕྱེད་པའི་དད་པ་བརྟན་པོ་ཅན་ཡིན་པས་ཆོས་སྡེ་འདིར་དགོན་གནས་ཕུལ་བ་ཙམ་དུ་མ་ཟད་ཆོས་སྡེ་གཞན་མང་པོར་དགོན་གནས་ཕུལ་བ་དང་མཐུན་རྐྱེན་སྒྲུར་བ་མང་དུ་མཆིས་པས་རྗེས་སུ་ཡི་རངས་ཀྱི་གནས་ཡིན་ནོ། །དེ་ནས་གནས་འདིར་བླ་བ་ཁ་ཤས་བཞུགས་ནས་ཐོག་མར་ཉིད་ཀྱི་གཟིམ་ཁང་དང་། གྲྭ་ཤག་བརྒྱད་ཀྱི་རྨང་བཏིངས་ཏེ་ལེགས་འགྲུབ་བྱུང་ཞིང་། དེ་ནས་གྲྭ་ཤག་བཅོ་ལྔ་དང་དགེ་འདུན་ཞལ་གྲངས་ཉི་ཤུ་ལྷག་འདུས་ཤིང་། དེ་ནས་རིང་མིན་འཕེལ་རྒྱས་ཆེན་པོ་བྱུང་སྟེ། བསླབ་གསུམ་འཛིན་པའི་ཤཱཀྱའི་སྲས་བརྒྱ་ཕྲག་དུ་མ་གདན་འཛོམས་ཏེ་ཤིང་སྣང་ལོར་ཀུན་སྤྱངས་འདུལ་བ་འཛིན་པ་ཨ་ལགས་བསྟན་འཛིན་རབ་རྒྱས་དང་། གནས་ལྔ་རིག་པའི་པཎྜི་ཏ་ཨ་ལགས་དགེ་འདུན་གྲགས་པ་རྣམ་གཉིས་ཀྱི་གཙོས་མང་ཐོས་སྒྲུབ་ལ་གཞོལ་བའི་རི་ཁྲོད་འཛིན་པ་བཅོ་བརྒྱད་ཀྱིས་རྡོ་རྗེ་འཆང་ཆེན་པོའི་ཐུགས་བསྐོད་ལྟར་འདུལ་བ་ལུང་སྡེ་བཞིའི་དགོངས་དོན་དང་མཐུན་པའི་གཞི་གསུམ་གྱི་ཕྱག་ལེན་ངོས་གཙང་གསར་དུ་བཙུགས་ཤིང་། མི་སྟག་ལོ་ནས་བཟུང་བླ་བ་རེ་རེའི་ཆོས་བརྒྱུད་ལ་མཇལ་དང་། ཆོས་བཅུ་མཁའ་འགྲོ་འདུ་བའི་དུས་ཆེན་ལ་འཇིགས་བྱེད་དཔའ་གཅིག་གི་ཚོ་ག་བདག་འཇུག་དང་བཅས་པ། ཉི་ཤུ་ལྔ་ལ་བདེ་མཆོག་གི་བདག་མདུན་གྱི་ཚོ་ག་ཚོགས་འཁོར་དང་བཅས་པ་རྒྱུན་འདོན་སྒྲུབ་

མཆོད་ཀྱི་སྲོལ་བཙུགས། གཞན་ཡང་། ཚོ་འཕྲུལ་ཟླ་བའི་ཚེས་བརྒྱད་ནས་ཟླ་བ་གཉིས་པའི་ཡར་ཚེས་བཅུ་གཅིག་བར་ལ་ལྷ་ལྡན་སྨོན་ལམ་ཆེན་མོ་ལྟར་གྱི་ཆོ་འཕྲུལ་དུས་མཆོད་དང་། ཆོས་བཅོ་ལྔའི་ཉིན་སེར་སྦྲེང་གིས་མདུན་བསུས་པའི་བྱམས་པ་གླིང་བསྐོར། ས་ག་ཟླ་བའི་ཚེས་གཅིག་ལ་དཔྱིད་ཆོས་ཆེན་མོ་སོགས་ཟླ་ཆོས་བཞི་ལ་འཛིན་གྲྭ་སོ་སོའི་རྩོད་མཚམས་དང་རྒྱན་འཇུག་གི་འདོན་པ་སོགས་སྔ་མང་ལྟར་དང་། ཟླ་དྲུག་པའི་བཅོ་ལྔ་ནས་བརྒྱད་པའི་ཚེས་གཅིག་ལ་དབྱར་གནས་ལ་རྩོད་པ་དང་འདོན་པ་ཕལ་ཆེར་སྔར་ལྟར་དང་། དགའ་ལྡན་ལྔ་མཆོད་ཆེན་མོ་ཉིན་ལྔའི་རིང་ལ་འཁོར་ལོ་སྡོམ་པའི་ཚོ་ག་བདག་འཇུག་དང་བཅས་པ། ཆོས་སྤྱོད་སྐོར། ཆོས་སྐྱོང་རྣམས་ཀྱི་བསྐང་གསོལ་གསུང་བ། ཆོས་སྤྱོད་ཉམས་བཞེས་རྣམས་ཀྱང་རིམ་གྱིས་བཙུགས་པ་ཡིན་ནོ། །

རབ་རྒྱལ་ས་སྦྲུལ་(༡༩༢༩)ལོ་ནས་ཆོས་སྡེ་ཆེན་པོ་འདི་ལ་གཞུང་ཆེན་བཀའ་པོད་ལྔའི་འཆད་ཉན་གྱི་དབུ་བརྙམས་ཤིང་། དེ་ཡང་ཐོག་མར་དབུ་འཇུགས་མཁན་ནི་དམ་པ་ཉིད་ཀྱི་སྐུ་དྲིན་མཁས་བཙུན་བཟང་གསུམ་འཛོམས་པའི་དགེ་བའི་བཤེས་གཉེན་དགེ་ལེགས་རྒྱ་མཚོ་ཡིན་ལ། ཁོང་གིས་ཐོག་མར་སློབ་གཉེར་བ་བཅུ་ཕྲག་ཙམ་ལ་ཁ་དོག་དཀར་དམར་ནས་དབུ་བརྩམས་ཏེ་རིགས་ལམ་གཏོང་ཚུལ་དང་ལན་འདེབས་ཚུལ། རྩོད་པའི་རྣམ་དཔྱོད་བཅས་ཀྱི་ཞིབ་ཁྲིད་བཀའ་དྲིན་བསྐྱངས་ཤིང་། རྩོད་པ་གསར་འཛུགས་གནང་། དེ་ནས་རྫི་ཚ་དཔལ་ལྡན་བཀྲ་ཤིས་ཆོས་སྡིངས་ཀྱི་ལུང་རིགས་སྨྲ་བའི་རྩེར་སོན་ཨ་རིག་སྨྲ་སེང་ཆེན་པོའི་རྣམ་སྤྲུལ། ཡོངས་ཀྱི་དགེ་བའི་བཤེས་གཉེན་ཆེན་པོ་ལྷ་སྡེ་བ་ཛྙཱ་ཡེ་ཤེས་རྒྱ་མཚོ་གདན་དྲངས་ཏེ་བསྟུས་གྲྭ་ནས་བློ་རྟགས་དང་ཕར་ཕྱིན་སོགས་གཞུང་ཆེན་མང་པོའི་ཞིབ་ཁྲིད་སྩལ་བ་དང་། ཕྱིས་རོང་པོ་དགོན་ཆེན་བདེ་ཆེན་ཆོས་འཁོར་གླིང་གི་དགེ་བའི་བཤེས་གཉེན་ཆེན་པོ་བསྟན་འཛིན་རྒྱལ་མཚན། ཨ་ལགས་ཡོན་ཏན་རྒྱ་མཚོ། ཨ་ཁུ་བློ་བཟང་རྒྱ་མཚོ། ཆོས་གྲྭ་ཆེན་པོ་བླ་བྲང་བཀྲ་ཤིས་འཁྱིལ་གྱི་གནས་ལྔ་གཟིགས་པའི་ཀུན་མཁྱེན་གསང་ཕོག་ཐབས་མཁས་ཚང་། འབྲས་སྤོ་མང་བ་ཐུབ་བསྟན་གསལ་བའི་སྒྲོན་མེ།

རྗེ་འཇམ་དབྱངས་རྒྱ་མཚོ། ཤེས་བྱ་ཀུན་གཟིགས་མ་ཧཱ་པཎྜི་ཏ་རྗེ་སྲིས་དགེ་བའི་བཤེས་གཉེན་རྗེ་བཙུན་ཤེས་རབ་རྒྱ་མཚོ་སོགས་རབ་འབྱམས་གཞུང་བརྒྱའི་མངའ་བདག་འཕགས་ཡུལ་རྒྱན་དྲུག་མཆོག་གཉིས་ལ་ཙོ་འདྲི་བའི་མཁས་གྲུབ་དམ་པ་མང་པོ་རིམ་བཞིན་ཕེབས་ནས། གཞུང་ཆེན་བཀའ་པོད་ལྔའི་གཟབ་འཁྲིད་ལེགས་པར་བཀའ་དྲིན་བསྐྱངས་པ་ལ་བརྟེན་ནས། ཚད་མ་རྣམ་འགྲེལ། ཕར་ཕྱིན་སྐབས་བརྒྱད་ཀྱི་ཟུར་བཀོད་དང་བཅས་པ། དབུ་མ་ཆེན་མོ། མཛོད་གནས་བརྒྱད། འདུལ་བ་གཞི་སྟོད་སྨད་བཅས་ཀྱི་འཆད་ཉན་གྱི་སྲོལ་བཟང་འགྲན་ཟླ་མེད་པ་བཙུགས་ཤིང་། ཆོས་སྡེ་ཆེན་པོ་སྐུ་འབུམ་བྱམས་པ་གླིང་ནས་སྐབས་རྗེ་མི་ཉག་རིན་པོ་ཆེ་གདན་དྲངས་ཏེ་སྔགས་ཀྱི་དཔེ་ཁྲིད་གནང་བ་ནས་གསང་ཆེན་རིམ་གཉིས་ཀྱི་འཆད་ཉན་ཀྱང་ལེགས་པར་བཙུགས་ཏེ། བསྡུས་གྲྭ་འཛིན་གྲྭ་བཞི། བློ་རྟགས་རྣམ་འགྲེལ་འཛིན་གྲྭ་གཉིས། གཞུང་གསར། སྐབས་དང་པོ། སྐབས་བཞི་བ་སྟེ་ཕར་ཕྱིན་འཛིན་གྲྭ་གསུམ། དབུ་མ་འཛིན་གྲྭ་གཅིག མཛོད་འཛིན་གྲྭ་གཅིག འདུལ་བ་འཛིན་གྲྭ་གཅིག སྔགས་འཛིན་གྲྭ་གཅིག་བཅས་འཛིན་གྲྭ་བཅུ་གསུམ་བཙུགས་ཤིང་། རྒྱ་གར་པཎ་ཆེན་གྱི་གཞུང་རྣམས་དང་། བོད་ཀྱི་མཁས་པ་སྔ་མའི་གཞུང་། ཁྱད་པར་དུ་འཇམ་མགོན་བླ་མ་ཡབ་སྲས་ཀྱི་ལེགས་བཤད་རྣམས་གཞིར་བཞག ཀུན་མཁྱེན་ཆེན་པོ་ཏ་ས་བཟླའི་ཡིག་ཆའི་སྟེང་ནས་ཞིབ་ཁྲིད་དང་། རྗེས་འབྲངས་ཐུགས་སྲས་དག་གི་ཟུར་བཀོད་སོགས་གཞུང་ཆེན་མང་པོ་གུང་བསྒྲིགས་ནས་ཞིབ་གཟིགས་དང་རྩ་འགྲེལ་མང་པོ་བསྐྱར་སྦྱང་དང་ཚོགས་རྒྱུགས་འབུལ་བ་སོགས་དང་ཚུ་སྦྱུལ་ལོ་ནས་ཕར་ཕྱིན་དམ་བཅའི་སྲོལ་བཙུགས་པ་སོགས་འཆད་ཉན་འཕེལ་བའི་ཐབས་ཚུལ་སྣ་དུ་མ་ནས་སྤེལ་བ་དང་། རིགས་སྨྲ་དང་མོའི་སྡེས་ལོ་ཁོར་མོ་ཡུག་ཏུ་གཞུང་ཆེན་དུ་མའི་དགོངས་དོན་བརྒལ་བརྟགས་ཀྱིས་གཏན་ལ་འབེབས་པའི་དབྱངས་སྙན་བར་མེད་དུ་འཁྲོལ་བ་ལ་བརྟེན་ནས་ཡུལ་དུས་འདིར་ཆོས་སྡེ་ཆེན་པོ་འདི་ནི་ཐུབ་བསྟན་དཔྱིད་ཀྱི་དཔལ་ཡོན་རྒྱས་པའི་བཤད་སྒྲུབ་ཆོས་ཀྱི་སྙིང་ཚལ་འགྲན་ཟླ་མེད་པ་གཅིག་ཕུར་གྱུར་ཏོ། །གཙང་དགོན་པ་དོན་འགྲུབ་རབ་བརྟན་གླིང་

གི་རིག་པའི་གནས་ལྔ་ལ་མཁས་པའི་དྲུང་དབང་རྩེ་བཞག་ལོ་རས་ཚང་གདན་དྲངས་ཏེ་བློ་གསལ་མང་པོར་སྐར་རྩིས་དང་། སྡེབ་སྦྱོར་སོགས་ཐ་སྙད་རིག་གནས་ཀྱི་སྐོར་ཞིབ་ཁྲིད་གནང་བ་ནས་རིག་པའི་གནས་དེ་དག་ཀྱང་དར་རྒྱས་ཆེན་པོ་བྱུང་བ་ཡིན་ནོ། །དེ་ལྟར་འཆད་ཉན་གྱི་རྒྱལ་མཚན་ཡུན་རིང་དུ་བཏན་པར་བསྒྲེངས་པ་ལས་སྡེ་འདི་ནས་བཀའ་པོད་ཆེན་པོ་ལྔ་ལ་སྦྱངས་བརྩོན་མཐར་ཕྱིན་པའི་དགེ་བའི་བཤེས་གཉེན་བློ་བཟང་རྒྱ་མཚོ། སྐུ་དཔོན་དགེ་ལེགས་རྒྱ་མཚོ། འདུལ་བ་འཛིན་པ་སངས་རྒྱས་རྒྱ་མཚོ། བཤེས་གཉེན་བཟོད་པ་རྒྱ་མཚོ། དགེ་བཤེས་དཀོན་མཆོག་རྒྱ་མཚོ་སོགས་དྲན་དབང་གསེར་རིའི་ཕྲེང་བ་ཚར་དུ་དངར་བ་རིམ་པར་བྱོན་པ་ཡིན་ནོ། །ཆོས་སྡེ་འདིར་རྒྱུན་བཞུགས་གནང་བའི་ཆོས་ཀྱི་གདན་ཁྲི་འཛིན་པའི་དམ་པའི་ཡང་སྤྲུལ་ནི། ཁྱབ་བདག་འཁོར་ལོའི་མགོན་པོ་རྗེ་བཙུན་བློ་བཟང་ལུང་རྟོགས་བསྟན་པའི་རྒྱལ་མཚན་དཔལ་བཟང་པོ་དང་། ནང་ཐུགས་ཀྱི་སྲས་གཅིག་རྗེ་ཆུ་བཟང་རིན་པོ་ཆེ། བཙན་པོ་ནོ་མོ་ཧན། སེམས་དཔའ་ཆེན་པོ་ཁ་གྲུ་མཆོག་སྤྲུལ་རིན་པོ་ཆེ་བློ་བཟང་འཇམ་དབྱངས་དགེ་ལེགས་རྒྱལ་མཚན། སྣང་མཐའི་ཡང་སྤྲུལ་དུ་གྲགས་པ་རྒྱལ་སྲས་ཚང་། གཙང་སྤྲུལ་རིན་པོ་ཆེ་བློ་བཟང་ལུང་རྟོགས་བསྟན་པའི་ཉི་མ། ལྷུན་སྐྱེས་ཀྱི་མཁྱེན་རབ་ཉི་འོད་ལྟར་འབར་བ་ཨ་ལགས་ཁོ་ནག་ཚང་། རྒྱལ་སྲས་ཀྱི་མཛོད་བཟང་རྨད་དུ་བྱུང་བས་མཛེས་པ་ཆུ་སྐྱ་མཆོག་སྤྲུལ་རིན་པོ་ཆེ་བློ་བཟང་ཐུབ་བསྟན་ཉི་མ། ལུང་རིགས་གདོང་ལྔའི་དབྱངས་ཀྱིས་ཕས་རྒོལ་ཝ་སྐྱེས་ཟིལ་གྱིས་གནོན་པའི་ཕུར་ཚ་སྤྲུལ་བའི་སྐུ་རིན་པོ་ཆེ་འཇམ་དབྱངས་ལེགས་བཤད་ཉི་མ། རབ་འབྱམས་གཞུང་ལུགས་སྨྲ་བ་ལ་འགྲན་པའི་ཟླ་དང་བྲལ་བ་ཆུ་སྐྱ་ཞབས་དྲུང་རིན་པོ་ཆེ་བློ་བཟང་ལེགས་བཤད་ཉི་མ། སྒྲུབ་རྒྱུད་བསྟན་པའི་མངའ་བདག་ཆུ་དམར་བློ་བཟང་རྒྱ་མཚོའི་མཆོག་སྤྲུལ། རྒྱལ་སྲས་བདག་ཉིད་ཆེན་པོ་འཇམ་དབྱངས་ཞབས་དྲུང་། ཨ་ལགས་ར་རྒྱ་ཚང་། ཚ་བའི་ཞབས་དྲུང་། ཨ་ལགས་རྨ་སྐམ་སྤྲེལ་ནམ་ཞབས་དྲུང་། དྲུང་ཡིག་སྐུ་ལོ། ཨ་ལགས་ས་སྐྱ། ཨ་ཚོགས་སྐུ་ལོ། ཨ་ལགས་བྲག་དཀར། ཨ་ཀྲུ་སྐུ་ལོ། ཨ་ལགས་བྱ་བྲལ། སྟགས་རིང་གྲུབ་ཆེན། ཨ་ལགས་

མ་རྒྱ། ཨ་ལགས་མོན་ཤུལ། ཉག་ལ་གྲུབ་ཆེན་བཅས་དམ་པའི་སྐྱེ་སྤྲུལ་ཉེར་བརྒྱད་བཞུགས་སོ། །དེ་ལྟར་དུས་ཡུན་ཤིན་ཏུ་ཐུང་བའི་ནང་དུ་གཞུང་སྡེ་སྣོད་གསུམ་དང་རྒྱུད་སྡེ་བཞིའི་དགོངས་དོན་ཐོས་བསམ་གྱིས་གཏན་ལ་འབེབས་ཤིང་། ལམ་བསླབ་པ་གསུམ་དང་རིམ་པ་གཉིས་ཀྱིས་ཉམས་བཞེས་ལ་གཞོལ་བའི་མཁས་གྲུབ་ཀྱི་སྐྱེས་བུ་མཐའ་ཡས་པ་ཕྱོན་ཅིང་། ཐར་འདོད་སྐྱེ་བོ་དཔག་ཏུ་མེད་པ་བདེ་མའི་ཚལ་ལ་བྱུང་བ་འདུས་པ་བཞིན་ཆོས་སྡེ་ཆེན་པོ་འདིར་གདན་འཛོམས་ཏེ་དགེ་འདུན་ཞལ་གྲངས་ཉི་ཤུ་ལྷག་ནས་བརྒྱ་ཕྲག་ལྔ་ལས་བརྒལ་བར་འཕེལ་རྒྱས་ཆེན་པོ་བྱུང་སྟེ། ཇི་སྐད་དུ། རྗེ་པྲ་ཛྙཱ་ས་རས། བཀའ་པོད་རྣམ་ལྔའི་ལུས་ཀྱི་འདེགས་བྱེད་དུ། ཐོས་བསྒོམ་རླུང་གི་གཡོག་པའི་རྩལ་རྫོགས་ཤིང་། །ལུང་རིགས་སྨན་དཀར་འཁྲིལ་བའི་མགྲིན་པ་ཅན། །གསར་བྱུང་འཁོར་ལོའི་ལག་ལྡན་འདི་ན་མང་། །ཐུན་མོང་ལམ་ནས་གསང་བའི་སྒོར་ཞུགས་ཤིང་། །དབང་དོན་ཏིང་འཛིན་ཟབ་མོའི་གཟེ་འབར་བས། །དག་པ་རབ་འབྱམས་བདེ་སྟོང་ནོར་བུའི་གཏེར། །རྡོ་རྗེ་ཐེག་པའི་བསྟན་འཛིན་དམ་པས་གང་། །ལུང་གི་བསྟན་པ་གཞན་ལ་སྦྲ་བ་དང་། །རྟོགས་པའི་བསྟན་པ་རང་གིས་སྒྲུབ་པ་ཡི། །སྐྱེས་མཆོག་རྒྱལ་བ་དགྱེས་པ་འཕྱོན་བཞུགས་ཀྱིས། །བྱ་རྒོད་ཕུང་པོའི་རི་བོ་ལྟ་བུར་མཛེས། །ཞེས་སོགས་ཅི་ལྟར་གསུངས་པ་རྣམས་ནི་སྨན་ངག་མཁན་པོས་རབ་བརྟགས་དང་ཟློལ་བསྟོད་སོགས་མ་ཡིན་པར་རང་བཞིན་བརྗོད་པའི་གསུང་དུ་སྣང་བས་དེ་ལྟར་དོན་ལ་གནས་པ་ཤེས་པར་བྱའོ། །ཆོས་སྡེ་ཆེན་པོ་འདི་ཉིད་གྲུས་པས་མཆོད་པའི་བསྟན་པའི་སྦྱིན་བདག་ནི། ཨ་ཚོགས་དང་ལྷ་སྡེ། ཤ་བྲང་ཚོ་དྲུག བོང་སྟག་གོང་འོག ཐར་ཤུལ་ཚོ་གསུམ། ཨ་རིག ཁང་ཚ་སོགས་བོད་རིགས་ཀྱི་སྡེ་མང་པོ་དང་། སོག་པོའི་བང་བེ་ལེ་པེ་ཟེ་གུང་ཇ་སག་སོགས་མཚོ་སྔོན་ཕྱོགས་ཀྱི་བོད་སོག་ཕལ་ཆེར་སྦྱིན་བདག་ཏུ་མ་གྱུར་པ་མེད་དོ། །

སྐབས་པ། ཅིར་སྣང་དག་པ་ལྷ་ཡི་དཀྱིལ་འཁོར་དང་། །རྣམ་མང་རྟེན་གྱི་འཇའ་ཟེར་འབུམ་འཁྲིགས་པས། །དད་ལྡན་སྙིང་ལ་ཀུན་དགའི་དཔལ་འཛོམ་བ། །བཅོམ་ལྡན་འཁོར་

ལོ་སྟོམ་པའི་ཕོ་བྲང་དུ། །ལུང་དང་རིགས་པའི་སྒྲ་དབྱངས་སྙན་དགུར་འཁྲོལ། །བསླབ་གསུམ་བདུད་རྩི་མངར་བའི་བཅུད་ལ་རོལ། །བདེ་སྟོང་གསང་བའི་རྣལ་འབྱོར་ཉམས་བཞེས་པའི། །མཁས་གྲུབ་བྱེ་བའི་བསྟི་གནས་མཆོག་འདི་བྱུང་། །མདོ་རྒྱུད་ཐུབ་བསྟན་ནོར་བུའི་མཛོད་ལ་དབང་། །ལེགས་བྱས་ཀླུང་བརྒྱ་སྒྲོ་ཞིང་བསྡུ་བའི་གཞི། །བསྟན་འཛིན་གདེངས་ཅན་སྟོང་གི་རོལ་མཚོ་ཆེ། །འདི་ཀོ་ནོར་འཛིན་མཛེས་པའི་རྒྱན་གྱི་གཙོ། །དད་ལྡན་དད་པས་ཕྱག་དང་བསྐོར་བ་བྱེད། །འབྱོར་ལྡན་འབྱོར་བའི་བྱེ་བྲག་འབུམ་གྱིས་མཆོད། །ཆོས་ལྡན་ཆོས་ཀྱིས་འཚོ་བའི་ཞིང་མཆོག་འདི། །བདེ་ལྡན་བདེ་བ་ཅན་དང་གཉིས་སུ་མེད། །ཅེས་བྱ་བ་ནི་བར་སྐབས་ཀྱི་ཚིགས་སུ་བཅད་པའོ། །

གསུམ་པ། ཆོས་ཀྱི་ཁྲི་ལ་ཞབས་སྐྱེས་རྩིབས་སྟོང་གི་རི་མོ་རིམ་གྱིས་བཀོད་པའི་འཕགས་ཆེན་དམ་པ་དག་གི་ལེགས་མཛད་རགས་ཙམ་བརྗོད་ན། ཁྲི་རབས་དང་པོ་སྐྱབས་གཅིག་མཐོང་བ་དོན་ལྡན་རྡོ་རྗེ་འཆང་ཆེན་པོ་ཉིད་ཀྱི་རྣམ་ཐར་རགས་བསྡུས་ཙམ་ཞིག་གོང་དུ་སྨྲས་ཟིན་པ་ལགས་པས་སྐབས་འདིར་མ་བཀོད་ལ། ཁྲི་རབས་གཉིས་པ་ལུང་དང་རྟོགས་པའི་ཡོན་ཏན་གྱི་དཀྱིལ་འཁོར་ཡོངས་སུ་རྫོགས་ཤིང་། སྲིད་འབྱོར་སྣང་བ་དཀར་པོས་མཐའ་ཡས་ལུས་ཅན་ཀུན་ཚིམ་པར་བྱེད་པའི་སྐྱེ་དགུའི་འདྲེན་མཆོག་རྗེ་གཙང་སྤྲུལ་རིན་པོ་ཆེ་བློ་བཟང་ལུང་རྟོགས་བསྟན་པའི་ཉི་མ་ཡིན་ལ། དམ་པ་འདི་ཉིད་རབ་རྒྱལ་ཆུ་སྤྲེལ་ལོར་(༡༨༣༢)ཐག་མར་མི་འཇིགས་གདོང་ལྔས་བཏེགས་པའི་ཁྲི་འཕང་མཐོན་པོར་ཞབས་པད་ཉེ་བར་བཀོད་དེ། ཆོས་སྲི་རིན་པོ་ཆེ་འདི་ཉིད་ཆོས་སྲིད་གཉིས་ཀྱི་སྒོ་ནས་ལེགས་པར་བསྐྱངས། པོ་ཏི་ལྔའི་མཐའ་དཔྱོད་སྟེང་ནས་རྩི་བཞག་གཏོང་བའི་སྲོལ་གསར་དུ་བཙུགས་ཤིང་། ཟླ་ཆོས་ཆེན་མོ་བཞིའི་སྐབས་སུ་འདུས་པའི་སྡེ་རིན་པོ་ཆེར་བསྙེན་བཀུར་ཕུན་སུམ་ཚོགས་པ་ཞུས་པ་སོགས་འཆད་ཉན་འཕེལ་པའི་ཐབས་ཚུལ་མང་དུ་སྤེལ། ལྷ་ལྡན་སྨོན་ལམ་ཆེན་མོའི་སྲོལ་ལྟར་གྱིས་ཚོ་འཕྲུལ་མཆོད་པའི་སྲོལ་བཟང་གསར་དུ་བཙུགས་ཤིང་། འཇམ་མགོན་ཙོང་ཁ་པ་ཆེན་པོའི་རྣམ་ཐར་བཞིན་སྟོན་པའི་སྐྱེས་རབས་ཀྱི་གསུང་ཆོས་འཆད་པ་

དང་། ཁྲི་རིན་པོ་ཆེ་བསུ་བའི་བཀོད་པ་རྒྱ་ཆེན་པོས་བསུས་ཏེ། ཁྲི་ཁར་ཐེབས་པ་དང་ཆབས་ཅིག་ཕྱོགས་བཅུའི་རྒྱལ་བ་སྲས་དང་བཅས་པ་སྤྱན་དྲངས་ཏེ། གདུགས་དང་རྒྱལ་མཚན་སོགས་མཆོད་པའི་ཡོ་བྱད་བསམ་གྱིས་མི་ཁྱབ་པ་དངོས་དང་ཡིད་སྤྲུལ་གྱིས་འབུལ་བ་དང་མཉམ་མེད་ཤཱཀྱའི་རྒྱལ་པོའི་དབུ་ལ་རིན་པོ་ཆེའི་ཕྲོག་ཞུ་སྒྲོན་འབུལ། དབུས་གཙང་ནས་གདན་དྲངས་པའི་རྗེ་དགེ་ལེགས་མ་དང་རྗེ་འོད་ཟེར་མའི་སྐུ་ལ་གསེར་ཆབ་སྒྲོན་པ། སྒྲ་ཐོས་པ་ཙམ་གྱིས་ངན་སོང་གི་སྐྱེ་སྒོ་གཅོད་པ་སྐྱེ་བ་ལྔ་བའི་དུང་ཆ་དང་དྲི་སྣན་ས་ལའི་པགས་པ་དང་བསེ་ཏུའི་རྭ། དགའ་ལྡན་དམ་ཙན་ཆོས་རྒྱལ་གྱི་ཞགས་པ། འཕགས་ཡུལ་པཎ་ཆེན་རྣམས་ཀྱིས་ཏྲ་ལའི་ལོ་མའི་སྟེང་དུ་ཕྱག་བྲིས་གནང་བའི་ལཉྫ་གླེགས་བམ། རྡོ་རྗེ་འཆང་གི་ཕྱག་ཏུ་དབུས་ལམ་ནས་འོངས་པའི་ངོ་མཚར་རྡོ་ཡི་ཐོད་པ་རང་བྱོན། མཆོད་མེའི་རྩེར་ལྷུན་གྱིས་གྲུབ་པའི་གཡུ་ཡི་མེ་ཏོག བཏོང་ཚང་ནས་ཕྱག་ཏུ་འོངས་པའི་རྗེའི་རིན་པོ་ཆེ་གཉྫིའི་ཙན་དན་དཀར་པོ་ལས་གྲུབ་པའི་བྱིན་རླབས་གཞན་ལས་ཆེ་བའི་བྱམས་པ་རང་བྱོན་ཁྲི་ཚད་མ། རྗེ་བྱམས་ཆེན་ཆོས་རྗེ་ཞིང་ལ་གཤེགས་པའི་གདན་ས་ནས་གདན་དྲངས་པའི་ཙན་དན་གྱི་མཆོད་རྟེན་སོགས་མདོ་དབུས་གཙང་གསུམ་དང་སྨད་རྒྱ་ནག་ཡན་ཆད་ནས་གདན་དྲངས་པའི་རྟེན་འགངས་ཆེན་གྲངས་ལས་འདས་པ་དང་། ཁྱད་པར་དུ་རྗེ་ཡབ་སྲས་གསུམ་རྒྱལ་བ་པཎ་ཆེན་རྣམ་གཉིས་ཀྱི་སྐུ་ཕྲེང་རིམ་བྱོན། ས་སྐྱའི་དཀར་པོ་རྣམ་གསུམ། དམར་པོ་རྣམ་གཉིས་བཅས་ས་སྐྱ་གོང་མའི་སྐུ་ཕྲེང་རིམ་བྱོན། བོད་ཀྱི་མཁན་སློབ་ཆོས་གསུམ་གྱི་བྱིན་གྱིས་བརླབས་པའི་རྟེན་སྣ་བྱིན་ཅན། བསམ་ཡས་དོ་ཁ་དང་། མ་ཅིག་ལབ་སྒྲོན་མའི་གདན་ས་ཟངས་རི་མཁར་དམར། རས་ཆུང་བའི་གདན་ས་དང་། ཡར་ལུང་རྟེན་གསུམ་གནས་གསུམ་ཕྱག་གསུམ་སོགས་སློབ་དཔོན་གྱི་གདན་ས། གནས་ཆེན་པོ་འོལ་ཁ་ཆོས་ལུང་། རྒྱ་སོག་ལྷས་ལྷིང་སོགས་རྗེ་རིན་པོ་ཆེས་སྒྲུབ་པ་གནང་བའི་གདན་ས། ལྷ་མོ་བླ་མཚོ་སོགས་རྒྱལ་དབང་དགེ་འདུན་རྒྱ་མཚོའི་བཞུགས་གནས་སོགས་ལས། རྡོ་རྗེ་འཆང་ཉིད་ཀྱིས་གནས་མཇལ་གནང་སྐབས་གདན་དྲངས་པའི་རྟེན་སྣ་བསམ་

གྱིས་མི་ཁྱབ་པ་སྟེ། མདོར་ན་རྒྱ་གར་འཕགས་ཡུལ་མན་ཆད། རི་བོ་རྩེ་ལྔ་ཡན་ཆད་ཀྱི་གནས་ཆེན་བྱིན་རླབས་ཅན་དང་དགོན་སྡེ་གྲངས་ལས་འདས་པ་ནས་གདན་དྲངས་པའི་རྟེན་སྣ་ཁྱད་པར་ཅན་སྣ་ཚོགས་ལ་ཁྲི་བ་བླ་མས་རྟེན་བཤད་གནང་བཞིན་པར་ཕྱོགས་བཞི་མཚམས་བརྒྱད་ནས་ཡོང་བའི་དད་ལྡན་རྣམས་ལ་མཇལ་ཁ་གཏོང་བའི་ཕྱག་སྲོལ་ཡག་པོ་ཚུགས། དེར་མཐུད་དེ་སྐྱེ་འགྲོ་ཡོངས་ཀྱི་རྒྱུད་ལ་ཕན་པའི་ས་བོན་བསྐྲུན་པའི་ཆེད་དུ་རྗེ་མི་ལ་ཡབ་སྲས་ཀྱི་རྣམ་ཐར་བློས་གར་སྐོར་གྱི་འཁྲབ་སྟོན་དང་། ཆོས་བཅུ་བཞི་ཉིན་ལ་སྟོན་པ་ཐུབ་པའི་འདྲ་ཐང་གོས་སྐུ་ཆེན་མོ་མཐོང་བ་ཀུན་གྲོལ་ཁང་མིག་ལྔའི་ཚད་ཅན་ཏེ་དགེ་འདུན་བརྒྱ་ཕྲག་གཉིས་ལྷག་གིས་ཕྱུལ་དུ་ཕྱུང་བའི་མཆོད་པའི་བྱེ་བྲག་བསམ་གྱིས་མི་ཁྱབ་པས་མཆོད་བཞིན་པར་བསུས་ཏེ་ཞལ་ཕྱེས་ནས་དད་ལྡན་ཀུན་གྱི་རྒྱུད་ལ་ཕན་པའི་ས་བོན་ཁྱད་པར་བ་བསྐྲུན་པའི་སྲོལ་བཟང་སྣ་ཚོགས་ལེགས་པར་བཙུགས་པ་སོགས་ལེགས་མཛད་མཐའ་ཡས་པས་བགྲང་བྱ་གསུམ་ལ་ཁྲི་ལེགས་པར་བསྐྱངས་པ་ཡིན་នོ། །

ཁྲི་ཐོག་གསུམ་པ་ཨ་རིག་རྫོང་རིས་མཁན་པོ་མཆོག་གིས་རབ་བྱུང་བཅུ་དྲུག་པའི་ཤིང་མོ་ཕག་（སྤྱི་ལོ་༡༨༣༥）ལོ་ནས་མེ་མོ་གླང་（སྤྱི་ལོ་༡༨༣༧）ལོའི་བར་ལོ་གསུམ་ལ་ཁྲིར་བཞུགས། །

ཁྲི་ཐོག་བཞི་པ་ཨ་རིག་བློ་བཟང་ནི་ཨ་རིག་ཆེན་རུ་ནམ་མཁའི་སྐུ་སྲུན་ཡིན་ལ། ས་ཕོ་སྟག་（སྤྱི་ལོ་༡༨༣༨）ལོ་ནས་ལྕགས་ཕོ་འབྲུག་（སྤྱི་ལོ་༡༨༥༠）ལོའི་བར་ལོ་གསུམ་ལ་ཁྲིར་བཞུགས། ཁྲི་སྐབས་འདིར་འཇམ་དབྱངས་ཀུན་གཟིགས་ལྷ་ཁང་རྟེན་དང་བཅས་པ་གྲུབ།།

ཁྲི་ཐོག་ལྔ་བ་ཨ་རིག་སྐུ་ཕྱོགས་བཙན་པོས་ལྕགས་མོ་སྦྲུལ་（སྤྱི་ལོ་༡༨༥༡）ལོ་ནས་ཆུ་མོ་ལུག་（སྤྱི་ལོ་༡༨༥༣）ལོའི་བར་ལོ་གསུམ་ལ་ཁྲིར་བཞུགས། །

ཁྲི་ཐོག་དྲུག་པ་ཨ་རིག་བཀྲ་ཤིས་ཀྱིས་ཤིང་ཕོ་སྤྲེལ་（སྤྱི་ལོ་༡༨༥༥）ལོ་ནས་མེ་ཕོ་བྱི་（སྤྱི་ལོ་༡༨༥༦）ལོའི་བར་ལོ་གསུམ་ལ་ཁྲིར་བཞུགས། །

ཁྲི་ཐོག་བདུན་པ་ཨ་རིག་བླ་མ་སྨྲ་སྐམ་ནི་ཨ་རིག་དཔོན་པོ་བསོད་ནམས་ཀྱི་སྲས་སུ

འབྲུངས་ཤིང་མེ་ཕོ་ཕག་(སྤྱི་ལོ་༡༨༤༧)ལོ་གཅིག་རིང་ཁྲིར་བཞུགས། །

ཁྲི་ཐོག་བརྒྱད་པ་སྐྱབས་མགོན་སྐུ་ཕྱུག་ཆེན་མོ་ཨ་རོལ་བློ་བཟང་ལུང་རྟོགས་བསྟན་པའི་རྒྱལ་མཚན་དཔལ་བཟང་པོས་ས་ཕོ་སྤྲེ་བ་(སྤྱི་ལོ་༡༨༤༨)ལོ་ནས་ལྕགས་ཕོ་སྟག་(སྤྱི་ལོ་༡༨༥༠)ལོའི་བར་ལོ་གསུམ་ལ་སླར་ཡང་ཁྲིར་བཞུགས། ཁོང་ཁྲིར་བཞུགས་སྐབས་སུ་གུང་ཧོ་དང་ཆེ་ལེན། ཐེམ་རྫོང་སོགས་ནས་ཧ་ནོར་བརྒྱ་ཕྲག་དུ་མས་མཐུན་རྐྱེན་སྦྱར་ཏེ་དགེ་འདུན་རྣམས་ལ་མང་ཇ་དང་སྐུ་འགྱེད་གཞན་ལས་ཁྱད་པར་འཕགས་པ་མཛད།

ཁྲི་ཐོག་དགུ་པ་གནས་ལྷ་ཀུན་གཟིགས་ཀྱི་ཨ་ལགས་ཁོ་ནག་རིན་པོ་ཆེ་ནི་ཐུན་ཏེ་ཁོ་ནག་སྲི་ཏན་རྟག་ལྷ་རྒྱལ་གྱི་སྲས་སུ་འཁྲུངས། བླ་བྲང་བཀྲ་ཤིས་འཁྱིལ་དུ་སློབ་གཉེར་མཛད། ལྕགས་མོ་ཡོས་(སྤྱི་ལོ་༡༨༥༡)ལོ་ནས་ཆུ་མོ་སྦྲུལ་(སྤྱི་ལོ་༡༨༥༣)ལོའི་བར་ལོ་གསུམ་ལ་ཤ་བྲང་ཚོགས་དགེས་མཐུན་རྐྱེན་ལེགས་པར་བསྒྲུབས་ཏེ་ཁྲིར་བཞུགས།

ཁྲི་ཐོག་བཅུ་བ་ཨ་ལགས་རྒྱལ་སྲས་ནི་མཚོ་སྔོན་པོ་འཚགས་སྐོར་བླ་མ་ཚེ་རིང་གི་སྲས་སུ་འཁྲུངས། པཎ་ཆེན་རིན་པོ་ཆེའི་ཨུ་འདུ་གསུམ་པར་གྲགས། ཤིང་ཕོ་རྟ་(སྤྱི་ལོ་༡༨༥༤)སྟེ་ལོ་གཅིག་གི་རིང་ལ་ཁྲིར་བཞུགས།

ཁྲི་ཐོག་བཅུ་གཅིག་པ་མཚུངས་མེད་བསྟན་པའི་རྩ་ལག་ཁ་ཀྲྀ་མཆོག་སྤྲུལ་བློ་བཟང་འཇམ་དབྱངས་དགེ་ལེགས་རྒྱལ་མཚན་ནི་ཁོང་ཐམས་ཅད་མཁྱེན་པ་ཨ་རོལ་རྡོ་རྗེ་འཆང་གི་སྐུ་དབོན་དུ་འཁྲུངས། ཁོང་ནི་སྐུ་ཕྲེང་གོང་མ་ཨ་རོལ་བློ་བཟང་ལུང་རིགས་རྒྱ་མཚོའི་ཉེ་གནས་ཨ་ལགས་ཁ་ཀྲྀའི་སྤྲུལ་སྐུ་ཡིན་ལ། སྐུ་གོང་མ་དེ་དགུང་ལོ་དྲུག་ཅུའི་སྟེང་དུ་ཁྲི་ཚ་དགོན་པར་ཕྱིན་ཞིང་ཆོས་སྡེ་ཆེན་པོ་དེའི་བླ་མར་བཞུགས་ཏེ་བཀའ་ཆོས་མང་དུ་གསུངས། གྲྭ་ཚང་ཡོངས་ཀྱིས་བླ་མར་བསྟེན། དགུང་ལོ་དགུ་བཅུ་གོ་བཞིར་བཞུགས། སྐུ་རིང་འདིར་ཁོང་དང་ལྷན་དུ་ཐྲེལ་རྫོང་དགོན་པར་ཕྱིན། ཤིང་མོ་ལུག་(སྤྱི་ལོ་༡༨༥༥)ལོ་གཅིག་གི་རིང་ལ་ཁྲིར་བཞུགས་པ་དང་བཅས་བསྡོམས་པས་ཁྲི་རབས་བཅུ་ཡི་རྗེས་སུ་མེ་ཕོ་འབྲེལ་(སྤྱི་ལོ་༡༨༥༦)ལོ་ནས་ས་ཕོ་ཁྲི་(སྤྱི་ལོ་༡༨༥༨)ལོའི་བར་ལ་དགོན་པའི་བླ་མ་རྣམ་གསུམ་གྱིས་གཞུང་ཆེན་

པོད་ལྷོ་ལ་འཆད་ཉན་གྱི་སྲུང་བ་མཛད་པར་བྲེལ་བ་ཧ་ཅང་ཆེ་བའི་ཕྱིར། ཁྲི་འགན་གཞན་ལ་མ་བསྐོས་པར་ཁྱབ་བདག་འཁོར་ལོའི་མགོན་པོ་ཉིད་ཀྱིས་ཐུགས་འགན་བཞེས་ཏེ། མཛོ་འབྲི་མོ་སྟོང་ཕྲག་ལྷག་གི་མར་ཆུར་དང་། དགོན་པ་གཞུང་གི་ཡོང་སྒོ་གཞན་པའི་སྟེང་ལོ་རེའི་ཟླ་བཞིའི་ཆོས་ཐོག་ཆེན་མོ་སོགས་ལ་བསྙེན་བཀུར་གཞན་འགྲན་མེད་པ་ཞུས་ཤིང་། འཁྲིག་ལམ་རྟེང་བསྐུལ་དང་འཆད་ཉན་དང་ཐུགས་དམ་ཉམས་བཞེས་ཡར་རྒྱས་ཀྱི་ཐབས་ཚུལ་མང་པོ་ལྷུར་བཞེས་སོ། །སྤྱིར་གདན་ས་འདིར་དམ་པ་དུ་མས་དབང་ལུང་རྗེས་གནང་སོགས་ཆོས་བཀའ་མང་དུ་སྩལ་ན་ཡང་འདིར་ཡིག་ཚོགས་ལ་བསམས་ནས་མ་སྤྲོས་སོ། །

སྨྲས་པ། ཡོན་ཏན་ལང་ཚོ་དར་བབས་སྙིག་ལྡན་མས། །ལེགས་གསུམ་སྐྱན་དཀྲུར་ཟློས་པའི་གླུ་དབྱངས་ཀྱིས། །དཔྱོད་ལྡན་གཞོན་ནུའི་ཡིད་དབང་ཆུ་ཡི་གཏེར། །དགའ་དད་ཀྱུ་བ་དཀར་པོའི་མེ་ཏོག་བསྐྱུན། །དམ་པའི་ཞབས་པད་བསམ་སྦྱོར་དག་པས་བསྟེན། །ཐོས་བསམ་ནོར་བུའི་བགོ་སྐལ་བདག་གིར་བཞེས། དུས་ལས་ཡོལ་མེད་ཆོས་སྲིད་ལེགས་མཛད་སྒྲེལ། །འགྲོ་མགོན་འདི་དག་ཆོས་ཀྱི་ཁྲི་ལ་དབང་། །ཆེར་སྨིགས་ངན་སྤྱོད་དུག་གི་མཚོ་རྒྱས་ཤིང་། །ཐུབ་བསྟན་སྨན་གྱི་ལྗོན་པ་འགྲེལ་རྗེམ་དུས། །བཤད་སྒྲུབ་ དྲི་བསུང་འཐུལ་བའི་པདྨའི་ལྗོན། །ད་དུང་གནས་འདི་བསྟགས་བྱའི་ཡུལ་མིན་ནམ། །ཞེས་བྱ་བ་ནི་བར་སྐབས་ཀྱི་ཚིགས་སུ་བཅད་པའོ། །

བཞི་བ་སྟར་འདས་ཟིན་དང་། དེང་སྐབས་བཞུགས་ཡོད་ཀྱི་སྐུ་གསུང་ཐུགས་རྟེན་གྱི་དཀར་ཆག་ནི། ཇི་སྐད་དུ། སྐུ་གསུང་ཐུགས་རྟེན་རྒྱུ་སྐར་བཞིན། །གཙུག་ལག་ཁང་བཟང་བྲག་རི་བཞིན། །མཆོད་པའི་ཡོ་བྱད་སྤྲིན་ཕུང་བཞིན། །ཞེས་གསུངས་པ་ལྟར་དགོན་གནས་འདིར་བདེ་བར་གཤེགས་པའི་སྐུ་གསུང་ཐུགས་རྟེན་མཁའ་ཡི་རྒྱུ་སྐར་བཞིན་བཀྲང་ལས་འདས་པ་བཞུགས་པ་ནི། དགོན་པའི་ནང་རྟེན་གྱི་གཙོ་བོ་སྟེ་ཐམས་ཅད་མཁྱེན་པའི་མཆོད་ཁང་དུ། ཨུ་རྒྱན་མེད་པའི་ཤིང་ལས་བསྐྲུན་པའི་ཇོ་བོ་ལོ་ཀི་ཤྭ་ར་རྗེ་ཉིད་ཀྱིས་རབ་གནས་མཛད་པའི་རེབ་གོང་ཕྱོགས་ཀྱི་པིར་ཐོགས་མཁས་པའི་ཡང་རྩེར་སོན་པ་ལྷ་བཟོ་

ཚོས་ལྡན་གྱིས་བློ་རྩལ་གང་ཡོད་ཀྱིས་བཞེངས་པའི་སྟོན་པའི་རྣམ་ཐར་དཔག་བསམ་འཁྲི་ཤིང་ཐང་ག་མཛེས་ལེགས་བརྒྱ་དང་བརྒྱད། མ་འོངས་བྱམས་པའི་འཁོར་གྱི་ཐོག་མར་སྐྱེ་བའི་རྟེན་འབྲེལ་དུ་རྗེ་ཉིད་ཀྱི་ཐུགས་བཞེད་ལྟར་བཞེངས་པའི་ལུང་བསྟན་བྱམས་པ་བྱིན་ཅན། ལམ་རིམ་བླ་བརྒྱུད། རྒྱན་དྲུག་མཆོག་གཉིས། གནས་བརྟན་བཅུ་དྲུག ཚེ་ལྷ་རྣམ་གསུམ། གྲུབ་ཆེན་བརྒྱད་ཅུ་སོགས་འཐག་སྒྲུབ་ཀྱི་སྐུ་རྟེན་རྨད་དུ་བྱུང་བ་གྲངས་མེད། རྒྱལ་བའི་བཀའ་འགྱུར་དང་བསྟན་འགྱུར། རྗེ་བོའི་མདུན་དུ། གསེར་དངུལ་གྱིས་བརྒྱན་པའི་སྣང་ཆེན་མཆེ་བ། དངུལ་རྐོང་ཆེ་འབར་བཅས་དངུལ་རྐོང་རབ་འབྲིང་ཐ་གསུམ་གང་མང་། གསེར་དངུལ་གཡུ་བྱུར་གྱི་ཚོམ་བུའི་དངུལ་གྱི་མཇལ་ཆེ་ཆུང་དུ་མ་སོགས་དང་། གཟིམ་ཁང་གདུང་མ་མེ་ཏོག་ཅན་གྱི་ནང་དུ། སྐུ་འབུམ་བྱམས་པ་གླིང་ནས་གདན་དྲངས་པའི་གསེར་ཟངས་ལས་གྲུབ་པའི་སྣང་བརྙན་སྟོན་པ་གཙོ་འཁོར་གསུམ། བདེ་གསང་འཇིགས་གསུམ། ཚེ་ལྷ་རྣམ་གསུམ། ཉེ་བའི་སྲས་བརྒྱད། གནས་བརྟན་བཅུ་དྲུག ལྗང་བཤགས་ལྷ་སོ་ལྔ། དཔུས་གཙང་དང་རྒྱ་ནག་སོགས་ནས་གདན་དྲངས་པའི་བྱིན་ཅན་སྐུ་བརྙན་ཆེ་ཆུང་བློ་ཡུལ་ལས་འདས་པ་མང་པོ་དང་། རིན་ཐང་བྲལ་བའི་གསེར་དངུལ་གྱི་གཙུ་ཏྲ་མགོ་བཅུ་ཕྲག་བཞི་བཅས་རྟེན་ཡ་མཚར་ཅན་གང་མང་བཞུགས། གཟིམ་ཆུང་ནང་དུ། འཇམ་དབྱངས་དམར་སེར་དང་། རྗེ་སྐུ། དབྱངས་ཅན་མ་སོགས་གཟི་འབར་ལྷ་སྐུའི་སྣང་བརྙན་དཔག་མེད་དང་། རྒྱན་དྲུག་མཆོག་གཉིས། གནས་བརྟན་བཅུ་དྲུག་སོགས་ཀྱི་གོས་སྒྲུབ་འཐག་སྒྲུབ་སོགས་ཕུལ་དུ་བྱུང་བའི་ཐང་ག་མང་དུ་བཞུགས། བཀའ་འགྱུར་བསྟན་འགྱུར་གཙོས་རྗེ་ཡབ་སྲས་ཀྱི་གསུང་འབུམ། རྗེ་དགེ་འདུན་གྲུབ་ཀྱི་གསུང་འབུམ། པཎ་ཆེན་སྐུ་ཕྲེང་དང་པོ་མཁས་གྲུབ་དགེ་ལེགས་དཔལ་བཟང་པོའི་གསུང་འབུམ། པཎ་ཆེན་སྐུ་ཕྲེང་གཉིས་པ་བསོད་ནམས་ཕྱོགས་གླང་གི་གསུང་འབུམ། པཎ་ཆེན་སྐུ་ཕྲེང་གསུམ་པ་དབེན་ས་པ་བློ་བཟང་དོན་འགྲུབ་ཀྱི་གསུང་འབུམ། པཎ་ཆེན་སྐུ་ཕྲེང་བཞི་བ་བློ་བཟང་ཆོས་ཀྱི་རྒྱལ་མཚན་གྱི་གསུང་འབུམ། པཎ་ཆེན་སྐུ་ཕྲེང་ལྔ་བ་བློ་བཟང་ཡེ་ཤེས་ཀྱི་གསུང་འབུམ། པཎ་ཆེན་སྐུ་

ཕྲེང་དྲུག་པ་དཔལ་ལྡན་ཡེ་ཤེས་ཀྱི་གསུང་འབུམ། པཎ་ཆེན་སྐུ་ཕྲེང་བདུན་པ་བསྟན་པའི་ཉི་མའི་གསུང་འབུམ། པཎ་ཆེན་སྐུ་ཕྲེང་བརྒྱད་པ་བསྟན་པའི་དབང་ཕྱུག་གི་གསུང་འབུམ། པཎ་ཆེན་སྐུ་ཕྲེང་དགུ་བ་ཆོས་ཀྱི་ཉི་མའི་གསུང་འབུམ། རྒྱལ་དབང་སྐུ་ཕྲེང་དང་པོ་དགེ་འདུན་གྲུབ་ཀྱི་གསུང་འབུམ། རྒྱལ་བ་དགེ་འདུན་རྒྱ་མཚོའི་གསུང་འབུམ། རྒྱལ་བ་བསོད་ནམས་རྒྱ་མཚོའི་གསུང་འབུམ། རྒྱལ་བ་ངག་དབང་བློ་བཟང་རྒྱ་མཚོའི་གསུང་འབུམ། རྒྱལ་བ་སྐལ་བཟང་རྒྱ་མཚོའི་གསུང་འབུམ། ཡོངས་འཛིན་ཡེ་ཤེས་རྒྱལ་མཚན་གྱི་གསུང་འབུམ། ས་སྐྱ་པཎྜི་ཏའི་གསུང་འབུམ། རྗེ་བཙུན་གྲགས་པ་རྒྱལ་མཚན་གྱི་གསུང་འབུམ། རིག་འཛིན་བསོད་ནམས་རྩེ་མོའི་གསུང་འབུམ། ཀུན་མཁྱེན་འཕགས་པ་འོད་ཀྱི་གསུང་འབུམ། ཀུན་མཁྱེན་འཇིགས་མེད་དབང་པོའི་གསུང་འབུམ། ཁྲི་ཆེན་ངག་དབང་ཆོས་འཕེལ་གྱི་གསུང་འབུམ། བཀའ་གདམས་ཕ་ཆོས་བུ་ཆོས། ཀུན་མཁྱེན་འཇམ་དབྱངས་བཞད་པའི་གསུང་འབུམ། ཐུགས་སྲས་ངག་དབང་བཀྲ་ཤིས་ཀྱི་གསུང་འབུམ། གུང་ཐང་བསྟན་པའི་སྒྲོན་མེའི་གསུང་འབུམ། དབལ་མང་དཀོན་མཆོག་རྒྱལ་མཚན་གྱི་གསུང་འབུམ། ཨ་ཁྱུ་རིན་པོ་ཆེ་རྗེ་བཙུན་ཤེས་རབ་རྒྱ་མཚོའི་གསུང་འབུམ། རྗེ་གྲུབ་ཆེན་སྐལ་ལྡན་རྒྱ་མཚོའི་གསུང་འབུམ། ལྷ་སའི་སྐྱབས་མཆོག་ཕ་བོང་ཁ་བའི་གསུང་འབུམ། ཁྲི་ཆེན་ངག་དབང་མཆོག་ལྡན་གྱི་གསུང་འབུམ། ཨ་ལགས་ཤ་བསྟན་དར་ལྷ་རམས་པའི་གསུང་འབུམ། རྗེ་བློ་བཟང་ལུང་རིགས་རྒྱ་མཚོའི་གསུང་འབུམ། ཐུའུ་བཀྭན་ཆོས་ཀྱི་ཉི་མའི་གསུང་འབུམ། ལྕང་སྐྱ་རོལ་བའི་རྡོ་རྗེའི་གསུང་འབུམ། ལྕང་སྐྱ་ངག་དབང་ཆོས་ལྡན་གྱི་གསུང་འབུམ། ཆེ་ཤོས་བྱང་ཆུབ་བསྟན་པའི་སྒྲོན་མེའི་གསུང་འབུམ། ཨ་ཀྱཱ་ཡོངས་འཛིན་གྱི་གསུང་འབུམ། གསེར་ཏོག་བློ་བཟང་ཚུལ་ཁྲིམས་རྒྱ་མཚོའི་གསུང་འབུམ། སྡེ་སྲིད་སངས་རྒྱས་རྒྱ་མཚོའི་གསུང་འབུམ། ཞིང་བཟའ་པཎྜི་ཏ་བསྟན་པའི་དབང་ཕྱུག་གི་གསུང་འབུམ། གཙང་པཎྜི་ཏའི་གསུང་འབུམ། རྗེ་གསེར་ཁང་བ་བློ་བཟང་བསྟན་འཛིན་རྒྱ་མཚོའི་གསུང་འབུམ། ཐར་ཤུལ་དགེ་འདུན་ཆོས་སྐྱོང་རྒྱ་མཚོའི་གསུང་འབུམ། ཞྭ་དམར་

པཎྜི་ཏ་དགེ་འདུན་བསྟན་འཛིན་རྒྱ་མཚོའི་གསུང་འབུམ། སྟེ་ཁྲི་འཇམ་དབྱངས་ཐུབ་བསྟན་ཉི་མའི་གསུང་འབུམ་སོགས་གྲངས་ལས་འདས་པ་འདི་དག་ནི་རྗེ་སྲིད་དགེ་བཤེས་ཤེས་རབ་རྒྱ་མཚོ་ཕེབས་ནས་ཁོང་ལ་ནང་རྟེན་དུ་དཔེ་ཆ་ཅི་ཙམ་ཡོད་པར་དྲིས་པའི་ལན་དུ་གསུངས་པ་བཞིན་བསྒྲིགས་སོ། །ཆོས་སྲིད་ཟུང་ལ་མཁྱེན་དཔྱོད་ཉི་འོད་ལྟར་རྒྱས་པའི་རྒྱུ་སྐྱེ་སྤྲུལ་བའི་སྐུ་རིན་པོ་ཆེའི་མཆོད་ཁང་དུ་སྐུ་གསུང་ཐུགས་ཀྱི་རྟེན་བཞུགས་པ་ནི། འཇམ་དབྱངས་རིགས་ལྔ། ཚེ་ལྷ་རྣམ་གསུམ། རྒྱན་དྲུག་མཆོག་གཉིས། བདེ་གསང་འཇིགས་གསུམ། སློབ་དཔོན་པདྨ། རྟ་མགྲིན་གསང་སྒྲུབ་ཀྱི་གཙོས་ལྷ་མོ། གཟའ། དམ་ཅན་བཅས་བཞུགས། གསུང་རྟེན་ལ་བསྟན་འགྱུར་གཙོས་གསུང་འབུམ་དུ་མ་དང་། ལྷག་ལྷ་དུ་མའི་ཐང་ག རྒྱ་གར་གྲུབ་ཆེན་བརྒྱད་ཅུའི་ཐང་ག་བཅས་སྐུ་གསུང་ཐུགས་རྟེན་བགྲང་ལས་འདས་པ་བཞུགས།

ལྷུང་རྟོགས་བསྟན་པའི་མངའ་བདག་ཆེན་པོ་གཙང་བ་སྤྲུལ་བའི་སྐུ་རིན་པོ་ཆེའི་མཆོད་ཁང་དུ་སྐུ་གསུང་ཐུགས་ཀྱི་རྟེན་གྱི་རིམ་པ་ནི། གཙོ་སྐུ་རྗེ་བཙུན་འཇམ་པའི་དབྱངས། རྒྱན་དྲུག་མཆོག་གཉིས། བདེ་གཤེགས་སོ་ལྔའི་སྐུ་དང་། ལྷག་ལྷ་དུ་མའི་ཐང་ག་སོགས་དང་བཀའ་བསྟན་གཉིས་གཙོས་རྗེ་ཡབ་སྲས་གསུང་འབུམ། ཀུན་མཁྱེན་འཇིགས་མེད་དབང་པོ། ཐུགས་སྲས་ངག་དབང་བཀྲ་ཤིས། ལྕང་སྐྱ་རོལ་བའི་རྡོ་རྗེ་སོགས་སྔོན་བྱོན་དམ་པའི་གསུང་འབུམ་མང་དུ་བཞུགས་ལ་དངུལ་གྱི་ཆེ་འབར་དང་མཆོད་སོགས་མཆོད་རྫས་གང་མང་བཞུགས།

མཁས་དང་གྲུབ་པའི་སེམས་དཔའ་ཆེན་པོ་ཁ་ཀྲྀ་སྤྲུལ་བའི་སྐུ་རིན་པོ་ཆེའི་ལྷ་ཁང་དུ་སུམ་ཐོག་གི་དཔངས་དང་མཉམ་པའི་རྒྱལ་བ་བྱམས་པ་མགོན་པོའི་སྣང་བརྙན་བྱིན་ལྡན་གཟི་འབར། ཤིང་རྟ་ཆེན་པོ་ཀླུ་སྒྲུབ་ཐོགས་མེད་གཙོས་རྒྱན་དྲུག་མཆོག་གཉིས། ཉེ་བའི་སྲས་ཆེན་བརྒྱད། གྲུབ་ཐང་སྟོན་ལེགས་བཅུ་ལྷག་དང་། རྒྱལ་བའི་བཀའ་འགྱུར་དང་། བསྟན་འགྱུར་གྱི་གཙོས་གསུང་འབུམ་དུ་མ། དངུལ་གྱི་ཆེ་འབར་དང་མཆོད་སོགས་མཆོད་

ཆ་གྲངས་མེད་བཞུགས།

མདོ་སྔགས་རིག་གནས་རྒྱ་མཚོའི་ཕ་རོལ་ཏུ་སོན་པའི་སྤྲུལ་པའི་སྐུ་ཨ་ལགས་ཕོ་ནག་རིན་པོ་ཆེ་ཚང་གི་མཆོད་ཁང་ནང་བཞུགས་ཀྱི་སྐུ་གསུང་ཐུགས་རྟེན་གྱི་རིམ་པ་ནི། སྟོན་པ་ཐུབ་པའི་དབང་པོ་གཙོ་འཁོར་གསུམ་དང་། འཇམ་དབྱངས་དམར་སེར་ཡབ་ཡུམ། རྒྱན་དྲུག་མཆོག་གཉིས། འཕགས་པའི་གནས་བརྟན་བཅུ་དྲུག་སོགས་སྨན་སྐུ་བྱིན་ཅན་མང་པོ། གཞན་གསུང་འབུམ་སྐོར་ལ་རྗེ་ཡབ་སྲས་གསུམ་སོགས་མཁས་གྲུབ་གཉིས་འཛོམས་ཀྱི་ཚད་མའི་སྐྱེས་བུ་དུ་མའི་གསུང་འབུམ་མཐའ་ཡས་པ་བཞུགས། རྗེ་གཟིགས་པ་ལྷ་ལྡན་གྱི་གོས་ཐང་དང་བྲིས་ཐང་མང་པོ། བྱང་ཆུབ་མཆོད་རྟེན་སོགས་ཐུགས་རྟེན་དང་། དངུལ་ལས་གྲུབ་པའི་མཆོད་ཧོང་ཚེ་འབར་མཎྜལ་སོགས་མཆོད་རྫས་གྲངས་མེད་བཞུགས།

དེ་ལས་གཞན་གྲྭ་ཤག་སོ་སོ་ན་མཁས་གྲུབ་དུ་མས་བརྩམས་པའི་བསྟན་བཅོས། རྒྱན་དྲུག་མཆོག་གཉིས། ཚེ་ལྷ་རྣམ་གསུམ། འཇམ་པའི་དབྱངས་དང་དབྱངས་ཅན་མ་སོགས་ལྷག་ལྷ་དུ་མའི་སྣང་བརྙན་དང་དངུལ་ཟངས་སོགས་ཀྱི་མཎྜལ་དང་མཆོད་རྫས་མཐའ་ཡས་པས་གང་བའོ། །ཚོགས་ཆེན་འདུ་ཁང་ཀ་བརྒྱ་མའི་ནང་རྟེན་གྱི་གཙོ་བོ་དབུས་སུ་དགའ་ལྡན་ལྷ་བརྒྱ་མའི་ཚོགས་ཞིང་། དགའ་ལྡན་ཡིད་དགའ་ཆོས་འཛིན་དང་བཅས་པ། དེའི་གཡས་སུ་དང་པོ་རྗེ་བླ་མའི་འདྲ་སྐུ། གཉིས་པ་སྟོན་པ་ཐུབ་པའི་དབང་པོའི་སྐུ་བརྙན། གསུམ་པ་སྐུ་གོང་མ་བློ་བཟང་ལུང་རིགས་རྒྱ་མཚོའི་འདྲ་སྐུ། བཞི་བ་ཚེ་དཔག་མེད། ལྔ་བ་བདེ་མཆོག དྲུག་པ་མི་འཁྲུགས་པ། བདུན་པ་ཧ་མགྲིན་ལྕགས་རལ། བརྒྱད་པ་དཔལ་དུས་ཀྱི་འཁོར་ལོ། དགུ་བ་ཁྲོ་བོ་མི་གཡོ་བ། ཚོགས་ཞིང་གི་གཡོན་དུ། དང་པོ་ཁོང་ཐམས་ཅད་མཁྱེན་པ་ཆེན་པོའི་འདྲ་སྐུ་མཐོང་བ་དོན་ལྡན། གཉིས་པ་སློབ་དཔོན་པདྨ་སམ་བྷ་ཝ། གསུམ་པ་ཡབ་རྗེ་སྐལ་ལྡན་རྒྱ་མཚོའི་འདྲ་སྐུ། བཞི་བ་ཇོ་བོ་རྗེ་དཔལ་ལྡན་ཨ་ཏི་ཤ ལྔ་བ་རྒྱལ་བ་སེང་གེའི་ང་རོ། དྲུག་པ་སྒྲོལ་མ་ལྗོན་མོ། བདུན་པ་འོད་དཔག་མེད། བརྒྱད་པ་སྨན་བླ། དགུ་བ་གསང་བདག་འཁོར་ལོ་ཆེན་པོ། བཅུ་བ་རིགས་ལྡན་དྲག་པོ་

འཁོར་ལོ་ཅན། གཡས་གཡོན་གྱི་ལོགས་སུ་གནས་བརྟན་བཅུ་དྲུག་ཁོང་གི་སྐུ་ཚད་དང་
མཉམ་པ། པཎ་ཆེན་ཆོས་ཀྱི་ཉི་མའི་སྐུ་རིང་ལ་བཞེངས་པའི་རྒྱ་ནག་གསེར་ཟངས་ལས་
གྲུབ་པའི་མཐོ་དམའ་ཁྲི་གང་ཅན་གྱི་སངས་རྒྱས་སྟོང་སྐུ། ཀ་མགོ་རེ་རེའི་སྟེང་དུ་ལམ་རིམ་
བླ་བརྒྱུད་དང་སྒྲོལ་མ་ཉེར་གཅིག་སོགས་སྐུ་རེ་རེ་འདུ་ཁང་ཆེན་མོའི་ཐོག་ཁང་ནང་དུ་གཙོ་
བོ་རྗེ་བཙུན་འཇམ་དབྱངས་ཀུན་གཟིགས་ཀྱི་སྨན་སྐུ། གཡས་སུ་རྗེ་སྐུ་ལི་མ་ཁྲི་གསུམ་ཅན།
གནས་བརྟན་བཅུ་དྲུག་སོགས་སྐུ་བརྙན་མང་པོ། གཡོན་དུ་ཚེ་དཔག་མེད་ལི་མ་ཁྲི་གསུམ་
ཅན། ཉེ་བའི་སྲས་ཆེན་བརྒྱད་སོགས་སྨན་སྐུ་བྱིན་ཅན་མང་པོ། ཐོག་ཁང་དུ་ཐང་གའི་
སྐོར་ལ། ཐོག་ཁང་གི་ལོགས་གཡས་གཡོན་དུ། གཡས་དང་པོ་སྐྱབས་འགྲོའི་ཚོགས་ཞིང་།
གཉིས་པ་སྐལ་ལྡན་རྒྱ་མཚོའི་འདྲ་སྐུ། རྒྱན་དྲུག་མཆོག་གཉིས། གསུམ་པ་འཇིགས་བྱེད་
ལྷ་བཅུ་གསུམ་པ། བཞི་བ་གནས་བརྟན་བཅུ་དྲུག གཡོན་ལོགས་སུ། དང་པོ་བླ་མཆོད་
ཚོགས་ཞིང་། (གཉིས་པ་མ་ཕྱིའི་ནང་ཆད་འདུག) གསུམ་པ་པཎ་ཆེན་སྐུ་ཕྲེང་རིམ་བྱོན་གྱི་འདྲ་
ཐང་། བཞི་བ་འོད་དཔག་མེད་ཀྱི་ཞིང་ཐང་། ལྔ་བ་མི་འཁྲུགས་པའི་ཞིང་ཐང་། འོག་ཞོལ་
ལོགས་གཡས་གཡོན་དུ། གཡས་དང་པོ། སྟོན་པ་གཙོ་འཁོར་གསུམ་པ། གསང་འདུས།
བདེ་མཆོག རྣམ་སྣང་མངོན་བྱང་། སྨན་བླ་བདེ་གཤེགས་བརྒྱད། སྒྲོལ་མ་ཉེར་གཅིག
ཐུགས་རྗེ་ཆེན་པོ། ལོགས་གཡོན་དུ། འཇམ་དབྱངས་རིགས་ལྔ། གུ་རུ་མཚན་བརྒྱད།
དུས་འཁོར། ཀུན་རིག ཀྱི་རྡོར། རྣམ་རྒྱལ་ལྷ་དགུ བདེ་གཤེགས་སོ་ལྔ། མགོན་པོ། ལྷ་
མོ། ཆོས་རྒྱལ། གུར། རྣམ་སྲས། དམ་ཅན། རྒྱལ་ཆེན་སྡེ་བཞི། ཇོ་བོ་ཞང་དཀར་བ།
སྲིད་པའི་འཁོར་ལོ་སོགས་གྱུན་ཐང་སོ་གསུམ་ལྷག་དང་། གོས་ཐང་བྲིས་ཐང་འཐག་དྲུབ་
སོགས་ཐང་གའི་སྐོར་བརྒྱ་ལྷག་ཙམ་བཞུགས། གཞན་རྒྱལ་བའི་བཀའ་འགྱུར་ཆེན་མོ་
གཉིས་དང་། བསྟན་འགྱུར་གཉིས། རྒྱལ་དབང་སྐུ་ཕྲེང་རིམ་བྱོན་དང་། རྗེ་ཡབ་སྲས་
གསུམ་དང་པཎ་ཆེན་སྐུ་ཕྲེང་རིམ་བྱོན་སོགས་ཀྱི་བསྟན་བཅོས་གྲངས་མང་བཞུགས།

འཇམ་དབྱངས་ཀུན་གཟིགས་ལྷ་ཁང་དུ། གཙོ་བོ་རྗེ་བཙུན་འཇམ་པའི་དབྱངས་ཀྱི་

སྐུ་བརྙན་ཆེན་པོ་ཁྲི་དྲུག་འཁྱོགས་དང་བཅས་པ་མཐོ་ཚད་སུམ་ཐོག་དང་དཔང་མཉམ་པ། གཡས་གཡོན་གཉིས་སུ་གཙོ་སྐྱ་ལས་ཅུང་ཙམ་ཆུང་བའི་རྒྱལ་བ་མི་འཁྲུགས་པ་དང་སངས་རྒྱས་སྨན་བླའི་སྐུ་བརྙན། ལོགས་གཡས་གཡོན་དུ་ཁོང་གི་སྐུ་ཚད་དང་མཉམ་པའི་རྒྱན་དྲུག་མཆོག་གཉིས། གནས་བརྟན་བཅུ་དྲུག རྒྱལ་ཆེན་སྡེ་བཞིའི་སྐུ་བརྙན་སོགས་རྟེན་བྱིན་ཅན་མང་པོ། དངུལ་སྒྲོང་དང་གསེར་སྒྲོང་། ཁྲམས་སུ་རྒྱལ་ཆེན་སྡེ་བཞི་སོགས་ཀྱི་གྱུན་ཐང་རྣམས་བཞུགས།

མགོན་ཁང་དུ། གཙོ་བོ་དཔལ་རྡོ་རྗེ་འཇིགས་བྱེད་ལྷ་བཅུ་གསུམ་པ། མགོན་པོ་ཕྱག་དྲུག་པ། གུར། ཆོས་རྒྱལ། རྣམ་སྲས། ལྷ་མོ། རྡོ་བོ་ཞང་དཀར་བ་བཅས་ཀྱི་སྨན་སྐུ་ཆེན་མོ་ཁོང་རང་ཉིད་ཀྱིས་ཕྱག་བཟོ་མཛད་པ་སོགས་བྱིན་རླབས་ཀྱི་ཚན་ཁ་གཞན་ལས་ཁྱད་པར་དུ་འཕགས་པ་བཞུགས་སོ། །

ད་སྐབས་བཞུགས་ཡོད་པའི་སྐུ་གསུང་ཐུགས་རྟེན་གྱི་སྐོར་ནི། ཁོང་ཐམས་ཅད་མཁྱེན་པའི་མཆོད་ཁང་གསར་བཞེངས་བཀོད་མཛེས་ཀྱི་ནང་དུ་ཁྲི་དྲུག་འཁྱོགས་ཅན་གྱི་ཇོ་བོ་ལོ་ཀེ་ཤྭ་ར། ཁོང་ཐམས་ཅད་མཁྱེན་པའི་འདྲ་སྐུ། སྟོན་པ་ཐུབ་པའི་དབང་པོའི་འདྲ་སྐུ། སྒྲོལ་མ། གསེར་ཟངས་ལས་གྲུབ་པའི་ཐུབ་དབང་གཙོ་འཁོར་གསུམ་པ། རྗེ་བླ་མའི་འདྲ་སྐུ། སངས་རྒྱས་སྟོང་ཐང་། རྗེ་ཡབ་སྲས་དང་རིགས་གསུམ་མགོན་པོ། ཚེ་ལྷ་རྣམ་གསུམ་སོགས་ལྷག་ལྷ་དུ་མའི་ཐང་ག་འགའ་རེ། བཀའ་འགྱུར་དང་། རྗེ་ཡབ་སྲས་གསུམ་གྱི་གསུང་འབུམ་སོགས་པོ་ཏི་དུ་མ་བཞུགས།

གཟིམ་ཆུང་ནང་དུ་ཁོང་གི་འདྲ་སྐུ། སྟོན་པ། རྗེ་བླ་མ། ཚེ་ལྷ་རྣམ་གསུམ་སོགས་ཀྱི་སྨན་སྐུ། དཔལ་ལྡན་ལྷ་མོའི་འདྲ་ཐང་། མཛད་པ་བཅུ་གཉིས་ཀྱི་ཐང་ག་རྣམས་དང་། དངུལ་སྒྲོང་དང་དུང་དཀར་མཆོད་ཅེན་སོགས་མཆོད་རྫས་དུ་མ་བཞུགས།

འདུ་ཁང་ཆེན་མོའི་ནང་དུ་དབུས་སུ་དགའ་ལྡན་ཡིད་དགའ་ཆོས་འཛིན་དང་དགའ་ལྡན་ལྷ་བརྒྱ་མའི་ཚོགས་ཞིང་། གཡས་སུ་རིམ་པ་དང་པོ་རྒྱ་གསེར་དངུལ་གཡུ་བྱུར་ལ་

སོགས་པའི་རིན་པོ་ཆེའི་རིགས་སྣ་ཚོགས་ལས་གྲུབ་པའི་ཞིང་ཐམས་ཅད་མཁྱེན་པའི་སྐུ་གདུང་མཆོད་རྟེན་མཐོང་གྲོལ་ཆེན་མོ། གཞན་དངུལ་སོགས་རིན་པོ་ཆེ་ལས་གྲུབ་པའི་སྐུ་གདུང་མཆོད་རྟེན་ཁྲི་གསུམ་ཅན་ལྔ། གཉིས་པ་རྗེ་བླ་མ། གསུམ་པ་ཐུབ་དབང་གི་སྐུ། བཞི་བ་སྐུ་གོང་མ་བློ་བཟང་ལུང་རིགས་རྒྱ་མཚོའི་འདྲ་སྐུ། ལྔ་བ་ཚེ་དཔག་མེད། དྲུག་པ་བདེ་མཆོག བདུན་པ་མི་འཁྲུགས་པ། བརྒྱད་པ་རྟ་མགྲིན་ལྕགས་རལ། དགུ་བ་དུས་འཁོར། བཅུ་བ་ཁྲོ་བོ་མི་གཡོ་བ། ཚོགས་ཞིང་གི་གཡོན་དུ། དང་པོ། ཀུན་ཐམས་ཅད་མཁྱེན་ཅིང་གཟིགས་པ་ཆེན་པོའི་འདྲ་སྐུ། མཐོང་བ་དོན་ལྡན། གཉིས་པ་སློབ་དཔོན་པདྨ་སམ་བྷ་ཝ། གསུམ་པ་ཡབ་རྗེ་སྐལ་ལྡན་རྒྱ་མཚོའི་འདྲ་སྐུ། བཞི་བ་རྡོ་རྗེ་དཔལ་ལྡན་ཨ་ཏི་ཤ ལྔ་བ་རྒྱལ་བ་སེང་གེའི་ང་རོ། དྲུག་པ་སྒྲོལ་མ། བདུན་པ་འོད་དཔག་མེད། བརྒྱད་པ་སྨན་བླ། དགུ་བ་གསང་བདག་འཁོར་ཆེན། བཅུ་བ་རིགས་ལྡན་དྲག་པོ་འཁོར་ལོ་ཅན། གཞན་རྗེ་བླ་མའི་སྨན་སྐུ་བརྒྱ་ལྷག་དང་། གསོ་སྦྱོང་ཐུབ་པ་རྒྱ་གར་གྱི་ལི་མ། ཚེ་དཔག་མེད་ལི་མ་སོགས་བཞུགས། གཡས་གཡོན་གྱི་ལོགས་གཉིས་སུ་གྱུན་ཐང་སྐོར། གཡས་ཀྱི་དང་པོ་སྟོན་པ་གཙོ་འཁོར་གསུམ་པ། གཉིས་པ་རྣམ་སྣང་མངོན་བྱང་། གསུམ་པ་སྒྲོལ་མ་ཉེར་གཅིག བཞི་བ་སྨན་བླ་བདེ་གཤེགས་བརྒྱད། ལྔ་བ་རིགས་གསུམ་མགོན་པོ། དྲུག་པ་གསང་འདུས། བདུན་པ་བདེ་མཆོག ལོགས་གཡོན་དང་པོར་འཇམ་དབྱངས་རིགས་ལྔ། གཉིས་པ་གུ་རུ་མཚན་བརྒྱད། གསུམ་པ་ཀུན་རིག བཞི་བ་ལྟུང་བཤགས་ཀྱི་ལྷ་སོ་ལྔ། ལྔ་བ་དུས་འཁོར། དྲུག་པ་རྣམ་རྒྱལ་ལྷ་དགུ། བློ་སྒོའི་སྟེང་དུ་བདེ་གཤེགས་སོ་ལྔའི་གྱུན་ཐང་ཆུང་ངུ། གཞན་གོས་ཐང་བྲིས་ཐང་འཐག་དྲུབ་སོགས་ཐང་ག་གྲངས་མེད་བཞུགས། གསུང་རབ་སྐོར་ལ་བཀའ་འགྱུར་གཉིས། བསྟན་འགྱུར་གཉིས། རྗེ་ཡབ་སྲས་གསུམ་གྱི་གསུང་འབུམ་ཚར་ལྔ། ཡུམ་ཚར་གཉིས་སོགས་བཞུགས་ཡོད། འདུ་ཁང་ཆེན་མོའི་ཐོག་ཁང་དུ་གཙོ་བོ་འཇམ་དབྱངས་ཀུན་གཟིགས། གཡས་སུ་རྗེ་སྐུ་ལི་མ་ཁྲི་གསུམ་ཅན། ཞིང་གི་འདྲ་སྐུ། སྟོན་པ། བདེ་མཆོག གསང་བདག་འཁོར་ཆེན། ཁྲོ་བོ་མི་གཡོ་བ། གཡོན་

ཏུ་སློབ་དཔོན་པདྨ་སམ་བྷ་ཝ། སྐལ་ལྡན་རྒྱ་མཚོ། ཇོ་བོ་རྗེ། སྒྲོལ་མ། རྟ་མགྲིན་ལྷུགས་རལ། རིགས་ལྡན་དྲག་པོ། སྟོན་པ་ལི་མ་གཅིག ཙནྡན་དཀར་པོ་ལས་གྲུབ་པའི་ལྷ་ལྡན་སྨོན་ལམ་གྱི་སྐབས་དགོན་པའི་གླིང་བསྐོར་དུ་ཕེབས་པའི་བྱམས་པའི་སྣང་བརྙན་གཟི་འབར་མཐོང་བ་དོན་ཡོད། གཡས་གཡོན་ལོགས་སུ། གྱུན་ཐང་རྣམས་ནི། གཡས་སུ་རིམ་བཞིན་སྐྱབས་འགྲོའི་ཚོགས་ཞིང་། སྐལ་ལྡན་རྒྱ་མཚོའི་འདུ་ཐང་། འཇིགས་བྱེད་ལྷ་བཅུ་གསུམ་པ། གནས་བརྟན་བཅུ་དྲུག གཡོན་ལོགས་སུ། བླ་མཆོད་ཚོགས་ཞིང་། པཎ་ཆེན་སྐུ་ཕྲེང་རིམ་བྱོན་གྱི་འདུ་ཐང་། འོད་དཔག་མེད་ཀྱི་ཞིང་ཐང་། མི་འཁྲུགས་པའི་ཞིང་ཐང་སོགས་གྱུན་ཐང་དང་རིན་ཐང་བྲལ་བའི་གོས་བཟང་སྣ་ཚོགས་ལས་བཞེངས་པའི་གོས་སྐུ་ཆེན་མོ་རྣམས་བཞུགས། སྒོ་མང་གཟིམ་ཆུང་ནང་དུ་ཁོང་གི་འདུ་ཐང་གོས་དྲུབ། རྗེ་ཡབ་སྲས་ཀྱི་གསུང་འབུམ། བདེ་མཆོག་ལི་མ། རྣམ་རྒྱལ་མཆོད་རྟེན། གཞན་སྨན་སྐུ་ལི་མ་འགའ་བཅས་བཞུགས། འདུ་ཁང་འོག་ཞོལ་དུ་སྒོའི་ནང་ཕྱོགས་གཡས་སུ་དཔལ་ལྡན་ལྷ་མོ། མགོན་པོ་ཕྱག་དྲུག་པ། གུར་གྱི་མགོན་པོ། གཡོན་དུ་ཆོས་རྒྱལ། རྣམ་སྲས། དམ་ཅན་རྣམས་དང་། སྒོ་ཕྱི་རོལ་ཁྱམས་གཡས་གཡོན་དུ་རྒྱལ་ཆེན་སྡེ་བཞི། ཇོ་བོ་བྱང་དཀར་བ། སྲིད་པའི་འཁོར་ལོ་རྣམས་ཀྱི་གྱུན་ཐང་དང་གཞན་དངུལ་གྱི་ཚེ་འབར་དང་དངུལ་སྐོང་ཆེ་ཆུང་སོགས་མཆོད་རྫས་གྲངས་མེད་བཅས་བཞུགས། འཇམ་དབྱངས་ཀུན་གཟིགས་ནང་དུ། གཙོ་བོ་རྗེ་བཙུན་འཇམ་པའི་དབྱངས་ཀྱི་སྐུ་བརྙན་ཆེ་བ་སུམ་ཐོག་དང་ཚད་མཉམ་གཟུངས་གཞུག་ཏུ། བཀའ་འགྱུར་གཅིག རྗེ་ཡབ་སྲས་ཀྱི་གསུང་འབུམ་གསུམ། ཡུམ་ཚར་གཉིས། གཞན་གསུང་རབ་པོ་ཏི་ཆེ་ཆུང་མང་པོ་བཞུགས། གཡས་གཡོན་གཉིས་སུ་གཙོ་སྐུ་ལས་ཅུང་ཆུང་བའི་རྒྱལ་བ་མི་འཁྲུགས་པ་དང་། སངས་རྒྱས་སྨན་བླ་གཉིས་ཀྱི་སྨན་སྐུ། རྗེ་ཡབ་སྲས་གསུམ། སྨན་བླ་བདེ་གཤེགས་བརྒྱད། ལམ་རིམ་བླ་བརྒྱུད་གསུམ་གྱི་གྱུན་ཐང་། སྒོ་ཁྱམས་གཡས་གཡོན་དུ་ཤམྦྷ་ལའི་ཞིང་ཐང་དང་གནས་བདག་གཉིས་ཀྱི་གྱུན་ཐང་། དངུལ་གྱི་ཚེ་འབར་དང་མཎྜལ་སོགས་མཆོད་ཆ་དུ་མ་བཅས་བཞུགས། མགོན་ཁང་

དུ་གཙོ་བོ་དཔལ་རྡོ་རྗེ་འཇིགས་བྱེད་ལྷ་བཅུ་གསུམ་པའི་སྨན་སྐུ་ཆེ་བ། མགོན་པོ་ཕྱག་དྲུག་པ་དང་གུར། ཆོས་རྒྱལ། ལྷ་མོ། རྣམ་སྲས། རྡོ་བོ་ཕྱིང་དཀར་བ་བཅས་ཀྱི་སྨན་སྐུ་བཅས་བཞུགས། བྱམས་ཁང་ནང་དུ་རྗེ་བཙུན་བྱམས་པའི་སྐུ་བརྙན་ཆུང་ངུ་ཞིག་བཞུགས།

ཨ་ལགས་ཚ་སྐྱ་རིན་པོ་ཆེའི་མཆོད་ཁང་དུ་སྔར་ནས་ཡོད་པའི་རྡོ་བའི་སྐུ་ཕྱག་ཏུ་འོང་བའི་སྐུ་བརྙན་བྱིན་ཅན། ལྷ་ལྡན་ཞིང་ནས་གདན་དྲངས་པའི་ཚེ་ལྷ་རྣམ་གསུམ། རྟ་མགྲིན་གསང་སྒྲུབ་ལྷ་མོ་གཟའ་དམ་ཅན་སོགས་ཀྱི་སྐུ་བརྙན། གོས་ཐང་བྲིས་ཐང་། བཀའ་འགྱུར་གྱི་གཙོས་རྗེ་ཡབ་སྲས་གསུམ་གྱི་གསུང་འབུམ། ཡབ་རྗེ་སྐལ་ལྡན་རྒྱ་མཚོའི་གསུང་འབུམ་སོགས་པོད་མང་དུ་བཞུགས། །

ཨ་ལགས་བྲག་དཀར་རིན་པོ་ཆེའི་མཆོད་ཁང་དུ་སྟོན་པའི་སྐུ་བརྙན། ཚེ་ལྷ་རྣམ་གསུམ་གྱི་སྐུ་བརྙན། མཁའ་སྤྱོད་མའི་སྐུ་བརྙན་དང་གོས་ཐང་བྲིས་ཐང་སོགས་མང་པོ། བཀའ་འགྱུར་གྱི་གཙོས་རྗེ་ཡབ་སྲས་གསུམ་གྱི་གསུང་འབུམ་དང་ཡབ་རྗེ་སྐལ་ལྡན་རྒྱ་མཚོའི་གསུང་འབུམ་སོགས་མང་དུ་བཞུགས་སོ། །དགོན་པའི་ནང་རྟེན་གལ་ཆེན་རྣམས་རྟོན་རྟེན་མཇལ་གནང་བའི་ཚུལ་ལས་བརྩམས་ཏེ་བརྗོད་ཟིན་པས་འདིར་བསྐྱར་དུ་མ་བཀོད་དོ། །

སྨྲས་པ། རྨད་བྱུང་ཐུབ་བསྟན་གསེར་གྱི་ལྷུན་པོ་ནི། །འཛམ་གླིང་ནོར་འཛིན་རྒྱན་དུ་ལྷུན་ཆགས་ཤིང་། །བྱིན་རྟེན་དཔག་བསམ་ལྗོན་པའི་ཚལ་དཀྲིགས་པ། །ངོ་མཚར་ནོར་བུའི་འཕྲེ་ཤིང་ཀུན་ལས་འཕགས། །སུམ་རྟེན་མཛེས་པ་ཕམ་བྱེད་གཙུག་ལག་ཁང་། །བགྲང་ཡས་རྟེན་གསུམ་དབྱིག་གི་མཛོད་འཛིན་པ། །དད་ལྡན་བསོད་ནམས་སྤེལ་བའི་ཞིང་གི་མཆོག །དུས་ཀྱི་མཐར་ཡང་མིག་གི་བདུད་རྩིར་སྣང་། །འདི་ལ་ཕྱག་མཆོད་སྐོར་བའི་རིས་མེད་འགྲོ། །གནས་སྐབས་ནད་སོགས་ཉེར་འཚེ་ཀུན་དང་བྲལ། །མཐར་ཐུག་ཀུན་གཟིགས་དག་པའི་ཞིང་མཆོག་ཏུ། །རྣམ་མཁྱེན་རྒྱལ་བའི་གོ་འཕང་ཐོབ་གྱུར་ཅིག །ཅེས་པ་ནི་བར་སྐབས་ཀྱི་ཚིགས་སུ་བཅད་པའོ། །

ལྷོ་བ་གནས་ཀྱི་ཆེ་བ་མདོ་ཙམ་བརྗོད་པ་ལ། དཔལ་འཁོར་ལོ་སྡོམ་པ་དང་འཕགས་

མཆོག་འཛིག་རྟེན་དབང་ཕྱུག་གི་རྟེན་བརྟེན་པའི་དཀྱིལ་འཁོར་ལྷུན་གྱིས་གྲུབ་པའི་གནས་
མཆོག་འདིའི་ཐུན་མོང་མ་ཡིན་པའི་ཁྱད་ཆོས་ནི། འཕགས་ཆེན་དམ་པ་ཕོ་ནའི་སྤྱོད་ཡུལ་
ཡིན་པས་སྨྲ་བསམ་གྱི་ཡུལ་ལས་འདས་ཤིང་ཇི་ལྟ་བ་བཞིན་བརྗོད་པའི་རྗོ་ག་ལ་ཐོགས།
ཐུན་མོང་གི་ངོ་མཚར་བའི་ཁྱད་ཆོས་རྣམས་ཀྱང་མདོ་རྒྱུད་ཀྱི་གཞུང་དང་དམ་པའི་གསུང་
སྒྲོས་སྦྱོར་ཐང་གི་རྩིས་སོགས་ཐ་སྙད་གཙུག་ལག་དང་སྒོ་བསྟུན་ནས་རྒྱ་ཆེར་སྤྲོས་ན་བརྗོད་
རྒྱུས་ཕོངས་པ་མི་འདུག་སྟེ་ཇི་སྐད་དུ། མདོ་སྔགས་ཐ་སྙད་རིག་པའི་གཞུང་རྣམས་སུ། །
རབ་གསལ་ལེགས་པའི་ལམ་དང་རྗེས་མཐུན་པ། །ངོ་མཚར་ཉེ་རིང་བར་མའི་ས་ཡི་
དཔྱད། །མེས་པོ་ཚངས་པས་བསྒྲིགས་པ་བཞིན་དུ་བགྱི། །དཔལ་ལྡན་རྡོ་རྗེ་འཆང་གི་རྒྱུད་
སྡེ་བཞིར། །ལྷ་དང་ཀླུང་གི་ཏིང་འཛིན་སྐྱོང་བའི་གནས། །ཞེས་པ་ནས་འདི་ལ་ཆེ་བ་
བརྗོད་ན་ནུ་མ་མཆིས། །ཞེས་གསུངས་པ་ལྟར་རོ། །འོན་ཀྱང་དད་ལྡན་རྣམ་དཔྱོད་ཅན་
རྣམས་ཀྱི་དད་པ་འཕེལ་བའི་ཆ་རྐྱེན་དུ་ཙུང་ཟད་འགོད་ན། བཀའ་གདམས་གླེགས་བམ་
རིན་པོ་ཆེ་ལས། ཤར་རྡོ་རྗེ་གདན་གྱི་བྱང་ཕྱོགས་ན། །གནས་ཕུར་རྒྱལ་པོད་ཅེས་བྱ་བ་
ཡོད། །ཅེས་བོད་ཁམས་སྐྱི་ལུང་བསྟན་ནས། རི་མཐོན་པོ་གནམ་གྱི་ཀ་བ་ཡོད། །མཚོ་
དམའ་མོ་གཡུ་ཡི་མཎྜལ་ཡོད། །གངས་དཀར་པོ་ཤེལ་གྱི་མཆོད་རྟེན་ཡོད། །སྤང་སེར་པོ་
གསེར་གྱི་ལྷུན་པོ་ཡོད། །ཅེས་པས་དགོན་པའི་ཉེ་འཁོར་གྱི་ཤེལ་རི་སོགས་རི་མཐོན་པོ་
གནམ་གྱི་ཀ་བ་དང་མཚུངས་པ་མང་པོ་དང་། གནས་འདི་དང་མི་རིང་བ་ན་རྨ་ཆེན་གངས་
རི་ཤེལ་གྱི་མཆོད་རྟེན་དང་འདྲ་བར་མངོན་པར་འཕགས་པ་དང་། འདི་དང་ཉེ་བར་མཚོ་
ཁྲི་གཤོག་རྒྱལ་མོའི་གཙོས་གཡུ་ཡི་མེ་ལོང་ལྟ་བུའི་ཆུ་གཏེར་མང་པོ་ནོར་འཛིན་སྣེག་མོའི་
མཛེས་རྒྱན་དུ་ལྷུན་གྱིས་གྲུབ་པ་སོགས་དང་། །ཡང་རི་པདྨ་སྡོང་ལྡན་དབྱིབས་ལེགས་
པ། །དུས་དགུན་གསུམ་དཀར་པོ་ཤེལ་གྱི་མདོག །དུས་སྟོན་གསུམ་སེར་པོ་གསེར་གྱི་
མདོག །དུས་དབྱར་གསུམ་སྔོན་པོ་གཡུ་ཡི་མདོག །དུས་དཔྱིད་གསུམ་ཁྲ་བོ་གཟི་ཡི་
མདོག །མདོག་ཕུན་སུམ་ཚོགས་པའི་རི་བོ་ལ། །ལྟས་ཁྱད་པར་འཕགས་པའི་མཚན་མ་

ཡོད། །ཅེས་ཊཱུལ་བཙེགས་རྣམས་པདྨ་བཞད་པ་དང་མཚུངས་ཤིང་དུས་བཞིར་མདོག་མི་འདྲ་བར་འགྱུར་བར་གསུངས་པའི་ཁྱད་ཆོས་རྣམས་ཀྱང་ལྷུན་གྱིས་གྲུབ་པ་དང་དུང་དཀར་པོ་གཡས་སུ་འཁྱིལ་བ་ལ། དར་དམར་པོ་རྣ་གའི་ཚོད་པན་ཡོད། །ཅེས་སོགས་ཀྱིས་བཀྲ་ཤིས་རྟགས་བརྒྱད་ཀྱི་མཚན་མ་མཆིས་པར་བསྟན་པ་རྣམས་ཀྱང་གནས་འདིར་མ་ཚང་བ་མེད་པར་འཛོམས་པ་ནི་དེང་དུས་ཀྱི་ས་དཔྱད་མཁན་པོ་རྣམས་ཀྱིས་དཔྱིབས་སོགས་ཅུང་ཟད་འདྲ་བ་ལ་སྒྲོ་བཏགས་ནས་བརྗོད་པ་དང་མི་འདྲ་བར་ཞིབ་མོར་བརྟགས་ན་དད་པ་དང་ལྡན་པའི་གང་ཟག་ཅི་འདྲ་ཞིག་ཡིན་ཡང་མཐོང་བ་ཙམ་གྱིས་རི་འདི་ནི་འདིའོ་ཞེས་ངེས་པ་སྐྱེས་ནུས་པ་ཡོད་པས་རེ་རེ་བཞིན་ཞིབ་ཏུ་འགོད་པའི་ངལ་བ་མ་བྱས་སོ། །དེ་ལྟར་ཡང་གནས་ས་ཕྱོགས་ཀྱི་འཁོར་ལོ་ཡངས་པོ་ན། །པདྨ་འཁོར་ལོ་བཀྲ་ཤིས་རྟགས་བརྒྱད་ཀྱི། །སྣང་བ་རབ་འབྱམས་དད་པའི་སྐྱེ་བོ་ལ། །སུ་ཡང་འཕྲུལ་དུ་མཇུབ་རྩེ་སྒྲེང་བར་སྤོབས། །ཞེས་དང་། གངས་དཀར་ཤེལ་གྱི་མཆོད་རྟེན་རྣ་ཆེན་གངས། །མཚོ་དམའ་གཡུ་ཡི་མེ་ལོང་ཁྲི་གཎྜོག་སྟེ། །རི་མཐོ་གནམ་གྱི་ཀ་བ་ཤེལ་རི་སོགས། །བུ་ཆོས་ལུང་བསྟན་བདེན་པའི་བདུད་རྩིར་འཁྱིལ། །ཞེས་སོགས་རྒྱ་ཆེར་གསུངས་པ་ལྟར་ཡིན་ནོ། །གླེགས་བམ་རིན་པོ་ཆེ་ལས་གསུང་དེ་དག་གི་མཐར། ཀྱེ་གངས་རིའི་མགོན་པོ་སྤྱན་རས་གཟིགས། །གནས་དེ་ན་ཁྱོད་ཀྱི་ཞིང་ཁམས་ཡོད། །ཞིང་དེ་ན་ཁྱོད་ཀྱི་གདུལ་བྱ་ཡོད། །ཅེས་ཡང་ཡང་གསུངས་པ་ཡང་སྐྱབས་རྗེ་ཨ་རོལ་བ་ཆེན་པོ་འདི་ཉིད་འཕགས་མཆོག་སྤྱན་རས་གཟིགས་ཀྱི་རྣམ་སྤྲུལ་དུ་བསྟན་ཅིང་། གནས་འདིར་ཡང་འཕགས་པའི་སྐུ་བཅུ་གཅིག་ཞལ་དང་། ཕྱག་བཞི་བ། ཁསརྤ་ཎི་ལ་སོགས་པ་བཟོ་བོ་མཁས་པའི་སོར་མོའི་འདུ་བྱེད་ལས་བསྒྲུབ་པ་ལྟ་བུའི་རང་བྱོན་མང་པོ་མཇལ་དུ་ཡོད་པ་ལས་འཕགས་པའི་ཞིང་ཁམས་སུ་འགྲུབ་པས། གནས་འདི་ནས་མགོན་པོ་གང་གིས་ཆོས་སྡེ་ཆེན་པོ་འདི་ཉིད་ཕྱག་འདེབས་དང་། ཟབ་པ་དང་རྒྱ་ཆེ་བའི་ཆོས་ཀྱི་འཁོར་ལོ་རྒྱ་ཆེར་བསྐོར་ཏེ་སྐལ་ལྡན་གྱི་གདུལ་བྱ་དཔག་ཏུ་མེད་པ་རྣམ་གྲོལ་ལ་འགོད་པར་ལུང་བསྟན་པ་ཡང་ཤིན་ཏུ་གསལ་ལོ། །དེ་ལྟར་ཡང་རྗེ་ཤེས་རབ་རྒྱ་མཚོས་རེ་

སྐྱོང་དྲི་མེད་ནོར་བུ་པདྨ་ཅན། །རྒྱལ་བ་རྣམས་ཀྱི་ཐུགས་རྗེའི་གཏེར་ཆེན་པོ། །འགྲོ་ལ་
སྤྱན་རས་གཟིགས་ཀྱི་དབང་ཕྱུག་ཅེས། །ཀུན་ཏུ་གྲགས་པའི་གངས་ཅན་མགོན་པོའི་
ཞིང་། །དེ་ཕྱིར་བཅུ་གཅིག་ཞལ་དང་ཕྱག་བཞི་བ། །ཁསརྤ་ཎི་ལ་སོགས་འཕགས་པའི་
སྐུ། །གང་ཞིག་འདུལ་བའི་རོལ་བ་བསམ་མི་ཁྱབ། །སྐལ་ལྡན་མིག་གི་འཇུག་པ་དོན་ཡོད་
མཛོད། །ཅེས་དང་། སྣ་ཚོགས་མོས་པའི་རྗེས་སོང་རྒྱལ་བའི་བཀའ། །གདམས་པར་ཤར་
བའི་བཤད་སྒྲུབ་ཟླ་མེད་པས། །འཛམ་གླིང་མཁས་པའི་སེམས་རྗེ་འགུགས་པ་དེའི། །
བསྟན་པའི་ཆུ་མགོ་ར་སྒྲེང་གཉིས་པར་འཁྲུམས། །ཞེས་གསུངས་སོ། །གནས་མཆོག་
འདིར་བསྟན་པ་སྤྱི་དར་གྱི་དུས་སུ་སློབ་དཔོན་ཆེན་པོ་མཚོ་ལས་སྐྱེས་པའི་རྡོ་རྗེ་རྫུ་འཕྲུལ་
གྱིས་བྱོན་ནས་སྲིན་པོ་བཏུལ་ཞིང་། བྱིན་གྱིས་བརླབས་པ་ནི་གནས་ཡིག་ལས། མ་འོངས་
སྙིགས་མ་ལྔ་ཡི་དུས། །སློབ་དཔོན་པདྨ་འབྱུང་གནས་ཉིད། །ཁྲི་གཤོག་རྒྱལ་མོའི་མཚོ་ལ་
ཕེབས། །མཚོ་མཐའ་གཡེར་མོ་ཐང་གི་དཀྱིལ། །དམ་སྲི་སྤུན་དགུ་དམ་ལ་བཏགས། །གླ་
གཏེར་ཆོས་གཏེར་མང་དུ་སྦས། །གནས་སྒོ་ཆོས་སྒོ་གསལ་བར་མཛད། །དེ་ནས་སྤྱོད་
དང་ཐོ་རངས་ལ། །སྲིན་པོ་ཁྲག་གི་རལ་བ་ཅན། །སྲིན་མོ་མི་སྐྱུག་མཆེ་བ་ཅན། །དེ་
གཉིས་བཙས་པའི་འདྲེ་སྲིན་བདུན། །ཐོས་ནས་སྤྲེལ་རྫོང་བྲག་ལ་གནས། །བྲག་ཕུག་སྒྲུབ་
པ་མཛད་པ་དང་། །སློབ་དཔོན་དབང་དྲག་འབར་བ་ཡིས། །ཏིང་ངེ་འཛིན་ལ་བཞུགས་
པའི་ཚེ། །སྲིན་པོས་བྲག་སྒོ་ཕ་བོང་བཀབ། །རྡོ་རྗེ་གསོར་བས་སྟེང་ནས་བྱོན། །ཞེས་པ་
ནས། མཐའ་འདུལ་གནས་ཀྱི་ནང་ནས་ཆེ་བའོ། །ཞེས་སོགས་གསུངས་སོ། །དོན་འདི་
ལ་དགོངས་ནས་གནས་བསྟོད་དུའང་། པད་མའི་མཚོ་ལས་པདྨའི་སྐུར་བཞེངས་ཏེ། །དྲག་
པའི་ཟིལ་གནོན་པད་མ་སམྦྷ་ཞབས། །བཀའ་བརྒྱུད་གསང་བའི་དཀྱིལ་འཁོར་ཆེན་པོའི་
ངང་། །མ་རུངས་སྲེག་བྱེད་མངོན་སྤྱོད་མེ་ཡི་ཆར། །དྲག་ཏུ་ཕབས་པས་གདུག་ཅན་
བསྐྲད་པ་དང་། །བྱིན་རླབས་ཉི་འོད་འབུམ་ཕྲག་བསྐྱིལ་བའི་མཐུས། །ཆོས་མཛད་དམ་
པའི་སྐྱེ་བོ་ཐར་བའི་སར། །དོགས་པ་མེད་པར་བསྐྱོད་པའི་བཀའ་དྲིན་མཛད། །ཅེས་

གསུངས་སོ། །

བསྟན་པ་ཕྱི་དར་གྱི་སྐབས་སུ་གནས་འདིར། འབྲི་གུང་འཇིག་རྟེན་མགོན་པོ། མ་གཅིག་ལབ་ཀྱི་སྒྲོན་མ། ས་པཎ་ཀུན་དགའ་རྒྱལ་མཚན། འཇམ་མགོན་ཆོས་ཀྱི་རྒྱལ་པོ་ཙོང་ཁ་པ་ཆེན་པོ། མཁས་གྲུབ་ཆེན་པོ་ཤར་སྐལ་ལྡན་རྒྱ་མཚོ། འགྲོ་མགོན་གསེར་ཁང་པ་ཆེན་པོ། སྐྱབས་མགོན་ཞབས་དཀར་བ་ཚོགས་དྲུག་རང་གྲོལ། སྐྱབས་མགོན་བློ་བཟང་ལུང་རིགས་རྒྱ་མཚོ་སོགས་གྲུབ་མཐའ་རིས་མེད་ཀྱི་མཁས་གྲུབ་ཆེན་པོ་མཐའ་ཡས་པས་ཞབས་ཀྱིས་བཅགས་ཤིང་བྱིན་གྱིས་བརླབས་པ་དང་། སྒྲུབ་པའི་རྒྱལ་མཚན་ཡུན་རིང་བསྒྲེངས་ཏེ་ཉམས་རྟོགས་ཁྱད་པར་ཅན་ཐུགས་རྒྱུད་ལ་འཁྲུངས་པ་ཡིན་ངེས་ཏེ། གནས་བསྟོད་ལས། ཀླུ་སྒྲུབ་སྐྱེ་རར་རོལ་བ་གྲུབ་པའི་དབང་། །འབྲི་གུང་འཇིག་རྟེན་གསུམ་གྱི་མགོན་པོ་ཞེས། །གསུང་གི་བདུད་རྩི་བསྩལ་བར་སོམ་ཉིས་དབེན། །ཞེས་སོགས་རྒྱ་ཆེར་གསུངས་སོ། །དེ་ལྟ་བུའི་གནས་མཆོག་འདིའི་གནས་སྒོ་ནས་བཅམས་ཏེ་གནས་བཤད་ཙུང་ཟད་སྤྲོ་བ་ལ། གནས་སྒོའི་སྒོ་སྟེང་དུ་ཇོ་བོ་བཅུ་གཅིག་ཞལ་དང་། པདྨ་འབྱུང་གནས། བདུད་རྩི་འཁྱིལ་བ། ཁྲོ་བོ་མི་གཡོ་བ་སོགས་དང་། ཟུར་གྱི་ངོས་ལ་ཚེ་དཔག་མེད་དང་། རྡོ་རྗེ་ཕག་མོ། སྤྱན་རས་གཟིགས། གཟའ་མཆོག་རཱ་ཧུ་ལ་སོགས། སྒོ་ངོས་ལ་མར་བ་ལོ་ཙྪ་དང་། དམ་པ་སངས་རྒྱས་སོགས་གསལ་བར་བཞུགས། དེ་ནས་སྒོ་འགྲམ་བར་མཚམས་རྣམས་སུ། ཨོ་རྒྱན་གྱི་ཞབས་རྗེས་སོགས་རང་བྱོན་དུ་མ་ཡོད། གཡོན་ཟུར་བྲག་རྩའི་ཐེམ་ན་ཕུག་སྒོ་སྒོ་ལྟ་ཞིག་ཡོད་པ་དེ། དག་པ་ཤེལ་གྱི་ཕོ་བྲང་ཡིན་པས་མར་མེ་དཔལ་འབར་གསལ་པོར་སྒྲོན་ནས་ཕུག་ཏུ་སོང་ན། ཤེལ་གྱི་ཀ་བ་བརྒྱད་སོགས་རང་བྱོན་མང་པོ་དང་། དེའི་གཡས་ཕྱོགས་ནས་ཡར་ཕེབས་ནས་རྡོ་རྗེ་ཕུག་ལམ་ནང་དུ་བཞུགས་པའི་སྐུ་གསུང་ཐུགས་རྣམས་ཐུན་མོང་སྣང་ཚུལ་ལྟར་ཙུང་ཙམ་བརྗོད་ན། རིགས་ལྔའི་ས་བོན། རྩ་གསུམ་དབུ་རོ་རྐྱང་ཚུལ། གུ་རུ་སིདྡྷི་སོགས་འབུར་དོད་ཡོད། དེའི་སྟོད་ལ་བདེ་གཤེགས་བརྒྱད་ཀྱི་དཀྱིལ་འཁོར། དེའི་སྟེང་གི་ནམ་མཁའ་དག་ལ་མཛལ་བ་ན། གསང་འདུས། བདེ་མཆོག

ཀྱི་རྫོར། འཇིགས་བྱེད་སོགས་རྒྱུད་སྡེ་བཞི་ཡི་དཀྱིལ་འཁོར་འབུར་དོད་དུ་བཞུགས། དེ་ནས་ཕྱི་འཁོར་གཡོན་དུ་ཁང་བརྩེགས་གསུམ་གྱི་ཚད་ན། བདེ་གཤེགས་ཐུགས་སྤྲུལ་བྱ་ཁྱུང་ག་རུ་ཊ་དབུ་སྐྲ་གཟེངས་པ་བར་སྣང་དག་ལ་འཕྱོ་བ་རྣ་ཕྲག་ལ་ཡིད་བཞིན་གྱི་ནོར་བུས་སྤྲས་པ་གཤོག་པ་གཡས་གཡོན་ཕྱོགས་སུ་བརྐྱངས་པ། ཕྱག་ཞབས་མཐུག་སྦྲོལ་སོགས་གསལ་པོར་མཐོང་། ཕན་ཡོན་ནི། ནོར་བུ་མཐོང་བས་དབུལ་ཕོངས་ཀྱི་སྡུག་བསྔལ་སེལ་བར་མ་ཟད། སྐུ་མཐོང་བ་ཙམ་གྱིས་ཀླུ་དང་ས་བདག་སོགས། གདུག་པའི་ནད་རིགས་ཀུན་ལས་གྲོལ་བར་འགྱུར། ཁྱུང་གི་གཡས་ཕྱོགས་སངས་རྒྱས་སྟོང་སྐུ་དང་། གཡོན་ཕྱོགས་འབྲི་གུང་འཇིག་རྟེན་གསུམ་མགོན་བཞུགས། དེ་ཡི་གཡས་སུ་ཕྱུག་པའི་ངོས་ལ་ཡར་མཇལ་ན། འོག་མིན་ཆོས་དབྱིངས་ཕོ་བྲང་ངོ་མཚར་ཅན། དེ་ཡི་ཕྱོགས་བཞི་དང་དབུས་ན་རྒྱལ་བ་རིགས་ལྔ་དང་། དབུས་དང་ཕྱོགས་མཚམས་སུ་ཆེ་མཆོག་རིགས་ལྔ་ཡབ་ཡུམ་དང་། ཨོ་རྒྱན་པདྨ་འབྱུང་གནས་སོགས་གསལ་པོར་བཞུགས། དེ་ཡི་གཡོན་ཕྱོགས་སུ་བཀའ་བརྒྱད་ལ། ཆོས་འཁོར་གདུགས་དང་ཏོག་གི་མཛེས་པར་བྱས་པ་ལ། ཞི་ཁྲོ་དམ་པ་རིགས་བརྒྱ་གསལ་བར་བཞུགས། དེའི་གཡོན་ཕྱོགས་སུ་ཁྲོ་བོ་བཅུ་དང་། དཔལ་ལྡན་ལྷ་མོ་སོགས་བཞུགས། དེའི་ཕྱག་ན་ཨོ་རྒྱན་སྒྲུབ་ཆུ་ཡོད། འདི་འཐུང་བ་དང་། ཁྲུས་བྱས་པས་ནད་གདོན་སྡིག་སྒྲིབ་འདག་པར་ཐེ་ཚོམ་མེད། དེ་ནས་ཕྱི་སྐོར་གཡས་གཡོན་སྒོ་འགྲམ་དུ་ཡུལ་འཁོར་སྲུང་། འཕགས་སྐྱེས་པོ། སྤྱན་མི་བཟང་། རྣམ་ཐོས་སྲས་སོགས་རྒྱལ་ཆེན་བཞི་གསལ་བར་བཞུགས། སྒོ་ཁར་རྡོ་ཡིག་འབུར་དོད་རང་བྱོན་ངོ་མཚར་ཅན་བཅས་ཡོད། དེ་ནས་སྲིབ་ཕྱོགས་ཀྱི་ཕུག་སྒོ་ཆེན་པོའི་བྱང་ཕྱོགས་ནས་སློབ་དཔོན་པདྨ་འབྱུང་གནས་ཀྱི་ལྷུང་བཟེད་ལ་རྒྱ་ཡིག་རང་བྱོན་གསལ་བར་ཡོད། བསྐལ་བ་ཡར་དར་ལ་ལྷུང་བཟེད་ཁ་ཡར་འཁོར་དང་། བར་དར་ལ་ཟུར་འཁོར། བསྐལ་བ་སྙིགས་མའི་དུས་སུ་ཁ་སྦུབས་ནས་ཡོད་པ། དེ་ལ་བརྟག་ན་བསྐལ་བའི་རྟགས་སོགས་གསལ་བར་ཤེས། ཕུག་ལམ་གྱི་སྒོ་ངོས་སུ། སྙིང་བྱང་ཆུབ་སེམས་དཔའི་ཤངས་ཁྲག་གིས་བྲིས་པའི་མ་ཎི་ཡིག་དྲུག་རང་བྱོན་སོགས

གསལ་པོར་མཇལ་རྒྱུ་ཡོད། དེ་ནས་གཡས་ཕྱོགས་སུ་བཀྲ་ཤིས་ལར་ཡར་བསྐོགས་པ་ན། བྲག་རིའི་ངོས་ལ་རང་བྱོན་དང་བྲག་རྩར་རྣམ་རྒྱལ་དང་། དེ་ནས་ཡར་ལམ་རི་རྐེད་དུ་སོང་ན་རྒྱ་གར་གྲུབ་ཆེན་བརྒྱད་ཅུའི་གསོལ་ཐབ། ཡང་ན་སློབ་དཔོན་པདྨ་འབྱུང་གནས་དང་རྗེ་ཙོང་ཁ་པ་ཆེན་པོ་སོགས་ཕེབས་དུས་སུ་ལྷ་སྲིན་སྡེ་བརྒྱད་རྣམས་ཀྱིས་མདུན་བསུས་སྐབས་རིམ་གྱིས་གསོལ་ཐབ་རྒྱག་སའི་ཐབ་ཆེན་དང་། དེའི་གོང་དུ་བྲག་གཡག་སྙིང་འདྲ་བའི་ངོས་བྲག་ཕུག་གྲུ་བཞིའི་ཤར་སྒོ་ལ་དགེ་སློང་ནམ་མཁའི་སྙིང་པོའི་སྒྲུབ་ཕུག་ཡོད། དེའི་མདུན་ན་ཤྭ་རྭ་དཀར་པོ་ཞིག་གྱེན་ལ་བསྒྲེངས་པ་ཡོད་པ་དེ་མཚམས་ཕྱོ་དང་། ལ་ལས་རྒྱ་ཚའི་མདའ་ཡིན་ཟེར་སྲོལ་ཡོད། དུས་མཐའ་མར་འཕུར་འགྲོ་ཞེས་བཤད་ཚུལ་ལ་བརྟགས་ན་(༡༤༥༨)ལ་ཡོད་(༡༤༤༠)ལ་མེད་པས་བཤད་ཚུལ་དེ་དང་མཐུན། གཡས་ཀྱི་གོང་རོལ་གྱི་བྲག་གི་ཕུག་ངོས་སུ་སློབ་དཔོན་པདྨའི་ཕྱག་གི་ཐོད་ཕོར་བཞག་ཤུལ་དང་དམ་ཅན་ཆོས་རྒྱལ་དབང་དྲག་འབར་བ། ཆིབས་པ་མ་ཧེའི་རང་བྱོན་སོགས་གསལ་བར་མངོན། གཤམ་དུ་ཨུ་རྒྱན་རིན་པོ་ཆེའི་བཞུགས་ཁྲི་ཡོད་པ་དེའི་ཕྱོགས་ཀུན་ཏུ་རང་བྱོན་གྱི་ཡིག་འབྲུ་མང་དུ་མཆིས། བྲག་གི་ངོས་ལ་སྦྲང་ཆེན་དམར་སེར་འཁྱིངས་འདྲ་ཞིག་ཡོད། རྗེ་ཙོང་ཁ་པ་ཆེན་པོ་ཉིད་ལྷ་སར་ཕེབས་ལམ་སློབ་དཔོན་གྱི་བཞུགས་ཁྲིའི་སྟེང་དུ་བཞུགས། རྒྱབ་རིའི་བྲག་ལ་བརྟེན་པའི་ཚུལ་གནང་བ་ན་དབུ་ཞྭ་གྱི་ཟིའི་རྗེས་ཤུལ་སོགས་མངོན་སུམ་དུ་ད་སྐབས་ཡང་གསལ་བར་མངོན། ཁོང་གིས་འཇམ་དཔལ་མཚན་བརྗོད་གསུང་བཞིན་དུ་ཉག་ཁར་ཕེབས་པ་ན། བཀྲ་ཤིས་ཀུན་གྱི་བཀྲ་ཤིས་པ། །ཞེས་ཚིག་མཚམས་དེར་ཁེལ་བས་ན་བཀྲ་ཤིས་ལ་ཞེས་མཚན་གསོལ། ཉག་ཁར་གཡས་ཟུར་ནས་ཡར་བལྟས་པའི་བྲག་ཁྱུངས་ངོས་ན་ཨ་ཡིག་ངོ་མཚར་ཅན་དང་། སྐྱབས་རྗེ་དམ་པ་མཚན་བརྗོད་པར་དཀའ་བ་དོན་གྱི་སྐད་དུ་མཚན་ནས་སྨོས་ན། རྗེ་བློ་བཟང་ལུང་རྟོགས་བསྟན་པའི་རྒྱལ་མཚན་དཔལ་བཟང་པོ་དེ་ཉིད་ཀྱི་མཚན་དཔེས་བརྒྱན་པའི་སྐུ་གཟུགས་རང་བྱོན་ངོ་མཚར་ཅན་མངོན་པར་གསལ་པར་བཞུགས་ཡོད། དབུ་ཞྭ། ཕྱག་ཕྲེང་། མནབ་བཟའ། རིགས་ལྔ་གཙུག་ཏོར་བཅས་ཤིན་

ཏུ་གསལ། དེའི་གཡས་ཕྱོགས་ན་ཞལ་དཀར་གྱི་མཆོད་རྟེན་དང་དབུས་ཕྱོགས་སུ་བྲག་དམར་སེར་གྱི་ངོས་ན་པདྨའི་རྒྱལ་པོ་ལ་ལྷ་མང་པོས་བསྐོར་བའི་ཞིང་བཀོད་ཡོད། དེ་ནས་ཉག་ཁའི་ཐུར་ལ་ཅུང་ཟད་བབས་པའི་གཡས་ཕྱོགས་ན་གཏེར་སྒོ་དང་ནོར་བདག་ཛམ་ལྷའི་སྐུ་འདྲ་སོགས་ཡོད། དེའི་འོག་གཡས་ཕྱོགས་ན་འདོད་འཇོ་བ་མོའི་བྲག་ཕུག་ན་དེའི་ལྤྱི་བ་ཡོད་པ་ཕོ་ནད་ཅན་གྱིས་འཐུང་ན་ཕན། ནུ་མ་དང་བེའུ་རྗེས་སོགས་གསལ་བར་ཡོད། བྲག་ངོས་ན་ཨུ་རྒྱན་ཞབས་རྗེས་ཆུ་དང་བྲག་དཀྱིལ་ན་བྲག་ཁུང་དཀར་ཡོལ་ཁ་ཙམ་ཡོད་པའི་ནང་དུ་ལག་པ་བཏང་ན་ཆུ་ཐིགས་རང་འབབ་དང་། རང་རང་གི་སྐལ་བ་དང་འཚམ་པར་དངོས་རྫས་སྣ་ཚོགས་པ་ལག་ཏུ་འོངས་པར་འགྱུར། དེའི་སྟེང་ན་གུ་རུ་སེངྒེ་རང་བྱོན་ཡོད། གཡོན་ཕྱོགས་སུ་དམིགས་བརྩེ་མའི་རྩེ་མོར་སེངྒེ་དཀར་མོ་གནམ་ལ་མཆོངས་འདྲ་དང་། རིགས་གསུམ་མགོན་པོ། གཟིགས་པ་ལྷུ་ལྷུན་བཞུགས་འདྲ་ཡོད། བྲག་ངོས་ན་དུང་དཀར་པོ་བཞག་ཤུལ་ཡོད་པས་དེར་དུང་དཀར་ལུང་བ་ཞེས་བཏགས། དེའི་ནང་གི་གོང་རོལ་ན་མཁའ་སྤྱོད་མ་དང་རིག་བྱེད་མ་སོགས་ཀྱི་སྒྲུབ་ཕུག་བྱིན་ཅན་མངོན་གྱུར་དུ་ཡོད། གནས་རིའི་རྩེར་སྟག་སེང་གཉིས་ཀྱི་གར་རྩེད་བྱེད་པ་ལྟར་ཡོད། རྒྱབ་རི་དེ་བྲག་དུང་དཀར་པོ་གཡས་སུ་འཁྱིལ་བ་འདྲ་བས་རང་དགོན་གྱི་མཚན་སྙན་ཕྱོགས་མཐར་ཁྱབ་པར་མཚོན། དེའི་གཡོན་གཤམ་དུ། རྗེ་གསེར་ཁང་རིན་པོ་ཆེའི་བཞུགས་ཁྲི་ཡོད། བྲག་དེའི་དབུས་ངོས་ན་འཇམ་དབྱངས་དམར་སེར་གཡས་རལ་གྲི་དང་གཡོན་གླེགས་བམ་པད་སྡོང་སོགས་གསལ་བར་མངོན་ནོ། །དེ་ནས་གཡས་ཕྱོགས་སྐོར་ལམ་དེར་རྗེའུ་དཀར་པོ་སྤྲུངས་པའི་སྟེང་དུ་རྗེ་བཙུན་སྒྲོལ་མ་རང་བྱོན་བཞུགས། བྲག་རི་ཇམ་བརྗིད་ལྡན་པ་དང་སྨན་ཆེན་སྣའི་གཡོན་ཕྱོགས་སུ་ཕུག་པ་དཀར་ཡོལ་ཁ་ཙམ་གཉིས་ཡོད། དེའི་ནང་ལ་ཀུན་གྱིས་མགོ་བཏང་ནས་དཀོན་མཆོག་གསུམ་ལ་རྩེ་གཅིག་པས་གསོལ་བ་བཏབ་ན། ངན་སོང་སྡུག་བསྔལ་མི་མྱོང་བ་དང་། ཕ་མའི་དྲིན་ལན་འཇལ་བར་བྱེད། གཡས་གཡོན་གྱི་བྲག་གི་ངོས་ལ། གཏེར་སྒོ་དང་རྒྱ་ཡིག་སོགས་རང་བྱོན་དང་། སློབ་དཔོན་པདྨ་འབྱུང་གནས་དང་། མགོན་

པོ། ཆོས་རྒྱལ། ནམ་སྲུས། ལྷ་མོ་སོགས་འབུར་དོད་བཞུགས། གཤིན་རྗེ་སྐམ་པ་ཆུ་འགྲམ་བྲག་རྩ་ཏུ། ཕུག་པ་ཆུང་ཆུང་གཉིས་ཡོད་པ་དེའི་ནང་ནས་ཉན་ན། སྐལ་བ་དང་ལྡན་པ་རྣམས་ཀྱིས་ཆོས་གསུངས་པའི་ཆོས་སྐད་དང་། ཪ་སྦུབ་ཅོ་དུང་སོགས་ཀྱི་སྒྲ་ལྡང་ལྡང་ཐོས། ཡང་སངས་རྒྱས་སྨན་བླའི་ཞིང་བཀོད་དང་མཐུན་པ་སྤུན་བཞི་སོགས་གསལ་བར་སྣང་། བྲག་ངོས་ལ་ཕུག་པ་ཞིག་ཡོད་པ་དེའི་ནང་དུ་ལག་པ་བཏང་ན། སྨུ་མེན་སྨུ་ཏིག་གཡུ་བྱུར་འབྲུ་རྫོག་སོགས་ལས་སྣང་དག་པས་ལེན་ཐུབ། སྒང་ཆེན་སྣའི་གཡས་ཟུར་ན་རྒྱ་གར་ཆུ་བོ་གང་ག་ཆེན་མོ་གཞུང་ཆུའི་ནང་དུ་འདྲེས། དེའི་འགྲམ་ཕ་བོང་དཀར་པོ་སྤྲལ་བའི་དབྱིབས་འདྲ་བའི་སྟེང་། གཡུ་འབྲུག་ཚང་ཉལ་གྱི་རི་མོ་རང་བྱོན་དུ་འདུག འདི་ལ་གང་གཱའི་རྒྱུན་བཟང་ལས་ཆབ་གཏོར་ན། ལྷའི་བདུད་རྩིའི་ཆར་གྱི་དངོས་གྲུབ་གནང་བས། ཡུལ་ཕྱོགས་འདིར་སད་སེར་དང་ཐན་པའི་གནོད་པ་འབྱུང་མི་སྲིད་པར་གྲགས། གཡས་ཀྱི་མཐོ་རིས་ལ་ནི། རྗེ་ཤེས་རབ་རྒྱ་མཚོས། རིས་མེད་མཁས་དང་གྲུབ་པའི་དག་སྣང་ལ། །འདི་ནས་དད་པའི་སྐྱེ་བོ་ཡང་དང་ཡང་། །ལྷ་ཡི་ཡུལ་དུ་འགྲོ་བ་གཟིགས་པ་ཡི། །མཐོ་རིས་ལ་ཞེས་གྲགས་པ་དོན་ལྡན་ཡོད། །ཅེས་གསུངས་པ་ལྟར། མཐོ་རིས་ལ་དེར་ཐེམ་སྐས་ཞི་དགུ་རིམ་བཞིན་བགྲོད་པའི་འཁོར་བ་རྒྱབ་ཀྱིས་ཕྱོགས་པར་གསུངས། གཡས་ཕྱོགས་གནས་རིའི་བྲག་ངོས་ལ་ཧཱུྃ་ཡིག་རང་བྱོན་གསལ་བར་ཡོད། དེའི་གཡས་ཟུར་དུ་སྤྱན་རས་གཟིགས་ཀྱིས་བུ་ཕྲིད་བདེ་བ་ཅན་དུ་འགྲོ། ཞེས་ལུང་བསྟན་ཚུལ་གྱིས་མངོན་པར་བཞུགས། དེ་ནས་མཐོ་རིས་ལ་མགོ་ནས་ཡར་ལ་བལྟས་པས་གནས་རིའི་རྩེ་བྲག་ངོས་སུ་འཕགས་མཆོག་ཐུགས་རྗེ་ཆེན་པོ་ཕྱག་སྟོང་སྤྱན་སྟོང་དང་། སློབ་དཔོན་པད་འབྱུང་རང་བྱོན་བཀྲ་ཤིས་རྟགས་བརྒྱད་ཀྱི་རི་མོས་བསྐོར་ནས་ཡོད་ལ། དེའི་རྒྱབ་ཕྱོགས་སུ་ཕུག་པའི་སྒོ་མཐོང་བ་དེར། བཅོམ་ལྡན་རྣམ་སྣང་སེམས་དཔའ་དུ་མས་བསྐོར་ནས་ཡོད། སྤྱན་རས་གཟིགས་ཀྱི་མདུན་འོག་ཏུ་སྒྲོལ་མ་རང་བྱོན། དེ་ནས་ཚུར་ཐད་བྲག་ནག་འཛིགས་རུང་ཞིག་ཡོད་པ་དེར་ཨུ་རྒྱན་ཞབས་རྗེས། དེའི་ཉེ་ཕྱོགས་སུ་ཆུ་དུང་ཡ་གཅིག་ནང་དུ་ཆུ་རྒྱུན་འབབ་པ་དེ་ལ་

བདུད་རྩིའི་ཆུ་ཞེས་བརྗོད། དེ་ནས་ཡར་ལ་སོང་བ་ན་བྲག་རི་མེ་ལྕེ་འབར་འདྲ་ཡོད།
གཤམ་ལ་གཤིན་རྗེ་ཕོ་དོང་མོ་དོང་འཛིགས་རུང་ཡོད། འདྲེ་སྲིན་བསྒྲལ་པའི་རྗེས་ཤུལ་ཡོད།
དེ་ཡི་བསྐོར་མཐའི་བྲག་ཕུག་གསུམ་ལ་འཛུལ་ན་ནད་གདོན་དང་རྒྱལ་པོ་སྲི་སོགས་ཀྱི་གནོད་
པ་ལས་ཐར་ཞིང་མཐར་ངན་སོང་གསུམ་ལས་གྲོལ། དེ་ནས་ཡར་ལ་སོང་བའི་སྒྲུབ་གནས་
ཁྱད་འཕགས་མང་ལ་ཕུག་པ་དེ་དག་གི་ངོས་ན་ཨུ་རྒྱན་བཞུགས་པའི་མཆོད་བཤམས་ཕྱག་
རྗ་སོགས་ཀྱི་རྗེས་ཡོད། ད་དུང་བྲག་དམར་ཤེལ་གྱི་གཞལ་ཡས་སུ་རིགས་ལྔ་རིགས་གསུམ་
དམ་པ་རིགས་བརྒྱ་སོགས་དང་། བཀའ་བརྒྱུད་ལྷ་ཚོགས་བདུན་བརྒྱ་ཉེ་ཤུ་རིགས་ལྔའི་
སངས་རྒྱས་ལྷ་ཚོགས་དཔག་ཏུ་མེད། ཕྱི་ངོས་ལོགས་སུ་གུ་རུ་མཚན་བརྒྱད། རིགས་
གསུམ་མགོན་པོའི་གཟུངས་རང་བྱོན་སོགས་གསལ་པོར་སྣང་། དེའི་ཉེ་ཕྱོགས་སུ་སྒྲོམ་བུ་
དགུ་བསྐོར་གཏེར་གནས་མང་པོ་ནས་རྒྱུས་ཡོད་མི་རྣམས་ཀྱིས་བྱང་སེམས་དཀར་དམར་
མཚོན་བྱེད་སིནྡྷུ་ར་དཀར་དམར་འདོད་པ་བཞིན་ལེན་རྒྱུ་ཡོད། ཡང་སྲིབ་ཀྱི་བྲག་ངོས་ལ་
སངས་རྒྱས་སྨན་བླ་འཇམ་དབྱངས་དམར་སེར་སོགས་ཀྱི་རང་བྱོན་མང་། དེའི་འོག་བརྗིད་
ཆེན་གཡུ་འབྲུག་ཚང་ཉལ་ཡོད། མཐོ་རིས་ལ་ནས་སྲིབ་ཕྱོགས་ཐུར་ལ་བབས་ན་རྟ་རྐྱང་
ངེའི་རྨིག་རྗེས་དང་ཁྲི་ཧྲིང་ལའི་རྗེས་དཔལ་ལྡན་ལྷ་མོས་བེ་ཅོན་བཞག་ཤུལ་གེ་སར་རྒྱལ་པོའི་
རལ་གྲི། ལྷ་མོའི་དྲེའུའི་རྗེས་སོགས་རང་བྱོན་དང་། དེའི་སྲིབ་རིའི་རྐེད་ལམ་ས་ནག་རྗེས་
ཤུལ་དེ་སློབ་དཔོན་པདྨས་འདྲེ་སྲིན་བདའ་བའི་ཤུལ་དུ་གྲགས། དེ་ནས་བསྐོར་ལམ་དུ་
ཞུགས་ནས་ཐུར་ལ་སོང་ན་ཤ་སྒྲོ་སྨུག་རིས་ཞེས་རིན་ཆེན་གཏེར་རྫས་ཀུན་གྱི་གཞི་མ་ཡིན།
དེ་ནས་མར་བབས་འོངས་ན་ཨ་རིགས་རྒད་པོས་ཕྱག་འཚལ་ཤུལ་པུས་རྗེས་ཕྱག་ཞབས་རྗེས་
སོགས་མངོན་པར་གསལ། དེ་ནས་ཡར་བལྟས་ན་གནས་རིའི་རྩེ་མོར་འཕགས་མཆོག་སྤྱན་
རས་གཟིགས་གསལ་བར་མཐོང་བས་བུ་ཁྱོད་བདེ་བ་ཅན་དུ་འགྲོ་གསུངས་ཏེ་ཕྱག་བརྐྱངས་
ཏེ་ལམ་སྟོན་གནང་བ་ཡིན་ཟེར། དེ་ཡི་གཡས་ཕྱོགས་སུ་ཕུག་སྒོ་ཁ་ནུབ་ཕྱོགས་མཚམས་སུ་
ལྟ་བ་ལ་གནས་བདག་གཉན་སྤྲེལ་ཟླ་བའི་ཕོ་བྲང་ཡིན་ཞེས་བཤད་ལ། དེའི་ནང་བཙོ་ལྔ་ལ་

སོགས་དུས་ཆེན་རྣམས་སུ་ངོ་མཚར་བའི་འཇའ་ཚོན་སྣ་ཚོགས་འཆར་བ་ཀུན་གྱི་མིག་གིས་མཐོང་། ཕུག་པ་དེ་ལ་ཕྱོགས་བཞིར་སྒོ་བཞི་ཡོད་པ་སོགས་ཧེ་རུ་ཀའི་དཀྱིལ་འཁོར་མངོན་སུམ་དུ་ཡོད། དེ་ཡི་མར་གཤམ་སྤང་བྲག་གི་མཚམས་སུ་ཕུག་སྒོ་ཆེ་བ་ཞིག་ཡོད། དེའི་ནང་འཕགས་པ་གནས་བརྟན་བཅུ་དྲུག་འཁོར་བཅས་དང་། ཉེ་སྲས་བརྒྱད་དགྲ་བཅོམ་ལྔ་བརྒྱ་བཅས་བཞུགས་ཤིང་གནས་བརྟན་བ་ཀུ་ལའི་སྐུ་རང་བྱོན་འབུར་དོད་དུ་བཞུགས། དེ་ནས་ཐུར་ལ་ཆུ་རྒྱུན་འབབ་པ། དེ་ལ་འཕགས་མཆོག་ཐུགས་རྗེ་ཆེན་པོའི་གཟུངས་ཆུར་གྲགས་ལ་ཁྲུས་བྱས་ན་མིག་ནད་ལ་སོགས་སེལ་བའི་བདུད་རྩིར་འགྱུར། མདོ་ཡི་རྗེ་ཁྲིའི་སྟེང་ན་ཕ་དམ་པ་སངས་རྒྱས་རང་བྱོན་གནས། དེ་ནས་མར་ལམ་ལ་ཞུགས་ཏེ་ཡར་ཕྱོགས་སུ་བལྟས་ན་འདུ་མོ་རྫོང་ཞེས་པ་མཐོང་། དེ་ནས་ཐད་དྲངས་ལུང་བའི་ཕུག་ན་རྡོ་རྗེ་རྣམ་པར་འཇོམས་པ་རང་བྱོན་བཞུགས་པའི་མདུན་ངོས་ནས་རྣམ་འཇོམས་གཟུངས་ཆུའི་རྒྱུན་འབབས་པས་འཇའ་ཚོན་སྣ་ལྔའི་གུར་ཁང་ཕུབ་པ་ལས་སྣང་དག་པ་དག་གིས་མཐོང་བར་གསུངས། དེ་ལ་ཁྲུས་བྱས་པ་དང་འཐུང་བས་མི་གཙང་གྲིབ་རིགས་ལ་སོགས་འདག་ཅེས་བརྗོད། དེ་ནས་ལམ་ལ་ཞུགས་ཏེ་མར་འོང་ན་ཐར་ལམ་ཐེམ་སྐས་མི་ལའི་རྗེ་ཕྲེང་ལ་ལན་གཅིག་བསྒྲོད་པ་ཙམ་གྱིས་སྒྲིབ་གཉིས་བྱང་བར་འགྱུར་བ་སོགས་ཀྱི་ཕན་ཡོན་མང་ངོ་། །ཤར་ལྷོ་བསིལ་བ་ཚལ་ནས་འཕུར་ཡོང་ཞེས་དུར་རྡོའི་སྟེང་དུ་ཞལ་འགྲེལ་སྨོན་འདུན་གནང་བས་ཀྱང་ཕྱི་མ་བར་དོའི་འཇིགས་སྣང་མེད་པར་བཤད་པ་སོགས་ཕན་ཡོན་ཡོད་པར་གླེང་། ཡར་བྲག་ངོས་སུ་དུར་བྱ་བམ་རོ་དང་དུར་བདག་ཡབ་ཡུམ་རྗེ་བཙུན་གྱི་མགུར་གསུངས་པའི་ཚུལ་དུ་བཞུགས་པ་མངོན་པར་གསལ། བྲག་དེའི་གཡས་ཟུར་བྲག་ཕུག་ནང་རྒྱུད་སྡེ་བཞི་ཡི་དཀྱིལ་འཁོར་བཞུགས། དེ་ནས་སྐོར་ལམ་ཡར་ངོས་སུ་བྲག་ཕུག་གསུམ་ལ་ཡ་མ་ཐར་ཁྲུང་ཐལ་མ་ཐོན་ཞེས་འབོད། དེའི་གོང་ན་རྒྱ་ཡིག་རང་བྱོན་ཡོད་པ་དེ་ཕུན་སུམ་ཚོགས་པའི་དོན་ཡིན་ཟེར། ཕུག་ཞོལ་མའི་ཡར་སྟེང་ན་གུ་རུ་སེངྒེ་གཏེར་ཡིག་རང་བྱུང་དང་སློབ་དཔོན་པདྨའི་ཞབས་རྗེས་བྲག་ལ་བབས་པ། དེ་ནས་ཡར་གོང་རྩེ་ལ་སོང་བ་ན་ཁྱད་པར་ཅན་གྱི་

སྒྲུབ་གནས་མང་པོ་ཡོད་པའི་དབུས་སུ་ཨུ་རྒྱན་དངོས་སུ་བཞུགས་པ་གསལ། སྒོ་བརྩེགས་ཞེས་བྱ་བའི་ལུང་ཕུག་ན་ཁྲི་བ་སྒོ་བརྩེགས་སྒྲུབ་ཕུག་རང་བྱུང་གི་སྒྲུབ་ཆུ་ཐུར་དུ་འབབ་པའི་ཆུ་སྤྲན་དེའི་གཡས་གཡོན་གོང་གི་བྲག་དཀར་ནག་ཆ་མཉམ་དེ་ལ་ངག་རྒྱུན་ལས་གཡས་པ་ལྷན་ཅིག་པའི་སྐྱེས་ལྷ་དང་གཡོན་རི་མཉམ་པར་འོང་བའི་བདུད་ཡིན་ཟེར། དེའི་འོག་ཐད་དྲངས་གཞུང་ཆུའི་ཕར་རིའི་བྲག་ཕུག་ནག་པོ་ལ་གཤིན་རྗེ་ཆོས་རྒྱལ་བྱ་བ་མངོན་ཙམ་གསལ། ཕྱག་ནས་ལྕགས་ཐག་གཤིན་རྗེ་འཕྲེང་ལ་འཐེན་པར་བཤད་པ་དེའི་འོག་མར་འགག་དམྱལ་བའི་ཟངས་ང་(སླང)བཅོ་བརྒྱད་པོ་ཁྲི་ཆུ་ལྡོག་ལྡོག་གདུ་བའི་འཇིགས་པ་དང་ཚ་གྲང་འཐབ་པའི་སྒྲི་སྡུགས་འདོན་པའི་གནས། གཤིན་རྗེ་ཕོ་སྐད་མོ་སྐད་སྒྲ་སྒྲོག་ཅིང་རྒྱ་མ་མེ་ལོང་ལ་སོགས་ཀྱི་མཚན་མ་ཡོད། དེ་ནས་མར་སོང་ན་བྲག་སྣ་དམར་པོའི་ངོས་ལ་སློབ་དཔོན་ཆེན་པོའི་ཞབས་རྗེས་དང་འབྲེལ་མཚམས་ན་མི་ཆུང་ཀང་རྗེས་འཕྲེད་དུ་གསལ། དེ་ཡི་ཞོལ་ན་ཁྲི་རྗེས་འདམ་ལ་བརྫབས་འདྲ་ཡོད། གཡས་བྱང་ཆུབ་ཤིང་འདྲའི་བྲག་ངོས་ལ་སློབ་དཔོན་ཆེན་པོའི་ཕྱག་ཕྲེང་དང་རྡོ་རྗེ་ཕུར་བུ་བྲག་ལ་གདབ། འདྲེ་སྲིན་དམ་སྲི་རྨེག་མེད་འདུལ་བའི་ས་བྲག་ཕུར་བུ་འདྲ་བའི་སྣ་འོག་དོང་རིམ་པ་དགུ་ཡི་འོག་ལ་སྲིན་མོ་མནན་པར་མཛད་དེ། དུས་ཇི་སྲིད་བསྐལ་བ་མ་སྟོང་གི་བར་འདྲེ་སྲིན་གྱི་གནོད་པ་མེད་པའི་ཐུགས་སྨོན་མཛད་པ་སོགས་མཐའ་ཡས་པ་ལགས་སོ། །དེ་ནས་གནས་སྒོ་གཡོན་ཕྱོགས་ཀྱི་བྲག་སྣའི་མགོ་ནས་ཐུར་ལམ་དེད་ནས་གཞུང་ལ་བབས་མཚམས་ན་སྨན་ཆུ་བདུད་རྩི་རོ་དྲུག་ནུས་ལྡན་འབབ་ཆུ་འཐུང་བ་དང་ཁྲུས་བྱས་པ་སོགས་ཀྱིས་ཕན་ཡོན་བཅུ་བདུན་སྟེར་བར་བཤད་པ་དང་། ཁྱད་པར་ཕོ་ནད་གྲང་ནད་དང་མཆིན་ནད་སེལ་བའི་སྨན་མཆོག་ཡིན། དེ་ནས་གྱེན་ལ་ཅུང་ཙམ་སོང་བའི་བྲག་དང་ཆུ་མཚམས་ན་ཅུ་གང་ཅོང་ཞི་ལ་སོགས་མང་པོ་ཡོད། དེ་ནས་ཕྱིར་ཐོན་གནས་སྒོའི་གཡོན་ངོས་བྲག་ལ་ཕུག་སྒོ་ཤར་ལྟོ་ཁ་ལྷ་བ་ཡོད་པ་དེའི་དབུས་སུ་སྟག་སྤྲུལ་ཐིག་ལེ་བརྒྱད་ཅུའི་དཀྱིལ་འཁོར་བཞུགས། སྒོའི་གཡས་ལ་གླང་པོ་རང་བྱོན་དང་སྒོ་ངོས་སྟེང་ན་ཇོ་བོ་བཅུ་གཅིག་ཞལ། དེ་ནས་གནས་སྒོའི་མདུན་དུ་སླེབས་པའི་

ཚོ་བྲག་གི་བུ་ག་རེ་ནས་ཆུ་ཐིགས་དུས་ཀུན་འབབས་པ་བདུད་རྩི་བྱིན་ཅན་ཡིན་ཞེས་སྐྱེ་བོ་ཀུན་གྱིས་གླེང་། ཕུག་སྒོའི་མཆོད་རྟེན་དེ་སྐུ་འབུམ་དགེ་བཤེས་སྐུ་གོང་མས་བཞེངས་པར་གྲགས། དེ་ནས་མི་གཡོ་བ་དང་ཚེ་དཔག་མེད་རྡོ་རྗེ་ཕག་མོ་དམ་པ་སངས་རྒྱས་ལ་སོགས་གསལ་པོར་ཡོད། ཡང་ཨོཾ་དང་ཨཱ་ཡིག་མཆོད་རྟེན། སློབ་དཔོན་ཞབས་རྗེས་རྣམས་ཡོད་ལ། ལུང་བའི་ཕུ་ན་བྲག་སྒོ་སྔོ་ལྷ་དེ་དག་བཀྲ་ཤིས་ཤེལ་གྱི་ཀ་བ་རང་བྱོན་དག་པ་མཁའ་སྤྱོད་དཔལ་གྱི་ཙ་རི་ཏྲ་མངོན་སུམ་ལྷུན་གྱིས་གྲུབ་པའི་གཞལ་ཡས་ཁང་ལྷ་ཚོགས་ཉིས་སྟོང་བརྒྱད་བརྒྱ་འབུར་དོད་བཞུགས་པ་དང་རྩེ་ལ་མཁའ་འགྲོ་གདོང་ཆེན་བཞི་སོགས་མངོན་པར་གསལ་ཞིང་མཐོང་བ་ཙམ་གྱིས་ངན་སོང་སྒོ་མོ་འགག། དེ་ཡི་མདུན་ན་ཞིང་སྐྱོང་རལ་པ་ཅན་གཡོན་གྱི་ཕྱོགས་ན་བཙུན་མོ་དམར་ཡག་མ་གཉིས་པོ་བཀའ་སྲུང་ཞིང་སྐྱོང་ཡབ་ཡུམ་ཞེས་གྲགས། དེ་ནས་བྲག་གི་གོང་ལ་ཡར་ཙུང་ཙམ་སོང་བའི་གཡས་ཟུར་ན་མཁའ་འགྲོ་ཚོགས་ཁང་བྱིན་རླབས་ཁྱད་འཕགས་ནང་དབུས་སུ་མཁའ་འགྲོ་རིགས་ལྔའི་གཙོས་མགོན་པོ་ཕྱག་དྲུག་པ་འཁོར་བཅས་མཆོད་གཏོར་ཚོགས་མཆོད་བམ་རོ་རྣམས་བྲག་ལ་མངོན་པར་གྲུབ་པ་མཇལ་རྒྱུ་ཡོད། མཁའ་འགྲོའི་རཀྟ་ཐྲེ་ཧཾ་ལ་སོགས་དང་ཚོགས་ཁང་མདུན་ངོས་སུ་ཨུ་རྒྱན་བཞུགས་ཁྲི་དང་མདུན་སྒྲོམ་སྟེང་དུ་གཏེར་ཡིག་རྗེན་པར་མཐོང་། དེ་ནས་གཡོན་འཁོར་ལུང་བའི་བྲག་སྟེང་ན་སྨན་བླ་བདེ་གཤེགས་བརྒྱད་ཀྱི་སྒྲུབ་ཕུག་བྲག་གཡུ་མདོག་ཆགས་པ་ཡོད། དེའི་བཻཌཱུརྱ་ཡི་ལྷུང་བཟེད་ནང་སྨན་སྣ་རིན་ཆེན་རིགས་ཀྱིས་བཀང་བ་ལ་རྒྱ་རིམ་པ་བདུན་གྱིས་བཏབ་པ་ལ་རེག་མཐོང་དང་མཇལ་བས་མུ་གེ་དང་ནད་ལས་གྲོལ་བར་གསུངས། སྟེང་ཕྱོགས་གཡོན་གྱི་ངོས་ནས་སྨན་བླ་མཆེད་བརྒྱད་འབུར་དོད་གསལ་བར་བཞུགས། ཡིད་ལ་དྲན་པ་ཙམ་གྱིས་ཀྱང་བཞི་བརྒྱ་རྩ་བཞིའི་ནད་ལས་གྲོལ། ཕུག་པའི་སྟེང་འོག་ཐམས་ཅད་ལ་ལྷ་ཚོགས་རང་བྱོན་རྣམས་རང་སྣང་ལས་དག་ཀུན་གྱི་སྤྱོད་ཡུལ་ལོ། །དེ་ལས་ཤོག་ན། ཇི་སྐད་དུ། རྗེ་བཙུན་བྱམས་པ་མགོན་པོས། ལྷ་ཡི་རྒྱལ་པོས་ཆར་ཕབས་ཀྱང་། །ས་བོན་མི་རུང་མི་འབྱུང་ལྟར། །སངས་རྒྱས་རྣམས་ནི་བྱུང་གྱུར་ཀྱང་། །སྐལ་བ་མེད་པས་བཟང་

མི་སྐྱོང་། །ཞེས་གསུངས་པ་ལྟར་ཡིན་ནོ། །དེའི་ཕྱི་མ་ཕུག་སྒོ་ཤར་ལྷོའི་མཚམས་སུ་ལྷ་བ་ཞིག་ཡོད། དེའི་ནང་དྲག་པོ་ཕུར་པ་ཕུར་སྲུང་བཅུ་དྲུག་བཅས་བཞུགས། དེ་ནས་ཡར་ལ་རིམ་གྱིས་སོང་བའི་ཚེ་གཡོན་ལོགས་སུ་གཙུག་ལག་ཁང་དང་རྟ་བབས་སྒོ་ཁང་ཀ་བ་སོགས་བཅས་ཆོས་འཁོར་གདུགས་དང་རྒྱལ་མཚན་ལ་སོགས་པ་ཁང་བཟང་གསལ་བའི་ནང་དུ་ཐུབ་པ་གནས་བརྟན་བཅུ་དྲུག་སོགས་ལྷུན་གྱིས་གྲུབ། སྒོ་འགྲམ་དུ་རྒྱལ་ཆེན་སྡེ་བཞི་གསལ་བར་བཞུགས། དེ་ཡི་ཕུག་གི་འདོད་འཇོ་བ་ཡི་ནུ་མ་དེས་དུས་ཀུན་འོ་མའི་རྒྱུན་བཟང་འབབ། ཕྱིར་བུད་སྒོ་འགྲམ་གཡས་ཕྱོགས་ནས་བར་དོའི་འཕྲང་ལམ་བགྲོད་པས་ཕྱི་མ་བར་དོའི་དངངས་སྐྲག་ཞི། ཕར་ཚུར་བྲག་གི་ངོས་ལ་གཏེར་ཁ་མང་པོ་བདོག་པ་དེར་མཐོང་བའི་སྐལ་བ་ཡོད་མེད་རང་རང་གི་ལས་ལ་རག་ལས་སོ། །

འདིར་བཀོད་མདོ་ཙམ་བསྡུས་པ་འདི། །ཚད་མའི་སྐྱེས་བུ་མཆོག་རྣམས་དང་། །
འདིར་གནས་དགེ་འདུན་ཆེ་བགྲེས་ཀྱི། །ངག་རྒྱུན་སོར་བཞག་བྲིས་པའོ། །

དྲུག་པ་རྒྱལ་བསྟན་ཡང་དར་གྱི་སྐབས་འདིའི་གནས་ཚུལ་ཙུང་ཟད་གླེང་བ། སྤྱི་ལོ་༡༩༧༩ དོན་འགྲུབ་ཅེས་པ་ས་མོ་ལུག་གི་ལོར་ཏང་ཀྲུང་དབྱང་གི་ཡང་དག་འགོ་ཁྲིད་ཀྱི་བཀའ་དྲིན་ལས་གཡོན་ཐལ་ཆེ་བའི་ལམ་ཕྱོགས་གཙང་བཤེར་བྱས་ཏེ། ཆོས་ལུགས་སྲིད་ཇུས་དང་མི་རིགས་སྲིད་ཇུས་དངོས་འབབ་སྒྲོས་ཡང་དག་སྲིད་ཇུས་ལག་བསྟར་བྱས་ཤིང་། མཚོ་སྔོན་ཞིང་ཆེན་དུ་ཆོས་ལུགས་མི་སྣ་བསྡུས་ནས་ཏང་ཀྲུང་དབྱང་གི་སྲིད་ཇུས་གསལ་བསྒྲགས་གནང་། སྐབས་དེར་འཐུས་མི་རྣམས་ཀྱིས་དགོན་འདིའི་ཆོས་སྒོ་འབྱེད་དགོས་པའི་རེ་བ་ཞུས་པ་གོང་ནས་དང་ལེན་བྱས་ཏེ་(༡༩༨༡) རབ་བྱུང་བཅུ་དྲུག་པ་ལྕགས་མོ་བྱ་ཟླ་བ་བཞི་བའི་ནང་རང་རྫོང་ནས་དགོན་པ་སླར་གསོ་བྱེད་རྒྱུའི་གྲ་སྒྲིག་གི་ཚོགས་འདུ་འཚོགས། ཟླ་ལྔ་བའི་ཚེས་བཞི་ཉིན་གཟའ་སྐར་འཕྲོད་སྦྱོར་ཕུན་སུམ་ཚོགས་པའི་ཉིན་ལ་སྐྱབས་རྗེ་རྡོ་རྗེ་འཆང་ཆེན་པོའི་ནང་ཐུགས་ཀྱི་སྲས་པོ་ཚ་ཀྲུ་མཆོག་སྤྲུལ་རིན་པོ་ཆེ་བློ་བཟང་ཐུབ་བསྟན་ཉི་མ། བྲག་དཀར་བློ་བཟང་ཆོས་ཀྱི་ཉི་མ་གཉིས་དགོན་པར་གཞི་འཛིན་དུ་ཕེབས་པར་རྟེན་

འབྲེལ་ཕུན་སུམ་ཚོགས་པ་འགྲིག གཞུང་ལུགས་རབ་འབྱམས་སྨྲ་བ་མཁས་བཙུན་བཟང་གསུམ་གྱི་ཡོན་ཏན་དང་ལྡན་པའི་དགེ་བའི་བཤེས་གཉེན་ཆེན་པོ་ཚུལ་ཁྲིམས་འོད་ཟེར་བའི་གཙོས་གྲྭ་བ་རྒན་པ་འགའ་རེ་ཡོད་པ་རྣམས་ཀྱང་ཕེབས། ཆོས་བཅུ་ཉིན་བླ་མ་རྡོ་རྗེ་འཆང་ཆེན་པོའི་ཐུགས་ཀྱི་སྲས་པོ་ཆུ་ཀླུ་མཆོག་སྤྲུལ་རིན་པོ་ཆེ་ནས་ཚོགས་སྲས་ཆུང་བ་ཞིག་ཕུལ་ཞིང་། འདུལ་བ་འཛིན་པ་ཆེན་པོ་ཚུལ་ཁྲིམས་གྲགས་པ་ཚོགས་ཆེན་ཞལ་ངོ་མཛད། གཞུང་ལུགས་རབ་འབྱམས་སྨྲ་བ་འཇིགས་མེད་བློ་གྲོས་ནས་བྱིངས་འདྲེན་ཆེན་མོའི་འགན་བཞེས། གྲྭ་བ་རྣམས་ཀྱིས་ངུར་སྨྲིག་གི་ན་བཟའ་མནབས་ཏེ་སྔོན་ཨ་ཚོགས་བསོད་ལོ་ནས་ཕུལ་བའི་ཆོས་དུང་ཕྱིར་ཕུལ་བའི་དེ་སྔོན་གྱི་ཚོགས་དུང་ཡིན་པའི་རྟེན་འབྲེལ་གྱི་གནད་ཆེ་བའི་དུང་བརྡ་བཏང་སྟེ། མཉམ་མེད་ཐུབ་པའི་རང་ལུགས་པ་ཆུ་ཀླུ་མཆོག་སྤྲུལ་རིན་པོ་ཆེ་གཙོས་དགེ་འདུན་པ་རྣམས་ཀྱིས་ཡབ་རྗེ་བླ་མའི་བཀའ་དྲིན་དྲན་བཞིན་དམིགས་བརྩེ་མའི་སྨོ་དབྱངས་བཅས་ཚོགས་ཡར་འཚོགས། བླ་མ་མཆོད་པ་གསུངས་ནས་ཚོགས་འཁོར་བསྐོར། དགེ་ལྡན་བསྟན་པ་རྒྱས་པའི་སྨོན་ལམ་གྱི་དཔེ་ཚར་མང་པོ་ཚོགས་ལ་བཀྲམ། འཇམ་མགོན་བླ་མའི་རིང་ལུགས་ཕྱོགས་མཐར་རྒྱས་པའི་རྟེན་འབྲེལ་ལེགས་པར་མཛད། ཉིན་དེར་ཞིན་ཏེ་ཛོང་དང་ཞང་སོ་སོའི་འགོ་ཁྲིད། ཨ་ཚོགས་ལྷ་སྐྱེ། ཤ་བྲང་། ཆུ་བཟང་། ཞིང་ཁ། བྱ་ཐང་། སེང་ལྡིང་སོགས་རོང་འབྲོག་པའི་དད་ལྡན་སྐྱེ་བོ་སྟོང་ཕྲག་དུ་མ་དགའ་དད་སྒོ་གསུམ་གྱིས་ཆོས་སྒོ་ཕྱེས་པའི་མཛད་སྒོར་ཞུགས་ཏེ། མང་འགྱེད་གང་མང་དང་ཇ་ནོམ་པ་རྟ་ནོར་སོགས་མང་པོ་ཕུལ། ཆོས་བཅོ་ལྔའི་ཉིན་བཀྲ་ཤིས་གསོ་སྦྱོང་གནང་སྟེ་དགེ་བའི་བཤེས་གཉེན་ཆེན་པོ་ཚུལ་ཁྲིམས་འོད་ཟེར་རིན་པོ་ཆེ་ནས་སོ་ཐར་གྱི་མདོ་གསུངས། རྒྱལ་བསྟན་རིན་པོ་ཆེ་སྣར་ཉམས་གསོའི་རྨང་གཞི་བརྟན་པར་བྱས། དེ་ནས་བཟུང་གཞི་གསུམ་གྱི་ཕྱག་ལེན་བཙུགས། དགུ་བའི་ཆོས་བཅོ་བརྒྱད་ལ་ཁོང་རྡོ་རྗེ་འཆང་དེ་ཉིད་བསམ་བཞིན་དགུང་ལོ་དོན་གཅིག་སྟེང་ཉེས་མེད་བཙན་འགེལ་གྱིས་ཕྱག་སྤྲལ་ནས་ཞིང་ཁམས་གཞན་ལ་ཕེབས་ཚུལ་བསྟན་པའི་དོན་རྣམས་དཀར་འདོན་བྱས། མཆོ་སྔོན་ཞིང་ཆེན་ཏང་

ཨུའི་འགོ་འདྲེན་དང་འབྲེལ་ཡོད་ལས་ཁུངས་སོ་སོའི་འགོ་ཁྲིད་སྐུ་བདག་དགོན་གནས་སོ་སོའི་བླ་གྲྭ། རེབ་གོང་ཕྱོགས་ཀྱི་ཨ་ལགས་ཁ་སོ་གཙོས་བླ་གྲྭ་དང་ལྷ་སྡེ་ཡོངས་ཀྱི་མི་སྣ། སྐུ་འབུམ་དགོན་པའི་བླ་གྲྭ་ཕྱོགས་སོ་སོའི་མི་སྣ་ཆེད་བཞུགས་ཀྱིས་ད་ལྟའི་ལུགས་བཞིན་མཱ་ངན་གྱི་ཞུ་ཆོག་ཕུལ་ཞིང་རྗེས་དྲན་བྱས། བཅུ་བའི་ཆོས་ཉེར་དགུའི་ཉིན་རོང་བོ་དགོན་པའི་ཁ་སོ་མཆོག་སྤྲུལ་རིན་པོ་ཆེ། ཨ་ལགས་རོང་བོ་ཚང་། དར་གྲུང་གྲུབ་སྤྲུལ་ཚང་གཙོས་བླ་གྲྭ་འགའ་རེ་དང་། ཆུ་ཀྱཱ་ཞྭང་ཞུང་སྣར་གྲོང་། གཉན་ཐོག སྔོ་དམར། ཐོ་རྒྱ། སྐྱ་སར། སྨད་པ་སྣར་གྲོང་བཅས་ཆོས་སྡེ་ཕྱེ་བའི་འཚམས་འདྲིར་ཕེབས་པ། ཁ་སོ་རིན་པོ་ཆེ་ནས་ཛ་སྤྲུག་མཆོད་རྫས་སོགས་ཀྱི་བདག་རྐྱེན་གནང་ཞིང་བཀའ་དྲིན་བསམ་གྱིས་མི་ཁྱབ་པས་བསྐྱངས། གཞན་སྐོར་དང་འབྲུ་རིགས་སོགས་ཕུལ་ཞིང་རྟོན་གྱི་ཕྱག་སྲོལ་བཞིན་བཅུ་བའི་ལྷ་མཆོད་ཀྱི་ཉིན་ལྷའི་རིང་ལ་ལྷ་སྡེ་ནས་སྤྱིན་བདག་མཛད་ཅིང་། རྒྱ་ལོའི་སྔོན་ལམ་གྱི་ཉིན་ལྷར་ཤབྲང་ནས་སྦྱིན་བདག་མཛད། དེའི་སྐབས་སྐྱབས་རྗེ་རྡོ་རྗེ་འཆང་ཆེན་པོའི་རྒྱལ་ཚབ་དམ་པ་ཆུ་ཀྱཱ་མཆོག་སྤྲུལ་རིན་པོ་ཆེ་ནས་སྨོན་ལམ་གྱི་གསུང་ཆོས་རྗེ་བླ་མའི་རྣམ་ཐར་དང་འབྲེལ་བའི་དམ་པའི་ཆོས་ཀྱི་སྒྲ་དབྱངས་ཐོག་མར་སྒྲོག་པའི་དབུ་བརྙུགས། དད་ལྡན་གྱི་མཇལ་བའི་འདུ་ལོང་སྤྲིན་བཞིན་འདུས་ཏེ་དགའ་དད་ཀྱི་རྣམ་འགྱུར་དཔེ་ཟླ་མེད་པ་མཚོན། དེ་ནས་བཟུང་ཟླ་ཆོས་དུས་བཟང་བསྐང་གསོལ་བཀའ་པོད་ལྷའི་འཆད་རྩོད་ཀྱི་ཆོས་གྲྭ་རྒྱུགས་རྩེ་བཞག་སོགས་ཀྱི་དབུ་བརྙུགས་ཏེ་དམ་པའི་ཆོས་ཀྱི་སྒྲ་དབྱངས་ཕྱོགས་བཅུར་སྒྲོག་པའི་རྟེན་འབྱུང་གསལ་བར་བྱས། ཆུ་ཕོ་བྱི་(༡༨༥༢)ལོར་འདུ་ཁང་གྱིན་ལྷ་ཞིག་བཞེངས་ཏེ་རྟེན་བཞེངས་ཀྱི་མགོ་བརྙུགས། ས་ཕོ་འབྲུག་གི་ལོར་འདུ་ཁང་ཆེན་མོ་གསར་བཞེངས་ཀྱི་དབུ་བརྩམས་ཏེ། ལོ་གསུམ་རིང་རྡོ་རྗེ་འཆང་གི་སྐུ་གདུང་དང་རྟེན་བཞེངས་བཅས་གྲུབ་པར་བགྱིས། ལྕགས་ཕོ་རྟ་ལྷ་བབས་དུས་ཆེན་ཉིན་ཆོས་སྟོན་མཛད་དེ་ཕྱོགས་ཡས་མས་ཀྱི་བླ་གྲྭ་དཔོན་འབངས་དད་ལྡན་སྐྱེ་བོའི་འདུ་ལོང་སྟར་བྱུང་མ་མྱོང་བ་རྒྱས། འཇམ་དབྱངས་ལྷ་ཁང་སུམ་ཐོག་གྱིན་ལྷ་བ་ནང་རྟེན་དང་བཅས་པ་གྲུབ། གྲྭ་ཚོགས་ཀྱང་བཅུ་ཕྲག་སུམ་ཅུ

སོ་ལྔ་ལྷག་ལ་སླེབས་ཤིང་། འཛིན་གྲྭ་ཁ་དོག་དཀར་དམར་ནས་བཟུང་ཕར་ཕྱིན་བར་འཛིན་གྲྭ་བདུན་ལ་ཕེབས་ཤིང་། སྐབས་ཀྱི་འཆད་ཉན་ཡར་ལྡན་དུ་འགྲོ་བཞིན་པ་དང་། ཆོས་སྡེ་ཀྱི་བྱ་བ་ཐམས་ཅད་ཡར་རྒྱས་སུ་འགྲོ་བའི་སྐབས་སོ། །

འདིར་སྨྲས་པ། ཡིད་འཕྲོག་མཚན་དཔེའི་གཟི་འོད་ཀུན་ནས་འཕྲོ། །དྲི་བྲལ་སྤང་རྟོགས་དཀར་ཆ་རིམ་གྱིས་རྫོགས། །བྱམས་བརྩེ་རི་དྭགས་གཟུགས་ཀྱི་མཚན་མ་ཅན། །རྒྱལ་སྲས་ག་བུར་དབང་པོ་རྗེས་སུ་དྲན། །གདོད་ནས་གཞན་ཕན་སེམས་མཆོག་དོན་ཞུགས་ཀྱིས། །མཐའ་ཡས་ཡིད་ཅན་སྒྲོལ་བར་ཞལ་བཞེས་པའི། །ཐུགས་དམ་འགྱུར་མེད་རྡོ་རྗེའི་རང་བཞིན་ཁམས། །བསྐལ་མེད་སྲིད་མཐར་གནས་པ་རྒྱལ་སྲས་གཤེས། །ཚད་མའི་སྐྱེས་བུའི་ལྷན་སྐྱེས་ལྷུན་གྲུབ་པའི། །མཛད་བཟང་དྲི་བསུང་རྫོགས་པའི་པདྨ་དཀར། །བཤད་སྒྲུབ་བཙུད་ལྡན་ཕྱི་དུལ་འཛུམ་གྲོལ་གྱི། །དཔག་ཡས་ཡོན་ཏན་བཛྫོད་ལ་སུ་མི་དད། །རབ་དཀར་ཤེལ་གྱི་མཆོད་རྟེན་བརྩེགས་འདྲའི་ངོས། །ཕྱིན་ལྡན་ལྷ་སྐྲ་ཡིག་འབྲུ་འབུར་དོད་ཀྱི། །ངོ་མཚར་རང་བྱོན་མིག་ལ་སྣང་ཙམ་གྱིས། །དད་པའི་སྒོ་བརྒྱ་མི་ཕྱི་རང་དབང་ཅི། །མིག་མི་འཛུམ་པའི་ཐུགས་རྗེ་ཉི་གཞོན་འོད། །རིག་གྲོལ་སྐྱིད་མོས་ཚལ་དུ་རྩེན་པ་ལས། །འཛམ་གླིང་ནོར་འཛིན་སྣག་མོ་མཛེས་བྱེད་པའི། །མཁས་གྲུབ་པད་དཀར་ལྡོན་པའི་འཛུམ་བརྒྱ་གྲོལ། །སྟོན་དུས་རང་བྱོན་རྟེན་གྱི་གཟི་འབར་ཡང་། །འདུས་སྡེ་ནོར་བུའི་མཛོད་ཀྱིས་ཡོངས་བཏང་ཞིང་། །དེང་དུས་བཤད་སྒྲུབ་མྱུ་ངན་མེད་པའི་ལྡོན། །ཕྱོགས་སུ་རྒྱས་པའི་དགེ་མཚན་འདི་ རྨད་བྱུང་། །འགྲོ་མགོན་ཏ་ལྷང་དབང་པོ་ནུབ་རིར་ཡོལ། །ལེགས་མཛད་གཏམ་གྱི་མེ་ཏོག་རིམ་གྱིས་ཡལ། །དེའི་ཕྱིར་འདི་ལ་ནོངས་པའི་ཚོགས་མཆིས་ན། །གཟུར་གནས་དམ་པའི་སྤྱན་སྔར་སྙིང་ནས་འཆགས། །ཐོས་བསམ་སྒོམ་པའི་ཡོན་ཏན་ཡལ་འདབ་བརྒྱ། །ཆོས་སྡེ་ལེགས་ཚོགས་བཙུད་བཟང་དར་ཞིང་རྒྱས། །དྲན་དབང་དཔག་བསམ་ལྡོན་པས་བཟུང་བའི་གླིང་། །དུས་ཀྱི་མཐར་ཡང་ཉམས་པ་མེད་གྱུར་ཅིག །འདིར་འབད་རྣམ་དཀར་རིན་ཆེན་བུམ་བཟང་ལ། །ཉེར་བརྟེན་ལེགས་

བྱས་འཚེ་མེད་བདུད་རྩིའི་རྒྱུན། །རྒྱལ་སྲས་སྨོན་ལམ་གཏྒྲ་དང་བསྟེབས་ཏེ། །སྐུ་གསུམ་མཆོག་ཆེན་གླིང་དུ་ཕྱིན་གྱུར་ཅིག །

༄༅། །རྡོ་ལོའུ་རྫི་དགོན་བཀྲ་ཤིས་ཆོས་གླིང་གི་ལོ་རྒྱུས།

དགོན་པ་འདི་ཆགས་རྐྱེན་ནི། ཉིང་མ་ཕུའི་རི་ཁྲོད་དུ་ཉིང་མ་ཀུན་བཟང་སྙན་གྲགས་རྒྱ་མཚོས་དགོན་གཞི་བཟུང་ཨ་རིག་དགེ་བཤེས་ཆེན་པོ་ཡུན་རིང་བཞུགས་ཤིང་སྒྲུབ་པའི་རྒྱལ་མཚན་བསྒྲེངས་ནས་མཐར་གནས་དེར་སྐུ་མྱ་ངན་ལས་འདས་པ་དང་། དགོན་དེར་ར་རྒྱ་བཀྲ་ཤིས་འབྱུང་གནས་ཀྱི་ཕྱག་ལེན་ལྟར་གྱི་ཀུན་རིག་དང་སྨན་བླའི་སྒྲུབ་མཆོད་འཛུགས་ཆེད། ཇི་དགེ་ཛ་སག་གི་སྡེ་ཁྲོད་དུ་སྐྱེས་པའི་ཨ་ཁུ་སྐྱབས་ལྡན་ཟེར་བའི་གྲྭ་བ་ཞིག་ར་རྒྱར་མངགས་ཏེ་ཕྱག་ལེན་ཆ་ཚང་བ་བསླབས་རྗེས། ཉིང་མ་དགོན་པའི་དབུ་མཛད་གནང་ནས་དགེ་ལྡན་ལྷ་མཆོད་ཆེན་མོ་སོགས་ལེགས་པར་བཙུགས་ཏེ་ཡུན་རིང་བར་གནས་ཀྱང་། ཕྱིས་རྐྱེན་འགའ་ཞིག་གི་དབང་གིས་དགོན་དེ་རྙིང་དགོན་དུ་བསྒྱུར་ཅིང་ཀུན་རིག་གི་སྒྲུབ་མཆོད་སོགས་ཆད་པས། ཨ་ཁུ་སྐྱབས་ལྡན་གྱི་གཙོས་ཇི་དགེའི་གྲྭ་བ་བརྒྱད་དགོན་དེར་མ་བསྡད་པར། རང་ཡུལ་སོག་པོ་རྣར་ཡོང་ནས་ཇི་དགེ་ཛ་སག་ལྷ་མགོན་ཚེ་རྒྱལ་ཞེས་པ། ངེས་དོན་མཁས་པ་མང་པོས་ཆོས་རྒྱལ་སྲོང་བཙན་སྒམ་པོ་དང་འཁྲུངས་རྒྱུད་གཅིག་པར་ཞལ་གྱིས་བཞེས་ཤིང་། གནམ་བསྐོས་ཧིང་ཀར་རྒྱལ་པོའི་གདུང་རྒྱུད་བསྟན་འཛིན་ཆོས་རྒྱལ་གྱི་སྲས་རྒྱུད་དུ་འཁྲུངས་པ། སྟོབས་འབྱོར་མངའ་ཐང་གཞན་འགྲན་མེད་པ་ཞིག་ཡིན་པར་གྲགས་པ་དེ་ཉིད་ཀྱིས་སྦྱིན་བདག་དང་འགོ་འདོན་གནང་ནས་ད་ལྟའི་སོག་པོ་རྣའི་ཉེ་འཁོར་དུ་(༡༨༤༥)ལོར་དགོན་གཞི་བཟུང་ཞིང་། འདུ་ཁང་གྲྭ་གསུམ་ཡོད་པ་ཞིག་གསར་བཞེངས་དང་། ནང་རྟེན་སྤྱན་རས་གཟིགས་ཕྱག་བཞི་པ་དང་ཕྱག་སྟོང་སྤྱན་སྟོང་ཅན་གྱི་སྐུ་བཞེངས། གྲྭ་བ་བརྒྱད་འཚོགས་ནས་དགེ་ལྡན་ལྷ་མཆོད་ཆེན་མོར་ཀུན་རིག་རྣམ་པར་སྣང་མཛད་ཀྱི་སྒྲུབ་མཆོད་བཙུགས། དེའི་ཕྱི་ལོར་ཧོར་ཟླ་བཞི་པའི་ནང་སྨན་བླའི་སྒྲུབ་

མཆོད། ཟླ་དགུ་པའི་ནང་བྱད་ཟློག་ཏུ་དམིགས་ནས་སེང་གདོང་བདུད་དྲག་གི་ཟློག་པ་བཙུགས་ཏེ་རིམ་གྱིས་གྲྭ་བ་ཉི་ཤུ་ལ་འཕེལ་ནས་བརྒྱང་བྱ་ང་བརྒྱད་ཙམ་ལ་སོག་པོ་རྣར་གནས་སོ། །༡༨༢༣ལོའི་ཧོར་ཟླ་བཞི་བའི་ནང་ལ་སྟག་ཤམ་གྲུབ་སྤྲུལ་རིན་པོ་ཆེ། ཛ་སག་ཐོ་ཡོན་བླ་མ་བློ་བཟང་ཐབས་མཁས་རྒྱ་མཚོས་དགོན་པ་གནས་སྤོས་ནས་ཧོ་སོག་ཟླའི་ཉེ་འཁོར་དུ་གསར་དུ་བཏབ་ཅིང་། འདུ་ཁང་རྒྱ་བསྐྱེད་དེ་གྱུན་ལྷ་ཅན་དང་ནང་རྟེན་རྫོན་ཡོད་ཀྱི་སྟེང་དུ། ཁམས་སངས་རྗེར་བའི་མཆོག་སྤྲུལ་རིན་པོ་ཆེ་དང་སྟག་ཤམ་གྲུབ་སྤྲུལ་རྫོན་མ་གཉིས་ཆོས་ཀྱི་གྲོགས་སུ་གྱུར་པ་སོགས་ཐུགས་འབྲེལ་ཏ་ཅང་ཆེ་སྟབས། དམ་པ་ཉིད་ཀྱིས་སྤྱིན་བདག་གནང་ནས་མཁན་སློབ་ཆོས་གསུམ་གྱི་སྨན་སྐུ་མི་ཚད་ལྷག་བཞེངས་པ་དང་། གཞན་ཡང་དགོན་རང་གིས་ཀྱང་ཐང་ཀ་མང་པོ་བཞེངས་གྲུབ་པོ། །སྐབས་དེ་དག་ཏུ་གྲྭ་གྲངས་ཉི་ཤུ་ལྷག་གིས་རྒྱ་ལོའི་ནང་སྟག་ཚང་ཕུར་བུའི་ཟློག་པ། བཞི་བའི་སྨན་བླའི་སྒྲུབ་མཆོད། བདུན་པའི་རྩ་གསུམ། དགུ་བའི་སེང་གདོང་ཟློག་པ། བཅུ་བའི་ལྔ་མཆོད་བཅས་ཆོས་ཐོག་ལྔ་བཙུགས། གཟིམ་ཁང་གྱུན་གསུམ་དང་མཛོད་ཁང་དང་ཇ་ཁང་གྱུན་བཅུ་ཙམ་བཅས་མཆིས་སོ། །དེ་ནས༡༨༥༥ལོར་སླར་ཡང་སྟག་ཤམ་གྲུབ་སྤྲུལ་རིན་པོ་ཆེས་རྒྱ་བསྐྱེད་པའི་ཐུགས་དགོངས་གནང་སྟེ། ཧོ་ཁུ་ཐུབ་བསྟན་ཁ་མགོ་བར་བསྐོས་ནས། འདུ་ཁང་གྱུན་ཉེར་ལྔ་ཡོད་པ་དང་། མགོན་ཁང་གྱུན་གསུམ། ནང་ཆེན་གྱུན་བཅོ་ལྔ། གྲྭ་ཤག་གྱུན་སུམ་ཅུ་ལྷག མཛོད་ཁང་སོགས་གཞུང་ཁང་གྱུན་ཉི་ཤུ་ལས་པ་དང་། རྗེ་ཡབ་སྲས་གསུམ་གྱི་སྨན་སྐུ་སོགས་སྐུ་གསུང་ཐུགས་རྟེན་མཐའ་ཡས་པ་བཞེངས་གྲུབ་པ་དང་། གྲྭ་བ་སུམ་ཅུ་སོ་ལྔ་ཙམ་མཆིས། ས་ཁྲི་ལོར་ཕལ་ཆེར་ཤུལ་མེད་དུ་བཏང་ཡང་ཏང་གི་ཆོས་དད་རང་མོས་ཀྱི་སྲིད་ཇུས་བཟང་པོའི་དྲིན་ལས་བེར་ཆུར་དུ་གྲགས་པའི་གནས་འདིར༡༨༦༧ལོར་གནས་སྤོས་ནས་ཐུབ་བསྟན་ཡང་དར་གྱི་ཆོས་སྒོ་གསར་དུ་ཕྱེ་ཞིང་། འདུ་ཁང་ཉིས་ཐོག་གྱུན་སུམ་ཅུ་ཡོད་པ། ནང་ཆེན་གྱུན་ལྔ། གྲྭ་ཤག་གྱུན་བཅོ་ལྔ། ཇ་ཁང་གྱུན་ལྔ། མ་ཎི་ཁང་གྱུན་ལྔ། ནང་རྟེན་གཙོ་བོ་སྟོན་པ་ཤཱཀྱ་ཐུབ་པ། སློབ་དཔོན་རིན་པོ་ཆེ། རྗེ་ཡབ་སྲས་གསུམ། ཚེ་ལྷ་

རྣམ་གསུམ། སྤྱན་རས་གཟིགས་ཕྱག་བཞི་པ། མགོན་པོ་ཕྱག་དྲུག་པ། དཔལ་ལྡན་ལྷ་མོ་སོགས་ཀྱི་སྨན་སྐུ་དང་། བླ་མཆོད་ཚོགས་ཞིང་། སྨན་བླ་བདེ་གཤེགས་བརྒྱད། འོད་དཔག་མེད། སྒྲོལ་མ་ཉེར་གཅིག གདུགས་དཀར། སེང་གདོང་མ། མ་ཎི་དུང་འཁོར། རྗེ་ཡབ་སྲས་གསུམ་གྱི་གསུང་འབུམ། ཡུམ་འབུམ་པ་སོགས་དང་། ཁྱད་པར་རྗེ་དགེ་ཛ་སག་དབང་རྒྱལ་ནོར་བུས་མི་འགའ་བསད་པའི་སྡིག་བཤགས་སུ་རྡོ་རྗེ་འཆང་སམ་སྐྲའི་ཞབས་ཀྱི་ཐུགས་བཀོད་ལྟར་བཞེངས་པའི་མ་ཎི་འཁོར་ལོའི་པར་ཤིང་བཅས་བཞུགས་ལ། རྟེན་བརྟེན་པ་འདི་དག་བཞེངས་སྐབས་ཁམས་སངས་རྫོར་བའི་མཆོག་སྤྲུལ་རིན་པོ་ཆེ་རིན་ཆེན་རྣམ་རྒྱལ་བས་ཐུགས་ཁུར་ཆེར་བཞེས་དང་། དངུལ་དངོས་མི་ཉུང་བའི་གནང་སྦྱིན་རྒྱ་ཆེར་ཕྱས་ཤིང་། ད་ལྟ་གྲྭ་གྲངས་སུམ་ཅུ་ལྷག་ཡོད་དོ། །དགོན་བདག་ཁམས་སྟག་ཤམ་གྲུབ་སྤྲུལ་རིན་པོ་ཆེའི་སྐུ་ཕྲེང་རིམ་བྱོན་གྱི་རྣམ་ཐར་མདོར་བསྡུས་ནི། འདི་བའི་ཡོངས་སུ་གྲགས་པའི་སྐུ་ཕྲེང་དང་པོ་ནི། རྫོགས་ཆེན་སྐུ་ཕྲེང་བཞི་བ་མི་འགྱུར་ནམ་མཁའ་རྡོ་རྗེའི་དངོས་སློབ་ཀུན་བཟང་པདྨ་འོད་ཟེར་དུ་གྲགས་པའི་སྐྱེས་ཆེན་དམ་པ་དེ་ཉིད་ཡིན་ལ། དམ་པ་འདི་ཉིད་མདོ་སྔགས་གསར་རྙིང་རིས་མེད་ལ་མཁས་ཤིང་སྔགས་རྙིང་མའི་རིང་ལུགས་འཛིན་ཀྱང་གྲུབ་མཐའི་ཕྱོགས་ལྷུང་སྤངས་ཏེ། སྒྲུབ་པ་ལ་གཞོལ་བའི་མཁས་གྲུབ་ཚད་ལྡན་ཞིག་ཡིན། སྐུ་སྨད་དུ་སྟག་རིས་གསལ་བར་བཀྲ་བས་སྟག་ཤམ་པར་མཚན་ཆགས་སོ། །

སྐུ་ཕྲེང་གཉིས་པ་ཡང་ཁམས་ནས་འཁྲུངས་ཤིང་མང་ཐོས་སྒྲུབ་ལ་གཞོལ་བའི་མཁས་གྲུབ་ཚད་ལྡན་ཞིག་ཏུ་གྲགས་ཀྱང་རྣམ་ཐར་ཞིབ་མོར་མ་ངེས། །

སྐུ་ཕྲེང་གསུམ་པ་སྟག་ཤམ་འགྲོ་འདུལ་དབང་པོ་ཡང་ཁམས་ནས་འཁྲུངས་ཤིང་། གཞོན་ནུའི་དུས་ནས་རྫོགས་ཆེན་དགོན་དུ་མདོ་སྔགས་ཀྱི་གཞུང་ཆེན་མང་པོར་སྦྱངས། ཕྱིས་དབེན་པའི་གནས་སུ་སྒྲུབ་ལ་བརྩོན་པས་ལྷ་མོ་དབྱངས་ཅན་མའི་ཞལ་གཟིགས་པ་སོགས་གྲུབ་པའི་རྟགས་མཚན་ལྡན་པ་ཞིག་ཡིན་ནོ། །

སྐུ་ཕྲེང་བཞི་བ་ཡང་ཁམས་ཕྱོགས་སུ་འཁྲུངས་ཤིང་། སྟག་ཤམ་བདུད་འདུལ་རྡོ་རྗེར་

གྲགས། གཞོན་ནུའི་དུས་ནས་རྫོགས་ཆེན་དགོན་སོགས་སུ་ཐོས་བསམ་ཚུལ་བཞིན་གནང་། ཕྱིས་མདོ་སྨད་དུ་ཧང་ང་སོགས་སུ་སྒྲུབ་པ་གཞོལ་སྐབས། ཉིན་བདུན་ལ་མི་འཚོར་བའི་ཏིང་ངེ་འཛིན་བརྟན་པོ་བརྙེས་པ་ཞིག་ཏུ་གྲགས་ལ། ཨ་སྟག་ལྷ་མོའི་སྒྲུང་སོགས་རྩོམ་པ་འགའ་འང་གནང་། ཧེ་དགེ་ཛ་སག་དང་མཆོད་ཡོན་དུ་འབྲེལ་ཞིང་། ཕྱིས་བླ་དཔོན་བྱུང་ལྷན་ཅིག་དབུས་མཇལ་དུ་ཕེབས་ནས་ལྷ་སར་དགོངས་པ་ཆོས་དབྱིངས་སུ་གཞོལ་སྐབས་སྐྲ་སེན་ཙམ་མ་གཏོགས་མ་ལུས་པར་སྐུ་འཇའ་ལུས་བརྙེས་པ་ཡིན་ནོ། །

སྐུ་ཕྲེང་ལྔ་བ་སྟག་ཤམ་བློ་བཟང་ཐབས་མཁས་རྒྱ་མཚོ་ནི། ཧེ་དགེ་དཔོན་ཚང་དུ་འཁྲུངས། རྗེ་ཞྭ་དམར་པ་ཏྲི་ཏས་སྟག་ཤམ་པའི་ཡང་སྤྲུལ་དུ་ངོས་འཛིན་གནང་། གོང་མའི་བཀས་ཛ་སག་ཐོ་ཡོན་བླ་མར་བསྐོས། གཞོན་དུས་སུ་གྲྭ་ཚང་དགོན་དུ་ཚོགས་ཞུགས་གནང་ཞིང་། ཕྱིས་རྫི་ཆ་བཀྲ་ཤིས་ཆོས་སྡིངས་སུ་སློབ་གཉེར་གནང་། ལང་ཚོ་ཅུང་ཟད་ཡར་ལྷན་དུ་སོན་པ་ནས་སྐྱབས་རྗེ་ཀོང་ཡེ་རིན་པོ་ཆེར་རིམ་འདེགས་སྙོམས་པ་ཆེན་ཆོས་ཀྱི་ཉི་མའི་བཀའ་ལྟར་ས་སྣ་དགོན་ཕྱག་འདེབས་གནང་བ་དང་། ཧོ་ཤོའུ་ཐེ་དགོན་བཀྲ་ཤིས་ཆོས་གླིང་གནས་སྤོས་ནས་གསར་དུ་བཏབ་པ་དང་། སྐྱབས་མགོན་ཨ་རོལ་རྡོ་རྗེ་འཆང་ལ་ཆོས་གྲྭ་ཆེན་པོ་བྲག་དཀར་སྒྲོལ་རྫོང་། དགོན་གསར་འདེབས་པ་ལ་གནས་ཕུལ་བ་དང་། བཀའ་འགྱུར་རིན་པོ་ཆེའི་བསླུག་ལུང་ཞུ་བ་སོགས་ཀྱང་མཛད། མི་རིགས་བར་དང་སྡེ་བ་སོ་སོའི་བར་གྱི་མི་བསད་རྒྱ་དེད་ཀྱི་གྱོད་ཆེན་མང་པོ་བསྡུམ་པ་དང་། ཁྱད་པར་བཅིངས་འགྲོལ་བྱུས་རྗེས་ཀྱང་གོ་གུང་ཁྲན་ཧྲང་གི་དབུ་ཁྲིད་འོག་མཚོ་སྔོ་ཁུལ་སྲིད་གྲོས་ཀྱི་རྒྱུན་ཨུའི་འགན་བཞེས་ནས་ཧང་དང་མི་དམངས་ལ་ཕན་པའི་བགྱི་བ་བཟང་པོ་མང་དུ་བསྒྲུབས་སོ། །

དགོན་འདིའི་ལོ་རྒྱུས་རྒྱས་པར་བྲིས་ན་ཡིག་ཚོགས་ཆེ་བས་རེ་ཞིག་འདི་ཙམ་མོ། །

༄༅། །འཁྲམས་རུའི་ཛ་སག་ཏཱ་བླ་མའི་ཡང་སྤྲུལ་རིན་པོ་ཆེས་ཆོས་སྡེ་ཆེན་པོ་བདེ་ཆེན་ཆོས་འཁོར་གླིང་གི་སྨད་རྒྱུད་འདུ་ཁང་དུ་རྟེན་བཞེངས་གནང་ཚུལ་གྱི་དཀར་ཆག་དད་པའི་བུང་བ་འགུག་བྱེད་གཏམ་བཟང་པདྨོའི་དྲི་བསུང་ཞེས་བྱ་བ།

༄༅། །བླ་མ་དང་རྗེ་བཙུན་མཁྱེན་པའི་གཏེར་ངོ་བོ་དབྱེར་མ་མཆིས་པའི་ཞབས་ལ་སྒོ་གསུམ་གུས་པ་ཆེན་པོས་ཕྱག་འཚལ་ཞིང་སྐྱབས་སུ་མཆིའོ། །སྐྱེ་བ་དང་ཚེ་རབས་ཐམས་ཅད་དུ་རྗེས་སུ་གཟུང་དུ་གསོལ། །དཔག་མེད་དགེ་ལེགས་སྒྱུ་འཕྲུལ་ལས་གཏམས་མཚན་དཔེའི་དབང་པོའི་གཞུ་རིས་བཀྲ། །གཞོམ་མེད་ཨ་དོན་དག་པའི་གདངས་ལས་བརྒྱད་ཁྲི་བཞི་སྟོང་ཆོས་སྒྲ་འདེབས། །རྟོག་མེད་བདེ་སྟོང་ཡེ་ཤེས་མེ་ལོང་བདེན་གཉིས་སྣང་བརྙན་མཛོད་དུ་རྫོགས། །མཚུངས་མེད་སྟོན་མཆོག་སྒྱུ་འཕྲུལ་སྤྲས་དེའི་ཞབས་སེན་འོད་རིས་གཙུག་གིས་མཆོད། །མཚར་སྡུག་གུར་ཀུམ་གསར་བའི་ལང་ཚོ་ཉི་གཞོན་སྟོང་གི་གཟི་འོད་འབར་བས་སྲིད་ཞིའི་མཛེས་པའི་དཔལ་རབ་འཕྲོག །སྙན་འདེབས་ལེགས་གསུང་ལྷ་རྔའི་སྒྲ་དབྱངས་རིས་བྲལ་གདུལ་བྱའི་རྣ་བར་རྟེན་པས་རྨོངས་གཉིད་སྟུག་པོ་དྲུངས་ནས་འབྱིན། །བརྩེ་ཆེན་ཟུར་མིག་ཨུཏྤལ་ཡོན་པོ་ཆོས་དབྱིངས་གཞོན་ནུའི་མཛེས་ཞལ་ལ་འཁྱུད་བདེ་ཆེན་བདུད་རྩིའི་སྨྱོས་པ་འཛིན། མཁྱེན་རབ་རལ་གྲི་གདེངས་པའི་ལྷ་དེས་དངོས་འཛིན་འཁྲི་ཤིང་ས་བོན་དང་བཅས་འགྲོ་རྒྱུད་ཁོར་ཡུག་རི་ལས་སྤྲོད། །

སྟོབས་བཅུའི་ཡེ་ཤེས་འདོད་འཛོ་ནོར་བུའི་འོད། །ངུར་སྨྲིག་མདངས་སུ་འཁྱུག་པའི་

རྗེ་དགའ་ལ། །རྒྱལ་རྣམས་ཆགས་པའི་དགྱེས་འཛུམ་སྒྲོ་བའི་གཞི། །ཚད་མའི་སྟོན་པ་ཅོང་ཁ་བ་ལ་འདུད། །རྒྱལ་ཀུན་བརྗེ་གཟིགས་མན་ཤེལ་ལང་ཚོར་བསྒྱུར་མས། །སྨྲ་ལའི་སྨན་ལྗོངས་བྱིན་རླབས་སྣང་བས་སྤྲོས། །རྒྱུད་ལྡའི་སྐྱེས་བོ་སྤྱི་ཡི་མར་གྱུར་པའི། །ཕྱག་ན་པདྨས་ཚེ་རབས་ཕྲེང་བར་སྐྱོངས། །ཤེལ་དཀར་ས་འཛིན་དར་བབས་སྐྱེག་འཆང་མས། །དམ་པར་འཁྲུད་པ་ནོར་བུ་པདྨའི་ཞིང་། །ལུང་རྟོགས་ཉིན་བྱེད་སྣང་བས་གཟི་བསྐྱེད་པའི། །རྒྱལ་བློན་མཁས་གྲུབ་ཀུན་ཀྱང་བསྟགས་བྱའི་ཡུལ། །བློ་བཟང་ལུང་རྟོགས་འདོད་དགུ་འཛོ་བའི་སྟོན། །སྐལ་བཟང་ལེགས་བྲིས་སྟོང་གི་ཉེར་འཚོའི་གཞི། །ཚུལ་གནས་ཁྲིམས་ལྡན་སླན་གྲགས་བསུང་ཞིམ་ཅན། །རྒྱས་མཛད་བསྟགས་པ་རྒྱ་མཚོའི་དཔལ་དུ་མགོ། །གང་གི་ཐུགས་བསྐྱེད་སུམ་རྟེན་དགའ་ཚལ་དུ། །ལེགས་འཁྲུངས་རྒྱལ་སྐུའི་སྣང་རིས་དཔག་བསམ་ལྗོན། །སྐྱེ་དགུའི་ཕན་དང་བདེ་བའི་གཞི་ཉིད་དུ། །ཇི་ལྟར་བསྐྲུན་པའི་གཏམ་སླན་བརྗོད་ལ་སྤྲོ། །དེ་ཡང་ལུང་རྟོགས་ཡོན་ཏན་རྒྱ་མཚོའི་མངའ་བདག་དམ་པའི་སྐྱེས་རབས་གསེར་གྱི་ཕྲེང་བ་ཚར་དུ་དངར་བ་ལྟ་བུས་མངོན་པར་མཛེས་པ། ངེས་དོན་དུ་བསམ་བཞིན་བསྟན་འགྲོའི་དོན་དུ་ཕྱིན་པའི་རྒྱལ་སྲས་བདག་ཉིད་ཆེན་པོ་ཞིག་ཏུ་ཐེ་མི་ཚོམ་ཞིང་། ཐུན་མོང་གི་སྣང་ངོར་ཡང་གཙུག་ལག་རབ་འབྱམས་སྨྲ་བའི་སྤོབས་པ་ཤིན་ཏུ་མཐོ་ན་ཡང་། དམན་པ་ལ་ལྷག་པར་བྱམས་པ་དང་། ཐུགས་རྒྱུད་དེས་ཤིང་མཛངས་ལ་ཕྱག་ཏུ་འཁྱེར་བའི་དདུལ་དངོས་རྣམས་ཞིང་དག་པར་གཏོང་བ་ལ་ཞུམ་པ་མེད་པ་སོགས་བསྟགས་འོས་ཡོན་ཏན་དུ་མ་བཅོས་མིན་དུ་མངའ་བའི་དམ་པའི་སྐྱེས་བོ། བསྟན་པ་རིན་པོ་ཆེ་མཛེས་པའི་རྒྱན་དམ་པར་གྱུར་པ། འབྲམས་ཏུའི་ཛ་སག་ཧྲ་བླ་མའི་ཡང་སྤྲུལ་རིན་པོ་ཆེ། རྗེ་བློ་བཟང་ལུང་རྟོགས་རྒྱ་མཚོ་བས་གཏོང་བ་ཡངས་པའི་ཐུགས་བསྐྱེད་ཆུ་འཛིན་ལས་འཐོན་པའི་འཁོར་ཚོགས་ཟད་མི་ཤེས་པའི་གྲུ་ཆར་སྙོམས་པར་འཛོ་བར་བྱས་པ་ལ་བརྟེན་ནས། རྒྱལ་སྲས་ཕྱག་ན་རྡོ་རྗེ་སྟོམ་བརྩོན་རྒྱལ་བའི་གཟུགས་ཀྱི་རྣམ་པར་རོལ་བ། ཀུན་གཟིགས་ཕྱག་ན་པདྨོ་བདུན་པ་ཆེན་པོའི་རིགས་ཀྱི་ཅོད་པན། ཞབས་པད་བཀྲ་ཤིས་ཀྱི་རི་

ཁ་སྲིད་ཞིའི་དྲེགས་ལྡན་སྟོང་གི་རལ་བའི་རྩེ་མོར་ངལ་གསོ་བ། འཇམ་དབྱངས་ཚངས་པ་ཆེན་པོའི་བཀས་ཞུབ་ཕྱོགས་ནོ་མོན་ཧན་དུ་བསྒྲགས་པ། ༄ གོང་ས་ལྷ་མིའི་རྣམ་འདྲེན། འགྲོ་མགོན་ལྷ་མོ་སྐུ་ཕྲེང་རིམ་བྱོན་གྱི་གདན་ས། ས་ལ་གནས་པའི་རྒྱལ་སྲས་བདག་ཉིད་ཆེན་པོ་རིམ་གཉིས་ཀྱི་རྣལ་འབྱོར་བ་ཉི་ཟེར་གྱི་རྡུལ་འཁྲིགས་པ་ལྟ་བུར་གདན་འཛོམས་པའི་བསྟི་གནས། ཕྱོགས་ཐམས་ཅད་ལས་རྣམ་པར་རྒྱལ་བའི་ཆོས་སྡེ་ཆེན་པོ་བདེ་ཆེན་ཆོས་འཁོར་གླིང་གི་དཔལ་ལྡན་སྨད་རྒྱུད་གྲྭ་ཚང་གི་འདུ་ཁང་ཆེན་མོར་རྒྱལ་སྐུ་དཔག་བསམ་གྱི་འཁྲི་ཤིང་དཔག་ཡས་པ་བསྐྲུན་ཚུལ་གྱི་དཀར་ཆག་མདོར་བསྡུས་ཏེ་འགོད་པ་ལ། དམ་པ་གང་གི་སྐུ་ཕྲེང་རྣམ་ཐར་མདོར་བསྡུས། རྒྱལ་སྐུའི་སྣང་བརྙན་བསྐྲུན་ཚུལ་དངོས། རྟེན་བཞེངས་ཀྱི་ཕན་ཡོན་བརྗོད་པ་དང་གསུམ་ལས། དང་པོ་ནི། དམ་པ་གང་གི་ཡོངས་སུ་གྲགས་པའི་སྐུ་ཕྲེང་དང་པོ་བདེ་ཆེན་ཆོས་འཁོར་གླིང་གི་ཁྲི་ཐོག་སོ་བཞི་བ་འཁྲུམས་རྟུ་དགོན་བཀྲ་ཤིས་དགེ་འཕེལ་གླིང་གི་དགོན་བདག ༄ རྗེ་ཚུལ་ཁྲིམས་སྐལྡན་གྲགས་པ་རྒྱ་མཚོ་ནི། ཉིན་ལུང་རབས་འོག་མའི་ར་རྫི་ཚང་དུ་གྲགས་པའི་ཚོ་བར་ངོ་མཚར་བའི་ལྟས་དང་བཅས་ཏེ་སྐུ་བལྟམས། གཞོན་ནུའི་དུས་ནས་བདེ་ཆེན་ཆོས་འཁོར་གླིང་དུ་རབ་ཏུ་བྱུང་ཞིང་། ཚོགས་ཞུགས་གནང་། ཡོངས་འཛིན་མཁས་གྲུབ་མང་པོའི་དྲུང་ནས་ཡི་གེའི་ཕྲལ་སྦྱོར་གྱི་སློག་དང་། ཆོས་སྤྱོད་སོགས་བྱང་ཆུབ་པར་བསླབས་ཤིང་། ལྷག་པར་བཀའ་པོད་ཆེན་པོ་ལྔ་ལ་སྦྱངས་པ་དཔྱིས་ཕྱིན་མཛད་དེ་མཁས་པ་ཆེན་པོར་གྱུར་ཅིང་། བཀའ་རམས་གྲྭ་སྐོར་ཀྱང་གནང་། སྐབས་རྗེ་གསེར་ཁང་པ་ཆེན་པོའི་ཞབས་ལ་གཏུགས་ཏེ། ཟབ་རྒྱས་ཆོས་བཀའ་མཐའ་ཡས་གསན་བཞེས་གནང་། ཡབ་རྗེ་བྲག་དགོན་པའི་མདོ་སྨད་ཆོས་འབྱུང་ལས་གསུངས་པ་ལྟར་ན། སྔོན་ནས་ཡོད་པའི་འཁྲུམས་རྟུའི་གུར་དགོན་དེ་ཉིད་ཀུན་མཁྱེན་ཏ་ས་བཛྲ་སྐུ་ཕྲེང་གསུམ་པས་ལུང་བསྟན་པ་ལྟར་འཛིན་བདག་མཛད་དེ། སྐབས་མགོན་ཞབས་དཀར་བའི་བཞུགས་གནས་ཐོ་ལོ་ཙི་མཚམས་ཁང་ལ་གཞི་བྱས་ནས་ཁང་དགོན་དུ་བསྒྱུར་ཅིང་། དམ་པ་འདི་ཉིད་ཕན་དགོངས་ཀྱི་ཐུགས་བསམ་རླབ་པའི་དཔལ་ལ་འགྲན་པ་

ཞིག་དང་། སྐུ་དོན་གང་བཟུམས་ཚོགས་མེད་དུ་འགྲུབ་པའི་སྐུ་བསོད་གཞན་འགྲན་མེད་པ་ཞིག་ལགས་པས། ར་རྒྱའི་བཀའ་རམས་པ་གཅིག་བཅས་གྲྭ་གྲངས་སུམ་ཅུ་ལྷག་འདུས་པ་ནས་རིམ་བཞིན་རང་དགོན་མྱུར་དུ་འཕེལ་རྒྱས་ཆེན་པོ་བྱུང་བར་མ་ཟད། བདེ་ཆེན་ཆོས་འཁོར་གླིང་གི་འདུ་ཁང་ཆེན་མོ་གསར་བཞེངས་ལའང་ཞབས་ཏོག་བླ་ན་མེད་པ་ཕུལ་ཏེ། ལེགས་ལམ་ཤིན་ཏུ་ཆེན་པོ་བྱུང་། དམ་པ་ཉིད་ཀྱི་ཞལ་བཀོད་ལྟར་འཇམ་དབྱངས་བསྟན་པའི་སྒྲོན་མེའི་གསུང་གི་ཚེ་གཅིག་ཉམས་ལེན་རང་དགོན་གྱི་གྲྭ་བ་བགྲེས་གཞོན་ཚང་མས་བྱང་བར་བཟུང་སྟེ། ཐམས་ཅད་ཀྱི་སྤྱོད་ལམ་ཆོས་དང་མཐུན་པ་འབའ་ཞིག་གནང་བ་བྱུང་། བདེ་ལམ་གྱི་སྟེང་ནས་ལམ་ཁྲིད་སྐྱོང་ཞིང་། ལམ་རིམ་ཚོགས་རྒྱུགས་ལ་འབུལ་མཁན་མང་པོ་བྱུང་བར་གྲགས། ཚེ་ག་ཞིག་བཙུགས་ན་ཞེས་ལན་དུ་མར་ཞུས་ཀྱང་མ་གསན་པ་རང་ཆོས་བླ་མ་གསོལ་བ་འདེབས་གསུངས་ནས་བླ་མཆོད་སྔོན་དམིགས་བརྩེ་མ་དུང་ཕྱུར་མང་པོ་བསྒྲུབས་ཤིང་། གཏོར་མ་ལས་བདུད་རྩི་སེར་པོ་བབས་པ་སོགས་བྱུང་བར་གསུངས་ཏེ། དམ་པ་རྣམས་མཆོག་ཏུ་དགྱེས་པར་བྱེད་པའི་རྣམ་ཐར་རོ། །མགོན་པོ་རྒྱས་པའི་གཏོར་བསྒྲུབ་ཚུགས་སྐབས་མགོན་འཇིགས་ཀྱི་གཏོར་མ་གཉིས་ལས་ཀྱང་བདུད་རྩི་སྦྲང་རྩི་འདྲ་བ་བབས། ལྟ་གྲུབ་གཙང་བའི་ཚད་དུ་བྱེད་ཅིང་། འཇམ་མགོན་ཙོང་ཁ་པ་ཆེན་པོའི་བསྟན་པ་ལ་ཐུགས་རུས་ཆེ་བས། ཉིན་རེ་བཞིན་འཇིགས་བྱེད་ཀྱི་ཆོ་ག་དང་འབྲེལ་བར་སྟགས་ཅི་འགྲུབ་དང་། ཁྲི་བཅུ་བརྒྱ་ཙམ། དྲུག་ཅུ་པ་བཅས་ཆག་མེད་གནང་ཞིང་། རྒྱེན་འགའ་ཞིག་གིས་སྐབས་རྗེ་གསེར་ཁང་པ་ཆེན་པོའི་བཀའ་བཞིན་བྱ་ཁྱུང་དགུ་རོང་དགེ་རྒན་རིན་པོ་ཆེ་སོགས་དང་མཉམ་དུ་ལྟུགས་མཁར་བཙུགས་པས། ལས་འགྲུབ་པའི་རྟགས་ཐོན། འདིའི་གནས་ཚུལ་ཅུང་རྒྱས་པར་དགུ་རོང་དགེ་རྒན་རིན་པོ་ཆེའི་རྣམ་ཐར་དུ་གསལ་བས། མཁྱེན་འདོད་པ་དག་གིས་དེར་གཟིགས་པར་ཞུ། གདན་ས་ཆེན་པོ་བདེ་ཆེན་ཆོས་འཁོར་གླིང་གི་མཁན་ཁྲིར་བཞུགས་ཤིང་། ཆོས་སྡེ་ཆེན་པོ་དེ་ཉིད་ཆོས་དང་ཟང་ཟིང་གིས་ཚུལ་བཞིན་བསྐྱངས། མཚོ་སྔོན་པོད་སོག་དཔོན་ཁག་གིས་བླ་མར་བཀུར་ཞིང་འབྲེལ་བ་ཟབ་པས།

འཛམ་དབྱངས་རྣམ་སྤྲུལ་གོང་མ་ཞན་ཕྱིན་ཁྲི་ལོ་བཅུ་གཅིག་པ་སྟེ་སྤྱི་ལོ་༡༨༤༡ལོར་ཇོ་སག་ཏཱ་བླ་མའི་ཚེ་ལོ་གནང་ནས་ཐམ་ཀ་དང་བཀའ་ཤོག་སྐུ་གསུང་ཐུགས་རྟེན་སོགས་བསྩལ། བོད་སོག་གི་རྗོད་གླེང་མང་པོའི་བར་བྱས་པ་དང་། ཁྱད་པར་སོག་པོའི་སྲོག་ལན་ལ་སྲོག་གིས་འཛལ་བའི་ཁྲིམས་དེ་མི་བསད་པ་སྟོང་འཛལ་བའི་ཁྲིམས་ལུགས་སུ་བསྒྱུར། ཉིན་ཞུང་གི་ཏུ་སྡེ་མཚོ་སྔོན་པོའི་འགྲམ་རྒྱུད་དུ་སྦྲོ་སྐབས། ཁོང་གིས་ཐུགས་བཀོད་གནང་ནས་ས་རིན་ལ་ལུག་ཁྲི། ནོར་གནག་སྟོང་། དགུ་མ་ཅན་ཅིགང་མང་། དངུལ་ལྔ་བཅུ་མ་ཉི་ཤུ་བཅས་སོག་པོའི་བང་ལ་ཕྱིན་ནས་མཚོ་སྔོན་པོའི་ས་ཉོས་ཤིང་ས་ཡིག་བླངས་པ་སོགས་མཐུན་རྐྱེན་དཔག་པར་དཀའ་བ་བསྐྲུན་ཅིང་། ཉིན་ཞུང་དགོན་སྡེ་ཡོངས་ལ་ཆོས་སྲིད་གཉིས་ཀྱི་ཐད་ནས་བཀའ་དྲིན་མཆོག་ཏུ་ཆེ་བ་གནང་། དེ་ལྟར་འཁོར་ལོ་གསུམ་གྱི་མཛད་བཟང་གིས་སྤྱིར་རྒྱལ་བའི་བསྟན་པ་རིན་པོ་ཆེ་དང་། སྒོས་གསེར་མདོག་ཅན་པན་འཆང་བའི་ལུགས་བཟང་། ཁྱད་པར་དུ་གདན་ས་བདེ་ཆེན་ཆོས་འཁོར་གླིང་དང་། རང་དགོན་བཀྲ་ཤིས་དགེ་འཕེལ་གླིང་ཚུལ་བཞིན་བསྐྱངས་པ་ལ་སོགས་ཀྱིས་བསྟན་འགྲོའི་དོན་རྒྱ་ཆེར་གནང་སྟེ། སྐུ་དངོས་ཀྱི་གདུལ་བྱ་རྫོགས་ནས་རང་དགོན་དུ་མྱ་ངན་ལས་འདས་སོ། །འཁྲུངས་འདས་ཀྱི་ལོ་ཚིགས་སོགས་གསལ་བར་ཤེས་མི་ནུས་ན་ཡང་དགུ་རོང་དགེ་རྒན་ཚང་དང་དུས་མཉམ་པ་ལས། དགུ་རོང་དགེ་རྒན་ནི་དམ་པ་འདིའི་སྐུ་ཕྱི་མ་སྐལ་བཟང་མཚན་ཅན་གྱི་འཁྲུངས་ལོའི་གོང་གི་ལོ་གཉིས་པ་ཤིང་གླང་ལ་འདས་པ་དང་། ལོ་དེའི་སྔོན་གྱི་ལོ་བརྒྱད་དགུའི་གོང་དུ་ཉིན་ཞུང་འདི་ཕྱོགས་སུ་སྤྱོས་པ་ཡིན་པས། འདི་ཉིད་ཞལ་བཞུགས་པའི་དུས་ཚིགས་རགས་པ་ཤེས་ནུས་སོ། །

སྐུ་ཕྲེང་གཉིས་པ་རྗེ་སྐལ་བཟང་གྲགས་པ་ནི། འབྲུམས་ཏུའི་རབས་འོག་མའི་གླུ་འབུམ་ཟེར་བའི་ཁྱིམ་དུ་རབ་བྱུང་བཅོ་ལྔ་བའི་ཐོག་མ་མེ་ཡོས་ལོར་སྐུ་བལྟམས། གཞོན་ནུའི་དུས་ནས་རབ་ཏུ་བྱུང་སྟེ། རང་དགོན་དུ་ཚོགས་ཞུགས་གནང་སྟེ། ཡི་གེ་ཕྲལ་སྦྱོར་གྱི་ཀློག་དང་། ཆོས་སྤྱོད་སོགས་བསླབས། རྡོ་རྗེ་འཆང་སཾ་ཀྵའི་མཚན་ཅན་དང་སྐྱབས་རྗེ་ཐར་

ཤུལ་བ་སོགས་ལས་ཟབ་རྒྱས་ཆོས་ཀྱི་བགོ་སྐལ་མང་ཙམ་བཞེས། རྡོ་རྗེ་འཆང་སཾ་ལྷའི་ཞབས་ལས་བསྙེན་པར་རྫོགས་ཤིང་། ཚུལ་ཁྲིམས་མིག་འབྲས་བཞིན་བསྲུངས་པ་གཞིར་བཞག་ཐོག་མཉམ་བཞེས་ལ་གཞོལ་བ་གནང་། དགོན་པའི་སྤྱི་དོན་ལ་བརྩོན་པ་མི་ལྷོད་པ་དང་། གྲྭ་བཙུན་བགྲེས་གཞོན་ཀུན་ལ་བསྙེན་བཀུར་དང་ཕན་སེམས་ཤིན་ཏུ་ཆེ་བ་ཞིག་ཏུ་གྲགས། དཀོར་གཉེར་དང་སྤྱི་གཉེར་སོགས་ལས་སྣེ་ཐམས་ཅད་རྫོགས་པར་མཛད་ཅིང་། འདུ་ཁང་གྱུན་ལྷ་ཅན་ཞིག་ཀྱང་གསར་བསྐྲུན་གནང་བ་སོགས་འཁོར་ལོ་གསུམ་གྱི་བགྱི་བ་མང་པོ་ཕྱུག་ཏུ་བསྒྱུར་ཏེ། དགུང་ལོ་སུམ་ཅུ་ལྷག་ལ་སོན་སྐབས་དཔལ་ལྡན་བཀྲ་ཤིས་ཆོས་སྡིངས་སུ། རྡོ་རྗེ་འཆང་སཾ་ལྷའི་ཞབས་ཀྱི་དྲུང་དུ་ཚེ་འདིའི་སྙེད་བཀུར་སྣང་གསུམ་སོགས་ཅི་མི་སྣམ་པར་ཡལ་བར་དོར་ཏེ། དབེན་པར་ཚེ་དང་སྒྲུབ་པ་སྙོམ་པའི་དམ་བཅའ་འབུལ་དུ་བཅར་སྐབས། བླ་མ་རྡོ་རྗེ་འཆང་ཆེན་པོས་སྤྱིར་ཁྱོད་ཀྱི་དགོངས་ཚུལ་དེ་ཤིན་ཏུ་ལེགས་སོད། སྐྱེས་བུ་དམ་པ་རྣམས་ཀྱིས་ནི་གཙོ་བོ་གཞན་དོན་བྱེད་དགོས་པས་ན། ཁྱེད་ལ་རི་ཁྲོད་པའི་སྐྱབས་འཇུག་གནང་བ་ལས་དགོན་པ་ཚུལ་བཞིན་བསྐྱངས་ན་རང་གཞན་ཀུན་ལ་ཕན་བསླབ་ཆེ་ཚུལ་སོགས་གསུངས་པ་དང་། འབྲུམས་རུའི་དཔོན་བླ་གྲྭ་རྣམས་ཀྱིས་ཀྱང་འདི་བ་གྲྭ་རིགས་གཞན་ལས་ཁྱད་དུ་འཕགས་ཤིང་། དགོན་གྲོང་ཀུན་ལ་ཕན་པའི་ལྷག་བསམ་མཆོག་ཏུ་དགེ་བ་ཞིག་ལགས་པས། ཛ་སག་ཚང་གི་སྐྱེས་སྤྲུལ་ཡིན་མིན་གྱི་ཐུགས་དམ་བརྟག་པ་གནང་དགོས་ཚུལ་ཞུས་པར། བླ་མ་རིན་པོ་ཆེས་ཛ་སག་ཚང་གི་སྤྲུལ་སྐུར་ངོས་འཛིན་གནང་ཞིང་། གདན་ས་ཚུལ་བཞིན་སྐྱོང་རྒྱུའི་ཞལ་བཀོད་མཛད། དེ་བས་ན་གསེར་མགོ་ཞེས་བཀྲ་ཤིས་པའི་མིང་གིས་བརྗོད་པའི་ས་དེར་འབྲུམས་རུའི་དགོན་གྲོང་ཡོངས་ཀྱིས་ཐོག་མའི་ལེགས་དར་བཏེགས། རིམ་གྱིས་གདན་སར་ཞུས་ཏེ་ཁྲི་ལ་བཀོད་པ་ཡིན་ནོ། །ཛ་སག་ཚང་འདས་རྗེས་སྤྲུལ་སྐུ་འཕྲུལ་དུ་མ་བཙལ་བའི་རྒྱུ་མཚན་ནི། རྗེ་གོང་མ་དེ་ཉིད་སྐུ་བལྟམས་པའི་ཚུལ་བཞེས་པ་ན། གདན་སའི་བླ་གྲྭ་རྣམས་ཀྱིས་སྤྲུལ་སྐུ་འཁྲུལ་བྲལ་ཞིག་གིས་རྗེས་སུ་འཛིན་དགོས་ཚུལ་ནན་ཞུས་བགྱི་བའི་ཕྱིར་ལན་དུ་རྗེ་བཙུན་བྱམས་པ་

མགོན་པོའི་སྐུ་བྱོན་ལེགས་ཤིག་བཞེངས་ནས་གནས་སྐབས་འདི་སྐུ་ཚབ་གྱིས་དང་། རྗེས་སུ་དགོན་པར་ཕན་ཐོགས་པའི་གྲྭ་བ་རེ་འབྱོན་སྲིད་གསུངས་པ་ལས་སྤྲུལ་སྐུ་འཚོལ་རྒྱུའི་ཞལ་བཞེས་དངོས་སུ་མ་གནང་། དམ་པ་ཉིད་དགོངས་པ་གཞན་དུ་གཏད་རྗེས་འགྲོ་མགོན་ཐར་ཤུལ་རིན་པོ་ཆེར་དམ་པ་འདི་ཉིད་ཀྱི་ཞལ་ཆེམས་དང་སྤྲུལ་སྐུའི་དོན་སྐོར་ཞུས་པས། མགོན་པོ་གང་གིས་ཀྱང་རྗེ་བཙུན་མི་ཕམ་མགོན་པོའི་ཞིང་བཀོད་ཤིན་ཏུ་བྱོན་ལེགས་ཤིག་གནང་ནས། འདིས་རེ་ཞིག་ཛ་སག་ཚང་གི་སྐུ་ཚབ་གྱིས་དང་། ཕྱིས་སྤྲུལ་སྐུ་གསལ་ངེས་ཡིན་གསུངས་པས། དམ་པ་དེ་ཉིད་ཀྱི་ཐུགས་བཞེད་ལྟར་རེ་ཞིག་སྤྲུལ་སྐུ་འཚོལ་རྒྱུ་བཤོལ་བ་ཡིན་ནོ། །དེ་ལྟར་གདན་སར་བཀོད་རྗེས་ཆོས་གྲྭ་ཆེན་པོ་དཔལ་ལྡན་བཀྲ་ཤིས་འཁྱིལ་དུ་དངོས་ཕེབས་གནང་སྟེ། མཁས་པའི་དབང་པོ་གུང་ཐང་བློ་གྲོས་ཚང་གི་དྲུང་དུ་གཞི་གསུམ་ཚོ་གའི་ཁྲིད་སོགས་གསན་ནས་དགོན་པའི་སྒྲིག་ལམ་ལ་དག་ཐེར་གནང་ཞིང་། དགུ་བའི་སྨོན་ལམ་ལ་བཟང་སྤྱོད་ཁྲི་ལྷག་འགྲོ་ངེས་པ་དང་། ཡབ་རྗེ་གསེར་ཁང་བ་ཆེན་མོའི་ཕྱག་བཞེས་ལྟར་གྱི་ལྔ་བའི་མཆོད་འབུལ་ཆོས་ཐོག་གསར་དུ་བཙུགས་པ་དང་། རབ་བྱུང་དང་བསྙེན་རྫོགས་ཀྱི་བསླབ་པ་བསྒྲུལ་བ་ཤིན་ཏུ་མང་། དབང་ལུང་མན་ངག་གི་ཆོས་བཀའང་མང་དུ་སྤེལ་བས། ཞལ་སློབ་གདན་ས་རང་ན་བསླབ་གསུམ་གྱི་ཉམས་བཞེས་ལ་གཞོལ་བའི་སྡེ་སྣོད་འཛིན་པ་མང་པོ་བྱོན་ཅིང་དཔལ་ལྡན་བཀྲ་ཤིས་ཆོས་སྡིངས་སུའང་སྡེ་སྣོད་རྒྱ་མཚོའི་མངའ་བདག་འཇམས་དབྱངས་བཞད་པ་རྣམ་རྒྱལ་རྣམ་པར་རྒྱལ་བའི་རྒྱལ་ཚབ་ལེགས་བཤད་པ་བུ་ཆེན་ངག་དབང་ཡེ་ཤེས་ཟང་གི་ཚབ་ཟང་པ་ཆེན་ཅིག་ཕྱིར་གཏུགས་ཀྱིས་ཡང་ཞུས།

ལའང་། ཧ་སྟོན་མ་གནང་བ་ཤི་ཆེ་ཡང་གཅིག་གནང་བས་སྟ་གཞུག་ཧ་གསུམ་གནང་། ཁོང་ཤི་བསྡོམས་སུ་ཕེབས་པའི་བ་ཆུ་སྐོར་གསུམ་སོགས་ཕྱག་རྫས་ཅི་ཡོད་ལོ་རེར་དབྱར་དགག་དབྱེར་བྱས་རྗེས་གྲྭ་བ་རྣམས་ལ་བགོས་པ་སོགས་མཛད་བཟང་མཐའ་ཡས་པ་བསྐྲུན། བླ་མ་དགེ་འདུན་ཡོངས་ཀྱིས་ཁོང་རིན་པོ་ཆེར་ཁྱེད་རང་ཞལ་མ་བཞུགས་ཚེ་དགོན་པའི་འགྲིག་ལམ་ཆོས་སྤྱོད་སོགས་ལེགས་པོ་ཡོང་དཀའ་བས། ཁྱེད་ཀྱི་སྐུ་ཚབ་ཏུ་བཙའ་ཡིག་ཆེན་མོའི་ཟུར་རྒྱན་ཞིག་གསུང་དགོས་ཞེས་ནན་ཞུ་བྱས་པར། ཁོང་གིས་བཙའ་ཡིག་ཆེན་མོའི་རྒྱབ་སྐྱོར་དུ་འགྲིག་ཡིག་ཤིན་ཏུ་གསལ་པོ་ཞིག་འཇོག་པ་གནང་། ཁྲི་ཀའི་གོང་བ་གྲྭ་ཚང་གི་ཁྲི་ལ་ཡང་ལོ་གསུམ་རིང་བཞུགས་ནས་ཆོས་སྡེ་དེ་ཡང་ཆོས་སྲིད་ཟུང་གིས་ལེགས་པར་བསྐྱངས་པ་ཡིན་ནོ། །དེ་ལྟར་བསྟན་འགྲོའི་དོན་རྒྱ་ཆེར་གནང་ནས་དགུང་ལོ་རེ་བརྒྱད་བཞེས་པ་ཤིང་ཁྱིའི་ལོར་མྱ་ངན་ལས་འདས་སོ། །

སྐུ་ཕྲེང་གསུམ་པ་བསྔགས་འོས་ཡོན་ཏན་འབུམ་གྱི་བདག་ཉིད་རྗེ་བློ་བཟང་ལུང་རྟོགས་རྒྱ་མཚོ་དཔལ་བཟང་པོ་ནི། གཙུག་ལག་ལུགས་གཉིས་ལ་འཇུག་པའི་རྣམ་དཔྱོད་མཆོག་ཏུ་ཡངས་པ་དང་། དམ་པའི་སྐྱེས་བུ་དུ་མ་དང་རིས་བྲལ་ཆོས་སྡེ་མཐའ་ཡས་པ་རྒྱུན་དུ་མཆོད་པའི་བསྟན་པའི་སྦྱིན་བདག་ཆེན་པོར་གྱུར་པ། དད་པ་བརྟན་ཅིང་མི་ཚེ་གང་པོར་རྣམ་དཀར་ཉམས་བཞེས་ལ་གཞོལ་བ། ཡང་རོང་དགེ་ལེགས་ཞེས་པའི་བུ་ཚེ་རྒྱལ་ཞེས་པ། དཔའ་ཞིང་རྩལ་ཐོད་པ། དད་གཏོང་ནོར་གྱིས་མཛེས་པ་དེ་ཉིད་དང་། བུད་མེད་ཕལ་བའི་སྐྱོན་དང་བྲལ་ཞིང་། དཀོན་མཆོག་བླ་མར་འཛིན་པའི་དད་གུས་ཀྱིས་བརྒྱན་པའི་ཀླུ་མོ་ཐར་ཞེས་པའི་ཡབ་ཡུམ་ཁྱད་པར་ཅན་དེ་གཉིས་ཀྱི་སྲས་སུ་ཤིང་ཕག་ལོར་ངོ་མཚར་བའི་ལྟས་དང་བཅས་སྐུ་བལྟམས། རིས་མེད་འགྲོ་བའི་འདྲེན་མཆོག་སྐྱབས་རྗེ་ཐར་ཤུལ་བ་དགེ་ལེགས་དབང་ཕྱུག་ཆོས་སྐྱོང་རྒྱ་མཚོས་འཁྲུམས་ནུའི་ཛ་སག་ཏྲ་བླ་མའི་ཡང་སྲིད་དུ་ངོས་འཛིན་གནང་། དགུང་ལོ་བདུན་གྱི་སྟེང་སྙིགས་དུས་ཀྱི་བསྟན་པ་འཛིན་པ་མ་ལུས་པའི་གཙུག་རྒྱན། ཁྱབ་བདག་འཁོར་ལོའི་མགོན་པོ་རྗེ་ཨ་རོལ་བ་བློ་བཟང་ལུང་རྟོགས་བསྟན་

པའི་རྒྱལ་མཚན་ལས་དགེ་བསྙེན་རབ་བྱུང་། ཚོགས་བར་མ་དགེ་ཚུལ་གྱི་སྡོམ་པ་བཅས་བཞེས་ཏེ། མཚན་བློ་བཟང་ལུང་རྟོགས་རྒྱ་མཚོར་གསོལ། རྒྱལ་བ་དགྱེས་པའི་ཉམས་བཞེས་ལ་གཞོལ་བའི་འདུལ་བ་འཛིན་པ་ངག་དབང་འཕེལ་རྒྱས་ལས་ཀློག་དང་ཆོས་སྤྱོད་སོགས་བསླབས། དགུང་ལོ་བཅུ་གཅིག་པར་མདོ་སྨད་ཀྱི་ཤྲཱི་ནཱ་ལེནྡྲ་དཔལ་མི་འགྱུར་དགེ་ལྡན་བཀྲ་ཤིས་ཆོས་སྡིངས་སུ་ཚོགས་ཞུགས་གནང་ཞིང་། ངེས་པ་དོན་གྱི་དགེ་བའི་བཤེས་གཉེན་ཆེན་པོ། ཨ་རིག་སྨྲ་སེང་ཆེན་པོའི་རྣམ་སྤྲུལ་ལྷ་སྡེ་བ་རྗེ་ཡེ་ཤེས་རྒྱ་མཚོ་དཔལ་བཟང་པོས་ཡོངས་འཛིན་དང་། དགེ་བའི་བཤེས་གཉེན་སྐལ་བཟང་ཐུབ་བསྟན་པས་མཚན་ཞབས་གནང་སྟེ། བསྡུས་གྲྭ། བློ་རྟགས། ས་ལམ། གྲུབ་མཐའ་རྣམ་འགྲེལ་མཆོད་བརྗོད་དང་ལེའུ་གཉིས་པ་ཡོངས་རྫོགས། ཕར་ཕྱིན་མཆོད་བརྗོད། བྱམས་གཞུང་། དོན་བདུན་ཅུ། དགེ་འདུན་ཉི་ཤུ་སོགས་ཕར་ཚད་ཀྱི་གཞུང་མང་པོར་ཞིབ་ཏུ་སྦྱངས་ཤིང་། ཆོས་གྲྭའི་རྩོད་པ་དང་། འཛིན་སྐྱོར་སྦྱངས་ལ་ཡང་ཤིན་ཏུ་འདྲིས་པར་མཛད་ཅིང་། འགྲོ་མགོན་གྲགས་པའི་མཚན་ཅན་དང་། གོང་གསལ་ཡོངས་འཛིན་རིན་པོ་ཆེ་ཁྱབ་བདག་འཁོར་ལོའི་མགོན་པོ་རྗེ་ཞྭ་དམར་བ་བློ་བཟང་བཤད་སྒྲུབ་བསྟན་འཛིན་རྒྱ་མཚོ་དཔལ་བཟང་པོ་སོགས་ལས་ཟབ་རྒྱས་ཆོས་ཀྱི་བགོ་སྐལ་མཐའ་ཡས་པ་ལེགས་པར་བཞེས་པ་གནང་། གདན་སའི་འདུས་སྡེ་ཐུན་མོང་དང་ཉིན་ལུང་གི་བླ་དཔོན་ཀུན་གྱི་འདོད་མོས་ལྟར་རང་དགོན་དུ་ཆིབས་ཞབས་བསྒྱུར་ཏེ། གདན་སའི་མི་འཇིགས་ཆོས་ཀྱི་ཁྲི་ལ་ཞབས་པད་བཀོད་ཅིང་། བགྲང་བྱ་དྲུག་ཅམ་ལ་ཆོས་སྲིད་གཉིས་ཀྱི་སྣེ་ནས་ཚུལ་བཞིན་སྐྱོང་བ་གནང་ཞིང་། སྐབས་རྗེ་ཨ་རོལ་བའི་དྲུང་དུ་མི་ཏ་བརྒྱ་རྩ་དང་རྡོ་རྗེ་ཕྲེང་བའི་དབང་། དུས་འཁོར་དབང་ཆེན། འགྲོ་མགོན་ཐར་ཤུལ་བའི་སྤྱན་སྔར་སེམས་བསྐྱེད་མཆོད་པ་དང་བདེ་གསང་འཇིགས་གསུམ་གྱི་དབང་སོགས་གསན། བུ་སྟོན་སྙིང་ཐུར་དུ་གྲགས་པའི་བསླབ་བྱ་ཆེན་མོའི་གླེགས་བམ་པར་དུ་འགོད་སྐབས་ཀྱི་པར་བྱང་སྨོན་ཚིག་ཀྱང་ཉིད་ཀྱིས་མཛད། གདན་སའི་འདུ་ཁང་དཀར་ཆག་དང་། རྒྱ་རའི་མ་ཎི་ཁང་གི་དཀར་ཆག་སོགས་བཀའ་རྩོམ་ཡང་མང་ཙམ་སྩོལ།

གདན་སའི་འདུས་སྡེ་ཡོངས་ལ་སྨྲ་མི་སྙན་གྱི་ཚེ་དབང་དང་། སྨད་རྒྱུད་ལུགས་ཀྱི་བླ་མའི་རྣལ་འབྱོར་གྱི་ཁྲིད་སོགས་ཆོས་བཀའ་འགའ་ཞིག་ཀྱང་གནང་བ་ཡིན་ནོ། །གཞན་ཡང་། རྒྱལ་ཁབ་གསར་བ་དབུ་བརྙེས་རྗེས་སྲིད་གཞུང་གིས་སྤྱི་ཕྱིར་ཉིད་ལ་སྲིད་ཀྱི་གོ་གནས་མང་པོ་བསྩལ་ཚུལ་སོགས་མཆིས་ཀྱང་འདིར་དེ་ཙམ་མི་མཁོ་བས་ཡིག་ཚོགས་སྤྱུང་བའི་ཕྱིར་མ་བཀོད་པ་ཡིན་ལ། དམ་པ་གང་ཉིད་ཀྱི་རང་གཤིས་མཆོག་ཏུ་བཟང་ཞིང་། ཕྱག་ཏུ་འབྱོར་བའི་དངུལ་དངོས་རྣམས་ཞིང་དག་པར་གཏོང་བ་གནང་ཚུལ་སོགས་དཔག་པར་དཀའ་བའི་རྣམ་པར་ཐར་བ་ཡོངས་རྫོགས་ནི་ཁྲིར་མི་ལང་ངོ་། །དེར་མ་ཟད་སྙིགས་མའི་རྒྱུད་པ་མཚོ་ལྟར་བརྗོལ་ཞིང་། རྐྱེན་ངན་སྣ་ཚོགས་ཏུ་འཛིང་ཡང་སྐྱོ་ངལ་མེད་པར་བསྟན་འགྲོའི་དོན་ལ་གཞོལ་བར་མཛད་ཅིང་། ལྷག་པར་ཡང་དར་དཔྱིད་ཀྱི་དཔལ་ཡོན་དར་ལ་བབ་པའི་དེང་གི་དུས་སུ་ཐུགས་སྤོབས་རྒྱ་ཆེར་བསྐྱེད་དེ། རྣམ་འདྲེན་རྒྱལ་བའི་ལུགས་བཟང་དར་ཞིང་རྒྱས་པ་དང་། རིས་མེད་འགྲོ་བ་ཐམས་ཅད་བདེ་སྐྱིད་དཔལ་གྱིས་འཚོ་བའི་ཆེད་དུ་ཐུགས་བརྩོན་ཆེན་པོ་གནང་བཞིན་པའི་མུར་གཟུགས་སྐུའི་པདྨའི་སྡོང་བཟང་འཚོ་ཞིང་བཞེས་པའི་སྐབས་ལགས་སོ། །

གཉིས་པ་ནི། རྣམ་འདྲེན་བུ་རམ་ཤིང་བའི་ལུགས་བཟང་ཉིན་བྱེད་གཞོན་ནུ་ཡང་དར་རྫོགས་ལྡན་གྱི་མཁའ་ལ་རྩེན་ཞིང་། དེའི་མཐུས་རིས་མེད་སྐྱེ་དགུ་བདེ་སྐྱིད་དཔྱིད་ཀྱི་དཔལ་ཡོན་ལ་རོལ་བའི་བསྐལ་བ་བཟང་པོའི་ལང་ཚོ་མཆོག་ཏུ་དར་ལ་བབ་པ་གང་གི་ཚེ་ན། ཆོས་སྡེ་ཆེན་པོ་བདེ་ཆེན་ཆོས་འཁོར་གླིང་གི་དཔལ་ལྡན་གསང་སྔགས་སྨད་རྒྱུད་གྲྭ་ཚང་གི་འདུ་ཁང་ཆེན་མོ་གསར་བཞེངས་ཀྱི་སྒྲུབ་རྩོམ་སྐབས། ཆོས་སྡེ་དེ་གའི་གསུམ་ལྡན་རྡོ་རྗེ་འཛིན་པ་ཆེན་པོ་ཨ་ལགས་གཟུངས་ཐར་ལགས་ཀྱི་གཙོས་གྲྭ་ཚང་གི་ལས་སྣེ་རྣམས་ཀྱིས་རིས་མེད་འགྲོ་བའི་འདྲེན་པ། བསྟན་པ་རིན་པོ་ཆེའི་མཛེས་རྒྱན། སྐྱབས་རྗེ་ཛ་སག་ཏཱ་བླ་མའི་ཡང་སྲིད་རིན་པོ་ཆེ་རྗེ་བློ་བཟང་ལུང་རྟོགས་རྒྱ་མཚོ་བར་སྐུ་ཕྲེང་གོང་མའི་རིང་ནས་ཆོས་སྡེ་འདི་གར་ཆོས་སྲིད་ཀྱི་འབྲེལ་ཟབ་ཚུལ་དང་། འདུ་ཁང་རྟེན་བརྟེན་པ་གསར་

བཞེངས་ཀྱི་འགྲོ་སྒོ་ཏ་ཙང་ཆེ་ཚུལ་དེ་ལ་གྲོགས་དན་བླ་ན་མེད་པ་གནང་དགོས་ཚུལ་ལས་བརྩམས་པའི་གཏམ་བཟང་སྨྲང་རྩེའི་རོ་མངར་རྫོགས་པ་སླན་དུ་ཅི་འཁྱོལ་བགྱིས་པར། དམ་པ་མཆོག་གིས་ཀྱང་འདི་ལ་འབྲེལ་རེ་འཇོག་ཐུབ་ན་ལེགས་བྱས་ཀུན་གྱི་ཕུལ་དུ་དགོངས་ནས་ཆོས་ཀྱི་གན་རྫོ་ལ་ཆེན་པོ་གསར་བཞེངས་ཀྱི་ཞལ་འདེབས་སུ་དངུལ་ལོར་སུམ་སྟོང་འཕྲུལ་དུ་འབུལ་བ་གནང་ཞིང་། དེ་ནས་འདུ་ཁང་ཆེན་མོ་གེགས་མེད་དུ་བཞེངས་གྲུབ་རྗེས་ནང་རྟེན་གྱུན་ཐང་ཡོངས་རྫོགས་གསར་བཞེངས་ཀྱི་སྦྱིན་བདག་གནང་དགོས་ཚུལ་གསུངས་པ་ལྟར་ཞལ་བཞེས་མཛད་དེ་གྱུན་ཐང་མང་པོ་གསར་དུ་བསྐྲུབས་པའི་ཐོ་ཙམ་ནི། སྐྱབས་འགྲོའི་ཚོགས་ཞིང་། བླ་མཆོད་ཚོགས་ཞིང་། རྒྱལ་བ་མི་འཁྲུགས་པའི་ཞིང་བཀོད། སྒྲོལ་མའི་ཞིང་བཀོད། དགའ་ལྡན་ཡིད་དགའ་ཆོས་འཛིན། འོད་དཔག་མེད་ཀྱི་ཞིང་བཀོད། ཤམྦྷ་ལའི་ཞིང་བཀོད། སྲིད་པའི་འཁོར་ལོ། རྒྱལ་ཆེན་བཞིའི་གྱུན་ཐང་བཞི། གདུགས་དཀར། ལྷ་མོའི་འཁྲུངས་རབས། བདེ་མཆོག གསང་འདུས། འཇིགས་བྱེད། འཁོར་ཆེན། དུས་འཁོར། རྟ་མགྲིན། བཤགས་ལྷ་སོ་ལྔ། གནས་བརྟན་བཅུ་དྲུག ཀུན་རིག མགོན་པོ། ཆོས་རྒྱལ། ལྷ་མོ། རྣམ་སྲས། སེང་གདོང་མ་སྟེ་བསྡོམས་པས་གྱུན་ཐང་བྱོན་ལེགས་བརྒྱད་ལྷག་བཅུ་ཕྲག་གཉིས་གསར་བཞེངས་བྱས་པའི་བཟོ་བའི་ཡོན། སྤྱན་འབྱེད། དགའ་དར། རས་གཞི། བཟོ་བ་རྣམས་ཀྱི་འཚོ་བའི་འགྲོ་སོང་། རོགས་བྱེད་མི་སྣ་རྣམས་ཀྱི་ལས་གླ། དེ་དག་གི་འཚོ་བའི་འགྲོ་སོང་སོགས་ཀྱི་གྲོན་དངུལ་ཡོད་ཚད་ཁུར་ལེན་གྱིས་གཙང་ཕུལ་གནང་བར་དངུལ་ལོ་ལྔ་ཁྲི་དྲུག་སྟོང་བདུན་བརྒྱ་གྱ་གཉིས་སོང་བ་དང་། དེར་བརྟེན་སྨད་རྒྱུད་གྲྭ་ཚང་གི་རྡོ་རྗེ་འཛིན་པ་ཆེན་པོ་ཨ་ལགས་གཟུངས་ཐར་གྱི་གསོས་དགེ་འདུན་བགྲེས་གཞོན་ཐམས་ཅད་ཐུགས་དགྱེས་པའི་རྩེ་མོར་སོན་ཅིང་འབྲུམས་ཏུ་ཛ་སག་ཀླུ་བླ་མ་རྗེ་ཚུལ་ཁྲིམས་སྐལ་གྲགས་དཔལ་བཟང་པོའི་འདྲ་སྐུ་མཐོང་བ་དོན་ལྡན་རྩེ་ཁྲུ་གང་གསར་བཞེངས་གནང་ནས་བཀའ་དྲིན་རྗེས་དྲན་གྱི་ཆེད་དུ་སྨད་རྒྱུད་འདུ་ཁང་ཆེན་མོར་བཞུགས་སུ་གསོལ་བ་ཡིན་ནོ། །

གསུམ་པ་ནི། ཕྱིར་རྒྱལ་གསུང་དྲི་མ་མེད་པ་རྣམས་ལས་རྒྱལ་བའི་སྐུ་གསུང་ཐུགས་རྟེན་བཞེངས་པའི་ཕན་ཡོན་མཐའ་ཡས་པ་བཀའ་བསྩལ་ཀྱང་། མང་པོ་བཀོད་ན་ཡིག་ཚོགས་ཆེ་བས་འདིར་སྐུའི་རྟེན་བཞེངས་པའི་ཕན་ཡོན་ཅུང་ཟད་ཙམ་འགོད་པ་ལ། དམ་ཆོས་པད་དཀར་ལས། ལ་ལས་འདི་ན་རིན་ཆེན་སྣ་བདུན་དང་། །ལ་ལས་དེ་བཞིན་ཟངས་དང་འཁར་བ་ལས། །བདེ་བར་གཤེགས་པ་རྣམས་ཀྱི་གཟུགས་བྱས་པ། །དེ་དག་ཐམས་ཅད་བྱང་ཆུབ་འཐོབ་པར་འགྱུར། །ཞེས་དང་། རོ་ཉེ་དང་ནི་ལྕགས་སམ་ས་ལའང་རུང་། །བདེ་བར་གཤེགས་པ་རྣམས་ཀྱི་གཟུགས་བྱས་ཏེ། །བལྟ་ན་སྡུག་པའི་འཛུམ་པའི་ལས་བྱེད་བཅུག །དེ་དག་ཐམས་ཅད་བྱང་ཆུབ་འཐོབ་པར་འགྱུར། །ཞེས་དང་། གང་གི་རྩིག་ངོས་གཟུགས་ཀྱི་རི་མོ་དག །བསོད་ནམས་རྒྱལ་མཚན་ཡོངས་སུ་རྫོགས་པའི་སྐུ། །གང་གིས་བྲིས་སམ་འབྲི་རུ་བཅུག་ཀྱང་རུང་། །དེ་དག་ཐམས་ཅད་བྱང་ཆུབ་ཐོབ་པར་འགྱུར། །ཞེས་དང་། ཡང་དེ་ཉིད་ལས། སྐྱེས་བུ་དག་གམ་འོན་ཏེ་གཞོན་ནུའང་རུང་། །གང་དག་ལ་ལས་དེ་ནི་སློབ་པའི་ཚེ། །རྩེད་མོ་དག་དང་སད་པར་བྱེད་པ་ཡིས། །རྩིག་ངོས་སེན་མོའམ་ཤིང་བུས་གཟུགས་བྲིས་པ། །དེ་དག་ཐམས་ཅད་བྱང་ཆུབ་ཐོབ་འགྱུར་ཏེ། །དེ་དག་ཐམས་ཅད་སྙིང་རྗེ་ལྡན་པར་འགྱུར། །ཐམས་ཅད་ཀྱང་ནི་སྲོག་ཆགས་བྱེ་བ་སྒྲོལ། །བྱང་ཆུབ་སེམས་དཔའ་མང་པོ་ཡང་དག་འཇུད། །ཅེས་དང་། གསལ་རྒྱལ་གྱིས་ཞུས་པའི་མདོ་ལས། འདི་ན་རྒྱལ་བའི་སྐུ་གཟུགས་བྱེད་པ་ནི། །གཟུགས་དང་སྐལ་བཟང་ཡོན་ཏན་ཉེ་བར་ལྡན། །དེ་ནི་དབང་པོ་སྨས་དང་ཉི་མའི་འོད། །འཇིག་རྟེན་ཀུན་གྱིས་མཐོང་ན་དགའ་བར་འགྱུར། །ཞེས་དང་། ཡང་དེ་ཉིད་ལས། བདེ་བར་གཤེགས་པའི་སྐུ་གཟུགས་བཞེངས་པ་དག །དེ་ཡི་ལུས་ནི་དྲི་མ་མེད་པ་དང་། །ནད་དང་འཇིགས་དང་མྱ་ངན་སྡུག་བསྔལ་ཞི། །པདྨོའི་ནང་བཞིན་འཛམ་ཞིང་ཡངས་པར་འགྱུར། །ཞེས་དང་། ཡང་དེ་ཉིད་ལས། འདི་ན་རྒྱལ་བའི་སྐུ་གཟུགས་བྱེད་པ་གང་། །ངན་དུ་མི་འགྱུར་དབུལ་པོའི་རང་བཞིན་མེད། །ལས་བྱེད་མ་ཡིན་སྐྱེ་བ་དམན་པ་མེད། །དབང་པོ་མ་ཚང་མེད་ཏེ་སྐྱེས་

མཆོག་འགྱུར། །ཞེས་སོགས་དང་། སྤྱན་རས་གཟིགས་ཀྱི་མདོ་ལས་ཀྱང་། འདྲེན་པའི་སྐུ་གཟུགས་རབ་ཏུ་མཛེས་བྱས་ན། །དེ་ནི་མཆོག་གྱུར་སྐྱེ་བོ་མང་མཆོད་འོས། །བློ་ལྡན་ཕྱུག་ཅིང་ཆེ་ཉིད་རྒྱ་ཆེར་ལྡན། །དབང་ལྡན་འཁོར་ལོས་བསྒྱུར་བའི་རྒྱལ་པོར་འགྱུར། །ཞེས་སོགས་རྒྱ་ཆེར་གསུངས་སོ། །ཕན་ཡོན་དེ་དག་འབྱུང་བ་ལ་ཀུན་སློང་གི་བསམ་པ་རྣམ་པར་དག་པ་དང་། དགེ་བ་རྫོགས་བྱང་དུ་བསྔོ་བ་གལ་ཆེ་བར་གསུངས་སོ། །དེའི་ཕྱིར་དད་ལྡན་ཐར་འདོད་ཀྱི་སྐྱེ་བོ་ཐམས་ཅད་ཀྱིས་རྒྱལ་བའི་སྐུ་གསུང་ཐུགས་རྟེན་གསར་བཞེངས་དང་ཞིག་གསོས་ལ་འབྲེལ་ཅི་ཐོགས་དང་། གཞན་གྱིས་རྟེན་བཞེངས་སོགས་བྱེད་པ་ལ་རྗེས་སུ་ཡི་རངས་པར་གྱིས་ལ། ཆོས་ལྡན་གྱི་ཡུལ་དུ་མི་ལུས་རྙེད་པ་དོན་དང་ལྡན་པར་བྱའོ། །

འདིར་སྨྲས་པ། དྲང་སྲོང་བདེན་པ་སྨྲ་བའི་ཞལ་ལུང་བཞིན། །རྒྱལ་སྐུའི་སྣང་བརྙན་བསྐྲུན་པའི་ལེགས་བྱས་ཀུན། །མ་གྱུར་འགྲོ་ཀུན་གཏན་བདེར་འགོད་པ་དང་། །རྒྱལ་བསྟན་ཉིན་བྱེད་གསལ་བའི་རྒྱུར་གྱུར་ཅིག །ཁྱད་པར་ཐར་འདོད་ཆང་དྲུག་འབུམ་རྩེན་པའི། །ཚུལ་ཁྲིམས་སྤྲང་རྩིའི་གཏེར་གྱུར་པདྨའི་ཚལ། །རྒྱས་མཛད་སྨྲ་བའི་ཉི་མ་གང་དེ་ཡི། །སྙན་གྲགས་རྒྱ་མཚོའི་གོས་ཅན་ཁྱབ་གྱུར་ཅིག །འདིས་མཚོན་རང་གཞན་སྐྱེས་འཕགས་ཐམས་ཅད་ཀྱི། །ལེགས་བྱས་གླང་བརྒྱ་གཅིག་ཏུ་བསྒྲིལ་བའི་མཐུས། །བྱང་ཆེན་སྤྱོད་པའི་ཆུ་གཏེར་འཕེལ་བ་དང་། །ཡངས་པའི་འཛིག་རྟེན་ཆོས་ཀྱིས་འཚོ་གྱུར་ཅིག །བསླུ་མེད་མཆོག་གསུམ་བདེན་པའི་བྱིན་རླབས་དང་། །ཆོས་ཉིད་འགྱུར་བ་མེད་པའི་བདེན་པ་དང་། །བདག་ཅག་དད་འདུན་མོས་པའི་བྱིན་མཐུ་ལས། །ཅི་ལྟར་སྨོན་པ་གེགས་མེད་འགྲུབ་གྱུར་ཅིག །ཅེས་ལུང་རྟོགས་ཡོན་ཏན་རྒྱ་མཚོའི་མངའ་བདག་དམ་པའི་སྐྱེས་རབས་གསེར་གྱི་ཕྲེང་བ་ཚར་དུ་དངར་བ་ལྟ་བུས་མཛོས་པ ༄ འཁྲུམས་ཏུའི་ཛ་སག་ཏྭ་བླ་མ་མཆོག་གི་ཡང་སྤྲུལ་རིན་པོ་ཆེ་ཁྲི་བ་བློ་བཟང་ལུང་རྟོགས་རྒྱ་མཚོས། ཆོས་སྡེ་ཆེན་པོ་བདེ་ཆེན་ཆོས་འཁོར་གླིང་གི་སྨད་རྒྱུད་འདུ་ཁང་དུ་རྟེན་བཞེངས་གནང་ཚུལ་གྱི་དཀར་ཆག་ཅིག་རྩོམ་དགོས་ཞེས། སྐུ་གསུང་ཐུགས་རྟེན་གཙོས་གྱི་ནོམ་པའི་དངོས་པོ་དང་མཛོད་དར་

ཆེས་ལེགས་བཅས་བཀའི་མེ་ཏོག་སྤྲི་བོར་བསྒྲུལ་བ་བཞློག་མ་ནུས་པར་རང་གིས་ཀྱང་དད་གུས་ཀྱིས་མཚམས་སྦྱར་ཏེ། ཕན་རིག་སློན་པ་བཤད་སྒྲུབ་རྒྱ་མཚོའམ་མིང་གཞན་མི་ཕམ་མཚོ་བྱུང་དགྱེས་པའི་བློ་གྲོས་སུ་འབོད་པས་མེ་སྤྲང་ཡོར་བྲིས་པའི་དགེ་བས་རྒྱལ་བསྟན་རིན་པོ་ཆེ་ཡུན་རིང་གནས་པའི་རྒྱུར་གྱུར་ཅིག །མངྒ་ལཾ། །

༄༅། །ཉིན་ལུང་ཆོ་བ་བཅུ་གཉིས་དང་དཔོན་ཚང་གི་ལོ་རྒྱུས་མདོ་ཙམ་བརྗོད་པ་བདེན་གཏམ་གསེར་གྱི་སྦྲམ་བུ་ཞེས་བྱ་བ།

བླ་མ་དང་མགོན་པོ་འཇམ་པའི་དབྱངས་ལ་ཕྱག་འཚལ་ལོ། །བློ་གྲོས་བཟང་པོས་ཤེས་བྱའི་དེ་ཉིད་གཟིགས། །བཤད་སྒྲུབ་ཐུབ་བསྟན་འཛིན་པའི་ཐུགས་བསྐྱེད་ཅན། །མདོ་རྒྱུད་རྒྱ་མཚོ་ཆེན་པོའི་ཕ་རོལ་ཕྱིན། །མཚུངས་མེད་དཔལ་ལྡན་བླ་མས་འགྲོ་ཀུན་སྐྱོངས། །རབ་དཀར་ཟླ་བ་གཞོན་ནུའི་ལང་ཚོ་ལ། །སྣ་ཚོགས་རིན་ཆེན་འབར་བའི་རྒྱན་གྱིས་སྤྲད། །ཡིད་འོང་ཆོ་ག་ཀུན་རྫོགས་པད་དཀར་འཆང་། །གངས་ལྗོངས་སྐྱེ་དགུ་ཡོངས་ཀྱི་གཙུག་ན་ལྷམ། །མཐའ་ཡས་རྒྱལ་བའི་ཡེ་ཤེས་ནམ་མཁའི་ཁམས། །ཡིད་འོང་མཚམས་སྤྲིན་གསར་བའི་ལང་ཚོར་ཁྲུམ། །སྒྲིབ་གཉིས་འཁྲི་ཤིང་གཅོད་པའི་རལ་གྲི་ཅན། །ཀུན་རྫོངས་གཡུལ་ལས་རྒྱལ་བའི་མགོན་དུ་བསྟེན། །མཚར་སྡུག་མན་ཤེལ་གསར་བའི་འཁྲི་ཤིང་ལ། །རིག་ན་བདེ་བའི་དཔལ་སྟེར་ལང་ཚོའི་དཔྱིད། །སྐྱན་འཛེབས་དབྱངས་ཀྱི་འབྱུང་གནས་ཚངས་སྲས་ཀྱི། །བདག་ལ་འཆད་རྩོད་རྩོམ་པའི་སྤོབས་པ་སྩོལ། །འདོད་ཁམས་དབང་ཕྱུག་དཔལ་ལྡན་དམག་ཟོར་རྒྱལ། །འཛམ་གླིང་སྐྱེས་གཅིག་མཐུ་ལྡན་རྡོ་རྗེ་ལེགས། །ཙིནའི་སྲུང་མ་ལྷ་ཆེན་ཡུལ་ལྷ་སོགས། །བསྟན་སྲུང་དྲག་པོའི་ཚོགས་ཀྱིས་བདག་ཅག་སྐྱོངས། །གསེར་ལྗོངས་ཡུལ་གྱི་སྐྱེས་ལྷ་བྱ་ཁྱུང་རྒྱལ། །གསའ་ལུང་ཞེས་གྲགས་མཐུ་ལྡན་དགྲ་ལྷའི་གཙོ། །དཀར་ཕྱོགས་སྐྱོང་བའི་སྲུང་པོ་གསེར་ཆེན་སོགས། །སྲིད་པའི་ལྷ་ཆེན་རྣམས་ཀྱིས་འདོད་དོན་སྒྲུབས། །གོར་ཡུག་ཆུ་ཤེལ་བུ་མོའི་ཕྲེང་བསྟར་བའི། །མཐའ་ཡས་ཞིང་གི་སྙིང་པོ་རྫ་འི་ལྗོངས། །ཕུན་ཚོགས་སྡེ་བཞིའི་ལང་ཚོ་དར་དྲགས་པས། །སྐྱེ་དགུའི་

ཡིད་ཀྱི་བརྟན་པ་དབང་མེད་འགུགས། །དེ་ལས་མདོ་ཁམས་མགྱོགས་འགྲོའི་ཆོལ་ཁ་འདིར། །གནའ་བོའི་དུས་ནས་རྒྱུད་པའི་མུན་སངས་པས། །རྒྱལ་བློན་ལྷ་ཅི་འབངས་མི་ཕལ་བས་ཀྱང་། །བསོད་ནམས་གསེར་གྱི་ཐེམ་སྐས་དགུང་དུ་བཙུགས། །ངོ་མཚར་དཔལ་རྫོགས་གཡར་མོ་ཐང་གི་གཞིར། །རྒྱུ་སྐར་མཁའ་ལས་ལྷུང་འདྲའི་འཁྲོག་གི་སྐྱེ། །དང་གཏོང་དཔལ་གྱིས་སྐེམས་པ་མ་ཉམས་པའི། །ཉིན་ལུང་ལྷ་ཡི་ཚོ་ཆེན་བསྐྱར་དུ་ཆགས། །སྐྱེ་འདིའི་སྔོན་བྱུང་ལོ་རྒྱུས་གཟུགས་བརྙན་འབུམ། །བདག་བློ་དྲི་བྲལ་རས་དཀར་ངོས་ཡངས་པོར། །གསལ་བར་ཤར་བའི་གློག་བརྙན་ངོ་མཚར་རིས། །དཔྱོད་ལྡན་དགའ་བ་སྐྱེད་པའི་གཟིགས་མོར་འགྲེམས། །

དེ་ཡང་ཇི་སྐད་དུ། བྱང་ཆུབ་སེམས་དཔའི་སྐྱེས་པ་རབས་ཀྱི་རྟོགས་པ་བརྗོད་པ་ལས། དེ་ནས་ཨིནྡྲ་ནཱིལ་གྱི་མདོག་ལྟར་སྔོ། །ཉི་མའི་འོད་ཀྱིས་གནམ་སྔོན་བཞུ་བ་བཞིན། །ཁོར་ཁོར་ཡུག་ཆུ་འགྲམ་ལྟར་མི་སྣང་། །གཏིང་དཔག་དཀའ་བའི་མཚོ་འཇིངས་ནང་དུ་ཞུགས། །ཞེས་པ་ལྟར་ཉིན་མོར་བྱེད་པའི་ཚ་བའི་འོད་ཀྱི་ཟེར་མས་དགུང་སྔོན་བཞུ་བ་ལས་བབས་པའི་དབང་སྔོན་གྱི་ཞུན་མ་འཛིན་མའི་ཁོར་ཡུག་ཡོངས་སུ་འཁྱིལ་བ་དང་ཆ་ཀུན་ནས་མཚུངས་ཤིང་། རྒྱ་ཆེ་ལ་གཏིང་དཔག་པར་དཀའ་བའི་ཆུ་གཏེར་ཆེན་པོ་ཁྲི་གཤོག་རྒྱལ་མོ་ནི་གངས་རིའི་མགོན་པོ་སྲོང་བཙན་སྒམ་པོས་རང་གི་ཡུལ་གྱི་ཆེ་བ་བརྗོད་སྐབས། ཁྲི་གཤོག་མཚོ་ལ་སླུ་བློན་བྱང་ཆུབ་སེམས། །ཆུ་བོ་ཆེན་པོ་ཀུན་ལ་ཕན་པར་མཛད། །ཅེས་གདེངས་ཅན་བློན་པོའི་ཚུལ་འཛིན་པའི་བྱང་ཆུབ་སེམས་དཔའ་ཆེན་པོ་ཞིག་གི་ཕོ་བྲང་ཡིན་པར་ལུང་དུ་གསལ་བར་བསྟན་ཅིང་། རྗེ་སྐལ་ལྡན་རྒྱ་མཚོས་ཀྱང་། མཚོ་དེའི་དཀྱིལ་རི་གླིང་ཆགས་པ་ལ་དུས་དེང་སང་མ་ཧཱ་དེ་བ་ཟེར། སྔོན་ཆོས་རྒྱལ་སྲོང་བཙན་སྒམ་པོ་དང་། །དཔལ་ཨུ་རྒྱན་པད་མས་ལུང་བསྟན་ཅིང་། །ཀླུ་བྱང་ཆུབ་སེམས་དཔའ་གནས་པའི་ས། །རྗེ་གྲུབ་ཐོབ་མང་པོ་བཞུགས་པའི་གནས། །ཞེས་གསུངས་པ་ལྟ་བུས་མཚོན། སྔོན་བྱོན་མཁས་གྲུབ་དམ་པ་དུ་མས་ཡང་ཡང་བསྔགས་པར་མཛད་པའི་གནས་ཆེན་འགྲན་ཟླ་

དང་བྲལ་བ་ཞིག་ཡིན་ལ། ཆུ་གཏེར་ཆེན་པོ་དེའི་གཡས་གཡོན་སྟོད་སྨད་ཀྱི་ཆ་རྣམས་སུ་གཡུ་ཡི་མེ་ལོང་དང་མཚུངས་པའི་ཐང་ཆེན་པོ་མཐའ་ཡས་པ་དང་། སྤོ་ལྗང་མཐུད་ཀྱི་ན་བཟའ་མཛེས་པར་གསོལ་བའི་རི་ལུང་དུ་མ་ཚར་དུ་དངར་བ་དེ་དག་ཏུ་དེང་དུས་སུ་གནས་འཆར་བའི་བོད་རིགས་ཀྱི་སྡེ། རྐང་ཚ། མདའ་བཞི། བོང་སྟག འབྲུམས་ཏུ་སྟེ་སྡེ་ཆེན་པོ་བཞི་དང་། སྡེ་འབྲིང་ཆུང་མང་དུ་མཆིས་ལ། སོག་རིགས་ཀྱང་སྔོན་དུས་བསྟན་འཛིན་ཆོས་རྒྱལ་གྱི་གདུང་རྒྱུད་དཔོན་ཁག་སོ་གསུམ་དང་མདའ་བརྒྱ་དང་གཅིག་ཡོད་པར་གྲགས་ཤིང་། དུས་ཕྱིས་མཚོ་སྔོན་དུས་འཕྲུག་གི་རྗེས་སུ་དཔོན་ཁག་ཉེར་བཞི་ཞེས་སུ་གྲགས་ཆེ་བ་རྣམས་འཚོ་ཞིང་གནས་པ་ལས། འདིར་འགོད་པ་སྐབས་སུ་བབ་པ་ནི། མདོ་སྨད་ཀྱི་ཡུལ་དུ་བོད་སྦྲ་ནག་ཁག་གསུམ་ཡོད་པར་གྲགས་པའི་ནང་གསེས་འབྲུམས་ཏུའམ་ཉིན་ལུང་ཚོ་བ་བཅུ་གཉིས་སམ་དྲུག་ཏུ་འབོད་པའི་སྡེ་ཆེན་འདིའི་ལོ་རྒྱུས་དང་། སྔོན་གྱི་སྡེ་འདིའི་སྟོང་དཔོན་ཚང་གི་ཁྲིམ་རྒྱུད་ཇི་ལྟར་བྱུང་བའི་ལོ་རྒྱུས་མདོ་ཙམ་བྲི་བར་བྱའོ། །

དེ་ལ་ཚོ་བ་འདི་ད་ལྷ་གནས་པའི་སྣོད་ཀྱི་བཀོད་པའི་ལོ་རྒྱུས་མདོ་ཙམ་བརྗོད་པ་དང་གཅིག ཚོ་བ་འདིའི་ལོ་རྒྱུས་གང་ངེས་ཙུང་ཟད་བཤད་པ་དང་གཉིས། འདི་དང་འབྲེལ་བའི་དོན་གཞན་འགའ་བརྗོད་དེ་མཇུག་བསྡུ་བ་དང་གསུམ་ལས།

དང་པོར་ཡུལ་འདིའི་སྣོད་ཀྱི་བཀོད་པའི་ལོ་རྒྱུས་མདོ་ཙམ་བརྗོད་པ། སྡེ་འདི་ད་ལྷ་གནས་སའི་ཡུལ་ནི། མཚོ་མགོ་དང་མཚོ་སྒྲིབ་ཀྱི་རི་ཐང་རྣམས་ཡིན་པས། ཐོག་མར་མཚོ་མགོ་ན་ཟི་དགུ་ཞེས་སུ་གྲགས་པའི་རི་བོ་ཤིན་ཏུ་མཐོན་པོ་ཞིག་ཡོད་པ་དེ་ནི། རྨ་ཆེན་སྤོམ་རའི་སྲིང་མོ་སྨན་བཙུན་དབང་ཕྱུག་གི་ཕོ་བྲང་ཡིན་པར་གྲགས་ཤིང་། གཞན་ཡང་ངག་རྒྱུན་ལ་བླ་བྲང་བཀྲ་ཤིས་འཁྱིལ་གྱི་དགེ་བའི་བཤེས་གཉེན་ཆེན་པོ་ཞིག་ཨ་རིག་དགོན་ཆེན་གྱི་དགེ་རྒན་དུ་གདན་དྲངས་ནས་བྱོན་པའི་མཚན་མོ་དེར་ཁོང་གི་མཚན་ལམ་དུ། བརྟན་མ་བཅུ་གཉིས་ཀྱིས་བླ་བྲང་འདུ་ཁང་ནས་ཁོང་གི་འདིང་བ་ཁྱེར་སོང་བ་གསལ་བར་རྨིས་ཤིང་། རི་འདིའི་ཉེ་འགྲམ་བརྒྱུད་ནས་ཕེབས་སྐབས་གློ་བུར་དུ་དགེ་བཤེས་འདས་པས། ཞབས་ཞུ་བ་

བ་འགགས་སྐུ་གདུང་བསྡུངས་ནས་བསྟོད་པ་ལས་གདན་འདྲེན་མཁན་གཞན་རྣམས་བླ་བྲང་དང་ཨ་རིག་དགོན་ཆེན་དུ་ཕེབས་ནས་དགོངས་རྫོགས་བསྒྲུབས་རྗེས་མ་འགྱངས་པར་དགོན་སྡེ་གཉིས་ནས་བླ་གྲྭ་མང་དུ་ཕྱིན་ཏེ་སྐུ་གདུང་ལ་མཇལ་བར་རྩོམ་སྐབས་སྐུ་གདུང་མེད་པས། ཐམས་ཅད་ཅི་བྱ་གཏོལ་བྲལ་དུ་གྱུར་ཏེ། ལྷ་བ་ཞིག་ལ་ཟོ་དགུ་ཕབ་པ་ན། སྐུ་གདུང་ཁོ་མོས་དད་རྟེན་དུ་སྤྱན་དྲངས་སོ་ཞེས་ཞལ་གྱིས་འཆེས་སོ། །དེ་བས་རི་འདིར་བརྟན་མ་བཅུ་གཉིས་གནས་པར་ཡང་བཤད་དོ། །

ཟོ་དགུ་ཞེས་པ་ནི། རི་བོ་ཆེན་པོ་འདིའི་མགུལ་དུ་མཚོ་ལུང་ཞེས་པའི་ལུང་བ་ཞིག་ཡོད་པ་དེར་མཚོའུ་ཆེ་ཆུང་དགུ་ཡོད་པ་འོ་མ་ཟོ་བ་དགུ་ཡིན་པས་ཡུལ་འདིར་ཕྱུགས་ཀྱི་རིགས་སྤྱི་དང་ཁྱད་པར་འབྲུ་དང་མཛོ་མོའི་འཕེལ་ཁ་མགྱོགས་ཤིང་། དཀར་ཆུ་འཕེལ་བའི་རྟེན་འབྲེལ་ཡོད་པས་ཟོ་དགུ་གཡང་མཚོ་ཕྱུག་མོ་ཟེར་བ་ཡིན། ཞེས་རྒན་རབས་ཀྱི་ངག་རྒྱུན་ལས་འབྱུང་ངོ་། །རི་འདིའི་མགུལ་ལ་དེང་སང་ཚང་མས་ཉི་སེར་གོང་ཁ་ཟེར་མོད་གནའ་དཔེ་དག་པ་རྣམས་སུ་ནེའུ་གསིང་གོང་ཁ་ཞེས་བྲིས་སྣང་ངོ་། །མཚོ་སྔོན་པོའི་ཤར་ཕྱོགས་ཀྱི་རྫོ་ཉི་ཟླ་ནི། རྒྱ་བཟའ་བུན་ཁྲིན་ཀོང་ཇོ་བོད་ལ་ཕེབས་སྐབས་ཕ་ཡུལ་ལ་ཞེན་པ་འདོར་ཆེད་བློན་པོ་མགར་གྱིས་ཐབས་ཀྱིས་ཀོང་ཅོ་ལ་ཐང་གི་རྒྱལ་པོའི་མཛོད་དུ་གསེར་དངུལ་གྱི་ཉི་ཟླ་གཉིས་ཡོད་པ་སློང་དུ་བཅུག་པ་ལ་རྒྱལ་པོས་སྟེར་མ་ཕོད་པར་མགར་ལ་ཐབས་དྲིས་པས། མགར་གྱིས་རྫོ་ཡི་ཉི་ཟླ་འདྲ་བ་གཉིས་བཟོས་ལ་གསེར་དངུལ་གྱི་ཆོས་བྱུགས་ཏེ་ཀོ་བློན་གྱིས་བཏུམ་ལ་བོད་ཡུལ་གྱི་དབུས་ལམ་སླེབས་བར་དུ་ཁ་འབྱེད་མི་ཆོག་པར་བཀའ་བསྩལ་ན་དེས་འཐུས། ཞེས་གསོལ་བ་བདེན་པར་བསམ་ནས་དེ་ལྟར་བྱས་ཡོད་པ་ལ། ཀོང་ཇོ་འཁོར་བཅས་རི་བོ་འདི་བརྒྱུད་ནས་ཕེབས་སྐབས་མགར་གྱིས་རྗེས་ཟིན་པས། ཀོང་ཇོ་ལ་ཁྱོད་ཕེབས་རྗེས་ཡབ་ཡུམ་གཉིས་ཀྱིས་ཁྱོད་ལ་བརྩེ་མཐོང་ཆེན་པོ་གནང་གི་མེད་མོད། ཕོ་བོའི་ཚིག་ལ་ཁྱོད་ཀྱི་ཡིད་ཆེས་གནང་དཀའ་བས། ཐུགས་མི་ཆེས་ན་ཉི་ཟླ་ལ་གཟིགས་པར་ཞུས་པ་ལྟར་གཟིགས་པས། ཆོས་ཀོ་བཏྲོན་གྱི་ངོས་ལ་འབྱར་ནས་རྫོ

གསལ་བར་མངོན་པ་མཐོང་བས་ངོ་ཚ་ཞིང་ཐུགས་ཁྲེལ་བའི་ཚུལ་གྱིས་རྗོ་གཉིས་རེའི་གཡས་གཡོན་དུ་ཐབ་ལ་བསྐྱིལ་ནས་འདི་གཉིས་སྔར་རི་མགོ་འདིར་རང་བཞིན་གྱིས་མ་འདུས་པའི་བར་དུ་ཕ་ཡུལ་དུ་མི་འགྲོ་བའི་བྲོ་བོར་བར་གྲགས་པའི་རྗོ་དེ་གཉིས་ལ་རྗོ་ཉི་ཟླ་ཟེར་བར་མདོ་སྨད་ཆོས་འབྱུང་དུ་གསུང་ན་ཡང་། ཕོ་བོའི་རྫོངས་འཆར་ལ། རྒྱ་བོད་ཀྱི་ལོ་རྒྱུས་བསྡུས་བཅོས་ཚད་ལྡན་རྣམས་སུ། བཙན་པོ་ཁྲི་ལྡེ་གཙུག་བརྟན་མེས་ཨག་ཚོམ་གྱི་དུས་དང་། ཐང་ཝེན་ཙུང་ལི་ལུང་ཅི། ཁེ་ཡོན་ཁྲི་ལོ་བཅུ་བདུན་པ་སྤྱི་ལོ་༡༦༧༨ལོར། ཐང་གོང་མས་ཧོང་ཧྲུའུ་ཕེ་མེན་བྱ་བ་དང་། ཀྲང་ཡོན་ཧྲང་བྱ་བ་གཉིས་བོད་དུ་ཕོ་ཉར་མངགས་པ་དང་། བོད་ཀྱིས་ཀྱང་བློན་ཆེན་སྨིན་ལེགས་བྱ་བ་ཐང་གི་ཁབ་ཏུ་མངགས་ཤིང་། ཐང་གོང་མས་སྔར་ཡང་བློན་པོ་ཚས་ལིན་བྱ་བ་བོད་དུ་བཏང་བ་སོགས་ཐང་བོད་མཛའ་འབྲེལ་ཡོད་པའི་དོན་དུ་ཕོ་ཉ་མང་པོ་མངགས་པའི་མཐར་བོད་ཀྱི་བཙན་པོ་དང་ཐང་གོང་མ་དཔོན་ཞང་གཉིས་དགོངས་པ་གཅིག་ཏུ་མཐུན་ཏེ། ཁེ་ཡོན་ཁྲི་ལོ་ཉེར་གཉིས་པ་སྤྱི་ལོ་༡༦༨༣ལོར་ཐང་གོང་མས་དམག་དཔོན་ལི་ཆོན་བྱ་བ་ཕོ་ཉར་མངགས་ནས་ཁྲི་ལིན་ལ་དམར་དུ་ས་མཚམས་འབྱེད་པའི་རྗོ་རིང་བརྩིགས་ཤིང་ཧ་དང་ཛ་སོགས་ཉོ་ཚོང་བྱས་པར་བཤད་པའི་ཁྲི་ལིན་ལ་དམར་ཞེས་པ་ས་ཆ་འདི་ཡིན་ལ། ས་དེར་གནམ་ལ་ཉི་ཟླ་ཟུང་གཅིག་དང་ས་ལ་བཙན་པོ་དཔོན་ཞང་ཞེས་པ་མཚོན་ཆེད་རྗོ་ལ་ཉི་ཟླའི་གཟུགས་བཀོས་པར་བོད་ཀྱི་ལོ་རྒྱུས་དེབ་ཐེར་དག་ཏུ་གསུངས་པའང་རྗོ་ཡི་ཉི་ཟླ་འདི་ཡིན་ནམ་སྙམ་མོ། །

རིག་སྨོན་གཞུང་ནི། ཡུལ་འདིའི་ཁན་པོ་རྣམས་ཀྱི་ངག་རྒྱུན་ལ་ས་ཆ་འདི་ནི་རྩྭ་ཆུ་འཛོམས་ཤིང་ཕྱུགས་ཟོག་འཕེལ་བའི་གནས་རྣམ་དུ་བྱུང་བ་ཞིག་ཡིན་གཤིས། མི་ཀུན་གྱིས་མཐོང་ན་སྨོན་པ་འཆོར་བས་དེ་སྐད་བཏགས་པར་བཤད་ཅིང་། སུམ་པའི་མཚོ་སྔོན་ལོ་རྒྱུས་སུའང་རིག་སྨོན་ཞེས་བྲིས་སྣང་ནའང་། ས་འདི་མ་གཞི་ཐང་ཆེན་ཞིག་ཡིན་པ་ལ། སྐང་འབུར་ཆུང་ཆུང་མང་པོ་ཡོད་པས་ཨ་མདོའི་སྐད་དུ་སྐང་འབུར་ཆུང་ཆུང་རིམ་པར་ཆགས་པ་ལ་རིགས་ཟེར་སྐབས། དེ་ལྟ་བུའི་རིགས་མང་པོ་ཡོད་པ་ལ་རིགས་མང་ཟེར་བ

ཟུར་ཆག་ནས་དེང་དུས་རིག་མོར་གྱུར་ཅིང་། མཁས་པ་རྣམས་ཀྱིས་ཇི་ལེགས་སུ་བཏང་སྟེ་རིག་སྨོན་དུ་བཅོས་པ་ཡིན་ནམ་སྙམ་སྟེ་དཔྱད་པར་བྱའོ། །

གཞན་དུ་ན། ས་ཆ་འདིའི་མིང་ལ་རིག་སྨོན་ཞེས་པ་དོན་ལ་གནས་པའང་ཡིན་ཏེ། སློན་པོ་མགར་དང་རྒྱ་བཟའ་ཀོང་ཇོས་ཇོ་བོ་རིན་པོ་ཆེ་གདན་དྲངས་ནས་དབུས་སུ་ཕེབས་སྐབས་གནས་འདིས་མཚོན་མདོ་སྨད་ཀྱི་ས་ཆ་ཕལ་ཆེར་བྱིན་གྱིས་རླབས་པར་མདོ་སྨད་ཆོས་འབྱུང་དུ་གསུངས་པ་དག་པར་སེམས་ལ། ཆོས་ཀྱི་རྒྱལ་པོ་སྲོང་བཙན་སྒམ་པོ་འདས་རྗེས། གྲུ་གུས་ངོ་ལོག་བྱས་ཏེ་རྒྱ་ལ་ངོ་ལྟས་ཤིང་བོད་དབུས་སུ་རྒྱ་དམག་གི་སྐད་ཆེན་པོ་བྱུང་བ་ལ་དེས་མཛངས་སློན་ཆེན་པོ་མགར་གྱིས་བོད་དམག་ཁྲི་བཅུ་ལྷག་འཁྲིད་དེ་མདོ་སྨད་ཀྱི་ཡུལ་འདིར་ཕེབས་ནས་རྒྱ་དང་གྲུ་གུའི་དཔུང་ཕམ་པར་བྱས་ཤིང་གྲུ་གུ་སླར་ཡང་འབངས་སུ་བཀུག་པ་དང་། དེའི་རྗེས་མཚོན་ནག་སྟོང་རུར་རྒྱ་དམག་ཁྲི་ཚོ་བརྒྱད་ཀྱིས་བོད་དམག་སྟོང་ཚོ་གཅིག་མ་ཐུབ་པར་ཕམ་པས་བརྒྱད་ཁྲི་སྟོང་རྟགས་སུ་གྲགས་པའི་དོན་ཆེན་དེ་བྱུང་བ་དང་། སློན་ཆེན་མགར་སྟོང་བཙན་གྱིས་བོད་དམག་འབུམ་ཚོ་ལྷག་ལ་བཀོད་འདོམས་གནང་སྟེ་སུ་མཐུད་དུ་ཐང་གི་དམག་དང་འཐབ་ནས་ཕམ་པར་བྱས་ཏེ་སོ་ཁ་བསྲུངས་ཤིང་འ་ཞའི་ཡུལ་ནས་ལོ་བདུན་ལ་བཞུགས་པར་ཧུང་ཧོང་གཏེར་ཡིག་སོགས་སུ་གསལ་ལ། སྐབས་དེ་དག་ཏུ་སློན་པོ་མགར་རིག་སྨོན་ཞེས་པའི་ཡུལ་འདིས་མཚོན་མཚོ་སྔོན་པོའི་འགྲམ་རྒྱུད་འདི་དག་ཏུ་ཡུན་རིང་བཞུགས་པར་མངོན་ཏེ། ས་འདིའི་སྐྱེ་བོ་རྣམས་ཀྱི་ངག་རྒྱུན་ལ། ད་ལྟའི་མཚོ་སྔོན་གི་འོག་ཐད་དུ་ཆུ་མིག་ཆུང་ངུ་འཁྱིལ་བ། ཆུ་རྒྱུན་མི་འགྲོ་བ་ཞིག་གི་སྟེང་དུ་ཤིང་གི་སྒོ་ཆུང་ལྷ་བུ་བཙུགས་ནས་ཆུ་ལེན་དུས་མིན་པར་གཏན་པ་ཞིག་ཡོད་པ་ལ། མགར་ས་འདིར་བཞུགས་སྐབས་ཁོང་གི་ཞབས་ཞུ་བས་ཆུ་ལེན་དུས་བརྗེད་ནས་སྒོ་གླེགས་མ་གཏན་པས་ཆུ་མིག་ལས་ཆུ་འཕྱུར་ནས་ཐང་དེ་ཉིད་ཁྱབ་པས་མི་ཁྱིམ་ཁྲི་ཕྲག་ཆུ་ནང་དུ་ཤོར་བས་ཁྲི་ཤོར་རྒྱལ་མོར་གྲགས་ཤིང་། མགར་གྱིས་ར་ལུག་གི་ཀླད་བུར་གྱོན་ཆོས་རྣམས་ཆུགས་ལ་དབུགས་ཀྱིས་སྦྱོས་པར་བྱས་ནས་མི་ཚང་མ་དེར་ཞེན་དགོས་པའི་བཀའ་ཕབ་པ་དེ་བཞིན་

བྱས་པ་རྣམས་ལ་སྐྱོན་ཅི་ཡང་མ་བྱུང་བའི་ལྷ་སྒྲུང་ལྟ་བུ་ཞིག་བཤད་སྲོལ་ཡོད་པ་དང་། མཚོ་སྔོན་པོ་དེ་ལྟར་འཁྱུར་བ་ག་ལ་ཡིན་ཡང་། བློན་ཆེན་མགར་ཕྱོགས་འདིར་ཡུན་རིང་བཞུགས་ནས་དམངས་ལ་ཕན་པའི་བྱ་བ་མང་པོ་བསྒྲུབས་སྟབས། གནའ་མི་རྣམས་ཀྱིས་ཁོང་གི་འགྲན་ཟླ་བྲལ་བའི་བློ་གྲོས་དང་སྙིང་སྟོབས། དམངས་ལ་ཕན་པའི་མཛད་པ་དང་ལྷག་བསམ་བཅས་ལ་བསྔགས་པ་བརྗོད་ཆེད་ངོ་མཚར་བའི་སྒྲུང་གཏམ་དེ་དག་ཆེད་དུ་བཟོས་པ་ཡིན་ནམ་སྙམ། དེར་མ་ཟད་མཚོ་མོའི་གཡོན་ཕྱོགས་ཀྱི་རི་བོ་ཆེན་པོ་ཞིག་ཡོད་པ་དེ་ལ་བློན་པོ་གསེར་ཆེན་ཞེས་གྲགས་པ་དང་། བློན་པོ་མགར་ཕྱོགས་འདིར་ཡུན་རིང་བཞུགས་པ་ལ་རྗེས་དྲན་བྱེད་ཆེད་མིང་དེ་ལྟར་གསོལ་བར་གྲགས་ཤིང་། དམ་པ་གང་གི་མཛད་རྗེས་རྣམས་རིན་ཆེན་གསེར་གྱི་རི་བོ་ཆེན་པོ་བཞིན་དུ་བསྐལ་བ་མ་སྟོང་བར་དུ་འོད་སྟོང་ལྷམ་མེར་འགྲོ་ཞིང་འགྱུར་བ་མེད་པའི་བརྟར་གོ་བར་བྱའོ། །

གཞན་ཡང་། བོད་ཀྱི་དེབ་ཐེར་དག་ཏུ་མགར་མདོ་སྨད་ཀྱི་དམག་ཐོག་ཏུ་འདས་པར་བཤད་ཀྱང་། ཏུང་ཧོང་གཏེར་ཡིག་ཏུ་ལུག་གི་ལོར་བཀྱུད་ཁྲི་སྟོང་རྟགས་ཀྱི་དོན་ཆེན་དེ་བྱུང་རྗེས། མགར་སྟོང་བཙན་སྤྲེའུ་ལོ་ནས་གླང་གི་ལོའི་བར་གྱི་ལོ་དྲུག་ལ་འ་ཞའི་ཡུལ་དུ་བཞུགས་ཤིང་། སྟག་གི་ལོར་ཡར་དབུས་ལ་ཕེབས་ནས་ནད་ཀྱིས་གཙེས་ཏེ་ཡོས་བུའི་ལོར་འདས་པར་བཤད་དོ། །གཏེར་ཡིག་ཏུ་ད་དུང་འདི་ལྟར་འཁོད་དེ། དེའི་འོག་ཏུ་ཁྲུང་པོ་སྤུངས་སད་ཟུ་ཙེས་སྐྱུ་བྱས་པ་ལས་འོ་མ་ལྡེ་ལོད་བཙན་དང་རེགས་མཇལ་ནས། མཁར་ཁྲི་ཕོམས་སུ་མཆིས་ཏེ་གློ་བ་རིངས་པ། མགར་ཡུལ་ཟུང་གིས་ཚོར་ནས། རང་གི་མགོ་བཆད་དེ་གུམ་མོ། །ཞེས་པ་ནས། དེའི་འོག་ཏུ་མགར་སྟོང་བཙན་ཡུལ་ཟུང་གིས་བྱས་སོ། །ཡུལ་ཟུང་རྒས་ནས། འོ་མ་ལྡེ་ལོད་བཙན་བཙུག་གོ། རིང་པོ་མ་རེག་པར་གློ་བ་རིངས་ནས་བགུམ་མོ། ཞང་ནས་བློན་སྟོང་བཙན་སྣར་བཙུག་སྟེ། ལོ་དྲུག་བགྱིས་ནས་རྒས་ཏེ་གུམ་མོ། ཞེས་སོ། །འདི་ལས་རྟོགས་ཐུབ་པ་ནི། མགར་སྟོང་བཙན་ནི་སྲོང་བཙན་གཞོན་དུས་ཀྱི་བློན་ཆེན་མིན་པར་སྐབས་དེའི་བློན་ཆེན་ནི་ཁྲུང་པོ་སྤུངས་སད་ཟུ་ཙེ་བྱས་ཤིང་། དེས་རྒྱལ་

པོ་རང་ཡུལ་དུ་གདན་དྲངས་ནས་སྐྱིག་ཏུ་དགྲོང་རྩིས་བྱེད་པའི་གཡོ་རྫུས་མགར་གྱིས་ཤེས་ཏེ་རྒྱལ་པོར་ཞུས་པ་ལ་བརྟེན་ནས་ཁྲུང་པོ་སྤུངས་སད་ཟླ་ཅེས་རང་སྲོག་བཅད་རྗེས་བློན་ཆེན་པོ་གནས་མགར་སྟོང་བཙན་ལ་སྤྲད་པ་ཡིན་ལ། མགར་ཀྲས་ནས་འོ་མ་ལྡེ་ལོད་བཙན་བློན་ཆེན་པོར་བསྐོས་ཀྱང་། དེས་རྒྱལ་པོར་ངོ་ལོག་མཛད་སྟབས་མི་རིང་བར་བཀྲོན་ཐབས་ནས་བསད་རྗེས་སླར་ཡང་མགར་སྟོང་བཙན་བློན་ཆེན་པོར་དབང་བསྐུར་ཏེ་བོད་དམག་འབུམ་ཕྲག་ཁྲིད་ནས་གྲུ་གུའི་དཔུང་ཕམ་པར་བྱས་པ་སོགས་ལ་དཔྱད་ན། འོ་མ་ལྡེ་ལོད་བཙན་གྱི་སྐྱོད་དོན་དང་། རྒྱ་དམག་གི་སྐད་ཆེན་པོ་བྱུང་བ། གྲུ་གུས་ངོ་ལོག་བྱས་པ་སོགས་འབྲེལ་བ་ངེས་ཅན་ཞིག་ཡོད་དམ་སྙམ་སྟེ་དཔྱད་པར་བྱའོ། །གཞན་ཡང་། མགར་སྟོང་བཙན་འདས་རྗེས་ཀྱི་ལོ་བཅུ་ཕྲག་ལྔག་གི་དུས་ཡུན་དུ་མགར་ཀྲས་ནས་འདས་པ་ལ་དཔག་ན། སྲོང་བཙན་སྒམ་པོ་དགུང་ལོ་སོ་བཞི་ལས་མ་བཞུགས་པར་བཤད་པ་ནི་མི་བདེན་པར་ཧ་ཅང་གསལ་ལོ། །ཞེས་པ་འདི་ཞོར་བཤད་ཙམ་སྟེ། རྒྱུས་པར་བདག་གི་སྲོང་བཙན་འཁྲུངས་འདས་ཀྱི་ལོ་ཚིགས་དོགས་དཔྱོད་དུ་སྟོས་དང་རྟོགས་པར་འགྱུར་རོ། །མདོ་སྨད་འདིར་སྐྱེས་པོ་རྣམས་ཀྱི་ངག་རྒྱུན་ལ། སྲོང་བཙན་སྒམ་པོས་མགར་ལ་བཀྲོན་ཐབ་ནས་མཚོ་ཁ་འདིར་སྤྱུགས་པར་བཤད་པ་ནི། གནའ་དེང་གི་ལོ་རྒྱུས་བསྟན་བཅོས་གང་དང་ཡང་མི་མཐུན་པས་མི་འཐད་ལ། འོ་ན་ངག་རྒྱུན་དེ་གང་ལ་བརྟེན་ནས་བྱུང་ངམ་སྙམ་ན། རྒྱལ་པོ་ཁྲི་འདུས་སྲོང་གི་རིང་ལ་མགར་སྟོང་བཙན་གྱི་བུ་ཁྲི་འབྲིང་སོགས་ལ་བཀྲོན་ཐབ་པ་དེ་ལ་འཁྲུལ་ལམ་སྙམ་མོ། །དེ་ལྟར་མགར་སྟོང་བཙན་ལོ་མང་པོར་འ་ཞའི་ཡུལ་དུ་བཞུགས་པར་བཤད་པའི་འ་ཞའི་ཡུལ་ཞེས་པ་ཡུལ་གང་དག་ཡིན་ནམ་སྙམ་ན། ཡུལ་དེ་ནི་མཚོ་སྔོན་པོའི་འགྲམ་རྒྱུད་ཀྱི་གནས་འདི་དག་འདུས་པའི་མདོ་སྨད་ཀྱི་ཡུལ་རྣམས་ཡིན་ཏེ། ཆོས་འབྱུང་མཁས་པའི་དགའ་སྟོན་ལས། རྨ་སློམ་ར་མན་ནས་ཀ་ཐང་ཀླུ་ཚོས་ཡན་ལ་མཐོང་ཁྱབ་སྲིད་སྡེ་དགུ་དང་འ་ཞ་སྟོང་སྡེ་དྲུག་གནས་པ་ལ། རྒྱའི་སོ་མཁར་གྱི་ལྕགས་རིའི་སྟེང་དུ་རྟ་བ་དགུ་བསྒྲིགས་རྒྱུགས་པའི་ནང་ནས་མི་མཁར་ཐང་ཙམ་གྱིས་དགྲ་སྟའི་ཁ་བྲུ་རེ་ཙམ་ཐོགས་ནས་

གྲོལ་བའི་ཚེ། སྟོང་སྟོང་གི་བུ་ཕྱུགས་མཚམས་ཀྱིས་དཔོན་བྱས་ནས་དཔའ་མཚན་དུ་རལ་གྲིའི་ཤུབས་བཅགས། ཁ་ཆེམས་ཉེ་བ་ལ་བཞག བུ་སྨད་ཉེ་དྲུང་ལ་བཅོལ་ནས་གྲོལ་བས་རྒྱུ་ཐུལ་བས་སྨད་ཀྱི་དཔའ་སྡེ་ཞེས་བྱ་བར་གསུངས་སོ། །རྩ་སྒྲོམ་ར་ནི་རྩ་ཆེན་གངས་རི་སྟེ་དེང་དུས་སུའང་དེ་ལྟར་འབོད་ལ། ཀ་ཐང་བླུ་ཚོས་ཞེས་པ་དེང་སྐབས་ཀྱི་ཀ་ཆུ་དང་བླུ་ཆུ་ཞེས་པ་འདི་དག་ཡིན་ནམ་སྙམ་མོ། །དེ་ལྟར་སྔོན་པོ་མགར་སྟོང་བཙན་ཕྱོགས་འདིར་ཡུན་རིང་བཞུགས་པར་མ་ཟད་ཁུང་ཏོང་གཏེར་ཡིག་དང་རྗེ་ཞོལ་གྱི་རྡོ་རིང་གི་ཡི་གེར་གསལ་བར་འཁོད་པའི་གཡར་མོ་ཐང་ཞེས་པའང་མདོ་སྨད་སྤྱི་དང་། ཁྱད་པར་དུ་མཚོ་སྔོན་པོའི་འགྲམ་རྒྱུད་ཀྱི་ཐང་ཆེན་འདི་དག་ཡིན་པས། བོད་ཀྱི་བཙན་པོ་མང་སྲོང་དང་འདུས་སྲོང་གི་དུས་སུ་མགར་གྱི་སྲས་ཁྲི་འབྲིང་བཙན་བྲོད་སོགས་ཀྱིས་དམག་འཐབ་དྲག་པོ་མང་དུ་མཛད་ནས་རྒྱའི་དམག་དཔོན་ཆེན་པོ་ཞའོ་རིན་ཀོས་དང་བང་ཞོན་ཚེ་སོགས་ཕམ་པར་བྱས་ནས་ཡུན་རིང་ཙམ་ལ་ཡུལ་འདི་དག་ཏུ་བཞུགས་པར་གོར་མ་ཆག་གོ། དེའི་རྗེས་ཁྲི་ལྡེ་གཙུག་བརྟན་གྱི་དུས་སུ་ལ་དམར་(ཉི་ཟླ)དུ་ཐང་བོད་ས་མཚམས་ཕྱེ་བ་གོང་ནས་བཤད་ཟིན་ལ། དེའི་རྗེས་སུའང་ས་ཆ་འདིར་བོད་ཀྱི་རྒྱལ་བློན་རྣམས་ཀྱིས་ཆབ་སྲིད་དང་དམག་དོན་གྱི་བྱེད་སྒོ་མང་དུ་སྤེལ་བའི་ཚུལ་རྒྱ་བོད་ལོ་རྒྱུས་རྣམས་སུ་སྣང་བས་དེ་དག་ཏུ་བལྟ་བར་བྱ་ཞིང་། འདིར་སྐབས་དོན་སྤྲིབ་པར་འགྱུར་བའི་ཕྱིར་མ་བཀོད་དོ། །དེས་ན་ས་ཆ་འདི་ལ་རིག་སྔོན་དུ་འབོད་པའང་དོན་དང་ལྡན་པ་ཤེས་པར་བྱའོ། །

གཞན་ཡང་། རྒྱལ་དབང་ལྔ་བའི་རང་རྣམ་དུ། མཚོ་ཟའི་རིང་མོའི་ཐང་དུ་བྱ་ཁྱུང་མཁན་པོ་སོགས་ཀྱིས་བསུ་བ་བྱས་ཚུལ་གསུངས་པའི་རིང་མོ་ཐང་ཡང་ས་ཆ་འདི་ཡིན་པས་རིང་མོ་ཞེས་པ་དག་པར་ཡང་ངེས་པས་གང་ལྟར་བཤད་ན་ཡང་མི་འགལ་ལོ། །འདི་མཚོ་ཟ་མིན་པས་མི་འཐད་ཅེ་ན། ཁོང་གིས་གཞན་བཞིན་གསུངས་པར་ངེས་ཤིང་། ས་འདིར་ཆུ་བཞུར་ཕྱོགས་ཀྱིས་སའི་མགོ་ཟ་སྤྱི་དང་མི་མཚུངས་པས་རྒྱའི་སྐད་དུ་ས་མིང་ལ་ཧོ་ཐང་ཧོ་སྟེ་ཧོག་འབབ་ཆུ་ཞེས་པ་ཡིན་ནོ། །འ་ཞའི་ཡུལ་ཡང་དེབ་དཀར་དུ་ཨུ་ཏུ་སིའི་མངའ་ཁུངས་

ཡིན་པར་བཤད་པ་ནོར་བར་ཤེས་སླ་ལ། འ་ཞའི་མི་རིགས་ཀྱང་དེང་དུས་ཀྱི་ཧོར་རིགས་ཡིན་པར་འགའ་ཞིག་འཆད་མོད། ཧོར་རིགས་ནི་མདོ་སྨད་ཆོས་འབྱུང་སོགས་ལས་ཆེན་པོ་ཧོར་གྱི་དུས་སུ་མཚོ་སྔོན་དུ་ཡོང་བའི་སོག་དམག་གི་རྒྱུད་ཡིན་པར་གསུངས་ཤིང་། ཁོ་ཚོའི་ཁན་རབས་ཀྱི་ངག་རྒྱུན་དུ་ཡང་དེ་ལྟར་གྲགས་པ་ཉིད་ཚད་མ་ཡིན་ལ། དེར་མ་ཟད་ཁོ་ཚོའི་སྐད་ཆ་མང་ཆེ་བ་སོག་སྐད་ཟུར་ཆག་པ་དང་གོན་པ་སོགས་ཡུལ་སྲོལ་སོག་རིགས་དང་ཧ་ཅང་འདྲ་བས་ཀྱང་ཤེས་ནུས་སོ། །ཐུའུ་བཀྭན་གོང་མ་ཆོས་ཀྱི་རྒྱ་མཚོ་འཕྲིན་ལས་གཞིས་དེར་ཐུའུ་བཀྭན་ཟེར་བ་རྒྱའི་གནའ་དུས་སུ་འ་ཞ་ལ་ཐོའུ་བཞི་ཧུང་ཟེར་བ་ཟུར་ཆག་པར་འགའ་ཞིག་འདོད་ཀྱང་། དེ་ནི་སའི་བདག་པོ་ཞེས་པའི་ཚིག་ཞིག་གི་དོན་ཡིན་པར་དགོན་ལུང་གདན་རབས་ལས་གསུངས་པས། ད་ལྟའི་ཧོར་རིགས་ལ་རྒྱའི་ཐོའུ་ཟེར་བའང་ཤེས་ནུས་ལ་འདིའི་ཐོའུ་ནི་རྒྱ་ཡིག་སའི་མིང་ཡིན་པས་དོན་ལ་ཡང་འགྲོར་བར་སེམས་སོ། །འ་ཞ་ཞེས་པ་མདོ་སྨད་དུ་གནས་པའི་བོད་རིགས་ཚོ་སྐོར་ཆེན་པོ་ཞིག་ཡིན་ཚུལ་གོང་ནས་བཤད་ཟིན་ལ། ད་ལྟ་འ་ཞ་མི་ཟེར་བ་ཅི་ཡིན་ནམ་སྙམ་ན་མདོ་སྨད་དུ་ཏུས་ག་ཅོག་ས་སུ་མི་འཛིན་པར་ད་ལྟ་ནུབ་ནས་མཁས་པ་འགའ་རེ་ལས་ཕལ་བ་རྣམས་ཀྱིས་རང་གི་ཏུས་གང་ཡིན་མི་ཤེས་པའི་ཚོད་དུ་བསླེབས་ཟིན་པས་འ་ཞ་ཡང་ནུབ་པ་ཡིན་ནོ། །འདི་དང་རྒྱའི་ལོ་རྒྱུས་སུ་བཤད་པའི་ཐོའུ་བཞི་ཧུང་གཅིག་ཡིན་མིན་ད་ཏུང་བརྟག་པར་བྱའོ། །འདི་ལྟར་ས་ཆ་རེའི་མིང་དོན་ལོ་རྒྱུས་དང་འབྲེལ་བར་བྲིས་ན་དཔྱོད་ལྡན་དགའ་བ་སྐྱེད་པའི་མཆོད་ཡོན་དུ་འགྱུར་སྲིད་མོད་ཡིག་ཚོགས་ཆེ་བས་འདི་ཙམ་གྱིས་ཆོག་ཤེས་པར་བྱའོ། །དེ་ལྟར་ས་ཆ་འདི་གནའ་དུས་བོད་ཆེན་པོའི་མངའ་འོག་ཏུ་གཏོགས་ཤིང་། མགར་སྟོང་བཙན་སོགས་བློན་ཆེན་མང་པོ་སྔ་ཕྱིར་ཕེབས་པ་དང་། སློབ་དཔོན་ཆེན་པོ་པདྨ་འབྱུང་གནས་འདིར་རྫུ་འཕྲུལ་གྱིས་ཕེབས་ནས་སྲིན་པོ་བཏུལ་ཞིང་མཚོ་སྔོན་ལ་ཐིག་མཛུབ་ཀྱི་ཕྱག་རྒྱ་བཞག་པ་དང་། ཕྱིས་ས་པཎ་དང་འགྲོ་མགོན་འཕགས་པའང་ཧོར་ཡུལ་ལ་བྱོན་པའི་ལམ་ནས་གནས་འདིར་ཕེབས་པ་དང་། གྲུབ་ཆེན་ཤྭང་དཀར་བའང་མཚོ་སྔོན་ནས་ཡུན་རིང་བཞུགས་པས་འདིར་ཕེབས་ངེས་པ་

དང་། རྒྱལ་བ་བསོད་ནམས་རྒྱ་མཚོ་དང་ཡོན་ཏན་རྒྱ་མཚོ། ལྷ་བ་ཆེན་མོ་དང་། བཅུ་གསུམ་པ། བཅུ་བཞི་བ་སྟེ་ཀུན་གཟིགས་རྒྱལ་བའི་དབང་པོ་སྐུ་ཕྲེང་ལྔ་དང་། པཎ་ཆེན་དཔལ་ལྡན་ཡེ་ཤེས། ཆོས་ཀྱི་ཉི་མ། ཆོས་ཀྱི་རྒྱལ་མཚན་སྟེ་སྐུ་ཕྲེང་གསུམ་དང་། གཞན་ཡང་། གྲུབ་ཆེན་སྐལ་ལྡན་རྒྱ་མཚོ་དང་། འགྲོ་མགོན་ཞབས་དཀར་བ། ཨ་རིག་དགེ་བཤེས་ཆེན་པོ་སོགས་སྐྱེས་ཆེན་དམ་པ་མཐའ་ཡས་པས་ཞབས་ཀྱིས་བཅགས་ཤིང་བྱིན་གྱིས་བརླབས་པའི་གནས་ཤིན་ཏུ་ རྨད་དུ་བྱུང་བ་ཞིག་ཡིན་ཚུལ་ཤེས་པར་བྱའོ། །

གཉིས་པ་གནས་འདིའི་ལོ་རྒྱུས་གང་ངེས་ཙམ་ཞིག་ཟུར་ཙམ་བརྗོད་པ་ལ། སྤྱི་འདི་ཐོག་མར་རེ་སྐོང་དུ་གནས་པ་ཡིན་པས། ཡུལ་དེའི་ལོ་རྒྱུས་ནི། ཡུལ་དེར་ཤར་དུ་སྟག་ལུང་དང་། སྟོར་ཁྲབ་ཆེན། ནུབ་ཏུ་གསེར་ཁྲོད། བྱང་དུ་རི་ཆེན། དབུས་སུ་བྱ་ཁྱུང་རི་བོ་སྟེ་ས་འཛིན་གྱི་ཕྲེང་བས་མཛེས་པའི་ཡུལ་ལྗོངས་དེ་ནི་རེབ་ཚ་ལུང་བ་གསུམ་གྱི་གོང་དུ་ཆགས་པས་རེབ་གོང་ཞེས་པ་ཡིན་ཡང་། ཕྱིས་ཁྱོན་མཁས་པ་རྣམས་ཀྱིས་རྟེན་འབྲེལ་གྱི་ཁྱད་དུ་དགོངས་ནས་རེ་སྐོང་ཞེས་སུ་མིང་དུ་གསོལ་བའི་ཡུལ་དེར་གནའ་དུས་ཤིན་ཏུ་སྔ་མོ་ནས་སྤྱི་ཆེན་པོ་གྲངས་མེད་པ་མཆིས་པས་ཡུལ་འདིའི་མི་ཐམས་ཅད་ལྷ་རྗེ་བྲག་སྣ་བ་ནས་བྱུང་བར་བཤད་པ་འཐད་པར་མི་སེམས་ལ། རྟོར་རྒྱལ་བའི་དུས་སུ་འཛམ་དབྱངས་འཕོན་གྱི་གདུང་རྒྱུད་དུ་ བྱོན་པའི་རོང་པོ་ལྷ་རྗེ་བྲག་སྣ་བ་ཆེན་པོ་འགྲོ་མགོན་འཕགས་པའི་ལུང་བསྟན་བཞིན་ཡུལ་དེར་ཕེབས་ནས་གཞི་བཟུང་བ་དེའི་སྲས་ཐ་ཆུང་ཚེ་རིང་འབུམ་གྱི་སྲས་རོང་ཆེན་མདོ་སྡེ་འབུམ་གྱིས་གཙན་ཚའི་དཔོན་པོ་འབུམ་ཡག་རྒྱལ་གྱི་སྲིང་མོ་ལྷ་ཡག་སྒྲོལ་མ་ཁབ་ཏུ་བཞེས་པ་ལ་སྲས་དགུ་འཁྲུངས་ཤིང་། འབུམ་ཡག་རྒྱལ་ལ་བུ་བརྒྱད་ཡོད་པས། སྐབས་དེར་བྱུང་ན་འབུམ་རྒྱལ་བུ་བརྒྱད་དང་། སྟོན་མདོ་སྡེ་བུ་དགུ་ཞེས་སྟག་སེང་མཛེང་སྟོལ་དུ་གནས་སོ། །འབུམ་རྒྱལ་བུ་བརྒྱད་ཀྱི་རྒྱུད་དང་དབང་བསྒྱུར་བའི་འབངས་ནི་ད་ལྟའི་གཙན་ཚ་རྫོང་ཡོངས་རྫོགས་དང་བ་ཡན་རྫོང་གི་བོད་མི་ཕལ་ཆེར་ཡིན་ལ། མདོ་སྡེ་འབུམ་གྱི་སྲས་དགུའི་དང་པོ་གསུམ་རབ་ཏུ་བྱུང་བས་རོང་པོ་བླ་མ་བསམ་གཏན་རིན་ཆེན་སོགས་མཁས་གྲུབ་

ཆེན་པོ་གསུམ་བྱོན་ཅིང་། ཁྱི་མ་གསུམ་གྱི་གདུང་རྒྱུད་དུ་རོང་པོ་ཡར་ནང་མར་ནང་གི་ནང་སོ་གཉིས་དང་། རྗེ་སྲིས་ནང་སོ་སྡེ་གསུམ་བྱུང་ནས་ད་ལྟའི་ཐུབ་རིན་རྫོང་ཡོངས་རྫོགས་དང་ཞུན་ཧྭ་དང་རྩེ་ཁོག་རྫོང་གི་བོད་རིགས་ས་ཁུལ་མང་པོ་ཞིག་དབང་དུ་བསྒྱུར་ནས་རིགས་རྒྱུད་དེར་ཆོས་ཀྱིས་མཐོ་བའི་སྐྱེས་ཆེན་དམ་པ་དུ་མ་དང་འཇིག་རྟེན་གྱིས་མཐོ་བའི་དཔོན་ཆེན་མང་དུ་བྱོན་པའི་ཚུལ་རེ་སྐོང་གི་ལོ་རྒྱུས་དག་ལས་ཤེས་པར་བྱའོ། །དེ་ལྟ་བུའི་རེ་སྐོང་གི་ཡུལ་དེར་ཤོག་ཁག་ཆེན་པོ་བཅུ་གཉིས་དང་། སྡེ་ཚུང་དུ་མཐའ་ཡས་པ་མཆིས་པ་ལས་ཧོར་གཞན་བཟང་ཞེས་པའི་ཤོག་ཁག་དེར་ཆོས་རྗེ་དོན་གྲུབ་རིན་ཆེན་ཡུན་རིང་དུ་བཞུགས་པའི་གནས་ཤིག་ཡོད་པ་ལ་དོན་གྲུབ་རིན་ཆེན་བཞུགས་པའི་ཉིན་ཞེས་པ་ཇེ་བདེར་བཏང་ནས་དོན་རིན་ཉིན་དང་། དེ་ཡང་སྐབས་བདེར་གྱུར་ནས་དོན་ཉིན་དུ་འབོད་པའི་སྡེ་ཞིག་མཆིས་པ་ལས་སྐབས་ཤིག་སྡེ་འདིའི་མི་ཕྱུགས་གཉིས་རིམ་གྱིས་འཕེལ་རྒྱས་ཆེན་པོ་བྱུང་ནས་རང་ཡུལ་གྱི་རྩྭ་སས་མ་འདང་བ་སོགས་རྐྱེན་འགའ་ཞིག་གིས་འགྲོག་སྡེ་རྣམས་ཡུལ་བུད་ནས་ད་ལྟའི་གཙན་ཚའི་རྫོང་གི་གསའ་ལུང་དུ་སྤོས་ཏེ་རུ་གཞི་ཆགས། སྡེ་འདིར་ཉིན་ལུང་ཟེར་བའང་དོན་རིན་ཉིན་ནས་ཆད་པས་དེ་སྐད་གྲགས་པར་རྒན་རབས་ཆོས་གླེང་ངོ། །གནས་དེར་ཡང་ལོ་མང་དུ་གནས་བཅས་ཤིང་སྡེ་འདི་ཡང་ཕྱོགས་གང་ཐད་ནས་འཕེལ་རྒྱས་ཆེན་པོ་བྱུང་བས་གསའ་ལུང་ཞེས་པའི་གཞི་བདག་ཆེན་པོ་འདི་སྡེ་འདིའི་སྐྱེས་ལྷར་བཀུར་ཅིང་གསོལ་མཆོད་སོགས་མ་ཆག་པར་བྱེད་པ་འདི་ལགས་སོ། །སྐབས་ཤིག་ཏུ་ཟ་ལར་གྱིས་དུས་འཁྲུག་དྲག་པོ་བསླངས་ཏེ་གཙན་ཚ་དང་རེ་སྐོང་སོགས་གཙོས་པར་རྒྱའི་ལོ་རྒྱུས་སུ་བཤད་པས་རྐྱེན་འདིས་གསའ་ལུང་དུ་གནས་མ་ནུས་པར་ཡུལ་སྤོས་ནས་ད་ལྟའི་ཀོས་ནན་རྫོང་གི་མང་རའི་ཕྱོགས་སུ་བསྡད་པ་ཡིན་ལ། གསའ་ལུང་དུ་གནས་ཚེ་གནས་དེར་སྔོན་ནས་ཡོད་པའི་གཡོན་རུའང་མདའ་འོག་ཏུ་འདུས་ཤིང་མང་རར་སྤོར་སྐབས་མཉམ་དུ་ཕྱོགས་དེར་སྤོས་པ་ཡིན་ནོ། །མང་རར་གནས་སྐབས་ཉེ་སྐོར་དུ་ཐར་ཤུལ་ཚོ་གསུམ་དང་། བོང་སྟག ཞབས་དྲུང་དཀར་པོའི་ལྷ་སྡེ་མདའ་བཞི་སོགས་ཡོད་ཅིང་སྡེ་འདི་དག་ཀ་ཅང་

དར་བའི་སྐབས་ཡིན་པ་དང་། ཕན་ཚུན་འགྲན་རྩོལ་བྱས་པས་མི་ཤི་རྟ་འགྱེད་མང་དུ་
བཟློས་པ་དང་། ཕྱོགས་གཞན་ལའང་ཇག་སྡེ་མང་དུ་གཏད་པར་རྣམ་ཐར་མང་པོ་ན་
གསལ་ལོ། སྡེ་འདིའི་མིང་ལ་ཡུལ་དེ་ན་གནས་སྐབས་འཁྲུམས་རུ་ཞེས་དངོས་སུ་གྲགས་ལ་
ཚོ་ཆེན་བཅུ་གཉིས་ཡོད་པར་བཤད། འཁྲུམས་རུ་ཞེས་པའི་དོན་ནི་གནས་ཡུལ་ཐེངས་
འགའ་ཞིག་བརྗེས་པས་སམ། མི་རྣམས་དམུ་ཞིང་རྐྱོད་པས་ཁྲམ་པ་ཞེས་པ་ཨ་མདོའི་ཁ་
སྐད་ལྟར་བཏགས་པར་ཡང་བཤད་དོ། །ཀུན་མཁྱེན་ཆེན་པོ་འཇམ་དབྱངས་བཞད་པའི་སྐུ་
ཕྲེང་གསུམ་པ་དབུས་ཕེབས་ཕྱིར་ལམ་སྡེ་འདིས་གདན་དྲངས་ནས་ཕྱིན་པའི་སྐབས་སུ་མང་
ཚུ་དང་ཉེ་བའི་ཤིང་ལུང་མདོར་སྟེར་ལྷ་མོ་ཞབས་དྲུང་རིན་པོ་ཆེས་ཨུ་རྒྱན་བཟུང་ཞིང་། རྒྱལ་
དབང་བདུན་པ་བློ་བཟང་བསྐལ་བཟང་རྒྱ་མཚོ་གདན་དྲངས་ནས་ཆོས་བཀའ་མང་དུ་
གནང་ཞིང་བྱིན་གྱིས་བརླབས་པའི་སྐབས་ཀྱི་བཞུགས་ཁྲི་ཡོད་ས་དེར་དགོན་པ་ཞིག་བཏབ་
ན་རང་གཞན་ཀུན་ལ་ལེགས་པའི་གསུང་དང་ཕྱག་ནས་གནང་། ཕྱིས་ཐ་ནེ་ཆེའི་མཚམས་
ཁང་དུ་འགྲོ་མགོན་ཞབས་དཀར་བ་ཡུན་རིང་ཙམ་བཞུགས་ཤིང་རྫུ་འཕྲུལ་དང་ཐབས་
མཁས་ཀྱིས་སྐྱེ་བོ་མི་སྲུན་པ་དུ་མ་སྡིག་རྒྱུན་ལས་ཟློག་པར་མཛད་ཅིང་འགྲོ་བ་དཔག་ཏུ་མེད་
པ་རྣམ་དཀར་ལ་བཀོད། སྡེ་འདི་དང་རྐང་ཚ་གཉིས་ཀྱིས་སྦྱིན་བདག་བྱས་ནས་འཁྲུམས་རུ་
དང་ཆོས་བཟང་གཉིས་ཀར་ལྷ་ཁང་རེ་བཞེངས་ཤིང་གྲྭ་བ་ཡང་མི་ཉུང་བ་འདུས་ན་ཡང་ཆོས་
བཟང་གི་རྐང་ཚའི་དགོན་རྙེན་འགའ་ཞིག་གི་དབང་གིས་ཡུན་རིང་མ་གནས་པར་སྟོངས།
འཁྲུམས་རུའི་ལྷ་ཁང་དེ་སྡེ་འདི་ནས་འབྲུངས་ཤིང་བདེ་ཆེན་དུ་ཚོགས་ཞུགས་གནང་ནས་
མཁས་པར་གྱུར་པས་བཀའ་རིམ་གྲྭ་སྐོར་མཛད་པའི་ཡོངས་ཀྱི་དགེ་བའི་བཤེས་གཉེན་ཆེན་
པོ་ཚུལ་ཁྲིམས་སྐལ་གྲགས་ཀྱིས་བདག་དམ་བྱས་ཏེ་སྐྱབས་མགོན་གསེར་ཁང་བ་ཆེན་པོའི་
བཀའ་བཞིན་ར་རྒྱའི་བཀའ་རིམ་པ་གཅིག་གི་དབུ་མཛད་པའི་གྲྭ་གྲངས་སུམ་ཅུར་ཉེ་བ་
འཚོགས་ནས་འཁྲུམས་རུའི་དགོན་དགའ་ལྡན་ཆོས་འཕེལ་གླིང་པའི་ཐུགས་བསྐྱེད་རྨད་དུ་
བྱུང་ཞིང་ཐུགས་ཀྱི་བཞེད་དགུ་ལྷུན་གྱིས་འགྲུབ་པའི་སྐུ་བསོད་བླ་ན་མེད་པ་ཞིག་ཡིན་པར་

གསུངས་ཤིང་། བདེ་ཆེན་དུ་འདུ་ཁང་གསར་བཞེངས་ལ་ཞབས་ཏོག་བླ་ན་མེད་པ་བསྒྲུབས་པ་དང་། རང་དགོན་དུའང་ཉིད་ཀྱིས་ཁུར་བཞེས་ཀྱིས་འཇམ་དབྱངས་བསྟན་པའི་སྒྲོན་མེའི་བཀའ་རྩོམ་ཆོ་གཅིག་ཉམས་ལེན་གྲྭ་རིགས་བགྲེས་གཞོན་ཚང་མར་བྱང་བར་འཛིན་དུ་བཅུག་ཅིང་ཉམས་བཞེས་ལ་གཞོལ་བར་མཛད། བདེ་ལམ་གྱི་སྟེང་ནས་ལམ་ཁྲིད་སྐྱོང་ཞིང་ལྷ་གྲུབ་གཙང་མའི་ཚོད་དུ་གྱུར། དེས་མཐུས་ལྷ་སྡེ་རྣམས་ལ་བདེ་སྐྱིད་འབད་མེད་དུ་བྱུང་། དམ་པ་ཉིད་ཀྱི་གཙོས་གྲྭ་ཚང་ཡོངས་ཀྱིས་རྗེ་བླ་མའི་རྣལ་འབྱོར་ཐུགས་དམ་གྱི་མཐིལ་དུ་མཛད་ཅིང་། བླ་མ་མཆོད་པའི་ཆོ་ག་དང་འབྲེལ་བའི་དམིགས་བརྩེ་མ་དུང་ཕྱུར་བསྒྲུབས་པའི་སྲོལ་བཙུགས་པ་དེང་དུས་ཀྱི་བར་དུ་གནས། གཏོར་མ་ལས་བདུད་རྩི་སེར་པོ་བབས་པ་དང་།མགོན་པོའི་གཏོར་སྒྲུབ་སྐབས་མགོན་པོ་དང་འཇིགས་བྱེད་ཀྱི་གཏོར་མ་གཉིས་ལས་བདུད་རྩི་སྦྲང་རྩིའི་རོ་འདྲ་བ་མང་དུ་བྱུང་བ་ནི་དངོས་གྲུབ་ཀྱི་ལྟས་ཁྱད་པར་ཅན་ཞིག་ཏུ་འཁྲུམས་སོ། །དམ་པ་འདིས་དཔལ་མཉམ་མེད་ཙོང་ཁ་བ་ཆེན་པོའི་རིང་ལུགས་འབའ་ཞིག་ཐུགས་ལ་བརྣག་པའི་དབང་གིས་རྒྱན་ངན་འགའ་ཞིག་ལ་བརྟེན་ནས་སྐྱབས་མགོན་གསེར་ཁང་བ་ཆེན་པོའི་བཀའ་བཞིན་བྱ་ཁྱུང་གི་དགུ་རོང་དགེ་རྒན་ཚང་ཞེས་པའི་མཁས་གྲུབ་ཆེན་པོ་ཞིག་བྱོན་པ་སོགས་དང་མཉམ་དུ་ཆོས་རྒྱལ་ལྷུགས་མཁར་བཙུགས་པས་ལས་འགྲུབ་པའི་རྟགས་ཐོན་ཅིང་རྒྱན་ངན་རྣམས་བག་ལ་ཞ་བར་གྱུར་ཏེ་རྗེ་བླ་མའི་བསྟན་པ་བསྲུངས་པའི་ནུས་མཐུའི་གྲགས་པ་ཆེ། རྗེ་ཙོང་ཁ་བ་དང་། མི་འཁྲུགས་པ། ཀླུ་དབང་རྒྱལ་པོ། འཇམ་དབྱངས་དཀར་པོ། སྒྲོལ་དཀར་རྣམས་ཀྱི་སྐུ་བྱེ་བ་རེ་པར་དུ་བཏབ་པ་དང་། ཉིན་རེ་བཞིན་འཇིགས་བྱེད་དཔའ་བོ་གཅིག་པའི་ཆོ་ག་དང་འབྲེལ་བའི་རྩ་སྔགས་ཅི་འགྲུབ་དང་། ཁྲོ་བཅུའི་སྔགས་བརྒྱ་རྩ། ཆོས་རྒྱལ་གཏོར་ཆོག་དང་དྲུག་ཅུ་བ་ཆག་མེད་བསྒྲུབས་པའི་སྲོལ་བཙུགས་པ་ད་ལྟའི་བར་དུ་གནས་ཤིང་། འཇམ་ལྷའི་གཏེར་སྒྲུབ་དང་གཡང་འབོད་བྱིན་འབེབས་བཅས་བཙུགས་པས་འདུས་སྡེ་འདིའི་གྲྭ་རིགས་རྣམས་ཆོས་མཐུན་གྱི་འཚོ་བས་མི་ཕོངས་པ་དང་། གཞི་གསུམ་གྱི་ཕྱག་ལེན་ཀྱང་ངོས་གཙང་བཙུགས་

པ་ད་ལྟའི་བར་ཡར་ལྡན་དུ་གནས་སོ། །སྐབས་འདིར་ཆོས་སྡེ་འདི་དང་གཡོན་རུའི་དགོན་གཉིས་ཀྱི་ལོ་རྒྱུས་ཙམ་རེ་བྲིས་ན་འོས་མོད་ས་བོན་མ་འཛོམས་པ་དང་གཞན་གྱིས་བྲིས་པའི་ཡི་གེ་རེའང་སྣང་བས་འདིར་དེ་ཙམ་གྱིས་ཆོག་ཤེས་པར་བྱས་སོ། །སྡེ་འདི་མང་རའི་ཕྱོགས་སུ་ཡུན་རིང་གནས་བཅས་ནས་རབ་བྱུང་བཅུ་བཞི་པའི་ལྕགས་གླང་ལོ་(༡༨༤༧)ནས་ས་བྱི་ལོ་(༡༨༤༨)བར་གྱི་ལོ་བརྒྱད་དགུ་བོ་གང་རུང་ཞིག་ལ་རིག་སྔོན་ཕྱོགས་འདིར་དུ་སྤོས་པ་ཡིན་ངེས་ཏེ། གོང་གསལ་ལྕགས་གླང་ལོར་རྐང་ཚ་དང་མཉམ་དུ་མང་རར་གནས་པ་ནི་འགྲོ་མགོན་ཞབས་དཀར་བ་དགུང་ལོ་དྲུག་ཅུའི་སྟེང་སྡེ་འདི་གཉིས་ཀྱི་ཡོན་བདག་རྣམས་ཀྱིས་གདན་དྲངས་ནས་མང་རའི་ཕྱོགས་དེར་ཕེབས་པར་ཁོང་གི་རང་རྣམ་ལས་གསལ་བར་གསུངས་པས་ཤེས་ནུས་ལ། དེ་ནས་ལོ་འགའ་ཞིག་འདས་པའི་རབ་བྱུང་བཅུ་བཞི་བའི་ས་བྱ་ལོར་མཁས་དབང་བྲག་སྒོམ་པས་མདོ་སྨད་ཆོས་འབྱུང་བརྩམས་གྲུབ་པའི་སྐབས་དགོན་པ་གྲུར་དགོན་བཟུང་ནས་ཉིན་ལུང་ཚོ་བ་བཅུ་གཉིས་ཀྱི་མཆོད་གཞི་དང་བཅས་པ་མཚོ་སྔོན་ཕྱོགས་ན་གནས་པར་གསུངས་པས་དེའི་དུས་ཕྱོགས་འདིར་གནས་པ་གསལ་བར་རྟོགས་ནུས་པས། འདི་ཕྱོགས་སུ་སྤོས་པའི་ལོ་ནི་གོང་གསལ་ལོ་འདི་དག་ཡིན་པར་ཐེ་ཚོམ་གཏན་ནས་མེད་དོ།། ཐེངས་འདིར་གཞི་སྤོས་པའི་རྐྱེན་གང་ཡིན་ནམ་ཞེ་ན། བདག་གིས་སྡེ་འདིའི་རྒན་རབས་འགའ་ཞིག་ལ་འདྲི་རྩད་བྱས་མོད་རྩྭ་སས་མ་འདངས་པའི་རྐྱེན་གྱིས་ཡིན་ཟེར་བ་ཙམ་ལས་རྒྱུ་མཚན་ཡིད་ཆེས་ཆོག་པ་ཞིག་བཤད་རྒྱུ་མེད་ལ། དུས་དེར་ཕྱོགས་འདི་རུ་སྤོས་པ་སྡེ་འདི་ཁོ་ནར་མ་ཟད་མདའ་བཞི་དང་བོང་སྟག་སོགས་ཀྱང་ཡིན་པས། འདི་འདྲ་མང་པོའི་འགྲོག་སྡེ་ས་ཆ་གཞན་དུ་སོང་ན་རྩྭ་སས་འདངས་པ་སྨོས་མ་དགོས་པས་གོང་གསལ་རྐྱེན་པོ་དེ་དག་གི་གཏམ་མི་བདེན་པར་ཐག་གིས་ཆོད་ལ། ཞབས་དྲུང་ཚང་གི་ལྷ་སྡེ་མདའ་བཞི་དང་ཨ་རིག་མཚོ་སྔོན་ཕྱོགས་སུ་སྤོས་པའི་རྒྱུ་རྐྱེན་ནི་རྨ་ལྷོ་རྒྱུད་དུ་གནས་པའི་བོད་སོག་གི་སྡེ་རྣམས་ཕན་ཚུན་དགྲ་རུ་གྱུར་ནས་ཀྲོད་ཆེན་མང་པོ་སྤྱི་ཕྱིར་བྱུང་བ་དང་། སྨད་ནས་ཟ་ལར་དང་ཧོས་ཧོས་རྣམས་ཀྱི་ཐག་ཚང་དུ་མ་མཚོ་ལྷོར་བཙོལ་བ་དང་སྟོད་ནས་མགོ་ལོག་གི་

ཛག་པའི་དཔུང་ཚོགས་མཐའ་ཡས་པས་ཡང་ཡང་རྒོལ་བས་མི་ཧ་ཤི་གོད་དང་རྒྱ་ནོར་འཕྲོག་བཅོམ་བྱས་པ་ཚབས་ཆེ་བ་དང་། གོང་ནས་མངགས་པའི་ཛག་འདུལ་དཔོན་དམག་རྣམས་ཛག་པས་རྒྱ་ནོར་གྱིས་བསླུས་ཏེ་ཛག་མགོ་གནོན་རྒྱུ་ཕར་ཞོག་མི་ཤེས་མེད་ཉམ་ཐག་ཏུ་མའི་སྲོག་འཕྲོག་སྟེ་གོང་ལ་སྙན་ཞུ་ཇུན་མ་ཕུལ་བ་བཅས་ལ་བརྟེན་ནས་དུས་བབས་ཇེ་སྡུག་ཏུ་གྱུར་ཏེ་ཕྱོགས་དེར་གནས་མ་ཐུབ་པར་མཚོ་སྔོན་པོའི་འགྲམ་འདིར་ཡུལ་སྤྱོས་པར་ཡབ་རྗེ་གསེར་ཁང་བ་དང་ཤིང་བཟའ་པཎྜི་ཏ་སྐུ་སྐྱ་ཕྱིའི་རྣམ་ཐར་དུ་གསལ་བས། སྐེ་འདི་དང་པོང་སྟག་སོགས་ཀྱང་རྒྱུ་རྐྱེན་དེ་དག་གིས་སྤྱོ་དགོས་བྱུང་བ་ཡིན་ནམ་སྙམ་སྟེ་དུས་གཅིག་ལ་ཡུལ་གཅིག་ནས་སྤྱོས་པས་སོ་སྙམ་སྟེ་དཔྱད་པར་བྱ་ལ། སྔོན་གྱི་ཡིག་རྙིང་རྣམས་ལས་མཚོ་སྔོན་ཕྱོགས་ཞེས་པ་ད་ལྟའི་མཚོ་སྔོན་ཞིང་ཆེན་ཡོངས་ལ་མི་གོ་བར་མཚོ་སྔོན་པོའི་འགྲམ་རྒྱུད་ཁོ་ན་ལ་གོ་དགོས་པའང་ཤེས་པར་བྱའོ། །ཕྱོགས་འདིར་སྤོ་སྐབས་གོང་གསལ་འཁྲུམས་ཏུའི་བླ་མ་ཚུལ་ཁྲིམས་སྙན་གྲགས་ཚང་མཚོ་སྔོན་སོག་པོའི་དཔོན་ཁག་སྤྱི་དང་ཁྱད་པར་ཁུར་ལུག་པེ་ཏྲ་སི་དང་མཆོད་ཡོན་དུ་འབྲེལ་བ་ལ་བརྟེན་ནས་དེའི་གཙོས་མཚོ་སྔོན་དཔོན་ཁག་རྣམས་ཀྱིས་གོང་མར་སྙན་སེང་ཕུལ་ཏེ་ཛ་སག་གི་ཆོ་ལོ་བླངས་པས་སྐབས་འདིར་བཀའ་ཤོག་དང་ཐམ་ག་ཆེ་བུམ་གཙོས་མཆོད་རྫས་སོགས་ཀྱང་གནང་། ཐམ་གའི་ངོས་ལ་རྒྱ་བོད་སོག་གསུམ་གྱི་ཡི་གེ་ཡོད་ཅིང་། ནང་དོན་ནི་འཁྲུམས་ཏུའི་སྐེ་བའི་བླ་མ་སྙན་གྲགས་ཀྱིས་གྲྭ་སྐྱེ་ཡོངས་ལ་བཀོད་ཁྲབ་བྱེད་པའི་ཐམ་ག་ཞེས་བཀོད་ཡོད་པའོ། །

འཁྲུམས་ཏུ་དགོན་པའི་མཚན་ལ་བཀྲ་ཤིས་དགེ་འཕེལ་གླིང་ཞེས་གསོལ། འཁྲུམས་ཏུའི་ཛ་སག་ཏ་བླམ་ཞེས་པའི་མཚན་གནས་བྱུང་བ་ཡིན་ལ། (འདིའི་ཛ་སག་ནི་མན་ཧུའི་སྐད་དེ་བོད་སྐད་དུ་སྤྱི་དཔོན་ཞེས་པའི་དོན་ཡིན།) པེ་ཏྲི་ལ་ཞུས་ཏེ་ཁོང་གི་ཡུལ་བ་འཁྲུམས་ཏུའི་ཏུ་སྡེ་རྣམས་འདི་ཕྱོགས་སུ་གནས་བཅས་པར་ཡང་བཤད་དོ། །མཚོ་སྔོན་པོའི་སྲིབ་འགྲམ་དང་མཚོ་མགོའི་བྲག་དམར་ཧ་ཕུར་ནས་མཚོ་ཛའི་བྲག་དཀར་ཐེམ་ཆེན་བར་གྱི་སྟྭ་ཆུ་འཛོམས་པའི་ཡུལ་ལྗོངས་འདིར་གནས་བཅས་ནས་ལོ་བརྒྱ་ཕྲག་གཅིག་ཙམ་གྱི་ཡུན་རིང་པོའི་ལོ་རྒྱུས་ནང་

ཏུ་ཕྱོགས་གཞན་ནས་སློས་པའི་ཊུ་སྡེ་མང་པོ་མངའ་འོག་ཏུ་འདུས་པ་དང་། སྡེ་བ་རང་ཡང་འཕེལ་རྒྱས་ཆེན་པོ་བྱུང་ནས་བཅིངས་འགྲོལ་སྐབས་སྲིད་ཀྱི་སྟོང་དཔོན་གཅིག་དམག་གི་སྟོང་དཔོན་གཅིག་བརྒྱ་དཔོན་བཅུ་གཅིག་མི་ཁྱིམ་སུམ་སྟོང་ལ་ཉེ་ཞིང་མི་གྲངས་ཆིག་ཁྲི་ལྷག་ཡོད་པའི་མཚོ་སྔོ་ཁུལ་ཡོངས་ཀྱི་སྡེ་ཆེན་ཤང་དང་པོར་གྱུར་པ་ལགས་སོ། ད་ནི་སྔོན་གྱི་སྟོང་དཔོན་ཚང་གི་ལོ་རྒྱུས་དང་འབྲེལ་བར་སྡེ་བའི་ལོ་རྒྱུས་ཡིད་ལ་ངེས་པ་རྣམས་ཙུང་ཟད་འགོད་པ་ལ། དཔོན་ཚང་གི་ལོ་རྒྱུས་ཀྱི་འབྱུང་ཁུངས་གསལ་བར་མི་ཤེས་པས་འགོད་པར་དཀའ་ནའང་དོན་ཉིན་ན་ཡོད་དུས་ཀླུ་འབུམ་རྡོ་ར་ཟེར་བའི་ཚོ་དཔོན་དཔའ་མཇངས་ལྡན་པ་ཞིག་བྱུང་ཞིང་། དེ་ལ་སྲས་གསུམ་འཁྲུངས་པའི་དང་པོའི་མཚན་ལ་དཀོན་མཆོག་དང་། འབྲིང་བར་བན་ཡོག ཆུང་བར་དགེ་ལེགས་ཞེས་སུ་གྲགས་ལ། དཀོན་མཆོག་ཚོ་དཔོན་བྱེད་པའི་རིང་ལ་སྡེ་འདི་གསའ་ལུང་དུ་སློས་ཤིང་ས་དེར་སྡར་ནས་ཡོད་པའི་གཡོན་ཊུ་སོགས་མངའ་འོག་ཏུ་འདུས་པའི་ཚུལ་གོང་ནས་བརྗོད་ཟིན་ལྟར། དེར་བརྟེན་མི་ཁྱིམ་སྟོང་ལ་ཉེ་སྐབས་ལན་ཀྲོའུ་ཙུང་ཏུའུ་ལ་ཞུས་ཏེ་ཆན་ཧོའུ་སྡེ་སྟོང་དཔོན་གྱི་ཐོབ་གནང་བར་གྲགས་ཤིང་། འདི་ཕལ་ཆེར་ཆིན་རྒྱལ་སྐབས་སྤྱི་ལོ་༡༧༠༠རྗེས་ཡིན་པར་ངེས། ཡོན་དང་མེན་ཆེན་རྒྱལ་རབས་ཀྱི་དུས་སུ་བོད་ཀྱི་དཔོན་པོ་རྣམས་ལ་ཁྲི་དཔོན་དང་སྟོང་དཔོན་བརྒྱ་དཔོན་སོགས་ཀྱི་ཆོ་ལོ་གནང་བའི་སྲོལ་འདི་ཡང་བོད་ཀྱི་གནའ་སྲོལ་སོར་བཞག་བྱས་པར་ངེས་ཏེ། བོད་བཙན་པོའི་དུས་སུ་དཔོན་མིང་དེ་ལྟར་བཏགས་པར་ལོ་རྒྱུས་རྣམས་སུ་གསལ་བས་སོ། །འདི་དང་སོག་པོའི་དཔོན་རྣམས་ལ་ཆེན་རྒྱལ་རབས་ཀྱིས་གནང་བའི་བང་བེ་ལི་བེ་སེ་ཀུང་ཛ་སག་ཅེས་པའི་དཔོན་ཐོབ་གཉིས་མི་འདྲ་སྟེ། སྟོང་དཔོན་དང་བརྒྱ་དཔོན་ས་གནས་དཔོན་རིགས་དཔེར་ན་ལན་གྲིག་ཙུང་ཏུའུ་དང་ཐེ་ལང་ཨམ་བན་སོགས་གནང་ཆོག་པས་ཐོགས་ཐོབ་ཀྱང་ངེས་ཅན་མེད། བོད་ཀྱི་ཁྲི་དཔོན་དང་སོག་པོའི་བང་བེ་མི་སོགས་གོང་མ་ཉིད་ཀྱིས་གནང་བའི་ཆོ་ལོ་ཡིན་ཞིང་ཐོགས་ཐོབ་རྣམས་ཀྱང་རྒྱལ་མཛོད་ནས་ངེས་ཅན་གནང་སྲོལ་ཡོད་པར་བཤད་དོ། །ཁྲི་དཔོན་ནི་དབུས་གཙང་ན་ཡོད་པ་ལས་མདོ་སྨད་འདིར་མེད་

པ་ནི་སྐབས་དེར་དེ་ལྟ་བུའི་དབང་ཤུགས་ཆེན་པོ་ཡོད་པའི་བོད་དཔོན་ཞིག་མ་བྱུང་བས་ཡིན་ནམ་སྙམ་ལ། ཁྲི་ཀར་མེན་རྒྱལ་རབས་དུས་ཀྱི་ཁྲི་དཔོན་གྱི་ཐམ་ག་ཞིག་ཡོད་པ་འདིའི་བདག་པོ་ནི་རྒྱ་བོད་གང་ཡིན་ཆ་མ་འཚལ་ཡང་གལ་ཏེ་བོད་དཔོན་ཞིག་ཡིན་ན་བཙན་པོའི་དུས་སུ་བོད་ཡོངས་ལ་ཁྲི་དཔོན་དྲུག་ཙུ་རེ་གཅིག་མཆིས་པ་ལས་སུམ་པ་ཁྲི་དཔོན་མདོ་སྨད་དུ་གནས་པར་བཤད་པས་དེའི་གདུང་རྒྱུད་ཞིག་ལ་སྔར་སྲོལ་ལྟར་ཡོན་དང་མེན་རྒྱལ་རབས་ཀྱི་སྐབས་སུ་ཡང་ཁྲི་དཔོན་གྱི་ཐོབ་གནང་བ་ཡིན་ནམ་སྙམ་སྟེ། ཁྲི་ཀའི་ཉེ་འཁོར་དུ་སུམ་པ་ཞེས་པའི་སྡེ་བ་ཞིག་ད་དུང་ཡོད་པ་དང་བཙན་པོ་ཁྲི་རལ་བ་ཅན་མདོ་སྨད་དུ་དམག་ལ་བྱོན་སྐབས་ཁྲི་ཀར་བཞུགས་པ་སོགས་ལ་དཔགས་ན་ཡུལ་འདི་གནའ་དུས་སུ་ཆབ་སྲིད་དང་དམག་དོན་གྱིས་གནས་གལ་ཆེན་ཞིག་ཡིན་པ་རྟོགས་ནུས་པས་སོ། །ཞེས་པ་འདི་ནི་ཞོར་བཤད་ཙམ་མོ། །གཡོན་རུའི་ཟབ་མོ་ནགས་ལ་ཡོད་སྐབས་དེར་སྟོང་དཔོན་དཀོན་མཆོག་གི་མངའ་འབངས་སུ་དཔོན་སྐོར་དང་། ཚགས་སྐོར། འབྲུག་སྐོར། ཕག་སྐོར། གཡོན་རུ་བཅས་ཚོ་ཆེན་ལྔ་དང་ཚོ་ཆུང་འགའ་མཆིས་པར་བཤད། སྐབས་དེར་འབྲུག་སྐོར་ན་ལྷ་གར་རྒྱལ་ཟེར་བའི་བློན་ཆེན་དཔའ་མཛངས་ལྡན་པ་ཞིག་ཡོད་པ་དེས་ཉིན་ལུང་སྡེ་གཞུང་ལ་ཐབས་མཁས་ཀྱིས་ལུས་སྲུང་གོ་ཆ་ཡ་ལད་བཙན་པོ་བཅུ་གཉིས་ཀྱི་མགོ་རེ་བཞག་ཅིང་ཕས་རྒོལ་གཞན་སྡེ་འཇོམས་པ་ལ་ནུས་པ་ཆེན་པོ་བཏོན་པས་ད་ལྟའི་བར་དུ་སྡེ་འདིའི་རྒན་གཞོན་ཀུན་གྱིས་ཡང་ཡང་གླེང་བཞིན་པ་ཡིན་ལ། ད་དུང་དཔོན་སྐོར་ན་དཔལ་རྒྱལ་ཟེར་བའི་དཔའ་བོ་ཆེན་པོ་ཞིག་ཡོད་པས་ཀྱང་སྡེ་ཚོ་འདི་དང་སྐབས་དེའི་རྒྱབ་ཁབ་སྲིད་གཞུང་ལ་ཇག་འདུལ་བྱེད་གྲོགས་བྱས་པས་མཚོན་བྱས་རྗེས་ཏ་ཙང་ཆེ་སྤྲབས་ཟེ་ལིང་གི་སར་ལྷ་ཁང་དུ་འདིའི་འདྲ་གཟུགས་ཤིག་བཞེངས་ནས་ནམ་ཡང་མཆོད་བསྟོད་སོགས་བྱེད་ཅེས་ཐོས་ལ། སྟོང་དཔོན་དཀོན་མཆོག་གི་དུས་ལ་གསའ་ལུང་གི་ལབ་ཙེ་བསྟད་ནས་གཞི་བདག་འདི་སྐྱེས་ལྟར་བཀུར་བ་ཡིན་ནོ། །དེ་ནས་རིང་མིན་མང་རའི་ཕྱོགས་སུ་སྤོས་ཤིང་། གོང་ནས་བཤད་པའི་དུས་དེ་དག་ཏུ་འབྲུམས་རུའི་ཛ་སག་ཧྭ་བླ་མ་ཚུལ་ཁྲིམས་སྐལ་གྲགས་ཀྱིས་ཁྲིད་ནས

མཚོ་སྔོན་དཔོན་ཁག་དང་འབྲེལ་འདྲིས་བྱས་ཏེ། མཚོ་སྔོན་པོའི་འགྲམ་རྒྱུད་འདིར་ཏུ་སྤྱོས་པ་ཡིན་ལ། སྐབས་དེར་ཏུ་སྟེ་འགའ་ཞིག་ལ་འགེལ་གཡག་སོགས་འདང་མིན་ལ་བརྟེན་ནས་འཕྲུལ་དུ་ཡོང་མ་ཐུབ་པར་རྫ་ཆུའི་རབ་ཡོག་ནས་ལོ་ཤས་གནས་དགོས་བྱུང་བས་དེ་དག་ལ་དེང་སྐབས་སུའང་རབ་ཡོག་མར་གྲགས། དཔོན་པོ་དཀོན་མཆོག་ལ་སྲས་བྱམས་པ་སྐལ་གྲགས་དང་། དབང་ལོ། ཡེ་ཤེས་གསུམ་འཁྲུངས་ཤིང་། སྟོང་དཔོན་འདིས་མཛད་པ་ལ་དཔགས་ན་ཚེ་རིང་པོར་འཚོ་བ་ཞིག་ཡིན་ངེས། ཡབ་འདས་རྗེས་བྱམས་པ་སྐལ་གྲགས་ཀྱིས་སྟོང་དཔོན་གྱི་འགན་བཞེས་ནས་བློན་པོ་གསེར་ཆེན་གྱི་ལབ་ཙེ་ཐོག་མར་བསྟོད་པ་ཡིན་ལ། སྔོན་སྨྲས་ཚོ་ཆེན་ལྷའི་སྟེང་དུ་མོག་ཏུ་རེ་སྐོང་བློན་ཆོས་ནས་ཡོང་བ་དང་། ནང་ནས་སྐྱོ་སྐོར་དང་ཕ་ཡག་བཀྱིས་པས་ཚོ་ཆེན་བརྒྱད་དུ་གྱུར། མོག་ཏུའི་བླ་མ་ལྷུགས་མགོ་དང་ཀུ་ཞུན། འཁྲུག་སྐོར་མགོན་པོ་ཚེ་བརྟན་བཅས་ཀྱིས་བློན་པོ་བྱས་ཤིང་། མི་ཉག་ཚོ་བ་བློན་ཆོས་ནས་ཏུ་བུད་དེ་འབའ་མང་རའི་ཕྱོགས་སུ་ཀ་རྒྱའི་ཚོ་བ་དང་ཆབས་གཅིག་གནས་སྐབས་རྫོད་གཞི་ཅི་རིགས་ལ་བརྟེན་ནས་མི་ཉག་ཚོ་བས་གཡག་རི་ཟེར་བའི་རི་ནས་ཀ་རྒྱའི་མི་བསད་པའི་ཁྲོད་དེ་བླ་དཔོན་མང་པོས་བཤད་མོད་མ་ཤོད་པར་ལུས་པ་སྟོང་དཔོན་བྱམས་པ་སྐལ་གྲགས་ཀྱི་གཙོས་གོང་གསལ་བློན་པོ་གསུམ་བཅས་ཀྱིས་གཟུ་བཤད་ནས་ཁྲོད་ལེགས་པར་བསྡུམ་པས། མི་ཉག་ཚོ་བའང་འདི་ཕྱོགས་སུ་སྤྱོས་ནས་ཉེན་ལུང་གི་མངའ་ཞབས་སུ་འདུས་པ་ཡིན་ལ། སྟོང་དཔོན་འདི་ལ་སྟོང་དཔོན་མར་ལྷང་ཞེས་སྐལ་གྲགས་ཆེ་བ་ཞིག་ཡིན་ནོ། །བར་འདིར་སྐལ་ལོ་ཟེར་བའི་སྟོང་དཔོན་ཞིག་ཡོད་ཟེར་མོད་བྱས་རྗེས་སོགས་མ་ངེས་ཤིང་བདེན་མིན་མ་ཤེས་པས་འགོད་པར་མ་སྤྱོབས་པས་ལོ་རྒྱུས་གསལ་བར་ཤེས་ན་སྐབས་འདིར་འཇུག་པར་ཞུ། དཔོན་པོ་བྱམས་པ་སྐལ་གྲགས་ཀྱི་སྲས་སྐྱིད་ཕྱུག་རྒྱལ་ཞེས་པས་ཡབ་འདས་རྗེས་སྟོང་དཔོན་གྱི་གོ་གནས་བཟུང་ཞིང་། དེ་ལ་བློན་པོ་དཔོན་སྐོར་ཀུ་ཏུ་དང་གཡོན་ཏུའི་མཁས་ཆེན། རྒྱ་ཡེ་མགར་བ་གཡུང་དྲུང་རྒྱལ་སོགས་ཀྱིས་བྱས་པར་བཤད་ཅིང་། སྟོང་དཔོན་འདིའི་དུས་དཀར་བཛེད་དང་གོང་ཁའི་ས་ཆ་རྫོད་པའི་ཁྲོད་དེ་བྱུང་ཞིང་།

དཀར་བརྗིད་ཀྱིས་ཟྭ་ཤིང་ཨམ་བན་ལ་རྒྱུ་ནོར་པ་དཔག་ཏུ་མེད་པའི་སྐྱེས་བསྟབས་པས་དཀར་བརྗིད་སྟོང་དཔོན་དང་ཉིན་ལུང་སྟོང་དཔོན་གཉིས་ཀྱིས་ཨམ་བན་ཡ་མེན་ཐང་དུ་རྒྱ་དཔོན་མང་པོ་ཚོགས་སར་གཏུགས་བཤེར་བྱེད་རྒྱུའི་བཀའ་བབས། སྐབས་དེར་སྟོང་སྐོར་རིན་པོ་ཆེའི་མ་ཡང་ཕྱུག་མཛོད་ཟེར་བའི་མཛོད་པ་གྲགས་ཆེན་ཞིག་ཡོད་པ་བརྒྱུད་ནས་ཉིན་ལུང་གིས་གོང་མར་དངོས་སུ་ཞུས་ཤིང་། དཔོན་པོ་སླིང་ཕྱུག་རྒྱལ་གྱིས་འཁྲམས་ནུའི་བསོད་ལོ་ཞེས་སྨྲ་མཁས་པའི་ཚོད་དུ་བྱེད་པ་དེ་ཉིད་ཁྲིད་ནས་ཟྭ་ལང་ཨམ་བན་ཡ་མེན་དུ་གཏུགས་གཤེར་དངོས་སུ་བྱེད་སྐབས་གོང་མས་བློན་ཆེན་ཞིག་དངོས་སུ་ཟྭ་ཤིང་དུ་སློབས་པ་དང་། བསོད་ལོ་གཏམ་ལ་མཁས་པས་ས་རྫོང་དེར་དཀར་བརྗིད་ཡོངས་སུ་ཕམ་པ་ལ་བརྟེན་དཀར་བརྗིད་སྟོང་དཔོན་ངོ་ཚ་ནས་ཡར་ལངས་མ་ནུས་པ་ལ་བསོད་ལོས་ཁོའི་མཆན་འོག་ནས་བཏེགས་ཏེ་དཀར་བརྗིད་དཔོན་པོ་རྒྱ་ཡིན་ནུང་ཁ་སྣ་མགོ་ཕྱོགས་བོད་ཡིན་པས་ཅི་སྐྱོན་ཟེར་ནས་ཡར་བསླངས་པས་དེར་ཚོགས་ཐམས་ཅད་བཞད་གད་ཐེག་གེར་གྱུར་ཏེ། ད་ལྟའི་བར་དུའང་མི་ཚང་མས་རྒྱུན་དུ་བཤད་བཞིན་པའི་གཏམ་དཔེ་གྲགས་ཆེན་འདི་ཐུང་བར་གྲགས་སོ། །སྐབས་དེར་ཨམ་བན་གྱིས་བསོད་ལོ་ལ་ཡུལ་དམག་སྟོང་གི་དཔོན་དུ་བསྐོས་ནས་སྟོང་དཔོན་སླིང་ཕྱུག་རྒྱལ་དང་ཉིན་ལུང་གི་སྡེ་དོན་ཐག་གཅོད་བྱེད་ཚོག་པའི་བཀའ་བབས། དེ་ནས་བཟུང་བསོད་ལོ་ནི་སྡེ་འདིར་དབང་ཆེ་བ་སྟོང་དཔོན་གཉིས་པ་ལྟ་བུར་གྱུར་ཏེ། དཔོན་པོ་དངོས་ལ་དགོངས་བསྟུན་སྐོས་སྡེ་དོན་ཆེ་ཕྲ་ཀུན་བཀོད་ཁྲབ་བསྐྱལ་ཅིང་དོན་བྱ་ཐམས་ཅད་ལམ་འགྲོ་ཆེ་བས་དཔོན་པོ་རྒྱ་ལྷང་ཞེས་ད་ལྟའི་བར་དུའང་ཀུན་གྱིས་བརྗོད་བཞིན་པ་ལགས་ལ། དཔོན་པོ་བསོད་ལོ་འདིས་སྟོང་དཔོན་དངོས་དང་མཉམ་དུ་རྗེ་ཞྭ་དམར་བ་ཆེན་པོའི་སྦྱིན་བདག་གི་མཐིལ་མཛད་ཅིང་། རྗོ་རྗེ་འཆང་ཆེན་པོའི་བཀའ་བཞིན་ཏིང་ཀླུའི་ཨ་རིག་དགེ་བཤེས་ཆེན་མོའི་སྐུ་གདུང་རྟེན་བརྟེན་པ་བཞེངས་པ་དང་། རྨི་ཚའི་རི་ཁྲོད་པའི་ཚོགས་ལ་མང་འགྱེད་མང་དུ་ཕུལ་བ་དང་། རྗོ་རྗེ་འཆང་གདན་དྲངས་ནས་ཆོས་བཀའ་རྒྱ་ཆེན་པོ་ཞུས་པ་དང་། རི་ཁྲོད་པའི་ཚོགས་ཡོངས་ཞུས་ནས་གཉིས་པའི་མཆོད་མེ་བཟུང་བ་

དང་། ཕྱོགས་གཞན་གྱི་འདུས་སྡེ་དང་བླ་སྤྲུལ་མང་པོར་བསྙེན་བཀུར་ཚུལ་བཞིན་བྱས་པས་
མཚོན་རྣམ་དཀར་ལ་བརྟོན་པའི་ས་སྐྱོང་བཟང་པོ་ཞིག་ཡིན་ལ། འདི་ནས་མི་རབས་གསུམ་
ལ་ཉིན་ལུང་གི་དམག་གི་སྟོང་དཔོན་དང་སྲིད་ཀྱི་སྟོང་དཔོན་གཞོན་པ་ལྷ་བུར་གྱུར་པ་དང་།
དུས་ཀྱི་འཕེལ་འགྱུར་གྱིས་དེའི་སྲས་འཁྲུམས་ཉུའི་དཔོན་པོ་བཙན་པོ་མར་གྲགས་པ་ཚོགས་
 རྔའི་རིང་ནས་བཟུང་ཉིན་ལུང་སྡེའི་མགོ་བདག་གི་དབང་ངོ་མ་འཛིན་མཁན་དུ་གྱུར་ཀྱང་།
སྟོང་དཔོན་དངོས་ལ་བརྩེ་འཛོག་མི་བྱེད་པ་ལྷ་བུའི་དོན་དག་བྱུང་སྐྱོང་མེད་ལ་དབང་ཆ་རྩོད་
པ་སོགས་ཀྱི་བྱ་བ་གཞན་ཡང་མ་བྱུང་བར་ནང་ཁུལ་འཆམས་མཐུན་གྱི་སྒོ་ནས་ལེགས་པར་
གནས་པ་ཡིན་ནོ། །དཔོན་པོ་སྙིང་ཕྱུག་རྒྱལ་ལ་འབུམ་སྐྱོང་ཚེ་རིང་དང་། ངག་དབང་ཚུལ་
ཁྲིམས་ཟེར་བའི་སྲས་གཉིས་བྱུང་ཞིང་། འབུམ་སྐྱོང་ཚེ་རིང་སྟོང་དཔོན་དུ་བསྐོས་ཤིང་།
དམག་གི་སྟོང་དཔོན་ཚགས་རྔ་ཡིན། ངག་དབང་ཚུལ་ཁྲིམས་དགུང་ལོ་དགུའི་སྟེང་དཔའ་
ལྡན་བཀྲ་ཤིས་ཆོས་སྡིངས་སུ་ཆོས་སྒོར་ཞུགས་ཤིང་སློབ་གཉེར་གནང་བ་དང་། བཅོ་བརྒྱད་
སྟེང་བླ་བྲང་བཀྲ་ཤིས་འཁྱིལ་དུ་ཕེབས་ནས་ཉེར་གཅིག་བར་དེར་གཞུང་ལ་འབད་པས་
སྦྱངས། ཉེར་གཅིག་སྟེང་དབུས་ལ་ཕེབས་ཏེ་དགའ་ལྡན་རྣམ་པར་རྒྱལ་བའི་གླིང་དུ་
བཞུགས་ཤིང་བཀའ་པོད་ཆེན་པོ་ལྔ་ལ་སློབ་གཉེར་མཐིལ་ཕྱིན་གནང་ནས་གྲྭ་སྐོར་གྲུབ་རྗེས་
རྒྱ་གར་དུ་ཕེབས་ཏེ་གནས་ཆེན་འགྲིམས་ཤིང་སྒྲུབ་པ་ལ་གཅིག་ཏུ་བརྟོན་ནས་མྱུ་ངན་ལས་
འདས་སོ། །སྟོང་དཔོན་འདི་ལ་དཔོན་སྐོར་ནང་ན་ཧ་རྒྱལ་དང་། རབ་ཡོག་མའི་གནམ་ལྷ།
ཕག་སྐོར་བཀྲ་ཤིས་འབུམ། རྒྱ་ཡེ་མགར་ར་གཡུང་དྲུང་རྒྱལ། གཡོན་ཏ་རྒྱལ་ལོ་སོགས་
དཔའ་མཛངས་རྩལ་ལྡན་གྱི་བློན་པོ་མང་དུ་མཆིས་ལ། འདི་དུས་སྡེ་འདི་དང་རོང་པོ་ཉིན་
ཐུབ་བཙུམ་མཐུན་པའི་གྲོད་ཆེན་ཞིག་སྡེ་ཏ་ཅང་བསྡུམ་དཀའ་བར་གྱུར་པ་ན་བདག་ཅག་
རྣམས་ཀྱི་རིགས་ཀྱི་བདག་པོ་ཟླ་མེད་པ་རྗེ་ཞྭ་དམར་པ་ཆེན་པོ་བློ་བཟང་བཤད་སྒྲུབ་བསྟན་
འཛིན་རྒྱ་མཚོའི་བཀའ་དྲིན་གྱིས་ལེགས་པར་བསྡུམ་པས་སྡེ་ཆེན་གཉིས་ཀྱི་མི་སེར་ཐམས་
ཅད་འཐབ་འཁྲུག་སོགས་མེད་པར་རྗོགས་ལྡན་གསར་བའི་དཔལ་ལ་བཀོད། འདི་དུས་

ནས་སྟོང་དཔོན་འབུམ་སྐྱོང་ཚེ་རིང་གིས་ཁུར་བཞེས་ངོས་རྫི་ཚའི་གཉིས་པའི་མཆོད་མེའི་ཆོས་ཐོག་གི་བཅོ་ལྔའི་ཉིན་གྱི་ཇ་ཐུག་ཕུན་སུམ་ཚོགས་པས་བསྙེན་བཀུར་བྱེད་པའི་སྲོལ་བསྟན་པ་ནམ་གནས་ཀྱི་བར་དུ་བཙུགས་པ་ཡིན་ལ། དཔོན་པོ་འདིའི་རིང་ལ་གསེར་ཆེན་གྱི་ལབ་ཙེ་རྒྱ་བསྐྱེད་དེ་དགྲ་ལྷ་བཅུ་གསུམ་གྱི་གྲངས་དང་མཚུངས་པར་བྱས་སོ། །སྐབས་དེར་ཉིན་ལུང་ལ་གཏོགས་པའི་ཆོ་བ་ཆེན་པོ་དཔོན་སྐོར་དང་། རབ་ཡོག་མ། གཡོན་ཏྲུ་རྒྱ་ཡེ། ཕག་སྐོར། སྟོང་ངེ། ཕ་ཡག སོག་ཏུས། འབྲུག་སྐོར། མི་ཉག སྐྱ་ལུ། ཧོས་ནག འཐེབ་རྒྱ། གཡང་རོང་བཅས་བཅོ་ལྔ་ཡོད་ལ། ཚོ་ཆུང་ཧ་ཅང་མང་པོ་ཡོད་པར་གྲག་རབས་རྣམས་གླེང་ངོ་། །མི་ཉག་ཅེས་པའི་སྡེ་བ་དེ་རེ་སྐོང་ནོན་ཆེན་ནས་ཏུ་བུད་དེ་ཐོག་མར་ག་རྒྱ་དང་ཆབས་ཅིག་གནས་པ་མ་མཐུན་པར་ག་རྒྱའི་མི་བསད་པའི་ཁྲིད་དེ་ཐག་གཅོད་བྱས་རྗེས་སྡེ་འདིའི་མངའ་འབངས་སུ་ཡོད་པ་ལ། རྒྱན་འགའ་ཞིག་གིས་འདིར་ཏུམ་བསྡད་པར་ཀང་ཚར་སོང་ནས་རིང་པོར་མ་ལོན་པར་ཀང་ཚའི་དཔོན་པོ་བསད་པའི་དོན་རྐྱེན་དེ་བྱུང་རྗེས་ཁྲིད་ཧ་ཅང་ཆེ་བར་འགྱུར་ཉེ་སྐབས་སུམ་པ་ཚང་དང་། སྟོང་དཔོན་འབུམ་སྐྱོང་ནོན་ཧ་རྒྱལ་བཅས་ཀྱིས་ཐབས་མཁས་ཀྱིས་བསྡུམ་སྟེ་མི་ཉག་གི་ཏུའང་འདི་ཕྱོགས་སུ་ཡོང་ནས་གཞི་ཆགས། གཞན་ཡང་སྟོང་དཔོན་འདིའི་རིང་ལ་ཕག་སྐོར་དང་ཆོས་ཚ་མ་མཐུན་པར་ཕན་ཚུན་མི་ཧ་བཅུ་གསུམ་བསད་པའི་ཁྲིད་ཆེན་ཞིག་བྱུང་བར་རྗེ་རེ་ཞབས་དྲུང་རིན་པོ་ཆེ་དང་། ཀ་བླམ་ནོན་ཧ་རྒྱལ་སོགས་ཀྱིས་ལེགས་པར་བསྡུམ་པས་ཆོ་བ་འདི་གཉིས་ཀའི་དཔོན་དམངས་ཐམས་ཅད་རྣམ་པར་དགའ་བའི་ས་ལ་བཀོད་པས་མཆོན་ནང་ཁུལ་གྱི་ཁྲིད་ཆེན་མང་པོ་སྔ་ཕྱིར་བྱུང་བའང་ལེགས་པར་བསྡུམ་སྟེ་གླེང་མེད་དུ་གྱུར་ཏོ། །ཁྱད་པར་དུ་སྟོང་དཔོན་འབུམ་སྐྱོང་དང་དམག་གི་སྟོང་དཔོན་ཚོགས་རྒྱས་བཀོད་འདོམས་འོག་ཏུ་ཉིན་ལུང་སྡེབས་ཞུས་ཏེ་ཤ་ལའི་ཀླད་དུ་སྐྱབས་རྗེ་ཐར་ཤུལ་རིན་པོ་ཆེ་རྗེ་དགེ་འདུན་ཆོས་སྐྱོང་རྒྱ་མཚོ་དཔལ་བཟང་པོས་སེམས་བསྐྱེད་མཆོད་པ་གནང་བས་སྐལ་བཟང་གི་གདུལ་བྱ་མང་པོ་རྒྱལ་བའི་སྲས་སུ་གྱུར་ཅིང་གཞན་དཔག་ཏུ་མེད་པའི་འགྲོ་བ་རྣམས་རྣམ་དཀར་ལ་བཀོད་

པ་ལགས་ལ། ༡༩༣༨ ལོར་སྐབས་རྗེ་ཨ་རོལ་རིན་པོ་ཆེ་གདན་དྲངས་ནས་དུས་འཁོར་དབང་ཆེན་གསུངས་པ་དང་། ཐུག་དཀར་སྤྲེའུ་རྫོང་གི་འདུས་སྡེའི་དགེ་འདུན་ཡོངས་རྫོགས་ཞུས་ནས་དབྱར་ཆོས་བཟུང་བ་སོགས་བསྟན་པ་རིན་པོ་ཆེ་དང་བསྟན་འཛིན་དམ་པ་རྣམས་སྤྱི་པོའི་གཙུག་ཏུ་བཀུར་བའི་ཆོས་ལྡན་ས་སྐྱོང་དམ་པའི་རྣམ་ཐར་བདག་གིར་མཛད་པ་ལགས་ལ། དབང་ཆེན་གསུང་བའི་སྐབས་ཐོག་གོང་ས་ཤར་ཐམས་ཅད་མཁྱེན་པ་ཐེབས་པ་ལ་སྟོན་དཔོན་པོ་ཚགས་ལྔའི་རིང་བཅད་པའི་ཆོས་འབྲེལ་སྣར་གསོས་ནས་རོང་པོ་དཔལ་གྱི་ཆོས་སྡེ་ཆེན་པོར་ཡང་ཆོས་ཀྱི་འབྲེལ་བ་ཇི་དམ་དུ་གྱུར་པ་ཡིན་ནོ། །ཡབ་འབུམ་སྐྱོང་དང་ཡུམ་རིན་ཆེན་གཉིས་ཀྱི་སྲས་སུ（ཀང་ཚའི་གཞའ་ཚང་གི་མི་ཡིན）ས་ཕོ་སྤྲེལ་ལོ་ ༡༩༠༨ ལོར་སྐུ་འབུམ་རྒྱལ་བལྟམས། ལོ་སུམ་ཅུའི་སྟོང་དཔོན་གྱི་གོ་གནས་བཟུང་། མཁར་བྱམས་ཐར་དང་། མོག་རིའི་རིན་ཆེན་རྒྱལ། མི་ཉག་སངས་བློ། འབྲུམས་ཏུའི་མགོན་པོ་དང་བན་དེ་མཁར། ཕག་སྐོར་རི་རྒྱལ། སྟོང་ངེ་དགེ་པོ། འབྲུག་སྐོར་བླ་མ། འཐེབ་རྒྱའི་སླེང་གར། རྟེས་ནག་སྐལ་བཟྭ་སོགས་ཀྱིས་བློན་པོ་བྱས། སྟོང་དཔོན་འདིས་དཔོན་འགན་ཁུར་རྗེས་ཞིན་ཏེ་རྫོང་ལ་སོང་ནས་དམངས་ཚོགས་དང་མཉམ་དུ་གཞུང་ལམ་བཟོ་བའི་ངལ་ལས་ལ་ཞུགས་ཤིང་། མ་པུ་ཐང་གི་ཇག་དམག་ཚོས་རང་སྣང་གང་ཤར་གྱིས་ལམ་བཟོ་དམངས་ཚོགས་ལ་རྡུང་རྡེག་བྱེད་པ་བཀག་འགོག་ནན་ཏན་མཛད། ༡༩༥༨ ལོར་མ་པུ་ཐང་གིས་བཙེངས་འཁྲོལ་དམག་དཔུང་འགོག་རྒྱུའི་སྟོང་བསམ་བཅང་སྟེ་ཉིན་ལུང་ནས་དམག་མི་ལྔ་བརྒྱ་བསྡུ་རྒྱུའི་བཙན་བཀའ་ཕབ་པའང་སྡེ་འདིའི་འགོ་དཔོན་དང་དམངས་ཚོགས་རྣམས་དང་མཉམ་དུ་དཔའ་ངར་གྱིས་བཀག་འགོག་བྱས་ནས་བསྡུ་རུ་མ་བཅུག་པ་དང་། ༡༩༥༩ ལོར་བཙེངས་འཁྲོལ་དམག་ལ་དགའ་བསུ་དང་། མ་ཇག་གི་དམག་འཐོར་གྱིས་ས་འདིའི་དམངས་ཚོགས་ལ་གནོད་པ་ཚབ་ཆེན་བཟོ་རྩིས་བྱས་པ་དག་ཀྱང་རེ་རེ་བཞིན་དམངས་ཚོགས་ལ་འགོ་ཁྲིད་དང་རྩ་འཛུགས་བྱས་ནས་ཚར་བཅད། ནེའུ་གསེང་གོང་ཁ་ནས་དྲེ་མ་ལོའུ་ཞེས་པའི་ཇག་དཔོན་ཞིག་གིས་གོ་མིན་ཏང་གི་དམག་འཐོར་མང་པོ་བསྡུས་ནས་འཁྲུག

བཙོམ་ཡང་བྱེད་པས་ཆོས་སྡེ་ཆེན་པོ་སྐུ་འབུམ་དང་རྐྱི་ཚ་སོགས་ལ་འགྲོ་ལམ་ཆད་སྐབས་དམངས་ཚོགས་རྩ་འཛུགས་བྱས་ནས་བདག་ཅག་གི་འདྲེན་པ་མཚུངས་པ་མེད་པ་རྗེ་ཞྭ་དམར་བ་ཆེན་པོའི་གཙོས་ཕྱོགས་དེར་བསྐྱོད་པའི་བླ་གྲྭ་དང་དད་ལྡན་མང་པོ་བདེ་བར་བསྐྱེལ་བ་སོགས་དམངས་ཕན་རྒྱལ་ཕན་གྱི་དོན་བཟང་མང་པོ་བསྒྲུབས། ༡༩༥༡ལོར་འཁྲམས་རྟུའི་ཆུའི་ཆུ་ཀྲང་གཞོན་པར་འདེམས་ཤིང་། རང་ཞིང་གི་གྲངས་ཉུང་མི་རིགས་ཀྱི་རྒྱལ་བཙུགས་ལྷ་གཟིགས་ཚོགས་པར་ཞུགས་ཏེ་པེ་ཅིན་དུ་ཕེབས་ནས་ཀླབས་ཆེན་གཙོ་འཛིན་མའོ་ཀྲུའུ་ཞི་ལ་མཇལ་ཞིང་ཁོང་གིས་ཕྱག་བསྐུར་ནས་(མི་རིགས་མཐུན་སྒྲིལ) ཞེས་པའི་དྲས་གྲུབ་དར་ཆ་ཞིག་ཀྱང་གནང་། ཧང་དང་སྲིད་གཞུང་གི་འགོ་ཁྲིད་འོག་ཁྲལ་བསྡུ་བ་དང་ཀྱིད་དོན་བསྒྲུམ་པ་སོགས་བྱ་བ་གལ་ཆེན་མང་པོ་བསྒྲུབས། ༡༩༥༩ལོར་གྲུང་ཧོ་རྫོང་གི་རྫོང་དཔོན་གཞོན་པར་འདེམས་ཤིང་། ཧང་དང་སྲིད་གཞུང་གི་འགོ་ཁྲིད་འོག་གྲུང་ཧོ་ས་ཁུལ་གྱི་མི་སྡེ་འགའ་དང་ཞིན་ཏེ་རྫོང་གི་མི་སྡེ་འགའི་བར་ལ་ལོག་སྤྱོད་དབང་བསྒྱུར་བས་བཟོས་པའི་ཀྱིད་ཆེན་འགའ་ཞིག་ཡོད་པའང་ལེགས་པར་བསྒྲུམ་ཞིང་། གླེང་མེད་དུ་གྱུར་པ་དང་། ༡༩༥༨ལོར་གྲུང་ཧོ་དང་སྟོང་སྐོར་གྱི་ནེའུ་གསེང་གོང་ཁའི་རྩྭ་སའི་རྩོད་གླེང་བྱུང་བའང་རྫོང་གཉིས་དང་ཞིང་ཆེན་གྱི་འགོ་ཁྲིད་འགའ་དང་མཉམ་དུ་དྲངས་སྙོམ་གྱིས་ཐག་གིས་བཅད་པའི་ཡིག་ཆ་དེང་དུས་སུའང་མཆིས་པ་དང་། གཞན་ཡང་། ༡༩༥༢ལོར་གདའ་ཚང་གི་མི་ཞིག་ཀང་ཚའི་མི་ཞིག་གིས་བསད་པའི་ཀྱིད་དོན་ཚབས་ཆེན་ཞིག་བྱུང་ནས་སུས་ཀྱང་བསྒྲུམ་མ་ནུས་པའང་ལེགས་པར་བསྒྲུམ་ནས། སྡེ་འདི་གཉིས་ཀྱི་དམངས་ཚོགས་བདེ་ལ་བཀོད། ཙ་སེར་གྱི་མི་ཞིག་ཧྲིས་ནག་གིས་བསད་པའི་ཀྱིད་དོན་དང་། སྐྱ་ལི་ནང་དམེས་བྱས་པའི་གནད་དོན་རྣམས་ཀྱང་ཐག་གཅོད་ཡང་དག་པར་མཛད་པ་སོགས་དམངས་ཕན་གྱི་བྱ་བ་མང་པོ་བསྒྲུབས་པ་ལགས་སོ། །དཔོན་པོ་འདིའི་རིང་ལ་ཆོས་ཚའང་རྨ་སྔོ་རྒྱུད་ནས་རྟ་སྤོས་ནས་སྡེ་འདིའི་མངའ་ཞབས་སུ་འདུས་པ་ཡིན་ལ། གདའ་ཚང་སོགས་ནས་ཀྱང་མི་ཁྱིམ་མང་པོ་ཕྱོགས་འདིར་ཡོང་ནས་གཞི་ཆགས་སོ། །དཔོན་པོ་འདིའི་

གཙོས་དཔོན་སྐོར་སྡེ་གཞུང་གིས་ཞུས་ཏེ། ༡༩༥༨ལོར་ཁྱབ་བདག་རྡོ་རྗེ་སེམས་དཔའི་ངོ་བོ་སྐྱབས་རྗེ་ལྷ་རི་བ་བློ་བཟང་ཚུལ་ཁྲིམས་རྒྱ་མཚོ་དཔལ་བཟང་པོས་བཅོམ་ལྡན་འདས་དུས་ཀྱི་འཁོར་ལོའི་དབང་ཆེན་བསྐྱལ་བ་དང་། དཔལ་ལྡན་བཀྲ་ཤིས་ཆོས་སྡིངས་སོགས་ཕྱོགས་ཀྱི་འདུས་སྡེ་རྣམས་བསྙེན་བཀུར་ཕུན་སུམ་ཚོགས་པ་མང་དུ་བསྒྲུབས་ཏེ་ཕྱིར་མི་ལང་ངོ། །

དཔོན་པོ་འདིའི་གཙུང་དགེ་བའི་བཤེས་གཉེན་ཐུབ་བསྟན་རྒྱ་མཚོ་ནི། གཞོན་ནུའི་དུས་ནས་དཔལ་ལྡན་བཀྲ་ཤིས་ཆོས་སྡིངས་ཀྱི་ཆོས་གྲྭར་ཞུགས་ཏེ། རྗེ་གྲགས་པ་རྒྱ་མཚོ་དང་། མཁས་གྲུབ་ཆེན་པོ་ལྷ་སྡེ་བ་རྗེ་ཡེ་ཤེས་རྒྱ་མཚོ་སོགས་མཁས་དབང་དུ་མའི་ཞབས་པད་ཚུལ་བཞིན་བསྟེན་ནས་གཞུང་བཀའ་པོད་ལྔ་ལ་སྦྱངས་པ་མཐིལ་ཕྱིན་གནང་། མདོ་སྔགས་རིག་གནས་གཞན་ལའང་སྦྱངས་བརྩོན་མཛད་དེ་མཁས་པ་ཆེན་པོར་གྱུར། ཀུན་སྤྱངས་སྤྱིའི་ལུགས་བཞིན་ཁས་བླངས་པའི་ཚུལ་ཁྲིམས་མིག་འབྲས་བཞིན་སྲུང་ཞིང་ལམ་ཡོངས་རྫོགས་ཀྱི་ཉམས་བཞེས་གཅིག་ཏུ་གཞོལ་བར་མཛད། རྒྱལ་ཚབ་མཆོག་སྤྲུལ་རིན་པོ་ཆེའི་ཡོངས་འཛིན་གནང་ཞིང་། མཆོག་སྤྲུལ་དམ་པ་གང་གི་གཙོས་ཞལ་སློབ་མང་པོའང་ལེགས་བཤད་བདུད་རྩིའི་བཅུད་ཀྱིས་ཚུལ་བཞིན་བསྐྱངས་པ་སོགས་ལེགས་མཛད་མཐའ་ཡས་ཀྱང་ཡིག་ཚོགས་སྐྱུང་བའི་ཕྱིར་འདིར་དེ་ཙམ་ལས་མ་བཀོད་དོ། །

སྡེ་འདིའི་ས་སྐྱོང་ཆོས་སྐྱོང་རྒྱལ་ཡང་། གུང་ཏོ་རྫོང་གི་རྫོང་དཔོན་གཞོན་པ་དང་། མཚོ་སྔོ་ཁུལ་གྱི་ཀྲིག་ཀྲང་གཞོན་པའི་འགན་བཞེས་པ་དང་། ཨ་ལགས་ཀུང་འབྲུམ་རྡུའི་ཚའི་ཚ་ཀྲང་དང་། གུང་ཏོ་རྫོང་གི་རྫོང་དཔོན་གཞོན་པའི་འགན་བཞེས་པ་དང་། དེ་དག་གི་ལོ་རྒྱུས་ཀྱང་ཏ་ཙང་མང་མོད། མཚོ་སྔོ་ལོ་རྒྱུས་སོགས་ན་ཐོ་རེ་བ་འཀོད་པར་མཛད་འདུག་པས་འདིར་མ་སྤྲོས་པ་ཡིན་ནོ། །དེ་ལྟར་སྡེ་འདིའི་དཔོན་རབས་རིམ་བྱོན་གྱིས་མཆོད་འཛིན་རྟེན་མི་ཆོས་དང་། དམ་པའི་ལྷ་ཆོས་གང་གི་ཐད་ནས་བརྟགས་པར་འོས་པའི་ཡོན་ཏན་དང་ལྡན་པ་ཤིན་ཏུ་མཐའ་ཡས་པ་སྤྲོ་ཕྱིར་བྱུང་ཞིང་། དེ་དག་ལས་འཇིག་རྟེན་མི་ཆོས་ལ་མཁས་པ་དག་ནི་ཕོ་རྩལ་སྣ་དགུ་སྟེ། འཐབ་ཀྱིས་ཤ་ནོན་པ་དང་གཅིག

རྒྱལ་གྲིས་ཆུ་གཙོད་པ་དང་གཉིས། ཡང་རྩལ་བྱ་ལྷར་ལྡང་བ་དང་གསུམ་ལ་ལུས་ཀྱི་རྩལ་གསུམ་དང་། ལོ་རྒྱུས་ཀྱི་དགེ་ཐོན་པ་དང་གཅིག གཏམ་གྲིས་བཤད་གད་ཐོན་པ་དང་གཉིས། ཤགས་ཀྱིས་ཕ་རོལ་གནོན་པ་དང་གསུམ་སྟེ་ངག་གི་རྩལ་གསུམ་དང་། མཛངས་ལ་བློ་འགྱུ་བ་དང་གཅིག དཔའ་ལ་བསྲན་ཚུགས་པ་དང་གཉིས། ཁ་གསལ་ཞིང་གཏིང་མི་རྟོགས་པ་དང་གསུམ་སྟེ་ཡིད་ཀྱི་རྩལ་གསུམ་བཅས་དགུ་དང་། གཞན་ཡང་། གཏམ་ཡིག་རྩལ་གསུམ། མདའ་རྫོ་མཚོངས་གསུམ། བང་རྒྱལ་སྤྲེད་གསུམ་སྟེ་དགུ་ལ་ཕོ་རྩལ་སྣ་དགུར་རྩི་བ་སོགས་དང་། དེང་རབས་ཀྱི་སྲིད་གསར་རིག་པའི་ལམ་ནས་དྲངས་ཏེ་བརྟགས་ནའང་བརྗོད་རྒྱུའི་ཕོངས་པ་མི་འདུག་ནའང་འདིར་མང་པོ་མ་སྤྲོས་སོ། །དེ་ལྟ་ནའང་སྐབས་དེའི་སྤྱི་ཚོགས་ཀྱི་ལམ་ལུགས་དང་ཡུན་རིང་པོའི་གོམས་སྲོལ་གྱི་དབང་གིས་སྟེ་འདིར་སྨྲ་ཕྱིར་ཕྱིན་པའི་དཔོན་བློན་རྣམས་ཀྱིས་དམངས་ལ་མི་ཕན་པའི་བྱ་བ་དག་ཀྱང་བསྒྲུབས་མྱོང་ཡོད་པ་གཞིར་བྱས་མེད། འདིའི་སྐོར་སྟོན་ཆད་སྤེལ་བའི་གཞུང་ཕྱོགས་ཀྱི་ཡིག་ཆ་མཐའ་ཡས་པའི་ཕྱིར་འདིར་མ་བྲིས་སོ། །སྟེ་འདིར་སྨྲ་ཕྱིར་འབྲུངས་པའི་བླ་སྤྱལ་རྣམས་ཀྱི་རྣམ་ཐར་ཀྱང་བྲིས་ན་ཤིན་ཏུ་འཚམས་ན་ཡང་དཔྱད་གཞིའི་ཡིག་ཆ་མ་མཐོང་བས་འབྲི་མ་ནུས་པའང་ཤེས་པར་བྱའོ། །ད་ལྟ་སྟེ་འདིའང་སྤྱི་ཚོགས་རིང་ལུགས་ཀྱི་མེས་རྒྱལ་ཁྲིམ་ཚང་ཆེན་པོའི་ས་གནས་གཞན་དག་དང་མཚུངས་པར་གྲུང་པོ་གུང་ཁྲན་ཏང་གི་མི་རིགས་སྲིད་ཇུས་ཀྱི་གཟི་འོད་འོག་དར་ཞིང་རྒྱས་པའི་སྣང་ཚུལ་གྱིས་གང་ས་གང་དུ་ཁྱབ་ཅིང་ཕྱོགས་ཡོངས་ནས་བདེ་སྐྱིད་དཔྱར་གྱི་དུས་སྟོན་དར་བའི་སྐབས་འདི་ག་ལགས་སོ།།

གསུམ་པ་སྡེ་འདི་དང་འབྲེལ་བའི་ལོ་རྒྱུས་གཞན་འགའ་ཞིག་ཀྱང་འགོད་པ་ལ། སྡེ་འདི་དང་སྐྱིད་སྡུག་མཉམ་མྱོང་གིས་ལྷན་དུ་ལོ་བརྒྱ་ཕྲག་ལྷག་འཚོ་ཞིང་གནས་པའི་སོག་རིགས་ཀྱི་སྡེ་གཉིས་མཆིས་པའི་ལོ་རྒྱུས་མདོར་བསྡུས་ཤིག་འགོད་ན། དེ་ཡང་སྡེ་གཅིག་གི་མིང་ལ་ཐོར་རྒོད་ཇ་སག་ཟེར་ཞིང་། འདི་ནི་སོག་རིགས་ལ་སྟོན་ཆད་མོང་གོལ་དང་། ཐོར་གོལ། ཅང་གར་སོགས་མང་དུ་མཆིས་པ་ལས་ཕྱིས་མོང་གོལ་ཅང་གར་རྒྱལ་པོས་སོག་རིགས

ཡོངས་རྫོགས་དབང་དུ་བསྒྱུར་བ་ནས་ཚང་མ་མང་གོལ་དུ་གྱུར་པ་ཡིན་མོད། སྔོན་གྱི་རང་མིང་ཡང་སོར་བཞག་གིས་ད་ལྟའི་བར་གནས་སྟབས་ཞིན་ཅང་ཕྱོགས་ན་ཐོར་རྒོད་དུ་གྲགས་པའི་མི་སྡེ་མང་དུ་མཆིས་སོ། །འདི་ཕྱོགས་ཀྱི་ཐོར་རྒོད་རྣམས་ནི། ཞིན་ཅང་ཕྱོགས་ནས་དུས་རབས་བཅུ་དྲུག་པའི་ལོ་རབས་གང་ཙམ་ཞིག་ཏུ་ཐོར་རྒོད་མེར་གན་ཇུ་ནང་འདི་ཕྱོགས་སུ་ཡོང་བ་ཀུ་ཤི་ཆོས་རྒྱལ་གྱི་ཁུ་བོ་བླ་ཐར་ཐའི་ཇིའི་མག་པ་བྱས་ཤིང་། ཀོ་ཤི་ཧན་གྱིས་དམག་དཔོན་དུ་བསྐོས། དེའི་སྲས་ཨེར་ཁེ་ཇུ་ནང་། དེའི་སྲས་ཨེ་ཧྲེ་ནི་ཇུ་ནང་། དེའི་སྲས་ཛ་སག་རྣམ་སྲས་ཚེ་དབང་། འདི་ས་ཕྱི་(༡༧༨༥)ལོར་གཤེགས་པའི་གཤིན་རྗེས་སུ་ཀུན་མཁྱེན་འཇིགས་མེད་དབང་པོ་གདན་དྲངས་ནས་ཡབ་མེས་ཀྱིས་དགེ་ལྡན་ཕོ་བྲང་གི་སྲིད་དབང་གསར་འཛུགས་སྐབས་བསྟན་སྲིད་ཀྱི་རྩ་བ་ལྟ་བུ་མཛད་སྐབས་ཕྱག་ཏུ་འགྱུར་བའི་ནང་རྟེན་རྗེ་ཙོང་ཁ་བའི་ན་བཟའ་གོས་བེར། པཎ་ཆེན་བློ་བཟང་ཆོས་ཀྱི་རྒྱལ་མཚན་གྱི་མཐིང་གོས་བཅས་ཕུལ། དེ་ལ་སྲས་མེད་པས་ཙུས་གཅིག་པའི་སྒྲོལ་མ་སྐྱབས་ལ་ཛ་སག་གི་ཐོབ་བྱུང་། དེའི་སྲས་ཛ་སག་དགེ་བསྙེན་ནམ་བློ་བཟང་ཆོས་དར་དང་རིན་ཆེན་ཟླ་བ་གཉིས། ཕྱི་མའི་སྲས་ཛ་སག་རབ་དགའ། རྒྱལ་མཆོག་སྦྱིན་པ། པླ་ས། ཐོ་ཡོན་ཆོས་དཔལ་རྣམས་དང་། ཕྱི་མའི་སྲས་ཆོས་འཁོར་རམ་ཁས་ཅིས་སོགས་དཔོན་རྒྱུད་མང་དུ་བཀྱེས་འདུག་པ་རྣམས་གསལ་བར་བྲིས་ན་ཧ་ཅང་མང་བར་འགྱུར་བའི་ཕྱིར་འདིར་མ་བཀོད་ལ། འདིའི་མི་རྣམས་ཀྱང་དར་རྒུད་དུ་མ་བྱུང་ཞིང་། ཁྱད་པར་དུ་སྡེ་འདིའི་དམག་གིས་མདའ་བཞིའི་ཐར་ཤུལ་བཅོམ་པའི་ཀྱོད་དོན་དེ་བྱུང་རྗེས། ལས་མི་དགེ་བའི་འབྲས་བུ་རྣམ་པར་སྨིན་ཏེ། སྡེ་འདི་ཕྱོགས་ཀུན་ཏུ་འཐོར་བ་སླར་འདུས་པའི་སྐོར་ཁག་གསུམ་བྱུང་ཞིང་། དེའི་སྐོར་གཅིག་ནི་མང་རའི་ཕྱོགས་ན་རྒྱལ་སེ་ཞེས་པའི་སྡེ་ཞིག་མཆིས་པ་ལས་སྦྱིན་པ་ངོ་ནག་ཟེར་བའི་མི་ཁྱིམ་ཞིག་རྐྱེན་འགའ་ཞིག་གི་དབང་གིས་ཡུལ་བུད་དེ་སྡེ་འདིའི་ཁྲོད་དུ་གཞིས་ཆགས་པ་ལ་བློན་པོ་སྟེ་ཧོ་ཞན་གྱི་གོ་ས་བྱུང་ཞིང་། དེའི་བུ་ཆོས་འཕེལ་རྒྱ་ར་དང་བན་དེ་གཉིས་དང་། དེའི་བུ་བསྟན་པ་རྒྱལ་ཟེར་བ་ནི་བདག་གི་མེས་པོ་ཡིན་ནོ། །

ཛེ་དགེ་ཛ་སག་ནི། མན་ཇུ་རིགས་ཀྱི་སྐད་བྲུར་ཆག་པ་སྟེ་སྐད་ངོ་མ་ཙུའུ་ཀན་ཞེས་པར་གྲགས་ཤིང་བོད་སྐད་དུ་བསྒྱུར་ན་གོང་མའི་མདུན་འདུག་པའམ་ཡོངས་གྲགས་ལ་མདུན་ན་འདོན་ཞེས་པའི་དོན་ཡིན་པ་ནི་ལྕང་སྐྱའི་རྣམ་ཐར་ལས་གོང་མའི་མདུན་གྱི་ཙུའུ་ཀན་འགའ་སློབས་སོགས་གསུངས་པ་ལས་རྟོགས་ནུས་སོ། །

སྡེ་འདིའི་དཔོན་ཚང་གི་རིགས་རྒྱུད་ནི། མང་བཀུར་རྒྱལ་པོའི་གདུང་རྒྱུད་ཞིག་བོད་ཡུལ་གྱི་རྒྱལ་པོ་མཛད་པ་ཛེ་གཉའ་ཁྲི་བཙན་པོ་དེ་ནས་མུ་ཁྲི་བཙན་པོ་སོགས་གནམ་གྱི་ཁྲི་བདུན་གྱི་ཐམ་སྤྲེལ་ཁྲི་བཙན་པོ་ཡིན་ཞིང་། དེའི་སྲས་གྲི་གུམ་བཙན་པོ། དེ་ལ་སྲས་གསུམ་འཁྲུངས་པས་ཐ་ཆུང་ཉ་ཁྲི་ནི་ཡབ་ལོ་ངམ་གྱིས་བཀྲོང་རྗེས་ཀོང་ཡུལ་དུ་བྲོས་ཤིང་། དེ་ནས་བཙུན་མོ་ཁྲིད་དེ་སོག་ཡུལ་དུ་ཕྱིན་ནས་མི་སྡེ་འགའ་ཞིག་གི་དཔོན་དུ་བཀུར་བ་ཧོར་རྒྱལ་པོའི་ཡང་མེས་སྦྲར་ཏ་ཆེ་ཞེས་སུ་འབོད་པ་དེ་ཡིན། དེ་ནས་གདུང་རབས་ཉི་ཤུ་བ་ཛིང་གར་གནམ་གྱི་རྒྱལ་པོ་དེའི་གཅུང་ཧ་པོ་ཐུ་སར་གྱི་སྲས་ཨེང་ཁེ་མེར་ཐེ་ཛི་ནས་གདུང་རབས་བཅུ་དྲུག་པ་ཧ་ནའི་ནོ་དེའི་སྲས་བསྟན་འཛིན་ཆོས་ཀྱི་རྒྱལ་པོ་གོ་ཤྲི་ཧན་ཞེས་གྲགས་པ་ལ་བཙུན་མོ་ཆེ་ཆུང་གཉིས་ཡོད་པས། ཆུང་བའི་སྲས་གཉིས་པ་དང་། སྤྱིར་སྲས་བཅུ་ཡོད་པའི་བརྒྱད་པ་ཨ་ཙ་ར་ཧུང་ཐེ་ཛི་ལ་སྲས་གསུམ་ཡོད་པའི་གཉིས་པ་ཆེ་ཆེན་ཏའི་ཆིང་ཐེའུ་ཛིའི་སྲས་གཉིས་པ་ཛ་སག་ཚེ་རིང་རྡོ་རྗེ། དེའི་སྲས་ཛ་སག་གྲགས་པ་རྣམ་རྒྱལ། དེའི་སྲས་ཛ་སག་ནོར་བུ་རིན་ཆེན། དེའི་སྲས་ཛ་སག་འཛིགས་མེད་ལ་སྲས་མེད་པས། ཉུས་གཅིག་པ་བསོད་ནམས་དབང་རྒྱལ་ལ་ཛ་སག་བྱུང་། དེ་ལ་བུ་གསུམ་ཡོད་པའི་ཆུང་བ་ཛ་སག་ལྷ་མགོན་ཚེ་རྒྱལ། དེའི་སྲས་ཛ་སག་ཡུལ། ཙོ་པ་ཐུ། དེའི་སྲས་ཛ་སག་དབང་ཕྱུག་རབ་བརྟན། དེའི་སྲས་ཛ་སག་བསོད་ནམས་མགོན་པོ། དེའི་སྲས་ཛ་སག་དབང་རྒྱལ་ནོར་བུ། དེའི་སྲས་ཛ་སག་འབུམ་ལོ་དང་། བསོད་ནམས་ཚེ་རིང་སོགས་བྱུང་བ་ཡིན། སྡེ་འདིའི་ཕྱོགས་ལས་གཉེར་མཁན་རྣམས་སྔོན་ཆད་ཏོ་ཁེ་སོགས་ན་གནས་བཅས་ཤིང་། དེའི་ཕྱིས་རིག་སྨན་ཕྱོགས་འདིར་གཞི་ཆགས་པ་དང་། སོ་ནམ་བྱེད་མཁན་རྣམས་འཁྱིལ་ཁུག་གི་

སོག་པོ་ཧྲ་སོགས་ན་གནས་པ་ཡིན་ལ། ཉིན་ལུང་གི་སྟོང་དཔོན་དཀོན་མཆོག་དང་ཇོ་དགེ་ཛ་སག་ལྷ་མགོན་ཚེ་རྒྱལ་གཉིས་མནའ་མཆེད་བསྒྲིགས་ནས་ཉེ་ཟླ་རི་བོའི་གཡས་གཡོན་དང་ནེའུ་གསིང་གོང་ཁ་སོགས་ནས་སྡེ་གཉིས་ཀྱང་མཉམ་མཐུན་གྱིས་གནས་པ་ཡིན་ནོ། །ཞེས་ཀྱང་གྲགས་སོ། །

སྨྲས་པ།

ཕྲུ་གདེངས་ཅན་ནྡོན་པོའི་ཕོ་བྲང་མཆོག །
མཚོ་ཁྲི་ཤོར་རྒྱལ་མོའི་ཉེ་འགྲམ་དུ། །
དཔལ་སྡེ་བཞིའི་ལང་ཚོ་དར་བབས་པའི། །
སྡེ་ཁྱད་འཕགས་ཉིན་ལུང་ཞེས་པ་གནས། །
སྟོབས་འབྱོར་བའི་ཡལ་ག་རབ་རྒྱས་ཤིང་། །
དཔའ་མཛངས་ཀྱི་འདབ་མ་འབུམ་བརྩེགས་པའི། །
རྗེས་སྐྱོང་བའི་པད་དཀར་ཕྲེང་བ་ལ། །
ཚིག་དོན་ལྷན་བསྡུགས་པའི་དབྱངས་ཀྱིས་བྲེལ། །
རྗེས་རབས་སུ་སྙོམས་པའི་གཞོན་ནུ་ཀྱེ། །
ད་ཕྱུག་དག་ས་མཐར་འཁྱམས་པ་བཞིན། །
རང་རིགས་ཀྱི་ལོ་རྒྱུས་མ་ཤེས་ན། །
ཐྲེའུ་རྣམས་ནགས་ཁྲོད་རྒྱུ་དང་མཚུངས། །
དོན་དེའི་ཕྱིར་སྡེ་འདིའི་སྔོན་བྱུང་དག །
བདག་ཡིད་ལ་ཇི་ལྟར་ངེས་པའི་ཚུལ། །
ཚིག་བསྡུས་པའི་ལམ་ནས་བརྗོད་པ་འདི། །
རང་གཞན་ལ་ཕན་པའི་རྒྱུར་གྱུར་ཅིག། །

༄༅། །གངས་ཅན་སྣ་ལའི་སྨན་ལྗོངས་ཀྱི་ལོ་རྒྱུས་རིག་ཐིག་ཏུ་བཀོད་པ་ངོ་མཚར་ནོར་བུའི་མེ་ལོང་།

སྔོན་གཞི།

སྨྲ་བའི་དབང་ཕྱུག་ལ་ཕྱག་འཚལ་ལོ། །ཇི་སྐད་དུ། སྟོད་ཀྱི་མངའ་རིས་སྐོར་གསུམ་རྫིང་གི་ཚུལ། །བར་དུ་དབུས་གཙང་ རུ་བཞི་ཡུར་བ་འདྲ། །སྨད་དུ་མདོ་ཁམས་སྒང་དྲུག་ཞིང་ལྟ་བུ། །ཞེས་ཇི་ལྟར་གསུངས་པ་ལྟར་སྟོད་མངའ་རིས་ནི་གངས་རི་མང་ཞིང་དེ་ལས་འབབ་པའི་ཆུ་བོ་ཕྱོགས་གཅིག་ཏུ་འཁྱིལ་བའི་མཚོ་དང་མཚེའུ་ཧ་ཅང་མང་བས་རྫིང་གི་ཚུལ་དང་། བར་དབུས་གཙང་ནི་བྲག་གཟར་མང་ཞིང་ཆུ་ཀླུང་མང་པོ་འབབ་པས་ཡུར་བ་དང་འདྲ་བ་དང་། སྨད་མདོ་ཁམས་ནི་ནགས་ཚལ་དང་སྤང་ཐང་མང་བས་ཞིང་ལྟ་བུའི་ཡུལ་དུ་བཤད་པ། དེ་འདྲའི་བོད་གངས་ཅན་གྱི་ཡུལ་འདིའི་སྨོན་གྱི་ཆགས་ཚུལ། བཅུད་ཀྱི་བྱུང་འཕེལ་ལོ་རྒྱུས་ཧ་ཅང་རྒྱ་ཆེ་ལ་མཐའ་ཡས་པ་ལས་ཉེ་བར་མཁོ་ཞིང་ངེས་པར་ཤེས་དགོས་པའི་ཁག་འགའ་འཆད་པར་བྱའོ། །

ལོ་རྒྱུས་སློབ་པའི་དགོས་པ།

ལོ་རྒྱུས་སློབ་པའི་དགོས་པ་ནི། ལར་སྐྱེས་པའི་མིས་རང་གི་སྐྱེས་རྒྱུད་མ་ཤེས་ན་ནགས་ཁྲོད་ཀྱི་སྤྲེའུ་དང་འདྲ། མི་རང་གི་ཚེ་འབྲང་མ་ཤེས་ན་གཡུ་འབྲུག་ཐོལ་མ་དང་འདྲ། ཡབ་མེས་ཀྱི་ཡིག་ཚང་མ་ཤེས་ན་མོན་ཕྲུག་ཡལ་བོར་དང་འདྲ། ཞེས་པ་ལྟར་མཁས་པར་

འདོད་པའི་སྐྱེས་བོ་སུ་ཞིག་ཡིན་རུང་འཛམ་གླིང་གི་ལོ་རྒྱུས་དང་། རང་གི་རྒྱལ་ཁབ་ཀྱི་ལོ་རྒྱུས། རང་གི་མི་རིགས་ཀྱི་ལོ་རྒྱུས། ས་གནས་ཀྱི་ལོ་རྒྱུས། ཁྱིམ་ཚང་གི་ལོ་རྒྱུས་སོགས་ངེས་པར་ཤེས་དགོས་ལ། ལྷག་པར་དེང་གི་དུས་སུ་ཏང་གི་གནའ་བཟང་དེང་སྲུད་ཀྱི་སྲིད་ཇུས་ལྟར་ང་ཚོས་བོད་མི་དམངས་ཀྱི་འདས་པའི་ལོ་རྒྱུས་ལ་སློབ་སྦྱོང་བྱས་ནས། ད་ལྟའི་སྲུད་ངན་དོར་ཏེ་སྲུད་བཟང་སྤེལ་ནས་མ་འོངས་པ་འཛུགས་བསྐྲུན་ལ་འབད་བརྩོན་ཆེན་པོ་བྱ་རྒྱུའི་ཆེད་དུ་ཡིན།

དེ་ལྟ་ནའང་། ཀུན་གཟིགས་ལྷ་བ་ཆེན་མོས། ཡ་རབས་དམ་པའི་སྲུད་ཚུལ་པད་དཀར་ཚལ། །ཆེས་ཆེར་བདོ་བ་སྐྱིགས་མའི་བསིལ་ཟེར་གྱིས། །ཟུམ་པའི་དུས་འདིར་དེབ་ཐེར་གཏམ་རྒྱུད་སོགས། །བརྗོད་པ་རང་ཉིད་ངལ་བའི་རྒྱུ་རུ་འགྱུར། །ཞེས་གསུངས་པ་ལྟར་ཅིར་འགྱུར་ཆ་མ་འཚལ་ནའང་། སློབ་གྲྭའི་བཀོད་སྒྲིག་ལྟར་ཁྱེད་རྣམ་པར་རུང་ཟད་འཆད་པའི་དབང་དུ་བྱས་ན།

ཐོག་མའི་ལོ་རྒྱུས་བསྟན་བཅོས།

བོད་གངས་ཅན་གྱི་གནའ་དུས་ཀྱི་ལོ་རྒྱུས་བསྟན་བཅོས་ཀྱི་ཐོག་མའི་རྣམ་པ་ནི། རྒྱལ་བློན་སོགས་ཀྱིས་ལོ་རེ་བཞིན་ཇི་མཛད་བསྡུར་ཆགས་སུ་བཀོད་པ་ཞིག་ཡིན་པས། ལོ་རྒྱུས་ཞེས་པའི་མིང་ཡང་དོན་གྱི་སྒོ་ནས་བཏགས་པར་མངོན་ལ། དེ་ཡང་དཔེར་ན། སྒྲ་སྦྱོར་བམ་གཉིས་ལས། རྟའི་ལོ་ལ་བཙན་པོ་ཁྲི་ལྡེ་སྲོང་བཙན་འོན་ཅང་དོ་ན་བཞུགས། སྟོད་སྨད་ཀྱི་རྐུན་ཆེན་བཏུལ། གར་ལོག་གི་ཕོ་ཉས་ཕྱག་འཚལ། ཟ་ཧ་ཕལ་མོ་ཆེ་ཕྱག་ཏུ་ཕུལ། ཞེས་དང་། ཏུང་ཧོང་གཏེར་ཡིག་ཏུ། ཕྱུའུ་ལོ་ལ་བཙན་པོ་དུངས་ཀྱི་སྟག་ཚལ་ན་བཞུགས། འབྲུག་ཅོང་གི་ཕོ་ཉས་ཕྱག་འཚལ་ཏེ་དབྱར་འདུན་དུངས་ཀྱི་ཁ་བུར། ཞང་བཙན་ཏོ་རེ་དང་། བློན་ཁྲི་གསུམ་རྗེས་བསྡུས་ཞེས་སོགས་ལོ་རེ་བཞིན་གྱི་མཛད་པ་བསྡུར་

ཚགས་སུ་བཀོད་ཡོད་པ་ལྟ་བུས་མཚོན་པར་བྱའོ། །སྤྱིར་ལོ་རྒྱུས་སྙིང་རིག་གནས་དར་སྤེ་ཞིང་། ཡིག་ཐོག་ཅུང་གསལ་པོར་འཁོད་པའི་དེབ་ཐེར་སོགས་མང་དུ་མཆིས་པའི་རྒྱལ་ཁབ་ནི། འཛམ་གླིང་སྤྱིའི་དབང་དུ་བྱས་ན། རང་རེའི་ཀྲུང་གོ་དང་། རྒྱ་གར། ཨེ་ཇི། རོ་མ་བཞི་ཡིན་པར་གྲགས་ཤིང་། ཀྲུང་གོ་ལ་ཡང་རྒྱ་རིགས་གཙོ་བྱས་པའི་མི་རིགས་ང་ལྔ་ཡོད་པ་དེ་དག་ཀུན་ལ་གཟི་འོད་མཚོག་ཏུ་འབར་བའི་ཐུན་མོང་དང་ཐུན་མོང་མ་ཡིན་པའི་རིག་གནས་དར་བའི་ལོ་རྒྱུས་དང་། མེས་རྒྱལ་གྱི་ཡུལ་ལྗོངས་ཁག་གསར་གཏོད་གནང་བའི་ལོ་རྒྱུས་ཤིན་ཏུ་རིང་པོ་ཡོད་ལ། བྱེ་བྲག་འཛམ་གླིང་རྩེ་མོ་མདོ་དབུས་མཐོ་སྒང་དུ་གདོད་མའི་དུས་ནས་གནས་བཅས་ཤིང་། ཡུལ་འདི་གསར་སྤེལ་གནང་བའི་བོད་མི་རིགས་ལ་མཚོན་ན་རང་ཉིད་ལ་འོད་སྟོང་རྣམ་པར་བཀྲ་བའི་ཐུན་མོང་མ་ཡིན་པའི་རིག་གནས་དང་། མི་རབས་བརྒྱ་ཕྲག་མང་པོར་ངག་ཐོག་ནས་རིམ་བཞིན་བརྒྱུད་ཅིང་། ཕྱིས་ཀྱི་མཁས་པ་རྣམས་ཀྱིས་ཡིག་ཐོག་ཏུ་བཀོད་པ། དེང་རབས་ཀྱི་ཚན་རིག་དང་ཏ་ཅང་མཐུན་པའི་རང་གི་མི་རིགས་འབྱུང་འཕེལ་གྱི་ལོ་རྒྱུས་ཡིག་ཐོག་ཁྱུངས་བསྐྱེལ་ཐུབ་པ་བགྲང་བྱ་སུམ་སྟོང་བརྒྱད་བརྒྱར་ཉེ་བ་མཆིས་སོ་སྐད།

ལོ་རྒྱུས་ཀྱི་བསྟན་བཅོས་ཀྲུང་ཡོ་ག་ལྷ་གྱེས་ཅན། ཟིང་པོ་མགོ་སྔོན་ཅན། གསང་བ་ཕྱག་རྒྱ་ཅན། ཟངས་མ་གཞུག་རལ་ཅན། ལྡེབ་མ་དགུ་བརྩེགས་ཅན་ཏེ། ཅན་ལྔ་དང་། དགེ་བཤེས་ཁྱུ་དང་ལྷ་པོས་བརྩམས་པའི་ལོག་གཏོན་ཆེན་མོའམ་ལོ་རྒྱུས་ཆེན་མོ་སྙེ་ཅུང་ཆ་ཚང་བའི་བསྟན་བཅོས་དྲུག་དང་། གསང་བ་ཡང་ཆུང་ནི་གཤིན་བང་སོ་བདབ་པའི་རབས་ལས་མི་སྣང་བས་ཕྱིད་དུ་རྫིས་ནས་ཕྱིད་དང་བདུན་ཞེས་གྲགས་ནའང་། དེ་དག་གི་ནང་དོན་གནད་བསྡུས་རེ་ད་ལྟ་དངོས་སུ་བཞུགས་པའི་ལོ་རྒྱུས་དཔེ་ཆ་དག་ན་མཐོང་རྒྱུ་ཡོད་པ་ལས་བསྟན་བཅོས་ངོ་མ་ཕལ་ཆེར་ནུབ་ནས་མིང་ཙམ་ལས་མེད་པར་མངོན་ཏེ། ད་ལྟའི་ལོ་རྒྱུས་སྨྲ་སུས་ཀྱང་གཟིགས་པའི་གཏམ་མི་སྣང་བས་སོ། །རྒྱལ་རབས་དེ་དག་དུས་རབས་གང་དག་ཏུ་བརྩམས་པ་ཡིན་ནམ་སྙམ་ན། ཕལ་ཆེར་ཕྱི་དར་ཐོག་མའི་དུས་སུ་བརྩམས

པར་མངོན་ཏེ། དེ་དག་ཏུ་སྟོད་ལྷ་རབས། བར་མངའ་དར། སྨད་གྱིས་འདའ་འམ་སིལ་ཚད་ཀྱི་ལོ་རྒྱུས་བཀོད་ཡོད་པར་གསུངས་པས་གསལ་ལོ། །དེ་ལྟ་ནའང་ད་ལྟ་དངོས་སུ་བཞུགས་པའི་ལོ་རྒྱུས་བསྟན་བཅོས་ཀྱང་དེབ་སྔོན་དང་དེབ་དམར་གསལ་མེ་སོགས་དང་། གཞན་ཡང་བོན་འབྱུང་དང་ཆོས་འབྱུང་སོགས་བསྟན་བཅོས་བརྒྱ་ཕྲག་དུ་མ་མཆིས་སོ། །དེ་དག་ལས་ཤིན་ཏུ་གནའ་དུས་ཀྱི་ལོ་རྒྱུས་ཏ་ཅང་གསལ་ལ་ཆ་ཚང་བ་དཀོན་ནའང་། ང་ཚོས་བྱ་དངོས་ལ་དཔྱེ་ཞིབ་ཀྱི་བྱེད་ཐབས་སྤྱད་ནས་བརྟགས་ན་གཞུང་དེ་དག་དང་རྡོ་རིང་གི་ཡི་གེ ཏུན་ཧོང་ཡི་གེ་སོགས་ཀྱི་ཚིག་རེ་འགས་ཀྱང་སྐབས་དེའི་ལོ་རྒྱུས་ཀྱི་དོན་མང་པོ་ཞིག་ཤེས་ནུས་པ་གཤམ་ནས་རིམ་བཞིན་གསལ་བར་འགྱུར་རོ། །

ས་བཅད་དང་པོ། སྟོད་བཙད་ཀྱི་འཛིག་རྟེན་ཆགས་ཚུལ།

དང་པོ། སྟོད་ཀྱི་འཛིག་རྟེན་ཆགས་ཚུལ་བཤད་པ།

༡. འཛིག་རྟེན་སྤྱིའི་ཆགས་ཚུལ།

ཕྱི་སྣོད་ཀྱི་འཛིག་རྟེན་འདི་ཡང་སྔར་མེད་པའི་དངོས་པོ་ཞིག་རྒྱུ་དང་རྐྱེན་དུ་མ་འདུས་པ་ལས་རིམ་གྱིས་གྲུབ་པ་ཞིག་ཏུ་ལོ་རྒྱུས་སྨྲ་བ་ཕལ་ཆེར་གྱིས་འདོད་པར་གདོན་མི་ཟ་ནའང་། དེའི་གྲུབ་པའི་རྒྱུ་རྐྱེན་དང་། ཇི་ལྟར་གྲུབ་ཚུལ་ལ་སྔོན་བྱོན་ལོ་རྒྱུས་སྨྲ་བ་རྣམས་ཀྱིས་འདོད་ཚུལ་མི་འདྲ་བ་བྱུང་ཡོད་པ་ནི་དེ་དག་གི་གྲུབ་མཐའ་མི་འདྲ་བའི་སྟབས་ཀྱིས་རེད། འོ་ན་འདོད་ཚུལ་མི་འདྲ་བ་གང་དག་ཡོད་པ་རེད་ཟེར་ན། འདི་ལྟར་ཤེས་པར་བྱ་སྟེ།

(༡) སངས་རྒྱས་ཆོས་ལུགས་པའི་བཞེད་ཚུལ།

ཇི་སྐད་དུ། མདོ་སྡུད་པ་ལས། མཁའ་ལ་རླུང་བརྟེན་དེ་ལ་ཆུའི་ཕུང་པོ་བརྟེན། །དེ་ལ་ས་ཆེན་འདི་བརྟེན་དེ་ལ་འགྲོ་བ་མཐའ་དག་བརྟེན།ཞེས་གསུངས་པ་ལྟར། འོག་གཞི་

ནམ་མཁའ་སྟོང་བ་ལ་བརྟེན་པའི་རླུང་གི་དཀྱིལ་འཁོར་སྔོན་པོ་ཟླུམ་པོ་ཧམས་སུ་དཔག་ཚད་ས་ཡ་གཅིག་དང་དྲུག་འབུམ། རྒྱར་གྲངས་མེད་པ་དེའི་སྟེང་དུ་ཆུའི་དཀྱིལ་འཁོར་ཧམས་སུ་དཔག་ཚད་འབུམ་ཕྲག་བརྒྱད། དེའི་སྟེང་དུ་ས་གཞིའི་དཀྱིལ་འཁོར་སུམ་འབུམ་ཉིས་ཁྲི་སོགས་ནི་རིམ་གྱིས་འཇིག་རྟེན་ཁམས་གཞན་གྱི་རྟུལ་རླུང་དྲག་པོས་ཕྱོགས་གཅིག་ཏུ་བསྡུས་ནས་ཆགས་པར་བཤད་དོ། །དཔེར་ན་མདོ་སྡེ་ཕལ་མོ་ཆེ་ལས། ཕྱོགས་རྣམས་ཀུན་ན་ཞིང་ཁམས་རྒྱ་མཚོར་སྣང་། །ལ་ལ་ཟླུམ་པོ་ལ་ལ་གྲུ་གསུམ་སྟེ། དེ་དག་ལ་ལ་ཕྱོགས་ན་གྲུ་བཞིར་གནས། །ཀུན་ཀྱང་ལས་ལམ་རྒྱ་མཚོས་རྣམ་པར་ཕྲིས། །ཞེས་གསུངས་སོ། །

(༢) བོན་རྙིང་མའི་ལུགས་ལ།

དང་པོ་ཡེ་མེད་སྟོང་བ་ལ། བསྐལ་བ་ཡས་བསྐལ་སྲིད་པའི་མ་སྲིད་ཙམ་ན། ཕྱྭ་ཡེ་མཁྱེན་ཆེན་པོ་བྱ་བ་གཅིག་སྲིད་པ་ཕྱྭ་ཡིས་བསྐོས་ཏེ་བྱུང་། དེ་ལ་ཁོམ་འབྲོ་རྗེའི་ལེགས་པའི་རྟོར་དྲུག་ཅེས་པ་ཞིག་བྱུང་། དེའི་ཞལ་གྱི་ངད་པ་སྤྱན་གྱི་སྒྲོས་མ། དབུ་སྐྲ་ཕྱར་ཕྱོར་ཙམ་ཞིག་གནས་པ་སྟེ། གནམ་ས་ཆ་མ་ཕྱེད་ཀྱི་བར་དུ་ཕུས་བཏབ་པས་གནམ་ས་ཆ་ཕྱེད་དེ། གནམ་རིམ་པ་བཅུ་གསུམ་ནི་ཁང་རིམ་ཁང་དུ་ཡས་ཕུབ། ས་རིམ་པ་བཅུ་གསུམ་ནི་གདན་རིམ་གདན་དུ་མས་གཏིང་ཞེས་སོགས་ཀྱིས་ཐོག་མར་གནམ་ས་གཡུ་ཁ་སྦྱོར་དུ་གྲུབ་ཚུལ་དང་། དེ་ནས་སོ་སོར་ཕྱེས་ཚུལ། ལྷ་རབས་དང་མི་རབས་རྣམས་རིམ་གྱིས་གྲུབ་པའི་ཚུལ་ལས་བརྩམས་པའི་བཤད་སྲོལ་རྒྱས་པར་མཆིས་ཀྱང་འདིར་ཡིག་ཚོགས་ཆེ་བས་མ་བཀོད་ལ། མཁྱེན་འདོད་ན་བསྟན་བཅོས་གཞན་ལས་ཤེས་པར་བྱའོ། །

(༣) གནའ་མིའི་ངག་རྒྱུན་ལས་བྱུང་བའི་བཤད་སྲོལ། རླངས་ཀྱི་པོ་ཏི་བསེ་རུ་ལས། འབྱུང་བ་རྣམ་ལྔའི་སྙིང་པོ་ལས། །སྒོ་ང་ཆེན་པོ་གཅིག་ཡོང་བ། །ཕྱིའི་སྒོང་ཤུན་ལ་ལྷ་བྲག་དཀར་པོ་ཆགས། །ནང་གི་སྒོང་ཆུ་ལ་དུང་མཚོ་དཀར་མོ་འཁྱིལ། །བར་གྱི་སྒོ་ངའི་དར་ཆ་ལ། །རིགས་དྲུག་སེམས་ཅན་ཀུན་ཏུ་གྲོལ། །ཞེས་གསུངས་པ་ལྟར་འབྱུང་བ་ཆེན་པོ་སས་འཛིན་པར་བྱས་ཤིང་། ཆུས་སྡུད་པར་བྱས་པ་དང་། རླུང་གིས་གཡོ་ཞིང་འགྲུལ་བར་བྱས།

སེམས་སྨིན་ཅིང་རྒྱས་པར་བྱེད་པ་ལ་བརྟེན་ནས་སྟོངས་པ་ནམ་མཁའི་དབྱིངས་སུ་སྒོ་ངའི་དབྱིབས་ཀྱི་སྣོད་ཀྱི་འཇིག་རྟེན་འདི་གྲུབ་པ་ཡིན་ལ། དེ་ཡང་དཔེར་ན། ཕྱིའི་སྒོང་ཤུན་གྱི་ཚུལ་དུ་ལྷ་བྲག་དཀར་པོ་ཆགས། ནང་གི་སྒོང་ཆུའི་ཚུལ་དུ་དུང་མཚོ་འཁྱིལ། སྒོ་ངའི་བར་གྱི་དར་ཆའི་ཚུལ་དུ་བཅུད་ཀྱི་སེམས་ཅན་གྲུབ་ཚུལ་བཤད་པ་འདི་ལས་བོད་མི་དམངས་ཀྱིས་ཤིན་ཏུ་གནའ་དུས་ནས་བཟུང་འགྲན་ཟླ་མེད་པའི་བློ་གྲོས་ཀྱིས་བརྟག་ཅིང་དཔྱད་པའི་ཐབས་ལ་བརྟེན་ནས་དེང་རབས་ཀྱི་རིང་མཐོང་རྒྱང་ཤེལ་སོགས་སྟོན་ཐོན་གྱི་བརྟག་ཆས་ཅི་ཡང་མེད་པའི་གནས་ཚུལ་འོག་ཚན་རིག་གི་ལྟ་བ་དང་ཏ་ཅང་མཐུན་པའི་སའི་གོ་ལའི་གསར་གྲུབ་ཀྱི་གནས་ལུགས་གཏན་ལ་ཕབ་ཅིང་། དེ་ཡང་ཤིན་ཏུ་ཡིད་འཕྲོག་ལ་གསོན་ཉམས་ལྡན་པའི་ཚིག་གིས་གོ་སླ་བར་བརྗོད་པ་འདི་འདྲ་ཤིན་ཏུ་གནའ་དུས་སུ་མི་རིགས་གཞན་གང་ལ་ཡང་མ་བྱུང་སྙམ། ངག་སྒྲོས་འདི་དུས་རབས་གང་ཞིག་ཏུ་བྱུང་བར་བཤད་དཀའ་ནའང་། གནའ་དུས་ཀྱི་བོད་མིའི་ངག་སྒྲོས་ཕྱིས་ཡི་གེར་བཀོད་པ་ཞིག་ཡིན་ངེས་ཏེ། སུམ་པ་པཎྜི་ཏའི་ཆོས་འབྱུང་ལས། ཚིག་འདི་དག་ཐུགས་ལ་མ་བབས་པར། འཇིག་རྟེན་རྣན་པོ་དག་གི་ངག་སྒྲོས་དབུས་ཀྱི་མཁས་པ་འགགས་ཚད་མར་བཟུང་ཞེས་བཀའ་བསྐྱོན་པས་ཤེས་སོ། །མཁས་དབང་ཆེན་པོ་འདི་ནི་རིགས་པ་སྨྲ་བ་འགྲན་ཟླ་མེད་པ་ཞིག་ཡིན་པས། དེང་རབས་ཀྱི་ཚན་རིག་པ་རྣམས་ཀྱིས་མངོན་སུམ་ཚད་མས་གཏན་ལ་ཕབ་པའི་སའི་གོ་ལའི་རྣམ་གཞག་འདི་དག་ཁོང་གིས་མཁྱེན་པར་གྱུར་ཚེ་བོད་ཀྱི་གནའ་མིའི་བཤད་སྲོལ་འདི་ཉིད་ཆེས་ངོ་མཚར་དུ་འཛིན་པར་གདོན་མི་ཟ་ལ། འོན་ཀྱང་སྐབས་དེར་དེང་རབས་ཀྱི་ཚན་རིག་མ་དར་སྐབས་ཁོང་གི་བློ་ངོར་མ་བདེ་བར་བཀའ་བསྐྱོན་གནང་བ་ཡིན་ནོ་སྙམ། སྟོན་ཁྲུན་མཁས་པ་ལ་ལས་བཤད་སྲོལ་འདིར་ཕྱི་རོལ་ཚངས་པ་བས་འཇིག་རྟེན་གྲུབ་ཚུལ་གྱི་ལུགས་དང་གཅིག་པར་བཤད་ཀྱང་། འདི་གཉིས་མི་གཅིག་སྟེ། དེས་འཇིག་རྟེན་ཐོ་མ་ཞིག་པའི་དུས་སུ་རྡུལ་ཕྲ་རབ་རྟག་པ་རྣམས་སོ་སོར་གནས་པ་ལ་དང་པོར་རྡུལ་ཕྲ་རབ་གཉིས་འཕྲར་ཞིང་། དེ་ནས་ཇེ་མང་དུ་སྦྱར་བ་ལ་བརྟེན་ནས་འབྱུང་བཞིའི་དཀྱིལ་འཁོར་

ཆགས་ཤིང་། དེའི་དབུས་སུ་སྒོ་ང་ཆེན་པོ་ཞིག་བྱུང་ནས་བརྡོལ་བ་ལས་འཇིག་རྟེན་མེས་པོ་ཚངས་པ་བྱུང་བ་དང་། དེས་འཇིག་རྟེན་གྱི་མ་བརྒྱུད་བསྐྱེད་ཅིང་། དེ་དག་ལས་སྣོད་བཅུད་ཀྱི་འཇིག་རྟེན་བྱུང་བར་བཤད་ལ། འདི་ལས་འབྱུང་བ་ལྔའི་སྙིང་པོ་ལས་སྒོ་ངའི་དབྱིབས་ཀྱི་འཇིག་རྟེན་གྲུབ་པར་བཤད་པས་ཁྱད་པར་ཆེའོ་སྙམ། དེང་རབས་ཀྱི་ལོ་རྒྱུས་སྨྲ་བ་ལ་ལས། རྒྱ་གར་གྱི་ཕྱི་རོལ་བ་ཆོས་གངས་རི་ཏི་སེ་དང་མ་ཕམ་གཡུ་མཚོ། པོ་ཆོས་ཆོས་ལུགས་ཀྱི་གནས་ཆེན་ཞིག་ཏུ་རྩིས་ནས་གནས་མཇལ་བྱེད་པས། ཚངས་པ་བའི་གྲུབ་མཐའི་འབྱུང་ཁུངས་ཀྱང་བོད་ཡིན་པར་བཤད་པ་ནི་ཕ་ཅང་བཞད་གད་ཀྱི་གནས་ཤིག་ཡིན་ཏེ། ཁྱོད་ཀྱི་སྒྲུབ་ཚུལ་འདི་ལྟར་ན། རྒྱ་ནག་རི་བོ་རྩེ་ལྔ་ཆོས་ཅན། བོད་ཀྱི་ཆོས་ལུགས་ཀྱི་འབྱུང་ཁུངས་ཡིན་པར་ཐལ། བོད་མི་རྣམས་ཀྱིས་དེ་ཉིད་གནས་ཆེན་ཞིག་ཏུ་རྩིས་ནས་གནས་མཇལ་བྱེད་པའི་ཕྱིར། ཁྱབ་པ་ཁས། འདོད་ན། བོད་ཀྱི་ཆོས་ལུགས་ཀྱི་འབྱུང་ཁུངས་སངས་རྒྱས་ཆོས་ལུགས་དར་བའི་རྒྱལ་ཁབ་སོ་སོ་ན་ཡོད་པར་ཐལ། དེ་དག་ཕལ་ཆེར་ན་སངས་རྒྱས་ཆོས་ལུགས་ཀྱི་གནས་ཆེན་ཡོད་པ་གང་ཞིག བོད་མི་རྣམས་ཀྱིས་དེ་དག་ལ་གནས་ཆེན་དུ་རྩིས་ནས་དད་མོས་བྱེད་པའི་ཕྱིར་རོ། །སུས་ཀྱང་ཁས་ལེན་མི་ཐུབ་པའི་བཤད་ཚུལ་འདི་འདྲ་ལ་ཡ་མཚན་དུ་འཛིན་པ་ནི་རང་ཉིད་ཕྱོགས་ཀྱི་གྲས་སུ་ཞུགས་པ་ལས་གཞན་དུ་ཅི་སྙམ། །

༢. བྱེ་བྲག་བོད་ཡུལ་ཆགས་ཚུལ།

(༡) མདོ་དབུས་མཐོ་སྒང་འདིའི་ཐོག་མའི་རྣམ་པ་ཅི་འདྲ་ཞིག་ཡིན་ནམ་སྙམ་ན། 《མཁས་པའི་དགའ་སྟོན》ལས། ཀུན་ཀྱང་ཆུ་ཡི་རྒྱ་མཚོ་གྱུར་པའི་ནང་། །ཞེས་དང་། 《དེབ་སྔོན》དུའང་། ཐོག་མར་བོད་འདི་ཆུས་བཀང་བ། །ཞེས་གསུངས་པས་མཚོན། བོད་ཀྱི་དེབ་ཐེར་རྣམས་ལས་བོད་ཡུལ་འདི་ཤིན་ཏུ་གནའ་དུས་སུ་ཆུའི་རྒྱ་མཚོ་ཆེན་པོ་ཞིག་ཡིན་པར་བསྟན་ཅིང་། ཕྱིས་ཆུ་ཐྲི་ནས་ཡུལ་ལྗོངས་སུ་གྱུར་པའི་བརྒྱུད་རིམ་ཡང་ཞིབ་ཏུ་འཁོད་ཡོད། བཤད་ཚུལ་འདི་ཡང་ཚན་རིག་གིས་བརྟགས་དཔྱད་བྱས་ནས་ཐོབ་པའི་སྙོམ་

ཚིག་དང་ཤིན་ཏུ་མཐུན་ཏེ། ཚན་རིག་མཁས་པ་ཚོས་ལོ་མང་པོའི་རིང་མདོ་དབུས་མཐོ་སྒང་འདིར་རྟོག་ཞིབ་མང་དུ་བྱས་ནས་ཐོབ་པའི་སྙོམ་ཚིག་ལྟར་ན་ད་ཕན་ཕལ་ཆེར་ལོ་ཛ་ དུང་ཕྱུར་གཅིག་དང་བྱེ་བ་ལྔ་དྲུག་ཡས་མས་སུ་ཁ་བའི་ལྗོངས་འདི་ད་དུང་རྒྱ་གཏེར་ཆེན་པོ་ ཞིག་ཡིན་ལ། ལོ་ས་ཡ་གཉིས་དང་འབུམ་ལྔའི་གོང་ཙམ་དུ་ས་བབ་ཁད་ཀྱིས་མཐོ་རུ་སོང་ བས་སྐམ་ས་ཆེན་པོ་ཞིག་ཆགས་པར་འདོད་དོ། །དེའི་རྒྱུ་རྐྱེན་ནི། རི་བོ་ཇོ་མོ་གླང་མཐོ་རུ་ ཤུགས་ཆེན(འདི་ལ་ས་གཤིས་རིག་པའི་ནང་ཧི་མ་ལ་ཡའི་འགྱུལ་སྐྱོད་ཟེར) སོང་བས་མཚོ་ བོད་མཐོ་སྒང་སྤྱི་དང་ཁྱད་པར་བོད་ལྗོངས་ས་ཁུལ་གྱི་རང་བྱུང་ཁོར་ཡུག་ལ་ཤུགས་རྐྱེན་ཧ་ ཅང་ཆེན་པོ་ཐེབས་ཏེ། ནུབ་བྱང་མཐོ་ཞིང་ཤར་ཕྱོགས་དམའ་བའི་ས་ཁམས་ཀྱི་ཁྱད་པར་དེ་ ཆགས་པར་བཤད(《མཚོ་བོད་ས་མཐོའི་གསང་བ》མི་དམངས་ཉིན་རེའི་ཚགས་པར་ ཐོག་༡༨༧༧ཟླ༤ཚེས་༢༣ལ་བཀོད) པ་སོགས་ལས་ཐོག་མར་ས་འདི་རྒྱ་མཚོ་ཆེན་པོ་ཞིག་ ཡིན་པར་མ་ཟད། དེའི་ལོ་ཚད། རྒྱ་བསྐམས་ནས་ཡུལ་ལྗོངས་གྲུབ་པའི་གནས་ལུགས་ཀྱང་ གསལ་བར་གཏན་ལ་ཕབ་ཡོད་པ་ལྟར། བོད་ཀྱི་ལོ་རྒྱུས་བསྟན་བཅོས་རྣམས་སུ་ཆུ་བོ་ཐེ་ ལྟར་བསྐམས་པ་དང་དེ་ནས་ཡུལ་ལྗོངས་ཆགས་པའི་ཚུལ་ལ།《མཁས་པའི་དགའ་སྟོན》 ལས། མཐིལ་ཀུན་ཆུས་གང་ངན་སོང་འགྲོ་མང་གནས། །ཞེས་དང་། གོང་གི་ཆུ་བརླག་ ཅེས་བྱའི་ཐོམས་ཕྱེ་བས། །ཏུ་བཞི་ཆུ་ཡིས་གང་བ་དེ་ཏུ་འཐིམས། །ཆུ་གཞན་དག་ཀྱང་དེ་ ལྟར་ཐིམ་པ་ཡིས། །བོད་ཁམས་ཡུལ་གྱི་རྣམ་པ་གསལ་བོར་དོད། །ཅེས་པ་ལྟར་གོང་ཡུལ་ ཆུ་བརླག་ཅེས་པའི་རིའི་ཐོམས་ཁ་ཕྱེ་བ་བརྟེན་ནས་ཆུ་བྱིངས་པ་དང་ས་གཞན་པའི་ཆུ་ རྣམས་ཀྱང་དེ་ལྟར་རིའི་ཐོམ་ཕྱེ་ནས་ཆུ་བཞུར་བར་བཤད་པ་འདི་ཡང་ཚན་རིག་པས་བཤད་ ཚུལ་དང་ཤིན་ཏུ་མཐུན་ལ། རང་རེའི་མཚོ་སྔོ་སོགས་ཀྱང་སྔོན་མཚོ་ཡིན་པ་ལ་ལུང་གཡང་ འགག་སོགས་རིའི་ཐོམས་ཕྱེ་ནས་ཆུ་བཞུར་ཏེ་ཡུལ་བྱུང་པར་ས་གཤིས་མཁས་པའི་ཚན་རིག་ པ་ཏུ་མས་བཞེད་པའི་ཕྱིར་རོ། །

(༢) ཆུ་བྲི་ནས་ཐོག་མར་ཆགས་པའི་ཡུལ་ལྗོངས་ཀྱི་རྣམ་པ་ནི། 《མཁས་པའི་

དགའ་སྟོན》ལས། མངའ་རིས་སྐོར་གསུམ་ཤ་རྐྱང་རི་དྭགས་གླིང་། །བར་གྱི་རུ་བཞི་སྟག་གཟིག་གཅན་གཟན་གླིང་། །སྨད་ཀྱི་སྒང་དྲུག་འདབ་ཆགས་བྱ་ཡི་གླིང་། །ཞེས་སྟོད་སྐོར་གསུམ་ནི། སྤང་རི་མང་བས་རི་དྭགས་ཤ་རྐྱང་མང་བ་དང་། བར་གྱི་རུ་བཞི་ན་བྲག་རི་དང་ནགས་མང་བས་སྟག་གཟིག་གཅན་གཟན་མང་བ་དང་། སྨད་ཀྱི་སྒང་དྲུག་ན་ནགས་སྟུག་པོ་མང་བས་བྱ་རིགས་མང་པོ་གནས་པར་བཤད་ལ། 《དེབ་ཐེར་དཔྱིད་ཀྱི་རྒྱལ་མོའི་གླུ་དབྱངས》ལས། སྟོད་མངའ་རིས་ཀྱི་ཆ་ནི་གླང་པོ་ཆེ་དང་རི་དྭགས་ཀྱི་ཡུལ། བར་དབུས་གཙང་གི་ཆ་ནི་རི་དྭགས་དང་སྤྲེའུའི་ཡུལ། སྨད་མདོ་ཁམས་ཀྱི་ཆ་ནི་སྤྲེའུ་དང་བྲག་སྲིན་གྱི་ཡུལ། དེ་ཡང་སྟོད་གཡའ་རི་དང་།གངས་རི། བར་བྲག་དང་སྤང་ལྗོངས། སྨད་རྩི་ཤིང་དང་ནགས་ཚལ་གྱི་ཡལ་ག་སྟུག་པོས་དཀྲིག་འཛིན་གོས་སུ་བསྒྲུབས་པ་ལྟ་བུ། ཞེས་གསུངས་སོ། །སོག་པོད་ཀྱི་ལོ་རྒྱུས་རྙིང་མ་རྣམས་ལས་བྱུང་བའི་མིའི་འགྲོ་བ་མ་བྱུང་བའི་གོང་ཤིན་ཏུ་གནའ་དུས་ཀྱི་བོད་ཀྱི་ཡུལ་ལྗོངས་འདིའི་སྔོད་བཅུད་ཀྱི་བཀོད་པ་ཇི་ལྟ་བུ་ཞིག་ཡིན་ཚུལ་བྲིས་པ་འདི་ཡང་ཚན་རིག་དང་ཧ་ཅང་མཐུན་པ་ཞིག་ཡིན་ཏེ། ཚན་རིག་གི་རྟོག་ཞིབ་བྱས་པར་གཞིགས་ན་མདོ་དབུས་མཐོ་སྒང་འདི་འདི་ལོ་རེར་ཧ་སྨུས70—30བར་མཐོ་རུ་སོང་བས་ན། ལོ་ཁྲི་ཕྲག་དུ་མའི་གོང་མཚོ་ཁྲི་ནས་ཡུལ་ལྗོངས་ཆགས་པའི་ཐོག་མའི་དུས་སུ་ད་ལྟའི་རྣམ་པ་འདི་འདྲ་མ་ཡིན་པར་རྒྱ་མཚོའི་ངོས་ལས་མཐོ་ཚད་སྨུས་ཆིག་སྟོང་ཡས་མས་ལས་མེད་པའི་བརྟན་ཞིང་གཤེར་ལ་དྲོ་སྐོལ་འཛོམས་པའི་རང་བྱུང་གི་ཁོར་ཡུག་ཅིག་ཏུ་གྲུབ་ཅིང་། དེ་ལ་བརྟེན་ནས་ནགས་དང་སྤང་ལྗོངས་ཚར་དུ་མངར་བ་རིམ་བཞིན་བྱུང་བ་དང་། སྟག་གཟིག་སྤྲེལ་གླང་ཆེན་སོགས་གཅན་གཟན་རི་དྭགས་སྣ་ཚོགས་བག་ཡངས་སུ་རྒྱུ་བའི་དུས་སྐབས་ཧ་ཅང་རིང་པོ་ཞིག་བྱུང་མོད། ལོ་ཁྲི་ཕྲག་དུ་མའི་རིང་རིམ་གྱིས་འགྱུར་ནས་མཐོ་ལ་གྲང་ཞིང་སྐམ་ཤས་ཆེ་བའི་རང་བྱུང་གི་ཁོར་ཡུག་འདི་ལྟར་གྱུར་པར་གདོན་མི་ཟའོ། །དེ་ལྟར་ས་འདི་སྔོན་ཆད་ཧ་ཅང་དམའ་ཞིང་དྲོ་བའི་ས་ཁུལ་ཞིག་ཡིན་སྟབས་གླང་པོ་ཆེ་སོགས་དྲོད་ཁུལ་གྱི་སྲོག་ཆགས་མང་པོ་མཆིས་པ་ནི་མཚོ་སྔོ་ཁུལ་གཅིག་པུར་ཡང་། གུང་ཧོ་རྫོང་གི་

ས་གྲུ་བཞི་ས་ཁྲུལ་དང་ཁྲི་ཀ་རྫོང་གི་ཧོར་རྒྱལ་ས་ཁྲུལ་ནས་སླང་ཆེན་གྱི་ཧུས་པའི་འགྱུར་རྗོ་ཆ་ཚང་གཉིས་གསར་དུ་རྙེད་པས་ཀྱང་ཤེས་ནུས་ལ། ས་གནས་གཞན་དག་ལའང་མིས་མཐོང་བ་དང་མ་མཐོང་བའི་འདི་རིགས་མང་དུ་མཆིས་པར་ཐེ་ཚོམ་བྱེད་མི་དགོས་སོ་སྙམ། དེ་ལྟར་སྔོན་གྱི་ལོ་རྒྱུས་སྨྲ་བའི་མཁས་པ་རྣམས་ཀྱིས་སྟོད་དུ་རིན་ཆེན་འོད་ཀྱི་གླིང་། །བར་དུ་ཧུ་བཞི་སོག་པའི་གླིང་། །སྨད་དུ་ར་བྱ་འོག་གི་གླིང་། །ཞེས་མཚན་གསོལ་ཞིང་། ད་ལྟ་ཡོངས་གྲགས་སུ་འཛམ་གླིང་གི་སྒལ་ཚིགས་མདོ་དབུས་མཐོ་སྒང་ཞེས་སུ་གྲགས་པའི་ཡུལ་ལྗོངས་ཀྱི་ཤིན་ཏུ་གནའ་དུས་ཀྱི་རྣམ་པ་ནི་བོད་ཀྱི་ལོ་རྒྱུས་བསྟན་བཅོས་དག་ལས་གསུངས་པ་དོན་ལ་གནས་ཤིང་ཚན་རིག་དང་མཐུན་པར་ཤེས་པར་བྱའོ། །

གཉིས་པ། བཙུད་ཀྱི་སེམས་ཅན་བྱུང་ཚུལ།

༡. བོད་མིའི་ཐོག་མའི་འབྱུང་ཁུངས།

༡. བོད་མིའི་འབྱུང་ཁུངས་ཀྱི་བཤད་སྲོལ་འགའ་ལ་ཅུང་ཟད་དཔྱད་པ། གངས་ཅན་བོད་མིའི་འབྱུང་ཁུངས་ཀྱི་གནད་དོན་ལ་གནའ་དེང་དང་། རྒྱལ་ཁབ་ཕྱི་ནང་གི་མཁས་པ་མང་པོས་སྤྱར་ནས་བརྟག་དཔྱད་དང་སྒྲོས་གླེང་མཐའ་ཡས་པ་གནང་ཞིང་། དགོངས་འཆར་མི་འདྲ་བ་མང་པོ་མཆིས་པ་ཞིག་ཡིན་ལ། དེ་དག་མདོར་དྲིལ་ན། (ཀ) རྒྱ་གར་ནས་བྱུང་བར་བཤད་པ། (ཁ) ཆང་ནས་བྱུང་བར་བཤད་པ། (ག) སྤྲེའུ་དང་བྲག་སྲིན་མོ་འདུས་པ་ལས་བྱུང་བར་བཤད་པ། (ང) སོག་པོ་ནས་བྱུང་བར་བཤད་པ། (ཅ) ཞན་ཡིད་ཟེར་བའི་མི་རིགས་ནས་བྱུང་བར་བཤད་པ། (ཆ) འབར་མ་ནས་བྱུང་བར་བཤད་པ། (ཇ) སན་མོ་ཞེས་པའི་མི་རིགས་ནས་བྱུང་བར་བཤད་པ་སོགས་གསུང་སྲོལ་མི་འདྲ་བ་མང་དུ་མཆིས་པ་ལས། ཞན་ཡིད་དང་སན་མོ་ཟེར་བའི་གནའ་བོའི་མི་རིགས་ཤིག་ནས་བོད་བྱུང་བར་བཤད་པ་ནི་རྒྱའི་ལོ་རྒྱུས་དེབ་ཐེར་དག་ལས་མི་རིགས་དེ་དག་རྒྱེན་འགའ་ཞིག་

གིས་ནུབ་ཕྱོགས་སུ་ཡུལ་བུད་པར་བཤད་པ་ལ་བརྟེན་ནས་ཕྱིས་པར་ངེས་ནའང་། དེ་དག་
ཡུལ་བུད་པའི་དུས་སྐབས་ད་ལྟའི་ཡན་ལ་བགྲང་བྱ་ཉིས་སྟོང་ངམ་སུམ་སྟོང་ལས་མི་བརྒལ་
ལ། དེ་ལས་སྔ་བའི་བགྲང་བྱ་ལྔ་སྟོང་གི་གོང་ནས་ཡུལ་འདིར་མིའི་འགྲོ་བ་ཤིན་ཏུ་མང་པོ་
ཡོད་པར་མ་ཟད་མདོ་དབུས་མཐོ་སྒང་གི་ས་ཆ་ཤིན་ཏུ་ཆེན་པོར་ཁྱབ་ནས་ཡོད་པ་ས་འོག་
ནས་བུད་པའི་རིག་དངོས་རྣམས་ལས་གསལ་པོར་རྟོགས་ནུས་པས། བོད་མི་མཐའ་དག་གི་
འབྱུང་ཁུངས་བྱས་ན་མི་འཐད་པར་རྟོགས་སླ་ཡང་། གནའ་བོའི་མི་རིགས་དེ་དག་ནི་མ་
གཞི་བོད་མིའི་ཆ་ཤས་ཤིག་ཡིན་ཡང་རྒྱ་མིས་མིང་ཐ་དད་པ་ཞིག་བཏགས་པ་ཙམ་ཡིན་པའང་
སྲིད་ལ། གལ་སྲིད་མི་རིགས་གཞན་པ་ཞིག་ཡིན་ན་དེ་ལྟ་བུའི་མི་རིགས་ཡུལ་བུད་ནས་ས་
འདིར་གཞི་ཆགས་ཏེ་བོད་རིགས་དང་འདྲེས་ནས་མི་རིགས་གཅིག་ཏུ་གྱུར་པ་ནི་སྲིད་པ་ཉིད་
དོ། །འབར་མ་ནས་བྱུང་བར་བཤད་པ་ནི་འབར་མའི་སྐད་ནང་བོད་སྐད་མང་པོ་ཡོད་པ་རྒྱུ་
མཚན་དུ་བྱས་ནའང་། བཙན་པོའི་དུས་སུ་རྒྱ་གར་གྱི་ས་གནས་མང་པོ་ཞིག་བོད་ཀྱི་མངའ་
འོག་ཏུ་གཏོགས་པར་བྱས་ཤིང་། ཡུལ་དེ་དག་ཏུ་ཡུལ་སྲུང་བོད་དམག་མང་པོ་མངགས་པ་
ཕྱིས་རྒྱ་གར་མི་རིགས་ཀྱི་ཁྲོད་དུ་འདྲེས་ནས་ཀུ་རྫ་ཐ་ཀི་ར་ཞེས་པའི་རིགས་བྱུང་བར་ལོ་རྒྱུས་
བསྟན་བཅོས་རྣམས་ལས་གསུངས་པས། རྒྱ་གར་ཤར་ཕྱོགས་འབར་མའི་ཡུལ་དུའང་དེ་
འདྲའི་བོད་མང་པོ་གནས་བཅས་ནས་ཕོ་ཚོའི་སྐད་ཆའི་ནང་ན་བོད་སྐད་མང་པོ་ཡོད་པ་ཡིན་
ནམ་སྙམ་ལ། རྒྱ་གར་ནས་བྱུང་བར་བཤད་པའང་། སློབ་དཔོན་ཤེས་རབ་གོ་ཆའི་《ལྷ་
ལས་ཕུལ་བྱུང་གི་བསྟོད་འགྲེལ》ལས་སྟོན་གྱི་རྒྱལ་པོ་སྐྱ་བསེང་བུ་ལྷ་དང་དགྲ་ངན་དཔུང་
ཚོགས་བཅུ་གཉིས་འཐབ་པ་ལས་རུ་པ་ཏི་འཁོར་བཅས་ཁྲིད་ནས་རི་ཁ་བ་ཅན་གྱི་ཁྲོད་དུ་
གནས་པའི་མི་རྒྱུད་ལ་དེང་སང་ན་ཡང་བོད་དུ་གྲགས། ཞེས་པ་འདི་ལ་བརྟེན་པར་སྣང་
ནའང་《ས་སྐྱའི་ལམ་འབྲས་བླ་བརྒྱུད་རྣམ་ཐར》ལས། སྟོན་གྱི་སྐྱ་བསེང་བུ་ལྷའི་དུས་ནས
ལོ་ཉིས་སྟོང་དུ་ཉེ་བ་ན་སྟོན་པ་ཤཱཀྱ་ཐུབ་པ་བྱོན་པར་བཤད་པས། དེ་ལྟར་ན་ད་ལྟའི་བར་ལོ་
བཞི་སྟོང་ལྷག་ལས་མ་སོན་ཅིང་། དེའི་གོང་གི་བགྲང་བྱ་ཆིག་ཁྲི་ལྷག་གི་དུས་ནས་ཡུལ་

འདིར་མི་མང་པོ་གནས་ཡོད་པར་ས་འོག་གི་རིག་དངོས་དུ་མས་གསལ་བཤད་བྱེད་ཐུབ་པར་མ་ཟད། སྔོན་བྱོན་ལོ་རྒྱུས་སྨྲ་བའི་མཁས་དབང་དུ་མས་ཀྱང་གསུང་འདི་དྲངས་ནས་བོད་དང་འབྲེལ་བའི་མི་རིགས་གཞན་འགའ་ཞིག་ལ་བོད་མིའི་མིང་གིས་བཏགས་པའང་བོད་མི་ཁག་གཅིག་གི་འབྱུང་ཁུངས་ཡིན་སྲིད་ཀྱང་བོད་མི་མཐའ་དག་གི་འབྱུང་ཁུངས་མ་ཡིན་པར་གསུངས་པ་ལྟར་ལགས་ལ། རྣམ་པ་གཞན་དུ་ན་སྐྱེ་བསེང་བུ་ལྷ་སོགས་ནི་རིག་བྱེད་ཀྱི་གཏམ་རྒྱུད་ལས་བྱུང་བ་ཞིག་ཡིན་པས་དོན་ངོ་མ་དེ་ལྟ་བུའི་མི་དག་ཡོད་མེད་ཀྱང་ཐེ་ཚོམ་གྱི་གཞིར་སྣང་བ་སོགས་བོད་མིའི་འབྱུང་ཁུངས་སུ་བཤད་པ་འདི་དག་ལས་གང་འཐད་དང་གང་མི་འཐད་པའི་སྐོར་ལ་མཐའ་དཔྱོད་དང་བཅས་པའི་རྒྱུ་མཚན་ཞིབ་ཏུ་སྨྲས་ན་འོས་མོད། ཡིག་ཚོགས་ཆེ་བའི་ཕྱིར་རྒྱས་པར་མ་སྤྲོས་སོ། །

༢. སྤྲེའུ་དང་བྲག་སྲིན་མོ་ལས་བྱུང་བར་བཤད་པ། 《མཁས་པའི་དགའ་སྟོན》ལས། སྤྲུལ་བའི་སྤྲེའུ་བྲག་སྲིན་འདུས་པ་ལས། །རིགས་དྲུག་ནས་འཕོས་སྤྲེའུ་སྤྲུག་དྲུག་ཅིག་བྱུང་། །ཞེས་གསུངས་པ་ལྟར་སྤྲེའུ་དང་བྲག་སྲིན་（སྲུ）གཉིས་གཉེན་དུ་བསྡེབས་པ་ལས་ཐོག་མར་སྤྲེའུ་སྤྲུག་ཕ་མ་གཉིས་དང་ཅུང་མི་འདྲ་བ་དྲུག་བྱུང་ཞིང་། དེ་ཡང་། དམྱལ་བའི་གནས་ནས་ཚེ་འཕོས་པ། ངོ་ནག་ཅིང་སྡུག་སྲན་ཆེ་བ་གཅིག ཡི་དྭགས་ནས་ཚེ་འཕོས་པ། ཟས་སྲེད་ཅིང་སེར་སྣ་ཆེ་བ་གཅིག དུད་འགྲོ་ནས་ཚེ་འཕོས་པ། གླེན་ལ་གཟུགས་ངན་ངན་པ། ལྷ་མིན་ནས་ཚེ་འཕོས་པ། ཐུ་ལ་ཕྲག་དོག་ཆེ་བ། མི་ནས་ཚེ་འཕོས་པ། སེམས་ཆུང་ཤེས་རིག་རྒྱས་པ། ལྷ་ལས་ཚེ་འཕོས་པ། རྒྱུད་དགེ་བྱེད་བཞིན་བཟང་བ་ཞིག་བཅས་བྱུང་ཟེར། བཤད་ཚུལ་འདི་ལས་ཅི་ཞིག་མཚོན་ཐུབ་ཟེར་ན།

（༡）ཕ་གཅིག་མ་གཅིག་གི་བུ་སྤྲུག་ལའང་གཤིས་རྒྱུད་ཐ་དད་པ་དུ་མ་ཡོད་པའི་སྣང་ཚུལ་འདི་མཚོན་པའི་ཆེད་དང་།

（༢）སྤྲེའུ་དང་བྲག་སྲིན་འདུས་པ་ལས་བྱུང་བའི་བོད་མི་ལ་ཀུན་སློང་དང་ཀུན་སྤྱོད་མི་མཚུངས་པ་སྣ་ཚོགས་ཡོད་པའི་སྤྱི་ཚོགས་ཀྱི་དོན་དངོས་ལ་བརྟེན་ནས་བྲིས་པའོ། །སྤྲེའུ་

དང་བྲག་སྲིན་ལས་བོད་མི་བྱུང་བའི་བཤད་ཚུལ་འདི་ཇི་ལྟར་བྱུང་བའི་ཚུལ་ལ། བྲག་སྲིན་ནི་སྲྀ་ཡིན་པར་བསྟན་འགྱུར་དཀར་ཆག་ལས་གསུངས་ཤིང་། 《དེབ་ཐེར་དཔྱིད་ཀྱི་རྒྱལ་མོའི་གླུ་དབྱངས》ལས་ཀྱང་། གོང་ནས་དྲངས་པ་ལྟར་སྨད་མདོ་ཁམས་ཀྱི་ཆ་ནི་སྤྲེའུ་དང་བྲག་སྲིན་གྱི་ཡུལ། ཞེས་སྤྲེའུ་དང་བྲག་སྲིན་ལྷན་ཅིག་ཏུ་གནས་པར་བཤད་པ་ལས་བྲག་སྲིན་ནི་སྲྀ་ཡིན་པར་རྟོགས་ནུས་ལ། གཞན་དུ་ན་འགའ་ཞིག་གིས་བཤད་ཚུལ་ལྟར་འདྲེ་སྲིན་ལ་གོ་ན་མདོ་སྨད་དུ་གནས་ཞེས་དང་། སྤྲེའུ་དང་ལྷན་ཅིག་གནས་ཞེས་ཇི་ལྟར་བཤད་ཐུབ་སྟེ། འདྲེ་སྲིན་ནི་སྣག་ཤུར་གྱི་ཡུལ་ཞིག་ཡིན་པས་སོ། །སྲིན་ཞེས་པ་ཡོངས་གྲགས་འདྲེ་སྲིན་གྱི་དོན་ཡིན་ན་ཆུ་སྲིན་ཡང་ཆུར་གནས་འདྲེ་སྲིན་ཡིན་དགོས་པས་ཧ་ཅང་ཐལ་ལོ། །དེས་ན་བྲག་ལ་གནས་པའི་སྲོག་ཆགས་ལུས་སྟོབས་སོགས་ཆེ་བའི་སྲྀ་ལ་བྲག་སྲིན་དུ་འབོད་པ་ཤེས་པར་བྱའོ། །འདི་ཡང་དེང་རབས་ཚན་རིག་གི་ལུགས་དང་ཧ་ཅང་ཉེ་བ་ཞིག་ཡིན་ཡང་། ཁྱད་པར་ནི་ཚན་རིག་གིས་སྲྀ་ངལ་རྩོལ་ལ་བརྟེན་ནས་མི་རུ་འགྱུར་བར་འདོད་ཅིང་། འདིས་སྲྀ་སྤྲེའུ་འདུས་པ་ལས་མི་བྱུང་བར་བཤད་དོ། །འདི་ནི་བོད་མིའི་གནའ་དུས་ཀྱི་བཤད་སྲོལ་ཞིག་ཡིན་ལ། ཕྱིས་སངས་རྒྱས་ཀྱི་ཆོས་བོད་ལ་དར་བའི་རྐྱེན་གྱིས་འཕགས་པ་སྤྱན་རས་གཟིགས་ཀྱི་སྤྲུལ་པ་དང་འཕགས་མ་སྒྲོལ་མའི་བྱིན་གྱིས་བརླབས་པ་སོགས་ལྷ་སྒྲུང་གི་རྣམ་པར་བསྒྱུར་བར་ངེས་སོ་སྙམ། བཤད་ཚུལ་འདི་ཡང་བོད་མི་རྣམས་ཀྱིས་ལོ་ཁྲི་སྟོང་མང་པོའི་ཐོན་སྐྱེད་དང་འཚོ་བའི་ཁྲོད་ནས་བྱུང་བའི་ངོས་འཛིན་ཞིག་སྟེ། ཕོ་ཆོས་ཕྱུགས་ལས་གཉེར་བའི་རྒྱུད་རིམ་ནང་དུ་རྟ་དང་བོང་བུ་འདུས་པ་ལས་སྲོག་ཆགས་དེ་གཉིས་ལས་སྟོབས་ཤུགས་དང་བློ་ནུས་ཁྱད་པར་འཕགས་པའི་དྲེའུ་བྱུང་བ་དང་། བ་གླང་དང་ནོར་ནག་རྒྱུད་འདྲེས་པ་ལས་དེ་གཉིས་ལས་ཁྱད་དུ་འཕགས་པའི་མཛོ་བྱུང་བ་བརྟེན་ནས་སྲོག་ཆགས་རིགས་ཅུང་ཟད་འདྲ་བ་གཉིས་རྒྱུད་འདྲེས་པ་ལས་དེ་གཉིས་ལས་ཁྱད་པར་དུ་འཕགས་པའི་སྲོག་ཆགས་རིགས་གསར་བ་ཞིག་འབྱུང་བར་མཐོང་ཞིང་། སྲྀ་དང་སྤྲེའུ་གཉིས་ནི་སྲོག་ཆགས་གཞན་དང་བསྡུར་ན་ལངས་ནས་འགྲོ་ནུས་པ་དང་བློའི་ནུས་པ་ཡང་ཅུང་ཆེ་བ་སོགས་

ཆ་གང་ནས་ཀྱང་མི་དང་ཅུང་ཟད་འདྲ་བས་ན། དེ་གཉིས་རྒྱུད་འདྲེས་པ་ལས་དེ་གཉིས་ལས་ཆེས་ཁྱད་པར་འཕགས་པའི་མི་བྱུང་བར་ངེས་སོ་སྙམ་ནས་བཤད་སྲོལ་འདི་བྱུང་བར་སེམས་སོ། །

༣. མི་མིན་སྲིན་མིན་ནས་མི་རུ་གྱུར་པའི་བརྒྱུད་རིམ་ལ། 《མཁས་པའི་དགའ་སྟོན》ལས། དེ་ཀུན་ཕ་ཡིས་ཤིང་ཏོག་གིས་གང་བ། །ནགས་མ་བྱ་ཚོགས་ཅན་ཞེས་བྱ་བར་བསྐྱལ། །ཞེས་དང་། དེ་ནས་མི་མིན་སྲིན་མིན་བཞི་བརྒྱར་འཕེལ། །ཤིང་ཏོག་ཟད་ཅིང་བཀྲེས་པས་འཐབ་ཅིང་རྩོད། །ཡི་དྭགས་ལྟ་བུ་སྙིང་རྗེའི་གནས་སུ་མཐོང་། ཞེས་པས་སྤྲ་སྲེའུ་འདུས་པ་ལས་བྱུང་བའི་སྤྲུ་གུ་མི་མིན་སྲིན་མིན་དེ་དག་ཐོག་མར་ནགས་མ་བྱ་ཚོགས་ཅན་ཞེས་པར་གནས་ནས་ཤིང་ཏོག་ལ་ལོངས་སྤྱོད་པ་ལ། རིམ་གྱིས་དེ་རིགས་མང་དུ་འཕེལ་བ་ལ་བརྟེན་ནས་ཤིང་ཏོག་ཟད་ཅིང་བཀྲེས་ལྟོགས་ཀྱི་སྡུག་བསྔལ་ཚད་མེད་པ་ཉམས་སུ་མྱོང་བའི་དུས་སྐབས་ཤིག་བྱུང་བར་བཤད་པ་འདི་ཡང་མིའི་རིགས་འབྱུང་འཕེལ་གྱི་ལོ་རྒྱུས་བཤད་པའི་ཚན་རིག་གི་ལུགས་དང་ཧ་ཅང་མཐུན་པ་ཞིག་ཡིན་ནོ། །བོད་ཀྱི་ལོ་རྒྱུས་བསྟན་བཅོས་རྣམས་ལས་གསུངས་པའི་མི་མིན་སྲྲ་མིན་དང་ད་ལྟའི་ཚན་རིག་པ་རྣམས་ཀྱིས་བཤད་པའི་སྤྲ་མི་ནི་དོན་གཅིག་ཡིན་ཞིང་། ནགས་ཡིན་ན་བྱ་འདུས་པའི་གནས་ཡིན་པས་ཁྱབ་པའི་ཕྱིར། ནགས་མ་བྱ་ཚོགས་ཅན་ཞེས་པའང་མིའི་རིགས་ཀྱི་མེས་པོ་དེ་དག་ཐོག་མར་ནགས་ཁྲོད་དུ་ཡུན་རིང་པོར་གནས་བཅས་པར་སྟོན་ཆེད་དེ་ལྟ་བུའི་མིང་བཏགས་པ་ཙམ་ལས་འདི་ཡིན་ཞེས་ངེས་འཛིན་རྒྱུ་ཡོད་པའི་ནགས་ག་གེ་མོ་ཞིག་གི་དོན་དུ་མི་བཟུང་ལ། གནའ་བོའི་སྤྲ་མི་ནགས་ཁྲོད་དུ་གནས་བཅས་ཤིང་། ཤིང་ཏོག་ལོངས་སུ་སྤྱད་ནས་བགྲང་བྱ་སྟོང་ཕྲག་དུ་མ་འདས་པའི་ལོ་རྒྱུས་ཀྱི་བརྒྱུད་རིམ་བྲིས་པ་ཞིག་ལས་བགྲང་བྱ་འགའི་གནས་ཚུལ་ག་ལ་ཡིན། འདི་ལྟར་ཡང་《བཀའ་ཆེམས་བཀའ་ཁོལ་མ》ལས། ཕ་དང་མི་འདྲ་བ། མ་དང་མི་འདྲ་བ། ལུས་ལ་སྤུ་མེད་པ། མཇུག་མ་མེད་པ། གདོང་བ་དམར་བ། ཟས་སུ་ཤ་དམར་ཟ་བ། སྐྱིམ་དུ་ཁྲག་ཏྲོན་མོ་འཐུང་བ། ཞེས་པ་ལྟར་ལུས་ལ་སྤུ་དང་མཇུག

མ་མེད་ཅིང་སྤྲ་སྤྲེའུ་དང་ཅུང་ཟད་མི་འདྲ་བར་མ་ཟད། ལུས་སྟོབས་ཤིན་ཏུ་ཆེ་ཞིང་། རི་དྭགས་བསད་ནས་ཤ་ཁྲག་ལ་རོལ་བའི་ སྤྲ་མིའི་ ལུས་ ཀྱི་ རྣམ་ པ་ དང་ འཚོ་ བའི་ སྤྱོད་ ཚུལ་ གསལ་བར་བསྟན་ཡོད་པ་ཡང་རིག་པར་བྱའོ། །《མཁས་པའི་དགའ་སྟོན》ལས། མ་རྨོས་འབྲུ་ཟ་གོས་སུ་ཤིང་ལོ་གྱོན། །ནགས་ན་རི་དྭགས་ལྟ་བུར་གནས་པ་ཡི། །ཀློ་དང་མོན་ལྟར་སྤྱོད་པས་བོད་ཡུལ་གང་ཞེས་པ་ལྟར་ གནའ་ བོའི་ སྤྲ་ མི་ དེ་ དག་ ཤིང་ སྡོང་ ལས་ མར་ བབས་ཏེ་ས་ཐོག་ཏུ་འཚོ་བ་བསྐྱལ་བར་མ་ཟད། རྡོ་སྤྱད་ནས་རི་དྭགས་གསོད་པ་དང་མ་རྨོས་པའི་འབྲུ་བཏུང་བ་དང་ཚལ་སྒྲ་བྱས་ནས་སྐབས་བདེ་བའི་ངལ་རྩོལ་ཡོ་བྱད་བྱུང་ཞིང་། རྡོའི་ཡོ་བྱད་རྣམས་ཀྱང་རིམ་གྱིས་ཇེ་ཞིབ་དང་ཇེ་བཟང་དུ་བཟོས་ནས་རྡོའི་སྟ་རེ་དང་རྡོའི་ཟོར་བ་སོགས་ཕྱིས་ལྷུགས་ཀྱིས་བཟོས་པའི་ཡོ་བྱད་དེ་དག་དང་ཆ་འདྲ་བ་བཟོ་ཤེས་པར་གྱུར་ཏེ། ངལ་རྩོལ་ནུས་ཤུགས་ཇེ་ཆེར་གྱུར་པ་སོགས་ཀྱི་བརྒྱུད་རིམ་རྫིལ་བོར་མི་ལོ་ཁྲི་ཕྲག་མང་པོའི་ལོ་རྒྱུས་ཕྱིན་ཡོད་ཅིང་། དུས་ཡུན་ཤིན་ཏུ་རིང་པོའི་ལོ་ཟླའི་ཕྲེང་བ་དེ་དག་ཏུ་ང་ཚོའི་ མེས་ པོས་ དཀའ་ ཚེགས་ ཏ་ ཅང་ ཆེ་ བའི་ ཁོར་ ཡུག་ ནང་ དུ་ ཟས་ སུ་ མ་ རྨོས་ པའི་ འབྲུ་ དང་ རི་ དྭགས་ཀྱི་ཤ་ཁྲག་ཟ་ཞིང་། གོས་སུ་ཤིང་ལོ་གྱོན་ཏེ་དཀའ་ངལ་མང་པོ་ཁྱད་དུ་བསད་ནས་ཕྱི་རོལ་སྣོད་ཀྱི་འཇིག་རྟེན་བསྒྱུར་བཀོད་བྱས་པར་མ་ཟད་མིའི་རིགས་རང་ཉིད་ཀྱང་བསྒྱུར་བཀོད་བྱས་ཏེ། དར་རྒྱས་ཆེ་བའི་ཀླད་པ་དང་དེ་ལ་བརྟེན་པའི་བློའི་ནུས་པ། ཕུན་སུམ་ཚོགས་པའི་སྐད་ཆ་སོགས་ལེགས་པར་བསྐྱུན་པ་ལ་བརྟེན་ནས་འོད་སྟོང་རྣམ་པར་འཕྲོ་ཞིང་ཚོན་མདངས་ལེགས་པར་བཀྲ་བའི་ཤེས་རིག་སྣ་ཚོགས་བསྐྲུན་པ་ཡིན་ནོ། །ལོ་རྒྱུས་ཐོག་མའི་སྐབས་དེ་དག་ཏུ་ཁོ་ཚོ་རི་དྭགས་ལྟར་ཕལ་ཆེར་ཁྲོ་དང་ཁྲོ་བྱས་ནས་ལྷན་ཅིག་ཏུ་གནས་ཤིང་། ཐུན་མོང་གི་འབད་བརྩོན་ལ་བརྟེན་ནས་གཅན་གཟན་དང་རང་བྱུང་ཁམས་ལ་འཐབ་རྩོད་བྱས་པར་མ་ཟད། རི་དྭགས་གསོད་པ་དང་རྩོད་སྐྱེས་འབྲུ་རིགས་བསྡུ་བ་སོགས་ལ་བརྟེན་ནས་འཚོ་བ་རོལ་བའི་ཚུལ་ཡང་གོང་གསལ་ཚིག་འདྲིས་མཚོན། ལོ་རྒྱུས་གཞུང་ལས་དངོས་ཤུགས་གང་རུང་དུ་བསྟན་ཡོད་པས། གདོད་མའི་གྲུང་རྫེ་ཞེས་པའི་དེང་སྐབས་

ཚན་རིག་པའི་མིང་དེ་དངོས་སུ་མ་བཏགས་པ་མ་གཏོགས་དོན་དེ་དང་ཤིན་ཏུ་མཐུན་པའི་མིའི་རིགས་ཀྱི་ལོ་རྒྱུས་དུས་རབས་ཤིག་བསྟན་ཡོད་པ་ཤིན་ཏུ་ནས་ཀྱང་ཤེས་ནུས་སོ། །

མདོ་དཔྱས་མཐོ་སྒང་འདི་མིའི་རིགས་ཀྱི་འབྱུང་གནས་གནད་ཆེན་ཞིག་ཡིན་པར་ཐག་གིས་ཆོད་ན་བོད་མི་ས་ཆ་གཞན་ནས་ཡུལ་བུད་དེ་གནས་འདིར་ཡོང་ནས་གཞི་ཆགས་པའི་བཤད་སྲོལ་དག་བག་ལ་ཞ་བར་འགྱུར་བ་དང་། དགོས་པ་གཞན་ཡང་མང་དུ་མཆིས་ལ། དེ་ཡང་། གནའ་དུས་ཀྱི་མི་གནས་པའི་རྗེས་ཤུལ་དང་གནའ་རྫས་ལ་རྟོག་དཔྱོད་བྱེད་པ་ནས་དོན་འདི་གནད་ལ་ཕབ་པ་ཡིན་ན་མངོན་སུམ་ཚད་མས་གཏན་ལ་ཕབ་པ་ཡིན་པས། སུས་ཀྱང་གཞོམ་གཞིག་མི་ནུས་པར་མ་ཟད་ཁས་ལེན་ངེས་ཡིན་པས་ན། འོག་ནས་བྱུང་པའི་རིག་དངོས་སྐོར་རྩུང་ཟད་སྤྲོང་ན། གན་སུའུ་ཤིན་ཏན་རིག་གནས། ཧྲ་ཅིན་གྱི་རིག་གནས། ཧྲི་དབའི་རིག་གནས་སོགས་དང་།མཚོ་སྔོན་གྱི་ཁ་གཡོས་རིག་གནས། རབ་ཡོག་རིག་གནས། མ་ཅ་ཡོའི་རིག་གནས་སོགས་དང་། ༡༩༤༤ལོར་བོད་ལྗོངས་ཀྱི་གཡའ་ལི་དང་ལུག་ར་ཞེས་པའི་ས་གནས་ནས་རྡོ་ཆས་རྙིང་གྲས་དང་། ཞིབ་ཆ་ཆེ་བའི་རྡོ་ཆས་སུམ་ཅུ་ལྷག་རྙེད་པ་དང་། ༡༩༧༤ལོར་ཀྲུང་གོ་ཚན་རིག་ཁང་གིས་མཚོ་གཉིས་དང་ནུ་ཐོག་སོགས་ནས་རྡོ་ཆས་སུམ་བརྒྱ་ལྔ་བཅུ་ལྷག་གསར་དུ་རྙེད་པ་དང་། ཁྱད་པར་ལོ་རབས་དྲུག་ཅུ་བའི་མགོར་གནའ་རྫས་རྟོག་དཔྱོད་པ་ཚོས་ཡར་ལུང་གཙང་པོ་དང་ཉང་ཆུ་འདྲེས་མཚམས་བྱང་ཤར་གྱི་འགྲམ་དུ་གནའ་བོའི་མིའི་རིགས་དང་། གནའ་བོའི་སྡོག་ཆགས་སྣལ་ཚོགས་ཅན་གྱི་རུས་པའི་འགྱུར་རྡོ་འགའ་ཞིག་གསར་རྙེད་བྱུང་ཞིང་དེ་དག་ལ་བརྟག་དཔྱད་བྱས་ནས་ཉང་ཆུའི་འགྲམ་དང་ཡར་ལུང་གཙང་པོའི་འགྲམ་དུ་ལོ་༥༠༠༠ནས་༨༠༠༠གོང་ནས་མིའི་རིགས་ཀྱི་རྩོལ་བ་རྒྱ་ཆེར་ཡོད་པར་གཏན་ལ་ཕབ་ཅིང་། དེ་ཡང་དེའི་གོང་གི་ལོ་ཆིག་ཁྲིའམ་ཁྲི་ཕྲག་དུ་མའི་གོང་གི་མིའི་རིགས་རྒྱུད་ཡིན་པར་རྟོགས་ནུས་པར་བཤད་པ་དང་། གཞན་ཡང་༡༩༧༢ – ༡༩༧༥སྐབས་ཡང་ས་གནས་དེ་དག་ནས་ཏ་ཅང་མང་བོའི་རྡོ་ཆས་དང་། རྫ་དུམ། སྡོག་ཆགས་ཀྱི་རུས་པ་རྙེད་ཅིང་། ཁྱད་པར་ཉ་འཛིན་བྱེད་ཀྱི་རྒྱུར་མཁོ་བའི་

གཏིང་རྗེ་མིག་ཤེས་ཀྱི་སྤྱོད་ཡུལ་དུ་གྱུར་པ་ལ་བརྟེན་ནས་དེ་དག་དང་ཀན་སུའུ་དང་མཚོ་སྔོན་གྱི་རིག་དངོས་དག་འབྲེལ་བ་ཆེན་པོ་མངོན་པར་མཚོན་ཡོད་པ་འདི་ལས་མདོ་དབུས་མཐོ་སྒང་དུ་ཤིན་ཏུ་གནའ་བོའི་དུས་ནས་འཚོ་ཞིང་གནས་པའི་མི་ཕན་ཚུན་འབྲེལ་འདྲིས་ཆེན་པོ་ཡོད་པའང་ཤེས་ནུས་པ་དང་། ལྷག་པར་དུ་བོད་ལྗོངས་ཆབ་མདོ་ས་ཁུལ་གྱི་ཁ་རུབ་ཏུ་གྲགས་པའི་གྲོང་སྡེའི་ཉེ་འདབས་སུ་ཚོད་དཔག་བྱས་ན་རྒྱ་ཁྱོན་སྤྱི་ཁྲི་གྲུ་བཞི་མ་ཆིག་ཁྲི་ལྷག་གི་ས་འོག་ཏུ་བཀྲམ་པའི་རིག་དངོས་ཡོད་པ་ལས་ད་ཕན་རྟོག་ཞིབ་ཐེངས་སྔ་ཕྱི་གཉིས་བྱས་པ་ལས་སྤྱི་ཁྲི་གྲུ་བཞི་མ་ཆིག་སྟོང་བརྒྱད་བརྒྱ་ཙམ་བརྐོགས་ཏེ། ས་འོག་ནས་ཁང་པའི་རྗེས་ཤུལ་ཉི་ཤུ་རྩ་དགུ་སོགས་དང་། རྡོའི་དངོས་ཆས་བདུན་སྟོང་དགུ་བརྒྱ་དོན་བརྒྱད། རུས་ཆས་སུམ་བརྒྱ་རེ་བརྒྱད། རྫ་ལེབ་ཉིས་ཁྲི་ལྷག་སོགས་རིག་དངོས་མཐའ་ཡས་པ་བྱུང་བ་ནི་ཚན་རིག་གིས་གཞལ་ཞིབ་བྱས་པ་ལྟར་ན། ལོ་ལྔ་སྟོང་ཙམ་སོང་ཟིན་ཅིང་། རིག་དངོས་དེ་དག་ལས་ལྷོ་ནུབ་དང་ནུབ་བྱང་གི་གནའ་མི་རྣམས་ཕན་ཚུན་འགྲོ་འོང་དང་རིག་གནས་སྤེལ་རེས་ཀྱི་གནས་ཚུལ་མཐོང་ཐུབ་ལ། མཁར་ལས་འཛུགས་སྐྲུན་དང་སྒྲིད་རྡོ་གསུམ་ལྡན་གྱི་མེ་ཐབ་སོགས་ད་ལྟའི་བར་གྱི་བོད་སྲོལ་དང་ཕལ་ཆེར་མཚུངས་པ་དག་ཀྱང་མཐོང་ནུས་པ་དང་། འབྲུ་རིགས་ཡོད་པ་ལ་གཞིགས་ན་སྐབས་དེ་དང་དེ་ལས་སྔ་བའི་དུས་ནས་སོ་ནམ་གྱི་ལས་དར་བ་མངོན་པར་མཚོན་ཞིང་། རི་དྭགས་རྔོན་པའམ་སྒོ་ཕྱུགས་གསོ་སྐྱོང་བྱེད་པ་ཡང་གནའ་མི་དེ་དག་གི་འཚོ་བའི་འབྱུང་གནས་གལ་ཆེན་ཞིག་ཡིན་པ་ནི། སྲོག་ཆགས་ཀྱི་རུས་པ་ཤིན་ཏུ་མང་པོ་མཆིས་པས་རྟོགས་ནུས་པ་དང་། ཁ་རུབ་རིག་གནས་ནི་ཁང་ནང་དུ་ལྷ་སྒྲུ་འཛོམ་སའི་སྡིངས་ཆ་ཡོད་པ་ལ་དཔགས་ན་སྐབས་དེ་ནས་ཆོས་ལུགས་རིག་གནས་དར་བའང་རྟོགས་ནུས་ལ། བོད་ལྗོངས་སུ་ད་ལྟ་རྙེད་པའི་དཔེ་མཚོན་རང་བཞིན་ལྡན་པའི་གནའ་རབས་ཀྱི་རིག་གནས་རྗེས་ཤུལ་གལ་ཆེན་ཞིག་ཡིན་ལ། ཀྲུང་ཧྭ་མི་རིགས་ཀྱི་རིག་གནས་གན་མཛོད་ནང་གི་འོད་སྟོང་འབར་བའི་ནོར་བུ་ཞིག་ཀྱང་ཡིན་ནོ། །རིག་དངོས་དེ་དག་ལས་མཐོ་སྒང་འདིར་མི་ལོ་ཁྲི་ཕྲག་དུ་མའི་གོང་རོལ་ནས་མིའི་རིགས་གནས་ཤིང་འཚོ་

བརྟགས་ཐུབ་ན། ཀུན་མཁྱེན་ཡེ་བཟང་རྩེ་བས་བོད་འདི་ཡང་རྒྱ་གར་དང་འདྲ་བར་ཡུལ་དང་མི་ལ་སོགས་པ་གནས་པའི་བསྐལ་བ་ནས་བྱུང་བར་བྱས་ནའང་ལུང་དང་རིགས་པའི་གནོད་པ་མེད་པར་གསུངས་པ་དོན་ལ་གནས་པ་ཤེས་པར་བྱ་ལ། དེ་ལྟར་ལོ་རྒྱུས་ཀྱི་གནའ་བོའི་མིའི་རིགས་ཀྱི་རྗེས་ཤུལ་ཕུན་སུམ་ཚོགས་པ་དང་། ཤིན་ཏུ་མང་བོའི་ས་འོག་གི་རིག་དངོས། ཡོན་ཆེ་བའི་ལོ་རྒྱུས་ཀྱི་ཡི་གེའི་ཐོག་ནས་ཉེ་ལུའོ་ཆུ་བོའི་འགྲམ་གྱི་གནའ་བོའི་ཨེ་ཇིབ་དང་། ཡེའུ་ཕྲ་ལ་ཏི་ཆུ་བོ་དང་ཏེ་ཀེ་ལི་སི་ཆུ་བོའི་འགྲམ་གྱི་སུའུ་མེར་དང་པ་བི་ལོན། ཆུ་བོ་སི་ཏ་དང་གངྒཱའི་འགྲམ་རྒྱུད་ཀྱི་རྒྱ་གར། རྨ་ཆུ་དང་འབྲི་ཆུའི་སྨད་རྒྱུད་ཀྱི་ཧྭ་ཧོ་བཅས་ནི་འཛམ་གླིང་གི་ཤེས་རིག་དར་སྤྱ་བའི་ས་ཁུལ་གལ་ཆེན་བཞི་ཡིན་པར་ཁས་ལེན་ན། གོང་གསལ་བྲིད་ཆོས་དེ་དག་ཚང་བའི་རྨ་ཆུ་དང་འབྲི་ཆུའི་སྟོད་རྒྱུད་ཀྱི་བོད་རིགས་གནས་པའི་རང་རྒྱལ་གྱི་གནས་ཁག་དང་། ཁྱད་པར་དུ་ཡར་ཀླུང་གཙང་པོ་དང་ཉང་ཆུ་དང་སྐྱིད་ཆུའི་འབབ་རྒྱུད་ཀྱང་མིའི་རིགས་འབྱུང་འཕེལ་གྱི་གནས་གཞི་གལ་ཆེན་ཞིག་དང་། མིའི་རིགས་ཀྱི་ཤེས་རིག་གི་འབྱུང་གནས་གལ་ཆེན་ཞིག་ཡིན་པར་ཆོག་ཐག་བཅད་ནས་བཤད་ཆོག་སྙམ། རྒྱུ་མཚན་དེ་དག་གི་ཕྱིར་བོད་མི་རིགས་འདི་ས་འདིར་གཉུག་མར་གནས་པའི་སྤྲ་རིམ་གྱིས་མིར་གྱུར་ནས་བྱུང་བའམ། སྤྲ་དང་སྤྲེའུ་འདུས་པའི་རིགས་རྒྱུད་ཅིག་མི་རུ་གྱུར་ནས་བྱུང་བ་ཇི་ལྟར་ཡང་། ཡུལ་གཞན་ནས་ཡུལ་སྤོས་ཏེ་འདིར་སླེབས་ནས་གཞི་ཆགས་པའི་མི་རིགས་ཞིག་གཏན་ནས་མིན་པར་ཡུལ་འདིར་གདོད་མ་ནས་གནས་ཤིང་འཕེལ་བའི་མི་རིགས་ཤིག་ཡིན་པར་ཐེ་ཚོམ་གཏན་ནས་མེད་དོ། །

༤. བོད་མིའི་དུས་ཆེན་གྱེས་ཚུལ། རྩ་བའི་དུས་ཆེན་བཞི་ནི། སྤོས་ཆུ་ལྷོང་། ས་ཁྱུང་དཔྲ། ཨ་ལྷུགས་འབྲུ། དམུ་ཚ་དགའ་བཞི་དང་། ཉུ་བོ་དབལ་ཟླ་གཉིས་དང་དྲུག་ཅེས་དང་། ཡང་བཀའ་ཆེམས་ཀ་ཁོལ་མ་ལས། གཅིག་ལ་གཅིག་མི་འཛིགས་ཏེ། ཚན་པ་བཞིར་ཆད་དེ་གྱེས་སོ། །ཚན་པ་གཅིག་ནི་སྣ་ལྷོང་ངེས་བྱས་པ་ཞིག་བྱུང་ནས་དེ་དག་ལ་དུས་མིང་ལྷོང་བྱ་བར་བཏགས། དེའི་འོག་མ་ནི་འགྲམ་ཤ་སྟོང་ངེ་བྱས་པ་ཞིག་བྱུང་ནས་དེ་

དག་ལ་དུས་མིང་སྟོངས་ཞེས་པར་གྲགས། དེའི་འོག་མ་ནི་མགོ་སེ་ཡང་ངེ་བྱས་པ་ཞིག་བྱུང་ནས། དུས་མིང་སེ་བྱ་བར་གྲགས། དེའི་འོག་མ་ནི་འཚུལ་བ་སྨུག་སྨྲ་རེ་བྱས་པ་ཞིག་བྱུང་ནས་མིང་དུས་རྨུ་བྱ་བར་གྲགས་པར་བཤད་དོ། །དེ་དག་ལས་གཞན་པའི་ཆར་གཏོགས་པའི་ཁྱིམས་པོ་བདུན་བྱ་བ་བྱུང་སྟེ། ༡. གར་ལོག་ཐྲངས་སྐད་ཅན་དང་། ༢. གེ་ལི་མིག་ཤ་ཅན། ༣. སོག་པོ་སྤྲེ་སྨུག་ཅན། ༤. རྒྱ་གྲི་ཁྲོ་ཅན། ༥. སློ་བུ་ཡིག་དམར་ཅན། ༦. རྗེ་དུ་རྐང་རྫོན་ཅན། ༧. མོན་བུ་སྤྱི་འདུམ་ཅན།

ལྷོང་ལ་གཡོ་དུ་བྱིན།

སྟོང་ལ་གཡས་དུ་བྱིན།

གཙང་། སེ་ལ་གཡོན་དུ།

རྨུ་ལ་དབུ་དུ། དབུས།

ཡང་ཐོག་མའི་དུས་ཆེན་བཞི་ནི། སེ་དང་། རྨུ་དང་། ལྡོང་། སྟོང་བཞི་ཐོག་མར་བྱུང་ཞིང་། དེའི་སྟེང་དུ་དབྲ་དང་། འབྲུ་བསྣན་ནས་བོད་མིའུ་གདུང་དྲུག་ཟེར་བ་སོགས་ཡོད་ཀྱང་། ལོ་རྒྱུས་ཀྱི་བསྟན་བཅོས་མང་པོར་སེ་དང་། རྨུ། ལྡོང་དང་སྟོང་སྟེ་བཞི་ཡིན་པར་བཤད་ཅིང་།

དེ་དག་ལས་དུས་ཚན་གྱིས་ཚུལ་ལ། །

སེ་ལས་བྱུས་ལེགས་བུ་བཞི་སྲིད། །

རྨུ་ལས་ཀོད་ལེ་ཁྲ་བརྒྱད་སྲིད། །

ལྡོང་ལས་དུས་ཆེན་བཅོ་བརྒྱད་སྲིད། །

སྟོང་ལས་རྗེ་བཞི་ཁོལ་བརྒྱད་སྲིད། །

ཅེས་པ་ལྟར་དེ་དག་ཞིབ་ཏུ་བཤད་ན།

(༡) སེ་ལས་གྱེས་པའི་བྱུས་ལེགས་བུ་བཞིར་གྲགས་པའི་དུས་བཞི་ནི། རྒྱལ་ནང་རྗེ། ཁྲོ་ནང་ཉེད་པ། འོ་གོག་བཙན། དེ་སྟོང་སེ་དང་བཞིའོ། །

(༢) རྒྱུ་ལས་སྐྱེས་པའི་ཀོད་ལེ་ཁྲ་བརྒྱད་དུ་གྲགས་པའི་རྡུས་མིང་ནི། ངབ་དང་། གཞུབ་དང་། བཞུབ་དང་། སྔོན་དང་། འགར་དང་། དཀར་དང་། སྔོ་དང་། ངན་ལམ་སྟེ་བརྒྱད་དོ། །

(༣) སྟོང་ལས་སྐྱེས་པའི་རྡུས་ཆེན་བཅོ་བརྒྱད་ནི། ཅོག ཅོག་རྩེ། ཅོག་རོ། འཁྲིམ། ཁྱུང་པོ། ཟླ་བ། འབྲིང་། ལྡ་ལུང་། ལྡ་རྩེ། གྲང་། དགེས་པ། ཁྱུ་ན། ཀ། ཚེ་སྤྱོང་། ཅུ་ནག སྣི། ཕོ་གོ ཐག་བཟང་།

(༤) སྟོང་ལས་སྐྱེས་པའི་རྗེ་བཞི་ཁོལ་བརྒྱད་ཅེས་པའི་རྡུས་མིང་ནི། ཅོག་པ་རྗེ། ཆང་རྗེ་ཕོད་དཀར། ཏེ་ཅོག་ཉལ་པོ་རྗེ། སྣགས་རྗེ་ཕོག་སྣམ་རྗེ་དང་བཞིའོ། །འབངས་སམ་ཁོལ་བརྒྱད་ནི། དམར། མར་བ། སྣལ། སྣལ་དབེན། རྗོག ཁྲིག རོག སྦས་ཏེ་བརྒྱད་དོ།།

གཞན་ཡང་ཨ་ལ་སྟོད་སྨད་བར་གསུམ་དུ་ཡོད་པ་ལས།

བལ་པོ་བལ་ཡོ་བལ་གཟིགས་གསུམ། །

མ་སྟོང་བལ་སྟོང་ཙན་སྟོང་དྲུག །

མར་བ་ཞང་ཚུང་སྤུ་རངས་དགུ། །

སྟོད་ཀྱི་ཨ་དཀར་མཆེད་དགུ་ཡིན། །

ཧ་དང་རྐྱང་དང་ཧྲངས་དང་གསུམ། །

ཤུ་ཀོ་སྐྱུ་ཀོ་ཨེ་ཀོ་དྲུག །

དབུ་དང་རྫོག་དང་གཟི་དང་དགུ། །

བར་གྱི་ཁྲ་པོ་མཆེད་དགུ་ཡིན། །

དཔལ་དང་བཏུད་དང་ཀོ་དང་གསུམ། །

བྲ་ཐུང་ཉག་ལེ་དགུ་ཟེ་དྲུག །

ཁོ་ཡོ་ཁོ་སྦྲ་ཁོ་ཨ་དགུ། །

སྨད་ཀྱི་ནག་པོ་བུ་དགུ་ཡིན། །

ཞེས་པ་ལྟར་རམ། རིམ་བྱོན་རྒྱལ་བློན་དང་མཁས་པ་རྣམས་ཀྱི་མཚན་ལས་བྱུང་བའི་མིང་རྩིས་ན་བརྒྱ་ཕྲག་ཁ་ཤས་ཡོད་ངེས་ཡིན་ནོ། །དེ་དག་ལས་རིགས་བཟང་བ་རྣམས་ལ་ལྷ་རིགས་སྒྲོ་ཟེར་ལ་ཞང་ལྷ་རིགས་དཀར་པོ་ཟེར། བསེ་རིགས་བཟང་རྣམས་ལ་བསེ་ཚུང་སྤྲ་ཟེར་བ་དང་། རྨུ་རིགས་བཟང་རྣམས་ལ་དམུ་ཚ་སྣ་ཟེར། ལྗོང་རིགས་བཟང་རྣམས་ལ་ཨ་སྤྱི་ལྗོང་། སྟོང་རིགས་བཟང་རྣམས་ལ་ཨ་ལྕགས་འབྲུ་ཟེར་བར་བཤད། མདོ་སྨད་འདིར་གནའ་ནས་ཕྱུགས་ལས་གཉེར་མཁན་ཕལ་ཆེར་ལྗོང་གི་རིགས་ཡིན་པས། རི་རྩེ་མོ་གསུམ་དེ་ལྗོང་ལ་ཐོབ། །ལྗོང་ཞྭ་མགོ་མཐོ་བ་དེ་དོན་ཡིན། །ཞེས་ཕྱུགས་ལས་གཉེར་ཞིང་མཐོ་སར་གནས་བཅས་ནས་མངའ་ཐང་ཆེ་བར་བཤད་དོ། །ཡང་། མགོ་ལོག་སོགས་ཕལ་ཆེར་འབྲུའི་རིགས་ཡིན་ཞིང་། གནའ་མིའི་ངག་རྒྱུན་ལ་འབྲུ་བྱས་པ་ཅན་ཞེས་དགྲ་ལ་རྒོལ། ཞེས་དང་། རི་རྩ་བ་གསུམ་དེ་འབྲུ་ལ་ཐོབ། །རྒྱལ་ས་ནོན་པ་དེ་དོན་ཡིན། །ཞིང་ཕྱུགས་གཉིས་གཉེར་གྱི་ས་ཆ་མང་པོ་འབྲུ་ཡིས་བཟུང་བ་ཡིན་ལ། རོང་གི་ས་ཆ་ཕལ་ཆེར་ན་སྤྲ་རིགས་མང་སྟབས《རུས་མཛོད》ལས། འགག་དོག་མོ་གསུམ་པོ་སྤྲ་ལ་ཐོབ། །སྤྲ་དཔལ་རྩལ་ཆེ་བ་དེ་དོན་ཡིན། །ཞེས་སུ་གྲགས་སོ། །འདི་ཡང་ཕལ་ཆེར་རམ་མང་ཆེ་བའི་དབང་དུ་བྱས་པ་ལས་ཐམས་ཅད་དེ་ལྟར་ཡིན་པའི་ངེས་པ་མི་སྣང་ངོ་། །སྔོན་བོད་ཡུལ་འདིར་རུས་ཆེན་བཞི་འམ་ལྔ་བྱུང་བ་ནས་རང་རང་གི་བླ་ཟློག་ཡོད་ལ། དེ་ནི་ལྗོང་གི་ཤ་བ། འབྲིའི་གཡག སྤྲའི་རྐྱང་། སྣའི་ལུག སྒོའི་བླ་ཟློག་ར་ཡིན་པར་བཤད་ཅིང་། ད་ལྟའི་བར་དུའང་ཁྱིམ་དང་སྒོའི་སྟེང་དུ་ནོར་ལུག་གི་མགོའམ་གཞན་གྱི་མགོ་འཛོག་སྲོལ་ཡོད་པས་རྒྱ་མི་དག་གིས་དེའི་དོན་མ་གོ་བར་དེ་དག་ལྷ་རུ་བཀུར་བར་བསམ་ནས་ཐང་ཡིག་སོགས་ནའང་རི་དྭགས་སྔོན་ལྷ་རུ་བཀུར་ཞེས་བྲིས་པར་མངོན་ནོ། །

ས་བཅད་གཉིས་པ། བོད་གདོད་མའི་དུས་སྐབས་ཀྱི་ལོ་རྒྱུས།

བོད་ཁམས་འདི་མི་མ་ཡིན་གྱི་ཡུལ་དུ་གྱུར་པར་བཤད་ཅིང་། དེ་ལ་ཡང་མི་མ་ཡིན་གྱི་དབང་མཛད་བཅུ་བྱུང་བར་ལོ་རྒྱུས་བསྟན་བཅོས་ལས་འབྱུང་སྟེ། དབང་མཛད་བཅུའི་ལོ་རྒྱུས་དང་དེ་ལ་བརྟེན་ནས་རྟོགས་དགོས་པའི་དོན་འགའ་རིམ་བཞིན་འཆད་པར་བྱ།

དང་པོ། དབང་མཛད་བཅུའི་ལོ་རྒྱུས།

དབང་མཛད་བཅུའི་བྱུང་རིམ་རེའུ་མིག

ཨང་རིམ	དབང་མཛད	ཡུལ་མིང	བྱུང་བའི་མཚོན་ཆ
དང་པོ	གནོད་སྦྱིན་ནག་པོ	ཡུལ་བཟང་རྒྱན་མེད	མདའ་གཞུ
གཉིས་པ	རེ་ལྡེ་མགོན་ གཡག་བདུད	བདུད་ཡུལ་ཁ་ རག་རོང་དགུ	སྟ་རེ་དགྲ་སྟ
གསུམ་པ	སྲིན་པོ་གཉའ་རིངས་ ཁྲག་མིག	སྲིན་པོ་ནག་པོ་ དགུ་ཡུལ	རྐང་སྒྲོགས
བཞི་བ	དམར་འཛམ་ལྷ	ལྷ་ཡུལ་གུང་ཐང	རྩ་གྲི
ལྔ་བ	རྨུ་རྒྱལ་ཙེ་རྗེ	ད་འཕྲང་ཅང་འཕྲང	ཞགས་པ
དྲུག་པ	ཀློག་ཀློག་འདྲེ	ལང་ཏང་ཅང་འཕྲང	འུར་རྡོ
བདུན་པ	མ་སངས་ནུས་དགུ	བོད་ཁ་ཉ་དྲུག	རྡོང་རལ་གོ་ཆ་ཕུབ་ཆུང
བརྒྱད་པ	ཀླུ	བོད་ཁམས་གླིང་དགུ	
དགུ་བ	རྒྱལ་པོ	ངམ་པོ་ཆེ	
བཅུ་བ	འགོང་པོ་སྤུན་དགུ	སྟོང་སྡེ་བཅོ་བརྒྱད	

མ་སངས་རྒྱས་དགུ་ནི། ༡. གཡའ་སྤང་སྐྱེས། ༢. གར་དིང་ནམ་ཚོ། ༣. ཐྲི་ངན་ལམ་ཙང་སྐྱེས། ༤. རུ་ཐོ་གར་སྐྱེས། ༥. ཤེ་ཧོ་གེར་དིང་ནས། ༦. མེ་སད་སྐྱེས། ༧. གསད་ཀེ་འཕྲུལ་པོ་ཆེ། ༨. དྲངས་མ་འགྱུར། ༩. བཀོད་སྟོར་ནམ་ཚོ།

(༡) ཐོག་མའི་དབང་མཛད་བཅུ་ཞེས་པ་ནི། ཡུལ་འདིའི་མི་རྣམས་ལ་དབང་བསྒྱུར་བའི་རྒྱལ་པོ་བཅུ་བྱོན་པའི་དོན་མིན་ཏེ། གཉའ་ཁྲིའི་སྔོན་དུ་བོད་སྤྱི་ལ་དབང་བའི་རྒྱལ་པོ་མ་བྱུང་བར་ལོ་རྒྱུས་ལས་བསྟན་པའི་ཕྱིར་རོ། །འོ་ན་ཅིའི་དོན་ཡིན་ཞེ་ན། མི་རབས་སམ་དེ་དང་ཆ་འདྲ་བ་དུ་མས་བོད་ཁམས་དབང་དུ་བྱས་པ་སྟེ། ས་འདི་བཟུང་ཞིང་དེ་ལ་ཡང་དུས་རབས་མི་འདྲ་བ་བཅུ་རིམ་བཞིན་བྱུང་བའི་དོན་ཡིན་ནོ། །བཤད་ཚུལ་འདི་ལ་ཞིབ་ཏུ་དཔྱད་ན། ཐོག་མར་མི་མིན་ཞེས་པ་ནི་སྐད་པའི་ཚིག་ཡིན་ལ། མི་རིགས་ཀྱི་མེས་པོ་ཡིན་ན་ཡང་ད་དུང་མིའི་ཆ་རྐྱེན་མི་འཛོམ་ཞིང་གོས་དང་རྒྱན་སོགས་མེད་པར་གཅེར་བུར་འགྲོ་བའི་གནོད་སྦྱིན་ནག་པོས་ཡུལ་འདི་བཟུང་ཞིང་། དེ་ནས་རེ་ལྡེ་འཐག་ཐོག་མར་ཤེས་པའི་དུས་རབས་ཤིག་བརྒྱུད་པ་སོགས་རིམ་པ་བཞིན་བྱུང་བར་མངོན་ལ། མི་རིགས་གཞན་གྱི་མེས་པོ་དག་གིས་ཐོག་མར་གསོ་མའི་གོས་འཐག་ཤེས་པ་ཡིན་ན། རང་རེའི་ཡུལ་དུ་གནའ་མི་རྣམས་ཀྱིས་རེ་ལྡེ་འཐག་ཤེས་པ་ནི། དོན་ལ་གནས་ཤིང་རྒྱུ་མཚན་ཡོད་པ་ཞིག་རེད་སྙམ། ལོ་རྒྱུས་གཞུང་ལས། འཁྲིང་ཕོ་མོ་གཡག་དང་འབྲི་རུ་བཏུལ། ཤ་བ་ཕོ་མོ་ནི་བ་སླང་དུ་བཏུལ། རྐྱ་བ་ཕོ་མོ་ལུག་ཏུ་བཏུལ། སྣ་བ་ཕོ་མོ་རར་བཏུལ། རྐྱང་ཕོ་མོ་རྟར་བཏུལ། སྤྱང་ཕོ་མོ་ཁྱིར་བཏུལ། ཞེས་གསུངས་པ་ལྟར་རི་དྭགས་དེ་དག་བཏུལ་ནས་སྒོ་ཕྱུགས་སུ་བསྒྱུར་བའི་སྐབས་ཀྱང་ཤིན་ཏུ་གནའ་དུས་སུ་ཡིན་ལ། དེ་དག་ཐོག་མར་བཏུལ་ནས་ལོ་མང་པོའི་རིང་ལ་རིམ་བཞིན་འགྱུར་ནས་ལུས་དབྱིབས་དང་བལ་སྤུ་སོགས་ཀྱང་ད་ལྟའི་འདི་ལྟར་གྱུར་པ་ལས་གདོད་མའི་རྣམ་པ་འདི་འདྲ་ཞིག་མ་ཡིན་པ་ནི་རི་དྭགས་དེ་དག་ད་ལྟ་དངོས་སུ་ཡོད་པས་རྟོགས་ནུས་ལ། ལུས་དང་སྟོབས་ཪེ་ཆུང་དུ་སོང་བ་མ་གཏོགས་ཕལ་ཆེར་སྔར་གྱི་རྣམ་པ་ཆེར་མ་འགྱུར་བ་ནི་ནོར་ནག་གི་རིགས་འདི་དག་ཡིན་ལ། འབྲོང་

གི་ཁོལ་རྫིད་ཀྱང་ཐོག་མ་ནས་བཀལ་འཐག་བྱེད་ཆོག་པ་ད་ལྟའི་འདི་བཞིན་ལགས་པས་གནའ་མི་རྣམས་ཀྱིས་དངོས་པོ་འདི་དག་འཁེལ་འཐག་བྱས་ནས་གོས་སམ་སྲྨ་བཟོས་པ་ཡིན་ནོ་སྙམ།

（༢）འདིའི་གནོད་སྦྱིན་ནག་པོ་དང་། བདུད། སྲིན་པོ། ལྷ་འདྲེ་སོགས་ནི་གེ་སར་གྱི་སྒྲུང་ལས་བཤད་པའི་བདུད་དེ་ཡང་ལྷ་འདྲེ་ལྟ་བུ་ཞིག་མིན་ཞིང་དག་དཔོན་ཆེན་པོ་ཞིག་ཡིན་པ་《སུམ་པའི་དྲིས་ལན》ལས་གསུངས་པ་ལྟར། འདི་དག་ཀྱང་ལུས་སྟོབས་སོགས་ཤིན་ཏུ་ཆེ་ཞིང་། ཤ་དམར་ཟ་ཞིང་ཁྲག་ལ་རོལ་བའི་མིའི་རིགས་ཀྱི་མེས་པོ་རྣམས་ལ་གནོད་སྦྱིན་དང་བདུད་སྲིན་པོ་ཞེས་པའི་མིང་གིས་བཏགས་ཤིང་། ཤ་སོགས་བཙོས་ནས་ཟ་ཞིང་རུང་ཟད་འཇམ་དུ་སོང་བའི་སྐབས་ལ་དམར་འཇམ་ལྷ་དང་དེ་ལས་བློ་རིག་རུང་ཟད་རྒྱས་ཏེ་གཡོ་རྫུས་འགོད་ཤེས་པའི་སྐབས་ལ་འདྲེ་དང་། རིགས་རྗེ་མང་དུ་འཕེལ་ཏེ་རུས་ཚོ་དགུ་རུ་ གྱེས་པའི་སྐབས་ལ་མ་སངས་རུས་དགུ་སྟེ་ཐོག་མའི་རུས་ཚོ་དགུ་དང་། ལྷ་མཚོད་འདྲེ་འདུལ་སོགས་གདོད་མའི་ཆོས་ལུགས་ཀྱི་སྨྱུ་གུ་འབུས་པའི་སྐབས་ལ་རྒྱལ་པོ་དང་། ཟས་ནོར་ལ་སྲེད་པ་ཧ་ཅང་ཆེ་བའི་སྐབས་ཤིག་ལ་འགོང་པོ་སོགས་ཀྱི་མིང་གིས་བཏགས་པར་མངོན་ལ། དུས་སྐབས་དེ་དག་རིམ་བཞིན་བྱུང་བའི་ངེས་པ་མི་སྣང་ནའང་མི་རྣམས་ཀྱི་ཀུན་སྤྱོད་དང་འདུ་ཤེས་འཕེལ་བའི་ཆོས་ཉིད་ལ་གཞིགས་ནས་བཤད་སྲོལ་འདི་ཡང་ཡུལ་འདིར་མིའི་འབྱུང་འཕེལ་གྱི་བརྒྱུད་རིམ་དཔྱོད་པའི་དཔྱད་གཞི་ཤིན་ཏུ་གལ་ཆེན་ཞིག་རེད་སྙམ་མོ། །

（༣）མ་སངས་རུས་དགུས་དབང་བྱས་པའི་སྐབས་ནས་བོད་ཅེས་པའི་མིང་བྱུང་ཞིང་། ལོ་རྒྱུས་བསྟན་བཙོས་ལས་བྱུང་བའི་བོད་ཁ་ཞ་དྲུག་དང་། ཏུང་ཧོང་གཏེར་ཡིག་ལས་བཤད་པའི་བོད་ཀ་གཡག་དྲུག་ཅེས་དང་། དེབ་ཐེར་གཞན་ལས་བྱུང་བའི་བོད་ཀ་གཡའ་དྲུག་ཟེར་བ་རྣམས་དོན་གཅིག་ཀྱང་། གནའ་དུས་བཙ་དེ་ཕྱིས་ཡི་གེར་འགོད་སྐབས་ཡུལ་སྐད་མི་འདྲ་བ་ལ་བརྟེན་ནས་བྲིས་པས་འབྲི་ཚུལ་ཀྱང་རུང་ཟད་མི་འདྲ་བར་གྱུར་པ་བོད་ཀྱི་

རྒྱལ་པོ་རྣམས་ཀྱི་མཚན་བཞིན་ཡིན་པར་སེམས། དེས་ན་འོ་དེ་སྤུ་རྒྱལ་དེ་གཉའ་ཁྲིའི་གདུང་རབས་ཀྱིས་དབང་བསྒྱུར་བའི་ཡུལ་ཡིན་པས་བོད་ཡུལ་ཟེར་བར་བཤད་པ་དང་། བོན་པོའི་ཆོས་ལུགས་དར་བའི་ཡུལ་ཡིན་པས་བོན་ཡུལ་ཞེས་པ་རིམ་གྱིས་འགྱུར་ནས་བོད་ཡུལ་དུ་གྲགས་པར་བཤད་པ་སོགས་མི་བདེན་པར་ཤེས་སླ་ཞིང་། ངེས་ཚིག་ཅི་ཡང་བཤད་དུ་མེད་པའི་འདོད་རྒྱལ་དུ་བྱས་ན་ལེགས་པར་སེམས། མ་མཐའང་ལོ་ཉིས་སྟོང་ལྔ་བརྒྱའི་གོང་སངས་རྒྱས་ཤཱཀྱ་ཐུབ་པ་འཇིག་རྟེན་དུ་བྱོན་པའི་དུས་ནས་ཡུལ་འདིར་མི་མང་པོ་གནས་པར་མ་ཟད། བོད་ཅེས་པའི་མིང་ཡང་རྒྱ་ཁྱབ་ཏུ་གྲགས་ཏེ་རྒྱ་གར་སོགས་མཐའ་བཞིའི་རྒྱལ་ཁམས་ཀུན་གྱིས་ཤེས་པ་ཞིག་ཡིན་པ་ནི། བདེ་མཆོག་མཁའ་འགྲོའི་རྒྱུད་ལས། བོད་ཡུལ་དུ་ནི་ལྷན་སྐྱེས་ཏེ། །ཞེས་དང་། དུས་ཀྱི་འཁོར་ལོའི་རྒྱུད་ལས་ཀྱང་། འཕགས་ཡུལ་བོད་ལི་རྒྱ་ནག་དང་། །གེ་ལ་ཤ་དང་གངས་ཅན་ཆེ། །ཞེས་པས་གསལ་བར་བསྟན་ཅིང་། མདོ་རྒྱུད་བསྟན་བཅོས་གཞན་མང་པོ་ལས་ཧོ་ཏ་ཞེས་པའི་མིང་འདི་ཡང་ཡང་བྱུང་བས་ཀྱང་ཤེས་ནུས་སོ། །

གཉིས་པ། རྒྱལ་ཕྲན་བཅུ་གཉིས་དང་སིལ་མ་བཞི་བཅུའི་དུས་ཀྱི་ལོ་རྒྱུས།

༡. རྒྱལ་ཕྲན་བཅུ་གཉིས་དང་སིལ་མ་བཞི་བཅུའི་མིང་།

སྔོན་གྱི་ལོ་རྒྱུས་བསྟན་བཅོས་ལས་བྱུང་བ།			ཏུང་ཧོང་གི་ཡི་གེ་ལས་བྱུང་བ།		
རྒྱལ་ཕྲན་གྱི་མིང་།	རྒྱལ་པོའི་མིང་།	བློན་པོའི་མིང་།	རྒྱལ་ཕྲན་གྱི་མིང་།	རྒྱལ་པོའི་མིང་།	བློན་པོའི་མིང་།
ཞང་ཞུང་།	ལིགས་སྙ་ཤུར།	རྨ་དང་ར་སངས།	ཞང་ཞུང་།	ལིག་སྙ་ཤུར།	ཁྱུང་པོ་ར་སངས་རྗེ་སྤུང་ལོ་ངམ་ཅོ།
མཆིམས་ཡུལ་གྲུ་ཤུལ།	ཙེ་གུ།	སྣང་དང་དེང་།	མཆིམས་ཡུལ་དགུ་ཡུལ།	ཙེ་ཝ།	དང་དང་དེང་དུ་གཉིས།

མྱང་རོ་ཕྱུགས་ཀར།	གཙང་རྗེ་ཐོད་དཀར།	གནང་།	མྱང་རོ་ཕྱེད་ཀར།	གཙང་རྗེ་ཐོད་དཀར།	སུ་རུ་དང་གནང་།
གནུབས་ཡུལ་གླིང་དགུ།	དམིགས་པ།	སྨེའུ་དང་འབྲོ།	གནུབས་ཡུལ་གླིང་དགུ།	སྲིས་པ།	སྨེའུ་དང་གྲོ།
ཉང་རོ་ཤམ་པོ།	ལོ་ངམ་རྗེ་འབྲོམ།	ཤེ་དང་སུང་།	མྱང་རོའི་ཤམ་པོ།	ལོ་ངམ་གྱི་འབྲོམ་ཚ།	མྱུ་དང་སྲེ།
ཀྱི་རེ་ལྡོན་སྟོན།	ཀྱི་རྗེ་རྨད་པོ།	ངམ་དང་འབྲོ།	སྐྱི་རོའི་ལྗང་སྟོན།	སྐྱི་རྗེའི་མང་པོ།	ཤེའུ་དང་ཕྱུག
ངམ་ཤོད་ཁྲ་སྣ།	ཟིང་རྗེ་ཁྲི་འཕྲང་གསུམ།	མགར་དང་གཉན།	ངས་པོའི་ཁྲ་གསུམ།	དབུག་གྱིའི་ཟིང་པོ་རྗེ།	མགར་དང་མཉན།
འོལ་ཕུ་སྤང་མཁར།	ཟིང་རྗེ་ཐོད་ཕྲེང་།	རྔོག་དང་སྣུབས།	འོ་ཡུལ་སྤང་ཀར།	འོ་རྗེ་ཟིན་བྲང་ཚ།	རྔོག་དང་དབས།
ཀོང་ཡུལ་བྲེ་སྣ།	དཀར་པོ་ཏུག	མཁར་བ།	རྐོང་ཡུལ་བྲེ་སྣར།	རྐོང་རྗེ་དཀར་པོ།	མཁར་བ་དང་པ་དྲུག
ཉང་ཡུལ་རྣམ་གསུམ།	ཉན་བཙུན་སླང་རྒྱལ།	ཕྱུག་དང་ངོ་རྗེ།	མྱང་ཡུལ་ཏ་གསུམ།	མྱང་ཙུང་སླང་རྒྱལ།	འོ་རུ་དང་སྤྲུགས།
སྲིབས་ཡུལ་རལ་གོང་།	བྲང་རྗེ་གོང་ནམ།	སྤྲད་དང་ཞུགས།	སྲིབས་ཡུལ་རོལ་མོ་ཤང་།	དྲང་རྗེ་རྟོལ་ནམ།	ཞུགས་ཚམས་དང་དབྲད།
དྭགས་ཡུལ་གྲུ་བཞི།	དྭགས་རྗེ་མང་པོ་རྗེ།	ལྷངས་དང་སྙམ།	དྭགས་ཡུལ་གྲུ་བཞི།	དྭགས་རྒྱལ་སྤྲུག་ཟིན།	ཕོ་གུ་དང་པོག་རོལ།

རྒྱལ་ཕྲན་བཅུ་གཉིས་དང་སིལ་མ་བཞི་བཅུ། སིལ་མ་བཞི་བཅུ་ལས། ཡུལ་འོ་ཡུལ་གྱི་སྤང་ཀར་ན། འོལ་རྗེའི་ཟིན་བྲང་ཚ། བློན་པོ་རྗེ་དང་དབས་གཉིས། རྔོག་ཡུལ་གྲུ་བཞི་ན། རྔོགས་རྗེའི་ལ་བྲང་། བློན་པོ་སས་དང་མྱང་ནད་གཉིས། ཡུལ་སུམ་ཡུལ་གྱི་ས་གསུམ་ན། རྗེ་འབའ་ལྡི་མང་རུ་ཏི། བློན་པོ་ལྷང་དང་ཀམ་གཉིས། ཡུལ་འབྲོག་མོ་རྣམ་གསུམ་ན། རྗེ་སེ་རེ་ཁྲི། བློན་པོ་སྐྱང་རེ་གནག གཡེ་མོ་ཡུལ་དྲུག་ན། རྗེ་མཁར་བ། བློན་པོ་སྦ་དང་སྤུག དེ་ལ་སོགས་པ་བཞི་བཅུ་ཟེར་རོ། །

༢. བོད་ཀྱི་གནའ་མི་རྣམས་ལོ་སྟོང་ཕྲག་དུ་མའི་རིང་རང་བྱུང་ཁམས་ལ་དཀའ་

ཚོགས་ཆེ་བའི་འཐབ་རྩོད་བྱས་ཏེ་འཚོ་བ་རོལ་བའི་ནང་ཞིང་ཕྱུགས་ལས་དང་རི་དྭགས་གསོད་པའི་ལས་རིགས་གཉེར་ཞིང་མི་རྣམས་བཀྲམ་ནས་གནས་པ་ལ་བརྟེན་ནས་དུས་ཚོ་མང་དུ་འཕེལ། དུས་ཚོ་སོ་སོར་ཡང་ཐོན་རྫས་ལྷག་མ་བྱུང་བ་དང་བསྟུན་མི་སྒྱུར་གྲུང་ལྡན་པ་ཞིག་གིས་དུས་ཚོའི་ཐུན་མོང་གི་ལས་དོན་གཉེར་བ་ནས་ཚོ་བའི་མགོ་བ་ཐོག་མར་བྱུང་ཞིང་། ཚོ་ཁག་ཆེ་བ་རྣམས་ཀྱིས་ཆུང་བ་དག་དབང་དུ་བསྡུས་ནས་རྒྱལ་ཕྲན་ནམ་སྡེ་དཔོན་བཅུ་ཕྲག་ཁ་ཤས་བྱུང་བ་དང་འཕེལ་ནས་ལོ་རྒྱུས་ཀྱི་དུས་རབས་ཤིན་ཏུ་རིང་པོ་ཞིག་འགོར་བར་ངེས་ལ། དུས་ཚོན་ཕན་ཚུན་འཐབ་རྩོད་ཀྱི་དམག་འཁྲུག་ཁྲིད་ནས་བཟུང་བ་རྣམས་བྲན་གཡོག་ཏུ་གྱུར་སྐབས་བྲན་བདག་དང་བྲན་གཡོག་རིམ་བཞིན་བྱུང་སྟེ་གྲལ་རིམ་ཡོད་པའི་སྤྱི་ཚོགས་ཀྱི་མགོ་ཚུགས་པ་ཡིན་ནོ། །དེ་ཡང་ཏུང་ཧོང་གཏེར་ཡིག་ལས་གནའ་ཡུལ་ཡུལ་ན་རྒྱལ་ཕྲན་དང་བློན་པོ་འདི་ལྟར་བབ་སྟེ། མྱི་མང་གི་རྗེ། ཡུལ་ཆེའི་བདག་བྱེད་པ་ལས་རྒྱལ་པོ་བཙན་པོ་དང་བློན་པོ་མཛངས་ལ་དཀྱུ་པོ་ཆེ་རྣམས་ཀྱིས་གཅིག་ཤས་གཅིག་བརླག་སྟེ་འབངས་སུ་བཀུག་ན་མཐའ་མ་འོ་ལྡེ་སྤུ་རྒྱལ་གྱི་དབུ་རྨོག་མ་ཐོབ། ཅེས་དང་བོད་ནང་གི་སྐབས་དེའི་གནས་ཚུལ་ནི། རྒྱལ་ཕྲན་དེ་རྣམས་འཐབ་རྩོད་གསོད་ལ་དགའ། །ལེགས་ཉེས་མི་བརྩི་བཀྲོན་འབེབས་བརྩོན་རར་འཛུད། །ཅེས་པ་ལྟར་དང་། ཕྱིའི་གནས་ཚུལ་ནི་མཐའ་བཞིའི་རྒྱལ་པོས་རྟག་ཏུ་མནར་ཞིང་གཙེས། །རྒྱ་ནག་རྒྱལ་པོས་ཤིང་ལ་སྦྲུལ་ལྟར་འཁྲི། །རྒྱ་གར་རྒྱལ་པོ་ལུག་ལ་སྤྱང་ལྟར་འཇབ། །སྟག་གཟིག་རྒྱལ་པོས་བྱ་ཁྱུར་ཁྲ་ལྟར་རྒྱུག །གེ་སར་རྒྱལ་པོ་ཤིང་ལ་སྟ་ལྟར་འཚབ། །འཐབ་ཏུ་མི་ཐུབ་བོད་ལ་དམག་གྲངས་ཉུང་། །ཡུལ་གཞན་འགྲོ་རུ་རྒྱལ་ཕྲན་གྱིས་མི་སྟེར། །ཐང་ལ་མི་ཆགས་བྲག་རི་བཙན་པོ་འཛིན། །བཟའ་བཏུང་མི་རྙེད་བཀྲེས་སྐོམ་སྡུག་བསྔལ་ཆེ། །ཞེས་པ་ལྟར་རྒྱ་ནག་རྒྱལ་པོས་མཐའ་ཁུལ་ནས་བསྐོར་བ་དང་། རྒྱ་གར་རྒྱལ་པོས་གནོད་འཚེ་བྱེད་རྒྱུའི་ཀུན་སློང་ངན་པས་གོ་སྐབས་བསྒུགས་ནས་གནས་ཤིང་། སྟག་གཟིག་གིས་ཧྲག་པ་བཏང་ནས་གནོད་འཚེ་བྱེད་ལ། གེ་སར་རྒྱལ་པོས་མཐའ་ཁུལ་ཚོ་བ་རྣམས་ལ་འཕྲོག་བཅོམ་གྱིས་གནོད་འཚེ་བྱེད་ཅིང་།

ནང་ཁུལ་དུའང་རྒྱལ་ཕྲན་དང་ཚོ་ཁག་བཙན་པོ་དག་གིས་ཚོ་བ་གཉོམ་ཆུང་རྣམས་ལ་མནར་གཅོད་དང་། བྲན་བདག་རྣམས་ཀྱིས་བྲན་གཡོག་ལ་ཡང་བའི་མནར་གཅོད། རྒྱལ་ཕྲན་བར་ལ་རྒྱུན་མི་ཆད་པའི་དམག་འཁྲུག་བྱས་ནས་འབངས་རྣམས་རྒྱུ་ཟད་དང་བཀྲེས་ལྟོགས་ཀྱིས་གདུང་བ་མི་བཟད་པ་ཉམས་སུ་མྱོང་ནའང་ཡུལ་གཞན་ལ་འགྲོ་མི་ནུས་པ་དང་བདེ་ཐང་དུ་སྡེ་གྲོང་ཆགས་མ་ནུས་པར་བྲག་རི་བཙན་པོ་འཛིན་པ་དང་། ཁྲིམས་ལུགས་ངེས་གཏན་མེད་པར་སྲོག་གཅོད་པ་དང་མིག་བཀྲོ་བ། ལྕེ་གཅོད་པ་སོགས་དཔོན་པོ་རྣམས་ཀྱིས་རང་སྣང་གང་ཤར་ལྟར་ཁྲིམས་གཅོད་བྱེད་པ་སོགས་གདུང་བ་ཟད་མི་ཤེས་པ་ཉམས་སུ་མྱོང་བ་ལ་བརྟེན་ནས་བོད་ཁམས་གཅིག་གྱུར་གྱི་རྒྱལ་ཁམས་ཤིག་བཙུགས་ནས་བོད་འབངས་བདེ་ཞིང་སྐྱིད་པ་ལ་རོལ་ན་ཅི་མ་རུང་སྙམ་པའི་འདོད་མོས་དམངས་ཡོངས་ལ་མ་བཀྲོས་གཅིག་མཐུན་དུ་བྱུང་བའང་ཚིག་དེ་དག་གི་ཤུགས་ལས་རྟོགས་ནུས་སོ། །

༣.《དེབ་ཐེར་དཔྱིད་ཀྱི་རྒྱལ་མོའི་གླུ་དབྱངས》ལས། དུས་ཆེན་བཞི་ལས་གྱེས་པའི་ཁམས་ཡེ་སངས་དཀར་པོ་གནམ་གྱི་འཇའ་ཐག་ཅན་དང་གཅིག ཡེ་སྨོན་ནག་པོ་ཁྲི་ཆུའི་ཕ་བོང་འདྲ་བ་དང་གཉིས། སྤྲུང་འཕྲུལ་ཡེ་ཤེས་ལྷའི་སྒྲོན་མེ་དང་གསུམ། མོན་ཛེ་ནག་པོ་ཁྱིའི་ཟ་ལྷུང་ཅན་དང་བཞིར་དབྱེ་བ་བྱུང་ངོ་། །ཞེས་པ་ལྟར་ལ་དེའི་དོན་གསལ་བར་བཤད་ན་འདིའི་དུས་བཞི་དང་གོང་གི་དུས་བཞི་མི་འདྲ་སྟེ་འདིར་ནི་དཔོན་པོའི་དུས་ཅན་རྣམས་ནི་ཡེ་ནས་སངས་པ་སྟེ་ཐོག་མ་ནས་བཀག་རྒྱ་ཀུན་ལས་གྲོལ་ཞིང་དཔོན་གནས་ཆེས་ཇེ་མཐོར་འགྲོ་བའི་འཇའ་ཐག་གནམ་ལ་འཐེན་པ་དང་མཚུངས་པ་དང་། རྗེ་རིགས་དཔའ་བོའི་དུས་ཅན་རྣམས་ནི་དཔའ་མཛངས་རྟུལ་ཕོད་པའི་བདག་ཉིད་ཅན་ཀུན་གྱིས་ཡེ་ནས་སྨོན་པའི་ཡུལ་དུ་གྱུར་ཅིང་ནག་པོ་ཁྲི་ཆུའི་ཕ་བོང་དང་མཚུངས་པར་སུས་ཀྱང་གཞོམ་གཞིག་མི་ནུས་པ་དང་། རྗེ་རིགས་མཁས་པ་རྣམས་ནི་སྤྲུང་པོ་སྟེ་མྱོང་ཚོར་གསལ་ཞིང་རིག་པ་རྣོ་ལ་ཐབས་འཕྲུལ་དུ་མ་དང་ལྡན་པ་ལྷའི་སྒྲོན་མེ་དང་མཚུངས་པར་འཇིག་རྟེན་གསལ་ནུས་པ་དང་། དམངས་རིགས་རྣམས་ནི་ཕྱུགས་ཟོག་འཚོ་སྐྱོང་དང་རི་དྭགས་བདའ་བ་ལ་བརྟེན་ནས་འཚོ་

བ་རོལ་དགོས་པས་ན་ཁོ་ཚོ་ཁྱི་དང་འབྲལ་མི་ཐུང་སྐབས་ཁྱི་ནག་པོ་རྗེས་སུ་ཁྲིད་པའི་རྗེ་བོ་ཞེས་པ་སྟེ་མདོར་ན་བོད་ཁམས་ཡོངས་ཀྱི་མི་རྣམས་དེ་ལྷ་བུའི་རུས་ཁག་ཆེན་པོ་བཞི་རུ་གྱུར་པ་ཡིན་ནོ། །འདི་ལས་རྟོགས་ཐུབ་པ་ནི་སྐབས་འདི་ནས་སྨན་གཡོག་དབང་བའི་ལམ་ལུགས་ཀྱི་སྤྱི་ཚོགས་སུ་གྱུར་ཅིང་། སྨན་བདག་གྲལ་རིམ་ལ་རིགས་གསུམ་ཡོད་པ་སྟེ། སྨན་བདག་གྲལ་རིམ་ནི། ༡. དཔོན་རིགས་རྒྱལ་ཕྲན་གྱི་རྒྱལ་པོ། ༢. ཞི་བློན་གྱི་རིགས། ༣. དྲག་བློན་གྱི་རིགས། དམངས་རིགས་ནི། ༡. རང་ལ་དབང་བའི་ཕྱུགས་ཟོག་འཚོ་སྐྱོང་བྱེད་མཁན་དམངས་ཕལ་བ། ༢. རང་ཉིད་ལ་ས་ཞིང་དང་ཕྱུགས་སོགས་མེད་པར་སྨན་བདག་གི་ཕྱུགས་ཟོག་འཚོ་སྐྱོང་བྱས་ནས་འཚོ་བའི་སྨན་གཡོག དེ་ཡང་བསྡུས་ན་སྨན་བདག་དང་སྨན་གཡོག་གྲལ་རིམ་གཉིས་སུ་གྱེས་པའི་ཚུལ་གསལ་བར་རྟོགས་ནུས་སོ། ། དེའི་ཕྱིར་《རུས་མཛོད》དག་ལས་གོང་གསལ་རུས་ཆེན་དེ་བཞི་ནི་རྒྱ་གར་གྱི་མི་རིགས་བཞི་དང་མཚུངས་པར་བཤད་པ་དང་། ལོ་རྒྱུས་བསྟན་བཅོས་དང་རྣམ་ཐར་མང་པོ་ལས་བོད་ལ་རྒྱལ་རིགས་(ཡེ་སངས)དང་། རྗེ་རིགས་(ཡེ་སྨོན)དང་(སྤྱང་འཁྲུལ)དམངས་རིགས་(མོན་ཐེ)གསུམ་ལས་བྲམ་ཟེ་རིགས་མ་བྱུང་བར་གསུངས་པའང་དོན་འདི་ལ་དགོངས་པར་ངེས་སོ། །

༤. གནའ་བོའི་ཤེས་རིག་ལས་བོན་ལྡེ་སྒྲུང་གསུམ་སོགས་ནི་ལོ་རྒྱུས་གཞུང་རྣམས་ལས་གཉའ་ཁྲི་བཙན་པོ་སོགས་ཀྱི་རྗེས་ནས་བསྟན་ན་ཡང་། བྱུང་ཚུལ་གྱི་དབང་དུ་བྱས་ན་གཉའ་ཁྲིའི་སྔོན་གྱི་བགྲང་བྱ་སྟོང་ཕྲག་ཁ་ཤས་ཀྱི་དུས་ནས་བྱུང་ཞིང་འཕེལ་བར་མངོན་པས། སྐབས་འདིར་བྲིས་ན་འབྲེལ་ཆེ་བར་སེམས་པས་ཅུང་ཟད་སྤྲོ་བར་བྱ་སྟེ།

(༡) བོན་ཞེས་པའི་དོན་ལ་《བོན་འབྱུང》རྣམས་སུ་ཚིག་དོན་སྣ་ཚོགས་ཤིག་བཤད་སྣང་ནའང་དོན་ལ་གནའ་བོའི་ཆོས་ལུགས་ཀྱི་བརྡ་རྙིང་ཡིན་ཞིང་། སངས་རྒྱས་ཆོས་ལུགས་བོད་ལ་སྒྱུར་སྐབས་བོན་ལུགས་དང་ཁྱད་པར་འབྱེད་ཆེད་དྷརྨའི་དོན་བོན་ཞེས་མ་བསྒྱུར་བར་ཆོས་ཞེས་བསྒྱུར་བར་ངེས་སོ། །གདོད་མའི་བོན་ནི་གནའ་བོའི་མི་རྣམས་ཀྱིས་རང་བྱུང་གི་སྣང་ཚུལ་སྣ་ཚོགས་མཚན་ཉིད་དང་མཐུན་པའི་འགྲེལ་བཤད་བྱེད་མ་ཐུབ་པར་

མི་མངོན་པའི་སྟོབས་ཤུགས་ཤིག་གིས་མིའི་རིགས་ལ་ཕན་གནོད་བཟོས་པར་སེམས་ཤིང་། དེ་ཡང་ཕན་པ་སྐྱབ་མཁན་ལ་ལྷ་དང་གནོད་པ་བྱེད་མཁན་ལ་འདྲེ་ཞེས་པ་གཉིས་སུ་དབྱེ་བ་ཡིན་ལ། དེ་ལ་བརྟེན་ནས་ལྷ་མཆོད་འདྲེ་འདུལ་བྱས་ན་མི་རྣམས་བདེ་སྐྱིད་ཀྱི་འཚོ་བའི་ངོས་ཟིན་བྱུང་ཞིང་། རིམ་གྱིས་ལྷ་མཆོད་པ་དང་འདྲེ་འདུལ་བའི་སྐབས་བདེའི་ཆོ་ག་དང་། ལས་ཀ་དེར་བརྟེན་ནས་འཚོ་བ་རོལ་བའི་མི་སྐོར་ཞིག་བྱུང་བ་ནས་བོན་དང་བོན་པོ་བྱུང་བར་མངོན་ནོ། །

བོན་ཞེས་པ་གྱེར་ཞེས་པ་དང་དོན་འདྲ་བར་འགའ་ཞིག་ཟེར་བ་བདེན་པ་འདྲ་སྟེ། སླང་དར་གྱིས་བསྟན་པ་བསྣུབས་རྗེས་སུ་གསང་སྔགས་བོན་ལྟར་གྱེར་བའི་དུས་ཞེས་པ་བྱུང་བར་ལོ་རྒྱུས་དེབ་ཐེར་དུ་མ་ལས་འབྱུང་བས་སོ། །དེ་ལྟ་བུའི་བོན་བྱུང་ནས་ལོ་སྟོང་ཕྲག་དུ་མ་འདས་རྗེས་རྒྱལ་ཕྲན་ཞང་ཞུང་གི་ཡུལ་འོལ་མོ་ལུང་རིང་ཞེས་པར་སྟོན་པ་གཤེན་རབ་མི་བོ་ཆེ་ཞེས་པ་(སྤྱི་ལོ་སྔོན་གྱི་བགྲང་བྱ ༢༥༥༥ བོན་ལུགས་ལྟར) འཁྲུངས་ནས་སྔར་གྱི་བོན་ལུགས་རྣམས་སུན་ཕྱུང་སྟེ། གཡུང་དྲུང་བོན་གྱི་བསྟན་པ་སྤེལ་བར《བོན་འབྱུང》རྣམས་ལས་བཤད་ཅིང་། 《དེབ་དམར》སོགས་ལས་སྤྱིར་བོན་ལ་དུར་བོན་དང་རྫོལ་བོན་སོགས་ཁག་དགུ་རུ་དབྱེ་བ་དང་། ཡང་རྒྱུའི་བོན་རིགས་བཞི་དང་། འབྲས་བུའི་བོན་རིགས་ལྔ། ཕྱི་བོན་དང་ནང་བོན། བོན་དཀར་ནག་ཁྲ་གསུམ་དུ་བཤད་པ་སོགས་ཡོད་མོད། 《བོན་གཞུང་སྒྲ་འགྲེལ》ལས། བརྗོས་ཀྱི་ལྷ་བོན་དང་གྲོང་གི་དུར་བོན་དང་ཡང་དག་པའི་སེམས་བོན་གསུམ་དར་རོ། །ཞེས་པ་ལྟར་ཡར་གྱི་ལྷ་མཆོད་པ་དང་། གྲོང་གི་འདྲེ་འདུལ་བ་དང་། མི་རྣམས་སེམས་ཡང་དག་པའི་ཕྱོགས་སུ་འཁྲིད་པའི་གདམས་པ་དར་བར་བཤད་པ་དོན་ལ་གནས་པར་སེམས་ལ་སྟོན་ཙུང་ཟད་ཡོད་པ་ཕྱིས་འཕེལ་རྒྱས་བྱུང་བའམ་གཞན་གྱི་ལད་བཟླས་པ་ཅི་ཡིན་མ་ངེས་ཀྱང་ལྟ་བ་སྟོན་པའི་གཞུང་རྫོགས་པ་རིན་ཆེན་གསེར་གྱི་ཕྲེང་བ། རྩ་འགྲེལ་ཀླུང་གི་སྒྲུ་གྲི། མན་ངག་འོད་གསལ་འཁོར་ལོ་སོགས་དང་། སྒོམ་པའི་གཞུང་ཕུང་པོ་རང་འགྱུར་ཐིག་ལེ་དགུ་སྐོར། གསེར་ཐིག ལུས་སེམས་ཉམས་སྦྱོང་སེམས་ལུང་ཡེ་

ཁྲི་དཀར་པོ་སོགས་དང་། སྤྱོད་པའི་སྐོར་ལ་ཁམས་གཏན་ལ་ཕབ་པའི་འབུམ། ཡེ་གཤེན་བཀོད་པ་དོན་གྱི་འབུམ། གཡུང་དྲུང་ས་བཅུ་ལམ་གྱི་འབུམ། རྣམ་དག་ཚུལ་ཁྲིམས་འདུལ་བའི་འབུམ། དགེ་རྒྱས་ཚོགས་ཆེན་རྫོགས་པའི་འབུམ་སོགས་ཤིན་ཏུ་མང་པོར་བཤད་དོ། །བོན་གྱི་ཐེག་པ་རིམ་པ་དགུའི་རྣམ་གཞག་བྱེད་དེ་ཕྱྭ་གཤེན་དང་། སྣང་གཤེན། འཕྲུལ་གཤེན། སྲིད་གཤེན་ཏེ་རྒྱུ་ཡི་ཐེག་པ་བཞི་དང་། དགེ་བསྙེན། ཨ་དཀར། དྲང་སྲོང་། ཡེ་གཤེན་ཏེ་འབྲས་བུའི་བོན་རིགས་བཞི། ཁྱད་པར་ཆེན་པོའི་ཐེག་པ་གཅིག་སྟེ་དགུ་ཟེར་ཞིང་། གྲུབ་མཐའ་འདིའི་བརྡ་ཆད་ཁ་ཤས་མ་གཏོགས་གཞི་ལམ་འབྲས་བུའི་འདོད་ཚུལ་སངས་རྒྱས་ཆོས་ལུགས་དང་ཕལ་ཆེར་མཐུན་ཅིང་ཁྱད་པར་ཆེན་པོ་མེད་པས་གཙང་བ་རྒྱ་རས་པས། གཤེན་ལྷ་འོད་དཀར་སྤྱན་རས་གཟིགས་དབང་ཡིན། །གཙང་མའི་བོན་དང་ཆོས་ལ་ཁྱད་པར་མེད། །ཅེས་དང་རྗེ་ཆོས་ཀྱི་ཉི་མས་ཀྱང་། ཆོས་དང་བོན་ཞེས་འགལ་བའི་ཚོད་བྱེད་ཀྱང་། །ཆོས་ལ་བོན་འདྲེས་བོན་ལ་ཆོས་འདྲེས་པས། །ཆོས་མིག་རྟུལ་བྲལ་མི་ལྡན་བདག་ལྟ་བུས། །ཆོས་བོན་རྣམ་དབྱེ་འབྱེད་ལ་སྤྱིད་ལུག་གྱུར། །ཅེས་གསུངས་སོ། །སྐད་ཡིག་སོགས་གཅིག་པའི་མི་རིགས་གཅིག་གི་ནང་དུ་དར་བའི་ཆོས་ལུགས་གཉིས་ཕན་ཚུན་འདྲ་འདྲེས་པ་བྱུང་བ་ནི་ཆོས་ཉིད་ལྟ་བུ་ཞིག་ཏུ་སྣང་བས་ཡ་མཚན་རྒྱུ་ཅི་ཡང་མེད་དོ། །འདིར་ཡིག་ཚོགས་ལ་བསམ་ནས་འདི་ཙམ་ལས་མ་སྤྲོས་ཤིང་རྒྱས་པར་ཤེས་འདོད་པ་དག་གིས་གཞུང་གཞན་ལ་བལྟ་བར་བྱའོ། །

（༢）ལྡེ་ཞེས་པ་ནི་བོད་ཀྱི་བརྡ་རྙིང་ངམ་ཞང་ཞུང་གི་སྐད་ཡིན་ཞིང་རིག་པ་ཞེས་པའི་དོན་དུ་བཤད་པ་བདེན་ན་སྔོན་གྱི་རྒྱལ་རབས་ལས་བྱུང་བའི་ལྡེ་བརྒྱད་དུ་གྲགས་པའི་ལྡེ་དང་། ཕྱིས་ཕག་མོ་གྲུ་བ་དང་། གཙང་པ། དགའ་ལྡན་ཕོ་བྲང་བའི་སྐབས་ཀྱི་ལྡེ་སྲིད་ཅེས་པའི་ལྡེ། ཡང་《དེབ་དཀར》ལས་བཤད་པ་ལྟར་རྒྱ་གར་གྱི་རྒྱལ་པོའི་མིང་གཞན་ལ་དེ་བ་སྟེ་ལྷ་ཟེར་བ་སྟག་གཟིག་གི་སྐད་དུ་བདེ་ཕང་དང་། དེ་ཡང་བོད་སྐད་དུ་ཟུར་ཆག་ནས་སྡེ་བར་གྱུར་པར་བཤད་པ་མི་འཐད་པ་ཤེས་པར་བྱའོ། །

ལྡེ་ནི་རིག་པའི་དོན་ཡིན་ན་ཨུ་ནི་ཆུང་དུ་སྟོན་པའི་ཕྲད་ཡིན་པས་ལྡེའུ་ནི་རིག་པ་ཆུང་ངུའི་དོན་ཡིན་དགོས་ལ། འདི་དེང་སང་གི་ཁེད་ཅེས་པ་དང་དོན་གཅིག་པར་ལྷ་སའི་གཙུག་ལག་ཁང་གི་ལྡེབས་བྲིས་ལས། སྲང་ལ་ཐེམ་གཉེར་ལྦ་བ་ཆེ་ཅི་ཡིན་ཞེས་སོགས་མང་དུ་བྲིས་སྣང་བས་ཤེས་པར་གསུངས་ན་ཡང་། གཉའ་ཁྲི་བཙན་པོ་ནས་ལྷ་ཐོ་ཐོ་རི་གཉན་བཙན་གྱི་བར་རྒྱལ་རབས་མང་པོའི་རིང་ལ་ཆབ་སྲིད་སྐྱོང་ལྡེ་བོན་གསུམ་གྱིས་བསྐྱངས་པར་བཤད་པ་དང་། དེ་ནས་གནམ་རི་སྲོང་བཙན་བར་ལའང་ཆབ་སྲིད་དེ་དག་གིས་བསྐྱངས་པར་དོན་གྱིས་འགྲུབ་པས་འདིའི་ལྡེ་ཞེས་པ་ཁེད་ཙམ་ལ་གོ་ན་ཆབ་སྲིད་ཁེད་ཀྱིས་བསྐྱངས་ཟེར་དགོས་ལ། དེ་ལྟར་བཤད་ན་མི་རྣམས་ཀྱི་བློ་ངོར་འབབ་དཀའ་བར་སེམས་ལ། ཁེད་བཤད་ནས་དེ་ལ་ལན་འདེབས་པ་ནི་རིག་པའི་རྩལ་འགྲན་པའི་བྱ་ཐབས་ཤིག་ཡིན་ལ་ད་ལྟའི་བར་དུའང་སྲོལ་དེ་མ་ཉམས་པར་ཡོད་གཤིས་དེ་ཡང་ལྡེའུ་སྟེ་རིག་པ་ཆུང་ངུ་ཞིག་ལོས་ཡིན་མོད། ལྡེ་ཞེས་པ་འདི་ཙམ་ལ་ངོས་བཟུང་ན་རྒྱ་ཏ་ཅང་ཆུང་སྙམ། འོ་ན་ཅི་འདྲ་ཞིག་ཡིན་ནམ་ཞེ་ན། བདག་གི་བསམ་ཚུལ་བརྗོད་པར་བྱ་སྟེ། ལྡེ་ཆུང་ངུ་ལ་ལྡེའུ་ཞེས་བྱ་ཞིང་། དེ་ནི་ཁེད་དང་དོན་འདྲ་བར་བྱས་ན་ལེགས་ལ། སྤྱིར་ལྡེ་(རིག་པ)ནི་གནའ་ཤིན་ཏུ་སྔ་མོ་ནས་དར་བའི་རིག་པ་སྤྱིའི་མིང་དུ་བྱས་ནས་རིག་པས་ཆབ་སྲིད་བསྐྱངས་པའི་དོན་དུ་བཤད་ན་དོན་ལ་འཁྲོར་ཞིང་གོ་རྒྱུ་ཟབ་མོ་ཡོད་པ་ཞིག་ཡིན་ལ། ལྡེ་དང་གབ་ཚིག་གི་རྒྱུན་འདྲ་མིན་ལ་དེང་དུས་ཀྱི་གཞོན་ནུ་ལོ་རྒྱུས་སྨྲ་བ་འགས་ཞིབ་འཇུག་བྱས་པའི་ཡི་གེ་དག་མཆིས་ན་ཡང་། གབ་ཚིག་གི་རྒྱུན་ནི《སྙན་ངག་མེ་ལོང》བོད་ལ་བསྒྱུར་བ་ནས་གསར་དུ་བྱུང་ཞིང་། ལྡེ་ནི་གནའ་ཆེས་སྔ་མོ་ནས་བྱུང་བ་ཞིག་ཡིན་པས་འདི་གཉིས་གཅིག་པའི་གོ་སྐབས་ག་ལ་ཡོད། གནའ་བོའི་ལྡེ་ལ་རིགས་ཤིན་ཏུ་མང་པོ་མཆིས་པར་གདོན་མི་ཟ་ནའང་། དེ་དག་མ་ལུས་པ་བདག་ལྟ་བུས་སྤྱོད་ཡུལ་དུ་འགྱུར་ཐབས་མེད་པས། འདིར་ལོ་རྒྱུས་བསྟན་བཅོས་དང་དཔྱད་གཞི་འགའ་ཞིག་ལ་ཐུང་ཟད་དཔྱད་ན་ལྡེ་ཡི་ཁོངས་སུ་གཏོགས་པ་འགའ་ཞིག་ད་ལྟའང་ཤེས་ནུས་པར་སེམས་ཏེ་དཔེར་ན། ཆོས་རྒྱལ་སྲོང་བཙན་སྒམ་པོར་ཁོང་གི་སྐུ་སྲིང་

བཙན་མོ་སད་མ་ཀར་ཆབ་སྲིད་ཀྱི་ཆེད་དུ་ཞང་ཞུང་ལ་བག་མར་བཏངས་ཤིང་དེ་ལ་ཞང་ཞུང་འདུལ་དགོས་པའི་བརྡར་རྒྱུས་བཏབ་པའི་གཡུ་སྲུམ་རུ་ཙམ་གྱི་ཐུམ་བུ་ཞིག་བསྐུར་བ་ལ། བཙན་པོས་བརྟགས་པ་བྱས་པས་ཡུ་བུས་ལིག་མྱི་རྒྱ་ལ་རྐོལ་ནུས་ན་གཡུ་ཐོགས་ཤིག རྐོལ་མི་ཐོད་ན་བུད་མེད་དང་མཚུངས་པས་དེའི་ཞུ་ཕྱིན་ཟེར་བར་གོ་ནས་བཙན་པོས་དཔུང་དྲངས་ཏེ་ཞང་ཞུང་རྒྱལ་པོ་ལིག་མྱི་རྒྱའི་སྲིད་བརླགས་པར་ཏུང་ཧོང་གཏེར་ཡིག་ལས་བཤད་པ་དང་། འདི་དང་དབྱིབས་མཚུངས་པ་དངོས་རྫས་བསྐུར་བ་ལ་བརྟགས་ནས་བརྗོད་བྱའི་དོན་ངོ་མ་ཤེས་པར་བྱས་ཏེ་འདོད་དོན་འགྲུབ་པའི་གནས་ཚུལ་ལོ་རྒྱུས་དང་རྣམ་ཐར་རྣམས་ལས་མང་དུ་འབྱུང་བ་དེ་དག་ཀྱང་མི་རྣམས་ཀྱི་བློ་ནུས་འགྲན་པའི་བྱེད་ཐབས་ཤིག་ཏུ་མ་ཟད། ཤིན་ཏུ་གནའ་དུས་ཡི་གེ་མ་བྱུང་བའི་སྐབས་སུ་རྒྱུང་རིང་ནས་ཕན་ཚུན་དམག་དོན་སོགས་ཀྱི་གསང་བརྡ་གཏོང་བའི་བྱེད་ཐབས་གལ་ཆེན་ཞིག་ཡིན་ངེས་པས་འདི་ཡང་ལྡེ་ཡི་ཁོངས་སུ་གཏོགས་ཚོག་སྙམ། སྲོང་བཙན་སྒམ་པོས་ཞང་ཞུང་འདུལ་སྐབས་བོད་ལ་ཡི་གེ་ཡོད་ནའང་བཙན་མོས་ཡིག་འཕྲིན་མ་བསྐུར་བར་དངོས་རྫས་བསྐུར་ནས་དེ་ལ་རྟོག་དཔྱོད་བྱེད་བཅུག་པ་ལ་དགོས་པ་དང་རྒྱུ་མཚན་ཁྱད་པར་ཅན་ཞིག་མཆིས་པ་ནི་ཏུང་ཧོང་གི་ཡི་གེར་བརྟགས་ན་ཤེས་ནུས་སོ། །གཞན་ཡང་རྒྱའི་《ཐང་ཡིག》ལས་སྲིད་སྐྱོང་བ་ལ་ཡི་གེ་མེད། ཐག་ལ་མདུད་པ་ཤིང་ལ་རྟགས་བུ་བཏབ་སྟེ་རྩིས་བྱེད་ཅེས་བྲིས་སྣང་། 《ཐང་ཡིག》འབྲི་སྐབས་བོད་ལ་ཡི་གེ་ཡོད་པ་གཞིར་བཅས་མོད། འདིར་ཡི་གེ་མེད་ཚུལ་བྲིས་པ་ནི་ཤིན་ཏུ་གནའ་དུས་ཀྱི་གནས་ཚུལ་བྲིས་པ་ཡིན་ངེས་ཏེ་གཞན་དུ་ན་དེ་ཉིད་ལས་དཔོན་རྟགས་སུ་གཡུའི་ཡི་གེ་ལྷན་མཐོ། གསེར་གྱི་ཡི་གེ་དེ་ལས་དམན། ཞེས་སོགས་བྲིས་པ་དང་དངོས་སུ་འགལ་ཏེ་ཡི་གེ་མེད་པར་གཡུའི་ཡི་གེ་ཡོད་ན། སླང་ཆེན་མེད་པར་སླང་ཆེན་གྱི་མཇུག་མ་ཡོད་ཟེར་དགོས་ཤིང་། དེ་ལྟར་ན་ཁྱད་གཞི་མེད་པའི་ཁྱད་ཆོས་དུ་མ་ཞིག་ཁས་མི་ལེན་ཀ་མེད་ཡིན་ནོ། །དེས་ན་འདི་ནི་གནའ་དུས་ཤིན་ཏུ་སྔ་མོ་ཡི་གེ་མེད་པའི་དུས་སུ་མི་རྣམས་ཀྱིས་ཡི་གེའི་ཚབ་ཏུ་ཐག་ལ་མདུད་པ་དང་ཤིང་ལ་རྟགས་བཏབ་ནས་རྩིས་བྱེད་ཅིང་ཕྱིས་ཡི་

གེ་བྱུང་རྗེས་ཀྱི་ཐོག་མའི་དུས་སུའང་ཡི་གེ་མི་ཤེས་པའི་མི་རེ་འགས་སྔར་གྱི་བྱེད་ཐབས་དེ་དག་སྤྱོད་པ་རྒྱ་མི་འགའ་ཞིག་གིས་མཐོང་ནས་ཐང་ཡིག་ཏུ་དེ་ལྟར་བྲིས་པར་ངེས་སོ་སྙམ། ཐག་ལ་མདུད་པ་བརྒྱབ་ནས་རྗེས་བྱེད་ཅེས་པ་འདི་ནི་དེང་སྐབས་ཀྱི་མི་འགའ་ཞིག་གི་བསམ་ཚུལ་ལྟར་ལུག་གཅིག་གི་སྟེང་དུ་ལུག་གཉིས་བསྣན་པ་ཡིན་ན་སྔར་ཡོད་ཀྱི་མདུད་པ་གཅིག་གི་སྟེང་དུ་སླར་ཡང་མདུད་པ་གཉིས་བརྒྱབ་ནས་མདུད་པ་གསུམ་དུ་བྱས་ཏེ་ལུག་གི་གྲངས་ཀ་མཚོན་པར་བྱེད་པ་ལྟ་བུ་ཧ་ཅང་སྟབས་བདེའི་བྱེད་ཐབས་ཁོ་ན་མ་ཡིན་པར་ཐིག་གུའི་གྲངས་ཀ་དང་ཁ་དོག་མདུད་པ་རྒྱག་ཚུལ་སོགས་ལས་དོན་མང་པོ་མཚོན་ཐུབ་པ་གནའ་དུས་ཀྱི་སྟབས་བདེའི་ཡིག་གཟུགས་ལྟ་བུ་ཞིག་ཡིན་པར་བདག་གིས་སེམས། དེ་གང་གིས་ཤེས་ཟེར་ན་བརྗོད་པར་བྱ་སྟེ། གོང་ནས་བྲིས་པའི་རྒྱའི་ཐང་ཡིག་ལས་བྱུང་བའི་ཚིག་དེ་དང་། ད་ལྟའང་བན་བོན་གྲོང་ཚོག་པ་དག་གིས་རྒྱུད་མ་ཉམས་པར་ལག་ལེན་བྱེད་བཞིན་པའི་ཇུ་ཐིག་གི་མོ་ཞེས་པ་དེ་ལ་ཞིབ་ཏུ་བརྟགས་ན་ཐག་ལ་མདུད་པ་བརྒྱབ་ནས་རྗེས་བྱེད་པའི་གནའ་མིའི་བྱེད་ཐབས་དེ་ཉིད་ད་ལྟའང་ང་ཚོས་གསལ་བར་ཤེས་ནུས་ཏེ། དེ་ཡང་རང་རེའི་མེས་པོ་རྣམས་ཀྱིས་རང་ས་ནས་ཐོན་པའི་ནོར་ལུག་གི་བལ་རྫིད་ཀྱིས་ཐི་གུ་རིང་ཐུང་དང་ཁ་དོག་མི་གཅིག་པ་སྣ་ཚོགས་དང་མདུད་པ་རྒྱག་ཚུལ་རིགས་མི་འདྲ་བ་དུ་མ་བཟོས་ཤིང་། དེ་དག་སྒྲིག་སྟངས་ཐ་དད་ཅི་རིགས་པ་ལ་བརྟེན་ཏེ་དོན་སྣ་ཚོགས་སྟོན་པའི་སྤྱི་འགྲོས་གྱི་ནོམ་པ་ཞིག་གཏན་ལ་ཕབ་ཅིང་། ཉེ་རྒྱང་གང་རུང་དུ་གནས་པའི་མི་རྣམས་ཀྱིས་ཕན་ཚུན་འཚོ་བ་དང་ཐོན་སྐྱེད་ཕྱོགས་ཀྱི་གནས་ཚུལ་སྤེལ་རེས་དང་། ཆབ་སྲིད་དང་དམག་དོན་ཕྱོགས་ཀྱི་མངོན་གསལ་དང་གསང་དོན་རྣམས་ཇི་བཞིན་རྟོགས་པར་བྱས་ནས་དེ་དག་ལ་ཞབས་འདེགས་ནུས་ལྡན་ཞིག་ཞུས་པར་མ་ཟད། ཡུལ་དུས་ཀྱིས་བསྐལ་བའི་སྒྲིག་གཞུར་གྱི་ལས་དོན་དག་ལེགས་པར་འགྲུབ་ཐུབ་མིན་བརྟག་པ་བྱེད་སྐབས་ཐི་གུ་རིགས་མི་འདྲ་བ་དེ་དག་ལག་པས་དམ་པོར་བཟུང་ནས་རང་ཉིད་གང་ལ་དད་པའི་ལྷ་ལ་གསོལ་བ་བཏབ་སྟེ་ཐད་ཀར་ཁ་ཕྱེ་བ་ན་མདུད་པ་དང་ཁ་དོག་རིང་ཐུང་མི་འདྲ་བའི་ཐི་གུ་དེ་དག་ཕྱོགས་

གཅིག་ཏུ་ཅི་ལྟར་འདུས་ཚུལ་ལ་བརྟགས་ནས་སྔར་གྱི་དོན་སྟོན་སྟངས་ལྟར་བརྟག་བྱའི་བགྱི་བ་དེ་དག་ལེགས་པར་འགྲུབ་མིན་གྱི་ལ་ཉེ་བརྟག་པའི་ཐབས་སུ་གྱུར་ནའང་། ཕྱིས་ཡི་གེ་བྱུང་བ་ལ་བརྟེན་ནས་སྤྱོད་སྒོ་ཐོག་མ་དེ་མེད་པར་གྱུར་ཀྱང་། ད་ལྟའི་བར་དུ་ཧུ་ཐེག་གི་མོ་འདི་མ་ཉམས་པར་གནས་ཤིང་བན་པོན་གྱི་མཁས་པ་དག་གིས་མཛད་པའི་འདིའི་སྐོར་གྱི་ཡི་གེ་ཤིན་ཏུ་མང་པོ་ཡོད་དོ། །གཞུང་དེ་དག་ལ་ལེགས་པར་དཔྱད་པ་ཡིན་ན་གནའ་མིས་ཐག་ལ་མདུད་པ་བརྒྱབ་ནས་དོན་སྣ་ཚོགས་སྟོན་པའི་ཐབས་ཚུལ་ཕྱིན་ཅི་མ་ལོག་པར་ཤེས་ནུས་པར་སྣང་བས། ལོ་རྒྱུས་ལ་ཞིབ་ཏུ་དཔྱོད་འདོད་པ་རྣམས་ཀྱིས་ཚུལ་འདི་ཡང་ངེས་པར་ངོ་སྤྲོད་བྱེད་དགོས་པ་གཞིར་བཞག་ཀྱང་། ད་ལྟའི་བར་དུ་ཐུགས་ཉམས་བཞེས་མཁན་མེད་པ་ནི་ཤིན་ཏུ་ཕངས་སོ་སྙམ། གལ་ཏེ་བདག་གིས་སྔོན་ནས་བཤད་པ་ད་ལྟར་དོན་ལ་གནས་ན་ཐེ་གུའི་ཡིག་གཟུགས་དེ་ཉིད་ལ་ད་ལྟའི་ཡི་གེ་ལྟ་བུའི་ནུས་པ་ཞིག་ག་ལ་ཡོད་ཀྱང་། ཡི་གེ་དང་ཆ་འདྲ་བའི་ཡིག་གཟུགས་རིགས་ཧ་ཅང་སྟབས་བདེ་ཞིག་ངེས་པར་ཡིན་ཞིང་། དོན་སྟོན་པའི་ནུས་པ་ཡང་རྒྱ་རིགས་ལ་གནའ་དུས་སུ་དར་བའི་རུས་པར་རི་མོ་བཀོད་པའི་ཡི་གེ་དེ་ལས་མི་དམན་སྙམ། དེར་མ་ཟད་ཤིང་ལ་རྟགས་བཏབ་པར་བཤད་པ་ཡང་ཤིང་ལ་རྟགས་བརྒྱབ་ནས་གྲངས་ཀ་བརྩི་བ་ཙམ་མ་ཡིན་པར་ཤིང་བྱང་གི་སྟེང་དུ་རི་མོ་རིགས་མི་འདྲ་བ་སྣ་ཚོགས་བྲིས་ནས་དོན་མི་མཚུངས་པ་དུ་མ་སྟོན་པ་ཞིག་ཡིན་ནམ་སྙམ་ཞིང་། དེ་ཡང་དཔེར་ན་གནའ་ནས་དར་བའི་གཡུང་དྲུང་གི་རི་མོས་མི་འགྱུར་བ་མཚོན་པ་ལྟ་བུ་སྟེ། འདིའི་སྐོར་ཕྱུག་རྒྱུར་གྲགས་པའི་རི་མོ་མང་པོ་དང་། བན་པོན་གྱི་གཏོ་དང་མདོའི་རིགས་ཀྱི་ཚོ་ག་མང་པོ་ལས་རི་མོ་སྣ་ཚོགས་ཤིག་གི་འབྲི་ཚུལ་བྱུང་བ་ལ་ཞིབ་ཏུ་དཔྱད་པ་ཡིན་ན་སྔར་སུ་ལའང་མ་གྲགས་པའི་གཏམ་ངོ་མཚར་ཅན་ཞིག་བསྙད་དུ་ཡོད་པར་སེམས་སོ། བདག་ལ་འདིའི་སྐོར་གྱི་ཤེས་བྱ་ཧ་ཅང་ཕོངས་པས་གསལ་བར་བཤད་མ་ནུས་ལ། འདི་དག་ལེགས་པར་ཤེས་འདོད་པ་དག་མཆིས་ན་གོང་གསལ་དེ་དག་ལས་བྱུང་བའི་རི་མོ་རྣམས་ལ་ཞིབ་ཏུ་ངེས་པར་བྱས་ནས་བརྟགས་ཚེ་དཔྱད་གཞི་གསར་བ་མང་པོ་ཞིག་རྙེད་ཐུབ་ངེས་སྙམ། མོ་དང་

གཙོ་སོགས་ཆོས་ལུགས་ཀྱི་བྱེད་ཐབས་དང་དངོས་པོ་དེ་དག་ལས་ལོ་རྒྱུས་ཀྱི་དངོས་བྱུང་གནས་ཚུལ་དཔྱོད་པའི་ཚུལ་འདི་ལ་དེང་དུས་ཀྱི་མི་ལ་ལས་ཁྲེལ་གོད་དང་འཕྱ་སྨོད་དམ། ཐ་ན་དགག་པ་རྒྱག་མཁན་མི་འབྱུང་བའི་ངེས་པ་མི་སྣང་ནའང་། འབྱུང་འགྱུར་གྱི་དོན་བྱའི་ལེགས་ཉེས་བརྟག་ཐབས་ཀྱི་མོ་དང་བར་ཆད་སེལ་ཐབས་ཀྱི་གཙོ་སོགས་ཀྱང་མིའི་སྤྱི་ཚོགས་ཀྱི་དོན་དངོས་དང་འབྲེལ་ཞིང་། མི་རྣམས་ཀྱི་བློ་ཁྲོས་ལས་བྱུང་བའི་བསམ་བློའི་འདུ་ཤེས་ཀྱི་འཕེལ་འགྱུར་མངོན་པར་མཚོན་པའི་དངོས་པོ་ཞིག་ལས་ལྷ་ཡིས་གསར་བཏོད་མཛད་པ་ཞིག་མིན་ལ། གནམ་ནས་བབས་པའམ་ས་ནས་བརྫོལ་བ་ཞིག་ཀྱང་ག་ལ་ཡིན། དོན་གྱི་འགངས་འདི་ལེགས་པར་ཤེས་པ་ཡིན་ན་གནའ་དུས་ཀྱི་ཆོས་ལུགས་ཀྱི་དངོས་རྫས་མང་པོ་དང་། བཤད་སྲོལ་བདེན་རྫུན་གང་ཡིན་ལ་མ་བལྟོས་པར་ཐམས་ཅད་ལ་བརྟག་ཅིང་དཔྱད་མཁས་ན་སྐབས་དེའི་སྤྱི་ཚོགས་ཀྱི་དངོས་བྱུང་ལོ་རྒྱུས་ཀྱི་དོན་མང་པོ་ཤེས་ནུས་པར་ཡོད་དོ། །སྤྱིར་གནའ་དུས་ཀྱི་ལོ་རྒྱུས་དོན་གནས་གལ་ཆེན་མང་པོ་གསལ་བར་སྟོན་པའི་ཤ་གཟུག་རང་ཟ་ལྷ་བུའི་བསྟན་བཅོས་ཅུང་དཀའ་བར་སྣང་བས་ལོ་རྒྱུས་གཞུང་ལས་བྱུང་བའི་ཚིག་གཅིག་གམ་ས་འོག་ནས་བྱུང་བའི་རིག་དངོས་གང་ཡང་ཉུང་བ་ཞིག་ལ་བརྟག་ཅིང་དཔྱད་པ་ལ་བརྟེན་ནས་ལོ་རྒྱུས་ཀྱི་དོན་གནད་གལ་པོ་ཆེ་མང་པོ་ཤེས་པར་བྱེད་པ་ནི་སྔོན་དུས་དང་དེང་དུས། རང་རྒྱལ་དང་ཕྱི་རྒྱལ་གྱི་ལོ་རྒྱུས་སྨྲ་བའི་མཁས་པ་སྤྱིའི་ལུགས་སྲོལ་ཡིན་ནོ། །དེ་ལྟར་མིན་པར་སྔོན་གྱི་མི་རྣམས་ཀྱིས་གསལ་བར་བཤད་ཟིན་པ་དག་མ་གཏོགས། གསར་དུ་དཔྱད་ནས་ཚིག་གཅིག་ཀྱང་བཤད་མི་ཆོག་ན་དཔྱད་གཞི་བཙལ་ནས་དེ་ལ་བརྟག་དཔྱད་བྱེད་པའི་དགོས་པ་ག་ལ་ཡོད་སྙམ་མོ། །

(༣) གནའ་བོའི་སྐྲུང་གི་སྐོར། སྐྲུང་ལ་ཨ་མདོའི་ཁ་སྐད་དུ་སྒྲུང་ཟེར་ཞིང་། གཏམ་དཔེར་ཡང་། སྒྲུང་རྒྱུ་མེད་ན་སྒྲུང་ལ་མ་དགའ་ཞེས་སྨྲ་བར་བྱེད་ལ། འདིའི་སྒྲུང་རྒྱུ་ཡོད་མེད་ཀྱི་དོན་ནི་ལས་དོན་གཞན་ལས་ཁྱད་དུ་འཕགས་པ་ཞིག་སྒྲུབ་ཐུབ་མིན་གྱི་དོན་ཡིན་པ་ནི་ཇི་ལྟར་སྒྲུབ་མི་ནུས་པའི་མི་ལ་དེ་ལ་སྒྲུང་རྒྱུ་མེད་ཟེར་བ་དང་། མི་ཞིག་གིས་ལས་

དོན་ཁྱད་པར་དུ་འཕགས་པ་ཞིག་བསྒྲུབས་པ་ཡིན་ན། དེས་ད་ཐེངས་སྒྲུང་དང་ཟེག་ཅེས་
ཟེར་བས་ཤེས་ནུས་སོ། །དེས་ན་སྒྲུང་ཞེས་པའི་གདོད་མའི་དོན་ནི་མི་ལྷབས་ཆེན་ཞིག་གིས་
ཁྱད་པར་དུ་འཕགས་པའི་ལས་དོན་བསྒྲུབས་ཚུལ་གསལ་བར་སྟོན་པའི་ངག་གི་ཕྲེང་བ་ཞིག་
ལ་བྱའམ་སྙམ། གནའ་བོའི་མི་རྣམས་ཀྱིས་འཚོ་བ་དང་ཐོན་སྐྱེད་ཁྲོད་དུ་དཀའ་སྐྱོ་ཁྲོ་
ཆགས་ལ་སོགས་པའི་ནང་གི་འགྱུར་བ་གློ་བུར་དུ་ཕྱི་ལ་བརྗོལ་བས་ཉམས་དང་ལྡན་པའི་
ཚིག་ཅི་རིགས་བྱུང་ཞིང་། དེ་ཡང་ཚིག་རིང་དྲགས་ན་ནང་གི་འགྱུར་བ་ཇི་བཞིན་མཚོན་མི་
ནུས་ལ། གནད་ལ་དྲིལ་བའི་ཚིག་རེ་འགས་དེ་ཇི་བཞིན་མཚོན་ནུས་པ་སྟེ། ནང་གི་བསམ་
བློའི་འགྱུར་བ་དྲག་པོ་དག་གློ་བུར་དུ་བྱུང་བ་ན་དེ་ཉིད་ཕྱིར་མངོན་པའི་ཚིག་ཐུང་ངུ་རེ་
འབྱུང་བ་མིའི་རིགས་སྤྱིའི་ཀུན་སྤྱོད་ཀྱི་ཆོས་ཉིད་ལྟ་བུ་ཞིག་ཡིན་པ་དཔེར་ན། མི་བཟོད་
པའི་ན་ཚ་ཞིག་བྱུང་བ་ན་ཨ་ཚ་དང་ཨ་ཡོ་ཟེར་བ་དང་། གྲང་བའི་རེག་བྱས་ལུས་ལ་རེག་སྟེ་
མི་བཟོད་པའི་གདུང་བ་སྐྱེན་པ་ན་ཨ་ཤ་ཤ་ཟེར་བ་དང་། ཡ་མཚན་ཞིང་ངོ་མཚར་བའི་
དངོས་པོ་ཞིག་མཐོང་བ་ན་ཨ་ཡ་མཚན་དང་ཨ་ལ་ལ་ཟེར་བ་ལྟ་བུས་མཚོན་པར་བྱེད་ནུས་ལ།
དེ་དག་ལས་རིམ་གྱིས་འཕེལ་རྒྱས་བྱུང་ནས་བསམ་བློའི་འགྱུར་བ་མཚོན་ནུས་ཏ་ཅང་ཆེ་བའི་
སྙན་ཞིང་འཇེབས་པའི་དམངས་གླུ་བྱུང་ཞིང་། མི་རྣམས་ཀྱིས་གཞན་དག་ལས་ཁྱད་པར་དུ་
འཕགས་པའི་མི་སྣ་ཞིག་གིས་དོན་རྣད་དུ་བྱུང་བ་གང་དག་བསྒྲུབ་ཚུལ་བསྟར་ཆགས་སུ་ཚིག་
ལྷུག་གིས་བརྗོད་པའི་བར་སྐབས་རྣམས་སུ་དུས་དེའི་རང་གཞན་གྱི་བློའི་འགྱུར་བ་དྲག་པོ་དེ་
མཚོན་ཆེད་ཚིགས་བཅད་ཀྱིས་དབྱངས་སུ་གྱེར་ནས་བཤད་དེ་《སྙན་ངག་མེ་ལོང》ལས།
ཐ་དད་ལྡན་པས་འཇིག་རྟེན་མཛེས། །ཞེས་པ་ལྟར་གྱི་བཅད་ལྷུག་སྤེལ་མའི་ལུས་ཅན་གྱི་
སྒྲུང་བྱུང་བ་ཡིན་ནོ། །གནའ་དུས་ཀྱི་སྒྲུང་ལ། ལོ་རྒྱུས་བསྟན་བཅོས་རྣམས་ལས། རོ་
ལངས་གསེར་སྒྲུབ་ཀྱི་སྒྲུང་དང་། མ་སངས་ཀྱི་སྒྲུང་། མཆིལ་བའི་སྒྲུང་སོགས་བྱུང་བར་
བཤད་པ་ལས་དེ་དག་གི་སྙིང་ཙམ་གསལ་པོར་བྲིས་པ་ཞིག་བདག་གིས་མ་མཐོང་བའི་ཁར་
སྒྲུང་དངོས་ཀྱི་ཉན་བཤད་བྱེད་པའི་སྲོལ་ཡང་ཕལ་ཆེར་ནུབ་ནས་མེད་པས་དེ་དག་གི་རྩོམ་

ལུས་ཀྱི་རྣམ་པ་དང་། བརྗོད་བྱའི་ནང་དོན་སོགས་གསལ་བར་ཤེས་ཐབས་མེད་ཅིང་ཇི་བཞིན་ཞིབ་ཏུ་འཆད་པ་ཤིན་ཏུ་དཀའ་ནའང་། སྒྲུང་དེ་དག་གི་མིང་ཙམ་ལ་དཔྱད་ན་རོ་ལངས་གསེར་སྒྲུབ་ཀྱི་སྒྲུང་ཞེས་པ་ཕལ་ཆེར་རོ་བསྒྲུབས་ནས་འགྲུབ་པ་ན་གསེར་དུ་འགྱུར་ཞིང་། ལྟོ་བཅད་ནས་རལ་གྲིར་གྱུར་དེ་གར་གཏད་ཀྱི་ཕྱོགས་དེར་ཡུད་ཀྱིས་བསྐྱོད་ནུས་པ་དང་། གནའ་དུས་རྒྱ་གར་དུ་ཕྱི་རོལ་བའི་རིག་འཛིན་ཞིག་གིས་དེ་ལྟར་བསྒྲུབ་ནས་གྲུབ་རྗེས་རང་ཉིད་ཀྱིས་རལ་གྲི་ཁྱེར་ནས་འོག་མིན་དུ་སོང་བ་དང་། ལུས་སྒྲུབ་གྲོགས་དགེ་ཚུལ་ལ་བྱིན་ནས་གླིང་བཞི་རི་རབ་ཉི་ཟླ་ལ་དཔེ་བྱས་ནས་ཨོཏྟཱ་པུ་རིའི་གཙུག་ལག་ཁང་བརྩིགས་པ་དང་། དེ་ལ་དཔེ་བྱས་ནས་བཙན་པོ་ཁྲི་སྲོང་ལྡེ་བཙན་གྱིས་བསམ་ཡས་འགྱུར་ལྷུན་གྱིས་གྲུབ་པའི་གཙུག་ལག་ཁང་བཞེངས་ཚུལ་གསུངས་པ་སོགས་ལ་དཔག་ན་རོ་ལངས་གསེར་དུ་བསྒྲུབ་ཚུལ་གྱི་སྒྲུང་རིང་པོ་ཞིག་གི་བཤད་སྲོལ་ཡོད་པར་སེམས་སོ། ཨོཏྟཱ་པུ་རིའི་གཙུག་ལག་ཁང་རྒྱ་གར་གྱི་ཡིན་པ་གཞིར་བཅས་ལོ་རྒྱུས་འདི་རྒྱ་གར་གྱི་ཡིན་ནམ་བོད་ཀྱི་ཡིན་པ་དང་། གཙུག་ལག་ཁང་དེ་ཉིད་དེ་ལྟར་བཞེངས་པ་ཡིན་མིན་ཤེས་དཀའ་བར་སྣང་བས་རྒྱ་གཞུང་རྣམས་ལས་ཁུངས་བཙལ་བར་བྱ་ལ། ཨོཏྟཱ་པུ་རིའི་གཙུག་ལག་ཁང་རོ་ལངས་གསེར་དུ་བསྒྲུབས་པ་གསེར་གྱིས་བཞེངས་པ་ཡིན་མིན་ཅི་ལྟར་ཡང་། བསམ་ཡས་གཙུག་ལག་ཁང་དེ་ལ་དཔེ་བྱས་པ་ནི་བདེན་པ་འདྲའོ། །མ་སངས་ཀྱི་སྒྲུང་ནི་གོང་ནས་བཤད་པའི་དབང་མཛད་བཅུའི་ནང་གསེས་མ་སངས་རུས་དགུས་བོད་ཀྱི་ཡུལ་འདི་བཟུང་བའི་སྐབས་ཀྱི་གནས་ཚུལ་མང་པོ་དང་། དེ་དག་ཕན་ཚུན་གཡུལ་འགྱེད་བྱས་པའི་རིམ་པ་སོགས་ལྷ་སྒྲུང་གི་རྣམ་པས་བཤད་དུ་ཡོད་པ་ཞིག་ཡིན་པར་སེམས་ལ། འདི་རིམ་གྱིས་འཕེལ་རྒྱས་བྱུང་སྟེ་གེ་སར་རྒྱལ་པོ་བྱུང་བ་དང་དེའི་མཛད་པ་དང་སྦྲེ་བསྟུན་ནས་གེ་སར་རྒྱལ་པོའི་སྒྲུང་བྱུང་བར་སེམས་ཏེ། སྒྲུང་དཔེ་དག་ལས་མ་སངས་གེ་སར་རྒྱལ་པོ་ཞེས་ཀྱང་མང་དུ་བྱུང་བས་སོ། །མཆིལ་བའི་སྒྲུང་ཞེས་པ་ཡང་བྱེའུ་མཆིལ་བ་ཞིག་གི་བྱ་སྐྱོད་བརྗོད་བྱར་བྱེད་པའི་སྒྲུང་ཞིག་ཡིན་ནམ་སྙམ་ལ། དེ་ལྟར་བོད་ལ་ཤིན་ཏུ་དར་བའི་སྲོག་ཆགས་སྣ

ཚོགས་ཀྱི་ཀུན་སྤྱོད་བརྗོད་པ་ལས་བརྩམས་ཏེ་དོན་ངོ་མ་མི་རྣམས་ཀྱི་བྱ་སྤྱོད་སྟོན་པའི་སྒྲུང་གི་འབྲི་སྲོལ་འདི་དག་ཀྱང་མཆིལ་བའི་སྒྲུང་ཟེར་བ་འདི་ལ་བརྟེན་ནས་རིམ་བཞིན་བྱུང་བར་མངོན་ནོ། །《མཁས་པའི་དགའ་སྟོན》ལས། མ་འོངས་སྔགས་དང་འདུལ་བ་འབྱུང་བའི་ལྟས། །གནམ་བོན་གཤེན་པོ་ཆེ་དང་བོན་གཞུང་བྱུང་། །ཞེས་དང་མདོ་སྡེ་འབྱུང་བའི་ལྟས་སུ་སྒྲུང་རྣམས་དར། །མངོན་པའི་སྡེ་སྣོད་འབྱུང་ལྟས་ལྡེའུ་སྤྱོད། །ཅེས་གསུངས་པ་ནི། བོན་དར་ནས་བླང་དོར་གྱི་གནས་ཚུང་ཟད་ཤེས་པ་བྱུང་བའི་དོན། སྒྲུང་ཉན་བཤད་ཀྱི་སྲོལ་དར་བས་མི་རྣམས་ཀྱིས་བློ་གྲོས་ཀྱི་ནུས་པ་སྦྱངས་ན་ཚད་མཐོན་པོར་སླེབས་ཐུབ་པར་ངོས་ཟིན་པ་དང་། ལྡེའུ་དར་བས་རིག་པ་ལ་བློ་ཚུང་ཟད་ཕྱོགས་པར་བྱས་ནས་ཕྱིས་སྡེ་སྣོད་གསུམ་དར་བའི་སྐྱ་རེངས་ལྟ་བུར་གྱུར་པའི་དོན་དུ་ངེས་སོ། །

དེ་ལྟར་བོད་ཀྱི་ཡུལ་འདིར་དུས་རབས་ཀྱི་དབང་དུ་བྱས་ན་སྐབས་མཚམས་ཆེས་རིང་པོ་བརྒྱུད་པའི་ཐོག་མའི་དབང་མཛད་བཙུ་ལ་སོགས་པ་ལོ་རྒྱུས་ཆེན་མོ་ནས་བཤད་ཚུལ་དེ་ལྟར་ཡིན་ལ། གཞན་ཡང་《རྒྱལ་རབས་དཔག་བསམ་ལྗོན་བཟང》གི་ཚིག་གཞན་དུ་དྲངས་པ་གནད་བསྡུས་ན་འདི་ལྟར་ཡང་སྣང་སྟེ།

ཐོག་མའི་དུས།

དང་པོ། ཡབ་སྤྲེ་ཧེ་གངས་ལྷ་དང་ཡུམ་བྲང་ལྕང་སྨན་གཅིག་མའི་སྲས་མ་སངས་གཙོ་བོ་ཡར་སྐྱེས་སུ་གྲགས་པའི་དུས་སུ་བོད་ཀྱི་མི་རིགས་ཐོག་མར་བྱུང་བ།

གཉིས་པ། གཉན་གྱིས་དབང་མཛད་པའི་དུས་སུ་གྲགས་པ་ན་ཛ་རི་དང་ནགས་ཚལ་དུ་གནས་བཅས་ཤིང་དུད་འགྲོ་བཀོལ་སྤྱོད་བྱེད་པའི་སྲོལ་ཐོག་མར་དར་ཞིང་། ཡུལ་མིང་གཉན་ཡུལ་གསེར་སྟེང་དུ་གྲགས།

གསུམ་པ། འཕྲེ་བོ་ཀླུ་ཡིས་དབང་བྱས་པའི་དུས་སུ་མཚོ་རྫིང་ཆུ་ཀླུང་ནེའུ་གསེང་

རྣམས་སུ་གནས་བཅས་ཤིང་། ཀླུའི་དངོས་གྲུབ་ལ་རེ་བས་ཀླུ་ཡུལ་ན་ར་གསེར་སྟོན་དུ་གྲགས།

བཞི་པ། གནོད་སྦྱིན་བཙན་གྱིས་དབང་བྱས་པར་གྲགས་པ་ན། རྫ་བྲག་རི་ཁྲོད་རྣམས་སུ་ཤིང་གི་སྦྱིལ་བུར་གནས་བཅས་ཤིང་ཐུག་དམར་བཙན་གྱིས་མགོན་སྐྱབས་ལ་རེ་ནས་ཡུལ་མིང་གདོང་དམར་བཙན་གྱི་ཡུལ་ཞེས་གྲགས།

ལྔ་པ། བདུད་དང་སྲིན་མོས་དབང་བྱས་པའི་དུས་སུ། ཡུལ་ལྷར་དམར་མཆོད་བྱེད་པ་དར་ཞིང་། ཡུལ་མིང་བདུད་ཡུལ་ནག་པོ་དགུ་ཡུལ་དུ་གྲགས་ལ་མི་རྣམས་ལ་གདོང་དམར་ཤ་ཟ་ཞེས་གྲགས།

དྲུག་པ། བདུད་ཀྱིས་བཟུང་བར་གྲགས་པའི་དུས་སུ། རྗེ་ཁང་ཕྱུག་པ་སོགས་དར་ཞིང་ཡུལ་གྲོང་ཆགས་པའི་མགོ་བརྩམས། བོད་ཀྱིས་ཆུ་བོ་བཞི་འདུས་མགོ་མཐུག་བཟུང་ཞིང་དམག་དཔུང་དྲངས་ནས་གཞན་མངའ་དབང་དུ་བསྡུ་བར་བཤད་ཅིང་། དེ་དུས་སྟོན་པ་འཇིག་རྟེན་དུ་བྱོན་པ་དང་དུས་མཚུངས་པར་བཤད་དོ། །

བར་གྱི་དུས།

གཅིག མ་སངས་སྲུན་དགུས་དབང་བྱས་པར་གྲགས་པ་ན།

༡. མདའ་མདུང་མཚོན་ཆའི་རྩལ་འགྲན་པ། བཞོན་རྟའི་བང་རྩལ་འགྲན་པ་དར་ཞིང་།

༢. བརྗེ་ཚོང་གི་ལས་དར་བར་བཤད་དོ། །

༣. ཡུལ་མིང་བོད་ཡུལ་གཞུང་དྲུག་ཟེར།

གཉིས། ཟ་རམ་སྐྱེས་རྡུག་གིས་དབང་བྱས་པའི་སྐབས་སུ།

༡. སྐྱེས་མའི་མགོ་རྒྱན་སོགས་རྒྱན་ཆ་འདོགས་པའི་སྲོལ་དར།
༢. སླུ་གར་རོལ་རྩེད་དང་དགའ་སྟོན་དར།
༣. ཡུལ་མིང་བོད་ཡུལ་སྟོང་སྡེ་བཅོ་བརྒྱད་ཟེར་བར་གྲགས།

གསུམ། རྒྱལ་ཕྲན་བཅུ་གཉིས་ཀྱིས་དབང་བྱས་པའི་སྐབས།

༡. རྗེ་རིགས་བློན་རིགས་སོགས་རིགས་མཐོ་ཐབ་གྲས་སོགས་ལ་ཕྱུག་དང་ཞེ་ས་དར་ཞིང་།
༢. སྒྲུང་དང་ལྡེའུ་སོགས་ཉན་བཤད་བྱེད་པའི་རིག་རྩལ་འགྲན་སྲོལ་དར།
༣. ཡུལ་མིང་བོད་ཡུལ་སྣ་ཁ་ཆེ་བརྒྱད་དུ་གྲགས།

བཞི། རྒྱལ་ཕྲན་སིལ་མས་དབང་བྱས་པའི་དུས་སུ།

རྒྱལ་ཕྲན་བཅུ་གཉིས་ནས་ཉེར་ལྔར་འཕེལ་ཞིང་། དེ་ནས་རྒྱལ་ཕྲན་སིལ་བུ་བཞི་བཅུའམ་བཞི་བཅུ་ཞེ་གཉིས་སུ་འཕེལ་བ་དང་། ཡུལ་མིང་བོད་ཡུལ་གླིང་དགུར་བཏགས་པར་བཤད་པ་སོགས་སོ། །

ས་བཅད་གསུམ་པ། བོད་བཙན་པོའི་དུས་སྐབས་ཀྱི་ལོ་རྒྱུས།

དང་པོ། གནམ་གྱི་ཁྲི་བདུན་སྐབས་ཀྱི་ལོ་རྒྱུས།

གཉའ་ཁྲི་བཙན་པོའི་སྐབས།

༡. གཉའ་ཁྲི་བཙན་པོའི་མཚན་ལ་འདོད་པ་མི་འདྲ་བ་འགའ་ཡོད་དེ།

(༡) གཉའ་བར་ཁྲི་བྱས་ནས་གདན་དྲངས་པས་གཉའ་ཁྲིར་འདོད་པ་ནི་ལོ་རྒྱུས་བསྟན་བཅོས་ཕལ་མོ་ཆེས་བཞེད།

(༢) ཉག་ཁྲི་བཙན་པོ་སྐྱེ་གནམ་ནས་བབས་ཚེ་སྐུའི་ཉག་མ་གཅིག་དང་མཚུངས་པའི་རྐུ་ཐག་ལ་བརྟེན་ནས་བབ་པར་བོན་ལུགས་ལོ་རྒྱུས་འགའ་ཞིག་འདོད་ཅིང། ཧུང་རྟོང་གི་ཡི་གེར་མིང་ཙམ་འདྲ།

(༣) སྣ་ཁྲི་བཙན་པོ་རྒྱལ་པོར་མ་བཞུགས་པའི་དུས་སུ་སྣ་ཤུ་བེ་ར་ཞེས་པ་སྟེ། སྣ་ནི་ཉུས་ཡིན་པར་འདོད་དོ། །

༢. རྒྱལ་པོའི་ཐོག་མ་གཉའ་ཁྲི་བཙན་པོ་བྱོན་ཚུལ་ལ། 《ལྡེའུ་ཆོས་འབྱུང་》ལས། གླེང་ལུགས་མ་མཐུན་གསང་བསྒྲགས་ཡང་གསང་ཟེར། །ཞེས་པ་ལྟར་གླེང་ཚུལ་མི་འདྲ་བ་གསུམ་བྱུང་སྟེ།

(༡) བསྒྲགས་པ་བོན་ལུགས་ནི། རྒྱལ་པོ་འདི་ནི་གནམ་གྱི་ལྷ་ལས་མིའི་རྗེ་བོར་བྱོན་པ་སྟེ། འདིའི་སྐོར་ལ་སྲིད་པའི་ལྷ་ཆེན་ཡར་ལྷ་ཤམ་པོ་སོགས་ཇི་ལྟར་བྱུང་ཚུལ་དང། དེ་ཡང་རྒྱལ་པོ་ཇི་ལྟར་བྱོན་ཚུལ་དང་དེ་ལ་བརྟེན་ལྷའི་སྒང་ཏུ་དཀར་སོགས་ཀྱིས་རྫོང་བྱེད་

ཚུལ་སོགས་རྒྱས་པར་མཁས་པ་ལྡེའུའི་ཆོས་འབྱུང་ལས་གསལ་བ་ལྟར་ཤེས་པར་བྱ་ལ། ཆོག་མདོར་བསྡུས་ཏེ་བཀོད་པ་ཏུང་ཏོང་གཏེར་ཡིག་ལས། ལྷ་གནམ་ནས་གཤེགས་པའི་གནམ་ལྷབ་ཀྱི་བླ་ན་ཡབ་ལྷ་བརྡལ་དྲུག་བཞུགས་པའི་སྲས་གཅེན་གསུམ་གཅུང་གསུམ་ན། ཁྲིའི་བདུན་ཚིགས་དང་བདུན། ཁྲི་ཡི་བདུན་ཚིགས་ཀྱི་སྲས་ཉག་ཁྲི་བཙན་པོ། ས་དོག་ལ་ཡུལ་ཡབ་ཀྱི་རྗེར་དོག་ཡབ་ཀྱི་ཆར་གཤེགས་སོ། །ལྷ་རི་གྱང་དོར་གཤེགས་ན། ཞེས་དང་། བཙན་པོའི་དུས་ཀྱི་རྗེ་རིང་གི་ཡི་གེ་མང་པོ་ལས་ཀྱང་དེ་བཞིན་འབྱུང་བས་སྐབས་དེར་ཁྱབ་བརྡལ་དུ་སྒྲོག་ཆོག་པ་ནི་ལུགས་འདི་ཡིན་པར་མངོན། །

(༢) གསང་བ་ཆོས་ལུགས་ནི། 《བཀའ་ཆེམས་ཀ་ཁོལ་མ》ལས་བུ་རམ་ཤིང་པའི་རྒྱུད་ནི་རྒྱལ་རིགས་ཞེས་བྱ་སྟེ། དེའི་རིགས་མང་དུ་གནས་སོ། །དེ་ཡང་རྒྱལ་པོ་དོན་གྲུབ་ཀྱི་དུས་སུ་རབ་ཏུ་གྲགས་པའི་རྒྱལ་པོའོ། །རྒྱལ་པོའི་ཁབ་ན་གཟུགས་ཅན་སྙིང་པོ། ཀོ་ས་ལ་ན་གསལ་རྒྱལ། པདྨ་ཅན་ན་པདྨ་ཆེན་པོ། པད་ས་ན་འཆར་བྱེད། འཆར་བྱེད་ཀྱི་བུ་ཤར་བ། ཤར་བའི་བུ་དམག་བརྒྱ་པ། དེའི་བུ་ཡངས་པ་ཅན་དུ་སྦྱུགས་པས་དེ་གངས་ཀྱི་ནང་ནས་མར་བྲོས་ནས། ལྷ་རི་གྱང་ཐོར་བྱོན། གཉའ་ཁྲི་བཙན་པོ་བྱ་བར་གྲགས་སོ། །བོད་ཀྱི་བཙན་པོ་ལ་སྔ་བ་དེ་ཡིན་ནོ། །ཞེས་གསུངས་ཤིང་ཕྱིས་ཀྱི་ལོ་རྒྱུས་སྨྲ་བ་ཕལ་ཆེར་འདིའི་རྗེས་སུ་འབྲངས་ཀྱང་། བཙན་པོའི་རྒྱལ་རབས་མ་ཉམས་པའི་གོང་དུ་འདི་འདྲའི་གཏམ་ཡང་ཡོངས་ཁྱབ་ཏུ་བསྒྲགས་མི་ཆོག་པས་ན་གསང་བ་ཆོས་ལུགས་ཀྱི་བཤད་སྲོལ་ཟེར་བ་ཡིན་ལ། ཕྱིས་སངས་རྒྱས་ཆོས་ལུགས་དར་བ་ནས་ལོ་རྒྱུས་སྨྲ་བ་རྣམས་ཀྱིས་འཛམ་དཔལ་རྩ་རྒྱུད་ཀྱི་ལུང་། ལི་ཙ་བྱི་ཡི་རིགས་ལས་བྱུང་། །ཞེས་པ་དང་སྔོ་བསྟུན་ཅིང་རྒྱ་གར་གྱི་རྒྱལ་རྒྱུད་ལས་བྱུང་བར་འཆད་པར་བྱེད་ལ། བསྒྲགས་པ་བོན་ལུགས་ལ་ཡང་། འདི་ལ་བསྒྲགས་པ་བོན་ལུགས་ཞེས་གྲགས་ཀྱང་། །ཕྱྭ་དང་གནམ་ལ་དགའ་ཞིང་བླུན་པ་ཡི། །བོད་ཡུལ་གནའ་ཡི་སྐྱེ་མཐུན་གཟུང་ཕྱིར་བསྟན། །ཅེས་དགོངས་པ་ལེན་ནོ། །

(༣) ཡང་གསང་མི་མིན་ལུགས་ནི།《ལྡེའུ་ཆོས་འབྱུང》ལས། ཡུལ་སྤུ་བོའི་ཡུལ་

ནས་སྤྱིའི་མི་མོ་བཙུན་བྱ་བའི་ཉམ་ནས་ཐེ་བྲང་སྤུན་དགུ་སྐྱེས་པའི་ཆུང་བ་དག་ཐེ་བྲང་མ་སྣ་ཨུ་བེ་ར་བྱ་བ། ལྷས་གདོང་གི་དཀྱིལ་འཁོར་ཁེབས་པ། ཕྱག་སོར་དྲ་བར་འབྲེལ་བ། ཤིན་ཏུ་གདུག་རྩུབ་དང་མཐུ་ཆེ་བ་བྱུང་བས། འདི་ཐུ་དྲགས་བཤུག་དགོས་ཟེར་ནས། སྤུ་བོའི་ཡུལ་ནས་བོན་ནུས་མཐུ་ཅན་རྣམས་ཀྱིས། ཐེ་བྲང་སྐྲུས་འདེབས་བྱས་ནས་བོད་དུ་བཤུགས་པ་ལ། དེར་བོད་ཀྱིས་མི་རྗེ་འཚོལ་བ་དང་འཕྲད་ནས་ཁྱོད་ཅི་འདྲ་བྱེད་མཁན་ཞིག་ཡིན་བྱས་པས། ང་སྤུ་བོའི་ཡུལ་གྱི་མི་གཅིག་ཡིན་ཟེར་བས། འོ་ན་ཕྱག་སོར་དང་ལྷེ་ངོ་མཚར་ཆེ་བ་འདུག་པ། ཁྱོད་ལ་ནུས་མཐུ་ཡོད་པ་འདྲ་བ་བྱས་པས། ཁོན་རེ་ནུས་མཐུ་དང་རྫུ་འཕྲུལ་ཆེ་དྲགས་པས་བཤུགས་པ་ཡིན་ཞེས་ཟེར། འོ་ན་ངེད་ཀྱི་རྗེ་བཙལ་ལོ་བྱས་ནས་གཉའ་བའི་ཁྲི་ལ་བླངས་ནས། འདི་རྗེ་གཉའ་ཁྲི་བཙན་པོ་ཡིན་བྱས་ནས་རྗེ་བཙོལ་བའི་ལོ་རྒྱུས་གདའ་སྟེ། ཞེས་གསུངས་ལ། ལོ་རྒྱུས་འདི་ནི་བོད་མི་རྣམས་ཀྱི་མི་རབས་དུ་མར་རིམ་བཞིན་བརྒྱུད་ནས་བྱུང་ཞིང་། གཉའ་ཁྲི་ཐོན་ཚུལ་དངོས་དང་འབྲེལ་བ་ཡོད་པ་ཞིག་ཡིན་ན་ཡང་བཙན་པོའི་རྒྱལ་རབས་གནས་པའི་སྐབས་སུ་གཏན་ནས་བརྗོད་མི་ཆོག་པ་ཁྲིམས་ཀྱིས་བཀག་ཆ་ཤིན་ཏུ་དམ་པ་ཞིག་ཡིན་པར་ངེས་པས་ཡང་གསང་གི་མིང་བཏགས་པར་མངོན་ལ། དེ་ལྟར་ཤིན་ཏུ་གསང་དགོས་པའི་རྒྱུ་མཚན་ཡང་《ལྡེའུ་ཆོས་འབྱུང་》ལས། དེ་ནི་རྗེའི་ཇན་དང་མཚང་ལགས་སོ། །ཞེས་དང་། ཁྲིམས་སུའང་རྗེའི་ཇན་མ་བསྒྲངས་ཞེས་འབྱུང་བས་གསལ་ལོ། །

༣. བོད་ཤེས་པ་མཁན་བཅུ་གཉིས་ལས།

（༡）ཡབ་འབངས་ཉུས་དྲུག་ནི། བཙན་པོ་སྣོ་དང་གཉའ། བཙུན་པ་ཁྱུང་དང་སྤྲུབས། གཉན་པ་སེ་དང་སྦྲ།

（༢）བོན་མཁས་པ་དྲུག་ནི། ལྷ་བོ་ལྷ་སྲས། སེ་བོན། རྨ་བོན། ཅོག་ལ་བོན། ཞང་ཞུང་བོན། ཚེ་མི་བོན་སོགས་ཤེས་པ་མཁན་བཅུ་གཉིས་ཟེར། འདི་དག་ནི་ཉུས་རྒྱུད་ཆེ་བའི་མགོ་གཙོ་དྲུག་དང་བོན་པོ་གྲགས་ཅན་དྲུག་གི་མིང་ཡིན་པ་ནི་འདི་དག་ཐམས་ཅད་

ཐུས་ཀྱི་མིང་ཡིན་པས་ཤེས་པར་ནུས་སོ། །

༤. རྒྱལ་པོ་གཉའ་ཁྲི་བཙན་པོ་ཐོག་མར་གང་དུ་གཤེགས་པའི་ཡུལ་ནི། རི་རབ་ལྷུན་པོ་ཡང་དཀྱུའ་དུད་དུད། ཤིང་སྡོང་པོ་ཡང་བང་ཐང་ཐང་། ཆབ་ལུ་མ་ཡང་དངོ་སིལ་སིལ། གོར་ཕ་བོང་ལ་སྨུག་ས་པ་ཡང་མཉེད་ཁྲུང་ཁྲུང་གིས་ཕྱག་འཚལ་ལོ་བོད་ཀ་གཡག་དྲུག་གི་རྗེར་གཤེགས་སོ། །ཐོག་མ་ས་ལ་གཤེགས་པ་ཡང་། གནམ་མཐའ་འོག་གི་རྗེར་གཤེགས་པས། གནམ་གྱི་དབུས། སའི་ནི་དཀྱིལ། གླིང་གི་ནི་སྙིང་པོ། གངས་ཀྱི་ར་བ། ཆུ་བོ་ཀུན་གྱི་མགོ་བོ། རི་མཐོ་ས་གཙང་། ཡུལ་བཟང་། མི་མཛངས་ཤེས་དཔའ་རུ་སྐྱེ། ཆོས་བཟང་དུ་བྱེད། རྟ་མགྱོགས་སུ་འཕེལ་བའི་གནས་སུ་ཚུལ་གྱིས་བདམས་ཏེ་གཤེགས་སོ། །རྒྱལ་པོ་གཞན་དང་མི་མཚུངས་པའི་ཆོས། ཕྱག་མཉེད་ཁྲུང་ཁྲུང་གིས་མཚལ་ཞིང་། སློབ་འོད་ཀྱིས་ལེན། མི་བཙུན་སོན་པའི་རྣམ་པ། རྗེ་སའི་གོས་གྱོན་ཞིང་། སྐྱེས་པ་ཆེན་པོ་རྣམས་བཙུན་པའི་རྣམ་པ་ཡང་དེ་ནས་བྱུང་བ་ཡིན་ནོ། །ཤིང་རབས་ཀྱི་ནང་ན་ནི་ཐང་ཤིང་རིང་ངོ་རིང་། ཆུ་རབས་ཀྱི་ནང་ན་ནི་ཡར་ཆུ་སྔོན་པོ་ཆེ། ཡར་ལྷ་ཤམ་པོ་ནི་གཙུག་གི་ལྷའོ། །གནམ་ལྷབ་ཀྱི་བླ་ན་ཡབ་བླ་བདག་དྲུག་བཞུགས་པའི་སྲས། གཅེན་གསུམ་གཅུང་གསུམ་ན། ཁྲིའི་བདུན་ཚིགས་དང་བདུན། ཁྲིའི་བདུན་ཚིགས་ཀྱི་སྲས། ལྡེ་ཉག་ཁྲི་བཙན་པོ། ས་དོག་ལ་ཡུལ་ཡབ་ཀྱི་རྗེ་དོག་ཡབ་ཀྱི་ཆར་དུ་གཤེགས་ནས། ལྷ་སྲས་མི་ཡུལ་གྱི་རྒྱལ་པོ་མཛད་ཅིང་བཞུགས་པ་ལས། མངོན་དུ་ཐལ་བྱུང་དཀྱུང་དུ་གཤེགས་ནས་ལྡེ་ཉག་ཁྲི་བཙན་པོ་ཞེས་གསོལ། །

༥. རྒྱལ་པོ་གཉའ་ཁྲི་བཙན་པོ་བྱོན་ལོ། 《སུམ་པའི་ཆོས་འབྱུང་》དང་《མཁས་པའི་དགའ་སྟོན》དུ་སྟོན་པ་མྱ་ངན་ལས་འདས་ནས་(སྔོན༣༤) ལོ་བཞི་བརྒྱ་དང་བཅུ་བདུན་སོང་བའི་ལོ་ཤིང་བྱི་ལ་གཉའ་ཁྲི་བྱོན་པར་གསུངས་ཏེ། སྤྱི་ལོའི་སྔོན་གྱི་ལོ་བཞི་བརྒྱ་བཅུ་བདུན་ཡིན་དགོས་ལ། ས་ཆེན་གྱི་འདོད་པ་ལྟར་ན་སྤྱི་ལོའི་སྔོན་གྱི་ལོ་༤༢༠ས་རྟ་ལ་བྱོན་དགོས་ཤིང་། མཁས་པ་ལ་ལས་སྤྱི་ལོ་སྔོན་གྱི་ལོ༤༧༤ཡིན་པར་འདོད་མཁན་ཡོད་ཀྱང་།

མཁས་དབང་ཕལ་ཆེར་གྱི་གསུངས་ལ་ཁྱད་པར་ཆེན་པོ་མེད། །

༦. བཙན་པོ་འདིའི་མཛད་པ་གཙོ་བོ།

(༡) བཙན་པོ་སྤྱི་རྒྱལ་གྱི་རྒྱལ་རབས་དངོས་སུ་དབུ་བརྙེས་པ།

(༢) སྐུ་བོན་ནི་མཚོ་མི་རྨུ་རྒྱལ་དང་ཙོ་མི་ཕྱུག་གར་གཉིས་ཀྱིས་བྱས་ཤིང་སྐུ་བོན་ཞེས་སྐུ་སྲུང་བོན་པོ་རེ་གཉིས་བསྐོ་བའི་སྲོལ་ཐོག་མར་བྱུང་།

(༣) སུམ་པའི་བོན་པོ་ཨ་ཡོང་རྒྱལ་བ་བཏུལ་བ།

(༤) ཕོ་བྲང་ཡུམ་བུ་བླ་སྒང་བརྩིགས་ཤིང་རྒྱན་ཆས་སྤྲས་པའི་སྲོལ་བྱུང་བ།

(༥) བསྐུབས་རྗེ་སིས་པ་རྒྱལ་ཕྲན་འབངས་སུ་བཀུག་པ་བཅས་སོ། །གཞན་ཡང་ལོ་རྒྱུས་བསྟན་བཅོས་རྣམས་ལས་འདི་ལྟར་གྲགས་ཏེ། ཡུལ་ལ་སྔ་བ་ཡར་ལུང་སོག་ཁ། མཁར་ལ་སྔ་བ་ཡུམ་བུ་བླ་སྒང་། རྒྱལ་པོ་ལ་སྔ་བ་གཉའ་ཁྲི་བཙན་པོ་ཞེས་སོ། །གཉའ་ཁྲི་ཐོག་མར་ཕེབས་སའི་ལྷ་རི་གྱང་ཏོ་ནི་དེང་དུས་བོད་ལྗོངས་ཉིང་ཁྲི་རྫོང་ཁོངས་སྟག་རྩེ་ཆུས་ཀྱི་ན་ཏུ་ཞེས་པའི་གྲོང་ཚོའི་འགྲམ་དུ་ཡོད་པ་དུས་ཕྱིས་བོན་རིར་གྲགས་པ་དེ་ཡིན་པར་འགའ་ཞིག་བཤད་ཅིང་། ཡར་ལུང་སོག་ཁ་ཞེས་པ་དེང་སང་ཡང་དེ་སྐད་གྲགས་ཤིང་ས་དབྱིབས་སོག་པ་དང་འདྲ་བས་དེ་ལྟར་བཏགས་པར་བཤད་དོ། །

(༦) གཉའ་ཁྲི་བཙན་པོའི་དུས་ནས་བོན་ལུགས་ལ་ལེགས་བཅོས་བྱས་པའམ་བོན་ལུགས་གསར་པ་ཞིག་དར་བར་མཛད་ཏེ། ཚོ་མི་གཤེན་གྱི་རྨུ་རྒྱལ་གྱིས་བོན་བསྒྱུར་ཞེས་དང་། སུམ་པའི་བོན་པོ་ཨ་ཡོང་རྒྱལ་བ་བཏུལ། ཞེས་ལོ་རྒྱུས་བསྟན་བཅོས་མང་པོ་ལས་འབྱུང་བས་སོ། །

(༧) ལོ་རྒྱུས་བསྟན་བཅོས་རྣམས་སུ་ཁྲི་བདུན་གྱི་མཚན་དང་སྒྲིག་རིམ་ཅུང་མི་འདྲ་བ་མཆིས་ཀྱང་། དེ་ནི་སྐབས་དེར་བོད་ལ་ཡི་གེ་མེད་པའི་དབང་གིས་ངག་ཐོག་ཏུ་རིམ་གྱིས་བརྒྱུད་པ་རྣམས་མཁས་པ་སོ་སོས་ཕྱིས་ཡི་གེར་བཀོད་པ་ཡིན་སྟབས་ངག་རྒྱུན་མི་འདྲ་བའམ་ནོར་བ་འགའ་ཞིག་མཆིས་པ་ལ་བརྟེན་ནས་བྱུང་བར་ངེས་པས་འདི་བདེན་དང་འདི་མི་

བདེན་གྱི་རྣམ་བཞག་བྱ་དཀའ་ལ། དེང་རབས་ཀྱི་ལོ་རྒྱུས་སྨྲ་བ་འགའ་ཞིག་ལྟར་བྲག་བརྐོས་ཡི་གེ་དང་ས་འོག་ནས་བྱུང་པའི་ཡི་གེ་འབའ་ཞིག་ལ་སྐྱབས་སུ་རེ་བའང་རྒྱུ་མཚན་མེད་པས་ཁས་ལེན་དཀའ་བར་སེམས། དེའི་ཕྱིར་འདིར་དགག་བཞག་གི་སྤྲོས་པ་དོར་ནས་ཡོངས་གྲགས་ལོ་རྒྱུས་བསྟན་བཅོས་རྣམས་དང་མཐུན་པར་འགོད་ན།

༡. རྗེའི་ཐོག་མ་གཉའ་ཁྲི་བཙན་པོ།

༢. གཉའ་ཁྲི་བཙན་པོ་དང་གནམ་མུག་མུག་གི་སྲས་མུ་ཁྲི་བཙན་པོ།

༣. མུ་ཁྲི་བཙན་པོ་དང་ས་དིང་དིང་གི་སྲས་དིང་ཁྲི་བཙན་པོ།

༤. དིང་ཁྲི་བཙན་པོ་དང་སོ་ཐམ་ཐམ་གྱི་སྲས་སོ་ཁྲི་བཙན་པོ།

༥. སོ་ཁྲི་བཙན་པོ་དང་དོག་མེར་མེར་གྱི་སྲས་མེར་ཁྲི་བཙན་པོ།

༦. མེར་ཁྲི་བཙན་པོ་དང་གདགས་ཀྱི་ལྷ་མོ་དཀར་མོའི་སྲས་གདགས་ཁྲི་བཙན་པོ།

༧. གདགས་ཁྲི་བཙན་པོ་དང་སྲིབས་ཀྱི་ལྷ་མོའི་སྲས་སྲིབས་ཁྲི་བཙན་པོ་སྟེ། འདི་བདུན་ལ་གནམ་གྱི་ཁྲི་བདུན་དུ་གྲགས་སོ། །

སྐབས་འདིར་དཔྱད་པར་བྱ་བའི་རྣམ་གྲངས་འགའ་ནི།

༡. མུ་ཁྲི་སོགས་རྒྱལ་པོ་དང་བཙུན་མོའི་མཚན་ལ་དཔྱད་པ།

༡. རྒྱལ་པོ་དང་བཙུན་མོའི་མཚན་ལ་དཔྱད་པ།

(༡) བཙན་པོའི་མཚན་ཡུམ་གྱི་མིང་ལས་དྲངས་པ་ནི་སྐབས་དེར་བོད་ཀྱི་སྤྱི་ཚོགས་ད་དུང་མ་རྒྱུད་གཙོ་བོའི་སྤྱི་ཚོགས་སུ་གནས་པའི་རྟགས་མཚན་གལ་ཆེན་ཞིག་རེད་ཟེར་མཁན་ཡོད་པ་ནི་དཔྱད་པའི་གཞི་གལ་ཆེན་ཞིག་ཏུ་བཟུང་ལ། དེ་ལ་བརྟེན་ནས་ཞིབ་པར་བྱ་བའི་གནས་གཞན་མང་པོ་ཡང་རྙོགས་དགོས་པ་ཞིག་སྣང་ངོ་། །

(༢) ཡུམ་གྱི་མཚན་གྱི་ཡི་གེ་ཐོག་མ་རིམ་པ་བཞིན་གནམ་དང་ས་སོ་དོག་བཅས་བཞི་བྱུང་བ་ལས་གནམ་དང་ས་ནི་རྟོགས་སླ་ལ། སོ་ནི་ཁའི་སོ་དང་རལ་གྲིའི་སོ་དང་དོན་འདྲ་ཞིང་འདིར་ཟོ་བའི་དོན་ཡིན་ནམ་སྙམ་ལ། དོག་ནི་སའི་བརྡ་རྙིང་ཡིན་ཞིང་། མུག་

སྨུག་དང་དིང་དིང་ཐམ་ཐམ་མེར་མེར་བཅས་ནི་གནའ་བོའི་སྒྲ་རྒྱན་སྤྱེལ་སྟངས་ཤིག་དང་དངོས་པོ་དེའི་རྣམ་པ་ཇི་ལྟ་བ་བཞིན་མཚོན་ནུས་པའི་ཚིག་ནུས་པ་ལྡན་པ་ཞིག་ཡིན། གནམ་སྨུག་སྨུག་ཅེས་པ་དེང་སྐབས་ཀྱི་སྐད་ལྟར་གསལ་བར་བཤད་ན་ནམ་མཁའ་ལྟར་སྨུ་མཐའ་མེད་པའི་དོན་དང་། ས་དིང་དིང་ནི་ས་ལྟར་སྲ་ཞིང་བརྟན་པའི་དོན། སོ་ཐམ་ཐམ་ཞེས་པ་སོ་ལྟར་དུམ་བུར་གཅོད་ནུས་པའི་དོན། དོག་མེར་མེར་ཞེས་པ་ས་གཞི་ཆེན་པོ་ལྟར་མེར་གྱིས་ལྟེམ་པའི་དོན་ཡིན་ནམ་སྙམ་ལ། ཡང་ན་གནམ་སྔོན་སྨུག་སྨུག་མ། ས་སྔོན་དིང་དིང་མ། སོ་སྔོན་ཐམ་ཐམ་མ། དོག་སྔོན་མེར་མེར་མ་ཞེས་པའི་དོན་དུ་འང་རུང་ངོ། །གདགས་ཀྱི་ལྷ་མོ་དང་སྲིབས་ཀྱི་ལྷ་མོ་ཞེས་པ་ཕྱིས་བཏགས་པ་ཞིག་ལས་སྔོན་གྱི་མིང་ངོ་མ་ཡིན་མིན་དཔྱད་དགོས་ཏེ། གདགས་སྲིབས་ནི་ཉིན་སྲིབས་ཀྱི་དོན་ཡིན་ཞིང་ལྷ་མོ་ཞེས་པ་དེང་སྐབས་ཀྱི་སྐད་ཡིན་པ་ཙམ་དུ་མ་ཟད། ད་ལྟའི་མིང་འདོགས་སྲོལ་དང་ཧ་ཅང་མཐུན་པ་དང་ཏུང་ཧོང་གི་ཡི་གེར་རྒྱལ་པོ་འདི་གཉིས་ཀྱི་ཡུམ་གྱི་མཚན་མི་གསལ་ལ། བཙན་པོའི་མཚན་ལ་ཡང་དེ་ཁྲི་བཙན་པོ་དང་ཁྲི་སྤྱི་བཙན་པོ་ཞེས་པ་ལས་གདགས་ཁྲི་དང་སྲིབས་ཁྲི་ཞེས་མ་བྲིས་པས་སོ་སྙམ།

(༣) ཁྲི་ཞེས་པ་ལྷའི་ཐུགས་དང་སེང་ཞེས་པ་སེང་གེ ཤུ་རམ་མམ་ཤུ་ར་ཞེས་པ་ཡོན་ཏན། དིང་ཞེས་པ་སྐྱོང་། ཡ་ཤོ་ཞེས་པ་ངག འབྲང་ཞིའམ་བྲི་ཞལ་ཞེས་པ་འཇའ་ཚོན། དར་ཞེས་པ་ལེགས་པའམ་བདེ་བ། དེ་ཤོ་བདེ་བ། ཨེ་ཤོའམ་ཨུན་ཞི་སྙན་གྲགས། ཡེ་ཞེས་པ་ཐོག་མ། ཐེ་ཤོ་ཞེས་པ་གསལ། སྲོང་ཞེས་པ་ཐོགས་མེད། ལྡེའུ་ཞེས་པ་རིག་པའི་དོན་ཡིན་ལ་ཞང་ཞུང་གི་སྐད་དུ་འདོད་མཁན་ཡོད་པའང་དཔྱད་གཞིར་སྣང་ངོ། །

༢. སྐབས་འདིའི་དོན་གནད་གཞན་འགའ་ལ་དཔྱད་པ།

(༡) སྲས་ཀྱིས་ཆིབས་ཁ་ཐུབ་ཙམ་ནས་ཡབ་རྨུ་ཐག་ལ་འཇུས་ནས་གནམ་དུ་གཤེགས་ཞེས་པ་འདི་ལོ་རྒྱུས་བསྟན་བཅོས་མང་པོར་བཀོད་ཅིང་ཁྲི་བདུན་བང་སོ་གནམ་ལ་བཏབ། །ལྷ་ལུས་རོ་མེད་འཇའ་ལྟར་ཡལ། །ཞེས་ཀྱང་ཟེར་རོ། །འདི་ལ་བོན་གྱི་ལོ་རྒྱུས་

འགའ་ཞིག་ཏུ་བོན་ལུགས་རྫོགས་པ་ཆེན་པོ་ཉམས་སུ་བླངས་པས་འཇའ་ལུས་རྡོ་རྗེ་སྐུ་བརྙེས་པར་འཆད་ཀྱང་། ང་ཚོས་བློ་གཟུ་བོར་གནས་པའི་སྒོ་ནས་ཞིབ་ཏུ་བསམ་ཚེ་རྒྱ་གར་ནག་སོགས་བོད་ཡུལ་ལས་གཞན་པའི་ཡུལ་ཆེ་ཆུང་མཐའ་ཡས་ལ། དེ་དག་ཏུ་རྒྱལ་བློན་ཆེས་ཕྲ་མང་པོ་བྱོན་ཀྱང་རིམ་པ་བཞིན་རྒྱལ་པོ་དྲུག་པར་ཞག་རེ་གཉིས་ཀྱང་འཇུ་ཐག་ཞིག་ལ་འཇུས་ནས་ནམ་མཁའི་མཐོངས་སུ་ཐེབས་སོང་བའི་ལོ་རྒྱུས་མི་སྣང་བས་བོད་ཀྱི་བཤད་སྲོལ་འདི་ནི་ལྷ་སྒྲུང་ཞིག་ལས་མ་འདས་ནའང་འདི་ལས་སྐབས་དེའི་གནས་ཚུལ་དངོས་ཤིག་མཚོན་པ་གཞིར་བྱས། དེས་ན་སྐབས་དེར་རྒྱལ་པོའི་བློ་བོན་རྣམས་ཀྱིས་པོ་ཚོའི་དབང་ཆ་བསྒྲུང་ཆེད་བཙན་པོ་ནར་སོན་ནས་ཕྲུས་འཁྲུངས་པ་ན། གནམ་ལ་རྫོང་སྐྲ་བྱེད་པའི་ཐབས་ལམ་ཤིན་ཏུ་སྐྱིག་སྒྱུར་ཞིག་ཡོད་ངེས་ཀྱང་འདི་འདྲ་ཞིག་ཡིན་རྒྱུ་རེད་ཅེས་བདག་གིས་ཁ་ཚོན་གཅོད་མི་ནུས་པས་དཔྱོད་ལྡན་ལོ་རྒྱུས་སྨྲ་བའི་མཁས་པ་རྣམས་ཀྱིས་དཔྱད་པར་བྱའོ། །

（༢）སྤྱིར་གནམ་ལ་གཤེགས་ཐེར་བ་ནི་འདས་སོང་བའི་ཞེ་ས་ཡིན་ལ་འདི་ཕྱིས་བྱོན་རྒྱལ་བློན་མཁས་གྲུབ་ཐམས་ཅད་སྐུ་འདས་པ་ལ་ཚིག་དེ་སྤྱོད་བཞིན་པ་ཡིན་པས་འདི་སྐོར་བཤད་པ་དང་མི་འདྲའོ། །ཉིང་རལ་ཆོས་འབྱུང་ལས། བོད་ཀྱི་ཡི་གེ་ཡང་ཁྲི་པེ་བཙན་པོའི་རིང་ལ་བྱུང་བར་འདོད་པ་ཡོད་པར་བཤད་པ་དང་བོན་གྱི་ལོ་རྒྱུས་དག་ལས་གཉའ་ཁྲིའི་དུས་སུ་སྟོན་པ་གཤེན་རབས་ཀྱིས་བོད་ཡིག་ཐོག་མར་བཟོས་པར་བཤད་པ་དང་། དེང་སྐབས་ལ་ལས་དབུ་ཅན་ཕྱིས་སུ་བཟོས་པ་ལས་དབུ་མེད་བོན་ལུགས་ཀྱི་ཡི་གེར་འདོད་པ་སོགས་མཆིས་ཀྱང་དེ་དག་མ་ལུས་པ་ཞིབ་ཏུ་རྒྱུས་པར་དཔྱད་པ་བྱེད་རྒྱུ་ནི་ཚང་མས་གསལ་བར་རྟོགས་ནུས་པའི་ཆེས་སྣ་བའི་དོན་དུ་སོང་གཤིས་དགོས་པ་མེད་ཀྱང་ཙུང་ཟད་ཙམ་རེ་རྗེས་ནས་འཆད་པར་འགྱུར་རོ། །

（༣）རྒྱ་ཐག་ནི་ལབ་ཙེ་བསྐྱོད་སྐབས་ད་ལྟའང་བཀོལ་བཞིན་པའི་བལ་ཐག་མཚམས་རེར་མདུད་པ་དང་བལ་གྱི་ཙོར་ལོས་སྤྲས་པ་ཞིག་ཡིན་ལ། འདི་གནའ་དུས་མི་

རྣམས་ཁང་བའི་ཡང་ཐོག་སོགས་མཐོ་སར་འགྲོ་བྱེད་ཀྱི་སྐས་ལྟ་བུ་ཞིག་ཡིན་པར་གོར་མ་ཆག་སྟེ། ལབ་ཙེ་ནི་གཞི་བདག་ལ་ཕོ་བྲང་བཞེངས་པ་ཞིག་དང་དེ་ལ་རྒྱ་ཐག་འཐེན་པ་ནི་མཐོ་སར་ཐེབས་ལམ་གྱི་སྐས་བཙོས་པ་ཡིན་ནམ་སྙམ། ས་ཆ་འགར་དུར་འདེབས་སྐབས་ཀྱང་དུར་སའི་གོང་དུ་རྒྱ་ཐག་འཐེན་པའི་སྲོལ་མཆིས་པའང་འདས་པོ་དེ་ཉིད་ལྷ་ཡུལ་དུ་བསྐྱོད་བྱེད་ཀྱི་ཐེམ་སྐས་བཙོས་པ་ཡིན་པར་སེམས། འདི་ལྟར་དཔྱད་ན་རྒྱལ་པོ་འདས་རྗེས་རྒྱ་ཐག་ལ་འཛུས་ནས་གནམ་དུ་གཤེགས་པར་བཤད་པ་ཡང་དོན་གྱིས་བཙན་པོའི་གདུང་བྱ་ལ་གཡེལ་རྗེས་གདུང་སོགས་ཤུལ་ལུས་ཅི་ཡང་མེད་པར་རྒྱ་ཐག་ལ་འཛུས་ནས་གནམ་དུ་གཤེགས་པའི་ཐ་སྙད་བྱས་ཤིང་། ཕྱིས་དེ་ལ་སྒྲོ་བཏགས་ནས་སྲུང་གཏམ་ཇེ་མང་དུ་འཕེལ་བར་གདོན་མི་ཟའོ་སྙམ་ལ། དེས་ན་དེང་དུས་བོད་ཀྱི་འདས་མིའི་ལུས་ཕུང་བྱ་ལ་སྦྱིན་པའི་སྲོལ་འདི་གནའ་དུས་ནས་དར་བར་ངེས་སོ། །འགའ་ཞིག་གིས་སྲོལ་འདི་སངས་རྒྱས་ཆོས་ལུགས་བོད་ལ་དར་རྗེས་དང་ཁྱད་པར་ཞི་བྱེད་ཀྱི་གདམས་པ་དར་རྗེས་དར་བར་བཤད་ཀྱང་། སྔ་མ་མི་འཐད་པ་ནི་མདོ་དབུས་གཙང་གསུམ་གང་དུའང་རྒྱ་རིགས་བཞིན་གནའ་དུས་ཀྱི་དུར་ཕོན་ཆེན་པོ་མེད་པས་རྟོགས་ནུས་ལ། ཕྱི་མ་མི་འཐད་པ་ནི་རྗེ་བཙུན་མི་ལའི་མགུར་འབུམ་ལས་བྱུང་བའི་རྗེ་བཙུན་དང་དམ་པ་མཇལ་སྐབས་རྗེ་བཙུན་གྱིས་དུར་འདེབས་ཚུལ་གསུངས་པའི་མགུར་ལས་གསལ་བར་རྟོགས་ནུས་སོ། །གཞན་ཡང་བཙན་པོ་འདི་དག་ལ་ཡུམ་གྱི་མིང་ལས་དྲས་ནས་མཚན་བཏགས་པ་དང་། སྲས་ཀྱིས་ཆིབས་ཁ་ཐུབ་པ་ན་ཡབ་རྒྱ་ཐག་ལ་འཛུས་ནས་ནམ་མཁའ་ལ་གཤེགས་པ་དང་། གྲི་གུམ་བཙན་པོས་བོན་བསྣུབས་པ། བཙན་པོ་མཚོན་གྱིས་བཀྲོངས་ཀྱང་སྐབས་དེར་ཉིད་ཀྱིས་རལ་གྲི་ཀླད་ལ་བསྐོར་པས་རྒྱ་ཐག་བཅད་ནས་སྲས་རྒྱུད་ཕྱི་མ་རྣམས་སྲས་ཆིབས་ཁ་ཐུབ་ཙམ་ནས་གནམ་ལ་གཤེགས་མ་དགོས་པར་སྐུ་ཚེ་རིང་ཙམ་བྱུང་བ་སོགས་ལ་ཞིབ་ཏུ་བསམ་པ་ཡིན་ན། སྐབས་དེའི་གསང་དོན་མང་པོ་ཞིག་རྟོགས་བྱར་ཡོད་ཅིང་། བརྗོད་དུ་མཆིས་མོད་ཀྱང་དགག་བྱའི་དབང་གིས་ཞིབ་ཏུ་མ་སྤྲོས་པས་དཔྱོད་ལྡན་རིགས་པ་སྨྲ་བ་རྣམས་ཀྱིས་བརྟགས་མཁས་པར་བྱའོ། །

གཉིས་པ། སྟོད་ཀྱི་སྟེང་གཉིས།

ཡབ་གྱི་གུམ་བཙན་པོ་ལ་ཡབ་སྟེང་བ་དང་། སྲས་སྤྱུ་དེ་གུང་རྒྱལ་ལ་སྲས་སྟེང་བ་ཟེར་ལ། སྲིབས་ཁྲི་བཙན་པོ་དང་ས་བཙུན་ཀླུ་རྗེའམ་ས་བཙུན་ཀླུང་རྗེའི་སྲས་གྱི་གུམ་བཙན་པོ་འཁྲུངས། ལ་ལས་ཡབ་ཁྲི་སྤེ་བཙན་པོ་དང་ཡུམ་སྨན་ཁྲི་ཕྱུག་མོའི་སྲས་སུ་འཁྲུངས་པར་བཤད།

༡. རྒྱལ་པོ་འདིའི་མཚན་གྱི་གུམ་དུ་ཇི་ལྟར་བཏགས་ཚུལ།

(༡) ཏུང་ཧྲོང་གཏེར་ཡིག་ལས། དྲི་གུམ་བཙན་པོ་སྐྱ་ཆུང་བའི་ཚེ་མཚན་ཇེར་གདགས་ཞེས་མ་མ་གྲོ་ཞ་སྐྱི་བཤིང་མ་ལ་དྲིས་ན། མ་མའི་མཆིད་ནས། སྐྱི་བྲག་མར་བརྙིལ་ཏམ་མ་རྙིལ། དན་མ་འབྲི་སྤངས་ནི་མྱེས་ཚིག་གམ་མ་ཚིག མཚོ་དམ་ལེ་དབལ་མཚོ་ནི་སྐམས་སམ་མ་བསྐམས་ཞེས་མཆི། བྲག་མ་རྙིལ། མཚོ་ཡང་མ་སྐམས་སྤང་ཡང་མྱེས་མ་ཚིག་ཅེས་བགྱིས་ན། མ་མ་གྲོ་ཞམ་རྒས་ནས་རྣ་ལོག་པར་ཐོས་ནས། འོན་ཏང་ཆུ་དགུམ་སྲི་དགུམ་གྱིས། དྲི་གུམ་བཙན་པོར་མཚན་ཐོགས་ཤིག་ཅེས་མཆི་ནས། དྲི་གུམ་བཙན་པོར་མཚན་བཏགས། ཞེས་འདིར་བཤད་པ་དང་ཕྱིས་ཀྱི་ལོ་རྒྱུས་རྣམས་ལས་འབྱུང་བའི་བཤད་ཚུལ་ཕལ་ཆེར་མཐུན་ཀྱང་། མི་འདྲ་ས་ནི་ཨ་ཕྱིའི་མིང་གདགས་ལྷ་དཀར་མོ་ཟེར་བ་ཙམ་ཡིན་ལ། གཏེར་ཡིག་ཚིག་ཏ་ཅང་གསལ་བས་ཞིབ་འགྲེལ་བྱེད་མི་དགོས་སོ། །

(༢) འོ་ན་ཏུང་ཧྲོང་གི་ཡི་གེར་ད་དྲི་དང་། ཕྱིས་ཀྱི་ལོ་རྒྱུས་བསྟན་བཅོས་རྣམས་སུ་ག་གྲི་གྲིས་ཡོད་པ་ནི། སྔ་མར་ཡི་གེ་ནོར་བ་དང་ཕྱི་མ་ཡིག་གཟུགས་མ་ནོར་བར་བྲིས་པ་ཡིན་ནམ་སྙམ། འདིས་མཚོན་ནས་ཏུང་ཧྲོང་གཏེར་ཡིག་གི་ཡི་གེ་མང་པོར་དོན་ལ་ཞིབ་ཏུ་མ་བསམ་པར་ཡིག་གཟུགས་ཙམ་ལ་བརྟེན་ནས་གོ་བ་བཅལ་ནས་དོན་ནོར་བ་མང་པོ་ཞིག་དེའི་འགྲེལ་བ་དག་ལས་མཐོང་རྒྱུ་ཡོད་ལ། ཡི་གེ་ངོ་མ་དང་པེ་ཅིན་ནས་པར་སྐྲུན་བགྱིས་

པའི་དཔེ་ཚའི་སྙིང་གི་ཡི་གེ་འགའ་རེ་ཡང་མི་འདྲ་བ་གཟིགས་མཁན་རྣམ་པས་མཉམ་འཇོག་བྱེད་དགོས་པར་སྣང་ངོ་། །

༢. ཁྲི་གུམ་བཙན་པོ་བཀྲོངས་པའི་གནས་ཚུལ།

(༡) བཀྲོངས་པའི་རྒྱུ་རྐྱེན།

< ༡ > ཏུང་ཧོང་གཏེར་ཡིག་ལས། མཚན་བཏགས་ནོང་སྟེ། ཐུགས་སུ་ཡང་ཞུགས་ལྡེ་སྲས་མྱི་ཡི་མྱི་ཚུལ་ཏེ། མངོན་པར་དགུང་དུ་གཤེགས་པ་ལས་སྨོགས་པ་འཕྲུལ་དང་བྱིན་ཆེན་པོ་མངའ་བས། ཐོད་དང་དྲེགས་མ་ཐུབ་སྟེ། བཙན་འདྲན་བདའ་ནས། ཡབ་འབངས་ཕ་དགུ་དང་། ཡུམ་འབངས་ཚན་གསུམ་ལ་དགྲ་རུ་རྒལ། གཡག་ཏུ་བྲུང་ཕོད་དམ་ཞེས་བཀའ་སྩལ་ན་སོ་སོ་ནས་ཀུན་གྱིས་ཀྱང་མྱི་ཕོད་ཞེས་པ་ལས་མ་གནང་སྟེ་ལོ་ངམ་ཧ་རྗེས་ཀྱང་མྱི་ཕོད་ཆེས་གསོལ་ཏོ། །ལོ་ངམ་ཧ་རྗེས་ཀྱང་ཆེས་གསོལ་བ་ལས་མ་གནང་སྟེ། འུང་ནས་ལོ་ངམ་གྱིས་གསོལ་བ། དེ་ལྟར་མྱི་གནང་ན་ལྷའི་དཀོར་མདུང་རང་འདེབས་དང་། རལ་གྱི་རང་གཙོད་ཁྲབ་རང་གྱོན་དང་། ཕུབ་རང་བཟུར་ལ་སྨོགས་པ། འཕྲུལ་གྱི་དཀོར་ཆེད་པོ་མངའ་བའི་རྣམས་བདག་ལ་སྩོལ་ན་ཕོད་ཅེས་གསོལ་ཏོ། །དེ་ནས་ལྷའི་དཀོར་ཐམ་ཤད་སྩལ་ཏོ། །འུང་ནས་ལོ་ངམ་ཧ་རྗེ་ཡང་མཁར་མྱང་རོ་ཤམ་པོར་ཐང་མཆིས་སོ། །ཞེས་སོ། །འདིར་བཀོད་པའི་ལོ་རྒྱུས་དང་ཕྱིས་བྱོན་མཁས་པ་ཕལ་ཆེར་གྱིས་བཞེད་པའང་ཤིན་ཏུ་མཚུངས་སོ། །

< ༢ >《ཀ་བཀོལ་མ》ལས། ཁ་ཆེ་རྒྱལ་པོ་དང་གཡུལ་སྤྲད་ནས་བོད་རྒྱལ་ནས་ལོག་པའི་ལམ་དུ་ཁ་ཆེའི་མི་ལུས་པ་ཞིག་ན་རེ། བོད་ཀྱི་དཔལ་པོས་གཞུ་ཀ་བ་ཙམ་ལ་མདའ་ཕྲུམ་ཙམ་འཕེན་པ་བྱུང་། ཕ་གི་ན་ཟེར་ནས་ཕ་བོང་ན་ལྡེམ་མེ་འདུག་པ་དམག་མི་ཚོས་མཐོང་པས་ལ་ལ་ན་རེ་རྒྱལ་པོ་ཡིན་ཟེར། ལ་ལ་ན་རེ་འབངས་ལོ་ངམ་ཧ་རྗེ་ཡིན་ཟེར་བ་དེ་གཉིས་གང་ཡིན་བརྟགས་པའི་སླད་ཕྲ་བཙུག་པས་རྒྱལ་པོས་རྩལ་འགྲན་ཟེར་བ་ལ་ལོ་ངམ་གྱིས་ངས་མ་ཐུབ་ན་ང་ལ་ཆད་པ་འོང་སྙམ་ནས་གྲུ་ལོག་སྨྲས་ཟེར། ཞེས་པ་ནི་གོང་དང་མི་

མ་ཐུན་པའི་འཆད་ཚུལ་གཞན་ཞིག་ཡིན་ནོ། །

<༣>《མཁས་པའི་དགའ་སྟོན》ལས། དེ་ཚེ་རྒྱ་གར་ཡུལ་དང་སྟག་གཟིག་མཚམས། །གུ་ར་ཕ་ཏ་ཞེས་བྱའི་རྒྱལ་ཁམས་ནས། །མུ་སྟེགས་བོན་པོ་འ་ཞ་ཞེས་པ་བྱུང་། །གནམ་ལ་འཕུར་ཞིང་ཁ་ནས་མདོན་ཤེས་སྨྲ། །ཤིང་ལ་འབྲིང་འདྲ་རྗེ་ལ་ལྷུ་གཟུགས་འདྲལ། །རྟག་ཏུ་ཤ་ཆང་གིས་ནི་འདྲེ་མཆོད་བྱེད། །དེ་ལ་རྒྱལ་པོའི་བླ་མཆོད་བཀུར་སྟི་མཛད། །གཡུ་ཡི་གཡུང་དྲུང་དཔའ་བའི་སྟག་སློག་དང་། །འགིང་བའི་རལ་ཁས་བསྟོད་ཅིང་མདའ་ཐང་སྦར། །ཁྱུ་དང་ཞུ་བས་ཆེ་ཞེས་ཨ་ཡང་བོས། །མུ་སྟེགས་ལྷ་ལོག་བོན་གྱི་བྱིན་རླབས་ཆུང་། །རྒྱལ་པོའི་ཐུགས་སུ་བདུད་རིགས་གདོན་གསོལ་གྱུར། །ཅེས་བོན་མུ་སྟེགས་དང་འདྲེས་པའི་གྲུབ་མཐའ་འཛིན་མཁན་ཨ་ཞ་ཞེས་པ་ཞིག་བོད་ལ་བྱུང་ཚུལ། དེ་ལ་འཕྲུལ་གང་དག་མངའ་བ། དེ་ལ་བརྟེན་ནས་རྒྱལ་པོའི་མཆོད་གནས་མཛད་ཚུལ་དང་མངའ་ཐང་སྦར་ཞིང་ཆེར་བསྟོད་བྱས་ཚུལ། དེ་ཡིས་བོན་གྱི་བྱིན་རླབས་ཆུང་པར་གྱུར་ནས་རྒྱལ་པོའི་ཐུགས་ལ་གདོན་ཞུགས་ཚུལ་སོགས་གཏེར་ཡིག་ལས་མ་བྱུང་བའི་རྒྱུ་རྐྱེན་འགའ་བཀོད་པ་ལས་ལོངམ་ལ་འཐབ་ཟླ་བཅོལ་ཚུལ་དངོས་གཏེར་ཡིག་དང་འདྲའོ། །

<༤>བོན་ལུགས་ལོ་རྒྱུས་འགའ་ཞིག་ཏུ། ཡབ་མེས་རྣམས་ཀྱི་སྐུ་གཤེན་ལ་བཀུར་བསྟི་ཆེར་བསྟོད་བྱེད་ཅིང་། གྲི་གུམ་གྱིས་ཐོག་མར་དེ་ལྟར་མཛད་དེ་རྒྱལ་གཤེན་གྱི་དབང་ཆ་འདྲ་བ་ཙམ་དུ་མ་ཟད། གཤེན་ངག་ཚིག་གསུམ་མ་བྱུང་བར། རྒྱལ་པོས་བཀའ་མི་སྩོལ། བློན་པོས་གྲོས་མི་འཆའ། གཤེན་སྒྲུ་ཐེངས་གསུམ་མ་བླངས་པར། རྒྱལ་བློན་སྒྲུ་བྲོ་མི་རོལ་ཞེས་རྒྱལ་པོ་ལས་སྐུ་གཤེན་ཆེ་བའི་སྲོལ་ཆགས། དེ་ལ་བརྟེན་ནས་བློན་པོ་ལོ་བཙན་བཞེར་སོགས་ཀྱིས་བཙན་པོ་ལ་གསོལ་བ། དབུའི་ཞྭ་ཆེ་དྲགས་ན་ལུས་པོ་རྟུལ་གྱི་ལྡིད། ཟས་ཞིམ་པོ་མྱངས་དྲགས་ན་སྐྱུགས་བྲོ། ཤིག་འབྲུམས་རྐང་ལ་ཞུགས་ནས་སྤྱི་བོའི་གཙུག་རྟོག དུས་ད་ལྟ་རྒྱལ་གཤེན་དོ་མཉམ་པ་གདའ་སྟེ། དུས་ལན་གཅིག་ཙམ་ན་སྲས་དབོན་རྣམས་ཀྱི་སྐུ་རིང་ལ་རྒྱལ་སྲིད་བོན་པོས་འཕྲོར་བར་མཆིའོ། །བོན་ལ་ཆབ་གསོལ་

བར་བཀའ་མི་ཕེབས་པས། གཉེན་པོ་མཐའ་ཏུ་སྨྲུགས་པའི་བཀའ་མཆིད་བསྒྲིང་པར་ཞུ་ཞེས་ཡང་ཡང་སླེང་བས། རྒྱལ་པོ་ཐུགས་འཁྲུགས་ནས་བདེན་སྨྲམ་པ་བྱུང་སྟེ། པོན་རྣམས་ས་མཐར་སྨྲུགས་ཏེ་བོན་སྐྱབས་ཚུལ་བཀོད་ཡོད་དོ། །གོང་གསལ་འཆད་ཚུལ་འདི་དག་ལ་ཞིབ་ཏུ་བརྟགས་ན། བཙན་པོས་སྐུ་གཉེན་རྣམས་ལ་བཀུར་སྟི་བྱས་ཐལ་ཆེ་སྟབས་བློན་པོ་འགའི་སེམས་ལ་མ་བབ་པར་འགལ་བ་དང་འཐབ་རྩོད་རྡོ་ངར་ཆེ་བར་གྱུར་ཅིང་། བློན་པོ་དག་གིས་བསྐུལ་མ་ནན་ཏན་ཆེ་སྟབས་རྒྱལ་པོར་བོན་བསྐྱབ་རྒྱུའི་བསམ་བློ་འཁྲུངས་ཏེ། ཐོག་མར་རྒྱ་དང་འབྲེལ་བའི་སྟག་གཟིག་སོགས་ཡུལ་གཞན་གང་ཏུང་ཞིག་ནས་མུ་སྟེགས་དང་འདྲེས་པའི་གདོད་མའི་ཆོས་ལུགས་པ་འཕྲུལ་དང་ལྡན་པ་ཞིག་གདན་དྲངས་ནས་བླ་བོན་གྱི་ཚབ་བྱས་ཤིང་དེ་ནས་ཕྱར་གྱི་བོན་སྐྱབས་པ་ལ་བརྟེན་བོན་ལུགས་པ་ཚོའི་རྒྱབ་ཏུ་ལོ་ངམ་ལངས་ཏེ་གཡོ་ཐབས་དང་དམག་འཁྲུགས་ཀྱིས་བཙན་པོ་བསྒྲོངས་པ་ཡིན་ནམ་སྙམ་ལ། ལོ་ངམ་ཡང་རང་བཞིན་གྱི་རྟ་རྫི་དཀྱུས་མ་ཞིག་མ་ཡིན་པར་རྒྱལ་ཕྲན་གྱི་རྒྱལ་པོ་ཞིག་ཡིན་ཏེ། 《མཁས་པའི་དགའ་སྟོན》ལས། རྒྱལ་ཕྲན་ལོ་ངམ་རྟ་རྫི་བྱ་བ་ལ། འཐབ་ཟླ་བཙོལ་ཏེ་འཐབ་པས་གྲི་ཉུ་བསྒྲོངས། །རྟ་རྫི་ཞེས་པ་ནི་རྟ་ཏ་ཅང་མང་པོ་ལྡན་པའི་རྒྱལ་ཕྲན་ཞིག་སྟེ། བཙན་པོ་རིམ་བྱོན་ལ་རྒྱལ་ཕྲན་འདིས་ལོ་རེ་བཞིན་དམག་རྟ་འབུལ་དགོས་པ་ཞིག་ཡིན་ངེས་ཏེ། སྔོང་བཙན་དུས་སུ་ཡང་ལོ་ངམ་རྟ་རྫི་སོགས་རྫི་དྲུག་ཅེས་འདི་གཡུང་གི་སྟེར་བགྲང་པས་ཤེས་སོ། །

(༢) རྫི་ལྟར་བསྒྲོངས་པའི་ཚུལ་དངོས་ནི། ཏུང་ཧོང་གཏེར་ཡིག་ལས། ཞང་ནས་ལོ་ངམ་རྟ་རྫི་ཡང་། མཁར་མྱང་རོ་ཤམ་པོར་མཆིས་སོ། །བཙན་པོ་ཡང་མྱང་རོ་ཤམ་པོར་གཤེགས་ནས། མྱང་རོ་ཐལ་བ་ཚལ་དུ་གཡུལ་བྲིས་ནས། ཞང་ནས་རྟ་རྫིའི་མཆིད་ནས། དབུའ་འབྲིང་ཟང་ཡག་ཀྱང་གཆད་དུ་གསོལ། དབུའ་སྐས་སྟེན་དགུ་ཡང་ཁ་ཐུར་དུ་བསྟན་དུ་གསོལ་ནས། དེ་གཉིས་ཀྱང་དེ་བཞིན་གནང་ངོ་། །ཞང་ནས་ལོ་ངམ་གྱིས་གླང་པོ་བརྒྱ་ལ། གསེར་གྱི་མདུང་རྩེ་ཉིས་བརྒྱའ་སྦལ་བཏགས་སྟེ། རྒྱབ་ཏུ་ཐལ་བ་བཀལ་ནས། གླང་

ནང་འཐབ་སྟེ། ཐལ་བ་གཏོར་ནས། དེའི་ནང་དུ་ལོ་ངམ་གྱིས་བཀལ་ཏོ། །བཙན་པོ་དྲི་གུམ་ལྡེ་བླ་གུང་རྒྱལ་གྱིས་གནམ་དུ་བྲངས་ན། ལོ་ངམ་གྱི་མཚན་ནས་སྟེའུ་བྱུང་བས། ལྡེ་བླ་གུང་རྒྱལ་ནི་ཏི་ཙེ་གངས་རུམ་དུ་འཕང་སྟེ་གཤེགས་སོ། །བཙན་པོ་དྲི་གུམ་ཡང་དེ་རུ་བཀྲོང་ནས། ཕྱུར་ཟངས་བརྒྱའ་ཁ་སྦྱོད་ཀྱི་ནང་དུ་བཙུག་སྟེ་རྩང་ཆུའི་གཞུང་ལ་བཏང་ངོ་། །ཆབ་གཞུག་སེར་ཚངས་སུ་ཀླུ་འོད་དེ་བེད་དེ་རིང་མོའི་ལྟོར་གཤེགས་སོ། །ཞེས་སོ། །《མཁས་པའི་དགའ་སྟོན》ལས། ཞང་རོ་རྫིབས་ཀྱི་ཐལ་བ་ཚལ་དུ་སྐར་མ་ས་རི་ས་ག་ལ་འཐབ་དུས་བཏབ། རྒྱལ་པོས་ཁྲི་མོ་ཉན་གྱི་རྣ་གསང་བྱ་བ་ཉན་པོ་བྱེད་དུ་བཏང་བ་ཁོས་གོ་ནས། རྒྱལ་པོ་དབུ་ལ་དར་ནག་གི་ཐོད་བཅིངས། དཔྲལ་པར་མེ་ལོང་བཏགས། ཕྲག་པ་གཡས་ལ་ཕ་རོ་དང་། གཡོན་ལ་ཁྲི་རོ་བཀལ། བ་དམར་སླང་དམར་བརྒྱ་ལ་ཐལ་སྒྲོ་བཀལ། རལ་གྲི་སླང་བྱ་ཕོ་སླད་ལ་བསྐོར་ན་མི་ཐུབ་ཅེས་སྨྲས་པས་རྒྱལ་པོས་དེ་ཐམས་ཅད་བྱས། འཐབས་པས་ས་རི་ས་ག་ལྷུང་སྐར་དུ་སོང་བས་ལྷུང་དམར་ཆེན་པོ་བྱུང་། བསྙོ་བཏབ་པས་བ་ཡང་འདྲོགས་ཏེ་ཐལ་སྒྲོ་རྣམས་རལ། ཐལ་ཚུབ་ཀྱིས་མིག་འགྲིབས། དར་ནག་གི་ཐོད་དང་ཕ་རོ་དང་ཁྲི་རོས་རྗེའི་མགུར་ལྷ་དང་དགྲ་ལྷ་དང་ཕོ་ལྷ་གསུམ་ཡལ། རལ་གྲི་བསྐོར་བས་རྒྱུ་ཐག་དང་རྒྱུ་སྐས་ཆད། ལོ་ངམ་གྱིས་དཔྲལ་བའི་མེ་ལོང་ལ་མདའ་འཕངས་ནས་བཀྲོངས་སྐད། ཅེས་སོ། །འདི་གཉིས་ཀྱི་ནང་དོན་ཕལ་ཆེར་འདྲ་ཞིང་མི་འདྲ་ས་ཅུང་ཟད་རེ་མཆིས་པ་ཡང་ལུང་ཚིག་སྔ་ཕྱི་གཉིས་ལ་བརྟགས་ན་ཤེས་ནུས་པས་འགྲེལ་བཤད་བྱེད་མ་དགོས་ལ། ལོ་ངམ་གྱིས་གྲི་གུམ་བཀྲོངས་རྗེས་ལོ་བརྒྱད་ཙམ་ལ་ཡར་ལུང་སོགས་ཀྱི་རྒྱལ་པོ་བྱས་སོ་ཞེས་འགའ་ཞིག་ཟེར་ཏེ་དཔྱད།

༣. ལོ་ངམ་ཚར་བཅད་ནས་བཙན་པོའི་གདུང་རབས་སླར་གསོ་ཇི་ལྟར་བྱས་ཚུལ་ལ། 《གཏེར་ཡིག》ལས། ཞང་གི་རྗེས་ལ་རྩ་མོ་རྒྱལ་བཞི་ཁྱུགས་དང་། སྣ་ནམ་བཙན་བཞོང་རྒྱལ་གཉིས། སྲིད་ཀྱི་ཁྲི་པོ་ཆེ་འོན་ཟུགས་ཡར་གྲགས་དང་། འཇང་གི་ཟུ་ལེ་མ་འཇང་དང་འོན་རུ་གཉིས་ཀྱི་སྤྱུ་ལ་དུག་བསྐུས་ཏེ། འཕྲང་པོའི་བྲག་གཡའ་པོ་འདའ་ནས། ཕོ་ལ་ལྟས་

སུ་བལྟས་ན། ལྟས་བཟང་སྟེ་ཡུལ་མྱང་རོ་ཤམ་པོ་དྲང་དུ་ལྟགས་ནས། ཐབས་ཀྱིས་བསྒྱུད་དེ། ཁྱིའི་སྤྲུ་ལ་དུག་ཡོད་པ་ད་ངའི་ཧ་རྫེས་ཁྲིད་ནས། ཁྱི་བཟང་པོ་ལོ་ངམ་ཀྱི་ལག་གིས་བྱུགས་པ་དང་། ངའི་ཧ་རྫེས་ཁྱིའི་སྤྲུ་ལ་དུག་བསྐུས་པས་ལག་པ་བྱུག་སྟེ་བསད་དེ། ཤ་བླན་ནོ། །ཞེས་དང་། གཙུང་ཞ་ཁྱི་ནི་ཡབ་ཀྱི་མདད་གཏོང་ངོ་། །གཙེན་ཤ་ཁྱི་ནི་ཡབ་ཀྱི་མཚལ་གཉེར་དུ་གཤེགས་སོ། །ཞ་ཁྱི་ནི་ཁོང་དཀར་པོ་ལགས་སོ། །དམག་སུམ་སྟོང་སུམ་བརྒྱ་ཞིག་དང་ཆསྟེ་གཤེགས་སོ། །མཁར་ཕྱིང་བར་གཤེགས་སོ། །ཡུལ་ཡབ་ཀྱི་རྗེ་མྱི་བཞུགས་ན། ཕྱི་འབྲོག་གདེངས་ཕྱོལ་ཕྱོལ་གྱི་ཆའོ། །ས་འོན་བུ་སྤུར་ཕོག་ཕོག་ཅེས་གསུངས་སོ། །མེན་པ་འཕྲེང་བའི་ལ་འདའ་སོ། །སིང་སྦྱིབ་རོང་རིངས་འདའས་སོ། །བ་ཆོས་གུང་དང་དུ་གཤེགས། མྱང་རོ་ཤམ་པོར་གཤེགས་ན། ལོ་ངམ་ཕོ་བརྒྱའ་ནི་ཟངས་བུ་བརྒྱའ་སླད་ལ་ཕུབ་ནས་ལྡེབས་སྣོ། །ལོ་ངམ་མོ་བརྒྱའ་ནི་སླང་ང་བྲང་བཅར་ཏེ་ངོག་གོ །མྱང་རོ་ཤམ་པོ་ཕབ་བོ། །འགྲེང་ནི་བཙོན་དུ་བཟུང་། དུད་ནི་གནངས་སུ་བཆད་ནས། བ་ཆོས་གུང་དང་དུ་གཤེགས་སོ། །མགུར་འདི་ཞེས་གསུངས་སོ། །འ་བ་ཉེ་ཉེ་བས་ཉེད། བྱ་རོ་རོ་ན་མདུང་གི་རྩེ་རང་ཙིག ཡས་རོ་རོ་ན་ལྟམ་གྱི་གོང་ར་ཙིག བརླལ་བརྟུངས། སྤུར་བཏབ། འོབ་ཏེ་མྱེད། སྤུ་དེ་མྱེད། ཅེས་གསུངས་སོ། །ཞེས་སོ། །《མཁས་པའི་དགའ་སྟོན》ལས། རུ་ལས་སྐྱེས་ཀྱི་འཕྲུལ་དང་མཐུ་སྟོབས་ཀྱིས། །ལོ་ངམ་འཁོར་བཅས་བཏུལ་ཞིང་ཚར་གཅོད་བྱས། །ཞེས་སོ། །ཕྱི་མ་ལས་ལོ་ངམ་འདུལ་མཁན་རུ་ལས་སྐྱེས་ཡིན་པ་སོགས་བྱས་རྗེས་ཡོད་ཚད་རུ་ལས་སྐྱེས་གཅིག་པུར་དབང་བར་བྱས་པ་ནི་རུ་ལས་སྐྱེས་ནི་ལོ་རྒྱུས་སྟེང་གི་བོད་སྔོན་མཛངས་མི་བདུན་གྱི་དང་པོ་ཡིན་པ་དང་དེས་བཙན་པོའི་རྒྱལ་རབས་སླར་གསོའི་ཕྱོགས་ལ་བྱས་རྗེས་མི་དམན་སྟབས་ལོ་རྒྱུས་བསྟན་བཅོས་ཐམས་ཅད་ལས་འདི་ལྟར་བྲིས་པ་ནི་རྒྱུ་མཚན་དང་དགོས་པ་ཁྱད་པར་བ་ཞིག་ལ་བརྟེན་པར་སྣང་ནའང་ཁྱིའི་སྤྲུ་ལ་དུག་བྱུག་ནས་ལོ་ངམ་གསོད་མཁན་དངོས་ནི་ཡི་གེ་སྟོན་མ་ལས་བྱུང་བ་ལྟར་རྔུ་མོ་རླུལ་བཞི་ཁྱུགས་དང་། སྣ་ནམ་བཙན་བཞོང་རྒྱལ་ཟེར་བ་གཉིས་ཡིན་ཞིང་། འདི་གཉིས་གྱི་གུམ་བཙན་

པོའི་བློན་པོ་གཉིས་ཡིན་ངེས་སྙམ་ལ། དེའི་རྗེས་རུ་ལས་སྐྱེས་ཀྱིས་རོགས་ཏན་དང་བསྐྱལ་བ་ལ་བརྟེན་ནས་བཙན་པོའི་སྲས་ཤ་ཁྲི་ཉིད་ཀྱིས་དམག་དྲངས་ནས་ལོ་ངམ་གྱི་འཁོར་རྣམས་ཚར་བཅད་དེ་བཙན་པོའི་རྒྱལ་རབས་སླར་གསོ་བྱས་པ་ལས། རུ་ལས་སྐྱེས་ཀྱིས་ལོ་ངམ་གྱི་ནང་མིར་ཞུགས་ཏེ་ཤ་ཁྲི་དཀར་མོའི་སྤུ་རྩར་དུག་བྱུགས་པ་དཀོར་དུ་ཕུལ་བ་ལ་ལོ་ངམ་གྱིས་བྲིལ་བྲིལ་བྱས་པས་དེ་མ་ཐག་ཏུ་ལུས་ཐམས་ཅད་རངས། གཡོག་རྣམས་ཕོ་ན་བའི་སར་འདུས་པའི་བར་ལ་ཉང་རོ་ཤམ་པོའི་རྩེ་ནས་ཕབ། མཁར་ཕ་རིར་བྱ་རྡོད་ཀྱི་ཚང་ཡོད་པས། བྱ་རྡོད་ཀྱི་གསེབ་ཏུ་ཞུགས་ཏེ་ལོ་ངམ་ཕོ་བརྒྱ་མོ་བརྒྱ་བསད་པར་གསུངས་པ་ཇི་བཞིན་མིན་ན་ཡང་འདི་ལྟར་བྲིས་པ་ལ་གོ་རྒྱུ་ཆེན་པོ་ཡོད་པར་སེམས་སོ། །

༤. རུ་ལས་སྐྱེས་ཀྱི་ལོ་རྒྱུས་ལ་གཏེར་ཡིག་ཏུ། ཞང་གི་འོག་ཏུ་བཀྲགས་ཀྱི་བུ་ལྷ་བུ་རུ་ལ་སྐྱེས་པ་ཚན་དང་། རྟ་པ་ཚན་འཐབས་སོ། །རྟས་བཀྲགས་རབས་བཅད་དོ། །དུད་སྣ་ཕོ་ལོ་བཀྲགས་ཀྱི་ཆུང་མ་ཅིག་བྲོས་ཏེ། པ་སྤྱིང་གི་ཡུལ་ཏུ་ཐར་ཏོ། །སྟོན་བུ་ཁྱེར་སོང་བ་བྱུང་ངོ་། །བུ་སྐྱུས་ལ་འགྲེང་ནུས་ཙམ་ནས། མ་ལ་སྤྱི་གང་བྱ་གང་ལ་རྗེ་བོ་ཡོད་ན་ངའི་རྗེ་བོ་ག་རེ། སྤྱི་གང་བྱ་གང་ལ་པ་ཡོད་ན་ངའི་པ་ག་རེ་ཞེས་ཟེར་རོ། །ཞེས་པ་ནས། ཁྱོད་ཀྱི་པ་ནི་རྟས་བསད་དོ། །ཁྱོད་ཀྱི་རྗེ་བོ་བཙན་པོ་ནི་ལོ་ངམ་ཏ་རྫིས་བསྒྲོང་སྟེ། ཞེས་པ་ནས། ཉ་ལྷ་གཉིས་ཀྱིས་བཙན་པོའི་སྤུར་བཟུང་ངོ་། །གུང་ཏོ་བླ་འབུབས་ཀྱི་མགུར་དུ་བང་སོ་བརྩིགས་སོ། །ཞེས་སོ། །《མཁས་པའི་དགའ་སྟོན》ལས། ལྷམ་སྲིང་བཞི་ཡི་ཡུམ་ལ་ཏ་རྫི་བཙོལ། །ཏ་འཚོར་ཁྲིན་ཏེ་གཉིད་ལོག་རྨི་ལམ་དུ། །མི་དཀར་མཛེས་པ་ཅིག་དང་བཤོས་པ་རྨིས། །སད་ཚེ་གཡག་དཀར་ཞིག་ནི་སོང་བ་མཐོང་། །ཟླ་བ་ཚང་ནས་ཁྲག་རླངས་འགྱུལ་བ་བཙས། །འབྲོང་རུ་དྲོན་མོར་བཅུག་ནས་འོ་མས་བྲན། །དྲོད་ཀྱིས་བཙོས་པས་དེ་ཡི་ནང་ནས་ནི། །ཁྲིའུ་མཛེས་ཞིང་ལྟ་ན་སྡུག་པ་བྱུང་། །རུ་ལས་སྐྱེས་དང་ངར་སོས་པོ་ཞེས་བཏགས། །ལོ་བཅུ་ལོན་ཚེ་ཕ་དང་ཕུ་བོ་འདྲི། །ཞེས་པ་ནས། རྒྱལ་པོས་མི་མཆོག་རུ་ལས་སྐྱེས་ཁྱོད་ཀྱིས། །ང་ཡི་ཕ་ཡི་གོ་བགྱིས་རྒྱལ་སར་བཏོན། །སྲས་ཀྱི་གོ་བགྱིས་ཡབ་ཀྱི་སྐུ

མཚལ་གཉེར། །ཆེ་ཆུང་མེད་པའི་མི་ཀུན་ཁྱོད་ལ་སྨོན། །མིང་ཡང་ཁུ་བོ་ལྷ་བུ་སྨོན་གཟུང་ཞེས། །བཏགས་ཤིང་དྲིན་དུ་གཟོ་བ་རྒྱ་ཆེར་བྱས། །ཞེས་སོ། །འདི་དག་བསྡུར་ནས་བལྟས་ན། སྟམ་ལས་ཏུ་ལས་སྐྱེས་ནི་བཀྲགས་ཀྱི་བུ་ཡིན་ཞིང་མ་སྐྱེས་གོང་དུ་ཁོའི་ཕ་ཚན་རྣམས་རྒྱས་ཞེས་པས་རབས་བཅད་རྗེས། ཨ་མའི་ལྟོ་བར་བཟུང་ནས་ཕ་མིང་གི་ཡུལ་དུ་སྐྱེས་པ་སོགས་བཀོད་པ་ནི་བདེན་པ་འདྲ་ཡང་ཕྱི་མའི་འཆད་ཚུལ་འདི་ལས་ཀྱང་དོན་མང་པོ་ཞིག་རྟོགས་ནུས་པར་ཡོད་པ་དཔེར་ན།

(༡) ཏུ་ལས་སྐྱེས་ནི་བོད་ཀྱི་ལོ་རྒྱུས་ཐོག་བྱས་རྗེས་ཧ་ཅང་ཆེ་བའི་མི་སྣ་ཞིག་ཡིན་པ།

(༢) དེ་ཡང་རང་བཞིན་གྱི་མི་ཞིག་གི་བུ་མ་ཡིན་པར་ཡར་ལྷ་ཤམ་པོའི་སྲས་ཡིན་པར་བསྟན་པས། བཙན་པོའི་གདུང་རབས་སྲུང་སྐྱོབ་བྱེད་མཁན་ཏུ་ལས་སྐྱེས་ནི་བཙན་པོའི་སྐྱེས་ལྷའམ་མགུར་ལྷ་གཙོ་བོ་དང་འབྲེལ་བར་བྱས་པ།

(༣) ཏུ་ལས་སྐྱེས་ཞེས་པའི་ཏུ་ནི་ར་ཙོ་སྟེ་འཁྱོང་གི་ར་ལས་སྐྱེས་པར་འགྲེལ་དགོས་པར་གོ་ནུས་པ་བཅས་སོ། །ཏུ་ལས་སྐྱེས་ནི་བོད་ཀྱི་མཛངས་མི་བདུན་གྱི་དང་པོ་ཡིན་ཞིང་མཛངས་པའི་ལས་ནི། ＜༡＞ཤིང་བསྲེགས་པའི་སོལ་བ་བྱུང་། ＜༢＞རྡོ་བཞུས་ཏེ་གསེར་དངུལ་ཟངས་ལྕགས་བཏོན། ＜༣＞སྔོན་པ་དོར་དུ་བསྙེབས་ཏེ་སྤང་ཐང་ཞིང་དུ་སློས་པ། ＜༤＞ཆུ་ལ་ཟམ་པ་བཙུགས་པ་བཅས་སོ། ། ＜༥＞གྲི་གུམ་བཙན་པོར་སྲས་ཅི་ཙམ་ཡོད་པ་ནི། 《མཁས་པའི་དགའ་སྟོན》ལས། དེ་ཡི་བཙུན་མོ་ཀླུ་སྲིང་མེར་ལྕམ་ལ། །ཤ་ཁྲི་ཉ་ཁྲི་བྱ་ཁྲི་གསུམ་ཡང་བལྟམས། །ཞེས་སྲས་གསུམ་འཁྲུངས་པར་གསུངས་ཤིང་། ལོ་རྒྱུས་གཞན་མང་པོར་ཡང་འདི་ལྟར་འབྱུང་བར་མ་ཟད། བྱ་ཁྲི་ནི་བོད་ཀྱི་རྒྱལ་པོ་དང་། ཤ་ཁྲི་ནི་གུང་དཀར་པོའི་རྗེ་བོ། ཆུང་བ་ཉ་ཁྲིས་ནི་ཀོང་པོའི་ཡུལ་ནས་བཙུན་མོ་གོ་མ་རལ་ཞེས་པ་བླངས་ཏེ་སོག་ཡུལ་དུ་ཕེབས་པ་ནི་སོག་པོ་རྣམས་ཀྱིས་བོར་ཏ་ཆེར་འབོད་ལ། དེའི་གདུང་རྒྱུད་དུ་ཆེན་པོ་ཏོར་གྱི་རྒྱལ་རབས་བྱུང་བར་ཚད་མའི་སྐྱེས་བུ་མང་པོས་བཞེད་པ་ལྟར་ཡིན་ནམ་སྙམ་ལ། ལ་ལས་སྲས་གཉིས་ལས་མ་འཁྲུངས་པའི་སྒྲུབ

བྱེད་དུ། གཏེར་ཡིག་ལས། སྲས་གཉིས་ཀྱང་ཤ་ཁྲི་དང་ཉ་ཁྲིར་བཏག་སྟེ། རྐོང་ཡུལ་དུ་བསྐྱེའོ། །ཞེས་དང་། དེ་མོའི་རྗེ་བརྐོས་ག་སྐོགས་ཡིག་ཏུ། དྲི་གུམ་བཙན་པོའི་སྲས་གཅེན་ཉ་ཁྲི་དང་། གཙུང་ཤ་ཁྲི་གཉིས་ལ། གཙུང་ཤ་ཁྲི་ནི་ལྷ་བཙན་པོ། གཅེན་ཉ་ཁྲི་ནི་རྐོང་དཀར་པོའི་རྗེ། ཞེས་གསལ་བ་རྣམས་འདྲེན་ཀྱང་། ཡི་གེ་སྔ་མ་ལས་སྲས་གཉིས་ཡོད་པར་བཤད་པ་བདེན་མོད། དེས་གསུམ་མེད་པར་ཇི་ལྟར་སྒྲུབ། ལྷག་པར་དུ་ཚིག་ཕྲེམ་དེ་ལས་ནི། ཀོང་ཡུལ་གྱི་རྗེ་བོ་ཕྲེམ་རྣམས་ལ་བདག་རྐྱེན་གནང་དགོས་པའི་རྒྱུ་མཚན་བཀོད་པ་ཙམ་ཡིན་པས། སྲས་གསུམ་མེད་པའི་སྒྲུབ་བྱེད་དུ་གཏན་ནས་མི་འགྲོ་སྙམ་སྟེ་དཔྱད་པར་བྱའོ། །

༤. པུ་དེ་གུང་རྒྱལ་གྱི་མཚན་ལ་དཔྱད་པ།

(༡) བཙན་པོ་ནི་ཡོངས་གྲགས་ལོ་རྒྱུས་རྣམས་སུ་བྱ་ཁྲིས་མཛད་པར་གསུངས་ཤིང་ཏུང་ཧོང་གཏེར་ཡིག་སོགས་ལས་ཤ་ཁྲི་ཡིན་པར་འཁོད་པ་ཅི་ཡིན་ནམ་སྙམ་ན། བདག་གི་སྔོངས་འཆར་ལ་ཤ་དང་བྱ་གཉིས་སྒྲ་གདངས་ཉེ་སྟབས་གནའ་དུས་ཀྱི་སྐད་ཆ་ཕྱིས་ཡི་གེར་འགོད་སྐབས་འགའ་ཞིག་གིས་ཤ་ཁྲི་དང་ལ་ལས་བྱ་ཁྲིར་བྲིས་སྟབས་མི་མཐུན་པར་གྱུར་པ་ལས་དོན་ལ་འགལ་བ་མེད་པར་སེམས་མོད་ཐམལ་པའི་རྣམ་རྟོག་ཙམ་ཡིན་པའི་ཕྱིར་དཔྱོད་ལྡན་རྣམས་ཀྱིས་དཔྱད་དགོས་པར་སྣང་ངོ་། །

(༢) སྤུ་དེ་གུང་རྒྱལ་ཐོགས་དོན་ནི《མཁས་པའི་དགའ་སྟོན》ལས། ཐོག་མཐའ་གཉིས་ནི་གཤེགས་སུམ་བཞེད་ནས། །སོ་སོའི་ཡུལ་ནས་འབྲིང་པོ་བྱ་ཁྲི་བྱོན། །རྒྱལ་སར་བཏོན་ཆེ་ཡུམ་གྱིས་སྲས་ལ་འཛུས། །བུ་ཁྱོད་རྒྱལ་རྒྱུད་མ་ཉམས་ཡིན་ངེས་ན། །རྒྱལ་སྲིད་བརྟན་ཅིང་རྒྱས་པར་ཤོག་ཅེས་སྨྲས། །དེ་ཚེ་བར་སྣང་གནས་པའི་ལྷ་རྣམས་ཀྱིས། །ཁྱོད་ཀྱི་བུ་དེ་ཀུན་ལས་རྒྱལ་འགྱུར་ཞེས། །བརྗོད་པ་ཐོས་པས་དེ་ཉིད་མཚན་དུ་ཆགས། །འབངས་ཀྱི་སྒྲ་ཉམས་བུ་དེ་གུང་རྒྱལ་གྲགས། །ཞེས་པ་ལྟར་རམ། ཡང་ན《ཏུང་ཧོང་གཏེར་ཡིག》གི་ཚིག་གོང་ནས་དྲངས་པ་རྒྱལ་ཕྲན་བཅུང་ཚུལ་བརྗོད་པའི་སྐབས་སུ་མཐའ་མ་

འོ་ལྡེ་སྤུ་རྒྱལ་གྱི་དབུ་རྨོག་མ་ཐོབ། ཅེས་དང་། བཙན་པོའི་མགུར་ཚིག་ཏུ་འང་འོབས་དེ་མྱེད། སྤུ་དེ་མྱེད། ཅེས་པ་སོགས་ལ་ཞིབ་ཏུ་དཔྱད་ན་འོ་དེ་དང་སྤུ་དེ་ཞེས་པ་བཙན་པོའི་དུས་ཀྱི་མིང་ཡིན་པར་སེམས་ཏེ་ལྷ་བཙན་པོ་འོ་ལྡེ་ཞེས་པ་གཉའ་ཁྲིའི་མཚན་གྱི་རྣམ་གྲངས་སུ་ལྡེབ་ཆེན་མོ་སོགས་ཀྱིས་གསུངས་པ་དང་། སྤུ་དེ་ཞེས་པའང་ཡིག་རྙིང་ལོ་རྒྱུས་རྣམས་སུ་བཙན་པོ་སོ་སོའི་མཚན་གྱི་ཐོག་མར་མང་པོ་འབྱུང་བས་ཤེས་ནུས་ལ། ལ་ལས་གཉའ་ཁྲི་སྤུ་བོའི་ཡུལ་ནས་བྱོན་པ་ཡིན་སྟབས་སྤུ་དེ་ཟེར་པར་བཤད་པ་དང་། འགའ་ཞིག་གིས་བོད་དང་པུར་རྒྱལ་ལམ་སྤུར་རྒྱལ་ཟེར་བའང་འོད་དེ་དང་སྤུ་དེ་ཟེར་བ་ལས་བྱུང་པར་བཤད་པ་དག་ཡོད་ཀྱང་འགྲིག་མིན་དཔྱད་དགོས་པར་སྣང་ལ། བཙན་པོའི་རབས་མ་ཉམས་པ་སྔར་ཡང་བོད་ཀྱི་རྒྱལ་སར་ཕེབས་པ་ཡིན་སྟབས་བཙན་པོ་འདི་ལ་སྤུ་ལྡེ་གུང་རྒྱལ་དུ་མཚན་གསོལ་བ་ཡིན་ནམ་སྙམ་མོ། །གཞན་ཡང་། འོད་ལྡེ་དང་འོད་དེ། སྤུ་ལྡེ་སྤུ་དེ་ཞེས་ལྡེ་དང་དེ་ཅི་རིགས་སུ་བྱུང་བ་ནི་གནའ་དུས་ཀྱི་སྐད་ཆ་ཡི་གེར་ཕབ་སྐབས་མི་འདྲ་བར་གྱུར་ཚུལ་ཤེས་པར་བྱའོ། །

(༣) དོན་གཞན་འགའ་ཞིག་ལ་དཔྱད་པ།

<༡> གོང་གི་མགུར་ཚིག་དེའི་དོན་ལ། ལོ་རྒྱུས་སྨྲ་བ་ལ་ལས་ཨ་ཁྱུ་བས་སྙིང་ཉེ་ཁྱོད། བྱ་རེ་རེ་ནི་མདུང་གི་རྩེ་ལ་འཛེར། ཡོས་རེ་རེ་ཟ་ཞིང་ཁ་མཚར་གཏམ་རེ་གླེང་། དགྲ་བཅོམ། བང་སོ་བཞེངས། ཉེན་མེད། འཁོན་མེད། ཅེས་པའི་དོན་ཡིན་པར་མཁས་པ་ཆེན་པོའི་གསུང་ལས་ཐོས་སོ་ཟེར་ཡང་། འབྲེལ་མེད་དོན་གཞན་སྨྲ་བར་ཟད་པས་འཐད་པར་མ་མཐོང་ལ། འོ་ན་དོན་ངོ་མ་ཅི་ཡིན་ནམ་ཞེ་ན། འ་བ་ནི་ཉེ་བས་ཉིད། ཨ་པ་ནི་ཉེ་བས་ཉིད། བྱ་རོ་རོ་ན་མདུང་གི་རྩེ་རང་ནིག བྱ་རོ་ལྟར་གྱུར་ན་མདུང་གི་རྩེ་རང་ནས་མཐོང་། ཡོས་རོ་རོ་ན་ལྷམ་གྱི་གོང་ར་ནིག ཡོས་རོ་ལྟར་གྱུར་ན་ལྷམ་གྱི་གོང་ར་ནས་མཐོང་། བནྟ་བརྟུང་། སྲོག་བཅད། སྤུར་བཏབ། བང་སོ་བཏབ། འོབ་དེ་མེད། སྤུ་དེ་མེད། ཡབ་རྒྱལ་པོ་གཤེགས་ནས་མེད་སོང་བའི་དོན་དུ་བཟུང་ན་འོས་སྙམ། འོན་ཀྱང་

གནའ་བོའི་ སྐད་ ཆ་ འདི་ དག་ གོ་ དཀའ་ བར་ ཡོད་ པས་ དོན་ ཅི་ ཡིན་ ད་ དུང་ བསམ་ པར་ བྱའོ། །

< ༢ > སྤྱིར་བོན་ནི་ཤིན་ཏུ་གནའ་དུས་སུ་བྱུང་ཞིང་གཉའ་ཁྲི་བཙན་པོ་ཐོག་མར་བྱོན་པའི་སྐབས་ནས་ཡོད་པ་ནི། གཉའ་ཁྲི་བཙན་པོ་སྤྱན་འདྲེན་སྐབས་ཤེས་པ་ཅན་བཅུ་གཉིས་ལས་སེ་བོན་སོགས་མི་དྲུག་ཡོད་པས་ཤེས་ནུས་ཀྱང་། བཙན་པོ་འདིའི་དུས་སུ་ཡང་བོན་ལུགས་གསར་བ་ཞིག་བྱུང་བ་ནི《མཁས་པའི་དགའ་སྟོན》ལས། མ་འོངས་སྟགས་དང་འདུལ་བ་བྱུང་བའི་ལྟས། །གནམ་བོན་གཤེན་པོ་ཆེ་དང་བོན་གཞུང་བྱུང་། །ཞེས་དང་། གཤེན་ཡུལ་བོན་པོ་ལུང་རིང་ཞེས་ཟེར་བ་དབུས་ཀྱི་འོན་དུ་རུས་གཤེན་གྱི་བྱིས་པ་ཞིག་འདྲེས་ཁྲིད་ནས་ལོ་བཅུ་གཉིས་སུ་མི་ཁྱེར་མ་ཚུད། ལོ་བཅུ་གཉིས་འདས་ནས་ལོག་བྱུང་ཚེ་ཡུལ་འདི་ན་འདྲེ་འདི་ཡོད་པ་འདི་ལྟར་མཆོད་ཅེས་ཐམས་ཅད་ཤེས་པ་བྱུང་བས་ལྷ་འདྲེ་མཆོད་པའི་སྲོལ་བོན་དར་ཞིང་། གཞན་ཡང་འབྲས་བུའི་བོན་རིགས་ལྔ་གཡུང་དྲུང་བླ་མེད་ཀྱི་ཐེག་པ་ཞེས་འབྲས་བུའི་བདེ་འགྲོ་མཐོ་རིས་ཐོབ་པར་འདོད་པ་དང་། རྒྱུའི་བོན་རིགས་བཞི་སྣང་པ་སྣང་གཤེན་བལ་ཐོད་ཅན་གྱིས་ཕྱྭ་དང་གཡང་འགུགས་མི་ནོར་རྒྱས་པར་མཛེན། འཕྲུལ་གཤེན་བལ་མཆོན་ཅན་གྱིས་ཡས་དང་མདོས་གཏོངས་འགལ་རྐྱེན་སེལ། ཆ་གཤེན་ཧུ་ཐེག་ཅན་གྱིས་ལེགས་ཉེས་སྟོན་ཟག་བཅས་ཀྱི་མངོན་ཤེས་འཆད། དུར་གཤེན་མཆོན་ཆ་ཅན་གྱིས་གསོན་གཤིན་གྱི་རྗེས་བྱེད། ཐམས་ཅད་ཇ་གཤང་གི་སྒྲ་འཁྲོལ་འཛེམ་པའི་ཤབ་ནམ་མཁའ་ལ་འགྲོ་བ་དང་། ཇ་ལ་ཞོན་ནས་འགྲོ་བ་སོགས་ཟག་བཅས་ཀྱི་རྫུ་འཕྲུལ་མང་པོ་ཡོད་སྐད། ཅེས་སོ། །གལ་ཏེ་འདི་བདེན་ན་དུས་སྐབས་འདིར་གཤེན་ཡུལ་འོལ་མོ་ལུང་རིང་ཞེས་པ་དབུས་ཀྱི་འོན་ཞེས་པའི་ཡུལ་དེར་ངོས་བཟུང་ནས་དེར་རུས་གཤེན་ཡིན་པའི་བྱིས་པ་ཞིག་འདྲེས་ཁྱེར་བ་སོགས་ལས་ལྷ་མཆོད་འདྲེ་འདུལ་བྱེད་པའི་བོན་ལུགས་ཤིག་བྱུང་བར་བཤད་ཅིང་། དེ་ལ་གཡུང་དྲུང་བླ་མེད་ཀྱི་ཐེག་པའམ་གནམ་བོན་གཤེན་པོ་ཆེ་ཞེས་པ་ཡིན་པར་འདོད་པ་ཤིན་ཏུ་གསལ་ལ། ཕྱིས་ཀྱི་མཁས་པ་ཁ་ཅིག་སྟོན་པ་གཤེན་

རབ་དང་འདི་གཉིས་མི་གཅིག་པར་གསུང་བ་ཡང་སྣང་བས་དཔྱད་པར་བྱ་བ་མང་པོ་མཆིས་ཀྱང་རེ་ཞིག་མ་བཀོད་ལ། ཕྱིར་བོན་གྱི་སྐོར་འདི་སངས་རྒྱས་ཆོས་ལུགས་དང་བསྲེས་ནས་ད་ལྟ་ཤིན་ཏུ་ཤེས་དཀའ་བར་ཡོད་དོ། །《དེབ་ཐེར་དཔྱིད་ཀྱི་རྒྱལ་མོའི་གླུ་དབྱངས》ལས། ཡབ་ཀྱི་རིང་ལ་ཞང་ཞུང་དང་། བྲུ་ཤའི་གཤེན་གྱི་དུར་བོན་བྱུང་ཞིང་། སྲས་ཀྱི་རིང་ལ་གནམ་བོན་གཤེན་པོ་ཆེ་བྱུང་བར་གསུངས་ཏེ་འདི་ནི་དཔྱད་པའི་གཞི་ཤིན་ཏུ་གལ་ཆེན་ཞིག་ཡིན་ནོ། །བཙན་པོ་འདིས་རྒྱལ་སྲིད་ལེགས་པར་བསྐྱངས་ཏེ་སྐུ་མཁར་ཕྱིང་བ་སྟག་རྩེ་བརྩིགས་ཏེ་གྲོང་ཆགས་པའི་ཐོག་མ་ཡིན་པར་གྲགས་སོ། །

གསུམ་པ། བར་གྱི་ལེགས་དྲུག

༡. ལེགས་དྲུག་ཐོག་མ་ཨེ་ཤོ་ལེགས་ནི། ཡབ་སྤུ་དེ་གུང་རྒྱལ་དང་ཡུམ་བོམ་ཐང་རྒྱང་མཉའི་སྲས་སུ་འཁྲུངས་ཤིང་། འདིའི་བློན་པོ་ལྷའི་བུ་མགོ་དཀར་གྱིས་བྱས། འདི་ནི་རུ་ལས་སྐྱེས་ཀྱི་བུ་ཡིན་ལ་ཡབ་ལྷ་རུ་ལས་སྐྱེས་ལྷ་བཙན་པོས་ཁྲུ་བོར་བཀུར་བས་ཁྲུ་རུས་ཐོགས་ཤིང་ཁྲུ་སྟོན་བརྩོན་འགྲུས་གཡང་དྲུང་སོགས་རུས་ཁྲུ་ཅན་རྣམས་འདིའི་གདུང་རྒྱུད་ཡིན་ནམ་སྙམ་ལ། ལྷའི་བུ་མགོ་དཀར་ནི་བོད་ཕྱུག་མཛངས་པ་མི་བདུན་གྱི་གཉིས་པ་ཡིན་ལ་མཛངས་པའི་ལས་སུ་ཞིང་ལ་དོར་ཁ་རྩིས་ཤིང་། འབྲོག་ལ་ཐུལ་ཁ་རྩིས། ཐུ་ཚུ་ཡུར་དུ་དྲངས་ཤིང་མདའ་རུ་ཚུམ་རྩོ་བའི་སྲོལ་བཏོད་པར་གྲགས་སོ། །ཏུང་ཧོང་གི་ཡི་གེ་སོགས་ལ་བརྟགས་ན་མཛོ་དོར་གཅིག་གིས་ཉིན་གཅིག་ལ་རྨོ་ནུས་པའི་ཞིང་ལ་དོར་གཅིག་ཟེར་ཞིང་། ལུག་ལྤགས་བདུན་ནམ་བརྒྱད་ཀྱིས་ཐུལ་བ་གཅིག་བཟོ་ནུས་སྐབས་ལུག་བདུན་བརྒྱད་ལ་ཐུལ་གཅིག་ཟེར་བར་མངོན་ལ། སྐབས་འདི་ཙམ་ནས་ཁྲལ་བསྡུ་བའི་མགོ་བརྩམས་ཤིང་། སོ་ནམ་དང་འབྲོག་ལས་ལ་རྩིས་གཞི་འདི་འདྲ་གཏན་ལ་ཕབ་ནས་དབུལ་ཕྱུག་ལྟར་ཐུང་སྙོམ་ཞིང་ལུགས་མཐུན་གྱིས་ཁྲལ་བསྡུས་ཏེ། ཐོན་སྐྱེད་འཕེལ་རྒྱས་ལ་ཡར་བསྐུལ་གྱི་ནུས་པ

བརྟན་སྟབས། བྱ་བ་འདི་འདྲ་གསར་བཏོད་གནང་བ་ཡང་མཛངས་པའི་ལས་སུ་གྱུར་པ་ཡིན་ལ། ཡུར་བ་བཟོས་ནས་ཞིང་ནང་དུ་ཆུ་བཏང་ན་མི་རྣམས་ཀྱི་ཟས་ཀྱི་གཙོ་བོ་འབྲུ་རིགས་འཕེལ་ཐུབ་པ་སྨྲས་མ་དགོས་པས་དེ་ཡང་མཛངས་པའི་ལས་གལ་ཆེན་ཞིག་ཅིའི་ཕྱིར་མིན། དེའི་ཕྱིར་རྒྱལ་ཕན་དམངས་ཕན་གྱི་བྱ་བ་སྒྲུབ་མཁན་འདི་དག་ལ་མཛངས་མི་ཞེས་པའང་དགོས་པ་དང་རྒྱུ་མཚན་ཆེན་པོ་ལྡན་པར་ཤེས་པར་བྱའོ། །

༢. དེ་ཤོ་ལེགས་སོགས་རྒྱལ་རབས་ཕྱི་མ་ལྔའི་བྱུང་བ། བཙན་པོ་ཨེ་ཤོ་ལེགས་དང་རྒྱ་ལྕམ་བྲན་མའི་སྲས་དེ་ཤོ་ལེགས། དེ་ཤོ་ལེགས་དང་ཀླུ་སྨན་མེར་མེའི་སྲས་ཐི་ཤོ་ལེགས། ཐི་ཤོ་ལེགས་དང་བཙན་མོ་གུར་སྨན་གྱི་སྲས་གུ་རུ་ལེགས། གུ་རུ་ལེགས་དང་མཚོ་སྨན་འབྲང་མའི་སྲས་འབྲོང་ཞི་ལེགས། འབྲོང་ཞི་ལེགས་དང་སྨན་བུ་མོའི་སྲས་ཨི་ཤོ་ལེགས། འདི་རྣམས་ལ་སའི་ལེགས་དྲུག་ཟེར་ཞིང་། འདི་དྲུག་གི་རིང་ལ་ལོ་བྲང་ཕྱིང་བ་རྩེ་དྲུག་བརྩིགས་པ་ནི། སྟག་རྩེ། ཀོང་རྩེ། ཡང་རྩེ། ཁྲི་རྩེ། རྩེ་མོ་ཁྱུང་རྒྱལ། ཁྲི་བརྩིགས་འབུམ་གདུགས་དྲུག་ཡིན་ནོ། །

༣. ལེགས་དྲུག་བང་སོ་གཡའ་སྤང་ས་མཚམས་སུ་བཏབ། །སྤང་ལ་འཇའ་ཚོན་རྒྱས་པ་འདྲའོ་སྐད། །ཅེས་པ་ལས་རྟོགས་ཐུབ་པ་ནི་དུས་སྐབས་དེ་དག་ཏུ་མཁར་གྲོང་མང་པོ་རིམ་བཞིན་ཆགས་པ་དང་། བཙན་པོ་འདས་རྗེས་བང་སོ་རྣམས་གཡའ་དང་སྤང་གི་མཚམས་ཏེ་རི་སྙེད་དུ་བཏབ་ཅིང་ས་ཚོན་སྣ་ཚོགས་བྱུགས་ནས་ཁྲ་ལམ་མེར་བྱས་ཡོད་པར་སེམས་སོ། །འདིར་ཡོངས་གྲགས་ལོ་རྒྱུས་ལྟར་བྲིས་པ་སྟེ། གཞན་དུ་ན་གནའ་དེང་གི་ཡི་གེ་མང་པོ་ཞིབ་ཏུ་བསྡུར་ནས་བལྟས་ན་བཙན་པོ་སོ་སོའི་མཚན་དང་རིམ་པ། བཙུན་མོ་རྣམས་ཀྱི་མཚན་སོགས་མི་འདྲ་བ་མང་དུ་འབྱུང་བ་ལ་ཞིབ་ཏུ་དཔྱད་དགོས་པར་སྣང་མོད་ཡིག་ཚོགས་ལ་བསམ་ནས་འདིར་མ་བཀོད་པའང་མཁྱེན་པར་བྱའོ། །

༤. ལེགས་དྲུག་གི་ཕྱི་མ་ཨི་ཤོ་ལེགས་སམ་ཐི་ཤོ་ལེགས་ཀྱི་རིང་ལ་བློན་རིག་པ་ཅན་རྣམས་ཀྱིས་རྒྱལ་པོ་མང་ན་འགྲན་ཟླར་འགྱུར་བར་ཤེས་ནས་སྲས་འགའ་འཁྲུངས་ན་གཅིག

རྒྱལ་པོ་དང་གཞན་རྣམས་ཐང་མཚམས་སུ་འབེབ་པའི་སྲོལ་བཙུགས་པ་ཡིན་ཏེ། 《ལྡེའུ་ཆོས་འབྱུང་》ལས། སེ་སྙོལ་སྡེ་འཇམ་ཐང་མཚམས་སུ་ཐོད་དཀར་བྱ་བའི་བུ་ཡིན་ཏེ། ཨེ་ཨོ་ལེགས་དང་འདི་གཉིས། བཙན་པོ་ཐང་མཚམས་སུ་ཕབ་པས། འདི་གཉིས་ཀྱི་བརྒྱུད་པ་ལ་ཞིང་ལྷ་གཅིག་པ་ཞེས་གྲགས་སོ། །ཞེས་གསལ་བ་ལྟར་ལ། ཐང་མཚམས་སུ་ཕབ་པའི་དོན་ནི་སོ་མཚམས་སུ་མངགས་ནས་རྒྱལ་པོ་ལས་ཐུས་ཡན་གར་བ་ཞིང་ལྷ་གཅིག་པ་ཞེས་པ་སོགས་གནང་བ་ཡིན་པར་སེམས་ཏེ། ཐང་མཚམས་སུ་ཕབ་པའི་རྒྱུད་ལས་ས་མཐའི་མི་དཔོན་གྲགས་ཅན་མང་པོ་བྱུང་བར་ལོ་རྒྱུས་དང་ཐུས་མཛོད་སོགས་ལས་ཤེས་ལ། ལམ་ལུགས་འདིས་བོད་ཀྱི་རྒྱལ་སྲིད་བརྟན་པོ་ཡོང་བ་ལ་ནུས་པ་ཤིན་ཏུ་གལ་ཆེན་ཞིག་བཏོན་པ་ནི་གླང་དར་འདས་རྗེས་སྲས་གཉིས་རྒྱལ་སྲིད་ལ་མ་འཚམས་པའི་ལོ་རྒྱུས་ཀྱིས་ཤེས་ནུས་པ་ཡོད་དོ། །

བཞི་པ། སའི་ལྡེ་བརྒྱད་ནི།

ཨེ་ཨོ་ལེགས་དང་རྒྱ་ལྷམ་སྣང་ལེགས་ཀྱི་སྲས་ཟ་ནམ་ཟིན་ལྡེ། ཟ་ནམ་ཟིན་ལྡེ་དང་མཚོ་སྨན་ཁྲི་དཀར་གྱི་སྲས་ལྡེ་འཕྲུལ་ནམ་གཞུང་བཙན། ལྡེ་འཕྲུལ་ནམ་གཞུང་བཙན་དང་སེ་སྨན་མང་མའི་སྲས་སེ་སྙོལ་གནམ་ལྡེ། སེ་སྙོལ་གནམ་ལྡེ་དང་གླུ་མོ་མེར་མོའི་སྲས་སེ་སྙོལ་པོ་ལྡེ། སེ་སྙོལ་པོ་ལྡེ་དང་འོ་མ་སྐྱེ་མོ་མཚོའི་སྲས་ལྡེ་སྙོལ་ནམ། ལྡེ་སྙོལ་ནམ་དང་ཁྲི་སྨན་རྗེ་མའི་སྲས་ལྡེ་སྙོལ་པོ། ལྡེ་སྙོལ་པོ་དང་སེ་བཙན་གཉན་རྗེའི་སྲས་ལྡེ་རྒྱལ་པོ། ལྡེ་རྒྱལ་པོ་དང་སྨན་བཙུན་ལུས་སྟོང་གི་སྲས་ལྡེ་སྤྲིན་བཙན། །འདི་དག་ལ་ལྡེ་བརྒྱད་ཟེར་ཏེ་འདས་རྗེས་བང་སོ་ཆུ་བོའི་གཞུང་ལ་བཏབ་པར་གྲགས་ལ། མཚོ་ལ་ཁ་བ་བབས་པ་འདྲའོ་སྐད། ཅེས་པ་འདི་ལ་ཁ་ཅིག བོད་རྒྱལ་འདི་དག་གི་སྐུ་ཕུང་ཆུ་ལ་བཏབ་པར་བཤད་ཀྱང་། ཆུ་བོའི་གཞུང་ཞེས་པ་ཆུ་འགྲམ་མམ་ཆུ་དཀྱིལ་གྱི་གླིང་ཆུང་ལ་བང་སོ་བཏབ་པའི་དོན་ཡིན་ལ།

མཚོ་ལ་ཁ་བ་བབས་པ་འདྲ་བར་བཤད་པ་ཡང་བང་སོ་ལ་ས་རྫི་དཀར་པོ་བྱུགས་པའི་དོན་ཡིན་ནོ། །

ལྔ་བ། འོག་གི་བཙན་ལྔ་ནི།

༡. ལྡེ་སྤྲིན་བཙན་དང་ཉི་མཚན་མང་མ་རྗེའི་སྲས་རྒྱལ་ཧོ་རི་ལོང་བཙན། འདི་ཡན་ཆད་ཀྱི་རྒྱལ་པོ་རྣམས་ཀྱི་ཡུམ་རྣམས་ལྷ་ཀླུའི་བུ་མོ་ཡིན་པས། གནའ་དཔེ་རྣམས་སུ་བཙུན་མོའི་རྟེན་དོག་ལ་མི་འཚེར་ཞེས་འདས་རྗེས་ཡལ་ནས་སྤུར་མི་འབྱུང་བར་བཤད་ལ། འདིའི་ལྡེ་སྲས་ཞེས་པ་ཡང་ལྷ་ཀླུའི་བུ་མོའི་སྲས་ཞེས་པའི་དོན་ཡིན་པར་བཤད་དེ་《མཁས་པའི་དགའ་སྟོན》ལས། དེ་ཕྱིར་ལྷ་སྲས་ལྡེ་སྲས་ཞེས་པར་གྲགས། །འབངས་དང་གཉེན་བསྲེས་མན་ཆད་ལྡེ་སྲས་བཞག །དེ་ཡི་དོན་དུ་ལྷ་སྲས་བཙན་པོ་ཟེར། །ཞེས་པ་ལྟར་ལ། རྒྱལ་རབས་ཉེར་གསུམ་ཙམ་གྱི་བསྐྱར་ཆགས་སུ་ལྷ་ཀླུའི་བུ་མོ་འབའ་ཞིག་བཙུན་མོར་བཞེས་པ་འདི་ཡང་བོད་ཁོན་ལ་བྱུང་བའི་ཧ་ཅང་ཡ་མཚན་ཆེ་བའི་དོན་ཞིག་ཡིན་ཞིང་། འདི་འདྲའི་བཤད་ཚུལ་དུས་མཛོད་སོགས་ནའང་མཐོང་རྒྱུ་ཡོད་པས། མཐའ་གཅིག་ཏུ་མི་བདེན་ནོ་ཞེས་བཤད་དཀའ་མོད་དེང་རབས་ཀྱི་ལོ་རྒྱུས་དངོས་གཙོ་སྨྲ་བའི་ལྟ་བ་འཛིན་མཁན་རྣམས་ཀྱིས་ཁས་ལེན་མི་ཐུབ་པར་ངེས་པར་དཔྱད་དགོས་པར་སྣང་ལ། རྣམ་པ་གཅིག་ཏུ་ན་བཙུན་མོར་སྲས་འཁྲུངས་རྗེས་རྒྱལ་པོ་དང་ལྷན་དུ་གནས་མི་དགོས་པས་འདས་ཚེ་བང་སོ་འདེབས་པའི་སྲོལ་མེད་པའང་སྲིད་པས་དཔྱད་པར་བྱ་ལ། གང་ལྟར་ཡང་རྒྱལ་པོ་འདས་རྗེས་བཙུན་མོའང་གསོན་པོར་དུར་ལ་འཇུག་པ་དང་མི་ལ་བསྐྲིགས་པ་སོགས་ཀྱི་སྲོལ་ངན་དར་བའི་གནམ་ཙམ་ཡང་མི་སྣང་བ་ནི་སྟོན་ཐོན་དུ་གྲགས་པའི་མི་རིགས་གཞན་མང་པོ་ལས་ཁྱད་པར་དུ་འཕགས་པའི་སྤྱོད་བཟང་བླ་ན་མེད་པ་ཞིག་ཏུ་གོ་དགོས་སོ། །

༢. རྒྱལ་ཧོ་རི་ལོང་བཙན་མན་ཆད་དུ་འབངས་དང་གཉེན་བསྲེས་ཏེ། རྒྱལ་ཧོ་རི་

ལོང་བཙན་དང་འོ་མ་ལྡེ་བཟའ་འབྲི་བཙུན་བྱུང་མའི་སྲས་ཁྲི་བཙུན་ནམ། ཁྲི་བཙུན་ནམ་དང་སྣན་བཟའ་ཁྲི་ཀར་གྱི་སྲས་ཁྲི་སྒྲ་དཔུང་བཙན། ཁྲི་སྒྲ་དཔུང་བཙན་དང་སྣན་བཟའ་ཀླུ་སྟེང་གི་སྲས་ཁྲི་ཐོག་རྗེ་བཙུན་ཏེ་གདུང་རབས་ཉེར་བདུན་གྱི་རིང་ལ་ཆབ་སྲིད་སྐྱོང་ལྡེའུ་བོན་གསུམ་གྱིས་བསྐྱངས་པར་བཤད་དོ། །ལེགས་དྲུག་དང་ལྡེ་བརྒྱད་བཙན་བཞི་སྟེ་གདུང་རབས་བཅོ་བརྒྱད་ཀྱི་མཚན་ཙམ་ལས་མཛད་པ་སོགས་བྲིས་པའི་བསྟན་བཅོས་ད་ལྟ་མཐོང་དཀོན་པ་ནི། སྤྱིར་སྐབས་དེར་བོད་ཡོངས་ཀྱིས་བཀོལ་བའི་ཡི་གེ་མེད་པས་སྲོང་བཙན་ཡན་ཆད་ཀྱི་རྒྱལ་རབས་ཐམས་ཅད་གསལ་བར་བཤད་པ་མི་སྣང་ཞིང་། ཁྱད་པར་གདུང་རབས་འདི་དག་གི་སྐབས་སུ་བཙན་པོ་རྣམས་ཀྱིས་ཡབ་མེས་གོང་མའི་སྲོལ་བཞིན་རྒྱལ་སྲིད་བསྐྱངས་པ་ཙམ་ལས་གནད་ཆེ་བའི་དོན་རྐྱེན་གང་ཡང་མ་བྱུང་བའི་སྟབས་ཀྱིས་ཡིན་ནོ་སྙམ་ལ། བོན་གྱི་ལོ་རྒྱུས་དག་ཏུ་སྲོང་བཙན་སྔོན་ཆད་བོད་ལ་ཡི་གེ་ཡོད་པ་ཙམ་དུ་མ་ཟད། རིག་པའི་གནས་ལྔ་སོགས་དར་བར་བཤད་པ་བདེན་ན་ཁྱེད་ཅག་གི་ལོ་རྒྱུས་སུ་བཙན་པོ་སྔོན་མ་རྣམས་ཀྱི་མཛད་པ་སོགས་གསལ་བར་འཁོད་པའི་དཔེ་འགའ་མཐོང་རྒྱུ་ཡོད་དགོས་པ་ལ་བདག་གིས་བོན་ལུགས་ལོ་རྒྱུས་ཀྱི་དཔེ་འགའ་ཞིག་མཐོང་བ་ལས་ཀྱང་། རྒྱལ་པོ་རེ་རེའི་དུས་སུ་གསས་མཁར་རེ་བཞེངས་པ་དང་བླ་བོན་རེ་བསྟེན་པའི་ཚུལ་བྲིས་པ་ཙམ་མ་གཏོགས་གཞན་རྣམས་ལོ་རྒྱུས་ཀྱི་བསྟན་བཅོས་གཞན་དག་དང་ཧ་ཅང་མཐུན་པའི་སྒྲོས་ཡོངས་གྲགས་ཙམ་ལས་མེད་པ་ནི་ཧ་ཅང་ཡ་མཚན་ལ། སྲོང་བཙན་མ་བྱོན་པའི་གོང་དུ་བོད་ལ་ཡི་གེ་ཡོད་མེད་རྗེས་ནས་དཔྱད་པར་བྱའོ། །

༣. ཁྲི་ཐོག་རྗེ་བཙུན་དང་རུ་ཡོང་བཟའ་སྟོང་རྒྱལ་ན་མོ་མཚོའི་སྲས་སུ་ལྷ་ཐོ་ཐོ་རི་གཉན་བཙན་འཁྲུངས། རྒྱལ་པོ་འདིའི་འཁྲུངས་ལོ་ལ་བཞེད་པ་མི་མཐུན་པ་མང་། སྡེ་སྲིད་སངས་རྒྱས་རྒྱ་མཚོའི་བཻ་དཀར་ལྟར་ན་སྟོན་པའི་འདས་ལོ་༡༡༣༥ ཤིང་ཁྱི་(༢༥༤) ལོ་དང་། ཡང་དེའི་གཡའ་སེལ་ལྟར་ན་ཐོ་ཐོ་རི་དགུང་ལོ་བཞིའི་དུས་རྒྱ་ནག་གི་ཧྭ་ཤང་ཐྭ་ཤན་ཏེ་ཆོས་ཀྱི་གསལ་བ་འཁྲུངས་ཤིང་། བཙན་པོ་དགུང་ལོ་ལྔའི་ཐོག (༣༣༤ལོར) ཏུན་ཧོང་ལྷ་རྟེན་

བཞེངས་པའི་མགོ་ཚུགས་ཞེས་རྒྱའི་ཡི་གེར་བཤད་པར་འདོད་དོ། །སུམ་པའི་རྩིས་གཞུང་མ་དང་བྲག་དགོན་པའི་རྩིས་གཞུང་སོགས་སུ་བི་དཀར་གྱི་ལོ་ཚིགས་དང་མཐུན་ཡང་། སུམ་པའི་རྩིས་གཞུང་བུ་དང་། ཆོས་འབྱུང་དུ་དེ་ལས་ལོ་བཅུ་སྔ་བ་ཞིང་བྱི་ལ་(༢༢༩) ལ་འབྲུངས་པར་གསུང་བ་སོགས་བཞེད་པ་མི་མཐུན་པ་མང་ཡང་སྤྱི་ལོའི་དུས་རབས་གཉིས་པའམ་གསུམ་པའི་ནང་དུ་བྱོན་པར་མཁས་པ་ཕལ་ཆེར་གྱི་བཞེད་ཚུལ་གཅིག་པར་སེམས་ལ་ཐོ་ཐོ་རིའི་སྒྲ་བཤད་ནི། ལ་ལས་སྨན་ཞལ་ལ་མཐོ་དོ་ཡོད་པས་མཐོ་དོ་རི་སྨན་ཞལ་ཞེས་པ་དང་། འགའ་ཞིག་གིས་ཁ་ན་མ་མཐོ་བ་མེད་པར་རི་རྒྱལ་ལྟར་བརྟེད་ཆགས་པར་གནས་པ་ཞེས་འཆད་ཚུལ་གཉིས་མཆིས་ཤིང་། སྔ་སྲིད་སངས་རྒྱས་རྒྱ་མཚོས་ཕྱི་མ་བཞེད་མོད། སྤྱིར་བོད་ཀྱི་རྒྱལ་པོ་རྣམས་ཀྱི་མཚན་གནའ་བོའི་སྐད་ཆ་དང་ཆོས་ལུགས་ལ་འབྲེལ་བ་ཡོད་པས་ད་ལྟའི་སྐད་ཆ་ལྟར་གོ་བ་བླངས་ནས་འགྲེལ་བརྒྱབ་ན་མི་འགྲིག་པར་སེམས་ཤིང་། དོན་གསལ་བར་མ་རྟོགས་པའི་ད་ལྟའི་དུས་སུ་ལས་དང་པོ་བ་རྣམས་ལ་འཆད་བདེ་བའི་ཆེད་དུ་འདོད་རྒྱལ་དུ་བྱས་ན་ལེགས་སྙམ་མོ། །

༨. རྒྱལ་པོ་འདིའི་རིང་ལ་དམ་པའི་ཆོས་ཀྱི་དབུ་བརྙེས་པར་གསུང་བས་དབུ་བརྙེས་ཚུལ་ནི《མཁས་པའི་དགའ་སྟོན》ལས། དགུང་ལོ་དྲུག་ཅུ་བཞེས་པ་སྐུ་མཁར་ཆེ། །ཡུམ་བུ་བླ་སྒང་རྩེ་ལ་བཞུགས་པའི་ཚེ། །ནམ་མཁར་འཛའ་ཚོན་ཁ་དོག་སྣ་ཚོགས་བཀྲ། །མེ་ཏོག་ཆར་དང་ལྷ་ཡི་རོལ་མོ་བྱུང་། །གདུང་ཤར་ཚེ་ན་ཉི་ཟེར་དང་འགྲོགས་ནས། །གསེར་ཤོག་ངོས་ལ་བཻཌཱུརྻས་བྲིས་པའི། །པང་གོང་ཕྱག་རྒྱ་མདོ་སྡེ་ཟ་མ་ཏོག །ཡིད་དུ་འོང་བའི་གླེགས་བམ་རྣམ་གཉིས་དང་། །གསེར་གྱི་མཆོད་རྟེན་མུ་དྲའི་ཕྱག་རྒྱ་དང་། །ཙིནྟ་དྲ་མ་ཎིའི་སྒྲོམ་ཕོར་རྣམ་དྲུག་བབས། །ཞེས་གླེགས་བམ་སོགས་རྟེན་དེ་དག་གི་འབྱུང་ཁུངས་ནི《ཀ་ཁོལ་མ》ལས། ཆོས་རྒྱལ་མྱ་ངན་མེད་ཀྱི་གདུང་རྒྱུད་རྒྱལ་པོ་ཛ་ཞེས་བྱ་བས་མ་ག་དྷར་སྟོན་མེས་པོ་མྱ་ངན་མེད་ཀྱི་སྐུ་དང་ཐུགས་རྟེན་རྒྱ་ཆེར་བྱས་འདུག་ཀྱང་། གསུང་གི་རྟེན་མ་བྱས་པར་འདུག་པས་ངས་གསུང་གི་རྟེན་བྱེད་ཟེར་བས། བློན་པོ་ཅིག་གིས་ཆོས་རྒྱལ་མྱ་

ངན་མེད་ཀྱིས་བྱས་པ་ལྟར་ཁྱིད་རང་ཡང་ལུང་བསྟན་པའི་རྒྱལ་པོ་ཡིན་སྲིད་པས་དཀོན་མཆོག་ལ་གསོལ་བ་བཏབ་པའི་དམོད་ཚིགས་ཟེར་ནས་དེ་ལྟར་བྱས་པས་རྡོ་རྗེ་སེམས་དཔས་ནམ་མཁའ་ནས་གླེགས་བམ་གྱི་ཆར་ཕབ། དེ་རྣམས་རྒྱལ་མཚན་གྱི་རྩེ་ལ་སོ་སོར་བཏགས་ཏེ་མཆོད་པ་བྱས་པས། རླུང་གཡོས་པས་རྒྱལ་མཚན་གཅིག་མི་སྣང་བར་ཁྱེར་བ་བོད་དུ་བབས་པ་ཡིན་ཞེས་བཤད་དོ། །འདི་ནི་གནམ་ནས་བབས་པའི་ལུགས་ཡིན་ཞིང་། ཆོས་འབྱུང་མང་པོར་ཡང་འདི་ལྟར་འཆད་དོ། །འོན་ཀྱང་ནེལ་པ་པཎྜི་ཏའི་《ཆོས་འབྱུང་》ལས་བོན་པོ་གནམ་ལ་དགའ་བས་དེ་ནས་བབས་ཟེར་བ་ཡིན་གྱི། དོན་ལ་པཎྜི་ཏ་བློ་སེམས་འཚོ་དང་། ལོ་ཙཱ་བ་ལི་ཐེ་སེས་ཆོས་རྣམས་ཁྱེར་འོངས་པ། རྒྱལ་པོས་ཡི་གེ་ཆོག་དོན་མ་གོ་བས་ཆོས་རྣམས་བཞག་སྟེ། ལོ་པཎ་ཕྱིར་ལོག ཅེས་བཤད་པ་ལ་《དེབ་སྔོན》དུ་ལུགས་གཉིས་ཀ་བཀོད་ནས་ཕྱི་མ་འདི་དག་པ་འདྲ་སྟེ། དུས་ཕྱིས་དབའ་གསལ་སྣང་གིས་བལ་པོར་ཕྱིན། མཁན་པོ་མཇལ་བའི་ཚེ། མཁན་པོའི་གསུང་ལ། བོད་ཀྱི་བཙན་པོ་དང་ཁྱོད་དང་། ཞུ་གསུམ་གྱིས་འོད་སྲུང་གི་བསྟན་པ་ལ་བྲམ་ཟེའི་བུ་གསུམ་དུ་གྱུར་ནས། བོད་དུ་བསྟན་པ་སྤེལ་བའི་སྨོན་ལམ་བཏབ་པ་ཡིན་ཏེ་བཙན་པོ་ཡང་མ་སྐྱེས། ཁྱོད་ཀྱང་ནར་མ་སོན་པས། ངས་འདི་ནས་བོད་ཀྱི་རྒྱལ་རབས་དགུའི་བར་དུ་སྒུག་ཅིང་བསྡད་པ་ཡིན་གསུང་བ་སྦ་བཞེད་གཙང་མ་ན་སྣང་བའི་ཕྱིར་རོ། །བོ་དྷི་ས་ཏྭ་བློ་སེམས་སུ་ལི་ཐེ་སེས་བསྒྱུར། འཚོ་ཞེས་པ་ཞི་བ་འཚོ་དང་འགྱུར་བས་སོ། །གསུངས་ཤིང་། ཞྭ་བ་ཆེན་མོས་《དེབ་སྔོན》དུ་ནེལ་པ་པཎྜི་ཏའི་ལུགས་དང་སྦ་བཞེད་གཙང་མ་གུང་བསྒྲིགས་པ་མཁས་པའི་གསུང་ཡིན་ཡང་། ནེལ་བ་པཎྜི་ཏས་ནམ་མཁའ་ལས་བབས་པར་མི་བཞེད་པ་ནི་བློ་ཆུང་གི་གཏམ་སྟེ། བསྟན་པའི་དབུ་བརྙེས་པའི་རྟེན་འབྲེལ་དུ་འཕགས་པའི་གང་ཟག་གི་སྤྲུལ་བ་དང་ཐུགས་རྗེ་བསམ་ལས་འདས་པས་སོ། །ཞེས་གསུངས་པ་ལ། དཔལ་མང་པཎྜི་ཏས་དེ་ཡང་མ་ངེས་ཏེ། གླེགས་བམ་ལོ་ཙཱ་བས་ཁྱེར་མི་ཆོག་པ་དང་། དེ་ནམ་མཁའ་ལས་འབབ་དགོས་པའི་ངེས་པ་ཡང་མེད། ཅེས་གསུངས་སོ། །

༥. འདི་ཙུང་ཟད་དཔྱད་ན་ནམ་མཁའ་ནས་བབས་པར་བཤད་པ་འདི་ཐོན་པོ་གནམ་ལ་དགའ་བས། མི་ཞིག་གིས་བྱིན་པ་ཡིན་ན་ཡ་མཚན་རྒྱུ་ཅི་ཡང་མེད་པས། དེ་ལ་མཆོད་བཀུར་སོགས་མི་བྱེད་པར་དགོངས་ནས་དགོས་པའི་དབང་གིས་ནམ་མཁའ་ནས་བབས་པར་བཙན་པོས་གསུང་བ་ཡིན་སྲིད་ལ། དོན་ལ་ལོ་པཎ་གཉིས་ཀྱིས་ཁྱེར་འོངས་པ་ཡིན་ཆོག་སྙམ། ནེལ་པའི་གསུང་དེར་ཡང་ལོ་པཎ་གཉིས་ཀྱི་མཚན་གསལ་བ་ལ་བརྟགས་ན་འདི་ནི་མི་རབས་རིམ་བརྒྱུད་ཀྱི་ལོ་རྒྱུས་ངག་སྒྲོས་ཁུངས་དག་ཅིག་ཡིན་པ་ལས་ཕོང་གིས་རང་བཟོ་བྱས་པ་མིན་ནམ་སྙམ། ལོ་ཙཱ་བ་དེ་ལི་ཡུལ་གྱི་ཡུ་གར་ཞིག་ཡིན་པར་ལོ་རྒྱུས་བསྟན་བཅོས་དག་ལས་བཤད། གལ་ཏེ་འདི་བདེན་ན་ལི་ཡུལ་ནི་སྐབས་དེ་དག་ཏུ་སངས་རྒྱས་ཀྱི་བསྟན་པ་ཧ་ཅང་དར་བའི་ཡུལ་ཡིན་པས། ཡུལ་དེ་བརྒྱུད་ནས་བོད་སྐད་ཤེས་པའི་ལོ་ཙཱ་བ་དང་རྒྱ་གར་གྱི་པཎ་ཆེན་འགའ་ཞིག་ཆོས་སྤྱིལ་ཆེད་བོད་ལ་ཕེབས་མྱོང་བར་སེམས་སོ། །རྣམ་པ་གཞན་དུ་ནི་ཐོག་ནས་རྒྱལ་པོ་དགོང་དུ་གཤེགས་པར་བཤད་པ་དང་། སྐབས་འདིར་ཆོས་ཀྱི་གླེགས་བམ་ཞིག་ནམ་མཁའ་ནས་བབས་པར་བཤད་པ་གཉིས་མི་འདྲ་བས། དེ་ལྟར་ཁས་བླངས་ཀྱང་མི་ཆོག་པ་མེད་དེ། ཐུན་མིན་གྱི་དབང་དུ་བྱས་ན་ལྷ་བ་ཆེན་མོས་བཞེད་པ་ལྟར་ཤིན་ཏུ་འཐད་པ་དང་། ད་ལྟའི་ལྟ་ཚུལ་ལྟར་བཤད་ནའང་གནའ་བོའི་སྔོར་མོ་རླུང་ཆེན་གྱིས་ཁྱེར་ནས་ཐག་རིང་བའི་ཡུལ་དུ་ཆར་ལྟར་བབས་པ་སོགས་ཀྱང་གསར་འགྱུར་སོགས་ན་མཐོང་རྒྱུ་ཡོད་ན། གནའ་དུས་སུ་དཔེ་ཆ་སོགས་དངོས་རྫས་འགའ་ཞིག་ཐག་རིང་བའི་ཡུལ་ནས་རླུང་གིས་ཁྱེར་ཏེ་བཙན་པོའི་ཕོ་བྲང་དུ་བབས་མི་ཆོག་པའི་རྒྱུ་མཚན་ཅི་ཡང་མེད་པར་སེམས་སོ། །

༦.《མ་ཎི་བཀའ་འབུམ）ལས་གནམ་ནས་བབས་པའི་དཔང་སྐོང་ཕྱག་རྒྱ་བ་སོགས་བོད་ཡིག་ཏུ་བཤད་པ་དང་། གསེར་ཏོག་སུམ་འགྲེལ་དུ་ལཉྫའི་གཟུགས་ཟེར་བ་ལས་སྤྱམ་ནི་རྟོག་བཟོ་ལ་དགའ་བ་དག་གིས་ལྷད་བརྒྱབ་པར་གསུངས་པ་བདེན་ཡང་། བཤད་ཚུལ་ཕྱི་མ་ལ་ཡང་དཔྱད་དགོས་ཏེ། སྐབས་དེར་ལཉྫའི་ཡིག་གཟུགས་མ་དར་བར་མ་ཟད

ཡིག་གཟུགས་དེ་ཁྲི་སྲོང་ལྡེ་བཙན་གྱི་དུས་སུ་བྱུང་བར་ད་ལྟའི་རྒྱ་གར་ལོ་རྒྱུས་དང་དགེ་འདུན་ཆོས་འཕེལ་གྱིས་བཤད་པའི་ཕྱིར་དང་། ལྷ་སའི་རིག་གནས་ལོ་རྒྱུས་ཁང་ན་བཞུགས་པའི་མཁན་ཆེན་ཞི་བ་འཚོའི་ཕྱག་དཔེ་དེ་ཡང་ནཱ་ག་རའི་ཡིག་གཟུགས་ཡིན་པ་འདྲེས་ཀྱང་ཤེས་ནུས་པའི་ཕྱིར་རོ། །དེས་ན་ཕལ་ཆེར་ནཱ་ག་རའི་ཡིག་གཟུགས་ཡིན་ན་འོས་མོད། གླེགས་བམ་ངོ་མ་བསམ་ཡས་མཆོད་རྟེན་དཀར་པོའི་གཟུང་གཞུག་ཏུ་ཕུལ་ཟིན་ལ། དེ་ཡང་རིག་གསར་སྐབས་གཏོར་ཟིན་པས་དངོས་སུ་མཇལ་བའི་སྐལ་བ་སུ་ལའང་མེད་པར་གྱུར་ཏོ། །ཕྱིར་བོད་སྲོལ་ལ་རིག་གནས་སྔར་གྱི་དངོས་པོ་རྩ་ཆེན་ཚང་མ་སྐུ་གསུང་ཐུགས་རྟེན་གྱི་གཟུང་གཞུག་ཏུ་འབུལ་བ་འདི་ལོ་རྒྱུས་ལ་དཔྱོད་མཁན་ཞིག་གི་དབང་དུ་བྱས་ན་ཡིད་ཚུང་ཟད་ཕངས་པའི་གནས་ཤིག་ཡིན་ནོ། །ཅོན་རྡ་མ་ནིའི་བསྐོས་ཤོར་ཞེས་པ་བཅུ་གཅིག་ཞལ་ཡིད་བཞིན་ནོར་བུའི་གཟུངས་ཀྱི་བསྐོས་ཤོར་ཞིག་སྟེ་ས་རྩྭ་དཔར་རྒྱག་བྱེད་ཅིག་ཡིན་པར་བཤད་ཅིང་། གཞན་རྣམས་ཤེས་སླའོ། །གསེར་སྐྱེམས་ཞེས་པ་བཏུང་བའི་ཞེ་ས་སྟེ། རྒྱལ་པོའི་བཀའ་ཡིག་ལ་གསེར་ཡིག་ཟེར་བ་ལྟ་བུ་དང་གཡུ་སྔོན་གྱིས་མཚོན་ཅེས་པ་ནི་ཟས་ཀྱི་སྟེང་དུ་གཡུ་བཟང་པོ་བཞག་ནས་མཆོད་པ་བྱས་པའི་དོན་ཡིན་ནོ། །ལ་ལས་འདི་ཙམ་ཡང་མི་ཤེས་པར་གསེར་སྐྱེམས་འབུལ་བའི་ཚེ། ཇ་དང་ཆང་སོགས་ལ་གསེར་གྱི་ཕྱེ་མ་བསྲེས་པ་ནི་ཤིན་ཏུ་བཞད་གད་ཀྱི་གནས་སོ། །

༧. ལོ་རྒྱུས་གཞུང་ལས། བཙན་པོ་དོན་མི་གོ་བའི་ཚུལ་གནང་ཡང་ངོ་མཚར་དུ་བཟུང་ནས་མིང་གཉན་པོ་གསང་བར་བཏགས་ནས་མཆོད་པ་བྱས་པས། དེའི་ཡོན་ཏན་གྱིས་རྒྱལ་པོ་དགུང་ལོ་དྲུག་ཅུ་བ་སྣར་ཡང་ལང་ཚོ་དར་ལ་བབས་པར་གྱུར་ཏེ་དགུང་ལོ་བརྒྱ་དང་ཉི་ཤུ་ཐུབ་པ་བྱུང་ཞིང་། མནལ་ལམ་དུ་མི་རབས་ལྔ་ན་འདིའི་དོན་ཤེས་པ་འབྱུང་བའི་ལུང་བསྟན་བརྙེས་པ་ལྟར་སྲོང་བཙན་སྒམ་པོའི་དུས་སུ་མདོ་སྡེ་ཟ་མ་ཏོག་སོགས་བོད་ཡིག་ཏུ་བསྒྱུར་བ་ནི་ད་སྐབས་ཀྱི་དཔེ་ཆར་ཡང་ཐོན་མིའི་འགྱུར་དུ་གསལ་བས་རྟོགས་སླའོ། །བཙན་པོའི་ཞལ་ཆེམས་སུ་ང་ཡི་གཉན་པོ་གསང་བ་ལ་མཆོད་པ་གྱིས་ཤིག་དང་བསམ་དོན་

འགྲུབ་པར་འགྱུར་རོ། །ཞེས་ཇི་ལྟར་བཀའ་སྩལ་པ་ལ་བརྟེན་ནས། བོད་ཀྱི་ཡུལ་དུ་སྐུ་གསུང་ཐུགས་རྟེན་མཆོད་པའི་སྲོལ་བྱུང་བར་གྲགས་སོ། །འདིའི་གཙུང་ལྷ་བཟང་ཞེས་པ་ཐང་མཚམས་སུ་ཕུད་པར་བཤད་དོ། །གོང་གསལ་བཙན་པོ་འདི་རྣམས་ལ་བཙན་ལྷར་གྲགས་ཤིང་། བང་སོ་ཕྱིང་ལུང་དར་ཐང་དུ་བཏབ་པ་ཡིན་ལ། དཔྱིབས་ནི་བཙན་ལྷའི་མཆད་པ་ས་ཕུང་སྒྲ་འདྲ་ཡོད། ཕུལ་མེད་མཆད་པ་གྲུ་བཞི་མི་ཤེས་སྐད། །ཅེས་སོ། །

དྲུག་པ། ཁྲི་གཉན་གཟུང་བཙན་ནས་གནམ་རི་སྲོང་བཙན་བར།

༡. ལྷ་ཐོ་ཐོ་རི་དང་རྣོ་ཟ་མང་དཀར་གཉིས་ཀྱི་སྲས་སུ（༣༣༣ཆུ་སྦྲུལ་ལོར་འཁྲུངས་ཟེར་བ་ཡོད）ཁྲི་གཉན་གཟུང་བཙན་འཁྲུངས། སྲས་ཀྱིས་རྣོ་ལ་ཞང་དུ་བོས་པ་ཡིས། །ཞང་དུ་རྣོ་སྤྱ་ཉུས་ལ་དེར་མིང་ཆགས། །དེ་ཡན་ལ་ཞང་པོ་ལ་ཇོ་ཇོ་ཞེས་འབོད་པར་བཤད་པ་ལ་བརྟགས་ན། བཙན་པོ་རིམ་བྱོན་གྱི་ཞང་པོར་གྱུར་པ་དག་ལས་ཞང་བློན་ཞེས་དབང་ཆ་ཏ་ཅང་ཆེ་བ་དག་རིམ་པར་བྱུང་བ་ཡང་འདི་ནས་མགོ་ཚུགས་པར་མངོན། འདིའི་བློན་པོ་སྲས་སྣང་གཞེར་ལྷ་བཙན་དང་མགར་ཁྲི་འབྲིང་གིས་བྱས་པར་བཤད་ཅིང་། བཙན་པོ་འདས་རྗེས་མཆད་པ་དོན་མཁར་མདའ་རུ་བརྩིགས། དེ་ཡང་ཕུལ་མེད་ས་ཕུང་བརྡལ་བ་འདྲ། །ཟེར་ཞིང་། ཕུལ་མེད་པ་ནི་གྲུ་མེད་པའི་དོན་ཡིན་ནོ། །

༢. བཙན་པོ་ཁྲི་གཉན་གཟུང་བཙན་དང་བཙན་མོ་འབྲོ་བཟའ་མོ་དུར་ཡངས་བཞིར་གྱི་སྲས་སུ་འབྲོ་གཉན་ལྡེའུ་འཁྲུངས（༣༨༩ཤིང་རྟ་ལོར་འཁྲུངས་ཟེར）རྒྱལ་པོ་འདིས་མཚིམས་བཟའ་ཀླུ་རྒྱལ་ངན་ངུ་མཚོ་ཁབ་ཏུ་བཞེས། ཐོག་མར་བཙུན་མོ་འདི་ཏ་ཅང་མཛེས་ཤིང་། ཕྱིས་མི་མཛེས་པར་གྱུར་པ་ལ། རྒྱུ་དྲིས་པས་ང་རང་གི་ཡུལ་ན་ཟས་ཤིག་ཡོད་པ་དེ་མེད་པས་ལན་ནམ་ཟེར་བ་ལྟར་ཟས་དེ་ལེན་དུ་བཙུག་པ་ལ། གཡོག་མོས་སྦལ་བ་མར་བཙོས་མང་དུ

གླངས་ཏེ་མཛོད་དུ་སྤྲས་ནས་ཟོས་པས་མཛེས་པར་གྱུར་པ་ན། རྒྱལ་པོས་ཀྱང་དེ་ལྷ་བུའི་ཟས་བདག་གིས་ཀྱང་ཟའོ་སྙམ་ནས་མཛོད་སྒོ་ཕྱེ་ནས་བལྟས་པས་སྤྲུལ་པའི་རོ་མཐོང་ནས་རྣམ་རྟོག་ཟློས་ཏེ་བསྟུན་ནད་བྱུང་། དེ་དུས་བོད་གཞན་གྱིས་ཉ་ཤ་མི་ཟ་བར་དྭགས་པོ་ཁོ་ནས་དེ་ཟ་སྟབས་དྭགས་པོ་སྤྲུལ་ཟན་གྱི་ཡུལ་ཞེས་ཉ་ལ་སྤྲུལ་བར་གྲགས་པར་བཤད་དོ། །རྒྱལ་པོས་ས་བདག་གི་སྟུན་བཞེས་པའི་རྐྱེན་གྱིས་དྭགས་མོར་སྲས་དམུས་ལོང་ཞིག་འཁྲུངས་པ་ལ་མཚན་ལ་དམུས་ལོང་དཀོན་པ་བཀྲ་བཏགས་ཤིང་། བཙན་པོའི་ཞལ་ཆེམས་སུ། འཞའི་ཡུལ་ནས་སྨན་པ་པོས་ལ་མིག་ཕྱེས་རྒྱལ་ས་བཟུང་། མིག་མ་བྱུང་བའམ་གདུང་ཆད་པ་འདྲ་བྱུང་ན། སུམ་པའི་ཡུལ་ན་བོན་པོའི་ཚུང་མ་རྒྱ་མོ་རྒྱ་ལྕམ་བྱ་བ་ལ་ནུབ་གཅིག་འགྲོགས་པའི་ཤག་མོ་ཙམ་པ་ལ་སྐྱེས་པའི་ངའི་བུ་སུམ་རི་རིང་མོ་བྱ་བ་ཡོད་པས་དེ་རྒྱལ་སར་ཆུག

བསམ་པ་བཟང་པོ་གསེར་དང་འདྲ་བ་སྟེ། །བཟང་པོའི་གྲོས་ནི་བདུད་རྩི་ཡིན་ཞེས་ཉོན། །

ངན་པ་རྣམས་ཀྱང་མེ་དང་འདྲ་བས་གསོས། །མི་ཆོས་རྟོག་པ་ཡིན་གྱི་རྣམ་རྟོག་སྤྱུངས། །

ཞེས་སོགས་གསུངས་ཏེ་ཡབ་ཡུམ་གཉིས་བློན་པོ་ཐང་བ་ཡར་རྗེ་དང་བཅས་པ་གདུང་རྒྱུད་ལ་སྟུན་མི་འབྱུང་པའི་ཆེད་དུ་གསོན་པོར་དུར་དུ་བཞུགས་པར་འཆད་ལ། བང་སོའི་མིང་ལ་ཞང་མདའི་བང་སོ་གསོན་མཚད་ཀླུམ་པོར་གྲགས་སོ། །

༣. སྐབས་འདིར་འ་ཞ་དང་སུམ་ཡུལ་ཞེས་པ་ད་ལྟའི་ཡུལ་གང་དག་ལ་ངོས་འཛིན་དགོས་པ་སོགས་དཔྱད་པའི་གཞི་ཙུང་ཟད་ཡོད་ཀྱང་། སྐབས་འདིར་བྲིས་ན་ཙུང་ཟད་མི་འཚམས་པར་སྣང་བས། ཕྱིས་རིམ་གྱིས་འགོད་པར་འགྱུར་བ་ལས་ཤེས་པར་བྱ་ལ། གོང་གི་ཞལ་ཆེམས་ཀྱི་ཚིགས་བཅད་དེ་བརྡ་སྙིང་གི་ལུགས་སུ་མི་སྣང་བ་ནི་སྔོན་གྱི་ཚིག་འདི་བཞིན་མིན་ཡང་ཕྱིས་ཕྱོན་ལོ་རྒྱུས་སྨྲ་བའི་མཁས་པ་དག་གིས་བརྡ་གསར་བའི་ལུགས་ལྟར་བཅོས་པར་གདོན་མི་ཟ་སྙམ་མོ། །སྲས་དེ་ཉིད་ནས་ཡབ་ཀྱི་བཀའ་བཞིན་རྒྱལ་ཕྲན་འ་ཞ་རྗེ་བྱ་བའི་སྨན་པ་མཁས་པ་ཞིག་ཡོད་པ་པོས་ནས་སྤྱན་ཕྱེས། སྐྱིད་ཤོད་སྟག་མོ་རི་ལ་གཉན་འདུག་པ་གཟིགས་པས་སྟག་རི་གཉན་གཟིགས་སུ་མཚན་ཐོགས་པར་ལོ་རྒྱུས་བསྟན་བཅོས་

ཀུན་ལས་གསུངས་ལ། འ་ཞ་རྗེས་སྤྱན་ཕྱེ་ནས་ཕྱིར་འགྲོ་སྐབས་རྒྱལ་བུའི་ཞབས་ཕྱུགས་སྒོ་ཀླད་དུ་བཏགས་པའི་འོག་ཏུ་འཛུལ། ཡུལ་ལ་ཐོན་ནས་ཨ་མས་གཏམ་དྲིས་པ་ལ། བོད་ཀྱི་རྒྱལ་པོ་མ་མཐོང་། སྒོ་གོང་ན་གཡུའི་ལྷམ་ཆུང་ཞིག་བཏགས་འདུག་སྨྲས་པས། མ་ན་རེ། བོད་ཀྱི་ཆབ་འོག་ཏུ་ཚུད་པས་ཐབས་ཅི་ཡང་མེད་དོ་ཟེར། བཙན་པོ་འདིའི་རིང་ལ་རྒྱལ་ཕྲན་རྣམས་ཀྱི་སུམ་ཆའི་གཉིས་ཙམ་མངའ་འོག་ཏུ་འདུས་པ་སྟེ། བན་པོ་རྗེ་འ་ཞ་རྗེ་དྲང་ཀར་རྗེ་ཟིང་པོ་རྗེ་ཞང་ཞུང་རྗེ་རྣམས་བཏུལ་བར་གྲགས་ཀྱང་། 《ཏུང་ཧོང་གཏེར་ཡིག》ཏུ་མཁར་ཕྱིང་བ་སྟག་རྩེ་ན་རྒྱལ་སྟག་བུ་གཉན་གཟིགས་བཞུགས། ཉེན་ཀར་རྙིང་བ་ན་ཟིང་པོ་རྗེ་སྟག་སྐྱ་བོ་མཆིས། ཕྱུར་བའི་ཡུལ་སྣ་ན་ནི། ཟིང་པོ་རྗེ་ཁྲི་པངས་གསུམ་མཆིས་ཞེས་པ་ལས་རྟོགས་ཐུབ་པ་ནི། སྐབས་དེར་བོད་དབུས་གཙང་གི་ས་ཆ་ཕལ་ཆེར་ལ་དབང་བསྒྱུར་བའི་རྒྱལ་ཕྲན་ནི། ཟིང་པོ་རྗེ་སྟག་སྐྱ་བོ་དང་ཟིང་པོ་རྗེ་ཁྲི་པངས་གསུམ་གྱི་མངའ་ཁོངས་ཙམ་ཞིག་དང་། འདི་གཉིས་ཀྱང་མིང་ཙམ་དུ་ཕྱུར་རྒྱལ་གྱི་མངའ་འོག་ཏུ་གཏོགས་པ་ནི་རྒྱལ་སྟག་བུ་གཉན་གཟིགས་ཞེས་རྒྱལ་པོའི་མཚན་དངོས་སུ་བརྗོད་པ་དང་། གཞན་པ་གཉིས་ལ་རྗེ་ཞེས་བརྗོད་པ་ལས་བཙན་པོའམ་རྒྱལ་པོ་ཞེས་པའི་ཚིག་དངོས་སུ་མ་བྱུང་བ་འདིས་ཀྱང་ཤེས་ནུས་སྙམ་ལ། འདི་ལྟར་ན་ལོ་རྒྱུས་གཞུང་སྔོན་མ་རྣམས་ལས་དབུས་གཙང་ཕྱོགས་ཀྱི་ཡུལ་མང་པོ་མངའ་དབང་དུ་བསྡུས་པར་བཤད་པ་དང་གཏེར་ཡིག་གི་བཤད་ཚུལ་རྗེས་ནས་འཆད་པར་འགྱུར་བ་གཉིས་མི་འགལ་བར་རྟོགས་སླ་ལ། རྒྱལ་ཕྲན་དེ་དག་དངོས་སུ་མངའ་འོག་ཏུ་བསྡུས་ཤིང་བཙན་པོའི་རྒྱལ་རབས་དར་རྒྱས་ཆེན་པོ་བྱུང་ཚུལ་ནི《གཏེར་ཡིག》ལས་འུང་ནས་ཟིང་པོ་རྗེ་སྟག་སྐྱ་བོ་ལྟ་ཞིག ཇོ་ལ་ཡང་ལོག་པ་གཤེན་ཕྱོགས་ཤེ་དག་བྱེད་དོ། ཉེས་པ་ནི་ལེགས་པར་བཅུག །ལེགས་པ་ནི་ཉེས་པར་བཅུག་གོ །འཛངས་པ་སྙིང་ཉེ་བ། ལེགས་པའི་སྲིད་བྱས་བློ་བརྟན་པ་ནི་མྱི་ཉན། མྱི་གཙམ་བུ་གསག་གི་ངོ་ཟ་རི་བྱེད་པའི་ཚིག་ནི་ཆེད་དུ་ཡང་ཉན་ཏོ། །མྱི་འདི་ལྟེ་བུའི་ཡུས་བྱུང་ངོ་། །མྱི་མཛངས་པ་དྲང་མཁྲང་བྱེད་པ་དང་། དཔའ་བོ་ཆུ་གང་བྱེད་པ་ལ་སྟང་སྟེ། རི་མོ་བསྐྱུངས། མ་འོས་པའི་ཚད་པ་ནན་ཆེའོ།

མྱི་མཁོ་བའི་ལས་ཀྱི་སྣ་གྲངས་ནི་མངས་སོ། །འུང་ལྟར་ཟིང་པོ་རྗེ་སྟག་སྐྱ་བོ། ཆོས་ལོག་ཚང་སྲིད་ཕྱུར་པས། རྗེ་བོ་ཞེས་དགུ་བྱེད་པ། མྱི་ཆིག་གིས་མཐོང་ཡང་། ཉེ་པའི་བློ་གདབ་དུ་འོས་པའི་ཚད་པ་ནན་ཆེས། ཚིག་དྲག་གིས། རྗེ་ག་སུས་ཀྱང་བློ་གདབ་མ་ཕོད་དོ། །རྗེ་བོ་ནི་བླུན་གཐུམ་མོ། །ཁོལ་པོ་ནི་འོག་ན་སྐྲག་གོ །རྗེ་བོ་ནི་བླུན་སྨྱོ། ཁོལ་པོ་ནི་འོག་ན་གྲམ་མོ། གཅིག་ལ་གཅིག་སྙིང་མྱི་བརྟན་ཏེ། ཐ་དད་དུ་སེམས་སོ། །ཇོ་བོ་ཟིང་པོ་རྗེ་ངན་ཞན་ཏེ། རྗེ་ལ་ཡང་ལོག་པ་གཤེན་ཕྱོགས་ཉེས་དགུར་བྱེད་པས། ཡུལ་གྱི་སྲིད་ཀྱང་དམའས་སོ། །མྱི་ཡོངས་ཀྱང་རྗེ་བོ་ལ་འཁང་ངོ་། །འུང་ནས་ཟིང་པོ་རྗེ་སྟག་སྐྱ་བོའི་བློན་པོ། མཉན་འཛི་ཟུང་ནག་པོས། རྗེ་བོ་ལ་གསོལ་པ། རྗེ་བོ་རྗེ་ལ་ཡང་ལོག་པ་གཤེན་ཕྱོགས་མཛད་པས། སྐོལ་ཀྱི་སྲིད་ནི་སྲིད་དུ་མ་རུང་། ཆོས་ནི་ཆོས་སུ་མ་རུང་སྟེ། ཡུལ་གྱི་མྱི་དབུལ། ཉམས་ཀྱི་སྲིད་དམའ་སྟེ། ན་མོ་བརླག་ཟིན་ན་ངེ་ནོངས་ཤེས་གསལ་(གསོལ)ནས། འུང་ནས། ཟིང་པོ་རྗེ་སྟག་སྐྱ་བོ་ཉན་དུ་མ་རུང་སྟེ། འདི་སྐད་ཟེར་བ་ཞེས་སོ་ཤེས། འཛི་ཟུང་བློན་པོ་ལས་ཕྱུང་ངོ་། །འུང་ནས་འཛི་ཟུང་མ་རངས་སྟེ། ཟིང་པོ་རྗེ་ཁྲི་པང་སུམ་ལ་ལྟོས་ནས། ནག་པོ་འཁྲུས་ཏེ། སྐྱོ་བོ་བསད། དྲེ་འུ་རྒྱལ་ཏེ་བསེའ་སྒ་བཆག་གོ །སྟག་སྐྱ་བོའི་ཡུལ། ཡུལ་ཡེལ་རབ་སྡེ་བཞི་དང་ཀླུམ་ཡ་གསུམ། ཟིང་པོ་རྗེ་ཁྲི་པང་སུམ་གྱིས། འདུས་སོའ། །དེའི་དཀུའ་འགེལ་དུ་མཁར་སྦྱར་བས་བཆད་དེ། ཀླུམ་ཡ་སུམ་གྱི་སྐད། མཉན་འཛི་ཟུང་གི་བྲན་དུ་དངར་ཏོ། །བྲན་གྱི་ས་རིས་ཀྱི་ནང་དུ། །མྱང་ནམ་ཏོ་རེ་ཁྲུ་གུ་དང་། སྣོན་ཏོ་རེ་ཙེང་སྐྱུ་སྦྱད་ཀྱང་། འཛི་ཟུང་གི་བྲན་དུ་བཆད་དོ། །འུང་ནས། འཛི་ཟུང་གི་ཚུང་མ་པ་ཚབ་ཟས། མྱང་བྲན་བྱེད་པ་ལ། དྲིགས་བཀུར་ཏེ། སྟིག་བསྙོལ་སྦུ་བསྟན་ནས། མྱང་ཙེང་སྐྱུ་མ་རངས་ཏེ། ཟིང་པོ་རྗེ་ཁྲི་པང་སུམ་ལ། མཉན་གྱི་བྲན་བྱེད་མྱི་ཕོད་ཆེས་འཁངས་སྟེ་གསོལ་ཏོ། །ཟིང་པོ་རྗེ་ན་རེ། མཉན་འཛི་ཟུང་ལས་ང་ལ་སྙིང་ཉེ་མྱེད་པའི་བྲན་དུ། ཕྱིན་(ཕྱིད)འདའ་མ་རན་པ་མྱེད་དོ། །རྗེ་མོས་སྟིག་བསྙོལ་སྦུ་བསྟན་པ་བས། ཁར་སླན་ཡང་རྗེ་མོ་དབང་གིས། ཉེས་པ་མྱེད་དོ་ཞེས་བསྒྲོ་སྟེ། གསོལ་བ་མ་གནང་ངོ་། །འུང་གི་ཚིག་དེས་

ཅིང་སྐྱ་ཤིན་དུ་མ་རངས་སྟེ་ཡི་ཆད་དོ། །འུང་གི་རྗེས་ལ། ཟིང་པོ་རྗེའི་མངན་དབའས་བཞོས་ཧོ་རེ་ཁྲུ་གུ་དང་། གཉེན་ཁྲི་བཞེར་འདྲོན་ཀོང་གཉིས། འཕྲེན་པའི་ རྡིང་ཁར་འཐབས་ནས། གཉེན་གྱིས་དབས་བསད་དོ། །དབའས་ཀྱི་ཕུ་བོ་ཕངས་ཧོ་རེ་དབྱི་ཚབ་ཀྱིས་ཟིང་པོ་རྗེ་ལ། ནུ་བོ་གཉེན་ཀྱིས་བསད་པའི་སྟོང་ཇི་གནང་ཞེས་གསོལ་ནས། ཟང་པོ་རྗེས། གཉེན་ཁྲི་བཞེར་ཡོལ་ཚབ་ནང་བློན་བྱེད་པའི་ངོ་མ་ཆོད་དེ། དགེ་བས་མི་དགེ་བ་བསད་ན། བསད་དུ་ཟད་དོ་ཞེས་བསྒོའོ། །འུང་གི་ཚིག་དེས། དབྱི་ཚབ་ཤིན་ཏུ་མ་རངས་སྟེ་ཡི་ཆད་དོ། །འུང་ནས་མྱང་དབའས་གཉིས་ཀའ་ཡི་ཆད་དེ། འགྲོགས་སྟེ་དོང་ངོ་། དབྱི་ཚབ་ནི་སྨྲ། ཅིང་སྐྱ་ནི་འཕྱི་སྟེ། ཁྲིམ་དུ་དོང་ངོ་། །ཅིང་སྐྱ་གཅིག་པུ་ཕྱི་ན་ཚུར་སླྲ་སྟེ། ཆབ་ཆབ་ནི་ཕ་རོལ་ན། །ཡར་ཆབ་ནི་ཕ་རོལ་ན། །མྱི་འི་ནི་མྱི་བུ་སྟེ། །ལྷའི་ནི་སྲས་པོ་བཞུགས། །རྗེ་བདེན་ནི་བཀོལ་དུ་གདའ། །སྨ་བདེན་གྱིས་ནི་བསྟད་དུ་དགའ། །ཞེས་སྙིང་ལ་སེམས་པ་ཁར་ཧོར་ཆེས་བྱུང་ནས། དབྱི་ཚབ་སྨྲན་ན་འགྲོ་བའི་རྣ་བར་ལྷངས་ཤེས་ཐོས་སྟེ། དབྱི་ཚབ་ཀྱིས་ཚིག་དེ་ཧོག་ཅེས་བླངས་ནས། ཅིང་སྐྱ་ཁྱོད་ཟེར་བ་ལས་བདེན་པ་མྱེད་དོ། །ཕོ་བོ་ཡང་འདི་ལས་མ་རངས་པ་མྱེད་ཀྱིས། ཁྱོད་སེམས་སེམས་པ་དང་མྱི་འདྲའ་རེ་ཞེས་མནའ་བོར་རོ། །འུང་ནས། མྱང་དབའས་གཉིས་ཟིང་པོ་རྗེ་ལས་འཁྲུས་ཏེ། བཙན་པོ་སྤུ་རྒྱལ་ལ་གློ་བ་ཉེ་བར་བྱས་ནས། མནའ་མཐོའ་ཡང་ཆེར་བཅད་དོ། །འུང་གི་འོག་ཏུ་དབའས་དབྱི་ཚབ་ཀྱིས། ཞང་པོ་མནོན་བཟང་ཧོ་རེ་སྲོན། བློ་ལ་བཏགས་ཏེ། མནའ་མཐོའ་བཅད་པ་ལས། བཟང་ཧོ་རེ་ཤི་ནས། བུ་པང་སུམ་འདྲོན་པོ། ཟིང་པོ་རྗེའི་ནང་ཀོར་བྱེད་པ་བློ་ལ་བཏག་སྟེ་མནའ་མཐོའ་བཅད་དོ། །མྱང་སྨོན་ཧོ་རེས་ཚེས་པོང་ནག་སེང་བློ་ལ་བཏགས་ཏེ། མནའ་མཐོའ་བཅད་དོ། །འུང་ནས་མྱང་དབའས་མནོན་དང་གསུམ་གྱིས་ཚེས་པོང་ནག་སེང་ལས་ཕྲིན་གྱིས། སྤུ་རྒྱལ་སྟག་བུའི་སྐད་དུ་བོན་ནས། བཙན་པོའི་ཞལ་ནས་ངའི་སྲིང་མོ་ཞིག་ཀྱང་། ཟིང་པོ་རྗེའི་གན་ན་འདུག་མོད་ཀྱི། ཁྱེད་ཟེར་བ་བཞིན་བྱའོ་ཞེས་བཀའ་སྩལ་ནས། མྱང་དབའས་མནོན་དང་གསུམ། ཐོ་ལེན་ཆེང་

མཁར་ཕྱིང་བར་མཆིས་ནས། ཉིན་ཞིང་ནི་ཕག་ཚལ་གྱི་ཤིང་ཁྲུང་ན་སྐྱུང་སོ། །མཚན་ཞིང་ནི་ཕྱིང་བར་མཆི་སྟེ། དབུ་སྙུང་ཕྲོ་མནའ་གཙོད་པའི་ཚེ། ཡར་མྱི་འབངས་ཀྱིས་དཔྱད་པའ། མྱི་བཟངས་ནི་ཧ་བཟངས་ཤིག ཉིན་ཞིང་ནི་ཕག་ཚལ་ན། མཚན་ཞིང་ནི་ཕྱིང་བར་མཆིའ། དགྲ་འམ་ནི་ཞིང་(ཟུན)ཅིའུ་ཞེས་དཔྱད་དོ། །འུང་གི་རྗེས་ལ། ཟིང་པོ་རྗེ་ལོ་(ལ)དྲ་མ་མ་དྲངས་པར་རྒྱལ་སྟག་བུ་དགུང་ལ་གཤེགས་སོ། །གདོད་མ་རྒྱལ་སྟག་བུའི་སྣན་དུ་ནི། ཕྲིན་ཚེས་པོང་ནག་སེང་གེས་བགེས་(བགྱིས)སོ། །དེ་ཙུན་ཚོད་ནི་ཚེས་པོང་ནག་སེང་གི་བྲན། ཕྱུག་གྱིམ་ཏང་རྨང་བུས་བགྱིས་སོ། །ཕྱུང་གྱིམ་ཏང་རྨང་བུ་སློ་ལ་བཏགས་ན། གཉིད་ལོག་ན་བརྗོལ་གྱིས་དོགས་ནས། ཁྱི་མོ་དང་མྱི་ཉལ་བར་རི་ལ་ཉལ་ཞིང་། ནུབ་རེ་མལ་རེ་འཕོའོ། །ཁྱི་མོ་ལ་ཡང་ང་ལ་མཆར་གྱི་ཡི་དགས་ཤིག་བབ་ཀྱིས། གསང་ཐུབ་པར་གྱི་ཤིག་ཆེས་བཏམསོ། །འུང་ནས་ཇི་ཞིག་བྱེད་བྱེད་ནས། ཁྱི་མོ་དང་གཉིས་ཀ་འཐབསོ། །འུང་ནས་ཁྱི་མོ་ན་རེ། ཁྱོད་ལྟོ་པོ་ཆེ་ལ། ཡི་དགས་མ་བབ་གི ལྟོ་སྦྱོར་དུ་ངེས་སོ་ཞེས་བྱས་སོ། །འུང་ནས་དེའི་ནུབ་མོ་ནས་མོད་ལ་ངོ་བྱས་སྟེ། མཛའ་ནས། ནུབ་གཉིས་སུམ་ལྷན་ཆིག་ཉལ་བ་ལྟར་བྱས་ཏེ། ཁྱི་མོའི་ལྟེ་སོས་བཏབ་སྟེ། དམུར་དམུར་ཏེ་བཅད་ནས། ཁྱི་མོ་ཡང་ཤིའོ། །འུང་གི་འོག་ཏུ་ཟིང་པོ་རྗེ་ལམ་དྲངས་པར། ཕྱུག་གྱིམ་ཏང་རྨང་བུ་ནད་ཀྱིས་བཏབ་སྟེ་རབས་ཆད་དེ་ཤིའོ། །གོང་གསལ་གྱི་ཚིག་འདི་དག་ལས་རྟོགས་ཐུབ་པ་ནི།

(༧)ཟིང་པོ་རྗེ་ཁྲི་སྟག་སྐྱ་བོ་ཞེས་པ་དེ་ཉིད་ཧ་ཅང་ཁྲོ་གཏུམ་ཅན་ཞིག་ཡིན་སྟབས་རྗེ་བོ་ནི་བླུན་སྨྱོ་ཞིང་ཕོལ་པོ་ནི་འོག་ན་ཁ་འཁོར་ཏེ། གཅིག་སེམས་གཅིག་ལ་མི་གཏོང་ཅིང་། ཐ་དད་དུ་སེམས་པ་དང་། ཇི་ལ་ཡང་བྱ་བ་ལོག་པ་འབའ་ཞིག་བྱས་རྐྱེན་ཡུལ་གྱི་མི་དབུལ། སྲིད་ཀྱི་ཉམས་དམའ་བར་གྱུར་པ་ན། བློན་པོ་གཉན་འཛི་ཟུང་ནག་པོས་རྗེ་བོར་དེ་ལྟར་བྱེད་མི་རུང་བར་གསོལ་ཀྱང་། དེ་ཉེས་པར་རྩིས་ནས་གཉན་འཛི་ཟུང་ནག་པོ་གནས་དབྱུངས་བཏང་། བློན་པོ་དེ་ཉིད་ངོ་ལོག་སྟེ། ནག་པོ་འཁྲུས་ཏེ་སྐྱ་བོ་བསད། ཟངས་པོ་རྗེ་ཁྲི་པངས་གསུམ་ལ་ངོ་བསྟུས་ནས་ཡུལ་ཡེལ་རབ་སྡེ་བཞི་དང་། ཀླུམ་ཡ་གསུམ་

དེའི་མངའ་འོག་ཏུ་བསྡུས་པ་ལ་དཔགས་ན། གཉན་འཛོ་ཟུར་ཞེས་པ་དེ་ནི་ཤིན་ཏུ་གལ་ཆེ་བའི་བློན་པོ་ཞིག་དང་། རྒྱལ་ཕྲན་དེའི་སྲོག་རྩ་ལྟ་བུ་ཞིག་ཡིན་པ་གསལ་བར་རྟོགས་ཐུབ་པར་མ་ཟད། ཟིང་པོ་རྗེ་སྟག་སྐྱ་བོའི་སྲིད་དབང་ཉམས་པའི་རྒྱུ་རྐྱེན་དང་བརྒྱུད་རིམ་ཡང་ཤེས་ཐུབ་ལ། དེར་མཐུད་ནས་གཉན་འཛོ་ཟུར་ནག་པོའི་དཀའ་འགེལ་དེ་ཧྲུས་རྒྱལ་གྱི་བྲ་དཀར་མཁར་སྤུར་བས་བཅད་དེ། ཀླུམ་ཡ་སུམ་གྱི་སྐད། གཉན་འཛོ་ཟུར་གི་བྲན་དུ་སྐོལ་ཏོ། །དེ་ལ་བྱིན་པའི་ས་རིས་ནང་དུ་མྱང་ནམ་ཏོ་རེ་ཁྲུ་གུ་དང་སྨོན་ཏོ་རེ་ཚེང་སྐྱ་ཕ་བུ་ཡང་འཛོ་ཟུར་གི་བྲན་དུ་གྱུར་ཏོ། །དེ་ནས་འཛོ་ཟུར་གི་ཆུང་མ་བ་ཚབ་བཟས་མྱང་བྲན་ཏུ་ཐོབ་པ་ལ་ཁེངས་དྲེགས་སྐྱེས་ནས་སྡིག་ལས་བསྟན་ནས་བྱུས་པས། མྱང་ཚེང་སྐྱ་མ་དགའ་བར་རྗེ་པོ་ལ་གཉན་གྱི་བྲན་བྱེད་མི་ཐུབ་ཅེས་འཁངས་ར་དང་བཅས་གསོལ་བ་མ་གནང་བར་མ་ཟད། ངོ་མོས་སྡིག་ལས་བཏང་བ་ཕར་ཞོག ཁ་རྗེ་དང་བཅས་པ་ངོ་མོར་དབང་བས། ཉེས་པ་མེད་ཚུལ་བརྗོད་པ་ནས་ཚེང་སྐྱ་ཤིན་ཏུ་མ་རངས་ཏེ་ཡིད་ཆད་པ་དང་། ཟིང་པོ་རྗེའི་མངན་དཔོན་དབས་བཤོས་ཏོ་རེ་ཁྲུ་གུ་དང་གཤེན་ཁྲི་བཞེར་འདྲོན་ཕོང་གཉིས་མ་མཐུན་པར་འཐབས་ནས་གཤེན་གྱིས་དབས་བསད་པ་ལ། དབས་ཀྱི་ཕུ་བོ་ཕངས་ཏོ་རེ་དབྱི་ཚབ་ཀྱིས་ཟིང་པོ་རྗེ་ལ། ནུ་བོ་གཤེན་གྱིས་བསད་པ་ལ་སྟོང་དགོས་ཚུལ་གསོལ་བ། ཟིང་པོ་རྗེས་གཤེན་ཁྲི་བཞེར་ཕོལ་ཚབ་ནང་བློན་བྱེད་པའི་ངོ་མ་ཆོད་སྟེ། དགེ་བས་མི་དགེ་བ་བསད་ན་འོས་པ་ཡིན་ཞེས་སྨྲས་སོ། །ཚིག་དེས་དབྱི་ཚབ་ཤིན་ཏུ་མི་དགའ་བར་གྱུར་ཏེ་ཡི་ཆད་དོ། །

དེ་ནས་མྱང་དབས་གཉིས་ཀ་ཡི་ཆད་དེ་འགྲོགས་ནས་འགྲོ་སྐབས་ཚེང་སྐྱུས་འདི་སྐད་དུ། ཆུ་བོ་ཆེན་པོའི་ཕ་རོལ་ན། །ཡར་ཆབ་ཀྱི་ཕ་རོལ་ན། མིའི་ནི་མིའི་བུ་སྟེ། དོན་ལ་ལྷ་ཡི་སྲས་པོ་བཞུགས། རྗེ་བདེན་གྱིས་ནི་བཀོལ་ན་དགའ། སྒ་བདེན་གྱིས་ནི་བསྟད་ན་དགའ། ཞེས་སེམས་ལ་དྲན་པ་ཁར་ཕུད་པས། དབྱི་ཚབ་ཀྱིས་ཐོས་ནས་ཚིག་དེ་མཆོག་ཅེས་བླངས་ནས་མྱང་དབས་གཉིས་ཟིང་པོ་རྗེ་ལ་བློ་ལོག་སྟེ། བཙན་པོ་སྤུ་རྒྱལ་ལ་ངོ་བལྟ་བར་འདོད་ནས་གྲོ་བོར་སོ། །དེ་རྗེས་དབས་དབྱི་ཚབ་ཀྱིས་ཞང་པོ་མནོན་བཟང་ཏོ་རེ་སྲོན་བློ་ལ

བཏགས་ཏེ་བྲོ་བོར། ཞང་ཏོ་རེ་ཤི་ནས་དེའི་བུ་པང་གསུམ་འདྲེན་པོ་ཞེས་པ་ཟིང་པོ་རྗེའི་ནང་འཁོར་བྱེད་པ་དེ་ལྷོ་ལ་བཏགས་ནས་བྲོ་བོར། མྱང་སྨོན་ཏོ་རེས་ཚེས་པོང་ནག་སེང་ལྷོ་ལ་བཏགས་ཏེ་བྲོ་བོར་རོ། །དེ་ནས་མྱང་དབས་མནོན་གསུམ་གྱིས་ཚེས་པོང་ནག་སེང་ལ་འཕྲིན་བྱས་ནས་སྤུ་རྒྱལ་སྟག་བུའི་སྙན་དུ་གསོལ་བ་ལ། བཙན་པོའི་ཞལ་ནས་ངའི་སྲིང་མོ་ཞིག་ཀྱང་ཟིང་པོ་རྗེའི་གམ་ན་ཡོད་ཀྱང་། ཁྱེད་ཅག་ཟེར་བ་ལྟར་བྱའོ་ཞེས་བཀའ་སྩལ་ནས། མྱང་དབས་མནོན་གསུམ་དམ་བཅའ་བྱེད་ཕྱིར་མཁར་ཕྱིང་བ་སྟག་རྩེར་བསྐྱོད་དོ། །ཉིན་མོ་ནི་ཕག་ཚལ་ཞེས་པའི་ནགས་ཚལ་དུ་གབ་ཅིང་མཚན་མོ་ནི་ཕྱིང་བར་ཕྱིན་ནས་བྲོ་བོར་བ་ལ། ཡར་ལུང་གི་འབངས་རྣམས་ཀྱིས་དཔྱད་གཏམ་བརྗོད་པ།

མི་བཟང་ནི་རྟ་བཟང་ཞིག །
ཉིན་མོར་ནི་ཕག་ཚལ་ན། །
མཚན་མོར་ནི་ཕྱིང་བར་མཆིས། །
དགྲ་འམ་ནི་གཉེན་གང་ཡིན། །

ཞེས་ཟེར་རོ། །འོན་ཀྱང་ཟིང་པོ་རྗེ་ལ་དམག་མ་དྲངས་གོང་རྒྱལ་སྟག་བུ་གཉན་གཟིགས་སྐུ་གཤེགས་སོ་ཞེས་སོ། །

（༢）གོང་གི་ཚིག་འདི་དག་ལས་རྟོགས་ཐུབ་པ་ནི། ཟིང་པོ་རྗེ་སྟག་སྐྱ་བོ་དང་ཁྲི་པངས་གསུམ་ཞེས་པ་དེ་གཉིས་ཀྱང་ཡུལ་ཏ་ཙང་ཆེན་པོ་ལ་མངའ་བསྒྱུར་བའི་རྒྱལ་ཕྲན་གྲགས་ཆེན་གཉིས་ཡིན་མོད། དེའི་མངའ་ཁོངས་ཀྱི་རྒྱ་ཁྱོན་ལ་ཤར་མཚོ་སྔོན་ཞིང་ཆེན་གྱི་མཚམས་ནུབ་མ་ཕམ་གཡུ་མཚོ་སྟེ་ཞང་ཞུང་གི་མཚམས་ལ་གཏུགས་པ་དང་། ལྷོར་ཡར་ཀླུང་གཙང་མོའི་ཆུར་འགྲམ་ནས་བྱང་ལི་ཡུལ་ལྷུང་ར་སྨུག་པོ་ལ་འབྲེལ་བས་རྒྱ་ཁྱོན་ཆེ་བར་བཤད་པ་དང་། གཉའ་ཁྲི་བཙན་པོ་ནས་གནམ་རི་སྲོང་བཙན་ཡན་ཆད་ཀྱི་རྗེ་བོ་རྣམས་ནི་ཡུལ་ཁམས་ཆུང་ངུ་སྟེ་སྤུ་རྒྱལ་བ་ལྟ་བུའི་རུས་བརྒྱུད་ཚོ་བའི་མགོ་གཙོ་ཙམ་ཡིན་པ་ལས་བོད་སྤྱི་ཡི་མངའ་བདག་ནི་མ་ཡིན་ལ། བོད་ཆེན་པའི་རྒྱལ་ཁམས་ཀྱི་རྒྱལ་པོ་ནི་དེ་བས་ཀྱང་མ་

ཡིན་པར་སྨྲ་ཞིང་། དེ་རྣམས་ཀྱི་རིང་ལ་སྤུར་རྒྱལ་གྱི་ཡུལ་གྲུ་ལ་འཕྱོང་རྒྱས་སྟག་རྩེ་གཙོས་ཡར་ལུང་ཙམ་ལས་མེད་པར་བཤད་མཁན་ལོ་རྒྱུས་སྨྲ་བ་མི་ཉུང་བ་མཆིས་ཤིང་། ཁྱད་པར་དེའི་སྒྲུབ་བྱེད་དུ《གཏེར་ཡིག》ཏུ་གནའ་ཡུལ་ཡུལ་ན་རྒྱལ་ཕྲན་དང་བློན་པོ་འདི་ལྟར་བབ་སྟེ་ཞེས་སོགས་སྔར་རྒྱལ་ཕྲན་བཅུ་གཉིས་སོགས་ཀྱི་བྱུང་བ་བརྗོད་པའི་སྐབས་སུ་དྲངས་པའི་ཚིག་དག་འགོད་པ་ནི་ཆེས་མི་འཐད་ཅིང་། རིགས་པ་སྨྲ་བ་སུས་ཀྱང་ཁས་ལེན་མི་རུང་སྟེ། ཁྱེད་ཅག་གི་འཆད་ཚུལ་འདི་བདེན་ན་ཡར་ལུང་ཙམ་མ་གཏོགས་མདོ་དབུས་གཙང་གསུམ་མངའ་རིས་དང་བཅས་པའི་བོད་ཁམས་ཡོངས་ཀྱི་བདག་པོ་ཟིང་པོ་རྗེ་ཡིན་དགོས་ཤིང་། དེ་ལྟར་ན་སྲོང་བཙན་མ་བྱོན་པའི་སྔོན་ནས་མདོ་དབུས་མཐོ་སྨད་ཧྲིལ་པོ་གཅིག་གྱུར་ཡིན་པའི་རྒྱལ་ཁབ་ཅིག་བྱུང་ཟིན་པར་ཁས་ལེན་དགོས་པ་བསྐྱོན་མི་ནུས་པས་ག་ལ་འཐད་དེ་འདི་ལ་ཟིང་པོ་རྗེའི་མངའ་ཁོངས་ཏ་ཙང་ཆེ་དྲགས་པའི་སྐྱོན་ཆེན་པོ་ཞིག་བྱུང་བར་མ་ཟད། རྒྱ་བོད་འཐད་ལྡན་ལོ་རྒྱུས་བསྟན་བཅོས་ཀུན་གྱི་སྒྲོས་དང་མི་བསྟུན་པར་རང་བཟོས་བབ་ཅོལ་སྨྲ་བ་ཙམ་ཡིན་ནོ། །

འཆད་ཚུལ་ཕྱི་མ་འདི་དེབ་དཀར་དུ་མགོ་འབྲུས་ཙམ་བཤད་པ་ནས་གཞོན་ནུ་ལོ་རྒྱུས་སྨྲ་བ་འགས་གཅིག་རམ་གཅིག་གིས་བཏེགས་ཏེ། གསར་དུ་བསྒྲིགས་པའི་དཔེ་འགའ་ཞིག་ཏུ་གཉའ་ཁྲིས་རྗེ་མཛད་པའི་བོད་ཀ་གཡག་དྲུག་ཅེས་པ་ཡར་ལུང་གི་ཚོ་བ་ཞིག་ཡིན་ཚུལ་སོགས་བཀོད་ཡོད་མོད། དེ་ལ་འདི་འདྲི་བར་བྱ་སྟེ། ཁྱོད་ཆོས་འཆད་ཚུལ་འདི་ལྟར་ན《གཏེར་ཡིག》ལས། བོད་ཀ་གཡག་དྲུག་གི་རྗེར་གཤེགས་སོ། །ཐོག་མ་ས་ལ་གཤེགས་པ་ཡང་གནམ་མཐའ་འོག་གི་རྗེར་གཤེགས་པས། གནམ་གྱི་ནི་དབུས་ཞེས་སོགས་ཀྱི་ཚིག་ནུས་ཇི་ལྟར་འདོན། འདིའི་དོན་ནི་སྤྱིར་བོད་ཀྱི་རྒྱལ་པོར་བྱོན་ཅིང་། ཐོག་མ་ས་ལ་གཤེགས་པ་ཡང་ནམ་མཁའི་མཐའ་ལ་ཐུག་གི་བར་གྱི་འོག་ཏུ་ཆུད་པའི་ཡུལ་ཆེན་པོའི་རྗེ་པོར་གཤེགས་པ་ཞེས་པ་མ་ཡིན་ནམ། ཁྱད་པར་བོད་སྤྱིའི་རྒྱལ་པོར་བྱོན་པ་ཡིན་ཡང་། ཐོག་མར་ས་ལ་བབས་པའི་གནས་ནི་ཡར་ལུང་ཁོག་ཡིན་པར་བསྟན་པ་འདིས་ཡར་ལུང་གི་

བདག་པོ་ཙམ་མ་ཡིན་པ་གོ་མི་ནུས་སམ། ཞིབ་ཏུ་བསམས་ན་ལེགས་སོ། །གཞན་ཡང་། གཉའ་ཁྲི་མ་བྱོན་པའི་ཆེས་གནའ་དུས་རྒྱལ་ཕྲན་སིལ་མའི་སྐབས་ཀྱི་ཚིག་དྲངས་ནས་གཉའ་ཁྲིའང་ཡར་ལུང་གི་ཚོ་བ་འགའི་རྗེ་བོ་ཙམ་ཡིན་པར་སྒྲུབ་པ་ནི། ཕག་གི་ཡ་མགལ་ཁྱིའི་མ་མགལ་ལ་སྦྱར་བའི་བཞད་གད་ཀྱི་གནས་ལས་མ་འདས་སོ། །《གཏེར་ཡིག》ལས་བྱུང་བའི་བོད་ཀ་གཡག་དྲུག་དང་ལོ་རྒྱུས་བསྟན་བཅོས་གཞན་དག་ལས་བྱུང་བའི་བོད་ཀ་གཡག་དྲུག ཡོངས་གྲགས་ཀྱི་བོད་མིའུ་གདོང་དྲུག་ཟེར་བ་རྣམས་དོན་གཅིག་ཏུ་བཟུང་ན་ལེགས་སྙམ། གཉའ་ཁྲི་ནས་སྟག་རི་གཉན་གཟིགས་བར་གྱི་བཙན་པོ་རྣམས་ནི་མདོ་དབུས་མཐོ་སྒང་ཡོངས་རྫོགས་ལ་དབང་བྱས་པའི་རྒྱལ་པོ་མིན་ཡང་བོད་སྤྱིའི་རྒྱལ་པོ་ནི་ངེས་པར་ཡིན་དགོས་ཤིང་། དེ་དག་གིས་དངོས་དང་བརྒྱུད་ནས་དབང་བསྒྱུར་བའི་ཡུལ་ཡང་དབུས་གཙང་ཕྱོགས་ཀྱི་ཡུལ་ཕལ་ཆེར་ཡིན་པར་སེམས་ལ། བོད་ཅེས་པ་ཡང་ཡར་ལུང་ཕྱོགས་ཀྱི་ཚོ་ཁག་ཅིག་མ་ཡིན་པ་ནི《གཏེར་ཡིག》ལས་གཙང་བོད་ཅེས་གཙང་གི་ཡུལ་གྱི་མིང་གི་མཐའ་མར་བོད་སྦྱར་བ་སོགས་ལས་ཀྱང་རྣམ་དཔྱོད་ལྡན་པ་རྣམས་ཀྱིས་རྟོགས་ནུས་པས་འདིར་རྒྱ་མཚན་མང་པོ་འགོད་པའི་ངལ་བ་བྱེད་མ་དགོས་སོ། །གལ་ཏེ་བོད་ཀྱི་རྒྱལ་པོ་དེ་དག་གིས་སྲོང་བཙན་གྱིས་དབང་དུ་བྱས་པའི་ཡུལ་ཀུན་ལ་དབང་མ་བསྒྱུར་བས། བོད་སྤྱིའི་རྒྱལ་པོར་མི་འཇོག་ན། སྲོང་བཙན་ཡང་བོད་སྤྱིའི་རྒྱལ་པོ་མ་ཡིན་པར་འགྱུར་ཏེ། ཁྲི་སྲོང་སོགས་ཀྱིས་དབང་བསྒྱུར་བའི་ཡུལ་དེས་ཀྱང་དབང་མ་བསྒྱུར་བས་སོ། །རང་རྒྱལ་གྱི་ཞྭ་ཀྲིའུ་ཆེན་ཏན་སོགས་དང་དེའི་རྗེས་འབྱུང་རྒྱལ་རབས་དག་གིས་ཀྱང་དབང་དུ་བྱས་པའི་ཡུལ་ལ་ཆེ་ཆུང་མཐའ་ཡས་པར་མཆིས་པས། རྒྱལ་ཁབ་སྤྱི་ལ་དབང་བསྒྱུར་བའི་རྒྱལ་པོ་ཞིག་འཇོག་དཀའ་བར་འགྱུར་རོ། །

（༣）《གཏེར་ཡིག》གི་ཚིག་འདི་དག་ལ་དཔགས་ན། མི་བསད་ན་སྟོང་སྟེར་ལེན་གྱི་སྲོལ་དེ་ཉིད་གནའ་དུས་ནས་ཡོད་པའི་བོད་ཀྱི་ལུགས་ཆེས་རྙིང་བ་ཞིག་ཡིན་པ་རྟོགས་ནུས་པས། ལོ་རྒྱུས་གཞུང་རྣམས་ལས་སྲོལ་འདི་སྲོང་བཙན་སྒམ་པོས་བཏོད་པར་བཤད་པ

ཁུང་འགྲིག་དཀའ་བར་སེམས་ལ། འོན་ཀྱང་སྟོན་གྱི་སྲོལ་དེ་ལ་སྲོང་བཙན་སྒམ་པོས་ལེགས་བཅོས་གནང་བ་ཡིན་ནོ་ཞེས་ན་ངེས་པར་དོན་ལ་གནས་པར་སེམས་སོ། །

༤. བཙན་པོའི་རྒྱལ་རབས་དར་རྒྱས་བྱུང་བའི་རྒྱུ་རྐྱེན་གལ་ཆེན་ཞིག་ནི《གཏེར་ཡིག》ལས། རྗེ་བདེན་གྱིས་ནི་བཀོལ་ན་དགའ། །དགའ་བདེན་གྱི་ནི་བསྟོད་ན་དགའ། །ཞེས་འཁོད་པ་བཞིན་བཟང་ལ་བྱ་དགའ་དང་ངན་ལ་ཆད་པ་ནན་ཆེ་བ་སོགས་བཀའ་ཁྲིམས་དྲང་བས་རྒྱལ་ཁམས་བསྐྱངས་སྐབས། ཕྱོགས་བཞི་མཚམས་བརྒྱད་ཀྱི་རྒྱལ་ཕྲན་སོ་སོའི་དཔའ་བོ་མང་པོའི་སེམས་བཀུག་ནས་བཙན་པོའི་འཁོར་དུ་འདུས་ཤིང་ཕྱི་ནང་མཉམ་འབྲེལ་གྱིས་རྐྱོལ་བས་རྒྱལ་ཕྲན་མ་ལུས་པ་རིམ་བཞིན་བཅོམ་སྟེ་བཙན་པོའི་རྒྱལ་རབས་སྟོབས་དང་ལྡན་ཞིང་དར་རྒྱས་གོང་འཕེལ་དུ་སོང་ཚུལ་འཁོད་པ་འདི་ཡིན་ལ། འདི་ནི་གནའ་དུས་ཀྱི་ལོ་རྒྱུས་ཤེས་བྱ་ཙམ་མ་ཡིན་པར། དེང་སྐབས་ཀྱི་སྲིད་དོན་མཁན་ཀུན་གྱིས་ཀྱང་མཐོང་ཆེན་བྱེད་དགོས་པའི་ཉམས་མྱོང་ཚད་མ་ཞིག་ཏུ་ཐེ་ཚོམ་གཏན་ནས་མེད་དོ། །

༥. རྒྱལ་པོ་སྟག་རི་གཉན་གཟིགས་ཀྱི་དུས་སུ་དེའི་བློན་པོ་ཁྲི་དོར་སྣང་བཙན་མོང་གི་བུས་བྲེ་སྲང་ཐུལ་བཅོས་ནས་བོད་ཀྱི་མཛངས་མི་བདུན་གྱི་གསུམ་པར་གྲགས་པ་ནི《མཁས་པའི་དགའ་སྟོན》ལས། འདི་དུས་ཁྲི་དོར་སྣང་བཙན་མོང་གི་བུས། །བྲེ་ཐུལ་སྲང་བཅོས་འབྲུ་མར་ཚད་ཀྱིས་བཅལ། །དགའ་གཉིས་ཚོང་བྱས་མཐུན་གཉིས་ལ་ལུང་སྟེབས། །དེ་གོང་བོད་ན་ཚོང་དང་བྲེ་སྲང་མེད། །དེའི་ཕྱིར་མཛངས་མི་བདུན་གྱི་གསུམ་པར་གྲགས། །ཞེས་སོ། །

དགའ་གཉིས་ཚོང་བྱས་མཐུན་གཉིས་ལ་ལུང་སྟེབས་ཞེས་སོགས་ཀྱི་དོན་ནི་བོད་ཀྱི་ཡུལ་འདིར་མིའི་འགྲོ་བ་བྱུང་བ་ནས་དེ་རྣམས་ཀྱི་ལུས་རྩོལ་བ་དང་བློ་གྲོས་ལ་བརྟེན་ནས་རང་བྱུང་ཁམས་བསྒྱུར་བཀོད་བྱས་ཏེ་མ་རྨོས་པའི་ལོ་ཏོག་གི་འབྲས་བུ་འདེབས་འཛུགས་ཀྱི་སོ་ནམ་གྱི་ལས་དར་ཞིང་། དེ་ཡང་རྨོན་པ་དོར་དུ་སྟེབས་ཏེ་ས་ཞིང་རྒྱ་བསྐྱེད་དང་ཞིང་ལ་ཆུ་གཏོང་བ་དང་ཡུར་རྒྱག་པ་ལུད་རྒྱག་པ་སོགས་འབྲུ་རིགས་འཕེལ་བའི་ཐབས་ཚུལ་མང་དུ་

བསྟར་བས། འབྲུ་རིགས་མང་པོ་ཐོན་སྐྱེད་བྱས་ནས་སོ་ནམ་པར་ཁྱིམ་ཚང་རང་གི་ཟ་རྒྱུ་འདང་ནས་ལྷག་པ་མང་པོ་ཡོད་པར་གྱུར་པ་དང་། མི་རྣམས་ཀྱིས་ཐོག་མར་རི་དྭགས་བསད་ནས་ཤ་ཁྲག་ཟ་ཞིང་པགས་པ་གྱོན་པ་ཡིན་ཡང་། སྐབས་འགར་རི་དྭགས་འགའ་རེ་གསོན་པོར་བཟུང་ནས་མ་བསད་པར་གསོས་པ་ལས་འཕེལ་ནས་ཕྱུགས་ཟོག་མང་པོ་བྱུང་བ་དང་ཆབས་གཅིག་དེ་བྱེད་པའི་འབྲོག་པ་བྱུང་བ་ཡིན་ལ། ཤ་དང་འབྲུ་རིགས་གཉིས་ཀ་མི་རྣམས་ཀྱི་འཚོ་བའི་དགོས་མཁོའི་ཐོག་མེད་དུ་མི་རུང་བའི་དངོས་པོ་ཡིན་པ་ཙམ་དུ་མ་ཟད། འོ་མའི་ནང་ནས་མར་ལེན་པའི་བྱེད་ཐབས་ཤེས་པ་ནས་བཟུང་མར་དེ་ཡང་བོད་མིའི་ཟས་རིགས་གལ་ཆེན་ཞིག་ཏུ་གྱུར་པར་བརྟེན་ནས་བོད་མི་དགའ་བའི་མར་དང་འབྲུ་གཉིས་ཚོང་བྱེད་ཅིང་། རོང་འབྲོག་གི་མཐུན་པ་གཉིས་ལ་ལུང་སྟེབས་པའི་སྲོལ་བྱུང་ཚུལ་བརྗོད་པ་ཡིན་ལ། དེ་ལྟར་ན་མར་དང་འབྲུ་གཉིས་ནི་བོད་མིའི་ཐོག་མའི་ཚོང་རྫས་གལ་ཆེན་ཞིག་ཡིན་པས། དེ་གཉིས་བརྗེས་ཚོང་བྱེད་པ་ལ་འབྲུ་བྲེ་ལ་གཞལ་ཞིང་མར་སྲང་ལ་བཅལ་དགོས་སྐབས་བྲེ་སྲང་བཟོས་ནས་གཏན་ལ་ཕབས་པ་དེ་ཡང་ཚོང་ལས་དར་རྒྱས་ཙམ་དུ་མ་ཟད། ཞིང་ཕྱུགས་ལས་འཕེལ་རྒྱས་ཕྱོགས་ལ་ནུས་པ་ཤིན་ཏུ་གལ་ཆེན་ཞིག་བཏོན་སྦྱོང་སྐབས། དེ་དག་ཐོག་མར་བཟོ་མཁན་ཁྲི་དོར་སྣང་བཙན་མོང་གི་བུ་ནི་བོད་མིའི་མཛངས་མིའི་གསུམ་པར་བསྔགས་པ་ཡིན་ནོ། །བྲེ་སྲང་གི་ཚད་ནི། ཁྱོར་བཞི་ལ་ཕུལ་གང་། ཕུལ་དྲུག་ལ་བྲེ་གང་། བྲེ་ཉི་ཤུ་ལ་ཁལ་གཅིག་ཏུ་བརྩི་བ་ནི་བོད་ཀྱི་མཇལ་གཞོར་གྱི་ཚད་ཡིན་ལ། ནས་འབྲུ་ཆེ་བ་གཉིས་འབྲིང་གཉིས་ཆུང་བ་གཉིས་ཏེ་ནས་འབྲུ་དྲུག་གི་ལྟེ་ཚད་ལ་སེ་བ་གང་དང་། སེ་བ་ཉི་ཤུ་ལ་ཞོ་གང་། ཞོ་བཅུ་ལ་སྲང་གང་། སྲང་བཞིའམ་སྟོར་བཞི་ལ་ཉག་ག་གང་། ཉག་ག་ཉི་ཤུ་སྟེ་སྲང་བརྒྱད་ཅུ་ཐམ་པ་ལ་ཁལ་གཅིག་ཏུ་བརྩི་བ་ནི་བོད་ཀྱི་འདེགས་ཚད་ཡིན་ཡང་། སྐབས་དེའི་འདེགས་གཞོར་གྱི་ཚད་འདི་འདྲ་ཡིན་མིན་དཔྱད་པར་བྱའོ། །

བཙན་པོ་འདི་དགུང་ལོ་ཅི་ཙམ་བཞུགས་ཚུལ་མི་གསལ་ཡང་། སྐུ་གཤེགས་རྗེས་བང་སོ་གང་དུ་བཏབ་པའི་ཚུལ་ལ། 《མཁས་པའི་དགའ་སྟོན》ལས།

གདུང་གི་བང་སོ་དོན་མཁར་མདའ་རུ་བརྩིགས། །
གྲལ་ནི་ཁྲི་བཟུང་བང་སོའི་གཡོན་ན་ཡོད། །
དེ་ཡང་འཕྲུལ་མེད་ས་ཕུང་བརྡལ་བ་འདྲ། །
དེ་ཡི་འོག་ན་བཙུན་མོ་འབྲོ་བཟའ་སྨན་བཙུན་དང་། །
མོན་བུ་རྒྱལ་མཚན་གཉིས་ཀྱི་བང་སོ་གཉིས་ཡོད། །

ཅེས་སོ། །

བདུན་པ། གནམ་རི་སྲོང་བཙན།

བཙན་པོ་ སྟག་ རི་ གཉན་ གཟིགས་ དང་ འོལ་ གྲུད་ བཟའ་ སྟོང་ བཙུན་ འགྲོ་ དཀར་ གཉིས་ཀྱི་ སྲས་ སུ་ གནམ་ རི་ སྲོང་ བཙན་ འཁྲུངས། （སྤྱི་ལོ༥༥༨ལ་འཁྲུངས་པར་འགའ་ཞིག་ཟེར） གཞོན་ དུས་ སུ་ མཚན་ ལ་ སློན་ མཚན་ ཟེར་ ཞིང་ ཕྱིས་ རྒྱལ་ སྲིད་ ཤིན་ ཏུ་ དར་ བའི་ སྐབས་ འབངས་ རྣམས་ ཀྱིས་ གནམ་ རིར་ མཚན་ གསོལ་ ཚུལ་ རྗེས་ ནས་ གཏེར་ ཡིག་ འདྲེན་ འགྱུར་ བར་གསལ་ལ། སྲོང་བཙན་སྣམ་པོ་ཞེས་པའི་མཚན་ཡང་ཕྱིས་གསོལ་ཚུལ་གཏེར་ཡིག་ཏུ་ གསལ་བས། འདི་དག་ལ་དཔགས་ན་བོད་རྒྱལ་རྣམས་ལ་ཡང་རྒྱ་ནག་གི་རྒྱལ་པོ་རྣམས་ དང་འདྲ་བར་སྲིད་ལ་མངའ་གསོལ་སྐབས་སམ་ཕྱིས་ཆབ་སྲིད་ཀ་ཅང་དར་བ་ལ་བརྟེན་ནས་ བློན་འབངས་ རྣམས་ ཀྱིས་ དོན་ དང་ ལྡན་ པའི་ མཚན་ གསར་ བ་ ཞིག་ འདོགས་ པའི་ སྲོལ་ མཆིས་པར་ངེས་སྙམ། །

༡． རྒྱལ་པོ་འདིའི་རིང་ལ་བྱུང་བའི་དོན་ཆེན་འགའ།

（༡）བཙན་པོ་འདི་ཅུང་ཟད་ནར་སོན་པ་ན། དམུས་ཏེ་ལོང་བ་ཁྲིད་ནས་བྲག་

གསུམ་དིང་མའི་མཚོ་འགྲམ་ནས་ཧ་མདོ་བ་ཅང་ཤེས་རྟེན་དེ་ཆིབས་པ་བྱས། སྤྲང་དཀའ་པོ་དང་རྨུ་དཔུང་རྒྱུང་རིང་པོ་ཞེས་པའི་གྲུད་ཆེན་པོ་གཉིས་ཀྱིས་ཞབས་ཞུ་བྱས་ནས་ཕུང་གཡག་ཐལ་དཀར་རུ་རིང་ཞེས་པའི་འཁྲོང་བསད་པའི་ཤ་ས་ལ་ལྷུང་བ་ལས་རྩ་རྟེན། བྱང་རྩ་ལེན་པའི་སྲོལ་དེ་ནས་བྱུང་བར་གྲགས་པ་ལྟར་ན་འབྲོང་གསོད་ས་ཡང་བོད་བྱང་ཐང་གི་ཡུལ་གང་རུང་ཞིག་ཡིན་པར་ངེས། །

(༢) འདིའི་རིང་ལ་རྒྱ་ནག་ནས་སྨན་དང་རྩིས་དར་བར་བཤད་ཀྱང་། རྒྱ་སྨན་གྱི་གཞུང་བོད་སྐད་དུ་བསྒྱུར་བའི་དོན་མ་ཡིན་པར་རྒྱའི་ཡིག་ཐོག་ནས་སྨན་བསླབས་ཏེ་དེ་ལ་མཁས་པའི་བོད་མི་འགའ་ཞིག་བྱུང་བའམ། རྒྱའི་སྨན་པ་མཁས་པ་དག་བོད་ཡུལ་དུ་སླེབས་ནས་སྨན་གྱི་འཕྲིན་ལས་སྤེལ་བའི་དོན་ཡིན་ནམ་སྙམ། ཕྱིར་བོད་ཡུལ་ དུ་གསོ་བ་རིག་པ་དར་ཚུལ་ལ། བོན་པོ་རྣམས་ཀྱིས་གནའ་དུས་ནས་བོན་ལུགས་ཀྱི་གསོ་བ་རིག་པ་རྒྱ་ཆེར་དར་བར་འདོད་ཀྱང་། བོན་གྱི་གསོ་བ་རིག་པར་རིགས་པའི་གཞུང་ལུགས་ཆ་ཚང་ཞིག་ཡོད་པའི་ངེས་པ་མི་སྣང་ལ་གཙོ་བོ་ནི་གཏར་བསྲེག་བྱུགས་གསུམ་དང་། ཡུལ་ཐབས་ཀྱི་སྨན་སྦྱོར་འགའ་ཞིག ཟ་གསར་བ་ལ་མར་བཞུས་ནས་བཏང་བས་རྩ་ཁ་སྡོམ་པ་ལྟ་བུ་སྟབས་བདེའི་ནད་སེལ་གྱི་གསོ་བྱེད་འགའ་ཞིག་དར་བ་བདེན་པ་གཏེར་ཡིག་དང་གཡུ་ཐོག་རྣམ་ཐར་སོགས་ལས་རྟོགས་ནུས་ལ། བོད་ཀྱི་གསོ་བ་རིག་པ་ནི། ལྷ་ཐོ་ཐོ་རིའི་དུས་སུ་རྒྱ་གར་གྱི་སྨན་པ་མཁས་པ་བི་བྱི་དགའ་བྱེད་དང་བི་ལྷ་དགའ་མཛེས་མ་གཉིས་བོད་དུ་སླེབས་སྐབས་བུད་མེད་ཅིག་གིས་མ་ལ་ནད་བྱུང་ནས་དུར་ཁྲོད་དུ་སྐྱེལ་བ་མཐོང་བས་དེ་ལྟར་བྱེད་མི་རུང་། ནད་ལ་བཅོས་ཐབས་ཡོད། ཅེས་དེའི་ནད་ལ་སྨན་བཅོས་བྱས་པ་ནས་གསོ་དཔྱད་ཀྱི་འཕྲིན་ལས་རྒྱ་ཆེར་འཕེལ་བའི་སྙན་གྲགས་བཙན་པོས་གསན་ནས་སྨན་པ་གཉིས་ཕོ་བྲང་དུ་སྤྱན་དྲངས། རིན་པོ་ཆེའི་ཁྲི་ལ་བཞུགས་སུ་གསོལ། གསེར་དངུལ་འབུམ་ཚོ་རེའི་འབུལ་བ་བྱས་པ་ལ། སྨན་པ་གཉིས་ཀྱིས་རིག་པ་རྩའི་མདོ། འཚོ་བ་ཟས་ཀྱི་མདོ། སྦྱོར་བ་སྨན་གྱི་མདོ། གཏར་བསྲེག་དཔྱད་ཀྱི་མདོ། ཟ་ཆས་བཟོའི་མདོ་རྣམས་གནང་། གཞན་

ཡང་། རྗ་འགྲེལ་འགྲེལ་བཤད་ཤོག་དྲུག ས་དཔྱད་ལག་ལེན་དང་བཅས་པ་གནང་ཞིང་། རྒྱལ་པོའི་སྲས་མོ་ལྷ་ལྕམ་ཡིད་ཀྱི་རོལ་ཆ་བི་བྱིའི་རིག་མར་བསྐུལ་བ་ལ་སྲས་དུང་གི་ཐོར་ཅོག་ཅན་འཁྲུངས་ནས་སྲས་ལ་གསོ་རིག་བསླབས་ཏེ། ཡབ་རྒྱ་གར་དུ་ཕྱོག སྨན་པ་དུང་གི་ཐོར་ཅོག་ཅན་གྱིས་རྒྱལ་པོའི་བླ་སྨན་མཛད་པ་ནས་དེའི་སྲས་རྒྱུད་རིམ་བྱོན་རྣམས་ཀྱིས་བཙན་པོ་རྣམས་ཀྱི་བླ་སྨན་གནང་བའི་ཚུལ་གཡུ་ཐོག་རྣམ་ཐར་སོགས་ལས་གསལ་བ་ལྟར་ཡིན་ལ། རྒྱ་ནག་ནས་དར་བའི་རྩིས་ཀྱང་འབྱུང་རྩིས་ཀྱི་ཡན་ལག་འགའ་ཡིན་པ་ལས་ལི་ཐོ་བཟོ་བར་མཁོ་བའི་སྐར་རྩིས་ནི་མིན་པར་སེམས་སོ། །

(༣) བ་དམར་པོའི་འོ་མས་སྲུས་པའི་འཛིམ་པས་བརྩིགས་པའི་ཕོ་བྲང་ཁྲི་བརྩེགས་འབུམ་གདུགས་ཞེས་པ་བཞེངས་པར་བཤད་པ་ནི། བཙན་པོ་འདིའི་སྐུ་དུས་སུ་སྤུ་རྒྱལ་མངའ་ཁོངས་རྒྱ་བསྐྱེད་ནས་དབུས་གཙང་གི་ས་ཆ་ཡོངས་རྫོགས་ཆབ་འོག་ཏུ་དངོས་སུ་བཅུག བཙན་པོའི་བཞུགས་གནས་ཀྱང་ཡར་ལུང་གཙང་པོའི་ལྷོ་ངོས་ནས་བྱང་ངོས་སུ་སྤོས་ཏེ་མལ་གྲོའི་ཕོ་བྲང་བྱམས་པ་མི་འགྱུར་གླིང་བཞེངས་པར་བཤད་པ་དེ་དང་གཅིག་མིན་དཔྱད་པར་བྱའོ། །

༢. དབུས་གཙང་དངོས་སུ་གཅིག་འགྱུར་བཟོ་བའི་དམག་འཁྲུག་ལངས་ཚུལ།

ཏུང་ཧོང་གཏེར་ཡིག་ལས། བཙན་པོ་སློན་མཚན་དང་། སློན་ཀོལ་མཆེད་གཉིས་ཀྱིས། མྱང་ཙེང་སྐུ་དང་། དབའས་དབྱི་ཚབ་དང་། དབའས་མྱེས་སྣང་དང་། དབའས་པ་ཚབ་དང་། མནོན་འདྲོན་པོ་དང་། ཚེས་པོང་ནག་སེང་དྲུག བྲོ་སྐུལ་བའི་ཚིག་ནི། དེང་ཕན་ཆད། ཟིང་པོ་རྗེ་རྒྱབ་དུ་མྱི་དོར་རོ། སྤུ་རྒྱལ་པང་དུ་མྱི་ལེན་རོ། བཙན་པོ་སྤུ་རྒྱལ་ལ་གློ་བ་འདྲིང་རོ། མཐང་གྲང་རོ། མན་ངག་ཐུབ་པར་མྱི་འཚལ་རོ། ཕྱི་མ་ནང་འཚལ་རོ།

སོམ་ཉི་བཀྱིད་རེ། བརྟུལ་ཕོད་པར་མྱི་འཚལ་རེ། སྒྲོག་སྤྱངས་(སྨྱི)འཚལ་རེ། བཙན་པོ་
སློན་བཙན་གྱིས། བཀའ་ཇི་སྐྱལད་པ་བཞིན་མྱི་ཉན་རེ། གཞན་སུས་བསླུས་ཀྱང་ཉན་རེ་
བར་བྲོ་སྐྱོལ་ཏོ། མྱང་ཙེང་ཚུང་དང་། མྱང་མུ་གསེང་དང་། ཚེས་པོང་ན་གུ་དང་།
དབའས་མྱེས་སྣང་། དབའས་པུ་ཚབ་རྣམས་བྲོལ་གཙོགསོ། །དེ་ནས་དཀྱུང་ཐུས་བགོས་
སྟེ། སྣར་མཆིས་སོ། །གཙུང་སློན་ཀོལ་དང་། ཡུལ་སྟོང་བརྩུན་གཉིས་ནི། སྣད་ན་ཡུལ་
འཚོར་ཞིང་བཞུགས་སོ། །བཙན་པོ་ཁྲི་སློན་བཙན་གྱིས། ཞབས་ཀྱིས་བཙུགས་ཏེ།
དམག་ཁྲི་དང་ཆསྐེ་དྲངས་སོ། །མྱང་ཙེང་སྐུ་དང་། མནོན་འདྲོན་པོ་གཉིས་ནི། སྟག་པ་ཤ་
ཏུ་ལ་ཚུན་ཆད། བྱ་གཙོད་ཆེང་ཉན་རྣར་བཀྱེའོ། དབའས་དབྱི་ཚབ་དང་། ཚེས་པོང་ནག་
སེང་གཉིས་ནི། བཙན་པོའི་སྤྱན་འདྲེན་ནོ། །རྒྱ་པོ་ནི་རབ་ཏུ་བཏོད་དོ། །དྲ་ལ་ནི་དབྱེ་ཏུ་
བཏིང་ངོ་། མཁར་ཡུ་སྣ་ནི་ཕབ་པོ། །དཀྱུ་གྱི་ཟིང་པོ་རྗེ་ནི་བཀླག་གོ །མང་པོ་རྗེ་སུམ་བུ་ནི་
དྲུ་གུ་ཡུལ་དུ་བྲོས་སོ། །ཕགི་ཡུང་བ་སྣ་མན་ཆད། རྐོང་བྲེ་སྣ་ཡན་ཆད། བཙན་པོ་ཕྱག་དུ་
ཕོན་ཏེ། བཙན་པོ་ཁྲི་སློན་བཙན་གྱིས། བཀའ་སྐྱལ་ཏེ། ཡུལ་ངས་པོ་ལས། འཕན་ཡུལ་
དུ་མྱིང་སྩོས་སོ། །མྱང་དབའས་ཀྱིས། མཆིད་བླངས་པ། གཟུས་ནི་ལྷ་ཕོན་ཏོ། །སློན་
མཚན་སློན་ཀོལ། གཟུས་ནི་ལྷ་ཕོན་ཏོ། །སྲིད་བྱ་རྐོད་གྱིས་བཏག་སྟེ། ཚེས་པོང་ནག་སེང་
གིས་བཏགས་སོ། །རྗེ་བདེན་ཀྱིས་ནི་བཀོལ་ཏོ། །སྣ་བདེན་ཀྱིས་ནི་བསྟོད་དོ། །མྱི་སྐྱོན་
ནམ་དུ་སྤྱུང་ངོ་། །མཆེ་གཟུགས་ནམ་དུ་འཁྲུངས་སོ། །དེ་ནས་ཡུལ་ངས་པོའི། འབངས།
དཔའས་དབྱི་ཚབ་ལ་སྐྱོགས་པས། །བཙན་པོའི་མཚན་གསོལ་བ། །ཆབ་སྲིད་གནམ་བས་
མཐོ། །དབུ་རྨོག་རི་བས་བརྩན་ཏེ། །གནམ་རི་སློན་མཚན་དུ་བཏགསོ། །མྱང་དབའས་
མནོན་དང་གསུམ་གྱིས། །ཟིང་པོ་རྗེའི་སྲིད། བཙན་པོ་སྤུ་རྒྱལ་གྱི་ཕྱག་དུ་དངར་ཏོ། །དེ་
ནས་གནམ་རི་སློན་མཚན་གྱིས་ཕྱག་ལྷག་གིས་དྲས་ཏེ། ། མྱང་ཙེང་སྐུའི་བྱ་དགའར། །
མཉན་འཛི་ཟུང་གི་མཁར་སྤུར་བ་དང་། བྲན་ཁྱིམ་སྟོང་ལྔ་བརྒྱའ་སྐྱལ་ཏོ། །དབའས་དབྱི་
ཚབ་ཀྱི་བྱ་དགའར། །ཟ་གད་གཤེན་ཀྱི་ཡུལ་ས་དང་། མལ་ཏྲོ་ཕྱོགས་ནས་བྲན་ཁྱིམ་སྟོང་

ལྔ་བརྒྱའི་སྐུལ་ཏོ། །མཆོན་འདྲེན་པའི་བྱ་དགའར། ཁོ་ནའི་པུ་ནུ་པོ་མཆོན་ལ་སྐྱོགས་པ་བྲན་ཁྲིམ་སྟོང་ལྔ་བརྒྱའི་སྐུལ་ཏོ། །ཆོས་པོང་ནག་སེང་གི་བྱ་དགྲར། འོན་ཀྱི་སྨོན་མཁར་ནས། །བྲན་ཁྲིམ་སུམ་བརྒྱའི་སྐུལ་ཏོ། །སྦྱང་ཅེང་ཅུང་དང་། པ་སྤུན་པོ་ཨུ་གསེང་གཉིས་ནི་དཀུ་ལ་གཡོགས་སྟེ། དཀུ་རྒྱལ་པའི་ནང་དུ་ཡང་གཡོགས་སོ། །དབའས་དཔེ་ཚབ་ཀྱི་ཚ་པོ། །སྟག་པོ་རྗེ་སྨྱེས་སྣང་དང་། མང་པོ་རྗེ་པུ་ཚབ་གཉིས་དཀའ་རྒྱལ་ལ་གཡོགས་སོ། །ཆོས་པོང་ནག་སེང་གི་ནུ་པོ་ན་གུ་དཀའ་རྒྱལ་ལ་གཡོགས་སོའ། །ཞང་ལྷ་སྟེ། སྦྱང་འབའས་མཐོན་དང་གསུམ། ཆོས་པོང་སྲིན་དང་བཞིས། སློ་བ་ཉེ་ནས། བྲན་ཁྲིམ་མང་པོ་དང་ཡུལ་ཆེན་པོ་སྐུལ་ཏོ། །བཙན་པོའི་སློན་པོར་བཙུག་གོ །རྒྱལ་པོ་འདིའི་རིང་ལ། །ཁྱུང་པོ་སྤུང་སད་ཀྱིས་ཟིང་པོད་ཀྱི་རྗེ་པོ་མར་མུན་མགོ་བཅད་དེ། །ཟིང་པོད་ཁྲིམ་ཉེ་གྲི། བཙན་པོའི་ཕྱག་ཏུ་ཕུལ་ཏེ། ཟུ་ཙེ་སློ་བ་ཉེ་འོ། །ཞང་ནས་བཙན་པོ་སློན་བཙན་གྱིས། །ཟིང་པོད་ཁྲིམ་ཉེ་གྲི། །ཟུ་ཙེ་སློ་བ་ཉེ་བའི་བྱ་འགར་སྐུལ་ཏོ། །ཞང་གི་འོག་ཏུ་བཙན་པོ་མཆེད་གཉིས་ལ། །མོང་སྟོན་པོ་སློ་བ་རིངས་པ། ཟུ་ཙེ་སློ་བ་ཉེ་བས་དཀའ་བེལ་ནས། །བཙན་པོ་མཆེད་གཉིས་ཀྱི་སྐུ་ལམ་དར་བར། །མོང་སྟོན་པོ་བཀུམ་སྟེ། །ཟུ་ཙེ་སློ་བ་ཉེའོ། །ཟིང་པོ་རྗེ་སྲིད་བརླག་པའི་སློ་ལའ་གཡོགས་ཏེ། །ཟུ་ཙེ་སློ་བ་ཉེའོ། །ཞང་གི་རྗེས་ལ་དགས་〔 དྭགས་པོ་〕འབངས་སུ་མངའ་བ་ལས་ལོག་གོ །ཞང་ནས་རྗེ་སློན་ཡོངས་སུ་འདུས་ཏེ། །དགས་པོ་ལྷ་དེ་དགུག་པའི་བཀའ་གྲོས་མཛད་ནས་དམག་པོན་སུས་བྱ་ཞེས་གློད་ན། སེང་གོ་མྱི་ཆེན་གྱིས། །ཁོ་བོས་རྫོ་ཐོག་ཆེས་ཁས་བླངས་སོ། །ཞང་ནས་ཁྱུང་པོ་སྤུང་སད་ན་རེ། །ཁྱོ་འདའས་དམག་པོན་འོང་ངམ། །མྱི་མཛངས་པ་གོ །སྐྱེའུ་ནང་དུ་སྦྱུང་བུ་བཙུག་པ་དང་མཚུངས་ཤེས་བྱ་ན། །ཁྱོ་འདའ་བཙན་པོའི་སྣམ་ཕྱི་པར་བཀའ་སྐུལ་ནས། །ལོ་དུ་མ་ཞིག་ལོན་ན། །འཛངས་རྫོ་ཐོག་གོ་ཞེས། །མྱི་ཆིག་གིས་བསྟོད་པ་ཁོ་བོས་མ་ཐོས་ན། །ཁྱོ་འདའས་མྱི་འོང་བ་ལ་བསྒྲེ་བསྒྲེ་སྟེ། །འབངས་ཆབ་འཚལ་བར་མཆིའོ། །ཞེས་བྱས་སོ། །མྱི་ཆེན་ན་རེ། །མྱི་ཡོངས་ཀྱིས་ཁོ་བོ་ལ་སྙན་དུ་མྱི་བརྗོད་པ་ཡང་བདེན་ནོ། །ཁོ་བོ་སྟོན་

སྒྲིའུ་ནང་དུ་ཞུགས་ཀྱང་མ་ཞུགས། རྩེ་མོ་ཕྱིར་མ་བྱུང་བ་ཡང་བདེན་ནོ། །ཕོ་བོ་སྔོན་སྒྲིའུ་ནང་དུ་ཞུགས་སུ་ཟིན་ན། །རྩེ་མོ་བས་ཡུ་བ་ཕན་ཆད་བྱུང་སྟེ་སོང་ཟིན་ནོ། །འུང་གིས་དེང་ཕོ་བས་གསོལ་བ་ཡང་། །སྔོན་ཇི་འི་ནང་དུ་ཡང་མ་ཞུགས་པས། གདོད་འཇུག་པར་གསོལ་བ་ཡིན་ནོ་ཞེས་བྱས་སོ། །འུང་ནས་བཙན་པས་ཀྱང་། །མྱི་ཆེན་གསོལ་བ་བཞིན་གནང་ནས། །དྭགས་པོ་འབང་སུ་དགུག་པའི་དམག་པོན་དུ་བཀའ་སྩལ་ཏོ། །འུང་ནས་མྱི་ཆེན་གྱིས། །དྭགས་པོ་ལྷ་དེ་ལ་བརྐལ་ཏེ། །དགས་པོ་ཡོངས་སུ་བཀུག་ཏེ། །མྱི་ཆེན་གྱི་བྱ་དགའར། །གསེར་ཁྱུང་རེ་འུ་རྐལ་གྱི་མྱི་དང་འབྲོག་དུ་བཆས་ཏེ་སྩལ་ཏོ། །འབྲོང་ཆེ་བོ་རྟུལ་གྱི་ར་མྱི་ཡོངས་ཀྱི་ཁན་བརྗོད་ན། །སེང་འགོ་མྱི་ཆེན་གྱིས། དྭགས་ཀྱི་བསེན་མཁར་ལ། །མདུང་མོ་ཐབས་གཅིག་གིས། འབྲོག་མོ་ཐང་གང་ཐོབ། །སྤྱོགས་ཇེག་སུམ་བརྩན་སྐྱི་བོ་རེང་གིས། དཔའ་བའི་ཕྱུལ་ཕྱིན་ན། །ཉིན་ཆིག་ལ་དྭགས་པོ་མྱི་བརྒྱའ་བསད་ཆེས་འུང་སྐད་དོ། །འུང་གི་རྗེས་ལ། མྱང་སྨན་ཏོ་རེ་སློ་བ་ཉེ་བའི་བུ། ཞང་སྣང་བཙན་པོའི་ཞ་འབྲིང་སྣང་མ་པ་འཚོལ་ཞིང་མཆིས་སོ། །འུང་གི་རྗེས་ལའ། བཙན་པོ་རྗེས་འབངས་དགྱེས་སྐྱེམས་སྟོན་མོ་གསོལ་ལོ། །འུང་གི་ཚེ་ཁྱུང་པོ་སྤུང་སད་ཀྱི་སྤྲུ་བླངས་པའི་ཚིག་ལ།

སྔོན་ཀའི་ནི་སྟག་ཆིག་པ། །
སྟག་བཀུམ་ནི་ཟུ་ཙེས་བཀུམ། །
གུང་བཀྲོས་ནི་ཕྱུག་དུ་ཕྱུལ། །
སླ་ཕྱོད་ནི་ལྡེ་(སྡེ)ཇེག་སྩལ་ལད། །
རྩང་བྲང་ནི་ཡ་སྟོད་ཀྱི། །
ཐང་སྤྲོམ་ནི་རྩོད་ལྡིང་བའ། །
རྩོད་བཀུམ་ནི་ཟུ་ཙེས་བཀུམ། །
རྩོད་གཞོག་ནི་ཕྱུག་དུ་ཕྱུལ། །
གསབ་གསོབ་ནི་ལྡེ་ཇེགས་སྩལ་ལད། །

ན་ཞིང་ནི་གཞི་ཞིང་སྟེ། །
ཏེ་སེ་ནི་གངས་དྲུང་ནས། །
ཤ་དང་ནི་རྒྱུང་བྱེར་བའ། །
ཤམ་པོ་ནི་སྤུ་ལ་བྱེར། །
ངི་རིང་ནི་སང་ལྷ་ན། །
ཤམ་པོ་ནི་གཉན་གྱི་རྩ། །
ཤ་རྒྱུང་ནི་ཚས་མ་ངན། །
ཤ་རྒྱུང་ནི་ཚས་ངན་ན། །
ཏེ་སེ་ནི་གངས་ཀྱིས་བྲུན། །
ན་ཞིང་ནི་གཞི་ཞིང་སྟོན། །
མ་པང་ནི་མཚོ་འགྲམ་ནས། །
ངང་དང་ནི་ངུར་བྱེར་བ། །
དང་ཀོ་ནི་མཚོ་ལ་བྱེར། །
ངི་རིང་ནི་སང་ལྷ་ན། །
དང་ཀོ་ནི་ལྷའི་མཚོའ། །
ངང་ངུར་ནི་ཚས་མ་ངན། །
ངང་ངུར་ནི་ཚས་ངན་ན། །
མ་པང་ནི་མཚོ་འིས་བྲུན། །
ལྷོ་རྗེགས་ནི་འཕན་གྱི་སྟོན། །
སེ་ཁྲུང་ནི་འཕན་གྱིས་བཏབ། །
སྟེ་ན་ནི་འཕན་པ་ལ། །
ད་ཙམ་ནི་སྐྱུན་ཡང་ཡས། །

དབྱུ་ཕྱིང་ནི་ཁྲོ་བོ་(ཁྲ་བོ)ལ། །
ཐམ་ནི་གཡིགས་བསྐོརད། །
ཟླུ་ཅེ་ནི་སྨུལ་ལགས་ཀྱང་། །

གླུ་དེ་ཞེས་བླངས་སོ། །ཁྱུང་ནས་བཙན་པོའི་ཐུགས་ལ་དགོངས་པ། །བློན་པོ་སྟོ་རེགས་གཅིག་གིས་བླན་བར་ཐུགས་རེ་བ་ལས། སུས་ཀྱང་མ་བླན་ཏོ། །ཁྱུང་ནས་ཞང་སྣང་པའུ་ཟུར་འབྲིང་པོ་བཆས་པ་ཙམ་ཞིག །སྣང་མ་སྟོམ་ཞིང་མཆིས་པ་ལ།ཁྱོད་ཕ་སྙིན་(སྙིང)ཉེ་བའི་བུ་ན། །གླུ་ཤེས་སམ་ཞེས་རྨས་པ་དང་། ཞང་སྣང་གིས་མཆིད་འཚལ་ཞེས་གསོལ་ཏོ། །ཞང་སྣང་གིས་གླུ་བླངས་པ། །

ཀྱེ་ན་ནིང་ནི་གཞེ་ནིང་སྤྱ། །
ཆབ་ཆབ་ནི་ཕ་རོལ་ན། །
ཡར་ཆབ་ནི་ཕ་རོལ་ན། །
དགུ་གྲི་ནི་ཟིང་པོ་རྗེ། །
ཉ་ལས་ནི་ཁམ་དུ་བཀོང་། །
ཁམ་ལས་ནི་རྨིག་དུ་བཏའ། །
སྐྱི་ནས་ནི་ཉ་འདོན་པ། །
དབྲི་ཚབ་ནི་པངས་ཏོ་རེ། །
ཀླུམ་ན་ནི་ཚབ་(ཆབ)གཙོད་པ། །
ཙེང་སྐྱུ་ནི་སྨོན་ཏོ་རེ། །
ཁྱུར་ར་ནི་རགས་ཐོགས་ཤིང་། །
དོག་གི་ནི་ས་སྐྱིད་པ། །
པང་སུམ་ནི་འདྲོན་པོ་ཞིག །
ཐང་ལ་ནི་རྩེ་བཆད་ཆེང་། །

ཞམ་པོ་ནི་རྨེད་དུའ་བསྣན། །

ཡུ་སྣའི་ནི་མཁར་པབ་ཆེང་། །

ཕྱིང་བའི་ནི་སྔོན་དུ་བགྱིས། །

སྤྱན་ནི་མཐོ་བ་ལ། །

ད་ཙམ་ནི་དགུང་ལ་རེག །

ངས་པོ་ནི་སྨང་དྲས་ཞིང་། །

ཡར་མོ་ནི་ཁོལ་དུ་སྐྱལད། །

སྤྱན་ནི་ཆེ་བ་ལ། །

ད་ཙམ་ནི་མཐའ་ཡང་ཡས། །

སྐྱོ་རྗེགས་ནི་འཕན་གྱི་སྔོན། །

སྐྱོང་ཧོང་ནི་འཕན་གྱིས་བཏབ། །

སྤྱན་ནི་འཕན་པ་ལ། །

ད་ཙམ་ནི་འཕྱུན་ཡང་ཡས། །

ན་ཉིང་ནི་གཞི་ཉིང་སྤྱ། །

ཕོ་མའི་ནི་འབྲོང་བཀུམ་པ། །

སྐྱོ་ཞིང་ནི་སྐྱུག་མོ་རྒྱལ། །

ལྷགས་ཀྱིས་ནི་མ་དྲལ་ན། །

སྐྱུག་གིས་ནི་རེ་མྱི་ཕྱུགས། །

རྐོད་ཀྱིས་ནི་མ་བསྒྲོན་ན། །

འབྲོང་ལ་ནི་རེ་མྱིའི་འཛེན། །

ངས་པོ་ནི་ར་ཡུལ་གྱི། །

ཀོམ་རྗེ་ནི་གཟིགས་མོ་རྒྱལ། །

ཁབ་ཀྱིས་ནི་མ་ཕུག་ན། །
རྒྱུས་ཀྱིས་ནི་རེ་མི་སྤྱུགས་(ཟུག)། །
རྒྱུས་ཀྱིས་ནི་མ་དྲངས་ན། །
ཀོམ་ཅེ་ཉེ་(ནི)ཉིད་མི་འཛོ། །

ཞེས་གླུ་བླངས་ནས། ཚིག་དེས། བཙན་པོ་ཐུགས་བཞེངས྄ཏེ། མྱང་ཞང་སྣང་བློན་པོར་བཏུག་ནས། བློན་པོའི་མཚན་མར་ཡང་རྟུལ་(རྟུལ)གྱི་ཕྱུག་(སུག)བུ་ཆུང་བསྩལ་ཏོ། །

①མྱང་ངེང་སྐྱ་དང་། དབས་དབྱི་ཚབ་དང་། དབའས་མྱེས་སྣང་། དབའས་ཕྱུ་ཚབ། མནོན་འདྲོན་པོ་དང་། ཚེས་པོང་ནག་སེང་དྲུག་གིས་ཟིངས་པོ་རྗེ་ཁྲི་པང་གསུམ་ལ་ང་ལོག་ཅིང་བཙན་པོར་བློ་དཀར་བའི་མནའ་འབྲེལ་བརྩུགས་པ།

②གོང་གསལ་བློན་པོ་དེ་དག་གིས་བཙན་པོར་གཞོགས་འདེགས་མཛད་ནས་ཟིངས་པོ་རྗེའི་སྲི་གཏོར། དེའི་མངའ་ཁོངས་ཡོངས་རྫོགས་བཙན་པོའི་ཆབ་འོག་ཏུ་དངོས་སུ་བཏུག

③མྱང་ཅེང་སྐྱ་སོགས་ཀྱིས་བྱས་རྗེས་ཆེན་པོ་བཞག་པས་བཙན་པོས་དེ་དག་ལ་བྲན་ཁྱིམ་མང་པོ་བྱ་དགར་བསྩལ་བ།

④ཁྱུང་པོ་སྤུངས་སད་ཟུ་ཙེ་ཟིར་བས་གཙང་རྗེ་མར་མུན་གྱི་མགོ་བཅད་ནས་གཙང་ཁྱིམ་ཉིས་ཁྲི་བཙན་པོའི་འབངས་སུ་ཕུལ་ཞིང་། བཙན་པོས་སླར་ཡང་གཙང་ཁྱིམ་རྣམས་དེ་ལ་བྱ་དགར་བསྩལ་བ།

⑤དྭགས་པོ་སྟོན་ནས་བཙན་པོའི་མངའ་འབངས་སུ་གཏོགས་པ་སྐབས་དེར་ང་ལོག་པ་སེང་གོ་མི་ཆེན་གྱིས་སླར་ཡང་འབངས་སུ་བཀུག་པ་ལ། དེའི་བྱ་དགར་གསེར་ཁྱུང་རེའུ་རྒྱལ་གྱི་མི་དང་འབྲོག་དུད་མང་པོ་བསྩལ་པ་བཅས་སོ། །

༣. བཙན་པོ་བཀྲོངས་པའི་རྒྱུ་རྐྱེན།

དེ་ལྟར་ན་སྟག་རི་གཉན་གཟིགས་ཀྱི་སྐུ་རིང་ནས་བཙན་པོའི་རྒྱལ་རབས་དར་རྒྱས་ཡོང་བའི་དབུ་བརྙམས་ཤིང་། རྒྱལ་པོ་འདིའི་དུས་ནས་དངོས་སུ་དམག་དྲངས་ཏེ་ཤར་ནུབ་བྱང་བཅས་སུ་མངའ་ཁོངས་གློ་བུར་དུ་རྒྱ་བསྐྱེད་པ་སོགས་སྔར་བྱུང་མ་མྱོང་བའི་རྒྱལ་སྲིད་དར་རྒྱས་ཆེན་པོ་བྱུང་ནའང་། སྔོན་བགྲང་བྱ་སྟོང་ཕྲག་དུ་མའི་རིང་ལ་ཁ་འཐོར་སྡེས་ས་ཆ་བཅད་བཟུང་བྱས་ནས་རྒྱལ་ཕྲན་མང་དུ་ཆགས་ཤིང་། དེ་དག་གིས་ཕན་ཚུན་འགྲན་གཏོལ་དང་། ཡུལ་སྡེ་འཕྲོག་རེས་བྱེད་པའི་སྲོལ་ངན་གྱི་བག་ཆགས་ཟབ་མོ་ཡོད་པ་དང་། དམག་དཔོན་ཆེན་པོ་རྣམས་ཀྱིས་བླངས་པའི་ས་ཁུལ་དེ་དག་ལས་ཡོངས་སུ་རྫོགས་པའམ་ས་ཁུལ་ཆེན་པོ་རེ་བཅད་ནས་ལེན་མཁན་དེ་ལ་བྱ་དགར་གནང་བ་སོགས་ལ་བརྟེན། སྤྱི་རྒྱལ་གྱི་ཆབ་སྲིད་རྨང་གཞི་རབ་ཏུ་བརྟན་པོ་ཞིག་འཛུགས་མ་ཐུབ་པ་དང་། བཙན་པོ་ཉིད་ཀྱིས་བཀོད་འདོམས་གནང་བའི་དམག་དོན་སྟོབས་ཤུགས་ཀྱང་ཧ་ཅང་ཆེན་པོ་ཞིག་མིན་སྟབས། ས་གནས་སོ་སོའི་འགོ་བ་རྣམས་ཀྱིས་གཅིག་འཁྲོ་གཅིག་ལ་བཙན་པོར་ངོ་ལོག་སྡེ་སྒེར་བཟུང་བྱས་སྐབས་ཐབས་ཅི་ཡང་མེད་པ་དང་། རྒྱ་འུབ་མི་འདུས་པར་གྱུར་ཏེ་མཐར་ཐུག་བཙན་པོ་རང་ཡང་བློན་ངན་རྣམས་ཀྱིས་མོན་དུག་གིས་བཀྲོངས་པར་གྲགས་སོ། །

གཤེགས་རྗེས་བང་སོ་བཏབ་ཚུལ་ནི།
བང་སོ་གྲུ་བཞིར་བརྩིགས་པ་དེ་ནས་བྱུང་། །
གྲལ་ནི་ཁྲི་བཟུང་བང་སོའི་གཡོན་ན་ཡོད། །
ཕྱུལ་ཆེ་དཔྱིབས་ནི་གྲུ་བཞི་སོག་ཁ་རིས། །
མིང་དུ་གུང་རི་སོག་ཁར་བཏགས་སོ་སྐད། །

ཅེས་སོ། །

བརྒྱད་པ། ཆོས་ཀྱི་རྒྱལ་པོ་སྲོང་བཙན་སྒམ་པོ།

༡. འཁྲུངས་ལོའི་སྐོར་གྱི་བཞེད་པ་དང་བཙན་པོ་ཡབ་མེས་ཀྱིས་དབང་དུ་བསྡུར་བའི་ས་ཁུལ་རྣམས་གློ་བུར་དུ་འཐོར་བའི་རྒྱུ་མཚན། བཙན་པོ་གནམ་རི་སྲོང་བཙན་དང་ཡུམ་ཚེ་སྤོང་བཟའ་འབྲི་མ་ཐོད་དཀར་གཉིས་ཀྱི་སྲས་སུ་ཆོས་ཀྱི་རྒྱལ་པོ་ཆེན་པོ་སྲོང་བཙན་སྒམ་པོ་སྐུ་འཁྲུངས། འཁྲུངས་ལོ་ལ་བཞེད་པ་མི་མཐུན་པ་འགའ་མཆིས་པ་ལས་བདག་གི་བསམ་ཚུལ་ནི་དེབ་སྔོན་དུ་གསུངས་པའི་ས་གླང་(༥༦༩ – ༦༥༠)ལོར་འཁྲུངས་ནས་དགུང་ལོ་ཀྱ་གཉིས་པ་ལྕགས་ཁྱི་(༦༥༠)ལོར་འདས་པར་བཞེད་པའི་ལུགས་འདི་ག་སྙོགས་པར་འདོད་དོ། རྒྱུ་མཚན་ནི་(སྲོང་བཙན་གྱི་དགུང་གྲངས་སོ་བཞིར་འདོད་པའི་དོགས་དཔྱོད)དུ་བྲིས་ཟིན་པས་འདིར་བསྐྱར་དུ་མི་འགོད་ལ། དེ་ནས་བོད་ཀྱི་བསོད་ནམས་དར་བའི་དུས། །རྒྱལ་པོ་དྲུག་བྱུང་བ་སྲོང་བཙན་སྒམ་པོ་ཡིས། །ཚེ་སྟོད་རྒྱལ་ཁྲིམས་ཚེ་སྨད་ཆོས་ཁྲིམས་བཙས། །ཞེས་བོད་དུ་དམ་པའི་ཆོས་ཀྱི་ཁྲིམས་དར་བ་ནི་རྒྱལ་པོ་འདིའི་སྐུ་ཚེ་སྨད་ཡིན་པར་མཁས་པ་ལྡེའུའི་ཆོས་འབྱུང་ལས་གསུངས་བས་ཀྱང་འགྲུབ་པོ་སྙམ།

རྒྱལ་པོ་འདི་ནི་ཀྲུང་གོའི་ལོ་རྒྱུས་ཐོག་དང་བོད་ཀྱི་ལོ་རྒྱུས་ཐོག་མཛད་རྗེས་ཧ་ཅང་ཆེ་བའི་ཆབ་སྲིད་དང་དམག་དོན་མཁས་ཆེན་ཞིག་ཡིན་པར་མ་ཟད། བསིལ་ལྡན་ཁ་བ་རི་བོའི་ཆོས་སྲིད་ལུགས་གཉིས་ཀྱི་ལེགས་པའི་སྒོ་བརྒྱ་གཅིག་ཆར་དུ་འབྱེད་པའི་བྱེད་པོ་ཟླ་མེད་པ་གཅིག་པུ་ཡང་ཡིན་ནོ། །བཙན་པོ་འདི་ཉིད་ཡོངས་གྲགས་ལོ་རྒྱུས་བསྟན་བཅོས་རྣམས་སུ་དགུང་ལོ་བཅུ་གསུམ་སྟེང་དུ་རྒྱལ་སྲིད་ཕྱག་ཏུ་བཞེས་པར་གསུངས་སོ། །ཡབ་གནམ་རིའི་རིང་ལ་ཟིང་པོ་རྗེ་བཏུལ་ནས་ཕག་གི་ཡུང་བ་སྟ་མན་ཆད་རྐོང་ཡུལ་བྲེ་སྣ་ཡན་ཆད་མངའ་འོག་ཏུ་བསྡུག དྭགས་པོ་སྔོན་ནས་མངའ་འབངས་སུ་གཏོགས་པ་ལ་བཙན་པོ་འདིའི་སྐབས་ཇོ་ལོག་པ་ཡང་སེང་གོ་མི་ཆེན་གྱིས་ཕབ་པ་དང་། གཙང་ཕྱོགས་ཀྱང་འབངས་

སུ་འདུས་ནས་དབུས་གཙང་གི་ས་ཆ་ཕལ་ཆེར་དབང་དུ་བསྡུས་ཟིན་ཀྱང་སྲོང་བཙན་སྒམ་པོ་གཞོན་པའི་དུས་སུ《གཏེར་ཡིག》ལས་ཡབ་འབངས་ཀྱིས་ནི་འཁྲུས། ཡུམ་འབངས་ནི་ངོ་ལོག གཉེན་ཞང་ཞུང་། མདོ་སྨད་པ། ཉ་གཉི་དྭགས་པོ། ཀོང་པོ། མྱང་པོ་ཀུན་ངོ་ལོག ཡབ་གནམ་རི་སློན་བཙན་ལ་དུག་བོར་ཏེ་བཀྲོངས་སོ། །ཞེས་པ་ལྟར་ཡིན་ལ་བཙན་པོ་ཡབ་མེས་རྣམས་ཀྱིས་དབང་དུ་བསྒྱུར་བའི་ས་ཁུལ་རྣམས་སློ་བུར་དུ་འཐོར་པའི་རྒྱུ་མཚན་གལ་ཆེ་བ་ནི།

(༡) གཅིག་གྱུར་གྱི་ཁྲིམས་བཙན་པོ་ཞིག་མེད་པ།

(༢) གཅིག་གྱུར་གྱི་དམག་སྲིད་སྒྲིག་གཞི་མེད་པས་མངའ་འོག་པ་རྣམས་ངོ་ལོག་ན་དཔུང་འདྲེན་མི་ནུས་པ།

(༣) གསར་དུ་དབང་བྱས་པའི་མངའ་ཁོངས་རྣམས་དེ་ཉིད་དབང་དུ་སྡུད་མཁན་བློན་པོ་དག་ལ་བྲན་ཁྱིམ་དུ་བསྩལ་ནས་རྒྱལ་ཕྲན་གསར་བ་ཆགས་པ་བཅས་སུ་མ་ཟད། བློན་གསར་རྙིང་གི་བར་འགལ་བའང་ཧ་ཅང་ཛྙོ་ངར་ལྡན་པར་གྱུར་པ་བཅས་སོ། །

༢. མདོ་དབུས་མཐོ་སྨད་གི་རུས་རྒྱུད་ཚོ་བ་ཁག་གཅིག་གྱུར་གནང་བ་དང་རྒྱ་གར་ནག་ལི་བལ་པོ་སོགས་ཀྱི་ཡུལ་མང་པོར་དབང་བྱས་པ།

(༡) དུག་པ་རྣམས་ཚར་བཅད་དེ་ངོ་ལོག་པའི་མི་སྡེ་རྣམས་སླར་ཡང་འབངས་སུ་བཀུག་པ། བཙན་པོ་འདི་ཉིད་ལང་ཚོ་ཡར་ལྡན་དུ་གྱུར་པ་ན་ཐོག་མར་པོ་བྲང་ཉེ་འཁོར་གྱི་ཡབ་རྒྱལ་པོ་བགྲོང་མཁན་དུག་པ་རྣམས་ཚར་བཅད་པ་དང་ངོ་ལོག་པའི་མི་སྡེ་རྣམས་སླར་ཡང་འབངས་སུ་བཀུག་པ་སོགས་ལ《གཏེར་ཡིག》ལས།

①སྲས་སྲོང་བཙན་སྒམ་གཞོན་མ་ཕན་ཏེ། གཟེད་མ་དཀའ་བ་དང་དུག་པ་རྣམས་རབས་བཆད་དོ། །དེའི་རྗེས་ལ། དེའི་མྱི་ལོག་ཀུན་འབངས་སུ་སླར་བཀུག་གོའ། ཞང་གི་འོག་དུ་མྱང་པོ་རྗེ་ཞང་སྣང་གིས། སུམ་པ་ཐ་དག་དམག་གིས་གདབ་མྱི་དགོས་པར་ལུག་རྟུག་གིས་སྒྱུ་ཕབ་སྟེ། ལྗེའི་ཕྱོར་ཕྱོ་ལ་བརྫོད་ནས། ཁྱིམ་གྲངས་མ་ཉོར་བར་ཡོངས་ཀྱིས

འབབས་རྣལ་མར་བཀུག་གོ །འུང་གི་འོག་དུ་བཙན་པོ་ཞབས་ཀྱིས་བཙུགས་སྟེ། (བྱང) ལམ་དུ་མ་བྱུང་མ་དྲངས་པར། རྒྱ་དང་འ་ཞས་དཔྱའ་གཙལ་(གཙལ)ལོ། ཐོག་མ་འ་ཞ་དེ་ནས་འབབས་སུ་མངའ་འོ། །འུང་གི་འོག་དུ་བཙན་པོ་སྲོང་བཙན་དང་མང་པོ་རྗེ་ཞང་སྣང་རྗེས་འབབས་ཀྱི་བར་དུ། ཁྲུང་པོ་སྤུང་སད་ཀྱིས་འཕྲའ་མ་བཙུག་སྟེ། བཙན་པོ་ཞ་སྤྱར། ཞང་སྣང་གློ་བ་མྱི་འདྲིང་དུ་ནི་འདྲིང་ཞེས་གསལ་(གསོལ)ཏོ། །ཞང་སྣང་ལ་བཙན་པོ་མྱི་བཀྱོན་དུ་བཀྱོན་ཞེས་བྱས་སོ། །འུང་ནས་ཞང་སྣང་གི་གློ་བ་ལ། །ཁྲུང་པོ་སྤུང་སད་བདག་དང་ཤག་རག་པོ་སྟེ། སྤུང་སད་ཟེར་བ་བདེན་སྐལམ་ནས། བཙན་པོའི་བཀའ་བྱུང་ནའང། ན་(མ)ཞེས་བྱ་སྟེ། མཁར་སྦུར་བར་ཐེན་ཏེ་མཆིར་མ་ཊུང་ངོ། །འུང་ནས། །བཙན་པོའི་ཞ་སྤྱ་ནས། ཞང་སྣང་གློ་བ་འདྲིང་ཡང་དག་ཆེས་བཀའ་སྩལ་ནས། ཞང་སྣང་གི་མཁར་སྦུར་བ་ཡང་བསྡིགས་སོ། །འུང་ནས་ཞང་སྣང་གི་བྲན། པ་ཚབ་གྱིམ་པོ་འཁྲུ་སྟེ། ཞང་སྣང་བཀླག་གོ །མཁར་སྦུར་(སྤུར)བ་ཡང་བཤིག་གོ །འུང་གི་འི་འོག་དུ། །ཁྲུང་པོ་སྤུང་སད་ཟུ་ཙེས་མྱུང་ཞང་སྣང་བཙན་པོ་ལ་གློ་བ་རིངས་པ། །ཟུ་ཙེས་དཀའ་བེལ་ཏེ། ཞང་སྣང་བཀུམ་སྟེ། །ཟུ་ཙེ་གློ་བ་ཉེ་འོ། །བཙན་པོའི་བློན་པོའི་ནང་ན། །ཁྲུང་པོ་སྤུང་སད་ཟུ་ཙེ་ལས་གློ་བ་ཉེ་བ་སྔོན་ཆད་མ་བྱུང་ངོ། །ཟུ་ཙེ་འཛངས་ཤེས་ན་འཛངས། དཔའ་ཞེ་ན་དཔའ་འོ། །རྒྱ་གང་ཆེ་ཞེ་ན་ཆེ། ཡང་བ་རིང་ཞེ་ན་རིངོ། །མྱི་ཆིག་ལ་ཚོགས་དགུའ་ཚོགས་ན། སྤུང་སད་ཟུ་ཙེའོ། །འུང་གི་འོག་དུ། བཙན་པོ་འདིའི་རིང་ལ། ཁྲུང་པོ་སྤུང་སད་ཟུ་ཙེ་ལྔ་ཞིག རྒས་ཏེ་ཉིམ་འདེར་གནང་ངོ། །བཙན་པོ་ཞ་སྤྱར་ཁྲུང་པོ་སྤུང་སད་ཀྱིས་གསོལ་པའ། སྔོན་བཙན་པོའི་ཡབ་གནམ་རིའི་རིང་ལ། བདགིས་རྩང་བོད་འབབས་སུ་བཀུག་པ་ལྔ་ཞིག །ཡབ་ཀྱིས་སྤྱན་གྱིས་མ་གཟིགས། །ཞབས་ཀྱིས་མ་བཆགས་ན། །བཙན་པོ་སྲས་ཀྱིས་སྤྱན་གྱིས་གཟིགས། །ཞབས་ཀྱིས་བཆག་སྟེ། བདག་གི་སྐུམ་པ་ཁྲི་བོམསུ་དགྱེས་སྐྱེམས་སྟོན་མོ་གསོལ་དུ་ཐེ་གནང་ཞེས་(གསོལ)ནས། །བཙན་པོས་སྤུང་སད་གསོལ་བ་བཞིན་གནང་སྟེ། །མགར་ཡུལ་ཟུང་པོ་བྲངས་འདྲིར་བཀའ་སྩལ་ནས། །ཡུལ་ཟུང་ཁྲི་བོམས་སུ་མཆིས་ཏེ།

བརྟགས་ན། དཀྱུ་གང་ཕྱུབ་པར་ཡུལ་ཟླུང་གིས་ཚོར་ནས། ཡུལ་ཟླུང་སྐར་ཕྲ་སྟེ་བཙན་པོའི་སྣན་དུ་གསོལ་ཏོ། །ཡུལ་ཟླུང་སྐར་ཕྲས་པའི་རྗེས་ལ། ཁྲུང་པོ་སྤུངས་སད་རང་ལྕེབ་སྟེ་གུམ་ནས། མགོ་བཅད་དེ། བུ་ངག་རེ་ཁྲུང་བསྐུར་ནས། སྐུར་（སྐུ）མཁར་ཕྱིང་བར་མཆིས་སོ། །བརྩན་པོའི་སྣན་དུ་ངག་རེ་ཁྲུང་གིས་གསོལ་པའ། །བདག་གི་ཕ་རྣམས་ཀྱི་ལ་གར། །བཙན་པའི་ཞ་སྔར་གློ་བ་རིངས་ནས། ཚམས་བསྟམ་བར་ཆད་པའ། མགར་ཡུལ་ཟླུང་ལ་འཐོལ་བར་བགྱིས་པ་ལས། ཡུལ་ཟླུང་གིས་ཀྱང་ཚོར་ཏེ། ཡུལ་ཟླུང་ནི་སྐར་མཆིས། བདགིས་ཕ་བཀུམ་ནས། མགོ་བཅད་དེ་མཆིས་ན། སྲིད་མྱི་བརླག་པར་ཇི་གནང་ཞེས་གསོལ་ཏོ། །བཙན་པོ་ཁྲི་སྲོང་བརྩན་གྱིས་ཀྱང་། ངག་རེ་ཁྲུང་གིས་གསོལ་བ་བཞིན་གནང་སྟེ་སྲིད་མ་བརླགོ

②ཡང་། འུང་གི་རྗེས་ལའ། དབའས་ཕ་ཧོ་རེ་དབྱི་ཚབ་རྣས་ཏེ། ཉི་མ་འདེ་ཞིང་མཆིས། །བཙན་པོ་ཁྲི་སྲོང་བརྩན་ཉེན་ཀར་ནས། སྐྱི་ལུང་དུ་གཤེགས་ཀར། ཕངས་ཧོ་རེ་དབྱི་ཚབ་གྱིས། །བྲིན་སྣ་ཧོ་རེ་གཙུག་སློན་ལས་གསོལ་ཏེ། གནའ་ཟིང་པོ་རྗེ་རྒྱབ་དུ་པོར། སྤུ་རྒྱལ་ཕང་དུ་ལེན་ལེན། ཆབ་སྲིད་ཆུར་ནི་བསྲིངས། ཞིང་དུ་ནི་བསྐྱེད་བསྐྱེད་ན། །མྱང་གིས་སྲིད་མ་ཐུབ་སྟེ། བཀྱོན་ཕབ་ནས། །བདག་ཆག་སྤྱད་མཚན། བླར་གློ་བ་མ་རིངས། མཐང་མ་གྲང་ཞིང་མཆིས་ན། །ད་རོ་ལས་བལྟས་ན་ནི་ཉམ་ཆུང་། །རྩ་ལས་བལྟས་ན་ཕོག་སྣ་ཆེ་ཞིང་མཆིས་ན། བདག་རྣན་པོ་ཙམ་ཞིག་མ་གུམ་པར། དབུ་སྙུང་ཁུད་པ་ཙམ་གསོལ། བདགི་བུ་ཚ་བྲོ་ཁུད་པར་སྨྲུལ་པར་ཇི་གནང་། །བཙན་པོ་ཡབ་ནི་བདགི་མཆིས་བྲང་དུ་གདན་བཏིང་ཡང་གནང་ན། །ད་ཤུལ་ཡོགས་སུ་ལ་མོ་ཆག་པ་སྤྲུམ་དུ་སྦྲུག་ཐབ་ཙམ་ཞིག་གསོལ་དུ་ཇི་གནང་ཞེས་གསོལ་ནས། །དེ་ཙམ་ན་མྱང་དང་ཅོག་རོ་སྟོད་རིམས་ལ་བཀྱོན་དབབ་པར་བགྱིས་སྟེ། །ཁྲ་ཁྲུག་རྗེས་ལ་བབ་པས། །གསོལ་དགུང་ཡང་གནང་སྟེ། །བཙན་པོ་ཞ་སྔ་ནས། །བཀའ་སྨྲུལ་དཔའ། མྱི་དྲིན་མྱི་ནི་སྙིང་མྱི་གཆད། ཧ་ལྗེ་འུ་ཧ་ནི་སྒལ་མྱི་དབྱུང་། །སྔ་ན་ངའི་ཡབ་ཀྱི་རིང་ལ། །འབྲིང་པོ་རེ་སྤུང་བརྩན་དང་། །ཕངས་ཧོ་

རེ་དབྱི་ཚབ་དང་ཁྱེད་གཉིས། །ཚབ་ཕ་རོལ་ཚུ་རོལ་གྱི། །གུང་བློན་འཚོལ་ཆེག་པར་དགོད་དགོད་(དགོངདགོང)པ་ལས། འབྲིང་ཧོ་རེ་ཕྲུང་བསྟུན་ནི་ཤི། །ཁྱོད་ནི་ཀྲས་སྟེ་ཉི་མ་འདེར་གནང་སྟེ་བཞག །མྱུང་ཞང་སྣང་བློན་ཆེར་བསྐོས་ཏེ་བཞག་ན། །ཡབ་ནོངས་ནས། མྱུང་གིས་ཀྱང་བློ་བ་རེངས་ཏེ། བཀྱོན་ཕབ་པའ་ཡིན་ནོ། །ད་ཁྱེད་དབའས་པ་ཆེག་ནི། གདོའ་ཐག་གཉིས་སུ། བློ་བ་མ་རེངས་པོས། ལ་མོ་ཆག་པ་བྲུམ་དུ་བྱུག་ཐབ་ཀྱང་གསོལ་ཆེག་དབུ་སྙུང་ཡང་གནང་ངོ་ཞེས་བཀའ་སྩལ་ཏོ། །ལ་མོ་ཆག་པ་བྲུམ་དུ། །རྗང་བྱེད་བྱུབ་སྟེ། བྱུག་ཐབ་གསོལ་ཏོ། །སྐུ་རྗེན་དུ་ཁྲབ་བསེའ་སྣ་བཅུ་དང་། སྟོང་བྲུམ་གྱི་རལ་གྱི་མདོར་ཙོད་གཉིས་གསོལ་ཏོ། །བཙན་པོས་དབུ་སྙུང་ཡང་གནང་ངོ་། །དབའས་དབྱི་ཚབ་ཕྲུན་མཚན་བདུན་ཡང་བྲོ་སྩལ་ཏོ། །བཙན་པོས་བཀའ་སྩལད་པ། དབྱི་ཚབ་བློ་བ་ཉེ་བས། གུམ་ནས་མཆད་ཕྱུག་དར་ཧོ་བརྩིག་པར་གནང་ཏ་ནི་བརྒྱའ་དགུམ་བར་གནང་། །བུ་ཚ་གང་རུང་བ་གཅིག །གསེར་གྱི་ཡི་གེ་མྱི་ཆད་པར་སྩལད་པར་བཀའ་སྩལ་ཏོ། །བཙན་པོ་ཞ་སྔ་ནས། མགུར་གླངས་པའ།

ཡར་མོ་ནི་ཆུ་ཕྲུངས་ཀྱིས། །
མདོ་ནས་ནི་རྗང་དུ་བསྒྲེང་། །
ཡར་མོ་ནི་ཞིང་ཆུངས་ཀྱིས། །
སྨོ་ནས་ནི་བྱང་དུ་བསྐྱེད། །
འཐམ་འཐམ་ནི་འདུ་འདུ་ན། །
ངག་རྗེས་ནི་མྱིས་མྱི་བརྗོད། །
འགྲོ་འགྲོ་ནི་འཆམ་འཆམ་ན། །
ཆགས་ལྷམ་ནི་ཆུས་མྱི་སྣང་། །
ད་ནས་ནི་ཕན་ཆད་དུ། །
ཁྱོད་ཀྱིས་ནི་ང་མ་གཏང་། །

ང་འིས་ནི་ཁྱོད་མི་གཏང་། །
ང་འིས་ནི་ཁྱོད་གཏང་ན། །
དགུང་མཐའི་ནི་སྨུང་དུ་ཉུང་། །
ཁྱོད་ཀྱིས་ནི་ང་གཏང་ན། །
ངས་པོ་ནི་ཆད་དུ་ཉུང་། །

ཞེས་བཀའ་སྩལ་ཏོ། །

དེ་ནས་དབའས་དབྱི་ཚབ་ཀྱིས་མཆིད་བླངས་པ།
ཐན་དུ་ནི་བདག་འཚལ་ན། །
ཆུང་ན་ནི་རྗེ་ཁུར་ཆེག །
ཕྱུག་དུ་ནི་བདག་འཚལ་ན། །
ལྷ་རི་ནི་གཡང་སྐྱོང་ཤིག །
རྗེ་འིས་ནི་བཀའ་སྩལ་ན། །
གཞའ་མ་ནི་ཡུད་ཀྱི་སྲིད་(སྲིང)། །
བྱ་འིས་ནི་ཞུ་ཕུབ་ན། །
ལ་བྱི་ནི་གདངས་སུ་ཐྲོ། །

ཞེས་མཆིད་བླངས་ནས། སྙད་མཚན་བདུན་གྱིས་གཏང་རག་ཆེད་པོ་བཏང་ངོ་། ། དབུ་སྙུང་གནང་བའི་གོར་མ་ཕྱུག་དུ་པོན་པ་ནི། །རྒྱལ་འབྲིང་ལན་ཏོན་གྱིས་བླང་སྟེ་ཕྱུན་དུ་གསོལ་ནས། །གོར་མ་དཀར་པོ་དངོས་ནི། དབྱི་ཚབ་ཀྱི་མཆད་པའི་རྨང་དུ་བརྩིགས་སོ། །ཞང་ལོན་ཞ་འབྲིང་དུ་ཐྲོ་འདོར་འདོར་བ། ཁུ་ཁྲི་དོ་རེ་སྨྲུང་ཞུང་དང་། གནུབས་སྣ་དོ་རེ་གཙུག་བློན་དང་། ཅོགས་རྒྱལ་འབྲིང་ལན་ཏོན་དང་། ཆེས་པོང་ཁྲི་བཙན་ཕོང་སྟོ་དང་། འོ་མ་ལྡེ་ཁྲི་བཟང་ཡོད་བཙན་དང་། ཁུ་སྨོན་ཏོ་རེ་ཕངས་ཚབ་དང་། རྗེ་བློན་བདུན་གྱིས་དེ་ལྟར་དབུ་སྙུང་གནང་ངོ་། །དབུ་སྙུང་གནང་བའི་ཚིག་ནི། ད་ཕྱིན་ཆད་ཁྱེད་ཕྱད་

མཚན་གྱིས། བཙན་པོ་སྤྲུ་རྒྱལ་གྱི་ཞ་སྤྱར། སློབ་མ་རིངས་མཐའང་མ་གྲང་ན། །ནམ་ནམ་ནམ་ནམ། ཞ་ཞ་ཞ་ཞར་ཡང་། དབྱི་ཚབ་གྱི་བུ་ལ་མ་ཉེས་པར་བསྐྱོན་དབབ་རེ། འཕྲལ་མ་མྱི་ནག་(དག) གསན་རེ། འཕྲལ་མ་ཞིག་གསན་ན་ཡང་། ཤགས་བྱ་སྐྱེ་ཡུས་བཀྲོལ་ནས། བཀའས་མྱི་གཆད་རེ། །དབྱི་ཚབ་ཀྱི་བུ་ཚ་ལ་ལ་ཞིག་གིས། མ་བསམས་སྐྱེ་སླིང་རིངས་ན་ཡང་། །གང་སླིང་རིངས་པ་ཉེ་ཙེའི་སྙོར་མྱི་བསྐྱོན་རེ། གཞན་བྲོ་ལ་མ་གཙོགས་པ་རྣམས་ལ། བསྐྱོན་རེ། །ཕག་དང་མཚུངས་མཆོན་གྱིས་མྱི་དགར་རེ། བྱ་དང་མཚུངས་ཁྲུས་བདའ་རེ། མ་ཉེས་པ་ཞིག་གིས་རྗེ་ཐོག་ན། བསྐྱུང་རེ་སྨད་རེ། །དབྱི་ཚབ་ཀྱི་བུ་གཅིག་ལ། གསེར་གྱི་ཡི་གེ་ལས་སྨད་རེའ། ཕོལ་ཡུལ་ཡང་མ་ཉེས་པར་དཔྲོག་རེ། །སླིང་མ་རིངས་པར་རབས་ཆད་ན། ཕོལ་ཡུལ་བཞེས་རེའ། །ཁྱེད་སློབ་རིངས་ན་དབུ་སྙུང་ལམ་གཙོགས། །ཁྱེད་ཀྱིས་ཕོལ་ཡུལ་ཞིག་བརྗེས་སམ་ཕུལ་ན། དབུ་སྙུང་ལམ་གཙོགས། ནམ་ནམ་ནམ་ནམ། ཞ་ཞ་ཞ་ཞར། སྲས་དབོན་གྱི་ཞ་སྤྱར་འདི་བཞིན་དུ་གནང་ངོ། །དབྱི་ཚབ་སྤྱད་སྤུན་བྲོ་སྨལད་པའ། བཙན་པོ་སྤྲུ་རྒྱལ་ཁྲི་སྲོང་བརྩན་ཡབ་སྲས་དང་གདུང་རྒྱུད་ལ། སློབ་འདྲིང་རེ། ནམ་ནམ་ཞ་ཞར་ཡང་། དབོན་སྲས་རྒྱལ་པོ་གང་མཛད་པ་ལ། སློབ་འདྲིང་རེ། གཞན་མྱིའོ་ཚོག་ལ་རྗེ་བོ་ལྷག་པ་ཚོལ་རེ། །གཞན་སློབ་འདྲིང་བར་སེམས་པ་དང་སློད་རེ། ཟས་ཀྱི་དོན་བཞག་པ་དང་། དུག་བསྲེ་རེ། བཙན་པོ་ཁྲི་སློན་བཙན་ལ། ངག་སྣ་ཆིག་འཚལ་རེའ། བདགི་པུ་མ་ནི་དང་། བུ་ཚ་ལ་ལ་ཞིག་གིས། །སླིང་རིངས་སུ་བྱེད་ན། །སླིང་རིངས་སོ་ཞེས་ཀྱང་མྱི་འཐོལ་རེའ། པུ་ནུ་སླིང་རིངས་པའི་གྲོགས་བྱེད་རེ། བཙན་པོ་ལ་གཞན་ཞིག་སླིང་རིངས་པར་ཚོར་ན་ཡང་། མྱི་འཐོལ་རེ། །པུར་མྱི་མ་ནོངས་པ་ལ། འཕྲལ་མ་དང་འཕྲུག་དོག་མཆེ་རེ། སྙོན་(དཔོན)དུ་བཙུག་ནའ། འབངས་སོ་ཚོག་ལ་སླིང་སྙོམས་པར་མྱི་འཚལ་རེ། བཙན་པོས་བཀའ་ཇི་སྨལད་པ་གཟུངས་སུ་མྱི་འཛིན་རེ་ཞེས་བྲོ་སྨལད་ཏོ། །བྲོ་བོར་བ་ནི་དབྱི་ཚབ་དངོས་དང་། བུ་སེ་དོ་རེ་ཉ་སྐྱོ། སྣང་ཏོ་རེ་སུམ་སྣང་། ཁྲི་སུམ་རྗེ་ཚུང་། མང་རྗེ་བཙན་ཟུང་། །ཚ་བོ་སྟག་པོ་རྗེ་མྱེས་སྣང་། མང་པོ་རྗེ་པུ་

ཚབ་དང་བདུན་གྱིས་བྲོ་བོར་རོའ།

(༢) ཞང་ཞུང་བཏུལ་བ་ནི། 《གཏེར་ཡིག》ལས། རྒྱལ་འདིའི་རིང་ལ། ཞང་ཞུང་རྗེ་བྱ། གཉེན་གྱི་ཡང་ངོ་། འཐབ་ཀྱི་ཡང་སྐལ་ཏེ། ཞང་ཞུང་བདག་དུའ། བཙན་མོ་སད་མར་ཀར། ལིག་མྱི་རྒྱ་ལ་ཚབ་སྲིད་ལ་གཤེགས་སོ། །སྟོན་ཤུད་ཀེ་ཟ་རྩལ་ཐིང་ཤགས་མཆིས་སྟེ། བཙན་མོ་དང་ནི་མྱི་བནལ་བར། ལིག་མྱི་རྒྱ་ལ་ཤུད་ཀེ་ཟ་རྩལ་ཏིང་ཤགས་གནང་སྟེ། བཙན་མོ་ཡང་ལིག་མྱི་རྒྱའི་སོ་ནམ་དང་བྱ་སྲིད་མྱི་མཛད་ཆེང་ལོག་ཤིག་ན་བཞུགས་པར། འདིར་དྲལ་གྱི་སྨན་དུ་གདའ་སྟེ། བཙན་མོ་དེ་ལྟར་ལོག་པ་བགྱིས་ན། ཚབ་སྲིད་ཀྱི་དཀྱུགས་མར་འགྱུར་བས་དེ་ལྟེ་བུ་མ་བགྱིད་པར། ལིག་མྱི་རྒྱའི་སོ་ནམ་དང་བྱ་སྲིད་ཟུང་ཤིག་ཆེས། སྲུག་གྱིམ་བརྩན་རྨང་ཆུང་བཀའ་སྩལ་ཏེ། མཁར་ཁྱུང་ལུང་དུ་མཆིས་ན། བཙན་མོ་མྱི་བཞུགས་ཏེ། ཚབ་ཉ་ལ་རོལ་ཞིང་། མཚོམ་པང་དུ་གཤེགས་ནས། རྨང་ཆུང་མ་པང་དུ་མཆི་སྟེ། བཙན་མོ་ཞ་སྟར་ཕྱག་བགྱིས་ནའ། བཙན་མོ་ཞལ་ནས། བཙན་པོ་དྲལ་གྱི་ཞ་སྟ་ནས། ཐུགས་བདེའམ་མྱི་བདེ་ཞེས་བཀའ་སྩལ་ཏོ།།ཐུགས་བདེ་ཞེས་གསོལ་ཏོ། །རྨང་ཆུང་གློ་བ་བདེའམ་མྱི་བདེ་ཞེས་རྨས་ན། གློ་བ་བདེ་ཞེས་གསོལ་ཏོ། །འུང་གི་རྗེས་ལ། བཙན་པོ་དྲལ་གྱིས་བཀའ་འདི་ཞེས་སྩལ་ཏོ་ཞེས་གསོལ་ཏོ། །བཙན་མོ་ཞལ་ནས། རྨང་ཆུང་། བཙན་པོ་དྲལ་གྱི། ཞལདང་འདྲའ་སྟེ། མགྲོན་གྱིས་ཕྱག་ལ་འཚོལ་ཚིག་ཆེས་ཕྱག་ལ་སྩལ་ནས། བཙན་མོས། མགུར་གླངས་པའ།

ཡུལ་གྱི་(ནི)སྐལ་པོག་པ། །
ཁྱུང་ལུང་ནི་རྔུལ་མཁར་ཞིག །
མུ་སུ་ནི་གཞན་ན་རེ། །
ཕྱི་བལྟས་ནི་ངམ་དང་བྲག །
ནང་བལྟས་ནི་གསེར་དང་དབྱིག །
བདག་ནི་གཡར་སྟེ་ཙུ། །

མཆིས་སུ་ནི་མ་ཐོ་འམ། །
སྐྱ་མོ་ནི་བསེང་བསེང་མོ། །
ཐན་གྱི་ནི་སྐལ་པོག་པ། །
ཀུ་གེ་ནི་རྐང་ཕྲན་ཞིག །
འཁོལ་དུ་ནི་མ་ཐོ་འམ། །
ཀུ་གེ་ནི་བདྲིས་ཤིང་སྡང་། །
ཟས་ཀྱི་ནི་སྐལ་པོག་པ། །
ཉ་དང་ནི་གྲོ་མཆིས་ཏེ། །
འཚལ་དུ་ནི་མ་ཐོ་འམ། །
ཉ་གྲོ་ནི་བཆའ་ཞིང་ཁའ། །
ཕྱུགས་ཀྱི་ནི་སྐལ་པོག་པ། །
ཤ་དང་ནི་རྐྱང་མཆིས་སྟེ། །
འཚོ་རུ་ནི་མ་ཐོ་འམ། །
ཤ་རྐྱང་ནི་བཙའ་ཞིང་རྐོད། །
ཀྱི་བྱུང་འབྲོག་ནི་ཡ་བི་ན། །
ཐོ་མའི་ནི་འབྲོག་གཅིག་པ། །
བྱུང་འབྲོག་ནི་འབྲོང་དགུམ་ན། །
པུ་ནས་ནི་ཁྱུས་འདེབས་པའ། །
སྔོང་ཐོང་ནི་འཕན་གྱིས་ཐོབ། །
མདའ་ནས་ནི་གཡབ་འདོར་བ། །
སྐྱེའི་ནི་ཤ་དང་སྤྱུག །
དབུས་ནས་ནི་དཔོར་འཕེན་བ། །

ཡར་ཀྱི་ནི་ལྗོ་དང་རྗེགས། །

ཕུ་ནས་ནི་ཁུས་བཏབ་ཆེང་། །

མདའ་ནས་ནི་གཡབ་པོར་ནས། །

དེ་འི་ནི་བར་བར་དུ། །

པོ་མའི་ནི་(འབྲོང)བཀུམ་ཞིང་། །

ཐུར་ཐུར་ནི་ཕྱིང་བའི་བཙུད། །

ཙ་རྒྱུས་ནི་ལྷོང་ཏོང་སྐྱལད། །

ཤ་སྐྱོ་ནི་ལྗེ་(ལྗོ)རྗེགས་སྐྱལད། །

སྤྲོ་ཤོག་ནི་ཤ་ཕྲུག་སྐྱལད། །

མཆིལ་བའི་ནི་ཙ་སྒྲུབས་ལ། །

སྟགི་ནི་ཤ་བཏགས་ཤིང་། །

གཡས་སུ་ནི་མ་ཡོ་ཤིག །

གཡོན་དུ་ནི་མ་རྡལ་ཆིག །

གཡས་སུ་ནི་ཡོ་བ་ན། །

སོ་བྱུ་ནི་གྲེ་བོ་ཆུང་། །

གཡོན་དུ་ནི་རྡལ་བ་ན། །

སྲམ་བུ་ནི་གོང་ཏེ་དངུལ། །

མར་གྱི་ནི་ཚང་ཚང་ལ། །

གྱུར་གྱིས་ནི་མ་བནབས་ན། །

སང་ཕྱི་ནི་གནངས་སྐྱད་ན། །

སྲམ་གྱིས་ནི་འཚོལ་ཏ་རེ། །

ཉ་མོ་ནི་མཐོང་ཀློལ་ཞིག །

མཐོང་རྐོལ་ནི་མཐོང་ལ་རྐོལ། །

མཆིལ་བའི་ནི་སྣང་(སྣར)ཐོགས་ཤིག །

སྣང་(སྣར)ལ་ཐོགས་ནི་སྣང་ལ་ཐོགས། །

རིང་གི་ནི་གོད་(གོང)ལན་དང་། །

ས་འོ་ནི་ཤེལ་སྒྲིག་གཉིས། །

གསྒྲི་ནི་གྲི་ཀོ་ལྟ། །

ཛེ་ཉེ་ནི་ཛེ་ཉེ་ན། །

ཡར་པ་ནི་དགུང་དང་ཉེ། །

དགུང་སྐར་ནི་སེ་ལི་ལི། །

ཛེ་ཉེ་(ཉི)ཛེ་ཉེ་ན། །

ཟླ་སྐར་ནི་བྲག་དང་ཉེ། །

བྲག་སྐར་ནི་སེ་ལི་ལི། །

སྤུར་(སྤྲུར)བ་ནི་ཚབ་དང་ཉེ། །

གྱུར་སྲུམ་ནི་ཕྱུ་ལ་ལའ། །

ཉེན་ཀར་ནི་དོག་དང་ཉེ། །

འབྲས་དྲུག་ནི་སེ་ལི་ལི། །

མལ་ཧོ་ནི་གླུམ་དང་ཉེ། །

སྐྱི་བསེར་ནི་ཤྲུ་ཏུ་ཏུ། །

ཛེ་ཉེ་ནི་ཛེ་ཉེ་ན། །

ར་ཉེ་ནི་ཤུགས་(པ)ཐུ། །

ཡར་གྱི་ནི་བྱེ་མ་ལ། །

ལྷན་ལྷན་ནི་འགྲོས་མོ་འདི། །

སྐྱེའི་ནི་ཕུར་ཐབས་སུ། །

ཟ་དུར་ནི་བཏབ་ཀྱང་རུང་། །

ཞེས་མགུར་བླངས་པའི་རྗེས་ལ། རྨང་རྩུང་མཆེད་ཕྱུག་བགྱིས་པ་ལས། བཙན་པོ་དྲལ་ལ། བཀའ་ལན་ཡི་གེར་གསོལ་བ་ནི་ཆང་མ་མཆིས། །བཙན་པོ་དྲལ་གྱི་ཞ་སྔ་ནས་ཐུགས་བདེ་ཞིང་བཞུགས་པ་སྒྲོ་བ་དགའ་ཞིང་མཆིས་སོ། །བཙན་པོས་བཀའ་སྩལ་པ་ནི། གུམ་ཚད་གཉིས། རྗོ་རྗེ་ཐོག་གིས་འཚལ་ཞིང་མཆིས་སོ། །བཙན་པོའི་ཕྱག་ཏུ་འདི་ཕུལ་ཆིག་ཆེས། ཞུ་གཡག་ཞུ་གཅིག་ཕྱག་རྒྱས་བཏབ་ནས་བསྐུར་རོ། །གྱིམ་བརྩན་རྨང་རྩུང་སྨྲར། །བཙན་པོ་སྤྱན་སྔར་མཆིས་ནས། །བཙན་མོས་བཀའ་ལན་ཡི་གེར་གསོལ་པ་ནི་ཆང་མ་མཆིས། །མགུར་བླངས་པའི་ཚིག་ནི་འདི་ཞེས་མཆི། ཕྱག་རྒྱས་བཏབ་སྟེ་སྐུར་བ་འདི་ལགས་ཤེས་གསོལ་པ་ལས། ཞུ་ཕྱག་རྒྱ་ཕྱེ་སྟེ། གཟིགས་ན་གཡུ་རྙིང་བཟང་པོ་སུམ་རྩུ་ཙམ་ཞིག་བྱུང་སྟེ། བཙན་པོ་དགོངས་དགོངས་ནས། ཡུ་བུས་ལིག་མྱི་རྒྱ་ལ་རྐོལ་ཡོད་ན་ནི་གཡུ་ཐོགས་ཤིག རྐོལ་མ་ཡོད་ན་ནི་བུད་མྱེད་དང་མཚུངས་ཞུ་གྱོན་ཆིག་ཟེར་བ་ལྟ་ཞེས་བཀའ་སྩལ་ནས། །རྗེ་བློན་བློད་བློད་དེ། །ལིག་མྱི་རྒྱའི་སྲིད་བཏླག་གོ །

རྒྱལ་འདིའི་རིང་ལ། ཞང་ཞུང་གི་རྒྱལ་པོ་ལ་དྲངས་སྟེ། ཆབ་སྲིད་མཛད་ནས། ཞང་ཞུང་གི་རྒྱལ་པོ་ལིག་མྱི་རྒྱ་སྲིད་བཏླག་སྟེ། ཞང་ཞུང་ཐམས་ཅད་འབངས་སུ་བཀུག་གོ །འུང་གི་རྗེས་ལ། །བཙན་པོ་རྗེས་འབངས་དགྱེས་སྐྱེམས་སྟོན་མོ་གསོལ་ཏེ། བཙན་པོ་ཁྲི་སྲོང་བརྩན་གྱིས་མགུར་བླངས་པ།

ཀྱེ་རྗེའི་ནི་མཚན་བ་འདི་(༥༧)། །

ཁྲིའི་ནི་སྲོང་བརྩན་ཞིག །

བློན་གྱི་ནི་མྱིང་ཟུང་ཉོག །

སྟོང་རྩན་ནི་ཡུལ་བ་འདི། །

ཚིབས་ཀྱི་ནི་མྱིང་བ་འདི། །

རྟུལ་བུ་ནི་གཙང་གཙང་ལྷ། །

གཙང་གཙང་ནི་ཡང་ཡང་ལྷ། །

ཡུ་བུ་ནི་རྗེ་དང་བློན། །

ཡར་མོ་ནི་ཆུ་ཐུངས་ཀྱིས། །

མདོ་ནས་ནི་རྩང་དུ་བསྲིང་། །

ཡར་མོ་ནི་ཞེང་ཆུངས་ཀྱིས། །

སྟོ་ནས་ནི་བྱང་དུ་བསྐྱེད། །

མ་ཐུན་ནི་མཐའ་བཞི་རྒྱལ། །

ཡུ་བུ་ནི་རྗེ་དང་བློན། །

རྗེ་འིས་ནི་འབངས་མ་བཏང་། །

རྗེ་འིས་ནི་འབངས་བཏང་ན། །

གནམ་མཐའི་ནི་སྲུང་དུ་རུང་། །

འབངས་ཀྱིས་ནི་རྗེ་མ་བཏང་། །

འབངས་ཀྱིས་ནི་རྗེ་བཏང་ན། །

ངས་པོ་ནི་རྨད་དུ་རུང་། །

མགུར་དེ་ཞེས་གསུངས་སོ། །

མགུར་གྱི་ལན།

བློན་སྟོད་རྩན་གྱིས་གསོལ་བ། །

རྗེ་འིས་ནི་བཀའ་སྩལ་པ། །

གཞའ་ཕྱི་ནི་ཡུན་གྱི་སྲིང་། །

བྲ་འིས་ནི་ཞུ་ཕུབ་པ། །

ལ་ཕྱི་ནི་གདང་སུ་བྲོ། །

སློ་བ་ནི་ཟང་（མར）ཀུ་རྒྱ། །
ནམས་ཀྱང་ནི་ཡར་སྒྱི་ཡོ། །
གད་（གར）ཀྱི་ནི་གསེར་པོ་ཆེ། །
ནམས་ཀྱང་ནི་ཕྱིང་བའི་བཅུད། །
རྫེ་འིས་ནི་འབངས་མ་བཏང་། །
རྫེ་འིས་ནི་འབངས་བཏང་ན། །
བྱ་བང་ནི་ཐང་ལ་ཐས། །
འབངས་ཀྱིས་ནི་རྫེ་མ་བཏང་། །
འབངས་ཀྱིས་ནི་རྫེ་བཏང་ན། །
འཇོན་མོ་ནི་ཤིང་ག་རེབས། །
སང་ཕྱི་ནི་གནངས་སྨད་ན། །
ནམ་ནམ་ནི་ཞ་ཞ་ཟུ། །
རི་གང་ནི་ཁྲུས་བཏབ་ཀྱང་། །
བྱ་ཕུ་ནི་ཁྲུས་མ་གཏབ། །
ལུང་གང་ནི་རྣས་བཆགས་ཀྱང་། །
གསེར་གད་ནི་རྣས་མ་བཆག །
སོལ་སོལ་ནི་འཆམ་འཆམ་ན། །
བཀའ་མཆིད་ནི་སྨྲིས་སྨྲི་མཉན། །
འཆམ་འཆམ་ནི་འདྲུལ་འདྲུལ་ན། །
ཆགས་ལམ་ནི་ཆུས་མྱི་སྤང་། །
སླུ་དེ་ཞེས་བླངས་སོ། །

རྗེ་ནི་གནམ་རི་ཕྱུའི་ལུགས། བློན་པོ་ནི་སའི་ངམ་ལེན་གྱི་ཚུལ། མངའ་ཐང་ཆེན་པོའི་རྐྱེན་དུ། རྗེ་དང་རྗེར་ལྡན་ཏེ། ཕྱིའི་ཆབ་སྲིད་ནི་ཕྱོགས་བཞིར་བསྐྱེད། །ནང་གི་ཁ་བསོ་ནི་མི་ཉམས་པར་ལྷུན་སྟུག །འབངས་མགོ་ནག་པོ་ཡང་མཐོ་དམན་ནི་བསྣམས། དཔྱལ་སྐྱུ་ནི་བསྐྱུངས། དལ་དུ་ནི་མཆིས། སྟོན་དཔྱིད་ནི་བསྐྱལ། འཕོར་བར་ནི་སྤྱད། འདོད་པ་ནི་ཕྱིན། གནོད་པ་ནི་ཕྱེ། བཙན་པ་ནི་བཙུག ཐོ་བ་ནི་སྨད། འཇིགས་པ་ནི་མནན། བདེན་པ་ནི་བསྟེན། འཛངས་པ་ནི་བསྟོད། དཔའ་བོ་ནི་བཀུར། སྙིན་པར་ནི་བཀོལ། ཆོས་བཟང་སྲིད་མཐོ་སྟེ། མི་ཡོངས་ཀྱིས་སྐྱིད་དོ། །བོད་ལ་སྔ་ན་ཡི་གེ་མེད་པ་ཡང་། །བཙན་པོ་འདིའི་ཚེ་བྱུང་ནས། །བོད་ཀྱི་གཙུག་ལག་བཀའ་གྲིམས་ཆེད་པོ་དང་། བློན་པོའི་རིམ་པ་དང་། ཆེ་ཆུང་གཉིས་ཀྱིས་དབང་ཐང་དང་། ལེགས་པ་ཟིན་པའི་བྱ་དགའ་དང་། ཉེ་ཡོ་བའི་ཆད་པ་དང་། ཞིང་འབྲོག་གི་ཐུལ་ག་དང་དོར་ག་དང་། སླུངས་ཀྱི་གོ་བར་བསྣམས་པ་དང་། བྲེ་ཕུལ་དང་། སྲོང་(སྲུང)ལ་སྙོགས་པ། བོད་ཀྱི་ཆོས་ཀྱི་གཞུང་བཟང་པོ་ཀུན། བཙན་པོ་ཁྲི་སྲོང་བརྩན་གྱི་རིང་ལས་བྱུང་ངོ་། །མི་ཡོངས་ཀྱིས་བཀའ་དྲིན་དྲན་ཞིང་ཆོར་བས། སྲོང་བརྩན་སྒམ་པོ་ཞེས་མཚན་གསོལ་ཏོ། །

གོང་གསལ་ཚིག་འདི་དག་གནད་བསྡུ་ན།

（༡）བཙན་པོ་ནར་སོན་ནས་ཐོག་མར་ཡབ་རྒྱལ་པོ་དུག་གིས་བཀྲོང་མཁན་རྣམས་ཚར་བཅད་པར་མ་ཟད། དེ་ཚོ་ཁྲིམ་རྒྱུད་དང་བཅས་པ་རྩ་གཏོར་བྱས་ནས་རབས་བཅད་ཅིང་། དེ་ནས་ཡབ་འབངས་ཕ་ཚན་དགུ་དང་ཡུམ་འབངས་ཚན་གསུམ་སོགས་ངོ་ལོག་པ་སླར་ཡང་འབངས་སུ་བཀུག་པ་དང་། དེའི་འོག་ཏུ་མྱང་པོ་རྗེ་ཞང་སྣང་གིས་སུམ་པ་མཐའ་དག་སྐྱུ་ཕབ་ནས་དམག་འདྲེན་མ་དགོས་པར་མངའ་འོག་ཏུ་འདུས་པ་དང་། དེ་ནས་བཙན་པོ་ངོ་མས་དམག་མ་དྲངས་པར་རྒྱ་དང་འ་ཞ་ཁྲལ་འོག་ཏུ་བཙུག་ནས་འ་ཞ་བོད་ཀྱི་

མངའ་ཁོངས་སུ་ཐེངས་དང་པོར་གཏོགས་པར་གྱུར་པ་སོགས་དང་། སུམ་པ་དང་ཞང་ཞུང་སྟེར་ནས་མངའ་འོག་ཏུ་གཏོགས་པ་ལ་ངོ་ལོག་ནས་སླར་ཡང་འབངས་སུ་བཙུག་པ་བཅས་ཡིན་ནོ། །

(༢) བློན་པོ་རྣམས་ཀྱི་ཁྲིད་དུ་དབང་ཆ་འཕྲོག་རྩོད་ཀྱི་འཐབ་རྩོད་ཇ་དྲག་ཏུ་ཅང་ཆེ་བར་གནས་པ་ནི། བཙན་པོ་དང་མྱང་པོ་རྗེ་ཞང་སྣང་གི་བར་དུ་ཁྱུང་པོ་སྤུངས་སད་ཀྱིས་ཕྲ་མ་བཙུག་པ་བཙན་པོས་བདེན་པར་དགོངས་ནས་ཞང་སྣང་གི་བྲན་པ་ཚབ་གྱིམ་པོ་ཁྲིས་ཏེ་ཞང་སྣང་བསད་ཅིང་། ཁྱུང་པོ་སྤུངས་སད་ཟུ་ཙེ་ཞེས་པ་བློན་པོ་བྱེད་པ་ལ། ཕྱིས་ཟུ་ཙེ་རྒས་ནས་ཡུལ་དུ་གནས་སྐབས་བཙན་པོ་སྤྱན་དྲངས་ནས་བསྐྱོང་རྒྱུའི་གཡོ་ཐུས་བཀོད་པ་མགར་གྱིས་རྟོགས་ནས་བཙན་པོ་ལ་ཞུས་པས། ཁོ་སྐྲག་ནས་ལྕེབས་ཏེ་ཤི་བ། ཁོ་པོས་ཁ་ཆེམས་ལྟར་དེའི་བུ་ངག་རེས་ཁྱུང་གིས་ཕའི་མགོ་བཅད་དེ་བཙན་པོའི་དྲུང་དུ་ཕུལ་ནས་མགོ་བཏགས་སྐབས་སྲིད་མ་བཀླག་པར་སྟེར་བཞིན་བཙན་པོའི་བློན་པོ་བྱས་པ་བཅས་ཡིན་ལ། སྟོན་ཡབ་གནམ་རིའི་རིང་ལ་ཁྱུང་པོ་སྤུང་སད་ཀྱིས་གཙང་ཕབས་ནས་བཙན་པོར་ཕུལ་བས་ང་རྒྱལ་གྱིས་དགྱེས་སྟོན་སྐབས་སུ་བླངས་པའི་གླུ་ལ་བཙན་པོ་མ་དགྱེས་པར་མྱང་པོ་རྗེ་ཞང་སྣང་ལ་ཤགས་འདེབས་པར་བཀའ་བསྩལ་བ་ལྟར་དེས་གླུ་ལན་བཏབ་པ་ལ་བཙན་པོ་དགྱེས་ནས་བློན་པོར་གྱུར་ཚུལ་སོགས་གསལ་བར་བརྟགས་ན་འགལ་བ་ནི་སྟོན་ནས་ཡོད་པར་ཤེས་ནུས་ལ། མྱང་ནམ་ཏོ་རེས་ཁྲུ་ཁུ་དང་སྨོན་ཏོ་རེས་ཅེང་སྐུ་གཉིས་ནི་སྤུན་ཡིན་ཞིང་། ཟིང་པོ་རྗེ་ཁྲི་པངས་གསུམ་ལ་ངོ་ལོག་ནས་སྤུར་རྒྱལ་གནམ་རིར་མནའ་འབྲེལ་འཛུགས་མཁན་གལ་ཆེ་བའི་མི་སྣ་གཉིས་ཡིན། མྱང་ཞང་སྣང་ནི་མྱང་མོན་ཏོ་རེ་ཟེར་བའི་སྐྱིང་ཉེ་བའི་བུ་ཡིན་སྐབས་བཙན་པོའི་ཞབས་འབྲང་ནང་མར་གྱུར་པ་དང་། ཁྱུང་པོ་སྤུང་སད་ལ་ཤགས་ལན་བཏབ་པས་བློན་པོར་གྱུར་ཚུལ་སོགས་ལ་དཔྱད་མཁས་ན་སྐབས་དེའི་དབུས་དང་གཙང་གི་བློན་པོ་རྣམས་དང་རུས་ཚན་མི་གཅིག་པའི་བློན་པོ་རྣམས་ཀྱི་བར་འགལ་བ་ཚབས་ཆེན་གནས་པ་ཤེས་ནུས་པས། ཡབ་གནམ་རུ་དུག་གིས་བསྐྱོང་ནས་པོད་ཁམས་སིལ་བུར་འཐོར་

བ་དང་། སྲོང་བཙན་སྒམ་པོའི་དུས་སུའང་བློན་རྣམས་ཀྱིས་ཕན་ཚུན་མི་མཐུན་པའི་འགལ་བ་ཁོག་ལ་བཅུག་ནས་བཙན་པོ་ལ་ཕྲ་མ་བཅུག་ནས་དགྲ་ཚར་བཅད་པ་དང་། རྗེས་ནས་བཙན་པོ་བཀྲོང་པའི་སློག་ཤོམ་བྱས་པ་སོགས་བྱུང་བ་ནི། སྟོས་དབང་ངམ་སློ་བུར་དུ་བྱུང་བའི་བྱ་བ་ཞིག་མ་ཡིན་པར་འབྱུང་རྐྱེན་གཏིང་ཟབ་མོ་ཞིག་མཆིས་པར་གདོན་མི་ཟ་བས་ཡི་གེ་འདི་དག་ཞིབ་ཏུ་བསླབས་ནས་བརྟགས་ན་གོ་རྒྱུ་ཆེན་པོ་ཡོད། །

(༣) རྒྱ་གར་གྱི་ཡུལ་མང་པོ་བོད་ཀྱིས་བཟུང་བ་ནི《ཐང་ཡིག》ཏུ། ཀྱིན་ཀོན་ཁྲི་ལོ་ཉེར་གཉིས་པ་(༦༤༨) (ས་ཕོ་སྤྲེལ་ལོ) ཡུག་ལྷེ་རྫིད་སྤྲུའུ་ཀྲང་རྫི་ཡི་ཐབས་ཡོད་པ་ཝང་ཧྲོན་ཚེ་བྱ་བ་ཞུབ་ལྗོངས་སུ་མངགས་ཀྱང་དབུས་སུ་རྒྱ་གར་བ་རྣམས་ཀྱིས་བཙོམ། སྲོང་བཙན་གྱིས་རྟགས་དམག་མངགས་ཏེ་ཝང་ཧྲོན་ཙེ་དང་རམ་འདེགས་ཀྱིས་ཕས་རྒོལ་བ་རྣམས་བཅོམ་ཞིང་། བཟུང་དམག་སྒྲིད་དུ་འོངས་ཞེས་པ་ལྟར་རྒྱ་ནག་གོང་མས་གསེར་ཡིག་པ་བང་ཝོན་ཚེ་བྱ་བ་འཁོར་སུམ་ཅུ་དང་བཅས་པ་རྒྱ་གར་དུ་མངགས། དེ་དུས་ཧརྵ་གྲོངས་ཟིན་ཅིང་རྒྱལ་ཁམས་མི་བདེ་བའི་སྐབས་དང་འཕྲད། ཧརྵ་ལ་སྲས་མེད་པའི་རྐྱེན་གྱིས་བློན་པོ་ཨ་རྫུ་ན་སྲིད་སྐྱོང་བྱ་བ་ཞིག་ཁྲི་ལ་བསྡད་ཅིང་ནང་བ་ལ་ཤིན་ཏུ་འཚེ་བ་བྱས། རྒྱའི་གསེར་ཡིག་པ་བཅོམ་སྟེ་དངོས་ཆས་རྣམས་འཕྲོག་ཅིང་འཁོར་ཕལ་ཆེར་བསད། ཝང་ཧྲོན་ཚེ་རང་ཉིད་ཟླ་པོ་འགའ་དང་བཅས་མཚན་ལ་བྲོས་ཏེ། བོད་ཀྱི་ཆབ་འབངས་སུ་ཡོད་པའི་བལ་ཡུལ་དུ་སླེབས་ནས། སྲོང་བཙན་ལ་སྐྱབས་བཙལ་པས། བཙན་པོས་དམག་གོ་རྟགས་ཅིག་སྟོང་ཉིས་བརྒྱ་དང་། བལ་དམག་རྟ་བ་བདུན་སྟོང་དང་བཅས་པ་རྒྱ་གར་དུ་བཏང་། གསེར་ཡིག་པ་དང་ལྷན་དུ་ཏི་ར་ཧི་ཏ་ལ་སླེབས། ཉིན་གསུམ་ཙམ་ལས་འཐབ་མ་དགོས་པར་རྒྱལ་ས་གཙོ་བོ་བཟུང་། རྒྱ་གར་བ་སུམ་སྟོང་ཙམ་གྱི་སྐེ་བྲེགས་ཤིང་། ཆིག་སྟོང་ཙམ་ཉེ་འཁོར་གྱི་ཆུ་ཀླུང་ནང་དུ་བསྐྱུར། རྒྱལ་པོ་ཨ་རྫུ་ན་བྲོས་ཤོར་བ་སླར་ཡང་དམག་གསར་བ་དག་ཁྲིད་ནས་འཛིང་དུ་བྱུང་ཡང་མཐར་བོད་རྣམས་ཀྱིས་ཕམ་པར་བྱས་ཏེ་གཉེན་ཚན་དང་བཅས་པ་རྒྱའི་གོང་མའི་དྲུང་དུ་བཟུང་ངས། བོད་རྣམས་ཀྱིས་རྒྱ་གར་བ་བསད་པ་དང་བཟུང་བའི་

གྲངས་ནི་ཆིག་ཁྲི་སུམ་སྟོང་ཙམ་ཡོངས་པ་ཕྱུགས་ཁྲི་ལྷག་ཕྱིར། ལྷུགས་རེ་ཙན་གྱི་གྲོང་ཁྱེར་བརྒྱ་དང་བརྒྱད་ཅུ་ཙམ་བོད་འབངས་སུ་བཙུག་པར་ལོ་རྒྱུས་བསྟན་བཅོས་དག་ལས་བཤད་དོ། །འདིའི་ཏི་ར་ཧི་ཏ་ཞེས་པ་གཙླའི་བྱང་ནས་རི་ནག་པོའི་རྒྱུད་ལ་ཐུག་གི་བར་གྱི་ཡུལ་སྤྱི་ལ་ཟེར་ཞིང་། ཡུལ་དེའི་ཁོངས་སུ། གྲུད་དང་། ཤཱཀྱ། ལི་ཙ་བི་ཛི་སོགས་ཡུལ་ཆེན་དུ་མ་འདུས་ཤིང་། ད་ལྟའང་ཡུལ་མིང་དེ་གར་གནས་པར་དགེ་འདུན་ཆོས་འཕེལ་གྱིས་བཤད་དོ། །ཡུལ་འདི་བོད་ཀྱིས་བཟུང་ནས་མ་བཏང་བར་བགྲང་བྱ་ཅི་ཙམ་འགོར་བ་ད་དུང་དཔྱད་དགོས་པར་སྣང་ངོ་། །

(༤) བལ་ཡུལ་བོད་ཀྱིས་བཟུང་བ་ནི་《གཏེར་ཡིག》ལས། བཙན་མོ་ཨུན་ཆང་ཀོང་ཇོ། མགར་སྟོང་བཙན་ཡུལ་ཟུང་གིས་སྤྱན་དྲངས་ཏེ་བོད་ཡུལ་དུ་གཤེགས་སོ། །བལ་བོ་ཡུ་སྣ་ཀུག་ཏི་བཀུམ། ན་རི་ཏ་བ་རྒྱལ་པོར་བཅུག གནག་ནད་ཆེན་པོ་བྱུང་། ཞེས་པ་ལ་བརྟགས་ན་བལ་ཡུལ་མངའ་འབངས་སུ་བཙུག་པའི་ལོ་ནི། གྲེན་ཀོན་ཁྲི་ལོ་བཅོ་ལྔ་བ(༤༩༧)རྒྱ་བཟའ་བྱོན་པའི་ལོ་དེ་ཡིན་པ་གསལ་ལོ། །འཛམ་དཔལ་རྩ་རྒྱུད་དུ། ཛིཥྞུ་ཉིད་ནི་མཐའ་མ་སྟེ། །དེ་དུས་བལ་ཡུལ་བདག་པོ་ནི། །མཆོད་ཆ་འབབ་པས་རྣམ་པར་འཛོམ། །ཞེས་གསུངས་པས་ཡུ་ན་ཀུག་ཏི་ཞེས་པ་ཛིཥྞུ་ཉིད་ཡིན་པར་སེམས་ལ། ད་ལྟའི་བལ་བོའི་ལོ་རྒྱུས་སུ་ཡང་བལ་བཟའ་ཁྲི་བཙུན་གྱི་ཡབ་ནི་བལ་རྒྱལ་གསར་བ་ཞིག་ཡིན་པར་བཤད་པས་ན་རི་ཏ་བ་ཞེས་པ་གསར་དུ་བོད་ཀྱིས་རྒྱལ་པོར་བསྐོས་པ་དེ་ཡིན་ནམ་སྙམ། བལ་ཡུལ་བོད་ཁོངས་སུ་ཚུད་ནས་ཅི་ཙམ་འགོར་བ་ལ། ཕྱི་ནང་གི་མཁས་པ་མང་པོས་བཤད་ཚུལ་མི་གཅིག་ན་ཡང་《གཏེར་ཡིག》ལ་གཞིགས་ན་ཁྲི་ལྡེ་གཙུག་བཙན་གྱི་ཁྲི་ལོ་འདྲེན་སྐབས་བཙན་པོ་བལ་བོར་བཞུགས་ཚུལ་འཁོད་པ་མང་བས། ཕལ་ཆེར་ཁྲི་སྲོང་གི་གོང་རོལ་བར་བོད་འབངས་སུ་ཡོད་དམ་སྙམ། ད་ལྟའི་བལ་ཡུལ་ལོ་རྒྱུས་ན་བལ་ཡུལ་བོད་ཀྱིས་བཟུང་བར་ཁས་མི་ལེན་ན་ཡང་ལོ་རྒྱུས་ཐོག་དངོས་བྱུང་གི་དོན་འདི་གཏན་ནས་སྐྱོན་མི་ནུས་ཏེ། ཕོ་ཆོའི་ཁྲིད་ན་ཤར་བའི་རིགས་མང་པོ་ཡོད་ལ། དེ་དག་གིས་ཆོས་ལུགས་བོན་

དང་འདྲེས་པའི་ནང་བ་བྱེད་པ་དང་། སྐད་ནི་བོད་ཀྱི་བརྗ་སྙིང་འབའ་ཞིག་སྨྲ་བ་དེ་དག་གི་ལོ་རྒྱུས་སུའང་རིགས་རྒྱུད་བོད་དམག་ལས་མཆེད་པར་གྲགས་པ་སོགས་དང་བལ་ཡུལ་གྱི་གནའ་དུས་སུ་བཙུགས་པའི་རྫོ་རིང་ཞིག་ཏུ་བོད་ལ་ཁྲལ་འཇལ་ཚུལ་གསལ་བར་འཁོད་པ་ལས་ཀྱང་དཔགས་ནུས་སོ། །

(༥) རྒྱ་དང་འཐབ་མོ་དང་འགྲིག་མཐུན་བྱུང་བའི་ཚུལ་ལ། 《ཐང་ཡིག》ལས། ཐེ་ཙུང་ཀྱིན་ཀོན་གྱི་ཁྲི་ལོ་བརྒྱད་(༦༣༨)པར། ཞེས་པ་ནས། དེར་བློན་བརྒྱད་ཀྱིས་རང་སྲོག་བཅད་པས་སྲོང་བཙན་ཙུང་ཟད་དོགས་ཏེ་དམག་དཔུང་ཕྱིར་དྲངས། ཞེས་སོ། །ཐུའུ་ཡུ་ཧུང་ཕམ་པར་བྱས་ཤིང་སྲོང་བཙན་སྒམ་པོས་དམག་ཁྲི་ཉི་ཤུ་དྲངས་ནས་སུང་ཀྲིག་བཅོམ་པ་དང་རྒྱའི་དམག་དཔོན་ཧན་ལེ་ཞེས་པའི་དཔུང་གིས་འཐབ་ཀྱང་བོད་དམག་གིས་ཕམ་པར་བྱས་ཚུལ། དེ་ནས་རྒྱའི་མངའ་ཁོངས་སུ་ཡོད་པའི་འཇང་བ་རྣམས་ཀྱང་ངོ་ལོག་ནས་བོད་ལ་མགོ་འཛུལ། གནས་ཚུལ་ཛ་དྲག་དེ་ལྟར་ཆེ་བ་ལ་བརྟེན་ནས་གོང་མས་དཔོན་དམག་རྒྱ་ཆེན་པོ་བསྐུལ་ཏེ་འཐབ་ཀྱང་ཉིག་ཅིན་ཏ་ཟེར་བའི་དཔུང་གིས་མཚན་འགེབས་ཀྱིས་སུང་ཀྲིག་ལ་ཕར་རྒོལ་བྱས་པས་བོད་དམག་ཙུང་ཟད་ཕམ་པ་ལས། བོད་དམག་རྩ་བ་ནས་བཀག་སྟེ་ཕམ་ཁ་ཆེན་པོ་སྟེར་མ་ནུས་ན་ཡང་། བློན་བརྒྱད་ཀྱིས་རང་སྲོག་བཅད་མིན་ཅི་ལྟར་ཡང་། རྒྱ་བོད་མི་རིགས་གཉིས་མཛའ་མཐུན་དང་ཞི་བདེའི་ངང་གནས་རྒྱུ་ནི་རྒྱ་ཆེའི་རྒྱ་མི་དམངས་ཀྱི་རེ་བར་སོང་བ་དང་། ཡུན་རིང་ལོ་བརྒྱད་ཙམ་ལ་འཐབ་འཁྲུག་བརྒྱབ་སྟེ་གནོད་སྐྱོན་ཚབ་པོ་ཆེ་མང་པོ་མཐོང་སྐབས་དཔོན་དམག་ཡོངས་ལ་འཐབ་འདོད་མེད་པ་ཆགས་པ་ནི་དོན་དངོས་ཤིག་ཡིན་རྒྱུ་རེད་སྙམ། དེ་ལྟར་ཤར་རྒྱ་ནག་གི་དངོས་གཏོགས་སུང་ཀྲིག་སོགས་དང་། ལྷོ་བལ་ཡུལ་དང་རྒྱ་གར་གྱི་ཡུལ་ཆེན་དུ་མ། ནུབ་སྟག་གཟིག་གི་ཡུལ། བྱང་གྲུ་གུ་སོགས་ས་ལེ་བར་ཁྲི་ཐྲག་གིས་འཕྲུད་པའི་ལྷོངས་ཆེན་པོར་སྟོབས་ཀྱི་འཁོར་ལོ་མངའ་བསྒྱུར་ཞིང་། བཙན་པོ་དེ་ཉིད་ནི། 《ཐང་ཡིག》ལས། དེ་འབངས་ལ་བྱམས་ཤིང་མཛངས་དཀྱིལ་ཆེ། རྟག་ཏུ་རྟ་ལ་བཅིབས་ནས་འགྲོང་དང་རྒྱང་རྫོན་པར་འགྲོ།

ཡུལ་ནུབ་ལྗོངས་ཀྱི་རྒྱལ་ཕྲན་རྣམས་འབངས་སུ་མངའ་འོ། །ཞེས་པ་ལྟར་རོ། །

༣. ཐོན་མིས་ད་ལྟའི་བོད་ཡིག་གསར་དུ་བཟོས་ཚུལ།

༡. ཡི་གེའི་ངོ་བོ་བཤད་པ།

ཡི་གེ་ནི་མིའི་རིགས་ཀྱི་བློ་གྲོས་ལས་བྱུང་བའི་བསམ་བློ་མཚོན་བྱེད་ཀྱི་སྐད་ཆའི་གོ་ཆོད་པའི་རིག་འཕྲུལ་འགྲན་ཟླ་མེད་པ་ཞིག་ཡིན་ཡང་མི་རྣམས་ཀྱིས་རང་བྱུང་ཁམས་ཆེན་པོ་གསར་བཏོད་དང་བསྒྱུར་བཀོད་བྱས་པའི་རྒྱལ་ཕམ་གྱི་ཉམས་མྱོང་དང་བསླབ་བྱ་རྣམས་མི་རབས་ཕྱི་མར་བརྒྱུད་སྤེལ་བྱེད་པ་དང་། ལོ་རྒྱུས་དུས་ཡུན་ཤིན་ཏུ་རིང་པོའི་ནང་རིམ་བཞིན་བསྐྲུན་པའི་ཤེས་བྱ་རིག་པའི་གནས་ཀྱི་རྒྱུན་འཛིན་དང་། འཕེལ་རྒྱས་ཆེན་པོ་བྱུང་བར་བརྟོན་པའི་ཕན་ནུས་ནི་སྐད་ཆ་ལས་ལྷག་འགྱུར་གྱིས་ཆེ་བ་ཞིག་ཡིན་པ་སྨྲས་མ་དགོས་སོ། །

ཡི་གེའི་ངོ་བོ་ནི་བོད་ཀྱི་སྒྲ་རིག་པའི་འཆད་ཚུལ་ལྟར་ན། མིང་ཚིག་གཉིས་ཀྱི་རྟེན་གཞིར་གྱུར་པའི་སྐད་ཀྱི་གདངས་ཡིན་པར་འདོད་ལ། རྒྱའི་བརྡ་སྤྲོད་པའི་གཞུང་ལྟར་ན། ཡི་གེ་ནི་མི་རྣམས་ཀྱི་སྐད་གདངས་མཚོན་བྱེད་ཀྱི་རི་མོ་ཞིག་ཡིན་པར་འདོད་དོ། །བོད་ཡིག་ནི་དབྱངས་གསལ་གཉིས་རྩ་བར་བྱས་ཏེ་སྦྱོར་ཀློག་གི་རྣམ་པས་རང་སྐད་མ་ལུས་པ་གསལ་བར་འགོད་ཐུབ་པའི་ཡི་གེ་རྨད་དུ་བྱུང་བ་ཞིག་ཡིན་ལ། སྤྱིར་འཛམ་གླིང་ན་སྐད་རིགས་མི་གཅིག་པ་མང་པོ་དང་། དེ་མཚུངས་བློའི་རྩལ་གྱིས་བསྐྲུན་པའི་ཡི་གེ་མི་འདྲ་བ་མཐའ་ཡས་པ་ཡོད་ཀྱང་། བརྙན་འདྲ་གཟུགས་ཀྱི་ཡི་གེ་དང་། བརྡ་སྦྱོར་གྱི་ཡི་གེ་གཉིས་སུ་འདུ་བ་ཡིན་ལ། དང་པོ་ནི་གཟུགས་རིས་ཆ་ཚང་བྲིས་ནས་སྐབས་ཇི་བདེར་བཏང་སྟེ་ཡིག་གཟུགས་སུ་གྱུར་པ་ཞིག་སྟེ། དཔེར་ན་རྒྱ་ཡིག་ལྟ་བུ་ཡིན་ནོ། །རྒྱས་ཡི་གེ་གཟུགས་སུ་འདོད་པའང་

ཁོ་པ་ཚོའི་ཡིག་གཟུགས་དེ་ལ་བརྟེན་ནས་བཏགས་པར་མངོན་པས་རྒྱུ་མཚན་ཡོད་པ་ཞིག་ཡིན་པ་ནི། གདངས་ཀྱི་ཕྱི་མོ་སོགས་ལ་བརྟགས་ནས་བཟོས་ཤིང་བྲིས་པ་མ་ཡིན་པར་བརྗོད་བྱའི་དངོས་པོ་དེའི་གཟུགས་རིས་བྲིས་པ་རིམ་བཞིན་ཡི་གེར་འགྱུར་བ་ཡིན་པས་གཟུགས་ལས་འོས་ཅི་ཡོད། བོད་དང་ལེགས་སྦྱར་གྱི་ཡི་གེ་ནི་སྒྲའི་གདངས་གཞིར་བྱས་ཤིང་གནས་རྣམས་སུ་ལྡེ་སོགས་བསྐྱོད་པ་ལས་སྐྱེས་པའི་གདངས་ཀྱི་རྣམ་འགྱུར་མི་འདྲ་བ་ཙམ་ལ་བྱ་དགོས་པས་རྒྱ་ཡིག་དང་མི་འདྲའོ། །སྒྲ་འགྱུར་བའི་ཡི་གེ་དེ་དག་མཚོན་བྱེད་ཀྱི་ཡིག་གཟུགས་ནི་ཡི་གེ་དངོས་གནས་པ་མིན་ཡང་། ཡི་གེ་བཏགས་པ་བ་ཡིན་པས། རྒྱུན་དུ་དེ་ལ་ཡི་གེར་བརྗོད་ཀྱང་མི་ཆོག་པ་མེད་དེ། དཔེར་ན། སྐུ་གཟུགས་སོགས་ལ་བལྟས་ནས་འདི་ནི་སངས་རྒྱས་རེད། འདི་ནི་འཇམ་པའི་དབྱངས་རེད་ཟེར་རུང་བ་ལྟ་བུའོ། །ཡིག་གཟུགས་འདི་ཡང་སྒྲ་གདངས་དེ་ཉིད་འབྱུང་སྐབས་ཁ་དང་ལྕེ་སོགས་ཇི་ལྟར་གནས་པའི་དབྱིབས་རི་མོར་བཀོད་པ་སྟེ། དཔེར་ན། བོད་ཡིག་གི་ཀ་དེ་ཁ་གདངས་ཤིང་ལྕེ་སྐྱོད་པའི་དབྱིབས་སུ་ཡོད་པ་དང་ལ་ནི་ལྕེའི་རྩེ་མོ་རྐན་ལ་སྦྱར་བའི་དབྱིབས་སུ་ཡོད་པ་དང་། ར་ལྕེ་འདར་བའི་ཚུལ་བྲིས་པ་ཤིན་ཏུ་གསལ་བས་མཚོན་པར་བྱའོ། །བོད་ཡིག་ཁོ་ན་དེ་ལྟར་བྲིས་པ་མ་ཡིན་པར་རྒྱ་གར་གྱི་ཡི་གེ་དང་དབྱིན་ཡིག་སོགས་ཀྱང་འདི་ལྟར་ཡིན་ལ། ལྷག་པར་དབྱིན་ཡིག་གི་གསལ་བྱེད་དང་པོ་ཨེ་ཡིན་པ་དང་དེའི་དབྱིབས་སོགས་ལ་ཞིབ་ཏུ་བསམ་པ་ཡིན་ན་འདི་ཡང་རྒྱ་གར་གྱི་གནའ་བོའི་ཡི་གེའི་ཚ་བོ་ཞིག་ཡིན་པའི་ངེས་པ་རྙེད་རྒྱུ་ཡོད་སྙམ།

༣. སྤྱིར་ཡི་གེ་ཐོག་མར་བྱུང་བའི་ལོ་རྒྱུས།

ནང་པ་སངས་རྒྱས་པའི་གཞུང་ལས་འདི་སྐད་གྲགས་ཏེ། སྟོན་བསྐལ་བ་མཐའ་ཡས་མུ་མེད་པའི་དུས་སུ་འོག་མིན་སྟུག་པོ་བཀོད་པའི་ཞིང་ཁམས་སུ། །དག་པ་གཉིས་ལྡན་གྱི་ཆོས་སྐུ་ཀུན་ཏུ་བཟང་པོ་ཉིད་རྣམ་པར་རྟོག་པ་མེད་པའི་རང་མདངས་ལོངས་སྤྱོད་རྫོགས་

པའི་སྐུར་བཞེངས་ཏེ་དག་པའི་འཁོར་ཚོགས་རྒྱ་མཚོ་ལ་གཞི་དོན་དམ་པ་ཡི་དང་། ཀུན་རྫོབ་པའི་རིག་པ་གེ་དང་། བདེན་གཉིས་དབྱེར་མེད་པའི་ལྷན་སྐྱེས་ཡེ་ཤེས་ལ་ཡི་གེ་ཞེས་པའི་བརྡ་ཙམ་གྱིས་སྨྲ་བསམ་བརྗོད་ལས་འདས་པའི་ཆོས་ཀྱི་འཁོར་ལོ་རྒྱ་ཆེར་བསྐོར། དེ་ནས་རིམ་བཞིན་བརྒྱུད་དེ་མེ་ཏོག་པདྨ་ལས་འཁྲུངས་པའི་སྤྲུལ་བའི་སྐྱེས་མཆོག་ཁྱེའུ་སྣང་ཞེས་བྱ་བས་སངས་རྒྱས་སྟོང་རྩ་གཉིས་ལ་གསུངས། དེའི་དུས་སུ་ཡི་གེའི་མཁན་པོ་ལྷའི་བུ་ཉི་མ་རབ་ཏུ་སྣང་བྱེད་དང་། དགའ་བྱེད་གཉིས་ཀྱིས་དབྱངས་བཅུ་དྲུག་དང་གསལ་བྱེད་སོ་བཞིའི་སྒོ་ནས་ཡིག་སྲོལ་བཏོད་དེ་སྒྲའི་གཞུང་ཐལ་འགྱུར་རྩ་བའི་རྒྱུད་ཅེས་པ་བརྩམས་པ་ནི་ཡི་གེ་འབྲི་བའི་ཐོག་མའི་འབྱུང་ཁུངས་སོ། །དེའི་རྗེས་རིམ་བཞིན་མགོན་པོ་འོད་མི་འགྱུར་བ། སྟོན་པ་གཞོན་ནུ་དཔལ་པོ་སྟོབས་ལྡན། རྒྱལ་བ་འཁོར་བ་འཇིག མང་པོ་བཀུར་བའི་རྒྱལ་པོ། ཡི་གེ་མཁན་པོ་ཀུན་གྱི་བཤེས་གཉེན། རྒྱལ་བུ་གཞོན་ནུ་གྲུབ། ཐམ་ཐེ་ལི་བྱིན་ཏ་ར་སོགས་ལ་རིམ་པར་བརྒྱུད་དེ་རྒྱ་གར་འཕགས་པའི་ཡུལ་དུ་ཡིག་སྲོལ་རྒྱ་ཆེར་དར་བར་གསུངས་སོ། །

༣. མདོ་རྒྱ་ཆེར་རོལ་པ་ལས།

སངས་རྒྱས་འཇིག་རྟེན་དུ་བྱོན་པའི་དུས་སུ་ཡིག་རིགས་དྲུག་ཅུ་རྩ་བཞིའི་འབྲི་སྲོལ་ཡོད་པ་གསུངས་ཏེ། ཚངས་པའི་ཡི་གེ ཁ་རོ་སྟིའི་ཡི་གེ པད་མའི་སྟིང་པོའི་ཡི་གེ ཨང་གེའི་ཡི་གེ མང་གའི་ཡི་གེ མ་ག་དྷའི་ཡི་གེ བཀྲ་ཤིས་པའི་ཡི་གེ སོར་མོ་བའི་ཡི་གེ ཤ་ཀ ནིའི་ཡི་གེ ཡབ་བ་ནའི་ཡི་གེ བག་ལེ་བའི་ཡི་གེ ས་ཏྲུ་ཤའི་ཡི་གེ འགྲོ་ལྡིང་བའི་ཡི་གེ གི་ར་རའི་ཡི་གེ ལྷོ་ཕྱོགས་པའི་ཡི་གེ དྲག་ཤུགས་ཅན་གྱི་ཡི་གེ གྲངས་ཀྱི་ཡི་གེ སྦྱིའུ་ཚུགས་པའི་ཡི་གེ རྗེས་སུ་མཐུན་པའི་ཡི་གེ བྲུ་ཤའི་ཡི་གེ ཀ་ཤའི་ཡི་གེ རྒྱའི་ཡི་གེ ཕུ་ནའི་ཡི་གེ ཧུ་ནའི་ཡི་གེ ཡི་གེ་འབྲིང་ངམ་རྒྱས་པར་བྲིས་པའི་ཡི་གེ རྒྱལ་གྱི་ཡི་གེ ལྷའི་ཡི་གེ ཀླུའི་ཡི་

གེ གནོད་སྦྱིན་གྱི་ཡི་གེ དྲི་ཟའི་ཡི་གེ མིའམ་ཅིའི་ཡི་གེ ལྟོ་འཕྱེ་ཆེན་པོའི་ཡི་གེ ལྷ་མ་ཡིན་གྱི་ཡི་གེ ནམ་མཁའ་ལྡིང་གི་ཡི་གེ རི་དྭགས་འཁོར་ལོའི་ཡི་གེ ཁ་སྐད་ཤེས་པའི་ཡི་གེ ས་བླའི་ཡི་གེ བར་སྣང་གི་ཡི་གེ བ་ལང་སྤྱོད་ཀྱི་ཡི་གེ སྒྲ་མི་སྙན་གྱི་ཡི་གེ ལུས་འཕགས་པའི་ཡི་གེ འདེགས་པའི་ཡི་གེ བཞག་པའི་ཡི་གེ བསྟན་པའི་ཡི་གེ རྒྱ་མཚོའི་ཡི་གེ རྡོ་རྗེའི་ཡི་གེ སྦྲིང་ཡི་གེ ལན་གྱི་ཡི་གེ རྣམ་འཕྲོར་རིངས་མེད་ཀྱི་ཡི་གེ བསྡུན་བཙོས་སྐོར་བའི་ཡི་གེ རྩིས་བསྐོར་བའི་ཡི་གེ འདེགས་པ་བསྐོར་བའི་ཡི་གེ བཞག་པ་བསྐོར་བའི་ཡི་གེ ཀྲང་བས་ཕྲིས་པའི་ཡི་གེ ཚིག་གི་མཚམ་གྱི་ཡི་གེ ཚིག་གི་མཚམས་བཙུར་བརྒྱུད་པའི་ཡི་གེ བླ་ཐབས་སུ་བསྟན་པའི་ཡི་གེ སྒྲ་ཐམས་ཅད་ཀུན་ཏུ་བསྡུད་པའི་ཡི་གེ རིག་པ་དང་མཐུན་པའི་རྣམ་པར་འདྲེས་པའི་ཡི་གེ དྲང་སྲོང་གིས་དཀའ་ཐུབ་སྤྱོད་པའི་ཡི་གེ ငས་པའི་ས་བལྟ་བའི་ཡི་གེ ནམ་མཁའ་བལྟ་བའི་ཡི་གེ སྨན་ཐམས་ཅད་ཀྱི་རྒྱུ་མཐུན་པའི་ཡི་གེ སྙིང་པོ་ཐམས་ཅད་ཀུན་ཏུ་སྡུད་པའི་ཡི་གེ འབྱུང་པོ་ཐམས་ཅད་ཀྱི་སྒྲ་སྡུད་པའི་ཡི་གེ་བཅས་དྲུག་ཅུ་ཙ་བཞིའོ། །ཡི་གེ་དེ་དག་ལས་འགའ་ཞིག་ནི་ཡུལ་དང་འགའ་ཞིག་ནི་དབྱིབས། འགའ་ཞིག་ནི་བརྗོད་བྱ། འགའ་ཞིག་ནི་དྲིས་ལན་སོགས་འདོགས་ཚུལ་མི་འདྲ་བ་མང་པོ་མཆིས་པར་གསུངས་སོ། །འདིའི་ལུས་འཕགས་དང་ལྷ་ སླུ་དྲི་ཟ་ཞེས་པ་ཡང་རྒྱ་གར་གྱི་ཡུལ་མིང་དུ་དགེ་འདུན་ཆོས་འཕེལ་གྱིས་བཤད་དེ་བདེན་པ་འདྲའོ། །

༩. བོད་ཡིག་བཟོས་པའི་ལོ་རྒྱུས།

༡.《མཁས་པའི་དགའ་སྟོན》ལས། ཐུལ་བའི་རྒྱལ་པོ་ཤིན་ཏུ་གཞོན་ནུ་ཡིས། །རྒྱལ་སྲིད་ཆོས་བཞིན་སྐྱོང་བའི་ངོ་མཚར་ཐོས། །ཞེས་པ་ནས། ཡུལ་གྲུ་གཞན་གྱི་ཡི་གེར་མ་ལྟོས་པ། །བོད་ལ་རང་གི་ཡི་གེ་དགོས་པར་གཟིགས། །ཞེས་གསུངས་པ་ལྟར་ན། སྲོང་བཙན་སྒམ་པོས་རྒྱལ་སྲིད་གསར་དུ་བཞེས་སྐབས་དགའ་སྟོན་གྱི་ཡོ་ལང་རྣམ་པར་རྒྱས་པ་ན་

ཤར་ན་རྒྱ་ནག ཤར་ན་རྒྱ་གར། ནུབ་ན་སྟག་གཟིག བྱང་ན་ཁྲོམ་གེ་སར་ཏེ། མཐའ་བཞིའི་རྒྱལ་པོ་རྒྱལ་ཕྲན་དང་བཅས་པས་ལོ་ཉ་མང་པོ་ཡང་ཡང་མངགས་ནས་འཚམས་ཞུའི་འཕྲིན་ཡིག་དང་། རྗེས་སུ་རིན་ཆེན་མང་པོ་ཕུལ་བའི་ཐོ་ཡིག་བཅས་དེ་དག་གི་ཡི་གེར་བྲིས་ནས་བསྒྱུར་གནང་མཛད་པ་ལ། དེ་དུས་བོད་ལ་ཡི་གེ་མེད་པས་འཕྲིན་ལན་རྒྱལ་ཁབ་སོ་སོའི་ཡི་གེར་བྲིས་ནས་བསྒྱུར་བའམ། ཐ་ན་འགའ་ཞིག་ལ་ངག་འཕྲིན་ཙམ་ལས་བསྒྱུར་མ་ནུས་པ་ལ། སྲོང་བཙན་གྱི་དགོངས་པར་རྒྱལ་ཁམས་གཞན་གྱི་ཡི་གེར་རག་མ་ལས་པར་བོད་རང་གི་སྐད་དང་མཐུན་པའི་ཡི་གེ་ཞིག་མེད་ན། གཞན་གྱིས་འཕྱ་བའི་གནས་སུ་འགྱུར་བར་མ་ཟད། གཙུག་ལག་ལུགས་གཉིས་ཀྱི་བྱ་བ་གང་ཡང་ལེགས་པོ་ཞིག་སྒྲུབ་མི་ཐུབ་པས་ཅིས་ཀྱང་རང་སྐད་ཉིད་དང་མཐུན་པའི་ཡི་གེ་བཟོ་རྒྱུའི་ཐུགས་དགོངས་ཟློག་ཏུ་མེད་པ་འཁྲུངས་པ་ནི། བོད་ཡིག་བསྐྲུན་པའི་ཐོག་མའི་རྒྱུ་རྐྱེན་གལ་ཆེན་ཞིག་ཡིན་པར་སེམས་སོ། །

༢. ཐོན་མི་རྒྱ་གར་དུ་མངགས་པ། དེའི་ཚེ་བློན་པོའི་བུ་བློ་རྗེ་བ་བཅུ་དྲུག་ལ་གསེར་བསྐུར་ནས་རྒྱ་གར་དུ་ཡི་གེ་སློབ་ཏུ་བཏང་ཡང་། ལ་ལ་ཐང་འདྲི་ཅན་རྣམ་གསུམ་ལ་བརྟགས་ནས་འགྲོ་མ་ནུས། ལ་ལ་ལམ་ནས་ཚད་པས་ཤི ལ་ལ་རྒྱ་གར་དུ་སླེབས་ཀྱང་རྒྱ་སྐད་མ་ཤེས་པར་ཕྱིར་ལོག་ནས་རྒྱལ་པོའི་བཞེད་པ་མ་འགྲུབ་པར་གསུངས་ལ། བོད་མཁས་པས། བློན་པོའི་མཆོག་འགར་ཡུལ་སྲུང་གཡོག་དང་བཅས་པ་རྒྱ་གར་དུ་ཡི་གེ་སློབ་པར་བཏང་སྟེ། ཏ་ལ་ཁ་ཏའི་རྣམ་གསུམ་གྱི་སར་ཕྱིན་པ་ན་གཡོག་ཕལ་ཆེར་ལ་ས་ཚུམ་འཁོད་པས་ཤི འགར་རང་ཉིད་འཆི་བར་དོགས་ནས་སླར་ལོག་ཅེས་གོང་གསལ་མི་བཅུ་དྲུག་འགར་གྱིས་འཁྲིད་ནས་ཕེབས་ཚུལ་གསུངས་སོ། །དེ་ནས་འཇམ་དབྱངས་ཀྱི་རྣམ་སྤྲུལ་ཐོན་མི་སྣང་གྲགས་ཀྱི་བུ་ཨ་ནུ་བྱ་བ་ལོ་བཅོ་ལྔ་ལོན་པ་མཁས་ཤིང་མཛངས་པ། ཡིད་གཞུངས་ལ་བློ་རྣོ་བ། དབང་པོའི་སྐྱེ་མཆེད་གསལ་ལ་དཀའ་བ་དང་དུ་ལེན་པའི་སྙིང་སྟོབས་སོགས་གཞན་ལས་ཁྱད་དུ་འཕགས་པའི་ཡོན་ཏན་དང་ལྡན་པ་ཞིག་ཡོད་པ་ལ། ཁྱོད་རྒྱ་གར་དུ་ཡི་གེ་སློབ་ཏུ་འགྲོ་ཐུབ་བམ་ཞེས

དྲིས་པ་ན། ཐོན་མིས་མ་ཤི་ཕན་ཆད་ཅི་ལ་མི་ཐུབ་ཅེས་གསོལ་ཏེ་སྲོང་བཙན་གྱི་བཀའ་དང་དུ་བླངས་ནས་རྒྱ་གར་དུ་ཆས། བཙན་པོས་ཕོ་ཉའི་མགོ་དཔོན་དུ་སྟག་རི་ལོ་ཐོག་ཟེར་བ་བསྐོས་ཏེ་གཡོག་ལྔ་བརྒྱ་སྦྲད་པ་ལ། ཐོན་མིས་ཏ་ཙང་མང་པོ་འདི་དག་གིས་ཅི་བྱེད། བཙུས་ཚོག་པར་གསོལ་བ་ལྟར་དཔོན་གཡོག་བཙུ་གཉིས་ལ་མཁོ་བའི་ཆས་ཀ། རྒྱ་གར་གྱི་རྒྱལ་པོ་དཔལ་སྦྱིན་བྱེད་བླི་ན་ལྷ་ཆེན་བྱ་བ་ལ་འཚམས་སྐྱེས་ངག་འཕྲིན། ཡི་གེ་སློབ་པའི་ཆ་རྐྱེན་དུ་གསེར་བྱེ་བྲེ་གང་། གསེར་གྱི་པ་ཏྲ་ལ་སོགས་པ་དང་། བལ་པོའི་རྒྱལ་པོ་ལ་སྐྱེས་བཅས་བསྐུར་ནས་ཕེབས་པས་གནོད་པ་མེད་པར་བལ་བོར་འབྱོར། བལ་པོའི་རྒྱལ་པོ་ལ་མཇལ་ནས་སྐྱེས་ཕུལ་ཞིང་ཚད་པ་ལ་ཕན་པའི་སྨན་ག་བུར། ཙུ་གང་། ཙན་དན་གྱི་ཆུ་ལ་སོགས་པ་སྦྱལ་བ་ལ་བརྟེན་ཅིང་ཕེབས་པས་རྒྱ་གར་དུ་བདེ་བར་བརྩོལ། དེ་ནས་རྒྱ་གར་གྱི་ཡུལ་མང་པོར་སྦྱལ་ཞིང་། མཐར་ལྷོ་ཕྱོགས་ཀྱི་མཁས་པ་ཆེན་པོ་བྲམ་ཟེ་ལི་བྱིན་སློབ་དཔོན་དུ་བརྟེན་ནས་ཡིག་རིགས་དུ་མར་སྦྱངས་ཤིང་མཁས་པར་མཛད། པཎྜི་ཏ་ལྷ་རིག་པའི་སེངྒེ་ཞེས་པ་ལས་སྒྲ་ཚད་དང་། རིག་པའི་གནས་གཞན་མང་པོར་སྦྱངས་ནས་ཁོང་དུ་ཆུད་པར་བྱས། སྤྱན་རས་གཟིགས་ཀྱི་མདོ་རྒྱུད་ཉེར་གཅིག་སོགས་ཐེག་པ་ཆེན་པོའི་གསུང་རབ་མང་པོ་ལ་ཡང་སྦྱངས་ནས་མཁས་པར་མཛད་ནས་བོད་དུ་འབྱོན་པར་ཉེ་བའི་ཚེ་མཁན་པོ་ལི་བྱིན་གྱིས། ཁྱོད་ནི་རིག་གནས་ཀུན་ལ་རྩེ་མོར་སོན། །ང་ནི་སྤྲུལ་པའི་རྒྱལ་པོའི་དགོངས་པ་སྒྲུབས། །བོད་ཡུལ་འགྲོ་ཀུན་ཡི་གེ་སྒྲ་ཚད་དང་། །ལུང་རིག་མན་ངག་རྣམས་ཀྱིས་ཚིམ་པར་མཛོད། །ཅེས་གསུངས་པ་ལ། ཐོན་མིས་གཏང་རག་གི་ཡོན་ཕུལ་ཞིང་ཚིག་འདི་སྐད་དོ། །ཐུགས་ལ་བཏགས་སོ་རྒྱལ་བའི་སྲས། །བཀའ་དྲིན་ཆེའོ་ངོ་མཚར་ཆེ། །བྱིན་གྱིས་རློབས་ཤིག་ཐུགས་རྗེ་ཅན། །རིག་པ་དྲི་མེད་ནམ་མཁའ་ལ། །ཐབས་ཤེས་གཉིས་ཀྱི་རྒྱུ་སྐར་ཤར། །སྨོན་ལམ་དག་པའི་རླུང་གིས་དྲངས། །སྒྲ་ཚད་ཡི་གེ་ཉི་ཟླ་ཤར། །འགྲོ་བའི་མ་རིག་མུན་པ་སེལ། །བདེ་གསལ་ཡིད་ཀྱི་རྒྱ་མཚོ་ལ། །རིག་པ་བློ་ཡི་ཆུ་ཕྲན་འཁོར། །སྨོན་ལམ་དག་པའི་ཆུ་བྱ་ལྡིང་། །སྒྲ་ཚད་ཡི་གེ་ནོར་བུ་བཞུགས། །འགྲོ་བའི་དབུལ་ཕོངས་སེལ་བར་བྱེད། །སྐུ་ལུས་དྲི་མེད་སྟོང་པོ་

ལ། །ཐབས་ཤེས་གཉིས་ཀྱི་ཡལ་ག་རྒྱས། །བསླབས་ཤེས་ཡོན་ཏན་མེ་ཏོག་ཤར། །སྒྲ་ཚད་ཡི་གེའི་འབྲས་བུ་སྨིན། །བདག་བོད་ཀྱི་སློན་པོ་ཐོན་མི་ལ། །མ་ལུས་གནང་བ་ཐུགས་ལ་བཏགས། །རྒྱ་གར་ཡུལ་དུ་ཕྱིན་པ་ཡིན། །མཁས་གྲུབ་ཁྱེད་དང་མཇལ་བ་ཡིན། །ཡོན་ཏན་གཞི་མ་ཡི་གེ་ཡིན། །མ་ལུས་ཁོང་དུ་ཆུད་པ་ཡིན། །རྒྱལ་སྲིད་ཆོས་བཞིན་སྐྱོང་བ་ཡིན། །རྒྱལ་པོས་དབུ་མཛད་སློན་འབངས་ལ། །སྒྲ་ཚད་ཡི་གེ་སྤེལ་བ་ཡིན། །ཀུན་ལ་རྒྱས་པར་བྱེད་པ་ཡིན། །ཐུགས་ལ་བཏགས་སོ་རྒྱལ་བའི་སྲས། །ཞེས་གསུངས་ཤིང་ཞབས་སྤྱི་བོར་བླངས་ནས་བོད་དུ་ཕྱིར་ཕེབས་སྐབས་སྒྲ་རིག་པའི་བསྟན་བཅོས་རྣམས་ཀྱི་རྒྱ་དཔེ་དང་། འདུས་པ་རིན་པོ་ཆེའི་ཏོག མདོ་སྡེ་ཟ་མ་ཏོག་བཀོད་པ། སྤྱན་རས་གཟིགས་ཀྱི་མདོ་རྒྱུད་ཉེར་གཅིག་གི་རྒྱ་དཔེ་རྣམས་དང་། རྒྱ་གར་གྱི་རྒྱལ་པོས་སྲོང་བཙན་ལ་སྐྱེས་ལན་དུ་བསྐུར་བའི་མདོ་སྡེ་དཀོན་མཆོག་སྤྲིན། དམ་ཆོས་པདྨ་དཀར་པོ། གཙུག་ཏོར་དྲི་མེད་ཀྱི་གཟུངས། ནོར་བུ་ཀེ་ཏ་ཞེས་པ་མཚན་མོ་འོད་འབར་བ་རྣམས་བསྣམས་ནས་བོད་ལ་བདེ་བར་བྱོན་པར་གསུངས་ལ། ཐོན་མི་རྒྱ་གར་དུ་ལོ་ཅི་ཙམ་བཞུགས་ཚུལ་ལ་ལོ་རྒྱུས་གཞུང་དག་ལས་གསལ་བར་བཤད་པ་མི་སྣང་ནའང་། བོད་མཁས་པའི་《དམ་ཆོས་གླེགས་བམ་སྒྲུབ་ཚུལ》ལས་ལོ་བདུན་བཞུགས་པར་བཤད་ཅིང་། བོད་རང་གི་མཁས་པས་རྒྱ་གཞུང་སྤྱན་དྲངས་པའང་ཐོན་མི་ཐོག་མ་ཡིན་ནོ། །

༣. བོད་དུ་བྱོན་ནས་ཡི་གེ་དངོས་སུ་བཟོས་ཚུལ།

མཁས་པའི་དབང་པོ་ཐོན་མི་བོད་དུ་ཕེབས་ནས་བཙན་པོ་དང་རྣམ་གཉིས་ཕོ་བྲང་མ་རུ་རུ་ལོ་གསུམ་ལ་སྐུ་མཚམས་བཅད་དེ་རྒྱལ་པོ་ལ་རྒྱ་གར་གྱི་ཡི་གེ་དང་སྒྲ་བསླབས་ཏེ་བཙན་པོ་ཡང་ཤིན་ཏུ་མཁས་པར་གྱུར་ཀྱང་། རྒྱ་གར་གྱི་ཡི་གེས་བོད་སྐད་འབྲི་མ་ནུས་པ་དང་སྒྲ་རིག་པའང་བོད་སྐད་ལ་ཇི་བཞིན་མི་འཚམས་པས། ཐོན་མི་ལ་བོད་ཀྱི་སྐད་དང་

མཐུན་པའི་ཡི་གེ་བཟོ་དགོས་པའི་བཀའ་བབས། དེ་ནས་དཔལ་ལྡན་ཐོན་མིས་བོད་སྐད་ཀྱི་ཐ་སྙད་སྒྲ་ཚོགས་དང་གདངས་ཀྱི་ཕྱི་མོ་དང་ང་རོ་ལ་ཐུགས་གཞིག་ལེགས་པར་གནང་ནས་རྒྱ་གར་ལ་དབྱངས་བཅུ་དྲུག་ལས་ཨཱ་ཨཱི་ཨཱུ་རྀ་རཱྀ་ལྀ་ལཱྀ་ཨཻ་ཨཽ་ཨཾ་ཨཿསྟེ་བཅུ་གཅིག་བོད་སྐད་ཀྱི་གདངས་ཀྱི་ང་རོ་ན་མི་འབྱུང་བས་དོར་ཞིང་། བོད་ཡིག་ལ་དབྱངས་སྒྲོག་ཞུགས་ཀྱི་རྣམ་བཞག་བྱས་ན་སྐབས་མི་བདེ་ཞིང་ཚེགས་བར་དང་སྔོན་རྗེས་ཀྱི་རྣམ་གཞག་གིས་དེའི་གོ་ཆོད་པས་ཨ་དབྱངས་སུ་བྱེད་པའི་དགོས་པ་མེད་ཅིང་། གསལ་བྱེད་ཀྱི་མཐར་སྦྱར་ན་དགོས་པ་ཆེ་བར་དགོངས་ནས་གསལ་བྱེད་དུ་བཞག་པས་འགྲོ་མ་ཨི་ཨུ་ཨེ་ཨོ་བཞི་བོད་ཀྱི་དབྱངས་ལ་མཁོ་ཞིང་གདངས་ཀྱི་ང་རོ་འདི་བཞིར་འདུ་བར་རྟོགས་ནས་དབྱངས་བཞི་རུ་གཏན་ལ་ཕབ། དེ་ཡང་ཨི་སོགས་གསལ་བྱེད་དང་སྦྱར་ནས་འབྲི་ཚེ་ཡི་གེ་ཆ་ཚང་བྲིས་ན་སྐབས་མི་བདེ་ཞིང་ཡིག་རྫོབ་ཆེ་བས་དེ་དག་གི་དོད་དུ་གི་གུ། ཞབས་ཀྱུ། འགྲེང་བུ། ན་རོ་བཞི་བཟོས། གསལ་བྱེད་སོ་བཞི་ལས། གྷ་ཛྷ་ཌྷ་དྷ་བྷ་སྟེ་འཕྱུག་པོ་ལྔ་དང་། ཊ་ཋ་ཌ་ཎ་ཥ་སྟེ་ལོག་པ་ལྔ། མཐའི་ཀླུ་ཡིག་རྣམས་བོད་སྐད་ལ་མི་མཁོ་བས་དོར་བས་ཉེར་གསུམ་གྱི་སྟེང་དུ་རྒྱ་གར་གྱི་ཡི་གེར་མེད་ཀྱང་བོད་ལ་ཉེ་བར་མཁོ་བ་ཙ་ཚ་ཛ་གསུམ་དང་ཞ་ཟ་འ་གསུམ་སྟེ་ཡི་གེ་དྲུག་གསར་དུ་བཟོས་ཤིང་། དེ་ཡང་ཙ་སོགས་ནི་ཙ་སོགས་དང་སྒྲ་གདངས་ཉེ་སྐབས་དེ་དག་གི་ཙ་རྟགས་སོགས་དོར་བ་ཙམ་དང་། ཞ་ནི་ཤའི་དབྱིབས་དང་ཉེ་བ་ཙམ། ཟ་ནི་སའི་དབྱིབས་དང་ཉེ་བ་ཙམ། འ་ནི་ཨ་ཆེན་གྱི་གཡས་ཕྱོགས་ལྡོག་སྟེ་བྲིས་པར་ཞིབ་ཏུ་བརྟགས་ན་ཤེས་ནུས་ལ། དབྱངས་ནས་བོར་བའི་ཨ་ཡིག་གསལ་བྱེད་ཀྱི་མཐར་སྦྱར་བ་གསལ་བྱེད་སུམ་ཅུར་གྲངས་ངེས་པའི་སྒོ་ནས་གཏན་ལ་ཕབ་པ་ཡིན་ནོ། །རྒྱ་གར་གྱི་ཡི་གེ་ཇི་བཞིན་བཟོས་ན་མིང་གི་རྣམ་དབྱེ་ཉེར་གཅིག་བྱིངས་ཀྱི་རྣམ་དབྱེ་བརྒྱ་དང་བརྒྱད་ཅུ་སོགས་ཡོད་པར་མ་ཟད། དེ་རེ་རེ་ཡང་དུ་མས་བསྒྲུབ་དགོས་པས་རྟོགས་དཀའ་ཞིང་གྲངས་མང་བ་དང་། བོད་སྐད་ལ་ཇི་བཞིན་མི་འཚམས་པ་དང་། བོད་སྐད་ནི་བྱིངས་རྐྱེན་གཞན་ལ་མ་བལྟོས་པར་ཚིག་ཟུར་བསྒྱུར་བ་ཙམ་གྱིས་དོན་སྒྲ་ཚོགས་སྟོན་ནུས་སྐབས་བྱིངས་ཀྱི་རྣམ་དབྱེ་ཚང་མ་མི་མཁོ

བས་དོར་ཞིང༌། མིང་གི་རྣམ་དབྱེ་ལ་ཡང་རྣམ་དབྱེ་བདུན་ལ་གཅིག་ཚིག་གཉིས་ཚིག་མང་ཚིག་གིས་ཕྱེ་བས་ཉེར་གཅིག་ཏུ་འགྱུར་བ། དཔེར་ན་རྣམ་དབྱེ་དང་པོ་ལ་ལྷཱ་དང་ལྷཱ་དག་ལྷཱ་རྣམས་ཞེས་སྦྱར་བས་གསུམ་དུ་འགྱུར་བ་ནི་རྒྱ་གར་གྱི་རྣམ་དབྱེ་དང་པོའི་ནང་གསེས་གསུམ་གྱི་དོད་ཙམ་ཡིན་མོད། རྒྱ་གར་གྱི་རྣམ་དབྱེ་དང་པོའི་སི་ཨཽ་ཛས་གསུམ་བྱིན་ནས་བསྒྲུབས་པས་ཚིག་ཏུ་འགྱུར་ཞིང༌། བོད་སྐད་ཀྱི་ཉིས་ཚིག་སོགས་སུ་འགྱུར་བ་ནི་དག་སོགས་མིང་ཙམ་དུ་མ་བསྟན་པར་ཚིག་གྲོགས་ཀྱི་ནུས་པ་ཡིན་པས་དེ་ལྟར་སྦྱར་བས་རྣམ་དབྱེ་དགོས་པ་མི་འགྲུབ་པར་དགོངས་ནས་བོད་ལ་མཁོ་ཞིང་མེད་དུ་མི་རུང་བའི་རྣམ་དབྱེ་བརྒྱད་ཀྱི་རྣམ་བཞག་ཙམ་ལས་མ་བྱས་པ་ཡིན་ལ། དེ་ལས་གཞན་ཡང་རྒྱ་གར་གྱི་ཡིག་སྦྲོལ་དང་མི་མཐུན་པར་སྔོན་འཇུག་ལྔ་རྗེས་འཇུག་བཅུ་ཡང་འཇུག་གཉིས་མགོ་ཅན་གསུམ། འདོགས་ཅན་བཞི་སོགས་ཀྱི་རྣམ་བཞག་བྱས་ཤིང༌། དེ་ཡང་སྔོན་མེད་རྗེས་གསུམ་ཚིག་བར་གཅིག་ཏུ་འཛོམས་ནས། དཔེར་ན། དཀར་ལྟ་བུར་སྔོན་འཇུག་ད་དང་རྗེས་འཇུག་ར་གཉིས་ཀྱི་གདངས་གསལ་ཀྱང་མིང་གཞི་ཀའི་གདངས་གཙོ་བོར་གྱུར་པ་དང་ཀར་ལྟ་བུར་རྗེས་འཇུག་རའི་གདངས་ཀྱང་མཆིས་མོད་མིང་གཞི་ཀའི་གདངས་གཙོ་བོར་གྱུར་པ་དང༌། རྐ་ལྟ་བུར་རའི་གདངས་ཀྱང་མཆིས་མོད་ཀའི་གདངས་གཙོ་བོར་ཐོན་པ་ནི་མིང་གཞི་སྟེ་མིང་དེ་ཉིད་གྲུབ་པའི་གདངས་ཀྱི་གཞི་ཡིན་པའི་རྒྱུན་དང་སྔོན་འཇུག་དང་རྗེས་འཇུག་འཕྲད་པ་ལ་བརྟེན་ནས་དེ་དག་གི་མིང་གཞིའི་གདངས་ལ་རམ་འདེགས་བྱས་ནས་གདངས་སྣ་ཚོགས་སུ་འགྱུར་ཚུལ་འདི་ཡང་སྒྲ་རིག་པའི་ཆོས་ཉིད་དང་མཐུན་པ་ཞིག་ཡིན། དེར་མ་ཟད་ཀར་ལྟ་བུའི་རའི་གདངས་ཀའི་རྗེས་དང་རྐ་ལྟ་བུའི་ར་སྒྲ་ཀའི་སྔོན་དུ་ཐོན་པ་ཡང་གཉིས་ཀ་ར་ཡིན་པ་འདྲ་ནའང་སྔོན་མ་རྗེས་འཇུག་དང་ཕྱི་མ་མགོ་ཅན་ཡིན་པའི་རྒྱུན་གྱིས་བྱས་པར་གདོན་མི་ཟའོ། །འདོགས་ཅན་གྱི་ཡི་གེ་ནི་གདངས་ཀྱི་གཙོ་བོ་འདོགས་ཡིན་པ་དཔེར་ན་གླ་ཀྱ་གྲ་ལྟ་བུ་སྟེ། འདི་དག་ལ་ཀའི་གདངས་ཀྱང་མཆིས་མོད། ལའི་གདངས་སོགས་གཙོ་བོ་ཡིན་པ་ཀློག་དག་པ་ཞིག་གིས་གསལ་བར་བརླགས་ན་ཤེས་པར་འགྱུར་རོ། །དེ་ལྟར་སྔོན་ཡོད་

དང་གསར་བྱུང་གི་ཤེས་བྱ་མཐའ་ཡས་པ་མཚིས་ཀྱང་བོད་སྐད་ཀྱི་མིང་ཞིག་བཏགས་ཡོད་པ་ཞིག་ཡིན་ཕྱིན་མིང་ཚིག་གི་ཡི་གེའི་ལག་མི་ཐོགས་པ་འདི་ཡང་ཐོན་མིའི་རིག་འཕྲུལ་ལས་བྱུང་བའི་བོད་ཀྱི་ཡི་གེ་འདི་ཉིད་ལས་གདངས་མཐའ་ཡས་འབྱུང་བའི་རྐྱེན་གྱིས་ཡིན་ནོ། །བོད་ཡིག་ལ་ཡིག་རིགས་གཞན་དུ་མ་ལས་ཁྱད་པར་དུ་འཕགས་པའི་ངོ་མཚར་བའི་ཁྱད་ཆོས་གཞན་ཡང་ཤིན་ཏུ་མང་པོ་ཡོད་པ་དཔེར་ན།

（༡）བོད་ཡིག་ནི་སྒྲ་སྦྱོར་གྱི་ཡི་གེ་ཡིན་ཞིང་རྩ་བའི་ཡི་གེ་དབྱངས་གསལ་སོ་བཞི་ལས་མེད་ལ། འདི་ཡང་བོད་སྐད་ལ་གཞིགས་ན་སྒྲ་དག་གསལ་བའི་སྒོ་ནས་བྱུང་བའི་གདངས་ནི་ཀ་ནས་ཨའི་བར་སུམ་ཅུ་ཡིན་པ་དང་། ང་རོ་ཙམ་གྱི་སྒོ་ནས་གསལ་བྱེད་དེ་དག་གི་གདངས་ལ་ཕན་པའམ་གྲོགས་བྱེད་པའི་གདངས་ནི་ཨི་སོགས་བཞི་ཡིན་པར་རྟོགས་ནས་བཟོས་ཤིང་། དེ་ལྟར་དོན་ལ་ཡང་གནས་པས་ད་ལྟའི་བར་དུ་བོད་སྐད་ཡི་གེར་འབྲི་མི་ཐུབ་པ་མེད་པ་འདི་བྱུང་བ་ཡིན་ལ། ཡི་གེ་སྦྱོར་བའི་གདངས་འགྱུར་ཚུལ་ཡང་སྐད་ཀྱི་ཆོས་ཉིད་དང་མཐུན་པས་ཀློག་བདེ་ཞིང་ཤེས་མགྱོགས་པ་དང་། བརྗོད་བྱ་སྟོན་པའི་ནུས་པ་ཆེ་ཞིང་། མདོ་དབུས་གཙང་གསུམ་གྱི་ཕན་ཚུན་ཡུལ་སྐད་ཅུང་ཟད་དཀའ་བ་ཡོད་ཀྱང་། ཡི་གེར་བྲིས་ན་སུས་ཀྱང་དོན་ཕྱིན་ཅི་ལོག་པར་ཤེས་ནུས་པ་དང་། ཡི་གེ་གསར་དུ་བཟོས་ནས་བགྲང་བྱ་མང་པོའི་རིང་ལ་སྐད་ཆར་འགྱུར་བ་བྱུང་ནའང་། ཡི་གེ་ནི་བཙན་པོའི་དུས་སུ་བྲིས་པ་དག་ཀྱང་བོད་ཡིག་ཤེས་སོ་ཚོག་གིས་ཇི་བཞིན་ཀློག་ཐུབ་པ་དང་། རྒྱ་ཚད་ཅུང་ཟད་མཐོན་པོ་ཡོད་པ་སུ་ཞིག་ཡིན་ནའང་གོ་བ་ལེན་ཐུབ་པ་འདི་ཡང་ཡི་གེ་འདིའི་ཁྱད་ཆོས་ལྷག་མེད་པ་ཞིག་ཡིན་ནོ། །

（༢）ཐོན་མིས་བོད་ཡིག་ཐོག་མར་བཟོས་པ་དང་ཆབས་ཅིག་བོད་སྐད་ཀྱི་ཆོས་ཉིད་ལ་ཞིབ་འཇུག་མཐིལ་ཕྱིན་གནང་བའི་རྨང་གཞིའི་ཐོག་སུམ་རྟགས་གཉིས་དང་། ཀ་མད་སུམ་ཅུར་བསྒྱུར་བ། སྙེབ་སྦྱོར་སྒྲིག་པའི་གཞི་མ། ཐོན་མི་མདོ་རྗེའི་སྒྲ་མདོ་སོགས་བོད་གངས་ཅན་གྱི་སྐད་ལ་ཉེ་བར་མཁོ་བའི་སྒྲ་རིག་པའི་བསྟན་བཅོས་བརྒྱད་མཛད་པར་གྲགས་ཀྱང་། ད་ལྟ་སུམ་རྟགས་གཉིས་ལས་མི་བཞུགས་ལ། གཞན་དག་ནི་སྔང་དར་མས་བསྣུབ

པ་བསྒྱུར་བས་པའི་སྐབས་སུ་ནུབ་ནས་མེད་པར་གྱུར་པར་བཤད་ཀྱང་། 《རྒྱལ་རབས་གསལ་མེའི》ཚིག་ཟིན་ལ་དཔག་ན། དེ་རྗོམ་མཁན་གྱིས་དཔེ་དེ་དག་གཟིགས་པ་གསལ་བས་དུས་ནམ་ནས་ནུབ་པ་ད་དུང་དཔྱད་དགོས་པར་སྣང་ལ། གང་ལྟར་བཙ་སྤྲོད་གཞུང་གཞན་དག་མི་བཞུགས་པའི་རྐྱེན་གྱིས་རྗེས་འཇུག་གི་རྟགས་ཀྱི་དབྱེ་བ་སོགས་ལ་མཁས་པ་རྣམས་ཀྱི་བཞེད་པ་མི་མཐུན་པར་གྱུར་པ་སོགས་བྱུང་ཡང་། ཕྲད་དང་རྣམ་དབྱེ་སྦྱོར་སྟངས། བདག་གཞན་དང་དུས་གསུམ་གྱི་རྣམ་གཞག་སོགས་མཁས་པའི་བཞེད་ཚུལ་གཅིག་པར་མ་ཟད། སུམ་རྟགས་ཀྱི་གཞུང་ལས་ཀྱང་གསལ་བར་བསྟན་པས་དོན་ནོར་བ་སོགས་གཏན་ནས་འབྱུང་མི་སྲིད་དོ། །སྔོན་གྱི་བསྟན་བཅོས་ཚད་ལྡན་དག་གི་ཡི་གེར་གཞི་བཅོས་ནས་མཁས་དབང་རིམ་བྱོན་རྣམས་ཀྱིས་དག་སྦྱིབ་ཀྱི་གཞུང་མང་པོ་བརྩམས་པར་བརྟེན་ནས་མིང་ཚིག་གི་ཡིག་གཟུགས་རྣམས་ཀྱང་ཏ་ཅང་གཅིག་འགྱུར་ཡིན་པས། བཙ་སྤྲོད་པའི་གཞུང་ཁྲིད་པའི་ཚེ་སྐབས་འགར་མཁས་པའི་བཞེད་པ་མི་འདྲ་བ་དག་མ་འདྲེས་པར་འཆད་པ་ལས་ལག་ལེན་དངོས་ཀྱི་སྐབས་ཡིག་གཟུགས་མི་འདྲ་བར་གྱུར་ནས་དོན་གོ་དཀའ་བར་འགྱུར་བ་དང་། དོན་ལོག་པར་གོ་བའི་གནས་ཚུལ་གཏན་ནས་མེད་དོ། །དེ་ལྟར་ཡི་གེ་བཟོས་པ་དང་མཉམ་དུ་གོ་རིམ་ལྡན་ཞིང་ཆ་ཚང་བའི་བཙ་སྤྲོད་རིག་པའི་གཞུང་ལུགས་བྱུང་བ་འདི་ཡང་བོད་ཡིག་འབའ་ཞིག་གི་ཁྱད་ཆོས་ལྷན་མེད་པ་ཞིག་ཏུ་ཐེ་མི་ཚོམ་སྙམ།

（ ༣ ）བོད་ཡིག་ཐོག་མར་བྱུང་བ་ནས་ཡུན་མི་རིང་བར་ཆོས་ཀྱི་རྒྱལ་པོ་སྲོང་བཙན་སྒམ་པོས་རྒྱ་གར་གྱི་སློབ་དཔོན་ཀུ་ས་ར་དང་བྲམ་ཟེ་ཤང་ཀ་ར། བལ་པོའི་ཤི་ལ་མཉྫུ། ཁ་ཆེ་ཏ་ནུ། རྒྱ་ནག་གི་མ་ཧ་དེ་ཝ་ཚེ་རྣམས་གདན་དྲངས་ནས་བོད་དུ་བྱོན། ལོ་ཙཱ་བ་ཐོན་མི་སམ་བྷོ་ཊ་དང་། དེའི་མཆན་བུ་རྣམ་ཀོ་ཁ་དང་ལྷ་ལུང་རྡོ་རྗེ་དཔལ་སོགས་ཀྱིས་འདུས་པ་རིན་པོ་ཆེ་ཏོག་གི་གཟུངས། ཟླ་བ་སྒྲོན་མ། དཀོན་མཆོག་སྤྲིན། ཤེར་ཕྱིན་སྟོང་ཕྲག་བརྒྱ་བ་སོགས་བསྒྱུར་ཅིང་། ཁྱད་པར་དུ་ཟ་མ་ཏོག་བཀོད་པ། ཕྱག་སྟོང་སྤྱན་སྟོང་གི་གཟུངས། པདྨའི་སྙིང་པོའི་མདོ། ཞལ་བཅུ་གཅིག་པའི་གཟུངས། དོན་ཡོད་ཞགས་པ། དོན་ཞགས་

ཁྲི་མ། པདྨ་མཆོག་དབང་བསྐུར་འཁོར་ལོ། ཚོ་ག་ཐུགས་ཀྱི་རྒྱུད། ཡིད་བཞིན་ནོར་བུའི་གཟུངས། སྙིང་རྗེ་ཆེན་པོ་མི་གཡོལ་བ། འོད་ཟེར་རྣམ་བཀོད། པདྨ་ཅོད་པན་གྱི་རྒྱུད། ཡི་གེ་དྲུག་པའི་མདོ། དམ་ཆོས་པད་དཀར། པུཎྜ་རི་ཀའི་མདོ། ཆུ་ཀླུང་རོལ་བའི་མདོ། སྣང་བ་རོལ་བའི་མདོ། མཚན་བརྒྱ་རྩ་བརྒྱད་པ། མཚན་རབ་ཡོངས་སུ་བསྔགས་པའི་མདོ་སྟེ་སྤྱན་རས་གཟིགས་ཀྱི་མདོ་རྒྱུད་ཉེར་གཅིག་ཀྱང་བསྒྱུར་བ་དང་། བོད་རང་སྐད་ཀྱིས་བརྩམས་པའི་སུམ་རྟགས་སོགས་སྒྲ་རིག་པའི་བསྟན་བཅོས་རྣམས་དང་། མ་ཎི་བཀའ་འབུམ་སོགས་ཐུགས་རྗེ་ཆེན་པོའི་ཆོས་སྐོར་སོགས་དང་། གཞན་ཡང་ཐོན་མིས་རྒྱལ་པོར་ཕུལ་བའི་ཡིག་ཕྲུད།

ཞལ་རས་གསལ་ལ་རང་མདངས་གང་བ་བཟང་། །
གདམས་ངག་ཟབ་ལམ་མ་ཆད་ཐ་དད་རངས། །
ལས་ངན་བག་ཆགས་ཐམས་ཅད་བསལ་མཛད་པ། །
འཕགས་པ་མ་ཕམ་ཡང་དག་དམ་པ་ལགས། །
བདེ་གཤེགས་བདེན་ངེས་ཡེ་ཤེས་བརྙེས། །
ཏིང་འཛིན་ཞི་ཉིད་རིག་ཅིང་གཟིགས། །
ཉོན་མོངས་ཚོགས་བཅོམ་མགོན་པོ་མཆོག །
དུག་གསུམ་བདུད་འདུལ་ཀུན་ཏུ་ཐུལ། །
སྤྱན་རས་གཟིགས་དབང་ཐུགས་ཀྱི་སྲས། །
སྲོང་བཙན་སྒམ་པོར་མཚན་གསོལ་བའི། །
ཆོས་རྒྱལ་ཁྱེད་ལ་ཕྱག་འཚལ་ལོ། །

(ཡིག་ཕུད་འདི་འབུར་སྟོང་རྫོང་ཁོག་སྣང་རྡོའི་ལྷ་ཁང་གི་བྲག་ལ་བརྐོས་ཡོད་སྐད) ཞེས་པའི་སྙན་ཚིག་འདི་དང་གོང་གསལ་བསྒྱུར་བ་དང་རང་རྩོམ་གང་ཡིན་ནའང་སྙན་པའི་ཉམས་དང་ཚིག་གི་སྦྱིབ་སོགས་གང་ཐད་ནས་འགྲན་ཟླ་དང་བྲལ་བ་ཡང་བོད་ཡིག་གི་ཁྱད་ཆོས་ཟླ་ན་མེད་པ་ཞིག་ཡིན་ལ།

དེར་མ་ཟད་རང་གཞུང་དང་བསྒྱུར་གཞུང་རྣམས་ལ་མཁས་པ་སོ་སོའི་རང་རང་གི་ཡུལ་སྐད་བསྲེས་ནས་ཅུང་དཀའ་བ་རྣམས་ཀྱང་རྒྱལ་བློན་རྣམས་ཀྱིས་སྐད་གསར་བཅད་ཀྱིས་གཏན་ལ་ཕབ་ནས་ད་ལྟའི་བར་དུ་ཡིག་ཐོག་གི་བརྗོད་སྤྲོད་སྟངས་དང་མིང་ཚིག་རྣམས་གཅིག་གྱུར་ཡིན་ནོ། །ཡི་གེ་གསར་དུ་བྱུང་མ་ཐག་འདི་འདྲའི་ཚིག་སྦྱོར་རྨད་དུ་བྱུང་བའི་བསྟན་བཅོས་མང་པོ་བསྒྱུར་ཞིང་རྩོམ་ནུས་པའང་བོད་ཡིག་འབའ་ཞིག་གི་ཁྱད་ཆོས་ཉིད་དོ། །

(༤) ཐོན་མིས་བོད་ཡིག་བཟོས་པ་དང་ཆབས་ཅིག གཟུངས་སྔགས་སོགས་འབྲི་བའི་དགོས་མཁོར་དམིགས་ནས་རྒྱ་གར་གྱི་དབྱངས་གསལ་བོད་ཡིག་གིས་འབྲི་བའི་སྲོལ་བཏོད་ཅིང་། དེའི་རྗེས་ཀ་ཙན་དབྱངས་གསུམ་བོད་སྐད་དུ་བསྒྱུར་ནས་སཾ་སྐྲི་ཏའི་སྒྲ་སྦྱོར་ཚུལ་ཇི་བཞིན་བོད་ལ་དར་ཞིང་། བོད་ཡིག་གི་སྟེང་ནས་ལེགས་སྦྱར་སྦྱངས་ནས་མཁྱེན་མཁན་མང་པོ་བྱོན་ཅིང་། དེ་དག་གི་ལེགས་སྦྱར་གྱི་ཆུ་ཚད་མི་ཞན་པ་ནི་ཞྭ་ལུ་ལོ་ཆེན་དང་བུ་སྟོན། རྗེ་ནང་སྒྲོལ་བའི་མགོན་པོ་དང་སི་ཏུ་པཎ་ཆེན་སོགས་ཀྱི་རྣམ་ཐར་ལས་ཤེས་ནུས་ལ། སྔགས་ཀྱི་བསྒྲུབ་ཐབས་ལྟར་བསྒྲུབས་པ་ཡིན་ན་བོད་ཡིག་གི་སྟེང་ནས་ལེགས་སྦྱར་གྱི་སྒྲ་ཇི་བཞིན་ཀློག་ཐུབ་པ་དང་། མི་རིགས་གཞན་གྱི་ཡི་གེ་ལས་དེ་འདྲ་འབྱུང་ཁག་པོ་ཡིན་པ་མངོན་སུམ་དུ་གྲུབ་པོ། །སྔོན་བྱོན་མཁས་དབང་རྣམས་ཀྱིས་རྒྱ་ནག་གི་སྒྲ་དག་པར་ཐོན་ཆེད་ཛྷ་ཤུ་ཧྲ་ཧྭ་སོགས་ཡི་གེ་གདངས་འགྱུར་ཚུལ་ལ་ཞིབ་ཏུ་བརྟགས་ནས་བཟོས་ཤིང་། འདི་དག་གིས་རྒྱ་སྐད་རྣམས་ཇི་བཞིན་འབྲི་ཐུབ་པས་ན་མ་འོངས་པར་ཡང་རིག་པ་འདི་སྤྱད་ནས་ཡིག་གཟུགས་སྣ་ཚོགས་གསར་དུ་བཟོ་ཚོག་པས་དངོས་པོ་གསར་བ་ཅི་འདྲ་མང་པོ་བྱུང་ཡང་བོད་ཡིག་གིས་མི་འདང་བ་མི་སྲིད་པར་མ་ཟད་མི་རིགས་གཞན་གྱི་སྐད་འབྲི་དགོས་པའི་ཚེ་ན་ཡང་སྒྲ་དག་ཐོན་སྐོར་འབྲི་ནུས་ངེས་ཡིན་པ་འདི་ཡང་བོད་ཡིག་གི་ཁྱད་ཆོས་ཡིན་ནོ་སྙམ། བོད་ཡིག་ལ་ཡི་གེ་གཞན་ལས་འཕགས་པའི་དགེ་མཚན་ནམ་ལེགས་ཆ་མཐའ་ཡས་པ་མཆིས་ཀྱང་འདི་ཙམ་གྱིས་འཐུས་པར་བྱས་ཏེ་ཡིག་ཚོགས་ལ་བསམ་ནས་ཞིབ་ཏུ་མ་སྤྲོས་སོ། །

(༥) ཐོན་མིས་བོད་ཡིག་གསར་དུ་བཟོས་རྗེས་བཙན་པོ་ཉིད་ཀྱིས་གཙོ་མཛད་བོད་འབངས་རྣམས་ཀྱིས་ཐོན་མི་སློབ་དཔོན་དུ་བསྟེན་ནས་བོད་ཀྱི་ཡི་གེ་དང་སྒྲ་ལ་ཞིབ་ཏུ་སྦྱངས་ཏེ། རྒྱལ་བློན་འབངས་དང་བཅས་པའི་ཡི་གེ་འབྲི་ཀློག་གི་བློ་གྲོས་ཀྱི་པདྨ་རབ་ཏུ་རྒྱས་པར་གྱུར་ཏོ། །དེ་དག་གི་ཚེ་མཁས་མཆོག་ཐོན་མི་ལ་རྒྱལ་པོས་སློབ་དཔོན་ཞེས་པའི་མཚན་གསོལ་ཞིང་བཀུར་སྟི་དང་སྲི་ཞུ་རྒྱ་ཆེར་གནང་བར་བརྟེན་ནས། བློན་པོ་འགའི་ཡིད་ལ་མ་བབ་པར་རྒྱལ་པོས་འབངས་ལ་འདི་ལྟར་བྱེད་པ་ནི་ལུགས་སྲོལ་དང་མི་མཐུན་ཞེས་བསྒྲགས་པ་ན། ཐོན་མིས་རྒྱལ་བློན་ཚོགས་པའི་དབུས་སུ་ང་རྒྱལ་གྱི་གླུ་བླངས་པ་ནི། ང་དྲིན་ཅན་གྱི་བློན་པོ་ཐོན་མི་ངས། །ཡམ་བསྒྲོལ་བར་དཀའ་བའི་རྒྱ་གར་དུ། །ལུས་ཚ་གྲང་ཆེ་ཡང་དཀའ་བ་སྤྱད། །ཕོང་མཁས་པ་བྲམ་ཟེ་ལི་བྱིན་ལ། །ཡིད་གུས་པའི་ཚུལ་གྱིས་མོས་གུས་བྱས། །ནོར་རིན་ཆེན་གསེར་གྱི་ཕྱག་རྟེན་ཕུལ། །དོན་རྟོགས་དཀའ་བའི་ཡིག་འབྲི་བསྟན། །བློ་ཐེ་ཚོམ་སེལ་བའི་མཛུབ་ཁྲིད་བྱས། །ཚིག་དབྱངས་ཡིག་རྣམས་ལ་མཁས་པར་སྦྱངས། །རྒྱ་ཡིག་ལྔ་བཅུ་ཐམ་པ་དེ། །བོད་ཡིག་སུམ་ཅུར་གཏན་ལ་ཕབ། །རང་མཁས་པའི་ངེས་ཤེས་བློ་ལ་ཤར། །འཕྲུལ་ཡོན་ཏན་ཐམས་ཅད་ཐུགས་སུ་ཆུད། །དུས་ད་ལྟ་དགའ་ལ་ཕྱེམ་སྐྱིད། །ཡུལ་མཐའ་འཁོབ་བོད་ཀྱི་རྒྱལ་ཁམས་འདིར། །མི་མཁས་པ་སླེབས་པའི་སྔོན་མ་ཡིན། །ང་མུན་པ་སེལ་བའི་སྒྲོན་མེ་ཡིན། །རྗེ་རྒྱལ་པོ་ཉི་ཟླའི་ཚུལ་གྱིས་བཞུགས། །གྲོགས་བློན་པོའི་ཁྲིད་ན་ང་ཙམ་མེད། །བོད་ཁ་བ་ཅན་གྱི་མི་རྣམས་ལ། །ང་ཐོན་མི་བཀའ་དྲིན་མི་ཆེའམ། དེ་སྐད་བླངས་པས་བློན་པོ་གཞན་རྣམས་ཀྱི་འགྲན་སེམས་དང་ཕྲག་དོག་ཞི་ནས་བློན་འབངས་ཐམས་ཅད་ཀྱིས་གུས་པས་བཀུར་ཞིང་མཆོད་པའི་ཡུལ་དམ་པར་གྱུར་ཏོ། །དོན་དངོས་ལ་རྗེ་བཙུན་མཁྱེན་པའི་གཏེར་དང་དབྱེར་མེད་ནའང་། ཐུན་མོང་གི་སྣང་ངོར་ཡང་རྗེ་བཙུན་གྱི་བྱིན་གྱིས་བརླབས་པའི་སློབ་དཔོན་མཁས་པ་ཆེན་པོ་འདི་ནི་གངས་རིའི་ལྗོངས་སུ་བྱོན་པའི་སློབ་དཔོན་རྣམས་ཀྱི་དང་པོ་དང་། བདག་ཅག་བོད་ཙམ་མ་ཟད་སོག་པོ་དང་མཉྫུ་སོགས་མི་རིགས་གཞན་ལ་ཡང་མཆོག་ཏུ་བཀའ་དྲིན་ཆེ་ཞིང་།

འཛམ་གླིང་རིག་གནས་འཕེལ་རྒྱས་ལ་ཡང་བྱས་རྗེས་ཁྱད་པར་དུ་འཕགས་པས། འདི་ལྟ་བུའི་མི་སྣ་ནི་མིའི་རིགས་ཀྱི་ལོ་རྒྱུས་ཐོག་སྲིད་མཐའ་ཙམ་དུ་ཟད་དོ། །

དེའི་ཕྱིར་བོད་ཕྲུག་མཛངས་མི་བདུན་གྱི་བཞི་བར་བསྔགས་ཤིང་། མཛངས་པའི་ལས་སུ་ཡི་གེ་གསར་དུ་བསྐྲུན་པ་ཡིན་པས། མཛངས་མི་གཞན་ལས་ཆེས་ཁྱད་པར་དུ་འཕགས་པ་ཡིན་ནོ། །ཇི་སྐད་དུ《མཁས་པའི་དགའ་སྟོན》ལས། ཐོན་མིས་བོད་ཡིག་ཐོག་མར་མཛད་པའི་ཕྱིར། །བོད་ཕྲུག་མཛངས་མི་བདུན་གྱི་བཞི་བར་གྲགས་ཞེས་དང་། །ཡོན་ཏན་ཀུན་གྱི་གཞི་མ་བྲིས་ཀློག་གིས། །བོད་ཡུལ་སྐྱོངས་པའི་མུན་པ་ཀུན་བསལ་ཏེ། །ཆོས་དང་སྲིད་ཀྱིས་རྒྱལ་ཁམས་བདེ་བར་མཛད། །ཅེས་སོགས་དང་། ལྡེ་བ་ཆེན་པོས། མཁའ་མེའི་སྲིད་བུར་བརྒྱུས་པའི་ཀ་ཕྲེང་ལ། །རྒྱ་མཚོའི་དབྱངས་ཀྱིས་བརྒྱན་པའི་ཡི་གེའི་བརྡའི། །རིན་ཆེན་འཕྲུང་འཕྲུལ་རིན་དུ་གསེར་ལྷན་ལྟོ། །ནོར་བུའི་ཟྡོང་གིས་བཀང་ཡང་ཁུགས་སམ་ཅི། །ཞེས་གསུངས་སོ། །དེའི་ཕྱིར་རང་རེའི་རྗེས་འཇུག་རྣམས་ཀྱིས་སློབ་དཔོན་ཆེན་པོ་འདི་ཉིད་ཀྱི་བཀའ་དྲིན་ནམ་ཡང་མི་བརྗེད་པ་གལ་ཆེ་སྙམ། དེང་དུས་ལ་ལས་ཐོན་མི་ཟེར་བའི་མི་ཞིག་མེད་ཟེར་བ་དང་། ཡང་ལ་ལས་བོད་ཡིག་ནི་མི་གཅིག་གིས་བཟོས་པ་ཡིན་མི་སྲིད་ཟེར་བ་དང་། ད་དུང་འགའ་ཞིག་གིས་བོད་ཡིག་ཐོན་མི་མ་བྱོན་པའི་སྔོན་ནས་ཡོད་ཟེར་བ་སོགས་དཔྱད་མི་བཟོད་པའི་རྫུན་ཚིག་བྲག་ཆའི་དབྱངས་སུ་གྱེར་མཁན་མང་པོ་བྱུང་དང་འབྱུང་བཞིན་པ་ནི་ཆེས་ངན་པའི་ལྟས་ཤིག་སྟེ། དེ་དག་ཀྱང་རིགས་པ་སྨྲ་བ་ཡིན་ན་མི་རིགས་པ་སྨྲ་མཁན་ཞིག་བསྐལ་བར་ཡང་རྙེད་དཀའ་བར་འགྱུར་རོ། །རིག་གཞུང་ཞིབ་འཇུག་ཅེས་པ་ནི་མཐོང་བ་མངོན་འགྱུར་ལ་མངོན་སུམ་ཚད་མས་གཏན་ལ་འབེབས་པ་དང་། ཅུང་ཟད་ལྐོག་གྱུར་ལ་རྗེས་དཔག་ཚད་མས་གཏན་ལ་འབེབས་ཤིང་། དེ་ཡང་རྒྱུ་མཚན་ཡང་དག་ལ་བརྟེན་ནས་གཏན་ལ་འབེབས་པ་ཞིག་དང་། ཤིན་ཏུ་ལྐོག་གྱུར་ལ་ལུང་ཚད་མས་གཏན་ལ་འབེབས་དགོས་པའི་རིགས་པ་སྨྲ་བའི་སྤྱི་ལུགས་འདི་དང་མི་འགལ་བ་ཞིག་ངེས་པར་ཡིན་དགོས་ཏེ། མཁས་བརྒྱ་འགྲན་གླིང་དང་མེ་ཏོག་མཉམ་བཞད་

ཀྱི་བྱེད་ཕྱོགས་ལ་བསྟད་ནས་གུང་ཁྲན་ཏང་དང་མི་དམངས་སྲིད་གཞུང་གི་ཁྲིམས་ལ་མི་འགལ་ཕྱིན་གང་དྲན་བཤད་ཆོག་པ་ཞིག་ག་ལ་ཡིན། བློ་དང་ལྡན་པ་རྣམས་ཀྱིས། རྒྱ་གཞན་མཁས་ན་འཚོ་སྲིད་ཀྱི། །ཉེས་པའི་ཚིག་རྒྱ་དྲུབས་པ་མེད། །ཅེས་པའི་དོན་ལ་ཞིབ་ཏུ་བསམ་ནས་བག་ཡོད་པར་བྱས་ན་བཟང་སྙམ།

(༤) ཙ་ཚ་སོགས་ཡི་གེ་དྲུག་གསར་དུ་རྙེད་པའི་རྐྱེན་ནི། ཐོན་མིས་ལེགས་སྦྱར་འགའ་ཞིག་བསྒྱུར་དཀའ་བ་བྱུང་ནས་ཁ་སྦུབ་ཏུ་གཟིམས་ཏེ་བཞུགས་ཙ་ན། རྒྱུས་མེད་པའི་མི་ཞིག་སླེབས་པར། ཐོན་མིས་ཁྱེད་གང་ནས་ཕྱིན་དྲིས་པར། ཞང་ཞུང་ནས་འོངས་ཟེར། གང་དུ་འགྲོ་བྱས་པར། ཟ་ཧོར་དུ་འགྲོ་ཟེར། གང་བྱེད་དུ་འགྲོ་བྱས་པས་ཛ་ཉི་རུ་འགྲོ་ཟེར། ནམ་སླེབས་བྱས་པས་ཙི་ཚ་ཟེར་ནས་མི་དེ་གར་སོང་ཆ་མེད་དུ་སོང་། དེ་ནས་སློབ་དཔོན་གྱིས་དེའི་སྐད་ལ་དཔྱད་པས། ཞང་ཞུང་ནས་འོངས་ཞེས་པའི་ཚིག་ཟུར་ལས་ཞ་ཡིག ཟ་ཧོར་ཞེས་པའི་ཚིག་ཟུར་ལས་ཟ་ཡིག ནམ་འོངས་ཞེས་པའི་ཚིག་ཟུར་ལས་ལ་ཡིག ཛ་ཉི་རུ་འགྲོ་ཞེས་པའི་ཚིག་ཟུར་ལས་ཛ་ཡིག ཙི་ཚ་ཞེས་བའི་ཚིག་ཟུར་ལས་ཙ་ཚ་གཉིས་ཏེ་ཡི་གེ་དྲུག་རྙེད་པར་གསུངས་སོ། །གཏམ་རྒྱུད་འདི་བདེན་མིན་ཇི་ལྟར་ཡང་། འདི་ལས་རྟོགས་ཐུབ་པ་ནི་ཐོན་མིས་བོད་ཡིག་བཟོ་སྐབས་རྟོག་དཔྱོད་དང་ཞིབ་འཇུག་ཐེངས་མང་གནང་བ་དང་། རྒྱ་གར་གྱི་སྒྲ་རིག་པའི་རིགས་ལམ་ནས་ཡིག་གཟུགས་ཕལ་ཆེར་བཟོས་ཏེ་ཆོད་ལྟའི་སྐོས་གཞུང་བསྒྱུར་བར་བརྩམས་ཀྱང་དོན་འགའ་ཞིག་བསྒྱུར་བ་ལ་ཡི་གེས་མ་འདང་བར་འོ་རྒྱལ་བྱུང་བའི་ཚུལ་གནང་བ་སོགས་རིམ་གྱིས་བརྒྱུད་ནས་ད་གཟོད་ད་ལྟའི་ཆ་ཚང་བའི་བོད་ཡིག་འདི་བསྒྲུབ་པ་ཡིན་ནོ། །ཞེས་གོ་བར་བྱའོ། །ཙ་སོགས་རྙེད་པའི་རྐྱེན་གོང་ནས་བཤད་པ་འདི་དང་། ལྷུ་བ་ཆེན་མོ་སོགས་ཀྱིས་གཅིག་དང་ཆོས་སོགས་ལ་རྒྱ་གར་གྱིས་ཨེ་ཀ ཧྲ་རྨ་སོགས་སུ་བརྗོད་པས་རྒྱ་གར་གྱི་ཡི་གེར་ཙ་ཚ་སོགས་མི་དགོས་པ་འདིར་བསྟན།ཞེས་གསུངས་པ་གཉིས་མི་འགལ་ཏེ། འདིའི་དོན་ནི་ཨེ་ཀ་སོགས་བོད་སྐད་དུ་བསྒྱུར་སྐབས་ཙ་སོགས་དགོས་པ་དང་རྒྱ་གར་སྐད་ལ་མི་དགོས་པས་ཡི་གེ་དེ་དག་གསར་དུ་སྣོན་དགོས་བྱུང་བའི་རྒྱུ་

མཚན་བསྟན་པ་ཡིན་ནོ། །མི་གཞན་ཞིག་གི་ངག་ལ་མ་བརྟེན་པར་ཐོན་མིའི་ལྷུགས་ཐོག་ཏུ་ཅ་སོགས་ཀྱི་གདངས་མི་ཐོན་པའི་དོགས་པ་མེད་ལ། ཐོན་མི་མ་བྱོན་པའི་སྔོན་བོད་མི་རྣམས་ལ་ཞང་ཞུང་སོགས་ཀྱི་ཐ་སྙད་མེད་པ་ག་ལ་ཡིན་ཡང་། མི་དེའི་སྐད་ཆར་བརྟེན་ནས་རྒྱ་གར་སྐད་ལ་མེད་པའི་གདངས་དྲུག་བོད་སྐད་ལ་ཡོད་པ་ཐོན་མིའི་ཐུགས་ལ་ཤར་ནས་དེ་དག་མཚོན་བྱེད་ཀྱི་ཡིག་གཟུགས་དྲུག་གསར་དུ་བཟོས་པ་ཡིན་ཞེས་ན་གནོད་བྱེད་ཅུང་ཟད་ཙམ་ཡང་ག་ལ་ཡོད། །

(༧) བོད་ཡིག་གང་ལ་དཔེ་བྱས་པའི་ཡི་གེ་ལ་བོན་ལུགས་ལོ་རྒྱུས་འགའ་ཞིག་ལས་སྟག་གཟིག་གི་སྤུངས་ཡིག་ཞང་ཞུང་གི་སྨར་ཚེ་ཆུང་ཞེས་པའི་ཡིག་གཟུགས་གཉིས་བྱུང་ཞིང་། དེ་ལས་བོད་ཡིག་རྫབ་དང་ཤར་གཉིས་བྱུང་ཟེར། གལ་ཏེ་འདི་བདེན་ན་སྲོང་བཙན་མ་བྱོན་པའི་གོང་ནས་བོད་ལ་ཡི་གེ་ཡོད་དགོས་ཀྱང་། ཡི་གེ་མེད་པ་ནི་སྔོན་བྱོན་བོད་ཀྱི་ལོ་རྒྱུས་སྨྲ་བའི་མཁས་པ་ཐམས་ཅད་དགོངས་པ་གཅིག་དང་དབྱངས་གཅིག་ཡིན་ཞིང་། 《གཏེར་ཡིག》ཏུའང་བོད་ལ་སྔ་ན་ཡི་གེ་མེད་པ་ཡང་བཙན་པོ་འདིའི་ཚེ་བྱུང་ནས་ཞེས་སོགས་དང་《རྒྱའི་ཐང་ཡིག་གསར་རྙིང》ལས་ཀྱང་ཡི་གེ་མེད་ཅིང་ཐག་ལ་མདུད་པ་དང་ཤིང་ལ་རྟགས་བཏབ་ནས་རྩིས་བྱེད་ཅེས་དེའི་སྐབས་བོད་ལ་ཡི་གེ་མེད་པའི་ཚུལ་གསལ་བར་བསྟན་ལ། སྲོང་བཙན་སྔོན་ཆད་ཡི་གེ་མེད་པ་ནི《གཏེར་ཡིག》ལས་ཀྱང་ལོ་རྒྱུས་གཞུང་གཞན་དག་དང་མཚུངས་པར་གཉའ་ཁྲི་བྱོན་ཚུལ་མདོ་ཙམ་དང་། གྲི་གུམ་ཇི་ལྟར་བསྒྲོང་ཚུལ་མདོར་བསྡུས་ཙམ། དེ་ལས་གཞན་པའི་རྒྱལ་པོ་རྣམས་ཀྱི་མཚན་ལས་མི་གསལ་བ་དང་། ལོ་རྒྱུས་གཞུང་གཞན་ལས་མ་བསྟན་པ་ཡི་གེ་ཐོག་མར་བྱུང་བའི་དུས་གང་རུང་ཞིག་ལ་བྲིས་ངེས་པའི་སྟག་རི་གཉན་གཟིགས་དང་གནམ་རི་སྲོང་བཙན་སྐབས་ཀྱི་ལོ་རྒྱུས་ཅུང་རྒྱས་པར་འཁོད་པ་འདི་ལས་རྟོགས་ནུས་ཏེ། གཞན་དུ་ན་བཙན་པོ་རིམ་བྱོན་ཉི་ཤུ་ལྷག་ལ་འབྲི་འོས་པའི་ལོ་རྒྱུས་ཀྱི་མཛད་སྤྱོད་གཅིག་ཀྱང་མེད་ཟེར་དགོས་པར་འགྱུར་ལ། དེའི་རྗེས་སྲོང་བཙན་སྐབས་ནས་ལོ་རྒྱུས་ཀྱི་དོན་གནད་གལ་ཆེན་མང་པོ་ལོ་རྒྱུས་གཞུང་དག་ལས་གསལ་

བར་འཁོད་པ་འདི་ལས་ཀྱང་དེ་ནས་ཡི་གེ་བྱུང་བར་ཤེས་ནུས་སོ་སྙམ། དེ་མ་ཟད་སྲོང་
བཙན་སྒམ་པོ་མ་བྱོན་པའི་སྔོན་ལ་བྲིས་ངེས་པའི་རྗེ་རིང་ངམ་བྲག་ལ་བརྐོས་པའི་ཡི་གེ་ཞིག་
དང་། དེ་འདྲའི་བོན་དཔེ་ཞིག་ད་ལྟ་སུ་ལའང་སྟོན་རྒྱུ་མེད་པའི་རྒྱུ་མཚན་ཅི་ཡིན་ནམ།
གོང་གསལ་གྱི་དོན་འདི་དག་ལ་ཞིབ་ཏུ་བསམ་པ་ཡིན་ན་བོད་ལ་སྲོང་བཙན་ཡར་སྔོན་ཡི་གེ་
མེད་པར་གསུངས་པ་བདེན་པ་ཡིན་པའི་ངེས་པ་རྙེད་སླ་བར་སེམས་སོ། །དེ་ལྟ་ནའང་བོད་
རང་གི་སྐད་དང་མཐུན་པའི་ཡི་གེ་མེད་ཅེས་པ་ཡང་བོད་ཡུལ་འདིར་ཡི་གེ་རིགས་ཤིག་གཏན་
ནས་དར་མ་སྒྱུར་བའམ། བོད་མི་ལ་ཡི་གེ་ཤེས་མཁན་ཞིག་གཏན་ནས་བྱུང་མ་སྒྱུར་ཟེར་བ་
གཏན་ནས་མིན་ལ། རྣམ་པ་གཞན་དུ་མཁས་དབང་འགས་བོད་ཡུལ་འདིར་ཆ་མི་ཚང་བའི་
ཡི་གེ་རིགས་ཤིག་དར་སྒྱུར་བར་གསུངས་པ་ཡང་སྣང་བས་དཔྱད་དགོས་པར་སྣང་ངོ་། །
འོན་ཀྱང་བོན་པོའི་ཆོས་འདོན་བྱེད་ཁོན་ལས་སྲིད་ཕྱོགས་སོགས་ལ་བཀོལ་དུ་མི་རུང་བའི་ཡི་
གེ་ཞིག་དར་བར་གསུངས་པ་ནི་དཔྱད་དགོས་ཏེ། བོན་ཆོས་འདོན་ནུས་ན་བརྡ་དང་ཐ་སྙད་
མང་པོ་ཞིག་རང་བཟ་སྲིད་ཀྱི་ཚུལ་ལུགས་ཆོས་ཉིད་དང་མཐུན་པ་ཞིག་དགོས་པ་གཞིར་བྱས།
དེ་ལྟར་ན་སྲིད་དོན་སོགས་ལ་བཀོལ་དུ་མི་བཏུབ་པའི་རྒྱུ་མཚན་ཅི་ཡིན་ནམ། ཧེ་རིགས་ཀྱི་
ཨ་དཔོན་རྣམས་ཀྱིས་ཆོས་འདོན་པའི་ཡི་གེ་དཔེར་བཀོད་ཡོད་མེད་དེ་ནི་ཡི་གེ་དེས་སྐད་ཆ་
འབྲི་མ་ནུས་པ་མ་ཡིན་པར། འདོན་མཁན་ཚོས་ཡི་གེ་དེའི་དོན་བྱང་མ་ཆུབ་པའི་སྐབས་
ཀྱིས་སྲིད་ཕྱོགས་ཀྱི་ཐ་སྙད་མང་པོ་ཞིག་འབྲི་མ་ནུས་པ་ཡིན་ནོ། །སྟག་གཟིག་ནི་ཏ་ཟིག་
ཅེས་པ་དང་དོན་འདྲ་ཞིང་། དེ་ཡང་ཏ་ཟིག་མཚོ་འགག་ལས་མིང་དེ་ལྟར་ཐོགས་པ་ཡིན་
པས་ད་ལྟའི་ཨ་རབ་ཀྱི་ཡུལ་ཡིན་ལ། ཡུལ་དེའི་གནའ་བོའི་ཡི་གེ་ནི་ཨ་རབ་ཀྱི་ཡི་གེ་ཉིད་ཡིན་
པས། དེ་ལས་ཞང་ཞུང་གི་ཡི་གེ་དང་དེ་ལས་བོད་ཡིག་བྱུང་ཟེར་ན་ཤིན་ཏུ་མི་འཐད་དེ། ཡི་
གེ་དེའི་རྩ་བའི་དབྱངས་གསལ་དང་སྦྲ་སྦྱོར་སྟངས། ཡིག་གཟུགས་སོགས་ཆ་གང་ནས་
བརྟགས་ཀྱང་བོད་ཡིག་དང་འདྲ་བའི་ཆ་ཙུང་ཟད་ཙམ་ཡང་མི་རྙེད་པས་སོ། །དེང་སྐབས་
ལ་ལས་གནའ་དུས་ཀྱི་ཞང་ཞུང་ནི། སྟོབས་འབྱོར་མངའ་ཐང་འབྱུན་ལྷ་དང་བྲལ་ཞིང་།

རིག་གནས་སོགས་ཧ་ཅང་དར་བའི་ཡུལ་ཞིག་ཏུ་བཤད་ཀྱང་། སྟོབས་འབྱོར་དང་རིག་གནས་ཡོད་པའི་མི་རིགས་ཀྱིས་དེ་དག་མེད་པའི་མི་རིགས་ལ་དབང་བསྒྱུར་བ་ནི་ལོ་རྒྱུས་ཀྱི་ཆོས་ཉིད་ལགས་ན་ཞང་ཞུང་གིས་བོད་དབང་མ་བསྒྱུར་བར་བོད་ཀྱིས་ཞང་ཞུང་དབང་བསྒྱུར་བ་འདི་ཇི་ལྟར་བྱུང་། དོན་དངོས་ནི་ཞང་ཞུང་གནའ་དུས་ནས་བོད་ཀྱི་མངའ་ཁོངས་སུ་གཏོགས་ཤིང་། གནམ་རི་སྲོང་བཙན་སྐབས་ཙམ་ལོག་པ་སྲོང་བཙན་སྒམ་པོས་སླར་ཡང་དབང་དུ་བསྡུས་པ་ཡིན་པས། དེའི་མི་རྣམས་ཀྱང་བོད་རིགས་ལས་མི་རིགས་གཞན་ཞིག་ཙ་བ་ནས་མིན་ནོ། །

ཞང་ཞུང་གི་ཡི་གེ་སྨར་ཆེ་ཆུང་ཞེས་བོད་ཡིག་དབུ་ཅན་དང་དབུ་མེད་གཉིས་དང་ཧ་ཅང་འདྲ་ཞིང་མགོ་ན་འཕྱེན་ལྐག་ཞིག་ཡོད་པའི་ཡིག་གཟུགས་དེ་ནི་རྙིང་གྱི་ཡི་གེ་མ་ཕྱི་སོགས་ན་ཡོད་ཅིང་། ཐོན་མིས་བོད་ཡིག་བཟོས་རྗེས་དེ་ལ་གཞི་བྱས་ནས་ཞང་ཞུང་གི་མཁས་པ་ཞིག་གིས་བཟོས་པར་གདོན་མི་ཟ་ལ། འདི་འདྲ་བའི་ཡིག་གཟུགས་གཞན་ཡང་མང་ངོ་། །སྤྱིར་ཞང་སྐད་ཅེས་པའི་སྐད་ཆ་ཞིག་ཡོད་མེད་ཀྱང་ཐེ་ཚོམ་གྱི་གཞི་ཡིན་མོད། དེའི་སྐོར་བྲིས་ན་ཡི་གེ་མང་བར་འགྱུར་བས་མ་སྤྲོས་སོ། །བོད་ཡིག་གང་ལ་དཔེར་བྱས་པའི་ཡིག་གཟུགས་ལ་ཞྭ་ལུ་ལོ་ཆེན་སོགས་ཀྱིས་ལཉྫ་ལ་དཔེར་བྱས་ནས་དབུ་ཅན་དང་། ཝརྟུ་ལ་དཔེར་བྱས་ནས་དབུ་མེད། ནཱ་ག་ར་ལ་དཔེར་བྱས་ནས་ལན་ཚར་འབྲི་ཚོགས་ལས་སྟབས་བདེར་བཏང་ནས་བཟོས་པར་བཞེད་ཅིང་། དཔའ་བོ་གཙུག་ཕྲེང་སོགས་ཀྱིས་ནཱ་ག་ར་དང་ཁ་ཆེའི་ཡི་གེ་ལ་དཔེར་བྱས་ནས་བཟོས་པར་འཆད་དོ། །འོན་ཀྱང་ལོ་ཙཱ་བ་དགེ་འདུན་ཆོས་འཕེལ་གྱིས་ཐོན་མིའི་དུས་སུ་ལན་ཚར་གྱི་ཡིག་གཟུགས་མ་བྱུང་ཞིང་བོད་ཡིག་ནི་གུཔྟའི་ཡི་གེ་ལ་དཔེར་བྱས་ནས་བཟོས་སོ། །ཞེས་པ་ལྟར་ཟླ་ར་མན་དང་གུཔྟའི་དུས་སུ་རྒྱ་གར་བྱང་ཕྱོགས་སུ་ཧ་ཅང་དར་བའི་ཡི་གེ་ཤ་ར་ད་དང་ནཱ་ག་རའི་ཡི་གེ་ལ་དཔེར་བྱས་ནས་བཟོས་པ་ཡིན་ནོ། །ལན་ཚར་སོགས་ཀྱང་ཡིག་གཟུགས་དེ་དག་ལེགས་བཅོས་བྱས་པ་ལ་བརྟེན་ནས་བྱུང་བ་ཡིན་པས་བོད་ཡིག་དང་འབྱུང་ཁུངས་གཅིག་པ་ཡིན་ནོ། །དེར་བརྟེན་བོད་ཡིག་དང་

ལན་ཕར་གྱི་ཡིག་གཟུགས་ལ་འདྲ་བའི་ཆ་ཤིན་ཏུ་མང་བ་མཁས་དབང་ཚེ་ཏན་ཞབས་དྲུང་གི་ཕྱག་རིས་སུ་ཕབ་པ་ལས་ཤེས་ནུས་ལ། བོད་ཡིག་གི་ཡི་གེ་རེ་རེའི་སྒྲ་གདངས་དང་སྟེ་བ་རེ་རེའི་སྦྲིག་སྟངས་ཀྱང་རྒྱ་གར་གྱི་ཡི་གེ་ཇི་བཞིན་ཡིན་པས་(འདོར་ལེན་བྱས་པ་རྣམས་ཕུད) བོད་ཡིག་གི་ཡིག་ཁུངས་རྒྱ་གར་གྱི་ཡི་གེ་ཡིན་མིན་ལ་ཐེ་ཚོམ་གཏན་ནས་མེད་དོ། །

(༤) བོད་དུ་ཡིག་མཁན་གྲགས་ཆེན་གང་དག་བྱོན་པའི་ཚུལ་ལ། དཔལ་ལྡན་ཐོན་མིས་བོད་ཡིག་ཐོག་མར་བཟོས་ཏེ་ཡི་གེའི་མ་དཔེ་ལྷ་སའི་ཇོ་རིང་ལ་བཏབ་པ་ལ་སྦལ་ནག་ན་ལ་བརྒྱངས་འདྲ་དང་། དེའི་རྗེས་སུ་ཕྱུང་རར་རིན་ཆེན་འབར་གྱིས་སོ་ཕག་གཤིབ་འདྲ་དང་། དེའི་རྗེས་སུ་རིམ་པ་བཞིན་ཆབ་དཀར་བེའུ་ཚེ་ཞེས་པས་བྱ་ཐོ་འཛོལ་བ་ལྟ་བུ་དང་། གཙང་དགེ་བསྙེན་དབང་གིས་ནས་ནག་བཀྲམ་པ་ལྟ་བུ་དང་། འབྲི་ཁྲིམ་ཞེས་པས་མུ་ཏིག་བསྟར་ལ་བརྒྱུས་པ་ལྟ་བུ་དང་། ཚེ་སྤོང་བྱང་ཆུབ་ཀྱིས་སྦྲུར་ནག་བགྲད་འདྲ་དང་། ཐེ་ཡོན་ཏན་གྱིས་ཉ་མོ་ཆུ་ནང་ནས་ཕྱུངས་པ་ལྟ་བུ་དང་། དེའི་རྗེས་ཁྲ་ཤོད་རྣམ་གཉིས་ཀྱིས་སེང྄ྒེ་གནམ་ལ་མཆོང་བ་ལྟ་བུ་སྟེ། འདི་དག་ནི་བསྟན་པ་སྔ་དར་གྱི་ཡིག་མཁན་གྲགས་ཆེན་རྣམས་དང་། ཕྱི་དར་ཐོག་མའི་སྐབས་སུ་སྒྲོ་ཉ་ཤ་རི་ཞེས་པ་དང་མཐོང་བ་ཇོ་རྗེ་དཔོན་སློབ་ཀྱི་རིང་ལ་གསང་ལེབ་གྲུ་བཞི་སྟེ་རིམ་དགུ་བྱུང་། དེའི་རྗེས་ཁྱུང་པོ་གཡུ་ཁྲི་འབར་ཞེས་བྱ་བས་དཀྱིལ་འཁོར་གྱི་ཐིག་ལ་དཔེ་བླངས་ནས་ཆ་ཆེན་ཆ་ཆུང་དུ་བགོས་པའི་ཐིག་རིས་དང་། སྨྱུ་གུ་ཤོག་ཆག འབྲི་ལུགས་སོགས་ཀྱི་བསྟན་བཅོས་བརྩམས་ཤིང་། སློབ་མ་ཡིག་མཁན་མཁས་པ་མང་པོ་བསྐྱངས། དེ་ལ་ཡང་སྦལ་ལུགས་དང་མང་ལུགས་གཉིས་སུ་ཕྱེས་པར་བཤད་ལ། དེ་ནས་བོད་ཡིག་གི་ཡིག་གཟུགས་ཤིན་ཏུ་མང་པོ་རིམ་བཞིན་བྱུང་བར་ཡི་གེའི་རྣམ་བཞག་སྟོན་པའི་བསྟན་བཅོས་རྣམས་ལས་གསུང་པ་འདིར་ཞིབ་ཏུ་བཀོད་ན་འོས་མོད་ཡིག་ཚོགས་ཆེ་བས་མ་བྲིས་ཤིང་རྒྱས་པར་ཤེས་འདོད་པ་དག་གིས་གཞན་ལས་ཤེས་པར་བྱའོ། །

སྔོན་བྱོན་མཁས་པའི་ཕྱག་རྒྱུན་ཡི་གེ་འབྲི་སྟངས་ཇི་བཞིན་ཤེས་པའང་དེང་དུས་ཉིན་སྐར་ལྟར་དཀོན་པས་དཔྱོད་ལྡན་རྣམས་ཀྱིས་རྩད་བཅད་ནས་མཁས་པ་རེ་བཞུགས་ན

དཀའ་ངལ་ལ་མ་ལྟོས་པར་དེ་ཉིད་ཀྱི་དྲུང་དུ་ཞིབ་མོར་སྦྱངས་པ་ཡིན་ན་གངས་ཅན་གྱི་རིག་པའི་གནས་མི་ཉམས་པར་འཕེལ་བར་ནུས་པ་གལ་ཆེན་ཞིག་བརྟེན་པ་དང་། ཕྱིས་རྗེས་འཕྲན་ཟླ་བྲལ་བ་ཞིག་བཞག་པ་ལགས་ཚུལ་མཁྱེན་པར་བྱ་ལ། གངས་ཅན་ཏཱ་ལའི་སྨན་སྦྱོར་འདིར་ཐོན་མི་ནས་བཟུང་ལོ་ཙཱ་བ་དང་པཎྜི་ཏ་མཐའ་ཡས་པ་བྱོན་ཅིང་། དེ་དག་གིས་སྒྲ་རིག་པ་རྒྱུད་འཛིན་དང་འཕེལ་རྒྱས་གནང་ནས་བོད་སྤྱིའི་ཆོས་སྲིད་གང་ལའང་སྤྱོད་སྒོ་ཆེ་བའི་སྤྱི་ཡིག་དང་སྤྱི་སྐད་ཟླ་ན་མེད་པ་ཞིག་དར་སྤེལ་བྱུང་བ་ཡིན་ནོ། །

（༩）བོད་ཡིག་ལ་བྲིས་ནས་བཀླག་ཏུ་རུང་བའི་ཡི་གེ་ཅི་ཙམ་ཡོད་དམ་ཞེ་ན། གསལ་བྱེད་རྐྱང་པ་སུམ་ཅུ། ཉིས་བརྩེགས་ཅན་ང་བདུན། སུམ་བརྩེགས་ཅན་བཅུ་བཞི། རྐྱང་བ་འཕྲུལ་ཅན་ཞེ་བརྒྱད། བརྩེགས་འདོགས་འཕྲུལ་ཅན་ང་བདུན་ནོ། །དེ་ཐམས་ཅད་བསྡོམས་པས་ཉིས་བརྒྱ་དང་དྲུག་ཡོད་པ་ལུས་ཀྱི་ཡི་གེ་ཞེས་བྱ་ལ་དེ་བརྩི་གཞིར་བྱས་པའི་སྟེང་དུ་དབྱངས་བཞིའི་ཡན་ལག་དང་ལྡན་པའི་དབྱེ་བས་ཚིག་སྟོང་སུམ་ཅུ་ཐམ་པ་དེའི་སྟེང་དུ་འ་མཐའ་དོར་བའི་རྗེས་འཇུག་དགུའི་དབྱེ་བས་ཚིག་ཁྲི་སུམ་བརྒྱ་ཐམ་པ། དེའི་སྟེང་དུ་ག་ང་བ་མ་བཞིར་ས་དྲག་ཐོབ་པའི་དབྱེ་བས་བཞི་སྟོང་ཚིག་བརྒྱ་ཉི་ཤུ་བསྣན་པས་ཚིག་ཁྲི་བཞི་སྟོང་བཞི་བརྒྱ་ཉི་ཤུ་ཐམ་པ། དེའི་སྟེང་དུ་ན་ར་ལ་གསུམ་ལ་ད་དྲག་ཐོབ་པའི་དབྱེ་བས་སུམ་སྟོང་དགུ་བཅུ་བསྣན་པས་ཚིག་ཁྲི་བདུན་སྟོང་ལྔ་བརྒྱ་བཅུ་ཐམ་པ། དེའི་སྟེང་དུ་ཕ་བཏགས་བཅུ་གཉིས་རྩྭ་ཕྱྭ་གྲྭ་གསུམ་བསྣན་པས་བཅོ་ལྔ། དབྱངས་བཞི། དབུ་ཕྲུད། ཤད། བར་ཚེག་སྟེ་སྦྲག་རྐྱེན་གྱི་ཡི་གེ་བདུན་བཅས་བསྣན་པས་ཚིག་ཁྲི་བདུན་སྟོང་ལྔ་བརྒྱ་སོ་གཉིས་སོ། །འདི་ལ་ཡང་བརྩི་ཚུལ་ཅུང་མི་འདྲ་བ་ཡོད་ཀྱང་མ་སྤྲོས་སོ། །

༩. ཁྲིམས་ལུགས་མང་བོ་གཏན་ལ་ཕབ་པ།

དང་པོ། ཁྲིམས་གཏན་ལ་ཕབ་པའི་དགོས་པ་དང་རྐྱེན་ནི། སྲོང་བཙན་སྒམ་པོས་

མདོ་དབུས་མཐོ་སྨད་རྫིལ་པོ་གཅིག་གྱུར་ཡིན་པའི་བོད་ཆེན་པོའི་རྒྱལ་ཁམས་བཙུགས་རྗེས། སྔོན་གྱི་ཡབ་མེས་རྣམས་ཀྱི་དུས་བཞིན་གསར་དུ་དབང་དུ་བསྒྱུར་བའི་ས་ཁུལ་བྱུས་རྗེས་ཅན་གྱི་བློན་པོ་རྣམས་ལ་མ་བགོས་པར་བཙན་པོ་ཉིད་ཀྱི་ཕྱག་ཏུ་བརྟན་པར་བཟུང་ཞིང་། ཡུལ་གྱི་དབང་རིས་དང་བློན་པོའི་རིམ་པ་དང་ལས་འགན་སོགས་གཏན་ལ་ཕབ་པ་ལ་བརྟེན་ནས་གཅིག་གྱུར་གྱི་སྲིད་དབང་དེ་ཉིད་སྲ་བརྟན་ཡོང་བ་དང་། སྤྱི་ཚོགས་བདེ་འཇགས་ཡོང་བ། སྟོབས་དང་ལྡན་པའི་དམག་དཔུང་ཡོད་པ། ཞིང་འབྲོག་དང་ལག་ཤེས་བཟོ་ལས་འཕེལ་རྒྱས་ཡོང་བ། རིག་གནས་དར་རྒྱས་ཡོང་བ། མཐའ་མཚམས་སྲ་བརྟན་ཡོང་བ་སོགས་དགོས་པ་དང་དམིགས་རྐྱེན་མཐའ་ཡས་པ་མཆིས་པར་དགོངས་ནས་ཁྲིམས་སྲོལ་མང་པོ་གཏན་ལ་ཕབ་ཅིང་ཕྱག་ཏུ་བསྟར་བ་གཞིར་བྱས་ཀྱང་འཕྲུལ་རྐྱེན་ནི། རྒྱལ་པོས་ཕོ་བྲང་མ་ནུར་ལོ་བཞིར་མཚམས་བཅད་ནས་རིག་གནས་ལ་སྦྱངས་པ་མཛད་དེ་ཕྱིར་མི་འཁྲུན་པ་ལ། འབངས་རྣམས་ཀྱིས་རྒྱལ་པོ་གླེན་པ་ཞིག་ཡིན་འདུག བོད་བདེ་བ་བློན་པོ་རྣམས་ཀྱིས་བྱས་ཟེར་བ་བཙན་པོས་གསན་ནས་བདག་གླེན་པར་རྩིས་ན་བོད་མི་ཐུབ་དགོངས་ཏེ། འབངས་རྣམས་བསྡུས་ནས་ང་འཕོ་བསྐྱུས་མ་བྱས་པར་ཕོ་བྲང་གཅིག་ན་འདུག་ན་འབངས་རྣམས་བདེ་བ་ཡིན་ཏེ་རྒྱལ་པོ་གླེན་པར་འདུག རྒྱལ་ཁམས་བདེ་བ་བློན་པོས་བྱས་ཟེར་བ་ཡོད་ཀྱང་དེ་མ་ཡིན། བློན་པོར་ངས་བཀའ་བསྒོ་བ་ཡིན། ད་ནི་ངས་རྒྱལ་ཁྲིམས་ཆེན་པོ་བཅའ་དགོས། སྔོན་ཡང་ཁྲིམས་མེད་པས་རྒྱལ་ཕྲན་རྣམས་སོ་སོར་འཁྱར་བ་ཡིན། ད་དུང་ཁྲིམས་མེད་ན་ཉེས་བྱེད་དར་ཞིང་འབངས་རྣམས་སྡུག་བསྔལ་བར་འགྱུར་བས་བཀའ་ཁྲིམས་བཅའ་བར་བྱའོ། །ཞེས་གསུངས་ཏེ་ཁྲིམས་རྣམས་རིམ་པར་གཏན་ལ་ཕབ་བར་གྲགས་སོ། །

གཉིས་པ། ཁོད་སོ་དྲུག་བཤད་པ།

སྐབས་འདིའི་ཁོས་སམ་ཁོད་ཅེས་པའི་དོན་ལ་དེང་དུས་ཀྱི་ལོ་རྒྱུས་སྨྲ་བ་རྣམས་ཀྱིས་

སྣ་ཚོགས་ཤིག་བཤད་ཀྱིན་མཆིས་མོད། བདག་གི་རྩོམ་འཆར་ལ། སྲིད་ཀྱི་ཐུས་གཞི་ཆེན་པོའི་དོན་དུ་བྱས་ན་ལེགས་སྙམ་ལ། དེ་ལྟ་བུའི་ཁོད་ལ་ནང་གསེས་དབྱེ་ན་སོ་དྲུག་ཡོད་པར་བཤད་དེ།

དང་པོ། བཀའ་ཁྲིམས་ཆེན་པོ་དྲུག

གཉིས་པ། བཀའ་གྲོས་ཆེན་པོ་དྲུག

གསུམ་པ། ཡིག་ཚང་དྲུག

བཞི་པ། ཕྱག་རྒྱ་དྲུག

ལྔ་པ། རྟེན་དྲུག

དྲུག་པ། དཔའ་མཚན་དྲུག་རྣམས་སོ། །

དང་པོ། བཀའ་ཁྲིམས་ཆེན་པོ་དྲུག་ནི།

༡. ཁྲི་རྩེ་འབུམ་བཞེར་གྱི་ཁྲིམས།

༢. འབུམ་གསེར་ཐོག་ཤ་བ་ཅན་གྱི་ཁྲིམས།

༣. རྒྱལ་ཁམས་དཔེར་བླངས་ཀྱི་ཁྲིམས།

༤. མདོ་ལོན་ཞུ་བཅད་ཀྱི་ཁྲིམས།

༥. དབང་ཆེན་བཅད་ཀྱི་སྤྱི་ཁྲིམས།

༦. ཁབ་སོ་ནང་མའི་ཁྲིམས་རྣམས་སོ། །

༡. ཁྲི་རྩེ་འབུམ་བཞེར་གྱི་ཁྲིམས། འདི་ལ་ཡང་།

<༡> བོད་ཡུལ་རུ་ཆེན་ལྔ་རུ་ཕྱེ་བ།

<༢> ཡུལ་གྱི་དབང་རིས་རྣམ་པ་བཅོ་བརྒྱད་དུ་བཅད་པ།

<༣> ཁོད་ཀྱི་སྟོང་སྡེ་དྲུག་ཅུ་རྩ་གཅིག་ཏུ་ཕྱེ་བ།

<༤> དཔའ་རྟགས་གསུམ་གྱིས་མཐའ་ཡི་སོ་ཁ་བསྲུང་བ།

<༥> གཡུང་གི་མི་སྡེ་ཁེང་དང་ཡང་ཁེང་འབྱེད་པ།

<༥> ཞང་གསུམ་སློབ་བཅས་ཀྱིས་དབུས་ཀྱི་འདུན་ས་འཛིན་པ་བཅས་སོ། །
འདི་ནི་སྲིད་པ་དང་ཕོས་སྟོན་པ་སྟེ་སྲིད་དང་དམག་དོན་གྱི་སྒྲིག་གཞི་བརྟན་པོ་ཞིག་གསར་འཛུགས། སློབ་པོ་དང་དཔོན་རིགས་ཀྱི་རིམ་པ་དང་འོས་འགན་གཏན་འབེབས། ཡུལ་གྱི་དབང་རིས་ལུགས་མཐུན་གྱིས་བགོ་བ་སོགས་ལམ་ལུགས་སྣ་ཚོགས་གསར་དུ་གཏན་ལ་འབེབ་པ་ནི། ཁྲིམས་ལུགས་གཞན་ཐམས་ཅད་ཀྱི་རྩེ་མོ་ལྟ་བུ་ཡིན་པས་ཁྲི་རྩེ་ཞེས་པ་ཡིན་ཞིང་། གསལ་པོར་བཤད་ན། ཁྲིམས་ལུགས་དེ་དག་བརྟན་པོར་འཛུགས་ཐུབ་པ་ཡིན་ན་ཁྲིམས་ལུགས་གཞན་མང་པོ་གཏན་འབེབས་དང་ལག་ལེན་བྱེད་སླ་བའི་རྒྱུ་མཚན་གྱིས་མིང་དེ་ལྟར་བཏགས་པ་ཡིན་ལ། འབུམ་བཞེར་ནི་འབངས་མི་ཀུན་གྱིས་བརྩི་བཀུར་བྱེད་དགོས་པའི་དོན་ཡིན་ནོ། །

དེ་ཇི་ལྟར་གཏན་ལ་ཕབ་པའི་བརྒྱུད་རིམ་སོགས་ནི། ཐོག་མར་བཙན་པོས་སློབ་པོ་སོ་སོར་བཀས་བསྐོས་ཏེ་ཕོས་དཔོན་བསྐོས་པ་ཡིན་ལ། བོད་སྤྱིའི་ཕོད་བཅའ་བའི་ཡུལ་ནི་སྐྱིད་ཤོད་ཤོམ་ར་དང་།ཕོད་དཔོན་སློབ་ཆེན་པོ་མགར་སྟོང་བཙན་ཡུལ་བཟུང་། ཞང་ཞུང་གི་ཕོད་བཅའ་བའི་གནས་ནི་ཁྱུང་ལུང་རྔུལ་མཁར་དང་ཁྲིམས་དཔོན་ཁྱུང་པོ་བུན་རྒྱུ་རྩེ། སུམ་པའི་ཕོད་བཅའ་བའི་གནས་ནི་ནམ་ར་ཞ་དོན་གྲམ་པ་ཚལ་དང་ཕོད་དཔོན་ཧོར་བྱ་ཞུ་རིང་པོ། ཆེབས་ཀྱི་ཕོད་བཅའ་ཡུལ་ནི་རི་བོ་གཡའ་དམར་དང་ཕོད་དཔོན་དབང་བཙན་བཟུང་དཔལ་ལེགས། མཐོང་ཁྱབ་ཀྱི་ཕོད་དཔོན་ཅོག་རོ་རྒྱལ་མཚན་གཡང་གོང་བཅས་སོ། །དེ་ལྟར་མགར་གྱིས་བོད་ཀྱི་ཕོད་བཅའ་བའི་ཕྱིར་རྗེའུ་དང་ཤིང་བུ་མང་པོ་བསྡུས་ནས་བྱང་བུ་མཛོ་ཁལ་དྲུག་ལོངས་པ་བྲིས་པས་ཁྲམ་བྱང་མ་ཐེབས་པར་འཁྲུགས་ནས་ཕོད་བཅའ་མ་ནུས་པར་འཕན་ཡུལ་དར་རྒྱལ་ན་བློ་རྣོ་བའི་བྲིས་པ་མང་པོ་རྗེ་བྱ་བ་འཕྲུལ་ཆེ་བར་ཐོས་ནས་སློབ་པོ་བཞིས་འཚོལ་དུ་ཕྱིན་པས་ནེའུ་གསིང་ཆེན་པོ་ཞིག་ཏུ་བྲིས་པ་དང་འཕྲད། ན་འདིའི་གཞུང་གཅོད་དམ་མཐའ་སྐོར་དྲིས་པས་དལ་ན་གཞུང་ཚོད་རིངས་ན་མཐའ་སྐོར་ཟེར། སློབ་པོ་བཞིས་གཞུང་བཅད་པས་འདམ་དུ་ཚུད་ནས་ཡུན་རིང་འགོར། བྲིས་པ་དེ་ལ་

ཕ་མ་གར་སོང་དྲིས་པས་ཕ་གཏམ་འཚོལ་དུ་སོང་མ་མིག་འཚོལ་དུ་སོང་ཟེར། དར་ཅིག་ན་ཕས་ཆང་ཁྱེར་མས་མེ་ཁྱེར་ནས་བྱུང་། བྱིས་པ་དེ་ཁྲིད་ནས་ཁོད་ཤོམ་དུ་བཙུག་ཀྱང་མ་ཤོམས། དར་རྒྱལ་མང་པོ་རྗེས་ཆིམས་མང་བཞེར་ངན་པ་བྱ་བ་མཛངས་པར་ཐོས་ནས་བློ་ཀུ་བའི་ཕྱིར་རི་ལ་ཆང་སྣས་ཤ་སྐམ་ཚ་ཚུས་བྱུགས་པ་ཁྱེར་ནས་ཆིམས་ལུག་རྗེ་བྱེད་པའི་དྲུང་དུ་ཕྱིན་ནས་ཁྱེད་ཀྱིས་ཁོད་ཤོམ་ནུས་པར་གྲགས་པས་ཁོད་ཤོམ་མམ་ཞེས་པར། ང་མིན་པ་ཁོད་ཤོམ་ནུས་པ་མེད་དེ་ངས་མི་ཤོམ་ཟེར། ཤ་སྐམ་བྱིན་པས་ཁ་སྐོམ་སྟེ་ད་ལྟ་སྐོམ་སྟེར་བ་བྱུང་ན་ཅི་ཟེར་ཉན་པར་བྱས་ནས་ཆང་གིས་བཟེར་བཙུག་ནས་དྲིས་པས་ཏུ་མཚམས་འབྱེད་པ། ཡུལ་བགོད་པ། ཁོད་གཡུང་གི་སྡེ་འབྱེད་པ་སོགས་ཞིབ་པར་སླས་ནས་ཁོ་གཉིད་དུ་བཏང་ནས་ཐོས་ཏེ་ཁོས་ཟེར་བ་བཞིན་མགར་དང་དར་རྒྱལ་གྱིས་བཤམས་སྐད་ཅེས་སོ། །

གཏམ་རྒྱུད་འདི་ལས་རྟོགས་ཐུབ་པ་ནི《ཐང་ཡིག》ལས། གྲོས་མགོ་འོག་ནས་འདོན་ལ། ཐམས་ཅད་ཀྱི་བློ་དང་བསྟུན་ནས་སྤྱོད་པས་ཡུན་རིང་པོར་རྒྱལ་ཁབ་སྟོབས་ཆེ་བའི་རྒྱུ་མཚན་དེ་ཡིན་ཞེས་དང་། རྗེའི་བཀའ་སྐུལ་ལ་གྲོས་ཀྱི་རྒྱུ་བྱས། འབངས་ཀྱི་མཆིད་ཚིག་ལ་གྲོས་ཀྱི་སྲུན་བགྱིས་ཞེས《ལྡེའུ་ཆོས་འབྱུང》སོགས་ལས་འབྱུང་བ་ལྟར་བོད་བཙན་པོའི་དུས་སུ་སྲིད་དོན་གལ་ཆེན་ཐམས་ཅད་འབངས་དཔུལ་ཕྱུག་ཡོངས་བློ་དང་གྲོས་ལ་བསྟུན་ནས་སྒྲུབ་པ་ལས། བཙན་པོས་བརྒྱ་ཁ་གཅིག་ཚོད་ཀྱི་བཀའ་བབས་ནས་མི་བསྒྲུབ་པ་ནི་ལུགས་སྲོལ་གལ་ཆེན་ཞིག་ཡིན་ལ། ལྷག་པར་དུ་ཏུ་མཚམས་ཕྱེ་ནས་དྲག་དཔུང་གི་སྒྲིག་འཛུགས་ཚུང་ཆ་ཚང་ཞིང་བོད་ཀྱི་སྐབས་དེའི་གནས་ཚུལ་དང་མཐུན་པ་ཞིག་གསར་དུ་བཙུགས་ཏེ། དེ་ཡང་བཙན་པོ་ཉིད་ཀྱི་ཕྱག་ཏུ་བཀོད་འདོམས་ཀྱི་དབང་ཆ་བརྟན་པོར་འཛིན་པ་ཞིག་དང་། སྟོན་གྱི་རྒྱལ་བློན་ལམ་ལུགས་ལེགས་བཅོས་བྱས་ཏེ་ཡུལ་བགོས་ནས་ཡུལ་དཔོན་བསྐོ་བཞག་བྱེད་པ་སོགས་བོད་ཀྱི་རྒྱལ་སྲིད་བརྟན་འཛུགས་ཡོང་བའི་བྱེད་ཐབས་གལ་ཆེན་འདི་དག་གཏན་ལ་འབེབས་པ་ལ་བཙན་པོའི་བཀས་དེ་ལྟར་གནང་རྒྱུའི་གྲོས་གཞི་བཏོན་པ་ཙམ་དང་། ཁོད་དཔོན་བསྐོས་པ་ཙམ་ལས་ཕྱི་མོའི་བྱེད་ཐབས་རྣམས་འབངས་མི་ཐམས་ཅད་ཀྱིས་གྲོས་

བསྒྱུར་བྱས་ནས་བློ་གྲོས་དང་ལྡན་པ་མང་པོའི་ཚོག་ལ་བརྟེན་ནས་བསྒྲུབས་པ་ཡིན་ནོ་ཞེས་གོ་བར་བྱའོ། །

(༡) ཐོག་མར་དུ་མཚམས་སྦྱོ་སྟེ། ཤར་འོལ་ཁའི་ཤུག་པ་སྤུན་བདུན། ལྷོ་རྣ་ལ་ལ་བརྒྱད། ནུབ་གཞུ་སྐེ་མོ། བྱང་བྲག་གི་སླང་མ་གུར་ཕུབ། དབུས་ར་ས་ར་མོ་ཆེ་ལ་བྱས་པ་ལ་དབུ་རུ། ཤར་ཀོང་ཡུལ་བྲེས་སྣ། ལྷོ་ཤའུག་སྟག་སྒོ། ནུབ་ཁ་རག་གངས་རྩེ། བྱང་རྣ་ལ་ལ་བརྒྱད། དབུས་ཚད་ཡར་ལུང་ཁྲ་འབྲུག་ལ་བྱས་པ་གཡོ་རུ།

ཤར་བྲག་གི་སླང་མ་གུར་ཕུབ། ལྷོའི་གཉའ་ནི་གཡག་པོའི་སྣ། ནུབ་བྱེ་མ་ལ་དགུ། བྱང་སྦྲི་ཏི་ཆུ་ནག་ཤངས་ཀྱི་ཞོང་པ་ཚལ་ལ་བྱས་པ་ལ་གཡས་རུ།

ཤར་འཇམ་ན་བཀྲ། ལྷོ་བལ་པོ་སླང་སྣ། ནུབ་ལ་ཀེམ་གཡག་མིག བྱང་བྱེ་མ་ལ་སྡོན། དབུས་བྲད་ཀྱི་དུར་བསྣ་ལ་བྱས་པ་རུ་ལག ཤར་གཉེ་ཡུལ་བུམ་ནག ལྷོ་སྦྲི་ཏི་ཆུ་ནག ནུབ་ཡེ་ཞབས་སྡིངས་པོ་ཆེ། བྱང་ནགས་ཤོད་གཟི་འཕྲང་། དབུས་ཚད་རྒྱ་ཤོད་སྟག་པ་ཚལ་ལ་བྱས་པའི་སུམ་པའི་རུ་སྡེ་སྟེ་གཙང་ལ་གཡས་རུ་དང་རུ་ལག དབུས་ལ་དབུ་རུ་དང་གཡོ་རུ། ཡན་ལག་སུམ་པའི་རུ་སྡེ་ལྔ་སྦྱོ་བའོ། །རུ་མཚམས་སྦྱོ་བའི་དགོས་པ་ནི་སྲིད་འཛིན་ས་ཁུལ་དབྱེ་གསལ་དང་། དམག་སྡེའི་སྒྲིག་འཛུགས་ལེགས་བཅོས་དང་འཕྲུས་ཚད་དུ་གཏོང་བ་སོགས་ཀྱི་ཆེད་དུ་ཡིན་ཞིང་། དབུས་ལ་དབུ་རུ་དང་གཡོན་རུ་གཉིས་དང་གཙང་གི་གཡས་རུ་དང་རུ་ལག་གཉིས་ཏེ་བཞི་ནི་རིམ་པ་བཞིན་ཡུལ་གཞན་དུ་དཔུང་ཆེན་འདྲེན་སྐབས་མདུན་གཡོན་གཡས་རྒྱབ་བཅས་སུ་བསྒྲིགས་ནས་འགྲོ་དགོས་པ་ཡིན་ལ། སུམ་པའི་རུ་སྡེ་ནི་གང་མཁོ་དེར་བཀོལ་བྱེད་པ་ཞིག་ཡིན་ངེས་ཏེ། ལྡེའུ་ཆོས་འབྱུང་ལས། རྒྱལ་པོ་འདིའི་སྐུ་ཚེ་སྟོད་ལ་བོད་དུ་བཞིར་བཅད། སུམ་པའི་རུ་སྣ་ལག་སྐོར་བཅད་ཅེས་སོ། །

(༢) ཡུལ་གྱི་དབང་རིས་རྣམ་པ་བཅོ་བརྒྱད་ནི《མཁས་པའི་དགའ་སྟོན》ལས། དབུ་རུ་ཤོད་ཆེན་བཙན་པོ་མངའ་བདག་ཡུལ། །ཕོ་བྲང་སྣེ་ཆེ་བཙན་པོའི་རྒྱལ་འབབས་ཡུལ། །ཡར་ལུང་སོག་ཁ་ཁུ་དང་སྙགས་ཀྱི་ཡུལ། །ཡར་འབྲོག་གངས་ཁྲིམ་གུ་རིང་སྣེ་ལྔའི་

ཡུལ། །འཆིང་ང་འཆིང་ཡུལ་མགོས་དང་སྣུབས་ཀྱི་ཡུལ། །བྲ་འུག་ས་ཚོགས་དྲང་རྗེ་ཕ་ལྷའི་
ཡུལ། །བྲད་དང་ཞོང་བ་སྣ་ནམ་ཡུལ་དུ་བཅད། །བྲག་རུམ་སྟོད་སྨད་ཆེ་སྤྱོང་ཡུལ་དུ་
བྱས། །གཙང་སྟོད་གཙང་སྨད་འབྲོ་དང་ཁྱུང་པོ་ཡུལ། །ཀླུངས་ཤོད་ནམ་པོ་འདྲེ་དང་
ཕྱུགས་མཚམས་ཡུལ། །འཕན་ཡུལ་སྟོང་སྡེ་སྦྲོ་དང་རྔ་ཡི་ཡུལ། །ཉང་རོ་གྲོམ་པ་བྲེ་དང་ལྷེ་
ཡི་ཡུལ། །ཤངས་དང་གླེ་ཕྱི་རི་དང་གླེ་ཡི་ཡུལ། །ཡུང་བ་ཆེ་ཆུང་བྲན་གའི་ཡུལ་དུ་བཅད། །
ཞ་གད་སྡེ་གསུམ་སྣོན་པོ་སྦས་ཀྱི་ཡུལ། །ནམ་ར་ཆག་གོང་འབྲིང་དང་ཆག་གི་ཡུལ། །
འདམ་ཤོད་དཀར་མོ་ཕྱ་དང་རྣ་ཡི་ཡུལ། མདོ་ཁམས་མདོ་ཆེན་གནོད་སྟོང་སྡེ་བརྒྱད་ཡུལ། །
ཞེས་སོ། །དབུ་རུ་ཤོད་ཆེན་དང་ཕོ་བྲང་གི་ཉེ་འཁོར་ནི་བཙན་པོ་ཉིད་ཀྱིས་ཐད་ཀར་དབང་
བསྒྱུར་བ་དང་། དེའི་ཞིང་འབྲོག་གི་ཐོན་རྫས་ཁྲལ་དུ་ཕུལ་བ་རྣམས་ཀྱང་ཕོ་བྲང་ནང་གི་
འགྲོ་གྲོན་དུ་གཏོང་བ་དང་། བཙན་པོའི་ཕོ་བྲང་ནང་གི་ལས་ཀ་དག་ཀྱང་ཡུལ་དེའི་འབངས་
ཀྱིས་བྱེད་དགོས་པར་གོར་མ་ཆག་ལ། དེའི་འབྲོས་ཡུལ་ཆེན་བཅུ་དྲུག་ནི་ཁུ་སོགས་རུས་
ཚན་ཆོབ་སོ་སོའི་དབང་རིས་སུ་གཏན་ལ་ཕབ་ཅིང་། རུ་དཔོན་དང་ཡུལ་དཔོན་མང་པོ་
བསྐོས་ནས་དེ་དག་བརྒྱུད་ནས་དབང་དུ་བྱས་པ་ཡིན་ཡང་། སྟོབས་བཅས་ཀྱི་དབང་ཆ་གཙོ་
བོ་བཙན་པོ་ཉིད་ཀྱི་ཕྱག་ན་བརྟན་པར་བཟུང་ཡོད་པས། སྔོན་གྱི་རྒྱལ་ཕྲན་ཁག་གིས་དབང་
བསྒྱུར་བའི་ལམ་ལུགས་དང་མི་འདྲ་ཞིང་། བོད་ཀྱི་གཅིག་གྱུར་སྲ་བརྟན་དང་བཙན་པོའི་
རྒྱལ་རབས་དར་རྒྱས་བཅས་ལ་ནུས་པ་གལ་ཆེན་ཞིག་བཏོན་ཡོད་པས་རང་རྒྱལ་གྱི་ལོ་རྒྱུས་
སྟེང་དུ་ཆེན་ཧྲི་ཧྲུང་གིས་སྔོན་གྱི་རྒྱལ་ཕྲན་ལམ་ལུགས་དེ་གྲིག་ཞན་ལམ་ལུགས་སུ་བསྒྱུར་བ་
དང་འདྲའོ་སྐམ། བོད་རུ་རེ་ན་ཡུལ་དཔོན་བཅུ་དྲུག་རེ་ཡོད་པར་བཤད་དེ། དབུ་རུའི་ཡུལ་
དཔོན་ཚན་བཅུ་དྲུག་ནི། སྟོད་ལུང་ལ་ཡུལ་དཔོན་གཅིག ཀླུང་ཤོད་ལ་གཅིག མལ་གྲོ་ལ་
གཅིག འདམ་ཤོད་ལ་གཅིག ཟ་གད་ལ་གཅིག ར་གླལ་གཅིག བ་ལམ་ལ་གཅིག ངན་
ལམ་ལ་གཅིག བྲང་ཡུལ་ལ་གཅིག དབུལ་སྡེ་ལ་གཅིག གཟད་ཆུ་ཤུལ་ལ་གཅིག འཕྲང་
པོ་ལ་གཅིག གནོད་ལུང་ལ་གཅིག གསང་ལ་གཅིག བྲག་རུམ་ལ་གཅིག འཕན་ཡུལ་ལ་

གཅིག་སྟེ་བཅུ་དྲུག་གོ །

གཡོ་རྟའི་ཡུལ་དཔོན་བཅུ་དྲུག་ནི། ང་རབས་ལ་ཡུལ་དཔོན་གཅིག གུང་ཐོ་ལ་གཅིག གང་བར་ལ་གཅིག ཡར་མ་ག་ལ་གཅིག མཆིངས་ལུང་ལ་གཅིག གྲོང་ལ་གཅིག རོག་པ་ལ་གཅིག ས་རོ་ལ་གཅིག བན་པ་ལ་གཅིག ལྷམ་ཤུལ་ལ་གཅིག ཕོ་མཐིང་ལ་གཅིག བྲག་ལུང་ལ་གཅིག དོལ་གཞུང་གཉིས་ལ་གཅིག གྲ་ལུང་བ་ལ་གཅིག ཁབ་སོ་ལ་གཅིག ཡར་འབྲོག་ལ་གཅིག་སྟེ་བཅུ་དྲུག་གོ །

གཡས་རྟའི་ཡུལ་དཔོན་བཅུ་དྲུག་ནི། བྱང་ཐུག་ལ་ཡུལ་དཔོན་གཅིག ཟང་ཟང་ལ་གཅིག ཟངས་དཀར་ལ་གཅིག དུང་ལུང་བ་ལ་གཅིག གདོག་ལུང་བ་ལ་གཅིག བགྱིད་ལུང་བ་ལ་གཅིག བཤག་ལུང་བ་ལ་གཅིག འགྱུད་ལུང་བ་ལ་གཅིག རྟ་ནག་ལུང་བ་ལ་གཅིག ཞའ་ཐག་པ་ལ་གཅིག མཚོ་ཉང་ལ་གཅིག རྟ་ནུ་ལ་གཅིག གཙང་ཤོད་ལ་གཅིག འུ་ཡུག་ལ་གཅིག སྐྱི་མོ་ལ་གཅིག དགྲ་ཡག་ལ་གཅིག་དང་བཅུདྲུག་གོ །

རུ་ལག་གི་ཡུལ་དཔོན་བཅུ་དྲུག་ནི། མང་ཡུལ་ལ་ཡུལ་དཔོན་གཅིག སྐྱི་ནམ་ལ་གཅིག དཔའ་ཚད་ལ་གཅིག གྲང་སོ་ལ་གཅིག གྲོམ་ལུང་ལ་གཅིག ཤབ་ལུང་བ་ལ་གཅིག སྲུས་ལུང་བ་ལ་གཅིག མྱང་མདའ་ལུང་བ་ལ་གཅིག ཁྲི་ཐང་བ་ལ་གཅིག ཐང་འབྲིང་ལ་གཅིག ནུལ་ཐོ་ལ་གཅིག གཡུ་ལུང་བ་ལ་གཅིག དུང་ལུང་བ་ལ་གཅིག མྱང་སྟོད་པ་ལ་གཅིག གད་སྲམ་ལུང་བ་ལ་གཅིག སྤྱ་རོངས་ལ་ཡུལ་དཔོན་གཅིག་སྟེ་བཅུ་དྲུག་གོ །

ཡུལ་དཔོན་ནི་གཞི་རིམ་གྱི་དཔོན་པོ་ཡིན་ལ། དེའི་ལས་འགན་ནི་《མཁས་པའི་དགའ་སྟོན》ལས། ཡུལ་དཔོན་གྱི་ལས་སུ་ཡུལ་ཚུང་ཁྲིམས་ཀྱིས་འཚོ་ཞེས་པ་ལྟར་ཁྲིམས་ལྟར་རང་ལ་དབང་བའི་ཡུལ་ཚུང་དེ་དག་བདེ་བར་སྐྱོང་དགོས་པ་ཡིན་ནོ། །

(༣) རྒོད་ཀྱི་སྟོང་སྡེ་དྲུག་ཅུ་རྩ་གཅིག་ཕྱེ་བ། རྒོད་ཀྱི་སྡེ་ནི་དམག་པོའི་གཡུལ་གྱི་ལས་ལ་དངོས་སུ་ཞུགས་དགོས་པའི་མི་སྡེ་སྟེ། དེ་ལ་སྟོང་སྡེ་དྲུག་ཅུ་རེ་གཅིག་ཡོད་ཅིང་། དེ་ཡང་དབུས་ལ་དབུ་རུ་དང་གཡོ་རུ། གཙང་ལ་གཡས་རུ་དང་རུ་ལག་སྟེ་བཞི་དང་། ཞང་ཞུང་དུ་

སྡེ་བཅས་ལྔ་ལ་སྡོང་སྡེ་བརྒྱད་རེ་དང་། སྡོང་བུ་ཆུང་གཅིག་རེ། སྐྱ་སྐྱུང་སྡོང་སྡེ་རེ་བཅས་བཅུ་རེ་བྱས་ནས་བསྡོམས་པས་སྡོང་སྡེ་ལྔ་བཅུ་དང་། སུམ་པའི་ཏུ་ལ་སྡོང་སྡེ་བཅུ་གཅིག་བཅས་ཁྱོན་སྡོང་སྡེ་དྲུག་ཅུ་རེ་གཅིག་ཡོད་ལ།

དབུ་ཏུའི་སྡོང་སྡེ་བཅུ་ནི། ངོར་སྡེ་སྡེ་མཚམས་གཉིས། ཕྱུགས་མཚམས་འབྲང་མཚམས་གཉིས། བཙོམ་པ་འབྲི་མཚམས་གཉིས། སྐྱིད་སྟོད་སྐྱིད་སྨད་གཉིས། ཡེལ་རབ་སྡོང་བུ་ཆུང་། སྐྱ་སྐྱུང་ཤར་ཕྱོགས་པ་དང་བཅས་སོ། །

གཡོ་ཏུའི་སྡོང་སྡེ་བཅུ་ནི། ཡར་ལུང་འཕྱིང་ལུང་གཉིས། ཡར་མཚམས་གཡུ་འབངས་གཉིས། དྭགས་པོ་ཉ་གཉི་གཉིས། དམྱལ་དང་ལྷོ་བྲག་གཉིས། ལོ་རོ་སྡོང་བུ་ཆུང་། སྐྱ་སྐྱུང་བྱང་ཕྱོགས་པ་བཅས་སོ། །

གཡས་ཏུའི་སྡོང་སྡེ་བཅུ་ནི། སྡོང་ཆེན་ཤངས་ཆེན་གཉིས། ལང་མི་ཕོད་དཀར་གཉིས། ཉེར་གར་འབྲང་མཚམས་གཉིས། སྤྱི་རབ་སྡོང་སྡེ་གཉིས། ཤངས་སྡོང་བུ་ཆུང་། སྐྱ་སྐྱུང་ནུབ་ཕྱོགས་པ་བཅས་སོ། །

ཏུ་ལག་གི་སྡོང་སྡེ་བཅུ་ནི། མང་གར་ཁྲི་ཕོམ་གཉིས། གྲོམ་པ་ལྷ་རྩེ་གཉིས། མྱང་རོ་ཁྲི་འཐད་གཉིས། ཁང་སར་གད་ཕྲོམ་གཉིས། མཆོ་ངོས་སྡོང་བུ་ཆུང་། སྐྱ་སྐྱུང་ལྷོ་ཕྱོགས་པ་བཅས་སོ། །

ཞང་ཞུང་གི་སྡོང་སྡེ་བཅུ་ནི། བོད་དང་གྲུ་གུའི་མཚམས་འོ་ཙོ་མང་མ་གཉིས། གཉེ་མ་ཙ་མོ་གཉིས། བ་ག་སྡོང་བུ་ཆུང་སྟེ་ཞང་ཞུང་སྟོད་ཀྱི་སྡོང་སྡེ་ལྔ། བོད་དང་སུམ་པའི་མཚམས་ན་གུག་གེ་ཅོག་ལ་གཉིས། སྤྱི་གཙང་ཡར་གཙང་གཉིས། ཅི་དེ་སྡོང་བུ་ཆུང་བཅས་ཞང་ཞུང་སྨད་ཀྱི་སྡོང་སྡེ་ལྔ་སྟེ་བཅུའོ། །

སུམ་པའི་ཏུ་སྡོང་ཁྲབ་རྒྱ་ལྡན་གྱི་སྡོང་སྡེ་བཅུ་གཅིག་ནི། རྩེ་འབྲོན་ཕོ་འབྲོན་གཉིས། གོད་ཚང་སྟོད་སྨད་གཉིས། འཛོང་སྟོད་འཛོང་སྨད་གཉིས། དྲེ་སྟོད་དྲེ་སྨད་གཉིས། ཁ་རོ་ཁ་ཟངས་གཉིས། ནགས་ཤོད་སྡོང་བུ་ཆུང་སྟེ་བཅུ་གཅིག་གོ །

དེ་རྣམས་ལ་སྟོང་དཔོན་ཡང་དྲུག་ཙུ་རྩ་གཅིག་ཡོད་པར་གསུངས་ལ། ཏུ་ལ་ཏུ་དཔོན་གཙོ་གཞོན་གཉིས་རེ་དང་དཔའ་ཟླ་གཉིས་རེ་ཡོད་དེ། དབུ་ཏུ་སྟོད་སྨད་ཀྱི་ཏུ་དཔོན་གཙོ་བོ་སྣ་ནམ་རྒྱལ་ཏན་དང་གཞོན་པ་སྦས་སྐྱེས་བཟང་སྟག་སྣ། དཔའ་ཟླ་གདོན་འཕན་གསུམ་དང་ཤོད་བུ་ཁོད་བཙན། ཏུ་ཧ་ཟེ་དཀར། ཧ་སྐྱ་མཚལ་བུ་གཟིག་རིས། ཏུ་དར་དམར་པོ་ལྕེ་ཕྲ་དང་དཔལ་དར་དམར་པོ། དམག་གི་བཞེད་ནི་མཚོ་ལ་གངས་བབས་པ་འདྲ་སྐད། གཡོ་ཏུ་སྟོད་སྨད་ལ་ཏུ་དཔོན་མྱང་སྟག་གཟིག་གཡུ་བཙན་དང་མཆིམས་རྒྱལ་གཟིགས་ཤུད་རིང་། དཔའ་ཟླ་གཡས་མང་བཞེར་དང་སོ་གད་གཉེན་བཞེར། ཏུ་ཧ་སྨིག་རོ་བུན་བུན་དང་མཚལ་བུ་ཧིང་དཀར། ཏུ་དར་སེང་གེ་དམར་པོ་དང་། དཔལ་དར་དར་དཀར་སྙིང་ནག མཚོ་ལ་སྦྲང་ཆར་བབས་པ་བཞིན་དུ་འགྲིམ་སྐད། གཡས་ཏུ་སྟོད་སྨད་ལ་ཏུ་དཔོན་སྟག་བཟང་སྟོང་དང་མགོས་ཁྲི་གཉེན་ཡང་འཕྱོས། དཔའ་ཟླ་བ་ཚབ་མཚོ་ཞེར་ཙད་ལོད་དང་ལང་བ་མགོན་ནེ། ཏུ་ཧ་མཚལ་བུ་མེ་སྟག་དང་སྔོན་པོ་གཡུ་ཧ། ཏུ་དར་དར་ནག་སྙིང་དཀར་ཁྱུང་བྲིས་པ་དཔལ་དར་སྐྱ་ཁ་གོང་ཁྲ། སྤྱང་ལ་མི་མཆེད་པ་ལྟར་འགྲིམ་སྐད། ཏུ་ལག་སྟོད་སྨད་ལ་ཏུ་དཔོན་འགོ་རྒྱལ་མཚན་སེངྒེ་དང་ཁྱུང་པོ་གཡུའི་ཟུར་ཕུད། དཔའ་ཟླ་གནམ་སྟེ་གུར་ཚབ་དང་མཆིམས་བཙན་ཞེར་ལྷ་གཟིགས། ཏུ་དར་སེང་དཀར་གནམ་འཕྱོང་དང་དཔལ་དར་ནག་པོ། ཏུ་ཧ་ངང་པ་ཕུད་དམར་དང་རག་པ་རྗོག་ནག གངས་ལ་སེར་བ་འགྲིམ་པ་བཞིན་དུ་འགྲོ་བར་ལོ་རྒྱུས་བསྟན་བཅོས་དག་ལས་བཤད་དོ། །

(༤) མཐའི་སོ་ཁ་སྲུང་བའི་དཔའ་བོའི་སྡེ་གསུམ་ནི། རི་བྲང་སྟག་པ་གོང་ཡན་ཆད་མོན་འབྲལ་ཁ་བཞི་མན་ཆད་ན་འབྲོ་ཁྱུང་མགར་སྣུབས་གཉན་ཧེ་གུག་ཅོག་སྡེ་ལྷས་དཔོན་བྱས། གྲུ་གུ་གསེར་མིག་ཅན་གྱི་ཆུང་མ་ཧོར་མོ་བང་མདུང་ཅན་ནུ་མ་གཡས་པ་མི་བཙས་བསྐྱེགས་ནས་མདའ་བར་གསུམ་ལྕེའུ་ཁྲི་མགོ་ཙམ་རྗེ་ལེབ་ལ་ཙུར་འབྱིན་འཕེན་པ་ལ་ཁ་བལྟས་ནས་དཔའ་མཚན་དུ་སྟག་གི་སྒྲོལ་བོ་ཕུབ། འོག་ཧ་གཡུལ་དུ་བསད། གདོང་ཁྲག་གིས་བྱུགས་ཏེ་སྐྱར་མི་ལྡོག་པའི་རྟེན་སུ་བྱས་ནས་རྒོལ་བས་གྲུ་གུ་བཏུལ་བས་སྟོད་ཀྱི་དཔའ་

སྡེ་ཡིན་ལ། རི་པེ་ནམ་ལུང་ཡན་ཆད་ཆ་སྐོར་དར་བས་མན་ཆད་ཀྱི་ཡུལ་དེ་ན་སྟགས་རྒྱལ་སྡེ་བཅུ་གཉིས་གནས་པ་ལ་ནགས་ཤོད་ཀྱིས་དཔོན་བྱས་ཏེ་ལྷང་མོ་ཐག་མདུང་གི་རྩེ་མོ་བཙུགས་ནས་དམག་གསེབ་ཏུ་རྒྱུག་པ་ལ་རྐོལ་བའི་ཚེ་དཔའ་མཚན་དུ་རལ་གྲི་ལ་རི་མོ་བྲིས། དུར་རྒྱགས་ལྟོ་ཏུ་ཟས། ཚེ་སྨྲིག་རྒྱབ་ཏུ་གོན་ཏེ་མི་སྡུག་པའི་ཆས་སུ་བྱས་ནས་རྐོལ་བས་ལྷང་བཏུལ་བས་བར་གྱི་དཔའ་སྡེ་ཡིན། རྨ་སྒྲོམ་ར་མན་ཆད་དང་ཀ་ཐང་ཀླུ་ཚེས་ཡན་ཆད་ན་མཐོང་ཁྱབ་སྲིད་སྡེ་དགུ་དང་འ་ཞ་སྟོང་སྡེ་དྲུག་གནས་པ་ལ། རྒྱའི་སོ་མཁར་གྱི་ལྕགས་རིའི་སྟེང་དུ་ཧ་བ་དགུ་བསྒྲིགས་རྒྱུགས་པའི་ནང་ནས་མི་མཁར་ཐུང་ཙམ་གྱིས་དགྲ་སྟའི་ཁ་ཁྲུ་རེ་ཙམ་ཐོགས་པ་ལ་རྐོལ་བའི་ཚེ། སྟོང་སྟོང་བུ་ཕྱུགས་མཚམས་ཀྱིས་དཔོན་བྱས། དཔའ་མཚན་དུ་རལ་གྲིའི་ཤུབས་བཅག་ཁ་ཆེམས་ཉེ་བ་ལ་བཞག་བུ་སྨད་ཉེ་དྲུང་ལ་བཅོལ་ནས་མི་ལྡོག་པའི་རྩིས་ཀྱིས་རྐོལ་བས་རྒྱ་ཐུལ་བས་སྨད་ཀྱི་དཔའ་སྡེ་ཡིན་ནོ། །

སྐབས་དེའི་བོད་དམག་ནི་གོ་ཁྲབ་བཙན་ཞིང་དཔའ་མཛངས་རྟུལ་ཕོད་པ་ཞིག་ཡིན་ངེས་ཤིང་། འཐབ་འཁྲུག་སྐབས་ཀྱི་གནས་ཚུལ་འགའ་ཞིག་ནི་རྒྱའི་ཐང་ཡིག་ལས། དམག་བྱེད་ཚེ་གསེར་མདའ་ཚུན་བདུན་ཅན་ཞིག་སྔོན་དུ་བཙུགས་ནས་བརྡ་གཏོང་། ལི་བར་བརྒྱ་རེའི་མཚམས་ན་དམག་ཚོགས་རེ་ཡོད། གནས་ཚུལ་འཚུབ་ཅན་རེ་བྱུང་ཚེ། བརྡ་མཁན་གྱི་དང་ཁར་དངུལ་གྱི་བྱ་ཞིག་འདོགས། ཚབས་ཆ་ཤིན་ཏུ་ཆེན་དངུལ་བྱ་མང་པོ་འདོགས་པ་ཡིན། དགྲ་བྱུང་ཚེ་མེ་སྤར་ནས་བརྡ་གཏོང་། ཁྲབ་རྨོག་བཙན་ཞིང་མིག་གཉིས་མ་གཏོགས་ལུས་རྫིལ་པོ་ཁེབས། མདའ་གྱི་རྣོན་པོས་ཀྱང་ཆོད་པར་དཀའ། དམག་ཁྲིམས་ཤིན་ཏུ་ཞིབ། དམག་ཕོག་མེད་ཀྱང་ཡུལ་བཅོམ་ནས་དམག་རྒྱགས་བསྒྲུབས། འཐབ་དུས་དཔུང་སྔོན་མ་ཕམ་རྗེས་ད་གཟོད་གཞུག་མ་འགྲོ། ཞེས་སོ། །བོད་ཀྱི་དམག་དཔུང་དཔའ་བ་ནི། ནད་ཀྱིས་ཤི་བ་དམན་པར་རྩི་བ་དང་གཡུལ་དུ་ཤི་བ་མཆོག་ཏུ་འཛིན་པ། ཁྱིམ་གཅིག་གི་མི་མང་པོ་གཡུལ་དུ་ཤི་ན་དུད་ཚང་དགའ་མར་རྩི་བ། སྡར་མའི་མགོ་ལ་ཞྭ་ཡི་གཞུ་གུ་བཏགས་ནས་ཁྲི་ཡི་ལད་མོ་བྱས་ཏེ་གུས་ཕྱག་བྱེད་དགོས་པའི་སྲོལ་དང་འབྲེལ་བ་ཆེ་སྟམ།

དེ་ལྟར་ན་དམག་དཔུང་གི་སྒྲིག་འཛུགས་ནི། དབུས་གཙང་ཏུ་བཞི་དང་ཞང་ཞུང་དང་སུམ་པའི་རུ་སྡེ་སྟེ་རུ་ཆེན་དྲུག་དང་། དེ་དག་ལ་ཡང་སྟོད་སྨད་ཀྱིས་ཕྱེ་བས་རུ་བཅུ་གཉིས། དེའི་འོག་ཏུ་སྟོང་སྡེ་དྲུག་ཅུ་རྩ་གཅིག་ནི་དམག་ཆིག་ཁྲི་རེ་དང་། དེའི་འོག་ཏུ་སྟོང་བུ་ཆུང་ལ་དམག་སྟོང་། དེའི་འོག་ལྔ་བརྒྱའི་སྡེ། དེའི་འོག་བརྒྱ་སྡེ་དང་། བཅུ་སྡེ་རུ་འབྱེད་ཅིང་། དམག་དཔོན་གྱི་རིམ་པ་ཡང་། བཙན་པོ་ནི་དམག་གི་སྤྱི་ཁྱབ་དང་བོད་སྤྱིའི་རྒྱལ་པོ་ཡང་ཡིན་ལ། དེའི་འོག་ཏུ་རིམ་པ་བཞིན་རུ་དཔོན། སྟོད་སྨད་ཀྱི་རུ་དཔོན། དཔའ་ཟླ། སྟོང་ཆེན་གྱི་དཔོན། སྟོང་བུ་ཆུང་གི་དཔོན། ལྔ་བརྒྱ་བ་ཆེན་པོ། བརྒྱ་དཔོན། བཅུ་དཔོན་བཅས་རིམ་པ་བརྒྱད་ངེས་པར་དུ་ཡོད་པ་ཡིན་སྙམ། སྟོང་སྡེ་དེ་དག་ལ་རྒྱུན་བཙུགས་ཀྱི་དངོས་གཞིའི་དམག་དཔུང་དང་། ཞིང་འབྲོག་ཐོན་སྐྱེད་བྱེད་ཞོར་དགྲ་བྱུང་ན་དམག་ལ་འགྲོ་དགོས་པ་ཁག་གཅིག་སྟེ་རིགས་མི་འདྲ་བ་གཉིས་ངེས་པར་ཡོད་སྲིད་དེ། རྒྱུན་བཙུགས་ཀྱི་དམག་དཔུང་ཡོད་ངེས་པ་ནི། ཞིན་ཅང་ནས་ཐོན་པའི་བཙན་པོའི་དུས་ཀྱི་ཁྲམ་བྱང་ནང་དུ་འ་ཞ་རྒྱ་བ་ལས་གཞི་མཁན་ཇི་མཆིས་པ་སྨོས་ན་མཆིས་ན་སོ་བའི་གྲངས་ཚད་དེ་ཐོངས་ཤིག ཅེས་འཁོད་པས་སོ། །

འདིའི་དོན་གསལ་བར་བཤད་ན། འ་ཞའི་རྒྱ་མི་རྣམས་ལས་གཞི་ན་འདུག་མཁན་དམག་མི་ཅི་ཙམ་ཡོད་པ་སྨྲས་ལ་དེའི་གྲངས་ལ་གཞིགས་ནས་སོ་བའི་གྲངས་ཐག་ཚོད་ལ་ཐོངས་ཤིག ཅེས་པ་ཡིན་ལ་གཞི་མཁན་ནི་རྒྱུན་བཙུགས་དམག་གི་དོན་ཡིན་ནོ། །《ཐང་ཡིག》ལས། བོད་ཀྱི་ལུགས་སྲོལ་ལྟར་ན། དམག་བྱེད་དུ་མི་དྲག་ཚོའི་ཁྱིམ་ནས་དམག་བསྡུ་བ་ལ། ཕོ་ཚོས་རང་གི་འཁོར་གཡོག་རྗེས་སུ་ཁྲིད་པ་ཡིན། དམག་ཁོམ་དུས་གཡོག་འཁོར་ཚོས་སོ་ནམ་དང་ཕྱུགས་ཀྱི་འཚོ་སྐྱོང་བྱེད་པ་ཡིན། ཞེས་འཁོད་པ་ལ་ལེགས་པར་བརྟགས་ན་བོད་དམག་གི་རྣམ་པ་གསལ་པོར་རྟོགས་ནུས་སོ། །གོ་ཆ་ཁྲབ་ནི་གྲི་གུམ་བཙན་པོའི་དུས་སུ་ཐོག་མར་ཁམས་ནས་དར་བར་བཤད་ཅིང་བོད་དམག་གི་གོ་ཁྲབ་ཧ་ཅང་བཙན་པར་རྒྱའི་ཐང་ཡིག་ཏུ་འཁོད་པ་སྔར་དྲངས་པ་དང་། དམག་གི་ཆས་གོས་ནི། ཁྲམ་བྱང་དུ།

འདྲེ་མྱུས་གསས་ལེགས་ལ་གཏད་པའ། ནབ་ཟ་དགས་ཀྱི་ར་ལག་གཅིག རེའུ་དཀར་གྱི་རལ་ག་གཅིག གཙོས་ཀྱི་སྟོད་གོར་གཉིས། ཟ་འོག་གི་སློག་པ་གཅིག གཙོས་ཀྱི་སྟོད་ནམ་གཅིག ཤམ་གཅིག སེ་ལེག་ལྷ། སོགས་སོ། །ཞེས་པ་ལས་འཐབ་དུས་མིན་པར་ཕྱུ་བའི་སྟེང་སྟམ་བུའམ་པགས་རིགས་སམ་གོས་ཆེན་གྱི་སྟོད་ཐུང་ཕུ་མེད་གྱོན་པ་དང་། དེའི་སྟེང་དུ་ཟླ་གམ་ལྟེབ་གྱོན། ཤམ་གོས་སམ་སྨད་གོས། མགོ་ལ་དར་ཐོད་དཀྲི་བ་བཅས་ཤེས་ཐུབ། མཚོ་སྔོན་གྱི་ད་ལྟའི་མེན་ཧྲ་སོགས་ཀྱི་བོད་རིགས་རྣམས་ཀྱིས་གྱོན་པའི་སློག་པ་ཐུང་ངུ་དང་ཕྱིང་ཞྭ་ལྟེབ་གྱོན་མ་དེ་ཡང་བོད་ཀྱི་དམག་ལྭ་ཡིན་པར་ལོ་ཆོའི་ངག་རྒྱུན་ལ་གྲགས། མཚོན་ཆ་ནི་ཁྲམ་བྱང་དུ། ཉེར་གར་གྱི་སྟེ་དེ་ག་ལྔ་སྐྱེས་ཛེ་ བླས་དགོན་གྱི་བཏྱེད་བྱང་། ཕུབ། རལ་གྲུ་མ་རལ་གྲུ་རུ། མདའ་བཅར། གཞུ་རྒྱུད་དང་། ངར་ཛང་། རྡོ་སྐྱི། ཞུར་རྡོ། མདའ་རོལ་དོང་ཞེས་པ་ལྟར། ཕུབ་དང་། རལ་གྲི་གྲི་ཤུབ། མདའ་དང་གཞུ་རྒྱུད་སྦྲུར། ངར་ཛང་། རྡོ་སྣོད་སྐྱེའུ། ཞུར་རྡོ། མདའ་དོང་བཅས་ཀྱི་མིང་འཁོད་པ་ལས་སྐབས་དེར་དམག་མིས་མཚོན་ཆ་གང་དག་སྤྱོད་པ་ཤེས་ཐུབ་ལ། མདུང་དང་སྒྱོགས་སོགས་ཀྱང་འདིར་མི་གསལ་མོད་མི་སྤྱོད་པ་མིན་ནོ། །ད་ལྟའང་སྤྱོད་བཞིན་པའི་མགོ་སྐོར་དུ་གྲགས་པ་ཐག་སྐོར་ལྷུགས་ཀྱི་ཕུར་བུ་བཏགས་པ་འདིའང་བོད་དམག་གི་མཚོན་ཆ་ཞིག་ཡིན་པར་གྲགས། ཐག་མདུང་ཞེས་པ་ཐག་སྐོར་མདུང་ཐུང་བཏགས་པ་དེའང་དམག་བཀོལ་མཚོན་ཆ་གལ་ཆེན་ཞིག་ཏུ་གདོན་མི་ཟའོ། །རྟའི་བང་འགྲན་པ་དང་། མཚོན་ཆ་དེ་དག་གི་བཀོལ་སྤྱོད་འགྲན་པ་སོགས་ཀྱི་དམག་རྩལ་སྦྱོང་འགྲན་རྒྱ་ཆེར་བྱེད་པའི་རྟགས་སུ་དེང་དུས་སུའང་རྩེད་འཇོའི་རྣམ་པས་ཡུལ་ཤིན་ཏུ་མང་པོར་རྒྱུན་མ་ཆད་པར་ཡོད་པ་འདི་ཡིན་ནོ་སྙམ་མོ། །

(༥) གཡུང་གི་མི་སྡེ་ཁེང་དང་ཡང་ཁེང་འབྱེད་པ། བཙན་པོའི་ཆབ་འོག་ཏུ་གཏོགས་པའི་འབངས་མི་སྡེ་རྣམས་ལས་གོང་གསལ་གཡུལ་གྱི་ལས་ལ་དངོས་སུ་ཞུགས་དགོས་པའི་རྒོད་ཀྱི་སྡེ་རྣམས་ཕུད་རྗེས་དེ་ལ་དངོས་སུ་ཞུགས་མི་དགོས་པར་ཞིང་ཕྱུགས་ལས་དང་། ལག་ཤེས་བཟོ་ལས་གཉེར་ནས་བཙན་པོ་ལ་དཔྱ་ཁྲལ་འབུལ་བའོ། །དམག་གི་མགོ

ཆས་སྦྱོད་མཁན་གྱི་མི་སྡེ་ལ་གཡུང་གི་སྡེ་ཟེར་ལ། གཡུང་ནི་རྐོད་ཀྱི་ཕྱོག་ཟླ་ཞི་བའི་དོན་ཡིན་པས། གཡུང་གི་མི་སྡེ་ཞེས་པའང་ཞི་བའི་ལས་ཀ་གཉེར་མཁན་གྱི་མི་སྡེ་ཞེས་པའི་དོན་ཡིན་ནོ། །དེ་ཡང་ཡུལ་ཚུང་ཆེ་བ་རེ་དབང་དུ་བྱེད་ཅིང་། དུས་ངེས་ཅན་དུ་བཙན་པོ་ལ་དཔྱ་འབུལ་དགོས་པའི་ཕྱོགས་ཀྱི་རྒྱལ་ཕྲན་བཞི་དང་། བཙན་པོའམ་སྲིད་གཞུང་གི་ཕྱུགས་རིགས་འཚོ་སྐྱོང་ལ་མགོ་གཉེར་བྱེད་མཁན་གྱི་རྗེ་བདུན་དང་། ལག་ཤེས་བཟོ་ལས་ལ་མགོ་གཉེར་ཚོགས་པ་ཞིག་ཆགས་ཡོད་པའང་ཤེས་ནུས་སོ། །

གཞན་ཡང་། འཛིན་གསུམ་ནི། གདགས་སྲ་འཛིན། མྱང་ལྷུགས་འཛིན། སྤྱོད་བྱ་འཛིན་བཅས་ལ་བྱ་ཞིང་། རྒྱལ་སྲིད་དང་དམངས་ལ་ཕན་པའི་ལས་དོན་གལ་ཆེན་དག་བསྒྲུབས་པ་ལ་བརྟེན་ནས་དམིགས་བསལ་གྱི་ཁྲལ་དང་ཨུ་ལག་ཏུ་འགྲོ་མི་དགོས་པའི་རྟགས་འཛིན་དུ་ཡོད་པའི་དཔོན་རིགས་ཆུང་བ་རིགས་གསུམ་ཡོད་པའི་དོན་དུ་གོ་དགོས་སྙམ། གོང་གསལ་འདི་རྣམས་ལ་རང་ལ་དབང་བའི་ཡུལ་ལམ་རང་གི་མངའ་འོག་ཏུ་གཏོགས་པའི་ལས་རིགས་ངེས་ཅན་བྱེད་མཁན་གྱི་མི་ཁྱིམ་མང་ཉུང་ཅི་རིགས་མཆིས་ཤིང་། དེ་དག་ལ་མགོ་འདོན་དང་དེ་དག་ལས་དཔྱ་ངེས་ཅན་རེ་དུས་ལྟར་བསྡུས་ནས་བཙན་པོ་ལ་འབུལ་དགོས་པས་ན་རྗེ་འབངས་ཕལ་བ་ལས་དབང་ཚད་ཅུང་མཐོ་བ་ཁག་གཅིག་ཡིན་ནོ། །

བྱེད་མཁན་གྱི་མཁན་དྲུག ཉོ་ཚོང་ལ་བདག་གཉེར་བྱེད་མཁན་གྱི་ཚོང་ལྷ། དམིགས་བསལ་གྱི་ཐོབ་རྟགས་སུ་དངོས་པོ་ཁྱད་པར་ཅན་རེ་འཛིན་དུ་ཡོད་པས་ཁྲལ་འབུལ་མི་དགོས་ལ་གཞུང་གིས་བསྐུལ་བའི་ལས་ཀར་ཞུགས་མི་དགོས་པའི་འཛིན་གསུམ་རྣམས་ལ་ཁེང་ཞེས་འབོད་པ་དང་། རང་གིས་ཞིང་ལས་སོགས་གཉེར་ནས་གོང་ལ་དཔྱ་ཁྲལ་འབུལ་ཞིང་གཞུང་གི་ངལ་ལས་ལ་ཞུགས་དགོས་པའི་འབངས་ཡང་ཁེང་དང་རང་ལ་དབང་བའི་ས་ཞིང་སོགས་ཐོན་སྐྱེད་རྒྱུ་ཆ་ཅི་ཡང་མེད་པར་གཞན་གྱི་སྣ་གཡོག་བྱས་ནས་འཚོ་བ་རོལ་མཁན་གྱི་བྲན་ལ་ཉིང་ཁེང་དུ་བྱས་པ་སྟེ། རིམ་པ་གསུམ་ཡོད་པར་བཤད་དོ། །

(༡) དེ་ཡང་རྒྱལ་ཕྲན་ཆེ་བ་བཞི་ནི། ནམ་ས་ལྡེ་རྒྱལ་(ཞང་ཞུང་སྟེ་དེང་དུས་ཀྱི་མངའ་རིས)

བལ་པོ་ལི་རྒྱལ་(དེང་དུས་ཀྱི་བལ་ཡུལ་དང་འབྲས་ལྗོངས) སུམ་པ་ལྷུགས་རྒྱལ་(དེང་དུས་ཀྱི་ཁམས་ཁུལ་དང་ཨ་མདོ) མོན་རྩེ་རྒྱལ་(དེང་དུས་ཀྱི་མོན་ཡུལ) ཏེ་ཕྱོགས་ཀྱི་རྒྱལ་ཕྲན་ཆེན་པོ་བཞིས་རང་རང་གི་མངའ་འབངས་སྐྱོང་ཞིང་རང་ལ་དབང་བའི་དམག་དཔུང་དང་ཡུལ་ཁྲིམས་ཡོད་ཀྱང་འབངས་རྣམས་ལས་དཔྱ་བསྡུས་ནས་ལོ་རེ་བཞིན་གཏན་འབེབ་ལྟར་བསྟར་ཆགས་སུ་བོད་བཙན་པོ་ལ་འབུལ་དགོས་པས། དེ་དག་ཀྱང་རང་རང་གི་ཡུལ་དུ་རྒྱལ་པོ་ལྟ་བུ་བྱེད་ཀྱང་། སྤྱིར་བཙན་པོའི་མངའ་འབངས་སུ་གཏོགས་པ་ཡིན་ནོ། །གཞན་རྣམས་དེ་ལྟར་ཡིན་པར་ངོགས་པ་མེད་མོད། བལ་ཡུལ་བོད་ཀྱི་མངའ་འབངས་ཡིན་པ་ནི། སྐབས་དེར་བཙུགས་ངེས་པའི་བལ་ཡུལ་གྱི་རྡོ་རིང་ཞིག་ཏུ་བོད་ལ་ཁྲལ་འཇལ་ཚུལ་གསལ་པོར་འཁོད་ཡོད་ཚུལ《དེབ་དཀར》དུ་ངོ་བཤུས་ཡི་གེ་དང་བཅས་པ་ཡོད་པ་ལྟར་ཡིན་ནོ། །

(༢) རྗེ་ཕྲན་སྲིད་པ་དགུ་ནི། སྣུབས་རྗེ་སྲིད་པ། སྟོ་རྗེ་སྣང་བ། ལྗེ་རྗེ་སླིང་བ། མཆིམས་རྗེ་སྲུང་བ། ཉག་ཉི་རྗེ་ཕྲུག་པ། བྲང་ང་རྗེ་ཀས་པ། ཕྱ་ནེ་རྗེ་སྤྲེའུ་བ། ཤེའུ་རྗེ་འཆང་བ། སོ་རྗེ་ཕྱེ་བ་བཅས་ཡིན་ལ། འདི་དག་ནི་སྔོན་གྱི་རྒྱལ་ཕྲན་ཚོ་བ་ཁག་ལས་སྐབས་དེར་ད་དུང་སྟོབས་ཤུགས་ཅུང་ཆེ་བ་འགའ་ཡིན་པར་ངེས་སོ་སྙམ། །

(༣) རྗེ་བདུན་ནི། ལོ་ངམ་ཏ་རྗེ། ལྟམ་པ་འབྲི་རྗེ། མཁར་བ་ལུག་རྗེ། འགོས་བོང་རྗེ། བྲ་ཁྲི་རྗེ། རྟོག་ཕག་རྗེ། ར་ག་ར་རྗེ་བཅས་ཡིན་ལ། འདི་དག་ནི་བཙན་པོའམ་གཞུང་གི་ཕྱུགས་རིགས་དེ་དག་བདག་གཉེར་བྱེད་མཁན་གྱི་འགོ་བ་ཡིན་ལ། འདི་ལས་བཙན་པོའི་དུས་སྐབས་སུ་ས་ཁུལ་གྱི་རྫི་གྲང་དང་བསྟུན་ནས་ཕྱུགས་རིགས་རྣམས་ཁག་བཀར་ནས་འཚོ་སྐྱོང་བྱེད་པ་རྟོགས་ཐུབ་སྙམ། །

(༤) མཁན་དྲུག་ནི། ཀར་ཡོ་མགར་མཁན། ག་ཏུ་སྨ་མཁན། སྲུག་གཞུ་མཁན། ར་ཤགས་མདའ་མཁན། བྲ་བ་ཁྲབ་མཁན། ཚོང་རྩེ་མཁན་བཅས་ཡིན་ལ། འདི་རྣམས་ནི་དམག་མཁོའི་དངོས་པོ་བཟོ་མཁན་རྣམས་ལ་མགོ་འདོན་བྱེད་མཁན་ཡིན་པར་སེམས་ལ། ལག་ཤེས་བཟོ་ལས་པ་ཕྲུལ་དུ་བྱུང་བ་ཁག་ཀྱང་ཡིན་ནོ་སྙམ། །

(༥) ཆོང་ལྷ་ནི། རྒྱ་ཧ་ཆོང་། གྲུ་གུ་གཡུ་ཆོང་། འ་ཞ་གྲི་ཆོང་། ལྷན་མ་དར་ཆོང་། སླན་ཚྭ་ཆོང་བཅས་ལ་ཟེར་ཞིང་། འདི་ལས་རྒྱ་དང་གྲུ་གུ་སོགས་མི་རིགས་གཞན་གྱི་མི་དང་། འ་ཞ། ལྷན་མ་སོགས་བོད་མིའི་དུས་རྒྱུད་ཆོ་བ་ཁག་གི་ཆོང་བ་མང་པོས་རང་རང་གི་ཡུལ་ཡོན་དངོས་རྫས་ཁྱད་པར་བ་དག་པན་ཚུན་བརྗེ་རེས་དང་ཉོ་ཚོང་བྱེད་པ་མཚོན་ཞིང་། ལྷ་ས་གཙོ་བོར་བྱས་པའི་ས་གནས་མང་པོ་ཞིག་ཏུ་ཚོང་ཁྲོམ་ཕུན་སུམ་ཚོགས་པ་ཞིག་ཡོད་པ་ནི་ཤེས་པར་བྱ། །

(༦) ཞང་གསུམ་བློན་བཞིས་དབུས་ཀྱི་འདུན་མ་འཛིན་ཞེས་པ་ནི། བཙན་པོའི་ཡབ་མེས་རྣམས་ཀྱི་ཞང་པོར་གྱུར་པ་ལས་མི་འཛོན་ཐང་ཅན་དག་བྱུང་ན་ཞང་བློན་ཞེས་པའི་གོ་གནས་སུ་བསྐོ་བ་ཡིན་ལ། སྲོང་བཙན་སྒམ་པོའི་སྐུ་དུས་སུ་ཞང་བློན་ཆེན་པོ་གསུམ་ནི། སྟོད་ན་འབྲོ་རྒྱལ་མཚན་སེང་གེ སྨད་ན་མཆིམས་རྒྱལ་གཟིགས་ཤུད་ཏིང་། བར་ན་སྣ་ནམ་རྒྱལ་རྒན་བཅས་དང་། བློན་བཞི་ནི་ཁུ་དང་། མགར། ཐུས། འགོས་བཅས་ཡིན་པར་མཁས་པ་ལྡེའུས་བཤད་ཅིང་། བཙན་པོའི་ཁྲིད་སྟོན་འོག་ཞང་གསུམ་དང་བློན་བཞི་ལྷན་འདུས་ཀྱི་ཚོགས་འདུ་ནི་བོད་ཀྱི་སྲིད་དོན་ཐག་གཅོད་བྱེད་པའི་ཆེས་མཐོ་བའི་སྲིད་ཀྱི་སྒྲིག་གཞི་གལ་ཆེན་ཞིག་ཡིན་ནོ། །གཞན་ཡང་། བཙན་པོ་སྐུ་གཞོན་ནུའི་དུས་ཀྱི་གུང་བློན་ཆེན་པོ་ནི་ཁྱུང་པོ་སྤུང་ཟད་སྲིད་རྩེ་དང་། མོང་ཁྲི་ཏོ་རེ་སྣང་ཚབ་གཉིས་ཀྱིས་བགྱིས་ཤིང་བཙན་པོ་ལང་ཚོ་ནར་སོན་པ་ནས་མགར་སྟོང་བཙན་ཡུལ་བཟུང་གིས་ལོ་ཉི་ཤུ་རྩ་གཅིག་བགྱིས། མྱང་མང་པོ་རྗེ་ཞང་སྣང་གིས་ཀྱང་གཙང་ཕན་ཆད་ཀྱི་བློན་པོ་བྱས་པ་དང་། བར་སྐབས་སུ་སྦུབས་སྣ་རེ་དར་གཙུག་བློན་དང་། འོམ་ལྡེ་བཟང་ལོ་བཙན་གྱིས་ཀྱང་བློན་ཆེན་པོ་ལོ་འགའ་བགྱིས་པར་མཁས་པ་ལྡེའུས་གསུང་ཞིང་། གཤམ་ནས་གཏེར་ཡིག་འདྲེན་པར་འགྱུར་བ་ལས་ཀྱང་རྟུང་ཟད་ཤེས་ནུས་སོ། །

བློན་པོའི་རིམ་པ་དང་དེ་དག་གི་ལས་ཐབས་ནི། དཀུང་བློན་ཆེ་འབྲིང་ཆུང་གསུམ་དང་། ནང་བློན་ཆེ་འབྲིང་ཆུང་གསུམ། བཀའ་ཡོ་གལ་འཆོས་པ་ཆེ་འབྲིང་ཆུང་གསུམ་སྟེ་

དགུ་ལ་སྣོན་པོ་ཆེ་དགུ་ཟེར་ཞིང་། ཕྱི་ནང་གི་ལས་ཐབས་ཐམས་ཅད་བྱེད་པ་ཡིན་ལ། དེ་དག་ནི་བཙན་པོའི་འོག་དཔོན་འབངས་གཞན་ལས་གོ་ས་མཐོ་ཞིང་དབང་ཆ་ཆེ་བས་ན་དེ་སྐད་བཏགས་པར་མངོན། དེ་ལ་དགུང་སྣོན་ཆེན་པོའི་ལས་ཐབས་(ལས་འགན)ནི། ཕྱོད་ང་འདྲ་སྟེ་ཕྱིའི་ཆོས་བྱས་ནས་ཕྱི་རྒྱ་ནླབས་ཀྱིས་གཙོད། ཅེས་པ་ལྟར་ཁྲིམ་དོན་གཉེར་སྐབས་སྐྱེས་པ་ཕྱོ་ག་དང་འདྲ་བར་སྔོ་ཕྱིའི་དོན་རྣམས་གཙོ་བོར་ཐག་གཅོད་བྱེད་པ་སྟེ། བཙན་པོར་རམ་འདེགས་བྱས་ནས་རྒྱལ་རྟུས་གལ་ཆེན་རྣམས་གཏན་འབེབས་དང་། རྒྱལ་ཕྱིའི་དོན་ཆེན་དག་བདག་གཉེར། རྒྱལ་ཁབ་གཞན་དང་འབྲེལ་བ་བྱེད་ཚུལ་གྱི་རྟུས་ཆེན་འདོན་པ། གཡུལ་འགྱེད་འཆར་འགོད་དང་དེ་ལ་སྤྱིའི་བཀོད་འདོམས་བྱེད་པ་སོགས་གཙོ་བོ་རྒྱལ་ཕྱི་དང་འབྲེལ་བ་ཡོད་པའི་དོན་ཆེན་བདག་དམ་བྱེད་པ་ཡིན་ནོ། །དགུང་སྣོན་འབྲིང་ཆུང་གཉིས་ལ་ཡང་ལས་འགན་དེ་རྣམས་ཡོད་ཀྱང་དགུང་སྣོན་ཆེན་པོ་དང་བསྡུར་ན་དབང་ཚད་དམའ་བར་མངོན་ནོ། །

ནང་སྣོན་ཆེན་པོའི་ལས་ཐབས་(ལས་འགན)ནི། མོ་བཙུན་དང་འདྲ་སྟེ། ནང་གི་ཆོས་བྱེད་པའོ། །ཞེས་པ་ལྟར་ནང་སྣོན་རྣམས་ཀྱིས་བཙན་པོར་རམ་འདེགས་གནང་ནས་རྒྱལ་ནང་གི་བྱ་བ་འཁྲོག་ལས་དང་སོ་ནམ་ལས། ལག་ཤེས་བཟོ་ལས་སོགས་ལ་བཀོད་ཁྲབ་དང་། ཁྲལ་དང་དམག་མཁོའི་དངོས་ཆས་བསྡུ་བ། ནང་ཁུལ་གྱི་ཀྱོད་ཆེན་བསྡུམ་པ་སོགས་གཙོ་བོ་རྒྱལ་ནང་གི་བྱ་བ་རྣམས་བདག་གཉེར་བྱེད་ཅིང་། མོ་བཙུན་གྱིས་ཁྲིམ་ཚང་སྐྱོང་བ་ལྟར་རྒྱལ་ཁམས་བདེ་བར་སྐྱོང་བ་ཡིན་ནོ། །

བཀའ་ཡོ་གལ་འཚོས་པ་ནི། བདམས་ཀྱི་ཕུར་བ་དང་འདྲ་སྟེ། ལེགས་ན་དགྲའི་བུ་ལེགས་ཀྱང་བྱ་དགའ་གསོལ་ལོ། །ཉེས་ན་རང་གི་བུ་ཉེས་ཀྱང་ཆད་པ་གཅོད། ཅེས་པ་ལྟར་བཀའ་ཡོ་གལ་འཚོས་པ་རྣམས་ཀྱིས་ནི་བཙན་པོས་ཕབ་པའི་བཀའ་ཡང་དོན་དངོས་དང་མི་མཐུན་པའམ་ནོར་འཁྲུལ་བྱུང་ན་གནས་ལུགས་ཞུས་ནས་བཀའ་ཡོ་བ་དེ་ཉིད་དྲང་པོར་སྲིང་ཚོག་པ་དང་། དགུང་སྣོན་ཆེན་པོ་དང་བཅས་པའི་དཔོན་རིགས་རྣམས་ལ་ལྟ་རྟོག་ནན་མོ་

བྱེད་ཅིང་། དེ་དག་གི་ཁྲིམས་འགལ་གྱི་བྱ་སྤྱོད་དག་གསལ་པོར་རྟོགས་ཆེ་ཁྲིམས་ལྟར་ཆད་པ་ནན་མོས་ཚར་གཅོད་པ། ལེགས་ཉེས་ཀྱི་སྣང་ངས་འཛིན་བྱེད་སྐབས་རང་གཞན་སྡེ་རིས་སུ་གཅོད་པའི་ཕྱོགས་སྙོང་སྤང་ངས་ཏེ་ལེགས་ན་དགྲའི་བུ་ལེགས་ཀྱང་བྱ་དགའ་གནང་བ་དང་། ཉེས་ན་རང་གི་བུས་ཉེས་པ་བྱས་ཀྱང་ཆད་པ་གཅོད་པ་བཅས་བྱེད་དགོས་སྐབས། བཀའ་ཡོ་གལ་འཆོས་པ་ནི། ཕྱོགས་རིས་མེད་ཅིང་གཞུངས་སེམས་དྲང་བ་ཉམས་མྱོང་ལྡན་ཞིང་སྲིད་ལ་བྱུང་བ་ཞིག་ཡིན་དགོས་སོ། །དེ་བས་ས་བདག་རྒྱལ་པོ་འབངས་ཀྱི་བླ། །ཞེས་མངའ་བདག་བཙན་པོ་ནི། ཕྱོགས་ཀྱི་རྒྱལ་ཕྲན་ཆེན་པོ་བཞི་དང་བཅས་པའི་བོད་ཆེན་པོའི་མངའ་འབངས་སུ་གཏོགས་སོ་ཅོག་གི་གཙོ་འཛིན་བླ་ན་མེད་པ་ཡིན་ལ། དེའི་འོག་ཏུ་ཡོ་གལ་འཆོས་པ་སྲིད་ཀྱི་བླ། ཞེས་པ་ལྟར་བཀའ་ཡོ་གལ་འཆོས་པ་རྣམས་ཀྱིས་ནི་བཙན་པོའི་བཀའ་ཡོ་བའང་དྲང་པོར་བསྲིང་ཚོག་པས་ན་སྲིད་ཀྱི་དབང་ཆ་དེ་དག་ལས་ཆེ་བའི་མི་གཞན་མེད་པར་མ་ཟད་དེ་དག་གཞུངས་སེམས་ཆེ་ཞིང་མཁས་མཛངས་ལྡན་མིན་ནི་བོད་ཆེན་པོའི་ཆབ་སྲིད་བརྟན་མིན་ལ་འབྲེལ་བ་ཆེ་བས་སྲིད་དོན་གྱི་སྲོག་རྩ་ལྟ་བུ་ཞིག་ཡིན་ནོ། །དཔོན་རིགས་འདི་ལྟ་བུ་ཞིག་བསྐོ་བཞག་བྱེད་པ་ནི་ཧ་ཅང་མཁས་མཛངས་ལྡན་པའི་ཆབ་སྲིད་ཀྱི་དུས་ཆེན་ཞིག་སྟེ། བཙན་པོའི་བཀའང་རྣམ་པ་ཐམས་ཅད་དུ་གནས་ཚུལ་དངོས་དང་མཐུན་པའི་ངེས་པ་མི་སྣང་བས་ན་གཏན་ནས་བཟོ་བཅོས་བྱེད་མི་ཆོག་པ་ཡིན། སྲིད་དོན་ལ་མི་ཕན་པར་མ་ཟད་གནོད་འཚེ་མང་པོ་ཡོང་ངེས་ཡིན་པ་དང་། དགྲུང་བློན་ཆེན་པོ་དང་བཅས་པའི་བློན་རིགས་རྣམས་ལ་ནུས་པ་ལྡན་པའི་ལྟ་རྟོག་བྱེད་མཁན་ཞིག་དང་། དེ་དག་གི་ཁྲིམས་འགལ་གྱི་བྱ་སྤྱོད་བཀག་འགོག་དང་། ཁྲིམས་དང་འགལ་ན་ཆད་པ་ནན་མོ་གཅོད་པའི་དཔོན་རིགས་ཤིག་གཏན་ནས་མེད་པ་ཡིན་ན། བློན་པོ་རྣམས་ཀྱིས་རང་སྣང་གང་ཤར་གྱིས་བྱ་སྤྱོད་སྤེལ་ཏེ་ཉམས་རྒུད་ཆེན་པོར་འགྱུར་ངེས་ཡིན་པས། མཁས་ཤིང་མཛངས་ལ་བྱམས་སེམས་ལྡན་པ། གཡོ་སྒྱུ་མེད་ཅིང་གཞུང་སེམས་དྲང་བ། བཙན་པོའི་ངོ་ལ་མི་ལྟ་ཞིང་གཉོམ་ཆུང་ཐབས་ཀྱིས་སྐྱོང་ནུས་པའི་བཀའ་ཡོ་གལ་འཆོས་པ་ཆེ་འབྲིང་ཆུང་

གསུམ་བསྐོས་ནས་དེ་དག་གིས་རིམ་པ་བཞིན་བློན་པོ་དང་དཔོན་རིགས་ཆེ་འབྲིང་ཆུང་བ་རྣམས་ལ་ལྷ་རྟོག་བྱེད་པ་འདི་ནི་སྐབས་དེར་མི་རིགས་གཞན་མང་པོའི་སྲིད་དོན་གཉེར་མཁན་རྒྱལ་བློན་དག་གིས་ལག་ལེན་བྱེད་དཀའ་ཞིང་། བློ་ངོར་མ་ཤར་བའི་སྲིད་ཀྱི་རྟུས་ཆེན་གཞན་འགྲན་མེད་པ་ཞིག་ཡིན་ངེས། གཞན་ཡང་ཆོས་ཀྱི་རྒྱལ་པོ་སྲོང་བཙན་སྒམ་པོའི་དུས་སུ་བཀའ་ཡི་བློན་པོ་བརྒྱ་ཕྲག་གསུམ་དང་ཀུན་གྱི་གཙོ་བོ་འཕྲུལ་བློན་བཅུ་དྲུག་གིས་རྒྱལ་པོའི་བཀའ་སྒྲུབ་ཅིང་རྒྱལ་སྲིད་བདེ་བར་སྐྱོང་བར་བཤད་དེ། ཐང་ཡིག་ཆེན་མོ་ལས། འཕྲུལ་གྱི་གནའ་ཆེན་རིགས་བཟང་དང་། །ཞང་པོ་རྒྱལ་གྱི་ཁྲིམས་བཟང་དང་། །ཙོག་རོ་རིག་པའི་གོང་བཟང་དང་། །ལྷག་ཟིགས་ཤོག་པོ་བསྟན་བཟང་དང་། །ཀ་ཡི་རྟག་སྟོན་འཕེལ་བཟང་དང་། །སྣུས་ཅང་དཔའ་ཀྱི་ལེགས་བཟང་སྟེ། །འདི་དག་ལ་ནང་བློན་བཟང་པོ་དྲུག་ཟེར་ཞིང་དེ་དག་ལ་སོགས་པ་བརྒྱ་ཕྲག་གཅིག་གིས་རྒྱལ་པོའི་སྐུ་ཡི་ཞབས་ཏོག་དང་ནང་གི་བྱ་བ་ཐམས་ཅད་བྱེད། བྱང་གི་ཁྱུང་པོ་སུན་ཟུང་བཙན་དང་། །ལམ་ཁྲིད་བདེ་ལེགས་ཁྲི་བཙན་དང་། །མུ་ཁྲི་རྗེ་རྗེ་གནམ་བཙན་དང་། །ཐིང་གི་བྱང་ཆུབ་མཆོག་བཙན་དང་། །ཐར་བ་གླུ་ཡི་དཔའ་བཙན་དང་། །རོང་པོ་འཕྲུལ་གྱི་ལྡེ་བཙན་སྟེ། །འདི་དྲུག་ལ་ཕྱི་བློན་བཙན་པོ་རྣམ་དྲུག་ཟེར། དེ་དག་ལ་སོགས་པ་བརྒྱ་ཕྲག་གཅིག་གིས་ཕྱི་ཡི་བྱ་བ་ཐམས་ཅད་བྱེད་ཅིང་། ཤར་ཕྱོགས་རྒྱ་དང་མི་ཉག་ནས་བཟོ་དང་རྩིས་ཀྱི་དཔེ་རྣམས་ལེན། ལྷོ་ཕྱོགས་རྒྱ་གར་ནས་དམ་པའི་ཆོས་རྣམས་བསྒྱུར། ནུབ་ཕྱོགས་བལ་ཡུལ་དང་སོག་པོ་ནས་ཟས་ནོར་ལོངས་སྤྱོད་ཀྱི་གཏེར་ཁ་འབྱེད། བྱང་ཕྱོགས་ཧོར་དང་ཡུ་གུར་ནས་ཁྲིམས་དང་ལས་ཀྱི་དཔེ་རྣམས་ལེན་པ་དང་། ཕྱོགས་བཞིར་དབང་བསྒྱུར་ནས་མཐའ་ཡི་ལོངས་སྤྱོད་དབང་དུ་བསྡུས་ཏེ་འཛམ་གླིང་ཕྱེད་ལ་ཁ་ལོ་བསྒྱུར་བར་བཤད་ཅིང་། མཁས་པ་ཐོན་མི་སམྦྷོ་ཊ་དང་། མགར་སྟོང་བཙན་ཡུལ་བཟུང་དང་། འབྲི་སེ་རུ་གུང་སྟོན་དང་། ཉང་ཁྲི་བཟང་ཡང་སྟོན་སྟེ་བཞི་ལ་མེད་ཐབས་མེད་པའི་བློན་བཞི་ཞེས་བློན་པོ་ཐམས་ཅད་ཀྱིས་གཙོ་བོར་བརྩི་ཞིང་། ཁྱད་པར་མགར་ནི་ལོ་མང་པོའི་རིང་ལ་གུང་བློན་ཆེན་པོ་གནང་བ་ཡང་

གོང་ནས་བྲིས་ཟིན་པ་ལྟར་ཡིན། དེ་ལྟར་སློན་པོ་བཞིའི་གཙོས་སློན་པོ་བརྒྱུས་བར་གྱི་བོད་སློམས་ཤིང་ཁྲིམས་གཉིས་ཀྱིས་རྒྱལ་ཁོངས་ལེགས་པར་སྐྱོང་བ་ཡིན་ནོ། །དཔོན་གཞན་བདུན་གྱི་ལས་ཐབས་ལས། ཡུལ་དཔོན་གྱི་ལས་ཐབས་ནི། ཡུལ་ཆུང་ཁྲིམས་ཀྱི་རྩ་བ་དང་། མཐོ་མཐོ་བརྩི། དམའ་དམའ་སྐྱོང་བ་ལགས། ཞེས་པ་ལྟར་གོང་ནས་བྲིས་ཟིན་པའི་ཡུལ་དཔོན་བདུན་དང་། མངའ་འབངས་མགོ་འདྲེན་འཚོ་སྐྱོང་བྱེད་མཁན་ཡུལ་དཔོན་བཅུ་དྲུག་རེ་ཡོད་པ་དེ་རྣམས་ནི་རང་རང་གི་མངའ་འོག་ཏུ་གཏོགས་སོ་ཚོག་གི་མངའ་འབངས་མགོ་མཐོ་བ་དག་བཀའ་ཁྲིམས་བཙན་པོས་ཚར་གཅོད་ཅིང་། གཉོམ་ཆུང་རྣམས་ཐབས་མཁས་ཀྱིས་སྐྱོང་བ། གཞུང་གི་དཔྱ་ཁྲལ་བསྡུ་འབུལ། ཁྲིམས་ལུགས་སྣ་ཚོགས་ལག་བསྟར་དང་ས་གནས་ཀྱི་གནས་ཚུལ་དང་འཚམས་པའི་ཡུལ་ཁྲིམས་ཆུང་བ་བཟོ་བ་སོགས་ཀྱི་ལས་འགན་སྒྲུབ་མཁན་གྱི་དཔོན་རིགས་ཤིག་ཡིན་པར་སེམས་སོ། །

ཚིབས་དཔོན་གྱི་ལས་ཐབས་ནི། གཤེགས་པའི་བཤུལ་མཚོན་པ་ལགས། ཞེས་པ་ལྟར་བཙན་པོའི་ཕོ་བྲང་ནང་ལ་མཁོ་བའི་ཚིབས་རྟ་བདག་གཉེར་དང་། དམག་རྟ་བདག་གཉེར་དང་། འགྲོ་ལམ་དང་ཟམ་པ་བཟོ་བསྐྱུན། ཕོ་བྲང་ནང་དང་དམག་དཔུང་ལ་མཁོ་བའི་གྲུ་གཟིངས་བཟོ་བ་སོགས་གཙོ་བོ་འགྲིམ་འགྲུལ་སྐྱེལ་འདྲེན་གྱི་ལས་རིགས་ལ་མགོ་འདོན་དང་དོ་དམ་བྱེད་པའི་དཔོན་རིགས་ཤིག་ཡིན། །

དམག་དཔོན་གྱི་ལས་ཐབས་ནི། དགྲོལ་འཐབ་པ་དང་རྡོ་འགྲོགས་ཀྱིས་དགྲ་གནོན་པ། རང་རྒྱལ་བར་བྱེད་པ་ལགས། ཞེས་པ་ལྟར་གོང་དུ་བཀོད་པའི་རུ་དཔོན་རྣམས་དང་། སྟོང་དཔོན། སྟོང་བུ་ཆུང་བའི་དཔོན། ལྔ་བརྒྱ་བ་ཆེན་པོ་སོགས་དམག་དཔོན་རྣམས་ཀྱིས་རང་རང་གི་མངའ་འོག་ཏུ་གཏོགས་པའི་དཔུང་དམག་ལ་བཀོད་འདོམས་བྱས་ནས་དཔའ་ངར་གྱིས་དགྲ་འཐབ་པ་དང་། རྡོ་ལ་སྦྱར་བ་ཞིག་ཡུལ་རྩུས་ཀྱིས་དགྲ་གནོན་པ། མཛངས་པའི་ཐབས་རྩུས་ཀྱིས་རང་ཕྱོགས་སྲུང་སྐྱོབ་བྱེད་པ་བཅས་ཡིན་ནོ། །

རྫན་དཔོན་གྱི་ལས་ཐབས་ནི། གསེར་དངུལ་གྱི་གཉེར་བྱེད་པ་སྟེ། དེས་མགུ་བ་

ཞུང་། ཏན་འདྲེན་པ་མང་བས་ཏན་དཔོན་དུ་ཐོགས་ཞེས་པ་ལྟར་དཔོན་འདིའི་ལས་འགན་ནི་གཞུང་ནོར་འབྲུ་རིགས་དང་གསེར་དངུལ་གྱི་གཙོས་དཔལ་འབྱོར་ལོངས་སྤྱོད་དོ་དམ་བྱེད་ཅིང་། དཔོན་རིགས་དང་དམག་ལ་མཁོ་དངོས་འདོན་སྤྲོད་བྱེད་དགོས་ལ། དེ་ཡང་དཔལ་འབྱོར་གྱིས་ཚང་མའི་འདོད་བློ་ཁེངས་པ་ཞིག་འབྱུང་ཐབས་མེད་སྟབས་མགུ་མཁན་ཞུང་ཞིང་མི་འདོད་པའི་འཁངས་ར་བྱེད་མཁན་མང་བས་ན་མི་ལའང་ཏན་དཔོན་ཞེས་སྨད་པའི་སྒོ་ནས་བཏགས་པར་མངོན་ནོ། །

སྡེ་དཔོན་གྱི་ལས་ཐབས་ནི། མི་སྡེའི་དོན་བྱེད་པའོ། །ཞེས་པ་ལྟར་ཚོ་དཔོན་རྣམས་ཀྱིས་བཙན་པོའི་བཀའ་ལག་བསྒྲུར་དང་། ཁྲིམས་ལྟར་རང་རང་གི་འཚོ་བའི་ལས་དོན་བདག་གཉེར་བྱེད་པ་ཡིན།

ཕྲུ་དཔོན་གྱིས་འབྲུ་མཛོ་ཕྲུ་མའི་གཉེར་བྱེད། ཅེས་པ་ལྟར་གཞུང་དང་ཕོ་བྲང་གི་ཏ་ནོར་ལུག་གསུམ་སོགས་ཕྱུགས་ཟོག་འཚོ་སྐྱོང་བྱེད་མཁན་ལ་བདག་གཉེར་བྱེད་པའི་དཔོན་རིགས་ཤིག་ཡིན་ནོ། །དྲང་དཔོན་ནི་ཞལ་ལྕེ་གཅོད་པ་དང་། ཆོས་གྲྭའི་སློབ་དཔོན་གྱི་གཉེར་བྱེད་པའོ། །ཞེས་པ་ལྟར། ཁྲིམས་དཔོན་གྱིས་ཁྲིམས་ལྟར་ཉེ་རིང་མེད་པར་ཞལ་ལྕེ་དྲང་པོར་གཅོད་དགོས་པས་ན་མིང་ལའང་དྲང་དཔོན་ཟེར་ཞིང་། དེའི་གྱོད་དོན་སྣ་ཚོགས་ཐག་གཅོད་བྱེད་སྐབས་ཐོག་མར་གཞུང་གཏུགས་བྱེད་མཁན་གྱིས་གྱོད་བྱུང་བརྒྱུད་རིམ་དང་ནང་གནས། ཐག་གཅོད་ཇི་ལྟར་བྱས་ན་འོས་ཚུལ་སོགས་གནད་འདུ་ཞིང་ཚིག་ཞུང་བའི་བྱང་བུ་ཞལ་ལྕེ་དེའི་གྲྭ་ཊུ་བསྒྲིངས་ཤིང་དེ་ལ་གྱོད་ཡས་ལན་ཤགས་ཀྱི་བྱང་བུ་བསྐུར་བ་དང་། དེ་ལ་ཡང་གཏུགས་བཤེར་བྱེད་མཁན་གྱིས་ཡང་ལན་ཤགས་ཀྱི་བྱང་བུ་བསྒྲིངས་རྗེས། དྲང་དཔོན་གྱིས་བདེན་རྫུན་ཤན་འབྱེད་སྒོས་ཞལ་ལྕེ་གཅོད་པ་ནི། བཙན་པོའི་དུས་སུ་ཁྲིམས་ལྟར་གྱོད་དོན་ཐག་གཅོད་པའི་བྱེད་པའི་ཐབས་ཡིན་ལ། འདི་ནི་བྱེད་ཐབས་ཅུང་བརྒྱུད་རིམ་ལྡན་པ་ཞིག་དང་གསལ་ཆེ་བ་ཞིག་ཏུ་མ་ཟད། ཅུང་ཡར་ཐོན་གྱི་དོན་སྙིང་ཡོད་པའི་ཐབས་ཚུལ་ཞིག་ཏུའང་འཁྲུམས་སོ། །

སྤྱིར་ཞལ་ལྕེ་གཅོད་སྐབས་དངོས་སུ་བཀོལ་བའི་བྱང་བུ་དགུ་ཡོད་དེ། བྱང་གཟུས། ཟང་ཡག་སྐྱེད་ཁྲ། སྨྱུལ་མགོ། མིག་ནག། མཆུ་སླུང་། ཐེན་བྱང་། ཁ་དམར། རྒྱ་བྱང་བཅས་སོ། །དེ་དག་ལས་བྱང་བུ་གསུམ་ནི་ཞལ་ལྕེ་སྤྱིའི་བྱང་བུ་ཡིན་ལ། ལྔ་ནི་བློ་ཡུས་ཀྱི་བྱང་བུ་དང་། གཅིག་ནི་ཀུན་ལ་རྒྱུགས་པའི་བྱང་བུ་ཡིན་པར་བཤད་དོ། །

བློ་ཡུས་རང་བདེན་ཚུལ་དང་ཡིན་ཚུལ་བཤད་སད་ཀྱི་བྱང་བུ་ལྔ་ནི། གཤམ་ནས་གསལ་བའི་ཞལ་ལྕེ་སྔ་ལྔ་དང་སྦྱར་ཞིང་། དེ་ཡང་དཔེར་ན། མི་སྟོང་དགེའི་ཞལ་ལྕེའི་དུས་སུ་གཏུགས་གཤེར་བྱེད་མཁན་གྱིས་བྱང་བུའི་མགོ་རྒྱངས་སུ་ཡང་མི་བསད་ཀྱོད་བྱུང་བརྒྱུད་རིམ་དང་། འདས་པོའི་ཡིག་ཚང་དང་སྟོང་ཐང་། ཆད་པ་གྱོན་འབེབ་སོགས་གནད་བསྡུས་ནས་བྲིས་ཏེ་ཞལ་ལྕེའི་གྲྭ་ཏུ་བསྒྲིངས་དེ་ལ་བྱང་བུ་བྱང་གཟུས་ཞེས་བྱ་ཞིང་། དེའི་ལན་ཀྱོད་ཡས་ཤགས་འདེབས་པའི་བྱང་བུ་སྐྱར་བ་ལ་སྨྱུལ་མགོ་ཞེས་བྱ་བ་དང་། དེའི་ཡང་ལན་ལ་གཏུགས་བཤེར་བྱེད་མཁན་གྱི་ཤགས་འདེབས་པའི་བྱང་བུ་ལ་མིག་ནག་ཅེས་བྱ་བར་བཤད་ལ། བཙན་པོའི་དུས་སུ་བློ་ཡུས་ཏེ་རང་ཉིད་བདེན་ཚུལ་དང་གཞན་དེའི་ཚིག་མི་བདེན་ཚུལ་བྲིས་པའི་ཡི་གེ་དེ་གསུམ་ལས་གཞན་མང་པོ་འབྲི་མི་ཚོག་པ་ཞིག་ཡིན་ནོ་སྙམ། །བཟའ་མི་ཁ་བྲལ་བྱེད་ཚེ་གཏུགས་བཤེར་བྱེད་པའི་དུས་སུ་ཞལ་ལྕེའི་གྲྭ་ཏུ་བསྒྲིངས་ཤིང་བྱང་བུའི་མིང་ལ་ཐེན་བྱང་ཟེར་ཞིང་། ཤགས་ཀྱི་མགོ་རྒྱངས་སུ་སྟོན་སྟོབས་ཏེ་གླེང་འགེལ་སྟོན་འཛུགས་ཇི་ལྟར་བྱས་ཚུལ། དཔྲ་ཐབས་ཏེ་འཁོན་འཛིང་དང་བརྟུང་རིག་བྱས་པའི་དོན་དག་བྱུང་ཚུལ་སོགས་གནད་བསྡུས་ནས་འབྲི་དགོས་པར་བཤད། སྟོན་རྟོལ་དཀར་མའི་ཞལ་ལྕེ་སྟེ་མ་ཉེས་ཁཡོག་བྱུང་བ་ལ་དཀར་འདོན་བྱེད་དགོས་པ་བྱུང་ན་གྲྭ་ཏུ་སྲིང་། བྱང་བུའི་མིང་ལ་མཆུ་སླུང་ཟེར་ཞིང་། འདི་ལྔ་ནི་རང་ཉིད་བདེན་ཚུལ་ཞུ་བའི་བྱང་བུ་འབབ་ཞིག་ཡིན་སྟབས་བློ་ཡུས་ཀྱི་བྱང་བུ་ལྔར་གྲགས་སོ། །

ཞལ་ལྕེའི་བྱང་བུ་སྟེ། ཁྲིམས་ལྟར་དྲང་དཔོན་གྱིས་ཀྱོད་དོན་ཐག་གཅོད་བྱེད་སྐབས་བཀོལ་བའི་བྱང་བུ་ནི། ཟང་ཡག་ཅེས་པ་བློ་ཡུས་ཀྱི་ཤགས་དང་སྦྱར་ནས་བདེན་རྫུན་ཤན

འབྱེད་སློས་ཞལ་ལྡེ་དྲང་པོར་གཅོད་པའི་བྱང་བུ་ལ་ཟེར། སྐེད་ཁྲ་ཞེས་པའི་བྱང་བུ་ནི། ཞལ་ལྡེ་ཡོན་པོར་གཅོད་སྐབས་ཀྱི་བྱང་བུ་སྟེ། ལྟོ་ཡུས་ཀྱི་ནོར་ཟས་ནས་བདེན་རྫུན་ཚིག་གིས་བཅོས་ནས་ཞལ་ལྡེ་འཁྱོག་པར་གཅོད་པའི་བྱང་བུ་ལ་ཟེར།

བྱང་བུ་ཁ་དམར་ནི་ཁ་དམར་འདོགས་པ་སྟེ། ཐག་གཅོད་གཏན་འབེབ་བྱས་ཟིན་པའི་དོན་འགོད་པའི་བྱང་བུ་ཡིན་པས། ནང་དོན་གཏན་ནས་བསྒྱུར་རྒྱུ་མེད་པའི་བྱང་བུ་ཞིག་ཡིན་ནོ་སྙམ་མོ། །རྒྱ་བྱང་ནི་དགོས་པའི་དབང་གིས་ཉེས་པའི་སྐྱོན་ཐམས་ཅད་བཟང་པོ་རྒྱས་བཏབ་ནས་བྱང་དུ་འཇུག་པའི་སྐབས་ཀྱི་བྱང་བུ་ལ་ཟེར་ཞིང་། གོང་གསལ་བྱང་བུ་དགུ་པོ་འདི་ལ་དགུ་བཀྲ་ཞེས་དྲང་དཔོན་གྱི་ལས་ཀར་མཁོ་བའི་བྱང་བུ་དགུ་ཡིན་ནོ། །

སྣོན་པོ་རྣམས་ཀྱི་སྟོང་ཐང་དང་ཡིག་ཚང་གི་རིམ་པ་སོགས་ནི་དཀྱུང་སྣོན་ཆེན་པོ་ནི་འགྲན་གྱི་ཟླ་མེད་པ་སྟེ། བསད་ན་སྟོང་ཐང་ཁྲི་ཚིག་སྟོང་དང་། ཡིག་ཚང་གཡུ་ཡི་ཡི་གེ་ཆེ་བ་འཐོབ། །

དཀྱུང་སྣོན་འབྲིང་དང་ནང་སྣོན་ཆེན་པོ་གཉིས་ནི་གོ་གནས་མཉམ་ལ། བསད་ན་སྟོང་ཐང་ཁྲི་ཡིན། ཡིག་ཚང་གཡུ་ཡི་ཡི་གེ་ཆུང་བ་ཐོབ། །

དཀྱུང་སྣོན་ཆུང་བ་དང་ནང་སྣོན་འབྲིང་བ། བཀའ་ཡོ་གལ་འཚོས་པ་ཆེན་མོ་གསུམ་གོ་གནས་མཉམ་ཞིང་། བསད་ན་སྟོང་ཐང་དགུ་སྟོང་ཡིན། ཡིག་ཚང་གསེར་ཡིག་ཆེ་བ་ཐོབ། ནང་སྣོན་ཐ་ཆུང་དང་བཀའ་ཡོ་གལ་འཚོས་པ་འབྲིང་པོ་གཉིས་གོ་གནས་མཉམ་ཞིང་། བསད་ན་སྟོང་ཐང་བརྒྱད་སྟོང་ཡིན་ལ། ཡིག་ཚང་གསེར་ཡིག་ཆུང་བ་ཐོབ། བཀའ་ཡོ་གལ་འཚོས་པ་ཆུང་བ་བསད་ན། སྟོང་ཐང་བདུན་སྟོང་ཡིན་ལ། ཡིག་ཚང་འཕྲ་མེན་གྱི་ཡི་གེ་ཐོབ་པ་སྟེ། འདི་དག་ནི་སྣོན་ཆེན་པོ་དགུ་ཡིན་པར་བཤད་དོ། །གཞན་ཡང་། ཆོས་གྲྭའི་སློབ་དཔོན་དང་སྐུའི་ཐུགས་མཁན་སྟོད་སྨད་ཀྱི་དབང་སྣོན་རྣམས་ལ་དངུལ་ཡིག་ཆེན་མོ། སྐུ་འཚོ་བའི་པོན་པོ་གཟིམ་མལ་བཙེགས་ཁབ་བྱང་ཐང་གི་ས་མཁན་མཐའི་སོ་སྲུང་བ་སྐུ་མཁར་གྱི་རྩེ་སྲུང་གི་དཔོན་སོགས་ལ་དངུལ་ཡིག་ཆུང་བ། ཡབ་འབངས་རུས་དྲུག་ལ་

འཁོར་བའི་ཡི་གེ སྟོང་དཔོན་དང་རུ་དཔོན་སོགས་ལ་ཟངས་ཡིག གཡུལ་དུ་དཔའ་བ་ལ་ལྕགས་ཡིག ཡང་ཐ་ཤིང་སྐྱ་ཚུ་རིས་ཀྱི་ཡི་གེ་ནི་འབངས་ཀྱི་བྱས་པ་ཅན་རྣམས་ལ་གནང་བར་གྲགས་སོ། །

སྲོང་བཙན་སྒམ་པོའི་དུས་སུ་རུས་རྒྱུད་སོ་སོའི་མགོ་དཔོན་ལས་མིང་གྲགས་ཆེ་བའི་དཔོན་རིགས་ཆེ་བ་བདུན་མཆིས་པར་བཤད་དེ། སྤྲས་ཆེ་བ་ནི་སྤྲས་བྱ་ཞུ་ཅན་ལྷ་བཙན་ལ་ནོར་བུ་གེ་གེ་རུ་དང་། སྟག་གི་གུང་ཐང་ཡོད་པས་ཆེ། མཆིམས་དམྱལ་བ་རྒྱ་གཟིགས་ཤུད་སྟོང་ལ་གཡུའི་གཡང་དྲུང་ཆེན་པོ་དང་། བྲན་འབངས་དགུ་ཁྲི་ཡོད་པས་ཆེ། ཅོག་རོ་སྟག་ཅན་གཟིག་ཅན་གསེར་ཡིག་ཆེན་པོ་མཐའི་སོ་ཁ་བསྲུང་བས་ཆེ། སྣ་ནམ་རྒྱལ་ཉེར་བཟང་ནི་ཆོས་ཀྱི་བླ་མཁྱེན་ཡིན་པས་ཆེ། སྦྲང་རྒྱལ་ར་ལེགས་གཟིགས་གཡུའི་གཡང་དྲུང་དང་གསེར་གྱི་ཡི་གེ་ཡོད་པས་ཆེ། །ཅོག་རོ་ཁོང་བཙན་ལ་འབངས་དགུ་སྟོང་བརྒྱ་དགུ་ཡོད་པས་ཆེ། སྣུབས་ཆབ་ལ་དངུལ་གྱི་འཛོ་ཆེན་དགུ་འཕངས་ཡོད་པས་ཆེ། མྱང་ཞྭ་པོ་ཆེ་ལ་གཡུའི་ཞྭ་མདའ་གང་ཡོད་པས་ཆེ། ཅོག་རོ་གཉིས་གཅིག་ཏུ་བརྩི་ཞིང་། ཆོས་ཀྱི་བླ་ཆེན་ཕུད་པས་ལྷག་མ་བདུན་པོ་འདི་དག་ནི་དགུང་བློན་སོགས་མིན་ཡང་བོད་མིས་ཁ་དཔེར་ཆེ་བའི་མི་ལ་མཐོ་བའི་རྟགས་དགོས་ཟེར་བ་ལྟར་བཙན་པོས་གནང་བའི་ཆེ་རྟགས་འཛིན་དུ་ཡོད་པས་སམ་རུས་རྒྱུད་ཆོ་བ་ཆེན་པོ་རེ་དབང་དུ་བྱས་པས་ན་དཔོན་ཆེ་བ་བདུན་ཞེས་གྲགས་ཆེ་བ་ཞིག་ཡིན་ནོ། །

གོ་གནས་ཆེ་ཆུང་མཚོན་བྱེད་ཀྱི་གཡུ་ཡིག་ཆེ་ཆུང་གཉིས་དང་གསེར་ཡིག་ཆེ་ཆུང་གཉིས། ཕྲ་མེན་གྱི་ཡི་གེ་ཆེ་ཆུང་གཉིས་ཏེ་དྲུག་ལ་ན་དྲུག་ཅེས་ཚོ་ལོའི་རྟགས་དྲུག་དང་། དངུལ་ཡིག ར་གན་གྱི་ཡི་གེ འཁར་བའི་ཡི་གེ ཟངས་ཀྱི་ཡི་གེ ལྕགས་ཀྱི་ཡི་གེ ཤིང་སྐྱ་ཚུ་རིས་ཀྱི་ཡི་གེ་དྲུག་ལ་ནའུ་དྲུག་ཅེས་གོ་གནས་ཆུང་དམའ་ཤས་དག་ལ་གནང་རྒྱུའི་ཚོ་ལོའི་རྟགས་ཡིན་ནོ། །

འདི་ལ་རྒྱའི་ཐང་ཡིག་ཏུའང་། དཔོན་རྟགས་སུ་གཡུའི་ཡི་གེ་བླ་ན་མཐོ། གསེར་གྱི་

ཡི་གེ་དེ་ལས་དམན། དངུལ་དེ་ལས་ཀྱང་དམན། ཐ་མ་ཟངས་སུ་བྱེད་ཅིང་ཆེ་ཆུང་དབྱེ། དེ་རྣམས་དཔྱང་བར་བཏགས་ནས་མཐོ་དམན་འབྱེད། ཅེས་པ་ལྟར་བཙན་པོའི་མདུན་སར་སྲིད་དོན་བགྲོ་བ་དང་། གཞུང་དོན་བྱེད་པ། མི་མང་པོ་འདུས་སར་འགྲོ་བ་སོགས་ཀྱི་སྐབས་སུ་དཔོན་རིགས་རྣམས་ཀྱིས་རང་རང་ལ་བཙན་པོས་སྩལ་བའི་ཚོ་ལོའི་རྟགས་དེ་དག་དཔྱང་བར་བཏགས་ནས་དཔོན་གྱི་མཐོ་དམན་ཀུན་གྱི་མིག་ལྟར་མངོན་དགོས་པ་ཞིག་ཏུ་ངེས་ཀྱང་། དེ་དག་གི་དབྱིབས་དང་ཡིག་རིས་གང་དག་བཀོད་པ་དཔྱད་པའི་གཞི་མེད་དོ། །སྲོང་བཙན་སྒམ་པོའི་དུས་སུ་ཡི་གེ་ཆེ་བ་དྲུག་ནི་སྐུའི་ཕྱག་མཁན་ལ་གཅིག བཀའ་ཡོ་གལ་འཆོས་པ་དང་གཉིས། གནས་བརྟན་ཆེན་པོ་ལ་གཅིག་སྟེ་གསུམ། ཆོས་གྲྭའི་སློབ་དཔོན་ལ་གཅིག་སྟེ་བཞི། སྟོད་སྨད་གཉིས་ཀྱི་དབང་བློན་ལ་གཅིག་སྟེ་ལྔ། དབུས་ཀྱི་དགུང་བློན་ལ་གཅིག་སྟེ་དྲུག་ཡིན་པར་ཡིག་རྙིང་དག་ལས་བཤད་ཀྱང་སྐབས་དེར་རབ་བྱུང་མེད་པས་གནས་བརྟན་ཆེན་པོ་བྱ་བ་ཅི་ཡིན་དཔྱད་པར་བྱའོ། །

ཡི་གེ་ཆུང་བ་དྲུག་ལ་དངུལ་གྱི་ཡི་གེ་ནི་མཐའི་སོ་མཚམས་སྲུང་བ་དང་། སྐུ་མཁར་གྱི་རྩེ་རྗེ་སོགས་ལ་བཀོལ་བ་དང་གཅིག ར་གན་གྱི་ཡི་གེ་བཅུ་བདུན་ཡོད་དེ། ཡབ་འབངས་རུས་དྲུག་ལ་བཀོལ་བ་དང་གཉིས། འཁར་བའི་ཡི་གེ་འབངས་མཁན་དགུ་རྗེ་བདུན་ལ་གནང་བ་དང་གསུམ་ཟངས། ཡིག་བརྒྱ་རྩ་གཅིག་ནི། སྟོང་དཔོན་དང་སྡེ་དཔོན་རྣམས་ལ་གནང་བ་དང་བཞི། ལྕགས་ཀྱི་ཡི་གེ་དཔའ་བོ་ལ་གནང་བ་དང་དྲུག ཤིང་སྐྱ་ཚུ་རིས་ཀྱི་ཡི་གེ་ནི་འབྲུག་ཧོ་སུམ་བརྒྱ་དྲུག་ཅུ་དང་མོན་སྡེ་བཞིའི་བཙན་པོ་ཡན་ཆོད་ལ་གནང་བ་དང་དྲུག་ཏུ་བཤད་དོ། །བཀའི་ཕྱག་རྒྱ་དྲུག་ལས། བཀའ་བཏགས་ཀྱི་ཕྱག་རྒྱ་སྒྲོམ་བུ་ཞེས་པ་ནི། རྒྱལ་པོའི་བཀའ་ཡིག་སོགས་འཇུག་སའི་སྒྲོམ་བུ་འཛིན་དུ་ཡོད་པ་དང་། ཁྲིམ་རྟགས་ཀྱི་ཕྱག་རྒྱ་རུ་མཚོན་ཞེས་པ་ནི། ཁྲིམ་ཆེན་པོ་འཚོགས་པའི་ཚེ་ན་བཙན་པོས་སྩལ་བའི་རུ་མཚོན་བསྒྲེང་དུ་ཡོད་པ་དང་། ཡུལ་རྟགས་ཀྱི་ཕྱག་རྒྱ་སྐུ་མཁར་ཞེས་པ་ནི་ཡུལ་ཆེན་པོར་དབང་དུ་བསྒྱུར་བའི་རྟགས་སུ་སྐུ་མཁར་ཡོད་པ་དང་། ཆོས་རྟགས་ཀྱི་ཕྱག་རྒྱ་ལྷ་ཁང་ཞེས་

པ་ནི་དམ་པའི་ཆོས་སྤེལ་བར་བྱས་རྗེས་ཡོད་པའི་རྟགས་སུ་བཞེངས་པའི་ལྷ་ཁང་ཡོད་པ་དང་། དཔའ་རྟགས་ཀྱི་ཕྱག་རྒྱ་སྟག་སློག་ཅེས་པ་ནི་གཡུལ་དུ་བྱས་རྗེས་ཆེན་པོ་བཞག་པའི་དཔའ་བོ་རྣམས་ལ་བཙན་པོས་གནང་བའི་སྟག་ལྤགས་ཀྱི་སློག་པ་ངོམ་རྒྱུ་ཡོད་པ་དང་། མཛངས་རྟགས་ཀྱི་ཕྱག་རྒྱ་ཡིག་ཚང་ཞེས་པ་ནི་རྒྱལ་སྲིད་ཀྱི་ལས་དོན་སྒྲུབ་སྐབས་མཁས་ཤིང་མཛངས་པའི་རྟགས་སུ་བཙན་པོས་གནང་བའི་གོང་གསལ་གྱི་ཡིག་ཚང་དེ་དག་ཡོད་པ་ལ་བྱ་ཞིང་། དངོས་པོ་དེ་དག་འཛིན་བདག་བྱེད་དུ་ཡོད་པས་ནི་མི་དེ་ཉིད་ཀྱི་བྱས་པ་ཅི་ཡོད་དང་། དཔོན་རིགས་གང་གི་གྲས་ཡིན་པ་ཤེས་ནུས་ཤིང་ནོར་དུ་མེད་པས་ན་ཕྱག་རྒྱ་ཞེས་སུ་གྲགས་པ་ཡིན་ནོ། རྒྱན་དྲུག་གི་བསྐོས་ལུགས་ནི། ཡ་རབས་ཞང་བློན་གྱི་རྒྱན་དུ་ཆོས་དང་ཡིག་ཚང་། མ་རབས་གཡུང་བའི་རྒྱན་དུ་ཐགས་དང་པོན། མཛངས་པའི་རྒྱན་དུ་ཡིག་ཚང་། ངན་པའི་རྒྱན་དུ་སྟག དཔའ་བོའི་རྒྱན་དུ་སྟག་དང་གུང་། སྙར་མའི་རྒྱན་དུ་ཞ་ཞུ་བསྐོས་པར་བཤད་ཅིང་། འདི་ནི་བསྟོད་པ་དང་སྨད་པའི་སྐབས་བཀོལ་རྒྱུའི་དངོས་པོ་སོགས་ཐག་གིས་བཅད་པ་སྟེ། དཔའ་བོ་ལ་ཡང་བྱས་རྗེས་ཆེ་ཆུང་ཡོད་སྟབས་གནང་རྒྱུའི་སྟག་སློག་སོགས་ལ་ཡང་ཁྱད་པར་ཡོད་པ་ནི་སྟག་སྟོད་སྟག་སྨད་གཉིས། ཟེར་ཆེན་ཟེར་ཆུང་གཉིས། གམ་རས་སྟག་སློག་གཉིས་དང་དྲུག་ཡོད་པར་བཤད་པས་ཤེས་ལ། གཞན་ཡང་། བླ་ལྔ་ཞེས་པ་ལས་ས་བདག་རྒྱལ་པོ་འབངས་ཀྱི་བླ་དང་ཡོ་གལ་འཆོས་པ་སྲིད་ཀྱི་བླ་ནི་གོང་ནས་སྨོས་ཟིན་ལྟར་དང་། དགུང་བློན་དབང་གི་བླ་ཞེས་པ་བཙན་པོ་འོག་ན་དབང་ཆ་དགུང་བློན་ལས་ཆེ་བ་མེད་པས་ན་དེ་ལྟར་བཏགས་པར་མངོན་ལ། ནང་བློན་རྩིས་ཀྱི་བླ་ཞེས་པ་ནི་རྒྱལ་སྲིད་དང་དམག་དོན་གྱི་འགྲོ་གྲོན། ཁྲལ་བསྡུ་བ་སོགས་དཔལ་འབྱོར་གྱི་འགྲོ་སོང་ཞིབ་རྩིས་བྱེད་པ། མ་ཡུལ་དཔོན་དེ་འཕྲང་བཟོའི་བླ་ཞེས་པ་ནི་ཡུལ་དཔོན་རྣམས་ཀྱིས་རང་རང་གི་ཡུལ་གྱི་ལམ་འཕྲང་བཟོ་བའི་འགན་གཙོ་བོར་ལེན་དགོས་པས་དེ་ལྟར་བཏགས་པ་ཡིན་སྙམ། གོང་གསལ་འདི་དག་ནི་ཁྲིམས་ལུགས་ཆེན་པོ་དྲུག་གི་དང་པོ་དངོས་དང་དེའི་ཁོངས་སུ་གཏོགས་པར《མཁས་པའི་དགའ་སྟོན》སོགས་ལས་བཤད་དོ། །

༢. འབྲུམ་གསེར་ཐོག་ཤ་བ་ཅན་གྱི་ཁྲིམས་ནི་《མཁས་པའི་དགའ་སྟོན》ལས། བྲི་སྲང་ཐུལ་ཁྱེར་ནོ་ནམ་སེ་སྲུན་སོགས། བཀའ་ལ་བཏགས་པ་ཁྲིམས་ཡིག་གཉིས་པ་སྟེ། འབྲུམ་གྱི་གསེར་ཐོག་ཤ་བ་ཅན་ཞེས་གྲགས། ཞེས་པ་ལྟར་ཆོས་ཀྱི་རྒྱལ་པོ་སྲོང་བཙན་སྒམ་པོའི་སྐུ་རིང་ལ་བཙན་པོའི་སྲིད་དབང་སྲ་བརྟན་རང་རྒྱ་བསྐྱེད་ཏ་ཅང་ཆེན་པོ་བྱུང་སྟབས་བོད་སིལ་བུར་འཐོར་བའི་སྐབས་ཞང་ཞུང་དང་སུམ་པ་སོགས་ལ་རང་རང་གི་ཡུལ་དུ་བཀོལ་སྤྱོད་བྱེད་པའི་འདེགས་བཤོར་འཇལ་གསུམ་གྱི་ཚད་གཞི་མི་འདྲ་བ་མང་པོ་མཆིས་ངེས་ཤིང་། འདི་དག་གི་ཚད་གཞི་གཅིག་གྱུར་བྱེད་མ་ཐུབ་ན་ནང་ཁུལ་གྱི་ཚོང་ལས་དར་རྒྱས་ཡོང་བ་དང་། ཁྲལ་བསྡུ་བ་སོགས་ཀྱི་བགྱི་བ་མང་པོར་གནོད་འཚེའམ་ཤན་ཞུགས་ངན་པ་འབྱུང་ངེས་ཡིན་པས་ན། བོད་བཙན་པོ་སྔོན་མ་རྣམས་ཀྱི་དུས་སུ་དར་བའི་འདེགས་བཤོར་གྱི་ཚད་གཞི་ལེགས་བཅོས་བྱེད་པ་དེ་ཕོ་ན་བོད་འབངས་སུ་གཏོགས་སོ་ཅོག་གིས་ཚད་མར་འཛིན་དགོས་པར་བཙན་པོའི་བཀས་གཏན་ལ་ཕབ་པ་ཡིན་ནོ། །འབྲུམ་གསེར་ཐོག་ཤ་བ་ཅན་ཞེས་པ་ནི་མངའ་འབངས་མཆོག་དམན་ཡོངས་ལ་ཕན་ཆེན་པོ་ལྡན་པའི་དོན་ཡིན་པས། དེང་སྐབས་འགའ་ཞིག་གིས་དགོད་སྒྲོ་བའི་འགྲེལ་བ་བྱས་ཡོད་པ་ལ་ཡིད་རྟོན་པར་མི་བྱ་ལ། འདེགས་ཚད་སོགས་གོང་ནས་བཤད་ཟིན་པའི་བོད་ཀྱི་འདེགས་ཚད་དེང་སྐབས་བསྟན་བཅོས་དག་ན་གསལ་བ་དང་མཐུན་མིན་དཔྱད་གཞིར་སྣང་ངོ། །

༣. རྒྱལ་ཁམས་དཔེར་བླངས་ཀྱི་ཁྲིམས་ཞེས་པ་ནི《མཁས་པའི་པའི་དགའ་སྟོན》ལས། གསུམ་པ་རྒྱལ་ཁམས་དཔེར་བླངས་ཁྲིམས་ཞེས་པ། །བྱ་བར་འོས་དང་མི་འོས་སྟོན་པ་སྟེ། །ཞེས་པ་ལྟར་ཁྲིམས་གང་ཡིན་ནའང་སྐབས་དེའི་སྤྱི་ཚོགས་ཀྱིས་སྤྱོད་བཟང་དུ་བརྩི་བ་རྣམས་དར་སྤེལ་དང་སྤྱོད་ངན་དུ་བརྩི་བ་རྣམས་བཀག་འགོག་བྱེད་པ་ཞིག་ངེས་པར་ཡིན་དགོས་ལ། དེས་ན་ཁྲིམས་འདི་ལས་ཀྱང་སྐབས་དེའི་བོད་མི་དམངས་ཁྱོད་ཡོངས་ཁྱབ་ཏུ་གནས་པའི་སྤྱོད་ཚུལ་སྣ་ཚོགས་ལ་སངས་རྒྱས་ཆོས་ལུགས་དར་བའི་དགོས་མཁོ་དང་མཐུན་ཞིང་། བོད་ཀྱི་སྤྱི་ཚོགས་འཕེལ་རྒྱས་དང་སྤྱོད་བཟང་ལེགས་སྤེལ་དང་མཐུན་ཆེད་ཐང་དང་

རྒྱ་གར་གཙོ་བོར་གྱུར་པའི་ཡུལ་གྲུ་གཞན་གྱི་ཁྲིམས་ལ་དཔེར་བྱས་ནས་སྤྱོད་ཚུལ་གང་དག་བྱེད་འོས་པ་དང་གང་དག་བྱེད་མི་འོས་པའི་ཚུལ་གསལ་བར་སྟོན་པ་ཞིག་ཡིན་ལ། དེ་ལ་ཡང་ནང་གསེས་ཕྱི་ན་རྒྱལ་ཁྲིམས་བཅོ་ལྔ་དང་ཁྲིམས་ཆེན་བདུན། མི་ཆོས་གཙང་མ་བཅུ་དྲུག་བཅས་ཡོད་དོ། །

༡. རྒྱལ་ཁྲིམས་བཅོ་ལྔ་ནི།

（༡）མཛད་གསུམ་ནི་《མཁས་པའི་དགའ་སྟོན》ལས།

དགྲ་བཏུལ་རྒྱལ་ཁམས་བདེ་བར་མཛད། །
ནང་གི་ཆོས་མཛད་འབངས་འཁོར་སྐྱོང་། །
ཕྱི་མར་ཕན་ཕྱིར་དམ་ཆོས་བྱ། །

ཞེས་པ་ལྟར་ཕྱི་ཡི་དགྲ་བཏུལ་ནས་རྒྱལ་ཁམས་བདེ་ལ་འགོད་པ་དང་གཅིག ནང་གི་སྲིད་ཀྱི་རྟུས་བཟང་པོ་བཀོད་ནས་འཁོར་འབངས་བདེ་བར་སྐྱོང་བ་དང་གཉིས། ཚེ་ཕྱི་མར་ཕན་པའི་ཕྱིར་དུ་ལྷ་ཆོས་དགེ་བ་བཅུ་མངོན་དུ་བསྒྲུར་བ་དང་གསུམ་ནི་རྒྱལ་པོ་དང་བཅས་པའི་བོད་མི་ཀུན་གྱིས་ལག་ལེན་བྱེད་དགོས་པའི་ཁྲིམས་གཙོ་བོ་གསུམ་ཡིན་ནོ། །

（༢）མི་མཛད་པ་གསུམ་ནི་《མཁསཔའི་དགའ་སྟོན》ལས།

ཡ་རབས་རྒྱུ་རྐྱེན་ལྷ་ཆོས་ནི། །
སྙོད་མེན་ཁེང་པོ་ལ་མི་བཤད། །
གསང་སྔགས་རྫོགས་འཚང་རྒྱ་བའི་རྒྱུ། །
ནོར་དུ་མི་བཙོང་སྙིང་ལ་བཅང་། །
ངན་པས་བསྙོད་ན་གཉིས་ག་ཕུང་། །
དེ་བས་ཁེང་པོ་རྗེར་མི་དབྱུང་། །

ཞེས་པ་ལྟར་སྙོད་ལྡན་མིན་པ་ལ་དམ་ཆོས་མི་བཤད་པ་དང་གཅིག གསང་སྔགས་ནོར་གྱི་ཕྱིར་དུ་མི་སྟོན་པར་སྙིང་ལ་བཅང་ནས་ཉམས་སུ་ལེན་དགོས་པ་དང་གཉིས། མི་

ངན་པ་དཔོན་དུ་མི་བསྐོ་བ་དང་གསུམ་ཡིན་ལ། ལྷ་བ་ཆེན་མོས། གསང་སྔགས་རྫོགས་སངས་རྒྱ་བའི་རྒྱུ། །ནོར་དུ་མི་བཙོང་སྙིང་ལ་བཅང་། །ཞེས་པའི་ཁྲིམས་སྲོང་བཙན་དུས་སུ་བྱུང་བ་མིན་པར་ཁྲི་སྲོང་ལྡེ་བཙན་གྱི་དུས་སུ་བྱུང་བར་གསུངས་མོད། སྲོང་བཙན་སྒམ་པོའི་དུས་སུའང་འཕགས་པ་སྤྱན་རས་གཟིགས་ཀྱི་ཆོས་སྐོར་སོགས་གསང་སྔགས་ཀྱི་ཆོས་བོད་ལ་དར་བས་སྐབས་འདིར་དེ་འདྲའི་ཁྲིམས་བྱུང་བར་ལོ་རྒྱུས་སྔོན་མ་རྣམས་ཀྱི་གསུང་ཚུལ་ལྟར་འཐད་པར་སེམས་སོ། །ཁོང་པོ་ཞེས་པའང་འབངས་ཞེས་པ་དང་འདྲ་བར་སྐབས་དོན་ལ་སྟོས་ནས་གོ་བ་ལེན་དགོས་པ་ལས་མཐའ་གཅིག་ཏུ་བྲན་གཡོག་ཁོ་ན་ལ་གོ་བར་མི་བྱའོ། །

(༣) བསྟོད་པ་གསུམ་ནི《མཁས་པའི་དགའ་སྟོན》ལས།

དཔའ་ལ་སྟག་གིས་མ་བསྟོད་ན། །
དཔའ་བར་བྱེད་པའི་ཏུ་མ་མེད། །
མཛངས་ལ་ཡིག་ཚང་མ་བསྟོད་ན། །
ཕྱིན་ཆད་མཛངས་ངན་ཤན་མི་ཕྱེད། །
ལེགས་ལ་བྱ་དགས་མ་བསྟོད་ན། །
སླད་ཆད་ལེགས་པ་སུ་ཡིས་བྱེད། །

ཅེས་པ་ལྟར་གཡུལ་འཁྲུག་སྐབས་སུ་དགྲ་ལས་རྒྱལ་བར་བྱས་རྗེས་ཆེན་པོ་བཞག་པའི་དཔའ་བོ་རྣམས་ལ་སྟག་སློག་དང་གོས་ཁྲད་པར་ཅན་གྱི་བྱ་དགའ་གནང་ནས་མ་བསྟད་ན། གཡུལ་སར་དཔའ་ངར་འདོན་མཁན་མེད་པར་འགྱུར་བས་ལེགས་པར་བསྟོད་དགོས་པ་དང་གཅིག སྲིད་དོན་ལ་མཁས་ཤིང་མཛངས་པའི་བློན་སོགས་མི་བྱས་པ་ཅན་ལ་གཡུ་དང་གསེར་སོགས་གོང་གསལ་ཡིག་ཚང་དག་གིས་མ་བསྟད་ན་མཛངས་བླུན་གྱི་ཁྱད་མི་ཕྱེད་པར་འགྱུར་བས་ངེས་པར་བསྟོད་དགོས་པ་དང་གཉིས། རྗེ་དང་རྒྱལ་ཁབ་འབངས་མི་བཅས་ཀྱི་དོན་དུ་ལྷག་བསམ་རྣམ་པར་དག་པའི་སྒོ་ནས་བགྱི་བ་བཟང་པོ་བྱས་པའི་འབངས་མི་རྣམས

ལ་བྱ་དགའ་མ་གནང་ན། སློད་ཆད་བྱ་བ་ལེགས་པོ་བྱེད་མཁན་འབྱུང་མི་སྲིད་པས་བྱ་དགས་ཆེམ་པར་བྱེད་དགོས་པ་དང་གསུམ་ཡིན་ལ། འདི་དག་ནི་དམག་དང་སྲིད་དོན་གཉེར་མཁན་འབངས་མི་བཟང་པོ་རྣམས་ལ་གཟིངས་བསྐྱོད་དགོས་པའི་དོན་ཡིན་ནོ། །

(༤) སྨད་པ་གསུམ་ནི་《 མཁས་པའི་དགའ་སྟོན) ལས།

སྟར་མ་ཕ་ཞུས་མ་སྨད་ན། །
དཔའ་དང་སྟར་མ་ཤན་མི་ཕྱེད། །
ངན་ལ་ནན་ཏུར་མ་བྱས་ན། །
ནམ་ཡང་དྲན་ཤེས་རེམ་མི་འགྱུར། །
ཉེས་ལ་ཆད་པ་མ་བཅད་ན། །
ཕྱི་ནས་ཉེས་བྱེད་རྒྱུན་མི་ཆད། །

ཅེས་པ་ལྟར་འཐབ་འཛིང་ཇ་དྲག་ཏུ་ཅང་ཆེ་བའི་སྐབས་སོགས་སུ་དགྲ་ལ་མགོ་འདོགས་པའམ་ཐྲོས་བཤོལ་བྱེད་མཁན་སྟར་མ་སླེང་མེད་རྣམས་ལ་ཕ་མོའི་གཞུ་གྲུ་མགོ་ལ་བསྐོན་ནས་དམའ་མ་ཕབ་ན། དཔའ་པོ་དང་སྟར་མའི་ཤན་མི་ཕྱེད་པས་ཕ་ཞུས་སྨད་དགོས་པ་དང་གཅིག ངན་པ་ལང་ཤོར་རྣམས་ལ་གཞབ་སྒྲོ་སོགས་ལ་ནན་ཏུར་མ་བྱས་ན་རང་ཚོད་བཟུང་ནས་དྲན་ཤེས་བརྟེན་པ་མི་སྲིད་པས། དེ་དག་ལ་ནན་མོ་བྱེད་དགོས་པ་དང་གཉིས། ཁྲིམས་འགལ་ཉེས་ཅན་རྣམས་ལ་ཁྲིམས་ལྟར་ཆད་པ་ནན་མོ་མ་བཅད་ན། སློད་ཕྱིན་ཉེས་བྱེད་ཀྱི་རྒྱུན་གཙོད་དཀའ་བས། དེ་དག་ལ་ཆད་པ་དྲག་པོས་ཚར་གཅོད་དགོས་པ་དང་གསུམ་ཡིན་ནོ། །

(༥) མི་མནར་བ་གསུམ་ནི་《 མཁས་པའི་དགའ་སྟོན 》 ལས།

ལུས་སྐྱེད་པ་མ་མནར་བ་ན། །
འཕྲུལ་ཕྱུགས་གཉིས་ཀར་ལ་ཡོགས་སྡིག །
རང་གི་མཆན་གྱི་བུ་མནར་ན། །

ཕྱི་རོལ་དགྲའི་ཡང་ཞི་ཁ་འབྱེད། །
བཟའ་སྤྱོགས་མནར་ན་ཕྱི་ནང་གི །
ཆོས་དང་སོ་ནམ་ཡལ་བར་འདོར། །

ཞེས་པ་ལྟར་རང་ལུས་བསྐྱེད་པའི་དྲིན་ཅན་གྱི་ཕ་མ་ལ་བརྩི་བཀུར་དང་བྱམས་སྐྱོང་མི་བྱེད་པར་མནར་གཅོད་བྱས་ན་ཐལ་དུ་རང་ཉིད་མི་ཀུན་གྱི་སྨོད་པའི་ཡུལ་དུ་འགྱུར་བར་མ་ཟད་དོན་རྣམས་གཏན་ནས་མི་འགྲུབ་ལ། ཐུགས་སུ་ཡང་འདི་ཕྱི་ཀུན་ཏུ་བཀྲ་མི་ཤིས་པ་དང་གིས་འབྱུང་བས། མནར་བ་གཏན་ནས་མི་རུང་བ་དང་གཅིག རང་གི་མཚན་འོག་གི་བུ་བྱམས་བརྩེས་མི་སྐྱོང་བར་མནར་གཅོད་བྱས་ན། བུ་ཕྲུག་དེ་ཉིད་ཕ་མར་གྲུས་ཞེན་མི་བྱེད་པར་མ་ཟད། ཕྱི་རོལ་གྱི་དགྲ་ཟླས་ཀྱང་འཕྱ་སྨོད་བྱེད་པའི་ཡུལ་དུ་འགྱུར་ངེས་ཡིན་པས་ན། བུ་བུ་མོ་རྣམས་བྱམས་པས་སྐྱོང་བ་ལས་མནར་མི་རུང་བ་དང་གཉིས། བཟའ་ཚང་ཕན་ཚུན་མཛའ་མཐུན་བྱེད་པ་ལས་མི་མཐུན་པར་མནར་གཅོད་བྱས་ན། རང་གི་ཁྱིམ་དོན་དང་། སོ་ནམ་དང་ཕྱུགས་ལས་ལ་གནོད་པ་ཚབས་ཆེན་འབྱུང་ངེས་པས་བཟའ་ཚང་ལ་མནར་མི་རུང་བ་དང་གསུམ་ལ་མི་མནར་བ་གསུམ་ཟེར་ཏེ། གོང་གསལ་ཁྲིམས་ཆེན་བཅོ་ལྔ་པོ་འདི་དག་ནི་བོད་འབངས་མཆོག་དམན་ཡོངས་ཀྱིས་མཐའ་གཅིག་ཏུ་བརྩི་བསྲུང་བྱེད་དགོས་པ་ཡིན་ནོ། །

གཞན་ཡང་ལྷ་ཆོས་དགེ་བ་བཅུ་དང་མི་ཆོས་གཙང་མ་བཅུ་དྲུག་གི་ཁྲིམས་མཛད་ཅིང་། དེ་ཡང་དགེ་བཅུ་ལས་གཙོ་བོ་སྲོག་གཅོད་པ་དང་། མ་བྱིན་པར་ལེན་པ། ལོག་པར་གཡེམ་པ། རྫུན་སྨྲ་བ་སྟེ་རྩ་བ་ལྔའི་སྟེང་དུ། ཆང་ཚོད་མེད་དུ་བཏུང་བ། ཁེང་ལྡོག་པ་དང་བང་སོ་འདྲུ་བ་སྤང་དགོས་པའི་ཁྲིམས་ལ་ཁྲིམས་ཆེན་བདུན་དུ་གྲགས་ལ།

(༡) མིའི་སྲོག་མི་གཅོད་པའི་ཁྲིམས་གཤིན་སྟོང་དང་གསོན་སྟོང་ཞེས་པ་ནི་འཁྲུག་འཛིངས་བྱས་ནས་དངོས་སུ་མི་གསོད་པའམ་ངན་སེམས་ཀྱིས་ཐབས་གཞན་བཀོལ་ནས་མི་བསད་པ། གསོད་འདོད་ཀྱི་ཀུན་སློང་སོགས་མེད་ཀྱང་རི་དྭགས་རྒྱག་དུས་མདའ་ཆས་

བསད་པ་དང་འབྲི་གཡག་གིས་བརྡེས་ནས་བསད་པ། སྒོ་ཁྱིས་རྨུགས་ནས་བསད་པ་སོགས་འདས་པོའི་རིམ་གྲས་དང་མི་བསད་དོན་རྐྱེན་བྱུང་པའི་སྐྱོད་དོན་དངོས་དང་བསྟུན་ནས་སྟོང་འཇལ་དགོས་པ་ལ་གཤིན་སྟོང་ཟེར་ཞིང་། གསོད་འདོད་ཀྱི་ཀུན་སློང་གིས་མཚོན་སོགས་ཀྱིས་གཅོས་པའམ་བྱེད་ཐབས་གཞན་དག་བཀོལ་ཡང་རྨས་སྐྱོན་བྱུང་བ་ལས་གསོད་མ་ཐུས་པའམ། གསོད་འདོད་མེད་ཀྱང་རྐྱེན་གཞན་གྱིས་མི་ལ་རྨས་སྐྱོན་བྱུང་དུ་བཙུག་ན་གནོད་པ་ཐེབས་པའི་མི་དེའི་རིམ་གྲས་དང་སྐྱོད་བྱུང་དོན་དངོས་ལྟར་མ་བསད་ཀྱང་བསད་པ་དང་མཚུངས་པར་སྟོང་འཇལ་བའམ་ནད་གསོས་སྨན་བཅོས་སོགས་ཀུན་གསབ་གཞན་དག་སྤྲོད་དགོས་པ་ལ་གསོན་སྟོང་ཟེར། ལུགས་སྲོལ་འདི་ནི་ཤིན་ཏུ་གནའ་དུས་ནས་དར་ཞིང་སྲོང་བཙན་སྐབས་སུ་རྗེ་ལེགས་དང་རྗེ་ཞིབ་ཏུ་བཏང་ནས་གཏན་ལ་ཕབས་པ་དང་། དེ་གཞིར་བཟུང་ནས་ཁྲི་སྲོང་ལྡེ་བཙན་གྱི་དུས་སུ་མགོས་ཁྲི་བཟང་ཡབ་ལྷག་ཅེས་པའི་བློན་པོ་དེས་སྟོང་འབབ་འཇལ་སྤྲོད་ཀྱི་ཞིབ་མོའི་བྱེད་སྒྲུགས་བཟོས་པ་ཡིན་ཞིང་། ཡི་གེ་ཚུང་ཞིབ་མོ་ཏུང་རྟོང་གི་གནའ་བོའི་ཤོག་དྲིལ་དུ་གསལ་བས་དེར་བལྟ་བར་བྱའོ། །

(༢) མ་བྱིན་པར་མི་ལེན་པའི་ཁྲིམས་དཀོན་མཆོག་གི་ནོར་བརྐུས་ན་བརྒྱ་འཇལ་ཞེས་ལྷ་ཁང་ལ་དབང་བའི་ནོར་དང་། སྐབས་དེར་རབ་བྱུང་གི་སྡེ་མེད་ཀྱང་གསང་སྔགས་ཉམས་སུ་ལེན་པའི་ཁྱིམ་པ་གོས་དཀར་གྱི་སྡེ་ཡོད་པས་དེ་ལ་དབང་བའི་ནོར་བརྐུས་ན་ཉེས་ཆད་ལ་བརྒྱ་འཇལ་ཞེས་རྐུས་ནོར་ངོ་མའམ་དེའི་རིན་ཚད་དང་མཉམ་པའི་དངོས་པོ་ཕྱིར་སློག་བྱས་ཐོག་རྐུས་དངོས་རིན་ཚད་ཀྱི་ལྷབ་བརྒྱའི་ཆད་པ་ཁྲུར་དགོས་པ་དང་། རྒྱལ་པོའི་ནོར་བརྐུས་ན་བརྒྱད་འཇལ་ཞེས་ལྷབ་བརྒྱད་ཅུ་དང་། འབངས་མིའི་ནོར་བརྐུས་ན་བརྒྱད་འཇལ་ལྷབ་བརྒྱད་འཇལ་དགོས་པ་དང་། གཞན་ཡང་མི་མང་པོ་དཔུང་སྡེབས་ཀྱིས་གཞན་གྱི་རྒྱུ་དངོས་འཕྲོག་བཅོམ་བྱས་ན་ཇག་དཔོན་སྲོག་མི་གཏོང་བའོ། །རྒྱང་འཕུད་གཏོང་ཞིང་དེའི་གྲས་སུ་ཞུགས་མཁན་གཞན་དག་ཀྱང་ཉེས་པའི་ལྟོ་ཡང་ལྟར་ཐག་གཅོད་བྱེད་ཚུལ་གྱི་ཞལ་ལྕེ་ཏུང་རྟོང་ནས་བྱུང་བའི་གནའ་བོའི་ཤོག་དྲིལ་དུ་གསལ་བས་དེར་གཟིགས་པར་

ཞུའོ། །

(༣) ལོག་གཡེམ་འགོག་པའི་ཐབས་དང་ཁྲིམས་ལ། 《མཁས་པའི་དགའ་སྟོན》ལས། སྨད་འཚོང་དང་ཕྱི་ཆད་ཅེས་པ་ལྟར་གཞན་གྱིས་བདག་ཏུ་བཟུང་བའི་བུད་མེད་དང་། ལོ་ནར་མ་སོན་པའི་བུ་མོ་སོགས་ལ་བཙན་གཡེམ་བྱེད་པ་ནི་མི་ལུས་ལ་གནོད་འཚེ་བཏང་བའི་ཉེས་པ་ཆེན་པོ་ཞིག་ཏུ་བརྩིས་ནས་ཁྲིམས་ཤིན་ཏུ་ལྕི་བ་ནི་རྒྱལ་པོའི་བཙུན་མོ་སོགས་མཐོ་རིམ་གྱི་གྲས་ལ་ལོག་གཡེམ་བྱས་ན་སྲོག་ཆད་གཅོད་པའོ། །སྣ་གཅོད་པ་དང་། མིག་དབྱུང་བ། ས་མཐར་རྒྱང་འཕུད་གཏོང་བ་སོགས་ཆད་པ་ཤིན་ཏུ་ལྕི་བ་གཅོད་ལུགས་ཏུང་ཧོང་གི་ཤོག་དྲིལ་དང་ལྡེའུ་ཆོས་འབྱུང་སོགས་ལས་གསུངས་པ་ལྟར་དང་། གཞན་པའི་བུད་མེད་དགུས་མ་ལ་བཙན་གཡེམ་བྱས་ནའང་སྨད་འཚོང་ཞེས་དངུལ་དངོས་ཀྱི་ཆད་པ་དང་། བཙོན་འཇུག་སོགས་ཁྲིམས་ཆད་ཀྱང་ཁུར་དགོས་པ་ཡིན་ལ། སྐྱེས་པ་གཞན་གྱི་བདག་ཏུ་བཟུང་བའི་བུད་མེད་ལ་ལོག་གཡེམ་བྱས་ནས་མངའ་སྨྲུམ་པ་ཡིན་ན་སྔར་བཞིན་ཁྲིམས་ཆད་དེ་དག་གི་སྟེང་དུ་ཕྱི་ཆད་ཁུར་དགོས་སོ། །འདི་ཡང་བྱིས་པ་གསོ་བྱེད་ཀྱི་དངུལ་དངོས་སྤྲོད་དགོས་པའམ། གྲོད་ཡའི་གོ་གནས་དང་བཙན་གཉོམ་ལྟར་ཁྲིམས་ཆད་གཞན་དག་ཀྱང་ཁུར་དགོས་སོ། །

(༤) རྫུན་འགོག་པའི་ཁྲིམས་ནི《མཁས་པའི་དགའ་སྟོན》ལས། རྫུན་སྤོང་བའི་ཁྲིམས་ལྷ་སྲུང་དཔང་དུ་བཞག་ནས་མནའ་སྦྱོབ་པ་ཞེས་པ་ལྟར་སྤྱིར་བོད་མི་རྣམས་ཀྱིས་རང་གི་བཤད་པའི་ཚིག་དེ་ཉིད་བདེན་ཅི་རྫུན་མིན་པའི་སྒྲུབ་བྱེད་དུ་དཀོན་མཆོག་གསུམ་དང་ལྷ་སྲུང་དཔང་དུ་བཞག་ནས་མནའ་སྐྱེལ་བའི་སྲོལ་ད་ལྟའི་བར་ཡོད་པ་འདི་ཡིན་ལ། ཁྱད་པར་དུ་ཁྲིམས་སར་ཞུ་གཏུགས་བྱེད་པའམ་ནག་ཉེས་ངོས་ལེན་བྱེད་སྐབས་དམ་སློན་གྱིས་ཁྲིམས་ལས་ཐར་ཐུབ་བྱས་པ་མིན་ཚུལ་སྟོན་པའི་ཆེད་དུ་ལྷ་སྲུང་གཉན་པོ་དཔང་དུ་བཞག་ནས་མནའ་སྐྱེལ་བ་ཡིན་པས་འདི་ལ་བསློན་དམ་མནའ་དག་གི་ཐུལ་ལྕེ་ཟེར་བ་ཡིན་ནོ། །གཞན་ཡང་གོང་ནས་བཤད་ཟིན་པའི་རྒྱལ་སྲིད་བརྟན་པའི་ཆེད་དུ་རྒྱལ་བློན་གྱིས་ཐོ་འབོར་པའི་

སྤྲུལ་དེ་ཡང་འདིར་གཏོགས་ཚིག་སྣམ།

(༥) ཆང་ལ་ཚོད་ཟིན་པའི་ཁྲིམས་ལ། ཆང་ནི་ཉེས་པ་མང་པོ་འབྱུང་བའི་རྩ་བ་ཡིན་པས་མ་འཐུང་ན་བཟང་བར་མ་ཟད་ཆང་ཚོད་མེད་དུ་བཏུང་ན་རང་གཞན་ཀུན་ལ་གནོད་པ་ཧ་ཅང་ཆེ་བས། ཆང་ཚོད་མེད་དུ་བཏུང་མི་རུང་བའི་བཀག་རྒྱ་ཡིན་པ་ཙམ་ལས་ཁྲིམས་ཆད་འདི་འདྲ་ཞིག་ཕུར་དགོས་ཞེས་གཏན་ཟབ་གསལ་པོ་ཞིག་མེད་པར་ངེས་ཀྱང་། ཆང་ཚོད་མེད་དུ་བཏུང་ནས་ཉེས་པ་གཞན་དག་བཟོས་པ་ཡིན་ན། ཉེས་པའི་ངོ་བོ་གཅིག་ཀྱང་ཆང་མ་འཐུང་བར་བཟོས་པའི་ཉེས་ཆད་ལས་ལྡི་བ་ཞིག་ཡིན་པར་མངོན་ནོ། །གོང་གསལ་ཁྲིམས་ཆད་ལྔ་ནི་ཆོས་ཀྱི་གཏན་ཁྲིམས་ལྔ་ལ་དཔེ་བྱས་ནས་བཟོས་པར་གསུངས་སོ། །

(༦) ཁེང་མི་ལྟོག་པ་ནི། འབངས་ཀྱིས་ཀྱིན་ལོག་བྱེད་མི་ཆོག་པའི་ཁྲིམས་ཡིན་ནོ། །

(༧) བང་སོ་མི་འདྲུ་བ་ནི། རྒྱལ་པོ་དང་འབངས་སུ་ཡིན་ཡང་དེའི་དུར་རྡོག་མི་ཆོག་པའི་ཁྲིམས་ལ་བྱ་ཞིང་། གནའ་དུས་ནས་བཟུང་བང་སོ་འདྲུ་བ་ནི་མི་ལ་བརྙས་བཅོས་བྱེད་པའི་དོན་གནད་ཚབས་ཆེན་ཞིག་ལ་རྩི་བ་ནི་དེང་དུས་སུ་ཡང་དམངས་ཁྲོད་དུ་གོམས་སྲོལ་དུ་ཆགས་ཡོད་པ་ལས་ཤེས་ཐུབ་པ་ཡོད་དོ། །གཞན་ཡང་ལྷ་ཆོས་དགེ་བ་བཅུ་ནི་ཡོངས་གྲགས་ལྟར་ལ། མི་ཆོས་གཙང་མ་བཅུ་དྲུག (༡) དཀོན་མཆོག་ལ་གུས་པ། (༢) དམ་ཆོས་སྒྲུབ་པ། (༣) ཕ་མ་ལ་བཀུར་བ། (༤) རིགས་མཐོ་དང་རྒན་ལ་ཞེ་དུད། (༥) མཛའ་བཤེས་ཡིད་གཞུངས་པ། (༦) ཡོན་ཏན་ཅན་གོང་དུ་བཀུར་བ། (༧) ཡུལ་མི་ལ་ཕན་འདོགས་པ། (༨) ཡིད་དྲང་བ། (༩) མིག་ཡ་རབས་ལ་ལྟ་བ། (༡༠) ཟས་ནོར་ལ་སྤྱོད་ཤེས་པ། (༡༡) དྲིན་ཅན་ལ་ཕན་ལན། (༡༢) བྲེ་སྲང་ལ་གཡོ་སྒྱུ་མེད་པ། (༡༣) ཕྱི་སྙོམས་ཤེང་ཕྲག་དོག་མེད་པ། (༡༤) བུད་མེད་ཀྱི་ཁ་ལ་མི་ཉན་པ། (༡༥) ངག་འཇམ་ཞིང་སྨྲ་མཁས་པ། (༡༦) ཐེག་པ་ཆེ་ཞིང་བློ་ཁོག་ཡངས་པ་བཅས་སོ། །

༤. མདོ་ལོན་ཞུ་བཅད་ཀྱི་ཁྲིམས་ནི། བདེན་རྫུན་གྱི་ཞལ་ལྕེ་གཅོད་ཚུལ་སྟེ། ཁྲིམས་སར་གཏུགས་བཤེར་བྱེད་མཁན་ཁ་དྲག་ཞན་གཉིས་བྱུང་ཚེ། ཞུ་དོན་ཞལ་ལྕེ་བས་བདེན་རྫུན་བརྟགས་དཔྱད་བྱས་ནས། ཁ་དྲག་པའི་མི་དེ་ཁ་མ་སྐྱེངས་ཙམ་དང་། ཉམ་ཆུང་ཁ་ཞན་པ་དེ་ཡང་བློ་ཕམ་ཙམ་གྱི་སྒོ་ནས་ཁྲིམས་ཐག་ལེགས་པར་གཅོད་པ་ཡིན་ནོ། །

༥. དབང་ཆེན་བཅད་ཀྱི་སྒྲི་ཁྲིམས་ནི། 《མཁས་པའི་དགའ་སྟོན》ལས། གཉི་གས་ལན་པ་ལ་བྲམ་ཟེ་དབྱུག་པ་ཅན་གྱིས་ཁྱིམ་བདག་གི་གླང་གཡར་ནས་གཏོད་དུ་ཕྱིན་པས་གླང་ཁྱིམ་བདག་གི་ར་བར་བཏང་སྟེ་ཅི་ཡང་མ་སྨྲས་པར་ལོག ཁྱིམ་བདག་གིས་གླང་བརྐྱལ་བྱུང་བ་མཐོང་ཡང་མ་བཏགས་པར་བཞག་པས་གླང་སྒོ་ནས་ཐོན་ཏེ་སྟོར་བ་རྒྱལ་པོ་མི་ལོང་གདོང་ལ་ཞལ་ལྕེ་ཞུས་པས་བྲམ་ཟེས་གླང་བཏང་ཡོད་དོ་ཞེས་མ་སྨྲས་པས་ལྕེ་ཆོད། ཁྱིམ་བདག་གིས་མཐོང་ཡང་མ་བཏགས་པས་ལག་པ་བྲེགས་ཞེས་ཞལ་ལྕེ་བཅད་པ་ལ་དཔེར་བྱས་ནས་ཆད་པ་གཉིས་མཉམ་དུ་གཅོད་པ་དབང་ཆེན་བཅད་ཀྱི་སྒྲི་ཁྲིམས་ཞེས་གསུངས་སོ། །

༦. ཁབ་སོ་ནང་མའི་ཁྲིམས་ཡིག་ནི་《མཁས་པའི་དགའ་སྟོན》ལས། གཉི་ག་བདེན་ན་ཁྱིམ་བདག་ཞིག་གི་བུ་སྐྱེས་མ་ཐག་ཆུར་ལྷུང་བ་ཉ་ཞིག་གིས་མིད་པའི་རིའི་འོག་གི་གྲོང་ན་གནས་པའི་ཁྱིམ་བདག་གཞན་ཞིག་གི་གཡོག་གིས་ཉ་དེ་ཟིན་ནས་བཤས་པས་ཁྱེའུ་ཞིག་མ་ཤི་བར་བྱུང་བ་ཁྱིམ་བདག་དེས་གསོས་པ་ཁྱིམ་བདག་གོང་མས་གོ་ནས་རྩོད་དེ་རྒྱལ་པོ་ལ་ཞལ་ལྕེ་ཞུས་པས་གཉི་གས་ཁྱེའུ་རེས་མོས་སུ་གསོས་ལ་བུད་མེད་རེ་རེ་ལོང་། བུ་བྱུང་ན་ཁྱིམ་བདག་སོ་སོས་ཁྱེར་ཅིག་ཅེས་བྱུང་ནས་ཁྱེའུ་རིགས་གཉིས་པར་མིང་ཆགས། བུ་རེ་རེ་སོ་སོས་ཁྱེར། ཕྱིས་རབ་ཏུ་བྱུང་བས་དགེ་སློང་རིགས་གཉིས་པར་གྲགས་པ་དེ་ལ་དཔེར་བྱས་ནས་གཉི་ག་བདེན་པ་ལ་གཉིས་བདེན་དགའ་གསུམ་དུ་གཅོད་པ་ཁབ་སོ་ནང་མའི་ཁྲིམས་ཡིག་ཏུ་གྲགས། ཞེས་གསུངས་སོ། །འདི་ལྟར་ན་གོང་གི་ཁྲིམས་འདི་གསུམ་ནི་བདེན་རྫུན་གྱི་ཞལ་ལྕེ་གཅོད་སྟངས་མི་འདྲ་བ་གསུམ་ཡིན་པ་སྟེ། ཁྲིམས་ཡིག་གསུམ་ནི་བདེན་རྫུན་ཞལ་ལྕེ་སྟེ། ཁ་དྲག་རྣམས་མ་སྐྱེངས་ཙམ་དུ་བཅད། །ཅེས་མདོ་ལོན་ཞུ་བཅད

ཀྱི་ཁྲིམས་དང་། གཉིས་ལན་ལ་དབྱུག་པ་ཅན་བཞིན་དང་། །ཞེས་དབང་ཆེན་བཅད་ཀྱི་སྤྱི་ཁྲིམས། གཉིས་ག་བདེན་ལ་རིགས་གཉིས་པ་ལྟར་བཅད་ཅེས་ཁབ་སོ་ནང་མའི་ཁྲིམས་ཡིག་བསྟན་པ་ཡིན་ནོ། །དེས་ན་འདི་དག་ནི་དམིགས་གསལ་གྱི་གནས་ཚུལ་འོག་དམིགས་བསལ་གྱི་ཁྲིམས་ཐག་གཅོད་ཐབས་ཤིག་སྟེ། ཁ་དྲག་ཞན་གཉིས་ཀྱི་བར་རྩོད་བྱུང་ནས་ཁྲིམས་པར་ཞུ་གཏུག་བྱས་ན་ཞལ་ལྕེ་བས་ཞིབ་དཔྱད་བྱས་རྗེས་ཕྱོགས་གཉིས་གར་བདེན་རྫུན་གྱི་དབྱེ་བ་འབྱེད་དཀའ་ན། ཞལ་ལྕེ་གཅོད་སྐབས་ཁ་དྲག་པ་དེ་མ་སྐྱིངས་པ་ཞིག་དང་། ཁ་ཞན་པ་དེ་ཡང་ཡིད་མི་ཆད་པ་ཙམ་དུ་གཅོད་པ་སོགས་ཉེ་ལོ་རྒྱུས་ཀྱི་དོན་སྙིང་ངེས་ཅན་ལྡན་ཞིང་། མཁས་མཛངས་ཀྱི་བྱེད་ཐབས་ཤིག་ཡིན་པས་འདིས་སྐབས་དེའི་སྤྱི་ཚོགས་དང་། དམངས་སེམས་བདེ་འཇགས་ལ་ཕན་པ་ཆེན་པོ་ཞིག་བྱུང་ཡོད་པར་གདོན་མི་ཟ་སྟེ། གཞན་དུ་ན་གོང་གསལ་རྩོད་དོན་ཐག་གཅོད་བྱེད་དཀའ་བ་དེ་དང་། གཉིས་གས་རྫུན་པ་དང་། གཉིས་གས་བདེན་པ་བྱུང་སྐབས་གཞི་འཛིན་པའི་ཁྲིམས་ལུགས་ཤིག་མེད་པར་ཞལ་ལྕེ་བའི་ཡིད་ལ་གང་དྲན་ལྟར་ཐག་གཅོད་བྱས་པ་ཡིན་ན་བོད་སྤྱི་ཚོགས་ཡོངས་ལ་ངན་ཤན་འཐེབས་ཏེ་གནོད་ཚབས་ཆེན་པོ་འབྱུང་ངེས་པ་སྨོས་མ་དགོས་པས་སོ། །འོན་ཀྱང་ཁྲིམས་ལུགས་དེ་དག་ནི་གོང་གསལ《མཁས་པའི་དགའ་སྟོན》གྱི་དཔེ་བརྗོད་དེ་དག་ཙམ་མ་ཡིན། མདོ་ལོན་ཞུ་བཅད་ཀྱི་ཁྲིམས་ནི། རྩོད་དོན་ཞིབ་དཔྱད་བྱས་ནས་མདོ་ལོན་པ་ན། གཏུགས་བཤེར་བྱེད་མཁན་དང་རྩོད་ཡའི་ཞུ་ཡིག་ལྟར་ཞལ་ལྕེ་གཅོད་པ་ཞིག་དང་། དབང་ཆེན་བཅད་ཀྱི་སྤྱི་ཁྲིམས་ནི། དམིགས་གསལ་གྱི་གནས་ཚུལ་འོག་བཙན་པོ་དང་བཀའི་བློན་པོ་སོགས་དབང་ཆ་ཆེ་བ་དག་གིས་བཙན་གྱིས་ཐག་གཅོད་བྱས་རྗེས་བོད་འབངས་དྲག་ཞན་སུས་ཀྱང་དེ་ལས་འདའ་མི་ནུང་བའི་སྤྱི་ཁྲིམས་ཞིག་ལ་བྱ་བ་ནི《ལྡེའུ་ཆོས་འབྱུང》ལས། རྗེའི་བང་སོ་བརྩིགས་དུས་ཉི་མ་རེ་ལ་ཕོ་མ་བྱུང་ན་ར་གཅིག་དང་། མོ་མ་བྱུང་ན་ཕོང་བུ་གཅིག་གི་ཁྲིམས་བཅོས་པ་དབང་ཆེན་བཅད་ཀྱི་སྤྱི་ཁྲིམས་སུ་བཤད་པ་ལྟ་བུའོ། །ཕོ་བྲང་ནང་ཁུལ་གྱི་རྒྱལ་སྲས་སོགས་ཀྱིས་ཁྲིམས་འགལ་རྩོད་དོན་ཐག་གཅོད་བྱེད་པའི་དམིགས་

གསལ་གྱི་ཞལ་ལྷེ་སོགས་ཀྱང་ཁབ་སོ་ནང་མའི་ཁྲིམས་ཡིག་ཏུ་འདུས་པར་སེམས་ཏེ། ཁྲི་སྲོང་ལྡེ་བཙན་གྱི་སྲས་འཁྲིད་པོ་མུ་ཏིག་བཙན་པོ་ནི་རྒྱལ་པོ། བློན་པོ་ཞང་གཉིས་གྲོས་མཛད་སར་ཕྱིན་པས། ཞང་གི་བུ་རིངས་ཀྱིས་འཁྱོན་དུ་མ་བཅུག་པར་བཀག་པར་སྲས་ཁྲོས་ཏེ་ཚ་གྲི་བསྣུན་ཏེ་བཀུམ། བློན་པོ་མགོས་ཀྱིས་ཞལ་ལྷེ་དགའ་གསུམ་བཅད་ནས། སྲས་མོན་ཡུལ་དུ་རྒྱང་འབུད་བཏང་བར་གསུངས་པས་ཤེས་སོ་སྙམ། འདིའི་དགའ་གསུམ་ནི་གཏུགས་མཁན་དང་ཁྲོད་ཡ་དམངས་གཞན་པ། ཞལ་ལྷེ་བ་ཡང་དགའ་བས་ན་དགའ་གསུམ་དུ་གྲགས་པ་ཡིན་ནོ། །གཞན་ཡང་། དཀོན་མཆོག་སྐྱབས་སུ་བཟུང་ནས་དད་ཅིང་གུས་པར་བྱེད་པ། ཕ་མ་ལ་དྲིན་བཟོ་ཞིང་བཀུར་བསྟི་བྱེད་པ། དྲིན་ཆེན་མི་ཡི་ཡིད་མི་གཅོད་ཅིང་བཟང་ལན་འཇལ་བ། མཐོན་པོ་རྣམས་ལ་མི་རྒོལ་བར་སྨྲས་པའི་ངག་ལ་ཉན་པ། ལས་དང་བྱ་སྤྱོད་ཐམས་ཅད་ཡ་རབས་ཀྱི་རྗེས་སུ་འབྲང་བ། ཆོས་དང་ཡི་གེ་སློབ་ཅིང་དོན་ཤེས་པར་བྱེད་པ། ལས་འབྲས་ལ་ཡིད་ཆེས་ཤིང་སྡིག་པའི་ལས་ལ་འཛེམས་པ། མི་གཞན་ལ་བསམ་ངན་མི་བྱ་བར་ཕན་འདོགས་པ། བགྱི་བ་ཅི་བྱེད་ཀྱང་དྲང་པོར་སྤྱོད་ཅིང་རང་སེམས་དཔང་པོར་འཛུག་པ། ཟས་དང་ཆང་ཚོད་འཛིན་ཅིང་ཁྲེལ་དང་ངོ་ཚ་མེད་པའི་བྱ་བ་སྤངས་པ། སྐྱིན་པ་བུ་ལོན་དུས་སུ་འཇལ་ཞིང་བྲེ་དང་སྲང་ལ་གཡོ་སྤངས་པ། མ་བཅོལ་བའི་ལས་དོན་ལ་ཐེ་གཏོགས་མི་བྱེད་པ། རང་ཚུགས་བཟུང་ནས་བསྐྱུར་ཁ་ལྷོ་བ་བྱེད་པ། མནའ་དང་དམ་ཚིག་རང་སྲོག་ལས་གཅེས་པར་སྲུང་བ་སོགས་ཡ་རབས་སྤྱོད་བཟང་དར་སྤེལ་དང་། མ་རབས་སྤྱོད་ངན་གཏོར་བའི་བཀའ་ཁྲིམས་མང་པོ་བཟོས་ཤིང་། དྲིལ་བསྒྲགས་པས་བོད་འབངས་ཡོངས་གཤིས་རྒྱུད་རྗེ་ལེགས་སུ་གཏོང་ཞིང་། སྐབས་དེའི་སྤྱི་ཚོགས་འཕེལ་རྒྱས་དང་གཏན་འཇགས་ཡོང་བར་ཕན་པ་རྒྱ་ཆེར་བསྐྲུན་པ་ཡིན་ནོ། །མདོར་ན། འཁོད་སོ་དྲུག་གི་ནང་གསེས་བཀའ་གྲོས་ཆེན་པོ་དྲུག་ཅེས་བཙན་པོའི་བཀའ་དང་བློན་སོགས་ཀྱི་གྲོས་ཀྱིས་གཏན་འབེབས་གནང་བའི་ཁྲིམས་ཆེན་དྲུག་ཡོད་པ་ནི། རྗེའི་སྐུ་འཚོ་ཞིང་ཚོ་ཤ་སྨྲར་འབུལ་བ་དང་གཅིག ཀོད་ཀྱི་གཉའ་ནས་མནན་ཅིང་ཡང་ཁེང་གི་རྒྱབ་

བརྟེན་པ་དང་གཉིས། ཁེང་རྒོད་དུ་མི་བཏང་ཞིང་མོ་བཙུན་བཀའ་ལ་མི་གདགས་པ་དང་གསུམ། སོ་མཚམས་སྲུང་ཞིང་འབངས་ཀྱི་ཚལ་ཞིང་རྟ་དཀྲུས་ཀྱིས་མི་གཙོད་པ་དང་བཞི། དགྲ་འདུལ་ཞིང་གཉེན་སྐྱོང་བ་དང་ལྔ། དགེ་བཅུ་སྒྲུབ་ཅིང་མི་དགེ་བཅུ་སྤངས་པ་དང་དྲུག་བཅས་སོ། །གོང་གསལ་གྱི་བཀའ་ཁྲིམས་དེ་དག་ལ་ཞིབ་ཏུ་བསམ་པ་ཡིན་ན། སྲོང་བཙན་སྒམ་པོའི་དུས་སུ་བོད་འདི་ཁྲིམས་ལུགས་ཅུང་ཟད་འཕྲུས་ཚང་ཡིན་ལ། སྤྱོད་བཟང་དར་སྤེལ་དང་ངན་སྤྱོད་ནན་འགོག་བྱེད་ཅིང་། རིག་གནས་དར་བའི་དུས་རབས་སུ་སླེབས་ཟིན་པ་གསལ་བར་རྟོགས་ནུས་སྐམ་མོ། །

༥. སངས་རྒྱས་ཆོས་ལུགས་དང་རིག་གནས་དར་ཚུལ། བོད་ཡུལ་འདིར་ཆོས་རྒྱལ་སྲོང་བཙན་སྒམ་པོ་མ་བྱོན་པའི་སྔོན་གྱི་ལོ་སྟོང་ཕྲག་དུ་མའི་ཡུན་ཏ་ཅང་རིང་བའི་ལོ་རྒྱུས་བརྒྱུད་རིམ་ཁྲོད་དུ་བོད་ཡུལ་རང་ནས་གདོད་མའི་བོན་གྱི་ཆོས་ལུགས་བྱུང་ཞིང་། དེ་ཡང་རིམ་གྱིས་འཕེལ་རྒྱས་བྱུང་ནས་གཡུང་དྲུང་བོན་གྱི་བསྟན་པ་དར་བ་དང་། རྒྱལ་རབས་མང་པོའི་རིང་འདི་ལ་བརྟེན་ནས་སྲིད་བསྐྱངས་པའི་ཚུལ་གོང་ནས་ཅུང་ཟད་སྨྲས་ཟིན་པ་ལྟར་ལགས་ལ། རྒྱལ་པོ་ཆེན་པོ་ལྷ་ཐོ་ཐོ་རིའི་དུས་ནས་སངས་རྒྱས་ཆོས་ཀྱི་གླེགས་བམ་སོགས་སྐུ་གསུང་ཐུགས་རྟེན་བོད་དུ་བྱོན་ཅིང་། རྒྱལ་བློན་འབངས་དང་བཅས་པས་དེ་ལ་མཆོད་བཀུར་བྱེད་པའི་སྲོལ་ཐོག་མར་བྱུང་སྟེ། དམ་པའི་ཆོས་ཀྱི་དབུ་བརྙེས་པ་ཡིན་ལ་ཆོས་ཀྱི་རྒྱལ་པོ་སྲོང་བཙན་སྒམ་པོའི་སྐུ་ཚེ་སྟོད་ལ་བོད་ཁྲུལ་ཡོངས་རྫོགས་གཅིག་འགྱུར་བྱེད་པའི་ནུས་ཆེན་གྱི་ཕྱག་ལས་དེ་ཉིད་མཐར་ཕྱིན་པར་འགྲུབ་རྗེས་རྒྱ་གར་ནག་དང་། ལི་བལ་བོ་སོགས་སངས་རྒྱས་ཆོས་ལུགས་དར་རྒྱས་ཆེ་བའི་རྒྱལ་ཁབ་ཁག་མང་པོ་དང་འབྲེལ་བ་ཇེ་མང་ཇེ་དམ་དུ་གྱུར་ནས་བོད་འབངས་རྣམས་ལ་སངས་རྒྱས་ཆོས་ལུགས་ཀྱི་ཤན་ཞུགས་པ་དང་། བལ་བཟའ་དང་རྒྱ་བཟའ་གཉིས་ཁབ་ཏུ་བཞེས་ནས་སྐུ་གསུང་ཐུགས་རྟེན་མང་པོ་སྤྱན་དྲངས་པ་དང་། ཁྱད་པར་བཙན་པོ་ཉིད་ཀྱི་ཐུགས་བསྐྱེད་དང་སྨོན་ལམ་བོད་མིའི་བསོད་ནམས་ཀྱི་འབྲས་བཟང་ལེགས་སུ་སྨིན་པའི་དུས་ལ་ཉེ་བར་བབས་པའི་མཐུ་ལས་རྒྱལ་བའི་

བསྟན་པ་རིན་པོ་ཆེ་གངས་ཅན་གྱི་ལྗོངས་འདིར་དར་ཞིང་རྒྱས་པའི་དབུ་བརྙམས་པ་ཡིན་ཞིང་། རྒྱ་གར་གྱི་སློབ་དཔོན་ཀུ་ས་ར་སོགས་གོང་ནས་བཤད་པའི་པཎ་གྲུབ་མང་པོ་བྱོན་ནས་དམ་པའི་ཆོས་སྤེལ་བ་དང་། ཐོན་མི་རྒྱ་གར་དུ་བྱོན་ཅིང་བོད་དུ་ཡི་གེ་བཟོས་ཤིང་སྤྱན་རས་གཟིགས་ཀྱི་མདོ་རྒྱུད་ཉེར་གཅིག་སོགས་བཀའ་བསྟན་མང་པོ་བསྒྱུར་ཅིང་འཆད་ཉན་གྱིས་དོན་གཏན་ལ་ཕབ་པ་དང་། རྒྱལ་པོ་ཉིད་ཀྱིས་ཀྱང་ལས་ཅན་གྱི་གང་ཟག་མང་པོར་འཕགས་མཆོག་ཐུགས་རྗེ་ཆེན་པོའི་ཆོས་སོགས་ཟབ་པ་དང་རྒྱ་ཆེ་བའི་གདམས་པ་མཐའ་ཡས་པ་སྩལ་ཏེ། དེ་དག་རྩེ་གཅིག་ཏུ་སྒྲུབ་པ་ལ་བརྟེན་ནས་གྲུབ་པའི་གོ་འཕང་མཐོན་པོར་གཤེགས་པའི་སྐྱེས་ཆེན་དམ་པ་ཡང་ཤིན་ཏུ་མང་པོ་བྱོན་པར་མངོན་ཏེ། ཡེར་པ་དང་དང་ཆེན་ཆུ་པོ་རི་སོགས་ན་རྟོགས་ལྡན་སྒོམ་ཆེན་བརྒྱ་ཕྲག་ལྷག་རྒྱུན་དུ་བཞུགས་པར་གྲགས་པས་སོ། །ཁྱད་པར་དུ་བོད་འབངས་ཆབ་གཞོན་ཀུན་གྱིས་འཕགས་མཆོག་འཛིག་རྟེན་དབང་ཕྱུག་ཡི་དམ་དུ་འཛིན་ཅིང་། གཟུངས་མཆོག་ཡི་གེ་དྲུག་མའི་ཟློས་བརྗོད་ལ་བརྩོན་པ་འདི་ཡང་དེའི་དུས་ནས་དར་བར་ལོ་རྒྱུས་གཞུང་མང་པོ་ལས་གསུངས་པ་ལྟར་ལགས་སོ། །

བཙན་པོའི་ཐུགས་དགོངས་ལ་བོད་འབངས་ཀྱི་བསོད་ནམས་གསོག་པ་དང་། ཐེན་གྱིས་རློབ་པའི་ཡི་དམ་གྱི་ལྷ་ཞིག་བཞེངས་དགོས་པར་དགོངས་ཏེ། དེ་ཡང་རྒྱུ་རིན་པོ་ཆེ་ལས་བྱས་ན་མི་རྣམས་ལོངས་སྤྱོད་ཉམས་པའི་དུས་སུ་བཤིག་འགྲོ། ས་རྗེ་ལས་བྱས་ན་ངན་གྲགས། ཤིང་ལས་བྱས་ན་འགས་པས་ཅི་ལས་བྱས་ན་བཟང་སྙམ་པ་ན། གནས་གཙང་མའི་ལྷ་རྣམས་ཀྱིས་ལུང་བསྟན་པ་ལྟར་རྒྱལ་པོ་ཉིད་ཀྱི་སྨིན་མཚམས་ནས་དགེ་སློང་ཨ་ཀར་མ་ཏི་ཤི་ལ་ཞེས་པ་དབུ་གཙུག་ན་ཨ་མི་དྷ་བྷ་བཞུགས་པ་ཅིག་སྤྲུལ་ཏེ་རྒྱ་གར་དུ་ཕེབས་ནས་འགྲོ་དོན་དཔག་མེད་གྲུབ། རྒྱལ་པོ་ཨ་ཏ་མ་ཏ་གེ་སར་ཞེས་པ་རྫུ་འཕྲུལ་གྱིས་བཏུལ་ཏེ་ནང་པའི་བསྟན་པར་བཙུག རྒྱལ་པོ་དཔུང་དང་བཅས་པ་འཕགས་པའི་མཐུ་ལ་བརྟེན་ནས་སྐད་ཅིག་གིས་རྒྱ་མཚོའི་འགྲམ་དུ་བྱོན་ཏེ། བྱེ་མའི་གླིང་ཞིག་ཏུ་ས་བརྐོས་པའི་འོག་ཏུ་ཙནྡན་སྤྲུལ་སྐྱེད་གི་སྡོང་པོ་བྱུང་བ་གཤགས་པས་ནང་ན་ཐུགས་རྗེ་ཆེན་པོ་བཅུ་གཅིག་ཞལ་དང་།

པོ་ཏ་ལ་ནས་ཙན་དན་གོར་ཁའི་དུམ་བུ་གནས་ཆེན་བརྒྱད་ཀྱི་བྱེ་མ། མཆོད་རྟེན་པདྨའི་འཁོར་ལོ་ཅན་ནས་རྒྱལ་བ་འཁོར་བ་འཇིག འོད་སྲུངས། ཤཱཀྱ་ཐུབ་གསུམ་གྱི་རིང་བསྲེལ་སྒྲིམ་པ་རེ་དང་བཅས་པ་སྤྱན་དྲངས་ནས་བཙན་པོར་ཕུལ། སླར་ཡང་ཡི་དམ་གྱིས་བསྐུལ་ཏེ་དགེ་སློང་དེས་བལ་ཡུལ་ནས་ཙན་དན་ཏ་རིའི་སྡོང་པོ་ལས་འཕགས་པ་ལོ་ཀེ་ཤྭ་ར་སྤྱན་དྲངས་པ་སོགས་ངོ་མཚར་ཅན་གྱི་རྟེན་བཅུ་བོད་ཡུལ་དུ་ཕྱིན་པར་བཤད་དོ། རྒྱས་པར《མཁས་པའི་དགའ་སྟོན》སོགས་ལས་ཤེས་པར་བྱའོ། །

གངས་ཅན་བོད་ཀྱི་ཡུལ་འདིར་ཤིན་ཏུ་གནའ་དུས་ནས་གླུ་ལེན་གར་རྩེ་སོགས་རྩེད་འཛོའི་རིགས་མི་འདྲ་བ་སྤྱི་དང་། ཁྱད་པར་དམངས་གླུའི་སྐོར་རིགས་མི་གཅིག་པ་དཔེར་ན། སྟོད་གཞས་དབུས་གཞས་ཁམས་གཞས་སོགས་ཡུལ་ལུང་ཐ་དད་པ་དག་ཏུ་དར་བའི་གཞས་རིགས་ཙུང་མི་འདྲ་བ་དུ་མ་དང་། དམངས་གླུ་གཞན་མདོ་སྨད་གཅིག་པུར་ཡང་རིགས་མི་འདྲ་བ་མང་པོ་ཡོད་ཅིང་། དེང་དུས་སུའང་རྒྱུན་མ་ཆད་པར་མ་ཟད་དར་ཁྱབ་ཏ་ཅང་ཆེ་བ་དང་བྲོ་ལའང་རིགས་མི་གཅིག་པ་མང་པོ་དང་ལྷག་པར་གར་གྱི་རིགས་མི་འདྲ་བ་ཡོད་པ་སྤྱི་དང་བྱེ་བྲག་སེང་གེ་དང་། འབྲོང་ཤྭ་བ་སོགས་ཀྱི་འབག་གྱོན་ནས་སྲོག་ཆགས་ཀྱི་ལད་ཟློས་ནས་གར་འཁྲབ་པ་འདི་ཡང་གནའ་དུས་ནས་བོད་ལ་དར་བ་ཞིག་ཡིན་ལ། དགོན་སྡེ་རྣམས་སུ་དར་རྒྱས་ཏ་ཅང་ཆེ་བའི་ཆོས་སྲུང་རྣམས་ཀྱི་གར་འཆམ་འདི་ཡང་ཐོག་མར་བོད་ཡུལ་གྱི་གཞི་བདག་དང་བོན་ལྷ་རྣམས་ཀྱི་གར་འཆམ་ལས་བྱུང་བ་ཞིག་ལས་རྒྱ་གར་ནས་དར་བ་ཞིག་མིན་པར་སེམས་ཏེ། རྒྱ་གར་དུ་གསང་སྔགས་ཀྱི་ལྷ་སྐུ་དང་དེའི་ཆོས་སྐྱོང་རྣམས་ཀྱི་འདྲ་འབག་གྱོན་ནས་གར་དུ་འཆམ་པ་ལྟ་ཞིག་ལྷ་སྐུ་དང་རྡོ་རྡིལ་སོགས་ཀྱང་ཚང་མའི་མཐོང་སར་མངོན་མི་རུང་བར་གསུངས་པས་ཤེས་ནུས་སོ། །

བོད་ཀྱི་ཟློས་གར་ནི་གྲུབ་ཆེན་ཐང་སྟོང་བས་གསར་སྐྲུན་གནང་བར་ཀུན་ལ་གྲགས་ཀྱང་འཐད་པར་མ་མཐོང་སྟེ། ཁྲི་སྲོང་ལྡེ་བཙན་སྐབས་སུ་བསམ་ཡས་གཙུག་ལག་ཁང་བཞེངས་གྲུབ་པའི་དགའ་སྟོན་སྐབས་སུ་ཟློས་གར་འཆམ་ཚུལ་ལོ་རྒྱུས་ཀྱི་གཞུང་མང་པོ་ལས་

གསུངས་པས་སོ། །དེས་ན་འདིའི་རིགས་ཀྱང་ཆེས་གནའ་དུས་ནས་དར་བར་གདོན་མི་ཟ་ཡང་། གྲུབ་པའི་དབང་ཕྱུག་ཐང་སྟོང་བའི་རིང་དར་རྒྱས་ཆེན་པོ་བྱུང་བ་ཡིན་ནོ། །ཞེས་ན་གནོད་བྱེད་མེད་པར་སེམས་སོ། །

ལུས་རྩལ་ཀྱང་རྟ་དང་གཡག་ལ་ཞོན་ནས་སྒྱུ་རྩལ་སྣ་ཚོགས་སྦྱོང་བ་དང་། ཨུར་ཆ་དང་། མདའ་འཕེན་པ། མདུང་དང་གྲི་རྩལ་སྦྱོང་བ་སོགས་ཀྱང་ཆེས་གནའ་དུས་ནས་ཡོད་ལ། ལྷག་པར་ཐག་མདུང་དང་། མགོ་སྒོར་འཕེན་པ། རྡོ་འདེགས་པ། ལག་རྡོ་དང་རྡོ་སྒོར་འཕེན་པ་སོགས་དང་། གཞན་ཡང་རྟ་ཐོག་སྤྱི་ལོ་རྩེད་རྩལ་ཏ་ཅང་དར་བར་རྒྱའི་ལོ་རྒྱུས་ལས་གསལ་བ་རྗེས་སུ་འགོད་པར་འགྱུར་ལ། དེར་མ་ཟད་སྤྱིར་སྤྱི་ལོའི་རིགས་ཐམས་ཅད་ཀྱི་མེས་པོ་ཡང་ནོར་གྱི་ལྷང་བུ་ལ་ཕྱིང་བུའི་འཐུམ་བརྒྱབ་ནས་རྩེ་བའི་བོད་ཀྱི་འཁྲིག་ཕྱོགས་སུ་བྱེས་པ་རྣམས་ཀྱི་རྩེ་མོར་དར་བ་འདི་ཡང་ལོ་སྟོང་ཕྲག་དུ་མའི་གོང་ནས་ཡོད་ངེས་ལ་འཛམ་གླིང་དུ་འདི་ལས་སྔ་བར་དར་བའི་སྤྱི་ལོ་མེད་པར་བསམས་པས། འདི་ནི་སྤྱི་ལོའི་རིགས་ཐམས་ཅད་ཀྱི་མེས་པོ་རེད་སྙམ། ཤ་དང་མིག་མང་གི་རྩེ་མོ་ཡང་ཤིན་ཏུ་མང་པོ་གནའ་དུས་ནས་དར་ཅིང་མདོ་དབུས་མཐོ་སྨད་ཀྱིལ་པོ་གཅིག་གྱུར་བྱས་པ་དང་བསྟན་སྲིད་བཙན་སྐབས་སུ་རིག་རྩལ་སྣ་ཚོགས་སྤར་ལས་དར་རྒྱས་ཆེན་པོ་བྱུང་བ་ནི་གཙུག་ལག་ཁང་དང་པོ་ཏ་ལ་བཞེངས་གྲུབ་པའི་དགའ་སྟོན་སྐབས་སྒྱུ་རྩལ་དང་རིག་རྩལ་མང་པོ་འགྲན་བསྡུར་གནང་བའི་ཚུལ་གཙུག་ལག་ཁང་གི་གྱིན་ཐང་སྣོག་རིས་ལས་གསལ་བས་རྟོགས་ནུས་སོ། །

བཙུན་མོ་རྣམས་སྤྱིན་དྲངས་ནས་ཁབ་ཏུ་བཞེས་ཚུལ་ནི། འདི་ལ་ལོ་རྒྱུས་བསྟན་བཅོས་སྟོན་མ་རྣམས་ལས་གསུང་བ་ཕལ་ཆེར་ཚོད་མ་ཡིན་མོད། ལོ་རྒྱུས་ཀྱི་གཞུང་འགའི་གསུངས་ཚུལ་ལྟར་བཙན་པོ་རྒྱལ་སར་བཞུགས་པའི་སྐབས་ནས་བཙུན་མོ་ཁབ་ཏུ་བཞེས་ཤིང་། བལ་བཟའ་དང་རྒྱ་བཟའ་མ་བྱོན་པའི་གོང་ནས་སྲས་གུང་རི་གུང་བཙན་འཁྲུངས་ཟིན་པ་མིན་ན། ལོ་རྒྱུས་དོན་དངོས་དང་མི་མཐུན་པའི་རྒྱུ་མཚན་མང་པོ་མཆིས་པས། བོད་ཡུལ་དབུས་ཀྱི་སའི་ཆ་སྟོད་ལུང་མང་པོ་ནས་ཞང་བློན་གྱི་བུ་མོ་རིགས་གཟུགས་ལྡང་ཚོའི་

དཔལ་ཡོན་ཡོངས་སུ་རྫོགས་ཤིང་། རྒྱལ་པོའི་བཙུན་མོར་འོས་པའི་མཁྱེན་དཔྱོད་སོགས་ཀྱིས་བརྒྱན་པའི་མོང་བཟའ་ཁྲི་ལྕམ་དང་། ཞང་ཞུང་རྒྱལ་པོའི་སྲས་མོ་ཞང་ཞུང་བཟའ་ལི་ཐིག་སྨན། མི་ཉག་རྒྱལ་པོའི་སྲས་མོ་རྒྱལ་མོ་བཙུན་རྣམས་རིམ་གྱིས་ཁབ་ཏུ་བཞེས་པ་ཡིན་ཏེ། བཙུན་མོ་ལ་སྔ་བ་མོང་བཟའ་ཁྲི་བཙུན། དེའི་ཕྱི་མ་ཞང་ཞུང་བཟའ་ཁྲི་བཙུན། དེ་ནས་ཏུ་ཡོང་བཟའ་རྒྱལ་མོ་བཙུན་ཞེས་ལོ་རྒྱུས་གཞུང་འགར་གསལ་བར་འཁོད་ཡོད་པས་སོ། །མོང་བཟའ་ཁྲི་བཙུན་ལ་སྲས་གུང་རི་གུང་བཙན་འཁྲུངས་ནས་རྒྱལ་སྲས་ལྷ་བའི་དཀྱིལ་འཁོར་བོད་འབངས་བསོད་ནམས་ཀྱི་དབང་ཕྱོགས་རི་བོའི་སྤྱོར་ལེགས་པར་ཤར་བས་བཙན་པོ་ཡབ་ཡུམ་འབངས་དང་བཅས་པ་དགའ་སྤྲོའི་དཔལ་ལ་བཀོད་དོ། །དེ་ནས་བོད་བཙན་པོའི་རྒྱལ་ཁབ་སྟོབས་འབྱོར་དར་རྒྱས་ཆེན་པོ་བྱུང་བ་དང་བསྟུན་སངས་རྒྱས་ཀྱི་བསྟན་པ་དར་ཞིང་། ཆབ་སྲིད་མངའ་ཐང་སྟར་ལས་འཕེལ་བ་སོགས་དགོས་པ་དུ་མའི་ཆེད་དུ་རྒྱ་བལ་དུ་བཞུགས་པའི་སངས་རྒྱས་ཀྱི་སྐུ་རིན་པོ་ཆེའི་གཙོས་རྟེན་གསུམ་མང་པོ་སྤྱན་འདྲེན་པ་དང་། རྒྱ་བལ་གྱི་རིག་གནས་ཕུན་སུམ་ཚོགས་པའི་དངོས་པོ་མཐའ་ཡས་པ་ཁབ་ལེན་རྡོ་ཡིས་ལྕགས་ཕྱི་འདྲེན་པ་ལྟར་བོད་ཁུལ་དུ་ངང་གིས་བསྡུ་བ་དང་རྒྱ་བལ་ལ་མཐུན་ལམ་འཛུགས་པ་སོགས་དགོས་པ་དུ་མའི་ཆེད་དུ་བལ་བཟའ་ཁྲི་བཙུན་དང་། རྒྱ་བཟའ་ཀོང་ཇོ་གཉིས་འཇིག་རྟེན་མི་ཆོས་དང་མཐུན་པར་བཙུན་མོར་སྤྱན་འདྲེན་རྒྱུའི་ཐུགས་འདུན་འཁྲུངས་ཏེ། ཉིན་ཞིག་གི་སྔ་དྲོར་བཀའ་བློན་ཆེན་པོ་རྣམས་བཙན་པོའི་སྤྱན་སྔར་གུས་ཕྱག་བྱེད་དུ་འཛོམས་ཏེ། བསྐུན་འདྲི་ལེགས་པར་བྱས་པ་ན། བཙན་པོའི་ཞལ་ནས་བདག་ཤིན་ཏུ་བདེ་བ་དང་ལྡན་ཏེ། མདང་བདག་གི་རྨི་ལམ་དུ་ནུབ་ཕྱོགས་ནས་བལ་རྗེའི་སྲས་མོ་མཛེས་མ་ཞིག་དང་། ཤར་ཕྱོགས་ནས་རྒྱ་རྗེའི་སྲས་མོ་མཛེས་མ་ཞིག་ངའི་ཁབ་ཏུ་བྱུང་ངོ་། །ཞེས་རང་ཉིད་ཀྱི་ཐུགས་ལ་དགོངས་པའི་དོན་དེ་ཉིད་མནལ་ལམ་དུ་བྱུང་བའི་ཚུལ་གྱིས་བསྟན་པ་སྟེ། ཐབས་ལ་མཁས་པའི་ངང་ཚུལ་ལྷུར་བཞེས་པ་ན། དགུང་བློན་ཆེན་པོ་མགར་དང་ཐོན་མི་གཉིས་ཀྱིས་བདག་ཅག་བློན་པོ་རྣམས་ཀྱིས་རྒྱལ་པོའི་མཚན་ལམ་དུ་བྱུང་

བའི་ལྷ་ཅིག་མཛེས་མ་བཙན་པོའི་བཙུན་མོར་སྤྱན་འདྲེན་པ་ལགས་ན་རེ་ཞིག་བར་ཆད་མི་འབྱུང་བ་སོགས་དགོས་པ་ཏུ་མའི་ཆེད་དུ་མནལ་ལམ་དེ་གཞན་ལ་མ་བཤད་པར་གསང་དགོས་ཚུལ་ཞུས་པར་གསུངས་སོ། །དེ་ནས་དེ་གཉིས་ཀྱིས་བློན་པོ་རྣམས་དང་ཁྱད་པར་གྲོང་ཁྱེར་གྱི་གཙོ་བོ་མི་བདུན་དུ་གྲགས་པའི་འབངས་མིའི་གཙོ་བོ་བློ་གྲོས་དང་ཐབས་རྩལ་ལ་མཁས་པའི་མི་བདུན་ཡོད་པ་ལ་ནང་བར་འཚོག་སྐྱེན་རེ་ཁྱེར་ལ་འོ་ཐང་གི་མཚོ་འགྲམ་ནེའུ་གསིང་དང་སྣང་བའི་ཚལ་བསྐོར་ཀ་བའི་སྟོང་པོའི་རྩར་འདུས་དགོས་པའི་བརྡ་འཕྲིན་བཏང་སྟེ། དེ་བཞིན་ཚང་མ་ལྷན་དུ་འཚོགས་པ་ན་འཚོག་ཆས་བསྡུས་པས་ཤ་ཕོག་མ་ཉམས་པ་གཅིག་རང་འགྲིག་ཏུ་བྱུང་བས། ཐོན་མི་ན་རེ། འདུན་པ་རྐྱེན་གྱིས་བཅང་བྱ་ཤིན་ཏུ་བཀྲ་ཤིས་ཅི་བསམ་འགྲུབ་པས་འདུན་རྒྱ་མ་ཆུང་ཞེས་ཟེར་བ་དང་། མགར་གྱིས་རྒྱ་བལ་གྱི་རྒྱལ་པོའི་སྲས་མོ་གཉིས་བཙན་པོའི་བཙུན་མོར་བསུ་བའི་གྲོས་མགོ་བཏོན་པ་ན་ཚང་མའི་བློ་གྲོས་གཅིག་ཏུ་མཐུན་ཏེ། བསུ་ཐབས་བཙན་པོ་ཉིད་ལ་ཞུ་བར་ཁ་འཆམ་ལྟར་བཙན་པོའི་སྔན་དུ་གསོལ་བ་ན། བཙན་པོས་ལེགས་སོ་གནང་སྟེ། ཐོན་མིའི་སྣ་དྲངས་པའི་བློན་རྟ་བ་བརྒྱ་སྟོན་ཟླ་ར་བའི་ཚེས་བརྒྱད་སྐར་མ་རྒྱལ་དང་ལྡན་པ་ལ་དམར་པོ་རི་ལ་ཉེ་མ་ཤར་བ་དང་སོང་། ལམ་ཐམས་ཅད་དུ་ཛོ་མོ་ཁྲི་གཉེར་ཅན་ལ་གསོལ་བ་ཐོབས། བལ་རྗེ་ལ་ཕྱག་རྟེན་དུ་གསེར་གྱི་དུང་ཅེ་སྟོང་། ཞུ་རྟེན་དུ་གསེར་བྱེ་བྲེ་གང་། རིན་དུ་མེའི་རིན་པོ་ཆེ་ལ་ལྷའི་རིན་པོ་ཆེས་ཁྲ་བཏབ་པའི་དྲ་བ་གཅིག་རྣམས་ཁྱེར། རྒྱལ་པོའི་བཀའ་ལུང་མི་འདྲ་བ་གསུམ་བསྟུད་མར་འོང་གིས་དེའི་ལན་དུ་སློམ་བུ་འདི་རྣམས་གོ་རིམ་མ་ནོར་བར་གཏོད་ཅིག་གསུངས་སོ། །དེར་བློན་པོ་རྣམས་དེ་ལྟར་ཕྱིན་ཏེ།བལ་རྗེའི་དྲུང་དུ་བདེ་བར་འབྱོར་ཞིང་། བློན་པོ་མགར་གྱིས་རིན་པོ་ཆེའི་དྲ་བ་བལ་རྗེའི་སྐུ་ལ་གསོལ། རིན་ཆེན་གསེར་གྱི་ཁྲབ་རིན་ཐང་གཞལ་དུ་མེད་པ་དེ་མདུན་དུ་བཞག ལོ་ཙཱ་བ་ཐོན་མིས་མཛད་ནས་མགར་གྱིས་ཁྲབ་ཀྱི་ཡོན་ཏན་བརྗོད་ཅིང་། སྲས་མོ་བོད་ཀྱི་རྒྱལ་པོའི་བཙུན་མོར་གནང་བར་གསོལ་བས། བལ་པོའི་རྒྱལ་པོ་ཁྲོས་པའི་རྣམ་པས། བདག་གི་ཡུལ་ན་དགེ་བཅུའི་ཁྲིམས་ཡོད་པས་འབངས་རྣམས་སྐྱིད་

ཚུལ། ཁྱེད་ཚོའི་ཡུལ་དུ་དགེ་བཅུའི་རྒྱལ་ཁྲིམས་མེད་པས་དེ་འཛུགས་ནུས་ན་སྟེར་ལ་མི་ནུས་ན་མི་སྟེར་བ་དང་། དམ་པའི་ཆོས་དང་སྐུ་གསུང་ཐུགས་ཀྱི་རྟེན་བཞེངས་ནུས་ན་སྟེར་དང་། མི་ནུས་ན་མི་སྟེར། འདོད་ཡོན་ལོངས་སྤྱོད་ཀུང་ཟད་མི་ཤེས་པ་སྒྲུབ་ནུས་ན་སྟེར་ལ། མི་ནུས་ན་མི་སྟེར་བ་སྟེ་དྲི་བ་གསུམ་རིམ་པ་བཞིན་བཏོན་པ་ལ། མགར་གྱིས་བལ་བོད་ལམ་ཐག་རིང་བས། འཕྲིན་རེ་ལ་ཕར་འགྲོ་ཚུར་འགྲོ་བྱས་ན་ལྷ་ཅིག་སྤྱན་འདྲེན་པའི་སྐབས་མེད་པས། ཁྱེད་ཀྱི་གསུང་ལན་སྔོང་བཙན་སྒམ་པོས་བསྐུར་བའི་བཀའ་ཤོག་སྒྲོམ་བུ་འདི་དག་ཡོད་ཚུལ་ཞུས་ནས་རིམ་པ་བཞིན་དུ་ཕུལ་བ་ལ། མཐིང་ཤོག་ལ་བལ་པོའི་ཡི་གེ་གསེར་གྱིས་བྲིས་པ་ལ་ལན་ཇི་བཞིན་བྱུང་བར་མ་ཟད། ལྷ་ཅིག་མི་སྟེར་ན་བལ་ཡུལ་དུ་སྤྲུལ་པའི་དམག་འདྲེན་རྒྱུའི་འཇིགས་སྐུལ་དང་བཅས་པ་འདུག་པས། བལ་རྗེའི་ཡིད་ལ་ངོ་མཚར་དང་འཇིགས་སྐྲག་འཕྲན་པ་བཞིན་དུ་བྱུང་སྟེ། སྲས་མོར་བོད་ལ་འགྲོ་བའི་བཀའ་བསྒོལ་བ་ན། ལྷ་ཅིག་ཁྲི་བཙུན་གྱིས། ཡབ་རྒྱལ་པོར་འདི་སྐད་ཞུས་སོ། །

ཀྱེ་ཡབ་གཅིག་རྒྱལ་པོ་བདག་ལ་ཚུར་གསོན་དང་། །བོད་ཅེས་བྱ་བ་དམངས་རིགས་གདོལ་བའི་རིགས། །ལྷུན་ཞིང་མཐའ་འཁོབ་སྟོན་པས་ཞབས་མ་བཅགས། །ཞེས་པ་ནས་རིན་ཆེན་མང་པོ་བདག་ལ་ཞུ། ཁ་བ་ཅན་གྱི་རི་རྒྱུད་བསིལ་ཞིང་གྲང་། །ཚ་གང་དྲོས་པའི་གོས་ཅིག་བདག་ལ་ཞུ། །མི་རིགས་མི་གཅིག་མི་ཡི་ཁྲོད་ནང་དུ། །བསམ་རྒྱུད་སྤྱོད་ལམ་ཇི་ལྟར་བགྱིས་ཏེ་འགྲོ། །ཡབ་གཅིག་རྒྱལ་པོས་བདག་ལ་གསུང་པར་ཞུ། །ཞེས་ཞུས་པ་དང་། །ཡབ་ཀྱིས། ཀྱེ་མིག་དང་འདྲ་བའི་བུ་མོ་ཚུར་གསོན་ཅིག བོད་ཅེས་བྱ་བ་ཁྱད་པར་འཕགས་པའི་ཡུལ། རི་མཐོ་ས་གཙང་གངས་རི་གཉན་གྱི་མགུལ། བསིལ་ཞིང་དྲོ་བ་ལྷ་གནས་གཞལ་ཡས་ཁང་། །ཆུ་བོ་བཞི་འབབ་རྒྱ་མཚོ་བཞི་ཡིས་མཛེས། །འབྲུ་སྣ་སྣ་ཚོགས་རིན་ཆེན་སྣ་ཚོགས་འབྱུང་། །རྐང་འགྲོས་དགུ་སྤྱོད་རྟེ་ཐོག་མར་ལ་སྤྱོད། །འབངས་རྣམས་མ་ཡིན་རྗེ་ནི་ལྷ་ཡིས་མཛད། །འཁོར་བཞི་མེད་ཀྱང་བྱང་ཆུབ་སེམས་དཔའི་རྒྱུད། །དམ་ཆོས་མེད་ཀྱང་རྒྱལ་པོའི་བཀའ་ཁྲིམས་གནས། །དགེ་འདུན་མེད་ཀྱང་རྒྱལ་པོ་སྤྲུལ་པ་

ཡིན། །དེ་འདྲའི་གནས་སུ་བུ་མོ་ཁྱེད་སོང་དང་། །བདག་གི་མཆོད་གནས་མི་བསྐྱོད་རྡོ་རྗེ་འདི། །ཡོན་བདག་ལྷ་ཡི་དབང་པོ་བརྒྱ་བྱིན་གྱིས། །རྒྱུ་ནི་རིན་ཆེན་སྣ་ཚོགས་ཀྱིས་གྲུབ་པ། །བཟོ་བོ་སྤྲུལ་པ་བི་ཤ་ཀ་རྨས་མཛད། །གང་ཞིག་ང་ལ་ད་ལྟར་མཆོད་བྱས་དང་། །འདས་ནས་སྐུ་གཟུགས་དམ་པ་མཆོད་པ་ལ། །ཁྱད་པར་མེད་པ་ཡིན་ཞེས་སངས་རྒྱས་གསུངས། །སངས་རྒྱས་མཆོད་པའི་བསོད་ནམས་ཚད་མེད་པ། །དེ་ཕྱིར་ཡོན་ཏན་དཔག་ཏུ་མེད་པའི་ཕྱིར། །ཡོན་ཏན་ཚད་མེད་རྒྱལ་པོའི་ཞལ་སྐྱིན་འདི། །བརྩེ་བའི་བུ་མོ་ཁྱོད་ཀྱི་མཆོད་གནས་མཛོད། །བྱམས་པ་ཆོས་ཀྱི་འཁོར་ལོ་སྐོར་བ་འདི། །རྒྱལ་པོས་བྱིན་རླབས་རང་གྲོན་ཡིན་པས་ཏེ། །འདི་མཆོད་མ་འོངས་བྱམས་མགོན་འབངས་སུ་སྐྱེས། །དེ་བཞིན་ཡོན་ཏན་དཔག་ཏུ་མེད་པར་འགྱུར། །ཞེས་སོགས་ཞལ་གདམས་རྒྱ་ཆེན་བསྩལ་ནས་ཇོ་བོ་མི་བསྐྱོད་རྡོ་རྗེའི་ཕྱོགས་བྲངས་པའི་རྟེན་གསུམ་རིན་པོ་ཆེའི་རིགས་དུ་མ། གོས་དར་སོགས་ཀྱིས་གཞང་སྐྱེས་གྱ་ནོམ་པ་བརྟབས་པ་གླང་པོ་ཆེ་ལ་བཀལ་ནས་ལྷ་ཅིག་ཁྲི་བཙུན་དང་འཁོར་རྣམས་གླང་པོ་ཆེ་དང་རྟ་ལ་ཞོན་ནས་བོད་བློན་རྟ་པ་བརྒྱ་དང་བཅས་པ་བོད་ཡུལ་དུ་ཕེབས། ལམ་བར་བྲག་དང་ཆུ་འཐབ་ས་རྣམས་སུ་ཞབས་ཐང་གིས་བྱོན། མང་ཡུལ་དུ་ཕྲུག་ཕེབས་སྐབས་ལྷ་ཅིག་རྟེའུ་དཀར་པོ་ཞིག་ལ་ཞོན། སྐུ་གསུང་ཐུགས་རྟེན་རྣམས་མཛོ་ཆེན་པོ་བདུན་ལ་བཀལ། རིན་པོ་ཆེ་གླང་པོའི་རྒྱབ་ཁལ་བདུན་ཡོད་པ་རྟ་ལྔ་བརྒྱ་ལ་བཀལ་ནས་འོངས་པས། ཐོ་བྲང་དམར་པོ་རིའི་ཉེ་འདབས་སུ་བསུ་བའི་བཀོད་པ་རྒྱ་ཆེན་པོས་བསུས་ཏེ། ལྷ་ཅིག་དང་རྒྱལ་པོ་ཞལ་མཇལ་བའི་དགའ་སྟོན་གྱི་ཡོ་ལང་རྒྱ་ཆེར་སྤྲོས་སོ། །

(འདིའི་མན་ཚོམ་འཕྲོར་ལུས།)

༄༅།།སྲོང་བཙན་གྱི་དགུང་གྲངས་སོ་བཞིར་འདོད་པའི་དོགས་དཔྱོད།

ཆོས་ཀྱི་རྒྱལ་པོ་ཆེན་པོ་སྲོང་བཙན་སྒམ་པོ་ནི་གངས་རིའི་ལྗོངས་འདིར་གཙུག་ལག་ལུགས་གཉིས་ཀྱིས་མཚོན་ལེགས་ཚོགས་སྣ་བརྒྱ་གཅིག་ཆར་དུ་འབྱེད་པའི་བྱེད་པོ་ཡིན་པར་མ་ཟད། གྲུང་རྣ་མི་རིགས་ཀྱི་དཔའ་བོ་འགྲན་ཟླ་བྲལ་བ་ཞིག་ཀྱང་ཡིན། རྒྱལ་པོ་ཆེན་པོ་གང་གི་འཁྲུངས་འདས་ཀྱི་ལོ་ཚིགས་ལ་ལོ་རྒྱུས་སྨྲ་བའི་མཁས་པ་རྣམས་ལ་བཞེད་ཚུལ་མི་མཐུན་པ་འགའ་མངའ་སྟེ།

༡. དེབ་དམར། བུ་སྟོན། གསལ་མེ། སུམ་པ། གཙུག་ཕྲེང་། ཀློང་ཆེན་སོགས་ཀྱིས་མེ་མཁའ་རྒྱ་མཚོམ་ཚུགས་གོང་གི་ལོ་བརྒྱད་པ་མེ་གླང་(སྤྱི་ལོ་༦༡༧)ལོར་འཁྲུངས་ནས་དགུང་ལོ་བརྒྱད་ཅུ་གྱ་གཉིས་པ་ས་ཁྱི་(སྤྱི་ལོ་༦༩༨)ལོར་འདས་པར་འདོད་ཅིང་། བུ་སྟོན་ཆོས་འབྱུང་དུ་འདས་ལོ་ས་ཁྱར་གསུངས་པ་ནི་ཡི་གེ་ནོར་བར་ངེས་ཏེ། དེ་ལྟར་ན་དགུང་ལོ་གོ་གསུམ་ཡིན་དགོས་པས་སོ། །

༢. དེབ་སྔོན་དང་རྒྱལ་དབང་གི་ལུགས་ལ་ས་གླང་(སྤྱི་ལོ་༦༢༩)ལོར་འཁྲུངས་ནས་དགུང་ལོ་གྱ་གཉིས་པ་ལྕགས་ཁྱི་(སྤྱི་ལོ་༧༡༠)ལོར་འདས་པར་བཞེད་དོ། །

༣. དེབ་སྔོན་གྱི་ལུགས་གཅིག་ལ་ས་གླང་(སྤྱི་ལོ་༥༦༩)ལོར་འཁྲུངས་ནས་དགུང་ལོ་གྱ་གཉིས་པ་ལྕགས་ཁྱི་(སྤྱི་ལོ་༦༥༠)ལོར་འདས་པར་བཞེད་དོ། །

༤. ཐང་ཡིག་གསར་རྙིང་དུ་འཁྲུངས་ལོ་མི་གསལ་ཀྱང་འདས་ལོ་ཡུན་ཧོས་ཁྲི་ལོ་དང་པོ་(སྤྱི་ལོ་༦༥༠)ལོར་འདས་པར་བཤད། །

༥. ཏུན་ཧོང་གཏེར་ཡིག་ཏུ་འཁྲུངས་ལོ་མི་གསལ་ཀྱང་བྱའི་ལོར་འདས་ཤིང་། ཁྱིའི་

ལོར་གསང་རྒྱ་བྱས། ཕག་གི་ལོར་གསང་རྒྱ་གྲོལ་ནས་འདད་བཏང་བར་བཤད་ཀྱང་ཁམས་གང་ཡིན་མི་གསལ་ལོ། །

དེ་ལྟར་འཁྲུངས་འདས་ཀྱི་ལོ་ཚིགས་བཞེད་ཚུལ་མི་མཐུན་པ་ཙམ་ལས། སྔོན་བྱོན་བོད་ཀྱི་ལོ་རྒྱུས་སྨྲ་བའི་མཁས་པ་ཐམས་ཅད་ཀྱིས་དཀྱུང་གྲངས་གྱ་གཉིས་བཞུགས་པར་ཐག་གིས་བཅད་ནས་གསུངས་ཤིང་དགོངས་པ་གཅིག་དང་དབྱངས་གཅིག་ཡིན་ལ། ཕྱིས་དེབ་དཀར་དུ་འཁྲུངས་ལོ་བུ་སྟོན་སོགས་དང་བསྟུན་ཅིང་འདས་ལོ་རྒྱའི་ལོ་རྒྱུས་དང་བསྟུན་ནས་དཀྱུང་གྲངས་སོ་བཞི་ལས་མ་བཞུགས་པར་བཙོས་ཤིང་། དེང་དུས་ཀྱི་མཁས་བླུན་མང་པོ་དེའི་རྗེས་སུ་འབྲངས་ནས་ལབ་རྫོལ་སྣ་ཚོགས་སྨྲ་བར་བྱེད་ཀྱང་། འདི་ལ་ཡིད་ཆེས་བྱེད་ཚོག་པའི་རྒྱུ་མཚན་ཡང་དག་སྨྲ་མཁན་ད་དུང་མ་བྱུང་ངོ་། །ཕྱིར་ཉེ་དུས་ཀྱི་མཁས་པ་ཆེན་པོ་དགེ་འདུན་ཆོས་འཕེལ་ནི། ཉིད་ཀྱིས་མཛད་པའི་རྒྱ་གར་ལམ་ཡིག་སོགས་སུ་གསལ་བར་བཞེས་པ་ལྟར་སྐུ་ཚེ་ཐོས་པ་ལ་སྐྱོལ་བའི་མཁས་པ་ཆེན་པོ་ཡིན་པར་མ་ཟད། སྐྱེས་སྟོབས་ཀྱི་ཤེས་རབ་རྨད་དུ་བྱུང་བ་མངའ་བའི་མཐུས་ཤེས་བྱ་རིག་པའི་གནས་གང་གི་སྐབས་སུ་ཡང་། གཞན་གྱི་ཟེར་སྒྲོས་ཟློས་པ་ཙམ་མ་ཡིན་པར་དྲི་མ་མེད་པའི་རིགས་པའི་དཔྱད་སྟོབས་ཀྱིས་དཀའ་གནད་ཕྱིན་ཅི་ལོག་པར་གསལ་བར་འབྱེད་པ་སོགས་ཁྱད་ཆོས་ཐུན་མོང་མ་ཡིན་པ་མང་དུ་མཆིས་ལ། ཁྱད་པར་ལོ་རྒྱུས་ཀྱི་ཐད་ཕྱི་རྒྱལ་ནས་ཏུན་ཧོང་གཏེར་ཡིག་དངོས་སུ་ཐེངས་དང་པོར་གཟིགས་ཤིང་དཔྱད་པ་དང་། སླར་བོད་དུ་ཕེབས་ནས་ཀྱང་ཐང་ཡིག་སོགས་མི་རིགས་གཞན་གྱིས་བྲིས་པའི་བོད་ཀྱི་ལོ་རྒྱུས་དང་། བཙན་པོའི་དུས་རབས་སུ་བྲིས་ངེས་པའི་རྡོ་རིང་གི་ཡི་གེ་སོགས་ལའང་ཞིབ་ཏུ་གཟིགས་ཤིང་ལེགས་པར་བརྟག་པ་དང་། གྲུབ་མཐའ་རིས་མེད་ཀྱི་མཁས་པ་རྣམས་ཀྱིས་བརྩམས་པའི་ལོ་རྒྱུས་ཡོད་ཚད་ལ་ཞིབ་ཏུ་གཟིགས་ཤིང་དེ་དག་གི་ལེགས་ཆ་ཕྱོགས་གཅིག་ཏུ་བསྡུས་ནས་དེབ་ཐེར་དཀར་པོ་བརྩམས་པ་སོགས་བྱས་རྗེས་ཤིན་ཏུ་ཆེ་བ་སྨོས་མ་དགོས་སོ། །དེབ་ཐེར་དེ་ཁོང་གི་ཐུགས་འདུན་ལྟར་ལེགས་པར་བརྩམས་གྲུབ་པ་ཡིན་ན། རང་རེའི་ལོ་རྒྱུས་ལ་སྔར་ལས་ལྷག་པའི་

འོད་སྣང་འཕར་བར་གདོན་མི་ཟ་ནའང་། སྐབས་དེར་རྐྱེན་ངན་དུ་འཛིང་བའི་དབང་གིས་མཇུག་ལེགས་པར་མ་འགྲུབ་པ་ནི་ཤིན་ཏུ་ཕངས་སོ། །དེ་ལྟ་ན་ཡང་། བོད་ཀྱི་ཁ་དཔེར། མཁས་པ་འཕྱུགས་ན་འདོམ་གང་དང་། བླུན་པོ་འཕྱུགས་ན་མཐོ་གང་གི་དཔེ་ལྟར་དེབ་དཀར་དུ་རྒྱལ་པོ་སྲོང་བཙན་སྒམ་པོའི་འཁྲུངས་འདས་ཀྱི་ལོ་ཚིགས་བཀོད་པ་དག་ཀྱང་རང་ཚིག་སྤྱི་ནང་འགལ་བ་སོགས་ཐེ་ཚོམ་གྱི་གཞི་ཤིན་ཏུ་མང་ལ། ལྷག་པར་དུ་དགུང་གྲངས་སོ་བཞིར་ཐག་གིས་བཅད་པ་ནི། གོམས་སྲོལ་གྱི་དབང་གིས་བློ་ངོར་མི་བདེ་བ་ཙམ་མ་ཡིན་པར་མི་འཐད་པའི་རྒྱུ་མཚན་ཤིན་ཏུ་མང་ཞིང་། གཟུར་གནས་རྣམ་དཔྱོད་དང་ལྡན་པ་ཞིག་ཡིན་ཕྱིན་སྲོང་བཙན་སྐབས་ཀྱི་ལོ་རྒྱུས་ཀྱི་དོན་གནད་མང་པོར་ཞིབ་ཏུ་བསམས་ན་གསུང་འདི་ལ་ཐེ་ཚོམ་མི་སྐྱེས་ཀ་མེད་ཡིན་པར་སེམས་ལ། བླུན་རྨོངས་བདག་ལའང་སེལ་བར་དཀའ་བའི་ཐེ་ཚོམ་མང་དུ་སྐྱེས་ནས་འདོད་ཚུལ་དེ་མི་འཐད་པའི་སྒྲུབ་བྱེད་དང་བཅས་པའི་རྟོགས་པ་འགའ་ཞིག་སློང་བ་ལ། བློ་དང་ལྡན་པའི་ལོ་རྒྱུས་སྨྲ་བ་རྣམས་ཀྱིས་རྒྱུ་མཚན་ཚད་མས་རྟོགས་གཅོད་ལྷུ་ཐང་བ་རེ་སྐུལ་པའི་རེ་བ་ཞུ།

གཅིག སྲོང་བཙན་འཁྲུངས་འདས་ལོ་ཚིགས་ཀྱི་རྟོགས་སློང་།

༡. དེབ་དཀར་ལས། "དོན་ལ་བྱ་ལོར་འདས་ཤིང་ཁྱི་ལོའི་མཇུག་ཏུ་གསང་བ་བརྗོལ་བར་བརྗེད། རྒྱའི་རྒྱལ་རབས་སུ་ལྕགས་ཁྱི་ལོར་གྲོངས" ཞེས་བྲིས་སམ་སྙམ་སྟེ། ཞེས་དང་། ཀུན་མཁྱེན་བུའི་བཞེད་པ་བཞིན་བྱས་ཏེ། སྲོང་བཙན་མེ་གླང་ལ་འཁྲུངས། ས་གླང་དེ་ཁྲིར་ཕེབས་པའི་ལོར་བྱས། ཞེས་པ་ནས། རང་ལོ་སོ་བཞི་བ་ལྕགས་ཁྱི་ལ་གྲོངས་ཞེས་དང་། གོང་རྗེ་བྱོན་པའི་ལོ་དང་སྲོང་བཙན་འདས་པའི་ལོ་གཉིས་ནི་རིམ་པ་བཞིན་ལྕགས་གླང་དང་ལྕགས་ཁྱི་ཡིན་པར་ལོ་རྒྱུས་ཀུན་ཁ་མཐུན་ཞིང་། གོང་འོག་གི་རྒྱལ་རབས་འདི་གཉིས་ཀྱང་མཐུན་པས་རྟོགས་དཔྱོད་ཅི་ཡང་མ་དགོས། ཞེས་སོགས་གསུངས་སོ། །

འདི་ལ་རྟོགས་པ་ཅུང་ཟད་སྨྲོང་ན།

(1) དོན་ལ་བྱ་ལོར་འདས་ཤིང་ཞེས་པ་མི་འཐད་པར་ཐལ། ཁྱི་ལོར་འདས་པའི་ཕྱིར་ཏེ། མེ་གླང་ལ་འཁྲུངས་ནས་དགུང་ལོ་སོ་བཞི་བ་ལྕགས་ཁྱི་ལ་འདས་པ་ཉིད་ཀྱིས་ཞིབ་མོའི་ལོ་ཚིགས་བསྒྲིགས་པ་འཐད་པའི་ཕྱིར་དང་། ས་བྱ་ལོར་འདས་པ་ཡིན་ན་མེ་བྱི་ལོར་འཁྲུངས་ན་མ་གཏོགས་དགུང་ལོ་སོ་བཞིར་འགྲིག་ཐབས་མེད་པའི་ཕྱིར་རོ། །ཡང་མེ་གླང་ལོར་འཁྲུངས་ནས་དགུང་ལོ་སོ་བཞི་བ་ལྕགས་ཁྱི་ལོར་འདས་པ་མི་འཐད་པར་ཐལ། དོན་ལ་བྱ་ལོར་འདས་ཤིང་ཁྱིའི་ལོར་གསང་བ་བཏྫོལ་བར་བརྟེན་རྒྱའི་ལོ་རྒྱུས་སུ་ཁྱི་ལོར་འདས་པར་བྲིས་པ་ཙམ་ཡིན་པའི་ཕྱིར་དང་། ཉིད་ཀྱིས་སྲོང་བཙན་མེ་གླང་(༦༡༧)ལ་འཁྲུངས་ནས་སོ་བཞི་བ་ལྕགས་ཁྱི་(༦༥༠)ལ་འདས་པའི་ཞིབ་མོའི་ལོ་ཚིགས་བསྒྲིགས་པ་འཐད་པའི་ཕྱིར་རོ། །

(2) གྲོངས་ནས་ལོ་གཉིས་གསང་རྒྱ་བྱས་ཤིང་ཁྱིའི་ལོ་མཇུག་ཏུ་གསང་བ་བཏྫོལ་བ་བདེན་ན། འཁྲུངས་ལོ་ཤིང་ཕག་(༦༡༥)དང་འདས་ལོ་ས་སྤྲེལ་(༦༤༨)ལོ་ཡིན་དགོས་ཏེ། དགུང་ལོ་སོ་བཞིའི་སྟེང་འདས་ནས་ལོ་གཉིས་གསང་རྒྱ་བྱས་ཏེ་སོ་དྲུག་དང་འགྲིག་དགོས་པ་གང་ཞིག གསང་བ་བཏྫོལ་བའི་ལོ་ཁྱི་ལོ་ཡིན་པས་རྒྱའི་ལོ་རྒྱུས་སུ་འདས་ལོ་དེ་ལྟར་བྲིས་པ་ཉིད་ཀྱི་རང་ལུགས་འཐད་ལྡན་ཡིན་པའི་ཕྱིར་རོ། །གསལ་བར་བཤད་ན་སོ་བཞིའི་སྟེང་འདས་སྐབས་སྤྲེལ་ལོ་(༦༤༨)དང་སོ་བཞི་མིན་ན་ལོ་གཉིས་གསང་རྒྱ་བྱས་ནས་འདད་གཏོང་སྐབས་ལྕགས་ཁྱི་(༦༥༠)དང་སོ་དྲུག་ཇི་ལྟར་འགྲིག དེས་ན་དེབ་དཀར་མཁན་པོས་རང་གི་ཚིག་ཤུགས་ཀྱིས་སྲོང་བཙན་འདས་ལོ་ས་སྤྲེལ་ལོ་(༦༤༨)ཡིན་པར་མི་འདོད་བཞིན་དུ་ཁས་ལེན་དགོས་པ་ཤིན་ཏུ་གསལ་ལམ་སླམ་སྟེ་དཔྱོད་ལྡན་རྣམས་ཀྱིས་དཔྱད་པར་བྱའོ། །

(3) ཡང་ལྕགས་ཁྱི་ལོར་འདས་པ་མི་འཐད་པར་ཐལ། ས་བྱ་ལོར་འདས་པའི་ཕྱིར་དང་། ལོ་དེར་འདས་པར་ཉིད་ཀྱིས་འཐད་ལྡན་དུ་བཞེད་པའི་ཏུན་ཧོང་གཏེར་ཡིག་ཏུ་དེ་

སྔར་བཤད་པ་གང་ཞིག ཉིད་ཀྱིས་ཀྱང་དེ་སྔར་བཞེད་པའི་ཕྱིར། རྟགས་དང་པོ་གྲུབ་སྟེ། གཏེར་ཡིག་ལས། "དེ་ནས་ལོ་དྲུག་ནས། བཙན་པོ་ཁྲི་སྲོང་ཙན་དགུང་དུ་གཤེགས་སོ། ། བཙན་མོ་མུན་ཅང་ཀོང་ཅོ་དང་དགུང་ལོ་གསུམ་བཤོས་སོ། །ཕྱིའི་ལོ་ལ་བབ་སྟེ། བཙན་པོ་མྱེས་ཁྲི་སྲོང་ཙན་གྱི་ཕྱུར་ཕྱིང་བའི་རིང་ཁང་ན་རིང་འབྱུད་ཅིང་བཞུགས་ཏེ། བཙན་པོ་སློན་ཁྲི་མང་སློན་མང་ཙན་མེར་ཀེན་བཞུགས་པར་ལོ་གཅིག ཕག་གི་ལོ་ལ་བབ་སྟེ། བཙན་པོ་ཉེར་ཀར་ན་བཞུགས་ཤིང་། བཙན་པོ་མྱེས་ཁྲི་སྲོང་ཙན་གྱི་མདའང་བཏང་བར་ལོ་གཅིག" ཅེས་བྱ་ལོར་འདས་ཤིང་ཁྱི་ལོར་ཕྱིང་བར་བཙན་པོའི་སྐུ་གདུང་སྦས་ནས་བཞག་པ་དང་། ཕག་གི་ལོར་འདད་བཏང་བར་གསལ་བར་བཤད་པའི་ཕྱིར་རོ། །རྟགས་གཉིས་པ་གྲུབ་སྟེ། དེབ་དཀར་ལས། "དོན་ལ་བྱ་ལོར་འདས་ཤིང་ཁྱི་ལོའི་མཇུག་ཏུ་གསང་བ་བརྗོལ་བར་བརྗེད། རྒྱའི་རྒྱལ་རབས་སུ་ཁྱི་ལོར་གྲོངས" ཞེས་གསུངས་པའི་ཕྱིར་རོ། །སྔོན་ལ་བྱ་ལོར་གྲོངས་ཀྱང་རྒྱའི་རྒྱལ་རབས་སུ་ཁྱི་ལོར་གྲོངས་ཞེས་བྲིས་ཞེས་བྱ་ལོར་གྲོངས་པ་རང་ལུགས་སུ་བྱས་པ་དང་། ཡང་མེ་སྤྲང་ལོར་འབྲུངས་ནས་ལྕགས་ཁྱི་ལོར་འདས་པའི་ཞིབ་མོའི་ལོ་ཚིགས་བཀོད་པ་གཉིས་དངོས་སུ་འགལ་བ་ཤེས་སླའོ། །དེས་ན་དེབ་དཀར་གྱི་ཚིག་ལ་གསལ་བར་བཤད་ན་སྲོང་བཙན་འབྲུངས་འདས་ཀྱི་ལོ་ཚིགས་ཐད་ཉིད་ལ་བཞེད་ཚུལ་མི་འདྲ་བ་གསུམ་འབྱུང་བ་སྟེ། ཤིང་ཕག(༤༧༥)ལོར་འབྲུངས་ནས་དགུང་ལོ་སོ་བཞི་བ་ས་སྤྲེལ(༤༩༨)ལོར་འདས་པར་བཞེད་པ་རིགས་པས་གྲུབ་པ་དང་གཅིག མེ་བྱི(༤༧༦)ལོར་འབྲུངས་ནས་དགུང་ལོ་སོ་བཞི་བ་ས་བྱ(༤༩༩)ལོར་འདས་པར་བཞེད་པ་ནི། ཉིད་ཀྱིས་དོན་ལ་བྱ་ལོར་འདས་ཀྱང་ཞེས་པའི་ཚིག་གིས་དངོས་སུ་ཁས་བླངས་པ་དང་གཉིས། མེ་སྤྲང(༤༧༧)ལོར་འབྲུངས་ནས་དགུང་ལོ་སོ་བཞི་བ་ལྕགས་ཁྱི(༤༥༠)ལོར་འདས་པར་སྒྲུབ་བྱེད་མང་དུ་བཀོད་ནས་ཞིབ་མོའི་ལོ་ཚིགས་བསྒྲིགས་པ་དང་གསུམ་མོ། །

(4) སྲོང་བཙན་འདས་པའི་ལོ་ལྕགས་ཁྱི་ཡིན་པར་ལོ་རྒྱུས་ཀུན་ཁ་མཐུན་ཞིང་རྒྱའི་རྒྱལ་རབས་དང་ཏུན་ཧོང་གཏེར་ཡིག་གཉིས་ཀྱང་མཐུན་ཞེས་པ་འདི་མི་འཐད་པར་ཐལ།

དེབ་དམར་དང་། བུ་སྟོན་ཆོས་འབྱུང་། རྒྱལ་རབས་གསལ་མེ། དེབ་དམར་གསར་མ། མཁས་པའི་དགའ་སྟོན། སུམ་པའི་ཆོས་འབྱུང་སོགས་ལོ་རྒྱུས་ཤིན་ཏུ་མང་བོས་དེ་ལྟར་མི་འདོད་པའི་ཕྱིར་དང་། དེ་དག་གིས་མེ་སླང་(༤༧༩)ལ་འཁྲུངས་ནས་དགུང་ལོ་གྱ་གཉིས་པ་ས་ཁྱི་(༤༨༢)ལ་འདས་པར་ཞལ་མཆུངས་པའི་ཕྱིར་རོ། །སྤྱི་ལོ་(༤༧༩)འཁྲུངས་ནས་ལོ་གྱ་གཉིས་པར་འདས་པ་ཡིན་ན་སྤྱི་ལོ་(༤༨༢)ཡིན་དགོས་པ་ནི་སློབ་ཆུང་སློབ་མས་ཀྱང་ཤེས་པའི་རྒྱུན་ཤེས་ཡིན་ནོ། །

གཞན་ཡང་། ཀུན་མཁྱེན་བུས་མེ་སླང་ལ་འཁྲུངས་ནས་གྱ་གཉིས་བཞུགས་པར་གསུངས་པ་ལས་དྲུག་ཅུ་སྐོར་གང་གི་མེ་སླང་ཡིན་པར་གསལ་བར་མ་གསུངས་པས་སྤྱི་ལོ་(༤༧༩)ལོའི་མེ་སླང་ཡིན་མིན་ཐེ་ཚོམ་ཡོད་མོད། གང་ལྟར་བྱས་ཀྱང་མེ་སླང་ལ་འཁྲུངས་ནས་གྱ་གཉིས་ཐོག་འདས་ན་ས་ཁྱི་ལས་འོས་མེད་ལ། ལྷག་པར་ལོ་རྒྱུས་དེར་དགུང་ལོ་གྱ་གཉིས་ཞེས་གསལ་བར་གསུངས་ཡོད་པས་སོ་བཞིའི་ཞེ་འདོད་དང་མཐུན་པའི་སྐབས་མེད་པ་ཤེས་སླ་སླམ་མོ། །ཡང་ཏུན་ཧོང་གཏེར་ཡིག་ཏུ་འདས་ལོ་བྱ་ལོ་ཡིན་པར་བསྟན་པ་ཙམ་ལས་ལོ་ཁམས་གང་ཡིན་མི་གསལ་ལ། ལུགས་ཁྱི་ཕར་ཞོག་ཁྱི་ལོ་ཡིན་པར་ཡང་མི་འདོད་པ་བཤད་ཟིན་ཏོ། །དེས་ན་དེབ་དཀར་གྱི་ཚིག་འདི་དག་ལ་ལེགས་པར་བསམས་ན་ཐེ་ཚོམ་གྱི་གཞི་མང་དུ་སྣང་བས་ལེགས་པར་དཔྱད་དགོས་པར་སྣང་ངོ་། །

༢. དེབ་དཀར་དུ། ཀུན་མཁྱེན་བུའི་བཞེད་པ་བཞིན་བྱས་ཏེ། སྤྱོད་བཙན་མེ་སླང་ལ་འཁྲུངས། ས་སླང་དེ་ཁྲིར་ཕེབས་པའི་ལོར་བྱས་ཞེས་པ་ནས་དེ་ཐམས་ཅད་དྲུག་ཅུ་སྐོར་གཅིག་གི་ནང་དུ་རྒྱང་རྩིས་བྱས་ན་རྒྱུ་མཚན་ཆེ་སྙམ་ཞིང་། སོགས་གསུངས་པ་འདི་ལ་ཡང་དོགས་པ་མང་དུ་མཆིས་ཏེ། གོང་ནས་བཤད་པ་བཞིན་བུ་སྟོན་གྱི་བཞེད་པ་མེ་སླང་དེ་སྤྱི་ལོ་(༤༧༩)ལོའི་མེ་སླང་ཡིན་པའི་ཤེས་བྱེད་དཀའ་སླམ་ལ། མཁས་པ་འགས་ལོ་དེ་ཉིད་ཡིན་པར་གསུངས་པས་ཡིན་དུ་ཆུག་ཀྱང་། ཏུན་ཧོང་ཡི་གེ་དང་རྒྱའི་ལོ་རྒྱུས་སུ་སྤྱོད་བཙན་དགུང་ལོ་སོ་བཞི་ལས་མ་བཞུགས་པར་མ་བཤད་ཅིང་། ཐ་ན་འཁྲུངས་ལོ་གང་ཡིན་གྱི་སྐོར

ཙམ་ཡང་མེད་ལ། བོད་ཀྱི་མཁས་པ་རྣམས་ལ་སྦྱོང་བརྩོན་འབྲུངས་འདས་ཀྱི་ལོ་ཚིགས་ཐད་འདོད་ཚུལ་མི་མཐུན་པ་ཡོད་བཞིན་དུ། བུ་སྟོན་གྱི་བཞེད་པ་འདི་ཉིད་དང་བསྟུན་པའི་རྒྱུ་མཚན་ཅི་ཡིན་ནམ། དེ་ལས་དེབ་སྔོན་དང་བསྟུན་ནས་དྲུག་ཅུ་སྐོར་སྔ་མའི་ས་གླང་(༥༤༩)ལ་འཁྲུངས་ནས་དགུང་ལོ་གྱ་གཉིས་པ་ལྕགས་ཁྱི་(༥༥༠)ལ་འདས་པར་བྱས་ན། ལོ་རྒྱུས་སྨྲ་བའི་མཁས་པ་ཡོངས་ཀྱི་གཙུག་གི་ནོར་བུ་འགོས་ལོ་ཙཱ་བའི་རྗེས་སུ་འབྲངས་པ་ཡིན་པས། གཙོ་བོའི་དོན་ལ་མི་སླུའི་ཕྱིར་གཞན་ལ་ཡང་རྗེས་སུ་དཔག་པ་ཡིན། ཞེས་པ་ལྟར་རྒྱུ་མཚན་འཐད་ལྡན་མང་པོ་ཡོད་ངེས་ལ། གངས་ཅན་མཁས་པ་ཀུན་གྱིས་མགྲིན་གཅིག་ཏུ་གསུང་བའི་དགུང་ལོ་གྱ་གཉིས་ཀྱི་གཏན་སྲོལ་དང་ཡང་འགལ་བར་མི་འགྱུར་བ་དང་། ཐང་ཡིག་སོགས་རྒྱའི་ལོ་རྒྱུས་དང་ཡང་མི་འགལ་ཞིང་། ཏུན་ཧོང་གཏེར་ཡིག་དང་ཡང་ཕལ་ཆེར་མཐུན་པས་ལེགས་པར་སེམས་ལ། དེ་ལྟར་བྱས་ཚེ་གོང་ཇོ་བསུས་པའི་ལྕགས་གླང་(༥༥༡)ལོར་སྲོང་བཙན་དགུང་ལོ་དོན་གསུམ་བཞེས་པར་འགྱུར་བས་ག་ལ་འཐད་སྙམ་ན། སྐྱོན་མེད་དེ་བཀས་བཀོད་རྒྱུད་འཛིན་གྱི་སྒྲི་ཚོགས་སུ་སྲོང་བཙན་ལྷ་བུའི་རྒྱལ་པོ་ཆེན་པོ་ལྷ་ཞོག་ཡུལ་དཔོན་ཚང་བ་རྣམས་ཀྱིས་ཀྱང་རང་ཉིད་ལོ་དྲུག་ཅུའམ་བདུན་ཅུ་ཡིན་ཅུང་བུ་མོ་ལོ་བཅོ་བརྒྱད་ཅན་བག་མར་བསུས་པའི་ལོ་རྒྱུས་ཤིན་ཏུ་མང་བས་ཡ་མཚན་རྒྱུ་གཏན་ནས་མེད་ལ། ལྷག་པར་སྲོང་བཙན་དང་གོང་ཇོ་གཉིས་ནི་ཐུན་མོང་མིན་པའི་དབང་དུ་བྱས་ན་སྤྲུལ་རས་གཟིགས་དང་སྒྲོལ་མ་གཉིས་འགྲོ་བའི་དོན་དུ་རྒྱལ་པོ་དང་བཙུན་མོའི་རྣམ་པར་བྱོན་པ་ཡིན་ཞིང་། དགུང་ལོ་ཆེ་ཆུང་གི་དོགས་པ་དེ་ག་ལ་དགོས། ཐུན་མོང་གི་དབང་དུ་བྱས་ན་བོད་ཀྱི་རྒྱལ་པོས་རྒྱ་བཟའ་ཁབ་ཏུ་བཞེས་པ་ནི་སྐབས་དེའི་སྲིད་ཀྱི་དགོས་མཁོ་ཁོ་ནར་དམིགས་པ་ཡིན་ལ། ཐང་གིས་གོང་ཇོ་བག་མར་བཏང་བ་ཡང་ཆབ་སྲིད་ཀྱི་ཆེད་ཁོ་ན་ཡིན་པ་དང་། རྒྱའི་ལོ་རྒྱུས་ལྟར་ན་ཡུན་ཁྲིན་གོང་ཇོ་ནི་ཐང་ཐེ་ཙོང་གི་སྲས་མོ་དངོས་མིན་ཞིང་རྒྱལ་རྒྱུད་ཀྱི་སྲས་མོ་ཞིག་ལ་གོང་ཇོའི་ཐོབ་ཐང་གནང་ནས་བོད་ལ་བཏང་ཚུལ་གསལ་བས། རྒྱ་བོད་ཀྱི་མཐུན་ལམ་འཛུགས་པ་སོགས་རྒྱལ་སྲིད་དོན་ཆེན་གྱི་ཆེད་དུ་ཕོ་བྲང་ནང་གི་བུ་མོ་ཞིག་ལ་

ཀོང་ཇོའི་ཐོབ་ཐང་གནང་ནས་བོད་ལ་བག་མར་སྟེར་བ་ལ། སྲིད་ཀྱི་དམིགས་ཡུལ་དང་འོས་འགན་དེ་དག་འགྲུབ་ཐུབ་མིན་བལྟ་བ་ལས་རྒྱལ་པོའི་ལོ་ཚོད་ག་འདྲ་ཡིན་པ་དང་ལོ་ནུས་ཕྱར་ཁམ་ཐུན་མིན་གྱི་རྩིས་ག་ལ་བྱེད་སྲིད་སྙམ་ལ། འགོས་ཀྱིས་ཀྱང་སྲོང་བཙན་གྱི་འཁྲུངས་ལོ་ས་གླང་(༥༦༩)དུ་བྱས་ན་རྒྱ་བཟའ་ཁབ་ཏུ་བཞེས་སྐབས་དགུང་ལོ་དོན་གསུམ་ཡིན་དགོས་པ་མ་དགོངས་པ་ག་ལ་ཡིན་ཏེ། ཐང་གིས་ཐོག་མར་སྲིད་བཟུང་དུས་ས་སྟག་(༦༡༨)ལོར་སྲོང་བཙན་དགུང་ལོ་ལྔ་བཅུ་ཡིན་པ་དང་། དེ་ནས་ལོ་དགུ་བ་མེ་ཁྱི་(༦༢༦)ལོར་ཐེ་ཙུང་གིས་སྲིད་བཟུང་བ་དང་། དེ་ནས་ལོ་དགུ་བ་ཤིང་རྟ་(༦༣༤)ལ་བོད་རྒྱལ་ལ་སྐྱེས་བསྐུར་རེས་མཛད་ཅིང་སྲས་མོ་བསླངས་པས་མ་བྱིན་པར་བོད་ཁྲོས་ནས་ལོ་བརྒྱད་ལ་རྒྱ་དང་འཐབ་པ་དང་ལྕགས་གླང་(༦༤༡)ལ་ཀོང་ཇོ་བོད་དུ་ཕེབས་པ་སོགས་དེབ་སྔོན་དུ་གསལ་བར་གསུངས་པས། ས་སྟག་ལོར་(༦༡༨)དགུང་ལོ་ལྔ་བཅུ་ཡིན་ན་དེ་ནས་ཉེར་གསུམ་པ་ལྕགས་གླང་(༦༤༡)ལ་དགུང་ལོ་དོན་གསུམ་ཡིན་དགོས་པ་འདི་འདྲ་ལ་གཙུག་ལག་རབ་འབྱམས་སྨྲ་བའི་མཁས་མཆོག་ཡེ་བཟང་རྩེ་བ་ལྟ་བུར་རྨོངས་པའི་གོ་སྐབས་ག་ལ་ཡོད། ཁོང་ལ་འདི་ལྟར་བཤད་ན་རྒྱལ་པོ་དང་བཙུན་མོ་དགུང་ལོ་ཆེ་ཆུང་གི་ཁྱད་པར་ཆེ་བས་མི་རིགས་པའི་དོགས་པ་ཙམ་ཡང་མ་སྐྱེས་པ་ནི་སྐབས་དེའི་སྤྱི་ཚོགས་སྟེང་དེ་འདྲ་ཤིན་ཏུ་མང་པོ་དངོས་སུ་གཟིགས་པའི་རྐྱེན་གྱིས་ཡིན་ལ། རང་རེར་དེ་ལྟར་བཤད་ན་བློ་ངོར་མི་བདེ་བའི་དོགས་པ་མང་པོ་སྐྱེས་སླ་བ་ནི་སྤྱི་ཚོགས་སྟེང་དེ་ལྟ་བུའི་སྣང་ཚུལ་མ་མཐོང་བའི་སྟབས་ཀྱིས་ཡིན་ནམ་སྙམ་མོ། །

འོན་ཀྱང་མི་རེ་འགས་ཀོང་ཇོ་ཐོག་མར་སྲས་གུང་སྲོང་གི་བཙུན་མོར་བསུས་ཤིང་། གུང་སྲོང་འདས་རྗེས་རྒྱལ་པོ་ཉིད་ཀྱིས་ཁབ་ཏུ་བཞེས་པར་སྨྲ་བ་ནི། རང་ཉིད་ཀྱིས་རྣམ་པ་ཐམས་ཅད་དུ་ཚད་མར་འཛིན་པའི་ཐང་ཡིག་དང་ཏུན་ཧོང་གི་ཡི་གེ་སོགས་དང་དངོས་སུ་འགལ་ཞིང་། མཁས་པའི་གསུང་གང་དང་ཡང་མི་མཐུན་པས་མི་འཐད་པ་བཤད་མ་དགོས་ཤིང་། སྲས་འདས་རྗེས་མནའ་མ་ཁབ་ཏུ་བཞེས་པ་ཡིན་ནོ་ཞེས་འཛམ་གླིང་འཛིན་མའི་

ཁྲིན་ལ་སྟོན་གྲགས་ཀྱི་ཛ་ཆེན་ལྷིར་ཞིང་བོད་ཀྱི་ལོ་རྒྱུས་ཐོག་མི་ཆོས་དང་ལྷ་ཆོས་གང་གི་ཐད་དུའང་མཛད་རྗེས་ཧ་ཅང་ཆེ་བའི་རྒྱལ་པོ་ཆེན་པོ་དེ་ལ་དེ་ལྟ་བུའི་སྤྱོད་ཚུལ་ཞིག་ག་ལ་ཡོད། དེ་བས་གོང་གི་དེ་ལྟར་བཤད་ན་སློ་ངོར་བདེ་ཙམ་ཡིན་མོད། འདི་ལའང་འགོས་ཀྱི་རིང་ལུགས་དངོས་དང་བསྟན་བསྒྱུར་ལྟ་བུགས་བྱ་སོགས་དཔྱད་པར་བྱ་བའི་རྣམ་གྲངས་ཤིན་ཏུ་མང་བ་འོག་ནས་རིམ་བཞིན་ཤེས་པར་འགྱུར་ལ། རྒྱ་བཟའ་ཀོང་ཇོ་བོད་ཀྱི་ལོ་རྒྱུས་རྣམས་སུ་རྒྱལ་པོའི་སྲས་མོ་དངོས་ཡིན་པར་བྲིས་པ་དང་། རྒྱ་ནག་གི་ལོ་རྒྱུས་སུ་དངོས་མིན་པར་བྲིས་པ་ལ་ཡང་རྒྱུ་མཚན་གལ་ཆེན་ཞིག་ཡོད་སྙམ་མོད། འདིར་ཡིག་ཚོགས་ལ་འཇིགས་ནས་མ་བྲིས་སོ། །

༣. དེབ་དཀར་ལས། “ཁོང་རྣམས་བརྒྱད་ཅུ་བཞུགས་ཟེར་བ་དེ་ཡང་རྒྱུད་ཀྱི་ལུང་བསྟན་ཞིག་ལ་བརྟེན་པ་ཙམ་ཡིན་ལ། རྒྱུད་ཚིག་དེའི་དོན་ཡང་ཆེས་གཞན་ཞིག་ཡིན་མོད་ཀྱི། སྐབས་སུམ་བབས་པས་འདིར་མ་སྤྲོས་སོ། །” གསུངས། རྒྱུད་ཚིག་ནི། “ལྷ་ལྡན་ཡུལ་ཞེས་བྱ་བ་ཡི། །གངས་ཅན་རི་ཡི་ནང་གནས་པས། །རྒྱལ་པོ་མི་ཡི་ལྷ་ཞེས་བྱ། །” ཞེས་པ་ནས། “ལོ་ནི་བརྒྱད་ཅུར་རྒྱལ་སྲིད་བྱེད། །” ཅེས་སོགས་འཇམ་དཔལ་རྩ་རྒྱུད་ཀྱི་ཚིག་འདི་དག་ཡིན་ལ། འདི་ནི་སྔོན་ཆད་བོད་ཀྱི་ལོ་རྒྱུས་སྨྲ་བའི་མཁས་པ་ཐམས་ཅད་ཀྱིས་སྲོང་བཙན་གྱི་ལུང་བསྟན་དུ་འཆད་ཅིང་། དོན་གཞན་དུ་མ་བསྟན་པས་འཐད་པར་སེམས་ལ། ཉིད་རྣམ་དཔྱོད་འགྲན་ཟླ་དང་བྲལ་ཞིང་ལེགས་སྦྱར་ལ་ཡང་ཤིན་ཏུ་མཁས་པས་ཆེས་གཞན་པ་ཕར་ཞོག་ཙུང་ཟད་གཞན་པའི་དོན་རེ་གསུང་རྒྱུ་ཡོད་ན་ཡང་སྐབས་དེར་མི་འཆད་ན་ནམ་འཆད་གསང་དགོས་དོན་གཏན་ནས་མེད་དོ། །འོན་ཀྱང་དེའི་དོན་གང་ཡིན་ན་ཡང་ལོ་རྒྱུས་རྣམས་སུ་སྲོང་བཙན་དགུང་ལོ་གྱ་གཉིས་བཞུགས་པར་གསུངས་པ་ནི་ལུང་བསྟན་འདི་ལ་བརྟེན་པ་ཙམ་མ་ཡིན་པར་སྔོན་གྱི་ཡིག་རྙིང་དག་ལ་བརྟེན་ནས་བྲིས་པར་ཐེ་ཚོམ་བྱེད་མི་དགོས་ཏེ། གལ་ཏེ་དེ་ལ་བརྟེན་ནས་བྲིས་པ་ཡིན་ན། བརྒྱད་ཅུ་མ་གསུངས་པར་གྱ་གཉིས་ཞེས་ལྷག་པ་ལོ་གཉིས་གསུངས་དོན་གང་ཡིན་ནམ། སྲོང་བཙན་འཁྲུངས་

འདས་ཀྱི་ལོ་ཚིགས་ཀྱང་ལོ་ཁམས་མི་མཐུན་པ་ཙམ་ལས་སླད་དང་ཕྱི་ཡིན་པར་སྔ་ཕྱིའི་ལོ་རྒྱུས་ཐམས་ཅད་མཐུན་པ་འདི་ཡང་ཇི་ལྟར་འབྱུང་། ལོ་སྟོང་ཕྲག་ལྔག་ས་འོག་ཏུ་གཟིམ་པའི་ཏུན་ཧོང་གཏེར་ཡིག་དང་། མི་རིགས་གཞན་པས་བྲིས་པའི་རྒྱའི་ལོ་རྒྱུས་དང་། བོད་ཀྱི་མཁས་པས་བརྩམས་པའི་ལོ་རྒྱུས་རྣམས་སུ་ཡོངས་གྲགས་ལོ་རྒྱུས་ཀྱི་འགངས་མང་པོ་མ་བགྲོས་གཅིག་མཐུན་བྱུང་བའི་རྒྱུ་མཚན་ཅི་ཡིན་ནམ། རྒྱལ་པོ་སོགས་ཀྱིས་མཛད་པ་ལ་རྗེས་སུ་དཔགས་ནས་རྒྱུད་ཚིག་སོགས་དང་མཐུན་པ་བྱུང་ན་ཚིག་དེ་ནི་མི་དེའི་ལུང་བསྟན་ཡིན་པར་འཆད་པའི་སྲོལ་ཞིག་ཡོད་པ་ལས། ལོ་རྒྱུས་རྫུན་བཟོ་བྱས་ནས་རྒྱུད་ཚིག་དང་མཐུན་ཐབས་བྱས་ཏེ་ལུང་བསྟན་དང་བཙུན་གྱིས་སྐྲིག་ཐབས་བྱེད་མཁན་ཞིག་གང་ན་སྣང་། རྒྱུ་མཚན་དེ་དག་གི་ཕྱིར། བོད་ཀྱི་ལོ་རྒྱུས་རྣམས་སུ་སྤྱོད་བཙུན་དགུང་ལོ་གྱ་གཉིས་བཞུགས་པར་གསུང་བས་མཚོན་དོན་གནད་གལ་ཆེན་ཡོད་ཚད་སྟོན་གྱི་ཡིག་རྙིང་དག་གཞིར་བྱས་ནས་བྲིས་པ་ནི་སུས་ཀྱང་བསྙོན་མི་ནུས་སོ། །དེ་ལྟ་ན་ཡང་ཕྱིས་བྱོན་དག་གིས་བསྲེས་སླད་བྱས་པའང་མཆིས་པས་དཔྱད་དགོས་པའང་མང་དུ་སྣང་སྙམ་ཏུ་སེམས་སོ། །

༤. དེབ་དཀར་ལས། “བོད་གྱི་བྱམས་མ་ཞེས་བྱ་བའི་ལོ་རྒྱུས་སུ་ཡང་། སྤྱོད་བཙུན་བོན་ལ་སྨྲང་བས་དགུང་ལོ་སོ་དྲུག་ལས་མ་ཐུབ་ཅེས་བྲིས་པ་དེ་ཡང་། གྲོངས་ནས་ལོ་གཉིས་གསང་རྒྱ་བྱས་ཚུལ་རྒྱལ་རབས་ཀ་པར་གསལ་བ་དེ་དང་འགྲིག་འདུག་པས། སྐྱེས་བུ་མང་དུ་སྨྲ་བ་ལ། བདེན་པའི་དོན་གཅིག་མེད་པ་མིན་གསུངས་པ་ལྟར་སྣང་ངོ། །” ཞེས་གསུངས། སྤྱིར་བོན་ནི་ལོ་རྒྱུས་རིང་ཞིང་གནའ་དུས་སུ་བྲིས་ངེས་པའི་ལོ་རྒྱུས་ཤིག་ཡིན་ཕྱིན་ཚད་མར་འཛིན་འོས་པ་བཤད་མ་དགོས་ཀྱང་། བོན་ལ་ཡང་དར་རྒུད་མང་དུ་བྱུང་བའི་དབང་གིས་གནའ་དུས་ཀྱི་དཔེ་རྙིང་ཤིན་ཏུ་དཀོན་ལ། ཕྱིས་གཏེར་མ་དང་བརྩམས་དཔེ་མང་དུ་འཕེལ་བ་ལ་བརྟེན་ནས་རྣམ་ཀུན་ཡིད་ཆེས་ཚོག་པའི་ལོ་རྒྱུས་ཅུང་དཀའ་བར་སྣང་ལ། བདག་གིས་བྱམས་མ་དངོས་སུ་མ་མཐོང་ཡང་གཞན་གྱི་ལོ་རྒྱུས་དེའི་ཚིག་དྲངས་པ་ལས་འདི་ལྟར་འབྱུང་སྟེ། “ཐོག་མར་གྲི་གུམ་བཙན་པོས་བོན་བསྣུབས་པས་དགུང་ལོ་སོ་

དྲུག་ལས་མ་ཐུབ་པ་དང་། བར་དུ་སྲོང་བཙན་པོད་ལ་སྣང་བས་དགུང་ལོ་སོ་དྲུག་ལས་མ་ཐུབ་པ་དང་། མཐའ་མར་ཁྲི་སྲོང་ལྡེ་བཙན་གྱིས་བོད་བསྐྱབས་པས་དགུང་ལོ་སོ་དྲུག་ལས་མ་ཐུབ།" ཅེས་བྲིས་འདུག་ཟེར། འདི་ལ་ཡ་མཚན་མི་སྐྱེས་སམ། བོད་བསྐྱབས་པ་དང་སྣང་བའི་རྒྱལ་པོ་ཐམས་ཅད་དགུང་ལོ་སོ་དྲུག་ལས་མི་ཐུབ་པའི་རྒྱུ་མཚན་ཅི་ཡིན་ནམ། ལོ་གཅིག་གཉིས་རེའང་མང་ཉུང་ཡོད་ན་མི་ཚོག་པར་སོ་དྲུག་འབའ་ཞིག་ཡིན་པར་བྲིས་པ་འདི་ལ་རྒྱུ་མཚན་གཞན་ཞིག་ཡོད་པའང་སྲིད་ལ། ཡང་ན་ཁྲི་རལ་བ་ཅན་ཆོས་ལ་དགའ་ཆེས་པས་དབས་སྟག་སྣ་ཅན་སོགས་བདུད་བློན་རྣམས་ཀྱིས་དགུང་ལོ་སོ་དྲུག་སྟེང་བསྒྲངས་པར་སྟོན་གྱི་ལོ་རྒྱུས་རྣམས་སུ་བཤད་པ་འདི་ལ་བརྟེན་ནས་ཕྱིས་ཀྱི་ཕྱོགས་བོད་ཀྱི་ལོ་རྒྱུས་སྒྲུབ་རྣམས་ཀྱིས་བོད་བསྐྱབས་མཁན་རྒྱལ་བློན་དག་ལ་འཇིགས་སྣང་བསྐྱལ་ཆེད་འདི་ལྟ་བུའི་ཚིག་བྲིས་པའང་སྲིད་སྙམ་སྟེ་དཔྱད་པར་བྱའོ། །

༥. ཏུན་ཧོང་གཏེར་ཡིག་ཏུ། "བཙན་མོ་མུན་ཅང་ཀོང་ཇོ་དང་དགུང་ལོ་གསུམ་བཞེས་སོ།།" ཞེས་པའི་ཚིག་འདི་ལ་བརྟེན་ནས་དེབ་དཀར་དུ་མགར་གྱིས་གཡོ་བྱས་ནས་ཀོང་ཇོ་རྗེ་ལ་མཇལ་ཏུ་མ་བཅུག་པར་ཡུན་རིང་འགོར་ཚུལ་བྲིས་པ་དེ་ཡང་རྒྱུ་མཚན་ཅན་དུ་འདུག་ཟེར་ཡང་དེབ་སྔོན་སོགས་ཡོངས་གྲགས་ཀྱི་ལོ་རྒྱུས་ཚད་ལྡན་གང་དུའང་མགར་གྱིས་གཡོ་བྱས་ནས་ལམ་དུ་ལོ་མང་པོ་འགོར་དུ་བཅུག་པའི་ཚིག་ཟུར་ཙམ་ཡང་མེད་ལ། ཡོངས་གྲགས་ལོ་རྒྱུས་རྣམས་སུ་མགར་རྒྱ་ནག་ནས་འཕྲལ་དུ་ཡོང་མ་ཐུབ་པས་ཀོང་ཇོས་མགར་ལ་སྒྲུག་ཆེད་ལམ་ནས་ཟླ་འགའ་འགོར་བ་དང་། དབུས་ལ་སླེབས་རྗེས། རྒྱ་ནག་རྒྱལ་པོས་བོད་ལ་ཉེ་རིང་བྱས་ཤིང་ཀོང་ཇོ་རང་གིས་ཀྱང་བོད་ལམ་འདོད་པའི་རྣམ་འགྱུར་བསྟན་པ་ལ་མགར་གྱིས་འཁོན་དུ་བཟུང་བ་དང་། བལ་བཟའ་ཁྲག་དོག་བྱས་པ་སོགས་ཀྱི་རྐྱེན་བྱས་ནས་རྒྱལ་པོ་ལ་མཇལ་དུ་མ་བཅུག་པར་ཟླ་འགའ་འགོར་བའི་གནས་ཚུལ་བྲིས་པ་བདེན་མིན་མི་ཤེས་ཀྱང་ལོ་མང་པོ་དེ་འདྲ་འགོར་བར་མ་གསུངས་ལ། གལ་ཏེ་ལམ་ནས་ལོ་མང་པོ་འགོར་ཟེར་ན། རྒྱ་ནག་ས་ཐོག་ནས་འགོར་ཟེར་རམ། བོད་ཀྱི་ས་ཐོག་ནས་འགོར་ཟེར།

དང་པོ་མིན་ངེས་ཏེ། རྒྱ་ནག་གི་ཡུལ་དུ་སྐབས་དེ་ནས་འགྲིམ་འགྲུལ་ཙུང་སྟབས་བདེའི་ཁྲིམས་ལུགས་ཀྱང་བཙན་ཅིང་ཞིབ་པས་དེ་འདྲའི་གོ་སྐབས་ག་ལ་ཡོད། གཉིས་པ་ཡང་མིན་ངེས་ཏེ། ཐང་ཡིག་ཏུ་བོད་ཀྱི་ས་མཚམས་སུ་འགྱུར་སྐབས་བཙན་པོ་དངོས་སུ་ཕེབས་ནས་མཇལ་འཕྲད་གནང་བའི་ཚུལ་ཞིབ་ཏུ་འཁོད་པ་འཐད་པར་ཉིད་ཀྱིས་ཀྱང་བཞེད་པའི་ཕྱིར་རོ། །དེར་མ་ཟད་རྒྱ་ནག་གི་བློན་ཆེན་ཙང་ཞ་བང་ལི་ཧོ་ཙུང་དཔུང་དང་བཅས་པ་དང་། བོད་ཀྱི་མགར་བློན་ཧ་བ་བརྒྱ་སོགས་དང་། ཞལ་ཏ་མ་མང་པོ་དང་བཅས་ཏེ་ཇམ་ཟེལ་དཔག་མེད་ཀྱིས་ཕེབས་པ་ལས། མགར་དང་ཀོང་ཇོ་གཉིས་ཙམ་མདོན་ཆུང་གིས་ཕེབས་པ་མིན་པས་ཡུན་རིང་པོ་ལོ་དྲུག་ཙམ་འགོར་ག་ལ་སྲིད། ཐང་ཡིག་ཏུ་རྒྱ་ནག་གོང་མས་མགར་གྱི་བློ་གྲོས་ལ་ཡིད་སྨོན་སྐྱེས་ཏེ། ལང་ཡ་ཀོང་ཇོའི་ཚ་མོ་ཞིག་ཆུང་མར་སྦྱལ་བའི་སྐབས། མགར་གྱིས་ཕྲན་ལ་ཡུལ་དུ་ཆུང་མ་ཡོད་པ་དང་། བཙན་པོས་ཀོང་ཇོའི་ཞལ་མ་མཇལ་བར་བདག་གིས་འདི་ནས་ཆུང་མ་ལེན་མི་འོས་ཞེས་ཞུས་པས་གོང་མ་ཐུགས་དགྱེས་པར་གྱུར་ཚུལ་གསལ་བ་འདིས་ཀྱང་མགར་གྱི་རང་བཞིན་ཤེས་མི་ནུས་སམ། མགར་ནི་དེས་མཛངས་དཔའ་རྩོད་འགྲན་ཟླ་དང་བྲལ་བ་གནམ་འདེགས་ས་གནོན་ཐུབ་མཁན་ཞིག་ལས་བྱ་བ་ངན་པ་དེའི་རིགས་བྱེད་མཁན་ཞིག་ག་ལ་ཡིན། ཏུན་ཧོང་ཡི་གེ་དེའི་མགོ་ཏུལ་ནས་མི་ཚང་བའི་དབང་གིས་གོ་བ་ལེན་དཀའ་བས་དོན་ཅི་ཡིན་གསལ་བར་བཤད་དཀའ་ནའང་། རྒྱལ་པོ་དང་ཀོང་ཇོ་གཉིས་སྐུ་ཚེ་དེ་ལ་ལོ་གསུམ་ལས་མ་འགྲོགས་པར་བཤད་པ་མིན་པར། ཞང་ཞུང་དབང་དུ་བསྡུས་ནས་ལོ་དྲུག་ན་རྒྱལ་པོ་འདས་ཤིང་ལོ་དྲུག་པོ་དེའི་རིང་ལ་གཡུལ་འགྱེད་སོགས་རྒྱལ་སྲིད་ཀྱི་བྱ་བ་ལ་བྲེལ་བའི་སྟབས་ཀྱིས་ཀོང་ཇོ་དང་ལོ་གསུམ་ཙམ་མ་གཏོགས་ལྷན་ཅིག་བཞུགས་རྒྱུའི་སྐལ་བ་མ་བྱུང་ཞེས་གོ་རུང་བར་མ་ཟད། དེ་ལས་གཞན་པའི་དོན་ཡང་ཡིན་སྲིད་པས་རེ་ཞིག་ཁ་ཚོན་མ་བཅད་ན་བཟང་སྙམ། དེང་སྐབས་ལ་ལས་དེབ་དཀར་གྱི་ཚིག་འདི་ལ་བརྟེན་ནས་མི་འོས་པའི་ཙ་ཙེ་སྣ་ཚོགས་སྒྲོག་པར་བྱེད་ཅིང་འགའ་ཞིག་དེ་ལ་ཡིད་ཆེས་པ་ནི་ཤིན་ཏུ་རྨོངས་ཆེས་པའི་སྐྱོན་ནོ། །

གཉིས་པ། སྲོང་བཙན་གྱི་མཛད་པ་ལ་བརྟགས་ན་དགུང་གྲངས་སོ་བཞིར་བཤད་པ་མི་འཐད་པའི་རྒྱུ་མཚན་རྩང་ཟད་བཤད་པ།

༡. སྲོང་བཙན་དགུང་ལོ་བཅུ་གསུམ་སྟེང་རྒྱལ་སྲིད་ཕྱག་ཏུ་བཞེས་ནས་སོ་བཞིའི་སྟེང་འདས་པ་ཡིན་ན་དེའི་བར་ལ་ལོ་ཉེར་གཅིག་ལས་མེད་པས། དུས་ཡུན་ཐུང་ངུ་དེ་ཙམ་ལ་མཛད་པ་རླབས་ཆེན་དེ་འདྲ་མང་པོ་ག་ལ་འགྲུབ། རྒྱལ་སྲིད་གསར་དུ་བཞེས་པའི་སྐབས་དེར། ཡབ་གནམ་རི་དུག་གིས་བསྒྲོངས་ཤིང་། ཡབ་མྱེས་རྣམས་ཀྱིས་སྐབས་སུ་དབང་དུ་བསྡུར་ཟིན་པའི་ཡབ་འབངས་དང་ཡུམ་འབངས་རྣམས་ངོ་ལོག་པ་དང་། གཉེན་ཞང་ཞུང་དང་། མཛོ་སུམ་པ། ཉག་ཉི། དྭགས་པོ། ཀོང་པོ་མྱང་པོ་ཀུན་ཀྱང་ངོ་ལོག་སོང་། སྐབས་དེར་སྲོང་བཙན་དགུང་ལོ་ཆུང་བས་མ་ཕན་ན་ཡང་། རྗེས་སུ་རིམ་གྱིས་ལང་ཚོ་ཡར་ལྡན་དུ་གྱུར་པ་ན་ཐོག་མར་ཡབ་བསྒྲོང་མཁན་དུག་པ་རྣམས་ཚར་བཅད་ནས་ཕོ་བྲང་ནང་བདེ་འཇགས་སུ་བཏང་ཞིང་། དེ་ནས་ངོ་ལོག་བྱས་པའི་རྒྱལ་ཕྲན་དེ་དག་དཔུང་གིས་ཕབ་སྟེ་བོད་ཁྱོན་སྤྱར་ཡང་གཅིག་གྱུར་བྱས་ཏེ་སྲ་ཞིང་བརྟན་པའི་སྲིད་དབང་ཞིག་བཙུགས་པ་དང་། དེ་ནས་རྒྱ་གར་ནག་ལི་བལ་པོ། འཇང་གྲུ་གུ་ལ་སོགས་པར་གཡུལ་བཀྲིས་ཏེ་མཐའ་བཞིའི་ས་ཁུལ་མང་པོ་དབང་དུ་བསྡུས་ནས་ཡ་གླིང་རྒྱལ་པོར་སྟོབས་དང་ལྡན་པའི་རྒྱལ་ཁབ་ཨང་དང་པོར་གྱུར་པའི་དྲག་པོའི་གཡུལ་གྱི་ལས་འདི་དག་ཀྱང་ལོ་བཅུ་ཕྲག་ཙམ་ལ་འགྲུབ་ནུས་པ་ཞིག་མིན་ཏེ། རྒྱ་ཡིག་ནར་ལོ་བརྒྱད་ལ་འཐབ་པས་ཀྱང་ཤེས་ནུས་སམ་སྙམ།

༢. རྒྱལ་སྲིད་གསར་དུ་བཞེས་རྗེས་ཐོན་མི་རྒྱ་གར་དུ་མངགས་ཤིང་ལོ་མང་པོར་བཞུགས་ནས་མཁས་པར་གྱུར་རྗེས་བོད་ལ་ཕེབས་ཏེ་བོད་ཡིག་གསར་དུ་བཟོས་པ་དང་། བཀའ་བསྟན་མང་པོ་བསྒྱུར་ནས་བོད་འབངས་ཡོངས་ལ་ཡི་གེ་སློབ་ཏུ་བཙུག་སྟེ། རིག་པའི་གནས་ཤིན་ཏུ་དར་བར་བྱས་པ་དང་། བཙན་པོ་ཉིད་ཀྱིས་ཀྱང་ཐོན་མི་སློབ་དཔོན་དུ་

བསྐྱེད་ནས་ཡི་གེ་བསླབས་ཏེ་མཁས་པར་གྱུར་རྗེས་ཐུགས་རྗེ་ཆེན་པོའི་ཆོས་སྐོར་སོགས་བསྒྱུར་བཅོས་མང་དུ་བརྩམས་པ་དང་། བོད་ཡུལ་དུ་རྒྱ་གར་ནག་གི་མཁས་པ་མང་པོ་གདན་དྲངས་ཏེ་སངས་རྒྱས་ཆོས་ལུགས་ཐོག་མར་སྤེལ་ནས་བོད་འབངས་ཡོངས་ལ་དེའི་བག་ཆགས་ཤིན་ཏུ་ཟབ་མོ་ཞིག་ཆགས་པར་བྱས་པ་དང་། རྒྱ་བཟའ་དང་བལ་བཟའ་ཁབ་ཏུ་བཞེས་ཤིང་རྒྱ་ནག་གི་ཡུལ་དུ་བུ་ཚུང་ལོ་གཞོན་པ་མང་པོ་མངགས་ནས་སློབ་སྦྱོང་བྱེད་དུ་བཅུག་པ་དང་། རྒྱ་བལ་སོགས་ཀྱི་སྔོན་ཐོན་གྱི་རིག་གནས་དང་ཐོན་སྐྱེད་བྱེད་ཐབས་མང་པོ་ནང་དུ་དྲངས་ནས་དར་སྤེལ་བྱས་པ་དང་། ཁྲིམས་ཡིག་སྣ་ཚོགས་བཟོས་ཤིང་ལག་ལེན་བྱས་པ་སོགས་ཀྱི་བྱ་བ་འདི་དག་ཀྱང་ལོ་མང་པོ་འགོར་ན་མ་གཏོགས་འགྲུབ་ཐུབ་པ་ཞིག་ག་ལ་ཡིན།

༣. སྲིད་འཛིན་ས་ཁུལ་གྱི་དབྱེ་མཚམས་ཞིབ་ཏུ་ཕྱེ་ཞིང་། ཡུལ་གྱི་དབང་རིས་རྣམ་པ་བཅོ་བརྒྱད་དུ་གཏན་ལ་ཕབ་པ་དང་། དམག་མི་བྱེད་མཁན་དང་དེ་ལ་དངོས་རྫས་མཁོ་སྤྲོད་བྱེད་མཁན་གྱི་སྡེ་སྟེ་གོད་གཡུང་གི་སྡེ་ཕྱེ་བ་དང་། དྲག་པོའི་སྲིག་གཞི་སྟོང་ཆེན་གྱི་སྡེ་དྲུག་ཅུ་རེ་གཅིག་དང་། སྟོང་བུ་ཆུང་། ལྷ་བཀྱ་བ་ཆེན་པོ་སོགས་ཕྲ་ཞིང་ཞིབ་ལ་རིམ་པ་ལྡན་པ་ཞིག་གསར་དུ་བཙུགས་ཤིང་། དམག་ཁག་སོ་སོའི་དམག་ཧྲ་དང་རུ་དར་སོགས་ཀྱང་ངེས་པར་ཡོད་པའི་ལམ་ལུགས་ལག་བསྟར་གནང་བ་དང་། ཞིང་འབྲོག་གི་དོར་ཁ་དང་ཐུད་ཁ་ཞིབ་ཏུ་རྩིས་ཤིང་ཁྲལ་བསྡུའི་ལམ་ལུགས་འོས་འཚམས་ཀྱིས་གཏན་ལ་ཕབ་པ་དང་། ས་ཞིང་ཁག་དབྱེ་བྱས་ཏེ་རྗེའི་ཞིང་དང་སྤྱི་ཞིང་། བློན་ཞིང་དང་དམངས་ཞིང་སོགས་ཞིབ་ཏུ་ཕྱེ་ཞིང་། བློན་པོ་དང་མི་དྲག་ཚོས་ཀྱང་རང་སྣང་གང་དྲན་གྱིས་དམངས་ཀྱི་ས་ཞིང་འཕྲོག་མི་ཆོག་པར་བྱས་པས་མཚོན་ཞིང་། ཕྱུགས་ལས་དང་ལག་ཤེས་བཟོ་ལས་འཕེལ་རྒྱས་སུ་འགྲོ་ཆེད་ཉུས་པ་ལྡན་པའི་ཐབས་ཇུས་མང་པོ་གཏན་འབེབས་གནང་ཞིང་ལག་བསྟར་བྱས་ནས་འབྲས་བུ་སྨིན་པས་བོད་འབངས་ཡོངས་ཀྱིས་བཀའ་དྲིན་ཆེར་ནས། བླ་ན་རྗེ་སྒམ་པོ་སྲོང་བཙན་དང་། འོག་ན་བློན་མཛངས་པ་སྟོང་བཙན་ཞེས་བསྟགས་པ་ཏུན་ཧོང་ཡི་གེ་དང་

ལོ་རྒྱུས་གཞན་མང་པོར་ཡང་གསལ་བས། དེ་ལྟ་བུའི་ཕྱེད་ཐབས་གལ་ཆེན་མང་པོ་གཏན་ལ་ཕབ་ནས་ལག་ཏུ་བསྟར་ཏེ་འབྲས་བུ་ཐོབ་པ་འདི་འདྲ་ཡང་ལོ་མང་པོ་འགོར་དགོས་པ་སྨྲས་མ་དགོས་སོ། །

༨. དམར་པོ་རིར་ཕོ་བྲང་མི་འདྲ་བ་དགུ་བརྒྱ་དང་དགུ་བཅུ་རྩ་དགུ་རྩེ་ན་གཅིག་དང་སྟོང་ཡོད་པ་རྣམ་པར་རྒྱལ་བའི་ཕོ་བྲང་ས་ལ་འཕོས་པ་ལྟ་བུ་ཞིག་གསར་དུ་བསྐྲུན་ཅིང་། ར་མོ་ཆེ་དང་ར་སའི་གཙུག་ལག་ཁང་ཆེན་པོ་གཉིས་དང་། མཐའ་འདུལ་ཡང་འདུལ་གྱི་ལྷ་ཁང་མང་པོ་བཞེངས་པ་འདི་འདྲ་ཡང་ལག་རྩལ་ཧ་ཅང་དམའ་བའི་དུས་དེར་ལོ་བཅུ་ཕྲག་ཙམ་ལ་འགྲུབ་ནུས་པ་ཞིག་གང་ནས་ཡིན། ལྷག་པར་རྒྱའི་ལོ་རྒྱུས་དང་བཅས་པའི་སྔོན་གྱི་ལོ་རྒྱུས་ཀུན་ལས་འཇུགས་སྐྲུན་དེ་དག་གོང་ཇོ་ཁབ་ཏུ་བཞེས་རྗེས་བཞེངས་པར་གསུངས་པས་གོང་ཇོ་དང་ལོ་གསུམ་ལས་མ་འགྲོགས་ན་ལོ་གསུམ་གྱི་ནང་དུ་ཇི་ལྟར་འགྲུབ། ད་ལྟའི་པོ་ཊ་ལའི་ཕོ་བྲང་ནི་སྡེ་སྲིད་སངས་རྒྱས་རྒྱ་མཚོས་ཆོས་རྒྱལ་དུས་ཀྱི་ཕོང་བྲང་དཀར་པོ་སོགས་ཀྱི་གཞི་ཡོད་པའི་སྟེང་བཞེངས་པ་ཡིན་ན་ཡང་ཐོག་མར་ལོ་བཅུ་ཕྲག་ཙམ་འགོར་བར་མ་ཟད། ཕྱིས་རྒྱལ་པོ་ན་རིམ་གྱི་དུས་ལ་རྒྱ་བསྐྱེད་ནས་ད་ལྟའི་རྣམ་པ་འདི་འདྲ་ཞིག་གྲུབ་པ་ཡིན་པས་སྟེབ་རྩིས་བྱས་ན་ལོ་བཅུ་ཕྲག་གསུམ་ལྷག་འགོར་བར་གདོན་མི་ཟ་ལ། ལག་རྩལ་ཧ་ཅང་དར་བའི་དེང་དུས་སུ་ཁང་བརྩེགས་ཅུང་བཟང་པོ་ཞིག་གསར་དུ་ལས་ན་འང་ལོ་གཉིས་གསུམ་ཙམ་འགོར་འགྲོ་བ་མངོན་སུམ་གྱིས་གྲུབ་པ་འདིས་ཀྱང་གོང་གསལ་རྒྱ་ཆེ་བའི་གཙུག་ལག་ཁང་བཞེངས་པ་སོགས་ལོ་ཉུང་ཉུང་ཞིག་ལ་འགྲུབ་མི་ནུས་པ་གསལ་བར་ཤེས་ནུས་སོ། །དེ་ལྟར་ཆོས་ཀྱི་རྒྱལ་པོ་སྲོང་བཙན་སྒམ་པོའི་སྐུ་ཚེ་དེའི་མཛད་པ་ཡོངས་སུ་རྫོགས་པ་བདག་འདྲས་བརྗོད་པའི་ཇོ་མི་ཐོགས་ནའང་། ཅུང་ཟད་ཙམ་ཞིག་བྲིས་པ་འདི་ལས་ཀྱང་། དགུང་ལོ་སོ་བཞིའི་ཐོག་འདས་པ་ཡིན་ན་ཤིན་ཏུ་མི་རིགས་པར་རྟོགས་སླ་སྙམ་ལ། དེབ་དཀར་དུ། སྟག་འི་རིགས་ཀྱི་དཔའ་བོ་ཞིག་གིས་རྒྱ་གར་སོགས་ཀྱི་ཡུལ་རྒྱ་ཆེན་པོ་དབང་དུ་བསྡུས་ནས་ཕྱིར་ཡུལ་ལ་འཁོར་བ་ན་ལོ་སོ་གཉིས་ཡིན་པ་དཔེར་བཀོད་ཀྱང་། འདི་གཉིས

མི་འདྲ་སྟེ། ལྷ་རིགས་ཀྱི་དཔའ་བོ་དེས་ནི་ས་ཆ་མང་པོ་དབང་དུ་བསྡུས་པ་ཙམ་ཡིན་ལ། སྲོང་བཙན་གྱིས་ས་ཆ་མང་པོ་དབང་དུ་བསྡུས་པ་ཙམ་མ་ཡིན་པར་ཆབ་དཔལ་རིག་གནས་སོགས་ཕུན་སུམ་ཚོགས་པ་མང་པོ་ས་ལེ་བར་ཁྲི་ཕྲག་གིས་འཁྱུད་པའི་ལྗོངས་སུ་དར་རྒྱས་ཆེན་པོ་མཛད་པ་ཡིན་པས་ཁྱད་པར་ཆེའོ་སྙམ། འདིའི་སྐབས་སུ་དཔྱད་པར་བྱ་བའི་རྣམ་གྲངས་ད་དུང་མང་དུ་མཆིས་ན་ཡང་ཡིག་ཚོགས་ལ་འཇིགས་ནས་མ་སྤྲོས་སོ། །

གསུམ་པ། སྲོང་བཙན་གྱི་དགུང་གྲངས་དང་འབྲེལ་བ་ཡོད་པའི་དོན་གནད་འགའི་དོགས་སློང་།

༡. གལ་ཏེ་སྲོང་བཙན་དགུང་ལོ་སོ་བཞི་ལས་མ་བཞུགས་པ་བདེན་ན། སྲོང་བཙན་འདས་སྐབས་ཁོང་གི་ཚ་བོ་མང་སྲོང་གིས་དགུང་ལོ་བཅུ་གསུམ་ཐོག་རྒྱལ་སྲིད་བཞེས་པ་དང་། དེའི་ཡབ་གུང་སྲོང་དགུང་ལོ་བཅོ་བརྒྱད་ཐོག་སྲོང་བཙན་གྱི་སྔོན་དུ་འདས་པར་ལོ་རྒྱུས་རྣམས་སུ་གསུངས་པ་འདི་ཇི་ལྟར་འགྲེལ། སྲོང་བཙན་ལྕགས་ཁྱི་(༦༥༠)ལོར་འདས་པའི་སྐབས་མང་སྲོང་དགུང་ལོ་བཅུ་གསུམ་ཡིན་ན་འཁྲུངས་པའི་ས་ཁྱི་(༦༣༧)ལོར་སྲོང་བཙན་དགུང་ལོ་ཉེར་གཉིས་ཡིན་ཞིང་། སྲོང་བཙན་དགུང་ལོ་བཅུའི་ཐོག་སྲས་གུང་སྲོང་འཁྲུངས་པ་དང་། གུང་སྲོང་དགུང་ལོ་བཅུའི་སྟེང་སྲས་མང་སྲོང་འཁྲུངས་ནས་ལོ་གཅིག་གམ་གཉིས་ཀྱི་རྗེས་སུ་གུང་སྲོང་འདས་ན་མ་གཏོགས་དེའི་སྐབས་ཀྱི་ལོ་ཚིགས་སྒྲིག་ཐབས་གཏན་ནས་མེད་དོ་སྙམ་ལ། འདི་ལྟར་བཤད་ན་སུས་ཀྱང་ཁས་མི་ལེན་པ་སྨྲོས་མ་དགོས་སོ། །

༢. སྲོང་བཙན་ལྕགས་ཁྱི་ལོར་འདས་པར་འདོད་པ་འདི་ལ་སེལ་བར་དཀའ་བའི་དོགས་པ་གཞན་ཡང་མང་དུ་མཆིས་ཏེ། དེ་ལྟར་བཤད་པའི་དབང་གིས་དེང་རབས་ཀྱི་ལོ་རྒྱུས་སྨྲ་བ་རྣམས་ཀྱིས་བསྟན་བསྡུབས་ལྕགས་བྱ་ནི་མི་མཁའ་རྒྱ་མཚོའི་ལོ་ཉིས་བརྒྱ་བཅུ་བདུན་པ་ལྕགས་བྱ་(༢༩༡)ཡིན་པར་འདོད་དོ། །གལ་ཏེ་དེ་ལྟར་འདོད་ན་ཛོ་བོ་རྗེ་བོད་དུ་བྱོན་པའི་

ཚུ་རྟ་(༡༠༤༢)བར་ལ་ལོ་ཉིས་བརྒྱ་དང་གཅིག་ཡོད་ལ། གླང་དར་གྱིས་བསྟན་སྡུབས་སྐབས་བོད་ཀྱི་མཁས་པ་མི་གསུམ་ནི་བསྙེན་པར་རྫོགས་ཟིན་པར་མ་ཟད་མཁས་པ་ཆེན་པོར་གྱུར་པའི་སྐབས་ཡིན་པས། དུས་དེར་ཁོང་ཚོ་དགུང་ལོ་ཉི་ཤུ་ལས་མི་ཉུང་བ་ནི་སུས་ཀྱང་ཁས་ལེན་ངེས་ཡིན་ལ། དེས་ན་ཁོང་ཚོ་སྤྱི་ལོ་(༨༢༠)ཡས་མས་ཤིག་ལ་ངེས་པར་དུ་འཁྲུངས་དགོས། དབུས་གཙང་མི་བཅུའམ་དྲུག་མདོ་སྨད་དུ་ཕྱིན་ནས་བསྙེན་པར་རྫོགས་སྐབས་བོད་ཀྱི་མཁས་པ་མི་གསུམ་བཞུགས་ངེས་པ་ནི་ཁོང་ཚོ་རྣམས་ཆེས་པས་མཁན་པོ་བྱེད་མ་ཐུབ་པར་བླ་ཆེན་པོར་དམིགས་བསལ་གྱིས་མཁན་པོ་གནང་དུ་བཅུག་པའི་ལོ་རྒྱུས་ཀྱིས་ཤེས་ལ། དུས་དེར་མཁས་པ་མི་གསུམ་དགུང་ལོ་བརྒྱད་ཅུ་རེ་ཡིན་པའི་དབང་དུ་བྱས་ན། སྤྱི་ལོ་(༩༠༠)ཙམ་གྱི་དུས་ལས་འོས་མེད། དབུས་གཙང་མི་བཅུ་ཡང་སྐབས་དེར་དགུང་ལོ་ཉི་ཤུ་ལྷག་ཡིན་པ་ནི་ལོ་ཉི་ཤུར་མ་བུད་ན་བསྙེན་པར་རྫོགས་མི་རུང་བས་གསལ་བས་ཁོང་ཚོ་ཡང་མ་མཐའ་སྤྱི་ལོ་(༨༨༠)ཡས་མས་ལ་འཁྲུངས་པ་ལས་དེ་ལས་འཕྱི་མི་རུང་བ་ཤེས་སླ། དེས་ན་ཇོ་བོ་རྗེ་བོད་དུ་ཐེབས་སྐབས་དབུས་གཙང་མི་བཅུའམ་དྲུག་གི་ནང་གསེས་སུམ་པ་ཡེ་ཤེས་བློ་གྲོས་དངོས་སུ་བཞུགས་པས་ཁོང་དགུང་ལོ་བརྒྱ་དང་དྲུག་ཅུ་(༨༨༠ནས༡༠༤༢)ལྷག་ལ་བཞུགས་པར་ཁས་ལེན་དགོས་པར་འགྱུར་བ་ནི་སུས་ཀྱང་སྙོན་མི་ནུས་སོ། །སུམ་པ་ཡེ་ཤེས་བློ་གྲོས་ནི་བླ་ཆེན་པོའི་དངོས་སློབ་དང་བོད་དབུས་གཙང་གི་དགེ་སློང་དང་པོ། ཇོ་བོ་རྗེ་བོད་ལ་ཐེབས་སྐབས་ཞལ་བཞུགས་པ་སོགས་ནི། འབྲོམ་གྱིས་དབུས་གཙང་གི་མཁས་པ་རྣམས་ལ་བསྐུར་བའི་འཕྲིན་ཡིག་ལས། "དང་པོའི་དགེ་སློང་ལུགས་འབྱིན་དཔོན། །བཙུན་ཆེན་ཡེ་ཤེས་བློ་གྲོས་དང་། །" ཞེས་གསུངས་པས་གསལ་ལོ། །དེ་ལྟར་མིན་ན་དང་པོའི་དགེ་སློང་དང་ལུགས་འབྱིན་དཔོན་སོགས་ཇི་ལྟར་འགྲེལ་དཔྱོད་ལྡན་རྣམས་ཀྱིས་དཔྱད་པར་བྱའོ། །ཀླུ་མེས་ཀྱི་དངོས་སློབ་བཤའི་གནས་བརྟན་གྱིས་ཀླུ་མེས་ཀྱི་ཆེ་བ་བརྗོད་པའི་ཡི་གེ་ན། "བདག་གི་དགེ་བའི་བཤེས་གཉེན་ཆེན་པོ་ཀླུ་མེས་ཤེས་རབ་ཚུལ་ཁྲིམས་དང་། སུམ་པ་ཡེ་ཤེས་བློ་གྲོས་གཉིས་ཀྱིས་དང་པོ་ཁོན་ར་ཀླུང་ཤོད་འབྲིམ་པའི་ལུང་དུ་གནས་གཞི་བཙུགས་པ་མ་ཚུགས། དེ་ནས་བྱའི་ལོ་

(༡༠༠༩) ལ་ར་སྐྱིལ་བཙུགས།" ཞེས་སོགས་འབྱུང་བས་ཀྱང་ཀླུ་མེས་དང་མཉམ་དུ་བྱ་ལོར་(༡༠༠༩) གནས་གཞི་བཟུང་ཚུལ་གསལ་བས་གོང་གི་འདི་དག་ལ་ཐེ་ཚོམ་གཏན་ནས་བྱེད་མི་དགོས་སྙམ་མོ། །

༣. འོ་ན་ཡོངས་གྲགས་ཀྱི་ལོ་རྒྱུས་སུ་འདི་དག་གི་ལོ་ཚིགས་ཇི་ལྟར་བསྒྲིགས་ཡོད་དམ་སྙམ་ན། རྒྱལ་པོ་སྲོང་བཙན་གྱིས་རྒྱལ་སྲིད་བཞེས་པའི་ས་སྤྲང་(༨༢༩) ལོ་ནས་རལ་པ་ཙན་འདས་པའི་ལྕགས་བྱ་(༩༠༡) བར་ལ་ལོ་ཉིས་བརྒྱ་དང་དོན་གཉིས་སོང་བ་ལ་བསྟན་པ་སྔ་དར་གྱི་ཐ་སྙད་བྱས། དེ་ནས་ལོ་ང་གཅིག་འདས་པ་ཆུ་ཁྱི་(༩༥༢) ལོར་བླ་ཆེན་དགོངས་པ་རབ་གསལ་འཁྲུངས། དེ་ནས་ལོ་བདུན་པ་ས་རྟ་(༩༥༤) ལོར་ལོ་ཆེན་རིན་ཆེན་བཟང་པོ་འཁྲུངས། དེ་ནས་ལོ་བཅོ་ལྔ་འདས་པ་བསྟན་བསྐྱབས། དོན་གསུམ་པ་ཆུ་བྱི་(༩༧༣) ལོར་ཕྱི་དར་འགོ་ཚུགས་པར་བུ་སྟོན་གྱིས་བཞེད་ཅིང་། དེ་ནས་ལོ་དྲུག་པ་ས་སྟག་(༩༧༤) ལ་ཕྱི་དར་གྱི་འགོ་ཚུགས་པར་འབྲོམ་བཞེད་དོ། །བླ་ཆེན་དགུང་ལོ་ཉི་ཤུ་བ་ལ་བསྙེན་པར་རྫོགས་ཤིང་། ལོ་ལྔ་བར་དམིགས་བསལ་གྱིས་མཁན་པོ་གནང་ནས་དབུས་གཙང་མི་བཅུ་བསྙེན་པར་རྫོགས་ཏེ། དགུ་ཡར་ཕེབས་པའི་ཕྱི་ལོར་ཀླུ་མེས་དབུས་ལ་ཕེབས་པ་ནས་ཕྱི་དར་གྱི་འགོ་ཚུགས་པར་གསུངས་པ་འདི་འབྲོམ་གྱི་བཞེད་པ་དང་ཤིན་ཏུ་འགྲིག་པར་མ་ཟད། ས་སྟག་དེ་ནས་རེ་ལྔ་བ་ཆུ་རྟ་(༡༠༤༢) ལ་ཇོ་བོ་རྗེ་བོད་དུ་བྱོན་ཅིང་། སྐབས་དེར་སུམ་པ་ཡེ་ཤེས་བློ་གྲོས་དགུང་ལོ་བརྒྱད་ཅུ་ལྷག་ཙམ་ཡིན་སྲིད་པས་དངོས་སུ་ཞལ་བཞུགས་པ་དང་མི་འགལ་ཞིང་། མི་བཅུའི་དངོས་སློབ་ཁུ་རྡོག་སོགས་མང་དུ་བཞུགས་པ་ཡང་དོན་ལ་གནས་སོ། །དེ་བས་བསྟན་པ་ཕྱི་དར་གྱི་ལོ་ཚིགས་འདི་དག་ནི་ལོ་གཅིག་ཀྱང་ཆད་ལྷག་མེད་པར་ཤིན་ཏུ་གསལ་བས་ཐེ་ཚོམ་བྱེད་མི་འོས་ལ། ཁྱད་པར་དུ་རྒྱལ་བ་འབྲོམ་ལྟ་བུ་གང་གི་སྐབས་སུའང་ཚད་མར་བྱེད་ཆོག་པར་མ་ཟད། ཕྱི་དར་ཐོག་མའི་སྐབས་ཀྱི་དགེ་སློང་སུམ་པ་ཡེ་ཤེས་བློ་གྲོས་དང་དབུས་གཙང་མི་བཅུའི་དངོས་སློབ་ཁུ་རྡོག་སོགས་དང་དངོས་སུ་མཇལ་ནས་བྲིས་པའི་མཁས་པའི་གསུང་ལ་ཡིད་མི་ཆེས་པར་རང་གི་ཞེ་འདོད་དང་བསྟུན་ཆེད་གང་

འདོད་དུ་བསྡེབས་པའི་ཡི་གེ་དག་ལ་སྙིང་པོ་གང་ཡོད་ཞིབ་ཏུ་བསམ་པར་རིགས་སོ་སྙམ། དེ་ལྟར་ཡང་འདི་དག་གི་སྐབས་ལ་བཤད་པ་གསལ་པོ་གཙང་སངས་པ་ཞིག་མེད་ན་འདིའི་སྐོར་གྱི་ཡི་གེ་མང་པོ་སྤེལ་ཀྱང་། ཚང་མས་ཁས་ལེན་པའི་རིགས་པ་ཡང་དག་གིས་གཏན་ལ་ཕབ་པ་མིན་པས། རང་གི་ཞེ་འདོད་དང་མཐུན་པའི་རྒྱུའི་ལོ་རྒྱུས་ཀྱི་ཚིག་འགའ་དྲངས་པ་ཙམ་དང་། བློན་དད་ཀྱིས་ཨུ་ཚུགས་བྱས་པ་ཙམ་གྱིས་ལོ་རྒྱུས་ཀྱི་ལོ་སོགས་གསལ་བར་བྱེད་པའི་སྒྲོན་མེར་ག་ལ་འགྱུར་སྙམ་མོ། །

༩. འགོས་ཀྱི་བཞེད་པ་ནི་སྲོང་བཙན་སྤྱི་ལོ་༥༦༩ ལོར་འཁྲུངས་ནས་སྤྱི་ལོ་༦༥༠ ལོར་འདས་པར་བྱས་ན་དགེ་མཚན་འགའ་ཞིག་ཡོད་པ་གོང་ནས་བཤད་པ་ལྟར་ཡིན་ན་ཡང་། འདི་ལ་ད་དུང་ཐེ་ཚོམ་ཡོད་དེ། དེབ་སྔོན་ལས། རྒྱལ་པོ་སྲོང་བཙན་སྒམ་པོ་ས་གླང་ལ་འཁྲུངས་པ་ནས་དེབ་ཐེར་འདི་བགྱིས་པའི་མེ་སྤྲེལ་ཡན་ལ་ལོ་བརྒྱད་བརྒྱ་དང་བཞི་བཅུ་རྩ་བརྒྱད་འདས་(༦༢༩ནས༡༤༧༦)ཞེས་དང་། སྤྱིར་སྲོང་བཙན་ས་གླང་ལོ་ལ་འཁྲུངས་ནས་ལོ་ཉིས་བརྒྱ་ དང་ ལྔ་ བཅུ་ རྩ་ གཉིས་ འདས་ པ་ ལྕགས་ གླང་ ལ་ རྒྱ་ དང་ འདུམ་ མཛད་(༦༢༩ནས༨༨༡)ཆུ་ཕོ་སྟག་གི་(༨༨༢)ལོར་ལྷ་སའི་རྡོ་རིང་བཙུགས། ཆུ་སྟག་དེ་ནས་ལོ་བཅོ་ལྔ་བ་མེ་འབྲུག་(༨༩༦)ལོར་རལ་པ་ཅན་གཤེགས། ལོ་དེ་ནས་ལྕགས་བྱའི་བར་ལ་(༩༠༡)དར་མས་རྒྱལ་པོ་བྱས། བསྟན་པ་བསྣུབས་པའི་ལྕགས་བྱ་ནས་ལོ་བདུན་ཅུ་རྩ་བདུན་པ་འདི་མེ་མོ་གླང་གི་ལོ་(༩༧༧)ཡིན། དེའི་རྗེས་ཀྱི་ས་སྟག་(༩༧༨)ནས་ཇོ་བོ་རྗེ་བོད་དུ་བྱོན་པའི་ཆུ་རྟ་(༡༠༤༢)བར་ལ་ལོ་དྲུག་ཅུ་རེ་བཞི་ཡོད། ལོ་དེ་དག་གི་ཁོངས་སུ་དབུས་གཙང་མི་དྲུག་གིས་རབ་ཏུ་བྱུང་བའི་བསྟན་པ་དར་བར་མཛད། ཇོ་བོ་རྗེ་བོད་དུ་བྱོན་དུས་དབུས་གཙང་མི་བཅུའི་སློབ་མ་ཁུ་ཇོག་སོགས་མང་དུ་བཞུགས་སོ། །ཞེས་དང་། སྲོང་བཙན་འཁྲུངས་ནས་ལོ་བདུན་བརྒྱ་དང་ཉི་ཤུ་ལྷག་འདས་ཙམ་ན་ཐམས་ཅད་མཁྱེན་པ་བློ་བཟང་གྲགས་པའི་དཔལ་ཞེས་བྱ་བ་འཇིག་རྟེན་དུ་བྱུང་སྟེ་(༦༢༩ནས༡༣༥༧)ཞེས་དང་། ཆོས་ཀྱི་རྒྱལ་པོ་སྲོང་བཙན་སྒམ་པོ་འཁྲུངས་ནས་ལོ་བརྒྱད་བརྒྱ་དང་ལྔ་བཅུ་བ་ས་ཁྱི་ལོ་(༡༤༧༨)

དཔལ་ཀུན་ཏུ་བཟང་པོ་ནགས་འདབས་སུ་རང་བྱུང་བདུད་རྩིའི་རྒྱུན་ཅན་མངོན་པར་དགའ་བའི་ཆོས་རྫོང་དུ་ཆོས་སྨྲ་བའི་བཙུན་པ་གཞོན་ནུ་དཔལ་གྱིས་སྦྱར་བའོ། །ཞེས་པ་རྣམས་ལ་ཞིབ་ཏུ་བརྟགས་ན། སྤྱོང་བརྩོན་འཁྲུངས་ལོའི་དེབ་སྟོན་རང་ལུགས་ནི་ཐང་གི་སྲིད་བཙུགས་རྗེས་ཀྱི་མེ་གླང་(༤༢༩)ཡིན་པ་ལས་དེ་ལས་དྲུག་ཅུ་སྐོར་གཅིག་གིས་སྔ་བའི་མེ་གླང་(༥༤༩)མ་ཡིན་པ་ཤིན་ཏུ་གསལ་ལམ་སྙམ་སྟེ་དཔྱད་པར་བྱའོ། །

༥. ཏུན་ཧོང་གཏེར་ཡིག་གཞིར་བཞག་ན། སྤྱོང་བརྩོན་སྐུ་གཞོན་དུས་ཀྱི་བློན་ཆེན་ནི་མགར་མིན་པར་མྱང་མང་པོ་རྗེ་ཞང་སྣང་ཟེར་བ་དེ་ཡིན་ལ། དེས་དམག་བྱེད་མ་དགོས་པར་སྲུམ་པ་བོད་ཀྱི་མངའ་འོག་ཏུ་བཙུག་པ་དང་། དེའི་རྗེས་སུ་བཙན་པོ་སྐུ་དངོས་ཀྱིས་དམག་དྲངས་ནས་རྒྱ་དང་འ་ཞ་དཔྱད་བཅལ་ཅིང་། འ་ཞ་མངའ་འོག་ཏུ་བཙུག་རྗེས། བཙན་པོ་དང་བློན་ཆེན་མྱང་པོ་རྗེ་ཞང་སྣང་གི་བར་དུ། ཁྱུང་པོ་སྤུང་སད་ཟེར་བས་ཕྲ་མ་བཙུག་ཅིང་། ཁྱུང་པོས་ཞང་སྣང་གི་བྲན་པ་ཚབ་གྱིམ་པོ་ཟེར་བ་བྲིད་ནས་ཞང་སྣང་བསད་རྗེས་ཁྱུང་པོ་སྤུང་སད་ཟུ་ཙེ་ཟེར་བ་དེས་བློན་ཆེན་བགྱིས་པ་དང་། ཕྱིས་དེ་ཉིད་རྒས་ནས་རང་ཁྲིམ་དུ་འདུག་སྐབས་ཤྐྱག་ནས་བཙན་པོ་བསྒྲོང་རྒྱུའི་གཡོ་ཧྲུས་བཀོད་དེ། བཙན་པོ་རང་ཁྲིམ་དུ་སྟོན་མོ་གསོལ་བར་གདན་འདྲེན་སྐབས། བཙན་པོས་མགར་རྟོག་དཔྱོད་བྱེད་དུ་མངགས་པས་དེའི་གཡོ་ཧྲུས་མགར་གྱིས་རྟོགས་ནས་བཙན་པོའི་སྔན་དུ་གསོལ་བས། བཙན་པོ་དང་དེའི་སྲིད་དབང་སྲུང་སྐྱོབ་བྱས་སྟབས་མགར་བློན་ཆེན་དུ་གྱུར་པ་ཡིན་པས་བཙན་པོ་ལས་དགུང་ལོ་གཞོན་པར་རྟོགས་ཐུབ་སྙམ་ལ། མགར་རྒྱ་ནག་ཏུ་རྒྱ་བཟའ་གདན་འདྲེན་དུ་སྐྱོད་སྐབས་རྒྱ་ནག་གོང་མས་ཁོང་ལ་ཆུང་མ་གནང་བ་དང་། མགར་གྱིས་རང་ལ་ཡུལ་ན་ཆུང་མ་ཡོད་ཚུལ་ཞུས་པ་ལ་བརྟགས་ན་ཡང་སྐབས་དེར་ད་དུང་ཁོང་ལོ་གཞོན་པར་རྟོགས་ནུས་ཏེ། ལོ་རྒན་པའི་བློན་ཆེན་ཞིག་ཡིན་ན་ཡུལ་དུ་ཆུང་མ་ཡོད་མེད་ཀྱི་སྒྲོས་འབྱུང་དོན་མེད་པས་སོ། །བཙན་པོ་འདས་རྗེས་མགར་གྱིས་མང་སྲོང་ལ་རྒྱལ་སྲིད་སྐྱོང་རོགས་བྱས་ཏེ་ལོ་དགུ་ཙམ་གྱི་རྗེས་སུ་རྒས་ནས་བློན་ཆེན་བྱེད་མ་ཐུབ་པར་འོ་མ་ལྷེ་ལོད་བཙན་ཞེས་

པ་སློབ་ཆེན་དུ་བསྐོས་ཀྱང་དེས་བཙན་པོ་ལ་ངོ་ལོག་བྱས་སྐབས་བཀོན་ཕབ་ནས་སླར་ཡང་མགར་གྱིས་བློན་ཆེན་གནང་ཞིང་ལོ་དྲུག་འགོར་རྗེས་ཧ་ཅང་རྒས་ཏེ་འདས་པར་བཤད་པ་སོགས་ཀྱིས་ཀྱང་སྲོང་བཙན་དེ་འདྲ་གཞོན་དུས་བཞེགས་པ་མིན་ཚུལ་གསལ་བཤད་བྱེད་ནུས་སྙམ་སྟེ། གོང་ནས་སྨྲས་པ་བཞིན་མགར་བཙན་པོ་ལས་གཞོན་པར་གྱུར་ཚེ་སྲོང་བཙན་འདས་རྗེས་ཀྱི་ལོ་དགུ་ཙམ་གྱིས་ལོ་བཞི་བཅུར་ཡང་མི་འབུད་ཅིང་། ཡོངས་གྲགས་ལོ་རྒྱུས་དང་མཐུན་པར་ཕལ་ཆེར་དགུང་མཉམ་ཡིན་པའི་དབང་དུ་བྱས་ཀྱང་སོ་བཞིའི་སྟེང་དུ་བཅུ་ཕྲག་ཙམ་བསྣན་པས་བཞི་བཅུ་ཞེ་འགའ་ལས་མི་བརྒལ་བས། རྒས་ནས་བློན་ཆེན་བྱེད་མ་ཐུབ་པར་བརྗེས་དགོས་པ་སོགས་ཀྱི་གནས་ཚུལ་ག་ལ་འབྱུང་སྲིད་སྙམ་དུ་སེམས་སོ། །དེར་མ་ཟད་རྒྱའི་ཐང་ཡིག་དང་ཏུན་ཧོང་ཡི་གེར་ཡང་སྲོང་བཙན་ལ་བསྟུགས་པ་རྒྱ་ཆེར་མཛད་ཡོད་པས། དགུང་ལོ་གཞོན་དུས་གཤེགས་ཡོད་ན་འགྱོད་ཚིག་ཙམ་རེ་ངེས་པར་སྨྲས་སྲིད་སྙམ་ཡང་། དེ་ལྟ་བུའི་ཚིག་ཟུར་ཙམ་ཡང་མེད་པ་དེས་ཀྱང་སྲོང་བཙན་ལོ་གཞོན་སྐབས་མ་འདས་པར་རྟོགས་ཐུབ་སྙམ་མོ། །

༨. དེང་སྐབས་ལ་ལས་སངས་རྒྱས་ཤཱཀྱ་ཐུབ་པའི་དགུང་གྲངས་དང་བསྟུན་ཆེད་བོད་ཀྱི་མཁས་པ་རྣམས་ཀྱིས་སྲོང་བཙན་དགུང་ལོ་གྱ་གཉིས་བཞུགས་པར་གསུངས་པ་རེད་ཟེར། སངས་རྒྱས་དགུང་ལོ་བརྒྱད་ཅུ་གྱ་གཅིག་སྟེང་འདས་པར་ལོ་རྒྱུས་ཐམས་ཅད་ཞལ་མཐུན་ལ། སྲོང་བཙན་གྱ་གཉིས་བཞུགས་པར་བཤད་པ་འདི་དེ་དང་ཇི་ལྟར་མཐུན། ལོ་གཅིག་གམ་གཉིས་ལྷག་པ་འདིས་སངས་རྒྱས་ལས་ཁྱད་པར་དུ་འཕགས་པར་སྟོན་པའི་ཆེད་ཡིན་མི་ཟེར་རམ། སྲོང་བཙན་གྱིས་སངས་རྒྱས་ཆོས་ལུགས་བོད་ལ་སྤེལ་སྐབས་དེའི་དགུང་གྲངས་སངས་རྒྱས་ཀྱི་དགུང་གྲངས་དང་བསྟུན་པ་ཡིན་ན་ཁྲི་སྲོང་ལྡེ་བཙན་གྱིས་བོད་དུ་རབ་བྱུང་གི་སྡེ་བཙུགས་པ་དང་། ཆོས་གཞུང་མང་པོ་བོད་དུ་བསྒྱུར་བ་སོགས་སངས་རྒྱས་ཆོས་ལུགས་སྤེལ་བའི་མཛད་རྗེས་སྲོང་བཙན་ལས་མི་དམན་ཀྱང་། དེའི་དགུང་གྲངས་སངས་རྒྱས་ཀྱི་དགུང་གྲངས་དང་མ་བསྟུན་པར་དགུང་ལོ་ང་དྲུག་ཐོག་འདས་པར་གསུངས་པའི་རྒྱུ་མཚན་

ཅི་ཡིན་ནམ། རྒྱ་གར་ནག་དང་། ལི་བལ་ཡུལ་སོགས་སངས་རྒྱས་ཆོས་ལུགས་དར་བའི་ས་གནས་གང་དུའང་འདི་འདྲའི་སྲོལ་ཞིག་དར་སྲོང་མེད་ཅིང་། སངས་རྒྱས་ཀྱི་ཆོས་དཔེ་རྣམས་སུའང་འདི་འདྲའི་གཏན་འབེབས་རྩ་བ་ནས་མེད་པས་ལབ་རྗོལ་འདི་ལྟ་བུ་མ་སྨྲས་ན་བཟང་སྙམ་མོ། །དེ་ལྟར་རྒྱལ་པོ་སྲོང་བཙན་སྒམ་པོ་དགུང་ལོ་སོ་བཞི་ལས་མ་བཞུགས་ཟེར་ན་མི་འཐད་པར་ལུང་རིགས་བརྒྱ་ཕྲག་གིས་འགྲུབ་ཅིང་ཐག་གིས་ཆོད་ལ། དེབ་དཀར་ལས་བཤད་པའི་འབྲུངས་འདས་ཀྱི་ལོ་ཚིགས་དག་ལའང་ཐེ་ཚོམ་གྱི་གཞི་མང་དུ་མཐོང་ནས་རིག་ཟིག་འདི་བཀོད་དེ་དཔྱོད་ལྡན་ལོ་རྒྱུས་སྨྲ་བའི་གཞོན་ནུ་རྣམས་ལ་དཔྱད་གཞིར་ཕུལ་བ་ལགས་པས། ལེགས་པའི་ཆ་ཙུང་ཟད་མཆིས་ན་གངས་རིའི་ལྗོངས་འདིར་ལོ་རྒྱུས་རིག་པ་དར་བའི་རྒྱུ་རུ་འགྱུར་བ་དང་། ལོག་བཤད་མཆིས་སྲིད་ན་ཡང་ལྷག་བསམ་བཟང་པོས་བཀོད་པའི་ཕྱིར་བདག་ལ་ནམ་ཡང་ཉེས་པར་མི་འགྱུར་བ་སྙིང་ནས་ཞུའོ། །

བོད་ཀྱི་ལོ་རྒྱུས་རིག་པའི་གཤར་སྦྱང་གནད་བསྡུས།

བཅན་པོའི་དུས།

གཅིག ལོ་རྒྱུས་བསྟན་བཅོས་ལྡེ་མིག་ལས། ཅན་ལྔ་ནི། ༡. ཡོ་ག་ལྷ་གྱེས་ཅན། ༢. ཟིང་པོ་མགོ་སྔོན་ཅན། ༣. གསང་བ་ཕྱག་རྒྱ་ཅན། ༤. ཟངས་མ་གཞུག་རལ་ཅན། ༥. ལྷེབ་མ་དགུ་བརྩེགས་ཅན། ལོ་རྒྱུས་ཆེན་མོའམ་ལོག་གནོན་ཆེན་མོ་སྟེ་ཅུང་ཆ་ཚང་བའི་གཞུང་དྲུག་དང་། གསང་བ་ཡང་ཆུང་ནི་གཤིན་བང་སོ་བཏབ་པའི་རབས་ལས་མེད་པས་ཕྱེད་དུ་རྩིས་ནས་ཕྱེད་དང་བདུན་ཞེས་གྲགས་སོ། །

གཉིས། སྔོན་ཀྱི་འཇིག་རྟེན་ཆགས་ཚུལ། ༡. སངས་རྒྱས་ཆོས་ལུགས་ཀྱི་བཞེད་ཚུལ། ༢. བོན་སྙིང་མའི་ལུགས། ༣. གནའ་མིའི་ངག་རྒྱུན་ལས་འོངས་པའི་བཤད་ཚུལ།(འདི་དག་གི་ལན་ཟིན་བྲིས་ལས་ཤེས་དགོས) འཆད་ཚུལ་ཕྱི་མ་འདིར་ཚན་རིག་དང་མཐུན་པའི་ཆ་གང་དག་ཡོད་དམ་ཞེ་ན། ༡. ང་ཚོ་གནས་པའི་སའི་གོ་ལའི་དབྱིབས་ཟླུམ་པོར་བཤད་པ། ༢. དེ་ཡང་འབྱུང་བ་ལྔའི་སྙིང་པོ་ལས་གྲུབ་ཅིང་དངོས་པོའི་འགྲུལ་སྐྱོད་ལས་བྱུང་བར་བཤད་པ་བཅས་སོ། །

གསུམ། མདོ་དབུས་མཐོ་སྒང་གི་ཐོག་མའི་རྣམ་པ་ནི། ༡. བོད་ཀྱི་ལོ་རྒྱུས་དེབ་ཐེར་དག་ཏུ་ཡུལ་འདིར་ཆུའི་རྒྱ་མཚོ་ཡིན་པར་གསུངས་སོ། །༢. ཆུ་བྲི་ནས་ཡུལ་ལྗོངས་ཆགས་པའི་རྒྱུད་རིམ་ནི། གོང་གི་ཆུ་བརླག་ཅེས་པའི་ཟློམས་ཕྱེ་བས། །རུ་བཞི་ཆུ་ཡིས་བཀང་བ་དེ་རུ་ཐེམས། །ཆུ་གཞན་དག་ཀྱང་དེ་ལྟར་ཐེམས་པ་ཡིས། །བོད་ཁམས་ཡུལ་གྱི་རྣམ་པ་གསལ་པོར་དོད། །ཅེས་སོ། །

བཞི། བོད་མིའི་འབྱུང་ཁུངས་ལ་བཤད་སྲོལ་མི་འདྲ་བ་གང་དག་ཡོད་དམ་ཞེ་ན། ༡. (༡) རྒྱ་གར་ནས་བྱུང་བ། (༢) ཆང་ནས་བྱུང་བ། (༣) སྤྲེའུ་དང་བྲག་སྲིན་འདུས་པ་ལས་བྱུང་བ། (༤) སོག་པོ་ནས་བྱུང་བ། (༥) ཞན་པེ་ནས་བྱུང་བ། (༦) འབར་མ་ནས་བྱུང་བ། (༧) སན་མོ་ནས་བྱུང་བར་བཤད་པ་བཅས་སོ། །

༢. དེ་དག་ལས་ཡོངས་གྲགས་ལྟར་ན་སྤྲེའུ་དང་བྲག་སྲིན་འདུས་པ་ལས་བྱུང་བའི་བཤད་ཚུལ་ཡིན་ནོ། །

༣. བྲག་སྲིན་སྲུ་ཡིན་པའི་རྒྱུ་མཚན་ཅི་ཡོད། (༡) བྲག་སྲིན་ནི་སྲུ་ཡིན་པར་བསྟན་འགྱུར་དཀར་ཆག་སོགས་ལས་གསུངས་པ། (༢) སྨད་མདོ་ཁམས་ཀྱི་ཆ་ནི་སྤྲེའུ་བྲག་སྲིན་གྱི་ཡུལ་ཞེས་སྲོག་ཆགས་ཞིག་ཡིན་ཚུལ་དངོས་སུ་བསྟན་པ། (༣) ཚུ་སྲིན་ཞེས་པའང་ཆུར་གནས་པའི་སྲོག་ཆགས་སྟོབས་ལྡན་ཞིག་ཡིན་པས་ཀྱང་གོ་ནུས་སོ། །

ལྔ། བོད་ཀྱི་ལོ་རྒྱུས་སྙིང་གི་མི་མིན་སྲིལ་མིན་དང་། དེང་དུས་ཀྱི་ལོ་རྒྱུས་སྨྲ་བས་བཤད་པའི་སྲུ་མི་གཉིས་དོན་ཞེ་གཅིག་ཅེ་ན།《བཀའ་འཁོལ་མ》ལས། མ་དང་མི་འདྲ། ཕ་དང་མི་འདྲ། ལུས་ལ་སྤུ་མེད་པ། མཇུག་མ་མེད་པ། གདོང་དམར་བ། ཟས་སུ་ཤ་དམར་ཟ་བ། སྐམ་དུ་ཁྲག་ཧྲོན་འཐུང་བ། ཞེས་སོགས་དེང་དུས་ཀྱི་ལོ་རྒྱུས་སྨྲ་བས་བཤད་པའི་སྲུ་མི་དང་ཤིན་ཏུ་མཚུངས་པས་དེ་གཉིས་དོན་གཅིག་པ་ཡིན་ནོ། །

དྲུག བོད་མིའི་ལོ་རྒྱུས་སྙིང་གདོད་མའི་གུང་རྡེའི་འཚོ་བ་རྩོལ་བར་ལོ་རྒྱུས་ཀྱི་ཚིག་གང་དག་གིས་མཚོན་ནུས་ཞེ་ན།

《མཁས་པའི་དགའ་སྟོན》ལས། མ་རྨོས་འབྲུ་ཟ་གོས་སུ་ཤིང་ལོ་གྱོན། ནགས་ན་རི་དྭགས་ལྟ་བུར་གནས་པ་ཡི། །གློ་དང་མོན་ལྟར་སྤྱོད་པས་བོད་ཡུལ་བཀང་། །ཞེས་སོགས་ཀྱིས་མཚོན་ནུས་ལ། མཚོན་ཚུལ་ནི། ཚིག་དང་པོས་ཟས་གོས་ཀྱི་གནས་ཚུལ་དང་།

ཆོག་བར་བས་ཁྲུ་དང་ཁྲུ་བྱས་ནས་གནས་ཚུལ་དང་། སྐོར་གྱི་རྒྱུ་ནོར་མེད་པར་ཐུབ་མོང་གི་ངལ་རྩོལ་ལ་བརྟེན་ནས་འཚོ་ཚུལ། མཐའ་མས་དཔེ་དང་བཅས་ནས་བསྟན་པ་ཡིན་ནོ། །

བདུན། མདོ་དབུས་མཐོ་སྨད་དུ་ཤིན་ཏུ་གནའ་དུས་ནས་མི་གནས་པ་རྒྱུ་མཚན་གང་གིས་རྟོགས་པར་ནུས་ཞེ་ན།

༡.《དེབ་སྔོན》དུའང་བོད་ཀྱི་ཡུལ་འདི་རྒྱ་གར་ནག་བཞིན་གནས་པའི་བསྐལ་བ་ནས་བྱུང་བར་བྱས་ནའང་ལུང་རིགས་ཀྱི་གནོད་པ་མེད་པར་གསུངས་པ་དང་།

༢. དེང་རབས་སུ་རྒྱ་ཆེ་བའི་རིག་གནས་ཀྱི་རྗེས་ཤུལ་མང་པོ་རྙེད་པ་ལས་ཀྱང་རྟོགས་ནུས་སོ། །

བརྒྱད། རྩ་བའི་དུས་ཆེན་བཞི་ནི། སྤྲོས་ཚུ་ལྗོང་། སེ་ཁྲུང་དཔྲ། ཨ་ལྡུགས་འབྲུ། དམུ་ཚ་དགའ་བཞི་དང་། དུས་ཆེན་དྲུག་ཏུ་བྱེད་ཚེ་ནུ་བོ་དབལ་ཟླ་གཉིས་དང་དྲུག་ཏུ་བཤད་དོ། །དེ་ལས་གྲེས་པ། སེ་ལས་བྱུས་ལེགས་བུ་བཞི། རྨུ་ལས་གོད་ལེ་ཕྲ་བརྒྱད། ལྗོང་ལས་དུས་ཆེན་བཅོ་བརྒྱད། སྟོང་ལས་རྗེ་བཞི་ཁོལ་བརྒྱད་དེ་སོ་བརྒྱད་ཡོད་དོ། །

དགུ། དབང་མཛད་བཅུ་ནི། གནོད་སྦྱིན་ནག་པོ། རེ་ལྡེ་མགོན་གཡག སྲིན་པོ་གཉའ་རེངས་ཁྲག་མིག དམར་འཛམ་ལྷ། རྨུ་རྒྱལ་ཁོལ་རྗེ། གྲོག་གྲོག་འདྲེ། མ་སངས་དུས་དགུ། ཀླུ། རྒྱལ་པོ་འགོང་པོ་སྤུན་དགུ་བཅས་སོ། །

བཅུ། རྒྱལ་ཕྲན་བཅུ་ནི། ཞང་ཞུང་། མཆིམས་ཡུལ་གྲུ་ཤུལ། མྱང་རོ་ཕྱུགས་དཀར། གནུབས་ཡུལ་གླིང་དགུ། ཉང་རོ་ཤམ་པོ། གྱི་རེ་ལྡོན་སྔོན། ངམ་ཤོད་ཁྲ་སྣ། འོལ་བུ་སྤང་མཁར། ཀོང་ཡུལ་བྲེ་སྣ། ཉང་ཡུལ་རྣམ་གསུམ། སྲིབས་ཡུལ་རལ་གོང་། དྭགས་ཡུལ་གྲུ་བཞི་བཅས་སོ །

བཅུ་གཅིག རྒྱལ་ཕྲན་བཅུ་གཉིས་ཀྱི་སྐབས་སུ་བྲན་གཡོག་ལམ་ལུགས་ཀྱི་མགོ་བརྩམས་པ་གང་གིས་མཚོན། གཏེར་ཡིག་ལས། གནའ་ཡུལ་ཡུལ་ན་རྒྱལ་ཕྲན་རྣོན་པོ་འདི་ལྟར་བབ་སྟེ། མྱི་མང་གི་རྗེ། ཡུལ་ཆེ་བདག་བྱེད་པ་ལས་རྒྱལ་

པོ་བཙན་པོ་དང་བློན་པོ་འཛངས་ལ་དཀའ་བོ་ཆེ་རྣམས་ཀྱིས་གཅིག་ཤས་གཅིག་བརླག་སྟེ་འབངས་སུ་བཀུག་ན་མཐའ་མ་འོ་ལྡེ་སྤུ་རྒྱལ་གྱི་དབུ་རྔོག་མ་ཐོབ། ཞེས་པས་མཚོན་ནོ། །

བཅུ་གཉིས། བོན་སྒྲུང་ལྡེའུ་གསུམ་གྱི་སྐོར་ལས།

༡. བོན་ནི་ཤིན་ཏུ་གནའ་དུས་ནས་དར་ཞིང་། གཉའ་ཁྲི་བཙན་པོའི་དུས་སུ་སྟོན་པ་གཤེན་རབ་བྱོན་ནས་སྟོན་གྱི་བོན་ལུགས་བསྒྱུར་ནས་གཡུང་དྲུང་བོན་གྱི་བསྟན་པ་སྤེལ་བར་བཤད།

༢. ལྡེའུ་ནི་རིག་པའི་དོན་ཡིན་པས་གནའ་དུས་སུ་དར་བའི་རིག་པའི་གནས་ཐམས་ཅད་ལ་བྱ་ཞིང་། ལྡེའུ་ནི་དེང་སྐབས་ཀྱི་ཁེད་དང་དོན་འདྲ་བར་བྱས་ན་ལེགས།

༣. སྒྲུང་ནི་གནའ་དུས་ཀྱི་སྒྲུང་ལ་རོ་ལངས་གསེར་སྒྲུབ་ཀྱི་སྒྲུང་དང་། མ་སངས་ཀྱི་སྒྲུང་། མཆིལ་བའི་སྒྲུང་སོགས་ཉན་བཤད་བྱེད་པར་གསུངས་སོ། །

བཅུ་གསུམ། གཉའ་ཁྲི་བཙན་པོ་ཡུལ་གང་ནས་བྱོན་ཚུལ་ལ་བཤད་ཚུལ་མི་འདྲ་བ་གང་དག་ཡོད་དམ་ཞེ་ན། གནམ་ནས་བབས་པར་འདོད་པའི་བསྒྲགས་པ་བོན་ལུགས་ཀྱི་བཤད་ཚུལ། རྒྱ་གར་གྱི་རྒྱལ་རིགས་ཀྱི་སྲས་ཤིག་ཡུལ་ཕུད་ནས་བོད་ཡུལ་དུ་བྱོན་པར་འདོད་པའི་གསང་བ་ཆོས་ལུགས་ཀྱི་འཆད་ཚུལ། སྤོ་བའི་ཡུལ་ནས་སྣ་ཨུ་བེར་ཟེར་བ་ཞིག་མཐུ་དང་སྟོབས་ཆེ་དྲགས་ནས་ཡུལ་ཕུད་ནས་བོད་ཡུལ་དུ་བྱོན་པར་འདོད་པའི་ཡང་གསང་བ་ཆོས་ལུགས་ཀྱི་བཤད་ཚུལ་དང་གསུམ་ཡོད་དོ། །

བཅུ་བཞི། བོད་ཤེས་པ་ཅན་བཅུ་གཉིས་ནི། ཡབ་འབངས་རུས་དྲུག་སྟེ། བཙན་པོ་ལྗེ་དང་གཉའ། བཙུན་པ་ཁྱུང་དང་སྤུབས། གཉན་པ་སེ་དང་སྤྱི། བོད་མཁས་པ་དྲུག་སྟེ། ལྷ་བོ་ལྷ་སྲས། སེ་བོན། རྨ་བོན། ཅོག་ལ་བོན། ཞང་ཞུང་བོན། ཚེ་མི་བོན་བཅས་སོ། །

བཅོ་ལྔ། གནམ་གྱི་ཁྲི་བདུན། གཉའ་ཁྲི་བཙན་པོ། མུ་ཁྲི་བཙན་པོ། དིང་ཁྲི་བཙན་པོ། སོ་ཁྲི་བཙན་པོ། མེར་ཁྲི་བཙན་པོ། གདགས་ཁྲི་བཙན་པོ། སྲིབས་ཁྲི་

བཙན་པོ་བཅས་སོ། །

བཅུ་དྲུག ཐུ་བ་བཞི་ནི། རྒྱལ་པོ་ལས་ཐུ་བ་གཉའ་ཁྲི་བཙན་པོ། མཁར་ལས་ཐུ་བ་འཕྱིང་བ་སྟག་རྩེ། ཕོ་བྲང་ལས་ཐུ་བ་ཡུམ་བུ་བླ་སྒང་། ཡུལ་ལས་ཐུ་བ་ཡར་ལུང་སོག་ཁ་བཅས་སུ་གྲགས་སོ། །

བཅུ་བདུན། སྟོད་ཀྱི་སྟེང་གཉིས་ནི། ཡབ་སྟེང་བ་གྲི་གུམ་བཙན་པོ་དང་། སྲས་སྟེང་བ་སྤུ་དེ་གུང་རྒྱལ་གཉིས་སོ། །

བཅོ་བརྒྱད། བོད་མཛངས་མི་བདུན་གྱི་ཐོག་མ་གཉིས་སུ་དང་། དེ་དག་གི་མཛངས་པའི་ལས་གང་ཡིན། དང་པོ་རུ་ལས་སྐྱེས་ཡིན། མཛངས་པའི་ལས་ནི། ༡. ཤིང་བསྲེགས་པའི་སོལ་བ་བྱུང་། ༢. རྡོ་བཞུས་ནས་གསེར་དངུལ་ཟངས་ལྕགས་བཏོན། ༣. སྨོན་པ་དོར་དུ་བསྡེབས་ཏེ་སྤང་ཐང་ཞིང་དུ་རྨོས། ༤. ཆུ་ལ་ཟམ་པ་བརྩུགས་པ་བཅས་སོ། །མཛངས་མི་གཉིས་པ་ནི་དེའི་བུ་ལྷའི་བུ་མགོ་དཀར་ཡིན་ལ། མཛངས་པའི་ལས་ནི། ༡. འབྲོག་ལ་ཐུལ་ཁ་རྩིས། ༡. ཞིང་ལ་དོར་ཁ་རྩིས། ༣. ཐུ་ཆུ་ཡུར་དུ་དྲངས་ནས་ཞིང་ཆུ་ལ་རྨོ་བའི་སྲོལ་ཕྱེ་བར་གྲགས་སོ། །

བཅུ་དགུ བར་གྱི་ལེགས་དྲུག་ནི། ༡. ཨེ་ཤོ་ལེགས། ༢. དེ་ཤོ་ལེགས། ༣. ཐི་ཤོ་ལེགས། ༤. གུ་རུ་ལེགས། ༥. འབྲོང་ཞི་ལེགས། ༦. ཨི་ཤོ་ལེགས་བཅས་སོ། །

ཕོ་བྲང་འཕྱིང་བ་རྩེ་དྲུག་ནི། ༡. སྟག་རྩེ། ༢. ཁོད་རྩེ། ༣. ཡང་རྩེ། ༤. ཁྲི་རྩེ། ༥. རྩེ་མོ་ཁྱུང་རྒྱལ། ༦. ཁྲི་རྩེ་འབུམ་གདུགས་བཅས་སོ། །

ཉི་ཤུ། སའི་ལྡེ་བརྒྱད་ནི། ཟ་ནམ་ཟིན་ལྡེ། ལྡེ་རྒྱལ་པོ། ལྡེ་འཕྲུལ་ནམ་གཞུང་བཙན། ལྡེ་སྤྲིན་བཙན། སེ་སྣོལ་ནམ་ལྡེ། སེ་སྣོལ་པོ་ལྡེ། ལྡེ་སྣོད་ནམ། ལྡེ་སྣོལ་པོ་བཅས་སོ། །

ཉེར་གཅིག འོག་གི་བཙན་ལྔ་ནི། རྒྱལ་ཏོ་རེ་ལོང་བཙན། ཁྲི་བཙན་ནམ། ཁྲི་སྒྲ་དཔུང་བཙན། ཁྲི་ཐོག་རྗེ་བཙན། ཐོ་ཐོ་རི་གཉན་བཙན། རྒྱལ་པོ་ཕྱི་མ་འདིའི་རིང་

ལ་ཕོ་བྲང་ཡུམ་བུ་བླ་སྒང་གི་ཡང་ཐོག་ཏུ་དཔང་ཀོང་ཕྱག་རྒྱ་སོགས་གསུང་རྟེན་དང་ཐུགས་རྟེན་ནམ་མཁའ་ལས་བབས་ནས་དམ་པའི་ཆོས་ཀྱི་དབུ་བརྙེས་པར་ལོ་རྒྱུས་ཕལ་ཆེར་ཞལ་མཐུན་ཀྱང་། ནེལ་པ་པཎྜི་ཏ་སོགས་ཀྱིས་བོན་པོ་གནམ་ལ་དགའ་བས། དེ་ལྟར་བཤད་པ་ཡིན་ཡང་། པཎྜི་ཏ་བློ་སེམས་འཚོ་དང་ལོ་ཙཱ་བ་ལི་ཐེ་སེས་བཙན་པོ་ལ་རྟེན་དེ་དག་ཕུལ་ནས་དམ་པའི་ཆོས་ཀྱི་དབུ་བརྙེས་པར་གསུངས་སོ། །

ཉེར་གཉིས། ཁྲི་གཉན་བཟུང་བཙན་ནས་གནམ་རི་སྲོང་བཙན་བར་གྱི་རྒྱལ་རབས་བཞི་ནི། ཁྲི་གཉན་བཟུང་བཙན། འབྲོང་གཉན་ལྡེའུ། སྟག་རི་གཉན་གཟིགས། གནམ་རི་སྲོང་བཙན་བཅས་སོ། ། ༡. སྟག་རི་གཉན་གཟིགས་ཀྱི་དུས་སུ་མདོ་དབུས་མཐོ་སྒང་ རྫིལ་བོ་གཅིག་འགྱུར་གྱི་དམག་འཁྲུག་རྒྱག་པའི་མགོ་བརྩམས། རྒྱལ་ཕྲན་རྣམས་ཀྱི་སུམ་ཆའི་གཉིས་ཙམ་མངའ་འབངས་སུ་བསྡུས་པར་བཤད། ༢. སྟག་རི་གཉན་གཟིགས་ཀྱི་རིང་ལ་བློན་པོ་ཁྲི་ངོར་སྣང་བཙན་མོང་གི་བུ་ཞེས་པ་བྱུང་ཞིང་། མཛངས་པའི་ལས་ནི་བྲི་ཕྱུལ་སྲུང་བཅལ་འབྲུ་མར་ཚད་ཀྱིས་བཅལ། དགའ་གཉིས་ཆོང་བྱས་མཐུན་གཉིས་ལ་ལུང་བསྟེབས། ཞེས་སོ། །

ཉེར་གསུམ། གནམ་རི་སྲོང་བཙན་གྱི་རིང་གི་ལོ་རྒྱུས་དོན་ཆེན་འགའ། ༡. ཚ་ལེན་པའི་སྲོལ་བྱུང་། ༢. རྒྱ་ནག་ནས་སྨན་དང་རྩིས་དར། ༣. མདོ་དབུས་གཙང་གི་ཆ་ཕལ་ཆེར་གཅིག་སྡུད་བྱས་པ་བཅས་སོ། །

ཉེར་བཞི། སྲོང་བཙན་སྒམ་པོའི་རིང་གི་དོན་ཆེན་འགའ།

༡. རྒྱལ་པོ་འདིའི་འཁྲུངས་འདས་ཀྱི་ལོ་ཚིགས།

དེབ་ཐེར། ╲ ལོ་ཁམས	འཁྲུངས་ལོ།			འདས་ལོ།			ཟུར་མཆན།
	མེ་གླང་	ས་གླང་	ས་གླང་	ལྕགས་ཁྱི	ལྕགས་ཁྱི	ས་ཁྱི	དཀྱུང་གྲངས།
དེབ་དམར།	617					698	82

བུ་སྟོན།	617					698	82
རྒྱལ་རབས་གསལ་མེ།	617			650			
དེབ་སྔོན།		569	629	650	710	710	
དེབ་དམར་གསར་མ།	617					698	
མཁས་པའི་དགའ་སྟོན།	617					698	
དཔྱིད་རྒྱལ།			629		710		
སུམ་པའི་ཆོས་འབྱུང་།	617					698	
མདོ་སྨད་ཆོས་འབྱུང་།	617					698	
དེབ་དཀར།	617			650			33
ཏུན་ཧོང་གཏེར་ཡིག				650			
ཐང་དེབ་གསར་མ།				650			

༢. རྒྱལ་པོ་འདིའི་རིང་ལ་བྱུང་བའི་ལོ་རྒྱུས་ཀྱི་དོན་ཆེན་འགའ། （༡）མདོ་དབུས་ཡོངས་རྫོགས་གཅིག་གྱུར་བྱས་པར་མ་ཟད། བོད་ཀྱི་ཤར་ཕྱོགས་སུང་ཀྲིག ལོ་ཀྲིག སོས་ཀྲིག་བཅས་དང་། ཉ་པལ་པོ། ནུབ་ལི་ཡུལ། བྱང་གྲུ་གུར་སླེབས་པ། （༢）ད་ལྟའི་བོད་ཡིག་གསར་དུ་བཟོས་པ། （༣）ཙུང་ཆ་ཚང་བའི་ཁྲིམས་ལུགས་སྣ་ཚོགས་གཏན་ལ་ཕབ་པ། （༤）ས་ཞིང་ཁག་བགོས་དང་། ཕྱུགས་ཀྱི་མགོ་གྲངས་དང་ས་ཞིང་དོར་གྲངས་ལྟར་ཁྲལ་བསྡུ་བའི་ལམ་ལུགས་བཙུགས་ནས་ཐོན་སྐྱེད་ལ་ཡར་སྐུལ་ཐེབ་པ། （༥）སངས་རྒྱས་ཆོས་གཞུང་མང་པོ་དང་། མི་རིགས་གཞན་གྱི་རིག་གནས་ནང་འདྲེན་བྱས་པ། （༦）ཕོ་བྲང་པོ་ཏ་ལ་དང་ར་ས་དང་ར་མོ་ཆེ་སོགས་གཙུག་ལག་ཁང་མང་པོ་བཞེངས་པ་སོགས་མདོར་ན་ཆོས་སྲིད་ཀྱི་ལེགས་པའི་སྒོ་བརྒྱ་ཕྱེ་བ་ཡིན་ནོ། །

ཉེར་ལྔ། སྲོང་བཙན་རྗེས་ཀྱི་རྒྱལ་པོ་བཅུ། ༡. གུང་རི་གུང་བཙན། ༢. མང་སྲོང་མང་པོ་བཙན། ༣. འདུས་སྲོང་མང་རྗེ། ༤. མེས་ཨག་ཚོམ། ༥. ཁྲི་སྲོང་ལྡེ་

བཙན། ༦. མུ་ནེ་བཙན་པོ། ༧. མུ་ཏིག་བཙན་པོ། ༨. སད་ན་ལེགས་མཇིང་ཡོན། ༩. ཁྲི་རལ་པ་ཅན། ༡༠. གླང་དར་མ་འུ་དུམ་བཙན།

ཉེར་དྲུག ཆོས་རྒྱལ་མེས་དབོན་རྣམ་གསུམ་ནི། སྔོན་གྱི་བཙན་པོ་དེ་དག་ལས། སྲོང་བཙན་སྒམ་པོ་དང་། ཁྲི་སྲོང་ལྡེའུ་བཙན། ཁྲི་རལ་པ་ཅན་གསུམ་ནི་སངས་རྒྱས་ཀྱི་བསྟན་པ་བོད་ལ་དར་ཞིང་རྒྱས་ལ་ཡུན་རིང་དུ་གནས་པའི་ཕྱོགས་ལ་བྱས་རྗེས་བླ་ན་མེད་པ་ཙམ་དུ་མཆིས་པར་མ་ཟད། ཆབ་དཔལ་རིག་གནས་དང་དམག་དོན་སོགས་སྲིད་པའི་ཕྱུན་ཚོགས་མཐའ་དག་སྤེལ་བ་ལ་གཞན་དྲིང་མི་འཇོག་པའི་སྟབས་ཀྱིས་ཆོས་རྒྱལ་མེས་དབོན་རྣམ་གསུམ་དུ་གྲགས་སོ། །

(མཚོ་སྔོན་སློབ་གསོ་སློབ་གླིང་གི་སློབ་མར་གནང་བ།)

བོད་ཀྱི་ལོ་རྒྱུས་རྒྱུགས་གཞི། (མ་དཔེ)

སློབ་གཉེར་བའི་མིང་།____________ སྤྱི་སྐར____

གཅིག གནམ་གྱི་དྲི་བ་འདི་དག་ལ་ལན་ཐོབས།

༡. གནའ་དུས་ཀྱི་ལོ་རྒྱུས་གཞུང་ལས། བོད་ཀྱི་ལོ་རྒྱུས་དུས་རབས་གསུམ་དུ་བགོས་ནས་འཆད་པས་དེ་དག་གང་། (སྐར་མ 6)

①____ ②____ ③____

༢. ལོ་རྒྱུས་བསྟན་བཅོས་གྲགས་ཆེ་བ་བཞིའི་མཚན་ཐོབས། (སྐར་མ 4)

____ ____ ____ ____ བཅས་སོ། །

༣. ལོ་རྒྱུས་བསྟན་བཅོས་ཀྱི་ཐོག་མའི་རྣམ་པ་ནི་ཇི་ལྟ་བུ་ཞིག་ཡིན། (སྐར་མ 8)

༤. སྟོད་ཀྱི་འཇིག་རྟེན་བྱུང་ཚུལ་ལ་བཤད་ཚུལ་མི་འདྲ་བ་གསུམ་བྱུང་བ་གང་དག་ཡིན། (སྐར་མ 6)

༥. བོད་མིའི་འབྱུང་ཁུངས་ལ་བཤད་ཚུལ་མི་འདྲ་བ་གང་དག་བྱུང་། (སྐར་མ 4)

____ ____ ____ ____ བཅས་སོ། །

གཉིས། གནམ་གྱི་ཚིག་འདི་དག་ཁ་སྐོངས།

༡. བོད་ཀྱི་ལོ་རྒྱུས་སུ་གསུངས་པའི་མི་མིན་སྤྲེལ་མིན་དང་དེང་རབས་ལོ་རྒྱུས་སུ་སྨྲ་བའི་སྨྲ་མི་ཞེས་པ་གཉིས་འདྲ་བར་ཚིག་གང་དག་གིས་མཚོན། （སྐར་མ 14）

______མི་འདྲ། ______མི་འདྲ། ______མེད་པ། ______མེད་པ།

______དམར་པ། ______ཟ་བ། ______འབྲུང་བ། ཞེས་སོ། །

༢. གདོད་མའི་ཀུང་རྗེའི་འཚོ་བ་རོལ་ཚུལ་ནི། 《མཁས་པའི་དགའ་སྟོན》ལས། （སྐར་མ 10）

______ ______ ______ ______

༣. རྫ་བའི་དུས་ཆེན་བཞི་ནི། （སྐར་མ 8）

______ དང་ ______ དང་ ______ དང་ ______ དང་བཞིའོ། །

༤. ཤེས་པ་ཅན་བརྒྱ་གཉིས་ནི། （སྐར་མ 12）

______ ______ ______ ______

༥. སྡུ་བ་བཞི་ནི། （སྐར་མ 8） ______ ______ ______ ______

གསུམ། གཤམ་གྱི་ཚིག་འདི་དག་གི་གྲངས་ཀ་གང་འགྲིགས་བརྟགས་ནས་འགྲིག་པར་རྟགས་√འདི་བྲི་བར་བྱ།

(སྐར་མ 10)

༡. ཐོག་མའི་དབང་མཛད {10, 8, 18}　རྒྱལ་ཕྲན {10, 12, 15}

སེལ་མ {20, 50, 40}　གནམ་གྱི་ཁྲི {5, 4, 7}　མཛངས་མི {6, 7, 5}

མ་སངས་ཏུས {10, 9, 5}　སྟོད་ཀྱི་སྟེང {5, 2, 5}　བར་གྱི་ལེགས {6, 4, 10}

སའི་ལྡེ {5, 8, 3}　འོག་གི་བཙན {6, 7, 5}

(མཚོ་སྔོན་སློབ་གསོ་སློབ་གླིང་གི་སློབ་མར་གནང་བ།)

༄༅། །མཇུག་གི་གཏམ།

མཁྱེན་རབ་རལ་གྲིའི་འོད་ཟེར་འབར་བའི་རྩལ། །སྤོངས་པའི་དགྲ་སྙིང་ལྷུགས་པོང་ལ་ཟ་བའི། །སྤྲོས་བྲལ་འོད་ལྷའི་ཕུང་པོར་སྨིན་པའི་གཟིས། །སྤྱོངས་འདི་འོད་དཀར་སྣང་བས་རིང་དུ་སྐྱོངས། །ལྷ་རིག་ཤེས་བྱ་ཡངས་པའི་ཐང་ཆེན་ལ། །བློ་གྲོས་མིའུ་ཐུང་གོམ་པས་དབང་བསྒྱུར་ཞིང་། །སྤོངས་མུན་འཛིན་མའི་མཆེ་བའི་གཙོང་རོང་དུ། །ཕྱུགས་མཛད་དྲིན་ལྡན་བླ་མ་དེང་ཡང་དྲན། །ཤེས་རིག་གཞན་ལ་འདོམས་པའི་ཁུར་བཀྲི་སྐབས། །དགྲོལ་དཀའི་གནད་ལ་རབ་རིབ་འགྲེལ་ཀྱུག་དུས། །སོམ་ཉིའི་དྲ་རྒྱར་གཤོག་ཟུང་བསྣམས་པའི་ཚེ། །ཡབ་གཅིག་བླམ་སྙིང་ནས་ཡང་ཡང་དྲན། །མགོན་ཁྱོད་ལྷ་ལྡན་སྤྲུལ་བའི་ཞིང་ཁམས་ནས། །ཡེ་ཤེས་འཇའ་གུར་གཡོ་བའི་སྤྱན་ཟུང་གིས། །དུཿཁའི་གཡང་ལ་འཁྱམས་པའི་ཉམ་ཐག་ལ། །བརྩེ་གཟིགས་སྤྱན་ཞགས་གཞར་ཡང་མི་སྙོད་འཚལ། །

དེ་ཡང་བདག་རྣམས་ལ་བཀའ་དྲིན་མཚུངས་ཟླ་མ་མཆིས་པའི་མཛའ་བཤེས་ཆེན་པོ། ངེས་པ་དོན་གྱི་དགེ་བའི་བཤེས་གཉེན། གསང་བའི་མཁས་པ། སྨྲས་པའི་བརྟུལ་ཞུགས་ཅན། དོན་གྱི་སྐད་དུ་མཚན་ནས་སྨོས་ན་༧ཛཻ་བཤད་སྒྲུབ་རྒྱ་མཚོ་དབྱངས་ཅན་འཛུམ་པའི་མི་ཏོག་མཆོག་མཛད་པ་གཟིམ་ཁྲི་མཐའ་ཅན་དུ་གྱུར་ནས་བགྲང་བྱ་འགའ་ཞིག་འདས་པའི་དུས་འདིར། གང་གི་གསུང་སྐྱེས་ཀྱི་བུ་སློབ་ཐ་ཤལ་བ་བདག་ཅག་གི་སེམས་རབ་ཏུ་སྐྱོ་ཞིང་ཤིན་ཏུ་དད་གུས་ཆེན་པོས་དམ་པ་གང་གི་སྐུ་དྲིན་རི་རབ་ཀྱི་གཏོས་དང་མཉམ་པ་ལས། ཆ་ཤས་རྩལ་ཕྲན་ཙམ་ཞིག་གཞལ་འདོད་ཀྱིས་ཀུན་ནས་བསླངས་ཏེ། གང་གི་ལེགས་གསུང་པར་དུ་བཀོད་པ་དང་མ་འགོད་པ་ཐར་ཐོར་དུ་ལུས་པ་རྣམས་འབད་པ་ཆེན་པོས་ཕྱོགས་གཅིག་ཏུ་བསྒྲིགས་ཤིང་ཞུ་དག་བྱེད་ཁུལ་ཙམ་བགྱིས་ཏེ། འཕྲུལ་གྱི་རི་མོར་འགོད་པའི་གླེང་

ཙམ་བསྒྲངས་པ་ན། བླང་དོར་གྱི་གནས་ལ་འཇུག་ལྡོག་གི་བློ་གྲོས་ཡངས་ཤིང་རྣམ་དཀར་ལས་ལ་གཏོང་ཕོད་ཕྱག་ཟུང་གི་འདབ་བརྒྱ་ལྷུག་པར་གྲོལ་བའི་སློབ་གྲྭའི་དབུ་ཁྲིད་བརྟེ་བཀྲ་ཤིས་དང་འཇིགས་མེད་རྡོ་རྗེ། བསོད་ནམས་དཔལ་ལྡན་སོགས་ཀྱིས་རྒྱབ་སྐྱོར་ཚད་མེད་དང་མཐུན་རྐྱེན་གང་ལེགས་སྦྱར་བ་མ་ཟད་ཧོང་གི་སྐུ་མཆེན་མཁའ་འབུམ་བཟའ་མི་གཉིས་ཀྱིས་མ་ཡིག་འཚོལ་སྡུད་ཐད་རོགས་སྐྱོར་ཆེན་པོ་བགྱིས་པའི་རྐྱེན་བྱས། དམ་པ་གང་ཉིད་མཉེས་པར་བྱེད་པའི་མཆོད་སྤྲིན་དང་། ཕྱིས་འབྱུང་བློ་གསར་དག་ལའང་རིན་ཐང་གཞལ་དུ་མེད་པའི་གསོས་སུ་ཨེ་འགྱུར་དམིགས་ནས་གསུང་འབུམ་འདི་ཉིད་པར་སྐྲུན་བྱས་པ་ལགས།

སྤྱིར་དམ་པ་ཉིད་ནི་རིག་པའི་གནས་ཀུན་ལ་མཁྱེན་སྤྱན་མཁའ་ལྟར་ཡངས་ཤིང་ཐུགས་རིག་སྒྱུ་སྐར་ལྟར་རྣམ་པར་བཀྲ་བས་ཧོང་གི་ཐུགས་བཅུད་ལས་བྱུང་བའི་རྩོམ་རིག་དང་དཔྱད་རྩོམ། དོགས་དཔྱོད། གཞུང་འགྲེལ་སྣ་ཚོགས། བསྒྱུར་རྩོམ། དམངས་ཁྲོད་རྩོམ་རིག་སོགས་ཕྱག་རྩོམ་མཐའ་ཡས་པ་ཞིག་རྩོམ་གནང་མཛད་ཡོད་ཀྱང་ལ་ལ་བོར་བརླག་བྱུང་བ་དང་། ལ་ལ་རྩོམ་འཕྲོར་ལུས་པ། ལ་ལའི་མ་ཕྱིར་རལ་སྐྱོན་ཐེབས་པ་བཅས་ཀྱི་རྐྱེན་པས། ང་ཚོའི་རྩོམ་སྒྲིག་གི་བྱ་བར་དཀའ་ལས་ཆེན་པོ་ཐེབས་ཤིང་། 《བོད་ཀྱི་ལོ་རྒྱུས་ངོ་མཚར་ནོར་བུའི་མེ་ལོང་》སོགས་ཀྱང་ངེད་ཅག་ལ་གཞུང་འདིའི་ཞལ་ཁྲིད་ཀྱི་བཀའ་དྲིན་སྐྱོང་སྐབས་ཀྱི་དྲན་ཐོ་ཙམ་ལས་བསྐྱན་བཅོས་ཀྱི་ལུགས་སུ་མཛད་མེད་པས། ས་བཅད་འགྲེམ་སྟངས་སོགས་ང་ཚོའི་འདོད་བློ་ལྟར་བསྒྲིགས་པ་ལས་སྐུ་ཉིད་ཀྱི་དགོངས་བབས་དང་མི་མཐུན་པའི་ཉེས་འགལ་དག་ཀྱང་རང་བཞིན་གྱིས་བཟོས་ཡོད་པར། ཤེས་ལྡན་རྣམས་ཀྱིས་དགོངས་ཁྲེལ་མི་གནང་བར་ཞུ་ཞུ།

རྩོམ་སྒྲིག་གི་གོ་རིམ་ནི། གསུང་རྩོམ་ཡོངས་ཁག་གསུམ་དུ་བགོས་ཡོད་དེ། ཁག་དང་པོ་དང་གཉིས་པ་རྣམ་ཐར་ལོ་རྒྱུས་ཀྱི་སྐོར་དང་། ཁག་གསུམ་པ་རྩོམ་རིག་དང་གཏན་ཚིགས་རིག་པའི་སྐོར་བཅས་སུ་བསྒྲིགས་ཡོད། གཞན་དཔེ་དེབ་སྣ་ཚོགས་ཀྱི་འགོ་བརྗོད་

དང་མཇུག་བྱང་། ཁོང་གིས་བསྒྲིགས་གནང་མཛད་པའི་བོད་ཀྱི་གཏམ་དཔེ་ཐོར་བུ། མཛའ་གྲོགས་དང་སློབ་བུ་དག་ལ་ཀྲུལ་ཀའི་ཚུལ་དུ་གནང་བའི་སྙན་རྩོམ་ཐོར་བུ་སོགས་མང་པོ་བཞུགས་པ་ང་ཚོར་འདེམས་སྒྲུག་གི་མཐུ་ནུས་ཞན་པས་གསུང་རྩོམ་དུ་བསྒྲིག་མེད་པར་རྒྱ་ཆེའི་ཀློག་མཁན་རྣམས་ཀྱིས་དགོངས་འཇགས་འཚལ།

གསུང་འབུམ་འདི་ནི་དམ་པ་གང་ཉིད་སྐུ་གཤེགས་ནས་བགྲང་བྱ་གཉིས་འཁོར་བར་དྲན་གསོ་ཞུ་བའི་ལེགས་སྐྱེས་སུ་མཚོ་སྔོ་ཁྲུལ་མི་རིགས་དགེ་ཐོན་སློབ་གྲྭ་རང་སློབ་གྲྭ་ནས་པར་དུ་བསྐྲུན་པ་གཞིར་བྱས། འདི་ག་པར་སྐྲུན་ཁང་ནས་དངོས་སུ་པར་བསྐྲུན་བྱས་པ་ཡིན་ལ། འདིས་རང་རེའི་རིག་གནས་ལོ་རྒྱུས་ཞིབ་འཇུག་གནང་མཁན་གྱི་ཤེས་ལྡན་རྣམས་ལ་དཔྱད་གཞིའི་ཆ་རྐྱེན་ངེས་ཅན་ཞིག་བསྐྲུན་ཡོད་པར་མ་ཟད། དུས་རབས་ཉེར་གཅིག་པའི་མི་རིགས་སློབ་གསོའི་ལས་དོན་གོང་དུ་སྤེལ་བར་རྟེང་སྐུལ་དང་། གནའ་བཟང་དེང་སྤྱོད། སྒྲིགས་དོར་བཅུད་ལེན་བྱེད་པ་སོགས་ལ་དགེ་མཚན་མི་དམན་པ་བཅས་སུ་དམིགས་ནས། ང་ཚོས་བགྲང་བྱ་འགའི་རིང་། མ་ཕྱི་འཚོལ་སྡུད་དང་རྩོམ་སྒྲིག ཞུ་དག་བཅས་ཀྱི་ཐད་རང་ནུས་གང་ཡོད་བཏོན་ཡང་། ང་ཚོར་བྱ་བའི་བྲེལ་ཟིང་ཆེ་བ་དང་རྩོམ་སྒྲིག་གི་ཉམས་མྱོང་ཞན་པ། ཤེས་ཡོན་དམན་པ་བཅས་ཀྱི་དབང་གིས་སྐྱོན་དང་ནོར་འཁྲུལ་འབྱུང་སྲིད་པས་ཤེས་ལྡན་མཁྱེན་སྤྱན་ཡངས་པ་དག་གིས་དགོངས་འཆར་ལྷུག་སྟོལ་གནང་བར་སྙིང་ཐག་པ་ནས་བཀའ་དྲིན་ཆེ་ཆེ་ཞུ་བ་ལགས།

དད་པའི་སྟོབས་ཀྱིས་དོན་ལྡན་ལེགས་གསུང་དབྱངས། །
འཕྲུལ་གྱི་རི་མོར་བསྒྲུབས་པའི་དགེ་འབྲས་ཀྱིས། །
སྤྱོངས་འདིར་ལྷ་རིག་སྣང་བའི་དཔལ་རྒྱས་ཤིང་། །
གང་ཉིད་མཆོད་པའི་རྒྱུ་རུ་འགྱུར་བར་སྨོན། །

ཞེས་རབ་རྒྱུན་ཤིང་ལུག་ལོའི་མགོ་ཟླའི་དཀར་ཕྱོགས་གཉིས་པའི་རྫོགས་པ་ལ། མཚོ་སྔོ་ཁྲུལ་མི་རིགས་མཐོ་འབྲིང་དང་པོའི་བོད་ཡིག་ཁྲིད་དཔྱོད་ཁང་ནས། །དགེའོ། །

རྩོམ་སྒྲིག་འགན་འཁུར་པ། ཨ་ནན། འཇམ་དབྱངས་དར་རྒྱས།
མདུན་ཤོག་རྩིས་འགོད་པ། ཡེ་ཀྲི་ཀྲོའུ།

༄༅།།དགེ་བའི་བཤེས་གཉེན་ཆེན་པོ་བཤད་སྒྲུབ་རྒྱ་མཚོའི་
གསུང་འབུམ་བཞུགས་སོ།།

(༢)

མཚོ་སྔོ་ཁུལ་མི་རིགས་མཐོ་འབྲིང་དང་པོའི་བོད་ཡིག་སློབ་དཔྱོད་ཁང་གིས་བསྒྲིགས།

*

ཀྲུང་གོའི་བོད་རིག་པ་དཔེ་སྐྲུན་ཁང་གིས་བསྐྲུན་ཏེ་བཀྲམ།
ཀྲུང་གོའི་གློག་བརྙན་དཔེ་སྐྲུན་ཁང་གི་པར་ཁང་གིས་པར་བཏབ།
དེབ་ཚད། 787mm × 1092mm 1/16
པར་གྲངས། 0001 – 2500 དཔར་ཤོག 80
2016ལོའི་ཟླ9པར་པར་གཞི་དང་པོ་བསྒྲིགས།
2016ལོའི་ཟླ9པར་པར་ཐེངས་དང་པོ་བཏབ།
ISBN 978 – 7 – 80253 – 927 – 3/K · 473
དེབ་དཀྱུས་མ་ལ་རིན་གོང་སྒོར། 138.00

图书在版编目(CIP)数据

夏珠嘉措文集:全3册:藏文/海南州民族高级第一中学藏文教研室编.
—北京:中国藏学出版社,2016.9
ISBN 978-7-80253-927-3

Ⅰ.①夏…　Ⅱ.①海…　Ⅲ.①藏学—文集—藏语　Ⅳ.①K281.4-53

中国版本图书馆CIP数据核字(2016)第231554号

夏珠嘉措文集

(2)

海南州民族高级第一中学藏文教研室　编

*

中国藏学出版社出版发行
中国电影出版社印刷厂印刷
开本:787mm×1092mm　1/16
印数:0001-2500册　印张:80
2016年9月第1版第1次印刷
ISBN 978-7-80253-927-3/K·473
全套定价(平装):138.00元

༄༅། །དགེ་བའི་བཤེས་གཉེན་ཆེན་མོ་བཤད་སྒྲུབ་རྒྱ་མཚོའི་གསུང་འབུམ་བཞུགས་སོ།།

པོད་དང་པོ།

མཚོ་སྔོ་ཁྲུལ་མི་རིགས་མཐོ་འབྲིང་དང་པོའི་བོད་ཡིག་སློབ་དཔྱོད་ཁང་གིས་བསྒྲིགས།

ཀྲུང་གོའི་བོད་རིག་པ་དཔེ་སྐྲུན་ཁང་།

ཚུལ་ཁྲིམས་གཙང་མའི་གོས་ཀྱིས་རླབས། །

འཆད་རྩོད་རྩོམ་པའི་སྤྲོབས་པ་ཡངས། །

བཤད་སྒྲུབ་འཚོས་སྐྱོབ་གཉིས་ལྡན་པའི། །

ལེགས་བཤད་ལྷུན་པོའི་སྤོ་ལས་མཐོ། །

ཞེས་དཔར་སྐྲུན་ཤེས་ཚོག་གི་ཚུལ་དུ་དགེ་སྦྱོང་བློ་བཟང་བཤད་སྒྲུབ་རྒྱ་མཚོས་བྲིས། །

༄༅། །མགོ་བརྗོད།

དགེ་ལེགས་འོད་དཀར་གངས་ཀྱི་རི་བོར་ལེགས་བཤད་གཡུ་རལ་ཁྱུར་གྱིས་བརྗིད། །
ཐུ་ཏའི་ཆོས་སྲིད་རིག་གཞུང་སྲུང་ལ་དཔག་གསྲུབ་རིགས་པའི་མཆེ་སྡེར་རྣོ། །
སྐལ་བཟང་རི་སྐྱེས་རྒྱ་མཚོའི་ཚོགས་ལ་འཆད་ཉན་མི་འཇིགས་གོ་བགོས་པའི། །
ཕྲུག་རྗེས་སྲིད་པའི་ཁོངས་ལས་བརྒྱལ་བ་བཤེས་གཉེན་གདོང་ལྔའི་དབང་པོ་རྒྱལ། །

དེ་ཡང་མདོ་སྨད་བྱང་རྒྱུད་ཀྱི་ཆོས་སྡེ་ཆེན་པོ་དཔལ་ལྡན་བཀྲ་ཤིས་ཆོས་སྡིངས་ཀྱི་དགེ་བའི་བཤེས་གཉེན་ཆེན་མོ། ལྷ་རིག་སྨྲ་བའི་པཎ་ཆེན། བདག་ཅག་རྣམས་ལ་བཀའ་དྲིན་མཚུངས་ཟླ་མ་མཆིས་པའི་བླ་མ་དམ་པ་རྗེ་བཙུན་བཤད་སྒྲུབ་རྒྱ་མཚོའམ་མི་ཕམ་མཆོ་བྱུང་དགྱེས་པའི་བློ་གྲོས་སུ་གསོལ་བའི་དམ་པ་གང་ཉིད་ནི་བོད་རབ་བྱུང་བཅུ་དྲུག་པའི་ལྕགས་འབྲུག་སྟེ་སྤྱི་ལོ་༡༩༥༠པར་མདོ་ཁམས་གཡར་མོ་ཐང་གི་སའི་ཕྱེ་བྲག་ཆུ་གཏེར་ཆེན་པོ་ཁྲི་གཞོག་རྒྱལ་མོའི་ལྗོ་རྒྱུད་ཀྱི་སའི་ཆ། རིག་སྟོན་གཞུང་གི་མོང་གོལ་ཞེས་པའི་འབྲོག་སྡེར་སོག་པོའི་རིགས་སུ་སྐུ་འཁྲུངས། ཁྱིས་པའི་མཚན་ལ་ཀརྨ་དབང་ཆེན་ཞེས་ཞུ། དགུང་ལོ་དྲུག་ཏུ་སོན་པ་སྤྱི་ལོ་༡༩༥༦ལོར་ཡུལ་མདོ་སྨད་ཀྱི་ནཱ་ལེནྡྲ་ཆེན་པོ་རྫི་ཚ་བཀྲ་ཤིས་ཆོས་སྡིངས་སུ་ཕེབས་ཏེ་ཀུན་མཁྱེན་ཆེན་པོ་སྐལ་ལྡན་གྲགས་རྒྱ་མཚོའི་མཚན་ཅན་ཀློག་གི་སློབ་དཔོན་དུ་བསྟེན་ནས་རྫི་ཚའི་ཀ་ཁ་ཞེས་བྱིས་པ་ཀློག་ལ་འཇུག་པའི་ཀ་དཔེ་དེ་ལས་ཐལ་སྦྱོར་གྱི་ཀློག་དང་གཟབ་གཤར་གྱི་ཡི་གེ་ཐམས་ཅད་ལ་ཐོགས་པ་མེད་པར་བློ་གྲོས་ཀྱི་པདྨོ་ཡོངས་སུ་རྒྱས་པར་གྱུར་ཏེ། དགུང་ལོ་བདུན་དུ་སོན་པ་སྤྱི་ལོ་༡༩༥༧པར་ཡོངས་ཀྱི་དགེ་བའི་བཤེས་གཉེན་ཆེན་པོ་རྗེ་འབྲོག་ཉ་བ་ཚུལ་ཁྲིམས་རྒྱ་མཚོ་ལས་རབ་ཏུ་བྱུང་སྟེ། དགེ་བསྙེན། རབ་བྱུང་། ཚོགས་ཐ་མ་དགེ་ཚུལ་གྱི་སྡོམ་པ་བཅས་མནོས་ཤིང་། མཚན་བཤད་སྒྲུབ་རྒྱ་མཚོ

ཞེས་སུ་གསོལ། དེ་ནས་རིམ་གྱིས་མངོན་པར་རྟོགས་པའི་རྒྱན་དང་དབུ་མ་འཇུག་པ་སོགས་དང་། གསང་བདེ་འཇིགས་གསུམ་གྱི་ཚིག་སོགས་ཆོས་སྤྱོད་ཚོགས་འདོན་གྱི་སྐོར་དུ་མ་ཐུགས་འཛིན་གནང་ཞིང་རྒྱན་འཇུག་གི་ཚོགས་རྒྱུགས་ཕུལ། དགུང་ལོ་བཅུ་ལ་སོན་པ་ནས་རྗེ་འབྲོག་རུ་བ་གཙོས་དགེ་བའི་བཤེས་གཉེན་དུ་མ་ལས་ན་བསོད་ནམས་དབང་རྒྱལ་གྱི་《བསྡུས་གཞུང་ཉི་མའི་འོད་ཟེར་》གྱི་མཛུབ་ཁྲིད་ཡོངས་སུ་རྫོགས་པ་གསན་ཅིང་། ཡིག་ཆ་འདི་ཉིད་ཐུགས་འཛིན་གནང་བ་དང་ཆབས་ཅིག་ཆོས་གྲྭའི་རྩོད་པ་དང་རང་གིས་དཔྱད་པ་ཟུང་འབྲེལ་གནང་བའི་མཐུ་ལས་རིག་པའི་སྒོ་མོ་ཡངས་པར་ཕྱེ་ཞིང་། གཞུང་དོན་ལ་འཇུག་པའི་བློ་གྲོས་ཀྱི་འཇུག་ངོགས་སྐབས་འདི་ཉིད་ནས་རྙེད་པ་ལགས་སོ། །དེ་ནས་བཟུང་རབ་འབྱམས་གཞུང་བརྒྱའི་མངའ་བདག་ཡོངས་ཀྱི་དགེ་བའི་བཤེས་གཉེན་ཆེན་པོ་རྗེ་བཙུན་ཡེ་ཤེས་རྒྱ་མཚོའི་ཞལ་སྔ་ནས་གཙོས་མཁས་པའི་དབང་པོ་བཅུ་ཕྲག་གསུམ་ཙམ་བསམ་སྦྱོར་དག་པས་བསྟེན་ཏེ་སྤྱི་ལོ་༡༩༥༨པའི་བར་ལ། བསྡུས་ཚན་ཡོངས་རྫོགས་དང་བློ་རྟགས་གཉིས། རྣམ་འགྲེལ། སེམས་སེམས་བྱུང་། གྲུབ་མཐའ། ས་ལམ་སོགས་དང་། ཕར་ཕྱིན་མངོན་བརྗོད། འབྲས་གཞུང་། ཆོས་འཁོར། དགེ་འདུན་ཉི་ཤུ་སོགས་གཞུང་མང་པོ་གསན་པར་མ་ཟད། བཀལ་བརྟག་ལའང་བརྩོན་པ་རྗེ་རུས་བཞིན་བསྟེན། ཐུན་མོང་རིག་གནས་ཀྱང་སྒྲ་སྙན་སྨན་རྩིས་སོགས་ལ་ཞིབ་ཏུ་སྦྱངས་ནས་མཁས་པའི་གྲགས་པ་རྒྱས། རྗེ་ལྷ་རི་བ་ཆེན་པོ་སོགས་མཁས་ཤིང་གྲུབ་པའི་དབང་ཕྱུག་བཅུ་ཕྲག་ཙམ་ལས་བདེ་གསང་འཇིགས་གསུམ་དང་། རྡོ་རྗེ་ཕྲེང་བ། སྒྲུབ་ཐབས་རིན་འབྱུང་། བ་རི་བརྒྱ་རྩ། འཇམ་དབྱངས་ཆོས་སྐོར་སོགས་སྤྱི་ཟུར་གྱི་དབང་དང་རྗེས་གནང་གི་སྐོར། ལམ་སྔགས་གཉིས། རིམ་ལྔ་གསལ་སྒྲོན་སོགས་ཀྱི་ཞལ་ལུང་། ལམ་ཁྲིད་དགེ་ལེགས་འོད་སྣང་འགྱེད་པའི་ཉིན་བྱེད་དང་སྟོན་འགྲོའི་ཁྲིད་ཆེན་བཞི་སོགས་ཀྱི་ཁྲིད། བསྟན་འགྱུར། རྗེ་ཡབ་སྲས་གསུམ། རྒྱལ་བ་དགེ་འདུན་གྲུབ། འདུལ་འཛིན་གྲགས་པ་རྒྱལ་མཚན། རྒྱལ་བ་བསྐལ་བཟང་རྒྱ་མཚོ། ཁྲི་དགེ་བློ་གྲོས་རྒྱ་མཚོ་སོགས་མཁས་གྲུབ་མང་པོའི་བཀའ་འབུམ་གྱི་ལུང་སོགས་

གསན་རྒྱུའི་སྐལ་བ་བྱུང་སྟེ་ཆོས་རྒྱུན་མང་པོའི་མཛོད་དུ་གྱུར། དེ་ལྟར་དད་བརྩོན་ཤེས་རབ་ཀྱི་གྲུ་གཟིངས་ཕན་ཚུན་འགྲན་པ་བཞིན་དུ་རིག་གཞུང་རྒྱ་མཚོའི་གློང་དུ་ཁ་ལོ་བསྒྱུར་བ་ན་རྒྱལ་པོའི་ཆད་ལས་མི་བཟད་པའི་གོད་ཆག་ཆེན་པོ་བསྟན་འགྲོ་ཡོངས་ཀྱི་ཕན་བདེ་འབྱུང་བའི་གཤིད་དུ་ལྷུང་ཞིང་དགེ་འདུན་གྱི་འདུས་སྡེ་གཅིག་ཀྱང་མེད་པར་བཟོ་བར་བརྩམས་པའི་སྐབས་ཏེ། དམ་པ་གང་ཉིད་དགུང་ལོ་བཅོ་བརྒྱད་བཞེས་པ་སྤྱི་ལོ་༡༩༥༨པར་མི་འདོད་བཞིན་དུ་ཕ་ཡུལ་དུ་ཕེབས་དགོས་བྱུང་སྟེ་དུར་སྨྲིག་གི་ན་བཟའ་དོར་ཞིང་གྲོང་ཆས་སྤྲས་ནས་ཁྱིམ་པ་རྣམས་དང་མཉམ་དུ་ཟླ་འགར་སོ་ནམ་གྱི་ལས་ལ་ཞུགས། རྒྱལ་ཁམས་ཀུན་ལ་སྤྱ་ན་མེད་པའི་འབྲུག་ལོང་ཆེས་ཆེར་གཡོས་ནས་ཤཀྱའི་རབ་བྱུང་གི་སྡེའི་རྒྱུད་ཀྱི་བསླབ་སྡོམ་དམ་ཚིག་བཙན་གྱིས་གཞན་དབང་དུས་གཏོང་བར་བྱེད་པ་བྱུང་བ་དེ་ལྟར་ནའང་དམ་པ་ཁོང་ཉིད་ནི། སློབ་དཔོན་ཀླུ་སྒྲུབ་ཞབས་ཀྱིས། ཤེས་རབ་ཀྱིས་ནི་ལུས་སྲུང་ལ། །དགྲ་ཡི་ཚོགས་ཀྱིས་ཅི་བྱར་ཡོད། །ལག་ན་གདུགས་དང་བཅས་པ་ལ། །ཆར་གྱི་རྒྱུན་གྱིས་ཛི་བ་མེད། །ཅེས་དང་། ཡ་རབས་རྣམས་ཀྱི་སྤྱོད་པ་ལ། །སྐྱེ་བོ་ངན་པས་གནོད་མི་འགྱུར། །རིན་ཆེན་སྒྲོན་མ་འབར་བའི་ཚེ། །འཐོར་རླུང་ཚོགས་ཀྱིས་མི་སོད་དོ། །ཞེས་གསུངས་པ་ལྟར་ཡིན་མིན་བདེན་རྫུན་དཔྱོད་པའི་ཤེས་རབ། སྤང་བླང་འཇུག་ལྡོག་འཛོལ་བ་མེད་པའི་རྣམ་དཔྱོད། ཁས་བླང་དམ་བཅའ་སྲོག་ལ་བབས་ཀྱང་འདོར་བ་མིན་པའི་བག་ཡོད། སྒོ་གསུམ་གྱི་སྤྱོད་པ་ཕྲ་ཞིབ་ཀུན་ལ་འབྲས་བུ་གང་འབྱུང་དཔྱོད་པའི་མིག་རྒྱང་། གནོད་བྱེད་མ་རུངས་པའི་ཚོགས་ལ་སྙིང་རྗེའི་གཟིགས་པ་ལྷག་པར་འཕེལ་ཏེ་ཁོང་ཁྲོ་བ་མེད་པ་དང་། དགེ་ལ་སྤྲོ་བའི་བརྩོན་པ་མེ་ལ་སྣུམ་བླུགས་པ་ལྟར་རབ་ཏུ་འབར་བ་དང་། རང་བཞིན་མི་བརྟན་པ་རླུང་ཁའི་དར་ལྕོག་ལྟ་བུ་མ་ཡིན་པར་ལས་གང་ལ་ཞུགས་པའི་མཐའ་བརྟན་ཞིང་གཡེལ་བ་མེད་པའི་ཕུན་ཚོགས་མཐའ་དག་ལྡན་སྐྱེས་སུ་མངའ་བའི་དན་རྟགས་མ་བསྐུལ་ལྷུན་གྱིས་གྲུབ་པས། དུས་འགྱུར་རྦབ་མོའི་རེག་བྱས་ཉིན་མཚན་ཀུན་ཏུ་གཅེས་ནའང་རང་གི་བསླབ་སྡོམ་ས་འོག་གི་གཏེར་དང་མི་གཙང་ཁྲོད་ཀྱི་གསེར་བཞིན་དུ་ཉམས་པ་

མེད་པར་བསྔུངས་པ་འདི་ཁོ་ནའི་མཛད་པའང་ཐལ་གྱིས་བསྒྲུབ་ཏུ་མེད་པའི་གནས་སོ། །ལོ་དེའི་ཟླ་བརྒྱད་པ་ནས་བཟུང་རིག་སྨོན་གྲུང་རྩེའི་ཏང་ཨུས་བཀོད་སྒྲིག་ལྟར་ཡུལ་དེའི་སློབ་ཆུང་དགེ་རྒན་དུ་བསྐོས་ཏེ་སློབ་བུ་བརྒྱ་ཕྲག་གསུམ་ཙམ་ལ་བོད་ཡིག་བསླབས། དེ་ནས་བཟུང་སློབ་ཆུང་གཞན་དག་ཏུའང་བོད་ཡིག་དགེ་རྒན་གྱི་འགན་བཞེས་པ་དང་ཡིག་རྩོམ་སེལ་བའི་དགེ་རྒན་གྱི་ཕྲག་ལས་ཀྱང་གནང་བ་སོགས་ཀྱིས་མཚོན། ཐ་ཕྱིར་རོང་འབྲོག་པ་མང་པོ་ཡིག་རྩོམ་ལས་ཐར་བར་མཛད་ཅིང་མཚོ་སྔོ་མི་རིགས་དགེ་ཐོན་སློབ་གྲྭ་སོགས་ལ་སློབ་མ་མི་ཉུང་བ་བསྐྱལ་པར་བྱས། དགུང་གྲངས་ཉེར་ལྔ་བཞེས་པ་སྤྱི་ལོ་༡༨༤༥པར་ཕྱི་ནང་གི་རྐྱེན་འགའ་ཞིག་གིས་མ་ཉེས་ཁ་གཡོགས་ཐེབས་ཏེ་ཕྱིར་རང་ཡུལ་དུ་ངལ་ལས་སྣ་ཚོགས་ལ་ཞུགས་ཏེ་སྐྱོ་ཚོགས་མང་པོ་མྱངས། སྐབས་དེ་དག་ཏུ་སྨྲ་གུར་སློབ་ཆུང་དང་རྟ་ཐོག་སློབ་ཆུང་བཅས་ཀྱི་དགེ་རྒན་གྱི་ཕྲག་ལས་གནང་བ་དང་། ཐོན་སྐྱེད་རུ་ཁག་གི་རྩིས་གཉེར་བ་དང་རིག་སྨོན་གྲུང་རྩེའི་རྩིས་གཉེར་རོགས་ཁྲིད་པའི་འགན་ཡང་བཞེས། ང་བརྒྱད་ལོ་དང་རིག་གནས་གསར་བརྗེ་སོགས་གཏོར་བཙེམ་གྱི་ལས་འགུལ་སྣ་ཚོགས་མཚོ་ལྟར་བརྡོལ་ཞིང་རྒྱལ་ཁབ་ཀྱི་བཀའ་ཁྲིམས་བཙན་ཞིང་དམ་པར་གནས་པའི་དུས་སུའང་། དམ་པ་འདི་ཉིད་ཀྱིས་ནི་རེ་དོགས་དང་བརྟབ་སེམས་སྤངས་ཏེ་བླ་མ་དཀོན་མཆོག་ལ་བློ་འགེལ་བརྟན་ཞིང་། ཐུགས་དམ་དགེ་སྦྱོར་ལས་གཡེལ་བ་མེད་པའི་ངང་ནས་གསང་སྟབས་ཀྱིས་རྒྱུན་འཇུག་སོགས་ཞལ་འདོན་གནང་ཞིང་ཡི་དམ་མང་པོའི་མཚན་སྔགས་མང་དུ་བཟླས་པ་དང་། སློབ་གཉེར་མ་ཆག་པར་མཛད་པ་སོགས་ཆོས་ལྡན་གྱི་མཛད་སྤྱོད་ཁོ་ན་ལྟར་བཞེས། ཁྱད་པར་དུ་སྒྲིག་དང་བསྲོས་ཏེ་བསླབ་ཁྲིམས་ཁོ་ནར་གཅེས་སྲུས་གནང་བ་ནི། ཇི་སྐད་དུ། མཁས་གྲུབ་ཆེན་པོ་སྐྱབས་རྗེ་ཤར་གདོང་རིན་པོ་ཆེས་དམ་པ་འདི་ཉིད་ཀྱི་གསུང་འབུམ་ལ་གནང་བའི་ཤིས་ཚིག་ཏུ། ཚུལ་ཁྲིམས་གཙང་མའི་གོས་ཀྱིས་གླུབས། །ཞེས་གསུངས་པ་ཇི་ལྟ་བ་བཞིན་ནོ། །དེ་ལྟའི་འཁྲུག་ལོང་གི་རླུང་ནག་གོ་མཚམས་མེད་པར་དཀྲིགས་པའི་གསེབ་ནས་ལུས་སྲོག་འབེན་ལ་བཙུགས་ཏེ་གསང་སྟབས་ཀྱིས་དཔེ་གློག་སྐྱུར་

འཛིན་མ་ཆག་པར་གནང་ཞིང་རང་བཞིན་ལྷན་སྐྱེས་ཀྱི་ཟབ་གསལ་མྱུར་བའི་ཤེས་རབ་ཉི་ལྟར་གསལ་བས། སྔེ་གྲོང་དུ་རྩིས་འགོད་པའི་ལས་སྣེ་གཉེར་བ་ན་ཕྱག་གཡས་གཡོན་གཉིས་ཀྱིས་རྩིས་ཕྲེང་རེ་བཟུང་ནས་རྩིས་གཞི་མི་འདྲ་བ་གཉིས་དུས་གཅིག་ཏུ་འཁྲུལ་བ་མེད་པར་རྩི་ཐུབ་པ་སྔེ་མི་ཀུན་ལ་གྲགས་སོ། །ལོ་བཅུའི་གོད་ཆག་ཆེན་པོའི་སྨག་མུན་རིམ་གྱིས་སངས་ཏེ་རྒྱལ་ཁམས་བདེ་བའི་དུས་བཟང་ཀུན་ལ་རིམ་སུམ་ཆད་པར་ཤར་ཏེ། སྲིད་གཞུང་གི་ཆོས་དད་རང་མོས་དང་བསྟུན་ཚོག་པའི་སྲིད་ཇུས་ལེགས་པོ་མངོན་འགྱུར་བྱུང་བ་དང་བསྟུན། གསེར་ས་འོག་ན་ཡོད་པའི་འོད་མཁའ་ལ་འཕྲོ་བའི་དཔེ་དང་རྒྱུ་སྐར་ཁྲོད་ན་ཟླ་བ་བཞིན་ཀུན་གྱིས་མང་པོའི་ནང་ནས་ཁྱད་ཕོན་ཁྱད་འཕགས་སུ་ངེས་པ་ཉིད་ནས་སྤྱི་ལོ་༡༩༧༩པར་མཚོ་སྔོ་ཁྲུལ་མི་རིགས་དགེ་ཐོན་སློབ་གྲྭར་གདན་དྲངས་ཏེ་དགེ་རྒན་དུ་བཀུར། སློབ་གྲྭ་དེའི་དགེ་སློབ་གསོས་མཚོ་སྔོ་ཁྲུལ་བོད་ཡིག་སློབ་འབྲིང་དང་། གུང་ཧོ་རྫོང་བོད་ཡིག་སློབ་འབྲིང་། མཚོ་སྔོ་ཁྲུལ་མི་རིགས་སྐད་ཡིག་བྱ་བའི་གཞུང་ལས་ཁང་སོགས་སློབ་གྲྭ་དང་ལས་ཁུངས་ཀྱི་དགེ་རྒན་དང་ལས་བྱེད་པ། ཧྲི་ཚ་བཀྲ་ཤིས་ཆོས་སྡིངས་སོགས་ཆོས་སྡེ་དུ་མ་ནས་ཆེད་དུ་ཕེབས་པའི་གྲྭ་བཙུན་སོགས་དོན་གཉེར་དང་ལྡན་པའི་སློབ་བུ་མང་པོར་《ཕྲ་ཏིའི་ཀུན་བཟང་དགོངས་རྒྱན་》དང་《སི་ཏུའི་འགྲེལ་ཆེན།》《ཐོན་མིའི་ཞལ་ལུང་》སོགས་བརྡ་སྤྲོད་ཀྱི་སྐོར་དང་། 《སྙན་ངག་མེ་ལོང་།》《དབྱངས་ཅན་དགྱེས་གླུ》《དཎྜིའི་དགོངས་རྒྱན།》《སྙན་ངག་སྤྱི་དོན།》《དུང་དཀར་སྙན་འགྲེལ།》 《སྙན་ངག་དཔེར་བརྗོད་བདུད་རྩིའི་མཆོད་ཡོན་》སོགས་ཚིག་རྒྱན་རིག་པའི་སྐོར། 《རྟོགས་བརྗོད་དཔག་བསམ་འཁྲི་ཤིང་》གི་ཡལ་འདབ་ཁ་ཤས་དང་《སྐྱེས་རབས་སོ་བཞི་པའི་》སྐྱེས་རབས་དུ་མ། 《སྤྲིན་གྱི་ཕོ་ཉ།》《ཀླུ་མ་ཀླུའི་རྟོགས་བརྗོད།》རྗེ་བཙུན་ཤེས་རབ་རྒྱ་མཚོ་དང་། ཡོངས་འཛིན་བློ་བཟང་དཔལ་ལྡན། རྗེ་འཇིགས་མེད་དམ་ཆོས་རྒྱ་མཚོ་སོགས་ཀྱི་གསུང་འབུམ་ལས་བསྟོད་ཚོགས་དང་རྟོགས་བརྗོད། བསླབ་བྱ། འཕྲིན་ཡིག་སོགས་གནའ་རྩོམ་གྱི་སྐོར། 《བློ་གསལ་རིགས་སྒོ》དང་རྗེ་ཡེ་ཤེས་རྒྱ་མཚོའི་གསུང་གི་《གཏན་ཚིགས་རིགས་

པའི་སྣང་བ་》སོགས་བསྡུས་གྲྭ་དང་བློ་རྟགས་ཀྱི་སྐོར། 《སྐྱབས་འགྲོ》《ཡོན་ཏན་གཞིར་གྱུར་མ》《རྟེན་འབྲེལ་བསྟོད་པ》《བཤེས་སྤྲིངས》《མངོན་རྟོགས་རྒྱན་》དང་《དབུ་མ་འཇུག་པ་》སོགས་ནང་རིག་པའི་སྐོར། རྗེ་ཉིད་ཀྱི་《གངས་ཅན་སྣ་ལྔའི་སྨན་ལྗོངས་ཀྱི་ལོ་རྒྱུས་རིག་ཐིག་ཏུ་བཀོད་པ་ངོ་མཚར་ནོར་བུའི་མེ་ལོང་》སོགས་ཐུན་མོང་དང་ཐུན་མོང་མ་ཡིན་པའི་རིག་གནས་སྣ་ཚོགས་ཀྱི་ཞིབ་འཇུག་ལེགས་པར་བསྒྲུངས་པས། ཞལ་སློབ་བརྒྱང་ལས་འདས་པ་སྤྱི་ཚོགས་ཀྱི་ལས་གནས་སོ་སོར་རྒྱལ་ཁབ་དང་མི་རིགས་ཀྱི་བྱ་གཞག་སྣ་ཚོགས་རང་རྐྱ་ཐེར་བས་ཕྲག་ཏུ་ཁྱེར་ནས་རྒྱལ་ཁབ་དང་མི་རིགས་ཀྱི་ཀ་བ་དང་གདུང་མ་ཤ་སྟག་དང་། དེ་དག་ལས་ཀྱང་རྩེར་སོན་ཁ་ཤས་སློབ་གྲྭ་ཆེན་མོ་སོགས་སུ་རིག་པ་སྨྲ་བའི་སྲོག་ཤིང་དུ་གྱུར་པའོ། །སྒོས་སུ་མཚོ་སྔོ་བོད་ཁུལ་དུ་རང་རིགས་ཀྱི་རིག་གནས་དར་ཁྱབ་ཏུ་སོང་ཞིང་སློབ་གྲྭ་ཆུང་འབྲིང་དག་ཏུ་བོད་ཡིག་བསླབ་བྱའི་གཙོ་བོར་འཛིན་པ་དང་། སྲིད་གཞུང་གིས་བོད་ཡིག་བཀོལ་སྤྱོད་བྱེད་པའི་སྲིད་ཇུས་གཏན་ལ་ཕབ་པ་ཚུན་ཆད་དམ་པ་གང་ཉིད་ཀྱི་བཀའ་དྲིན་ལས་མ་འདས་སོ། །གཞན་ཡང་མཚོ་སྔོན་མི་དམངས་ཀུན་ཁྱབ་ཐུང་འཕྲིན་ལས་ཁུངས་ཀྱི་རྒྱང་བསྒྲགས་ནས་སུམ་རྟགས་དང་། མཚོ་སྔོན་སློབ་གསོ་སློབ་གྲྭ་ཆེན་མོ། ཀྲུང་གོའི་བོད་བརྒྱུད་ནང་བསྟན་མཐོ་རིམ་སློབ་གླིང་། ཧྲི་ཙེ་བཀྲ་ཤིས་ཆོས་སྡིངས་སོགས་སུ་བོད་ཀྱི་རིག་གནས་སྣ་ཚོགས་ཞལ་ཁྲིད་གནང་སྟེ། སློབ་བུ་རྣམས་ལ་འདོད་མོས་བཞིན་དུ་རིག་པའི་བགོ་སྐལ་ཅི་དགར་འགྱེད་པ་བཅས་ཀྱིས་མཚོན་བོད་ཀྱི་རིག་གནས་ཉམས་པ་སོར་ཆུད་དང་མ་ཉམས་པ་གོང་དུ་སྤེལ་བའི་ཐུགས་ལ་མཛད་རྗེས་མི་དམན་པ་བཞག་པར་བརྟེན། དེའི་ཕྱིར་གནང་ཡོད་ཡོང་ཉིད་ལ་སྤྱ་རྟིང་དུ་ཁུལ་དང་ཞིང་ཆེན་རིམ་པའི་ཐུལ་བྱུང་དགེ་རྒན་སོགས་ཀྱི་གཟེངས་བསྟོད་ཀྱང་གང་མང་ཐོབ། ཁྱད་པར་དུ་༡༩༨༧ལོའི་སྟོན་དུས་སུ་པཎ་ཆེན་ཐམས་ཅད་མཁྱེན་པ་སྐུ་ཕྲེང་བཅུ་པ་མཆོག་མཚོ་སྔོར་གཟིགས་ཞིབ་ཏུ་ཕེབས་པའི་སྐབས་སུ་གཟིམ་ཆུང་མཇལ་ཁ་གནང་སྟེ། དམ་པ་གང་ཉིད་ཀྱིས་རྒྱལ་བསྟན་ཡང་དར་གྱི་དུས་འདིར་རང་རིགས་ཀྱི་རིག་གནས་ལ་མཛད་རྗེས་མང་པོ་བཞག་པ་དང་རིག་གནས་སྤེལ་

བའི་ཐབས་སུ་ཐུགས་ཁུར་ཆེར་བསྐྱེད་གནང་བར་ཐུགས་དགྱེས་པའི་བཀའ་གསུང་མང་དུ་གནང་ཞིང་། པཎ་ཆེན་རིན་པོ་ཆེའི་སྐུ་པར་དང་ཕྱུགས་སྨྱུག་སོགས་ལེགས་སྐྱེས་སུ་གནང་ངོ་། །དེ་ལྟར་དགོན་སྡེ་དང་སློབ་གྲྭ་གཉིས་ཆར་ནས་སྐྱ་སེར་དང་སྔེར་གཞུང་གཉི་གར་རིག་གནས་འཆད་ཉན་གྱི་སྲོལ་བཟང་མ་ཉམས་པར་ཡར་ལྡན་དུ་སྤེལ་བ་སོགས་ཀྱིས་མཚོན་བསྟན་འགྲོའི་དོན་རྒྱ་ཆེར་གནང་ནས་དགུང་གྲངས་ང་བརྒྱད་བཞེས་པ་རབ་རྒྱུན་ས་ཕོ་སྟག་གི་ལོ་སྟེ། སྤྱི་ལོ་༡༩༩༨པའི་ཧོར་ཟླ་༣པའི་ཚེས་༡༣ཉིན་གཟུགས་སྐུའི་བཀོད་པ་ཆོས་དབྱིངས་སུ་བསྡུས་པའི་ཚུལ་བསྟན་པ་ཡིན་ནོ། །

འདིར་རྗེ་འདིའི་དངོས་བརྒྱུད་ཀྱི་སློབ་བུ་བདག་ཅག་གིས་དད་གུས་ཆེན་པོས་གང་གི་སྐུ་དྲིན་རི་རབ་ཀྱི་གཏོས་དང་མཉམ་པ་ལས་ཆ་ཤས་རྡུལ་ཕྲན་ཙམ་ཞིག་གཞལ་བར་འདོད་པ་དང་། རང་རེ་གངས་ཅན་གྱི་རིག་གནས་འཛམ་གླིང་ཡུལ་གྲུ་ཀུན་ཏུ་ཁྱབ་གདལ་དུ་སྤེལ་བའི་དུས་བཟང་འདིར་ལེགས་བཤད་འདི་ལྟ་བུའི་རྗེས་སུ་བསླབས་ན་ངེས་པར་དོན་དང་ལྡན་པར་དམིགས་པ་དང་། བོད་ཀྱི་རིག་གནས་དང་ལོ་རྒྱུས་ཞིབ་འཇུག་གི་ཐབས་སུ་བློ་ཁ་ཡངས་པོར་འབྱེད་པའི་རྐྱེན་དུ་འགྱུར་ངེས་པར་བསམས་པ་དང་། ཕྱིས་འབྱུང་གི་བློ་གསལ་དག་ལ་རིན་ཐང་གཞལ་དུ་མེད་པའི་གསོས་སུ་འགྱུར་བའམ། བླ་མའི་གསུང་རབ་རྣམས་ཡི་གེའི་གཟུགས་སུ་བཞེངས་པ་ནི་བླ་མའི་ཞབས་ཏོག་ཐམས་ཅད་ཀྱི་ཡུལ་དང་མཆོག་རབ་དམ་པར་འགྱུར་བའི་ཕན་ཡོན་འཛད་དུ་མེད་པ་དང་། སྒོས་སུ་ཕྱི་ནང་གི་འགལ་རྐྱེན་སྣ་མང་གིས་བོད་ཀྱི་སྐད་དང་ཡི་གེ་ཉམས་དམས་སུ་འགྱུར་བཞིན་པའི་དེང་གི་ཆར་འདི་དང་འདི་ལྟ་བུའི་གསུང་འབུམ་པར་འགོད་ཀྱི་ལས་ལ་འཇུག་པར་བྱས་ན་དགེ་མཚན་བརྒྱ་འགྱུར་གྱིས་འཕེལ་བར་མཐོང་ནས་གསུང་འབུམ་འདི་ཉིད་པར་དུ་བསྐྲུན་པ་ལགས། དེ་ཡང་རྗེ་འདིའི་གསུང་འབུམ་ལ་ཞྭ་དམར་པཎྜི་ཏ་ཆེན་པོ་དང་རྗེ་ཡེ་ཤེས་རྒྱ་མཚོའི་རྣམ་ཐར་སོགས་རྣམ་ཐར་གྱི་རིམ་པ། རྙི་ཚ་གདན་རབས་སོགས་དགོན་པའི་གདན་རབས་དང་ལོ་རྒྱུས་ཀྱི་རིམ་པ། གངས་ཅན་སྣ་ལའི་སྨན་ལྗོངས་ཀྱི་ལོ་རྒྱུས་རིག་ཟིག་ཏུ་བཀོད་པ་ངོ་མཚར་ནོར་བུའི་མེ་ལོང་

སོགས་དང་། གཏན་ཚིགས་རིག་པའི་རྣམ་གཞག་གོ་སླ་བར་བརྗོད་པ་སོགས་གཏན་ཚིགས་རིག་པའི་རིམ་པ། སྙན་ངག་སྤྲིན་གྱི་ཕོ་ཉ་དང་མངོན་བརྗོད་རྒྱ་མཚོའི་ཆུ་ཐིགས་ཀྱི་འགྲེལ་བ་སོགས་འགྲེལ་རྩོམ་གྱི་རིམ་པ། སྙན་ངག་དང་ལོ་རྒྱུས་སོགས་ལས་བརྩམས་པའི་དཔྱད་རྩོམ་སྣ་ཚོགས། དབྱངས་ཅན་མའི་བསྟོད་པ་སོགས་ལྷག་ལྷ་དང་ཡུལ་དམ་པ་ལ་བསྔགས་པའི་བསྟོད་ཚོགས་ཀྱི་རིམ་པ། ཆོས་རྒྱལ་སྲོང་བཙན་སྒམ་པོའི་རྟོགས་བརྗོད་སོགས་རྟོགས་བརྗོད་ཀྱི་རིམ་པ། ཀུན་མཁྱེན་ཆོས་ཀྱི་རྒྱལ་པོ་ཙོང་ཁ་པ་བློ་བཟང་གྲགས་པའི་དཔལ་ལ་གསོལ་བ་འདེབས་པའི་ཚིགས་སུ་བཅད་པའི་གཏམ་གཡས་འཁྱིལ་དུང་གི་སྒྲ་དབྱངས་སོགས་གསོལ་འདེབས་ཀྱི་རིམ་པ། གཞན་འཕྲིན་ཡིག་དང་། རྩོམ་གཞུང་། དྲིས་ལན་སོགས་མང་དུ་བཞུགས་སོ། །ཞེས་བོད་རབ་རྒྱན་ཤིང་ལུག་ལོ་སྤྱི་ལོ་༢༠༡༥པའི་ཟླ་༡༡ཚེས་༡༠ལ་རྩོམ་སྒྲིག་ཚོ་ཆུང་གིས་དད་གུས་རྩེ་གཅིག་གིས་བྲིས་པ་དགེའོ། །

དཀར་ཆག

༄༅། །རྗེ་ཞྭ་དམར་པཎྜི་ཏ་ཆེན་པོའི་རྣམ་ཐར་ཤེལ་ཏུ་མདོར་བསྡུས་ཏེ་བརྗོད་པ་ངོ་མཚར་གཏམ་གྱི་སྙིང་པོ།

སྟོན་པའི་གྲགས་པ་ཕྱོགས་བཅུར་ཁྱབ་པའི་མཁས་གྲུབ་ཆེན་པོ་རྗེ་ཞྭ་དམར་པཎྜི་ཏ་དགེ་འདུན་བསྟན་འཛིན་རྒྱ་མཚོ་དཔལ་བཟང་པོ་གང་དུ་འཁྲུངས་པའི་ཡུལ་ནི། ཇི་སྐད་དུ་རྗེ་ཙོང་ཁ་པའི་རྣམ་ཐར་སྟོན་ངག་མ་ལས། འདི་ནས་ཤར་གྱི་ཕྱོགས་ན་ཙོང་ཁ་ཞེས། །ས་ལ་གནས་ཀྱང་ལྷ་ཡི་འཛིག་རྟེན་དུ། །བརྟག་པར་བྱ་བ་ཡུལ་གྱི་དགེ་མཚན་ནི། །མ་ལུས་བགྲང་ལ་ཐུབ་རྣམས་ངལ་བ་ཡོད། །ཅེས་གསུངས་པ་ལྟར་དགེ་མཚན་ལང་ཚོའི་དཔལ་གྱིས་མངོན་པར་མཛེས་པའི་སྨན་ལྗོངས། སྔོ་བཟང་རྒྱལ་བ་འཁྲུངས་པའི་གནས་ཙོང་ཁའི་ཡུལ་གྱི་ཙོང་ཆུ་འབབ་སའི་ནུབ་ཕྱོགས་ཁྲི་ག་ཤོག་རྒྱལ་མོའི་ཉེ་འགྲམ། མདོ་ཁམས་གཡར་མོ་ཐང་གི་སའི་བྱེ་བྲག་ཀུན་གཟིགས་ལྔ་བ་ཆེན་མོ་ཡུན་རིང་བཞུགས་ཏེ་རྒྱལ་དབང་ཡོན་ཏན་རྒྱ་མཚོའི་རྣམ་ཐར་སོགས་བཀའ་རྩོམ་མང་དུ་གནང་བའི་གནས། དཀར་ཐང་མར་ཁྲུའི་མཚོ་མོར་འབོད་པའི་སའི་སྟོད་ཀྱི་ཆ་ཚོས་ལུང་ཞེས་པ་དེ་ཡིན་ལ། གནས་དེར་མཚོ་སྔོན་པོའི་མདའ་བཞིར་གྲགས་པའི་ནང་ཚན་ཉིན་ཐུབ་ཤོག་ཁར་ཞྭ་དམར་པོའི་ཕོད་ཁ་བརྩུགས་པའི་ཀན་པོ་ཞིག་བྱུང་བའི་མི་རྒྱུད་ལས། ཞྭ་དམར་དུ་གྲགས་པའི་ཚོ་ཆེན་ཞིག་བྱུང་བ་ལས་སྐུ་ཕྲེང་ཐོག་མ་རིགས་པ་སྨྲ་བའི་ཁྱུ་མཆོག་ཞྭ་དམར་ངག་དབང་འཕྲིན་ལས་འཁྲུངས་པའི་ཁྱིམ་གཞིས་སུ་ཡབ་པན་སྐྱག་དང་ཡུམ་མ་ཅིག་གཉིས་ཀྱི་སྲས་སུ་རབ་བྱུང་བཅུ་བཞི་པའི་བགྲང་བྱ་ཞི་དྲུག་པ་ཆུ་མོ་བྱི་བའི་ལོར་དམ་པ་འདི་ཉིད་སྐུ་བལྟམས། ཡབ་ཡུམ་འདི་གཉིས་ལ་སྲས་མིང་སྲིང་ལྔ་ཡོད་པའི་ཐ་ཆུང་ཡིན་ལ། བྱིས་པའི་དུས་སུ་ཡང་རྟག་ཏུ་ངུ་བ་དང་སྨུ་ཅོར་སྨྲ་བ

བག་མེད་པར་རྩེད་འཇོར་རོལ་བ་སོགས་བྱིས་པའི་རྒྱུད་པ་ལས་རིང་དུ་འདས་པ་ཞིག་ཡིན་པར་ས་དེའི་རྒན་རབས་ཀུན་ལ་གྲགས་ཤིང་ཐམས་ཅད་ཀྱིས་ངོ་མཚར་དུ་འཛིན་པ་ཞིག་ཡིན་པར་གསུངས་སོ། །

དགུང་ལོ་གསུམ་དུ་སོན་པ་ཤིང་སྟག་ལོར་པཎ་ཆེན་བསྟན་པའི་ཉི་མ་དང་སྐྱབས་མགོན་གསེར་ཁང་བ་ཆེན་པོའི་སྐུ་མཆེད་བློ་བཟང་བསྟན་པ་རྒྱ་མཚོ་སོགས་དམ་པ་དུ་མས་བརྟག་ཞུས་གནང་བ་ལྟར་རྗེ་ཞྭ་དམར་བའི་ཡང་སྲིད་དུ་ངོས་བཟུང་བ་ཡིན་ནོ། །དམ་པ་འདིའི་ཡོངས་སུ་གྲགས་པའི་སྐུ་ཕྲེང་ཐོག་མ་གཞུང་བརྒྱ་སྨྲ་བའི་ཁྲུ་མཆོག་ཞྭ་དམར་ངག་དབང་འཕྲིན་ལས་ནི་རབ་བྱུང་བཅུ་གཅིག་པའི་ལྕགས་གླང་ལོར་(༡༦༦༡)འབའ་གཞུང་དུ་གོང་ནས་བཤད་པའི་འཁྲུངས་གཞི་དེར་ཡབ་ཞྭ་དམར་གཛྨ་སྐྱབས་ཀྱི་སྲས་སུ་འཁྲུངས། གཞོན་དུས་ནས་རབ་ཏུ་བྱུང་། དབུས་འགྱུར་ཆོས་ཀྱི་དགའ་ཚལ་དུ་ཕེབས་ཏེ་ཆོས་རྗེ་ཆེན་པོ་དཔལ་ལྡན་འབྲས་སྤུངས་ཀྱི་གྲྭ་ཚང་བཞིའི་ཡ་རྒྱལ་བཀྲ་ཤིས་སྒོ་མང་གི་ཆོས་གྲྭར་ཞུགས། གཞུང་ཆེན་སོ་སོའི་རྩ་བ་དང་རྒྱ་བོད་འགྲེལ་བ། རྗེ་ཡབ་སྲས་ཀྱི་ལེགས་བཤད། གྲྭ་ས་ཕན་ཚུན་གྱི་ཡིག་ཆ་སོགས་གུང་བསྒྲིགས་ཏེ་གཟིགས་རྟོག་དང་། བརྐྱལ་བརྟགས་ཀྱིས་ལེགས་པར་གཏན་ལ་ཕབ་པས་མཁས་རྒྱའི་ཡང་རྩེར་སོན། ཀུན་གཟིགས་ལྔ་བ་ཆེན་མོ་ལས་བསྙེན་པར་རྫོགས་ཤིང་དམ་པ་གཞན་དུ་མ་ལས་ཀྱང་ཆོས་རྒྱུན་མཐའ་ཡས་པ་གསན་བཞེས་མཛད། ལྷ་ལྡན་སྨོན་ལམ་ཆེན་མོའི་གྲལ་སྐོར་མཛད་ཅིང་། དཔལ་ལྡན་སྨད་རྒྱུད་གྲྭ་ཚང་དུ་རིག་པ་འཛིན་པའི་སྡེ་སྣོད་ལ་ཡུན་རིང་སྦྱངས། དུས་དེར་དབུས་གཙང་གི་མཁས་དབང་རྒྱ་མཚོའི་དབུས་ན་རྗེ་འདིའི་རྩོད་ཟླ་ཕེར་བ་དཀའ་བར་གླེང་། ལྷ་མོ་ཞབས་དྲུང་མཆོག་ནས་ལྷ་མོའི་གདན་ས་ཆེན་པོ་གསར་འདེབས་ཆེད་དབུས་ནས་མཁས་རྒྱའི་གཙུག་ནོར་རྗེ་ངག་དབང་བློ་བཟང་བཀྲ་ཤིས་གདན་དྲངས་པའི་ཕྱག་ཕྱིར་མདོ་སྨད་དུ་ཕྱིན་ནས་ཀྱང་མཁས་གྲགས་ཀྱིས་སླེམས་པ་དུ་མ་ལུང་རིགས་ཀྱིས་ཚར་བཅད་པས་གྲགས་སྙན་ཕྱོགས་མཐར་རྒྱས། གདན་ས་ཆེན་པོ་ཆགས་འདེབས་མཛད་དེ་བཀའ་པོད་ལྔའི་འཆད་ཉན་

གསར་འཛུགས་སྐབས་བློ་གསལ་རྣམས་ལ་གཞུང་སོ་སོའི་མཇུབ་ཁྲིད་དང་ལུང་རིགས་ཀྱིས་བརྡར་ཤ་གཅོད་ཚུལ་ཞིབ་སློབ་མཛད་པ་སོགས་བཀའ་དྲིན་ཚད་མེད་པས་བསྐྱངས། ས་གསུམ་གྱི་སྒྲོན་མེ་ཀུན་མཁྱེན་ཆེན་པོ་འཇམ་དབྱངས་བཞད་པའི་རྡོ་རྗེ་བདེ་ཆེན་ཆོས་གླིང་དུ་ཆིབས་བསྒྱུར་སྐབས། སྟོན་ཆེན་དང་པོའི་བཞུགས་གྲལ་དུ་རིགས་པ་སྨྲ་བའི་ཁྱུ་མཆོག་བསེ་ངག་དབང་བཀྲ་ཤིས་དང་ལྷན་ཅིག་ཚོགས་གླེང་མཛད་པས། རིག་པའི་དབང་ཕྱུག་ཕྱོགས་གླང་དང་ཆོས་གྲགས་བརྒྱལ་བརྟག་ལ་གདན་འཛོམས་པ་ལྟར་གྱུར་ཅིང་ཀུན་མཁྱེན་བླ་མ་ཡང་ཐུགས་གཏིང་ནས་མཉེས། དེར་འཁོད་མཁས་རྒྱུའི་ཡིད་ཀྱི་བརྟན་པ་དབང་མེད་དུ་འཕྲོག་པས་ཐམས་ཅད་ཀྱིས་མགྲིན་གཅིག་ཏུ་ངོ་མཚར་བའི་བསྔགས་པ་ལྷུར་ལེན་པར་བྱེད་དོ། །དགུང་ལོ་ང་བཞི་བ་ཤིང་རྟ་ལ་གདན་སའི་མཁན་ཁྲིར་ཕེབས་ཏེ། མི་རྟའི་བར་ལོ་བཅུ་གསུམ་ལ་འཆད་ཉན་གྱི་རྒྱལ་མཚན་བསྒྲེངས་པས། འདི་དུས་དགེ་བཤེས་ཐོན་ཆེ་བར་གླེང་ངོ་། །

སྐུ་ཕྲེང་གཉིས་པ་རྗེ་ངག་དབང་འཕྲིན་ལས་དཔལ་བཟང་དང་སྐུ་ཕྲེང་གསུམ་པ་མཁས་རྒྱུའི་གཙུག་རྒྱན་རྗེ་ངག་དབང་བསྟན་འཛིན་རྒྱ་མཚོ་གཉིས་ཀྱང་མཁས་བཙུན་བཟང་གསུམ་གྱི་ཡོན་ཏན་ལྡན་པའི་སྐྱེས་ཆེན་དམ་པ་ཡིན་པས་ངོ་མཚར་བའི་རྣམ་ཐར་མང་པོ་བསྣད་དུ་ཡོད་ན་ཡང་ཡི་གེར་འཇིགས་ནས་འདིར་མ་སྤྲོས་ལ། ཤེས་པར་འདོད་ན་ཉུང་བསྡུས་ཙམ་ཞིག་མདོ་སྨད་ཆོས་འབྱུང་དུ་ཡོད་པས་དེར་བལྟ་བར་བྱའོ། །

དེ་ལྟར་རྗེ་འདི་བ་སྐུ་ཕྲེང་བཞི་བར་ངོས་བཟུང་ནས་རིང་པོར་མ་སོང་བར་ཕྱུག་དགོན་དུ་གདན་དྲངས། རབ་འབྱམས་པ་བློ་བཟང་བསྟན་འཛིན་ཊཱིག་གི་སློབ་དཔོན་དུ་བསྟེན་ནས་ཡི་གེ་ཕྱི་མོ་བསྟན་པ་ཙམ་གྱིས་ཐུགས་སུ་ཆུད་ཅིང་མ་འགྱངས་པར་སྦྱར་ཊཱིག་ཁྲལ་ཊཱིག་གི་གཟབ་གཤར་ཐམས་ཅད་ལ་ཐོགས་པ་མེད་པའི་མཁྱེན་རབ་ཀྱི་པདྨ་རྒྱས་པར་གྱུར། དགུང་ལོ་བརྒྱད་དུ་སོན་པ་ན་བསྟན་མཁས་ཀྱི་ཡོན་ཏན་གཉིས་དང་ལྡན་པའི་འདུལ་འཛིན་ཆེན་པོ་ཐར་ཤུལ་ཆོས་སྐྱོང་རྒྱ་མཚོའི་དྲུང་ནས་རབ་ཏུ་བྱུང་སྟེ་དགེ་བསྙེན། རབ་

བྱུང་། ཚོགས་སྟ་མ་དགེ་ཚུལ་གྱི་སྡོམ་པ་བཅས་མནོས་ཤིང་། མཚན་དགེ་འདུན་བསྟན་འཛིན་བཟང་པོའི་དཔལ་དུ་གསོལ། འདི་དུས་ནས་རྗེ་གོང་མའི་ཞམ་རིང་བ་ཞྭ་དམར་རི་ཁྲོད་པ་བསྟན་འཛིན་རྒྱལ་མཚན་དགེ་རྒན་དུ་བསྟེན་ཏེ་ཐོག་མར་འཇམ་དཔལ་མཚན་བརྗོད་ཐུགས་འཛིན་མཛད་པས་ཧ་ཅང་ཟིན་དཀའ་བའི་ཚུལ་མཛད་པར་དགེ་རྒན་ཚང་ནས་ཀྱང་ཐུགས་ཁྲལ་གནང་ཞིང་རྟེན་བསྐུལ་གང་དྲག་མཛད་པས་ཤོག་སྡེབ་གཉིས་གསུམ་ཙམ་སློབ་པ་ལ་དཀའ་ཚེགས་ཆེན་པོ་བྱུང་བའི་རྣམ་པ་མཛད། ཉིན་གཅིག་རྗེ་ཉིད་ནས་གུར་ནང་དུ་ཕྱག་དཔེ་སྐྱོར་བཞིན་པའི་དུས་དགེ་རྒན་ཁམས་སངས་ནས་སླར་ཕེབས་ཏེ་གུར་གྱི་ཕྱི་ནས་གསན་པས་སྟར་གྱི་བསླབ་མཚམས་མན་གྱི་ཤོག་བྱང་ཁ་ཤས་ཤར་ཤར་གསུངས་པ་ཐོས་པས་ཐུགས་ཤིན་ཏུ་དགྱེས། དེའི་ཕྱིན་ཆད་ཀློག་སློབ་པ་ལ་ཧ་ཅང་ཅག་ཅག་མ་བྱས་ཀྱང་བསྟན་པ་ཙམ་གྱིས་མཁྱེན་པ་བྱུང་སྟེ་རྒྱུན་འདུག་ཆོས་སྤྱོད། གསང་བདེ་འཇིགས་གསུམ་གྱི་ཆོ་ག་སོགས་འདོན་ཆོས་སྐོར་དུ་མ་ཐུགས་འཛིན་མཛད། དགུང་ལོ་དགུ་བཞེས་པ་ལྕགས་སྤྲེལ་ལོར་འཇམ་མགོན་བསྟན་པའི་སྲོག་ཤིང་ཆེན་པོ་ཤིང་བཟའ་རིན་པོ་ཆེ་བློ་བཟང་བསྟན་པའི་དབང་ཕྱུག་ཚུལ་ཁྲིམས་ཕུན་ཚོགས་དཔལ་བཟང་པོ་ཨ་རིག་དགོན་ཆེན་དུ་མཇལ་ཞིང་རྡོ་རྗེ་འཇིགས་བྱེད་ལྷ་བཅུ་གསུམ་གྱི་དབང་བཞི་ཡོངས་སུ་ཚོགས་པ་ལེགས་པར་བསྐུལ་ཏེ་རྡོ་རྗེ་ཐེག་པའི་སྒོར་ཐོག་མར་སྨིན་པར་མཛད། གཞན་ཡང་གྲུབ་ཆེན་རྩེ་བཞག་རིན་ཆེན་བློ་བཟང་བསྟན་པའི་རྒྱལ་མཚན་ལས་ཀུན་རིགས་རྩ་བའི་དབང་སོགས་ཆོས་བཀའ་འགའ་ཞིག་ཀྱང་གསན། ཉིན་གཅིག་སམ་ཏའི་ངོས་ལ་དཔལ་ལྡན་ལྷ་མོ་ལ་བསྟོད་པའི་ཚིགས་སུ་བཅད་པ་འགའ་ཐོལ་བྱུང་དུ་ཕྱག་བྲིས་མཛད་པ་ནི་སྐུ་ཚེ་འདིར་བཀའ་རྩོམ་གནང་བའི་ཐོག་མ་ཡིན་ནོ། །དགུང་ལོ་བཅུ་གཅིག་བཞེས་པ་ཆུ་ཁྱིའི་ལོར་བཤད་སྒྲུབ་བསྟན་པའི་འབྱུང་གནས་གདན་ས་ཆེན་པོ་བདེ་ཆེན་ཆོས་གླིང་དུ་ཆིབས་ཀྱི་ཁ་ལོ་བསྒྱུར་ཏེ། སྐུ་ཕྲེང་གོང་མ་རིམ་བྱོན་གྱི་བྱིན་གྱིས་བརླབས་པའི་ཁྲི་ལ་ཞབས་སྐྱེས་པདྨའི་རྡུལ་ཕྲེང་ཉེ་བར་བཀོད་དེ་མཚན་དཔེའི་སྣང་བ་རྒྱས་པར་གྱུར། སྐུ་གོང་མ་ཀུན་སྤངས་མཛད་པས་གདན་

སར་གཟིམ་ཤག་དང་ཕྱག་དཔེ་མ་གཏོགས་ཕྱག་རྫས་ལྷག་ལུས་གཏན་མེད་པས་འདི་དག་གི་སྐབས་སུ་ཡང་ཁྲི་འདོན་མཆོད་པ་ཙམ་ལས་འཇིག་རྟེན་གྱི་སྤྲོས་པ་རྒྱ་ཆེན་པོ་གང་ཡང་མ་བྱས་སོ། །དགུང་ལོ་བཅུ་བཞིར་ཕེབས་པ་ཤིང་གླང་ལོའི་ཟླ་ཚེས་དགེ་བར་མཁས་གྲུབ་བྱེ་བའི་བསྟི་གནས་བདེ་ཆེན་ཆོས་གླིང་གི་རྫོང་པའི་གྲྭར་ཞུགས་ཏེ་བསྡུས་གྲྭའི་ཡིག་ཆ་ཐུགས་ལ་བྱང་བར་བཟུང་ཞིང་། ཡོངས་ཀྱི་དགེ་བའི་བཤེས་གཉེན་ཆེན་པོ་སྟག་རི་རབ་འབྱམས་པ་བློ་བཟང་ཉི་མ་དགེ་རྒན་དུ་བསྟེན་ནས་དཔེ་ཁྲིད་དང་ཆོས་གྲྭར་བགྲོ་གླེང་སོགས་ལ་བརྩོན་པར་མཛད་པས་རིང་པོར་མ་ལོན་པར་རིགས་ལམ་གྱི་སྒོ་ཕྱེས་ཏེ་རྩོད་གྲྭ་ཤིན་ཏུ་དམར་བ་བྱུང་། ལོ་གཉིས་ཙམ་གྱི་ཁོངས་སུ་བསྡུས་གྲྭར་གྲགས་པ་ཚད་མ་རྣམ་འགྲེལ་གྱི་རིགས་པའི་སྒོ་དུ་མ་ཕྱོགས་གཅིག་ཏུ་དྲིལ་བ་དང་། བློ་རྟགས་སོགས་རྟོག་གེའི་གསང་ཚིག་མ་ལུས་པ་ཐུགས་སུ་ཆུད་དེ་རྟགས་གསལ་གཏོང་བ་དང་ལན་འདེབས་པ་ལ་ཐོགས་པ་མེད་པའི་སྨྲ་བའི་སྤོབས་པ་བླ་ན་མེད་པར་གྱུར་པས་དཔྱོད་ལྡན་རིགས་པ་སྨྲ་བ་ཀུན་གྱིས་བསྔགས་པའི་མེ་ཏོག་འཐོར་བའི་ཡུལ་དུ་གྱུར་ཏོ། །དགུང་ལོ་བཅོ་ལྔ་བའི་སྟོན་དུས་སྒྲུབ་བརྒྱུད་བསྟན་པའི་མངའ་བདག་སྐྱབས་རྗེ་ཨ་རོལ་རིན་པོ་ཆེ་བློ་བཟང་ལུང་རིགས་རྒྱ་མཚོ་རེ་སྐོང་སྨད་ཀྱི་སྒྲུབ་པའི་སྐྱིད་ཚལ་ཡིད་དགའ་ཆོས་འཛིན་དུ་ཕྱག་ཕེབས་པའི་གནས་ཚུལ་གསན་འཕྲལ་དད་པའི་བ་སྤུ་གཡོས་ཤིང་དངོས་མཇལ་ལ་ཤིན་ཏུ་རངས་པར་གྱུར་ཏེ་འཕྲལ་དུ་ལམ་ལ་ཆས་ཏེ་སྒྲུབ་པའི་སྡེ་ཡིད་དགའ་ཆོས་འཛིན་དུ་ཕེབས། སྐྱབས་མགོན་མཆོག་གི་དགྱེས་ཞལ་ཐོག་མར་མཇལ་བ་ཙམ་གྱིས་ཐུགས་དད་དཔེར་མེད་འཁྲུངས། རྗེ་བླ་མ་མཆོག་ནས་ཀྱང་དགྱེས་པའི་གསུང་མཆེད་ཡུན་རིང་གནང་ཞིང་། དཔལ་རྡོ་རྗེ་འཇིགས་བྱེད་ཀྱི་དབང་སོགས་ལེགས་བཤད་བདུད་རྩིའི་དགའ་སྟོན་ཕངས་མེད་དུ་བསྩལ། ཕེབས་ཁར་ཡབ་སྲས་འབྲལ་མི་ཕོད་པ་ལྟ་བུའི་བརྩེ་ཉམས་དང་བཅས་ཐུབ་པའི་སྐུ་རྒྱ་གར་ལི་མ་ཞིག་གནང་སྟེ་སློབ་གཉེར་ལ་ཧུར་ཐག་བྱེད་དགོས་ཚུལ་སོགས་བསླབ་སྟོན་དང་སྨད་མར་བརྩེ་བས་རྗེས་འཛིན་གྱི་ཞལ་བཞེས་ཀྱང་མཛད། འདི་ནི་ཉམས་མེད་ཇོ་བོ་ཆེན་པོ་གསེར་གླིང་ནས་ཕེབས་ཁར་བླ་མ་གསེར་གླིང་པ་

ཆེན་པོས་ཐུབ་པའི་གསེར་སྐུ་གནང་ནས་བསྟན་པའི་བདག་པོར་མངའ་གསོལ་བ་དང་མཚུངས་པའི་རྣམ་པར་ཐར་བའོ། །

དེ་ནས་སྐར་གདན་སར་ཕེབས་ཏེ་འཛིན་གྲྭ་གཞུང་དུ་སླེབས་པ་ནས་བཟུང་གཞུང་བརྒྱའི་མངའ་བདག་བཤེས་གཉེན་ཆེན་པོ་ཤེས་རབ་རྒྱ་མཚོའི་ལུང་རིགས་སྨྲ་བ་ཚུལ་ཁྲིམས་དཔལ་ལྡན་སོགས་ལས་གཞུང་སོ་སོའི་མཇུབ་ཁྲིད་དང་དོགས་གཅོད་རྒྱུན་པར་གནང་ཞིང་མངོན་པར་རྟོགས་པའི་རྒྱན་གྱི་ལས་རྣམ་གཞག་དང་བསྡུས་དོན་གྱི་འགྲེལ་བ། དོན་བདུན་ཅུའི་ཡིག་ཆ་ཐུགས་འཛིན་དང་འབྲེལ་བར་འགྲེལ་བ་དོན་གསལ་སོགས་འཕགས་སེང་གི་འགྲེལ་བས་མཚོན་རྒྱ་གཞུང་དུ་མ་དང་ཕར་ཕྱིན་མཐའ་དཔྱོད། བསམ་གཟུགས་ཆེ་ཆུང་། དྲང་ངེས་ཆེ་འབྲིང་ཆུང་གསུམ། བསེའི་རྟེན་འབྲེལ་ཆེན་མོ། དགེ་འདུན་ཉི་ཤུ་ཆེ་ཆུང་སོགས་ཀུན་མཁྱེན་བླ་མ་ཡབ་སྲས་ཀྱི་ཡིག་ཆའི་སྐོར་རྣམས་དང་། ཁྱད་པར་དུ་རྗེ་ཐམས་ཅད་མཁྱེན་པའི་འགྲན་ཟླ་བྲལ་བའི་ལེགས་པར་བཤད་པ་གསེར་གྱི་ཕྲེང་བ། རྗེ་ཐམས་ཅད་མཁྱེན་པས་ཤེར་ཕྱིན་གྱི་དོན་ལ་དཔྱད་པ་ རྫོགས་རྗེས་སུ་རྗེ་བཙུན་འཇམ་དབྱངས་ཀྱི་མན་ངག་གིས་བརྒྱན་ནས་ཤེར་ཕྱིན་གྱི་དོན་ཞིབ་མོར་ཉམས་ལེན་གྱི་རིམ་པར་བསྒྲིགས་པ་སྲས་ཀྱི་ཐུ་བོ་དར་མ་རིན་ཆེན་གྱི་ཟིན་བྲིས་རྣམ་བཤད་སྙིང་པོ་རྒྱན་དང་ལམ་བསྒྲིགས་སོགས་ལ་ཞིབ་ཏུ་གཟིགས་ཏེ་འདྲིས་པར་མཛད་པས་ནང་གི་དཔྱད་པ་དང་ཆོས་གྲྭའི་རྩོད་པ་ཟུང་འབྲེལ་གྱི་ཐལ་ཕྲེང་ཟུར་བཀོད་སོ་སོའི་ལམ་གྱི་ལུས། དཀའ་གནད་ཀྱི་དོགས་གནས། དགག་སྒྲུབ་ཀྱི་རིགས་པའི་འགྲོས་ཕྲ་བ་དག་ལ་ངེས་པ་གཏིང་ཚུགས་པར་མཛད་དེ་ཤེར་ཕྱིན་གྱི་དགོངས་དོན་མ་ལུས་པ་ཐུགས་སུ་ཆུད་པར་གྱུར་ཏོ། །ཡུམ་དོན་དངོས་བསྟན་སྟོང་ཉིད་ཀྱི་རིམ་པ་དབུ་མར་འགྲེལ་བ་མགོན་པོ་ཀླུ་སྒྲུབ་ཀྱི་དབུ་མ་རིགས་ཚོགས་དྲུག་ལས་རྩ་བ་ཤེས་རབ་ཀྱི་རབ་བྱེད་ཉེར་བདུན་གྱི་སྐབས་སུ་མཐའ་བརྒྱད་དང་བྲལ་བའི་རྟེན་འབྱུང་གི་དེ་ཉིད་རྒྱས་པར་བཀྲལ་བའི་དབུ་མའི་གཞུང་དེ་ལ་རང་རྒྱུད་དང་རྣམ་རིག་པ་དང་ཐུན་མོང་མ་ཡིན་པས་ཟབ་པའི་གནས་དང་སོ་སྐྱེས་པའི་ཆོས་གསུམ་འཕགས་པ་སློབ་པའི་ས་བཅུ་འབྲས་བུའི་

ས་རྣམས་རྒྱས་པར་ཁ་བསྐང་བས་རྒྱ་ཆེ་པ་སྟེ། ཟབ་རྒྱས་གཉིས་ཚོགས་ཀྱིས་འཇུག་པའི་བསྟན་བཅོས་ཆེན་པོ་དབུ་མ་འཇུག་པ་རང་འགྲེལ་དང་བཅས་པའི་དོན། རྣམ་བཤད་དགོངས་པ་རབ་གསལ་དང་། འཇུག་ཊཱི་ཀ་གསལ་བའི་མེ་ལོང་དབུ་མ་རྒྱན་དང་ལུང་རིགས་སྒྲོན་མེ་རྣམས་ཀྱི་སྟེང་ནས་མཛུབ་ཁྲིད་དང་། དཔེ་གཟིགས་མཛད་པ་སོགས་གཞན་གྱིས་བསྐུལ་བ་ལམ་བསྒྲོས་པར་ཇི་ལྟར་ཉེ་མས་གདུང་བའི་ལག་ལྡན་པད་མཚོར་འཇུག་པ་ལྟར་གྱུར་པས་གཞུང་དོན་ནོར་བུའི་བང་མཛོད་ལ་འདོད་རྒུར་དབང་འབྱོར་བའི་ཆོས་ཀྱི་དེད་དཔོན་ཟླ་ན་མེད་པར་གྱུར་ཏོ། །དཔེ་ཁྲིད་དང་རྩོད་པ་གང་གི་སྐབས་སུ་ཡང་གཞུང་དོན་བཀའ་གནད་གང་ཟབ་ཀྱི་སྟེང་ནས་གོ་དོན་འཚོལ་བ་གཙོ་བོར་མཛད་ཅིང་། རྟགས་གསལ་གང་བཏང་རྣོ་ཞིང་མྱུར་ལ་ལན་ཐེབས་དཀའ་བ་དང་གཞན་དུ་མས་དམ་བཅའ་སོགས་ཀྱི་སྐབས་སུ་རང་རང་གང་ཤེས་རིགས་ལམ་གྱི་ཀྱུའི་སྦྲུབ་བྱེད་སྣ་ཚོགས་རྒྱུད་མར་བཏང་བའི་ཚེ། རྗེ་ཉིད་ནས་རྒྱ་མཚོ་བཞིན་དུ་ཟབ་ཅིང་། ཀུ་ཤའི་རྩེ་ལྟར་མ་འདྲེས་པའི་མཁྱེན་དཔྱོད་ཀྱིས་རིམ་པ་བཞིན་སོ་སོར་ཕྱེ་སྟེ་ལན་མཛད་པ་ན། ཕ་རོལ་པོ་དག་གི་སྤོབས་པ་ཡོངས་སུ་འཕྲོག་སྟེ་མི་སྨྲ་བའི་བརྟུལ་ཞུགས་ལ་གནས་པར་བྱེད་དོ། །སྐབས་དེ་དག་ཏུ་ཡང་། ཞང་སྟོན་ཆོས་ཀྱི་རྒྱལ་པོས།

ཚོལ་བུ་ཐལ་མོས་གཞལ་དགོས་ཚོན་པོའི་ཤ །
མར་ཆུར་བཙུད་བཟང་བསྡུས་པའི་ཞུན་དང་ཐུད། །
སྤྱངས་པའི་དཀྱིལ་ན་གང་འཛོམས་གང་ལེགས་ཀྱིས། །
བསླུབས་པའི་གཅེས་ཕྲུག་ལང་ལ་ཧོར་བའི་ཚུལ། །
མ་ཡིན་བྲག་སྟར་གདུས་པའི་ཁྲུབ་དང་། །
ལོ་གཏོར་སྐམ་པོ་བརྡུང་པའི་ཐུག་པ་སོགས། །
ཟས་གོས་སྲོག་འཚོ་ཙམ་ལ་བརྟེན་ནས་སུ། །
ཚ་གྲང་བཀྲེས་སྐོམ་དཀའ་ཐུབ་དང་དུ་བཞེས། །

ཞེས་གསུངས་པ་དང་མཐུན་པར་འཚོ་བ་ངན་ངོན་གྱི་དཀའ་སྤྱད་ལ་བརྟེན་ནས་ཐོས་བསམ་མཛད་པས་འཕྲུལ་རྐྱེན་ཟང་ཟིང་ཙམ་གྱིས་དྲེགས་པར་རློམས་པ་དག་གིས་འཕྱ་སྨོད་ཀྱིས་ཐུགས་སོས་མི་བདེ་བ་མང་པོ་བཟོས་པར་ཉིད་ཀྱིས་མཛད་པའི་སྐལ་བཟང་ལྷ་ཁང་གི་དཀར་ཆག་ཏུ་གསུངས་པ་ལྟར་རོ། །སྐབས་དེར་ཐུགས་ལ་སྤྱིར་མཚན་ཉིད་ཀྱི་སློབ་གཉེར་དཔྱིས་ཕྱིན་པ་ཞིག་བྱེད་ཐུབ་ན་ལེགས་ཀྱང་། དེང་སང་གི་མཚན་ཉིད་པ་མང་པོ་ཞིག་གཞུང་དོན་གལ་ཆེ་བའི་གནད་ལ་རྟོག་དཔྱོད་ཡེ་མ་ཞུགས་པར་ཚིག་གི་ཟེར་ལུགས་ཙམ་གྱི་རིགས་ལམ་འབའ་ཞིག་ལ་མགོ་འཁོར་འདུག་པ་དང་སྔེ་དགོན་ཞིག་ཏུ་གནས་པ་ཡང་སྲིད་འཁོར་གྱི་རྟོགས་པ་རློམས་པའི་སྐྱེ་བོ་མི་བསྲུན་པ་དུ་མས་སྤྱོད་ཡོག་གིས་ཆགས་སྡང་དུ་མར་སོང་གཤིས། ཡབ་རྗེ་གསེར་ཁང་བ་ཆེན་པོའི་རྣམ་ཐར་བཞིན་གནས་ངེས་མེད་དུ་འཚོ་བ་བསོད་སྙོམས་ཙམ་ལ་བརྟེན་ནས་ཐོས་དོན་རྒྱུད་ལ་སྦྱོར་བའི་ཉམས་ལེན་རྗེ་ནུས་ཐུབ་པ་ཞིག་བྱ་བར་ཐག་བཅད་དེ། དགུང་ལོ་བཅོ་བརྒྱད་བཞེས་པ་ས་སྦྲུལ་ལོར། སྟོན་ཀ་རྨ་རོལ་བའི་རྡོ་རྗེ་དང་། རྗེ་ཐམས་ཅད་མཁྱེན་པ་རབ་ཏུ་བྱུང་ཞིང་ཚོགས་སྡོམ་དགེ་ཚུལ་གྱི་སྡོམ་པ་བཞེས་དུས་ཀྱི་སློབ་དཔོན་གཞོན་ནུ་བྱང་ཆུབ་དང་རྗེའི་དངོས་སློབ་སྤྱན་སྔ་བ་གཞོན་ནུ་འོད། ཀོའུ་བ་ཆོས་ཀྱི་རྒྱ་མཚོ། འགྲོ་མགོན་གསེར་ཁང་བ་ཆེན་པོ་སོགས་སྐྱེས་ཆེན་དམ་པ་དུ་མས་བྱིན་གྱིས་བརླབས་པའི་གནས་ལོ་བའི་བྲག་དཀར་དུ་གྲགས་པ་དེའི་མདུན་ངོས་སེརྡེའི་རི་ཁྲོད་དུ་གསང་སྟབས་ཀྱིས་ཕེབས། སྐྱབས་རྗེ་ཐར་ཤུལ་རིན་པོ་ཆེར་རི་ཁྲོད་ཀྱི་སྐྱབས་འཇུག་ཞུ་བར་བཙམས་ཀྱང་སྐུ་དཔོན་ཟླ་གྲགས་ཀྱིས་ད་དུང་སྐུ་ན་ཕྲ་བས་རི་ཁྲོད་དུ་འགྲོ་སྟས་ཚུལ་གྱིས་ཞུས་མ་བཅུག་ཀྱང་དགུན་ཐོག་དེ་གར་བཞུགས་ཏེ་ཡོངས་ཀྱི་དགེ་བའི་བཤེས་གཉེན་ཆེན་པོ་ཚུལ་ཁྲིམས་དཔལ་ལྡན་ལས་དཔེ་ཁྲིད་དང་། ལྷ་རིག་ནོར་བུའི་ཕྲེང་འཛིན་གཡང་རྫོང་བློ་བཟང་དོན་གྲུབ་ལ་སྙན་ངག་མེ་ལོང་གི་མཇུག་ཁྲིད་ཞུས་པས་ཁོང་ནས་སྙན་ངག་གི་དཀའ་གནད་འགའ་ཞིག་ལ་དཔྱད་པ་ཐོངས་གསུངས་པ་བཞིན་རྗེ་ཉིད་ནས་ཞིབ་དཔྱད་མཛད་དེ་འདི་དང་འདི་ལྟ་བུ་ཡིན་ནོ་ཞུས་པར་དགེ་རྒན་ཚང་ཐུགས་ཤིན་ཏུ་དགྱེས་ཏེ་ངས་

འདི་བ་ཚང་གི་དགེ་རྒན་མི་ཡོང་བར་འདུག ངེད་ཆོས་བསླབས་ཀྱང་མ་ཤེས་པ་འདིས་མ་བསླབ་པར་ཤེས་འདུག་ཅེས་གཞན་ལ་ཡང་ཡང་གསུངས་ཟེར། དེ་ནས་ལྕགས་རྟའི་ལོ་གསར་འཕྲུལ་རིབ་གོང་དུ་སྐྱབས་རྗེ་ཨ་རོལ་རིན་པོ་ཆེའི་སྤྱན་སྔར་ཕེབས། སྒྲུབ་རྒྱུད་བསྟན་པའི་མངའ་བདག་ཨ་རོལ་རྡོ་རྗེ་འཆང་དེ་ཉིད་ཡར་ནང་བདེ་ཆེན་ཆོས་གླིང་དུ་བཞུགས་པ་དང་མཇལ། རྗེ་བླ་མ་མཆོག་གི་རྣམ་ཐར་བཞིན་དཔེན་པར་ཐོས་དོན་རྒྱུད་ལ་སྦྱོར་བའི་ཉམས་བཞེས་དང་བཞེད་དོན་མཐར་ཕྱིན་པའི་སྐྱབས་འཛུག་ཞུས་པར་བླ་མ་རིན་པོ་ཆེ་ཐུགས་ཤིན་ཏུ་དགྱེས་ཤིང་ཞལ་ནས་ཁྱེད་རི་ཁྲོད་དུ་ཕེབས་པ་དེ་ཤིན་ཏུ་བཟང་། འོན་ཀྱང་སྐུ་གཞོན་རིང་ཐོས་པ་བྱེད་པ་ཤིན་ཏུ་གལ་ཆེ་བས་ད་དུང་བླ་བྲང་དུ་ཕེབས་ནས་རེ་ཞིག་སློབ་གཉེར་བྱེད་ཐུབ་ན་ལེགས་སོད། དེ་མིན་ཀྱང་ཨ་ཁྱུ་རྡོ་རྗེ་འཆང་ཆེན་པོའི་ཞབས་ལ་གཏུགས་ཏེ་ཆོས་བཀའ་གསན་བཞེས་གནང་རྒྱུ་ངེས་པར་གལ་ཆེ་ཞེས་མང་བཅད་བསླབ་སྟོན་གནང་འདྲིལ་དང་རྒྱ་དངུལ་བཅུ་མགོ་མའི་གསོལ་རས་སོགས། དེ་དུས་རྗེ་ཉིད་ནས་རྗེ་བཙུན་ཤེས་རབ་རྒྱ་མཚོའི་མཚན་ཐོས་ཙམ་གྱིས་དད་གུས་དང་དགའ་སྤྲོ་ཆེན་པོ་སྣ་མི་ཤེས་པ་འབྱུངས་ཤིང་འཕྲལ་དུ་ཕེབས་འདུན་གྱིས་བཀའ་བཞིན་བསྒྲུབ་པའི་དམ་བཅའ་ཕུལ། དེ་ནས་མ་འགྱངས་པར་མདོ་སྨད་ཆོས་སྡེ་ཀུན་གྱི་དབུས་ན་རྒྱལ་མཚན་གྱི་ཏོག་ལྟར་མངོན་པར་མཐོ་བ་དཔལ་ལྡན་བཀྲ་ཤིས་འཁྱིལ་དུ་ཕེབས་ཏེ་ཡོངས་རྫོགས་བསྟན་པའི་མངའ་བདག་རྗེ་བཙུན་པཎྜིའི་མཚན་ཅན་དེ་ཉིད་ཀྱི་དགྱེས་ཞལ་མཇལ་བ་ཙམ་གྱིས་ཐུགས་དད་དཔེ་མེད་འཁྲུངས། རྗེ་བླ་མ་མཆོག་ནས་ཀྱང་སློབ་གཉེར་མཛད་ཚུལ་ལས་བརྩམས་པའི་དྲི་བ་སོགས་གསུང་གླིང་མང་དུ་འཕེལ། ཕྱི་ཉིན་ནས་སྡེ་བ་བླ་བྲང་དུ་གུང་ཐང་འཇམ་པའི་དབྱངས་དང་སྡེ་བ་སྤྲུལ་བའི་སྐུ་སོགས་དང་མཉམ་དུ་སྒྲུབ་ཐབས་རིན་འབྱུང་གི་རྗེས་གནང་སོགས་དབང་ལུང་རྗེས་གནང་ཟབ་ཁྲིད་ལ་སོགས་པའི་ཆོས་བཀའ་མཐའ་ཡས་པ་གསན། དབང་གི་སྐབས་སུ་མཆོག་སྤྲུལ་རྣམ་གཉིས་ཀྱིས་མེ་ཏོག་དོར་བའི་རྗེས་སུ་རྗེ་ཉིད་ལ་མེ་ཏོག་འདོར་དུ་བཅུག་རྗེས་མང་མའི་སྐལ་ཡང་ཁྱོད་ཀྱིས་འཕོངས་གསུངས་པ་དང་། ཡང་བཀའ་

རྒྱ་མ་ཞིག་གི་སྐབས་སུ་ཉེ་གནས་ཀྱིས་རྗེ་ཉིད་དང་སྒོ་མང་ཚང་རྣམ་གཉིས་ཕྱིར་བསྐྲད་པ་ཉེ་གནས་སོང་འཕྲལ་ཕྱག་བཟ་གནང་སྟེ་ཡར་ཕེབས་ལ་བཞུགས་གསུངས་པ་སོགས་ནི་མགོན་པོ་གང་གི་ཆོས་ཀྱི་གདུང་འཚོབ་ཏུ་འགྱུར་བར་མངོན་སུམ་དུ་གཟིགས་རྟགས་ཡིན་པར་མངོན་ནོ། །མཁས་དབང་གྲགས་པ་རྒྱ་མཚོ་ལས་སུམ་ཅུ་བ་དང་རྟགས་ཀྱི་འཇུག་པའི་གཟབ་ཁྲིད་མནོས། སྟོན་སྐར་རེབ་གོང་དུ་ཕེབས་ཏེ་ཚ་རྒྱལ་རི་ཁྲོད་ཐར་བ་གླིང་དུ་དགུན་བཞུགས་བཅད་རྒྱ་མཛད་ཅིང་ཐུན་བཞིའི་རྣལ་འབྱོར་གྱི་སྒོ་ནས་བྱང་ཆུབ་ལམ་གྱི་རིམ་པའི་ཁྲིད་དམིགས་ལ་གཅིག་ཏུ་གཞོལ་བར་མཛད་དོ། །

དགུང་ལོ་ཉེ་ཤུར་སོན་པ་ལྕགས་ལུག་ལོའི་ཟླ་བ་གསུམ་པར་སྐར་ཟླ་བྲང་དུ་ཕེབས། རྗེ་ཤེས་རབ་རྒྱ་མཚོའི་དྲུང་དུ་མཇལ་བར་ཐུགས་ཤིན་ཏུ་དགྱེས་པའི་གསུང་མཆིད་མང་དུ་བསྩལ། ལོ་དེའི་ཟླ་བཞི་པའི་ཚེས་བཅོ་ལྔ་ལ་རྗེ་ཤེས་རབ་རྒྱ་མཚོའི་མཁན་སློབ་སྲུགས་མ་དང་། གཞུང་བརྒྱའི་མངའ་བདག་རྗེ་རམས་པ་དགེ་འདུན་དཔལ་བཟང་ནས་གསང་སྟོན་མཛད་དེ་ཡོངས་རྫོགས་པའི་དགེ་སློང་གི་དངོས་པོ་ཡང་དག་པར་བཞེས་ཤིང་། ཐོར་གྱི་མཚན་ལ་མཁན་པོའི་མཚན་ཟུར་བསྣན་ནས་དགེ་འདུན་བསྟན་འཛིན་རྒྱ་མཚོ་དཔལ་བཟང་པོར་གསོལ། དེ་འཕྲལ་སློབ་དཔོན་རིན་པོ་ཆེ་དགེ་འདུན་དཔལ་བཟང་པོའི་དྲུང་ནས་འདུལ་བའི་བསླབ་བྱ་ལག་ལེན་དང་བཅས་པ་ཞིབ་ཁྲིད་མཛད་དེ། དགག་སྒྲུབ་གནང་གསུམ་གྱི་བཅས་མཚམས་ཕྲ་རགས་ཐམས་ཅད་ཐུགས་སུ་ཆུད་པར་མཛད། ལོ་འདིར་ཞང་སྟོན་ཆོས་ཀྱི་རྒྱལ་པོ་ལས་ཀྱང་རྗེ་ཙོང་ཁ་ཆེན་པོའི་བཀའ་འབུམ་ལས་ཐུགས་རིམ་ཆེན་མོ་སོགས་འགའ་ཞིག་ལ་བཤད་ལུང་དང་གཞན་རྣམས་ལུང་བཅས་ཡོངས་སུ་རྫོགས་པ་དང་། གཞན་ཡང་ཁྲིད་ལུང་མན་ངག་དུ་མ་གསན་པ་ཡིན་ལ། ཆུ་སྤྲེལ་ལོའི་དཔོ་ཟླའི་ཆོས་འཁོར་རི་ཁྲོད་པ་རྣམས་ཀྱིས་ཚོ་སྒྲུབ་བགྱིས་ཏེ་ཆོས་བཅུ་གཅིག་ཉིན་སྐབས་རྗེ་ཨ་རོལ་རྗེ་རྗེ་འཆང་ཉི་རྩེ་དགོན་གྱི་སྒྲུབ་ཁང་དུ་བཞུགས་པར་ཚོ་བུམ་འབུལ་དུ་ཕེབས་པར། བླ་མ་མཆོག་ནས་གུས་འདུད་བཅས་ལྷ་དར་ཆེ་ལེགས་དྲི་མེད་ཅིག་གནང་སྟེ་ཉིད་ཀྱིས་ཐར་མ་གསན་པའི་ཁ

རྒྱུན་དགོས་ཚུལ་གསུང་བར། ཉིད་ནས་དེ་འདྲའི་འོས་མེད་ཚུལ་གྱི་ཞུ་བ་ཕུལ་ཀྱང་བཀའ་ནན་བཟློག་མ་ནུས་པར་འཕྲལ་དུ་དབུ་བཙུགས་ནས་རྡོ་རྗེ་འཆང་ཤེས་རབ་རྒྱ་མཚོའི་བཀའ་འབུམ་སོགས་ལུང་རྒྱུན་ཕུལ། ཉིད་ཀྱིས་ཞུས་ཤིང་བླ་མ་མཆོག་ནས་ཀྱང་ཆོས་བཀའ་དུ་མ་བསྩལ་པར་མ་ཟད། བླ་བྲང་དུ་ཕེབས་ཏེ་ཆོས་རྒྱུན་གང་དག་འཚོལ་དགོས་པའི་གསུང་བརྗོད་གནང་། ལོ་དེའི་བཞི་བའི་ཚེས་ལ་བླ་བྲང་དུ་ཕེབས། རྗེ་ཤེས་རབ་རྒྱ་མཚོ་སྐུ་མཆམས་མཛད་འདུག་པའི་མཚམས་ཁོངས་སུ་མཇལ་བར་གང་ཅིའི་གསུང་གླེང་དམར། དགུང་གཅིག་བཀའ་ཆོས་མི་ཐོབ་པར་མ་ཟད་སྐུ་མདུན་དུ་ནམ་འདོད་དུ་མཇལ་རྒྱུའི་སྐལ་བའང་མི་འདུག ཕྱག་དཔེ་ཞུས་དག་སོགས་ཀྱི་ཞབས་ཞུ་རེ་བྱེད་རྒྱུ་བྱུང་ན་སྙམ་དུ་གསོལ་འདེབས་ཞུགས་དྲག་བྱས་པས། ཕྱི་ཉིན་བླ་མ་རིན་པོ་ཆེས་འབོད་མི་མངགས་ཏེ་སྐུ་མདུན་དུ་རིགས་གཏེར་དར་ཊཱིཀྐ་གི་པར་ཡིག་ལ་ཞུས་དག་གནང་། ལོ་འདིར་ཐུའུ་བཀྭན་ཡོངས་འཛིན་རིན་པོ་ཆེ་ལས་སྒྲ་མི་སྙན་གྱི་ཚེ་ཁྲིད་སོགས་ཆོས་བཀའ་དུ་མ་གསན། མཁས་པའི་དབང་ཕྱུག་སྙན་ངག་མཁན་ཆེན་པོ་ཚངས་སྲས་དགྱེས་པའི་བློ་ལྡན་གྱི་དྲུང་ནས་སྙན་ངག་མེ་ལོང་གི་རྒྱ་གཞུང་ཀུན་གཟིགས་ལྷ་བའི་འགྲེལ་བ་དབྱངས་ཅན་དགྱེས་གླུ་དང་སྦྲགས་ཏེ་བོད་མཁས་པའི་དཔེར་བརྗོད་དང་འགྲེལ་བ་སོགས་ཀྱིས་ཟུར་རྒྱན་པའི་ལུང་ཁྲིད་ཞིབ་རྒྱས་སུ་བསྩལ་བ་གསན་ཅིང་རྩོམ་རྒྱུགས་ཀྱང་ཕུལ་བ་ན་གསུང་རྩོམ་ལ་བསྔགས་བརྗོད་ཤ་སྟག་གནང་ཞིང་། ཁྱད་པར་མཉམ་ཉིད་དཔེའི་དཔེར་བརྗོད། སྨྲ་བའི་ལྷ་ཅིག་མཚོ་བྱུང་སྐྱེག་པ་མོ། །མཛེས་ལྡན་སྐྱིན་ལེགས་གཞོན་ནུའི་ངོ་མཚར་བཞིན། །འདོད་པའི་དཔལ་སྟེར་ན་ཚོད་གཞོན་ལུས་ཅན། །གཞན་ལ་ཟུར་མིག་རོལ་བས་འཕྲུད་པས་སོ། །ཞེས་པ་འདི་གཟིགས་ཏེ་ཆེས་ཆེར་ཡ་མཚན་དུ་འཛིན་ཅིང་ཁོང་སྙན་ངག་གི་ཕ་རོལ་ཏུ་ཕྱིན་འདུག་ཅེས་གཞན་ལ་ཡང་ཡང་གསུངས། ཉ་ལུང་ཐུགས་རམས་པ་དགེ་འདུན་བསྟན་འཛིན་ལས་དཔལ་དུས་ཀྱི་འཁོར་ལོའི་རྒྱུད་ཀྱི་དགོངས་དོན་ཕྱི་དུས་ཀྱི་འཁོར་ལོ་སྐར་རྩིས་ཀྱི་རི་མོས་གཏན་ལ་འབེབ་ཚུལ་ལྷ་བསྟུས། སྒྲ་གཅན་གདོང་མཇུག ལོ་འཁོ། ཟླ་འཁོ། གཟའ་

འཛིན། གཟའ་ལྷ། དེ་དག་གི་མྱུར་རྫེས། ཉེ་ལྡོག་འཁོར་ལོ། དུས་སྦྱོར། ཞག་གསུམ་རྣམ་དབྱེ། ཁོ་ལ་འབྲི་ཚུལ་སོགས་ཞིབ་སྦྱངས་མཛད། ཤིང་བྱ་གཉིས་པའི་ཚེ་འགོར་སྐྱབས་མགོན་ལྕང་རིགས་མཚན་ཅན་གཉན་ཐོག་དགོན་དུ་བཞུགས་པ་དང་མཇལ། དགྱེས་པའི་བཀའ་མཆིད་དང་གང་ཅིའི་གསུང་གླེང་དམར་ཐ་མོ་ནས་བཀའ་ཆོས་གནང་། དགོས་ཚུལ་གྱི་ཐུགས་བརྗོད་སྐབས་རྣམས་སུ་ཉིད་ཐུགས་ཕྱོགས་ལ་འདྲིས་ཆ་ཆུང་སྟབས་དབང་ཆེན་གནང་སོགས་ཟེར་བ་ཞིག་གཏན་ནས་བྱེད་རྒྱུ་མིན་ཞེས་ཡང་ཡང་ཞུ་བཞིན་པ་ཡིན་ཡང་འདི་དུས་ཡང་བསྐྱར་གྱིས་ཕོ་བོ་ཤུས་པས་ནོན་ཏེ་ཕུང་པོས་མི་ལྡོགས་པར་འདུག་པས་ཁྱེད་ཀྱིས་དབང་དེ་ཅིས་ཀྱང་གནང་དགོས། གཞན་ལ་གནང་རྒྱུ་མིན་ན་དེ་ཙམ་ཞིག་གསན་ནས་ཅི་བྱེད་སོགས་གསུང་ནན་ཆེས་ལྷི་བ་བསྐུལ་ཅིང་། ཁ་དར་དང་དབང་ཆས་སོགས་སྐུ་མདུན་ནས་བསྐྱར་བྱུང་བས་བླ་མའི་བཀའ་བཀློག་མ་ནུས་པར་དེ་འཕྲུལ་སྒོ་དམར་དགའ་ལྡན་ཕུན་ཚོགས་གླིང་དུ་གཞི་བྱས་ཀྱི་གསན་མཁན་སུམ་བརྒྱ་སྐོར་ལ། སྟ་གོན་སྔོན་དུ་འགྲོ་བས་བཅོམ་ལྡན་འདས་འཇིགས་མཛད་དུས་དཀྲིའི་དབང་པོ་བདུད་ལས་རྣམ་རྒྱལ་གྱི་དབང་འཕྲུལ་མེད་དམ་པའི་ཕྱག་བཞེས་ཇི་ལྟ་བ་བཞིན་འབྱམས་ཀླས་པའི་གསུང་བཤད་ཕུན་སུམ་ཚོགས་པས་བརྒྱན་པ་སྐུ་བཞིའི་ས་བོན་ཐེབས་ངོས་སུ་བསྐུལ་པ་ནི་སྐུ་ཚེ་འདིར་བླ་མེད་དབང་གནང་བའི་ཐོག་མ་ཡིན་ནོ།། །།

༄༅། །མདོ་རྒྱུད་རྒྱ་མཚོའི་མངའ་བདག་ཡོངས་ཀྱི་དགེ་བའི་བཤེས་གཉེན་ཆེན་པོ་རྗེ་བཙུན་ཛྙཱ་ན་ས་རའི་ཐུན་མོང་གི་རྟོགས་པ་མདོ་ཙམ་བརྗོད་པ་བདེན་གཏམ་ཤེལ་གྱི་མེ་ལོང་ཞེས་བྱ་བ།

མཆོད་པར་བརྗོད་པ་དང་རྩོམ་པར་དམ་བཅའ་བ།

༄༅། །ཨོཾ་བདེ་ལེགས་སུ་གྱུར་ཅིག རྗེ་བཙུན་མཁྱེན་པའི་གཏེར་དང་གཉིས་སུ་མ་མཆིས་པའི་དཔལ་ལྡན་བླ་མ་དམ་པ་རྣམས་ཀྱི་ཞབས་ཀྱི་པདྨོ་དྲི་མ་མེད་པ་ལ་སྒོ་གསུམ་གུས་པས་ཕྱག་འཚལ་ཞིང་སྐྱབས་སུ་མཆིའོ། །ཚེ་རབས་ཐམས་ཅད་དུ་རྗེས་སུ་གཟུང་དུ་གསོལ། ཚོགས་གཉིས་གསེར་གྱི་ཕུང་པོ་ལས་གྲུབ་སྤྱངས་རྟོགས་དཀྱིལ་འཁོར་ཆ་ཤས་ཡོངས་གང་རྫོགས་པའི་སངས་རྒྱས་ཉིན་མོར་བྱེད། །སྐྱེ་དགུའི་ཚ་གདུང་དྲུངས་ནས་འཕྱིན་མཛད་མཆོག་གྱུར་ཞི་བའི་འོད་སྣང་རབ་སྤྲོ་འགོག་ལམ་དམ་ཆོས་བསིལ་ཟེར་ཅན། །དཔག་ཡས་ལུང་རྟོགས་ལྷ་ལམ་ཡངས་པོར་རིག་གྲོལ་ནོར་བུའི་འོད་ཀྱི་གཟི་འབར་ཐེག་གསུམ་འཕགས་ཚོགས་རྒྱུ་སྐར་ཕྲེང་། །ལྷར་བཅས་འགྲོ་བའི་གཙུག་གི་རྒྱན་གྱུར་བླ་མེད་ཡོན་ཏན་བྱེ་བའི་གཏེར་མངའ་རིན་ཆེན་གསུམ་གྱིས་ཤིས་པ་སྩོལ། །གསེར་གྱི་ལྷུན་པོར་ཉིན་བྱེད་གཟིས་མཛེས་མཚན་དཔེ་ལང་ཚོ་དཔྱིད་དུ་དར། །བརྒྱད་ཁྲི་བཞི་སྟོང་ཆོས་ཀྱི་གདངས་སྙན་ཡན་ལག་དྲུག་ཅུའི་དབྱངས་ཀྱིས་མཛེས། །སྒྲིབ་བྲལ་དག་པ་ཡེ༷་ཤེ༷ས་རང་བཞིན་སྤྱངས་རྟོགས་ཕུན་ཚོགས་གཏེར་དུ་སྨིན། །ལྷ་མིའི་རྣམ་འདྲེན་ཟས་གཙང་སྲས་པོ་བྱང་ཆུབ་བར་གྱི་

སྐྱབས་སུ་བསྟེན། །སྒྲིབ་བྲལ་ཡེ་ཤེས་མེ་ལོང་ཡངས་པོར་རབ་འབྱམས་ཤེས་བྱའི་སྣང་བརྙན་མ་ལུས་གཅིག་ཏུ་རྫོགས་པ་མཁྱེན་པའི་གཏེར། །གྲངས་མེད་རྒྱལ་བས་བཏང་སྙོམས་གནས་གྱུར་མ་རུངས་གདུལ་དཀའ་བདག་ཅག་དོན་དུ་སྒྱུ་འཕྲུལ་དྲྭ་བའི་རོལ་གར་ཅན། །ཆེར་སྙིགས་ལྔ་བདོའི་ཡང་མཐའི་དུས་འདིར་སྟོན་མེད་ལེགས་བཤད་རིན་ཆེན་འདྲེན་མཛད་ཟླ་ན་མེད་པའི་དེད་དཔོན་མཆོག །སྐལ་ལྡན་རྒྱ་མཚོའི་སྙིང་གི་མུན་སེལ་དཔལ་ལྡན་བླ་མ་མཆོག་དེའི་ཞབས་པད་བྱང་ཆུབ་ཐོབ་ཀྱང་གུས་པས་བསྟེན། །གྲངས་མེད་བསྐལ་བའི་སྔོན་ནས་ཐོལ་ཀྱང་རྒྱལ་སྲས་སྤྱོད་པའི་བརྩེ་བག་གིས། །སྣ་ཚོགས་གདུལ་བྱའི་མོས་པའི་སྣང་ངོར་ཅིར་ཡང་འཆར་བའི་རོལ་གར་མཁན། །དམིགས་མེད་ཐུགས་རྗེའི་འོ་མཚོ་ལས་བལྟམས་མཚན་དཔེའི་ཟླ་བའི་འཁྲི་ཤིང་མཛེས། །ཕྱག་ན་པད་དཀར་འཆང་བའི་མགོན་ཁྲོད་ཚེ་རབས་ཕྲེང་བའི་སྐྱབས་སུ་འཛིན། །བྱུ་རུའི་ལྡོག་པར་མཚམས་སྦྱིན་གྱིས་འཁྲུད་མཚན་དཔེ་ལང་ཚོ་རྫོགས་པའི་སྐུ། །ཟད་མེད་ཆོས་མཛོད་ཚངས་པའི་དབྱངས་སྙན་སྣ་ཚོགས་མོས་ངོར་འབབ་པའི་གསུང་། །བདེན་གཉིས་ཆོས་ཚུལ་མངོན་སུམ་གཟིགས་པ་ཟག་མེད་ཡེ་ཤེས་སྙིང་པོའི་ཐུགས། །དུས་གསུམ་རྒྱལ་བ་ཀུན་གྱི་བླ་མ་བརྟན་པའི་འཁོར་ལོས་རྟག་ཏུ་སྐྱོངས། །ཕྱོ་ཕྱུགས་ཆུ་གཏེར་རླབས་ཀྱི་རྩེ་དགར་ངོ་མཚར་རིག་བྱེད་དབྱངས་ཀྱི་རོལ་མོ་བྱེ་བ་ཕྲག་བརྒྱ་ཆོད་པ་ལས། །མཐོ་རིས་མེས་པོའི་བློ་ཡི་པདྨོ་བསྐལ་བར་བཞད་པའི་དགེ་མཚན་ལས་བལྟམས་ཟླ་གཞོན་ལང་ཚོར་སྨིན་པའི་སྐུ། །སྙན་འཇེབས་ཕང་འགྲོའི་དབྱངས་དང་ལྡན་དུ་དཔག་མེད་ཆོས་ཕུང་སྒྲུ་རུ་དྲངས་པས་རྒྱལ་ཀུན་དགྱེས་པ་བསྐྱེད་པའི་ལྷ། །སྲིད་གསུམ་མཛེས་པའི་ཐིག་ལེ་གཅིག་པུ་ངག་གི་འདོད་འཇོ་ཚངས་སྲས་བཞད་མས་འཆད་རྩོད་རྩོམ་པའི་སྤོབས་པ་སྦྱོལ། །རྒྱ་ཆེན་ཆོས་ཀྱི་ཡལ་ག་རབ་རྒྱས་ཟབ་དོན་ལྷ་བའི་མེ་ཏོག་བཞད། །ངེས་ལེགས་སྦྲང་རྩིའི་བཅུད་ཀྱིས་གཏམས་པའི་ཐུབ་བསྟན་པདྨ་དཀར་པོའི་ཚལ། །ལེགས་པར་བསྒྲུབ་ཅིང་སྐྱོང་བའི་བྱེད་པོ་འཕགས་བོད་པཎ་གྲུབ་སྣང་བའི་གཏེར། །འཛམ་གླིང་མཛེས་པའི་རྒྱན་གྱི་མཆོག་རྣམས་དང་གསུམ་ནོར་བུའི་ཁྲི་ལ་

མཆོད། །རབ་འབྱམས་ཤེས་བྱའི་མཁའ་དང་མཉམ་པའི་བློ། །རྒྱལ་ཀུན་ཐུགས་གསང་
ངུར་སྨྲིག་རོལ་གར་གྱིས། །དོན་བཟང་ཆོས་ཆར་འབེབས་པའི་གྲགས་སྙན་ཅན། །བསིལ་
ལྗོངས་ཚད་མའི་སྟོན་པ་མཆོག་ལ་འདུད། །ཐུབ་བསྟན་ཀཻ་ལ་ཤ་རིའི་སྒྲོ་ན་འགྲིང་། །
མཁས་རློམ་གཉིས་འཐུང་ཕལ་རྣམས་ཟིལ་གྱིས་གནོན། །ལེགས་བཤད་དབྱངས་ཀྱིས་
བསྟན་འཛིན་རི་དྭགས་སྐྱོང་། །སྨྲ་བའི་སེང་ཆེན་བཞད་པའི་ཇོ་རྗེར་འདུད། །དགེ་ལེགས་
སྣང་བས་སྙིག་པའི་ལྗོངས་ཆེན་འདིའི། །འདུན་ལྡན་མཁས་དང་གྲུབ་པ་ཡོངས་ཀྱི་གཙོ། །
འཇམ་མགོན་བསྟན་པ་འཛིན་ཅིང་སྤེལ་བའི་ཐུལ། །མགོན་དེའི་འབྲུངས་རབས་རྒྱ་མཚོར་
སྙིང་ནས་དད། །འཇིགས་མེད་སྟོབས་བཅུ་མངའ་བ་ཙོང་ཁ་པ། །འཕྲིན་ལས་གདུགས་
དཀར་འདེགས་ཆེད་སྐར་ཕྱིན་པའི། །རྒྱ་མཚོའི་གོས་ཅན་མཛེས་པའི་རྒྱན་གྱི་མཆོག །
མཚུངས་མེད་ཆོས་ཀྱི་མེས་པོ་དེ་ལ་འདུད། །རྒྱལ་སྲས་སྤྱོད་པ་རྒྱ་མཚོའི་འཛིངས་བརྒལ་ཏེ།
གཏན་བདེའི་རིན་ཆེན་གླིང་དུ་སོན་གྱུར་ཅིང་། །ཉམ་ཆུང་བདག་ལ་ལྷག་པར་བརྩེ་བའི་
མགོན། །བླ་མེད་བཤེས་གཉེན་ཚོགས་རྣམས་སྐྱབས་ཀྱི་ཡུལ། །ཡེ་ཤེས་མེ་དཔུང་འབར་
བའི་ཀློང་ཡངས་ན། །གར་དགུས་རྣམ་རོལ་འཇམ་མགོན་ཁྲོས་པའི་སྐུ། །ཁམས་གསུམ་ཟ་
བྱེད་བཛྲ་བྷཻ་ར་ཝས། །མཆོག་ཐུན་འདོད་དགུའི་དངོས་གྲུབ་ཆར་དུ་ཕོབས། །རྒྱལ་ཀུན་
ཐུགས་རྗེ་གཅིག་བསྡུས་སྤྱན་རས་གཟིགས། །མ་རུངས་བསྟན་དགྲའི་གཤེད་དུ་སྐུར་བསྟན་
པ། །མཐུ་ལྡན་ཡེ་ཤེས་མགོན་པོ་ཕྱག་དྲུག་པས། །ལས་བཞི་ལྷུན་གྱིས་འགྲུབ་པའི་དངོས་
གྲུབ་སྩོལ། །ཐུགས་གསང་ཡེ་ཤེས་འོད་ལྔའི་ལྷིང་ཁང་ནས། །ངུར་སྨྲིག་ཟློལ་གྱིས་ཕྱིན་པ་
འགྲོ་བའི་མགོན། །དཀྱིལ་འཁོར་རྒྱ་མཚོ་སྤྲོ་ཞིང་སྡུད་པའི་བདག །མཚུངས་མེད་བླ་མ་

མཆོག་དེར་སླར་ཡང་འདུད། །དཔག་ཡས༷་འཇིག་རྟེན་ཁམས་ཀྱི་ཆུ་སྣོད་དུ། །མཐའ་ཡས༷་སྤྲུལ་པའི་ཟླ་བརྙན་འབུམ་ཕྲག་གིས། །གཞལ་ཡས༷་སྐྱེ་དགུའི་དོན་ལ་རྟག་གཞོལ་བ། །བགྲང་ཡས༷་རྒྱལ་དང་དེའི་སྲས་སྤྱི་ཡི་ལུགས། །ངན་སྤྱོད་མཚོ་ལྟར་བརྗོལ་བའི་དུས་མཐའ་འདིར། །དྲི་མས་ཡོངས་བཏང་ཐུབ་བསྟན་འོད་བརྒྱ་བ། །བཤད་སྒྲུབ་རྟ་བདུན་ཤུགས་ཀྱིས་འདྲེན་མཁས་པས། །ཟད་བྱུང་སྙིང་སྟོབས་རྒྱལ་སྲས་གཞན་ལས་འཕགས། །མགོན་པོ་གང་གི་གསང་གསུམ་རྒྱ་མཚོའི་མཐའ། །ཀུན་མཁྱེན་ཡེ་ཤེས་ཀྱིས་ཀྱང་གཞལ་དཀའ་ན། །ཉམ་ཆུང་རྨོངས་པའི་ཁོལ་པོ་བདག་འདྲ་ཡིས། །འཇལ་བའི་ཐབས་ལ་བརྩོན་པ་ངལ་བའི་རྒྱུ། །འོན་ཀྱང་གྲངས་མེད་རྒྱལ་བ་ལ། །དཔག་མེད་བསྐལ་བར་བསྟོད་པ་བས། །བླ་མའི་བ་སྤུའི་བུ་ག་ཙམ། །བསྔགས་པ་ཕན་ཡོན་ཆེ་གསུངས་པས། །རང་ཉིད་བསོད་ནམས་འཕེལ་ཕྱིར་དང་། །གཟུར་གནས་དང་བ་འདྲེན་པའི་ཕྱིར། །ཐུན་མོང་མཛད་པའི་ཚ་ཤས་ཙམ། །ཉུང་ཟད་བརྗོད་ལ་བདག་ཡིད་སྤྲོ། །དེ་ཡང་རང་བཞིན་བརྗོད་པའི་བསྔགས་བརྗོད་ཡིན་གྱི་ཕྱུལ་བྱུང་རབ་བཏགས་ཚིག་གིས་ཞུད་བསྟོད་མིན། །ཐོས་བསམ་སྒོམ་ལ་གཞོལ་བའི་རྣམ་ཐར་ཡིན་གྱི་དབྲ་འདུལ་གཉེན་སྐྱོང་སྨྲ་བའི་སྒྲུང་གཏམ་མིན། །དད་གསུམ་ཆུ་གཏེར་བསྲུབས་པའི་བདུད་རྩི་ཡིན་གྱི་ཆགས་སྡང་ཏ་ལ་བ་ཙོར་བའི་དུག་ཆུ་མིན། །དམ་པ་དུམ་ནན་གྱིས་བསྐུལ་བས་ཡིན་གྱི་རང་ཉིད་མཁས་གྲགས་གཉེར་བའི་རྩོམ་པ་མིན། །དེ་ཕྱིར་ཚིག་སྦྱོར་སྦྲིན་གྱི་ལྡིང་ཁང་དུ། །དམ་པའི་རྣམ་ཐར་སྒྲ་བརྒྱ་གྲོད་པ་ལ། །དད་གསུམ་མི་ཏོག་འཛུམ་པའི་ནགས་ཀློང་ནས། །དཔྱོད་ལྡན་མདོངས་མཐའ་དགའ་བས་གར་བྱོས་ཤིག །

དེ་ཡང་ས་གསུམ་སྐྱེ་དགུ་ཡོངས་ཀྱི་མ་འདྲིས་པའི་མཛའ་བཤེས། མཉམ་མེད་སྟོབས་བཅུ་མངའ་བའི་གདུང་འཚོབ། ལུང་དང་རྟོགས་པའི་ཡོན་ཏན་གྱི་དཀྱིལ་འཁོར་ཡོངས་སུ་རྫོགས་ཤིང་ལེགས་པར་བཤད་པའི་སྣང་བས་རིས་སུ་མ་ཆད་པའི་གདུལ་བྱའི་བློ་

གྲོས་ཀྱི་པད་ཚལ་རྒྱས་པར་བྱེད་པའི་ཉིན་བྱེད། ཕན་པ་དང་བདེ་བ་འབྱུང་བའི་གཞི་གཅིག་པུར་གྱུར་པ་དམ་པ་དགྱེས་པའི་ཚུལ་ཁྲིམས་ཀྱི་ལོ་འདབ་སྒྱུ་གུར་བཀྲ་བའི་དཔག་བསམ་གྱི་ལྗོན་པ། འཁོར་བའི་ཆུ་གཏེར་ཆེན་པོ་ལས་སྒྲོལ་བའི་དེད་དཔོན། རིགས་དང་དཀྱིལ་འཁོར་རྒྱ་མཚོ་སྤྲོ་ཞིང་བསྡུ་བའི་བྱེད་པོ། རབ་འབྱམས་གཞུང་བརྒྱའི་མངའ་བདག་ཡོངས་ཀྱི་དགེ་བའི་བཤེས་གཉེན་ཆེན་པོ། དཔལ་ལྡན་བླ་མ་དམ་པ་དོན་གྱི་སྙད་དུ་མཚན་ནས་སྨོས་ཏེ ༄ ཛེ་ཤྲཱི་ཛྙཱ་ན་ས་ར་མཆོག་ནི། སྔོན་འདས་པའི་དུས་རིང་མོ་ཞིག་ནས་བྱང་ཆུབ་མཆོག་ཏུ་ཐུགས་བསྐྱེད་ཅིང་། རྒྱལ་སྲས་ཀྱི་སྤྱོད་པ་རྒྱ་མཚོའི་ཕ་རོལ་ཏུ་ཕྱིན་ཏེ། རྟག་བརྟན་ཞི་བ་གཡུང་དྲུང་གི་གོ་འཕང་བརྙེས་སུ་ཟིན་ཀྱང་། བདག་ཅག་ཤིན་ཏུ་ཐ་མལ་བ་སྙིགས་མར་སྤྱོད་པའི་འགྲོ་བ་འདུལ་དཀའ་བ་དག་གི་ཆེད་དུ་དུར་སྦྲིག་གི་ན་བཟླས་གར་དུ་ཐོན་པ་ནི་བདག་འདྲའི་ངག་ལ་མ་བསྟོས་པར་རྣམ་དཔྱོད་དང་དད་པ་ལྡན་པ་རྣམས་ཀྱིས་དམ་པ་ཉིད་ཀྱི་སྐུ་ཚེ་འདིའི་ལེགས་མཛད་ལས་རྟོགས་པར་ནུས་ལ། རྒྱུ་མཚན་དེའི་ཕྱིར། མགོན་པོ་གང་གི་རྣམ་ཐར་སྐད་ཅིག་རེ་རེ་ལའང་དག་པ་དང་མ་དག་པའི་འཇིག་རྟེན་གྱི་ཁམས་གྲངས་དང་མུ་མེད་པར་སྣ་ཚོགས་སྤྲུལ་བའི་རོལ་གར་བསམ་མི་ཁྱབ་པ་དཔག་ཏུ་མེད་པའི་གདུལ་བྱ་མངོན་པར་མཐོ་བ་དང་། ངེས་པར་ལེགས་པའི་ས་ལ་འགོད་པར་མཛད་པའི་གསང་བ་བླ་ན་མེད་པ་དག་ནི། ས་ལ་གནས་པའི་རྒྱལ་སྲས་རྣམས་ཀྱིས་སྤྱོད་ཡུལ་དུ་བྱེད་པའི་སྐབས་མེད་ཅིང་། ཐེག་པ་ཆེན་པོའི་ལམ་ལ་འདྲིས་པ་མ་ཐོབ་པའི་ཉན་རང་དག་གིས་ཆ་ཙམ་ཡང་གཞལ་བའི་སྐལ་བ་མེད་ན། བདག་འདྲའི་སོ་སྐྱེས་འཆིང་བ་ཀུན་ལྡན་ཞིག་གིས་ཅུང་ཟད་ཀྱང་རྟོགས་ག་ལ་ནུས། དེ་བས་མགོན་པོ་གང་གི་རྣམ་པར་ཐར་བ་ཡོངས་སུ་རྫོགས་པར་འགོད་པའི་རྗེ་མི་ཐོགས་ནའང་། ཞུ་བུ་ཅག་དམན་པའི་གདུལ་བྱ་དག་གི་ངོར་མཐུན་སྣང་དུ་བསྟན་པའི་མཛད་པའི་ཆ་ཤས་ཅུང་ཙམ་ཞིག་ཐར་བ་དོན་དུ་གཉེར་བ་རྣམས་ཐེག་པ་མཆོག་གི་དགེ་བའི་བཤེས་གཉེན་འདི་ལྟ་བུའི་རྗེས་སུ་འཇུག་པ་དང་། སྐལ་བ་ལྡན་པའི་གདུལ་བྱ་རྣམས་དད་པ་འཕེལ་བའི་རྒྱུའི་ཡན་ལག་དང་། རང་ཉིད་ཀྱང་ཚེ་རབས་

ཐམས་ཅད་དུ་ཐེག་པ་མཆོག་གི་མགོན་དང་མི་འབྲལ་བའི་དགེ་བའི་རྩ་བ་ཁྱད་པར་ཅན་བསྒྲུབ་པའི་ཕྱིར་འགོད་པ་ལ་བརྩོན་པར་བྱའོ། །འདི་ལ་སྔོན་བྱོན་དམ་པ་རྣམས་ཀྱི་རྟོགས་པ་བརྗོད་པའི་ས་བཅད་འགོད་སྟངས་རིགས་སྣ་ཚོགས་ཤིག་སྣང་ནའང་། ཁམས་གསུམ་ཆོས་ཀྱི་རྒྱལ་པོ་ཙོང་ཁ་བ་ཆེན་པོས་རྗེ་བོ་རྗེ་དཔལ་ལྡན་ཨ་ཏི་ཤའི་རྣམ་པར་ཐར་པ་ལམ་རིམ་ཆེན་མོར་བཀའ་བསྩལ་བའི་སྐབས་ཀྱི་ས་བཅད་དེ་ཉིད་གནད་ཆེ་ཞིང་བྱིན་རླབས་ཀྱི་ཁྱད་དུ་བསམས་ནས་དེ་བཞིན་འགོད་པ་ལ་གསུམ། རིགས་ལྡན་སུམ་ཚོགས་པ་ལས་སྐྱེ་བ་བཞེས་པའི་ཚུལ། རྟེན་དེ་ལ་ཡོན་ཏན་བསྐྱེས་པའི་ཚུལ། བསྐྱེས་ནས་བསྟན་པ་བྱ་བ་མཛད་པའི་ཚུལ་ལོ། །

སྐབས་དང་པོ། སྐུ་བལྟམས་པའི་ཚུལ།

ཡེ༷་ཤེས༷་ལུས་ཅན་མཚུངས་མེད་སྨྲ་བའི་ཟླ། །
ཟླ་བྲལ་དྲན་དབང་རྒྱ༷་མཚོ༷འི་གཙུག་རྒྱན་ཕུལ། །
ཕུལ་བྱུང་ཡེ༷་ནས་དག་པའི་ཤེས༷་རབ་འོད། །
འོད་སྟོང་ལྡན་པ་རྒྱ༷་མཚོ༷འི་དཔལ་དུ་བསྟུགས། །

རྗེ་བཙུན་བླ་མ་མཆོག་གི་གཟུགས་སྐུའི་མེ་ཏོག་གསར་དུ་འཁྲུངས་པའི་ཡུལ་ནི། ཇི་སྐད་དུ། བྱང་ཕྱོགས་གངས་རིའི་རྒྱུད་ཀྱི་སར། །དགེ་བ་ལྡན་པའི་ས་ཕྱོགས་སུ། །དམ་པའི་ཆོས་ནི་རྒྱས་པར་འགྱུར། །ཞེས་སོགས་འདྲེན་མཆོག་ཤཱཀྱའི་རྒྱལ་པོའི་བདེན་གསུང་དྲི་མ་མེད་པའི་ལུང་གིས་ཡང་ཡང་བསྟུགས་པ། འཕགས་མཆོག་འཇིག་རྟེན་དབང་ཕྱུག་གིས་ཕྱག་མཚན་དུ་བཞེས་པའི་ཞིང་། འཛམ་གླིང་ལྟེ་བ་རྡོ་རྗེ་གདན་གྱི་བྱང་ཕྱོགས། ཟླ་བ་ནོར་

བུའི་སྟོད་གཡོགས་ཀྱིས་མཛེས་པར་བཀླུབས་པའི་ས་འཛིན་གྱི་བུ་མོས་ཁོར་ཡུག་ཡོངས་སུ་འཁྲུད་པའི་ལྗོངས། གངས་ཅན་སྣ་ལའི་དགའ་ཚལ་བོད་ཡུལ་ལྷའི་འཛིག་རྟེན་ས་ལ་འཕོས་པ་དེ་ལ། དབུས་གཙང་དམ་པའི་ཆོས་ཀྱི་ཆོལ་ཁ། མདོ་སྟོད་རྐང་གཉིས་མིའི་ཆོལ་ཁ། མདོ་སྨད་མགྱོགས་འགྲོ་རྟའི་ཆོལ་ཁ་གསུམ་དུ་དབྱེ་བའི་ཕྱི་མ། དེ་ལ་ཡང་རྨ་ཀླུང་འདོད་འཇོ་ནོར་བུའི་རིས་སུ་དཔལ་གྱིས་འབབ་པས་ལྷོ་བྱང་གི་ཆ་གཉིས་སུ་ཕྱེ་བའི་བྱང་རྒྱུད་སའི་ཐིག་ལེ། འཛམ་མགོན་རྒྱལ་བ་གཉིས་པ་སྐུ་བལྟམས་པའི་ཙོང་ཁའི་ཡུལ་གྱི་སའི་བྱེ་བྲག བོད་ཀྱི་མཁས་པ་མི་གསུམ་དང་བླ་ཆེན་དགོངས་པ་རབ་གསལ། ཤར་ཕྱོགས་པ་རིག་པའི་དཔའ་བོ་དང་རྒྱལ་དབང་བསོད་ནམས་རྒྱ་མཚོ་སོགས་དམ་པ་དུ་མས་ཞབས་ཀྱིས་བཅགས་ཤིང་བྱིན་གྱིས་བརླབས་པ། ཁྲི་ཆེན་ངག་དབང་མཆོག་ལྡན་དང་མཁན་ཆེན་ཡེ་ཤེས་རྒྱ་མཚོ་བ་སྐུ་ཐུ་ཕྱི་སོགས་སྐྱེས་ཆེན་དམ་པ་མང་པོ་བར་མ་ཆད་པར་འཁྲུངས་པའི་གནས། མཐུ་སྟོབས་ནུས་པའི་རང་གཟུགས་འཕགས་མཆོག་ཕྱག་ན་རྡོ་རྗེ་མིའི་དབང་པོའི་རྣམ་པར་རོལ་བ་བསྟན་འཛིན་ཆོས་ཀྱི་རྒྱལ་པོའི་བཀས་དཔལ་ལྡན་བྱ་ཁྱུང་ཐེག་ཆེན་ཡོན་ཏན་དར་རྒྱས་གླིང་གི་འབངས་སུ་སྦྱོར་འཛུགས་མཛད་པའི་གཅན་རོང་ཚོ་ཆེན་བཅོ་བརྒྱད་མཆིས་པ་ལས་གཅན་ཚོ་བརྒྱད་དམ་བཅུ་གཉིས་སུ་གྲགས་པ། དེ་ལ་ཡང་རྩ་བ་དང་ཡན་ལག་གི་ཤོག་ཁག་མཐའ་ཡས་པ་ལས་རི་རྒྱན་ནང་དུ་འབོད་པའི་སྡེ་སྡེ། མཁའ་དབྱིངས་འདེགས་པའི་ག་བ་དང་མཚུངས་པའི་གཡུ་མདངས་ལྡན་པའི་ས་འཛིན་གྱི་ཕྲེང་བ་ཁོར་མོ་ཡུག་ཏུ་བསྐོར་ཞིང་། སྔོ་ལྗང་མཇད་ཀྱི་ནེའུ་གསིང་ཡངས་པོར་མཛེས་སྤུག་ཡིད་དུ་འོང་ཞིང་ཚོན་མདངས་རྣམ་པར་བཀྲ་བའི་སྤྲིང་འཕྱུང་གི་ཁང་བཟང་རྣམས་སུ་སྦྲང་རྩིའི་བུ་མོ་སྒྲོས་པའི་གླུ་དབྱངས་སྙན་པར་འཁྲོལ་བའི་དགའ་ཚལ་དུ་མས་ཕྱོགས་མཚམས་ཡོངས་སུ་གང་བ། བཀའ་གདམས་གླེགས་བམ་རིན་པོ་ཆེ་ལས་གསུང་བའི་མཁའ་འགྲོའི་རྡོ་རྗེའི་གླུ་ཡིས་གངས་ལྗོངས་ཀྱི་ཁྱད་པར་གྱི་ཆོས་ཐུན་མོང་མིན་པ་བཀྲ་ཤིས་ཀྱི་མཚན་མ་ཁྱད་པར་ཅན་མཚོན་པའི་དུས་བཞིའི་ས་འཛིན་གྱི་མདོག་མི་འདྲ་བ་བཞི་འབྱུང་བར་གསུངས་པ་དང་ཤིན་ཏུ་མཐུན་ཞིང་།

སའི་བསིལ་ཇྲོད་སྐོམས་ལ་དགེ་བཅུ་ཚང་བ། ས་འཛིན་གྱི་མགུལ་རྣམས་སུ་ཁང་བཞིའི་ཁྱུ་སྐར་ཚོགས་ལྟར་རྣམ་པར་བཀྲ་ཞིང་། སའི་གཞོང་དག་ཏུ་འབྲུ་ལྗིའི་བང་མཛོད་དུ་གྱུར་པའི་ཞིང་ས་མཚོད་རྟེན་གྱི་བང་རིམ་ལྟར་མཛེས་པ། སྐྱེ་དགུ་རྣམས་སྡེ་བཞིའི་དཔལ་ཟད་མི་ཤེས་པར་རྟག་ཏུ་ལོངས་སྤྱོད་ཅིང་། རང་བཞིན་གྱིས་དབང་པོ་དུལ་ཞིང་མཆོག་གསུམ་བླ་མར་འཛིན་པའི་དད་གུས་ཀྱིས་སྙིང་གང་ལ་རྣམ་དཀར་ལ་བརྩོན་པ་སོགས་སྣོད་བཅུད་ཀྱི་དགེ་མཚན་ཕུན་སུམ་ཚོགས་པ་དཔལ་མ་ཚང་བ་མེད་པར་འཛོམས་པ་ནི། འཇིག་རྟེན་བྱེད་པོ་གསེར་མདངལ་ཅན་གྱིས་སྐྱེ་དགུའི་འདྲེན་པ་གང་ཉིད་འཁྲུངས་པའི་སྐུ་གོན་དུ་སྟོན་ནས་མངོན་པར་འདུ་བྱས་པ་ཡིན་ནམ་སྙམ་དུ་དོགས་སོ། །རིགས་ནི་བོད་ཀྱི་མི་ཕལ་ཆེར་སྤྲེའུ་བྱང་ཆུབ་སེམས་དཔའ་ལས་འཕེལ་ཞིང་། དེ་ལ་སྦྲ་འབྲུ་དགའ་ལྡོང་སྟེ་རྩ་བའི་རིགས་བཞི་ཡོད་པ་ལས་ལྡོང་གི་རིགས་དང་། དེ་ལའང་མདོ་སྟོད་སྨད་དུ་ལྡོང་ཤུལ་ཆེན་བཅོ་བརྒྱད་དང་། ཚ་ཆེན་བཅོ་བརྒྱད་ཡན་ལག་དང་བཅས་པ་མང་དུ་མཆེས་པ་ལས་གཙན་ཚའི་རིགས་ཡིན་ལ། འདིའི་མི་སྡེ་རྣམས་ཐོག་མར་གཙན་ཚའི་ཐང་དུ་གནས་པ་ལ། ཕྱིས་འབྲོག་སྡེ་འགའ་ཞིག་རྨ་འགྲམ་དུ་སྤོས་ནས་གཞི་ཆགས་པས་གཙན་ཚའི་ཉིན་སྲིབ་ཀྱི་སྡེ་རྣམས་བྱུང་བར་ཡུལ་འདིའི་ཁྱན་རབས་ཀྱི་ངག་རྒྱུན་དུ་གྲགས་སོ། །རིགས་དེ་ལས་ཀུན་མཁྱེན་འཇིགས་མེད་དབང་པོ་དང་སྟོང་འཁོར་བསོད་ནམས་རྒྱ་མཚོ་སོགས་སྐྱེས་ཆེན་དམ་པ་མང་པོ་སྤུ་ཕྱིར་བྱོན་ཞིང་། ཁྱད་པར་དུ་གཙན་ཚའི་ཉིན་སྟའི་ནང་སྟོད་དུ་ཁྲི་ཆེན་ངག་དབང་མཆོག་ལྡན་དང་ལྷ་རམས་པ་སྦྱིན་པ་སྐལ་བཟང་། དཀའ་ལྡན་བྱང་རྩེ་ཆོས་རྗེ་བློ་བཟང་ཚུལ་ཁྲིམས་རྒྱ་མཚོ་དང་ཟབ་རྒྱས་གདམས་པའི་གཏེར་མཛོད་རྗེ་ངག་དབང་ལུང་རྟོགས་རྒྱ་མཚོ་སོགས་མཁས་གྲུབ་ཆེན་པོ་དུ་མ་བྱོན་པ་ཡིན་ནོ། །རིགས་དེ་ལས་བྱུང་ཞིང་གསང་སྔགས་སྔ་འགྱུར་འཆང་བའི་བརྟུལ་ཞུགས་འཛིན་ལ་རིས་མེད་མཁས་གྲུབ་དུ་མ་ལས་ཟབ་རྒྱས་ཀྱི་གདམས་པ་མང་དུ་མནོས་པ་དང་། རྒྱུན་དུ་རྣམ་དཀར་ལ་བརྩོན་ཞིང་རྣམ་དཔྱོད་མཆོག་ཏུ་ཡངས་པ་དང་། མི་གཤིས་ཤིན་ཏུ་བཟང་ཞིང་རང་བཞིན་གྱིས་རྒྱུད་དུལ་བ་

དང་། ཀུན་ལ་སྙོམས་པར་བྱམས་ཤིང་དམན་པ་ལ་ལྷག་པར་བརྩེ་བ་སོགས་ཆོས་མཐུན་གྱི་ཡོན་ཏན་དུ་མས་ཉེ་བར་མཛེས་པའི་སྐྱེས་བུ་ཁྱད་པར་ཅན་བཀྲ་ཤིས་རྒྱ་མཚོ་ཞེས་བྱ་བ་ནི་དམ་པ་འདིའི་ཡབ་ཡིན་ལ། ཡུམ་ནི་བུད་མེད་ཀྱི་རྟེན་ལ་གཡོ་སྒྱུ་མེད་ཅིང་ཕྲག་དོག་ཆུང་བ་དང་། ཐུགས་རྒྱུད་དྲང་ཞིང་རང་བཞིན་གྱིས་དབང་པོ་དུལ་བ་དང་། མཆོག་གསུམ་ལ་དད་པ་བརྟན་ཅིང་བསླབས་བརྗོད་ལ་བརྩོན་པ་སོགས་ཕལ་བ་ལས་རིང་དུ་འདས་པའི་ལེགས་སྨོན་གྱི་མཐུ་བརྟས་པ་པདྨ་མཚོ་ཞེས་པའོ། །དེ་ལྟ་བུའི་བསྟུགས་པར་འོས་པའི་ཡོན་ཏན་གྱི་ཚོགས་མཐའ་ཡས་པས་ལེགས་པར་ཕྱུག་པའི་ཡབ་ཡུམ་དམ་པ་དེ་གཉིས་ཀྱི་སྲས་སུ། བདག་ཅག་གི་སྟོན་པ་མཉམ་མེད་ཤཱཀྱའི་རྒྱལ་པོ་སྐུ་བལྟམས་ནས་བགྲང་བྱ་ཉིས་སྟོང་བརྒྱད་བརྒྱ་སོ་གཅིག་འདས་པའི་སོ་གཉིས་པ། ཁམས་གསུམ་ཆོས་ཀྱི་རྒྱལ་པོ་ཙོང་ཁ་བ་ཆེན་པོ་སྐུ་འཁྲུངས་ནས་ལོ་འཁོར་ལྔ་བརྒྱ་དྲུག་ཅུ་བ། ད་ལྟའི་སྤྱི་ལོ་ཞེས་ཡོངས་སུ་གྲགས་པའི་མགོ་ཚུགས་ནས་ལོ་ཆིག་སྟོང་དགུ་བརྒྱ་བཅུ་བདུན་པ། རབ་བྱུང་བཅོ་ལྔ་བའི་བགྲང་བྱ་ལྔ་བཅུ་རྩ་གཅིག་པ་དམར་སེར་ཅན་དུ་འབོད་པ་མེ་སྦྲུལ་གྱི་ལོའི་ཐ་སྐར་ཟླ་བའི་དཀར་ཕྱོགས་རྫོགས་པ་གསུམ་པའི་ཉིན་ངོ་མཚར་བའི་ལྟས་དུ་མ་དང་བཅས་ཏེ། ཇི་ལྟར་བསིལ་སྦྱིན་དབང་པོའི་དཀྱིལ་འཁོར་ཆུ་འཛིན་གྱི་རྒྱ་ལས་གྲོན་པ་བཞིན་ཡུམ་ལ་གནོད་པ་མེད་པར་ཤེལ་ལྟར་དྭངས་ཤིང་གསལ་བའི་སྦྲུམ་ལས་གྲུབ་པའི་གུར་ཁང་ཞིག་ཏུ། སྐུ་མདོག་དཀར་ཞིང་གཙང་ལ་དྲི་མ་དང་བྲལ་བ། དབུ་གདུགས་ལྟར་མཛེས་ལ་སྤྱན་དཀར་ནག་ཕྱེ་བ། དཔྲལ་བའི་དབྱེས་ཆེ་ཞིང་སྙན་ཤལ་རིང་བ་སོགས་མཚན་དཔེའི་ཉམས་ཤིན་ཏུ་གསལ་བ་ལྷ་དང་བཅས་པའི་སྐྱེ་དགུ་ཡོངས་ཀྱི་མིག་གི་བདུད་རྩིར་གྱུར་པ་ཞིག་མངོན་པར་བལྟམས་སོ། །དེའི་ཚེ་མཆོག་གསུམ་བདེན་པའི་བྱིན་བརླབས་ཀྱི་མེ་ཏོག་མཛེ་ར་བའི་གྲུ་ཆར་ཟད་མི་ཤེས་པ་སྙིལ་བར་མཛད་ཅིང་། བཀྲ་ཤིས་དགེ་མཚན་གྱི་རི་མོས་ཕྱོགས་ཀྱི་འཁོར་ལོ་མ་ལུས་པ་ཅིག་ཆར་དུ་འགེངས་པར་གྱུར་པའི་ངོ་མཚར་བསམ་མི་ཁྱབ་པའི་ཚུལ་མང་དུ་མཆིས་པ་རྣམས་ནི་ཡུལ་དེའི་རྒན་པོ་རྣམས་ཀྱི་ངག་རྒྱུན་དང་ལུང་དང་རིགས་པས་ཀྱང་འགྲུབ་མོད་ཀྱི། དམ་པ་ཉིད་

བཀའ་གདམས་རྣམ་ཐར་གཙང་མའི་བརྒྱུད་ཞུགས་ལས་ཅུང་ཟད་ཀྱང་གཡོ་བ་མི་མངའ་བའི་དབང་གིས་འགོད་པར་མ་གནང་བས་ཞིབ་ཏུ་སྨྲོ་མ་ནུས་སོ། །དེ་ལྟ་བུའི་རྒྱལ་སྲས་བདག་ཉིད་ཆེན་པོ་དེ་ཉིད་ལང་ཚོའི་སྨྱུ་གུ་ཏ་ཙང་ཕྲ་བའི་དུས་སྐབས་སུའང༌། མཁས་གྲུབ་སྐྱ་བའི་ཉི་མས། དད་བརྩོན་དྲན་དང་བག་ཡོད་ཤེས་བཞིན་དང༌། །བརྒྱུད་ཞུགས་མཆོག་དང་བློ་གྲོས་དཔག་དཀའ་བ། །རིང་ནས་འདྲིས་པའི་ཡིད་གཙུགས་གྲོགས་རྣམས་ཀྱིས། །གཞོན་ནུ་ཉིད་ནའང་མཇའ་བམ་བཏང་ངོ་། །ལུས་ཀྱི་སྨྱུ་གུ་དང་པོར་གྱུར་པ་ཡི། །གནས་སྐབས་དེར་ཡང་ཡོན་ཏན་མེ་ཏོག་ནི། །དཔག་ཡས་དྲི་བཟང་ཇོགས་པའི་སྙིང་པོ་ཅན། །འདི་ལྟའི་ཡོན་ཏན་སུ་ཡིས་བསམ་མི་བྱ། །ཞེས་གསུངས་པ་ལྟར་རིང་ནས་གོམས་པའི་ལེགས་བྱས་ཀྱི་མཐུ་ཡོངས་སུ་སྨིན་པའི་དབང་གིས་སྐྱེ་དགུ་ཐུན་མོང་གི་སྣང་ངོར་ཡང་བྱིས་པ་ཕལ་བ་དག་གི་སྤྱོད་ཚུལ་ལས་ཆེས་ཆེར་འདས་པ་ཞིག་ཡིན་པར་ངེས་ཏེ། དུས་རྟག་ཏུ་མི་ངུ་བར་ཀུན་ལ་བཞིན་འཛུམ་པར་གཟིགས་ཤིང་སྒོ་གསུམ་བག་ཡོད་ཀྱིས་སྐྱོང་བའི་ཚུལ་ལྡན་སྐྱེས་སུ་གྲུབ་པས་སྐྱེ་བོ་ཀུན་གྱིས་ངོ་མཚར་དུ་འཛིན་པ་ཞིག་ཡིན་པར་ཡུལ་དེའི་རྒན་རབས་དག་ལ་གྲགས་པས་སོ། །སྐབས་ཤིག་དབང་ལུང་མན་ངག་གི་གཏེར་མཛོད་མཁས་གྲུབ་ཆེན་པོ་རྗེ་ངག་དབང་ལུང་རྟོགས་རྒྱ་མཚོའི་ཞལ་སྔ་ནས་ཡབ་ཀྱིས་གདན་དྲངས་ནས་ཁྱིམ་གཞི་དེར་ཕེབས་སྐབས། དམ་པ་འདིས་གཞོན་ནུའི་རོལ་རྩེད་མཛད་པའི་འགྲོ་བཞོལ་ནས། ཨ་ལགས་རིན་པོ་ཆེ། ཚེ་འདིར་འཕུར་མ་ཐུབ་ན་སྐྱེ་བ་ཕྱི་མ་ཕན་ཆད་ལ་འཕུར་ནུས་མིན་སུས་ཤེས། དེ་ཨེ་རེད། ཅེས་སྨྲན་པའི་ངག་གིས་དྲི་བ་གནང་བས་ཕོང་ཡ་མཚར་དུ་གྱུར་ཚུལ་རིན་པོ་ཆེ་ཉིད་ལས་ཐྲན་གྱིས་དངོས་སུ་ཐོས་ཏེ། འདི་ལས་ནི་དལ་འབྱོར་གྱི་རྟེན་བཟང་ད་རེས་ལན་གཅིག་འཐོབ་པ་འདི་ཉིད་དོན་མེད་དུ་མི་གཏོང་བར་ཚེ་འདིར་ངེས་པར་འཁོར་བའི་རྒྱ་གཏེར་ཆེན་པོ་ལས་བསྒྲལ་ནས་ཐར་བ་བླ་ན་མེད་པའི་གྲོང་ཁྱེར་དུ་འཕུར་ནུས་པ་ཞིག་ཅེས་ཀྱང་གལ་ཆེ་སྟེ། གཞན་དུ་ན། སྐྱེ་བ་ཕྱི་མ་ཕན་ཆད་དུ་འདི་ལྟ་བུའི་རྟེན་བཟང་རྙེད་པར་དཀའ་ཞིང་ཐར་བའི་ལམ་རྣམ་པར་དག་པ་སྒྲུབ་པའི་སྐལ་བ་ཤིན་ཏུ་དཀོན་

པ་ཡིན་ནོ། །ཞེས་གདམས་པ་སྟེ། སྐུ་བྱིས་པའི་གནས་སྐབས་དེ་ལྟ་བུར་ལམ་གྱི་ལུས་ཡོངས་སུ་རྫོགས་པའི་གསུང་འདི་འདྲ་ཐོལ་བྱུང་དུ་བསྩལ་བ་ནི་རིང་མོ་ཞིག་ནས་རྒྱལ་བའི་སྲས་ཀྱི་ལམ་བཟང་ལ་གོམས་པར་བྱས་པའི་འབྲས་རྟགས་ཡང་དག་དང་། ཕྱོགས་བཅུའི་རྒྱལ་བ་སྲས་དང་བཅས་པས་བསྔགས་པར་འོས་པའི་ངོ་མཚར་རྨད་དུ་བྱུང་བའི་ལེགས་མཛད་བླ་ན་མེད་པ་ཞིག་ཡིན་ལ། རྗེ་ཉིད་ཡང་སྲིད་གསར་བའི་རྣོས་གར་གྱིས་རྩེན་པའི་སྐུ་ཚེ་འདིར་ཡང་མདོ་སྔགས་ཡོངས་སུ་རྫོགས་པའི་ལམ་བཟང་ཐོས་བསམ་གྱིས་གཏན་ལ་ཕབ་སྟེ་དེའི་དོན་ཚུལ་བཞིན་བསྒྲུབས་པའི་སྒོ་ནས་དུས་ཀྱི་ཡང་སྙིགས་འདིར་རྒྱལ་བ་འཇམ་དཔལ་སྙིང་པོའི་དྲི་བྲལ་གསེར་སྦྱང་བཙོམ་ལྟ་བུའི་ལུགས་བཟང་འདི་ཉིད་གསལ་བར་བྱེད་པའི་ཕྱིས་འབྱུང་གི་རྣམ་པར་ཐར་བ་མཚོན་པའི་བརྗོད་ཡང་གོ་བར་བྱ་ལ། འདི་ལ་ད་དུང་བརྗོད་པར་བྱ་བ་མང་དུ་སྣང་ནའང་། དེང་དུས་ཀྱི་སྐྱེ་བོ་ཕྱོགས་མཐོང་ཅན་དག་གིས་ཕྲག་དོག་འཕེལ་བའི་རྒྱུར་འགྱུར་བར་དོགས་ནས་རེ་ཞིག་འདི་ཙམ་ལས་མ་སྤྲོས་སོ། །དེ་ལྟར་གཞོན་ནུའི་དུས་ནས་ཡབ་ཡུམ་གཉིས་ཀྱིས་སྤྱན་གྱི་འབྲས་བུ་ལྟར་ལེགས་པར་བསྐྱངས་ཤིང་སྐྱིད་བསྐྱངས་པས་རིམ་གྱིས་ལང་ཚོའི་མེ་ཏོག་ཡར་ལྡན་དུ་གྱུར་ཏེ། དགུང་ལོ་དྲུག་ཏུ་སོན་པ་ན་ཡབ་མནའི་མཚན་ཅན་གློག་གི་སློབ་དཔོན་དུ་བསྟེན་ནས་ཡི་གེ་ཕྱི་མོ་བསྟན་པ་ཙམ་གྱིས་ཐུགས་སུ་ཆུད་ཅིང་། ཆེར་མ་འགྲངས་པར་ཁྲལ་གློག་དང་སྦྱོར་གློག་གཟབ་གཤར་གྱི་ཡི་གེ་ཐམས་ཅད་ལ་ཐོགས་པ་མེད་པར་བློ་གྲོས་ཀྱི་པདྨོ་ཡོངས་སུ་རྒྱས་པར་གྱུར་ཏེ། འདོན་ཚིག་དང་ཆོས་སྤྱོད་ཀྱི་རིམ་པ་འགའ་ཞིག་ཐུགས་འཛིན་གནང་། སྐུ་བྱིས་པའི་དུས་ནས་སྒྲིབ་མེད་ཡེ་ཤེས་ཀྱི་སྤྱན་མངའ་བའི་སྤྲུལ་པའི་སྐུ་འགའ་ཞིག་དང་ཁྱད་པར་ཁ་གྱ་སེམས་དཔའ་ཆེན་པོ་རྗེ་འཇམ་དབྱངས་དཔལ་ལྡན་པས་སྐྱེ་དགུའི་ཕན་པ་དང་བདེ་བ་འཛད་བའི་བསམ་འཕེལ་དབང་གི་རྒྱལ་པོར་དགོངས་ནས། བྱིས་པ་འདི་གང་ཟག་རང་ག་བ་ཞིག་མིན་པས་རྒྱལ་བའི་བསྟན་པ་ལ་རབ་ཏུ་བྱུང་ན་རང་གཞན་ཀུན་ལ་དགེ་བར་འགྱུར་རོ། །ཞེས་སྔ་ཕྱིར་དྲི་མ་མེད་པའི་གསུང་གིས་ལུང་བསྟན་པ་དང་། ཉིད་ཀྱང་སྐུའི་སྐྱེས་པའི་ཕྱེད་བར་

ཁྲིམ་པའི་བརྟུལ་ཞུགས་དོར་ཞིང་རབ་ཏུ་བྱུང་བའི་རྟེན་འབའ་ཞིག་བཞེས་པའི་བག་ཆགས་སད་པའི་དབང་གིས་ངེས་འབྱུང་གི་བསམ་པ་དྲག་པོས་བསྐུལ་ཏེ། ཡབ་ཡུམ་ལ་རབ་ཏུ་འབྱུང་འདོད་ཀྱི་འདུན་པ་ཡང་ཡང་ཞུས་ཀྱང་། ཁྲིམ་དེར་ཉིད་ལས་སྲས་གཞན་མེད་པས་ཡབ་ཡུམ་གྱིས་མ་གནང་བར་རེ་ཞིག་གི་བར་དུ་ཁྲིམ་དུ་གནས་དགོས་བྱུང་ན་ཡང་། ཇི་ལྟར་པདྨ་འདམ་ལས་སྐྱེས་ཀྱང་འདམ་གྱི་དྲི་མས་ཅུང་ཟད་ཀྱང་མ་གོས་པ་བཞིན་དུ་ཁྲིམ་གྱི་ཉེས་པའི་དྲི་མ་མཐའ་དག་རྒྱང་དུ་བསྲིངས་ཏེ་ཚུལ་ལྡན་བག་ཡོད་ཀྱི་སྤྱོད་པ་རྨད་དུ་བྱུང་བ་འབའ་ཞིག་གིས་འཚོ་བ་ཡིན་ནོ་ཞེས་གོ་བར་བྱའོ། །

སྨྲས་པ།

བློ་བཟང་རྒྱལ་བའི་དགོངས་ཟབ་ཀུན་དའི་ཚལ། །
བཤད་དང་སྒྲུབ་པའི་སྣང་བའི་གཟིས་བྱེ་ཞིང་། །
ཐུབ་བསྟན་འཛིན་མཁས་རྒྱུ་སྐར་རྒྱ་མཚོའི་གཙོ། །
ཡབ་གཅིག་བསིལ་སྦྱིན་དབང་པོས་དགེ་ལེགས་སྩོལ། །
རྨད་བྱུང་སྟོབས་བཅུའི་གཟི་བྱིན་དར་བབས་པའི། །
རྣམ་འདྲེན་ཉིན་བྱེད་སྟོང་གིས་བྱིན་ཕབ་པ། །
མི་མཛེད་འཇིག་རྟེན་ཡངས་པའི་དགེ་མཚན་གྱིས། །
དག་པའི་ཞིང་མང་སྐྱེངས་ཞེས་ལྷ་རྣམས་གླེང་། །
ཛམྦུའི་རྒྱལ་མཚན་རང་གི་གཙུག་རྒྱན་དུ། །
འཛིན་པའི་ཞིང་མཆོག་ཟླ་བྲལ་ནོར་བུའི་གླིང་། །
ཕུན་ཚོགས་སྡེ་བཞིའི་དཔལ་གྱི་གཟི་འབར་བའི། །
ངོ་མཚར་མཆོག་འདི་ནམ་ཡང་ཉམས་པ་མེད། །
ཁོར་ཡུག་མུ་འཁྱུད་དངུལ་གྱི་སྦུག་གུ་མས། །

ཡོངས་སུ་བཟུང་བ་སྣ་ལའི་སྨན་ལྗོངས་འདིར། །
བརྩེ་ཆེན་ག་བུར་ཞུན་མའི་འཛུམ་རླབས་ཀྱིས། །
བསུས་པའི་རྒྱལ་སྲས་རྒྱ་སྐར་གྲངས་ལ་འགྲོ། །
ཉིན་མོར་བྱེད་པའི་གཞོན་ནུ་མིག་ཡངས་པོ། །
ཨེཏྣ་ཀླིལ་གྱི་གནམ་སྟོན་ལ་ཞེན་པས། །
རྫུལ་བའི་ཐིགས་ཕྲེང་ས་ལ་འཁྱིལ་བ་དེར། །
མཚོ་སྔོན་ཁྲི་གཤོག་རྒྱལ་མོའི་གྲགས་སྙན་འབར། །
སྤག་གཟིག་གཅན༵་གཟན་རྒྱུ་བའི་ནགས་ཀློང་དང་། །

སྨིན་ལེགས་འབྲུ་དྲུག་ལྡེམ་པའི་ཞིང་ས་སོགས། །
དགེ་བཅུ་དཔལ་རྫོགས་ཚ༵་གྲང་སྙོམས་པའི་ལྗོངས། །

མཁས་གྲུབ་མི་ཧོག་བྱེ་བས་མཛེས་པ་དེར། །
ཡ་རབས་སྤྱོད་ཚུལ་རྨད་བྱུང་སྐྱིད་ཚལ་དུ། །
ཡོན་ཏན་འདབ་བརྒྱའི་ཁེ་ལག་ཡོངས་རྫོགས་པ། །
བཀྲ༵་ཤིས༵་སྲང་རྩེ་རྒྱ༵་མཚོའི༵་བཅུད་འཛིན་པའི། །

སྤགས་འཚང་པད་དཀར་ལྗོན་པའི་རིགས་སྲས་དང་། །
དད་གཏོང་པདྨ༵འི་འདབ་མ་འབུམ་དུ་འཛུམ། །

རིགས་མཐུན་མཚོ༵་སྐྱེས་བྱེ་བའི་དབུས་ན་སྣེག །

བུད་མེད་ཕལ་བའི་སྐྱོན་གྱིས་མ་བཟུང་བའི། །
རྒྱལ་ཡུམ་དགེ་མའི་དབང་ཕྱོགས་ལྷུན་པོའི་སྟེར། །
མ་སྨད་ཐུགས་བསྐྱེད་ཁྱུང་སྟོན་སྐྱེས་དྲངས་པའི། །

མཚར་སྡུག་ཉིན་བྱེད་གཞོན་ནུ་ལྷ་བུའི་སྐུ། །
དྲི་མས་ཡོངས་བཏང་ཤེལ་གྱི་གུར་ཁང་བཅས། །
རབ་འབྱམས་སྐྱེ་དགུའི་མིག་གི་དཔྱིད་དུ་བལྟམས། །
གསང་གསུམ་མི་ཟད་རྒྱན་གྱི་འཁོར་ལོའི་མགོན། །
མཚན་དཔེའི་ལང་ཚོ་འབར་བའི་སྐུ་སྤྲས་ནས། །
ལས་ཉོན་ཚ་བས་ཉེན་པའི་ཀུན་དའི་ཚོགས། །
སྐྱོབ་ཕྱིར་ཟླ་ཚེས་གསར་བའི་ཟློལ་གྱིས་འཛུམ། །
ངོ་མཚར་ལྷས་བཟང་རྒྱ་ཆེན་དབང་པོའི་གཞུ། །
ལེགས་པར་དཀྲིགས་པའི་དགེ་མཚན་དར་བའི་དཔལ། །
སྲིད་ཞིའི་འཇིག་རྟེན་ནམ་མཁའི་ཁྱོན་ཡངས་པར། །
རྣམ་མང་རྒྱུ་སྐར་བཞད་པའི་ཚུལ་གྱིས་བྱུང་། །
རབ་འབྱམས་རྒྱལ་བ་སྲས་དང་བཅས་རྣམས་ཀྱིས། །
སྐྱེས་མཆོག་སྨན་གྱི་སྨྱུ་གུ་འདི་འབྲུངས་པས། །
སྙིགས་མའི་འགྲོ་བའང་མགོན་དང་བཅས་སོ་ཞེས། །
བསྔགས་པའི་རོལ་མོ་རྡུང་བའི་མཐའ་མི་དཔོག །
འབྲུངས་ཙམ་ཉིད་ནས་སྔོན་གོམས་བག་ཆགས་མཐུས། །
བག་མེད་བྱིས་པའི་རྒྱུད་པ་དྲུངས་ཕྱུང་སྟེ། །
ཐུགས་འོས་རིག་པའི་མེ་ཏོག་གསར་བཞད་པས། །
ཀུན་གྱི་སྙིང་ལ་དགའ་བའི་གྲུ་ཆར་སྙིལ། །
ལང་ཚོའི་སྨྱུ་གུ་ཕྲ་བའི་དུས་ནས་བཟུང་། །
དགེ་བཙུན་སྤྱོད་ཚུལ་མུ་ཏིག་དཀར་པོའི་འབྲུ། །
སྨིན་ལེགས་སྙེ་མའི་མགོ་བོ་དུད་པ་ཅན། །

ལྷར་བཅས་བསོད་ནམས་འཕེལ་བའི་ཞིང་དུ་སྨིན། །
སྒྲིབ་བྲལ་མཁྱེན་སྤྱན་ཡངས་པའི་དམ་པ་འགས། །
གཞོན་ནུ་མཆོག་འདི་ཁྱིམ་ལས་ངེས་འབྱུང་སྟེ། །
ཤཱཀྱའི་བརྟུལ་ཞུགས་འཆང་ན་ལེགས་སོ་ཞེས། །
བཀའ་ལུང་མི་འགྱུར་དྲང་སྲོང་གཏམ་དུ་བསྒྲགས། །
ཡབ་རྗེ་རིག་འཛིན་མཧྣའི་ཞབས་བསྟེན་ནས། །
ཕྲལ་སྦྱོར་སློག་ཚུལ་སློབ་པའི་ཚུལ་ཙམ་གྱིས། །
གངས་ཅན་སྐད་བརྡའི་དོན་ལ་མ་རྨོངས་པའི། །
དྲི་བྲལ་བློ་གྲོས་མེ་ལོང་རྒྱན་དུ་ཐོབ། །
ཐུགས་བསྐྱེད་རིན་བྲལ་གསེར་གྱི་ཡུ་བ་བརྟན། །
སྨོན་གོམས་བག་ཆགས་བཟང་པོའི་ཤམ་བུ་བཀྲ། །
རྨད་བྱུང་ཡོན་ཏན་ནོར་བུའི་ཏོག་གིས་མཛེས། །
བཤེསགཉེན་གདུགས་དཀར་ཀུན་གྱི་བླ་ན་འཕགས། །
རྨད་བྱུང་ཉམས་འགྱུར་ལྷ་ཡི་སྐྱེད་ཚལ་དུ། །
སྨོན་མེད་རྟོགས་བརྗོད་ཙན་དན་སྨོན་བཟང་ལ། །
ཚངས་སྲས་རིག་པའི་སྙིང་འཕྲུང་བཞད་པའི་དྲི། །
བདག་མགྲིན་མ་ལ་ཡ་ཡི་ཚལ་ནས་འཕྲུལ། །

ཞེས་མདོ་རྒྱུད་རྒྱ་མཚོའི་མངའ་བདག ༈ ཡོངས་ཀྱི་དགེ་བའི་བཤེས་གཉེན་ཆེན་པོ་ཧེ་བཙུན་ཧྣ་ན་ས་རའི་ཐུན་མོང་གི་རྟོགས་པ་མདོ་ཙམ་བརྗོད་པ་བདེན་གཏམ་ཤེལ་གྱི་མེ་ལོང་ཞེས་བྱ་བ་ལས་ངོ་མཚར་བའི་ལྟས་དང་བཅས་ཏེ་གཟུགས་སྐུའི་མེ་ཏོག་གསར་དུ་བཞད་ཅིང་གཞོན་ནུའི་རོལ་རྩེད་མཛད་པའི་སྐབས་ཏེ་དང་པོའོ། །

སྐབས་གཉིས་པ། རྒྱལ་བའི་བསྟན་པ་ལ་རབ་ཏུ་བྱུང་ཚུལ།

ཡེ་ནས་རྣམ་དག་ཆོས་ཉིད་མཁའ་དབྱིངས་ལ། །
ཤེས་བྱ་རབ་འབྱམས་གཟིགས་པའི་སྤྲིན་འཁྲིགས་ཏེ། །
རྒྱ་ཆེན་ཆོས་ཆར་འབེབས་མཁས་སྨྲ་བའི་དབང་། །
མཚོ་བྱུང་དགྱེས་པའི་མགོན་དེས་བདག་སྐྱོངས་ཤིག །

གཉིས་པ་ལ་གསུམ། ངེས་འབྱུང་གི་བསམ་པ་དྲག་པོས་བསྐུལ་ཏེ་རྒྱལ་བའི་བསྟན་པ་ལ་རབ་ཏུ་བྱུང་བའི་ཚུལ། མདོ་སྨད་བྱང་རྒྱུད་ཀྱི་ལུང་རིགས་སྒྲོག་པའི་དགའ་ཚལ་དཔལ་ལྡན་བཀྲ་ཤིས་ཆོས་སྡིངས་སུ་ལེགས་བཤད་ནོར་བུའི་བགོ་སྐལ་ཐོབ་མར་བཞེས་པའི་ཚུལ། ཡུལ་མདོ་སྨད་ཀྱི་ནྣ་ལེནྡྲ་ཆོས་གྲྭ་ཆེན་པོ་དཔལ་ལྡན་བཀྲ་ཤིས་འཁྱིལ་དུ་བཀའ་པོད་ལྔ་ཡིས་མཚོན་པའི་མདོ་སྔགས་ཀྱི་གཞུང་རྒྱ་མཚོ་ལྟ་བུར་ཐོས་བསམ་ལ་བརྩོན་པ་ཆུ་བོའི་རྒྱུན་བཞིན་གནང་ཞིང་དེའི་དོན་ཚུལ་བཞིན་བསྒྲུབས་པ་ལ་བརྟེན་ནས་ལུང་རྟོགས་ཡོན་ཏན་གྱི་གཏེར་དུ་གྱུར་པའི་ཚུལ་ལོ། །

དང་པོ་ནི། ཇི་སྐད་དུ། སློབ་དཔོན་དཔའ་བོས། བཙོན་ར་འདྲ་བའི་ཁྱིམ་ལ་ནི། །ནམ་ཡང་བདེ་བར་མ་སེམས་ཤིག །ཕྱུག་གམ་ཡང་ན་དབུལ་ཡང་རུང་། །ཁྱིམ་ན་གནས་པ་ནད་དུ་ཆེ། །གཅིག་ནི་སྲུང་བས་ཉོན་མོངས་ལ། །གཉིས་ནི་འཚོལ་བས་ཤ་ཐང་ངོ་། །ཞེས་དང་། གལ་ཏེ་ཆོས་སྤྱོད་ཁྱིམ་གྱི་སོ་ནམ་འཚོར། །ཁྱིམ་ན་གནས་ན་ཆོས་ཀྱང་ག་ལ་འགྲུབ། །ཆོས་ཀྱི་ལས་ནི་རབ་ཏུ་ཞི་བས་ཡིན། །ཁྱིམ་གྱི་ལས་ནི་དྲག་ཤུལ་ཅན་གྱིས་འགྲུབ། །དེ་བས་ཆོས་དང་འགལ་བའི་སྐྱོན་ཡོད་ཕྱིར། །བདག་ལ་ཕན་འདོད་སུ་ཞིག་ཆགས་པར་བྱེད། །ཅེས་སོགས་རྒྱ་ཆེར་གསུངས་པ་ལྟར་ཁྱིམ་ན་གནས་པ་ནི་བཙོན་ར་དང་། མེ་འབར་བའི་གློང་། དུག་སྦྲུལ་གྱི་ཚང་ལྟར་སྡུག་བསྔལ་མི་ཟད་པ་དཔག་ཏུ་མེད་པའི་འབྱུང་

གནས་ཉག་གཅིག་ཡིན་ལ། ཁྱིམ་པའི་སྐྱེ་བོ་ཕལ་ཆེར་རྒྱ་ནོར་གསོག་སྲུང་གི་ལས་ལ་ཉིན་མཚན་ཁོར་མོ་ཡུག་ཏུ་ཐྲེལ་བའི་དབང་གིས། བཟའ་བཏུང་དང་བདེ་བར་གཉིད་པའི་སྐབས་ཀྱང་དཀའ་ན། དམ་པའི་ཆོས་སྒྲུབ་པའི་གོ་སྐབས་ག་ལ་ཡོད། དེར་མ་ཟད་སྲོག་གཅོད་སོགས་ཆོས་དང་འགལ་བའི་ཉེས་པ་དཔག་ཏུ་མེད་པར་མི་འདོད་བཞིན་དུ་བྱེད་དགོས་སྟབས། ཁྱིམ་ནི་སྐྱེ་བ་ནས་ཚེ་རབས་ཐམས་ཅད་དུ་རང་གཞན་གྱི་གདུང་བ་མི་བཟོད་པ་མཐའ་ཡས་པའི་འབྱུང་གནས་གཅིག་པུར་དགོངས་ནས། ཁྱིམ་ནས་ཁྱིམ་མེད་པ་མངོན་པར་འབྱུང་འདོད་པ་སྐུ་བྱིས་པའི་དུས་ནས་བཟུང་ཐུགས་ལ་རྒྱུན་ཆགས་སུ་མངའ་ཞིང་། ཁྱད་པར་དུ་དགུང་ལོ་བཅོ་ལྔ་ལོན་པའི་སྐབས་ཤིག་ཏུ། ཡབ་ཀྱིས་མི་ཁྱིམ་གཞན་གྱི་བུ་མོ་ཞིག་བག་མར་བསུས་ཏེ་འཛིག་རྟེན་མཐུན་འཇུག་གི་ལས་ལ་སྦྱོར་བར་བགྲོས་པའི་རྐྱེན་བྱས་ནས། གྲོང་སྡེ་འདི་ན་མི་ཚང་ཀུན་གྱིས་སོ་ནམ་གྱི་ལས་ལ་ཤ་ཐང་དུ་འབད་ཀྱང་མང་ཆེ་བ་ཕྱུག་པོར་གྱུར་མེད་པར་ད་དུང་དབུལ་ཕོངས་ཀྱི་སྡུག་བསྔལ་མྱོང་བཞིན་ཡོད་ལ། ཕྱུག་པོ་འགའ་ཞིག་ཡོད་པའང་རྒྱ་ནོར་གསོག་སྲུང་གི་ཆེད་དུ་གདུང་བ་འབའ་ཞིག་ལ་སྤྱོད་བཞིན་མི་ཚེ་དོན་མེད་དུ་འདའ་བ་ཁོ་ན་ལས་མ་འདས་པས། བདག་ཀྱང་ཁྱིམ་ནས་བསྡད་ན་འདི་དག་བཞིན་དམ་པའི་ལྷ་ཆོས་སྒྲུབ་པའི་སྐལ་བ་ཤིན་ཏུ་ཕྲ་ཞིང་ཐ་མལ་བ་ཞིག་ལས་མི་འོང་། དེ་བས་ཅིས་ཀྱང་རབ་ཏུ་བྱུང་སྟེ་རང་གཞན་གྱི་གཏན་བདེ་བསྒྲུབ་པའི་ཐབས་ལ་བརྩོན་པར་བྱའོ་སྙམ་པའི་ངེས་འབྱུང་གི་བསམ་པ་མནན་པས་མི་ནོན་པ་གཟུགས་ཅན་བཞིན་དུ་ཐུགས་རྒྱུད་ལ་འཁྲུངས་ཤིང་། དེ་ལྟར་ཡབ་ལ་གསོལ་བ་ན་ཡབ་ཀྱིས་དེ་ལྟར་ཡིད་ལ་དྲན་པ་ཤིན་ཏུ་ལེགས་སོ་ཞེས་བསྔགས་པར་མཛད་ཀྱང་། འཕྲལ་དུ་རབ་ཏུ་བྱུང་བའི་གོ་སྐབས་མ་གནང་བའི་དབང་གིས་སླར་ཡང་ལོ་གཅིག་ལྷག་ལ་ཁྱིམ་དུ་གནས་དགོས་བྱུང་། དེའི་དུས་སུའང་ངེས་པར་འབྱུང་འདོད་ཀྱི་བསམ་གཏན་དེ་ཁོ་ནའི་ངང་ཉིན་མཚན་སྤྲེལ་ཞིང་བསྲུན་མི་ནུས་པའི་ཚོད་ཙམ་དུ་གྱུར་ཏེ། གྲོས་སྟབས་ཀྱིས་ཟླ་བྲང་དུ་ཕེབས་ཀྱང་ཡབ་ཀྱིས་རྗེས་ཆོད་དེ་སྐབས་དེར་སླེབས་པའི་སྐལ་བ་མ་བྱུང་ནའང་། དེ་ལས་སྐུའི་སྐྱེས་ཕྲེང་མང་པོར་ཆོས་སྡེ་

ཆེན་པོ་དེར་ལེགས་སྨོན་གྱི་འབྲེལ་ཆེས་ཆེར་ཟབ་པ་མངོན་པར་མཚོན་ཞིང་། ཕྱིས་སུ་ཆོས་ཀྱི་སྡེ་མཆོག་དེར་ལུང་དང་རྟོགས་པའི་དགའ་སྟོན་ཟད་མི་ཤེས་པར་ངོམ་མེད་དུ་རོལ་པར་འགྱུར་བའི་རྟེན་འབྱུང་གི་དགེ་མཚན་དུས་དེ་ནས་མངོན་དུ་འགྱུར་བར་ངེས་སོ། །དགུང་ལོ་བཅུ་བདུན་དུ་སོན་པ་ཆུ་བྱ་ལོའི་ཟླ་གཉིས་པར་སླར་ཡང་ཕྱིས་སྐབས་ཀྱིས། གོང་ས་རྒྱལ་བའི་དབང་པོ་བཅུ་གསུམ་པ་ཆེན་པོའི་རིགས་ཀྱི་ཙོད་པན། ལྔ་བརྒྱ་པ་རྣམས་ཀྱི་གཙུག་གི་ནོར་བུ། སྙིགས་དུས་ཕུལ་བྱུང་ཞབས། ཀུན་གཟིགས་མ་ཧཱ་པཎྜི་ཏ། རྡོ་རྗེ་འཆང་རྗེ་ཞྭ་དམར་བ༧དགེ་འདུན་བསྟན་འཛིན་རྒྱ་མཚོའི་གདན་ས་དམ་པ། སྤྲུལ་པའི་སྐྱེས་མཆོག་གདེངས་ཅན་དབང་པོའི་ཚོགས་ཀྱིས་ལེགས་བཤད་རིན་ཆེན་སིལ་མ་ཁྲབ་བརྡལ་དུ་འགྲེམས་པའི་གླིང་། མང་ཐོས་སྤྱོང་བ་པོ་རྣམས་བསམ་གཏན་གྱི་མལ་སྟན་ལ་གཡོ་བ་མེད་པར་མཐོང་ཆོས་བདེ་བའི་དཔལ་ལ་རྟག་ཏུ་རོལ་ཅིང་། བློ་གསལ་རིགས་པ་སྨྲ་བའི་ཚོགས་ཀྱིས་ལུང་རིགས་དབྱངས་སྙན་བར་མེད་དུ་སྒྲོག་པ་སོགས་ཀློག་སྤྱོང་འཁོར་ལོ་ཟུང་གིས་ཉིན་མཚན་འདའ་བ་བརྒྱ་ཕྲག་དུ་མའི་བསྟི་གནས། མདོ་སྔགས་བྱང་རྒྱུད་ཀྱི་ལེགས་བཤད་སྒྲོག་པའི་དགའ་ཚལ་རྫི་ཚ་དཔལ་ལྡན་བཀྲ་ཤིས་ཆོས་སྡིངས་སུ་ཕྱག་ཕེབས། ཆོས་སྡེ་དེར་མདོ་རྒྱུད་རྒྱ་མཚོའི་དགོངས་དོན་ལ་གཏུགས་པ་མེད་པའི་མཁྱེན་རབ་ཀྱི་སྣང་བ་མཆོག་ཏུ་རྒྱས་ཤིང་། ཐུན་མོང་དང་ཐུན་མོང་མ་ཡིན་པའི་ཉམས་རྟོགས་ཀྱི་གཏེར་ཁ་གློང་དུ་བརྡོལ་བའི་མཁས་གྲུབ་ཆེན་པོ། བྱ་མདོ་འབྲོག་རུ་བ་རྗེ་ཚུལ་ཁྲིམས་རྒྱ་མཚོ་བར་སྟོན་ནས་འདྲིས་ཆེ་བས་དེ་ཉིད་ཀྱི་དྲུང་དུ་བསྙེན་ཅིང་རྒྱུ་མཚན་ཞིབ་ཏུ་ཞུས་པས། དགེ་བཤེས་རིན་པོ་ཆེ་དེ་ཉིད་ཀྱིས་ཡབ་ཀྱིས་མ་གནང་ཕྱིན་རབ་ཏུ་བྱུང་བར་དཀའ་ན་ཡང་། རེ་ཞིག་གཞན་ལ་མ་ཕེབས་པར་བདག་གི་དྲུང་འདིར་སྡོད་ཅེས་ཤིན་ཏུ་དགྱེས་བཞིན་གསུངས་ཤིང་། དེ་ལ་བརྟེན་ནས་དམ་པ་འདིའི་ཉེ་གནས་མཛད་ཅིང་ལོ་དྲུག་ཙམ་ལ་ལྷན་ཅིག་བཞུགས་ཏེ། ཕ་བཟང་གིས་བུ་སྐྱོང་བ་བཞིན་ལེགས་པར་བཤད་པ་བདུད་རྩིའི་བཅུད་ཀྱིས་བསྐྱངས་ནས་རིག་པའི་སྣོ་འཕར་ཐོག་མར་ཕྱེ་བ་ལགས་ལ། ཕྱིས་སུ་ཡང་མགོན་པོ་དེ་ཉིད་ལས་ཟབ་རྒྱས་

གདམས་པ་མཐའ་ཡས་པ་མནོས་སྐབས། རྗེ་འབྲོག་རུ་བ་འདི་ཉིད་བཀའ་དྲིན་ཆེ་བའི་བླ་མ་གཅིག་པུར་འཛིན་ཅིང་། འགྲན་ཟླ་མེད་པའི་རིགས་ཀྱི་བདག་པོར་བསྟེན་པའི་ཚུལ་འོག་ཏུ་རིམ་གྱིས་གསལ་བར་འགྱུར་རོ། །

གཞན་ཡང་། གོས་དཀར་གྱི་རྟེན་ལ་གནས་བཞིན་པའི་སྐབས་དེའི་ཉིན་ཞིག་ཚོགས་ལ་མཇལ་བར་ཕེབས་སྐབས་དགེ་འདུན་མང་པོས་རྩོད་པ་གནང་བ་དང་དུས་འགྲིགས་པས། ཚུལ་དེ་གཟིགས་མ་ཐག་སྒྲ་བསམ་གྱི་ཡུལ་ལས་འདས་པའི་སྤྲོ་སྣང་ཟད་མི་ཤེས་པས་བརྟས་པར་གྱུར་ཏེ། ཅི་བྱས་ཉིད་ཀྱིས་ཀྱང་མ་མཁྱེན་པའི་ཚུལ་གྱིས་ཐལ་སྐད་བཏང་བས། དགེ་འདུན་འདུས་ཚོགས་ཀྱིས་ངོ་མཚར་མཚར་བྱེད་ཅིང་བཞད་མོ་མཛད་པ་སོགས་བྱུང་བ་ཡང་། སྐུའི་སྐྱེ་བའི་ཕྲེང་བར་ལུང་རིགས་ཀྱི་ལུས་སྟོབས་ཡོངས་སུ་རྫོགས་པའི་སྨྲ་བའི་སེང་ཆེན་དུ་མའི་རྣམ་པར་སྨིན་པའི་བག་ཆགས་ཡོངས་སུ་སད་པར་གྱུར་པའི་འབྲས་རྟགས་ཡང་དག་ཏུ་འཁྲུམས་སོ། །ཡང་ཐེངས་ཤིག་ཀུན་སྤྱངས་སེམས་དཔའ་ཆེན་པོ་རྗེ་གསེར་ལག་པ་འཇམ་དབྱངས་རྒྱ་མཚོ་བ་སྨྲ་བའི་དབང་ཕྱུག་རྗེ་འབྲོག་རུ་བའི་གཟིམ་སྤྱིལ་དེར་ཕེབས་སྐབས་དམ་པ་འདི་ཉིད་གཟིགས་པ་དང་མཉམ་དུ་གནས་ཚུལ་ཞིབ་ཏུ་བཀའ་འདྲི་གནང་ཞིང་། རབ་ཏུ་བྱུང་ན་ཤིན་ཏུ་བཟང་མོད་ཅེས་ཐེངས་འགར་བསྐྱར་ནས་གསུངས་པ་ཡང་། བསྟན་འཛིན་གྱི་སྐྱེས་བུ་ཁྱད་པར་ཅན་འདི་འདྲ་ཞིག་འབྱོན་རྒྱུར་སྔོན་ནས་སྒྲིབ་མེད་དུ་གཟིགས་པའི་གསུང་དུ་གོར་མ་ཆག་གོ །དེའི་སྐབས་དགེ་རྒན་རིན་པོ་ཆེས་ཀྱང་ཡབ་ཀྱིས་མ་གནང་བས་འཕྲལ་དུ་རབ་ཏུ་བྱུང་བར་མ་ནུས་ཀྱང་། རྟེན་འབྲེལ་གྱི་ཆེ་བར་དགོངས་ནས་ཉིད་ཀྱི་ན་བཟའ་རྙིང་བ་ཆ་ཚང་ཞིག་གནང་སྟེ་ཁྱིམ་པའི་གོས་འདོར་དུ་བཅུག་པ་ཡིན་ལ། དེའི་དུས་སུ་ཐུགས་ལ་དགའ་སྤྲོ་བསམ་མི་ཁྱབ་པ་ཞིག་འཁྲུངས་པར་ཉིད་ཀྱི་ཞལ་ནས་དངོས་སུ་ཐོས་སོ། །གཟུར་གནས་རྣམ་དཔྱོད་དང་ལྡན་པ་ཞིག་ཡིན་ཕྱིན་སྐྱེ་བོ་ཕལ་བའི་སྤྱོད་པ་ལས་རིང་དུ་འདས་པའི་རྣམ་པར་ཐར་བའི་ཆ་ཤས་འདི་དག་གིས་ཀྱང་མཆིམ་དཀྱུ་བའི་དད་གུས་འདྲེན་པར་ནུས་སླམ་མོ། །དེ་ནས་མ་འགྱངས་པར་དགེ་རྒན་རིན་པོ་ཆེས་ཡབ་ལ་ཁྱོད་ཀྱི་བུ་

བདག་གི་གམ་ན་ཡོད་པས་རིང་མིན་ལེན་དུ་ཡོང་དགོས་པའི་འཕྲིན་ཡིག་བསྒྲིངས་པའི་
སྐབས། ཉིད་ཀྱིས་ཀྱང་བདག་ཅིས་ཀྱང་རབ་ཏུ་བྱུང་རྒྱུ་དང་རབ་ཏུ་མ་བྱུང་བར་ཡུལ་དུ་
གཏན་ནས་མི་ཡོང་ཞེས་པའི་ཕྲིངས་ཡིག་བསྐུར། འཕྲིན་ཡིག་གཉིས་ཚབས་ཅིག་ཡབ་ཀྱི་
ཕྱག་ཏུ་འབྱོར་རྗེས་ཕྱིར་ལན་དུ། གལ་ཏེ་ཁྱོད་ཀྱིས་གྲྭ་བ་བྱེད་ནུས་ན་དེ་ལྟར་གྱིས་ཞེས་
ལེགས་པར་གནང་བས། ཐུགས་ལ་སྣང་བྱུང་མ་མྱོང་བའི་སྤྲོ་དགའ་བླ་ན་མེད་པས་ཁེངས་
པར་གྱུར་ཏེ། དགེ་རྒན་མཆོག་གི་དྲུང་དུ་འཕྲིན་དོན་གསོལ་ཅིང་རབ་ཏུ་བྱུང་བའི་གོས་ལ་
སོགས་པའི་སྟ་གོན་ཉེ་བར་གྲུབ་པ་ན། ཇི་སྐད་དུ། འཇམ་མགོན་ཙོང་ཁ་པ་ཆེན་པོས།
སྙིང་རྗེའི་ཆུ་ཡིས་ཡིད་ཀྱི་བཞིན་རས་ཀྱི། །ཞི་སྣང་དྲི་མ་དག་པར་མ་བྱས་ན། །གསེར་གྱི་
བུམ་པར་བླུགས་པ་དྲིས་བསྒོས་ཆུས། །གདོང་གི་དྲི་མ་དག་ལ་དགོས་པ་ཅི། །བློ་དང་ལྡན་
པ་རྣམས་ཀྱི་ངོ་ཚའི་གོས། །ཚུལ་ཁྲིམས་ཡིན་གྱི་དུ་ཀུ་ལ་ཡི་མིན། །མགྲིན་རྒྱན་ལེགས་
བཤད་ཡིན་གྱི་དོ་ཤལ་མིན། །གཙུག་རྒྱན་བླ་མ་ཡིན་གྱི་ནོར་བུ་མིན། །འཆི་བའི་སྲོག་ནི་
སྲིན་ལྟར་མི་གཡོ་ཞིང་། །འགྱུར་ཚོགས་རྒྱུད་པའི་ཉེས་པས་མི་བཟི་ལ། །དབང་ཕྱུག་
མཁའ་བཞིན་རྟག་ཏུ་མི་འགྱུར་ན། །འདོད་ལ་སྤྱོད་པ་དགའ་བར་སུ་མི་འགྱུར། །དེ་ལྟ་ན་
ཡང་སྲིད་པའི་དཔལ། །གློག་ཕྲེང་གནོན་ནུའི་བྲོ་གར་བཞིན། །གཡོ་བར་མཐོང་ནས་དེ་ཡི་
ཡིད། །འདོད་ལ་ཆགས་དང་བྲལ་བར་གྱུར། །ཅེས་གསུངས་པ་ལྟར་སྲིད་པའི་ཕུན་ཚོགས་
མཐའ་དག་ལ་སྙིང་པོ་ཅུང་ཟད་ཀྱང་མེད་པའི་ཚུལ་ཇི་བཞིན་ལེགས་པར་གཟིགས་པའི་ངེས་
འབྱུང་གི་བསམ་པ་དྲག་པོས་ཀུན་ནས་བསླངས་ཏེ། མཁས་པ་དང་གྲུབ་པའི་དབང་ཕྱུག་
བརྟན་མཁས་ཀྱི་ཡོན་ཏན་གཉིས་དང་ལྡན་པའི་གནས་བརྟན་འདུལ་བ་འཛིན་པ་ཆེན་
པོ༧རྗེ་གསེར་ལག་པ་འཇམ་དབྱངས་རྒྱ་མཚོ་དཔལ་བཟང་པོའི་དྲུང་དུ་ཁྱིམ་ནས་ཁྱིམ་མེད་
པར་རབ་ཏུ་བྱུང་སྟེ། དགེ་བསྙེན། བར་བ་རབ་བྱུང་། ཚོགས་སྡོམ་དགེ་ཚུལ་གྱི་སྡོམ་པ་
ཡང་དག་པར་མནོས་ཤིང་། ཇི་སྐད་དུ། ཡིད་ཀྱི་སེམས་ནི་སྤྱོད་སེམས་ཚོན་གྱིས་བསྒྱུར། །
ལག་པའི་པད་མ་ལྷུང་བཟེད་བུང་བས་མཛེས། །སྐུ་ཡི་གསེར་རི་དམར་སེར་བླ་གོས་ཀྱིས། །

མཚམས་སྦྱིན་གཞོན་ནུ་ཡོངས་སུ་ཁེབས་པར་གྱུར། །ཅེས་གསུངས་པའི་བརྟུལ་ཞུགས་སྨད་དུ་བྱུང་བ་ཡང་དག་པར་བླངས་ཏེ་མཚན་ཡེ་ཤེས་རྒྱ་མཚོ་ཞེས་གསོལ་ཏོ། །དེ་ནས་བཟུང་གནམ་རྩེ་ལྡིང་མ་སོགས་དགེ་ཚུལ་གྱི་བསླབ་བྱ་ལ་ཞིབ་ཏུ་འདྲིས་པར་བྱས་ཏེ། འདུལ་བའི་བཅས་མཚམས་ཕྲ་རགས་ཐམས་ཅད་ཁས་བླངས་པ་ཙམ་དུ་མ་བཞག་པར་ཞིབ་ཏུ་ལག་ལེན་ལ་ཐེབས་པར་མཛད་ཅིང་། ལྟུང་བ་འབྱུང་བའི་སྒོ་བཞི་ལེགས་པར་ཁེག་ངེས་སུ་གནང་བ་ཤེས་པར་བྱའོ། །འདི་དག་ལ་ཉིད་ཀྱི་བཀའ་ལས་འདི་སྐད་འབྱུང་སྟེ། གཞོན་ནུ་ལང་ཚོ་དར་བ་གང་གི་ཚེ། །འཁོར་བའི་ཆོས་ལ་སྙིང་པོ་མེད་དོ་ཞེས། །ཁྱིམ་ནས་ཁྱིམ་མེད་ངེས་པར་འབྱུང་བའི་བློ། །འགོག་མེད་གཟུགས་ཅན་བཞིན་དུ་སྐྱེས་པར་གྱུར། །ཡིད་དགའ་ཆོས་འཛིན་བྱང་ཕྱོགས་ཡངས་པོའི་གཞིར། །མངོན་སུམ་འཕོས་པ་ལྷ་བུའི་སྡེ་ཆེན་པོ། །བཀྲ་ཤིས་ཆོས་སྡིངས་ཞེས་བྱའི་དབྱངས་སྙན་པོས། །ཕོར་ཡུག་འཛིན་མའི་ཕྱོགས་ཀུན་འགེངས་པ་དེར། །མཁས་བཙུན་བཟང་པོའི་བདག་ཉིད་སློབ་དཔོན་མཆོག །འཇམ་དབྱངས་མཚན་ཅན་ཐུགས་རྗེ་དབང་ཕྱོགས་ལས། །འདོད་པའི་ཚ་གདུང་སེལ་བའི་ཚངས་སྤྱོད་ཟླ། །བདག་རྒྱུད་ལྷ་ལམ་མཛེས་པའི་རྒྱན་དུ་ཤར། །ཞེས་གསུངས་ཏེ། འཁོར་བ་མཐའ་དག་སྡུག་བསྔལ་གྱི་རང་བཞིན་དུ་གཟིགས་པའི་ངེས་འབྱུང་གི་བསམ་པ་རྣམ་པར་དག་པ་ལྷན་སྐྱེས་སུ་ཐུགས་ལ་འཁྲུངས་པ་འདི་ནི། མཁས་པ་དང་གྲུབ་པའི་སྐྱེ་བོ་མཐའ་ཡས་པས་མགྲིན་གཅིག་ཏུ་བསྟགས་པར་འོས་ཤིང་། མངོན་ཤེས་དང་རྫུ་འཕྲུལ་ཕྲན་བུ་ཙམ་ཐོབ་པ་ལ་ཡོན་ཏན་དུ་རློམ་པ་དག་གིས་ཆ་ཙམ་ཡང་བསྙུན་པར་མི་ནུས་པའི་རྣམ་པར་ཐར་བ་ཞིག་ཡིན་པས། གསུང་འདིར་བརྗོད་པར་བྱ་བའི་རྣམ་གྲངས་མང་དུ་མཆིས་ངེས་ནའང་དམན་རྨོངས་བདག་འདྲས་སྤྱོད་ཡུལ་མ་ཡིན་པའི་ཕྱིར། གཞུང་དོན་གྱི་འགངས་མཁྱེན་པའི་མཁས་པ་རྣམས་ཀྱིས་བསམ་པར་བྱའོ། །

སྨྲས་པ།

སྲིད་ཞིའི་མཛེས་སྡུག་གཅིག་བསྡུས་ཡིད་འཕྲོག་མ། །

མ་ལྷར་བརྗེ་བ་ཆོས་ཀྱི་དཔལ་མོ་ཀྱི། །
ཀྱི་མ་འཁོར་བར་འཁྲུམས་པའི་ཉམ་ཐག་བདག །
བདག་ཉིད་ཆེན་པོའི་ས་ལ་འདྲེན་པར་མཛོད། །
རེ་ཞིག་འདམ་ལས་སྐྱེས་པའི་པདྨོ་བཞིན། །
རྒྱལ་སྲས་སྤྱོད་བཟང་དབྱིག་གི་སྙིང་པོའི་ཚར། །
བདེ་བླག་འཛོ་བཞིན་ཡུལ་དུ་གནས་པ་ཡང་། །
ཐུགས་བསྐྱེད་དཔག་བསམ་དབང་པོའི་འཕྲུལ་དུ་འཁྲུམས། །
གཞོན་ནུའི་དུས་ནས་འཁོར་བ་ཆུ་སྲིན་གྲོང་། །
ལེགས་པར་བསྒྲལ་ནས་ཐར་བའི་གྲོང་ཁྱེར་དུ། །
འཇུག་པའི་ཐབས་ལ་བརྩོན་འདོད་ཤུགས་དྲག་བློའི། །
བསམ་གཏན་དོན་ཡོད་ཞགས་པས་ཉིན་མཚན་སྦྲེལ། །
ཕ་ཡུལ་བདུད་ཀྱི་བཙོན་ར་རྒྱང་དུ་བསྐྱུར། །
མཛའ་བཤེས་ཡིད་སྲུབས་ཞགས་པའི་མདུད་རྒྱ་བཀྲོལ། །
དོན་མེད་འདུ་སྣང་བྱ་བའི་འཁྲོ་བཤོལ་ཏེ། །
ཐོས་པའི་སྟབས་ཀྱིས་བདེ་བའི་གྲོང་དུ་གཤེགས། །
བླ་མེད་ལུང་རྟོགས་ཆོས་ཀྱི་མཛོད་བརྙེས་པ། །
རྒྱལ་བའི་དཀྱིལ་འཁོར་སྤྲོ་ཞིང་བསྡུ་བའི་བདག །
ཐུབ་བསྟན་ཆོས་ཀྱི་ཁྲི་ལ་རོལ་བའི་ལྷ། །
སྟོབས་བཅུ་མངའ་བ་སཾ་ཀྲའི་མཚན་ཅན་གྱི། །
རྣམ་པར་རྟོག་པ་མེད་པའི་འཛུམ་ལྡབས་ཀྱིས། །
བསྲུས་པའི་ཐེག་མཆོག་ཆོས་ཀྱི་རྒྱ་མཚོ་ཆེ། །
སྲིད་ཞིའི་གདུང་སེལ་ཡན་ལག་བརྒྱད་ལྡན་ཆབ། །

གཅིག་ཏུ་བསྐྱིལ་བའི་གླིང་མཆོག་དེར་བརྟགས་འོས། །

ངུར་སྨིག་ཕྲུ་ སྤུག་གོས་ཀྱི་སྟོད་གཡོགས་དང་། །

ལེགས་བཤད་མགྲིན་ཐ་དལ་བར་སྒྲོད་པ་ཅན། །

མཁས་གྲུབ་དང་མོ་འབུམ་གྱི་བསྐྱེ་བའི་གནས། །

བཀྲ་ཤིས་ཆོས་སྡིངས་ས་ཡི་འོག་མིན་ཉིད། །

ཐོས་བསམ་སྒོམ་པའི་གངས་ཀྱི་ས་འཛིན་སྤྱིར། །

འཆད་རྩོད་རྩོམ་པའི་ལུས་སྟོབས་དར་བབས་ཤིང་། །

མཁས་བཙུན་བཟང་བའི་གཡུ་རལ་གྱིས་བརྗེད་པའི། །

སྨྲ་མཁས་སེང་ཆེན་གསེར་རིའི་ཕྲེང་ལ་འགྱུ། །

གུར་ཀུམ་མདངས་ཀྱིས་མཛེས་པའི་ཆུ་གཏེར་ཆེར། །

ལུང་རིགས་གཤོག་བྲུང་གཡོ་བའི་བློས་གར་གྱིས། །

རྩེན་པའི་འདབ་བཟང་འབུམ་གྱིས་རྩལ་བཀྱེ་བར། །

མཁའ་ལ་མཚམས་སྤྲིན་འཕྱུར་བས་མཚོན་ནུས་མིན། །

གང་དེར་ཚངས་ཆེན་བློ་ཡི་ཚོན་པེར་གྱིས། །

བྲིས་པས་མཚོན་མིན་ནོར་བུའི་གཙུག་ལག་ཁང་། །

རྒྱལ་བྱེད་ཚལ་གྱི་བཀོད་པ་ལ་འཕྲུལ་བ། །

རྟེན་གསུམ་ནོར་བུའི་གཏེར་མཛོད་དཔག་ཏུ་མེད། །

ཡིད་འཕྲོག་ལི་ཁྲིའི་སྣང་བའི་རྩེ་དགའ་ཡིས། །

བྱང་བརྒྱུད་ནོར་འཛིན་སྙིག་མོར་འཕྲུད་ཆེ་བས། །

དཔག་ཡས་ནམ་མཁའི་ལམ་ན་ལེགས་བྲིས་བྱ། །

དག་པའི་ཞིང་དུ་སྐྱིད་པའི་ངལ་བ་སྐྱིད། །

དེ་ན་སྟེ་སྟོད་ནོར་བུའི་ཟམ་ཏོག །

མཁྱེན་བཟང་དཔག་བསམ་རྒྱས་པའི་སྙིང་པོ་ཅན། །
ཉེས་ལྟུང་དྲི་བྲལ་པད་དཀར་སྦུབས་འདྲ་བའི། །
འཇམ་དཔལ་དབྱངས་དངོས་བཤེས་གཉེན་མཆོག་གི་དྲུང་། །
ཡོན་ཏན་གཞིར་གྱུར་སོ་སོར་ཐར་བ་ཡི། །
ཚུལ་ཁྲིམས་བདུད་རྩི་གསར་བས་རྒྱུད་གཏམས་ཤིང་། །
ཞི་དུལ་བག་ཡོད་རྒྱན་གྱིས་ཉེར་མཛེས་པའི། །
ངུར་སྨྲིག་ག་ཤལ་གསར་བའི་བརྟུལ་ཞུགས་བླངས། །
དབང་པོ་ཉེར་ཞི་ལྷ་ཡི་དྲང་སྲོང་ཡང་། །
མི་བསྲུན་བྱིས་པའི་ངང་ཚུལ་ལ་འགོད་པ། །
རྒྱལ་སྲས་གཞོན་ནུ་ཟླ་བའི་འོད་ཟེར་ལ། །
ཁྲིམས་ལྡན་ཀུ་མུད་ཡོངས་ཀྱིས་རྩེ་དགའ་འཛིན། །
ཁས་ལེན་ཡལ་ག་མཁའ་རུ་བརྒྱངས་ན་ཡང་། །
སྲུང་སྡོམ་དག་པའི་འབྲས་བུས་མ་བཟུང་བ། །
སེར་གཟུགས་ཕལ་པའི་ཤིང་དང་མི་མཚུངས་པའི། །
ཁྲིམས་ལྡན་དཔག་བསམ་ལྗོན་བཟང་འདི་རྨད་བྱུང་། །
ལུང་རྟོགས་ཆུ་གཏེར་གཡས་སུ་འཁྱིལ་བ་ལ། །
ངེས་འབྱུང་ལྷག་བསམ་འདབ་མའི་ཤློས་གར་ཅན། །
ཁྲིམས་ལྡན་སྐྱེས་མཆོག་གསེར་མིག་འཁྱིལ་བའི་ཀླུ། །
སྐལ་བཟང་སྐྱེ་དགུའི་མིག་གི་དཔྱིད་དུ་སྨིན། །
དོན་མེད་ཕྱོགས་ལ་ཉེན་དང་མཚན་མཐུད་དེ། །
རོ་འཛིན་སློག་ལྟར་གཡོ་བའི་འཕྲོ་བསྟུས་ནས། །
བླ་མའི་རྟོགས་བརྗོད་ངོ་མཚར་ཟླ་བའི་འཇུམ། །

གསར་དུ་སྤྲོ་བའི་སྐལ་བ་ལྷ་ཡིས་བྱིན། །

ཞེས་མདོ་རྒྱུད་རྒྱ་མཚོའི་མངའ་བདག ༀ ཡོངས་ཀྱི་དགེ་བའི་བཤེས་གཉེན་ཆེན་པོ་རྗེ་བཙུན་རྣྃ་ན་ས་རའི་ཐུན་མོང་གི་རྟོགས་པ་མདོ་ཙམ་བརྗོད་པ་བདེན་གཏམ་ཤེལ་གྱི་མེ་ལོང་ཞེས་བྱ་བ་ལས་རྒྱལ་བའི་བསྟན་པ་ལ་རབ་ཏུ་བྱུང་བའི་སྐབས་ཏེ་གཉིས་པའོ། །

སྐབས་གསུམ་པ། དཔལ་ལྡན་བཀྲ་ཤིས་ཆོས་སྡིངས་སུ་སློབ་གཉེར་གནང་ཚུལ།

བཞིན་ལེགས་པུཎྜ་རི་ཀའི་འདབ་ཡངས་པོར། །
ཟུར་མིག་ཕྱང་བ་རྩེན་པའི་རློས་གར་གྱིས། །
དཔྱོད་ལྡན་ཡིད་ལ་ཀུན་དགའི་དཔལ་འཛོ་བ། །
ཚངས་སྲས་སྙིག་མོ་སླེང་དབུས་ཁབ་ཏུ་བསྟི། །

གཉིས་པ་ནི། དེ་ནས་འཕགས་བོད་མཁས་པའི་གཞུང་ལུགས་རྒྱ་མཚོའི་དགོངས་དོན་འཚོལ་བ་ལ་སྐྱོ་བ་མེད་པར་ཉིན་མཚན་ཁོར་མོ་ཡུག་ཏུ་འབད་ཅིང༌། ཐུན་མོང་དང་ཐུན་མོང་མ་ཡིན་པའི་ཤེས་བྱ་རིག་པའི་གནས་ལ་བརྩོན་པ་ཆེས་ཆེར་གནང་བའི་མཐུ་ལས་འཆད་རྩོད་རྩོམ་པའི་རང་རྩལ་ཡོན་པོར་རྫོགས་པའི་སྨྲ་བའི་སེང་ཆེན་དང༌། གང་ཤེས་རྒྱུད་ལ་སྦྱོར་བའི་ཉམས་བཞེས་ལ་གཅིག་ཏུ་གཞོལ་བའི་སྒྲུབ་པའི་རྒྱལ་མཚན་སྲིད་རྩེར་བསྒྲེངས་ཏེ་གྲུབ་པའི་གོ་འཕང་མཐོན་པོར་གཤེགས་པའི་སྐྱེས་ཆེན་དམ་པ་བརྒྱ་ཕྲག་དུ་མ་གདན་འཛོམས་པའི་བསྟི་གནས། དཔལ་མི་འགྱུར་དགེ་ལྡན་བཀྲ་ཤིས་ཆོས་སྡིངས་ཞེས་སྙན་གྲགས་ཀྱི་བ་དན་སྲིད་པ་གསུམ་གྱི་མཛེས་རྒྱན་དུ་གྱུར་པའི་ཆོས་སྡེ་ཆེན་པོ་གང་གི་ཆོས་གྲྭར་ཞུགས་ཏེ། མངོན་པར་རྟོགས་པའི་རྒྱན་དང་དབུ་མ་ལ་འཇུག་པ་སོགས་ཆོས་སྤྱོད་ཚོགས་འདོན་གྱི་རིགས་ཡོད་ཚད་ཐུགས་འཛིན་གནང༌། དུས་དེ་ནི་གསེར་ལག་མཁན་རིན་པོ་

ཆེས་བླ་མ་རྡོ་རྗེ་འཆང་གི་འདྲ་སྐུ་ལྷ་ཁང་རྟེན་བརྟེན་པ་གསར་བཞེངས་གནང་བའི་སྐབས་ལགས་གཤིས། དམ་པ་འདིས་ཀྱང་ས་རྡོ་སོ་ཕག་ཤིང་བཅས་འཁྱེར་བའི་ལས་ལ་བརྩོན་པ་ཆེན་པོ་བསྐྱེད་པས་སྡིག་སྒྲིབ་བྱང་བའི་མཚན་མ་མངོན་གསལ་བྱུང་བར་གསུངས། རབ་འབྱམས་གཞུང་བརྒྱའི་མངའ་བདག་ཡོངས་ཀྱི་དགེ་བའི་བཤེས་གཉེན་ཆེན་པོ་བྱ་མདོའི་འགྲོག་རུ་བ་རྗེ་ཚུལ་ཁྲིམས་རྒྱ་མཚོ་དཔལ་བཟང་པོ་དང་། ཨ་རིག་སྨྲ་སེང་ཆེན་པོའི་རྣམ་སྤྲུལ་ལུང་རིགས་སྨྲ་བའི་དབང་པོ་ལྷ་སྡེ་བ་རྗེ་ཡེ་ཤེས་རྒྱ་མཚོ་ཞལ་སྔ་ནས་ཀྱི་གཙོས་དམ་པ་དུ་མའི་ཞབས་པད་གཙུག་ཏུ་བསྟེན་ཏེ། མཁས་པའི་མཆོག་གྱུར་ར྄་བསོད་ནམས་དབང་རྒྱལ་གྱི་བསྒྲུས་གཞུང་ལེགས་བཤད་ཉི་མའི་འོད་ཟེར་གྱི་བསྡུས་ཚད་ཡོངས་སུ་རྫོགས་པའི་མཇུབ་ཁྲིད་ལན་ཁ་ཤས་གསན་ཅིང་། ཡིག་ཆ་འདི་ཕལ་ཆེར་ཐུགས་འཛིན་གནང་བ་དང་ཆབས་ཅིག་བསེ་བསྡུས་དང་བཙན་པོའི་བསྡུས་གྲྭ་སོགས་བསྡུས་གྲྭའི་གཞུང་རྒྱས་བསྡུས་མང་པོ་ཞིབ་ཏུ་གཟིགས་ཤིང་ཆོས་གྲྭའི་རྩོད་པ་དང་རང་གིས་དཔྱད་པ་ཟུང་འབྲེལ་གནང་བའི་མཐུ་ལས་རྟོག་གེ་གསང་ཚིག་མ་ལུས་པ་ཐུགས་སུ་ཆུད་ཅིང་། རིགས་སྨྲ་མགོ་མཁྲིགས་དུ་མ་ཟིལ་གྱིས་མནན་ཏེ་རྩོད་པ་ལ་ཟླ་མེད་པ་ཙམ་དུ་གྱུར། སྐྱིར་ཚད་མ་སྡེ་བདུན་མདོ་དང་བཅས་པའི་རིགས་འཕྲུལ་གངས་ཅན་རིགས་པ་སྨྲ་བའི་ཁྱུ་མཆོག་ཕྱྭ་བ་ཆོས་ཀྱི་སེང྄་གེ་དང་ཧོར་གི་སློབ་མ་རིགས་པའི་སེང་ཆེན་བརྒྱད་ཀྱི་དགོངས་པ་བཞིན་ཕྱོགས་གཅིག་ཏུ་ཧོལ་པོར་ཕྱུང་བ་བསྡུས་གྲྭར་གྲགས་པ་འདི་ཉིད་རབ་འབྱམས་གཞུང་ལ་དཔྱོད་པའི་སྒོ་མོ་འབྱེད་བྱེད་འཕྲུལ་གྱི་ལྡེ་མིག་འགྲན་ཟླ་མེད་པ་ཞིག་དང་། ཟབ་གསལ་མྱུར་བའི་ཆོས་རབ་ཏུ་རྣམ་འབྱེད་ཀྱི་ཤེས་རབ་འཕེལ་བའི་ཡན་ལག་བླ་ན་མེད་པ་གཅིག་པུར་ལགས་པས། དམ་པ་འདི་ཉིད་ལའང་གཞུང་དོན་ལ་འཇུག་པའི་བློ་གྲོས་ཀྱི་འཇུག་ངོགས་སྐབས་འདི་ནས་རྙེད་པ་ལགས་སོ། །གོང་གསལ་ཡོངས་འཛིན་དེ་དག་ལས་ཀུན་མཁྱེན་བླ་མའི་རྟགས་རིགས་མཐའ་དཔྱོད་དང་བློ་རིག་མཐའ་དཔྱོད་ཀྱི་མཇུབ་ཁྲིད་གསན་ཅིང་། ཆོས་གྲྭར་རྩོད་པའང་ཤིན་ཏུ་དམར་བ་བྱུང་། བློ་རིག་དང་རྟགས་རིགས་རྩོད་སྐབས་རྟགས་ཡང་དག་དང་རྟགས་ལྟར་

སྣང་གི་མཚན་ཉིད་དང་དབྱེ་བ་ཙམ་དང་། བློ་རིག་བདུན་གྱི་རྣམ་གཞག་རགས་པ་དག་ལ་
འདྲིས་པར་བྱས་པ་ཙམ་མ་ཡིན་པར་ཚད་མ་རྣམ་འགྲེལ་གྱི་གཞུང་དོན་ལ་འཕྲིགས་ཚུད་པའི་
ཐབས་སུ་ཅི་འགྱུར་བྱེད་ཆེད་རྣམ་འགྲེལ་ཊཱི་ཀ་ཆེན་དང་ཐར་ལམ་གསལ་བྱེད། རིགས་རྒྱན་
དང་སྡེ་བདུན་རྒྱན་ཡིད་ཀྱི་མུན་སེལ་སོགས་ཚད་མ་རིག་པའི་གཞུང་མང་པོར་གཟིགས་རྟོག་
དང་། རིགས་ལུང་གཏོང་ཚུལ། གཞུང་ཚིག་གི་འབྲུ་གཉེར་ཚུལ། དཀའ་གནད་ཀྱི་མཐའ་
དཔྱོད། འཛིན་མཚམས་ཀྱི་ཞིབ་ཆ། གོ་སྟོབས་འཕེལ་བའི་དོགས་སློང་སོགས་གང་ཅིར་
གཞན་དང་མི་མཚུངས་པར་ཕྲ་ཞིབ་ཏུ་སྦྱངས་བརྩོན་གནང་བས། ཚད་མ་རིག་པའི་གཞུང་
དོན་ཡོངས་སུ་རྫོགས་པའི་གོ་བ་གཏིང་ཟབ་བརྙེས་ཏེ། ཇི་སྐད་དུ། འཇམ་མགོན་ཆོས་ཀྱི་
རྒྱལ་པོས། བྱང་ཕྱོགས་འདི་ན་ཚད་མའི་གཞུང་ལུགས་ལ། །སྦྱངས་དང་མ་སྦྱངས་དུ་མ་
མཁྲེན་གཅིག་ཏུ། །མདོ་དང་སྡེ་བདུན་ཀུན་ལ་བྱང་ཆུབ་ཏུ། །བགྲོད་པའི་ལམ་གྱི་རིམ་པ་
ཡོད་མིན་ཟེར། །འཇམ་པའི་དབྱངས་ཀྱིས་ཕྱོགས་ཀྱི་གླང་པོ་ལ། །དངོས་སུ་འདི་རྗེས་
འདི་ནི་མ་འོངས་དུས། །འགྲོ་བ་ཀུན་གྱི་མིག་ཏུ་འགྱུར་རོ་ཞེས། །གསུང་གིས་གནང་བ་
བསྐུལ་པའང་ཚད་མར་བྱེད། །དེ་ནི་མི་རིགས་སྨྲ་བའི་ཡུལ་བྱུང་དུ། །མཐོང་ནས་ལྷག་པར་
ཚུལ་དེར་དཔྱད་པ་ན། །ཚད་མ་ཀུན་ལས་བཏུས་པའི་མཆོད་བརྗོད་དོན། །ཚད་མར་གྲུབ་
པར་ལུགས་འབྱུང་ལུགས་ལྡོག་གིས། །རྣམ་གྲོལ་དོན་དུ་གཉེར་ལ་བརྩམ་ལྡན་འདས། །
ཚད་མར་བསྒྲུབས་ཤིང་དེ་ལས་དེ་ཡི་ནི། །བསྟན་པ་ཁོ་ན་ཐར་འདོད་འཇུག་ངོགས་སུ། །
ངེས་པ་གཏིང་ནས་རྙེད་པས་ཐེག་གཉིས་ཀྱི། །ལམ་གྱི་གནད་ཀུན་འདྲིལ་བར་རིགས་ལམ་
ནས། །ལེགས་པར་ཐོན་པས་ལྷག་པར་དགའ་བ་རྙེད། །ཅེས་གསུངས་པའི་དགོངས་དོན་
ཇི་ལྟ་བ་བཞིན་མངོན་དུ་གཟིགས་པར་གྱུར་ཏོ། །གོང་གསལ་དམ་པ་དེ་དག་གི་མདུན་ནས་
རྗེ་འཇིགས་མེད་དབང་པོའི་གྲུབ་མཐའ་རིན་ཆེན་ཕྲེང་བ་དང་། ས་ལམ་རྣམ་གཞག་ཐེག་
གསུམ་མཛེས་རྒྱན་གྱི་མཇུག་ཁྲིད་གསན་ཅིང་། གྲུབ་མཐའ་ཆེན་མོ་དང་ལྕང་སྐྱའི་གྲུབ་
མཐའ་སོགས་གཞུང་མང་པོ་གུང་བསྒྲིགས་ནས་ཞིབ་ཏུ་དཔྱད་པ་དང་ཆབས་ཅིག་ཆོས་གྲྭའི་

རྩོད་པ་ལའང་བརྩོན་པ་ཆེན་པོ་གནང་བའི་མཐུ་ལས། ཕྱི་ནང་གི་གྲུབ་མཐའ་སྨྲ་བ་སོ་སོའི་འདོད་ཚུལ་མི་འདྲ་བ་སྤྱི་དང་། ཁྱད་པར་ནང་བའི་གྲུབ་མཐའ་སྨྲ་བ་བཞིའི་གཞི་ལམ་འབྲས་བུའི་བཞེད་ཚུལ་མ་འདྲེས་པར་རྟོགས་ཤིང་། དེ་དག་ནང་ཕན་ཚུན་རྩོད་ཚུལ་དང་ལྟ་བའི་བཞེད་ཚུལ་མི་མཐུན་པ་དག་ལའང་ཐུགས་ངེས་ཆེན་པོ་འཁྲུངས། དེ་དག་གི་སྐབས་རྣམས་སུའང་། ཇི་སྐད་དུ། འཇམ་དབྱངས་བསྟན་པའི་སྒྲོན་མེས། དང་པོ་ཉིད་ནས་གཅིག་ཤེས་གཉིས་ཤེས་ཀུན། །སྲིད་པར་འཁྱུར་བའི་དམུ་རྒོད་སེམས་ཀྱི་རྟ། །འདི་ཉིད་གདུལ་ཐབས་ཁོ་ནར་འཁྱེར་བ་ཡིས། །ཐོས་བསམ་ཆོས་སུ་འགྲོ་བར་གྱིས་ཤིག་ཨང་། །ཞེས་གསུངས་པ་ལྟར་ཐོས་བསམ་ཐོག་མར་བྱེད་པའི་སྐབས་ཉིད་ནས་གང་ཤེས་རྒྱུད་འདུལ་བའི་ཐབས་ཁོ་ནར་འཁྱེར་བར་མཛད་ཅིང་། གཟུངས་སྔགས་བཟླས་བརྗོད་དང་ཕྱག་སྐོར་སོགས་བསགས་སྦྱང་ལའང་འབད་པ་ཆེན་པོ་གནང་། ཁྱད་པར་དུ་འཇམ་མགོན་ཙོང་ཁ་པ་ཆེན་པོས། དེ་ནས་འདི་ཕྱིའི་ལེགས་ཚོགས་ཇི་སྙེད་པའི། །རྟེན་འབྲེལ་ལེགས་པར་འགྲིག་པའི་རྩ་བ་ནི། །ལམ་སྟོན་བཤེས་གཉེན་དམ་པ་འབད་པ་ཡིས། །བསམ་དང་སྦྱོར་བའི་ཚུལ་བཞིན་བསྟེན་པ་རུ། །མཐོང་ནས་སྲོག་གི་ཕྱིར་ཡང་མི་གཏོང་བར། །བཀའ་བཞིན་སྒྲུབ་པའི་མཆོད་པས་མཉེས་པར་བྱ། །ཞེས་གསུངས་པ་ལྟར་ཐེག་པ་ཆེན་པོའི་དགེ་བའི་བཤེས་གཉེན་བསམ་སྦྱོར་དག་པས་ཚུལ་བཞིན་བསྟེན་པ་ནི་ཡོན་ཏན་ཀུན་གྱི་གཞི་རྟེན་གཅིག་པུར་དགོངས་ནས། གསེར་ལག་མཁན་རིན་པོ་ཆེ་དང་། བྲག་མདོའི་དགེ་རྒན་རིན་པོ་ཆེ་གཉིས་ཀྱི་ཉེ་གནས་གནང་ཞིང་། མེ་འབུད་ཆུ་ལེན་སོགས་བགྱི་འོས་གང་ལའང་ལེ་ཉོར་རུང་ཟད་ཙམ་ཡང་མ་གནང་བར་བསྒྲུབས་པ་སོགས་སྒྲི་ཞུ་བླ་ན་མེད་པ་ཞུས་པས་མཚན་དགེ་བའི་བཤེས་གཉེན་མཐའ་དག་མཉེས་པ་གསུམ་གྱི་སྒོ་ནས་མཉེས་པར་བྱས་ཤིང་། འཛམ་རྒྱལ་བའི་འབྱུང་གནས་ཀྱིས་ཇོ་བོ་སེ་བཙུན་བསྟེན་པ་དང་ཆ་མཚུངས་པར་མཛད་པའི་མཐུ་ལས་སྐུ་ཚེ་འདིར་ལུང་རྟོགས་ཡོན་ཏན་གྱི་གཏེར་དུ་གྱུར་པ་ལགས་སོ། །དགུང་ལོ་ཉེ་ཤུ་བར་འདུལ་འཛིན་བྱེ་བའི་གཙུག་རྒྱན། མཉམ་མེད་ཤཱཀྱའི་རྒྱལ་པོ་དང་ངོ་བོ་དབྱེར་མ་མཆིས་པ།

རྗེ་གསེར་ལག་པ་འཇམ་དབྱངས་རྒྱ་མཚོ་དཔལ་བཟང་པོས་མཁན་སློབ་སྒྲིགས་མ་དང་། ཡོངས་ཀྱི་དགེ་བའི་བཤེས་གཉེན་ཆེན་པོ་རྗེ་ཚུལ་ཁྲིམས་རྒྱ་མཚོ་ཞལ་སྔ་ནས་གསང་སྟེ་སྟོན་པའི་སློབ་དཔོན། གཞན་དད་པའི་དགེ་འདུན་གྲངས་ཚང་བའི་དབུས་སུ་བསྙེན་རྫོགས་ཀྱི་སྡོམ་པ་ཡང་དག་པར་བཞེས་ནས། བསླབ་གཞི་ཡོངས་སུ་རྫོགས་པའི་ཚུལ་ཁྲིམས་ཀྱི་བདུད་རྩིས་ཐུགས་ཀྱི་བུམ་བཟང་ལེགས་པར་གཏམས་པར་མཛད་དེ་ས་གསུམ་འགྲོ་བའི་ཡོན་གནས་དམ་པར་གྱུར་ཏོ། །དགུང་ལོ་ཉེར་གཅིག་པའི་དབྱར་དུས་སུ་ཚུ་གཏེར་ཆེན་པོ་ཁྲི་གཙོག་རྒྱལ་མོའི་ཉེ་འགྲམ། གསེར་ཆེན་མདུན་ལུང་དུ་གྲགས་པའི་ལྷའི་དགའ་ཚལ་ལ་འགྲན་པའི་ནོར་འཛིན་དཔལ་མོའི་གཞི་དེར་ཆོས་གྲྭ་ཆེན་པོ་བྲག་དཀར་སྤྲེལ་རྫོང་གི་འདུས་པ་རྒྱ་མཚོ་གདན་འཛོམས་ཏེ་དབྱར་ཆོས་བཙུགས་པ་གསན་འཕྲུལ་མཇལ་དུ་ཕྱིན་པར་རྩོད་པ་གནང་བའི་སྐབས་དང་དུས་འགྲིག་པ་བྱུང་སྟེ། རྟགས་རིགས་འཛིན་གྲྭས་རྟགས་འཛིན་སེམས་རྩོད་པ་གསན་པས་ཁོང་ཆོས་རྩོད་ཚུལ་ལ་མཚན་ཉིད་པའི་ལུགས་ཀྱི་ཁོང་རྒོད་ཙུང་ཟད་ཤོར་བའི་རྐྱེན་བྱས་ཏེ། ཁྱོད་ཅིས་ཀྱང་དམ་བཅར་འདུག་དགོས་ཞེས་ཁོང་བ་ཆོས་ནན་ཏན་ཆེན་པོས་བསྐུལ་བ་ཕྱོག་མ་ནུས་པར་འདོད་པ་དང་བསྟུན་པར། ཐོག་མར་ངར་མདོག་གིས་རྟགས་གསལ་འགའ་ཞིག་བཏང་བྱུང་བ། དངོས་ལན་ལུང་རིགས་རྡོ་རྗེ་རྩེ་བརྒྱ་འཕྱུར་བ་ཙམ་གྱིས་ཐེག་མེད་དུ་བཏང་བ་ན། སེམས་ཀྱི་དཔའ་ཞུམ། ལུང་གི་མདངས་ཉམས། ངག་གི་དཔལ་ཆག་སྟེ། བུད་ཤིང་ཟད་པའི་མེ་བཞིན་ཅི་བྱ་གཏོལ་མེད་དུ་གྱུར་ཅིང་། ཁོང་པ་ཆོས་དཔུང་གཉེན་དུ་གདན་དྲངས་པའི་མཁས་པར་རློམ་པ་དག་ཀྱང་རེ་རེ་བཞིན་དགུན་གྱི་ཁུ་བྱུག་དང་མཚུངས་པའི་མི་སྨྲ་བའི་བརྟུལ་ཞུགས་ལ་བཀོད་དེ་བཞིན་གྱི་དཀྱིལ་འཁོར་ལ་སྟོན་མེད་མཚམས་སྦྱིན་གསར་བའི་ལང་ཚོ་རྣམ་པར་བརྟས་ཤིང་། ཟླ་ཏིག་དཀར་པོའི་དོ་ཤལ་གྱིས་སྤྲད་པའི་དགེ་མཚན་ བླ་ན་མེད་པའི་དཔལ་མངོན་དུ་གྱུར་ཏེ། ཇི་སྐད་དུ། མཁས་གྲུབ་སྨྲ་བའི་ཉི་མས། དེ་ཕྱིར་རྟོག་གེ་རྣོ་ལྡན་པ། །ལེགས་སྦྱངས་རྩོལ་བ་སྟོང་དག་ནི། །ཁྱོད་དྲུང་ལྕེ་རྩེ་མགྲིན་པ་ན། །སྙིང་དང་ལྷན་ཅིག་འདར་བ་བརྟེན། །ཞེས་དང་།

ཁྱོད་ནི་དབྱངས་ཅན་མགྲིན་པར་ཆགས། །ལེགས་བཤད་བདུད་རྩིའི་དཔལ་ལ་ཆགས། །ཕ་རོལ་རྒོལ་བ་མ་ལུས་ཀྱི། །ཁ་ལ་སྨྲ་བཅད་རྒྱ་ཡང་བྱིན། །ཞེས་གསུངས་པའི་ཚུལ་ཇི་ལྟ་བ་བཞིན་དུ་གྱུར་ཏོ། །དེ་དག་གི་རྐྱེན་གྱིས་ཐུགས་རྒྱལ་གྱི་རྣམ་པ་ཙུང་ཟད་མངོན་པའི་ཚུལ་བཞེས་པ་ན། བྱ་མདོའི་དགེ་རྒན་རིན་པོ་ཆེས། རྟགས་དང་དེ་འཛིན་སེམས་ཀྱི་རབ་དབྱེ་ལ། །འོལ་སྤྱིའི་གོ་བ་ཙམ་ཡང་མ་མཆིས་པར། །རིགས་མཐུན་རློམས་པའི་ཁྲིད་ན་མཁས་སོ་ཞེས། །ཕྲལ་དགུས་ཐོབ་པའི་ཚུལ་ལ་ངོ་མཚར་ཅི། ཞེས་པས་བསླབ་བྱ་གནང་ནས་ཐུགས་རྒྱལ་བཅགས་པར་གྲགས་ལ། ཐེག་པ་ཆེན་པོའི་དགེ་བའི་བཤེས་གཉེན་ནི་ཁེངས་པའི་ཚེ་དམའ་འབེབས་ཤིང་ཞུམ་པའི་ཚེ་གཟེངས་བསྟོད་པ་སོགས་གདུལ་བྱའི་དོན་དུ་གང་འགྱུར་བྱེད་མཁན་ཞིག་དགོས་པར་གསུང་བ་ཡང་དགེ་བའི་བཤེས་གཉེན་འདི་ལྟ་བུ་ལ་བྱའམ་སྙམ་མོ། །དགེ་རྒན་རིན་པོ་ཆེ་འདི་ནི། བྱ་མདོའི་འབྲོག་ཉུར་རིགས་ཕུན་སུམ་ཚོགས་པ་ལས་སྐུ་བལྟམས། གཞོན་ནུའི་དུས་ནས་ཨ་རིག་ཡོན་ཤུལ་སྤྲུལ་པའི་སྐུ་ལས་རབ་ཏུ་བྱུང་ཞིང་དཔལ་ལྡན་བཀྲ་ཤིས་ཆོས་སྡིངས་ཀྱི་ཆོས་གྲྭར་ཞུགས་ཏེ། སྨྲ་བའི་དབང་ཕྱུག་ཉེར་ཆེན་ཡེ་ཤེས་རྒྱ་མཚོ་དང་རྗེ་ཁ་སྐྱང་བ་འཕྲིན་ལས་རྒྱ་མཚོ་སོགས་ལས་བཀའ་པོད་ལྔའི་མཇུབ་ཁྲིད་གསན་ཏེ་བཀའ་པོད་ཆེན་པོའི་དོན་མ་ལུས་པ་བརྒྱལ་བཏགས་ཀྱིས་གཏན་ལ་ཕབ་ཅིང་། སྦྱངས་པ་མཐིལ་ཕྱིན་གནང་སྟེ་སྨྲ་བ་ཟླ་མེད་པའི་གོ་འཕང་མངོན་དུ་མཛད། སྒྲ་སྙན་ངག་སོགས་ཐ་སྙད་རིག་གནས་ལའང་སྦྱངས་པ་མི་དམན་པ་མཛད། བླ་མ་རྡོ་རྗེ་འཆང་ཆེན་པོ་དང་ཁ་གྱ་སེམས་དཔའ་ཆེན་པོ་རྗེ་འཇམ་དབྱངས་དཔལ་ལྡན། འཇམ་མགོན་བླ་མའི་རྣམ་སྤྲུལ་རྗེ་འཇིགས་མེད་འཕྲིན་ལས་རྒྱ་མཚོ་སོགས་དགེ་བའི་བཤེས་གཉེན་བཅུ་ཕྲག་གཉིས་ལྷག་གི་ཞབས་པད་བསམ་སྦྱོར་གཉིས་ཀྱིས་ཚུལ་བཞིན་བསྟེན་ཏེ་ཟབ་པ་དང་རྒྱ་ཆེ་བའི་ཆོས་རྒྱུན་མཐའ་ཡས་པ་གསན་བཞེས་གནང་། རྡོ་རྗེ་འཇིགས་བྱེད་ཀྱི་གཞི་བསྙེན་ཆེན་མོ་སོགས་ལྷག་པའི་ལྷ་དུ་མའི་བསྙེན་པ་ཚད་ལྡན་མང་དུ་བཏང་ཞིང་། བླ་མའི་རྣལ་འབྱོར་སྒྲིག་ཏུ་བྱས་ཏེ་ལམ་ཡོངས་རྫོགས་ཀྱི་ཉམས་བཞེས་ལ་གཞོལ་བའི་སྨུར་ཡོན་ཆབ་

བརྒྱ་ཕྲག་ཏུ་མ་ཉིན་བཞིན་འབུལ་བ་སོགས་བསགས་སྦྱོངས་ལ་ཡང་ཆུ་བོའི་རྒྱུན་བཞིན་བརྩོན་པར་མཛད། ཕྱོགས་ཀྱི་འདུས་སྡེ་འགའ་ཞིག་ཏུ་ཆོས་བཀའ་ཅི་རིགས་སྩོལ་ཞིང་། གདན་ས་རང་དུའང་རྗེ་ཡབ་སྲས་གསུམ་དང་རྗེ་དགེ་འདུན་གྲུབ། རྒྱལ་མཆོག་བདུན་པ་དང་ཁྲི་དགེ་བློ་གྲོས་རྒྱ་མཚོ་སོགས་དམ་པ་མང་པོའི་གསུང་འབུམ་གྱི་ལུང་། ལམ་རིམ་ཆེན་མོ་དང་རྡོ་རྗེ་འཆང་གི་ལམ་རིམ། རིམ་ལྔ་གསལ་སྒྲོན་དང་སྔགས་རིམ་ཆེན་མོ་སོགས་ཀྱི་ཞལ་ལུང་། བདེ་གསང་འཇིགས་གསུམ་སོགས་ཀྱི་དབང་། སྒྲུབ་ཐབས་རིན་འབྱུང་དང་བ་རི་བརྒྱ་རྩ་སོགས་རྗེས་གནང་གི་སྐོར་སོགས་སྟེ་ཕྱིར་ཐེངས་མང་དུ་བསྩལ་ཅིང་། དགེ་ཕྲུག་རྣམས་ལ་བཀའ་པོད་ལྔ་དང་རིག་གནས་ཀྱི་དཔེ་ཁྲིད་ཀྱང་རྒྱུན་ཆགས་སུ་གནང་། རབ་བྱུང་དང་བསྙེན་རྫོགས་ལ་བཀོད་པ་ཤིན་ཏུ་མང་། དེ་ལྟར་བསྟན་པ་ལ་བྱ་བ་རྒྱ་ཆེན་པོ་མཛད་དེ་སྐུ་དངོས་ཀྱི་གདུལ་བྱ་རྫོགས་ལ་ཉེ་སྐབས་ཡོ་བྱད་ཡོངས་རྫོགས་བཙོང་ནས་རྡོ་རྗེ་འཆང་གི་མཆོག་སྤྲུལ་རིན་པོ་ཆེ་རྗེ་ཞྭ་དམར་བ་བློ་བཟང་བཤད་སྒྲུབ་བསྟན་འཛིན་རྒྱ་མཚོ་དཔལ་བཟང་པོའི་འདྲ་སྐུ་དང་། རྗེ་ཡབ་སྲས་གསུམ་དང་འཁོར་དག་པ་རྣམ་བརྒྱད་ཀྱི་སྣང་བརྙན་ཤིན་ཏུ་བྱིན་ཟིགས་ཀུན་ར་དང་བཅས་པ་འདུ་ཁང་ཆེན་མོའི་རབ་གསལ་དུ་གསར་བཞེངས་མཛད་ཅིང་། འདུས་པ་རྒྱ་མཚོའི་ཚོགས་ལ་མང་འགྱེད་ཕུན་སུམ་ཚོགས་པས་བསྙེན་བཀུར་ཕུལ་ཏེ། ཟླ་དགུ་བའི་ཚེས་ཉེར་གཉིས་ཉིན་མྱ་ངན་ལས་འདས་སོ། །དམ་པ་འདིར་རྣམ་ཐར་ཟུར་དུ་མེད་པས་མཚོན་ཙམ་བྲིས་པ་སྐྱེ་རྒྱུས་པར་ནི་བྲིར་མི་ལང་ངོ་། །

དེ་ལྟར་དགེ་བའི་བཤེས་གཉེན་ཆེན་པོ་འདི་ཉིད་ཀྱི་དྲུང་ནས་དགུང་ལོ་བཅུ་བདུན་ནས་ཉེར་གཉིས་བར་གྱི་བགྲང་བྱ་དྲུག་གི་ཡུན་ལ་སློབ་གཉེར་གནང་བའི་ཚུལ་ལ་ཉིད་ཀྱི་ཞལ་ནས། ཨེ་མ་ཤཱཀྱའི་རྒྱལ་པོའི་བསྟན་ལ་ཞུགས། །གསེར་གྱི་རི་བོ་ལྟ་བུའི་མཁས་མང་མཛལ། །བརྒྱ་ཕྲག་ལྔ་ལས་ལྷག་པའི་དགེ་འདུན་དང་། །ལྷན་ཅིག་ཆོས་གྲྭར་འགྲིམ་པའི་སྐལ་བཟང་བྱུང་། །བློ་གྲོས་པདྨའི་འདབ་ལྟར་རྒྱས་པ་ལ། །གཏན་ཚིགས་རིག་པའི་རོ་མངར་བཅུད་དུ་སྨིན། །བློ་གསལ་གཞོན་ནུའི་ཚོགས་དང་ལྷན་ཅིག་ཏུ། །རིགས་ལུང་ཁྱུ

བྱུག་དབྱངས་སྙན་དང་པོར་བསྒྲགས། །ཞེས་གསུངས་སོ། །

སྨྲས་པ།

ཤེས་བྱ་རིན་ཆེན་མ་ལུས་དུས་གཅིག་ཏུ། །
མཁྱེན་བཟང་ཐུགས་ཀྱི་མཛོད་དུ་ལེགས་བསྡུས་ནས། །
མཐའ་ཡས་གདུལ་བྱར་ཆོས་ཀྱི་ཆར་འབེབས་པའི། །
ཚུལ་གནས་ཁྲིམས་ལྡན་རྒྱ་མཚོ་མགོན་གཅིག་མཆོད། །
བདེ་སྟོང་གསང་བ་མཆོག་གི་ཏིང་འཛིན་བཅུད། །
རྫོགས་པར་གསོལ་བའི་ཉམས་རྟོགས་གཏེར་བརྡོལ་ཀྱང་། །
ཐམལ་བདག་ངོར་དམན་པའི་སྐྱུར་སྣང་བའི། །
སངས་རྒྱས་དངོས་གྱུར་བཤེས་གཉེན་མཆོག་དེ་ཡིས། །
ཕ་ཡིས་བུ་དང་ཉེ་མས་པསྟོ་བཞིན། །
རྒྱལ་ སྲས་ཡོངས་འདུས་སྨྱུ་གུ་ལེགས་བསྐྱངས་པས། །
དཔག་ཡས་འགྲོ་ལ་ཕན་བདེ་གྲིབ་བསིལ་ཅན། །
མཁས་གྲུབ་དཔག་བསམ་ལྗོན་བཟང་ཆེ་འདི་གྲུབ། །
རྫོན་སྦྱངས་བག་ཆགས་བཟང་པོའི་མཐུ་བརྟས་པས། །
སྐྱེ་བོའི་ཆས་སུ་བཞུགས་པའི་དུས་སུ་ཡང་། །
ཐལ་རྗེབ་ཧྰིཿསྐད་དྲི་ཟའི་དབྱངས་སྙན་གྱིས། །
རིགས་སྨྲའི་ཚོགས་རྣམས་མངོན་དགའི་སར་འགོད་ན། །
བཤེས་གཉེན་ཧ་བདུན་དབང་པོ་ལས་སྤྲོས་པའི། །
ལེགས་བཤད་སྣང་བ་ཚོམས་པར་གསོལ་བའི་མཐུས། །
བློ་གྲོས་པདྨའི་འདབ་བརྒྱ་གྲོལ་བའི་ཚེ། །
ལུང་རིགས་སྦྲང་རྩིའི་གཏེར་དུ་ཅིས་མི་རྫོགས། །

བསིལ་ལྡན་འབྱུང་པོ་འཛིན་མའི་རྒྱན་གཅིག་པུ། །
བཀྲ་ཤིས་ཆོས་སྡིངས་ལྷ་ཡི་དགའ་ཚལ་དེར། །
རྒྱལ་བའི་སྐུ་གྲུ་གསེར་གྱི་པནྡྷ་འདིས། །
བསྟུས་སྦྱོར་རྟོག་གེའི་གསང་ཚིག་བཙུད་དུ་བཟུང་། །
སྡེ་བདུན་མདོ་བཅས་འཕགས་ཡུལ་མཁས་པའི་གཞུང་། །
ལུང་རིགས་རླབས་འཕྱུར་ཆོས་མངོན་རྒྱ་གཏེར་ཆེར། །
གངས་ཅན་རིགས་པའི་སེང་ཆེན་སྨྲ་བ་རྗེས། །
བསྒྲུབས་པའི་ཉིང་བཙུད་བདུད་རྩིའི་བུམ་བཟང་ནད། །
ཁྱབ་སྐོར་གཅིག་གི་རིགས་པའི་འོད་སྣང་གིས། །
རྨོངས་མུན་མཐར་བྱེད་བློ་གྲོས་པད་དཀར་འཛུམ། །
སྐལ་བར་འཆད་པའི་བློ་འོད་ཟིལ་གནོན་ཞེས། །
ངེས་དོན་མཁས་པས་དྲང་སྲོང་གཏམ་དུ་བསྒྲགས། །
དེ་ལྟར་ངོ་མཚར་སྟོང་གི་ཆེ་བ་ཅན། །
ཕྱོགས་སྣང་གྲགས་པའི་དགོངས་དོན་གཏྲ་མ། །
རྣམ་དཔྱོད་ཕུབ་ཀྱིས་འདྲེན་ཞིང་སྐྱུག་མཁས་པའི། །
སྟོན་མེད་ཛ་ཧུ་མཆོག་འདིར་སུ་མི་དད། །
འཆད་རྩོད་རྩོམ་པའི་གཞོག་འདབ་མཁར་རྐྱང་བའི། །
སྨྲ་མཁས་ཁྲིམས་ལྡན་ངང་མོའི་སྡེ་དང་ལྷན། །
ལུང་རིགས་དབྱངས་སྙན་སྒྲོག་མཁས་འཁོར་ལོའི་ལག །
ཐུབ་བསྟན་རྒྱ་གཏེར་མཛེས་པའི་རྒྱན་དུ་གྱུར། །
རྟགས་དང་དེ་འཛིན་སེམས་ཀྱི་རབ་དབྱེ་ལ། །
མ་རྨོངས་བློ་གྲོས་མེ་ཏོག་རྒྱས་དྲགས་པས། །

གྲགས་སྙན་བསྒྲུང་ཞིམ་མཁའ་ལ་འཐུལ་བའི་དྲིར། །
ཕྱོགས་ཀྱི་རིགས་སྨྲ་མཆོད་པའི་ཡོན་དུ་རྫོགས། །
སྒྲུབ་དང་སྨན་འཕྲེན་གངས་ཀྱི་རི་རྩེ་ན། །
སྨྲ་མཁས་གདོང་ལྔའི་དབང་པོ་འདི་འཁྱིངས་པས། །
ཕས་རྒོལ་ཕ་སྐྱེས་སྐྲག་པའི་ཚོ་ངེའི་དབྱངས། །
ཡོག་སྨྲ་གཙན་གཟན་སྤྱི་ཡི་ནད་དུ་ཕྱིན། །
དེའི་ཚེ་ཆེར་རློམ་རི་མོའི་ཉེན་བྱེད་འགའི། །
ཁ་ལ་མི་སྨྲ་རྡོ་རྗེ་རྒྱ་བཟུང་སྟེ། །
རྟུལ་ཆུའི་ཐིགས་ཕྲེང་ཟགས་པས་ལུས་བཤེར་བའི། །
སྟོན་མེད་ཡ་མཚན་མཛེས་པ་ཅི་ཡང་སྣང་། །
གཞལ་དཀའ་གཏན་ཚིགས་རིག་པའི་མཁའ་ཡངས་པོར། །
བློ་གྲོས་འདབ་བརྒྱ་ཀ་ལ་པིང་ཀ་ཡིས། །
ཤེས་ལྡན་རྣ་བ་བདུད་རྩིར་སྒྲུབ་པའི་དཔྱིད། །
ཟད་མེད་ལུང་རིགས་དབྱངས་སྙན་ཅི་ཡང་འཁྲོལ། །
དགག་སྒྲུབ་གོམ་པའི་འདེགས་འཛོག་བསྒྱུར་ཙམ་གྱིས། །
གྲུབ་མཐའ་རྒྱ་མཚོའི་ཐང་ཆེན་ཡུད་ཀྱིས་བཅད། །
སྨྲ་མཁས་མགྱོགས་འགྲོ་བྱེ་བ་ཟིལ་གནོན་པ། །
ཟབ་གསལ་སྨྱུར་བའི་ཅང་ཤེས་འཕྲུལ་དུ་འཁྲུམས། །
སྲིད་པའི་མཚོ་ལས་སྒྲོལ་བཞེད་ལྷག་བསམ་གྱིས། །
བསླབ་གཞི་ཡོངས་སུ་རྫོགས་པའི་བདུད་རྩིའི་དཔལ། །
ཁྱོད་ཐུགས་བུམ་བཟང་མཛོད་དུ་བསྐྱིལ་བའི་མཐུས། །
རྣམ་མང་ལེགས་བྱས་འདོད་དགུ་ཆར་དུ་འཛོ། །

དེ་ལྟར་སྟོན་འཇེབས་དྲི་ཟའི་པི་ཝང་ལ། །
བདག་བློ་སོར་རྩེས་དལ་གྱིས་བསྐྱལ་བ་ལས། །
གཟུར་གནས་དད་ལྡན་རྣ་བའི་བཅུད་ལེན་དུ། །
ངོ་མཚར་རྟོགས་བརྗོད་སྙན་པའི་རང་སྒྲ་གྲོད། །

ཅེས་མདོ་རྒྱུད་རྒྱ་མཚོའི་མངའ་བདག ༧ ཡོངས་ཀྱི་དགེ་བའི་བཤེས་གཉེན་ཆེན་པོ་རྗེ་བཙུན་རྣཱ་ན་ས་རའི་ཐུན་མོང་གི་རྟོགས་པ་མདོ་ཙམ་བརྗོད་པ་བདེན་གཏམ་ཤེལ་གྱི་མེ་ལོང་ཞེས་བྱ་བ་ལས་དཔལ་མི་འགྱུར་དགེ་ལྡན་བཀྲ་ཤིས་ཆོས་སྡིངས་སུ་གདན་ཚོགས་རིག་པའི་གཞུང་ལ་སློབ་གཉེར་མཐིལ་ཕྱིན་གནང་བའི་ཚུལ་ཅུང་ཟད་གླེང་བའི་སྐབས་ཏེ་གསུམ་པའོ། །

སྐབས་བཞི་པ། ཆོས་སྡེ་ཆེན་པོ་དཔལ་ལྡན་བཀྲ་ཤིས་འཁྱིལ་དུ་སློབ་གཉེར་གནང་ཚུལ།

བློ་ཤེལ་ལྷུག་ཕྲན་ལྡེམ་པའི་མཛེས་སྡུག་ལས། །
སྙན་འཇེབས་ལེགས་གསུང་ཆོས་ཀྱི་ཆར་འཇོ་བ། །
མཚོ་བྱུང་དབྱངས་ཀྱི་རྒྱལ་མོ་མིག་ཡངས་མས། །
བདག་བློ་མི་ཟད་ཤེས་བྱའི་གཏེར་དུ་སྒྲུབས། །

གསུམ་པ་ནི། དམ་པ་འདིའི་སྐུའི་སྐྱེས་ཕྲེང་དུ་མར་ལེགས་སྨོན་གྱི་འབྲེལ་ཏ་ཅང་ཟབ་པའི་དབང་གིས་ཆོས་གྲྭ་ཆེན་པོ་དཔལ་ལྡན་བཀྲ་ཤིས་འཁྱིལ་དུ་ཕེབས་བཞེད་སྐུ་གཞོན་ནུའི་དུས་ནས་ཐུགས་ལ་བརྟན་ཆགས་སུ་མངའ་བའི་ཚུལ་གོང་ནས་བརྗོད་ཟིན་ལྟར་ལ། ཁྱད་པར་དུ་བཤད་སྒྲུབ་ཆོས་ཀྱི་ཆུ་གཏེར་ཆེན་པོ་དེར་ཞུགས་ཏེ། མཁས་གྲུབ་གདེངས་ཅན་དབང་པོ་རྣམས་ལས་ལེགས་བཤད་ནོར་བུའི་བགོ་སྐལ་བཞེས་པའི་དུས་ལ་ཉེ་བར་བབས་པ་

ན། ལྷ་དང་བླ་མའི་ཐུགས་རྒྱུད་བསྐུལ་བའི་དབང་གིས་གནས་མཆོག་དེར་མྱུར་དུ་ཐེབས་རྒྱུའི་ཐུགས་འདུན་ཟློག་ཏུ་མེད་པ་འབྲུངས་ཏེ། སུས་ཀྱང་བཤོལ་མ་ཐུབ་པར་དགུང་ལོ་ཉེར་གསུམ་པ་རབ་རྒྱལ་ས་ཡོས་ལོའི་གནམ་ལོ་གསར་བའི་ཚེས་དྲུག་ཉིན་བླ་བྲང་དུ་ཆས་སོ། །དེའི་ནངས་པར་མཚན་ལམ་དུ་དགེ་སློང་ལུང་རྟོགས་རྒྱ་མཚོ་ཞེས་པ་ཞིག་གིས་ཕྱག་གཉིས་ཐུགས་ཀར་ཆོས་འཁོར་གྱི་ཕྱག་རྒྱ་མཛད་ནས། ནད་མེད་པ་དང་གྲགས་པ་ཡིས། །ཤིན་ཏུ་ཡུན་རིང་འཚོ་བ་དང་། །འཁོར་ལོས་བསྒྱུར་བའི་བདེ་རྒྱས་འཐོབ། །ཅེས་གསུང་བ་ཞིག་གསལ་བར་ཟིན་པར་གསུངས་ཤིང་། འདི་ནི་དམ་པ་གང་ཉིད་རིང་པོར་མི་ཐོགས་པར་ལུང་རྟོགས་ཡོན་ཏན་རྒྱ་མཚོའི་གཏེར་དུ་གྱུར་ཏེ་ཆོས་ཀྱི་འཁོར་ལོ་རྒྱ་ཆེར་བསྐོར་བར་འགྱུར་བ་དང་། ནད་མེད་པ་དང་རིང་དུ་འཚོ་བ་སོགས་མཐོ་རིས་ཡོན་ཏན་བདུན་གྱི་དཔལ་ལ་ངོམ་མེད་དུ་ལོངས་སྤྱོད་ཅིང་། དམ་པའི་ཆོས་ཀྱི་འཁོར་ལོ་བསྒྱུར་བའི་སྲིད་ལ་མངའ་འབྱོར་བར་ལྷག་པའི་ལྷས་ལུང་བསྟན་དུ་གདོན་མི་ཟ་སྟེ་ཕྱིས་འདི་ཁོན་ལྟར་བྱུང་བས་སོ། །འདི་ནི་དེང་དུས་ཀྱི་ལྷ་མཐོང་དག་གིས་ཆ་ཙམ་འགྲན་པར་མི་ནུས་པའི་རྣམ་པར་ཐར་བ་ཆེས་ངོ་མཚར་བ་ཞིག་གོ་སྙམ། དེ་ནས་རྩོལ་ཤད་ཀྱིས་ཕྱིན་ཏེ་ཉེ་ཚེ་མེད་པར་ཚད་མའི་སྐྱེས་བུ་དུ་མས་ཤར་ཕྱིན་གྱི་མདོ་སྡེ་རིན་པོ་ཆེ་ལས་གསུངས་པའི་བྱང་གཉིས་པར་བསྔགས་པ། མཁས་གྲུབ་གདེངས་ཅན་བྱེ་བའི་བསྟི་གནས་ཟློག་གསལ་ལུང་རིགས་སྨྲ་བའི་ངང་མོ་དཔག་ཏུ་མེད་པ་རྩེན་པའི་གནས་མཆོག་བཤད་སྒྲུབ་ཆོས་ཀྱི་རྩ་གཏེར་ཆེན་པོ། ཀུན་མཁྱེན་ཏ་ས་བཛྲ་སྐུ་ཕྲེང་རིམ་བྱོན་གྱི་གདན་ས་ཡུལ་མདོ་སྨད་ཀྱི་ཤྲཱི་ནཱ་ལེནྡྲ། རྒྱལ་བའི་ལུང་གིས་ཟིན་པའི་ཆོས་སྡེ་ཆེན་པོ་དཔལ་ལྡན་བཀྲ་ཤིས་འཁྱིལ་དུ་བདེ་བར་འབྱོར་ཏེ། གཞུང་ལུགས་རབ་འབྱམས་སྨྲ་བ་ཡོངས་ཀྱི་དགེ་བའི་བཤེས་གཉེན་ཆེན་པོ་བསང་ཁོག་ཐབས་མཁས་ཚང་གི་དྲུང་དུ་མཇལ་ནས་སློབ་གཉེར་བྱེད་དུ་འོངས་པ་སོགས་རྒྱུ་མཚན་ཞིབ་ཏུ་ཞུས་པར། དགེ་བཤེས་མཆོག་དེས་ཁོང་ཨ་ལགས་རྡོ་རྗེ་འཆང་གི་དྲུང་དུ་ལུང་བསྟན་ཞིག་ཞུས་ན་ལེགས་པའི་གསུང་བཀོད་གནང་བ་ལྟར། འཇམ་མགོན་ཙོང་ཁ་པ་ཆེན་པོའི་རྣམ་སྤྲུལ། ༧པཎ་ཆེན་ཐམས་ཅད་

མཁྱེན་པ་སྐུ་ཕྲེང་སྔ་ཕྱིའི་རིགས་ཀྱི་ཅོད་པན་ཐུབ་བསྟན་ཡོངས་སུ་རྫོགས་པའི་མངའ་བདག་རྗེ་འཇིགས་མེད་འཕྲིན་ལས་རྒྱ་མཚོ་དཔལ་བཟང་པོའི་དགྱེས་ཞལ་ཐོག་མར་མཇལ་ཞིང་། ཐུགས་དམ་བརྟག་པ་གནང་དགོས་པའི་རྒྱུ་མཚན་ཞུས་པར། འཕྲུལ་དུ་ཤོ་མིག་བརྟགས་པའི་ཚུལ་གནང་སྟེ་ཤོ་མིག་བདུན་པ་བབས་བྱུང་པས་ཤིན་ཏུ་བཟང་། སློབ་གཉེར་ལ་རྟུར་བརྩོན་གྱིས་ཞེས་སོགས་དུས་གསུམ་རྗེན་པར་གཟིགས་པའི་བཀའ་སློབ་བརྗེད་དུ་ཕངས་པ་མང་དུ་བསྩལ། དེ་ནས་སླར་ཡང་དགེ་བཤེས་རིན་པོ་ཆེ་ཐབས་མཁས་ཚང་གི་དྲུང་དུ་སླེབས་པ་ན། ཁྱོད་ལ་རྟེན་འབྲེལ་ཁྱད་པར་ཅན་འགྲིགས་སོང་། ཁྱོད་ཁོང་ཨ་ལགས་རིན་པོ་ཆེའི་དྲུང་དུ་ཐོན་པ་དང་ཚོགས་དུང་བུས་པ་དུས་མཉམ་དུ་བྱུང་གསུངས་ནས་ཐུགས་དགྱེས་པའི་རྣེར་སོན། དམ་པ་འདི་གཉིས་ཀྱི་གཟིམ་ཁང་གི་སྒོ་ཁ་སྦྲིད་དུ་གནས་པས་ཧ་ཅང་ཉེ་སྟབས་ཁོང་གིས་ཚུལ་དེ་གཟིགས་པ་ལགས་སོ། །ཚེ་འཕྲུལ་སྨོན་ལམ་གྲོལ་རྗེས་ཁོང་ཨ་ལགས་རིན་པོ་ཆེའི་མདུན་ན་བཀའ་ཆོས་ཡོད་པ་ཐོས་ཏེ། གསན་བཞེད་ཀྱིས་དྲུང་དུ་ཕེབས་པར་རིགས་དང་དཀྱིལ་འཁོར་རྒྱ་མཚོའི་མངའ་བདག་རྡོ་རྗེ་འཆང་རྗེ་འཇིགས་མེད་འཕྲིན་ལས་རྒྱ་མཚོ་དཔལ་བཟང་པོ་མཆོག་གིས་གསན་མཁན་ཆེས་མང་པོར་གཡུ་ཐོག་ཡོན་ཏན་མགོན་པོ་ནས་བརྒྱུད་པའི་སྨན་བླའི་དབང་ཆེན་བསྩལ་པ་ལེགས་པར་མཐོང་ཤིང་། ཆོས་འབྲེལ་གྱི་ཐོག་མར་གཡུ་ཐོག་སྨན་དབང་གསན་པ་ནི། བདག་ཅག་གི་སྟོན་པ་མཉམ་མེད་ཤཱཀྱའི་རྒྱལ་པོ་སློབ་པ་ལམ་གྱི་གནས་སྐབས་སུ་ཁྱེའུ་ཆུ་འབེབས་ཀྱི་སྐྱུའི་སྐྱེ་བ་བཞེས་ཏེ་གསོ་བྱེད་སྨན་གྱི་སྒོ་ནས་སེམས་ཅན་དཔག་ཏུ་མེད་པ་ནད་ཀྱི་གདུང་བ་ལས་སྐྱབས་པ་བཞིན་དུ་དམ་པ་འདིས་ཀྱང་སྨན་སྦྱིན་རྒྱ་ཆེར་གནང་སྟེ། འགྲོ་བ་དཔག་ཏུ་མེད་པ་དུཿཁའི་གདུང་བ་ལས་ཐར་བར་མཛད་པའི་ཚུལ་འོག་ནས་གསལ་བར་འགྱུར་བ་དེའི་རྟེན་འབྲེལ་དུ་གོར་མ་ཆག་ལ། ཕྱིས་སུ་བཀའ་ལས། བདག་ལ་སྨན་གྱི་ཕྱོགས་འདིར་བག་ཆགས་ཅུང་ཟད་ཡོད་པར་ངེས་ཏེ། འདིའི་སྐོར་གྱི་དབང་ལུང་མན་ངག་ཚང་མ་རྩོལ་བ་ཆེན་པོ་བྱེད་མ་དགོས་པར་ཐོབ་བྱུང་ཞེས་གསུངས་ཏེ། འདི་ཡང་ཐུགས་བསྐྱེད་དང་སྨོན་ལམ་གྱི་མཐུར་རིག་པར་བྱའོ། །

དེ་ནས་ཆོས་རྗེ་ཆེན་པོ་དཔལ་ལྡན་བཀྲ་ཤིས་འཁྱིལ་གྱི་ཐོས་བསམ་གླིང་གི་ཆོས་གྲྭར་ཞུགས་ཏེ། རྗེ་གུང་ཐང་རིན་པོ་ཆེ་འཇིགས་མེད་བསྟན་པའི་དབང་ཕྱུག་དཔལ་བཟང་པོ་དང་མཉམ་དུ་བསྡུས་གྲྭར་དམ་བཅའ་བཞག དམ་པ་འདིའི་རིག་པའི་རྩལ་དང་རྣམ་དཔྱོད་ལ་རྗེ་གུང་ཐང་རིན་པོ་ཆེ་ཐུགས་ཧ་ཅང་མཉེས་པོ་བྱུང་སྟེ། བདག་ཅག་འཛིན་གྲྭ་འདིར་ལྷན་ཅིག་ཏུ་འཛོམས་པ་འདི་ཡང་སྔོན་གྱི་ལས་དང་སྨོན་ལམ་གྱི་དབང་གིས་ཡིན་ལ་ཁྱོད་བསྡུས་གྲྭའི་རྩོད་པ་སྔོན་སོང་ཡིན་པས་དེས་ཆོག ངེས་པར་རྟགས་རིགས་ནས་ཡར་ལ་རང་ཅག་ལྷན་ཅིག་ཏུ་འགྲོ། ཞེས་ཐུགས་ཤིན་ཏུ་དགྱེས་པའི་ཕེབས་སྒོ་བསྩལ། གསུང་འདི་ལ་དཔགས་ན་དམ་པ་འདི་དག་རིང་མོ་ཞིག་ནས་ཐུགས་བསྐྱེད་དང་སྨོན་ལམ་ལྷན་ཅིག་པར་བདག་གིས་སེམས་སོ། །དེ་ནས་དགེ་རྒན་རིན་པོ་ཆེ་བསང་ཕོག་ཐབས་མཁས་ཚང་སོགས་རབ་འབྱམས་གཞུང་བརྒྱ་སྨྲ་བའི་དགེ་བའི་བཤེས་གཉེན་ཆེན་པོ་དུ་མའི་སྤྱན་སྔར་བློ་རྟགས་མཐའ་དཔྱོད་སོགས་ཀྱི་མཛུབ་ཁྲིད་ཞིབ་ཏུ་གསན་ཅིང་། དཔལ་ལྡན་ཆོས་ཀྱི་གྲགས་པའི་ཚད་མ་རྣམ་འགྲེལ་གྱི་རྩ་བ་དང་། ལྷ་ཤཱཀྱ་རྒྱན་གསུམ་གྱི་རྣམ་འགྲེལ་འགྲེལ་བ་སོགས་ཚད་མའི་སྐོར་གྱི་རྒྱ་གཞུང་རྣམས་དང་། རྒྱལ་ཚབ་ཐམས་ཅད་མཁྱེན་པའི་རྣམ་བཤད་ཐར་ལམ་གསལ་བྱེད། མཁས་གྲུབ་རིན་པོ་ཆེའི་ཊཱི་ཀ་ཆེན་དང་སྡེ་བདུན་རྒྱན། པཎ་ཆེན་དགེ་འདུན་གྲུབ་ཀྱི་རིགས་རྒྱན། ཀུན་མཁྱེན་བླ་མའི་རྣམ་འགྲེལ་མཐའ་དཔྱོད་སོགས་བོད་ཀྱི་མཁས་པ་རྣམས་ཀྱིས་མཛད་པའི་གཞུང་མང་པོར་གཞན་དྲིང་མི་འཇོག་པའི་མཁྱེན་རབ་ཀྱིས་ཡང་དག་པར་དཔྱད་ཅིང་། རྗེ་གུང་ཐང་རིན་པོ་ཆེ་སོགས་རིགས་པའི་དབང་ཕྱུག་ཏུ་གྱུར་པ་དག་དང་ཆབས་ཅིག་ཏུ་དོགས་གཅོད་དང་བརྒལ་བརྟགས་ཀྱིས་ལེགས་པར་གཏན་ལ་ཕབ་པར། དེང་དུས་ཀྱི་ལུང་རིགས་སྨྲ་མཁས་སུ་རློམ་པ་འགའ་ཞིག་བཞིན་བསྡུས་ཚན་ཟུར་བཀོད་འགའ་ཞིག་གི་དོན་ལ་གོ་བ་རགས་པ་རེ་རྙེད་པ་དང་། རྟགས་གསལ་ཁྲབ་སྐོར་འགའ་ལ་བྱང་བ་ཙམ་མ་ཡིན་པར། རྣམ་འགྲེལ་ལེའུ་གཉིས་པའི་སྐབས་སུ་ལམ་དང་འབྲས་བུའི་རྣམ་གཞག་ཇི་ལྟར་གཏན་ལ་ཕབ་པའི་ཚུལ་དང་། དེ་ཉིད་ལེའུ་དང་པོར་རིགས་པའི་

སྒྲུབ་ཚུལ། ལེའུ་གསུམ་པར་བདག་མེད་གཏན་ལ་ཕབ་ཚུལ། ལེའུ་བཞི་བར་ལེའུ་དང་པོ་གསུམ་དུ་གཏན་ལ་ཕབ་པའི་དོན་དེ་ཉིད་རང་གིས་ཇི་ལྟར་རྟོགས་པ་བཞིན་དུ་ལེགས་པར་བསྟན་ནས་གཞན་རྗེས་སུ་འཛིན་པའི་ཚུལ་དང་བཅས་པ་ཐུགས་སུ་ཆུད་པར་གྱུར་ཏེ། རྗེ་སྐད་དུ། འཇམ་མགོན་ཆོས་ཀྱི་རྒྱལ་པོས། ཁྱད་པར་ཚུར་རོལ་མཐོང་བའི་དངོས་པོ་ཡི། །དེ་ཉིད་གཏན་ལ་འབེབས་པའི་སྒོ་གཅིག་པུ། །ཡང་དག་རིག་པའི་གཞུང་གི་དཀའ་གནས་ལ། །འབད་པ་དུ་མས་ཡང་ནས་ཡང་དུ་སྦྱངས། །ཞེས་ཇི་ལྟར་བཀའ་བསྩལ་པ་དེ་བཞིན་མངོན་དུ་མཛད་དོ། །འཛིན་གྲྭ་གཞུང་གསར་དུ་སླེབས་པ་ནས་ཕར་ཕྱིན་གྱི་གཞུང་ལ་སློབ་གཉེར་གནང་བའི་དབུ་བརྩམས་ཏེ། རྗེ་བཙུན་མི་ཕམ་མགོན་པོའི་བསྟན་བཅོས་མངོན་པར་རྟོགས་པའི་རྒྱན་དང་། དེའི་འགྲེལ་བ་རྣམས་ཀྱི་མཆོག་ཏུ་གྱུར་པ་སློབ་དཔོན་སེང་གེ་བཟང་པོའི་འགྲེལ་བ་དོན་གསལ་ཐུགས་བྱང་བར་བཟུང་ཞིང་། སྔ་ཕྱིར་སྒྲ་དག་གསལ་གསུམ་གྱི་སྒོ་ནས་གསུང་གདངས་མཐོན་པོས་ཚར་སྟོང་ཕྲག་གཅིག་ལྷག་སྐྱོར་སྦྱངས་བྱས། སྐྱོར་ཐེངས་རེ་རེའི་མཇུག་ཏུ་ཤིན་ཏུ་དད་པའི་ཡིད་ཀྱིས། དགེ་བ་འདི་ཡིས་རྒྱལ་ཡུམ་ཤེར་ཕྱིན་གྱི། །དངོས་བསྟན་སྟོང་བ་ཉིད་ཀྱི་དོན་རྟོགས་ཏེ། །སྦས་དོན་མངོན་པར་རྟོགས་པའི་རིམ་པ་ཀུན། །བདག་གི་རྒྱུད་ལ་མྱུར་དུ་སྐྱེ་བར་ཤོག །གསུང་རབ་དགོངས་འགྲེལ་བཅས་པའི་ཚིག་དོན་ཀུན། །རྒྱལ་བའི་དགོངས་པ་ཇི་བཞིན་ལེགས་བཟུང་ནས། །གཅིག་ཏུ་བསྟན་འགྲོར་སྨན་པའི་ལྷག་བསམ་གྱིས། །ཐག་ཐོགས་མེད་པར་གཞན་ལ་འདོམས་པར་ཤོག །ཐུབ་བསྟན་རིན་ཆེན་ཡངས་པའི་འཛིག་རྟེན་དུ། །འཕེལ་ཞིང་རྒྱས་ལ་ཡུན་རིང་གནས་པའི་ཕྱིར། །དེང་ནས་ལུས་དང་སྲོག་ལ་མི་ལྟ་བར། །སྙིང་སྟོབས་ཆེན་པོས་དམ་ཆོས་འཛིན་པར་ཤོག །ཅེས་སྨོན་ལམ་རྣམ་པར་དག་པས་མཚམས་སྦྱོར་བ་མ་ཆག་པར་མཛད། མཁས་གྲུབ་ཆེན་པོ་རྗེ་འཇམ་དབྱངས་བཞད་པའི་འགྲན་བྲལ་ལེགས་བཤད་ཕར་ཕྱིན་མཐའ་དཔྱོད་ཐུགས་འཛིན་མཛད་ཅིང་། ལུང་རིགས་སྨྲ་བའི་ཁྱུ་མཆོག་སློ་བྱེ་དགེ་ཀུན་རིན་པོ་ཆེ་རྗེ་འཇིགས་མེད་རྒྱ་མཚོ་སོགས་དྲུང་དབང་དུ་མ་ལས་ཐེ་ཚོམ་ཆོད་ངེས་ཀྱི་དཔེ་

ཁྲིད་ལེགས་པར་མཛོས་པ་དང་། སྣང་བ་གཉིས་སོགས་རྒྱ་འགྲེལ་དག་དང་། རྗེ་བླ་མའི་ལེགས་བཤད་གསེར་གྱི་ཕྲེང་བ། ཁྱད་པར་རྗེ་བཙུན་འཇམ་པའི་དབྱངས་ཀྱིས་རྗེ་བདག་ཉིད་ཆེན་པོར་དངོས་སུ་བསྟལ་པའི་ཤེར་ཕྱིན་གྱི་མན་ངག་ཉམས་ལེན་གྱི་རིམ་པར་བསྒྲིགས་པ་རྣམ་བཤད་སྙིང་པོའི་རྒྱན་སོགས་རྗེ་ཡབ་སྲས་ཀྱི་ལེགས་བཤད་རྣམས་ལ་གཟིགས་རྟོག་གཙོ་བོར་མཛད་ཅིང་། བུ་སློབ་ཐམས་ཅད་མཁྱེན་པ་དང་བླམ་རེད་འདའ་བ་ཆེན་པོ། ཉ་དཔོན་ཀུན་དགའ་དཔལ་བ་སོགས་བོད་ཀྱི་མཁས་པ་དུ་མའི་ཕར་ཕྱིན་ཊཱིཀྐ་ཆེན་པོ་རྣམས་དང་། གཞན་ཡང་མཁས་གྲུབ་དུ་མས་མཛད་པའི་སྤྱི་ཐལ་ཟུར་བཀོད་ཡོད་དོ་ཅོག་ལ་ཞིབ་དཔྱོད་གནང་བ་དང་། ཆོས་གྲྭའི་རྩོད་པ་ལའང་ཚུ་བོའི་རྒྱུན་བཞིན་མ་ཆག་པར་བརྩོན་པ་ཆེན་པོ་གནང་བའི་མཐུ་ལས་ཕ་རོལ་ཏུ་ཕྱིན་པའི་བསྟན་བཅོས་ཆེན་པོ་མངོན་པར་རྟོགས་པའི་རྒྱན་འགྲེལ་བ་དང་བཅས་པའི་བརྗོད་བྱ་ཕྱིན་ཅི་མ་ལོག་པར་རྟོགས་པའི་བློ་གྲོས་པདྨའི་འདབ་མ་ཤིན་ཏུ་རྒྱས་པར་གྱུར། གཞུང་གསར་བའི་ལོ་བདུན་པའི་རིགས་གྲྭའི་གུང་ཚོགས་ཚོགས་སུ་སྣད་སོག་དགེ་བཤེས་དང་མཉམ་དུ་དགེ་འདུན་ཉི་ཤུའི་ཚོགས་གླེང་བྱས་ཏེ། རང་ལ་དམིགས་པའི་བདག་འཛིན་སྤྱངས་མ་ཐག་པ་དང་རང་གི་ང་ལ་དམིགས་པའི་བདག་འཛིན་སྤྱངས་མ་ཐག་པ་གཉིས་ལ་ཡིན་མིན་གྱི་མུ་བཞི་བའི་དགེ་འདུན་ཉི་ཤུ་ཡོད་པའི་ཕྱིར། ཞེས་པའི་ཁྱབ་མཐའ་འཕངས་ཏེ་རིགས་ལུང་ཚ་བཀད་པ་ལྟར་བཏང་བ་ན། ཇི་སྐད་དུ། འཕགས་པ་དཔའ་བོས། ཡ་རབས་རྣམས་དང་འཕྲད་ན་སྐྱེས་ཀྱི་མཆོག །ཚོགས་ཀྱི་ནང་ན་མཁས་པ་མགུ་བ་ཡིན། །ཞེས་གསུངས་པ་ལྟར་ལེགས་པར་བཤད་པ་དབྱར་གྱི་ཧ་གསང་དལ་བར་རྐྱོད་པའི་དབྱངས་ཀྱིས་དྲན་དབང་མདོངས་མཐའ་ཅན་གྱི་ཚོགས་རྣམས་སྤྲོ་དགའི་གར་གྱིས་མངོན་པར་བྲེལ་ཅིང་། བསྟུགས་བརྗོད་ཀྱི་སྒྲ་གདུགས་སྤྱི་བོའི་གཙུག་ཏུ་བསྒྱུར་ཏེ། ལེགས་བྱས་གྲུ་ཆར་གྱི་རྒྱུན་བཟང་ཟད་མི་ཤེས་པ་དུས་སུ་འཛོ་བའི་དགའ་སྟོན་ལ་ངོམ་མེད་དུ་རོལ་བའི་སྐལ་བཟང་མངོན་དུ་གྱུར་ཏོ། །གཞུང་གོང་མའི་ལོའི་ཟླ་བཞི་བའི་འཛིན་གྲྭ་གདུགས་ཀྱི་སྐབས་སུ། ཐོག་མར་བཞེངས་ནས་འཁྲིས་གཞུང་བཀོད་རྗེས་རྒྱུན་གྱི་

མདོ་བཤད་པའི་བཤད་ཐབས་ཡན་ལག་ལྔ་དང་། འགྲེལ་བས་མཚོད་བརྗོད་བཤད་པའི་བཤད་ཐབས་ཡན་ལག་ལྔ་འདྲ་མིན་དང་། སྐབས་རེ་རེ་ལ་མཚམས་སྦྱོར་དུ་ཡོད་པ་སོགས་ལས་བརྩམས་ཏེ་ལུང་རིགས་ཀྱི་དགའ་སྟོན་རྒྱ་ཆེར་སྤྲོས་པས་རྟོག་གེས་ཁེངས་པའི་ཀུ་སྨད་ཀྱི་ཚོགས་ཟུམ་སྟེ་དད་པའི་ཆུ་སྐྱེས་ཀྱི་ཕྲེང་བ་ཆེས་ཆེར་བཞད་པས་གྲགས་སྙན་བུང་བའི་གཉོག་སྒྲ་གཟུར་གནས་རྣ་བའི་མཛེས་རྒྱན་དུ་གྱུར། དགུང་ལོ་ཉེར་དགུ་བཞེས་པ་ཤིང་བྱ་ལོར་ཕར་ཕྱིན་སྐབས་བཞི་བའི་འཛིན་གྲྭ་ཡིན་དུས་ཀྱི་ཟླ་བ་བཞི་བའི་ཤིང་སྟོང་གི་སྐབས་རྗེ་གུང་ཐང་རིན་པོ་ཆེ་ཕར་ཕྱིན་དམ་བཅའི་ཟླ་བོར་གདམ་ཞིང་དྲང་ངེས་ལེགས་བཤད་སྙིང་པོ་ཐུགས་འཛིན་དང་། དྲང་ངེས་མཐའ་དཔྱོད་དང་ལེགས་བཤད་སྙིང་པོའི་ཞིབ་ཁྲིད་གསན་ཏེ། གཞན་སྟོན་དྲང་ངེས་དང་། འཇམ་དབྱངས་བསྟན་པའི་སྒྲོན་མེའི་ལེགས་བཤད་སྙིང་པོའི་མཚན་འགྲེལ་སོགས་ལ་གཟིགས་རྟོག་གནང་། ལོ་དེའི་ཟླ་བཅུ་གཅིག་པར་གུང་ཐང་རིན་པོ་ཆེ་དང་མཉམ་དུ་བཀའ་རམས་འཛིན་གྲྭར་དམ་བཅའ་འཇོག་སྐབས། བཀའ་རམས་སྐྱོར་དཔོན་གྱིས། རྒྱུད་བླ་མ་ལས། ལྷ་རྣམས་ཐམས་ཅད་ཡང་ནས་ཡང་། །ཆོས་ཀྱི་རྔས་ནི་སྐུལ་བྱེད་ལྟར། །དེ་བཞིན་ཁྱབ་བདག་འབད་སོགས་དང་། །བྲལ་ཡང་འགྲོ་བ་མ་ལུས་པར། །སངས་རྒྱས་གསུང་གིས་ཁྱབ་མཛད་དེ། །སྐལ་ལྡན་རྣམས་ལ་ཆོས་བསྟན་ཏོ། །ཞེས་པས་སྟོན་རྒྱུའི་ཆོས་ལ་འཁོར་ལོ་ཐོག་མཐའ་བར་གསུམ་ཡོད་པའི་ཕྱིར། ཞེས་ཆོག་བཀྲ་རྨད་དུ་བྱུང་ཞིང་རྟེན་འབྲེལ་ཁྱད་པར་དུ་འཕགས་པའི་རིགས་ལུང་གིས་ལེགས་བྱས་སྒོ་འཕར་ཡངས་པོར་ཕྱེ་སྟེ། རིམ་གྱིས་འཛིན་གྲྭ་སོ་སོར་དམ་བཅའ་བཞག དམ་བཅའ་ལེགས་པར་གྲུབ་བསྟུན་རྗེ་གུང་ཐང་རིན་པོ་ཆེའི་མདུན་དུ་འབོད་པ་གནང་སྟེ་དཀར་སྒྲོ་དམར་སྒྲོ་སོགས་ཆོས་སྟོན་རྒྱ་ཆེར་བྱས་ཤིང་། ཉིད་ཀྱིས་ཕྱག་བསྟར་ནས་ལེགས་བཤད་གསེར་གྱི་ཕྲེང་བ་པོད་གཉིས་དང་། དངུལ་སྲང་ལྔ་བཅུ། མཛོད་དར་དཀར་པོ་སྲིད་དུ་རིང་བ་བཅས་གནང་སྦྱིན་དུ་བསྩལ་ཅིང་། ཐུགས་ཤིན་ཏུ་དགྱེས་པའི་གསུང་མང་པོ་ཕེབས། དམ་བཅའ་བཞག་རྗེས་ཀྱི་དཔེ་ཁྲིད་ཐེངས་ཤིག་གི་སྐབས་སུ་དགེ་རྒན་རིན་པོ་ཆེ་ཊ་བ་སྟོན་

ལམ་ཚང་གིས། ཡེ་ཤེས་རྒྱ་མཚོ་ཁྱོད་བྱང་ཁར་ད་དུང་མ་འགྲོ། མཛོད་འདུལ་གཉིས་ལ་སྦྱངས་པ་ཡག་པོ་གྱིས། བསྡུས་གྲྭ་བློ་རྟགས་དང་། ཤིང་རྟའི་སྲོལ་འབྱེད་དང་ཆོས་འཁོར་སོགས་མཚན་ཉིད་ཡོད་ས་ཀུན་ཏུ་བཤད་ཀྱིན་ཡོད་སོད། མཛོད་འདུལ་གཉིས་གྲྭ་ས་ཆེན་པོ་ཞིག་ནས་མ་གཏོགས་སྦྱངས་པ་ཡག་པོ་བྱེད་མི་ཐུབ་ཅེས་ཐུགས་བརྩེ་བས་འདོམས་པར་མཛད། ཉུབ་གཅིག་མཚན་ལམ་དུ་ཆོས་སྐྱོང་སྐུ་རྟེན་གྱིས་སྲུང་བ་རྡོ་རྗེ་མདུད་པ་ཞིག་མགུལ་ལ་སྒྲོན་པའི་ཐུགས་རྨིས་ཀྱང་བྱུང་། དེ་ནས་བཟུང་ཆོས་གྲྭ་ཆེན་པོ་དེར་ཡུན་རིང་བཞུགས་རྒྱུའི་འདུན་པ་བྱུང་བར་གསུང་བ་ཡང་དམ་པ་འདི་ཉིད་ཀྱིས་བཀའ་པོད་ཆེན་པོ་ལྔས་མཚོན་པའི་མདོ་སྔགས་ཀྱི་གཞུང་ཡོངས་རྫོགས་ལ་སློབ་གཉེར་མཐར་ཕྱིན་གནང་བའི་མཐུ་ལས་བསྟན་པ་རིན་པོ་ཆེ་ཙང་ཞག་ཕྲ་བའི་དེང་དུས་སུ་མདོ་སྔགས་འདིར་བསྟན་འགྲོའི་སྤྱི་དཔལ་གཅིག་པུར་འཚོ་ཞིང་གཞིས་པའི་ཚུལ་འདི་ཉིད་སྙིགས་བྲལ་མཁྱེན་པའི་གཏེར་ཀྱུར་ལྷ་དང་བླ་མས་སྔོན་ནས་གཟིགས་ཏེ་བྱིན་གྱིས་བརླབས་པའི་མཚན་མར་གདོན་མི་ཟ་སྙམ། དགུང་ལོ་སུམ་ཅུ་བ་མེ་ཁྱི་ལོ་ནས་དབུ་མའི་གཞུང་ལ་སློབ་གཉེར་གནང་བའི་དབུ་བརྩམས་ཏེ། ཇི་སྐད་དུ། འཇམ་མགོན་ཆོས་ཀྱི་རྒྱལ་པོས། མདོ་སྔགས་གཞུང་ལ་ངལ་བ་མང་བྱས་ཀྱང་། །ཟབ་དོན་ཉམས་སུ་ལེན་དང་སྦྲེ་བ་ན། །གང་ཡང་མ་བསླབས་ཅི་ཡང་མི་ཤེས་པའི། །ལྟ་བའི་ཚུལ་ལས་རིང་དུ་མ་སོང་བར། །མཐོང་ནས་ལྷག་པར་ཀླུ་སྒྲུབ་ཡབ་སྲས་ཀྱི། །ཟབ་མོ་འབྱེད་པའི་ཕྲ་བའི་རིགས་ལམ་ནས། །ཡང་དག་ལྟ་བ་འདྲེན་པའི་གནད་ཀུན་ལ། །ལེགས་པར་སྦྱངས་ཏེ་ཐེ་ཚོམ་ཆོད་པར་བྱས། །ཞེས་གསུངས་པ་ལྟར་ཤིན་ཏུ་རྟོགས་པར་དཀའ་ཞིང་རྟོགས་ན་དོན་ཆེན་པོ་གཞན་འགྲན་མེད་པ་ཟབ་མོ་སྟོང་བ་ཉིད་རྟག་ཆད་ཀྱི་མཐའ་དང་བྲལ་བ་ལ་ངེས་པ་ཡང་དག་པར་འདྲེན་པ་ལ། ཤིང་རྟ་ཆེན་པོ་དཔལ་མགོན་འཕགས་པ་ཀླུ་སྒྲུབ་ཡབ་སྲས་ཀྱི་གཞུང་ལས་བྱུང་བའི་དེ་ཁོ་ན་ཉིད་གཏན་ལ་འབེབས་པའི་རིགས་པའི་རྣམ་གྲངས་ཁྱད་པར་ཅན་རྣམས་ལ་གོ་བ་མཐིལ་ཕྱིན་རྙེད་པ་མེད་མི་རུང་བར་དགོངས་ནས་སྨྲ་མཁས་ཡོངས་འཛིན་དུ་མའི་དྲུང་དུ་མཁས་གྲུབ་ཆེན་པོ་རྗེ་འཇམ་

དབྱངས་བཞད་པའི་དབུ་མའི་ཡིག་ཆའི་མཇུབ་ཁྲིད་གསན་ཅིང༌། རྩ་ཤེས་འགྲེལ་བ་བུདྡྷ་པ་
ལི་ཏ་དང་ཚིག་གསལ། འཇུག་པའི་རང་འགྲེལ། རྩ་ཤེས་ཊཱི་ཀ་ཆེན་རིགས་པའི་རྒྱ་མཚོ།
འཇུག་པའི་རྣམ་བཤད་དགོངས་པ་རབ་གསལ་སོགས་རྒྱ་བོད་མཁས་པའི་གཞུང་མང་པོ་
གུང་བསྒྲིགས་ནས་ཞིབ་གཟིགས་གནང་ཞིང་ཆོས་གྲྭར་བརྒྱལ་བརྟགས་ཀྱང་ནན་ཏན་མཛད་
པས་ཕ་རོལ་ཏུ་ཕྱིན་པའི་གཞུང་གི་དངོས་བསྟན་སྟོང་ཉིད་ཀྱི་དོན་གཏན་ལ་འབེབས་པའི་
རིགས་པའི་རྣམ་གྲངས་མཐའ་ཡས་པ་ཐུགས་སུ་ཆུད་པར་མཛད་ཅིང༌། ཐ་སྙད་ཚད་མས་
གྲུབ་པ་དང་རང་བཞིན་གྱིས་གྲུབ་པའི་ཆོས་རྡུལ་ཙམ་ཡང་མི་དམིགས་པ་གཉིས་འགལ་བ་
མེད་པར་གཅིག་གྲོགས་སུ་གཅིག་འགྲོ་ཚུལ། མིང་རྐྱང་བཏགས་ཡོད་ཙམ་ལ་འཁོར་འདས་
བྱ་བྱེད་ཀུན་འཐད་པ་རྗེ་བླ་མ་དང་དཔལ་ལྡན་ཟླ་བའི་དགོངས་པ་ཇི་ལྟ་བ་བཞིན་ངེས་པ་
རྙེད་པ་བྱུང༌། སྐབས་དེ་དག་ཏུ་རྗེ་བདེ་ཐང་རིན་པོ་ཆེ་བློ་བཟང་ཆོས་ཀྱི་ཉི་མ་གཞན་ཕན་
འཕྲིན་ལས་རྒྱ་མཚོ་དཔལ་བཟང་པོའི་མདུན་ནས། བསྟན་འགྱུར་ལུང་རྒྱུན་ཡོད་པ་ཡོངས་
རྫོགས་ཀྱི་བསླབ་ལུང་དང༌། རྗེ་ཡབ་སྲས་གསུམ། རྒྱལ་བ་དགེ་འདུན་གྲུབ། ཀུན་མཁྱེན་
འཇམ་དབྱངས་བཞད་པ། རྗེ་འཇིགས་མེད་དབང་པོ། རྒྱལ་མཁན་པོ་གྲགས་པ་རྒྱལ་
མཚན། མཁན་པོ་ངག་དབང་ཐུབ་བསྟན་རྒྱ་མཚོ། བསེ་ངག་དབང་བཀྲ་ཤིས། རྗེ་ཤེས་
རབ་རྒྱ་མཚོ། ཞང་སྟོན་བསྟན་པ་རྒྱ་མཚོ་སོགས་དམ་པ་མང་པོའི་གསུང་འབུམ་གྱི་ལུང་
གསན། དུས་འཁོར་བ་དགེ་རྒན་ཨོཾ་འཕྲུལ་རིན་པོ་ཆེའི་མདུན་ནས་དབྱངས་ཅན་སྒྲ་མདོ་ཇོ་
ནང་ཏཱ་ར་ན་ཐའི་ཊཱི་ཀ་དང་སྦྲགས་པའི་ཞིབ་ཁྲིད་གསན་ཅིང་ས་རིས་ཀྱང་ཡོངས་སུ་རྫོགས་
པར་མཛད་དོ། ཀུན་བཤད་ཀྱི་མཚན་ལ་དབྱངས་ཅན་གྲུབ་པའི་རྡོ་རྗེ་ཞེས་གསོལ། དེ་
ནས་དཔལ་ལྡན་བཀྲ་ཤིས་ཆོས་སྡིངས་སུ་ཕྱག་ཕེབས་ཏེ། གནས་ལྔ་རིག་པའི་པཎྜི་ཏ་
དབྱངས་ལྡན་སྐེམས་པའི་བློ་གྲོས་ལས་སྙན་ངག་གི་མཇུབ་ཁྲིད་གསན་ཅིང༌། ངོ་མཚར་
བའི་རྒྱན་གྱིས་སྤྲུད་པའི་དཔེར་བརྗོད་རྩོམ་རྒྱུགས་ཕུལ་ནས་མཇུག་གྲུབ་པ་དང༌། ཁོང་གི་
ཉེ་གནས་ཀུན་སྤངས་འདུལ་བ་འཛིན་པ་དམ་ཆོས་རྒྱ་མཚོས་ཞེ་གསར་བ་གསོལ་དཀར་གང་

རེ་ཡབ་སྲས་གཉིས་ལ་ཕུལ་བ་དུས་འགྲིགས་པས། རྟེན་འབྲེལ་ཁྱད་པར་ཅན་དུ་མ་མ་བསྒྲིགས་རང་འགྲིག་ཏུ་བྱུང་བ་ནི་སྐུ་རྗེས་མའི་ཡོངས་འཛིན་མཛད་དགོས་པའི་ལྟས་སུ་མངོན། དེ་ནས་སླར་ཡང་བླ་བྲང་དུ་ཕེབས་ཏེ་དགུང་ལོ་སོ་གཉིས་པ་ས་བྱི་ལོ་ནས་སྨད་སོག་དགེ་བའི་བཤེས་གཉེན་དཔལ་ལྡན་བཟང་པོ་ལས་མངོན་པ་མཛོད་ཀྱི་ཁྲབ་མཐའ་ལ་ཐུགས་གཞིགས་གནང་བ་དང་ཆབས་ཅིག་མངོན་པའི་སྡེ་སྣོད་ཐམས་ཅད་ཀྱི་བརྗོད་བྱ་གནས་བརྒྱད་དུ་བསྡུས་ནས་སྟོན་པ་སངས་རྒྱས་གཉིས་པ་སློབ་དཔོན་དབྱིག་གི་གཉེན་པོས་མཛད་པའི་མཛོད་རྩ་བ་དང་། རྗེ་བསྟན་པའི་སྒྲོན་མེའི་མཛོད་ཏོམ་གཉིས་ཐུགས་ལ་བྱང་བར་བཟུང་ཞིང་། མཛོད་རྩ་བ་སྟོང་ཕྲག་ལྔག་སྐྱོར་སྦྱངས་ཀྱང་གནང་། རང་དང་གཞན་གྱི་གྲུབ་མཐའ་རྒྱ་མཚོའི་ཕ་རོལ་ཏུ་སོན་པའི་མཁས་པའི་མཁས་པ་ཆེན་པོ་ཐུབ་བསྟན་ཡོངས་སུ་རྫོགས་པའི་མངའ་བདག་རྗེ་བཙུན་གྲགས་པ་རྒྱ་མཚོའི་ཞལ་སྔ་ནས་དང་། མཁས་ཤིང་གྲུབ་པའི་དབང་ཕྱུག་ཐེག་པ་མཆོག་གི་དགེ་བའི་བཤེས་གཉེན་ཆེན་པོ་རྗེ་བློ་བཟང་སྨོན་ལམ་རྒྱ་མཚོ་དཔལ་བཟང་པོ། སྡེ་སྣོད་གསུམ་དང་རྒྱུད་སྡེ་བཞིའི་དགོངས་དོན་དྲི་མ་མེད་པའི་རིགས་པའི་ལམ་ནས་སྒྲུབ་ལ་འགྲན་པའི་ཟླ་དང་བྲལ་བའི་ཡོངས་ཀྱི་དགེ་བའི་བཤེས་གཉེན་ཆེན་པོ་རྗེ་འཇིགས་མེད་རྒྱ་མཚོ་དཔལ་བཟང་པོ་རྣམས་ཀྱི་དྲུང་ནས་ཆོས་མངོན་པ་མཛོད་ཀྱི་ཞིབ་ཁྲིད་མནོས་ཤིང་མཛོད་རྩ་བའི་རང་འགྲེལ་དང་། སློབ་དཔོན་གང་སྤེལ་དང་རྒྱལ་བའི་སྲས་ཀྱི་འགྲེལ་བཤད་སོགས་རྒྱ་གར་མཁས་པའི་མངོན་པའི་གཞུང་རྣམས་དང་། ཀུན་མཁྱེན་བླ་མའི་མཛོད་མཐའ་དཔྱོད་དང་། ཐམས་ཅད་མཁྱེན་པ་དགེ་འདུན་གྲུབ་ཀྱི་མཛོད་ཊཱིཀ་ཐར་ལམ་གསལ་བྱེད་སོགས་གངས་ཅན་བོད་ཀྱི་མཁས་པ་རྣམས་ཀྱིས་མཛད་པའི་མཛོད་ཀྱི་འགྲེལ་བ་མང་པོར་ཞིབ་ཏུ་གཟིགས་ཤིང་། ཁྱད་པར་དུ་མཆིམས་འཇམ་པའི་དབྱངས་ཀྱི་འགྲེལ་བ་མངོན་པའི་རྒྱན་ནམ་མཆིམས་མཛོད་ཅེས་ཡོངས་སུ་གྲགས་པའི་བསྟན་བཅོས་ཆེན་པོ་དེ་ཉིད་ཡང་ནས་ཡང་དུ་གཟིགས་རྟོག་ཞིབ་ཏུ་གནང་། གཟིགས་ཐེངས་རེ་རེ་བཞིན་ཐུགས་ངེས་ཇེ་འཇོང་དང་ཐུགས་དད་ཇེ་འཕེལ་དུ་གྱུར་ཏེ། གཟིགས་

ཐེངས་རེར་དབུ་ལ་བཞག་ནས། བསྟན་བཅོས་དེའི་དབུར། སངས་རྒྱས་གསུང་རབ་རྒྱ་མཚོ་ཆེ། །ཐར་བ་རིན་ཆེན་གླིང་བགྲོད་གྲུ། །ཆོས་མངོན་ཉིད་ཡིན་དེ་ཡི་ཕྱིར། །འདི་འཆད་པ་ལ་དགའ་བ་སྐྱེ། །ཞེས་དང་། ཕལ་ཆེར་འདོད་པ་མེད་ཕྱིར་དང་། །གཞན་ཡང་བློ་གྲོས་མི་གསལ་ཕྱིར། །ཡང་ན་ཕྲག་དོག་གིས་དཀྲུགས་ཕྱིར། །དེས་ན་རང་ཉིད་གོམས་ཕྱིར་ཡིན། །ཞེས་དང་། མཇུག་བྱང་དུ། དོན་མང་ཕྲ་དང་ཚིག་ཀྱང་བསླེང་བ་དང་། །ཤིན་ཏུ་མཁས་པ་རྣམས་ཀྱིས་རྣམ་དཔྱད་པའི། །ཚུལ་ཡང་ཐ་དད་སྣ་ཚོགས་འགྲོ་བའི་སྐད། །སངས་རྒྱས་གསུང་ཡང་རྣམ་པ་མང་མཐོང་བས། །གཞུང་འདིར་ཇི་བཞིན་མིན་པར་བདག་གིས་ནི། །བཤད་གྱུར་ཉེས་པ་གང་དེ་རྒྱལ་རྣམས་དང་། །རྒྱལ་བའི་སྲས་སོགས་མཁས་རྣམས་སྤྱན་སྔར་ནི། །ཅི་ཞིག་གྱུར་ཅེས་ཡིད་ནི་གནོང་བར་གྱུར། །ཅེས་པའི་ཚིགས་སུ་བཅད་པ་འདི་དག་དལ་བུར་གསུང་ནས་དོན་ལ་ཐུགས་གཞིགས་གནང་བ་རྒྱུན་དུ་མཛད་པས་གོ་རྒྱུ་ཆེ་གསུངས་ཏེ། དེང་དུས་ཀྱི་ཡོན་ཏན་ཅུང་ལ་སྙིང་ཁམས་ཆེ་བ་རྣམས་ཀྱིས་བསམ་དགོས་པར་གནང་ངོ་། །དེ་ལྟར་རྒྱ་བོད་མཁས་པའི་མངོན་པའི་གཞུང་མང་པོར་ཞིབ་ཏུ་དཔྱད་ཅིང་རྩོད་གྲྭ་ལ་བརྩོན་པ་ཆེན་པོ་བརྟེན་པས་གནས་བརྒྱད་ཀྱིས་ཤེས་བྱ་གཞི་ལྔ་ཁ་ཆེ་བྱེ་བྲག་སྨྲ་བ་ལྟར་དང་། ཡང་རང་འགྲེལ་ལྟར་མདོ་སྡེ་བའི་ལུགས་སུ་འཆད་ཚུལ་དང་། ཁྱད་པར་གང་ཟག་གི་བདག་མེད་གཏན་ལ་འབེབས་ཚུལ་སོགས་ལ་བཤད་ཡམ་ཙམ་མ་ཡིན་པའི་གོ་བ་གཏིང་ཚུགས་པ་འཁྲུངས། ཐེངས་ཤིག་ཡོངས་འཛིན་གྲགས་པ་རིན་པོ་ཆེའི་ཞལ་ནས། དཔེ་ལ་མ་བལྟོས་པར་མཛོད་རྩ་བའི་ཚིག་འགྲེལ་བློ་ཐོག་ནས་ཤར་ཤར་འགྲོ་བ་མཛོད་ལ་སློབ་གཉེར་བཟང་པོ་འོངས་པའི་ཚད་ཡིན་གསུངས་ཏེ། བདག་ཀྱང་སྐབས་དེར་དེ་འདྲ་ཞིག་ཡིན་སྙམ་པ་ཡོད་ཅེས་ཞལ་ནས་དངོས་སུ་ཐོས་ཏེ། མཆོག་ཏུ་ངོ་མཚར་བའི་གནས་སུ་ཤེས་པར་བྱའོ། །ས་ཕག་ཟླ་བཅུ་བའི་ཉེར་ལྔའི་ཉིན་རྗེ་རྗེ་འཆང་འཇིགས་མེད་འཕྲིན་ལས་རྒྱ་མཚོ་དཔལ་བཟང་པོའི་དྲུང་དུ་ཤིང་ཏོག་སྨིན་པ་འགའ་ཕུལ་ནས་མཇལ་བ་ནི། མགོན་པོ་གང་གི་དགྱེས་ཞལ་དངོས་སུ་མཇལ་བའི་མཐའ་མར་གྱུར་

ཅིང་། དེའི་མཚན་མོར་རྗེ་འདིའི་དབུ་ལ་པཎ་ཞྭ་སེར་པོ་རྩེ་མོ་མཁའ་ཏུ་སླེགས་ཏེ་བལྟར་མི་ངོམས་པ་ཞིག་མནབ་པའི་གཟིམ་རྨིས་བྱུང་། མནལ་སད་པ་ན་ཕོང་ཨ་ལགས་རིན་པོ་ཆེ་འཛམ་མགོན་ཙོང་ཁ་པའི་རྣམ་སྤྲུལ་ཡིན་པའི་མཚན་མ་ཡིན་ནམ་སྙམ་ནས་ཐུགས་དད་ཤིན་ཏུ་ཆེན་པོ་འཁྲུངས་པར་གསུང་མོད། དོན་ལ་རྗེ་འདི་ཉིད་རྡོ་རྗེ་འཆང་ཆེན་པོ་གང་གི་ཆོས་ཀྱི་རྒྱལ་ཚབ་ཏུ་མངའ་གསོལ་བའི་བརྡའམ་མདོ་སྔགས་ཟུང་འབྲེལ་གསེར་མདོག་ཅོད་པན་འཆང་བའི་ལུགས་བཟང་དྲི་མ་མེད་པ་འདི་ཉིད་སྲིད་རྩེར་འདེགས་པའི་ལྟས་སུ་རིག་པར་བྱའོ། །དགུང་ལོ་སོ་གསུམ་པའི་བདུན་པའི་རིགས་གྲྭའི་སྐབས་ཐ་བའི་དགེ་བཤེས་སྦྱིན་པ་རྒྱ་མཚོ་དང་དམ་པ་འདི་གཉིས་ཀྱིས་མཛོད་ཀྱི་ཚོགས་གླེང་གནང་ནས་ལུང་རིགས་རྒྱ་ཆེར་སྤྲོས་པས་དེར་འཁོད་དྲག་ཞན་ཀུན་དགའ་བའི་ཡི་རངས་ཤིང་བསྔགས་བརྗོད་ཀྱི་རོལ་མོ་བརྡུང་བ་ལ་བརྩོན་པར་གྱུར་ཏོ། མཁས་གྲགས་ཤིན་ཏུ་ཆེན་པོ་བྱུང་ཞིང་གོང་ནས་རྡོ་རམས་པར་བསྐོ་བཞག་གནང་། དགུང་ལོ་སོ་བཞི་བ་ལྕགས་སྟག་ལོར་ཧྥི་ཚར་ཐེབས་ནས་ཅུང་ཟད་བཞུགས་ཤིང་། དཔྱོད་ལྡན་སློབ་མ་འགའ་ལ་ཕར་ཕྱིན་གྱི་དཔེ་ཁྲིད་བསྐྱལ་ཏེ་ཆེར་མ་འགྱངས་པར་བླ་བྲང་དུ་ཕྱག་ཕེབས། དགུང་ལོ་སོ་ལྔ་བ་ལྕགས་ཡོས་ལོར་ཧོར་གཙང་ཁྲི་རིན་པོ་ཆེའི་བཀས་བཀའ་རམས་སྐྱོར་དཔོན་དུ་བསྐོ་བཞག་བསྐྱལ་ཅིང་འདུལ་བ་མདོ་རྩ་བ་ཐུགས་འཛིན་མཛད་དེ། སྨེ་ཏྱི་དགེ་བའི་བཤེས་གཉེན་ཆེན་པོ་རྗེ་འཇིགས་མེད་རྒྱ་མཚོ་དཔལ་བཟང་པོ་ལས་འདུལ་བའི་དཔེ་ཁྲིད་ཞིབ་ཏུ་གསན་བཞེས་གནང་ཞིང་། མདོ་རྩ་རྒྱ་ཆེར་འགྲེལ་སློབ་དཔོན་ཆོས་བཤེས་ཀྱིས་མཛད་པ་དང་སློབ་དཔོན་ཤཱཀྱ་འོད་ཀྱི་སུམ་བརྒྱ་པ་དང་འོད་ལྡན་སོགས་རྒྱ་གཞུང་རྣམས་དང་། རྗེ་དགེ་འདུན་གྲུབ་ཀྱི་གླེང་འབུམ་དང་། འདུལ་ཏིཀ་རིན་ཕྲེང་། འདུལ་འཛིན་གྲགས་པ་རྒྱ་མཚོའི་བསླབ་བྱ་ཆེན་མོ། གྲྭ་ཚང་སོ་སོའི་འདུལ་བའི་ཡིག་ཆ་གང་ཡོད་ལ་ཞིབ་གཟིགས་དང་ཁྱད་པར་ཀུན་མཁྱེན་མཚོ་སྣ་བ་ཆེན་པོའི་འདུལ་ཏིཀ་ཉི་མའི་འོད་ཟེར་ལ་ཆེག་སྒྲིལ་དུ་སྦྱངས་པས་དགག་སྒྲུབ་གནང་གསུམ་གྱི་གནད་ལ་མི་ནོར་བའི་གཟེར་ཕེབས་པར་མཛད་དེ་འདུལ་བ་འབུམ་སྡེའི་མངའ་བདག་ཆེན་པོར་

གྱུར་ཏོ། །

བཀའ་རམས་འཛིན་གྲྭ་དམ་བཅའ་ཐོག་མར་བཞུགས་སྐབས་ཀྱང་རྟེན་འབྲེལ་ཇད་དུ་བྱུང་བ་དུམ་རང་འགྲིགས་སུ་བྱུང་སྟེ་འདུལ་བའི་བསྟན་པ་དར་ཞིང་རྒྱས་པར་མཛད་རྒྱུའི་ལྟས་ཕུན་སུམ་ཚོགས་པ་དུས་དེ་ནས་བྱུང་སྣང་ངོ་། །དེ་ལྟར་གཞུང་བཀའ་པོད་ལྔ་ལ་སློབ་གཉེར་གནང་ཚུལ་མདོར་བསྡུས་ན་རྗེ་ཐམས་ཅད་མཁྱེན་པས། དེ་ཉིད་ཕྱིར་ན་མི་ཕམ་ཆོས་རྗེ་དང་། །འཛམ་གླིང་རྒྱན་དྲུག་མཆོག་གཉིས་ཞེས་གྲགས་པའི། །གཞུང་ལ་ཕྱོགས་རེ་བ་དང་རགས་པ་རེས། །ཚིམ་པར་མ་བྱས་ཀུན་ལ་ཞིབ་ཏུ་སྦྱངས། །ཞེས་རྗེ་ཉིད་ཀྱི་རྣམ་པར་ཐར་བ་ཇི་ལྟར་བཀའ་བསྩལ་པ་ལྟར་ཕྱག་ལེན་ལ་ཐེབས་པར་མཛད་ཅིང་། ཁྱད་པར་མཛོད་ལ་མཁས་པའི་གྲགས་པ་ཆེ་སྟབས་མཛོད་ཀྱི་ཚོགས་གླེང་དང་དམ་བཅའི་སྐབས་རྣམས་སུ། མཛོད་ལ་སྦྱངས་པ་མཐར་ཕྱིན་པའི་དགེ་བའི་བཤེས་གཉེན་གྲགས་ཆེན་མང་པོ་ཐེབས་ནས་རྟགས་གསལ་རྡོ་ངར་ཅན་མང་པོ་བཏང་བྱུང་ཡང་། དམ་པ་འདིས་མཛོད་རང་འགྲེལ་དང་གང་སྤེལ་དང་རྒྱལ་བའི་སྲས་ཀྱི་འགྲེལ་བཤད་རྣམས་དང་། ཁྱད་པར་དུ་མཆིམས་འཇམ་པའི་དབྱངས་ཀྱི་ལེགས་བཤད་ལ་བློ་རྩེ་གཅིག་ཏུ་གཏད་ནས་ཁས་ལེན་གང་གནང་སྒྱུར་ཞིང་གསལ་ལ་རིགས་པའི་སྒྲུབ་བྱེད་ཀྱང་ཏ་ཅང་རྣོ་བས། ཕོང་བ་ཚོའི་རིགས་ལུང་མ་སོང་བར་འཁོར་གསུམ་ཙམ་ཡང་བསྐོར་དཀའ་བར་གྱུར་ཏེ་མཁས་པའི་གྲགས་པ་ཤིན་ཏུ་ཆེན་པོ་བྱུང་། དེའི་རྐྱེན་གྱིས་འདུལ་བའི་དཔེ་ཁྲིད་ཀྱི་སྐབས་ཤིག་ཏུ་དགེ་རྒན་རིན་པོ་ཆེས། ཇོན་ཀུན་མཁྱེན་འཇམ་དབྱངས་བཞད་པས་འབྲས་སྤུངས་སུ་དམ་བཅའ་འཛུག་སྐབས་གསར་བཤད་མང་པོ་བྱས་པས། དགེ་བཤེས་འགས་སྐྱོ་མང་མཁན་པོ་ལ། དབལ་ཤུལ་ངག་དབང་བརྩོན་འགྲུས་ཀྱིས་ཁས་ལེན་གསར་བ་མང་པོ་ཞིག་བཤད་ཀྱིན་འདུག་ཅེས་ཞུས་པར། མཁན་པོས་རྡོ་རྗེ་ཨེ་ཡོད་གསུངས། རྡོ་རྗེ་ཡོད་མེད་ཞུས་པས། འོ་ན་ཕོང་གི་ཁས་ལེན་དེ་ཡག་པོ་རེད་ཅེས་གསུངས་པ་ལྟར། ཁྱོད་ཀྱི་ཁས་ལེན་ཀྱང་དེ་དང་མཚུངས་པས་ཤིན་ཏུ་བཟང་གསུངས་ནས་ཐུགས་དགྱེས་པའི་བཀའ་མཆིད་ལྷུག་པར་བསྩལ་ཏོ། །དེ་

ལྟར་བཀའ་ཡོད་ཆེན་པོ་ལྷ་ལ་སློབ་གཉེར་མཐིལ་ཕྱིན་གནང་ནས་གཞུང་ཚིག་གི་འབྲུ་འགྲེལ། སྙེ་ཚན་སོ་སོའི་གྲངས་འདྲེན། གྲུབ་མཐའ་སོ་སོས་མི་འདྲ་བའི་འདོད་ལུགས། སྣ་རྗེ་གཏོང་སའི་གནད་འགག་རང་ལུགས་སྐྱོན་མེད་དུ་སྒྲུབ་པའི་ལུང་རིགས་སོགས་རྒྱལ་བའི་གསུང་རབ་ཀྱི་དགོངས་པ་དང་མཐུན་པའི་གཞི་ལམ་འབྲས་བུའི་རྣམ་གཞག་ལུང་རིགས་ཀྱི་ལམ་ནས་བརྟགས་ཐུབ་པའི་གོ་བ་གཏིང་ཟབ་མོ་བརྙེས་ཏེ། ཚིག་གཅིག་གི་དོན་ལ་ཡང་ལམ་ཡོངས་རྫོགས་ཀྱི་གནད་བསྡུ་ནུས་པ་གསུང་རབ་ལ་ནང་བྱན་ཆུད་པ་བྱུང་། དེ་ལ་ཡང་རྒྱལ་བ་འབྲོམ་གྱིས། ང་ཐོས་པའི་དུས་ན་བསམ་སྒོམ་བདོ། །ང་སྒོམ་པའི་དུས་ན་ཐོས་བསམ་བདོ། །ཞེས་ཇི་ལྟར་བཀའ་བསྩལ་བ་ལྟར། ཐོས་བསམ་སྒོམ་གསུམ་གཅིག་གྲོགས་སུ་གཅིག་འགྲོ་བ་དང་། གཅིག་གེགས་གཅིག་གིས་སེལ་ནུས་པ་བྱུང་སྟེ། ཀུན་མཁྱེན་འཇམ་དབྱངས་བཞད་པའི་བླ་མ་ཉེ་ཐང་བ་ཤེས་རབ་སྦྱིན་པའི་རྣམ་ཐར་བཞིན་དཔེ་གཟིགས་ཀྱི་སྒོ་ནས་རྟོགས་པ་མཐོན་པོར་སླེབས་པར་གདོན་མི་ཟ་སྟེ། ཕྱིས་དད་ལྡན་འགའ་ཞིག་གིས་རྣམ་ཐར་ས་བོན་ཞུ་སྐབས་སུ་ཞལ་ནས། བདག་ལ་རྣམ་ཐར་ཞེས་གཞན་ཞིག་བཤད་རྒྱུ་མེད། དཔེ་ཆ་ལ་སྤུག་རྡུས་བྱུས་པ་བདག་གི་རྣམ་ཐར་ཡིན་གསུངས། འདི་ཤིན་ཏུ་གནད་ཆེ་སྟེ། སྐྱེས་རབས་ལས། གང་ཞིག་ཐོས་པས་ཡིད་ནི་དད་གྱུར་ནས། །ལེགས་པར་དགའ་ལ་བརྟན་པ་ཉིད་དུ་འགྱུར། །ཤེས་རབ་སྐྱེ་ཞིང་གཏི་མུག་མེད་པར་འགྱུར། །རང་གི་ཤས་ཀྱང་དེ་ཉིད་ཉོ་བར་རིགས། །ཞེས་སོགས་བཀའ་བསྟན་རྣམས་སུ་རྒྱ་ཆེར་གསུངས་པ་ལྟར་རྒྱལ་བའི་དགོངས་པ་བཞིན་ཐམས་ཅད་མཁྱེན་པར་བགྲོད་པའི་ལམ་འབྲས་བུ་དང་བཅས་པ་མ་ནོར་བར་ཤིང་རྟ་ཆེན་པོ་རྣམས་ཀྱི་གསུང་ཇི་ལྟ་བ་བཞིན་དུ་དྲི་མ་མེད་པའི་རིགས་པས་ལེགས་པར་གཏན་ལ་འབེབས་ནུས་པ་ལ་ལུང་གི་ཡོན་ཏན་དང་། ཇི་ལྟར་གཏན་ལ་ཕབ་པའི་ལུང་གི་དོན་སེམས་རྒྱུད་དང་འདྲེས་པའམ་ལུང་དོན་རྒྱུད་ལ་སྐྱེས་པ་ལ་རྟོགས་པའི་ཡོན་ཏན་ཞེས་བྱ་ལ། དེ་འདྲའི་ལུང་རྟོགས་ཀྱི་ཡོན་ཏན་དེ་ཡང་གསུང་རབ་གདམས་ངག་ཏུ་འཆར་བའི་དཔྱད་སྒོམ་ལ་རག་ལས་ཤིང་། དེ་ཡང་གཞུང་ལུགས་ཀྱི་དོན་ཐོས་པས་གཏན་ལ་

འཕེབས་པ་ལ་རག་ལས་པས་ན་མཚན་ཉིད་ཀྱི་རིགས་ལམ་འདི་ནི་བུག་སྒོ་འདག་སྦྱར་དང་། ལུས་གནད་ལྟ་སྟངས་སོགས་ལ་མི་ལྟོས་པར་གྲུབ་པའི་གོ་འཕང་མཐོན་པོར་གཤེགས་པའི་ཐབས་འཕྲུལ་རྨད་དུ་བྱུང་བ་ཞིག་ཡིན་ནོ། །དོན་འདི་ལ་དགོངས་ནས། རྗེ་བླ་མས་ཀྱང་། གཞུང་ལུགས་ཆེ་ལ་ལོ་མང་སྦྱངས་པ་ཡི། །གྲོགས་དག་རང་གི་ནོར་བུ་རིན་པོ་ཆེ། །དོར་ནས་གཞན་གྱི་འཆིང་བུ་མི་ལེན་པར། །རང་ལ་ནོར་བུ་ཡོད་པ་མཁྱེན་པར་མཛོད། །ཁྱེད་ཀྱིས་སྦྱངས་པའི་གཞུང་ལས་གདམས་པའི་མཆོག །ལོགས་སུ་མེད་པར་གཟིགས་ནས་ཐུབ་དབང་གིས། །མང་དུ་ཐོས་པ་ནགས་ན་བདེའོ་ཞེས། །གསུངས་པ་དེ་ཡི་དོན་ལ་བསམ་པར་རིགས། །ཞེས་བཀའ་བསྩལ་པ་ཡིན་ནོ། །དེ་ལྟར་སློབ་གཉེར་གནང་བའི་སྐབས་ཀུན་ཏུ། ཞང་སྟོན་ཆོས་ཀྱི་རྒྱལ་པོས། ཚོལ་བུ་ཐལ་མོས་གཞལ་དགོས་ཚོན་པོའི་ཤ །མར་ཆུར་བཙུད་བཟང་བསྟུས་པའི་ཞུན་དང་ཐུད། །སྲུངས་པའི་དཀྱིལ་ན་གང་འདམ་གང་ལེགས་ཀྱིས། །བསླུབས་པའི་གཅེས་ཕྲུག་ལང་ལ་ཤོར་བའི་ཚུལ། །མ་ཡིན་བྲག་སྟར་གདུས་པའི་ཁྲུ་བ་དང་། །ལོ་གཏོར་སྐམ་པོ་བརྟུངས་པའི་ཐུག་པ་སོགས། །ཟས་གོས་ངན་ངོན་ཙམ་ལ་བརྟེན་ནས་ནི། །ཚ་གྲང་བཀྲེས་སྐོམ་དཀའ་སྤྱད་དང་དུ་བཞེས། །ཞེས་གསུངས་པ་ལྟར་ཟས་གོས་སྲོག་འཚོ་ཙམ་ལ་བརྟེན་ནས་དཀའ་སྤྱད་དཔག་མེད་མཛད་པ་ཡིན་ཏེ། ཆོས་ཐོག་གི་སྐབས་རྣམས་སུ་ཆོས་གྲྭ་ཆག་མེད་དང་། ཆོས་མཚམས་རྣམས་སུ་ཉིན་མཚན་ཁོར་མོ་ཡུག་ཏུ་དཔེ་གཟིགས་དང་བློ་འཛིན་སྐྱོར་སྦྱངས་ཁོ་ནར་བརྩོན་པ་ཆུ་བོའི་རྒྱུན་བཞིན་གནང་ཞིང་གཟིམ་ཁང་གི་སྒོ་ཕྱིར་ཕེབས་པ་ཧ་ཅང་ཉུང་ལ། སྐབས་རེར་སྒོར་ཕེབས་པའི་ཚེ་བཞིན་རྩམ་ཆད་པ་ཡིན་ངེས་པས། རྩམ་པ་ཉུང་ཟད་རེ་བླུགས་བཞག་ན་སླར་ཡང་བཞུགས་མལ་ནས་གཡོ་བ་མེད་པར་དཔེ་ཆ་པོད་མང་པོ་མདུན་དུ་བརྩེགས་ཏེ་དཔེ་གཟིགས་འབའ་ཞིག་གི་ངང་ནས་ཉིན་མཚན་འདའ་བ་ཡིན། ཞེས་དམ་པ་འདི་ཉིད་བླ་བྲང་དུ་བཞུགས་སྐབས་ཀྱི་ཁང་བདག་འཇམ་དབྱངས་ཆོས་གྲགས་པའི་ངག་ལས་ཐོས་སོ། །ཉིད་ཀྱི་བཀའ་ལས་ཀྱང་ཁོ་བོས་དཔེ་ཆར་ལྟ་སྐབས་ཟ་མ་ཆད་པ་ཐེངས་མང་བྱུང་མོད། ང་ཚོ་དཔེ་ཆ་བ་རྣམས་རྩམ་པ་

མེད་པ་ངོ་ཚ་བའི་དོན་ཞིག་ཏུ་མི་རྩི་བས་གཞན་ཚོའི་ཤག་ཏུ་བསླངས་ནས་ཐོས་པ་ཡིན་གསུངས་སོ། །འགའ་ཞིག་གིས། ཁྱེད་ཚོ་གྲྭ་སའི་དགེ་བཤེས་རྣམས་ཀྱིས་ཐ་སྙད་རིག་གནས་ཀྱི་སྐོར་ལ་དེ་ཙམ་ནན་ཏན་མི་བྱེད་པར་གཞུང་བཀའ་པོད་ལྔ་ཟེར་བ་དེ་ལ་དཀའ་སྤྱད་དཔག་མེད་ཀྱིས་གཅིག་ཏུ་བརྩོན་པ་ཆེན་པོ་བརྟེན་པའི་རྒྱུ་མཚན་གང་ཡིན་ཞེ་ན། སངས་རྒྱས་འཛིག་རྟེན་དུ་བྱོན་པའི་དགོས་པའི་གཙོ་བོ་ནི་ཆོས་ཀྱི་འཁོར་ལོ་རིམ་པ་གསུམ་བསྐོར་བ་དེ་ཡིན་པས། རྗེ་བླ་མས་ཀྱང་། མཛད་པ་ཀུན་ལས་གསུང་གི་ནི། །མཛད་པ་མཆོག་ཡིན། ཞེས་གསུངས་པ་ལྟར། དེ་ཡང་འཁོར་ལོ་དང་པོ་བདེན་བཞིའི་ཆོས་འཁོར་གྱི་དོན་མཛོད་དང་འདུལ་བས་དང་། འཁོར་ལོ་གཉིས་པའི་དངོས་བསྟན་སྟོང་ཉིད་ཀྱི་རིམ་པ་དབུ་མ་ལས་དང་སྦས་དོན་མངོན་རྟོགས་ཀྱི་རིམ་པ་ཕར་ཕྱིན་གྱིས་དང་། འཁོར་ལོ་གསུམ་པའི་ཤེར་མདོའི་དངོས་བསྟན་ཕལ་བ་གཞལ་བྱའི་གནས་གསུམ་དང་། དེ་རྟོགས་པའི་ཚད་མ་གསུམ་སོགས་ཚད་མ་མདོ་དང་སྡེ་བདུན་གཏན་ལ་ཕབ་ཅིང་། ཆོས་ཀྱི་འཁོར་ལོ་གསུམ་དང་། གསུང་རབ་ཡན་ལག་བཅུ་གཉིས་ཆོས་ཕུང་བརྒྱད་ཁྲི་བཞི་སྟོང་དུ་གྲགས་པ་ཐམས་ཅད་སྡེ་སྣོད་གསུམ་དང་། དེ་ཡང་བཀའ་པོད་ཆེན་པོ་ལྔར་འདུས་ལ། འདུལ་བ་མདོ་སྡེ་མངོན་པ་གསུམ་གྱིས་རིམ་པ་བཞིན་དུ། ལྷག་པ་ཚུལ་ཁྲིམས་དང་། ཏིང་ངེ་འཛིན་དང་། ཤེས་རབ་ཀྱི་བསླབ་པ་གཙོ་བོར་སྟོན་ཅིང་། འཛམ་གླིང་མཛེས་པར་བྱེད་པའི་རྒྱན་དྲུག་མཆོག་གཉིས་ཞེས་ཡོངས་སུ་གྲགས་པའི་སློབ་དཔོན་ཆེན་པོ་དེ་དག་གི་གསུང་རབ་ཐམས་ཅད་སྡེ་སྣོད་རིན་པོ་ཆེ་གསུམ་དང་བཀའ་པོད་ལྔར་མ་འདུས་པ་མེད་དེ། ཤིང་རྟ་ཆེན་པོ་ཀླུ་སྒྲུབ་དང་འཕགས་པ་ལྷས་དབུ་མ་རིགས་ཚོགས་དྲུག་དང་བཞི་བརྒྱ་པ་དང་། སློབ་དཔོན་ཟླ་གྲགས་ཀྱིས་ཚིག་གསལ་དང་དབུ་མ་ལ་འཇུག་པ། སློབ་དཔོན་ལེགས་ལྡན་འབྱེད་ཀྱིས་ཤེས་རབ་སྒྲོན་མེ་སོགས་དང་། སློབ་དཔོན་ཕྱོགས་ཀྱི་གླང་པོ་དང་ཆོས་ཀྱི་གྲགས་པས་མཐོང་བ་མངོན་གྱུར་རྟོགས་པའི་མངོན་སུམ་ཚད་མའི་རྣམ་གཞག་དང་། མི་མཐོང་བ་ལྐོག་ཏུ་གྱུར་པའི་ཆོས་རྣམས་རིགས་པས་གཏན་ལ་འབེབས་པ་གཏན་ཚིགས་

རིགས་པའི་སྐོར་སྡེ་བདུན་མདོ་དང་བཅས་པ་དང་། མཁས་མཆོག་ཡོན་ཏན་འོད་དང་།
ཤཱཀྱ་འོད་ཀྱིས་འདུལ་བ་ལུང་སྡེ་བཞིའི་དགོངས་དོན་གསལ་བར་བྱེད་པའི་འདུལ་བའི་བསྟན་
བཅོས་དག་དང་། ཤིང་རྟ་ཆེན་པོ་ཐོགས་མེད་དང་སློབ་དཔོན་དབྱིག་གཉེན་གྱིས་ཕར་ཕྱིན་
དང་མངོན་པའི་སྐོར་དང་། འཕགས་པ་གྲོལ་སྡེ་དང་སློབ་དཔོན་སེང་གེ་བཟང་པོ་གཉིས་
ཀྱིས་ཕར་ཕྱིན་གྱི་བསྟན་བཅོས་དག་གསུངས། རྒྱལ་བའི་གསུང་ལ་ཐོས་བསམ་བྱས་པའི་
ཕན་ཡོན་ནི། མདོ་རྒྱུད་བསྟན་བཅོས་རྣམས་ལས་རྒྱ་ཆེར་འབྱུང་མོད། མདོར་ན་སློབ་
དཔོན་ཟླ་བ་གྲགས་པའི་ཚིག་གསལ་ལས། བསྐལ་བ་མང་པོར་མཚན་ཙམ་ཡང་ཐོས་པར་
དཀའ་བའི་ཤེར་ཕྱིན་ཟབ་མོ་དང་ཕྲད་པ་ཡང་སངས་རྒྱས་ཀྱི་མཐུ་ཁོ་ན་ཡིན། ཞེས་དང་།
ཤེར་ཕྱིན་གྱི་མདོ་སྡེ་རིན་པོ་ཆེ་ལས། ཤེས་རབ་ཀྱི་ཕ་རོལ་ཏུ་ཕྱིན་པ་འདི་འབྲི་བ་དང་།
ཀློག་པ་དང་། ཉན་པ་དང་། འདོན་པ་དང་། ཁ་ཏོན་བྱེད་པ་དང་། འཆད་པ་དང་།
སེམས་པ་དང་། སྒོམ་པ་ནི་དེ་བཞིན་གཤེགས་པ་ཐམས་ཅད་ལ་མཆོད་པའི་ཚོ་ག་རྒྱས་
པའོ། །ཞེས་གསུངས་སོ། །རྒྱུ་མཚན་དེའི་ཕྱིར་གྲྭ་སའི་དགེ་བའི་བཤེས་གཉེན་རྣམས་ཀྱིས་
སེམས་འདུལ་བའི་མན་ངག་ནང་རིག་པ་སྡེ་སྣོད་རིན་པོ་ཆེ་གསུམ་པོ་གཙོ་བོར་སློབ་གཉེར་
གནང་བ་ཡིན་ནོ། །གཞན་ཡང་། འདུལ་བ་འཛིན་པ་དང་། མདོ་སྡེ་འཛིན་པ་དང་། མ་
མོ་འཛིན་པ་རྣམས་ནི་བསྟན་པ་འཛིན་པའི་གཙོ་བོ་ཡིན་པས། འདི་དག་ལ་སྨད་ན་སངས་
རྒྱས་ཀྱི་བསྟན་པ་ལ་སྨད་པ་ཡིན་ཏེ། འདུལ་བ་མེ་ཏོག་ཕྲེང་རྒྱུད་ལས། འདུལ་བ་མདོ་སྡེ་
མངོན་པ་རྣམས། །མཁས་ཤིང་གྲགས་དང་ལྡན་པ་དང་། །བསོད་ནམས་ཆེན་པོ་ལ་
སོགས་ནི། །བསྙད་ཅིང་བཀུར་བར་འོས་པ་མིན། །གང་ཕྱིར་འདི་དག་སྨུ་སྟེགས་ཀྱི། །རི་
དྭགས་སྐྲག་བྱེད་སེང་གེ་བུ། །འདི་དག་ཁྱིམ་དུ་གནས་ནའང་། །སྟོན་པའི་བློ་ཡིས་རབ་
དང་བསྐྱེད། །འདི་དག་རྣམས་ཀྱི་གཙུག་ལག་ཁང་། །མཛེས་བྱེད་ཁྱུ་མཆོག་སྨྲ་སྒྲོག་
ཅིང་། །དེ་བས་འདི་དག་སྨད་ན་ནི། །རང་གི་བསྟན་པ་སྨད་པ་ཡིན། །ཞེས་དང་།
མཁས་མཆོག་ཡོན་ཏན་འོད་ཀྱི་འདུལ་བའི་མདོ་ལས། མདོ་སྡེ་འཛིན་པ་འོངས་པ་ན་

གདུགས་དང་རྒྱལ་མཚན་དང་། བ་དན་ལ་སོགས་པ་དག་གིས་བསྒུ་བར་བྱའོ། །འདུལ་བ་དང་མ་མོ་འཛིན་པ་ཡང་ངོ་། །ཞེས་དང་། ཊཱི་ཀྐ་ལས། གང་ཟག་འདུལ་བ་འཛིན་པའམ་མ་མོ་འཛིན་པ་འོངས་པ་ཐོས་ན་ཡང་། དགེ་འདུན་དུ་གྱུར་པའི་དགེ་སློང་དག་གིས་གདུགས་དང་རྒྱལ་མཚན་དང་། བ་དན་ལ་སོགས་པས་བསྒུ་བར་བྱའོ། །དགེ་སློང་ཕྲག་དོག་ཅན་ལ་འདི་དག་བསྟན་པ་འཛིན་པ་ཡིན་ནོ་ཞེས་གོ་བར་བྱའོ། །དོན་གྱི་སྒོ་དང་ཚིག་གི་སྒོ་ནས་མདོ་སྡེ་འཛིན་པར་བྱེད་པས་མདོ་སྡེ་འཛིན་པ་སྟེ། ཞེས་དང་། དོན་གྱི་སྒོ་དང་ཚིག་གི་སྒོ་ནས་འདུལ་བ་དང་མ་མོ་འཛིན་པར་བྱེད་པས་འདུལ་བ་དང་མ་མོ་འཛིན་པ་སྟེ། ཞེས་སོགས་རྒྱ་ཆེར་གསུངས་པའི་དོན་ལ་ཞིབ་ཏུ་བསམས་ནས་ཆོས་དང་ཆོས་སྨྲ་བའི་དགེ་བའི་བཤེས་གཉེན་རྣམས་ལ་གུས་པ་བསྐྱེད་པར་བྱའོ། །བཀའ་ལས། གྲྭ་ས་ཆེན་པོའི་དགེ་བའི་བཤེས་གཉེན་དེ་དག་གི་ནང་གི་ཀུན་སློང་། ཕྱིའི་ཀུན་སྤྱོད། འདོད་པ་ཆུང་བ། ཚོག་ཤེས་པ་སོགས་ཀྱིས་སྐལ་ལྡན་དང་བ་འདྲེན་པར་བྱེད་པས་ན། དགེ་སློང་གསར་བུ་ཞིག་གིས། དགེ་བའི་བཤེས་གཉེན་དམ་པ་འདི་རྣམས་ནི་སྙིགས་མའི་དུས་ཀྱི་སངས་རྒྱས་ལྟ་བུ་རེད་ཟེར་ཏེ། བདེན་པར་སྣང་གསུངས་ཏེ་ཤིན་ཏུ་ཐུགས་མད་དོ། །དེ་ནི་དཀྱུས་ལ་འཇུག་པར་བྱ་སྟེ། པཎ་ཆེན་ཐམས་ཅད་མཁྱེན་པ་རྗེ་ཆོས་ཀྱི་ཉི་མ་ལས་བཅོམ་ལྡན་འདས་དུས་ཀྱི་འཁོར་ལོའི་དབང་ཆེན་གསན་ཅིང་། བཅོམ་ལྡན་འཇམ་དཔལ་དབྱངས་དང་མི་གཉིས་པ་རྗེ་བཙུན་འཇིགས་མེད་འཕྲིན་ལས་རྒྱ་མཚོ་དཔལ་བཟང་པོ་ལས་བདེ་གསང་འཇིགས་གསུམ་གྱི་དབང་སོགས་དབང་གི་སྐོར་མང་པོ་དང་། སྔགས་ཀྱི་རྒྱུད་གསུམ་གྱི་ལུང་སོགས་ལུང་རྒྱང་གི་སྐོར་དང་། ལམ་རིམ་ཆེན་མོའི་ཞལ་ལུང་སོགས་ཆོས་བཀའ་མང་དུ་མནོས་ཤིང་། པཎ་ཆེན་ཡོངས་འཛིན་རིན་པོ་ཆེ་རྗེ་འཇིགས་མེད་རྒྱ་མཚོའི་ཞལ་སྔ་ནས། ལམ་རིམ་བདེ་ལམ་དང་འཇམ་དཔལ་ཞལ་ལུང་གི་དམར་ཁྲིད་འཇིགས་བྱེད་དཔའ་གཅིག་དང་ལྷ་བཅུ་གསུམ་མའི་བསྐྱེད་རྫོགས་ཀྱི་དམར་ཁྲིད། མགོན་པོ་བཀའ་བཅུ་གསུམ་གྱི་རྗེས་གནང་། ན་རོ་ཆོས་དྲུག་དང་ནི་གུ་ཆོས་དྲུག་གི་ཁྲིད། བསྙེན་སྒྲུབ་སྒྲགས་མའི་ཁྲིད། བླ་མ་མཆོད་

པའི་ཁྲིད་སོགས་དབང་ལུང་རྗེས་གནང་ཁྲིད་ཀྱི་བྱེ་བྲག་མཐའ་ཡས་པ་གསན་བཞེས་གནང་། སླེ་བྱིའི་དགེ་རྒན་རིན་པོ་ཆེ་རྗེ་འཇིགས་མེད་རྒྱ་མཚོ་མཆོག་གིས་ཟླ་བ་གཅིག་ལྷག་རིང་ལ་ལུང་རིགས་དྲི་མ་མེད་པའི་ལམ་ནས་དྲངས་པའི་སྔགས་ཀྱི་དཔེ་ཁྲིད་ཤིན་ཏུ་རྒྱ་ཆེ་བ་གནང་བའི་བཀའ་དྲིན་མཛད་པ་གསན་ཅིང་། བརྗེད་དུ་ཕངས་ནས་ཟིན་བྲིས་ཀྱང་གནང་སྟེ། རྒྱུད་སྡེ་རིན་པོ་ཆེའི་དགོངས་པ་བཞིན་རྒྱུད་སྨིན་ཐུང་དུ་བྱེད་པའི་དབང་གི་སྐོར། སྨིན་ཐུང་དུ་གྱུར་ནས་དམ་ཚིག་དང་སྡོམ་པ་དག་པར་བྱེད་པ་དང་། དམ་ཚིག་ལ་གནས་ནས་ལམ་རྗེ་ལྟར་ཉམས་སུ་ལེན་ཚུལ་དང་། ཉམས་སུ་བླངས་ནས་འབྲས་བུ་མངོན་དུ་བྱེད་ཚུལ་བཅས་ལ་ངེས་པ་གཏིང་ཚུགས་པ་རྙེད་ནས་རྒྱུད་སྡེ་མཐའ་ཡས་པའི་གནད་དོན་ཐམས་ཅད་ཟུང་འཇུག་སྒྲུབ་པའི་གདམས་པའི་མཆོག་ཏུ་གཟིགས་པར་གྱུར་ཏོ། །དགེ་བའི་བཤེས་གཉེན་ཆེན་པོ་བསང་ཡོག་ཚུལ་ཁྲིམས་ཚང་གི་དྲུང་ནས་གསོ་བ་རིག་པ་ལག་ལེན་དང་བཅས་པའི་ཞིབ་ཁྲིད་གསན་ཅིང་ཤིན་ཏུ་མཁས་པར་མཛད། ཕྱིས་འབོ་རའི་སློན་པོ་ཐང་གི་གཙུག་ལག་རབ་འབྱམས་སྨྲ་བ་ཨ་ཁུ་འོད་ཟེར་ལས་སྐར་རྩིས་དང་རྒྱ་རྩིས་ཀྱི་མཇུབ་ཁྲིད་གསན་ཅིང་སྦྱོང་འཇུག་གི་བར་གྱི་རི་མོ་ཡོངས་སུ་རྫོགས་པ་ལའང་བྱང་བར་མཛད་དེ། འཇམ་མགོན་བླ་མས། སྙིང་རྗེ་ཆེ་ལ་རིང་ནས་གོམས་པའི་ཡིད། །སྙིང་པོ་མེད་པའི་ཡུལ་ལ་དགའ་མི་འགྱུར། །མང་ཐོས་བག་ཆགས་སེམས་ལ་གོམས་རྣམས་ཀྱིས། །མང་པོའི་ཤེས་བྱ་ཤེས་ལ་དགའ་བ་མིན། །ཞེས་པ་ལྟར། སྒྲ་སྙན་སྨན་རྩིས་སོགས་ཐུན་མོང་གི་རིག་གནས་དག་ནི་ཞར་ཞོར་གྱིས་སྦྱངས་པ་ཙམ་གྱིས་ལྷག་མ་མེད་པར་ཐུགས་སུ་ཆུད་པར་གྱུར་ཏོ། །སྐབས་དེ་དག་ཏུ་བློ་གསལ་སློབ་བུ་རྣམས་ལ་བཀའ་པོད་ཆེན་པོ་རྣམས་ཀྱི་དཔེ་ཁྲིད་སློལ་བ་རྒྱུན་ཆགས་སུ་གནང་ཞིང་། སློབ་བུ་འགའ་ཞིག་ལ་ལེགས་བཤད་སྙིང་པོའི་སེམས་ཙམ་སྐོར་དང་། འགའ་ཞིག་ལ་བྱམས་ཆོས་སྡེ་ལྔ་སོགས་གང་ལ་གང་འོས་ཀྱིས་བློ་འཛིན་བྱེད་དགོས་པའི་བཀོད་ཀྱང་བསྐུལ། དམ་པ་འདི་ཉིད་རྗེ་རམས་པ་ཡིན་སྐབས་འཛིན་གྲྭ་འོག་མ་རྣམས་སུ་རྩོད་པའི་རྣམ་དཔྱོད་འཁྲིད་དུ་ཕེབས་ཤིང་། དེ་ཡང་རྩོད་པའི་རྣམ་དཔྱོད་ནི་རྩོད་པའི་ཚེ་

ཐོག་མར་ཐལ་མོ་རྡེབ་ནས་ཧྲིས་སྐད་བཏང་སྟེ་ལག་པ་གཡོན་པ་ཁ་སྦུབ་པས་ངན་སོང་གི་སྐྱེ་སྒོ་གཅོད་པ་དང་། གཡས་པ་གྱེན་དུ་བཟེད་པ་སེམས་ཅན་རྣམས་ཐམས་ཅད་མཁྱེན་པའི་ལམ་ལ་འགོད་པར་བསམ་དགོས་ལ། རྟགས་གསལ་འཕེན་དུས་ཐལ་མོ་རྡེབ་པས་གཞན་གྱི་ལོག་རྟོག་ཚར་གཅོད་པ་དང་། གཡས་པའི་མཐེ་བོང་ཕྱིར་བཀྱེད་དེ་ཕྱར་བས་ཆོས་འཆད་པ་དང་། འཇམ་པའི་དབྱངས་ཀྱི་ཤེས་རབ་ཀྱི་རལ་གྲི་མཚོན། རྐང་བ་གཡོན་པ་ས་ལ་རྡུང་ཟད་བསྣུན་པས་ངན་སོང་གི་སྐྱེ་སྒོ་གཅོད། གཡས་པ་རྡུང་ཟད་བཏེགས་པས་ཐར་བར་འདྲེན། ཕྱག་རྒྱ་ཕྱོགས་སུ་བསྐྱོད་པས་བཀྲ་ཤིས་ཕྱོགས་མཐར་རྒྱས་པ་དང་། ནང་དུ་བཀུག་ནས་ཐལ་མོ་བརྡབས་པས་དཔལ་འབྱོར་གཡང་དུ་བསྡུ་ཞིང་སྐྱན་གྲགས་ཕྱོགས་མཐར་འཕེལ་བའི་རྟེན་འབྲེལ་ཡོད་པ་དང་། ཐལ་སྐད་ལ་ཧྲིཿསྐད་དང་ཧྲིས་སྐད་ཟེར་བ་གཉིས་ཡོད་ཀྱང་། ཕྱི་མ་ལྟར་དགེ་བཤེས་བཟང་པོ་བཀྲ་ཤིས་གསུངས་ཞེས་རྗེ་ཤེས་རབ་རྒྱ་མཚོས་གསུངས། དེ་ལྟར་རྣམ་དཔྱོད་དང་ལྡན་པའི་སྒོ་ནས་རྩོད་པ་བྱས་ན་གྲྭ་ཚང་གི་རྒྱན་དང་། རང་གཞན་གྱི་རྒྱུད་ལ་ཆོས་རབ་ཏུ་རྣམ་པར་འབྱེད་པའི་ཤེས་རབ་ཆེན་པོ་སྐྱེས་པ་སོགས་དགོས་པ་ཁྱད་པར་ཅན་མང་དུ་མཆིས་སོ། །དེ་ལྟར་གྲྭ་ཆེན་པོ་དཔལ་ལྡན་བཀྲ་ཤིས་འཁྱིལ་དུ་མདོ་སྔགས་ཀྱི་གཞུང་ལ་སློབ་གཉེར་གནང་ཚུལ་བསྡུས་ན་འདི་བཞིན་ལགས་མོད་རྒྱས་པར་ནི་ཕྲིར་མི་ལང་ངོ་། །གཞན་ཡང་། སློབ་གཉེར་གནང་བའི་སྐབས་སུ་བཀའ་གདམས་གསར་རྙིང་གི་མཁས་གྲུབ་སྔོན་བྱོན་རྣམ་ཐར་བཞིན་ཐོས་བསམ་སྒོམ་པ་ཡ་མ་བྲལ་བ་གནང་བ་ཇི་སྐད་བསྒྲགས་པ་ལྟར་དང་། བཅོམ་ལྡན་དུས་དཀྱིལ་འཁོར་དབང་པོ་སོགས་ཡི་དམ་འགའི་ལྷག་པའི་བསྙེན་ཚད་ལྡན་བཏང་ཞིང་བཟླས་བརྗོད་དང་ཕྱག་སྐོར་སོགས་སྒྲིབ་སྦྱོང་ལ་ཡང་བརྩོན་པ་རྒྱུན་ཆགས་སུ་མཛད་དོ་ཞེས་གོ་བར་བྱའོ། །འདི་དག་ལ་ཉིད་ཀྱི་ཞལ་ནས། མཁས་གྲུབ་ཆེན་པོ་འཇམ་དབྱངས་བཞད་པ་ཡི། །ཚད་མེད་ཐུགས་རྗེ་སྨོན་ལམ་ལས་གྲུབ་པའི། །མཁས་མང་ཀླུ་དབང་སྟོང་ཕྲག་རོལ་བའི་མཚོ། །བཀྲ་ཤིས་སྒོ་མང་ཆུ་གཏེར་ཆེན་པོར་མཐོང་། །རྗེ་བཙུན་བློ་བཟང་གྲགས་པའི་སྤྲུལ་བ་དངོས། །མཁས་གྲུབ་འཇིགས་མེད་

འཕྲིན་ལས་རྒྱ་མཚོའི་དྲུང་། །དབང་ཁྲིད་མན་ངག་དམ་ཆོས་བདུད་རྩིའི་ཆར། །བདག་རྒྱུད་བསོད་ནམས་ཞིང་དུ་བབས་པས་སྲོ། །སྟོན་པ་མཉམ་མེད་ཤཱཀྱའི་རྒྱལ་པོ་དེས། །འཛམ་དབྱངས་བཞད་པའི་ཚུལ་གྱིས་མདོ་སྨད་འདིར། །བྱང་ཕྱོགས་གཉིས་པ་ཐོས་བསམ་ནོར་བུའི་གླིང་། །བདག་ཅག་རྣམས་ཀྱི་ཆེད་དུ་བསྐྱུན་ནམ་སྙམ། །ཀ་བ་བརྒྱ་ཕྲག་ལྷག་པའི་འདུ་ཁང་དུ། །སྟོང་ཕྲག་གསུམ་ལས་བརྒལ་བའི་དགེ་འདུན་དང་། །ལྷན་ཅིག་ཆོས་དང་ཟང་ཟིང་དགའ་སྟོན་ལ། །ཅི་དགར་སྤྱོད་པའི་སྐལ་བ་བཟང་པོ་བྱུང་། །ཞེས་གསུངས་སོ། །

སྨྲས་པ།

མཐའ་ཡས་ལེགས་མཛད་སྒྱུ་འཕྲུལ་དྲ་བའི་གར། །
དཔག་ཡས་ཆོས་ཕྱུང་ནྲ་དའི་རོལ་མོ་མཁན། །
བགྲང་ཡས་གདུལ་བྱར་རྣམ་གྲོལ་མཚོན་པའི་མིག །
བསམ་ཡས་ཡོན་ཏན་གཏེར་གྱུར་དེ་ལ་གུས། །
གཞུང་བརྒྱ་མཁྱེན་པའི་དཀྱིལ་འཁོར་མ་རྫོགས་ཤིང་། །
དམ་པའི་བཞེད་སྲོལ་གོ་ལར་མ་ཞུགས་པར། །
ཐུབ་བསྟན་པད་ཚལ་སྐྱོང་བར་མི་ནུས་ཞེས། །
བཀྲ་ཤིས་གཡས་འཁྱིལ་ཤར་རིའི་ཕྲག་ལ་ཆས། །
ལུང་རྟོགས་རྒྱ་མཚོའི་མཚན་འཆང་བཤེས་གཉེན་གྱིས། །
འཁོར་སྒྱུར་བདེ་བའི་དཔལ་ལ་ལོངས་སྤྱོད་ཅིང་། །
ཤིན་ཏུ་ཡུན་རིང་འཚོ་བར་འགྱུར་རོ་ཞེས། །
རྔི་ལམ་ཟློལ་གྱིས་ཁྱོད་ལ་ལུང་དུ་བསྟན། །
ཨེ་མ་རྒྱལ་སྲས་ངང་བའི་དེད་དཔོན་མཆོག །
བཤད་སྒྲུབ་ཆུ་གཏེར་ཆེ་དེར་ཆས་མཐོང་ནས། །

རབ་འབྱམས་ཞིང་ན་རྒྱལ་དང་དེའི་སྲས་ཀྱིས། །
ཤིས་བརྗོད་དབྱངས་སུ་སྒྲོག་པར་ཁོ་བོས་འཁྱུམས། །
སྐྱེ་དགུའི་གཉེན་གཅིག་འཇིགས་མེད་སྟོབས་བཅུའི་བདག །
མཚམས་སྦྱིན་ཡང་ཆོ་གསར་བའི་རོལ་གར་གྱིས། །
འཕྲིན་ལས་འོད་སྣང་རྒྱ་མཚོའི་མཐར་སྤྲོ་བའི། །
སྙིགས་དུས་ཐུབ་པའི་གདུང་འཚོབ་ཆེན་པོའི་ཞལ། །
ལེགས་བྱས་ཡངས་པའི་སྤྱན་གྱི་བདུད་རྩི་རུ། །
སྨིན་པའི་སྐལ་བཟང་ཉམས་སུ་མྱོང་དང་ལྡན། །
གཞུང་བརྒྱའི་ཀུན་བཟོད་སྣང་བར་འགྱུར་རོ་ཞེས། །
ཞལ་གདམས་མི་ཧོག་དཀར་པོ་ཐོད་དུ་བཅིངས། །
འཛམ་མགོན་མི་ཡི་རྣམ་པར་རོལ་བ་དེར། །
བརྟག་ཞུས་ལུང་བསྟན་དབྱངས་སྙན་བསྒྲགས་དང་ལྡན། །
རིགས་གྲོལ་འདུས་སྡེ་སྤྱན་འདྲེན་གཡས་འཁྱིལ་སྒྲ། །
མ་འོངས་ཆོས་དུང་འབུད་པའི་ལྟས་སུ་ལྡིར། །
རྣམ་དག་ཐུགས་སྨོན་གསེར་གྱི་བུམ་བཟང་གིས། །
རིམས་ནད་དུཿཁ་འཇོམས་པར་གཉེན་པོ་རུ། །
སེམས་པོ་ཚངས་པས་གནམ་ནས་དབང་བསྐུར་བའི། །
རྨད་བྱུང་གསང་འཕྲུལ་དུས་དེར་མངོན་དུ་གྱུར། །
བཀྲ་ཤིས་གཡས་འཁྱིལ་ཆོས་ཀྱི་སྐྱིད་ཚལ་དུ། །
གཏན་ཚིགས་རིག་པ་པདྨ་དཀར་པོའི་ལྟེར། །
སྨྲ་མཁས་ཀང་དྲུག་འཕུར་ལྡིང་བློས་གར་བཅས། །
ལུང་རིགས་བདུད་རྩིའི་དགའ་སྟོན་མྱོང་ལ་བརྩོན། །

ཟླ་གྲོལ་དྲན་དབང་གངས་ཀྱི་རི་བོ་ལས། །
འོངས་པའི་ལེགས་བཤད་ལྷ་ཡི་ལན་གསུམ་འབབ། །
བློ་གྲོས་རལ་བའི་ཀླུང་དུ་བསྐྱིལ་མཁས་པའི། །
སྟོན་མེད་གཏྣ་འཛིན་པ་འདི་ཟད་བྱུང་། །
བདེན་གཉིས་རང་སྲིའི་འོད་ཀྱི་རྩེ་དགའ་ཅན། །
གཞུང་བཟང་ཉི་ཟླ་སྟོང་གི་འཛུམ་ཕྲབས་ཀྱིས། །
གང་ཐུགས་ཀུན་བཟོད་དགའ་མར་འཁྲུད་པ་ན། །
སྨྲ་བའི་མེ་ཏོག་མི་འཛུམ་དཔྱོད་ལྡན་སུ། །
སྟོན་པའི་མགུར་ནས་མདོ་སྡེ་རྒྱལ་པོ་ཊུ། །
བསྔགས་པའི་རྒྱལ་དང་དེའི་སྲས་སྐྱེད་པའི་ཡུམ། །
ཐེག་ཆེན་ཆོས་ཕུང་རྒྱ་མཚོའི་སྙིང་པོ་མཆོག །
ཕ་རོལ་ཕྱིན་པའི་གཞུང་གི་སྦས་པའི་དོན། །
མངོན་པར་གསལ་བྱེད་མི་ཕམ་བླ་མའི་ལུང་། །
དངོས་བརྒྱད་བདུན་ཅུའི་ནོར་བུའི་ཕྲེང་བསྐར་བས། །
རྣམ་གྲོལ་ཞི་བའི་འདོད་པ་མཆོག་འཛོ་བ། །
ལེགས་བྱས་རྒྱན་དུ་ཐོབ་པ་ཀུན་དགའི་དཔྱིད། །
རྒྱལ་ཡུམ་སྦས་དོན་ཆུ་གཏེར་ཆེན་པོའི་འཛིངས། །
བློ་གྲོས་གྲུ་གཟིངས་སྟོབས་ཀྱིས་ལེགས་བཀྲལ་ནས། །
མི་ཕམ་བཞེད་དགོངས་བསམ་འཕེལ་དབང་གི་རྒྱལ། །
འདྲེན་མཁས་འཕགས་སེང་གཅིག་ཏུ་བསྒྲིལ་བ་བཞིན། །
ཁྱད་པར་འཕགས་མཆོག་ཀླུ་ཡི་ཐུགས་ཀྱི་བཅུད། །
མཐའ་གྲོལ་དབུ་མ་ཆེན་པོའི་མ་ཊི་ཀ །

ཕྲ་ཞིབ་ལུང་རིགས་རྒྱལ་མཚན་རྩེར་མཆོད་པས། །
འཕྲུལ་ཡུན་འདོད་དགུ་འཇོ་བ་ཟད་དུ་མེད། །
ཀླུ་སྒྲུབ་ལུགས་སྲོལ་ཀུ་མུ་ད་ཡི་ཚལ། །
འབྱེད་ལ་ཟླ་གྲལ་ཟླ་བའི་འོད་ཟེར་གྱིས། །
མཆོག་གི་འཇུམ་ལྷབས་ཁྱོད་ལ་འཁྲིལ་བའི་མོད། །
བདེན་ཞེན་མུན་སྟུག་མིང་གི་ལྷག་མར་གྱུར། །
རྫོན་བྱུང་བོད་གཞུང་སྐར་ཚོགས་ཟིལ་གནོན་པ། །
འཇམ་དཔལ་སྙིང་པོའི་གཞུང་བཟང་ཉིན་མོར་བྱེད། །
ལེགས་བཤད་འོད་ཟེར་སྟོང་གི་དྲ་བ་ཅན། །
ཁྱོད་ཐུགས་ལྷ་ལམ་མཛེས་པའི་རྒྱན་དུ་གྱུར། །
ཟབ་མོའི་དོན་སྟོན་ཟུར་ཕུད་ལྡུ་བ་དང་། །
མཚུངས་ཞེས་བསྔགས་པའི་མེ་ཏོག་འཐོར་བྱེད་མོད། །
སྲས་དོན་སྣང་བྱེད་གཞོན་ནུའི་འོད་འབར་བས། །
དེང་འདིར་ཕལ་ཆེར་མི་ཕམ་བླ་མར་དོགས། །
ཆོས་མངོན་ཀུན་གསལ་སྒེག་མོའི་བཞིན་རས་ལ། །
ཚིག་དོན་མཐའ་དཔྱོད་སྨིན་མའི་གར་དང་བཅས། །
ཕྲ་ཞིབ་ལུང་རིགས་གཡོ་བའི་ཟུར་མིག་གིས། །
ཁྱོད་བློ་གཞོན་ནུར་མངོན་དགའ་ཅི་ཡང་བསྐྱེད། །
རྒྱ་ཆེན་ཆོས་མངོན་ཡན་ལག་བརྒྱད་ལྡན་ཆབ། །
རྣམ་དཔྱོད་ཡུར་བའི་ལམ་ནས་འདྲེན་པ་ལ། །
བློ་གྲོས་བརྟན་པའི་ཟླ་བར་འོས་སོ་ཞེས། །
གྲགས་སྙན་སྒྲོག་ལ་དཔྱོད་ལྡན་ཕལ་ཆེར་བྲེལ། །

གཞི་ལྷའི་ཤེས་བྱའི་སྣང་བརྙན་ཀུན་གསལ་ཞིང༌། །
བྱེ་སྒྲའི་འཁྲུལ་བའི་མུན་པ་དྲུངས་འབྱིན་པའི། །
ཀུན་མཁྱེན་གཉིས་པ་དགྱེས་པའི་འཇུམ་གྲོལ་བ། །
ཆོས་མངོན་སྒྲ་བའི་ཉི་མ་འོད་དུ་འབར། །
མཁས་བཙུན་ཡོངས་འཛིན་དབང་ཕྱོགས་ས་འཛིན་ལས། །
འདུལ་བ་འབུམ་སྡེའི་གཞུང་དོན་ནམ་མཁའི་ནོར། །
ས་གསུམ་གདུང་མུན་སེལ་བའི་མིག་གཅིག་པུ། །
ཁྱོད་ཐུགས་ལྷ་ལམ་མཛེས་པའི་རྒྱན་དུ་ཤར། །
ཆོས་འདུལ་ཚིག་དོན་མྱ་ངན་མེད་པའི་འདབ། །
དཔྱད་གསུམ་མཛེས་མའི་ཁ་ཆུས་ཕྱེ་དང་ལྡན། །
ལུང་རིགས་དྲི་ངད་ཕྱོགས་སུ་འཐུལ་བ་ལས། །
ཐུབ་བསྟན་དཔྱིད་ཀྱི་དཔལ་མོའི་དགེ་མཚན་ངོམ། །
གནའ་དུས་འདུལ་འཛིན་མཆོག་གྱུར་ཉེ་བར་འཁོར། །
དེང་དུས་བཙུན་པའི་དཔལ་གྱུར་བདག་གི་མགོན། །
འབྲུངས་དུས་གནས་ཡུལ་ཙམ་གྱིས་ཐ་དད་དེ། །
གཞན་པའི་ཁྱད་པར་འབྱེད་ཆོས་དམིགས་སུ་མེད། །
རབ་འབྱམས་དཀྱིལ་འཁོར་སྤྲོ་ཞིང་བསྡུ་བའི་བདག །
ཡོངས་འཛིན་ཆུ་འཛིན་དབང་པོ་དུ་མ་ལས། །
དབང་ལུང་མན་ངག་ཡན་ལག་བརྒྱད་ལྡན་ཆར། །
ཁྱོད་ཐུགས་ཀུན་བཟོད་སྙིག་མོའི་གསོས་སུ་བབས། །
རྒྱལ་ཀུན་ཐུགས་གསང་ཆུ་གཏེར་བསྲུབས་སྐྱེས་པའི། །
རྡོ་རྗེ་ཐེག་པའི་ཟབ་གནད་བདུད་རྩིའི་གཏེར། །

ཁྱོད་ཐུགས་གསེར་གྱི་བུམ་པར་བསྐྱིལ་བའི་མཐུས། །
དངོས་གྲུབ་འདོད་དགུ་འཇོ་བའི་དཔལ་དུ་གྲུབ། །
ཐུན་མོང་རིག་གནས་ལྷ་ཡི་གཏྲ་མ། །
བློ་གྲོས་ཛྙ་ཏུའི་ཏུབ་ཀྱིས་དུས་གཅིག་ཏུ། །
གསོལ་བའི་སྣན་པ་འོག་མིན་ལས་བརྒལ་བས། །
ལྷ་རིག་པ་ཊ་ཆེན་དུ་མའི་ཁེངས་པ་འགྲོག །
མདོ་རྒྱུད་གཞུང་ལུགས་ནོར་འཛིན་ཡངས་པའི་ཁྱོན། །
བློ་གྲོས་གོམ་པ་གཅིག་གིས་གཞལ་བ་ན། །
ཀུན་རྫོངས་སྟོབས་ལྡན་ས་འོག་ཏུ་མནན་པའི། །
གྲགས་སྣན་གཡུ་འབྲུག་སྟོང་གི་སྐད་ལ་ཟ། །
ཞིམ་མངར་ཟས་དང་མཛེས་པའི་དར་གོས་ལ། །
གཏན་བདེར་རློམས་པ་ཕལ་གྱི་ཚུལ་མིན་པར། །
གང་བྱུང་ཟས་ཀྱིས་འཚོ་བའི་མགོན་པོ་ཁྱོད། །
ཙོང་ཁའི་ཡུལ་གྱི་ཐོས་པ་དགའ་ཞེས་གླེང་། །
ལུང་རྟོགས་སྤྲང་རྩེའི་བཙུད་ཀྱིས་ཉེར་གཏམས་ཤིང་། །
ཞི་དུལ་བག་ཡོད་འདབ་མ་འབུམ་དུ་བརྗེགས། །
བཤེས་གཉེན་པདྨ་དཀར་པོའི་སྡོན་པ་བཟང་། །
ཐར་འདོད་བུང་བ་འབུམ་གྱི་ཉེར་འཚོའི་གཞི། །
ཌྲི་བྲལ་ཟླ་བའི་འོད་ཀྱིས་ས་གཞི་བཞིན། །
དཀར་གསལ་སྣང་བ་འགྲེམ་པའི་མཐུ་བྲི་ཡང་། །
སྣན་འཇེབས་དྲུག་འགྱུར་དབྱངས་ཀྱི་རོལ་མོ་ཡིས། །
དམ་པའི་རྣམ་ཐར་བརྗོད་འདི་འང་སྐལ་བཟང་སྣམ། །

ཞེས་མདོ་རྒྱུད་རྒྱ་མཚོའི་མངའ་བདག །༧ཡོངས་ཀྱི་དགེ་བའི་བཤེས་གཉེན་ཆེན་པོ་རྗེ་བཙུན་རྡོ་རྗེ་ན་ས་རའི་ཐུན་མོང་གི་རྟོགས་པ་མདོ་ཙམ་བརྗོད་པ་བདེན་གཏམ་ཤེལ་གྱི་མེ་ལོང་ཞེས་བྱ་བ་ལས་ཆོས་གྲྭ་ཆེན་པོ་དཔལ་ལྡན་བཀྲ་ཤིས་འཁྱིལ་དུ་མདོ་སྔགས་ཀྱི་གཞུང་ལ་སློབ་གཉེར་མཐིལ་ཕྱིན་གནང་སྟེ་ལུང་རྟོགས་ཡོན་ཏན་གྱི་གཏེར་དུ་གྱུར་པའི་ཚུལ་ཙུང་ཟད་བརྗོད་པའི་སྐབས་ཏེ་བཞི་བའོ། །

སྐབས་ལྔ་པ། ཐོག་མར་བཀྲ་ཤིས་འཁྱིལ་དང་བཀྲ་ཤིས་ཆོས་སྡིངས་སོགས་སུ་བསྟན་འགྲོའི་དོན་མཛད་ཚུལ།

འགག་མེད་ཟབ་གསང་ཆོས་ཀྱི་ནཱ་དའི་དབྱངས། །
མཚར་སྡུག་ཟླ་ཤེལ་བཞད་པའི་ལང་ཚོར་སྨིན། །
བརྩེ་ཆེན་ཟུར་མིག་ཡོན་པོར་བཀྱུངས་པའི་གཟིགས། །
བདག་ཡིད་ཀུན་དའི་དཔལ་རབ་རྒྱས་པར་མཛོད། །

གསུམ་པ་ལ་གསུམ། ཆོས་གྲྭ་ཆེན་པོ་དཔལ་ལྡན་བཀྲ་ཤིས་འཁྱིལ་དང་དགེ་ལྡན་བཀྲ་ཤིས་ཆོས་སྡིངས་སོགས་སུ་འཆད་རྩོད་རྩོམ་གསུམ་གྱི་སྒོ་ནས་བསྟན་པ་ལ་བྱ་བ་མཛད་པའི་ཚུལ། ཐུབ་བསྟན་ཉམས་ཆག་ཆེན་པོ་བྱུང་བའི་སྐབས་སུ་བསྟན་འགྲོའི་དོན་རྒྱ་ཆེན་པོ་གནང་བའི་ཚུལ། རྒྱལ་བསྟན་ཡང་དར་གྱི་སྐབས་སུ་བསྟན་པ་ལ་བྱ་བ་རྒྱ་ཆེན་པོ་མཛད་པའི་ཚུལ་ལོ། །དང་པོ་ནི། དགུང་ལོ་སོ་དྲུག་པ་ཆུ་འབྲུག་ལོར་ བླ་བྲང་དགོན་གཞུང་ནས་ཆོས་སྡེ་ཆེན་པོ་གང་གི་དགོན་ལག་སྟོན་པོ་ཐང་དགའ་ལྡན་བཤད་སྒྲུབ་དར་རྒྱས་གླིང་གི་དགེ་རྒན་དུ་བསྐོ་བཞག་བསྐུལ་བའི་བཀའ་བཞིན་ལེགས་བཤད་སྒྲོག་པའི་དགའ་ཚལ་དེར་ཞབས་ཐེབས་ཏེ། ཀློག་གསལ་ལུང་རིགས་སྨྲ་བའི་ཚོགས་ལ་འཕགས་ཡུལ་མཁས་པའི་གཞུང་མཆོག་

བཀའ་པོད་ཆེན་པོ་ལྔའི་གཟབ་འཁྲིད་ལུང་རིགས་ཀྱི་ལམ་ནས་དྲངས་པའི་ལེགས་བཤད་རིན་ཆེན་སིལ་མ་ཕངས་མེད་དུ་བསྟབས་པས། གཟུར་གནས་དཔྱོད་ལྡན་དོན་གཉེར་དང་ལྡན་པ་མཐའ་དག་སྤོན་མེད་དགའ་བ་འབུམ་གྱིས་སྦྱོས་ཤིང་དད་པའི་ཀུན་ད་ཕོང་ནས་འཛུམ་པའི་སྐལ་བཟང་མངོན་དུ་གྱུར་ཏོ། །

གཞན་ཡང་། འདུས་པ་རྒྱ་མཚོའི་ཚོགས་ལ་བྱང་ཆུབ་ལམ་གྱི་རིམ་པའི་ཉམས་ཁྲིད་དང་། བྱང་ཆུབ་སེམས་དཔའི་སྤྱོད་པ་ལ་འཇུག་པའི་གཟབ་ཁྲིད། སྡོམ་གསུམ་བསླབ་བྱའི་མཇུབ་ཁྲིད་སོགས་འདོན་ཆོས་མང་དུ་བསྩལ་ཏེ། སྐལ་བཟང་གདུལ་བྱའི་ཚོགས་རྣམས་ལེགས་གསུང་བདུད་རྩིའི་བཅུད་ཀྱིས་ཚིམས་པར་མཛད། བཀྲ་ཤིས་འཁྱིལ་གྱི་དགེ་བའི་བཤེས་གཉེན་འགའ་ཞིག་གིས་ཁྱེད་ཀྱིས་མངོན་པ་མཛོད་ལ་འགྲེལ་བ་ཞིག་ཅིས་ཀྱང་རྩོམས། དེ་ཡང་ད་ལྟ་སྨྱུར་དུ་བརྩམས་ན་ལེགས། རྩོམ་རྒྱུ་འགོར་ན་ལེགས་པོ་ཞིག་ཡོང་བའི་ངེས་པ་མི་འདུག་ཅེས་ནན་ཏན་ཆེན་པོས་བསྐུལ་བ་ལ་བརྟེན་ནས་བསྟན་བཅོས་ཆེན་པོ་མངོན་པ་མཛོད་ཀྱི་མཆན་འགྲེལ་ཉི་མའི་འོད་ཟེར་དང་། ཟུར་མཆན་ཡིད་ཀྱི་མུན་སེལ་ཞེས་བྱ་བའི་ལེགས་བཤད་ཀྱི་གཏེར་ཆེན་པོ་གཉིས་ལྷུགས་རྩོམ་གནང་། བསྟན་བཅོས་འདི་གཉིས་རྩོམ་སྐབས་མི་ཆེན་མང་པོས་དར་གྱི་ཡོལ་བ་ཤིན་ཏུ་ཆེན་པོ་བཀྲ་ཤིས་རྟགས་བརྒྱད་ཀྱི་རི་མོ་ཡོད་དུ་འོང་ཞིང་ངོ་མཚར་བའི་མཛེས་པ་ཞིག་ནམ་མཁར་འཕྱུར་བ་དང་། བ་དན་དང་རྒྱལ་མཚན་ལ་སོགས་པ་མཆོད་རྫས་ཀྱི་རྣམ་གྲངས་དཔག་ཏུ་མེད་པ་ཐོགས་པའི་མི་མང་པོ་གྲལ་བསྟར་ཏེ་འགྲོ་བ་སོགས་གཟིམ་རྨིས་ཡ་མཚན་ཅན་མང་པོ་བྱུང་བས། ངག་འཆལ་དུ་མ་སོང་འདྲ་སྣམ་པ་ཤར་གསུངས་མོད། དོན་དངོས་ནི་ལེགས་པར་བཤད་པ་བདུད་རྩིའི་མཆོད་ཡོན་འདིས་ཕྱོགས་བཅུའི་རྒྱལ་བ་སྲས་དང་བཅས་པ་མཉེས་པར་བྱས་པའི་ལྟས་སུ་ཤུམ་ཚོགས་པར་གོར་མ་ཆག་སྟེ། ཟུར་མཆན་གྱི་མཇུག་རྩོམ་དུ། གཟུར་གནས་རྣམ་དཔྱོད་ཉི་མའི་དཀྱིལ་འཁོར་ལས། །ལུང་རིགས་འོད་ཟེར་འབར་བའི་གཟི་འོད་ཀྱིས། །ཆོས་མངོན་སྙིང་བཞིའི་འཇིག་རྟེན་གསལ་བྱས་པས། །རྒྱལ་སྲས་སློབ་མར་བཅས་པ་

དབྱིངས་ནས་དགྱེས། །ཞེས་གསལ་བར་གསུངས་པས་སོ། །བཤད་སྒྲུབ་ཆོས་ཀྱི་སྡེ་མཆོག་དེར་བདེ་ཐང་རིན་པོ་ཆེ་བློ་བཟང་ཆོས་ཀྱི་ཉི་མ་གཞན་ཕན་འཕྲིན་ལས་རྒྱ་མཚོ་དཔལ་བཟང་པོ་ཞེས་ཡོངས་སུ་གྲགས་པའི་རྡོ་རྗེ་འཆང་ཆེན་གང་གི་ཞབས་པད་ཉེ་བར་བཀོད་དེ། འཕགས་མཆོག་འཇིག་རྟེན་དབང་ཕྱུག་གིས་གྲུབ་མཆོག་མི་ཏྲ་ཛོ་གི་ལ་དངོས་སུ་གནང་བའི་བྱིན་རླབས་ཀྱི་བཀའ་དུ་མ་ཕྱོགས་གཅིག་ཏུ་བསྡོམས་པ་མི་ཏྲ་བརྒྱ་རྩར་གྲགས་པའི་དབང་གི་རིམ་པ་རྣམས་དང་། དཀྱིལ་མཆོག་རྡོ་རྗེ་ཕྲེང་བ་དང་ཀྲི་ཡ་ས་མུ་ཙྪ་ལས་བྱུང་བའི་དཀྱིལ་འཁོར་ཞེ་ལྔའི་དབང་ཡོངས་སུ་རྫོགས་པ་སྟོན་རབས་མཁས་གྲུབ་དམ་པའི་ཕྱག་སྲོལ་དང་མཐུན་པར་སྨིན་རྒྱས་སུ་བསྐུལ་བ་ལེགས་པར་མནོས་ཤིང་། མཇུག་ཏུ་ཚིག་དོན་ཟད་དུ་བྱུང་བའི་མཇལ་བཤད་པ་ཉིད་ཀྱིས་བསྒྲིགས་ཏེ་ཞུ་བར་མཛད་དོ། །མཛོ་དགེ་གླིང་བའི་དགོན་པས་གདན་འདྲེན་ནན་ཆེ་བས་ཆོས་སྡེ་དེར་ཕྱག་ཕེབས་ཏེ། བསྟན་པའི་འཇུག་སྒོ་སྐྱབས་འགྲོའི་ཁྲིད། བྱིན་རླབས་ཀྱི་འཇུག་སྒོ་བླ་མའི་རྣལ་འབྱོར་གྱི་ཁྲིད། སྡིག་སྒྲིབ་སྦྱོང་བ་རྡོར་སེམས་སྒོམ་བཟླས་ཀྱི་ཁྲིད། ཚོགས་གསོག་པ་མཎྜལ་གྱི་ཁྲིད་དེ་སྔོན་འགྲོའི་ཁྲིད་ཆེན་བཞི་སོགས་ཆོས་བཀའ་འགའ་ཞིག་བསྩལ། བསྒྲུབ་བྱ་དུ་མ་བསྙེན་རྫོགས་དང་། འགའ་ཞིག་དགེ་ཚུལ་དུ་བཀོད། ཁྱིམ་པ་མང་པོར་དགེ་བསྙེན་ཕ་མ་དང་བསྙེན་གནས་ཀྱི་སྡོམ་པ་འབོག་པར་མཛད་པ་སོགས་འབྲེལ་ཚད་དོན་ལྡན་གནང་ཞིང་འགྲོ་དོན་དཔག་མེད་གྲུབ། སྟོན་གྱི་ཕྱག་སྲོལ་བཞིན་འབོ་རའི་སྟོན་པོ་ཐང་གི་དགེ་རྒན་ལོ་གསུམ་གནང་སྟེ་ལེགས་བཤད་ནོར་བུའི་བགོ་སྐལ་ཕངས་མེད་དུ་བཀྱེས་པས་སྐལ་བ་བཟང་པོའི་གདུལ་བྱ་མདོངས་མཐའི་ཚོགས་རྣམས་ལུང་རིགས་གར་གྱིས་བྲེལ་ཅིང་བརྟགས་བརྗོད་སྒྲོ་གདུགས་སྤྱི་བོར་བསྒྱུར་བ་ལ་བརྩོན་པར་གྱུར། དེ་ལྟར་ལོ་གསུམ་གྱི་དུས་ཡུན་ལོངས་ནས་ཕྱིར་དཔལ་ལྡན་བཀྲ་ཤིས་འཁྱིལ་དུ་ཕེབས་པ་ལ་མངོན་དུ་ཕྱོགས་པར་འདུས་སྡེ་དེའི་གྲྭ་རྒན་གཞོན་ཐམས་ཅད་ཀྱི་ཐུགས་ལ་སྐྱོ་བ་ཚད་མེད་པ་འཁྲུངས་ཏེ། སྤྱན་ཆབ་བསིལ་ཞིང་འབྲལ་མི་ཕོད་པ་ཙམ་དུ་གྱུར་ཏོ། སྟོན་པོ་ཐང་ནས་བླ་བྲང་དུ་ཕེབས་པའི་ལམ་ཁར་ལམ་ལས་བཟོ་བ་མང་པོས་རྡོ

འཁྲུར་བ་སོགས་དཔག་པར་དཀའ་བའི་ངལ་ལས་ལ་བརྩོན་པ་ཆེར་བསྐྱེན་པ་གཟིགས་པའི་རྐྱེན་བྱས་ནས། སྤྱོད་འཇུག་ལས། ཉ་བ་གདོལ་བ་ཞིང་བ་ལ་སོགས་པས། །རང་གི་འཚོ་བ་ཙམ་གྱི་དོན་དུ་ཡང་། །གྲང་དང་ཚ་ལ་སོགས་པས་གནོད་བཟོད་ན། །འགྲོ་བ་བདེ་ཕྱིར་བདག་ལྟས་ཅི་མི་བཟོད། །ཅེས་གསུངས་པ་ཐུགས་ལ་ཤར་ཏེ་ནམ་མཁའི་མཐའ་དང་མཉམ་པའི་འགྲོ་བའི་དོན་དུ་བྱ་དཀའ་བའི་རྒྱལ་སྲས་ཀྱི་སྤྱོད་པ་རླབས་པོ་ཆེ་ལ་སློབ་པའི་ཐུགས་སྨོན་གནང་ཞིང་། ཕྱིས་སུ་ཡང་ཚིག་འདི་ཡང་ཡང་གསུང་ཞིང་དོན་ལ་ཐུགས་བསམ་ལེགས་པར་བཞེས་པས། དཔེ་འཛིན་བསྐྱུར་སྒྲུང་དང་དཔེ་ཁྲིད་སོགས་རྣམ་དཀར་གྱི་ཕྱོགས་ལ་སྦྱོ་བ་ཆེན་པོ་སྐྱེད་ཅི་ཐུབ་བྱས་ཤིང་བརྩོན་པ་བསྐྱེན་པ་ཡིན་གསུངས་ཏེ། ཐར་འདོད་བློ་གསལ་རྣམས་ཀྱི་སྙིང་ལ་བཙངས་འོས་པའི་མན་ངག་ཟླ་མེད་པ་ཞིག་ཏུ་ངེས་སོ་སྙམ། དེ་ནས་བློ་བཟང་བཀྲ་ཤིས་འཁྱིལ་དུ་འབྱོར་བ་ན། ཆོས་རྗེ་ཆེན་པོའི་ཚོགས་འདུ་ནས་གོང་ས་རྒྱལ་བའི་དབང་པོ་བཅུ་བཞི་བ་ཆེན་པོ་རིང་མིན་ཆོས་རྗེ་འདིར་འབྱོན་རྒྱུ་ཡིན་པས། རྒྱལ་དབང་མཆོག་གི་སྤྱན་སྔར་བཀའ་པོད་ཆེན་པོ་ལྔའི་དམ་བཅའ་འཇུགས་དགོས་སྐབས། ཨ་ལགས་དམར་པོ་དང་ཁྲིད་རྣམ་གཉིས་ཀྱིས་མངོན་པ་མཛོད་ཀྱི་དམ་བཅའ་འཛུག་དགོས་ཞེས་པའི་ཡེབས་སྒོ་བསྒྲུལ། དགུང་ལོ་སོ་དགུ་བ་ཤིང་ལུག་ལོའི་ནག་པ་ཟླ་བའི་དུས་ཆོས་དགེ་བར ༸གོང་ས་ལྷ་མིའི་རྣམ་འདྲེན ༸ས་སྐྱོང་གི་རྒྱལ་བསྟན་ཡོངས་ཀྱི་མངའ་བདག་ཀུན་གཟིགས་ཡེ་ཤེས་ཀྱི་ཉི་མ ༸གངས་ཅན་ལྷ་གཅིག་ཕྱག་ན་པད་དཀར་འཆང་བ ༸རྗེ་བཙུན་ངག་དབང་བློ་བཟང་བསྟན་འཛིན་རྒྱ་མཚོ་འཇིགས་བྲལ་དབང་ཕྱུག་སྲིད་གསུམ་དབང་བསྒྱུར་མཚུངས་པ་མེད་པའི་སྡེ་ལ་འཁོར་ལུགས་གཉིས་དཔལ་གྱིས་མཛེ་བའི་དྲེགས་ལྡན་དཔག་ཏུ་མེད་པས་བསྐོར་ཏེ། ཆོས་རྗེ་ཆེན་པོ་དཔལ་ལྡན་བཀྲ་ཤིས་འཁྱིལ་དུ་བྱོན་ཅིང་མི་འཇིགས་གདོང་ལྔ་བརྒྱད་ཀྱིས་བཏེགས་པའི་ཁྲི་འཕང་མཐོན་པོར་ཞབས་པད་བཀྲ་ཤིས་ཀྱི་རེ་ཁླ་ཉེ་བར་བཀོད་པའི་སྤྱན་སྔར། སངས་རྒྱས་གཉིས་པའི་ལེགས་བཤད་དམ་པའི་ཆོས་མངོན་པ་མཛོད་ཀྱི་དམ་བཅའ་བཞག་ཅིང་། ཀུན་གཟིགས་རྒྱལ་བའི་དབང་པོ

ཆོས་རྗེ་ཆེན་པོ་གང་གི་ཚོགས་དབུ་མཛད་སྐབས་ཀྱང་། མཛོད་དགེ་དགེ་བའི་བཤེས་གཉེན་ཆོས་འགྱུར་དང་ལྡན་དུ་ཆོས་འཁོར་གྱི་ཚོགས་གླེང་གནང་སྟེ། ལུང་དང་རིགས་པའི་ལམ་ནས་དྲངས་པའི་ལེགས་པར་བཤད་པའི་ཀུན་བཟང་མཆོད་སྤྲིན་རྒྱ་ཆེར་སྤྲོས་པས། རྒྱལ་དབང་ཐམས་ཅད་མཁྱེན་པས་ཐུགས་ཤིན་ཏུ་དགྱེས་པའི་ཉམས་ཀྱིས་བརྩེ་གཟིགས་བཀའ་དྲིན་བསྐྱངས་ཤིང་། མཛོད་དར་དང་སྲུང་མདུད་བསྩལ་ཅིང་ཕྱག་དབང་གནང་། དབྱར་ཆོས་ར་བར་འགྲོ་མགོན་ཆོས་ཀྱི་རྒྱལ་པོ་རྒྱལ་དབང་ཡེ་ཤེས་ཀྱི་ཉི་མ་མཆོག་གིས་གསན་མཁན་དཔག་ཏུ་མེད་པ་ལ་འཕགས་མཆོག་འཇིག་རྟེན་དབང་ཕྱུག་གི་དབང་ཆེན་དངོས་སྣ་གསུང་བཤད་འབྱམས་ཀླས་པས་བརྒྱུན་པ་དང་། ཉེར་མཁོའི་ལུང་འགའ་ཞིག་གནང་བའང་གསན་བཞེས་གནང་བ་ཡིན་ནོ། །

དེ་ལྟར་དཔལ་ལྡན་བཀྲ་ཤིས་འཁྱིལ་ཞེས་ཡོངས་སུ་གྲགས་པའི་བཤད་སྒྲུབ་ཆོས་ཀྱི་ཆུ་གཏེར་ཆེན་པོ་དེར་བགྲང་བྱ་བཅུ་དགུ་ཙམ་གྱི་ཡུན་ལ་མཁས་གྲུབ་གདེངས་ཅན་དབང་པོ་རྣམས་ལས་ལེགས་བཤད་ནོར་བུའི་བགོ་སྐལ་མཐའ་ཡས་པ་བཞེས་པ་མདོ་སྨད་བྱང་རྒྱུད་ཀྱི་སྐལ་ལྡན་གདུལ་བྱའི་ཞིང་སར་ཕངས་མེད་དུ་བསྐྱོད་པའི་དུས་ལ་ཉེ་བར་བབས་པ་ན། རྡོ་རྗེ་འཆང་རྗེ་བཙུན་འཇིགས་མེད་འཕྲིན་ལས་རྒྱ་མཚོ་དཔལ་བཟང་པོས་སྔོན་དུས་ནས་འཛིན་གྲྭ་རྫོགས་ན་ཧྲེཿཚོར་སོང་ཞེས་ལན་གྲངས་གཅིག་ཙམ་མ་ཡིན་པར་ཡང་ཡང་གསུངས་པ་ཞིག་ཡོད་པ་དང་། སྐབས་དེར་སྐྱབས་རྗེ་ཐུའུ་བཀྭན་རིན་པོ་ཆེར་ཚེ་མཇུག་བླ་བྲང་ནམ་བྱང་ཕྱོགས་ཧྲེཿཚ་སོགས་གང་དུ་བསྡད་ན་བཟང་བར་ཐུགས་དམ་བརྟག་པ་གནང་དགོས་ཚུལ་ཞུས་པར། ཁོང་གིས་ཕྱག་ཕྲེང་ཡང་མ་བླངས་པར་ཧྲེཿཚ་ནས་བསྡད་ན་བཟང་མོད། ཅེས་དུས་གསུམ་རྗེན་པར་གཟིགས་པའི་གསུང་ཐོལ་བྱུང་དུ་བསྩལ་པ་ལ་བརྟེན་ནས། དགུང་ལོ་སོ་དགུ་བའི་དགུན་བཤད་སྒྲུབ་ཟུང་དུ་འབྲེལ་བའི་ཆོས་སྡེ་ཆེན་པོ་དགེ་ལྡན་བཀྲ་ཤིས་ཆོས་སྡིངས་སུ་ཕྱག་ཕེབས་ཏེ། ཀུན་སྤངས་དཀྱུས་མའི་ལུགས་བཞིན་རང་ཤོང་སྒྲིལ་ཚང་ཞིག་ཉོས་ནས་བརྟན་བཞུགས་གནང་སྟེ། བློ་གསལ་ལུང་རིགས་སྨྲ་བའི་སློབ་ཚོགས་

མང་པོ་འདུས་པ་ལ་བཀའ་པོད་ཆེན་པོ་ལྔའི་དཔེ་ཁྲིད་རྒྱུན་ཆགས་སུ་གནང་། དཔེ་ཁྲིད་སྟོལ་བའི་སྐབས་སུ་འཆད་ཚུལ་ལ་ཤིན་ཏུ་མཁས་པ་དཔེར་ན། ཐོག་མར་བསྡུས་དོན་གྱི་སྒོ་ནས་སྐབས་དོན་གང་ཡིན་ཚིག་ཉུང་ཞིང་དོན་གསལ་བ་ཞིག་སློབ་མ་རྣམས་ཀྱི་བློ་ངོར་འཇོགས་པར་བྱེད་ཅིང་། དེའི་རྗེས་རྒྱ་གར་མཁས་པའི་གཞུང་དང་པོད་ཀྱི་མཁས་པ་སྟོ་མ་དག་གི་གཞུང་། ཁྱད་པར་འཇམ་མགོན་བླ་མ་ཡབ་སྲས་ཀྱི་གསུང་དང་རྗེས་འཇུག་གྲྭ་ཚང་སོ་སོའི་ཡིག་ཆ། ཕྱིས་ཀྱི་མཁས་པ་སོ་སོའི་གཞུང་སོགས་ལེགས་བཤད་མང་པོ་ཁུང་བསྒྲིགས་ནས་བརྒལ་བརྟགས་ཀྱི་དཀའ་གནད་མཐའ་དག་མཐའ་གཅོད་པར་མཛད་པས། གཞུང་དོན་ཉན་མཁན་དག་གི་རྒྱུད་ལ་འཇུགས་པ་ལྟ་བུ་ཞིག་ཡོད་པ་དང་། རིགས་པའི་འཕྲུལ་གྱིས་དམ་བཅའ་བ་ཅི་དྲགས་གཏུགས་ཏེ་མཐར་གཞུང་དོན་རྒྱ་ཆེར་བདེ་བླག་ཏུ་ཤེས་པར་བྱེད་པ་སོགས་འཆད་ཚུལ་གྱི་ཐབས་འཕྲུལ་རྨད་དུ་བྱུང་བ་མཐའ་ཡས་སོ། །

ཕྲན་ཡང་འདི་དུས་ནས་མགོན་པོ་གང་གི་ཞབས་པད་གཙུག་ཏུ་བསྟེན་ཏེ་བློ་རིག་དང་རྟགས་རིགས། ས་ལམ་དང་གྲུབ་མཐའ། དོན་བདུན་ཅུ་དང་དགེ་འདུན་ཉི་ཤུ་སོགས་ཕར་ཚད་ཀྱི་གཞུང་མང་པོའི་དཔེ་ཁྲིད་ཉན་རྒྱུའི་སྐལ་བཟང་བྱུང་བ་ཡིན་ནོ། །དགུང་ལོ་བཞི་བཅུ་བ་མེ་ཕྲེལ་ལོར་ཉིད་ཀྱིས་ཞུས་ཏེ། བཀའ་དྲིན་ཟླ་མེད་བྲ་མདོའི་དགེ་རྒན་རིན་པོ་ཆེས་སྒྲུབ་ཐབས་རིན་པོ་ཆེ་འབྱུང་གནས་ལས་བྱུང་བའི་རྗེས་གནང་ཡོངས་རྫོགས་དང་། རྒྱལ་མཆོག་བློ་བཟང་བསྐལ་བཟང་རྒྱ་མཚོའི་གསུང་འབུམ་གྱི་ལུང་གནང་བ་གསན་ཅིང་། རྣམ་སྲས་ཀྱི་རྗེས་གནང་གི་སྐབས་ཕོ་བྲང་གི་རྣམ་པ་བཞེངས་པ་ལས་གཏོར་སྤྱི་ནག་པོ་མགོར་རིལ་བུ་སེར་པོས་བརྒྱན་པ་ནགས་ལྟར་སྐྲེས་པ་དེར་འཁོད་ཚང་མས་མཐོང་། བྲ་མདོའི་དགེ་རྒན་རིན་པོ་ཆེ་ལས་གཅོད་དབང་གསན་ཅིང་གཉན་ཁྲོད་དུའང་ཕེབས། དབྱར་མང་རའི་ལྷུ་ཚང་དགོན་ཆེན་དུ་ཕེབས་ཏེ་བློ་གསལ་དོན་གཉེར་ཅན་གྱི་ཚོགས་ལ་བཀའ་པོད་མང་པོའི་དཔེ་ཁྲིད་དང་དོགས་གཅོད་མཐའ་ཆོད་པ་སྟོལ་བའི་བཀའ་དྲིན་བསྐྱངས་ཤིང་། དགེ་རྒན་དམ་པ་རྭ་བཟའི་ཕྲུན་ཚོགས་ཚང་གི་དྲུང་ནས་ལམ་རིམ་ཆེན་མོ་དང་སྔགས་རིམ་ཆེན་མོ་

གཉིས་ཀྱི་བཀླག་ལུང་གསན་ཏེ་སྟོན་རྒྱཿཚར་ཕེབས། སྐབས་དེར་བྱ་མདོའི་དགེ་རྒན་རིན་པོ་ཆེ་སྐུ་བསྟུང་བཞེས་ཚུལ་གནང་བ་ལ་བསྟུན་གཡོག་ཚུལ་བཞིན་བྱས། དགེ་རྒན་མཆོག་འདིས་དམ་པ་ཉིད་སྐུ་དངོས་ཀྱི་གདུལ་བྱ་རྫོགས་ནས་མྱ་ངན་ལས་འདའ་བའི་ཚུལ་སྟོན་པ་ལ་ཉེ་བ་ན། དབང་དང་རྗེས་གནང་སོགས་ཆོས་བཀའ་གནང་བའི་སྐབས་སུ་ཉེ་བར་མཁོ་བའི་ཕྱག་དཔེ་དང་དཀྱིལ་འཁོར་སོགས་མགོན་པོ་གང་གི་ཐུགས་ཀྱི་སྲས་དམ་པ་འདིར་བསྟོད་པ་གནང་སྟེ། རྗེས་ནས་ཁོང་གི་གཟིམ་སྤྱིལ་དུ་བཞུགས་ནས་ཆོས་བཀའ་རྒྱ་ཆེར་གནང་དགོས་ཚུལ་གྱི་བཀའ་ཕེབས་པ་ལ། དམ་པ་མཆོག་འདིས་ཁོ་བོས་ཚེ་འདིར་དབང་དང་རྗེས་གནང་གི་སྐོར་གཏན་ནས་གནང་རྒྱུ་མིན་ཚུལ་ཞུས་པར། བཀའ་ལས་བདག་གིས་དངོས་པོ་འདི་དག་ཁྱེད་ལ་བྱིན་པ་ཡིན་མོད། ཁྱེད་ཀྱིས་སུ་ལ་སྟེར་ཉིད་ཀྱིས་ཤོས་གསུངས་ནས་རྟེན་དེ་དག་ནན་གྱིས་བསྐུལ་ནས་གསན་དུ་མ་བཞེད་དོ། །སྐྱེས་བུ་དམ་པ་རྣམས་ཀྱི་མཛད་པ་ནི་བསྟན་འགྲོའི་དོན་དུ་ཅི་འགྱུར་གནང་རྒྱུ་ལས་གཞན་གཏན་ནས་མི་སྲིད་པས། མདོ་སྔགས་ཀྱིས་བསྡུས་པའི་བསྟན་པ་རིན་པོ་ཆེ་ཉམས་ཆག་ཤིན་ཏུ་ཆེན་པོ་བྱུང་ཞིང་ཆོས་རྒྱུན་དྲི་བྲལ་ཏ་ཙང་དཀོན་པ་དེང་སང་གི་དུས་སུ་རྟེན་དེ་རྣམས་ཆུད་མ་ཟོས་པར་བཞུགས་པ་ལ་བརྟེན་ནས་དམ་པ་འདི་ཉིད་ཀྱིས་སྙིང་སྟོབས་ཀྱི་གོ་ཆ་བླ་ལྷག་གིས་བཞེས་ཏེ། རིས་སུ་མ་ཆད་པའི་ཆོས་སྡེ་དུ་མར་ཕེབས་ནས་དབང་ལུང་མན་ངག་གི་ཆོས་རྒྱུན་དྲི་མས་དབེན་པ་མཐའ་ཡས་པ་སྤེལ་ཞིང་། རྒྱལ་བསྟན་ཡུན་གནས་ཀྱི་འཕྲུལ་འདེགས་བླ་མེད་དུ་འགྱུར་བའི་ཚུལ་ཡོངས་འཛིན་དུས་གསུམ་གཟིགས་པ་གང་གིས་སྟོན་ནས་གཟིགས་ཏེ། དོན་ལ་བསྟན་པ་རིན་པོ་ཆེ་གཏད་པའི་གསུང་དུ་གོར་མ་ཆག་པས། བློ་གཟུ་བོར་གནས་ཤིང་རྣམ་དཔྱོད་དང་ལྡན་པ་རྣམས་ཀྱིས་དཔལ་ལྡན་བླ་མ་དམ་པ་འདི་ཡབ་སྲས་ཀྱི་མཛད་པ་ལ་བཀའ་དྲིན་རྗེས་སུ་དྲན་པའི་སྒོ་ནས་དད་ཅིང་གུས་པར་བྱའོ། །

དགུང་ལོ་ཞེ་གཅིག་པ་མེ་བྱ་ལོར་སྐྱབས་རྗེ་སྐུ་མཆེད་རིན་པོ་ཆེས་ལྷ་དར་བཅས་ཚོགས་ལ་ཕེབས་དགོས་པའི་བཀའ་ནན་བསྐུལ་བ་ལྟར་ཚོགས་སུ་ཕེབས་ནས་འཛིན་གྲྭ་སོ་

སོའི་སློབ་གཉེར་བ་རྣམས་ལ་བློ་བསྐྱེད་མང་པོ་གནང་བ་དང་། དགེ་ཕྲུག་རྣམས་ལ་བཀའ་པོད་སོ་སོའི་དཔེ་ཁྲིད་རྒྱུན་ཆགས་སུ་ནན་ཏན་གྱིས་བསྐུལ་བ་ལ་བརྟེན་ནས་སྟེ་འདིར་ཕྱོགས་བསམ་ལ་བརྩོན་མཁན་ཇེ་མང་དུ་སོང་ཞིང་བཀའ་པོད་ལྔའི་སློབ་གཉེར་ཡར་ངོའི་ཟླ་བའི་དཔལ་ལ་འགྲན་པ་ལྟ་བུར་གྱུར་ཏོ། །སྐབས་དེ་དག་ཏུ་དོན་གཉེར་ཅན་རྣམས་ལ་སུམ་རྟགས་སོགས་ཐ་སྙད་རིག་གནས་ཀྱི་མཛུབ་ཁྲིད་ཀྱང་ལན་ཁ་ཤས་གནང་། ལུང་རིགས་སྨྲ་བ་དགེ་བའི་བཤེས་གཉེན་སྦྱིན་པ་རྒྱ་མཚོ་དང་ཕྲན་གཉིས་ཀྱིས་ཞུས་ཏེ་སྟོན་འགྲོའི་ཁྲིད་ཆེན་བཞི་ཐུགས་ཕྱོག་ནས་རང་ཉམས་ལ་བསྒྱུར་ཏེ་བརྒྱུད་ལྡན་དམ་པའི་མན་ངག་གིས་བརྒྱན་པ། གེགས་སེལ་འཕོག་འདོན་གྱི་དམིགས་རིམ་ཆ་ཚང་ཞིང་ཉམས་སུ་བླང་བདེ་བ་གསུང་བཤད་འབྱམས་ཀླས་པས་ཕྱུད་པ་སྨོལ་བའི་བཀའ་དྲིན་བསྐྱངས་ཤིང་། ཇི་སྐད་དུ། བློ་གྲོས་ལྡན་པ་ཟབ་རྒྱ་ཆེ། །བློ་ཆུང་གོ་སླ་བཟུང་བདེ་བ། །ཞེས་པ་ལྟར་འཆད་ཚུལ་ལ་ཤིན་ཏུ་མཁས་པའི་དབང་གིས་བློ་ཁ་མཐོ་དམན་ཀུན་ལ་རང་རང་གི་དབང་པོ་དང་འཚམ་པར་གོ་རྒྱུ་ཆེ་ཞིང་། གསུང་བཤད་གང་གནང་ཚིག་གི་ན་ཡམ་ཙམ་མ་ཡིན་པར་དོན་གྱི་ཟབ་གནད་ཚང་ཞིང་སྙིང་སྟེང་གི་གསུང་ལེགས་གཤིས་ཐམས་ཅད་ཀྱི་བློ་སྣ་འགྱུར་ཏེ་སྐྱོ་ཤས་དང་དད་གུས་ཀྱིས་མཆིམ་འདོན་པ་མང་པོ་བྱུང་ཞིང་། ཁྱད་པར་དུ་དཔལ་རི་བོ་དགེ་ལྡན་པའི་བླ་མའི་རྣལ་འབྱོར་དགའ་ལྡན་ལྷ་བརྒྱ་མར་གྲགས་པའི་ཁྲིད་སྨོལ་བའི་སྐབས་འཇམ་མགོན་ཙོང་ཁ་བ་ཆེན་པོའི་སྐུའི་ཆེ་བའི་ཡོན་ཏན་གསུངས་ཏེ་དད་གུས་ཀྱིས་ཐུགས་གཡོས་པས་སྤྱན་ཆབ་བསིལ་བ་ཚོད་དཀའ་བར་གྱུར་ཏེ་ཉིན་དེར་ཆོས་མཚམས་ཕྱེ་དགོས་བྱུང་ཞིང་། ཕྱི་ཉིན་ཞལ་ནས་བདག་ལ་ཆུང་རྟགས་ཤིག་གིས་ཁ་སང་ཙུང་ཟད་མི་འོས་པ་ཞིག་བྱུང་སོང་། བདག་གིས་རང་ཉིད་དགེ་ལུགས་པའི་རྗེས་འཇུག་ཙམ་ཡིན་པ་ལ་བརྟེན་ནས་ཕྱོགས་རིས་བྱེད་པ་མ་ཡིན་པར་རྗེ་བླ་མའི་ཡོན་ཏན་ཁྱེད་རྣམ་པས་རྗེའི་ལེགས་བཤད་རྣམས་ལ་ཞིབ་ཏུ་མཇལ་ན་ཤེས་པར་འགྱུར་རོ་ཞེས་སོགས་གསུངས་ཏེ་ཤིན་ཏུ་ཐུགས་མད་དོ། །སྐབས་ཤིག་ཕྲན་གྱིས་རིམ་ལྔ་གསལ་སྒྲོན་གྱི་ཕྱག་དཔེ་སྦྱར་ནས་དྲུང་དུ་ཕུལ་བར། རང་རེ་རྣམས་དགོན་པ་

ནས་འདུག་རྒྱུའི་སྐལ་བ་མ་བྱུང་བར་གྲོང་ལ་འགྲོ་བའི་སྐབས་སུ་ཡང་དཔེ་ཆ་འདི་ཁུར་ནས་འགྲོ་བ་ཡིན་གསུངས་པ་སོགས་དུས་གསུམ་རྗེན་པར་གཟིགས་པའི་གསུང་འགའ་ཞིག་བསྒྲུལ་བ་ཡོད་ཀྱང་དགག་བྱ་ཆེ་ལ་དགོས་པ་ཆུང་བས་མ་བཀོད་དོ། །དགེ་ཕྲུག་རྣམས་ལ་བསླབ་བྱ་གནང་ནའང་ཐུགས་ཁྲེལ་པའི་རྣམ་པས་སྐྱོན་མཚང་དམར་འབྱིན་དང་ཕྱག་འདེབས་སོགས་གཏན་ནས་མི་གནང་ན་ཡང་། སྙིའི་བླང་དོར་ལས་བརྩམས་པའི་བསླབ་བྱ་གནང་སྐབས་གསུང་ཤུགས་ཀྱིས་བདག་གི་སྐྱོན་འདི་མཁྱེན་འདུག་སྙམ་ནས་འཇིགས་ཞུམ་གྱིས་འགྲོ་བ་བཟློས་ནས་གདུལ་བྱ་བག་ཡོད་ལ་འགོད་པ་སོགས་ཐབས་ལ་མཁས་པའི་མཛད་བཟང་རྨད་དུ་བྱུང་ཞིང་། གཞན་སེམས་སྒྲིབ་མེད་དུ་མཁྱེན་པ་མངའ་བའི་གཏན་ཚིགས་མཐའ་ཡས་ནའང་འདིར་ཡིག་ཚོགས་སྐྱུང་བའི་ཕྱིར་རྒྱས་པར་འགོད་པའི་ངལ་བ་མ་བྱས་སོ། །ད་ནི་བརྗེད་དུ་ཕངས་པའི་གསུང་སྒྲོས་ཤིག་འགོད་ན། ཉིད་ཀྱི་ཞལ་ནས། བདག་རང་ལོ་ཉེར་ལྔ་བ་ལུགས་སྤྲུལ་ལོར་ཧོར་ཟླ་དྲུག་པ་གཉིས་ཡོད། དགེ་བཤེས་འགའ་ཞིག་གིས་དྲུག་པ་རྗེས་མ་དངོས་ཟླ་ཡིན་པས་དེའི་བཅུ་དྲུག་ལ་དབྱར་སྟོ་མ་ཁས་ལེན་བྱ་དགོས་ཟེར། གཞན་འགའ་ཞིག་གིས་དྲུག་པ་སྔོན་མར་དབྱར་ཁས་ལེན་བྱ་དགོས་པ་འདི་སྔོན་གྱི་ཕྱག་ལེན་དང་གཞི་གསུམ་ཆོ་ག་སོགས་ཀྱི་དགོངས་པ་ཡིན་པས། དྲུག་པ་སྔོན་མ་དངོས་ཟླ་དང་ཕྱི་མ་གཞོལ་ཟླ་ཡིན་ཟེར། དེའི་ཚེ་རྗེ་བཙུན་འཇིགས་མེད་འཕྲིན་ལས་རྒྱ་མཚོ་དཔལ་བཟང་པོ་དང་། གོང་ས་བསྟན་པའི་རྒྱལ་མཚན། ཡོངས་འཛིན་གྲགས་པ་རིན་པོ་ཆེ་སོགས་དགེ་བཤེས་གོང་མ་རྣམས་བཀའ་བགྲོས་ཏེ། དེང་ཕྱིན་ཆད་དྲུག་པ་གཉིས་བྱུང་ན་དྲུག་པ་སྔ་མར་དབྱར་ཁས་ལེན་དང་། དྲུག་པ་རྗེས་མའི་ཉེར་དགུའམ་གནམ་གང་ཡོད་ན་གནམ་གང་ལ་གློ་བུར་དགག་དབྱེ་བཅོ་ལྔ་བ་བྱེད་དགོས་ཞེས་པའི་ཡིག་བཞག་གནང་བས། བདག་ཅག་གིས་དྲུག་པ་སྔ་མར་དབྱར་ཁས་ལེན་བྱས་སོ། །དེའི་དུས་རྣ་བའི་ཐོས་པ་ཙམ་ལས་འདུལ་བའི་སྡེ་སྣོད་མ་མཐོང་བས་རྒྱུ་མཚན་མ་ཤེས་ཀྱང་། དེང་སང་ཞིབ་ཏུ་བསམས་ན་ཁོང་རྣམས་ཀྱིས་ཡིག་བཞག་གནང་བ་ལྟར་ཡིན་ཏེ། མདོ་རྩ་བ་མཚོ་སྣ་བའི་མཆན་དང་བཅས་

པ་ལས་བླ་བ་ཤོལ་དོར་བ་ནི་རྒྱལ་པོའི་རྗེས་སུ་འབྲང་ཞེས་གསུང་པས། ཤོལ་དོར་བའི་ཚེ་ན་སྔོན་བླ་འབྲིང་པོ་གཉིས་སུ་རྒྱལ་པོས་བྱས་ན། ཞེས་པ་ནས། བླ་བ་དེ་གཉིས་གང་ལ་སྦྲ་བསྐྱུང་གདིང་ཞེ་ན། དབྱར་གནས་བླ་བ་གསུམ་གྱི་ཐ་མའི་དུས་དགག་དབྱེ་ཇི་ལྟ་བ་བཞིན་དུ་ཕྱིས་དེའི་ཉིན་པར་སྦྲ་བསྐྱུང་གདིང་བར་བྱ་ཡི་ཤོལ་བླའི་རྗེས་སུ་མི་འབྲང་བས་ནི་མི་བྱའོ། །ཞེས་བླ་དགུ་བ་ལ་ཤོལ་བླ་བྱུང་ན་དགུ་བ་ཕྱི་མ་ཤོལ་བླ་ཡིན་པས་དེའི་རྗེས་སུ་མི་འབྲང་བར་གསུང་པའི་ཕྱིར་རོ། །ཞེས་གསུངས་སོ། །དེང་སང་འདི་ཙམ་ཡང་ཤེས་མཁན་དཀོན་པར་སྣང་བས་གསུང་སྒྲོས་འདི་བཀོད་པ་ཡིན་ལ། ད་དུང་གསུང་སྒྲོས་གལ་ཆེན་འགའ་ཡོད་པའང་རིམ་གྱིས་འགོད་པར་བྱའོ། །དེ་ལྟར་བཀྲ་ཤིས་ཆོས་སྡིངས་སུ་བཞུགས་པའི་བགྲང་བྱ་བཞིའི་རིང་ལ་སློབ་མ་རྣམས་ལ་དཔེ་ཁྲིད་གནང་བ་རྒྱུན་ཆགས་སུ་མཛད་པའི་སྙིང་དགུན་བཅད་རྒྱའི་ངོས་ལྷག་ལྷ་འགའི་ལྟགས་བསྙེན་གནང་ནའང་ས་བོན་མ་བྱུང་བས་གསལ་བར་འབྲི་མ་ནུས་སོ། །

སྨྲས་པ།

རྒྱལ་ཀུན་ཡེ་ཤེས་འོད་ཀྱི་དྲྭ་བ་ལས། །
མཚམས་སྦྱིན་ལང་ཚོ་གསར་བའི་འཇུམ་ཤྲོལ་ཏེ། །
སྒྲིབ་གཉིས་འཁྲི་ཤིང་གཅོད་པའི་རལ་གྲི་འཆང་། །
ཀུན་རྫོངས་གཡུལ་ལས་རྒྱལ་བའི་མགོན་དུ་བསྟེན། །
དགའ་བ་བརྒྱ་ལྡན་ལུགས་བཟང་ནམ་མཁའི་ནོར། །
བཤད་སྒྲུབ་གོ་ལའི་ཤུགས་ཀྱིས་དྲང་བའི་མཐུས། །
ཐུབ་བསྟན་པད་ཚལ་དར་ཞིང་རྒྱས་གྱུར་པའི། །
ངོ་མཚར་གླིང་མཆོག་ལྷ་ཡི་དགའ་ཚལ་དེར། །
ལུང་རྟོགས་ཡོན་ཏན་ཆུ་ཡི་འཁྱུར་འཛིན་པའི། །
རྒྱལ་སྲས་ནམ་མཁའི་སྣང་བོ་མཆོག་འདི་ཡིས། །

ལེགས་པར་བཤད་པ་ཡན་ལག་བརྒྱད་ལྡན་ཆར། །

སྐལ་བཟང་ཕན་བདེའི་ལོ་ཏོག་གསོས་སུ་བསྐྱལ། །

བློ་བཟང་ཆོས་ཀྱི་ཉི་མ་འོད་སྟོང་ཅན། །

གཞན་ཕན་འཕྲིན་ལས་ཤུགས་ཀྱིས་འདྲེན་མཁས་པའི། །

དཀྱིལ་འཁོར་རྒྱ་མཚོའི་བདག་པོ་མཆོག་དེ་ལས། །

རྣམ་དག་དབང་བཞིའི་བདུད་རྩི་རྫོགས་པར་གསོལ། །

ཁྱབ་བདག་འཁོར་ལོའི་མགོན་པོ་དེ་ཡི་དྲུང་། །

དོན་ལྡན་བསྡུགས་པ་ཚངས་སྲས་ཕང་འགྲོའི་དབྱངས། །

ཞབས་པད་བསྐལ་བརྒྱའི་སྲིད་དུ་ལྷུན་ཆགས་པའི། །

བདེན་ཚིག་མེ་ཏོག་ཆར་དང་བཅས་ཏེ་མཆོད། །

ངེས་འབྱུང་ནོར་བུའི་རྒྱན་འཆང་སྐལ་བཟང་དག །

ཤཱཀྱའི་རྒྱལ་པོའི་སྲས་སུ་བསྐྱུན་དང་ལྡན། །

དད་གཏོང་ནོར་གྱིས་མཛེས་པའི་སྐྱེ་བོ་མང་། །

རྣམ་དག་ཐར་བའི་ལམ་བཟང་དྲང་པོར་བཙུད། །

དྲི་བྲལ་ལྷག་བསམ་ཉི་མའི་དཀྱིལ་འཁོར་ལས། །

ལུང་རིགས་ཚ་ཟེར་འབར་བའི་གཟི་འབྲུག་པ། །

ཆོས་མངོན་འཇིག་རྟེན་གསལ་བའི་སྒྲོན་མེ་དང་། །

རྒྱལ་དང་དེ་སྲས་མཆོད་པའི་སྤྲིན་དུའང་གྱུར། །

བཀྲ་ཤིས་གཡས་འཁྱིལ་དུང་གི་ཁོག་པ་ལས། །

ལུང་རིགས་དབྱངས་སྙན་ཟད་པ་མེད་པའི་སྒྲ། །

འཇིག་རྟེན་དབང་ཕྱུག་དགྱེས་པའི་མཆོད་སྤྲིན་དུ། །

ཕུལ་བའི་དགེ་མཚན་ཕུང་པོ་རི་བས་མཐོ། །

འཕགས་བོད་གཞུང་ལུགས་ལེ་ཤེ་ལ་སྦྱོར་བའི། །
ཞལ་སྐྱེས་དཔྱུགས་ཀྱི་ཟབ་གས་མ་སྤྲ་མོར་ཡང་། །
ལེགས་བཤད་སླན་མངར་བའི་དྲིས་བཟུང་བས། །
དཔྱོད་ལྡན་ཀུན་ཡིད་ལྷགས་ཀྱུ་མེད་པར་དྲང་། །
བཀྲ་ཤིས་ཆོས་སྡིངས་ཆོས་ཀྱི་སྡེ་ཆེན་པོར། །
ལེགས་བཤད་ནོར་བུའི་གྲུ་ཆར་ཕབ་པའི་མོད། །
སྐལ་ལྡན་དགའ་དད་རླབས་བརྒྱ་འཕྱུར་བའི་རྗེར། །
བསྡུགས་བརྗོད་ལྷུ་ཕྲེང་དཀར་པོའི་མེ་ཏོག་མཛེས། །
ཚུལ་གནས་ཁྲིམས་ལྡན་རྒྱ་མཚོའི་མགོན་པོ་གང་། །
གཙུག་གི་ནོར་བུར་བསྙེན་པའི་མན་ངག་ཀླུང་། །
སླར་ཡང་སྤོངས་འདིར་འདྲེན་པའི་བྱེད་པོ་ཏུ། །
སྙིགས་དུས་ཐུབ་བའི་གདུང་འཚོབ་མཆོག་དེས་བསྐོས། །
དབང་ལུང་ཁྲིད་རྒྱུན་རྣམ་དག་ལྷ་ཡི་ཆབ། །
མན་ངག་ལྷུ་ཕྲེང་དཀར་པོའི་དོ་ཤལ་ཅན། །
སྦྲོ་ཞིང་སྤུད་བའི་བྱེད་པོར་མངའ་གསོལ་བའི། །
བསྟན་འཛིན་མ་དྲོས་ཆུ་གཏེར་ཆེ་འདིར་བསྡུགས། །
ཡང་སྙིགས་འདམ་རྫབ་ཁྲོད་དུ་སྐྱིད་བསྲིངས་པའི། །
རྒྱལ་སྲས་པདྨ་དཀར་བའི་སྔོན་པ་འདིར། །
ཉེས་སྐྱོན་དྲི་མས་ཡོངས་བཏང་འདབ་བརྒྱའི་ཕྲེང་། །
དཔག་ཡས་ཡོན་ཏན་དྲི་ངད་འཐུལ་བཞིན་བཞད། །
དྲི་བྲལ་ལྷག་བསམ་རང་མདངས་རབ་ཏུ་དཀར། །
ཀུན་ཕན་མཛད་བཟང་རི་མོ་གཡས་སུ་འཁྱིལ། །

ལེགས་བཤད་དབྱངས་ཀྱིས་ས་གསུམ་གདུང་འཕྲོག་པའི། །
མཁས་གྲུབ་སྐྱེས་པ་ལྷ་བ་འདི་རྨད་བྱུང་། །
ཀྱི་མ་འཁོར་བ་མཚན་མོའི་མུན་སྟུག་ཁྲིད། །
གཏོལ་མེད་འཁྲུན་པའི་ཉམ་ཐག་བདག་ཉིད་ལ། །
རྟོགས་བརྗོད་སྤྲེལ་བའི་བསོད་ནམས་སྒྲོག་གི་སྒྲོན། །
སྡིག་ལྟུང་གཡང་ལས་སྐྱོབ་པའི་གྲོགས་སུ་བསྩལ། །

ཞེས་མདོ་རྒྱུད་རྒྱ་མཚོའི་མངའ་བདག ༄ ཡོངས་ཀྱི་དགེ་བའི་བཤེས་གཉེན་ཆེན་མོ་རྗེ་བཙུན་རྟྣ་ན་ས་རའི་ཐུན་མོང་གི་རྟོགས་པ་མདོ་ཙམ་བརྗོད་པ་བདེན་གཏམ་ཤེལ་གྱི་མེ་ལོང་ཞེས་བྱ་བ་ལས་ཆོས་གྲྭ་ཆེན་མོ་བཀྲ་ཤིས་འཁྱིལ་དང་དཔལ་ལྡན་བཀྲ་ཤིས་ཆོས་སྡིངས་སོགས་སུ་འཆད་རྩོད་རྩོམ་གསུམ་གྱི་སྒོ་ནས་བསྟན་པ་ལ་བྱ་བ་རྒྱ་ཆེར་མཛད་པའི་ཚུལ་ཅུང་ཟད་བརྗོད་པའི་སྐབས་ཏེ་ལྔ་བའོ།། །།

སྐབས་དྲུག་པ། ཐུབ་བསྟན་ཉམས་ཆག་ཆེན་པོ་བྱུང་སྐབས་སུ་བསྟན་འགྲོའི་དོན་གནང་ཚུལ།

རྒྱལ་ཀུན་ཐུགས་གསང་ཆུ་གཏེར་བསྲུབས་སྐྱེས་པའི། །
ཡིད་འོང་ཟླ་བ་གསར་པའི་ལང་ཚོ་ཅན། །
སྐྱེ་དགུའི་ཡིད་ཀྱི་ཚོམ་ཀུན་སྨིན་ལེགས་མས། །
མི་འགྱུར་བདེ་བ་མཆོག་གི་དངོས་གྲུབ་སྩོལ། །

གཉིས་པ་ནི། དགུང་ལོ་ཞེ་གཉིས་པ་རབ་རྒྱལ་ས་ཁྱིའི་ལོར་ཡང་སྔར་བཞིན་དགེ་ལྡན་བཀྲ་ཤིས་ཆོས་སྡིངས་སུ་འཛིན་གྲྭ་སོ་སོའི་སློབ་འབངས་རྣམས་ལ་བཀའ་པོད་ཆེན་པོ་རྣམས་ཀྱི་ཞིབ་ཁྲིད་སྩོལ་བ་དང་། དམ་པ་ཉིད་ཐུགས་དམ་ཉམས་བཞེས་དང་དཔེ་གཟིགས་

ལ་བརྟོན་པ་ཆུ་བོའི་རྒྱུན་བཞིན་གནང་བའི་སྨུར་བཞུགས་བཞིན་པ་ལ། ལོ་དེའི་ཟླ་བརྒྱད་པ་ནས་བཟུང་སྟེ་དུས་དེའི་སེམས་ཅན་སྤྱི་མཐུན་གྱི་ལས་ཀྱི་རྣམ་པར་སྨིན་པ་ཡོངས་སུ་སྨིན་ཅིང་། སྙིགས་མའི་རྒུད་པ་མཚོ་ལྟར་བརྫོལ་བའི་དབང་གིས་སྐྱེ་དགུའི་ཕན་པ་དང་བདེ་བ་འབྱུང་བའི་གཞི་གཅིག་པུར་གྱུར་པའི་བཤད་སྒྲུབ་ཆོས་ཀྱི་སྡེ་ཐམས་ཅད་གཏོར་ནས་མིང་གི་ལྷག་མ་ཙམ་དུ་གྱུར་པར་བརྟེན། དམ་པ་འདི་ལ་ཕ་ཁྱིམ་ངེས་པ་ཅན་ཞིག་མ་མཆིས་པས། ཁོང་གི་འབྲོངས་ཡུལ་གཙན་ཚའི་རི་རྒྱབ་ནང་དུ་ཕྱུགས་ཕེབས་ཏེ་ཟླ་དགུ་བའི་ཆོས་བཅོ་ལྔ་ནས་ངུར་སྨྲིག་གི་ན་བཟའ་དོར་ཞིང་གོང་ཆས་སྤྲས་ནས་ཁྱིམ་པ་རྣམས་དང་མཉམ་དུ་སོ་ནམ་གྱི་ལས་ལ་ཞུགས། དེ་དག་གི་སྐབས་སུ་བདག་ཅག་ཕལ་བ་རྣམས་ནི་སེམས་ཁོང་དུ་ཆུད་ཅིང་གདུང་བ་ལ་སྤྱོད་བཞིན་མཆིས་མོད། དམ་པའི་སྐྱེས་བུ་མཆོག་འདིས་ནི། སྤྱོད་འཇུག་ལས། བདག་གི་ལུས་དང་ལོངས་སྤྱོད་དང་། །དུས་གསུམ་དགེ་བ་ཅི་མཆིས་པ། །སེམས་ཅན་ཀུན་གྱི་དོན་སྒྲུབ་ཕྱིར། །ཕངས་པ་མེད་པར་བཏང་བར་བྱ། །བདག་གིས་ལུས་ཅན་ཐམས་ཅད་ལ། །ལུས་འདི་ཅི་བདེར་བྱིན་ཟིན་གྱིས། །རྟག་ཏུ་གསོད་དང་སྨོད་པའམ། །བརྡེག་སོགས་ཅི་དགར་བྱེད་ལ་རག། བདག་གི་ལུས་ལ་རྩེ་བྱེད་དམ། །ཅོ་འདྲི་ག་ཞའི་རྒྱུ་བྱེད་ཀྱང་། །བདག་གི་ལུས་འདི་བྱིན་ཟིན་གྱིས། །འདི་ཡི་ཁ་ཏས་ཅི་ཞིག་བྱ། །ཞེས་སོགས་ཀྱི་དོན་ཐུགས་ལ་དགོངས་ཤིང་ཚིག་གསུང་བཞིན་སོ་ནམ་བྱས་པ་ཡིན་ཞེས་ཞལ་ནས་གསུངས་སོ། །འགྲོ་བའི་མགོན་པོ་འདི་ཉིད་ཀྱིས་ནི་རིང་མོ་ཞིག་ནས་བྱང་ཆུབ་ཀྱི་སེམས་བསྐྱེད་ཅིང་རྫོགས་སྨིན་སྦྱང་གསུམ་མཐར་ཕྱིན་ཏེ་ཡང་དག་མཐའ་མངོན་དུ་བྱས་ཟིན་ནའང་། སྐུ་ཚེ་འདིར་ཡང་བཀའ་གདམས་སྙན་བརྒྱུད་ཀྱི་མན་ངག་ཁྱད་པར་ཅན་ཐེག་མཆོག་བློ་སྦྱོང་གི་གདམས་ངག་ཐུགས་དམ་གྱི་མཐིལ་དུ་བཟུང་ཞིང་སྦྱོང་བ་ཐོན་པས། ལུས་སྲོག་ལོངས་སྤྱོད་དུས་གསུམ་བསགས་པའི་དགེ་ཚོགས་དང་བཅས་པ་སེམས་ཅན་གྱི་དོན་དུ་གཏོང་བ་ལ་ཡ་ང་བ་ཙུང་ཟད་ཙམ་ཡང་མེད་པའི་སྙིང་སྟོབས་རྒྱུད་དུ་བྱུང་བ་མངའ་བའི་དབང་གིས་སོ་ནམ་སོགས་ལས་མི་འཚམས་པ་དག་བྱེད་དགོས་བྱུང་རུང་ཅི་མི་སྙམ་པར་ལྷོད་

ཆགས་སེ་བཞུགས་ཤིང་། བྱང་ཆུབ་ཀྱི་སེམས་རིན་པོ་ཆེའི་གསལ་འདེབས་དང་པོགས་འདོན་གྱི་ཆ་རྐྱེན་འབབ་ཞིག་ཏུ་ཁྱེར་པར་མཛད་པ་འདི་ནི་ཆེས་ངོ་མཚར་རྨད་དུ་བྱུང་བའི་རྣམ་པར་ཐར་པ་ཞིག་ཡིན་ནོ། །གཞན་ཡང་། སྐབས་དེ་དག་ཏུ་བསྟན་བཅོས་ཆེན་པོ་དབུ་མ་ལ་འཇུག་པ་ཚར་བརྒྱ་ཕྲག་ལྷག་ཞལ་འདོན་གནང་ཞིང་ཐུགས་དམ་ཉམས་བཞེས་ཀྱི་རིམ་པ་ཕལ་ཆེར་ཡང་གསང་སྦས་ཀྱིས་མ་ཆག་པར་མཛད། དེ་ལྟར་ཟླ་བ་གཉིས་ཙམ་ལ་སོ་ནམ་གྱི་ལས་བྱས་རྗེས་སྐྱབས་མཆོག་བསླུ་བ་མེད་པ་གསུམ་གྱི་ཐུགས་རྗེ་དང་ཉིད་ཀྱི་ལུང་དང་རྟོགས་པའི་ཡོན་ཏན་རིན་པོ་ཆེའི་གཟི་བྱིན་སྲི་དང་། ལྷག་པར་དུ་འཇམ་མགོན་ཆོས་ཀྱི་རྒྱལ་པོས། ཚུལ་ཁྲིམས་ཉེས་སྤྱོད་དྲི་མ་འཁྲུད་པའི་ཆུ། །ཉོན་མོངས་ཚ་གདུང་སེལ་བ་ཟླ་བའི་འོད། །སྐྱེ་དགུའི་དབུས་ན་ལྷུན་པོ་ལྟ་བུར་བརྗིད། །སྟོབས་ཀྱིས་བསྡིགས་པ་མེད་པར་འགྲོ་ཀུན་འདུད། །ཅེས་གསུངས་པ་ལྟར་དམ་པ་ཉིད་ཀྱི་ཐུགས་རྒྱུད་ཀྱི་ཚུལ་ཁྲིམས་རྣམ་པར་དག་པའི་མཐུ་ལས་མཛད་བཟང་རྨད་དུ་བྱུང་བ་མང་པོས་སྐྱེ་དགུ་མི་བསྲུན་པ་དག་གི་ཡིད་ཀྱང་དབང་མེད་དུ་བཀུགས་ཏེ་དད་པར་གྱུར་ཅིང་། དེའི་རྐྱེན་གྱིས་གྲོང་དཔོན་ཚོས། ཁྱེད་ནི་ཡུལ་དང་ཉེ་འབྲེལ་སོགས་མེད་པའི་མི་བདག་མེད་ཅིག་ལགས་པས་མཐུན་རྐྱེན་གཞུང་ནས་སྦྱོར་ཆོག ད་ནས་སོ་ནམ་གྱི་ངལ་ལས་སོགས་ལ་ཞུགས་མི་དགོས་ཞེས་གནང་བ་ཡང་དག་པར་བྱིན། དེར་བརྟེན་གྲོང་དང་ཅུང་ཟད་ཁད་རིང་བའི་ལུང་འགག་དབེན་པ་ཞིག་ན་ཁང་མིག་ཆུང་བ་ཞིག་མཆིས་པ་ལ། དེའི་བདག་པོར་གྲོང་ཆས་སོགས་རིན་དུ་གནང་ནས་ཉོས་ཏེ། སླར་ཡང་སྐུ་ལ་ངུར་སྨྲིག་གི་ན་བཟའ་གསོལ་ཞིང་། འགྲེལ་བ་དོན་གསལ་སོགས་གཞུང་མང་པོ་སྦྱོར་སྦྱངས་དང་རིམ་གཉིས་ཀྱི་རྣལ་འབྱོར་ཟབ་མོའི་ཉམས་བཞེས་ཀྱི་ངང་ནས་བཞུགས་སོ། །སྐབས་དེར་གཟིམ་ཁང་གི་ཉེ་འཁོར་དུ་ཆུ་མེད་པས། ཐག་ཅུང་ཟད་རིང་བའི་ཡུལ་དུ་ཆུ་ལེན་པར་ཕེབས་དགོས་བྱུང་ཞིང་དུས་ཡུན་རིང་པོར་དེ་ལྟར་མཛད་དགོས་ན་ཧ་ཅང་ཉེན་ཁ་ཆེ་བ་ཞིག་སྟེ། སྐབས་དེར་གྲྭ་ཆས་ཅན་ཞིག་ཡུལ་དེར་གནས་པ་མི་མ་རུང་བ་ཞིག་གིས་མཐོང་ནས་སྲིད་གཞུང་ལ་ཞུ་གཏུགས་བགྱིས་ཚེ་རྒྱལ་

ཁྲིམས་བཙན་པོས་མནར་གཅོད་ཉམས་སུ་མྱོང་བར་གདོན་མི་ཟ་ལ། དེར་མ་ཟད་བཞེས་ཆུ་ཚམ་གྱི་ཆེད་དུ་ཡུལ་ཐག་རིང་དུ་ཕར་ཕེབས་ཚུར་ཕེབས་གནང་དགོས་ཐུགས་དམ་དགེ་སྦྱོར་ལའང་ཤིན་ཏུ་གནོད་པར་གོར་མ་ཆག་གོ །རྒྱུ་མཚན་དེ་དག་ཕྱིར་གཟིམ་ཁང་གི་ཉེ་འཁོར་དུ་བྲག་ལོག་ཅིག་མཆིས་པ་གཟིགས་ནས་འདི་ནས་ཆུ་ཞིག་བརྩོལ་ན་ཅི་མ་རུང་སྙམ་དུ་དགོངས་ཏེ། བྲག་སྲུབས་སུ་ཤིང་ཐུར་ཞིག་བཙུགས་པ་ན་དྭངས་ཤིང་གསལ་བའི་ཆུ་ཆེན་པོ་ཞིག་གློ་བུར་དུ་བརྩོལ་ནས་བྱུང་། དེ་ལ་བརྟེན་ནས་ཡུལ་མི་རྣམ་གཞན་ཐམས་ཅད་ཀྱིས་ངོ་མཚར་དུ་འཛིན་ཅིང་དད་གུས་ཤིན་ཏུ་འཕེལ་བར་གྱུར་ཅིང་། ཡུལ་དེའི་ཧོས་རིགས་རྣམས་ཀྱིས་ཀྱང་ཤིན་ཏུ་ངོ་མཚར་བའི་གཏམ་དུ་དེང་དུས་སུའང་གླེང་བ་ཐོས་ལ། ཕྱིས་ཆུ་དེ་སྦུག་ལམ་ནས་གྲོང་སྡེ་མང་པོར་དྲངས་ཏེ་འགྲོ་ཕན་རྒྱ་ཆེན་འབྱུང་བཞིན་པར་མ་ཟད། ཨ་ཁུ་ཚང་གི་ཆུ་ཞེས་མིང་དུ་འཛགས་སོ། །འདི་ནི་དམ་པ་ཉིད་སྣང་སྲིད་འདོད་དགུར་བསྒྱུར་ནུས་པའི་གྲུབ་པའི་གོ་འཕང་མངོན་པར་གཤེགས་པའི་འབྲས་རྟགས་ཡང་དག་ཏུ་མ་ཟད། ཆད་ལྷ་བ་མང་པོས་ས་ཆེན་པོ་གང་བའི་ཡུལ་དུས་དེར་ངོ་མཚར་བའི་སྒྱུ་འཕྲུལ་གྱི་ཆ་ཤས་འདི་ལ་བརྟེན་ནས་དཔག་ཏུ་མེད་པའི་སྐྱེ་འགྲོ་དཀོན་མཆོག་བསླུ་བ་མེད་པ་དང་ལས་འབྲས་ལ་ཡིད་ཆེས་པའི་དད་པའི་ས་ལ་བཀོད་དེ་འཕྲལ་ཡུན་གྱི་ཕན་བདེའི་རྒྱུ་ལ་སྦྱར་བ་འདི་ནི་ཤིན་ཏུ་ངོ་མཚར་བའི་རྣམ་པར་ཐར་པ་བླ་དང་བྲལ་བ་ཞིག་ཏུ་གྲུབ་པའི་རྒྱུ་མཚན་ལུང་དང་རིགས་པའི་ལམ་ནས་རྒྱ་ཆེར་བཤད་དུ་ཡོད་ཀྱང་ཡིག་ཚོགས་ལ་འཛིགས་ནས་མ་སྤྲོས་སོ། །

དགུང་ལོ་ཞེ་གསུམ་པ་ས་ཕག་ནས་བཟུང་བགྲང་བྱ་གསུམ་གྱི་རིང་ལ་ཡུལ་དེར་དུས་སྔ་ཕྱི་ཀུན་ཏུ་ཧ་ཅང་མཐོང་དཀོན་པའི་མུ་གེའི་བསྐལ་བ་ཡང་བ་བྱུང་སྟེ། མི་མང་པོ་བཀྲེས་ལྟོགས་ཀྱིས་གདུང་བ་མི་བཟད་པས་མནར་ཞིང་ལྷ་ལམ་དུ་བཞུད་པའང་ཆེས་མང་ལ། རུང་དྲིགས་པར་རློམས་པ་དག་གིས་ནི། ལྟོགས་ན་རྐུས་དྲན། སྐྲག་ན་སྐྱབས་དྲན་ཞེས་པ་ལྟར་རྐུ་འཕྲོག་སོགས་མི་དགེ་བའི་ལས་ལ་བག་མེད་དུ་སྤྱོད་པའི་སྐབས་སུ། དམ་པ་མཆོག་འདིས་ནི་སྲོག་དང་བསྡོས་ཏེ་ཐུགས་རྒྱུད་ཀྱི་ཚུལ་ཁྲིམས་ཕོ་ནར་གཅེས་སྲུས་གནང་ཞིང་།

གོང་ནས་བསྐུལ་བའི་ཟམ་སྲང་འགའ་ཙམ་ལ་བརྟེན་ནས་སྲུན་བཙུགས་ཏེ་བཞུགས་ཀྱང་སྐུ་ལུས་ལ་ཉེར་འཚེ་ཆེན་པོ་ཅི་ཡང་མ་བྱུང་ངོ་། །ཕྱིར་རེ་དོགས་དང་བཅས་སེམས་སྤྲང་ནས་དཀོན་མཆོག་རིན་པོ་ཆེ་གསུམ་ལ་ བློ་ལྟང་འགེལ་བྱེད་ནུས་ན་འཚོ་བས་ཕོངས་པ་ག་ལ་སྲིད་དེ། སྟོན་སྟོན་པ་ཐུགས་རྗེ་ཅན་གྱིས་བྱང་ཆུབ་མཆོག་ཏུ་ཐུགས་བསྐྱེད་དུས་བདག་གི་བསྟན་པ་ལ་ཆོས་གོས་ངུར་སྨྲིག་སོར་བཞི་ཙམ་འཆང་བའང་བཟའ་བཏུང་བསམ་པ་བཞིན་མ་ཐོབ་ན་བདག་གིས་སངས་རྒྱས་ཐམས་ཅད་བསླུས་པས་སངས་རྒྱས་མི་ཐོབ་པར་གྱུར་ཅིག་ཅེས་དམ་བཅའ་གནང་ཞིང་། ཁྱིམ་པའི་སྐྱེ་བོ་ཐམས་ཅད་ཀུན། །སོར་མོའི་སྟེང་དུ་ཞིང་རྫོད་ཀྱང་། །ང་ཡི་རབ་ཏུ་བྱུང་བ་རྣམས། །འཚོ་བས་ཕོངས་པར་མི་འགྱུར་རོ། །ཞེས་པས་སོ། །

དེ་ལྟར་ ཐུགས་ དམ་ དགེ་ སྦྱོར་ ལས་ གཡེལ་ བ་ མེད་ པའི་ ངང་ ནས་ སེམས་ ཅན་ ལ་ དམིགས་པའི་སྙིང་རྗེ་ཆེན་པོས་ཀུན་ནས་བསླངས་ཏེ་མཆོག་གསུམ་གྱི་ཐུགས་རྗེའི་སྐུལ་བའི་གསོལ་འདེབས་རྟག་ཏུ་བྱེད་བཞིན་པའི་སྐབས་ཤིག་མཚན་ལམ་དུ། བསླུ་མེད་བླ་མ་མཆོག་གསུམ་ཐུགས་རྗེ་དང་། །བསྟན་སྲུང་མཐུ་སྟོབས་བདག་ཅག་དད་མོས་མཐུས། །འགྲོ་བའི་ལམ་སྟོན་དགེ་བའི་བཤེས་གཉེན་ཆེ། །ཆེ་དཔག་མེད་བཞིན་བསྐལ་བརྒྱར་ཞབས་བརྟན་ཤོག །ཅེས་ཤིས་པ་བརྗོད་པའི་དབྱངས་སྙན་དལ་བར་སྒྲོག་པ་ཤིག་གསལ་བར་ཐོས་པར་གསུངས། ཚིག་འདི་གང་ཟག་གང་འདྲ་ཞིག་གིས་བརྗོད་པ་དང་ཇི་འདྲ་ཞིག་གི་ལྟས་ཡིན་པ་གསལ་བར་མི་གསུང་ན་ཡང་མགོན་པོ་གང་ཉིད་བསྟན་འགྲོའི་སྤྱི་དཔལ་དམ་པར་ཞབས་པད་བསྐལ་བརྒྱར་བརྟན་པའི་བདེན་ཚིག་ཤིས་པ་བརྗོད་པའི་དབྱངས་སུ་མཁའ་འགྲོ་ཆོས་སྲུང་རྣམས་ཀྱིས་བསྒྲགས་པར་གདོན་མི་ཟ་སྙམ་མོ། གསང་བ་བསམ་གྱིས་མི་ཁྱབ་པའི་གནས་འདི་འདྲ་སོ་སྐྱེས་འཆིང་བ་ཀུན་ལྡན་བདག་འདྲས་ཁ་ཚོན་གཅོད་པའི་ཡུལ་མ་ཡིན་ནོ། །ཕྱིར་རང་བཞིན་གྱིས་རྨི་ལམ་གསལ་བའི་གང་ཟག་ཡོད་ནའང་། དམ་པ་འདི་ཉིད་དེ་དག་དང་མི་འདྲ་བར་དོན་གལ་པོ་ཆེ་གང་གི་སྐབས་སུ་ཡང་ཆེད་དུ་གཏད་ནས་མཚན་ལམ་

བཟུང་བའམ་སྐབས་འགར་ཆེད་དུ་མ་གཏད་ཀྱང་ཕྱིས་འབྱུང་གི་དོན་དག་གསལ་ཞིང་མ་འཁྲུལ་བར་སྟོན་པར་སྣང་བའི་ཚུལ་གོང་ནས་ཐོ་རེ་བ་བརྗོད་ཟིན་པ་དང་ད་དུང་བརྗོད་པར་འགྱུར་བ་དག་ལས་རྟོགས་ནུས་པས། འདི་ནི་ལྷག་པའི་ལྷས་རྗེས་སུ་བཟུང་བའམ། རྫོགས་རིམ་གྱི་རྟོགས་པ་མཐོན་པོར་སླེབས་ཏེ་རྨི་ལམ་འབྱོངས་པའི་འབྲས་རྟགས་ཡང་དག་ཏུ་ངེས་སམ་སྙམ། དགུང་ལོ་ཞེ་དྲུག་པ་ཆུ་སྟག་ལོར་ཡུམ་སྐུ་བསྙུན་པ་གསན་འཕྲལ་ཡུམ་གྱི་བཞུགས་ཡུལ་བྲག་ཁང་སྣ་ཁར་ཕེབས་ནས་ཟླ་བ་གཅིག་ལྷག་ཙམ་ལ་སྒོ་གསུམ་བྱམས་པའི་སྒོ་ནས་བསྙེན་གཡོག་ཚུལ་བཞིན་བསྒྲུབས་པས་ཡུམ་གྱི་ཐུགས་ཟིན་པ་བྱུང་། བསྙེན་གཡོག་ལེགས་པར་གནང་བའི་ཞོར་དུ་བཅོམ་ལྡན་སྨན་བླའི་ཆོ་ག་རྒྱས་པ་ཉིན་རེར་ཚར་རེ་གསུང་བ་མ་ཆག་པ་མཛད། ནག་ཟླའི་ཚེས་བརྒྱད་ཉིན་ཡུམ་འདས་པ་ལ་རྗེས་ཀྱི་བགྱི་འོས་བྱ་བ་དག་གྲུབ་པར་མཛད་རྗེས་ཕྱིར་བཞུགས་ཡུལ་དུ་ཕྱགས་ཕེབས་ནས་ཚེས་བཅོ་ལྔའི་ཉིན་དགེ་སློང་བཞི་གདན་དྲངས་ཏེ་བཅོམ་ལྡན་འདས་ངན་སོང་སྦྱོང་བའི་རྒྱུད་ཀུན་རིག་རྣམ་པར་སྣང་མཛད་ཀྱི་ཆོ་གའི་སྒོ་ནས་ཁྲུས་ཆོག་གསུངས་ཏེ་མ་ཡུམ་གྱི་རྣམ་པར་ཤེས་པ་བདེ་ལྡན་ཞིང་དུ་འཕོ་བའི་མཚམས་སྦྱོར་གནད་སྨིན་གནང་། ས་ག་ཟླ་བའི་ཚེས་གཅིག་གི་ཐོ་རངས་ཀྱི་དུས་སུ་མཚན་ལམ་དུ། དགེ་བའི་བཤེས་གཉེན་ཞིག་གིས་དྲིལ་བུ་སི་ལི་ལི་དཀྲོལ་བཞིན། འདི་ནས་ནུབ་ཀྱི་ཕྱོགས་རོལ་ན། །འོད་དཔག་མེད་ཀྱི་ཞིང་ཁམས་ཡོད། །སུ་ཞིག་དེ་ཡི་མཚན་བརྗོད་ན། །ཚེ་འདས་དེ་ཏུ་སྐྱེ་བར་འགྱུར། །ཞེས་གསུངས་པ་ཞིག་གསལ་བར་རྨིས་ཤིང་། དེ་ལ་བརྟེན་ནས་ངན་སོང་སྦྱོང་བའི་རྒྱུད་ཀུན་རིག་རྣམ་པར་སྣང་མཛད་ཆེན་པོའི་ཆོ་གའི་བྱིན་རླབས་དང་། དེའི་ལྷ་ཚོགས་རྣམས་ཀྱི་ཐུགས་རྗེ་ལ་སྙིང་ནས་ཡིད་ཆེས་ཀྱི་དད་གུས་འགྱུར་བ་མེད་པ་ཞིག་ཐུགས་རྒྱུད་ལ་འཁྲུངས་པར་གསུངས་སོ། །མཚན་ལམ་དང་གསུང་འདི་དག་ལ་དཔགས་ན་བཅོམ་ལྡན་རྣམ་པར་སྣང་མཛད་ཆེན་པོའི་ཆོ་གའི་བྱིན་རླབས་དང་། དམ་པ་ཉིད་ཀྱི་ཐུགས་རྗེ་ལས་མ་ཡུམ་བདེ་ལྡན་ཞིང་གི་མཆོག་ཏུ་པདྨ་ལས་རྫུས་ཏེ་སྐྱེས་ནས་མགོན་པོ་འོད་མཐའ་ཡས་པའི་ལེགས་གསུང་ཆོས་ཀྱི་བདུད་རྩི་ལ་ལོངས་སྤྱོད་པའི་

སྐལ་བ་ཅན་དུ་གྱུར་པར་ངེས་སྙམ་མོ། །དམ་པ་འདི་ཉིད་མཁས་བཙུན་བཟང་པོའི་ཡོན་ཏན་ཡོངས་སུ་རྫོགས་ཀྱང་བཀའ་དྲིན་ཅན་གྱི་མ་ཡུམ་སྟེང་བའི་ཚེ་སྟེན་གཡོག་ཚུལ་བཞིན་བསྒྲུབས་པ་ནི། ཇི་སྐད་དུ། སྐྱེས་བུ་དམ་པ་རྣམས་ནི་བྱ་དཀའ་བའི་སྤྱོད་པ་དུ་མ་དག་གིས་རྣམ་པར་སྦྱིན་པའི་སྟོབས་བསམ་གྱིས་མི་ཁྱབ་པའང་མཐོང་བའི་ཆོས་ལ་རེག་པར་འགྱུར་རོ། །ཞེས་གསུངས་པའི་མཛད་སྤྱོད་ཇི་བཞིན་བྱུང་བ་བདག་གིར་བཞེས་པ་ཡིན་ལ། དེ་ཡང་། བདག་ལ་བརྩེ་བར་མཛད་མཛད་ནས། །ཉིན་རེ་བཞིན་དུ་བདག་ལུས་ལས། །ཆ་ཤས་གསུམ་ཙམ་ཤ་བཅད་དེ། །ཆ་ཤས་ཡབ་ཡུམ་གཉིས་ལ་འབུལ། །ཞེས་བདག་ཅག་གི་སྟོན་པས་སློབ་པ་ལམ་གྱི་གནས་སྐབས་སུ་ཡབ་ཡུམ་ལ་བཀུར་བསྟི་བྱས་པའི་རྣམ་ཐར་ཉམས་སུ་བཞེས་པ་ཉིད་དོ། །ལོ་སྔ་ཕྱི་དེ་དག་ཏུ་ཡམས་ནད་ཀྱིས་གཙེས་ཤིང་ཉམ་ཐག་པའི་སེམས་ཅན་དཔག་ཏུ་མེད་པ་གཟིགས་པའི་རྐྱེན་གྱིས་ཤས་མི་བཟོད་པའི་སྙིང་རྗེ་དྲག་པོས་ཐུགས་རྒྱུད་བསྐུལ་བ་ལ་བརྟེན་ནས་ཕྱག་རྒྱུ་ཙུང་ཟད་ཡོད་པས་སྨན་ཉོས་ཤིང་། སྐུ་དངོས་ཀྱིས་རྫོལ་བ་ཆེན་པོས་ཡུལ་དེར་སྐྱེས་པའི་རྩ་བ་མེ་ཏོག་འབྲས་བུ་སོགས་སྨན་མང་པོ་བསྒྲུབས་ཏེ་གསང་སྔགས་ཀྱིས་སྨན་སྦྱིན་རྒྱ་ཆེར་གནང་བས། ཉེས་གསུམ་གྱི་གདུང་བ་ལས་གྲོལ་བའི་སྐྱེ་བོ་མཐའ་ཡས་པ་བྱུང་། དེར་བརྟེན་ཡུལ་མི་རྣམས་ཀྱིས་སྨན་གནང་དགོས་ཞེས་རེ་བའི་འབྲུག་སྒྲ་ཟོལ་མེད་དུ་འཁྲིན་པ་ཟམ་མི་ཆད་པ་དང་། སྐྱེ་འགྲོ་མང་པོ་ནད་ཀྱི་གདུང་བ་དྲག་པོས་མནར་བ་ལ་སྙིང་རྗེས་ཀྱང་། རྒྱལ་ཁབ་ཀྱི་བཀའ་ཁྲིམས་ནི་བཙན་ཞིང་དམ་པས། ཅི་དྲགས་ལ་ཐུག་པ་བྱུང་ནས་ལེགས་ཉེས་བླང་དོར་དཀོན་མཆོག་ལ་ཞུ་རྒྱུ་ལས་ཐབས་གཞན་གང་ཡང་མེད་པར་དགོངས་ནས་མཆོག་གསུམ་རིན་པོ་ཆེའི་ཐུགས་རྗེ་བསྐུལ་བའི་གསོལ་འདེབས་དྲག་ཏུ་བྱེད་བཞིན་བདེན་པ་བཏར་ཏེ། སྤྱོད་འཇུག་གི་ཕྱག་དཔེ་ཞལ་ཕྱེ་ནས་དཔེ་མོ་བཏབ་པར། ཉིན་ཞིག་གི་དབུར། ཁྱེད་ཀྱི་འདོད་པའི་བདེ་བ་འདི། །བདེ་འབྱུང་ཁ་ན་མ་ཐོ་མེད། །ཡོན་ཏན་ལྡན་པ་རྣམས་ཀྱི་གནང་། གཞན་སྟུད་པ་ཡི་མཆོག་ཀྱང་ཡིན། །ཞེས་འགྲོ་ཕན་རྒྱ་ཆེར་འོང་བ་སོགས་ཕྱིས་ཀྱི་འབྱུང་བ་གསལ་བར་བསྟན་པའི་གསུང་འདི་

དང་ཐུག་པ་བྱུང་བས། སྨན་གནང་ན་ཉེས་སྐྱོན་ཅི་ཡང་མི་འབྱུང་བའི་ངེས་པ་བརྟན་པོ་ཉིད་དེ། སྨན་སྦྱིན་རྒྱ་ཆེན་གནང་བས་ནད་ཀྱི་གདུང་བ་ལས་སྐྱབས་ཏེ་བདེ་བ་ལ་བཀོད་པའི་སྐྱེ་འགྲོ་དཔག་ཏུ་མེད་པ་བྱུང་ཞིང་། རིག་གནས་གསར་བརྗེ་སྐབས་སུ་ཡང་། ཡུལ་མི་རྣམས་ཀྱིས་དམ་པ་འདི་ལ་སྐྱོན་ཞིག་མཆིས་ན་བདག་ཅག་གི་ཁྲིད་ན་སྐྱོན་མེད་པའི་མི་གཅིག་ཀྱང་གང་ན་ཡོད། འཚོ་བ་དཀའ་ངལ་བྱུང་སྐབས་དམ་པ་འདིས་གོང་ནས་སྦྱིན་པའི་ཟས་སྐྱང་འགའ་ཙམ་ལ་བརྟེན་ནས་འཚོ་ཐབས་གནང་བ་ལས་ཟས་ཁམ་གང་ཙམ་ཡང་རྒྱུ་འཕྲེར་གནང་བ་མེད་ལ། སྨན་ཡོན་སྐར་གང་ཙམ་ཡང་མ་བླངས་པར་སྨན་སྦྱིན་གནང་ནས་བདག་ཅག་ནད་ལས་གྲོལ་བར་མཛད་པའི་ཕྱིར་ཁོང་ལྟ་བུའི་སྐྱེས་བུ་དམ་པ་གཞན་ཞིག་གྲོང་སྡེ་འདིར་མེད་ཅེས་མགྲིན་གཅིག་ཏུ་སླེང་བ་ལ་བརྟེན་ཉེས་སྐྱོན་གཏན་ནས་མ་བྱུང་ཞིང་། ཕྱིས་སྲིད་གཞུང་གིས་གཞུང་གི་སྨན་པ་བྱ་དགོས་ཚུལ་གྱི་བཀའ་ནན་བསྐུལ་བ་ལྟར་བསྒྲུབས་ཏེ་སྨན་དཔྱད་རྒྱ་ཆེར་གནང་བས། ནད་ལས་གྲོལ་བའི་མི་དཔག་ཏུ་མེད་པ་བྱུང་སྟབས་སྲིད་གཞུང་ནས་གཟེངས་བསྟོད་བྱས་ཤིང་སྨན་པ་འབུམ་རམས་པའི་མཚན་རྟགས་དང་གོ་གནས་ཀྱང་ཕུལ། སྨན་དཔྱད་གནང་བའི་སྐབས་ཀུན་ཏུ། བཅོམ་ལྡན་སྨན་གྱི་བླ་མའི་ཐུགས་རྗེ་དང་། །དྲང་སྲོང་རིག་འཛིན་རྣམས་ཀྱི་བྱིན་རླབས་མཐུས། །བདག་གི་སྨན་དཔྱད་བྱས་པའི་མོད་ཉིད་ལ། །ནད་ཀྱི་སྡུག་བསྔལ་མྱུར་དུ་ཞི་གྱུར་ཅིག །ཅེས་མི་མངོན་པར་གསུང་བཞིན་ཐུགས་སྨོན་རྣམ་པར་དག་པས་མཚམས་སྦྱོར་བ་བསྟར་ཆགས་སུ་གནང་བ་ཡིན་ནོ། །ཡུལ་དེར་ཆོས་རིགས་ཧ་ཅང་མང་ཞིང་དེའི་ཁྲོད་ནའང་དམ་པ་མཆོག་འདིས་སྨན་དཔྱད་གནང་བའི་ཐུགས་རྗེ་ལས་ནད་ཀྱི་གདུང་བ་ཞི་ནས་བདེ་བ་ལ་བཞག་པ་མཐའ་ཡས་ཤིང་དེ་དག་ཀྱང་མགོན་པོ་འདི་ལ་མཆོག་ཏུ་དད་པར་གྱུར་ཏེ་བརྒྱ་རྩའི་ཆུས་ལུས་འཁྲུ་བ་དང་། མ་ཧེ་རིལ་བུ་སློང་མཁན་མང་པོ་བྱུང་སྣང་བས་ཤིན་ཏུ་ངོ་མཚར་བའི་མཛད་བཟང་དུ་རིགས་པར་བྱའོ། །ཕྱིས་མཚོ་སྔོན་ཞིང་ཆེན་བོད་སྨན་ཁང་དང་། སྐུ་འབུམ་བོད་སྨན་ཁང་། མཚོ་ལྷོ་བོད་སྨན་ཁང་སོགས་སུ་གསོ་བ་རིག་པའི་ཁྲིད་རྒྱུན་དང་དབང་ལུང་

མན་ངག་གི་སྐོར་མང་དུ་སྤེལ་ནས་ཞལ་སློབ་གསོ་རིག་ལ་མཁས་པ་མང་པོ་བྱུང་ཞིང༌། དེ་
དག་གིས་ཀྱང་ཕྱོགས་ཀུན་ཏུ་སྨན་དཔྱད་རྒྱ་ཆེར་མཛད་པས་འགྲོ་ཕན་ཤིན་ཏུ་ཆེན་པོ་བྱུང་
དང་འབྱུང་བཞིན་པ་འདི་ག་ཡང་མགོན་པོ་གང་གི་འཕྲིན་ལས་ཀྱི་ཆ་ཤས་སུ་འཁྱུམས་སོ། །
སྐབས་དེར་མི་ཞིག་གིས་རྒྱལ་དབང་ལྔ་པ་ཆེན་མོའི་འདུལ་བའི་ལས་ཆོག་རྣམ་རྒྱལ་གསེར་
མདོག་གི་གླེགས་བམ་དང༌། གཞན་ཞིག་གིས་བུ་སྟོན་ཐམས་ཅད་མཁྱེན་པའི་ལས་བརྒྱ་རྩ་
གཅིག་གི་རྣམ་བཤད་ཀྱི་གླེགས་བམ་ཕུལ་ཞིང༌། མཚན་ལམ་དུ་ཚོགས་ཆེན་ཞལ་ངོས་
འདུལ་བ་མདོ་རྩ་བའི་གླེགས་བམ་གནང་བའི་གཟིམ་རྨིས་བྱུང་བར་ཡང་གསུངས་སོ། །
ལྟས་དང་རྟེན་འབྲེལ་འདི་དག་ལས་དུས་ཀྱི་ཡང་སྙིགས་འདིར་མདོ་སྨད་ཙོ་བྱང་གི་རྒྱུད་དུ་
བསྟན་པའི་རྩ་བ་ཆོས་འདུལ་བའི་བསྟན་པ་རིན་པོ་ཆེ་གསལ་བར་བྱེད་ནུས་པའི་སྐྱེས་བུ་
དམ་པ་ཉིད་ལས་མ་མཆིས་སྐབས་ཆོས་སྲུང་ཡེ་ཤེས་ཀྱི་སྤྱན་དང་ལྡན་པ་རྣམས་ཀྱིས་འདུལ་
བསྟན་གསལ་བར་བྱེད་པའི་བདག་པོ་གཅིག་ཕུར་ལུང་བསྟན་པར་གོར་མ་ཆག་སྙམ་མོ། །
ཡང་མེ་འབྲུག་ལོའི་ཟླ་བཞི་བའི་ཚེས་གསུམ་གྱི་ཉིན་ནས་སློབ་དཔོན་ཆེན་པོ་ཟླ་བའི་ཞབས་ཀྱི་
དབུ་མ་བཞི་བརྒྱ་པའི་འགྲེལ་བར་ཉིན་ཁ་ཤས་མཛལ་བར། ཡིད་ཆེས་པའི་དད་པ་དཔག་ཏུ་
མེད་པ་འཁྲུངས་ཏེ། གཟིམ་རྨིས་སུ། གངས་ཁྲིང་བསིལ་བའི་འོད་ཟེར་དང༌། །ཙན་དན་
ལས་ལྷག་གསུང་གི་ཚུལ། །ལུས་ཅན་ཡིད་ཀྱི་ཉོན་མོངས་མེས། །རབ་ཏུ་གདུང་བ་ཞི་བར་
བྱེད། །ཅེས་གསུངས་པ་ཞིག་གསལ་བར་བྱུང་བར་གསུངས་སོ། །མེ་རྟ་ལོ་ནས་རིག་གནས་
གསར་བརྗེ་ཟེར་བའི་གཏོར་བཅོམ་གྱི་ལས་འགུལ་སྤེལ་ཏེ་གང་ས་གང་དུ་དད་ལྡན་དག་གིས་
སྲས་སྐྱུང་བྱས་ནས་ལྷག་མར་ལུས་པའི་སྐུ་གསུང་ཐུགས་རྟེན་ཡོད་ཚད་རྩ་གཏོར་བྱས་ནས་
མིང་གི་ལྷག་མ་ཙམ་དུ་བཏང་ཞིང༌། ཐ་ན་བཀྲ་ཤིས་རྟགས་བརྒྱད་དང་འབྲུག་རུས་ཅན་གྱི་
དཀར་ཡོལ་དང་དར་གོས་སོགས་དངོས་པོ་དག་ཀྱང་རྙིང་པ་བཞི་ཟེར་བའི་གྲས་སུ་བརྩིས་
ནས་བཅོམ་ཞིང་བསྲེགས། ཆོས་ལུགས་ཀྱི་མིང་ཙམ་འཛིན་པ་ཡོད་ཚད་ལྷ་འདྲེ་གདོན་
བགེགས་ཟེར་བའི་མིང་གིས་སྨོད་ཅིང་དགག་འཐབ་ཡ་ང་བས་གཙེས་པ་སོགས་ཐམས་ཅད་

ཤིག་ཤིག་ཡོམ་ཡོམ་བྱེད་པའི་སྐབས་དེ་དག་ཏུ་དམ་པ་འདི་ཉིད་ཀྱིས་ནི་ཐུགས་དམ་ཉམས་བཞེས་ཀྱི་ངང་ནས་སྐད་ཅིག་ཀྱང་གཡོ་བ་མེད་པར་བཞུགས་ཤིང་། རྒྱལ་བ་མ་ཕམ་པའི་བསྟན་བཅོས་ཆེན་པོ་མངོན་པར་རྟོགས་པའི་རྒྱན་གྱི་འགྲེལ་བ་ཚིག་དོན་གསལ་བའི་སྣང་བ་ཞེས་བྱ་བའི་འགྲེལ་བ་རྨད་དུ་བྱུང་བ་འདི་ཉིད་བཀའ་རྩོམ་གནང་། བསྟན་བཅོས་འདི་རྩོམ་སྐབས་ཀྱང་བཀྲ་ཤིས་ཀྱི་མཚན་མ་ཁྱད་པར་ཅན་མང་པོ་བྱུང་བར་གསུངས་སོ། །རྒྱལ་བའི་བསྟན་པ་རིན་པོ་ཆེ་ཉམས་ཆག་ཆེན་པོ་བྱུང་ནས་མ་ཧཱ་འདོན་མཁན་ཙམ་ཡང་དངོས་སུ་མཐོང་དཀོན་པའི་བགྲང་བྱ་ཉི་ཤུ་ལྷག་ཙམ་གྱི་རིང་ལ་གྲངས་མེད་འགྲོ་བའི་འདྲེན་པ་མཚུངས་པ་མེད་པ་འདིས་ནི། ལུས་དང་སྲོག་ལ་མི་ལྟ་བར་རྒྱལ་བའི་དམ་ཆོས་འཛིན་པའི་ཐུགས་བསྐྱེད་དང་སྙིང་སྟོབས་རྨད་དུ་བྱུང་བས་གཞན་དབང་དུ་གྱུར་ཏེ། གསང་སྟབས་ཀྱིས་བདེ་གསང་འཇིགས་གསུམ་རྟ་མགྲིན་སོགས་ཡི་དམ་མང་པོའི་ལྷུགས་བསྙེན་ཚད་ལྡན་མང་དུ་གནང་བ་སོགས་ཆོས་ལྡན་གྱི་མཛད་སྤྱོད་ཕོ་ན་ལྷུར་བཞེས་ཤིང་། སྐལ་ལྡན་གྱི་གདུལ་བྱ་མང་པོར་ལུང་ཁྲིད་མན་ངག་གི་སྙིར་མཐའ་ཡས་པ་བསྩལ་ཏེ་སྨིན་གྲོལ་ལ་བཀོད་པ་དང་། སྔན་དཔྱད་གནང་བའི་ཞོར་ལ་སྐྱབས་འགྲོ་དང་མ་ཎི་སོགས་གཟུངས་སྔགས་བྱིན་ཅན་དུ་མའི་ཟླས་ལུང་གནང་ནས་འབྲེལ་ཚད་དོན་ལྡན་འབའ་ཞིག་མཛད་པ་དང་། རབ་བྱུང་དང་བསྙེན་རྫོགས་ཞུ་མིའང་མི་ཉུང་བ་བྱུང་ལ། ཞལ་བཟ་ཙམ་གྱིས་རྣམ་དཀར་ལ་བཀོད་པའི་སྐྱེ་བོ་ཤིན་ཏུ་མང་ངོ་། །

དེ་ལྟར་སྙིགས་མའི་རྒྱུད་པ་མཚོ་ལྟར་བརྫོལ་ཞིང་། ཆོས་ཚུལ་བཞིན་བྱེད་པ་ཕར་ཞོག་གོས་དམར་སེར་གྱོན་མཁན་ཞིག་མཐོང་ན་ཡང་ཡ་ང་བའི་མནར་གཅོད་སྲིད་འདིར་མ་གྲགས་པ་དུ་མས་གཅེས་པར་འགྱུར་བའི་ཡུལ་དུས་དེ་ལྟ་བུར་རང་ཉིད་ཐོས་བསམ་སྒོམ་པའི་ཉམས་བཞེས་ལ་རྩེ་གཅིག་ཏུ་གཞོལ་བཞིན་པའི་མུར་འཆད་རྩོམ་གྱི་སྒོ་ནས་བསྟན་འགྲོའི་དོན་རླབས་པོ་ཆེ་དཔག་ཡས་གྲུབ་པའི་སྐྱེས་བུ་དམ་པ་འདི་འདྲ་ནི་སྲིད་མཐའ་ཙམ་ལས་མང་དུ་མི་སྣང་ལ། མཛད་པ་འདི་དག་ཀྱང་དམ་པ་མཆོག་འདིའི་ཤིན་ཏུ་ངོ་མཚར་རྨད་དུ

བྱུང་བའི་རྣམ་པར་ཐར་བ་གཞན་འགྲན་མེད་པ་གཅིག་པུ་ཡིན་པ་ནི། རྗེ་ཐམས་ཅད་མཁྱེན་པས། བསྟན་པ་རིན་ཆེན་མཆོག་གིས་མ་ཁྱབ་པའམ། །ཁྱབ་ཀྱང་ཉམས་པར་གྱུར་པའི་ཕྱོགས་དེར་ནི། །སྙིང་རྗེ་ཆེན་པོའི་ཡིད་རབ་བསྐྱོད་པ་ཡིས། །ཕན་བདེ་གཏེར་དེ་གསལ་བར་བྱེད་པར་ཤོག །ཅེས་ཐུགས་སྨོན་གནང་བས་མཚོན་ལུང་རིགས་ཀྱི་སྒྲུབ་བྱེད་རྒྱ་ཆེར་མཆིས་མོད་འདིར་དེ་ཙམ་གྱིས་ཆོག་ཤེས་པར་བྱས་ཏེ་མ་སྤྲོས་པས་རྣམ་དཔྱོད་དང་ལྡན་པ་རྣམས་ཀྱིས་བཀའ་དང་བསྟན་བཅོས་གཞན་ལས་ཤེས་པར་བྱའོ། །

སྨྲས་པ།

རྒྱལ་ཀུན་བརྩེ་གཟུགས་སྣང་བའི་སྨུ་ཁྲུད་ཅན། །
སྐྱེ་དགུའི་ཐར་ལམ་གསལ་བྱེད་སྒྲོན་མེའི་མཆོག །
གངས་ལྗོངས་ཕན་བདེ་པད་ཚལ་སྐྱོང་བའི་གཉེན། །
ཕྲུག་ན་པར྄ྨོར་སྒོ་གསུམ་དང་བས་བསྟེན། །
བྱས་བསགས་ལས་ངན་གོ་ལ་ཤུགས་ཆེ་བས། །
ཨ་དྣའི་གཞོན་ནུ་ཚུ་ལྷའི་ཁྱིམ་དུ་དྲངས། །
བདེ་སྐྱིད་པད་མའི་སྐྱེད་ཚལ་སད་ཀྱིས་བཅོམ། །
སྲོལ་ངན་མུན་པ་སྟུག་པོས་གློ་བུར་བསྒྲིབས། །
དེའི་ཚེ་འགྲོ་ལ་མཉེས་གཤེན་སྣང་བའི་གཏེར། །
ཡོན་ཏན་ལྷུན་རྫོགས་བསིལ་སྦྱིན་དབང་པོ་ཡང་། །
མི་སྟུག་ར་རིས་མཚན་མ་འཛིན་ནོ་ཞེས། །
ཀོ་ར་ཚུ་འཛིན་སྟུག་པོའི་ཀློང་དུ་བཙུད། །
བསྟན་འཛིན་ བླ་སྤྲུལ་རྒྱ་སྐར་ཕྲེང་བསྟར་ཡང་། །
དུས་ངན་རྒུད་པའི་མུན་པ་སེལ་མིན་པར། །
མ་ཊུངས་རྗོན་པས་དཀྲིགས་པའི་བྱ་ཁྱུ་བཞིན། །

མི་ངོམ་དབྱིངས་སུ་ཡལ་འདིས་ཤེས་པ་འགྲོ། །
རྒྱལ་དང་དེའི་སྲས་ཉི་མས་ལེགས་བསྐྱངས་ཤིང་། །
སྐལ་བཟང་སྤྲང་རྫིའི་བྱ་ཡི་ཉེར་འཚོའི་གཞི། །
ཡིད་འོང་པད་དཀར་སད་ཀྱིས་བཅོམ་པའི་མཐུས། །
ཚལ་འདིའི་ཡིད་དགའི་ཚོགས་རྣམས་ངང་གིས་ཡལ། །
མི་སྡུག་སྙིགས་མའི་རང་སྟོབས་དར་དྲགས་ཤིང་། །
ལེགས་བྱས་སྲོག་ལ་གཟན་པའི་མཚོན་རྣོ་བ། །
མ་རུངས་འབྱུང་པོའི་འཕྲུལ་གྱིས་ས་ཆེན་ཁྱོན། །
རཀྵའི་གོས་ཀྱིས་བགོས་པའི་ཚུལ་འདིས་སྐྱོ། །
སྐུ་གསུང་ཐུགས་ཀྱི་རྟེན་མཆོག་དཔག་བསམ་ལྗོན། །
མི་བསྲུན་བརླང་སྤྱོད་དུས་མཐའི་མེ་དཔུང་གིས། །
མིང་གི་ལྷག་མར་བསྒྲིགས་པའི་ཚུལ་མཐོང་ཡང་། །
སྙིང་གི་མེ་ཏོག་ཚལ་བར་ཅིས་མ་གས། །
བྲེ་ཏའི་གྲོང་ལ་སླེབས་འདྲའི་སྐྱི་གཡའ་ཞིང་། །
ཟས་སོགས་མཁོ་དགུས་ཕོངས་པའི་ཉམ་ཐག་པའི། །
རང་དབང་བྲལ་བ་བཟོད་པའི་མུ་ཁྱུད་ཚོགས། །
སྡུག་བསྔལ་འོ་དོད་འབོད་པའི་མཐའ་མ་རིག །
དགེ་ལེགས་གཡུལ་ངོ་བཟློག་པའི་མཚོན་འབར་བ། །
ཕན་བདེ་སྲོག་ལ་ཛམས་པའི་ཡིད་སྲུབས་སྟེ། །
དམར་ནག་དཔུང་གི་རུ་ཚོགས་འབུམ་འཁྲུགས་པ། །
དཀར་མིན་རྣམ་པར་སྨིན་པ་གང་གི་མཐུ། །
ལས་ཉོན་འཛིགས་རུང་སྲིན་མོ་ཁྲིས་པའི་མཐུས། །

ལེགས་བྱས་མི་རྟག་རྫུལ་དུ་ལྡོག་པའི་སྐབས། །
གང་འཚམ་ཐབས་མཁས་ལེགས་མཛད་ཉི་མའི་གཟིགས། །
ཐུབ་བསྟན་པད་དཀར་སྐྱོང་མཁས་ཁྱོད་ཉིད་ཙམ། །
གྲངས་མེད་དཔའ་བོའི་དཔུང་དང་མི་ལྡན་ཀྱང་། །
བླ་བྲལ་རིན་ཆེན་སེམས་མཆོག་ཡོ་ནའི་མཐུས། །
མི་བསྲུན་འདུམ་སྡེ་ཟིལ་གྱིས་གནོན་ནུས་པའི། །
རྒྱལ་སྲས་དཔའ་བོ་ཁྱོད་ལ་སུ་མི་གུས། །
སྐམ་པའི་བྲག་ལ་སྟོང་བུ་བཙུགས་མ་ཐག །
ཡན་ལག་བརྒྱད་ལྡན་ཉལ་འགྲོའི་གཏེར་བཏོལ་བས། །
སྣང་སྲིད་འདོད་དགུར་བསྒྱུར་བའི་གྲུབ་པའི་དབང་། །
པདྨ་ཀ་རའི་སྙན་པ་ཐུང་ངུར་བྱས། །
གསོ་དཔྱད་བདུད་རྩིའི་བགོ་སྐལ་ཆེར་བསྐྱལ་བས། །
ཉེས་གསུམ་དུག་གིས་གཙེས་པའི་དཔག་ཡས་འགྲོ། །
དུས་མིན་འཆི་བདག་གཡུལ་ལས་རྣམ་རྒྱལ་བའི། །
གྲགས་སྙན་བ་དན་སྲིད་ཞིའི་ཡོང་ན་བརྫེད། །
མི་ཕམ་བཞེད་དགོངས་དྲི་བྲལ་ནམ་མཁའི་ནོར། །
ཚིག་དོན་རབ་གསལ་སྣང་བའི་སྨུ་ཁྱུད་ཅན། །
ཟབ་ཡངས་ཐུགས་གསང་ཀླུང་ནས་ཉེར་དྲངས་ཏེ། །
སྐལ་བཟང་རྫོངས་མུན་སེལ་བའི་མགོན་དུ་ཤར། །
ཐུབ་བསྟན་རྩ་བ་འདུལ་བསྟན་བསམ་འཕེལ་ནོར། །
ཐུགས་བསྐྱེད་གྲུ་གཟིངས་སྟོབས་ཀྱིས་འདྲེན་པ་ལ། །
འགྲན་བླ་བྲལ་བའི་དེད་དཔོན་གཅིག་པུ་རུ། །

མི་ངོམ་དབྱིངས་ནས་བླམ་ལྷ་ཡིས་བསྟན། །
མཚུངས་མེད་རྣམ་འདྲེན་བུ་རམ་ཤིང་པ་ལ། །
སྙིགས་དུས་འགྲོ་ལ་ཆེར་བརྩེ་སྙིང་སྟོབས་མཐུས། །
ཕྱོགས་བཅུའི་རྒྱལ་བ་སྲས་དང་བཅས་རྣམས་ཀྱིས། །
པདྨ་དཀར་པོ་ལྟ་བུར་བསྔགས་བྱེད་ན། །
ཆེར་སྙིགས་འགྲོ་ལ་རྗེས་བརྩེ་ལྷག་བསམ་དང་། །
ལུས་སྲོག་ཐེད་ལ་བོར་བའི་སྙིང་སྟོབས་ཀྱིས། །
བསྟན་འགྲོའི་ཕན་བདེ་འབའ་ཞིག་ལྷུར་བཞེས་པའི། །
མགོན་ཁྱོད་ཨུ་དམ་ཝ་རར་ཅིས་མི་མཚུངས། །
སྙོད་བཅུད་འགལ་རྐྱེན་མང་པོ་རུ་འཛིངས་པའི། །
ཆེར་སྙིགས་རྒུད་པའི་དཔུང་གིས་གཙེས་གྱུར་ཀྱང་། །
རང་གཞན་དོན་གཉིས་སྒྲུབ་ལ་ཆེར་བརྩོན་པའི། །
དམ་བཅའ་དཔལ་བེའུ་མདུད་པ་གཞིག་ཏུ་མེད། །

རྗོད་བྱེད་ཚིག་གི་ཕྲེང་བ་ཆེས་དམན་ཀྱང་། །
བརྗོད་བྱ་དམ་པའི་མཛད་བཟང་ལས་བརྩམས་པའི། །
ངོ་མཚར་རྟོགས་བརྗོད་པད་དཀར་ཆུན་པོ་འདི། །
དད་ལྡན་བུང་བའི་གསོས་སུ་ཅིས་མི་འགྱུར། །

ཞེས་མདོ་རྒྱུད་རྒྱ་མཚོའི་མངའ་བདག ༧ཡོངས་ཀྱི་དགེ་བའི་བཤེས་གཉེན་ཆེན་པོ་རྗེ་བཙུན་རཏྣ་ས་རའི་ཐུན་མོང་གི་རྟོགས་པ་མདོ་ཙམ་བརྗོད་པ་བདེན་གཏམ་ཤེལ་གྱི་མེ་ལོང་ཞེས་བྱ་བ་ལས་རྒྱལ་བའི་བསྟན་པ་རིན་པོ་ཆེ་ཉམས་ཆག་ཆེན་པོ་བྱུང་སྐབས་སུ་བསྟན་འགྲོའི་དོན་རྒྱ་ཆེར་གནང་བའི་ཚུལ་ཙུང་ཟད་སྨོས་པའི་སྐབས་ཏེ་དྲུག་པའོ། །

སྐབས་བདུན་པ། ཐུབ་བསྟན་ཡང་དར་གྱི་སྐབས་སུ་བསྟན་འགྲོའི་དོན་གནང་ཚུལ།

ཡིད་འོང་སྟེང་འཕྲུང་རྣམ་བཀྲ་ཆུ་གཏེར་ལས། །
མཚན་དཔེའི་མེ་ཏོག་གསར་བའི་འཛུམ་གྲོལ་ཏེ། །
ངག་རིག་བསུང་ཞིམ་འཁྲེམ་མཁས་དབྱངས་ལྡན་མས། །
རྟོགས་བརྗོད་རྒྱུད་མངས་རྟུང་བའི་གྲོགས་མཛོད་ཅིག །

གསུམ་པ་ནི། དེ་ཡང་འགྲོ་མགོན་མཆོག་ཉིད་དགུང་ལོ་རེ་གསུམ་བཞེས་པ་རབ་རྒྱལ་དོན་གྲུབ་ས་ལུག་ལོ་ནས་བཟུང་ཏང་དང་སྲིད་གཞུང་གི་ཆོས་དད་རང་མོས་དང་བསྟུན་ཆོག་པའི་སྲིད་ཇུས་བཟང་ལེགས་པར་མངོན་འགྱུར་བྱེད་པའི་དབུ་བརྩམས་པས། དད་ལྡན་ཀུན་གྱི་ཡིད་ལ་སྟོན་མེད་དགའ་བ་འབུམ་གྱིས་བརྟས་ཤིང་། རྫོགས་ལྡན་དཔྱིད་ཀྱི་དུས་སྟོན་དར་བ་ལ་མངོན་དུ་ཕྱོགས་པ་དང་བསྟུན། དེའི་ཕྱི་ལོ་དྲུག་པོ་ལྕགས་སྤྲེལ་ལོར་དམ་པ་ཉིད་ལ་ཉེ་གནས་དམ་པ་ཡོན་ཏན་རྒྱ་མཚོས་སྤྱི་ཞུ་ལེགས་པར་ཞུས་ནས་རླངས་འཁོར་ལས་དབུས་གཙང་དག་པའི་ཞིང་དུ་ཕྱོགས་ཕེབས། དེར་ཟླ་བ་གཉིས་ལྷག་བཞུགས་རིང་ལྷ་ལྡན་སྤྲུལ་བའི་གཙུག་ལག་ཁང་དུ་རྒྱལ་བ་ཉིད་དང་ཇོ་བོ་ཡིད་བཞིན་ནོར་བུའི་མདུན་དུ་མར་གྲོད་པུ་གཅིག་དང་། དངུལ་སྲང་ལྔའི་ཏ་མིག་མ་གཅིག་བརྒྱ་མཆོད་བཅས་ཕུལ་ནས་མཇལ་ཞིང་། གཙུག་ལག་ཁང་གི་བར་སྐོར་དང་ནང་སྐོར་དུ་སྐོར་བ་ཚེག་སྟོང་ལྷག་གནང་། དེའི་མཚན་མོར་གཟིམ་རྨིས་སུ་སྐུ་ལས་མཚལ་མང་པོ་བྱུང་པ་གསལ་བར་རྨིས་པར་གསུངས། སེ་ར་ཐེག་པ་ཆེན་པོའི་གླིང་དང་། དཔལ་ལྡན་འབྲས་དཀར་སྤུངས་པའི་ཆོས་སྡེ་ཆེན་པོ། དགའ་ལྡན་རྣམ་པར་རྒྱལ་བའི་གླིང་བཅས་ན་བཞུགས་པའི་རྟེན་བརྟེན་པ་མ་ལུས་པར་ཞིབ་མཇལ་གནང་ཞིང་། སྐབས་དེར་ཆོས་སྡེ་དེ་དག་ཏུ

དགེ་འདུན་ཞལ་གྲངས་སུམ་བརྒྱ་སུམ་ཅུ་ལྷག་བཞུགས་པ་ལ་དགེ་འདུན་རེར་སྐོར་གསུམ་རེའི་སྐུ་འགྱེད་ཕུལ། དེ་ནས་གཙང་དུ་ཕེབས་ཏེ་ཆོས་གྲྭ་ཆེན་པོ་བཀྲ་ཤིས་ལྷུན་པོའི་རྟེན་བརྟེན་པ་རྣམས་ལ་མཇལ་ཞིང་། འདུས་པའི་སྡེ་རིན་པོ་ཆེར་སྐོར་བཞི་བརྒྱ་དང་ཛ་མར་གྱི་མང་ཇའི་བསྙེན་བཀུར་ཕུན་སུམ་ཚོགས་པ་ཞུས་ཏེ་རྒྱལ་བའི་བསྟན་པ་ཡུན་རིང་དུ་དར་ཞིང་རྒྱས་པ་དང་། མ་གྱུར་སྐྱེ་དགུ་ཐམས་ཅད་བདེ་སྐྱིད་དཔལ་གྱིས་འཚོ་བའི་ཐུགས་སྨོན་གནད་སྨིན་གནང་། དད་ལྡན་འགའ་ཞིག་གིས་གསོལ་བ་བཏབ་པའི་ངོར་ལྷ་ལྡན་གཙུག་ལག་ཁང་གི་བར་སྐོར་དུ་ལུང་ཁ་ཤས་བསྩལ་ཏེ་ལྕགས་བྱའི་ལོར་གནམ་གྲུར་བཞུགས་ནས་ཕྱིར་བཞུགས་གནས་སུ་ཕྱགས་ཕེབས། ལོ་དེའི་ནག་ཟླའི་ཆོས་ལ་ཁ་སྣང་ཨོ་བསོ་དགོན་གྱིས་གདན་ཞུས་ནན་ཆེ་བ་ལྟར་ཨོ་བསོ་དགོན་བཀྲ་ཤིས་ཆོས་རྫོང་དུ་ཕེབས་ཏེ་དགོན་དེའི་གཞུག་མར་གནས་པའི་དགེ་འདུན་དང་། ཕྱོགས་ནས་ཕེབས་པའི་གསན་མཁན་མང་པོར་དཔལ་རྡོ་རྗེ་འཇིགས་བྱེད། ཀུན་རིག སྨན་བླ། ཐུགས་རྗེ་ཆེན་པོ་རྣམས་ཀྱི་དབང་དང་། ལྷག་ལྷ་འགའི་རྗེས་གནང་། སེམས་བསྐྱེད་མཆོད་པ་སོགས་འདོད་ཆོས་དུ་མ་དམ་པའི་ཕྱག་བཞེས་བཞིན་བསྩལ་ཅིང་། ཐར་འདོད་སྐྱེ་བོ་མང་པོ་རབ་བྱུང་དང་བསྙེན་རྫོགས་ལ་བཀོད་དེ་ཡིད་ཀྱི་བུམ་བཟང་ཚུལ་ཁྲིམས་བདུད་རྩིའི་བཅུད་ཀྱིས་གཏམས་པར་མཛད། སྟོན་ནས་དཔའ་རིས་ཕྱོགས་ཀྱི་དགོན་སྡེ་མང་པོས་གདན་ཞུས་ནན་ཆེ་བ་ཡང་ཡང་བྱུང་བའི་འདོད་མོས་སྐོང་ཆེད་ཟླ་བ་བཞི་བར་དཔའ་རིས་གན་ཆེན་དགོན་དང་། མཆོད་རྟེན་ཐང་། དགོན་ལུང་བྱམས་པ་གླིང་རྣམས་སུ་རིམ་བཞིན་ཕེབས་ཏེ། དགོན་སྡེ་རེ་རེ་ནས་ཐུགས་རྗེ་ཆེན་པོའི་དབང་སོགས་བསྩལ་ཅིང་། བསྒྲུབ་བྱ་བཅུ་ཕྲག་ཁ་ཤས་རབ་བྱུང་དང་ཁ་ཤས་བསྙེན་རྫོགས་ཀྱི་བསླབ་པའི་གཞི་ལ་བཀོད། དགོན་ལུང་དུ་ཁྲིམ་པ་ལྔ་བཅུ་ལྷག་ལ་དགེ་བསྙེན་ཕམ་དང་། བརྒྱ་ལྷག་ལ་བསྙེན་གནས་ཀྱི་སྡོམ་པ་འབོག་པ་གནང་། ཆོས་སྡེ་ཆེན་པོ་འདི་ནི་མདོ་སྨད་ཀྱི་བཤད་གྲྭ་ཀུན་གྱི་ཕྱི་མོར་གྱུར་ཅིང་། མཁས་གྲུབ་དམ་པ་མཐའ་ཡས་པ་བྱོན་པའི་གནས་ཡིན་པ་དང་། ཁྱད་པར་ཞང་སྟོན་ཆོས་ཀྱི་རྒྱལ་པོ་རྗེ་བསྟན་པ་རྒྱ་མཚོ་ཡུན་

རིང་བཞུགས་ནས་འཆད་ཉན་རྒྱ་ཆེར་གནང་བར་མ་ཟད་ཁྱིམ་པ་རྣམས་ལ་དགེ་བསྙེན་དང་བསྙེན་གནས་ཀྱི་སྡོམ་པ་གནང་བའི་སྲོལ་བཏོད་པར་བརྟེན་དེང་དུས་སུའང་ས་འདིའི་ཧོར་རྣམས་ཀྱི་ཁྲོད་ན་དགེ་བསྙེན་དང་བསྙེན་གནས་ཀྱི་བསླབ་པ་ལེན་མཁན་མང་པོ་བྱུང་བ་ཡིན་ནོ། །ཞེས་རྗེ་འདི་ཉིད་ཀྱི་ཞལ་ནས་ཐོས་ཏེ་རྗེས་སུ་ཡི་རངས་ཀྱི་གནས་ཡིན་ནོ། །གནའ་དུས་སུ་སྟེག་རྒྱལ་གླང་དར་མས་རྒྱལ་བའི་བསྟན་པ་རིན་པོ་ཆེ་རྨང་ནས་བཤིག་སྟེ་བོད་ཡུལ་མུན་པའི་གླིང་དུ་བསྒྱུར་ནས་བགྲང་བྱ་བཅུ་ཕྲག་དུ་མ་འདས་རྗེས་མདོ་སྨད་ཙོང་ཁའི་རྒྱུད་འདིར་སེམས་དཔའ་ཆེན་པོ་བོད་ཀྱི་མཁས་པ་མི་གསུམ་དང་བླ་ཆེན་དགོངས་པ་རབ་གསལ་གྱིས་དབུས་གཙང་མི་བཅུ་ཡོངས་རྫོགས་བསྙེན་པའི་གཞི་ལ་བཀོད་དེ་བསྟན་པ་ཕྱི་དར་གྱི་དབུ་བརྙེས་པ་ནས་ལྗོངས་འདིར་མཁས་པ་དང་གྲུབ་པའི་སྐྱེ་བོ་མཐའ་ཡས་པ་རིམ་བཞིན་བྱོན་པའི་དྲིན་ལས་མདོ་སྔགས་བསྟན་པའི་ཉིན་བྱེད་སྔ་དར་ལས་ཕྱི་དར་ཆེས་ཆེར་དར་ཞིང་རྒྱས་པ་བྱུང་བའི་ཚུལ་ཆོས་འབྱུང་ཚད་ལྡན་རྣམས་སུ་གསལ་བ་དཔྱོད་ལྡན་ཀུན་གྱིས་མཁྱེན་གསལ་ལྟར་ལགས་ལ། ཚུལ་དེ་དང་མཚུངས་པར་བདག་ཅག་གི་དཔལ་ལྡན་བླ་མ་དམ་པ་འདི་ཉིད་ཀྱིས་ཀྱང་། རྒྱལ་བའི་བསྟན་པ་རིན་པོ་ཆེ་ཉམས་ཆག་ཆེན་པོ་བྱུང་ནས་ལོ་བཅུ་ཕྲག་གཉིས་ལྷག་འདས་རྗེས་ཙོང་ཁའི་སྨན་ལྗོངས་འདིར་ཐར་འདོད་སྐྱེ་བོ་དུ་མར་རབ་བྱུང་དང་བསྙེན་རྫོགས་ཀྱི་སྡོམ་པ་བསྩལ་ནས་བསྟན་པའི་གཞི་མ་ཆོས་འདུལ་བའི་བསྟན་པ་རྨང་ནས་གསོས་པ་དང་། སྐལ་ལྡན་མཐའ་ཡས་པར་ཐེག་པ་ཆེན་པོའི་བསླབ་པ་འཛིན་དུ་བཅུག་སྟེ་རྒྱལ་བའི་སྲས་སུ་བསྐྱུན་ཅིང་། རྡོ་རྗེ་ཐེག་པའི་དཀྱིལ་འཁོར་དུ་སྨིན་པར་བྱས་ཏེ། མདོ་དང་སྔགས་ཀྱིས་བསྡུས་པའི་རྣམ་འདྲེན་བུ་རམ་ཤིང་བའི་ལུགས་བཟང་སླར་ཡང་དར་ཞིང་རྒྱས་པར་མཛད་པ་འདི་ནི་དམ་པ་མཆོག་འདིའི་ཆེས་ངོ་མཚར་རྨད་དུ་བྱུང་བའི་རྣམ་པར་ཐར་པ་ཞིག་ཏུ་མ་ཟད། འདི་ལ་རྟེན་འབྲེལ་དང་གསང་བ་བསམ་གྱིས་མི་ཁྱབ་པའི་གནད་ཁྱད་པར་ཅན་དུ་མ་སྲོ་བྱར་མཆིས་ངེས་ན་ཡང་བདག་འདྲས་ཇི་ལྟ་བ་བཞིན་རྟོགས་ཤིང་བརྗོད་པའི་ཡུལ་དུ་མ་གྱུར་པ་དམ་པ་རྣམས་ཀྱིས་མཁྱེན་དགོས་པར་སྣང་ངོ། །དེ་ལྟར་

ཐུགས་བསྐྱེད་དང་མཁྱེན་དཔྱོད་རྨད་དུ་བྱུང་བའི་ཆུ་འཛིན་གྱི་བ་གམ་ནས་བསྒྲགས་པའི་ཕུལ་བྱུང་ལེགས་གསུང་དབྱར་གྱི་རྔ་སྒྲས་སྐལ་བཟང་གཙུག་ཕུད་ཅན་རྣམས་སྤྲོ་དགའི་མངལ་ཁུར་བརྟས་ཤིང་། བྱིན་རླབས་བདུད་རྩིའི་ཆར་གྱིས་སྣོད་ལྡན་སློབ་མའི་རྒྱུད་ཀྱི་ཞིང་ས་བརླན། སྐུ་བཞི་རིན་པོ་ཆེའི་མྱུ་གུ་མྱུར་དུ་འཁྲུངས་པའི་ས་བོན་བརྟན་པོ་ཐེབས། དུས་ཀྱི་ཡང་སྙིགས་འདིར་མདོ་རྒྱུད་བསྟན་པའི་པད་ཚལ་ཕྱོགས་ཀུན་ཏུ་རྒྱས་པའི་དུས་སྟོན་ཟད་མི་ཤེས་པ་སྤེལ་བར་མཛད་པས། རྒྱལ་བ་སྲས་དང་བཅས་པ་དབྱིངས་ནས་དགྱེས་ཤིང་བསྔགས་བརྗོད་ཀྱི་མེ་ཏོག་འཐོར། དཀར་ཕྱོགས་སྐྱོང་བ་རྣམས་ཀྱི་དབུ་འཕང་དགུང་ལ་རེག་པར་གྱུར་ཏེ། དྲི་བྲལ་བསྟན་པའི་ཡང་སྙིང་མི་ནུབ་པའི་རྒྱལ་མཚན་སླར་ཡང་འཛུགས་པར་མཛད་དོ། །སྐབས་དེ་དག་ཏུ་ཡུལ་ལྗོངས་འདིའི་སྐྱེ་དགུ་རྣམས་ཀྱིས་བསོད་ནམས་གསོག་པའི་རྟེན་གྱི་གཙོ་བོ། ཤར་ཕྱོགས་པ་རིག་པའི་དབང་པོ་ཆོས་རྗེ་དོན་གྲུབ་རིན་ཆེན་གྱི་ཕྱག་འཁོར་འཁྲུལ་མེད་ནང་རྟེན་དུ་བཞུགས་པའི་གཙན་ཚའི་མ་ཎི་ཞེས་ཡོངས་སུ་གྲགས་པ། བྱིན་རླབས་ཀྱི་གཟི་འོད་མཆོག་ཏུ་འབར་བ་དེ་ཉིད་ས་ཁྲི་ལོ་དང་དེའི་ཕྱིས་རིག་གསར་སྐབས་སོགས་སྐུ་གསུང་ཐུགས་རྟེན་གཏོར་བཅོམ་གྱི་ལས་འགུལ་ཡང་བ་སྤེལ་སྐབས་དག་ཏུ་དད་ལྡན་སྙིང་སྟོབས་ཅན་འགའ་ཞིག་གིས་སྦས་བསྐྱུང་དང་སྲུང་སྐྱོབ་ལེགས་པར་གནང་ནས། འབྱུང་བཞིའི་བཅུད་དུ་མ་འཐིམ་པར་ད་ལྟའི་བར་དངོས་སུ་བཞུགས་པ་དེ་ཉིད་སྙིང་པོར་བསྒྲིལ་བའི་ཆོས་འཁོར་དང་། བཞུགས་སའི་གཙུག་ལག་ཁང་ཆུང་ངུ་ཞིག་བཅས་བཞེངས་རྒྱུའི་སྔ་གོན་བྱེད་པའི་ཚེ། ཡུལ་དེའི་རྗོང་དཔོན་འགས་ཁྲོས་ནས་ཞེ་སྡང་མི་བཟོད་པའི་སྤྲིན་རིམ་ནས་སྡིག་དམོད་ཀྱི་དྲག་ཆར་གློ་བུར་བརྗོལ་བ་ན། ལས་དཔོན་རྣམས་ཤིན་ཏུ་སྐྲག་སྟེ་ལྷ་ཁང་ལས་ཉན་རྒྱུ་མ་རེད་སོགས་ཟེར་ཞིང་ཅི་དྲགས་ལ་ཐུག་སྐབས། འགྲོ་བའི་མགོན་པོ་གང་གིས་མཆོག་གསུམ་གྱི་ཐུགས་རྗེ་བསྐུལ་བའི་གསོལ་འདེབས་དྲག་ཏུ་གནང་ནས་གཟིམས་པའི་མཚན་ལམ་དུ། གཙུག་ལག་ཁང་མཆོག་གཙང་ཁང་འཁྱམས་དང་བཅས། །བཤད་སྒྲུབ་བྱ་བ་ལས་ཀྱིས་བསྟན་པ་སྐྱོངས། །ཞེས་པའི་གསུང་དབྱངས་སྙན་

པར་སྒྲིག་པ་ཞིག་གསལ་བར་རྨིས་པས། ལས་དཔོན་རྣམས་ལ་ལྷ་ཁང་ལས་རྒྱུ་ཕྱོས་དང་སྐྱོན་མེད་པ་འདྲ། ཞེས་པའི་ཕེབས་སྒོ་བསྐུལ། དེ་ལ་བརྟེན་ནས་ལས་དཔོན་རྣམས་ཀྱི་གཙོས་ཕྱོགས་དེའི་དད་ལྡན་ཚང་མས་སྙིང་སྟོབས་དང་བརྟུན་པ་ཆེར་སྐྱེད་ཀྱིས་བསྒྲུབས་པའི་ལྷ་ཁང་ཆུང་ངུ་ཞིག་གེགས་མེད་དུ་བཞེངས་གྲུབ་ཅིང་། མཚན་ལམ་ལྟར་ཕྱིས་སུ་གླེང་བརྗོད་ཅི་ཡང་མ་བྱུང་ངོ་། །ཆུ་ཁྱི་ལོའི་ནག་ཟླའི་ཚེས་གཅིག་ལ་ཉེ་གནས་དམ་པ་ཡོན་ཏན་རྒྱ་མཚོས་ཞབས་ཞུ་བྱས་ཏེ་རྒྱ་ནག་ཕྱོགས་ཀྱི་གནས་ཆེན་མང་པོར་གནས་མཇལ་དུ་ཕེབས་ཏེ། ཐོག་མར་རྒྱལ་བའི་ལུང་གིས་ཟིན་པའི་འཕགས་མཆོག་བརྟན་པའི་འཁོར་ལོའི་སྤྲུལ་པའི་ཞིང་མཆོག་རི་བོ་དྭངས་གསལ་ལམ་རི་བོ་རྩེ་ལྔར་སླེབས། དེར་ནོར་བུ་ཆེན་པོའི་མཆོད་རྟེན་སོགས་རྟེན་བརྟེན་པ་ཐམས་ཅད་ཞིབ་ཏུ་མཇལ་ཞིང་། ནོར་བུ་ཆེན་པོའི་མཆོད་རྟེན་ལ་སྐོར་བ་གནང་སྐབས་ཀྱི་ཙང་གི་ཡིན་ཞེས་བཙུན་མ་བུ་མོ་ལྔས་ཉིད་ལ་གུས་གུས་ལྟར་བྱེད་ཅིང་། ཡུན་རིང་ལ་ལྷན་དུ་ཕེབས་པས། འདི་དག་ལ་སྐོར་འགའ་རེ་བྱེན་ཅིག་ཅེས་ཉེ་གནས་ལ་གསུང་བ་བཞིན། ཉེ་གནས་ཀྱིས་སྐོར་མོ་བླངས་ཏེ་སྟེར་བར་བརྩམས་པ་ན་གར་སོང་ཆ་མེད་དུ་སོང་ཞིང་། གང་དུ་བཙལ་ཀྱང་མ་རྙེད་པ་བྱུང་བ་ཡང་རྗེ་བཙུན་མཁྱེན་པའི་གཏེར་གྱི་ཡེ་ཤེས་སྒྱུ་འཕྲུལ་ཞིག་ཡིན་ངེས་སྙམ། སྐབས་དེར་གནས་དེ་ན་ཧྭ་ཤང་སུམ་ཅུ་ཙམ་བཞུགས་པ་ལ་སྐོར་གསུམ་རེའི་སྐུ་འགྱེད་ཕུལ། ཚེས་བརྒྱད་ཀྱི་ཉིན་ཕུ་ས་ཏེན་ནམ་བྱ་རྐོད་ཕུང་པོའི་རི་ར་གྲགས་པའི་གཙུག་ལག་ཁང་དུ་མཇལ་བར་ཕེབས་སྐབས། ལྷ་ཁང་དེར་སྐྱབས་མགོན་རྒྱལ་བའི་དབང་པོ་དང་པཎ་ཆེན་ཐམས་ཅད་མཁྱེན་པའི་བཞུགས་ཁྲི་ཞིག་ཡོད་པའི་སྟེང་ན་པཎ་ཞྭ་སྔོ་རིང་ཞིག་མཆིས་པ་ལ། རྒྱའི་དགེ་སློང་རྒན་པ་ཞིག་གིས་ཁྱེད་ཀྱིས་ཞྭ་འདི་མནབས་ནས་འདྲ་པར་ཞིག་སྒྲོན་ན་ལེགས་ཞེས་བསྐུལ་བ་བཞིན་དབུ་ཞྭ་བཞེས་པ་དང་མཉམ་དུ་འབྲུག་གྲགས་ཤིང་ཆར་བབས་པས། དེ་ན་གནས་པའི་མི་རྣམས་ཀྱིས་ལོ་འདིར་འབྲུག་སྒྲ་གྲགས་པ་དང་ཆར་བབས་པའི་ཐོག་མ་དེ་རིང་གི་འདི་ཡིན་ཟེར་ཞིང་ངོ་མཚར་མཚར་བྱེད་དོ། །འཇམ་མགོན་སྤྲུལ་པའི་ཞིང་མཆོག་ཏུ་རྒྱལ་དབང་ཡབ་སྲས་ཀྱི་དབུ་

ཞྭ་ཕྱིན་ནླབས་ཀྱི་ངད་མ་ཡལ་བ་དེ་ཉིད་དམ་པ་འདིའི་དབུ་ལ་གསོལ་བ་དང་མཉམ་དུ་མོ་དེའི་འབྲུག་སྒྲ་ཐེངས་དང་པོ་གྲགས་ཤིང་གྲུ་ཆར་གྱི་རྒྱུན་བཟང་པོ་བབས་པ་ནི། ཐུབ་བསྟན་ཡང་དར་ཐོག་མའི་དུས་འདིར་ལུང་རིགས་དབྱར་རྔའི་དབྱངས་དང་འགྲོགས་པའི་ཟབ་དོན་ལེགས་བཤད་གྲུ་ཆར་གྱིས་སྐལ་བཟང་གདུལ་བྱའི་ཡིད་ཀྱི་ཞིང་སར་ལུང་རྟོགས་བཙུད་ཀྱིས་བརླན་པར་བྱས་པ་དང་བྱེད་བཞིན་པ་འདིའི་ལྟས་སུ་གདོན་མི་ཟ་སྙམ་མོ། །དེ་ནས་ཆེན་པོ་རྟོར་གྱི་དུས་ནས་བཟུང་རྒྱལ་རབས་མང་པོའི་རྒྱལ་ས། འཛམ་གླིང་འཛིན་མའི་ཕྱོན་ལ་གྲགས་སྙན་གྱི་བ་དན་གཡོ་བའི་གྲོང་ཁྱེར་ཆེན་པོ་པེ་ཅིན་དུ་ཕྱགས་ཕེབས་ཏེ། རྣམ་འདྲེན་བུ་རམ་ཤིང་བའི་ཚེམས་དང་། དགྲ་བཅོམ་པ་ལྔ་བརྒྱའི་སྐུ། དགའ་ལྡན་ཕྱིན་ཆགས་གླིང་གི་རྟེན་བརྟེན་པས་མཚོན་ཡུལ་དེར་བཞུགས་པའི་སྐུ་གསུང་ཐུགས་རྟེན་འགངས་ཆེན་མང་པོར་ཞིབ་ཏུ་མཇལ། དེ་ནས་གནམ་གྲུར་བཞུགས་ཏེ་གྲོང་ཁྱེར་ཆེན་པོ་ཧྲང་ཧེར་ཕེབས་ནས་རྒྱ་གར་ཤར་ཕྱོགས་འབར་མ་ནས་གདན་དྲངས་པར་གྲགས་པའི་གཡང་ཏི་དཀར་པོ་ལས་གྲུབ་པའི་སངས་རྒྱས་ཀྱི་སྐུ་སོགས་མཇལ། དེ་ནས་མཚོ་གྲུར་བཞུགས་ཏེ་ཆུ་ཚོད་བཅུ་གསུམ་ཙམ་འགྲུལ་བཞུད་གནང་ནས་འཕགས་མཆོག་འཇིག་རྟེན་དབང་ཕྱུག་གི་གནས་ནན་ཧེ་པོ་ཏ་ལར་སླེབས། གནས་དེར་བཞུགས་པའི་རྟེན་བརྟེན་པ་མ་ལུས་པར་ཞིབ་མཇལ་གནང་ཞིང་། ཧྭ་ཤང་དང་བཙུན་མ་ཉིས་བརྒྱ་ལྷག་བཞུགས་པ་ལ་སྐོར་གཅིག་རེའི་སྐུ་འགྱེད་བསྩལ་བས། དེ་ནས་འཕྲུལ་གྲུར་བཞུགས་ཏེ་ཉིན་པོ་ཞེས་པའི་གྲོང་ཁྱེར་དུ་ཕེབས་ནས་ཆོས་ཀྱི་རྒྱལ་པོ་མྱ་ངན་མེད་ཀྱི་གཙུག་ལག་ཁང་དུ་གྲགས་པའི་ལྷ་ཁང་ཞིག་ཏུ་བཞུགས་པའི་རྒྱལ་པོ་མྱ་ངན་མེད་ཀྱིས་བཞེངས་པའི་མཉམ་མེད་ཤཱཀྱའི་རྒྱལ་པོའི་རིང་བསྲེལ་སྙིང་པོར་བཞུགས་པའི་མཆོད་རྟེན་ཁྲུ་གང་ཙམ་བཞུགས་པ་ལ་ལེགས་པར་མཇལ་ཏེ། ཧང་ཏེག་ཏུ་ཕེབས་ནས་ཐུབ་པ་ལུང་བསྟན་མ་སྐུ་ཚད་ཁྲི་བདུན་ཙུ་ཙན་སོགས་མཇལ། དེ་ནས་ཕྱིར་ཧྲང་ཧེར་ཕེབས་ཤིང་གནམ་གྲུར་བཞུགས་ནས་ཆུ་ཚོད་བཞི་དང་ཕྱེད་ཀྱིས་ལན་གྲིག་ཏུ་ཕྱགས་ཕེབས་སོ། །དེ་ལྟར་མ་ཧཱ་ཙིནའི་ཡུལ་གྱི་གནས་འགངས་ཆེན་དུ་མ་དང་། དེ་དག་ཏུ་བཞུགས་པའི་སྐུ

གསུང་ཐུགས་ཀྱི་རྟེན་མཐའ་ཡས་པར་ཞིབ་མཇལ་གནང་སྐབས་རྒྱལ་བའི་སྲས་ཀྱི་སྨོན་ལམ་རླབས་པོ་ཆེ་དུ་མ་ཐུགས་ཉམས་སུ་བསྐྱར་བ་ཤེས་པར་བྱའོ། །ཆུ་ཕག་ལོར་ལྷ་ས་ནས་བོད་ཀྱི་གསོ་རིག་སྨན་པའི་མཁས་དབང་དུ་མ་གདན་འཛོམས་ཏེ་རིག་པ་དེར་གཏིང་ཟབ་ཏུ་ཞིབ་འཇུག་གྲོས་མོལ་གྱི་ཚོགས་འདུ་ཞིག་ལྷ་སར་བསྐྱུ་རྒྱུ་དང་། དམ་པ་ཉིད་ཀྱང་དེར་ཕེབས་དགོས་པའི་གོང་རིམ་གྱི་བཀའ་འཁྱོར་ཏེ། ཟི་ལིང་ནས་མེ་འཁོར་ལ་བཞུགས་ནས་སི་ཁྲིན་དུ་ཐུགས་ཕེབས། ཙོང་ཁའི་ཡུལ་གྱི་གནས་ཆེན་བཞིའི་གྲས་འཕགས་མཆོག་ཀུན་ཏུ་བཟང་པོའི་སྤྲུལ་པའི་ཞིང་ཁམས་སུ་གྲགས་པ་སྣང་ཆེན་འགྲིང་རིར་འཕགས་པ་ཀུན་བཟང་གི་ལི་སྐུ་ཆེན་པོ་སོགས་གནས་དེར་བཞུགས་པའི་རྟེན་བརྟེན་པ་མ་ལུས་པར་ཞིབ་མཇལ་གནང་ཞིང་། ལོ་ཧན་ཞེས་སུ་གྲགས་པའི་གྲོང་ཁྱེར་ཉེ་འགྲམ་དུ་བཞུགས་པའི་སངས་རྒྱས་ཀྱི་རྡོ་སྐུ་ཆེན་པོར་ཡང་མཇལ། དེ་ནས་འཕྲུལ་གྲུར་བཞུགས་ནས་འབྲི་ཆུ་བརྒྱུད་དེ་ཁྲུན་ཆིན་གྲོང་ཁྱེར་དུ་ཕེབས་ཏེ། གྲོང་ཁྱེར་དེར་གཟིགས་སྐོར་ལེགས་པར་གནང་གྲུབ་བསྟུན་སྣར་ཁྲིན་ཏུཙུ་གྲོང་ཁྱེར་དུ་ཕེབས་ཤིང་། དེ་ནས་གནམ་གྲུར་བཞུགས་ཏེ་ཆུ་ཚོད་འགས་ལྷ་ལྡན་དུ་སླེབས། ལྷ་ས་སྨན་རྩིས་ཁང་གིས་སྔོ་ལེན་གཟབ་རྒྱས་གནང་ཞིང་ཀླུ་སྦུག་ཏུ་བཞུགས་གདན་འཛུགས། ཉིན་སུམ་ཅུ་ལྷག་ལ་ཚོགས་འདུ་གནང་ནས་གསོ་རིག་ལ་མཆོག་ཏུ་མཁས་པའི་དྲན་དབང་རྣམས་དང་ཆབས་ཅིག་ཏུ་རིག་པའི་གནས་དེའི་དཀར་པོའི་གནས་རྣམས་ལ་འགྲོས་པ་དང་བཀའ་མོལ་ཞིབ་རྒྱས་གནང་། ཚོགས་འདུ་གྲོལ་ནས་ཚོགས་འདུར་ཕེབས་པའི་མཁས་དབང་གཞན་དག་དང་མཉམ་དུ་སེ་ར་ཐེག་པ་ཆེན་པོའི་གླིང་དུ་ཉིན་གཅིག་ལ་རྟེན་བརྟེན་པ་རྣམས་ཞིབ་ཏུ་མཇལ་ཞིང་། ཕྱི་ཉིན་འབྲས་སྤུངས་སུ་ཕེབས་ནས་དེ་བཞིན་གནང་། ཆོས་སྡེ་གཉིས་ཀྱི་དགེ་འདུན་པ་རེ་ལ་སྐོར་གཅིག་རེའི་སྐུ་འགྲེད་ཕུལ། སྲིད་གཞུང་གིས་སྟོན་མོ་གཟབ་རྒྱས་ཞུས། དེ་ནས་དགའ་ལྡན་དུ་ཕེབས་ཏེ་རྟེན་རྣམས་མཇལ་ཞིང་། འགྲེད་ཐེབས་སུ་སྐོར་བཞི་བརྒྱ་ཕུལ། གསེར་གདུང་ཆེན་མོའི་གཙུག་ལག་ཁང་དུ་གསུམ་ལྡན་རྡོ་རྗེ་འཛིན་པ་ཆེན་པོ་རྒྱལ་བ་བློ་བཟང་རིན་ཆེན་པའི་ཞལ་སྔ་ནས་ལས་བདེ་མཆོག་ལྷ་ཨེ་བའི་

དབང་ཆེན་གསན་ཏེ་གཙང་དུ་ཕེབས། གཞིས་རྩེའི་སྲིད་གཞུང་གིས་སྣེ་ལེན་ཕུན་སུམ་ཚོགས་པ་ཞུས་ཤིང་། བཀྲ་ཤིས་ལྷུན་པོར་བཞུགས་པའི་རྟེན་བརྟེན་པ་ཐམས་ཅད་མཇལ། དེ་ནས་ས་སྐྱར་ཕེབས་ནས་ངོ་མཚར་ཆེ་བའི་རྟེན་བཞི་དང་དུང་དཀར་པོ་རྒྱང་གྲགས་སོགས་དཔལ་ལྡན་ས་སྐྱའི་གཙུག་ལག་ཁང་དང་རྟེན་རྣམས་མཇལ། དེ་ནས་སླར་ལྷ་སར་ཕེབས་ནས་གནམ་གྲུར་བཞུགས་ཏེ་སེ་ཁྲིན་བརྒྱུད་བཞུགས་ཡུལ་དུ་ཕྱུགས་ཕེབས་སོ། །དགུང་ལོ་དོན་ལྔ་བཞེས་པའི་མེ་ལུག་ལོའི་མགོ་ཟླའི་ཚེས་བཅོ་བརྒྱད་ཀྱི་མཚན་མོར་མཚན་ལམ་དུ། བྱང་ཆུབ་སེམས་དཔའ་རྣམས་ཀྱིས་ནི། །འགྲོ་དོན་ཐུགས་ལ་དགོངས་འགྲུབ་ཤོག །ཅེས་པའི་སྨྲ་སྒྲོག་པ་ཞིག་གསལ་པོར་གསན་ཅིང་། ཕྱི་ཉིན་ནངས་སྔ་མོར་སྔགས་པ་ཞིག་གིས་དྭགས་པོའི་ལམ་རིམ་ཐར་པ་རིན་པོ་ཆེའི་རྒྱན་གྱི་གླེགས་བམ་ཞིག་ཕུལ། དེའི་རྐྱེན་གྱིས་མཉམ་མེད་དྭགས་པོ་ལྷ་རྗེ་དང་འགྲོ་མགོན་ཕག་མོ་གྲུ་པ་སོགས་དཔལ་དྭགས་པོ་བཀའ་བརྒྱུད་ཀྱི་སྐྱེས་བུ་དམ་པ་རིམ་བྱོན་ཐམས་ཅད་བྱང་ཆུབ་སེམས་དཔའ་ཆེན་པོ་འབའ་ཞིག་ཡིན་པའི་ཐུགས་ངེས་དང་ཐུགས་དད་ཆེན་པོ་འཁྲུངས་པར་གསུངས་སོ། །ལྷ་བབས་དུས་ཆེན་ལ་སྟོན་མཆོག་ཟས་གཙང་སྲས་པོའི་བཀའ་དྲིན་རྗེས་སུ་དྲན་པའི་དད་འདུན་ཆེན་པོའི་དྲི་བཞིན་དྲག་པོས་ཐུགས་ཀྱི་སྙིང་བཟང་ཆེས་ཆེར་གཡོས་པས་སངས་རྒྱས་ལ་བསྟོད་པ་པདྨ་དཀར་པོ་ཞེས་བྱ་བ་ཚིག་དོན་ནད་དུ་བྱུང་བའི་བསྟན་བཅོས་དེ་ཉིད་འཕྲུལ་དུ་ལྷུགས་རྩོམ་གནང་། དེའི་རྗེས་དམ་པ་ཉིད་ཀྱི་ཐུགས་སྲས་དཔལ་ལྡན་བཀྲ་ཤིས་ཆོས་སྡིངས་ཀྱི་ཆོས་ཀྱི་གདན་ཁྲི་འཛིན་པ་རྗེ་བཙུན་བློ་བཟང་གྲགས་པ་རྒྱ་མཚོ་དཔལ་བཟང་པོ་སོགས་ཀྱིས་བསྐུལ་ཏེ་བསྟོད་པ་དེའི་འགྲེལ་བའི་ཚུལ་དུ་སངས་རྒྱས་བཅོམ་ལྡན་འདས་ཤཱཀྱ་ཐུབ་པའི་མཛད་ཆེན་རྣམ་པར་ཐར་བ་པདྨ་དཀར་པོའི་ཕྲེང་བ་ཞེས་པའང་བཀའ་རྩོམ་གནང་འཕྲུལ་ཉིད་ཀྱི་བཀའ་སློབ་ཤིང་བཟའ་བསྐལ་བཟང་རིན་པོ་ཆེས་རྨུམ་དཔར་དུ་བཏབ། བསྟན་བཅོས་འདི་ཉིད་མཁས་དབང་ཚེ་ཏན་ཞབས་དྲུང་རིན་པོ་ཆེས་གཟིགས་ནས་སྤྱིར་བྱང་ཆུབ་རྒྱས་པ་ཞིག་དང་སྐལ་བ་པོའི་གྲས་སུ་ཁོ་པོའང་ཅིས་ཀྱང་འཛོག་དགོས་ཞེས་པའི་འཕྲིན་བསྐུར་བ་ཕྱག་ཏུ

འབྱོར་ཏེ། ཕྱིས་ཤིང་པར་དུ་བསྐྲོ་སྐབས་དེ་བཞིན་གནང་། དཔལ་ལྡན་བཀྲ་ཤིས་ཆོས་སྡིངས་སོགས་སུ་གཏན་ཚིགས་རིག་པའི་དཔེ་ཁྲིད་སྩོལ་སྐབས་གསར་སློབ་རྣམས་ཀྱིས་ཚུར་གོ་དཀའ་བ་བྱུང་སྟེ། དེ་དག་གི་ཆེད་དུ་གཏན་ཚིགས་རིག་པའི་སྣང་བ་ཞེས་བྱ་བ་དང་། གཞུང་ལུགས་ཆེན་པོ་དག་ལ་སྦྱངས་པ་ཆེར་བྱེད་པའི་གོ་སྐབས་མ་བྱུང་བ་རྣམས་ཀྱི་དོན་དུ་འགྲེལ་ཕྲང་བརྒྱ་རྩ་བརྒྱད་ཀྱི་རྣམ་བཤད་གཞུང་རབ་གསལ་བའི་སྒྲོན་མེ་ཞེས་བྱ་བ་དང་། དེང་དུས་སུ་ཕྱོགས་ཀུན་ཏུ་འདུལ་བའི་སྐོར་གྱི་ཕྱག་ལེན་སོགས་འདྲི་ཡུལ་གྱི་བཤེས་གཉེན་ཏ་ཙང་དགོན་པས། འདུལ་བསྟན་རིན་པོ་ཆེའི་ཕྱག་ལེན་རྣམས་ལེགས་པར་གསལ་བར་བྱེད་པའི་དོན་དུ་དགོངས་ནས། འདུལ་བའི་གཞི་གསུམ་གྱི་བརྗོད་བྱང་ཤིན་ཏུ་གསལ་པོ་ཞིག་དང་། དགོན་སྡེ་ཐམས་ཅད་ཀྱིས་གསོ་སྦྱོང་གི་ཚེ་སོ་ཐར་གྱི་མདོའི་གླེང་གཞི་རྟག་ཏུ་གསུངས་པས། ཀུན་ལ་ཕན་སླེབས་ཆེ་བར་དགོངས་ནས་སོ་སོར་ཐར་བའི་མདོའི་གླེང་གཞིའི་འགྲེལ་བ། ཕུང་ཁམས་སྐྱེ་མཆེད་ཀྱི་ངོ་བོ་རབ་དབྱེ་སོགས་གསལ་བར་བྱེད་པ་ཆོས་གསུམ་གྱི་རྣམ་གཞག་མཁས་པའི་གསུང་རྒྱུན་ཞེས་བྱ་བ། ཀུན་རིག་གི་ཕྱག་རྒྱ་བཅིང་བ་མེད་ན་ཚོ་ག་ཙམ་གསུང་ཡང་ཆད་ལྟག་གི་ཉེས་པ་བསྐྱེད་པར་གསུངས་པས་ཀུན་རིག་གི་བསྙེན་ཡིག་ཕྱག་རྒྱ་བཞིས་རྒྱས་འདེབས་ཚུལ་ཤིན་ཏུ་གསལ་བ། སྨན་གྱི་རྩ་བའི་རྒྱུད་ཀྱི་བསྡུས་དོན། ལུང་སྟོན་པ་སུམ་ཅུ་པའི་འགྲེལ་བ་དོན་གསལ་ཞེས་བྱ་བ། དམ་པའི་ཆོས་འདུལ་བ་སྤྱིའི་རྣམ་གཞག་སྡེ་བཞིའི་ལུང་གི་སྙིང་པོ་ཞེས་བྱ་བ། བསྟན་བཅོས་ཆེན་པོ་དབུ་མ་ལ་འཇུག་པའི་འགྲེལ་བ་བཅས་བཀའ་རྩོམ་གནང་། ཚེ་ཏན་ཞབས་དྲུང་རིན་པོ་ཆེ་ཞལ་མ་བཞུགས་པ་གསན་འཕྲལ་ཐུགས་ངལ་ཆེན་པོ་གནང་ཞིང་། ཞལ་བརྡའི་ཞོར་ལ་ཁྱད་པར་འཕགས་བསྟོད་དང་ལྷ་ལས་ཕུལ་བྱུང་གི་བསྟོད་པ་གཉིས་ལ་བོད་འགྲེལ་ཞིག་མ་མཐོང་བས། ཁོང་ལ་རྩོམ་སྐུལ་ཞུས་ཡོད་ཀྱང་། རྩོམ་རྒྱུ་མ་བྱུང་བ་འདྲ་གསུངས་པ་ལ། འོ་ན་ཁྱེད་ཀྱིས་ངེས་པར་བཀའ་རྩོམ་གནང་དགོས་ཞེས་སྟེ་སྟོད་རྒྱ་མཚོའི་མངའ་བདག་ཆེ་གྲུ་ཞབས་དྲུང་རིན་པོ་ཆེ་དང་། ལྷ་རིག་སྨྲ་བའི་མཁས་དབང་དགེ་བའི་བཤེས་གཉེན་བློ་བཟང་དམ་ཆོས།

ཕྲན་བཅས་ཀྱིས་ནན་ཞུས་བགྱིས་པ་ཞལ་བཞེས་གནང་སྟེ་འཕྲལ་དུ་བསྟན་བཅོས་དེ་གཉིས་ཀྱི་འགྲེལ་བ་བཀའ་རྩོམ་གནང་། མི་སྟག་ལོའི་ས་ཟླའི་དུས་ཆེན་གསུམ་འཛོམས་ཀྱི་ཉིན་མོར་མཚན་ལམ་དུ་མགོན་པོ་ཉིད་ཀྱིས་ཐུལ་བ་སེར་པོ་ཞིག་མནབས་ནས་བཞུགས་པ་ལ། མི་ཞིག་གིས་འདི་རྒྱལ་དབང་གི་ཐུལ་བ་རེད་ཟེར་ཞིང་། ཡང་གཞན་ཞིག་གིས་པཎ་ཆེན་བློ་བཟང་ཆོས་རྒྱན་གྱི་ཐུལ་བ་རེད་ཟེར། སྐབས་དེར་ཏོར་གཙང་ཁྲི་རིན་པོ་ཆེའི་མདུན་དུ་ཕེབས་ནས། མགོན་པོ་ཀུན་གྱི་དབུས་ན་ལྷང་ངེ་བ། །མགོན་པོ་ཁྱེད་ནི་འདི་ན་བཞུགས་སོ་འཚལ། །ཞེས་ཊ་དྲིལ་གྱི་སྒྲ་ལྷང་ལྷང་དཀྲོལ་བཞིན་གསུངས་རྗེས། ཁྱེད་ཀྱི་རྒྱན་འཇུག་གི་འགྲེལ་བ་སོགས་བསམ་གྱིས་མི་ཁྱབ་པ་ཡིན་པས། ཕོང་གིས་གཞུང་ནས་པར་དུ་འགོད་རྒྱུ་ཡིན་ཞེས་གསུངས་པ་ཞིག་གསལ་བར་རྨིས་ཤིང་། དེ་ལ་བརྟེན་ནས་ཐུགས་ལ་དགའ་དད་ཆེན་པོ་གཞན་འགྲན་མེད་པ་ཞིག་འཁྲུངས་ཏེ། འཇུག་འགྲེལ་གྱི་བར་སྐབས་ཚིགས་བཅད་དུ། དེ་ལྟར་སློབ་དཔོན་ཆེན་མོ་འདི་དག་གིས། །བརྒྱལ་ལམ་ཚུལ་གྱིས་ཟབ་མོ་སྟོང་བ་ཉིད། །གསལ་བར་བྱེད་པའི་ཆོས་འདི་ཐོས་པ་དང་། །སློག་པ་ཙམ་ཡང་བསོད་ནམས་ཆེ་འོ་སྙམ། །དབུ་མའི་བསྟན་བཅོས་ཆེན་པོ་དཔག་བསམ་ཤིང་། །དྲི་མེད་ལུང་རིགས་མེ་ཏོག་སྟོང་གིས་མཛེས། །ཐོག་མཐའ་བར་དུ་དགེ་བའི་འབྲས་བུ་མངར། །འདིར་འཇུག་པ་རྣམས་སྐལ་བ་བཟང་ངོ་སྙམ། །ཕྱོགས་ལྷུང་དྲི་མ་མེད་པའི་སེམས་ཀྱི་མཚོར། །འཇུག་འགྲེལ་དོན་གསལ་པདྨ་དཀར་པོ་འཁྲུངས། །དོན་བཟང་མངར་བའི་བཅུད་ཀྱིས་གཏམས་པ་འདི། །རྒྱལ་ཀུན་དགྱེས་པའི་མཆོད་པར་འགྱུར་བར་སྙམ། །ཞེས་སོགས་བྲིས་པ་ཡིན་ནོ། །ཞེས་གསུངས་ཏེ་མཁས་པ་རྣམས་མཆོག་ཏུ་དགྱེས་པ་སྐྱེད་པའི་ངོ་མཚར་རྨད་དུ་བྱུང་བའི་རྣམ་པར་ཐར་པའོ། །རབ་བྱུང་བཅུ་དྲུག་པའི་བགྲང་བྱ་དགུ་བ་ཤིང་མོ་གླང་གི་ལོར་གཙན་ཚའི་མ་ཧེའི་གཙུག་ལག་ཁང་གསར་དུ་བཞེངས་པའི་དབུ་བརྙམས། འགྲོ་སོང་སོགས་བྱ་བ་ལས་ཀྱི་འཁོར་ལོ་རྒྱ་ཆེ་བས་ཐུགས་ངལ་ཚུང་ཟད་གནང་བའི་ཚུལ་གཞེས་པས། ནུབ་གཅིག་མཚན་ལམ་དུ་མང་པོ་ཞིག་གིས་གསང་འདུས་ཀྱི་ཤིས་བརྗོད་གསུང་གིན་འདུག

པ་ལ་གཞལ་ཡས་ཁང་གི་མཚམས་ནས་མི་གསུང་བར་ཅུང་ཟད་བཞུགས་རྗེས་དབུ་མཛད་སྐད་ཆེན་པོ་ཅན་ཞིག་གིས། ནམ་མཁའི་ཁྲོན་ལྟར་ཡངས་པའི་ཕོ་བྲང་མཆོག །ཉི་ཟླའི་འོད་དང་མཉམ་པའི་འོད་འཕྲོ་ཞིང་། །གྲངས་མེད་རིན་ཆེན་རྒྱན་གྱིས་མཛེས་པ་ལ། །དགེ་མཚན་ཧེ་སྙིང་མཆིས་པའི་བཀྲ་ཤིས་དེས། །ཁྱེད་ཅག་གང་དང་གང་དུ་གནས་པ་དེར། །མི་ཤིས་མཚན་མ་འགའ་ཡང་མི་འབྱུང་ཞིང་། །ཞིང་གི་འཁོར་བ་ཕུལ་དུ་བྱུང་བ་ཡིས། །བདེ་སྐྱིད་རྒྱུན་མི་ཆད་པའི་བཀྲ་ཤིས་ཤོག། ཅེས་གསུངས་པ་ཞིག་གསལ་པོར་རྨིས་པས། །ད་ནི་གཙུག་ལག་ཁང་ཤིན་ཏུ་ལེགས་པོ་ཞིག་མྱུར་དུ་འགྲུབ་ངེས་ཡིན་སྙམ་ནས་ཐུགས་བདེ་པོ་བྱུང་བར་གསུངས་སོ། །དགུང་ལོ་དོན་གཅིག་བཞེས་པ་རབ་བྱུང་བཅུ་བདུན་པའི་ཕོག་མ་མེ་ཡོས་ལོར་རྒྱལ་ཁབ་ཀྱིས་དཔའ་ལུང་རྫོང་དུ་བོད་སྨན་ཁང་ཆེན་པོ་ཞིག་ལས་གྲུབ་ཅིང་། དམ་པ་ཉིད་སྨན་ཁང་གི་ལས་འཛིན་དུ་བསྐོས་སྐབས་གནས་དེར་སྤྱོས་ནས་བཞུགས་གདན་འཛུགས། རབ་རྒྱུན་ས་འབྲུག་ལོར་མགོན་པོ་སྤྱན་རས་གཟིགས་ཀྱི་ཐུགས་རྗེ་དང་། དམ་པ་གང་གི་ཐུགས་བསྐྱེད་དང་སྨོན་ལམ་རྣམ་པར་དག་པའི་མཐུ་ལས་ལྷོངས་འདིའི་སྐྱེ་དགུ་རྣམས་ཀྱི་བསོད་ནམས་མི་ཟད་པའི་གཏེར་ཆེན་པོ་འབྱུང་བའི་གཞི་དམ་པར་གྱུར་པ་གཙན་ཚའི་མ་ཏི་ཆོས་འཁོར་ཆེན་པོའི་གཙུག་ལག་ཁང་གི་ཕྱི་ནང་སྟེང་འོག ཆོན་འབུལ་རྟེན་དང་བཅས་པ་ཕུན་སུམ་ཚོགས་པར་ལེགས་གྲུབ་བྱུང་བ་དང་། དེ་ཡང་གཙུག་ལག་ཁང་འདི་གང་གིས་མཐོང་ན་ཡང་མཐོང་བ་ཙམ་གྱིས་དད་པ་འཕེལ་ཏེ་རྗེས་སུ་ཡི་རངས་བྱེད་པ་ཤིན་ཏུ་ངོ་མཚར་ཅན་འདི་ཉིད་འགལ་རྐྱེན་ཅུང་ཟད་ཙམ་ཡང་མ་བྱུང་ཞིང་། ཕྱོགས་ཕྱོགས་སུ་ཉུལ་ནས་དད་འབུལ་བསྐུལ་བ་སོགས་བྱེད་མ་དགོས་པར་མཐུན་རྐྱེན་མཐའ་དག་ངང་གིས་འཛོམ་སྟེ་རང་བྱོན་ལྟ་བུར་ལྷུན་གྱིས་གྲུབ་པ་བྱུང་ནས། དམ་པ་ཉིད་ཀྱིས་གཙོས་ཆོས་གྲྭ་བ་དུ་མས་རབ་གནས་མཁས་གྲུབ་གོང་མའི་ཕྱག་བཞེས་བཞིན་གནང་ཞིང་བྱིན་རླབས་མི་ཟད་པའི་གཏེར་དུ་བསྒྲུབས་པར་མཛད། དེ་ནས་བཟུང་ཆོས་འཁོར་རིན་པོ་ཆེ་དང་། སྐུའི་རྟེན་དུ་མ་ལས་བདུད་རྩིའི་རྒྱུན་འཛག་པ་སྐྱེ་དགུ་ཐམས་ཅད་ཀྱིས་ཐུན་མོང་དུ་མཐོང་བས། ཀུན་

གྱི་ཡིད་ཀྱི་ཆུ་གཏེར་ངོས་ལ་དགའ་དད་སྤྲོ་གསུམ་གྱི་རླབས་ཕྲེང་འགྲན་པ་བཞིན་དུ་འཕེལ་བར་གྱུར་ཏོ། །དགོན་སྡེ་མང་པོར་ཕེབས་ནས་ཆོས་བཀའ་གནང་ཚུལ་མཚོན་ཙམ་འགོད་ན། དམ་པའི་སྐྱེ་བོ་མཆོག་འདིས་ནི། ཇི་སྐད་དུ། འཇམ་མགོན་ཆོས་ཀྱི་རྒྱལ་པོ་ཙོང་ཁ་པ་ཆེན་པོས། འདྲེན་པ་མཆོག་དེས་དཀའ་བ་དཔག་མེད་ཀྱིས། །ནན་ཏན་སྙིང་པོར་མཛད་ནས་བསྒྲུབས་པ་འདི། །ཐབས་གང་ཞིག་གིས་འཕེལ་བར་འགྱུར་སྙམ་པའི། །རྣམ་པར་དཔྱོད་པས་ཉིན་མཚན་འདའ་བར་ཤོག །ཅེས་གསུངས་པའི་དགོངས་དོན་ཇི་ལྟ་བ་བཞིན་རིང་མོ་ཞིག་ནས་ཐུགས་ཉམས་སུ་བཞེས་པ་ལགས་གཤིས། དུས་ཀྱི་ཡང་སྙིགས་འདིར་ཐུབ་བསྟན་ཡང་དར་ཉིན་བྱེད་གཞོན་ནུའི་འཛུམ་ཟེར་སྣང་བའི་རྩེ་དགའ་མཆོག་ཏུ་དགོད་པ་ལས་བྱུང་བའི་སྐལ་བཟང་ཇོགས་ལྡན་དཔྱིད་ཀྱི་དཔལ་མོའི་དུས་སྟོན་རབ་ཏུ་དར་བ་ལ་མངོན་དུ་ཕྱོགས་པ་ནི། ཐན་དུས་ཀྱི་སྣང་ཚར་ལྟ་བུར་དགོངས་ཏེ། མཉམ་མེད་སྟོབས་བཅུ་མངའ་བ་འདྲེན་མཆོག་ཟས་གཙང་སྲས་པོའི་ལུང་དང་རྟོགས་པའི་བསྟན་པ་རིན་པོ་ཆེ་དར་ཞིང་རྒྱས་པ་དང་། དེ་ལ་བརྟེན་ནས་མཁའ་ཁྱབ་འགྲོ་བ་ཡོངས་ལ་གནས་སྐབས་དང་མཐར་ཐུག་གི་ཕན་པ་དང་བདེ་བ་རྒྱ་ཆེན་པོ་བདེ་བླག་ཏུ་འབྱུང་བའི་ཆེད་དུ་དམིགས་ཤིང་། འཇིག་རྟེན་ཆོས་བརྒྱད་དང་རང་དོན་ཡིད་བྱེད་སོགས་ཀུན་སློང་ངན་པའི་དྲི་མས་ཙུང་ཟད་ཀྱང་མ་གོས་པར་བྱམས་སྙིང་རྗེ་བྱང་ཆུབ་ཀྱི་སེམས་རིན་པོ་ཆེ་འབའ་ཞིག་གིས་ཀུན་ནས་བསླངས་ཏེ་དགུང་ལོ་བགྲེས་པ་དང་། འཕྱོན་ལམ་རིང་བ། ཆོས་བཀའ་གནང་སྐབས་ཀྱི་སྐྱུ་ངལ་སོགས་ཅི་མི་སྙམ་པར་ཁྱད་དུ་བསད་ཅིང་། རྨ་ལྷོ་བྱང་གི་དགོན་སྡེ་མང་པོ་དང་པོད་སྨན་ཁང་དང་སློབ་གྲྭ་ཁ་ཤས། རོང་འབྲོག་སྡེ་ཁ་ཤས་སོགས་དང་། ཉིད་ཀྱི་བཞུགས་གནས་རྣམས་སུ་ཐར་འདོད་ཀྱི་སྐྱེ་བོ་སྟོང་ཕྲག་མང་པོ་བསྙེན་གནས་དང་། དགེ་བསྙེན། རབ་བྱུང་། དགེ་ཚུལ་སློང་གི་བསླབ་པའི་གཞི་ལ་སྦྱོར་བ་དང་། རིས་སུ་མ་ཆད་པའི་ཕྱོགས་ཀྱི་དོན་གཉེར་ཅན་མཐའ་ཡས་པར་རྒྱུད་སྡེ་བཞིའི་སྨིན་བྱེད་ཀྱི་དབང་། རྗེས་གནང་། ཁྲིད། ཞལ་ལུང་། མན་ངག་བསླབ་ལུང་སོགས་ཟབ་པ་དང་རྒྱ་ཆེ་བའི་ཆོས་བཀའ་མཐའ་

ཡས་པ་དང་། གསོ་བ་རིག་པ་སོགས་ཐ་སྙད་རིག་གནས་ཀྱི་ལུགས་བཤད། ཁྱད་པར་བཀའ་ཡོད་ཆེན་པོ་རྣམས་ཀྱི་གཟབ་ཁྲིད་ཕ་ཅང་རྒྱ་ཆེན་པོ་རྒྱུན་ཆགས་སུ་གནང་ཞིང་། ཐ་ན་ཞལ་མཇལ་གསུང་ཐོས་ཀྱིས་གདུལ་བྱ་དཔག་ཏུ་མེད་པ་མངོན་པར་མཐོ་བ་དང་ངེས་པར་ལེགས་པའི་དཔལ་ལ་ལོངས་སྤྱོད་པའི་སྐལ་བ་ཅན་དུ་འགྱུར་བའི་ཐབས་ལ་ཅི་འགྱུར་མཛད་པའི་ཚུལ་ཤིན་ཏུ་རྒྱ་ཆེ་བ་འགོད་དུ་མཆིས་ན་ཡང་། དེ་དག་ཚུལ་ཞིབ་མོར་འཁོད་པའི་ས་བོན་གྱི་ཡི་གེ་མེད་པས་འོལ་ཚོད་ཀྱིས་འགོད་པའི་རྗེ་མི་ཐོགས་ལ། འདིར་དགོན་སྡེ་འགའ་ཞིག་ཏུ་དངོས་ཕེབས་གནང་ནས་ཆོས་བཀའ་སྩལ་ཚུལ་གྱི་ཐོ་ཙམ་དགོན་སྡེ་དེ་དག་གི་ཡི་གེ་འཁྱེར་བ་ལ་གཞི་བྱས་ནས་གནད་བསྡུས་ཏེ་ཕྱོགས་གཅིག་ཏུ་འགོད་པ་ལ། དམ་པ་ཉིད་དགུང་ལོ་རེ་ལྔ་བཞེས་པ་རབ་བྱུང་བཅུ་བདུན་པའི་ལྕགས་བྱ་ལོའི་ཧོར་ཟླ་ལྔ་བར་ཉིད་ཀྱི་ཞལ་སློབ་བསྡུགས་འོས་ཡོན་ཏན་གྱི་བདག་ཉིད་གཡོན་རུ་ནོར་བུ་བའི་མཆོག་སྤྲུལ་རིན་པོ་ཆེས་གྲྭ་བ་གཉིས་མངགས་ནས། མཚོ་སྔོན་གཡོན་རུའི་དགོན་བཀྲ་ཤིས་རབ་རྒྱས་གླིང་དུ་ཕེབས་ཏེ། ཆོས་བཀའ་རྒྱ་ཆེན་པོ་དང་། བསྒྲུབ་བྱ་དུ་མ་ལ་རབ་བྱུང་དང་། བསྙེན་རྫོགས་ཀྱི་སྡོམ་པ་ལེགས་པར་སྩོལ་རྒྱུའི་ཐུགས་འདུན་ཆེ་ཚུལ་ནན་ཏན་གྱིས་ཞུར་བཅུག་པ་ལྟར་ཞལ་བཞེས་གནང་སྟེ། ཟླ་དྲུག་པའི་ཆོས་བརྒྱད་དགོན་དེ་གར་དངོས་ཕེབས་གནང་། ཆོས་བཅོ་ལྔའི་ཉིན་བསྒྲུབ་བྱ་ཉི་ཤུར་རབ་བྱུང་དང་། སུམ་ཅུར་བསྙེན་རྫོགས་ཀྱི་སྡོམ་པ་ལེགས་པར་བསྩལ་ཅིང་། དགོན་དེའི་འདུས་གྲྭ་ཡོངས་དང་། ཕྱོགས་འདུས་དད་ལྡན་གདུལ་བྱ་རྣམས་ལ་སྐྱབས་འགྲོ་དང་དགའ་ལྡན་ལྷ་བརྒྱ་མའི་ཁྲིད་དང་། འཇམ་དཔལ་མཚན་བརྗོད་ཀྱི་ལུང་། རིགས་གསུམ་མགོན་པོ་དང་། ཚེ་ལྷ་རྣམ་གསུམ་གྱི་གཟུངས་སོགས་གཟུངས་སྔགས་ཁྱད་པར་ཅན་མང་པོའི་ལུང་གནང་ནས་ཐམས་ཅད་ཀྱི་རྒྱུད་ལ་ཐར་བའི་ས་བོན་ཁྱད་པར་ཅན་ཐེབས་ངེས་སུ་མཛད་དོ། །ཟླ་བརྒྱད་པར་ཆབ་ཆ་དགོན་གསར་བཀྲ་ཤིས་ཐེག་མཆོག་གླིང་གི་འདུས་སྤྱིས་གདན་ཞུ་ནན་ཆེ་བ་སྙོན་ནས་ཡང་ཡང་ཕུལ་བ་ལྟར་ཕྱོགས་ཕེབས་ཏེ། ཆོས་བཅུ་གསུམ་ཉིན་བསྙེན་རྫོགས་ཞི་ལྔ་དང་། རབ་བྱུང་ཉེར་དྲུག་བསྒྲུབས། ཆོས་བཅུ་བཞིའི་

ཉིན་གཡུ་ཐོག་སྙིང་དབང་དང་། སྙིང་གི་ཆ་ལག་བཅོ་བརྒྱད་ཀྱི་བཀླག་ལུང་། སྙིང་གི་ལྷ་མོ་སུམ་གསུམ་གྱི་རྗེས་གནང་བཅས་དང་། ཆོས་བཅོ་ལྔའི་ཉིན་གཞི་གསུམ་ཚོགས་འི་ཞལ་ལུང་། ཆོས་བཅུ་དྲུག་ཉིན་སྐྱབས་འགྲོ། མཁའ་མཉམ་མ། སྨོན་ལམ་སྣ་ལྔ། འཇམ་དཔལ་མཚན་བརྗོད། མདོ་སྡུད་པ། གསང་འདུས་རྩ་རྒྱུད། གྲུབ་ཆེན་ཆོས་བུ་བའི་ལུགས་ཀྱི་སྤྱན་རས་གཟིགས་ཀྱི་སྒོམ་བཟླས་ཚོ་ག བླ་མཆོད་དང་དེའི་ཚོགས་མཆོད། བསྟན་འབར་མ་བཅས་ཀྱི་བཀླག་ལུང་། ཆོས་བཅོ་བརྒྱད་ཉིན་དཔལ་རྡོ་རྗེ་འཇིགས་བྱེད་ལྷ་བཅུ་གསུམ་མའི་དབང་གི་སྟ་གོན། མདོ་གདུགས་སྒྲོལ་གསུམ། ལེགས་བྲིས་མ། སྒྲོལ་དཀར་བསྟོད་པ། རྣམ་རྒྱལ་གཟུངས་རིང་། སྐབས་གསུམ་མ། རྗེའི་གསང་བའི་རྣམ་ཐར། ལམ་རིམ་བསྡུས་དོན། འདུལ་བ་རྒྱ་མཚོའི་སྙིང་པོ། ལམ་གཙོ། ལམ་རིམ་སྨོན་ལམ། སྔགས་རིམ། དགེ་ལྡན་བསྟན་པ་རྒྱས་པའི་སྨོན་ལམ། གནས་བཅུའི་བསྟོད་པ། གསང་འདུས་སྨོན་ལམ། བདེ་མཆོག་སྨོན་ལམ། རྟེན་འབྲེལ་བསྟོད་པ། དཀོན་མཆོག་རྗེས་དྲན་གྱི་མདོ། ལམ་མཆོག་སྒོ་འབྱེད། དགའ་ལྡན་ལྷ་བརྒྱ་མ་བཅས་ཀྱི་ལུང་དང་། ཐུགས་རྗེ་ཆེན་པོའི་གཟུངས་རིང་སོགས་ལྷག་ལྷ་མང་པོའི་གཟུངས་སྔགས་ཀྱི་ལུང་བཅས་བསྩལ། ཆོས་བཅུ་དགུའི་ཉིན་འཇིགས་བྱེད་ལྷ་བཅུ་གསུམ་མའི་དབང་ཆེན། ཆོས་ཉི་ཤུའི་ཉིན་ཀུན་རིག་གི་དབང་། རྣམ་རྒྱལ་མའི་རྗེས་གནང་། རྟ་མགྲིན་གསང་སྒྲུབ་ཀྱི་རྒྱུན་ཁྲིར་མདོར་བསྡུས་སོགས་ཆོས་སྤྱོད་དང་། ཡིག་བརྒྱ་སོགས་གཟུངས་སྔགས་བྱིན་ཅན་མང་པོའི་ལུང་བཅས་གནང་། ཆོས་ཉེར་གཉིས་ཉིན་འཇིགས་བྱེད་དཔའ་བོ་གཅིག་པའི་དབང་། ཆོས་ཉེར་གསུམ་ཉིན་མགོན་ཆོས་ལྷ་མོ་གསུམ་གྱི་རྗེས་གནང་། ཆོས་ཉེར་བཞིའི་ཉིན་ཕྱོགས་གཞན་ནས་ཆེད་གཉེར་གྱིས་ཕེབས་པའི་བསྒྲུབ་བྱ་ལྔ་ལ་བསྙེན་རྫོགས་དང་། བདུན་ལ་རབ་བྱུང་གི་བསླབ་སྡོམ་བསྩལ་ཏེ་བསྟན་པའི་རྒྱལ་མཚན་མཆོག་ཏུ་བརྟན་པར་བསྒྲིངས་པར་མཛད་དོ། །ཟླ་བཅུ་བའི་ནང་ཉིད་ཀྱི་གདན་ས་དཔལ་མི་འགྱུར་དགེ་ལྡན་བཀྲ་ཤིས་ཆོས་སྡིངས་ཞེས་སྙན་གྲགས་ཀྱི་བ་དན་སྲིད་ཞིའི་མཛེས་རྒྱན་དུ་གཡོ་བའི་ཆོས་སྡེ་ཆེན་པོའི་ཞལ་སློབ

རྣམས་ཀྱིས་གདན་ཞུས་ཕུལ་བ་ལྟར་ཞབས་པད་བཀོད་དེ། ཐར་འདོད་སྐྱེ་བོ་མང་བོ་ཞིག་རབ་བྱུང་དང་བསྙེན་རྫོགས་ཀྱི་བསླབ་པའི་གཞི་ལ་སྦྱར་ཞིང་མྱང་འདས་ཀྱི་དཔག་བསམ་ས་བོན་མཆོག་ཏུ་བཏུས་པར་མཛད། དམ་པ་གང་གི་ཐུགས་སྲས་དམ་པ་སྐྱབས་རྗེ་བློ་བཟང་གྲགས་པ་རྒྱ་མཚོའི་ཞལ་སྔ་ནས་ཀྱིས་གཙོས་བསྟན་པའི་རྩ་ལག་སྐྱབས་རྗེ་མགོན་པོའི་མཆོག་སྤྲུལ་རིན་པོ་ཆེ་སོགས་ཞལ་སློབ་མང་བོར་བསྟུས་གྲྭའི་དཔེ་ཁྲིད་དང་། བཀའ་རམས་པ་རྣམས་ལ་འདུལ་བའི་མཐའ་དཔྱོད་ཀྱི་སྙིང་ནས་ལུང་རིགས་ཀྱིས་བརྒྱན་པའི་འདུལ་བའི་གཟབ་ཁྲིད་ཟླ་གཅིག་ལ་གནང་བ་སོགས་ལེགས་བྱས་རྟེན་འབྲེལ་དང་པོའི་ཁྱུང་སྟོན་སྐྱེས་ཀྱིས་ཉེ་བར་དྲངས་པའི་ཡང་དར་བསྟན་པའི་སྣང་བྱེད་མཆོག་གིས་དགྱེས་འཛུམ་འོད་ཟླབས་རབ་ཏུ་སྤྲོས་ཏེ། བཤད་སྒྲུབ་དཔྱིད་ཀྱི་དུས་སྟོན་དར་ལ་བབ་ཅིང་། སྐལ་བཟང་ཀང་བ་དྲུག་པའི་ཚོགས་རྣམས་སྤྲོ་དགའི་གཞོག་ཟུང་གཡོ་བའི་ལྡོས་གར་སྒྱུ་མ་བཞིན་རྩེད་ངག་དབྱངས་སྙན་ཚད་མེད་དུ་སྒྲོག་པ་སོགས་ལེགས་བྱས་བླ་ན་མེད་པའི་དཔལ་གྱིས་ཆེས་ཆེར་མཛེས་པར་གྱུར་ཏོ། །ལོ་འདིར་བ་ཡན་སྐྱིད་སྡེ་དགོན་གྱིས་གདན་ཞུས་ལྟར་དགོན་དེ་གར་དངོས་ཕེབས་གནང་སྟེ། བསྒྲུབ་བྱ་སུམ་ཅུ་ཙམ་རབ་ཏུ་བྱུང་ཞིང་། ཁྱིམ་པ་སུམ་ཅུ་ལྷག་ལ་དགེ་བསྙེན་གྱི་སྡོམ་པ་གནང་། དད་ལྡན་སེར་སྐྱ་མང་བོ་འདུས་པ་ལ་སྐྱབས་འགྲོ། སྨོན་ལམ་ལྷུ། གནས་བཅུའི་བསྟོད་པ། བླ་མཆོད་བཅས་ཀྱི་ལུང་དང་། ལམ་རིམ་ཆེན་མོའི་ཞལ་ལུང་། དུས་དགྲའི་དབང་བོ་ལྷ་བཅུ་གསུམ་མ་དང་དཔལ་གཅིག་གི་དབང་ཆེན། རྟ་མགྲིན་གསང་སྒྲུབ། ཐུགས་རྗེ་ཆེན་པོ། ཀུན་རིག མི་འཁྲུགས་པ་བཅས་ཀྱི་དབང་། ཚེ་དབང་བཅས་ལེགས་པར་བསྐུལ་བ་ཡིན་ནོ། །དགུང་ལོ་རེ་དྲུག་བཞེས་པ་ཆུ་ཁྱི་ལོའི་ཧོར་ཟླ་དྲུག་པའི་ཚེས་གཅིག་ཉིན་ཁ་སྣང་ཨ་བསོ་དགོན་དུ་ཞབས་པད་བཀོད་དེ་ཡང་དར་སྐབས་ཀྱི་དབྱར་གནས་གསར་དུ་བཙུགས། འདུས་སྡེ་ཡོངས་ལ་ལམ་རིམ་ཆེན་མོའི་ཞལ་ལུང་བསྩལ་ཅིང་། གཞོན་ནུ་སྐོར་གཅིག་ལ་བོད་ཀྱི་བརྡའི་བསྟན་བཅོས་སུམ་རྟགས་ཀྱི་ཁྲིད་གནང་། དེ་ནས་མཚོ་སྔོན་གཡོན་རུ་དགོན་པའི་གདན་ཞུས་ལྟར་ཟླ་བདུན་པའི་ཚེས་གཅིག་ཉིན་

དགོན་དེར་ཕེབས་ཏེ། སྐབས་རྗེ་ནོར་བུ་བའི་གཙོས་འདུས་སྡེ་ཕྱུན་མོང་ནས་དགོན་འདིར་བཀའ་པོད་ལྔའི་འཆད་ཉན་འཛུགས་རྒྱུའི་འདུན་པ་ཡོད་ཚུལ་ནན་ཞུས་ཕུལ་བ་དགྱེས་པས་ཞལ་བཞེས་གནང་སྟེ། བློ་གསལ་སུམ་ཅུ་ལྷག་ལ་བསྡུས་གྲྭའི་དཔེ་ཁྲིད་ཞིབ་མོར་བསྩལ། ཆོས་གྲྭ་བ་རྣམས་ཀྱིས་བསྡུས་གྲྭའི་རྩ་ཚིག་དང་རྒྱན་འཇུག་སོགས་ཀྱི་རྒྱུགས་འབུལ་དགོས་པའི་སྒྲིག་ལམ་གསར་དུ་བཙུགས་ཤིང་། མཚན་ཉིད་ཀྱི་རྣམ་དཔྱོད་སྐོར་དང་། ཆོས་སྤྱོད་གསུང་ཚུལ། རྩོད་པ་བྱེད་སྟངས་བཅས་ཀྱི་ཁྲིད་བཀའ་དྲིན་བསྐྱངས། བློ་བརྒྱུད་པའི་ཆོས་གཅིག་ཉིན་དཔལ་ལྡན་བཀྲ་ཤིས་ཆོས་སྡིངས་ཀྱི་ཕྱག་ལེན་བཞིན་འཆད་ཉན་གྱི་དབུ་གསར་དུ་བརྙེས་ཏེ། ལེགས་ལམ་དང་རྟེན་འབྲེལ་ཤིན་ཏུ་བཟང་བ་བྱུང་། ཞལ་ནས་མཚན་ཉིད་འཛིན་ཧ་ཅང་དཀའ་མོ་ཞིག་ཡིན་ན་ཡང་། ཁོང་ཨ་ལགས་ནོར་བུ་རིན་པོ་ཆེ་ནི་ཐུགས་ལ་གང་བསམ་འགྲུབ་པའི་སྐྱེས་བུ་དམ་པ་ཞིག་ཡིན་པས། ཁོང་གི་ཐུགས་བཞེད་ལྟར་མཚན་ཉིད་ཚུགས་ངེས་སྐམ་སོགས་གསུངས། ཆོས་གསུམ་ནས་བཟུང་བཙོམ་ལྡན་འདས་མི་འཁྲུགས་པ་ལྷ་དགུའི་དབང་། རྡོ་རྗེ་འཇིགས་བྱེད་ལྷ་བཅུ་གསུམ་མ་དང་དཔལ་གཅིག་གི་དབང་། གསང་འདུས་ཀྱི་དབང་། ཀུན་རིག་གི་དབང་བཅས་དང་། སྨོན་ལམ་སྣ་ལྔ་སོགས་ཆོས་སྤྱོད་མང་པོའི་ལུང་བསྩལ་ཅིང་། དེ་ནས་བཟུང་ལྔ་ཐོག་དམ་བཅའ་དང་བཞི་ཐོག་སྐྱོར་སྦྱང་། དཔྱིད་ཆོས་དང་དབྱར་ཆོས་འཛུགས་རྒྱུ་སོགས་ལ་བཀོད་ཁྱབ་ཞིབ་མོ་གནང་། ཧོར་བླ་བརྒྱུད་པར་སྲིད་གཞུང་གི་གསུང་བཀོད་ལྟར་སྐུ་འབུམ་བྱམས་པ་གླིང་དུ་དངོས་ཕེབས་གནང་སྟེ། ཞིང་ཆེན་ཡོངས་ཀྱི་གསོ་རིག་སློབ་བའི་བཅུ་ཙམ་འདུས་པར་སྨན་གྱི་རྒྱུད་བཞིའི་ལུང་དང་། རྩ་རྒྱུད་དང་བཤད་རྒྱུད་ཀྱི་མཇུབ་ཁྲིད་བསྩལ་ཅིང་། དགོན་དེ་གའི་དོན་གཉེར་བ་དུ་མ་དང་འཚོ་བྱེད་རྣམས་ལ་རིག་གསུམ་སྤྱི་སྒྲུབ་ཀྱི་རྗེས་གནང་དང་། ཆོས་སྡེ་དེ་གའི་དགེ་བའི་བཤེས་གཉེན་དག་ལ་འབྲེལ་བ་དོན་གསལ་གྱི་ཞལ་ལུང་དང་། བློ་གསལ་སྐོར་ཞིག་ལ་བསྡུས་གྲྭའི་དཔེ་ཁྲིད་སོགས་གནང་ཞིང་། རབ་བྱུང་དང་དགེ་ཚུལ་མང་པོ་བསྒྲུབས་པ་བཅས་ཀྱིས་འཇམ་མགོན་བླ་མའི་གདན་སར་བསྟན་པ་ལ་བྱ་བ་རྒྱ་ཆེར་

གནང་། ཟླ་བཅུ་གཅིག་པར་དཔལ་ལྡན་བཀྲ་ཤིས་ཆོས་སྡིངས་སུ་ཕེབས་ཏེ། ཞལ་སློབ་རྣམས་ལ་སེམས་སེམས་བྱུང་། ཡུལ་ཡུལ་ཅན་སོགས་ཀྱི་དཔེ་ཁྲིད་ཟླ་གཅིག་ལྷག་ལ་གནང་། ལོ་འདིར་འབྲུམས་ནད་དགོན་ལ་ཕྱུགས་ཕེབས་ཏེ། བསྒྲུབ་བྱ་སུམ་ཅུ་ལྷག་ལ་རབ་བྱུང་དང་བསྙེན་རྫོགས་ཀྱི་སྡོམ་པ་བསྩལ་ཅིང་དཔལ་རྡོ་རྗེ་འཇིགས་བྱེད་དཔའ་བོ་གཅིག་གི་དབང་སྔ་གོན་དང་བཅས་པ་ལན་གཉིས། ཀུན་རིག སྨན་བླ། སྤྱན་རས་གཟིགས་བཅུ་གཅིག་ཞལ། ཚེ་དཔག་མེད་ལྷ་དགུ་བཅས་ཀྱི་དབང་དང་། རིགས་གསུམ་སྤྱི་སྒྲུབ་ཀྱི་རྗེས་གནང་ལན་གཉིས། མགོན་ཆོས་ལྷ་མོ་གསུམ་གྱི་རྗེས་གནང་། གསོ་བ་རིག་པ་རྩ་རྒྱུད་དང་། སྐྱབས་འགྲོ་སོགས་ཆོས་སྤྱོད་མང་པོའི་ལུང་། རིགས་གསུམ་མགོན་པོ་དང་ཚེ་ལྷ་རྣམ་གསུམ་གྱི་གཟུངས་སོགས་གཟུངས་སྔགས་ཟབ་མོ་མང་པོའི་ལུང་བཅས་ལེགས་པར་བསྩལ་ཏེ། དད་འདུས་ཀྱི་སྐྱེ་བོ་སྟོང་ཕྲག་དུ་མའི་རྒྱུད་ལ་ཕར་བའི་བག་ཆགས་ཁྱད་པར་ཅན་འཇོག་པ་གནང་ཞིང་། འདུ་ཁང་གསར་བཞེངས་ཀྱི་སར་བཀྲ་ཤིས་གསོ་སྦྱོང་གནང་ནས་གནས་གཞི་བྱིན་གྱིས་བརླབས་པ་སོགས་སྟེ་འདིར་ཐུབ་པའི་ལུགས་བཟང་མཆོག་ཏུ་དར་བའི་ཐུགས་བསྐྱེད་གང་ལེགས་གནང་བས་བཀའ་དྲིན་ཤིན་ཏུ་ཆེ་བ་ཤེས་པར་བྱའོ། །དགུང་ལོ་རེ་བདུན་པ་ཆུ་ཕག་ལོའི་ཟླ་ཆེས་དགེ་བར་དཔལ་མི་འགྱུར་བཀྲ་ཤིས་ཆོས་སྡིངས་སུ་ཞབས་པད་བཀོད་དེ་ཐུགས་སྲས་དམ་པ་ཀིརྟིའི་མཆོག་སྤྲུལ་རིན་པོ་ཆེའི་གཙོས་གསན་མཁན་སེར་སྐྱ་བརྒྱ་ཕྲག་གསུམ་ལྷག་ལ་འདུ་ཁང་ཆེན་མོར་ཚེ་དབང་བསྩལ་ཅིང་། ཆོས་གསུམ་ནས་རྫི་ཚའི་སྒྲུབ་སྡེའི་འདུ་ཁང་ནས་འཇམ་དཔལ་ཞལ་ལུང་གི་ཁྲིད། བཅོམ་ལྡན་འདས་དུས་འཁོར་གྱི་དབང་པོ་དཔའ་བོ་གཅིག་གི་དབང་སྔ་གོན་དང་བཅས་པ། ཀུན་རིག་གི་དབང་། མཁའ་སྤྱོད་མའི་དབང་བཅས་དང་། རིགས་གསུམ་སྤྱི་སྒྲུབ། ཆོས་རྒྱལ། ལྷ་མོ་རྣམས་ཀྱི་རྗེས་གནང་། དམ་ཅན་རྡོ་རྗེ་ལེགས་པའི་སྲོག་གཏད་རྣམས་དང་། ཆོས་བཅོ་ལྔའི་ཉིན་ཨོ་བསོ་དགོན་པའི་གྲྭ་བ་བདུན་ཆེད་གཉེར་གྱིས་ཕེབས་པ་བསྙེན་པར་རྫོགས། ཟླ་བདུན་པར་གཡོན་ནད་དགོན་པར་ཕྱུགས་ཕེབས་ཏེ། ཆོས་བཅུ་ནས་བཟུང་ཉིན་བཅོ་ལྔའི་རིང་ལ་ལམ་རིམ་ཆེན་

མོའི་ཞལ་ལུང་གསུང་བཤད་ཤིན་ཏུ་རྒྱ་ཆེ་བ་དང་། གཞི་གསུམ་ཚ་གའི་ཁྲིད་བཅས་གནང་། བླ་བརྒྱུད་པའི་ཆོས་གསུམ་ཉིན་བསྒྲུབ་བྱ་སུམ་ཅུར་བསྙེན་པར་རྫོགས་པའི་བཀའ་དྲིན་བསྐྱངས། དེ་ནས་ཐུགས་རྗེ་ཆེན་པོ་བཅུ་གཅིག་ཞལ་དང་། རྟ་མགྲིན་གསང་སྒྲུབ། གསང་བའི་བདག་པོ་འཁོར་ཆེན་བཅས་ཀྱི་དབང་དང་། མགོན་ཆོས་ལྷ་མོ་རྣམས་ཀྱི་རྗེས་གནང་། བརྒྱ་རྩའི་ཕྱག་ཁྲིད་བཅས་ལེགས་པར་སྩོལ་པའི་བཀའ་དྲིན་བསྐྱངས་པ་ཡིན་ནོ། །དགུང་ལོ་རེ་བརྒྱད་བཞེས་པ་ཤིང་བྱི་ལོའི་ནག་པ་ཟླ་བའི་ཡར་ཚེས་ལ་དཔལ་ལྡན་བཀྲ་ཤིས་ཆོས་སྡིངས་སུ་ཕྱགས་ཕེབས་ཏེ། གསན་མཁན་སྐྱེ་སྟོད་འཛིན་པ་མང་པོར་འཇམ་དབྱངས་དམར་སེར་དང་དཀར་པོའི་རྗེས་གནང་དང་། སྨོན་ལམ་སྣ་ལྔ། ལྷུང་བཤགས། མདོ་གདུགས་སྒྲོལ་གསུམ། རྒྱན་འདྲུག་བཅས་ཀྱི་ལུང་བསྩལ་ཅིང་། ལོ་དེའི་དབྱིད་ཆོས་སྐབས་སུ་ཡང་བསྡུས་གྲྭ་གསུམ་ལ་རང་རང་གི་རྗོད་མཚམས་ཀྱི་དཔེ་ཁྲིད་གནང་། ས་ག་ཟླ་བའི་ནང་སྐྱབས་རྗེ་ཀིརྟི་རིན་པོ་ཆེས་གསར་བཞེངས་གནང་བའི་རྡོ་རྗེ་འཆང་ཡབ་སྲས་ཀྱི་གདུང་རྟེན་མཆོད་རྟེན་གྱི་གཟུངས་བསྒྲུབས་དང་། རབ་གནས་གནང་ནས་བྱིན་རླབས་མི་ཟད་པའི་གཏེར་དུ་བསྒྲུབས་པར་མཛད་ཅིང་། མཆོད་རྟེན་ལས་བདུད་རྩི་ཐེངས་འགར་བབས་པ་ཐམས་ཅད་ཀྱི་མིག་གི་སྤྱོད་ཡུལ་དུ་གྱུར་པས་དགའ་དད་ཤིན་ཏུ་འཕེལ། ཧོར་ཟླ་བཅུ་བའི་དགེ་ལྡན་ལྔ་མཆོད་ཆེན་མོར་འདུ་ཁང་གསར་བཞེངས་ཀྱི་གྲུབ་རྟེན་སྐབས་ཚོགས་ལ་དངོས་ཕེབས་གནང་ཞིང་། ཉིན་དེར་རྫི་ཚ་སྒྲུབ་སྡེའི་འདུ་ཁང་གསར་བཞེངས་གྲུབ་རྟེན་གྱི་ཚོགས་དབུའང་གནང་། བཅུ་བའི་ཆོས་བཅུ་གཅིག་ཉིན་བསྒྲུབ་བྱ་བཅུ་ཕྲག་གཉིས་ལ་ཉེ་བ་ཡོངས་རྫོགས་བསྙེན་པའི་གཞི་ལ་བཀོད་དེ། ཐར་པའི་རྒྱལ་མཚན་མཆོག་ཏུ་བརྟན་པར་མཛད། དགུན་ཆོས་སྐབས་རྟགས་རིགས་འཛིན་གྲྭར་རྣམ་འགྲེལ་མཆོད་བརྗོད་ནས་ལེའུ་དང་པོ་ཡོངས་རྫོགས་དང་། རྟགས་རིགས་རང་ལུགས་ཀྱི་དཔེ་ཁྲིད་དང་། བསྡུས་གྲྭ་གསུམ་ལ་རང་རང་གི་རྗོད་མཚམས་ཀྱི་དཔེ་ཁྲིད། བཀའ་རམས་པ་རྣམས་ལ་འདུལ་སྡོམ་སྟེང་ནས་འདུལ་བའི་དཔེ་ཁྲིད་བཅས་སྩལ། ཟླ་བདུན་པའི་ཡར་ཚེས་ལ་བ་ཡན་གཡུ་ཚ་

དགོན་གྱིས་གདན་ཞུས་ལྟར་དགོན་དེ་གར་དངོས་ཕེབས་གནང་སྟེ། འདུས་སྡེ་ཚོགས་ཡོངས་དང་དད་ལྡན་སེར་སྐྱ་མང་པོ་འདུས་པ་ལ་ཐུགས་རྗེ་ཆེན་པོ་དང་། གདུགས་དཀར་གྱི་དབང་། རྡོ་རྗེ་འཇིགས་བྱེད་ལྷ་བཅུ་གསུམ་མ་དང་དཔའ་གཅིག་གི་དབང་། སྨན་བླ་དང་རྟ་མགྲིན་གསང་སྒྲུབ་ཀྱི་དབང་། ལག་ལྡན་མཆེད་གསུམ་གྱི་རྗེས་གནང་། ལམ་རིམ་བསྡུས་དོན་གྱི་ཞལ་ལུང་དང་བརྒྱ་རྩའི་ཕྱག་ཁྲིད་བཅས་ལེགས་པར་བསྩལ་ཅིང་། འདུ་ཁང་ལ་རབ་གནས་གནང་སྟེ་བྱིན་རླབས་མི་ཟད་པའི་གཏེར་དུ་བསྒྲུབས་པར་མཛད་དོ། །ལོ་འདིར་ཞིན་ཧེ་གསེར་ཐང་དམ་ཆོས་ཐོས་བསམ་གླིང་དུ་ཕྱགས་ཕེབས་ཏེ། ཐུབ་བསྟན་ཡང་དར་གྱི་ཆོས་སྒོ་ཡང་བསྒྱུར་ཕྱེ་ཞིང་། སྐྱབས་རྗེ་ཨ་རོལ་བའི་མཆོག་སྤྲུལ་རིན་པོ་ཆེའི་གཙོས་བསྒྲུབ་བྱ་སུམ་ཅུ་ལྷག་རབ་ཏུ་བྱུང་། དད་ལྡན་སེར་སྐྱ་བརྒྱ་ཕྲག་དུ་མ་འདུས་པ་ལ་འཇིགས་བྱེད་དཔའ་གཅིག ཀུན་རིག མཁའ་སྤྱོད་མ། ཐུགས་རྗེ་ཆེན་པོ་བཅས་ཀྱི་དབང་བསྩལ་ཏེ། ཡུལ་དེའི་དད་ལྡན་མཐའ་ཡས་པའི་རྒྱུད་ལ་ཐར་བ་དང་ཐམས་ཅད་མཁྱེན་པའི་རྒྱུར་འགྱུར་ངེས་ཀྱི་བག་ཆགས་ཁྱད་པར་ཅན་འཇོག་པ་གནང་ཞིང་། གདུལ་བྱ་ཁྱད་པར་ཅན་དུ་མ་ཞིག་སྨིན་ཅིང་གྲོལ་བའི་ལམ་བཟང་ལ་འགོད་པར་མཛད་དོ། །དགུང་ལོ་རེ་དགུ་བཞེས་པ་ཤིང་སླང་ལོའི་ཟླ་ལྔ་བའི་ཡར་ཚེས་ལྔའི་ཉིན་གདན་འདྲེན་དུ་མངགས་པའི་མི་རྣམས་དང་ལམ་འཛོལ་ཏེ་དམ་པ་ཉིད་ཆབ་ཆ་ནས་ཞབས་ཐང་གིས་ཆབ་ཆ་དགོན་གསར་བཀྲ་ཤིས་ཐེག་མཆོག་གླིང་དུ་ཕྱགས་ཕེབས་ཏེ། འདུས་གྲྭ་ཡོངས་ལ་བྱང་ཆུབ་ལམ་རིམ་ཆེན་མོའི་ཞལ་ལུང་བསྩལ། ཐོག་མར་རྗེ་ཐམས་ཅད་མཁྱེན་པས་རྒྱལ་བའི་བསྟན་པ་རིན་པོ་ཆེ་སྤྱན་འབྲས་ལྟར་གཅེས་པ་གནང་ཚུལ་སོགས་རྗེ་བླ་མའི་ཡོན་ཏན་ཅུང་ཞིབ་མོར་གསུངས་ཏེ། འཇམ་མགོན་བླ་མའི་བཀའ་དྲིན་རྗེས་སུ་དྲན་པའི་དད་གུས་ཀྱིས་ཐུགས་ཆེས་ཆེར་གཡོས་པས་སྤྱན་ཆབ་དྲག་ཏུ་བབས་ཏེ། གསུང་བཤད་ཀྱང་གནང་དཀའ་བར་གྱུར་མོད། མི་གཞན་ལ་ཚུལ་འཆོས་ཀྱི་རྣམ་པ་སྟོན་མཁན་ང་ལས་མེད་གསུངས་ནས་ཐུགས་སྟོབས་བསྐྱེད་དེ། གསུང་བཤད་ངོ་མཚར་བས་བརྒྱན་པའི་ཞལ་ལུང་ཉིན་ལྔར་བསྩལ། དེ་ནས་འཇིགས་བྱེད་ལྷ་བཅུ་

གསུམ་མའི་དབང་། ཀུན་རིག སྨན་བླ། གསང་བདག་འཁོར་ཆེན། ཐུགས་རྗེ་ཆེན་པོ་བཅུ་གཅིག་ཞལ་བཅས་ཀྱི་དབང་དང་། མགོན་པོ། ལྷ་མོ། ཆོས་རྒྱལ། རྣམ་སྲས་རྣམས་ཀྱི་རྗེས་གནང་། དམ་ཅན་གྱི་སྲོག་གཏད། བརྒྱ་རྩའི་ཕྱག་ཁྲིད། སེམས་བསྐྱེད་མཆོད་པ་སོགས་དང་། འཇམ་དཔལ་མཚན་བརྗོད། སྨན་བླའི་ཆོ་ག བླ་མ་མཆོད་པ། སྨོན་ལམ་རྣམ་གཞི། མདོ་གདུགས་སྒྲོལ་གསུམ། ལམ་སྒྲོན། ཉམས་མགུར། ཚེ་མདོ། སྒྲོལ་དཀར་བསྟོད་པ། དགའ་ལྡན་ལྷ་བརྒྱ་མ། སྐྱབས་འགྲོ། ཐེག་ཆེན་གསོ་སྦྱོང་གི་ཆོ་ག་བཅས་དང་། ཐུགས་རྗེ་ཆེན་པོའི་གཟུངས་རིང་དང་མ་ཎི་སོགས་གཟུངས་སྔགས་བྱིན་ཅན་མང་པོའི་ལུང་བཅས་དགྱེས་བཞིན་གནང་། ལོ་དེའི་ཟླ་བདུན་པའི་ནང་གཡོན་རུ་དགོན་གྱིས་གདན་ཞུས་ལྟར་དགོན་དེ་གར་ཕེབས་ཏེ། ཚོགས་ཡོངས་ལ་རིགས་གསུམ་མགོན་པོའི་རྗེས་གནང་དང་། ཆོས་གྲྭ་པ་རྣམས་ལ་བློ་རིག་དང་རྟགས་རིགས་ཀྱི་དཔེ་ཁྲིད་དང་མདོ་སྔགས་ཀྱི་ཟབ་གནད་འདུས་པའི་བསླབ་བྱ་ཆེན་པོ་གནང་། སྐབས་དེར་སྐྱབས་རྗེ་ནོར་བུ་བ་སྐུ་བསྟན་ཚུལ་བཞེས་ཡོད་པ་ལ་དམ་པ་ཉིད་ཀྱིས་སྨན་བཅོས་དང་། བརྟན་བཞུགས་ཕུལ་བས་དྭངས་སྐྱིད་ཆེན་བྱུང་། ཟླ་བརྒྱད་པའི་ཡར་ཚེས་ལ་མཚོ་སྔོ་མི་རིགས་དགེ་འོས་སློབ་གྲྭའི་གདན་ཞུས་ནན་ཆེ་བ་སྟོན་ནས་ཡང་ཡང་ཕུལ་བ་ལྟར་སློབ་གྲྭ་དེར་ཕེབས་ནས་དགེ་རྒན་རྣམས་ལ་གྲུབ་མཐའ་རྩ་བའི་ཞལ་ལུང་ཉིན་ལྔ་ལ་བསྩལ་ཅིང་། གཞན་ཡང་དད་ལྡན་མང་པོར་འདོད་མོས་ལྟར་འཇམ་དཔལ་མཚན་བརྗོད་སོགས་ཀྱི་ལུང་གནང་། དེ་ནས་འབྲུམས་རུ་དགོན་དུ་ཕེབས་ནས་བླ་མ་མཆོད་པ། འཇམ་དཔལ་ཞལ་ལུང་། བདེ་ལམ་བཅས་ཀྱི་ཁྲིད་དང་། གཏོར་མ་བརྒྱ་རྩའི་ཕྱག་ཁྲིད། འཇིགས་བྱེད་དཔའ་གཅིག གསང་བདག་འཁོར་ཆེན། ཀུན་རིག་བཅས་ཀྱི་དབང་། སྒྲོལ་མ་གཙོ་འཁོར་གསུམ་མ། སེང་ལྡེང་ནགས་སྒྲོལ་དང་། སྒྲོལ་མ་ཉེར་གཅིག་བཅས་ཀྱི་རྗེས་གནང་། རྡོ་རྗེ་སེམས་དཔའི་རྗེས་གནང་། རིགས་གསུམ་སྤྱི་སྒྲུབ་དང་། འཇམ་དབྱངས་དམར་སེར། མགོན་ཆོས་ལྷ་མོ་བཅས་ཀྱི་རྗེས་གནང་། སེང་གདོང་མ། བཟང་སྤྱོད། བྱམས་པས་དམ་བཅའ་བའི་གཟུངས་སོགས་ཀྱི་ལུང་བཅས་

བསྔུལ། བསྒྲུབ་བྱ་བཅུ་ཕྲག་གསུམ་ལྷག་རབ་བྱུང་དང་བསྙེན་པར་རྫོགས་པ་མཛད་དེ།
མཐའ་མེད་འཁོར་བ་མཐའ་ཅན་དུ་བྱས་སོ། །འདུ་ཁང་གསར་བཞེངས་ལ་རབ་གནས་
གནང་ཞིང་བྱིན་རླབས་ཀྱི་ཕུང་པོར་བསྒྱུར། དབྱར་གནས་གསར་དུ་བཙུགས་པ་སོགས་
བསྟན་འགྲོའི་དོན་མཐའ་ཡས་གནང་བ་ཡིན་ནོ། །དགུང་ལོ་བདུན་ཅུ་བཞེས་པ་མེ་སྟག་
ལོའི་ཟླ་གཉིས་པའི་མཆོད་འབུལ་ཆེན་མོའི་སྐབས་སུ་དཔལ་མི་འགྱུར་བཀྲ་ཤིས་ཆོས་སྡིངས་
སུ་ཕྱུགས་ཕེབས་ཤིང་བློ་རིག་འཛིན་གྲྭའི་ཞལ་སློབ་རྣམས་ལ་གྲུབ་མཐའ་རིན་ཆེན་ཕྲེང་བ་
དང་ས་ལམ་རྣམ་གཞག་ཐེག་གསུམ་མཛེས་རྒྱན་དང་། རྟགས་རིགས་འཛིན་གྲྭའི་ཞལ་སློབ་
རྣམས་ལ་ཉིད་ཀྱིས་མཛད་པའི་གཏན་ཚིགས་རིག་པའི་སྣང་བ། བསྡུས་གྲྭ་གསུམ་ལ་རང་
རང་གི་རྩོད་མཚམས་ཀྱི་དཔེ་ཁྲིད་ཆ་ཚང་བཅས་གནང་། ནག་ཟླའི་ཡར་ཚེས་བཅོ་ལྔའི་
ཉིན་བསྒྲུབ་བྱ་སུམ་ཅུ་ལྷག་བསྙེན་པར་རྫོགས་ཏེ་ཐར་བའི་ས་བོན་མཆོག་ཏུ་བཏབ་པར་
མཛད། ཟླ་བཅུ་གཅིག་པའི་ཚེས་ལ་གཞུང་གསར་འཛིན་གྲྭའི་ཞལ་སློབ་རྣམས་ལ་དོན་
བདུན་ཅུའི་མཐའ་དཔྱོད། གསེར་ཕྲེང་སྐབས་གསུམ་པ་ཡོངས་རྫོགས། རྗེའི་བློ་གསལ་
བགྲོད་པའི་ཐེམ་སྐས་ཡོངས་རྫོགས། རྗེའི་བསམ་གཟིགས་ཟིན་བྲིས་བཅས་ཀྱི་དཔེ་ཁྲིད་
དང་། བློ་རིག་འཛིན་གྲྭའི་ཞལ་སློབ་རྣམས་ལ་ཐར་ལམ་གསལ་བཤད་ལེའུ་གཉིས་པ་ཡོངས་
རྫོགས། རྟགས་རིགས་འཛིན་གྲྭའི་ཞལ་སློབ་རྣམས་གཏན་ཚིགས་རིགས་པའི་སྣང་བ་
ཡོངས་རྫོགས། བསྡུས་གྲྭ་གསུམ་ལ་རང་རང་གི་རྩོད་མཚམས་ཀྱི་དཔེ་ཁྲིད་བཅས་སྩོལ་བའི་
བཀའ་དྲིན་ལེགས་པར་བསྐྱངས། ལོ་འདིར་གཡོན་རུའི་དགོན་གྱི་ཨ་ལགས་རིན་པོ་ཆེ་སྐུ་མ་
བཞུགས་པ་ལ་དགོན་དེ་གའི་དགེ་འདུན་རྣམས་དང་། ལྷ་སྡེ་སེར་སྐྱ་ཡོངས་ཀྱི་རེ་བ་ལྟར་
ལྡོགས་བཟློ་དང་། སྤྲུལ་སྐུ་མྱུར་བྱོན་གསོལ་འདེབས་བརྩམས་ཤིང་། ཐམས་ཅད་ཀྱི་སེམས་
ངལ་སེལ་བའི་ཞལ་གསུང་ཡིད་ཀྱི་གསོས་སྨན་དུ་འགྱུར་བ་སྩོལ་གནང་མཛད། ས་ག་ཟླ་བའི་
ཡར་ཚེས་ལ་མང་རའི་ཀླུ་ཚང་དགོན་ཆེན་དུ་ཞབས་པད་བཀོད་དེ་ཆོས་དགུ་ནས་བཟུང་ཉིན་
ཉི་ཤུ་ལྷག་ལ། དགོན་དེ་གའི་འདུས་སྡེ་ཐུན་མོང་གིས་ཞུས་ངོར་སྔགས་ཀྱི་དཔེ་ཁྲིད་ཤིན་ཏུ་

རྒྱས་པ་ཞིག་གནང་བཞིན་པའི་ཉི་ཤུ་ལྔའི་ཐོ་རངས་ཀྱི་དུས་སུ། དེ་ལྟར་རྣད་བྱུང་ལམ་གྱི་
མཐར་ཐུག་འདི། །ཚུལ་བཞིན་བསྒྲུབ་ལ་བར་ཆད་མེད་པ་དང་། །ཕྱོགས་དུས་ཀུན་ཏུ་དར་
ཞིང་རྒྱས་གྱུར་ཏེ། །འགྲོ་ཀུན་ཐབས་མཁས་འདི་ཡིས་སྒྲོལ་བར་ཤོག །ཅེས་གསུང་བ་ཞིག་
གསལ་པོར་ཐོས་པ་རྨིས་པར་གསུངས་སོ། །གཞན་ཡང་དོན་གཉེར་བ་རྣམས་ལ་རྟགས་
རིགས་ཀྱི་དཔེ་ཁྲིད་དང་། འདུལ་བ་མདོ་རྩ་བའི་ཞལ་ལུང་། བདེ་གསང་འཇིགས་གསུམ་
གྱི་དབང་སོགས་ཆོས་བཀའ་མང་པོ་བསྩལ། འདུས་སྡེ་དེ་གར་གཉུག་མར་གནས་པ་དང་།
གཞན་ནས་ཕེབས་པའི་བླ་གྲྭ་དུ་མ་དང་། ཁ་རྒྱ་ཆེ་བའི་དད་ལྡན་མང་པོ་བཅས་ལ་ཐུགས་རྗེ་
ཆེན་པོའི་དབང་བསྩལ། ཧོར་ཟླ་བདུན་པའི་ཡར་ཚེས་ལ་མཚོ་སྔོན་རྐང་ཚའི་དགོན་ཆེན་
གྱིས་གདན་ཞུས་ལྟར་དགོན་དེ་གར་ཞབས་པད་བཀོད་དེ། གསན་མཁན་མང་པོར་བདེ་
གསང་འཇིགས་གསུམ་དང་། ཀུན་རིག སྨན་བླ། ཐུགས་རྗེ་ཆེན་པོ་སོགས་ཀྱི་དབང་
དང་། ལྷག་ལྷ་འགའི་རྗེས་གནང་། ཁྲིད་ཁ་ཤས་བཅས་གནང་ཞིང་། རྐང་ཚའི་དགོན་
ཆུང་དུའང་མི་འཁྲུགས་པའི་དབང་སོགས་བསྩལ། དགུང་ལོ་དོན་གཅིག་བཞེས་པ་རབ་བྱུང་
བཅུ་བདུན་པའི་ལོའི་ཐོག་མ་མེ་ཡོས་ལོའི་ཟླ་ཆོས་དགེ་བར་དཔལ་ལྡན་བཀྲ་ཤིས་ཆོས་སྡིངས་
སུ་ཞབས་པད་བཀོད་དེ། གསན་མཁན་མང་པོར་ཉིད་ཀྱིས་མཛད་པའི་འགྲེལ་རྐང་རྣམ་
བཤད་དང་གཞི་གསུམ་ཚོ་གའི་ཞལ་ལུང་། མི་འཁྲུགས་པ་ལྷ་བཅུ་གསུམ་གྱི་དབང་སོགས་
ཆོས་བཀའ་འགའ་ཞིག་གནང་། གཞུང་གསར་འཛིན་གྲྭའི་ཞལ་སློབ་རྣམས་ལ་གསེར་ཕྲེང་
སྤྱི་ཁོག་ཡོངས་རྫོགས་དང་། ཕར་ཕྱིན་མཐའ་དཔྱོད་སྟེང་ནས་གཅིག་ཏུ་བྲལ། བློ་རིག་
འཛིན་གྲྭའི་ཞལ་སློབ་རྣམས་ལ་གྲུབ་མཐའ་རྩ་བ། རྟགས་རིགས་འཛིན་གྲྭའི་ཞལ་སློབ་
རྣམས་ལ་རྟགས་རིགས་མཐའ་དཔྱོད། བསྡུས་གྲྭ་གསུམ་ལ་རང་རང་གི་སྐབས་བབ་རྩོད་
མཚམས་ཀྱི་དཔེ་ཁྲིད་བཅས་ལེགས་པར་སྩོལ་བའི་བཀའ་དྲིན་བསྐྱངས། ནག་ཟླའི་ཆོས་
བཅུ་གསུམ་ཉིན་ཆབ་ཆ་དགོན་གསར་དུ་ཞབས་པད་བཀོད་དེ། བཅུ་བཞིའི་ཉིན་འཇིགས་
བྱེད་དཔའ་གཅིག་གི་སྟ་གོན། བཅོ་ལྔའི་ཉིན་དེའི་དབང་། བཅུ་དྲུག་ཉིན་གསང་འདུས་

འཕགས་ལུགས་ཀྱི་དབང་། བཅུ་བདུན་ཉིན་བདེ་མཆོག་གི་དབང་། བཅོ་བརྒྱད་ཉིན་མི་
འཁྲུགས་པའི་དབང་། བཅུ་དགུའི་ཉིན་གདུགས་དཀར་བྱད་གྲོལ་གཏད་གྲོལ་གྱི་དབང་།
ཉི་ཤུའི་ཉིན་ཀུན་རིག་གི་དབང་བཅས་ལེགས་པར་སྩོལ་པའི་བཀའ་དྲིན་བསྐྱངས་ཤིང་།
ཉེར་གཅིག་ཉིན་བྱམས་ཁང་རྟེན་བཅས་གསར་བཞེངས་ལ་རབ་གནས་གནང་། ཉེར་
གཉིས་ཉིན་འཇམ་དཔལ་ཞལ་ལུང་གི་ཁྲིད་གནང་བའི་དབུ་བཙམས་ཏེ་ཉིན་མང་པོར་རྒྱུ་
ཚོད་གཉིས་རེར་གསུང་བ་མ་ཆག་པ་གནང་། ཉེར་གསུམ་ལ་བསྒྲུབ་བྱ་ཉེར་བདུན་བསྙེན་
རྫོགས་དང་སོ་གསུམ་དགེ་ཚུལ་དུ་བསྒྲུབས། ཉེར་བཞིའི་ཉིན་སེང་གདོང་གཙོ་འཁོར་
གསུམ་མའི་རྗེས་གནང་དང་རིགས་གསུམ་སྤྱི་སྒྲུབ་ཀྱི་རྗེས་གནང་། ཉེར་ལྔའི་ཉིན་བཅོམ་
ལྡན་འདས་རྡོ་རྗེ་རྣལ་འབྱོར་མའི་དབང་གནང་ཞིང་། ཉེར་དྲུག་ཉིན་ནས་འཇམ་དཔལ་
ཞལ་ལུང་གི་ཁྲིད་གནང་བའི་ཆོས་ཐུན་ཇེ་རིང་དུ་བཏང་སྟེ་ཉེར་བརྒྱད་ཉིན་མཇུག་གྲུབ་པར་
མཛད། ཉེར་དགུའི་ཉིན་གཟའ་ཉི་མའི་མདུང་གང་མའི་རྗེས་གནང་བསྩལ། ཟླ་བརྒྱད་
པའི་ཡར་ཚེས་ལ་གཡོན་རུའི་དགོན་དུ་ཞབས་པད་བཀོད་དེ་སྐབས་རྗེ་དོར་བུ་རིན་པོ་ཆེའི་
གདུང་རྟེན་བཞེངས་གྲུབ་པ་ལ་རབ་གནས་གནང་། དེ་ནས་ཉིན་མང་པོར་རིམ་བཞིན་
སེམས་བསྐྱེད་མཆོད་པ། སྔོན་འགྲོ་ཁྲིད་ཆེན་བཞི། སྤྱོད་འཇུག་ཆེན་མོའི་ཞལ་ལུང་།
མཁའ་སྤྱོད་མའི་དབང་། འཇམ་དཔལ་མཚན་བརྗོད་ཀྱི་ལུང་སོགས་ཆོས་བཀའ་མང་པོ་
གནང་བའི་བཀའ་དྲིན་བསྐྱངས་ཤིང་། བསྒྲུབ་བྱ་བཅོ་ལྔར་བསྙེན་རྫོགས་ཀྱི་བསླབ་པ་
བསྩལ་བ་ཡིན་ནོ། །ལོ་འདིར་བ་ཡན་སྐྱིད་སྡེ་དགོན་གྱིས་གདན་དྲངས་པ་ལྟར་ཕེབས་ཏེ།
དགེ་ཕྲུག་དགོན་དང་ཨ་མགོན་དགོན། ཆགས་རྒྱུའི་དགོན། གདོང་དམར་ནང་དགོན་
བཅས་ཀྱི་ཟླ་གྲྭ་མང་དུ་འདུས་པ་ལ་བདེ་གསང་འཇིགས་གསུམ། རྟ་མགྲིན། ཕྱག་རྗེ་
ཆེན་པོ། མི་འཁྲུགས་པ་བཅས་ཀྱི་དབང་དང་། ཚེ་དབང་། བདེ་གསང་འཇིགས་གསུམ་
གྱི་རྗེས་གནང་། རྣམ་སྲས་ཀྱི་རྗེས་གནང་། སྒྲོལ་དཀར་དང་རིགས་གསུམ་སྤྱི་སྒྲུབ་ཀྱི་རྗེས་
གནང་བཅས་དང་། སྨན་ཆོག་ཆེན་མོ་དང་སྨན་ཐུང་གི་ལུང་བཅས་བསྩལ་ཅིང་། ཐར་

འདོད་གཞོན་ནུ་འགའ་རབ་ཏུ་བྱུང་། ཁྱིམ་པ་བཅུ་ཕྲག་ལྔག་ལ་དགེ་བསྙེན་གྱི་སྡོམ་པ་དང་། བརྒྱ་ཕྲག་ལྔག་ལ་བསྙེན་གནས་ཀྱི་བསླབ་པ་གནང་སྟེ། མཐའ་མེད་འཁོར་བ་མཐའ་ཅན་དུ་བྱས་སོ། །དགུང་ལོ་དོན་གཉིས་བཞེས་པ་ས་འབྲུག་ལོར་དཔལ་ལྡན་བཀྲ་ཤིས་ཆོས་སྡིངས་སུ་ཞབས་པད་ལེགས་པར་བཀོད་དེ། སྐབས་དང་པོའི་འཛིན་གྲྭར་རྟེན་འབྲེལ་ལུང་རིགས་བང་མཛོད་ཡོངས་རྫོགས་དང་ཀུན་གཞི་དཀའ་འགྲེལ་ཡོངས་རྫོགས་ཀྱི་དཔེ་ཁྲིད། གཞུང་གསར་འཛིན་གྲྭར་ཕར་ཕྱིན་མཐའ་དཔྱོད་སྐབས་གསུམ་པ་དང་གསེར་ཕྲེང་སྐབས་གསུམ་པ་གཉིས་སྦྲགས་པའི་དཔེ་ཁྲིད། བློ་རིག་འཛིན་གྲྭར་བློ་རིག་མཐའ་དཔྱོད་དང་རྟགས་རིགས་འཛིན་གྲྭར་རྟགས་རིགས་མཐའ་དཔྱོད་དང་གཏན་ཚིགས་རིག་པའི་སྣང་བའི་དཔེ་ཁྲིད། བསྡུས་གྲྭ་གསུམ་ལ་རང་རང་གི་སྐབས་བབ་རྫོད་མཚམས་ཀྱི་དཔེ་ཁྲིད་དུས་ཡུན་རིང་པོར་ལེགས་པར་བསྩལ། ཟླ་བཅུ་བའི་ཚེས་ཉེར་ལྔའི་ཉིན་གཉུག་མར་གནས་པ་དང་ཕྱོགས་ནས་ཕེབས་པའི་བསྒྲུབ་བྱ་བཞི་བཅུ་ལྔག་ལ་བསྙེན་པར་རྫོགས་པའི་བསླབ་པ་ལེགས་པར་གནང་ནས་ཐར་བ་དང་ཐམས་ཅད་མཁྱེན་པའི་ལམ་བཟང་མཆོག་ཏུ་གསལ་བར་མཛད། ལོ་འདིར་གསེར་ཐང་དམ་ཆོས་ཐོས་བསམ་གླིང་དུ་ཕྱུགས་ཕེབས་ཏེ། བདེ་མཆོག་ལི་དྲིལ་ལུགས་གཉིས་ཀྱི་དབང་། འཇིགས་བྱེད་དཔའ་གཅིག་དང་རྟ་མགྲིན་གསང་སྒྲུབ་ཀྱི་དབང་། ཀུན་རིག་གི་དབང་། གཡུ་ཐོག་སྙན་དབང་། ཐུགས་རྗེ་ཆེན་པོ་རྒྱལ་བ་རྒྱ་མཚོའི་དབང་། མགོན་ཆོས་རྣམ་གསུམ་རྣམས་དང་རེ་མ་ཏིའི་རྗེས་གནང་། རིགས་གསུམ་སྤྱི་སྒྲུབ་ཀྱི་རྗེས་གནང་། གཟའ་ཉི་མ་མདུང་གང་མའི་རྗེས་གནང་། འཇམ་དཔལ་ཞལ་ལུང་གི་ཁྲིད་དང་བརྒྱ་རྩའི་ཕྱག་ཁྲིད། གཞི་གསུམ་ཕྱག་ལེན་གྱི་ལུང་སོགས་ཆོས་བཀའ་མང་པོ་གནང་ཞིང་། བློ་གསལ་འགའ་ལ་བསྡུས་གྲྭའི་དཔེ་ཁྲིད་བསྩལ་ཅིང་། མཚན་ཉིད་གསར་དུ་བཙུགས། བསྒྲུབ་བྱ་སུམ་ཅུ་ལྔག་དགེ་སློང་གི་དངོས་པོར་བསྒྲུབས་ཤིང་། བཅུ་ཕྲག་ཙམ་དགེ་ཚུལ་དུ་བསྒྲུབས་པ་དང་། དམ་པ་ཉིད་ཀྱིས་སོ་ཐར་གྱི་མདོ་གསུངས་ནས་ཡང་དར་ཐོག་མའི་གཞི་གསུམ་གྱི་ཕྱག་སྲོལ་ངོས་གཙང་གསར་དུ་འཛུགས་པ་གནང་བ་ཡིན་ནོ། །དགུང་ལོ་དོན་

གསུམ་བཞེས་པ་ས་སྤྲུལ་ལོའི་ཧོར་ཟླ་དང་པོའི་ཡར་ཚེས་ལ་དཔལ་ལྡན་བཀྲ་ཤིས་ཆོས་སྡིངས་
སུ་ཞབས་པད་བཀོད་དེ། བསྟན་པའི་གསལ་བྱེད་དམ་པ་སྐྱབས་རྗེ་མགོན་པོའི་མཆོག་སྤྲུལ་
རིན་པོ་ཆེས་གསོལ་བ་བཏབ་པའི་ངོར་རྡོ་རྗེ་འཆང་འཇིགས་མེད་འཕྲིན་ལས་རྒྱ་མཚོས་
མཛད་པའི་སྤྱོད་འཇུག་ཆེན་མོའི་མཆན་འགྲེལ་ཞལ་ལུང་། འཇིགས་བྱེད་དཔའ་གཅིག་
དང་ལྷ་བཅུ་གསུམ་མའི་དབང་། བདེ་མཆོག་དྲིལ་བུའི་ལུགས་ལྷ་དྲུག་ཅུ་རྩ་གཉིས་ཅན།
གསང་འདུས་ལྷ་སོ་གཉིས་ཅན། མི་འཁྲུགས་པ་ལྷ་དགུ། ཀུན་རིག་བཅས་ཀྱི་དབང་དང་།
གདུགས་དཀར་གྱི་དབང་། ལུང་རྗེས་གནང་དང་བཅས་པ། སེང་གདོང་མ། དབྱངས་
ཅན་མ་དཀར་མོ། ཁྲུང་ནག་དང་ཁྲོ་བོ་སྦྲེ་བརྩེགས་བཅས་ཀྱི་རྗེས་གནང་། ཚེ་དབང་དང་
གཏོར་མ་བརྒྱ་རྩའི་ཕྱག་ཁྲིད་སོགས་ཆོས་བཀའ་མང་པོ་སྩོལ་བའི་བཀའ་དྲིན་བསྐྱངས་ཤིང་།
བཀའ་རམས་པ་རྣམས་ཀྱི་གཙོས་གསན་མཁན་མང་པོར་ཉིད་ཀྱིས་མཛད་པའི་མཛོད་
མཆན་དང་མཆིམས་མཛོད་སྦྲགས་ཏེ་ཆོས་མངོན་པའི་བསྟན་བཅོས་ཆེན་པོ་མངོན་པ་
མཛོད་ཀྱི་གནས་དང་པོ་ནས་གསུམ་པའི་བར་དུ་དཔེ་ཁྲིད་དང་། འདུལ་བ་མདོ་རྩའི་སྟེང་
ནས་འདུལ་བའི་དཔེ་ཁྲིད་སྐབས་དང་པོའི་འཛིན་གྲྭར་ཉིད་ཀྱིས་མཛད་པའི་རྒྱན་འགྲེལ་གྱི་
སྐབས་དང་པོ་ཡོངས་རྫོགས་ཀྱི་དཔེ་ཁྲིད། གཞུང་གསར་འཛིན་གྲྭར་ཀུན་མཁྱེན་ཕར་ཕྱིན་
མཐའ་དཔྱོད་སྟེང་བྱམས་གཞུང་ནས་སེམས་བསྐྱེད་བར་གྱི་དཔེ་ཁྲིད། བློ་རིག་འཛིན་གྲྭར་
བློ་རིག་མཐའ་དཔྱོད་དང་། རྟགས་རིགས་འཛིན་གྲྭར་གཏན་ཚིགས་རིགས་པའི་སྣང་བ་ཆ་
ཚང་། བསྡུས་གྲྭ་གསུམ་ལ་རང་རང་གི་རྩོད་མཚམས་ཀྱི་དཔེ་ཁྲིད་བསྩལ་ཅིང་། ཁྱད་པར་
སྡེ་སྣོད་འཛིན་པ་མང་པོར་དྲང་ངེས་ལེགས་བཤད་སྙིང་པོ་དང་། རྗེ་བསྟན་པའི་སྒྲོན་མེའི་
དྲང་ངེས་མཆན་གཉིས་སྦྲགས་པའི་དཔེ་ཁྲིད་ལུང་རིགས་ཀྱིས་བརྒྱན་པ་ལེགས་པར་གནང་
བའི་བཀའ་དྲིན་བསྐྱངས། སྐབས་དེར་མཚན་ལམ་དུ་ཕོར་བ་ལྟ་བུའི་རྐོང་བུ་ཞིག་གི་ནང་དུ་
སྒྲོན་མེ་ཞིག་མཆིས་པ་འོད་མི་གསལ་བར་གྱུར་འདུག་པ་ལ་ཉིད་ཀྱིས་སྡོང་བུ་རིང་ཞིང་གཙང་
བ་ཞིག་གསར་དུ་བཙུགས་ཏེ། མར་ཁུས་བཀང་ཞིང་མེ་སྒྲོན་པ་ན་འོད་ཤིན་ཏུ་གསལ་པོ་

ཞིག་བྱུང་བ་རྨིས་པར་གསུངས་པ་སོགས་གཟིམ་རྨིས་ངོ་མཚར་བ་འགའ་ཞིག་བྱུང་བར་ཉིད་ཀྱི་ཕྱག་བྲིས་ཟིན་ཐོ་ཞིག་རྙེད་པ་ལས་གསལ་ཀྱང་། འདི་ཙམ་ལས་གཞན་རྣམས་དགག་བྱ་ཆེ་བས་འགོད་མ་སྤོབས་སོ། །ལོ་འདིར་ཡང་གཡོན་རུ་དགོན་པས་གདན་ཞུ་ནན་ཆེ་བ་ཡང་ཡང་ཕུལ་བ་ལྟར་དགོན་དེར་ཞབས་པད་བཀོད་དེ། ས་ལམ་རྣམ་གཞག་དང་གྲུབ་མཐའ་རིན་ཆེན་ཕྲེང་བའི་དཔེ་ཁྲིད་གནང་ཞིང་། གྲྭ་ཚང་གི་རྒན་གཞོན་ཡོངས་ཀྱིས་རྗེ་གཡོན་རུ་བའི་སྤྲུལ་སྐུའི་དོན་ལ་ཐུགས་དམ་བརྟགས་པ་དང་ཐུགས་བཀོད་གང་ཟབ་གནང་དགོས་ཚུལ་གྱི་གསོལ་བ་ཕུར་ཚུགས་སུ་བཏབ་པའི་ངོར་སྤྲུལ་སྐུའི་དོན་དུ་ཞབས་རིམ་མང་པོ་དང་། ཁྱད་པར་བསྟན་འགྱུར་རིན་པོ་ཆེའི་གླེགས་བམ་ཆ་ཚང་ཞིག་བླ་ཐུབ་ན་ལེགས་ལམ་ཆེ་ཚུལ་གསུང་བ་ན། མགོན་པོ་གང་གི་ཞལ་སློབ་གནས་བརྟན་རྒན་པོ་འཇམ་དབྱངས་ཆོས་གྲགས་པས་དམ་པ་གང་གི་ཞབས་བརྟན་དང་མཆོག་སྤྲུལ་རིན་པོ་ཆེ་མྱུར་གསལ་གྱི་ཆེད་དུ་བསྟན་འགྱུར་རིན་པོ་ཆེ་བླ་རྒྱུ་ཡིན་ཚུལ་ཞུས་པ་གསན་ཏེ། ཐུགས་དགྱེས་པའི་རྟེར་སོན། དེ་ནས་མང་རའི་གླུ་ཚང་དགོན་ཆེན་དུ་ཞབས་པད་བཀོད་དེ། འགྲེལ་བ་བཞི་སྦྲགས་ཀྱི་ཞལ་ལུང་དང་། གསང་འདུས་མི་བསྐྱོད་པའི་དབང་སོགས་དབང་ཁ་ཤས་གནང་། ཚ་སྟ་དགོན་དུ་ཕྱགས་ཕེབས་ཏེ། དགོན་དེ་ག་དང་མཚམས་ཁང་དགོན་གྱི་འདུས་སྡེ་ཡོངས་ལ་ཡབ་རྗེ་རྡོ་རྗེ་འཆང་ཆེན་པོའི་ལམ་ཁྲིད་དགེ་ལེགས་འོད་སྣང་འགྱེད་པའི་ཉིན་བྱེད་ཀྱི་ཞལ་ལུང་གནང་བ་ཡིན་ནོ། །དགུང་ལོ་དོན་བཞི་བཞེས་པ་ལྕགས་རྟ་ལོའི་ཧོར་ཟླ་ལྔ་བའི་ཡར་ཚེས་ལ་དཔལ་ལྡན་བཀྲ་ཤིས་ཆོས་སྡིངས་སུ་ཞབས་པད་བཀོད་དེ། བཞུགས་གདན་འཛུགས་པ་ན། གྲྭ་ཚང་གི་དགེ་འདུན་བགྲེས་གཞོན་མ་ལུས་པ་གྲོས་མཐུན་གྱིས་མགོན་པོ་གང་གི་ཐུགས་སྲས་མཚུངས་བྲལ་ལུང་རྟོགས་ཡོན་ཏན་བྱེ་བའི་མངའ་བདག་མཚོ་སྔོན་དགེ་བའི་བཤེས་གཉེན་ཆེན་པོ་བློ་བཟང་བསྟན་དར་བའི་གསོལ་བཀའ་རམས་པ་རྣམས་དང་། དགོན་པའི་རྒན་པ་དགེ་བསྐོས་སོགས་ལས་སྣེ་རྣམས་དང་འཛིན་གྲྭ་སོ་སོའི་སྐྱོར་དཔོན་དང་བཅས་པ། སྐུ་མདུན་དུ་དངོས་མཇལ་སྙན་བཞུགས་གདན་གསར་བ། བཞེས་སྒྲོ་སྣ་ལྷ། ལྷ་རྫས་ནང་

མཛོད་བཅས་ཕྱུལ་ནས་གྲྭ་ཚང་སྤྱིའི་དགེ་རྒན་དུ་གདན་འདྲེན་ཞུས་པ་ལ་ཐུགས་ཤིན་ཏུ་དགྱེས་པའི་ཉམས་ཀྱིས་ཞལ་བཞེས་ལེགས་པར་གནང་། དེ་ནས་ཕྲན་གྱིས་ཞུས་པ་ལྟར་དམ་པ་ཉིད་ཀྱིས་མཛད་པའི་རྒྱུན་འཇུག་གི་འགྲེལ་བ་གཉིས་ཀྱི་ཞལ་ལུང་ལུང་རིགས་ཀྱིས་བརྒྱན་པའི་གསུང་བཤད་འབྱམས་ཀླས་པ་དང་བཅས་ལེགས་པར་སྩོལ་བའི་བཀའ་དྲིན་བསྐྱངས་ཤིང་། དེའི་སྟོན་ས་ཟླའི་ཚེས་བཞིའི་མཚན་མོར་འཕགས་པ་རྟག་ངུས་པར་ཕྱིན་གྱི་དོན་དུ་དཀའ་སྤྱད་གནང་བ་དེའི་ཕྱིར་ཡང་ཤེར་ཕྱིན་ཡོངས་གཏད་གསུངས་པ་རེད་གསུངས་པའི་གཟིམ་རྨིས་བྱུང་བར་གསུངས་སོ། །འདུལ་བ་མདོ་རྩ་བའི་ཞལ་ལུང་དང་མཛོད་རྩ་བའི་ལྷུགས་ལུང་སོགས་ཀྱང་གནང་། སྐབས་དང་པོ་དང་བཞི་པའི་འཛིན་གྲྭར་ཉིད་ཀྱིས་མཛད་པའི་མཛོད་མཆན་དང་ཟུར་མཆན་སྤྲགས་ནས་གནས་དང་པོ་དང་གཉིས་པའི་དཔེ་ཁྲིད་ལེགས་པར་གནང་། དཔྱད་ཆོས་ནང་ལ་ཕྱུགས་ཐེབས་ནས་སྐབས་བཞི་པའི་འཛིན་གྲྭར་ཉིད་ཀྱིས་མཛད་པའི་རྒྱན་འགྲེལ་གྱི་སྐབས་བཞི་བ་དང་། གསེར་ཕྲེང་གི་སྐབས་བཞི་བ་སྤྲགས་པའི་དཔེ་ཁྲིད། སྐབས་དང་པོའི་འཛིན་གྲྭར་རྟེན་འབྲེལ་ལུང་རིགས་བང་མཛོད་དང་ཀུན་གཞི་རྩ་འགྲེལ། གཞུང་གསར་འཛིན་གྲྭར་ཀུན་མཁྱེན་མཐའ་དཔྱོད་སྐབས་གསུམ་པ་ཡོངས་རྫོགས་དང་། དོན་བདུན་ཅུའི་མཐའ་དཔྱོད། བློ་རིག་འཛིན་གྲྭར་ཐར་ལམ་གསལ་བྱེད་ལེའུ་གཉིས་པ་ཡོངས་རྫོགས། རྟགས་རིགས་འཛིན་གྲྭར་རྟགས་རིགས་མཐའ་དཔྱོད་དང་གཏན་ཚིགས་རིག་པའི་སྣང་བ་སྤྲགས་པ། བསྡུས་གྲྭ་གསུམ་ལ་རང་རང་གི་རྩོད་མཚམས་དཔེ་ཁྲིད་དང་ཉིད་ཀྱིས་མཛད་པའི་འགྲེས་ཀང་རྣམ་བཤད་ཀྱི་ཁྲིད་བཅས་ལེགས་པར་བསྩལ། ཧོར་ཟླ་དྲུག་པར་ཆོས་གྲྭ་ཆེན་པོ་དཔལ་ལྡན་བཀྲ་ཤིས་འཁྱིལ་གྱི་འདུ་ཁང་གསར་གྲུབ་ཀྱི་དགའ་སྟོན་དུ་གདན་ཞུས་ནན་ཆེ་བ་བྱུང་བ་ལྟར་ཆོས་སྡེ་ཆེན་པོ་དེ་གར་ཞབས་པད་བཀོད་དེ། འདུ་ཁང་ཆེན་མོ་གསར་བཞེངས་ཀྱི་དགའ་སྟོན་ལ་ཞུགས། དེ་ནས་ཆོས་སྡེ་དེར་དབྱར་ཁས་ལེན་གནང་ཞིང་། དོན་གཉེར་ཅན་རྣམས་ལ་དཔེ་ཁྲིད་ཁ་ཤས་གནང་། དགེ་བའི་བཤེས་གཉེན་རྣམས་འཇིགས་བྱེད་ལྷ་བཅུ་གསུམ་མའི་བསྐྱེད་རྫོགས

དང་། གསང་བ་འདུས་པ་མི་བསྐྱོད་པའི་བསྐྱེད་རྫོགས་ཀྱི་གཟབ་ཁྲིད་དང་། སྤྱོད་འཇུག་ཆེན་མོའི་ཞལ་ལུང་བཅས་ལེགས་པར་བསྩལ་ཅིང་། ཐེངས་གཉིས་ལ་ཐར་འདོད་ཀྱི་སྐྱེ་བོ་མང་པོ་བསྙེན་པར་རྫོགས་པར་མཛད་དེ། རྒྱལ་བསྟན་ཡུན་གནས་ཀྱི་འཕྲུལ་འདེགས་བླ་ན་མེད་པ་གནང་། ཧོར་ཟླ་བརྒྱད་པ་ནས་ངང་རོང་དགོན་དང་། གསང་སྒྲོག་དགོན། ཀོའུ་བ་དགོན་སོགས་སུ་ཕེབས་ནས་དགོན་སོ་སོ་ནས་འཇིགས་བྱེད་ལྷ་བཅུ་གསུམ་མ་དང་དཔའ་གཅིག ཀུན་རིག་ཐུགས་རྗེ་ཆེན་པོ་རྒྱལ་བ་རྒྱ་མཚོའི་དབང་ཆེན་སོགས་བསྩལ་བ་ཡིན་ནོ། །ཧོར་ཟླ་བརྒྱད་པའི་ཚེས་ཉེར་བདུན་ལ་ཆབ་ཆ་དགོན་གསར་དུ་ཞབས་པད་བཀོད་དེ་ཡུལ་འདིར་སྟེང་གདོན་གྱི་གནོད་པ་ཆེ་ཚུལ་ཞུས་པ་ལ། ཚེས་ཉེར་དགུའི་ཉིན་དགེ་སློང་གཞོན་པ་བཅོ་ལྔ་ལ་གཟའ་ཉི་མ་མདུང་གང་མའི་རྗེས་གནང་བསྩལ་ཅིང་། དེ་ནས་བཟུང་ད་ལྟའི་བར་དུ་སྟེང་གདོན་གྱི་གནོད་པ་གཏན་མ་བྱུང་བར་གྲགས། ཟླ་དགུ་པའི་ཚེས་གཅིག་དང་གཉིས་ཉིན་ཧ་མགྲིན་གྱི་དབང་དངོས་སྐྱ་དང་། ཚེས་གསུམ་ལ་ཐུགས་རྗེ་ཆེན་པོ་རྒྱལ་བ་རྒྱ་མཚོའི་དབང་། ཚེས་བཞི་ལ་སྐྱབས་འགྲོའི་ཁྲིད། ལྔ་ལ་བླ་མཆོད་ཀྱི་ཁྲིད། དྲུག་ལ་རྡོར་སེམས་སྒོམ་བཟླས་དང་མཎྜལ་གྱི་ཁྲིད། བདུན་ལ་རིག་བྱེད་མ་དང་དབྱངས་ཅན་མའི་རྗེས་གནང་བཅས་ལེགས་པར་སྩོལ་བའི་བཀའ་དྲིན་བསྐྱངས། ཚེས་བརྒྱད་ལ་གདུལ་བྱ་བཅུ་དགུ་ལ་དགེ་ཚུལ་དང་། བརྒྱད་ལ་དགེ་སློང་གི་སྡོམ་པ་བསྩལ། ལུང་ཆོས་འཛིན་པ་དགེ་སློང་རིན་ཆེན་གྱིས་ཕོ་བོའི་གཟིམ་སྤྱིལ་དུ་སྤྱན་དྲངས་ཏེ། དེར་ཆོས་ཚ་དང་ཨེར་སྟེའི་དད་ལྡན་སེར་སྐྱ་བརྒྱ་ཕྲག་ལྔ་ལྷག་འདུས་པ་ལ་གྲུབ་རྒྱལ་ལུགས་ཀྱི་ཚེ་དབང་གསུང་བཤད་ཤིན་ཏུ་རྒྱ་ཆེ་བས་བརྒྱན་ཏེ་གནང་། དེ་ནས་འབྲུམས་རྟའི་དགོན་དུ་ཞབས་པད་བཀོད་དེ། བསྒྲུབ་བྱ་བཅུ་ཕྲག་ལྷག་ལ་རབ་བྱུང་དང་བསྙེན་པར་རྫོགས་པའི་སྡོམ་པ་བསྩལ་ཅིང་། འཇིགས་བྱེད་ལྷ་བཅུ་གསུམ་མ། ཐུགས་རྗེ་ཆེན་པོ་བཅུ་གཅིག་ཞལ། གདུགས་དཀར་བྱད་གྲོལ་གཏད་གྲོལ། ཀུན་རིག་སོགས་ཀྱི་དབང་དང་། སྒྲོལ་དཀར་ཡིད་བཞིན་འཁོར་ལོའི་ཚེ་དབང་བཅས་ལེགས་པར་གནང་། བྱམས་ཁང་ལ་རབ་གནས་མཛད་དེ་བྱིན་

ཀླབས་ཟད་མི་ཤེས་པའི་གཏེར་དུ་བསྒྲུབས་པར་མཛད། མཚོ་ལྷོ་བོད་སྨན་ཁང་གིས་ཞུས་ཏེ། དགོན་དེ་གའི་འདུ་ཁང་དུ་ཕྱོགས་ནས་ཡོང་བའི་འཚོ་བྱེད་བརྒྱ་ཕྲག་ཙམ་དང་དགོན་དེའི་འདུས་སྡེ་ཡོངས་ལ་གཡུ་ཐོག་སྨན་དཔང་དང་། སྨན་གྱི་ལྷ་མོ་སྤུན་གསུམ་གྱི་རྗེས་གནང་བཅས་ལེགས་པར་བསྐུལ་ཅིང་། སྨན་ཁང་དུ་མན་ངག་བཀའ་རྒྱ་མ་དང་རྩ་བ་ཐུགས་རྒྱུད་ཀྱི་ལུང་གནང་། དགུང་ལོ་དོན་ལྔ་བཞེས་པ་ལྕགས་ལུག་ལོའི་ཧོར་ཟླ་གཉིས་པའི་ཚེས་ཉེར་ལྔའི་ཉིན་དཔལ་ལྡན་བཀྲ་ཤིས་ཆོས་སྡིངས་སུ་ཞབས་པད་བཀོད་དེ། དེའི་ཕྱི་ཉིན་ནས་བཟུང་སྐབས་བཞི་བའི་འཛིན་གྲྭར་རྗེའི་ལེགས་བཤད་གསེར་ཕྲེང་སྟེང་སྐབས་བཞི་བའི་མཁྱེན་གསུམ་གྱི་རྣམ་པ། སྣོད། སྦྱོར་བ། ཡོན་ཏན། སྐྱོན་བཅས་ཀྱི་དཔེ་ཁྲིད་དང་། སྐབས་དང་པོའི་འཛིན་གྲྭར་བཀའ་བསྟན་བཅོས་ནས་གདམས་ངག་རྫོགས་པའི་བར་གྱི་དཔེ་ཁྲིད། གཞུང་གསར་འཛིན་གྲྭར་རྗེའི་དགེ་འདུན་ཉི་ཤུ། རྗེའི་བསམ་གཟུགས་བཅས་ཀྱི་དཔེ་ཁྲིད། བློ་རིག་འཛིན་གྲྭར་གྲུབ་མཐའ་རྩ་བའི་ཚིག་ཊཱི་ཀ་ཤེལ་དཀར་མེ་ལོང་གི་དཔེ་ཁྲིད། རྟགས་རིགས་འཛིན་གྲྭར་རྟགས་རིགས་མཐའ་དཔྱོད་དང་། གཏན་ཚིགས་རིགས་པའི་སྣང་བའི་དཔེ་ཁྲིད་སོགས་ཤིན་ཏུ་རྒྱས་པར་གནང་ཞིང་། གཞན་ཡང་དོན་གཉེར་ཅན་མང་པོར་ཉིད་ཀྱིས་མཛད་པའི་སྟོན་པའི་རྣམ་ཐར་གྱི་བཀླག་ལུང་དང་། གཞི་གསུམ་ཆོ་གའི་བརྗེད་བྱང་གི་ཞལ་ལུང་བཅས་དང་། རིགས་གསུམ་སྤྱི་སྒྲུབ་ཀྱི་རྗེས་གནང་། འཇམ་དཔལ་མཚན་བརྗོད། མདོ་གདུགས་སྒྲོལ་གསུམ། རྣམ་རྒྱལ་གཟུངས་རིང་། སྒྲོལ་དཀར་བསྟོད་པ་བཅས་ཀྱི་ལུང་ཡང་གནང་། ཧོར་ཟླ་ལྔ་བའི་ཚེས་ལ་ཕེབས་ནས་སྐབས་བཞི་བའི་འཛིན་གྲྭར་ཉིད་ཀྱི་མཛོད་མཆན་དང་མཆིམས་མཛོད་སྦྲགས་ཏེ། གནས་གཉིས་པ་དང་གསུམ་པ་ཞིབ་ཁྲིད་ཀྱི་བཀའ་དྲིན་བསྐྱངས་ཤིང་། སྐབས་དང་པོའི་འཛིན་གྲྭར་བདེན་གཉིས་ནས་གདམས་ངག་རྫོགས་པའི་བར་གྱི་དཔེ་ཁྲིད། གཞུང་གསར་འཛིན་གྲྭར་ཤིང་རྟའི་སྲོལ་འབྱེད་དང་སྐྱེས་བུ་གསུམ་གྱི་དཔེ་ཁྲིད། བློ་རིག་འཛིན་གྲྭར་ས་ལམ་དང་། གྲུབ་མཐའི་དབུ་མའི་སྐོར་བཅས་དང་། རྟགས་རིགས་འཛིན་གྲྭར་གཞལ་བྱའི་གནས་གསུམ། མ་

དམིགས་པའི་རྟགས་སོགས་ཀྱི་དཔེ་ཁྲིད། བསྡུས་ཆེན་འཛིན་གྲྭར་རིགས་ལམ་ཆེ་བའི་རྣམ་གཞག་དང་རྣམ་འགྲེལ་མཆོད་བརྗོད་བཅས་དང་། བསྡུས་ཆེན་དང་བསྡུས་འབྲིང་འཛིན་གྲྭར་རང་རང་གི་ཐོད་མཚམས་ཀྱི་དཔེ་ཁྲིད་བཅས་ལེགས་པར་གནང་། ཧོར་ཟླ་དགུ་པའི་ཡར་ཚེས་ལ་རྫི་ཚའི་སྒྲུབ་སྡེར་གདན་ཞུས་ལྟར་ཕྱགས་ཕེབས་ཏེ་དད་ལྡན་སེར་སྐྱ་བརྒྱ་ཕྲག་དུ་མ་འདུས་པ་ལ། སྐྱབས་འགྲོ་དང་ལྟུང་བཤགས་སོགས་སྡེ་འདིའི་ཚོགས་འདོན་ཆོས་སྤྱོད་མང་པོའི་ལུང་། ཐུགས་རྗེ་ཆེན་པོའི་དབང་། དྲག་པོ་གསུམ་སྒྲུབ་ཀྱི་རྗེས་གནང་། རྣམ་རྒྱལ་མའི་རྗེས་གནང་སོགས་འདོན་ཆོས་མང་པོ་བསྩལ་བའི་བཀའ་དྲིན་བསྐྱངས། ཧོར་ཟླ་བཅུ་གཅིག་པའི་ཚེས་ལ་དཔལ་ལྡན་བཀྲ་ཤིས་ཆོས་སྡིངས་སུ་ཞབས་པད་བཀོད་དེ། སྐབས་བཞི་བའི་འཛིན་གྲྭར་ཉིད་ཀྱི་རྒྱན་འགྲེལ་སྟེང་ནས་རྩེ་སྦྱོར་ཚ་ཚང་། སྐབས་དང་པོའི་འཛིན་གྲྭར་ཕར་ཕྱིན་མཐའ་དཔྱོད་སྟེང་ནས་སྐབས་བཞི་བ་དང་། སྤྱི་དོན་རོལ་མཚོའི་སྟེང་ནས་རིགས་ཚ་ཚང་། ཉིད་ཀྱི་རྒྱན་འགྲེལ་སྟེང་ནས་སྦྱོར་ལམ་ནས་སྐབས་དང་པོ་ཡོངས་རྫོགས་ཀྱི་དཔེ་ཁྲིད། གཞུང་གསར་འཛིན་གྲྭར་ཕར་ཕྱིན་མཐའ་དཔྱོད་སྟེང་ནས་མཆོད་བརྗོད་དང་བྱམས་གཞུང་གི་དཔེ་ཁྲིད་ཚ་ཚང་། བློ་རིག་འཛིན་གྲྭར་རྣམ་འགྲེལ་མཆོད་བརྗོད་དང་བློ་རིག་མཐའ་དཔྱོད་ཀྱི་དཔེ་ཁྲིད། རྟགས་རིགས་འཛིན་གྲྭར་གཏན་ཚིགས་རིགས་པའི་སྣང་བ། མཐའ་དཔྱོད་སྟེང་ནས་ཚུལ་གསུམ། ཕྱོགས་སྣྲ། ལུང་འགའ་བཅས་ཀྱི་དཔེ་ཁྲིད། ཐར་ལམ་གསལ་བྱེད་སྟེང་ནས་རྣམ་འགྲེལ་མཆོད་བརྗོད་ཀྱི་དཔེ་ཁྲིད། བསྡུས་གྲྭ་གསུམ་ལ་རང་རང་གི་ཐོད་མཚམས་ཀྱི་དཔེ་ཁྲིད་བཅས་ལེགས་པར་བསྩལ་ཅིང་། ཟླ་བཅུ་བའི་ཚེས་བཅུའི་ཉིན་བསྒྲུབ་བྱ་སུམ་ཅུ་ལྷག་བསྙེན་པར་རྫོགས་ནས་ཐར་བ་མཆོག་གི་རྒྱལ་མཚན་བརྟན་པར་བྱས་སོ། །འདི་ལོ་ཧོར་ཟླ་གཉིས་པའི་ཚེས་ཉེར་ལྔའི་ཉིན་མཚན་མོར་གཟིམ་རྨིས་སུ་ནམ་མཁའ་དབང་པོའི་གཞུ་རིས་ལེགས་པར་བཀྲ་ཞིང་། ཀུན་གཟིགས་ཕྱག་ན་པདྨོ་འཁོར་ཞབས་འབྲང་བ་དང་བཅས་པ་གསལ་བར་གཟིགས་པ་སོགས་བྱུང་བར་གསུངས་པ་ནི་ཤིན་ཏུ་ངོ་མཚར་བའི་རྣམ་པར་ཐར་བ་ཞིག་གོ །ཆོས་སྡེ་ཆེན་པོ་དཔལ་ལྡན་བཀྲ་ཤིས་

འཁྲིལ་གྱི་ལས་སྣེ་རྣམས་ཀྱིས་གདན་ཞུ་ནན་ཆེ་བ་ཡང་ཡང་ཕུལ་བ་ལྟར། ཧོར་ཟླ་གསུམ་པའི་ནང་ཆོས་སྡེ་ཆེན་པོ་དེ་གར་ཞབས་པད་བཀོད་དེ་ཐུབ་བསྟན་གསལ་བའི་སྒྲོན་མེ་རྗེ་རྗེ་འཆང་ཨ་ཀྱཱའི་མཚན་ཅན་གྱི་གཟིམ་སྤྱིལ་དུ་བཞུགས་གདན་འཛུགས་ཤིང་། གསན་མཁན་དགེ་བའི་བཤེས་གཉེན་རྟག་བསྡུས་ལ་འདུལ་མཛོད་གཉིས་ཀྱི་དཔེ་ཁྲིད་རྒྱས་པ་དང་། རྣམ་བཤད་སྙིང་པོ་རྒྱན་དང་དྲང་ངེས་ལེགས་བཤད་སྙིང་པོ། དུས་འཁོར་འགྲེལ་ཆེན་དྲི་མེད་འོད་བཅས་ཀྱི་ཞལ་ལུང་བཅས་གནང་བ་ཡིན་ལ། དེ་ནས་གཙང་དགོན་དོན་གྲུབ་རབ་བརྟན་གླིང་དུ་ཕྱགས་ཕེབས་ཏེ། འདུས་སྡེ་ཡོངས་ལ་འགྲེལ་བ་དོན་གསལ་དང་འདུལ་བ་མདོ་རྩ་བའི་ཞལ་ལུང་གནང་བ་ཡིན་ནོ། །

དགུང་ལོ་དོན་དྲུག་བཞེས་པ་ཆུ་སྤྲེལ་ལོའི་ཧོར་ཟླ་དང་པོའི་ཚེས་ལ་དཔལ་ལྡན་བཀྲ་ཤིས་ཆོས་སྡིངས་སུ་ཕྱགས་ཕེབས་ཏེ། སྐབས་བཞི་བའི་འཛིན་གྲྭར་བསམ་གཟུགས་དང་སྐབས་དང་པོའི་འཛིན་གྲྭར་དྲང་ངེས་ལེགས་བཤད་སྙིང་པོའི་སེམས་ཙམ་རྫོགས་པའི་བར་གཞུང་གསར་འཛིན་གྲྭར་ཕར་ཕྱིན་མཐའ་དཔྱོད་ཀྱི་སྟེང་ནས་གཅིག་དུ་ཐལ། བློ་རིག་འཛིན་གྲྭར་གཏན་ཚིགས་རིགས་པའི་སྣང་བ་བཅས་ཀྱི་དཔེ་ཁྲིད་དགྱེས་བཞིན་སྩོལ་བའི་བཀའ་དྲིན་བསྐྱངས། ཧོར་ཟླ་གཉིས་པའི་ཚེས་གཅིག་ལ་ཐར་འདོད་གདུལ་བྱ་ལྔ་བཅུ་ལྷག་བསྙེན་པར་རྫོགས་པར་མཛད། ལོ་དེའི་ཟླ་ཚེས་ལ་མཚོ་སྔོན་གཡོན་རུའི་དགོན་གྱི་བླ་གྲྭ་ཐུབ་མོང་ནས་སྐྱབས་རྗེ་ནོར་བུ་བའི་ཡང་སྤྲུལ་ངོས་འཛིན་བྱེད་པའི་ཐད་ཐུགས་བཀོད་དང་གྲོགས་དན་བླན་མེད་པ་གནང་དགོས་ཚུལ་གྱི་སྙན་བསྐུལ་ཡང་ཡང་ཞུས་པར་དམ་པ་མཆོག་གིས་ཀྱང་བརྩེས་གཟིགས་བླན་མེད་པ་གནང་སྟེ། ཕྱིན་ལམ་གྱི་སྐྱུ་ངལ་སོགས་ཅི་མི་སྙམ་པར་ཆོས་སྡེ་ཆེན་པོ་རེབ་ཚ་རྒྱལ་མོ་དགོན་དུ་དངོས་ཕེབས་སྣོམས། འགྲོ་མགོན་གུང་ཐང་རིན་པོ་ཆེར་དེའི་དོན་སྙན་དུ་གསོལ་བ་ན། དམ་པ་དེ་ཉིད་ཀྱིས་ཀྱང་འཕྲུལ་དུ་ཞལ་བཞེས་གནང་སྟེ། ཕྱི་ལོར་བླ་བྲང་བཀྲ་ཤིས་འཁྱིལ་ནས་ངོས་འཛིན་བྱེད་རྒྱུའི་བཀོད་ཁྱབ་བསྒྲུལ་བ་ཡིན་ནོ། །དགུང་ལོ་དོན་བདུན་བཞེས་པ་ཆུ་བྱ་ལོའི་ཧོར་ཟླ་དང་པོའི་ཡར་ཚེས་ལ་དཔལ་

ལྷན་བཀྲ་ཤིས་ཆོས་སྡིངས་སུ་དངོས་ཕེབས་གནང་སྟེ། དབུ་མ་ཡན་གྱི་འཛིན་གྲྭར་དབུ་མ་དང་། མཛོད་ཀྱི་དཔེ་ཁྲིད་གནང་བའི་བཀའ་དྲིན་བསྐྱངས་ཤིང་། དེའི་དུས་ཀྱི་མཚན་མོ་ཞིག་ལ་སྐབས་རྗེ་བདེ་ཐང་རིན་པོ་ཆེས་པཎ་ཞྭ་གསར་བ་ཞིག་གནང་བ་ཉིད་ཀྱི་དབུ་ལ་བཞེས་པའི་གཟིམ་རྨིས་ངོ་མཚར་བ་བྱུང་བར་གསུངས་སོ། །ནག་ཟླའི་ཡར་ཚེས་ལ་ཆབ་ཆ་དགོན་གསར་དུ་དངོས་ཕེབས་གནང་སྟེ། ཆོས་བཅུ་ནས་བཅོམ་ལྡན་དུས་དཀྲིའི་དབང་ཆེ་དཔའ་བོ་གཅིག་པའི་དབང་དངོས་སྟ། རྟ་མགྲིན་གསང་སྒྲུབ་ཀྱི་དབང་དང་། འཇམ་དབྱངས་དཀར་པོའི་རྗེས་གནང་། སྒྲོལ་མའི་རྗེས་གནང་། མདོ་གདུགས་སྒྲོལ་གསུམ། ལྟུང་བཤགས། བཟང་སྤྱོད་སོགས་ཀྱི་ལུང་། ཁྲུང་ནག་དང་གསང་བདག་གི་སྔགས་སོགས་གཟུངས་སྔགས་ཟབ་མོ་མང་པོའི་ལུང་། འཇིགས་བྱེད་ཀྱི་བསྙེན་ཁྲིད། འགྲེལ་བ་དོན་གསལ་གྱི་ཁྲིད། ཉིད་ཀྱིས་མཛད་པའི་གཏན་ཚིགས་རིག་པའི་སྣང་བའི་ཁྲིད། ཡོངས་འཛིན་བསྡུས་གྲྭ་ལས་བློ་རིག་གི་ཁྲིད། དྲང་ངེས་ལེགས་བཤད་སྙིང་པོའི་དབུ་ནས་སྡེབ་གྲངས་སུམ་ཅུ་ཙམ་གྱི་ཁྲིད་བཅས་དགྱེས་བཞིན་བསྩལ་ཅིང་། ས་ག་ཟླ་བའི་ཚེས་གཅིག་ལ་གཙུག་མར་གནས་པ་དང་ཕྱོགས་ནས་ཕེབས་པའི་ཐར་བ་དོན་དུ་གཉེར་བ་ཉེར་གཅིག་རབ་བྱུང་དང་། ཉེར་བཞི་བསྙེན་པར་རྫོགས་པར་མཛད་དེ། བསྟན་པའི་རྒྱལ་མཚན་མཆོག་ཏུ་བཏན་པར་མཛད་དོ། །དེ་ནས་མཚོ་སྔོ་མི་རིགས་དགེ་འོས་སློབ་གྲྭར་དངོས་ཕེབས་གནང་སྟེ། དེར་དད་ལྡན་མང་པོ་འདུས་པ་ལ་རྟེན་འབྲེལ་བསྐོད་པའི་ཞལ་ལུང་དང་། བྱིན་རླབས་སྲུངས་ཞུས། ལམ་གཙོ། ཉམས་མགུར། སུམ་རྟགས་ཀྱི་རྩ་བ། སྔགས་ཀྱི་བཟླག་ཐབས་བཅས་ཀྱི་ལུང་སྩོལ་བའི་བཀའ་དྲིན་བསྐྱངས་སོ། །ཧོར་ཟླ་ལྔ་བའི་དཀར་ཕྱོགས་ཉ་ལ་གཅན་ཚའི་མ་ཧེའི་གཙུག་ལག་ཁང་རྟེན་བརྟེན་པ་ཕྱི་ར་དང་བཅས་པ་ལེགས་པར་བཞེངས་གྲུབ་པའི་དགའ་སྟོན་དང་རབ་གནས་རྒྱས་པར་གནང་ཞིང་། འབྲེལ་གཏོགས་ཀུན་གྱི་གནས་སྐབས་དང་མཐར་ཐུག་གི་འདོད་དགུམ་ལུས་ལ་ལྷུན་གྱིས་འགྲུབ་པའི་ཐུགས་སྨོན་རྒྱ་ཆེར་གནང་ཞིང་། གནས་དེར་དད་ལྡན་མང་པོ་འདུས་པ་ལ་སེམས་བསྐྱེད་མཆོད་

པ་དམ་པའི་ཕྱག་བཞེས་བཞིན་ལེགས་པར་གནང་སྐབས་ཆོས་འཁོར་ལས་བདུད་རྩི་མང་པོ་བབས་པར་གསུངས་སོ། །དེ་ནས་དཔལ་ལྡན་བཀྲ་ཤིས་ཆོས་སྡིངས་སུ་ཞབས་པད་བཀོད་དེ། དྲུག་པའི་ཚེས་བཞིའི་ཆོས་འཁོར་བསྐོར་བའི་དུས་ཆེན་ནས་ཉིན་རེ་བཞིན་བློ་རྟགས་ཡན་གྱི་འཛིན་གྲྭའི་དགེ་བའི་བཤེས་གཉེན་རྣམས་ཕྱོགས་གཅིག་ཏུ་བསྡུས་ཤིང་། ཉིད་ཀྱིས་བླམ་གཞུང་ལས་པ་གནང་ནས་དཔལ་ལྡན་བཀྲ་ཤིས་འཁྱིལ་གྱི་ཕྱག་བཞེས་ལྟར་གྱི་ཚོགས་གླིང་གི་སྐོར་རྣམས་ཞིབ་ཁྲིད་བཀའ་དྲིན་བསྐྱངས་ཏེ། ཚོགས་གླིང་གསར་དུ་འཛུགས་པ་གནང་། དོན་གཉེར་ཅན་རྣམས་ལ་བློ་སྦྱོང་དོན་བདུན་མའི་ཁྲིད་དང་འཛིན་གྲྭ་སོ་སོར་དཔེ་ཁྲིད་ཀྱང་གནང་། སྔར་ནས་མཛོད་དགེ་གླིང་བའི་དགོན་པས་གདན་ཞུས་ནན་ཆེ་བ་ཡང་ཡང་ཕུལ་བ་ལྟར་ཧོར་ཟླ་བདུན་པའི་ཚེས་ལ་དགོན་དེ་གར་ཞབས་པད་བཀོད་དེ། ཐོག་མར་འཇམ་མགོན་ཙོང་ཁ་པ་ཆེན་པོའི་ཐུགས་ཀྱི་བཅུད་ལས་བྱུང་བ་བྱང་ཆུབ་ལམ་རིམ་ཆེན་མོའི་ཞལ་ལུང་གནང་། ཟླ་བདུན་པའི་ཚེས་ཉེར་ལྔའི་མཚན་མོར་གཟིམ་རྨིས་སུ་ནམ་མཁའ་ཤིན་ཏུ་དྭངས་ཤིང་གསལ་བ་ལ་མཁའ་ལྡིང་ཁྲ་པོ་མཆོག་ཏུ་གསལ་ཞིང་དབང་གཞུ་ལྟར་བཀྲ་བ། ཤིན་ཏུ་མཛེས་སྡུག་དང་ལྡན་པ་ཞིག་གཟིགས་ཏེ། ཉིད་ཀྱི་ཐུགས་ཤིན་ཏུ་དད་པས་ཕྱག་འཚལ་བ་དང་། ཡང་དཏུལ་གྱི་རིགས་ལྔའི་དབུ་རྒྱན་ཞིག་གཟིགས་ཏེ། ཕུན་ཚོགས་གཟི་འོད་ཕྱོགས་བཅུར་རབ་ཏུ་འཕྲོ། །བཀྲ་ཤིས་དཔལ་གྱིས་ཀུན་ནས་ལྷམ་མེ་བ། །རིན་ཆེན་ས་ལེ་སྦྲམ་གྱི་དབུ་རྒྱན་འདི། །ཤཱཀྱའི་རྒྱལ་པོའི་དབུ་ལ་ཕུལ་བ་ཡིས། །བསྟན་པ་རིན་ཆེན་ཕྱོགས་བཅུར་རྒྱས་པ་དང་། །འཇིག་རྟེན་བདེ་ལེགས་ཆེན་པོས་ཁྱབ་པ་དང་། །ལྷར་བཅས་འགྲོ་བའི་གཙུག་གི་རྒྱན་གྱུར་པའི། །སྟོབས་བཅུ་མངའ་བའི་གོ་འཕང་ཐོབ་པར་ཤོག །ཅེས་དབྱངས་དང་བཅས་གསུང་བཞིན་ཐུགས་ཀྱི་སྟོབས་རྒྱ་ཆེར་བསྐྱེད་དེ་རྒྱལ་སྲས་ཀྱི་སྨོན་ལམ་རིན་པོ་ཆེ་ཐུགས་ཉམས་སུ་བཞེས་པ་དང་། ཡང་མཆོད་རྟེན་ཆེན་པོ་ཞིག་ལ་ཕྱོགས་ཀུན་ནས་བདུད་རྩི་འབབ་པ་སོགས་བྱུང་བར་གསུངས་ཏེ། འདི་དག་ནི་དགེ་བའི་རྟགས་ཁྱད་པར་ཅན་ཞིག་ཏུ་ཐེ་མི་ཚོམ་ཡང་། བདག་ལྟས་ཇི་བཞིན་འཚོལ་བའི་ཡུལ་མ་ཡིན་

ནོ། །དགོན་དེར་དད་ལྡན་སེར་སྐྱ་མང་པོ་འདུས་པ་ལ་སེམས་བསྐྱེད་མཆོད་པ་དང་། བློ་སྦྱོང་དོན་བདུན་མའི་ཁྲིད། བརྒྱ་རྩའི་ཕྱག་ཁྲིད་སོགས་འདོད་ཆོས་མང་པོ་རིམ་བཞིན་བསྩལ། དགུང་ལོ་དོན་བརྒྱད་བཞེས་པ་ཤིང་ཁྱི་ལོའི་ཟླ་ཚེས་དགེ་བར་མང་རའི་ཀླུ་ཚང་དགོན་ཆེན་དུ་དངོས་ཕེབས་གནང་སྟེ། འགྲེལ་བ་བཞི་སྦྲགས་ཀྱི་ཞལ་ལུང་ཤིན་ཏུ་རྒྱས་པ་ཞིག་གནང་ཞིང་། ཧོར་ཟླ་དྲུག་པའི་ཡར་ཚེས་ལ་དད་པ་དང་གཏོང་བའི་སྙིང་སྟོབས་ཆད་དུ་བྱུང་བ། རིས་མེད་བསྟན་པའི་སྦྱིན་བདག་མོག་ཏུ་སྡེ་བས་ཁྲི་གཞོག་རྒྱལ་མོའི་དབུས་རི་མ་ལྟ་དེ་བར་དུས་འཁོར་མཆོད་རྟེན་ཅོན་ལེགས་ཤིག་བཞེངས་གྲུབ་པའི་རབ་གནས་སུ་མགོན་པོ་གང་ཉིད་སྤྱན་འདྲེན་བྱེད་ཆེད་སྡེ་སྡོད་རྒྱ་མཚོའི་མངའ་བདག་ཡོངས་ཀྱི་དགེ་བའི་བཤེས་གཉེན་ཆེན་པོ་རྗེ་བློ་བཟང་བསྟན་དར་བ་དང་། གཞུང་ལུགས་རབ་འབྱམས་སྨྲ་བ་སྐྱབས་རྗེ་མགོན་པོའི་མཆོག་སྤྲུལ་རིན་པོ་ཆེ་རྣམ་གཉིས་ཀྱིས་གདན་ཞུས་ནན་ཆེ་བ་ཕུལ་བ་ལྟར། ཧོར་ཟླ་དྲུག་པའི་ཡར་ཚེས་དགུ་ལ་རྟ་བ་བརྒྱ་ཕྲག་དུ་མས་བསུ་བ་དང་བཅས་མོག་ཏུ་ཞལ་མར་ཕེབས། ཆོས་བཅུ་ལ་འཕྲུལ་གྲུ་ལས་མཚོ་སྙིང་དུ་ཕེབས་ནས་གནས་གཞི་བྱིན་གྱིས་བརླབས་ཤིང་། དེར་བཞུགས་མཚམས་པ་རྣམས་ལ་སྐོར་བཅུ་རེའི་སྐྱ་འགྱེད་བསྩབས། ཆོས་བཅུ་གཅིག་ཉིན་རབ་ཏུ་གནས་པའི་ཆོ་ག་རྒྱས་པར་མཛད་དེ། བྱིན་རླབས་ཟད་མི་ཤེས་པའི་གཏེར་དུ་བསྒྲུབས་པར་མཛད་དོ། །ཕྱིར་ཕེབས་སྐབས་མཚོ་ཁ་ནས་མི་ཁྱིམ་ཞིག་གི་གཞིས་སུ་གདན་དྲངས་ཏེ་ཡུམ་འབུམ་པའི་གླེགས་བམ་ཆ་ཚང་འབུལ་ལམ་ཞུས་པ་ལ། ཞལ་ནས་འཕགས་པ་ཀླུ་སྒྲུབ་ཀྱིས་ཀླུ་ཡུལ་ནས་ཡུམ་འབུམ་པ་གདན་དྲངས་པ་ཡིན་པས། མཚོ་ཁ་འདི་ནས་རྒྱལ་བའི་ཡུམ་གྱི་གླེགས་བམ་བདག་གི་ལག་ཏུ་འབྱོར་བ་ནི། རྟེན་འབྲེལ་མཆོག་ཏུ་བཟང་པོ་ཞིག་འགྲིག་པ་ཡིན་ཞེས་གསུངས་ནས་ཐུགས་དགྱེས་པའི་རྗེར་སོན། ཆོས་བཅུ་གཉིས་ཉིན་རྟ་བ་བརྒྱ་ཕྲག་དུ་མའི་བསུ་བ་དང་བཅས་མོག་ཏུ་གོང་མར་ཕེབས་ཤིང་། དད་ལྡན་བརྒྱ་ཕྲག་མང་པོ་འདུས་པ་ལ་ཕྱག་དབང་བསྩལ། ཉིན་དེ་དག་ཏུ་གཟིམ་གུར་སྟེང་དུ་དབང་གཞུ་མདངས་མཆོག་ཏུ་གསལ་བ་ཡང་ཡང་ལེགས་པར་འཆར་བ་བྱུང་

བས་ཀུན་གྱི་ཡིད་ལ་སྨོན་མེད་ཀྱི་དགའ་དད་རབ་ཏུ་འཕེལ་བར་གྱུར་ཀྱང་། ཉིད་ཀྱིས་ནི་ཡུལ་འདིར་དགེ་བའི་བཤེས་གཉེན་ཆེན་པོ་མོག་ཏུའི་ཨ་ཁུ་ཚང་བཞུགས་པ་དང་། གཞི་བདག་རྣམས་ཀྱང་དཀར་ཕྱོགས་པ་འབའ་ཞིག་ཡིན་པའི་རྟགས་ལས། བདག་བཟང་པོ་ཞིག་ཡིན་པའི་རྟགས་མིན་ཞེས་གསུངས་སོ། །སྐབས་དེར་མ་ཟད་དུས་ཀུན་ཏུ་འཁྲིམ་ཆོས་ཀྱི་རྒྱལ་པོས། བདག་གི་ཡོན་ཏན་སྦ་བྱ་ཞིང་། །གཞན་གྱི་ཡོན་ཏན་བསྒྲུབ་པར་བྱ། །ཞེས་གསུངས་པ་ལྟར་ཉིད་ཀྱི་ཡོན་ཏན་རྣམས་ཐུམ་ནང་གི་མར་མེ་བཞིན་སྦ་བ་བཀའ་གདམས་པའི་དགེ་བའི་བཤེས་གཉེན་ཆེན་པོ་རྣམས་ཀྱི་རྣམ་ཐར་ལྟར་བཞེས་པ་ཤེས་པར་བྱའོ། །སྔ་འདིའི་ཉེ་འཁོར་ཞིག་ཏུ་རླངས་འཁོར་གྱིས་གནོད་པ་བཟོས་ཏེ། མི་མང་པོ་འཆི་རྨས་རྒྱུན་ཏུ་བྱུང་བའི་ལམ་དུམ་བུ་ཞིག་ཡོད་པ་དེར་དངོས་ཕེབས་སྙིས་མི་ཏོག་གཏོར་ཞིང་། བྱིན་གྱིས་བརླབས་པས་དེ་ནས་བཟུང་གནོད་པ་མ་བྱུང་བར་གྲགས་ཏེ། ནུས་མཐུ་དཔག་པར་དཀའ་བ་ཞིག་གོ ། ཧོར་ཟླ་བཅུ་བའི་ཚེས་ལ་དཔལ་མི་འགྱུར་བཀྲ་ཤིས་ཆོས་སྡིངས་སུ་ཞབས་པད་བཀོད་དེ། འདུས་པ་རྒྱ་མཚོའི་ཚོགས་ལ་ཉིད་ཀྱིས་མཛད་པའི་རྣམ་འགྲེལ་གཉིས་པའི་འགྲེལ་བའི་ཞལ་ལུང་བསྩལ་ཅིང་། སྐབས་བཞི་བའི་འཛིན་གྲྭར་གསེར་ཕྲེང་དང་། མཐའ་དཔྱོད། ཉིད་ཀྱིས་མཛད་པའི་རྒྱན་འགྲེལ་བཅས་སྩྭགས་ཏེ། སྐབས་བཞི་བའི་དབུ་ནས་རྣམ་མཁྱེན་གྱི་རྣམ་པ་མདོར་བསྟན་དང་རྒྱས་བཤད་བར་གྱི་ཞིབ་ཁྲིད་དང་། སྐབས་དང་པོའི་འཛིན་གྲྭར་བུ་སྟོན་རིན་པོ་ཆེའི་རྟེན་འབྲེལ་ཀུན་ལས་བཏུས་པའི་ཁྲིད། གཞུང་གསར་འཛིན་གྲྭར་མཐའ་དཔྱོད་སྟེང་ནས་ཤིང་རྟའི་སྲོལ་འབྱེད་སོགས་ཀྱི་ཁྲིད། རྟགས་རིགས་འཛིན་གྲྭར་ཉིད་ཀྱིས་མཛད་པའི་གཏན་ཚིགས་རིགས་པའི་སྣང་བའི་ཁྲིད། བློ་རིག་འཛིན་གྲྭར་ཀུན་མཁྱེན་བློ་རིག་མཐའ་དཔྱོད་བཅས་ཀྱི་དཔེ་ཁྲིད་ཤིན་ཏུ་རྒྱས་པར་བསྩལ། སྐབས་དེར་ཡབ་རྗེ་མཆོག་སྤྲུལ་རིན་པོ་ཆེ་ཆོས་འབྲེལ་ཞུ་བའི་མཇལ་ཁར་སྐུ་དྲུང་དུ་དངོས་ཕེབས་སྙིས་ལྟ་དར་ཕྱག་ཏུ་ཕུལ་བ་དང་དུས་མཉམ་པར་ཚོགས་དུང་གི་སྒྲ་གྲགས་པ་བྱུང་བ་ལ། རྟེན་འབྲེལ་བཟང་གསུངས་ནས་ཐུགས་དགྱེས་པའི་ཉམས་གནང་བ་ནི། ཡབ་

རྗེ་མཆོག་སྤྲུལ་རིན་པོ་ཆེ་འདི་ཉིད་བསྟན་འཛིན་གྱི་སྐྱེས་བུ་ཁྱད་པར་ཅན་ཞིག་འབྱོན་པའི་རྟེན་འབྲེལ་ལྷན་མེད་པར་གདོན་མི་ཟའོ། །ཧོར་ཟླ་བཅུ་བའི་ཚེས་ཉེར་གཉིས་ཉིན་མཆོག་སྤྲུལ་རིན་པོ་ཆེའི་གཙོས་འདུས་པ་རྒྱ་མཚོའི་ཚོགས་ལ། སྐྱབས་འགྲོ། དགའ་ལྡན་ལྷ་བརྒྱ་མ། བྱིན་རླབས་སྤྲུངས་ཞུས། ལམ་གྱི་གཙོ་བོ་རྣམ་གསུམ་བཅས་ཀྱི་ལུང་དང་། དུས་དགྲའི་དབང་པོ་དཔའ་བོ་གཅིག་པའི་དབང་གི་སྔ་གོན་གྱི་རིམ་པ་གསུང་བཤད་འབྱམས་ཀླས་པས་བརྒྱན་པ་བསྩལ། ཚེས་ཉེར་གསུམ་ལ་དབང་དངོས་གཞི་དང་། ཉེར་བཞི་ལ་རིགས་གསུམ་སྤྱི་སྒྲུབ་ཀྱི་རྗེས་གནང་། ཚེ་ལྷ་རྣམ་གསུམ་གྱི་གཟུངས་དང་། འདུལ་བ་རྒྱ་མཚོའི་སྙིང་པོ། བསྟན་འབར་མ་བཅས་ཀྱི་ལུང་བསྩལ། དགེ་ལྡན་ལྷ་མཆོད་ཆེན་མོར་ཕར་ཕྱིན་དམ་བཅའི་སྐབས་ཚིག་བཀྲ་རྣད་དུ་བྱུང་བའི་ལུང་རིགས་ཀྱིས་ལེགས་བྱས་སྒོ་འཕར་ཡངས་པོར་ཕྱེ་སྟེ། བགྲོ་གླེང་གི་དབུ་འཛུགས་པ་གནང་། བཅུ་གཅིག་པའི་ཚེས་གཅིག་ནས་དབུ་མ་པ་རྣམས་ཀྱི་གཙོས་འདུས་སྡེ་ཡོངས་ལ་འཇུག་འགྲེལ་གྱི་ཞལ་ལུང་དང་། མཆིམས་མཛོད་དང་ཉིད་ཀྱི་ཟུར་མཆན་སྦྲགས་པའི་ཞལ་ལུང་གནང་ཞིང་། ཚེས་བཅུ་བཞི་ལ་གཏོར་མ་བརྒྱ་རྩའི་ཕྱག་ཁྲིད་དང་། འཇིགས་བྱེད་རྒྱུན་འཁྱེར་གྱི་ལུང་བཅས་ལེགས་པར་གནང་བ་ལགས་སོ། །དགུང་ལོ་དོན་དགུ་བཞེས་པ་ཤིང་ཁྱི་ལོའི་གནམ་ལོ་གསར་ཚེས་སྐབས་ཆབ་ཆའི་དགོན་གསར་བཀྲ་ཤིས་ཐེག་མཆོག་གླིང་གི་འདུས་སྡེས་ཨ་ཁུ་ཁ་སྣང་སོགས་མངགས་ཏེ། འགྲོ་མགོན་ཉིད་དགོན་དེ་གར་ཕེབས་ནས་ཆོས་བཀའ་དང་། དཔེ་ཁྲིད་གནང་རྒྱུ་དང་། ཁྱད་པར་བསྒྲུབ་བྱ་མང་པོ་བསྙེན་པར་རྫོགས་པའི་འདུན་མོས་ཆེ་ཚུལ་གྱིས་གདན་ཞུས་ནན་ཆེ་བ་ཕུལ་བར། ཞལ་ནས་བདག་ལོ་ཧ་ཅང་མཐོ་བ་འདི་ལྟར་ལགས་ཤིང་། འགྲོ་འོང་མང་པོ་དཀའ་བས་ཁྱེད་རྣམས་ཀྱིས་ད་ཐེངས་གནང་བ་ཅིས་ཀྱང་སྟེར་དགོས་ཞེས་ཕྱག་ཐལ་མོ་སྦྱོར་བ་གནང་ནས་ནན་གྱིས་བཤོལ་ཀྱང་། ཕོང་བ་ཚོས་བདག་ཅག་གིས་ཉིད་ཕོན་ལ་རེ་སྐོར་བཙོལ་བ་ལགས་པས་ཐུགས་རྗེས་གཟིགས་དགོས། ཞེས་མིག་མཆི་མས་བཟངས་བཞིན་ཨུ་ཚུགས་མཐར་བསྐྱེད་ཀྱིས་ནན་ཞུས་བགྱིས་པར། ནག་ཟླའི་ཡར་ཚེས་ལ་

ཕེབས་རྒྱུའི་འདོད་བསྐུན་གྱི་ལན་ཙམ་གསུངས་སོ། །ཧོར་ཟླ་དང་པོའི་ཚེས་བཅུ་བདུན་ཉིན་དཔལ་ལྡན་བཀྲ་ཤིས་ཆོས་སྡིངས་སུ་ཕྱུགས་ཕེབས་ཏེ་མཛོད་འཛིན་གྲྭའི་དགེ་བའི་བཤེས་གཉེན་རྣམས་ཀྱི་གཙོས་གསན་མཁན་མང་པོར་ཉིད་ཀྱི་མཛོད་མཆན་དང་མཆིམས་མཛོད་སྦྲགས་པའི་དཔེ་ཁྲིད་གནང་ཞིང་། གནས་གསུམ་པའི་དབུ་ནས་ཙུང་ཟད་གསུངས་ཏེ་ཆོས་མཚམས་མཛད། ཡབ་རྗེའི་མཆོག་སྤྲུལ་རིན་པོ་ཆེའི་གཙོས་འདུས་སྡེ་ཡོངས་ལ་འཇམ་དབྱངས་དཀར་པོ་དང་། འཇམ་དབྱངས་དམར་སེར་གྱི་རྗེས་གནང་། ལྕང་སྐྱ་རོལ་བའི་རྡོ་རྗེའི་གསུང་འཇམ་དབྱངས་ནག་པོའི་མངོན་རྟོགས་ཀྱི་ལུང་། འཇམ་དབྱངས་ཞི་ཁྲོ་སྦྲགས་སྒྲུབ་ཐུན་མོང་མིན་པའི་ཁྲིད། མཁས་གྲུབ་ཁྱུང་པོའི་ལུགས་ཀྱི་ངག་བྱིན་རླབས་ཀྱི་ཁྲིད། དབྱངས་ཅན་མ་དཀར་མོའི་རྗེས་གནང་བཅས་དགྱེས་བཞིན་བསྩལ་ཅིང་། གཉུག་མར་གནས་པ་དང་ཀོའུ་བ་དགོན་སོགས་ཕྱོགས་ནས་ཕེབས་པའི་ཐར་འདོད་སྐལ་བཟང་བཅུ་ཕྲག་མང་པོར་དགེ་ཚུལ་དང་། དགེ་སློང་གི་བསླབ་པ་ལེགས་པར་བསྩལ་ཏེ་རྣམ་འདྲེན་ཟས་གཙང་སྲས་པོའི་ལུགས་བཟང་གི་རྒྱལ་མཚན་སྲིད་རྩེར་བསྒྲེངས་པར་མཛད་ཅིང་། དབྱར་ཆོས་ཀུན་དགའ་ར་བ་གསར་བཞེངས་ཀྱི་ཐེབས་སུ་སྒོར་ཁྲི་ཕྲག་དུ་མ་གནང་ནས་གཡུ་ཚོའི་དགེ་སློང་ལུང་རྟོགས་རྒྱ་མཚོ་སོགས་ཁ་མགོ་བར་བསྐོ་བ་གནང་ཞིང་། ཇི་ལྟར་བཞེངས་དགོས་པའི་བཀོད་ཁྱབ་ཞིབ་མོར་བསྩལ་བ་དང་། ཕྱག་དཔེ་པོད་མང་པོ་ཞལ་སློབ་རྣམས་ལ་གནང་བ་སོགས་མཛད་དོ། །རྗེ་བཙུན་བླ་མ་དམ་པ་འདི་ནི་ཐུན་མོང་གི་སྣང་ངོར་ཡང་རིང་མོ་ཞིག་ནས་ཕ་རོལ་ཏུ་ཕྱིན་པ་དྲུག་དང་བསྡུ་བའི་དངོས་པོ་བཞི་སོགས་རྒྱལ་བའི་སྲས་ཀྱི་སྤྱོད་པ་མཐའ་དག་ལ་གོམས་པ་ཕྱོང་དུ་གྱུར་པའི་འབྲས་རྟགས་དག་མངོན་སུམ་དུ་མཇལ་ཉུས་པས། སྐུ་གསུང་ཐུགས་ཀྱི་མཛད་པ་ཕྲ་རགས་ཇི་ལྟ་བུ་ཞིག་ཉམས་སུ་བསྟར་ཡང་བསྟན་འགྲོའི་ཕན་བདེའི་གསོས་སྨན་དུ་མི་འགྱུར་བ་གཏན་ནས་མི་སྲིད་ཅིང་། སྒོ་གསུམ་གྱི་མཛད་པ་གང་ལ་ཡང་རང་དོན་ཡིད་བྱེད་སོགས་ཀུན་སློང་མ་དག་པ་ཕྲ་མོ་ཙམ་གྱིས་ཀྱང་མ་བསླད་པར་རྣམ་པར་དཀར་བའི་དངོས་པོ་གང་བསྒྲུབས་མ་ལུས་པ་འཕགས་པ་བཟང་པོ་

སྤྱོད་པའི་སྨོན་ལམ་སོགས་ལས་འབྱུང་བ་ལྟར་བསྟན་འགྲོའི་དོན་འབའ་ཞིག་ཏུ་བསྒོ་བར་མཛད་ཅིང་། དེ་ཡང་ཇི་སྲིད་སྲིད་པའི་འཁྲུལ་འཁོར་མ་ཞིག་པ་དེ་སྲིད་དུ་རྒྱལ་བའི་སྲས་ཀྱི་སྤྱོད་པ་རླབས་པོ་ཆེ་ལས་སྐད་ཅིག་ཀྱང་འདའ་བར་མི་མཛད་ལ། རྒྱུ་མཚན་དེའི་ཕྱིར་འགྲོ་བ་མ་ལུས་པའི་མགོན་སྐྱབས་དཔུང་གཉེན་དང་། གསང་བ་གསུམ་གྱི་ཡོན་ཏན་ཟད་མི་ཤེས་པའི་གཏེར་ལ་འདོད་དགུར་དབང་འབྱོར་བ་ཡིན་ཏེ། ཇི་སྐད་དུ། ཐབས་མཆོག་ཤེས་པ་གང་ཞིག་བསོད་ནམས་ཡང་དག་བསྡུས་པ་ཤིན་ཏུ་རྒྱ་ཆེན་ཀུན། །གཞན་དང་ཐུན་མོང་བྱས་ནས་ཉིན་གཅིག་བཞིན་ཏུ་རྫོགས་པའི་བྱང་ཆུབ་ཡོངས་བསྔོ་ཞིང་། །བཟང་པོའི་གནས་སུ་སྐྱེས་པས་རྟག་ཏུ་དགེ་བྱེད་མངོན་ཤེས་ཡོན་ཏན་རྣམས་ཀྱིས་རྟེན། །སངས་རྒྱས་སྲས་དེ་ཀུན་གྱི་བླུན་འདུག་པ་ཡོན་ཏན་གཏེར་དུ་ཤེས་པར་བྱ། །ཞེས་གསུངས་སོ། །

སྨྲས་པ།

ངེས་པ་ལྟོ་ལྡན་ཆོས་ཀྱི་ཕོ་བྲང་དུ། །
ཡོངས་སྤྱོད་རྫོགས་པ་དག་པའི་བཅོམ་ལྡན་འདས། །
དུས་མཐར་དུར་སྒྲིག་གར་གྱིས་རྟེན་པའི་ཇེ། །
མཚུངས་མེད་བླམ་མཆོག་གང་སྙིང་དབུས་བསྟི། །
ཚུ་ལྷའི་ཡུལ་ན་འོད་དམར་གདེངས་ག་ཡི། །
སྐལ་བར་སྤྱོད་པའི་རྒྱལ་བསྟན་ཧ་བདུན་ཅན། །
གང་གི་ལེགས་མཛད་གསེར་གྱི་སྲིད་བུ་ཡིས། །
སླར་ཡང་སྤྱན་སྔོང་གཡོ་བའི་ཁྱིམ་དུ་དྲངས། །
རྨད་བྱུང་ཐུགས་བསྐྱེད་མགྱོགས་འགྲོས་ཉེར་དྲང་བའི། །
ལེགས་བྱས་སྣང་བ་གཏེར་དུ་རྫོགས་པའི་ཆེད། །
དབུས་འགྱུར་ཆོས་ཀྱི་ཞིང་ཁམས་དབང་ཕྱོགས་རིར། །
ཞབས་མཐིལ་འཁོར་ལོ་རེ་ཁྲ་ཐོག་མར་བཞད། །

སྟོང་གསུམ་འཛིག་རྟེན་ཀུན་ཏུ་རྟེད་དཀའི་རྟེན། །
ལྷ་མིའི་རྣམ་འདྲེན་ཤཱཀྱ་མུ་ནེའི་དྲུང་། །
བདེ་སྟོང་ཏིང་འཛིན་གློག་འོད་དང་བསྟེབས་པའི། །
དངོས་དང་སྤྲུལ་བའི་མཆོད་པའི་སྤྲིན་ཕུང་གཏིབས། །
རྒྱལ་སྲས་ཐུགས་མཆོག་འདོད་འཇོ་ནོར་བུའི་སྔོན། །
ཚོགས་གཉིས་ཡོན་ཏན་སྟོང་གིས་སྣེག་པའི་ཕྱིར། །
གདན་ས་བཞི་སོགས་མཆོད་འོས་ཞིང་ཀུན་ལ། །
ཆགས་མེད་གཏོང་བའི་སློ་འཕར་རྒྱ་ཆེར་ཕྱེ། །
ༀླ་བྲལ་མཁྱེན་ཡངས་སྤྲིན་སྟོན་གདེངས་ཀ་ལས། །
གསོ་རིག་དཀའ་གནད་ཡན་ལག་བཞི་ཟུང་ཆར། །
མཁས་འདུས་པནྜའི་ཚལ་དུ་ཕྱོ་བ་ལ། །
བསྔགས་པའི་དྲི་བསུང་ཕོར་ཡུག་རི་ལས་བརྒྱལ། །
བྱང་ཟུར་མཉམ་དུ་བསྟེབས་པའི་དྲང་སྲོང་ཞིག །
ད་ལྟ་གངས་རིའི་མགུལ་ན་མཆིས་སོ་ཞེས། །
ལྷ་རྣམས་ཕན་ཚུན་སྒྲོག་པའི་ངོ་མཚར་དབྱངས། །
མཐར་བྱེད་ཕོ་ཉ་འགོག་པའི་མཚོན་དུ་གྱུར། །
གནའ་དུས་ཆོས་འཕགས་ཞབས་ཀྱིས་རྟུལ་འཕྱངས་ཤིང་། །
དུས་ཀུན་མཁྱེན་གཏེར་རྩེན་པའི་འཛིག་རྟེན་གྱི། །
སྟེ་བཞིའི་ལང་ཚོ་དར་བབས་སྣེག་འཆང་མས། །
གང་ཐུགས་ཟག་མེད་བདེ་བའི་མཆོད་ཚོགས་བསྟར། །
བདེ་བཤེགས་ཡེ་ཤེས་ལི་ཁྲིའི་རྟུལ་བརྩེགས་ལས། །
དཔག་ཡས་སྐྱུ་འཕྲུལ་སྟོང་གི་གར་འགྱེད་པ། །

རྣམ་ལྷ་ལྷུན་པོའི་གཟུགས་སུ་རྗེན་པ་དེར། །
གང་ལ་དགེ་མཚན་གཟི་འོད་འབུམ་གྱིས་འཕྱུད། །
འོད་མཐའ་ཡས་པའི་བྱིན་རླབས་ངད་འཐུལ་བའི། །
གསེར་མདོག་ཅོད་པན་དབུ་ལ་སྒྲོན་པའི་ཚེ། །
དག་པའི་དབྱིངས་ནས་རབ་འབྱམས་རྒྱལ་བ་ཀུན། །
དགྱེས་པའི་བཞད་སྒྲ་དབྱར་རྔའི་ཟློལ་གྱིས་གྲགས། །
རིགས་པའི་དཔའ་བོས་གཟི་བྱིན་འོད་བསྐྱེད་པའི། །
ནོར་བུ་པདྨའི་གཟུངས་ཀྱི་ཆོས་འཁོར་ཆེ། །
ཚངས་ཆེན་པིར་གྱིས་བྲིས་ལྟའི་བརྟེན་པ་བཅས། །
ལེགས་མཛད་དོན་ཡོད་འཕྲུལ་གྱི་ཞགས་པས་བསྐུན། །
ཚངས་སྤྱོད་བསླབ་ཁྲིམས་བདུད་རྩིའི་བཅུད་བྱིན་པའི། །
ངུར་སྨྲིག་རྒྱལ་མཚན་འཆང་བའི་འདུས་པའི་སྡེས། །
ལྗོངས་འདིར་ཚར་དུ་དངར་བ་ནོར་འཛིན་མས། །
ལི་ཁྲིའི་སྟོད་གཡོགས་གསར་བ་བརླུབས་པ་སྐམ། །
ཡུན་རིང་འཆད་ཉན་ཚད་མའི་སྲོལ་ནུབ་པས། །
གླིགས་བུའི་བེམ་པོ་ལྟར་གྱུར་བཀའ་པོད་རྣམས། །
འཆད་རྩོད་རྩོམ་པ་ལྔ་ཡི་བདུད་རྩི་ཡིས། །
སླར་ཡང་འཆི་མེད་ལང་ཚོའི་སྣེག་པ་བྱིན། །
མཆུ་སྒྲོས་ཡལ་འདབ་དམར་པོའི་འཛུམ་འོད་ལས། །
རྣམ་དག་ཆོས་རྒྱུན་སྦྲང་རྩིའི་དོག་པ་འབུམ། །
སྐལ་བཟང་བུང་བ་སྟོང་གི་ལོངས་སྤྱོད་དུ། །
བཀྱེས་པའི་ཐུབ་བསྟན་དབྱར་གྱི་དུས་སྟོན་དར། །

ཀུན་མཁྱེན་ཐུགས་བརྩེ་ཆུ་འཛིན་ལས་བབས་པའི། །
རྣམ་དག་དབང་གཞུའི་བདུད་རྩིའི་གསང་གཏོར་གྱིས། །
སྐལ་ལྡན་ཡིད་ཀྱི་དྲི་མ་ཀུན་བཀྲུས་ནས། །
སྐུ་བཞི་མྱུར་དུ་འགྲུབ་པའི་ས་བོན་བསྐྲུན། །
ཚེར་སྐྱིགས་ཚོ་ཐུང་དགུན་ཉི་ལྟ་བུའི་རིང་། །
ཐབས་མཁས་འཕྲུལ་གྱིས་གོམ་པ་གཅིག་བརྒྱངས་པས། །
ཟུང་འཇུག་སུམ་རྩེན་གྲོང་ལ་སླེབས་པའི་ལམ། །
གསལ་བྱས་བསྟན་པའི་ཉི་མ་མཆོག་འདི་རྣད། །
དུས་དང་མི་འཚམ་ལེགས་བཤད་དབྱར་རྔའི་སྒྲས། །
འགྲོ་འདི་རྨོངས་པའི་གཉིད་ལས་སློང་མཛད་པས། །
རྒྱལ་ཀུན་ཆོས་ཀྱི་དབྱིངས་ལས་མྱུར་བཞེངས་ཏེ། །
དགྱེས་འཛུམ་འོད་ཞགས་གང་ལ་ཟླུམ་པོར་འཁྱིལ། །
ཁྲི་གཞོག་རྒྱལ་མོའི་རྡུམ་ནས་ཡུམ་ཆེན་མོ། །
སྤྱན་འདྲེན་ངོ་མཚར་སྒྱུ་མའི་གཟིགས་མོ་ཡིས། །
ཀུན་དགའི་དཔལ་གྱིས་མྱོས་པའི་ལྷ་ཀླུ་རྣམས། །
ཇླུང་གི་རྒྱལ་མཚན་བསྒྲེངས་ནས་མཆོད་པར་བྲེལ། །
གང་དུ་ཞབས་པད་བཀོད་ཀྱང་དད་ལྡན་རྣམས། །
གཅིག་ཏུ་ཚོགས་པའི་ལྷིད་ཀྱིས་ནོར་འཛིན་མ། །
ཆུ་གཏེར་ཆེན་པོའི་མལ་དུ་མ་གཟིམས་པར། །
དགའ་བདེ་རོ་ལ་ལྷག་པར་སྲེད་འདི་མཚར། །
གང་གི་ཞབས་སེན་འདོད་འཇོ་ནོར་བུའི་འོད། །
རིས་མེད་འདུས་སྡེ་འབུམ་གྱི་གཙུག་རྒྱན་ཏེ། །

འཕྲིན་ལས་གདུགས་དཀར་གཡོ་བའི་གྲིབ་བསིལ་ཡང་། །
སྐྱེ་དགུའི་ཚ་གདུང་གཞིལ་ལ་ཟླ་ཟེར་བཞིན། །
རྫོགས་ལྡན་དར་བབས་ལང་ཚོའི་རྩེ་དགའ་ལ། །
ཐུབ་པ་ཆོས་ཀྱི་ཉི་མའི་འོད་སྣང་གིས། །
རྫོངས་པའི་མུན་སྤྲུག་དྲུངས་ནས་འབྱིན་ནོ་ཞེས། །
བློ་དང་ལྡན་པ་སུ་ཞིག་མཚར་དུ་བྱེད། །
ཆེར་སྙིགས་དུས་ཀྱི་སྲིན་པོ་ཁྲོས་པ་ཡིས། །
རཀྟ་རླབས་སུ་འཁྲུགས་པའི་འཇིག་རྟེན་འདིར། །
ཆོས་ཚུལ་རྒྱལ་མཚན་སྒྲེང་བའི་འོད་རླབས་ཀྱིས། །

ལུང་རྟོགས་ས་ཆེན་གསལ་བྱས་འདི་ངོ་མཚར། །
སྙན་འཇེབས་སྐྱེ་བ་ལྷ་བའི་སྒྲ་དབྱངས་ཀྱིས། །
ཞིང་གི་མཆོག་ལ་བསྔགས་པའི་བདག་དགའ་མོད། །
ཆོས་ཀྱི་ཉེན་བྱེད་སླེང་གཞན་གཤེགས་སོ་ཞེས། །
སྒྲོ་འཕྱུར་གཏམ་འདིས་བདག་སྙིང་འགས་པར་སྙམ། །

ཞེས་རབ་འབྱམས་གཞུང་བརྒྱའི་མངའ་བདག ༧ཡོངས་ཀྱི་དགེ་བའི་བཤེས་གཉེན་ཆེན་པོ་རྗེ་བཙུན་རྣྃ་ན་ས་རའི་ཐུན་མོང་གི་རྟོགས་པ་མདོ་ཙམ་བརྗོད་པ་བདེན་གཏམ་ཤེལ་གྱི་མེ་ལོང་ཞེས་བྱ་བ་ལས་ཐུབ་བསྟན་ཡང་དར་གྱི་སྐབས་སུ་བསྟན་འགྲོའི་དོན་རྒྱ་ཆེར་གནང་བའི་ཚུལ་ཙུང་ཟད་སྨྲོང་བའི་སྐབས་ཏེ་བདུན་པའོ། །

སྐབས་བརྒྱད་པ། གཟུགས་སྐུའི་བཀོད་པ་ཆོས་དབྱིངས་སུ་བསྡུས་པའི་ཚུལ།

སྟོབས་བཅུའི་ཡེ་ཤེས་འདོད་འཇོ་ནོར་བུའི་འོད། །
ངུར་སྨྲིག་མདངས་སུ་འཕྲུགས་པའི་གདེངས་ཀ་ལ། །
རྒྱལ་རྣམས་དགྱེས་འཛུམ་དབང་གཞུའི་དཔལ་ཆགས་པའི། །
དཀྱིལ་འཁོར་རྒྱ་མཚོ་སྤྲོ་བསྡུའི་གཞི་དེ་མཆོད། །

དེ་ལྟར་རྗེ་བཙུན་བླ་མ་མཆོག་དགུང་ལོ་དོན་དགུ་བཞེས་པ་དངོས་པོ་ཞེས་པ་ཤིང་ཕོ་བྱིའི་ལོར་ཡབ་རྗེ་མཆོག་སྤྲུལ་རིན་པོ་ཆེའི་གསོས་དཔལ་ལྡན་བཀྲ་ཤིས་ཆོས་སྡིངས་ཀྱི་འདུས་པ་རྒྱ་མཚོའི་ཚོགས་ལ་ཟབ་རྒྱས་ཆོས་ཀྱི་བདུད་རྩི་བསྩལ་ཅིང་། ཉིད་ཀྱི་ཐུག་རྒྱུའི་འགྲོ་མ་རྣམས་ཀྱིས་དབྱར་ཆོས་ཀུན་དགའ་ར་བ་ཟད་བྱུང་ཆོས་ཀྱི་དགའ་ཚལ་ཇི་ལྟར་བསྐྱུན་དགོས་ཚུལ་གྱི་བཀོད་ཁྲབ་ཞིབ་མོར་གནང་བ་སོགས་སྐུ་ཚེ་འདི་ཉིད་ཀྱི་མཛད་པ་ལྷབས་ཆེ་བ་མཛད་དགོས་པ་རྣམས་ནི་འགྲོ་ཅན་དུ་ལུས་པ་གཅིག་ཀྱང་མེད་པ་མཛད་ཟིན་ནས། དགོ་ཟླའི་ཡར་ཚེས་ལ་དཔལ་མི་འགྱུར་དགེ་ལྡན་བཀྲ་ཤིས་ཆོས་སྡིངས་ནས་ཐུགས་བརྟེགས་ཏེ། བཞུགས་ཡུལ་དཔའ་ལུང་འཚོ་བྱེད་ཕོ་བྲང་དུ་ཕེབས་ནས་བཞུགས་གདན་འཛུགས་པ་ན། ཉེ་གནས་གཉིས་ལ་ཧྲི་ཚ་ནས་ཡོང་སྐབས་ཁོང་བ་ཚོས་ད་དུང་ཡང་ཡང་ཡོང་དགོས་ཚུལ་གསུངས་པས། རྟེན་འབྲེལ་གྱི་ཆེ་བར་བསམས་ནས་དེ་བཞིན་ཁས་ལེན་བྱས་པ་ཡིན་མོད། ད་ནས་ཕྱོགས་གང་དུའང་འགྲོ་མི་ཐུབ་པ་འདྲ། ཞེས་སོགས་དགོངས་གཞི་ཅན་གྱི་གསུང་འགའ་ཞིག་བསྩལ་ཏོ། །དེར་མ་ཟད་ཕྱན་གྱིས་སྤྱི་ལོའི་གནམ་ལོ་གསར་ཆོས་སྐབས་སྐུ་དྲུང་དུ་མཇལ་སྐབས་སྤྱིར་སངས་རྒྱས་ཀྱི་བསྟན་པ་རིན་པོ་ཆེ་ནི་སྙིགས་དུས་ཀྱི་རྒུད་པ་སྣ་ཚོགས་

ཀྱིས་གཙོས་ཏེ། ཉམས་པ་ལ་མངོན་དུ་ཕྱོགས་ཤིང༌། ལྷག་པར་བཀའ་པོད་ཆེན་པོ་རྣམས་ཀྱི་འཆད་ཉན་ཧ་ཅང་ཉག་ཕྲ་བ་འདི་ལྟར་གྱུར་པས་ན། དམ་པ་ཉིད་ད་དུང་སྐུ་ཚེ་རྒྱལ་མཚན་ཡུན་རིང་དུ་བརྟན་པར་བཞུགས་ཏེ། བཀྲ་ཤིས་ཆོས་སྡིངས་སོགས་སུ་བཀའ་པོད་རྣམས་ཀྱི་ལྟགས་ཁྲིད་རྒྱ་ཆེན་པོ་རྒྱུན་ཆགས་སུ་གནང་རྒྱུའི་ཐུགས་འདུན་སྐྱོད་པ་མེད་པ་དགོས་ཚུལ་བློ་སྟོབས་བསྐྱེད་དེ་ཞུས་པ་ལ། ཕྱིར་ལན་དུ་བདག་ལོ་བརྒྱད་ཅུར་ཉེ་བ་བདེ་བར་འཚོ་བ་ཡིན་པས་ད་ལྟའི་མི་ཚེའི་རིང་མཐར་རྟེས་ཆོག་ཚུལ། སྟོན་ཕྱོན་མཁས་གྲུབ་དམ་པ་ལས་སྐུ་ཚེ་རིང་པོར་བཞུགས་པར་གྲགས་པ་བུ་སྟོན་རིན་པོ་ཆེ་དང༌། ཀུན་མཁྱེན་ཆེན་པོ་འཇམ་དབྱངས་བཞད་པའི་རྗེ་རྗེ་སོགས་ཀྱང་དགུང་ལོ་བརྒྱད་ཅུར་མ་བཞུགས་པར་བདུན་ཅུའི་ནང་དུ་མྱ་ངན་ལས་འདས་ཚུལ། སྤྱིར་བསྟན་འཛིན་ཕལ་ཆེར་བདུན་ཅུའི་ནང་དུ་ཅུང་རྩུབས་པ་ལྟ་བུར་སྣང་ཚུལ་སོགས་གསུང་བ་ནི། ཉིད་དགུང་ལོ་བརྒྱད་ཅུར་མི་བཞུགས་པར་ལོ་དེའི་ཕྱི་ལོ་དགུང་ལོ་དོན་དགུའི་སྟེང་ཞིང་ཁམས་གཞན་དུ་གཤེགས་རྒྱུའི་དགོངས་པ་གཏད་ཟིན་པའི་གསུང་དུ་ཤིན་ཏུ་གསལ་ནའང་ལས་སྒྲིབ་ཀྱིས་ཚབས་ཆེར་ནོན་པ་བདག་ལ་ནི། རང་བཞིན་གྱི་ཞལ་བཟ་ཞིག་ཏུ་གོ་ནས་དེ་འདྲའི་རྟོག་པ་ཙམ་ཡང་མ་སྐྱེས་ལ། གཞན་ཡང༌། ཉེ་གནས་དམ་པ་ཡོན་ཏན་རྒྱ་མཚོ་བས། སྔོན་ནས་རང་གི་བློ་ཕོགས་བསགས་ཏེ། མགོན་པོ་ཉིད་དགུང་ལོ་བརྒྱད་ཅུར་སླེབས་སྐབས་ཡུལ་སྲོལ་ལྟར་དགའ་སྟོན་རྒྱ་ཆེན་པོ་ཞིག་བསྒྲུབ་རྒྱུའི་འདོད་མོས་ཡོད་ཚུལ་ཞུས་པར། མི་གཞན་ལ་དེ་ལྟར་གཏན་ནས་མ་བཤད། བརྒྱད་ཅུར་འདུག་མིན་སུས་ཤེས། ཞེས་སོགས་གསུངས་ནས་བཀག་པ་དང༌། དངོས་རྫས་ལ་འཛིན་ཆགས་མི་མངའ་ནའང་ཕྱག་དཔེ་ལ་ཐུགས་གཅེས་ཧ་ཅང་ཆེ་བས་ནམ་རྒྱུན་གཞན་ལ་གཡོར་བ་སོགས་ཀྱང་མི་གནང་ཞིང༌། ས་ཁྲི་ལོ་དང་རིག་གསར་སྐབས་སུའང་སྒྲིག་བསྡོས་ཀྱིས་སྲུང་སྐྱོབ་གནང་བ་ཡིན་ནའང༌། ཐེངས་རྗེས་མ་རྒྱི་ཚར་ཕེབས་སྐབས་ཕྱག་དཔེ་པོད་མང་པོ་དཔེ་ཆ་བ་རྣམས་ལ་གནང་སྐབས་བདག་སྐུ་མདུན་དུ་མཇལ་བར། ཞལ་ནས་མིག་མི་གསལ་བས་དཔེ་ཆ་བལྟ་མི་ཐུབ། དེ་བས་ད་ཐེངས་དཔེ་ཆ

སྐར་ཞིག་མ་གཏོགས་ཁྱེར་ཡོང་མ་ཐུབ་ཀྱང་ཚང་མ་དཔེ་ཆ་བ་ཆོར་བྱིན་པ་ཡིན། ད་དུང་པོད་བཅུ་ཕྲག་འགའ་ཡོད་པ་དཔེ་ཆ་ལྟ་མཁན་རྣམས་ལ་སྤེར་བསམ་པ་ཡིན་གསུངས་པ་དང་། ཕྱུག་རྒྱུའི་འཕྲོ་མ་ཙུང་ཟད་ཡོད་པའང་རྗེ་ཚེའི་དབྱར་ཆོས་ར་བ་གསར་བཞེངས་ཀྱི་མཐུན་རྐྱེན་དུ་བསྔོས་ཏེ། ལས་ཀའི་ཁ་མགོ་བ་བསྐོ་བཞག་བསྒྲུལ་ཅིང་། ཕྱིས་མི་འཕྲད་པ་ལྟ་བུས་བཀོད་ཁྱབ་ཤིན་ཏུ་ཞིབ་མོར་བསྒྲུལ་པ་སོགས་གོང་དུ་ཙུང་ཟད་བྲིས་ཟིན་པ་དང་། ལོ་སྐྱ་ཕྱི་འདི་དག་ལ་སྙིགས་དུས་ཀྱི་སྐྱེ་བོའི་ངང་ཚུལ་དང་བྱ་སྤྱོད་ལ་ཐུགས་ཁྲེལ་བའི་གསུང་མང་ཙམ་གནང་འདུག་པ་དང་། བདག་གིས་མགོན་པོ་གང་གི་ཞབས་བརྟན་དུ་དམིགས་ཏེ། ཆོ་འཕྲུལ་ཟླ་བའི་ཉ་ལ་དཔལ་ལྡན་བཀྲ་ཤིས་ཆོས་སྡིངས་ཀྱི་འདུས་པ་རྒྱ་མཚོའི་ཚོགས་ལ་མང་འགྱེད་ཕུལ་ཚུལ་སྐུ་དྲུང་དུ་ཞུས་པར། ཞལ་ནས་མང་འགྱེད་ཕུལ་བ་ལེགས་ཀྱང་བདག་རིང་འཚོར་དམིགས་མི་དགོས་ཚུལ་གསུངས་པ་སོགས་བསམ་བཞིན་མཛད་པའི་མཐའ་མ་སྟོན་རྒྱུའི་གསུང་གསལ་པོ་སྟོན་ནས་ཐེངས་མང་བྱོན་ན་ཡང་། དཔྱོད་ལྡན་རེ་གཉིས་ལས་བདག་དང་བདག་འདྲ་རྣམས་ལ་ནི་དེ་འདྲའི་ཐེ་ཚོམ་ཙམ་ཡང་མ་སྐྱེས་སོ། །དེ་ནས་དཔོ་ཟླའི་ཚེས་བཅུ་གསུམ་ཉིན་གློ་བུར་དུ་ཞབས་སྙུང་བའི་ཚུལ་བཞེས་ཏེ། ཉིན་འགའ་ལ་ན་ཟུག་ཙུང་ཆེ་བ་ལྟར་བསྟན་ཅིང་། ཉིན་འགའི་རྗེས་ནས་ན་ཟུག་མངོན་གསལ་ཅན་མེད་ནའང་། སྐུ་གཟུགས་ཀྱི་ཉམས་ཤིན་ཏུ་ཞན་པ་ལྟར་གནང་བས། ཉེ་གནས་གཉིས་སོགས་སེམས་འཚབས་ཏེ། སྨན་ཁང་དུ་སྟོན་རྒྱུ་དང་། ཞབས་བརྟན་བསྒྲུབ་རྒྱུའི་ཞལ་བཀོད་ཞུས་པ་ལ། དུས་ལ་བབས་པས་ན་གང་གིས་ཀྱང་ཕན་དཀའ་ཚུལ། བདག་གི་ཞབས་བརྟན་དུ་བསྟད་བཏགས་ནས་དགེ་འདུན་རྣམས་ཀྱི་ཞལ་འདོན་དང་། ཆོས་གྲྭའི་རྩོད་པ་སོགས་ཆོས་ལྡན་གྱི་བགྱི་བ་མང་པོ་ཆག་ཏུ་བཅུག་ན་མི་ལེགས་ཚུལ་གསུངས་ནས་ཞལ་བཞེས་གནང་མ་གནང་། སྨན་ཁབ་ཀྱི་འཕྲོད་བསྟེན་དང་། གསོལ་སྨན་ཕུལ་བའང་གནང་མ་བཞེས། བདག་གཅིག་པུ་ཡིན་ན་ཤིན་ཏུ་སྤྲོ་བའི་ཉམས་ཤིག་འཆར་རྒྱུ་ཡོད་པས་བཟང་གསུངས་ནས་ཉེ་གནས་དམ་པ་ཡང་སྐུ་མདུན་དུ་ཡུན་རིང་སྡོད་དུ་མི་འཇུག་པར།

ཞལ་འཛུམ་མདངས་དང་བཅས་གཟིམ་སྒོ་ལྷ་བུ་ཞིག་གི་ངང་ནས་ཉིན་མཚན་འདའ་བར་མཛད་ཅིང་། དེ་ལྟར་ཟླ་གཅིག་ཙམ་འགོར་རྗེས་ཞལ་ནས། བདག་གི་ལུས་འདིར་ཡོད་པ་མ་གཏོགས་སེམས་འདིར་མེད་པ་འདྲ། མེ་ཏོག་བཞད་པའི་ཁྲོད་དུ་འགྲོ་འདུག་བྱེད་པའི་ཉམས་ཤིག་རྒྱུན་དུ་འཆར་གྱིན་འདུག ཅེས་གསུངས་པར་བཤད་དོ། །འདི་ནི་སྐུ་ཆེ་འདུ་བྱེད་བཏང་བའི་བརྡ་དང་དག་པའི་ཞིང་གི་གཟུགས་སྣང་ཤར་བའི་གསུང་ཡིན་ནམ་སྙམ། སྐུ་བསྟེན་ཚུལ་བསྟན་པ་ནས་དཔལ་ལྡན་བཀྲ་ཤིས་ཆོས་སྡིངས་སོགས་ཆོས་སྡེ་མང་པོའི་ཞལ་སློབ་བླ་གྲྭ་ཐམས་ཅད་ཀྱིས་ཐུགས་ངལ་ཆེན་པོ་གནང་ཞིང་། མགོན་པོ་གང་གི་ཞབས་བརྟན་དུ་དམིགས་ནས་རིམ་གྲོ་གཏོས་ཆེ་བ་བསྒྲུབས་ཀྱང་། ས་བོན་ཞིབ་མོར་བཀོད་པ་མེད་པས་གསལ་བར་འབྲི་མ་ནུས་སོ། །དེ་དག་གི་སྐབས་སུ་ཉེ་གནས་གཉིས་སོགས་ལ་ཉིད་རིང་པོར་མི་བཞུགས་པའི་གསུང་གསལ་པོ་དང་། མྱ་ངན་ལས་འདས་རྗེས་ཀྱི་ཆོས་སྲིད་བགྱི་བ་གང་མཆིས་ཀྱི་བཀོད་ཁྲབ་མཐའ་དག་ལུས་པ་མེད་པར་ལྷུག་པར་འདོམས་པར་མཛད་དོ། །ནག་ཟླའི་ཆོས་ལ་ཕྲན་སྟུང་འདྲིར་སྐུ་མདུན་དུ་བཙར་སྐབས། ཉེ་གནས་དམ་པ་དང་ཕྲན་གཉིས་ལ་བྱིས་པའི་དུས་ནས་གྲྭ་བ་བྱེད་འདོད་ཀྱི་བསམ་པ་དྲག་པོ་ཞིག་གིས་བསྐུལ་ནས་རྗེ་ཚར་བྲོས་སྟབས་ཀྱིས་ཕེབས་ཚུལ་དང་། དེ་ནས་རབ་ཏུ་བྱུང་ཞིང་སློབ་གཉེར་གནང་ཚུལ། དེར་ཡུན་རིང་མ་བཞུགས་པར་བླ་བྲང་དུ་ཕེབས་ཚུལ། དེ་ནས་ཀྱང་དགེ་བའི་བཤེས་གཉེན་དུ་མ་བསྟེན་ནས་སློབ་གཉེར་གནང་ཚུལ་སོགས་གསུངས་ཤིང་། སྐབས་དེར་ཐུགས་ལ་སློབ་གཉེར་མཐར་ཕྱིན་རྗེས་དབེན་པར་ཐོས་དོན་རྒྱུད་ལ་སྦྱོར་བའི་ཉམས་བཞེས་རྩལ་མ་ཞིག་བྱེད་བསམ་ཀྱང་། སྟོན་པོ་ཐང་གི་དགེ་རྒན་བྱེད་སྐབས་ལྷག་ལྷ་འགའི་བསྙེན་པ་གཏོང་སྐབས་སེམས་འཁྲོས་ནས་ཚིག་ལྟར་གྱི་གསལ་སྣང་དང་ང་རྒྱལ་སོགས་སྐྱེས་དཀའ་བར་འདུག་པས། ཐུགས་ལ་ད་ལྟ་དུས་ཀྱང་ཚུལ་ཁྲིམས་ཀྱི་ལེའུར་སླེབས་ཤིང་། མདོ་རྒྱུད་ཀྱི་དགོངས་པ་དང་མཐུན་པའི་ཏིང་ངེ་འཛིན་རྒྱུད་ལ་སྐྱེས་པ་དཀའ་བར་སྣང་། ཚོ་ག་དག་མོ་ཞིག་གསུངས་ནས་གཟུངས་སྔགས་བཟླས་བརྗོད་ལ་འབད་ན་བྱིན་རླབས་ཆེ་བ་གཞིར་

བྱས་ཀྱང་། དེ་བས་གཞུང་ལ་འཆད་ཉན་རེ་ཞུས་ན་བདག་ལྟ་བུས་བསྟན་པ་ལ་བྱ་བ་བྱེད་ཚུལ་དེ་བཟང་བསམ་ནས་ཐུའུ་བཀྭན་རིན་པོ་ཆེའི་ལུང་བསྟན་ལྟར་རྫི་ཚར་ཡོང་བ་ཡིན། ས་ཁྲི་ལོའི་སྟོན་དུའང་དགེ་ཕྲུག་རྣམས་ལ་རང་གི་ཤེས་ཚོད་ཀྱིས་དཔེ་ཁྲིད་དང་། བཀའ་ཆོས་འགའ་ཞིག་སྤེལ་བ་ཡིན། ས་ཁྲི་ལོ་ནས་བསྟན་འཛིན་ཕལ་ཆེར་ལ་ཉེར་འཚེ་ཆེན་པོ་བྱུང་བ་ཚང་མས་མཁྱེན་གསལ་ལྟར་ཡིན་ན་ཡང་། བདག་ལ་བླ་མ་དཀོན་མཆོག་རིན་པོ་ཆེའི་ཐུགས་རྗེ་ལས་མི་སུ་དང་གང་འདྲ་ཞིག་གིས་དགག་འཐབ་བྱེད་པ་ལྟ་ཞོག་སྐྱོན་བརྗོད་ཙམ་ཡང་བྱས་པ་མེད། དེར་མ་ཟད་མི་ཚང་མས་མཐོང་ཆེན་དང་གུས་བཀུར་བྱས་ཤིང་། སྲིད་གཞུང་གིས་ཀྱང་གཟིགས་སྐྱོང་ཚད་ལས་བརྒལ་བ་གནང་བ་བྱུང་། ཆོས་ལུགས་སྔར་གསོ་ཐོབ་ནས་ད་ལྟའི་བར་དུ་དགོན་སྡེ་མང་པོར་ཕེབས་ནས་ཆོས་བཀའ་མི་ཉུང་ཙམ་སྤེལ་རྒྱུའི་སྐལ་བ་བྱུང་ཞིང་། བླ་བྲང་དང་རྫི་ཚ་སོགས་ནས་གཞུང་ཆེན་མོ་རྣམས་ལ་དཔེ་ཁྲིད་ཀྱང་ཉུང་མང་པོ་བྱས་པའི་ཁུལ་ཡིན། གཞུང་འགྲེལ་འགའ་ཞིག་བརྩམས་པའང་སྟོན་ཏོན་མཁས་གྲུབ་དམ་པ་རྣམས་ཀྱི་ལེགས་བཤད་ལས་མ་གསུངས་པ་ཞིག་བདག་ལ་འབྲི་རྒྱུ་ཡོད་པས་བརྩམས་པ་མིན་ཡང་། མི་རྣམས་ཀྱི་བློ་གྲོས་ཇེ་རྟུལ་ལ་སོང་ཞིང་། དེང་སྐབས་གཞུང་ལ་རྒྱ་ཆེར་སྦྱངས་པའི་དགེ་རྒན་མཁས་པ་དཀོན་པར་མཐོང་ནས་གཞུང་དོན་གོ་ཇེ་སླ་ལ་བཏང་ནས་བརྩམས་པས་ཁུལ་ཡིན། སོར་སྐྱེས་བློ་ལ་ངེས་པ་མི་སྣང་བ་མ་གཏོགས་དེ་དག་རྩོམ་སྐབས་ཀྱང་བསམ་པ་བཟང་པོ་ཞིག་གིས་ཀུན་ནས་བསླངས་པས་ཁུལ་ཡིན། དེ་ལྟར་ཆོས་ལྡན་གྱི་ངང་ནས་ལོ་བརྒྱད་ཅུར་འཚོ་བ་ཡིན། རྫི་ཚ་དང་བླ་བྲང་སོགས་ན་བདག་དང་ན་མཉམ་ཕལ་ཆེར་མེད་པ་ལྟ་བུ་ཡིན་པས། ནད་འདི་དྭངས་པའི་རེ་བ་མེད་ལ་མ་དྭངས་ནའང་འགྱོད་རྒྱུ་ཅུང་ཟད་ཀྱང་མེད། བདག་མ་བདེ་ན་ཕུང་པོ་ཉིན་གསུམ་ལ་མ་བསྒྲུལ་པར་ཞོགས་ལ་འདས་ཚུལ་སུ་ལའང་མ་བཤད་པར་གསང་དགོས། ཉིན་གསུམ་འདས་རྗེས། སངས་རྒྱས་ཐུགས་རྗེ་ཅན་གྱིས། ཉི་མ་ཐམས་ཅད་དགེ་བ་ཡིན། །རྒྱུ་སྐར་ཐམས་ཅད་བཟང་པོ་ཡིན། །ཞེས་གསུངས་ཡོད་པས། སྐར་མ་ལ་བལྟ་མི་དགོས་ཤིང་། ཕུང་པོ་རི་ཀན་

ནང་དུ་དུར་ཁྲོད་ཅིག་ཡོད་པ་དེར་སྐྱོལ། ལུས་སྦྱིན་གྱི་དགེ་བ་ཡོད། ཉིན་དེར་བྱ་འབབ་ངེས་སླམ་ཡང་གལ་སྲིད་མ་བབས་ན་ཡང་རྣམ་རྟོག་བྱེད་མི་དགོས། ཉིན་གཅིག་ཅིས་ཀྱང་འབབ་ངེས་རེད་ཅེས་དང་། གདུང་རུས་རྣམས་ལ་ཀུན་རིག་གི་རུས་ཆོག་ཡོད་སླམ་ཡང་། མ་རྙེད་ན་མི་འཁྲུགས་པའི་རུས་ཆོག་གིས་དག་པར་གྱིས་ལ། སྐུ་འདྲ་དང་ཚ་ཚ་མང་པོ་དཔར་ནས་དད་རྟེན་དུ་སློང་མཁན་དག་མཆིས་ན་བྱིན་ཆོག ཟངས་ཀྱི་མཆོད་རྟེན་བཞེངས་ཟིན་པ་དག་གི་གཟུངས་གཞུག་ཏུ་འབུལ་རྒྱུ་ཟེར་མཁན་དག་ཡོད་ནའང་ཕུལ་དུ་བཅུག་ཆོག་རུས་པ་གཞན་ལ་གཏན་ནས་མ་སྟེར། ཞེས་སོགས་ཉིད་ཀྱི་རྣམ་ཐར་མདོར་བསྡུས་དང་། རྗེས་ཀྱི་བགྱི་འོས་མཐའ་དག་གསུངས་པས་དམན་སྐྱོངས་བདག་གིས་ནི་སེམས་ཅན་ཆོལ་དུ་གྱུར་ཏེ། ཚིག་གཅིག་ཀྱང་ལེགས་པར་ཟུམ་ནུས་པ་ནི་ད་ལྟ་བསམས་ན་ཤིན་ཏུ་འགྱོད་ཀྱང་བྱ་ཐབས་ཟད་དོ། །ཉེ་གནས་གཉིས་ལའང་ཆོས་པ་རབ་འཆི་ན་རྗེ་མི་ལས། ཤི་བ་མི་ཡིས་མ་ཚོར་ཞིང་། །རོ་རུས་བྱ་ཡིས་མ་མཐོང་བར། །རི་ཁྲོད་འདི་རུ་འཆི་ནུས་ན། །རྣལ་འབྱོར་བསམ་པ་རྫོགས་པ་ཡིན། །ཞེས་གསུངས་པ་ལྟར་དགོས་སོད། དེ་འདྲ་དཀའ་ཡང་ང་འདས་རྗེས་ཉིན་གསུམ་གསང་རྒྱུ་བྱེད་དགོས། དུག་འཆིང་འབུལ་བ། གཙུག་ཏོར་དང་རིགས་ལྔ་སྒྲོན་འབུལ་སོགས་ཅི་ཡང་བྱེད་མི་དགོས། ང་ཚོ་གསོན་པའི་སྐབས་སུ་འཇིག་རྟེན་ཆོས་བརྒྱད་བསྐྱུབས་པས་མ་ཆོག་པར་འདས་རྗེས་ཕུང་པོ་ལ་འཇིག་རྟེན་ཆོས་བརྒྱད་བསྐྱུབས་པས་གང་ཡོང་། ཞེས་དང་། བདག་འདས་རྗེས་བན་རྒན་ཤི་ན་བན་ཤུལ་ཆད་པ་ཞེས་པ་ལྟར་ཡིན་པས་རྒྱུ་རྫས་ཡོད་ཚད་ཆོས་ཕྱོགས་སུ་གཏོང་དགོས། དཔེ་ཆ་ཡོད་ཚད་དཔེ་ཆ་བ་ཚོར་བགོ་དགོས། དགོན་གཞུང་ལ་བཞག་ན་སུས་ཀྱང་བལྟ་མི་ཐུབ་པས་དོན་ཆེན་པོ་མེད། སྐྱེ་སྤྲུལ་འཚོལ་བ་སོགས་གཏན་ནས་བྱས་མི་ཆོག་ཅེས་སོགས་གསུངས་སོ། །ཐུབ་བསྟན་གསལ་བའི་སྒྲོན་མེ་རྗེ་གུང་ཐང་རིན་པོ་ཆེས་དམ་པ་མཆོག་འདི་ཉིད་སྐུ་བསྟུན་ཚུལ་བཞེས་པ་གསན་རྗེས་ཐུགས་ངལ་ཆེན་པོ་གནང་ཞིང་། འཕྲིན་ཡིག་གནང་བ་འདི་ལྟར་རིགས་གསུམ་སྒྱུ་འཕྲུལ་འཇམ་དབྱངས་སྙིང་པོ་ཡིས། །ཁྱེད་ལ་རྟག་ཏུ་

བྱིན་རླབས་འབབ་གྱུར་ཅིག །ཡེ་ཤེས་ལུས་ཅན་ཡོངས་སུ་རྫོགས་པ་ཡིས། །གཞུང་ལུགས་འབུམ་ཕྲག་མཐར་ཕྱིན་གྲོགས་མཆོག་དེར། །ཁྱེད་སྐུ་བླ་བའི་དཀྱིལ་འཁོར་ལ། །ཉེ་ཝའི་སྒྲིན་གྱིས་བསྒྲིབས་པའི་གཏམ། །ཐོས་པས་ཡིད་ཀྱི་གདུང་བ་ཡི། །ཚ་བས་གཞོམ་ཡང་ཐབས་གཞན་ཟད། །འཇམ་མགོན་ལུགས་བཟང་སྨྲམ་ཟད་མར་མེའི་ཚུལ། །དགོངས་ཏེ་སྙིང་སྟོབས་ཀོ་ཆ་ལྷུར་བཞེས་ལ། །ཉེ་ཝོས་རྒུད་པའི་སྤྲིན་ནག་ཡོངས་སྤངས་ནས། །ཁྱེད་སྐུ་བླ་བའི་རང་འོད་གསལ་ལ་རེ། །ཞེས་ལྷ་རྫས་སྲིད་དུ་རིང་བ་དང་གོས་སེར་པོ་ཡུག་བཅས། ཀུང་ཐང་བསྟན་པའི་དབང་ཕྱུག་ནས་ཕུལ། ཞེས་སོ། །དཔལ་ལྡན་བཀྲ་ཤིས་ཆོས་སྡིངས་དང་། ཆབ་ཆ་དགོན་གསར། འབྲུམས་ཉའི་དགོན། གཡོན་ཉའི་དགོན་སོགས་འདུས་སྡེ་དུ་མའི་བླ་གྲྭ་མང་པོ་བསྟུན་འདྲིར་སྐུ་མདུན་དུ་བཅར་ཏེ། ཞབས་པད་བསྐལ་བརྒྱར་བརྟན་པའི་གསོལ་བ་ཕུར་ཚུགས་སུ་བཏབ་པ་དང་། མོག་ཉུ་སྡེ་བའི་དད་ལྡན་རྣམས་ཀྱིས་ཀྱང་དུད་འགྲོ་སྟོང་ཕྲག་མང་པོ་ཚེ་ཐར་ལ་བཏང་ཚུལ། དམ་པ་ཉིད་བསྟན་འགྲོའི་མགོན་དུ་ཞབས་པད་ཡུན་རིང་དུ་བརྟན་དགོས་ཚུལ་ཞུས་པ་དང་། གཞན་དད་ལྡན་སེར་སྐྱ་མང་པོས་བརྟན་བཞུགས་གསོལ་འདེབས་ནན་ཏན་གྱིས་ཞུས་ཀྱང་། ཚང་མར་འཆི་བ་མི་རྟག་པ་སོགས་ལས་བརྩམས་ཏེ་རང་རང་གི་ཁམས་དབང་དང་འཚམ་པའི་བསླབ་བྱ་གནད་ལ་འདྲིལ་བ་རེ་བསྩལ་ཏེ། དུས་ལ་བབས་ན་བཅོས་སུ་མེད་ཚུལ་ཕོ་ན་གསུངས་ནས་བཞུགས་པའི་ཞལ་བཞེས་གཏན་ནས་མ་གནང་ངོ་། །མཚན་གཅིག་ཉེ་གནས་དམ་པ་ཡོན་ཏན་རྒྱ་མཚོ་བ་སྐུ་མདུན་དུ་ཙུང་ཟད་མནལ་དུ་སོང་བའི་རྨི་ལམ་དུ། མདུན་ན་འོད་ཀྱི་ཕུང་པོ་ཞིག་སྣང་བ་སློ་བུར་དུ་ཡལ་ཏེ་སྐད་ཅིག་ཙམ་ལ་མུན་པ་འཐིབས་པ་བྱུང་ཞིང་། དེ་ནས་ཡུན་མི་རིང་བར་ཐུར་ལས་གསལ་བའི་འོད་ཟེར་ཆེན་པོ་ཞིག་འཁྱོས་པའི་ཁྲོད་དུ་གསེར་མདོག་པ་ཏཱ་ཞུ་བཞེས་པའི་བླ་སྤྲུལ་ཡིད་དུ་འོང་བ་ཞིག་བཞུགས་འདུག་པ་མཐོང་བ་དང་མནལ་སད་པས། ཉེ་གནས་དམ་པས་རྨི་ལམ་འདི་ནི་མགོན་པོ་མཆོག་གི་སྟོན་ཚུལ་ལྷག་མེད་དུ་དྭངས་པར་འགྱུར་བའི་དགེ་བའི་ལྟས་ཁྱད་པར་ཅན་ཞིག་ཏུ་ངེས་སྙམ་ནས་རྨི་ལམ

བྱུང་ཚུལ་སྙན་དུ་གསོལ་བ་ལ། ཉིན་དེར་ཅི་ཡང་མི་གསུང་། ཉིན་འགའ་ན། ཁྱོད་ཀྱི་རྨི་ལམ་དེ་འདུན་ལྟས་ཡིན་པས་བདག་རིང་པོར་མི་འཚོ་བའི་ལྟས་རེད། འོན་ཀྱང་རྨི་ལམ་དེ་བཟང་བས་ཁྱོད་ཀྱིས་སེམས་ཚོགས་མ་བྱེད་ཅེས་གསུངས། སྐྱེ་བ་དང་ཚེ་རབས་ཐམས་ཅད་དུ་རྗེས་སུ་འཛིན་པའི་སྐྱབས་འཇུག་ཞུས་པར། ལྷན་ཅིག་སྐྱེ་བར་ཤོག་ཅིག ཅེས་པ་ཡང་ཡང་གསུངས་ནས་རྗེས་བཟློས་བྱེད་དུ་འཇུག་པ་གནང་ཞིང་། ཞལ་ནས། གང་ནས་སྐྱེ་སུས་ཤེས་སམ། སྔོན་གྱི་སྐྱེ་རབས་སོགས་ལ་བལྟས་ན། ཉེ་འབྲེལ་དང་བླ་སློབ་རྣམས་སྐྱེ་བ་མང་པོར་འབྲེལ་བ་ཞིག་ཡིན་འདུག་ཅེས་དང་། བདག་ལ་ཆོས་དང་ཟང་ཟིང་གིས་འབྲེལ་ཐོགས་པ་ཐམས་ཅད་མ་འོངས་རྗེ་བཙུན་བྱམས་པའི་བསྟན་པ་ལ། རྗེ་བཙུན་གྱི་འཁོར་གྱི་ཐོག་མར་གྱུར་ཏེ། ལེགས་གསུང་བདུད་རྩིའི་བཅུད་ལ་རོལ་བའི་སྐལ་བ་ཅན་དུ་འགྱུར་བའི་སྨོན་ལམ་གནད་སྨིན་གྱིས་བཏབ་པ་ཡིན། ཁྱོད་རྣམས་ཀྱིས་ཀྱང་དེ་ལྟ་བུའི་སྨོན་ལམ་གནང་དགོས་ཞེས་པའི་ཞལ་ཆེམས་བསྐུར་གནང་མཛད་དོ། །གཞོམ་བྲལ་རྡོ་རྗེ་ལང་ཚོ་ལ་འདོད་རྒྱུར་དབང་བསྒྱུར་བའི་དམ་པ་འདི་ལྟ་བུ་ལ་སྐྱེ་ཀ་ན་འཆིའི་དུཿཁ་གཏན་ནས་མི་སྲིད་ན་ཡང་། ཇི་སྐད་དུ་མདོ་ལས། སེམས་ཅན་རྣམས་ནི་སྨིན་མཛད་ཕྱིར། །ཡོངས་སུ་མྱ་ངན་འདས་པ་སྟོན། །ཞེས་དང་། རྗེ་བཙུན་མི་ཕམ་པས། མྱ་ངན་འདས་པར་གཤེགས་མཛད་རྣམས། །ཡོངས་སུ་མ་དག་ཞིང་རྣམས་སུ། །སྲིད་པ་ཇི་སྲིད་གནས་པར་སྟོན། །ཞེས་གསུངས་པ་ལྟར་གདུལ་བྱ་གང་ལ་གང་འདུལ་གྱི་ལེགས་མཛད་ཡིད་བཞིན་གྱི་ནོར་བུ་དང་། དཔག་བསམ་གྱི་ཤིང་བཞིན་རྣམ་པར་རྟོག་པ་མེད་པར་ལྷུན་འགྲུབ་ཏུ་ཆུ་ནང་གི་ཟླ་གཟུགས་ལྟར་སྟོན་པ་ཡིན་པས། ཕྱིར་སྙིགས་དུས་ཀྱི་འགྲོ་བ་ཐམས་ཅད་བསོད་ནམས་དམན་པ་དང་། སློས་དམ་པ་ཉིད་ཀྱི་སྐུ་དངོས་ཀྱི་གདུལ་བྱ་རྫོགས་པ་དང་། ཁྱད་པར་བདག་སོགས་རྟག་འཛིན་ཅན་རྣམས་ཆོས་ལ་བསྐུལ་བའི་ཕྱིར་ས་ག་ཟླ་བའི་ཡར་ཚེས་བཅུ་གསུམ་ཉིན་གྱི་ཉི་དྲོས་སྨྱུལ་གྱི་དུས་ཚོད་ལ། དབུ་བྱང་ཕྱོགས་སུ་བསྟན་ཅིང་སྐུའི་གཞོགས་གཡས་པ་ས་ལ་ཕབ་སྟེ་སེངྒེ་ཉལ་སྟབས་ཀྱིས་ཇི་ལྟར་སྐྱེ་བོ་ནད་མེད་གཉིད་དུ་ཡུར་བ་བཞིན

ཞལ་དབུགས་ཀྱི་རྒྱུ་བ་མི་མངོན་པར་གྱུར་ཏེ་སྨྲ་བའི་ཉི་མ་ཆེན་པོ་འཛིག་རྟེན་དུ་ནུབ་པར་གྱུར་ཏོ། །

ཀྱེ་མ། ཀྱི་ཧུད། མགོན་ཡེ་ཤེས་ལྷ་ལྡན་རྡོ་རྗེ་འཆང་། །དུས་སྙིགས་མར་དུར་སྒྲིག་རློམ་གར་ཅན། །དཔལ་སྐལ་ལྡན་རྒྱ་མཚོའི་མགོན་གཅིག་པུ། །རྗེ་མཚུངས་མེད་བླ་མའི་ཞབས་ལ་འདུད། །གནས་དག་པ་དབྱིངས་ཀྱི་ཕོ་བྲང་ནས། །ཐུགས་དག་པ་ཤེལ་ལྟར་གསལ་བ་དེས། །ཡིད་དག་པ་སྙིང་དབུས་ནས་བྱུང་བའི། །ངག་དག་པའི་དབྱངས་འདི་གསན་དུ་གསོལ། །དཔལ་རྒྱལ་བ་རྒྱ་མཚོའི་མཁྱེན་བརྩེ་ཀུན། །མ་འགྲོ་བའི་དོན་དུ་གཅིག་བསྡུས་པ། །སྐུ་བྱམས་བརྩེ་འཇུམ་མདངས་འབར་བ་དེ། །དེང་མཐོང་བའི་སྐལ་བ་མེད་འདིས་སྐྱོ། །ཆོས་ལེགས་བཤད་ཟབ་དགུའི་བཅུད་བསྡུས་ཏེ། །དུས་རྟག་ཏུ་སྐལ་ལྡན་བུ་སློབ་ལ། །ལམ་ཡང་དག་མཚོན་པ་ཚངས་པའི་དབྱངས། །དེང་ཐོས་པའི་སྐལ་བ་མེད་འདིས་སྐྱོ། །ཐུགས་བྱམས་བརྩེ་དག་པའི་དཀྱིལ་འཁོར་ལས། །ཆོས་ཀུན་གཟིགས་མཁྱེན་པའི་གཟི་འོད་འབར། །དཔལ་སྟོབས་བཅུའི་ཡེ་ཤེས་མངོན་གྱུར་པའི། །རྗེ་བླ་མའི་ཐུགས་གསང་ཡིད་ལ་དྲན། །དཔལ་འཇམ་པའི་རྡོ་རྗེ་ཡབ་ཡུམ་དང་། །དབྱེར་མེད་པའི་བླ་མ་རིན་པོ་ཆེ། །བུས་ཉམ་ངའི་གཡང་ས་འགྲིམ་པ་འདི། །གནས་དག་པའི་ཞིང་ནས་གཟིགས་ལགས་སམ། །བུ་སྐལ་དམན་འབངས་ཀྱི་ཡང་མཐའ་བདག །ཆུང་སེ་ཙུ་བཅུ་བའི་དུས་ནས་བཟུང་། །མ་མཛངས་མས་བུ་ཆུང་སྐྱོང་བ་བཞིན། །ཆོས་ལེགས་བཤད་འོ་མའི་བཅུད་ཀྱིས་གསོས། །དུས་རེ་ཞིག་ལས་ངན་མཐུ་ཆེ་བས། །རྗེ་ཁྱེད་ཀྱི་དྲུང་ནས་གཞན་དུ་བསྐྲད། །སྡིག་ལྟུང་གི་གཡང་ས་ཆེ་ལ་ལྷུང་། །དེང་དྲན་པས་སྙི་གཡའ་མཆི་མ་འཚོར། །མགོན་ཐུགས་རྗེ་གཏེར་ཆེན་ཁྱེད་ཉིད་ཀྱིས། །སླར་བདེ་དགའི་སྣང་བའི་དཔལ་ལ་སྦྱོར། །ཆོས་ཟབ་དགུའི་ནོར་མཆོག་ཕངས་མེད་བསྩལ། །ལས་སྡིག་ལྟུང་སེལ་བའི་མན་ངག་བསྟན། །རྗེ་བླ་མ་ཁྱེད་ཀྱི་བཀའ་དྲིན་ནི། །འབངས་སྐལ་དམན་བདག་གིས་ཇི་ལྟར་གཞལ། །གནས་སྟོང་གསུམ་ནོར་གྱིས་རབ་བཀང་སྟེ། །རྗེ་ཁྱེད་ཀྱི་སྤྱན་སྔར་ཕུལ་ན་

ཡང་། །དྲིན་ཆ་ཙམ་གཞལ་བར་མི་ནུས་པར། །དཔལ་བསླུ་མེད་ཚད་མའི་ལུང་གིས་གྲུབ། །ཞབས་བརྟན་ཅིང་གསུང་གིས་དབུགས་རབ་དབྱུང་། །ཐུགས་བརྩེ་བས་རྗེས་བཟུང་བུ་ལྟར་བསྐྱངས། །མི་བདག་འདྲའི་རྟག་འཛིན་འདུལ་བའི་ཕྱིར། །དེང་ཞི་བར་གཤེགས་འདིས་ཡིད་རེ་ཕམ། །ཐུགས་སྒྲིབ་བྲལ་ཡེ་ཤེས་མེ་ལོང་ལ། །ཆོས་བདེན་གཉིས་གཟུགས་བརྙན་ཀུན་འཆར་ན། །སྲིད་འཁོར་ཆུང་སྐྱོ་བའི་གདུང་དབྱངས་འདི། །རྗེ་དགེ་པའི་དགྱེས་ནས་ཅིས་མི་གསན། །རྗེ་ཁྱེད་ལ་རེ་བའི་སློབ་འབངས་རྣམས། །ལམ་འཛིགས་སར་དོར་བའི་བྱིས་པ་བཞིན། །རྒྱུད་སྨྱུ་ངན་དྲག་པོས་གདུང་བ་འདི། །ཐུགས་བརྩེ་བས་གཟིགས་ལ་བྱིན་གྱིས་རློབས། །འབངས་ཚེ་ལྟག་ཅི་ཙམ་གནས་ཀྱི་བར། །ལས་དགེ་བར་ཙུང་ཟད་གཞོལ་ནུས་ཤིང་། །དཔལ་བྱང་ཆུབ་སེམས་མཆོག་རྣམ་གཉིས་ལ། །རྒྱུད་བག་ཆགས་བརྟན་པོ་འཛོག་ནུས་ཤོག །ཚེ་འདི་ཡི་སྣང་བ་འགག་མ་ཐག །ཞིང་དགའ་ལྡན་ཆོས་ཀྱི་ཕོ་བྲང་དུ། །མགོན་ཁྱོད་ཀྱི་ཞལ་བཟང་མཇལ་བ་དང་། །གསུང་བདུད་རྩིས་བདག་རྒྱུད་སྨིན་གྱུར་ཅིག །དུས་དེང་ནས་བྱང་ཆུབ་སྙིང་པོའི་བར། །རྗེ་བླ་མས་འབྲལ་མེད་རྗེས་བཟུང་ནས། །ལམ་རིམ་གཉིས་རྫོགས་པ་མཐར་ཕྱིན་ཏེ། མགོན་རྒྱལ་བའི་གོ་འཕང་ཐོབ་གྱུར་ཅིག །ཅེས་པ་འདི་ནི་མཚུངས་མེད་བླ་མ་རིན་པོ་ཆེ་དྲན་པའི་གདུང་དབྱངས་སུ་ཐལ་བའོ། །དེ་ནས་དམ་པ་ཉིད་ཀྱི་ཞལ་ཆེམས་བཞིན་ཉིན་གསུམ་ལ་གསང་རྒྱ་བྱས་ཤིང་། ཉེ་གནས་གཉིས་ཀྱིས་སྐུ་གདུང་ཡིད་བཞིན་ནོར་བུའི་མདུན་དུ་གསང་བའི་སྒོས་མཆོད་འབུལ་སོགས་བགྱིས་སོ། །དེ་ལྟ་ནའང་མྱ་ངན་ལས་འདས་པའི་མཚན་མོ་དེར་རིགས་བརྒྱའི་མངའ་བདག་རྗེ་བཙུན་བློ་བཟང་ལུང་རྟོགས་རྒྱ་མཚོ་བའི་ཡང་སྤྲུལ་རིན་པོ་ཆེའི་ཡབ་ཀྱི་རྨི་ལམ་དུ། སྐྱབས་རྗེ་རྡོ་ནའི་ཞབས་འདི་ཉིད་ཕེབས་ཏེ། ལྷ་དར་དཀར་པོ་ཞིག་ཁོ་བོར་གནང་ནས་ཁྱོད་བདེ་མོ་ཡོས། ང་དགའ་ལྡན་དུ་འགྲོ་རྒྱུ་ཡིན་ཞེས་གསུངས་པ་ལ། ཁོ་བོས་ངེད་ཚང་གི་ཨ་ལགས་རིན་པོ་ཆེས་ཀྱང་གནས་དེར་ཕེབས་རྒྱུ་ཡིན་ཚུལ་རྒྱུན་དུ་གསུང་བ་ཞིག་ཡོད་པས། ཁྱེད་གཉིས་ཕེབས་ས་གཅིག་ངེས་རེད། ཅེས་ཞུས་པར་ངེད་

གཉིས་ལས་ཁྱུངས་གཅིག་ཡིན་གསུངས་པ་ཞིག་གསལ་བར་རྨིས་ཏེ། ནང་པར་ཞལ་མ་བཞུགས་པ་ཡིན་ངེས་སྙམ་ནས་མཇལ་དུ་སླེབས་པ་དང་། དམ་པ་ཉིད་ལ་དད་པ་ཏྲ་ཙང་བརྟན་པའི་འདི་གའི་དཔྱོད་ལྡན་ཞིག་གི་རྨི་ལམ་དུའང་མགོན་པོ་གང་ཉིད་ཞལ་མ་བཞུགས་པར་སྐུ་གདུང་ལ་ཞུན་མཆོད་འབུལ་བའི་སྟ་གོན་བྱེད་པ་ལ། གདུང་ཁང་ནང་ནས་སེང་གེ་དཀར་མོ་ཞིག་བྱུང་ཕྱོགས་ཀྱི་ནམ་མཁའ་ལ་འཕུར་ཏེ་ཡལ་སོང་བ་ཞིག་གསལ་བར་རྨིས་པར་བཤད་པའང་། དད་པའི་སྟོབས་ཀྱིས་གནས་ཚུལ་ཇི་བཞིན་རྨི་ལམ་དུ་ཤར་བ་ཡིན་ངེས་སྙམ། ཕྱིར་ཞལ་མ་བཞུགས་པའི་རྗེས་སུ་ཉེ་གནས་དམ་པ་སོགས་ཀྱིས་རྨི་ལམ་དུ་ཡང་ཡང་མཇལ་ཞིང་། ཞལ་གདམས་གསན་ཚུལ་གྱི་རྣམ་ཐར་ངོ་མཚར་བ་དག་བརྗོད་དུ་མཆིས་མོད། ཐུན་མོང་དུ་བསྒྲགས་ན་ཉེས་པ་བསྐྱེད་པར་དོགས་ནས་མ་བྲིས་སོ། །ས་ཟླའི་ཚེས་བཅོ་ལྔ་ལ་མགོན་པོ་གང་གི་ཐུགས་སྲས་རྗེ་བཙུན་བློ་བཟང་གྲགས་པ་རྒྱ་མཚོའི་ཞལ་སྔ་ནས་དང་། པེའུ་ཐང་མཆོག་སྤྲུལ་རིན་པོ་ཆེ་སོགས་རྗེ་ཚ་ནས་བླ་གྲྭ་འགའ་ཞིག་གཞན་གྱིས་བསྐུལ་བ་ལམ་བསྔོས་པར་ཕེབས་ཤིང་། ཚེས་བཅུ་དྲུག་གི་ཐོ་རངས་སུ་དམ་པ་ཉིད་ཀྱི་ཞལ་ཆེམས་ལྟར་འབྲུངས་ཡུལ་རི་རྒྱན་ནང་དུ་རྗེ་བློ་བཟང་ལུང་རྟོགས་རྒྱ་མཚོས་གནས་གཟིགས་གནང་ཞིང་། དམ་པ་ཉིད་ཀྱིས་དུར་ཁྲོད་བསིལ་བ་ཚལ་གྱི་རྫ་སོགས་གཏེར་དུ་སྦས་ནས་བྱིན་གྱིས་བརླབས་པའི་དུར་ཁྲོད་ཅིག་མཆིས་པ་དེར་ཉེ་གནས་གཉིས་དང་རྗེ་ཚ་ནས་ཕེབས་པའི་བླ་གྲྭ་རྣམས་ཀྱིས་སྐུ་གདུང་ཡིད་བཞིན་ནོར་བུ་རླངས་འཁོར་ལས་སྤྱན་དྲངས་ཏེ་སྔོན་ལམ་སོགས་ཆོས་སྤྱོད་མང་པོ་གསུངས་ནས་ཉི་དྲོས་ཙམ་ལ་སླེབས་པ་ན། གང་ནས་བྱུང་ཆ་མེད་པའི་འདབ་ཆགས་བརྒྱ་ཕྲག་ཉེ་བ་གླག་བུར་དུ་འདུས་ཏེ་གདུང་རུས་ཙམ་ཡང་ལུས་པ་མེད་པར་ལྷག་མེད་དུ་གཏོང་བ་ལྟ་བུ་ལ། ཕོང་བ་ཆོས་འདབ་ཆགས་རྣམས་བཀག་ནས་གདུང་རུས་འཕྲོག་དགོས་པ་བྱུང་ཞིང་། དེའི་སྐབས་ལྷ་ལམ་དུ་དབང་གཞུའི་དོ་ཤལ་དང་། རྒྱུ་འཛིན་གྱི་ལྷ་ལྡི་སོགས་ངོ་མཚར་བའི་མཚན་མ་ཆེས་ཁྱད་པར་ཅན་དག་ཀྱང་བྱུང་བར་གསུངས་སོ། །གདུང་རུས་རྣམས་གནས་དེར་ཞུགས་ལ་ཞེན་པར་རང་བསྲེལ་ཡུངས་འབྲུ་

ཙམ་བཻཌཱུརྻའི་མདོག་ལྟ་བུ་མང་པོ་འཁྲུངས་འདུག་གོ །དེ་ནས་ཉིན་དེར་རང་བསྐྱིལ་གདུང་རྟེན་རྣམས་ཉིད་ཀྱི་རྡོན་གྱི་བཞུགས་གནས་སུ་བཞེངས་པའི་མཆོད་རྟེན་མཐོང་གྲོལ་ཆེན་མོའི་མདུན་དུ་སྤྱན་དྲངས་ནས་ཡུལ་དེའི་དད་ལྡན་རྣམས་ཀྱིས་གདུང་མཇལ་ལེགས་པར་ཞུས་ཤིང་། དེ་ནས་གཙན་ཚའི་མ་ཧཱའི་གཙུག་ལག་ཁང་དུ་གདན་དྲངས་ནས་དེར་གནས་པའི་དད་ལྡན་རྣམས་ཀྱིས་གདུང་མཇལ་ཞུས་ཏེ། དཔའ་ལུང་འཚོ་བྱེད་ཕོ་བྲང་གི་བཞུགས་གནས་སུ་གདན་དྲངས་ནས་བཞུགས་སུ་གསོལ་ཞིང་། ས་གསུམ་ན་རྙེད་པར་དཀའ་བའི་རང་བསྐྱིལ་རྣམས་ཕྱུར་བུར་སྤྲུངས་པའི་གདུང་རྟེན་ཡིད་བཞིན་ནོར་བུའི་དྲུང་དུ། ཨོ་བསོ་དགོན་གྱི་དགེ་འདུན་རྣམས་ཀྱི་གཙོས་ཕྱོགས་ཀྱི་ བླ་གྲྭ་དུ་མས་ཡི་དམ་མང་བའི་དཀྱིལ་འཁོར་ཞལ་ཕྱེ་ནས་བླམ་དང་དཀྱིལ་འཁོར་གྱི་གཙོ་བོ་ཐ་མི་དད་པར་དམིགས་ཏེ་ཕྱི་ནང་གསང་བ་དེ་ཁོན་ཉིད་ཀྱི་མཆོད་པའི་སྤྲིན་ཕུང་ཚར་དུ་དངར་བ་དགོངས་ཞག་གྲུབ་ཀྱི་བར་དུ་འདུ་བྱས་སོ། །དེ་ནས་ཉེ་གནས་གཉིས་ཀྱིས་དམ་པ་གང་གི་བསྟན་འགྲོར་སྨན་པའི་ཐུགས་ཀྱི་བཞེད་དགུ་ལྷུན་གྱིས་འགྲུབ་པའི་ཆེད་དུ་དམིགས་ཏེ་ཕྱོགས་ཀྱི་འདུས་སྡེ་མང་པོ་དང་། ཕྱིན་ཆབས་ཀྱི་གཞི་འོད་འབར་བའི་རྟེན་གསུམ་གྱི་དྲུང་དུ་ཕྱག་རྒྱའི་དངུལ་དངོས་དང་། གདུང་མཆོད་དུ་གཞན་གྱིས་ཕུལ་བའི་སྐོར་དངོས་རྣམས་འབྲོ་མ་གཅིག་ཀྱང་ལུས་པ་མེད་པར་གཙང་ཕུལ་གནང་བས། འདིར་ཡོངས་རྫོགས་བྲིས་ན་ཡི་གེ་ཚོགས་ཆེ་བར་འགྱུར་བས་མི་འགོད་ལ། གཙོ་ཆེ་བ་འགའི་ཐོ་ཙམ་འབྲི་ན། སྟོན་པའི་ཞལ་སྐྱིན་ལྷ་སའི་ཇོ་བོ་རིན་པོ་ཆེའི་སྐུ་ཡོངས་ལ་གསེར་ཆབ་ཕུལ་བ་དང་། མདུན་དུ་བརྒྱ་མཆོད། དེར་བཞུགས་དགེ་འདུན་རྣམས་ལ་མང་ཇ་དང་། སྐུ་འགྱེད་ཕུལ་བ་བཅས་ལ་སྒོར་དྲུག་སྟོང་ལྔག་སོང་བ་དང་། པོ་ཏ་ལ་དང་ནོར་གླིང་གི་རྟེན་མཆོད་ལ་སྒོར་ཆིག་སྟོང་། དགའ་ལྡན་དུ་འདུས་པའི་སྡེ་རིན་པོ་ཆེར་མང་ཇ་དང་སྐུ་འགྱེད་ཕུལ་བ་ལ་སྒོར་ལྔ་སྟོང་ལྷག་དང་། འབྲས་སྤུངས་སུ་གོང་མཚུངས་ཕུལ་བ་ལ་སྒོར་བཞི་སྟོང་། སེ་རར་སྒོར་བཞི་སྟོང་། དགའ་ལྡན་ཁྲི་ཚབ་འབྲོག་མི་བྱམས་པ་བློ་གྲོས་མཆོག་དང་། སེར་སྨད་དགེ་བཤེས་ཡེ་ཤེས་དབང་ཕྱུག་མཆོག འབྲས་སྤུངས་དགེ

བའི་བཤེས་གཉེན་ཆེན་པོ་ལམ་རིམ་པ་ངག་དབང་ཕུན་ཚོགས་དཔལ་བཟང་པོ་གསུམ་ལ་མགོན་པོ་གང་གི་གསུང་འབུམ་གླེགས་བམ་ཆ་ཚང་རེ་དང་། སྒོར་སུམ་བརྒྱ་རེ། དངུལ་སྒོར་ལྔ་རེ་བཅས་ཕུལ་བ་དང་། སྐུ་འབུམ་གསེར་གདུང་ཆེན་མོའི་མདུན་དུ་སྟོང་མཆོད་དང་རྗེའི་སྐུར་ཞལ་གསེར་ཕུལ་བ་བཅས་ལ་སྒོར་སུམ་སྟོང་ལྷག་དང་། ཆོས་གྲྭ་ཆེན་མོ་དཔལ་ལྡན་བཀྲ་ཤིས་འཁྱིལ་ལ་སྒོར་ཆིག་ཁྲི་ཕུལ་བ་དང་། བྱ་ཁྱུང་གི་འདུས་པའི་སྡེ་ལ་འབྲས་ཐུག་དང་སྐུ་འགྱེད་ཕུལ་བར་སྒོར་སུམ་སྟོང་ལྔ་བརྒྱ་ལྷག་སོང་བ་དང་། གདན་ས་དཔལ་ལྡན་བཀྲ་ཤིས་ཆོས་སྡིངས་ལ་ཉིད་ཀྱི་ཚོགས་ཞྭ། ཟླ་གམ། མནྷལ། རྡོ་དྲིལ། བརྒྱ་རྩའི་སྐོར། རྫམ་སྐྱ། ཧིང་ཤག བྱ་མ་བུམ། གདན་དཀར་བཅུ་གཅིག དམངས་སྒོར་ཆིག་ཁྲི་བཅས་ཕུལ་བ་དང་། ཨོ་བསོ་དགོན་པར་ཉིད་ཀྱི་ཐུགས་དམ་གྱི་རྟེན་ཀུན་རིག་གི་སྨན་སྐུ་བྱིན་ཅན། དམ་པ་ཉིད་ཀྱི་ཆོས་གོས་དང་སྣམ་སྦྱར་སོགས་ཕུལ་བ་དང་། གཙན་ཚའི་མ་ཎིའི་གཙུག་ལག་ཁང་དུ་སྟོང་མཆོད། དེར་བཞུགས་དགེ་འདུན་རྣམས་ལ་སྐུ་འགྱེད་ཕུལ་ཞིང་། གོང་གསལ་འདུས་སྡེ་དེ་དག་གིས་མཆོད་ཕྱོགས་ཀྱི་འདུས་པའི་སྡེ་མཐའ་ཡས་པར་དགོངས་རྫོགས་དགེ་སྦྱོང་རྒྱ་ཆེར་གནང་བ་ཡིན་ནོ། །ས་གསུམ་ན་རྙེད་པར་དཀའ་བའི་རྟེན་མཆོག་རང་བཞེངས་གདུང་རྟེན་ཡོད་བཞིན་ནོར་བུ་ནི། ཧོར་ཟླ་དྲུག་པའི་ཆོས་འཁོར་བསྐོར་བའི་དུས་ཆེས་དང་བསྟུན་ནས་གདན་ས་དཔལ་ལྡན་བཀྲ་ཤིས་ཆོས་སྡིངས་སུ་གདན་དྲངས་ཏེ། གདུང་མདུན་དུ་འདུས་སྡེ་བགྲེས་གཞོན་དུ་མས་གཞུང་མང་པོ་སྐྱོར་བ་སོགས་ཆོས་ལྡན་གྱི་བགྱི་བ་སྣ་ཚོགས་ཀྱིས་ཉིན་མཚན་བར་མ་ཆད་པ་ལྷ་བུར་གནང་ཞིང་། ཐུགས་ཀྱི་སྲས་རྗེ་གྲགས་པའི་ཞབས་དང་། ཐུགས་སྲས་དམ་པ་མཚོ་སྔོན་དགེ་བའི་བཤེས་གཉེན་བློ་བཟང་བསྟན་དར་བའི་གསོས་སྡེ་སྡོད་འཛིན་པའི་སྡེ་ཡོངས་ཀྱིས་རྒྱལ་བ་མི་འཁྲུགས་པའི་ཆོ་ག་དང་འབྲེལ་བའི་སྦྱང་ཆོག་གིས་སྦྱང་ཁྲུས་ཀྱི་སྲི་ཞུ་བླ་ན་མེད་པ་ཉིན་མང་པོར་འབུལ་བར་མཛད་དོ། །དེ་ནས་སླར་ཡང་བཞུགས་གནས་སུ་གདན་དྲངས་ཏེ་ཉེ་གནས་སོགས་ཀྱིས་གདུང་ཚ་མང་པོ་བཞེངས་སྐབས་གདུང་རུས་རྣམས་ཤིན་ཏུ་དཀར་པོ་ཚུ་ནང་དུ་བསྲེས་ཚེ་འོ་མ་ལྟ་བུ

ལ་ཐིགས་པ་གཅིག་ཐང་ལ་ལྷུང་ནའང་དཀར་ཞིང་འོད་འཚེར་བ་ཤིན་ཏུ་ངོ་མཚར་བ་ཞིག་ཡིན་པར་གསུངས་སོ། །དད་ལྡན་ཞལ་སློབ་ཅིག་གི་ཕྱག་ཏུ་གདུང་རུས་ཀྱི་ཕྱེ་མ་ཐུན་གཅིག་འབྱོར་བའི་ནང་དུའང་རང་བསྲེལ་ཡུངས་འབྲུ་ལྟ་བུ་དཀར་ཞིང་འོད་འཚེར་བ་གཉིས་འབྱུངས་པ་དང་། ཞལ་བཞུགས་སྐབས་གཞན་ལ་གནང་བའི་ཚེམས་ལས་རང་བསྲེལ་དེ་ལྟ་བུ་བྱོན་པའང་འགའ་བྱུང་ངོ་། །དེ་ལྟར་གདུང་ཚ་རང་བསྲེལ་རྣམས་རི་རྒྱན་ནང་གི་རྟེན་གྱི་བཞུགས་གནས་གཟིམ་སྤྱིལ་གྱི་ཤུལ་དུ་བཞེངས་པའི་བྱང་ཆུབ་མཆོད་རྟེན་དང་། ཨོ་བསོ་དགོན་དུ་དེ་གའི་འདུས་སྤྱིས་བཞེངས་པའི་བྱང་ཆུབ་མཆོད་རྟེན། ཉེ་གནས་དམ་པས་བཞེངས་པའི་དམ་པ་གང་གི་འདྲ་སྐུ་མཐོང་བ་དོན་ལྡན་སོགས་ཀྱི་སྙིང་པོར་བཞུགས་སུ་གསོལ་ཅིང་། ལྷག་པར་དུ་གདན་ས་བཀྲ་ཤིས་ཆོས་སྡིངས་སུ་ཞལ་སློབ་མང་པོས་རྒྱུ་ཆ་རིན་ཆེན་གསུམ་པ་ལ་གཞི་བྱས་ཐོག་རིན་ཆེན་གཉིས་པ་སྲང་བརྒྱ་ཕྲག་མང་པོ་དང་རིན་ཆེན་སྣ་ཚོགས་ཀྱི་རྒྱན་དང་ལྡན་པ། མཐོ་ཚད་དུ་ཁྲུ་བཞི་དང་ཕྱེད་མཆིས་པ། བཟོ་ཡོན་སོགས་ལ་དམངས་སྙོར་ཉིས་ཁྲི་སུམ་སྟོང་ལྷག་གིས་འགྲོ་སོང་བཏང་ནས་གདུང་རྟེན་བྱང་ཆུབ་མཆོད་རྟེན་ལེགས་པར་བཞེངས་གྲུབ་པ་ན། མྱ་ངན་ལས་འདས་པའི་ཕྱི་ལོའི་ས་ག་ཟླ་བའི་དུས་ཆེན་སུམ་འཛོམས་ཉིན་ཉེ་གནས་དམ་པས་གདུང་ཚ་བརྒྱ་ཕྲག་བཞི་གདན་དྲངས་ཏེ་གཅིག་ཀྱང་ལུས་པ་མེད་པར་མཆོད་རྟེན་གྱི་སྙིང་པོར་བཞུགས་སུ་གསོལ་བ་དང་། གཞན་ཡང་གཟུངས་གཞུག་ཏུ་སངས་རྒྱས་གསེར་ཐུབ་འཕེལ་གདུང་། རྗེ་རིན་པོ་ཆེའི་ཕྱག་ཕྲེང་རྡོག་གཅིག་སྙིང་པོར་བཞུགས་པའི་ཚོགས་བདག་གི་སྐུ། པཎ་ཆེན་སྐུ་ཕྲེང་དགུ་པའི་ཕྱག་ཚ་ཚེ་དཔག་མེད་ཀྱི་སྐུ། སྒྲོལ་མའི་ལི་སྐུ་བྱིན་ཅན། རྗེ་གསེར་ཁང་པའི་ཕྱག་ཕྲེང་། རྟ་མགྲིན་གྱི་སྐུ་སོགས་བཞུགས་སུ་གསོལ་བ་ན། རྟེན་དེ་དག་ལེགས་པར་ཆུད་ཅིང་བར་སྟོང་ཙུང་ཟད་ཙམ་ཡང་མེད་པས། རྟེན་འབྲེལ་ཤིན་ཏུ་ལེགས་པ་མ་བསྒྲིགས་རང་འགྲིག་ཏུ་བྱུང་ངོ་། །དེ་ལྟར་ས་གསུམ་ན་རྙེད་པར་དཀའ་བའི་རྟེན་མཆོག་དམ་པ་གང་ཉིད་ས་ཟླའི་ཚེས་བཅུ་དྲུག་ཉིན་འདུ་ཁང་ཆེན་མོར་ཀུན་ར་ཕུན་སུམ་ཚོགས་པ་བཞེངས་ཏེ། དེའི་ནང་དུ་བཞུགས་སུ་

གསོལ་ཅིང་། འདུས་པའི་སྡེ་རིན་པོ་ཆེས་རབ་གནས་ཀྱིས་བྱིན་ཕབ་སྟེ་མེ་ཏོག་གཏོར་ཞིང་དམ་པ་ཉིད་ཀྱི་ཐུགས་བཀོད་ལྟར་ཉེ་གནས་གཉིས་ཀྱིས་འདུས་སྡེའི་ཚོགས་ཡོངས་ལ་བཞེས་སྒྲོའི་གསོལ་ཚོགས་ཕུན་སུམ་ཚོགས་པ་དང་། དགེ་འདུན་རེ་ལ་དམངས་སྒོར་བཅོ་ལྔ་རེ་དང་དབུ་ཞྭ་གསར་བ་རེའི་སྐུ་འགྱེད་བསྩལ་བ་པ་སོགས་རྣམ་པར་དཀར་བའི་དགེ་ཚོགས་རྒྱ་ཆེ་བ་འདུ་བྱས་སོ། །གདན་ས་བཀྲ་ཤིས་ཆོས་སྡིངས་སུ་མྱུ་ངན་ལས་འདས་པ་ནས་དུས་མཆོད་ཕུན་སུམ་ཚོགས་པ་བཙུགས་ཏེ། ཇི་སྲིད་རྒྱལ་བསྟན་གནས་ཀྱི་བར་དུ་མ་ཆད་པ་བྱེད་རྒྱུ་དང་། ཉེ་གནས་དམ་པས་ཀྱང་སླན་ཁང་དུ་མྱུ་ངན་ལས་འདས་པ་ནས་ད་ལྟའི་བར་སླན་བླའི་སྟོང་མཆོད་འབུལ་བའི་དུས་མཆོད་དང་། གཙན་ཚའི་མ་ཧཱའི་གཙུག་ལག་ཁང་དུ་ཉེ་འཁོར་གྱི་དགོན་སྡེ་གསུམ་གྱི་འདུས་སྡེ་སྤྱན་དྲངས་ནས་དུས་མཆོད་ཆད་དུ་བྱུང་བ་ཕུལ་དང་འབུལ་བཞིན་པ་དང་། ཆབ་ཆའི་དགོན་གསར་སོགས་ཕྱོགས་ཀྱི་འདུས་སྡེ་མང་པོར་ཡང་དེ་འདྲའི་སྲོལ་བཟང་པོ་བཙུགས་ཡོད་པར་གྲགས་སོ། །

སྨྲས་པ།

རྒྱལ་ཀུན་ཐུགས་བརྩེ་འོད་ཀྱི་ལྡིང་ཁང་ནས། །
མཚར་སྡུག་མཚམས་སྦྱིན་འཁྲུད་པའི་རྣམ་རོལ་བ། །
ལེགས་ཚོགས་ཀུན་གྱི་འབྱུང་གནས་བཀའ་དྲིན་ཅན། །
སྐྱེ་ཞིང་སྐྱེ་བར་གཙུག་ཏུ་མཆོད་པར་སྨོན། །
སྐྱེ་འཇིག་བྲལ་བ་རྡོ་རྗེ་སྐུ་བརྙེས་ཀྱང་། །
ཐ་མར་སྣང་ངོར་བསྟན་པའི་ཚུལ་བཞེས་ཚེ། །
བུ་སློབ་དད་ལྡན་ཡོངས་ཀྱིས་ཤུགས་དྲག་བློས། །
བརྟན་བཞུགས་གསོལ་འདེབས་དབྱར་རྔ་ལྟར་བརྡུངས་ཚེ། །
དུས་ལ་བབས་པས་བཅོས་སུ་མེད་དོ་ཞེས། །
སྐྱོ་བའི་གསུང་གིས་ཡིད་དབང་བསིལ་བྱས་མོད། །

མི་ཕམ་མདུན་སར་ལྷན་ཅིག་འཛོམས་པ་ཡིས། །
སྨོན་པ་གྱིས་ཞེས་སྙིང་ལ་བདུད་རྩིས་བྲན། །
ཡིད་སྨུབས་བདག་པོས་སྐལ་ངན་བདག་ཅག་གི །
བསོད་དམན་གྲིབ་སོའི་ཕག་ནས་གསོལ་བཏབ་ཅིང་། །
ཞིང་འདིའི་དངོས་ཀྱི་གདུལ་བྱ་རྫོགས་པ་ན། །
ཡིད་དགའ་ཆོས་འཛིན་ཞིང་དུ་བདེ་བར་གཤེགས། །
མཁའ་ཡི་ཆུ་འཛིན་མཁའ་ལ་ཐིམ་པ་བཞིན། །
གང་ནས་བྱོན་པའི་ཟག་མེད་ཆོས་དབྱིངས་སུ། །
གློ་བུར་མནལ་བའི་ཚུལ་འདི་སྒྲིག་པ་ལ། །
བདག་ཡིད་མྱ་ངན་གྲང་བས་ཅི་ཡང་སྒྲེབས། །
ལྷ་བརྒྱའི་མགོན་པོའི་མདུན་ས་དག་པའི་གཞིར། །
ཁྱོད་ཐུགས་ཟག་མེད་བདེ་བས་ཚིམ་ལེགས་ཀྱང་། །
སྲིད་པ་ཉམ་ང་མུན་པའི་གཙོང་རོང་དུ། །
སྐལ་མེད་བདག་ཅག་མྱ་ངན་གདུང་བས་མནར། །
ཀྱི་ཧུད་ཕན་བདེའི་སྟོན་པའི་རྩ་བ་ཆད། །
རྒྱལ་བསྟན་གདུགས་དཀར་འདེགས་པའི་ཡུ་བ་ཆག །
ལེགས་བཤད་འོད་སྣང་སྤྲོ་བའི་ཉི་མ་ནུབ། །
འཁོར་བའི་མཚོ་ལས་སྒྲོལ་བའི་གྲུ་ཆེན་ཞིག །
རྟོགས་དཀའི་གཞུང་དོན་བ་ཀུ་ལ་ཡི་འདབ། །
མཁས་དབང་ཉིན་བྱེད་འོད་ཀྱིས་མ་ཕྱེ་བ། །
གསུང་དབྱངས་འགྲམ་ཆང་མངར་བའི་དོག་པ་ཡིས། །
འགྲོལ་མཛད་མཁས་པའི་མགོན་དང་བྲལ་བས་སྐྱོ། །

དཔེན་པར་ཡང་དག་འཛོམ་གི་དགའ་སྟོན་ལ། །
བསྟེན་པའི་ཐར་འདོད་སྐལ་བཟང་བུ་སློབ་ལ། །
ཁ་བཤད་ཙམ་མིན་རང་ཉིད་གཤེགས་ཤུལ་དུ། །
འཁྲིད་མཁས་གྲུབ་པའི་མགོན་དང་བྲལ་བས་སྐྱོ། །
ཁྱད་པར་ལས་ཉོན་གཙང་ནད་ཀྱིས་ཟིན་པའི། །
མི་བཟོད་དུཿ ཁས་མནར་བའི་ཉམ་ཐག་བདག །
ལེགས་བཤད་བདུད་རྩི་སྨོལ་མཁས་ལྷ་རྗེས་པོར། །
ད་ནི་ཉེས་སེལ་འཚོ་བྱེད་སུ་ལ་རེ། །
ལོ་འདབ་བྲལ་བའི་ནགས་སུ་རྨ་བྱ་བདག །
མཛེས་སྐུའི་ཆུ་འཛིན་དཔལ་ལ་མིག་གཏད་ཀྱང་། །
ཆར་སྤྲིན་མི་མངོན་དབྱིངས་སུ་ཡལ་བ་ན། །
མཁའ་དབྱིངས་སྟོང་བ་ཙམ་ལས་གཞན་མ་མཐོང་། །
འཚོར་དགའི་གཟེབ་ཏུ་ཚུད་པའི་བུང་བ་བདག །
གསུང་སྙན་ཁུ་བྱུག་དབྱངས་ལ་རྣ་གཏད་ཀྱང་། །
སྨོན་བཟང་དུས་ཀྱིས་ཉམས་པར་གྱུར་བའི་ཚེ། །
མི་བཟད་བསེར་བུའི་སྒྲ་ལས་གཞན་མ་ཐོས། །
གང་གིས་ཆུང་ནས་བསྐྱངས་པའི་སྲུང་ཕྲན་བདག །
མཁྱེན་བརྩེ་འོད་ཀྱི་ཕུང་པོར་ཡིད་གཏད་ཀྱང་། །
མཛེས་སྐུ་ཞི་བའི་དབྱིངས་སུ་ཡལ་བ་ན། །
མཁྱེན་ཡངས་ཐུགས་ཀྱང་དྲན་ཡུལ་ཙམ་དུ་ལུས། །
དགའ་ལྡན་ཞིང་ནས་སྤྲིན་བྲལ་ཡེ་ཤེས་སྤྱན། །
ཨུཏྤལ་བྱུང་ལྟར་མཛེས་པའི་ཉེར་གཟིགས་ནས། །

འདི་ཕྱི་བར་དོའི་གནས་སྐབས་ཐམས་ཅད་དུ། །
འབྲལ་མེད་རྗེས་སུ་ཟུངས་ཤིག་དྲིན་ཆེན་རྗེ། །
གདུལ་བྱ་པདྨའི་དགའ་ཚལ་སྐྱོང་བའི་མ། །
མཉམ་བཞག་ཟག་མེད་ཁྲི་ལ་མནལ་བ་ན། །
གང་གི་དགོངས་བཞེད་འདོད་འཛོ་དཔག་བསམ་ལྗོན། །
བསྟན་འགྲོའི་ཕན་བདེ་གསོས་སུ་སྨིན་པའི་སྣད། །
ཟད་མེད་ནམ་མཁའ་མཛོད་ཀྱི་སྒོ་ཕྱེས་ནས། །
དབུས་གཙང་དག་པའི་ཞིང་དང་མདོ་སྨད་ཀྱི། །
མཆོག་གསུམ་རྟེན་དང་འདུས་པའི་སྡེ་རྣམས་སུ། །
ཀུན་བཟང་མཆོད་པ་སྤྲིན་ཕུང་ལྟ་བུར་གཏིབས། །
བྱིན་རླབས་སྤྲང་རྩིའི་བཅུད་ལ་ཡིད་སྲིད་པའི། །
བུ་སློབ་ཚང་བ་དྲུག་པའི་ཚོགས་འདུས་ནས། །
རང་བཞིན་པདྨའི་མེ་ཏོག་ཕྱུངས་པའི་དྲུང་། །
མདོ་སྔགས་ཆོས་སྒྲ་སྒྲོགས་པའི་དབྱངས་ཀྱིས་མཆོད། །
ངེས་གསང་ཐེག་པའི་དཀྱིལ་འཁོར་ནམ་མཁའི་ཁམས། །
སྣ་ཚོགས་ལྷ་ཡི་རོལ་བ་དབང་གཞུའི་གར། །
རྡོ་རྗེ་སྔགས་ཀྱིས་སྒྲུབ་ཅིང་མཆོད་པའི་ཚར། །
སྒོམ་པར་འཛོ་བ་དཔྱིད་ཀྱི་ཕུན་ཚོགས་བཞིན། །
ས་གསུམ་སྐྱེ་དགུའི་བསོད་ནམས་ཞིང་གི་མཆོག །
ཡིད་བཞིན་དབྱིག་གི་སྙིང་པོ་རང་བཞིལ་རྣམས། །
སྙིང་པོར་བཞུགས་པའི་མཆོད་རྟེན་ནོར་འཛིན་རྒྱན། །
མང་དུ་བསྐྲུན་པའང་ལེགས་བྱས་ཕུལ་དུ་ངེས། །

གང་ཉིད་མྱུར་འདས་དབྱིངས་ཀྱི་ཁྲིར་གཞོལ་ཀྱང་། །
མཆོད་སྟོང་གཟི་འོད་འབར་བའི་འཕོར་ལོ་ཡིས། །
སྐྱེ་དགུའི་མི་མཐུན་རྒུད་པ་ཀུན་བཅོམ་ནས། །
ཕན་བདེ་འདོད་དགུ་འཇོ་བ་སྔོང་བས་གྲུབ། །
ངག་རིག་ཉི་མའི་འོད་ཀྱིས་བསྐྱེད་བསྲིངས་པའི། །
བདག་བློ་པད་དཀར་སྨྲེགས་པའི་བསུང་ཞིམ་འདི། །
བྱིན་རླབས་སྦྲང་རྩིའི་བུ་མོ་སྨིན་ལེགས་མ། །
དགའ་བའི་འཛུམ་བཅས་འགུག་པའི་ཕོ་ཉར་སྦྲན། །

ཅེས་མདོ་རྒྱུད་རྒྱ་མཚོའི་མངའ་བདག ༀ ཡོངས་ཀྱི་དགེ་བའི་བཤེས་གཉེན་ཆེན་པོ་ཇོ་བཙུན་རྣྃ་ན་ས་རའི་ཐུན་མོང་གི་རྟོགས་པ་མདོ་ཙམ་བརྗོད་པ་བདེན་གཏམ་ཤེལ་གྱི་མེ་ལོང་ཞེས་བྱ་བ་ལས་གཟུགས་སྐུའི་བཀོད་པ་ཆོས་དབྱིངས་སུ་བསྡུས་པའི་ཚུལ་ཅུང་ཟད་གླེང་བའི་སྐབས་ཏེ་བརྒྱད་པའོ། །

སྐབས་དགུ་པ། རྟོགས་བརྗོད་ཀྱི་དོན་བསྡུ་བ།

འཕྲུལ་ལྡེམ་ཤེལ་གྱི་ལྷུག་ཕྲན་ཡིད་འོང་རྩེར། །
མཚར་སྡུག་དཔལ་རྫོགས་ཞལ་དཀྱིལ་འདབ་ཡངས་ངོས།།
སྨིན་འཁྱུག་གཉོག་ཟུང་གར་རོལ་བུང་བའི་སྤྲན། །
གཡོ་ལྡན་ཚངས་སྲས་སྙིག་མོས་ད་དུང་སྐྱོངས། །

ད་ནི་རྟོགས་བརྗོད་ཀྱི་དོན་བསྡུ་བར་བྱ་སྟེ། དེ་ལྟར་རབ་འབྱམས་རྒྱལ་ཀུན་འདུས་པའི་བདག་ཉིད་ཇོ་བཙུན་བླ་མ་དམིགས་པ་མེད་པའི་ཐུགས་རྗེ་ཆེན་པོ་ལྡན་པ་འདི་ཉིད། བསྟན་འགྲོའི་དོན་དུ་བསམ་བཞིན་རིགས་ཕུན་སུམ་ཚོགས་པ་ལས་མཐོ་རིས་ཡོན་ཏན་

བདུན་གྱིས་མཛོས་པའི་རྟེན་བཟང་རྟེད་པའི་ཚུལ་བཞིན་ཏེ། ལེགས་སྨོན་ཞིག་གི་མཐུ་ལས་དགུང་ལོ་བཅུ་དྲུག་བཞེས་པའི་བར་དུ་ཕ་ཡུལ་དུ་བཞུགས་ནས་ཡབ་ལས་གྲལ་སྦྱར་གྱི་ཀློག་དང་། གསར་རྙིང་གི་ཆོས་སྐོར་འགའ་ཞིག་གསན་ཅིང་། ཆོས་སྤྱོད་འདོན་ཆ་མང་པོ་བྱང་ཆུབ་པར་ཐུགས་འཛིན་མཛད། དེ་དག་གི་སྐབས་སུ་སྐུ་ཚེ་དུ་མར་གོམས་པའི་བག་ཆགས་ཀྱིས་ངེས་འབྱུང་གི་བསམ་པ་མནན་པས་མི་ནོན་པ་ཐུགས་རྒྱུད་ལ་རང་ཤུགས་ཀྱིས་འཁྲུངས་ཏེ། དགུང་ལོ་བཅུ་དྲུག་པར་དབེན་པའི་གནས་མཆོག་དཔལ་མི་འགྱུར་དགེ་ལྡན་བཀྲ་ཤིས་ཆོས་སྡིངས་སུ་ཐྲིས་སྟབས་ཀྱིས་ཕེབས་ཏེ། ཇི་སྐད་དུ། དཔལ་མགོན་འཕགས་པ་ཀླུས། ཁྲིམས་ནི་ རྒྱུ་ དང་ མི་ རྒྱུའི་ ས་ བཞིན་ དུ། །ཡོན་ ཏན་ ཀུན་ གྱི་ གཞི་ རྟེན་ ལེགས་ པར་ གསུངས། །ཞེས་སོགས་གསུངས་པ་ལྟར་ཡོན་ཏན་ཐམས་ཅད་ཀྱི་རྩ་བ་ཚུལ་ཁྲིམས་ལ་ཐུག་པར་དགོངས་ནས་སྡོམ་པ་གསུམ་གྱི་བཅས་ཁྲིམས་རིམ་གྱིས་མནོས་པ་ནས་ཁས་བླངས་པ་ཙམ་དུ་མ་བཞག་པར་སྐུ་སྲོག་ལས་ཀྱང་གཅེས་པར་བསྲུངས་བ་གཞིར་མཛད་པ་ནི། ལྷ་གེ་ཡང་བ་བྱུང་སྐབས་ཤིག་ལ་འཚོ་ཆས་ཀ་ཅང་ཞན་པས་ཞལ་སྐྲང་བ་སོགས་སྐུ་བསྙུན་ཚུལ་བཞེས་པའི་ཚེ། ལོ་ཏོག་སྨིན་པའི་ཞིང་ཞིག་གི་འགྲམ་དུ་སྙེ་མ་གཅིག་གི་འབྲུ་རིགས་རྣམས་བཞེས་རྩིས་བྱེད་སྐབས་དྲན་ཤེས་བརྟེན་ཏེ་འཕྲལ་དུ་ཞིང་ནང་དུ་གཏོར་བར་གསུངས་པས་ཀྱང་ཤེས་སོ། །དེ་ཡང་སྡོམ་པ་གསུམ་གྱི་བཅས་མཚམས་སོ་ཐར་གྱི་ཕམ་ལྟག་དང་། སྔགས་བྱང་སེམས་ཀྱི་རྩ་ལྟུང་གིས་གཞར་ཡང་མ་གོས་པར་མཛད་ཅིང་། དུས་དབང་གིས་ཉེས་བྱས་ཕྲན་བུ་རེ་བྱུང་ན་འཕྲལ་དུ་ཕྱིར་བཅོས་དང་བཤགས་སྡོམ་གྱིས་ལྟུང་བ་འདག་པའི་ཐབས་ལ་བརྩོན་པ་ལྟར་བཞེས་ཏེ་ཉིན་མཚན་ཀུན་ཏུ་བག་ཡོད་པའི་བརྟུལ་ཞུགས་ལ་གནས་པས། སྐྱེ་བོ་ཆ་རྒྱུས་མེད་པ་དུ་མས་ཀྱང་ཞལ་མཐོང་བ་ཙམ་གྱིས་གང་ཟག་ཁྱད་པར་ཅན་ཞིག་ཏུ་རྟོགས་ཤིང་། གཞན་གྱིས་བསྐུལ་བ་ལ་མ་བལྟོས་པར་རང་བཞིན་གྱིས་མཆོག་ཏུ་དད་ཅིང་བཀུར་བསྟི་བྱེད་པར་མ་ཟད། ཆོས་དད་མེད་པ་དང་ཆོས་ལུགས་གཞན་ལ་དད་པ་བྱེད་མཁན་མང་པོས་ཀྱང་མགོན་པོ་གང་ལ་མཆོག་ཏུ་དད་ཅིང་གུས་པ་རྒྱུས་ཡོད་ཀུན་ལ་

མངོན་སུམ་ཡིན་ནོ། །དེར་མ་ཟད་བླ་སྤྲུལ་ལ་མཐོང་ཤིན་ཏུ་ཆེ་བའི་ཡུལ་དུས་འདིར་བླ་སྤྲུལ་གྱི་མིང་ཙམ་ཡང་མེད་པའི་གྲྭ་རྒྱུང་དཀྱུས་མ་ཞིག་གི་དྲུང་དུ་ཆོས་སྲིད་ཀྱི་དབུ་འཕང་ཤིན་ཏུ་མཐོ་བའི་ཆེ་དགུ་མཐའ་ཡས་པ་སློབ་མ་དང་ཡོན་བདག་ཏུ་འདུས་ཏེ། ཅི་གསུང་བཀའ་བཞིན་སྒྲུབ་པ་སོགས་སྒྲི་ཞུ་ལ་བརྩོན་པ་འདི་ཡང་། ཚུལ་ཁྲིམས་ཀྱི་ཕ་རོལ་ཏུ་ཕྱིན་པ་ཡོངས་སུ་རྫོགས་པའི་འབྲས་རྟགས་ཡིན་ངེས་ཏེ། འཇམ་མགོན་ཆོས་ཀྱི་རྒྱལ་པོས། སྐྱེ་དགུའི་དཔུས་ན་ལྷུན་པོ་ལྟ་བུར་བརྗིད། །སྟོབས་ཀྱིས་བསྡིགས་པ་མེད་པར་འགྲོ་ཀུན་འདུད། །ཅེས་གསུངས་པ་ལྟར་རོ། །དེ་ནས་མདོ་སྡེ་རྒྱན་ལས། འདི་ན་དང་པོར་ཐོས་པ་ལ་བརྟེན་ནས་ཚུལ་བཞིན་ཡིད་ལ་བྱེད་པ་འབྱུང་། །ཚུལ་བཞིན་ཡིད་ལ་བྱེད་པ་ལས་ནི་ཡང་དག་དོན་ཡུལ་ཡེ་ཤེས་འབྱུང་། །ཞེས་གསུངས་པ་ལྟར་ཆོས་ཐམས་ཅད་སྐད་ཅིག་མ་གཅིག་ལ་མངོན་སུམ་དུ་མཁྱེན་པའི་ཡེ་ཤེས་ནི་སྒོམ་བྱུང་གི་འབྲས་བུ་མཐར་ཐུག་པ་ཡིན་ལ། སྒོམ་བྱུང་གི་ཤེས་རབ་ལ་ཡང་བསམ་པའི་ངེས་ཤེས་དྲང་བའི་ཤེས་རབ་སྔོན་དུ་ངེས་པར་འགྲོ་དགོས་པ་དང་། དེ་ཡང་ཐོས་པ་ཚང་ལ་མ་ནོར་བ་ཞིག་བྱས་པ་ལ་བརྟེན་ནས་བྱུང་བའི་ཐོས་བྱུང་གི་ཤེས་རབ་ལ་བརྟེན་དགོས་ལ། གང་ལ་ཐོས་པ་བྱ་བའི་གཞི་ཡང་བདག་ལྟ་བུ་བློ་ཆུང་རྣམས་ནི། ཐོས་པ་རྒྱ་ཆེན་པོ་དོར་ཏེ། ལམ་གྱི་གནད་ཐམས་ཅད་ཚང་བའི་མན་ངག་མདོར་བསྡུས་པ་ཙམ་རེ་ཐོས་ནས་ཉམས་སུ་བླངས་པས་ཀྱང་དགོས་པ་འགྲུབ་པར་འགྱུར་མོད། གཞན་དོན་རྒྱ་ཆེན་པོ་སྒྲུབ་པའི་བྱང་ཆུབ་སེམས་དཔའ་རྣམས་ཀྱིས་ནི་གདུལ་བྱ་རིགས་ཅན་གསུམ་ག་རྗེས་སུ་འཛིན་དགོས་པས་ན། མཁྱེན་པ་གསུམ་གྱི་རྣམ་པ་ཐམས་ཅད་ལ་སློབ་དགོས་པར་མངོན་རྟོགས་རྒྱན་རྩ་འགྲེལ་ལས་གསུངས་པ་ལྟར། བླ་མ་དམ་པ་འདི་ཉིད་ཀྱིས་ཐེག་པ་ཆེན་པོའི་དགེ་བའི་བཤེས་གཉེན་བཙུ་ཕྲག་ལྷག་གི་ཞབས་པད་བསམ་སྦྱོར་དག་པས་ཚུལ་བཞིན་བསྟེན་ཏེ། སྡེ་སྣོད་གསུམ་དང་རྒྱུད་སྡེ་བཞི་ལ་གསན་སྦྱངས་མཐར་ཕྱིན་གནང་བའི་ཚུལ་གོང་དུ་ཅུང་ཟད་བྲིས་ཟིན་པ་ལྟར་ཡིན་ཞིང་། གཞུང་ལུགས་ཆེན་པོ་རྣམས་ལ་ཐོས་བསམ་མཛད་པ་དང་། དེ་ཉིད་རང་རྒྱུད་འདུལ་བའི་ཐབས་ཁོ་ནར་འཁྱེར་བ་བཀའ་

གདམས་གཞུང་བ་བའི་དམ་པ་རྣམས་དང་། འཇམ་མགོན་ཙོང་ཁ་ཡབ་སྲས་ཀྱི་རྣམ་ཐར་དང་མཚུངས་པར་གནང་བ་ཡིན་ནོ། །རིག་པའི་གནས་གཞན་ཡང་ལེགས་སྦྱར་གྱི་སྒྲ་དབྱངས་ཅན་མ་དང་། བོད་ཀྱི་སུམ་རྟ་བ་དང་། རྟགས་འཇུག་སོགས་བརྡ་སྤྲོད་པའི་གཙུག་ལག་རྣམས་དང་། སྒྲའི་ཡན་ལག་ཏུ་གྱུར་པ་མངོན་བརྗོད་དང་སྙེབ་སྦྱོར་ཡང་དཔྱིས་ཕྱིན་པར་སྦྱངས་ནས་མཁྱེན་ལ། སྙན་ངག་ནི་རྗེ་གྲགས་པའི་ཞལ་ལས་མེ་ལོང་མའི་མཇུབ་ཁྲིད་གསན་ཅིང་། རྩོམ་རྒྱུགས་དཔེར་བརྗོད་ཆ་ཚང་མཛད་པ་དང་། ངག་ལ་དབང་འབྱོར་བས་སྙན་ངག་གི་ཚིག་སྦྱོར་གནང་བ་ཐམས་ཅད་དོན་ཟབ་ཅིང་བརླིང་བ་ལ། ཚིག་རྣ་བར་སྙན་ཅིང་ཡིད་ལ་འཇེབས་པ། ཚིག་གི་ནུས་པ་འདོན་ལུགས་མཁས་པ་གཞན་དང་ཐུན་མོང་མིན་པའི་ཁྱད་པར་གྱི་ཆོས་རྒྱད་དུ་བྱུང་བ་མང་པོ་མངའ་བ་དང་། གོ་དཀའ་བ་དང་གཞན་ལ་བྲུར་ཟ་བྱེད་པའི་ཚིག་སྦྱོར་ལ་མི་དགྱེས་པས་ཤིན་ཏུ་གོ་སླ་ཞིང་། བསམས་ན་ཚིག་དོན་གྱི་ཉམས་ལྡན་སུམ་ཚོགས་པས་སྙན་ངག་སྨྲ་བའི་མཁས་པ་གཟུར་གནས་ཀུན་གྱི་ཡིད་རང་དབང་མེད་པར་འགུགས་ནུས་པ་སོགས་རྒྱ་གར་མཁས་པ་དང་རྗེ་ཡབ་སྲས་ཀྱི་སྙན་ཚིག་ལྟ་བུ་ཞིག་ཡོད་པ་ནི། སངས་རྒྱས་ཀྱི་བསྟོད་པ་པདྨ་དཀར་པོ་དང་། བཀའ་རྩོམ་དག་གི་མཆོད་བརྗོད་དང་། བར་སྐབས་ཚིགས་བཅད་སོགས་ལ་བལྟས་ན་ཤེས་པར་འགྱུར་རོ། །སྐར་རྩིས་དང་ནག་རྩིས་དབྱངས་འཆར་སོགས་རྩིས་ཀྱི་སྐོར་མ་ལུས་པ་རི་མོ་འགྲོ་ཙམ་མ་ཡིན་པར་ཞིབ་ཏུ་སྦྱངས་ནས་མཁས་པར་མཛད་ཅིང་། ཁྱད་པར་གསོ་བ་རིག་པ་ནི་རྩ་རྒྱུ་བརྟག་པ་དང་། སྨན་རྣམས་ཀྱི་རོ་ནུས་ཞི་རྗེས། ནད་ཀྱི་མཚན་ཉིད་དབྱེ་བ་འབྱུང་རྐྱེན་བཅོས་ཐབས། ཟས་སྨན་སྤྱོད་ལམ། དཔྱད་ཀྱི་སྐོར་སོགས་ཞིབ་ཏུ་སྦྱངས་ནས་ཤིན་ཏུ་མཁས་པར་གྱུར་ཅིང་། ཐུབ་བསྟན་རིན་པོ་ཆེ་ཉམས་ཆག་ཆེན་པོ་བྱུང་བའི་སྐབས་ནས་ཕྱུག་ལེན་དུ་གནང་ཞིང་། དཔག་ཏུ་མེད་པའི་སེམས་ཅན་ནད་ཀྱི་གདུང་བ་ལས་སྐྱོབ་པར་མཛད་པ་དང་། ཕྱིས་རྒྱལ་ཁབ་ཀྱི་སྨན་པ་གནང་སྐབས་ནད་པ་དྲག་ཞན་ལ་མ་བལྟོས་པར་ཐུགས་ཤིན་ཏུ་བརྩེ་བས་སྐུ་དངོས་ཀྱིས་ལག་རྩ་དང་ཆུ་ལ་བརྟགས་པ་དང་། དྲི་བས་ནད་

ངོས་འཛིན་གནང་ནས་དེའི་གཉེན་པོར་འགྲོ་ངེས་ཀྱི་སྨན་དག་སྦྱོལ་བར་མཛད་ཅིང་། ཆོས་བཀའ་གནང་བ་སོགས་ཀྱིས་ཐུགས་བྲེལ་ཅི་ཙམ་ཆེ་ཡང་སྨན་ཞུ་མཁན་ལ་ལེ་ཤོར་མེད་པ་གནང་བ་དང་། སྨན་ཁང་ཆེན་པོ་དག་ཏུ་དམངས་སྐོར་ཁྲི་སྟོང་མང་པོ་བཏང་ཡང་། ཤིན་ཏུ་འཚོས་དཀའ་བར་གྱུར་ནས་ཡལ་བར་དོར་བའི་ནད་པ་ཉམ་ཐག་མང་པོ་སྨན་ཐུན་འགའ་ཞིག་གིས་ནད་ལས་གྲོལ་བར་མཛད་པ་ཤིན་ཏུ་མང་ལ། སྨན་སྦྱོར་བའི་ཚོན་ཡང་གང་བྱུང་མི་བྱེད་པར་འཚོ་བྱེད་སྔོན་མ་རྣམས་ཀྱི་ཕྱག་ལེན་མཐོང་རྒྱུད་ཇི་ལྟ་བུ་བཞིན་བྱེད་པ་ལ་ནན་ཏན་གནང་བས། རྒྱལ་སྲིད་སྤྱི་ཁྱབ་ཁང་གིས་རྒྱལ་ཁབ་རིམ་པའི་ཆེད་མཁས་པ་དང་། སྨན་པ་འབུམ་རམས་པའི་མཚན་སྙན་གནང་བ་ཡིན་ནོ། །དེ་ལྟར་ནང་རིག་པ་སྡེ་སྣོད་གསུམ་དང་རྒྱུད་སྡེ་བཞི། སྒྲ་ཚད་བཟོ་གསོ་སྟེ་རིག་གནས་ཆེ་བ་ལྔ་དང་། སྙན་ངག་མངོན་བརྗོད་སྡེབ་སྦྱོར་ཟློས་གར་སྐར་རྩིས་ཏེ་རིག་གནས་ཆུང་བ་ལྔ་ཡན་ལག་དང་བཅས་པ་ཤེས་ལོ་དང་ཐོས་ལོ་ཙམ་མ་ཡིན་པར་བརྩོན་པ་ཆེན་པོས་སྦྱངས་པ་མཐར་ཕྱིན་པ་གནང་བས་མང་དུ་ཐོས་པ་ལུང་གི་ཡོན་ཏན་རྒྱ་མཚོའི་ཕ་རོལ་ཏུ་ཕྱིན་པ་ཡིན་ནོ། །ཇི་ལྟར་མཁས་པར་གྱུར་པ་ནས་ཇི་སྐད་དུ། འཕགས་པ་དཔའ་བོས། ཐོས་པའི་རྗེས་འཇུག་སྒྲུབ་པ་སྙིང་པོར་བྱེད། །སྐྱེ་བའི་རྫོང་ལས་ཚོགས་ཆུང་ཐར་བར་འགྱུར། །ཞེས་གསུངས་པ་ལྟར་སློབ་གཉེར་ཐོག་མར་གནང་བའི་སྐབས་ཉིད་ནས་གང་ཤེས་རྒྱུད་ལ་སྦྱོར་བའི་ཉམས་བཞེས་ལ་གཞོལ་བ་ལྟར་མཛད་པ་ནི། ཞལ་ནས། བྱིས་པའི་དུས་སུ་ཁ་དོག་དཀར་དམར་སོགས་ཐོག་མར་སློབ་སྐབས་རྟགས་གསལ་གྱི་འགྲོ་ཕྱོགས་ཙམ་ཤེས་པས་ང་རྒྱལ་ཞིག་སྐྱེ་རྒྱུ་ཡོད་ཀྱང་། རིམ་གྱིས་གཞུང་ལ་སྦྱངས་ན་རང་གི་ང་རྒྱལ་རང་གིས་བཅོམ་ཐུབ་པ་འབྱུང་ངེས་ཡིན། ཞེས་བདག་ལ་དངོས་སུ་གསུངས་ཏེ། ཆོས་ཉོན་མོངས་ཀྱི་གཉེན་པོར་འགྱུར་བའི་རྣམ་ཐར་རྨད་དུ་བྱུང་བ་ཞིག་ཏུ་འཁྱུམས་སོ། །ཕྱིས་རབ་འབྱམས་གཞུང་བརྒྱའི་དོན་ལ་ཐོས་བསམ་རྒྱ་མཚོ་ལྟ་བུ་གནང་བ་རྣམས་ཚིག་ཙམ་དུ་མ་ལུས་པར་ཐུགས་ཉམས་སུ་བསྟར་ཞིང་། ཁྱད་པར་དེ་ཐམས་ཅད་བྱང་ཆུབ་ཀྱི་སེམས་རིན་པོ་ཆེ་རྣམ་གཉིས་སྦྱོང་བའི་ཐབས་འབབ་ཞིག་ཏུ་

འཁྱེར་གནང་བ་དང་། སྐུ་གཞོན་དུས་ནས་གཞུང་མང་པོ་བློ་འཛིན་དང་སྐྱོར་སྦྱངས་གནང་བ་ཡང་འགྲེལ་བ་དོན་གསལ། མཛོད་རྩ་བ་དང་དབུ་མ་འཇུག་པ་སོགས་ཚར་སྟོང་ཕྲག་ལྷག་རེ་དང་། ཕྱག་དང་སྐོར་བ། གཟུངས་སྔགས་ཟབ་མོ་དག་གི་བཟླས་བརྗོད་ཀྱང་ཤིན་ཏུ་མཐའ་ཡས་པ་ཞིག་གནང་ཡོད་པ་དང་། ས་ཁྲི་ལོའི་སྔོན་དུ་རྡོ་རྗེ་འཇིགས་བྱེད་སོགས་ཡི་དམ་མང་བའི་བསྙེན་སྒྲུབ་ཚད་ལྡན་བཏང་ཞིང་། རྒྱུན་གྱི་ཞལ་འདོན་གྱི་རིམ་པའང་ཤིན་ཏུ་མང་པོ་གནང་ཡོད་ན་ཡང་ཐོ་མེད་པས་ཞིབ་ཏུ་འགོད་མ་ནུས་སོ། །ས་ཁྲི་ལོའི་རྗེས་སུ་སྐྱེ་བོ་ཕལ་ཆེར་སྡིག་སྤྱོད་ཀྱིས་དུས་འདའ་བ་ལ་དམ་པ་འདི་ཉིད་ཀྱིས་ནི་དབེན་པའི་གནས་སུ་འདུ་འཛི་གཡེང་བ་ཐམས་ཅད་བཙན་ཐོད་མཛད། རྐྱེན་ངན་ལམ་དུ་འཁྱེར་བའི་སློས་རྒྱལ་སྲས་ཀྱི་སེམས་རིན་པོ་ཆེ་དང་སྤྱོད་པ་རླབས་པོ་ཆེ་མང་པོ་ཐུགས་ཉམས་སུ་བསྟར་ཞིང་། མདོ་སྔགས་ཀྱི་ལམ་གྱི་གནད་ཐམས་ཅད་ཡོངས་སུ་རྫོགས་པའི་ཉམས་བཞེས་རྩེ་གཅིག་ཏུ་གཞོལ་བའི་སྒྲུབ་པ་བསམ་གཏན་གྱི་འཁོར་ལོ་དང་། ཤིན་ཏུ་རྟོགས་པར་དཀའ་བའི་གཞུང་ལུགས་ཆེན་པོ་དག་གི་ཚིག་དོན་ལ་ཚུལ་བཞིན་དཔྱོད་པ། སྔོན་མེད་ཀྱི་ལེགས་བཤད་ངོ་མཚར་བ་དག་སྤེལ་བ། ཉིད་ཀྱིས་ཇི་ལྟར་གཟིགས་པ་ལྟར་དོན་གཉེར་ཅན་གྱི་གདུལ་བྱ་རྣམས་ལ་སོ་སོའི་བློ་དང་འཚམ་པར་འདོམས་པའི་ཀློག་པ་ཐོས་བསམ་གྱི་འཁོར་ལོ་ཆེན་པོ་དག་གིས་དུས་འདའ་བར་མ་ཟད། རིས་མེད་ལུས་ཅན་མཐའ་ཡས་པའི་རྒྱུད་ལ་མཐོང་ཐོས་དྲན་རེག་གི་སྒོ་ནས་བྱང་ཆུབ་མཆོག་གིས་ས་བོན་བསྐྲུན་པར་མཛད་པ་དང་། ཐུབ་བསྟན་ཡང་དར་གྱི་བསྐལ་བཟང་མངོན་དུ་གྱུར་པ་ནས་ཆོས་བཀའ་གནང་བའི་སྐབས་མ་གཏོགས་རྒྱུས་མེད་རྣམས་ཀྱིས་གཏན་ནས་མི་ཤེས་པའི་སྨན་ཁང་གི་ཟུར་ཞིག་ཏུ་སྤྱིལ་ཆུང་ཞིག་བརྩིགས་ནས་དེར་འགོལ་བཞུགས་གནང་ཞིང་། ཉིན་མཚན་ཁོར་མོ་ཡུག་ཏུ་གསུང་རབ་ཀྱི་དོན་ལ་དཔྱོད་པའམ་མདོ་སྔགས་ཡོངས་སུ་རྫོགས་པའི་ལམ་ལ་གོམས་པ་ལྷུར་བཞེས་པའི་ཡང་དག་འཛོག་གི་ངང་ནས་དུས་འདའ་བར་མཛད་པ་དང་། ཀུན་རིག་གི་བསྙེན་པ་ཁ་སྐོང་སྦྱིན་བསྲེག་དང་བཅས་པ་ལེགས་པར་བསྒྲུབས་པས་མཚོན་ལྷག་ལྷ་མང་བའི་ལྷགས་བསྙེན་ཚད་ལྡན་

གནང་ཞིང་། ཞོར་དུ་དགོན་སྡེ་ཁག་མང་པོ་དང་དད་ལྡན་རྣམས་ལ་དབང་ལུང་ཁྲིད་སོགས་ཆོས་ཀྱི་སྦྱིན་པ་རྒྱ་ཆེ་བ་དང་། མགོན་མེད་པ་དང་དབུལ་ཕོངས་རྣམས་ལ་ཟང་ཟིང་དང་ཆོས་ཀྱི་སྦྱིན་པའི་སྒོ་འཕར་ཡངས་པོར་འབྱེད་པ་དང་། ནད་པ་ལ་སྨན་དང་གདོན་གྱིས་གཙེས་པ་རྣམས་ལ་སྐྱབས་མཛད་པ་སོགས་བྱ་བ་ལས་ཀྱི་འཁོར་ལོའང་མཐའ་ཡས་པ་འདུ་བྱས་པས། རྗེ་བླམ་འདི་ཉིད་ཀྱི་ཉིན་གཅིག་གི་མཛད་པའང་བདག་འདྲས་སྐལ་བར་འབབ་ཀྱང་། དཀའ་བ་མངོན་སུམ་དུ་གྲུབ་ལ། ཚུལ་འདི་ནི་འཕགས་ཆེན་དམ་པའི་མཉམ་རྗེས་དབྱེར་མེད་དུ་སོང་བའི་རྣམ་པར་ཐར་བ་ཆེས་ངོ་མཚར་བ་ཞིག་ཏུ་ངེས་སྙམ། དེ་ལྟར་ཐུབ་མོང་གི་སྣང་ངོར་ཡང་ཐོས་བསམ་སྒོམ་པ་ལ་བརྟེན་ནས་ལུང་རྟོགས་ཀྱི་ཡོན་ཏན་རིན་པོ་ཆེའི་གཏེར་ལ་འདོད་དགུར་དབང་འབྱོར་བས། ཕྱི་ཚུལ་དུའང་ཆེ་དགུ་དུ་མས་གཙུག་ཏུ་བཀུར་ན་ཡང་ཁེངས་དྲེགས་ཀྱི་རྣམ་པ་ཙུང་ཟད་ཀྱང་མི་མངོན་པར་དམན་པ་ལ་ལྷག་པར་བརྩེ་བ་དང་། སྡུག་བསྔལ་དང་དེའི་རྒྱུ་ལ་སྤྱོད་པ་དག་གཟིགས་ན། ལྷག་པར་ཐུགས་བརྩེ་བས་གཞན་དབང་དུ་གྱུར་པ་དངོས་སུ་མཇལ་ནུས་ལ། ལོངས་སྤྱོད་ལ་འཛིན་ཆགས་མི་མངའ་བར་གཙན་ཚའི་མ་ཧེའི་ཆོས་འཁོར་ཆེན་མོའི་རྟེན་བརྟེན་པ་རྣམས་དང་། ཉི་སྣང་དང་ཀུན་རིག་ཊཱི་ཀ་ཆེན་སོགས་དང་། ཉིད་ཀྱི་བཀའ་རྩོམ་རྣམས་པར་དུ་བསྒྲུབས་པ་དང་རྫི་ཚའི་དབྱར་ཆོས་ཀུན་དགའ་ར་བ་གསར་བསྐྲུན་སོགས་སྐུ་གསུང་ཐུགས་རྟེན་གསར་བ་བཞེངས་པ་དང་། རྙིང་བ་ཞིག་གསོས། རིས་མེད་འདུས་སྡེ་དག་ལ་མང་འགྱེད་ཕུལ་བ་བཅས་ལ་སྨོར་ས་ཡ་ལྷག་བཏང་ངེས་ཡིན་པ་དང་། དད་ལྡན་གྱིས་ཕུལ་བའི་དངུལ་དངོས་དང་། རྒྱལ་ཁབ་ཀྱིས་གནང་བའི་ཕོགས་དངུལ་ལས་ཉིད་ཀྱི་འཚོ་ཆས་ཕྲན་བུ་ཙམ་བླངས་པ་མ་གཏོགས་གཞན་ཚང་མ་ཞིང་དག་པ་ཕོ་ནར་གཏོགས་པ་གནང་བ་ལས་མི་ཆེན་གྱི་ངོ་འཛིན་དང་། འཇིག་རྟེན་གྱི་མཐུན་འཇུག་སོགས་ལ་གཏན་ནས་མི་གནང་ངོ་། །གསེར་དངུལ་སོགས་རིན་པོ་ཆེའི་རིགས་སམ་འབོལ་ཁྲི་སོགས་དེང་རབས་ཀྱི་དངོས་རྫས་རིན་ཐང་ཆེ་བ་གཅིག་ཀྱང་བསྒྲུབས་པ་མེད་ལ། ན་བཟའ་དང་གནས་མལ་ཡོ་བྱད་སོགས་ཀྱང་རྙིང་བ་

དང་ཤིན་ཏུ་སྟབས་བདེ་ཙམ་དང་། གྲྭ་རྐྱང་གི་སྐབས་བཞིན་གསོལ་རྫམ་དང་། སྐྱུར་ཐུག་སོགས་བཞེས་པ་ལ་ཐུགས་དགྱེས་པ་ལས་དེང་རབས་ཀྱི་རྒྱུས་བཟའ་ཐོམ་འཐུང་བྱེད་པ་ལ་ཐུགས་གཏན་ནས་མི་མཉེས་སོ། །མདོར་ན་འདི་དག་ནི་འཁོར་བ་མཐའ་དག་སྡུག་བསྔལ་གྱི་རང་བཞིན་དང་། སྲིད་པའི་ཕུན་ཚོགས་མཐའ་དག་སྙིང་པོ་མེད་པའི་ཚུ་ཤིང་ལྟར་གཟིགས་ནས་ཐུགས་ངེས་འབྱུང་ཉིད་ཀྱིས། བདག་ཅག་ཐོག་མེད་ནས་གཙང་བདེ་རྟག་བདག་ཏུ་འཛིན་པའི་ལོག་པར་ལྟ་བའི་གཞན་དབང་དུ་སོང་བ་རྣམས་ཕྱིན་ཅི་ལོག་གི་ཞེན་པ་ལས་ཟློག་པར་བྱེད་པའི་ཆེད་དུ་གནང་བ་ལགས་སྙམ། དེ་ལྟར་ཐོས་བསམ་སྒོམ་པའི་རྒྱུ་ཚོགས་ཁྱད་པར་ཅན་རྫོན་དུ་སོང་བ་ལ་བརྟེན་ནས་ལུང་གི་བསྟན་པའི་སྡེ་སྣོད་གསུམ་དང་། རྒྱུད་སྡེ་བཞིའི་དགོངས་དོན་ཇི་ལྟ་བ་བཞིན་གཟིགས་ཤིང་། རྟོགས་པའི་བསྟན་པ་བསླབ་པ་གསུམ་དང་། བསྐྱེད་རྫོགས་ཀྱི་རྣལ་འབྱོར་ཟབ་མོར་མངའ་བརྙེས་པ་དང་། རང་རྒྱུད་སྨིན་བྱེད་ཡར་ཕྱིན་དྲུག་དང་། གཞན་རྒྱུད་སྨིན་བྱེད་བསྡུ་བའི་དངོས་པོ་བཞིའི་སྒོ་ནས་རྒྱལ་སྲས་ཀྱི་སྤྱོད་པ་རྒྱ་མཚོ་ལྟ་བུའི་ཕ་རོལ་ཏུ་གཤེགས་པའི་ཚུལ་ཞིབ་མོར་འགོད་དུ་མཆིས་མོད་ཀྱང་། ཡི་གེའི་ཁུར་ལྕི་བར་འགྱུར་བའི་ཕྱིར་གོང་དུ་མཚོན་ཙམ་བཀོད་པ་འདིས་དཔྱོད་ལྡན་རྣམས་ཀྱིས་ཕལ་ཆེར་རྟོགས་ནུས་པར་བསམས་ནས་ཚིག་ཤེས་པར་བྱས་ཏེ། རྒྱས་པར་མ་བཀོད་དོ། །རྣམ་ཐར་གྱི་གཙོ་བོ་ནི། དུས་ཀྱི་ཡང་སྙིགས་འདིར་རྣམ་འདྲེན་བུ་རམ་ཤིང་བའི་ལུང་རྟོགས་ཀྱི་བསྟན་པ་སྤྱི་དང་། ཁྱད་པར་བློ་བཟང་འཇམ་དཔལ་སྙིང་པོའི་རིང་ལུགས་དྲི་མས་ཅུང་ཟད་ཀྱང་མ་གོས་པ་གང་ཉིད་འཆད་རྩོད་རྩོམ་གསུམ་གྱི་སྒོ་ནས་མདོ་སྔགས་མཐའ་དག་བཤད་སྒྲུབ་གང་གི་ཡང་གྲྭ་ཟུར་མ་ཉམས་པར་སྤེལ་བ་འདི་ཉིད་ལགས་པས། ཚུལ་འདི་དག་ལས་བརྩམས་ཏེ་ཅུང་ཟད་སྨྲོང་ན། དེ་ཡང་ཐོག་མར་འཆད་པའི་ཡོན་ཏན་མངའ་ཚུལ་བརྗོད་པ་ལ། གང་འཆད་རྒྱུའི་ཆོས་ནི། མདོ་ལས། སྡུག་བསྔལ་དག་ནི་ཐམས་ཅད་དང་། །སྒྲིབ་པ་ཀུན་སེལ་དམ་པའི་ཆོས། །ཞེས་གསུངས་པ་ལྟར་གང་ཞིག་སྤྱོད་ཅིང་ཉམས་སུ་བླངས་ན་སྡུག་བསྔལ་དང་སྒྲིབ་པ། དེ་དག་གི་རྒྱུ་དང་བཅས་པ་ཟད་པར་བྱེད་

པའི་ཐབས་སུ་འགྱུར་བ་འབའ་ཞིག་ཡིན་ལ། དེ་ཡང་རྒྱུད་བླ་མ་ལས། གང་ཞིག་དོན་ལྡན་ཆོས་དང་ཉེར་འབྲེལ་ཞིང་། །ཁམས་གསུམ་ཀུན་ནས་ཉོན་མོངས་སྤོང་བྱེད་གསུང་། །ཞི་བའི་ཕན་ཡོན་སྟོན་པར་མཛད་པ་གང་། །དེ་ནི་དྲང་སྲོང་གསུང་ཡིན། ཞེས་པ་ལྟར་གྱི་སྤྱོབས་པ་བཞི་ལྡན་ནམ། ཡང་ན། རིགས་པའི་དབང་ཕྱུག་གིས། འབྲེལ་བ་དང་ནི་རྗེས་མཐུན་ཐབས། །སྐྱེ་བུའི་དོན་ནི་རྗོད་བྱེད་ངག །ཅེས་པ་ལྟར་གྱི་ཁྱད་པར་གསུམ་ལྡན་གྱི་རྒྱལ་བའི་བཀའ་དང་། དེའི་དགོངས་འགྲེལ་གྱི་བསྟན་བཅོས་ཚད་ལྡན་ཁོ་ན་ཡིན་ལ། དེ་ལྟ་བུའི་མདོ་རྒྱུད་གང་འཆད་ནའང་ཐོག་མར་འཆད་བྱའི་གཞུང་དོན་ཉིད་ཐུགས་སུ་ཆུད་པར་མཛད་རྗེས་མཁས་མིང་དང་། ཟང་ཟིང་རང་དོན་ཡིད་བྱེད་སོགས་ཀུན་སློང་མ་དག་པའི་དྲི་མ་མཐའ་དག་རྒྱང་རིང་དུ་བསྲིངས་ཏེ། གཞན་ལ་ཕན་འདོད་ཀྱི་བསམ་པ་བྱམས་སྙིང་རྗེ། བྱང་ཆུབ་ཀྱི་སེམས་རིན་པོ་ཆེ་འབའ་ཞིག་གིས་ཀུན་ནས་བསླངས་ཏེ། གང་ཞིག་འཆད་ནའང་རྗོད་བྱེད་ཀྱི་བརྡ་དག་པ། གང་ནས་འཆད་ཀྱང་ཚིག་དོན་འབྲེལ་ཆགས་པ། ཅི་ཙམ་འཆད་ཀྱང་ཚད་ཕ་ཅང་རན་པ། ཇི་ལྟར་འཆད་ཀྱང་ལུང་རིགས་དང་མི་འགལ་བར་དོན་ཤིན་ཏུ་འཐད་པ། གདུལ་བྱའི་དབང་པོ་དང་འཚམ་པར་གོ་རྒྱུ་ཆེ་ཞིང་རྒྱུད་ལ་ཕན་པ། བློ་དང་ལྡན་པ་ཐམས་ཅད་ཀྱི་རྒྱུད་ལ་དགའ་བ་བླན་མེད་པ་སྐྱེད་ནུས་པ་སོགས་ཕྱིར་འཆད་པའི་ཡོན་ཏན་མཐའ་ཡས་པ་མངའ་ཞིང་། ཁྱད་པར་གཞུང་ཆེན་པོ་དག་འཆད་ཚེ། བཤད་བྱ་རྩ་བའི་མདོ་གང་ཡིན་པ་དང་དེའི་ཚིག་དང་དོན་མ་ལུས་ཞིབ་ཏུ་འདོམས་པར་མཛད་ཅིང་། དེ་ནས་རྒྱ་གར་མཁས་པའི་གཞུང་རྩ་འགྲེལ་གང་མཆིས་དང་། དེ་དག་ཏུ་གསུང་ཚུལ་གང་མཆིས་ལྷུག་པར་སྐབས་དབྱེ་ནས་འཆད་པ་དང་། བོད་སྔ་རབས་ཀྱི་མཁས་པས་འགྲེལ་བ་འཐད་ལྡན་དག་དང་། བུ་སྟོན་རིན་པོ་ཆེ་དང་བླ་མ་རེད་འདའ་བ་སོགས་ཀྱི་གཞུང་འགྲེལ་དང་། ཁྱད་པར་ཁམས་གསུམ་འགྲོ་བའི་བླ་མ་ཤར་ཙོང་ཁ་བ་ཡབ་སྲས་ཀྱི་ལེགས་བཤད་གཞིར་བཟུང་ཐོག ཕྱིས་ཀྱི་ཡིག་ཆ་མང་པོར་བསྟུར་ནས་གསུང་ཟིན་མཐུན་པ་དང་མི་མཐུན་པ་རྣམས་ལ་དགག་གཞག་གི་སྤྲོས་པ་རྒྱ་ཆེན་པོ་གནང་སྟེ། དཔེ་དང་

གཏན་ཚིགས་དུ་མའི་སྒོ་ནས་ཚིག་དོན་མ་ལུས་པ་གསལ་པོར་སྟོན་པར་བྱེད་ཅིང་། དེ་ཡང་འོལ་ཚོད་དང་ཕྱོགས་རེ་བ་ཙམ་མ་ཡིན་པར་ཐོག་མར་རྩ་འགྲེལ་སྦྲགས་ཏེ་སློབ་མ་རྣམས་ལ་གཞུང་དོན་གྱི་གོ་བ་གཏིང་ཟབ་ཆགས་པ་ལ་ནན་ཏན་གནང་ཞིང་། དེ་ནས་སྤྱི་དོན་ཚོད་ཆེ་བ་རེ་རེའི་ནང་དུ་འགག་རྩོམ་གལ་ཆེ་ཤོས་ཐམས་ཅད་བསྡུས་ནས་གསུངས་པས་གཞུང་གི་སྤྱི་ཁོག་ཡིད་ལ་འཆར་སླ་བ་དང་། བྱེ་བྲག་གི་དོན་ཚན་སོ་སོའི་སྐབས་ཕྱེ་སྟེ་གསུངས་པས་བརྗོད་བྱ་ཐ་དད་པ་མཐའ་དག་ལ་ངེས་པ་སྐྱེར་ཕྱུལ་ཆེ་བ་དང་། ཚིག་དོན་སྦྲས་ཏེ་ཚིག་གཅིག་ཀྱང་ལུས་པ་མེད་པར་བཤད་པ་གནང་བས་བློ་སྐྱེད་མཐའ་ཚོད་པ་དང་། ཁྱད་པར་གཞུང་གི་དཀའ་གནས་དང་དོགས་པ་ཡོད་པ་དག་གི་ཐད་ལ་དགག་གཞག་དང་བཅས་ཏེ་ལུང་དང་རིགས་པས་བརྟར་ཤ་བཅད་དེ་གསུངས་པས། ཆོས་ཉན་པའི་གྲལ་དེར་ཡོད་པའི་མཁས་པ་རྣམས་ལ་གཞུང་གི་དཀའ་གནས་ཀྱི་སྟེང་ནས་བློ་སྐྱེད་ཆེན་པོ་དང་བློ་དམན་རྣམས་ལའང་རང་རང་གི་དབང་པོ་དང་འཚམ་པའི་བློ་སྐྱེད་རེ་མི་འབྱུང་བ་མི་སྲིད་པ་ནི། གསུང་གི་བདུད་རྩི་ལ་ལོངས་སྤྱོད་པའི་སྐལ་བཟང་ཅན་ཐམས་ཅད་ལ་མཐུན་སྣང་དུ་གྲུབ་པ་ཞིག་ཡིན་ནོ། །ལམ་རིམ་དང་བློ་སྦྱོང་། བསྐྱེད་རྫོགས་སོགས་ཀྱི་གཟབ་ཁྲིད་གནང་བའི་ཚེ་གཞན་གྱི་ཟེར་སློས་དང་བཤད་ཡམ་ཙམ་མ་ཡིན་པར་ཉིད་ཇི་ལྟར་ཐུགས་ཉམས་སུ་བཞེས་པའི་སྨྱོང་ཐོག་ནས་འཆད་པར་མཛད་ཅིང་། ཟབ་གནད་མ་ལུས་པ་རྫོགས་པར་སྟོན་པ་གནང་བས། གདུལ་བྱའི་རྒྱུད་ལ་ཉམས་ལེན་གྱི་རིམ་པ་རྣམས་ངོ་འཕྲོད་ཅིང་འཆར་སླ་བ་དང་། དབང་དང་རྗེས་གནང་སོགས་གནང་བའི་ཚེ་ཕྱག་ལེན་ཕྲ་མོ་ལའང་སླ་ཆེས་གཏན་ནས་མི་གནང་བར་མཁས་གྲུབ་གོང་མ་རྣམས་ཀྱི་ཕྱག་ལེན་མཐོང་རྒྱུད་ཇི་ལྟ་བ་བཞིན་མཛད་པ་དང་། རབ་བྱུང་དང་བསྙེན་རྫོགས་ཀྱི་མཁན་པོ་གནང་བའི་ཚེ་ཆོས་འདུལ་བའི་དགོངས་དོན་དང་འདུལ་འཛིན་གོང་མ་རྣམས་ཀྱི་ཕྱག་སྲོལ་ཇི་ལྟ་བ་བཞིན་གནང་བ་ལས། ཕྱག་ལེན་ཕྲ་མོ་ཙམ་ལ་ཡང་བཅོས་བཅོས་དང་སླ་ཆོས་གཏན་ནས་གནང་བར་མི་མཛད་པ་དང་། ས་ཁྲི་ལོ་ནས་དཔེ་གཟིགས་རྒྱ་ཆེར་གནང་བའི་གོ་སྐབས་མེད་པར་བསྒྲང་བྱ་བཅུ

ཐུག་འགའ་འདས་ཤིང་། ཕྱིས་དགུང་ལོ་བགྲེས་ཚུལ་བཞེས་ནའང་། དཔེ་ཁྲིད་གནང་སྐབས་སུ་རྒྱ་བོད་ཀྱི་གཞུང་གང་ཞིག་འདྲེན་དགོས་ནའང་ཐུགས་ཐོག་ནས་ཤར་ཤར་འགྲོ་བ་དང་། གཞུང་གི་དཀའ་གནས་དང་སྙན་རྒྱུད་མན་ངག་རྣམས་གསུངས་པའི་ཚེ་རྒྱ་བོད་ཀྱི་གཞུང་མང་པོའི་གསུང་ཚུལ་འདྲ་མིན་དག་དང་བླ་མ་གོང་མ་རྣམས་ཀྱི་གསུང་རིས་ཚུང་ཟད་ཀྱང་མ་བསྣེལ་པར་སྨོས་བ་གནང་བས། དགེ་བའི་བཤེས་གཉེན་ཆེན་པོ་དག་ཀྱང་ཐུགས་ཤིན་ཏུ་ངོ་མཚར་ཏེ། འདི་ནི་མ་མཐའང་མི་བརྗེད་པའི་གཟུངས་ཐོབ་པའམ་ལྷག་པའི་ལྷས་རྗེས་སུ་བཟུང་བའི་རྟགས་མཚན་བླ་ན་མེད་པ་ཞིག་ཏུ་ངེས་ཏེ། གཞན་དུ་ན་འདི་ལྟ་བུ་ག་ལ་འོང་། ཞེས་བསྔགས་པ་བརྗོད་པ་བདག་གིས་དངོས་སུ་ཐོས་སོ། །དེ་ལྟར་བསྟན་པ་རིན་པོ་ཆེ་མཆོག་ཏུ་གཅེས་པར་དགོངས་པའི་ལེགས་མཛད་དང་། འཆད་པའི་ཡོན་ཏན་ཤིན་ཏུ་རྒྱ་ཆེན་པོ་མངའ་ནའང་ཇི་ལྟ་བ་བཞིན་ནི་ཡི་གེས་མཚོན་པའི་གནས་མིན་པ་མཁྱེན་པར་བྱའོ། །རྩོད་པའི་ཡོན་ཏན་རྣམ་དུ་བྱུང་བ་མངའ་བའི་ཚུལ་ཡང་། ཇི་སྐད་དུ། རྒྱལ་དང་ཕ་རོལ་ཕམ་སྤྱངས་པས། །ཉེ་བར་ཞི་བའི་བདེ་བ་ཐོབ། །ཅེས་གསུངས་པ་ལྟར་རང་ཉིད་རྒྱལ་བ་དང་གཞན་ཕམ་འདོད་སོགས་ཀུན་སློང་ངན་པ་ཐམས་ཅད་རིང་དུ་དོར་ཏེ་རང་གིས་དོན་དེ་ཉིད་གསལ་བར་རྟོགས་པར་འདོད་པའི་གྲུས་པ། གཞན་གྱི་ལོག་རྟོག་སེལ་བར་འདོད་པའི་སྙིང་རྗེ། ཕ་རོལ་པོ་ལ་ཟབ་མོའི་དོན་སྟོན་པར་འདོད་པའི་བྱམས་པ། རྒྱལ་བའི་བསྟན་པ་རིན་པོ་ཆེ་རིང་དུ་གནས་པར་འདོད་པའི་ལྷག་བསམ་བཅས་ཀྱིས་ཀུན་ནས་བསླང་སྟེ། ཕན་ཚུན་ཤགས་འགྱེད་པ་ཙམ་དང་། རྩ་བའི་ཚིག་དོན་གར་སོང་མི་ཤེས་པར་སྐབས་མ་ཡིན་པའི་རྩོད་པས་ཁ་རྩལ་འགྲན་པ་ལྟ་བུ་གཏན་ནས་མི་གནང་བར། བཞིན་གྱི་མདངས་གསལ་ཞིང་རྣམ་དཔྱོད་མཛེས་པ། དོན་དང་ལྡན་པའི་གསུང་སྒྲ་ཞིང་ཕ་རོལ་པོ་དམའ་འབེབས་པའི་ཚིག་མདའ་མི་འཕེན་པ། རྩ་འགྲེལ་གྱི་དོན་ལ་གཞོལ་ཞིང་ལུང་དང་རིགས་པའི་སྒྲུབ་བྱེད་རྣོ་ལ་གསལ་བ་བཅས་ཀྱི་སྒོ་ནས་གཞུང་ལུགས་རྒྱ་མཚོ་ལྟ་བུ་ལ་ཐོས་བསམ་གྱི་ངལ་བ་མང་དུ་བརྟེན་པའི་མཁས་པའི་ཚོགས་དང་ལྷན་ཅིག་ཏུ། མདོ་སྔགས་ཀྱི་གཞུང་ཆེན་

པོ་རྣམས་ཀྱི་དཀའ་བའི་གནས་བརྒྱལ་བརྟགས་ཀྱིས་གཏན་ལ་འབེབས་པར་མཛད་པའི་ཚོ། ཐལ་འགྱུར་དང་གཏན་ཚིགས་ཀྱིས་ཕ་རོལ་བའི་ལོག་པར་བཟུང་བའི་དམ་བཅའ་རྣམས་བྱེ་མའི་འཆང་བུ་ལྟར་ཞིག་པར་གྱུར་ནས་དེ་དག་གི་མཁས་པའི་སྙེམས་པ་གཏོར་བས་སྐྲག་པ་དང་འདར་བ་དང་ཞུམ་པའི་ངང་ཚུལ་ལྟར་བཞིས་སུ་བཙུག་པ་མང་པོ་བྱུང་སྣང་ལ། གཞན་གྱིས་བརྒྱལ་བ་ལ་ལན་གནང་པའི་ཚེ་ཡང་ལྷག་ཆད་ནོར་འཁྲུལ་སོགས་ཀྱི་སྐྱོན་དང་བྲལ་ཞིང་། གཞུང་སོ་སོའི་སྤྱི་སྐད་དང་། གྲུབ་མཐའ་སོ་སོའི་འདོད་ཚུལ་མ་འདྲེས་པར་ལུང་རིགས་དང་མཐུན་པའི་ལེགས་བཤད་བདུད་རྩིས་གཟྲ་བོར་གནས་པའི་དཔྱོད་ལྡན་རྣམས་མཆོག་ཏུ་ཚིམ་པར་མཛད་ཅིང་། སྨྲགས་འཚོལ་འདོད་པ་དག་གིས་ལུང་རིགས་མཐའ་ཡས་པ་དང་། ཐ་ན་གཡོ་ཟོལ་སྣ་ཚོགས་ལག་ཏུ་བསྟར་ཏེ་གནོད་བྱེད་ཁབ་འགྲོ་འབུག་འགྲོ་ཇི་ལྟར་བྱས་ཀྱང་། གང་གཞིར་བཞག་པའི་གྲུབ་མཐའི་གནད་ལས་མི་འདའ་ཞིང་། དམ་བཅའ་རྣམས་རྡོ་ལ་བཏབ་པའི་ཐུར་བ་ལྟར་གྱུར་ཏེ། ཞལ་འཛིན་ལ་ལྟོག་འཇུག་གི་སྨྲགས་འཚོལ་བའི་སྐབས་གཏན་ནས་མི་སྙེད་པ་དང་། དམ་བཅའ་ཆེན་མོ་དང་། འཛིན་གྲྭ་གཏུགས། ཕར་ཕྱིན་སྔོན་མོའི་དམ་བཅའ། གྲལ་འཁོར་ཚོགས་གླེང་སོགས་རྩོད་པ་གནང་བའི་སྐབས་གང་དུའང་ཉིད་ཀྱི་སློབས་པ་ཡོངས་སུ་གཏུགས་ནས་རྩོད་པ་མཚམས་བྱས་པ་ཞིག་ཡུལ་དུས་གང་དུའང་མ་བྱུང་ལ། སྙིགས་དུས་འདིར་ཕྱོགས་སྣང་ཆེས་གྲགས་མངོན་སུམ་དུ་ཕྱིན་པ་དང་མཚུངས་པའི་རིགས་པའི་རྒྱལ་ཛ་བརྟུང་བར་མཛད་པའི་ཕྱོགས་ཐམས་ཅད་ལས་རྣམ་པར་རྒྱལ་བའི་རྩོད་པའི་ཁྲུ་མཆོག་འདི་འདྲ་ནི། སྲིད་མཐའ་ཙམ་ལས་མི་སྣང་ངོ་། །རྩོམ་པའི་ཡོན་ཏན་བླ་ན་མེད་པ་མངའ་བའི་ཚུལ་ཡང་། བསྡུ་བ་ལས་བསྟན་བཙོས་རྩོམ་པའི་རྒྱུའི་ཀུན་སློང་དྲུག་དང་། རྩོམ་པ་པོ་ལ་ཡོན་ཏན་བཞི་ལྡན་དགོས་པར་གསུངས་པ་རྣམས་དམ་པ་འདི་ལ་ཡར་ལྡན་གྱིས་ཚང་ན་ཡང་དེ་དག་རེ་རེ་དང་སྦྱར་ཏེ་རྒྱ་ཆེར་སྤྲོས་ན་ཡིག་ཚོགས་ཆེ་བར་འགྱུར་བས་མི་འབྲི་ལ། ཡོངས་གྲགས་ལྟར་བསྟན་བཙོས་རྩོམ་པ་ཕུན་སུམ་ཚོགས་པ་འབྱུང་བའི་རྒྱུ་ལ་ཤེས་བྱ་རིག་པའི་གནས་ལྔ་ལ་མཁས་པ། རྫོགས་པའི་སངས་རྒྱས་ནས

བཟུང་སྟེ་དམ་པ་བར་མ་ཆད་པའི་མན་ངག་དང་ལྡན་པ། བླ་མ་དང་ཡི་དམ་གྱི་གསུང་གིས་གནང་བ་ཐོབ་པ་གསུམ་ཡོད་ཅིང་། དེ་དག་རེ་རེས་ཀྱང་གཞུང་རྩོམ་ནུས་ན། རྗེ་འདི་ལ་དེ་གསུམ་ག་ཕུན་སུམ་ཚོགས་པར་ཚང་བས་གཞུང་རྩོམ་པའི་རྒྱ་ཆད་དུ་བྱུང་བ་མངའ་བ་ཡིན་ནོ། །དེར་བརྟེན་མཁས་གྲགས་དང་འཇིག་རྟེན་ཚོས་བརྒྱད་ཀྱིས་མ་གོས་ཤིང་། ཐུགས་རྒྱལ་གྱི་རྣམ་པ་ཙུང་ཟད་ཀྱང་མེད་པར་གཞན་གྱི་སྡུག་བསྔལ་སེལ་བར་འདོད་པའི་སྙིང་རྗེ། གཞན་གྱི་གཞུང་དོན་རྟོགས་པ་ལ་ཕན་འདོགས་པར་འདོད་པའི་བྱམས་པ། རང་གཞན་གྱི་རྒྱུད་ལ་དགེ་ཙ་ལྷབས་པོ་ཆེ་བསྐྱུན་འདོད་ཀྱི་ལྷག་བསམ་བཅས་ཀྱིས་བསྟན་བཅོས་པོད་ཆེན་ལྔ་བཀའ་རྩོམ་གནང་བ་ལས། སྟོན་པའི་རྣམ་ཐར་ནི་ཇོ་ནང་སྒྲོལ་བའི་མགོན་པོའི་ལེགས་བཤད་གཞིར་བཟུང་ཐོག་མདོ་རྒྱུད་ལས་བྱུང་བའི་སྟོན་པའི་མཛད་པ་དག་ཕྱོགས་གཅིག་ཏུ་བསྡུས་ནས་བརྩམས་པ་ཡིན་ལ། རྒྱན་འཇུག་གི་འགྲེལ་བ་སོགས་ནི་གཞུང་གི་འབྲུ་འགྲེལ་གཙོར་མཛད་ནས་བརྩམས་པ་དང་། མངོན་པ་མཛོད་ཀྱི་ཟུར་མཆན་སོགས་ནི་ཐོག་མར་གཞུང་གི་སྤྱི་ཁོག་ལེགས་པར་བཟུང་སྟེ། དཀའ་བའི་གནད་རྣམས་སྟོན་པ་གནང་ཞིང་། གཞུང་གཞན་གྱི་ལུང་མང་པོས་ཟུར་བརྒྱན་ཏེ། དེ་དག་ཕན་ཚུན་གྲུང་བསྒྲིགས་ནས་ལུང་རིགས་ཀྱིས་བདར་ཤ་ལེགས་པར་བཅད་དེ་བརྩམས་པ་ཡིན་ནོ། །རྗེ་འདིས་མདོ་སྔགས་ཀྱི་གཞུང་ཆེ་བ་དག་དང་། ཐ་ན་ཚིགས་བཅད་ཤོ་ལོ་ཀ་ཡན་ཆད་ཀྱི་བཀའ་རྩོམ་གང་གནང་ཐམས་ཅད་འགལ་ཟླས་མ་འབྲེལ་བ་དང་། ནོར་འཁྲུལ་སོགས་ཀྱི་སྐྱོན་དང་བྲལ་ཞིང་། བརྗོད་བྱའི་གཞུང་དོན་བསྡིང་ཞིང་ཟབ་པ་རྣམས་ཀྱང་སྐབས་ཕྱེ་ནས་གསལ་བའི་ཚིག་གིས་གྲོལ་བས་རྟོགས་སླ་བ། རྗོད་བྱེད་ཚིག་གི་སྡེབས་སྦྱོར་ཤིང་སྙན་ཞིང་འཇེབས་ལ་འབྲེལ་ཆགས་ཤིང་ཀློག་བདེ་ལ་ཉན་སྦྲོ་བ། ཚིག་གོང་འོག་མི་ཟློས་ཤིང་ཕྱི་མ་སྔ་མའི་སྒྲུབ་བྱེད་དུ་འགྲོ་ལ་ཚགས་དམ་པ། སྟོད་རྒྱ་མེད་པའི་སོགས་སྒྲས་དཔེན་ཅིང་དཀའ་བའི་གནས་རྣམས་གནད་དུ་བཟུང་ནས་མཐའ་ཆོད་པར་སྟོན་པ་སྟེ། མདོར་ན་གང་གི་བཀའ་རྩོམ་དག་ལ་བརྗོད་བྱ་རྗོད་བྱེད་གང་ཐད་ནས་རྟོག་གེ་ལ་སྦྱངས་པ་དག་གིས་ལན་གྲངས་བརྒྱ་སྟོང་དུ

དཔྱད་ཀྱང་། སྐྱོན་གྱི་ཆ་ཕྲ་མོ་ཙམ་ཡང་རྙེད་པའི་སྐབས་མེད་པར་མ་ཟད། མང་ཐོས་གཟུ་བོར་གནས་པའི་མཁས་པ་རྣམས་མགུ་བ་སྐྱེད་པའི་ལེགས་བཤད་ཆེས་རྨད་དུ་བྱུང་བ་འབའ་ཞིག་དང་། སྐལ་བཟང་བློ་གསལ་ཐར་པར་འདོད་པ་རྣམས་ཀྱི་བློ་གྲོས་ཀྱི་པདྨོ་འབྱེད་པའི་སྣང་བྱེད་དང་། ཐར་ལམ་ལེགས་པར་གསལ་བའི་སྒྲོན་མེ། ཐུབ་བསྟན་ནོར་བུའི་ཁང་བཟང་མཛེས་པར་བྱེད་པའི་རྒྱན་དུ་གྱུར་བ་ཁོ་ན་ཡིན་ནོ། །དེ་ལྟ་བུའི་ལེགས་བཤད་བཀའ་རྩོམ་གནང་བ་ཡང་སངས་རྒྱས་བཅོམ་ལྡན་འདས་ཤཱཀྱ་ཐུབ་པའི་མཛད་ཆེན་གྱི་བསྟོད་པ་པདྨ་དཀར་པོ། རྒྱལ་བ་ཤཱཀྱ་ཐུབ་པའི་མཛད་ཆེན་རྣམ་པར་ཐར་བ་པདྨ་དཀར་པོའི་ཕྲེང་བ། འདུལ་བའི་གཞི་གསུམ་ཉམས་སུ་ལེན་ཚུལ་བརྗེད་བྱང་དུ་བཀོད་པ། བློ་སྦྱོང་དོན་བདུན་མའི་འགྲེལ་བ་མན་ངག་བདུད་རྩིའི་ཆུ་རྒྱུན། ཁྱད་པར་འཕགས་བསྟོད་ཀྱི་འགྲེལ་པ་ངོ་མཚར་ནྱུ་ཏིག་ཕྲེང་བ། ལྷ་ལས་ཕུལ་བྱུང་གི་བསྟོད་པའི་འགྲེལ་བ་རྨད་བྱུང་ནྱུ་ཏིག་ཕྲེང་བ། ཆོས་མངོན་པ་མཛོད་ཀྱི་ཚིག་ལེའུར་བྱས་པའི་མཆན་འགྲེལ་ཉི་མའི་འོད་ཟེར། དམ་པའི་ཆོས་མངོན་པ་མཛོད་ཀྱི་ཟུར་མཆན་ཡིད་ཀྱི་མུན་སེལ། ཤེས་རབ་ཀྱི་ཕ་རོལ་ཏུ་ཕྱིན་པའི་མན་ངག་གི་བསྟན་བཅོས་མངོན་པར་རྟོགས་པའི་རྒྱན་གྱི་འགྲེལ་བ་ཚིག་དོན་གསལ་བའི་སྣང་བ། བསྟན་བཅོས་ཆེན་པོ་དབུ་མ་འཇུག་པའི་འགྲེལ་བ་དོན་གསལ་བ། འགྲེས་ཀང་བརྒྱ་རྩ་བརྒྱད་ཀྱི་རྣམ་བཤད་གསུང་རབ་སྒྲོན་མེ། གཏན་ཚིགས་རིག་པའི་སྣང་བ། ཆོས་གསུམ་གྱི་རྣམ་གཞག་མཁས་པའི་གསུང་རྒྱུན། ཤེར་མདོའི་སྙིང་གཞི་དང་མངོན་རྟོགས་རྒྱན་འགྲེལ་བ་དང་བཅས་པའི་མཆོད་བརྗོད་ཀྱི་སྐབས་ཙུང་ཟད་བཤད་པ་ཕར་ཕྱིན་རྒྱ་མཚོའི་འཇུག་ངོགས། བསྟན་བཅོས་ཆེན་པོ་ཚད་མ་རྣམ་འགྲེལ་གྱི་ལེའུ་གཉིས་པའི་འགྲེལ་བ་རིགས་པའི་མེ་ལོང་། ལས་འབྲས་ཀྱི་རྣམ་གཞག་ཙུང་ཟད་བརྗོད་པ་མང་ཐོས་ཀུན་པོའི་འབེལ་གཏམ། ཐེག་པ་ཆེན་པོ་རྒྱུད་བླ་མའི་བསྟན་བཅོས་ཀྱི་བསྡུས་དོན་རིན་ཆེན་སྒྲོན་མེ། དམ་པའི་ཆོས་འདུལ་བ་སྤྱིའི་རྣམ་གཞག་ཚངས་སྤྱོད་བདུད་རྩིའི་རོལ་མཚོ། བཅོམ་ལྡན་ཀུན་རིག་རྣམ་པར་སྣང་མཛད་ཆེན་པོའི་བསྙེན་ཡིག་ཕན་བདེ་དཔལ་སྟེར། འཇིགས་བྱེད་

ཀྱི་བསྙེན་ཡིག བཀའ་བོད་ལྔའི་ས་བཅད། སུམ་ཅུ་པའི་འགྲེལ་པ། བསྙེན་གནས་ཀྱི་འབོག་ཆོག གཙན་ཚའི་མ་ཧེའི་དཀར་ཆག སྨན་གྱི་རྩ་བ་ཐུགས་རྒྱུད་ཀྱི་འགྲེལ་པ། རྩའི་ཕྱག་ལེན། རྡི་ཚའི་སྦྱིག་ཡིག རྟགས་ཀྱི་ཟིན་བྲིས་སོགས་བཞུགས་སོ། །གོང་ནས་རྗེ་བཙུན་བླ་མ་མཆོག་གི་ཐོས་བསམ་སྒོམ་པ་དང་འཆད་རྩོད་རྩོམ་པ་སོགས་ཀྱི་ཡོན་ཏན་ཅུང་ཟད་བརྗོད་པ་འདི་ཡང་སྐྱེན་ངག་གི་རབ་རྟོག་དང་ཟློལ་བསྟོད་ལྟ་བུ་མ་ཡིན་པར་རྒྱུས་ཡོད་གཟུར་གནས་དང་ལྡན་ཡོངས་ལ་ཐུན་མོང་དུ་གྲུབ་པ་ཞིག་ཡིན་པར་མ་ཟད། ཁྱད་པར་མཁས་གྲུབ་དམ་པ་འགའ་ཞིག་གིས་མགོན་པོ་གང་ལ་བསྔགས་པ་གནང་བའི་གསུང་ཚད་མ་ལ་བརྟེན་ནས་བྲིས་པ་ཡིན་པས། དེའི་ཚུལ་ཅུང་ཟད་འགོད་ན། སྤངས་རྟོགས་ཡོན་ཏན་བྱེ་བའི་མངའ་བདག་ཐུབ་བསྟན་འཛིན་པ་ཀུན་གྱི་དབུས་ན་རྒྱལ་མཚན་གྱི་ཏོག་ལྟར་མངོན་པར་མཐོ་བ་རྗེ་ཀུང་ཐང་བས། རྣམ་དག་བསླབ་གསུམ་རྩ་བ་རབ་བརྟན་ཅིང་། མདོ་སྔགས་ཆོས་ཚུལ་གཟིགས་པའི་ཡེ༵་ཤེས༵་ཀྱིས། །ཡོན་ཏན་པོ་ལག་རྒྱ༵་མཚོ༵འི་ཕྲེན་བརྒྱལ་བ། །བཤེས་གཉེན་དཔག་བསམ་དབང་པོར་གསོལ་བ་འདེབས། །འདུལ་བ་འབུམ་སྡེར་ཡོན་ཤཱཀྱ་རྣམ་གཉིས་དང་། །ཚད་མའི་གཞུང་ལ་ཕྱོགས་སྣང་ཆོས་གྲགས་བཞིན། །མངོན་པའི་སྡེ་ལ་ཐོགས་མེད་སྐུ་མཆེད་དང་། །དབུ་མའི་གཞུང་ལ་ཀླུ་སྒྲུབ་ཡབ་སྲས་ལྟར། །མིང་ཙམ་མིན་པའི་དོན་གྱི་དགེ་བའི་བཤེས། །དཔལ་ལྡན་བླ་མ་ཁྱེད་ལ་གསོལ་བ་འདེབས། །འདི་དང་ཕྱི་མ་བར་དོའི་གནས་སྐབས་སུ། །འབྲལ་མེད་དགྱེས་བཞིན་རྗེས་སུ་གཟུང་དུ་གསོལ། །དེང་ནས་སྐྱེ་བའི་ཕྲེང་བ་ཐམས་ཅད་དུ། །ཁྱོད་དང་རྨི་ལམ་དུ་ཡང་མི་འབྲལ་ཞིང་། །ཟབ་རྒྱས་གསུང་གི་བདུད་རྩིའི་རོ་མྱང་སྟེ། །ཟུང་འཇུག་རྡོ་རྗེ་འཆང་གི་ས་ཐོབ་ཤོག །ཅེས་དགེ་བའི་བཤེས་གཉེན་ཆེན་པོ་ཡེ་ཤེས་རྒྱ་མཚོའི་རྗེས་འཛིན་གསོལ་འདེབས་འདི་ཡང་དད་བརྩོན་ལྡན་པ་ཡོན་ཏན་རྒྱ་མཚོས་བསྐུལ་ངོར ༄ ཤཱཀྱའི་དགེ་སློང་ཀུང་ཐང་བསྟན་པའི་དབང་ཕྱུག་གིས་བྲིས་པའོ། །ཞེས་དང་། རྒྱལ་བསྟན་གསལ་བའི་སྒྲོན་མེ་མཁས་ཤིང་གྲུབ་པའི་དབང་ཕྱུག་ལ་མོ་ཡོངས་འཛིན་རིན་པོ་ཆེས་ཀྱང་། རྒྱལ་བ་ཀུན་གྱི་ཡེ༵་

ཤེས༷་འཇམ་དཔལ་དབྱངས། །ངུར་སྨྲིག་གར་མཛད་བློ་བཟང་དང་པོའི་མགོན། །དཀྱིལ་འཁོར་རྒྱ༷་མཚོ༷འི་བདག་པོར་མངོན་བཞེངས་པ། །དྲིན་ཅན་རྩ་བའི་བླ་མར་གསོལ་བ་འདེབས། །ཡེ༷་ཤེས༷་ལྷ་ལྷན་རྒྱལ་བ་ཙོང་ཁ་བའི། །དྲི་མེད་ལུགས་བཟང་མདོ་སྔགས་བསྟན་པའི་གནད། །བཤད་དང་སྒྲུབ་པས་རྒྱ་མཚོའི་གོས་ཅན་མཐར། །སྤེལ་མཛད་དྲིན་ཅན་བླ་མར་གསོལ་བ་འདེབས། །གཞོན་ནུ་ཉིད་ནས་མཁས་པའི་དེད་དཔོན་ལ། །བརྟེན་ནས་མདོ་རྒྱུད་གཞུང་ལུགས་རྒྱ་མཚོའི་འཛིངས། །ཐོས་བསམ་སྒོམ་པའི་གྲུ་ཡིས་ཉེར་བརྒལ་ནས། །རྒྱལ་བའི་གདུང་འཚོབ་གྱུར་ལ་གསོལ་བ་འདེབས། །རབ་འབྱམས་གཞུང་བརྒྱ་མང་དུ་ཐོས་པས་མཁས། །སྡོ་གསུམ་བག་ཡོད་ཁྲིམས་ཀྱིས་བསྡམས་པས་བཙུན། །གཞན་ཕན་རིན་ཆེན་སེམས་མཆོག་འབྱོངས་པས་བཟང་། །ཐེག་མཆོག་དགེ་བའི་བཤེས་ལ་གསོལ་བ་འདེབས། །འཆད་པས་མདོ་སྔགས་བདུད་རྩིའི་ཆུ་གཏེར་འགྱེད། །རྩོད་པས་སྨྲ་ངན་རྒོལ་བའི་དྲ་བ་གཅོད། །རྩོམ་ངག་ཚངས་སྲས་དབྱངས་ཀྱིས་མཁས་ཀུན་མགུ། །སྨྲ་བའི་འདྲེན་པ་མཆོག་ལ་གསོལ་བ་འདེབས། །ལྷག་བསམ་ཆུ་འཛིན་དྲ་བ་དཀྲིགས་པ་ལས། །ཟབ་རྒྱས་མན་ངག་དམ་ཆོས་བདུད་རྩིའི་ཆར། །སྐལ་ལྡན་ཡིད་ཀྱི་ཞིང་སར་འབེབས་མཁས་པ། །བཤེས་གཉེན་སྨྲ་ཡི་དབང་པོར་གསོལ་བ་འདེབས། །ཚེ་སྦྱིན་ལྷ་ཡི་གསང་གསུམ་བྱིན་རླབས་དང་། །འཁོར་འདས་བརྟན་གཡོའི་དྭངས་བཅུད་ཀུན་བསྡུས་པ། །མི་ཤིག་སྲོག་གི་ཟུངས་སུ་ཉེར་སྨིན་ནས། །ཁྱོད་ཞབས་རྡོ་རྗེའི་ཁམས་སུ་རྟག་བརྟན་ཤོག །མགོན་ཁྱོད་སྐྱབས་ཀུན་འདུས་པའི་བདག་ཉིད་དུ། །རྩེ་གཅིག་དད་གདུང་དྲག་པོས་གསོལ་འདེབས་ན། །ཚེ་རབས་ཕྲེང་བར་འབྲལ་མེད་རྗེས་བཟུང་ནས། །གསང་འཛིན་སྲས་ཀྱི་ཐུ་བོར་འགྱུར་བར་ཤོག །རྒྱལ་ཀུན་དགོངས་བཅུད་བློ་བཟང་རྒྱལ་བའི་བསྟན། །བཤད་དང་སྒྲུབ་པས་རྫོགས་ལྡན་དཔལ་ངོམས་པ། །གང་དུ་ཐེག་མཆོག་རྟེན་བཟང་རིམ་བརྒྱུད་ནས། །སྐྱིད་དགུའི་འདྲེན་པ་མཆོག་ཏུ་མྱུར་འགྲུབ་ཤོག །གང་ཤར་བླ་མའི་གསང་གསུམ་

རྣམ་རོལ་ཏུ། །བལྟ་བའི་གསལ་སྣང་ཏིང་འཛིན་མཐར་ཕྱིན་ཅིང་། །ཕྲ་བའི་རླུང་སེམས་
བླ་མའི་གསང་གསུམ་དུ། །མངོན་པར་བཞེངས་པའི་ལམ་བཟང་མྱུར་འགྲུབ་ཤོག །རབ་
འབྱམས་རྒྱལ་བ་སྲས་དང་བཅས་པས་ཀྱང་། །བདག་སོགས་སྨོན་པའི་དོན་རྣམས་ཡིད་
བཞིན་དུ། །ལྷུན་གྱིས་གྲུབ་པའི་དྲང་སྲོང་བདེན་པའི་དབྱངས། །ཕྱོགས་ཀྱི་འཁོར་ལོའི་
ཐྲིན་དུ་འཁྲོལ་གྱུར་ཅིག །ཅེས་གཞུང་བརྒྱ་སྨྲ་བའི་བཤེས་གཉེན་མཁས་བཙུན་བཟང་
གསུམ་གྱི་བདག་ཉིད་ཆེན་པོ ༴ རྗེ་ཡེ་ཤེས་རྒྱ་མཚོའི་ཞལ་སྔ་ནས་ཀྱི་ཚེ་རབས་རྗེས་འཛིན་
གྱི་གསོལ་འདེབས་སྨོན་ཚིག་འདི་ལྟ་བུ་ཞིག་དགོས་ཞེས་འབྱམས་ཡུའི་དགོན་བཀྲ་ཤིས་དགེ་
འཕེལ་གླིང་གི་ཛ་སག་དྷ་བླམ་ཁྲི་སྤྲུལ་རིན་པོ་ཆེ་བློ་བཟང་ལུང་རྟོགས་རྒྱ་མཚོས་བསྐུལ་བ་ལ་
བརྟེན་ནས་ལྷ་མོའི་ཡོངས་འཛིན་མིང་ཙམ ༴ བློ་བཟང་མཁས་གྲུབ་རྒྱ་མཚོ་ནས་ཉི་མ་
བྱང་བགྲོད་ཀྱི་འཕེལ་བ་གསར་རྩོམ་གྱི་དུས་ཆེན་དགེ་བར་མང་ཡུལ་གྱི་ཆོས་གྲྭ་རྣམ་དག་
ཁྲིམས་ལྡན་གླིང་ནས་བྲིས་པའོ། །ཞེས་སོ། །དེ་ལས་གཞན་མཁས་གྲུབ་དམ་པ་མང་པོས་
ཡིག་ལམ་ནས་བསྔགས་ཚུལ་མཆིས་མོད་ཡི་གེ་མང་དུ་དོགས་ནས་མ་བཀོད་དོ། །གཞན་
ཡང་། སྐུ་གཟུགས་དྲང་ཞིང་ཤིན་ཏུ་བརྗིད་པ་དང་། ཕྱག་ཞབས་ཀྱི་མཐིལ་སྐྱོམས་ཤིང་
སྤྱན་དང་སྙན་སོགས་ལ་མཚན་དཔེའི་ཉམས་དོད་པ་དང་། དགུང་ལོ་ཆེས་བགྲེས་ཚུལ་
བཞེས་སྐབས་ཀྱང་ལྷང་བ་ཡངས་ཤིང་བགྲེས་རྒུད་ཀྱི་རྣམ་པ་ཆེར་མི་མངོན་པ་དང་། ཞལ་
འཛུམ་བག་དང་ལྡན་ཞིང་འཇིག་རྟེན་གྱི་བདེ་སྡུག་ཅི་འདྲ་ཞིག་དང་འཕྲད་ཀྱང་དགའ་སྡུག་
ཁྲོ་ཆགས་ཀྱི་རྣམ་པས་ཚུབ་ལང་མི་མཇེད་པ་དང་། ཀུན་གྱིས་གུས་པས་བཀུར་ན་ཡང་ང་
རྒྱལ་གྱི་རྣམ་པ་ཙུང་ཟད་ཀྱང་མི་གནང་བར་ཀུན་ལ་བསྟུན་མཁས་མཛད་པ་དང་། མཁས་
པ་དང་གྲུབ་པའི་སྐྱེ་བོ་རྣམས་དང་གཞན་གྱི་སློབ་དཔོན་དང་བླ་མའི་མཆོག་སྤྲུལ་སོགས་དང་
མཇལ་ཚེ་རིམ་པ་དང་འཚམ་པའི་ཞེ་ས་བསྟོབ་ཅིང་། རང་ཉིད་ཀྱིས་དམན་ས་འཛིན་པ་
དང་། ཐོས་བསམ་སྒོམ་གསུམ་དང་བསྟན་འགྲོའི་དོན་ལ་སྐྱོ་ངལ་མེད་ཅིང་། ཚ་གྲང་
བཀྲེས་སྐོམ་སོགས་རྐྱེན་གང་ལ་ཡང་བསྲན་ཐུབ་པས་ངང་ཚུལ་བརྟན་པ་དང་། མི་སུ་ཡིན་

ཡང་དྲུང་དུ་འཁོད་མ་ཐག་ཡིད་དགའ་ལྷང་གིས་འགྲོ་ཞིང་། ཡུན་རིང་སྡོད་འདོད་འབྱུང་ལ་འབྲལ་མི་ཕོད་པ་དང་། གཞན་ལ་དམའ་འབེབས་དང་ཁྱད་གསོད་གཏན་ནས་མི་མཛད་པར་དེ་དག་ལ་ཡོན་ཏན་ཅུང་ཟད་རེ་ཡོད་ན་རང་རང་གི་ཡོན་ཏན་ལས་བཙམས་ཏེ། དགེ་བའི་བཤེས་གཉེན་ཞེས་དང་། ལྷ་རིག་མཁས་པ་ཞེས་དང་། རིགས་པ་སྨྲ་བ་ཞེས་སོགས་ཆེ་བརྗོད་གནང་བ་དང་། གྲུབ་མཐའ་དང་སྟེ་དགོན་གྱི་ཕྱོགས་རིས་གཏན་ནས་མི་གནང་ལ། གཞན་དག་གིས་དེ་དག་ལ་བཙམས་པའི་གཏམ་ཞུས་པ་ན་ཐུགས་མི་དགྱེས་པའི་ཚུལ་གནང་སྟེ། འཕྲལ་དུ་བཀག་ནས་དེ་དག་ཆོས་སྤྱོང་གི་ཉེས་པ་སོགས་ལས་ཟློག་པར་མཛད་པ་དང་། དགེ་བའི་བཤེས་གཉེན་རྣམས་ལ་གཞུང་གི་དཀའ་གནས་དང་། མདོ་རྒྱུད་ཀྱི་ཉིང་ཁུ་ཉམས་ལེན་གྱི་རིམ་པ་རྣམས་མ་འཚོལ་བར་སྟོན་པ་དང་། རིགས་པ་སྨྲ་བ་རྣམས་ལ་དགག་བཞག་གི་རིམ་པ་རྒྱ་ཆེ་བ་དང་བཅས་གཞུང་དོན་ཐང་མར་བརྡལ་ནས་གོ་བ་གཏིང་ཟབ་ཏུ་འཚོལ་ཚུལ་ལྷུག་པར་སྟོན་པ་དང་། ཁྱིམ་པ་རྣམས་ལ་ཡང་རང་རང་གི་མོས་པ་འཚམ་པར་སྡིག་སྤོང་དགེ་སྒྲུབ་ཀྱི་རྣམ་གཞག་བསྟན་ནས་རྣམ་དཀར་ལ་འགོད་པ་དང་། བསླབ་བྱ་ལྷ་བུ་གནང་ན་ཡང་སོ་སོའི་རྒྱུད་ཚོད་དང་འཚམ་ཞིང་སེམས་ལ་འབབ་པ་དང་། ཉམ་ཐག་པ་ལ་དབུགས་འབྱིན་པའི་གསུང་ཕེབས་པ་ན་ཅི་འདྲའི་སྡུག་བསྔལ་གྱིས་ནོན་ཀྱང་། སློ་བུར་དུ་དགའ་སྤྲོ་འཕེལ་བར་བྱེད་པ་དང་། ནད་གདོན་གྱིས་གཙེས་པ་དག་ལ་ལྷུགས་ཆབ་དང་། བདེན་ཚིག་ཙམ་གནང་བས་ནད་ལས་གྲོལ་བ་དུ་མ་བྱུང་བ་དང་། གསུང་འཕྲོས་ཕལ་བའི་རིགས་ཆེར་མི་གནང་ཞིང་། གསུང་འཕྲོས་སུ་མངོན་པ་ལྟ་བུ་རེ་བསྒྱུལ་ན་ཡང་ཞིབ་ཏུ་བསམས་ན་དམ་པའི་ལྷ་ཆོས་ལ་གཞོལ་ཞིང་གོ་རྒྱུ་ཆེ་བ་དང་། ཐུགས་དཀྱིལ་ཆེ་ཞིང་བརླིང་ལ་དེས་མཛངས་ཀྱི་ཕ་རོལ་ཏུ་ཕྱིན་པས་དགོངས་པའི་གཏིང་སུས་ཀྱང་དཔོག་མི་ཐུབ་ཅིང་གཞན་གྱིས་གཏན་ནས་བསྐྱོད་མི་ནུས་པ་དང་། མངོན་ཤེས་སོགས་ཀྱི་ཟུར་ཙམ་ཡང་མི་གསུང་ཡང་གསུང་གི་ཟུར་ལ་བརྟགས་མཁས་ན་དུས་ཀྱི་འཕོ་འགྱུར་སོགས་འབྱུང་འགྱུར་ཐམས་ཅད་ཐོག་ཏུ་མི་ཁེལ་བ་མི་སྲིད་པ་དང་། ཕ་རོལ་པོའི་བསམ་པ་དང་སྙིག་གི་བྱ་བྱེད་

མངོན་སུམ་དུ་གཟིགས་པས་རྩེད་མོ་དང་བསླབ་བྱ་གནང་བའི་གསུང་ཤུགས་ཀྱིས་རང་སྟོད་རང་གིས་དྲན་པར་བྱས་ནས་བག་ཡོད་ལ་འགོད་པ་སོགས་བདག་དང་བདག་འདྲ་ཚུར་མཐོང་ཕལ་བའི་ངོར་ཐུན་མོང་དུ་གྲུབ་པའི་རྗེ་བཙུན་བླ་མ་འདི་ཉིད་ཀྱི་སྐུ་གསུང་ཐུགས་ཀྱི་ཡོན་ཏན་རྣམས་ཀྱང་མཐའ་ཡས་པས་ན། ཐུན་མིན་གྱི་ཡོན་ཏན་རྣམས་ནི་ཙུང་ཟད་ཀྱང་དཔག་པར་ག་ལ་ནུས་ཏེ། དཔལ་ལྡན་ཟླ་བའི་ཞབས་ཀྱིས། ནམ་མཁའ་མེད་པས་འདབ་ཆགས་ལྡོག་པར་མི་འགྱུར་གྱི། །འདི་ནི་རང་མཐུ་ཟད་པས་ལྡོག་པར་འགྱུར་དེ་བཞིན། །སློབ་མ་དང་བཅས་སངས་རྒྱས་སྲས་རྣམས་སངས་རྒྱས་ཀྱི། །ཡོན་ཏན་མཁའ་ལྟར་མཐའ་ཡས་མ་བརྗོད་ལྡོག་པར་འགྱུར། །ཞེས་གསུངས་པ་ལྟར་རོ། །དེ་ལྟར་མཁས་བཙུན་བཟང་གསུམ་གྱི་ཆ་ཤས་ཡོངས་སུ་གང་ཞིང་། འཆད་རྩོད་རྩོམ་གསུམ་གྱི་འོད་ནོར་འབུམ་ཕྲག་མཁའ་ཁྱབ་ཏུ་སྤྲོས་པ་ལ་བརྟེན་ནས། ཇི་སྐད་དུ། འཇམ་མགོན་བླ་མས། རྒྱ་ཆེན་མང་དུ་ཐོས་པས་སྒྲོ་འདོགས་བཅད། །སྐྱོན་བྲལ་སྡོམ་པ་གསུམ་གྱིས་རང་རྒྱུད་བཏུལ། །ལུང་རྟོགས་འཁོར་ལོ་གཉིས་ཀྱིས་བསྟན་པ་སྤེལ། །མཉམ་མེད་ཁྱོད་ནི་བསྟན་འཛིན་གཙུག་གི་རྒྱན། །ཞེས་གསུངས་པ་ལྟར་མདོ་སྔགས་རྡོ་རྒྱུད་དཔལ་ལྡན་བཀྲ་ཤིས་གཡས་སུ་འཁྱིལ་བའི་ཆོས་སྡེ་ཆེན་པོ་ནས་བྱང་རྒྱུད་དཔལ་མི་འགྱུར་དགེ་ལྡན་བཀྲ་ཤིས་ཆོས་སྡིངས་སོགས་ཀྱི་དེང་དུས་སུ་ཕྱིན་པའི་མཁས་པ་དང་གྲུབ་པའི་སྐྱེ་བོ་མཐའ་ཡས་པའི་གཙུག་གི་ནོར་བུར་གྱུར་པས་ན། ཞལ་སློབ་ཞིབ་ཏུ་བགྲངས་པའི་རྗེ་མི་ཐོགས་ཀྱང་། རགས་ཙམ་སྨོས་ན། ཡབ་རྗེ་སཾ་ལྷ་ཞབས་ཀྱི་ཡང་སྤྲུལ་རིན་པོ་ཆེ་བསྟན་འཛིན་དགེ་འདུན་ཕུལ་བྱུང་ཞབས་དཔལ་བཟང་པོ་དང་། སྐྱབས་རྗེ་གྲགས་པའི་ཞབས་ཀྱི་མཆོག་སྤྲུལ་རིན་པོ་ཆེ་རྗེ་བློ་བཟང་གྲགས་པ་རྒྱལ་མཚན་པའི་ཞལ་སྔ་ནས་དང་། མཚུངས་མེད་འགྲོ་བའི་མགོན་པོ་ལྷ་མོ་གསེར་ཁྲིའི་མཆོག་སྤྲུལ་རིན་པོ་ཆེ་དང་། བསྟན་པའི་གསལ་བྱེད་ཆེན་པོ་སྐྱབས་རྗེ་སྐུ་མཆེད་མཆོག་སྤྲུལ་རིན་པོ་ཆེ། རིགས་བརྒྱའི་ཁྱབ་བདག་འགྲོ་མགོན་ལྷ་རི་བའི་མཆོག་སྤྲུལ་རིན་པོ་ཆེ། བསྟན་འཛིན་ཆེན་པོ་འགྲོ་མགོན་ཨ་རོལ་བའི་མཆོག་སྤྲུལ་རིན་པོ་ཆེ། སྐྱབས་རྗེ་མགོན་པོའི་མཆོག

སྤྲུལ་རིན་པོ་ཆེ། འགྲོ་མགོན་ཇོ་སྣར་མཆོག་སྤྲུལ་རིན་པོ་ཆེ། སྐྱབས་རྗེ་པེའུ་ཐང་མཆོག་སྤྲུལ་རིན་པོ་ཆེ། ཀ་ཞབས་དྲུང་རིན་པོ་ཆེ། མདོ་རྒྱུད་རྒྱ་མཚོའི་མངའ་བདག་ཀླུ་ཚང་ཆོས་རྗེའི་མཆོག་སྤྲུལ་རིན་པོ་ཆེ། གཡོན་ཏུ་ནོར་བུ་བའི་མཆོག་སྤྲུལ་རིན་པོ་ཆེ་དང་། དེའི་ཡང་སྤྲུལ། སྐྱབས་རྗེ་བརྒྱ་དཔོན་སྤྲུལ་བའི་སྐུ་རིན་པོ་ཆེ། སྟེ་མཆོག་སྤྲུལ་རིན་པོ་ཆེ། རྒྱབ་ཚ་མཆོག་སྤྲུལ་རིན་པོ་ཆེ། སེམས་དཔའ་ཆེན་པོ་སྐུ་འབུམ་དགེ་བཤེས་ཀྱི་མཆོག་སྤྲུལ་རིན་པོ་ཆེ། གཙུག་ལག་རབ་འབྱམས་སྨྲ་བ་སྐྱབས་རྗེ་ཤིང་བཟའ་བསྐལ་བཟང་རིན་པོ་ཆེ། ཉེ་གནས་དམ་པ་བྱང་ཆུབ་སེམས་རིན་པོ་ཆེ་ལྷན་སྐྱེས་སུ་འཁྲུངས་པའི་བྱ་ཁྱུང་མཁན་སྤྲུལ་ངག་དབང་ལུང་རྟོགས་རྒྱ་མཚོ་སོགས་དམ་པའི་ཡང་སྤྲུལ་མང་པོ་དང་། སྡེ་སྣོད་རྒྱ་མཚོའི་མངའ་བདག་བྱ་མདོའི་དགེ་བའི་བཤེས་གཉེན་ཆེན་པོ་མཁས་བཙུན་རྒྱ་མཚོའི་ཞལ་སྔ་ནས་དང་མཚོ་སྔོན་དགེ་བའི་བཤེས་གཉེན་ཆེན་པོ་བློ་བཟང་བསྟན་དར་བ། ཀླུ་ཚང་དགེ་བའི་བཤེས་གཉེན་བྱམས་པ་འཕྲིན་ལས་པ་སོགས་དང་། ཡུལ་མདོ་སྨད་ཀྱི་ན་ལེནྡྲ་དཔལ་ལྡན་བཀྲ་ཤིས་འཁྱིལ་གྱི་གཞུང་ལུགས་རྒྱ་མཚོའི་མངའ་བདག་དགེ་བའི་བཤེས་གཉེན་ཆེན་པོ་དགེ་འདུན་རྒྱ་མཚོ་བ། འཇམ་དབྱངས་རྒྱ་མཚོ་བ། ཡོན་ཏན་རྒྱ་མཚོ་བ། གྲགས་པ་རྒྱ་མཚོ་བ། སྐལ་བཟང་གྲགས་པ། བློ་བཟང་རྒྱ་མཚོ་བ། དབལ་མེད་ཡོངས་འཛིན་འཇམ་དབྱངས་ཡེ་ཤེས་སོགས་དང་། སྐུ་འབུམ་བྱམས་པ་གླིང་དུ་གཞུང་ལུགས་རབ་འབྱམས་སྨྲ་བ་བློ་བཟང་རྡོ་རྗེ་དང་འཇམ་དབྱངས་རྒྱ་མཚོ་སོགས་སྡེ་སྣོད་གསུམ་དང་རྒྱུད་སྡེ་བཞིའི་དགོངས་དོན་དངོས་སྟོབས་རིགས་པའི་ལམ་ནས་སྨྲ་བ་ལ་གཞན་དྲིང་མི་འཇོག་པའི་མཚུངས་བྲལ་དགེ་བའི་བཤེས་གཉེན་མང་དུ་མཆིས་སོ། །

མདོར་ན། དམ་པའི་སྐྱེ་འཕྲེང་མཚར་དུ་དངར་བའི་བླ་སྤྲུལ། ཆོས་ཀྱི་སྡེ་ཚུལ་བཞིན་སྐྱོང་བའི་མཁན་པོ། རབ་འབྱམས་གཞུང་ལུགས་སྨྲ་བའི་དགེ་བཤེས། ཐོས་དོན་སྒྲུབ་ལ་གཞོལ་བའི་ཉམས་རྟོགས་མཁན། གཙུག་ལག་རྒྱ་མཚོར་བྱང་བའི་ཐ་སྙད་པ། ཐོས་བསམ་ལ་བརྩོན་པ་ལྟར་བྱེད་པའི་རིགས་སྨྲ། རིགས་ཏུས་སྟོབས་དབང་དར་བའི་མི་དྲག

དད་གཏོང་ནོར་གྱིས་མཛེས་པའི་ཁྱིམ་པ་སོགས་ལེགས་གསུང་འོད་ཀྱི་ཐུར་མས་བློ་གྲོས་ཀྱི་འདབ་བརྒྱ་མངོན་པར་ཕྱེ་སྟེ། ལུང་རྟོགས་སྤྲང་རྩིའི་སྙིང་པོ་གསལ་བར་གྱུར་བའི་ལུས་ཅན་པདྨ་རཱ་ཀའི་ཕྲེང་བ་ཚར་དུ་དངར་བས་རྒྱ་མཚོ་གོས་ཅན་མཆོག་ཏུ་མཛེས་པར་བྱས་སོ། །དེ་བས་ན་ཤེར་ཕྱིན་སུམ་བརྒྱ་བ་ལས། ལྔ་བརྒྱའི་ཐ་མ་དམ་པའི་ཆོས་རབ་ཏུ་འཇིག་པར་འགྱུར་བ་ན། བྱང་ཆུབ་སེམས་དཔའ་སེམས་དཔའ་ཆེན་པོ་ཚུལ་ཁྲིམས་དང་ལྡན་པ། ཡོན་ཏན་དང་ལྡན་པ། ཤེས་རབ་དང་ལྡན་པ་དག་འབྱུང་སྟེ། རབ་འབྱོར་བྱང་ཆུབ་སེམས་དཔའ་ཆེན་པོ་དེ་དག་ཀྱང་སངས་རྒྱས་གཅིག་ལ་བསྙེན་བཀུར་བྱས་པ་མ་ཡིན། སངས་རྒྱས་གཅིག་ལ་དགེ་བའི་རྩ་བ་བསྐྱེད་པ་མ་ཡིན་གྱི། རབ་འབྱོར་སངས་རྒྱས་འབུམ་ཕྲག་དུ་མ་ལ་བསྙེན་བཀུར་བྱས་ཤིང་། སངས་རྒྱས་འབུམ་ཕྲག་དུ་མ་ལ་དགེ་བའི་རྩ་བ་བསྐྱེད་པའི་བྱང་ཆུབ་སེམས་དཔའ་ཆེན་པོ་དེ་དག་འབྱུང་ངོ་། །ཞེས་སོགས་ཀྱིས་རྗེ་བཙུན་བླ་མ་དམ་པ་འདི་ཉིད་སོགས་ལྔ་བརྒྱ་ཐ་མའི་དུས་སུ་བྱོན་དང་འབྱོན་པའི་བསྟན་འཛིན་ཆེན་པོ་རྣམས་ལུང་བསྟན་པ་མཁྱེན་པར་བྱའོ། །དེ་ལྟར་རྗེ་བླ་མ་དམིགས་པ་མེད་པའི་ཐུགས་རྗེ་ཆེན་པོ་དང་ལྡན་པ་གང་གིས་སྙིགས་མ་ལྔ་ཧ་ཅང་བདོ་བའི་དུས་ཀྱི་ཡང་མཐའ་འདིར་ཐོས་བསམ་སྒོམ་པ་དང་འཆད་རྩོད་རྩོམ་པའི་སྒོ་ནས་རྣམ་འདྲེན་ཟས་གཙང་སྲས་པོའི་བསྟན་པ་སྤྱི་དང་། ཁྱད་པར་རྒྱལ་བ་འཇམ་དཔལ་སྙིང་པོའི་མདོ་རྒྱུད་ཟུང་དུ་འཇུག་པའི་བསྟན་པའི་གདུགས་དཀར་སྲིད་པའི་རྩེ་མོར་བསྒྲེངས་པར་མཛད་པའི་རྣམ་ཐར་མདོ་ཙམ་དུ་བྱུང་བ་འདི་ནི། རྒྱལ་བ་སྲས་དང་བཅས་པས་མཁྱེན་གཅིག་ཏུ་བསྔགས་པའི་གནས་ཏེ། རྗེས་འཇུག་དད་པ་དང་བློ་གྲོས་ལྡན་པ་རྣམས་ཀྱིས་ཚུལ་འདི་ལེགས་པར་མཁྱེན་པར་བྱས་ནས་ཚེ་རབས་ཀྱི་ཕྲེང་བར་དཔལ་ལྡན་བླ་མས་སྐད་ཅིག་ཀྱང་མི་འབྲལ་བར་རྗེས་སུ་འཛིན་པའི་གསོལ་འདེབས་ལ་འབད་པ་དང་། བྱིན་རླབས་ཀྱིས་རྒྱུད་ཡོངས་སུ་སྨིན་ཅིང་གྲོལ་ཏེ། དལ་བའི་རྟེན་བཟང་ལན་གཅིག་ཙམ་ཐོབ་པ་དོན་ཡོད་པར་བྱས་ནས། རིང་མིན་ཡབ་རྗེ་ཉིད་གང་དུ་བཞུགས་པའི་ཞིང་དུ་མགོན་པོ་གང་གི་ཞལ་བཟང་མཇལ་ཞིང་། གསུང་གི་བདུད་རྩི་ལ་ངོམས་མེད་

ཏུ་ཡོངས་སུ་སྨྲད་ནས་ཟུང་འཇུག་ཡིད་བཞིན་དབང་གི་རྒྱལ་པོའི་གོ་འཕང་མངོན་དུ་བྱ་བའི་ཐབས་ལ་བརྩོན་པར་བྱ་ལ། ད་ལྟ་དང་ཕྱིས་འབྱུང་དད་པ་ལྡན་ཞིང་གཟུར་གནས་བློ་གྲོས་ལྡན་པ་རྣམས་ཀྱིས་ཀྱང་ཐེག་པ་མཆོག་གི་དགེ་བའི་བཤེས་གཉེན་འདི་དང་འདི་ལྟ་བུའི་རྣམ་ཐར་ལ་རྗེས་སུ་ཡི་རངས་པར་གྱིས་ལ། རང་རང་གི་བློ་ནུས་དང་འཚམས་པར་རང་གཞན་གྱི་དོན་ལ་བརྩོན་པ་ཆེན་པོ་བརྟེན་པར་བྱའོ། །

འདིར་སྨྲས་པ། དཔལ་ལྡན་ཡེ་ཤེས་སྟོབས་ཀྱིས་མངོན་པར་འཕགས་པའི་མཚུངས་བྲལ་བཤེས་གཉེན་མཆོག་གི་རྣད་བྱུང་ལེགས་མཛད་ནི། །སྐལ་ལྡན་དད་པའི་དཔག་བསམ་སྨོན་པའི་ས་བོན་ཉིད་དེ་རྣམ་དག་ལམ་བཟང་མཚོན་པའི་མིག་ཀྱང་ལགས། །བློ་ལྡན་གཟུར་གནས་དགའ་བའི་དཔལ་རབ་སྐྱེར་བྱེད་དམ་པ་དགྱེས་པའི་མཆོད་པའི་སྤྲིན་ཕུང་མཆོག་ཏུ་ངེས། །དེ་བས་གཏམ་བཟང་ཏ་རེའི་དྲི་བསུང་ངད་པས་བདག་གི་བློ་ཡང་སྐལ་བཟང་དམ་པའི་དཔྱིད་དུ་གྱུར། །རྣམ་དག་གྲུབ་པའི་གོ་འཕང་མཐོན་པོར་གཤེགས་ཀྱང་དམན་པའི་འགྲོ་བ་ཡོངས་ལ་ལྷག་པར་བརྩེ། །མཐའ་ཡས་ཤེས་བྱའི་མཁའ་ལ་བག་ཡངས་སྤྱོད་ཀྱང་ཞི་དུལ་བག་ཡོད་ཁྲིམས་ཀྱིས་རྟག་ཏུ་བསྡམས། །ཕུང་ས་རྟོགས་ཡོན་ཏན་མ་ལུས་ལྷུན་གྱིས་རྫོགས་ཀྱང་བླང་དོར་ཕྲ་མོའི་གནས་ཀྱང་ཕྱག་ཏུ་བསྟར། །སར་གནས་རྒྱལ་སྲས་སྟོང་གི་བསྟགས་བྱའི་གནས་གཅིག་མཚུངས་མེད་དམ་པ་དེ་ནི་བདག་གི་མགོན། །རིན་ཆེན་ཐུགས་དང་ཕྱིན་དྲུག་བསྒྱུ་བའི་ཡང་དག་ལྟ་སོགས་རླབ་ནོར་བུའི་བདུད་རྩི་སྙིང་པོས་སྲིད་དང་ཞི་བའི་བཀྲེས་གདུང་ལྷག་མེད་གཞིལ། །བདེ་ཆེན་ལྷན་ཅིག་སྐྱེས་པ་གཞོན་ནུའི་ཟུར་མིག་འོད་གསལ་ཉིན་བྱེད་སྙིག་མོའི་དམར་འོད་ལ་ཆགས་སྒྱུ་བུར་རང་བཞིན་དག་པའི་འཛུམ་ཞལ་ངོམས། །སྲིད་པར་སྣ་ཚོགས་གཟུགས་ཀྱིས་ཡོངས་སུ་རྩེན་ཏེ་ལུང་དང་རྟོགས་པའི་ས་ཆེན་འདེགས་ལ་མི་ངལ་སྲིད་གསུམ་ཟིལ་གྱིས་གནོན་པའི་དཔལ་རབ་འབར། །ཐོས་བསམ་སྒོམ་དང་འཆད་རྩོད་རྩོམ་པ་མཁས་བཙུན་གྲུབ་སོགས་གང་འཚམ་རོལ་རྩེད་ཀུན་ཏུ་འཕྲུལ་བ་ངོ་མཚར་བློས་གར་མཁན་པོ་འདི་རྣད་བྱུང་། །ཚངས་དབང་ཕུན་ཚོགས་

པདྨའི་ལྡིང་ཁང་དག་ནི་དུག་ཚེར་སྡུག་པོ་འཛིངས་པའི་ཚལ་ལྟར་རབ་ཏུ་གཟིགས། །རང་དོན་ཉེར་ཞི་དྲི་ཟ་དགའ་བའི་ཚལ་ཀྱང་མི་གཙང་ཕྲུངས་པའི་དོ་ར་ལྟར་མཐོང་ཡལ་བར་འདོར། །འཁོར་འདས་མཉམ་ཉིད་གཟིགས་པ་དག་པའི་ཡེ་ཤེས་སྣང་སྟོང་སྒྱུ་མའི་དཔལ་ལ་རྟག་ཏུ་རྣམ་རྩེན་ཀྱང་། །མཐའ་ཡས་ལུས་ཅན་ཀུན་ལ་རྗེས་ཆགས་ཟུར་མིག་རྐྱོང་བ་ཕན་བདེ་གཞོན་ནུ་འདྲེན་པའི་དཔལ་དུ་གྱུར། །ཕྱོགས་དུས་སྟོབས་བཅུ་མངའ་བ་སྟོང་གི་མཁྱེན་བརྩེ་ནུས་པ་ཆུ་ཡི་གཏེར་ཆེན་གཡས་སུ་འཁྱིལ་བ་ལ། །དྲི་མེད་ཐུགས་བསྐྱེད་རྟ་བདུན་འོད་སྟོང་ལྡང་བའི་གཟིས་བསྐྱུན་དག་པ་གཉིས་ལྡན་ཧྲཱིཿཡིག་ཞུན་མའི་དཔལ། །སྒྲིབ་གཉིས་བག་ཆགས་རྒྱུ་བཅས་འདམ་རྫབ་ཀྱིས་དྭངས་རྣམ་པ་ཐམས་ཅད་གཟིགས་པའི་འདབ་སྟོང་ལྷུག་པར་བཞད། །ལུང་རྟོགས་སྦྲང་རྩིའི་ཐིག་ལེ་སྐལ་བཟང་བུང་བའི་ཉེར་འཚོའི་གཞིར་འགྲེམས་ཟླ་མེད་པད་དཀར་མཆོག་འདི་རྨད། །བ་སྤུའི་ཁང་བུ་རེ་ལ་ཡང་། །ཞི་ཁྲོའི་དཀྱིལ་འཁོར་ཀུན་བསྒོམས་པར། །བསྟགས་བརྗོད་རྒྱུད་མངས་དབྱངས་སྙན་དང་། །ལུས་ཡིད་གུས་པའི་མེ་ཏོག་བསྟོབ། །དངོས་འབྱོར་ཙམ་པ་ཀ་ཡི་འདབ། །ཡིད་སྤྲུལ་མཉྫལ་བྱེ་བའི་ཚོགས། །མཐའ་གླས་ནམ་མཁར་ཁྲིས་པའི་སྤྲིན། །རྒྱུན་མཐའི་བར་དུ་མཆོད་པར་སྤྲོ། །མ་རིག་སྨུག་མུན་སྡུག་པོའི་ཁྲོད། །བསགས་པའི་སྡིག་ལྟུང་རྒྱུ་དང་བཅས། །ཤིན་ཏུ་གནོང་བས་མཐོལ་བཤགས་ཤིང་། །སླན་ཆད་སྡོམ་པའི་གཡར་དམ་བཅའ། །ཕྱོགས་དུས་སྐྱེ་འཕགས་རྒྱ་མཚོ་ཡི། །ལེགས་བྱས་དུང་ཟླ་ཉ་གང་བར། །ཡི་རངས་དབང་གཞུའི་ཐིག་ལེ་ནི། །སྐལ་བཟང་འཇུམ་དཀར་དཔྱིད་དུ་སྤེལ། །ཡང་དག་བཤུལ་ལམ་གྱིས་བཏང་བའི། །དཔག་ཡས་མ་མར་གྱུར་པའི་འགྲོ། །ཐར་བའི་གྲོང་དུ་དགྲི་བའི་ཕྱིར། །ཟབ་རྒྱས་ལེགས་གསུང་སྣང་བ་སྦྲིས། །ཙནྡྷ་པདྨའི་གདན་སྟེང་དུ། །མི་ཤིགས་ཐིག་ལེ་གུར་ཁང་དབུས། །ཞབས་སེན་འོད་ཆགས་འབར་བ་དེས། །འཛོ་མེད་བརྟན་པའི་དགེ་མཚན་ཕྱིན། །ལེགས་བྱས་ཟླ་བའི་མ་མ་གང་། །བསྔོ་བའི་ས་འཛིན་མཐྲ་རས། །བསྒྲུབས་ལས་རྣམ་གྲོལ་ཟླ་བའི་དཔལ། །མྱུར་དུ་རྫོགས་པའི་བཀྲ་ཤིས་སྩོལ། །བགྲང་ཡས་བསྐལ་བར་བསྒྲོད་འོས་བྱང་

ཆེན་ཀུན་གསལ་ཡངས་པའི་ལམ། །ཨ་ཐུང་བདེ་ཆེན་འོད་འབར་འཛམ་བུ་ནྣ་དའི་འཁོར་ལོ་ཡིས། །ཡུད་ཀྱིས་སྒྲ་གཅན་གནས་ཕྱིན་ཧཾ་ཡིག་འཆི་མེད་གྲོང་གཤེགས་པས། །རིགས་བརྒྱའི་བདག་པོར་མངོན་བཞེངས་ཁྱབ་བདག་བཛྲ་ སྙིཾ་ར་ཕཱ། །དྲི་མེད་མདོ་རྒྱུད་ལས་བྱུང་ཡང་དག་ལམ། །བསླུ་མེད་གསུང་གིས་སྟོན་མཛད་རྡོ་རྗེ་འཆང་། །ཞི་ཞིང་དུལ་བའི་སྐྱེ་མ་དུད་པ་ཅན། །བདེ་གཤེགས་ཞི་ཁྲོ་འདུས་པའི་གང་བུ་དེའི། །གསང་གསུམ་ཡོན་ཏན་སྒྲོག་ལ་མངོན་ཕྱོགས་ཆེ། །རྒྱལ་ཀུན་གསུང་གི་བདག་ཉིད་ཚངས་སྲས་མས། །དཔག་ཡས་དབྱངས་ཀྱི་ཡན་ལག་ཀུན་འཕྲུལ་ཀྱང་། །བརྗོད་པར་མ་ནུས་ངལ་བའི་མཐའ་ལ་བརྟེན། །དེས་ན་གང་གི་ཡོན་ཏན་ནམ་མཁའི་མཐར། །རྨོངས་བློ་བྱེའུའི་རྩལ་གྱིས་སླེབས་མིན་ཡང་། །རྣམ་དག་རྟོགས་བརྗོད་བདུད་རྩིའི་ཐིགས་པ་ཙམ། །སྤེལ་བའང་ལེགས་བྱས་ཀུན་གྱི་ཕྲུལ་དུ་ངེས། །དེའི་ཕྱིར་ཐུགས་རྗེ་གཏེར་དེའི་བྱིན་རླབས་ལས། །གང་གི་རྟོགས་བརྗོད་སྤེལ་བའི་བསོད་ནམས་དཔྱིད། །སྙེས་ཀྱིས་རྙེད་སྐམ་བདག་བློ་མེ་ན་གས། །སྦྲོ་བའི་བློས་གར་སྒྱུར་ལ་མངོན་དུ་ཕྱོགས། །སློབ་ཚོགས་མི་ལྡང་སྤྲེང་བའི་དཔལ་འཛིན་ཅིང་། །ཐུགས་སྲས་མཁས་གྲུབ་ཉི་ཟླ་ལྟར་བརྟེན་ཀྱང་། །ཤེས་དམན་ཉམ་ཆུང་སྲིན་བུའི་འཕོངས་མེ་ཡིས། །རྟོགས་བརྗོད་ནོར་འཛིན་གསལ་བྱས་འདི་ཆད་བྱུང་། །འོན་ཀྱང་དམན་རྨོངས་འཕྲུལ་རྟོག་དབང་གྱུར་ཏེ། །འགལ་འཁྲུལ་ཉེས་སོགས་ཉེས་ཚོགས་ཅི་མཆིས་ཀུན། །བླ་མ་མཆོག་གསུམ་སྤྱང་མར་བཅས་པ་དང་། །མཁས་གྲུབ་དམ་པའི་སྤྱན་སྔར་སྙིང་ནས་བཤགས། །འདིར་འབད་དགེ་བས་ནམ་མཁའི་མཐར་གཏུགས་འགྲོ། །ཐེག་པ་མཆོག་གི་མགོན་གྱིས་རྗེས་བཟུང་ནས། །ས་དང་ལམ་གྱི་ཐེམ་སྐས་རིམ་བརྒྱུད་དེ། །ཟུང་འཇུག་ཁང་བཟང་མྱུར་དུ་ཐོབ་གྱུར་ཅིག །བཤད་དང་སྒྲུབ་པའི་ཆོས་སྡེ་མ་ལུས་པ། །ཐུགས་མཐུན་ཁྲིམས་གཙང་གསེར་གྱི་གཞིར་བརྟེན་ནས། །ཐོས་བསམ་སྒོམ་པ་ནོར་བུའི་མཛོད་བརྙེས་པས། །ལུང་རྟོགས་འདོད་དགུ་དུས་སུ་འཛོམ་གྱུར་ཅིག །ཐུབ་བསྟན་འཛིན་མཁས་བཤེས་གཉེན་དམ་པ་ཀུན། །ཞབས་པད་གཡུང་དྲུང་གཤིས་སུ་ལྷུན་ཆགས་ཏེ། །འཁོར་ལོ་གསུམ་

གྱིས་ལེགས་མཛད་སྣང་བའི་གཏེར། །བསྐལ་བའི་མཐར་ཡང་མི་ཉམས་དར་གྱུར་ཅིག །
བདག་ཀྱང་དེང་ནས་རྗེ་སྲིད་འཚོ་བའི་བར། །དལ་རྟེན་འདོད་འཇོ་དབྱིག་གི་སྙིང་པོ་
ལས། །ལེགས་བྱས་མཁོ་དགུ་ཟད་པ་མེད་ཐོབ་ནས། །ཆོས་མཐུན་སྤྱོད་པས་རྟག་ཏུ་འཚོ་
གྱུར་ཅིག །ནམ་ཞིག་ཚེ་འདིའི་སྣང་བ་འགག་མ་ཐག །དགའ་ལྡན་མཁའ་སྤྱོད་བདེ་ལྡན་
ཞིང་རྣམས་སུ། །ཡིད་དགའི་སྐྱབས་ལས་དག་པའི་རྟེན་ཉེད་ནས། །ཐུགས་རྗེ་གཏེར་དེའི་
ཞལ་བཟང་མཇལ་བར་ཤོག །དེར་ཡང་མགོན་དེས་འབྲལ་མེད་རྗེས་བཟུང་ནས། །རྣམ་
དག་ལེགས་གསུང་བདུད་རྩིའི་བཅུད་བྱིན་པས། །རིམ་གཉིས་ལམ་བཟང་ལུས་སྟོབས་ཆེར་
རྒྱས་ཏེ། །རྒྱལ་སྲས་སྤྱོད་པས་ཕ་རོལ་ཕྱིན་གྱུར་ཅིག །དག་དང་མ་དག་འཛིག་རྟེན་ཐམས་
ཅད་དུ། །མགོན་ཁྱོད་འགྲོ་བའི་དོན་ལ་གཞོལ་བའི་ཚེ། །བདག་ཀྱང་གང་གི་དྲུང་དུ་སྐྱེས་
ནས་ཀྱང་། །ཐུགས་ཀྱི་བཞེད་དགུ་སྒྲུབ་པའི་གྲོགས་བྱེད་ཤོག །མ་འོངས་མི་ཕམ་ཆོས་ཀྱི་
རྒྱལ་པོའི་ཞབས། །བྱང་ཆུབ་མཆོག་གི་མཛད་བཟང་སྟོན་པའི་ཚེ། །འཁོར་གྱི་ཐོག་མར་
གྱུར་ནས་ལུས་ཅན་ཀུན། །འདྲེན་པའི་དེད་དཔོན་དམ་པར་བདག་གྱུར་ཅིག །རྒྱལ་
བསྟན་རྟ་བདུན་འཁོར་ལོའི་འོད་ཀྱིས་སྲིད་ཞིའི་གདུང་སེལ་ལྷག་མེད་འཇོམས། །ཡངས་
པའི་ནོར་འཛིན་སྐྱོང་བ་ཀུན་གྱིས་རྒྱལ་སྲིད་དམ་པའི་ལུགས་བཞིན་སྐྱོང་། །ལྡོངས་འདིར་
ཉེར་འཚེ་རྒུད་པ་ཀུན་བྲལ་རྗོགས་ལྡན་དཔྱིད་ཀྱི་དཔལ་ཡོན་དར། །འགྲོ་ཀུན་ཆོས་འབྱོར་
བདེ་བས་མངོན་འཚོ་བཀྲ་ཤིས་སྣང་བས་ཁྱབ་གྱུར་ཅིག །ཐུགས་རྗེ་གཏེར་ཆེན་གང་གི་བྱིན་
རླབས་དང་། །བསླུ་མེད་མཆོག་གསུམ་བདེན་པའི་ནུས་མཐུ་དང་། །འདིར་འབད་བསོད་
ནམས་འདོད་འཇོ་ནོར་བུའི་མཐུས། །སྨོན་པའི་དོན་ཀུན་བདེ་ལེགས་འགྲུབ་གྱུར་ཅིག །
ཅེས་དུས་གསུམ་རྒྱལ་བ་ཐམས་ཅད་ཀྱི་མཁྱེན་བརྩེ་ནུས་པའི་རང་གཟུགས། སྟོན་མཆོག་
ཟས་གཙང་སྲས་པོའི་ཞལ་སྐྱིན། རབ་འབྱམས་གཞུང་གི་དགོངས་དོན་ཇི་བཞིན་གཟིགས་
ཤིང་སྒྲུབ་ལ་དེང་དུས་སའི་སྟེང་ན་འགྲན་ཟླ་མ་མཆིས་པ། ངེས་པ་དོན་གྱི་ཐེག་པ་མཆོག་གི་
དགེ་བའི་བཤེས་གཉེན་ཆེན་པོ། བདག་ཅག་གི་དཔལ་ལྡན་བླ་མ་དམ་པ། མཚན་བརྗོད་

པར་དཀའ་ཡང་དོན་གྱི་སླད་དུ་མཚན་ནས་སྨོས་ཏེ། ༸རྗེ་བཙུན་ཤྲཱི་ཛྙཱ་ན་ས་རའི་ཞལ་སྔ་ནས་ཀྱི་རྟོགས་པ་བརྗོད་པ་བདེན་གཏམ་ཤེལ་གྱི་མེ་ལོང་ཞེས་བྱ་བ་འདི་ནི། རབ་བྱུས་ལྕགས་རྟ་ལོར་ཚབ་ཆ་དགོན་གསར་བཀྲ་ཤིས་ཐེག་མཆོག་གླིང་གི་འདུས་སྡེ་ཐུན་མོང་ནས་མགོན་པོ་གང་ལ་རྣམ་ཐར་ས་བོན་རྩོམ་བསྐུལ་བྱས་ཀྱང་སྐབས་དེར་ཞལ་བཞེས་གནང་ནས་མ་གནང་བས། ལོ་དེར་འདུས་སྡེ་དེ་གའི་གྲྭ་རིགས། དམ་པ་ཉིད་ལ་མཆོག་ཏུ་དད་ཅིང་གུས་པ། རིག་གནས་ནོར་གྱིས་ཕྱུག་པའི་དགེ་སློང་ནོར་བུ་ཚེ་རིང་ལགས་ཀྱིས་དཀའ་བ་སྤྱད་དེ་གང་གི་དྲུང་དུ་དངོས་ཕེབས་སྙོམས་སླར་ཡང་ནན་ཞུས་བགྱིས་པར་བརྟེན་ཞལ་གྱིས་བཞེས་ཏེ། འཕྲལ་དུ་རྣམ་ཐར་གྱི་ས་བོན་མདོར་བསྡུས་ཤིག་བཀའ་རྩོམ་གནང་ཞིང་། ཕྲིན་ལ་འཕྲོད་པ་གྱིས་ཞེས་བཀའ་འཕྲིན་དང་ལྷན་དུ་དམན་སྐྱོངས་བདག་གི་སྙིམ་པར་བསྩལ་གནང་མཛད་དོ། །དེ་ནི་རྣམ་ཐར་བདག་གིས་འབྲི་དགོས་པའི་གསུང་དུ་ཤིན་ཏུ་གསལ་ནའང་ཚིག་སྦྱོར་ལེགས་པོ་ཞིག་ཀྱང་སྤེལ་མི་ཤེས་པའི་སྐྱོངས་ཅན་གནག་ཕྱུགས་འདྲ་བ་ཁོ་བོ་ཅག་གིས་བྲིས་ན་རྟོགས་བརྗོད་ལེགས་པོ་ཞིག་མི་ཡོང་བའི་ཁར་དམ་པ་གང་གི་མཚན་སྙན་དང་། རྣམ་ཐར་གྱི་འཕྲིན་ལས་ལའང་གནོད་པར་དོགས་ནས་འབྲི་མ་སྤོབས་པར། དེང་དུས་མདོ་ཁམས་སྨད་ཀྱི་བསྟན་པ་འཛིན་པ་ཀུན་གྱི་དབུས་ན་རྒྱལ་མཚན་གྱི་ཏོག་ལྟར་མངོན་པར་མཐོ་བ། རིགས་བརྒྱའི་མངའ་བདག མཚུངས་མེད་ཡོན་ཏན་ནོར་བུའི་གཏེར་མཛོད། བདག་གི་གཙུག་རྒྱན། ༸ལྷ་མོ་ཡོངས་འཛིན་རིན་པོ་ཆེར་རྩོམ་བསྐུལ་ཞུས་མོད། དམ་པ་གང་ལ་བསྟན་འགྲོའི་དོན་ཆེན་མཐའ་ཡས་པས་ཐུགས་ཁོམ་མི་བྱུང་ཞིང་། དགུང་ལོའང་ཧ་ཅང་བགྲེས་ཚུལ་བཞེས་པའི་དབང་གིས་ཞལ་བཞེས་མ་ཐོབ་པ་དང་། དེ་ལས་གཞན་པའི་མཁས་གྲུབ་དམ་པ་འགའ་ཞིག་ལ་རྩོམ་བསྐུལ་ཞུས་ཀྱང་། དེ་དག་གིས་ཀྱང་རྐྱེན་དུ་མའི་དབང་གིས་རྩོམ་རྒྱུར་མ་སོང་བར་གྱི་ནར་ལུས་སྐབས། མགོན་པོ་གང་གི་ནང་ཐུགས་ཀྱི་སྲས་གཅིག ལུང་རྟོགས་ཡོན་ཏན་བྱེ་བའི་མངའ་བདག བདག་གི་མཁན་རིན་པོ་ཆེ ༸རྗེ་བློ་བཟང་གྲགས་པ་རྒྱ་མཚོའི་ཞལ་སྔ་ནས་ཀྱིས་གོས་སེར་པོ་ཡུག་དང་། ལྷ་

རྫས་སྲིད་དུ་རིང་བའི་གནང་སྐྱེས་དང་བཅས་རྣམ་ཐར་ཕྱོད་ཀྱིས་འབྲི་དགོས་ཞེས་བཀའ་ལུང་ནོར་བུའི་དོ་ཤལ་སྤྱི་བོའི་རྒྱན་དུ་བཅིངས་ཤིང་། གཞན་ཡང་། དམ་པ་གང་གི་ཞལ་སློབ་ལུང་དང་རྟོགས་པའི་ཡོན་ཏན་གྱིས་མངོན་པར་མཐོ་བ། མཚོ་སྔོན་དགེ་བའི་བཤེས་གཉེན་ཆེན་པོ་བློ་བཟང་བསྟན་དར་བས་གཙོས་དཔལ་མི་འགྱུར་དགེ་ལྡན་བཀྲ་ཤིས་ཆོས་སྡིངས་ཀྱི་ཀུན་སྤྱངས་སྡེ་སྣོད་འཛིན་པ་མང་པོའི་བཀས་བསྐུལ་ཞིང་། ཆབ་ཆ་དགོན་གསར་བཀྲ་ཤིས་ཐེག་མཆོག་གླིང་གི་གནས་བརྟན་འདུལ་བ་འཛིན་པ་ཨ་ཁུ་ཚེ་བརྟན་ལགས་དང་། ཨ་ཁུ་ཁ་སྐད། ཨ་ཁུ་ཕག་བཀྲ། ཨ་ཁུ་ནོར་བུ་ཚེ་རིང་སོགས་ཀྱིས་གོས་དར་གྱི་གནང་སྦྱིན་བཅས་ནན་ཆེར་བསྐུལ་བ་དང་། མགོན་པོ་གང་གི་སྲས་མཆོག་གཞུང་ལུགས་རབ་འབྱམས་སྨྲ་བའི་བསྟན་པའི་གསལ་བྱེད་དམ་པ་སྐུ་ཞབས་མགོན་པོའི་མཆོག་སྤྲུལ་རིན་པོ་ཆེས་ཀྱང་ལྷ་དར་དང་བཅས་བསྐུལ་བ་དང་། ཀུན་དགའ་བོ་དང་མཚུངས་པའི་ཉེ་གནས་དམ་པ་འཚོ་བྱེད་ཡོན་ཏན་རྒྱ་མཚོ་བ་དང་། ཉེ་གནས་དམ་པ་ཟབ་རྒྱས་གདམས་པའི་གཏེར་མཛོད་རྗེ་ངག་དབང་ལུང་རྟོགས་རྒྱ་མཚོ་བའི་ཡང་སྤྲུལ་རིན་པོ་ཆེ་གཉིས་ཀྱིས་ཀྱང་གོས་དར་གྱི་གནང་སྐྱེས་ཀྱི་ནོམ་པ་དང་བཅས་བསྐུལ་བ་དང་། འབྲུམས་རྭའི་དགོན་པའི་ཛ་སག་ཏཱ་བླ་མའི་ཡང་སྤྲུལ་རིན་པོ་ཆེ་བློ་བཟང་ལུང་རྟོགས་རྒྱ་མཚོ་བ་དང་། གནས་བརྟན་ཆེན་པོ་ཨ་ཁུ་དོན་ལྡན། ཀུའུ་རིན་ཆོས་དབྱིངས་སོགས་ཀྱིས་ཀྱང་སྐུ་གསུང་ཐུགས་རྟེན་དང་བདོག་པའི་གནང་སྐྱེས་དང་བཅས་བསྐུལ་བ་དང་། དམ་པ་གང་གི་ཐུགས་སྲས་ལུང་རིགས་སྨྲ་བའི་དབང་པོ་རྗེ་སྐོར་མཆོག་སྤྲུལ་རིན་པོ་ཆེ་བསྐལ་བཟང་ཡེ་ཤེས་རྒྱ་མཚོ་བས་ཀྱང་ལྷ་རྫས་སྲིད་དུ་རིང་པ་དང་བཅས་བསྐུལ་བ་དང་། གཙུག་ལག་ནོར་བུའི་རྒྱན་གྱིས་མཛེས་ཤིང་རྒྱལ་བ་དགྱེས་པའི་ཉམས་བཞེས་ལ་གཞོལ་བའི་གནས་བརྟན་ཆེན་པོ་བློ་གྲོས་རྒྱ་མཚོ་བས་ཀྱང་ལྷ་དར་བཅས་ནན་ཆེར་བསྐུལ་བར་བརྟེན། བླ་མ་དང་དགེ་འདུན་གྱི་བཀའ་གསུང་གྱེན་བཟློག་མ་ནུས་པའི་ཐོག་རང་ཉིད་ཀྱི་ཉེས་ལྟུང་སྟོན་བསགས་འདག་ཅིང་སྐྱེ་བ་ཀུན་ཏུ་དཔལ་ལྡན་བླ་མ་དམ་པ་གང་དང་མི་འབྲལ་བའི་རྒྱུར་དམིགས་ནས་སྨོན་པ་བསྐྱེད་དེ། ཚོད་

ལྟའི་སློས་སྐབས་དྲུག་ཙམ་འཕྲལ་དུ་བྲིས་ནས་མགོན་པོ་ཉིད་ལ་སྤྱན་བསྟར་ཞུས་པར། སྤྱིར་བྲིས་པ་བཟང་ཡང་བདག་ལ་བསྟོད་རྒྱུ་ཅུང་མང་སོང་མོད་དེ་ཡང་ཁྱོད་ཀྱི་མོས་པ་ལྟར་སྒྱུར་ཆོག བསྒྱུ་སྐྱིལ་བྱས་ཚུལ་དང་གསོལ་སྟོན་དྲངས་ཚུལ། ཟང་ཟིང་གི་འབུལ་གཏོང་སོགས་འབྲི་མི་དགོས། བསྟན་པ་ལ་བྱ་བ་བྱས་ཚུལ་ཕྲན་བུ་ཡོད་པ་དེ་བྲིས་ཆོག་ཀྱང་མང་གི་མ་འཇུག་ཅེས་སོགས་ཇི་ལྟར་རྫོམ་ཚུལ་གྱི་བཀོད་ཁྱབ་རྣམས་ཅུང་ཞིབ་མོར་ཐུགས་ཤིན་ཏུ་དགྱེས་བརྩེ་ཉམས་ཀྱིས་བཀའ་བསྩལ་བ་ལ་བརྟེན་ནས་འབྲི་བའི་སྤོབས་པ་ཅུང་ཟད་ཐོབ་སྟེ། མགོན་པོ་གང་གི་གཙོས་སངས་རྒྱས་དངོས་གྱུར་ཐེག་པ་མཆོག་གི་དགེ་བའི་བཤེས་གཉེན་བཅུ་ཕྲག་ལྷག་གི་ཞབས་རྡུལ་སྤྱི་བོའི་རྒྱན་དུ་ཐོབ་ཅིང་། གཞོན་དུས་སུ་དཔལ་མི་འགྱུར་བཀྲ་ཤིས་ཆོས་སྡིངས་ཀྱི་གྲྭ་མཐར་སྤྱོད་པའི་སྐལ་བཟང་མངོན་དུ་གྱུར་ཀྱང་། སློམ་ལས་དང་སྡིག་ལྟུང་གི་མུན་ཁྲོད་དུ་མི་ཚེ་འདས་དང་འདའ་བའི་གྱི་ན་བ། རྨོངས་པའི་ཉིང་བྲན། དུག་གསུམ་གྱི་ཁོལ་པོ། ཤཱཀྱའི་དགེ་སློང་གི་གཟུགས་བརྙན་ཙམ་འཛིན་པ། སྤྲང་ཕྲན་བཤད་སྒྲུབ་རྒྱལ་མཚན་ནམ་མིང་གཞན་མི་ཕམ་མཚོ་བྱུང་དགྱེས་པའི་བློ་གྲོས་སུ་འབོད་པས། མཉམ་མེད་ཤཱཀྱའི་རྒྱལ་པོ་མྱ་ངན་ལས་འདས་ནས་ལོ་ཅི་ཙམ་སོང་བའི་ཐད་ལ་བཞེད་སྒོ་མི་མཐུན་པ་མང་དུ་མཆིས་པ་ལས་བུ་སྟོན་ཐམས་ཅད་མཁྱེན་པ་དང་། མཁས་གྲུབ་རིན་པོ་ཆེའི་རིང་ལུགས་ལྟར་ན་བགྲང་བྱ་ཉིས་སྟོང་བརྒྱད་བརྒྱ་སོ་གཉིས་འདས་པ། ཕུག་ལུགས་ལྟར་ན་བགྲང་བྱ་ཉིས་སྟོང་བརྒྱད་བརྒྱ་དོན་བརྒྱད་པ། ཉན་ཐོས་སྡེ་པའི་ལུགས་དང་དེང་དུས་འཛམ་གླིང་སྤྱིའི་རྩི་ཚུལ་ལྟར་ན་ཉིས་སྟོང་ལྔ་བརྒྱ་ཞེ་གཅིག་པ་སྤྱིའི་ལོ་ཆིགས་ཆིག་སྟོང་དགུ་བརྒྱ་གོ་བདུན་ལོ་རབ་བྱུང་བཅུ་བདུན་པའི་དབང་ཕྱུག་མེ་གླང་ལོའི་ཉིན་བྱེད་དབང་པོ་གཞུའི་ཁྱིམ་དུ་སྤྱོད་པ་མགོ་ཟླའི་ཉ་ལ་ཆབ་ཆ་བདེ་སྐྱིད་དར་ཐང་གི་རིག་པའི་སྡིངས་ཀ་དགེ་འོས་རང་ཤག་རིག་བྱེད་དགའ་ཚལ་ནས་གྲུབ་པར་བགྱིས་པའི་དགེ་བ་རང་གཞན་ཐམས་ཅད་སྐྱེ་བ་དང་ཚེ་རབས་ཀུན་ཏུ་ཐེག་པ་མཆོག་གི་མགོན་གྱིས་དགྱེས་བཞིན་རྗེས་སུ་འཛིན་པའི་རྒྱུར་གྱུར་ཅིག །

འདི་ཡང་རྣམ་ཐར་གྱི་ས་བོན་ཙམ་ལས་དངོས་གཞི་མིན་པས། ཐུགས་སྲས་མཁས་གྲུབ་དམ་པ་དག་ལ་ཚིག་དོན་ལྷུན་སུམ་ཚོགས་པའི་རྣམ་ཐར་རིང་མིན་རྩོམ་གནང་མཛད་རྒྱུ་ཅིས་ཀྱང་མཁྱེན། མཁྱེན། མཁྱེན། ཞེས་ཀྱང་ཞུའོ། །

༧༧ ||རྗེ་ཤེས་རབ་རྒྱ་མཚོ་མཚོ་སྔོ་ཁུལ་དུ་ཕེབས་པའི་གནས་ཚུལ་འགའ་ཞིག་སྙིང་བ།

རབ་འབྱམས་གཞུང་བརྒྱའི་མངའ་བདག་ཡོངས་ཀྱི་དགེ་བའི་བཤེས་གཉེན་ཆེན་པོ། ལྷ་རིག་སྨྲ་བའི་པཎ་ཆེན། རྒྱལ་གཉིས་བགྲེས་པོ། ང་ཚོའི་གུས་ཤིང་བཀུར་བའི་འོས་སུ་གྱུར་པ། རྗེ་བཙུན་ཤེས་རབ་རྒྱ་མཚོ་མཆོག་སྐུ་འཚོ་ཞིང་བཞེས་པའི་དུས་སྐབས་ཡོངས་ལ་མཚོ་སྔོན་པོའི་ཉེ་འགྲམ་གྱི་ས་ཁུལ་དག་གི་ཆོས་སྲིད་ཀྱི་བྱ་བ་ཀུན་ལ་ཐུགས་ཁུར་དང་རྒྱབ་སྐྱོར་རྒྱ་ཆེར་གནང་ཞིང་། ཁྱད་པར་བཅིངས་འགྲོལ་བྱུང་རྗེས་ཀྲུང་གོ་གུང་ཁྲན་ཏང་དང་མི་དམངས་སྲིད་གཞུང་གི་འགོ་ཁྲིད་དང་མངགས་བཅོལ་ལྟར་མཚོ་སྔོ་ཁུལ་གྱི་བྱ་བ་སྣ་ཚོགས་ལ་མཇུབ་སྟོན་དང་རོགས་སྐྱོར་གྱི་བཀའ་དྲིན་བསྐྱངས་པའི་ཚུལ་རྒྱ་ཆེར་མཆིས་པར་གདོན་མི་ཟ་ནའང་། དེ་དག་གི་ཚུལ་ཇི་ལྟ་བ་བཞིན་མ་རྟོགས་པས་ཡོངས་རྫོགས་ཇི་བཞིན་བརྗོད་པའི་རྗེ་མི་ཐོགས་མོད། འདི་ནས་བདག་གིས་དམ་པ་མཆོག་དེ་ཉིད་དངོས་སུ་རང་རེའི་ཁུལ་གྱི་རྫོང་འགའ་ཞིག་ཏུ་ཕེབས་ནས་ལས་དོན་ཆེ་བ་ཁ་ཤས་བསབས་པ་གནང་བའི་ཚུལ་ཙུང་ཟད་འགོད་པ་ལ།

གོ་མིན་ཏང་ཕམ་ནས་འབྲོ་སྐབས་དམངས་ཚོགས་ཀྱི་ཁྲོད་དུ་དཀྲོགས་གཏམ་མང་པོ་བགྲམས་ཤིང་། ཁྱད་པར་སྤྱི་ལོ་༡༩༥༡ལོར་རི་བོ་རྩེ་ལྔའི་དགེ་སློང་བསོད་ནམས་རིན་ཆེན་ཟེར་བ་ཞིག་ལ་འཕགས་པ་སྤྱན་རས་གཟིགས་ཀྱི་ཞལ་གཟིགས་ལུང་བསྟན་བྱུང་བར་བསྙད་པའི་རྫུན་ལུང་ཞིག་ག་ས་གང་ལ་ཁྱབ་སྟེ། བོད་ཁུལ་སྤྱི་དང་། བྱེ་བྲག་རང་རེའི་ཁུལ་གྱི་རྫོང་སོ་སོའི་མང་ཚོགས་མང་པོ་ཞིག་ལ་མགོ་སྐོར་ཐེབས་ནས་སེམས་མི་བདེ་ཞིང་། དོན་སྙིང་ངེས་ཅན་ཞིག་གི་ངོས་ནས་བརྗོད་ན། ཏང་གི་ལས་དོན་དང་། སྤྱི་ཚོགས་ཀྱི་བདེ་འཇགས་

བཅས་ལ་གནོད་འཚེ་ཚབས་ཆེན་བཟོས། དོན་འདི་སེལ་བའི་ཆེད་དུ་བོད་ལུགས་དགའ་བ་ཆུ་འབྲུག་(༡༩༥༢)ལོའི་ཟླ་བ་བདུན་པའི་ནང་སྐབས་དེར་ཞིང་ཆེན་སྲིད་གཞུང་གི་ཀྲུའུ་ཞི་གཞོན་པའི་འགན་བཞེས་པའི་རྗེ་ཤེས་རབ་རྒྱ་མཚོ་སྐུ་འཁོར་མང་པོ་དང་བཅས་གུང་ཧོ་རྫོང་(སྐབས་དེར་གུང་ཧོ་བོད་རིགས་རང་སྐྱོང་ཆུས་ཡིན།)གི་ཆབ་ཆ་ཞེས་པའི་ཡུལ་འདིར་ཕྱགས་ཐེབས། དེ་ནི་རྫོང་འདི་ཀའི་མི་དམངས་འཐུས་མིའི་གྲོས་ཚོགས་བསྡུ་བཞིན་པའི་སྐབས་དང་འཁེལ་བས། དམངས་འཐུས་ཡོངས་རྫོགས་དང་། རྫོང་གི་འགོ་ཁྲིད་གཙོས་རིགས་སོ་སོའི་མི་དམངས་བདུན་སྟོང་ཙམ་ཡུལ་འདིར་ཡོང་ནས་ཁོང་ལ་དགའ་བསུ་གཟབ་རྒྱས་ཞུས་ཏེ། ཉིན་དེར་རྫོང་ཁང་ཉེ་བར་བཞུགས་གདན་འཛུགས།(སྐབས་དེར་རྫོང་སྲིད་གཞུང་འཁྱིལ་ཁྱུག་ན་ཡོད།) དེའི་ཕྱི་ཉིན་རྫོང་གི་འགོ་ཁྲིད། སྡེ་བ་སོ་སོའི་འགོ་བ། དགོན་པ་མང་པོའི་བླ་གྲྭ་དམངས་འཐུས་རྣམ་པ། རིགས་སོ་སོའི་མང་ཚོགས་བཅས་ཞུགས་པའི་ཚོགས་འདུ་གཟབ་རྒྱས་བསྡུས་ཏེ། སྐུ་དངོས་ཀྱིས་དོན་དྲང་ཞིང་ཚིག་ནན་ཆེ་བ། ཡིད་ལ་འབབ་ཅིང་ཉན་སྙོ་བའི་གསུང་བཤད་འབྱམས་ཀླས་པ་གནང་བའི་མཐར་ནན་གྱིས་བསྟན་དོན། རིགས་སོ་སོའི་མི་དམངས་དང་། མི་དྲག་རྣམ་པ་ཚོས་ཀྲུང་གོ་གུང་ཁྲན་ཏང་དང་མའོ་ཀྲུའུ་ཞིའི་འགོ་ཁྲིད་འོག་མཐུན་སྒྲིལ་དམ་ཟབ་སྒྲོས་སྤྱི་ཚོགས་རིང་ལུགས་ཀྱི་ལམ་ལ་སོང་ན་བདེ་སྐྱིད་ཟླ་ན་མེད་པ་འབྱུང་ངེས་པ་དང་། ལོ་རྒྱུས་ཐོག་སྔོན་བྱུང་རྒྱལ་རབས་གང་དང་ཡང་མི་མཚུངས་པའི་ཀྲུང་གོ་གུང་ཁྲན་ཏང་ནི་དམངས་ཀྱི་ཁེ་ཕན་འབའ་ཞིག་དང་། རིགས་སོ་སོའི་མི་དམངས་འདྲ་མཉམ་དང་བཅིངས་འགྲོལ་གྱི་ལས་དོན་ཁོ་ནའི་ཆེད་དུ་འབད་འཐབ་བྱེད་མཁན་ཡིན་པས། རིགས་སོ་སོའི་མི་དམངས་ཀྱི་མགོན་སྐྱབས་ཡིན། ཁོ་ཚོས་བཞེད་པའི་སྤྱི་ཚོགས་རིང་ལུགས་དང་གུང་ཁྲན་རིང་ལུགས་ནི་རང་རེའི་ཆོས་ལུགས་ཀྱི་བདེ་བ་ཅན་དང་། སྨྲ་མི་སྙན་གྱི་བདེ་སྐྱིད་དང་ལོངས་སྤྱོད་ཕུན་སུམ་ཚོགས་པ་ཐམས་ཅད་ང་ཚོའི་འཛིག་རྟེན་འདིར་མངོན་འགྱུར་བྱེད་པ་ཞིག་ཡིན་པས། ཚང་མས་དགའ་སྤྲོའི་ངང་ནས་གོང་བཀུར་མི་བྱེད་པའི་རྒྱུ་མཚན་ཅི་ལ་ཡོད། ད་སྐབས་ཏང་དང་སྲིད་གཞུང་གི་ཆོས་དད་རང་མོས།

ཡུལ་སྲོལ་གོམས་འདྲིས་ཀྱི་རང་དབང་། གྲྭ་བའི་མཐུན་རྐྱེན་སྲུང་སྐྱོབ་སོགས་གང་ཅིའི་བཀའ་དྲིན་ནམ་མཁའ་དང་མཉམ་པར་མཛད་པ་ནི། ཆུ་ཚོད་གཅིག་ལའང་བརྗེད་མི་ཆོག་པའི་དོན་རྩ་གལ་ཆེན་ཞིག་ཡིན། རྒྱལ་བའི་བསྟན་པ་རང་གིས་མ་བཤིག་ན་གཞན་དང་གིས་མི་བཤིག་པར་ཐག་གིས་ཆོད། གྲངས་ཉུང་མི་རིགས་ལ་ལྷག་པར་བརྩེ་བའི་རྣམ་འགྱུར་འདི་འདྲ་སྔོན་གྱི་རྒྱལ་རབས་མང་པོའི་རིང་གཏན་ནས་མཐོང་ཐོས་ཀྱི་ཡུལ་དུ་མེད་པ་ངེས་པར་དུ་ཐམས་ཅད་ཀྱིས་ཅིས་ཀྱང་མཁྱེན་དགོས་ཚུལ་སོགས་གསུངས་པ་དང་། ལུང་བསྟན་རྫུན་མ་དེ་ལ་ཚུལ་གསུམ་ཚང་བའི་གཏན་ཚིགས་ཀྱིས་སུན་འབྱིན་གནད་ལ་འཁེལ་བ་མཛད་རྗེས་གནོད་པ་ཆེ་བའི་བྱ་བ་ངན་པ་འདི་རིགས་གཏན་ནས་བྱེད་མི་རུང་། འཇིག་རྟེན་ཕྱོགས་ནས་རྒྱལ་ཁྲིམས་ཀྱི་ཆད་པ་ཆེན་པོ་ཐོག་པའི་མཐོང་ཆོས་སྨྱོང་འགྱུར་གྱི་ལས་སུ་གཏོགས་ཤིང་། ཆོས་ཕྱོགས་ནས་ཡི་དམ་གྱི་ལྷ་ལ་རྫུན་ཁག་བཀལ་ཏེ་གཡོ་ཁྲམ་གསོག་གསོབ་མེ་དུང་ཐལ་བས་གཡོགས་པ་ལྟ་བུས་རྣམ་པ་ཀུན་ཏུ་སྐྱེ་འགྲོ་བསླུ་བར་རྩོམ་པ་འདི་ལས་ལྷག་པའི་བསྟན་དགྲ་དང་མ་རུངས་པ་མེད་པས། ཚང་མས་བག་ཟོན་གནང་དགོས་ཚུལ་སོགས་ལས་བརྩམས་པའི་བསླབ་བྱ་གནད་ལ་འདྲིལ་ཞིང་ཡིད་ལ་འབབ་པ་སྩོལ་བའི་བཀའ་དྲིན་བསྐྱངས་ཏེ་ཚོགས་འདུ་གྲོལ། དེའི་ཕྱི་ཉིན་སྔ་བ་སོ་སོའི་འགོ་དཔོན་དང་། དགོན་པ་སོ་སོའི་བླ་མ་རྣམས་ལ་ཇ་སྟོན་བསྒྲིགས་ཤིང་འཚམས་སྐྱེས་གནང་རྗེས་ཀྱང་ཏང་དང་སྲིད་གཞུང་གི་བཀའ་གསུང་བརྩི་དགོས་པ་དང་། སྔ་བ་སོ་སོའི་བར་གྱི་ཕྱོད་གླེང་དང་། དགོན་པ་སོ་སོའི་གྲུབ་མཐའི་འཐེན་འཁྱེར་སོགས་བྱེད་མི་རུང་བའི་བསླབ་སྟོན་གནད་འདྲིལ་བ་བསྩལ། དེའི་ཕྱི་ཉིན་མི་ཚོགས་ཤིན་ཏུ་མང་པོས་སྐྱེལ་མ་མཛད་ཅིང་། དམ་པ་ཉིད་སྐུ་འཁོར་དང་བཅས་ཕྱིར་ཟི་ལིང་དུ་ཕེབས་སོ། ། ཐེངས་འདིའི་དགེ་བའི་བཤེས་གཉེན་ཆེན་པོ་གང་གིས་བརྩེས་གཟིགས་བསླབ་སྟོན་གྱིས་རང་རེའི་ཁུལ་དང་རྫོང་འདི་གའི་མང་ཚོགས་རྣམས་ལ་ཏང་གི་འགོ་ཁྲིད་འོག་སྤྱི་ཚོགས་རིང་ལུགས་ཀྱི་ལམ་ལ་བགྲོད་པའི་ལྷག་བསམ་ཡར་སྐྱུལ་ཆེན་པོ་ཐོབ་ཡོད་པར་མ་ཟད། སྤྱི་ཚོགས་བདེ་འཇགས་དང་མི་སེམས་ལྷིང་

འཛུགས་ཡོང་བར་གཞན་སུས་ཀྱང་སྙན་དུ་མེད་པའི་ནུས་པ་དང་བྱེད་ལས་གལ་ཆེན་ཞིག་བཏོན་མྱོང་བ་ནི་སྨོས་མ་དགོས་སོ། །

གཞན་ཡང་། ལོ་འདིའི་སྤྱི་ཕྱིར་ཁྲི་ཀ་རྫོང་དུ་ཕྱག་ཕེབས་ནས་ཀྱང་། ཧང་གི་མི་རིགས་ཆོས་ལུགས་ཀྱི་སྲིད་ཇུས་དང་མི་འགོག་ཁྲོ་རོགས་ཀྱི་གནས་ལུགས་དྲིལ་བསྒྲགས་གནང་ཞིང་། དགོན་སྡེ་མང་པོས་དོན་དེར་ཞལ་འདེབས་ཀྱི་དངུལ་དངོས་ཙུང་མང་པོ་ཕུལ་བའང་སྲིད་གཞུང་གི་ཚབ་བྱས་ནས་བསྡུ་བ་གནང་། ༡༩༥༣ ལོར་མཚོ་སྔོ་བོད་རིགས་རང་སྐྱོང་ཁུལ་གསར་འཛུགས་ཀྱི་དགའ་སྟོན་སྟེང་དུའང་དངོས་སུ་ཕེབས་པར་འགའ་ཞིག་ཟེར་ཏེ། ས་བོན་མེད་པས་ཞིབ་མོའི་གནས་ཚུལ་འགོད་པར་མ་སྤྱོབས་སོ། །

༄༅། །ཧྲི་ཚའི་གདན་རབས།

མཆོད་བརྗོད།

༄༅། །ཨོཾ་སྭ་སྟི། བླ་མ་དང་རྗེ་བཙུན་མཁྱེན་པའི་གཏེར་ལ་ཕྱག་འཚལ་ལོ། །རྒྱལ་ཀུན་ཡེ་ཤེས་བདུད་རྩིའི་ཐིལ་དངར་བཙུད། །ལི་ཁྲིའི་བུམ་བཟང་ལྡོ་བར་བསྐྱིལ་བ་ལས། །གང་འཚམ་དགེ་ལེགས་རྒྱ་མཚོའི་དཔལ་འཛོ་བའི། །མཚུངས་བྲལ་དཀྱིལ་འཁོར་ཡོངས་ཀྱི་བདག་པོ་མཆོད། །ཚོགས་གཉིས་ཆུ་གཏེར་བསྲུབས་པའི་སྙིང་པོར་ལེགས་འཁྲུངས་སྐུ་བཞིའི་དཀྱིལ་འཁོར་ཀུན་ནས་བརྙེས་མས། །བརྒྱད་ཁྲི་བཞི་སྟོང་དམ་ཆོས་སྣང་བའི་གཏེར་མཛོད་སྲིད་ཞིའི་ཞིང་ཀུན་ཁྱབ་པར་འགྲེམ། །མཁྱེན་དང་བརྩེ་བའི་རི་དྭགས་གཟུགས་ཀྱིས་མངོན་སྣེག་སྐལ་བཟང་ཀུ་མུད་བྱེ་བའི་གཉེན། །ཐུབ་དབང་སྨྲ་བའི་ཟླ་བ་མཆོག་དེའི་ཞབས་པད་ཀུན་གྱི་གཙུག་ན་མཛེས་གྱུར་ཅིག །མགོན་དེའི་དྲི་བྲལ་ཡོངས་རྫོགས་ལུགས་བཟང་སྤྱིལ་ལ་ཟླ་མེད་འཕྲིན་ལས་ལྷུན་གྲུབ་པའི། །རྒྱལ་ཚབ་མི་ཕམ་མགོན་དང་མཁྱེན་པའི་གཏེར་སོགས་རྒྱལ་བའི་སྲས་གྱི་མཆོག་རྣམས་དང་། །བསྟན་པའི་གདད་རབས་ཆེན་པོ་རྣམ་བདུན་ལ་སོགས་དགྲ་བཅོམ་གསེར་རིའི་ཕྲེང་བསྐོར་བའི། །བཀའ་དྲིན་རིན་ཆེན་དང་པོའི་ལྷུན་པོ་ཇི་བཞིན་དཔྱིག་འཛིན་དགའ་མའི་ཁུར་དུ་ལྟོ། །ཐུབ་པའི་དབང་པོའི་གསུང་གསང་ཆུ་གཏེར་ཆེ་ལས་ཡོངས་དྲངས་ལེགས་བཤད་ནོར་བུའི་ཕུང་པོ་ནི། །སྐྱེ་དགུར་ཤིན་ཏུ་རྩེ་བའི་འོད་ཞགས་རིང་པོས་གཅིག་ཏུ་བསྡུམས་པའི་ཪྗ་མཚར་གཟི་འོད་ཅན། །བཤད་སྒྲུབ་ཆོས་ཀྱི་རྒྱལ་མཚན་རྩེ་མོར་མཆོད་པས་རྣམ་མང་ཕན་དང་བདེ་བའི་དཔལ་འཛོ་བ། །ཤིང་རྟ་ཆེན་པོ་ཀླུ་སྒྲུབ་ཐོགས་མེད་ལ་སོགས་འཕགས་ཡུལ་པཎ་གྲུབ་བཀའ་དྲིན་དྲན་པས་

འདུད། །མདོ་སྔགས་ཐུབ་བསྟན་རྟ་བདུན་འཁོར་ལོ་ཆེ། །སྣ་ལའི་ལྗོངས་འདིར་འདྲེན་
མཁས་ཁྱུང་སྟོན་སྐྱེས། །རྒྱལ་བློན་ལོ་པཎ་སྤྱི་དང་ཁྱད་པར་དུ། །ལྷ་བརྒྱའི་གཙུག་རྒྱན་
མར་མེ་མཛད་ལ་འདུད། །བཅོམ་ལྡན་རྡོ་རྗེ་རྡོན་པོ་མི་ཡི་གར། །ཁྲིས་པའི་གཟུགས་ལ་
རྒྱལ་བའི་མཛད་པ་ཅན། །ཡོངས་རྫོགས་རྒྱལ་བསྟན་གསལ་མཛད་ཙོང་ཁ་བའི། །ཞབས་
པད་བདེ་ཆེན་འཁོར་ལོའི་རྒྱན་དུ་བསྟེན། །དགེ་ལ་འདུན་ལྡན་སྐལ་བཟང་བྱེ་བའི་མིག །
མདོ་རྒྱུད་ཐུབ་བསྟན་འཛིན་མཁས་ཡོངས་ཀྱི་གཙོ། །སྐྱབས་མཆོག་རྒྱལ་བ་རྒྱ་མཚོ་འདུས་
པའི་བདག །ཡབ་གཅིག་ཆོས་ཀྱི་རྒྱལ་པོ་གཙུག་གིས་བསྟེན། །བློ་བཟང་ལེགས་བཤད་
འོད་རྡོན་འབུམ་ཕྲག་གིས། །སྒྲུབ་རྒྱུད་ཐུབ་བསྟན་ནོར་འཛིན་གསལ་བྱེད་ཅིང་། །སྐལ་
ལྡན་པད་དཀར་རྒྱ་མཚོའི་གཉེན་གྱུར་པའི། །འདྲེན་མཆོག་ཉིན་བྱེད་གཞོན་ནུས་འགྲོ་ཀུན་
སྐྱོངས། །དབང་གཞུའི་སྣང་བས་སྣེག་པའི་གུར་ཁང་དུ། །ཟླ་གཞོན་འཕྲི་ཤིང་གཡོ་བའི་
ཟློས་གར་ཅན། །གསུང་གི་དབང་ཕྱུག་རྒྱལ་ཡུམ་ཚངས་སྲས་ཀྱི། །རྨོངས་པ་བདག་ལ་ངག་
གི་དངོས་གྲུབ་ཞུ། །དམིགས་མེད་བརྩེ་ཆེན་འོད་ཀྱི་དྲ་བ་ལས། །མཚན་དཔེ་ལང་ཚོ་
འབར་བའི་སྐུར་བཞེངས་ནས། །དཔག་ཡས་འགྲོ་ལ་ཐར་བའི་ལམ་མཚོན་པའི། །ཕྱག་ན་
པདྨ་སྲིད་པ་གསུམ་གྱི་མིག །མགོན་དེའི་ཐུགས་རྗེའི་གདུང་ཞུན་མའི་ཁམས། །ཟླ་ཟེར་སོ་
ཕྲེང་སྒྲོང་དུ་སིམ་པའི་མཐུས། །བཤད་སྒྲུབ་ཨུ་དུམ་ཝ་རའི་གཟི་འབྱུགས་པའི། །ཆོས་ཀྱི་
སྡེ་ནི་རྒྱུ་སྐར་ཚོམ་བུ་བཞིན། །སྡེ་བཞིའི་ལང་ཚོ་གནའ་ནས་མ་རྙིང་བའི། །གྲགས་སྙན་མུ་
ཏིག་དཀར་བའི་དོ་ཤལ་གྱིས། །སྲིད་ཞིའི་འཛིག་རྟེན་བཅིངས་པའི་ཞིང་མཆོག་འདིར། །
མདོ་སྨད་སྨན་ལྗོངས་མགྱོགས་འགྲོའི་ཚལ་ཁར་གྲགས། །དེ་ལ་གཉྭའི་སྲིང་མོ་དལ་འགྲོ་
མས། །ལྷོ་བྱང་གཉིས་སུ་ཕྱེ་བའི་གནོད་སྦྱིན་ཕྱོགས། །རྒྱལ་བ་གཉིས་པ་འཇམ་དཔལ་སྙིང་
པོ་སོགས། །མཁས་གྲུབ་མེ་ཏོག་རྫེན་པའི་དོ་ར་དེར། །སྟོབས་བཅུའི་དཔལ་མངའ་སེཾ་ཧླའི་

མཚན་ཅན་གྱི། །ཐུགས་བསྐྱེད་དོན་ཡོད་ཞགས་པས་ཉེར་བཟུང་ཞིང་། །པཎ་གྲུབ་གསེར་
གྱི་པདྨའི་རླབས་བརྗོལ་བའི། །བཀྲ་ཤིས་ཆོས་སྡིངས་འོག་མིན་ཞིང་གི་སྤྲུལ། །ཁྲིམས་
གཙང་གསེར་གྱི་གཞི་ལ་ལེགས་བརྟེན་བྱང་ཆུབ་སེམས་ཀྱི་རྩ་བ་བརྟན། །རླབས་ཆེན་སྤྱོད་
པའི་འདབ་མ་འབུམ་བརྩེགས་དོན་གཉིས་འབྲས་བུའི་ཁུར་གྱིས་ལྡི། །བདེ་སྟོང་གསང་བའི་
ཉིང་འཛིན་བཅུད་འཛིན་མཆོག་ཐུན་འདོད་དགུའི་དཔལ་འཛོ་བའི། །ཆོས་ཀྱི་སྡེ་འདིར་
རིམ་བཞིན་བྱོན་པའི་མཁས་གྲུབ་དཔལ་གྱི་དུམ་བུ་རྒྱལ། །ངུར་སྨྲིག་ག་ཤལ་གསར་བའི་
འོད་ཀྱིས་ཀུན་གསལ་སྣིག་མོའི་འགྲམ་པ་ལ། །ལི་ཁྲིའི་མདངས་ཀྱིས་མཛེས་པ་རབ་སྦྱིན་
སྡོམ་བརྩོན་མཁའ་འགྲོ་དཀར་པོའི་ཁྲུས། །བཤད་སྒྲུབ་གཤོག་ཟུང་རྩེན་པའི་འཕྲུལ་གྱིས་ས་
གསུམ་ཤིས་པར་བསྒྲུབས་དང་ལྡན། །ལུང་རིགས་དབྱངས་སྙན་མཁའ་མཐར་སྒྲིངས་པའི་
ཡིད་འོང་རྣམ་འགྱུར་ཅི་ཡང་ངོམས། །སྐལ་བཟང་ལེགས་བྱས་སྤེལ་བའི་གཞིར་གྱུར་དཔག
ཡས་བསོད་ནམས་འབྱུང་བའི་གནས། །བྱིན་རླབས་གཟི་འོད་འབུམ་གྱིས་འཁྱུད་པའི་རྟེན་
གསུམ་ནོར་བུའི་ཟ་མ་ཏོག །ཚངས་ཆེན་ཡིད་ཀྱིས་བྲིས་པ་དང་མཚུངས་ལྷུན་སྟུག་རིན་ཆེན་
གཞལ་མེད་ཁང་། །མདངས་མཚར་དབང་པོའི་གཞུ་ལྟར་རྣམ་བཀྲ་ཆ་བསགས་ལྟེ་བའི་གྲོང་
ཁྱེར་ཉིད། །དེ་ལྟར་ངོ་མཚར་འབུམ་གྱི་དཔལ་རྫོགས་པའི། །བཀྲ་ཤིས་ཆོས་སྡིངས་ལྷ་ཡི་
དགའ་ཚལ་གང་། །ཇི་ལྟར་བྱུང་བའི་གཏམ་སྙན་ནོར་བུའི་ཕྲེང་། །དད་ལྡན་མགྲིན་པ་
མཛེས་པའི་རྒྱན་དུ་སྤེལ། །ཆོས་ཀྱི་སྡེ་འདི་ཇི་ལྟར་བྱུང་ཚུལ་དང་། །དེའི་མཐུས་བཤད་
སྒྲུབ་ཐུབ་བསྟན་དར་བའི་ཚུལ། །རིམ་བྱོན་མཁས་གྲུབ་འགའ་ཡི་རྣམ་ཐར་ཏེ། །བརྗོད་པ་
ངོ་མཚར་གཏམ་གྱི་སྙིང་གཞི་ཡིན། །ཁུངས་ལྡན་ལོ་རྒྱུས་སྔོན་པའི་རྩ་བ་བརྟན། །སྙན་
འཇེབས་ཉམས་བརྒྱའི་འདབ་མ་འབུམ་དུ་བརྩེགས། །དོན་བཟང་བཅུད་ལྡན་པད་དཀར་
འདིར་བཞད་པས། །གཟུར་གནས་དད་ལྡན་བུང་བ་རོལ་བར་མཛོད། །

དེ་ཡང་སྐྱེ་དགུ་ཡོངས་ཀྱི་ཕན་པ་དང་བདེ་བ་འབྱུང་བའི་གཞི་གཅིག་པུ་ནི་རྒྱལ་བའི་
བསྟན་པ་རིན་པོ་ཆེ་ཡིན་ལ། དེ་ཉིད་འཛིག་རྟེན་ཁམས་སུ་མི་ཉམས་ཡུན་རིང་དུ་གནས་པ་

ནི་དགེ་འདུན་གྱི་སྡེ་ལ་རག་ལས་པར་དགོངས་ནས་རྒྱ་གར་འཕགས་པའི་ཡུལ་དུ་བྱོན་པའི་པཎ་གྲུབ་དམ་པ་རྣམས་ཀྱིས་ཆོས་གཞི་དཔག་ཏུ་མེད་པ་བསྐྱུན་པར་མཛད་ཅིང་། རྣམ་འདྲེན་བུ་རམ་ཤིང་བའི་ལུགས་བཟང་གི་གདུགས་དཀར་སྲིད་རྩེར་བསྒྲེངས་པར་མཛད་པའི་ཚུལ་ཆོས་འབྱུང་ཚད་ལྡན་རྣམས་ལས་གསལ་བ་ལྟར་ལགས་ལ། དེ་བཞིན་དུ་གངས་རི་ར་བས་ཀོར་མོ་ཡུག་ཏུ་འཁྱུད་པའི་ལྗོངས་འདིར་ཡང་ཆོས་རྒྱལ་ཁྲི་སྲོང་ལྡེ་བཙན་དང་མཁན་ཆེན་པོ་ཤཱི་སྣ་ཏྲ་སོགས་ཀྱི་ཐུགས་རྗེ་ལས་དུར་སྨྲིག་གི་སྡེ་ཐོག་མར་བྱུང་བ་ནས་ཟམ་མ་ཆད་པར་བྱོན་པའི་མཁས་གྲུབ་དམ་པ་རྣམས་ཀྱིས་དགེ་འདུན་གྱི་སྡེ་གྲངས་མེད་པ་སྤེལ་བར་མཛད་ཅིང་། ནོར་འཛིན་དགའ་མའི་གཞི་འདི་ཉིད་ལྷར་བཅས་འགྲོ་བའི་མཆོད་གནས་སུ་བསྒྲུབས་པར་མཛད་པ་ལས་འདིར་བརྗོད་པ་སྐབས་སུ་བབས་པ་ནི། མཉམ་མེད་སྟོབས་བཅུ་མངའ་བའི་གདུང་འཚོབ། ཁམས་གསུམ་སྐྱེ་དགུ་ཡོངས་ཀྱི་མ་འདྲིས་པའི་མཛའ་བཤེས། མདོ་རྒྱུད་ཐུབ་བསྟན་རྒྱ་མཚོའི་མངའ་བདག པད་དཀར་འཆང་བ་བཅུ་གསུམ་པ་ཆེན་པོའི་རིགས་ཀྱི་ཅོད་པན། སྙིགས་དུས་ཀྱི་ཕྲུལ་བྱུང་ཞབས་ཆེན་པོ། ཀུན་གཟིགས་མ་ཧཱ་པཎྜི་ཏ་རྡོ་རྗེ་འཆང་རྗེ་ཞྭ་དམར་བ ༧ དགེ་འདུན་བསྟན་འཛིན་རྒྱ་མཚོ་དཔལ་བཟང་པོའི་གདན་ས་དམ་པ། ཕྱི་མཁས་བཙུན་བཟང་གསུམ་གྱི་ཡོན་ཏན་ནམ་མཁའ་ལྟར་རྒྱ་ཆེ་ཞིང་། ནང་ཉམས་རྟོགས་ཀྱི་གདེང་ཚོད་ཆུ་གཏེར་ལྟར་གཏིང་ཟབ་པ། གསང་བ་རིམ་གཉིས་ཀྱི་རྣལ་འབྱོར་ཚད་དུ་འཁྱོངས་པའི་པཎྜི་ཏ་དང་རྣལ་འབྱོར་བ་ཉི་ཟེར་གྱི་རྟུལ་འཁྲིགས་པ་ལྟ་བུ་གདན་འཛོམས་པའི་བསྟི་གནས། བཤད་སྒྲུབ་ཟུང་དུ་འབྲེལ་བའི་ཆོས་ཀྱི་སྡེ་མཆོག་དཔལ་མི་འགྱུར་དགེ་ལྡན་བཀྲ་ཤིས་ཆོས་སྡིངས་ཞེས་ཡོངས་སུ་གྲགས་པའི་ཆོས་ཀྱི་སྐྱིད་ཚལ་ཆེན་པོ་གང་གི་གདན་རབས་ཙུང་ཟད་གནད་བསྡུས་ཏེ་འགོད་པར་བྱའོ། །

དང་པོ། ཆོས་སྡེ་འདི་ཉིད་ཕྱག་འདེབས་མཛད་པ་པོ་ཞྭ་དམར་རྡོ་རྗེ་འཆང་གི་རྣམ་ཐར་མདོར་བསྡུས།

ཀུན་གཟིགས་རྒྱལ་བའི་དབང་པོ་བཅུ་གསུམ་པ་ཆེན་པོའི་རིགས་ཀྱི་ཅོད་པན། སྙིགས་དུས་ཀྱི་ཕུལ་བྱུང་ཞབས། ཀུན་གཟིགས་མ་ཧཱ་པཎྜི་ཏ་རྗེ་ཞྭ་དམར་པ་དགེ་འདུན་བསྟན་འཛིན་རྒྱ་མཚོ་དཔལ་བཟང་པོ་ནི། སློབ་དཔོན་ཆེན་པོ་པདྨ་ཀ་རའི་དགོངས་འདུས་གསེར་ཆོས་སུ་གྲགས་པའི་ལུང་བསྟན་ཉི་ཟླའི་འཁོར་ལོ་ལས། བྱང་སེམས་བདུད་རྩི་འཛོ་ནུས་པའི། །ལུང་རིགས་དེད་དཔོན་བླ་མ་འབྱུང་། །དམར་པོ་ཞྭ་མིང་སྐྱེས་བུའང་འབྱུང་། །མདོ་སྔགས་རིས་མེད་སྒྲོན་མེ་བྱེད། །ཅེས་པ་དང་། དེ་སོགས་པད་འབྱུང་ངའི་སྤྲུལ་པ། །སུ་ཡིས་ཚད་བཟུང་ག་ལ་སྲིད། །ཅེས་རྡོ་རྗེ་ཚིག་གིས་གསལ་བར་ལུང་བསྟན་ཅིང་། ངེས་པའི་དོན་དུ་མགོན་པོ་འོད་མཐའ་ཡས་པ་དང་འཕགས་མཆོག་ཕྱག་ན་པདྨོ་ངུར་སྨྲིག་གི་རྣམ་རོལ་དུ་སྤྲོན་པ་ཡིན་ལ། དྲང་དོན་གདུལ་བྱའི་སྣང་ངོར་ཡང་། མཉམ་མེད་བུ་རམ་ཤིང་བའི་འཁོར་དུ་དགེ་སློང་ཆོས་ཀྱི་བློ་གྲོས། འཕགས་པའི་གནས་བརྟན་བཅུ་དྲུག་གི་ཞབས་འབྲངས་པ་དགེ་བསྙེན་དྷརྨ་ཏཱ་ལ། སངས་རྒྱས་གཉིས་པ་སློབ་དཔོན་དབྱིག་གཉེན། བུ་སྟོན་ཐམས་ཅད་མཁྱེན་པ། ཇོ་ནང་ཀུན་མཁྱེན་ཆེན་པོ། སྒྲུབ་བརྒྱུད་བསྟན་པའི་མངའ་བདག་སྤྱན་སྔ་གྲགས་པ་བྱང་ཆུབ། ཁྱབ་བདག་སྟག་ཕུ་བ་གར་གྱི་དབང་ཕྱུག་སོགས་འཕགས་བོད་ཀྱི་ལྗོངས་སུ་མཁས་གྲུབ་དམ་པ་མཐའ་ཡས་པ་རྣམ་པར་སྤྲོན་ཅིང་། ཁྱད་པར་དུ་ཡོངས་སུ་གྲགས་པའི་སྐུ་ཕྲེང་དང་པོ་གཞུང་བརྒྱ་སྨྲ་བའི་དབང་ཕྱུག་རྗེ་ཞྭ་དམར་བ་ངག་དབང་འཕྲིན་ལས། སྐུ་ཕྲེང་གཉིས་པ་གྲུབ་པའི་དབང་ཕྱུག་རྗེ་ངག་དབང་འཕྲིན་ལས་དཔལ་བཟང་། སྐུ་ཕྲེང་གསུམ་པ་མཁས་གྲུབ་ཆེན་པོ་རྗེ་ངག་དབང་བསྟན་འཛིན། སྐུ་ཕྲེང་བཞི་བ་པཎྜི་ཏ་ཆེན་པོ་ཉིད་ཡིན་ནོ། །

དམ་པ་གང་ཉིད་སྐུ་བལྟམས་པའི་ཡུལ་ནི། ཆུ་གཏེར་ཆེན་པོ་ཁྲི་གཤོག་རྒྱལ་མོའི་ཉེ་འགྲམ། རྒྱལ་དབང་བསོད་ནམས་རྒྱ་མཚོས་སོག་པོ་རྣམས་མི་ཤི་ན་ཕྱུགས་མང་པོ་གསོད་དགོས་པའི་སྲོལ་ངན་ལས་བཟློག་པར་མཛད་པས་དཀར་ཐང་མར་ཁྲུའི་མཚོ་མོར་གྲགས་པ། ལྷ་བ་ཆེན་མོ་ཡུན་རིང་བཞུགས་ཤིང་རྒྱལ་དབང་ཡོན་ཏན་རྒྱ་མཚོའི་རྣམ་ཐར་བཀའ་རྩོམ་གནང་སའི་གནས་ཆོས་ལུང་དུ་གྲགས་པ་དེ་ཡིན་ལ། གནས་དེར་མདའ་བཞིའི་ཉིན་ཐུབ་ཤོག་ཁའི་ཞྭ་དམར་ཚོ་བར། རྗེ་ངག་དབང་འཕྲིན་ལས་ལ་སོགས་སྐྱེས་ཆེན་དམ་པ་མང་པོ་འཁྲུངས་པའི་ཁྱིམ་གཞིས་སུ་ཡབ་པ་ཊ་སྐྱག་དང་ཡུམ་མ་ཅིག་གཉིས་སྲས་སུ་རབ་བྱུང་བཅུ་བཞི་བའི་ཆུ་བྱི་（༡༨༥༢）ལོར་ངོ་མཚར་བའི་ལྟས་དང་བཅས་ཏེ་སྐུ་འཁྲུངས། དགུང་ལོ་གསུམ་བཞེས་པའི་དུས་སུ་ཐེངས་ཤིག་ཡབ་ཀྱི་པང་ན་བཞུགས་སྐབས་རྫོན་པ་ཞིག་གིས་རི་དྭགས་བསད་པའི་ཤ་ཞིག་ཁྱེར་བྱུང་བ་ཡབ་ཀྱིས་དམ་པ་ཉིད་ཀྱི་ཞལ་དུ་ཙུང་ཟད་བཞག་པ་ན། དེ་མ་ཐག་ཕྱིར་བསྐྱུར་ཅིང་ལྷགས་ཀྱི་སྙིང་ཕྱག་གིས་བྲད་དེ་ཤིན་ཏུ་གདུངས་པའི་ཉམས་ཀྱིས་ཚོ་ངེ་བཏབ་ཅིང་ངུས་པས། རྫོན་པ་དེ་འཇིགས་སྐྲག་སྐྱེས་ཏེ་ལངས་ནས་ཕྱག་འཚལ་ཞིང་ཕྱིན་ཆད་རི་དྭགས་མི་གསོད་པའི་དམ་བཅའ་ཕུལ་བ་དང་། སྐབས་ཤིག་ཆུ་འགྲམ་ཞིག་ཏུ་བྱིས་པ་ཁ་ཤས་དང་ལྷན་ཅིག་རྩེད་མོ་མཛད་བཞིན་པའི་ཚེ་བྱིས་པ་ཆོས་ཕོར་བའི་ནང་དུ་བྱེ་མ་པར་ཏེ་གུར་ཡིན་ཁྲུལ་བྱས་པར། རྗེ་ཉིད་ནས་ཕོར་བར་ཆུ་བླུགས་པ་ཡང་ཕྱེ་མ་བཞིན་པར་ཏེ་གུར་གྲལ་དུ་བསྒྲིགས་པ་སོགས་སྐུ་བྱིས་པའི་དུས་ནས་ངོ་མཚར་བའི་མཛད་པ་ཤིན་ཏུ་མང་ལ། པཎ་ཆེན་བསྟན་པའི་ཉི་མ་དང་སྐྱབས་རྗེ་གསེར་ཁང་བའི་སྐུ་མཆེད་མཁས་གྲུབ་ཆེན་པོ་རྗེ་བློ་བཟང་བསྟན་པ་རྒྱ་མཚོ་དགོངས་མཐུན་གྱིས་རྗེ་ཞྭ་དམར་བའི་ཡང་སྤྲུལ་དུ་ངོས་འཛིན་གནང་། དགུང་ལོ་བརྒྱད་པའི་དུས་སྐབས་རྗེ་ཐར་ཤུལ་རིན་པོ་ཆེ་དགེ་འདུན་ཆོས་སྐྱོང་རྒྱ་མཚོ་ལས་རབ་ཏུ་བྱུང་ཞིང་། དགེ་འདུན་བསྟན་འཛིན་བཟང་པོ་ཞེས་པའི་མཚན་གསོལ། ཀུན་སྤངས་སེམས་དཔའ་ཆེན་པོ་བསྟན་འཛིན་རྒྱལ་མཚན་དགེ་རྒན་དུ་བསྟེན་ནས་ཐལ་སྦྱོར་གྱི་ཀློག་བསླབས་ཤིང་། ཆོས་སྤྱོད་དང་ཚོ་གའི་རིམ་པ་དུ་མ་

ཐུགས་འཛིན་གནང་བ་ཆོགས་མེད་དུ་མཁྱེན། དགུང་ལོ་དགུ་བཞེས་པའི་དུས་སུ་ཁྱབ་བདག་འཁོར་ལོའི་མགོན་པོ་རྡོ་སྐྱ་མཆེད་རིན་པོ་ཆེས་བཅོམ་ལྡན་དུས་ཀྱི་འཁོར་ལོའི་དབང་བོའི་དཀྱིལ་འཁོར་དུ་དབང་བསྐུར་ཏེ་ཐོག་མར་སྨིན་པར་མཛད། དགུང་ལོ་བཅུ་བཞེས་དུས་སྐྱ་ཕྲེང་གོང་མ་རྣམས་ཀྱི་གདན་ས་བཤད་སྒྲུབ་ཟུང་དུ་འབྲེལ་བའི་ཆོས་སྡེ་ཆེན་པོ་བདེ་ཆེན་ཆོས་འཁོར་གླིང་དུ་ཚོགས་ཞུགས་གནང་། དགུང་ལོ་བཅུ་གཅིག་པ་ནས་ཡོངས་ཀྱི་དགེ་བའི་བཤེས་གཉེན་ཆེན་པོ་སྟག་རི་རབ་འབྱམས་པ་བློ་བཟང་ཉི་མ་དགེ་རྒན་དུ་བསྟེན་ནས་དཔེ་ཁྲིད་ལམ་ཆག་པར་ཕེབས་པ་དང་ཆབས་ཅིག་བསྡུས་གྲྭའི་ཡིག་ཆ་ཐུགས་འཛིན་གནང་ཞིང་། གྲོགས་རིགས་པ་སྨྲ་བ་རྣམས་དང་ལྷན་དུ་ཆོས་གྲྭར་བགྲོ་གླེང་ལ་བརྩོན་པས་བསྡུས་གྲྭའི་རིགས་འཕྲུལ་མ་ལུས་པ་ཐུགས་སུ་ཆུད་ཅིང་སྨྲ་བ་གྲགས་པ་རྒྱས། དེ་ནས་བློ་རྟགས་ཀྱི་ཡིག་ཆ་ཐུགས་འཛིན་གནང་ཞིང་དཔེ་ཁྲིད་ཞིབ་ཏུ་མནོས་པར་མ་ཟད། ཚད་མ་རྣམ་འགྲེལ་དང་དེའི་འགྲེལ་བ་མཐའ་དཔྱོད་སོགས་རྒྱ་བོད་ཀྱི་ཚད་མའི་གཞུང་མང་པོ་ཞིབ་གཟིགས་དང་འབྲེལ་བརྒལ་བརྟགས་ཀྱིས་ལེགས་པར་གཏན་ལ་ཕབ་པས། གཏན་ཚིགས་རིགས་པའི་གཞུང་གི་དགོངས་དོན་མ་ལུས་པ་ཐུགས་སུ་ཆུད་པར་མཛད། འཛིན་གྲྭ་གཞུང་དུ་ཕེབས་པ་ནས་བཤེས་གཉེན་ཆེན་པོ་ཤེས་རབ་རྒྱ་མཚོ་སོགས་ལས་གཞུང་མང་པོའི་མཛུབ་ཁྲིད་དང་རྟོགས་གཅོད་རྒྱུན་དུ་གནང་ཞིང་། ཕར་ཕྱིན་དང་དབུ་མའི་སྐོར་གྱི་རྒྱ་བོད་མཁས་པའི་གཞུང་མང་པོ་གུང་བསྒྲིགས་ནས་གཟིགས་རྟོག་དང་། ཆོས་གྲྭར་བརྒལ་བརྟག་ལའང་བརྩོན་པ་ཆེན་པོ་ཡུན་རིང་བསྟེན་པས་ཟབ་མོའི་གཞུང་མཆོག་ཤེར་ཕྱིན་གྱི་དངོས་བསྟན་སྟོང་ཉིད་གཏན་ལ་འབེབས་པའི་རིགས་པའི་རྣམ་གྲངས་མང་པོ་དང་། སྦས་དོན་མངོན་རྟོགས་ཀྱི་རིམ་པ་མ་ལུས་པ་ལེགས་པར་གཟིགས་པའི་བློ་གྲོས་པདྨའི་ཡལ་འདབ་ཤིན་ཏུ་གྲོལ་བར་གྱུར་ཏོ། །དེ་དག་གི་སྐབས་སུ་རྗེ་ཉིད་འཚོལ་ལམ་འབད་པར་གྲྭ་རྒྱུད་དཀྱུས་མའི་ལུགས་ཀྱི་ཟས་གོས་ངན་ངོན་ཙམ་ལ་བརྟེན་ནས་དཀའ་སྤྱད་དཔག་མེད་མཛད་པར་གསུངས། སྐྱ་ཁྱིམ་པའི་དུས་ནས་བཟུང་ཐོས་དོན་རྒྱུད་ལ་སྦྱོར་བའི་ཉམས་ལེན་གནད་ལ་ཁེལ་བ་ཞིག་ཅིས་

ཀུང་བྱེད་དགོས་སྐམ་པའི་ཐུགས་འདུན་རྒྱུན་ཆགས་སུ་ཡོད་པའི་ཁར་སྙིགས་མའི་རྒུད་པ་མཚོ་ལྟར་བརྗོལ་བའི་དབང་གིས་སྲིད་འཁོར་གྱིས་དྲིགས་པར་རློམ་པའི་སྐྱེ་བོ་མི་བསྲུན་པ་དུ་མས་ལོག་སྤྱོད་ཀྱིས་ཐུགས་ལྷག་པར་སྐྱོ་སྟེ། ཡབ་རྗེ་གསེར་ཁང་ཆེན་པོའི་རྣམ་ཐར་བཞིན་གནས་ངེས་མེད་དུ་འཚོ་བ་བསོད་སྙོམས་ཙམ་ལ་བརྟེན་ནས་ཐོས་དོན་རྒྱུད་ལ་སྦྱོར་བའི་ཉམས་བཞེས་རྗེ་རུས་ཐུག་པ་ཞིག་བྱ་བར་ཐག་བཅད་དེ། དགུང་ལོ་བཅུ་དགུ་བར་གསང་སྔགས་ཀྱིས་རེབ་གོང་དུ་ཕེབས། སྐབས་རྗེ་ཨ་རོལ་རིན་པོ་ཆེ་བློ་བཟང་ལུང་རིགས་རྒྱ་མཚོ་དཔལ་བཟང་པོའི་དྲུང་དུ་མཇལ་ཏེ། རྗེ་བླ་མ་མཆོག་གི་རྣམ་ཐར་བཞིན་དཔེན་པར་ཐོས་དོན་རྒྱུད་ལ་སྦྱོར་བའི་ཉམས་ལེན་ལ་ཆིག་དྲིལ་མཛད་རྒྱུའི་དམ་བཅའ་དང་བཞེད་དོན་མཐར་ཕྱིན་པའི་སྐྱབས་འཇུག་ཞུས་པར་བླ་མ་རིན་པོ་ཆེ་ཐུགས་དགྱེས་པའི་རྟེར་སོན་ཅིང་ནང་བཅར་གྱིས་སློབ་སྟོན་གནད་དྲིལ་བསྩལ། དེ་ནས་མ་འགྱངས་པར་བླ་མ་རྗེ་རྗེ་འཆང་གི་བཀའ་བཞིན་དཔལ་ལྡན་བཀྲ་ཤིས་འཁྱིལ་དུ་ཕེབས་ཏེ། ཡོངས་རྫོགས་བསྟན་པའི་མངའ་བདག་རྗེ་ཤེས་རབ་རྒྱ་མཚོའི་དྲུང་ནས་དབང་ལུང་ཁྲིད་རྗེས་གནང་སོགས་ཟབ་པ་དང་རྒྱ་ཆེ་བའི་ཆོས་རྒྱུན་མཐའ་ཡས་པ་གསན་བཞེས་གནང་། དགུང་ལོ་ཉེ་ཤུ་བར་རྗེ་པཎྜིའི་མཚན་ཅན་ལས་བསྙེན་པར་རྫོགས་ཏེ། སྔར་གྱི་མཚན་ལ་མཁན་པོའི་མཚན་ཟུར་བསྣན་ནས་དགེ་འདུན་བསྟན་འཛིན་རྒྱ་མཚོ་དཔལ་བཟང་པོར་གསོལ། དེ་འཕྲལ་མཁས་དབང་དགེ་འདུན་བཟང་པོ་ལས་འདུལ་བའི་བསླབ་བྱ་ལག་ལེན་དང་བཅས་པའི་ཞིབ་ཁྲིད་ལེགས་པར་གསན་ཏེ། དགག་སྒྲུབ་གནང་གསུམ་གྱི་བཅས་མཚམས་ཕྲ་རགས་ཐམས་ཅད་ཐུགས་སུ་ཆུད་པར་མཛད་ཅིང་ལྟུང་བ་འབྱུང་བའི་སྒོ་ཁེགས་ངེས་གནང་། ཐུའུ་བཀྭན་ཡོངས་འཛིན་རིན་པོ་ཆེ་ཞང་སྟོན་བསྟན་པ་རྒྱ་མཚོས་གྲུབ་མཐའ་རིན་ཕྲེང་བའི་གཟབ་བཤད་དང་རྣམ་བཤད་སྙིང་པོ་རྒྱན་གྱི་མཇུབ་ཁྲིད། བདེ་མཆོག་ལྷུ་དྲིལ་གཉིས་ཀྱི་བསྐྱེད་རྫོགས་ཀྱི་ཁྲིད་སོགས་ཁྲིད་ཀྱི་སྐོར་དང་། ལྟགས་རིམ་ཆེན་མོའི་ཞལ་ལུང་སོགས་ཞལ་ལུང་གི་སྐོར་བཅས་ཆོས་རྒྱུན་མང་པོ་གསན་བཞེས་གནང་རྗེས། སླར་རེབ་གོང་དུ་ཕེབས་ཏེ་

སྐྱབས་རྗེ་ཨ་རོལ་རིན་པོ་ཆེའི་དྲུང་དུ་མཇལ་བར། བླ་མ་མཆོག་ནས་སྔར་མ་གསན་པའི་ཆོས་རྒྱུན་དུ་མ་གནང་དགོས་ཚུལ་གྱི་གསུང་ནན་ལྷི་བ་བསྐུལ་པ་བཟློག་མ་ནུས་པར་འཕྲལ་དུ་དབུ་བཙུགས་ནས་རྗེ་ཤེས་རབ་རྒྱ་མཚོའི་གསུང་འབུམ་གྱི་ལུང་སོགས་ཕུལ་བར་བསྟུན། བླ་མ་རིན་པོ་ཆེ་ཐུགས་དགྱེས་པའི་རྟེར་སོན་ཅིང་སྐུ་གཟན་སེར་པོ་བཞེས་འཁྲོ་སོགས་དངོས་འབུལ་བཅས་མགོན་པོ་གང་གི་ཆོས་ཀྱི་རྒྱལ་ཚབ་ཏུ་མངའ་གསོལ་བར་མཛད། སྐྱབས་རྗེ་དམ་པ་ལུང་རིགས་རྒྱ་མཚོའི་གཙོས་མཁས་གྲུབ་དམ་པ་དུ་མ་ལས་ཆོས་བཀའ་རྒྱ་མཚོ་ལྟ་བུ་གསན་བཞེས་གནང་བ་དང་། རེ་ཁྲིད་དུ་ཕེབས་པ་ནས་ཆེ་འདིའི་འཁྲི་བ་བཅན་ཆོད་གནང་སྟེ་གནས་ངེས་མེད་དུ་ལོ་མང་པོའི་རིང་ལ་དཀའ་བཅད་རྒྱའི་ངོས་ལམ་ཡོངས་རྫོགས་ཀྱི་ཉམས་བཞེས་དང་འབྲེལ་ལྷག་ལྷ་དུ་མའི་བསྙེན་སྒྲུབ་དང་ཡང་དག་འཇོག་ལ་ཁོར་མོ་ཡུག་ཏུ་གཞོལ་བར་མཛད་ཅིང་། དབྱར་བླ་བྲང་དུ་ཕེབས་ནས་རྗེ་ཤེས་རབ་རྒྱ་མཚོ་སོགས་ལས་ཆོས་རྒྱུན་རྣམ་དག་མཐའ་ཡས་པ་གསན་པ་མ་ཆག་པར་མཛད་དེ། གངས་ཅན་གྱི་ལྗོངས་འདིར་དར་རོ་ཅོག་གི་ཆོས་རྒྱུན་རྣམ་དག་མ་གསན་པ་མེད་པ་ལྟ་བུ་གནང་ནས་མང་ཐོས་རྒྱ་མཚོའི་ཕ་རོལ་ཏུ་སོན།

ཤིང་བྱ་ལོར་སློགས་དུས་ཀྱི་ཐམས་ཅད་མཁྱེན་པ་སྐྱབས་མགོན་ལུང་རིགས་རྒྱ་མཚོས་བཀའ་ནན་བསྐུལ་པ་བཟློག་མ་ནུས་པར་སྒོ་དམར་དགའ་ལྡན་ཕུན་ཚོགས་གླིང་དུ་སྤྱི་གོན་སྟོན་དུ་འགྲོ་བས་བཅོམ་ལྡན་དུས་དགྲའི་དབང་པོ་བདུད་ལས་རྣམ་རྒྱལ་གྱི་དབང་ཆེན་བསྐུལ་བ་ནི་སྐུ་ཚེ་དེར་བླ་མེད་ཀྱི་དབང་གནང་བའི་ཐོག་མ་ཡིན་ལ། དེ་ནས་བླ་མའི་བཀའ་བཞིན་ཕྱོགས་ཀྱི་སྐལ་ལྡན་གདུལ་བྱའི་ཚོགས་ལ་ཆོས་བཀའ་མཐའ་ཀླས་པ་བསྐུལ། མཁས་པའི་དབང་ཕྱུག་ཚངས་སྲས་དགྱེས་པའི་དཔལ་ལས་སྔན་ངག་མེ་ལོང་དབྱངས་ཅན་དགྱེས་གླུ་དང་སྒྲགས་ཏེ་བོད་མཁས་འགྲེལ་བ་དང་དཔེར་བརྗོད་སོགས་ཀྱིས་ཟུར་བརྒྱན་པའི་གཟབ་ཁྲིད་ཞིབ་རྒྱས་སུ་བསྐུལ་པ་གསན་ཅིང་། རྩོམ་རྒྱུགས་ཕུལ་བ་ལ་བདག་གིས་ཀྱང་རྩོམ་འདི་འདྲ་ཡོང་དཀའ། ཁོང་སྟོན་ནས་སྙན་ངག་གི་ཕ་རོལ་ཏུ་ཕྱིན་འདུག ཅེས་

བསྡུགས་བརྗོད་ཚད་མེད་པ་གནང་བར་གྲགས། ཉ་ལུང་སྡུགས་རམས་པ་དགེ་འདུན་བསྟན་འཛིན་ལས་དཔལ་དུས་ཀྱི་འཁོར་ལོའི་རྒྱུད་དོན་སྐར་རྩིས་ཀྱི་རི་མོས་གཏན་ལ་འབེབ་ཚུལ་ལྔ་བསྡུས། སྒྲ་གཅན་གདོང་མཇུག ལོ་འཁོ། ཟླ་འཁོ། གཟའ་འཛིན། གཟའ་ལྔ་སོགས་ལ་ཞིབ་ཏུ་སྦྱངས་ནས་ཤིན་ཏུ་མཁས་པར་མཛད། ཚེ་ཡི་རིག་བྱེད་འཛིན་པ་ཚེ་ཀྱཱ་འཚོ་བྱེད་ལས་དཔལ་ལྡན་རྒྱུད་བཞི་རྩ་འགྲེལ་དང་རྗེས་འབྲངས་ཀྱི་ཡིག་ཆ་དུ་མ་གུང་བསྒྲིགས་ཏེ་གསོ་བ་རིག་པའི་གཞུང་མན་ངག་དང་བཅས་པ་ལ་སྦྱོང་བ་ཕུལ་དུ་ཕྱིན་པ་མཛད་ཅིང་། རྗེ་གནས་ལྔ་གཟིགས་པ་ཚ་འདམ་པ་ཆེན་པོ་འཇམ་དབྱངས་ཚུལ་ཁྲིམས་རྒྱ་མཚོ་ལས་སྒྲའི་བསྟན་བཅོས་དབྱངས་ཅན་བྱཱ་ཀ་ར་ཎ་རྩ་འགྲེལ་གྱི་ཞིབ་ཁྲིད་མནོས་ཏེ་ས་རིས་ཕལ་ཆེར་རྫོགས་པར་མཛད། ཡང་རྗེ་འདི་ཉིད་ལས་སྒྲ་བ་ཆོས་དཔལ་དང་། ཨ་ཀྱཱ་ཡོངས་འཛིན་སོགས་ཀྱི་འགྲེལ་བ་བསྡུར་ཏེ་སྡེབ་སྦྱོར་རིན་ཆེན་འབྱུང་གནས་ཀྱི་ཞིབ་ཁྲིད་གསན་པས་མཚོན་ཤེས་བྱ་རིག་པའི་གནས་མཐའ་ཡས་པར་སྦྱང་བ་མཐིལ་ཕྱིན་གནང་ནས་གནས་ལྔ་རིག་པའི་པཎྜི་ཏ་ཆེན་པོར་གྱུར་ཏོ། །

རེ་ཁྲིད་དུ་ཕེབས་པ་ནས་ཉམས་བཞེས་ལ་གཞོལ་བའི་སྐབས་ཧྲིལ་པོར་གྲུབ་དབང་སྐལ་ལྡན་རྒྱ་མཚོའི་རྣམ་ཐར་བཞིན་བཤད་སྒྲུབ་ཟུང་འབྲེལ་གནང་ཞིང་། དེ་ཡང་འབྱོན་བཞུད་དང་བཀའ་ཆོས་གསན་གནང་གི་སྐབས་རེ་འགའ་མ་གཏོགས་ཐུན་བཞིའི་རྣལ་འབྱོར་རྒྱུན་འཁྱོངས་སྒོམས་ལམ་རིམ་གཉིས་ཀྱི་ཉམས་བཞེས་ལ་གཞོལ་བར་མཛད་པའི་ཞོར་བཀའ་བསྟན་མང་པོར་གཟིགས་རྟོག་ཞིབ་ཏུ་གནང་ཞིང་ཐུན་མཚམས་རྣམས་སུ། གཞུང་བརྒྱའི་མངའ་བདག་བཤེས་གཉེན་ཆེན་པོ་སངས་རྒྱས་ཆོས་གྲགས་སོགས་ལས་བཀའ་པོད་མང་པོའི་མཇུབ་ཁྲིད་གསན་ཅིང་། སྨྲ་བའི་དབང་ཕྱུག་ཧོར་ཆེན་ཡེ་ཤེས་རྒྱ་མཚོ་སོགས་དང་མཉམ་དུ་བརྒྱལ་བརྟགས་ཀྱིས་གཏན་ལ་ཕབ་པས། རབ་འབྱམས་གཞུང་བརྒྱའི་མངའ་བདག་དང་གྲུབ་མཐའ་རྒྱ་མཚོའི་ཕ་རོལ་ཏུ་ཕྱིན་པ་ཡིན་ནོ། །གཞན་ཡང་རྗེ་ཤེས་རབ་རྒྱ་མཚོའི་ཉེ་བར་མནལ་བའི་ཚུལ་བསྟན་པའི་སྐབས་ཐུགས་གཏིང་ནས་སྐྱོ་བས་གསོལ་བ་དྲག་

ཏུ་བཏབ་པ་ན། བླ་མ་མཆོག་གི་དགྱེས་ཞལ་དངོས་སུ་མཇལ་ཞིང་། གསུང་གི་བདུད་རྩི་བསྩལ་སྐབས། ཉིད་ཀྱིས་མཛད་པའི་སྙན་ངག་དཔེར་བརྗོད་བདུད་རྩིའི་མཚོད་ཡོན་དུ། གང་ཉིད་ཞི་བར་གཞོལ་ཚེ་གདུང་ཤུགས་ཀྱིས། །མཇལ་ཕྱིར་ཕ་རོལ་ལམ་དུ་བགྲོད་བརྩམས་པ། །ཁྱབ་བདག་བླ་མ་དམ་པ་དགྱེས་འཛུམ་ཞལ། །མངོན་སུམ་གྱུར་འདི་རྨི་ལམ་མིན་ནམ་ཅི། །ཞེས་གསུངས་པ་ཡིན་ལ། འདི་དང་མཚུངས་པའི་རྣམ་ཐར་ངོ་མཚར་བ་འགའ་ཞིག་བསྟན་དུ་ཡོད་མོད། ཡིག་ཚོགས་ཆེ་བས་རེ་ཞིག་མ་བཀོད་དོ། །རྗེ་ཉིད་དགུང་ལོ་སོ་དྲུག་ཏུ་སོན་པ་མེ་ཕག་ལོར། སྐྱབས་མགོན་ལུང་རིགས་རྒྱ་མཚོ་དང་། ཤིང་བཟའ་རྡོ་རྗེ་འཆང་གིས་ལུང་བསྟན་དང་། རྗེ་ཉིད་ཀྱི་རྨད་དུ་བྱུང་བའི་ཐུགས་བསྐྱེད་ཀྱི་མཐུས་རྣམ་ཉིད་གྲུབ་པའི་བསྟི་གནས་མཆོར་མོ་ཆེའམ་རི་ཁྲོད་བསམ་གཏན་ཆོས་སྡིངས་སུ་ཕྱག་ཕེབས་ཏེ་བཞུགས་གདན་འཛུགས་པ་ན། གཞུང་བརྒྱ་སྨྲ་བའི་དགེ་བཤེས། ཆོས་ཀྱི་གདན་ཁྲི་འཛིན་པའི་བླ་སྤྲུལ། ཚེ་འདིའི་འཁྲི་བ་བཙན་ཚོད་ཀྱིས་ཐོས་དོན་རྒྱུད་ལ་སྦྱོར་བའི་ཀུན་སྤངས་སོགས་ཐར་འདོད་སྐྱེ་བོ་པདྨའི་ཚལ་ལ་བུང་བ་འདུས་པ་བཞིན་རྗེ་ཉིད་ཀྱི་ཉེ་འདབས་དུ་གདན་འཛོམས་ཏེ་ལེགས་གསུང་སྤྲང་རྩིའི་བཅུད་ལ་ངོམས་མེད་དུ་རོལ་མཁན་མང་པོ་བྱུང་ཞིང་། ཁྱད་པར་ས་སྣང་ལོར་སྐྱབས་རྗེ་ཐར་ཤུལ་རིན་པོ་ཆེའི་གདུང་མཆོད་དུ་དམིགས་ཏེ། མགོན་པོ་ཉིད་ཀྱི་གཙོས་ཉེ་འཁོར་དུ་བཞུགས་པའི་སྒྲུབ་པའི་རྒྱལ་མཚན་འཛིན་པ་བཅུ་ཕྲག་ལྔ་ལྷག་ཞལ་འཛོམས་ཏེ། བྱ་ཁྱུང་གསེར་གདུང་ཆེན་མོའི་དྲུང་དུ་མཆོད་འབུལ་རྒྱ་ཆེར་གནང་ནས་རྒྱལ་སྲས་ཀྱི་སྨོན་ལམ་རླབས་པོ་ཆེ་ཐུགས་ཉམས་སུ་བསྐྱར་བ་ན། ལྷ་ཁང་ཕྱི་ནང་དུ་དྲི་བཟང་པོས་ཁྱབ་ཅིང་མཆོད་རྟེན་ལས་བདུད་རྩི་ཤིན་ཏུ་མང་པོ་བབས་པ་སོགས་བཀྲ་ཤིས་དང་དགེ་བའི་མཚན་མ་རྒྱ་ཆེར་བྱུང་བ་ནས་བཟུང་། ལོ་རེ་བཞིན་འགྲོ་མགོན་ཉིད་ཀྱི་གཙོས་ཀུན་སྤངས་རི་ཁྲོད་འཛིན་པ་བརྒྱ་ཕྲག་དུ་མའི་འཁོར་དང་བཅས་གནས་ངེས་མེད་དུ་བཤད་སྒྲུབ་ཀྱི་བྱ་བ་རླབས་པོ་ཆེ་མཛད་བཞིན་སྔོ་བྱང་གི་སྡེ་དགོན་དུ་མར་བྱོན་ཏེ་འཆར་ཅན་གྱི་མཆོད་འབུལ་གནང་བ་ཡང་མ་ཆག་པར་མཛད་དེ་ཕྱོགས་འདིའི་རི་ཁྲོད་པ་ལྟན་དུ་

འཚོགས་པའི་སྲོལ་བྱུང་བ་ནས་རྗེ་ཚའི་རི་ཁྲིད་པའི་མཚན་བྱུང་བ་ཡིན་ལ། སྤྱིར་རིག་པའི་གནས་ཆེ་ཆུང་ཐམས་ཅད་དང་། ཁྱད་པར་བཀའ་པོ་ཏི་ཆེན་པོ་ལྔ་ལ་སློབ་གཉེར་བྱེད་པའི་སྲོལ་བཙུགས་ན་རྣམ་གྲོལ་དོན་དུ་གཉེར་བ་དག་དང་། ཕྱོགས་མཐའི་འགྲོ་བ་མང་པོའི་སྨན་ཡོན་དུ་འགྱུར་བར་དགོངས་ནས། རབ་འབྱམས་གཞུང་བརྒྱའི་མངའ་བདག་ཧོར་ཆེན་སྨྲ་བའི་སེངྒེ་རྗེ་ཡེ་ཤེས་རྒྱ་མཚོ་གདན་དྲངས་ནས་སྐལ་བཟང་རྣམ་དཔྱོད་ལྡན་པའི་ཚོགས་ལ་དཔེ་ཁྲིད་སྲོལ་དུ་བཙུགས་སྟེ་མཚན་ཉིད་གསར་དུ་བཙུགས་པ་ནས། རྗེ་ཉིད་ཀྱིས་ཀྱང་གཞུང་ཆེན་མང་པོ་གུང་བསྒྲིགས་ཏེ། དོན་གྱི་འགག་གནད་པའི་བཤད་རྒྱུན་དུ་མ་དང་། དཀའ་བའི་གནས་རྣམས་བརྒལ་བརྟག་གི་སྒོ་ནས་གོ་བ་སྟེར་ཐུལ་ཆེ་བའི་ལེགས་བཤད་ཐང་མར་བརྡལ་བས། གཟིམ་སྤྱིལ་གྱི་ཉེ་འཁོར་དུ་རྒྱུན་བཞུགས་གནང་ནས་ལེགས་བཤད་དོན་གཉེར་བའི་མང་ཚོགས་སྒྲུབ་ལ་གཞོལ་བའི་ཀུན་སྤྱངས་བརྒྱ་ཕྲག་གསུམ་ལྷག་འདུས་ཤིང་། དེ་ལ་བརྟེན་ནས་དད་གཏོང་ནོར་གྱིས་མཛེས་པའི་བསྟན་པའི་སྦྱིན་བདག་ནང་སོ་བཀྲ་ཤིས་ཚེ་རིང་གིས་བང་ནས་ཤར་ཞེས་པའི་གནས་དེ་དགོན་སར་ཕུལ་ཏེ་དཔལ་མི་འགྱུར་དགེ་ལྡན་བཀྲ་ཤིས་ཆོས་སྡིངས་ཞེས་སྲིད་པ་གསུམ་ན་ཡོངས་སུ་གྲགས་པའི་བཤད་སྒྲུབ་བྲུང་དུ་འབྲེལ་བའི་ཆོས་ཀྱི་སྡེ་ཆེན་པོ་ཕྱག་འདེབས་མཛད་ཅིང་། སྡེ་འདིར་གཞུང་བརྒྱའི་དགོངས་དོན་མ་ནོར་བར་བསླུལ་བའི་དགེ་བའི་བཤེས་གཉེན། ལམ་ཡོངས་རྫོགས་ཀྱི་ཉམས་བཞེས་ལ་གཞོལ་བའི་བྲ་བཏང་སྒྲུབ་པའི་རྒྱལ་མཚན་འཛིན་པ། ལྔ་རིག་ནོར་བུའི་ཕྲེང་བ་རྣམ་དཔྱོད་ཀྱི་རྒྱན་དུ་ངོམས་པའི་པཎྜི་ཏ་སོགས་བསྟན་འཛིན་དམ་པ་བགྲང་ཡས་པ་རིམ་བཞིན་བྱོན་པ་ཡིན་ནོ། །འགྲོ་བའི་མགོན་པོ་འདི་ཉིད་བསྟན་འགྲོའི་དོན་སྒྲུབ་པར་སྐྱོ་ངལ་གཏན་ནས་མི་མངའ་བས། རོང་པོ་དགོན་ཆེན་དང་བཀྲ་ཤིས་འཁྱིལ་སོགས་རེབ་གོང་ཕྱོགས་ཀྱི་དགོན་མ་ལག་ཐམས་ཅད་དང་། གདན་ས་བདེ་ཆེན་ཆོས་གླིང་དང་། མགུར་རྣམ་རྒྱལ་གླིང་སོགས་ལྷ་སྡེའི་དགོན་མ་ལག་རྣམས་དང་། གོང་བ་གྲྭ་ཚང་སོགས་ཁྲི་ཀའི་ཕྱོགས་ཀྱི་དགོན་སྡེ་དུ་མ་དང་། པིས་མདོ་དགོན་ཆེན། སྐུ་འབུམ། བྱ་ཁྱུང་། དགོན་ལུང་། གསེར་ཁོག་སོགས་

ཙོང་ཁ་ཉིན་སྤྱིབ་ཀྱི་དགོན་སྡེ་མང་པོ་དང་། ཨ་རིག་དགོན་ཆེན་དང་རྐང་ཚའི་དགོན་ཆེན་སོགས་མཚོ་སྔོན་ཕྱོགས་ཀྱི་སྡེ་དགོན་དུ་མས་མཚོན། མདོར་ན་མདོ་ཁམས་སྨད་ཀྱི་བཤད་སྒྲུབ་ཆོས་ཀྱི་སྡེ་ཐམས་ཅད་ལན་དུ་མར་ཞབས་ཀྱིས་བཅགས་ཤིང་། དབང་ལུང་ཁྲིད་མན་ངག་གི་ཆོས་ཆར་ཅི་འདོད་དུ་བསྐྱལ་བས། སྐལ་བཟང་གདུལ་བྱ་མ་སྨིན་པ་སྨིན་པར་མཛད་ཅིང་། སྨིན་པ་གྲོལ་བ་དང་། གྲོལ་བ་མཐར་ཕྱིན་པར་མཛད་པ་དང་ཆབས་ཅིག་ཞལ་མཇལ་གསུང་ཐོས་ཀྱིས་འགྲོ་བ་སའི་རྡུལ་གྲངས་དང་མཉམ་པའི་རྒྱུད་ལ་ཐར་བའི་ས་བོན་ཁྱད་པར་ཅན་བསྐྲུན་པར་མཛད་དོ། །ཤིང་འབྲུག་ལོར་བདག་ཅག་འགྲོ་བ་ཡོངས་ཀྱི་སྐྱབས་གནས་གོང་ས་རྒྱལ་བའི་དབང་པོ་བཅུ་གསུམ་པ་ཆེན་པོ་འཁོར་ལུགས་གཉིས་ཀྱིས་མཇོ་བ་དུ་མས་བསྐོར་ཏེ། མཁས་གྲུབ་བྱེ་བའི་འདུན་ས། ལུམྦིའི་དགའ་ཚལ་གཉིས་པ། སྐུ་འབུམ་བྱམས་པ་གླིང་དུ་ཞབས་ཀྱི་པདྨོ་ཉེ་བར་བཀོད་པ་གསན་འཕྲལ། རྗེ་ཉིད་ཞམ་རིང་བ་དང་། རྗེས་འབྲང་ཀུན་སྤངས་སུམ་བརྒྱ་ལྷག་དང་བཅས་རྒྱལ་དབང་མཆོག་གི་དགྱེས་ཞལ་མཇལ་ཕྱིར་ཕེབས་ནས། གཟིམ་ཁང་དུ་མཇལ་ཁ་ཞུས་པའི་ཚེ། རྒྱལ་དབང་མཆོག་ནས་གཟིགས་མ་ཐག་ཕྱག་ཐལ་མོ་སྦྱོར་བ་གནང་ཞིང་། ལྟ་བ་ཆེན་མོ་དངོས་སུ་འདུག་གསུངས་ཏེ་དགྱེས་བརྩེ་ཉམས་ཆེན་པོ་གནང་། རྒྱལ་བའི་དབང་པོ་ཉིད་ནས་ཐོར་མ་གསན་པའི་ཆོས་རྒྱུན་མང་པོ་ཞིག་གནང་དགོས་ཚུལ་གྱི་བཀའ་ནན་བསྐུལ་བ་བཟློག་མ་ནུས་པར་དབང་ལུང་ཁྲིད་མན་ངག་གི་སྐོར་མཐའ་ཡས་པ་བུམ་པ་གང་བྱོའི་ཚུལ་གྱིས་འབུལ་བར་མཛད་ཅིང་། རྒྱལ་དབང་མཆོག་གིས་ཀྱང་ཡོངས་འཛིན་ཆོས་ཀྱི་རྒྱལ་པོ་མ་ཧཱ་པཎྜི་ཏ་ཞེས་པའི་འཇའ་ས་དང་། ཐམ་ག་གྲུ་སྐོར། གདུགས། རྟ་དར་ལ་སོགས་པ་ཆེན་པོར་འོས་པའི་ལུང་ལས་དང་། བཏོག་པའི་དངོས་པོ་མཐའ་ཡས་པ་ཕུལ་ཏེ་རིགས་ཀྱི་བདག་པོ་འགྲན་ཟླ་བྲལ་བ་གཅིག་པུར་བཀུར་ཞིང་། ཅི་གསུངས་བཀའ་བཞིན་བསྒྲུབ་པའི་ཞལ་བཞེས་ཀྱང་གནང་བ་ཡིན་ནོ། །

སྔང་རའི་ཆན་ཏུ་ལྷ་མགོན་དང་། རྐང་ཚའི་ཆན་ཏུ་གཅོད་པ། ཉིན་ལུང་ཆན་ཏུ་བསོད་ལོ་སོགས་ཕྱོགས་འདིའི་དྲེགས་ལྡན་མཐའ་དག་དང་། མི་སེར་སེར་སྐྱ་ཀུན་གྱིས་གུས་པས་

བཀུར་ཞིང་མཆོད་པའི་ཡུལ་གཅིག་པུར་གྱུར་གཤིས་དཔལ་འབྱོར་ལོངས་སྤྱོད་ཟད་མི་ཤེས་པ་དང་གིས་འདུ་བ་ཞིག་ལགས་ནའང་། རྒྱུ་རྐྱེན་ལ་འཛིན་ཆགས་གཏན་མི་མངའ་བར་དད་འབུལ་གྱི་རྒྱུ་རྫས་ཡོངས་རྫོགས་ཕྱོགས་ཀྱི་འདུས་སྡེ་མང་པོར་ཆོས་ཐོག་གི་གཏོང་ཐེབས་དང་འགྱེད་ཐེབས། གདན་ས་བདེ་ཆེན་ཆོས་གླིང་དུ་བསྐལ་བཟང་སངས་རྒྱས་སྟོང་སྐུའི་ལྷ་ཁང་རྟེན་བཅས་དང་། ཁྲི་ཀའི་མཆོད་རྟེན་དཀར་པོ། ཏིང་ཀྱའི་ཨ་རིག་དགེ་བཤེས་ཆེན་མོའི་ལྷ་ཁང་རྟེན་བཅས་བཞེངས་པས་མཚོན། སྐུ་གསུང་ཐུགས་ཀྱི་རྟེན་མཐའ་ཡས་པ་གསར་བཞེངས་དང་། ཉམས་གསོ་གནང་བ་དང་། རིས་མེད་དབུལ་ཕོངས་རྣམས་ལ་སྦྱིན་གཏོང་སོགས་ཞིང་དག་པ་ཕོ་ནར་གཏོང་བ་གནང་བ་སོགས་ཀྱི་ལེགས་མཛད་དག་གིས་དད་ལྡན་ཀུན་གྱི་ཡིད་དབང་མེད་དུ་བཀུག་སྟེ་བསྔགས་བརྗོད་ཀྱིས་དུས་འདའ་བར་མ་ཟད། ཧོས་རིགས་རྣམས་ཀྱི་ནང་དུའང་སྙིག་ཏུ་མཇལ་ཁ་ཞུ་བ་དང་། དངོས་རྫས་རེ་ཕུལ་ཏེ་འདོད་དོན་འགྲུབ་པའི་སྐྱབས་འཇུག་ཞུ་བ་མང་དུ་བྱུང་ལ། ཁྱོད་ཚོའི་བླ་མ་འདི་བ་ཚང་མཐོང་ན་ཡང་གཞན་དང་མི་འདྲ་བར་སེམས་ལ་དགའ་སྤྲོ་སྐྱེ་བ་དང་། ཡང་ཡང་བལྟ་འདོད་པ་ཞིག་ཡོད་ལ། རྒྱུ་རྫས་ལ་གཏན་ནས་ཆགས་ཞེན་མེད་པར་ཆོས་ཕྱོགས་སུ་གཏོང་བ་དང་། ཉམ་ཐག་ཚོ་ལ་ཁྱད་མེད་པར་སྟེར་གང་ཐུབ་བྱེད་པས་ངེས་པར་སངས་རྒྱས་རེད་ཅེས་བསྔགས་པ་བརྗོད་མཁན་ཡང་ཤིན་ཏུ་མང་པོ་བྱུང་བར་གྲགས་སོ། །གཞན་ཡང་རྗེ་འདི་ཉིད་འཇམ་མགོན་བླ་མའི་ལུགས་བཟང་དྲི་བྲལ་བསྟན་པའི་ཡང་སྙིང་བསྲེས་སླད་མེད་པར་འཛིན་པའི་ཐུགས་བསྐྱེད་ཀྱི་མཐུ་ཤུལ་ཏུ་ཕྱིན་པ་ལགས་ན་ཡང་། གྲུབ་མཐའི་ཕྱོགས་ཞེན་གཏན་མི་གནང་བར་གཞན་གྱིས་འདི་ལས་བཙམས་པའི་ཚིག་འགའ་རེ་ཞུས་ནའང་སྐབས་འགྲོ་འདོར་ཉེན་ཡོད་པ་གསུངས་ནས་གསན་དུ་མི་བཞེད་ལ། ཕྱོགས་འདིར་གནས་པའི་གྲུབ་མཐའ་སོ་སོའི་དགོན་སྡེ་མཐའ་དག་ཆོས་ནོར་གཉིས་ཀྱིས་ལེགས་པར་སྐྱོང་བ་གནང་བས། རིས་མེད་བསྟན་འཛིན་དམ་པ་མ་ལུས་པའི་གཙུག་གི་ནོར་བུ་དང་། སྡེ་དགོན་ཐམས་ཅད་ཀྱིས་གཅིག་ཚོག་གཏན་གྱི་སྐྱབས་གནས་སུ་འཛིན་པ་ཡིན་ནོ། །མདོར་ན་རྗེ་བཙུན་དམ་པ་

མཆོག་འདི་ནི་ངེས་པའི་དོན་དུ་འཕགས་མཆོག་ཀླུ་ན་པདྨ་དང་གཉིས་སུ་མ་མཆིས་ནའང་། ཐུན་མོང་གི་སྣང་ངོར་ཡང་སྡོམ་པ་གསུམ་གྱི་བཅས་མཚམས་མཐའ་དག་མིག་གི་འབྲས་བུ་བཞིན་བསྲུངས་པའི་ཚུལ་ཁྲིམས་རྣམ་པར་དག་པའི་གཞི་ལ་གནས་ཤིང་། ཐོས་བསམ་བསྒོམས་པས་ཐུགས་རྒྱུད་ལེགས་པར་སྦྱངས་ཏེ། བཤད་སྒྲུབ་གཉིས་ཀྱི་སྒོ་ནས་བསྟན་པ་ལ་བྱ་བ་རླབས་པོ་ཆེ་མཛད་པ་ནི། འཕགས་བོད་མཁས་གྲུབ་ཚད་ལྡན་རྣམས་ཀྱི་རྣམ་པར་ཐར་པ་དང་རྗེས་སུ་མཐུན་པ་ཁོ་ན་ལགས་ལ། དེ་ཡང་སྙིགས་དུས་ཀྱི་ཐམས་ཅད་མཁྱེན་པ་རྗེ་བཙུན་ཤེས་རབ་རྒྱ་མཚོ། ཀླུ་ན་པདྨའི་སྐུ་འཕྲུལ་ཨ་རོལ་རྗེ་རྗེ་འཆང་བློ་བཟང་ལུང་རིགས་རྒྱ་མཚོ་སོགས་མཁས་ཤིང་གྲུབ་པ་བརྙེས་པའི་དགེ་བའི་བཤེས་གཉེན་བཅུ་ཕྲག་གསུམ་གྱི་ཞབས་པད་བསམ་སྦྱོར་གཉིས་ཀྱིས་ཚུལ་བཞིན་བསྟེན་ཏེ་སྡེ་སྣོད་གསུམ་དང་རྒྱུད་སྡེ་བཞིས་མཚོན་པའི་ལུང་གི་བསྟན་པ་མཐའ་དག་ལ་ཐོས་བསམ་མཐིལ་ཕྱིན་གནང་ཞིང་། གང་ཤེས་རྒྱུད་ལ་སྦྱོར་བའི་ཉམས་བཞེས་ཀྱི་དགོངས་དོན་འཚོལ་བ་ཉིད་གཙོ་བོར་མཛད་པས་མདོ་སྔགས་མཐའ་དག་གང་ཟག་གཅིག་སངས་རྒྱས་པའི་ཆ་རྐྱེན་འབའ་ཞིག་ཏུ་གཟིགས་ཏེ། གཞུང་ལུགས་ཐམས་ཅད་གདམས་ངག་ཏུ་ཐུགས་ངེས་བརྟན་པོ་འཁྲུངས་ཤིང་གསུང་རབ་ལ་ནང་བྱན་ཆུད་པར་གྱུར་ཏེ་དྲིན་དབང་ཆེན་པོའི་གོ་འཕང་མངོན་དུ་གྱུར་ཅིང་། སྐུ་ན་ཕྲ་མོའི་དུས་ནས་སྲིད་པའི་ཕུན་ཚོགས་ཐམས་ཅད་ལ་ཞེན་པ་གཏིང་ནས་ལོག་པའི་ངེས་འབྱུང་དང་ཐོས་དོན་རྒྱུད་ལ་སྦྱོར་བའི་ཉམས་བཞེས་ལ་ཐུགས་འདུན་རང་འཁྲུངས་སུ་ཡོད་པའི་ཁར། སྐྱབས་མགོན་གསེར་ཁང་བ་ཆེན་པོ་ཡབ་སྲས་ཀྱི་རྣམ་ཐར་བཞིན་རི་ཁྲོད་དུ་ཕེབས་འཕྲལ་འདི་སྣང་གི་བྱ་གཞག་ཐམས་ཅད་འཕོངས་ཕྱིས་ཀྱི་རྗེ་བཞིན་དོར་ཏེ། དབྱར་དུས་ཐོས་བསམ་དང་བསགས་སྦྱངས་གཙོར་འདོན་དང་། དགུན་དུས་དབེན་པའི་གནས་མཐའ་ཡས་པར་སྒྲིམ་པ་བཙན་ཚད་ཀྱིས་བཅད་རྒྱའི་ངེས་རིམ་གཉིས་ཀྱི་རྣལ་འབྱོར་ཟབ་མོར་ཉིན་མཚན་ཁོར་མོ་ཡུག་ཏུ་གཞོལ་བར་མཛད་པས་བསླབ་པ་གསུམ་དང་རིམ་པ་གཉིས་ཀྱིས་བསྡུས་པའི་ས་ལམ་གྱི་རྟོགས་པ་ཁྱད་པར་ཅན་རྣམས་ཐུགས་

རྒྱུད་ལ་ཇི་བཞིན་འཁྲུངས་ཤིང་གྲུབ་པའི་གོ་འཕང་མཐོན་པོར་གཤེགས་པ་ཡིན་ནོ། །

དེ་ལྟར་ལུང་རྟོགས་ཡོན་ཏན་གྱི་གཏེར་དུ་གྱུར་ནས་བསྟན་འགྲོའི་དོན་རླབས་ཆེན་མཛད་ཚུལ་སྟོན་དུ་ཐོ་རེ་བ་སྨྲས་ཟིན་པ་ལྟར་དང་། ད་དུང་འཆད་རྩོད་རྩོམ་གསུམ་གྱི་མཛད་བཟང་སོགས་ལས་བརྩམས་ཏེ་ཅུང་ཟད་བརྗོད་ན། འཆད་པའི་ཡོན་ཏན་ཁྱད་པར་འཕགས་པ་ལྷན་ཚུལ་ནི། རིས་མེད་ཀྱི་བསྟན་པ་དང་བསྟན་འཛིན་ཆེན་པོ་ཀུན་ལ་དག་སྣང་ནོར་བུའི་འོད་ཀྱིས་ཁྱབ་པར་མཛད་པ་སྟོན་སྨྲས་ལྟར་ནའང་། གཞུང་གང་འཆད་པ་ལ་བརྒྱུད་པ་རྣམ་པར་དག་པ་ལ་ཐུགས་དགྱེད་དང་། མདོ་སྔགས་གང་གི་སྐབས་སུའང་འབྲེལ་བའི་ཆ་ཕྲ་མོ་ཙམ་ཡང་མི་མངའ་བ་འཇམ་མགོན་ཙོང་ཁ་བ་ཡབ་སྲས་རྒྱུད་པ་དང་བཅས་པའི་གསུང་རབ་ཀྱི་དགོངས་དོན་གཞིར་བཞག་ཐོག་གཞུང་དོན་དྲི་མ་ཅན་དུ་བྱེད་པའི་སྐྱོན་ནོར་འཁྲུལ་ཅན་དང་ཐེ་ཚོམ་གྱིས་འཆད་པ་ཁྱིས་པ་ཐང་ལ་འཁྱམས་པ་ལྟ་བུ། དཀའ་གནད་བཏང་སྙོམས་སུ་བཞག་ནས་སླ་སར་སྒྲིས་ཏེ་འཆད་པ་རྣན་པོ་སོ་མེད་ཀྱིས་ཟས་ཟ་བ་ལྟ་བུ། སྐབས་དོན་སྟོངས་ཤིང་དོན་དང་མ་འབྲེལ་བའི་གཏམ་གྱིས་ཟིང་ཟིང་པོར་བྱེད་པ་བྱ་རོག་གི་ཚང་བཅའ་བ་ལྟ་བུ། གདུལ་བྱའི་རྒྱུད་ཚོད་དང་མི་བསྟུན་པར་གང་ཤེས་ལྷུག་པར་འཆད་པ་བླུན་མས་བུ་ཆུང་གསོ་བ་ལྟ་བུ་སོགས་འཆད་པའི་སྐྱོན་མ་ལུས་པ་དོར་ནས། མདོ་འཆད་པ་ན་ཕུན་སུམ་ཚོགས་པ་ལྔས་གླེང་བསླངས་ཏེ་འཆད། རྒྱུད་འཆད་པ་ན་མཐའ་དྲུག་ཚུལ་བཞི་དང་རྒྱན་བདུན་གྱི་སྐབས་ཕྱེ་སྟེ་འཆད། མཚན་ཉིད་ཀྱི་གཞུང་འཆད་པ་ན་ལུང་རིགས་ཀྱིས་དགག་བཞག་སྤོང་གསུམ་དང་བཅས་ཏེ་འཆད། ལམ་རིམ་བློ་སྦྱོང་སོགས་འཆད་པ་ན་སེམས་འདུལ་བའི་རིམ་པ་གཙོ་བོར་བྱས་ཏེ་འཆད་པ་སོགས་དང་། རྒྱུད་ལྡན་དམ་པའི་མན་ངག་གི་གནད་དང་ལྡན་ཞིང་། འཇིག་རྟེན་ཆོས་བརྒྱད་དང་རང་དོན་ཡིད་བྱེད་སོགས་ཀུན་སློང་ངན་པའི་དྲི་མས་ཅུང་ཟད་ཀྱང་མ་གོས་པར་བྱམས་སྙིང་རྗེ་བྱང་ཆུབ་ཀྱི་སེམས་རིན་པོ་ཆེའི་ཐུགས་དགོངས་འབའ་ཞིག་གིས་ཀུན་ནས་བསླངས་ཏེ་སྨྲི་ཟུར་གྱི་དབང་བཀའ། རྗེས་གནང་བཤད་ཁྲིད། བཀླག་ལུང་སོགས་མཐའ་ཡས་པ་སྤྱེལ་བས། གདུལ་བྱའི་བློ་གྲོས་

ཀྱི་པདྨོ་ཀྲུས་ཤིང་རྫོངས་པའི་མུན་པ་སེལ་བའི་ཉི་མ་ཆེན་པོར་གྱུར་པ་ཡིན་ནོ། །

དེའི་མཐུས་ཉེ་རིང་རིས་མེད་ན་ལེགས་བཤད་དོན་དུ་གཉེར་བའི་དཔྱོད་ལྡན་སློབ་ཚོགས་སའི་རྟུལ་གྲངས་དང་མཉམ་ན་ཡང་། དེ་དག་ལས་འགའ་ཙམ་སྨོས་ན། གངས་ལྗོངས་འགྲོ་བའི་མགོན་པོ་ཕྱག་ན་པདྨོ་བཅུ་གསུམ་པ་ཆེན་པོ་ཉིད་སློབ་མའི་གཙོ་བོ་ཡིན་ལ། གཞན་ཡང་། ཕན་ཚུན་ཆོས་གསན་རེས་གནང་བའི་བླ་སློབ་གཉིས་ཀར་གཏོགས་པ། ཨ་རོལ་རྡོ་རྗེ་འཆང་བློ་བཟང་ལུང་རིགས་རྒྱ་མཚོ། གྲུབ་པའི་དབང་ཕྱུག་འཇིགས་མེད་བསམ་གཏན་པ་སོགས་མང་པོ་དང་། ཉིད་ཀྱི་བཀའ་སློབ། ཁོང་ས ༧ ལྷ་མོ་ཞབས་དྲུང་རིན་པོ་ཆེ་དགེ་འདུན་བསྟན་འཛིན་ནོར་བུ། ཁྲི་སྐྱ་ནག་པའི་མཆོག་སྤྲུལ་བློ་བཟང་ཐུབ་བསྟན་རྒྱ་མཚོ། རྗེ་ཐར་ཞུལ་བ་དགེ་ལེགས་དབང་ཕྱུག་ཆོས་སྐྱོང་རྒྱ་མཚོ། ཤིང་བཟའ་པཎྜི་ཏ་བློ་བཟང་མཁས་བཙུན་བཤད་སྒྲུབ་དམ་ཆོས་རྒྱ་མཚོ། སྟོང་སྐོར་ཧུ་ཐོག་ཐུ་བློ་བཟང་འཇིགས་མེད་ཚུལ་ཁྲིམས་རྒྱ་མཚོ། གསེར་ཏོག་ནོ་མོ་ཧན་བློ་བཟང་ཚུལ་ཁྲིམས་རྒྱ་མཚོ། ཆེ་ཤོས་མཁན་ཆེན་བྱང་ཆུབ་བསྟན་པའི་སྒྲོན་མེ། ཚེ་ཏན་མཁན་སྤྲུལ་བློ་བཟང་འཇིགས་མེད་རབ་བརྟན། རོང་པོ་དཔལ་ཆོས་མཁན་སྤྲུལ་བློ་བཟང་ལུང་རྟོགས་ཆོས་ཀྱི་རྒྱ་མཚོ། ཁྲི་ཀན་མཆོག་སྤྲུལ་འཇམ་དབྱངས་ཐུབ་བསྟན་རྒྱ་མཚོ། ཨ་རོལ་མཆོག་སྤྲུལ་རྗེ་བློ་བཟང་ལུང་རྟོགས་བསྟན་པའི་རྒྱལ་མཚན། མི་ཉག་མཁན་སྤྲུལ་ངག་དབང་ལེགས་བཤད་རྒྱ་མཚོ། བདེ་ཡངས་མཁན་ཆེན་བློ་བཟང་བསྟན་འཛིན་ནོར་བུ། མཁས་གྲུབ་ཆེན་པོ་ཨ་ཀྱཱའི་མཆོག་སྤྲུལ་རིན་པོ་ཆེ་རྗེ་འཇིགས་མེད་དམ་ཆོས་རྒྱ་མཚོ། སྐུ་མཆེད་མཆོག་སྤྲུལ་རིན་པོ་ཆེ་དགེ་འདུན་བསྟན་པ་རབ་རྒྱས། དགོན་འཚེར་ཞབས་དྲུང་རྗེ་ངག་དབང་ལུང་རྟོགས་རྒྱ་མཚོ་སོགས་དང་། སྟ་འགྱུར་རིང་ལུགས་འཛིན་པའི་བུ་སློབ་ཐུགས་སྲས་ཞབས་དཀར་མཆོག་སྤྲུལ་རིན་པོ་ཆེ་བློ་བཟང་བྱམས་པ་རྒྱ་མཚོ། རྗེར་བྲག་མཁན་པོ་རིན་པོ་ཆེ་འཇིགས་མེད་བསོད་ནམས་རྣམ་རྒྱལ་སོགས་ཆོས་ཀྱི་གདན་ཁྲི་འཛིན་པའི་དམ་པའི་ཡང་སྤྲུལ་མཐའ་ཡས་པ་དང་། གཤེན་རབ་མེས་པོའི་རྗེས་འབྲངས་དད་པའི་ཡོལ་གོར་ལེགས་བཤད་ཀྱི་སྐྱེས་ཐོབ་

པ་ཡང་། སྙོམ་པ་ཞ་སེ། སྨར་ཁམས་མཁའ་འགྲོ་མར་གྲགས་པ་སོགས་མང་པོ་དང་། མཁས་ཤིང་གྲུབ་པའི་དབང་ཕྱུག་དར་གྱིང་རབ་འབྱམས་པ་ངག་དབང་བློ་གསལ། རྒྱལ་སྲས་བདག་ཉིད་ཆེན་པོ་ཁ་ཀྱུ་འཇམ་དབྱངས་དཔལ་ལྡན། ཀུན་སྤྱངས་སེམས་དཔའ་ཆེན་པོ་རྗེ་འདུལ་འཛིན་འཇམ་དབྱངས་རྒྱ་མཚོ། ལྷ་རིག་སྨྲ་བའི་དབང་པོ་མ་ཏི་ཟཻ་གྲགས་པ་རྒྱ་མཚོ། རབ་འབྱམས་གཞུང་བརྒྱའི་མངའ་བདག་ཁ་སྣང་འཕྲིན་ལས་རྒྱ་མཚོ། ལུང་རིགས་སྨྲ་བའི་དབང་ཕྱུག་མཛོད་དགེ་བློ་བཟང་རྒྱ་མཚོ། ཟླ་མེད་རིག་པའི་དབང་ཕྱུག་སྐྱེའུ་སྤྱིང་བློ་བཟང་དཔལ་ལྡན་སོགས་བསླབ་གསུམ་རིམ་གཉིས་ཀྱི་རྣལ་འབྱོར་ལ་གཞོལ་ཞིང་། བཀའ་པོད་ལྔ་དང་རྒྱུད་སྡེ་བཞིའི་དགོངས་དོན་མཐའ་དག་དྲི་མ་མེད་པའི་ལུང་དང་རིགས་པའི་ལམ་ནས་སྨྲ་བ་ལ་ཐོགས་པ་མི་མངའ་བ། གཙུག་ལག་རྒྱ་མཚོའི་ཕ་རོལ་ཏུ་ཕྱིན་པའི་རྣལ་འབྱོར་བ་དང་པཎྜི་ཏ་ཉི་ཟེར་གྱི་རྟུལ་འཁྲིགས་པ་དང་མཚུངས་པའི་ཕྱིར་དེ་ཐམས་ཅད་ཀྱི་མཚན་རེ་རེ་བཞིན་བགྲང་བར་ཇེ་མི་ཐོགས་སོ། ། ད་ལྟའང་རྨ་ཆུའི་ལྷོ་བྱང་གི་དགོན་སྡེ་ཁག་དང་། སློབ་གྲྭ་ཆེ་འབྲིང་དག་ན་བོད་ཀྱི་རིག་གནས་སློབ་པའི་སྲོལ་ཙམ་གནས་པའང་། རྗེ་འདིའི་སློབ་མ་དང་ཡང་སློབ་དུ་མས་ཐུན་མོང་དང་ཐུན་མོང་མ་ཡིན་པའི་རིག་པའི་གནས་མང་པོ་འཆད་སྤེལ་རྒྱ་ཆེར་གནང་བའི་བཀའ་དྲིན་ཁོ་ན་ལས་བྱུང་བ་གཟུར་གནས་རྣམས་ཀྱིས་ཤེས་པར་བྱའོ། །

རྩོད་པའི་ཡོན་ཏན་ཁྱད་པར་དུ་འཕགས་པ་མངའ་བའི་ཚུལ་ནི། སྐུ་བྱིས་པའི་དུས་ནས་གདན་ས་རུ་ཆོས་གྲྭ་འགྲིམས་པའི་སྐབས། ལུང་རིགས་སྨྲ་བ་དུ་མ་དང་ལྷན་ཅིག་རྩོད་པ་མཛད་པའི་ཚེ་རྗེ་འདིའི་རིགས་པའི་རྩལ་ལ་སུས་ཀྱང་འགྲན་མི་བཟོད་པས་ཐམས་ཅད་ཀྱི་བསྔགས་བརྗོད་བྱེད་ཡུལ་དུ་གྱུར་པ་དང་། དུས་ཕྱིས་སུ་ཡང་རྟོག་གེའི་མཁས་གྲགས་ཅན་དུ་མ་དང་འགྲོས་པ་མཛད་པའི་ཚེ་ཐལ་འགྱུར་རེ་གཉིས་ཀྱིས་མི་སྨྲ་བའི་བརྟུལ་ཞུགས་ལ་བཀོད་པ་ཤིན་ཏུ་མང་ལ། མདོ་སྔགས་ཀྱི་གཞུང་ཆེན་མོ་དག་གི་དཀའ་གནད་རྣམས་མཁས་པ་གཞན་དང་འབེལ་གཏམ་མཛད་པ་ན། རང་ཉིད་རྒྱལ་བ་དང་གཞན་ཕམ་འདོད་

ཀྱི་བསམ་པ་ངན་པ་རྒྱུང་རིང་དུ་དོར་ནས། ཕ་རོལ་པོའི་རྒྱུད་ཀྱི་མ་རྟོགས་པ་དང་ལོག་པར་རྟོག་པ་དང་ཐེ་ཚོམ་གྱི་དྲི་མ་སེལ་བའི་ཕྱིར་ཚད་མའི་རིགས་ལམ་ནས་དྲངས་ཏེ་གཞུང་དོན་ཐང་མར་བརྡལ་བ་ན། ཐུགས་དབང་མེད་དུ་དྲངས་ཏེ། བསྔགས་པའི་རོལ་མོ་བར་མེད་དུ་རྡུང་བ་ལ་བརྩོན་ཅིང་ཞལ་སློབ་ཏུ་གྱུར་པ་གཞུང་ལུགས་སྨྲ་བའི་མཁས་དབང་དཔའ་རིས་བློ་བཟང་རབ་གསལ་སོགས་མང་དུ་མཆིས་སོ། །

རྩོམ་པའི་ཡོན་ཏན་ཁྱད་པར་དུ་འཕགས་པ་མངའ་བའི་ཚུལ་ནི། གསུང་རྩོམ་པོད་འདི་ཙམ་བཞུགས་སོ་ཞེས་གྲགས་པ་ཙམ་ལས་དོན་དུ་འབྲེལ་བའི་ངག་གི་རང་བཞིན་ལས་མ་འདས་པ་དག་དང་མི་མཚུངས་པར། རྗེ་འདི་ལ་རྩོམ་པ་ཕུན་སུམ་ཚོགས་པའི་རྒྱུ་གསུམ་ཚང་བས། བཀའ་རྩོམ་གང་གནང་ཐམས་ཅད་བརྗོད་བྱའི་དོན་བསླེང་ཞིང་རྟོགས་སླ་བ། རྗོད་བྱེད་ཀྱི་ཚིག་སྐྱན་ངག་གི་རྒྱན་གྱིས་སྤྲས་པས་གུ་ཡངས་པ། ཚིག་སྦྱོར་འབྲེལ་ཆགས་ཤིང་བརྗོད་བྱའི་གནད་ལ་གཞོལ་བ། ཚིག་གོང་འོག་མི་རྙོས་ཤིང་ཕྱི་མ་སྔ་མའི་སྒྲུབ་བྱེད་དུ་འགྲོ་བ། ཁྱད་པར་ལམ་ཁྲིད་སོགས་མདོ་རྒྱུད་ལུངས་དང་འབྲེལ་ཞིང་ལག་ཏུ་བླང་བདེ་བ། དོན་གོ་སླ་ཞིང་སེམས་ལ་ཕན་པ། དམ་པའི་མན་ངག་གིས་བརྒྱན་ཅིང་ཉམས་མྱོང་གི་གསུང་དུ་སྣང་བས་སྐྱོང་བདེ་ཞིང་རྒྱུད་འཁྱུལ་བ་ལ་སོགས་ཁྱད་ཆོས་བསམ་བརྗོད་ལས་འདས་པའི་ཚུལ་གཟུ་བོར་གནས་ཤིང་བློ་གྲོས་ཀྱི་ནོར་དང་ལྡན་པ་རྣམས་ཀྱིས་མཐོང་བ་ཙམ་གྱིས་ཤེས་ནུས་སོ། །བཀའ་རྩོམ་ནི། བྱང་ཆུབ་བདེ་ལམ་གྱི་ཁྲིད་དམིགས་སྐྱོང་ཚུལ་ཤིན་ཏུ་གསལ་བར་བཀོད་པ་དགེ་ལེགས་འོད་སྣང་འགྱེད་པའི་ཉིན་བྱེད་སོགས་པོད་ལྔ་མཛད་དོ། །

དེ་ལྟར་མདོ་རྒྱུད་རྒྱ་མཚོའི་དགོངས་དོན་ཐོས་བསམ་བསྒོམས་པས་ཚུལ་བཞིན་ཉམས་སུ་བཞེས་པ་ལ་བརྟེན་ནས་མཁྱེན་བརྩེ་ནུས་གསུམ་དང་མཁས་བཙུན་བཟང་བའི་ཡོན་ཏན་ཡོངས་སུ་རྫོགས་ཤིང་། འཆད་རྩོད་རྩོམ་པ་དང་བྱ་བ་ལས་ཀྱི་འཁོར་ལོས་བསྟན་འགྲོའི་དོན་ཆེན་སྤོན་ཕྱིན་མཁས་གྲུབ་ཆེན་པོའི་ཆེན་པོ་དག་དང་ཆ་མཚུངས་པ་མཛད་དེ་སྐུ་དངོས་ཀྱི་གདུལ་བྱ་རྫོགས་པ་ན། རྗེ་ཉིད་དགུང་ལོ་རེ་གཅིག་བཞེས་པ། རབ་བྱུང་བཅོ་ལྔ་བའི་ཆུ་བྱི་

(༡༩༡༢) ལོར་དབེན་པའི་གནས་མཆོག་བཀྲ་ཤིས་རྩེར་ངོ་མཚར་བའི་ལྷས་དུ་མ་དང་བཅས་གཟུགས་སྐུའི་བཀོད་པ་ཆོས་དབྱིངས་སུ་བསྡུས་པ་ཡིན་ནོ། །(འདིར་ས་བཅད་མ་སྟོངས་པ་ཙམ་དུ་མགོན་པོ་གང་གི་རྣམ་ཐར་ཤིན་ཏུ་མདོར་བསྡུས་ཏེ་དད་པའི་རྟེན་དུ་ཅུང་ཟད་བཀོད་པ་སྟེ་ཅུང་རྒྱས་པར་རྟོགས་འདོད་པ་དག་གིས། རྗེ་གྲགས་པ་རྒྱ་མཚོས་མཛད་པའི་རྣམ་ཐར་ཆེན་མོ་འཛམ་བུ་ཆུ་བོའི་གསེར་གྱི་ཕྲེང་བ་དང་ལྷན་མགྲིན་པའི་མཛེས་རྒྱན་དང་། རྒྱལ་དབང་བཅུ་གསུམ་པ་ཆེན་པོས་མཛད་པའི་རྟོགས་བརྗོད་སྟོན་མེད་ནོར་བུའི་ཕྲེང་བ་སོགས་ལ་བལྟ་བར་བྱའོ།།)

སྨྲས་པ། དགེ་ལེགས་ཚོགས་གཉིས་ཆུ་གཏེར་ལས་ཐོན་པའི། །འདུན་ལྡན་རེ་སྐོང་བསམ་འཕེལ་ནོར་བུའི་དབྱིག །ཐུབ་བསྟན་གདུགས་དཀར་ཏོག་ཏུ་འཛིན་པ་ལ། །ཕྱོགས་དུས་རྒྱལ་བ་རྒྱ་མཚོའི་གཟི་བྱིན་བརླུམས། །རྒྱལ་རྣམས་འགྲོ་ལ་རྗེས་ཆགས་འཛུམ་འོད་དེར། །ཐུགས་རྗེའི་གཏེར་དུ་གྲགས་པའི་ལྷ་མཆོག་གང་། །ལི་ཁྲིའི་སྲབ་འཛམ་བླ་གོས་ལ་ཞེན་པས། །གསུམ་ལྡན་སྐྱུ་མའི་རོལ་གར་བསྟན་ལ་གྲུས། །མང་བཀུར་རྒྱལ་རིགས་པུཎྜ་རཱི་ཀཱའི་རྩེར། །མཚར་སྡུག་མཚན་དཔེའི་འདབ་སྟོང་རྒོད་པ་ཅན། །ལུང་རྟོགས་སྦྲང་རྩིའི་བཅུད་ཀྱིས་ཡོངས་བཟུང་བ། །སྐལ་བཟང་བུང་བ་འདུམ་གྱི་ཉེར་འཚོའི་གཞི། །ཚུལ་གནས་ཁྲིམས་ལྡན་མ་ལ་ཡ་ཡི་ལྗོན། །ངོ་མཚར་ལེགས་མཛད་དྲི་བསུང་ངད་པ་ཅན། །ལེགས་བྲིས་དང་བཅས་དཔག་ཡས་འཇིག་རྟེན་གྱི། །མཆོད་དང་བཀུར་བའི་ཞིང་མཆོག་བླ་ན་མེད། །ལྷ་རིག་གླིང་བཞིའི་ནོར་འཛིན་ཡངས་པའི་ཁྱོན། །མཁྱེན་བཟང་གསེར་གྱི་འཁོར་ལོས་མངའ་བསྒྱུར་ཆེ། །འཕགས་བོད་པཎ་ཆེན་བྱེ་བ་ཕྲག་བརྒྱ་ཡང་། །མཐོ་རིས་རིན་ཆེན་སྐས་ལས་འབབ་མ་ནུས། །ཁྱོད་ཀྱི་མཁྱེན་པའི་ཡུལ་དུ་མ་གྱུར་པའི། །རྣམ་དག་རིག་པའི་གནས་དེ་གང་ཞིག་ཅེས། །བརྒྱ་བྱིན་མིག་སྟོང་བགྲད་པའི་རོལ་བ་ཡིས། །ཡངས་པའི་འཇིག་རྟེན་ཀུན་ལ་འཚོལ་བཞིན་རྒྱུ། །ངེས་གསང་ཐེག་པ་ལྷ་ཡི་བདུད་རྩིའི་བཅུད། །ཁྱོད་ཐུགས་རིན་ཆེན་བུམ་པར་བསྐྱིལ་བའི་མཐུས། །དཔྱིད་དང་ཐིག་ལེ་སྦྱོར་བའི་ཏིང་འཛིན་ལས། །གཉིས་མེད་ཟུང་འཇུག་དབང་གཞུའི་འཛུམ་ཀླབས་སྤྲོས། །མདོ་རྒྱུད་

གཞུང་མང་ཐོས་པས་སྒྲོ་འདོགས་བཅད། །དབེན་གནས་དུ་མར་སྒྲུབ་འབྲས་མངོན་དུ་གྱུར། །རྣམ་བཞི་འཕྲིན་ལས་ཀུན་གསལ་མཐའ་ལ་འཁྱུད། །བརྩེ་ཆེན་སྒྱུ་མའི་འཕྲུལ་དུ་འདིས་ཀྱང་འཁྲུམས། །ཕྱག་ན་པད་དཀར་འཁྲི་ཤིང་ལྡེམ་པའི་ལྷ། །ཐུབ་བསྟན་རྒྱ་མཚོའི་གཉེན་དུ་ཤར་བ་སོགས། །སྲིད་འདིའི་ཆེ་དགུའི་གཙུག་གི་དོ་གེར་རྩེར། །ཞབས་སེན་ཟླ་ཚེས་གསར་བའི་འོད་རིས་བྱིན། །སྐྱེ་དགུའི་ཕན་བདེའི་འབྱུང་གནས་ནོར་བུའི་སྡོན། །མི་བཟད་དུས་ཀྱི་དམོད་པའི་འཐོར་རླུང་གིས། །ལྷག་མེད་འཛོམས་ལ་མངོན་དུ་ཕྱོགས་པའི་ཚེ། །འཁྲུལ་བྲལ་ཐུབ་བསྟན་སྲོག་གི་ཀ་བ་བཟུང་། །ལྷ་དང་བཅས་པའི་སྐྱེ་དགུ་ཀུན། །ཁྱོད་ཡོན་རིན་ཆེན་ལ་སྲེད་པས། །གཞན་ལ་བསྔགས་པའི་འབབ་སྟེགས་ནི། །རེ་ཞིག་ཀུན་གསལ་མལ་དུ་མནལ། །རྒྱལ་བ་སྲས་དང་བཅས་རྣམས་ཀྱི། །ངོ་མཚར་རྣམ་པར་ཐར་བ་ནི། །ཚུར་མཐོང་བྱིས་པའི་ཡུལ་མིན་ན། །ཁྱོད་ཀྱི་ཡོན་ཏན་ཇི་ལྟར་གཞལ། །འོན་ཏང་ཁོ་བོ་འཁོར་བའི་མུན་ཁྲོད་དུ། །འདུ་འཛིའི་ཡོང་གཏམ་སྒྲོག་པའི་སྐབས་ཉིད་ན། །དད་གསུམ་ཀུན་རྟོག་སོར་མོས་འདེགས་འཛོག་གིས། །བསྔགས་ཚིག་དབྱངས་ལྡན་པི་ཝང་རྒྱུད་དུ་དྲངས། །དབྱངས་ཅན་རིག་པའི་སྤྲོས་དཀར་ལ་ཟ་བའི། ། བདག་བློ་གཉིས་འཐུང་སྙིགས་པའི་བསྐུང་དང་པ། །མགོན་ཁྱོད་དགྱེས་པའི་མཆོད་པར་འབུལ་ལགས་ན། །བརྩེ་གཟིགས་སྤྱན་ཞགས་འོག་མིན་ཞིང་ནས་རྐྱོངས། །ཞེས་བྱ་བ་ནི་བར་སྐབས་ཀྱི་ཚིགས་སུ་བཅད་པའོ། །

གཉིས་པ། ཆོས་སྡེ་འདི་ཉིད་ཆགས་སའི་གནས་ཀྱི་ཆེ་བ་མདོ་ཙམ་བརྗོད་པ།

རིགས་གསུམ་མཚར་སྡུག་པུཎྜ་རཱི་ཀཱའི་ཕོན། །
ལི་ཁྲིའི་འཁྲི་ཤིང་གཅིག་ལ་ལྷུན་རྫོགས་ཏེ། །

ལུང་རྟོགས་སྦྲང་རྩིའི་གཏེར་དུ་མངོན་བཞད་པ། །

བློ་བཟང་རྒྱལ་བ་བརྒྱུད་པར་བཅས་ལ་གུས། །

ཇི་སྐད་དུ། བདེ་མཆོག་མཁའ་འགྲོའི་རྒྱུད་ལས། བོད་ཡུལ་དུ་ནི་ལྷན་སྐྱེས་ཏེ། །ཞེས་དང་། དུས་ཀྱི་འཁོར་ལོའི་རྒྱུད་ལས་ཀྱང་། འཕགས་ཡུལ་བོད་ལི་རྒྱ་ནག་དང་། །གོ་ལ་ཤ་དང་གངས་ཅན་ཆེ། །ཞེས་སོགས་རྣམ་འདྲེན་ཤཱཀྱའི་རྒྱལ་པོའི་བདེན་གསུང་དྲི་མ་མེད་པས་ཡང་ཡང་ལུང་བསྟན་ཅིང་། བཀའ་གདམས་གླེགས་བམ་རིན་པོ་ཆེ་ལས་ཀྱང་། ཤར་རྡོ་རྗེ་གདན་གྱི་བྱང་ཕྱོགས་ན། །གནས་པུར་རྒྱལ་བོད་ཅེས་བྱ་བ་ཡོད། །ཅེས་གསུངས་པ་ལྟར་འཛམ་གླིང་ལྟེ་བ་བསྐལ་བ་བཟང་པོའི་རྣམ་འདྲེན་སྟོང་རིམ་པར་སངས་རྒྱས་པའི་གནས་རྡོ་རྗེ་གདན་གྱི་བྱང་ཕྱོགས་ན་འཕགས་མཆོག་ཕྱག་ན་པདྨའི་ཕྱག་མཚན་དུ་བཞེས་པའི་ཞིང་མཆོག མན་ཤེལ་གྱི་ས་འཛིན་ཚར་དུ་དངར་བས་ཁོར་མོ་ཡུག་ཏུ་འཁྱུད་པའི་བསིལ་ལྡན་སྣ་ལའི་སྨན་ལྗོངས་འདི་ཉིད་ལྷུན་ཆགས་པར་མཆིས་ཤིང་། གནས་མཆོག་འདི་ནི་དུས་བཞིའི་དྲོ་གྲང་སྙོམས་ཤིང་ཐན་ཞད་སོགས་ཀྱི་གནོད་པ་ཆུང་བ། སའི་བཅུད་བཟང་ཞིང་འབྲུ་རིགས་དང་སྨན་རིགས་སྣ་ཚོགས་སྨིན་པ། ཆུ་དྭངས་ཤིང་བསིལ་བ། རྟ་ནོར་སོགས་སྒོ་ཕྱུགས་དང་ཤ་ཁྲུང་རི་དྭགས་སྣ་ཚོགས་བག་ཡངས་སུ་རྒྱུ་བ། མི་རྣམས་ཀྱི་གཤིས་རྒྱུད་བཟང་ཞིང་ཡིད་གཞུངས་པ། ལས་འབྲས་ཀྱི་བླང་དོར་ལ་མ་རྨོངས་ཤིང་བློ་རྣོ་བ། དཔའ་ཞིང་རྩལ་ཡོད་ལ་སྙིང་རྗེ་དང་ཕན་སེམས་ཆེ་བ་སོགས་ཡ་རབས་ཀྱི་ཡོན་ཏན་རང་ལྡན་ཞིང་འཕགས་མཆོག་འཇིག་རྟེན་དབང་ཕྱུག་གིས་བྱིན་གྱིས་བརླབས་པའི་འབྲས་རྟགས་མངོན་པར་གསལ་བ་ཞིག་ཡིན་ལ། དེ་ལ་ནང་གསེས་ཕྱེ་ན། སྟོད་མངའ་རིས་སྐོར་གསུམ་ནི་གོ་ལ་ཤ་ཡི་ལྷུན་པོ་ཚར་དུ་དངར་བས་རིན་ཆེན་འོད་ཀྱི་གླིང་དུ་གྲགས་པ་དང་། བར་དབུས་གཙང་རུ་བཞི་ནི་དབྱིབས་ལ་བརྟེན་ནས་རུ་བཞི་སོག་པའི་གླིང་དུ་འབོད་ཅིང་། སྨད་མདོ་ཁམས་ནི་ནགས་ཚལ་སྤང་ལྗོངས་སྣ་ཚོགས་སྤུག་གུར་བཀྲ་བར་གྲགས་པ་བཅས་ཆོལ་ཁ་ཆེན་པོ་གསུམ་ཡོད་ཅིང་། དེའི་ཕྱི་མ་མདོ་ཁམས་ལ་ཡང་སྒང་གསུམ་དུ་དབྱེ་བ་ནི། མདོ་

ཁམས་ལ་སྨར་ཁམས་སྐད་དུ་བཏགས་པ་དང་གཅིག མདོ་སྨད་ལ་གཡེར་མོ་ཐང་དུ་བཏགས་པ་དང་གཉིས། ཚོང་ཁ་ལ་གྱི་ཐང་དུ་བཏགས་པ་དང་གསུམ་ཡིན་ལ། འདི་ནི་མདོ་སྟོད་བར་ཁམས་ཨ་མདོ་བཅས་ལ་སྐད་གསུམ་དུ་ཕྱེ་བར་གསུངས་སོ། །ཕྱི་མ་ཨ་མདོ་ཚོང་ཁ་གྱི་ཐང་དུ་གྲགས་པ་འདི་ལ་ཡང་ཚོང་ཁའི་ཡུལ་ཆེན་བཅོ་བརྒྱད་དུ་གྲགས་པ་སོགས་ནི་ཨ་མདོ་སྤྱི་ལ་བཤད་པ་སྟེ། དེང་དུས་པ་ཡན་ཆ་རེར་འབོད་ཅིང་བོད་སྐད་དུ་ཨ་ཆེན་གངས་སུ་གྲགས་པ་ནས་ཆེ་ལན་ཕྲན་དུ་འབོད་ཅིང་བོད་སྐད་དུ་མདོ་ལ་རིང་མོའི་བར་གྱི་ཡུལ་ལྗོངས་སྤྱི་ལ་ཨ་མདོ་དང་ཚོང་ཁ་ཆེན་པོ་ཞེས་སུ་བྱ་ཞིང་། ཚོང་ཁའི་སྐྱེས་རིའི་རི་རྒྱུད་ལ་ཚོང་ལ་རིང་མོ་ཟེར་ལ་དེའི་ཁོར་ཡུག་གི་ཡུལ་ལྗོངས་ལ་ཚོང་ཁ་ཆུང་ངུར་གྲགས་པ་ཡིན་ནོ། །

ཚོང་ཁ་ཆེ་ཆུང་གི་ཐ་སྙད་ནི་ཤིན་ཏུ་གནའ་དུས་ནས་བོད་སྤྱི་ལ་གྲགས་པ་ཞིག་ཡིན་ངེས་ཏེ། ཆོས་རྒྱལ་ཁྲི་སྲོང་ལྡེ་བཙན་གྱི་དུས་སུ་བཙུགས་པའི་རྡོ་ཞོལ་གྱི་རྡོ་རིང་དུ་ངན་ལམ་ཀླུ་ཁོང་གིས་ཚོང་ཁ་ཆེ་ཆུང་དུ་དམག་དྲངས་ཚུལ་གསལ་བར་བཀོད་པས་སོ། །དེ་ལྟ་བུའི་ཚོལ་ཁ་གསུམ་མམ་ཚོང་ཁ་ཆེ་ཆུང་ཐམས་ཅད་འཕགས་མཆོག་སྤྱན་རས་གཟིགས་ཀྱི་གདུལ་ཞིང་གངས་ཅན་བོད་ཀྱི་ཡུལ་ཞེས་པ་ཡིན་པས། དེང་སྐབས་ཀྱི་ཐོས་ཆུང་ལ་ལས་བོད་ཅེས་པ་དབུས་གཙང་ཙམ་ལ་ངོས་འཛིན་པ་ནི་འཁྲུལ་བ་ཆེན་པོར་གོ་བར་བྱའོ། །དེ་ལྟ་བུའི་མདོ་ཁམས་སྨད་ཀྱི་ལྗོངས་ཨ་མདོ་ཚོང་ཁའི་ཡུལ་འདི་བསྟན་པ་སྔ་དར་གྱི་སྐབས་ནས་བོད་ཀྱི་ཁོངས་སུ་གཏོགས་ཤིང་། བསྟན་པ་རིན་པོ་ཆེ་ཡུལ་དབུས་ནས་དར་བར་ལོ་རྒྱུས་བསྟན་བཅོས་རྣམས་སུ་གསུངས་པ་ལྟར་ཡིན་མོད་ཀྱི། བསྟན་པ་ལ་དད་པ་ཙམ་གྱི་དབང་དུ་བྱས་ན། རྒྱ་ནག་དང་ལི་ཡུལ་སོགས་བསྟན་པ་དར་སྔ་བའི་ཡུལ་དང་ཁད་ཉེ་བས་བོད་དབུས་གཙང་ལས་ཡུལ་འདིར་བསྟན་པ་དར་བ་ཅུང་སྔ་བར་ཡང་སེམས་ཏེ། གནའ་དུས་ཡུལ་འདིར་གནས་པའི་འ་ཞ་བ་རྣམས་སྲོང་བཙན་སྒམ་པོ་མ་བྱོན་པའི་སྔོན་ནས་བསྟན་པ་ལ་དད་ཅིང་ཡུལ་གཞན་དུ་ཕོ་བ་ཆོས་སྐུ་གསུང་ཐུགས་རྟེན་དང་གཙུག་ལག་ཁང་བཞེངས་པའི་ལོ་རྒྱུས་རྒྱ་ནག་གི་དེབ་ཐེར་དག་ཏུ་བཤད་པས་སོ། །དེ་ལྟ་ནའང་ཡུལ་འདིར་སྤྱིལ་བའི་ཆོས་

རྒྱལ་རྣམས་ཀྱི་བཀའ་དྲིན་ལས་རྣམ་འདྲེན་བུ་རམ་ཤིང་པའི་ལུགས་བཟང་ཆེས་ཆེར་དར་
ཞིང༌། མཁས་གྲུབ་དམ་པ་མཐའ་ཡས་པ་རིམ་བཞིན་བྱོན་ཏེ་ཞབས་ཀྱིས་བཅགས་ཤིང་
བྱིན་གྱིས་བརླབས་པ་དང༌། ཁྱད་པར་དུ་སློབ་དཔོན་ཆེན་པོ་མཚོ་ལས་སྐྱེས་པའི་རྡོ་རྗེ་རྫུ་
འཕྲུལ་གྱིས་བྱོན་ནས་ལྷ་འདྲེ་གདུག་པ་ཅན་རྣམས་ཚར་བཅད་ཅིང་དམ་ལ་བཏགས་པ་དང༌།
བོད་ཀྱི་མཁས་པ་མི་གསུམ་འདི་ཕྱོགས་སུ་ཕེབས་ཤིང་བླ་ཆེན་དགོངས་པ་རབ་གསལ་བསྙེན་
པར་རྫོགས་ནས་ཕྱི་དར་གྱི་དབུ་བརྩམས་པ་དང༌། ས་པཎ་ཀུན་དགའ་རྒྱལ་མཚན་དང་
ཀརྨ་རོལ་པའི་རྡོ་རྗེ། ཤར་ཕྱོགས་རིགས་པའི་དཔའ་བོ་ཆོས་རྗེ་དོན་གྲུབ་རིན་ཆེན་དང་
འཇམ་མགོན་ཙོང་ཁ་པ་ཆེན་པོ་སོགས་མཁས་གྲུབ་དམ་པ་མཐའ་ཡས་པས་བྱིན་གྱིས་
བརླབས་པའི་ཚུལ་ཤིན་ཏུ་མང་ཡང་ཡིག་ཚོགས་ལ་བསམས་ནས་ཞིབ་ཏུ་འདིར་མི་འགོད་ལ།
དེ་ལྟ་བུའི་ཙོང་ལ་རིང་མོའི་གཡོན་ངོས་སུ་རྒྱལ་བ་འཇམ་དཔལ་སྙིང་པོའི་གཟུགས་སྐུའི་མེ་
ཏོག་གསར་དུ་བཞད་པའི་གནས་སུ་ཆོས་སྡེ་ཆེན་པོ་སྐུ་འབུམ་བྱམས་པ་གླིང་དང་ཉེ་འཁོར་
རྣམས་སུ་དེའི་དགོན་ལག་མང་པོ་ཆགས་ཤིང༌། གཡས་གནས་སུ་དགེ་ལྡན་བསྟན་པའི་
འབྱུང་གནས་འཇམ་མགོན་རྒྱལ་བ་གཉིས་པ་ཁྲིམ་ནས་མངོན་པར་བྱུང་བའི་གནས་བྱ་ཁྱུང་
ཐེག་ཆེན་ཡོན་ཏན་དར་རྒྱས་གླིང་དང་ཉེ་འཁོར་དག་ཏུ་དེའི་དགོན་ལག་མང་པོ་ཆགས་ཏེ།
དཔལ་མཉམ་མེད་རི་བོ་དགེ་ལྡན་པའི་མདོ་སྔགས་ཟུང་དུ་འཇུག་པའི་ལུགས་བཟང་མཆོག་
ཏུ་དར་བའི་གནས་ལྷ་དང་བཅས་པའི་ཕྱག་འོས་ཤིང་མཆོག་བླ་མེད་པ་ཞིག་ཡིན་ནོ། །དེ་
ལྟར་ཡང་རྗེ་ཆོས་ཀྱི་ཉི་མས། དེ་ནས་གངྒཱའི་སྲིང་མོ་དལ་འགྲོ་མ། །ཙོང་ཆུ་ཞེས་བྱར་
གྲགས་པའི་ཀླུང་ཆེན་གྱིས། །གདགས་དང་སྲིབ་ཏུ་བགོས་པའི་འཛིན་མའི་ཁྱོན། །ཙོང་ཁ་
ཞེས་གྲགས་སྐྱིད་པའི་ལྗོངས་ཤིག་མཆིས། །དེ་ཡི་ལྷོ་ཕྱོགས་ཙོང་ལའི་རྫ་རྒྱུད་ནི། །གསེར་
ལྡན་ཕ་མཐའ་འཚོལ་ལ་ཞུགས་འདྲའི་འདབས། །བློ་བཟང་རྒྱལ་བ་གཉིས་པ་སྐུ་བལྟམས་
པའི། །གནས་མཆོག་ལིསྦུའི་དགའ་ཚལ་གཉིས་པ་ཡོད། །ཅེས་གསུངས་སོ། །དེ་ལྟ་བུའི་
གངྒཱ་གཉིས་པ་ཙོང་ཆུའི་གདགས་སྲིབ་ཀྱི་གནས་དང་ཙོང་ལ་རིང་མོའི་ལྷོ་བྱང་གི་ས་ཆ་འདི་

དག་ལ་ཁམས་ཀྱི་གཡར་མོ་ཐང་ངམ། ཤར་ཙོང་ཁ་སྒྲུལ་བའི་ཞིང་ཞེས་ཡོངས་སུ་གྲགས་པ་གང་གི་ཆ་ཤས་སུ་གྱུར་པའི་ཆོས་སྡེ་ཆེན་པོ་འདི་ཉིད་ཆགས་སའི་གནས་ཀྱི་ཆེ་བ་འགའ་བཀའ་གདམས་གླེགས་བམ་རིན་པོ་ཆེ་ལས་ཇི་ལྟར་བཀའ་བསྩལ་བ་དང་མཐུན་པར་བརྗོད་ན། དེ་ཉིད་ལས། རི་མཐོན་པོ་གནམ་གྱི་ཀ་བ་ཡོད། །མཚོ་དམའ་མོ་གཡུ་ཡི་མཎྜལ་ཡོད། །གངས་དཀར་པོ་ཤེལ་གྱི་མཆོད་རྟེན་ཡོད། །སྤང་སེར་པོ་གསེར་གྱི་ལྷུན་པོ་ཡོད། །དྲི་ཞིམ་པོ་སྨན་གྱི་བདུག་སྤོས་ཡོད། །ཆོན་བཀྲ་བ་གསེར་གྱི་མེ་ཏོག་ཡོད། །དབྱར་བཀྲ་བ་གཡུ་ཡི་མེ་ཏོག་ཡོད། །ཅེས་གསུངས་པ་ལྟར་ཉེ་རྒྱུད་ཀུན་ཏུ་ཨ་སྟོན་འདེགས་པའི་ཀ་བ་དང་མཚུངས་པའི་ས་འཛིན་གྱི་ཕྲེང་བ་ཚར་དུ་དངར་བས་རིམ་པར་བསྐོར་ཅིང་། ཆུ་གཏེར་ཆེན་པོ་ཁྲི་གཤོག་རྒྱལ་མོ་སོགས་གཡུ་ཡི་མེ་ལོང་དང་མཚུངས་པའི་མཚོ་དང་མཚེའུ་དུ་མས་ཕྱོགས་མཚམས་ཡོངས་སུ་བརྒྱན་པ་དང་། མདོ་སྨད་ཡུལ་སྤྱིའི་རྒྱལ་མཚན་གྱི་ཏོག་ལྟར་མངོན་པར་འཕགས་པ་ལྷ་གཉན་རྨ་ཆེན་སྤོམ་རའི་ཕོ་བྲང་སོགས་ཤེལ་དཀར་གྱི་ལྷུན་པོ་མང་པོ་མཁའ་ལ་བསྙེགས་པ་དང་། གསེར་མདངས་ལང་ཆོས་སྙིག་པའི་སྤང་རི་ཆེ་འབྲིང་ཆུང་བ་སོགས་ལ་ལེགས་པར་སྐྱེས་ཤིང་སྨིན་པའི་ནད་རིགས་སྣ་ཚོགས་སེལ་ནུས་པའི་སྨན་གྱི་བྱེ་བྲག་མཐའ་ཡས་པ་ལས་དྲི་བསུང་ཞིམ་པའི་ངད་ལྡང་བས། སུམ་རྩེན་གྱི་སྐྱིད་མོས་ཚལ་ལ་ཙོ་འདྲི་བྱེད་པ་ལྟ་བུའི་ལྗོངས་ཉམས་སུ་དགའ་བ་དུ་མས་ཕྱོགས་མཚམས་ཡོངས་སུ་གང་ཞིང་། ཆོན་མདངས་སྣ་ཚོགས་བཀྲ་བའི་སྟེང་འཕུར་གྱི་ཁྱིམ་རྣམས་སུ་སྦྲང་རྩེའི་བུ་མོ་རྒྱོས་པའི་གླུ་སྒྲ་དལ་བུར་སྒྲོག་པ་དང་། སྔོ་ལྗང་གཡུ་ལོ་ཐགས་སུ་བཀྲ་བའི་ཐང་འཕུར་གྱི་ཚལ་རྣམས་སུ་དཔྱིད་ཀྱི་ཕོ་ཉ་སོགས་གཉིས་སྐྱེས་དང་ཤ་བ་སོགས་རི་དྭགས་སྣ་ཚོགས་བག་ཡངས་སུ་རྩེན་པ་སོགས་ཏེ། མདོར་ན་སྲིད་ཞིའི་དགེ་མཚན་མ་ལུས་པ་འཛིག་རྟེན་བྱེད་པོ་གསེར་མངལ་ཅན་གྱིས་གནས་འདིར་གཅིག་ཏུ་བསྡུས་པ་ལྟ་བུ་དང་། ཡང་དེ་ཉིད་ལས། རི་པདྨ་སྟོང་ལྡན་དབྱིབས་ལེགས་པ། །དུས་དགུན་གསུམ་དཀར་པོ་ཤེལ་གྱི་མདོག །དུས་དབྱར་གསུམ་སྔོན་པོ་གཡུ་ཡི་མདོག །དུས་སྟོན་གསུམ་སེར་པོ་གསེར་གྱི་མདོག །དུས་དཔྱིད་གསུམ་ཁྲ་

པོ་གཟི་ཡི་མདོག །མདོག་ཕུན་སུམ་ཚོགས་པའི་རི་བོ་ལ། །ལྷས་ཁྱད་པར་འཕགས་པའི་མཚན་མ་ཡོད། །ཅེས་གསུངས་ཏེ། ཕྱོགས་འདིའི་ས་འཛིན་གྱི་ཚོགས་རྣམས་ཕྱི་སྣོར་ནང་སྣོར་མང་པོ་རིམ་བཞིན་ཆགས་ཏེ་པདྨ་བཞད་པའི་དབྱིབས་སུ་ལེགས་པར་མངོན་པ་དང་། དུས་བཞིར་མདོག་མི་འདྲ་བ་བཞི་འབྱུང་བར་གསུངས་པའི་ཁྱད་ཆོས་དག་ཀྱང་ལྷུན་གྲུབ་ཏུ་མཆིས་པ་ཡིན་ལ། དགོན་གནས་དངོས་ནི་རྗེ་བཙུན་ཆོས་ཀྱི་དཔལ་མོའི་སྐུའི་དབྱིབས་སུ་གསལ་བར་བཀྲ་བའི་མདུན་ས་ཉིད་ཡིན་ཞིང་། འདིའི་ཉེ་འཁོར་རྣམས་སུ་གངས་ཅན་མཁས་པ་མི་གསུམ་དང་ལྷ་ལུང་དཔལ་གྱི་རྡོ་རྗེ་སོགས་སྔོན་བྱོན་མཁས་གྲུབ་མང་པོས་སྒྲུབ་པའི་རྒྱལ་མཚན་བསྒྲེངས་ཤིང་། སྐུ་གསུང་ཐུགས་ཀྱི་རྟེན་རང་བྱོན་དུ་བྱུང་བ་དུ་མ་ཆུ་བུར་མིག་ལ་དངོས་སུ་སྣང་ནུས་པ་སོགས་ངོ་མཚར་བའི་མཚན་མ་སྣ་ཚོགས་པ་ཡང་ལྷུན་གྲུབ་ཏུ་མཆིས་སོ། །ཡང་དེ་ཉིད་ལས། དུང་དཀར་པོ་གཡས་སུ་འཁྱིལ་བ་ལ། །དར་དམར་པོ་ནྡ་གའི་ཚོད་པན་ཡོད། །ཅེས་པ་ཤར་ངོས་ཀྱི་རི་བོ་ཀླུམ་པོ་སྐྱེས་པ་ལྟ་བའི་དབྱིབས་དང་ཀུན་ནས་མཚུངས་ཤིང་དར་དམར་པོའི་ཚོད་པན་དང་བཅས་པ་གསལ་བར་ངོམ་པ་དེ་ཡིན་ལ། ཡང་དེ་ཉིད་ལས། དཔལ་བེའུ་རི་སྣོར་རྒྱན་པ་ལ། །ནགས་བཀྲ་ཤིས་འདབ་བརྒྱ་རྒྱས་པ་ཡོད། །མི་ཁྲོད་ཀྱི་བུ་སློབ་ཕྱོགས་བཅུར་འཕེལ། །ཞེས་པས་ནི་གཡས་ཕྱོགས་མར་ཁའི་གདོང་ལམ་ཀྱག་ཀྱོག་དཔལ་བེའུ་རིས་སུ་གསལ་བར་བཀྲ་བ་དེ་དང་དེའི་ཕྱོགས་མཚམས་ཀུན་ཏུ་ནགས་ཚལ་སྟུག་པོས་བརྒྱན་པ་འདི་ཡང་གསལ་བར་བསྟན་ཡོད་དོ། །ཡང་དེ་ཉིད་ལས། རི་བོགས་ཆུང་གཡུ་ཡི་བུམ་པ་ལ། །ཆུ་ཡན་ལག་བརྒྱད་ལྡན་ཆུ་མིག་འབབ། །མི་ཁྲོད་ཀྱི་ཐུགས་རྗེས་བསིལ་བར་བྱེད། །ཅེས་པ་ནི་རྒྱབ་རིའི་མགུལ་ན་གཡུ་མདངས་ལྡན་པའི་སྤང་རི་ཀླུམ་པོ་བུམ་པ་འདྲ་བ་དེ་དང་དེ་ནས་ཡན་ལག་བརྒྱད་ལྡན་གྱི་ཆུ་མིག་དགོན་པའི་སྒོ་འདབས་བརྒྱུད་ནས་རྫ་ཀླུང་དང་འདྲེས་ཏེ་རྒྱ་མཚོར་འབབ་པ་དེ་ཡིན་ལ། འདི་ལ་རྟེན་འབྲེལ་གྱི་གནད་ཁྱད་པར་ཅན་ཞིག་ཡོད་པར་ངེས་སོ། །ཡང་དེ་ཉིད་ལས། རི་ཟུར་གསུམ་བྲག་གཞུང་གནམ་དུ་མཐོ། །ངེད་མཁའ་འགྲོས་རྒྱལ་མཚན་བསྒྲེངས་པ་འདྲ། །མི་

ཁྱོད་ཀྱི་གཞི་དེར་བསྟན་པ་སྤེལ། །ཞེས་པ་ནི་སྲིད་པའི་ལྷ་ཆེན་གཏོད་རྗེའི་ཕོ་བྲང་རྒྱལ་མཚན་མཁར་ལ་བསྒྲིངས་པ་དང་སྒོ་ཀུན་ནས་མཚུངས་པ་དེ་ཡིན་ནོ། །ཡང་དེ་ཉིད་ལས། གནམ་སྟོན་མོ་གཡུ་ཡི་གདུགས་སུ་ཕུབ། །ལས་ཉོན་མོངས་ཚད་པ་ཞི་བར་བྱེད། །མི་ཁྱོད་ཀྱི་དགེ་བཤེས་འཕེལ་བར་འགྱུར། །ཞེས་དང་། ས་རྗེ་བརྒྱད་ལུང་བ་ཕྱོགས་སུ་གྱེས། །ཀྱི་འཁོར་ལོ་རྩིབས་བརྒྱད་ཕུབ་པ་འདྲ། །མི་ཁྱོད་ཀྱི་མི་མཐུན་གཅོད་པའི་རྟགས། །ཞེས་པ་ནི་ཤར་ཕྱོགས་སུ་གནམ་ཐང་རྗེ། ཤར་ལྷོར་བཀྲ་ཤིས་རྗེ། ལྷོ་ཕྱོགས་སུ་སྲིན་པོ་རྗེ། ལྷོ་ནུབ་ཏུ་སུམ་པ་རྗེ། ནུབ་ཕྱོགས་སུ་མཚོ་སྨན་རྗེ། ནུབ་བྱང་དུ་གཏོད་རྗེ། བྱང་ཕྱོགས་སུ་སྒོ་མང་རྗེ། བྱང་ཤར་དུ་ཁྱུང་རྗེ་སྟེ་རྗེ་བརྒྱད་དང་ལུང་ལག་བརྒྱད་ཕྱོགས་སུ་གྱེས་པ་ལས་ས་གཞི་པདྨ་འདབ་བརྒྱད་ཀྱི་དབྱིབས་སུ་གསལ་བར་བཀྲ་ཞིང་དེ་ལ་བརྟེན་ནས་གནམ་འཁོར་ལོ་རྩིབས་བརྒྱད་ཀྱི་དབྱིབས་སུ་རང་བཞིན་གྱིས་གྲུབ་པར་བསྟན་པ་རྣམས་དང་། ཡང་དེ་ཉིད་ལས། ཐང་ཆེན་པོའི་གསེབ་ན་རི་ཆུང་ཉལ། །མཚོ་ཆེན་པོའི་ནང་གི་ཉ་མོ་འདྲ། །མི་ཁྱོད་ཀྱི་སྤྱན་སྔ་འཕེལ་བའི་རྟགས། །ཞེས་པ་ཁྱུང་གྲུའི་ཕུ་ན་ཡོད་པའི་རི་ཆུང་ཉ་མོའི་དབྱིབས་སུ་ཡོད་པ་དེ་ཡིན་ལ། ཡང་མི་དཔའ་པོ་དམག་དཔོན་རིན་ཆེན་མཆོག །མཚོན་ཐོགས་མེད་ཤེས་རབ་རལ་གྲི་འཛིན། །བདུད་ཕས་རྒོལ་འཇོམས་ཤིང་ཁྱོད་ལ་འདུད། །ཅེས་པས་སྟོད་དུ་མགོན་པོ་བྲག་ནག་ཅེས་པ་གང་ནས་བལྟས་ཀྱང་དམག་དཔོན་ཁྲབ་རྨོག་གྱོན་པ་ལྟ་བུས་གུས་པས་འདུད་པའི་རྣམ་པ་ཆེས་གསལ་བ་འདི་ཉིད་བསྟན་ཅིང་འདི་ལས་ནི། ཆོས་སྐྱོང་ཡེ་ཤེས་ཀྱི་སྤྱན་ལྡན་རྣམས་ཀྱིས་ཆོས་སྡེ་འདིར་མི་མཐུན་པའི་འགལ་རྐྱེན་སེལ་ཞིང་མཐུན་རྐྱེན་སྒྲུབ་པ་དང་། དྲེགས་ལྡན་དུ་མས་གུས་པས་འདུད་ཅིང་མཆོད་པའི་བརྡར་ཡང་གོ་དགོས་སྙམ། ཡང་། མི་ཁྲིམ་བདག་རིན་ཆེན་འཁོར་བ་ཅན། །ནོར་རིན་ཆེན་བདུན་ལྡན་སེར་སྣ་འཇོམས། །མི་ཁྱོད་ལ་འདུད་ཅིང་གུས་པས་འདུད། །ཅེས་པས་ནི་ཙོང་ཁའི་སྐྱེས་རི་ཞེས་པ་རིན་པོ་ཆེ་སྣ་ཚོགས་འབྱུང་བའི་གནས་དཀར་ཕྱོགས་སྐྱོང་བའི་ལྷ་ཆེན་ཟ་ཆེན་སྤོམ་རའི་སྲས་གསུམ་པ་གནས་པའི་ཕོ་བྲང་གང་ནས་བལྟས་ཀྱང་རྒྱལ་པོ་གདན་ལ་བཞུགས་པ་ལྟ་བུ་མེང་

ཡང་རིན་ཆེན་བདུན་རིའམ་བརྒྱད་རི་རུ་འབོད་པ་འདི་ཉིད་ཀྱི་མཚན་སྒྲ་དང་བཅས་ཏེ་གསལ་བར་བསྟན་པ་འདི་ལས་དད་ལྡན་འཁོར་ལྡན་རྣམས་ཀྱིས་རྒྱུན་ཏུ་མཆོད་པའི་བརྟར་རིག་པར་བྱའོ། །

ཡང་ལྷ་བཙུན་མོ་རིན་ཆེན་མཛངས་ལྡན་མ། །རྒྱུད་ཉོན་མོངས་ཆགས་པས་མ་གོས་པར། །མི་ཁྲོད་ཀྱི་རྣམ་བྱང་སྐྱེད་པར་བྱེད། །ཅེས་པས་ནི་ནུབ་ཕྱོགས་སུ་ལྷ་གཉན་སྲས་མོ་སྨན་བཙུན་དབང་ཕྱུག་གི་ཕོ་བྲང་ཐེ་དཀར་གྲགས་པའི་རི་བོ་རིན་ཆེན་རྒྱན་ཆ་སོགས་ལུས་ཆས་ཀུན་གྱིས་སྤུད་དེ་སྒེག་པའི་ཉམས་ཀྱིས་རོལ་བ་འདི་ཉིད་བསྟན་པ་དང་། ཡང་། ཆུ་ཟག་མེད་བསྟན་པའི་ཆུ་རྒྱུན་འབབ། །ཅེས་པ་མདུན་དུ་ཆོས་སྐྱོང་རྣམ་བཞི་ཆད་པ་མེད་པའི་རྟེན་འབྲེལ་དུ་རྨ་ཀླུང་གཀྣའི་སྙིང་མོ་དལ་བར་འབབ་པ་དང་། ནགས་མཐུག་པོ་སྐྱབ་མའི་མཐའ་རྒྱས་ཅན། །འབྲུ་བང་མཛོད་རྒྱས་པའི་རྟགས་སུ་བཟང་། །ཤིང་སྣ་ཚོགས་སྐྱེས་པ་ནགས་ཀྱི་ཁྲོད། །གནས་ཁང་བཟང་འཕེལ་བའི་རྟགས་སུ་བཟང་། །ཆུ་མི་ཆེ་རྒྱ་མཚོ་ཆེན་པོ་མེད། །ཆུ་མི་ཆུང་ཆུ་བོ་དཔག་མེད་འབབ། །ཆུ་སློམས་པས་ཡུལ་མི་རྟག་ཏུ་བདེ། །ཞེས་དང་། ཇི་སྐད་དུ། ཁང་ས་ཞིང་ས་ས་ཡི་དགེ །འབྲུང་ཆུ་ཡུར་ཆུ་ཆུ་ཡི་དགེ །གམ་འབྲོག་རྒྱང་འབྲོག་རྩྭ་ཡི་དགེ །ཁང་ཤིང་བུད་ཤིང་ཤིང་གི་དགེ །ཁང་རྡོ་ཐབ་རྡོ་རྡོ་ཡི་དགེ །ཞེས་པ་ལྟར་གྱི་དགེ་བཅུའི་མཚན་ཉིད་རྣམས་ཀྱང་མ་ཚང་བ་མེད་པར་ལྷུན་གྱིས་གྲུབ་པ་དང་། ཡང་། ཤར་ལྷུན་པོའི་རྩེ་ནས་ཉི་མ་འཆར། །ཕྱོགས་གཞན་གསུམ་མི་ནོར་ཤུགས་ལ་ཤེས། །འཆར་མི་སྔ་སྔ་དུས་བསམ་གཏན་འཕེལ། །འཆར་མི་འཕྱི་ཉི་འོད་སྨིན་པ་ལ། །ལུས་བག་ཕེབས་བདེ་བར་སྤྱོད་པར་བྱེད། །རྒས་མི་སྔ་པོ་རབ་འདུན་སྟངས་འཕེལ། །རྒས་མི་འཕྱི་མཛངས་མའི་ལས་རྣམས་འགྲུབ། །ཅེས་པ་ལྟར་ཉིན་བྱེད་འཆར་སྔ་ཞིང་ནུབ་འཕྱི་བས་བསམ་གཏན་མཆོག་ཏུ་འཕེལ་ཞིང་། སའི་དྲོ་གྲང་སྙོམ་པས་སྐྱེ་བོ་རྣམས་རང་བཞིན་གྱིས་བག་ཕེབས་པ་དང་། འདུ་འཛིས་དབེན་ཞིང་ཉམས་དགའ་བ་སོགས་ཀློག་སྤྲང་ཐོས་བསམ་སྒོམ་པ་པ་རྣམས་ལ་མཁོ་བའི་ཡུལ་གྱི་ཡོན་ཏན་ཐམས་ཅད་

ཡོངས་སུ་རྫོགས་པ་དང་། སྤྱིར་ཐང་གི་གཙུག་ལག་ལྟར་བཤད་ནའང་། ཤར་རི་བཤུལ་ལམ་དང་ནགས་ཚལ་གྱི་ཐིག་ལེ་གསལ་བར་བཀྲ་བ་རྡོ་འཕང་གི་རི་བོ་ནི་སྟག་སྐྱ་བོ། ལྷོ་ན་རྨ་ཀླུང་གཏྲའི་སྲིང་མོ་དལ་བར་འབབ་པ་ནི་གཡུ་འབྲུག་སྔོན་མོ། ནུབ་ན་བྲག་དམར་ནང་གི་རི་བོ་ནི་བྱ་དམར་པོ། བྱང་ན་བཀྲ་ཤིས་སྒོ་མང་གི་རི་བོ་ནི་རུས་སྦལ་སེར་པོ་སྟེ་ཕྱོགས་བཞིར་སྲུང་བའི་ཚུལ་དུ་ཡོད་པ་དང་། ཡང་ནུབ་རི་མཐོ་བ་ཞེས་པ་རྐོད་རྩེ་རི་བོའི་རི་རྒྱུད་དཀྱུང་དུ་འཕགས་པ་དེ་དང་། ཤར་རི་དམའ་བ་ཞེས་པ་རྡོ་འཕང་གི་རི་དང་། ལྷོ་རི་གཞོལ་བ་ཞེས་པ་མདུན་རི་བྲག་དཀར་སྤྲགས་རམས་པའི་ཉམས་སྣང་དུ་འཛམ་དབྱངས་ནྚ་ག་ར་རཀྵའི་སྐུར་སྣང་བའི་སྲིན་པོ་རི་དང་། ཁྱད་པར་དེའི་མགུལ་དུ་ཨ་ཆུང་གནམ་རྫོང་ལ་རི་དམར་པོ་ཆེ་ཆུང་མང་པོ་ཕྱོགས་བཞི་མཚམས་བརྒྱད་ནས་འཕགས་པའི་དགེ་འདུན་མང་པོ་གསུང་ཆོས་ལ་འདུ་བ་ལྟ་བུར་ཡོད་པ་དང་། བྱང་རི་སྐྱབ་པ་ཞེས་པ་མཚོ་སྔོན་གྱི་རི་རྒྱུད་རྣམས་ཏེ། མདོར་ན་ས་དཔྱད་ཆེས་བཟང་བའི་མཚན་མ་ཁྱད་པར་ཅན་མདོ་རྒྱུད་བསྟན་བཅོས་རྣམས་ལས་གསུངས་པའི་ཐོས་བསམ་སྒོམ་པ་བ་རྣམས་ལ་མཁོ་བའི་གནས་ཀྱི་ཁྱད་ཆོས་ཐམས་ཅད་མ་ཚང་བ་མེད་པར་འཛོམས་པ་ཡིན་ནོ། །

གོང་ནས་དྲངས་པའི་བཀའ་གདམས་གླེགས་བམ་རིན་པོ་ཆེའི་ཚིག་འདི་དག་ནི། ར་སྒྲེང་རྒྱལ་བའི་དབེན་གནས་དང་ཆོས་གྲྭ་ཆེན་པོ་བཀྲ་ཤིས་འཁྱིལ་སོགས་ཆོས་སྡེ་མང་པོའི་གནས་ཀྱི་ལུང་བསྟན་དུ་སྦྱར་ཟིན་པས། འདིར་སྤྱིར་བ་མི་འཐད་སྙམ་དུ་བསམ་པར་མི་བྱ་སྟེ། འདི་ལས་ནི་གནས་གཅིག་གཉིས་ཙམ་མ་ཡིན་པར་བཀའ་གདམས་གསར་རྙིང་གི་ཆོས་སྡེ་མང་པོ་བསྟན་པར་གླེགས་བམ་རིན་པོ་ཆེ་ཉིད་ལས་གསལ་བར་གསུངས་ཏེ། དེ་ཉིད་ལས། ལ་ལ་ཞིབ་པོ་ཞིབ་པོ་བྱུང་། །ལ་ལ་འབྲེལ་ཅན་འབྲེལ་ཅན་བྱུང་། །ལ་ལ་ཟུར་ཙམ་ཤོ་རེ་བྱུང་། །ལ་ལ་དོན་གྱིས་བསྟན་ཏེ་བྱུང་། །ཞེས་དང་། ཇོ་བོས་དཔང་མཛོད་གྲོགས་པོ་རྣམས། །དེ་རིང་ཡོད་ངེས་དམ་པ་རྣམས། །གང་ནས་ཟིན་ཟིན་ཐོར་བུར་བསྒྲིགས། །དེ་ལ་ཉེས་གང་མཐོལ་ལོ་བཤགས། །ལ་ལ་ཆད་དང་ལྷག་སྲིད་ནའང་། །

དགོས་པའི་དབང་ཡིན་ནོངས་པ་མེད། །དངོས་སུ་བསྟན་དང་ཤུགས་ལས་བྱུང་། །ལ་ལ་བསྲེས་པ་ཉིད་དུ་བསྟན། །དེ་ཉིད་དགོས་པའི་དབང་ཉིད་ཡིན། །དགོས་ལྡན་བཤད་པ་གང་ཡིན་པ། །བཀའ་གདམས་ཕྱོགས་མཐར་རྒྱས་པར་ཤོག །ཅེས་སོ། །དེར་མ་ཟད་ཆོས་སྡེ་འདི་ཉིད་གླེགས་བམ་རིན་པོ་ཆེ་ལས་ལུང་བསྟན་པ་ཡིན་ཏེ། དེ་ཉིད་ལས། གནས་བཀྲ་ཤིས་བརྟན་པ་ལྷུན་པོའི་འདབས། །ཞེས་མཚན་ཟུར་དང་པོ་གཉིས་ཆོས་གྲྭ་ཆེན་པོ་བཀྲ་ཤིས་ལྷུན་པོ་དང་ཆབས་ཅིག་བསྟན་ནས། ཆོས་སྤྱོད་དགེ་བ་འཕེལ་ན་ཡང་། །ཞེས་དང་། སྙིངས་བུ་ལྷ་བུ་ལ་སོགས་པ། །དེ་ཡང་གནས་ཆེན་དམ་པ་ཡིན། །ཞེས་མཚན་སྒྲ་ཆ་ཚང་བ་གསལ་བར་བསྟན་པའི་སྒོ་ནས་ཆོས་སྡེ་འདི་ནི་ཀློག་པ་ཐོས་བསམ་དང་སྦྱོང་བ་བསམ་གཏན་གྱིས་མཚོན་པའི་ཆོས་སྤྱོད་དགེ་བ་རྣམས་ངང་གིས་འཕེལ་ཞིང་འཕགས་མཆོག་འཇིག་རྟེན་དབང་ཕྱུག་གི་ཡེ་ཤེས་ཀྱི་སྒྱུ་འཕྲུལ་ལས་བྱུང་བའི་གནས་ཀྱི་མཆོག་དམ་པ་ཡིན་པར་གསལ་བར་གསུངས་ཤིང་། ཡང་སྒྲའི་ནུས་པས་ཆོས་སྡེ་གཅིག་ཙམ་བསྟན་པ་མིན་ཚུལ་ཡང་གོ་དགོས་སྙམ་མོ། །གླེགས་བམ་རིན་པོ་ཆེའི་ཚིག་གོང་དུ་དྲངས་པ། མི་ཕྱོད་ཀྱི་བུ་སློབ་ཕྱོགས་བཅུར་འཕེལ། །ཞེས་དང་། མི་ཕྱོད་ཀྱི་ཐུགས་རྗེས་བསིལ་བར་བྱེད། །ཅེས་དང་། མི་ཕྱོད་ཀྱིས་གཞི་དེར་བསྟན་པ་སྤེལ། །ཞེས་སོགས་དང་། ཀྱི་གངས་རིའི་མགོན་པོ་སྤྱན་རས་གཟིགས། །གནས་དེ་ན་ཕྱོད་ཀྱི་ཞིང་ཁམས་ཡོད། །ཞིང་དེ་ན་ཕྱོད་ཀྱི་གདུལ་བྱ་ཡོད། །ཅེས་ཡང་ཡང་གསུངས་པས་ཀྱང་བདེ་གཤེགས་པད་དཀར་འཆང་བ་འོད་ཟེར་ཀུན་འཕགས་དཔལ་བརྩེགས་ཀྱི་རྒྱལ་པོ་གསུམ་ལྡན་རྡོ་རྗེ་འཛིན་པའི་སྐུར་བཞེངས་པ་རྗེ་བླ་མ་སཾ་ཕྷའི་ཞབས་ལུང་བསྟན་ཅིང་། མགོན་པོ་གང་གིས་གནས་མཆོག་འདིར་ཀུན་སྤངས་འདུས་པའི་སྡེ་འདི་ཉིད་ཕྱག་འདེབས་གནང་བ་དང་། ལེགས་གསུང་ཆོས་ཀྱི་བདུད་རྩི་ཕངས་མེད་དུ་བསྟབས་པ་ལ་བརྟེན་ནས་འཇམ་མགོན་བླ་མའི་ལུང་རྟོགས་ཀྱི་བསྟན་པ་རིན་པོ་ཆེ་ཉི་མ་ལྟར་གསལ་བར་གྱུར་ཅིང་། སྐལ་བ་དང་ལྡན་པའི་གདུལ་བྱ་དཔག་ཏུ་མེད་པ་མངོན་པར་མཐོ་བ་དང་ངེས་པར་ལེགས་པའི་དཔལ་ལ་ལོངས་སུ་སྤྱོད་པའི་སྐལ་བཟང་ཅན་

ཏུ་བྱ་བ་གསལ་བར་ལུང་བསྟན་པ་ཡང་གོ་བར་བྱའོ། །

སྨྲས་པ། དགེ༷་ལེགས་མཁྱེན་བརྩེ་ཆུ་འཛིན་འཁྲིགས་པ་ལས། །འདུ༷ན་ལྡན་མོས་ངོར་འཚམ་པའི་ལེགས་གསུང་ཆར། །ཐུབ་བསྟན༷་འཛི༷ན་མའི་གསོས་སུ་འབེབས་མཁས་པ། །སྐལ་ལྡན་རྒྱུ༷་མཚོ༷འི་གཙུག་གི་རྒྱན་གཅིག་མཆོད། །རྣམ་འདྲེན་ཉིན་བྱེད་སྟོང་གི་གཟི་བྱིན་པའི། །འཛམ་བུ་ན་དའི་གྲགས་པ་ཟ་བའི་གླིང་། །ཉམས་དགའི་སུམ་རྩེན་དགའ་ཚལ་གཉིས་པ་ཞེས། །བསྔགས་པའི་རོལ་མོ་ཚངས་པའི་གནས་ན་ཧུང་། །མན་ཤེལ་དཀར་བའི་སྟོད་གཡོགས་ཀྱིས་མཛེས་པའི། །ས་འཛིན་གཡུ་ཡི་ལང་ཚོས་སྨྲེག་པ་མོས། །དམ་པར་འཕྱུད་པ་བསིལ་ལྡན་སླ་ལའི་ལྦོངས། །སྲིད་ཞིའི་འཇིག་རྟེན་ཀུན་གྱི་སྙིང་པོར་གྲུབ། །མདོ་སྨད་ནོར་འཛིན་ཡངས་པའི་དགའ་ཚལ་འདིར། །སྣ་ཚོགས་ཚོན་གྱི་གཟི་དཔལ་རྒོད་པ་ནི། །མདོངས་མཐའི་སྒྲོ་གཤོག་བརྐྱངས་འདྲའི་ངོ་མཚར་ལ། །མཐོ་རིས་སྐྱིད་ཚལ་བསླུ་བའི་ཚ་ག་རྫོགས། །དཀར་གསལ་ག་བུར་དབང་བའི་མདངས་བཟང་ཡང་། །མོག་པར་བྱེད་པ་ཀེ་ལ་ཤ་ཡི་རི། །མན་ཤེལ་གསར་བའི་མཆོད་རྟེན་ལྟར་བརྗིད་པའི། །རྒྱ་རྒྱལ་ལྷུན་པོའི་གྲགས་པ་སྲིད་ན་སྐན། །ལྷ་ལམ་ཉིན་བྱེད་དྲོད་ཀྱིས་བཞུས་པའི་རྒྱུན། །གཡར་མོ་ཐང་ཆེན་སྤོ་བར་འཁྱིལ་བ་གང་། །དྲི་བྲལ་བཻཌཱུར་མེ་ལོང་ཕྱིས་པ་ལྟའི། །ལྷབས་ཕྲེང་མཁའ་ལ་ལུད་པའི་གར་གྱིས་རྩེན། །ཉི་ཟླའི་ཟ་ཆ་མཉུལ་བར་འཕྱུང་བ་ལས། །གཡུ་མདངས་ལང་ཚོ་གསར་བར་གཟི་བསྐྱེད་པ། །དགུང་སྔོན་ཁང་བཟང་འདེགས་པར་སྙོམས་པ་ཅན། །ཙོང་ལ་རིང་མོ་ཞེས་གྲགས་ས་འཛིན་གྱི། །གདགས་དང་སྲིབ་ཏུ་བགོས་པའི་གསེར་ལྡན་ཕྱོན། །སྣ་ཚོགས་རྐང་འཐུང་གར་གྱི་རི་མོ་དང་། །སྣ་མང་ཚོན་མདངས་བཀྲ་བའི་སྟེང་འཐུང་ཚོགས། །སྐྱེ་དགུའི་ཡིད་དབང་འགུགས་པའི་གྱོ་བར་གྲུབ། །མཐུད་གོས་ཀྱིས་བསླུབས་པའི་རྟུལ་བརྩེགས་རྣམས། །བཀྲ་ཤིས་རྟགས་བརྒྱད་རྒྱལ་སྲིད་སྣ་བདུན་གྱི། །དབྱིབས་སུ་ཕོར་ཡུག་ར་བར་བྲིས་པ་ཡང་། །མེས་པོ་ཚངས་པས་བཀོད་པ་བཞིན་དུ་

མཇོས། །མདུན་དུ་ཆོས་སྐྱོང་ཆད་པ་མེད་པའི་བཏར། །རྨ་སྐྱུང་གཉྷའི་སྲིང་མོ་དལ་འགྲོ་མ། །ཙོང་ཁ་ཕྲུག་མོའི་བཤུལ་ལམ་ལ་ཞུགས་ཏེ། །ངུར་བའི་འགྲོས་ཀྱིས་སྐྱོད་པ་ཡི་གར་འོང་། །སྔོན་ཤིང་གཡུ་ལོ་ཐགས་སུ་བཀྲ་བའི་གཞིར། །སྲིད་ཞིའི་དགེ་མཚན་གཅིག་ཏུ་བསྡུས་པའི་དཔྱིད། །ནོར་བུ་པདྨ་རྩེན་པའི་ཞིང་མཆོག་འདིས། །བདེ་ལྡན་སྣེག་པ་མོ་དེའི་ཁེངས་པ་བསྐྱིལ། །ཞེས་བྱ་བ་ནི་བར་སྐབས་ཀྱི་ཚིགས་སུ་བཅད་པའོ། །

གསུམ་པ། ཆོས་སྡེ་འདི་ཕྱག་འདེབས་གནང་ཚུལ་དང་ བཤད་སྒྲུབ་ཀྱི་སྲོལ་དར་ཚུལ།

སྡོད་བཅུད་དག་པ་ལྷ་ཡི་དཀྱིལ་འཁོར་དུ། །
རྣམ་མང་འཕགས་པའི་སྒྱུ་འཕྲུལ་རྩེན་པའི་རྩེར། །
རྒྱལ་ཀུན་མཁྱེན་པའི་མདངས་མཚར་རྒོད་པ་ཅན། །
རལ་གྲིའི་འཁྲི་ཤིང་གཡོ་བའི་ལྷ་དེས་སྐྱོངས། །

དེ་ཡང་ཆོས་སྡེ་འདི་ཉིད་ཇི་ལྟར་ཕྱག་འདེབས་མཛད་པ་དང་དེ་ལ་བརྟེན་ནས་བཤད་སྒྲུབ་ཀྱི་སྲོལ་དར་ཚུལ་ཅུང་ཟད་འགོད་པ་ལ། ཁྱབ་བདག་འཁོར་ལོའི་མགོན་པོ་རྡོ་རྗེ་འཆང་སཾ་ལྟའི་མཚན་ཅན་གྱི་རྟོན་གྱི་ཐུགས་བསྐྱེད་དང་། ཐུགས་སྨོན་རྣམ་པར་དག་པའི་འབྲས་བཟང་ལས་བལྟམས་པའི་དགེ་ལེགས་འདོད་འཇོ་ནོར་བུའི་འཁྲི་ཤིང་རྨ་སྐྱུང་ལྷོ་བྱང་རྒྱུད་ཀྱི་རིས་མེད་སྐྱེ་དགུའི་བསོད་ནམས་ཀྱི་དཔྱིད་དུ་ཆེ་ཆེར་དར་བ་ལ་མངོན་དུ་ཕྱོགས་པ་ན། སྔ་སོར་ཤིང་བྱ་ལོར་འགྲོ་མགོན་བློ་བཟང་ལུང་རིགས་རྒྱ་མཚོ་དཔལ་བཟང་པོའི་དྲུང་དུ། རྗེ་སོར་ཕྱུགས་སུ་བཞུགས་ས་གང་བཟང་གི་ཞལ་བཀོད་ཞུས་པར་བླ་མ་མཆོག་དེ་ཉིད་ཀྱིས་ཁྱེད་རེབ་གོང་དུ་མི་བཞུགས་སམ་གསུངས་པ་ལ། ད་དེ་ཊ་འདུག་རྒྱུ་ཅུང་དགའ་བའི་ཚུལ་རྒྱུ་མཚན་དང་བཅས་ཞུས་པར། དེ་འཕྲུལ་ཕྱག་མོ་བརྟག་པའི་ཚུལ་གནང་སྟེ། གསེར་ཁང་ཆུ་

མི་བཟང་། མཆོར་མོ་ཆུ་བཟང་བས། དེར་བཞུགས་ན་ལེགས་གསུངས་ཏེ་ལུང་བསྟན་མེ་ཏོག་གི་གྲུ་ཆར་གཏོར་ཞིང་། སྐྱབས་མགོན་མཆོག་འདས་ཚུལ་གནང་རྗེས་ཀྱང་ཏུ་ཡེ་ཤེས་ཀྱི་མཁའ་འགྲོ་མ་དཀོན་མཆོག་རིགས་འཛིན་དབང་མོ་དང་། སྐྱབས་རྗེ་ཤེང་བཟའ་རིན་པོ་རྣམ་གཉིས་ཀྱིས་ཀྱང་གསལ་བར་ལུང་བསྟན་པ་ལྟར་ཡབ་རྗེ་རྡོ་རྗེ་འཆང་སཾ་ཧའི་ཞབས་ཉིད་དགུང་ལོ་སོ་དྲུག་བཞེས་པ་མེ་ཕག་(༡༨༨༧) ལོར་རྨ་ཉིན་གྲུབ་པའི་བསྒྲི་གནས་མཆོར་མོ་ཆེའམ་རི་ཁྲོད་བསམ་གཏན་ཆོས་སྡིངས་ཞེས་གྲགས་པའི་གནས་མཆོག་དེར་དགེ་མཚན་རི་མོ་འབུམ་གྱིས་མངོན་པར་མཛེས་པའི་ཞབས་སྐྱེས་པདྨའི་རྟུལ་ཕྲེང་ཉེ་བར་བཀོད་དེ། སྒྲིབ་སྦྱོང་གསོར་འདོན་ངོས་རིམ་གཉིས་ཀྱི་རྣལ་འབྱོར་ཟབ་མོའི་ཉམས་བཞེས་ལ་རྩེ་གཅིག་ཏུ་གཞོལ་བར་མཛད་ཅིང་། སྐལ་བ་དང་ལྡན་པའི་གདུལ་བྱའི་ཚོགས་ལ་ལེགས་གསུང་ཆོས་ཀྱི་བདུད་རྩིའང་ཕངས་མེད་དུ་སྩོལ་བ་གནང་། རྐྱེན་དེ་ལ་བརྟེན་ནས་ལེགས་བཤད་དོན་དུ་གཉེར་བའི་ཐར་འདོད་སྐྱེ་བོ་དཔག་ཏུ་མེད་པ་པདྨའི་ཚལ་ལ་བུང་བ་འདུས་པ་ལྟར་རྗེ་འདི་ཉིད་ཀྱི་དྲུང་དུ་གདན་འཛོམས་པ་དང་། ལྷག་པར་སྐུའི་ཉེ་འཁོར་དུ་རྒྱུན་བཞུགས་སློབ་ཞལ་ནས་བབས་པའི་ཟབ་རྒྱས་ཆོས་ཀྱི་ཉིང་ཁུ་འཚོ་ཞིང་། སྒྲུབ་པའི་རྒྱལ་མཚན་རྩེ་གཅིག་ཏུ་བསྒྲེངས་པའི་ཀུན་སྤངས་རི་ཁྲོད་འཛིན་པ་ཐོག་མར་བཅུ་ཕྲག་གཉིས་ལྷག་ནས་ཕྱིས་རིམ་གྱིས་འཕེལ་ཏེ་བརྒྱ་ཕྲག་གསུམ་ལ་ཉེ་བར་གྱུར་ཏོ། །

ས་སྨད་ལོར་སྐྱབས་རྗེ་ཐར་ཤུལ་རིན་པོ་ཆེའི་དགོངས་རྫོགས་སུ་དམིགས་ཏེ་ཕྱོགས་འདིར་བཞུགས་པའི་རི་ཁྲོད་པ་ལྔ་བཅུ་ལྷག་བསྡུས་ཏེ་བྱ་ཁྱུང་གསེར་གདུང་ཆེན་མོའི་དྲུང་དུ་མཆོད་མེ་ཁྲི་ལྷག་དང་ཡོན་ཆབ་གྲངས་མང་ཕུལ་ནས་བསྟན་འགྲོར་སྨན་པའི་བཞེད་དགོངས་འགྲུབ་པའི་སྨོན་འདུན་བགྱིས་པ་ནས་ལོ་རེ་བཞིན་ཟླ་ཉིན་སྲིབ་དང་སྒོ་མེ་སྟོད་སྨད་སོགས་སུ་ཀུན་སྤངས་རི་ཁྲོད་འཛིན་པ་རྣམས་ལྷན་ཅིག་ཏུ་འདུས་ནས་མཆོད་འབུལ་རྒྱ་ཆེར་བྱེད་པའི་སྲོལ་རྒྱུན་ཆགས་སུ་བྱུང་བ་དང་། རྗེ་བཙུན་བླ་མ་མཆོག་འདིས་ནི་རྒྱལ་བའི་བསྟན་པ་རིན་པོ་ཆེ་དང་། རིས་མེད་འགྲོ་བའི་ཕན་བདེ་འབའ་ཞིག་ཐུགས་ལ་བཅངས་པའི་

དཔང་གིས་རྣམ་དག་གཞུང་བརྒྱའི་དགོངས་དོན་ཐོས་བསམ་གྱིས་གཏན་ལ་ཕབ་སྟེ་ཐར་ལམ་ཕྱིན་ཅི་མ་ལོག་པར་ངེས་པ་མེད་པར་བླུན་སློམ་ཙམ་གྱིས་ཐམས་ཅད་མཁྱེན་པའི་གོ་འཕང་གཏན་ནས་ཐོབ་མི་ནུས་པར་དགོངས་ཤིང་། ཁྱད་པར་འགྱུར་བ་ཞན་པའི་དམ་པའི་ཡང་སྤྲུལ་མང་པོ་དང་ཕྱོགས་མཐའི་བློ་གསལ་ཐར་འདོད་ཡོངས་ཀྱི་སྨན་ཡོན་དུ་འགྱུར་བར་གཟིགས་ནས། ཀུན་སྤངས་འདུས་པའི་སྡེ་འདིར་བཀའ་པོད་ལྔའི་འཆད་ཉན་འཛུགས་བཞེད་ཀྱིས་ལོ་མང་པོའི་རིང་ལ་སྐལ་བཟང་རྣམ་དཔྱོད་ལྡན་པའི་ཚོགས་ལ་རྗོ་རྗེ་འཆང་ཉིད་ཀྱིས་བཀའ་པོད་མང་པོའི་མཛུབ་ཁྲིད་ཞིབ་མོའི་ལུགས་སུ་གནང་ཞིང་ལེགས་བཤད་ནོར་བུའི་དོ་ཤལ་རིམ་པར་བསྐུལ། ལྕགས་བྱི་(༡༩༠༠)ལོའི་དགུན་སྨད་ལ་སོག་པོའི་དགེ་བཤེས་ལེགས་བཤད་རྒྱ་མཚོ་མཆོག་ལ་བཀའ་གནང་སྟེ། ཉེ་འཁོར་དུ་བཞུགས་པའི་བློ་གསལ་ཉི་ཤུ་ལྷག་ལ་བསྡུས་གྲྭའི་མཛུབ་ཁྲིད་དང་། རྩོད་པ་བྱེད་དུ་བཙུག་ནས་རྩོད་པའི་སྒོ་གསར་དུ་ཕྱེ་ཞིང་། ཆུ་སྟག་ལོའི་(༡༩༠༢)དབྱར་སློབ་གཉེར་བ་འཕེལ་ཏེ་བརྒྱད་ཅུ་ལྷག་བཞུགས་པ་ལ་ནང་ཆེན་རང་ནས་ཉིན་མང་པོའི་རིང་ལ་ཇ་ཐུག་སོགས་ཀྱི་བསྙེན་བཀུར་གཟབ་རྒྱས་གནང་ནས་རྩོད་པ་བྱེད་དུ་བཙུག་པ་དང་། ཆུ་ཡོས་ལོའི་(༡༩༠༣)དགུན་བན་གྲོའི་སྐྱབ་ཁང་དགེ་ལེགས་ཆོས་རྫོང་དུ་མདོ་སྔགས་རབ་འབྱམས་སྨྲ་བའི་ཡོངས་ཀྱི་དགེ་བའི་བཤེས་གཉེན་ཆེན་པོ་ཨ་རུ་ཧོར་ཆེན་པ་རྗེ་བཙུན་ཡེ་ཤེས་རྒྱ་མཚོ་གདན་དྲངས་ནས་སློབ་གཉེར་བ་བཞི་བཅུ་ལྷག་ལ་སྡུ་དྲོར་དཔེ་ཁྲིད་དང་། ཕྱི་དྲོར་རྩོད་པ་གནང་དུ་བཙུག་སྟེ། ནང་ཆེན་ནས་དྲོས་ཇ་དང་གྲུང་ཚོགས་ཀྱི་བསྙེན་བཀུར་གྱི་ནོམ་པ་བསྟབས་པ་དང་། ལོ་དེའི་ས་ག་ཟླ་བའི་ནང་མཚན་ཉིད་ཕྱོགས་ལ་ཉེ་བར་མཁོ་བའི་དཔེ་ཆ་པོད་ཉིས་བརྒྱ་ལྷག་གདན་དྲངས་པ་སོགས་ཉེར་བསྒྲིགས་ཐམས་ཅད་འགལ་རྐྱེན་མེད་པར་ལེགས་པར་བསྒྲུབས་ཟིན་པས། འདི་དུས་ཀུན་སྤངས་རྣམས་གཙོ་བྱས་པའི་སློབ་གཉེར་བ་བརྒྱ་དང་ཉི་ཤུ་ལྷག་ལ་ཕར་ཕྱིན་འཛིན་གྲྭ་ལྔ་དང་། གསར་བུ་རྣམས་བསྡུས་གྲྭ་འཛིན་གྲྭ་དྲུག་ཏུ་བྱས་ཤིང་། ཕར་ཕྱིན་འཛིན་གྲྭ་བ་རྣམས་ལ་དགེ་བཤེས་རིན་པོ་ཆེ་ཉིད་ཀྱིས་དཔེ་ཁྲིད་དང་། བསྡུས་གྲྭ་བ་རྣམས་ལ་རང་རང་

གི་དགེ་རྒན་སོ་སོས་དཔེ་ཁྲིད་གནང་། ཤོལ་ཟླ་ལྔ་བའི་ཚེས་བཅོ་ལྔ་ནས་བཟུང་ཟླ་བ་གཅིག་
གི་རིང་ལ་རྡོ་རྗེ་འཆང་ཉིད་ཀྱིས་སྔར་དཔེ་ཁྲིད་གནང་བའི་འཕྲོས་ཡང་དག་མཐའ་ནས་མགོ་
བརྩམས་ཏེ། རྗེ་བླ་མའི་ལེགས་བཤད་གསེར་གྱི་ཕྲེང་བ་དང་། རྒྱལ་ཚབ་རིན་པོ་ཆེའི་རྣམ་
བཤད། མཁས་གྲུབ་ཐམས་ཅད་མཁྱེན་པའི་རྟོགས་སྣང་། ཀུན་མཁྱེན་བླ་མའི་ཕར་ཕྱིན་
མཐའ་དཔྱོད་རྣམས་གུང་བསྒྲིགས་ཏེ། དོན་གྱི་འགང་གཤོག་པའི་སྟོན་ཕྱོན་མཁས་པའི་
གསུང་རྒྱུན་གྱིས་བརྒྱན་པ། དཀའ་བའི་གནས་རྣམས་བརྒལ་བརྟག་གས་གཏན་ལ་
འབེབས་པའི་ལེགས་བཤད་རིན་ཆེན་བྲེ་མ་ཐང་མར་བརྡལ་ཏེ་རྣམ་དཔྱོད་ཡངས་པའི་
ཚོགས་ལ་ཕ་རོལ་ཏུ་ཕྱིན་པའི་གཞུང་ཁྲིད་དཔྱིས་ཕྱིན་པར་བསྩལ་ཅིང་། དཔྱོད་ལྡན་རིགས་
པ་སྨྲ་བའི་ཚོགས་ཀྱིས་རྩོད་ངག་ལྷའི་རོལ་མོ་སྐལ་བཟང་རྣ་བའི་བཅུད་ལེན་དུ་འཁྲོལ་བ་བྱུང་
སྟེ། བཀའ་པོད་ཆེན་པོ་ལྔའི་དོན་རྣམས་བརྒལ་བརྟག་གིས་གཏན་ལ་འབབ་པའི་སྲོལ་
བཟང་པོ་གསར་དུ་བཙུགས། དེ་དག་གི་སྐབས་སུ་ནང་ཆེན་རང་ནས་དྲོས་ཇ། གུང་
ཚོགས། དགོང་ཇ་སོགས་ཀྱིས་བསྙེན་བཀུར་ཕུན་སུམ་ཚོགས་པ་ཞུས། དེ་ནས་བཟུང་མདོ་
རྒྱུད་རྒྱ་མཚོའི་མངའ་བདག་ཧོར་ཆེན་སྨྲ་བའི་སེངྒེ་རྗེ་བཙུན་ཛྙཱ་ན་ས་ར་སྐུ་འབུམ་ནས་
གདན་དྲངས་ཏེ། བློ་གསལ་རིགས་པ་སྨྲ་བའི་ཚོགས་ལ་བཀའ་པོད་རྣམས་ཀྱི་དཔེ་ཁྲིད་ལུང་
རིགས་ཀྱིས་སྤྲོས་པ་རྒྱ་ཆེ་བས་བརྒྱན་པ་སྩོལ་བ་གནང་བ་དང་། འདུས་སྡེ་འདིར་ཕྱོགས་ཀྱི་
བཤད་གྲྭ་ཆེན་པོ་བླ་བྲང་། སྐུ་འབུམ། བྱ་ཁྱུང་། རོང་བོ་སོགས་ནས་ཕེབས་པའི་དགེ་བའི་
བཤེས་གཉེན་མང་པོ་གདན་འཛོམས་པ་དང་། སྔར་སློབ་གཉེར་བྱེད་མ་མྱོང་བ་ཚོར་ཡང་
དཔེ་གཟིགས་དང་སྐྱོར་སྦྱངས། དཔེ་ཁྲིད་དང་བརྒལ་བརྟག་སོགས་ལ་བརྩོན་པ་ཤིན་ཏུ་ཆེ་
སྟབས། སྒྲུབ་པའི་སྐྱིད་ཚལ་ཆེན་པོ་འདི་ཉིད་དུ་ལུང་རིགས་རྩོད་ངག་གི་སྒྲ་དབྱངས་ཅུར་
ཆེམ་ཆེམ་བྱེད་པ་གློ་བུར་དུ་བྱུང་། རབ་འབྱམས་ཞིང་ན་རྒྱལ་བ་སྲས་དང་བཅས་པས་
མངོན་པར་བསྔགས་ཤིང་། དཀར་ཕྱོགས་ལ་དགའ་བའི་ལྷ་རྣམས་ཀྱིས་མཆོད་ཅིང་བསྟོད་
པ་དང་། ཡུལ་ཉེ་རིང་དུ་གནས་པའི་སྐྱེ་བོའི་ཚོགས་ཐམས་ཅད་ཀྱིས། ཨེ་མ་འདི་ལྟ་བུའི་

བཤད་གྲྭ་ཆེན་པོ་གློ་བུར་དུ་བྱུང་བ་ཅི། ཞེས་ཆེས་ངོ་མཚར་དུ་འཛིན་ཅིང་། ཉིན་རེ་བཞིན་ལམ་འགྲུལ་དང་ཕྱུགས་རྫི་མང་པོ་འདུས་ཏེ། དད་པས་ཕྱག་འཚལ་ཞིང་། དགའ་བའི་རྣམ་འགྱུར་བྱེད་པ་བྱུང་བའང་སྐྱེ་འདིར་རྣམ་འདྲེན་བུ་རམ་ཤིང་བའི་ལུགས་བཟང་བཤད་སྒྲུབ་གཉིས་ཀྱི་སྒོ་ནས་ཚུལ་བཞིན་འཛིན་ནུས་པའི་བསྟན་འཛིན་གྱི་སྐྱེས་བུ་དམ་པ་མང་པོ་འབྱོན་པར་འགྱུར་བ་སོགས་ཕྱིས་འབྱུང་གི་རྟེན་འབྲེལ་རྣད་དུ་བྱུང་བར་གོར་མ་ཆག་གོ །

ལོ་དེར་སྐྱབས་མགོན་རྡོ་རྗེ་འཆང་ཆེན་པོ་ཉིད་ཆོས་སྡེ་ཆེན་པོ་དཔལ་ལྡན་བྲ་ཁྱུང་གི་ཁྲི་གདན་ཟུར་དང་ལས་སྣེ་རྣམས་ཀྱིས་གསེར་གདུང་ཆེན་མོ་རྟེན་བརྟེན་པ་རྒྱ་ཕེབས་དང་བཅས་པ་ལེགས་པར་ཉམས་གསོས་གྲུབ་པའི་རབ་གནས་སུ་གདན་དྲང་པ་ལྟར་ཕེབས་སྐབས། རྗེ་ཉིད་ཀྱིས་སྔར་ནས་ཐུགས་བཀོད་གནང་ཡོད་པ་ཇི་བཞིན་རྒྱན་དྲུག་མཆོག་གཉིས་ཀྱི་སྐུ་པར་ཤིན་ཏུ་ཟྱིན་ལེགས་པ་བཀོས་གྲུབ་པ་འགྱོར་བའི་ཞལ་བྱང་དུ། མཐའ་བྲལ་དབུ་མའི་སྒྲོལ་འབྱེད་ཀླུ་སྒྲུབ་ཞབས། །ཟབ་མོའི་གནས་ལུགས་དོན་གཟིགས་འཕགས་པ་ལྷ། །འཕགས་པའི་དགོངས་པ་འགྲེལ་མཁས་སངས་རྒྱས་བསྐྱངས། །འདུལ་བ་འབུམ་སྡེའི་མངའ་བདག་ཡོན་ཏན་འོད། །ལུང་རྟོགས་ཆོས་ཚུལ་གསལ་བྱེད་ཤཱཀྱ་འོད། །རྣམ་རིག་ལམ་སྲོལ་འབྱེད་མཁས་ཐོགས་མེད་ཆེ། །ཀུན་མཁྱེན་གཉིས་པར་གྲགས་པ་དབྱིག་གི་གཉེན། །གངས་ཅན་བསྟན་པའི་རྩ་ལག་ཞི་བ་འཚོ། །ཡང་དག་རིགས་པའི་གཏེར་ཆེན་ཕྱོགས་ཀྱི་གླང་། །སྨྲ་ངན་འབུམ་ཕྲག་ཟིལ་གནོན་ཆོས་ཀྱི་གྲགས། །ཞེས་པ་བཀའ་རྩོམ་གནང་ནས་ཀུན་སྤྱངས་འདུས་པའི་སྡེ་འདིར་རྒྱན་དྲུག་མཆོག་གཉིས་ཀྱི་གཞུང་བཟང་ལ་ཐོས་བསམ་རྣམ་པར་དག་པ་བྱེད་པའི་སྲོལ་བཟང་པོ་ཇི་སྲིད་བསྟན་པ་གནས་ཀྱི་བར་དུ་དར་ཞིང་རྒྱས་པའི་རྟེན་འབྲེལ་བསྒྲིགས་ཤིང་ཐུགས་སྨོན་རྒྱ་ཆེར་གནང་། དེ་ནས་བཟུང་ལོ་གསུམ་བཞི་སྔོར་གྱི་དབྱར་ཆོས་ལ་རྡོ་རྗེ་འཆང་ཉིད་ཀྱིས་གསེར་ཁྲིང་། རྣམ་བཤད། མཐའ་དཔྱོད་གསུམ་སྦྲགས་ཤིང་། རྟགས་སྣང་དང་མཚན་སོགས་ཀྱིས་ཟུར་བརྒྱན་ཏེ་ཕར་ཕྱིན་གྱི་དཔེ་ཁྲིད་རྒྱུན་རིང་གནང་བ་ཡིན་ལ། དགུན་ཐོག་ཡོངས་ཀྱི་དགེ་བའི་བཤེས་གཉེན་

ཆེན་པོ་ཏོར་ཆེན་རྡོ་ནའི་ཞབས་གདན་དྲངས་ནས་དེ་ལྟར་དཔེ་ཁྲིད་གནང་། དུས་ཕྱིས་སྐྱབས་མགོན་རྡོ་རྗེ་འཆང་སྐུ་ན་བགྲེས་ཤིང་། སྐུ་དོན་ཤིན་ཏུ་རྒྱ་ཆེ་བས་དེ་ལྟར་དཔེ་ཁྲིད་སྩོལ་རྒྱུར་མ་སོང་བར། བཀའ་པོད་ལྔའི་འཆད་ཉན་གྱི་ཁུར་སྐུ་འབུམ་དགེ་བཤེས་རིན་པོ་ཆེར་གཏད་དེ། དམ་པ་འདི་ཉིད་ལོ་རེ་བཞིན་ཕེབས་ནས་བཤད་སྒྲུབ་ཆོས་ཀྱི་དགའ་ཚལ་མཆོག་འདིར་འཆད་ཉན་གྱི་རྒྱལ་མཚན་མཐོན་པོར་བསྒྲེངས་ཏེ། བསྡུས་ཚན་ཉེར་ལྔ། བློ་རྟགས་གཉིས། ཕར་ཕྱིན་སྐབས་བརྒྱད་ཡོངས་སུ་རྫོགས་པ། ཟུར་བཀོད་བཞི། དབུ་མ་སྟོད་སྨད་ཡོངས་རྫོགས། མཛོད་གནས་བརྒྱད། འདུལ་བ་གཞི་བཅུ་བདུན་དང་། རྣམ་འགྲེལ་ཚ་ལག་དང་བཅས་པ་ཏོར་ཕོངས་སུ་ལུས་པར་ཞིབ་མོར་འཆད་ཉན་དང་། བརྒལ་བརྟག་གིས་གཏན་ལ་འབེབ་པའི་སློལ་བཟང་པོ་གཞན་འགྲན་མེད་པ་བཙུགས་ཤིང་། བླ་མ་རྡོ་རྗེ་འཆང་ཆེན་པོའི་དངོས་སློབ་དང་ཡང་སློབ་ལུང་རྟོགས་ཡོན་ཏན་གྱི་ལུས་སྟོབས་ཡོངས་སུ་རྫོགས་པའི་སྟེ་སྣོད་འཛིན་པའི་རིགས་པའི་སེང་ཆེན་མང་པོས་སྲོལ་དེ་ཉིད་མ་ཉམས་པར་བསྐྱངས་པ་དང་། དམ་བཅའ་བ་ཡང་ཡར་གཏོང་མར་གཏོང་། འཛིན་གྲྭ་གཏུགས་རྒྱུགས་རྩིས་བཞག་འཛིན་སྐྱོར་སྦྱངས་སོགས་མཚན་ཉིད་འཕེལ་བའི་ཐབས་ཚུལ་ཤིན་ཏུ་མང་པོ་དང་། ཕྱིས་ཕར་ཕྱིན་སྟོན་མོའི་དམ་བཅའ་དང་། བཀའ་རམས་གྲྭ་སྐོར་གྱི་སྲོལ་བཟང་བཙུགས་པ་དང་། བློ་གསལ་ཐར་འདོད་རིགས་པ་སྨྲ་བ་མཐའ་ཡས་པ་གདན་འཛོམས་ཏེ། བགྲང་བྱ་བརྒྱ་ཕྲག་ཙམ་གྱི་རིང་ལ་ལུང་རིགས་གདོང་ལྔའི་གད་རྒྱངས་ཟད་མི་ཤེས་པ་ཕས་རྒོལ་གཙན་གཟན་འབུམ་སྡེའི་གཤེད་དང་། སྐལ་བཟང་རི་སྐྲེས་ཡོངས་ཀྱི་རྣ་བའི་དཔྱིད་དུ་སྤྲེལ་ཏེ། རྣམ་འདྲེན་བུ་རམ་ཤིང་བའི་བཤད་སྒྲུབ་ཀྱི་བསྟན་པ་རིན་པོ་ཆེ་དར་ཞིང་རྒྱས་པར་གྱུར་པ་ཡིན་ནོ། །

སྐེ་འདི་ནི་བཤད་གྲྭ་གཞན་མང་པོ་དང་ཚུང་མི་འདྲ་བར་སློབ་གཉེར་བ་རྣམས་ཀྱིས་ཐོས་བསམ་ཐོག་མར་བྱེད་པའི་སྐབས་ཉིད་ནས། མཉམ་མེད་ཐུབ་པའི་དབང་པོའི་གསུང་རབ་མཐའ་དག་རྒྱལ་སྲས་མི་ཕམ་མགོན་དང་། རྗེ་བཙུན་མཁྱེན་པའི་གཏེར་གྱི་མན་ངག

ལ་བརྟེན་ནས་ཤིང་རྟ་ཆེན་པོ་གཉིས་ཀྱིས་ལེགས་པར་བཀྲལ་བའི་ལམ་སྲོལ། དཔལ་མར་མེ་མཛད་ཡེ་ཤེས་དང་འཛམ་མགོན་ཙོང་ཁ་པ་ཆེན་པོ་སོགས་འཕགས་བོད་ཀྱི་མཁས་གྲུབ་གསེར་རིའི་ཕྲེང་བ་ཚར་དུ་དངར་བ་ལྟ་བུ་རིམ་པར་བྱོན་པ་རྣམས་ཀྱིས་ཐུགས་དམ་གྱི་མཐིལ་དུ་གནང་ཞིང་། ཉམས་མྱོང་ཚད་མས་གཏན་ལ་ཕབ་པའི་ཟབ་དོན་གནད་མས་པའི་ཉིང་ཁུ་སྐྱེས་བུ་གསུམ་གྱི་ལམ་ཐམས་ཅད་བྱང་ཆུབ་སེམས་སྦྱོང་གི་ཡན་ལག་ཏུ་བསྡུས་ནས་ཉམས་སུ་ལེན་པའི་མན་ངག་ཁྱད་པར་ཅན། བསྟན་པ་ཐམས་ཅད་གྲུ་བཞི་ལམ་དུ་འཁྱེར་བའི་ཟབ་ཆོས། རྗེ་ལམ་རིམ་ཆེ་ཆུང་དང་། རྡོ་རྗེ་འཆང་གི་ལམ་ཁྲིད་དགེ་ལེགས་འོད་སྣང་འབྱེད་པའི་ཉིན་བྱེད་སོགས་བྱང་ཆུབ་ལམ་གྱི་རིམ་པའི་གཟབ་བཤད་དམ་ཞལ་ལུང་རེ་ངེས་པར་གསན་དགོས་པ་དང་། དེ་ལ་བརྟེན་ནས་གང་ཤེས་རྒྱུད་ལ་སྦྱོར་བའི་ཉམས་བཞེས་ལྟར་ལེན་ཞིང་། ཕྱག་དང་སྐོར་བ། མཆོད་འབུལ་དང་བཤགས་སྨོན་སོགས་ཀྱི་དགེ་སྦྱོར་ལ་བརྩོན་པ་མ་ཆད་པར་བྱེད་པ་སོགས་ཐོས་བསམ་སྒོམ་པ་ཡ་མ་བྲལ་བར་ཉམས་སུ་ལེན་པའི་བཀའ་གདམས་གསར་རྙིང་གི་མཁས་གྲུབ་དམ་པ་སྔའི་རྣམ་པར་ཐར་བ་བདག་གིར་བཞེས་པའི་སྲོལ་བཟང་པོ་མ་ཉམས་པར་མཆིས་པ་ནི་མཆོག་ཏུ་དད་པར་བྱ་བའི་གནས་སུ་རིག་པར་བྱའོ། །

ཀུན་སྤངས་འདུས་པའི་སྡེ་འདིར་ཡབ་རྗེ་བླ་མ་རིན་པོ་ཆེའི་ཞལ་སྔ་ནས་ཀྱིས་རྒྱུད་སྡེ་བཞིའི་སྨིན་བྱེད་དབང་གི་སྐོར་མང་པོ་དང་། མདོ་སྔགས་ཀྱི་གཞུང་མང་པོའི་ཟབ་ཁྲིད་དང་ཞལ་ལུང་། དམ་པ་དུ་མའི་གསུང་འབུམ་གྱི་བཀླག་ལུང་སོགས་ཚད་ལྡན་ཁུངས་དག་གི་ཆོས་རྒྱུན་མཐའ་ཡས་པ་སྩོལ་བ་དང་། དཔལ་ལྡན་བླ་མའི་ཐུགས་སྲས་གདམས་པའི་མཛོད་འཛིན་མང་པོས་གདན་ས་རང་དང་ཕྱོགས་ཀྱི་འདུས་སྡེ་མཐའ་ཡས་པར་རྒྱུད་སྡེ་བཞིའི་སྤྱི་ཟུར་གྱི་དབང་དང་། ལྷག་ལྷ་མང་པོའི་རྗེས་གནང་གི་སྐོར། མདོ་རྒྱུད་ཀྱི་གཟབ་ཁྲིད་དང་ཞལ་ལུང་། བཀའ་བསྟན་དང་གངས་ཅན་ཚད་ལྡན་མཁས་གྲུབ་དུ་མའི་བཀའ་འབུམ་གྱི་ལུང་སོགས་ཆོས་རྒྱུན་རྣམ་དག་མང་པོ་སྩོལ་བ་ཡང་། བརྒྱུད་པ་ཁུངས་དག་ཅིང་

ཐུག་ལེན་ངོས་གཙང་བ། ལྷ་སྒྲུབ་གཞན་དང་རང་བཟོས་མ་བསླད་པར་རྗེ་བཙུན་བླ་མ་ཡབ་སྲས་ཀྱི་གསུང་གི་རྗེས་སུ་ཟློས་པས། མདོ་སྔགས་ཀྱི་ཕྱོགས་འདིར་བརྒྱུད་པ་དང་ཕྱག་ལེན་ངོས་དག་པའི་ཚད་དུ་བཅེ་བ་དཔལ་ལྡན་བཀྲ་ཤིས་འཁྱིལ་གྱི་དོ་ཟླར་འོས་པར་འདུག་ཅེས་དཔྱོད་ལྡན་གཟུ་བོར་གནས་པའི་དམ་པ་མང་པོས་བསྔགས་པའང་དོན་ལ་གནས་པར་ཤེས་པར་བྱའོ། །

སྐབས་འདི་ལ་བརྟེན་ནས་ཆོས་སྐེ་གཞན་དུ་བཀའ་པོད་ལྔའི་འཆད་ཉན་གྱི་སྲོལ་བྱུང་བ་ཡང་ཨ་རིག་སྨྲ་སེང་ཆེན་པོའི་རྣམ་སྤྲུལ་ཡོངས་ཀྱི་དགེ་བའི་བཤེས་གཉེན་ཆེན་པོ་ལྷ་སྡེ་བ་རྗེ་རྫོ་ན་ས་རས་བྲག་དཀར་སྤྲེལ་རྫོང་དགོན་ཐོས་བསམ་ཡོན་ཏན་དར་རྒྱས་གླིང་དང་མང་རའི་དགོན་ཆེན་དུ་མཚན་ཉིད་གསར་དུ་བཙུགས་པ་དང་། མཁས་དབང་མདའ་བཞིའི་རྒྱལ་མཚན་ནས་པོང་སྟག་དགོན་ཆེན་དུ་མཚན་ཉིད་གསར་དུ་བཙུགས་པ་སོགས་དང་། གཞན་ཡང་ཐ་སྙད་རིག་པའི་གནས་ལས་བོད་ཀྱི་སུམ་རྟགས་གཉིས་ནི། པྲ་སྟིའི་སུམ་ཅུ་པའི་འགྲེལ་བ་ཀུན་བཟང་དགོངས་རྒྱན་དང་། དབྱངས་ཅན་དགའ་བློའི་རྟགས་འཇུག་གི་འགྲེལ་བ་གཉིས་གཙོ་བོར་ཁྲིད་ཅིང་། སི་ཏུའི་སུམ་རྟགས་གཉིས་ཀྱི་ཁྲིད་རྒྱུན་ཀྱང་མཆིས་ལ། དེ་དག་ཀྱང་སྔོན་ཐོན་བཟ་སྤྲོད་སྨྲ་བའི་མཁས་པ་རྣམས་ཀྱི་གསུང་རྒྱུན་དྲི་མ་མེད་པ་ལྟར་དར་ཞིང་ད་ལྟའི་བར་དུའང་རྒྱུན་མ་ཉམས་པར་ཡོད་པ་དང་། ལེགས་སྦྱར་གྱི་སྒྲ་དབྱངས་ཅན་མ་དང་དེ་དང་འབྲེལ་བའི་སྦྱོར་གྱི་ཁྲིད་རྒྱུན་ནི་རྡོ་རྗེ་འཆང་ཉིད་ཀྱིས་སྤེལ་བ་དང་། གནས་ལྔ་རིག་པའི་པཎྜི་ཏ་དབྱངས་ལྡན་སྙེམས་པའི་བློ་གྲོས་སོགས་ཀྱིས་ཀ་ཙན་དབྱངས་གསུམ་དང་སྦྱོར་སྦྱོར་གྱི་ཁྲིད་རྒྱུན་ཐེངས་མང་དུ་སྤེལ་བ་ལས་དར་བ་དང་། སྙན་ངག་ཀྱང་ལྷ་བ་ཆེན་མོའི་དཀའ་འགྲེལ་དབྱངས་ཅན་དགྱེས་གླུ་གཞིར་བཞག་ཐོག་བོད་མཁས་ཀྱི་འགྲེལ་བ་དང་དཔེར་བརྗོད་སོགས་ཀྱིས་ཟུར་བརྒྱན་ཏེ། རྡོ་རྗེ་འཆང་གི་སྙན་ངག་དཔེར་བརྗོད་བདུད་རྩིའི་མཆོད་ཡོན་དང་སྤྲུགས་པའི་ཁྲིད་རྒྱུན་རྡོ་རྗེ་འཆང་ཉིད་དང་། རྗེ་གྲགས་པ་རྒྱ་མཚོ་སོགས་ཀྱིས་ཐེངས་དུ་མར་སྤེལ་བ་ལ་བརྟེན་ནས་དར་བ་ཡིན་ལ། དེ་དག

ལས་གཞན་བཟོ་དང་གསོ་བ་སོགས་ཀྱང་ཁྲིད་སྩོལ་དྲི་མ་མེད་པ་ལྟར་ཏ་ཙང་དར་ཏེ་མང་ཐོས་ལྟེ་རིག་སྨྲ་བའི་པཎ་ཆེན་སའི་རྡུལ་གྲངས་དང་མཉམ་པ་རིམ་པར་བྱོན་པ་ཡིན་ལ། ད་ལྟ་མདོ་ཁམས་སྨད་ཀྱི་དགོན་སྡེ་མང་པོ་དང་སློབ་གྲྭ་ཆེ་འབྲིང་ཕལ་ཆེར་ན་གནས་པའི་ཐ་སྙད་རིག་གནས་ཀྱི་ཁྲིད་རྒྱུན་ཀྱང་སྡེ་འདི་ཉིད་ནས་འཕེལ་བ་ཡིན་ནོ། །

དེ་ལྟར་ཡབ་རྗེ་རྡོ་རྗེ་འཆང་ཆེན་པོ་དགུང་ལོ་སོ་དྲུག་པ་མེ་ཕག་ལོ་(༡༨༨༧)ནས་ང་དགུ་བ་ལྕགས་ཁྱི་(༡༩༡༠)བར་གྱི་བགྲང་བྱ་ཉེར་གསུམ་གྱི་རིང་ལ་ཀུན་སྤངས་སྡེ་སྟོད་འཛིན་པ་ཐོག་མར་བཅུ་ཕྲག་འགའ་ནས་ཕྱིས་བརྒྱ་ཕྲག་གསུམ་ལྷག་གི་འཁོར་དང་བཅས་ཀྱིས་ཆོས་ཐོག་རྣམས་ཀྱི་སྐབས་སུ་ལྷན་ཅིག་ཏུ་འདུས་ནས་འཆད་ཉན་དང་། ཆོས་མཚམས་རྣམས་སུ་གནས་ངེས་མེད་དུ་སྒྲུབ་པའི་རྒྱལ་མཚན་བསྒྲེངས་ཏེ། དུས་ཀྱི་ཡང་སྙིགས་འདིར་བཤད་སྒྲུབ་ཡ་མ་བྲལ་བའི་སྒོ་ནས་རྣམ་འདྲེན་བུ་རམ་ཤིང་བའི་མདོ་དང་སྔགས་ཀྱིས་བསྡུས་པའི་བསྟན་པ་ཡོངས་རྫོགས་ཀྱི་ཉམས་བཞེས་ལ་གཅིག་ཏུ་གཞོལ་བར་མཛད་དོ། །

དེ་ནས་སྐྱི་ཚའི་བང་ལས་ཤར་ཞེས་གྲགས་པའི་གནས་མཆོག་འདིར་དཔལ་མི་འགྱུར་དགེ་ལྡན་བཀྲ་ཤིས་ཆོས་སྡིངས་ཞེས་སྲིད་པ་གསུམ་ན་སྣང་པའི་གྲགས་པ་རབ་ཏུ་གསལ་བའི་གླིང་མཆོག་འདིའི་གཞི་བཟུང་ནས་སྔར་བཞིན་ཐོས་བསམ་སྒོམ་པ་ཡ་མ་བྲལ་བའི་སྒོས་བཤད་སྒྲུབ་ཀྱི་བསྟན་པ་རིན་པོ་ཆེ་དར་ཞིང་རྒྱས་པ་གནང་བའི་ཚུལ་ནི། སྔོན་ཆུ་སྟག་ལོར་བླ་མ་རྡོ་རྗེ་འཆང་ཆེན་པོས་བྱ་ཁྱུང་གསེར་གདུང་གི་རབ་གནས་གྲུབ་རྗེས་སྐོབས་ཀྱི་འཁོར་ལོས་བསྐྱུར་བ་སའི་དབང་ཕྱུག་ནང་སོ་བཀྲ་ཤིས་ཚེ་རིང་གིས་ཞུས་ཏེ། བསུ་བའི་བཀོད་པ་རྒྱ་ཆེན་པོས་བསུས་ནས་སྐྱི་ཚའི་སྒར་བ་མི་འགྱུར་རྡོ་རྗེ་ཕོ་བྲང་དུ་ཞབས་པད་འཁོད། ས་ག་ཟླ་བའི་ཡར་ཚེས་གཅིག་གི་ཉིན་སའི་ཚངས་པ་དེ་ཉིད་ཀྱིས་ཞུས་པ་བཞིན་སྐྱབས་རྗེ་བདེ་ཡངས་རིན་པོ་ཆེ་ནས་སྐྱི་ཚའི་དགོན་སྙིང་གསར་སྤོའི་གནས་གཟིགས་གནང་ཡོད་པ་དེར་ཕྱག་ཕེབས། དེར་སྐྱབས་རྗེ་བདེ་ཡངས་པ་ནས་དགོན་པ་ཤར་ལྟའི་བཀོད་ཁྲབ་མཛད་ཡོད་པའང་རྗེ་བླ་མ་ཉིད་གནས་གཟིགས་ལེགས་པར་ཕེབས་འཕྲལ་ད་ལྟའི་གཟིམ་ཁང་གི་

ཤུལ་དེར་ཆིབས་བསྐྱོལ་ཏེ། གནས་གཟིགས་ལེགས་པར་གནང་ནས་དགོན་པ་ཁ་སྐོ་ལྷ་བྲེད་དགོས་པ་དང་། ཉིད་ཀྱི་གཟིམ་ཁང་ས་དེར་འཕྱུབ་རྒྱུ་དང་། གཡས་ཕྱོགས་ཀྱི་ཞིང་ཐོག་གོང་མར་ནང་སོའི་སྐར་བ་དང་། དེའི་མདུན་དུ་འདུ་ཁང་བཞེངས་རྒྱུ། གཞན་གྲྭ་ཤག་གི་ས་བགོ་རྒྱུ་སོགས་ལས་དོན་ཆེ་ཕྲ་གང་ཡོད་འགྲོ་མགོན་ལུང་རིགས་རྒྱ་མཚོ་ཀུན་དགའ་བོ་དང་མཚུངས་པའི་ཉེ་གནས་དམ་པ་སེམས་དཔའ་ཆེན་པོ་ཁ་གྲུ་བ་རྗེ་འཇམ་དབྱངས་དཔལ་ལྡན་མཆོག་ནི། སྐུ་དོན་གང་བཅོལ་མཐར་ཕྱིན་པའི་གང་ཟག་ཁྱད་པར་ཅན་ཞིག་ཡིན་པས། ཉེ་སྐར་བཟང་པོ་ཞིག་ལ་ཁོང་ལ་བཀོད་པ་གནང་དུ་བཅུག་ན་ལེགས་པའི་བཀོད་ཁྲབ་བསྐུལ་ཅིང་། ཐུགས་ཤིན་ཏུ་སྤྲོ་བའི་ཉམས་ཀྱིས་ཞིང་ཐོག་འགར་ཞབས་ཀྱིས་བཅགས་ཤིང་བཀྲ་ཤིས་ཀྱི་མེ་ཏོག་འཐོར་བར་མཛད་དེ་གནས་མཆོག་འདིར་བཤད་སྒྲུབ་ཀྱི་སྡེ་གཉིས་ཆགས་པའི་ས་གཞི་བརྟག་བསླངས་སྦྱངས་གསུམ་གྱི་སྒོ་ནས་བྱིན་གྱིས་བརླབས་པར་མཛད་དོ། །དེ་ནས་རིང་མིན་ནང་སོས་ཁུར་བཞེས་ཀྱིས་འདུ་ཁང་དང་ཉིད་ཀྱི་གཟིམ་ཁང་བཞེངས་གྲུབ་འཕྲལ་ནང་སོ་ཆོས་རྗེ་དང་སེར་སྐྱ་མང་པོས་ཆིབས་བསུ་དང་། ཀུན་སྤངས་རྣལ་འབྱོར་གྱི་རྒྱལ་མཚན་འཛིན་པ་བརྒྱ་ཕྲག་དུ་མ་ཚར་དུ་དངར་བའི་སེར་སྤྲེངས་ཀྱིས་མདུན་བསུས་ཏེ། ཡབ་རྗེ་ཆོས་ཀྱི་རྒྱལ་པོ་གཟིམ་ཚུང་དུ་ཞབས་སོར་འཁོད་པའི་ཚོ། རི་ཁྲོད་པའི་གཞུང་ནས་གསོལ་སྟོན་ཞུས། ཕྱི་ཉིན་འདུ་ཁང་གསར་བར་གདན་དྲངས་ཏེ། དགོན་པ་གཞུང་གིས་གསོལ་སྟོན་ཞུས་ཤིང་། ནང་སོ་དཔོན་པོ་ཚེ་རིང་བཀྲ་ཤིས་ཀྱིས་སྐྱབས་རྗེ་ཉིད་ཀྱི་བཀའ་དྲིན་གྱིས་ལས་ཀ་རྣམས་གེགས་མེད་དུ་འགྲུབ་ཚུལ། དགོན་པར་གྲྭ་ཚོགས་མི་མང་ཡང་འདུ་ཁང་གྲུབ་བདུན་མ་ཞིག་བཞེངས་པ་འདི་མིང་དགོན་པ་ལ་བཏགས་ཀྱང་། དོན་ལ་རི་ཁྲོད་པའི་འདུ་ཁང་ཡིན་ཚུལ། དེང་ཕྱིན་ཆད་དགོན་འདིར་རྒྱུན་བཞུགས་གནང་དགོས་ཚུལ་སོགས་ཞུས་པའི་ལན་དུ། དགྱེས་པའི་གསུང་མཆིད་དང་གཙུག་ལག་ཁང་བཞེངས་པའི་ཕན་ཡོན་ལས་བརྩམས་པའི་གསུང་གིས་སྤྲོ་བ་བསྐྱེད་དོ། །

དེ་ནས་ཀྱང་ལོ་མང་པོའི་རིང་ལ་བླ་མ་རྡོ་རྗེ་འཆང་འཁོར་ཀུན་སྤོང་རི་ཁྲོད་པའི་

ཚོགས་དང་བཅས་པས་གནས་ངེས་མེད་དུ་བཤད་སྒྲུབ་ཀྱི་བྱ་བ་རླབས་པོ་ཆེས་དུས་འདས་པ་ལ། རེ་ཞིག་གི་ཚེ་ཡབ་རྗེ་ཆོས་ཀྱི་རྒྱལ་པོའི་ཐུགས་བསྐྱེད་དང་། ལྗོངས་འདིའི་སྐྱེ་དགུ་རྣམས་ཀྱི་ལེགས་བྱས་ཀྱི་འབྲས་བཟང་ལས་བྱུང་བའི་དཔལ་མི་འགྱུར་དགེ་ལྡན་བཀྲ་ཤིས་ཆོས་སྡིངས་ཞེས་ཡོངས་སུ་གྲགས་པའི་ཀུན་སྤངས་འདུས་པའི་སྡེ་ཆེན་པོ་འདི་ཉིད་ཕྱག་འདེབས་གནང་བའི་དུས་ཉེ་བར་བབས་པ་ན། ལྷ་དང་སྲུང་མས་སྐྱེ་དགུ་རྣམས་ཀྱི་རྒྱུད་བསྐུལ་བའམ། མངོན་པར་ཤེས་པ་ལྡན་པ་དག་གིས་བརྗོད་པ་ཇི་ལྟར་ཡང་འགྲོ་མགོན་མཆོག་གིས་ཁྲི་ཀའི་སྟོད་ཕྱོགས་སུ་དགོན་པ་ཕྱག་འདེབས་གནང་རྒྱུ་རེད་ཟེར་བ་ཞིག་རྒྱལ་ཁམས་ཀུན་ལ་རླུང་ལྟར་གྲགས། ཚིག་དེས་རྐྱེན་བྱས་ནས་འགྲོ་བའི་མགོན་པོ་ཉིད་དགུང་ལོ་དགུར་ཕེབས་པ་ལྕགས་ཁྱི་ལོར་མང་བཀུར་རྒྱལ་པོ་དང་ཆོས་རྒྱལ་སྲོང་བཙན་སྒམ་པོའི་གདུང་རྒྱུད་དུ་ཐོན་པར་དམ་པ་དུ་མས་གསུངས་པའི་གུ་ཤྲཱི་བསྟན་འཛིན་ཆོས་རྒྱལ་གྱི་གདུང་རྒྱུད་ལས་བལྟམས་ཤིང་། བསྟན་པ་དང་བསྟན་འཛིན་ལ་མི་ཕྱེད་པའི་དད་པ་དང་ལྡན་པའི་བསྟན་པའི་སྦྱིན་བདག་ཆེན་པོ་ཨེ་ཁེ་ནང་སོ་ཆོས་རྗེའི་གཙོས་ཉིན་ཐུབ་བཅུའི་དཔོན་ལེན་ཙོང་རྒན་པོ་དང་བཅས་རྡོ་རྗེ་འཆང་གི་སྐུ་མདུན་དུ་མཇལ་ཏེ། དགོན་པ་འདི་ཕྱོགས་སུ་བཏབ་ན་ཞབས་ཞུ་གང་དགོས་ཞུས་ཚིག་པ་དང་། རྫི་ཚ་དགོན་གྱི་འདུ་ཁང་ཇེ་ཆེར་བཏང་ནས་འཕེལ་ཚོག་ཚུལ་སོགས་ཞུས་པར། ཞལ་ནས། ངས་དགོན་པ་འདེབས་རྒྱུའི་ལབ་གླེང་མ་བྱས་མོད་དེ་འདྲ་ཞིག་ཀུན་ཏུ་གྲགས་སོང་། དང་པོ་ནས་བདག་ཉིད་འདི་ཕྱོགས་སུ་བསྡད་ཅིང་། ཨ་ཁྱུ་ནང་སོ་ཚང་གཙོ་བྱས་པའི་ཉིན་ཐུབ་བཅུ་བདག་ལ་སྐུ་དྲིན་ཆེ་བས་གལ་ཏེ་དགོན་པ་ཞིག་འདེབས་ན་ཁྱེད་རྣམ་པའི་དྲིན་གཟོར་འདི་ཕྱོགས་སུ་ལོས་འདེབས་ཞེས་སོགས་ཞལ་བཞེས་དང་གསུང་ལན་བཟང་པོས་ཐམས་ཅད་ཀྱི་ཡིད་ཚིམས་པར་མཛད། རིམ་གྱིས་རྫི་ཚར་ཕེབས་པ་ན་ནང་སོ་ཆོས་རྗེ་ནས་ཞིང་ས་འགའ་ཞིག་ཕུལ་ཞིང་དེར་མཚམས་སྦྱིལ་མང་པོ་ཤོང་བའི་ར་སྐོར་ཆེ་བ་གཉིས་བསྐོར་ནས་ཕུལ་བར་མ་ཟད། ལ་བཙས་ཐོང་འོག་ནས་ཁང་ས་མི་ཉུང་ཙམ་ཡང་ཕུལ་ཏེ་དགོན་གཞི་བཟུང་ནས་འཕོར་སྤངས་

པ་པོ་རྣམས་ཀྱིས་བསམ་གཏན་གྱི་ཁང་ཆུང་སྒྱོད་ལམ་བཞི་ཤོང་འདུལ་བའི་དགོངས་དོན་དང་མཐུན་པ་མང་པོ་རིམ་གྱིས་ལས་ནས་གྲྭ་ཤག་མང་པོ་གྲུབ་པ་ཡིན་ལ། རྗེ་ཉིད་དགུང་གྲངས་རེ་གཅིག་བཞེས་པ་ཆུ་བྱི་ལོར་དུས་དགྲའི་དབང་པོའི་རྣལ་འབྱོར་བ་ཆེན་པོ་ར་ཆེན་རྡོ་རྗེ་གྲགས་ཀྱི་རྣམ་སྤྲུལ་མཁས་ཤིང་གྲུབ་པའི་དབང་ཕྱུག་ཨ་ཧྲུའི་མཆོག་སྤྲུལ་རིན་པོ་ཆེ་ནས་བླ་མ་རྡོ་རྗེ་འཆང་ཆེན་པོ་གདུགས་ཚོད་ལ་སྤྱན་དྲངས་པའི་ལམ་དུ་འདུ་ཁང་གསར་བཞེངས་ཀྱི་སོ་སར་ཞབས་ཀྱིས་བཏེགས་ཏེ་བཀྲ་ཤིས་མེ་ཏོག་འཐོར་བ་གནང་ཞིང་བྱིན་གྱིས་བརླབས། མཁས་ཤིང་གྲུབ་པའི་དབང་ཕྱུག་བདེ་ཡངས་མཆོག་སྤྲུལ་རིན་པོ་ཆེ་བསྟན་འཛིན་ནོར་བུ་དཔལ་བཟང་པོས་ས་བརྟག་བསླང་ཞིང་སྟོ་འཕྲེས་ཐིག་བཏབ་ནས་ས་འདུལ་གནང་། རྡོ་རྗེ་འཆང་སྐུ་དངོས་ཀྱིས་སྐུ་འབུམ་མཛོད་ཟུར་ཁང་བཟོད་པ་བཟང་པོ་འདུ་ཁང་གསར་བཞེངས་ཀྱི་ལས་དཔོན་དུ་བསྐོས་ཏེ། གང་ཅིའི་བཀོད་ཁྱབ་མཐའ་དག་ཡི་གེར་ཕབ་ནས་སྦྱོད་པ་གནང་། རོང་པོ་མཚན་སྒྲོག་ཏུ་ཐོག་ཐུ་རིན་པོ་ཆེ་སོག་ཡུལ་དུ་ཕེབས་རྒྱུའི་ཐོན་ཕྱུག་ལ་ཕེབས་པར་འདུ་ཁང་གསར་བཞེངས་ཀྱི་རྟེན་གཙོར་བཞུགས་རྒྱུའི་སྟོན་པའི་སྣང་བརྙན་མི་ཚད་ལྷག་ཁྲི་དྲུག་འགྲོགས་ཅན་མཆོག་ཟུང་དང་བཅས་པ། མཉམ་མེད་ཇོ་བོ་ཆེན་པོ་དང་རྗེ་རིན་པོ་ཆེ་མི་ཚད་རེ། བཤགས་ལྷ་སོ་ལྔ། སྨན་བླ་བདེ་གཤེགས་བརྒྱད། གནས་བརྟན་བཅུ་དྲུག དགེ་བསྙེན་ཧྭ་ཤང་རྒྱ་ཆེན་བཅས། ཉེ་སྲས་བརྒྱད། རྒྱན་དྲུག་མཆོག་གཉིས། ཇོ་ལུགས་སྒྲོལ་མ་ཉེར་གཅིག རྡོ་རྗེ་འཆང་། རྡོར་དབྱིངས། ཀུན་རིག་རྣམ་སྣང་མངོན་བྱང་། ཕྱག་རྡོར་འབྱུང་འདུལ། དམ་ཚིག་གསུམ་བཀོད། ཚེ་དཔག་མེད། འཇམ་དབྱངས་དཀར་པོ། འོད་དཔག་མེད། གདུགས་དཀར། འོད་ཟེར་ཅན་མ་རྣམས་རྩེ་ཁྲི་ཡོངས་པ་རེ་བཅས་བསྒྲུབ་རྒྱུར་དངུལ་རྡོ་ཚད་ལྔ་བཅུ་ང་གཅིག་དང་། གཞན་དངོས་རྫས་མང་པོ་དངུལ་སྲང་ཉིས་སྟོང་བདུན་བརྒྱའི་རྩིས་བཅས་བསྐུར་གནང་མཛད། ཕྱིར་ནས་དོར་ཤུལ་ཚོ་བ་ལྔས་ཡང་ཡང་གསོལ་བའི་ངོར་སྟོན་ཟླའི་ཚེས་བརྒྱད་ལ་ཕེབས་བྱམས་ལ་བཞུགས་ཏེ་ཚེབས་བསྐྱོད་སྐབས་གྲམ་པ་ཁ་ནས་ཞལ་ཕྱིར་བསྒྱུར་ཏེ་ཡང་ཡང་གཟིགས་པ་ལ།

ཞམ་རིང་བ་ཆོས་འདི་ནས་དགོན་གནས་ཡོངས་རྫོགས་གཟིགས་མི་ཐུབ་པས་ལེན་ཙུང་སྣ་ཁ་ནས་གཟིགས་ན་ལེགས་ཚུལ་ཞུས་པ་བཞིན་མར་ཁྱུའི་སེར་ཁང་ཕྱོགས་སུ་ཕེབས་ནས་ཞལ་ཕྱིར་བསྒྱུར་ཏེ། འདུ་ཁང་ཐུབ་ས་དང་དགོན་གནས་ཐམས་ཅད་ཞིབ་གཟིགས་ཡུན་རིང་མཛད་པ་ནི། གནས་འདིར་འཇམ་མགོན་བླ་མའི་བཤད་སྒྲུབ་ཀྱི་བསྟན་པ་རིན་པོ་ཆེ་ཉི་མ་ལྟར་གསལ་བར་མཛད་པ་དང་། རྗེ་སྲིད་བསྟན་པ་ནམ་གནས་ཀྱི་བར་དུ་མཚུངས་མེད་རྗེ་བཙུན་བླ་མ་ཉིད་ཀྱི་ཐུགས་རྗེ་སྤྱན་རས་ཀྱིས་བཙའ་བ་གཏན་ནས་མི་འདོར་བའི་བརྟར་གོར་མ་ཆག་གོ །

དེ་ནས་དབེན་པའི་གནས་མཆོག་བཀྲ་ཤིས་རྩེར་ཡབ་རྗེ་རྡོ་རྗེ་འཆང་ཆེན་པོས་བསམ་བཞིན་མཛད་པའི་མཐའ་མ་བསྟན་པ་ནས་ད་ཅང་མི་རིང་བའི་དུས་ཆོས་དགེ་བར་སེམས་དཔའ་ཆེན་པོ་རྗེ་ཁ་གྲུ་བ་འཇམ་དབྱངས་དཔལ་ལྡན་གྱི་གཙོས་རི་ཁྲོད་པའི་རྒན་པ་རྣམས་དང་། རྡོ་རྗེ་འཆང་གི་སྐུ་མདུན་པ་སྤྱིན་པ་བཅས་ཀྱིས་སེ་རའི་སྐུ་ཞབས་མཁྱེན་པ་ཚང་ལ་སྐྱབས་མགོན་རྡོ་རྗེ་འཆང་གིས་འདུ་ཁང་བཞེངས་རྒྱུའི་ལྟགས་བཀོད་གནང་ཡོད་མོད། བདག་ཅག་རྣམས་ཀྱིས་ཙུང་དཀའ་བར་སྣང་བས་ཉིད་ཀྱི་ཐུགས་ལ་འཛིན་དགོས་ཚུལ་འཁོད་པའི་འཕྲིན་ཡིག་རྟེན་བཅས་ཕུལ་བར། ཁོང་བ་ནས་བླ་མ་རྡོ་རྗེ་འཆང་ཆེན་པོར་དེ་འདྲའི་དགོངས་བཞེད་ཡོད་ན་ངེས་པར་བསྒྲུབ་ཐབས་བྱེད་དགོས་པས། ས་ལས་རྡོ་ལས་སོགས་ལས་ཀའི་བཀོད་ཁྲབ་ཁྲིད་རྣམ་པས་བྱ་དགོས། འགྲོ་སྒོ་ཅི་ཙམ་ཞིག་དགོས་ཀྱང་གཞན་ལ་དད་འབུལ་བསྐུལ་བ་སོགས་ཁོང་གིས་བྱེད་ཅེས་དགྱེས་བཞིན་ཞལ་བཞེས་གནང་། འདུས་སྡེ་འདི་གར་ཀུན་སྤྱངས་ཆེན་པོ་མཁན་ཆེན་ངག་དབང་བསྟན་འཛིན། ཁ་སྐོང་བློ་བཟང་རྒྱ་མཚོ། བན་གྲོའི་བློ་བཟང་བསྟན་འཕེལ། གཡུ་ཚའི་བློ་བཟང་རྒྱ་མཚོ། སྨེའུ་སྟིང་འཇམ་དབྱངས་བསྟན་པ། ཤོ་བ་དཀོན་མཆོག་རྒྱ་མཚོ། སེར་གྲུའི་བློ་བཟང་ཚུལ་ཁྲིམས་རྣམས་ལས་དཔོན་དུ་བསྐོས་ཏེ། ཆུ་སྤྲང་ལོ་གསར་འཕྲུལ་ཕྱོགས་ཡས་མས་སུ་ཤིང་ཆ་སློང་བ་དང་། གཙུག་ལག་ཁང་རྨང་འདིང་བའི་དབུ་བརྩམས་ཤིང་། དེ་ནས་ཐམས་ཅད་ཀྱིས

ཁྱུར་བཞེས་དང་བརྩོན་པ་ཆེན་པོས་ལོ་གསུམ་གྱི་ཡོངས་སུ། འདུ་ཁང་གྱུན་དགུ་ཅན། ཕྱུག་ཏུ་དྲ་མིག་ཤེལ་སྒོས་སྤྲས་པའི་ཀུན་དགའ་ར་བ་གྱུན་ལྷ། བཀའ་བསྟན་བཞུགས་ཡུལ་གྱི་དཔེ་སྒམ་ཚ། རབ་གསལ་དུ་གཟིམ་ཆུང་སོགས་དང་། ཁྲིམས་ར་སྒོ་ཁང་། རྒྱུད་ཁང་དང་བཅས་པའི་ཤིང་ལས་ཆོན་འབུལ་དང་བཅས་པ་ལེགས་པར་གྲུབ་པ་ཡིན་ནོ། །བཞེངས་པའི་ཐེབས་དང་དུལ་དངོས་ནི། སྐྱབས་མགོན་རྡོ་རྗེ་འཆང་གི་ཕྱག་རྒྱུའི་འཕྲོས་དངུལ་རྡོ་ཚད་བཅུ་གསུམ་དང་། དད་ལྡན་གཞན་འགའ་ཞིག་གིས་ཕུལ་བའི་དངུལ་སྲང་སུམ་སྟོང་ལྷག་ཙམ་མ་གཏོགས། གཞན་ཐམས་ཅད་སྐུ་ཞབས་མཁྱེན་པ་རིན་པོ་ཆེ་འཛིགས་མེད་རྒྱ་མཚོས་རང་འགྲོག་གི་སྦྱིན་བདག་རྣམས་ལ་དད་འབུལ་སྐུལ་ཏེ་ཕྱག་ཏུ་ལོན་པའི་ཕྱག་རྫས་འབབ་ཞིག་ཡིན་ལ། གྲོན་དངུལ་གྱི་ཐོ་ཡིག་ཞིབ་མོ་རྡོ་རྗེ་འཆང་གི་རྣམ་ཐར་ཆེན་མོ་རུ་གསལ་བས་འདིར་བསྐྱུར་དུ་མ་བཀོད་དོ། །

སྟོན་བླ་མ་རྡོ་རྗེ་འཆང་ཆེན་པོས་བཀའ་གནང་བ་བཞིན་མཚན་སྒྲོག་རིན་པོ་ཆེའི་ཞབས་ཞུ་འགའ་ཞིག་གིས་བཤགས་ལྷ་སོ་ལྔ། གནས་བརྟན་བཅུ་དྲུག་ཧྭ་ཤང་དགེ་བསྙེན་རྒྱལ་ཆེན་དང་བཅས་པ། སྒྲོལ་མ་ཉེར་གཅིག་རྣམས་གདན་དྲངས་ནས་སླེབས་ཤིང་། ད་དུང་དངུལ་མི་འདང་བའི་རྒྱུ་མཚན་བརྗོད་པ་བཞིན་མེ་འབྲུག་ཟླ་བ་དང་པོའི་ཆོས་ལ་ཟླ་ཐང་ཤ་བ་རི་ཁྲིད་པ་དཀོན་མཆོག་རྒྱ་མཚོ་དང་གྲྭ་ཚང་གིས་བསྟན་འཕེལ་གཉིས་ཆེད་མངགས་ཀྱིས་དངུལ་སྲང་སྟོང་ཕྲག་གཉིས་དང་ལྔ་བཅུ། གསེར་སྲང་ལྔ་བཅས་ཁྱེར་དེ་རྒྱ་ནག་ནས་ཇོ་སྐུ། མཉམ་མེད་ཇོ་བོ་ཆེན་པོ། རྗེ་རིན་པོ་ཆེའི་སྐུ་གསུམ་མི་ཚད་རེ། མཆོག་ཟུང་། སྨན་བླ་བདེ་གཤེགས་བརྒྱད་བཅས་དང་། གཞན་ཡང་། གསེར་ཏོག་ཆེ་བ། སྤྱིལ་རྒྱན། ཙོ་མགོ་སོགས་བསྒྲུབས་ཏེ་འཁྱེར་བ་དང་། ཙོ་ནེ་ནས་དངུལ་རྡོ་ཚད་བཅོ་ལྔ་དང་བཅུ་མགོ་གཉིས་ཀྱིས་བཀའ་འགྱུར་གསར་བསྒྲུབས་དང་། ཆང་ཚའི་ཆན་ཏུ་གཙོད་པས་སྣར་ཐང་དཔར་མའི་བཀའ་བསྟན་གཉིས་ཕུལ་ཞིང་། རྒྱ་ཉག་ཚང་ནས་སྡེ་དགེ་བསྟན་འགྱུར་གཅིག་ཕུལ་བ་སོགས་སྐུ་གསུང་ཐུགས་རྟེན་མཐའ་ཡས་པས་བྱུར་བུར་གཏམས་པའི་འདུ་ཁང་ཆེན་

མོ་རྟེན་དང་བརྟེན་པ་ཡོངས་རྫོགས་གེགས་མེད་དུ་ལེགས་པར་བསྒྲུབས་ཟིན་པ་ན། སྐབས་རྗེ་སྐུ་མཆེད་རིན་པོ་ཆེ་མཆོག་གྲུ་བ་མང་པོ་དང་བཅས་པས་བཅོམ་ལྡན་དུས་དགྲའི་དབང་པོ་དཔའ་བོ་གཅིག་པའི་ཚོ་གའི་སྒོ་ནས་སྨིན་དབྱེའི་ཆོ་ག་དམ་པའི་ཕྱག་བཞེས་བཞིན་གནང་སྟེ་ཕྱིན་རླབས་ཟད་མི་ཤེས་པའི་གཏེར་དུ་བསྒྲུབས་པར་མཛད་དོ། །

ཆུ་ཕྱི་ལོར་རྗེ་བཙུན་བླ་མ་མཆོག་གི་སྲས་ཀྱི་གཙོ་བོ་གཞུང་བརྒྱའི་མངའ་བདག་རྡོར་ཆེན་རྡོ་ནའི་ཞབས་ཀྱིས་རྗེ་བཙུན་མི་ཕམ་མགོན་པོའི་གསེར་སྐུ་མི་ཚད་གཅིག་གསར་བསྒྲུབས་གནང་སྟེ། བཞུགས་ཡུལ་ལྷ་ཁང་ཞིག་བཞེངས་རྒྱུའི་ལྷགས་བཀོད་རྗེ་འཇམ་དབྱངས་དཔལ་ལྡན་པར་བསྔལ་ཏེ་མྱ་ངན་ལས་འདས། དེའི་རྗེས་རྗེ་འཇམ་དབྱངས་དཔལ་ལྡན་པ་ནས་ཐུགས་ཁུར་ཆེར་བཞེས་དང་བརྩོན་པ་ཆེར་བསྐྱེད་སྒོས་བྱམས་ཁང་ཉིས་ཐོག་སྡེབ་པད་གཞིར་སྒོ་ཁང་དང་བཅས་པ་རྒྱལ་བ་མི་ཕམ་པའི་སྐུ་བརྟན་ཉིས་ཐོག་ཚད་མའི་གཙོ་བོ་བྱས་པའི་སྐུ་གསུང་ཐུགས་རྟེན་མང་པོ་བཞེངས་གྲུབ་པ་དང་། རྗེ་བཙུན་བླ་མ་མཆོག་གི་ཉེ་གནས་འདུལ་འཛིན་བྱེ་བའི་གཙུག་རྒྱན་རྗེ་གསེར་ལགས་པ་འཇམ་དབྱངས་རྒྱ་མཚོ་མཆོག་གིས་ཐུར་བཞེས་གནང་ནས་རྡོ་རྗེ་འཆང་གི་འདྲ་སྐུའི་ལྷ་ཁང་རྟེན་བཅས་གསར་བཞེངས་གནང་བ་དང་། གནས་ལྔ་རིག་པའི་པཎྜི་ཏ་རྗེ་གྲགས་པ་རྒྱ་མཚོས་ཁུར་བཞེས་སྒོས་འཕགས་མཆོག་འཇིག་རྟེན་དབང་ཕྱུག་གི་གཙུག་ལག་ཁང་རྟེན་བཅས་གསར་བསྒྲུབས་གནང་བ་དང་། གོང་གསལ་དམ་པ་དེ་གཉིས་ཀྱིས་དངུལ་སྲང་སྟོང་ཕྲག་དུ་མའི་ཡོན་སྦྱར་ཏེ། བླ་མ་རྡོ་རྗེ་འཆང་གི་བཀའ་འབུམ་ཡོངས་རྫོགས་ཀྱི་པར་གསར་དུ་བསྒྲུབས་ཤིང་། དེར་མཐུད་ནས་འདུལ་བ་མཚོ་ཊཱི་ཀ་དང་དཔལ་ལྡན་ཆོས་རྗེའི་ཡིག་ཆའི་སྐོར་སོགས་དཔེ་རྒྱུན་དཀོན་པོ་མང་པོའི་པར་གསར་དུ་བསྒྲུབས། ཤིང་གླང་ལོར་ཡོངས་ཀྱི་དགེ་བའི་བཤེས་གཉེན་ཆེན་པོ་སྐབས་རྗེ་གྲགས་པའི་ཞབས་ཀྱིས་དངུལ་དཀར་སྲང་བརྒྱ་ཕྲག་དུ་མའི་ཡོན་སྦྱར་ཏེ་པར་ཁང་ཡོངས་འདུས་དགའ་ཚལ་གསར་སྐྲུན་བགྱིས་ནས་ཡབ་རྗེ་བླ་མའི་བཀའ་འབུམ་གྱི་པར་ཤིང་གཙོ་བོར་གྱུར་པའི་པར་གྱི་གླེགས་བམ་རྣམས་བཞུགས་སུ་གསོལ་

བ་དང་སྦྱར་རྡོ་རྗེ་འཆང་གིས་ཀུན་སྤྱངས་འདུས་པའི་སྟེ་འདིའི་སློབ་གཉེར་འཕེལ་བའི་ཆ་རྐྱེན་དུ་དམིགས་ཏེ་ཕྱོགས་སོ་སོ་ནས་རྒྱ་བོད་མཁས་པའི་གཞུང་པོད་བརྒྱ་ཕྲག་དུ་མ་གདན་དྲངས་པ་དང་། དེ་ནས་རིམ་བྱོན་དགེ་བའི་བཤེས་གཉེན་རྣམས་ཀྱི་ཕྱག་དཔེ་གཞུང་ལ་ཕུལ་ཏེ་པོད་ཁྲི་ཕྲག་མང་པོ་བཞུགས་པའི་དཔེ་མཛོད་ཆེན་མོ་ནོར་བུའི་གན་མཛོད་བསྒྲུབས་པ་སོགས་སྐྱེ་དགུའི་བསོད་ནམས་ཀྱི་ཞིང་མཆོག་སྐུ་གསུང་ཐུགས་རྟེན་མཐའ་ཡས་པ་བཞེངས་གྲུབ་པ་དང་། ས་སྤྲང་ལོ་ནས་ལུགས་ཕག་ལོའི་བར་ལ་ཀུན་སྤྱངས་རི་ཁྲིད་འཛིན་པ་ཐོག་མར་ལྔ་བཅུ་ལྷག་ནས་ཕྱིས་བརྒྱ་ཕྲག་གསུམ་ལྷག་ལྷན་འདུས་སོས་ཟླ་གཉིས་པའི་འཆར་ཅན་མཆོད་འབུལ་སོགས་ཐེངས་ཉེར་གསུམ་ཙམ་བྱུང་སྐབས། ཡབ་རྗེ་རྡོ་རྗེ་འཆང་ཆེན་པོའི་ནང་ཆེན་རང་ནས་ཇ་ཐུག་ཕུན་སུམ་ཚོགས་པའི་ཉིན་འགྱོངས་ཀྱི་བསྙེན་བཀུར་མཚམས་མེད་དུ་ཕུལ་བ་དང་། ཉེ་འཁོར་གྱི་ཀུན་སྤྱངས་བརྒྱ་ཕྲག་གསུམ་ལྷག་ལ་ལོ་རེ་བཞིན་ཇ་རས་དོང་ཙེ་དངུལ་འགྱེད་སོགས་དང་ཕྱེ་རྩམ་མར་ཚུར་སོགས་བཞུགས་རྟེན་མཐུན་རྐྱེན་རྒྱ་ཆེར་བསྟབས།

ཆུ་སྟག་ལོ་ནས་དོན་གཉེར་བ་མང་པོའི་འདུན་པ་དང་བསྟུན་པ་རིན་པོ་ཆེའི་ཞབས་འདེགས་སུ་དགོངས་ནས་དབུ་ཕར་སོགས་བཀའ་པོད་ཆེ་བ་རྣམས་ལ་ཐོས་བསམ་བྱེད་པའི་སྲོལ་གསར་དུ་བཙུགས་པ་ནས་དབྱར་དགུན་ལ་ཟླ་རེའི་ཆོས་ཐོག་དང་། ཕྱིས་དཔྱིད་ཆོས་སྟོ་ཕྱི་གཉིས་ལ་ཉིན་བཞི་བཅུ་འཆར་ཅན་ཚེ་སྒྲུབ་ཉིན་ལྔ་སོགས་ཆོས་ཐོག་མང་པོ་རིམ་བཞིན་བཙུགས་ན་ཡང་། སྟེ་འདི་ནི་ཀུན་སྤྱངས་རི་ཁྲིད་པའི་འདུས་སྟེར་སོང་གཤིས། མཆོད་གཞིས་ལྷ་སྡེ་ངེས་ཅན་མེད་པ་དང་། ཕྱོགས་ཕྱོགས་སུ་ཉུལ་ཏེ་དད་འབུལ་བསྐུལ་བའི་སྲོལ་ཀྱང་མེད་གཤིས་རང་བཞིན་གྱིས་དད་པས་མཆོད་མཁན་ཡོན་གྱི་བདག་པོ་དག་བྱུང་ན་དེ་དག་གིས་གཏོང་ཐེབས་སྤྱོར་བ་གཞིར་བྱས་མོད། ཡོན་བདག་མེད་པའི་སྐབས་མང་པོར་ནང་ཆེན་རང་ནས་ཆོས་ཐོག་དེ་དག་ལོ་རེ་བཞིན་བཏང་སྐབས་ཇ་མར་ཤ་དང་ཕྱེ་རྩམ་འབྲས་སིལ་སོགས་བཞེས་སྒོའི་ཟས་ཀྱིས་མཆོད་ཅིང་། ཚོགས་སྤྱིས་ཆེ་བ་གསེར་ཏོག་བཅས་དང་།

གྲལ་བརྒྱད་དགུ་ཙམ་ལ་འདིང་ངེས་པའི་ཕྱིང་བའི་གྲལ་གདན་ཕྲུག་མདོག་སྣ་ཚོགས་ཀྱིས་གཡོགས་པ། མཁར་བ་ལས་གྲུབ་པའི་ཚོགས་ཁྲི་ཕྲུས་གཙང་བསྒྲུབས་པ་དང་། ཐོག་མར་སློབ་གཉེར་བ་བདུན་ཙུ་ལྷག་དང་། ཕྱིས་ཉིས་བརྒྱ་ལྷག་འཕེལ་བ་ལ་སྐུ་འགྲེད་བསྟབས་པ་སོགས་འདི་གའི་རི་ཁྲིད་པ་དང་ཆོས་གྲྭ་བ་རྣམས་ཀྱི་ཆོས་ཐབས་སུ་བཏང་བ་བསྡོམས་ན་དངུལ་སྲང་ཆིག་ཁྲི་སུམ་སྟོང་སུམ་བརྒྱ་ལྷག་སོང་བར་རྗེ་རྗེ་འཆང་ཉིད་ཀྱིས་བསྐལ་བཟང་ལྷ་ཁང་གི་དཀར་ཆག་ཏུ་བཀའ་བསྩལ་པ་ལྟར་རོ། །

དེ་ལྟར་འགྲོ་མགོན་ཡབ་རྗེ་བླ་མ་རིན་པོ་ཆེ་ནས་རྨད་བྱུང་ཆོས་ཀྱི་སྐྱིད་ཚལ་མཆོག་འདི་ཉིད་ཆོས་དང་ཟང་ཟིང་གིས་ལེགས་པར་བསྐྲུངས་པའི་ཚུལ་ཞིབ་མོར་ཡིག་ལམ་དུ་འགོད་ཐབས་བྲལ་ཞིང་། བཀའ་དྲིན་གྱི་ཕུང་པོ་ལྷུན་པོ་ལས་ཆེས་ཆེ་བ་རྗེས་འཇུག་བློ་གྲོས་ཀྱི་ནོར་དང་ལྡན་པ་རྣམས་ཀྱིས་ཤེས་པར་བྱ་ལ། རྗེ་བཙུན་བླ་མ་ཡབ་སྲས་ཀྱིས་བཙུགས་པའི་བཤད་པ་དང་སྒྲུབ་པའི་སྲོལ་བཟང་པོ་མི་ཉམས་པར་གོང་དུ་འཕེལ་བའི་ཐབས་ལ་བརྩོན་པར་བྱའོ། །གཞན་ཡང་། སྐུ་ཞབས་མཁྱེན་པ་ཚང་ནས་གྲལ་གདན་དུ་གསར་བསྐྲུན་རྐྱོང་གདན་ཁ་གང་མ་བཞི་བརྒྱ་ལྷག་དང་། འདུ་ཁང་ཁ་འགོ་བ་རྣམས་ཀྱིས་བསྒྲུབས་པའི་གྲལ་བཙུ་ལ་འདིང་བའི་གྲལ་གདན་ཕྲུས་གཙང་། འཛོན་གྲྭ་སོ་སོ་དང་དད་ལྡན་སྦྱིན་བདག་རྣམས་ནས་ཀྱང་སྤྱི་ཕྱིར་གོས་ཐང་། ཕྱི་ཕུར། རྒྱལ་མཚན། ཀ་འཕན་སོགས་མཆོད་རྫས་མང་པོ་དང་། ཚོགས་ཁྲི་ཆེ་ཆུང་སོགས་མཁོ་དངོས་ཡོད་ཚད་རིམ་གྱིས་བསྒྲུབས་ཏེ་སྦྱོར་འཛུགས་མཛད་ཅིང་། སྐྱབས་རྗེ་ཞྭ་ལུ་མཆོག་སྤྲུལ་རིན་པོ་ཆེ་ནས་དངུལ་སྲང་བདུན་ཅུ་སྐོར་གྱིས་རྩི་ཚའི་དཔོན་འབངས་ལས་གཞི་ས་ཉོས་ཤིང་། དངུལ་སྲང་སུམ་བརྒྱ་ཙམ་གྱིས་བཙུགས་ཤིང་ར་བ་གསར་དུ་བསྐྲུན་ཏེ་དབྱར་དུས་སྐབས་ཀྱི་ཆོས་རར་ཕུལ་བ་སོགས་སྟེ་འདིར་སྤྱི་ཕྱིར་ཕྱོན་པའི་བླ་སྤྲུལ་དང་དམ་པའི་སྐྱེ་བོ། འབྱོར་ལྡན་ཡོན་བདག་རྣམས་ཀྱིས་རིན་ཐང་གཞལ་བར་དཀའ་བའི་དངུལ་དངོས་ཕུལ་ཚུལ་ཡོངས་རྫོགས་བརྗོད་ཐབས་མེད་ཀྱང་ཅུང་ཟད་ཙམ་ཞིག་སྐུ་གསུང་ཐུགས་རྟེན་གྱི་དཀར་ཆག་དང་རིམ་བྱོན་དམ་པའི་རྣམ་

ཐར་འཆད་པའི་སྐབས་སུ་འགོད་པར་འགྱུར་རོ། །

དེ་ལྟར་མཚུངས་མེད་ཆོས་རྗེ་ལྷ་ལམ་ཡངས་པོར་རྣམ་འདྲེན་བུ་རམ་ཤིང་བའི་མདོ་དང་རྟོགས་ཀྱིས་བསྡུས་པའི་ཐུབ་བསྟན་བསིལ་སྦྱིན་དབང་པོ། འཆད་རྩོད་རྩོམ་པ་དང་ཐོས་བསམ་སྒོམ་པའི་ཆ་ཤས་ཡོངས་སུ་གང་ཞིང་། བཤད་སྒྲུབ་སྣང་བ་དཀར་པོ་ཕྱོགས་བརྒྱར་སྤྲོས་པས། ཐར་འདོད་ཀུ་མུད་འབུམ་ཕྲག་གི་ལུང་རྟོགས་ཡོན་ཏན་གྱི་འདབ་ཕྲེང་མཛེས་པར་བཞད་ཅིང་། དད་ལྡན་སྐྱེ་བོའི་འཁྲི་ཤིང་རྣམས་ཀྱང་གུས་མཆོད་ཡལ་ག་ལྡེམ་བཞིན་མངོན་པར་མཐོ་བ་དང་ངེས་པར་ལེགས་པའི་དཔྱིད་དཔལ་རིང་མིན་མགྲོན་དུ་བསུ་བའི་ཚོ་ག་ལྟ་དང་བཅས་པའི་སྐྱེ་དགུའི་མིག་དང་ཡིད་ཀྱི་བཅུད་ལེན་དུ་གསལ་བར་གྱུར། དེར་བརྟེན་ཡབ་རྗེ་ཆོས་ཀྱི་རྒྱལ་པོའི་མཆོག་སྤྲུལ་རིན་པོ་ཆེ་རྗེ་བཙུན་བློ་བཟང་བཤད་སྒྲུབ་བསྟན་འཛིན་རྒྱ་མཚོ་དཔལ་བཟང་པོའི་གཙོས་སྐྱབས་རྗེ་སྐུ་མཆེད་རིན་པོ་ཆེ་སྐུ་ཕྲེང་ཕྱི། རྒྱལ་ཚབ་མཆོག་སྤྲུལ་རིན་པོ་ཆེ་སྐུ་ཕྲེང་ཕྱི། མཁས་གྲུབ་ཅེ་བའི་གཙུག་རྒྱན་རོང་པོ་དཔལ་ཆོས་མཁན་ཆེན་རིན་པོ་ཆེ། དཀྱིལ་འཁོར་རྒྱ་མཚོའི་མངའ་བདག་སྐྱབས་རྗེ་ལྷ་རི་བ་བློ་བཟང་ཚུལ་ཁྲིམས་རྒྱ་མཚོ། མཁས་ཤིང་གྲུབ་པའི་དབང་ཕྱུག་ནྡ་ཆེན་གཉིས་པ་ཨ་ཧྲུ་མཆོག་སྤྲུལ་རིན་པོ་ཆེ་འཇིགས་མེད་དམ་ཆོས་རྒྱ་མཚོ། སྙན་བརྒྱུད་གདམས་པའི་མཛོད་འཛིན་བྱེ་ཁྲུང་མཁན་སྤྲུལ་རྗེ་བློ་བཟང་ལུང་རྟོགས་རྒྱ་མཚོ་སོགས་དམ་པའི་ཡང་སྤྲུལ་བཅུ་ཕྲག་ལྔ་ལྷག་གདན་ས་འདིར་རྒྱུན་བཞུགས་དང་གསན་བསམ་གནང་ཞིང་། རྗེ་བཙུན་བླ་མ་མཆོག་གི་ཐུགས་སྲས་འོད་སྲུང་ཆེན་པོ་ཧོར་ཆེན་སྨྲ་བའི་སེངྒེ་སོགས་མདོ་རྒྱུད་རྒྱ་མཚོའི་མངའ་བདག་དགེ་བའི་བཤེས་གཉེན་མང་པོས་གཞུང་དོན་འཆད་སྤེལ་དང་། ལུང་རིགས་སྨྲ་བ་འདུས་པའི་སྡེས་ལོ་ཁོར་མོ་ཡུག་ཏུ་གཞུང་བརྒྱའི་དགོངས་དོན་བགྲལ་བརྟགས་ཀྱིས་གཏན་ལ་ཕབ་པའི་མཐུ་ལས་གཞུང་བརྒྱའི་མངའ་བདག་མཛོད་དགེ་བློ་བཟང་རྒྱ་མཚོ། ཟླ་མེད་ལུང་རིགས་སྨྲ་བ་ཤེ་བཞིན་བཀའ་བཅུ་བ་དགེ་འདུན་མཁས་མཆོག ལུང་ཆོས་རྒྱ་མཚོའི་མངའ་བདག་ཁ་སྣང་སྤེལ་ནག་པ་འཕྲིན་ལས་རྒྱ་མཚོ། རིག་གནས་ནོར་བུའི་ཕྲེང་འཛིན་པས་མདོ་

འཛམ་དབྱངས་གྲགས་པ། ལུང་དང་རིགས་པའི་དབང་ཕྱུག་སྐྱེའུ་སྡིང་བློ་བཟང་དཔལ་ལྡན། ལུང་རྟོགས་ནོར་བུའི་གཏེར་མཛོད་ལྷ་སྡེ་ཡེ་ཤེས་རྒྱ་མཚོ། ལུང་རིགས་སྨྲ་བའི་དབང་པོ་གཡོན་རུའི་བློ་བཟང་རབ་རྒྱས། མཚུངས་མེད་རིགས་པའི་དབང་ཕྱུག་ཡོངས་འཛིན་དོན་གྲུབ་རྒྱ་མཚོ། གཞུང་ལུགས་རབ་འབྱམས་སྨྲ་བ་བྱ་མདོའི་འབྲུག་རུ་བ་ཚུལ་ཁྲིམས་རྒྱ་མཚོ། བཀའ་པོད་རྒྱ་མཚོའི་མངའ་བདག་ཤེ་བཞིན་དགེ་འདུན་བསྟན་རྒྱས། མཚུངས་བྲལ་ལུང་ཆོས་སྨྲ་བ་ཁ་གྱ་ཕུན་ཚོགས་རྒྱ་མཚོ། མདོ་རྒྱུད་རྒྱ་མཚོའི་མངའ་བདག་སྐལ་བཟང་རྒྱ་མཚོ་སོགས་དང་། ལུང་རིགས་སྨྲ་བའི་དབང་ཕྱུག་ཉོ་འོང་དགེ་འདུན་དར་རྒྱས། རབ་འབྱམས་གཞུང་བརྒྱའི་མངའ་བདག་གཙན་ཚའི་སྨྲ་བའི་དབང་ཕྱུག་རྡོ་ན་ས་ར། ཟླ་མེད་རིགས་པའི་དཔའ་བོ་གསང་སྔགས་དགེ་འདུན་ཤེས་རབ། མཚུངས་བྲལ་སྡེ་སྣོད་འཛིན་པ་མཆོ་སྡོན་བློ་བཟང་བསྟན་དར་སོགས་ཉམས་རྟོགས་ཡོན་ཏན་གྱི་ལུས་སྟོབས་དར་ལ་བབས་ཤིང་འཆད་རྩོད་རྩོམ་པའི་གཡུ་རལ་ཁྱུར་གྱིས་བརྗིད་པའི་ལུང་རིགས་གད་རྒྱངས་སྒྲོག་མཁས་བཤེས་གཉེན་གདོང་ལྔའི་དབང་པོ་ལྷ་བུ་མཐའ་ཡས་པ་རིམ་བཞིན་བྱོན་ཅིང་། དེ་དག་གིས་བསྟན་འགྲོའི་དོན་རླབས་པོ་ཆེ་གནང་བའི་ཚུལ་རྒྱ་ཆེར་མཆིས་ཀྱང་། འགའ་ཞིག་གི་རྣམ་ཐར་མདོར་བསྡུས་རེ་རྗེས་ནས་འབྲི་བར་འགྱུར་ལ་ཡོངས་སུ་རྫོགས་པ་ནི་ཡིག་ཚོགས་ལ་འཇིགས་ནས་འདིར་འགོད་པའི་ངལ་བ་མ་བྱས་སོ། །

གཞན་ཡང་། དེང་རབས་སུ་རྒྱལ་ཁབ་ཕྱི་ནང་ཀུན་ལ་མིང་དུ་གྲགས་པའི་རིགས་པ་སྨྲ་བའི་མཁས་དབང་ཡོ་ཙྪ་བ་རྡོ་བྲག་མཁན་སྤྲུལ་དགེ་འདུན་ཆོས་འཕེལ་དང་། ལྔ་རིག་སྨྲ་བའི་མཁས་དབང་གསུང་རབ་རྒྱ་མཚོ་སོགས་ཀྱང་ཆོས་སྡེ་འདི་རུ་ཐོག་མར་སློབ་གཉེར་གནང་ནས་མཁས་པར་གྱུར་པ་ཡིན་ནོ། །

སྨྲས་པ། རྒྱལ་ཀུན་སྤྱི་གཟུགས་སུཾ་སྐྱའི་མཚན་ཅན་གྱི། །མགྲིན་པ་གཡས་སུ་འཁྱིལ་བ་ལས་བྱུང་བའི། །ཟབ་རྒྱས་ཆོས་སྒྲ་སྙན་དགུར་ཟློས་པའི་སྒྲས། །སྐལ་ལྡན་ཡིད་ཀྱི་དབང་པོ་ཕྱོགས་དེར་དྲངས། །དེའི་ཕྱིར་ཚབས་ཆེན་པའི་ལག་ལྡན་ཚོགས། །པདྨའི་མཚོ་ལ་ངང་

གིས་འདུ་བ་བཞིན། །ཉེ་རིང་བར་མའི་ཐར་འདོད་བློ་གསལ་རྣམས། །ཐོས་པ་མིན་པར་ཆོས་ཀྱི་ཚུལ་འདིར་འཛོམས། །དམ་པའི་རང་བཞིན་བསིལ་བའི་དཔལ་མངའ་ཞིང་། །ཡོན་ཏན་ཡལ་ག་ཕྱོགས་ཀྱི་མཐར་རྫོགས་པའི། །འཕྲིན་ལས་དྲི་བསུང་མངར་བའི་དོག་པ་ཅན། །སྐྱེས་སྒྲུལ་ཏ་རིའི་ལྗོན་པ་ནགས་སུ་འཁྲིགས། །ཐུབ་བསྟན་གངས་ཀྱི་རི་སུལ་སྐྱོང་བ་ལ། །མི་འཇིགས་ལྕུང་དང་རིགས་པའི་གད་རྒྱངས་ཅན། །མཚུངས་བྲལ་སྨྲ་བའི་སེང་ཆེན་མང་བྱོན་པས། །ལྗོངས་འདིར་ལོག་སྨྲའི་གཅན་གཟན་བག་ལ་ཞ། །རྒྱལ་ཡུམ་སྦྱས་དོན་ཆུ་གཏེར་ལ་ཞུགས་ཏེ། །དོན་བཟང་ནོར་བུའི་བགོ་སྐལ་ལྷུར་བཞེས་པའི། །འཕགས་སེང་གཅིག་ཏུ་བསྒྲིལ་ལྟའི་མཁས་མང་གིས། །ཡོངས་སུ་གང་བ་བྱ་རྐོད་ཕུང་རི་བཞིན། །ཡང་དག་ལྟ་བ་དབང་པོའི་རྡོ་རྗེ་ཡིས། །མཐར་འཛིན་ལྟ་ངན་ལྷ་མིན་གྲོང་བཅོམ་སྟེ། །བློ་སྒྲུབ་ལུགས་བཟང་སུམ་རྩེན་སྐྱོང་མཁས་པའི། །དྲན་དབང་མཚོད་སྦྱིན་བརྒྱ་བའང་རིམ་བཞིན་བྱོན། །ཆོས་མངོན་རྒྱ་མཚོའི་དགོངས་ཟབ་ནམ་མཁའི་མཐར། །བློ་བརྩོན་གཤོག་རླབས་སྐྱེན་པའི་གར་བསྒྱུར་བའི། །མཚུངས་བྲལ་བཤེས་གཉེན་ཁྱུང་བའི་ཁྱུ་འཁྲིགས་པར། །སངས་རྒྱས་གཉིས་པ་དགྱེས་པའི་འཛུམ་འོད་འཕྲུགས། །འདུལ་བའི་གཞུང་ལུགས་ཡིད་བཞིན་དབང་གི་རྒྱལ། །ཟབ་གསལ་ཤེས་རབ་མཆོག་གི་གྲུར་བཙུས་ནས། །ཐར་འདོད་སྐྱེ་དགུ་ཡོངས་ཀྱི་སྤྱི་ནོར་དུ། །འདྲེན་མཁས་དེད་དཔོན་གསེར་རིའི་ཕྲེང་བ་བཞིན། །སྨྲ་བའི་དབང་ཕྱུག་ཤིང་རྟ་ཆེ་གཉིས་སོགས། །འཕགས་བོད་མཁས་པའི་ལེགས་བཤད་དཔག་བསམ་ལྗོན། །ཚེར་སྐྱིགས་གྲང་ངར་ཁྲིད་དུ་སྨིན་པ་ལ། །རྒྱལ་དང་དེའི་སྲས་ཀུན་ཀྱང་ངོ་མཚར་འཛིན། །ལྟ་དང་གྲུབ་པའི་བསྟི་གནས་དམ་པ་འདིར། །གསུང་རབ་རྒྱ་མཚོའི་སྙིང་པོའི་བཅུད་ཕྱུང་བ། །རིམ་གཉིས་ལམ་བཟང་ཟབ་མོ་ཉམས་བཞེས་པའི། །ལུང་རྟོགས་ནོར་བུའི་གཏེར་དུ་གྱུར་པ་མང་། །ཁྱུངས་ལྡན་དབང་ལུང་མན་ངག་བྱེ་བའི་མཚོ། །རྣམ་དཔྱོད་ཕུལ་དུ་བྱུང་བའི་ཡུར་ལམ་ནས། །སྐལ་ལྡན་ཞིང་ས་གཤིན་པོར་བབས་པ་ལས། །དྲི་བྲལ་ཐུབ་བསྟན་དབྱར་གྱི་དུས་སྟོན་དར། །སེ་སྔོན་རིན་ཆེན་དག་པའི་ལྗུན་

པོ་ལ། །སྒྲ་ཚད་བཟོ་གསོ་བཞི་ཡི་བང་རིམ་མཛེས། །གསང་ཆེན་ཉིན་བྱེད་སྣང་བའི་རྩེ་དགའ་ཅན། །སྲིད་ཞིའི་ལེགས་ཚོགས་ཡོངས་ཀྱི་བླ་ན་འཕགས། །མཚན་ལྡན་བཤེས་གཉེན་སྣ་ལའི་ལྗོན་བཟང་དུང་། །གནས་བཅས་ལྷག་བསམ་ཤེལ་དཀར་ལང་ཚོ་ཅན། །ཡོན་ཏན་སྟོབས་ལྡན་སྤྱོས་ཀྱི་སྤྲང་པོ་ཆེ། །སྒྲིགས་པའི་བསུང་ཞིམ་ནམ་མཁའི་ནགས་སུ་ངད། །རིམ་གཉིས་རྣལ་འབྱོར་ཟབ་མོའི་གཞོག་རླབས་ཀྱིས། །རླབས་ཆེན་སྤྱོད་པའི་ལྷ་ཡི་ལམ་བརྒྱུད་དེ། །ཀུན་མཁྱེན་ཡེ་ཤེས་མཚོ་ཆེན་ལ་བསྐྱོད་པའི། །རྒྱལ་སྲས་ངང་བའི་སྡེ་དཔོན་ཚར་དུ་དངར། །བཀོད་ལེགས་རིན་ཆེན་ལས་གྲུབ་གཟྒྲ་ལར། །རྟེན་གསུམ་ནོར་བུའི་ཕུང་པོ་མཐོར་སྤུངས་པ། །དད་ལྡན་བསོད་ནམས་ནམ་མཁའི་མཛོད་ཀྱི་སྒོ། །ཅིག་ཆར་འབྱེད་པའི་འཕྲུལ་གྱི་ལྡེ་མིག་ཉིད། །བློ་བ་གསར་བའི་འོད་ཀྱི་སྙེམ་པ་ཅན། །དྲང་སྲོང་ལ་འོས་རང་ཤོང་ཁང་བུ་ཆུང་། །སྟོན་མཚན་དག་པའི་ངོས་ལ་རྒྱུ་སྐར་གྱི། །སྣང་བའི་རྩེ་དགའ་རྒོད་པས་མཚོན་ནུས་མིན། །ཞེས་བྱ་བ་ནི་བར་སྐབས་ཀྱི་ཚིགས་སུ་བཅད་པའོ། །

བཞི་པ། སྐྱེས་ཆེན་དམ་པ་འགའ་ཞིག་གི་རྣམ་ཐར་མདོ་ཙམ་བརྗོད་པ།

དམིགས་མེད་སྙིང་རྗེ་བསམ་འཕེལ་ནོར་བུའི་འོད། །
འགྲོ་ཁམས་སོས་པའི་ཆུ་གཏེར་ལ་རྩེན་པ། །
བློ་ཤེལ་ལང་ཚོ་བཞད་པའི་མཛེས་སྡུག་ཅན། །
ཕྲུག་ན་པདྨོའི་ཞིང་དུ་སྐྱེ་བར་སྨྲོངས། །

ཆོས་ཀྱི་སྐྱིད་ཚལ་ཆེན་པོ་གང་གི་མི་འཛིགས་གདོང་ལྔ་བརྒྱུད་ཀྱིས་བརྟེགས་པའི་ཆོས་ཀྱི་ཁྲི་འཕང་མཐོན་པོར་ཞབས་སྐྱེས་རྩེབས་སྟོང་གི་རི་མོ་རིམ་བཞིན་བཀོད་པའི་འཕགས་ཆེན་དམ་པ་རྣམས་ཀྱི་གཙོས་སྡེ་འདིར་བཀའ་དྲིན་མཆོག་ཏུ་ཆེ་བའི་དགེ་བའི་བཤེས་གཉེན་

འགའ་ཞིག་གི་རྣམ་ཐར་མདོར་བསྡུས་ཏེ་ཞུ་བ་ལ། མཁན་རབས་དང་པོ་རྡོ་རྗེ་འཆང་སཾ་ཀླའི་མཚན་ཅན་གྱི་རྣམ་ཐར་གོང་ནས་ཅུང་ཟད་བརྗོད་ཟིན་པ་དེས་འཐུས་པར་བྱས་ཏེ་སྐབས་འདིར་མི་སྤྲོ་ལ། མཁན་རབས་གཉིས་པ་ལུང་རྟོགས་ཡོན་ཏན་བྱེ་བའི་གཏེར་མཛོད། ཡབ་རྗེ་བླ་མ་དམ་པའི་ནང་ཐུགས་ཀྱི་སྲས་པོ་མཁས་གྲུབ་ཆེན་པོ་སྐྱབས་རྗེ་སྐུ་མཆེད་མཆོག་སྤྲུལ་རིན་པོ་ཆེ་རྗེ་བཙུན་དགེ་འདུན་བསྟན་པ་རབ་རྒྱས་དཔལ་བཟང་པོ་ཡིན་ལ། འདི་ཉིད་ཀྱི་སྐུ་ཐོག་དང་པོ་རྒྱ་ཚར་བ་བསྟན་པ་ཞེས་པའི་གྲྭ་སའི་དགེ་བཤེས་ཆེན་པོ་ཞིག་དང་། སྐུ་ཕྲེང་གཉིས་པ་སྐྱབས་རྗེ་གསེར་ཁང་བ་ཆེན་པོའི་སྐུ་མཆེད་དུ་བྱོན་པ་མཁས་གྲུབ་ཆེན་པོ་བློ་བཟང་བསྟན་པ་རྒྱ་མཚོ་ཡིན། སྐུ་ཕྲེང་གསུམ་པ་འགྲོ་བའི་མགོན་པོ་འདི་ཉིད་སྐུ་བལྟམས་པའི་ཡུལ་ནི། ཀུན་གཟིགས་ལྷ་བ་ཆེན་མོས། དཀར་པོ་ཐང་དུ་འབོད་པའི་ཨ་རིག་ཅེས། །དུས་ཀུན་གཡོ་མེད་བརྟན་པའི་དད་གུས་མཐུས། །ལྷུན་པོ་འབུམ་གྱིས་མཚོན་མིན་ཁྱབ་འཇུག་གི །དྲག་ཤུལ་དཔུང་གི་སྟོབས་ཀྱིས་འཕྲོག་ནུས་མིན། །ཞེས་བསྔགས་པ་དོན་དང་ལྡན་པའི་ཡུལ་ལྗོངས་ཨ་རིག་དཀར་པོ་ཐང་དུ་འབོད་པ། དེ་ལ་ཡང་ཚ་སྟོད་སྨད་གཉིས་ཡོད་པ་ལས་ཚ་སྟོད་མར་རབ་བྱུང་བཅུ་བཞི་བའི་ས་རྟ་(༡༨༥༨)ལོར་སྐུ་བལྟམས། གཞོན་ནུའི་དུས་ནས་འགྲོ་མགོན་ཞིང་བཟའ་རིན་པོ་ཆེ་བློ་བཟང་བསྟན་པའི་དབང་ཕྱུག་ཚུལ་ཁྲིམས་ཕུན་ཚོགས་སོགས་དམ་པ་མང་པོའི་བཀས་སྐྱབས་རྗེ་སྐུ་མཆེད་རིན་པོ་ཆེ་བློ་བཟང་བསྟན་པ་རྒྱ་མཚོའི་མཆོག་སྤྲུལ་དུ་ངོས་འཛིན་གནང་། རྗེ་ཞིང་བཟའ་རིན་པོ་ཆེ་ལས་རབ་ཏུ་བྱུང་ཞིང་། ཡིག་སློག་དང་ཚིག་གི་རིམ་པ་དུ་མ་ཐུགས་འཛིན་གནང་། བཀའ་གདམས་གླེགས་བམ་ལས་གསལ་བར་ལུང་གིས་ཟིན་པའི་ར་རྒྱ་བཀྲ་ཤིས་འབྱུང་གནས་ཞེས་སྲིད་པ་གསུམ་ན་སྣང་གྲགས་ཀྱི་པ་དན་གཡོ་བའི་ཆོས་སྡེ་ཆེན་པོར་ཚོགས་ཞུགས་གནང་ཞིང་། སྨྲ་མཁས་ཡོངས་འཛིན་དུ་མ་ལས་བཀའ་པོད་ལྔའི་མཛུབ་ཁྲིད་གསན་ཏེ། ཆོས་གྲྭར་བརྒྱལ་བཏག་གིས་གཞུང་དོན་གཏན་ལ་ཕབ་སྟེ་དྲན་དབང་ཆེན་པོའི་གོ་འཕང་མངོན་དུ་མཛད། ཞིང་བཟའ་རིན་པོ་ཆེ་སོགས་ལས་ཟབ་པ་དང་རྒྱ་ཆེ་བའི་ཆོས་རྒྱུན་མཐའ་ཡས་པ་གསན་པ་བཞེས་

གནང་། སློགས་དུས་ཀྱི་ཉེ་བར་འཁོར་སྐྱབས་རྗེ་ཐར་ཤུལ་རིན་པོ་ཆེ་ལས་བསླེན་པར་རྫོགས་ཤིང་། གདན་སའི་མཁན་ཁྲིར་བཞུགས་ཏེ་ཆོས་དང་ཟང་ཟིང་གིས་ལོ་དུ་མར་བསྐྱངས་པ་སོགས་དེར་བཞུགས་སྐབས་ཀུང་ངོ་མཚར་བའི་རྣམ་ཐར་ཤིན་ཏུ་མང་། ཁྲི་ཁུར་ཐོག་རྗེས་འགྲོ་མགོན་གསེར་ཁང་བ་ཆེན་པོ་དང་། དམ་པ་ཉིད་ཀྱི་སྐུ་གོང་མའི་རྣམ་ཐར་བཞིན་གནས་ངེས་མེད་དུ་འཚོ་བ་ངན་ངོན་ཙམ་ལ་བརྟེན་ནས་ཐོས་དོན་རྒྱུད་ལ་སྦྱོར་བའི་ཉམས་བཞེས་ལ་ཆེག་བསྒྲིལ་གནང་རྒྱུའི་ཐུགས་འདུན་བཙློག་ཏུ་མེད་པ་འཁྲུངས་ཏེ། ཐོས་སྟབས་ཀྱིས་ཁྲི་ཀར་ཕེབས། སྐྱབས་མགོན་ཐར་ཤུལ་རིན་པོ་ཆེའི་དྲུང་དུ་མཇལ་ཏེ་དབེན་པར་སྒྲུབ་ལ་གཤོལ་རྒྱུའི་དམ་བཅའ་ཕུལ་ནས་ལོ་འགར་ཁྲི་ཀའི་ཕྱོགས་ཀྱི་དབེན་གནས་མང་པོར་སྒྲུབ་པའི་རྒྱལ་མཚན་བསྒྲེངས། དུས་རེ་ཞིག་གི་ཚེ་རྗེ་ཐར་ཤུལ་བའི་ལུང་བསྟན་བཞིན་རྡོ་རྗེ་འཆང་སཾ་ཏྲའི་ཞབས་ཀྱི་དྲུང་དུ་ཕེབས་ཏེ་འགྲན་ཟླ་མེད་པའི་རིགས་བརྒྱའི་བདག་པོར་བཞེས་ཤིང་། ཟབ་རྒྱས་ཆོས་ཀྱི་བགོ་སྐལ་མཐའ་ཡས་པ་གསན་བཞེས་གནང་སྟེ་སྲས་ཀྱི་ཐུ་བོར་གྱུར། དབེན་གནས་ཁྱིན་ཅན་མང་པོར་སྒྲུབ་པ་བཙན་ཆོད་ཀྱིས་བསགས་སྦྱངས་གཙོར་འདོན་སློབ་ལམ་རིམ་པ་གཉིས་ཀྱི་ཉམས་བཞེས་ལ་ཉིན་མཚན་འཁོར་མོ་ཡུག་ཏུ་གཤོལ་བར་མཛད། དེ་དག་གི་སྐབས་སུ་སྐལ་ལྡན་གདུལ་བྱའི་ཚོགས་ལ་རྗེ་ཡབ་སྲས་སོགས་མཁས་གྲུབ་དུ་མའི་བཀའ་འབུམ་གྱི་ལུང་སོགས་ཆོས་བཀའ་མང་དུ་སྩལ། དཔའ་བོ་མཁའ་འགྲོ་སྤྲིན་བཞིན་འདུ་བའི་གནས་མཆོག་གསེར་ཁང་རི་ཁྲོད་དུ་བཅོམ་ལྡན་དུས་དགྲའི་དབང་བོའི་གཞི་བསྙེན་ཆེན་མོར་བཞུགས་པ་སོགས་ཡི་དམ་མང་པོའི་བསྙེན་སྒྲུབ་ཚད་ལྡན་ཀྱང་མང་དུ་བཏང་། སྐབས་དེ་དག་ཏུ་བ་ཡན་སེར་དྲིས་དགོན་དུ་གྲྭ་སྤྲི་ངན་པ་ཞིག་བྱུང་སྟེ། ནུས་ལྡན་གྲུབ་ཆེན་དུ་ཆློམ་པའི་བན་ སྔགས་མང་པོར་སྐྱབས་འཚོལ་བྱས་ནས། མནན་སྲེག་གཏད་གསུམ་གྱི་ལས་སྦྱོར་སྣ་ཚོགས་ལག་ལེན་དུ་བསྟར་ཀྱང་མ་ཕན་པ་ལ། ཁོ་བ་ཚོ་འུ་ཐུག་ནས་རྡོ་རྗེ་འཆང་སཾ་ཏྲའི་མཚན་ཅན་གྱི་དྲུང་དུ་ཞུས་པ་ན། རྡོ་རྗེ་འཆང་གིས་འདི་བར་ཞུས་ན་ལེགས་པར་ལུང་བསྟན་པ་བཞིན་འདུས་སྡེ་དེ་ཀའི་ལས་སྡེ་འགའ་དམ་པ་འདི་ཉིད་གསེར་

ཁང་དུ་བཞུགས་པའི་སྤྱན་སྔར་ཡོང་ནས་ནན་ཞུས་བགྱིས་པ་ལ། ཁོང་གིས་བདག་ལ་ནུས་པ་ཅི་ཡང་མེད་མོད་བླ་མ་རྡོ་རྗེ་འཆང་གིས་བཀའ་གནང་ཕྱིན། ཅེས་ཀྱང་འགྲོ་དགོས་གསུངས་ནས་དགོན་དེ་གར་ཕེབས་འཕྲུལ་རྡོ་རྗེ་འཇིགས་བྱེད་ཀྱི་སྦྱིན་སྲེག་གི་སྒོ་ནས་གནོད་བྱེད་མ་ཏུངས་པ་དེ་ཉིད་ཚར་བཅད་ཅིང་། གྲྭ་སྲི་ངན་པ་དེ་མིང་མེད་དུ་བཏང་སྟེ་འདུས་སྡེ་དེ་གའི་དགེ་འདུན་བགྲེས་གཞོན་མ་ལུས་པ་དགའ་བདེའི་དཔལ་ལ་བཀོད། གྲྭ་ཚང་གིས་ཆོས་འབྲེལ་ཞུས་ནས་ཐམས་ཅད་སློབ་མར་གྱུར། བ་ཡན་ཕྱོགས་སོགས་རྨ་ལྷོ་བྱང་གི་དགོན་སྡེ་མང་པོར་ཕེབས་ཏེ་ཆོས་བཀའ་དུ་མ་གནང་བ་སོགས་གཞན་དོན་རྒྱ་ཆེར་བསྐྱངས། དགོན་སྡེ་འགའ་ཞིག་ཏུ་དགེ་ཚུལ་སློང་རྣམས་ལ་ཕན་ཚུན་དུད་འགྲོའི་མིང་གིས་འབོད་པའི་སྲོལ་ངན་པ་ཞིག་མཆིས་པའང་མཛངས་བླུན་སོགས་ལས་འབྱུང་བའི་གཏམ་རྒྱུད་དང་སྦྱར་ནས་ཀུན་གྱིས་གོ་སླ་བའི་གསུང་གིས་སྲོལ་ངན་དེ་རང་ཡལ་དུ་བཏང་། ཐེངས་ཤིག་ལོ་གྱུ་ཏུན་བདེ་མཆོག་རང་བྱོན་ལ་མཇལ་བར་ཕེབས་པའི་ལམ་དུ་རྒྱའི་གྲོང་སྡེ་ཆེན་པོ་ཞིག་བརྒྱུད་སྐབས་རྒྱ་མི་རྒན་པ་འགས་བྱོན་ལམ་བཀག་ནས། ང་ཚོའི་ཡུལ་འདིར་ལོ་དུ་མར་ཆར་བ་མ་བབས་སྐབས་ཚང་མ་བཀྲེས་ལྟོགས་ཀྱིས་མནར་ཏེ་གྲོང་སྡེ་སྟོང་ལ་ཉེ། ཁྱེད་བོད་ཀྱི་བླ་མ་ཞིག་ཡིན་ངེས་པས། ཡུལ་འདིར་ཆར་འབེབ་ཀྱི་བཀའ་དྲིན་ཅིས་ཀྱང་སྐྱོང་དགོས། ཞེས་ངུ་ངག་གིས་ཞུས་པ་བཞིན་སྟེ་དེར་ཕྱག་མལ་མཛད་དེ་མཆོད་འབུལ་རྒྱ་ཆེར་གནང་བ་དང་མཉམ་དུ་ལོ་མང་པོའི་རིང་བབས་མ་མྱོང་བའི་ཆར་གྱི་རྒྱུན་བཟང་བབས་པས། རྒྱ་གྲོང་དེར་རྒྱུན་དུ་མཆོད་འབུལ་བྱེད་པའི་སྲོལ་བཟང་པོ་དར་ཞིང་ཕྱིས་ཀྱི་བར་དུ་གནས་པར་གྲགས་ལ། ཡུལ་དེར་ཡང་དུས་དེ་ནས་བཟུང་ཆར་ཆུ་དུས་སུ་འབབ་པ་སོགས་བཀྲ་ཤིས་དང་དགེ་བའི་མཚན་མ་རྒྱ་ཆེར་བྱུང་ནས་ཞིང་འཁོར་བ་ལྡན་པའི་ཡུལ་ཞིག་ཏུ་གྱུར་པར་གྲགས། འདི་ལྟ་བུའི་འབྲེལ་ཚད་དོན་ལྡན་གནང་བའི་ཚུལ་ཤིན་ཏུ་མང་ཡང་རེ་ཞིག་འདི་དག་ལས་མ་སྤྲོས་སོ། །

ཆུ་བྱི་ལོར་ཡབ་རྗེ་རྡོ་རྗེ་འཆང་ཆེན་པོ་ཞིང་འདིར་སྐུ་དངོས་ཀྱི་གདུལ་བྱ་རྫོགས་ནས་

ཞིང་ཁམས་གཞན་དུ་འབྱོན་པར་ཉེ་བ་ན། སྐྱབས་རྗེ་སྐུ་མཆེད་རིན་པོ་ཆེ་འདི་ཉིད་གསེར་དགོན་དུ་བཞུགས་པ་ནས་གདན་ས་འདིར་སྤྱན་དྲངས་ཏེ། དེ་ནས་ཞབས་བརྟན་བསྒྲུབ་རྒྱུ་སོགས་བགྱི་བ་ཐམས་ཅད་ཁྱེད་ཀྱིས་ཐག་ཆོད་བདག་ལ་གཏན་ནས་འདྲི་མི་དགོས་ཞེས་དོན་གྱིས་རྒྱལ་ཚབ་ཏུ་མངའ་གསོལ་བ་ལྟར། ཡབ་རྗེ་ཆོས་ཀྱི་རྒྱལ་པོ་དགོངས་པ་ཆོས་དབྱིངས་སུ་ཐིམ་རྗེས་རིང་པོ་མ་ལོན་པའི་དུས་ཆོས་དགེ་བར་ཀུན་སྤངས་སེམས་དཔའ་ཆེན་པོ་རྗེ་ཁ་གྱུ་བ་འཇམ་དབྱངས་དཔལ་ལྡན་གྱི་གཙོས་འདུས་སྡེའི་གྲོས་དབང་ཡོངས་ཀྱིས་དཔལ་མི་འགྱུར་དགེ་ལྡན་བཀྲ་ཤིས་ཆོས་སྡིངས་ཀྱི་མི་འཛིགས་གདོང་ལྔ་བརྒྱུད་ཀྱིས་བཏེགས་པའི་ཁྲི་འཕང་མཐོན་པོར་བཀོད་དེ། བླ་མ་རིན་པོ་ཆེའི་དགོངས་བཞེད་བཞིན་འདུ་ཁང་ཆེན་མོ་རྟེན་བརྟེན་པ་ཡོངས་རྫོགས་བཞེངས་གྲུབ་པ་དང་། ཡང་ཏའི་ཚོགས་སྤྱིས་གྱུན་དགུ་མ་དང་། ཕྱུག་ཁྲས་གཡོགས་པའི་གྲལ་གདན་མང་པོ། ཆོས་ཐོག་གི་ཐེབས་སུ་དངུལ་སྲང་སྟོང་ཕྲག་ལྷག་ཕུལ་བ་དང་། འཆར་ཅན་གྱི་མཆོད་འབུལ་སོགས་ཆོས་ཐོག་རྣམས་ལ་ཇ་ཐུག་སྐུ་འགྱེད་སོགས་ཀྱི་བསྙེན་བཀུར་དང་གཏོང་སྒོའི་རིམ་པ་མ་ལུས་པ་གཞན་གྱིས་བསྒྲུན་དུ་མེད་པའི་ཚུལ་གྱིས་གནང་བར་མཛད། ལྕང་སྐྱ་གོང་མའི་གསུང་འབུམ་གྱི་བཀླག་ལུང་སོགས་གདུལ་བྱ་སོ་སོའི་འདོད་མོས་དང་འཚམ་པའི་ཟབ་རྒྱས་ཆོས་རྒྱུན་དུ་མ་བསྩལ་ཏེ་མངོན་མཐོ་དང་ངེས་ལེགས་ཀྱི་ལམ་བཟང་ལ་བཀྲི་བར་མཛད་ཅིང་། འགྲིག་ལམ་ཀུན་སྤྱོད་དང་ཆོས་འཆད་ཉན་གྱི་རིམ་པ་མཐའ་དག་ལ་རྟེང་སྐུལ་ནན་ཏན་གནང་བའི་བཀའ་དྲིན་བསྐྱངས་པ་དང་། འདི་བ་ཁྲིར་བཞུགས་སྐབས་སྡེ་འདིར་ཐུབ་བསྟན་ཡོངས་སུ་རྫོགས་པའི་དགེ་བའི་བཤེས་གཉེན་མང་པོ་བཞུགས་ཤིང་དེ་དག་གིས་བཀའ་པོད་ལྔའི་འཆད་སྤེལ་རྒྱ་ཆེར་གནང་ཞིང་། སློབ་གཉེར་བ་ཡོངས་རྫོགས་བརྩོན་པ་ཤིན་ཏུ་ཆེ་སྟབས་འཆད་ཉན་དང་རྩོད་པ་འཛིན་སྐྱོར་སྦྱོང་སོགས་ཡར་ངོའི་ཟླ་ལྟར་འཕེལ་ཏེ། རིགས་པ་སྨྲ་བའི་སེང་ཆེན་མང་པོ་བྱུང་བ་ཡིན་ལ། དབང་ལུང་མན་ངག་གི་ཆོས་རྒྱུན་རྣམ་དག་ཀྱང་རྒྱུན་མ་ཆད་པར་སྤེལ་བ་དང་། མཆོད་འབུལ་ཚོགས་བསགས་དང་ཕྱག་སྐོར་སྒྲིབ་སྦྱོང་སོགས་གཙོར་འདོན་སློས་ལམ་ཡོངས་

རྫོགས་ཀྱི་ཉམས་བཞེས་ལ་གཞོལ་བའི་ཀུན་སྤྱངས་རིམ་པའི་ཐུག་བཞེས་རྣམས་ཀྱང་སྔར་ལས་དར་རྒྱས་ཀྱི་ཚུལ་དུ་གནས་པ་ཡིན་ནོ། །

རྡོ་རྗེ་འཆང་དགོངས་པ་ཆོས་དབྱིངས་སུ་ཐིམ་ལ་ཉེ་སྐབས་ལྷ་མོ་བདེ་ཆེན་གྱི་གྲོས་དབང་ཨ་ལགས་བཟོད་པ་བརྒྱུད་ནས། ཀུན་སྤྱངས་འདུས་པའི་སྡེ་འདི་ཉིད་གོང་ས་ལྔ་མོ་ཞབས་དྲུང་རིན་པོ་ཆེར་བཅོལ་གདམས་ནན་ཏན་གནང་ཞིང་། ཆོས་སྡེ་ཆེན་པོ་བྲ་ཁྲུང་གི་ལས་སྡེ་རྣམས་སྐུ་མདུན་དུ་བཅར་སྐབས་ཀྱང་དེ་བཞིན་གནང་ཡང་། རྡོ་རྗེ་འཆང་ཞལ་མ་བཞུགས་པའི་རྗེས་སུ་ཁ་མཆུ་འགའ་ཞིག་བྱུང་བ་སོགས་ཉེར་འཚེའི་སྦྱོར་བ་རྩོམ་མཁན་དག་བྱུང་ནས་ཚང་མ་ཅི་དྲག་ལ་ཐུག་སྐབས་གོང་ས་རིན་པོ་ཆེ་སྣང་ནས་ཡར་མ་ཐེབས་པ་དང་། གཞན་པའི་མགོན་སྐྱབས་བྱེད་མཁན་སུ་ཡང་མ་བྱུང་ན་ཡང་། ཡབ་རྗེ་དམ་པའི་བརྩེ་གཟིགས་མ་དོར་བ་དང་། ཁྱད་པར་མཐུ་སྟོབས་ནུས་པའི་བདག་ཉིད་སྐྱབས་རྗེ་མཆོག་འདི་ཉིད་ཀྱི་མཐུ་ལས་གླེང་བརྗོད་མཐའ་དག་ཐན་དུས་ཀྱི་སྤྲིན་བཞིན་རང་ཡལ་དུ་སོང་ནས་གནོད་འཚེ་ཙུང་ཟད་ཙམ་ཡང་བྱེད་མ་ནུས་སོ། །

དེ་ལྟར་བཤད་སྒྲུབ་ཆོས་ཀྱི་སྐྱིད་ཚལ་ཆེན་པོ་འདི་ཉིད་བགྲང་བྱ་དྲུག་གི་རིང་ལ་ཆོས་དང་ཟང་ཟིང་གིས་ལེགས་པར་བསྐྱངས་ཏེ། དམ་པ་ཉིད་དགུང་ལོ་རེ་གཅིག་བཞེས་པ་ས་རྟའི་ལོ་གསར་སྐབས་རྡོ་རྗེ་འཆང་གི་བཞུགས་མལ་དུ་ན་བཟའ་བཀྲག་ཅན་བཞེས་ཏེ་བཞུགས་པ་སོགས་སྔོན་དང་མི་འདྲ་བའི་མཛད་པ་མང་པོ་ལྟར་བཞེས་ཤིང་། ལོ་སྔོན་མར་བཅིབ་སྒ་གསར་བསྐྲུན་ཞིག་གི་སྐབས་བཟོ་པོར་འདི་ལ་འགྲོ་གྲོན་ལེགས་པར་ཕྱིངས་དང་སྤུས་སྒ་བྱེད་རྒྱུ་ཡིན་ཞེས་སོགས་དགོངས་གཞི་ཅན་གྱི་ཞལ་གསུང་གནང་བ་དང་། སྐྱབས་རྗེ་ཚེ་ཤོས་རིན་པོ་ཆེ་རྒྱ་ནག་ནས་ཆོས་སྡེ་ཆེན་པོ་སྐུ་འབུམ་དུ་འབྱོར་བའི་མཇལ་ཁར་ཐེབས་ཏེ་ཉིན་ཤས་སྐུ་མདུན་དུ་གཞན་མི་ཆུད་པར་ཕྱི་ནང་གསང་བའི་ཞལ་ཏ་མང་དུ་མཛད་ཅིང་། དགོངས་པ་གཞན་དུ་གཏད་ཟིན་པའི་གསུང་རྗེན་པ་དང་ཕྱིས་འབྱུང་གི་ལས་དོན་མང་པོ་ཞུ་བ་གནང་སྟེ། ས་ག་ཟླ་བའི་ཆོས་དྲུག་ལ་གདན་སར་འབྱོར་བའི་ཕྱི་ཉིན་སྔུན་གཞི་བཞེས་

པའི་ཚུལ་གནང་བར་མདོ་འདུམ་སོགས་ཞབས་བརྟན་ཡོན་ཆེ་བ་བསྒྲུབས། ཆོས་བཅུ་གཅིག་གི་ཉིན་བུ་སློབ་ནང་གྲས་ཁུ་བསྡུས་ཀྱིས་བརྟན་བཞུགས་ཕུལ་བར་སྐྱེ་འཆི་ལ་དབང་ཐོབ་པ་དཀའ་བས་དེ་འདྲའི་ཁས་ལེན་མི་ནུས་ཞེས་གསུངས། བླ་སྤྲུལ་མང་ནས་བརྟན་བཞུགས་ཕུལ་བར་ཡང་ཞལ་ལན་བློ་ཁེལ་བ་མ་བྱུང་། དུས་རྒྱུན་སྐྱབས་རྗེ་དང་ཆོས་མཁན་ཆེན་མཆོག་སྤྲུལ་རིན་པོ་ཆེ་དང་ཐུགས་ནང་ཤིན་ཏུ་གཤིན་པས་ཆོས་སྲིད་གང་ལ་ཡང་སྙན་སྒྲོན་ཇི་འདྲ་ཞིག་ཕུལ་ཡང་གཞན་དང་མི་མཉམ་པའི་གསན་དགོངས་མཛད་པ་ཞིག་ཡོད་ཀྱང་། སྐབས་འདིར་ཞབས་པད་བརྟན་དགོས་པའི་རྒྱུ་མཚན་ཞུས་ཚེ་ཁྲིད་ལ་དེ་མིན་པ་གསུང་རྒྱུ་ཅང་མེད་དམ་ཞེས་མི་མཉེས་པའི་རྣམ་པ་མཛད་ཅིང་། འདུ་ཁང་སྟེང་གི་གསེར་ཏོག་སྨུར་དུ་སློང་དགོས་པའི་བཀའ་བསྒྱུར། ཚོགས་མང་ནས་ཞབས་རིམ་མང་དུ་བསྒྲུབས་ཏེ་བརྟན་བཞུགས་ཕུལ་བའི་ཕྱིར་ལན་དུ། ཇོ་རྗེ་འཆང་ཞལ་མ་བཞུགས་པ་ནས་ད་ལྟའི་བར་རྐྱེན་ཅི་ལ་ཐུག་ཀྱང་བསྲུན་བཙུགས་ནས་བཞུགས་ཚུལ། འདུ་ཁང་རྟེན་བརྟེན་པ། ཚོགས་སྲིས་སོགས་ཉེར་མཁོ་ཐམས་ཅད་བསྒྲིགས་ནས་བཞུགས་རྐྱང་བྱས་ཡོད་ཚུལ། ཁེབས་རྡོ་བ་བརྒྱབ་ནས་མེ་ཤེས་བླངས་ན་ཤེས་པའི་དཔེ་ཡིན་ཚུལ། ཐམས་ཅད་ཐུགས་མཐུན་སློས་སློབ་གཉེར་དང་དགེ་སྦྱོར་ལ་འབད་དགོས་ཚུལ་གྱི་བསླབ་བྱ་གནད་ལ་འདྲིལ་བ་ཐོག བཅོ་ལྔའི་ཉིན་གསེར་ཏོག་འཛོམ་ཐུབ་པ་གྱིས། དེའི་སྐབས་ཁོ་བོ་ཡང་འདུ་ཁང་དུ་འོང་རྒྱུ་ཡིན། འདུ་ཁང་བཞེངས་སྐབས་སུ་ལ་ཡང་ལོ་རབས་མེད་མོད། ང་ལ་ཡོན་ཏན་གཞན་མེད་ཀྱང་དཀོར་ཧ་ཅང་འདུ་བ་ཞིག་ཡིན་པས་ཤུག་པ་ལས་འདི་དག་བཞག་ན་སྟེ་འདིར་འདུ་སྒོ་འབྱུང་བའི་རྟེན་འབྲེལ་ཡོད། ཅེས་ན་བཟའ་ཆ་ཚང་དང་ཉེར་སྤྱོད་རྣམས་གསེར་ཏོག་གི་གཟུངས་གཞུག་ཏུ་གནང་ཞིང་། ཐུགས་དམ་རྟེན་ཐང་སོགས་ཕྱིན་ཆད་ཇི་ལྟར་བཤམས་ཚུལ་གྱི་ལྗོགས་བཀོད་བསྩལ། འབྱུད་པ་གཉིས་ལ་རྒྱ་གླིང་རྒྱུན་རིང་པོར་གཏོང་དུ་བཅུག་པའི་སྐབས་ཐུགས་མི་གསལ་བའི་ཚུལ་ཙུང་ཟད་གནང་བ་ནི། ཕྱིས་བརྟགས་ན་སྐུ་རྗེས་མ་འབྱུངས་པའི་དུས་དང་ཧ་ཅང་འགྲིག་པ་ནི་འཕགས་ཆེན་དམ་པའི་

ལེགས་མཛད་དཔག་པར་དཀའ་བ་ཞིག་གོ་སྙམ། བཅོ་ལྔའི་ནངས་པར་གཉྫིར་བསྐྱངས་འཕྲུལ་ཉེ་ཤར་ལ་འདུ་ཁང་རབ་གསལ་དུ་ཕེབས་ཏེ་ཚོགས་མང་ལ་མཇལ་ཁ་དང་། དབྱར་ཆོས་ཨ་རིག་ཏུ་ཕེབས་རྒྱུའི་ལྷུགས་བཀོད་བཀའ་དྲིན་བསྐྱངས་ནས། འདུ་ཁང་སྟེང་གི་གཟིམ་ཁང་དུ་ཕེབས་ཏེ་བཅོམ་ལྡན་འདས་གཟིམ་མལ་གྱི་མཐའ་མ་ལ་བཞུགས་པ་བཞིན་སེརྡི་འཁྱིང་སྟབས་ཀྱིས་མྱ་ངན་ལས་འདས་སོ། །དེའི་ཚེ་སྐབས་རྗེ་མཁན་ཆེན་མཆོག་སྤྲུལ་རིན་པོ་ཆེ་མྱུར་སྟབས་ཀྱིས་གདུང་མདུན་དུ་ཕེབས་ཏེ་འདའ་ཁ་ཡེ་ཤེས་སྙན་འབུལ་ཞུས་ཤིང་། ཉིན་དེར་གསང་རྒྱ་བྱས། མཚན་མོར་གཟིམ་ཁང་དུ་གདན་དྲངས་ཏེ་གདུང་ཆོས་ཕུལ། ཕྱི་ཉིན་ནས་གདུང་མཇལ་དང་དགོངས་རྫོགས་ཀྱི་དགེ་རྩ་རྒྱ་ཆེ་བ་རིམ་གྱིས་བསྒྲུབས་པ་དང་། དཔལ་ཆོས་མཁན་ཆེན་མཆོག་སྤྲུལ་རིན་པོ་ཆེ་བློ་བཟང་ལུང་རྟོགས་ཆོས་ཀྱི་རྒྱ་མཚོ་དཔལ་བཟང་པོས་རྡོ་རྗེ་སློབ་དཔོན་དང་། གཞན་ཚོགས་གྲྭ་ཡོངས་ཀྱི་དགེ་བའི་བཤེས་གཉེན་དུ་མས་སྐུ་གདུང་རིན་པོ་ཆེར་ཞུགས་འབུལ་གནང་ཞིང་། ཉེ་གནས་རྣམས་ཀྱིས་རིན་ཆེན་གཉིས་པའི་མཆོད་རྟེན་ཚ་ཚང་དང་ཐིག་ཚད་ཕུན་སུམ་ཚོགས་པ་ལེགས་པར་བཞེངས་གྲུབ་བསྟུན་རྗེ་མཁན་ཆེན་པ་དང་། དཀྱིལ་འཁོར་རྒྱ་མཚོའི་མངའ་བདག་འགྲོ་མགོན་ལྷ་རི་བ་རྣམ་གཉིས་ཀྱིས་གདུང་རུས་རྣམས་མཆོད་རྟེན་དུ་སྤྱན་དྲངས་པ་སོགས་སྔེ་ཞུ་བཀྲི་འོས་ཐམས་ཅད་ལེགས་པར་གྲུབ་པར་མཛད་ཅིང་། འདུ་ཁང་ཆེན་མོར་རྡོ་རྗེ་འཆང་གི་གདུང་རྟེན་མཆོད་རྟེན་གྱི་གཡས་ཕྱོགས་སུ་སྤྱན་དྲངས་ཏེ་བཞུགས་སུ་གསོལ་བ་ཡིན་ནོ། །

མཁན་རབས་གསུམ་པ་ནི། ཡབ་རྗེ་བླ་མའི་རིགས་དཔོན་ལུང་རྟོགས་ཡོན་ཏན་འབུམ་གྱི་བདག་ཉིད་མཁར་ནང་སྤྲུལ་པའི་སྐུ་རིན་པོ་ཆེ་ངག་དབང་མཁས་བཙུན་རྒྱ་མཚོ་དཔལ་བཟང་པོ་ཡིན་ལ། འདི་བའི་སྐུ་གོང་མ་ནི་བྲ་ཕྱུང་རྒྱུད་པའི་སློབ་ཟུར་མཁར་ནང་སྤྲུལ་བའི་སྐུ་རིན་པོ་ཆེ་ངག་དབང་སྙན་གྲགས་ཞེས་པ་རྡོ་རྗེ་འཆང་གི་ཕུ་བོར་གྱུར་པ་བརྟགས་འོས་ཡོན་ཏན་གྱི་མངའ་བདག་དེ་ཉིད་དོ། །དམ་པ་འདི་ཉིད་སྐུ་ཁམས་མ་བདེ་བའི་སྐབས་

སུ་རྡེ་སོ་ཕྱྭའི་མཚན་ཅན་ནས་སྐྱབས་མགོན་ཨ་རོལ་བ་བློ་བཟང་ལུང་རིགས་རྒྱ་མཚོར་ཐུགས་དམ་བརྟགས་པ་ཞུས་པར། སྐུ་མཆེད་ཞབས་དྲུང་གི་སྐུན་གཞི་དེར་སྨན་བཅོས་རིམ་གྲོས་ཕན་དཀའ་ཡང་། ཁོ་རང་ཉེ་འབྲེལ་ལ་ཞེ་འཁྲིང་ཅུང་ཡོད་པ་འདྲ་བས་སྐྱེས་སྲིད་ཐག་རིང་ཞིག་ཏུ་མི་ལེན་པ་འདྲ་ཞེས་སྒྲ་གསང་མེད་པར་གསལ་བར་ལུང་བསྟན་པ་ལྟར་མཆོག་སྤྲུལ་དམ་པ་འདི་བ་ནི། རྡོ་རྗེ་འཆང་གི་གཅེན་ཨ་ཀ་མཆོག་གྲུབ་ཏུ་གྲགས་པ་དད་པ་ཆེ་ཞིང་ཁ་དོན་བཟླས་བརྗོད་ལ་བརྩོན་པ་སོགས་ཁྱིམ་པ་ཡ་རབས་ཀྱི་སྤྱོད་ཚུལ་ཅན་དེ་ཉིད་ཀྱི་སྲས་སུ་རབ་བྱུང་བཅོ་ལྔ་བའི་ས་ཡོས་ལོར་（༡༨༧༩）སྐུ་བལྟམས། གཞོན་དུས་ནས་རྗེ་མཁར་ནང་བའི་ཡང་སྤྲུལ་དུ་ངོས་འཛིན་གནང་། རྡོ་རྗེ་འཆང་སོ་ཕྱྭའི་ཞབས་ལས་རབ་ཏུ་བྱུང་ཞིང་། མཚན་ལ་ངག་དབང་མཁས་བཙུན་རྒྱ་མཚོར་གསོལ། ཡི་གེ་འབྲི་ཀློག་དང་ཆོས་སྤྱོད་ཚོགས་འི་རིམ་པ་མང་པོ་ཐུགས་འཛིན་གནང་། རྗེ་འདི་ཉིད་སྐུ་ན་ཕྲ་མོའི་དུས་ནས་བཟུང་སྐྱོ་ཤས་དང་ངེས་འབྱུང་གིས་ཐུགས་རང་དབང་མེད་པར་གཡོས་པའི་རྟགས་མཚན་མང་པོ་རྒྱུན་དུ་མཐོང་རྒྱུ་ཡོད་པ་ཞིག་ཡིན་པར་གྲགས། བླ་མ་རྡོ་རྗེ་འཆང་ཆེན་པོ་ལས་དབང་ལུང་རྗེས་གནང་ཁྲིད་ཞལ་ལུང་མན་ངག་སོགས་ཀྱི་ཆོས་རྒྱུན་མང་པོ་མནོས་ཤིང་། རྡོ་རྗེ་འཆང་གི་དྲུང་དུ་བསྙེན་པར་རྫོགས། ཡབ་རྗེ་གསེར་ཁང་ཆེན་པོ་དང་བླ་མ་རྡོ་རྗེ་འཆང་གི་ཕྱག་སྲོལ་བཞིན་སྡོམ་པ་གསུམ་གྱི་བཅས་མཚམས་མཐའ་དག་མིག་འབྲས་བཞིན་སྲུང་བ་གཞིར་བཞག་ཐོག རྒྱུན་དུ་བཅད་རྒྱའི་ངོས་བསགས་སྒྲུབས་གཙོར་འདོན་སྙིགས་ལམ་ཡོངས་རྫོགས་ཀྱི་ཉམས་བཞེས་ལ་གཞོལ་བར་མཛད་དོ། །

སྐྱབས་རྗེ་སྐུ་མཆེད་རིན་པོ་ཆེ་ཞིང་ཁམས་གཞན་དུ་གཤེགས་པའི་ཚུལ་བཞིས་རྗེས། གདན་སའི་ལས་སྡེ་རྣམས་ཀྱིས་ཆོས་སྡེ་འདིར་གཏན་བཞུགས་གནང་བའི་དམ་པ་འདི་ཉིད་ཀྱི་གསོས་མཆོག་གི་སྤྲུལ་བའི་སྐུ་འགའ་ཞིག་གི་མཚན་ཡི་གེར་ཕབ་སྟེ་ཡབ་རྗེའི་གདུང་མདུན་དུ་ཟན་བསྒྲུར་བ་དེ་མ་ཐག་དམ་པ་འདི་ཉིད་ཀྱི་མཚན་ཕྱུང་སྟེ། འདིའི་དོན་མགོན་པོ་ཉིད་ལ་ཞུས་པར་ཞལ་བཞེས་ལེགས་པར་གནང་བ་ལྟར་རབ་བྱུང་བཅོ་ལྔ་བའི་ས་རྟ་ལོར་（༡༩༡༨）

མདོ་སྔགས་བྱང་རྒྱུད་ཀྱི་ན་ལེནྡྲ་དཔལ་མི་འགྱུར་དགེ་ལྡན་བཀྲ་ཤིས་ཆོས་སྡིངས་ཀྱི་ལུགས་གཉིས་ཀྱི་དགེ་མཚན་མི་ཉམས་པར་སྐྱོང་བའི་ཁུར་བཞེས་ཤིང་། རྡོ་རྗེ་འཆང་ཡབ་སྲས་ཀྱིས་བྱིན་གྱིས་བརླབས་པའི་མི་འཛིགས་སེངྒེའི་ཁྲི་ལ་ཞབས་སྐྱེས་པདྨའི་འདབ་ཕྲེང་ཉེ་བར་བཀོད་དེ། དགའ་སྟོན་གྱི་ཡོ་ལང་རྒྱ་ཆེར་བསྟར། སྟོན་བླ་མ་རྡོ་རྗེ་འཆང་གི་དྲུང་དུ་སྐྱབས་རྗེ་སྐུ་མཆེད་རིན་པོ་ཆེ་དང་དམ་པ་འདི་བཅས་ལྷན་བཞུགས་ཀྱི་སྐབས་ཤིག་ཏུ་ཡབ་རྗེ་མཆོག་གིས་གསོལ་འབྲས་བཞེས་འཕྲོ་སྐུ་མཆེད་ཚང་ལ་གནང་བ་ཙུང་ཟད་བཞེས་རྗེས་རྗེ་འདི་བར་གནང་བ་ལྷག་མེད་དུ་གསོལ་བས། རྡོ་རྗེ་འཆང་ཐུགས་དགྱེས་པའི་ཉམས་གནང་བ་བྱུང་བ་ཡང་། ཆོས་ཀྱི་རྒྱལ་པོ་གང་གི་རྒྱལ་ཚབ་ཏུ་དམ་པ་འདི་གཉིས་རིམ་བཞིན་བཞུགས་དགོས་པ་དང་། ལྷག་པར་འགྲོ་མགོན་མཁར་ནང་མཆོག་སྤྲུལ་རིན་པོ་ཆེ་འདི་ཉིད་ཆོས་ཁྲིར་ཡུན་རིང་ཙམ་བཞུགས་ནས་གདན་ས་སྐྱོང་རྒྱུའི་རྟེན་འབྲེལ་དང་ལུང་བསྟན་དུ་ཁྲིགས་ཚུད་པ་བྱུང་སྟེ། ཐམས་ཅད་དགའ་དད་སྤྲོ་གསུམ་འགྲན་པ་བཞིན་དུ་འཕེལ་བར་གྱུར་ཏོ། །

རྗེ་འདི་བར་བླ་སྤྲུལ་ཞིག་ཡིན་པ་རྒྱུ་མཚན་དུ་བྱས་ནས་འཚོལ་སྒྲུབ་ལ་འབད་རྒྱུའི་འདུན་པ་ཙམ་ཡང་གཞོན་དུས་ནས་མི་སྣང་ཞིང་། དད་པས་ཕུལ་བ་ལའང་དགག་དགོས་རྣམ་དབྱེ་ལ་ཞིབ་ཏུ་གཟིགས་ནས་གཞན་དོན་དུ་འགྱུར་ངེས་མ་གཏོགས་གཏན་མི་བཞེས་ལ། ངང་གིས་འདུ་བའི་འབྱོར་བ་དག་ཀྱང་འཕྲལ་འཕྲལ་དུ་ཞིང་དག་པ་སོ་ནར་བཏང་སྟེ། བྱ་བཏང་དཀྱུས་མའི་ངང་ཚུལ་ལས་གཡོ་བ་མེད་པ་ཞིག་ཡིན་པ་ནི། དཔེར་ན། དད་ལྡན་ཞིག་གིས་གདན་དཀར་ཞིག་ཕུལ་བ་ཉེ་གནས་ཀྱིས་མཛོད་ཁང་དུ་ཉར་བ་གཟིགས་ནས་སྐུ་བསྟུན་ཚུལ་བཞེས་ཤིང་། གདན་དེ་ཚོགས་ལ་ཕུལ་ནས་སྐྱབས་འཇུག་ཞུས་པ་ན། དེ་མ་ཐག་སྐུ་བསྟུན་སངས་དྭངས་སུ་སོང་ཚུལ་གནང་བ་སོགས་དེ་ལྟ་བུའི་རྣམ་ཐར་ཡ་མཚན་ཅན་མང་ངོ་། །དེ་ལྟར་དམ་པ་འདིས་རྒྱུ་ནོར་བསོག་བསྲུང་གཏན་མི་གནང་བར་བྱ་བཏང་དཀྱུས་མར་མཚུངས་པས་ཕྱག་རྒྱུ་གཏན་མེད་ཅིང་། ཁྲི་བཞུགས་གཏོང་སྒོ་ཙུང་ཆེ་སྐབས

ཉེ་གནས་བསྟན་པ་སེམས་འཚབས་ཏེ། འབྲོག་ཕྱོགས་སུ་ཕེབས་རྒྱུའི་སྐན་བསྐུལ་ཡང་ཡང་ཞུས་ཀྱང་དཀོན་མཆོག་ལ་གསོལ་བ་བཏབ་ན་མི་བསླུ་མོད་གསུངས་ནས་གསན་དགོངས་གཏན་མ་གནང་བར་ལྟོད་བཞུགས་སློས་སྟར་མུས་བཞིན་དགེ་སྦྱོར་ལ་བརྩོན་པ་ལས་གཏོང་སྒོའི་འགྲོ་སྒྲོན་སྐོར་གྱི་ཞལ་བརྗ་ཙམ་ཡང་མི་གནང་། འཆར་ཅན་མཆོད་འབུལ་གྱི་དུས་ལ་གཏུགས་ཀྱང་ཕྱག་རྒྱུ་གཏན་ནས་མེད་པས། ཉེ་གནས་བསྟན་པ་ཅི་དྲགས་ལ་ཐུག་སྐབས་སོག་པོའི་བླ་ཆན་ཕྱུག་པོ་ཞིག་འདའ་སྐབས་ཁ་ཆེམས་བཞག་པ་ལྟར་ཁོ་བོའི་ཉེ་འབྲེལ་རྣམས་ཀྱིས་དངུལ་རྗེ་ཚད་བཅུ་ཐྲག་ལྷག་མགོན་པོ་འདི་ཉིད་ཀྱི་ཕྱག་ཏུ་ཕུལ། དེ་ལ་གཞི་བྱས་ནས་ལོ་དང་པོའི་མཆོད་འབུལ་སྐབས་སུ་ཀུན་སྤངས་འདུས་པའི་སྡེ་རིན་པོ་ཆེར་ཇ་ཐུག་མང་འགྱེད་སོགས་ཀྱི་བསྙེན་བཀུར་གྱ་ནོམ་པ་བསྟབས་ཤིང་། མཆོད་ཆུ་ལ་ཁ་ཆེ་གུར་ཀུམ་ཤིན་ཏུ་མང་པོ་བཏབ་པས་དྲི་བཟང་གིས་དགོན་པའི་གླིང་ཕྱི་ནང་ཐམས་ཅད་ཁྱབ་པ་བྱུང་བར་ཀན་རབས་རྣམས་གླེང་བ་ཐོས་སོ། །དེ་ནས་ཀྱང་ལོ་གསར་ཚེས་གཅིག་ཉིན་མ་གཏོགས་གཞན་ལ་མཇལ་ཁ་ཙམ་ཡང་མི་གཏོང་བར་ལོ་དེ་སྐྱིད་དུ་དམ་པ་ཉིད་བཅད་རྒྱུའི་ངོས་རིམ་གཉིས་ཀྱི་ཉམས་བཞེས་ལ་གཞོལ་བ་ལས་ཁྲི་སྐྱོང་ཁུར་ལ་སྐད་ནས་རྟེད་འཚོལ་སོགས་གཏན་མ་གནང་ནའང་། དཔལ་འཁོར་ལོངས་སྤྱོད་ཆར་བཞིན་དང་གིས་འདུ་བ་བྱུང་སྟེ། འཆར་ཅན་མཆོད་འབུལ་སོགས་གཏོང་སྒོ་མཐའ་དག་ལོ་རེ་ལས་ལོ་རེར་ཇེ་ལེགས་སུ་བཏང་བ་ཡིན་ལ། འགྲིག་ལམ་ལ་རྟེང་བསྐུལ་ནན་ཏན་དང་འཆད་ཉན་དང་ཉམས་བཞེས་འཕེལ་བའི་ཐབས་ཚུལ་མང་དུ་བསྟར་བས་བཀའ་པོད་ལྔའི་འཆད་ཉན་དབྱར་གྱི་ཆུ་གཏེར་ལྟར་འཕེལ་ཞིང་། དུས་དེའི་གྲྭ་རྒྱུན་ལས་ཉེ་འོང་དགེ་འདུན་དར་རྒྱས། ཤེས་རབ་རྒྱ་མཚོ། བྱ་མདོའི་མཁས་བཙུན་རྒྱ་མཚོ། མོག་ཏུའི་བློ་བཟང་བསྟན་དར་དང་སྐལ་བཟང་མཐའ་ཡས་རྒྱ་མཚོ་སོགས་མདོ་སྔགས་རིག་གནས་དང་བཅས་པ་ལ་མཁས་པའི་དགེ་བའི་བཤེས་གཉེན་མང་པོ་བྱོན་པ་ཡིན་ནོ། །སྤྱིར་འགྲོ་བའི་མགོན་པོ་མཆོག་འདི་ཉིད་ཐུགས་བསྐྱེད་ཆེ་ཞིང་འཕྲུལ་ཕྱུགས་ཀྱི་ཁེ་ཉེན་དཔྱོད་པ་དང་ལས་འབྲས་ཀྱི་བླང་དོར་ཞིབ་ཏུ་གནང་བ་ལས་བྱ་བ་གང་

ཡའང་གྱི་ཆོམ་དུ་འཇུག་པ་མི་སྲིད་ལ། མཉེན་འཇམ་སྙན་ཚ་ཚེ་ཞིང་འགྱུར་ཁུགས་ངོད་པའི་གསུང་དབྱངས་ཐོས་པ་ཙམ་གྱིས་ཡིད་དབང་མེད་དུ་འགུགས་ནུས་པ་དང་། གཞི་ཚུལ་ཁྲིམས་རྣམ་པར་དག་པ་ལ་གནས་ཤིང་བསགས་སྦྱངས་གཙོར་འདོན་གྱིས་ཐོས་བསམ་སྒོམ་པ་ཡམ་བྲལ་བར་བྱེད་པའི་བཀའ་གདམས་གསར་རྙིང་གི་མཁས་གྲུབ་དམ་པ་སྔོའི་རྣམ་ཐར་གཙང་མ་ལས་ནམ་ཡང་མི་འདའ་ཞིང་། ཞལ་དཀྱིལ་དང་གསུང་གདངས་བྱམས་བརྩེ་བདུད་རྩིས་བརླན་ཞིང་འཇམ་པས། ཞལ་མཇལ་བ་ཙམ་གྱིས་ཡིད་དུད་པར་མཛད་པ་དང་། ཕེབས་དུས་གཉའ་ཤིང་གང་ཙམ་ལ་གཟིགས་ནས་འཕགས་པའི་མི་སྨྲ་བའི་བརྟུལ་ཞུགས་ཀྱི་ངང་ནས་ཆོས་མཐུན་གྱི་སྤྱོད་པས་ཕེབས་བཞུད་གནང་བ་སོགས་སྤྱོད་ལམ་མཐོང་བ་ཙམ་གྱིས་དང་བ་འདྲེན་པ་དང་། སྐུ་ལུས་བཀྲོལ་ནས་གཟིམས་པ་མི་སྲིད་ཅིང་རྒྱབ་བསྙེལ་དང་འཕྲེད་ཉལ་སྤངས་ཏེ་ཉིན་མཚན་དུས་དྲུག་ཏུ་སྐྱིལ་ཀྲུང་ལས་གཡོ་བ་མེད་པར་དགེ་སྦྱོར་ལ་བརྩོན་པ་གནང་བས་སྐུའི་འཕོངས་དང་ཞབས་ཀྱི་རྩིབ་ཡོངས་རྫོགས་རྨེན་བུའི་དྲ་བར་གྱུར་པ་ཕྱིས་སྐུ་འདས་རྗེས་སྐུ་གདུང་ལ་སྲི་ཞུ་བྱེད་མཁན་དགེ་བའི་བཤེས་གཉེན་དགེ་འདུན་བསྟན་རྒྱས་སོགས་ཀྱིས་དངོས་སུ་མཇལ་བར་གསུངས་པ་ནི། གངས་ལྗོངས་གྲུབ་པའི་འཁོར་བསྐྱུར་རྗེ་བཞད་པའི་རྡོ་རྗེའི་རྣམ་ཐར་ལ་འགྲན་པའི་ཆེས་ངོ་མཚར་རྨད་དུ་བྱུང་བའི་མཛད་བཟང་དུ་རིག་པར་བྱའོ། །

དེ་ལྟར་རྣལ་འབྱོར་ལ་བརྩོན་པ་ཆུ་བོའི་རྒྱུན་བཞིན་གནང་བས་སྤངས་རྟོགས་ཡོན་ཏན་གྱི་གཏེར་དུ་གྱུར་ཅིང་གྲུབ་པའི་གོ་འཕང་མཐོན་པོར་གཤེགས་ཀྱང་། ལྟ་མཐོང་འདྲེ་མཐོང་དང་མངོན་ཤེས་སོགས་ཀྱི་ཟུར་ཙམ་ཡང་མི་གསུང་བར་ཡོན་ཏན་ཐམས་ཅད་བུམ་ནང་གི་མར་མེ་ལྟར་སྦ་བར་མཛད་དོ། །དེ་ལྟ་ནའང་དད་ལྡན་དག་གིས་བློ་གཏད་ཀྱིས་གསོལ་བ་བཏབ་ན་བྱིན་བརླབས་དང་ནུས་མཐུ་ཟད་མི་ཤེས་པ་མངའ་བས་ནད་ལས་གྲོལ་བ་དང་འཆི་ཁར་ཞལ་དངོས་སུ་མཇལ་བ། ཞལ་བཟོའི་གསུང་ཟུར་སོགས་ལ་བརྟག་མཁས་ན་སྔགས་གྱུར་མཐའ་དག་མངོན་སུམ་དུ་གཟིགས་པའི་རྟགས་མཚན་ཤིན་ཏུ་མང་བ་སོགས་རྣམ་

ཐར་ཡ་མཚན་ཅན་མང་ཡང་འདིར་རྒྱས་པར་མ་སྤྲོས་སོ། །དེ་བས་རྡོ་རྗེ་འཆང་རྗེ་འཇིགས་མེད་འཕྲིན་ལས་རྒྱ་མཚོའི་ཞལ་སྔ་ནས་ཀྱིས་ཀྱང་། ཉིད་ཀྱི་རྗེས་འབྲངས་དགེ་བཤེས་རྣམས་ལ། ཀྲི་ཚའི་རྒྱལ་ཚབ་རིན་པོ་ཆེ་འདི་བ་ནི་བྱང་ཆུབ་སེམས་དཔའ་ཆེན་པོ་ཞིག་ཏུ་ཐེ་མི་ཚོམ་པས། ཁྱེད་རྣམ་པས་ཁ་གཏོང་བ་སོགས་ལ་གཟབ་དགོས། ཞེས་གསུངས་པར་གྲགས་སོ། །དམ་པ་འདི་ཉིད་ཁྲིར་བཞུགས་རིང་གདན་ས་རང་ནས་སེམས་དཔའ་ཆེན་པོ་རྗེ་ཁ་གྲུ་བ་འཇམ་དབྱངས་དཔལ་ལྡན། མཁས་གྲུབ་ཆེན་པོ་མ་ཏི་ཟྲི་གྲགས་པ་རྒྱ་མཚོ། སྙིགས་དུས་ཀྱི་འཕགས་པ་ཉེ་བར་འཁོར་རྗེ་གསེར་ལག་པ་འཇམ་དབྱངས་རྒྱ་མཚོ་སོགས་ཀྱིས་རྒྱུད་སྡེ་བཞིའི་སྤྱི་ཟུར་གྱི་དབང་དང་རྗེས་གནང་། རྒྱ་བོད་མཁས་གྲུབ་ཚད་ལྡན་མང་པོའི་བཀའ་འབུམ་གྱི་བཀླག་ལུང་དང་ཁྲིད་སོགས་ཆོས་རྒྱུན་རྣམ་དག་མཐའ་ཡས་པ་སྤེལ་བར་མ་ཟད། ཐ་སྙད་རིག་གནས་ཀྱི་འཆད་སྤེལ་ཀྱང་རྒྱ་ཆེར་གནང་བའི་མཐུ་ལས་གདན་ས་དམ་པ་འདི་ཉིད་མདོ་སྔགས་བྱང་རྒྱུད་ཀྱི་ན་ལེནྡྲའི་མཚན་བྱུང་བར་གཟུར་གནས་བློ་གྲོས་དང་ལྡན་པ་རྣམས་དེང་དུས་སུའང་གླེང་། རྒྱལ་ཚབ་རིན་པོ་ཆེ་ཉིད་ཀྱིས་ཀྱང་དགེ་བའི་བཤེས་གཉེན་དུ་མའི་དྲུང་ནས་ཆོས་བཀའ་མང་པོ་གསན་པར་མཛད་ཡང་རྣམ་ཐར་ས་བོན་མེད་པས་འགོད་མ་ནུས་ལ། ཁྱད་པར་དུ་ཆུ་བྱ་ལོར་ཐུབ་བསྟན་མི་ནུབ་པའི་རྒྱལ་མཚན་གྱེན་དུ་འདེགས་པའི་ཐུགས་སྨོན་གྱི་མཐུ་ཞུལ་ཏུ་ཕྱིན་པ། བསྟན་པ་འཛིན་པ་མ་ལུས་པའི་གཙུག་གི་ནོར་བུ་འཇམ་མགོན་ཙོང་ཁ་པ་ཆེན་པོའི་རྣམ་འཕྲུལ། ཀུན་གཟིགས་པཎ་ཆེན་རིན་པོ་ཆེ་སྐུ་སྔ་ཕྱིའི་རིགས་ཀྱི་བདག་པོར་བཞེངས་པ་རྡོ་རྗེ་འཆང་འཇིགས་མེད་འཕྲིན་ལས་རྒྱ་མཚོ་དཔལ་བཟང་པོ་གདན་ས་འདིར་ཕྱགས་ཕེབས་པའི་སྤྱན་སྔར་སྔ་གོན་གཅིག་འཕྲུས་ཀྱིས་རྫོག་དཀྱིལ་བདུན། གསང་འདུས་འཇམ་རྡོར་དང་འཇིག་རྟེན་དབང་ཕྱུག འཇིགས་བྱེད་ལྷ་བཅུ་གསུམ་མ། གཤེད་དམར་ལྷ་ལྔ། བདེ་མཆོག་ངམ་རྫོང་སྙན་རྒྱུད། ཤངས་ལུགས་རྟ་མགྲིན། བུདྡྷ་ཤྲཱིའི་ལུགས་ཀྱི་ཁྲོས་ནག་ལྷ་ལྔ། མ་ཅིག་ཞི་བ། མི་འཁྲུགས་པ་ལྷ་བཅུ་གསུམ། འོད་ཟེར་དྲི་མེད་ལུགས་གཉིས། གཙུག་ཏོར་དྲི་མེད་ལྷ་ལྔ། ཐུགས་རྗེ་ཆེན་པོ་བཅུ་གཅིག་

ཞལ། ཐེག་ལེ་བཅུ་དྲུག་རྣམས་ཀྱི་དབང་། ནམ་མཁའ་སྒོ་འབྱེད་དང་རྒྱལ་ཐང་བའི་ལུགས་ཀྱི་གཙོད་དབང་། འཇམ་དབྱངས་དཀར་དམར། རིགས་གསུམ་སྤྱི་སྒྲུབ། དྲག་པོ་སུམ་དྲིལ། རིགས་བྱེད་མ། ཚོགས་བདག་འདོད་རྒྱལ་ཐུན་མོང་བ་རྣམས་ཀྱི་རྗེས་གནང་། འཇམ་དཔལ་ཞལ་ལུང་། ངག་བྱིན་རླབས། ཐེག་ལེ་བཅུ་དྲུག ཐུན་དྲུག་རྣལ་འབྱོར། དཔལ་བོ་གཡུལ་འཇུག མེ་ཏོག་བཅུད་ལེན། རྡོར་སེམས་སྒོམ་བཟླས། བསྙེན་སྒྲུབ་སྒྲགས་མ། བཅུ་ཆ་རྣམས་ཀྱི་ཁྲིད་དང་བརྒྱ་རྩའི་ཕྱག་ཁྲིད། རིམ་ལྔ་གསལ་སྒྲོན། སྦས་དོན་ཀུན་གསལ་གྱི་ཞལ་ལུང་། བཀའ་གདམས་གླེགས་བམ་གྱི་ལུང་། འཇམ་དཔལ་ཞལ་ལུང་དང་འབྲེལ་བའི་སེམས་བསྐྱེད་མཆོད་པ་བཅས་དཀྱིས་བཞིན་བསྐྱལ་བ་ལེགས་པར་མཛོས་ཤིང་། ས་སྟེང་གི་རྒྱལ་བསྟན་ཡོངས་ཀྱི་མངའ་བདག་གོང་ས་ལྔ་མའི་རྣམ་འདྲེན་ཀུན་གཟིགས་སྣང་བ་མཐའ་ཡས་པཎ་ཆེན་ཆོས་ཀྱི་རྒྱལ་པོ་བློ་བཟང་ཐུབ་བསྟན་ཆོས་ཀྱི་ཉི་མ་ལུགས་གཉིས་ཀྱིས་མཛོ་བའི་དྲིགས་ལྡན་མང་པོའི་འཁོར་དང་བཅས་སྤྱན་དྲངས་ཏེ་སྐྱེ་འདིར་བྱོན་པའི་སྤྱན་སྔར་ཀྱང་ཆོས་བཀའ་འགའ་ཞིག་གསན་བཞེས་མཛད། རྗོད་རྒྱུགས་བཞེས་སྐབས་ཐམས་ཅད་མཁྱེན་པ་འདུ་ཁང་རབ་གསལ་དུ་བཞུགས་སུ་གསོལ་ཞིང་། ཡོང་གི་གཟིགས་པའི་ཆོས་གྲྭའི་མཐིལ་དུ་འཛིན་གྲྭ་སོ་སོས་བགྲོ་གླེང་གཏོང་དུ་བཅུག་པ་ལ་རྗོད་པ་ཕྱོགས་ཤིན་ཏུ་ཆེ་སྟབས་པཎ་ཆེན་མཆོག་ཐུགས་དགྱེས་པའི་རྗེར་སོན་ཅིང་། ཉིད་དངོས་སུ་ཆོས་གྲྭའི་མཐིལ་དུ་ཕེབས་ཏེ་འཛིན་གྲྭ་སོ་སོའི་བགྲོ་གླེང་ལ་ཞིབ་གཟིགས་བཀའ་དྲིན་བསྐྱངས་པར་མ་ཟད། སྐྱེ་འདིའི་འཆད་ཉན་ལ་བསྔགས་བརྗོད་རྒྱ་ཆེར་གནང་། ཐུགས་ཏ་ཅང་དགྱེས་སྤྲོའི་ཉམས་ཀྱིས་ཉི་ནུབ་བར་ཞིབ་ཏུ་གསན་བཞེས་སྐོས་གཟིམ་ཁང་དུ་མ་ཕེབས་པ་ལ་མགྲོན་གཉེར་སོགས་ཀྱིས་སྐན་སྐུལ་ཡང་ཡང་བྱས་ནས་གདན་འདྲེན་དགོས་པ་བྱུང་། འདི་ལྟ་བུའི་མཛད་པ་མགོན་པོ་གང་ཉིད་རྒྱུན་རིང་བཞུགས་པའི་ཆོས་སྡེ་གང་དུའང་མ་གནང་བར་གྲགས་སོ། །

དེ་ལྟར་སྐབས་རྗེ་མཁར་ནང་མཆོག་སྤྲུལ་རིན་པོ་ཆེ་འདི་ཉིད་ཀྱིས་ཡབ་རྗེ་ཆོས་ཀྱི་

རྒྱལ་པོ་སེཾ་ཕྲའི་ཞབས་ཡབ་སྲས་ཀྱིས་བཙུགས་པའི་བཤད་སྒྲུབ་ཀྱི་སྲོལ་བཟང་པོ་མ་ཉམས་པར་ཡར་ལྡན་དུ་འཕེལ་བ་གནང་བས་མཚོན། གདན་ས་ཆེན་པོ་འདི་ཉིད་ཆོས་དང་ཟང་ཟིང་གིས་བགྲང་བྱ་བཅོ་བརྒྱད་ཙམ་ལ་ལེགས་པར་བསྐྱངས་ཤིང་བཀའ་དྲིན་མཆོག་ཏུ་ཆེ་སྐབས་སྐྱབས་རྗེ་རྒྱལ་ཚབ་རིན་པོ་ཆེ་ཞེས་མཚན་འཛིན་པ་ཡིན་ནོ། །མི་ཕྱི་ལོར་གདན་ས་ཆེན་པོའི་ཁྲི་ཁུར་དགོངས་ཞུ་གནང་སྐྱེ་འདུས་པའི་སྐྱེ་རིན་པོ་ཆེའི་མཚན་ཐོ། བདག་ཅག་གི་འདྲེན་པ་མཚུངས་པ་མེད་པ་ཁྱབ་བདག་འཁོར་ལོའི་མགོན་པོ་རྡོ་རྗེ་འཆང་གི་མཆོག་སྤྲུལ་རིན་པོ་ཆེ༧རྗེ་ཞྭ་དམར་བ་བློ་བཟང་བཤད་སྒྲུབ་བསྟན་འཛིན་རྒྱ་མཚོ་དཔལ་བཟང་པོའི་ཕྱག་ཏུ་ཕུལ་ཏེ། ཟུར་བཞུགས་སྒོམ་ཕུགས་དམ་ཟབ་མོའི་ཉམས་བཞེས་ལ་གཞོལ་བའི་མུར་ལོ་འགའ་བཞུགས་ཏེ། དགུང་ལོ་དྲུག་ཅུ་བ་ས་སྟག་ལོར་སྐུ་བསྡུན་ཚུལ་བཞེས་པ་ལ་རིམ་གྲོ་རྒྱ་ཆེར་བསྒྲུབས་ཏེ་བརྟན་བཞུགས་ཞུ་ཕྱི་ཐེངས་འགའ་ཕུལ་ཡང་། དགོངས་པ་གཞན་དུ་བཏང་ཟིན་པའི་གསུང་རྗེན་པ་དང་ཡབ་རྗེའི་མཆོག་སྤྲུལ་རིན་པོ་ཆེར་སྐྱབས་འཇུག་ཞུ་བ་གནང་བ་སོགས་དགོངས་གཞི་ཅན་གྱི་གསུངས་འགའ་གནང་སྐྱེ་ཟླ་བ་བཅུ་གཅིག་པའི་ཚེས་ཉེར་གཉིས་ལ་གཟུགས་སྐུའི་བཀོད་པ་ཆོས་དབྱིངས་སུ་བསྡུས་སོ། །

དེ་ནས་གདན་ས་འདི་དང་ཆོས་སྡེ་ཆེན་པོ་བྱ་ཁྱུང་སོགས་སུ་དགོངས་རྫོགས་དགེ་སྒྲུབ་རྒྱ་ཆེར་མཛད་ཅིང་། སྐུ་གདུང་རིན་པོ་ཆེར་དམ་པ་ཉིད་ཀྱི་ཞལ་ཆེམས་ལྟར་བྱ་གཏོར་བྱས་ཤིང་། གདུང་རུས་རྣམས་རུས་ཚོག་སོགས་ཀྱིས་སྦྱི་ཞུ་ལེགས་པར་གྲུབ་རྗེས་གསེར་ཟངས་ཀྱི་མཆོད་རྟེན་དུ་གདན་དྲངས་ནས་འདུ་ཁང་ཆེན་མོར་རྡོ་རྗེ་འཆང་གི་གདུང་རྟེན་མཆོད་རྟེན་གྱི་གཡོན་ཕྱོགས་སུ་བཞུགས་སུ་གསོལ་བ་ཡིན་ནོ། །

མཁན་རབས་བཞི་བ་ནི་བཅོམ་ལྡན་འཁོར་ལོ་སྡོམ་པ་ཡབ་ཡུམ་གདུལ་བྱའི་དོན་དུ་ངུར་སྨྲིག་གི་ཟློས་གར་སྒྱུར་བ། ཡབ་རྗེ་རྡོ་རྗེ་འཆང་སེཾ་ཕྲའི་མཚན་ཅན་སྔར་ཡང་ཡང་སྲིད་གསར་བའི་གར་དུ་རྩེན་པ། བདག་ཅག་རྣམས་ཀྱི་མི་རྟག་ཐོག་པའི་ལྷ་སྐལ་མཁས་ཤིང་གྲུབ་པའི་དབང་ཕྱུག་བཀའ་དྲིན་མཚུངས་མེད་རྗེ་ཞྭ་དམར་བ་བློ་བཟང་བཤད་སྒྲུབ་བསྟན་

འཛིན་རྒྱ་མཚོ་དཔལ་བཟང་པོ་ཡིན་ལ། རྗེ་བཙུན་བླ་མ་འདི་ཉིད་ཀྱི་གཟུགས་སྐུའི་མེ་ཏོག་གསར་དུ་བཞད་པའི་ཡུལ་ནི་མདོ་སྨད་བྱང་རྒྱུད་ཀྱི་འཛུ་ལག་མཐོན་པོ་བཙུ་གསུམ་དུ་གྲགས་པའི་ནང་ཚན་གངས་དཀར་ནོར་བུ་བཟང་པོའི་ཉེ་འགྲམ་དུ་དད་པ་དང་གཏོང་བའི་ནོར་གྱིས་མཛེས་པའི་འབྲོག་སྡེ། གནའ་བོའི་དུས་ནས་སྔན་གྲགས་ཀྱི་རྒྱལ་མཚན་མཁའ་ལ་གཡོ་བའི་ཨ་རིག་ཆུ་སྟོད་མར། སྡེ་དེ་གའི་ཚོ་ཁག་གཅིག་གི་དཔོན་པོ་འགྱུར་མེད་དུ་གྲགས་པ་དཔའ་ཞིང་མཛངས་ལ་རྟུལ་ཕོད་པ། མཆོག་གསུམ་བླ་མར་འཛིན་པའི་དད་གུས་ཀྱིས་སྙིང་གང་ལ། གདན་ས་འདི་དང་ཕྱོགས་ཀྱི་འདུས་སྡེ་མང་པོར་བསྙེན་བཀུར་དུ་བྱས་པས་བསྟན་པའི་སྦྱིན་བདག་ཆེན་པོར་གྱུར་པ་དེ་ཉིད་ཀྱི་བུ་རྒྱ་རྒྱལ་དོན་འགྲུབ་དང་། དེའི་ཆུང་མ་ཕྱུར་བཟའ་ཚེ་རིང་སྐྱིད་ཅེས་པ་བུད་མེད་ཀྱི་སྐྱོན་དང་བྲལ་ཞིང་དད་པ་དང་གཏོང་བའི་ནོར་གྱིས་མཛེས་པ་སོགས་བསྔགས་པར་འོས་པའི་ཡོན་ཏན་མང་པོ་དང་ལྡན་པ་དེ་གཉིས་ཀྱི་སྲས་སུ་རབ་བྱུང་བཅོ་ལྔ་བའི་ཤིང་སྟག་(༡༩༡༨)ལོར་ངོ་མཚར་བའི་ལྟས་དང་བཅས་ཏེ་སྐུ་བལྟམས། དགུང་ལོ་དྲུག་ཏུ་སོན་པ་ས་ལུག་ལོར་ཀུན་གཟིགས་རྒྱལ་བའི་དབང་པོ་བཅུ་གསུམ་པ་ཆེན་པོས་རྡོ་རྗེ་འཆང་སེང་ལྷའི་ཞབས་ཀྱི་མཆོག་སྤྲུལ་དུ་ཐག་བཅད་པའི་བཀའ་ཤློགས་ཕྱག་རྒྱའི་རེ་ཁྲས་སྩལ་པ་སློབ་འབངས་ཡོངས་ཀྱི་སྤྱི་བོའི་རྒྱན་དུ་འཁྱེར་བས་དབྱུལ་པོས་གཏེར་རྙེད་པ་ལྟ་བུ་སྤྲོ་དགའི་རླབས་ཕྲེང་མཁའ་ལ་ལུད་པའི་སྐལ་བཟང་མངོན་དུ་གྱུར། སྔོན་ཤིང་སྤྲུལ་ལོར་རྡོ་རྗེ་འཆང་ཨོ་བསྲུ་དགོན་དུ་བཞུགས་སྐབས་ཨ་རིག་དཔོན་པོ་འགྱུར་མེད་ནས་ངའི་བུ་རྒྱ་རྒྱལ་དོན་འགྲུབ་ཟེར་བ་རང་བཞིན་བཟང་པོ་ཅན་ཞིག་ཡིན་སྟབས་དཔོན་ས་སྐྱོང་དཀའ། དེང་སང་གི་དཔོན་ལ་སྙིད་ཅུང་ཟད་ཀྱང་མེད། ཁོ་རང་ཡང་སེར་མོ་བྱེད་རྒྱུར་དགའ་བས་ངའི་དཔོན་ས་འདི་གཞན་ཞིག་ལ་སྤྲད་དེ་བུ་སེར་མོ་ཞིག་བྱས་ན་ཞེས་ཡང་ཡང་ཞུས་ཀྱང་བཀོད་ཁྱབ་གཏན་ནས་མ་གནང་། ཀད་པོས་ཨུ་ཚུགས་ཀྱིས་དྲུང་ཡིག་པ་རྗེ་གསེར་ལགས་པར་ཞུར་བཅུག་པར། ཁྱེད་ཚོ་སླེབ་པ་རེད། འདི་བཟང་ཙུང་ངན་ཙུང་ཨ་རིག་དཔོན་ཁག་ཅིག་ཡིན་པས་དེ་འདྲ་བྱེད་ག་ལ་ཙུང་གསུངས་ནས་ལྟག་བཀོད་གཏན་ནས་མ་གནང་བ་

ལ། དཔོན་པོ་འགྱུར་མེད་ནས་ད་ཕོ་རང་ལ་སེར་མོ་བྱེད་རྒྱུའི་ལས་མེད་ན་ཁྲིམ་སོ་ཞིག་ཀྱང་འཛིན་དགོས་པས་ཞལ་བཀོད་ཅིག་གནང་དགོས་ཞེས་བུད་མེད་འགའ་ཞིག་གི་མིང་ཕྱུས་པར་དགྱེས་བཞིན་བརྟགས་པ་གནང་སྟེ་ད་ལྟའི་མཆོག་སྤྲུལ་རིན་པོ་ཆེའི་མ་ཡུམ་འདི་ལེགས་ཚུལ་དང་རིམ་གྲོ་སོགས་ཀྱང་ཞིབ་མོར་ལྟུགས་བཀོད་གནང་སོང་བས། རྗེ་གསེར་ལག་པའི་ཐུགས་ལ་ཡ་མཚན། ད་སྔ་ཡན་ཆད་རབ་བྱུང་བྱེད་མཁན་ལ་བཀག་ཆ་དང་ཁྲིམ་སོ་འཛིན་པ་ལ་ལྟུགས་བཀོད་གནང་བ་ལྟ་བུ་གོ་མ་མྱོང་ཡང་། དཔོན་པོ་འགྱུར་མེད་འདི་དད་པ་ཆེ་བ་དང་། ཕོང་རིན་པོ་ཆེ་ཡང་འདི་ལ་ཐུགས་ཤིན་ཏུ་བརྩེ་བའི་སྐབས་ཡིན་རྒྱུ་རེད་སྙམ་པ་ལས་མ་ཤར་ཡང་། ཕྱིས་སུ་རྒྱལ་དབང་ཐམས་ཅད་མཁྱེན་པ་ནས་མཆོག་སྤྲུལ་རིན་པོ་ཆེར་ཐག་བཅད་པའི་ཚེ་བླ་མ་རྡོ་རྗེ་འཆང་གི་དགོངས་བཞེད་ངོ་འཕྲོད་པ་བྱུང་སྟེ་མཆོག་ཏུ་དད་པར་གྱུར་ཚུལ་རྣམ་ཐར་ཆེན་མོར་གསལ་བ་ལྟར་རོ། །

ཁྲུམས་ཟླའི་ཡར་ཚེས་དགེ་བར་གོང་ས་ཞབས་དྲུང་རིན་པོ་ཆེའི་སྐུ་ཚབ། རྗེ་གོང་མའི་ཞབས་རིང་བ། གདན་ས་གསར་རྙིང་གི་བླ་མ་དང་གྲྭ་རྒན་འགའ་བཅས་འབྱོངས་གཞིས་སུ་ཕེབས་ཏེ་ཐོག་མའི་ལེགས་དར་བརྟེགས། དགུང་ལོ་བདུན་བཞེས་པ་ལྕགས་སྤྲེལ་ལོར་སྲིད་ཞིའི་གཙུག་རྒྱན་གོང་ས་ཞབས་དྲུང་རིན་པོ་ཆེ་དགེ་འདུན་བསྟན་འཛིན་ནོར་བུ་ལས་རབ་ཏུ་བྱུང་ཞིང་། བློ་བཟང་བཤད་སྒྲུབ་བསྟན་འཛིན་རྒྱ་མཚོ་དཔལ་བཟང་པོ་ཞེས་པའི་མཚན་གསོལ། གདན་ས་རྙིང་བ་བདེ་ཆེན་ཆོས་འཁོར་གླིང་དང་གདན་ས་གསར་བ་དཔལ་མི་འགྱུར་དགེ་ལྡན་བཀྲ་ཤིས་ཆོས་སྡིངས་གཉིས་ཀའི་སྐུ་གོང་མས་བྱིན་གྱིས་བརླབས་པའི་ཁྲི་ལ་ཞབས་སྐྱེས་བཀྲ་ཤིས་ཀྱི་རི་མོ་རིམ་གྱིས་བཀོད་ཅིང་། དགའ་སྟོན་གྱི་ཡོ་ལང་ཕུན་སུམ་ཚོགས་པ་བསྟར། གཞུང་བརྒྱའི་མངའ་བདག་གཡོན་ཏུའི་བློ་བཟང་རབ་རྒྱས་ཡོངས་འཛིན་དུ་བསྟེན་ཏེ། ཕྱག་སྦྱོར་གྱི་ཀློག་དང་ཆོས་སྤྱོད་སྐོར་ཚོ་གའི་རིམ་པ་དུ་མ་བསླབས་ཤིང་ཐུགས་འཛིན་གནང་། དགུང་ལོ་བཅུ་གཅིག་པ་ཤིང་བྱིའི་ལོར་ཆོས་གྲྭ་ཆེན་པོ་བདེ་ཆེན་ཆོས་གླིང་དུ་ཚོགས་ཞུགས་གནང་ཞིང་འདུས་སྡེ་རིན་པོ་ཆེར་མང་འགྱེད་སོགས་ཀྱི་བསྙེན་

བཀུར་གྱི་ནོམ་པ་བསྟབས། གོང་གསལ་ཡོངས་འཛིན་མཆོག་དེ་ལས་བསྡུས་གྲྭ་ནས་ཕར་ཕྱིན་སོགས་བཀའ་པོད་མང་པོའི་མཛུབ་ཁྲིད་གསན་ཅིང་བསྡུས་ཚད་ནས་དབུ་བཙམས་ཏེ་རིམ་པ་བཞིན་གཞུང་མང་པོའི་དོན་ཆོས་གྲྭར་བརྒལ་བརྟགས་ཀྱིས་གཏན་ལ་ཕབ་སྟེ། རྟོག་གེས་ཁེངས་པ་ཅན་ཀུན་གྱི་སྤོབས་པ་རྨེག་མེད་དུ་བཅོམ་ཞིང་བློ་གསལ་རིགས་པ་སྨྲ་བའི་ཚོགས་ལ་རིགས་ལམ་དྲི་མ་མེད་པའི་སྐྱེས་བཟང་བཀའ་དྲིན་དུ་བསྩལ། རབ་རྒྱུན་མེ་ཡོས་ལོར་གོང་ས་ཞབས་དྲུང་རིན་པོ་ཆེའི་བཀའ་བཞིན་མདོ་སྨད་བཤད་སྒྲུབ་ཀྱི་སྡེ་ཀུན་གྱི་དབུས་ན་རྒྱལ་མཚན་གྱི་ཏོག་ལྟར་མངོན་པར་མཐོ་བ་ཆོས་སྡེ་ཆེན་པོ་དཔལ་ལྡན་བཀྲ་ཤིས་འཁྱིལ་དུ་ཕེབས་ཏེ། འཇམ་མགོན་བླ་མའི་རྣམ་སྤྲུལ་སྙན་བརྒྱུད་གདམས་པའི་མཛོད་འཛིན་རྡོ་རྗེ་འཆང་རྗེ་བཙུན་འཇིགས་མེད་འཕྲིན་ལས་རྒྱ་མཚོ་དཔལ་བཟང་པོ་ལས་མི་ཏྲ་དང་རྡོ་རྗེ་ཕྲེང་བའི་དབང་ཆེན་དང་སྒྲུབ་ཐབས་རྒྱ་མཚོ་སོགས་སྤྱི་བཀའ་དང་ཟུར་བཀའི་དབང་རྗེས་གནང་མང་པོ་དང་། རྗེའི་ལམ་ཟུགས་གཉིས་ཀྱི་ཁྲིད་སོགས་ཞལ་ལུང་དང་ཁྲིད་ཀྱི་སྐོར། འཇམ་མགོན་བླ་མ་ཡབ་སྲས་གསུམ་གྱི་བཀའ་འབུམ་གྱི་ལུང་སོགས་བཀླག་ལུང་གི་སྐོར་ཏེ། མདོར་ན་ཟབ་པ་དང་རྒྱ་ཆེ་བའི་ཆོས་རྒྱུན་རྣམ་དག་མཐའ་ཡས་པ་གསན་བཞེས་གནང་ནས་ལེགས་གསུང་བདུད་རྩིའི་བཅུད་ཀྱིས་ཐུགས་ཀྱི་བུམ་བཟང་ཡོངས་སུ་འགེངས་པར་མཛད། འཇམ་མགོན་ཆོས་ཀྱི་རྒྱལ་པོ་དེ་ཉིད་ཀྱི་མཁན་པོ་དང་། གཞན་བརྟན་མཁས་ཀྱི་ཡོན་ཏན་གཉིས་དང་ལྡན་པའི་ལས་ཀྱི་སློབ་དཔོན་སོགས་དད་པའི་དགེ་འདུན་གྲངས་ཚང་བའི་དབུས་སུ་ཡོངས་སུ་རྫོགས་པ་དགེ་སློང་གི་དངོས་པོར་བཞེས་ཏེ་འདུལ་འཛིན་བྱེ་བའི་གཙུག་རྒྱན་དམ་པར་གྱུར། ཕྱིས་ཁོང་ཨ་ལགས་རིན་པོ་ཆེ་འདི་ཉིད་གདན་ས་འདིར་ཕྱུགས་ཕེབས་པའི་སྤྱན་སྔར་ཡང་ཆོས་རྒྱུན་མཐའ་ཡས་པ་གསན་ཏེ་འགྲན་ཟླ་མེད་པའི་རིགས་ཀྱི་བདག་པོ་གཅིག་པུར་བཞེས་ཤིང་དམ་པ་འདི་ཉིད་ཀྱིས་བསྐུལ་ཏེ། ཁོང་ཨ་ལགས་རྡོ་རྗེ་འཆང་གིས་གདན་ས་འདི་ཀའི་བཅའ་ཡིག་བླང་དོར་གསལ་བ་ཞེས་པ་ལྷུགས་རྩོམ་གནང་། ཁོང་ཨ་ལགས་རྡོ་རྗེ་འཆང་གིས་འདི་གའི་བཅའ་ཡིག་གི་གཙོས་ཉིད་ཀྱི་བཀའ་རྩོམ་རྣམས་སུ་ཆོས་སྡེ་

འདིའི་མཚན་འགོད་སྐབས་ཀླུ༔ཚ་ཞེས་འཛམ་པའི་དབྱངས་ཀྱི་ས་བོན་བྲིས་པ་འདི་ཙམ་གྱིས་ཀྱང་ཐུགས་ལ་བརྟེགས་པའི་རྟགས་དང་རྟེན་འབྲེལ་གྱི་གནད་ཁྱད་པར་བ་ཞིག་མངོན་པར་དམ་པ་གོང་མ་རྣམས་གླེང་། ཡབ་རྗེ་རྡོ་རྗེ་འཆང་འདུས་རྗེས་ཨ་ལགས་རིན་པོ་ཆེ་འདི་ཉིད་ཆོས་སྡེ་ཆེན་པོ་འདི་ལ་བཀའ་དྲིན་ཤིན་ཏུ་ཆེ་སྟབས་ཁོང་ཨ་ལགས་རྡོ་རྗེ་འཆང་ཞེས་པ་ལས་མཚན་རྗེན་པར་འཛིན་མཁན་ཙམ་ཡང་མེད་པར་བགྲེས་གཞོན་ཀུན་གྱིས་རྡོ་རྗེ་འཆང་སཾ་ཡཱའི་མཚན་ཅན་དང་མཉམ་པར་བཀུར་ཞིང་དད་པ་འདི་བྱུང་བ་ཡིན། སྤྱིར་གདན་ས་དམ་པ་འདིའི་བགྲེས་གཞོན་སུ་ཡིན་ཡང་ཆོས་འབྲེལ་ཡོད་པའི་བླ་མ་རྣམས་ཀྱི་མཚན་རྗེན་པ་ནས་མི་འཛིན་པར་བླ་མ་རྡོ་རྗེ་འཆང་། སྐུ་ཞབས་ཐུགས་རྗེ་ཅན་ཁོང་ཨ་ཁུ་བཀའ་དྲིན་ཅན་ཞེས་འབོད་པ་འདི་ཙམ་ཡང་དགོན་སྡེ་རེ་འགའ་ལས་ཆེས་ཁྱད་པར་འཕགས་པའི་སྲོལ་བཟང་པོ་ཞིག་ཡིན་ལ། དེ་ཙམ་དུ་མ་ཟད་གདན་ས་འདིའི་སྔོན་བྱོན་རྣམས་ཀྱིས་བསམ་སྦྱོར་དག་པས་དགེ་བའི་བཤེས་གཉེན་ཚུལ་བཞིན་བསྟེན་པ་ལ་བརྟེན་ནས་ལུང་དང་རྟོགས་པའི་ཡོན་ཏན་གྱི་གཏེར་ལ་འདོད་དགུར་དབང་བསྒྱུར་བ་ཡིན་གཤིས་ཆོས་སྡེ་འདི་བཏབ་ནས་དུས་ཡུན་ཆེས་མི་རིང་ན་ཡང་བཀའ་བོད་ལྷའི་འཆད་ཉན་གྱིས་མཚོན་པའི་བཤད་སྒྲུབ་ཀྱི་སྲོལ་མ་ལུས་པ་ཡར་ངོའི་ཟླ་བ་དང་མཚུངས་པར་གྱུར་པ་ཡང་དམ་པ་འགའ་ཞིག་གི་གསུང་སྒྲོས་ལས་ཀླུ༔ཚའི་ཡིག་ཆ་བཟང་བའི་རྒྱུན་ཁོ་ན་མ་ཡིན་པར་བླ་མ་མཚན་ཉིད་དང་ལྡན་པ་དང་སློབ་མ་སྣོད་དང་ལྡན་པ་དག་མཉམ་དུ་འཛོམས་ན་འདི་འདྲ་ཡོང་བ་ཡིན་ཞེས་བྱུང་བ་ཡང་ངེས་པ་དོན་ལ་གནས་ཤིང་དེ་འདྲའི་རྟེན་འབྲེལ་ཁྱད་པར་ཅན་མང་པོ་འགྲིག་པ་ལ་བརྟེན་ནས་བྱུང་ཚུལ་ཤེས་པར་བྱའོ། །

རྡོ་རྗེ་འཆང་ཞལ་བཞུགས་པའི་སྐབས་སུ་ཐུགས་སྲས་འགའ་ཞིག་གིས་བཅའ་ཡིག་ཆེན་མོ་རྩོམ་བསྐུལ་ཞུས་ཀྱང་། ཁོང་གི་ལམ་ཁྲིད་ནི་ཆོས་སྡེ་འདི་ཀའི་བཅའ་ཡིག་ཏུ་བརྩམས་པ་ཡིན་པས་གླང་དོར་ལམ་ཁྲིད་ལྟར་བྱུང་ན་དེས་ཆོག་པ་ཡིན་གསུངས་ནས་བཅའ་ཡིག་སོགས་སུ་མ་མཛད་པར་གྲགས་པ་ཡང་གོ་རྒྱུའི་གནད་ཏ་ཅང་ཆེ་བས་རྗེས་འཇུག་རྣམས་

ཀྱིས་བསམ་དགོས་པར་སྣང་། ད་ནི་དཀྱུས་ལ་འཇུག་པར་བྱ་སྟེ། ཡོངས་ཀྱི་དགེ་བའི་བཤེས་གཉེན་དོན་གྲུབ་རྒྱ་མཚོ་ལས་ཀྱང་བཀའ་འགྱུར་གྱི་ལུང་སོགས་ཆོས་རྒྱུན་མང་པོ་གསན། དགུང་ལོ་ཉེར་བཞི་བཞེས་པ་རབ་བྱུང་བཅུ་དྲུག་པའི་མེ་གླང་（༡༩༣༧）ལོའི་དུས་ཆོས་དགེ་བར་རྒྱལ་ཚབ་རིན་པོ་ཆེ་དང་འདུས་སྡེའི་ཞབས་མང་བཅས་ཀྱིས་གསོལ་བ་རྩེ་གཅིག་ཏུ་བཏབ་པ་ལྟར་དཔལ་མི་འགྱུར་དགེ་ལྡན་བཀྲ་ཤིས་ཆོས་སྡིངས་ཀྱི་ལུགས་གཉིས་ཀྱི་སྲོལ་བཟང་མི་ཉམས་པར་སྐྱོང་བའི་ཁུར་བཞེས་ཤིང་། ཆོས་ཀྱི་ཁྲི་ལ་ཞབས་སྐྱེས་པདྨའི་རྟུལ་ཕྲེང་ཉེ་བར་བཀོད་དེ། ལྷ་དང་བཅས་པའི་སྐྱེ་དགུའི་གཙུག་རྒྱན་དམ་པར་གྱུར། དེ་ནས་བཟུང་རྗེ་རྗེ་འཆང་ཡབ་སྲས་ཀྱིས་ལེགས་པར་འཇུགས་པ་གནང་བའི་ལམ་སྲོལ་བཞིན་བཀའ་པོད་ལྔ་ལ་སློབ་གཉེར་མཐའ་ཆོད་པ་བྱེད་པའི་གོ་སྐབས་མེད་པའི་རྣབ་པ་རྣམས་ལ་ཐོས་བསམ་གྱི་དོན་རང་རྒྱུད་ལ་སྦྱར་ནས་ཉམས་སུ་ལེན་པའི་ཚུལ་སྐྱེས་བུ་གསུམ་གྱི་ལམ་གྱི་རིམ་པ་ལ་བློ་སྦྱོང་བའི་ཚུལ་གཙོ་བོར་འཁྲིད་ཅིང་། བློ་གསལ་བའི་བན་ཤར་དང་གཞོན་ནུ་རྣམས་ཀྱིས་བསྡུས་གཞུང་བློ་རྟགས་སོགས་ཀྱི་འཛིན་གྲྭ་མང་པོ་བརྒྱུད་ནས་ཚུལ་གསུམ་གྱི་གཏན་ཚིགས་ལ་བརྟེན་ཅིང་། བརྒལ་བརྟག་འཕྲུལ་གྱི་ལྡེ་མིག་མ་བོར་བར་དབུ་མར་མཛོད་འདུལ་གྱི་གཞུང་དོན་སྙོ་ཟླ་འབྱེད་ནུས་པ་ཞིག་དང་། དེ་ཡང་ཀུན་མཁྱེན་འཇིགས་མེད་དབང་པོས་གཞུང་ཚིག་བློར་འཛིན་མི་བྱེད་གཞུང་གི་དོན། །དཔེ་ཀློག་ཙམ་གྱིས་ཤེས་འདོད་གད་མོའི་གནས། །གཉིད་དང་འདུ་འཛི་སློམས་ལས་རྣམས་སྤངས་ཏེ། །རྒྱུན་དུ་སྐྱོར་སྦྱོང་མཛོད་ཅིག་གྲོགས་པོ་དག །ཅེས་ཇི་ལྟར་གདམས་པ་ལྟར་བཀའ་པོད་ལྔའི་རྩ་འགྲེལ་མཐའ་དཔྱོད་བྲུར་བཀོད་བཅས་འཛིན་སྐྱོར་སྦྱོང་དཔེ་ཁྲིད་བརྒལ་བརྟག་གཙོ་བོར་གནང་བའི་སྒོ་ནས་རིགས་ལམ་གྱི་འགྲོས་དང་མཐུན་པའི་གཞུང་དོན་རྟོགས་པའི་ཐབས་ལ་ཇི་ལྟར་འབད་ཚུལ་གྱི་རིམ་པ་མཐའ་དག་གསུང་བཤད་དང་བསླབ་བྱ་ཚོགས་གཏམ་ཚུན་ཆད་ཀྱིས་འདོམས་པར་མཛད་ཅིང་། དོ་དམ་ཐུགས་ཁུར་ཆེར་བཞེས་གནང་བ་དང་། གདན་ས་འདིས་མཆོད་དགོན་སྡེ་མང་པོར་ཕྱིན་ནས་ཟབ་རྒྱས་ཆོས་ཀྱི་འོད་སྣང་འབུམ་ཕྲག་སྤྲོས་པས། སྐལ་

བཟང་གདུལ་བྱ་མཐའ་ཡས་པའི་བློ་མུན་སེལ་ཏེ། ཐར་པ་དང་ཐམས་ཅད་མཁྱེན་པའི་ལམ་བཟང་ཆེས་ཆེར་གསལ་བར་མཛད།

འདུ་ཁང་ཆེན་མོ་ཞིག་གསོ་དང་། ཆོས་གྲྭ་རྒྱ་བསྐྱེད་དེ་ཉིས་ཐོག་བྱས། སྔ་ནག་གི་ཡོན་བདག་རྣམས་ཀྱིས་ཕུལ་བའི་དངུལ་སྲང་སྟོང་ཕྲག་མང་པོ་ཆོས་ཐོག་སོ་སོའི་གཏོང་ཐེབས་སུ་སྦྱོར་འཛུགས་མཛད་ཅིང་། གཟིམ་ཁང་དང་མཆོད་ཁང་གྲྭ་ལྷ་བ་ཉིས་ཐོག་དང་གཞན་ཁེར་ཐོག་ཡིན་པའི་ནང་ཆེན་གསར་དུ་བསྐྲུན། ནང་རྟེན་གཙོ་བོ་སྨན་བླའི་ཐུགས་ཀར་བདུད་རྩི་རྒྱུན་དུ་འབབ་བཞིན་པའི་གཙོས་སྐུ་གསུང་ཐུགས་རྟེན་མང་པོ་བཞེངས། དུས་སྐབས་དེ་ནི་དུས་འཁྲུག་སོགས་ཀྱི་དབང་གིས་ཡུལ་ཁམས་སྤྱི་ལ་དཔལ་འབྱོར་ལོངས་སྤྱོད་ཏ་ཙང་འཛོམས་པའི་སྐབས་ཤིག་མ་ཡིན་མོད། གདན་ས་དམ་པ་འདི་ཉིད་ལ་ནི་སྐྱབས་མཆོག་མཚུངས་པ་མེད་པ་གང་གི་ཐུགས་རྗེ་ལས་ཆོས་ཐོག་སོ་སོའི་སྐབས་ཀྱི་ཇ་ཐུག་དང་སྐུ་འགྱེད་སོགས་ཀྱི་བསྙེན་བཀུར། དགེ་འདུན་པ་རྣམས་ཀྱི་རང་རང་གི་འཚོ་བའི་མཐུན་རྐྱེན་ཐམས་ཅད་བཟང་འགྲན་གྱི་ཚུལ་དུ་བྱུང་ཞིང་། གྲྭ་ཚོགས་ཀྱང་ཏ་ཙང་རྒྱས་ནས་དགེ་འདུན་ཞལ་གྲངས་བདུན་བརྒྱ་ལྷག་ལ་སླེབས་པ་དང་། འགྲོ་བའི་མགོན་པོ་འདི་ཉིད་ཐུགས་ཤིན་ཏུ་སྙམ་པས་དགོངས་པའི་གཏིང་དཔག་པར་མི་ནུས་ཤིང་ཆོས་སྲིད་གང་གི་ཐད་ནས་ཀྱང་གཞན་གྱིས་དཀྲིར་མི་བཏུབ་པ་ཞིག་ལགས་གཤིས་ཆོས་སྡེ་འདིའང་ཆོས་སྲིད་གང་ཐད་ནས་ལྷུན་པོ་ལྟར་གཡོ་བ་མེད་པར་ཤིན་ཏུ་རང་ཚུགས་ཐུབ་པ་བྱུང་བ་ཡིན་ལ། ལྷ་སྡེ་བ་རྗེ་ཡེ་ཤེས་རྒྱ་མཚོའི་གཙོས་དགེ་བའི་བཤེས་གཉེན་མང་པོས་བཀའ་བསྟན་གྱི་ལུང་སོགས་ཆོས་བཀའ་མཐའ་ཡས་པ་སྤེལ་ཏེ་ཆོས་རྒྱུན་རྣམ་དག་རྣམས་དུས་གཏན་དུ་མི་ནུབ་པར་གནས་པའི་དགེ་མཚན་བརྟན་པར་བྱས་སོ། །

དེ་ལྟར་གདན་ས་འདི་ཉིད་དམ་པའི་ལྷ་ཆོས་དང་ཟང་ཟིང་གིས་གཞལ་བར་དཀའ་བའི་བཀའ་དྲིན་གྱིས་བགྲང་བྱ་བཅུ་དྲུག་ཙམ་ལ་ལེགས་པར་བསྐྱངས་ཏེ། སྐྱབས་རྗེ་ཉིད་དགུང་གྲངས་སོ་དགུར་ཕེབས་པ་ཆུ་འབྲུག（༡༨༥༢）ལོར་སྐུ་བསྟུན་ཚུལ་བཞེས་པ་ལ།

གདན་ས་འདི་དང་ཕྱོགས་ཀྱི་འདུས་སྡེ་དུ་མས་ཞབས་བརྟན་རིམ་གྲོ་མང་པོ་བསྒྲུབས་ཏེ། ཚོགས་ཡོངས་སྐུ་མདུན་དུ་གདན་འཛོམས་ནས་ཞབས་པད་བསྐལ་བརྒྱར་བརྟན་པའི་གསོལ་བ་ཕུར་ཚུགས་སུ་བཏབ་པའི་ཚེ་ཕྱིར་ཕེབས་སུ་ད་ལྟ་དུས་ཧ་ཅང་སྙིགས་མར་སོང་བའི་དབང་གིས་བདག་ལྟ་བུས་སངས་རྒྱས་ཀྱི་བསྟན་པ་རིན་པོ་ཆེ་དང་འགྲོ་བའི་བདེ་སྐྱིད་ལ་ཕན་པ་ཅི་ཡང་མི་ཐོགས་པས་བསྡད་མིན་ལ་ཁྱད་པར་ཆེན་པོ་མི་གདའ། དེ་བས་ཁྱེད་རྣམས་ཀྱིས་རང་རྒྱུད་ཀྱི་བསླབ་པ་ག་ཙོགས་སུ་འཛིན་ཅིང་གཉོམ་ཆུང་ཚུལ་མཐུན་སྒོས་སློབ་གཉེར་ལ་འབད་ན་ཤིན་ཏུ་ལེགས། ཞེས་སོགས་དགོངས་གཞི་ཅན་གྱི་བསླབ་བྱ་གནང་ལ་འབྲེལ་བ་བསྐུལ་བའི་མཐར། མདོར་ན་ཁྱེད་རྣམས་ཀྱིས་ཚེ་འདི་ཕྱི་གཉིས་ལས་ཕྱི་མའི་དོན་དང་། ཆོས་འཇིག་རྟེན་གཉིས་ལས་ཆོས་གལ་ཆེན་དུ་བཟུང་ན་དེ་ཡིན་གསུངས་ཏེ། བཞུགས་པའི་ཞལ་བཞེས་གཏན་མ་གནང་། ནག་ཟླའི་ཡར་ཚེས་བཅོ་ལྔའི་ཉིན་མཁས་ཤིང་གྲུབ་པའི་དབང་ཕྱུག་སེ་རའི་མཁན་ཆེན་མཆོག་སྤྲུལ་རིན་པོ་ཆེ་ཆེད་གཉེར་གྱིས་ཕེབས་ནས་ཞུས་པ་བཞིན་བཅོམ་ལྡན་འདས་ཀུན་རིག་རྣམ་པར་སྣང་མཛད་ཀྱི་དབང་ཆེན་སྔ་གོན་དང་བཅས་པ་གསུང་བཤད་འཕྲོམས་ཀླས་པས་བརྒྱན་པ་བསྐུལ་བ་ནི་སྐུ་ཚེ་འདིར་ཆོས་བཀའ་གནང་བའི་ཐམ་ཡིན་པས། འདི་ལ་དགོངས་གཞི་དང་དགོས་པ་གལ་ཆེན་ཞིག་མཆིས་པར་གདོན་མི་ཟ་ཡང་། འཕགས་ཆེན་དམ་པའི་སྤྱོད་པ་ལ་ཕལ་བས་ཚད་འཛིན་མི་ནུང་བས་ཇི་བཞིན་བརྗོད་པའི་ཇོ་མི་ཐོགས། ས་ག་ཟླ་བའི་ཚེས་བཅུ་དྲུག་ཉིན་ཡོན་བདག་གིས་གདན་ཞུས་ལྟར་ཚོགས་དབུ་གནང་ཞིང་། ཚོགས་གྲོལ་ལ་ཉེ་སྐབས་གྲལ་ཐུ་ནས་ཞལ་ཕྱིར་འཁོར་དེ་འདུས་སྡེ་ཡོངས་ལ་ཞིབ་གཟིགས་བཀའ་དྲིན་བསྐྱངས་པ་ཡང་བདག་ཅག་གདུལ་བྱ་རྣམས་དང་གདན་ས་དམ་པ་འདི་ལ་མགོན་པོ་གང་གིས་ཐུགས་བརྩེས་གཟིགས་པ་ནམ་ཡང་མི་འདོར་བའི་བརྡ་ཐབས་སུ་འཁྲུམས། དེ་ནས་བཟུང་གནམ་གཤིས་མི་ལེགས་ཤིང་ཉི་ཟླ་སྐར་གསུམ་གྱི་འོད་ཉམས་པ། སེར་བ་དང་དྲག་ཆར་བབས་པ། ཕྱོགས་མཚམས་སུ་གློག་གི་ག་བ་བརྩུགས་ཏེ་རི་བོ་རལ་བ་ལྟ་བུའི་འབྲུག་སྒྲ་བར་མ་ཆད་པར་གྲགས་པ། གནམ་ལྕགས་ཀྱི་

ཕ་བོང་ལྷུང་བ་སོགས་དང་། གཞན་ཡང་སྤྲིན་དང་དབང་གཞུ་དབྱིབས་མི་འདྲ་བ་དུ་མ་འཆར་བ་སོགས་ལྟས་སྣ་ཚོགས་བྱུང་། སྐྱབས་རྗེ་སྐུ་མཆེད་མཆོག་སྤྲུལ་རིན་པོ་ཆེ་ཨ་རིག་སྡེ་མང་དགོན་དུ་བཞུགས་པ་ནས་གདན་ས་འདིར་ཕེབས་ཏེ་སྐུ་མདུན་དུ་བསྟུན་འདྲིར་བཅར་ཞིང་བརྟན་བཞུགས་ཞུལ་སྐབས་ཞལ་ནས། ཁོ་བོ་རིང་འཚོའི་འཕྲོད་བསྟེན་གྱི་ཆེད་དུ་ཕྱོགས་གཞན་དུ་འགྲོ་དགོས་པས། ལོ་འགར་གདན་སའི་ཁྲིའི་སྐྱོང་ཁུར་ཁྱེད་ཀྱིས་བཞེས་དགོས་གསུངས་ནས་འདུས་པའི་སྡེ་རིན་པོ་ཆེའི་མཚན་ཐོ་བསྐུལ་བ་ལ། སྐུ་མཆེད་རིན་པོ་ཆེས་ར་རྒྱའི་ཁྲི་ཁུར་ཐོག་ནས་རིང་པོ་མ་སོང་བས་ལོ་ཤས་དགོངས་པ་གནང་དགོས་ཚུལ་ནན་གྱིས་ཞུས་ཀྱང་གསན་བཞེས་གཏན་ནས་མ་གནང་། དེ་དག་གི་སྐབས་སུ་ཡང་ཚོགས་ཡོངས་ནས་ཞབས་བརྟན་གྱི་རིམ་གྲོ་གཏོས་ཆེ་བ་བསྒྲུབས་ཀྱང་ས་བོན་མེད་པས་ཞིབ་མོར་འབྲི་མ་ཐུས། ས་ཟླའི་ཉེར་གཅིག་གི་ཕྱི་དྲོར་གློ་བུར་དུ་ཕྱི་ཉིན་ཆུ་ཚན་གྱི་འཕྲོད་བསྟེན་ལ་ཕེབས་རྒྱུ་ཡིན་པས་ཚང་མ་སྐུ་མདུན་དུ་མཇལ་བར་ཕེབས་དགོས་པའི་བཀའ་བསྒྱུར་ཏེ། འདུས་སྡེ་ཡོངས་རྫོགས་ལ་དགྱེས་གཟིགས་ཀྱིས་མཇལ་ཁ་ཐམ་གནང་། དེའི་མཚན་མོར་བཀའ་རབ་འབྱམས་སྨྲ་བའི་དགེ་བའི་བཤེས་གཉེན་མང་པོའི་གཙོས་འདུས་པའི་སྡེ་རིན་པོ་ཆེ་ནང་ཆེན་དུ་ཚོགས་ཏེ་མཚན་ཐོག་ཐག་ཏུ་ཞབས་བརྟན་དུ་བཀའ་འགྱུར་དག་ཀློག་གནང་། ས་ག་ཟླ་བའི་ཉེར་གཉིས་ཉིན་ཀྱང་སྐུ་བསྟུན་བབ་ལྷི་བའི་རྣམ་པ་ཆེར་མེད་པར་སྣར་སྲོལ་བཞིན་ཐོ་རངས་སྟ་བར་མལ་ལས་བཞེངས་ཏེ། ཞལ་ཁྲུས་དང་ཞལ་འདོན་གནང་གྲུབ་རྗེས་སྐུ་དངོས་ཀྱི་གདུལ་བྱ་རྫོགས་ཤིང་། རྟག་འཛིན་ཅན་རྣམས་ཆོས་ལ་བསྐུལ་བའི་ཕྱིར་གཟིམ་མལ་དུ་སྐུ་དྲང་པོར་བཞུགས་བཞིན་སློ་བུར་ཞལ་དབུགས་ཀྱི་རྒྱུ་བ་མི་མངོན་པར་གྱུར་ཏེ་དཔའ་བོ་མཁའ་འགྲོས་བསུ་བའི་བཀོད་པ་རྒྱ་ཆེན་པོས་མདུན་བསུས་ཏེ་མཁའ་སྤྱོད་ཆོས་ཀྱི་ཕོ་བྲང་དུ་གཤེགས། དེའི་ཚེ་དད་ལྡན་སློབ་འབངས་ཐམས་ཅད་འཇིགས་སར་སྐྱེད་མས་བོར་བའི་བྱིས་པ་ལྟར་སྡུག་བསྔལ་གྱིས་མནར་ཏེ་ཅི་བྱ་གཏོལ་མེད་དུ་གྱུར་ཀྱང་བསྲན་བཙུགས་ཏེ། སྐྱབས་རྗེ་སྐུ་མཆེད་རིན་པོ་ཆེའི་གཙོས་བུ་སློབ་ནང་མ་འགགས་སྐུ་གདུང་རིན་

པོ་ཆེར་སྲི་ཞུ་བགྱི་འོས་རྣམས་ལེགས་པར་གྲུབ་བསྟུན་བླ་གོས་རྣམ་སྒྱུར་རིགས་ལྔའི་དབུ་རྒྱན་བཅས་སྒྲོན་འབུལ་ཞུས་ཏེ། མཚོད་ཁང་དུ་གདན་དྲངས་ནས་བཞུགས་སུ་གསོལ། ཉི་མ་ཤར་བ་དང་མཉམ་དུ་འདུ་ཁང་སྟེང་དང་གཟིམ་ཁང་སྟེང་གི་མཚོད་རྫས་བསྡུ་བཤམ་དང་དུང་བརྡ་རྒྱུན་སྲོལ་ལྟར་བཏང་ནས་གྲྭ་མང་གིས་གདུང་མཇལ་ཞུས། བླ་མ་སྤྲུལ་བའི་སྐུ་རྣམས་དང་དགེ་བའི་བཤེས་གཉེན་མང་པོས་རིམ་པ་བཞིན་རྒྱུད་སྡེ་སོ་སོའི་དཀྱིལ་འཁོར་ཞལ་ཕྱེ་ནས་སྒྲུབ་མཚོད་བཙུགས་པ་དང་། ཚོགས་ཡོངས་ནས་མཚོད་འབུལ་དང་དགེ་སྒྲུབ་ཐུགས་རྗེའི་བསྐུལ་བའི་གསོལ་འདེབས་དྲག་ཏུ་མཛད། དེ་ནས་བཟུང་གནམ་གཤེགས་ཀྱང་རྗེ་ལེགས་སུ་སོང་སྟེ་གཡུ་ཡི་མེ་ལོང་ལྟ་བུ་ལ་གདུགས་དང་རྒྱལ་མཚན་ལ་སོགས་པའི་མཚོད་རྫས་ཀྱི་དབྱིབས་ཀྱི་ཆུ་འཛིན་དཀར་པོ་མང་དུ་འཁྲིགས། ཉིན་གསུམ་ན་ཐུགས་དམ་གྲོལ་རྟགས་རྒྱུད་ནས་གསུང་བ་ལྟར་བྱུང་བས། སྣར་ཡང་སྐུ་འབྲུས་འབུལ་བ་སོགས་སྲི་ཞུ་ལེགས་པར་བྱས་ཏེ་གདུང་སྒྲོམ་དུ་བཞུགས་སུ་གསོལ། གཟིམ་ཁང་བདེ་ཡངས་མཐིལ་དུ་མཚོད་རྟེན་ཆོས་འཁོར་ཉི་ཟླ་དང་བཅས་པའི་གདུང་ཁང་བཞེངས་ཟིན་པའི་ནང་དུ་མཚོད་པའི་རྣམ་གྲངས་མཐའ་ཡས་པས་མཚོད་བཞིན་གདན་དྲངས། སྐྱབས་རྗེ་རྒྱལ་ཚབ་མཚོག་སྤྲུལ་རིན་པོ་ཆེས་རྡོ་རྗེ་སློབ་དཔོན་མཛད་དེ་ཚོགས་གྲྭ་དགེ་བའི་བཤེས་གཉེན་མང་པོས་གཞུང་ནས་བཤད་པ་ལྟར་སྲུག་ལེན་ཚད་ལྡན་གྱི་སྒོ་ནས་སྐུ་གདུང་ཡིད་བཞིན་ནོར་བུར་ཞུགས་འབུལ་ཞུས་པ་ན། ཞུགས་ཀྱི་ཕུང་པོ་དབང་གཞུའི་མདངས་སུ་འབར་བ་དང་དྲི་བཟང་པོས་ཕྱོགས་ཐམས་ཅད་ཁྱབ་པ་སོགས་ལྟས་ཡ་མཚན་ཅན་མང་དུ་བྱུང་། གདན་ས་རང་གི་འཛིན་གྲྭ་སོ་སོ་དང་ཕྱོགས་ནས་འོངས་པའི་དད་ལྡན་བུ་སློབ་ཡོངས་ཀྱིས་རང་རང་གི་འདོད་མོས་ལྟར། རྒྱུན་འཇུག་ཆོས་སྤྱོད། རྒྱུད་གཞུང་སོགས་ཉིན་མཚན་བར་མ་ཆད་དུ་གསུངས་ཤིང་། སྐྱབས་མགོན་རྒྱལ་དབང་ཡབ་སྲས་སོགས་བླ་ཆེན་རྣམས་དང་གདན་ས་ཉིད་དང་ཕྱོགས་ཀྱི་འདུས་སྡེ་ཆེ་ཕྲ་མང་པོར་དངོས་འབུལ་གྱི་དགོངས་རྫོགས་རྒྱ་ཆེན་མཛད། སྐྱབས་རྗེ་སྐུ་མཆེད་རིན་པོ་ཆེས་ཉིན་བདུན་ལ་གདུང་ཁང་ཞལ་མི་འབྱེད་རྒྱུའི་ལྟགས་བཀོད་བསྒྲུལ་ན་

ཡང་། དཔོན་པོ་སོགས་ཀྱིས་མཆོད་འབུལ་སྟབས་བདེ་མིན་ལ་བསྐྱོད་ནས་ཉིན་གསུམ་ན་ཕྱོགས་ནས་ཕེབས་པའི་ཟླ་གྲྭ་དུ་མ་དང་འདི་གའི་བུ་སློབ་ཡོངས་རྫོགས་གདན་འཛོམས་པའི་དབུས་སུ་ཕྱུར་ཁང་ཞལ་ཕྱེ་བ་ན། བཅོམ་ལྡན་མཁའ་སྤྱོད་དབང་པོའི་སྐུ་ཤིན་ཏུ་ཕྱིན་ལེགས་པ་སྐུ་སྨད་ཙུང་མ་འགྲུབ་པ་རང་ཕྱིན་དུ་ཕེབས་པ་དང་། ཐུགས་ལྷུགས་སྤྱན་གསུམ་ཞུགས་ཀྱིས་མ་གོས་པར་ཕྱིན་པ་སོགས་གདུང་རྟེན་ཡིད་བཞིན་ནོར་བུ་ནི་ནང་ཆེན་ནས་རིན་ཆེན་གཉིས་པ་སྲང་སྟོང་ཕྲག་དུ་མས་བསྐྲུབས་པའི་བྱང་ཆུབ་མཆོད་རྟེན་རིན་པོ་ཆེ་སྣ་ཚོགས་ཀྱི་ཕྲ་རྒྱན་ཅན་མགོན་པོ་ཉིད་ཀྱི་སྐུ་ཚད་དང་མཉམ་པ་བཞེངས་གྲུབ་པའི་གཟུངས་གཞུག་ཏུ་སྤྱན་དྲངས་ཏེ། གཟིམ་ཁང་བདེ་ཡངས་མཆོད་ཁང་དུ་ངོ་མཚར་བའི་ཀུན་དགའ་ར་བ་བསྐྲུན་པའི་ནང་དུ་སྐྱེ་དགུའི་བསོད་ནམས་ཀྱི་རྟེན་དུ་བཞུགས་སུ་གསོལ་བ་ཡིན་ནོ། །

ཡབ་རྗེ་རྡོ་རྗེ་འཆང་དེ་ཉིད་སླར་ཡང་བསྟན་འགྲོའི་མགོན་དང་དཔུང་གཉེན་དུ་སྤྲུལ་བའི་བློས་གར་བསྒྱུར་བ། མཚུངས་བྲལ་གྲུབ་པའི་དབང་ཕྱུག་རྗེ་བཙུན་བློ་བཟང་འཇིགས་མེད་བསྟན་འཛིན་རྒྱ་མཚོ་དཔལ་བཟང་པོ་ནི། མཚོ་སྔོན་མདའ་བཞིའི་བ་རོན་ཞེས་པའི་སྡེ་ཁྲིད་དུ། སེར་རྒྱུའི་རིགས་ལས་བྱུང་བའི་དད་པ་དང་གཏོང་བའི་སྙིང་སྟོབས་ཐུལ་ཏུ་ཕྱིན་པའི་འབྱོར་ལྡན་བསྟན་པའི་སྦྱིན་བདག་ཚེ་རྔར་གྲགས་པའི་བུ་ཀུན་རྡོ་དང་། དེའི་ཆུང་མ་ཕྱུག་མོ་འཚོ་གཉིས་ཀྱི་སྲས་སུ་རབ་རྒྱལ་ཆུ་སྦྲུལ་(༡༨༥༣)ལོར་སྐུ་བལྟམས། ལྷུམས་སུ་ཞུགས་སྐབས་ཡུམ་གྱི་རྨི་ལམ་དུ་རི་ཁྲོད་པ་ཞིག་གིས་ཤེལ་གྱི་ཕྲེང་བ་གནང་ནས་མ་ཎི་ཐོན་ལ་ཕྱག་འཚལ། ཞེས་གསུངས་པ་གསལ་བར་རྨིས་ཤིང་། ཆུ་སྟོད་ཟླ་བའི་དཀར་ཕྱོགས་རྫོགས་པ་གསུམ་པའི་ཉིན་ཡབ་གནས་དེའི་གཞི་བདག་ཞལ་དཀར་དུ་གྲགས་པ་གནས་པའི་རི་རྩེར་བསང་བཏང་ནས་ཡུལ་དུ་ཐོན་པ་དང་། རི་དེའི་རྩེ་ནས་སྤྲིན་ངོ་མཚར་བ་ཞིག་འཕྱུར་ཏེ། ཁོ་ཚང་གི་ཉེ་འཁོར་ཁོ་ནར་མེ་ཏོག་དཀར་པོའི་ཆར་བབ་པ་དང་མཉམ་པར་མཆོག་སྤྲུལ་རིན་པོ་ཆེ་འཁྲུངས་པས། མེས་པོས་ཡ་མཚན་དུ་བསམས་ནས་ཞབས་དཀར་སྐྱབས་ཞེས་མཚན་གསོལ། ཤིང་མོ་རྟའི་ལོར་རྒྱལ་དབང་པད་དཀར་འཆང་བ་བཅུ་བཞི་བ་ཆེན་པོ་སྐུ་འབུམ་དུ་

ཕེབས་སྐབས་ཡབ་རྗེ་རྡོ་རྗེ་འཆང་སཾ་ཕྲའི་ཞབས་ཀྱི་ཡང་སྤྲུལ་དུ་ངོས་འཛིན་གནང་ཞིང་། བློ་བཟང་འཇིགས་མེད་བསྟན་འཛིན་རྒྱ་མཚོ་ཞེས་པའི་མཚན་གསོལ་གནང་། འདི་གའི་གྲྭ་རིགས་མཁས་དབང་གསུང་རབ་རྒྱ་མཚོ་སོགས་བཀའི་གླེགས་བུ་ཞུ་རུ་འགྲོ་སྐབས། གོང་ས་ལྷ་མིའི་རྣམ་འདྲེན་མཆོག་ནས་སྐུའི་མཐེ་བོང་སྟོན་པ་གནང་སྟེ་སྤྲུལ་སྐུ་འདི་འདྲ་ཞིག་ཡིན། སྤྲུལ་སྐུ་འཁྲུལ་མེད་ཡིན་ཞེས་ཐེངས་འགར་བསྐྱར་ནས་གསུངས་པར་གྲགས་ཏེ་དགོངས་གཞི་ཆེ་བར་མངོན། ལོ་དེར་གདན་ས་གསར་རྙིང་གི་བླ་གྲྭ་མང་པོ་སྐུ་མདུན་དུ་བཅར་ནས་ཕྱག་མའི་ལེགས་དར་བཏེགས། དགུང་ལོ་བཞི་བཞེས་པ་མེ་སྤྲེལ་ལོར་བཀོད་པ་རྒྱ་ཆེན་པོས་བསུས་ཏེ། གདན་སར་མི་འཇིགས་གདོང་ལྔ་བརྒྱུད་ཀྱིས་བཏེགས་པའི་ཆོས་ཀྱི་ཁྲི་ལ་མངའ་གསོལ། སྤྱན་དཀར་ཐང་དབུ་མཛད་དུ་གྲགས་པའི་ཀུན་སྤངས་འདུལ་བ་འཛིན་པ་དེ་ཉིད་ཀྱི་དྲུང་ནས་ཕྲལ་སྦྱར་གྱི་ཐོག་བསླབས་ཤིང་། ཆོ་གའི་རིམ་པ་འགའ་ཐུགས་འཛིན་གནང་། ས་ཁྱི་ལོར་དགེ་རྒན་དེ་དང་མཉམ་དུ་གཤོང་ཞན་དུ་བཞུགས་ཤིང་སློབ་གྲྭར་ཕྱུང་ཞིག་འགྲིམས། རིག་གནས་གསར་བརྗེ་སྐབས་ཕ་ཡུལ་དུ་ཕེབས་ཏེ་ཕྱུགས་ཟོག་འཚོ་སྐྱོང་གི་ལས་ལ་ཞུགས། ཕྱིས་རྒྱ་ཡེ་ཞེས་པའི་སྡེ་ཁྲོད་དུ་བཞུགས་ནས་ཀྱང་དད་ལྡན་ཉམ་ཐག་ཟླ་ནད་ཀྱིས་ཐེབས་པ་ཞིག་ལ་ཕྱག་ནས་འགའ་གནང་བ་འབྱུང་བས་ནད་ལས་གྲོལ་བ་སོགས་ནད་གདོན་གྱི་འཇིགས་པས་ཉེན་པ་མང་པོ་གནོད་པ་ལས་ཐར་བར་བྱས་པ་དང་། དད་ལྡན་དག་ལ་ཞལ་བཏའི་ཞོར་ལ་འབྱུང་འགྱུར་གསལ་བར་གསུངས་པ་དང་། མཆོག་ཏུ་དད་པའི་རྒྱན་པོ་འགས་འཆི་ཁར་མངོན་སུམ་དུ་མཇལ་ཞིང་། གསུང་གིས་དབུགས་དབྱུང་བ་དང་། ལ་ལས་ཁྲིམ་དུ་ཡང་ཡང་གདན་དྲངས་ཀྱང་མ་ཕེབས་པར་ཕ་མ་སོགས་ཚེ་ལས་འདས་དུས་ཕྱག་བབས་སུ་ཕྱིན་པ་སོགས་མངོན་པར་མཁྱེན་པ་མངའ་ཞིང་། གདུལ་བྱ་རྗེས་སུ་འཛིན་པའི་དུས་ལས་མི་ཡོལ་བའི་རྣམ་ཐར་ངོ་མཚར་ཅན་ཤིན་ཏུ་མང་། ཁྱད་པར་མགོ་ལོག་ནས་བུ་མོ་འདས་ལོག་ཅིག་ཆེད་དུ་མཇལ་དུ་ཡོང་ཚུལ་སོགས་མཛད་པ་ཡ་མཚན་ཅན་མང་དུ་སྣང་། ཐུབ་བསྟན་ཡང་དར་གྱི་སྐབས་སུ་གདན་ས་བཀྲ་ཤིས་ཆོས་སྡིངས་ཆོས་དང་ཟང་ཟིང་

གིས་གཞལ་བར་དཀའ་བའི་བཀའ་དྲིན་གྱིས་བསྐྱངས་ཤིང་། དམ་པ་ཉིད་ཀྱིས་ཀྱང་ཡོངས་འཛིན་རིན་ཆེན་ཕུན་ཚོགས་དར་རྒྱས་པའི་དྲུང་ནས་ཁྲིམ་ནས་ཁྲིམ་མེད་པར་རབ་ཏུ་བྱུང་བ་དང་། ཆོས་བཀའ་མང་པོ་གསན་གནང་མཛད་པ་ཡིན་ནོ། །དེ་ལྟར་བསྟན་འགྲོའི་དོན་རྒྱ་ཆེར་གནང་ནས་རབ་རྒྱལ་མེ་ཡོས་ལོའི་ཟླ་བརྒྱད་པའི་བཅོ་ལྔའི་ཉིན་མྱ་ངན་ལས་འདས་སོ། །

མཁན་རབས་ལྔ་བ་ནི་མཚུངས་བྲལ་གྲུབ་པའི་དབང་ཕྱུག་སྐྱབས་རྗེ་སྐུ་མཆེད་མཆོག་སྤྲུལ་རིན་པོ་ཆེ་རྗེ་བཙུན་འཇམ་དབྱངས་བསྟན་པའི་རྒྱལ་མཚན་དཔལ་བཟང་པོ་ཡིན་ལ། དམ་པ་འདི་ཉིད་ཨ་རིག་ཏུ་སྐུ་ཕྲེང་གོང་མ་འཁྲུངས་པའི་ཁྲིམ་གཞིས་དེར་རབ་བྱུང་བཅོ་ལྔ་བའི་ས་ཧ་ལོའི་(༡༨༡༢) ས་ག་ཟླ་བའི་ཚེས་བཅུ་བཞིའི་ཉིན་སྐུ་བལྟམས། ལྷ་དང་བླ་མས་ལུང་བསྟན་ལྟར་འགྲོ་མགོན་སྐུ་མཆེད་རིན་པོ་ཆེའི་ཡང་སྤྲུལ་དུ་ངོས་འཛིན་གནང་། སྐུ་བྱིས་པའི་དུས་ནས་ཨ་རིག་སྟེ་མང་དགོན་དུ་གདན་དྲངས་ཤིང་ཡིག་ཀློག་དང་ཆོས་སྤྱོད་འགའ་ཞིག་བསླབས། དགུང་ལོ་བདུན་དུ་སོན་པ་ཤིང་བྱི་ལོར་བགོད་པ་རྒྱ་ཆེན་པོས་བསུས་ཏེ་གདན་སར་བགོད། ལོ་དེར་ཁ་གྲུ་སེམས་དཔའ་ཆེན་པོ་རྗེ་འཇམ་དབྱངས་དཔལ་ལྡན་པའི་དྲུང་དུ་དགེ་བསྙེན། རབ་བྱུང་། ཚོགས་སྡོམ་དགེ་ཚུལ་གྱི་སྡོམ་པ་བཅས་ལེགས་པར་མནོས། ཁྲིམ་པ་འཕགས་པ་ཚུན་ཆད་ཀྱི་ཕྱག་འོས་ལྷ་དང་བཅས་པའི་སྐྱེ་དགུའི་ཡོན་གནས་ བླ་ན་མེད་པར་མངའ་གསོལ། བསྟན་པའི་སྒོར་ཞུགས་པའི་ལེགས་སྐྱེས་ཀྱི་ཐོག་མར་བླ་མའི་རྣལ་འབྱོར་དགའ་ལྡན་ལྷ་བརྒྱ་མའི་ཁྲིད་དང་། བྱིན་རླབས་སྤྱངས་ཞུས་ཀྱི་ལུང་བཀའ་དྲིན་དུ་བསྩལ་བ་གསན། དེ་ནས་གདན་སར་ཚོགས་ཞུགས་གནང་ནས་ལོ་འགའ་བཞུགས་ཏེ་བསྡུས་ཚད་ལ་སྦྱངས། ཟབ་རྒྱས་ཆོས་ཀྱི་བདུད་རྩི་འང་མང་ཙམ་བཞེས། དེ་ནས་སྐུ་ཕྲེང་རིམ་བྱོན་གྱི་གདན་ས་རྣ་རྒྱ་བཀྲ་ཤིས་འབྱུང་གནས་སུ་ཕེབས་ཏེ་ཚོགས་ཞུགས་གནང་། ཡོངས་རྫོགས་བསྟན་པའི་མངའ་བདག་འགྲོ་མགོན་ཨ་རོལ་རིན་པོ་ཆེ་བློ་བཟང་ལུང་རྟོགས་བསྟན་པའི་རྒྱལ་མཚན་གྱི་དྲུང་ནས་བསྙེན་པར་རྫོགས་ཤིང་། མགོན་པོ་མཆོག

དེ་ཉིད་ལས་ཟབ་པ་དང་རྒྱ་ཆེ་བའི་ཆོས་རྒྱུན་མང་པོ་གསན་པ་ཡིན་ནོ། །

དམ་པ་འདི་ཉིད་རང་གཤིས་བཟང་ཞིང་དང་རྒྱུད་ཏ་ཅང་འཇམ་པ། དམན་པ་ལ་ལྷག་པར་བརྩེ་བ་སོགས་ཡོན་ཏན་ཁྱད་པར་ཅན་མང་པོ་ཐུན་མོང་དུ་མངལ་ནུས་ཤིང་། ཆོ་གའི་རིམ་པ་མང་པོ་ཉིན་རེ་བཞིན་ཞལ་འདོན་གནང་བ་སོགས་ཆོས་མཐུན་གྱི་མཛད་སྤྱོད་ལས་ནམ་ཡང་གཡོ་བ་མི་མངའ་བ་ཞིག་ཡིན། ཆོས་སྡེ་ཆེན་པོ་ར་རྒྱ་བཀྲ་ཤིས་འབྱུང་གནས་ཞེས་གྲགས་པའི་ཆོས་ཀྱི་སྙིད་ཚལ་ཆེན་པོ་གང་གི་མཁན་ཁྲིར་བཞུགས་ནས་ལོ་དུ་མའི་རིང་ལ་ཆོས་དང་ཟང་ཟིང་གིས་ལེགས་པར་བསྐྱངས། ཁྲི་ཁུར་ཐོག་རྗེས་ཨ་རིག་སྡེ་མང་དགོན་དུ་ལོ་འགར་བཞུགས། ཆུ་འབྲུག་ལོའི་དུས་ཆོས་དགེ་བར་སྐྱབས་མགོན་ཐུགས་རྗེ་ཅན་གོང་ས་མཆོག་སྤྲུལ་རིན་པོ་ཆེའི་བཀའ་ཆེམས་ལྟར་གདན་སའི་གྲྭ་དབང་རྣམས་ཀྱིས་ནན་ཏན་གྱིས་གསོལ་བ་བཏབ་པ་ཞལ་བཞེས་གནང་སྟེ། ཡབ་རྗེ་རྡོ་རྗེ་འཆང་སྐྱ་སྡེ་ཕྱི་སོགས་དམ་པའི་སྐྱེ་བོ་མང་པོས་བྱིན་གྱིས་བརླབས་པའི་དཔལ་མི་འགྱུར་དགེ་ལྡན་བཀྲ་ཤིས་ཆོས་སྡིངས་ཀྱི་ཆོས་ཀྱི་ཁྲི་ལ་ཞབས་སྐྱེས་པདྨའི་རྩལ་ཕྲེང་ཉེ་བར་བཀོད་དེ་དགའ་སྟོན་གྱི་ཡོ་ལང་རྒྱ་ཆེར་བསྟར། འཆད་ཉན་དང་སློབ་གཉེར་ལ་རྟེང་བསྐུལ་ནན་ཏན་དང་འདུལ་བའི་བཅོས་ཁྲིམས་དང་དགེ་འདུན་གྱི་ནང་ཁྲིམས་ཐུན་མོང་བ་དང་། ཐུན་མོང་མ་ཡིན་པ་མཐའ་དག་ལ་དོ་དམ་ཁུར་བཞེས་ཤིན་ཏུ་ཆེ་བ་གནང་། སྟོན་ནས་བཀའ་རམས་པ་རྣམས་ཚོགས་ལ་ཕེབས་མིན་རང་དབང་ཡིན་པའི་དམིགས་བསལ་ཞིག་ཡོད་པའང་། རེ་རེ་བཞིན་སྐུ་མདུན་དུ་པོས་ནས་ཞལ་གསུང་སྣན་མོས་ཚོགས་ལ་ངེས་པར་ཕེབས་དགོས་པའི་འགྲིག་ལམ་གསར་བ་བཙུགས་པ་དང་། ལུང་རིགས་གཉིས་འཇོམས་ཀྱི་སྨྲ་བའི་སེང་ཆེན་མང་པོས་གཞུང་བཤད་ཁྲིད་དང་རྩོད་ངག་གི་གད་རྒྱངས་བརྒྱུད་མར་བསྒྲགས་པ་ལ་བརྟེན་ནས་བཀའ་པོད་ལྔའི་འཆད་ཉན་ཡར་ངོའི་ཟླ་བའི་དཔལ་ལ་འགྲན་པར་གྱུར་ཅིང་། དམ་པ་འདི་ཉིད་ཀྱིས་ཁུར་བཞེས་སྒོས་སྒྲུབ་བརྒྱུད་བསྟན་པའི་མངའ་བདག་འགྲོ་མགོན་ཨ་རོལ་རིན་པོ་ཆེ་སྡེ་འདིར་གདན་དྲངས་ནས་བདེ་གསང་འཇིགས་གསུམ་གྱི་དབང་སོགས་ཆོས་བཀའ་མང་པོ་

སྤེལ་བ་དང་། རིགས་དང་དཀྱིལ་འཁོར་རྒྱ་མཚོའི་མངའ་བདག་སྐྱབས་རྗེ་ལྷ་རི་བ་བློ་བཟང་ཚུལ་ཁྲིམས་རྒྱ་མཚོའི་ཞལ་སྔ་ནས་ཀྱང་སྐུ་འདིར་རྡོ་རྗེ་ཕྲེང་བའི་དབང་སོགས་ཆོས་རྒྱུན་དུ་མ་བཀའ་དྲིན་དུ་བསྩལ་བ་དང་། གདན་ས་རང་ན་རྒྱུན་བཞུགས་གནང་བའི་དགེ་བའི་བཤེས་གཉེན་མང་པོས་ཀྱང་དབང་ལུང་ཁྲིད་རྗེས་གནང་སོགས་དྲི་མ་མེད་པའི་ཆོས་རྒྱུན་རྣམ་དག་མཐའ་ཡས་པ་སྤེལ་བར་མཛད། མདོར་ན་འདི་བ་ཁྲིར་བཞུགས་སྐབས་ནི་སྙིགས་མའི་རྒྱུད་པ་མཚོ་ལྟར་བརྗོལ་བའི་དབང་གིས་ཐུབ་བསྟན་དཔྱིད་ཀྱི་དཔལ་ཡོན་ཉམས་པ་ལ་ཕྱོགས་པའི་དུས་ཡིན་མོད། ཀུན་སྤངས་འདུས་པའི་སྡེ་འདིར་ནི། ཁྲི་རིན་པོ་ཆེ་འདི་ཉིད་དང་བསྟན་པ་ཡོངས་རྫོགས་ཀྱི་དགེ་བའི་བཤེས་གཉེན་མང་པོ་བཞུགས་པའི་བཀའ་དྲིན་གྱིས་མདོ་སྔགས་ཐུན་རྒྱུད་ཀྱི་ཐོས་བསམ་སྒོམ་པ་དང་འཆད་རྩོད་རྩོམ་པའི་སྒོ་ནས་བཤད་པ་དང་སྒྲུབ་པའི་རྒྱལ་བསྟན་པད་དཀར་ཆེས་ཆེར་བཞད་པའི་ཆོས་ཀྱི་སྐྱིད་ཚལ་འགྲན་ཟླ་བྲལ་བ་གཅིག་ཕུར་ཕྱུར། སྐྱབས་རྗེ་ཉིད་ཀྱིས་ཁུར་བཞེས་ཀྱིས་དངུལ་སྲང་ཁྲི་ལྷག་གི་ཡོན་སྦྱར་ཏེ་བྱམས་ཁང་རྙིང་སྐྲུན་ཆེ་བ་གཞི་ནས་ཞིག་གསོ་གནང་ནས་གྱུན་ལྔ་ཀ་བ་གཉིས་ཀྱིས་བརྟེགས་པ་ཆེས་ངོ་མཚར་བའི་བཟོ་བཀོད་ཅན་བསྐྲུན་པ་དང་། འཆར་ཅན་མཆོད་འབུལ་སོགས་ཆོས་ཐོག་གི་གཏོང་སྒོ་རྣམས་ཀྱང་གཞན་འགྲན་མེད་པའི་ཚུལ་གྱིས་བཏང་བ་ཡིན། དེ་ལྟར་གདན་ས་དམ་པ་འདི་ཉིད་ཆོས་དང་ཟང་ཟིང་གིས་བཀའ་དྲིན་གཞལ་བར་དཀའ་བའི་སྒོ་ནས་བགྲང་བྱ་དྲུག་ཙམ་ལ་ལེགས་པར་བསྐྱངས་ཏེ། ས་ཁྱི་ལོར་རྒྱལ་བསྟན་ལ་ཉམས་འགྲིབ་ཆེན་པོ་བྱུང་སྐེ་དགོན་པའི་རྟེན་སྐུ་ཐམས་ཅད་གཏོར་ཅིང་དམ་པ་རང་ཉིད་ཀྱང་མ་ཉེས་བཞིན་དུ་ཁྲིམས་མུན་དུ་ཚུད་དེ་དགུང་ལོ་ཞེ་གཅིག་བཞེས་པ་རབ་རྒྱལ་ས་ཕག་ལོར་(༡༨༥༨) ཟེ་ལེང་དུ་གཟུགས་སྐུའི་བཀོད་པ་ཆོས་ཀྱི་དབྱིངས་སུ་བསྡུས་པའི་ཚུལ་བསྟན་པ་ཡིན་ནོ། །

ལྔ་པ། སྔེ་འདིར་བཀའ་དྲིན་མཆོག་ཏུ་ཆེ་བའི་དགེ་བའི་བཤེས་གཉེན་འགའ་ཞིག་གི་རྣམ་ཐར་མདོ་ཙམ་བརྗོད་པ།

ཆོས་སྡེ་འདི་གར་བཀའ་པོད་ལྔའི་འཆད་ཉན་གསར་འཛུགས་དང་། སོ་སོར་ཐར་པའི་བསླབ་གཞི་ཡོངས་སུ་སྲུང་བ་གཞི་གསུམ་གྱི་ཉམས་ལེན་ཚང་ལ་མ་ནོར་བའི་སྲོལ་འབྱེད་མཁན། རབ་འབྱམས་གཞུང་བརྒྱའི་མངའ་བདག བཀའ་དྲིན་མཉམ་མེད་ཨ་ནུ་རོར་ཆེན་པ་རྗེ་རྣྰ་ན་ས་ར་ནི་དར་རྒྱན་བང་ཤོག་གི་ཏྭ་ཐས་ཅི་ཡར་འཕེལ་དང་། སུ་ནུ་ཅན་ཟེར་བ་གཉིས་ཀྱི་སྲས་སུ་རབ་བྱུང་བཅུ་བཞི་བའི་ལྕགས་བྱིལ་ལོར་(༡༨༤༠)འཁྲུངས། མཚན་ལ་ཡོན་ཏན་རྒྱ་མཚོར་གསོལ། དགུང་ལོ་དགུ་བཞེས་སྐབས་དྭ་བླ་མ་ཡེ་ཤེས་བསྟན་འཛིན་ཞེས་པའི་མཁས་པ་ཆེན་པོ་ཞིག་དེར་བཞུགས་པ་ལས། འདོན་ཆོག་ཆོས་སྤྱོད་ཀྱི་རིགས་བསླབས་ཤིང་། དགེ་བསྙེན་རབ་བྱུང་དགེ་ཚུལ་གྱི་སྡོམ་པ་རྣམས་ཀྱང་དམ་པ་དེ་ཉིད་ལས་བཞེས། དེ་ནས་ཛ་རོང་གཡོན་རུ་པོ་རོ་ཅོག་ཟེར་བའི་དགོན་དུ་ཕེབས་ནས་ལོ་ཤས་བཞུགས་ཀྱང་དེའི་གྲྭ་བ་དག་གི་སྤྱོད་པ་ཐུགས་ལ་མ་བབས་པར། ཨ་ནུ་རོར་ཆེན་བཀྲ་ཤིས་དགེ་འཕེལ་ཞེས་པའི་དགོན་དུ་ཕེབས་ཤིང་ཆོས་གྲྭར་ཞུགས། ཡོངས་ཀྱི་དགེ་བའི་བཤེས་གཉེན་ཆེན་པོ་དྭ་བླམ་རབ་འབྱམས་པ་ལེགས་བཤད་ཅེས་པ་སློབ་དཔོན་དུ་བསྟེན་ནས་བསྡུས་གྲྭ་དང་། བློ་རྟགས། ཤིང་རྟའི་སྲོལ་འབྱེད། དགེ་འདུན་ཉི་ཤུ་རྣམས་ཀྱི་མཛུབ་ཁྲིད་ཞིབ་རྒྱས་གསན་ཅིང་། རྩོད་པས་བརྡར་ཤ་བཅད། དགུང་ལོ་ཉི་ཤུ་བར་བརྟན་མཁས་ཀྱི་ཡོན་ཏན་ལྡན་པའི་གནས་བརྟན་འདུལ་བ་འཛིན་པ་ཡེ་ཤེས་དབང་ཕྱུག་ཅེས་ཡོངས་སུ་གྲགས་པ་མཉམ་མེད་ཐུབ་པའི་གདུང་འཚོབ་དམ་པ་དེ་ཉིད་ཀྱི་དྲུང་དུ། དགེ་བསྙེན། རབ་བྱུང་། དགེ་ཚུལ་རྣམས་བསྐྱར་བསྒྲུབས་ཐོག་བསྙེན་པར་རྫོགས་པ་དགེ་སློང་གི་སྡོམ་པ་ལེགས་པར་

བཞེས་ཏེ། ཡེ་ཤེས་རྒྱ་མཚོ་ཞེས་པའི་མཚན་གསོལ། ས་ལམ་དང་དོན་བདུན་ཅུ། འགྲེལ་བ་དོན་གསལ་སོགས་གཞུང་འགའ་ཐུགས་ལ་བཟུང་ནས་ཚོགས་རྒྱུགས་ལ་ཕུལ། གྲུབ་མཐའ་རྩ་བ་དང་འགྲེལ་བ་དོན་གསལ་ཉིས་སྟོང་ཉེ་བ་རེ་སྐྱོར། མདོ་རྒྱུད་རྒྱ་མཚོའི་མངའ་བདག་ཡོངས་ཀྱི་དགེ་བའི་བཤེས་གཉེན་ཆེན་པོ་ཨ་ལགས་ཤ་རབ་འབྱམས་པ་སངས་རྒྱས་ཆོས་གྲགས་ཆོས་སྡེ་དེར་གདན་དྲངས་པའི་སྤྱན་སྔར། རྣམ་འགྲེལ། གསེར་ཕྲེང་། རྣམ་བཤད། རྟགས་སྣང་སོགས་ཕར་ཚད་ཀྱི་གཞུང་མང་པོའི་མཇུག་ཁྲིད་ཞིབ་མོའི་ལུགས་སུ་གནང་བ་གསན་ཅིང་། ཕར་ཕྱིན་སྟོན་མོའི་དམ་བཅའ་བཞག་སྟེ་མཁས་གྲགས་ཤིན་ཏུ་ཆེ་བ་བྱུང་། དེ་ནས་ཆོས་སྡེ་ཆེན་པོ་སྐུ་འབུམ་བྱམས་པ་གླིང་དུ་ཕེབས་ཏེ། སྐབས་དང་པོའི་འཛིན་གྲྭར་ཞུགས། ཨུ་རིད་དགེ་བའི་བཤེས་གཉེན་ཆེན་པོ་རབ་འབྱོར་དང་། གཞུང་བརྒྱའི་མངའ་བདག་དཔའ་རིས་བློ་བཟང་རབ་གསལ། སྔོན་གྱི་ཡོངས་འཛིན་སངས་རྒྱས་ཆོས་གྲགས་རྣམས་ཀྱི་དྲུང་ནས་དབུ་ཕར་འདུལ་མཛོད་ཀྱི་གཞུང་ཁྲིད་ཞིབ་ཏུ་གསན་ཅིང་། རྒྱ་བོད་ཀྱི་གཞུང་ཆེན་མང་པོ་ཐུགས་ལ་བཟུང་ནས་སྐྱོར་སྦྱོང་རྒྱུན་ཏུ་གནང་། ལོ་མང་པོའི་རིང་ཆོས་གྲྭར་འཁྱིམ་སྟེ་གཞུང་དོན་དང་དཀའ་བའི་གནས་མ་ལུས་པ་བརྒལ་བརྟག་གིས་གཏན་ལ་ཕབ། དགུང་ལོ་སོ་བརྒྱད་པར་ཆོས་སྡེ་ཆེན་པོ་དེ་གར་རབ་འབྱམས་གྲྭ་སྐོར་གནང་བས། མཁས་པའི་གྲགས་པ་ཆེ་ཆེར་རྒྱས་ཏེ། བློ་གསལ་རིགས་པ་སྨྲ་བ་མང་པོ་སློབ་མར་འདུས། ཡོངས་འཛིན་དམ་པ་དུ་མ་ལས་ཟབ་པ་དང་རྒྱ་ཆེ་བའི་ཆོས་རྒྱུན་མང་པོ་མནོས། དོན་གཉེར་ལྡན་པའི་བློ་གསལ་སློབ་བུ་རྣམས་ལ་བཀའ་པོད་ལྔའི་དཔེ་ཁྲིད་སྐྱོལ་བ་རྒྱུན་ཆགས་སུ་གནང་ཞིང་ཆོས་བཀའང་འགའ་ཞིག་སྤེལ། སློབ་གཉེར་གནང་སྐབས་དཀའ་སྤྱད་དཔེ་བླ་བྲལ་བ་གནང་ཞིང་སྐུ་འབུམ་དུ་ལོ་མང་པོ་བཞུགས་ཀྱང་ཉ་གསར་དུ་ཐེངས་གཅིག་ཀྱང་ཕེབས་མ་མྱོང་བར་གསུངས་ཏེ་ངོ་མཚར་བའི་རྣམ་པར་ཐར་པ་ཞིག་གོ །

དགུང་ལོ་ཞེ་གཅིག་པར་རྡོ་རྗེ་འཆང་སྟོང་འཁོར་བསམ་གཏན་གླིང་དུ་བཞུགས་སྐབས་དྲུང་དུ་ཕྱུགས་ཕེབས་པ་ནས་སྐྱབས་མགོན་དམ་པ་སཾ་ཧའི་ཞབས་ཀྱི་དྲུང་ནས་ཆོས་

བཀའ་མང་པོ་གསན་ཅིང་། འགྲན་ཟླ་མེད་པར་རིགས་ཀྱི་བདག་པོར་བཞེས་པ་གནང་། རྡོ་རྗེ་འཆང་གི་བཀའ་ལྟར་རི་ཁྲོད་པའི་སློབ་གཉེར་བ་རྣམས་ལ་གསེར་ཕྲེང་། རྣམ་བཤད། མཐའ་དཔྱོད་གསུམ་ཀྱང་བསྒྲིགས་ཤིང་། རྩོགས་སྣང་། མཆན་སོགས་ཀྱིས་བྲུར་བརྒྱན་པའི་ཕར་ཕྱིན་གྱི་མཇུབ་ཁྲིད་ཞིབ་རྒྱས་སུ་གནང་བའི་བཀའ་དྲིན་བསྐྱངས། དེ་ནས་བཟུང་ལོ་རེ་བཞིན་དབྱར་དཔྱིད་འགག་རེ་དང་། བཅུ་བའི་ལྷ་མཚོད་ནས་རྒྱ་ལོའི་སྔོན་ལམ་བར་དུ་རྔི་ཚ་སོགས་སུ་བཞུགས་ནས། བསྟུས་གྲྭ་གསུམ་ལ་རང་རང་གི་དགེ་རྒན་ཆོས་དཔེ་ཁྲིད་བྱས་པ་དེས་འཐུས་པར་བྱས་ཤིང་། རྟགས་རིགས་ཡན་ཆད་ཀྱི་འཛིན་གྲྭ་རིམ་གྱིས་ཕེབས་ཏེ་བཅོ་བརྒྱད་ཙམ་མཆིས་པ་ཐམས་ཅད་ལ་རྗེ་འདི་ཉིད་ཀྱིས་དཔེ་ཁྲིད་ཞིབ་སྦྱོལ་གནང་། དེ་ཡང་ཉིན་རེ་བཞིན་འཛིན་གྲྭ་ཡོངས་རྫོགས་བཞི་བཞི་ལ་སྐབས་ཕྱེ་བས། མཁས་དབང་འདི་ཉིད་ཞལ་བཞུགས་རིང་པོ་ཏེ་ལྷ་ལ་སློབ་གཉེར་མཐར་ཕྱིན་པའི་འཛིན་གྲྭ་བཞི་དང་། རྩོད་པའི་འཛིན་གྲྭ་གོང་མའི་སློབ་གཉེར་ཐམས་ཅད་ཉིད་ཀྱི་ཞལ་སློབ་འབའ་ཞིག་ལགས། གཤིས་གདན་ས་འདིར་གང་གི་གསུང་ལས་སྐྱེས་པའི་གཞུང་བརྒྱ་སྨྲ་བའི་དགེ་བའི་བཤེས་གཉེན་མང་པོ་བྱོན་ཅིང་། ཆོས་རྗེ་ཆེན་པོ་སྐུ་འབུམ་བྱམས་པ་གླིང་སོགས་སུའང་བཀའ་རབ་འབྱམས་སྨྲ་བའི་བུ་སློབ་ནམ་མཁའི་སྐར་ཚོགས་དང་མཚུངས་པས། ཇི་སྐད་དུ། ཁ་སྣང་ཁྱིལ་ནག་པ་རྗེ་འཕྲིན་འོད་པས། ཁྱོད་གསུང་བདུད་རྩིའི་བཅུད་ལ་ཡང་ཡང་དུ། །རོལ་བའི་དངོས་སློབ་ཉི་ཟླ་ལྟར་གྲགས་པ། །ཟླ་སྒྲུལ་མཁན་སློབ་རབ་འབྱམས་སྨྲ་བ་ཡང་། །མཁའ་ཁྱབ་ཞིང་གི་རྡུལ་བཞིན་གྲངས་ལས་འདས། །ཞེས་དང་། སྐུའུ་སྟེང་བ་བློ་བཟང་དཔལ་བས་ཀྱང་། ཁྱོད་ཀྱི་གསུང་ལས་སྐྱེས་པའི་སྐལ་བཟང་ནི། །མཁས་དགུའི་བྲུར་ཕུད་རྐང་རྟེགས་ལ་འཛོགས་པ། །དཔག་ཡས་བྱང་ཕྱོགས་ས་ཡི་ཐིག་ལེ་ན། །མི་ཉམས་བཤད་སྒྲུབ་ལོངས་ལ་ཅི་ཡང་རྩེན། །ཞེས་བསྟགས་པ་ནི་སྟན་ངག་གི་རབ་བཏགས་ཙམ་མ་ཡིན་པར་རང་བཞིན་དྲང་པོར་བརྗོད་པ་ཁོ་ནའོ། །

གདན་ས་འདི་དང་སྐུ་འབུམ་དུ་འདུལ་བ། མཛོད་རྩ་དང་གྲུབ་མཐའ་ཆེན་མོ།

ལེགས་བཤད་སྙིང་པོ། རྗེའི་ལམ་སྔགས་སོགས་ཀྱི་ཞལ་ལུང་དང་། བདེ་གསང་འཇིགས་
གསུམ་གྱི་བསྐྱེད་རྫོགས་ཁྲིད་སོགས་ཆོས་བཀའ་མང་དུ་སྩེལ། ལྷགས་རྩོམ་ནི། རྡོ་རྗེ་འཆང་
གི་རྣམ་ཐར་གསོལ་འདེབས། བློ་རྟགས་གཉིས། སྒྲུབ་ངག ཚད་འབྲས། སེམས་སེམས་
བྱུང་། ས་ལམ། གྲུབ་མཐའ་རྣམས་ཀྱི་དོགས་དཔྱོད། དོན་བདུན་ཅུའི་དོགས་དཔྱོད་དང་
ཁྲུབ་མཐའ། དྲིས་ལན་འགའ་ཞིག དྲིས་ལན་པད་དཀར་ཕྲེང་བའི་དགག་པ། རྣམ་ཐར་
སྣ་གསུམ། དྲང་ངེས། བསམ་གཟུགས། དབུ་མའི་ལམ་བཅུ་གསུམ་རྣམས་ཀྱི་དོགས་
དཔྱོད། དབུ་མའི་དོགས་དཔྱོད་འཕྲོ་ཅན། མཛོད་རྩ་དང་མཛོད་སྙོམ་གཉིས་ཀྱི་མཆན་
འགྲེལ། མཛོད་ཀྱི་ཁྲུབ་མཐའ་དང་རྙེད་རྟོགས། གུང་ཐང་མ་ཏིའི་མཛོད་ཀྱི་དགག་པ་འཕྲོ་
ཅན། འདུལ་རྩ་དང་འདུལ་སྙོམ་གཉིས་ཀྱི་མཆན། འདུལ་བའི་དོགས་དཔྱོད་འཕྲོ་ཅན།
འདུལ་བ་ལུང་གི་བར་བསྡོམས་ཀྱི་མཆན། སྔགས་ཀྱི་ས་ལམ། པོ་བསྟོད་འགྲེལ་བ། མ་
ཏིའི་ཕན་ཡོན། རྒྱུན་གྱི་ཉམས་ལེན། སྒྲ་ཊཱི་ཀ་འགྲེལ་བ་གསལ་ལྡན་གྱི་བརྗེད་བྱང་ཆ་ཚང་།
སྒྲ་མདོའི་སྐད་གཉིས་ཤན་སྦྱར། རྩིས་ཀྱི་སྐོར་འགའ་ཞིག་སོགས་མང་ངོ་། །སྔོན་སྐྱབས་རྗེ་
སྐུ་མཆེད་རིན་པོ་ཆེར་དགོངས་བསྐུལ་གྱིས་སྡེ་འདིར་གསོ་སྦྱོང་གསར་དུ་བཙུགས་པ་དང་།
རྒྱལ་ཚབ་རིན་པོ་ཆེའི་ཐུགས་བཞེད་ལྟར་རྒྱུན་འཇུག་གཉིས་ཚོགས་འདོན་དུ་བཙུགས།
དཀྱུང་ལོ་རེ་གཉིས་བཞེས་པ་ལྕགས་བྱ་ལོར་དབྱར་གནས་གསར་འཛུགས་གནང་ཞིང་།
དབྱར་གནས་ཐོན་གྱི་བར་ཆོས་བསྒྲགས་པའི་མདོ་ལ་སོགས་པ་རྗེ་ཉིད་ཀྱིས་གསུངས་པར་
མཛད། དགག་དབྱེའི་ཕྱི་ཉིན་དབྱར་སྟོན་ཐོག་ཏུ་རྗེ་ཉིད་ཀྱིས་བསིལ་བྱེད་དང་ལྷུང་བཟེད་
བསྣམས་ཏེ་དབུ་མཛད། དབྱར་གནས་པ་རྣམས་ཆོས་གོས་རྣམ་གསུམ་གྱོན་ཞིང་། མི་
རྟག་པ་སྟོན་པའི་ཚིགས་བཅད་གསུང་བཞིན་མཐའ་བསྐོར་ཏེ། སྤོངས་རྒྱུའི་དོད་ལ་
མཚམས་ཀྱི་ཕྱི་རོལ་ཏུ་འཆག་པར་མཛད། སྔར་བྱོན་ནས་འདི་ལྟར་བྱེད་སྲོལ་པ་མེད་མོད་
རང་ཤུགས་ཀྱིས་འགྲུབ་སོང་བས། སླད་ཆད་ཀྱང་འདི་བཞིན་མ་ཆག་པར་བྱས་ན་གཞན་
རྒྱུད་ལ་བག་ཆགས་ཁྲིད་པར་ཅན་འཛོག་པའི་དགེ་བ་ཡོད་གསུངས་སོ། །ལོ་དེར་(༡༨༢༡)

སྐུ་བསྟུན་ཚུལ་བཞེས་པ་ལ་ཞལ་སློབ་རྣམས་ཀྱིས་རིམ་གྲོ་མང་པོ་བསྒྲུབས་ཏེ་བརྟན་བཞུགས་ཕུལ་བ་དང་། གཞན་དམ་པ་འགའ་ཞིག་གིས་ཀྱང་ཞབས་པད་བརྟན་དགོས་པའི་རྒྱུ་མཚན་ཞུས་པར། ཞལ་ནས་ཤིན་འདོད་པ་སུ་ཡང་མེད་སོད། ཁམས་མ་དྭངས་ན་ཡང་ངས་ཚུང་དུས་ནས་བསྟན་པ་ལ་བྱ་བ་རེ་རྒྱུན་དུ་བྱས་པས་ཕན་སླེབས་མ་བྱུང་ཡང་བསམ་པ་བཟང་སྟབས་འདི་ངན་སོང་དུ་སྐྱེའམ་སྙམ་དུ་ཐུགས་འཚེར་གནང་མི་དགོས། ཞེས་སོགས་གསུངས་པར་གྲགས་ཏེ་སྦྱོར་ལམ་བཟོད་པ་ཡན་ཆད་ཀྱི་རྟོགས་པ་བརྙེས་པའི་གསུང་དུ་གོར་མ་ཆག་སྙམ། ཟླ་ཕོར་ཕྲུག་དཔེ་རྣམས་སྐུ་འབུམ་དང་འདི་གའི་དཔེ་མཛོད་ཁང་དུ་ཕུལ་ཟིན་ཅིང་། ཕྲུག་རྒྱུ་ཡོད་ཚད་ཀྱིས་ཆོས་སྡེ་གཉིས་ལ་བསྙེན་བཀུར་གྱི་ནོམ་པ་བྱས། ན་བཟའ་དང་མཆོད་ཆའི་སྣོར་དང་དགེ་ཕྲུག་རྣམས་ཀྱིས་བརྟན་བཞུགས་དང་སྟུན་འདྲེར་ཕུལ་བའི་དངུལ་དངོས་ཡོངས་རྫོགས་བཞེངས་ཐེབས་སུ་ཕུལ་ཏེ། རྒྱལ་བ་མི་ཕམ་པའི་སྐུ་བརྙན་ལིམ་མི་ཚད་ཙམ་ཞིག་གདན་དྲངས་པ་ལ་བཞུགས་སའི་གཙུག་ལག་ཁང་ཞིག་བཞེངས་རྒྱུའི་ཞལ་བཀོད་གནང་རྗེས་ཡོ་བྱད་ཡོངས་རྫོགས་སྤྱིང་དག་བགྱིས་ནས། བཅོམ་ལྡན་འདས་གཟིམ་མལ་གྱི་མཐའ་མ་ལ་བཞུགས་པ་བཞིན་སེང་གེ་ཉལ་སྟབས་ཀྱིས་མྱ་ངན་ལས་འདས་པའི་ཚུལ་བསྟན་ཏོ། །དེ་དག་གི་ཚེ་ལྟས་བཟང་པོ་མང་དུ་བྱུང་ཞིང་སྐུ་གདུང་རིན་པོ་ཆེ་ཞུགས་ལ་ཕུལ་ཏེ། གདུང་རུས་རྣམས་ལ་རུས་ཚོག་འབུལ་བ་སོགས་སྒྲི་ཞུ་ལེགས་པར་གྲུབ་པ་བསྟུན། བདག་ཉིད་ཆེན་པོ་གང་གི་ཆོས་ཀྱི་སྲས་སུ་གྱུར་པ་མི་དབང་ཚེ་རིང་བཀྲ་ཤིས་དང་། ལུང་རིགས་སྨྲ་བའི་དབང་པོ་ཚུལ་ཁྲིམས་རྒྱ་མཚོ། ཐུབ་བསྟན་རིགས་གྲོལ་གསུམ་གྱིས་གསེར་ཟངས་ཀྱི་མཆོད་རྟེན་གསུམ་བཞེངས་པའི་གཟུངས་གཞུག་ཏུ་བཞུགས་སུ་གསོལ་བ་ལགས་སོ། །དགེ་ལྡན་སྒྲུབ་རྒྱུད་ཀྱི་བསྟན་པའི་མངའ་བདག་ཆེན་པོར་གྱུར་པ་འགྲོ་མགོན་བློ་བཟང་ལུང་རིགས་རྒྱ་མཚོའི་ཀུན་དགའ་པོ་དང་མཚུངས་པའི་ཉེ་གནས་སེམས་དཔའ་ཆེན་པོ་རྗེ་ཁ་གྱ་བ་འཇམ་དབྱངས་དཔལ་ལྡན་ནི། ཁ་གྱ་ཁ་སོག་ཤོག་པར་ཡབ་བཀྲ་ཤིས་དང་། ཡུམ་གཟུང་མོ་སྐྱིད་ཅེས་པ་གཉིས་ཀྱི་སྲས་སུ་རབ་བྱུང་བཅུ་བཞི་པའི་མེ་བྱ་(༡༨༣༧)ལོར་སྐུ་

བལྟམས། དགུང་ལོ་བདུན་པར་འཇམ་དཔལ་བསྟན་པའི་སྒྲོན་མེ་དཔལ་བཟང་པོ་ལས་དགེ་བསྙེན་དང་། བར་མ་རབ་བྱུང་གི་ཚུལ་ཁྲིམས་ཡང་དག་པར་མནོས། ཞང་པོ་བློ་བཟང་སྙན་གྲགས་ཟེར་བའི་གམ་དུ་བཞུགས་ཏེ། རྡོ་རྗེ་གཅོད་པའི་སྟེང་ནས་སྦྱོར་ཀློག་དང་ཕྲལ་ཀློག་བསླབས་པ་དཀའ་ཚེགས་མེད་པར་མཁྱེན། དེ་ནས་རིང་མིན་དགོན་དེའི་ཚོགས་འདོན་མ་ལུས་པ་ཐུགས་སུ་ཆུད་པར་མཛད། དགོན་དེར་བསྟུས་ཚད་ལ་སྦྱངས། རྒྱན་འཇུག་གཉིས་མང་དུ་བསྐྱོར། བསེ་བསྟུས་ཐུགས་འཛིན་གནང་ཞིང་ཚོགས་རྒྱུགས་ཀྱང་ཕུལ། ཚོགས་ལངས་ལོ་ལྟར་མཛད། དགུང་ལོ་ཉེར་བཞི་བར་བསེའི་སྐུ་ཕྲེང་བཞི་བ་རྗེ་བཙུན་བཀྲ་ཤིས་རབ་རྒྱས་དཔལ་བཟང་པོ་ལས་ཚོགས་སྔ་མ་དགེ་ཚུལ་གྱི་བསླབ་པ་མནོས། དམ་པ་དེ་ལས་ཧ་མགྲིན་ཡང་གསང་གི་དབང་ལུང་བཅས་མནོས་ཏེ་དེའི་བསྙེན་པ་ཡང་འཕྲལ་དུ་བཏང་། དགུང་ལོ་ཉེར་ལྔ་བར་ཁྲབ་བདག་འཁོར་ལོའི་མགོན་པོ་རྗེ་བཙུན་བློ་བཟང་ལུང་རིགས་རྒྱ་མཚོའི་དྲུང་དུ་བསྙེན་ཅིང་། དབེན་ས་སྙན་རྒྱུད་ལས་བྱུང་བའི་ནམ་མཁའ་སྒོ་འབྱེད་ཀྱི་བྱིན་རླབས་གསན། རྗེ་འདི་ཉིད་ཀྱི་དགྱེས་ཞལ་དངོས་སུ་མཇལ་བ་ནས་བཟུང་མྱུ་ངན་ལས་འདས་པའི་བར་བགྲང་བྱ་ཉེར་བཞི་ཙམ་ལ་དད་གུས་ཆེན་པོས་སྐུའི་རིམ་གྲོ་གང་ཡོད་གཡོ་ཟོལ་མེད་པར་བསྒྲུབས་ཤིང་། ཡས་མས་སུ་འབྱོན་བཞུད་གནང་སྐབས་ཆིབས་ཁའི་འཁྲིད་པ་སོགས་སྲི་ཞུ་གང་དགོས་མཐའ་དག་ལ་ལེ་ཤོར་མེད་པ་མཛད་པས་མཆོན་བསམ་སྦྱོར་དག་པས་ཚུལ་བཞིན་བསྟེན་ཏེ། མཉེས་པ་གསུམ་གྱི་སྒོ་ནས་མཉེས་པར་མཛད། བླ་མ་མཆོག་ནས་ཀྱང་བུ་སློབ་གཞན་ལས་ཐུགས་བརྩེ་ཆེ་བ་གནང་ཞིང་། ཆོས་བཀའ་གང་གནང་ཕལ་ཆེར་ལ་མཆོད་གཡོག་བྱེད་དུ་འཇུག་པ་སོགས་བརྩེ་གཟིགས་བཀའ་དྲིན་ཆེ་བར་མཛད། རྩ་བའི་བླ་མ་འདི་ཉིད་ཀྱི་དྲུང་ནས་ཆོས་བཀའ་མཐའ་ཡས་པ་བུམ་པ་གང་བྱོའི་ཚུལ་གྱིས་གསན་ཅིང་། ཆུ་མིག་བརྒྱ་རྩ་འགྲེམ་པ་དང་། འཇིགས་བྱེད་དང་མགོན་པོའི་བསྙེན་པ་སོགས་ལྷག་ལྷ་དུ་མའི་ལྷགས་བསྙེན་ཚད་ལྡན་བཏང་། སྐྱབས་མགོན་བླ་མ་རིན་པོ་ཆེའི་བཀའ་ལྟར་ཉིད་ཀྱིས་ཞུས་ཏེ་རྡོ་རྗེ་འཆང་སཾ་ཐའི་མཚན་ཅན་གྱིས་རྗེ་

བཀའ་འབུམ་ཡོངས་རྫོགས་ཀྱི་ལུང་གནང་བ་གསན་པ་ནས་བཟུང་དབང་ལུང་མན་ངག་གི་ཆོས་རྒྱུན་མང་པོ་གསན། མེ་ཁྲི་ལོར་སྐྱབས་མགོན་ལུང་རིགས་མཚན་ཅན་སྐུ་བསྐྱེད་པའི་ཚུལ་བཞེས་པར་སྐུའི་བསྟུན་གཡོག་གང་དགོས་གཡོ་འགྲུལ་ཙུང་ཟད་ཀྱང་མེད་པར་བསྒྲུབས་ཤིང་། མྱ་ངན་ལས་འདས་པའི་ཚུལ་བསྟན་པའི་རྗེས་སུའང་སྐུ་གདུང་རིན་པོ་ཆེར་སྲི་ཞུ་དང་མཆོད་འབུལ། སྐུ་གདུང་མཆོད་རྟེན་གསར་བཞེངས་དང་རབ་གནས་སོགས་བགྱི་བ་མཐའ་དག་བརྩོན་པ་ཆེན་པོས་གྲུབ་པར་མཛད་འཕྲུལ་བླ་བྲང་གི་ཕྱག་རྫས་ལྷག་མ་གང་ཡོད་རང་པོའི་གྲོས་དབང་རྣམས་ལ་རྩིས་སྤྲད་དེ། ཆོས་གོས་གཅིག་པུ་ཁུར་ནས་ཐིས་མདོའི་དགོན་སོགས་སུ་བཞུགས་ཏེ། རིམ་གཉིས་ཀྱི་རྣལ་འབྱོར་ཟབ་མོར་གཞོལ་བའི་ངོས་སྐུ་གསུང་ཐུགས་རྟེན་བཞེངས་པ་སོགས་བྱ་བ་ལས་ཀྱི་འཁོར་ལོའང་ཅི་རིགས་གྲུབ་པར་མཛད། མེ་སྤྲེལ་ལོར་རྡོ་རྗེ་འཆང་སེཾ་ཧའི་མཚན་ཅན་ལོ་བའི་རྡོ་རྗེ་བྲག་ཏུ་བཞུགས་པའི་སྤྱན་སྔར་ཕྱིན་ཅིང་། ཀུན་སྤངས་སྡེ་སྣོད་འཛིན་པ་འཕྲིན་ལས་རྒྱ་མཚོ་ལས་བྱང་ཆུབ་ལམ་རིམ་ཆེན་མོའི་མཛུབ་ཁྲིད་གསན། དེ་ནས་བཟུང་རྨ་ཀླུང་ཡངས་པའི་ལྗོངས་ཀྱི་དགོན་སྡེ་མང་པོ་དང་། དབེན་པའི་རི་ཁྲོད་ཉམས་དགའ་བ་དུ་མར་རྡོ་རྗེ་འཆང་ཆེན་པོར་བཞུགས་པའི་ཉེ་འཁོར་དག་ཏུ་ལོ་མང་པོར་བཞུགས་ནས་བསགས་སྦྱོང་གཙོར་འདོན་སློབ་ལམ་རིམ་གཉིས་ཀྱི་ཉམས་བཞེས་ལ་གཞོལ་བར་མཛད་ཅིང་། བཀའ་ཆོས་ཀྱང་མཐའ་ཡས་པ་གསན། ཀུན་སྤངས་འདུས་པའི་སྡེ་འདིར་བཀའ་པོད་ལྔའི་འཆད་ཉན་གྱི་སྲོལ་བཙུགས་པ་ནས་མདོ་རྒྱུད་རྒྱ་མཚོའི་མངའ་བདག་རྗེ་ཡེ་ཤེས་རྒྱ་མཚོ། ལུང་རིགས་སྨྲ་བའི་དབང་པོ་རྗེ་འཕྲིན་ལས་རྒྱ་མཚོ། བཤེས་གཉེན་ཆེན་པོ་དགེ་འདུན་མཁས་མཆོག་རྣམས་ལས་དབུ་ཕར་འདུལ་མཛོད་ཀྱི་དཔེ་ཁྲིད་རྒྱུན་རིང་གསན་ཅིང་། རྩོད་པའི་གྲྭར་ཡང་མ་ཆག་པར་ཕེབས་ཏེ་ཐོས་བསམ་རྩེ་རུས་ཐུག་པ་གནང་། དེ་དག་གི་སྐབས་སུ་ཡང་རྒྱུན་གྱི་ཉམས་བཞེས་མཆོད་འབུལ་སོགས་གཅིག་ཀྱང་མ་ཆག་པ་གནང་བ་སོགས་ཕལ་བའི་བློ་ཡུལ་ལས་འདས་པའི་རྣམ་ཐར་ངོ་མཚར་བ་ཤིན་ཏུ་མང་། ཆུ་ཡོས་ལོར་བར་ཁམས་གྲྭ་རོང་འབྲོམ་བུ་དགོན་གྱི་ཞབས་དྲུང་ཉེ་

མ་འོད་ཟེར་ཆེད་གཉེར་གྱིས་ཕེབས་ཏེ། བླ་མ་རྡོ་རྗེ་འཆང་ཆེན་པོར་རྗེའི་བཀའ་འབུམ་གྱི་ལུང་ཞུས་པར། ཀུན་གཟིགས་མཆོག་ནས་སྐུ་ཁམས་ཀྱིས་མ་ལྡོགས་པའི་ཚུལ་གྱིས་རྗེ་འདི་ཉིད་ལ་གནང་རྒྱུའི་ལྟུགས་བཀོད་དང་། བསྟན་པའི་རྩ་ལག་སྐུ་མཆེད་རིན་པོ་ཆེ་སོགས་སྡེ་འདིའི་དགེ་བའི་བཤེས་གཉེན་མང་པོར་གསན་རྒྱུའི་བཀོད་ཁྱབ་བསྩལ་བ་ལྟར་རྗེ་ཡབ་སྲས་གསུམ་གྱི་གསུང་འབུམ་གྱི་ལུང་བསྩལ།

དེ་ནས་བཟུང་གདན་ས་འདི་དང་འདུས་སྡེ་གཞན་མང་པོར་སྐལ་བཟང་གདུལ་བྱའི་ཚོགས་ལ་ལེགས་བཤད་བདུད་རྩི་རིམ་པར་སྤེལ་ཞིང་། རབ་བྱུང་དང་བསྙེན་རྫོགས་ཀྱི་སྡོམ་རྒྱུན་ཀྱང་མང་པོ་གནང་། རྟེན་འཚོལ་གྱི་རྟོག་པ་ཙམ་ཡང་སྐྱེས་པ་མེད་ཀྱང་། དད་ལྡན་དག་གིས་ནན་གྱིས་ཕུལ་བའི་དངུལ་དངོས་ཡོངས་རྫོགས་འདི་ཀར་རྗེ་བཙུན་མི་ཕམ་མགོན་པོའི་སྐུ་བརྙན་ཉིས་ཐོག་ཚད་ཀྱི་གཙོས་སྐུ་གསུང་ཐུགས་རྟེན་བཟོ་བཀོད་ཁྱད་པར་དུ་འཕགས་པའི་གཙུག་ལག་ཁང་དང་བཅས་པ་གསར་བཞེངས་དང་། ཐོག་སོ་སོའི་གཏོང་ཐེབས་སོགས་དང་། ཆོས་སྡེ་གཞན་མང་པོར་ཡང་མང་འགྱེད་སོགས་ཀྱིས་བསྙེན་བཀུར། སྤྲང་པོ་རྣམས་ལ་སྦྱིན་གཏོང་། ཐ་ན་བྱ་ཁྱི་སོགས་ལ་ཟན་སྦྱིན་སོགས་ཞིང་དག་པ་ཁོ་ནར་གཏོང་བ་གནང་བ་ལས། རྒྱུ་རྫས་འཛིན་ཆགས་དང་མཐོན་པོའི་ངོ་འཛིན་སོགས་ཆུད་ཟོས་སུ་གཏོང་བ་གཏན་མི་སྲིད་དོ། །གོང་ས་ལྷ་མིའི་རྣམ་འདྲེན་པཎ་ཆེན་ཆོས་ཀྱི་རྒྱལ་པོ་རྗེ་ཆོས་ཀྱི་ཉི་མའི་བཀའ་བཞིན་ཚེ་སྒྲུབ་མཛད་དེ་ཚེ་བུམ་ཕུལ་བ་ཕྱག་ཏུ་འབྱོར་སྐབས་ཚེ་རིལ་འཕེལ་ཏེ་བཞུགས་ཡུལ་གྱི་ཁོར་ཡུག་གོ་མཚམས་མེད་པར་ཁྱབ་པས། ཀུན་གཟིགས་མཆོག་ཐུགས་དགྱེས་པའི་རྟེར་སོན་ཅིང་། སླར་ཡང་ཚེ་སྒྲུབ་གནང་དགོས་ཚུལ་བཀའི་གླེགས་བུ་རྟེན་ལྡན་སྤྱི་ལོར་ཕེབས་པ་འདི་ལྟར། འཇམ་དཔལ་རྡོ་རྗེ་མཐོན་མཐིང་རལ་བའི་གཙུག །སྲུང་ས་ཏེ་རྣམ་གསུམ་ངུར་སྨྲིག་མདངས་ལྡན་ཚུལ། །བསྒྱུར་མཛད་ཙོང་ཁ་བ་ཞེས་སྙན་གྲགས་ཀྱིས། །སྲིད་གསུམ་དོག་པར་བྱེད་དེས་དགེ་ལེགས་སྤེལ། །གནས་ལྔ་སྤྱི་དང་ཁྱད་པར་སྒྲུབ་བརྒྱུད་ཀྱི། །རྒྱལ་མཚན་སྲིད་རྩེར་བསྒྲེངས་ལ་རྒྱལ་བ་ཀུན། །བགྲོས་ཏེ་བསྟན་འགྲོའི་

དཔྱིད་དུ་ལེགས་མངགས་པ། །ཟླ་བྲལ་འཁོར་ལོའི་མགོན་པོ་མཆོག་གི་དྲུང་། །ཀུན་རྟོག་
རྙོག་པའི་དྲི་བྲལ་ཙནྡ་ཡི། །ཀུན་གསལ་ཡངས་པོར་གང་སྐྱུ་དབང་པོའི་གཞུ། །ཚོན་རིས་
མངོན་པར་བཀྲ་ལ་མངོན་ཕྱོགས་ཏེ། །སྙན་ཚོག་རྒྱུད་མངས་འཁྲོལ་ལ་ཙུང་ཞིག་
དགོངས། །ལེགས་བྱས་འབུམ་གྱི་རྩེ་དགའ་ཁོངས་འཛུམ་པའི། །སྐལ་བཟང་སྙིང་འཕུང་
དཀར་པོའི་ཚལ་ཡངས་པོ། །དགེ་ལེགས་མཚན་མའི་ཟེའུ་འབྲུ་རྣམ་རྩེན་པ། །ཕུན་ཚོགས་
དྲི་ངད་འཕྱུལ་བའི་དུས་ཀྱི་ཆར། །དགེ་ལྡན་ལུགས་བཟང་ཛམྦུ་ན་དའི་ཁྲིར། །སྒྲུབ་བརྒྱུད་
ནོར་བུའི་ཅོད་པན་ཉེར་འཚང་ཞིང་། །ཡབ་རྗེའི་ཐུགས་བཅུད་གསེར་འཁོར་འབར་བའི་
གཟིས། །ཐུབ་བསྟན་སྙིང་བཞིའི་ཁྲོན་ལ་དབང་མཛད་ནས། །བག་མེད་ཆགས་སྡང་ལྡེ་
གཉིས་རྐྱང་བའི་ཉེས་སྤྱོད་སྦྲུལ་གྱིས་འཁྲིལ་མིན་ཞིང་། །བཟང་པོའི་ཚུལ་ཁྲིམས་རྣམ་པར་
བསིལ་བའི་དྲི་ཡི་ངད་ལྡང་ཆེར་གཡོས་པའི། །ཚངས་སྤྱོད་བསླབ་གསུམ་ཡོངས་སུ་ལྡན་པའི་
མ་ལ་ཡར་སྐྱེས་སྡོང་པའི་དབང་། །འཁོར་བའི་ཚ་གདུང་དྲུངས་ནས་འབྱིན་པའི་འདུས་
པའི་མགོན་དུ་འཚོ་གཞིས་མཚར། །གཞན་ཕན་ཀུན་སློམས་ཤིང་རྟ་བཅུ་བའི་རིགས། །
སད་ནས་རྨད་བྱུང་སེམས་བསྐྱེད་ཀྵ་མ་ཏས། །ལྟ་བའི་མདའ་ཡིས་བདག་འཛིན་ལྷྭའི་
གྲོང་། །བཅོམ་སྟེ་ཕྱག་ཆེན་སི་དྷ་ཁྱུགས་ཏེ་མཚར། །འགྲོ་བློའི་མོས་ངོ་མན་ཤེལ་ཁམས། །
སྣན་བརྒྱུད་ཚོན་གྱིས་ཁ་བསྒྱུར་ཏེ། །ཟུང་འཇུག་ཡེ་ཤེས་ལྷད་མོ་ཆེ། །ཅི་ཡང་འཆར་བའི་
དཔལ་ཡོན་བསྒྲུབས། །དེ་ལྟའི་འཕྲིན་ལས་མི་ཟད་དཔལ་ཉིད་ལས། །དཔྱིའི་ལུགས་
བཟང་མ་སྨད་མན་ད་ར། །ཉམས་འགྱུར་གེ་སར་གཡོ་བའི་ཕོན་པོ་མཆོག །མགུལ་བར་
བཅིངས་པས་དགའ་བདེའི་འོད་ཟེར་འཕྲོས། །འདི་ན་དད་གཤིན་རྫས་ཀྱི་དགོར་ཆུའི་
དབུས། །འདོད་སྲིད་ལྡན་ལྡེན་མི་གཙང་ཕུང་པོ་ལ། །མཆོག་གི་བཅའ་བར་རློམས་ནས་ཟ་
འདོད་ཀྱི། །འཇུག་པར་བརྩོན་པ་མི་འདོར་ངང་དུ་གནས། །སླད་དུ་རྒྱལ་བསྟན་ལུས་
འཚོའི་ཟུངས་གཅིག་པུ། །སྤྱོད་ཉིད་ཞབས་ཟུང་རྟག་བརྟན་གཡུང་དྲུང་དང་། །བཤད་
སྒྲུབ་དབྱར་གྱི་རྒྱ་བོའི་རྗེས་འགྲོ་བར། །གོང་འཕེལ་ཆད་པ་མེད་པའི་དབྱིངས་རོལ་ནས། །

དཀར་ནག་ཁྲ་གསུམ་ཆོས་བརྒྱད་ར་གན་མདོག །བཟང་པོའི་གསེར་དུ་རློམས་པས་འཁྲུལ་མིན་པར། །མངོན་མཐོ་ངེས་ལེགས་འབྱུང་བའི་གཞི་གཅིག་པུ། །གཏན་བདེའི་ནོར་མཆོག་ཐུགས་གསང་དཔལ་བེའུ་ཚངས། །ཚེ་སྨད་སྨག་རིམ་སྒྲིག་གི་སྣང་བ་དང་། །སྲིད་པའི་བདེ་བ་མི་འོབས་རྡུས་ཁེངས་པ། །རང་ཉིད་དམན་པའི་ལམ་དུ་ཉེར་གཟིགས་ནས། །མར་གྱུར་དོན་དུ་བྱང་ཆུབ་སེམས་མཆོག་བསྐྱེད། །རྟོན་བྱུང་དམ་པ་དུ་མའི་རྣམ་ཐར་གཟུགས། །ཁྱེད་ཐུགས་བསིལ་སྦྱིན་མཚན་མར་རྟག་བཀོད་ནས། །མན་ངག་བདུད་རྩིའི་འོད་དཀར་ཕྲེང་བ་ཡིས། །སྐྲུབ་བརྒྱུད་ས་སོས་ཚལ་རབ་བཞད་པར་མཛོད། །འདིར་ཡང་རྗེས་བརྩེ་སྙོད་པ་མེད་པ་ཡི། །རང་མདངས་འགོག་མིན་སྐྱན་ཚིག་ནོར་བུའི་ཕྲེང་། །རྩེན་དང་ལྡན་ཅིག་ཀུན་ཏུ་དགེ་བ་ཡི། །འཇུག་པའི་སྨོན་ཚིག་ནམ་ཡང་འདོར་མེད་ཞུ། །ཞེས་རྟེན་ཐུགས་མདུད། ཁ་བཏགས་བཟང་པོས་ཁ་འབྲེལ། སླར་ཡང་སྒྲོལ་དཀར་ཡིད་བཞིན་འཁོར་ལོའི་སྒོ་ནས་ཚེ་སྒྲུབ་མཛད་རྒྱུའི་བསྐུལ་ཡོན་དུ་དངུལ་སྲང་ལྔ་བཅུའི་ཐུམ་བཅས་པ་ཅན་ཡུན་དའི་ཕོ་བྲང་ནས་ཤིང་སླང་ཟླ་ཚེས་དགེ་བ་ལ། ཞེས་སོ། །

བཀའ་འཕྲིན་འདི་ལས་དམ་པ་འདི་ཉིད་ཀྱི་ཐུན་མོང་དང་། ཐུན་མོང་མ་ཡིན་པའི་ཡོན་ཏན་རྣམས་རྟོགས་ནུས་པར་ཡོད་པས་ཡིག་ཚོགས་ལ་མ་བསམས་པར་ཆ་ཚང་བར་བཀོད་པ་ཡིན་ནོ། །དེ་ལྟར་མགོ་དགེ་བའི་བཤེས་གཉེན་ཚུལ་བཞིན་བསྟེན་པ་ནས་ཐོས་བསམ་སྒོམ་པ་དང་བྱ་བ་ལས་ཀྱི་འཁོར་ལོའི་སྒོ་ནས་བསྟན་འགྲོའི་དོན་མཐའ་ཡས་པ་ལེགས་པར་མཛད་ཅིང་། ལེགས་གསུང་བདུད་རྩིའི་བཅུད་ཀྱིས་སྐལ་བཟང་གདུལ་བྱ་དཔག་ཏུ་མེད་པ་སྨིན་གྲོལ་ལ་བཀོད་པ་དང་། ཞལ་མཇལ་གསུང་ཐོས་དང་ཐུགས་སྨོན་རྣམ་དག་པས་སྐྱེ་འགྲོ་མང་པོའི་རྒྱུད་ལ་མངོན་པར་མཐོ་བ་དང་། ངེས་པར་ལེགས་པའི་རྒྱུར་འགྱུར་ངེས་ཀྱི་བག་ཆགས་ཁྱད་པར་ཅན་འཇོག་པ་གནང་ཞིང་། སྐུ་དངོས་ཀྱི་གདུལ་བྱ་རྫོགས་པ་ན། དགུང་ལོ་གྱ་བརྒྱད་པ་ཤིང་བྱི་ལོའི་ཟླ་བ་བཅུ་གཉིས་པའི་ཚེས་གཉིས་ཉིན་གཟིམ་ཁང་གི་འཁྲུམས་རར་པདྨ་དཀར་པོ་ཤིན་ཏུ་ཆེ་བ་ལྟ་བས་ཚོག་མི་ཤེས་པ་ཞིག་གསར་དུ་བཞད་པ

སོགས་ངོ་མཚར་བའི་ལྟས་དང་བཅས་ཏེ་ཉྭ་ངན་ལས་འདས་པའི་ཚུལ་བསྟན་ཏོ། །དེའི་ཚེ་དགོངས་རྫོགས་ཀྱི་དགེ་སྒྲུབ་རྒྱ་ཆེར་བགྱིས་ཤིང་སྐུ་གདུང་ཞུགས་ལ་ཕུལ་ཏེ་དངུལ་བྲེ་ཆེན་ལྔ་ལས་གྲུབ་པའི་བྱང་ཆུབ་མཆོད་རྟེན་ཆ་ཚང་ལྡན་པ། རིན་པོ་ཆེ་སྣ་ཚོགས་ཀྱི་ཕྲ་རྒྱན་ཅན་བསྒྲུབས་པའི་ གཟུངས་ སུ་ གདན་ དྲངས་ ནས་ བྱམས་ ཁང་ གི་ གཙོ་ སྐུའི་ གཡས་ ཕྱོགས་ སུ་བཞུགས་སུ་གསོལ་བ་ཡིན་ནོ། །

དཔལ་ལྡན་བཀྲ་ཤིས་ཆོས་སྡིངས་ཀྱི་ཆོས་བཀའ་བ་ཆེན་པོ། མཁས་ཤིང་གྲུབ་པའི་དབང་ཕྱུག མ་ཧཱ་པཎྜི་ཏ་རྗེ་གྲགས་པ་རྒྱ་མཚོའམ་གྲགས་པ་དར་རྒྱས་ནི། མདོ་ཁམས་སྨད་ཀྱི་བྱང་མཐའ། རྔན་ད་ཧོར་གྱི་ཡུལ་དུ་བོད་ཀྱི་རུས་ཆེན་སྟོང་ལ་ཚ་རིགས་བཅོ་བརྒྱད་ཡོད་པའི་ནང་ཚན་ར་ཚ་དང་ཁྱུང་ཚའི་མི་འགའ་ཞིག་ཕྱོགས་དེར་གཞིས་ཆགས་པར། སྟོད་ར་ཚ་ཚོ་ལྔ་དང་སྨད་ཁྱུང་ཚ་ཚོ་དགུའི་ནང་ཚན་རྔན་དའི་ཚོ་བར་ཁྱུང་གི་རིགས་སུ་ས་འབྲུག (༡༢༨༢) ལོར་སྐུ་འཁྲུངས། གཞོན་ནུའི་དུས་ནས་རབ་ཏུ་བྱུང་སྟེ་ལྔ་སར་གནས་མཇལ་མཛད་སྐབས་སྤྲུལ་བའི་ཆོས་སྐྱོང་ཆེན་པོས་དམར་ནག་གི་ཕྲོམ་ཆེན་པོའི་དབུས་སུ་ཕྱག་ཕུལ་བ་དང་། སྟན་དུ་གསང་ལུང་མང་པོ་འབུལ་བར་མཛད་པ་སོགས་བྱུང་བར་གྲགས། དགུང་ལོ་ཉེར་གསུམ་སྟེང་ཇོ་བ་ཚང་གིས་ཞུ་སྣ་ཞུས་ཏེ། སྙིགས་དུས་ཀྱི་ཐམས་ཅད་མཁྱེན་པ་རྗེ་ཞྭ་དམར་པཎྜི་ཏ་ཆེན་པོའི་དགྱེས་ཞལ་ཐོག་མར་མཇལ་སྐབས་ལམ་རིམ་ཆུང་ངུའི་ཞལ་ལུང་གནང་བའི་ཚིག་མཚམས། བཤེས་གཉེན་དུལ་བ་ཞི་བ་ཉེར་ཞི་བ། །ཞེས་པ་དང་ཁེལ་བས་རྟེན་འབྲེལ་ཁྱད་པར་ཅན་འགྲིག ཕྱིར་ཕེབས་ཤུལ་བླ་མ་རིན་པོ་ཆེས་ཐུགས་དགྱེས་པའི་ངང་ཕྱག་ཐལ་མོ་སྦྱོར་བ་གནངས་ཏེ་འདི་བས་ཆོས་ཀྱི་འཁོར་ལོ་ཧ་ཅང་མང་པོ་ཞིག་བསྐོར་བར་འགྱུར་ཨང་། ཞེས་གསུངས་པར་གྲགས་སོ། །དེ་ནས་བཟུང་ལོ་ཉེར་གསུམ་གྱི་རིང་ལ་མཉམ་མེད་སྟོབས་བཅུ་མངའ་བ་སཱཀྱའི་མཚན་ཅན་གྱི་ཞབས་པད་བསམ་སྦྱོར་གཉིས་ཀྱིས་ཚུལ་བཞིན་བསྟེན་ཏེ་ཆོས་བཀའ་གང་གནང་མ་གསན་པ་མེད་པས་དབང་ལུང་མན་ངག་གི་གཏེར་མཛོད་དུ་གྱུར་ཅིང་། ལོ་བདུན་ཙམ་ལ་དྲུང་ཡིག་ཀྱང་གནང་། ཡབ་རྗེ་ནོ་རྗེ་འཆང་

ཆེན་པོ་དང་དར་གྲོང་དགེ་བའི་བཤེས་གཉེན་ངག་དབང་བློ་གསལ་རྣམ་གཉིས་ལས་ལམ་རིམ་ཆེན་མོའི་ཞལ་ལུང་དང་གཟབ་ཁྲིད་ཐེངས་བཞི་ལྷ་རེ་གསན་པས་མཚོན་ལམ་ཁྲིད་དང་བློ་སྦྱོང་གི་གདམས་པ་མང་པོར་སྦྱངས་ཤིང་ལམ་ཡོངས་རྫོགས་ཀྱི་ཉམས་བཞེས་ཆུ་བོའི་རྒྱུན་བཞིན་གཞོལ་བར་མཛད། ཆུ་མིག་བརྒྱ་རྩ་འཁྲིམ་པ་དང་རྡོ་རྗེ་འཇིགས་བྱེད་ཀྱི་གཞི་བསྙེན་ཆེན་མོ་སོགས་ཡི་དམ་མང་པོའི་བསྙེན་སྒྲུབ་ཚད་ལྡན་ཀྱང་མང་དུ་བཏང་། ཐེག་པ་མཆོག་གི་དགེ་བའི་བཤེས་གཉེན་རིས་མེད་ལས་ཆོས་རྒྱུན་རྣམ་དག་མཐའ་ཡས་པ་གསན་ཅིང་། ཁྱད་པར་བསྟན་འཛིན་དམ་པ་ཡོངས་ཀྱི་གཙུག་རྒྱན་རྡོ་རྗེ་འཆང་འཇིགས་མེད་འཕྲིན་ལས་རྒྱ་མཚོ་ལས་དབང་ལུང་མན་ངག་གི་ཆོས་རྒྱུན་དཀོན་པོ་མང་དུ་གསན། རྗེ་འདི་ཉིད་པཎ་ཆེན་ཐམས་ཅད་མཁྱེན་པ་སྐུ་སྔ་ཕྱིའི་ཡོངས་འཛིན་དུ་གྱུར་ཅིང་འཕྲིན་ལས་ནམ་མཁའ་དང་མཉམ་པས། ཐུགས་བྲེལ་ཤིན་ཏུ་ཆེ་ནའང་དམ་པ་འདི་གཅིག་པུར་མི་ཏྲའི་དབང་གི་སྐོར་ལེགས་པར་བསྐུལ་བས་མཆོན་ཐུགས་ཀྱི་སྲས་སུ་རྗེས་སུ་བཟུང་བའི་རྣམ་ཐར་ཡ་མཚན་ཅན་མང་། གཞན་ཡང་མཁས་དབང་མང་པོ་ལས་སུམ་རྟ་བ་དང་། རྟགས་འཇུག་གི་ཁྲིད་རྒྱུན་མི་འདྲ་བ་དུ་མ་དང་། སྙན་ངག་སྦྱོར། རྩིས་དཀར་ནག་སོགས་རིག་གནས་ཆེ་ཆུང་ཀུན་ལ་སྦྱང་བ་མཐིལ་ཕྱིན་གནང་སྟེ་ལྷ་རིག་སྨྲ་བའི་དབང་པོར་གྱུར། ས་བྱ་ལོ་ནས་བླ་མ་རྡོ་རྗེ་འཆང་གི་བཀའ་བཞིན་ཆོས་བཀའ་རྒྱ་ཆེར་གནང་བའི་དབུ་བརྙེས་ཏེ། གདན་ས་བཀྲ་ཤིས་ཆོས་སྡིངས་གསོས་བ་ཡན། དཔའ་རིས། ཨ་རིག ཁང་ཚོ། ཡུ་གར་ཕྱུགས་ཀྱི་དགོན་སྡེ་དུ་མས་མཚོན་རྨ་བྱང་རྒྱུད་དང་། ལྷ་རི་དགོན་སྡེ་སོགས་རྨ་སྟོད་རྒྱུད་ཀྱི་དགོན་སྡེ་མང་པོར་ལན་གྲངས་དུ་མར་ཕྱུགས་ཐེབས་ཏེ། མི་ཏྲ་རྫོང་ཕྲེང་གི་དབང་ལན་འགའ། དུས་འཁོར་དབང་ཆེན་ཚར་གསུམ། བདེ་མཆོག་རབ་འབྱམས་དང་སྤྱོད་རྒྱུད་དཀྱིལ་འཁོར་བཅུ་གཉིས་ཀྱི་དབང་ལན་ཁ་ཤས། སྤྱི་བཀའ་དང་ཟུར་བཀའི་དབང་གཞན་མང་པོ། བརྒྱ་རྩ་གསུམ། སྒྲུབ་ཐབས་རིན་འབྱུང་། གསེར་ཆོས་བཅུ་གསུམ། གསང་བ་བཅུ་གསུམ། འཇམ་དབྱངས་ཆོས་སྐོར། རྒྱལ་མཆོག་

དགེ་འདུན་རྒྱ་མཚོའི་ཡི་དམ་སྒྲུབ་སྐོར། གྲུབ་ཆེན་བརྒྱད་ཅུ། སྒྲོལ་མ་ཉེར་གཅིག མགོན་པོ་བཀའ་གསུམ། རྣམ་སྲས་བཀའ་བཅོ་ལྔ། ཟུར་བཀའ་ཕོར་བུ་རྣམས་ཀྱི་རྗེས་གནང་དང་བྱིན་རླབས། ལམ་རིམ་དང་བསྐྱེད་རྫོགས་སོགས་ཀྱི་ཁྲིད། འགྲེལ་བ་བཞི་སྦྲགས་སོགས་ཀྱི་ཞལ་ལུང་། བཀའ་འགྱུར་ལུང་ཚར་ལྔ། བསྟན་འགྱུར་གྱི་ལུང་ལན་འགའ། རྗེ་ཡབ་སྲས་ལྔའི་གསུང་འབུམ་གྱི་ལུང་ཚར་དགུ་རེས་མཚོན་གསུང་འབུམ། ཆོས་སྐོར། ལུང་སིལ་བུ་སྣ་ཚོགས་སོགས་ཆོས་རྒྱུན་རྣམ་དག་མཐའ་ཡས་པ་ལན་དུ་མར་གནང་བ་སོགས་འཆད་ཉན་གྱི་བགྱི་བ་རྒྱ་ཆེར་གནང་ཞིང་། རིག་གནས་ཆེ་ཆུང་གི་ལྷུགས་བཤད་ཀྱང་རྒྱ་ཆེར་བསྩལ་བས། ཞལ་སློབ་དཔལ་ཆོས་མཁན་ཆེན་མཆོག་སྤྲུལ་རིན་པོ་ཆེ་བློ་བཟང་ལུང་རྟོགས་ཆོས་ཀྱི་རྒྱ་མཚོ། རྗེ་ལྷ་རི་བ་བློ་བཟང་ཚུལ་ཁྲིམས་རྒྱ་མཚོ། སྐུ་འབུམ་སྐུ་ཞབས་མི་ཉག་རིན་པོ་ཆེ། གསེར་ཁོག་ཞ་ལུ་མཆོག་སྤྲུལ་རིན་པོ་ཆེ་སོགས་དམ་པའི་ཡང་སྤྲུལ་མང་པོ་དང་། རྗེ་ལྷ་སྡེ་བ་ཡེ་ཤེས་རྒྱ་མཚོ་སོགས་གཞུང་བརྒྱ་སྨྲ་བའི་དགེ་བའི་བཤེས་གཉེན་དུ་མ་བྱོན་ཅིང་། གོང་གསལ་ཆོས་སྡེ་དེ་དག་ཏུ་རབ་བྱུང་དང་བསྙེན་རྫོགས། ཁྱིམ་པའི་སྐྱེ་བོ་མང་པོར་དགེ་བསྙེན་དང་བསྙེན་གནས་ཀྱི་སྡོམ་པ་འབོག་པར་མཛད་པ་སོགས་དཔག་ཏུ་མེད་པའི་སྐྱེ་དགུའི་རྒྱུད་ལ་ཐར་པ་དང་ཐམས་ཅད་མཁྱེན་པའི་ས་བོན་ཁྱད་པར་ཅན་བསྐྲུན་པར་མཛད་དེ་བསྟན་འགྲོའི་དོན་རྒྱ་ཆེར་གནང་། དངུལ་སྲང་ཆིག་སྟོང་དགུ་བརྒྱ་ལྷག་གིས་ཡབ་རྗེ་ཆོས་ཀྱི་རྒྱལ་པོའི་གསུང་འབུམ་གྱི་པར་གསར་དུ་བསྐྲུན་པ་དང་། སྲང་ལྔ་བརྒྱ་ལྷག་གིས་པར་ཁང་ཡོངས་འདུས་དགའ་ཚལ་གསར་བཞེངས། ཁྱབ་བདག་འཁོར་ལོའི་མགོན་པོ་རྗེ་བཙུན་བློ་བཟང་བཤད་སྒྲུབ་བསྟན་འཛིན་རྒྱ་མཚོ་དཔལ་བཟང་པོའི་ཞལ་སྔ་ནས་སྔ་ཕྱིར་འབུལ་ཆེན་ལན་དུ་མ་དང་། སྲང་ཕྱེད་དང་བཞི་བརྒྱུས་བཞེངས་པའི་གཟིམ་ཁང་། ཆོས་གྲྭ་བའི་གཞུང་ལ་མེ་ཡོས་ཡན་ལ་དངུལ་སྲང་སུམ་སྟོང་དྲུག་བརྒྱ་ལྷག་དང་། མེ་བྱ་ལོར་སྒྲུང་གནས་གསར་འཛུགས་ཀྱི་ཐེབས་དངུལ་དཀར་ཏཾ་སྟོང་ལྷག དངུལ་སྲང་ལྔ་བཅུས་རི་བའི་ཆུ་སླང་སྦྱོར་འཛུགས་དང་། དངུལ་སྲང་ཁྲི་ལ་ཉེ་བའི་འགྲོ་སོང་གིས་ཐུགས་རྗེ་ཆེན་པོའི་ལྷ་ཁང་རྟེན་

བརྟེན་པ་གསར་བཞེངས་དང་། བྲིས་འབུར་གྱི་སྐུ་གཞན་མང་པོ་དང་། ཕྱག་དཔེ་པོད་བརྒྱ་ཕྲག་དུ་མ། སྐོར་ལམ་དུ་མཆོད་རྟེན་ཆེ་བ་ཞིག་བསྐྲུན་པ་སོགས་དང་། ཕྱོགས་ཀྱི་འདུས་སྡེ་མང་པོར་ཡང་ཟང་ཟིང་གིས་བསྙེན་བཀུར་རྒྱ་ཆེར་བགྱིས་ཏེ། ཕྱག་ཏུ་འབྱོར་བའི་ཟང་ཟིང་གི་དངོས་པོ་རྣམས་ཞིང་དག་པ་ཁོ་ནར་གཏོང་བ་གནང་ཞིང་། དངོས་རྫས་ལ་འཛིན་ཆགས་དང་ཆུད་ཟོས་སུ་གཏོང་བ་གཏན་མི་མཛད་ལ། ཕྱག་ལུང་གནང་སྐབས་ཉིན་རེར་བཀའ་འགྱུར་པོད་ཆེན་རེ་སྤྱ་མོར་གསུང་ཚར་འགྲོ་བ་སོགས་ངོ་མཚར་བའི་རྣམ་ཐར་ཤིན་ཏུ་མཛད་པར་མ་ཟད། ཆོས་བཀའ་གནང་བ་ལ་སྐྱོ་ངལ་གྱི་རྣམ་པ་གཏན་མི་མངའ་བས་ལོ་གཅིག་ལ་བཀའ་འགྱུར་གྱི་ལུང་ཚར་གཉིས་གནང་གྲུབ་སོགས་ཀྱང་བྱུང་བར་གྲགས་ལ། ཡབ་རྗེ་བླ་མའི་རྣམ་ཐར་ཆེན་མོ་སོགས་གསུང་རྩོམ་པོད་ལྔ་མཛད་པ་ཡང་རྗོད་བྱེད་ཀྱི་ཚིག་སྐྱོན་ངག་དང་འབྲེལ་བའི་གྲུ་ཡངས་ཤིང་བརྗོད་དོན་གསུང་རབ་ཀྱི་དགོངས་དོན་དང་མཐུན་པས། རྣམ་དཔྱོད་ལྡན་པ་རྣམས་ཀྱི་བློ་གྲོས་པདྨོ་འབྱེད་པའི་ཉིན་བྱེད་དང་ཐུབ་བསྟན་རིན་པོ་ཆེའི་མཛེས་རྒྱན་འབབ་ཞིག་ཡིན་ནོ། །དེ་ལྟར་འཆད་རྩོམ་དང་བྱ་བ་ལས་ཀྱི་འཁོར་ལོས་བསྟན་འགྲོའི་དོན་རྒྱ་ཆེར་གནངས་ཏེ། དགུང་གྲངས་བརྒྱད་ཅུ་བ་མེ་ཕག་ལོར་ངོ་མཚར་བའི་ལྟས་དང་བཅས་ཏེ་དཔལ་ལྡན་བཀྲ་ཤིས་ཆོས་སྡིངས་སུ་སྐུ་གཤེགས་པའི་ཚུལ་བསྟན་ཏོ། །སྐུ་གདུང་རིན་པོ་ཆེ་ཉིད་ཀྱི་ཞལ་ཆེམས་ལྟར་བྱ་གཏོར་བྱས་ཤིང་། རིང་བསྲེལ་དག་ཉེ་གནས་རྣམས་ཀྱིས་བསྒྲུབས་པའི་རིན་ཆེན་གཉིས་པའི་མཆོད་རྟེན་གྱི་གཟུངས་སུ་སྤྱན་དྲངས་ཏེ། ཐུགས་རྗེ་ཆེན་པོའི་ལྷ་ཁང་དུ་བཞུགས་པ་ཡིན་ནོ། །

སྙིགས་དུས་ཀྱི་འཕགས་པ་ཉེ་བར་འཁོར་མཁས་ཤིང་གྲུབ་པའི་དབང་ཕྱུག་རྗེ་གསེར་ལགས་པ་འཇམ་དབྱངས་རྒྱ་མཚོ་ནི། གསེར་ལགས་དགོན་པའི་ཉེ་འཁོར་དུ་སྐུ་བལྟམས། གཞོན་པའི་དུས་ནས་རབ་ཏུ་བྱུང་སྟེ་དགོན་དེར་ཚོགས་ཞུགས་གནང་ཞིང་། ཕྲལ་སྦྱོར་གྱི་བློ་ནས་ཆོས་སྤྱོད་ཚོ་གའི་རིམ་པ་མང་པོ་ཐུགས་འཛིན་དང་། འདོན་ཀ་དབྱངས་ཐུག་རྟུལ་ཚོན་རོལ་མོ་འབུད་བརྡུང་དཀྱིལ་བ་སོགས་དགོན་དེ་གའི་ཕྱག་ལེན་ཐམས་ཅད་ཐུགས་

སུ་ཚུད་པར་མཛད། སྐབས་ཤིག་སྟོབས་བཅུ་མངའ་བ་སེ་རྒྭའི་མཚན་ཅན་གྱི་དྲུང་དུ་བསྙེན་ཅིང་། རྗེ་ཉིད་ཀྱི་རྣམ་ཐར་བཞིན་སྤྲོས་པ་བཙན་ཚོད་སྒོས་དབེན་པར་སྒྲུབ་པའི་རྒྱལ་མཚན་བསྒྲེང་རྒྱུའི་དམ་བཅའ་ཕུལ་ཞིང་། རྗེ་དེ་ལས་བྱང་ཆུབ་ལམ་གྱི་རིམ་པའི་གཟབ་ཁྲིད་གསན་ཏེ། ལམ་ཡོངས་རྫོགས་ཀྱི་ཉམས་བཞེས་ལ་གཞོལ་བའི་མྱུར་ཟབ་རྒྱས་ཆོས་ཀྱི་བདུད་རྩི་གཞན་ཡང་མང་དུ་བཞེས། འདི་གར་མཚན་ཉིད་གསར་དུ་བཙུགས་པ་ནས་བཟུང་རྡོ་རྗེ་འཆང་དང་། རྟོར་ཆེན་སྨྲ་བའི་སེང་གེ་ཀློ་ནའི་ཞབས་ལས་བཀའ་པོད་ལྔའི་མཛུབ་ཁྲིད་གསན་ཅིང་། ཆོས་གྲྭར་བརྒྱལ་བརྟག་གནང་བའི་མཁས་གྲགས་ཤིན་ཏུ་ཆེ་བ་བྱུང་། སུམ་རྟགས་སྒྲ་སྙན་སོགས་ཐུན་མོང་གི་རིག་གནས་རྣམས་ལ་ཡང་སྦྱངས་པ་དཔྱིས་ཕྱིན་གནང་ཞིང་། རྡོ་རྗེ་འཆང་གི་དྲུང་ཡིག་ཀྱང་ལོ་འགའ་གནང་། སློབ་གཉེར་གནང་བའི་སྐབས་སུ་ཡང་ཉིན་བཞིན་མཆོད་ཡོན་བརྒྱ་ཕྲག་དུ་མ་འབུལ་བ་དང་། ལྷུང་བཤགས་དང་སྨྲེགས་པའི་བཀྲུང་ཕྱག་བརྒྱ་ཕྲག་མང་པོ་འཚལ་བ་སོགས་སྦྱོར་ཆོས་ཀྱི་ཉམས་བཞེས་ལ་བརྩོན་པ་ཆུ་བོའི་རྒྱུན་བཞིན་གནང་། རྡོ་རྗེ་འཆང་གི་དྲུང་དུ་བསྙེན་པར་རྫོགས་ཤིང་ཡོན་ཏན་ཐམས་ཅད་ཀྱི་གཞི་རྟེན་ཚུལ་ཁྲིམས་རྣམ་པར་དག་པ་ཕོན་ལ་རག་ལས་པར་དགོངས་ནས་སྡོམ་པ་གསུམ་གྱི་བཅས་མཚམས་མཐའ་དག་དྲན་ཤེས་བསྙེལ་བ་མེད་པར་རྟག་ཏུ་བསྲུང་སྟེ་ཕམ་ལྟུག་དང་ཟ་ལྟུང་གི་ཉེས་པས་གཞར་ཡང་མ་གོས་པར་མཛད་ཅིང་། དུས་དབང་གིས་ཉེས་བྱས་ཕྲ་མོ་རེ་བྱུང་ན་ཡང་འདི་ཙམ་གྱིས་ཅི་གནོད་སྙམ་ནས་ཁྱད་དུ་གསོད་པའི་སྙིང་ཁམས་མི་བསྐྱེད་པར་རང་རང་གི་གཞུང་ནས་གསུང་བའི་ཕྱིར་བཅོས་ཀྱི་ཆོ་གས་དག་པར་མཛད་དེ་ཁྲིམས་ལྡན་བྱེ་བའི་གཙུག་རྒྱན་དམ་པར་གྱུར། ཡབ་རྗེ་རྡོ་རྗེ་འཆང་ཆེན་པོས་ཀྱང་སྐྱིགས་དུས་འདིར་འདུལ་འཛིན་གྱི་མཚན་གཞི་འཛོག་དགོས་ན་དོན་ལྡན་ལྷ་བུ་ལས་གཞན་མི་རྙེད་ཅེས་བསྔགས་པར་གྲགས་སོ། །

ཀུན་མཁྱེན་ཙོང་ཁ་བ་ཆེན་པོའི་རྣམ་སྤྲུལ་རྗེ་འཇིགས་མེད་འཕྲིན་ལས་རྒྱ་མཚོ་ལས་ཟབ་པ་དང་རྒྱ་ཆེ་བའི་ཆོས་བཀའ་མཐའ་ཡས་པ་གསན་བཞེས་གནང་། གདན་ས་འདི་

དང་ཕྱོགས་ཀྱི་དགོན་སྡེ་མང་པོར་ཆོས་རྒྱུན་རྣམ་དག་མང་དུ་སྤེལ་བ་དང་། རབ་བྱུང་དང་བསྙེན་རྫོགས་ལ་བཀོད་པའང་ཤིན་ཏུ་མང་། རྨ་སྔོ་བྱང་དང་མཚོ་སྔོན་ཕྱོགས་ཀྱི་འདུས་སྡེ་དུ་མར་མི་འབྲུགས་པའི་སྒྲུབ་མཆོད་གསར་དུ་བཙུགས་པ་སོགས་བསྟན་པ་ལ་བྱ་བ་རྒྱ་ཆེར་གནང་། རྡོ་རྗེ་འཆང་གི་འདྲ་སྐུའི་ལྷ་ཁང་རྟེན་བརྟེན་པ་གསར་བཞེངས་དང་། གསུང་འབུམ་གྱི་པར་གསར་བསྐྲུ། ཡ་བྱད་ཡོངས་རྫོགས་སྦྱོང་དག་བགྱིས་ནས་འདུས་པའི་སྡེ་རིན་པོ་ཆེར་བསྙེན་བཀུར་གྱི་ནོམ་པ་བསྟབས་ཏེ། སྲས་ཀྱི་ཐུ་བོ་རྗེ་འབྲོག་ཏུ་བའི་ཤག་ཏུ་ལྷན་བཞུགས་གནང་ཞིང་། སྐུ་ཚེ་ཧྲིལ་པོར་བཀའ་གདམས་རྣམ་ཐར་གཙང་མ་བདག་གིར་བཞེས་ཏེ། ཐུགས་དམ་ཟབ་མོའི་རྣལ་འབྱོར་གྱི་ངང་ནས་ཉེན་མཚན་མི་ཕྱེད་པར་གཟིམ་མལ་ལས་ཐོག་པུའི་བཞུགས་སྟངས་པོ་ནས་འདའ་བ་ཞིག་ཡིན་པར་གསུངས། དེ་ལྟར་བསྟན་འགྲོའི་དོན་རྒྱ་ཆེར་གྲུབ་ནས་དགུང་ལོ་དོན་གསུམ་བཞེས་པ་རབ་རྒྱལ་ས་ཡོས (༡༨༣༨) ལོར་གདན་ས་འདིར་ངོ་མཚར་བའི་ལྟས་དང་བཅས་ཏེ་མྱ་ངན་ལས་འདས་སོ། །

དེའི་ཚེ་ཐུགས་ཀྱི་སྲས་རྗེ་འབྲོག་ཏུ་བ་སོགས་ཀྱིས་ཐུགས་དགོངས་རྫོགས་ཆེད་འདུས་སྡེ་མང་པོར་བསྙེན་བཀུར་སོགས་དགེ་རྩ་རྒྱ་ཆེར་བསྒྲུབས་ཤིང་། སྐུ་གདུང་རིན་པོ་ཆེ་བྱ་གཏོར་བགྱིས་ཏེ། དབུ་ཐོད་ཀྱི་ཚལ་བུ་ཞིག་ལ་ཏུས་ཚོག་སོགས་ཀྱིས་སྲི་ཞུ་གྲུབ་རྗེས་རྒྱལ་བ་མི་འབྲུགས་པའི་སྒྲོན་སྐུ་བཞེངས་ནས་དེའི་གཟུངས་གཞུག་ཏུ་ཕུལ་བ་ལས་རྒྱུན་དུ་བདུད་རྩི་འབབ་པ་ངོ་མཚར་བ་ཞིག་ཡིན་ནོ། །

རབ་འབྱམས་གཞུང་བརྒྱའི་མངའ་བདག་ཡོངས་ཀྱི་དགེ་བའི་བཤེས་གཉེན་ཆེན་པོ་མཛོད་དགེ་ཚུལ་ཁྲིམས་རྒྱ་མཚོའམ་བློ་བཟང་རྒྱ་མཚོ་ནི། གཞོན་ནུའི་དུས་ནས་རབ་ཏུ་བྱུང་སྟེ། དཔལ་ལྡན་བཀྲ་ཤིས་འཁྱིལ་དུ་ཆོགས་ཞུགས་གནང་ཞིང་། དགེ་རྒན་མཁས་པ་མང་པོའི་དྲུང་ནས་བཀའ་པོད་ལ་སྦྱངས། ཆོས་གྲྭར་བཀྲལ་བརྟག་དང་དཔེ་གཟིགས་སྐྱོར་སྦྱང་ལའང་བརྩོན་པ་ཆེན་པོས་བསྙེན་པས། མཁས་པའི་གྲགས་པ་རྒྱས་པ་བྱུང་། དེ་ནས་རྗེ་འཆང་སཾ་ཀྲའི་ཞབས་ཀྱི་སྐན་པ་གསན་ནས་དྲུང་དུ་ཕེབས་ཏེ། ཆོས་བཀའ་མཐའ་ཡས་པ

གསན་བཞེས་གནང་། ཡབ་རྗེ་བླ་མའི་རྣམ་ཐར་བསྐྱངས་ཏེ་དབེན་གནས་དུ་མར་སྒྲུབ་པ་སྙིང་པོར་མཛད། ཆོས་སྡེ་འདིར་མཚན་ཉིད་གསར་དུ་བཙུགས་པ་ནས་ཉིད་ཀྱིས་རྡོ་རྗེ་འཆང་དང་རྟོར་ཆེན་ཧྲོ་ནའི་ཞབས་ལས་བཀའ་པོད་མང་པོའི་མཇུབ་ཁྲིད་ཞིབ་མོའི་ལུགས་སུ་གནང་བ་གསན་ཅིང་། བློ་གསལ་དོན་གཉེར་ལྡན་པའི་བུ་སློབ་མང་པོར་ཚད་མ་དང་ཕར་ཕྱིན། དབུ་མ་དང་མངོན་པ། འདུལ་བ་དང་སྔགས་སོགས་ཀྱི་སྤྱི་དོན་མཐའ་དཔྱོད་ཟུར་བཀོད་དང་བཅས་པའི་ཞིབ་ཁྲིད་བཀའ་དྲིན་སྐྱོང་བ་རྒྱུན་ཆགས་སུ་གནང་བས་སློབ་བུ་མཁས་པ་མང་པོ་ཐོན་ཅིང་། སྡེ་འདི་གའི་བཀའ་པོད་ཀྱི་འཆད་ཉན་ལ་བཀའ་དྲིན་མཆོག་ཏུ་ཆེ་བ་ཡིན་ནོ། །

སྨྲས་པ། དགེ་ལ་གཅིག་ཏུ་འདུན་པའི་ཐུགས་བསྐྱེད་མཁན། །ཐུབ་བསྟན་སྣང་
བའི་དཔལ་འཛིན་བཅུ་གཉིས་བདག །སྐལ་བཟང་ཀུ་མུད་རྒྱ་མཚོའི་མགོན་པོ་ཟླ། །ཕྱོན་
པའི་དཔལ་ལྡན་བླ་མ་གཙུག་ན་རྒྱལ། །དགེ་ལེགས་སྣང་བ་འབུམ་གྱིས་སྣེག་པའི་སྐུས། །
འདུན་ལྡན་སྙིང་ལ་ཀུན་དགའི་དཔལ་སྟེར་ཞིང་། །ཐུབ་པའི་བསྟན་པ་ཡོངས་ཀྱི་རབ་དང་
ཐུལ། །རྒྱས་མཛད་འགྲོ་བའི་འདྲེན་མཆོག་དེ་ལ་གུས། །ངག་ལ་དབང་འབྱོར་ཀུན་མཁྱེན་
ཙོང་ཁ་བའི། །འཁྲུལ་བྲལ་ལུགས་བཟང་ཕྱོགས་མཐར་སྤེལ་བའི་ཆེད། །མཁས་བཙུན་
བཟང་པོའི་རྣམ་ཐར་ལྷུར་བཞེས་པའི། །ཡོན་ཏན་རྒྱ་མཚོའི་གཏེར་གྱུར་དེར་ཡང་
བསྟུགས། །བློ་བཟང་བཤད་སྒྲུབ་མྱུ་ངན་མེད་པའི་ལྗོན། །ཐུབ་བསྟན་འཛིན་མའི་དཔལ་
དུ་དར་བ་ལ། །རྒྱ་ཆེན་འཕྲིན་ལས་མཚོ་ལྟར་དཔག་ཡས་པའི། །མཚུངས་བྲལ་དཀྱིལ་
འཁོར་བདག་པོ་གཏན་གྱི་སྐྱབས། །འཇམ་དབྱངས་བླ་མའི་ལུགས་བཟང་ནོར་བུའི་ཏོག །

ལུང་རྟོགས་བསྟན་པའི་རྒྱལ་མཚན་རྩེར་མཆོད་པས། །སྐལ་བཟང་གདུལ་བྱར་ཕན་བདེའི་ཆར་འཇོ་བ། །མཁས་གྲུབ་མཆོག་དེའང་བསྔགས་བྱའི་གནས་སུ་མཐོ། །བློ་གྲོས་རབ་བཟང་ནོར་འཛིན་ཡངས་པའི་གཞིར། །ཚེར་སྙིགས་གདུང་འཕྲོག་བཤད་སྒྲུབ་ཙན་དན་ནི། །བཙུགས་པའི་གྲགས་པ་གཡས་སུ་འཁྱིལ་བའི་སྒྲ། །རྒྱ་མཚོའི་མཐའ་ལས་བརྒལ་བའི་མགོན་དེར་བསྔགས། །འཇམ་དཔལ་དབྱངས་དངོས་བཤེས་གཉེན་གཙུག་གིས་བཀུར། །མདོ་རྒྱུད་གདམས་པའི་གཏེར་ཆེན་བདག་གིར་བྱས། །མཐའ་ཡས་གདུལ་བྱར་གང་འཚམས་ལེགས་མཛད་སྤེལ། །དཔལ་ལྡན་རིགས་ཀུན་ཁྱེད་པོ་དེང་ཡང་འདུད། །ཡེ་ནས་དག་པ་ཀུན་ཁྱབ་སྟོང་པའི་མཁར། །ཤེས་བྱ་རབ་འབྱམས་གཟིགས་པའི་སྤྲིན་འཕྲིགས་ཏེ། །རྒྱ་ཆེན་ཆོས་ཆར་འབེབ་མཁས་སྨྲ་བའི་དབང་། །མཚོ་བྱུང་དགྱེས་པའི་མགོན་པོ་མཆོག་ལ་གུས། །གྲགས་སྙན་ཡོངས་འདུས་ངད་པའི་བསུང་ཞིམ་ཁྲིད། །པ་སངས་ལྷར་དཀར་ལེགས་མཛད་རྨད་བྱུང་བ། །རྒྱ་བོད་དམ་པའི་སྲོལ་ལས་མི་གཡེལ་བས། །མཚོ་སྐྱེས་དཀར་པོའི་ཟླ་ཏུ་ཀུན་གྱིས་གླེང་། །ལུང་གི་བསྟན་པ་སྡེ་སྣོད་འཆད་ལ་མཁས། །རྟོགས་པའི་བསྟན་པ་བསླབ་གསུམ་ཉམས་སུ་བཞེས། །ཅི་བྱས་ལེགས་མཛད་མ་ལུས་དོན་དུ་བསྔོས། །སྐྱེ་འདིའི་རིམ་བྱོན་མཁས་གྲུབ་བསྔག་བྱའི་གནས། །ཐོས་བསམ་སྒོམ་པའི་ཆུ་ཤེལ་ཁམས་ལས་གྲུབ། །མཁས་བཙུན་བཟང་པོའི་ཚ་ཤས་རྫོགས་པའི་ཟླ། །འཆད་རྩོད་རྩོམ་པའི་འོད་སྣང་འགྱེད་བཞིན་དུ། །རིམ་གྱིས་ཤར་བ་འགྲོ་བློའི་མུན་སེལ་ཉིད། །འཁོར་ལོ་གསུམ་གྱི་ལེགས་མཛད་སྣང་བའི་གཏེར། །ཉམས་པ་མེད་པར་ལེགས་པར་སྤྲོས་པ་ལས། །ཐུབ་བསྟན་ཀུ་མུད་དཀར་པོའི་འཛུམ་གྲོལ་ཏེ། །ལེགས་བྱས་དྲི་བསུང་ངད་པའི་མཐའ་མ་རིག །ཅེས་བྱ་བ་ནི་བར་སྐབས་ཀྱི་ཚིགས་སུ་བཅད་པའོ། །

དྲུག་པ། སྐུ་གསུང་ཐུགས་རྟེན་གྱི་དཀར་ཆག་དང་ཆོས་ཐོག་གི་རིམ་པ་མདོ་ཙམ་བརྗོད་པ།

ཡེ་ཤེས་མེ་དཔུང་འབར་བའི་ཀློང་ཡངས་ན། །
མིག་སྨན་ལྷུན་པོ་དྲག་ཏུ་ཁྲོས་པའི་སྐུར། །
ཕྱོགས་དུས་རྒྱལ་བའི་གསང་བའི་མཛོད་སྤུམ་པ། །
མཐུ་སྟོབས་དབང་ཕྱུག་བཛྲ་བླ་ཧཱིཿསྲུངས། །

སྐུ་གསུང་ཐུགས་རྟེན་གྱི་དཀར་ཆག་དང་ཆོས་ཐོག་གི་རིམ་པ་མདོ་ཙམ་འགོད་པ་ལ་གཉིས་ལས། དང་པོ་སྐུ་གསུང་ཐུགས་རྟེན་གྱི་དཀར་ཆག་ནི། འདུ་ཁང་ཆེན་མོ་བཀའ་གདམས་ལྷ་ཁང་གི་རྟེན་གྱི་གཙོ་བོ་མཉམ་མེད་ཐུབ་པའི་དབང་པོ་ལོངས་སྐུའི་རྣམ་པ་ཅན་འཁོར་ཉན་ཐོས་གཉིས་དང་བཅས་པ། དེའི་གཡས་སྐོར་དུ་འཕགས་པའི་གནས་བརྟན་ཆེན་པོ་བཅུ་དྲུག་ཧྭ་ཤང་དགེ་བསྙེན་རྣམ་རྒྱལ་ཆེན་བཅས་དང་། གཡས་ཕྱོགས་ཀ་བར་དང་པོའི་གྲལ་མགོར་རྗེ་རྗེ་འཆང་ཡབ་སྲས་མཚན་ཅན་གྱི་འདྲ་སྐུ་རྒྱུན་དུ་བདུད་རྩི་འབབ་པའི་བྱིན་ཅན་མཐའ་སྐོར་དུ་འཛམ་གླིང་མཛེས་བྱེད་རྒྱན་དྲུག་མཆོག་གཉིས། ཀ་བར་གཉིས་པའི་གྲལ་མགོར་རྗེ་རྗེ་འཆང་ཡབ་སྲས་གསུམ་གྱི་གདུང་རྟེན་མཆོད་རྟེན། དེའི་གཡས་ཕྱོགས་སུ་བསྟན་འགྱུར་རིན་པོ་ཆེའི་གཙོས་གསུང་རྟེན་མང་པོ་དང་། གཙོ་སྐུའི་གཡོན་ཕྱོགས་སུ་ཉེ་བའི་སྲས་ཆེན་བརྒྱད། གཡོན་གྱི་ཀ་བ་དང་པོའི་གྲལ་མགོར་མཉམ་མེད་ཇོ་བོ་ཆེན་པོ་ཨ་ཏི་ཤ ཀ་བར་གཉིས་པའི་གྲལ་མགོར་སྐྱབས་མགོན་བཅུ་གསུམ་པ་ཆེན་པོས་གནང་བའི་ཁམས་གསུམ་འགྲོ་བའི་བླ་མ་རྒྱལ་བ་ཙོང་ཁ་པ་ཆེན་པོ། དེའི་མཐའ་སྐོར་དུ་ལྷག་ལྷ་མང་པོ་དང་། དེའི་གཡོན་ཕྱོགས་སུ་རྒྱལ་བའི་བཀའ་འགྱུར་རིན་པོ་ཆེའི་གཙོས་གསུང་རྟེན་མང་པོ་དང་དེ་དག་གི་སྟེང་དུ་སྒྲོལ་མ་ཉེར་གཅིག་དང་ལྗང་བཞུགས་ཀྱི་ལྷ་སོ་ལྔ་

སོགས་བཞུགས་ལ། གོང་གསལ་སྐུའི་རྟེན་ལས་རྒྱན་དྲུག་མཆོག་གཉིས་མ་གཏོགས་གཞན་ཚང་མ་གཟི་བྱིན་མཆོག་ཏུ་འབར་བའི་གསེར་སྐུ་འབའ་ཞིག་ཡིན། དེའི་སྟེང་དུ་སངས་རྒྱས་རབ་བདུན་ལ་བསྐལ་བ་བཟང་པོའི་སངས་རྒྱས་སྟོང་གིས་བསྐོར་བའི་གྱུན་ཐང་བདུན་དང་། གཡས་ཕྱོགས་ཀྱི་འོག་ཤོད་དུ་རྡོ་རྗེ་འཇིགས་བྱེད་ཀྱི་གྱུན་ཐང་དང་། ཡོགས་གྱུན་བར་དྲུག་ལ་སྐྱེས་རབས་བརྒྱ་བའི་གྱུན་ཐང་དྲུག ཡར་འཁོར་གྱུན་བར་ལ་འཇིགས་པ་བརྒྱད་སྐྱོབ་མ། གཡོན་ཕྱོགས་ཀྱི་འོག་ཤོད་དུ་ཧ་མགྲིན་གྱི་གྱུན་ཐང་དང་། ཡོགས་གྱུན་བར་དྲུག་ལ་སྐྱེས་རབས་སོ་བཞི་བའི་གྱུན་ཐང་དྲུག་དང་། ཡར་འཁོར་གྱུན་བར་ལ་གདུགས་དཀར་མོའི་གཙོས་དེའི་ལྷ་ཚོགས་རྣམས་དང་། ཡར་འཁོར་གྱུན་བར་བཞི་ལས་གཡས་ཕྱོགས་ཀྱི་གཉིས་ལ་མགོན་པོ་དང་རྣམ་སྲས། གཡོན་ཕྱོགས་ཀྱི་གཉིས་ལ་ཆོས་རྒྱལ་དང་ལྷ་མོ་རང་རང་གི་འཁོར་གྱིས་བསྐོར་བ། ཕྱི་ཡི་ཁྱམས་ལ་རྒྱལ་ཆེན་སྡེ་བཞི་དང་། གཡས་ཀྱི་སྒྱོ་སྒོའི་སྟེང་ན་རྗེ་བཙུན་འཇམ་པའི་དབྱངས་ལ་རྒྱན་དྲུག་མཆོག་གཉིས་ཀྱིས་བསྐོར་བ་དང་། ཡོགས་སུ་མ་སྐྲ་རྣ་བཟང་མོའི་རྟོགས་བརྗོད་བཅས་དང་གཡོན་གྱི་སྒྱོ་སྒོའི་སྟེང་དུ་རྗེ་གཟིགས་པ་ལྔ་ལྡན། དེའི་ཡོགས་སུ་སྲིད་པའི་འཁོར་ལོ་ཆ་ལྔ་བ། རབ་གསལ་མཆོད་ཁང་དུ་འཛིན་གྲྭ་ཞིག་གིས་བཞག་པའི་ཚེ་ལྷ་རྣམ་གསུམ་ལི་མ་མི་ཚད། ཡོངས་ཀྱི་དགེ་བའི་བཤེས་གཉེན་ཆེན་པོ་རྗེ་བྱ་མདོ་འབྲོག་ཏུ་བས་བཞེངས་པའི་སྐྱབས་རྗེ་བླ་མའི་མཆོག་སྤྲུལ་རིན་པོ་ཆེའི་འདྲ་སྐུ་དང་རྗེ་རིན་པོ་ཆེའི་སྨན་སྐུ་མི་ཚད་ལྷག་འཁོར་དག་པ་རྣམ་བརྒྱད་ཀྱིས་བསྐོར་བ་སོགས་མཐོང་བ་ཙམ་གྱིས་ཐར་བའི་ས་བོན་འཇོག་ནུས་ཤིང་མིག་དང་ཡིད་ཀྱི་དགའ་སྟོན་དུ་གྱུར་པའི་བསོད་ནམས་ཀྱི་ཞིང་མཆོག་སྐུ་གསུང་ཐུགས་རྟེན་མང་དུ་བཞུགས་སོ། །

བྱམས་ཁང་གི་རྟེན་གཙོར་རྗེ་བཙུན་མི་ཕམ་མགོན་པོའི་སྐུ་ཉིས་ཐོག་གི་ཚད་ཅན། གཡས་སུ་ཏོར་ཆེན་དགེ་བཤེས་རིན་པོ་ཆེས་སྨད་ནས་གདན་དྲངས་པའི་བྱམས་སྐུ་ལི་མ་ཐོག་ཚད་དང་གཡོན་དུ་འཇམ་དབྱངས་ཀུན་གཟིགས་དེ་མཚུངས་བཟང་པོའི་བཞུགས་སྟངས་ཅན་ཏེ། གཙོ་སྐུ་གསུམ་ག་ཁྲི་དྲུག་འཁྱོགས་དང་། བྱམས་ཆེན་གྱི་གཡས་གཡོན་དུ་

ཀུན་ར་ཆུང་དུར་བཀའ་འགྱུར་རོ་ཅོག་གི་པོ་ཏི། བྱམས་སྐུ་ལི་མའི་གཡས་གཡོན་གྱི་སྟེང་འོག་ཏུ་རིམ་བཞིན་རྡོ་སྐུ། སྒྲོལ་སྐུ་ལི་མ། རིགས་ལྡན་དྲག་པོ། ཚེ་ལྷ་རྣམ་གསུམ་ལི་མ་རྣམས་ཁྲུ་ཚད་རེ། སྟེང་གི་འཕྲེད་ལ་སྨན་བླ་མཆེད་བརྒྱད་ཀྱི་ལི་སྐུ་མཐོ་གང་གིས་ལྷག་ཙམ་འཇམ་དབྱངས་ཀུན་གཟིགས་ཀྱི་གཡས་གཡོན་དུ་འཇམ་དབྱངས་རིགས་ལྔ་དང་། བརྟན་པའི་འཁོར་ལོ་བཅས་ཀྱི་ལི་སྐུ་ཁྲི་ཚད་མ་དྲུག་དང་། སྟེང་གི་འཕྲེད་ལ་ཇོ་བོ་ཨ་ཏི་ཤ དུས་འཁོར། གསང་འདུས། འཇིགས་བྱེད། བདེ་མཆོག ཀྱི་རྡོར། རྗེ་རིན་པོ་ཆེ་བཅས་དང་། ཤར་ནུབ་ཀྱི་ལོགས་གཉིས་སུ་རིམ་པར་གྲལ་བསྒྲིགས་པའི་ཚུལ་དུ་ཉེ་སྲས་བརྒྱད་བཞེངས་སྐུ། མགོན་པོ། ཆོས་རྒྱལ། ལྷ་མོ། རྣམ་སྲས་རྣམས་མི་ཚད་ཙམ་རྒྱབ་ཡོལ་དང་བཅས་པ། ཐོག་སོར་གྲུན་ཐང་བརྒྱད་ལས། སྟོ་ལྟའི་གཡས་གཡོན་དུ་ལམ་རིམ་ཚོགས་ཞིང་དང་། རེ་བོ་གྲུ་འཛིན་གྱི་ཞིང་བཀོད། ཤར་ལྷོར་དགའ་ལྡན་ལྷ་བརྒྱ་མའི་ཚོགས་ཞིང་། འོད་དཔག་མེད་ཀྱི་ཞིང་བཀོད། ནུབ་ལྷོར་ཁྲིམས་སྐུ་མཐོང་བ་དོན་ལྡན་དང་གཡུ་ལོ་བཀོད་པའི་ཞིང་བཀོད། ཤར་ནུབ་གཉིས་ཀའི་མཐར་སངས་རྒྱས་སྟོང་སྐུ་ལ་གྲུན་ཐང་གཉིས་བྱས་པའི་རེ་རེ་དང་། སྒོའི་ནང་གཡས་གཡོན་དུ་ཀུན་རིག་གི་ལྷ་སོ་བདུན་དང་། གཡོན་དུ་བཤགས་ལྷ་སོ་ལྔ་གནས་བརྟན་བཅུ་དྲུག་བཅས་དང་། སྒོའི་ཕྱི་རོལ་དུ་རྒྱ་ཆེན་རིགས་བཞིའི་གྲུན་ཐང་ཤིན་ཏུ་བྱིན་ལེགས་བཅས་བཞུགས་སོ། །

ཐུགས་རྗེ་ཆེན་པོའི་ལྷ་ཁང་དུ་རྟེན་གཙོ་བོ་ནན་ཏེ་པོ་ཏ་ལ་ནས་སྤྱན་དྲངས་པའི་འོད་དཔག་མེད་ཀྱི་གསེར་སྐུ་རིགས་བདག་ཏུ་བཞུགས་པའི་ཇོ་བོ་ལོ་ཀེ་ཤྭ་རའི་བཞེངས་སྐུ་ཁྲུ་ཉེར་བཞི་པ། དབུ་རྒྱན་སྙན་ཆ་མགུལ་རྒྱན་ཕྱག་ཞབས་ཀྱི་གདུ་བུ་སོགས་ལ་རིན་ཆེན་སྣ་ཚོགས་ཀྱིས་སྤྲས་ཤིང་ན་བཟའ་དར་དཔྱངས་དང་བཅས་པ། གཡས་གཡོན་དུ་ཀུན་ར་སུམ་བརྩེགས་རེ་ཡོད་པའི་འོག་ཤོད་གཙོ་སྐུའི་གཡས་གཡོན་དུ་སྒྲོལ་མ་དཀར་ལྗོན་གྱི་སྐུ་མི་ཚད་ལྷག་རེ་གོང་མཚུངས་རིན་པོ་ཆེའི་རྒྱན་དང་ན་བཟའ་ཙམ། བར་ཐོག་ཏུ་རྡོ་རྗེ་འཆང་སོ་ཟླའི་ཞབས་དང་ཁྲུབ་བདག་འཇིགས་མེད་འཕྲིན་ལས་རྒྱ་མཚོ་དཔལ་བཟང་པོ་གཉིས་ཀྱི་

འདྲ་སྐུ་མི་ཚད་རེ་སྐུ་པེར་ཅན། སྙིང་གི་ཆ་གཡས་གཡོན་དུ་དྲ་མིག་དྲུག་རེ་སྟེ་བཅུ་གཉིས་སུ་སྨན་བླ་བདེ་བཤེགས་བརྒྱད། མི་འཁྲུགས་པ། བྱམས་མགོན། སེང་གེའི་ང་རོ་རྣམས་ཀྱི་སྐུ་ཁྲི་ཚད་ལྷག་རེ་དང་། རྗེ་སྐུ་ཚོང་དཔོན་དགེ་ལེགས་མ་བཅས་དང་། ཕྱིས་བཞེངས་པའི་རྗེ་གྲགས་པའི་མཚན་ཅན་གྱི་འདྲ་སྐུ་དང་གདུང་རྟེན་མཆོད་རྟེན། གཡས་ཀྱི་མཐར་སྡོན་ཆོས་བསྟན་འཛིན་རྒྱ་མཚོའི་མགོན་པོའི་བརྟན་ཐང་། ཆོས་རྒྱལ་དང་ལྷ་མོའི་ཞལ་ཐང་བྱིན་ཅན། གཡོན་གྱི་མཐར་འཁོར་ཆེན་དང་མཁའ་སྤྱོད་མ། གཡས་གཡོན་དུ་ཐུབ་དབང་ལ་གནས་བརྟན་བཅུ་དྲུག་གིས་བསྐོར་བ་དང་། རྗེ་བླ་མར་འཁོར་དག་པ་རྣམ་བརྒྱད་ཀྱིས་བསྐོར་བ་བཅས་ཀྱུན་ཐང་ཆུང་ངུ་གཉིས་དང་། འོད་དཔག་མེད་ཀྱི་ཞིང་བཀོད། པོ་ཏ་ལའི་ཞིང་བཀོད། མི་འཁྲུགས་པའི་ཞིང་བཀོད། བྱམས་པའི་ཞིང་བཀོད་ཀྱུན་ཐང་བཞི་དང་སྒོ་འཁྱོར་དུ་རྒྱལ་ཆེན་རིགས་བཞིའི་ཀྱུན་ཐང་ཤིན་ཏུ་བྱིན་ལེགས་བཅས་བཞུགས་སོ། །

འདྲ་སྐུའི་ལྷ་ཁང་དུ་ཡང་ཡབ་རྗེ་ཆོས་ཀྱི་རྒྱལ་པོ་རྡོ་རྗེ་འཆང་སཾ་ཧའི་མཚན་ཅན་གྱི་འདྲ་སྐུ་དང་། སྟོན་པ་ཤཱཀྱ་ཐུབ་པ་དང་བྱམས་སྐུ་ཐོག་ཚད་མའི་གཙོས་འབུར་སྐུ་མང་པོ་དང་ཡེ་ཤེས་ཀྱི་མཁའ་འགྲོ་མ་སེངྒེའི་གདོང་པ་ཅན་གཙོ་འཁོར་གསུམ་དང་རྒྱལ་ཆེན་རིགས་བཞི་སོགས་བྲིས་སྐུའི་ཀྱུན་ཐང་མང་པོ་དང་། ཁྱད་པར་རྗེ་གསེར་ལག་པའི་དབུ་ཐོད་ཀྱི་ཆ་ཤས་སྙིང་པོར་བཞུགས་པའི་མི་འཁྲུགས་པའི་སྐུ་རྒྱུན་ཏུ་བདུད་རྩི་འབབ་བཞིན་པ་སོགས་རྟེན་བྱིན་ཅན་མང་པོ་བཞུགས་ཀྱང་རྗེ་འབྲོག་ཏུ་བས་བརྩམས་པའི་དཀར་ཆག་སྟོར་བས་འདིར་གསལ་པོར་འགོད་མ་ནུས་སོ། །ཕྱིས་དཔྱོད་ལྡན་རིགས་པ་སྨྲ་བ་ལྷོང་ངེ་དཔལ་འབྱོར་རྒྱ་མཚོ་དང་འཁྲུག་སྐོར་རབ་འབྱོར་གཉིས་ཀྱིས་ཁུར་ལེན་སློབ་ཕྱོགས་ཀྱི་སྦྱིན་བདག་རྣམས་ལ་དད་བསྐུལ་གྱིས་བཞེངས་པའི་འཇམ་དབྱངས་ཀུན་གཟིགས་ཀྱི་ལྷ་ཁང་ཆེན་འདུལ་ཙམ་མ་གཏོགས་བཞེངས་གྲུབ་ཅིང་། འཁྲུམས་ཏུའི་དཔོན་པོ་ཆོས་སྐྱོང་རྒྱལ་གྱིས་སྦྱིན་བདག་གནང་བའི་རྗེའི་སྟོང་སྐུ་བཞེངས་ཟིན་པ་དང་། གཞན་ཡང་སྐྱབས་མགོན་བླ་མ་རིན་པོ་ཆེའི་ནང་ཆེན་དང་འགྲོ་མགོན་སྐུ་མཆེད་རིན་པོ་ཆེ་དང་རྒྱལ་ཚབ་རིན་པོ་ཆེའི་ནང་ཆེན་

སོགས་ན་བཞུགས་པའི་སྐུ་གསུང་ཐུགས་རྟེན་མཐའ་ཡས་ཀྱང་ས་བོན་མ་བྱུང་བས་འོལ་ཚོད་ཀྱིས་འགོད་པར་མ་སྤྱོབས་པའང་མཁྱེན་པར་བྱའོ། །

གཉིས་པ་ཆོས་ཐོག་གི་རིམ་པ་ནི་ཧོར་ཟླ་གཉིས་པའི་ཡར་ཚེས་ནས་ཉིན་ཉི་ཤུ་ལྔག་ལ་གཞི་བྱས་ཀྱི་ཀུན་སྤྱངས་རི་ཁྲོད་འཛིན་པའི་ཚོགས་གཅིག་པུའམ་ཆོས་གྲྭ་བ་མཉམ་ཚོགས་བྱེད་པ་ཡོན་བདག་གི་འདུན་པ་དང་སྦྱོར་ཞིང་། ཟླ་མ་མཆོད་པའི་ཚོགས་འཁོར་སྨན་ཟླའི་ཚོགས་དང་སྒྲུབ་པའི་མར་མེ་འབུམ་ལྷག་དང་ཡོན་ཆབ་འབུམ་ཕྲག་མང་པོ་འབུལ་བའི་འཆར་ཅན་མཆོད་འབུལ་ཆེན་མོ་ཡབ་རྗེ་གསེར་ཁང་བའི་ཕྱག་བཞེས་ལྟར་དང་། ཆོས་བཅོ་ལྔའི་ཉིན་གོས་སྐུ་ཆེན་མོ་མཆོད་པའི་བྱེ་བྲག་ཏུ་མས་མཆོད་བཞིན་སེར་སྦྲེང་དང་རོལ་དབྱངས་ཀྱིས་བསུས་ཏེ་གདན་དྲངས་ནས་ཞལ་འབྱེད་ཅིང་། ཁྲི་རིན་པོ་ཆེ་དངོས་ཕེབས་སྨོས་སྤྱན་འདྲེན་ཁྲུས་གསོལ་འབུལ་བ་དང་། ཧོར་ཟླ་གསུམ་པའི་ཡར་ཚེས་དཔྱིད་ཚེས་རྟ་མ་ཉིན་ཉི་ཤུ་དང་ཕྱི་མ་ཉིན་ཉི་ཤུ། ཧོར་ཟླ་ལྔ་བའི་ཡར་ཚེས་ནས་དབྱར་ཚེས་ཟླ་བ་གཅིག ཧོར་ཟླ་བདུན་པའི་ཚེས་ལྔ་ནས་ཡབ་རྗེ་རྡོ་རྗེ་འཆང་ཆེན་པོའི་དུས་མཆོད་ཉིན་བཅུ་ལ་གྲུབ་ཆེན་ཚེམ་བུ་བའི་ལུགས་ཀྱི་ཐུགས་རྗེ་ཆེན་པོའི་ཚོགས་དང་སྒྲུབ་པའི་མ་ཎི་དུང་ཕྱུར་གསུངས་པ་དང་ཧོར་ཟླ་དྲུག་པའི་ཚེས་བཅོ་ལྔ་ནས་དབྱར་ཁས་ལེན་ཅིང་། བརྒྱད་པའི་ཚེས་གཅིག་ལ་དབྱར་གྲོལ་ཞིང་སྟོངས་རྒྱུའི་དོན་ལ་མི་རྟག་པ་སྟོན་པའི་ཚོགས་བཅད་དབྱངས་ཀྱིས་གསུང་བཞིན་ཕྱི་རོལ་ཏུ་འཆག་པར་མཛད་པ་སོགས་དང་། ཧོར་ཟླ་བཅུ་བའི་ཉི་ཤུ་ནས་དགེ་ལྡན་ལྔ་མཆོད་ཆེན་པོ་ཉིན་ལྔ་ལ་ཕར་ཕྱིན་དམ་གཅའ་དང་། བཀའ་རམས་དམ་བཅའ་གཉིས་ལོ་བཞིན་རེས་མོས་དང་། ཉེར་ལྔའི་མཚན་མོར་གླིང་མེ་མཚན་ཕུལ་དམ་བཅའ་བཅས་དང་། བཅུ་གཅིག་པའི་ཉི་ཤོག་ནས་འཆར་ཅན་ཚེ་སྒྲུབ་ཉིན་བདུན་ལ་རྗེ་བཙུན་མ་ཡིད་བཞིན་འཁོར་ལོའི་ཚོགས་དང་འབྲེལ་བར་ཏྲ་རེ་དུང་ཕྱུར་བསྒྲུབས་ཏེ་ཁྲི་རིན་པོ་ཆེར་བརྟན་བཞུགས་ཚེ་དབུལ་འབུལ་བ་དང་། སྐྱབས་མགོན་རྒྱལ་བའི་དབང་པོ་དང་ཀུན་གཟིགས་པཎ་ཆེན་རིན་པོ་ཆེར་ཚེ་དབུལ་བསྐུར་འབུལ་བྱེད་པ་དང་། བཅུ་གཅིག་པའི་ཡར་ཚེས་ནས་དགུན་

ཆོས་ཆེན་མོ་ཟླ་བ་གཅིག་དང་། ཟླ་བ་བཅུ་གཉིས་པའི་ཉེར་གཉིས་ཉིན་སྐྱབས་རྗེ་རྒྱལ་ཚབ་རིན་པོ་ཆེའི་དུས་མཆོད། ཉེར་དགུའི་ཉིན་བསྐང་པ་སྒྱིའི་རིམ་གྲོར་དམིགས་པའི་དྲུག་ཅུ་བ་ཁྲི་བཟློག ལོ་གསར་ཆོས་གཅིག་གི་སྔ་དྲོར་གནམ་ལོ་གསར་ཆོས་དགའ་སྟོན་བཅས་ཡོད་དོ། །

དེ་ཡང་བླ་མ་རྡོ་རྗེ་འཆང་ཡབ་སྲས་ཀྱི་རིང་ལ་མཚུངས་མེད་དབེན་གནས་དམ་པ་འདི་ཉིད་དུ་བཞུགས་པའི་སྤྱོང་བ་པོ་ཐམས་ཅད་ཀྱི་རྣམ་ཐར་མཐུན་པར་ནམ་སླད་ནས་དཀར་མེ་སྦྱར་ནས་བརྒྱ་རྩ་གསུངས་ཤིང་། བླ་མཆོད་དང་སྨན་ཐུང་ཅི་རིགས་ཀྱི་སྒོ་ནས་སྦྱོར་བའི་ཆོས་དྲུག་གི་ཉམས་བཞེས་དང་སྦྲགས་ཡོན་ཆབ་བརྒྱ་ཕྲག་དུ་མ་འབུལ་བཞིན་བརྒྱང་ཕྱག་བརྒྱ་སྟོང་སོགས་འཚལ། དེ་ནས་ལམ་རིམ་གྱི་ཉམས་བཞེས་དང་སྐབས་བབས་ཀྱི་དཔེ་ཁྲིད་དང་དཔེ་གཟིགས་ལ་ནན་ཏན་གནང་བ་དང་། ཆོས་ཐོག་སྐབས་དུང་བརྡ་བཏང་བ་ནས་ལྷུག་གུ་རྒྱུན་བཅིངས་དང་། ཆབ་རིལ་རྒྱུན་བསྣམས་སྐུ་གཟན་མདུན་སྐྱོར་པོ་ན་བྱེད་པ་སོགས་གོས་ཆགས་ལེགས་པར་བཅོས། སྤྱོད་ལམ་ཞི་བས་གཙོམ་བསྒྱུངས་ཏེ་ཚོགས་སུ་ཕེབས་ནས་འཛིན་གྲྭ་སོ་སོས་རང་རང་གི་གོ་སར་བརྩེ་བཞག་སྐྱོར་བ་དང་དུང་བརྡ་གསུམ་པ་བཏང་འཕྲལ་དགེ་བསྐོས་ཀྱིས་ཕྱག་བརྡ་བྱས་ཏེ་ཚོགས་འཚོགས་ནས་དགའ་ལྡན་ལྷ་བརྒྱ་མ་དང་འབྲེལ་བའི་དམིགས་བརྩེ་མ་བརྒྱ། བྱིན་ཕབས་སྤྱངས་ཞུས། རྡོ་རྗེ་འཆང་ཡབ་སྲས་གསུམ་གྱི་ཚེ་རབས་རྗེས་འཛིན་གསུངས་འཕྲུལ་དྲོས་ཛ་བཞེས། དེ་ནས་མདོ་གདུགས་རྣམ་རྒྱལ་གཟུངས་རིང་སོགས་དང་སྨྲོལ་བསྟོད་ཚར་བཅུ་ལྷག་གསུངས་རྗེས་གྲོལ་ཆུང་གཏོང་། དགེ་རྒན་སོ་སོའི་དྲུང་དུ་དཔེ་ཁྲིད་ཞུས་པའམ་རང་རང་གིས་དཔེ་གཟིགས་ཅི་རིགས་གནང་རྗེས། སླར་ཡང་དུང་བརྡ་བཏང་བ་ན་སྔར་བཞིན་ཕེབས་ཏེ་ཆོས་གྲྭར་ཟླ་བོ་ཉིས་ཆས་རྩོད་པ་ཙུང་ཟད་གནང་རྗེས་འདུ་ཁང་ནང་དུ་ཚོགས་ནས་རྟེན་འབྲེལ་བསྟོད་པ་དང་དཀོན་མཆོག་རྗེས་དྲན་གྱི་མདོ་གསུངས་ནས་གདུགས་ཚོད་ཚུལ་དང་མཐུན་པར་གནང་། ཟས་བཟློ། ལྟུང་བཤགས། གཟུངས་སྔགས། སྨོན་ལམ། སྒྲོལ་བསྟོད་ཚར་མང་

པོ་གསུངས་ནས་ཆོས་གྲྭར་ཉིས་ཆ་ཡུན་རིང་དང་། དམ་བཅའ་ནང་འཛུགས་སྐབས་དཔེ་ཆ་བ་བཟང་ཤོས་རྣམས་ཀྱིས་རང་རང་གི་བློ་ནུས་ཕུད་དེ་སྒྲུབ་བྱེད་བཏང་ན་རྣམ་དཔྱོད་ཀྱི་འཕྲུལ་ཡ་མཚན་པ་མང་། དགེ་བའི་བཤེས་གཉེན་རྣམས་དང་བཀའ་རམས་པ་རྣམས་ཀྱང་ཕེབས་ནས་འཛིན་གྲྭ་སོ་སོར་ཞིབ་གཟིགས་དང་སྒྲུབ་གྲོགས་གནང་བས་བློ་བསྐྱེད་ཆེན་པོ་ཐོན་པར་ནུས། ཆོས་ཐོག་གི་གཞུང་ལ་དམ་བཅའ་ཡར་གཏོང་མར་གཏོང་ཉིན་བཅུ་སྐོར་དང་འཛིན་གྲྭ་གཏུགས་སོགས་མཚན་ཉིད་འཕེལ་བའི་ཐབས་ཚུལ་ཤིན་ཏུ་མང་། རྩོད་པ་ཧ་ཅང་འགྲོ་ཆེ་བས་མཚན་བྱེད་ཡོལ་བའི་བར་དུ་གྲོལ་མི་ཐུབ་པའི་སྐབས་ཀྱང་མང་། ཆོས་ཐོག་མེད་སྐབས་རྣམས་སུའང་ལྟ་ཐོག་དམ་བཅའ་རྒྱུན་དུ་ཡོད། ཚོགས་གྲོལ་རྗེས་སུའང་རང་རང་གི་ཤག་ཏུ་མར་མེ་གང་འཛོམས་རེ་སྦར་ནས་ཕྱག་མཆོད་གསུངས་ཤིང་ནམ་གུང་ཡོལ་བར་དཔེ་ལྟོས་དང་ལམ་རིམ་གྱི་ཉམས་ལེན་གྱིས་འདའ་བ་མ་གཏོགས་སྡེ་མོ་ནས་སྐྱིད་ཉལ་བྱེད་པ་མི་སྲིད་པའི་ཚོད་ཡིན། སྐབས་གང་འགྲིག་ཏུ་མཇལ་དང་། ཟ་བྱེད་མཁའ་འགྲོའི་སྦྱིན་སྲེག་ལག་པ་སོགས་ཚོགས་གསོག་དང་སྒྲིབ་སྦྱོང་ལ་སྣ་སོ་སོ་ནས་འབད་པ་དང་། སྔ་འདིར་བཤད་གྲྭ་ཆེན་པོ་གཞན་དག་གི་དཔེ་ཁྲིད་རྩོད་ཀྱི་སྲོལ་དང་ཙུང་མི་འདྲ་བར་གསེར་ཕྲེང་དང་རྣམ་བཤད་རྟོགས་དཀའི་སྣང་བ། སྒོ་མང་ཡིག་ཆ་རྣམས་གཞིར་བཟུང་ཐད་ཀ་ཐད་ཀར་ཡུམ་བར་མ་དང་ཞིབ་ཏུ་སྦྱར། ཡུམ་རྒྱས་བསྡུས་གཞན་དང་སྦྱོར་བའི་མིག་བྱེ་ཉི་སྣང་། རྒྱན་སྣང་སོགས་རྒྱ་གཞུང་རྣམས་དང་སྦྲགས། འགྲེལ་བའི་ཟིན་བྲིས། གུང་ཐང་རིན་པོ་ཆེ་དང་། ཏལ་ཏའི་མཁས་པ་གཉིས་ཀྱི་མཆན། ཡིག་ཆ་གཞན་གང་འཛོམས་རྣམས་ཀྱི་ལེགས་ཆ་བླངས་ཏེ། འགྲེལ་བ་དག་གིས་བཀྲལ་ལུགས། གཞུང་དོན་ལ་གོ་བ་འཆོལ་ཚུལ། རིགས་པས་བརྟར་ཞ་གཅོད་ལུགས། གཞུང་སོ་སོའི་ཚིག་ཟིན་མཐུན་མི་མཐུན། དེ་དང་དེ་ལ་རྒྱབ་རྟེན་ཡོད་མེད། ཁས་ལེན་གྱི་འཛིན་མཚམས། དོགས་པ་སློང་ཚུལ་དང་གཅོད་ཚུལ་སོགས་དགེ་རྒན་རྣམ་པས་ཞིབ་ཏུ་ཁྲིད་པ་དང་། རང་རང་གིས་ནམ་ལངས་ས་རུབ་ཀྱིས་དཔེ་ལྟོས་དང་བརྟག་དཔྱད་བགྱིད་ཅིང་། བཀའ་པོད་གཞན་དག་ཀྱང་

དེ་ལྟར་སྦྱོང་བ་དང་། དགེ་རྒན་གྱིས་ཁྲིད་པ་དང་རང་གིས་དཔེ་ཆ་ལ་ལྟོས་པ་ཁོ་ནས་ད་དུང་སྒྲ་འདོགས་ལྷག་མེད་དུ་ཆོད་པ་དང་། ཚིག་དོན་མ་འདྲེས་པར་ཡིད་འཛགས་དཀའ་བས་ན། ཡབ་རྗེ་རྡོ་རྗེ་འཆང་ཆེན་པོས་ཀུན་སྤྱངས་འདུས་པའི་སྐྱེ་འདིར་ཆོས་གྲྭར་རྩོད་པ་བྱེད་པའི་སྲོལ་བཙུགས་པ་ཡིན་པས། རྩོད་པའི་ཚེ་ཡང་གཞུང་དོན་ལ་མི་རིག་པའི་རིགས་རྐྱང་དང་ཚིག་འཁྲི། རིགས་པའི་དཔྱད་པ་མི་བཟོད་པའི་གོ་རྐྱང་ཙམ་མ་ཡིན་པར་གཞུང་དོན་ལ་འཁྲི་བཞིན་རིགས་པས་བརྟར་ཤ་ཞིབ་མོར་གཅོད་པའི་སྒོ་ནས་གོ་རིགས་ཟུང་འབྲེལ་བ་ལ་ནན་ཏན་བྱེད་ཅིང་། དེ་དག་ཀྱང་བྱང་ཆུབ་ལམ་གྱི་རིམ་པ་ཉམས་སུ་ལེན་པའི་ཡན་ལག་འབའ་ཞིག་ཏུ་འགྱུར་བ་དང་། ཆོས་གྲྭར་མི་ཕེབས་པའི་ལམ་རིམ་པ་རྣམས་ནས་དུས་རྒྱུན་དུ་ལམ་རིམ་གྱི་དགེ་རྒན་རེ་བསྟེན་ཏེ་ཉིན་མཚན་ཀུན་ཏུ་དེ་ལ་སློབ་གཉེར་དང་ཉམས་བཞེས་ཀྱིས་དུས་འདའ་བར་བྱེད། དངུལ་སྤྲང་རེ་གཉིས་རེ་འཛོམས་ཚེ་དཔེ་སྒྲུབ་ཀྱི་དོན་དུ་ཡས་མས་སུ་ཆེད་ཕེབས་དང་། སྟོན་ཉིན་ཤས་རེང་མཛད་སྤྱོད་དང་བ་འདྲེན་པ་མཛད་དེ་བསོད་སྙོམས་ཚུང་ཟད་གནང་བ་ལས་སྟོད་སྨད་བར་གསུམ་དུ་འདུར་རྒྱུག་གིས་ཉོ་ཚོང་དང་གྲོང་ཚིག་ཁོ་ནས་མི་ཚེ་སྐྱེལ་བ་སོགས་ལྟོ་སྲིད་གཟུགས་ཅན་བཞིན་སྟོན་པ་མི་སྲིད་པའི་ཚོད་ཡིན་ལ་མདོར་ན་འཕྲུལ་གྱི་མཐུན་རྐྱེན་རྩོལ་སྒྲུབ་ཚུང་ཟད་ལས་ཚེ་འདིའི་སྣང་ཤས་ཕྲ་མོ་ནས་སྐྱེ་བའི་སྐབས་མེད་པར་ཆོས་སྤྱོད་བཅུའི་མཛད་བཟང་གིས་ཉིན་ལས་ཉིན་ཐུང་། མཚན་ལས་མཚན་ཐུང་བ་ཞིག་གི་སྦུར་བཅོམ་ལྡན་འདས་འཁོར་དགྲ་བཅོམ་པས་བསྐོར་བ་དང་དངོས་སུ་མཇལ་ཡང་འདི་ལས་ལྷག་པ་ཞིག་ག་ལ་ཡིན་སྙམ་པ་དང་ལྡན་ཀུན་ལ་འཆར་བ་སོགས་བཤད་སྒྲུབ་ཀྱི་སྡེ་གཞན་མང་པོ་ལས་ཁྱད་དུ་འཕགས་པའི་ཁྱད་ཆོས་རྨད་དུ་བྱུང་བ་ཤིན་ཏུ་མང་ཡང་རྗེས་འཇུག་རྣམས་ཀྱིས་མཁྱེན་པའི་ཆེད་དུ་དམ་པའི་གསུང་རྒྱུན་ལྟར་འདིར་ཡིག་ཚོགས་ལ་མ་འཛོམས་པར་ཚུང་ཙམ་བཀོད་པ་ཡིན་ནོ། །

སྨྲས་པ། ཡོངས་རྫོགས་རྒྱལ་བསྟན་བསམ་འཕེལ་ནོར་བུའི་དཔལ། །མི་འགྱུར་དགེ་མཚན་གཞི་འོད་སྟོང་ལྡན་པ། །བཀྲ་ཤིས་གཡས་འཁྱིལ་རིས་ཀྱིས་མཛེས་པའི་དབྱིག །ངོ་

མཚར་ཆོས༷་ཀྱི་སྡིང༷ས་སུ་སྤྲུངས་པ་རྣད། །ལེགས་གསུང་ཟླ་བའི་དཀྱིལ་འཁོར་འཕན་མེད་པས། །དགེ་ལེགས་གྲིབ་མ་བསུ་བའི་དཔལ་བྱིན་ཏེ། །ཕན་བདེའི་ཀུ་མུད་དཀར་པོའི་ཚལ་བཞད་པ། །ཡོངས་འདུས་རྐང་འཐུང་འཁྲིགས་པའི་སློང་ན་གསལ། །མིག་མི་འཛུམ་པའི་ཐུགས་སྨོན་དཔག་བསམ་ལྗོན། །ཟླ་ཤེལ་རྡུལ་བརྩེགས་ངོས་སུ་བསྐྱེད་བསྲིངས་པའི། །ལེགས་བྱས་འདོད་དགུའི་གྲུ་ཆར་འཛོ་བ་ལ། །ཕྱོགས་དུས་རྒྱལ་བ་དག་ཀྱང་སྲིད་པ་འཛིན། །ཟླ་མེད་ལུང་རྟོགས་ནོར་བུའི་མཛོད་བཉེས་པ། །རིགས་བརྒྱའི་དཀྱིལ་འཁོར་སྤྲོ་ཞིང་བསྡུ་བའི་བདག །མི་འཇིགས་ཆོས་ཀྱི་ཁྲི་ལ་རོལ་པའི་ལྷ། །སྟོབས་བཅུ་མངའ་བ་སཾ་སྐྲའི་མཚན་ཅན་གྱི། །རྣམ་པར་རྟོག་པ་མེད་པའི་འཛུམ་ཕྲབས་ཀྱིས། །བསུས་པའི་ཐེག་མཆོག་ཆོས་ཀྱི་རྒྱ་མཚོ་ཆེ། །སྲིད་ཞིའི་གདུང་སེལ་ཡན་ལག་བརྒྱད་ལྡན་ཆབ། །གཅིག་ཏུ་བསྐྱིལ་བའི་གླིང་མཆོག་འདི་བསྟགས་འོས། །ངུར་སྨྲིག་སྤྲ་སྟུག་གོས་ཀྱི་སྟོད་གཡོགས་དང་། །ལེགས་བཤད་མཁྱེན་ཧ་དལ་བར་རྐྱང་པ་ཅན། །མཁས་གྲུབ་དང་སོ་འབུམ་གྱི་བསྟི་བའི་གནས། །བཀྲ་ཤིས་ཆོས་སྡིངས་ས་ཡི་འོག་མིན་ཉིད། །དུས་བཞིར་དྲོད་ཀྱིས་བཏང་མིན་རང་མལ་དུ། །ཆེ་བ་བཞི་ལྡན་གཞུང་གི་དགོངས་པའི་དོན། །དཔྱད་འཛོག་བྲུང་གིས་ལེགས་པར་ཉམས་བཞེས་པའི། །གསུང་རབ་གདམས་པར་ཤར་བ་འདི་ན་མང་། །སྤྲངས་རྟོགས་ལྷ་ཡི་ལམ་ཡངས་ལ་སྤྱོད་ཀྱང་། །བྱམས་བརྩེ་འོད་སྣང་དམན་པའི་སར་རྐྱང་བ། །རྒྱལ་སྲས་ཧ་བདུན་དབང་པོས་ལེགས་བཟུང་བའི། །སྡེ་འདི་བྱ་རྐོད་ཕུང་པོའི་རི་པོ་བཞིན། །མཚན་དཔེའི་ལང་ཚོ་དར་བབ་སྒྱུ་མའི་སྐུ། །དོན་དམ་འོད་གསལ་སྒྲིག་མོར་མཉམ་སྦྱོར་བ། །རིགས་ཀུན་བྱེད་པོ་དོན་གྱི་རྡོ་རྗེ་འཆང་། །ཟུང་འཇུག་གྲུབ་པའི་དཔའ་བོ་ཟམ་མ་ཆད། །བཅུ་ཕྲག་རིག་པ་རབ་དྭངས་མངར་བའི་མཚོར། །གྲུས་རྟག་བརྟེན་པའི་འདབ་བཟང་གཡོ་བའི་གར། །བསྒྱུར་མཁས་པ་ཌ་ཆེན་གསེར་གྱི་ཉ་མོ་འབུམ། །རྩེན་པའི་གྲགས་པ་འོག་མིན་ཞིང་ན་སྙན། །ཐོས་བསམ་སྒོམ་པའི་ལུས་སྟོབས་ལྡན་ཛོགས་ཤིང་། །མཁས་བཙུན་བཟང་བའི་གཡུ་རལ་ཁྱུར་གྱིས་བརྗིད། །འཆད་རྩོད་རྩོམ་པའི་གད་རྒྱངས་

སྒྲོག་མཁས་པའི། །སྨྲ་མཁས་སེང་ཆེན་རྒྱ་སྐར་གྲངས་ལ་འབྱོ། །གྲུར་ཀུམ་མདངས་ཀྱིས་སྐེག་པའི་ཆུ་གཏེར་ཆེར། །ལུང་རིགས་གཉོག་ཟུང་གཡོ་བའི་རློམ་གར་གྱིས། །རྩེན་པའི་འདབ་བཟང་འབུམ་གྱིས་རྩལ་བཀྱེ་བར། །མཁའ་ལ་མཚམས་སྤྲིན་འཕྱུར་བས་མཚོན་ནུས་མིན། །ཡིད་འཕྲོག་ལི་ཁྲིའི་སྣང་བའི་རྩེ་དགའ་ཡིས། །བྱང་རྒྱུད་ནོར་འཛིན་སྐེག་མོ་འཁྱུད་ཆེ་བས། །དཔག་ཡས་ནམ་མཁའི་ལམ་ན་ལེགས་བྲིས་བྱ། །དག་པའི་ཞིང་དུ་བསྐྱོད་པའི་ངལ་བ་སྨྱོད། །གང་དེར་ཚངས་ཆེན་བློ་ཡི་ཚོན་པིར་གྱིས། །བྲིས་པས་མཚོན་མིན་ནོར་བུའི་གཙུག་ལག་ཁང་། །རྒྱལ་བྱེད་ཚལ་གྱི་བཀོད་པ་ལ་འཁྲུལ་བ། །རྟེན་གསུམ་ནོར་བུའི་གཏེར་མཛོད་དཔག་ཏུ་མེད། །བསྐལ་མང་འགྲོ་ལ་ཕན་བསམས་ལྷག་བསམ་མཐུས། །མཐོང་ཐོས་དྲན་རེག་ཐར་བའི་དཔལ་སྦྱིན་ཕྱིར། །བསྒྲུབས་པའི་རྟེན་མཆོག་ས་བརྟོལ་སྤྲུན་བཟང་གིས། །གྲུས་ལྡན་ཡིད་དབང་ལྷུགས་ཀྱུ་མེད་པར་དྲངས། །སྟོབས་འབྱོར་ཟླ་བའི་དཀྱིལ་འཁོར་ཉ་གང་ཞིང་། །དད་གསུམ་སྣང་བ་དཀར་པོའི་མུ་འཁྱུད་འཛིན། །གཅིག་མིན་དུ་མས་དད་གུས་སྐྱེམ་པད་ཀྱིས། །མཆོད་པའི་བདོག་པ་དབྱར་གྱི་ཆར་སྤྲིན་བཞིན། །ཞེས་བྱ་བ་ནི་བར་སྐབས་ཀྱི་ཚིགས་སུ་བཅད་པའོ། །

བདུན་པ། མཇུག་བསྡུ་བའི་གཏམ་ཐུབ་བསྟན་ཡང་དར་སྐབས་སུ་ཆོས་སྡེ་འདི་ཉིད་ཉམས་གསོ་མཛད་ཚུལ།

ཡེ་ཤེས་མེ་དཔུང་འཁྲིགས་པའི་ཀློང་ཡངས་ན། །
དམིགས་མེད་ཐུགས་རྗེ་ཁྲོས་པའི་རོལ་གར་ཅན། །
དཔལ་ལྡན་ནག་པོ་ཆེན་པོ་ཕྱག་དྲུག་པས། །
སྡེ་འདིའི་ཆོས་སྲིད་ལེགས་ཚོགས་འཕེལ་བར་མཛོད། །

དེ་ཡང་རབ་རྒྱལ་དོན་གྲུབ་ཅེས་པ་ས་མོ་ལུག་གི་ལོ་(༡༩༧༩)ནས། ཡང་དག་ཏང་གི་

རྟུས་བཟང་ཆོས་དད་རང་མོས་ཀྱི་གྲུ་ཆར་ལེགས་པར་འཇོ་བའི་དབུ་བརྙམས་ཤིང་། མཆོག་གསུམ་རིན་པོ་ཆེའི་ཐུགས་རྗེ་ལས་སྐྱེ་དགུའི་བསོད་ནམས་ཀྱི་ཉིན་བྱེད་སྣང་བ་མཁའ་ཁྱབ་ཏུ་འཕྲོས་ཏེ། བདེ་སྐྱིད་པདྨའི་དགའ་ཚལ་ཆེས་ཆེར་རྒྱས་པ་ལ་མངོན་དུ་ཕྱོགས་པའི་བཀྲ་ཤིས་དུས་བཟང་དང་བསྟུན། ཕྱི་ལོ་རབ་རྒྱལ་དྲུག་པོ་ལྕགས་ཁྱིལ་ལོའི་(༡༨༥༠) འཛམ་མགོན་རྒྱལ་བ་གཉིས་པ་དགའ་ལྡན་ཆོས་ཀྱི་ཕོ་བྲང་མི་ཕམ་རྒྱལ་བའི་མདུན་སར་གཤེགས་པའི་དུས་ཚོས་དགེ་བར། གཞུང་ལུགས་རབ་འབྱམས་སྨྲ་བ་ལ་གཞན་དྲིང་མི་འཇོག་པའི་ཡོངས་ཀྱི་དགེ་བའི་བཤེས་གཉེན་ཆེན་པོ་ཡབ་རྗེ་མཆོག་སྤྲུལ་རིན་པོ་ཆེའི་ཡོངས་འཛིན་རྗེ་བཙུན་ཕུན་ཚོགས་དར་རྒྱས་དཔལ་བཟང་པོའི་གཙོས་ཚེ་རིག་དགེ་སློང་དགེ་འདུན་སྐལ་བཟང་། ཚེ་རིག་དགེ་སློང་དགེ་འདུན་ཤེས་རབ། དན་ཏིག་དགེ་སློང་བློ་བཟང་རྒྱ་མཚོ། དོར་ཤུལ་ཀུན་སྤངས་སྒྲུབ་པའི་རྒྱལ་མཚན་འཛིན་པ་ཡོན་ཏན་རྒྱ་མཚོ། ཁྱུང་ཀུའི་འཚོ་བྱེད་བློ་བཟང་བསྟན་འཛིན། བྱ་བྲལ་ལྷ་ལུང་བཅས་ཀྱིས་མདོ་སྔགས་བསྟན་པའི་གསལ་བྱེད་ཆེན་པོ་རྗེ་ཁ་གྱུ་བའི་གཟིམ་སྤྱིལ་དུ་ལྷན་ཚོགས་གནང་སྟེ། རྗེ་ཕུན་ཚོགས་དར་རྒྱས་པས་དགེ་བསྔོས་དང་། ཀུན་སྤངས་ཆེན་པོ་ཡོན་ཏན་རྒྱ་མཚོས་དབུ་མཛད་དང་ཡོན་བདག་གནང་ནས་དགེ་ལྡན་ལྔ་མཆོད་ཆེན་མོ་གསར་དུ་བཙུགས་པའི་རྟེན་འབྲེལ་བསྒྲིགས་ཤིང་། ཉིན་བྱེད་བྱང་བགྲོད་ཀྱི་དུས་ཚོས་དང་བསྟུན་ནས་རྗེ་ཁ་གྱུ་བའི་གཟིམ་སྤྱིལ་དུ་གོང་སྨོས་དགེ་བའི་བཤེས་གཉེན་དེ་དག་དང་མཆོད་སྡོན་གཞུང་བརྒྱའི་མངའ་བདག་དགེ་བའི་བཤེས་གཉེན་ཆེན་པོ་བློ་བཟང་བསྟན་དར། གཞན་གྲྭ་བ་གསར་བ་འགའ་བཅས་དགེ་འདུན་ཞལ་གྲངས་བཅུ་བདུན་ཙམ་ལྷན་དུ་གདན་འཛོམས་ཏེ། འཆར་ཅན་ཚེ་སྒྲུབ་གསར་དུ་བཙུགས་པའི་སྦྱིན་བདག་མཆོད་སྡོན་དགེ་བའི་བཤེས་གཉེན་ཆེན་པོ་བློ་བཟང་བསྟན་དར་བས་གནང་ནས་ཉིན་བདུན་གྱི་བསྙེན་བཀུར་ཕུན་སུམ་ཚོགས་པ་བྱས། ཚེ་སྒྲུབ་གྲོལ་རྗེས་མཆོད་སྡོན་དགེ་བའི་བཤེས་གཉེན་བསྟན་དར་བ་དང་། རིག་གནས་ནོར་བུའི་ཕྲེང་འཛིན་ཀུན་སྤངས་ཆེན་པོ་མགར་རྩེ་དགེ་ལེགས་རྒྱ་མཚོ་རྣམ་གཉིས་ཡབ་རྗེ་ཆོས་ཀྱི་རྒྱལ་པོའི་མཆོག་སྤྲུལ་རིན་པོ་ཆེ་རྗེ་

བཙུན་བློ་བཟང་འཇིགས་མེད་བསྟན་འཛིན་རྒྱ་མཚོ་དཔལ་བཟང་པོ་དང་། ཡབ་རྗེ་རྡོ་རྗེ་འཆང་ཆེན་པོའི་ཐུགས་སྲས་གནས་ལྔ་གཟིགས་པའི་མ་ཧཱ་པཎྜི་ཏ་རྗེ་གྲགས་པའི་ཞབས་ཀྱི་མཆོག་སྤྲུལ་རིན་པོ་ཆེ་བློ་བཟང་གྲགས་པ་རྒྱ་མཚོ་རྣམ་གཉིས་ཆུ་གཏེར་ཆེན་མོ་ཁྲི་གཙོག་རྒྱལ་མོའི་ཉེ་འགྲམ་རྒྱ་ཡེ་དང་། ཁ་སྣང་ཞེས་པའི་སྡེ་ཁྲོད་དུ་བཞུགས་པའི་སྤྱན་སྔར་དངོས་ཕེབས་སློས་ཚེ་བུམ་ཕུལ་ཞིང་། གང་ཅིའི་གནས་ཚུལ་ལྷུག་པོར་ཞུས། ལྕགས་བྱ་ལོའི་(༡༨༤༡)གནམ་ལོ་གསར་ཚེས་ཉིན་དན་ཏིག་དགེ་སློང་བློ་བཟང་རྒྱ་མཚོ་དང་། དོར་ཤུལ་ཀུན་སྤངས་ཡོན་ཏན་རྒྱ་མཚོ། ཚེ་རིག་དགེ་སློང་དགེ་འདུན་ཤེས་རབ། ཨ་ཁུ་ལྷ་ལུང་བཞིས་ལོ་སར་གྱི་དགའ་སྟོན་བྱས་ཏེ་རྟེན་འབྲེལ་བསྒྲིགས་པ་དང་། ཡབ་རྗེ་མཆོག་སྤྲུལ་རིན་པོ་ཆེ་དང་། སྐྱབས་རྗེ་གྲགས་པའི་ཞབས་ཀྱི་མཆོག་སྤྲུལ་རིན་པོ་ཆེ་རྣམ་གཉིས་ཀྱིས་གོང་རིམ་ལ་གནས་ཚུལ་ཡར་ཞུ་བྱས་ཏེ། ཏང་གི་ཆོས་དད་རང་མོས་ཀྱི་སྲིད་ཇུས་བཟང་པོའི་བཀའ་དྲིན་ལས་སྐྱེ་འདིའི་ཆོས་སྒོ་གསར་དུ་འབྱེད་ཆོག་པའི་སྲིད་གཞུང་གི་བཀའ་རྒྱ་ཕྱུང་ཞིང་། ལོ་འདིའི་དཔོ་ཟླ་བའི་ཚེས་གཅིག་ཉིན་སྐྱབས་རྗེ་གྲགས་པའི་ཞབས་སྟོན་འཁོར་རྣམས་གདན་སར་ཕྱིན་ཏེ། ལུང་རིགས་སྨྲ་བའི་དབང་པོ་གསང་སྔགས་དགེ་འདུན་ཤེས་རབ་ཚང་དགེ་བསྐོས་དང་། སྤྲུལ་པའི་རྒྱལ་མཚན་འཛིན་པ་དོར་ཤུལ་ཡོན་ཏན་རྒྱ་མཚོ་བ་དབུ་མཛད། ཚེ་རིག་དགེ་འདུན་ཤེས་རབ་དང་དགེ་འདུན་སྐལ་བཟང་། དན་ཏིག་བློ་བཟང་རྒྱ་མཚོ་གསུམ་ལས་སྣེར་བསྐོ་བཞག་བསྐྱལ། ཆོས་བརྒྱད་ཉིན་སྐྱབས་རྗེ་གྲགས་པའི་ཞབས་ཉིད་ཀྱིས་སོ་ཐར་གྱི་མདོ་གསུངས་ཤིང་། དགེ་འདུན་བགྲེས་གཞོན་མང་པོས་བགྱ་ཤིས་གསོ་སྦྱོང་གནང་ནས་གནས་གཞི་ཕྱིན་གྱིས་བརླབས། ཆོས་བཅུ་གཅིག་ཉིན་ཡབ་རྗེ་རྡོ་རྗེ་འཆང་ཆེན་པོའི་ནང་ཆེན་མཆོད་ཁང་བདེ་ཡངས་ཁང་གསར་དུ་སྐྱབས་རྗེ་གྲགས་པའི་ཞབས་གཙོར་བྱས་པའི་དགེ་འདུན་ཞལ་གྲངས་ལྔ་བཅུ་ལྷག་གདན་འཛོམས་ཏེ། འགྲོ་མགོན་གསེར་ཁང་བ་ཆེན་པོའི་ཕྱག་བཞེས་ལྟར་གྱི་འཆར་ཅན་མཆོད་འབུལ་ཆེན་མོ་གསར་དུ་བཙུགས་ཤིང་། ཐུབ་བསྟན་ཡང་དར་གྱི་ཆོས་སྒོ་དངོས་སུ་ཕྱེས། སྐྱབས་རྗེ་ཀིརྟི་རིན་པོ་

ཆེས་སྐུའི་རྟེན་དུ་ཡབ་རྗེ་རྡོ་རྗེ་འཆང་ཆེན་པོའི་འདྲ་ཐང་ཁྱད་འཕགས། གསུང་གི་རྟེན་དུ་འཇམ་མགོན་ཙོང་ཁ་པ་ཡབ་སྲས་གསུམ་གྱི་གསུང་འབུམ་ཆ་ཚང་། ཐུགས་ཀྱི་རྟེན་དུ་བཀའ་གདམས་མཆོད་རྟེན་བྱིན་ཅན་གྱིས་ཐོག་དྲངས་པའི་དུང་ཆེན་དུང་དཀར་རྒྱ་གླིང་འཁར་རྔ་མཉྫལ། ཐན་བརྒྱ་རྩའི་བཟའ་སྣོད་ཊ་དྲིལ་སོགས་ཚོགས་ཀྱི་ཡོ་བྱད་ལྷ་ཆས་མཆོད་ཆས་གང་དགོས་ཐམས་ཅད་མ་ཚང་བ་མེད་པར་གཞུང་ལ་གནང་ནས་བཀའ་དྲིན་ཚད་མེད་པས་བསྐྱངས། ཆོས་བཅུ་གཉིས་ཉིན་སྐྱབས་རྗེ་ཁྲགས་པའི་ཞབས་ཀྱིས་གསན་མཁན་མང་པོར་སྤྱོད་འཇུག་ཆེན་མོའི་ལུང་བསྩལ་ཅིང་། ཆོས་བཅོ་ལྔའི་ཉིན་སོ་ཐར་གྱི་མདོ་གསུངས་ནས་གསོ་སྦྱོང་གསར་དུ་བཙུགས། སྐྱབས་རྗེ་ཉིད་ཀྱིས་བསྐྱལ་བ་ལྟར་ཁ་སྐད་སྡེ་བས་འཆར་ཅན་མཆོད་འབུལ་ཆེན་མོ་ཉིན་བཅུའི་བསྙེན་བཀུར་ཕུན་སུམ་ཚོགས་པ་བྱས། ནག་ཟླའི་ཟླ་མཇུག་ཏུ་ཡབ་རྗེ་མཆོག་སྤྲུལ་རིན་པོ་ཆེ་སེར་སྦྲེང་གིས་བསུས་ཏེ་གདན་སར་ཕྱིན། ས་ག་ཟླ་བའི་ཚེས་གཅིག་ཉིན་དཔྱིད་ཆོས་ སྟ་མའི་དབུ་བཙམས་ཤིང་། དེ་ནས་དཔྱིད་ཆོས་སྟ་ཕྱི་གཉིས་ཉིན་བཞི་བཅུ་སྐར་སྲོལ་ལྟར་ལེགས་པར་བཙུགས་པ་དང་། གཞུང་བརྒྱའི་མངའ་བདག་ཡོངས་འཛིན་རིན་པོ་ཆེ་ཞོ་འོང་བ་རྗེ་ཕུན་ཚོགས་དར་རྒྱས་དཔལ་བཟང་པོས་ཡབ་རྗེ་མཆོག་སྤྲུལ་རིན་པོ་ཆེའི་གཙོས་གསན་མཁན་ལུང་རིགས་སྨྲ་བ་གསར་རྙིང་དུ་མ་ལ་བསྟུས་གཞུང་ལེགས་བཤད་ཉི་མའི་འོད་ཟེར་གྱི་མཇུབ་ཁྲིད་ཞིབ་མོའི་ལུགས་སུ་གནང་བའི་བཀའ་དྲིན་བསྐྱངས་པ་དང་། སྡེ་སྣོད་འཛིན་པ་མཚོ་སྔོན་དགེ་བའི་བཤེས་གཉེན་བློ་བཟང་བསྟན་དར་བ་དང་། ལུང་རིགས་སྨྲ་བའི་དབང་ཕྱུག་གསང་སྔགས་དགེ་བའི་བཤེས་གཉེན་དགེ་འདུན་ཤེས་རབ་སོགས་ཀྱིས་ཀྱང་རང་རང་གི་དགེ་ཕྲུག་རྣམས་ལ་དཔེ་ཁྲིད་བསྩལ། གོང་སྨྲས་དགེ་བའི་བཤེས་གཉེན་འདི་དག་གི་གཙོས་རྒན་པ་རྣམས་ཀྱིས་གསར་བ་རྣམས་ལ་ཚོགས་ལ་ཕེབས་ཚུལ། འདོན་པ་གསུང་སྣངས་སོགས་སྒྲིག་ལམ་ཆེ་ཕྲ་ཐམས་ཅད་དང་། ཐལ་སྐད་གཏོང་ལུགས། རྩོད་པ་བྱེད་ཚུལ་སོགས་རྩོད་པའི་རྣམ་དཔྱོད་མ་ལུས་པ་ཕ་བཟང་གིས་བུ་སྐྱོང་བ་ལྟར་ལེགས་པར་བསླབས་ཏེ། བཤད་གྲྭའི་གཞི་ཚུགས་པ་བྱུང་བའི་བཀའ

དྲིན་གྱི་ཕུང་པོ་བརྗོད་ཀྱིས་མི་ལང་ཞིང་། རིགས་སྨྲ་གདོང་ལྔའི་ཚོགས་ཀྱིས་རྩོད་ངག་གི་ང་རོ་དཔྱོད་ལྡན་རི་སྐྱེས་འབུམ་གྱི་རྣ་བའི་དཔྱིད་དང་། ལོག་སྨྲ་གཅན་གཟན་རྣམས་ཀྱི་སྙིག་གི་གཞིད་དུ་བསྒྲགས་ཤིང་། ཐུབ་བསྟན་གངས་ཀྱི་རི་བོ་ལྷག་པར་མཛེས་པའི་རྒྱན་དུ་གྱུར་པས། རབ་འབྱམས་ཞིང་ན་ཕྱོགས་བཅུའི་རྒྱལ་བ་སྲས་བཅས་ཀྱིས་བསྔགས་པའི་མེ་ཏོག་གཏོར་ཞིང་། དཀར་ཕྱོགས་ལ་དགའ་བའི་ལྷ་རྣམས་ཀྱིས་མངོན་པར་བསྟོད་པ་དང་། དད་ལྡན་ཁྲི་འབུམ་མང་པོས་སླེམ་པའི་པདྨོ་བདེ་ཆེན་འཁོར་ལོའི་རྒྱན་དུ་བཀོད་དེ། མཆོག་ཏུ་ཡི་རངས་ཤིང་ངོ་མཚར་བའི་མཚན་མ་གསལ་བར་གྱུར་ཏེ། ཐར་བ་བླ་ན་མེད་པའི་ས་བོན་ཁྱད་པར་ཅན་བསྐྲུན་པར་མཛད་དོ། །

སྐབས་འདི་ནས་བཟུང་ཡོངས་འཛིན་རིན་པོ་ཆེ་ཕུན་ཚོགས་དར་རྒྱས་པས། ཡབ་རྗེ་རྡོ་རྗེ་འཆང་ཆེན་པོའི་མཆོག་སྤྲུལ་རིན་པོ་ཆེའི་གཙོས་གསན་མཁན་མང་པོར་རྗེ་ལམ་རིམ་ཆེན་མོ། རྡོ་རྗེ་འཆང་གི་ལམ་ཁྲིད་དགེ་ལེགས་འོད་སྣང་འགྱེད་པའི་ཉིན་བྱེད། ལྷ་བ་ཆེན་མོའི་ལམ་ཁྲིད་འཇམ་དཔལ་ཞལ་ལུང་བཅས་ཀྱི་ཞལ་ལུང་གིས་མཚོན་པའི་ཆོས་རྒྱུན་མང་པོ་དང་རབ་བྱུང་བསྙེན་རྫོགས་ཀྱི་སྡོམ་རྒྱུན་རྣམ་དག་ཀྱང་ཤིན་ཏུ་མང་པོ་སྩོལ་བ་དང་། རབ་འབྱམས་གཞུང་བརྒྱའི་མངའ་བདག དེང་དུས་སུ་མདོ་སྨད་བྱང་རྒྱུད་ཀྱི་ཐུབ་བསྟན་འཛིན་པ་ཡོངས་ཀྱི་དབུས་ན་རྒྱལ་མཚན་གྱི་ཏོག་ལྟར་མངོན་པར་མཐོ་བ། ཁྱབ་བདག་འཁོར་ལོའི་མགོན་པོ་རྗེ་བཙུན་ཛྙཱ་ན་ས་རའི་ཞབས་སྔ་འདིར་ཐེངས་མང་དུ་ཕྱགས་ཕེབས་ནས་བསྐྱབ་བྱ་དུ་མ་རབ་བྱུང་དང་བསྙེན་རྫོགས་ལ་བཀོད་པ་དང་། དབང་ལུང་། རྗེས་གནང་། མན་ངག་སོགས་ཀྱི་ཆོས་རྒྱུན་རྣམ་དག་མང་པོ་སྩོལ་བ་དང་། ཁྱད་པར་བཀའ་པོད་ཆེན་པོ་རྣམས་ཀྱི་ལྟུགས་ཁྲིད་སྩོལ་བ་སོགས་ཀྱི་སྒོ་ནས་སྐྱེ་འདིར་རྣམ་འདྲེན་བུ་རམ་ཤིང་བའི་ལུགས་བཟང་དར་ཞིང་རྒྱས་པ་གནང་བའི་བཀའ་དྲིན་ནི་རི་རབ་ལས་དཔངས་མཐོ་ཞིང་རྒྱ་གཏེར་ལས་གཏིང་ཟབ་པ་དཔྱོད་ལྡན་གཟུ་བོར་གནས་པ་རྣམས་ཀྱིས་མཁྱེན་པར་བྱ་ལ། དགེ་བའི་བཤེས་གཉེན་འདི་དག་གི་མཛད་པ་ལ་མཆོག་ཏུ་དད་ཅིང་གུས་པར་བྱའོ། །ཏོར་ཟླ་ལྔ་བའི་

ཡར་ཆོས་ནས་བཟུང་དབྱར་ཆོས་ཆེན་མོ་ཟླ་ཆོས་སྔར་སྲོལ་བཞིན་བཙུགས་ཏེ། དྲུག་པའི་བཅོ་ལྔའི་ཉིན་གྲོལ་བ་དང་། བདུན་པའི་ཚེས་དྲུག་ནས་ཡབ་རྗེ་རྡོ་རྗེ་འཆང་ཆེན་པོའི་དུས་མཆོད་ཀྱང་སྔར་སྲོལ་བཞིན་གསར་དུ་བཙུགས་ཤིང་། ཆོས་ཐོག་འདི་དག་གི་སྦྱིན་བདག་ཡབ་རྗེ་མཆོག་སྤྲུལ་རིན་པོ་ཆེས་གནང་ནས་འདུལ་བའི་སྡེ་རིན་པོ་ཆེར་ཇ་ཐུག་སྐྱ་འགྱེད་སོགས་ཀྱི་བསྙེན་བཀུར་ཀྱི་ནོམ་པ་བསྐྲབས་པ་དང་། བསྟན་པ་དང་བསྟན་འཛིན་དམ་པ་སྤྱི་དང་ཁྱད་པར་སྡེ་འདིའི་ཐུན་མོང་མ་ཡིན་པའི་སྦྱིན་བདག་མོག་ཏུ་སྡེ་བས་སྟོན་སྲོལ་བཟང་པོའི་རྒྱུན་བསྐྱངས་ཏེ། དགེ་ལྡན་ལྔ་མཆོད་ཆེན་མོ་གསར་དུ་བཙུགས་པའི་ཉིན་གསུམ་གྱི་སྦྱིན་བདག་ཕུན་སུམ་ཚོགས་པ་བྱས། ལྔ་ཆེན་ཆུ་བྱི་ལོ་(༡༨༤༢)ནས་ད་ལྟའི་བར་གནམ་ལོ་གསར་ཆོས་ཀྱི་དགའ་སྟོན་གྱི་གཏོང་སྒོ་སྐབས་རྗེ་གྲགས་པའི་ཞབས་ཀྱིས་བཏང་ཞིང་རྟེན་འབྲེལ་དང་ལེགས་ལམ་ཤིན་ཏུ་ཆེ་བ་བྱུང་། འདི་ལོ་ནས་བཟུང་འཆར་ཅན་མཆོད་འབུལ་ཆེན་མོ་སྟོན་ཉིན་བཅུ་བདུན་ཡིན་པ་བཅུ་ཏུ་བཏང་བ་ལས། འཆར་ཅན་ཚེ་སྒྲུབ་ཉིན་བདུན། དཔྱིད་ཆོས་སྔ་ཕྱི་གཉིས་ལ་ཉིན་བཞི་བཅུ། དབྱར་དགུན་ཟླ་ཆོས་གཉིས། བཞི་བའི་སྨྱུང་གནས། བདུན་པའི་དུས་མཆོད། བཅུ་བའི་ལྔ་མཆོད་སོགས་ཆོས་ཐོག་ཕལ་ཆེར་སྔར་སྲོལ་བཞིན་ལེགས་པར་བཙུགས་ཟིན་པ་དང་ཆོས་ཐོག་ཆེན་མོ་བཞི་སོགས་ཀྱི་སྐབས་སུ་རྩེ་བཞག་སྐྱོར་བ་དང་རྒྱུགས་འབུལ་ཚུལ། དམ་བཅའ་བ་ཡར་གཏོང་མར་གཏོང་། མཚན་མོའི་སྐྱོར་སྦྱོང་། ཆོས་མཚམས་རྣམས་སུ་ལྔ་ཐོག་དམ་བཅའ་སོགས་མཚན་ཉིད་འཕེལ་བའི་ཐབས་ཚུལ་རྣང་དུ་བྱུང་བ་རྣམས་རིམ་གྱིས་ལེགས་པར་བཙུགས་ཏེ། རྣམ་འདྲེན་ཤཱཀྱའི་རྒྱལ་པོའི་མདོ་དང་སྔགས་ཀྱིས་བསྡུས་པའི་ལུང་རྟོགས་བསྟན་པའི་རྩ་འཛིན་སྟུག་པོར་འཁྲིགས་ཤིང་། འཆད་རྩོད་རྩོམ་པའི་དབྱར་རྔའི་དབྱངས་སྙན་དལ་བུར་ལྡིར་བ་དང་ཆབས་ཅིག་ཐོས་བསམ་སྒོམ་པའི་གྲུ་ཆར་ལྷུག་པོར་འཛོ་བ་ལ་བརྟེན་ནས། རིགས་སུ་མ་ཆད་པའི་སྐལ་ལྡན་གདུལ་བྱ་མགྲིན་སྔོན་ཅན་བྱེ་བ་ཕྲག་བརྒྱས་དང་གུས་ཀྱི་སྒྲོ་གཤོག་རླུམ་པོར་བསྒྱུར་ཏེ། བསོད་ནམས་ཀྱི་མངལ་ཁྱུར་ལྷག་པར་འཛིན་པར་གྱུར་ཏོ། །

ལྕགས་བྱ་ལོའི་(༡༩༨༣)བླ་བརྒྱུད་པའི་ཡར་ཆོས་ལ་དད་པ་དང་གཏོང་བའི་རྒྱན་གྱིས་མཛེས་པའི་བསྟན་པའི་སྦྱིན་བདག་ཆེན་མོ་ཆོས་ཚ་སྒེ་བས་ཡོན་སྦྱར་ནས་ལྷ་ལྡན་ནས་བཀའ་འགྱུར་དང་། རྡོ་རྗེ་འཆང་ཡབ་སྲས་ཀྱི་རིང་ནས་བཟུང་སྒེ་འདིའི་སྦྱིན་བདག་ཏུ་གྱུར་པ་ཞོང་ངེ་དང་ཕག་སྐོར་སྒེ་བས་ཡོན་སྦྱར་ནས་སྒེ་དགེ་ནས་བསྟན་འགྱུར་གདན་དྲངས་ཤིང་། རྟེན་བཞེངས་ཀྱི་མགོ་བརྩམས་ཏེ། སྐྱབས་རྗེ་ཀིརྟིའི་མཆོག་སྤྲུལ་རིན་པོ་ཆེས་བྱ་མདོའི་དགེ་སློང་ལེགས་བཤད་རྒྱ་མཚོ། སྟག་དགེ་སློང་འཇིགས་མེད་རྒྱ་མཚོ། མཐའ་མར་དགེ་སློང་ཡོན་ཏན་སོགས་ཁ་འགོ་བར་བསྐོས་ཏེ། འདུ་ཁང་ཆེན་མོ་བཞེང་རྒྱུའི་བཀོད་ཁྲབ་སྒྲུབ། ཏོར་བླ་དྲུག་པའི་ནང་ཡབ་རྗེ་མཆོག་སྤྲུལ་རིན་པོ་ཆེས་གདན་ཞུས་ལྟར་དགེ་འདུན་བགྲེས་གཞོན་ཡོངས་རྫོགས་ཆ་གཏེར་ཆེན་པོ་ཁྲི་གཞོག་རྒྱལ་མོའི་འགྲམ་མཚོ་མགོ་རྒྱ་ར་ཞེས་པའི་ཁོང་གི་བཞུགས་གནས་སུ་ཕེབས་ཏེ་དུས་མཆོད་ཆེན་མོ་བཙུགས་ཤིང་། བསྟན་འགྲོ་སྤྱིའི་ཞབས་བརྟན་དུ་བཀའ་འགྱུར་དག་ཚར་གཉིས། བསྟན་འགྱུར་དག་ཚར་གཅིག་བཅས་བསྒྲུབས་པ་དང་། མཆོ་ཁར་ཡོན་ཆབ་འབུམ་ཕྲག་ལྔག་ཕྱུལ། རྟེན་འབྲེལ་གྱི་གནད་ཁྲད་པར་བ་ལ་དགོངས་ནས་འདུས་པའི་སྒེ་ཡོངས་རྫོགས་ལ་ཐལ་སྐད་བཏང་ནས་རྩོད་པ་གནང་དུ་བཙུག་པ་དང་། མཇུག་མཐར་ཡབ་རྗེ་མཆོག་སྤྲུལ་རིན་པོ་ཆེ་ཉིད་ཀྱིས་ཆོས་སྲིད་ལུགས་གཉིས་ལས་བརྩམས་པའི་བསླབ་བྱ་གནད་དུ་ཐེངས་པ་བསྩལ་ཏོ། །

མེ་ག་དམར་ཤིང་བྱི་ལོར་(༡༩༨༤)འདུ་ཁང་ཆེན་མོ་ལེགས་པར་གྲུབ་སྟེ། དགེ་ལྡན་ལྷ་མཆོད་ཆེན་མོ་དང་བསྟུན་བསྟན་པའི་སྦྱིན་བདག་ཆེན་པོ་མོག་ཏུ་སྒེ་བས་ཡོན་ལེགས་པར་སྦྱར་ནས་འགྲུབ་སྟོན་གྱི་མཛད་སྒོ་ཆེས་ཕུན་སུམ་ཚོགས་པ་བྱས་ཤིང་། ཚ་ཕུག་དགེ་བའི་བཤེས་གཉེན་བློ་བཟང་དང་། ལུང་རིགས་སྨྲ་བ་སྟག་བསམ་གཏན་རྒྱ་མཚོ། རབ་དང་། བསྟན་འཛིན་ཤེས་རབ། མགར་རྩེ་དགེ་ལེགས་རྒྱ་མཚོ་དང་ཡེ་ཤེས་བཅས་ཀྱིས་རིམ་བཞིན་དབུ་མ་དང་། ཕར་ཕྱིན། རྣམ་འགྲེལ་བཅས་ཀྱིས་ཚོགས་གླེང་བྱས་སོ། །ལོ་དེའི་བཅུ་བའི་ཉེར་ལྔ་ཉིན་སྐྱབས་རྗེ་གྲགས་པའི་ཞབས་ཀྱིས་རྡོ་རྗེ་འཆང་ཡབ་སྲས་གསུམ་དང་། རྗེ་

གསེར་ལག་པ་སོགས་ཀྱི་སྐུ་གདུང་རིང་བསྲེལ་གྱི་གཙོས་རྟེན་རྫས་ཆེན་མང་པོ་སྙིང་པོར་བཞུགས་པའི་རིན་ཆེན་གཉིས་པ་སྲང་བརྒྱད་བརྒྱ་ལྷག་ལས་བསྒྲུབས་པའི་མཆོད་རྟེན་རིན་པོ་ཆེ་སྣ་ཚོགས་ཀྱི་ཕྲ་རྒྱན་ཅན་བཞེངས་གྲུབ་སྟེ། འདུ་ཁང་ཆེན་མོར་གདན་དྲངས་ནས་བཞུགས་སུ་གསོལ་བ་དང་། དཀར་ཆག་ཀྱང་ཉིད་ཀྱིས་ལྷུགས་རྩོམ་གནང་། ཁྲོ་བོ་ཤིང་གླང་ལོར་(༡༨༤༥)ཡང་སྐྱབས་རྗེ་གྲགས་པ་རིན་པོ་ཆེས་འཕགས་མཆོག་འཇིག་རྟེན་དབང་ཕྱུག་གི་གཙུག་ལག་ཁང་རྟེན་བཅས་གསར་བཞེངས་གནང་ཞིང་། གཙོ་སྐུ་ཐུགས་རྗེ་ཆེན་པོ་ཁ་སར་པ་ཎི་ལྷ་ལྡན་སྤྱན་རས་གཟིགས་ཀྱི་ཕོ་བྲང་ནས་བཞེངས་ཏེ་གདན་དྲངས་པ་དང་། ཟླ་ལྔ་པའི་ཚེས་གཅིག་ཉིན་ལ་ཡབ་རྗེ་མཆོག་སྤྲུལ་རིན་པོ་ཆེ་ཉིད་ཡོངས་འཛིན་རྗེ་བཙུན་ཕུན་ཚོགས་དར་རྒྱས་དཔལ་བཟང་པོའི་དྲུང་དུ་ཁྱིམ་ནས་ཁྱིམ་མེད་པར་རབ་ཏུ་བྱུང་ཞིང་། དྲུག་པའི་ཟླ་མཇུག་ཏུ་ཡབ་རྗེ་མཆོག་སྤྲུལ་རིན་པོ་ཆེས་གདན་ཞུས་གནང་བ་ལྟར་ཁྲི་གཤོག་རྒྱལ་མོའི་འགྲམ་ཉིད་ཀྱི་བཞུགས་གནས་སུ་འདུས་པའི་སྐྱེས་རིན་པོ་ཆེ་གདན་དྲངས་ཤིང་། བཀའ་བསྟན་དག་སློག་སོགས་ཞབས་བརྟན་གཏོར་ཆེ་བ་བསྒྲུབས་པ་དང་། མགོན་པོ་གང་ཉིད་ཚོགས་དབུས་སུ་ཁྲིར་བཞུགས་པ་སོགས་ལེགས་ལམ་ཤིན་ཏུ་ཆེ་བ་བྱུང་། ཧོར་ཟླ་བཅུ་གཅིག་པར་སྐྱབས་རྗེ་གྲགས་པའི་ཞབས་ཀྱིས་ཁྲིའི་དགོངས་ཞུ་ནན་ཏན་གྱིས་གནང་ནའང་། ཡབ་རྗེ་མཆོག་སྤྲུལ་རིན་པོ་ཆེས་ལྷ་དར་བཅས་སྐུ་ཕྲེང་གོང་མ་གཉིས་ཀྱི་དགོངས་བཞེད་སོགས་ལས་བརྩམས་པའི་ཞལ་གསུང་ཆེ་ཀློ་བ་བསྐུལ་སྟབས་མཁན་ཁྲིར་མུ་མཐུད་དུ་བཞུགས་དགོས་བྱུང་། ཟད་པ་མེ་སྟག་ལོར་(༡༨༤༦)དབྱར་གནས་གསར་དུ་བཙུགས་ཏེ། གཞུང་ལུགས་རབ་འབྱམས་སྨྲ་བ་ལ་འགྲན་པའི་ཟླ་དང་བྲལ་བའི་མཁྱེན་རབ་ཀྱི་དབང་ཕྱུག་ཡོངས་ཀྱི་དགེ་བའི་བཤེས་གཉེན་གསང་སྒྲོག་དགེ་འདུན་ཤེས་རབ་ཀྱིས་དབྱར་གནས་བླ་མ་གནང་བ་དང་། དྲུག་པའི་ཚེས་ཉེར་དྲུག་ནས་ཉིན་བཅུའི་རིང་ལ་དགེ་འདུན་ལྔ་བཅུ་ལྷག་ཡབ་རྗེ་མཆོག་སྤྲུལ་རིན་པོ་ཆེའི་བཞུགས་གནས་སུ་ཕེབས་ནས་བཀའ་འགྱུར་དག་སློག་སོགས་ཀྱི་ཞབས་རིམ་བསྒྲུབས་ཀྱང་། བརྒྱད་པའི་ཚེས་བཅོ་ལྔའི་ཉིན་ཡབ་རྗེ་མཆོག་སྤྲུལ་

རིན་པོ་ཆེ་སྐུ་དངོས་ཀྱི་གདུལ་བྱ་རྫོགས་ནས་ཞིང་ཁམས་གཞན་དུ་གཤེགས་པའི་ཚུལ་གནང་། ཆོས་ཉི་ཤུའི་ཉིན་སྙིགས་དུས་ཀྱི་བསྟན་འཛིན་ཆེན་པོ་ལྷ་མོ་ཡོངས་འཛིན་རིན་པོ་ཆེས་རྡོ་རྗེ་སློབ་དཔོན་གནང་ནས་སྐུ་གདུང་རིན་པོ་ཆེར་ཞུགས་མཆོད་ཕུལ་ཞིང་། དགུ་པའི་ཚེས་གསུམ་ལ་གདུང་རུས་རྣམས་གདན་སར་ཞུས་ཏེ། དགོངས་རྫོགས་ཀྱི་དགེ་རྩ་རྒྱ་ཆེར་བསྒྲུབས། སྐུ་གདུང་རིན་པོ་ཆེ་རིན་ཆེན་གཉིས་པའི་མཆོད་རྟེན་ཕྱིན་ལེགས་བཞེངས་གྲུབ་པའི་གཟུངས་གཞུག་ཏུ་ཕུལ་ཏེ། ནང་ཆེན་བདེ་ཡངས་མཆོད་ཁང་དུ་བཞུགས་སུ་གསོལ་བ་ཡིན་ནོ། །

རབ་བྱུང་བཅུ་བདུན་པའི་ལོའི་ཐོག་མ་མེ་ཡོས་(༡༩༨༧)ལོའི་ཧོར་ཟླ་བརྒྱད་པའི་ནང་ལ་གོང་ས་ལྷ་མིའི་རྣམ་འདྲེན་པཎ་ཆེན་ཆོས་ཀྱི་རྒྱལ་པོ་ཤེས་བྱ་ཐམས་ཅད་མཁྱེན་ཅིང་གཟིགས་པ་ཆེན་པོ་རྗེ་བཙུན་བློ་བཟང་ཆོས་ཀྱི་རྒྱལ་མཚན་དཔལ་བཟང་པོ་འཁོར་ལུགས་གཉིས་ཀྱིས་མཐོ་བ་མཐའ་ཡས་པ་དང་བཅས་སྙེ་འདིར་ཕྱིན་ཏེ། མཁས་དགུའི་གཙུག་གིས་བཀུར་བའི་ཆོས་ཀྱི་ཁྲི་ལ་ཞབས་པད་བཀྲ་ཤིས་ཀྱི་རི་ཁྲ་ཉེ་བར་བཀོད་ནས་བསྟན་པའི་འཇུག་སྒོ་སྐྱབས་འགྲོའི་ལུང་། ཚེ་ལྷ་རྣམ་གསུམ་གྱི་མཚན་སྔགས་ཀྱི་ལུང་། ལམ་གྱི་གཙོ་བོ་རྣམ་གསུམ་གྱི་ལུང་། འཇམ་དབྱངས་དཀར་པོའི་མཚན་སྔགས་ཀྱི་ལུང་བཅས་གནང་ཞིང་། འདུ་ཁང་ཆེན་མོའི་རྟེན་བརྟེན་པར་རབ་གནས་མཛད་དེ་བྱིན་བརླབས་མི་ཟད་པའི་གཏེར་དུ་བསྒྲུབས་པ་དང་། ཚོགས་ཡོངས་ལ་མཇལ་ཁ་གནང་ཞིང་། སྐྱབས་རྗེ་གྲགས་པའི་ཞབས་ཀྱི་གཙོས་གྲྭ་ཚང་ཐུན་མོང་ནས་ཚེ་བུམ་གྱི་ཐོག་དྲངས་ཏེ་འབུལ་ཚན་སྤུས་གཙང་འབུལ་ལམ་ཞུས། རབ་འབྱོར་ལྕགས་རྟ་(༡༩༩༠)ལོའི་ཟླ་བ་ལྔ་པའི་ཡར་ཚེས་ལ་སྙེ་འདིའི་བླ་མ་རྒན་གྲགས་འཛིན་གྲྭ་གོང་མ་ཡོངས་རྫོགས་གྲོས་མཐུན་གྱིས་གཞུང་བརྒྱ་སྨྲ་བའི་དབང་ཕྱུག་ཡོངས་ཀྱི་དགེ་བའི་བཤེས་གཉེན་ཆེན་པོ་རྗེ་བཙུན་ཀློ་ན་ས་ར་གྲྭ་ཚང་སྤྱིའི་མཚན་ཉིད་དགེ་རྒན་དུ་གདན་ཞུས་བྱས་པ་ལ་ཉིད་ཀྱིས་ཀྱང་དགྱེས་བཞིན་ཞལ་བཞེས་གནང་བ་ལྟར། ལོ་རེ་བཞིན་ཆོས་ཐོག་གི་སྐབས་རྣམས་སུ་དངོས་ཕེབས་སློབ་འཛིན་གྲྭ་སོ་སོའི་དཔེ་ཆ་བ་

རྣམས་ལ་དཔེ་ཁྲིད་སྐྱོལ་བ་རྒྱུན་ཆགས་སུ་གནང་བས། སྟེ་འདིའི་བཀའ་པོད་ལྔའི་འཆད་ཉན་ཡར་ངོའི་ཟླ་བའི་དཔལ་ལ་འགྲན་པར་གྱུར་ཏོ། །

ཨང་གི་ར་ཆུ་སྤྲེལ་(༡༩༩༢)ལོའི་དགེ་ལྡན་ལྔ་མཆོད་ཆེན་མོར་ཐུབ་བསྟན་ཡང་དར་ཐོག་མའི་སྐབས་ཀྱི་ཕར་ཕྱིན་སྟོན་མོའི་དམ་བཅའི་སྒྲོལ་བཟང་གསར་དུ་བཙུགས་པ་དང་། འགྲོ་མགོན་ཀིརྟིའི་མཆོག་སྤྲུལ་རིན་པོ་ཆེ་གཙོས་གྲོས་དབང་ཐུན་མོང་ནས་ཡོངས་ཀྱི་དགེ་བའི་བཤེས་གཉེན་ཆེན་པོ་རྗེ་བཙུན་རྣོ་ནའི་ཞབས་ལ་སྟེ་འདིའི་བཀའ་པོད་ལྔའི་འཆད་ཉན་མི་ཉམས་འཕེལ་རྒྱས་ཀྱི་ཐབས་སུ་ཐུགས་བསྐོད་ཅིག་ངེས་པར་གནང་དགོས་ཚུལ་གྱི་ཞུ་བ་ནན་ཏན་གྱིས་ཕུལ་བར། ཁོང་གིས་རྗེ་གཅལ་དམ་བཅའ་དང་ཚོགས་གླིང་གི་སྒྲོལ་ལེགས་པར་བཙུགས་ན་ཤིན་ཏུ་ལེགས་པའི་བཀའ་ཕེབས་པ་ལྟར་ཧོར་ཟླ་དང་པོའི་ཚེས་བརྒྱད་ནས་ཉིན་སུམ་ཅུའི་རིང་ལ་ལོ་རེ་བཞིན་རྒྱུན་ལྡན་འཆར་ཅན་གྱི་རྗེ་གཅལ་དམ་བཅའི་སྒྲོལ་བཟང་གསར་དུ་བཙུགས་པ་དང་། དཔལ་གདོང་ཆུ་བྱ་(༡༩༩༣)ལོར་སྐུ་དངོས་ཀྱིས་ཆོས་གྲྭ་ཆེན་པོ་དཔལ་ལྡན་བཀྲ་ཤིས་འཁྱིལ་གྱི་སྒྲོལ་བཞིན་ཚོགས་གླིང་པ་རྣམས་ལ་ཚོགས་དཔུས་སུ་བགྲོ་གླིང་བྱེད་སྐབས་ཀྱི་ཚིག་བཀྲ་སྐྱོར་ཚུལ། ཐལ་སྐད་གཏོང་ལུགས། རྟགས་གསལ་འཕེན་སྟངས་སོགས་ཞིབ་ཁྲིད་བཀའ་དྲིན་བསྐྱངས་ཤིང་། ལོ་དེའི་ཧོར་ཟླ་དྲུག་པའི་ཚེས་བཞི་ནས་ཚེས་དགུའི་བར་བཀའ་པོད་ཆེན་པོ་རྣམས་ཚོགས་དཔུས་སུ་བགྲོ་གླིང་བྱེད་པའི་སྒྲོལ་དང་། དགེ་ལྡན་ལྔ་མཆོད་ཆེན་མོར་བཀའ་བཅུ་རབ་འབྱམས་པའི་དམ་བཅའ་འཛོག་པའི་སྒྲོལ་བཟང་ལེགས་པར་བཙུགས་པ་སོགས་ཆོས་སྟེ་འདི་གའི་མཚན་ཉིད་འཕེལ་བའི་ཐབས་ལ་ཕྱི་ནང་གསང་བའི་ཐུགས་བསྐྱེད་གང་རྒྱས་དང་ཐུགས་བསྐོད་གང་ཟབ་གནང་ཞིང་། ཚང་མས་འདུན་པ་གཅིག་སྒྲིལ་གྱིས་ཉམས་སུ་བསྟར་བས། བཀའ་པོད་ལྔའི་འཆད་ཉན་དང་བགྲོ་གླིང་འཕེལ་རྒྱས་ཤིན་ཏུ་ཆེན་པོ་བྱུང་ཚུལ་གཟུ་བོར་གནས་ཤིང་བློ་གྲོས་ཀྱི་ནོར་དང་ལྡན་པ་རྣམས་ཀྱིས་མཁྱེན་པར་བྱའོ། །ལོ་འདིའི་ཧོར་ཟླ་ལྔ་བའི་ཡར་ཚེས་ལ་སྐྱབས་རྗེ་གྲགས་པའི་ཞབས་དང་། རྒྱལ་ཚབ་མཆོག་སྤྲུལ་རིན་པོ་ཆེ་རྣམ་གཉིས་གཙོ་བྱས་པའི་གྲྭ་ཚང་ཡོངས་

རྫོགས་སྐུ་འབུམ་ལྷ་སྡེ་ཆུ་རུལ་ཁར་ཕེབས་ནས་ཡབ་རྗེ་མཆོག་སྤྲུལ་རིན་པོ་ཆེར་ཐོག་མའི་ལེགས་དར་བཏེགས་པ་དང་། བདུན་པའི་ཡར་ཚེས་ལ་གོང་གསལ་མཆོག་སྤྲུལ་རྣམ་གཉིས་ཀྱི་གཙོས་བཀའ་རམས་པ་དང་འཛིན་གྲྭ་སོ་སོའི་སྐྱོར་དཔོན་བཅས་ཀྱིས་ཉིན་ལུང་དཔོན་སྐོར་ནས་འབྲུངས་པའི་འགྲོ་མགོན་སྐུ་མཆེད་མཆོག་སྤྲུལ་རིན་པོ་ཆེར་ལེགས་དར་ཕུལ་ཞིང་། ཧོར་ཟླ་བཞི་པའི་ཡར་ཚེས་ལ་གྲྭ་དཔོན་སློབ་ཐམས་ཅད་དོར་ཤུལ་དུ་དངོས་ཕེབས་སྐོས་སྐྱབས་རྗེ་རྒྱལ་ཚབ་མཆོག་སྤྲུལ་རིན་པོ་ཆེར་ལེགས་དར་འབུལ་བར་མཛད། ཧོར་ཟླ་བརྒྱད་པའི་ཡར་ཚེས་ལ་མཆོག་སྤྲུལ་རིན་པོ་ཆེ་རྣམ་པ་གསུམ་སྤྱི་ཁྱིར་གདན་སར་ཞུས་ཏེ། ཚེས་བཅོ་ལྔའི་ཉིན་ཉི་ཟླ་སྐར་གསུམ་དུས་གཅིག་ལ་ཤར་བ་ལྟར་བསམ་བཞིན་འགྲོ་བའི་དོན་དུ་སླར་ཡང་བྱོན་པའི་ཡབ་རྗེ་སེཾ་ཧའི་ཞབས་ཡབ་སྲས་གསུམ་གྱི་མཆོག་སྤྲུལ་མཐོང་བ་དོན་ལྡན་སྐལ་ལྡན་སྟོང་གི་ཡིད་ཀྱི་རེ་སྐོང་། དད་ལྡན་འབུམ་གྱི་གཙུག་གི་རྒྱན་གཅིག དཔལ་ལྡན་འདོད་འཇོ་ནོར་བུའི་འཁྲི་ཤིང་གང་དག་གི་ལེགས་བྱས་མེ་ཏོག་གསར་བའི་དགེ་མཚན་འདབ་ཡངས་ཕྱོགས་སུ་གྲོལ་བའི་ཞབས་སེན་ཟླ་བའི་འོད་སྣང་འཇིགས་མེད་གདོང་ལྔ་བརྒྱད་ཀྱིས་བཏེགས་པའི་ཆོས་ཀྱི་ཁྲི་འཕང་མཐོན་པོར་དུས་གཅིག་ཏུ་བཀོད་དེ། རྫོགས་ལྡན་དཔྱིད་དཔལ་མགྲོན་དུ་བསུ་བའི་དགའ་སྟོན་གྱི་ཡོ་ལང་རྒྱ་ཆེར་བསྟབས་ཤིང་། སྐྱབས་རྗེ་ཀིརྟི་རིན་པོ་ཆེས་ཡབ་སྲས་གསུམ་གྱི་སྐུ་གསུང་ཐུགས་ཀྱི་ཡོན་ཏན་ལས་བརྩམས་པའི་མཎྜལ་བཤད་པ་ཞུས་ཤིང་། ལུང་རིགས་སྨྲ་བའི་རྣམ་དཔྱོད་ལྡན་པ་གཉིས་ཀྱིས་ཐེག་ཆེན་སེམས་བསྐྱེད་ལས་བརྩམས་པའི་བགྲོ་གླེང་མཁས་དགུའི་ཡིད་དབང་འཕྲོག་པའི་ལེགས་པར་བཤད་པ་ཀུན་བཟང་མཆོད་པའི་སྤྲིན་གྱིས་མཆོད་པ་སོགས་ཀྱིས་ལུས་ཅན་ཀུན་གྱི་སྙིང་ལ་དགའ་དང་སྤྲོ་གསུམ་འགྲན་བཞིན་དུ་འཕེལ་བར་གྱུར་ཏོ། །

ད་ལྟ་དགེ་འདུན་ཞལ་གྲངས་བརྒྱ་ཕྲག་གསུམ་ལས་བརྒལ་བས་ལམ་བསླབ་པ་གསུམ་གྱི་ཉམས་ལེན་དང་། ལུང་སྡེ་སྣོད་གསུམ་གྱི་འཆད་ཉན་ལ་ཉིན་མཚན་ཁོར་མོ་ཡུག་ཏུ་བརྩོན་པ་ཆེན་པོས་བསྟེན་པའི་མུར། རྣམ་འདྲེན་བུ་རམ་ཤིང་པའི་ལུགས་བཟང་གི་

གདུགས་དཀར་བླ་ནས་བླར་འདེགས་པའི་སྐབས་ལགས་སོ། །ཞེས་གོ་བར་བྱའོ། །

ཞར་བྱུང་ལ་ཐུབ་བསྟན་ཡང་དར་གྱི་སྐབས་སུ་གསར་དུ་བཞེངས་པའི་སྐུ་གསུང་ཐུགས་རྟེན་གྱི་དཀར་ཆག་ནི། འདུ་ཁང་ཆེན་མོའི་ཡང་ཐོག་ཏུ། དཀྱིལ་ན་དགའ་ལྡན་ལྷ་བརྒྱ་མའི་ཚོགས་ཞིང་མཐའ་སྐོར་དུ་རྒྱན་དྲུག་མཆོག་གཉིས་ཀྱིས་བསྐོར་བ། གཡས་སུ་སྐྱབས་འགྲོའི་ཚོགས་ཞིང་། གཡོན་དུ་བླ་མཆོད་ཚོགས་ཞིང་། གཡས་ལོགས་སུ་བཤགས་ལྷ་སོ་ལྔ། འཇིགས་པ་བརྒྱད་སྐྱོབ་མ། གཡོན་ལོགས་སུ་སྒྲོལ་མ་ཉེར་གཅིག གདུགས་དཀར་སོགས་ཀྱི་གྱུན་ཐང་དང་། རྡོ་རྗེ་འཆང་གི་འདྲ་སྐུ་བྱིན་ཅན། རྒྱལ་དབང་མཆོག་གིས་གནང་བའི་སྟོན་པ་བྱམས་པ་འཛམ་དབྱངས་ཀྱིས་བསྐོར་བའི་ཐང་ག་བཞུགས་ལ། ཡང་ཐོག་ཏུ་གོས་སྐུ་ཆེན་མོའི་གཙོ་སྐུ་ལུང་བསྟན་བྱམས་པ་དང་། མཐའ་འཁོར་དུ་སྟོན་པ། རྗེ་རིན་པོ་ཆེ། རིགས་གསུམ་མགོན་པོ། ཚེ་ལྷ་རྣམ་གསུམ། སྒྲོལ་མ། མགོན་པོ། ཁྲི་ཐོ་མི་གཡོ་བ་སོགས་ཀྱིས་བསྐོར་བ་བཞུགས། འོག་ཁང་གི་གདོང་གྲལ་གྱི་གཙོ་སྐུ་ལྷ་ས་ནས་གདན་འདྲེན་ཞུས་པའི་ཇོ་སྐུ། མཐའ་འཁོར་གནས་བརྟན་བཅུ་དྲུག་སོགས་ཀྱི་ཤིང་སྐུ་དང་། གཡས་ཕྱོགས་སུ་འཇམ་དབྱངས། སྒྲོལ་མའི་སྨན་སྐུ། མགོན་པོའི་གྲལ་གྱི་གཙོ་སྐུ་རྡོ་རྗེ་འཆང་གི་འདྲ་སྐུ། འདིའི་གཟུངས་གཞུག་ཏུ་འཇམ་དབྱངས་གསུང་བཞོད་མ་བཞུགས། གཡས་གཡོན་དུ་རྒྱན་དྲུག་མཆོག་གཉིས་དང་སྒྲོལ་མ་གསུང་བཞོད་མ། རིགས་དང་དཀྱིལ་འཁོར་རྒྱ་མཚོའི་མངའ་བདག འགྲོ་མགོན་ཞྭ་དམར་བ་ཆེན་པོ་རྗེ་བཙུན་བློ་བཟང་བཤད་སྒྲུབ་བསྟན་འཛིན་རྒྱ་མཚོའི་གདུང་རུས་བཞུགས་པའི་དངུལ་ལས་གྲུབ་པའི་མཆོད་རྟེན་ཆུང་བ་གཅིག དབུས་ན་རྒྱ་གར་ནས་གདན་འདྲེན་ཞུས་པའི་རྗེ་ཡབ་སྲས་གསུམ་དང་། ཚེ་ལྷ་རྣམ་གསུམ། ཐུགས་རྗེ་ཆེན་པོ་ཕྱག་བཞི་པ་བཅས་ཀྱི་ལི་སྐུ། གཞན་སྨན་བླའི་སྨན་སྐུ་དང་། ལི་མའི་སྟོན་པ་བཅས་བཞུགས། གཡས་མཐའ་གྲལ་མགོར་རྡོ་རྗེ་འཆང་སོགས་དམ་པ་དུ་མའི་རིང་བསྲེལ་སྙིང་པོར་བཞུགས་པའི་སྐུ་གདུང་མཆོད་རྟེན་ཆེན་མོ་དངུལ་ལས་གྲུབ་པ། གཡས་གཡོན་དུ་སྨན་བླ་བདེ་གཤེགས་བརྒྱད་དང་། རིགས་གསུམ་མགོན་པོ། རྒྱ་གར་

ནས་ཞུས་པའི་ཚེ་ལྷ་རྣམ་གསུམ་ལི་མ། ཤིང་སྐྱུའི་ཕོངས་སེལ་སྒྲོལ་མ། འཇམ་དབྱངས་བཅས་དང་། སྐུ་གདུང་གཡས་ཕྱོགས་མཐའ་གར། བཀའ་འགྱུར་ཚར་གཅིག ཇོ་ཡབ་སྲས་གསུམ་གྱི་གསུང་འབུམ་ཚར་གསུམ། ཨ་ཁུ་རིན་པོ་ཆེ་རྗེ་ཤེས་རབ་རྒྱ་མཚོའི་གསུང་འབུམ། གོང་ས་མཆོག་ནས་གནང་བའི་བརྒྱད་སྟོང་པ་ཕྱིན་ཅན་བཅས་བཞུགས། གདོང་གྲལ་གཡོན་དུ་དགེ་བསྐོས་གྲལ་གྱི་མགོའི་གཙོ་སྐུ་ལྷ་ས་ནས་གདན་དྲངས་པའི་ཇོ་བོ་ཨ་ཏི་ཤའི་སྨན་སྐུ། གཡས་གཡོན་དུ་གནས་བརྟན་བཅུ་དྲུག་དང་ཚེ་ལྷ་རྣམ་གསུམ་སོགས་བཞུགས། དེའི་གཡོན་ཕྱོགས་གཙོ་སྐུ་ལྷ་ས་ནས་གདན་འདྲེན་ཞུས་པའི་རྗེ་སྐུ་འགངས་ཆེན་ཞིག་དང་། གཡས་གཡོན་དུ་ལྗུང་བཤགས་ལྷ་གྲངས་སོ་ལྔ། བཀའ་བསྟན་བཅས་བཞུགས། གཡས་ལོགས་ཀྱི་གྲལ་མགོར་འཛིགས་བྱེད་དཔལ་གཅིག་གི་གྱུན་ཐང་། གཉིས་པར་བྱམས་པའི་ཞིང་བཀོད། དེ་ནས་གྱུན་བཞིར་སྐྱེས་རབས་སོ་བཞི་བའི་གྱུན་ཐང་བཞི། གཡས་ཕྱོགས་ཀྱི་ཁ་ཡར་འཁོར་ན་རྣམ་སྲས། མགོན་པོ་ཕྱག་དྲུག་པའི་གྱུན་ཐང་། གཡོན་གྱི་གྲལ་མགོར་རྟ་མགྲིན། གཉིས་པ་འོད་དཔག་མེད་ཀྱི་ཞིང་བཀོད། དེའི་མན་ནས་གྱུན་བཞིར་གྱུན་ཐང་བཞི་ནི་སྐྱེས་རབས་སོ་བཞི་བ་ཡིན། གཡོན་གྱི་ཡར་འཁོར་དཔལ་ལྡན་དམག་ཟོར་མ། ཆོས་རྒྱལ་ནང་སྒྲུབ། ལན་ཀན་གཡས་གཡོན་དུ་གོས་སྒྲུབ་སྟོན་པ་རྒྱན་དྲུག་མཆོག་གཉིས་དང་། སྒྲོལ་དཀར་ཕོངས་སེལ་སྒྲོལ་མ་སོགས་ཀྱི་ཐང་ག་མང་པོས་བསྐོར་བ། དེའི་འོག་ཏུ་ཕྱོགས་བཞིར་དྲ་བ་དྲ་ཕྱེད་ཀྱིས་བརྒྱན་པའི་ཁ་མར་འཁོར་ན་གཙོ་སྐུ་སྟོན་པ་དང་། གཡས་གཡོན་དུ་གནས་བརྟན་བཅུ་དྲུག་དང་རྒྱན་དྲུག་མཆོག་གཉིས། ཁ་ཡར་འཁོར་ན་གཙོ་སྐུ་རྡོ་རྗེ་འཆང་གི་འདྲ་སྐུ་དང་། གཡས་གཡོན་དུ་ཉེ་བའི་སྲས་ཆེན་བརྒྱད། གྲལ་ཟུར་མར་འཁོར་ན་གཙོ་སྐུ་འཕགས་པ་ཀུན་བཟང་དང་། གཡས་གཡོན་དུ་མཆོད་ལྷ་མང་པོས་བསྐོར་བའི་དྲ་བ་དྲ་ཕྱེད་གྱུན་ལྡ་ལ་ཁེབས། བྱམས་གཡས་གཡོན་དུ་རྒྱལ་ཆེན་བཞིའི་གྱུན་ཐང་སོགས་བཞུགས་ཁང་ཡིན་ལ། རྟེན་བཞེངས་འདི་དག་ནི། རབ་འབྱམས་གཞུང་ལུགས་སྨྲ་བའི་དགེ་བའི་བཤེས་གཉེན་དགེ་འདུན་ཤེས་རབ་དང་། བྱ་མདོའི་དགེ་སློང་

ལེགས་བཤད་རྒྱ་མཚོ། མཐར་མར་དགེ་སློང་ཡོན་ཏན་རྒྱ་མཚོ་སོགས་ཀྱིས་ལས་སྣེ་གནང་སྐབས་བརྩོན་པ་ཆེན་པོས་གསར་བཞེངས་གནང་བ་ཡིན་ནོ། །གཞན་ཡང་གདོང་གྲལ་གྱི་མགོར་རིགས་བརྒྱའི་ཁྱབ་བདག་རྗེ་རྡོ་ནའི་ཞབས་ཀྱིས་ཆོས་སྡེ་འདིར་གཞུང་བརྒྱ་སྨྲ་བའི་དགེ་བའི་བཤེས་གཉེན་མང་པོ་རྒྱུན་མི་འཆད་པར་འགྲོན་པའི་རྟེན་འབྲེལ་ཁྱད་པར་ཅན་ལ་དགོངས་ཏེ། སྟོན་པའི་སྐུས་ཐོག་དྲངས་པའི་འཛམ་གླིང་མཛེས་བྱེད་རྒྱན་དྲུག་མཆོག་གཉིས་ཀྱི་གོས་བརྒྱབས་ཐང་ག་དུམ་བཞེངས་པ་བཞུགས་པ་ཡིན་ནོ། །

ཀུན་སྤྱངས་འདུས་པའི་སྡེ་འདིར་རིམ་བཞིན་བྱོན་པའི་མཁས་གྲུབ་དམ་པ་རྣམས་ཀྱི་རྣམ་ཐར་དང་། སྐུ་གསུང་ཐུགས་རྟེན་གྱི་དཀར་ཆག་སོགས་རྒྱས་པར་སྤྲོས་ན་པོད་ཆེན་པོ་ཞིག་བསྒྲིག་རྒྱུ་མི་དཀའ་ནའང་། ད་ཅང་རྒྱས་ཆེ་ན་བློག་མཁན་ཙམ་ཡང་དགོན་པར་སླམ་ནས་རྒྱས་བསྡུས་འཚམ་པ་འདི་ཙམ་གྱིས་ཆོག་པར་བྱས་པ་ཡིན་ལ། ཕྱིར་དམན་སྤྱོངས་བདག་ནི་གདན་རབས་དངོས་སྒྲིག་མཁན་གྱི་འོས་སུ་མི་ཆེ་བས། གདན་ས་རང་ན་འཆད་རྩོད་རྩོམ་གསུམ་ལ་མི་སྤྱོངས་པའི་མཁས་པ་མང་པོ་འགྲོན་བཞིན་ཡོད་ཅིང་། དེ་དག་གི་ནང་ནས་མཁས་དབང་ཞིག་གིས་གདན་རབས་དངོས་རྩོམ་སྐབས་ཟུར་ལྟའི་དཔྱད་གཞིའི་ས་བོན་ཙམ་དུ་དམིགས་ནས་བྲིས་པའང་ཤེས་ལྡན་དག་གིས་མཁྱེན་པར་བྱའོ། །

སྨྲས་པ། ཚོགས་གཉིས་རིན་ཆེན་རྟུལ་མང་བརྩེགས་པ་ལས་གྲུབ་ཡེ་ཤེས་གཟི་བྱིན་མཆོག་ཏུ་འབར། །ཟླ་མེད་སྐུ་བཞིའི་བང་རིམ་མཁའ་ལ་མངོན་འཕགས་སྲིད་ཞིའི་དགེ་མཚན་ཟིལ་གྱིས་གནོན། །རྒྱལ་སྲས་གསེར་རིའི་ལྷུ་ཁྱུད་དབུས་ན་མངོན་མཐོ་མཁྱེན་བརྩེ་ཉི་ཟླའི་གཟི་འོད་འཕྲུགས། །མཉམ་མེད་ཐུབ་དབང་རི་རྒྱལ་ལྷུན་པོ་མཆོག་དང་དེའི་སྲས་རྒྱུད་པར་བཅས་ལ་འདུད། །ལེགས་བྱས་ཆུ་གཏེར་ལས་འཁྲུངས་མཛེས་པའི་ཕུལ༵། །ཕུལ༵་བྱུང་ཡོན་ཏན་དཀྱིལ་འཁོར་རྫོགས་པའི་བླ༵། །བླ༵་བྲལ་སྤྱོངས་པའི་མུན་སེལ་སྣང་བའི་མཆོག །མཆོག་གི་ཞིང་ལ་དད་པའི་མེ་ཏོག་བརྩེགས། །མཛེས༵་མཛེས༵་ལོངས་སྤྱོད་རྫོགས་པའི་སྐུ་

བརྟེན་ཀྱང་། །མང་མང་གདུལ་བྱའི་སྣང་ངོར་སྣ་ཚོགས་གར། ། ཡང་ཡང་བསྒྱུར་ནས་འགྲོ་ཀུན་གཏན་བདེའི་སར། །སྨྱུར་སྨྱུར་འཁྲིད་པའི་རྣམ་ཐར་རྨད་དུ་བྱུང་། །གསལ་གསལ་ཡེ་ཤེས་མེ་ལོང་ཡངས་པོའི་ངོར། །གསལ་གསལ་བཀྲ་བ་བདེན་གཉིས་ཆོས་ཚུལ་ཀུན། །སྙན་སྙན་གསུང་གིས་འདོམས་ལ་འཛིགས་བྲལ་བའི། །སྙན་སྙན་ངག་གི་དབང་ཕྱུག་འདིར་ཡང་མཆོད། །དཀར་གསལ་འོ་མའི་མཚོ་ལ་ལན་སྟོང་དུ། །དཀར་གསལ་ཉ་རྒྱས་དཀྱིལ་འཁོར་བཀྲུས་པ་བཞིན། །དཀར་གསལ་ལང་ཚོའི་དཔལ་རྫོགས་ཚངས་སྲས་ཀྱི། །དཀར་གསལ་ཤེས་རབ་མཆོག་གི་སྣང་བ་སྟོལ། །མཛེས་སྡུག་པདྨ་ཟླ་བའི་གདན་སྟེང་ན། །ན་ཆུང་ལང་ཚོའི་དཔལ་འཛིན་སྨིན་ལེགས་སྐུ། །སྐུ་གསུམ་མངོན་གྱུར་ཡིད་བཞིན་འཁོར་ལོ་ཀྱི། །ཀྱི་མ་འཆི་མེད་བདེ་བའི་དཔྱིད་དཔལ་སྟོལ། །ལེགས་བྱས་ཆུ་འཛིན་སྟུག་པོའི་སློང་ན་གཞུང་ཆེན་སྤྲིན་སྒྲ་དལ་བར་ལྡིར། །སྐལ་བཟང་གཞན་གསོས་བུ་མོའི་ཚོགས་ཀྱང་རྣམ་གྲོལ་མངལ་ཁུར་ཆེས་ཆེར་བདོ། །རྣམ་དཔྱོད་མེ་ཏོག་བཞད་པའི་ཁྲོད་དུ་ལྷ་རིག་བུང་བའི་མགྲིན་དབྱངས་གྱེར། །གནའ་དུས་ཐུབ་བསྟན་དབྱར་གྱི་དཔལ་མོ་དར་བབ་ལང་ཚོའི་སྙེག་པ་འཛིན། །ད་ནི་རྒྱལ་བསྟན་དགུན་དུས་ལ་སླེབས་ལེགས་བཤད་དབྱར་ཛ་སློ་བུར་འགག །སྙིགས་སྤྱོད་ཁ་བའི་རྩལ་དང་འགྲོགས་པའི་ལོག་གཏམ་སྐྱིན་ཐང་དྲག་ཏུ་བརྫོལ། །ལྷ་རིག་སྟེང་འཐུང་སད་ཀྱིས་བཙེམ་ཞིང་བསླབ་གསུམ་འབྲས་བཟང་འཛོར་ལ་ཉེ། །ཀྱི་ཧུད་དུས་ཀྱི་རྒུད་པ་འདི་ཀོ་མ་པོས་མགྲིན་དུ་ཅི་ལྟར་སླེབས། །འོན་ཀྱང་དམ་པའི་ལེགས་མཛད་སྟོན་པའི་རྟོགས་བརྗོད་ཨུཏྤལ་མིག་ཡངས་མ། །སྔོན་བྱོན་མཁས་པའི་སྙན་འཛེབས་ཚོག་གིས་མཛའ་བའི་གྲོགས་སུ་བསྐུར་བ་ལས། །ཆོས་ཀྱི་སྡེ་འདིའི་གདན་རབས་ལ་བསྡུགས་གཏམ་སྙན་དྲི་ཟའི་ན་ཆུང་མ། །བདག་གི་སྐལ་བར་ཆེད་དུ་བཞག་སྙམ་སྙིང་ལ་དགའ་སྤྲོའི་མེ་ཏོག་འཛུམ། །

བདག་བློ་དུག་གསུམ་ཆང་གིས་རབ་མྱོས་ཆོས་བརྒྱད་གདོན་གྱིས་ཆེས་ཆེར་བརླམས། །རྣམ་དག་རིག་པའི་ཉི་འོད་དང་བྲལ་བླུན་རྨོངས་མུན་པའི་ཁྲོད་དུ་འཁྱམས། །དེའི་ཕྱིར་ཚུལ་འདིར་ངོངས་པ་ཅི་མཆིས་བླ་མ་མཆོག་གསུམ་སྤྱན་སྔ་རུ། །སྙིང་ནས་འཆགས་ན་སྒྲིབ་པ་བྲལ་བའི་རྣམ་དག་མེ་ལོང་མྱུར་དུ་སྩོལ། །ཀུན་རྨོངས་བློ་གྲོས་སོར་མོས་འདུ་བྱས་པས། །རྗོད་བྱེད་ཚིག་གི་སྲད་བུ་ཉག་ཕྲ་ཡང་། །བརྗོད་བྱ་ནོར་བུའི་དོ་ཤལ་འོད་འབར་བས། །རླབས་ཆེན་བསོད་ནམས་འདོད་པ་འཛོ་བར་ངེས། །འདིར་འབད་དགེ་བས་དཔག་ཡས་ཞིང་རྣམས་སུ། །རྒྱལ་སྲས་སྤྱོད་པའི་རླབས་ཕྲེང་འཕྲུར་དང་ལྡན། །མ་ལུས་སྐྱེ་དགུར་ཕན་བདེའི་དཔལ་འཛོ་བའི། །ཡིད་བཞིན་དབང་གི་རྒྱལ་པོར་བདག་གྱུར་ཅིག །རྒྱལ་བསྟན༷་འཛིན༷་མའི་དཔལ་དུ་ལྷུན་ཆགས་པའི། །དགེ༷་ལ་འདུན༷་ལྡན་མཆོག་སྤྲུལ་ནོར་གྱི་བུས། །ཕུལ༷་བྱུང༷་ལེགས་མཛད་གཟི་འོད་འབུམ་སྤྲོས་ཏེ། །ཐར་འདོད་སྙིང་གི་གདུང་མུན་སེལ་བར་སྨོན། །བཀྲ་ཤིས་ཆོས་སྡིངས་ཆོས་ཀྱི་ཆུ་གཏེར་ཆེར། །ཐར་འདོད་ལུས་དཀར་འབུམ་གྱི་འཕྲུར་ལྡིང་གིས། །བཤད་སྒྲུབ་རླབས་ཀྱི་ཕྲེང་བར་རྟེན་པའི་མཐུས། །ཐུབ་བསྟན་དབྱར་གྱི་དཔལ་ཡོན་དར་བར་ཤོག །བདག་དང་མ་མར་གྱུར་པའི་འགྲོ་ཀུན་གྱིས། །ལུས་ངག་ཡིད་ཀྱི་ཉེས་ཚོགས་ཅི་བགྱིས་དང་། །བྱེད་པར་ངག་གི་ཉེས་པ་གང་བསགས་རྣམས། །ཞིང་གི་མཆོག་ལ་བཤགས་པས་བྱང་གྱུར་ཅིག །བརྩེ་ཆེན་གྲིབ་བསིལ་སྐྱམ་པའི་དཔལ་རྫོགས་པའི། །ཐུབ་བསྟན་འཛིན་མཁས་དཔལ་ལྡན་ནོར་བུའི་གདུགས། །ཆེ་དགུའི་གཙུག་གི་རྒྱན་དུ་ལྷུན་ཆགས་པའི། །དགེ་མཚན་བསྐལ་བརྒྱར་རབ་ཏུ་བརྟན་གྱུར་ཅིག །མཁྱེན་བརྩེ་གཤོག་ཟུང་བསྐྱོད་པའི་བློས་གར་གྱིས། །ལྷ་རིག་ཆུ་གཏེར་རླབས་ལ་རྟེན་པ་ཅན། །ལེགས་བྱས་ས་ཟླའི་གཟི་འོད་འབུམ་འཁྱུགས་པའི། །སྐལ་བཟང་གསེར་ཉའི་ཚོགས་རྣམས་འཕེལ་གྱུར་ཅིག །རྨད་བྱུང་བསླབ་གཞིའི་ཡོས་ཀྱིས་ཉེར་བསླུབས་ཤིང་། །རྣམ་གྲོལ་བདུད་རྩི་གསར་བའི་བཅུད་ཆགས་པའི། །ཕན་བདེ་འདོད་

དགུ་འཛོམ་བའི་བུམ༷་པ༷་བཟང་། །ཐར་འདོད་ལེགས་བྲིས་འཚོ་བའི་གཞིར་གྱུར་ཅིག །སྨོན་
འཇུག་ཐུགས་བསྐྱེད་འོད་ཀྱིས་འཇུམ་གྲོལ་བའི། །རྒྱལ་སྲས་སྤྱོད་བཟང་པདྨ༷་དཀར༷་ལྡེམ་
པའི་རྩེར། །ཕྱིན་དྲུག་བསྡུ་བཞིའི་ཟིལ་དངར་འབུམ་ཆགས་པས། །མཁའ་ཁྱབ་སྐྱེ་དགུའི་
བུང་བ་ཚིམ་བྱེད་ཤོག །གསང་ཆེན་ཡིད་བཞིན་ཆུ་གཏེར་ལས་ཐོན་པའི། །བདེ་སྟོང་སྒྲ་
དབྱངས་སྒྲོག་པའི་གཡ༷ས་འཁྱི༷ལ་སྒྲ༷། །སྒྲིབ་གཉིས་དྲུངས་ནས་འབྱིན་པའི་ངོ་མཚར་
གཏམ། །དུས་ཀྱི་མཐར་ཡང་ཉམས་པ་མེད་གྱུར་ཅིག །ཡེ་ཤེས་འཇའ་གུར་འཁྱིལ་བའི་
གློང་ཡངས་ནས། །དམན་མོས་གདུལ་བྱའི་སྣང་ངོར་ཤར་བའི་མགོན། །སྐལ་ལྡན་རྒྱ་
མཚོའི་གཉེན་གྱུར་བཤེས་གཉེན་དེའི། །ཞབས་པད་དཔ༷ལ་བེའུ༷་རིས་ལྟར་བརྟན་གྱུར་
ཅིག །ལུས་མེད་བདག་པོའི་སྡེ་དང་དཔུང་ཚོགས་ཀྱི། །ཕྱོགས་ལས་རྣམ་པར་རྒྱལ་བའི་རྒྱ
ལ༷་མཚན༷་ནི། །སྲིད་པའི་རྩེ་མོར་བསྒྲེངས་པའི་འོད་ཟླབས་ཀྱིས། །ཡངས་པའི་འཇིག་རྟེན་
སྣང་བས་ཁྱབ་གྱུར་ཅིག །མཚུངས་བྲལ་མཁྱེན་ཡངས་གསེར་གྱི་འཁོ༷ར་ལོ༷་ཡིས། །རྒྱལ་
བསྟན་གླིང་བཞིའི་ཁྱོན་ཀུན་དབང་བྱས་ཏེ། །རྟོན་མེད་རྫོགས་ལྡན་གསར་བའི་བཀྲ་ཤིས་
ཀྱིས། །ལྷར་བཅས་འགྲོ་བའི་དགའ་སྟོན་དར་བར་ཤོག །འཇམ་མགོན་རྒྱལ་བ་གཉིས་པ་
ཙོང་ཁ་བའི། །དྲི་བྲལ་བསྟན་པ་སྲུང་བའི་གཡར་དམ་ཅན། །དཔལ་ལྡན་མཐུ་སྟོབས་
བདག་པོ་ཉི་མའི་བུས། །སྡེ་འདིའི་འགལ་རྐྱེན་མ་ལུས་སེལ་བར་མཛོད། །བདག་ཀྱང་དེང་
ནས་སྐྱེ་བའི་ཕྲེང་བ་ཀུན། །ཐེག་པ་མཆོག་གི་མགོན་གྱིས་རྗེས་བཟུང་སྟེ། །རྣམ་འདྲེན་
ཀུན་གྱི་རིང་ལུགས་འཛིན་པ་ལ། །རྒྱལ་བ་འཇམ་དཔལ་སྙིང་པོར་མཚུངས་གྱུར་ཅིག །
མདོར་ན་བཤད་སྒྲུབ་རྒྱལ་བསྟན་ཉི་ལྟར་གསལ། །བསྟན་འཛིན་དམ་པའི་ཞབས་པད་རི་
ལྟར་བརྟན། །སྐྱེ་དགུའི་ཕན་བདེ་ཆུ་གཏེར་ལྟར་རྒྱས་ཏེ། །རྫོགས་ལྡན་ནོར་བུའི་འོད་
ཀྱིས་ཁྱབ་གྱུར་ཅིག །མཆོག་གསུམ་རྒྱལ་བ་རྒྱ་མཚོའི་བྱིན་རླབས་དང་། །ཆོས་ཉིད་རྟེན་

འབྱུང་བསྐྱུ་བ་མེད་པའི་མཐུས། །བདག་གིས་བསགས་པའི་དགེ་འབྲས་ཡོངས་འདུས་སྔོན། །མཁའ་ཁྱབ་འགྲོ་བའི་ཞིང་དུ་སྨིན་གྱུར་ཅིག །ཅེས་དཔལ་མི་འགྱུར་དགེ་ལྡན་བཀྲ་ཤིས་ཆོས་སྡིངས་ཀྱི་གདན་རབས་(ས་བོན)མདོར་བསྡུས་ཏེ་བགོད་པ་ངོ་མཚར་ནོར་བུའི་དོ་ཤལ་ཞེས་བྱ་བ་འདི་ནི་རིགས་དང་དཀྱིལ་འཁོར་རྒྱ་མཚོའི་མངའ་བདག་བཀའ་དྲིན་མཚུངས་མེད་རྗེ་བཙུན་རྡོ་ན་ས་རའི་ཞལ་སྔ་ནས་ཀྱིས། ཆོས་སྡེ་ཆེན་པོ་འདི་ལ་གདན་རབས་ནི་ཡོངས་འཛིན་རིན་པོ་ཆེ་རྗེ་ཕྱུན་ཚོགས་དར་རྒྱས་པས་མཛད་པའི་ཚོགས་བཅད་མ་ཤིན་ཏུ་བསྡུས་པ་ཞིག་མ་གཏོགས་མེད་པས། ཁྱོད་ཀྱིས་གདན་རབས་ཅུང་རྒྱས་པ་ཞིག་བསྒྲིག་དགོས། ཞེས་བཀའ་ལུང་ནོར་བུའི་ཅོད་པན་སྤྱི་བོའི་རྒྱན་དུ་བསྐྱལ་ཅིང་། གཞན་ཡང་དགེ་བའི་བཤེས་གཉེན་དུ་མས་བསྐུལ་བས་ཀྱང་མཚམས་སྦྱོར་ཏེ། གོང་གསལ་ཡོངས་འཛིན་ཕུན་དར་བའི་གདན་རབས་དེ་དང་། སྐྱབས་མགོན་རྒྱལ་བའི་དབང་པོ་བཅུ་གསུམ་པ་ཆེན་པོ་དང་། རྗེ་གྲགས་པའི་ཞབས། རྗེ་ཁ་སྣང་བ་གསུམ་གྱིས་མཛད་པའི་ཡབ་རྗེ་རྡོ་རྗེ་འཆང་སཾ་ཧྲའི་ཞབས་ཀྱི་རྣམ་ཐར་གསུམ་དང་། རྗེ་གྲགས་པའི་ཞབས་ཀྱིས་མཛད་པའི་ཐུགས་རྗེ་ཆེན་པོའི་ལྷ་ཁང་གི་དཀར་ཆག་དང་རྗེ་ཁ་གྱུ་བའི་རྣམ་ཐར། རྗེ་ཁ་སྣང་བས་མཛད་པའི་ཏོར་ཆེན་སྨྲ་བའི་སེངྒེ་རྗེ་ཡེ་ཤེས་རྒྱ་མཚོའི་རྣམ་ཐར། མཁས་གྲུབ་ཆེན་པོ་རྗེ་འཇིགས་མེད་དམ་ཆོས་རྒྱ་མཚོས་མཛད་པའི་མཁན་ཆེན་རྣམ་ཐར་སོགས་ལས་བྱུང་བའི་ཆོས་སྡེ་འདི་དང་འབྲེལ་བའི་ལོ་རྒྱུས་ཀྱི་ཡི་གེ་དག་ལ་གཞི་བྱས་ཤིང་། རང་ཉིད་ཀྱིས་དངོས་སུ་མཐོང་ཐོས་བྱུང་བ་དང་། སྡེ་འདིའི་དགེ་བའི་བཤེས་གཉེན་རྒན་པ་དག་གི་གསུང་སྒྲོས་ཀྱིས་ཀྱང་ཟུར་བརྒྱན་ཏེ། ཆོས་སྡེ་ཆེན་པོ་འདི་དང་འདི་ནས་བྱོན་པའི་དགེ་བའི་བཤེས་གཉེན་རྣམས་ཀྱི་བཀའ་དྲིན་ཁོན་ས་འཚོ་བའི་སྨོངས་རྟུལ། ངེས་པ་དོན་གྱི་འདུ་ཤེས་གསུམ་པ་ཕྲན་བཤད་སྒྲུབ་རྒྱ་མཚོའམ་མིང་གཞན་མི་ཕམ་མཆོ་བྱུང་དགྱེས་པའི་བློ་གྲོས་ཀྱིས་རབ་བྱུང་བཅུ་བདུན་པའི་བགྲང་བྱ་བདུན་པ་དཔལ་གདོང་ཆུ་བྱ་(༡༩༩༣)ལོའི་ཉིན་བྱེད་བྱང་བགྲོད་ཀྱི་དུས་ཆོས་ཁྱད་པར་ཅན་ལ་གྲུབ་པར་བགྱིས་པའོ། །

༄༅། །མི་ཉག་མཆོད་རྟེན་གྱི་དཀར་ཆག་དད་གསུམ་ཉིན་བྱེད་འདྲེན་པའི་སྐྱ་རེངས་ཞེས་བྱ་བ། །

༄༅། །ཨོཾ་བདེ་ལེགས་སུ་གྱུར་ཅིག བླ་མ་དང་མགོན་པོ་སྤྱན་རས་གཟིགས་ངོ་བོ་དབྱེར་མ་མཆིས་པའི་ཞབས་ལ་སྒོ་གསུམ་གུས་པ་ཆེན་པོས་ཕྱག་འཚལ་ཞིང་། སྐྱབས་སུ་མཆིའོ། །ཚེ་རབས་ཐམས་ཅད་དུ་རྗེས་སུ་གཟུང་དུ་གསོལ།

རྣམ་འདྲེན་སྟོང་གི་ཐོག་མའི་ཐུགས་བསྐྱེད་རྩེར། །
པད་དཀར་ལྟར་བརྩེགས་ཀུ་དུམ་ཕ་ར་འཛུམ། །
ཀུན་བཟང་སྤྱོད་པ་ནམ་མཁའི་མཐོངས་ལྕུལ་ནས། །
སྟོབས་བཅུའི་དཔལ་རྫོགས་ཟས་གཙང་སྲས་ལ་འདུད། །

ཆོས་དབྱིངས་ཀུན་ཁྱབ་བདེ་བ་ཆེན་པོའི་ཡེ་ཤེས་གཅིག་གིས་བདེན་གཉིས་དབྱེར་མེད་གཟིགས་པ་མཆོག་ལས་གཡོ་བ་མེད། །བརྒྱད་ཁྲི་བཞི་སྟོང་དམ་ཆོས་སྣང་བས་མཐའ་ཡས་ཞིང་ཀུན་ཅིག་ཅར་གསལ་བྱེད་ཟླ་མེད་འཕྲུལ་གྱི་ཉིན་མོར་བྱེད། །རྡུལ་གཅིག་སྟེང་དུ་རྡུལ་སྙེད་གྲངས་ཀྱི་དཀྱིལ་འཁོར་རྒྱ་མཚོའི་བཀོད་པ་ལྷུན་རྫོགས་བཅོམ་ལྡན་སྟོབས་བཅུ་མངའ་བ་དང་། །ཕྱུན་ཚོགས་ལུང་རྟོགས་དམ་པའི་ཆོས་དང་རིག་གྲོལ་བརྒྱུད་ལྡན་འདུས་པའི་སྡེ་བཅས་ཚེ་རབས་ཕྲེང་བའི་སྐྱབས་སུ་འཛིན། །དགེ་ལེགས་ཟག་མེད་ཡེ་ཤེས་འཕྲུལ་ལས་གཡོ་མེད་གཞན་དོན་ལ་འདུན་ཐུགས་བརྩེ་རོལ་བས་སྣ་ཚོགས་སྣང་བརྙན་ཚུ་གཏེར་ལ་རྩེན་ཟླ་གཟུགས་བཞིན། །བློ་བཟང་ཐུབ་པ་ཆེན་པོའི་བཤད་སྒྲུབ་བསྟན་ལ་བྱ་བའི་རི་མོ་འཛིན་མའི་གཞི་ལ་རྐང་འཐུང་གར་གྱིས་སྒེག་པ་དང་མཚུངས་ལྟ་ན་སྡུག །རྣམ་མང་ལེགས་མཛད་སྐལ་ལས་རིགས་ཅན་གསུམ་གྱི་གདུལ་བྱ་རྒྱ་མཚོ་མཐོ་རིས་ཐར་པའི་གྲོང་ལ་དྲངས་པ་

གཏྣའི་རྟུལ་གྱི་མཛའ་བོར་བསྟེབས། །དཔལ་ལྡན་རིགས་ཀུན་བྱེད་པོ་རྡོ་རྗེ་འཆང་དབང་ཡབ་སྲས་རྒྱུད་པར་བཅས་ལ་སྙིང་ནས་མི་ཕྱེད་དད་པས་འདུད་དོ་བརྩེ་བས་ལྷུགས་ཀྱིས་ཟུངས། །བློ་ཆེན་རྒྱལ་བའི་མཁྱེན་བརྩེ་ནུས་པའི་རང་གཟུགས་སྟོན་མེད་ལེགས་བཤད་ཉི་མའི་འོད་རླབས་ཀྱིས། །བགྲང་ཡས་གདུལ་བྱར་རྣམ་དག་ལམ་བཟང་མཚོན་མཁས་རྒྱལ་བ་གཉིས་པ་གཉིས་པར་གྲགས་པའི་དབྱངས་སྙན་ནི། །རྒྱལ་བའི་ཞིང་ཀུན་མཛེས་པའི་རོལ་མོར་གྱུར་པ་གངས་ལྗོངས་ཚད་མའི་སྟོན་པ་ཙོང་ཁ་བའི། །བྱིན་རླབས་ཉིན་བྱེད་སྟོང་གི་གཟི་འོད་འཁྲུག་པས་བདག་བློ་པདྨའི་དགའ་ཚལ་རིང་དུ་སྐྱོངས། །སྤྲོས་མཚན་དྲི་མས་གདོད་ནས་ཡོངས་བཏང་བའི། །མི་རྟོག་རིན་བྲལ་ཤེལ་དཀར་མེ་ལོང་དུ། །བརྩེ་གཟུགས་སྣང་བརྙན་སྒྱུ་མའི་རོལ་བ་དེས། །གཟི་བྱིན་ལྷན་ན་འབར་བའི་དཔལ་ཡོན་བྱིན། །ཉེར་ཞི་སྒེག་མོས་བསླུ་བར་མ་ནུས་པར། །སྨུན་པའི་འཛིག་རྟེན་ཟ་བའི་བྱེད་པོ་ཏུ། །ལན་གཅིག་མིན་པར་སྙོས་པའི་རོལ་གར་མཁན། །འཕགས་ཡུལ་པཎ་གྲུབ་གསེར་རིའི་ཕྲེང་ལ་གུས། །བསིལ་ལྡན་ར་བ་དཀར་པོའི་ཞིང་ཁམས་སུ། །རྒྱལ་བསྟན་རིན་ཆེན་དར་ཞིང་རྒྱས་མཛད་པའི། །རྒྱལ་བློན་མཁས་གྲུབ་སྐྱེ་དང་ཁྱད་པར་དུ། །མེས་དབོན་རྣམ་གསུམ་བཀའ་དྲིན་དྲན་པས་འདུད། །སྲིད་ཞིའི་མཛེས་སྡུག་ལང་ཚོའི་དཔྱིད་བསྡུས་ནས། །ཟླ་བའི་སྲིང་མོའི་སྐུར་བཞེངས་ངག་གི་ལྷ། །ཚངས་སྲས་སྒེག་མོ་ཡིད་ཀྱི་ཆོམ་རྐུན་མས། །བདག་མགྲིན་སྙན་ཚིག་ནོར་བུའི་གཏེར་དུ་སྒྲུབས། །ཐོག་མེད་འཁོར་བར་མི་ཤེས་ཕྲེང་བརྒྱུད་དེ། །ལན་གཅིག་དལ་རྟེན་སྟེས་ཀྱིས་རྙེད་དུས་འདིར། །མཆོག་གསུམ་ཞིང་ལ་གཏན་བདེའི་སོ་ནམ་གྱི། །འབྲས་བཟང་འདེབས་པ་དམ་པའི་ལས་སུ་གྲུབ། །དེ་ཕྱིར་བསམ་སྦྱོར་དམན་པའི་ལེགས་བྱས་ལྷུགས། །ཞིང་མཆོག་གསེར་འགྱུར་རྩེ་ཡིས་བསྒྱུར་བའི་མོད། །ཡིད་འོང་བསོད་ནམས་ས་ཡི་ཟླ་བའི་འོད། །བྱང་ཆེན་བར་དུ་སྤྲོ་བས་ཡིད་དྭངས་ཏེ། །གསང་འཛིན་ཕྱག་ན་རྡོ་རྗེ་མི་དབང་ཚུལ། །གང་གི་དབུ་སྐྲའི་བྱིན་ཕབ་ཡོངས་འདུས་ལྗོན། །སྟོང་གསུམ་ཀུན་ཏུ་རྙེད་དཀའི་མཆོད་པའི་རྟེན། །ཉམས་གསོ་བྱས་པའི་གཏམ་སྙན་འགོད་ལ་

སྨྲེ། །

ཞེས་མཁས་པའི་སྟོན་སྒྲོལ་དང་མཐུན་པར་མཆོད་པར་བརྗོད་པ་དང་། ཤིས་པ་བརྗོད་པའི་གཏམ་གྱི་ཕྲེང་བ་འགའ་ཞིག་སྟོན་དུ་བཏང་ནས་དུས་གསུམ་རྒྱལ་བ་ཐམས་ཅད་ཀྱི་བྱིན་རླབས་འདུས་པའི་ཟླ་མ་ཏོག་ཁམས་གསུམ་སྐྱེ་དགུ་ཀུན་གྱིས་བསོད་ནམས་བསོག་པའི་ཞིང་མཆོག་བླ་ན་མེད་པ། གངས་ཅན་གྱི་བཙན་པོ་རྣམས་ཀྱི་དབུས་ན་རྒྱལ་བའི་བསྟན་པ་རིན་པོ་ཆེར་སྲི་ཞུ་དང་། ཕུ་དུད་ཀྱིས་བཀུར་བ་ལ་འགྲན་པའི་ཟླ་དང་བྲལ་བའི་ཆོས་ཀྱི་རྒྱལ་པོ་རལ་པ་ཅན་གྱི་དབུ་སྐྲ་སྙིང་པོར་བཞུགས་པ། ཆོས་རྒྱལ་མྱ་ངན་མེད་ཀྱིས་གནོད་སྦྱིན་རྣམས་ལས་ལ་བསྐུལ་ནས་ཞག་གཅིག་ལ་མཆོད་རྟེན་བྱེ་བ་གཅིག་གིས་འཛམ་གླིང་མཛེས་པར་བྱས་པའི་ཡ་གྱལ་དུའང་གྲགས་པ། ས་གསུམ་ན་རྟེད་དཀའ་བའི་རྟེན་མཆོག་ཁྲི་ཀའི་མི་ཉག་མཆོད་རྟེན་དཀར་པོར་གྲགས་པ་གང་ཉིད་ཐུབ་བསྟན་ཡང་དར་གྱི་སྐབས་སུ་ཉམས་གསོ་བྱས་ཚུལ་ཅུང་ཟད་སྨྲེང་བ་ལ་གསུམ་ལས།

དང་པོ་སྐུ་གསུང་ཐུགས་རྟེན་བྱུང་བའི་ལོ་རྒྱུས་ནི། བསྐལ་བ་གཞན་དང་འཇིག་རྟེན་གྱི་ཁམས་གཞན་དུ་དང་། བསྐལ་བ་བཟང་པོ་འདི་ལའང་འདས་པའི་སངས་རྒྱས་རྣམས་ཀྱི་དུས་སུ་མཁས་གྲུབ་རྒྱལ་བློན་འབངས་ལ་སོགས་པས་སྐུ་གསུང་ཐུགས་རྟེན་མཐའ་ཡས་པ་ལེགས་པར་བཞེངས་པའི་ཚུལ་ཤིན་ཏུ་མང་ལ། བདག་ཅག་གི་སྟོན་པ་མཉམ་མེད་ཤཱཀྱའི་རྒྱལ་པོ་ལུམྦི་ནིའི་ཚལ་དུ་སྐུ་བལྟམས་པའི་ཚེ་ཡབ་རྒྱལ་པོ་ཟས་གཙང་མ་སོགས་ཀྱིས་པདྨ་ སྤུངས་པའི་མཆོད་རྟེན་བརྩིགས་པ་དང་། དེ་ནས་བྱང་ཆུབ་མཆོད་རྟེན་སོགས་སྟོན་མཆོག་ཟས་གཙང་སྲས་པོའི་མཛད་ཆེན་དག་རྗེས་སུ་དྲན་པའི་ཕྱིར་ལྷ་མིའི་འཁོར་རྣམས་ཀྱིས་མཆོད་རྟེན་ཆེན་པོ་བརྒྱད་བཞེངས་པ་སོགས་དང་། མྱ་ངན་ལས་འདས་རྗེས་རིང་བསྲེལ་ཆ་བརྒྱད་དུ་བགོས་ཏེ་ཕྱོགས་ཀྱི་རྒྱལ་པོ་རྣམས་ཀྱིས་བཞེངས་པའི་མཆོད་རྟེན་བརྒྱད་དང་། གཞན་ཡང་དབུ་སྐྲ་དང་སེན་མོ་ནང་བཞུགས་ཀྱི་མཆོད་རྟེན་དང་། ཉན་ཐོས་ཆེན་པོ་རྣམས་དང་ཁྱིམ་བདག་དང་ལྷན་དག་གིས་སྟ་ཕྱིར་བཞེངས་པ་ཤིན་ཏུ་མང་ལ། ཨུ་དྲ་ཡ་ན་

དང་ཨུ་ཏིག་འཁྲི་ཤིང་ཅན་གཉིས་ལ་བསྐུར་བའི་ཕྱིས་སྐུ་ཚུ་ལོན་མ་དང་འོད་ཟེར་མར་གྲགས་པ་ནི་བསྟན་པ་འདི་ལ་སྐུའི་རྟེན་རྣམས་ཀྱི་ཐོག་མར་གྲགས་ལ། དེ་ནས་རིམ་བཞིན་སྟོན་པའི་སྐུ་གཟུགས་རིན་ཆེན་སྣ་ཚོགས་ཀྱིས་བཞེངས་ཏེ་སྐུའི་རྟེན་མཐའ་ཡས་པ་འཇིག་རྟེན་དུ་བྱུང་བ་ཡིན་ཞིང་། གསུང་རྟེན་ཡང་སྟོན་པ་ཞལ་བཞུགས་པའི་དུས་སུ་ཤེར་ཕྱིན་གྱི་མདོ་སྡེ་རིན་པོ་ཆེ་ལྷའི་དབང་པོ་བརྒྱ་བྱིན་གྱིས་གསེར་གྱི་གླེགས་བུ་ལ་བཻཌཱུརྱའི་ཞུན་མས་བྲིས་པ་དང་། རྒྱལ་མཚན་རྩེ་མོའི་དཔུང་རྒྱན་གླེགས་བམ་ལ་བྲིས་ཏེ་རྒྱལ་མཚན་གྱི་རྩེ་མོར་བཏགས་པས་ལྷ་མིན་གྱི་གཡུལ་བཟློག་པ་དང་། སྟོན་པས་བཀའི་གླེགས་བམ་འཚོང་དུ་མ་གནང་བར་འདུལ་བ་ལུང་ལས་གསུངས་པ་སོགས་ལས། མཉམ་མེད་ཤཱཀྱའི་རྒྱལ་པོ་འཇིག་རྟེན་འདིར་ཞལ་བཞུགས་པའི་དུས་ནས་གསུང་རྟེན་མང་པོ་བྱུང་བར་རྟོགས་ནུས་ལ། དེ་ནས་རྒྱ་དཀར་ནག་ལི་བལ་ཡུལ་སོགས་སུ་སྐུ་གསུང་ཐུགས་རྟེན་མཐའ་ཡས་པ་བྱུང་བ་དང་། རང་རེའི་བསིལ་ལྡན་སྣ་ལའི་སྨན་ལྗོངས་འདིར་ཡང་ལྷ་ཐོ་ཐོ་རི་གཉན་བཙན་གྱི་སྐབས་ནས་གཉན་པོ་གསང་བར་གྲགས་པའི་སྐུ་གསུང་ཐུགས་རྟེན་བྱོན་ཏེ་དམ་པའི་ཆོས་ཀྱི་དབུ་བརྙེས་པ་ནས་འཕགས་མཆོག་ཕྱག་ན་པདྨ་སྲོང་བཙན་སྒམ་པོས་རྒྱ་བཟའ་དང་བལ་བཟའ་ཁབ་ཏུ་བཞེས་ཏེ་ཇོ་བོ་རྣམ་གཉིས་སོགས་སྐུ་གསུང་ཐུགས་ཀྱི་རྟེན་མང་པོ་དང་ར་ས་དང་ར་མོ་ཆེའི་གཙུག་ལག་ཁང་གཉིས་དང་། མཐའ་འདུལ་ཡང་འདུལ་གྱི་གཙུག་ལག་ཁང་མང་པོ་བཞེངས་ནས་བསྟན་པ་རིན་པོ་ཆེའི་སྲོལ་བཏོད་པ་དང་། འཇམ་མགོན་ཟུར་ཕུད་ལྔ་པ་ལྷ་བཙན་པོ་ཁྲི་སྲོང་ལྡེ་བཙན་གྱིས་མཁན་ཆེན་བོ་དྷི་ས་ཏྭ་དང་། སློབ་དཔོན་པདྨ་འབྱུང་གནས་སྤྱན་དྲངས་ནས་བསམ་ཡས་མི་འགྱུར་ལྷུན་གྱིས་གྲུབ་པའི་གཙུག་ལག་ཁང་རྟེན་དང་བཅས་པ་བཞེངས་པ་སོགས་བསྟན་པ་སྔ་དར་དང་ཕྱི་དར་ལ་བྱོན་པའི་རྒྱལ་བློན་མཁས་གྲུབ་དམ་པ་མང་པོས་སྐྱེ་དགུའི་བསོད་ནམས་ཀྱི་རྟེན་དུ་ངོ་མཚར་བའི་སྐུ་གསུང་ཐུགས་རྟེན་དང་གཙུག་ལག་ཁང་བགྲང་ཡས་པ་གསར་བཞེངས་དང་ཞིག་གསོས་གནང་བའི་ཚུལ་རྒྱ་ཆེར་བརྗོད་དུ་མཆིས་ན་ཡང་ཡི་གེར་འཇིགས་ནས་འདིར་མ་བྲིས་སོ། །

གཉིས་པ་རྟེན་མཆོག་འདི་ཉིད་ཇི་ལྟར་བྱུང་ཚུལ་དང་ཉམས་གསོ་བྱས་པའི་ལོ་རྒྱུས་ཅུང་ཟད་གླེང་ན། དེ་ཡང་ས་གསུམ་ན་རྙེད་པར་དཀའ་བའི་ཐུགས་ཀྱི་རྟེན་མཆོག་འདི་ནི། ཆོས་ཀྱི་རྒྱལ་པོ་མྱ་ངན་མེད་ཀྱིས་ཐུགས་སྨོན་ཤུགས་དྲག་པོས་གནོད་སྦྱིན་རྣམས་ལས་ལ་བསྐུལ་ནས་རྒྱལ་བའི་རིང་བསྲེལ་སྙིང་པོར་བཞུགས་པའི་མཆོད་རྟེན་བྱེ་བས་ཞག་གཅིག་ལ་འཛམ་གླིང་མཛེས་པར་བྱས་པ་དེའི་གྲས་ཡིན་པར་ངག་རྒྱུན་ལ་གྲགས་པ་དོན་ལ་གནས་ངེས་ནའང་། ཡོངས་སུ་གྲགས་པའི་ལོ་རྒྱུས་ལྟར་ན་ཆོས་རྒྱལ་མེས་དབོན་རྣམ་གསུམ་གྱི་ཡ་གྱལ་འཕགས་མཆོག་ཕྱག་ན་རྡོ་རྗེ་མིའི་རྒྱལ་པོའི་རྣམ་པར་རོལ་བ། བཙན་པོ་ཁྲི་རལ་བ་ཅན་མདོ་སྨད་དུ་དམག་ལ་ཕྱིན་ཏེ་ཁྲི་ཀའི་ཡུལ་འདིར་ཡུན་རིང་ཙམ་བཞུགས་སྐབས་སྔར་གྱི་མཆོད་རྟེན་དུ་ཉིད་ཀྱི་དབུ་སྐྲ་སྙིང་པོར་བཞུགས་སུ་བཅུག་ནས་བོད་ལུགས་ཀྱི་མཆོད་རྟེན་གསར་དུ་བཞེངས་པར་ཀུན་ལ་རླུང་ལྟར་གྲགས། དེས་ན་མིའི་དབང་པོ་གང་གི་རྣམ་ཐར་ཅུང་ཟད་འགོད་པ་སྐབས་སུ་བབས་པས། འདི་ཉིད་ཀྱི་རྣམ་ཐར་ནི་ཇི་སྐད་དུ། མཁས་པའི་དགའ་སྟོན་ལས། བར་པ་ཁྲི་གཙུག་ལྡེ་བཙན་རལ་པ་ཅན། །མེ་ཕོ་ཁྱི་ལ་སྐུ་འཁྲུངས་བཅུ་གཉིས་དུས། །ཡབ་འདས་ལོ་དེ་ཉིད་ལ་རྒྱལ་སར་བཏོན། །བཀའ་ཡི་བློན་པོ་བྲན་ཀ་དཔལ་ཡོན་ཡིན། །བཙུན་མོ་ཅོག་བཟའ་དཔལ་གྱི་ངང་ཚུལ་སོགས། །ཚེ་ཆུང་ལྔ་བཞེས་དགེ་བཅུའི་བཀའ་ཁྲིམས་བཅས། །འདི་ནི་ཕྱག་ན་རྡོ་རྗེའི་རྣམ་སྤྲུལ་ཡིན། །རྒྱ་ཡུལ་ཆམ་ལ་ཕབ་ནས་ག་ཚོམས་བཟུང་སྟེ། །བོད་རྒྱའི་མཚམས་སུ་དབོན་ཞང་ལྷ་ཁང་བརྩིགས། །གནམ་ལ་ཆེ་བ་ཉི་ཟླ་ཟུང་གཅིག་སྟེ། །ས་ལ་ཆེ་བ་བཙན་པོ་དབོན་ཞང་གྲགས། །བཀའ་ག་ཚོམས་ཡི་གེ་རྡོ་རིང་གསུམ་ལ་བརྐོས། །ཕྱིན་ཆད་བོད་རྒྱ་རང་རང་ཡུལ་ན་བདེ། །དམག་མི་བྱ་བར་ག་ཚོམས་བཟུང་བྲོ་ཡིས་བསྐྱལ། །མ་འོངས་བོད་ཀྱི་རྒྱལ་ཁྲིམས་འཛིག་མཁྱེན་པས། །སྤྱན་རྒྱང་བསྲིངས་ནས་སྨན་ཡོན་མཛད་པ་སྟེ། །རྗེ་འདིའི་བཀའ་དྲིན་བོད་མི་སུ་ཡིས་འཁོར། །བཀའ་དྲིན་ཅན་གྱི་ལོ་པཎ་གསུམ་སོགས་ཀྱིས། །སྔོན་ཆད་བསྒྱུར་བའི་དམ་ཆོས་མ་ལུས་པ། །ལྷག་ཆད་སྤྱངས་ཕྱིར་དམ་ཆོས་དཀར་ཆག་བཀོད། །ཐམས་ཅད་གསར་

བཅད་སྐད་ཀྱིས་གདན་ལ་ཕབ། །བཀས་བཅད་ཆེན་པོ་རྣམ་པ་གསུམ་གྱིས་བསྡམས། །སྒོམ་གྲྭ་བཤད་གྲྭ་འདུལ་གྲྭ་སུམ་ཙུ་བཙུགས། །རྒྱལ་པོའི་དབུ་རལ་ཚན་གཉིས་བྱས་པ་ལ། །དར་ཡུག་བཏགས་ཏེ་གཡས་གཡོན་བཏིང་བའི་སྟེང་། །དགེ་འདུན་བཞུགས་པས་དབུ་སྡེ་གཉིས་ཞེས་གྲགས། །ཐུགས་དམ་རྟེན་དུ་ལྷ་ཁང་ཨུ་ཞང་རྡོ། །དཔེ་མེད་བཀྲ་ཤིས་དགེ་འཕེལ་གཙུག་ལག་ཁང་། །གཙང་ཁང་དགུ་ཐོག་བྱ་འདབས་དགུ་ཡིས་མཛད། །ཕ་གུ་དོ་ཤལ་ཤར་བུ་མདའ་ཡབ་དང་། །ཏ་བབས་ལ་སོགས་རྒྱན་རྣམས་ཀུན་གྱིས་བཀྲ། །རྩེ་མོར་རྒྱ་ཕིབས་གསེར་འཕྲུ་གཡུ་འབྲུག་བཅས། །ཁྲུང་གིས་བསྐྱོད་ཚེ་མཁའ་ལ་གདུགས་ལྟར་འཁོར། །གསེར་གྱི་གན་ཛི་ར་ཡི་ཏོག་གི་རྩེ། །རྒྱབ་རིའི་ལྟོག་དང་མཐོ་དམན་མེད་པར་མཉམ། །འཛམ་གླིང་ཙམ་ན་འགྲན་ཟླ་བྲལ་བར་བཞེངས། །ལུགས་གཉིས་བཀའ་ཁྲིམས་ཆོས་བཞིན་གདན་ལ་ཕབ། །དགེ་བཅུའི་ཁྲིམས་དམ་སྡིག་སྤྱོད་མིང་མི་གྲགས། །མཁྱེན་པས་འཕྲུལ་ཆགས་མཛད་པ་ལྷ་ལས་ལྷག །མངའ་ཐང་དཔལ་འབྱོར་ས་ལ་བརྒྱ་བྱིན་བཞིན། །སྟོབས་དང་མཐུ་ཡིས་དགའ་རབ་དབང་ཕྱུག་སྒྲག །མཐའ་བཞི་ཀུན་ལས་རྣམ་པར་རྒྱལ་གྱུར་ཏེ། །འཛམ་གླིང་སུམ་གཉིས་ལས་ལྷག་མངའ་དབང་མཛད། །ཅེས་པ་ལྟར་ལ་རྒྱས་པར་ནི་གཞན་ལས་ཤེས་པར་བྱའོ། །དེ་ལྟར་རྒྱལ་སྲས་ཕྱག་ན་རྡོ་རྗེ་མིའི་དབང་པོའི་རྣམ་པར་རོལ་བ། ཆོས་ཀྱི་རྒྱལ་པོ་རལ་པ་ཅན་མདོ་སྨད་དུ་དམག་ལ་བྱོན་སྐབས་ཁྲི་ཀའི་ཡུལ་འདིར་ཡུན་རིང་ཙམ་བཞུགས་པས་ཁྲི་ཀ་ཞེས་པའི་མིང་ཡང་བཙན་པོ་དེའི་མཚན་ལས་དྲངས་པར་དམངས་ཁྲོད་དུ་ཏྲུང་ལྟར་གྲགས་པ་དང་། མདོ་སྨད་ཆོས་འབྱུང་དུ་ཤན་པན་ཐང་དུ་གྲགས་པའི་གནས་དེ་ཁྲི་ཞིག་གི་དབྱིབས་སུ་མངོན་པས་ཁྲི་ཀར་ཐོགས་པར་བཤད་པ་སོགས་བཤད་ཚུལ་མི་འདྲ་བ་ཅི་རིགས་མཆིས་ན་ཡང་། དོན་དངོས་ནི་ཡུལ་འདི་གནའ་དུས་ནས་བཟུང་མདོ་ཁམས་སྨད་ཀྱི་ཆབ་སྲིད་ཀྱི་གནས་ཡུལ་གལ་ཆེན་ཞིག་ཡིན་ཚུལ་རྒྱ་བོད་ཀྱི་ལོ་རྒྱུས་བསྟན་བཅོས་མང་པོར་གསལ་བ་ལྟར་ཡིན་པས་ལྷ་བཙན་པོ་རལ་པ་ཅན་ཡང་འདིར་ཡུན་རིང་ཙམ་བཞུགས་ནས་ཆབ་སྲིད་དང་དམག་དོན་གྱི་བྱ་གཞག་རྒྱ་ཆེར་སྤེལ་བ་

དང་། དབུ་སྐྲ་ནང་བཞུགས་ཀྱི་མཆོད་རྟེན་བཞེངས་པར་གོར་མ་ཆག་སོད། ཡུལ་མིང་ནི་བོད་བཙན་པོའི་རྒྱལ་རབས་མ་ཉམས་པའི་དུས་སུ་མདོ་སྨད་འདིར་འ་ཞ་སྟོང་སྡེ་དྲུག་དང་མཐོང་ཁྱབ་ཁྲི་སྡེ་གནས་པར་གྲགས་པ་ལས་མཐོང་ཁྱབ་ཁྲི་སྡེའི་ཁྲི་དཔོན་གྱི་གཞིས་ཀ་ཡུལ་འདིར་ཡོད་སྟབས་དེ་ལྟར་ཐོགས་པ་ཡིན་ངེས་ཏེ། མེན་རྒྱལ་རབས་སྐབས་ཀྱི་ཁྲི་དཔོན་གྱི་ཐམ་ཀ་ཞིག་ད་ལྟའི་བར་ཡོད་པ་ལས་དོན་དེ་གསལ་བར་རྟོགས་ནུས་པས་ན་ཟུར་གཞན་མང་པོ་འགོད་པའི་ངལ་བ་བྱེད་མི་དགོས་པས་སོ་སྐམ་མོ། །དེ་ལྟར་ཆོས་ཀྱི་རྒྱལ་པོ་རལ་བ་ཅན་གྱིས་རྟེན་འདི་ཉིད་སྔར་གསོ་བྱས་པ་ནས་རྒྱལ་བའི་བསྟན་པ་ཡུན་རིང་དུ་གནས་པ་དང་། འགྲོ་ཀུན་ཆོས་འབྱོར་བདེ་སྐྱིད་དཔལ་གྱིས་འཚོ་བའི་ཐུགས་སྨོན་རྣམ་པར་དག་པས་མཚམས་སྦྱར་ཞིང་། ཕྱིས་སུ་རྒྱལ་པོ་ཉིད་ཀྱི་སྤྲུལ་བའི་བསྟན་འཛིན་དམ་པ་རྣམས་རིམ་པར་བྱོན་ནས་རྟེན་མཆོག་འདི་ཉིད་ཇི་སྲིད་བསྟན་པ་རིན་པོ་ཆེ་ནམ་གནས་ཀྱི་བར་དུ་ཉམས་གསོ་གནང་རྒྱུའི་ཐུགས་བསྐྱེད་གནང་ཞིང་། རབ་གནས་མཛད་པའི་ཚེ་ཡེ་ཤེས་པ་དངོས་སུ་འཁྱིམས་པ་དང་། འོད་ཟེར་སྣ་ཚོགས་ཕྱོགས་བཅུར་འཕྲོས་པ་སོགས་ལྟས་དང་རྟེན་འབྲེལ་ཕུན་སུམ་ཚོགས་པ་མ་བསྒྲིགས་རང་འགྲིག་ཏུ་བྱུང་བར་ད་ལྟའི་བར་དུ་སྐྱེ་བོ་ཀུན་ལ་རླུང་ལྟར་གྲགས་པ་ལྟར་ལགས་སོ། །དེའི་རྗེས་གངས་ཅན་མཁས་པའི་ཁྱུ་མཆོག་འཇམ་མགོན་ས་པཎ་ཡབ་སྲས་ཧོར་རྒྱལ་པོས་གདན་ཞུས་ལྟར་ཧོར་ཡུལ་དུ་ཕེབས་ལམ་ནས་རྟེན་མཆོག་འདི་ཉིད་རྩད་གཅོད་གནང་ས་ཏེ། འདི་ཕྱོགས་སུ་ཞབས་པད་བཀོད་དེ་མི་ཉག་དགུ་ཐོག་ཏུ་གྲགས་པའི་ཁང་བཟང་དུ་བཞུགས་གནས་གནང་ཞིང་། རྒྱུ་འབྱོར་གྱི་མཐུན་རྐྱེན་ཕུལ་ནས་རྟེན་མཆོག་འདི་ཉིད་སྔར་ཡང་ཉམས་གསོ་གནང་བ་དང་། རབ་གནས་མཛད་པས་ཡུལ་ཁམས་ཀུན་ལ་བཀྲ་ཤིས་དགེ་མཚན་གྱི་མེ་ཏོག་ཆར་དུ་བསྙིལ་བར་གྲགས་ལ། དེ་ནས་བཟུང་སྐྱབས་རྗེ་མི་ཉག་རིན་པོ་ཆེ་སྐུ་ཕྲེང་རིམ་བྱོན་གྱིས་མཆོད་བསྟན་པ་དང་འགྲོ་བའི་དོན་དུ་བསམ་བཞིན་བྱོན་པའི་སྐྱེས་ཆེན་དམ་པ་མང་པོས་ཞིག་གསོ་དང་བསྟི་སྟངས་མཛད་པའི་ཚུལ་ཤིན་ཏུ་མང་ལ། ཁྱད་པར་སྙིགས་དུས་ཀྱི་སྟོབས་བཅུ་མངའ་བ་རྗེ་

ཛྙེ་འཆང་ཞྭ་དམར་བ་ཛྙེ་སཾ་ཀྵའི་ཞབས་ཀྱིས་མཐུན་རྐྱེན་གང་དགོས་གནངས་ཏེ་འགྲོ་མགོན་སླེ་རིན་པོ་ཆེས་ཁུར་བཞེས་ཀྱིས་ཉམས་གསོ་གནང་བ་དང་། དུས་ཕྱིས་སྐྱབས་ཛྙེ་མི་ཉག་རྡོ་ཛྙེ་འཆང་ངག་དབང་ལེགས་བཤད་རྒྱ་མཚོས་རྒྱུ་འབྱོར་འགྲོ་གྲོན་དཔག་པར་དཀའ་བ་བཏང་སྟེ་སྔར་ཡང་ཉམས་གསོ་དང་རྒྱ་བསྐྱེད་གནང་ནས་ཁྲུ་མཆོག་ལྕགས་སྦྲུལ་(༡༨༢༡)ལོར་གྲུབ་པ་ཡིན་ན་ཡང་། རིག་གསར་དུ་གྲགས་པའི་གཏོར་བཅོམ་གྱི་ལས་འགྱུལ་ཆེན་པོའི་སྐབས་སུ་རྟེན་མཆོག་འདི་ཉིད་ཀྱང་འགས་སྨན་གྱིས་བཅོམ་སྟེ་རྡུལ་གྱི་ཕུང་པོ་ཞིག་ཏུ་བཏང་ན་ཡང་། བསླུ་བ་མེད་པའི་སྐྱབས་མཆོག་རིན་ཆེན་གསུམ་གྱི་བྱིན་རླབས་དང་། ལྟོངས་འདིའི་སྐྱེ་དགུ་རྣམས་ཀྱི་བསོད་ནམས་ཀྱི་མཐུ་ཡོངས་སུ་བརྟས་པའི་དབང་གིས་རབ་རྒྱུན་རྣམ་འགྱུར་ལྕགས་སྟག་(༡༨༤༥)ལོའི་ཟླ་ཚེས་བཟང་པོའི་ཉིན་ནས་བཞེངས་པའི་དབུ་བརྙམས་པའི་རྟེན་འབྲེལ་དུ་མཆོད་རྟེན་གྱི་རྡུལ་ཕྱུངས་པའི་མདུན་སར་མཆོད་པའི་བྱེ་བྲག་བསམ་གྱིས་མི་ཁྱབ་པ་བཀོད་པ་མཛེས་པར་བཤམས་ཏེ། འདིར་བཞུགས་དགེ་འདུན་བགྲེས་གཞོན་མང་པོ་ལྷན་འཛོམས་གནང་བའི་སྨོས་ཆོས་སྤྱོད་སྨོན་ལམ། རྒྱལ་བའི་ཡུམ་འབྲིང་བསྡུས་སོགས་གསུང་སྒྲོགས་གནང་ཞིང་། མཇུག་ཏུ་དྲུག་ཅུ་བ་དྲག་བཟློས། དམ་ཅན་གྱི་གསོལ་ཁ་བཅས་གསུངས་པ་དང་། བླ་མ་མཆོག་གསུམ་དང་ཆོས་སྐྱོང་ཁག་ལ་གཉེར་གཏད་དང་ཐུགས་ཛྙེ་སྐུལ་བའི་གསོལ་འདེབས་ཤུགས་དྲག་གནངས་ཏེ། ཕྱིར་ལྟར་བཅས་འགྲོ་བ་ཀུན་གྱི་ཕན་བདེ་འབྱུང་བའི་གཞི་གཅིག་པུར་གྱུར་པ་རྒྱལ་བའི་བསྟན་པ་རིན་པོ་ཆེ་དར་ཞིང་རྒྱས་པ་དང་། སྨོས་མཆོད་རྟེན་མཐོང་གྲོལ་ཆེན་མོ་འདི་ཉིད་ཉམས་གསོ་བྱས་ཏེ་གེགས་མེད་མྱུར་དུ་འགྲུབ་པའི་ཐུགས་སྨོན་དང་འཕྲིན་བཅོལ་ནན་ཏན་གནང་ཞིང་སྐྱབས་ཛྙེ་མོ་ཡོག་སྤྲུལ་བའི་སྐུ་རིན་པོ་ཆེ་ངག་དབང་བསྟན་འཛིན་འོད་ཟེར་རྒྱ་མཚོ་དཔལ་བཟང་པོས་ཐིག་བཏབ་ནས་གསར་བཞེངས་ཀྱི་དབུ་བརྙམས། དེ་ནས་དམ་པའི་སྐྱེ་བོ་དང་དད་ལྡན་རྣམས་ཀྱི་གཏོང་བ་ཡངས་པོའི་ཆུ་འཛིན་ལས་ཐོན་པའི་དཔལ་འབྱོར་ལོངས་སྤྱོད་ཀྱི་གྲུ་ཆར་འདོད་དགུར་འཛོ་བ་སོགས་མཐུན་རྐྱེན་མཐའ་དག་འབད་མེད་ལྷུན་གྱིས་འགྲུབ་པ་བྱུང་སྟེ།

ལོ་དེའི་བླ་ཆོས་བཟང་པོ་ནས་དབུ་བརྩམས་ཏེ་སོ་ཕག་དང་ཨར་འདམ་སོགས་མཁོ་དངོས་རྣམས་འདུ་བྱས་ཐོག ཏི་རྟོ་མེན་སོགས་བཟོ་པོ་བཅུ་ཕྲག་དང་། ཐིག་རྩ་འཛིན་མཁན་དབང་འདུས་རྒྱལ་བཅས་དང་། སྤྱི་གཉེར་ཨ་ཁུ་བློ་གྲོས་སོགས་འདིར་བཞུགས་འདུས་པའི་སྡེ་ཡོངས་ཀྱིས་ངལ་བ་ཁྱད་དུ་བསད་དེ་རྩོལ་བ་ཆེན་པོས་བསྒྲུབས་ཏེ་རྨང་ལེགས་པར་བཏིང་བ་ནས་རིམ་བཞིན་བཞེངས་ཤིང་། ཇ་ཆེན་ཚུ་ཁྲི་ལོའི་བླ་ཆོས་དགེ་བར་སྐྱབས་རྗེ་དམ་པ་རྡོ་རྗེ་འཆང་དངོས་དགེ་འདུན་ལེགས་བཤད་བསྟན་པ་རྒྱ་མཚོ་དཔལ་བཟང་པོ་དང་། རྗེ་བཙུན་ངག་དབང་བསྟན་འཛིན་འོད་ཟེར་རྒྱ་མཚོའི་ཞལ་སྔ་ནས་ཀྱིས་གསེར་གྱི་བཀའ་ལུང་དྲི་བྲལ་ནོར་བུའི་ཅོད་པན་སྤྱི་བོར་བསྐུལ་བ་བཞིན་མཁྱེན་རབ་ཀྱི་དབང་ཕྱུག་སྐྱེ་བའི་སྟགས་རམས་པའི་མཆོག་སྤྲུལ་རིན་པོ་ཆེ་དགོན་འདིར་དངོས་ཕེབས་སྒོས་གཟུངས་འབུལ་ཤེལ་དཀར་མེ་ལོང་ལས་ཇི་ལྟར་གསུངས་པ་ལྟར་གཟུངས་གཞུག་དཔར་སྒྲིལ་སོགས་ཕྱག་ལེན་ཚད་ལྡན་གྱིས་ལེགས་པར་བསྒྲུབས་ཏེ། ཧོར་ཟླ་ལྔ་བའི་ཡར་ངོའི་ཚེས་བཞི་ནས་རྒྱུད་ལྡན་དམ་པའི་ཕྱག་བཞེས་ལྟར་གཟུངས་སྒྲུབ་ཉིན་བདུན་མཛད་སྐབས་དཀར་ཕྱོགས་ལ་དགའ་བའི་ལྷ་རྣམས་མངོན་པར་དགྱེས་པའམ། ལྗོངས་འདིར་བཀྲ་ཤིས་དགེ་མཚན་གྱི་ལང་ཚོ་དཔལ་དུ་དར་བའི་རྟེན་འབྲེལ་དུ་མཛེས་སྟུག་ཡིད་དུ་འོང་བའི་ཆུ་འཛིན་གྱི་ལྡིང་ཁང་ནས་ཆར་ཟིམ་སྙོམ་པར་འཛོ་བ་དང་། དབང་གཞུའི་གུར་ཁང་ཕྱོགས་སུ་བཀྲ་བ་སོགས་རྟགས་དང་རྟེན་འབྲེལ་ཕུན་སུམ་ཚོགས་པ་མངོན་དུ་གྱུར་པ་དང་། མཆོད་རྟེན་མཐོང་གྲོལ་ཆེན་མོ་བཞུགས་ཁྲི་བུམ་པ་ཆོས་འཁོར་ཉི་ཟླ་དང་། མཆོད་རྟེན་མདུན་གྱི་ལྷ་ཁང་མཐའི་མ་ཎི་འཁོར་ཁང་དང་བཅས་པ་གེགས་མེད་དུ་འབད་བརྩོན་ཆེན་པོ་ལ་མ་བལྟོས་པར་རང་བྱོན་ལྷ་བུར་ལྷུན་གྱིས་གྲུབ་སྟེ། གཟུངས་འབུལ་སོགས་བགྱི་འོས་མཐའ་དག་སླ་ཚོས་སུམ་སོང་བར་བསྒྲུབས་ཟིན་པ་ན། ལོ་དེའི་མཉམ་མེད་ཤཱཀྱའི་རྒྱལ་པོ་ལྷ་ལས་བབས་པའི་དུས་ཆེན་དང་བསྟུན་ཁྱབ་བདག་འཁོར་ལོའི་མགོན་པོ་རྫོ་ནེ་མཁན་རིན་པོ་ཆེ་རྡོ་རྗེ་སློབ་དཔོན་དང་། གཞན་ཚོག་གྲྭ་བ་བཅུ་ཕྲག་བཞིས་བཅོམ་ལྡན་དུས་དགྲའི་དབང་པོའི་དཀྱིལ་འཁོར་ཞལ་ཕྱེ་

ནས་རབ་གནས་ཀྱི་ཆོ་ག་རྒྱས་པར་མཛད་དེ་རྟེན་དང་བརྟེན་པ་ཡེ་ཤེས་པ་དང་ཐ་མི་དད་པར་བསྒྲུབས་ནས་བྱིན་རླབས་ཟད་མི་ཤེས་པའི་གཏེར་དུ་གྲུབ་པར་མཛད་དོ། །

དེ་ནི་དད་ལྡན་རྣམས་ཀྱི་དད་པའི་མེ་ཏོག་རྣམ་པར་བཞད་ཆེད་རིང་བསྲེལ་རྣམ་བཞི་ལེགས་པར་ཕུལ་ཚུལ་ཅུང་ཟད་འགོད་པ་ལ། མཆོད་རྟེན་རིན་པོ་ཆེའི་སྙིང་པོར་བཞུགས་པའི་ནང་རྟེན་གྱི་དཀར་ཆག་ནི། སྟོན་པ་བཅོམ་ལྡན་འདས་ཀྱི་མཛད་པ་བཅུ་གཉིས་ཀྱི་ཐང་ག་ཆོན་བཀྲ་ཅན་བཅུ་གཉིས། རྒྱལ་བ་གཉིས་པ་བློ་བཟང་གྲགས་པའི་དབུ་ཞྭ། པད་དཀར་འཆང་བ་གོང་ས་སྐྱབས་མགོན་ལྷ་བ་མཆོག་གི་ཆོགས་ཞྭའི་ཚལ་བུ། རྒྱལ་བ་སྐལ་བཟང་རྒྱ་མཚོ་མཆོག་གི་གདུང་ཚྭ། སྣང་བ་མཐའ་ཡས་པཎ་ཆེན་སྐུ་ཕྲེང་བཅུ་བའི་གདུང་ཚྭ། དཔལ་རྡོ་རྗེ་འཇིགས་བྱེད་ལྷ་བཅུ་གསུམ་པའི་འདྲ་སྐུ་གཅིག རྗེ་གསེར་ཁང་བའི་དབུ་ལོ། དགའ་ལྡན་ཕྱོགས་ལས་རྣམ་རྒྱལ་གྱི་རྟེན་འདུས་རིལ་བུ་བདུན། གུ་རུ་པདྨ་ཡབ་ཡུམ་གྱི་སྐུ་བལ་ཀུན་འདུས། སེཀྲི་ཆོས་ཀྱི་རྒྱལ་མཚན་གྱི་ཐུགས་རིལ། ཐུབ་བསྟན་ཆོས་ཀྱི་རྡོ་རྗེའི་དབུ་ཞྭའི་ཚལ་བུ། འབྲུག་པ་ཀུན་ལེགས་ཀྱི་གདུང་རུས། པཎ་ཆེན་དཔལ་ལྡན་ཡེ་ཤེས་ཀྱི་ཆོགས་ཞྭའི་ཚལ་བུ། པཎ་ཆེན་ཆོས་ཀྱི་ཉི་མའི་ན་བཟའི་ཚལ་བུ། མདོ་མཁྱེན་བརྩེ་དབང་པོའི་དབུ་སྐྲ་དང་ན་བཟའི་ཚལ་བུ། བཀའ་བརྒྱུད་རྟེན་འདུས། རྒྱལ་བ་འབྲི་གུང་བའི་ན་བཟའ། སྟག་ལུང་སངས་རྒྱས་ཤེས་རབ་བླ་མའི་རིང་བསྲེལ། གོང་ས་སྐྱབས་མགོན་ཆེན་པོའི་ཕྱུར་བ་ཡང་སྙིང་ཕྲུ་གྲིའི་སྒོ་ནས་སྨིན་སྒྲུབ་བསྐྱངས་པའི་བདུད་རྩི་ཆོས་སྨན། ཐེག་ཆེན་ཆོས་འཁོར་གླིང་གི་གཙུག་ལག་ཁང་ནས་གོང་ས ༧ སྐྱབས་མགོན་མཆོག་དབུ་བཞུགས་ཀྱི་མ་ཎི་དུང་སྒྲུབ་རིལ་བུ་བུམ་གཅིག རྒྱལ་བ་ཚངས་དབྱངས་རྒྱ་མཚོའི་གདུང་རུས། ཡང་སྐྱབས་མགོན་སྐུ་ཕྲེང་བཅུ་བའི་གདུང་ཚྭ་བླ་སྐུ་གཅིག ཡང་གདུང་ཚྭ་བུམ་གཅིག སྐྱབས་མགོན་སྐུ་ཕྲེང་བཅུ་བའི་བྱང་སེམས་རིལ་བུ། ཡང་དེའི་ན་བཟའ་བྱིན་ཅན། རྡོ་རྗེ་འཇིགས་བྱེད་ཀྱི་འདྲ་སྐུ་གཅིག ཛ་པོ་རྗེའི་ན་བཟའ་འཕྲུལ་མེད། རྡོ་རྗེ་འཆང་རྗེ་འཇིགས་མེད་འཕྲིན་ལས་རྒྱ་མཚོས་དུས་འཁོར་དབང་ཆེན་གནང་སྐབས་ཀྱི་རྟུལ་ཆོན་ཕྱེ་མ། བྲ་ཁྲུང་

གསེར་གདུང་བདུད་རྩི་རིལ་བུ། པཎ་ཆེན་སྐུ་ཕྲེང་གི་གདུང་རྫས། ལྷ་ལྡན་གཙུག་ལག་ཁང་གི་ཇོ་བོ་རིན་པོ་ཆེའི་ན་བཟའ། པོ་ཏ་ལའི་གཟིམས་ཁང་ནས་གནང་བའི་རྟེན་འདུས་རིལ་བུ། ཚུ་བཟང་རིན་པོ་ཆེའི་ན་བཟའ། རྗེ་གསེར་ཁང་བའི་རྟེན་འདུས་རིལ་བུ། ས་སྐྱ་ཀུན་དགའ་རྒྱལ་མཚན་གྱི་ན་བཟའ། བཟང་སྤྱོད་སྨོན་ལམ། མདོ་སྡུད་པ། བྱང་ཆུབ་ལམ་རིམ་ཆེན་མོ། སྔགས་རིམ་ཆེན་མོ། དུས་འཁོར་བསྡུས་རྒྱུད་འདོད་གསོལ་དང་བཅས་པ། འཇམ་དཔལ་མཚན་བརྗོད། ལྷ་སྟེ་སྟེ་བས་བཞུགས་པའི་རྗེ་ཡབ་སྲས་གསུམ་གྱི་གསུང་འབུམ། ལྷ་སྟེ་ཨ་ཚོགས་ཀྱི་ཞབས་དྲུང་ཀུན་བཟང་ནས་ཕུལ་བའི་ཡུམ་དུམ་པ་བཅུ་གཉིས་དང་ལམ་རིམ་དང་སྔགས་རིམ་གཉིས་བཅས་དང་། རྒྱ་གར་རྡོ་རྗེ་གདན་གྱི་བྱང་ཆུབ་ཤིང་གི་དུམ་བུ། བྱང་ཆུབ་ཤིང་གི་ལོ་མ་སྐུ་གཟུགས་ཅན་གསུམ། རིན་ཆེན་བྱུར་དམར་ཉེར་ལྔ་རིལ་བུ་གསུམ། བདུད་རྩི་ཆོས་སྨན། རིན་ཆེན་མང་སྦྱོར། བདུད་རྩི་རིལ་བུ། རིན་ཆེན་ཕྱེ་མ། བཙོད་རྭ་དཀར་པོ། བསེ་རུའི་རྭ། རཏྣ་བསམ་འཕེལ། དགའ་ལྡན་ཁམས་པ། དུར་ཁྲོད་བསིལ་བ་ཚལ་གྱི་མགོན་པོའི་བླ་ཤིང་། སྒྲོལ་མའི་བླ་རྡོ། བྱང་ཆུབ་ཤིང་གི་ཤུན་པ། སྨན་ཕྱེ་འགང་ཆེན་ལས་བྱུང་བ་བུམ་གཅིག ཨ་ར་པ་ཙའི་མདུན་གྱི་ཙན་དན། བྱང་ཆུབ་ཤིང་གི་ལོ་མ། རྟེན་འདུས་རིལ་བུ། སྐུ་འབུམ་དུས་འཁོར་གྲྭ་ཚང་གི་རྟུལ་ཆོན་ཕྱེ་མ། སྐུ་འབུམ་གསེར་སྡོང་ལོ་མ། སྐུ་འབུམ་གསེར་སྡོང་གི་སྐུ་ཕྱིས། དམ་ཆེན་བླ་རྡོ། གཙང་བཀྲ་ཤིས་ལྷུན་པོ་ནས་གནང་བའི་རྟེན་འདུས་རིལ་བུ། སྣང་བ་མཐའ་ཡས་པཎ་ཆེན་ ༧ སྐུ་ཕྲེང་དགུ་པ་ནས་བཅུ་བའི་བར་གྱི་ན་བཟའ། ཡང་འཕགས་པ་བརྒྱད་སྟོང་པ། གསེར་འོད་དམ་པ་མདོ་སྡེ་དབང་པོའི་རྒྱལ་པོ། ཏིང་འཛིན། བཀའ་ཐང་ཤེལ་བྲག་མ། བསྐལ་བཟང་། རྟོགས་བརྗོད་རྟོགས་གསུམ། ཞྭ་དམར་ལམ་རིམ། གཟུངས་གཞུག་རྒྱས་པ་ཚར་ཉེར་ལྔ་དང་བསྡུས་པ་ཚར་ལྔ་བཅུ། དེ་བཞིན་གཤེགས་པ་རྒྱལ་བ་མི་འཁྲུགས་པའི་སྐུ་འབུམ་ཕྲག་བཞི་བཅུ། དེ་བཞིན་གཤེགས་པ་ཀླུ་དབང་རྒྱལ་པོའི་སྐུ་འབུམ་ཕྲག་སོ་ལྔ། རྗེ་བཙུན་འཕགས་མ་སྒྲོལ་མའི་སྐུ་འབུམ་ཕྲག་ང་དགུ། འཕགས་པ་སྤྱན་རས་གཟིགས་དབང་ཕྱུག་

ཞལ་གཅིག་ཕྱག་བཞི་པའི་སྐུ་འབུམ་ཕྲག་སུམ་ཅུ། འཕགས་པ་འཇམ་དཔལ་གཞོན་ནུ་གྱུར་པའི་སྐུ་འབུམ་ཕྲག་སུམ་ཅུ། དཔལ་ཕྱག་ན་རྡོ་རྗེའི་སྐུ་འབུམ་ཕྲག་སུམ་ཅུ། འཕགས་པ་ཚེ་དཔག་མེད་ཀྱི་སྐུ་འབུམ་ཕྲག་བཞི་བཅུ། འཕགས་མ་ཡིད་བཞིན་འཁོར་ལོའི་སྐུ་འབུམ་ཕྲག་བཞི་བཅུ། བཅོམ་ལྡན་རྣམ་རྒྱལ་མའི་སྐུ་འབུམ་ཕྲག་བཞི་བཅུ། རྗེ་རྒྱལ་བ་གཉིས་པ་བློ་བཟང་གྲགས་པའི་སྐུ་འབུམ་ཕྲག་གསུམ། སྣང་སྲིད་ཟིལ་གནོན་གྱི་སྐུ་འབུམ་ཕྲག་སོ་གཅིག དཔལ་དུས་ཀྱི་འཁོར་ལོའི་སྐུ་འབུམ་ཕྲག་གཅིག བཅོམ་ལྡན་འདས་དཔལ་རྡོ་རྗེ་འཇིགས་བྱེད་ཡབ་ཡུམ་གྱི་སྐུ་འབུམ་ཕྲག་གཅིག དཔལ་རྟ་མཆོག་རོལ་བ་ཡང་གསང་གི་སྐུ་འབུམ་ཕྲག་གཅིག ནོར་བདག་ཛམ་ལྷ་རིགས་ལྔའི་སྐུ་འབུམ་ཕྲག་དགུ། དམ་ཅན་གཤིན་རྗེ་ཆོས་ཀྱི་རྒྱལ་པོའི་སྐུ་འབུམ་ཕྲག་གཅིག མཆོད་རྟེན་རྣམ་པ་བརྒྱད་འབུམ། མཆོད་རྟེན་གྱི་བུམ་པའི་ནང་སྣང་འདམ་ལས་བཞེངས་པའི་དཔལ་དུས་ཀྱི་འཁོར་ལོ་ཁྲི་དྲུག་འཁྱིལ་ཅན་དང་ཁྲི་རལ་བ་ཅན་གྱི་སྐུ་སྣང་འདམ་ལས་གྲུབ་པ་མི་ཚད་དང་ལྡན་པ་གཅིག་དང་། རིགས་ལྡན་དྲག་པོའི་འཁོར་ལོ་ཅན་གྱི་སྐུ་སྣང་འདམ་ལས་བཞེངས་པ་གཅིག་དང་། གསང་བདག་ཕྱག་ན་རྡོ་རྗེའི་འབག་སྐུ་གཅིག འཇམ་དཔལ་གཞོན་ནུའི་འབག་སྐུ་གཅིག་བཞུགས་སོ། །སྒོ་རྒྱུན་གྱི་གཡས་གཡོན་དུ་ཚོན་བཀྲ་ཅན་གྱི་རྗེ་ཡབ་སྲས་གསུམ་དང་དུས་འཁོར་རྩ་བརྒྱུད། རིགས་ལྡན་ཉེར་ལྔ་བཅས་ཀྱི་ལོགས་བྲིས་ཡོད། མདུན་གྱི་མཆོད་སྟེགས་སུ་རྒྱུན་དུ་མཆོད་པ་ཚར་དུ་དངར་བ་བཤམས་ཡོད། འདིའི་གཟུངས་གཞུག་རྣམ་བཞི་བཞུགས་ཚུལ་ནི། དུས་འཁོར་ལ་གཟུངས་གཞུག་རྒྱས་པ་ཚར་གསུམ་དང་བསྡུས་པ་ཚར་བཞི། དུས་འཁོར་རྩ་རྒྱུད། པཎ་ཆེན་སྐུ་ཕྲེང་བཅུ་པའི་གདུང་ཚྭ་ཚ་སྐུ་གཅིག་དང་རྡོ་རྗེ་འཇིགས་བྱེད་ཀྱི་སྐུ་གཅིག་བཅས་མ་གཏོགས་གཞན་དང་འདྲ། དེ་ཡང་དུས་འཁོར་དང་མངའ་བདག་དང་རིགས་ལྡན་འཇམ་དབྱངས་གསང་བདག་བཅས་ཀྱི་གཟུངས་གཞུག་ཏུ་སྨོན་ལམ་རྣམ་ལྔ་དང་མདོ་བཅས་དང་། བྱང་ཆུབ་ཤིང་གི་ལོ་མ། པཎ་ཆེན་སྐུ་ཕྲེང་བཅུ་པའི་གདུང་ཚྭ་ཚ་སྐུ་གཅིག་རེ། པཎ་ཆེན་སྐུ་ཕྲེང་དྲུག་པ་ནས་བཅུ་པའི་ན་བཟའ། དུས་འཁོར་ལས་གཞན་

རྣམས་ལ་གཟུངས་གཞུག་རྒྱས་པ་ཚར་གཉིས་རེ་དང་། བསྡུས་པ་ཚར་གསུམ་རེ། འཇམ་དཔལ་མཚན་བརྗོད་ཚར་གསུམ་རེ། ལམ་རིམ་དང་སྔགས་རིམ་རེ་རེ། རྒྱལ་བ་ཚངས་དབྱངས་རྒྱ་མཚོའི་གདུང་རུས། རིན་ཆེན་རིལ་བུ། རི་བོ་རྩེ་ལྔའི་མེ་ཏོག བྱ་ཁྱུང་ཨ་ར་པ་ཙའི་རིལ་བུ། རིན་ཆེན་ཕྱེ་མ། སྨན་སྣ་བྱིན་ཅན་རྟེན་འགངས་ཆེན་ལས་བྱུང་བ། ཨ་ར་པ་ཙ་མདུན་གྱི་ཙན་དན། རྗོ་བོའི་ན་བཟའ། བྱང་ཆུབ་ཤིང་གི་ལོ་མ། ཨ་ལགས་རིན་པོ་ཆེས་དུས་འཁོར་དབང་ཆེན་གསུངས་པའི་རྟེན་ཚོན། སྐུ་འབུམ་དུས་འཁོར་གྲྭ་ཚང་གི་རྟེན་ཚོན། བྱ་ཁྱུང་གསེར་གདུང་རིལ་བུ། སྐུ་འབུམ་གསེར་སྡོང་ལོ་མ། སྒྲོལ་མའི་བླ་རྫོ། དམ་ཆེན་བླ་རྫོ། ཙ་རི་མཁའ་རིའི་ཧི་མ་ལ་ཡའི་ས་སྣ་ཆུ་སྣ། པཎ་ཆེན་སྐུ་ཕྲེང་བཅུ་བའི་བྱང་སེམས་རིལ་བུ། རྒྱ་གར་དང་རྒྱ་ནག་སོགས་ཀྱི་གནས་ཆེན་དག་གི་ས་སྣ་ཆུ་སྣ་བཅས་བཞུགས་སོ། །

འདིར་ཞོར་དུ་རྒྱལ་ཁབ་དང་དད་ལྡན་སྦྱིན་བདག་རྣམས་ཀྱིས་རྒྱུ་འབྱོར་ཕུལ་བའི་ཚུལ་ནི། མཚོ་སྔོན་ཞིང་ཆེན་གནའ་རྫས་རིག་གནས་དོ་དམ་ཁང་ནས་སྒོར༢༠༠༠༠ མཚོ་སྔོ་ཁུལ་གྱིས་སྒོར་༡༠༠༠༠ གཞན་ཡང་ལྷ་མོ་ཡོངས་འཛིན་ཆོས་ཀྱི་རྒྱལ་པོ་དང་ཨ་ལགས་རྒྱུད་དཔོན། སྐུ་འབུམ་དགེ་བཤེས། ཧོ་ཐོག་མཚམས་པ། སྐྱབས་རྗེ་དམ་པ་བློ་བཟང་རྒྱ་མཚོ། རྡོ་རྗེ་འཆང་ཀེ་ཀླུ་རིན་པོ་ཆེ་རྣམས་ཀྱི་ཐུགས་ཡངས་རྒྱ་མཚོའི་ཀློང་ལས་ག་བུར་རྟུལ་གྱི་ཐེགས་མས་ཡུར་བར་དྲངས་པའི་བརྩེ་བའི་སྤྱན་གཟིགས་གློག་གི་ཀ་བས་བདག་ཅག་སྐྱེ་འགྲོར་གཟིགས་ཏེ་ཐུགས་ཁུར་བཞེས་ཏེ་སྒོར་༢༢༧༧༠ བསྐུལ་བ་དང་། སྐུ་འབུམ་བླ་ཡོན་སྦྱིན་བདག་རྡོ་ར་གོང་མ་ནས་སྒོར་༢༡༢༠ རྫོང་འགོ་ནས་སྒོར་༡༠༨༠ སྟག་ལུང་ནས་སྒོར་༨༨༥ ལྷ་ཁང་ཐང་ནས་སྒོར་༩༠༠ ནེའུ་སྣ་ནས་སྒོར་༡༡༢༠ གཡག་ལུང་ནས་སྒོར་༩༢༠ ཚུ་བཟང་ནས་སྒོར་༣༩༠ མཛོ་སྣ་ནས་སྒོར་༡༢༠༠ གོང་གསལ་འདི་སྡེ་བ་འདི་གའི་མང་ཚོགས་ཀྱིས་འབུལ་སྒྲུར་བགྱིས་སོ། །ཕྱོགས་སོ་སོའི་དད་ལྡན་སྦྱིན་བདག་རྣམས་ཀྱིས་འབུལ་སྒྲུར་བགྱིས་པ་(རེ་རེ་ནས་ཕྲིས་ན་ཧ་ཅང་མང་བས་འདིར་སྤྱི་སྡོམ་ཙམ་ལས་མེད། ཤེས་པར་འདོད་ན་དཀར་ཐིགས་ཡོངས་འདུས་སློན་དབང་ལ་ལྟོས།) སྒོར་༡༢༠༠༩༢དུས་

སོ། །མཆོད་སྡོང་པོ་སོག་པོ་བང་ཚང་གིས་སྒྲོར་༢༡༨༤༠ མཆོད་སྡོང་པོ་སོག་པོ་ཚྭ་ཁ་སྡེ་བས་སྒྲོར་༨༤༤༤ མཆོད་སྡོང་པོ་བྲའུ་ལན་པེ་ཁྲུ་ཁྲུལ་གྱིས་སྒྲོར་༡༠༨༧ མཆོད་སྡོང་པོ་མདའ་བཞི་པེ་སུ་ཚང་གིས་སྒྲོར་༢༧༣༦ མཆོད་སྡོང་པོ་ཧྲང་ཚ་ཞོལ་མ་དཀོ་ལ་སྡེ་བའི་ཨ་ཁྲུ་སྨན་བླ་གཙོ་བྱས་པས་སྒྲོར་༡༢༧ མཆོད་སྡོང་པོ་མདའ་བཞི་ཧྲང་ཚས་སྒྲོར་༣༤༢༩ མཆོད་སྡོང་པོ་ཧྲང་ཚ་ཚ་ལ་ཏུ་ཁག་བདུན་པས་སྒྲོར་༡༩༢༩ ཧྲང་ཚ་ཞོལ་མ་སླ་སྡེ་བས་སྒྲོར་༦༡༠ ཧྲང་ཚ་ཞོལ་མ་ཆོས་ཚ་སྡེ་བས་སྒྲོར་༣༢༠ མཆོད་སྡོང་པོ་ཐེམ་ཆེན་རྫོང་བཀའ་འགྱུར་ནས་སྒྲོར་༢༡༥༦ ཧྲང་ཚ་ཞོལ་མ་དཔོན་ཚང་སྡེ་བས་སྒྲོར་༡༠༦ རི་ངན་རྗེ་ར་སྡེ་པ་ནས་སྒྲོར་༢༧༦༩ ཏྲའུ་ལན་ཚ་ཚའི་ཞིང་ཁ་ནས་སྒྲོར་༧༣༧ ཞིན་ཧེ་སྟག་ཚང་ནས་སྒྲོར་༡༧༨༧ རྫ་སེར་དང་གློ་རྒྱ་སྡེ་བས་སྒྲོར་༩༦༠ ཨ་ལགས་རྒྱུད་དཔོན་ཚང་གིས་སྒྲོར་༨༠༠༠ ཧོ་ཐོག་ཨ་ཁྲུ་ཚང་གིས་སྒྲོར་༡༣༠༧༠ རྫོང་ནང་ཞབས་དྲུང་རིན་པོ་ཆེས་སྒྲོར་༣༡༠ ཚ་ནག་ཨ་ལགས་མཚམས་པ་ཚང་གིས་སྒྲོར་༥༠༠ མགོ་མང་འབྲོག་ཏུ་ནས་སྒྲོར་༡༩༨༠ མགོ་མང་དཀྱིལ་སླེང་སློབ་གྲྭས་སྒྲོར་༡༠༥ བདུད་ཤུལ་སྡེ་བས་སྒྲོར་༦༥༩ ཐུན་ཧྲེ་ནས་སྒྲོར་༡༩༠༠ ཞིན་ཅང་ནས་སྒྲོར་༣༢༠༠ ཧེ་ཡན་ནས་སྒྲོར་༧༧༥༠ སྒོ་མེ་གཡུ་ཚ་ནས་སྒྲོར་༦༠༠ སྐུ་འབུམ་དགེ་བཤེས་ཚང་གིས་སྒྲོར་༡༠༠ བཀའ་འགྱུར་ཨ་ལགས་ནས་སྒྲོར་༡༠༠ ཨ་ལགས་ཡོངས་འཛིན་རིན་པོ་ཆེས་སྒྲོར་༥༠༠ ཀོས་ནན་ཐར་ཤུལ་སྡེ་བས་སྒྲོར་༥༩༥ མཆོད་སྡོང་པོ་བང་ཅང་སྡེ་བས་སྒྲོར་༣༦༩༥ སྟོང་འཁོར་ལྷ་གོས་མ་ཎིའི་བླ་རིན་སྒྲོར་༨༠༠ བོད་སྐོར་གྱིས་མ་ཎིའི་བླ་རིན་སྒྲོར་༡༨༣༦༥ གབ་རོན་གཞུང་དང་བྱ་མདོ། སྟོང་ཆེ་བཅས་ཀྱིས་མ་ཎི་འཁོར་ཁང་གི་ཤིང་ཆ་བཅས་འབུལ་ལམ་ཞུས་སོ། །གོང་གསལ་སྒྲོར་དངོས་འདི་དག་ལ་གཞི་བྱས་ནས་གཟུངས་གཞུག་ཏྲིལ་སྒྲུབ་དང་། གནས་ཀྱི་གཏོང་སྒོ། མཆོད་རྟེན་གྱི་ཤིང་དང་སོ་ཕག ཨར་འདམ། ལས་ཡོན། མཆོད་རྟེན་མདུན་གྱི་ལྷ་ཁང་དང་མ་ཎི་འཁོར་ཁང་། ཕྱི་ཐུམ་ཟངས་ལས་བཟོས་ཤིང་ལྔུའི་མ་ཎིའི་ཡིག་གཟུགས་འབུར་དུ་བཀོད་པའི་འཁོར་ཆེན་བརྒྱ་དང་ཉི་ཤུ་བཅས་བཞེངས་གྲུབ་པོ། །

གསུམ་པ་སྐུ་གསུང་ཐུགས་རྟེན་བཞེངས་པའི་ཕན་ཡོན་མདོ་ཙམ་འགོད་པ་ལ། སྤྱིར་མཐོང་ཐོས་དྲན་རེག་གིས་སྐྱེ་དགུ་རྣམས་ཀྱི་རྒྱུད་ལ་ཐར་པའི་ས་བོན་ཁྱད་པར་ཅན་འཇོག་པའི་ཕྱིར་ལམ་གྱི་བཞི་མདོ་སོགས་སུ་བསྒྲུབ་པར་བྱ་བའི་རྟེན་གྱི་མཆོག་ནི་མཆོད་རྟེན་ཡིན་པའི་ཚུལ་ངན་སོང་སྦྱོང་བའི་ཚུལ་སོགས་མདོ་རྒྱུད་དུ་མ་ནས་ལན་ཅིག་མ་ཡིན་པར་བཀའ་བསྩལ་བ་དང་། ཁྱད་པར་གསལ་རྒྱལ་གྱིས་ཞུས་པ་ལས། སུ་དག་འདི་ན་རྒྱལ་བའི་གཟུགས་བྱེད་པ། །དེ་དག་གཟུགས་བཟང་ཡིད་འོང་ཡོན་ཏན་ལྡན། །དབང་པོ་བརྟམས་ཤིང་འོད་འབར་ཉི་མ་བཞིན། །འཇིག་རྟེན་དག་ན་མིག་ཏུ་སྡུག་པར་འགྱུར། །ཞེས་དང་། སྤྱན་རས་གཟིགས་ཀྱི་མདོ་ལས། འདྲེན་པའི་སྐུ་གཟུགས་རབ་ཏུ་མཛེས་བྱས་ན། །དེ་ནི་མཆོག་གྱུར་སྐྱེ་བོས་མང་མཆོད་འོས། །བློ་ལྡན་ཕྱུག་ཅིང་ཚེ་ཡང་རྒྱ་ཆེན་ལྡན། །ཞེས་དང་། གང་དག་ལ་ལས་དེ་ནི་སློབ་པའི་ཚེ། །རྩེད་མོ་དག་དང་སད་པར་བྱས་པ་ཡིས། །རྩིག་ངོས་སེན་མོའམ་ཤིང་བུས་གཟུགས་བྲིས་པ། །དེ་དག་ཐམས་ཅད་བྱང་ཆུབ་ཐོབ་པར་འགྱུར། །ཞེས་དང་། སྡོམ་འབྱུང་ལས། སྡུགས་པ་ལས་ནི་དང་པོ་བས། །གཟུགས་བརྙན་ལ་སོགས་བྱ་བ་སྟེ། །བྲིས་སྐུ་བསྒྲུབས་ན་མྱུར་བར་ནི། །དངོས་གྲུབ་རྒྱ་ཆེར་ཐོབ་པར་འགྱུར། །ཞེས་དང་། སྡུད་པ་ལས། །ལ་ལས་གངྒའི་གླིང་གི་བྱེ་སྙེད་ཞིང་ཁམས་ན། །སེམས་ཅན་འཁོར་ཀུན་དགྲ་བཅོམ་ཉིད་བཏུས་པས། །གང་གིས་ཤེས་རབ་ཕ་རོལ་ཕྱིན་འདི་ཡིག་བྲིས་ཏེ། །སེམས་ཅན་མཆོག་ལ་ལེགས་བྱིན་བསོད་ནམས་ཁྱད་པར་འཕགས། །ཞེས་དང་། གསལ་རྒྱལ་གྱིས་ཞུས་པ་ལས། ཐུབ་པའི་དབང་པོའི་མཆོད་རྟེན་བཞེངས་པ་ཡིས། །མྱ་ངན་རྣམ་གསལ་ལུས་ཀུན་རྒྱལ་བ་ཡིས། །གཙོ་བོར་གྱུར་པའི་རིན་ཆེན་མཛོད་མང་དང་། །ས་སྟེང་དགྲ་ཡི་ཚོགས་ལས་རྒྱལ་བར་འགྱུར། །ཞེས་དང་། བུ་མོ་རྣམ་དག་གིས་ཞུས་པ་ལས། དེ་བཞིན་གཤེགས་པའི་སྐྱེས་བུ་ཆེན་པོའི་མཚན་མཐུ་བོ་ཆེ་ཆེན་པོས་ལུས་ཀུན་མཛེས་པ་འདི་ནི། སྔོན་དེ་བཞིན་གཤེགས་པའི་སྐུ་གཟུགས་བཞེངས་པ་དང་མཆོད་རྟེན་ཞིག་པ་བཅོས་པ་དང་། གཞན་འཇིགས་པ་དག་དབུགས་ཕྱུང་བ་དང་། སེམས་ཅན་མི་མཐུན་པ་སྙོམ་བྱས་

པས་འགྲུབ་སྟེ། བུ་མོ་སྟོན་དགེ་བའི་རྩ་བའི་ཆོས་ཚད་མེད་པ་འདི་དག་སྤྱོད་པས་དེ་བཞིན་གཤེགས་པའི་སྐུ་ལ་སྐྱེས་བུ་ཆེན་པོའི་མཚན་སུམ་ཅུ་རྩ་གཉིས་མངོན་པར་འགྲུབ་པོ། །ཞེས་དང་། གསལ་རྒྱལ་ལ་གདམས་པའི་ཚིགས་སུ་བཅད་པ་ལས། བཅོམ་ལྡན་འདས་ཀྱི་མཆོད་རྟེན་རྣམས་དང་ནི། །སྐུ་གཟུགས་རྣམས་ལ་རྡུལ་ཕྲན་ཅི་སོང་བ། །དེ་ཡི་གྲངས་སྙེད་དེ་བྱེད་མི་རྣམས་ཀྱིས། །ལྷ་ཡུལ་ས་སྟེང་ངེས་པར་རྒྱལ་སྲིད་འཐོབ། །གཟུགས་དང་གཟུགས་མེད་ཁམས་ཀྱི་ཏིང་ངེ་འཛིན། །ཕུན་སུམ་ཚོགས་པའི་ས་མཆོག་ཀུན་མྱངས་ནས། །ཐ་མར་སྐྱེ་དང་རྒ་ལ་སོགས་པ་ཡི། །སྡུག་བསྔལ་མེད་པར་སངས་རྒྱས་གོ་འཕང་ཐོབ། །ཅེས་སོགས་དང་། དཔུང་བཟང་གིས་ཞུས་པ་ལས། གསང་སྔགས་བསྒྲུབས་ཀྱང་དངོས་གྲུབ་མ་ཐོབ་ན། །འཛེམ་པ་ལས་ནི་མཆོད་རྟེན་འབུམ་གདབ་བམ། །ཡང་ན་ཆུ་འགྲམ་བྱེ་མ་ལ་ཡང་གདབ། །ཅེས་སོགས་མདོ་རྒྱུད་བསྟན་བཅོས་རྣམས་ལས་སྐུ་གསུང་ཐུགས་རྟེན་གསར་དུ་བཞེངས་པ་དང་། ཞིག་གསོས་བྱས་པའི་ཕན་ཡོན་མཐའ་ཡས་པ་བཀའ་བསྩལ་པ་དང་། བསྟི་སྟངས་དང་མཆོད་པ་བྱས་པའི་ཕན་ཡོན་ཡང་། དམ་ཆོས་པདྨ་དཀར་པོ་ལས། བདེ་གཤེགས་རིང་བསྲེལ་ལ་ནི་ཙུང་ཟད་ཙམ། །སིལ་སྙན་གཅིག་བརྡུངས་པ་ཡི་སྒྲ་སྒྲུང་ངམ། །མེ་ཏོག་གཅིག་ཙམ་གྱིས་ནི་མཆོད་པ་དང་། །བདེ་གཤེགས་སྐུ་གཟུགས་རྩིག་ངོས་བྲིས་པ་ལས། །འཁྲུགས་བཞིན་པ་ཡི་སེམས་ཀྱིས་མཆོད་ན་ཡང་། །དེ་དག་རིམ་གྱིས་སངས་རྒྱས་བྱེ་བ་མཐོང་། །མཆོད་རྟེན་དག་ལ་གང་གིས་ཐལ་མོ་སྦྱར། །ཡོངས་སུ་ཚང་བའམ་ཐལ་མོ་ཡ་གཅིག་གམ། །ཡང་ན་མགོ་བོ་སྐད་ཅིག་བཏུད་པ་དང་། །དེ་བཞིན་ལན་ཅིག་ལུས་ཀྱང་བཏུད་པ་དང་། །གང་གིས་རིང་བསྲེལ་གནས་པ་དེ་དག་ལ། །གཡེངས་པའི་སེམས་ཀྱིས་སངས་རྒྱས་ཕྱག་འཚལ་ཞེས། །ཚིག་གཅིག་ལན་འགའ་བརྗོད་པར་བྱས་པ་ཡང་། །དེ་དག་ཀུན་ཀྱང་བྱང་ཆུབ་མཆོག་འདི་ཐོབ། །ཅེས་དང་། གསལ་རྒྱལ་གྱིས་ཞུས་པ་ལས། ཐུབ་དབང་མཆོད་རྟེན་རྗེ་ཐལ་ཕྱུགས་པ་ཡིས། །ལྷ་མིའི་འཇིག་རྟེན་དག་ན་ཚེ་རིང་ཞིང་། །ལུས་སེམས་ནད་དང་མྱ་ངན་བྱེད་སྤངས་ཏེ། །རྟག་ཏུ་སྐྱིད་ཅིང་ནོར་གྱིས་ཕྱུག་པར་

འགྱུར། །ཞེས་སོགས་དང་། སྙིང་རྗེ་པདྨ་དཀར་པོའི་མདོ་ལས། ཀུན་དགའ་བོ། ང་འདུག་པ་ལ་མངོན་སུམ་དུ་བསྙེ་སྐྱངས་བྱེད་པ་དང་། བླ་མར་བྱེད་པ་ནས་མཆོད་པར་བྱེད་པའི་བར་ལྟ་ཞོག གང་ཡང་ཡོངས་སུ་མྱ་ངན་ལས་འདས་ནས་རིང་བསྲེལ་ཡུངས་འབྲུ་ཙམ་ལའང་བསྙེ་སྐྱངས་བྱེད་པ་ཡང་ལྟ་ཞོག་དེ་ཕྱིར་མཆོད་རྟེན་ལ་བསྙེ་སྐྱངས་བྱས་པ་ཡང་ལྟ་ཞོག་སྟེ། ཀུན་དགའ་བོ། གང་དག་ཁ་ཅིག་སངས་རྒྱས་ལ་དམིགས་ནས་ཐ་ན་མེ་ཏོག་ཅིག་ནམ་མཁའ་ལ་འཐོར་ན། བསོད་ནམས་ཀྱི་ཕུང་པོ་དེའི་རྣམ་པར་སྨིན་པའི་རྩ་བ་དེ་དག་ཐམས་ཅད་ཀྱི་འབྲས་བུ་མྱ་ངན་ལས་འདས་པ་ཡིན་ཏེ། ཐམ་མྱ་ངན་ལས་འདས་པར་ང་སྒྲོག་གོ །ཞེས་སོགས་རྒྱ་ཆེར་གསུངས་པ་དྲངས་པས་མི་ལང་ངོ་། །དེ་བཞིན་དུ་རྒྱལ་དབང་བདུན་པའི་རྟེན་དེབ་ཏུ་དྲངས་པའི་པཎ་ཆེན་ནགས་ཀྱི་རིན་ཆེན་གྱི་གསུང་སྒྲོས་ལས། བདེ་བར་གཤེགས་པའི་སྐུ་གསུང་ཐུགས་ཀྱི་རྟེན་དང་། དེ་དག་བཞུགས་པའི་གཙུག་ལག་ཁང་བཞེངས་པའི་ཆེད་དུ་བརྩོན་པ་བརྟེན་ན། འཇིག་རྟེན་དང་འཇིག་རྟེན་ལས་འདས་པའི་ཕུན་སུམ་ཚོགས་པ་ཐམས་ཅད་ངང་གིས་འགྲུབ་པར་མ་ཟད། ཐ་ན་དེ་རྣམས་ཀྱི་སྒོ་འཕྲམས་དང་། གཡོས་མལ་བྱེད་པའི་ཁང་ཕྲན་ཙམ་བཞེངས་པའི་ཆེད་དུ་གོམ་པ་བདུན་བོར་བ་ཡང་ངན་སོང་དུ་མི་འགྲོ་བར་ལྷའི་ལུས་ཐོབ་ལ། བཟོ་བོ་བཟའ་བཏུང་གཡོ་སྐྱོལ་བྱེད་པའི་དུ་བ་ཐོག་ཚད་ཀྱི་སེམས་ཅན་རྣམས་དང་། ལས་མིའི་རྐང་འོག་ཏུ་ཤི་བའི་སྲོག་ཆགས་རྣམས་ཀྱང་ངན་སོང་དུ་མི་ལྟུང་བར་གསུངས་སོ། །གོང་ནས་དྲངས་པ་དང་མ་དྲངས་པའི་རྒྱལ་བའི་སྐུ་གསུང་ཐུགས་རྟེན་བཞེངས་པ་དང་དེ་ལ་མཆོད་པ་དང་ཕྱག་སྐོར་སོགས་བྱས་པས་གནས་སྐབས་དང་མཐར་ཐུག་གི་ཕན་བདེ་ཐམས་ཅད་ངང་གིས་འགྲུབ་པར་གསུངས་པ་འདི་དག་ནི་བསྟན་བྱ་ལ་བསླུ་མེད་ཀྱི་ཐེ་ཚོམ་གཏན་ནས་བྱེད་མི་དགོས་ཏེ། ལུང་ཕྲན་ཚེགས་ལས། ཟླ་བ་སྐར་མར་བཅས་པ་ས་ལ་ལྷུང་ཡང་སྲིད། །ས་འདི་རི་དང་ནགས་ཚལ་མཁའ་ལ་འགྲོ་ཡང་སྲིད། །རྒྱ་མཚོ་ཆེན་པོའི་ཆུ་ནི་སྐམ་པར་འགྱུར་སྲིད་ཀྱི། །དྲང་སྲོང་ཆེན་པོ་རྫུན་གསུང་འགྱུར་བ་སྲིད་པ་མིན། །ཞེས་དང་། ཏིང་ངེ་འཛིན་རྒྱལ་པོ་ལས། ཟླ་བ

སྐར་མར་བཅས་པ་གནས་ལྟུང་ཞིང་། །རི་དང་གྲོང་དུ་བཅས་པའི་ས་ཞིག་ལ། །ནམ་མཁའི་ཁམས་ནི་རྣམ་པ་གཞན་གྱུར་ཀྱང་། །ཁྱོད་ནི་མི་བདེན་པ་ཡི་ཚིག་མི་གསུང་། །ཞེས་དང་། རིགས་པའི་དབང་ཕྱུག་གིས་ཀྱང་། སྨྲོད་པ་ཉིད་གཟིགས་ལམ་གསུང་བ། །འབྲས་མེད་ཕྱིར་ན་རྫུན་མི་གསུང་། །ཞེས་གསུངས་པས་སོ། །དེའི་ཕྱིར་ཆོས་ལྡན་གྱི་ཡུལ་དུ་མི་ལུས་རྙེད་ཅིང་། དམ་པའི་ཆོས་དང་མཐུན་པའི་སྣང་རྡོར་གྱི་གནས་ཚུང་ཟད་ཤེས་པའི་སྐལ་བཟང་སྐྱེ་དགུ་ཀུན་གྱིས་སྐུ་གསུང་ཐུགས་ཀྱི་རྟེན་གསར་བཞེངས་དང་ཞིག་གསོ་ལ་འབྲེལ་ཅི་ཐོགས་དང་། མཆོག་གསུམ་གྱི་ཞིང་ལ་ཕྱག་མཆོད་སྐོར་བ་སོགས་རྣམ་དཀར་གྱི་ལས་ལ་ཅི་ནུས་ཀྱིས་འབད་པ་ལ་བརྟེན་ནས་རྟེན་བཟང་ཐོབ་པ་དོན་དང་ལྡན་པར་བྱ་རིགས་སོ། །

༧ འདིར་སྨྲས་པ། རྒྱལ་ཀུན་ཡེ་ཤེས་འོད་ལྔའི་གུར་ཁང་ནས། །ངུར་སྨྲིག་ཉིན་བྱེད་གཟུགས་ཀྱིས་རྟེན་པ་ལས། །སྐལ་ལྡན་རྒྱ་མཚོར་ལེགས་བྱས་དཔལ་འཛོ་བའི། །མཚུངས་མེད་བླམ་མཆོག་དེར་སྣང་ཡང་འདུད། །མཆོག་གསུམ་ཞིང་ལ་བཏང་བའི་བསོད་ནམས་ཀྱིས། །སྙིང་པོས་རབ་དབེན་སྲིད་འཁྱོར་ཨེ་རཱཛ། །དོན་གཉིས་འདོད་འཛོ་དཔྱིད་གི་སྙིང་པོ་རུ། །འགྲུབ་པར་དྲང་སྲོང་ཆེན་པོས་ལན་བརྒྱུར་འདོམས། །དེའི་ཕྱིར་འདིར་འབད་ལེགས་བྱས་གཏྣའི་སྲིང་། །སྲིད་ཞིའི་རྣམ་དཀར་ཀླུང་བརྒྱ་དང་འགྲོགས་ནས། །བྱང་ཆེན་ཡེ་ཤེས་ཆུ་གཏེར་ལ་དྲིལ་ཏེ། །མཁའ་ཁྱབ་གདེངས་ཅན་འཚོ་བའི་གཞིར་གྱུར་ཅིག །དྲི་བྲལ་ཐུབ་བསྟན་ཡིད་བཞིན་ནོར་གྱི་བུ། །བཤད་སྒྲུབ་རྒྱལ་མཚན་རྩེ་མོར་གུས་མཆོད་པས། །འདོད་དགུ་ཟད་མི་ཤེས་པའི་གྲུ་ཆར་གྱིས། །སྐལ་བཟང་སྐྱེ་དགུའི་རྒྱ་མཚོ་ཚིམ་གྱུར་ཅིག །བློ་ཤེལ་སོ་ཕྲེང་རྒོད་པའི་མུ་འཁྱུད་ཀྱིས། །རབ་མཛེས་ནོར་བུ་པདྨའི་ཞིང་ཁམས་འདི། །བདུད་རྩི་ཟས་སུ་ཟ་བའི་འཛིག་རྟེན་ལ། །འགོད་པའི་དགེ་མཚན་ཉམས་པ་མེད་གྱུར་ཅིག །བཤད་སྒྲུབ་ཆོས་ཀྱི་སྲིད་ཚལ་མ་ལུས་པ། །ཐར་འདོད་བློ་གསལ་ངང་མོས་ཡོངས་གང་སྟེ། །འཆད་རྩོད་རྩོམ་པའི་མགྲིན་ཟ་རྟུང་བཞིན་དུ། །བསམ་སྒོམ་གཞོག་ཟླུང་གར་གྱིས་རྟེན་གྱུར་ཅིག །བདག་ཀྱང་རྒྱལ་བའི་ཉི་མ་རིམ་ཤར་དུས། །སྤྲངས་རྟོགས་པད་

དཀར་འདབ་བརྒྱའི་འཛུམ་གྲོལ་ཏེ། །ལུས་ཅན་བུང་བ་འདུ་བའི་གཞིར་གྱུར་ནས། །
འབྲུལ་བྲལ་བཞེད་དགོངས་བཅུད་ཀྱིས་འཚོ་གྱུར་ཅིག །མ་འོངས་སྲིད་པའི་སྐྱེ་ཕྲེང་ཐམས་
ཅད་དུ། །མཚན་ལྡན་མགོན་དེས་འབྲལ་མེད་རྗེས་བཟུང་སྟེ། །བསླབ་གསུམ་རིམ་གཉིས་
རྣལ་འབྱོར་མཐར་ཕྱིན་པས། །ལེགས་གསུང་དཔལ་གྱིས་འགྲོ་ཀུན་སྐྱོང་གྱུར་ཅིག །རྟེན་
འདིར་འབྲེལ་ཐོགས་ལུས་ཅན་མ་ལུས་པ། །དལ་འབྱོར་རྟེན་བཟང་ཕྲེང་བ་རིམ་བརྒྱུད་
དེ། །ས་ལམ་ཡོན་ཏན་ཐམས་ཅད་ལྷུན་རྫོགས་ནས། །སྟོབས་བཅུ་མངའ་བའི་གོ་འཕང་
མྱུར་ཐོབ་ཤོག །མདོར་ན་རྒྱལ་བའི་ལུགས་བཟང་མཆོག་ཏུ་དར། །བསྟན་འཛིན་རྒྱ་
མཚོའི་ཞབས་པད་རི་ལྟར་བརྟན། །འགྲོ་ཀུན་ཆོས་འབྱོར་བདེ་བས་འཚོ་གྱུར་ཏེ། །རྫོགས་
ལྡན་བསྐལ་བཟང་མཆོག་ཏུ་དར་གྱུར་ཅིག །ཅེས་ཐུབ་བསྟན་ཡང་དར་གྱི་སྐབས་སུ་ཁྲི་ཀའི་
མི་ཉག་མཆོད་རྟེན་ཞིག་གསོས་ཇི་ལྟར་བྱས་ཚུལ་གྱི་དཀར་ཆག་དང་གསུམ་ཉིན་བྱེད་འདྲེན་
པའི་སྐྱ་རེངས་ཞེས་བྱ་བ་འདི་ནི། མཁྱེན་རབ་ཀྱི་དབང་ཕྱུག་སྐྱེ་བའི་རྟགས་རམས་པའི་ཡང་
སྤྲུལ་རིན་པོ་ཆེ་ངག་དབང་འཇམ་དབྱངས་རྒྱ་མཚོ་བ་ནས་བདོག་པའི་གནང་སྐྱེས་དང་བཅས་
ནན་ཆེར་བསྐུལ་བའི་ངོ་མ་བཟློག་པར་གཡར་ཁྲལ་ཙམ་དུ་ཕྲན་རྫོངས་རྟུལ་འདུ་ཤེས་གསུམ་པ་
བཤད་སྒྲུབ་རྒྱ་མཚོའམ་མི་ཕམ་མཚོ་བྱུང་དགྱེས་པའི་བློ་གྲོས་སུ་འབོད་པས་རབ་བྱུང་བཅུ
བདུན་པའི་ཤིང་ཕག་ལོའི་ས་ག་ཟླ་བའི་དུས་ཆེན་དགེ་བར་ཚབ་ཆ་བདེ་སྐྱིད་དར་ཐང་གི་རིག
པའི་སྡིངས་ཀ་དགེ་འོས་སློབ་གྲྭའི་གཞུང་ལས་ཁང་ནས་གྲུབ་པར་བགྱིས་པ་དགེ་ལེགས་སུ་གྱུར་
ཅིག །

༄༅། །སེར་ཏན་དགོན་བཀྲ་ཤིས་འཕེལ་རྒྱས་གླིང་གི་ལོ་རྒྱུས་མདོར་བསྡུས།

དགོན་འདི་ནི་ད་ལྟ་ཁྲི་ཀ་རྫོང་གི་སྔོ་སྤྱིགས་རྫ་ལུང་བ་གསུམ་དུ་གྲགས་པའི་བར་བ་སྔོན་ཆོས་ལུང་བར་(རྫོང་ནས་སྤྱི་ལི་བཅུའི་མཚམས་ན)ཡོད་ལ། རབ་བྱུང་བཅུ་གཅིག་པའི་མེ་གླང་(༡༥༣༧)ལོར་ཀུ་ཤྲཱི་བསྟན་འཛིན་ཆོས་ཀྱི་རྒྱལ་པོ་དམག་ཚིག་སྔོན་དང་བཅས་ཞིན་ཅང་ནས་ཆས་ཏེ་མཚོ་སྔོན་དུ་འགྱུར་ནས། སྐབས་དེར་མཚོ་སྔོན་དབང་དུ་བསྒྱུར་པའི་ཏལ་ཏ་ཚོག་ཐུའི་དམག་བཞི་ཁྲི་བཅོམ་སྟེ། མཚོ་སྔོན་དབང་དུ་བསྒྱུར་ཅིང་། ལོ་དེར་ཀུ་ཤྲཱི་དབུས་སུ་ཕེབས་ནས་དགེ་ལུགས་པ་དང་མཆོད་ཡོན་དུ་འབྲེལ་བ་དང་། ཀུན་གཟིགས་ལྔ་བ་ཆེན་མོ་དང་པཎ་ཆེན་བློ་བཟང་ཆོས་ཀྱི་རྒྱལ་མཚན་གྱིས་རྗེ་བོ་རིན་པོ་ཆེའི་མདུན་ནས་ཀུ་ཤྲཱི་ཏན་བསྟན་འཛིན་ཆོས་ཀྱི་རྒྱལ་པོའི་ཆོ་ལོ་བསྩལ་པར་མ་ཟད། ལྷ་མོ་རེ་མ་ཏི་སྤྲུག་བཞི་མའི་ཐང་སྐུ་རྒྱལ་དབང་ཉིད་ཀྱི་རྟེན་ཐང་འགངས་ཆེན་སོགས་སྐུ་གསུང་ཐུགས་རྟེན་མཐའ་ཡས་པ་གནང་ཞིང་། མཆོད་གནས་སུ་ཆོས་རྗེ་དགེ་འདུན་རྣམ་རྒྱལ་གྱི་གཙོས་དཔལ་ལྡན་སྨད་རྒྱུད་གྲྭ་ཚང་གི་གྲྭ་དཔོན་སློབ་འགའ་བཅས་རྫོང་རྟ་མཛད་ནས་ལོ་དེའི་དགུན་རྒྱལ་པོ་དང་མཉམ་དུ་མདོ་སྨད་དུ་ཆིབས་བསྒྱུར་ནས། ལོ་དེར་ཐོ་ལི་(ད་ལྟ་ཆེན་ལན་རྫོང་།)ནས་དགོན་འདི་གུར་སྒར་གྱིས་དགོན་གཞི་བཙུགས་ནས་མཚོ་སྔོན་གཡས་རུ་དང་གཡོན་རུའི་སོག་པོ་དཔོན་ཁག་མདའ་བརྒྱ་དང་གཅིག་གི་སྤྱི་སྒར་བྱས། དེ་ནས་རྒྱན་འགའ་ཞིག་གིས་བྱ་ཐང་(ད་ལྟ་ཞིན་ཧྲེ་རྫོང་ནཡོད།)དུ་སྒར་གཞི་སྤོས་ནས་དེར་གཞི་ཆགས་ཤིང་། སྐབས་དེར་འཕེལ་རྒྱས་ཏ་ཅང་ཆེན་པོ་བྱུང་ཞིང་དགེ་འདུན་ཞལ་གྲངས་སུམ་བརྒྱ་ལྷག་བཞུགས་པར་གྲགས། བཀའ་པོད་ལྔའི་འཆད་ཉན་ཀྱང་ཡོད། རབ་བྱུང་བཅུ་གཉིས་པའི་ཆུ་ཡོས་(༡༧༧༢)ལོར་ཉན་གྲུང་ཡེའི་

དམག་མཚོ་སྔོན་དུ་ཡོང་ནས་བྱུང་གི་དགོན་ཆེན་ཕལ་ཆེར་མེར་བསྲེགས་ཤིང་མཚོ་སྔོན་དཔོན་ཁག་ཉམས་རྒུད་ཆེན་པོ་བྱུང་བ་དང་བསྟུན་ནས་སྟོད་ནས་མགོ་ལོག་གི་ཇག་པས་དགོན་འདིར་ཡང་ཡང་གཙེས་སྐབས་བྱ་ཐང་དུ་གནས་མ་ཐུབ་པར་ཐུབ་བསྟན་གསལ་བའི་སྒྲོན་མེ་ལྷ་མོ་ཚ་གན་ནོ་མོན་ཧན་རྗེ་བཙུན་བློ་བཟང་བསྟན་པའི་རྒྱལ་མཚན་ལ་སྐྱབས་བཅོལ་ནས་གུར་སྒར་ཁྲི་ཀར་སྤོས་ཏེ་ཁང་སྒར་དུ་བསྒྱུར་ཅིང་། དགོན་པའི་མཚན་ལ་ཐེག་ཆེན་ལྷུན་གྲུབ་ཐུབ་བསྟན་སྡེ་ཞེས་བསྙལ། འདུ་ཁང་ཡང་ལྷ་མོ་ཚང་དང་ཚུ་བཟང་ཚང་གིས་ཐུགས་ཁུར་ཆེར་བཞེས་ཀྱིས་བཞེངས། དགོན་འདི་སྔོན་ཆད་དཔལ་ལྡན་སྨད་རྒྱུད་ཀྱི་དགོན་ལག་ཏུ་གཏོགས་ཀྱང་། དུས་འདི་ནས་ལྷ་མོའི་དགོན་ལག་ཏུ་གྱུར་ཏོ། །

ཆོས་ཐོག་གི་སྐོར་ནི་ཧོར་ཟླ་བཅུ་བའི་ཚེས་ཉེར་བཞི་ནས་མགོ་བརྩམས་ཏེ་དགེ་ལྡན་ལྔ་མཆོད་ཆེན་མོ་ཉིན་ལྷ་ལ་གསང་བ་འདུས་པའི་ཚོགས་གསུངས་ཤིང་མཇུག་ཏུ་གར་འཆམ་བཅས་དང་། ཟླ་བཅུ་གཅིག་པར་མ་ཧཱའི་ཟླ་ཆོས། བོད་ལོའི་ཚེས་ཉེར་གསུམ་ནས་མགོ་བརྩམས་ཏེ་ཉིན་བདུན་ལ་མགོན་ཆོས་ལྷ་མོ་སོགས་ཆོས་སྐྱོང་རྣམས་ཀྱི་ཚོགས་གསུངས། རྒྱ་ལོའི་ཚེས་གཅིག་ཉིན་ལྷ་མོའི་ཚེ་གཏོར་བརྗེས་ཤིང་དེའི་ཚོགས་གསུངས། ཟླ་དེའི་ཚེས་བཅུ་ནས་བཅོ་ལྔའི་བར་ཚེ་འཕྲུལ་སྨོན་ལམ་ཆེན་མོ་ཉིན་ལྷ་ལ་གསང་འདུས་གསུངས་ཤིང་མཇུག་ཏུ་འཆམ་དང་བཅས་སོ། །ས་ག་ཟླ་བའི་ཚེས་བདུན་ནས་མགོ་བརྩམས་ཏེ་ཀུན་རིག་གི་སྒྲུབ་མཆོད་སྦྱིན་སྲེག་དང་བཅས་པ་ཉིན་བདུན། བཅུ་བཞི་ནས་སྨྱུང་གནས་བཅས་དང་། དགུ་བའི་ཚེས་བརྒྱད་ནས་མགོ་བརྩམས་ཏེ་ཡ་མཱ་ནྟ་ཛའི་སྒྲུབ་ཆེན་ཉིན་བདུན་ལ་དུས་དགྲའི་དབང་པོའི་ཚོགས་གསུངས་ཤིང་མཇུག་ཏུ་སྦྱིན་སྲེག་དང་བཅས་ཡོད་དོ། །དགོན་བདག་ནི། དགོན་འདིའི་ཁྲི་ཐོག་དང་པོ་དགེ་འདུན་རྣམ་རྒྱལ་ཡིན་ལ་དམ་པ་འདིས་ཐོ་ལེ་ནས་གུར་སྒར་གྱི་གཞི་བཟུང་ཚུལ་གོང་དུ་གསལ་བ་ལྟར་ལ། ཀུན་གཟིགས་ལྔ་བ་ཆེན་པོས་ཀྱང་བློ་བསྟན་འཛིན་ཆོས་ཀྱི་རྒྱལ་པོའི་མཆོད་གནས་སུ་གནང་བ་ལ་དཔགས་ན་བསམ་གྱིས་མི་ཁྱབ་པའི་སྐྱེས་ཆེན་དམ་པ་ཞིག་ཏུ་ཐེ་ཚོམ་ལ། ཁྲི་ཐོག་གཉིས་པ་རྗེ་བློ་བཟང་བསྟན་འཛིན་ཡིན་ལ་

དམ་པ་འདི་གཉིས་ཀྱི་རྣམ་ཐར་མི་གསལ། ཁྲི་ཐོག་གསུམ་པ་རྗེ་བཙུན་བླ་མ་དམ་པ་མེར་
ཀན་མཁན་པོ་ཨེར་ཏི་ནི་འཕྲིན་ལས་ཡར་འཕེལ་དཔལ་བཟང་པོ་ཡིན་ལ། དམ་པ་འདི་ལ་
སྣང་མཐའི་སྤྲུལ་པ་པཎ་ཆེན་ཐམས་ཅད་མཁྱེན་པ་རྗེ་བཙུན་བླ་མ་ཡེ་ཤེས་དཔལ་བཟང་
པོས་མེར་ཀན་མཁན་པོ་ཨེར་ཏི་ནི་ཞེས་པའི་ཆོ་ལོ་བསྩལ། པཎ་ཆེན་རིན་པོ་ཆེ་དགོན་
འདིར་དངོས་ཕེབས་གནང་ནས་རྟེན་བརྟེན་པར་རབ་གནས་གནང་ཞིང་བཀའ་དྲིན་ཆེན་
པོས་བསྐྱངས། དེའི་སྤྲུལ་སྐུ་མཁན་པོ་དོན་ཡོད་རྒྱ་མཚོ་སོག་པོར་འཁྲུངས། དམ་པ་འདིས་
རྗེ་ཚ་ཀན་ནོ་མོ་ཧན་བློ་བཟང་བསྟན་པའི་རྒྱལ་མཚན་དཔལ་བཟང་པོར་སྐྱབས་བཅོལ་ནས་
གུར་སྐར་ཁྲི་ཀར་སྤྱོས། སྐྱབས་རྗེ་ནོ་མོ་ཧན་དང་ཚུ་བཟང་རིན་པོ་ཆེས་ཐུགས་རྗེས་
གཟིགས་པ་ཆེན་པོ་གནང་ནས་འདུ་ཁང་སོགས་བཞེངས་ཏེ་ཁང་དགོན་དུ་བསྒྱུར། མེར་
ཀན་མཁན་པོ་དེ་ཉིད་ཀྱི་སྤྲུལ་སྐུ་བློ་བཟང་ཐུབ་བསྟན་རྒྱ་མཚོ་ཡང་སོག་པོར་འཁྲུངས། དེའི་
སྤྲུལ་སྐུ་འཇམ་དབྱངས་གྲགས་པ་རྒྱལ་མཚན་ནི་རབ་བྱུང་བཅུ་བཞི་པའི་ལོ་གང་ནུང་ཞིག་ཏུ་
ཚུ་བཟང་དུ་སྐུ་འཁྲུངས། དེའི་སྤྲུལ་སྐུ་སྨར་ཁམས་མཁན་པོ་ད་ལྟའི་གོས་ནན་སྨར་ཁམས་
ནས་འཁྲུངས་ཏེ་དབུས་སུ་ཕེབས་ནས་ཕྱིར་གདན་སར་མ་ཕྱོན་ཅིང་ཁྲི་མ་བསྐྱངས་པས་ཁྲི་
རབས་བླ་རྒྱུད་གསོལ་འདེབས་ན་ཡང་མེད་དོ། །དེའི་སྤྲུལ་སྐུ་བློ་བཟང་བསྟན་པའི་ཉི་མ་ཚུ་
བཟང་ར་ལོ་ཐང་དུ་རབ་བྱུང་བཅོ་ལྔ་བའི་སྨད་ཀྱི་ལོ་གང་ནུང་ཞིག་ཏུ་སྐུ་འཁྲུངས། དམ་པ་
འདི་ཉིད་ཚུལ་ཁྲིམས་གཙང་ཞིང་། ཉམས་ལེན་ལ་བརྩོན་པ་སྙོད་མེད་ངོས་གདན་ས་འདི་
ཉིད་ཆོས་དང་ཟང་ཟིང་གིས་ལེགས་པར་བསྐྱངས་པས་བཀའ་དྲིན་བསམ་གྱིས་མི་ཁྱབ།
རབ་བྱུང་བཅུ་དྲུག་པའི་མེ་ཕག་ལོར་གཟུགས་སྐུའི་བཀོད་པ་བསྡུས་སོ། །དེའི་སྤྲུལ་སྐུ་འདི་
བ་རབ་བྱུང་བཅུ་དྲུག་པའི་ས་བྱི་(༡༩༤༨)ལོར་ཚུ་བཟང་ར་ལོ་ཐང་དུ་ཡབ་ལྷུགས་ཐར་དང་
ཡུམ་ནས་དཀར་སྐྱིད་གཉིས་ཀྱི་སྲས་སུ་སྐུ་བལྟམས། སྐྱབས་རྗེ་ཚུ་བཟང་རིན་པོ་ཆེ་དང་
འགྲོ་མགོན་ཨ་རོལ་རིན་པོ་ཆེ་གཉིས་ཀྱིས་མེར་ཀན་མཁན་པོའི་ཡང་སྤྲུལ་དུ་ངོས་འཛིན་
གནང་ཞིང་། བློ་བཟང་འཇིགས་མེད་འཕྲིན་ལས་རྒྱ་མཚོ་ཞེས་པའི་མཚན་བསྩལ། ཐུབ་

བསྟན་ཡང་དར་གྱི་སྐབས་འདིར་གདན་ས་སྐྱོང་ཁུར་ཆེས་ཆེར་བཞེས་པའི་མུ་ནས་ཞབས་པད་མགོན་པོ་ཆོས་མཐའ་ཡས་པའི་ངོ་བོར་བརྟན་ཅིང་མཛད་འཕྲིན་ཡར་ངོའི་ཟླ་ལྟར་འཕེལ་བའི་སྐབས་ལགས་སོ། །

དགོན་པའི་རྟེན་དང་བརྟེན་པའི་དཀར་ཆག་ནི། རབ་བྱུང་བཅུ་གཉིས་པའི་ནང་དུ་མེར་ཉན་མཁན་པོ་དོན་ཡོད་རྒྱ་མཚོས་ཁྲི་ཀར་འདུ་ཁང་མཚན་ཉིད་ལྡན་པ་ཞིག་དང་རྟེན་བསྟན་པའི་བདག་པོ་སྟོན་པ་ཤཱཀྱ་ཐུབ་པའི་སྐུ་དང་རྗེ་ཡབ་སྲས་གསུམ་སོགས་སྨན་སྐུ་དང་ལི་མ། བྲིས་ཐང་སོགས་བསམ་གྱིས་མི་ཁྱབ་པ་བཞེངས། རབ་བྱུང་བཅུ་བཞི་སྨད་ཀྱི་ལོ་གང་རུང་ཞིག་ཏུ་ལྷ་མོ་ཚོགས་གཉིས་རྒྱ་མཚོའི་སྐུ་གདུང་མཆོད་རྟེན་དང་བཅོམ་ལྡན་འདས་ཀྱི་རང་བསྲེལ་བྱ་སྒོང་མའི་གཙོ་བྱས་པའི་ལྷ་མོ་སྐར་གཞུང་ཁམས་གསུམ་རྣམ་རྒྱལ་ནས་སྐུ་གསུང་ཐུགས་རྟེན་ཧ་ཁལ་ཉིས་བརྒྱ་སྐོར་དགོན་འདིར་གདན་དྲངས། རབ་བྱུང་བཅོ་ལྔ་པའི་དུས་མགོར་དགོན་གནས་ཚུང་སྤྱིས་པའི་དབང་གིས་འདུ་ཁང་གསར་བཞེངས་བྱས་ཤིང་། སྔོན་གྱི་རྟེན་རྣམས་ཀྱི་སྟེང་དུ་ཀུ་ཤྲཱི་བསྟན་འཛིན་ཆོས་ཀྱི་རྒྱལ་པོའི་ཞལ་འདོན་བཀའ་འགྱུར་གསེར་བྲིས་མ་དང་། གོང་ས་ལྔ་བ་ཆེན་མོའི་གསོལ་ཚན་སོགས་ནང་རྟེན་རྩ་ཆེན་ཤིན་ཏུ་མང་པོ་དང་། འཇིགས་པ་བརྒྱད་སྐྱོབས་མའི་གྱུན་ཐང་སོགས་སྐུ་གསུང་ཐུགས་རྟེན་བྱིན་ཅན་ཤིན་ཏུ་མང་། (ནང་རྟེན་དཀར་ཆག་གཞམ་དུ་གསལ།) འདུ་ཁང་གི་ཤར་ཕྱོགས་སུ་བེ་ཀྱི་ལྷ་ཁང་། ཤར་སྣོར་སོག་དགེ་ལྷ་ཁང་། སྣོར་མཁན་པོའི་སྐར་ཁ། སྣོ་ནུབ་ཏུ་མགོན་ཁང་དང་བ་ཧྲི་བླ་བྲང་། ནུབ་ཕྱོགས་སུ་ཤ་རྒྱ་བླ་བྲང་དང་རྒྱ་དགེ་ལྷ་ཁང་། ནུབ་བྱང་དུ་བན་སེར་བླ་བྲང་དང་ཀོའུ་ཀྱི་ལྷ་ཁང་། བྱང་ཕྱོགས་སུ་ལྷ་མོ་སྐར་ཆེན་ནས་གདན་དྲངས་པའི་རྟེན་རྣམས་གཟུངས་གཞུག་ཏུ་བཞུགས་པའི་བྱང་ཆུབ་མཆོད་རྟེན། དེའི་འགྲམ་དུ་མཆོད་རྟེན་ཚང་དུ་ཞིག་ཀྱང་བཞུགས་སོ། །

མཆོ་སྟོན་དུས་འཁྲུག་གི་རྗེས་སུ་རྗེ་ཐུའུ་བཀྲན་རིན་པོ་ཆེ་དང་ལྕང་སྐྱ་རིན་པོ་ཆེ་སོགས་ཀྱིས་གོང་མ་ཡུང་གྱིན་ལ་ཞུ་མཁས་བགྱིས་པའི་ཐུགས་རྗེ་ལས་དུས་འཁྲུག་གི་སྐབས་

སུ་ལྷ་སྡེ་ཚང་མ་སྲིད་གཞུང་གི་ཐད་ཀའི་དབང་འོག་ཏུ་ཆུད་པ་སྐབས་མ་གནང་ཡང་རྒྱལ་མཛོད་ནས་དགོན་སྡེ་རྣམས་ལ་ཕོག་ཐོབ་སྤྲོད་པའི་ལམ་ལུགས་བཙུགས་པ་ལྟར་དགོན་འདིར་ཡང་དོ་ཐེའུ་ཡི་གེ་ཞེས་པའི་ཐམ་ག་ཞིག་ཡོད་པ་སྲིད་གཞུང་ལ་ཕྱིར་ན་ལོ་རེ་བཞིན་གྲྭ་བཙུན་ལྔ་བཅུའི་ཕོག་སྟེར་བའི་སྲོལ་འདི་དམངས་རྒྱལ་བར་ལ་གནས། དེ་མིན་དགོན་པའི་ཆོས་ཐོག་གི་གཏོང་ཐེབས་སུ་ཞིང་མོའུ་བརྒྱ་ཙམ་ཡོད་པ་ལོ་རེ་བཞིན་གཞུང་གཉེར་བས་དོ་དམ་གྱིས་བཏབ་ནས་གྲོ་ནས་ཀྱིས་ཆོས་ཐོག་རྣམས་ཀྱི་གཏོང་ཐེབས་སྤྱོར་བ་ཡིན་ལ། རིག་གསར་དུ་གྲགས་པའི་གཏོར་བཅོམ་གྱི་ལས་འགུལ་དེས་དགོན་པའི་མགོན་ཁང་ཙམ་མ་གཏོགས་རྟེན་བརྟེན་པ་ཐམས་ཅད་བཅོམ་ནས་ཤུལ་མེད་དུ་བཏང་ཡང་རབ་བྱུང་བཅུ་བདུན་པའི་ས་འབྲུག（༡༨༤༤）ལོ་ནས་ཏང་གི་ཆོས་དད་རང་མོས་ཀྱི་སྲིད་ཇུས་སྐབས་ཡང་དངོས་འབབ་བྱུས་སྐབས་དགོན་འདིའི་ཆོས་སྒོ་གསར་དུ་ཕྱེ་སྟེ། ཐོག་མར་གྲྭ་བཙུན་བརྒྱད་ཙམ་ལས་མེད་ཀྱང་། ད་ལྟ་འདུ་ཁང་རྟེན་དང་བཅས་པ་དང་མཆོད་རྟེན་སོགས་བཞེངས་གྲུབ་པ་དང་། གྲྭ་ཚོགས་ཀྱང་བཅུ་ཕྲག་ལྔ་ལ་ཉེ། འཚོ་རྟེན་ཀྱང་སྟོང་ར་ཆུང་བ་ཞིག་སོགས་ཡོད་ཅིང་། ཕྱོགས་གང་ནས་ཡར་རྒྱས་ཀྱི་སྐབས་ལགས་སོ། །

༄༅། །དཔལ་བཤད་སྒྲུབ་ཆོས་ཀྱི་དགའ་ཚལ་གཡོན་རུའི་དགོན་དགའ་ལྡན་བཀྲ་ཤིས་རབ་རྒྱས་གླིང་གི་བྱུང་བ་མདོ་ཙམ་བརྗོད་པ་དོན་ལྡན་གཏམ་གྱི་མེ་ཏོག་ཅེས་བྱ་བ།

༄༅། །ཨོཾ་བདེ་ལེགས་སུ་གྱུར་ཅིག བླ་མ་དང་རྗེ་བཙུན་མཁྱེན་པའི་གཏེར་ངོ་བོ་དབྱེར་མ་མཆིས་པའི་ཞབས་ལ་སྒོ་གསུམ་གུས་པ་ཆེན་པོས་ཕྱག་འཚལ་ཞིང་སྐྱབས་སུ་མཆིའོ། །ཚེ་རབས་ཐམས་ཅད་དུ་རྗེས་སུ་གཟུང་དུ་གསོལ། །རྣམ་པ་ཀུན་གཟིགས་ཡེ་ཤེས་ཆུ་ཁུར་ཅན། །བརྩེ་ཆེན་དྲི་བཞོན་ཤུགས་ཀྱིས་བསྐྱོད་པ་ལས། །ཞི་བསིལ་ཆོས་ཀྱི་གྲུ་ཆར་འཇོ་མཁས་པ། །སྟོན་མཆོག་ཟས་གཙང་སྲས་པོས་དགེ་ལེགས་སྩོལ། །ཀུན་རྨོངས་མ་རིག་སྨག་ཆེན་གློང་དུ་ཐོག་མེད་དུས་ནས་འཁྱམ་པའི་ཉམ་ཐག་འགྲོ་བ་ཀུན། །བརྩེ་ཆེན་འོད་ཞགས་རིང་པོས་འདྲེན་པའི་སླིང་སྟོབས་ཀོ་བགོས་ཀུན་བཟང་སྤྱོད་པའི་ཕ་མཐར་སོན། །རབ་འབྱམས་རྒྱལ་བ་རྒྱ་མཚོའི་ལེགས་མཛད་ཁུར་བཞེས་ལུས་ཅན་ཀུན་གྱི་མ་འདྲིས་མངའ་བའི་བཤེས། །ཁྱད་པར་བསིལ་ལྡན་འགྲོ་བའི་ལྷ་སྐལ་གཅིག་པུར་ཞལ་བཞེས་ཕྱག་ན་པདྨོས་བདག་སྐྱོངས་ཤིག །རབ་འབྱམས་ཤེས་བྱའི་གཤིས་དང་མཉམ་པ་ཉིད་གྱུར་ཡེ་ཤེས་རལ་གྲི་འབར་བའི་མཆོན་རྣོན་གྱིས། །དངོས་འཛིན་འཁྲི་ཤིང་དུམ་བུར་བཅད་པའི་སྐད་ཅིག་ཉིད་ལ་བདེན་གཉིས་ཆོས་ཚུལ་གསལ་བར་གཟིགས། །དུས་གསུམ་བདེ་བར་གཤེགས་པ་ཀུན་གྱི་ཡབ་གྱུར་འཕགས་མཆོག་འཇམ་དཔལ་གཞོན་ནུར་གྱུར་པ་ཡིས། །རྣམ་དག་རིག་པའི་གནས་ལ་ཆགས་ཐོགས་བྲལ་བའི་དྲི་མེད་བློ་གྲོས་སྣང་བ་མྱུར་དུ་སྩོལ། །ཕུལ་

བྱུང་ཐུགས་བསྐྱེད་གོ་ལའི་ཤུགས་ཀྱིས་བསྐོར་བའི་རྩོལ་བྲལ་ལེགས་མཛད་ཟླ་བ་གསར་བའི་འོད། །དཔག་ཡས་གདུལ་བྱའི་ཆུ་ཀླུང་ཀུན་ཏུ་སྣ་ཚོགས་སྣང་བརྙན་སྒྱུ་མའི་རོལ་གར་གྱིས་རྩེན་པ། །ཕྱོགས་དུས་ཐུབ་པ་ཀུན་གྱི་གདུང་འཚོབ་དཔལ་ལྡན་རིགས་བརྒྱའི་དཀྱིལ་འཁོར་སྤྲོ་ཞིང་བསྡུ་བའི་བདག །བླ་མ་མཆོག་དེའི་ཞབས་པད་ནོར་བུའི་གཟི་འོད་སྙིང་དབུས་མི་ཤིགས་འཇའ་ཀློང་གུར་དུ་བརྟེན། །བཅོམ་ལྡན་ཡེ་ཤེས་མེ་ལོང་མི་ཡི་གར། །ལེགས་བཤད་ཉིན་བྱེད་འོད་སྣང་འབྱུང་བའི་གཞི། །ཡོངས་རྫོགས་རྒྱལ་བསྟན་པད་ཚལ་རྒྱས་པའི་གཉེན། །འཇམ་མགོན་སྨྲ་བའི་ཉི་མར་སུ་མི་གུས། །དགེ་ལ་འདུན་ལྡན་སྐལ་བཟང་བྱེ་བའི་མགོན། །རྒྱལ་བསྟན་འབྱུང་བོ་འཛིན་མ་མཛེས་པའི་རྒྱན། །ཕུན་ཚོགས་དགེ་ལེགས་རྒྱ་མཚོ་འབྱུང་བའི་གནས། །མཚུངས་མེད་དཔལ་ལྡན་བླ་མ་གཙུག་ཏུ་བརྟེན། །བློ་བཟང་རྒྱལ་བསྟན་བསམ་འཕེལ་ནོར་བུའི་ཏོག །བཤད་དང་སྒྲུབ་པའི་རྒྱལ་མཚན་རྩེར་མཆོད་པས། །དོན་གཉིས་འདོད་དགུའི་དཔྱིད་ཀྱི་ཆར་འཛོ་བ། །བཤེས་གཉེན་མཆོག་དེའང་བསྟུགས་པའི་ཁྲི་ལ་བསྒྲུ །ཐུགས་རྗེའི་འདབ་ཡངས་ཕྱོགས་སུ་འཇུམ་པའི་ཐབས། །འགག་མེད་ལེགས་གསུང་སྦྲང་རྩིའི་བཅུད་ཆགས་པ། སྐལ་བཟང་རྐང་བ་དྲུག་པའི་ལོངས་སྤྱོད་དུ། །སྨོལ་མཁས་ཡོངས་འཛིན་ཚོགས་རྣམས་སྐྱབས་ཀྱི་ཕུལ། །གཉིས་འཐུང་དལ་བྱུར་བསྐྱོད་པའི་པདྨོའི་མཆོར། །མཚར་སྡུག་ལང་ཚོ་གསར་བའི་འཇུམ་གྲོལ་ཏེ། །སྙན་འཇེབས་རྒྱུད་མངས་སྒྲིང་མཁས་ཚངས་སྲས་ཀྱི། །དོན་ལྡན་གཏམ་སྙན་སྒྲོགས་པའི་གྲོགས་མཛོད་ཅིག །ཅེས་མཆོད་པར་བརྗོད་པ་དང་འདོད་དོན་གསོལ་བའི་ཚིགས་སུ་བཅད་པ་འགས་མདུན་བསུས་ཏེ། འདིར་བརྗོད་པ་སྐབས་སུ་བབས་པ་ནི། རྒྱལ་བ་ཐམས་ཅད་ཀྱི་གསང་གསུམ་འདུས་པའི་ཟ་མ་ཏོག༸ཀུན་གཟིགས་རྒྱལ་བའི་དབང་པོ་བཅུ་གསུམ་པ་ཆེན་པོའི་རིགས་ཀྱི་ཅོད་པན། ༸གནས་ལྔ་གཟིགས་པའི་པཎྜི་ཏ་ཆེན་པོ། རྗེ་རྗེ་འཆང་རྗེ་ཞྭ་དམར་བ་དགེ་འདུན་བསྟན་འཛིན་རྒྱ་མཚོ་དཔལ་བཟང་པོ་དང་། ངེས་པ་དོན་གྱི་བསྟན་འཛིན་ཆེན་པོ། མཁས་གྲུབ་བྱེ་བའི་གཙུག་རྒྱན་སྐྱབས་རྗེ་ཐར་ཤུལ་བ་དགེ་ལེགས་དབང

ཕྱུག་ཆོས་སྐྱོང་རྒྱ་མཚོའི་ཞལ་སྔ་ནས་སོགས་སྐྱེས་ཆེན་དམ་པ་དུ་མས་ཞབས་ཀྱིས་བཅགས་ཤིང་བྱིན་གྱིས་བརླབས་པའི་གནས་མཆོག ལུང་རྟོགས་ཡོན་ཏན་བྱེ་བའི་བདག་ཉིད། འགྲོ་མགོན་གྲུབ་པའི་དབང་ཕྱུག་ཆེན་པོ་གཡོན་རུ་བ་རྗེ་བཙུན་བློ་བཟང་ནོར་བུ་དཔལ་བཟང་པོ་སྐུ་ཕྲེང་རིམ་བྱོན་གྱི་གདན་ས་དམ་པ། ཕྱི་སོ་སོར་ཐར་པའི་བརྟུལ་ཞུགས་ཀྱི་ཡལ་འདབ་ལྷུག་པར་གྲོལ་ཞིང༌། ནང་བསླབ་པ་རིན་པོ་ཆེ་གསུམ་གྱི་ཟེའུ་འབྲུ་མཛེས་པར་སྤྲུད་པ། གསང་བ་རིམ་གཉིས་ཀྱི་རྣལ་འབྱོར་ཟབ་མོའི་སྦྲང་རྩིའི་བཅུད་ཀྱིས་གཏམས་པའི་གསུམ་ལྡན་རྡོ་རྗེ་འཛིན་པ་བརྒྱ་ཕྲག་གདན་འཛོམས་པའི་རྨད་བྱུང་ཆོས་ཀྱི་དགའ་ཚལ། གཡོན་རུའི་དགོན་དགའ་ལྡན་བཀྲ་ཤིས་རབ་རྒྱས་གླིང་གི་ལོ་རྒྱུས་གང་ངེས་མདོ་ཙམ་གླེང་བ་ལ། འདེབས་པ་པོ་སྐུ་ཕྲེང་གསུམ་གྱི་རྣམ་ཐར་མདོར་བསྡུས་ཏེ་ཞུ་བ། ཆོས་ཀྱི་སྡེ་འདི་ཇི་ལྟར་ཆགས་འདེབས་གནང་ཚུལ་དང་སྐུ་གསུང་ཐུགས་རྟེན་གྱི་དཀར་ཆག ཆོས་ཐོག་གི་རིམ་པ་དང་སྒྲིག་ལམ་གྱི་སྐོར། མཆོད་གཞི་ལྷ་སྡེའི་ལོ་རྒྱུས་མདོར་བསྡུས་ཏེ་ཞུ་བ་དང་བཞི་ལས། དང་པོ་ཆོས་སྡེ་འདི་ཉིད་འདེབས་པ་པོ་སྐུ་ཕྲེང་གསུམ་གྱི་རྣམ་ཐར་མདོར་བསྡུས་ཏེ་ཞུ་བ་ལ། ཆོས་སྡེ་འདི་ཡང་རྡོ་རྗེ་འཆང་སཾ་ཀྲའི་ཞབས་ཀྱི་འཕྲིན་ལས་ལས་བྱུང་བ་ཡིན་པས། ཐོག་མར་མགོན་པོ་འདི་ཉིད་ཀྱི་རྣམ་ཐར་ཙུང་ཟད་འགོད་འོས་ཀྱང༌། ཀུན་གཟིགས་རྒྱལ་བའི་དབང་པོ་བཅུ་གསུམ་པ་ཆེན་པོ་དང་རྗེ་གྲགས་པའི་ཞབས། རྗེ་ཁ་སྐྱང་བ་འཕྲིན་ལས་རྒྱ་མཚོ་གསུམ་གྱིས་ལེགས་པར་མཛད་པའི་དམ་པ་གང་གི་རྣམ་ཐར་གླེགས་བམ་ཆེན་མོ་གསུམ་མཆིས་པ་དང༌། ཕྲན་གྱིས་ཀྱང་དཔལ་ལྡན་བཀྲ་ཤིས་ཆོས་སྡིངས་ཀྱི་གདན་རབས་ས་བོན་དུ་ཙུང་ཟད་སྤྲོས་ཟིན་པས། འདིར་ཡིག་ཚོགས་ལ་བསམས་ཏེ་མ་བཀོད་པ་ཡིན་ལ། འདིར་ནི་རྡོ་རྗེ་འཆང་གི་བཀའ་བཞིན་ཆོས་སྡེ་འདི་ཉིད་དངོས་སུ་ཕྱག་འདེབས་དང་སྐྱོང་ཁུར་བཞེས་པའི་ཐུབ་བསྟན་རིན་པོ་ཆེ་གསལ་བའི་སྒྲོན་མེ། མཁས་ཤིང་གྲུབ་པའི་དབང་ཕྱུག་སྐྱབས་རྗེ་གཡོན་རུ་བ་བློ་བཟང་ནོར་བུ་དཔལ་བཟང་པོ་སྐུ་ཕྲེང་རིམ་བྱོན་གྱི་རྣམ་ཐར་ཤིན་ཏུ་མདོར་བསྡུས་ཤིག་ཞུ་བ་ལ། སྤྱིར་སྐྱབས་རྗེ་འདི་ཉིད་འགྲོ་མགོན་ཤིང་བཟའ་པཎྜི་ཏ

ཆེན་པོ་དང་ཐུགས་རྒྱུད་གཅིག་པར་གྲགས་པས། དེ་ལྟར་ན། རྗེ་ཙོང་ཁ་པ་ཆེན་པོའི་སྐྱིད་ཡུམ་ཤིང་མོ་བཟའ་ཨ་ཆོས་དང་། གྲུབ་ཆེན་ན་ཁ་བ་ཐར་བའི་རྒྱལ་མཚན་སོགས་དང་ཐུགས་རྒྱུད་གཅིག་པར་དོན་གྱིས་འགྲུབ་ཀྱང་། ཡོངས་སུ་གྲགས་པའི་སྐུ་ཕྲེང་དང་པོ་ཤིང་བཟའ་སྒོམ་ཆེན་པ་དང་། སྐུ་ཕྲེང་གཉིས་པ་པཎྜི་ཏ་ཆེན་པོ་ཤིང་བཟའ་བློ་བཟང་དར་རྒྱས། སྐུ་ཕྲེང་གསུམ་པ་སྐྱབས་རྗེ་ཤིང་བཟའ་བློ་བཟང་བསྟན་པའི་དབང་ཕྱུག་ཚུལ་ཁྲིམས་ཕུན་ཚོགས་ཡིན་ལ། དམ་པ་དེ་ལ་སྤྲུལ་སྐུའི་དོགས་གནས་གལ་ཆེན་གཉིས་བྱོན་པས་གཅིག་རྫོང་པོ་ཞེས་པའི་སྡེ་ཁྲིད་ནས་འབྲུངས་པས། ཡོངས་གྲགས་ཀྱི་མཚན་ལ་རྫོང་པོ་ཚང་དུ་འབོད་པ། གཞོན་ནུའི་དུས་ནས་དམ་པའི་ཡོན་ཏན་མང་པོ་ལྷན་སྐྱེས་སུ་མངའ་བ། འཁོར་བ་མཐའ་དག་ཆུ་ཤིང་དང་མེ་མུར་གྱི་འོབས་ལྟར་གཟིགས་ཏེ། ཁྱིམ་ནས་ཁྱིམ་མེད་པར་རབ་ཏུ་བྱུང་ཞིང་། ཡོངས་འཛིན་མཁས་པ་དུ་མའི་དྲུང་ནས་དབང་ལུང་མན་ངག་གི་ཆོས་རྒྱུན་རྣམ་དག་མཐའ་ཡས་པ་གསན་བཞེས་དང་། ཁྱད་པར་གསོ་བ་རིག་པ་རྒྱུད་བཞི་ཡན་ལག་ལག་ལེན་དང་བཅས་པ་ཞིབ་ཏུ་སྦྱངས་པས་འཚོ་བྱེད་གཞོན་ནུ་གཉིས་པ་ལྟར་གྱུར་པ་དང་། ཡི་དམ་མང་པོའི་བསྙེན་སྒྲུབ་ཚད་དུ་འཁྱོལ་བས་གྲུབ་པའི་གོ་འཕང་མངོན་པར་གཤེགས་པའི་སྐྱེས་ཆེན་དམ་པ་དེ་ཉིད་དུས་རེ་ཞིག་གི་ཚེ་སྔོན་གྱི་སྨོན་ལམ་གྱི་དབང་གིས། ཉིན་ལུང་གི་སྡེ་ཁྲིད་དུ་ཕེབས་ནས་རྒྱུན་བཞུགས་གནང་སྟེ། ཞི་རྒྱས་དབང་དྲག་གི་ལས་རབ་འབྱམས་ལ་མངའ་བརྙེས་ཤིང་སྨན་སྦྱིན་རྒྱ་ཆེར་གནང་བས། ནད་གདོན་གྱིས་གཙེས་པའི་ཉམ་ཐག་མང་པོ་ཉེར་འཚེ་ལས་ཐར་བར་བྱས་ཏེ། མི་འཇིགས་པའི་སྐྱབས་སྦྱིན་གྱིས་དབུགས་དབྱུང་བར་མཛད་པ་སོགས་འགྲོ་དོན་རྒྱ་ཆེར་གྲུབ་ནས་ཡུལ་འདིར་མྱ་ངན་ལས་འདས་པ་དེ་ཉིད་ཡིན་ནོ། །

འགྲོ་བའི་མགོན་པོ་མཚུངས་བྲལ་གྲུབ་པའི་དབང་ཕྱུག་དེ་ཉིད་སླར་ཡང་ཡང་སྲིད་གསར་བའི་གར་དུ་རྩེན་པ། སྐྱབས་རྗེ་གྲུབ་པའི་དབང་ཕྱུག་གཡོན་རུ་བ་བློ་བཟང་ནོར་བུ་དཔལ་བཟང་པོ་ནི། ཁྲི་གཞོག་རྒྱལ་མོའི་ཉེ་འགྲམ་གཡོན་རུ་ཞོལ་མའི་སྡེ་ཁྲིད་དུ་རིགས་ཕུན་

སུམ་ཚོགས་པ་ལས་སྐུ་བལྟམས་ཤིང་། གཞོན་ནུའི་དུས་ནས་སྲིད་གསུམ་སྒྱུ་མའི་གྲོང་ཁྱེར་ལྟར་གཟིགས་པའི་ངེས་འབྱུང་གི་བསམ་པ་དྲག་པོས་བསྐུལ་ཏེ་རྒྱལ་བའི་བསྟན་པའི་སྒོར་ཞུགས་ཤིང་རབ་ཏུ་བྱུང་། སྔགས་དུས་ཀྱི་སྟོབས་བཅུ་མངའ་བ་སཾ་ཀྲའི་ཞབས་དང་། དཔག་ཡས་སྐྱེ་དགུའི་འདྲེན་མཆོག་མཚུངས་པ་མེད་པ་རྗེ་ཐར་ཤུལ་བ་དགེ་ལེགས་དབང་ཕྱུག་ཆོས་སྐྱོང་རྒྱ་མཚོ་སོགས་ཡོངས་འཛིན་མཁས་པ་མང་པོའི་ཞབས་པད་བསམ་སྦྱོར་དག་པས་ཚུལ་བཞིན་བསྟེན་ནས་ཕྲལ་སྦྱོར་གྱི་ཀློག་ནས་བཟུང་ཆོས་སྤྱོད་དང་ཚོ་གའི་རིམ་པ་དུ་མ་ཐུགས་འཛིན་དང་། མདོ་སྔགས་ཀྱི་གཞུང་མང་པོའི་གཟབ་བཤད་དང་བཤད་ལུང་། དབང་ལུང་རྗེས་གནང་མན་ངག་ཞལ་ཤེས་སོགས་ཆོས་རྒྱུན་རྣམ་དག་མཐའ་ཡས་པ་གསན་བཞེས་གནང་ཞིང་། སྔགས་དུས་ཀྱི་ཉེ་བར་འཁོར་རྗེ་སཾ་ཀྲའི་མཚན་ཅན་གྱི་དྲུང་ནས་བསྙེན་པར་རྫོགས། སྡོམ་པ་གསུམ་གྱི་བཅས་མཚམས་རྣམ་པར་དག་པ་བསྲུངས་པ་གཞི་བྱས་པའི་སྟེང་ལྷག་ལྷ་དུ་མའི་བསྙེན་སྒྲུབ་ཚད་ལྡན་མང་དུ་བཏང་བས་ཞི་རྒྱས་དབང་དྲག་གི་ལས་རབ་འབྱམས་ལ་དབང་འབྱོར་བའི་གྲུབ་པའི་གོ་འཕང་མངོན་པོར་གཤེགས་པའི་ཚུལ་གནང་སྟེ་ར་ཆེན་རྡོ་རྗེ་གྲགས་པ་སླར་བྱོན་པ་ལྟར་གྱུར་པས། སྐྱེ་དགུའི་སྲོག་ལ་རྫམ་པ་སོགས་འགྲོ་ལ་གནོད་ཚབས་ཆེ་བའི་མི་མ་ཡིན་མཐུ་པོ་ཆེ་མང་པོ་དམ་ལ་བཏགས་པ་དང་། ནད་གདོན་གྱིས་ཉེན་པ་དུ་མ་འཇིགས་པ་ལས་སྐྱབས་པ་དང་། ཆོས་སྐྱོང་ཐན་དུ་འཕོལ་བ་སོགས་བསམ་བརྗོད་ལས་འདས་པའི་རྣམ་ཐར་ངོ་མཚར་བ་མང་། བླ་མ་རྡོ་རྗེ་འཆང་ཆེན་པོས་ཀྱང་ཁྱེད་ཀྱིས་ཟོར་ཁ་གཏད་པའི་གནས་སུ་མི་མ་ཡིན་པའི་སྡེ་མང་པོ་འཛོམས་པར་འགྱུར་བས། ཟློག་པ་མང་པོ་མ་འཕེན། ཞེས་མི་མ་ཡིན་པའི་འགྲོ་བ་རྣམས་ལ་མཆོག་ཏུ་བརྩེ་བའི་དབང་གིས་རང་ཉིད་ཀྱིས་ཇི་ལྟར་གཟིགས་པའི་ཚུལ་དེ་སྨྲ་མ་ནུས་པར་འདོམས་པར་མཛད་པར་གྲགས་ལ། དགུང་ལོ་བཅུ་ཕྲག་གསུམ་ལྷག་ལ་སོན་སྐབས་དུས་གསུམ་སྒྲིབ་མེད་དུ་གཟིགས་པའི་ཡེ་ཤེས་ཀྱི་སྤྱན་ལྡན་བླ་མ་རྡོ་རྗེ་འཆང་ཆེན་པོས་རྗོང་པོ་ཚང་གི་སྐྱེས་སྤྲུལ་དུ་ངོས་འཛིན་གནང་ཞིང་། ཤིན་ཏུ་གནའ་དུས་ནས་ཡོད་པའི་གཡོན་རུའི་སྤྱི་བའི་གྲྭ

པ་རྣམས་ཕྱོགས་གཅིག་ཏུ་བསྡུས་ནས་གཡོན་རུའི་གུར་སྒར་དགའ་ལྡན་བཀྲ་ཤིས་རབ་རྒྱས་
གླིང་འདི་ཉིད་ཕྱག་འདེབས་གནང་དགོས་པའི་བཀོད་ཁྱབ་ཞིབ་མོར་བསྐུལ། དམ་པ་འདི་
ཉིད་ཀྱིས་ཀྱང་བརྩོན་པ་ཆེན་པོས་བླམ་རིན་པོ་ཆེའི་བཀའ་ལྟར་ཆོས་ཀྱི་དགའ་ཚལ་འདི་ཉིད་
ཕྱག་འདེབས་མཛད་ཅིང་། ཆོས་དང་ཟང་ཟིང་གི་གཞལ་བར་དཀའ་བའི་བཀའ་དྲིན་གྱིས་
ཚུལ་བཞིན་བསྐྱངས་པ་སོགས་བསྟན་འགྲོར་སྨན་པའི་ལེགས་མཛད་མཐའ་ཡས་པ་ལྟར་
བཞེས་ཏེ། སྐུ་དངོས་ཀྱི་གདུལ་བྱ་རྫོགས་པ་ན་སྐུ་བསྡུན་པའི་ཚུལ་བསྟན་པར་གྲྭ་རྒན་
རྣམས་ཀྱི་གཙོས་དགེ་འདུན་ཡོངས་རྫོགས་སྐུ་མདུན་དུ་ཕེབས་ཏེ། ཞབས་པད་ཡུན་བརྟན་
གྱི་གསོལ་འདེབས་ནན་ཏན་གྱིས་ཞུས་ཀྱང་། དགོངས་པ་གཞན་དུ་གཏད་ཟིན་པའི་གསུང་
རྗེན་པ་དང་བསླབ་བྱ་རྒྱས་པར་གནངས་ཏེ་བཞུགས་པའི་ཞལ་བཞེས་གཏན་མ་གནང་བས།
ཐམས་ཅད་ཅི་དྲག་ལ་ཐུག་ཀྱང་བསྙུན་བཙུགས་ནས་ད་ལྟ་ཞིང་གཞན་དུ་ཕེབས་པ་ཅིས་ཀྱང་
ལྡོག་ཏུ་མེད་ན། སྤྲུལ་སྐུ་འཁྲུལ་བྲལ་ཞིག་གིས་ངེས་པར་རྗེས་སུ་འཛིན་དགོས་ཚུལ་གྱི་
གསོལ་བ་ཕུར་ཚུགས་སུ་བཏབ་པས། ཕྱིར་ལན་དུ་བདག་ལ་སྐྱེ་འཆིའི་རང་དབང་ཐོབ་པ་
མེད་པས་དེ་ལྟར་ཁས་ལེན་དཀའ་ཡང་། སྐྱེས་སྲིད་ལོ་ཉེར་ལྔ་ལས་མ་བརྒལ་བར་དུ་ཤི་སྟོས་
གྲོང་ཆོག་སོགས་སྤྱངས་ཏེ་སློབ་གཉེར་ཚུལ་བཞིན་གནང་དུ་འཇུག་རྒྱུ་ཁྱེད་ཚོས་ཁས་ལེན་ན།
དཀོན་མཆོག་ལ་གསོལ་བ་བཏབ་སྟེ། ཁྱེད་རྣམས་ཀྱི་འདུན་པ་བཞིན་འགྲུབ་པའི་འཕེན་པ་
གཏོང་། ཞེས་སོགས་དགོངས་གཞི་རྒྱ་ཆེ་བའི་གསུང་འགའ་གནང་སྟེ། ངོ་མཚར་བའི་ལྟས་
དང་བཅས་ཏེ་མྱ་ངན་ལས་འདས་སོ། །དེའི་ཚེ་སྐབས་རྗེ་ཐར་ཤུལ་རིན་པོ་ཆེ་གདན་དྲངས་
ནས་ཐུགས་དམ་གསལ་འདེབས་དང་ཨ་ལགས་ཕུན་ཚོགས་རིན་པོ་ཆེས་སྐུ་གདུང་རིན་པོ་
ཆེར་ཞུགས་མཆོད་ཕུལ་ཞིང་། ནང་ཆེན་ནས་སྐབས་རྗེ་མཆོག་ལ་འབུལ་བ་གྱི་ནོམ་པ་དང་།
དམ་པའི་ཡང་སྤྲུལ་མང་པོར་ལྷུགས་བསྔོ། ཕྱོགས་ཀྱི་འདུས་སྡེ་རྣམས་ལ་དགོངས་རྫོགས་ཀྱི་
མཆོད་ཚོགས་རྒྱ་ཆེར་བསྟབས་པ་དང་། གདན་སའི་འདུས་པའི་སྡེ་ཉིད་ནས་ཀྱང་མགོན་པོ་
གང་གི་བསྟན་འགྲོར་སྨན་པའི་ཐུགས་ཀྱི་བཞེད་དགུ་ལྷུན་གྱིས་འགྲུབ་པ་དང་། ཚེ་རབས་

ཐམས་ཅད་དུ་རྗེས་སུ་འཛིན་པའི་རྒྱུ་འབབ་ཞིག་ཏུ་དམིགས་ཏེ་དད་གདུང་ཤུགས་དྲག་པོས་ཐུགས་རྗེ་བསྐུལ་བའི་གསོལ་འདེབས་ལ་འབད་པ་སྟོད་མེད་ངོས་ཡི་དམ་དུ་མའི་དཀྱིལ་འཁོར་ཞལ་ཕྱེ་ནས་སྒྲུབ་མཆོད་བཙུགས་པ་སོགས་དགེ་བའི་རྩ་བ་རྒྱ་ཆེན་པོ་འདུ་བྱས་སོ། ། མཚུངས་བྲལ་གྲུབ་པའི་དབང་ཕྱུག་དེ་ཉིད་སྔར་ཡང་ཡང་སྲིད་གསར་བའི་གར་བསྒྱུར་བ་བདག་ཅག་རྣམས་ཀྱི་མེ་ཏོག་གང་ལ་ཐོག་པའི་ལྷ་སྐལ་རིས་མེད་སྐྱེ་དགུའི་འདྲེན་མཆོག་གཡོན་རུ་བ་རྗེ་བཙུན་བློ་བཟང་བསྟན་འཛིན་རྒྱ་མཚོ་དཔལ་བཟང་པོ་ནི། ཁྲི་གནོག་རྒྱལ་མོའི་ཉེ་འགྲམ་རིག་སྨན་གསེར་གཞུངས་རིང་མོར་གཡོན་རུ་གོང་མའི་སྐུ་ཁྲིད་དུ་ཡབ་ཧ་མགྲིན་རྒྱལ་དང་ཡུམ་ཨ་ཆེན་ཐར་གཉིས་ཀྱི་སྲས་སུ་རབ་བྱུང་བཅོ་ལྔ་བའི་དུས་ཀྱི་ཤིང་ཞེས་པ་ས་ཕོ་རྟའི་(༡༩༡༤) ལོར་ངོ་མཚར་བའི་ལྟས་དང་བཅས་སྐུ་འཁྲུངས། ཡེ་ཤེས་ཀྱི་སྤྱན་ལྡན་རྗེ་ཐར་ཤུལ་བ་དགེ་ལེགས་དབང་ཕྱུག་ཆོས་སྐྱོང་རྒྱ་མཚོས་རྗེ་གཡོན་རུ་བའི་ཡང་སྲུལ་དུ་ངོས་འཛིན་གནང་ཞིང་། གཞོན་ནུའི་དུས་ནས་གདན་ས་དགའ་ལྡན་བཀྲ་ཤིས་རབ་རྒྱས་གླིང་དུ་ཡབ་རྗེ་གོང་མའི་ཁྲི་ལ་ཞབས་སྐྱེས་རྩིབས་སྟོང་གི་རི་མོ་ལེགས་པར་བཀོད་དེ་དགའ་སྟོན་གྱི་ཡོ་ལང་རྒྱ་ཆེར་སྤྲོས། ཐལ་སྦྱོར་གྱི་གློག་དང་ཆོས་སྤྱོད་དང་ཚོ་གའི་རིམ་པ་འགའ་ཞིག་ཐུགས་འཛིན་གནང་། དགུང་ལོ་བརྒྱད་དུ་ཕེབས་པ་ན་མདོ་སྨད་བྱང་རྒྱུད་ཀྱི་ལེགས་བཤད་སྒྲོགས་པའི་དགའ་ཚལ་དཔལ་མི་འགྱུར་ཀླུཿཚ་དགེ་ལྡན་བཀྲ་ཤིས་ཆོས་སྡིངས་སུ་ཚོགས་ཞུགས་གནང་ཞིང་། གནས་ལྔ་གཟིགས་པའི་མ་ཧཱ་པཎྜི་ཏ་རྗེ་མ་ཏི་སི་གྲགས་པ་རྒྱ་མཚོ། སྡེ་སྣོད་རྒྱ་མཚོའི་མངའ་བདག་རྗེ་ལྷ་སྡེ་བ་ཡེ་ཤེས་རྒྱ་མཚོ། སྙིགས་དུས་ཀྱི་འཕགས་པ་ཉེ་འཁོར་རྗེ་གསེར་ལག་པ་འཇམ་དབྱངས་རྒྱ་མཚོ་སོགས་དང་ཁྱད་པར་དུ་རབ་འབྱམས་གཞུང་བརྒྱའི་མངའ་བདག་ཡོངས་ཀྱི་དགེ་བའི་བཤེས་གཉེན་ཆེན་པོ་རྗེ་གཡོན་རུ་བ་བློ་བཟང་རབ་རྒྱས་ཡོངས་འཛིན་དུ་བསྟེན་ནས་ཚད་མ་རྣམ་འགྲེལ་གྱི་གཞུང་གི་དོན་རྣམས་ཕྱོགས་གཅིག་ཏུ་བསྡུས་པའི་བསྡུས་གྲྭ་དང་བློ་རྟགས། རྣམ་འགྲེལ་གྱི་མཆོད་བརྗོད། ཚད་མ་གྲུབ་པའི་ལེའུ་ཡོངས་རྫོགས་བཅས་དང་། གྲུབ་མཐའ་ས་ལམ་སོགས་དང་། ཁྱད་པར་

དུ་རྒྱལ་བའི་ယུམ་མཆོག་ཕ་རོལ་ཏུ་ཕྱིན་པའི་གཞུང་གི་སྦས་དོན་མངོན་རྟོགས་ཀྱི་རིམ་པ་གསལ་བར་གཏན་ལ་འབེབས་པའི་གཞུང་མཆོག་རྗེ་བཙུན་མི་ཕམ་མགོན་པོའི་མངོན་པར་རྟོགས་པའི་རྒྱན་གྱི་དོན་མ་ལུས་པ། ཀུན་མཁྱེན་བླ་མའི་མཐའ་དཔྱོད་དང་རྗེ་བདག་ཉིད་ཆེན་པོའི་ལེགས་བཤད་གསེར་གྱི་ཕྲེང་བ། རྒྱལ་ཚབ་ཐམས་ཅད་མཁྱེན་པའི་རྣམ་བཤད་དགོངས་པ་རབ་གསལ་སོགས་དང་སྦྲགས་པ། ཟུར་བཀོལ་ཆེན་པོ་བཞི་སོགས་ཕ་རོལ་ཏུ་ཕྱིན་པའི་གཞུང་དོན་དཔྱིས་ཕྱིན་པའི་ཞིབ་ཁྲིད་མནོས་ཤིང་། གྲོགས་རིགས་པ་སྨྲ་བའི་ཚོགས་དང་ལྷན་དུ་བརྒྱལ་བརྟགས་གནང་བའི་ཞོར་ཉིན་མཚན་ཀུན་ཏུ་གཞུང་མང་པོ་བློ་འཛིན་དང་སྐྱོར་སྦྱོང་དཔེ་གཟིགས་སོགས་ལ་ཆུ་བོའི་རྒྱུན་བཞིན་བརྩོན་པ་ཤུགས་དྲག་ལ་རྒྱུན་རིང་བ་བསྟེན་པས། མཁས་མཆོག་ཟླ་མེད་པའི་གོ་འཕང་མངོན་དུ་བྱས་པའི་ཚུལ་བཞིས། ཕར་ཚད་ཀྱི་གཞུང་མང་པོ་ཐོས་བསམ་བྱེད་པའི་སྐབས་སུ་ཡང་རྗེ་བླ་མའི་བྱང་ཆུབ་ལམ་གྱི་རིམ་པ་ཆེ་ཆུང་དང་རྡོ་རྗེ་འཆང་གི་ལམ་ཁྲིད་དགེ་ལེགས་འོད་སྣང་འགྲེད་པའི་ཉིན་བྱེད་སོགས་ལམ་ཁྲིད་ཀྱི་སྐོར་དང་། ཐེག་པ་ཆེན་པོའི་བློ་སྦྱོང་གི་གདམས་པ་མང་པོའི་སྒྲོང་ཁྲིད་གསན་ཅིང་གང་ཤེས་རྒྱུད་ལ་སྦྱོར་བའི་ཉམས་བཞེས་ལ་ཆེག་དྲིལ་གནང་བ་དང་། བསགས་སྦྱངས་ལའང་བརྩོན་པ་ཆེན་པོ་བསྟེན་པ་སོགས་ཐོས་བསམ་སྒོམ་གསུམ་ཡ་མ་བྲལ་བར་བྱེད་པ་བཀའ་གདམས་གསར་རྙིང་གི་མཁས་གྲུབ་སྔོན་གྱི་རྣམ་པར་ཐར་པ་ཕྱག་ཏུ་བསྟར། དེ་དུས་ཀྱི་འདུལ་བ་འཛིན་པ་རྣམས་ཀྱི་དབུས་ན་རྒྱལ་མཚན་གྱི་ཏོག་ལྟར་མངོན་པར་འཕགས་པ། རྗེ་གསེར་ལག་པ་ལས་བསྙེན་པར་རྫོགས་ཤིང་། གོང་གསལ་ཡོངས་འཛིན་དེ་དག་དང་། མཁས་གྲུབ་བྱེ་བའི་གཙུག་རྒྱན་ཟབ་རྒྱས་གདམས་པའི་གཏེར་མཛོད་རྗེ་ཨ་རོལ་བ་བློ་བཟང་ལུང་རྟོགས་བསྟན་པའི་རྒྱལ་མཚན་དཔལ་བཟང་པོ་སོགས་ལས་རྡོ་ཏའི་ལྗོངས་འདིར་དར་རོ་ཙོག་གི་དབང་ལུང་ཁྲིད་ཞལ་ལུང་རྗེས་གནང་སོགས་ཀྱི་ཆོས་རྒྱུན་རྣམ་དག་མཐའ་ཡས་པ་གསན་བཞེས་དང་། སུམ་རྟགས་དག་གསུམ་དང་སྙན་ངག་སོགས་ཐུན་མོང་རིག་གནས་ལ་སྦྱངས་བརྩོན་མི་དམན་པ་གནང་སྟེ་མང་ཐོས་རྒྱ་མཚོའི་ཕ་རོལ་ཏུ་ཕྱིན། དེ་

ལྟར་དེད་དཔོན་རྣམས་རྒྱ་མཚོའི་གླིང་དུ་ཕྱིན་ཏེ་ཡིད་བཞིན་གྱི་ནོར་བུ་ལག་ཏུ་འཁྱོར་བ་ན་
རང་ཡུལ་དུ་ཕྱོག་པ་ལྟར། དགུང་ལོ་ཉེར་དྲུག་བཞེས་པ་ཆུ་ལུག་(༡༨༤༣) ལོར་རང་དགོན་
དུ་ཕེབས་ཏེ། མི་འཇིགས་གདོང་ལྔ་བརྒྱུད་ཀྱིས་བཏེགས་པའི་ཁྲི་འཕང་མཐོན་པོར་ཞབས་
སེན་པདྨོའི་རྡུལ་ཕྲེང་ལེགས་པར་བཀོད་དེ། གྲྭ་ཚང་རིན་པོ་ཆེ་ཆོས་སྲིད་གཉིས་ཀྱིས་སྐྱོང་
བའི་ཁུར་ཆེན་བཞེས་པའི་མུར་བསགས་སྒྲུངས་གཙོར་འདོན་སྒོས་ལམ་ཡོངས་རྫོགས་ཀྱི་
ཉམས་བཞེས་ལ་གཞོལ་བ་དང་། ལྷག་ལྷ་མང་པོའི་ལྷགས་བསྐྱེན་ཚད་ལྡན་ཀྱང་གནང་།
འདུ་ཁང་ཆུང་བ་ཞིག་གསར་དུ་བཞེངས་པས་མཆོད་བརྟེན་པ་དང་སྐུ་གསུང་ཐུགས་རྟེན་
མང་པོ་གསར་བཞེངས་མཛད་ཅིང་། གྲྭ་ཤག་དང་ནང་ཆེན་བསྐྱུབས་ཏེ་རྫོང་གྱི་ཁུར་སྐར་
ཁང་སྐར་དུ་བསྒྱུར་བ་དང་། ཁྱད་པར་དགུང་ལོ་སོ་གསུམ་པ་རྣམ་འགྱུར་ལྕགས་སྟག་
(༡༨༥༠) ལོ་ནས་འདུ་ཁང་ཆེ་བ་ཞིག་དང་ཆོས་ར་བཅས་བཞེངས་པའི་དབུ་བརྩམས་ཏེ། སྐུ་
གསུང་ཐུགས་རྟེན་ཆོན་འབུལ་དང་བཅས་པ་ཤིང་ཕོ་རྟའི་(༡༨༥༨) ལོར་གེགས་མེད་བདེ་
བླག་དང་ཡོངས་སུ་གྲུབ་ཅིང་། ཡབ་རྗེ་རྡོ་རྗེ་འཆང་ཆེན་པོའི་མཆོག་སྤྲུལ་རིན་པོ་ཆེ་དང་།
སྐྱབས་རྗེ་ཐར་ཤུལ་བའི་མཆོག་སྤྲུལ་རིན་པོ་ཆེ་རྣམ་གཉིས་སྤྱི་ཕྱིར་གདན་སར་འགོད་པའི་
ལམ་བར་དུ་འདི་གའི་འདུ་ཁང་གསར་བའི་ཁྲི་ལ་བཞུགས་ཏེ། དགའ་སྟོན་གྱི་ཡོ་ལང་རྒྱ་
ཆེར་བསྟབས་པ་སོགས་ལེགས་ལམ་ཤིན་ཏུ་ཆེ་བ་བྱུང་། དེ་ལྟར་དམ་པ་འདི་ཉིད་ནི་བསྟན་
འགྲོའི་དོན་འབའ་ཞིག་ཏུ་དམིགས་ཏེ། འཁོར་ལོ་གསུམ་གྱི་ལེགས་མཛད་ཁོ་ནས་ཉིན་
མཚན་འདའ་བ་ཞིག་ལགས་ནའང་། དགུང་ལོ་ཞེ་གཅིག་བཞེས་པ་ས་ཁྱི་(༡༨༥༢) ལོར་
གཡོན་ཐལ་ཆེ་བའི་ལམ་ཕྱོགས་ཀྱི་གནོད་པ་ཐེབས་ཏེ། ཟླ་ལྔ་བའི་ཚེས་བཅུ་གསུམ་ནས་
བཟུང་བཙན་པོའི་གོ་རར་བཅུག་ཅིང་། ངལ་ལས་ཀྱི་བགྱི་བ་ཤིན་ཏུ་ལྷི་བ་སོགས་ལས་མི་
འཚམས་པ་དག་བྱེད་དགོས་བྱུང་ནས་ཤིན་ཏུ་འོ་བརྒྱལ་ནའང་། ཇི་སྐད་དུ། རྒྱལ་སྲས་ཞི་
བ་ལྷས། བདག་གི་ལུས་དང་ལོངས་སྤྱོད་དང་། །ཞེས་པ་ནས། འདི་ཡི་ཁ་ཏས་ཅི་ཞིག་
བྱ། །ཞེས་གསུངས་པ་ལྟར་ཅི་མི་སྙམ་པར་རྒྱལ་སྲས་ཀྱི་བྱ་དགའ་བའི་མཛད་པ་རྣམས་ཕྱག

ཏུ་བསྒྱུར་བ་ནི་ཆེས་ངོ་མཚར་ཆེ་བའི་རྣམ་པར་ཐར་བ་ཞིག་གོ །དགུང་ལོ་རེ་གཉིས་བཞེས་པ་དོན་འགྲུབ་ས་ལུག་(༡༩༧༩)ལོའི་ལོ་མཇུག་ཏུ་བཙོན་གྲོལ་ཐོབ་སྟེ། རང་ཡུལ་དུ་དངོས་ཕེབས་གནང་ཞིང་། ཏང་དང་སྲིད་གཞུང་གི་ཡང་དག་པའི་རྗེས་གཞི་བཟང་པོའི་འོད་སྣང་འཕྲོས་འོག་དཀར་འདོན་མཐིལ་ཕྱིན་ཐོབ་པ་དང་། དགུང་ལོ་རེ་བཞི་བཞེས་པ་རབ་བྱུང་བཅུ་དྲུག་པའི་སློང་ན་ལྕགས་བྱ་ལོ་ནས་རྣམ་འདྲེན་བུ་རམ་ཤིང་པའི་ལུགས་བཟང་ཡང་དར་གྱི་དབུ་བརྙམས་པ་དང་ཆབས་ཅིག་ཆོས་སྡེ་འདིར་ཡང་ཐོག་མར་དགེ་འདུན་ཉི་ཤུ་ལྷག་གདན་འཛོམས་ཏེ། ཆོས་སྒོ་གསར་དུ་ཕྱེ་ཞིང་། མཚུངས་མེད་བླ་མ་རིན་པོ་ཆེ་འདི་ཉིད་ཀྱིས་ཁུར་བཞེས་སློས་ཐོག་མར་འདུ་ཁང་ཆུང་བ་ཞིག་དང་། སྐུ་གསུང་ཐུགས་རྟེན་མང་པོ་གསར་བཞེངས་དང་། ཕྱིས་འདུ་ཁང་ཆེན་མོ་ད་ལྟའི་འདི་ཉིད་ཆོས་ར་དང་བཅས་པ་དང་། སྐུ་གསུང་ཐུགས་རྟེན་མཐའ་ཡས་པ་གདན་འདྲེན་དང་གསར་བཞེངས། གཟིམ་ཁང་དང་གྲྭ་ཤག་མང་པོ་ལས་ནས་གྲུབ་ཅིང་། དགེ་འདུན་ཞལ་གྲངས་ཀྱང་མཁྱོགས་པར་འཕེལ་ནས་བརྒྱ་ཕྲག་ལ་ཉེ་བར་གྱུར་པ་དང་། འདོན་རྟ་དབྱངས་སྒྲུབ་མཆོད་གཞི་གསུམ་གྱི་ཕྱག་ལེན་སོགས་ངོས་དག་སྟར་སྲོལ་བཞིན་བཙུགས་པར་མ་ཟད། ཐུབ་བསྟན་ཡོངས་སུ་རྫོགས་པའི་དགེ་བའི་བཤེས་གཉེན། རིགས་བརྒྱའི་ཁྱབ་བདག་རྗེ་ཡེ་ཤེས་རྒྱ་མཚོའི་ཞལ་སྔ་ནས་ཐེངས་དུ་མར་གདན་དྲངས་ནས་དབང་ལུང་ཁྲིད་སོགས་ཟབ་པ་དང་རྒྱ་ཆེ་བའི་ཆོས་ཀྱི་བདུད་རྩི་རྒྱ་ཆེར་ཞུས་ཤིང་། བསྒྲུབ་བྱ་མང་པོ་རབ་བྱུང་དང་བསྙེན་རྫོགས་ལ་བཀོད་དུ་བཅུག་པ་དང་། ཁྱད་པར་བསྟན་འགྲོའི་དོན་འབའ་ཞིག་ཐུགས་ལ་བཅགས་པའི་དབང་གིས་སྡེ་འདིར་བཀའ་པོད་ལྔའི་མཚན་ཉིད་འཛུགས་བཞེད་ཡོད་པ་ལྟར་རྗེ་རྣོ་ནའི་ཞབས་ལ་ནན་ཞུས་སློས་བློ་གསལ་བའི་གཞོན་ནུ་རྣམས་ལ་བསྡུས་གྲྭའི་དཔེ་ཁྲིད་སྲོལ་བཙུགས་སྟེ་མཚན་ཉིད་གསར་དུ་བཙུགས་པ་སོགས་བསྟན་པ་དང་འགྲོ་བའི་དོན་རྒྱ་ཆེར་གནངས་ཏེ། དགུང་ལོ་རེ་དགུ་བཞེས་པ་ཟད་པ་མེ་སྟག་(༡༩༨༦)ལོར་སྐུ་བསྡུན་ཚུལ་བཞེས་པས། ཧོར་ཟླ་དྲུག་པའི་ཡར་ཚེས་བཅུ་གཅིག་ཉིན་འདས་པ་རྒྱ་མཚོའི་ཚོགས་དབུར་ཞུས་ནས་མཁའ་འགྲོའི་བརྟན

བཞུགས་ཆེན་མོ་ཕུལ། ཆོས་ཉེར་བརྒྱད་ཉིན་བཀའ་པོད་རྒྱ་མཚོའི་མངའ་བདག་མཚོ་སྔོན་དགེ་བའི་བཤེས་གཉེན་ཆེན་པོ་བསྟན་དར་བ་ལ་བཀའ་པོད་ལྔའི་འཆད་ཉན་གྱི་ཁྲུར་གཏད་ཅིང་། མཚུངས་བྲལ་གྲུབ་པའི་དབང་ཕྱུག་བརྒྱ་དཔོན་སྤྲུལ་བའི་སྐུ་རིན་པོ་ཆེར་འདུས་པའི་སྡེ་འདི་ཉིད་ཚུལ་བཞིན་སྐྱོང་རྒྱུའི་ཞུ་བ་ནན་ཏན་གྱིས་ཕུལ་བ་དང་། འདུས་སྡེ་ཡོངས་ལ་མཇལ་ཁ་གནང་ཞིང་ཆོས་སྲིད་ལུགས་གཉིས་ལས་བརྩམས་པའི་བསླབ་བྱ་གནད་ལ་འདྲིལ་བ་བསྩལ། ཆོས་ཉེར་དགུའི་སྐུ་རེངས་ཤར་བ་དང་མཉམ་དུ་ཞལ་དབུགས་ཀྱི་རྒྱུ་བ་མི་མངོན་པར་གྱུར་ཏེ་ཐུགས་དམ་ལ་བརྟན་པོར་བཞུགས། དེའི་ཚེ་མཚོ་སྔོན་དགེ་བའི་བཤེས་གཉེན་ཆེན་པོ་རྡོ་རྗེ་བསྟན་དར་བས་ཐུགས་དམ་གསལ་འདེབས་ཞུས་ཤིང་། འདུས་པའི་སྡེ་རིན་པོ་ཆེས་ཉིན་མཚན་ཀུན་ཏུ་གདུང་ཤུགས་དྲག་པོས་གསོལ་འདེབས་དང་། ཡི་དམ་དུ་མའི་དཀྱིལ་འཁོར་ཞལ་ཕྱེ་ནས་བླ་མ་དང་དཀྱིལ་འཁོར་གྱི་གཙོ་བོ་ཐ་མི་དད་པར་མོས་པའི་སྒྲུབ་པའི་མཆོད་པ་བཙུགས་པ་དང་། ཕྱོགས་ཀྱི་བླ་མ་སྤྲུལ་བའི་སྐུ་མང་པོར་ལྟེགས་བསྐོ་དང་། འདུས་སྡེ་མང་པོར་སྐུ་འགྲེད་བསྟབས་པ་སོགས་ཐུགས་ཀྱི་བཞེད་དོན་མཐའ་དག་ལྷུན་གྱིས་འགྲུབ་པའི་ཆེད་ལེགས་བྱས་རྒྱ་ཆེ་བ་བསྒྲུབས། ཉིན་གསུམ་ན་ཐུགས་དམ་གྲོལ་རྟགས་རྒྱུད་ནས་གསུངས་པ་ལྟར་བྱུང་བས། མཚུངས་མེད་བསྟན་པའི་གསལ་བྱེད་དམ་པ། མཁས་ཤིང་གྲུབ་པའི་དབང་ཕྱུག སྐྱབས་རྗེ་སྐེ་གུ་རིན་པོ་ཆེས་རྡོ་རྗེ་སློབ་དཔོན་གནང་ནས་སྐུ་གདུང་རིན་པོ་ཆེར་ཞུགས་མཆོད་ཕུལ། ཉིན་གསུམ་ནས་གདུང་ཁང་ཞལ་ཕྱེ་བ་ན་རིང་བསྲེལ་རིལ་བུ་དཀར་པོས་ཕྱུར་བུར་གཏམས་པ་དང་ངོ་མཚར་བའི་ལྟས་གཞན་ཡང་མང་དུ་བྱུང་བ་ཡིན་ནོ། །འགྲོ་བའི་མགོན་པོ་འདི་ཉིད་ཀྱིས་བདག་ཅག་གདུལ་བྱ་ཡོངས་ལ་བརྩེ་གཟིགས་མ་དོར་བས་སླར་ཡང་ཡང་སྲིད་གསར་བའི་རྣམ་པར་སྤྲུལ་པ། མཚུངས་མེད་གཡོན་ཏུའི་མཆོག་སྤྲུལ་རིན་པོ་ཆེ་འདི་ཉིད། གཡོན་ཏུ་ཟ་མོ་མར་ཡབ་ནོར་བུ་རྒྱལ་མཚན་དང་། ཡུམ་དབྱངས་མོ་རྒྱལ་གཉིས་ཀྱི་སྲས་སུ་རབ་གནས་མེ་ཡོས་(༡༩༨༧)ལོར་ངོ་མཚར་བའི་ལྟས་དང་བཅས་ཏེ་སྐུ་བལྟམས། བྱིས་པའི་དུས་མཚན་ལ་རིག་འཛིན་དོན་འགྲུབ་ཅེས་

གསོལ། འཕགས་མཆོག་འཇིག་རྟེན་དབང་ཕྱུག་གི་ཐུགས་རྗེ་དང་། དུས་གསུམ་སྒྲིབ་མེད་དུ་གཟིགས་པའི་ཡེ་ཤེས་ཀྱི་སྤྱན་ལྡན། འབྲི་གུང་ཐང་རིན་པོ་ཆེ་འཇམ་དབྱངས་བསྟན་པའི་དབང་ཕྱུག་དཔལ་བཟང་པོའི་བཀས། སྐྱབས་རྗེ་གཡོན་ཏུ་ནོར་བུ་བའི་ཡང་སྲིད་དུ་ངོས་འཛིན་གནང་ཞིང་། དེང་དུས་ཀྱི་འདུལ་འཛིན་ཆེན་པོ་རྗེ་བཙུན་ཛྙ་ནའི་ཞབས་ལས་རབ་ཏུ་བྱུང་སྟེ། རྟེན་འབྲེལ་ཁྱད་པར་ཅན་ལ་དགོངས་ནས་འཇིགས་མེད་ཡེ་ཤེས་དབང་ཕྱུག་ཅེས་པའི་མཚན་གསོལ་ཅིང་། གདན་སའི་མི་འཇིགས་གདོང་ལྔས་བཏེགས་པའི་ཁྲི་ལ་གསར་དུ་འགོད་པའི་དགའ་སྟོན་གྱི་ཡོ་ལང་རྒྱ་ཆེར་སྤྲོས་ཏེ། ད་ལྟ་ཐལ་སྦྱོར་གྱི་ཀློག་དང་ཆོས་སྤྱོད་སོགས་སློབ་པ་ལ་བརྩོན་པ་མི་འདོར་བ་སོགས་དམ་པའི་ལེགས་སྤྱོད་རྣམས་གསལ་བར་མངོན་བཞིན་ཆོས་སྡེ་འདི་ཉིད་མཛེས་པའི་རྒྱན་དམ་པར་མགོན་པོ་ཚེ་མཐའ་ཡས་པའི་ངོ་བོར་འཚོ་ཞིང་བཞེས་པའི་སྐབས་ལགས་སོ། །

སྨྲས་པ། བགྲང་ཡས་རྒྱལ་བའི་མཛད་པའི་ཁུར་བཞེས་ནས། །བསྟན་དང་འགྲོ་ལ་ཕན་བདེའི་དཔལ་སྟེར་བ། །འཇིག་རྟེན་དབང་ཕྱུག་ཞབས་སེན་ཟླ་ཚེས་གསར། །སྲིད་ཞིའི་གཡུལ་ལས་རྒྱལ་བའི་མགོན་དུ་བསྟེན། །འཇམ་དབྱངས་བྱིས་པ་སྐྱེད་པའི་ཡུམ་མཆོག་དང་། །གྲུབ་པའི་དབང་ཕྱུག་ཐར་བའི་རྒྱལ་མཚན་སོགས། །སྣ་ཚོགས་སྒྱུལ་བའི་རོལ་གར་འབྱམས་ཀླས་པ། །རིམ་དང་ཅིག་ཅར་སྤྲོས་པའི་མཐའ་མི་དཔོག །བློ་བཟང་རྒྱལ་བསྟན་ཀོ་ལ་ཤ་ཡི་སྲོར། །སྒྲ་ཚད་རིགས་པའི་མི་བཟད་སྟེར་ཐྲེང་གཡོ། །བཟོ་གསོའི་གཡུ་རལ་དར་ཞིང་རྒྱས་པ་ཅན། །ཟླ་མེད་པཎ་ཆེན་གདོང་ལྔའི་དབང་པོ་རྒྱལ། །བློ་བཟང་ཐུབ་པ་ཆེན་པོའི་མདོ་རྒྱུད་བསྟན། །སྐྱེ་དགུའི་འདོད་འཇོ་བསམ་འཕེལ་ནོར་གྱི་བུ། །འདྲེན་པའི་སྙིང་སྟོབས་མ་སྨད་ཕུལ་བྱུང་བའི། །དེད་དཔོན་མཆོག་དེའི་སྐུ་ཕྲེང་རིམ་བྱོན་བསྔགས། །འབྲུངས་རབས་པཎྜིའི་མེ་ཏོག་རེ་རེར་ཡང་། །སྣ་ཚོགས་ལེགས་མཛད་ཟིལ་མངར་འབུམ་འཛོགས་པ། །རྒྱལ་སྲས་དམ་པ་ཁྱོད་ཀྱི་ཞབས་སྐྱེས་རྟུལ། །ཚེ་རབས་ཕྲེང་བའི་གཙུག་ཏུ་མཛེས་གྱུར་ཅིག །ཅེས་བྱ་བ་ནི་བར་སྐབས་ཀྱི་ཚོགས་སུ་བཅད་པའོ། །

མཆོར་སྡུག་པད་དཀར་བཞད་པའི་འཇུམ་ཞལ་ལས། །ཟུར་མིག་བྱུང་བ་རྩེན་པའི་ཟློས་གར་གྱིས། །ཀུན་ཡིད་བཏན་པ་འཕྲོག་པའི་ཚ་ག་མཁན། །ཚངས་སྲས་སྙིག་པ་མོ་དེས་ཤེས་པ་སྐྱབས། །གཉིས་པ་ཆོས་ཀྱི་སྡེ་འདི་ཇི་ལྟར་ཕྱག་འདེབས་མཛད་ཚུལ་དང་སྐུ་གསུང་ཐུགས་རྟེན་གྱི་དཀར་ཆག་མདོར་བསྡུས་ཏེ་འགོད་པ་ལ་གཉིས་ལས། དང་པོ་གནས་ཀྱི་ཆེ་བ་མདོ་ཙམ་ཞུ་བ་ལ། ཆོས་སྡེ་འདི་ཉིད་ཆགས་པའི་གནས་ནི། ཕྱིར་རིག་སྨོན་གསེར་གཞུངས་རིང་མོ་ཞེས་སུ་གྲགས་པ་ལ། བྱེ་བྲག་དགོན་གནས་དངོས་ནི་ཆེན་པོ་ཏོར་གྱི་སྐད་དུ་ཁྱུ་ཁྱུ་ར་ཞེས་སུ་འབོད་པ་འདི་ཉིད་ཡིན་ནོ། །རིག་སྨོན་ཞེས་པའི་ཡུལ་མིང་བདག་གིས་མཐོང་བའི་གཞུང་ལས་ལོ་རྒྱུས་ཙུང་རིང་ཤས་ནི་ཀུན་གཟིགས་ལྷ་བ་ཆེན་མོའི་རང་རྣམ་ཡིན་ཞིང་། དེར་རིང་མོ་ཐང་ཞེས་བྲིས་སྣང་བས། ཡུལ་དེའི་དབྱིབས་ལ་བརྟགས་ན། ཤར་ནུབ་ཀྱི་བར་ཐག་རིང་ཞིང་ལྷོ་བྱང་གི་བར་ཐག་ཐུང་བས་དེ་ཉིད་དག་པར་སེམས་སོ། སུམ་པའི་མཚོ་སྔོན་ལོ་རྒྱུས་ཚངས་གླུ་གསར་སྙན་དུ་རིག་སྨོན་ཞེས་བྲིས་ཡོད་ལ། ཉེ་དུས་ཟུར་ཆག་ནས་རིག་མོ་གཞུངས་ཞེས་པ་ཡི་གེ་རྣམས་དང་ཁ་སྐད་ལ་རླུང་ལྟར་གྲགས་ཀྱང་། ས་མིང་ངོ་མ་ནི་སྔོན་གསལ་དེ་གཉིས་གང་རུང་ཞིག་ངེས་པར་ཡིན་ནོ། །ཡུལ་འདིར་ཆོས་ཀྱི་རྒྱལ་པོ་སྲོང་བཙན་སྒམ་པོའི་དུས་སུ། རྒྱལ་ཡུམ་སྦྱུར་མ་དཔལ་མོ་མི་མོའི་རྣམ་པར་བྱོན་པ་རྒྱ་བཟའ་ཀོང་ཇོས་ཇོ་བོ་ཡིད་བཞིན་ནོར་བུ་གདན་དྲངས་ནས་དབུས་ལ་ཕེབས་པའི་ལམ་བར་དུ་ཡུལ་འདིས་མཚོན་མདོ་སྨད་ཀྱི་ཡུལ་ཕལ་ཆེར་ཞབས་ཀྱིས་བཅགས་ཤིང་། བྱིན་གྱིས་བརླབས་པ་དང་། སྤྲུལ་བའི་བློན་པོ་མགར་སྟོང་བཙན་ཡང་རྒྱ་བཟའ་གདན་འདྲེན་སྐབས་ཡུལ་འདིར་ཐོག་མར་ཕེབས་པ་དང་། ཕྱིས་ཆོས་ཀྱི་རྒྱལ་པོ་འདས་རྗེས་ཡུལ་འདིར་གནས་པའི་འ་ཞས་བོད་ལ་ངོ་ལོག་སྟེ་རྒྱ་ལ་ངོ་བལྟས་ཤིང་། དབུས་སུ་ཡང་རྒྱ་དམག་གི་སྐད་ཆེན་པོ་བྱུང་བ་ལ་དེས་མཛངས་བློན་མཆོག་མགར་གྱིས། བོད་དམག་ཁྲི་བཅུ་ལྷག་ཁྲིད་དེ་མདོ་སྨད་འདིར་ཕེབས་ནས་རྒྱ་དང་འ་ཞའི་དཔུང་ཕམ་པར་བྱས་པས་འ་ཞ་སླར་ཡང་བོད་ཀྱི་མངའ་འོག་ཏུ་བཅུག་པ་དང་། དེའི་རྗེས་མཚོ་ནག་སྟོང་རུར་རྒྱ་དམག་ཁྲི་ཕྲག་བརྒྱད་ཀྱིས་

པོད་དམག་སྟོང་ཚོ་གཅིག་མ་ཐུབ་པར་ཕམ་པས། བརྒྱད་ཁྲི་སྟོང་རྟགས་སུ་གྲགས་པའི་ལོ་རྒྱུས་ཐོག་གི་དོན་ཆེན་དེ་བྱུང་བ་ནས་མགར་འདི་ཕྱོགས་སུ་ལོ་བདུན་བཞུགས་ཏེ། སོ་ཁ་སྲུང་སྐབས་རིག་སྔོན་ཞེས་པའི་ཡུལ་འདིས་མཆོད་མཆོ་སྔོན་པོའི་ཉེ་འགྲམ་དག་ཏུ་ལོ་མང་པོ་བཞུགས་ཤིང་། དེའི་རྗེས་ཆོས་ཀྱི་རྒྱལ་པོ་ཁྲི་སྲོང་ལྡེ་བཙན་གྱི་སྐུ་དུས་སུ་འཛམ་གླིང་གྲུབ་པའི་འཁོར་བསྒྱུར་སློབ་དཔོན་ཆེན་པོ་པདྨ་འབྱུང་གནས་རྫུ་འཕྲུལ་གྱིས་ཕེབས་ནས་སྲིན་པོ་བཏུལ་ཞིང་མཚོ་སྙིང་ལ་སྡིག་མཛུབ་ཀྱི་ཕྱག་རྒྱ་བཞག་པ་དང་། ཕྱིས་འཇམ་མགོན་ས་པཎ་དང་འགྲོ་མགོན་འཕགས་པ་འདི་ཕྱོགས་སུ་ཕེབས་ངེས་པ་ཁྲི་ཀའི་རྡོ་པོ་བཞེངས་པའི་ལོ་རྒྱུས་ཀྱིས་ཤེས་པ་དང་། མཚུངས་བྲལ་མཁས་གྲུབ་ཆེན་པོ་ཀརྨ་པཀྴི་དང་རོལ་པའི་རྡོ་རྗེ་ཡང་འདི་ཕྱོགས་སུ་ཕེབས་ནས་འགྲོ་དོན་མཐའ་ཡས་པ་གནང་བ་དང་། གྲུབ་ཆེན་སླང་དཀར་བའང་འདི་ཕྱོགས་སུ་ཕེབས་ནས་མཚོ་སྙིང་ནས་སྒྲུབ་པ་ཡུན་རིང་མཛད་པས་རྒྱའི་སྐད་དུ་ཧེ་བླ་མར་གྲགས་ཚུལ་རྣམ་ཐར་མང་པོར་གསལ་བ་དང་། ཁྱད་པར་ཀུན་གཟིགས་རྒྱལ་བའི་དབང་པོ་བསོད་ནམས་རྒྱ་མཚོ་དང་ཡོན་ཏན་རྒྱ་མཚོ། ལྔ་པ་ཆེན་མོ་ངག་དབང་བློ་བཟང་རྒྱ་མཚོ་རྣམས་དང་། རྗེ་ཚངས་དབྱངས་པའི་གསང་བའི་རྣམ་ཐར་ལྟར་ན་རྗེ་དེ་ཉིད་ཀུན་དགའི་མཚོ་ཁ་ནས་མཚན་མོར་བྱོན་སྐབས་ཀྱིས་གནས་འདིའི་བྱེ་བྲག་མཚོ་ཕྱུག་མོ་བ་ཡན་ནོར་དུ་སླེབས་སྐབས་ཨ་རིག་གི་ཚོང་བ་དང་འཕྲད་ཚུལ་གསལ་བ་དང་། པད་དཀར་འཆང་བ་བདུན་པ་རྒྱལ་མཆོག་བློ་བཟང་བསྐལ་བཟང་རྒྱ་མཚོ། བཅུ་གསུམ་པ་ཐུབ་བསྟན་རྒྱ་མཚོ། བཅུ་བཞི་བ་བསྟན་འཛིན་རྒྱ་མཚོ་སྟེ། ཀུན་གཟིགས་རྒྱལ་བའི་དབང་པོ་སྐུ་ཕྲེང་དྲུག་དང་། བཅོམ་ལྡན་འོད་མཐའ་ཡས་པའི་སྤྲུལ་པ་པཎ་ཆེན་ཐམས་ཅད་མཁྱེན་ཅིང་གཟིགས་པ་ཆེན་པོ་དཔལ་ལྡན་ཡེ་ཤེས། ཆོས་ཀྱི་ཉི་མ། ཆོས་ཀྱི་རྒྱལ་མཚན་སྟེ་སྐུ་ཕྲེང་གསུམ་དང་། གཞན་ཡང་མཁས་ཤིང་གྲུབ་པའི་དབང་ཕྱུག་ཡབ་རྗེ་སྐལ་ལྡན་རྒྱ་མཚོ་སྐུ་ཕྲེང་རིམ་བྱོན། འགྲོ་མགོན་ཞབས་དཀར་བ་ཆེན་པོ། མདོ་ཁམས་བསྟན་པའི་སྒྲོན་མེ་སྐྱབས་རྗེ་ཀུན་མཁྱེན་ཆེན་པོ་འཇམ་དབྱངས་བཞད་པའི་རྡོ་རྗེ་སྐུ་ཕྲེང་རིམ་བྱོན། སེམས་དཔའ་ཆེན་པོ་ཨ་རིག་

དགེ་བཤེས་ཆེན་མོ། ཤིང་བཟའ་པཎྜི་ཏ་སྐུ་ཕྲེང་རིམ་བྱོན། འགྲོ་མགོན་གསེར་ཁང་པ་ཆེན་པོ་སོགས་སྐྱེས་ཆེན་དམ་པ་མཐའ་ཡས་པས་ཞབས་ཀྱིས་བཅགས་ཤིང་བྱིན་གྱིས་བརླབས་པའི་གནས་ཤིན་ཏུ་རྨད་དུ་བྱུང་བ་ཞིག་ཡིན་ཚུལ་མཁྱེན་པར་བྱའོ། །ཐེ་བྲག་དགོན་གནས་དངོས་ཀྱི་ཁྱད་པར་གྱི་ཆོས་གཙོ་བོ་ནི། རྒྱབ་རི་དཀར་ལྷང་ཛ་ཏན་དུ་གྲགས་པའི་ལྷུན་པོ་གདུགས་དཀར་གྱི་དབྱིབས་སུ་གསལ་བར་མངོན་པ་དང་། མདུན་རི་འོད་དཀར་ཞེས་བཀྲ་ཤིས་པའི་མིང་གིས་བརྗོད་པའི་རི་བོ་སྐྱེས་པ་ལྔ་བའི་ཕོག་པའི་རྣམ་པར་བཀྲ་བའི་ལུང་ལག་འཁྱིལ་བ། ཤར་ན་རྨ་རྒྱལ་གྱི་སྲས་མོ་སྨན་བཙུན་དབང་ཕྱུག་གི་ཕོ་བྲང་ཟེ་དགུར་གྲགས་པའི་རི་བོ་ནི་སྟག་སྐྱ་བོ། ལྷོ་ན་རིག་སྔོན་ཆུ་བོ་གྱ་གྱུར་འབབ་པ་གཡུ་འབྲུག་སྔོན་མོ་འཁྲུག་འགྲོས་ཀྱི་རྣམ་པ་ཅེས་གསལ་བ། ནུབ་ན་དཀར་ཐང་མར་ཁུའི་མཚོ་མོ་སོགས་ཐང་ཆེན་མང་པོ་རིམ་བཞིན་ཆགས་པ་ནི་བྱ་དམར་པོ། བྱང་ན་སྔོན་ལམ་མཐོན་པོ་ཞེས་པའི་རི་བོ་ནི་རུས་སྦལ་སེར་པོ་རྣམས་ཕྱོགས་བཞིའི་སྲུང་བའི་ཚུལ་དུ་ཡོད་པ་དང་། གཞན་ཡང་ནུབ་ཕྱོགས་སུ་བོད་ཡུལ་གྱི་མཚོ་ཆེན་བཞིའི་ཡ་གྱལ་ཀླུ་སློན་བྱང་ཆུབ་སེམས་དཔའི་ཕོ་བྲང་དུ་སྤྱན་རས་གཟིགས་དབང་སྲོང་བཙན་སྒམ་པོ་སོགས་ཚད་མའི་སྐྱེས་བུ་མང་པོས་བསྔགས་པའི་མཚོ་ཆེན་ཁྲི་གཤོག་རྒྱ་མོ་སོགས་གཡུ་ཡི་མེ་ལོང་ལྟ་བུའི་མཚོ་ཆེ་ཆུང་དུ་མ་དང་། འདི་དང་ཏ་ཙང་མི་རིང་བ་ན་ལྷ་གཉན་ཆེན་པོ་རྨ་ཆེན་སྤོམ་ར་དང་གངས་དཀར་ཕྱོགས་ལས་རྣམ་རྒྱལ་དུ་གྲགས་པ་སོགས་ཀྱི་ལ་ཤ་ཡི་ལྷུན་པོ་ཚར་དུ་དངར་བ་སོགས་བཀའ་གདམས་གླེགས་བམ་རིན་པོ་ཆེ་ལས་བསྟན་པའི་གནས་ཀྱི་ཁྱད་ཆོས་རྣམས་ཀྱང་ལྷུན་གྱིས་གྲུབ་པ་སོགས་མདོར་ན། ཉིན་བྱེད་འཆར་སྣ་ཞིང་ནུབ་འཕྱི་བ། རང་བཞིན་གྱིས་བག་ཕེབས་ཤིང་འདུ་འཛིས་དབེན་པ། བུད་ཤིང་སོགས་མཐུན་རྐྱེན་མི་དཀའ་ཞིང་འཚོ་བས་མི་ཕོངས་པ་སོགས་མཉམ་མེད་ཤཱཀྱའི་རྒྱལ་པོའི་ལུང་ལས་བྱུང་བའི་ཐོས་བསམ་སྒོམ་པ་རྣམས་ལ་མཁོ་བའི་གནས་ཀྱི་ཁྱད་ཆོས་མ་ཚང་བ་མེད་པར་འཛོམས་པ་ཡིན་ནོ། །

གཉིས་པ། དེ་ལྟ་བུའི་གནས་སུ་བཤད་སྒྲུབ་ཆོས་ཀྱི་སྐྱིད་ཚལ་ཆེན་པོ་འདི་ཉིད་

ཆགས་འདེབས་གནང་ཚུལ་དང་སྐུ་གསུང་ཐུགས་རྟེན་གྱི་དཀར་ཆག་དཀྱུས་གཅིག་ཏུ་འགོད་པ་ལ། ཇི་སྐད་དུ་རྒྱལ་སྲས་ཞི་བ་ལྷས། འགྲོ་བའི་སྡུག་བསྔལ་སྨན་གཅིག་པུ། །བདེ་བ་ཐམས་ཅད་འབྱུང་བའི་གནས། །ཞེས་གསུངས་པ་ལྟར་མཐའ་ཡས་པའི་རྒྱུད་ལྡཱ་རིགས་དྲུག་སྐྱེ་གནས་བཞིས་བསྡུས་པའི་འགྲོ་བ་ཀུན་གྱི་ཕན་པ་དང་བདེ་བ་འབྱུང་བའི་གནས་གཅིག་པུ་ནི། མཉམ་མེད་སྟོབས་བཅུ་མངའ་བའི་ལུང་རྟོགས་ཀྱི་བསྟན་པ་རིན་པོ་ཆེ་ཡིན་ལ། དེ་ཉིད་ཡུན་རིང་དུ་དར་ཞིང་རྒྱས་པ་ནི་དགེ་འདུན་གྱི་སྡེ་ལ་རག་ལས་པས། འཕགས་བོད་ཀྱི་ལྗོངས་སུ་སྔོན་བྱོན་མཁས་གྲུབ་དམ་པ་ཀུན་གྱིས་ཆོས་གཞི་དགེ་འདུན་གྱི་སྡེ་མཐའ་ཀླས་པ་འཛུགས་པར་མཛད་པ་ལགས་ལ། དེ་དག་གི་རྣམ་པར་ཐར་བ་དང་རྗེས་སུ་མཐུན་པར་སྙིགས་དུས་ཀྱི་སྟོབས་བཅུ་མངའ་བ་ཁྱབ་བདག་རྡོ་རྗེ་སེམས་དཔའི་ངོ་བོ། བཀའ་དྲིན་མཚུངས་མེད། ༧རྗེ་ཞྭ་དམར་པཎྜི་ཏ་ཆེན་པོས་ལུང་རྟོགས་ཡོན་ཏན་གྱི་ཆ་ཤས་ཡོངས་སུ་རྫོགས་པའི་མཁས་ཤིང་གྲུབ་པའི་དབང་ཕྱུག འཇམ་མགོན་རྒྱལ་བ་གཉིས་པའི་བསྟན་པའི་གསལ་བྱེད་དམ་པ། སྐྱབས་རྗེ་གཡོན་རུ་བ་བློ་བཟང་ནོར་བུ་དཔལ་བཟང་པོར་གནའ་ནས་ཡོད་པའི་གཡོན་རུའི་སྤྱི་བའི་གྲྭ་བ་རྣམས་ཕྱོགས་གཅིག་ཏུ་བསྡུས་ཏེ་གུར་སྐར་གྱི་དགོན་གཞི་བཟུང་ནས་གཞི་གསུམ་གྱི་ཉམས་ལེན་དང་། ཡི་དམ་འགའི་སྒྲུབ་མཆོད་སོགས་བཙུགས་ཏེ། འདུལ་བའི་བཅས་ཁྲིམས་དང་མཐུན་པའི་དགེ་འདུན་གྱི་སྡེ་གསར་བ་ཞིག་བཙུགས་ན་བསྟན་པ་ལ་བྱ་བ་བྱས་པ་ཡིན་ཚུལ་གྱིས་བཀའ་ཁྱབ་ཞིབ་མོར་བསྩལ། དམ་པ་ཉིད་ཀྱིས་ཀྱང་ཁྱབ་བདག་བླ་མ་རིན་པོ་ཆེའི་བཀའ་ལྟར་རབ་བྱུང་བཅོ་ལྔ་བའི་རྣམ་རྒྱལ་ཆུ་སྤྲུལ་(༧༨༩༣)ལོར་གང་ཅིའི་མཐུན་རྐྱེན་མ་ལུས་པ་རྫོལ་བ་ཆེན་པོ་ལ་མ་བལྟོས་པར་ལྷུན་གྱིས་གྲུབ་པ་བྱུང་སྟེ། གཡོན་རུའི་གྲྭ་བ་ཉི་ཤུ་ལྷག་ཏུ་བསྡུས་ཤིང་། རྡོ་རྗེ་འཛིན་པ་བློ་བཟང་ཤེས་རབ། དགེ་བསྐོས་བློ་བཟང་ངག་དབང་། དབུ་མཛད་བློ་བཟང་སྐལ་གྲགས་བཅས་བསྐོ་བཞག་བསྩལ་ཅིང་། ཆོས་སྡེ་འདི་ཉིད་ཀྱི་གཞི་གསར་དུ་བཟུང་སྟེ། གནས་བརྟན་ཕྱག་མཆོད་གྲངས་མང་དང་། སྨྲོལ་བཀྲོད་འབུམ་སོགས་ཞབས་བརྟན་རིམ་གྲོ་གཏོས་ཆེ་བ

བསྐྲུབས་ཤིང་། མཆོག་གསུམ་རིན་པོ་ཆེའི་ཐུགས་རྗེས་བསྐྱུལ་བ་དང་། ཆོས་སྲུང་ཡེ་ཤེས་ཀྱི་སྲུང་ལྡན་རྣམས་ལ་འཕྲིན་བཅོལ་དང་མཆོད་བསྟོད་ནན་ཏན་གནང་བའི་ཐུགས་རྗེ་ལས་གྲྭ་ཚོགས་ཀྱང་མྱུར་དུ་རྒྱས་ནས་བརྒྱ་ཕྲག་ལས་བརྒལ་བ་བྱུང་། ཆོས་སྡེའི་གཞི་བཟུང་ནས་རིང་མིན་གསོ་སྦྱོང་ལེགས་པར་བཙུགས་པ་དང་། དེ་ནས་རིང་པོར་མ་ཐོགས་པར་སྐབས་དུས་ཀྱི་ཉེ་བར་འཁོར་རྗེ་གསེར་ལག་པ་འཛམ་དབྱངས་རྒྱ་མཚོའི་ཞལ་སྔ་ནས་ཀྱིས་དབྱར་གནས་གསར་དུ་བཙུགས་ཏེ་གཞི་གསུམ་གྱི་ཉམས་ལེན་ཆོས་འདུལ་བ་དང་དམ་པའི་ཕྱག་བཞེས་ལྟར་ལེགས་པར་བཙུགས་ནས་རྣམ་འདྲེན་བུ་རམ་ཤིང་བའི་ལུགས་བཟང་མཆོག་ཏུ་དར་ཞིང་རྒྱས་པར་གྱུར་པ་དང་། སྐྱབས་རྗེ་ཐར་ཤུལ་རིན་པོ་ཆེའི་ཀུན་དགའ་པོ་དང་མཚུངས་པའི་ཉེ་གནས་དམ་པ། ཞབས་དྲུང་ཤུན་ཚོགས་ཚང་གིས་ར་རྒྱ་བཀྲ་ཤིས་འབྱུང་གནས་ཀྱི་ཕྱག་བཞེས་ལྟར་གྱི་བཅོམ་ལྡན་དུས་དཀྲའི་དབང་པོ་དཔའ་པོ་གཅིག་པ་དང་། ལྷ་བཅུ་གསུམ་མ། བཅོམ་ལྡན་འདས་ཀུན་རིག་རྣམ་པར་སྣང་མཛད། དཔལ་གསང་བ་འདུས་པ། རྒྱལ་བ་མི་འཁྲུགས་པ་རྣམས་ཀྱི་སྒྲུབ་མཆོད་ཀྱི་ཚོ་ག་ལེགས་པར་བཙུགས་ཏེ། ཆོས་ཐོག་མང་པོ་རིམ་བཞིན་དབུ་བཙུགས་ཤིང་བཙུགས་ཏེ། མཆོད་གཞིས་ཉིན་ལུང་གཙོས་ཕྱོགས་འདིའི་དད་ལྡན་སེར་སྐྱ་ཀུན་གྱིས་བསྙེན་བཀུར་ཕུན་སུམ་ཚོགས་པ་ལོ་མང་པོར་བསྟར་ཆགས་སུ་བྱས་པ་དང་། མཚུངས་མེད་བླ་མ་རིན་པོ་ཆེས་བགྲང་བྱ་ཉི་ཤུ་ལྷག་ལ་ཐུགས་བསྐྱེད་ཁུར་བཞེས་ཆེན་པོས་ཚུལ་བཞིན་བསྐྱངས་སྐབས། དགེ་འདུན་ཞལ་གྲངས་མང་དུ་འཕེལ་བར་མ་ཟད། ཆོས་སྤྱོད་ཉམས་བཞེས་དང་མདོ་རྒྱུད་ཀྱི་འཆད་ཉན་སོགས་ལེགས་ཚོགས་ཆོས་ལྡན་གྱི་བགྱི་བ་ཐམས་ཅད་དབྱར་གྱི་ཆུ་གཏེར་དང་འགྲོགས་པའི་འཛིན་མའི་ལང་ཚོ་བཞིན་དུ་ཆེས་ཆེར་དར་རྒྱས་བྱུང་བ་དང་། ཡབ་རྗེ་མཆོག་ཞལ་མ་བཞུགས་པའི་རྗེས་དང་། སྐུ་རྗེས་མ་སྐུ་ཕྱིས་པའི་དུས་དང་སློབ་གཉེར་གནང་བའི་སྐབས་ཀྱི་ལོ་བཅུ་ཕྲག་འགའི་རིང་ལ་མཚུངས་མེད་འདུལ་འཛིན་ཆེན་པོ་ངག་དབང་རྒྱ་མཚོས་ལེགས་པར་བསྐྱངས་པ་དང་། ཡབ་རྗེ་མཆོག་སྤྲུལ་རིན་པོ་ཆེ་རྗེ་བཙུན་བློ་བཟང་བསྟན་འཛིན་རྒྱ་མཚོ

དཔལ་བཟང་པོས་ཁུར་བཞེས་སྒྲོས། སྐྱབས་རྗེ་འགྲོ་བའི་འདྲེན་པ་ཆེན་པོ་རྗེ་ཐར་ཤུལ་བ་
དགེ་ལེགས་དབང་ཕྱུག་ཆོས་སྐྱོང་རྒྱ་མཚོའི་ཞལ་སྔ་ནས་ཀྱིས་གནས་གཟིགས་དང་ས་འདུལ་
ཧྟོ་འཕྱེ་ཐིག་འདེབས་པ་བཀྲ་ཤིས་གསོ་སྦྱོང་སོགས་གནང་ནས་གྲུར་སྐར་ཁང་དགོན་དུ་
བསྒྱུར་བ་གནང་ཞིང་། རྟོན་ཡབ་རྗེ་བླ་མ་རིན་པོ་ཆེའི་དུས་སུ་གྲུར་སྐར་ཡིན་པས། སྐུ
གསུང་ཐུགས་རྟེན་ཕོན་ཆེ་བ་མ་བཞེངས་ན་ཡང་། ཅུང་ཟད་བཞུགས་པ་ནི་བསྟན་པའི་
བདག་པོ་མཉམ་མེད་ཤཱཀྱའི་རྒྱལ་པོའི་ལི་སྐུ་ཁྲིན་ཙན། སྨན་བླ་བདེ་གཤེགས་བརྒྱད། རྗེ་
ཡབ་སྲས་གསུམ་གྱི་འདྲ་སྐུ་ཀུན་ར་དང་བཅས་པ། གནས་བརྟན་བཅུ་དྲུག་དང་ཐུགས་རྗེ་
ཆེན་པོ་བཅུ་གཅིག་ཞལ་གྱི་ཐང་ག་ཆེན་པོ་གཉིས། སྨན་བླའི་སྟོང་ཐང་། སྤྱན་རས་
གཟིགས། འཇམ་དབྱངས། གསང་བདག ཚེ་དཔག་མེད། རྣམ་རྒྱལ་མ། སྒྲོལ་མ་
དཀར་སྟོན་སོགས་ཀྱི་ཐང་ཀས་མཚོན་སྐུའི་རྟེན་དང་། བཀའ་འགྱུར་སོགས་གསུང་གི་རྟེན།
མགོན་ཁང་དུ་མགོན་ཆོས་ལྷ་མོ་དམ་ཅན་སོགས་ཀྱི་རྟེན་ཐང་། ཁྱད་པར་བདེ་ཆེན་ཆོས་
འཁོར་གླིང་གི་སྐྱབས་རྗེ་གཡོན་ཏུ་རིན་པོ་ཆེ་སྐུ་ཕྲེང་རིམ་བྱོན་གྱི་རྟེན་ཐང་དཔལ་ལྡན་དམག་
ཟོར་རྒྱལ་མོའི་ཐང་སྐུ་ཤིན་ཏུ་གཉན་ཆ་ཅན། སྤྱན་གཟིགས་སྣ་ཚོགས། རོལ་ཆས་སྣ་
ཚོགས། མཆོད་པའི་ཡོ་བྱད་ཆ་ཚང་བཅས་གསར་དུ་བསྒྲུབས་ཤིང་། འདུ་ཁང་ཆུང་བ་གྲུབ་
སུམ་ཙུ་ཡོད་པ་ཞིག་གསར་དུ་བཞེངས་ནས་རྟེན་རྣམས་དེར་བཞུགས་སུ་གསོལ་བ་ལགས་ལ།
ཉིད་ཀྱིས་གསར་དུ་བཞེངས་པའི་སྐུ་གསུང་ཐུགས་རྟེན་ནི། འདུ་ཁང་གི་དཀྱིལ་གྱི་ཀུན་རའི་
ནང་དུ་ཙན་དན་དཀར་པོའི་ཁྲི་དྲུག་འཁྱོགས་ཅན་གྱི་སྨན་བླ་བདེ་གཤེགས་བརྒྱད། དེའི་
གཡས་གཡོན་དུ་ཇོ་བོ་རྗེ་སེ་ཐུབ་མ། རྗེ་མཆོད་འཛིན་མ། དེའི་གཡས་ཕྱོགས་སུ་ཙན་དན་
དཀར་པོ་ལས་བསྒྲུབས་པའི་ཐུགས་རྗེ་ཆེན་པོ་བཅུ་གཅིག་ཞལ། གྲུབ་ཆེན་ཐང་སྟོང་རྒྱལ་པོ།
ཚེ་ལྷ་རྣམ་གསུམ། བཀའ་འགྱུར། ཀུན་མཁྱེན་གསུང་འབུམ་བཅས་བཞུགས་ལ། གཡོན་
ཕྱོགས་སུ་ཙན་དན་དཀར་པོའི་རྗེ་དགེ་ལེགས་མ། གླིང་སྐོར་བྱམས་པ། རྗེ་ཡབ་སྲས་
གསུམ། བསྟན་འགྱུར་དང་རྗེའི་གསུང་འབུམ་སོགས་གླེགས་བམ་པོད་བརྒྱ་ཕྲག་དུ་མ་

བཞུགས། གོས་ཆེན་འཆམ་དབུབ་བཤགས་ལྷ་སོ་ལྔ། ལམ་རིམ་ཚོགས་ཞིང་། བླ་མཆོད་ཚོགས་ཞིང་སོགས་ཐང་ཀ་མང་པོ་བཞུགས། ཕན་གདུགས་རྒྱལ་མཚན་སོགས་མཆོད་རྫས་མཐའ་ཡས་པ་དང་། དངུལ་ཀོང་ཆེ་འབར་ཆེ་བ། རག་ཀོང་དང་ཟངས་ཀོང་ཆེ་ཆུང་མང་པོ། ཏིང་ཤོར་ཉིས་སྟོང་ལྷག་བཅས་མཆོད་པའི་ཡོ་བྱད་ཕུན་སུམ་ཚོགས་པ་མཆིས་སོ། །

རབ་རྒྱལ་རྣམ་འགྱུར་ལྕགས་སྟག་(༡༨༥༠)ལོར་གྲྭ་གྲངས་འཕེལ་ནས་བརྒྱ་ཕྲག་གཉིས་ལ་ཉེ་བར་གྱུར་པ་སོགས་ཀྱིས་སྔར་གྱི་འདུ་ཁང་ཆུང་བས་མི་ཆུད་པ་སོགས་བྱུང་སྐབས། བཀའ་དྲིན་མཚུངས་མེད་ཡབ་རྗེ་མཆོག་སྤྲུལ་རིན་པོ་ཆེས་ཐུགས་ཁུར་ཟབ་བཞེས་སྒོས་འདུ་ཁང་རྗེ་ཆེར་གཏོང་རྒྱུའི་ཞལ་བཀོད་བསྐུལ་བ་ལྟར་དགོན་པའི་བླ་མ་ལས་སྡེ་ཉིན་ལུང་སྡེའི་སྟོང་དཔོན་ཨ་ལགས་དང་ཆོས་སྐྱོང་རྒྱལ་སྒྲུ་ཧྲ་རྣམས་དང་། གཡོན་རུའི་དཔོན་པོ་མཁས་མཆོག འབྲུག་སྐར་དཔོན་པོ་བླ་མ་ཚེ་རིང་། རྒྱ་ཡེ་དཔོན་པོ་སྒྲུ་ཧྲ་བྱམས་དང་པདྨ་དབྱངས་རྒྱལ་སོགས་ཀྱི་གཙོས་ཉིན་ལུང་སྡེ་སྡེའི་ཡོན་སྦྱར་ཏེ་འདུ་ཁང་གྲུབ་པོ་གསུམ་ཅན་བཟོ་བཀོད་ཕུན་སུམ་ཚོགས་པ་ཆོས་ར་དང་བཅས་པ་གསེར་ཟངས་ཀྱི་རྒྱལ་མཚན། རི་དྭགས་ཕོ་མོ་ཆོས་འཁོར། གསེར་ཏོག་སོགས་རྩོལ་བ་ཆེན་པོ་ལ་མ་བསྟོས་པར་ལྷུན་གྱིས་གྲུབ་སྟེ། དགའ་སྟོན་གྱི་ཡོ་ལང་རྒྱ་ཆེར་སྤེལ། དེའི་ནང་རྟེན་གཙོ་བོ་ཐུབ་པ་གཙོ་འཁོར་གསུམ། དེའི་མཐའ་འཁོར་དུ་གནས་བརྟན་བཅུ་དྲུག རྒྱན་དྲུག་མཆོག་གཉིས། གཙོ་སྐུའི་གཡས་སུ་མཉམ་མེད་རྗེ་སྐུ། བཤགས་ལྷ་སོ་ལྔ། དེའི་གཡས་སུ་གཙོ་སྐུ་རྗེ་བཙུན་སྒྲོལ་མ། སྒྲོལ་མ་ཉེར་གཅིག་རྗེ་འབྲིམ་ཡབ་སྲས་གསུམ། རྒྱུད་སྡེ་བཞིའི་ལྷ་ཚོགས་མང་པོ་བཅས་དང་། གཙོ་སྐུའི་གཡོན་ཕྱོགས་སུ་གཙོ་སྐུ་བྱམས་པ། སྨན་བླ་བདེ་གཤེགས་བརྒྱད། ཚེ་ལྷ་རྣམ་གསུམ། རིགས་གསུམ་མགོན་པོ། དེའི་གཡོན་དུ་གཙོ་སྐུ་ཀུན་རིག་མི་འཁྲུགས་པ་ལྷ་དགུ། རྗེ་སྐུ་སོགས་བཞུགས། དེའི་སྟེང་དུ་ལམ་རིམ་ཚོགས་ཞིང་། དེའི་གཡས་གཡོན་དུ་ཙོང་ཁ་བརྒྱད་ཅུའི་གྲུབ་ཐང་བདུན། འོག་གི་གཡས་ཀྱི་གྲུབ་བར་ལྡེ་ལ། དགའ་ལྡན་ཡིད་དགའ་ཆོས་འཛིན། རི་བོ་གྲུ་འཛིན། མི་འཁྲུགས་པ། ཐུགས་རྗེ་ཆེན་པོ་བཅུ

གཅིག་ཞལ། སྒྲོལ་མ་ཉེར་གཅིག་བཅས་དང་། གཡོན་གྱི་གྱུན་བར་ལྷོ་ལ་གནས་བརྟན་བཅུ་དྲུག སྨན་བླའི་ཞིང་བཀོད། ཀུན་རིག་གི་ལྷ་ཚོགས། བཤགས་ལྷ་སོ་ལྔ། གཡས་ཀྱི་སློ་སྒོའི་སྟེང་དུ་མཉམ་མེད་ཤཱཀྱའི་རྒྱལ་པོའི་འཁོར་བཅས་གྲོང་ཁྱེར་ཤིང་འཕེལ་དུ་གཤེགས་པའི་བཀོད་པ། གྲལ་ཇའི་ཡར་འཁོར་ལ་མགོན་པོ་ཚོས་རྒྱལ་རྣམ་གྲས། ལྷ་མོ་བཞི་ལ་རང་རང་གི་འཁོར་གྱིས་བསྐོར་བའི་གྱུན་ཐང་བཞི། ཕྱི་ཡི་ཁྱམས་ལ་རྒྱལ་ཆེན་བཞིའི་གྱུན་ཐང་སོགས་དང་ལྡན་གྱི་མིག་དང་ཡིད་ཀྱི་དབང་པོ་འཕྲོག་པར་ནུས་ཤིང་བསོད་ནམས་གསོག་པའི་ཞིང་ས་བླ་ན་མེད་པའི་སྐུ་གསུང་ཐུགས་རྟེན་མཐའ་ཡས་པ་བཞེངས་གྲུབ་པོ། །འདས་པའི་བགྲང་བྱ་དུ་མའི་རིང་ལ་མཆོད་གཞིས་ཉིན་ལུང་གི་གཙོས་སྤྲ་ནག་ཁག་གསུམ་སོགས་ཕྱོགས་སོ་སོའི་དད་ལྡན་བསྟན་པའི་སྦྱིན་བདག་རྣམས་ཀྱིས་ལོ་རེ་བཞིན་ཆོས་ཐོག་ནམ་ཡོད་ལ་ཇ་ཐུག་སྐུ་འགྱེད་སོགས་ཀྱིས་བསྙེན་བཀུར་རྒྱ་ཆེར་བསྟབས་ཤིང་། མཆོད་རྗེས་ཀྱི་ཅེ་བྲག་མཐའ་ཡས་པ། ཚོགས་ཁྲོ། ཐུག་ཟེའུ། གསོལ་དེམ། གྲལ་གདན་སྣ་ཚོགས། དུང་ཆེན། རྒྱ་གླིང་སོགས་ཉེར་མཁོའི་དངོས་པོ་མ་ཚང་བ་མེད་པར་བསྒྲུབས་ཟིན་པ་ནི་ཡབ་རྗེ་མཆོག་སྤྲུལ་རིན་པོ་ཆེའི་བཀའ་དྲིན་ཡིན་པས། ཆོས་ཀྱི་བཀའ་དྲིན་ལྟ་ཞོག་མཆོད་པའི་ཡོ་བྱད་དང་དགེ་འདུན་གྱི་སྤྱི་རྫས་འདི་ཙམ་བསྒྲུབས་པའི་བཀའ་དྲིན་ཡང་གསབ་པར་སླ་བ་མིན་ཚུལ་རྗེས་འཇུག་རྣམ་དཔྱོད་དང་ལྡན་པ་རྣམས་ཀྱིས་མཁྱེན་དགོས་པར་སྣང་ངོ་། །

ས་ཁྱི་ལོའི་སྟོན་ལ་སྐྱབས་རྗེ་བླ་མ་རིན་པོ་ཆེའི་ནང་ཆེན་དང་གཞུང་གི་སྤྱི་ཁང་། གྲྭ་ཤག་ལྔ་བཅུ་ལྷག དགེ་འདུན་ཞལ་གྲངས་བརྒྱ་ཕྲག་གཉིས་ལ་ཉེ་བ་བཅས་ཆོས་སྲིད་ལེགས་ཚོགས་ཐམས་ཅད་ཟླ་བ་ཡར་ངོའི་དཔལ་ལ་འགྲན་པ་དེ་ལྟ་ནའང་། སྐྱེ་དགུའི་བསོད་ནམས་ཀྱི་མཐུ་བྲི་ཞིང་། སྙིགས་མའི་རྒུད་པ་མཚོ་ལྟར་བརྫོལ་བའི་དབང་གིས་ཇི་སྐད་དུ་འགྲོ་མགོན་འཕགས་པ་རིན་པོ་ཆེས། བསྟན་ལ་འཕེལ་འགྲིབ་ཡོད་པ་རྒྱལ་བས་གསུངས། །འགྲོ་བའི་སྡུག་བསྔལ་རང་རང་ལས་ལས་གྲུབ། །གང་ལ་གང་འདུལ་དེ་ལ་དེ་སྟོན་པ། །འདི་ཙམ་མ་རྟོགས་མཁས་པ་མིན་པར་རྟོགས། །ཞེས་བཅོམ་ལྡན་རིག་རལ་

ཀྱིས་ཟུར་ཟ་གནང་བའི་ལན་དུ་གསུངས་པ་ལྟར་ས་ཁྱི་（༡༩༥༨）ལོར་སྐུ་གསུང་ཐུགས་རྟེན་གཙུག་ལག་ཁང་དགེ་འདུན་གྱི་སྡེ་དང་བཅས་པ་མིང་མེད་དུ་བཏང་ནའང་། ཏང་གི་ཆོས་དད་རང་མོས་ཀྱི་སྲིད་ཇུས་ཀྱི་གཟི་འོད་འཁྱུགས་པ་དང་། མཆོག་གསུམ་རིན་པོ་ཆེའི་བྱིན་རླབས་ལས་ཐུབ་བསྟན་ཡང་དར་གྱི་དབུ་བརྙམས་པ་ནས་གོང་རིམ་གྱིས་ཆོག་མཆན་ལེགས་པར་གནང་བ་ལྟར་རིགས་བརྒྱའི་ཁྱབ་བདག་བླ་མ་རིན་པོ་ཆེ་རྗེ་བཙུན་བློ་བཟང་བསྟན་འཛིན་རྒྱ་མཚོ་དཔལ་བཟང་པོས་གང་ཅིས་མཐུན་རྐྱེན་སྦྱར་ནས་སྔོན་གྱི་གྲྭ་ཀན་བཅུ་ལྷག་འདུས་ཏེ། རབ་རྒྱལ་བློ་ངན་ལྕགས་བྱ་（༡༩༨༡）ལོའི་ས་ག་ཟླ་བའི་ཡར་ཚེས་བཅོ་ལྔ་དུས་ཆེན་སུམ་འཛོམས་ཉིན་ཆོས་སྒོ་གསར་དུ་ཕྱེ་ཞིང་། གཞི་གསུམ་གྱི་ཉམས་བཞེས་དང་། ཆོས་ཐོག་གི་སྐོར་མ་ལུས་པ་སྔར་སྲོལ་བཟང་པོ་ཇི་ལྟ་བ་བཞིན་རིམ་གྱིས་ལེགས་པར་བཙུགས་ཤིང་། ཆོས་མཐུན་གྱི་ཉམས་བཞེས་ཐམས་ཅད་དབྱར་མཚོ་རྒྱས་པ་ལྟར་གྱུར་པ་དང་། དེ་ནས་བཟུང་སྨོན་ལམ་ཉིན་བདུན་གྱི་སྦྱིན་བདག་དཔོན་སྐོར་སྡེ་བས་མཛད་ཅིང་། བསྐང་ཆེན་ཉིན་བཅུ་དང་སྨྱུང་གནས་ཉིན་གསུམ་གྱི་སྦྱིན་བདག་གཡོན་རུ། སྒྲུབ་མཆོད་ཉིན་བདུན་གྱི་སྦྱིན་བདག་འབྲུག་སྐོར། དུས་མཆོད་ཉིན་ལྔའི་སྦྱིན་བདག་དམེ་ཐུགས། ལྔ་མཆོད་ཉིན་བདུན་གྱི་སྦྱིན་བདག་རྒྱ་ཡེ་སྡེ་བས་མཛད་ནས་འདུས་པའི་སྡེ་རིན་པོ་ཆེར་ཇ་ཐུག་སྐུ་འགྱེད་སོགས་ཀྱི་བསྙེན་བཀུར་ཕུན་སུམ་ཚོགས་པ་ཇི་སྲིད་རྒྱལ་བསྟན་གནས་ཀྱི་བར་དུ་བསྒྲུབ་རྒྱུའི་དམ་བཅའ་ཕུལ་ཞིང་། དེ་ལྟར་ལེགས་པར་བསྒྲུབས་དང་སྒྲུབ་བཞིན་པའི་སྐབས་ལགས་སོ། །ཁྱད་པར་དུ་སྙིགས་དུས་ཀྱི་བསྟན་པ་འཛིན་པ་མ་ལུས་པའི་དབུས་ན་རྒྱལ་མཚན་གྱི་ཏོག་ལྟར་མངོན་པར་མཐོ་བ། སྡེ་སྣོད་གསུམ་དང་རྒྱུད་སྡེ་བཞིའི་དགོངས་དོན་སྒྲུབ་ལ་འགྲན་པའི་ཟླ་དང་བྲལ་བའི་གཞུང་བརྒྱའི་མངའ་བདག ༧ཡོངས་ཀྱི་དགེ་བའི་བཤེས་གཉེན་ཆེན་པོ། གཅན་ཚའི་སྨྲ་བའི་སེངྒེ་ཧླཱུཾ་ནའི་ཞབས་ལན་གྲངས་དུ་མར་སྡེ་འདིར་ཕྱིན་ནས། བསྒྲུབ་བྱ་བརྒྱ་ཕྲག་བརྒལ་བར་རབ་བྱུང་དང་བསྙེན་རྫོགས་ལ་བཀོད་པ་དང་། དབང་ལུང་རྗེས་གནང་གི་ཆོས་རྒྱུན་རྣམ་དག་མཐའ་ཡས་པ་བསྩལ་པར་མ་ཟད་བཀའ་པོད་

ལྷའི་འཆད་ཉན་གསར་དུ་བཙུགས་པའི་རྟེན་འབྲེལ་བསྒྲིགས་ཤིང་། བློ་གསལ་བའི་གཞོན་ནུ་རྣམས་ལ་བསྡུས་གྲྭ་སོགས་གཞུང་འགའ་ཞིག་གི་དཔེ་ཁྲིད་བསྐུལ་པ་དང་། ཡབ་རྗེ་མཆོག་ཞིང་ཁམས་གཞན་དུ་གཤེགས་རྗེས་ཆོས་སྡེ་འདི་གའི་ཆོས་སྲིད་ཀྱི་ལས་དོན་ཆེ་བ་ཀུན་ལ་ཐུགས་བཀོད་གང་ལེགས་གནང་ཞིང་། སྐུ་ངལ་ལམ་འཛོམས་པར་ལྷ་བྲང་བཀྲ་ཤིས་འཁྱིལ་དུ་དངོས་ཕེབས་སྐོས་སྐྱབས་མགོན་གུང་ཐང་རིན་པོ་ཆེར་བདག་ཅག་གི་ཡབ་རྗེའི་མཆོག་སྤྲུལ་རིན་པོ་ཆེ་ཐུགས་ཐག་གཅོད་པའི་ཞུ་བ་འབུལ་བའི་གྲོགས་ཏན་ལེགས་པར་གནང་བ་སོགས་ཆོས་སྲིད་གང་ཐད་ནས་བསམ་ཡང་བཀའ་དྲིན་ཤིན་ཏུ་ཆེ་བ་ཡིན་ལ། གཞན་ཡང་གོའུ་བ་དགོན་གྱི་དགེ་བའི་བཤེས་གཉེན་ཨ་ཁུ་བསྟན་རྒྱས་ཚང་། དཔལ་ལྡན་བཀྲ་ཤིས་ཆོས་སྡིངས་ཀྱི་དགེ་བའི་བཤེས་གཉེན་བློ་བཟང་བསྟན་དར་ཚང་། སྐུ་འབུམ་བྱམས་པ་གླིང་གི་དགེ་བའི་བཤེས་གཉེན་ཨ་ཁུ་བརྩོན་འགྲུས་ཚང་། ལྷ་བྲང་བཀྲ་ཤིས་འཁྱིལ་གྱི་རྗེ་རམས་པ་ཨ་ཁུ་སྐལ་བཟང་རྒྱ་མཚོ་སོགས་ཀྱིས་རིམ་པ་བཞིན་བཀའ་པོད་མང་པོའི་དཔེ་ཁྲིད་གནང་བ་དང་། ཐམས་ཅད་ཀྱིས་ལྟ་ཐོག་དམ་གཅའ་དང་སྐྱོར་སྦྱོང་སོགས་ལ་བརྩོན་པའི་ངོས་མཚན་ཉིད་འཕེལ་བའི་ཚུལ་དུ་མ་གནང་བ་དང་། རབ་རྒྱལ་ཤིང་གླང་(༡༩༨༥) ལོར་འདུ་ཁང་ཆོས་ར་དང་བཅས་པ་གྱུན་བརྒྱ་དང་ལྔ་ཅན། ལྷ་བྲང་གཉིས། གྲྭ་ཤག་སུམ་ཅུ་ལྷག་བཅས་བཞེངས་གྲུབ་སྟེ་ལེགས་ལམ་ཤིན་ཏུ་ཆེ་བ་བྱུང་། འདུ་ཁང་གི་རྟེན་གཙོ་མཉམ་མེད་ཤཱཀྱའི་རྒྱལ་པོ་མཆོག་ཟུང་དང་བཅས་པ། འཕགས་པ་གནས་བརྟན་བཅུ་དྲུག་རྒྱན་དྲུག་མཆོག་གཉིས་དང་། དེའི་གཡས་ཕྱོགས་ཀྱི་རྟེན་གཙོ་རྗེ་བཙུན་མི་ཕམ་མགོན་པོ་ཁྲི་བཞུགས། མཐའ་སྐོར་དུ་བཤགས་ལྟ་སོ་ལྔ། དེའི་གཡས་སུ་གཙོ་སྐུ་རྗེ་བཙུན་སྒྲོལ་མ་དཔལ་མོ། མཐའ་སྐོར་དེའི་ལྷ་ཚོགས། ཚེ་ལྷ་རྣམ་གསུམ་བཅས་དང་། གཙོ་སྐུའི་གཡོན་ཕྱོགས་སུ་བཅོམ་ལྡན་འདས་རྣམ་པར་སྣང་མཛད། མཐའ་སྐོར་དུ་དེའི་ལྷ་ཚོགས། དེའི་གཡོན་ཕྱོགས་སུ་གཙོ་སྐུ་ཐུགས་རྗེ་ཆེན་པོ། མཐའ་སྐོར་དུ་རྡོ་འབྲོམ་ཡབ་སྲས། རྗེ་ཡབ་སྲས་གསུམ། རིགས་གསུམ་མགོན་པོ། མི་འཁྲུགས་པའི་ལྷ་ཚོགས་བཅས་དང་། གཞན་

ཡང་། ལྷ་མོ་བདེ་ཆེན་ཆོས་གླིང་གི་བསྟན་པའི་གསལ་བྱེད་ཆེན་པོ། རྗེ་གཡོན་རུ་བ་བློ་བཟང་བསྟན་པ་རྒྱ་མཚོའི་དགོངས་རྫོགས་སུ་བཞེངས་པའི་རྒྱལ་བ་མི་འཁྲུགས་པའི་སྟོང་སྐུ་དམ་པ་གང་གི་སྐུ་དཔོན་དགེ་འདུན་རྒྱ་མཚོས་གདན་འདྲེན་ཞུས་པ། དེ་ཡི་སྟེང་གི་དཀྱིལ་དུ་གཙོ་སྐུ་འཇམ་དབྱངས། གཡས་སུ་ཇོ་སྐུ། སྟོན་པ་གཙོ་འཁོར་གསུམ། ཡབ་རྗེ་གོང་མའི་གདུང་རྟེན་མཆོད་རྟེན་བཅས་བཞུགས། གཙོ་སྐུའི་གཡོན་ཕྱོགས་སུ་མི་འཁྲུགས་པ། སློབ་དཔོན་རིན་པོ་ཆེ། ཡབ་རྗེ་བཀའ་དྲིན་ཅན་སྐུ་རྗེས་མའི་གདུང་རྟེན་མཆོད་རྟེན་བཅས་བཞུགས། འོག་གི་གཡས་ཀྱི་གྲྭ་བར་ལྷ་ལ་རྒྱན་དྲུག་མཆོག་གཉིས། སངས་རྒྱས་སྟོང་སྐུ་བཅས་དང་། ནང་རྟེན་དུ་དུས་གསུམ་སངས་རྒྱས་འཚོམ་དྲུབ་མ། གླིང་སྐོར་བྱམས་པ། བཀའ་འགྱུར་གཙོ་བྱས་པའི་གསུང་རྟེན་མང་པོ་བཞུགས་ལ། འོག་གཡོན་གྱི་གྲྭ་བར་ལྷ་ལ་མི་འཁྲུགས་པའི་ལྷ་ཚོགས། སངས་རྒྱས་སྟོང་ཐང་། ནང་རྟེན་དུ་གཙོ་སྐུ་བཅོམ་ལྡན་འདས་དུས་དགྲའི་དབང་པོ། མགོན་པོ་ཕྱག་དྲུག་པ། ཆོས་རྒྱལ། རྣམ་སྲས། ལྷ་མོ། དམ་ཅན། ཁྲི་ཀའི་ལྷ་གཉན་ཡུལ་ལྷ་བཅས་ཀྱི་སྨན་སྐུ་དང་སྤྱན་གཟིགས་སྣ་ཚོགས་བཅས་དང་། གྲལ་རྣའི་ཡར་འཁོར་གྱུན་བར་བཞི་ལ་མགོན་ཆོས་ལྷ་མོ་རྣམ་སྲས་བཞིར་རང་རང་གི་འཁོར་གྱིས་བསྐོར་བའི་གྱུན་ཐང་། ཕྱི་ཡི་ཁྱམས་ལ་རྒྱལ་ཆེན་བཞིའི་གྱུན་ཐང་། ཆོས་རའི་གྱུན་བར་ཐམས་ཅད་ལ་མ་ཎི་དུང་འཁོར་མང་པོ་བཅས་སྐུ་གསུང་ཐུགས་རྟེན་མཐའ་ཡས་པ་མཆིས་ཤིང་། རྟེན་དང་བརྟེན་པ་འདི་དག་ཐམས་ཅད་ཡབ་རྗེ་བླ་མ་རིན་པོ་ཆེའི་ཐུགས་བསྐྱེད་དང་འདུས་པ་རྒྱ་མཚོའི་བྱིན་རླབས་ལ་བརྟེན་ཅིང་། གཡོན་རུ། དཔོན་སྐོར། རྒྱ་ཡེ། འཁྲུག་སྐོར་སོགས་ཀྱིས་མཆོན་ཉེན་ལུང་གི་རུ་སྡེ་དག་གི་གཙོས་ཕྱོགས་ཀྱི་དད་ལྡན་ཁྲི་འབུམ་མང་པོས་ཡོན་སྦྱར་ནས་ལེགས་པར་བཞེངས་གྲུབ་པ་ཡིན་ནོ། །ཁྱད་པར་ཡབ་རྗེ་བླ་མ་རིན་པོ་ཆེས་སྐུ་ཚེ་གཅིག་ལ་ཆོས་སྡེ་འདིར་འདུ་ཁང་ཆེ་ཆུང་བཞི་བཞེངས་པས་མཆོན་སྐུ་གསུང་ཐུགས་རྟེན་མང་པོ་དང་ལྷ་ཆོས་མཆོད་ཆས་སོགས་མཁོ་དངོས་མཐའ་ཡས་པ་སྦྱོར་འཛུགས་མཛད་པ་སོགས་ཆོས་དང་ཟང་ཟིང་གི་གཞལ་བར་དཀའ་བའི་བཀའ་དྲིན་གྱིས་

བསྐྱངས་པའི་ཚུལ་རྗེས་འཇུག་བློ་གྲོས་ཀྱི་ནོར་དང་ལྡན་པ་རྣམས་ཀྱིས་ཤེས་པར་བྱ་ལ། དཔལ་ལྡན་བླ་མ་རིན་པོ་ཆེས་བརྩུགས་པའི་བཤད་སྒྲུབ་ཀྱི་སྲོལ་བཟང་པོ་ནམ་ཡང་མི་ཉམས་པའི་ཐབས་ལ་བརྩོན་པར་བྱའོ། །སྡེ་འདིའི་སྒྲུབ་པའི་རྒྱལ་མཚན་འཛིན་པའི་གནས་བརྟན་འདུལ་བ་འཛིན་པ་འཇམ་དབྱངས་ཆོས་གྲགས་པས་བསྟན་འགྱུར་རིན་པོ་ཆེ་གདན་དྲངས་པར་མ་ཟད། སྔོན་ཁྲི་ཕྲག་འགས་ཡོན་སྦྱར་ཏེ་འདུས་པ་རྒྱ་མཚོར་བསྙེན་བཀུར་གྱི་ནོམ་པ་ཐེངས་དུ་མར་བསྟབས་པར་མ་ཟད་འདུ་ཁང་ནང་ཀ་འཕན་དྲ་བ་དྲ་ཕྱེད་སོགས་མཆོད་རྫས་ཆ་ཚང་བ་སྦྱོར་འཛུགས་མཛད་པ་དང་། དགེ་སློང་བསམ་གཏན་རྒྱ་མཚོ་དང་བཟོད་པ་རྒྱ་མཚོ་གཉིས་ཀྱིས་དབུས་ནས་བུ་སྟོན་རིན་པོ་ཆེའི་གསུང་འབུམ་གདན་དྲངས་ཤིང་། དགེ་སློང་སྦྱིན་པ་རྒྱ་མཚོ་དང་བསམ་གཏན་རྒྱ་མཚོ། བཟོད་པ་རྒྱ་མཚོ། ཡོན་ཏན་རྒྱ་མཚོ། ཚུལ་ཁྲིམས་རྒྱ་མཚོ། ཆོས་དབྱིངས་རྒྱ་མཚོ་བཅས་ཀྱིས་ཁུར་བཞེས་སྔོས་འཁྲུག་སྐོར་ཚེ་འདས་བུན་ཆང་ཐར་གྱི་དགེ་རྩར་སྐོར་ཚིག་ཁྲི་དང་རྟ་གཅིག་དེ་ཚང་གིས་ཕུལ་བ་ལ་གཞི་བྱས་ནས་ཕྱོགས་ཀྱི་དད་ལྡན་སྦྱིན་བདག་དག་གིས་ཡོན་སྦྱར་ཏེ། གཙོ་སྐུ་རྒྱལ་བ་བྱམས་པ་མགོན་པོ་མཐའ་སྐོར་དུ་རིགས་གསུམ་མགོན་པོ། སྨན་བླ། མི་འཁྲུགས་པ། སྙིང་དུ་རྗེ་ཡབ་སྲས་གསུམ། གཤམ་དུ་མགོན་ཆོས་དམ་ཅན་བཅས་བཞུགས་པའི་གོས་སྐུ་ཆེན་མོ་བཞེངས་གྲུབ་པ་དང་། ཡབ་རྗེ་བཀའ་དྲིན་ཅན་དེ་ཉིད་དགོངས་པ་ཆོས་དབྱིངས་སུ་གཞོལ་རྗེས་དམ་པ་གང་གི་ཞལ་ཆེམས་ལྟར་པཎ་ཆེན་ཐམས་ཅད་མཁྱེན་པ་རྗེ་ཆོས་ཀྱི་ཉི་མའི་བཀའ་ལུང་གིས་བསྐུགས་པ། འཇམ་མགོན་བསྟན་པའི་གསལ་བྱེད་བརྒྱ་དཔོན་གྲུབ་པའི་དབང་ཕྱུག་མཆོག་གི་མཆོག་སྤྲུལ་རྗེ་བློ་བཟང་ཚུལ་ཁྲིམས་རྒྱ་མཚོའི་ཞལ་སྔ་ནས་ཀྱིས་ཆོས་སྡེ་འདི་ཉིད་སྐྱོང་བའི་ཐུགས་འགན་བཞེས་ཤིང་། ཁྲི་གསར་བཞུགས་ཀྱི་དགའ་སྟོན་དུ་འདུས་པའི་སྡེ་རིན་པོ་ཆེར་ཇ་ཐུག་ཕུན་སུམ་ཚོགས་པས་བསྙེན་བཀུར་ཞུས་པ་དང་། དགེ་འདུན་རེ་ལ་དམངས་སྐོར་བརྒྱ་ཕྲག་ཙམ་གྱིས་སྐུ་འགྱེད་བསྟབས་པ། བསྟན་འགྲོའི་ཕན་བདེ་འཕེལ་བའི་རྒྱུར་དམིགས་ཏེ་འདུ་ཁང་ནང་རྟེན་དུ་རྒྱུད་སྡེ་བཞིའི་ལྷ་ཚོགས། དགོན་པའི་

མཐའ་སྐོར་དུ་བྱང་ཆུབ་མཆོད་རྟེན་དང་རྣམ་རྒྱལ་མཆོད་རྟེན་མ་ཧཱིའི་འཁོར་ལོ་སྐུ་གསུང་ཐུགས་རྟེན་མཐའ་ཡས་པ་ལེགས་པར་བཞེངས་པ་སོགས་ཆོས་དང་ཟང་ཟིང་གིས་ལེགས་པར་བསྐྱངས་དང་སྐྱོང་བཞིན་པར་མ་ཟད། ཡབ་རྗེ་མཆོག་སྤྲུལ་རིན་པོ་ཆེའི་ཨུ་འདུ་བསྟུ་བ། ཐུགས་བརྟགས་གཙོད་པ། གདན་སར་ཞུ་བ་སོགས་ཀྱི་ལས་དོན་ཆེ་ཕྲ་ཐམས་ཅད་ལ་ཐུགས་ཁུར་དང་བཀོད་ཁྲབ་བསྒྲུལ་པ་སོགས་ཆ་གང་ནས་ཀྱང་སྐྱེ་འདིར་བཀའ་དྲིན་ཤིན་ཏུ་ཆེ་བ་ཤེས་པར་བྱའོ། །གནས་བརྟན་འདུལ་བ་འཛིན་པ་ཨ་ཁུ་བཙོན་འགྲུས་ལགས་ཀྱིས་ཀྱང་སྐྱེ་འདིར་ཇ་ཐུག་དང་སྐུ་འགྱེད་སོགས་ཀྱི་བསྙེན་བཀུར་ཕུན་སུམ་ཚོགས་པ་ཡང་ཡང་བྱས་པར་མ་ཟད་རྒྱལ་བསྟན་ཡར་དར་གྱི་སྐབས་འདིར་ཆོས་སྲིད་གང་ཐད་ནས་ཡུན་རིང་སྐྱོང་ཁུར་བཞེས་པས་བཤད་སྒྲུབ་ཀྱི་སྲོལ་བཟང་དར་རྒྱས་དང་དགེ་འདུན་ཐམས་ཅད་ཐུགས་མཐུན་ཁྲིམས་གཙང་ཡོང་བའི་ཐད་དུ་ཞབས་འདེགས་བླ་ན་མེད་པ་བྱས་ཚུལ་ཡང་མཁྱེན་དགོས་པར་སྣང་ངོ་། །

སྤྱིར་བཤད་སྒྲུབ་ཆོས་ཀྱི་དགའ་ཚལ་དམ་པ་འདི་ནི་དཔལ་ལྡན་བཀྲ་ཤིས་ཆོས་སྡིངས་ཀྱི་དགོན་ལག་ཏུ་གཏོགས་གཤིས་དགོན་པའི་ལས་དོན་ཆེ་ཕྲ་ཐམས་ཅད་དང་། དགེ་འདུན་པ་ཡོངས་ཀྱི་ནང་གི་ཀུན་སློང་དང་ཕྱིའི་ཀུན་སྤྱོད་ཚང་མ་དཔེན་གནས་དམ་པ་དེ་ཉིད་ཀྱི་སྲོལ་བཞིན་ཆོས་འདུལ་བའི་བཅས་པ་དང་བྱང་ཆུབ་ལམ་རིམ་གྱི་དགོངས་དོན་གཞིར་བཞག་ཐོག་ཕྱི་གཙང་ནང་གཙང་པཎྜའི་སྡོན་པ་ལྟར་བསྟན་པ་རིན་པོ་ཆེའི་རྒྱན་དུ་ཅི་འགྱུར་དང་། སྐྱེ་དགུའི་བསོད་ནམས་བསགས་པའི་ཐབས་ལ་གང་འགྱུར་གནང་བ་ཇོ་བོ་བཀའ་གདམས་པ་དང་། མཉམ་མེད་ཙོང་ཁ་བ་ཆེན་པོའི་ལུགས་བཟང་དྲི་མ་མེད་པ་ལྟར་ཡིན་པ་རྗེས་ནས་སྒྲིག་ལམ་གྱི་སྐོར་ཙུད་ཟད་འབྲི་བར་འགྱུར་བ་ལས་ཀྱང་ཙུང་ཟད་རྟོགས་ནུས་པས་འདིར་མང་པོ་མ་སྤྲོས་སོ། །སྔོན་ཉིན་ལུང་གསའ་ལུང་ན་གནས་སྐབས་ནས་ལྷ་མོ་ཚང་ལ་འབྲེལ་ཆེ་ཞིང་། མཆོད་པའི་ཡུལ་དུ་འཛིན་པ་དང་། ཁྱད་པར་དགོན་པ་འདི་བཏབ་ནས་ཏ་ཙང་མི་རིང་བའི་དུས་སུ་ཁ་མཆུ་འགའ་ཞིག་གིས་གཅེས་པ་སོགས་རྐྱེན་འགའ་ཞིག་གིས་

དགོན་མགོ་ལྷ་མོ་ཞབས་དྲུང་རིན་པོ་ཆེ་ལ་ཕུལ་ནས་འགྲོ་བའི་མགོན་དེ་ཉིད་ཀྱིས་ཀྱང་ཆོས་སྐེ་འདི་ལ་ཆོས་སྲིད་གཉིས་ཀྱི་སྒོ་ནས་ཐུགས་ཁུར་ཆེར་བཞེས་གནང་བས་བཀའ་དྲིན་མཆོག་ཏུ་ཆེ་བ་ཡིན་ནོ། །གོང་དུ་བཀོད་ཟིན་པའི་སྐྱེས་བུ་དམ་པ་དེ་དག་ལས་གཞན་སྒྲུབ་རྒྱུད་བསྟན་པའི་མངའ་བདག་སྐྱབས་རྗེ་ཨ་རོལ་བ་བློ་བཟང་ལུང་རྟོགས་རྒྱ་མཚོ་དཔལ་བཟང་པོ་དང་། ངེས་པ་དོན་གྱི་དགེ་བའི་བཤེས་གཉེན་ཆེན་པོ་ལྷ་རིག་སྨྲ་བ་རྗེ་གྲགས་པ་རྒྱ་མཚོ་དཔལ་བཟང་པོ། རིགས་དང་དཀྱིལ་འཁོར་རྒྱ་མཚོའི་མངའ་བདག་རྡོ་རྗེ་འཆང་རྗེ་ཞྭ་དམར་བ་བློ་བཟང་བཤད་སྒྲུབ་བསྟན་འཛིན་རྒྱ་མཚོའི་ཞལ་སྔ་ནས་སོགས་སྐེ་འདིར་དབང་ལུང་མན་ངག་གི་ཆོས་རྒྱུན་མང་དུ་སྤེལ་བ། བསྒྲུབ་བྱ་དུ་མ་རབ་བྱུང་དང་བསྙེན་རྫོགས་ལ་བཀོད་པ་སོགས་ཆོས་དང་ཟང་ཟིང་གིས་གཞལ་བར་དཀའ་བའི་བཀའ་དྲིན་གྱིས་བསྐྱངས་པའི་བསྟན་འཛིན་དམ་པ་མཐའ་ཡས་ཀྱང་ས་བོན་མ་མཆིས་པས་ཞིབ་ཏུ་འགོད་པའི་རྔོ་མ་ཐོགས་པའང་མཁྱེན་པར་བྱའོ། །

སྨྲས་པ། རྒྱལ་ཀུན་མཁྱེན་རབ་གྲུར་གྲུམ་གསར་བའི་རྩལ། །ཟག་མེད་ཧྲཱིཿཡིག་ཁམས་སུ་སྨྲུམས་པ་ལས། །དངོས་འཛིན་མུན་སྟུག་སེལ་བའི་འོད་མཆེད་པ། །བཙོམ་ལྡན་རྡོ་རྗེ་རྣོན་པོས་དགེ་ལེགས་སྟོལ། །སྟོ་ལྷང་ནེའུ་གསེང་གཡུ་ཡི་མེ་ལོང་ལ། །ཚངས་ཆེན་པིར་གྱིས་བྲིས་ལྟའི་མེ་ཏོག་ཕྲེང་། །ཚོམ་བུར་བཀོད་པ་ལྷ་ཡི་དགའ་ཚལ་དེར། །རིག་ན་སྨོན་པའི་ཡུལ་དུ་ཀུན་གྱིས་སླེང་། །སྟོ་བསངས་སྔོག་མོ་རྩལ་བའི་ཐིགས་པའི་རྒྱུན། །ལྷོངས་འདི་མཛེས་པའི་རྒྱན་དུ་འཁྱིལ་བ་ལ། །གདེངས་ཅན་སློན་པོའི་ཚུལ་འཛིན་སེམས་དཔའ་ཆེ། །གནས་པའི་ཕོ་བྲང་ཁྲི་གཤོག་རྒྱལ་མོར་གྲགས། །རིན་ཆེན་བདུན་དང་མཆན་འི་རི་ཁྲ་ཅན། །གཡུ་ཡི་རྩལ་བརྗེགས་ཚར་དུ་དངར་བའི་ཕྲེང་། །ཕོར་ཡུག་བསྟར་ལས་དགེ་མཚན་གཟི་འབྲུག་པར། །བཀའ་གདམས་མེས་པོས་ཚད་མའི་ལུང་གིས་བསྔགས། །སྟོན་ཁྱོན་རྒྱལ་སློན་མཁས་ཤིང་གྲུབ་པ་སོགས། །སེམས་དཔའ་བྱེ་བ་ཕྲག་བརྒྱའི་ཞབས་སྐྱེས་རྩལ། །ལན་མང་འཐུངས་པས་གྲུ་འཛིན་གཉིས་པ་ཞེས། །གྲགས་པའི་རོལ་མོ་ཚངས་ཆེན་

ལྷ་ཡིས་བཏུངས། །སྡེ་སྣོད་གསུམ་དང་རྒྱུད་སྡེ་བཞིས་བསྟུས་པའི། །བུ་རམ་ཤིང་བའི་རིང་ལུགས་པཎྜིའི་ཚལ། །བཤད་སྒྲུབ་ཉིན་བྱེད་སྣང་བས་རྒྱས་མཛད་པའི། །རིགས་གྲོལ་འདུས་པའི་སྡེ་འདི་བསྔགས་བྱའི་ཕྱུལ། །དགའ་བ་བརྒྱ་ལྡན་ངོ་མཚར་གཙུག་ལག་ཁང་། །བཀྲ་ཤིས་གཟི་འབར་རྟེན་གསུམ་ནོར་བུའི་མཛོད། །མཐའ་གླས་ལེགས་བྱས་རབ་ཏུ་རྒྱས་པའི་དཔལ། །མ་པོས་གླིང་མཆོག་འདི་ལ་ལྷན་ཏུ་འཛོམས། །དད་པས་ཕྱག་མཆོད་སྐོར་བའི་མཐའ་ཡས་འགྲོ །མཐོ་རིས་ཐར་བའི་ཐེམ་སྐས་ལ་བགྲོད་པ། །ནམ་མཁའི་ལམ་ནས་འདབ་ལྡན་ཁྱུ་འཕྲུགས་པས། །མ་མཆོན་འཛམ་དཔལ་སྙིང་པོ་དབྱིངས་ནས་བཞད། །སྟོན་ཕྱིན་མཁས་གྲུབ་གསེར་གྱི་མེ་ཏོག་གིས། །ས་འདིར་མྱུ་ངན་མེད་པའི་དཔལ་བྱིན་པའི། །ངོ་མཚར་དྲི་ངད་དེང་ཡང་སྣང་བས་ན། །རབ་ཏུ་གུས་པས་སྙིམ་པ་སྙིང་ཁར་སྦྱོར། །ཞེས་བྱ་བ་ནི་བར་སྐབས་ཀྱི་ཚིགས་སུ་བཅད་པའོ། །

ཞལ་གྱི་པད་མོ་མཚར་སྟུག་འདབ་ཡངས་པར། །སྤྱན་རས་བུང་བ་རྫེན་པའི་ཟློས་གར་གྱིས། །རྒྱལ་ཀུན་ཟག་མེད་བདེ་བས་སིམ་མཛད་པ། །དབྱངས་ལྡན་མ་ཀྱེ་སྙིང་དབུས་ཁབ་ཏུ་རོལ། །

གསུམ་པ་ཆོས་ཐོག་གི་རིམ་པ་དང་སྒྲིག་ལམ་གྱི་སྐོར་ཅུང་ཟད་ཞུ་བ་ལ་གཉིས། ཐོག་མར་སྡེ་འདིར་ཇི་ལྟར་འཇུག་པའི་ཚུལ་དང་། ཞུགས་ནས་སླད་དོར་ཇི་ལྟར་བྱེད་ཚུལ་ལོ། །དང་པོ་ལ་གསུམ་ལས། འཇུག་པ་པོའི་རྟེན་ནི་ཆོས་སྐོར་གསར་དུ་འཇུག་མཁན་རྣམས་ཧ་ཅང་བགྲེས་ཆེས་པ་དང་། གཞོན་ཆེས་པའི་སྐྱོན་གྱིས་སྒྲིག་ལམ་འཁུར་མི་ནུས་པ་མ་ཡིན་པ། སྡོམ་པ་སྐྱེ་བ་དང་གནས་དང་ཁྱད་པར་དུ་འགྱུར་བ་སོགས་ཀྱི་བར་ཆད་དང་བྲལ་བ། རབ་བྱུང་གི་རྟགས་བསྣད་པོ་ཚུན་ཆད་ཀྱིས་ཚང་བ། མཁན་པོའི་དྲུང་ནས་རབ་ཏུ་བྱུང་སྟེ་ཚོགས་སུ་འཇུག་དགོས། གྲྭ་སྙིང་ཡིན་ན་དགོན་གཞན་དུ་བསྒྲིགས་འགལ་གྱིས་གནས་དབྱུང་བྱས་པའམ་ཚོགས་གཏམ་ཕོག་པ་མ་ཡིན་པ། དམག་ཇག་དང་རམ་མདའི་གྲས་སུ་སོང་སྟེ་མི་གསོད་པ་ལ་ཐེ་གཏོགས་ཅན་དང་། མི་ཆོས་བླ་མའི་རྫུན་གྱིས་གཞན་མགོ་སྐོར་མཁན་

དང་། གསང་སྔགས་ཐབས་ལམ་པའི་ལས་རྒྱུར་བསྙད་དེ་བུད་མེད་བསྟེན་པ་དང་། རྫས་རིན་ཐང་ཚང་བ་གཞན་ལས་དངོས་སུ་འཕྲོག་པའམ། གཡོ་ཐབས་ཀྱིས་ལེན་པའི་མ་བྱིན་ལེན་དང་། དམ་རྫས་སུ་བསྙད་བཏགས་ནས་ཆང་བག་མེད་དུ་འཐུང་བ་ལྟ་བུ་ད་ལྟ་མང་གཤིས་དེ་འདྲའི་མཐོང་ཐོས་དོགས་གསུམ་མེད་པ། གཏོ་མདོས་སྣ་ཚོགས་པའི་སྒོ་ནས་གྲོང་ཡུལ་དུ་དམན་ཚོག་འགྲིམ་པ་ཡོན་ཏན་ཅན་དུ་རློམ་པ་དང་། གཞན་ཕྱོགས་ཀྱི་གྲུབ་མཐའ་བསླང་བའི་དབང་གིས་སྐྱབས་འགྲོ་དང་ལས་འབྲས་ཀྱི་སྤང་བླང་ལྟ་བུས་སྣ་མི་ཕེབས་པར་བསྐྱེད་རྫོགས་དང་ཟབ་མོའི་ལྟ་བ་སོགས་ལ་མཐོ་བསྙེགས་བྱེད་མཁན་དང་། འཇིག་རྟེན་པའི་ལྷ་འདྲེ་ལ་གཏན་གྱི་རེ་ལྟོས་བཀལ་ཏེ་བསངས་གསུར་རྒྱུང་བར་བརྩོན་པ་ལྟ་བུ་མ་ཡིན་པར་བླ་མ་མཆོག་གསུམ་ལ་བློ་ཁེལ་ངེས་ཀྱི་སྒོ་ནས་ཆོས་ཁོན་དོན་དུ་གཉེར་བའི་འདུན་པ་དང་ལྡན་པ། ལོ་ཟླ་ཁ་ཤས་འཕྱུལ་ཐབས་ཙམ་དུ་ཚོགས་སུ་ཞུགས་ལོ་ཙམ་མིན་པར་སྐྱེ་འདིར་ཡུན་རིང་སྡོད་པའི་བསམ་པ་དང་ལྡན་པ། འཇིགས་གསང་ཀུན་རིག་རྣམས་དང་། བླ་མཆོད་སྨོན་ལམ་སོགས་འདོན་ཆའི་རིགས་བློ་ལ་བྱང་བའམ་ཚོགས་སུ་ཆུད་ངེས་ཀྱི་དམ་གཅའ་འབུལ་བ་ངེས་པར་དགོས། དགེ་ཚུལ་སློང་གང་ཡིན་ཡང་རྩེ་ཞྭ་ཟླ་གམ། སྟོད་འགག་གཟན་ཤམ། གདིང་བ། ཆབ་རིལ་སྣོད་གཡོགས། ཆབ་ཐུར། ཕྲེང་བ། གྲ་ཕོར། བག་ཁུག ཕྱིག་གྲུ། ལྷམ་སོགས་མཐའ་གཉིས་སུ་མ་ལྷུང་བ་དགོས་ཤིང་། དགེ་སློང་ཡིན་ན་ཆོས་གོས་རྣམ་གསུམ་ཡང་ཚང་བ་བྱུང་ན་ལེགས། ཚོགས་སུ་གསར་དུ་འཛུག་སྐབས་ཆོས་ཐོག་གང་ཡང་རུང་བ་དང་འབྲེལ་བར་རྒན་པ་ཞིག་གིས་ཁག་ཐེག་བྱས་ཏེ། བླ་མ་རིན་པོ་ཆེར་ཁ་དར་དང་བཅས་མཇལ་ཁ་ཞུ་ཞིང་གནས་ཚུལ་སྙན་དུ་འབུལ། ཚོགས་སུ་དགེ་བསྐོས་ཀྱིས་གྲལ་མཚམས་སྟོན།

གཉིས་པ་ཞུགས་ནས་བླང་དོར་ཇི་ལྟར་བྱེད་ཚུལ་ལ་གཉིས། རྒྱུན་གྱི་སྤང་བླང་བྱ་ཚུལ་སྤྱིར་བསྟན་པ་དང་། ཚོགས་ཀྱི་སྒྲིག་ལམ་བྱེ་བྲག་ཏུ་བཤད་པའོ། །དང་པོ་ནི། མཉམ་མེད་པོ་ཏོ་བ་ཆེན་པོའི་གསུང་སྒྲོས་ལས། མན་ངག་ཐམས་ཅད་བསྡུས་པའི་འགོ་ནི།

བཤེས་གཉེན་དམ་པ་མི་བཏང་བ་ཡིན། དེ་ལས་དད་དང་བྱང་ཆུབ་སེམས་སོགས། །ཀུན་འབྱུང་ཡོན་ཏན་ཀུན་གྱི་གཏེར་ཡིན། ཞེས་གསུངས་པ་ལྟར་ཐོས་བསམ་བསྒོམ་སྒྲུབ་ཀྱིས་མཚོན་པའི་བདེ་དགེ་ལེགས་ཚོགས་ཐམས་ཅད་ཀྱི་རྩ་བ་ནི། དགེ་བའི་བཤེས་གཉེན་མཚན་ལྡན་ཞིག་ཚུལ་བཞིན་དུ་བསྟེན་པ་ཁོ་ནར་རག་ལས་པས། མདོ་སྡེ་རྒྱན་ལས་བཤད་པའི་དགེ་བའི་བཤེས་གཉེན་གྱི་མཚན་ཉིད་བཅུ་ཚང་བའམ། མ་མཐའ་ལྔ་ཆ་དང་ལྡན་པ། ཐར་འདོད་ཀྱི་བློ་སྣ་ཆོས་ཕྱོགས་ཁོ་ནར་འཁྲིད་མཁན་ཞིག་དགེ་བའི་བཤེས་སུ་བསྟེན་ཏེ་སྐྱོན་རྟོག་ཡིམ་ཤོར་བ་དང་། སྣང་བླང་གང་བྱེད་དེ་ཉིད་ཀྱིས་ཇི་ལྟར་གདམས་པའི་མཚམས་ལས་མ་འདའ་བར་བྱ་བ་ཐོག་མར་གལ་ཆེ། ད་ལྟ་སྙིགས་མའི་དུས་མཐར་སླེབས་པའི་དབང་གིས་ནོར་རྫས་འཚོལ་སླད་གསོན་གཤིན་གྱི་གྲོང་ཆོག་སྣང་པ་ཁོ་ནར་གཉེར་བའི་བླ་གཟུགས་དང་། ལྷ་མཐོང་འདྲེ་མཐོང་གི་མངོན་ཤེས་ཡོད་ཁུལ་དང་སྨྱོ་སྤྱོད་གྲུབ་རྟགས་སུ་ཆོམ་པས་གཞན་མགོ་སྐོར་མཁན་རྣམས་བླ་མར་བསྟེན་ན་འཕྲལ་ཡུན་ལེགས་ཚོགས་ཀུན་གྱི་རྟེན་འབྲེལ་འཕྱུགས་འགྲོ་བས་སུ་བྱུང་ལ་ཡིད་བརྟེན་མི་བྱ་བར་མཚན་ཉིད་དང་ལྡན་མི་ལྡན་ལེགས་པར་བརྟགས་ནས་བསྟེན་དགོས། བཤེས་གཉེན་མཚན་ལྡན་གྱི་དྲུང་དུ་དབུ་མར་རྣམ་འགྲེལ་སོགས་གཞུང་ལུགས་ཆེན་པོ་རྣམས་ལ་ཐོས་བསམ་དཔྱིས་ཕྱིན་པ་བྱེད་ནུས་ན་རྗེས་སུ་ཡི་རང་གི་གནས་ལགས་སོད། ཡུལ་དུས་དམན་པའི་སྐྱོན་གྱིས་དེང་སང་དེ་ལྟ་བུ་སྲིད་མཐའ་ཙམ་དུ་སྣང་། འོན་ཀྱང་བླམ་བསྟེན་པ་ཐོས་པ་འཚོལ་བའི་ཆེད་དུ་ཡིན་པ་ངོ་ཤེས་ནས་ལམ་རིམ་ཆེ་ཆུང་དང་། སྡོམ་གསུམ་བསླབ་བྱ་རྒྱས་བསྡུས་གང་རུང་གི་མཇུབ་ཁྲིད་ཞིབ་པར་མནོས་ཏེ་ཡོངས་སུ་རྫོགས་པའི་ཉམས་ལེན་ཇི་ལྟར་བྱེད་ཚུལ་གྱི་གོ་བ་ཆགས་ངེས་དང་། རང་རྒྱུད་ལ་བཅོས་འགལ་གྱི་ཉེས་ལྟུང་གང་བྱུང་ངོས་ཟིན་ངེས་བྱ། དེ་ལྟར་བྱས་པའི་ལག་རྗེས་སུ་གྲུབ་ཆེན་སྐལ་ལྡན་རྒྱ་མཚོས། ལོ་བཅུ་ལས་ལྷག་པར་ཉིན་བཞིན་དུ། །ཆོས་སྡོམ་ཁྲིད་ཐུན་བཞིར་མ་ཆག་ཅིང་། །དུས་རྒྱུན་དུ་བསགས་སྦྱོང་མ་དོར་ན། །ཉམས་རྟོགས་པའི་རྟགས་རེ་འབྱུང་བར་གསུངས། །ཞེས་གསུངས་པ་ལྟར་ལོ་བཅུ་ལྷག་ཙམ་གྱི་རིང་ཡོངས་

སུ་རྫོགས་པའི་ལམ་ཁྲིད་ལ་གོམས་འདྲིས་རྒྱུན་ཆགས་སུ་སྦྱོང་བ་དང་། བསགས་སྦྱང་གི་སྒོ་དུ་མར་འབད་པ་གང་དྲག་བྱས་ན་གསུང་རབ་ཀྱི་དགོངས་དོན་དང་མཐུན་པའི་རྟོགས་པ་བཙས་མིན་རེ་སྐྱེ་ངེས་ཡིན་འདུག མ་མཐའ་ཡང་ཉིན་ལྟར་ངག་འདོན་རླབས་འཛིགས་བྱེད་དཔའ་བོ་གཅིག་པའི་ཚེ་གའི་སྐོས་སྟུགས་གསུམ་ཅི་འགྲོ། སྔོན་ཚོག་བསྡུས་པའི་སྐོས་ཕྱག་མཚོད། ཐུན་དྲུག་རྣལ་འབྱོར་མ་ཆག་པ་གཞིར་བཟུང་སྟེ་སྡོམ་གསུམ་བསྲུང་བགྲང་གི་སྒོ་ནས་བཙས་འགལ་གྱི་ལྟུང་བ་རྣམས་ལ་བཤགས་བསྡམས་གང་ནུས་ཀྱིས་ཞག་ཏུ་མི་འགྲོགས་པ་དང་། བླ་མཆོད་དམ་གུང་ཐང་འཛམ་པའི་དབྱངས་ཀྱི་ལམ་མཆོག་སྙིང་པོའི་སྙིང་ནས་ལམ་ཡོངས་རྫོགས་ཀྱི་ཚིག་སྤྱི་ཤར་ཙམ་རེ་ཐུབ་ནའང་དུས་མཐའ་ལ་སྔོས་པའི་དགེ་སྦྱོད་བླན་མེད་པའོ། །དེ་ལྟར་ཡང་ཡར་ཕྱིན་བསྡུས་པ་ལས། ཐོས་ཉུང་དམུས་ལོང་བསྒོམས་པའི་ཚུལ་མི་ཤེས། །དེ་མེད་དེས་ཀོ་ཅི་ཞིག་བསམ་པར་བྱ། །དེ་བས་ཐོས་ལ་བརྩོན་བྱ་དེ་རྒྱུ་ལས། །བསམས་བཞིན་བསྒོམས་པས་ཤེས་རབ་ཡང་བ་འབྱུང་། །ཞེས་དང་། ཕྱག་ན་པདྨོ་བསྐལ་བཟང་རྒྱ་མཚོས། མཚན་ལྡན་བླ་མ་ཡི་ཞལ་ནས་གདམས་ངག་གི་ཉིང་ཁུ། སྔ་སྔོད་རིན་ཆེན་རྣམ་གསུམ་མདུབ་ཁྲིད་དུ་བསྟན་ནས། དུས་གསུམ་སངས་རྒྱས་ཀྱི་གཤེགས་བཤུལ་བྱང་ཆུབ་ཀྱི་སེམས་ལ། ཡིད་ཆེས་གོལ་ས་ལས་ལྡོག་པས་ཞི་བློ་རང་བདེའོ། །ཞེས་གསུངས་པ་ལྟར་མཉམ་མེད་ཐུབ་པའི་དབང་པོའི་རྗེས་སུ་འབྲངས་པ་སྤྱིའི་ལས་སུ་བྱ་བ་གང་ཡིན་གྱི་གནད་བསྡུས་པའོ། །རང་གི་ཁ་ཟས་ཀྱི་ཕྱིར་དགོན་ནང་དུ་སྐམ་ལུག་གསོད་དུ་འཇུག་པ་དང་། འབྲོག་ཏུ་གནག་ལུག་བསྲེལ་ཏེ་ཁེ་ཚོང་གི་ཆེད་ཤན་པའི་ལག་ཏུ་སྦྲོད་པ་དང་། གྲྭ་པན་ཚུན་མཚང་ནས་འབྲུ་བའི་འཛིང་འཁོན་བྱས་པ་དང་། གྲོང་ཚོག་སོགས་བྱེས་སུ་ཕེབས་སྐབས་ཆན་པ་རྣམས་ཀྱིས་གསར་བུ་ཚོར་ལྟ་རྟོག་དང་གང་འོས་ཀྱི་བསླབ་བྱ་བྱེད་པ་དང་། བཀོད་པ་གང་བྱས་འོག་མ་རྣམས་ཀྱིས་བརྩི་དགོས་པ་ཡིན་ཡང་ཆེ་བས་བསླབ་གདམས་མི་བྱེད་པ་དང་འོག་མ་རྣམས་ཀྱིས་བརྩི་འཛོག་མེད་པ་དང་། འོས་པ་མེད་པ་རྣམས་ཀྱིས་སྒྲིག་ལམ་བཤད་པ་སོགས་ལ་ཚོགས་སུ་བརྒྱ་ཕྱག་དང་མཚོད་མེ་སྔོན་དར་འབུལ་བ་ལྟ་བུའི་བབས་

བསྟན་གྱི་བཞུགས་པ་འབུལ། ཕན་ཚུན་ཕོང་ཁྲོའི་སྨོས་ཁུ་ཚུར་དང་། དབྱུག་པས་བརྡེག་རེས་ལྟ་བུའི་ལག་འདྲེས་པ་དང་། བླ་མ་དགེ་བསྐོས་དབུ་མཛད་རྒན་པ་བཅས་ལ་ཁ་ལན་སློག་པ་བྱུང་ན་ཁྲིམས་བསྒྱུར་སྨོས་ཆད་པ་འབུལ། ཕན་ཚུན་གྱི་མཆོན་འདེབས་པའི་བརྡུང་རེས་དང་། དམག་གྲམས་སུ་འགྲོ་བ་དང་། གྲོང་གྲོད་ཀྱི་ནང་དུ་ཐེ་གཏོགས་མང་ན་མི་གསོད་པའི་ཕམ་པའང་འབྱུང་ཉེ་བས་གནས་ནས་དབྱུང་སྐེ་སྐར་མི་བསླེབ། དེ་བཞིན་དུ་ནག་ཆང་གིས་དོགས་པ་དང་། རྫས་རིན་ཐང་ཚང་བ་རྐུ་བའམ་གཡོ་ཐབས་ཀྱིས་འཕྲོག་པ་དང་། དངོས་རྫས་ཕྲན་ཚེགས་ཙམ་བརྐུས་ནའང་ངན་ཡང་དུ་སོང་སྟེ་རིན་ཐང་ཆེན་པོ་ཅན་རྐུ་བ་ཡའང་ཅི་མི་སྙམ་པ་འབྱུང་བས་རྐུས་ཀྱི་རིགས་ཆེ་ཆུང་གང་བྱུས་ཀྱང་གཏན་འཕུད་བྱེད། ཚོང་འདུས་ཁེ་བ་བཞིན་མོད་ཉོ་དཀོན་འཚོང་ལ་འབབ་པ་དང་། བྲེ་ལོག་སྲང་ལོག་འཛུགས་པ་དང་། ཇ་མར་དང་དངུལ་སོགས་ཀྱི་བུན་སྐྱེད་གཏོང་བ་དང་། རྟོགས་པ་མཐོ་བའི་ཉམས་ཀྱིས་དད་ལྡན་རྣམས་ལ་མི་ཆོས་བླ་མའི་རྫུན་སྨྲ་བ་དང་། ཟ་འདོད་ཕོ་ནས་ཆད་ལས་ཀྱི་བཞུགས་པར་བསྙད་པའི་ནོར་རྫས་གཏོས་ཆེན་བླངས་པ་བདག་གིར་བྱེད་པ་དང་། ཁྲིམས་གྲོགས་མེད་པར་ཉེ་དུ་མིན་པའི་བུད་མེད་དང་ལྷན་ཅིག་འགྲོ་འདུག་དང་ཉལ་བར་བྱེད་པ་དང་། དགེ་སྐོས་སོགས་ལས་སྣེ་ལ་ལོག་ལན་སློག་པ་སོགས་ཀྱང་གནས་ནས་དབྱུང་། གཞན་བཙོལ་ཏེ་ཞིང་འདེབས་པ་ལྟ་བུའི་སོ་ནམ་ལ་བརྩོན་པ་དང་། གནག་ལུག་མང་པོ་བསྐྱེལ་པ་དང་། དེ་ཀ་འཚོ་སྐྱོང་བྱེད་པར་རང་དངོས་སུ་འགྲོ་བའམ་གཞན་ལ་བཙོལ་ཏེ་ཉར་ཚགས་བྱེད་པ་དང་། ཁྱིམ་ཐབ་གསར་དུ་འཛིན་པའི་བར་དུ་འཕྲིན་སྐྱེལ་བ་དང་། སྐྱ་ཆས་བྱས་ཏེ་མཚོན་ཆ་འདོགས་པ་དང་། ཁ་དོག་མ་བསྒྱུར་བའི་གོས་གྱོན་པ་དང་། གཟན་ཞམ་མེད་པར་རང་ཤག་ཏུ་སྡོད་པའམ་ལམ་སྲང་དུ་འགྲོ་བ་དང་། གླིང་བར་དུ་གེ་དང་རྒྱང་སྐད་འདོན་པ་དང་། ཞམ་ཐབས་ཉིས་བལྟབ་བྱེད་པའམ་མཐིང་མཉམ་གཏོང་པ་དང་། གཟན་ཕུར་གྱོན་བྱེད་པ་ལྟ་བུའི་སྤྱོད་ལམ་མི་མཛེས་པ་བྱེད་པ་དང་། ཤོ་རྒྱན་སོགས་སྐྱོན་ཆགས་པའི་རྩེད་མོའི་རིགས་བྱེད་པ་དང་། སྣ་དུར་གྲགས་པའི་ཐམ་ཁ་འཐེན་པ། དགོས་མེད་ཀྱི་

སླུ་ལེན་ཅིང་གེ་སར་གྱི་སྒྲུང་བཤད་པའམ་ཉན་པ་དང་། གཙུག་ལག་ཁང་དང་བླ་མའི་གཟིམས་ཁང་གི་ཉེ་འཁོར་དུ་བཤང་གཅི་འདོར་བ་དང་། གདིང་བ་མེད་པར་དགེ་འདུན་གྱི་གདན་ལ་ལོངས་སྤྱོད་པ་སོགས་བྱུང་ན་ཛ་ཡུན་རེར་སྲུག་འཚལ་བ་དང་། ལྟུང་བཤགས་འདོན་པ་སྦྲགས་ནས་བཤགས་པ་འབུལ། སྡིག་ལམ་ཕྲ་རགས་ཐམས་ཅད་ལ་ངེས་ཆ་ཆེ་ཞིང་ཉེ་རིང་ཕྱོགས་སྐྱོར་མེད་པའི་སྤྱི་སྙོམས་ཀྱི་ཤེས་རྒྱ་ཅན་རེ་དགེ་བསྐོས་སུ་བསྐོ། ཚོགས་འདོན་རྣམས་ཤིན་ཏུ་བྱང་ཞིང་དབྱངས་རྟ་དང་། རོལ་མོ་འབུད་དཀྲོལ་སོགས་ལ་མཁས་པའི་སྤྱི་སེམས་ཅན་རེ་དབུ་མཛད་དུ་འཛུག དགེ་བསྐོས་རང་ཤག་ཏུ་ཚུགས་བཟུང་ནས་མི་སྙོད་པར་ཡས་མས་སུ་འགྲོ་འདུག་མང་བ་དང་། ཆེ་ཆུང་ཐམས་ཅད་ལ་དོན་མེད་ཀྱི་གཏམ་སྣ་ཚོགས་སྨྲ་བ་དང་། སྡིག་འགལ་བྱུང་བ་ཚོར་དགོས་པ་མེད་པར་ཡངས་ཆ་གཏོང་བ་སོགས་བྱེད་ས་མེད། གྲྭ་རྐྱན་གཞོན་སུ་ཞིག་ཡིན་ཡང་དགེ་བསྐོས་ཀྱིས་ཆབ་རིལ་མངགས་ཏེ་ཕོས་ན་འཕྲལ་དུ་ཡོང་དགོས། དགོན་པའི་ཕྱི་ནང་གི་ལས་དོན་ཆེ་ཕྲ་མཐའ་དག་ཉེ་རིང་མེད་པར་སྒྲུབ་ངེས་ཀྱི་རྒན་པ་ལྔ་ཙམ་བསྐོས་པ་རྣམས་ཀྱིས་བཅའ་ཡིག་དཔང་བཞག་ངོས་ཕྱང་བླང་གི་རྣམ་དབྱེ་མཐའ་དག་གཡོ་ཟོལ་མེད་པར་བསྒྲུབ། འདིའི་ནང་ནས་སྤོར་དགོས་བྱུང་ན་གོ་ཚོད་ངེས་ཀྱི་རྒན་པ་གསར་བ་བསྐོས་ཚོག དཀོན་གཉེར་ཆེ་ཆུང་གཉིས་ཀྱིས་སྐུ་གསུང་ཐུགས་རྟེན་དང་མཆོད་རྫས་རྣམས་ལ་གཅེས་སྲུས་ཀྱི་བསམ་པ་དོ་དམ་གང་དྲག་དང་། དད་འབུལ་གང་བྱུང་འདུ་ཁང་དང་མགོན་ཁང་གི་མཆོད་མེའི་ཐེབས་སུ་འགྲོ་ངེས་དང་། མཆོད་འབུལ་དང་གདན་དར་སོགས་ནན་ཏན་ཆེན་པོས་བསྒྲུབ། སྤྱི་བའི་གཉེར་བ་ལ་ཁུར་ཆེ་ཞིང་སྤྱི་རྫས་གཏོས་ཆེ་བ་མེད་སྐབས་ཡས་མས་སུ་འབུལ་སྣུད་ཕྲན་བུ་བྱེད་སྲོལ་ཡོད་ཀྱང་ནོར་རྫས་རླབས་ཆེན་བསྡུ་བའི་ཕྱིར་འདོན་བཙོལ་ཆེ་ཆུང་གང་ཡང་བླངས་མི་ཚོག གལ་སྲིད་ལེན་མཁན་བྱུང་ན་ཐེབས་རྣམས་གཞུང་འབུལ་དང་བབས་བསྟུན་གྱི་བཤགས་པ་བྱེད། གཉེར་བ་འབུལ་སྣུད་ནས་ཕྱིར་སློབས་འཕྲལ་དངོས་རྫས་གང་ཡོད་ཚོས་སྲུང་དཔང་བཞག་སྐོས་མནའ་དང་བཅས་ལས་སྣེ་རྒན་པར་སྤྲོད་དགོས། རྒན་པས་བརྟགས་ཏེ་གཏོང་

ཐེབས་འདང་ངེས་བླངས་པའི་འཕྲོ་མ་རྣམས་ཚོགས་སུ་འགྱེད་ལ་གཏོང་། གྲྭ་བ་ཆེ་ཆུང་སུ་ཡིན་ཡང་བླམ་རིན་པོ་ཆེ་དང་གཞུང་གི་ལས་དོན་ལ་ཐག་ཉེ་རིང་གང་དུ་ཚོགས་བརྒྱབ་ཀྱང་འགྲོ་དགོས། ཚོགས་ཐེངས་གཅིག་ལའང་གནང་བར་ཞུས་པར་རང་དགར་བསྡད་མི་ཆོག བླ་བྲང་དང་སྤྱི་བ་ལ་ལས་ཁུར་གྱི་སྐབས་དམིགས་བསལ་ཡོད་པ་མ་གཏོགས། གཞན་གྲྭ་བ་རྣམས་ནས་རྟ་རེ་དང་། བཙོན་མའང་གྲྭ་ཤག་རེ་ནས་གཉིས་རེ་ལས་ལྷག་པ་མི་འཛིན། མཛོ་མོའི་རྟེ་ལ་ཕྲུག་གཅེས་སྤྲས་ཀྱི་བསམ་པས་སྐྱོང་བ་མ་གཏོགས་བསད་མི་ཆོག གྲོང་ཚོག་ཏུ་ཕེབས་ཚེ་སྦྱིན་བདག་ལས་རྟ་ཆས་ལེན་པ་དང་། བཞེས་རྩམ་ལས་རྩམ་པ་བཞེས་ཏེ་རྟ་གསོ་བ་སོགས་མི་བྱེད། ཐག་རིང་ནས་འོངས་པའི་གྲྭ་བ་གཉོམ་ཆུང་དགེ་སྦྱོར་བ་དགོན་འདིར་སླེབ་ཐག་པ་ནས་བློ་རྩེ་གཏད་དེ་སྡོད་པ་ན་བའི་སྐབས་གཞུང་ནས་ནད་གཡོག་དང་རིམ་གྲོ་སོགས་ལ་འབད་ཅིང་ཤི་བ་བྱུང་ན་དགེ་བསྒྲུབ་སོགས་བྱེད་དགོས། ཚེས་ཐོག་སོགས་དམིགས་བསལ་གྱི་སྐབས་མ་གཏོགས་བུད་མེད་གླིང་གསེབ་ཏུ་འོངས་པ་དང་ཞག་སྡོད་སོགས་བྱས་མི་ཆོག ཕྲེང་བ་རྒྱན་ཅན་དང་། དངུལ་གྱི་གའུ་སོགས་དང་། གྲི་ཆུང་འདོགས་པ་ལྟ་བུའི་འཕྱོར་ཆས་ཀྱི་རིགས་མི་བྱེད། གྲྭ་བ་གཉོམ་ཆུང་དགེ་སྦྱོར་བ་ཡིན་ན་ཚོགས་སུ་མ་ཞུགས་པར་ཟུར་སྡོད་བྱས་ཀྱང་འགལ་བ་མེད་མོད། དོན་མང་བྱ་བ་མང་བའི་བློ་རྐོད་ཀྱི་རིགས་ཟུར་དུ་སྡོད་མཁན་མང་བ་ལ་དགག་བྱ་མ་གཏོགས་དགོས་པ་གཏན་མེད་པས་དེ་རིགས་ཐབས་ཀྱིས་འགོག དགོས་པ་ལྷག་པོ་བསྒྲུབ་རྒྱུ་མེད་བཞིན་དུ་སྤྱི་བར་མི་མང་འདུས་ནས་དགེ་འདུན་གྱི་རྗེས་ལོངས་སྤྱོད་པ་དང་རྗེས་ཆུད་གཟན་པའི་རྐྱེན་དུ་འགྲོ་གཤིས་སྤྱི་བའི་ནང་དུ་ལས་དོན་གལ་ཆེན་མེད་སྐབས་གཉེར་བ་ངོ་གཡོག་གཉིས་ལས་གཞན་སུ་ཡང་བསྡད་མི་ཆོག སྤྱི་བ་ལོ་རེ་བཞིན་གསར་གསོ་དགོས་ཤིང་དད་འབུལ་རྣམས་སྤྱི་བར་བཞག་ཡོད་པ་སྲུང་མཁན་མེད་མི་རུང་དུ་དགོས་པས་གཉེར་བ་མེད་དུས་ཚབ་ཕེར་ངེས་རེ་འཛོག དཀོན་གཉེར་གཉིས་དང་། སྤྱི་བའི་གཉེར་བས་གཞུང་རྫས་རྣམས་ཀྱི་ཁ་མ་སྤྲོད་སྐབས་བླ་མ་ལས་སྣེ་ཀན་པ་བཅས་ཚང་བར་འདུས་ཏེ་མཆོད་རྫས་རྣམས་སྤྲོད་ལེན་གང་ཞིབ་སྙོམས་སྤྱི་བའི་ཡོ་

བྱེད་མི་ཆུ་ཚོམ་རྒྱུན་སོགས་ཀྱིས་ཆུད་ཟོས་སུ་སོང་ན་སྐྱིན་ཚབ་བསྒྲིགས་ཏེ་འབུལ། ཁ་མ་སྒྲིད་དུས་སོགས་སྒྲིག་ལམ་གང་གི་སྐབས་སུའང་སྒྲིག་མི་བརྩི་བ་རྣམས་ཀྱི་རྒྱབ་དཔུང་བྱེད་མཁན་མགོ་དམན་སུ་འདྲ་ཡིན་ཡང་འོས་འགབ་ཀྱི་བཤགས་འབུལ། ལས་སྣེ་ཚོས་སྒྲིག་ལམ་བཤད་པ་ཚུལ་བཞིན་མ་བྱུང་ན་རྒན་པ་རྣམས་ཀྱིས་བསླབ་བྱ་གང་འོས་སྐྱོན་བསྐུལ་དུ་གཏོང་།

གཉིས་པ་ཚོགས་ཀྱི་སྒྲིག་ལམ་བྱེ་བྲག་ཏུ་བཤད་པ་ནི། ལོ་རེ་བཞིན་ཟླ་དང་པོའི་ཚེས་དཀྱུའི་ཉིན་སྨོན་ལམ་གྱི་གྲལ་འཛིན་ཡིན་སྐབས། འདུ་ཁང་དུ་ཕྱི་དོར་དང་མཆོད་ཤོམས་སོགས་གང་ལེགས་བྱེད། ཕྱི་དྲོ་ཉི་ཚོད་དང་བསྟུན་ཏེ་འདུ་ཁང་གི་སྒོའི་ཕྱི་རོལ་ཏུ་དུང་མཁན་གཉིས་ཀྱིས་གཟན་ཤམ་སྟེང་ཞྭ་ཟླུམ་གྱོན་ནས་དུང་གདངས་སྙན་པ་ནས་འདྲེས་མའི་ཚུལ་དུ་གཏོང་། དུང་གཉིས་པའི་སྐབས་དགེ་འདུན་རྣམས་ཀྱིས་ཟླ་གམ་མནབས་ཤིང་དབུ་ཞྭ་ཕྲག་པར་བསྣམས་ཏེ་འདུ་ཁང་དང་། མགོན་ཁང་ལ་སྐོར་བ་གསུམ་ཙམ་བྱེད། དུང་གསུམ་པའི་དུས་མང་མས་དབུ་ཞྭ་བཞེས་ཏེ་དམིགས་བརྩེ་མའི་སྒོ་དབྱངས་དང་བཅས་བསླབ་རིམ་ལྟར་ནང་དུ་ཕེབས་ནས་ཚུལ་མཐུན་གྱིས་བཞུགས། དབུ་མཛད་ཀྱིས་འདོན་པའི་དབུ་བསྐུལ་བ་དང་། དཀོན་གཉེར་གྱིས་འདུ་ཁང་གི་སྒོ་སྡོམ་པ། དུང་མཁན་གྱིས་འབུད་མཚམས་བྱེད་པ་རྣམས་དུས་མཚུངས་པ་བྱེད། གྲལ་དུ་ཞུགས་ཚེ་མུ་ཏིག་ལྟར་ལ་བརྒྱུས་པ་ལྟར་ཡ་ཡོ་འཁྱགས་འཁྱོགས་མེད་པར་བཞུགས་དགོས། དེ་ལས་གཞན་དུ་རྒྱབ་ཀྱང་ལ་བསྙེས་པ། གྲལ་མཚེས་དང་ལྷན་ཅིག་ལོང་གཏམ་སྨྲ་བ། གཉིད་ལོག་པ། བཞད་གད་སྒྲོང་བ་དང་ལག་རྩེད་བྱེད་པ། ཁ་བཏུམས་ཤིང་གཞོགས་གཙུས་པ། མཇིང་བ་བསྒྱུར་ཏེ་གཡས་གཡོན་དུ་བལྟ་བ་སོགས་མི་བྱེད། འཚོགས་མ་ཐག་ཤེར་སྙིང་ཚར་གསུམ་ཟློག་པ་དང་བཅས་གྲུབ་རྗེས་སྐྱབས་འགྲོ་སེམས་བསྐྱེད་རྒྱུན་བཤགས་ཚད་མེད་ཁྱད་པར་སེམས་བསྐྱེད་ནས་བཟུང་བླ་མ་མཆོད་པ་ཡོངས་རྫོགས་དང་། སྒྲོལ་མ་ཚར་གསུམ་གཏོར་བསྔོས་མདོར་བསྡུས། དགེ་ལྡན་བསྟན་འབར་མ་བཅས་དང་། ཆོས་རྒྱལ་མའི་སྐབས་དབུ་ཞྭ

བཞེས་ཏེ་དམིགས་བཅེ་མ་གསུང་བཞིན་གྲོལ། ཆོས་བཅུའི་སྐྱ་རེངས་ཤར་མ་ཐག་དུང་དང་པོ་བཏང་བའི་ཚེ་རང་རང་གི་བཞུགས་གནས་ནས་བཞེངས་ཏེ། གོས་བགོ་བའི་སྡེ་ཚན་ཉེས་བྱས་རྣམས་ཀྱིས་མ་གོས་པར་གཟན་ཤམ་སོགས་ལེགས་པར་བཞེས་ཤིང་ཞྭ་ཟླུམ་བསྣམས་ནས་སྤྱི་བར་ཕེབས་ཏེ་ཁྲུས་ཚུལ་མཐུན་བྱེད་པ། དུང་གཉིས་པའི་སྐབས་འདུ་ཁང་སོགས་ལ་བསྐོར་བ་མཛད་ཅིང་ཚོགས་སུ་འདྲིལ་ཚུལ་སྔར་དང་འདྲ། འཚོགས་ཟིན་འཕྲལ་སྐྱབས་འགྲོ་ནས་བཟུང་བླ་མཆོད་ཀྱི་ཡན་ལག་བདུན་པའི་མཇུག་ཏུ་དགའ་ལྡན་ལྷ་བརྒྱ་མའི་དབུ་བསྐུལ་བ་དང་མཉམ་དུ་དགེ་བསྐོས་ཀྱིས་ཕྱག་བདེ་སྒོང་། ཕྱག་བདེ་བ་རྣམས་ཀྱིས་སྤྱི་བ་ནས་མང་ཇ་བླངས་ཏེ་ཞི་དུལ་བག་ཡོད་སྒོས་རྒན་རིམ་བཞིན་འགྲིམ། བཟའ་བཏུང་གི་ཚེ་དེ་དང་འབྲེལ་བའི་ཉེས་བྱས་རྣམས་ཀྱིས་མ་གོས་པར་བཟའ་བ་ཟས་ཀྱི་རྣལ་འབྱོར་གྱི་སྒོ་ནས་ལོངས་སྤྱོད། ནངས་ཇ་བཞེས་འཕྲལ་བསྟན་པ་ལ་འཚེ་བ་དང་སྒྲིག་འགལ་བྱེད་མཁན་ལ་དམིགས་པའི་མདོ་སྐྱབ་ཚར་གཅིག་དེ་ནས་བླ་མཆོད་ཀྱི་མཇུག་དང་། བཟང་སྤྱོད་སྨོན་ལམ། བརྒྱུད་འདེབས་ནས་བཟུང་རྡོ་རྗེ་འཇིགས་བྱེད་དཔའ་བོ་གཅིག་པའི་ཚིག་རྐྱང་པར་གསུངས་ཏེ་ཙ་སྔགས་ཀྱི་བཟླས་པ་ལ་འཇུག ཉི་ཚོད་དང་བསྟུན་ཏེ་གཏོར་བསྔོས་རྒྱས་པར་གསུངས། དཀོན་གཉེར་གྱིས་ཕྱག་དང་བཅས་མཐའ་གྲལ་ནས་བཙམས་ཏེ་ཆབ་བཀྲམ་ནས་གྲོལ་ཆུང་བྱེད། མ་འགྲུངས་པར་འདུ་ཁང་སྒོའི་ཕྱི་རོལ་ཏུ་བརྒྱ་ཙ་གཏོང་། ཚོགས་སུ་འདྲིལ་རྗེས་སྒྲོལ་མ་གསུངས་པའི་ཚེ་མར་ཁུར་བཞེས་ཙམ་རྣམས་བརྒྱུད་དེ་རྫོས་ཇ་བཞེས། མདོ་ཟློག་དང་ལོ་ཀྲོན་མ་བརྒྱ་ཙ་ཙམ་གསུངས་འཕྲལ་སྔར་ཐུན་ལ་ཞུགས་ཏེ་ཙ་སྔགས་ཀྱི་བཟླས་པ་གནང་། ཉི་ཚོད་ལ་དཔག་སྟེ་གྲོལ་ཆུང་དང་བར་ཇ་བཞེས་འཕྲལ་འོད་ཟེར་ཅན་གྱི་གཟུངས་བརྒྱ་ཙ་ཙམ་གསུངས་ནས་ཐུན་ལ་འཇུག གང་འཚམས་ཀྱི་གུང་གསེང་བཏང་། གདུགས་ཚོད་རན་པའི་ཚེ་མཁར་བརྡ་ལན་གསུམ་བཏང་སྐབས་ཚོགས་སུ་འདུས། དཀོན་མཆོག་རྗེས་དྲན་གྱི་མདོ་དང་ཕུལ་མཆོད་གསུངས། གུང་ཚོགས་བཞེས་མཐར་ལྷག་མའི་འཆིང་བུ་གཏོང་ཞིང་བསྔོ་བ་ལྷུང་བཤགས་མ་ཎིའི་བཟླས་པ་མདོ་ཟློག་བཟང་སྤྱོད་རྣམས་

དཀྱུས་ལྟར་གསུངས་ནས་སྐར་ཡང་ཐུན་ལ་འཇུག ཕྱི་དྲོ་ཡི་དམ་དང་ཆོས་སྐྱོང་གི་གཏོར་འབུལ་དཀྱུས་ལྟར་དང་། ཁྲུས་མཆོག་གཏང་རག་གི་མཆོད་བསྟོད་སྨོན་ཤིས་བཅས་བཏང་། སྒྲོལ་མ་ཚར་བཅུ་གསུངས་ཏེ་གྲོལ་ཚུང་བྱེད། སྐར་འཚོགས་ནས་དཀྱུང་ཇ་བཞེས། དགེ་ལྡན་བསྟན་འབར་མའི་མཇུག་ཆོས་རྒྱལ་མའི་སྐབས་སུ་དབུ་བཞེས། དམིགས་བརྗེ་མའི་དབུ་བསྐུལ་ཏེ་གསུང་བཞིན་གྲོལ། ཞལ་འདོན་གྱི་སྐབས་གདངས་མདུར་གང་ཡིན་ཡང་བྱིངས་འདྲེན་དང་བསྟུན་ཏེ་སྐད་མཐོ་དམན་དང་དལ་བྲལ་སྙོམས་པའི་ཚུལ་གྱིས་སྦྱ་འཇུར་གྱི་འཐེན་མེད་པར་གསུང་དགོས། བཅུ་གསུམ་གྱི་བར་ཇའི་སྟེང་ཞི་བའི་ཐབ་ཐིག་འདེབས་མཁན་ཞིག་ལ་དགེ་བསྐོས་ཀྱིས་བཀོད་པ་བྱས་པ་ལྟར་དེ་དང་། དཀོན་གཉེར་བཅས་ཀྱིས་ཐབ་ཐིག་དང་བསྲེག་རྫས་བཀྲུ་བཤམས་སོགས་སྟ་གོན་བྱེད། བཅུ་བཞིའི་ཉིན་དཔལ་རྡོ་རྗེ་འཇིགས་བྱེད་ཆེན་པོའི་ཞི་བའི་སྦྱིན་སྲེག་འབུལ། ཕྱི་དྲོ་ཐབ་ཐིག་སོགས་གྲུབ་པ་བྱས་ནས་བཅོ་ལྔའི་ཉིན་རྒྱས་པའི་སྦྱིན་སྲེག་དང་གོས་སྐུ་ཆེན་མོ་བཤམས། འདི་དུས་འཇིགས་བྱེད་ཀྱི་ཙ་སྟུགས་བྱེ་བ་ལོང་ངེས་དགོས། བཅུ་དྲུག་གི་ཞོགས་པར་འདོན་ཆ་གྲལ་འཛིན་གྱི་སྐབས་དང་འདྲ་ལ། ཇ་བཞེས་འཕྲུལ་དགེ་ལྡན་བསྟན་འབར་མ་སོགས་གསུངས་ཏེ་ཚོགས་གྲོལ་ཚུལ་སྔར་དང་འདྲ། ཚོགས་ནམ་ཡོད་ལ་མགོན་ཁང་དུ་གྭ་བ་གཉིས་ཀྱིས་བསྐང་གསོལ་རྣམས་རྫོགས་པར་གསུང་དགོས། རྒྱུགས་རྫོགས་པ་ཐམས་ཅད་ལ་ཧྲར་དྲིལ་ངེས་པར་དགོས། མཆོད་པ་དང་། སྐྱུང་གནས་མ་གཏོགས་པའི་ཆོས་ཐོག་གང་ཡོད་ཐམས་ཅད་ལ་གྲལ་འཛིན་ནས་བཟུང་གྲོལ་གྱི་བར་བཞེངས་བཟ་དང་གཟིམས་བཟར་དུང་ཆེན་དང་རྒྱ་གླིང་ལན་གསུམ་རེ་གཏོང་། གཉིས་པའི་ཆོས་གཉིས་ཀྱི་ཕྱི་དྲོ་མཆོད་དཔོན་གསར་བ་ངོ་གཡོག་གིས་བསྐང་ཆེན་གྱི་མཆོད་གཏོར་སོགས་བཤམས་པ་དང་། བསང་རྫས་སོགས་སྟ་གོན་བྱེད། ཆོས་གསུམ་གྱི་སྐུ་རིངས་ཤར་བ་ཚོགས་བཟར་ཟངས་གླིང་འབུད་པའི་ཕྲུག་ལེན་ལྟར་ཚོགས་སུ་འདྲིལ་ཏེ། སྐྱབས་འགྲོ་སོགས་དང་། བླ་མཆོད། འཇིགས་བྱེད་དཔའ་བོ་གཅིག་པའི་ཚོ་ག་མགོན་ཆོས་ལྷ་མོ་རྣམས་ཀྱི་གཏོར་ཆོག་གསེར་ཞུན་མ་བཅས་བཏང་། འདི་དུས་མྱུར་

མཛད་མ་འབུམ་དང་། ལྷ་མོའི་བསྐང་བཤགས་ཟློག་པ་རྣམས་ཁྲི་རེ། དམ་ཅན་གྱི་བསྐང་བཤགས་སོགས་དང་། མཐུ་སྟོབས་ཞུས་པ་མ་དང་། བཛྲ་སརྩ་མ་བཅས་གང་འགྲོ་རེ་གསུང་དགོས། གྲོལ་ཉིན་བླ་གྲྭ་རྣམས་ཀྱིས་མགོན་ཁང་དུ་སྐན་ཤལ་དང་ཚེ་ཐར་གཏོང་། གསུམ་པའི་ཚེས་དགུའི་ཕྱི་དྲོར་སྒྲུབ་མཆོད་ཀྱི་གྲལ་འཛིན་བྱས་ཏེ། ཚེས་བཅུའི་ཞོགས་པ་སྐྱབས་འགྲོ་ནས་བཟུང་བླ་མཆོད་སོགས་སྔོན་ལམ་གྱི་དུས་དང་འདྲ། ནངས་ཛ་བཞིས་འཕྲུལ་མདོ་ཟློག གཏོར་བསྔོས། སེང་གདོང་བརྒྱ་རྩ་བཅས་གསུང་། ཀུན་རིག་གི་བརྒྱུད་འདེབས་ནས་བཟུང་བདག་བསྐྱེད་རྫོགས་པའི་བར་གྲུབ་རྗེས་ཆབ་བཀྲམ་ནས་གྲོལ་ཏེ་ཕྱི་རོལ་ཏུ་བརྒྱ་རྩ་གསུང་། ཚ་རིང་མ་གྲུབ་འཕྲུལ་མདོ་ཟློག་དང་། ལོ་རྒྱུན་མ་བརྒྱ་རྩ། ཀུན་རིག་གི་ཐུན་ཆོག་མདུན་བསྐྱེད་ཆ་བཞིའི་བར་གསུངས་ནས་གྲོལ་རྒྱུང་བྱེད། འོད་ཟེར་ཅན་མ་བརྒྱ་རྩ་དང་བདག་འཇུག་རྫོགས་པའི་བར་གསུངས་མཐར་གུང་ཚོགས་དྲངས། དེ་ནས་ཁྲུས་ཆོག་དང་། གཤིན་དབང་། གཏང་རག་གིས་མཆོད་བསྟོད་སྨོན་ཤིས་བཅས་བཏང་། སྒྲོལ་མ་མཚར་བཅུ་གསུངས་པ་དང་། དཀྱུང་ཛ་བཞིས་འཕྲུལ་དགེ་ལྡན་བསྟན་འབར་མ་སོགས་གཏོང་། བཅོ་ལྔའི་བར་ཛའི་སྟེང་ཀུན་རིག་རྣམ་པར་སྣང་མཛད་ཀྱི་སྦྱིན་སྲེག་འབུལ། བཅུ་དྲུག་ལ་གྲོལ་བའི་སྐབས་ཀྱི་འདོན་ཆ་སོགས་སྔོན་ལམ་དང་འདྲ། འདི་དུས་དགེ་བསྐོས་དང་གཉེར་བ་གསར་བརྗེ་བྱེད། སྦྱིན་བདག་ཅི་ཙམ་ཡོད་པ་ལ་དཔག་སྟེ་བཞི་བའི་ལོ་བདུན་གྱི་ཕྱི་དྲོ་མཆོད་བསྒྲིགས་བགྱིས་ཏེ། ཕྱི་ཉིན་ནས་རྗེ་གསེར་ཁང་བའི་རྗེས་འབྲངས་ཀུན་སྤང་རི་ཁྲོད་འཛིན་པ་རྣམས་ཀྱི་ཕྱག་བཞེས་ལྟར་བླ་མཆོད་དང་། སྨན་ཆོག་བསྡུས་པའི་སྔགས་མཆོད་པ་ཚར་དགུ་རེ་འབུལ། །བན་གཞོན་ན་ཕྲ་བ་རྣམས་མ་གཏོགས་གྲྭ་བ་ཆེ་ཆུང་ཐམས་ཅད་ལ་ཧིང་ལྔ་བཅུ་རེ་ངེས་པར་དགོས། བཅུ་གསུམ་ལ་སྨྱུང་གནས་ཀྱི་གྲལ་འཛིན་ཡིན་པས་འདོན་ཆའི་སྐོར་སྔོན་ལམ་དང་འདྲ། སྨྱུར་དངོས་གཉིས་ཀྱི་སྐབས་རྒྱལ་དབང་བདུན་པས་མཛད་པའི་སྨྱུང་གནས་ཆོ་ག་ཚར་གསུམ་རེ་དང་། བཅུ་དྲུག་གི་ཞོགས་པར་ཚར་གཅིག་སྟེ་བདུན་འགྲོ་ངེས་དང་། སྔོན་ལམ་ལྔ་ཀའང་གསུངས་དགོས། ལྔ་བའི་ཚེས་བཅུ་གསུམ་གྱི

ཚོགས་པར་ཡབ་རྗེ་ཆེན་པོའི་དུས་མཆོད་ཡིན་སྐབས། བླ་མཆོད་ནས་བཟུང་འདོན་ཆའི་སྐོར་སྨོན་ལམ་དང་འདྲ། ནངས་ཛ་བཞིས་འཕྲུལ་མདོ་ཟློག་དང་སྨོན་ལམ་རྣམ་ལྔ་བདེ་གསང་འཇིགས་གསུམ་གྱི་སྨོན་ལམ་དང་གཏོར་བསྔོས་སེང་གདོང་མ་བརྒྱ་རྩ་བཅས་གསུངས་ནས་སྤྱན་འདྲེན་ཁྲུས་གསོལ་བྱ། དྲོས་ཛ་བཞིས་འཕྲུལ་མདོ་ཟློག་ལོ་གྱོན་མ་བརྒྱ་རྩ་བཅོམ་ལྡན་འདས་རྡོ་རྗེ་མི་འཁྲུགས་པ་ལྷ་དགུའི་བརྒྱུད་འདེབས་ནས་བཟུང་བདག་མདུན་བུམ་གསུམ་དང་ཆབ་བཞིའི་བར་གསུངས་ནས་གྲོལ་ཆུང་བྱེད། འོད་ཟེར་ཅན་མ་བརྒྱ་རྩ་དང་བདག་འཇུག་ཁྲུས་ཆོག་གཤེན་དབང་ཉུས་ཆོག་གཏང་རག་གི་མཆོད་བསྟོད་སྨོན་ཤིས་བཅས་གསུངས་མཐར་གུང་ཚོགས་དྲངས། ལྷུང་བཤགས་མ་ཎི་བཟླས་པ་བཟང་སྤྱོད་རྣམས་གསུངས་ནས་མཆོད་མེ་འབུལ། སྒྲོལ་མ་ཚར་བཅུ་གསུངས་ཏེ་གྲོལ་ཆུང་བྱེད། སླར་འཚོགས་ནས་དགུང་ཛ་བཞིས་འཕྲུལ་དགེ་ལྡན་བསྟན་འབར་མའི་མཇུག་ཏུ་ཆོས་རྒྱལ་མའི་སྐབས་དབུ་ཞྭ་བཞེས། དམིགས་བརྩེ་མའི་དབུ་བསྐུལ་ཏེ་གསུང་བཞིན་གྲོལ་བ་སོགས་སྔོན་དང་མཚུངས། བཅུ་བདུན་ཉིན་བར་ཇའི་སྟེང་བཅོམ་ལྡན་འདས་རྡོ་རྗེ་མི་འཁྲུགས་པའི་སྦྱིན་སྲེག་འབུལ། དྲུག་པའི་ཆོས་བཅུ་བཞིའི་ཕྱི་དྲོ་དབྱར་བདག་རྒན་གཞོན་དང་དཀོན་གཉེར་བཅས་དང་གནས་ཁང་ཕྱི་དོར་དང་གནས་བཅུའི་ཕོ་བྲང་སོགས་མཆོད་བསྐྲིགས་གང་ལེགས་བགྱིས་ཏེ། བཅོ་ལྔའི་ཉིན་གསོ་སྦྱོང་དང་གཞི་གསུམ་ཆོ་གའི་ལག་ལེན་ལྟར་བཅུ་དྲུག་གི་ཚོགས་པར་དབྱར་ཁས་ལེན་བྱས། ཉིན་རེ་བཞིན་དྲོས་ཛ་བཞིས་འཕྲུལ་དབྱར་བདག་གཞོན་པས་ཇ་བཟ་བརྒྱབ་སྟེ། དབྱར་གནས་པ་རྣམས་འཚོགས་ཏེ་གནས་བཅུའི་ཕྱག་མཆོད་རྒྱས་པ་ཚར་རེ་དང་ཆོས་སྐྱོང་གི་འཕྲིན་བཅོལ་བཅས་གསུང་། བདུན་པའི་ཆོས་ཉེར་དགུའི་ཉིན་གསོ་སྦྱོང་དགག་དབྱེ་སོགས་ཀུན་སློང་རེ་ཁྲིད་པ་བཀྲ་ཤིས་ཆོས་སྡིངས་གླིང་གི་ཕྱག་ལེན་ལྟར། བཅུ་བའི་ཆོས་ཉེར་གསུམ་གྱི་ཕྱི་དྲོ་ལྷ་མཆོད་ཀྱི་གྲལ་འདོན་བྱས་ཏེ། ཉི་ཤུ་བཞིའི་ཉིན་སྨན་ཆོག་ཆེན་མོ་དང་། འཇིགས་བྱེད་ལྷ་བཅུ་གསུམ་པའི་ཆོ་ག་ཡོངས་རྫོགས། ཉེར་ལྔ་ལ་ཀུན་རིག་གི་བདག་མདུན་བུམ་གསུམ་བདག་འཇུག་གཤེན་

དབང་བཅས་དང་། ཉེར་དྲུག་ལ་སྨོན་ལམ་རྣམ་ལྔ། བདེ་གསང་འཇིགས་གསུམ་གྱི་སྨོན་
ལམ་གསང་འདུས་བདག་མདུན་བུམ་གསུམ་བཅས་གསུངས། ཉི་ཤུ་བདུན་ནས་བསྐང་
གསོ་དང་། ཉེར་དགུའི་ཕྱི་དྲོ་གཏོར་རྒྱག་བྱེད། མགོ་ཟླའི་ཚེས་གཅིག་ཉིན་གྲོལ་སྐབས་ཀྱི་
འདོན་ཆ་སོགས་སྔར་དང་འདྲ། ཟླ་ནང་འདིར་དམིགས་བཅེ་མའི་བུམ་སྒྲུབ་ཚོས་ཐོག་ཉིན་
ཉེར་གཅིག་ཡོད། མ་མཐར་ཟླ་བྲང་ནས་ཉིན་ལྔ་ལ་གཏོང་དགོས། རྒྱལ་ཟླའི་ཉེར་དགུའི་
ཉིན་བསྐང་གསོ་ཁ་ཚང་དང་། དྲུག་ཅུ་བ་དྲག་བཟློས་གཏོང་། གསོ་སྦྱོང་སྔར་ནས་ཚུགས་
ཟིན་པ་བཞིན་དུས་འབྲེལ་གྱི་གསོ་སྦྱོང་མ་ཆག་པ་དང་། ཉིན་རེ་བཞིན་ནངས་འཚོགས་ལ་
སྨན་ཚོག་བསྟུས་པའི་སྔགས་ཕྱག་མཆོད། སྨོན་ལམ་རྣམ་ལྔ་རེས་མོས་བཞིན་སྒྲོལ་མ་ཚར་
གསུམ་བསྔོད་པ་དང་བཅས། འོད་ཟེར་ཅན་མ་བརྒྱ་རྩ་གདུགས་དཀར་མཆོག་གྲུབ་མ་ཚར་
གཅིག སེང་གདོང་མ་བརྒྱ་རྩ་ཟློག་པ་དང་གང་སེར་མ་བཅས་གསུངས་ཏེ། སྤྱང་ སྣང་གི་
རྣམ་དབྱེ་ཐམས་ཅད་རྒྱལ་བའི་བཀའ་ལས་འབྱུང་བ་དང་རྗེས་སུ་མཐུན་པར་བསྒྲུངས་ན་
འདི་ཕྱིའི་ལེགས་ཚོགས་ཐམས་ཅད་ཀྱི་རྩ་བ་ཚུགས་པར་འགྱུར་བས་ཚིག་ཙམ་དུ་མ་སོང་བར་
ལག་ལེན་དུ་ཐེབས་པ་བྱེད་རྒྱུའི་སྟོན་སྒྲོལ་བཟང་པོ་མི་ཉམས་པར་ཡར་ལྡན་དུ་འཕེལ་བ་ཞིག་
ཅེས་ཀྱང་གལ་ཆེ་བ་ཐམས་ཅད་ཀྱིས་མཁྱེན་དགོས་པར་སྣང་ངོ་། །

སྨྲས་པ། འཇིག་རྟེན་མེས་པོའི་གདོང་བཞིའི་པད་ཚལ་སྐྱེས། །ངང་བའི་བུ་མོ་ཡིད་
ཀྱི་སྤུག་གུ་མ། །རིན་ཆེན་རྒྱུད་མངས་བསྐུལ་བའི་དབྱངས་དང་བཅས། །བདག་ཡིད་དྲི་ཟ་
དགའ་བའི་ཚལ་དུ་རོལ། །ཕྱག་ན་པདྨོ་སཾ་ཕྲའི་མཚན་ཅན་གྱི། །ཐུགས་བསྐྱེད་རིན་བྲལ་
དོན་ཡོད་ཞགས་པའི་མཐུས། །དབུས་འགྱུར་ཚོས་ཀྱི་ཞིང་གི་བཤད་སྒྲུབ་ནོར། །གཡར་མོ་
ཐང་དུ་དྲངས་པའི་ངོ་མཚར་མཐོང་། །རྣམ་དག་ཁྲིག་སྲོལ་ཟླ་གཞོན་ལས་སྤྲོས་པའི། །
ལེགས་བྱས་སྣང་བ་དཀར་པོའི་འཛུམ་ཟེར་གྱིས། །གསལ་བར་བྱས་པའི་ཆ་ཤས་ཕྲ་མོར་
ཡང་། །སྐྱེ་དགུའི་ཚ་གདུང་གཞིལ་བའི་ཚོ་ག་རྗེགས། །དམར་སེར་ཐུབ་མཚམས་གསར་
བའི་དྲ་བ་ཡིས། །ལེགས་པར་འཕྲུད་པའི་སྟོམ་བརྩོན་བརྒྱ་ཕྲག་མང་། །ཕློག་སྤྱོངས་འཁོར་

ལོ་ཟླུང་གི་རྩེ་དགའ་ཡིས། །འདའ་བ་འདི་ཀོ་དུས་ཀྱིས་ཇི་ལྟར་ཐེག །མ་དག་སྐྱེ་འཆི་བར་དོ་ལྟུགས་ཀྱི་ཁམས། །དག་པ་སྐུ་གསུམ་གསེར་དུ་བསྒྱུར་བའི་འཕྲུལ། །བདེ་སྟོང་དབྱེར་མེད་ལྷ་ཡི་རྣལ་འབྱོར་ལ། །རོལ་བའི་གསུམ་ལྡན་རྡོ་རྗེ་འཛིན་པ་མང་། །ལྷེ་བའི་གཏུམ་མོ་སྦྱོས་པའི་འཇུམ་ཟེར་གྱིས། །དྭང་པའི་སྟོང་ཕྲག་དོན་གཉིས་གྲོང་ཁྱེར་ནས། །མི་འགྱུར་ལྷན་སྐྱེས་བདེ་བའི་བཅུད་འཐུངས་པས། །གཏན་བདེ་འཆི་མེད་རྡོ་རྗེ་ས་ལ་རེག །མཛེས་སྡུག་རྗོ་བཅའ་བཀྲམ་པའི་དཔལ་གྱི་གཞི། །དམར་སེར་ལི་ཁྲིའི་མདངས་ཀྱིས་སྣེག་པའི་གྲྭར། །ལུང་རིགས་དྲི་ཟའི་རྒྱུད་མངས་སྒྲེང་པའི་སྒྲས། །མཁས་དགུའི་ཡིད་ཀྱང་མདོན་དགའི་ས་ལ་བཀོད། །སྡེ་འདིར་དད་ཅིང་མཆོད་པ་ལྷུར་ལེན་པའི། །ཉིན་ལུང་གཙོ་བྱས་ཕྱོགས་ཀྱི་དད་ལྡན་རྣམས། །བསོད་ནམས་གསེར་གྱི་ཐེམ་སྐས་ལ་བརྟེན་ནས། །མངོན་མཐོ་ངེས་ལེགས་གྲོང་དུ་ཡུད་ཀྱིས་གཤེགས། །ཞེས་བྱ་བ་ནི་བར་སྐབས་ཀྱི་ཚིགས་སུ་བཅད་པའོ། །

བློ་བཟང་ཆོས་ཚུལ་བླ་ན་མེད་པའི་གདུགས། །བཤད་སྒྲུབ་དཔུང་བ་བརྟན་པོས་མཐོར་བཏེགས་ཏེ། །ཐུབ་བསྟན་འཛིན་མའི་དབྱིད་དུ་དར་མཛད་པའི། །སྐལ་ལྡན་རྒྱ་མཚོའི་མགོན་དེས་འགྲོ་ཀུན་སྐྱོངས། །

བཞི་བ་མཆོད་གཞི་ལྷ་སྡེའི་ལོ་རྒྱུས་མདོར་བསྡུས་ཏེ་ཞུ་བ་ལ། ཆོས་སྡེ་འདི་ཀའི་མཆོད་གཞི་ལྷ་སྡེ་ནི་ཉིན་ལུང་སྤྱི་ཡིན་ན་དགོན་པའི་མཚན་ལ་གཡོན་རུའི་དགོན་དུ་གྲགས་པ་ཅི་ཡིན་སྙམ་ན། དེ་ནི་ཆོས་སྡེ་འདི་ཐོག་མར་ཕྱག་འདེབས་མཛད་མཁན་ནི་སྐྱབས་རྗེ་གཡོན་རུ་བ་བློ་བཟང་ནོར་བུ་རིན་པོ་ཆེ་ཡིན་པ་དང་། ཆགས་པའི་གནས་ཀྱང་གཡོན་རུའི་སྡེ་དཀྱིལ་ཡིན་པར་མ་ཟད་ཐོག་མར་གཞི་འཛིན་སྐབས་གཡོན་རུའི་གྲྭ་བ་རྣམས་བསྡུས་ནས་ཆོས་སྡེའི་གཞི་བཟུང་བ་ཡིན་པས་ན་དེ་ལྟར་མཚན་དུ་འཛུགས་པ་ཡིན་ནོ། །དེས་ན་ཉིན་ལུང་སྡེ་སྤྱིའི་ལོ་རྒྱུས་གང་ངེས་གནད་བསྡུས་ཏེ་འགོད་པ་ལ་སྐབས་སུ་བབས་པས་ཅུང་ཟད་སྨྲོ་བར་བྱ་ན། སྡེ་འདི་ཐོག་མར་རེབ་གོང་གསེར་མོ་ལྗོངས་ནས་བྱུང་བ་ཡིན་པས། ཡུལ་དེའི་

སྔོད་བཅུད་ཆགས་ཚུལ་སྤྱི་དང་ཁྱད་པར་འཛམ་དབྱངས་འགོན་གྱི་གདུང་རྒྱུད་ལས་བྱོན་པའི་ལྷ་རྗེ་བྲག་སྣ་བ་ཡུལ་དེར་ཕེབས་ཚུལ། དེ་ལ་བརྟེན་ནས་ཆོས་སྲིད་ཀྱི་ལེགས་ཚོགས་དར་ཚུལ་གྱི་གཏམ་ངོ་མཚར་བ་དག་བརྗོད་དུ་མཆིས་མོད། འདིར་ཡིག་ཚོགས་ལ་བསམ་ནས་མ་བཀོད་ལ། རྒྱས་པར་རྟོགས་འདོད་པ་དག་གིས་གཞན་ལས་ཤེས་པར་བྱའོ། །དེ་ལྟ་བུའི་རེབ་གོང་གི་ཡུལ་དུ་ཤོག་ཆེན་བཅུ་གཉིས་དང་སྡེ་ཆེ་ཆུང་མཐའ་ཡས་པ་མཆིས་པ་ལས། ཤར་ཕྱོགས་པ་རིགས་པའི་དཔའ་བོ་ཆོས་རྗེ་དོན་གྲུབ་རིན་ཆེན་ཡུན་རིང་བཞུགས་ནས་བཤད་སྒྲུབ་ཀྱི་རྒྱལ་མཚན་བསྒྲེངས་པའི་གནས་ཤིག་ཡོད་པ་ལ་སྐྱེ་བོ་རྣམས་ཀྱིས་དོན་གྲུབ་རིན་ཆེན་བཞུགས་སའི་ཉིན་ཞེས་པ་ཚིག་བསྡུ་བྱས་ནས་དོན་རིན་ཉིན་དང་། དེ་ཡང་རྗེ་བདེར་བཏང་ནས་དོན་ཉིན་དུ་འབོད་པ་དེར་གནའ་ནས་གནས་པའི་མི་སྡེ་ཞིག་མཆིས་པ་ལ་ཉིན་ལུང་ཞེས་སུ་གྲགས་ཤིང་། སྲིད་པའི་ལྷ་ཆེན་གཡོན་རུའི་གསའ་ལུང་ཞེས་པའི་གཞི་བདག་མཐུ་བོ་ཆེ་དེ་ཉིད་སྐྱེས་ལྟར་བཀུར་བ་དང་། རོང་བོ་དཔལ་གྱི་སྡེ་ཆེན་སོགས་ལ་བསྙེན་བཀུར་དང་སྦྱིན་བདག་བྱས་པ་ལ་བརྟེན་ནས་སྡེ་འདི་འཕེལ་རྒྱས་ཆེན་པོ་བྱུང་། སོ་ནམ་པ་རྣམས་དོན་རིན་ཉིན་དང་འབྲོག་རུ་རྣམས་གསའ་ལུང་དུ་གནས་བཅས་ནས་བགྲང་བྱ་བརྒྱ་ཕྲག་དུ་མ་བརྒལ་བར་གོར་མ་ཆག་གོ །དུས་རེ་ཞིག་གི་ཚེ་ཟླ་ལར་སོགས་ཀྱིས་དུས་འཁྲུགས་དྲག་པོ་བསླངས་ཏེ། གཙན་ཚ་དང་རེབ་གོང་སོགས་གཙོས་པར་རྒྱའི་ལོ་རྒྱུས་སུ་བཤད་པས་རྐྱེན་དེས་སྡེ་འདིའང་གསའ་ལུང་དུ་གནས་མ་ནུས་པར་ད་ལྟའི་ཀོས་ནན་རྫོང་གི་མང་རའི་ཕྱོགས་སུ་གནས་སྤོས་པ་ཡིན་ལ། དེར་ཡང་ལོ་མི་ཉུང་ཙམ་གནས་བཅས་ཤིང་ཉེ་སྐོར་དུ་ཐར་ཤུལ་ཚོ་གསུམ་དང་། བོང་སྟག ཞབས་དྲུང་དཀར་པོའི་ལྷ་སྡེ་མདའ་བཞི་སོགས་ཡོད་ཅིང་། སྡེ་འདི་དག་ཏ་ཅང་དར་བའི་སྐབས་ཡིན་པ་དང་། ཕན་ཚུན་འགྲན་རྙོལ་བྱས་པས་མི་ཤི་རྟ་འགྱེད་མང་དུ་བཟོས་པ་དང་། ཕྱོགས་གཞན་ལ་ཇག་སྡེ་མང་དུ་གཏད་པ་རྣམ་ཐར་མང་བོར་གསལ་ལ། སྡེ་འདིའི་མིང་ལ་འབྲུམས་རུ་ཞེས་སུ་གྲགས་ཤིང་ཚོ་ཆེན་བཅུ་གཉིས་ཡོད་པར་མདོ་སྨད་ཆོས་འབྱུང་སོགས་ལས་གསུངས་ཀྱང་། ད་ལྟ་སྐབས་

དེའི་ཚོ་བ་བཅུ་གཉིས་པོ་གང་དག་ཡིན་པ་ཤེས་དཀའ་ཡང་། ཁྲིས་བོང་སྟག་གི་སྡེ་ཁྲོད་དུ་གནས་པའི་འཁར་བསེ་ཚང་སོག་གསུམ་སྟོན་ཆད་འབྲུམས་ཉའི་མངའ་འོག་ཡིན་པར་རྣམ་ཐར་འགའ་ཞིག་ལས་མཐོང་། ཁྲིས་སོག་གི་མི་ཁྲིམ་ཞིག་སྡེ་འདིའི་ཁྲོད་དུ་ལུས་པ་ལས་སོག་ཉ་བྱུང་བ་ཡིན་ནོ་སྙམ། དཔོན་སྐོར། གཡོན་ཉ། འབྲུགས་སྐོར། ཕག་སྐོར་སོགས་སྟོན་གྱི་ཚོ་བ་བཅུ་གཉིས་ཀྱི་གྲས་ཡིན་ངེས་ལ། རབ་ཡོག་མའི་མིང་ལ་སྟོན་ཅེ་ཟེར་ཤེས་དཀའ་ཡང་དེ་ཡང་སྡེ་འདིའི་ཚོ་བ་ཞིག་ཡིན་ངེས་སོ། །སྡེ་འདི་མང་ར་ནས་རབ་བྱུང་བཅུ་བཞི་པའི་ལྕགས་གླང་（༡༨༤༡）ལོ་ནས་ས་བྱ་（༡༨༤༩）ལོའི་བར་གྱི་ལོ་བརྒྱད་དགུ་པོ་འདིའི་ནང་དུ་རིམ་གྱིས་རིག་སྨན་སོགས་མཚོ་སྟོན་པོའི་འགྲམ་རྒྱུད་འདིར་ཉ་སྤོས་པ་ཡིན་ངེས་ཏེ། གོང་གསལ་ལྕགས་གླང་ལོར་འགྲོ་མགོན་ཞབས་དཀར་བ་དགུང་ལོ་དྲུག་ཅུ་བཞེས་པའི་ལོ་དེར་ཀང་ཚ་དང་འབྲུམས་ཉའི་ཡོན་བདག་རྣམས་ཀྱིས་གདན་དྲངས་ནས་མང་རའི་ཕྱོགས་སུ་ཕེབས་ཚུལ་དམ་པ་འདིའི་རང་རྣམ་ལས་གསལ་བས་ལོ་དེར་ད་དུང་མང་རར་གནས་པ་རྟོགས་ནུས་ལ། དེ་ནས་ལོ་འགའ་འདས་པའི་ས་བྱ་ལོར་མཁས་དབང་བྲག་དགོན་པས《མདོ་སྨད་ཆོས་འབྱུང་》བརྩམས་གྲུབ་པའི་སྐབས་སུ་འབྲུམས་ཉའི་དགོན་པ་གུར་དགོན་བཟུང་ནས་ཉིན་ལུང་ཚོ་བཅུ་གཉིས་ཀྱི་མཆོད་གཞི་དང་བཅས་པ་མཚོ་སྟོན་གྱི་འགྲམ་དུ་གནས་པར་གསུང་པས་ཤེས་ནུས་པས་སོ། །ཐེངས་འདིར་ཉ་སྤོས་པའི་རྐྱེན་གང་ཡིན་ཞེ་ན། བདག་གིས་སྡེ་འདིའི་རྒན་པོ་འགའ་ལ་འདྲི་རྩད་བྱས་མོད། རྩ་སས་མ་འདངས་པའི་རྐྱེན་གྱིས་སྤོས་པ་ཡིན་སྲིད་ཟེར་བ་ཙམ་ལས་རྒྱུ་མཚན་ཡིད་ཆེས་ཚོག་པ་ཞིག་བཤད་རྒྱུ་མེད་ལ། དུས་དེར་ཡུལ་དེ་ནས་གནས་སྤོས་པ་སྡེ་འདི་ཁོ་ནར་མ་ཟད་མདའ་བཞི་བོང་སྟག་སོགས་ཀྱང་ཡིན་པས། འདི་འདྲའི་འཁྲུག་སྡེ་མང་པོ་ས་གཞན་དུ་སོང་ན་ཤུལ་དུ་ལུས་པ་རྣམས་ལ་རྩ་སས་འདངས་པ་གཞིར་བྱས། དེས་ན་གོང་གསལ་རྐྱེན་པོ་དེ་དག་གི་གཏམ་ལ་ཡིད་གཏད་མེད་པ་ཤེས་ཐུབ་བོ། །ཞབས་དྲུང་དཀར་པོའི་ལྷ་སྡེ་མདའ་བཞི་དང་ཨ་རིག་སོགས་གནས་འདིར་གཞི་སྤོས་པའི་རྒྱུ་རྐྱེན་ནི། རྨ་སྔོ་རྒྱུད་དུ་གནས་པའི་བོད་སོག་གི་སྡེ་རྣམས་

ཕན་ཚུན་དགྲ་རུ་གྱུར་ནས་མི་ཤི་རྟ་འགྱེད་ཀྱི་སྐྱོད་ཆེན་མང་པོ་སྔ་ཕྱིར་བྱུང་བ་དང་། སྨད་ནས་ཟ་ལར་དང་ཧོར་རིགས་རྣམས་ཀྱི་ཇག་ཚང་དུ་མ་མཚོ་ལྷར་བརྫོལ་བ་དང་། སྟོད་ནས་མགོ་ལོག་གི་ཇག་པའི་དཔུང་ཚོགས་ཀྱིས་ཡང་ཡང་རྐོལ་པས་མི་ཤི་རྟ་འགྱེད་དང་རྒྱུ་ནོར་འཕྲོག་བཅོམ་བྱས་ཚབས་ཆེ་བ་དང་། གོང་ནས་མངགས་པའི་ཇག་འདུལ་དཔོན་དམག་རྣམས་ལ་ཇག་པས་རྒྱུ་ནོར་གྱིས་བསླུས་ཏེ། ཇག་གནོན་ཕར་ཞོག་མི་ཉེས་མེད་ཉམ་ཐག་ཏུ་མའི་སྲོག་འཕྲོག་སྟེ་གོང་ལ་སྙན་ཞུ་ཟུར་མ་ཕུལ་ནས་དཔོན་གནས་རྗེ་མཐོ་ལ་འབད་པ་སོགས་རྐྱེན་ངན་དུ་འཛིངས་པས་དུས་བབས་རྗེ་སྡུག་ཏུ་གྱུར་ཏེ། རྭ་གཞི་མཚོ་སྔོན་པོའི་འགྲམ་རྒྱུད་འདིར་སྤྱོས་པར་ཡབ་རྗེ་གསེར་ཁང་བ་ཆེན་པོ་དང་། ཤིང་བཟའ་པཎྜི་ཏ་སྐུ་སྔ་ཕྱིའི་རྣམ་ཐར་དུ་གསལ་བས། སྡེ་འདི་དང་པོང་སྡུག་སོགས་ཀུང་རྐྱེན་དེ་དག་གིས་གནས་འདིར་སྤོ་དགོས་བྱུང་བ་ཡིན་ངེས་ཏེ། ཡུལ་གཅིག་ནས་དུས་གཅིག་ལ་སྤྱོས་པས་སོ་སྙམ་མོ། །ཕྱོགས་འདིར་སྤོ་སྐབས་འབྲུམས་རུའི་བླ་མ་ཚུལ་ཁྲིམས་སྙན་གྲགས་ཞེས་པ་དང་མཚོ་སྔོན་ཁྲུར་ལུག་ཏ་པེ་ཟེ་གཉིས་སྐྱབས་རྗེ་གསེར་ཁང་བའི་དངོས་སློབ་ཡིན་སྟབས། མཚོ་སྔོན་དཔོན་ཁག་རྣམས་ཀྱིས་གོང་མར་སྙན་ཞུ་ཕུལ་ཏེ་ཛ་སག་གི་ཐོབ་ཐང་ནས་འབྲུམས་རུའི་ཛ་སག་ཏཱ་བླ་མར་གྲགས་ལ། དམ་པ་འདི་དང་སྟོང་དཔོན་དཀོན་མཆོག་གིས་མཚོ་སྔོན་དཔོན་ཁག་ལ་མཛའ་འབྲེལ་བཙུགས་ནས་འདི་ཕྱོགས་སུ་སྤྱོས་ཏེ། ཆུ་གཏེར་ཆེན་པོ་ཁྲི་གཤོག་རྒྱལ་མོའི་སྲིབ་ཀྱི་འགྲམ་རྒྱུད་ཀྱི་གཙོས་མཚོ་མགོ་བྲག་དམར་རྟ་ཕུར་ནས་མཚོ་ཟའི་བྲག་དཀར་ཐེམ་ཆེན་བར་གྱི་རྩྭ་ཆུ་འཛོམས་པའི་ཡུལ་འདི་དག་ཏུ་གནས་བཅས་ནས་བགྲང་བྱ་བརྒྱ་ཕྲག་ལྷག་གི་དུས་ཡུན་ནང་དུ་སྡེ་འདི་ག་ཡང་འཕེལ་རྒྱས་བྱུང་ནས་ཚོ་བ་འགའ་ཞིག་གྱིས་པ་དང་། མི་ཉག་དང་ཆོས་ཚ་སོགས་ཡུལ་གཞན་ནས་ཡོང་བའི་རུ་སྡེ་མང་པོའང་མངའ་འོག་ཏུ་འདུས་ཏེ། བཅིངས་འགྲོལ་སྐབས་སུ་མི་ཁྱིམ་ཆིག་སྟོང་དྲུག་བརྒྱ་དང་བརྒྱད་དང་རུ་སྡེ་བཅུ་ཕྲག་ལྷག་མཆིས་པའི་མཚོ་ལྷོའི་ཚོ་ཆེན་ཨང་དང་པོར་གྱུར་ཏོ། །སྡེ་འདིའི་སྟོང་དཔོན་ཚང་གི་ལོ་རྒྱུས་གནད་བསྡུས་ནི། དོན་རིན་ཉིན་ནས་ཡོང་སྐབས་བླུ་འབུམ་རྟེ་

ར་ཞེས་པའི་ཆོ་དཔོན་མཁས་མཛངས་དང་དཔའ་སྟོབས་ལྡན་པ་ཞིག་བྱུང་ཞིང་། དེ་ལ་སྲས་ཆེ་བ་དཀོན་མཆོག་དང་འབྲིང་བ་བན་ལོག ཆུང་བ་དགེ་ལེགས་གསུམ་ཡོད་ཅིང་། ཀླུ་འབུམ་འདས་རྗེས་སྲས་ཆེ་བ་དཀོན་མཆོག་ཆོ་དཔོན་བྱས་རྗེས་སྡེ་བ་ཡང་འཕེལ་རྒྱས་ཆེ་སྐབས། ལན་གྲིག་ཙུང་ཏུའུ་ནས་ཆོ་དཔོན་འདི་ལ་སྟོང་དཔོན་གྱི་ཆོ་ལོ་གནང་བར་གྲགས། དཔོན་འདིའི་རིང་ལ་མང་རའི་ཕྱོགས་སུ་སྤོས་པ་ཡིན་ལ། དཀོན་མཆོག་ལ་སྲས་བྱམས་པ་སྙན་གྲགས། དབང་ལོ། ཡེ་ཤེས་གསུམ་ཡོད་ཅིང་། ཡབ་འདས་རྗེས་བྱམས་པ་སྙན་གྲགས་ཀྱིས་སྟོང་དཔོན་གྱི་འགན་བཞེས། སྟོང་དཔོན་འདིའི་རིང་ལ་འབྲུམས་རྟུའི་བླ་མ་ཚུལ་ཁྲིམས་སྙན་གྲགས་དང་མཚོ་སྔོན་དཔོན་ཁག་གི་འབྲེལ་བ་ལ་བརྟེན་ནས་མཚོ་སྔོན་པོའི་འགྲམ་རྒྱུད་དུ་ཉ་སྤོས་ཏེ། མི་ཕྱུགས་གཉིས་ཀ་དར་རྒྱས་ཆེན་པོ་བྱུང་སྐབས་དཀར་ཕྱོགས་སྐྱོང་བའི་གཞི་བདག་ཆེན་པོ་སྔོན་པོ་གསེར་ཆེན་སྐྱེས་ལྷར་བཀུར་ཞིང་ལབ་ཙེ་བསྟོད་དེ། འབྲུམས་རྟུའི་དགོན་དང་དགོན་འདི་གཉིས་ཀྱི་དགེ་འདུན་རྣམས་རེས་མོས་ཀྱིས་ལོ་རེ་བཞིན་གདན་དྲངས་ནས་གསོལ་མཆོད་སོགས་རྒྱ་ཆེར་བྱེད་ཅིང་ཧ་རྒྱུགས་སོགས་རྩེད་འཛོར་རོལ་བའི་སྲོལ་བཟང་མ་ཆག་པར་བྱུང་བ་ཡིན་ནོ། །བྱམས་པ་སྙན་གྲགས་འདས་རྗེས་དེའི་སྲས་སྙིང་ཕྱུག་རྒྱལ་གྱིས་སྟོང་དཔོན་གྱི་གོ་གནས་བཟུང་ཤིང་། འདི་ན་ཆུང་བའི་དུས་སུ་སྨོ་མེ་དཀར་ཞར་དང་ཉེ་སེར་གོང་ཁའི་རྫ་ས་རྩོད་པའི་གྱོད་དེ་བྱུང་སྐབས་འབྲུམས་རྟུའི་བསོད་ལོ་ཞེས་པའི་སྨྲ་མཁས་པའི་ཚད་དུ་བྱེད་པ་དེ་ཉིད་སྟོང་དཔོན་དང་ཆབས་ཅིག་གྱོད་བཤད་པའི་གྲས་སུ་ཞུགས་པས། སྟོང་སྐོར་རིན་པོ་ཆེའི་མ་ཡང་ཕྱུག་མཛོད་ཀྱིས་གོང་མར་ཞུས་པ་དང་བསོད་ལོའི་གཏམ་ལ་བརྟེན་ནས་ཉིན་ལུང་གིས་རྒྱལ་ཁ་བླངས་སྐབས། དེ་ནས་བསོད་ལོ་ལ་ཟེ་ལིང་ཨམ་བན་གྱིས་དམག་གི་སྟོང་དཔོན་གྱི་ཆོ་ལོ་བསྩལ་པས་ཉིན་ལུང་ལ་སྟོང་དཔོན་གཉིས་ཡོད་པའི་སྲོལ་བྱུང་བ་ཡིན་ནོ། །སྟོང་དཔོན་སྙིང་ཕྱུག་རྒྱལ་འདས་རྗེས་དེའི་སྲས་འབུམ་སྐྱོང་ཚེ་རིང་གིས་སྟོང་དཔོན་གྱི་གོ་གནས་བཟུང་ཞིང་། བསོད་ལོ་འདས་རྗེས་བསོད་ནམས་དབང་ཕྱུག་གིས་དཔོན་འགན་བཞེས་པ་དང་། འབུམ་སྐྱོང་ཚེ་

རིང་འདས་རྗེས་དེའི་སྲས་སྐུ་འབུམ་རྒྱལ་དང་། བསོད་ནམས་དབང་ཕྱུག་འདས་རྗེས་དེའི་སྲས་དཔོན་པོ་བཙན་པོ་མར་གྲགས་པ་ཚག་ཧྲས་སྟོང་དཔོན་གྱི་གོ་གནས་བཟུང་བ་ཡིན་ལ། དེ་ལ་སྲས་གཅིག་ཡོད་པ་གཞན་གྱིས་བསྒྲངས་ནས་བུ་ཚབ་ཆོས་སྐྱོང་རྒྱལ་དང་ནུ་བོ་ཨ་ལགས་ཀྱིས་དཔོན་གནས་བཟུང་བ་ཡིན་ནོ། །སྡེ་འདིའི་དཔོན་འབངས་ཐམས་ཅད་དཀོན་མཆོག་བླ་མར་འཛིན་པའི་དད་གུས་ཀྱིས་སྙིང་གང་ཞིང་། རྣམ་དཀར་ལ་བརྩོན་པ་ཤ་སྟག་ཡིན་པར་མ་ཟད། སྡེ་རང་གི་དགོན་པ་འཁྲུམས་རུ་དགོན་པ་དང་། གཡོན་རུའི་དགོན་པ། དཀར་ལ་དགོན། རྒྱ་ཡེ་དགོན། རྟེ་ནག་དགོན། ཆོས་ཚ་དགོན་རྣམས་དང་། གོས་དཀར་འཆང་བའི་སྔགས་འཆང་གི་སྡེའང་འགའ་ཞིག་ཡོད་པ་དང་། ཁྱད་པར་རྡོ་རྗེ་འཆང་རྗེ་སེཾ་ཧྭའི་ཞབས་སྐུ་ཕྲེང་རིམ་བྱོན་གྱི་ཡོན་བདག་གི་མཐིལ་གནང་ནས་དཔལ་ལྡན་བཀྲ་ཤིས་ཆོས་སྡིངས་ལ་སྟོང་དཔོན་བྱམས་པ་སྐལ་གྲགས་ཀྱི་རིང་ནས་ད་ལྟའི་བར་ཟླ་གཉིས་པའི་བཅོ་ལྔའི་ཉིན་དཔོན་སྐོར་སྡེ་བས་བསྙེན་བཀུར་བསྟར་ཆགས་སུ་བྱས་པ་དང་། དགེ་ལྡན་ལྔ་མཆོད་ཆེན་མོ་བཙུགས་པ་ནས་ད་ལྟའི་བར་མོག་རུའི་སྡེ་བས་བསྙེན་བཀུར་གཟི་ནོམ་པ་རྒྱུན་ཆགས་སུ་བྱེད་བཞིན་པ་སོགས་སྡེ་འདིའི་ཚོ་བ་སོ་སོས་བསྙེན་བཀུར་བྱས་ཚུལ་བསམ་གྱིས་མི་ཁྱབ་ཅིང་བྲིར་མི་ལང་ངོ་། །རྡོ་རྗེ་འཆང་གི་བཀའ་ལྟར་སྟོང་དཔོན་བསོད་ལོ་ནས་དམ་པ་ཉིད་དང་མཉམ་དུ་འགྲོ་གྲོན་རྒྱ་ཆེར་བཏང་སྟེ་ཨ་རིག་དགེ་བཤེས་ཆེན་མོའི་སྐུ་གདུང་བཞུགས་པའི་དང་གྱིའི་ལྷ་ཁང་རྟེན་བརྟེན་པ་གསར་བཞེངས་མཛད་པ་སོགས་སྐུ་གསུང་ཐུགས་རྟེན་བཞེངས་ཚུལ་ཡང་ཤིན་ཏུ་མང་ངོ་། །དེར་མ་ཟད་ཐར་ཤུལ་བ་དགེ་ལེགས་དབང་ཕྱུག་ཆོས་སྐྱོང་རྒྱ་མཚོ། སྐྱབས་རྗེ་ཨ་རོལ་རིན་པོ་ཆེ། ཁྱབ་བདག་འཁོར་ལོའི་མགོན་པོ་རྗེ་ལྷ་རི་བ་སོགས་ཀྱི་སྦྱིན་བདག་མཛད་ནས་ཆོས་བཀའ་ཞུས་པ་སོགས་བསྟན་པ་དང་བསྟན་འཛིན་དམ་པ་རྣམས་ལ་བཀུར་ཞིང་མཆོད་པའི་ཚུལ་མཐའ་ཡས་ཀྱང་འདིར་ཡིག་ཚོགས་སྐྱུང་བའི་ཕྱིར་རྒྱས་པར་མ་བྲིས་སོ། །

སྡེ་འདིར་དམ་པའི་སྐྱེ་སྤྲུལ་དང་མཁས་ཤིང་གྲུབ་པའི་སྐྱེ་བོ་མང་པོ་བྱོན་ཚུལ། དེ་

དག་གི་རྣམ་ཐར་སོགས་བྲིས་ན་དཔྱོད་ལྡན་དགའ་བ་སྐྱེད་པའི་མཆོད་ཡོན་དུ་འགྱུར་སྲིད་སོད། དེའང་བདག་གིས་འབྲུམས་ཏུའི་དགོན་གྱི་ལོ་རྒྱུས་ཤིག་འབྲི་འདུན་ཡོད་པས་དེར་འགོད་པར་འདོད་ནས་འདིར་མ་བྲིས་པའང་མཁྱེན་པར་བྱའོ། །

འདིར་སྨྲས་པ། ཆགས་སོགས་ཉེས་པའི་རྒྱུ་བཅས་དྲུངས་ནས་ཕྱུང་ཡང་མཁའ་ཁྱབ་འགྲོ་ལ་ཆགས་པས་བསྟམས་ས། །ཉེར་ཞི་ཆོས་ཀྱི་དབྱིངས་ལས་གཡོ་བ་མེད་ཀྱང་བཅུ་གཉིས་མཛད་པའི་གར་གྱིས་རྟེན། མཁའ་ཁྱབ་སྐྱེ་དགུར་ཐུགས་རྗེས་སྙོམས་པར་འཇུག་ཀྱང་དམན་པའི་འགྲོ་ལ་ལྷག་པར་བརྩེ། །བདག་གི་སྟོན་མཆོག་མཉམ་མེད་ཤཱཀྱའི་སྲས་དང་དབྱེར་མེད་མགོན་དེར་སྣང་ཡང་འདུད། །སྲིད་པ་འདི་ན་སེར་སྐྱ་རྐང་མིག་ལ་སོགས་སྟོན་པའི་མིང་འཛིན་མང་བྱུང་ཞིང་། །དེ་དག་རྗེས་སུ་འཇུག་པའི་མཁས་བླུན་སྐྱེ་བོ་མཁའ་ཡི་རྒྱུ་སྐར་ལ་གྲོལ་ཡང་། །དྲི་མེད་རིགས་པའི་སྲང་ལ་ལེགས་པར་གཞལ་ཚེ་རྒྱལ་གསུང་ཕོ་ནར་ལྡིང་རྫོགས་པས། །བློ་གྲོས་མིག་དང་ལྡན་པའི་སྐལ་བཟང་ཚོགས་རྣམས་གང་ལ་ཅིའི་ཕྱིར་གུས་མི་འགྱུར། །འོན་ཏེ་མང་པོ་ལོག་པའི་སྟོན་པས་བསླུས་དང་འགའ་ཞིག་རྣམ་དཔྱོད་མིག་དང་བྲལ། །ཕལ་ཆེར་ཚེ་འདིའི་བདེ་ཐབས་ཙམ་མམ་ཁ་ཅིག་ཆེན་པོའི་བཀའ་ལ་མཆོག་ཏུ་འཛིན། །གཞན་དག་ཕ་མེས་ཆོས་ལུགས་ཕོ་ནར་ཞེན་ཅིང་ཁྱོད་གསུང་དཔྱོད་པའི་སྐལ་བས་དབེན། །མདོར་ན་འདི་ཀུན་སྔོན་བསགས་བསོད་ནམས་བྲལ་ཕྱིར་ཁྱོད་ཀྱི་ལུགས་འཛིན་ཉུང་བར་གྱུར། །འཆི་མེད་བུ་མོའི་བཞིན་རས་སྣོད་ཀྱི་མཆོག་གྱུར་མན་ཤེལ་རབ་དཀར་པོའི་དབུས། །ཐུག་ན་པཎྜིའི་ཐུགས་བསྐྱེད་དོན་ཡོད་ཞགས་པས་རྒྱལ་གསུང་རིན་ཆེན་གཏེར་དྲངས་པས། །ལེགས་བྱས་འདོད་དགུ་མ་ལུས་དུས་སུ་འཛད་པའི་བཤད་སྒྲུབ་ཆོས་སྡེ་ནོར་བུའི་གླིང་། །ད་དུང་འདི་ན་ཆེར་སྙིགས་རྒྱུད་པས་བཙོམ་མིན་འོད་དུ་འབར་གང་བསྟུགས་བྱའི་ཡུལ། །དེའི་ཕྱིར་ཁྲི་གཤོག་རྒྱལ་མོའི་དགྱེས་འཛུམ་ཟླབས་ཀྱིས་མཁའ་དབྱིངས་ཡངས་པའི་གོ་འགོག་ཅིང་། །སྤོ་ལྡང་ནེའུ་གསིང་གཡུ་ཡི་ལང་ཚོ་དར་བས་ལྷ་ཡི་ཚལ་ལ་ཅོ་འདྲི་བ། །གཡར་མོ་ཐང་ཆེན་མཛེས་པའི་རྒྱན་གྱི་མཆོག་གྱུར་བཀྲ་ཤིས་རབ

རྒྱས་ཆོས་ཀྱི་སྟེ། །ཅི་ལྟར་བྱུང་བའི་གཏམ་སྙན་མེ་ཏོག་ཕྲེང་མཛེས་དང་ལྡན་མགྲིན་པའི་རྒྱན་དུ་སྤེལ། །འདིར་འབད་དགེ་བས་བསྐལ་བ་མ་སྟོང་བར་དུ་ལུང་རྟོགས་ཉི་ཟླའི་གཟི་འོད་འཕྲུག །ཐུབ་བསྟན་འཛིན་མཁས་བཤེས་གཉེན་དམ་པའི་ཚོགས་རྣམས་ཞབས་པད་རི་དབང་ལྟར་བརྟན་ཅིང་། །བཀྲ་ཤིས་རབ་རྒྱས་ཆོས་ཀྱི་ཆུ་གཏེར་འདི་ཡང་ཐར་འདོད་ངང་མོས་ཡོངས་གང་སྟེ། །ཡངས་པའི་འཇིག་རྟེན་ཀུན་ཏུ་བཀྲ་ཤིས་དགེ་མཚན་འབུམ་གྱིས་སྤེལ་ཅིང་མཛེས་གྱུར་ཅིག །བདག་ཀྱང་དེང་ནས་ཚེ་རབས་ཕྲེང་བ་ཀུན་ཏུ་དཔལ་འཁོར་རྟེན་བཟང་ལེགས་བརྒྱུད་ནས། །ཐེག་པ་མཆོག་གི་མགོན་གྱིས་བརྩེ་བས་རྗེས་བཟུང་ས་ལམ་བགྲོད་པ་མཐར་ཕྱིན་ཏེ། །སྐུ་བཞིའི་རྒྱལ་སྲིད་ཆེན་པོའི་དཔལ་གྱི་ཕྲིན་ལ་རིང་པོར་མི་ཐོགས་དབང་འགྱུར་ནས། །མཁའ་ཁྱབ་འགྲོ་བའི་འདྲེན་མཆོག་མཚུངས་པ་མེད་པ་ཕྱུག་ན་པད་མོར་འགྲན་གྱུར་ཅིག །ཅེས་བཤད་སྒྲུབ་ཆོས་ཀྱི་དགའ་ཚལ་གཡོན་རུའི་དགོན་དགེ་ལྡན་བཀྲ་ཤིས་རབ་རྒྱས་གླིང་གི་བྱུང་བ་མདོ་ཙམ་བརྗོད་པ་དོན་ལྡན་གཏམ་གྱི་མེ་ཏོག་ཅེས་བྱ་བ་འདི་ནི་ལུགས་གཉིས་ལ་འཇུག་པའི་རྣམ་དཔྱོད་མཁའ་ལྟར་ཡངས་པ་གནས་བརྟན་ཀན་པོ་ཨ་ཁུ་བརྩོན་འགྲུས་རྒྱ་མཚོ་གཙོས་དགོན་འདིའི་ལས་སྣེ་ཀན་པ་ཐུན་མོང་གིས་གནང་སྐྱེས་དང་བཅས་བསྐུལ་བའི་ངོ་ལྡོག་མ་ནུས་པར་ཆོས་སྡེ་འདི་ཉིད་ཀྱི་ཉེ་འཁོར་དུ་སྐྱེས་ཤིང་གཞོན་དུས་སུ་དཔལ་ལྡན་བཀྲ་ཤིས་ཆོས་སྡིངས་ཀྱི་གྲྭ་མཐའ་སྤྱོད་པའི་སྐལ་བཟང་ཐོབ་ཀྱང་ལས་ཀྱི་དབང་གིས་མི་ཚེ་དོན་མེད་དུ་འདས་པའི་གྱི་ན་བ་བཤད་སྒྲུབ་རྒྱ་མཚོ་མི་ཕམ་མཚོ་བྱུང་དགྱེས་པའི་བློ་གྲོས་སུ་འབོད་པས་རབ་བྱུང་བཅུ་བདུན་པའི་དངོས་པོ་ཞེས་པ་ཤིང་ཕྱི་ལོའི་འཛམ་མགོན་རྒྱལ་བ་གཉིས་པ་མི་ཕམ་རྒྱལ་བའི་མདུན་སར་གཤེགས་པའི་དུས་ཆེན་ཁྱད་པར་ཅན་ལ་ཆབ་ཆ་བདེ་སྐྱིད་དར་ཐང་གི་རིག་པའི་སྡིངས་ཀ་དགེ་འོས་སློབ་གྲྭའི་གཞུང་ལས་ཁང་ནས་གྲུབ་པར་བགྱིས་པ་དགེ་ལེགས་འཕེལ། །བཀྲ་ཤིས། །

༄༅། །མཛུག་གི་གཏམ།

མཁྱེན་རབ་རལ་གྲིའི་འོད་ཟེར་འབར་བའི་རྩལ། །རྨོངས་པའི་དགྲ་སྙིང་ལྷུགས་གོང་ལ་ཟ་བའི། །སྒྲིབས་བྲལ་འོད་ལྔའི་ཕུང་པོར་སྨིན་པའི་གཟིགས། །སྣོངས་འདི་འོད་དཀར་སྣང་བས་རིང་དུ་སྐྱོངས། །ལྷ་རིག་ཤེས་བྱ་ཡངས་པའི་ཐང་ཆེན་ལ། །བློ་གྲོས་མིའུ་ཐུང་གོམ་པས་དབང་བསྒྱུར་ཞིང་། །རྨོངས་མུན་འཛིན་མའི་མཆེ་བའི་གཅོང་རོང་དུ། །སྤྱུགས་མཛད་དྲིན་ལྡན་བླ་མ་དེང་ཡང་དྲན། །ཤེས་རིག་གཞན་ལ་འདོམས་པའི་ཁུར་བགྱི་སྐབས། །དགྲོལ་དཀའི་གནད་ལ་རབ་རིབ་འགྲེལ་རྒྱག་དུས། །སོམ་ཉིའི་དྲ་རྒྱར་གཤོག་ཟུང་བསྡམས་པའི་ཚེ། །ཡབ་གཅིག་བླམ་སྙིང་ནས་ཡང་ཡང་དྲན། །མགོན་ཁྱོད་ལྷ་ལྡན་སྤྲུལ་བའི་ཞིང་ཁམས་ནས། །ཡེ་ཤེས་འཇའ་གུར་གཡོ་བའི་སྤྱན་ཟུང་གིས། །དུཿཁའི་གཡང་ལ་འཁྲམས་པའི་ཉམ་ཐག་ལ། །བརྩེ་གཟིགས་སྤྱན་ཞགས་གཞར་ཡང་མི་སྙོད་འཚལ། །

དེ་ཡང་བདག་རྣམས་ལ་བཀའ་དྲིན་མཚུངས་བླ་མ་མཆིས་པའི་མཛའ་བཤེས་ཆེན་པོ། ངེས་པ་དོན་གྱི་དགེ་བའི་བཤེས་གཉེན། གསང་བའི་མཁས་པ། སྦས་པའི་བརྟུལ་ཞུགས་ཅན། དོན་གྱི་སྐད་དུ་མཚན་ནས་སྨོས་ན་༧རྗེ་བཤད་སྒྲུབ་རྒྱ་མཚོ་དབྱངས་ཅན་འཛུམ་པའི་མེ་ཏོག་མཆོག་མཛད་པ་གཟིམ་ཁྲི་མཐའ་ཅན་དུ་གྱུར་ནས་བགྲང་བྱ་འགའ་ཞིག་འདས་པའི་དུས་འདིར། གང་གི་གསུང་སྐྱེས་ཀྱི་བུ་སློབ་ཐ་ཤལ་བ་བདག་ཅག་གི་སེམས་རབ་ཏུ་སྐྱོ་ཞིང་ཤིན་ཏུ་དད་གུས་ཆེན་པོས་དམ་པ་གང་གི་སྐུ་དྲིན་རི་རབ་ཀྱི་གཏོས་དང་མཉམ་པ་ལས། ཆ་ཤས་རྩལ་ཕྲན་ཙམ་ཞིག་གཞལ་འདོད་ཀྱིས་ཀུན་ནས་བསླངས་ཏེ། གང་གི་ལེགས་གསུང་པར་དུ་བཀོད་པ་དང་མ་འཀོད་པ་ཐར་ཐོར་དུ་ལུས་པ་རྣམས་འབད་པ་ཆེན་པོས་ཕྱོགས་གཅིག་ཏུ་བསྒྲིགས་ཤིང་ཞུ་དག་བྱེད་ཁུལ་ཙམ་བགྱིས་ཏེ། འཕྲུལ་གྱི་རི་མོར་འགོད་པའི་གླིང་

ཙམ་བསླངས་པ་ན། བླང་དོར་གྱི་གནས་ལ་འཇུག་ལྡོག་གི་བློ་གྲོས་ཡངས་ཤིང་རྣམ་དཀར་ལས་ལ་གཏོང་ཕོད་ཕྱུག་ཟུང་གི་འདབ་བརྒྱ་ལྷུག་པར་གྲོལ་བའི་སློབ་གྲྭའི་དབུ་ཁྲིད་བརྟེ་བཀྲ་ཤིས་དང་འཇིགས་མེད་རྡོ་རྗེ། བསོད་ནམས་དཔལ་ལྡན་སོགས་ཀྱིས་རྒྱབ་སྐྱོར་ཚད་མེད་དང་མཐུན་རྐྱེན་གང་ལེགས་སྦྱར་བ་མ་ཟད་ཁོང་གི་སྐུ་མཆེན་མཁའ་འབུམ་བཟའ་མི་གཉིས་ཀྱིས་མ་ཡིག་འཚོལ་སྡུད་ཐད་རོགས་སྐྱོར་ཆེན་པོ་བགྱིས་པའི་རྐྱེན་བྱས། དམ་པ་གང་ཉིད་མཉེས་པར་བྱེད་པའི་མཆོད་སྤྲིན་དང་། ཕྱིས་འབྱུང་བློ་གསར་དག་ལའང་རིན་ཐང་གཞལ་དུ་མེད་པའི་གསོས་སུ་ཨེ་འགྱུར་དམིགས་ནས་གསུང་འབུམ་འདི་ཉིད་པར་སྐྲུན་བྱས་པ་ལགས།

སྤྱིར་དམ་པ་ཉིད་ནི་རིག་པའི་གནས་ཀུན་ལ་མཁྱེན་སྤྱན་མཁའ་ལྟར་ཡངས་ཤིང་ཐུགས་རིག་སྒྱུ་སྐར་ལྟར་རྣམ་པར་བཀྲ་བས་ཁོང་གི་ཐུགས་བཅུད་ལས་བྱུང་བའི་རྩོམ་རིག་དང་དཔྱད་རྩོམ། རྟོགས་དཔྱོད། གཞུང་འགྲེལ་སྣ་ཚོགས། བསྒྱུར་རྩོམ། དམངས་ཁྲིད་རྩོམ་རིག་སོགས་ཕྱུག་རྩོམ་མཐའ་ཡས་པ་ཞིག་རྩོམ་གནང་མཛད་ཡོད་ཀྱང་ལ་ལ་བོར་བརླག་བྱུང་བ་དང་། ལ་ལ་རྩོམ་འཁྲིར་ལུས་པ། ལ་ལའི་མ་ཕྱིར་རལ་སྐྱོན་ཐེབས་པ་བཅས་ཀྱི་རྐྱེན་པས། ང་ཚོའི་རྩོམ་སྒྲིག་གི་བྱ་བར་དཀའ་ལས་ཆེན་པོ་ཐེབས་ཤིང་། 《བོད་ཀྱི་ལོ་རྒྱུས་ངོ་མཚར་ནོར་བུའི་མེ་ལོང་》སོགས་ཀྱང་ད་ེད་ཙག་ལ་གཞུང་འདིའི་ཞལ་ཁྲིད་ཀྱི་བཀའ་དྲིན་སྐྱོང་སྐབས་ཀྱི་དྲན་ཐོ་ཙམ་ལས་བསྟན་བཙོས་ཀྱི་ལུགས་སུ་མཛད་མེད་པས། ས་བཅད་འགྲེམ་སྟངས་སོགས་ང་ཚོའི་འདོད་བློ་ལྟར་བསྒྲིགས་པ་ལས་སྐུ་ཉིད་ཀྱི་དགོངས་བབས་དང་མི་མཐུན་པའི་ཉེས་འགལ་དག་ཀྱང་རང་བཞིན་གྱིས་བཟོས་ཡོད་པར། ཤེས་ལྡན་རྣམས་ཀྱིས་དགོངས་ཁྲེལ་མི་གནང་བར་ཞུ་ཞུ།

རྩོམ་སྒྲིག་གི་གོ་རིམ་ནི། གསུང་རྩོམ་ཡོངས་ཁག་གསུམ་དུ་བགོས་ཡོད་དེ། ཁག་དང་པོ་དང་གཉིས་པ་རྣམ་ཐར་ལོ་རྒྱུས་ཀྱི་སྐོར་དང་། ཁག་གསུམ་པ་རྩོམ་རིག་དང་གཏན་ཚིགས་རིག་པའི་སྐོར་བཅས་སུ་བསྒྲིགས་ཡོད། གཞན་དཔེ་དེབ་སྣ་ཚོགས་ཀྱི་འགོ་བརྗོད་

དང་མཇུག་བྱང་། ཤོང་གིས་བསྡིགས་གནང་མཛད་པའི་བོད་ཀྱི་གཏམ་དཔེ་ཐོར་བུ། མཛའ་གྲོགས་དང་སློབ་བུ་དག་ལ་ཀུལ་ཀའི་ཚུལ་དུ་གནང་བའི་སྙན་རྩོམ་ཐོར་བུ་སོགས་མང་པོ་བཞུགས་པ་ང་ཚོར་འདེམས་སྒྲུག་གི་མཐུ་ནུས་ཞན་པས་གསུང་རྩོམ་དུ་བསྡིག་མེད་པར་རྒྱ་ཆེའི་ཀློག་མཁན་རྣམས་ཀྱིས་དགོངས་འཇགས་འཚལ།

གསུང་འབུམ་འདི་ནི་དམ་པ་གང་ཉིད་སྐུ་གཤེགས་ནས་བགྲང་བྱ་གཉིས་འཁོར་བར་དྲན་གསོ་ཞུ་བའི་ལེགས་སྐྱེས་སུ་མཚོ་སྔོ་ཁུལ་མི་རིགས་དགེ་ཐོན་སློབ་གྲྭ་རང་སློབ་གྲྭ་ནས་པར་དུ་བསྐྲུན་པ་གཞིར་བྱས། འདི་ག་པར་སྐྲུན་ཁང་ནས་དངོས་སུ་པར་བསྐྲུན་བྱས་པ་ཡིན་ལ། འདིས་རང་རེའི་རིག་གནས་ལོ་རྒྱུས་ཞིབ་འཇུག་གནང་མཁན་གྱི་ཤེས་ལྡན་རྣམས་ལ་དཔྱད་གཞིའི་ཆ་རྐྱེན་ངེས་ཅན་ཞིག་བསྐྲུན་ཡོད་པར་མ་ཟད། དུས་རབས་ཉེར་གཅིག་པའི་མི་རིགས་སློབ་གསོའི་ལས་དོན་གོང་དུ་སྤེལ་བར་རྟེན་སྐྲུལ་དང་། གནའ་བཟང་དེང་སྤྱོད། སྒྲིགས་དོར་བཅུད་ལེན་བྱེད་པ་སོགས་ལ་དགེ་མཚན་མི་དམན་པ་བཅས་སུ་དམིགས་ནས། ང་ཚོས་བགྲང་བྱ་འགའི་རིང་། མ་ཕྱི་འཚོལ་སྡུད་དང་རྩོམ་སྒྲིག ཞུ་དག་བཅས་ཀྱི་ཐད་རང་ནུས་གང་ཡོད་བཏོན་ཡང་། ང་ཚོར་བྱ་བའི་བྲེལ་ཟིང་ཆེ་བ་དང་རྩོམ་སྒྲིག་གི་ཉམས་མྱོང་ཞན་པ། ཤེས་ཡོན་དམན་པ་བཅས་ཀྱི་དབང་གིས་སྐྱོན་དང་ནོར་འཁྲུལ་འབྱུང་སྲིད་པས་ཤེས་ལྡན་མཁྱེན་སྤྱན་ཡངས་པ་དག་གིས་དགོངས་འཆར་ལྷུག་སྤྲོལ་གནང་བར་སྙིང་ཐག་པ་ནས་བཀའ་དྲིན་ཆེ་ཆེ་ཞུ་བ་ལགས།

དད་པའི་སྟོབས་ཀྱིས་དོན་ལྡན་ལེགས་གསུང་དབྱངས། །
འཕྲུལ་གྱི་རི་མོར་བསྒྲུབས་པའི་དགེ་འབྲས་ཀྱིས། །
ལྡོངས་འདིར་ལྷ་རིག་སྣང་བའི་དཔལ་རྒྱས་ཤིང་། །
གང་ཉིད་མཆོད་པའི་རྒྱུ་རུ་འགྱུར་བར་སྨོན། །

ཞེས་རབ་བྱུང་ཤིང་ལུག་ལོའི་མགོ་ཟླའི་དཀར་ཕྱོགས་གཉིས་པའི་རྫོགས་པ་ལ། མཚོ་སྔོ་ཁུལ་མི་རིགས་མཐོ་འབྲིང་དང་པོའི་བོད་ཡིག་ཁྲིད་དཔྱོད་ཁང་ནས། །དགེའོ། །

རྩོམ་སྒྲིག་འགན་འཁུར་པ། ཨ་ནན། འཇམ་དབྱངས་དར་རྒྱས།
མདུན་ཤོག་རྟགས་འགོད་པ། ཡེ་གྲི་གྲོའུ།

༄༅། །དགེ་བའི་བཤེས་གཉེན་ཆེན་མོ་བཤད་སྒྲུབ་རྒྱ་མཚོའི་གསུང་འབུམ་བཞུགས་སོ།།

(༡)

མཚོ་སྔོ་ཁུལ་མི་རིགས་མཐོ་འབྲིང་དང་པོའི་བོད་ཡིག་སློབ་དཔྱོད་ཁང་གིས་བསྒྲིགས།

*

ཀྲུང་གོའི་བོད་རིག་པ་དཔེ་སྐྲུན་ཁང་གིས་བསྐྲུན་ཏེ་བཀྲམ།

ཀྲུང་གོའི་གློག་བརྙན་དཔེ་སྐྲུན་ཁང་གི་པར་ཁང་གིས་པར་བཏབ།

དེབ་ཚད། 787mm × 1092mm 1/16

པར་གྲངས། 0001 – 2500 དཔར་ཤོག 80

2016ལོའི་ཟླ9པར་པར་གཞི་དང་པོ་བསྒྲིགས།

2016ལོའི་ཟླ9པར་པར་ཐེངས་དང་པོ་བཏབ།

ISBN 978 – 7 – 80253 – 927 – 3/K · 473

དེབ་དགུས་མ་ལ་རིན་གོང་སྒོར། 138. 00

图书在版编目(CIP)数据

夏珠嘉措文集:全3册:藏文/海南州民族高级第一中学藏文教研室编.
—北京:中国藏学出版社,2016.9
ISBN 978-7-80253-927-3

Ⅰ.①夏… Ⅱ.①海… Ⅲ.①藏学—文集—藏语 Ⅳ.①K281.4-53

中国版本图书馆CIP数据核字(2016)第231554号

夏珠嘉措文集

(1)

海南州民族高级第一中学藏文教研室 编

*

中国藏学出版社出版发行

中国电影出版社印刷厂印刷

开本:787mm×1092mm 1/16

印数:0001-2500册 印张:80

2016年9月第1版第1次印刷

ISBN 978-7-80253-927-3/K·473

全套定价(平装):138.00元

༄༅། །དགེ་བའི་བཤེས་གཉེན་ཆེན་མོ་བཤད་སྒྲུབ་རྒྱ་མཚོའི་གསུང་འབུམ་བཞུགས་སོ། །

པོད་གསུམ་པ།

མཚོ་སྔོ་ཁུལ་མི་རིགས་མཐོ་འབྲིང་དང་པོའི་བོད་ཡིག་སློབ་དཔྱོད་ཁང་གིས་བསྒྲིགས།

ཀྲུང་གོའི་བོད་རིག་པ་དཔེ་སྐྲུན་ཁང་།

ཚུལ་ཁྲིམས་གཙང་མའི་གོས་ཀྱིས་སྐྲབས། །

འཆད་རྩོད་རྩོམ་པའི་སྤོབས་པ་ཡངས། །

བཤད་སྒྲུབ་འཚོས་སྐྱོབ་གཉིས་ལྡན་པའི། །

ལེགས་བཤད་ལྷུན་པོའི་སྤོ་ལས་མཐོ། །

ཞེས་དཔར་སྐྲུན་ཤེས་ཚོག་གི་ཚུལ་དུ་དགེ་སྦྱོང་བློ་བཟང་བཤད་སྒྲུབ་རྒྱ་མཚོས་བྲིས། །

༄༅། །མགོ་བརྗོད།

དགེ་ལེགས་འོད་དཀར་གངས་ཀྱི་རི་བོར་ལེགས་བཤད་གཡུ་རལ་ཁྱུར་གྱིས་བརྗིད། །
རྡོ་ཏའི་ཆོས་སྲིད་རིག་གཞུང་སྲུང་ལ་དགག་སྒྲུབ་རིགས་པའི་མཆེ་སྡེར་རྣོ། །
སྐལ་བཟང་རི་སྐྱེས་རྒྱ་མཚོའི་ཚོགས་ལ་འཆད་ཉན་མི་འཇིགས་གོ་བགོས་པའི། །
ཕྲུག་རྗེས་སྲིད་པའི་ཁོངས་ལས་བརྒལ་བ་བཤེས་གཉེན་གདོང་ལྔའི་དབང་པོ་རྒྱལ། །

དེ་ཡང་མདོ་སྨད་བྱང་རྒྱུད་ཀྱི་ཆོས་སྡེ་ཆེན་པོ་དཔལ་ལྡན་བཀྲ་ཤིས་ཆོས་སྡིངས་ཀྱི་དགེ་བའི་བཤེས་གཉེན་ཆེན་མོ། ལྷ་རིག་སྨྲ་བའི་པཎ་ཆེན། བདག་ཅག་རྣམས་ལ་བཀའ་དྲིན་མཚུངས་ཟླ་མ་མཆིས་པའི་བླ་མ་དམ་པ་རྗེ་བཙུན་བཤད་སྒྲུབ་རྒྱ་མཚོའམ་མི་ཕམ་མཆོག་བྱུང་དགྱེས་པའི་བློ་གྲོས་སུ་གསོལ་བའི་དམ་པ་གང་ཉིད་ནི་བོད་རབ་བྱུང་བཅུ་དྲུག་པའི་ལྕགས་འབྲུག་སྟེ་སྤྱི་ལོ་༡༩༥༠པར་མདོ་ཁམས་གཡར་མོ་ཐང་གི་སའི་ཕྱེ་བྲག་ཆུ་གཏེར་ཆེན་པོ་ཁྲི་གཉོག་རྒྱལ་མོའི་རྔ་རྒྱུད་ཀྱི་སའི་ཆ། རིག་སྔོན་གཞུང་གི་མོང་གོལ་ཞེས་པའི་འབྲོག་སྡེར་སོག་པོའི་རིགས་སུ་སྐུ་འཁྲུངས། ཁྱིས་པའི་མཚན་ལ་ཀརྨ་དབང་ཆེན་ཞེས་ཞུ། དགུང་ལོ་དྲུག་ཏུ་སོན་པ་སྤྱི་ལོ་༡༩༥༦ལོར་ཡུལ་མདོ་སྨད་ཀྱི་ནཱ་ལེནྡྲ་ཆེན་པོ་རྫི་ཚ་བཀྲ་ཤིས་ཆོས་སྡིངས་སུ་ཕེབས་ཏེ་ཀུན་སྤངས་ཆེན་པོ་སྐལ་གྲགས་རྒྱ་མཚོའི་མཚན་ཅན་སློག་གི་སློབ་དཔོན་དུ་བསྟེན་ནས་རྫི་ཚའི་ཀ་ཁ་ཞེས་ཁྱིས་པ་སློག་ལ་འཇུག་པའི་ཀ་དཔེ་དེ་ལས་ཐལ་སྦྱོར་གྱི་སློག་དང་གཟབ་གཤར་གྱི་ཡི་གེ་ཐམས་ཅད་ལ་ཐོགས་པ་མེད་པར་བློ་གྲོས་ཀྱི་པདྨོ་ཡོངས་སུ་རྒྱས་པར་གྱུར་ཏེ། དགུང་ལོ་བདུན་དུ་སོན་པ་སྤྱི་ལོ་༡༩༥༧པར་ཡོངས་ཀྱི་དགེ་བའི་བཤེས་གཉེན་ཆེན་པོ་རྗེ་འབྲོག་ཏུ་བ་ཚུལ་ཁྲིམས་རྒྱ་མཚོ་ལས་རབ་ཏུ་བྱུང་སྟེ། དགེ་བསྙེན། རབ་བྱུང་། ཚོགས་སྡོམ་དགེ་ཚུལ་གྱི་སྡོམ་པ་བཅས་མནོས་ཤིང་། མཚན་བཤད་སྒྲུབ་རྒྱ་མཚོ

ཞེས་སུ་གསོལ། དེ་ནས་རིམ་གྱིས་མངོན་པར་རྟོགས་པའི་རྒྱན་དང་དབུ་མ་འཇུག་པ་སོགས་དང་། གསང་བདེ་འཇིགས་གསུམ་གྱི་ཆོ་ག་སོགས་ཆོས་སྤྱོད་ཚོགས་འདོན་གྱི་སྐོར་དུ་མ་ཐུགས་འཛིན་གནང་ཞིང་རྒྱན་འཇུག་གི་ཚིགས་རྐྱུགས་ཐུལ། དགུང་ལོ་བཅུ་ལ་སོན་པ་ནས་རྗེ་འབྲུག་ཏུ་བ་གཙོས་དགེ་བའི་བཤེས་གཉེན་དུ་མ་ལས་ནྭ་བསོད་ནམས་དབང་རྒྱལ་གྱི་《བསྡུས་གཞུང་ཉི་མའི་འོད་ཟེར་》གྱི་མཇུག་ཁྲིད་ཡོངས་སུ་རྫོགས་པ་གསན་ཅིང་། ཡིག་ཆ་འདི་ཉིད་ཐུགས་འཛིན་གནང་བ་དང་ཆབས་ཅིག་ཆོས་གྲྭའི་རྩོད་པ་དང་རང་གིས་དཔྱད་པ་ཟུང་འབྲེལ་གནང་བའི་མཐུ་ལས་རིག་པའི་སྒོ་མོ་ཡངས་པར་ཕྱེ་ཞིང་། གཞུང་དོན་ལ་འཇུག་པའི་བློ་གྲོས་ཀྱི་འཇུག་ངོགས་སྐབས་འདི་ཉིད་ནས་རྙེད་པ་ལགས་སོ། །དེ་ནས་བཟུང་རབ་འབྱམས་གཞུང་བརྒྱའི་མངའ་བདག་ཡོངས་ཀྱི་དགེ་བའི་བཤེས་གཉེན་ཆེན་པོ་རྗེ་བཙུན་ཡེ་ཤེས་རྒྱ་མཚོའི་ཞལ་སྔ་ནས་གཙོས་མཁས་པའི་དབང་པོ་བཅུ་ཕྲག་གསུམ་ཙམ་བསམ་སྦྱོར་དག་པས་བསྟེན་ཏེ་སྤྱི་ལོ་༡༨༥༨པའི་བར་ལ། བསྡུས་ཚན་ཡོངས་རྫོགས་དང་བློ་རྟགས་གཉིས། རྣམ་འགྲེལ། སེམས་སེམས་བྱུང་། གྲུབ་མཐའ། ས་ལམ་སོགས་དང་། ཕར་ཕྱིན་མཆོད་བརྗོད། བྱམས་གཞུང་། ཆོས་འཁོར། དགེ་འདུན་ཉི་ཤུ་སོགས་གཞུང་མང་པོ་གསན་པར་མ་ཟད། བརྒལ་བརྟག་ལའང་བརྩོན་པ་རྡོ་ཏུས་བཞིན་བསྟེན། ཐུན་མོང་རིག་གནས་ཀྱང་སྒྲ་སྙན་སྡེབ་རྩིས་སོགས་ལ་ཞིབ་ཏུ་སྦྱངས་ནས་མཁས་པའི་གྲགས་པ་རྒྱས། རྗེ་ལྷ་རི་བ་ཆེན་པོ་སོགས་མཁས་ཤིང་གྲུབ་པའི་དབང་ཕྱུག་བཅུ་ཕྲག་ཙམ་ལས་བདེ་གསང་འཇིགས་གསུམ་དང་། རྡོ་རྗེ་ཕྲེང་བ། སྒྲུབ་ཐབས་རིན་འབྱུང་། བ་རི་བརྒྱ་རྩ། འཇམ་དབྱངས་ཆོས་སྐོར་སོགས་སྤྱི་ཟུར་གྱི་དབང་དང་རྗེས་གནང་གི་སྐོར། ལམ་རྟགས་གཉིས། རིམ་ལྔ་གསལ་སྒྲོན་སོགས་ཀྱི་ཞལ་ལུང་། ལམ་ཁྲིད་དགེ་ལེགས་འོད་སྣང་འགྱེད་པའི་ཉིན་བྱེད་དང་སྟོན་འགྲོའི་ཁྲིད་ཆེན་བཞི་སོགས་ཀྱི་ཁྲིད། བསྟན་འགྱུར། རྗེ་ཡབ་སྲས་གསུམ། རྒྱལ་བ་དགེ་འདུན་གྲུབ། འདུལ་འཛིན་གྲགས་པ་རྒྱལ་མཚན། རྒྱལ་བ་བསྐལ་བཟང་རྒྱ་མཚོ། ཁྲི་དགེ་བློ་གྲོས་རྒྱ་མཚོ་སོགས་མཁས་གྲུབ་མང་པོའི་བཀའ་འབུམ་གྱི་ལུང་སོགས་

གསན་རྒྱུའི་སྐལ་བ་བྱུང་སྟེ་ཆོས་རྒྱུན་མང་པོའི་མཛོད་དུ་གྱུར། དེ་ལྟར་དད་བརྩོན་ཤེས་རབ་ཀྱི་གྲུ་གཟིངས་ཕན་ཚུན་འགྲན་པ་བཞིན་དུ་རིག་གཞུང་རྒྱ་མཚོའི་གློང་དུ་ཁ་ལོ་བསྒྱུར་བ་ན་རྒྱལ་པོའི་ཆད་ལས་མི་བཟད་པའི་གོད་ཆག་ཆེན་པོ་བསྟན་འགྲོ་ཡོངས་ཀྱི་ཕན་བདེ་འབྱུང་བའི་གཞེད་དུ་ལྷུང་ཞིང་དགེ་འདུན་གྱི་འདུས་སྡེ་གཅིག་ཀྱང་མེད་པར་བཟོ་བར་བརྩམས་པའི་སྐབས་ཏེ། དམ་པ་གང་ཉིད་དགུང་ལོ་བཅོ་བརྒྱད་བཞེས་པ་སྤྱི་ལོ་༡༨༥༨པར་མི་འདོད་བཞིན་དུ་ཕ་ཡུལ་དུ་ཕེབས་དགོས་བྱུང་སྟེ་དུར་སྒྲིག་གི་ན་བཟའ་དོར་ཞིང་གྲོང་ཆས་སྤྲས་ནས་ཁྱིམ་པ་རྣམས་དང་མཉམ་དུ་ཟླ་འགར་སོ་ནམ་གྱི་ལས་ལ་ཞུགས། རྒྱལ་ཁམས་ཀུན་ལ་སྔ་ན་མེད་པའི་འབྲུག་ལོང་ཆེས་ཆེར་གཡོས་ནས་ཤཱཀྱའི་རབ་བྱུང་གི་སྡེའི་རྒྱུད་ཀྱི་བསླབ་སྡོམ་དམ་ཚིག་བཙན་གྱིས་གཞན་དབང་དུས་གཏོང་བར་བྱེད་པ་བྱུང་བ་དེ་ལྟར་ནའང་དམ་པ་ཁོང་ཉིད་ནི། སློབ་དཔོན་ཀླུ་སྒྲུབ་ཞབས་ཀྱིས། ཤེས་རབ་ཀྱིས་ནི་ལུས་སྲུང་ལ། །དགྲ་ཡི་ཚོགས་ཀྱིས་ཅི་བྱར་ཡོད། །ལག་ན་གདུགས་དང་བཅས་པ་ལ། །ཆར་གྱི་རྒྱུན་གྱིས་ཇི་བ་མེད། །ཅེས་དང་། ཡ་རབས་རྣམས་ཀྱི་སྤྱོད་པ་ལ། །སྐྱེ་བོ་ངན་པས་གནོད་མི་འགྱུར། །རིན་ཆེན་སྒྲོན་མ་འབར་བའི་ཚེ། །འཕྱོར་རླུང་ཚོགས་ཀྱིས་མི་སོད་དོ། །ཞེས་གསུངས་པ་ལྟར་ཡིན་མིན་བདེན་རྫུན་དཔྱོད་པའི་ཤེས་རབ། སྤང་བླང་འཇུག་ལྡོག་འཛོལ་བ་མེད་པའི་རྣམ་དཔྱོད། ཁས་བླང་དམ་བཅའ་སྲོག་ལ་བབས་ཀྱང་འདོར་བ་མིན་པའི་བག་ཡོད། སྒོ་གསུམ་གྱི་སྤྱོད་པ་ཕྲ་ཞིབ་ཀུན་ལ་འབྲས་བུ་གང་འབྱུང་དཔྱོད་པའི་མིག་རྒྱང་། གནོད་བྱེད་མ་རུངས་པའི་ཚོགས་ལ་སྙིང་རྗེའི་གཟིགས་པ་ལྷག་པར་འཕེལ་ཏེ་ཁོང་ཁྲོ་བ་མེད་པ་དང་། དགེ་ལ་སྤྲོ་བའི་བརྩོན་པ་མེ་ལ་སྣུམ་བླུགས་པ་ལྟར་རབ་ཏུ་འབར་བ་དང་། རང་བཞིན་མི་བརྟན་པ་རླུང་ཁའི་དར་ལྕོག་ལྟ་བུ་མ་ཡིན་པར་ལས་གང་ལ་ཞུགས་པའི་མཐར་བརྟན་ཞིང་གཡེལ་བ་མེད་པའི་ཕུན་ཚོགས་མཐའ་དག་ལྷན་སྐྱེས་སུ་མངའ་བའི་དན་རྟགས་མ་བསྒྲུལ་ལྷུན་གྱིས་གྲུབ་པས། དུས་འགྱུར་རྐྱབ་མོའི་རིག་བྱས་ཉིན་མཚན་ཀུན་ཏུ་གཅེས་ནའང་རང་གི་བསླབ་སྡོམ་ས་འོག་གི་གཏེར་དང་མི་གཙང་ཁྲོད་ཀྱི་གསེར་བཞིན་དུ་ཉམས་པ་

མེད་པར་བསྒྲུངས་པ་འདི་ཁོ་ནའི་མཛད་པའང་ཕལ་གྱིས་བསྒྲུན་དུ་མེད་པའི་གནས་སོ། །ལོ་དེའི་ཟླ་བརྒྱད་པ་ནས་བཟུང་རིག་སྨོན་གུང་རྫེའི་ཧུང་ཤུས་བཀོད་སྒྲིག་ལྟར་ཡུལ་དེའི་སློབ་ཆུང་དགེ་རྒན་དུ་བསྐོས་ཏེ་སློབ་བུ་བརྒྱ་ཕྲག་གསུམ་ཙམ་ལ་བོད་ཡིག་བསླབས། དེ་ནས་བཟུང་སློབ་ཆུང་གཞན་དག་ཏུའང་བོད་ཡིག་དགེ་རྒན་གྱི་འགན་བཞེས་པ་དང་ཡིག་རྩོམ་སེལ་བའི་དགེ་རྒན་གྱི་ཕྲུག་ལས་ཀྱང་གནང་བ་སོགས་ཀྱིས་མཚོན། སྤྱི་ཕྱིར་རོང་འབྲོག་པ་མང་པོ་ཡིག་རྩོམ་ལས་ཐར་བར་མཛད་ཅིང་མཚོ་སྔོ་མི་རིགས་དགེ་ཐོན་སློབ་གྲྭ་སོགས་ལ་སློབ་མ་མི་ཉུང་བ་བསྐྱལ་པར་བྱས། དགུང་གྲངས་ཉེར་ལྔ་བཞེས་པ་སྤྱི་ལོ་༡༩༨༥པར་ཕྱི་ནང་གི་རྐྱེན་འགའ་ཞིག་གིས་མ་ཉེས་ཁ་གཡོགས་ཐེབས་ཏེ་ཕྱིར་རང་ཡུལ་དུ་ངལ་ལས་སྣ་ཚོགས་ལ་ཞུགས་ཏེ་སྐུ་ཚེགས་མང་པོ་མྱངས། སྐབས་དེ་དག་ཏུ་སྔ་གུར་སློབ་ཆུང་དང་རྟ་ཐོག་སློབ་ཆུང་བཅས་ཀྱི་དགེ་རྒན་གྱི་ཕྲུག་ལས་གནང་བ་དང་། ཐོན་སྐྱེད་རུ་ཁག་གི་རྩིས་གཉེར་བ་དང་རིག་སྨོན་གུང་རྫེའི་རྩིས་གཉེར་རོགས་ཁྲིད་པའི་འགན་ཡང་བཞེས། ང་བརྒྱད་ལོ་དང་རིག་གནས་གསར་བརྗེ་སོགས་གཏོར་བཅོམ་གྱི་ལས་འགུལ་སྣ་ཚོགས་མཚོ་ལྟར་བརྡོལ་ཞིང་རྒྱལ་ཁབ་ཀྱི་བཀའ་ཁྲིམས་བཙན་ཞིང་དམ་པར་གནས་པའི་དུས་སུའང་། དམ་པ་འདི་ཉིད་ཀྱིས་ནི་རེ་དོགས་དང་བཏང་སེམས་སྤྲངས་ཏེ་བླ་མ་དཀོན་མཆོག་ལ་བློ་འགེལ་བརྟན་ཞིང་། ཐུགས་དམ་དགེ་སྦྱོར་ལས་གཡེལ་བ་མེད་པའི་ངང་ནས་གསང་སྔགས་ཀྱིས་རྒྱན་འཇུག་སོགས་ཞལ་འདོན་གནང་ཞིང་ཡི་དམ་མང་པོའི་མཚན་སྔགས་མང་དུ་བཟླས་པ་དང་། སློབ་གཉེར་མ་ཆག་པར་མཛད་པ་སོགས་ཆོས་ལྡན་གྱི་མཛད་སྤྱོད་ཁོ་ན་ལྟར་བཞེས། ཁྱད་པར་དུ་སྒྲིག་དང་བསྟོས་ཏེ་བསླབ་ཁྲིམས་ཁོ་ནར་གཅེས་སྤྲས་གནང་བ་ནི། ཇི་སྐད་དུ། མཁས་གྲུབ་ཆེན་པོ་སྐྱབས་རྗེ་ཤར་གདོང་རིན་པོ་ཆེས་དམ་པ་འདི་ཉིད་ཀྱི་གསུང་འབུམ་ལ་གནང་བའི་ཤིས་ཚིག་ཏུ། ཚུལ་ཁྲིམས་གཙང་མའི་གོས་ཀྱིས་ཀླུབས། །ཞེས་གསུངས་པ་ཇི་ལྟ་བ་བཞིན་ནོ། །དེ་ལྟའི་འབྲུག་ལོང་གི་ལྷུང་ནག་གོ་མཚམས་མེད་པར་དཀྲིགས་པའི་གསེབ་ནས་ལུས་སྲོག་འབེན་ལ་བཙུགས་ཏེ་གསང་སྟབས་ཀྱིས་དཔེ་ཀློག་སྐྱོར་

འཛིན་མ་ཆག་པར་གནང་ཞིང་རང་བཞིན་ལྡན་སྐྱེས་ཀྱི་ཟབ་གསལ་མྱུར་བའི་ཤེས་རབ་ཉེ་ལྷར་གསལ་བས། སྔ་གྲོང་དུ་རྩིས་འགོད་པའི་ལས་སྣེ་གཉེར་བ་ན་ཕྱག་གཡས་གཡོན་གཉིས་ཀྱིས་རྩིས་ཕྲེང་རེ་བཟུང་ནས་རྩིས་གཞི་མི་འདྲ་བ་གཉིས་དུས་གཅིག་ཏུ་འབྲུལ་བ་མེད་པར་རྩི་ཐུབ་པ་སྟེ་མི་ཀུན་ལ་གྲགས་སོ། །ལོ་བཅུའི་གོད་ཆག་ཆེན་པོའི་སྨག་མུན་རིམ་གྱིས་སངས་ཏེ་རྒྱལ་ཁམས་བདེ་བའི་དུས་བཟང་ཀུན་ལ་རེས་སུམ་ཚད་པར་ཤར་ཏེ། སྲིད་གཞུང་གི་ཆོས་དད་རང་མོས་དང་བསྟུན་ཚོག་པའི་སྲིད་ཇུས་ལེགས་པོ་མངོན་འགྱུར་བྱུང་བ་དང་བསྟུན། གསེར་ས་འོག་ན་ཡོད་པའི་འོད་མཁའ་ལ་འཕྲོ་བའི་དཔེ་དང་རྒྱུ་སྐར་ཁྲོད་ན་ཟླ་བ་བཞིན་ཀུན་གྱིས་མང་པོའི་ནང་ནས་ཁྱད་ཐོན་ཁྱད་འཕགས་སུ་ངེས་པ་ཉིད་ནས་སྤྱི་ལོ་༡༩༥༩ པར་མཚོ་སྔོ་ཁུལ་མི་རིགས་དགེ་ཐོན་སློབ་གྲྭར་གདན་དྲངས་ཏེ་དགེ་རྒན་དུ་བཀུར། སློབ་གྲྭ་དེའི་དགེ་སློབ་གཙོས་མཚོ་སྔོ་ཁུལ་བོད་ཡིག་སློབ་འཁྲིད་དང་། གྲུང་ཧྲོ་རྫོང་བོད་ཡིག་སློབ་འཁྲིད། མཚོ་སྔོ་ཁུལ་མི་རིགས་སྐད་ཡིག་བྱ་བའི་གཞུང་ལས་ཁང་སོགས་སློབ་གྲྭ་དང་ལས་ཁུངས་ཀྱི་དགེ་རྒན་དང་ལས་བྱེད་པ། རྙི་ཚ་བཀྲ་ཤིས་ཆོས་སྡིངས་སོགས་ཆོས་སྡེ་དུ་མ་ནས་ཆེད་དུ་ཕེབས་པའི་གྲྭ་བཙུན་སོགས་དོན་གཉེར་དང་ལྡན་པའི་སློབ་བུ་མང་པོར་《པྲ་ཏིའི་ཀུན་བཟང་དགོངས་རྒྱན་》དང་《སི་ཏུའི་འགྲེལ་ཆེན།》《ཐོན་མིའི་ཞལ་ལུང་》སོགས་བརྡ་སྤྲོད་ཀྱི་སྐོར་དང་། 《སྙན་ངག་མེ་ལོང་།》《དབྱངས་ཅན་དགྱེས་གླུ》《དཎྜིའི་དགོངས་རྒྱན།》《སྙན་ངག་སྤྱི་དོན།》《དུང་དཀར་སྙན་འགྲེལ།》 《སྙན་ངག་དཔེར་བརྗོད་བདུད་རྩིའི་མཆོད་ཡོན་》སོགས་ཚིག་རྒྱན་རིག་པའི་སྐོར། 《རྟོགས་བརྗོད་དཔག་བསམ་འཁྲི་ཤིང་》གི་ཡལ་འདབ་ཁ་ཤས་དང་《སྐྱེས་རབས་སོ་བཞི་པའི་》སྐྱེས་རབས་དུ་མ། 《སྤྲིན་གྱི་ཕོ་ཉ།》《ནཱ་ག་ནནྡའི་རྟོགས་བརྗོད།》རྗེ་བཙུན་ཤེས་རབ་རྒྱ་མཚོ་དང་། ཡོངས་འཛིན་བློ་བཟང་དཔལ་ལྡན། རྗེ་འཇིགས་མེད་དམ་ཆོས་རྒྱ་མཚོ་སོགས་ཀྱི་གསུང་འབུམ་ལས་བསྟོད་ཚོགས་དང་རྟོགས་བརྗོད། བསླབ་བྱ། འཕྲིན་ཡིག་སོགས་གནའ་རྩོམ་གྱི་སྐོར། 《བློ་གསལ་རིགས་སྒོ》དང་རྗེ་ཡེ་ཤེས་རྒྱ་མཚོའི་གསུང་གི་《གཏན་ཚིགས་རིགས་

པའི་སྣང་བ་》སོགས་བསྡུས་གྲྭ་དང་བློ་རྟགས་ཀྱི་སྐོར། 《སྐྱབས་འགྲོ།》《ཡོན་ཏན་གཞིར་གྱུར་མ།》《རྟེན་འབྲེལ་བསྟོད་པ།》《བཤེས་སྤྲིངས།》《མངོན་རྟོགས་རྒྱན་》དང་《དབུ་མ་འཇུག་པ་》སོགས་ནང་རིག་པའི་སྐོར། རྗེ་ཉིད་ཀྱི་《གངས་ཅན་སྣ་ལའི་སྨན་ལྗོངས་ཀྱི་ལོ་རྒྱུས་རིག་ཟིག་ཏུ་བཀོད་པ་ངོ་མཚར་ནོར་བུའི་མེ་ལོང་》སོགས་ཐུན་མོང་དང་ཐུན་མོང་མ་ཡིན་པའི་རིག་གནས་སྣ་ཚོགས་ཀྱི་ཞལ་ཁྲིད་ལེགས་པར་བསྐྱངས་པས། ཞལ་སློབ་བགྲང་ལས་འདས་པ་སྤྱི་ཚོགས་ཀྱི་ལས་གནས་སོ་སོར་རྒྱལ་ཁབ་དང་མི་རིགས་ཀྱི་བྱ་གཞག་སྣ་ཚོགས་རང་རྒྱ་ཡེར་བས་ཕྲག་ཏུ་ཁྱེར་ནས་རྒྱལ་ཁབ་དང་མི་རིགས་ཀྱི་ཀ་བ་དང་གདུང་མ་ཤ་སྟག་དང་། དེ་དག་ལས་ཀྱང་རྩེར་སོན་ཁ་ཤས་སློབ་གྲྭ་ཆེན་མོ་སོགས་སུ་རིག་པ་སྨྲ་བའི་སྲོག་ཤིང་དུ་གྱུར་པའོ། །སྒོས་སུ་མཚོ་སྔོ་བོད་ཁུལ་དུ་རང་རིགས་ཀྱི་རིག་གནས་དར་ཁྱབ་ཏུ་སོང་ཞིང་སློབ་གྲྭ་ཆུང་འབྲིང་དག་ཏུ་བོད་ཡིག་བསླབ་བྱའི་གཙོ་བོར་འཛིན་པ་དང་། སྲིད་གཞུང་གིས་བོད་ཡིག་བཀོལ་སྤྱོད་བྱེད་པའི་སྲིད་ཇུས་གཏན་ལ་ཕབ་པ་ཚུན་ཆད་དམ་པ་གང་ཉིད་ཀྱི་བཀའ་དྲིན་ལས་མ་འདས་སོ། །གཞན་ཡང་མཚོ་སྔོན་མི་དམངས་ཀུན་ཁྱབ་ཀླུང་འཕྲིན་ལས་ཁྲུངས་ཀྱི་རྒྱུད་བསྒྲགས་ནས་སུམ་རྟགས་དང་། མཚོ་སྔོན་སློབ་གསོ་སློབ་གྲྭ་ཆེན་མོ། ཀྲུང་གོའི་བོད་བརྒྱུད་ནང་བསྟན་མཐོ་རིམ་སློབ་གླིང་། རྡོ་ཚ་བཀྲ་ཤིས་ཆོས་སྡིངས་སོགས་སུ་བོད་ཀྱི་རིག་གནས་སྣ་ཚོགས་ཞལ་ཁྲིད་གནང་སྟེ། སློབ་བུ་རྣམས་ལ་འདོད་མོས་བཞིན་དུ་རིག་པའི་བགོ་སྐལ་ཅི་དགར་འགྱེད་པ་བཅས་ཀྱིས་མཚོན་བོད་ཀྱི་རིག་གནས་ཉམས་པ་སོར་ཆུད་དང་མ་ཉམས་པ་གོང་དུ་སྤེལ་བའི་ཕྱོགས་ལ་མཛད་རྗེས་མི་དམན་པ་བཞག་པར་བརྟེན། དེའི་ཕྱིར་གནང་ཡོད་ཁོང་ཉིད་ལ་སྤྱི་རྟེང་དུ་ཁུལ་དང་ཞིང་ཆེན་རིམ་པའི་ཐུལ་བྱུང་དགེ་རྒན་སོགས་ཀྱི་གཟེངས་བསྟོད་ཀྱང་གང་མང་ཐོབ། ཁྱད་པར་དུ་༡༩༨༧ལོའི་སྟོན་དུས་སུ་པཎ་ཆེན་ཐམས་ཅད་མཁྱེན་པ་སྐུ་ཕྲེང་བཅུ་པ་མཆོག་མཚོ་སྔོར་གཟིགས་ཞིབ་ཏུ་ཕེབས་པའི་སྐབས་སུ་གཟིམ་ཚང་མཇལ་ཁ་གནང་སྟེ། དམ་པ་གང་ཉིད་ཀྱིས་རྒྱལ་བསྟན་ཡང་དར་གྱི་དུས་འདིར་རང་རིགས་ཀྱི་རིག་གནས་ལ་མཛད་རྗེས་མང་པོ་བཞག་པ་དང་རིག་གནས་སྤེལ་

བའི་ཐབས་སུ་ཐུགས་ཁུར་ཆེར་བསྐྱེད་གནང་བར་ཐུགས་དགྱེས་པའི་བཀའ་གསུང་མང་དུ་གནང་ཞིང་། པཎ་ཆེན་རིན་པོ་ཆེའི་སྐུ་པར་དང་ཕྱག་སྨྱུག་སོགས་ལེགས་སྐྱེས་སུ་གནང་ངོ་། །དེ་ལྟར་དགོན་སྡེ་དང་སློབ་གྲྭ་གཉིས་ཆར་ནས་སྐྱ་སེར་དང་སྔེར་གཞུང་གཉེ་གར་རིག་གནས་འཆད་ཉན་གྱི་སྲོལ་བཟང་མ་ཉམས་པར་ཡར་ལྡན་དུ་སྤེལ་བ་སོགས་ཀྱིས་མཚོན་བསྟན་འགྲོའི་དོན་རྒྱ་ཆེར་གནང་ནས་དགུང་གྲངས་ང་བརྒྱད་བཞེས་པ་རབ་རྒྱུད་ས་ཕོ་སྟག་གི་ལོ་སྟེ། སྤྱི་ལོ་༡༩༩༨པའི་ཧོར་ཟླ་༣པའི་ཚེས་༡༣ཉིན་གཟུགས་སྐུའི་བཀོད་པ་ཆོས་དབྱིངས་སུ་བསྡུས་པའི་ཚུལ་བསྟན་པ་ཡིན་ནོ། །

འདིར་རྗེ་འདིའི་དངོས་བརྒྱུད་ཀྱི་སློབ་བུ་བདག་ཅག་གིས་དད་གུས་ཆེན་པོས་གང་གི་སྐུ་དྲིན་རི་རབ་ཀྱི་གཏོས་དང་མཉམ་པ་ལས་ཆ་ཤས་རྡུལ་ཕྲན་ཙམ་ཞིག་གཞལ་བར་འདོད་པ་དང་། རང་རེ་གངས་ཅན་གྱི་རིག་གནས་འཛམ་གླིང་ཡུལ་གྲུ་ཀུན་ཏུ་ཁྱབ་གདལ་དུ་སྤེལ་བའི་དུས་བཟང་འདིར་ལེགས་བཤད་འདི་ལྟ་བུའི་རྗེས་སུ་བསླབས་ན་ངེས་པར་དོན་དང་ལྡན་པར་དམིགས་པ་དང་། བོད་ཀྱི་རིག་གནས་དང་ལོ་རྒྱུས་ཞིབ་འཇུག་གི་ཐབས་སུ་བློ་ཁ་ཡངས་པོར་འབྱེད་པའི་རྐྱེན་དུ་འགྱུར་ངེས་པར་བསམས་པ་དང་། ཕྱིས་འབྱུང་གི་བློ་གསལ་དག་ལ་རིན་ཐང་གཞལ་དུ་མེད་པའི་གསོས་སུ་འགྱུར་བའམ། བླ་མའི་གསུང་རབ་རྣམས་ཡི་གེའི་གཟུགས་སུ་བཞེངས་པ་ནི་བླ་མའི་ཞབས་ཏོག་ཐམས་ཅད་ཀྱི་ཕུལ་དང་མཆོག་རབ་དམ་པར་འགྱུར་བའི་ཕན་ཡོན་འཛད་དུ་མེད་པ་དང་། སྔོས་སུ་ཕྱི་ནང་གི་འགལ་རྐྱེན་སྣ་མང་གིས་བོད་ཀྱི་སྐད་དང་ཡི་གེ་ཉམས་དམས་སུ་འགྱུར་བཞིན་པའི་དེང་གི་ཆར་འདི་དང་འདི་ལྟ་བུའི་གསུང་འབུམ་པར་འགོད་ཀྱི་ལས་ལ་འཇུག་པར་བྱས་ན་དགེ་མཚན་བརྒྱ་འགྱུར་གྱིས་འཕེལ་བར་མཐོང་ནས་གསུང་འབུམ་འདི་ཉིད་པར་དུ་བསྒྲུབ་པ་ལགས། དེ་ཡང་རྗེ་འདིའི་གསུང་འབུམ་ལ་ཞྭ་དམར་པཎྜི་ཏ་ཆེན་པོ་དང་རྗེ་ཡེ་ཤེས་རྒྱ་མཚོའི་རྣམ་ཐར་སོགས་རྣམ་ཐར་གྱི་རིམ་པ། ཏྲི་ཚ་གདན་རབས་སོགས་དགོན་པའི་གདན་རབས་དང་ལོ་རྒྱུས་ཀྱི་རིམ་པ། གངས་ཅན་སྣ་ལའི་སྨན་ལྗོངས་ཀྱི་ལོ་རྒྱུས་རེག་ཟིག་ཏུ་བཀོད་པ་ངོ་མཚར་ནོར་བུའི་མེ་ལོང་

སོགས་དང་། གཏན་ཚིགས་རིག་པའི་རྣམ་གཞག་གོ་སླ་བར་བརྗོད་པ་སོགས་གཏན་ཚིགས་རིག་པའི་རིམ་པ། སྙན་ངག་སྤྲིན་གྱི་ཕོ་ཉ་དང་མངོན་བརྗོད་རྒྱ་མཚོའི་ཆུ་ཐིགས་ཀྱི་འགྲེལ་བ་སོགས་འགྲེལ་རྩོམ་གྱི་རིམ་པ། སྙན་ངག་དང་ལོ་རྒྱུས་སོགས་ལས་བརྩམས་པའི་དཔྱད་རྩོམ་སྣ་ཚོགས། དབྱངས་ཅན་མའི་བསྟོད་པ་སོགས་ལྷག་ལྷ་དང་ཡུལ་དམ་པ་ལ་བསྔགས་པའི་བསྟོད་ཚོགས་ཀྱི་རིམ་པ། ཆོས་རྒྱལ་སྲོང་བཙན་སྒམ་པོའི་རྟོགས་བརྗོད་སོགས་རྟོགས་བརྗོད་ཀྱི་རིམ་པ། ཀུན་མཁྱེན་ཆོས་ཀྱི་རྒྱལ་པོ་ཙོང་ཁ་པ་བློ་བཟང་གྲགས་པའི་དཔལ་ལ་གསོལ་བ་འདེབས་པའི་ཚོགས་སུ་བཅད་པའི་གཏམ་གཡས་འཁྱིལ་དུང་གི་སྒྲ་དབྱངས་སོགས་གསོལ་འདེབས་ཀྱི་རིམ་པ། གཞན་འཕྲིན་ཡིག་དང་། རྩོམ་གཞུང་། དྲིས་ལན་སོགས་མང་དུ་བཞུགས་སོ། །ཞེས་བོད་རབ་རྒྱུན་ཤིང་ལུག་ལོ་སྤྱི་ལོ་༢༠༡༥པའི་ཟླ་༡༡ཚེས་༡༠ལ་རྩོམ་སྒྲིག་ཚོ་ཆུང་གིས་དད་གུས་རྩེ་གཅིག་གིས་བྲིས་པ་དགེའོ། །

དཀར་ཆག

བསྟོད་པའི་སྐོར།

འཕྲིན་ཡིག་གི་སྐོར།

རྩོམ་རིག་གཞུང་ལུགས་ཀྱི་སྐོར།

གཏན་ཚིགས་རིག་པའི་སྐོར།

བསྟོད་པའི་སྐོར།

༄༅། །ཀུན་མཁྱེན་ཆོས་ཀྱི་རྒྱལ་པོ་༧ཙོང་ཁ་པ་ཆེན་པོ་བློ་བཟང་གྲགས་པའི་དཔལ་ལ་གསོལ་བ་འདེབས་པའི་ཚིགས་སུ་བཅད་པ་གཡས་འཁྱིལ་དུང་གི་སྒྲ་དབྱངས་ཞེས་བྱ་བ།

༄༅། །བླ་མ་དང་རྗེ་བཙུན་མཁྱེན་པའི་གཏེར་ངོ་བོ་དབྱེར་མ་མཆིས་པའི་ཞབས་ལ་སྒོ་གསུམ་གུས་པས་ཕྱག་འཚལ་ལོ། །

དུས་གསུམ་བདེ་གཤེགས་མ་ལུས་འདུས་པའི་སྐུ། །
མཆོག་གསུམ་གཏན་གྱི་སྐྱབས་གནས་ངོ་བོ་ཉིད། །
རིགས་གསུམ་མི་ཡི་རྣམ་རོལ་ཆོས་ཀྱི་རྗེ། །
སྲིད་གསུམ་འགྲོ་བའི་ས་མཁན་མཆོག་དེས་སྐྱོངས། །

གཟུང་འཛིན་རྣམ་རྟོག་རྩལ་གྱིས་དབེན་པའི་དབྱིངས་རིགས་འོད་གསལ་ལྷ་ལམ་ངོས་ལ་དམིགས་མེད་བརྩེ་ཆེན་སྤྲིན་གྱི་བ་གམ་གཡོ་བ་ལས། །

ཟླ་ན་མེད་པའི་ལེགས་གསུང་དབྱར་རྔ་དལ་གྱིས་རྒོད་པའི་སྐལ་བ་བཟང་པོའི་མདོངས་མཐའི་ཚོགས་ལ་ལུང་རྟོགས་མངལ་བཟང་རབ་ཏུ་སྨྲུམས། །

འཕྲིན་ལས་ཟད་པ་མེད་པའི་གྲུ་ཆར་ཁམས་གསུམ་སྐྱེ་རྒུའི་གདུང་སེལ་གཉེན་དུ་རྣམ་ཀུན་འབེབས་ལ་ངལ་བ་མེད་པའི་དཔལ་ཡོན་ཅན། །

དུས་གསུམ་རྒྱལ་བ་ཡོངས་ཀྱི་གདུང་འཚོབ་འཛམ་མགོན་བླ་མ་ཙོང་ཁ་པ་ལ་བྱང་ཆུབ་བར་དུ་སྒོ་གསུམ་གུས་པས་ཕྱག་འཚལ་ལོ། །

དུས་གསུམ་བདེ་གཤེགས་བསྐྱེད་པའི་ཡབ་གྱུར་རྗེ་བཙུན་བརྟན་པའི་འཁོར་ལོའི་ཞབས། །

སྙིགས་མའི་དུས་འདིར་ངུར་སྨྲིག་གར་བསྒྱུར་རྨད་བྱུང་རྒྱལ་བའི་མཛད་བཟང་སྤྱོད། །

སྟོན་འདྲེན་རྒྱལ་བའི་ལུང་གིས་རབ་བསྔགས་ལྷར་བཅས་སྐྱེ་རྒུ་ཡོངས་ཀྱི་མགོན། །

རྗེ་བཙུན་བླ་མ་མཆོག་དེའི་བྱིན་རླབས་བདག་སྙིང་ཟེའུ་འབྲུར་སྨིན་གྱུར་ཅིག །

མགོན་པོ་ཁྱོད་ཀྱི་ཡོན་ཏན་ཆ་རེ་ཡང་། །

དུས་གསུམ་རྒྱལ་བས་བརྗོད་པར་མི་ནུས་མོད། །

འོན་ཀྱང་དད་པའི་དབུགས་ཀྱིས་ཉེར་བསྐུལ་བའི། །

བསྟོད་ཚིག་སྐྱེ་བ་ལྔ་བའི་དབྱངས་འདིར་དགོངས། །

མགོན་ཁྱོད་དཔག་མེད་བསྐལ་བའི་སྔོན་རོལ་ནས། །

མངོན་པར་རྫོགས་པའི་བྱང་ཆུབ་མཆོག་བརྙེས་ཀྱང་། །

སྣ་ཚོགས་གདུལ་བྱའི་ཁམས་དང་མོས་པ་བཞིན། །

གྲངས་མེད་སྤྲུལ་པའི་ཟློས་གར་ཅིར་ཡང་བསྒྱུར། །

ཁྱད་པར་རྒྱལ་བ་དབང་པོའི་ཏོག་གི་དྲུང་། །

མདོ་སྔགས་རྒྱལ་བསྟན་འཛིན་པར་དམ་བཅས་ཚེ། །

ཕྱོགས་བཅུའི་ཞིང་གི་རྒྱལ་དང་རྒྱལ་སྲས་ཀྱིས། །

སྙིང་སྟོབས་ཆེན་པོར་བསྔགས་ལ་གསོལ་བ་འདེབས། །

མཚུངས་མེད་རྣམ་འདྲེན་ཤཱཀྱའི་རྒྱལ་པོའི་དྲུང་། །

རིན་ཆེན་ཤེལ་དཀར་ཕྲེང་བ་ཕུལ་ནས་ནི། །

བླ་མེད་བྱང་ཆུབ་མཆོག་ཏུ་ཐུགས་བསྐྱེད་པའི། །
རྨད་བྱུང་རྒྱལ་སྲས་མཆོག་ལ་གསོལ་བ་འདེབས། །
སངས་རྒྱས་གཉིས་པ་སློབ་དཔོན་ཀླུ་སྒྲུབ་སོགས། །
འཕགས་བོད་མཁས་གྲུབ་དུ་མས་གར་བསྒྱུར་ནས། །
བསྟན་འགྲོའི་ཕན་བདེ་སྤེལ་བའི་རྣམ་ཐར་གྱིས། །
སྐྱེ་རྒུའི་ཡིད་དབང་འཕྲོག་ལ་གསོལ་བ་འདེབས། །
གྲངས་མེད་རྒྱལ་བ་སྲས་དང་བཅས་རྣམས་ཀྱིས། །
ལན་གྲངས་དུ་མར་ལུང་གིས་བསྔགས་པ་ལྟར། །
རྗེ་ཏའི་བྱང་ཕྱོགས་ཙོང་ཁའི་ཡུལ་ལྗོངས་སུ། །
ངོ་མཚར་ལྟས་བཅས་འཁྲུངས་ལ་གསོལ་བ་འདེབས། །
དེའི་ཚེ་ཕྱོགས་བཅུའི་ཞིང་གི་རྒྱལ་རྣམས་ཀུན། །
མཁྱེན་པའི་གཏེར་གང་དུར་སྒྲིག་གར་བསྒྱུར་ནས། །
བསྟན་འགྲོའི་ཕན་བདེ་སྤེལ་ཕྱིར་གཤེགས་སོ་ཞེས། །
ངོ་མཚར་དབྱངས་ཀྱིས་བསྔགས་ལ་གསོལ་བ་འདེབས། །
གཞོན་ནུའི་དུས་ནས་སྲིད་པའི་ཕུན་ཚོགས་ཀུན། །
སྡུག་བསྔལ་ཉེས་བརྒྱ་འབྱུང་བའི་མཚང་རིག་སྟེ། །
རྣམ་དག་ངེས་འབྱུང་ཁྱུང་སྟོན་སྐྱེས་དྲངས་པའི། །
ཚངས་སྤྱོད་ཉིན་བྱེད་ཤར་ལ་གསོལ་བ་འདེབས། །
རིག་པའི་དཔའ་བོ་དོན་ཀུན་གྲུབ་པའི་དྲུང་། །
ཤཱཀྱའི་རྒྱལ་པོའི་བསྟན་ལ་རབ་བྱུང་རྣམས། །
ཚུལ་ཁྲིམས་རྣམ་པར་དག་པའི་བདུད་རྩི་ཡིས། །
ཐུགས་ཀྱི་བུམ་བཟང་གཏམས་ལ་གསོལ་བ་འདེབས། །

དེའི་ཚེ་བློ་ཆེན་རྒྱལ་བའི་ཐུགས་བསྐྱེད་མཐུས། །
མདོ་སྔགས་ཟུང་འབྲེལ་ལུགས་བཟང་སྤེལ་འགྱུར་ཞེས། །
འཇིག་རྟེན་གཡོ་བའི་གྲགས་པའི་དབྱངས་སྙན་ཅན། །
དཔལ་ལྡན་རྒྱལ་བ་གཉིས་པར་གསོལ་བ་འདེབས། །
ཐོག་མའི་དུས་ནས་མདོ་སྔགས་གདམས་པའི་མཚོ། །
ཁྱོད་ཐུགས་རིན་ཆེན་གླིང་དུ་འཁྱིལ་བའི་མོད། །
བླ་མ་ལྷར་བཅས་དཀྱིལ་འཁོར་རྒྱ་མཚོས་ཀྱང་། །
དགྱེས་པའི་ཞལ་བཟང་བསྟན་ལ་གསོལ་བ་འདེབས། །
ཚང་ལ་མ་ནོར་བུ་རམ་ཤིང་བའི་ལུགས། །
ཐོས་བསམ་སྒོམ་པས་གྱེན་དུ་འདེགས་པའི་ཆེད། །
མཁས་གྲུབ་འབུམ་སྡེའི་བསྟི་གནས་དབུས་གཙང་གི །
ལྗོངས་སུ་བདེ་བར་གཤེགས་ལ་གསོལ་བ་འདེབས། །
རྣམ་མང་ཐོས་པའི་སྒྲོན་མེ་མ་སྦར་ན། །
ཐར་བའི་ལམ་བཟང་མཐོང་བར་མི་འགྱུར་བར། །
དགོངས་ནས་འཕགས་བོད་མཁས་པའི་གཞུང་ལུགས་ཀུན། །
འབད་པས་ཞིབ་ཏུ་སྦྱངས་ལ་གསོལ་བ་འདེབས། །
ཁྱད་པར་རྒྱ་ཆེ་ཕ་རོལ་ཕྱིན་པའི་གཞུང་། །
ས་ཆེན་རྣམ་དཔྱོད་གོམ་པས་གཞལ་བ་ན། །
མཁས་དབང་འཕགས་སེང་སོགས་ཀྱི་གྲགས་པ་ཡང་། །
དབང་པོའི་གཞུ་ལྟར་ཡལ་ལ་གསོལ་བ་འདེབས། །
དམ་ཆོས་མངོན་པའི་དཀའ་གནད་པད་མའི་སྦུབས། །
ཕྲ་ཞིབ་བློ་གྲོས་སྣང་བས་བཀྲོལ་བའི་ཚེ། །

ཟླ་མེད་མཁས་མཆོག་དབྱིག་གཉེན་གངས་ལྗོངས་འདིར། །
སླར་ཡང་བྱོན་དང་མཚུངས་ལ་གསོལ་བ་འདེབས། །
འདུལ་བའི་གཞུང་ལུགས་རིན་ཆེན་ནོར་བུའི་ཏོག །
དཔྱད་གསུམ་དག་པའི་རྒྱལ་མཚན་རྩེར་བཏགས་པས། །
ཚུལ་ཁྲིམས་ལྡན་པ་གསེར་མདོག་སྣང་བའི་གཟིས། །
འཛམ་གླིང་ཁྱབ་པར་བྱས་ལ་གསོལ་བ་འདེབས། །
སྒྲུབ་དང་སུན་འབྱིན་རིགས་པའི་གད་རྒྱངས་ཀྱིས། །
སྨྲ་ངན་རི་སྐྱེས་འབུམ་གྱི་སྙིང་འགེམས་པའི། །
ཚད་མ་སྡེ་བདུན་མདོ་དང་བཅས་པའི་དོན། །
སྟོན་མེད་ལེགས་བཤད་གཏེར་ལ་གསོལ་བ་འདེབས། །
གངས་ལྗོངས་མཁས་པའི་མཁས་པ་དུ་མ་ཡིས། །
ངལ་བ་འབུམ་གྱིས་བཙལ་ཀྱང་མ་རྙེད་པའི། །
མཐའ་བྲལ་དབུ་མའི་རིགས་ཚུལ་ཉིན་མོར་བྱེད། །
འདྲེན་པའི་ཤིང་རྟ་ཆེན་པོར་གསོལ་བ་འདེབས། །
མཁྱེན་པའི་གཏེར་གྱིས་དགེ་བའི་བཤེས་མཛད་ནས། །
ཟབ་དོན་གདམས་པ་ཉིན་བཞིན་བསྩལ་བའི་མཐུས། །
རྒྱལ་བའི་དགོངས་པ་མཐའ་དག་མངོན་གྱུར་པའི། །
གངས་ཅན་མཁས་པའི་གཙོ་ལ་གསོལ་བ་འདེབས། །
ཁྱད་པར་བསྟན་པའི་ཡང་རྩེ་རྡོ་རྗེ་ཐེག །
རྒྱུད་སྡེ་བཞི་ཡི་དགོངས་དོན་ཕྲ་རགས་ཀུན། །
རྒྱུད་དང་པཎ་གྲུབ་གཞུང་བཞིན་གསལ་མཛད་པའི། །
ཁྱབ་བདག་གདོད་མའི་མགོན་ལ་གསོལ་བ་འདེབས། །

ཐོས་དོན་རྩེ་གཅིག་སྒྲུབ་ལ་གཞོལ་བའི་ཆེད། །
དག་པའི་འཁོར་ཚོགས་བཞི་བྲུང་འཁོར་དང་བཅས། །
བུང་བ་པད་མའི་ཚལ་ལ་རོལ་བ་བཞིན། །
དབེན་པའི་གནས་སུ་གཤེགས་ལ་གསོལ་བ་འདེབས། །
ཟླབས་ཆེན་ཚོགས་གཉིས་ཡལ་འདབ་གཡོ་བའི་རྩེར། །
ཉམས་རྟོགས་ཡོན་ཏན་སྦྲང་རྩིའི་བཅུད་ཆགས་པས། །
སྲས་བཅས་རྒྱལ་བའི་ཆུ་འཛིན་འཁྲིགས་པ་ལས། །
ཕྲིན་ཟླབས་གྲུ་ཆར་གཏོར་ལ་གསོལ་བ་འདེབས། །
འཕགས་ཡུལ་པཎ་གྲུབ་དུ་མས་ཡང་ཡང་དུ། །
དགྱེས་པའི་ཞལ་བཟང་ཡུན་དུ་བསྟན་དང་ལྡན། །
རང་རང་གཞུང་གི་དགའ་གནད་མདུད་པའི་རྒྱ། །
དུས་ཀུན་བཀྲོལ་བར་མཛད་ལ་གསོལ་བ་འདེབས། །
མི་ཕམ་རྒྱལ་བ་དཎ་ས་འདྲའི་སྣང་བརྙན་མཆོག །
དུས་ཀྱི་དབང་གིས་ཉམས་པར་མངོན་ཕྱོགས་ཚེ། །
སྐྱེ་རྒུའི་བསོད་ནམས་ཞིང་དུ་སླར་གསོས་པའི། །
གྲངས་མེད་འགྲོ་བའི་མགོན་ལ་གསོལ་བ་འདེབས། །
དཔལ་ལྡན་བདེ་བ་མཆོག་གི་དཀྱིལ་འཁོར་དུ། །
གྲངས་མེད་དཔའ་བོ་མཁའ་འགྲོའི་ལྷ་ཚོགས་དང་། །
ལྷན་ཅིག་ཟག་མེད་བདེ་བའི་ཡེ་ཤེས་ཀྱིས། །
བདུད་རྩིར་དགྱེས་དགུར་རོལ་ལ་གསོལ་བ་འདེབས། །
བུ་རམ་ཤིང་བའི་ལུགས་བཟང་པད་མའི་ཚལ། །
སྐྱོང་ལ་རྒྱལ་བ་ཉིད་དང་མཚུངས་སོ་ཞེས། །

མི་ཕམ་མགོན་གྱིས་གསལ་བར་རབ་བསྔགས་པ། །
སངས་རྒྱས་གཉིས་པའི་ཞབས་ལ་གསོལ་བ་འདེབས། །
མདོ་རྒྱུད་གཞུང་ལུགས་གངས་རི་ལས་འོངས་པའི། །
ཟབ་དོན་གདམས་པའི་ཡན་ལག་བརྒྱད་ལྡན་ཆབ། །
སྐལ་ལྡན་གདུལ་བྱའི་ཡིད་ཀྱི་གདུང་སེལ་དུ། །
འཕེབས་མཁས་བཤེས་གཉེན་མཆོག་ལ་གསོལ་བ་འདེབས། །
འཕགས་པ་ཡབ་སྲས་རྣམས་ཀྱིས་མངོན་སུམ་དུ། །
ཟབ་མོ་ལྟ་བའི་གནད་རྣམས་བསྟན་པ་ནས། །
མཉམ་རྗེས་ཀུན་ཏུ་སྟོང་ཉིད་ར་བ་ལས། །
ནམ་ཡང་འདའ་བ་མེད་ལ་གསོལ་བ་འདེབས། །
ཕྱོགས་བྲལ་སྐལ་ལྡན་ར་ཡིག་གཉིས་པའི་བྲུ། །
ཁྱོད་དྲུང་པད་མའི་ཚལ་ལ་སྤྲིན་བཞིན་དུ། །
ལེགས་བཤད་སྒྲང་རྩེར་ངོམས་མེད་རོལ་བ་གང་། །
འདུས་པ་དང་པོར་འགྲན་ལ་གསོལ་བ་འདེབས། །
ཕན་བདེ་ལེགས་ཚོགས་མ་ལུས་འབྱུང་བའི་གནས། །
བསྟན་པའི་རྩ་བ་སོ་སོར་ཐར་བའི་ཁྲིམས། །
སྙིགས་འདིར་མིང་གི་ལྷག་མར་གྱུར་པའི་ཚེ། །
འདུལ་བསྟན་རྨང་ནས་གསོས་ལ་གསོལ་བ་འདེབས། །
སྡོན་ཆད་མཁས་པ་ཕལ་གྱིས་མ་རྟོགས་པའི། །
ཐབ་བྱའི་མཐར་ཐུག་འོད་གསལ་སྒྱུ་ལུས་སོགས། །
ཁྱབ་བདག་རྡོ་རྗེ་འཆང་གི་དགོངས་པའི་དོན། །
སྙིགས་འདིར་གསལ་བར་མཛད་ལ་གསོལ་བ་འདེབས། །

མཁས་བཙུན་བཟང་བའི་གྲགས་སྙན་དབྱར་རྔའི་སྒྲ། །
གོང་མ་ཆེན་པོའི་རྣ་བར་སོན་པའི་མོད། །
གནོད་སྦྱིན་དཔལ་ལ་འཁུ་བའི་བདོག་དང་བཅས། །
ཞུ་འཕྲིན་དབྱངས་ཀྱིས་བསྐུགས་ལ་གསོལ་བ་འདེབས། །
ལྷ་མིའི་སྟོན་པ་ཤཱཀྱ་མུ་ནེའི་དྲུང་། །
ལྷ་མིའི་མཁོ་རྒྱུའི་དངོས་པོ་ལེགས་ཕུལ་ནས། །
ལྷ་མིའི་བསོད་ནམས་ཚོགས་ཆེན་རྫོགས་མཛད་པའི། །
ལྷ་མིའི་རྣམ་འདྲེན་མཆོག་ལ་གསོལ་བ་འདེབས། །
མགོན་ཁྱོད་ཞི་བདེའི་དཔལ་ལ་མ་ཆགས་པར། །
རྨད་བྱུང་རླབས་ཆེན་རྒྱལ་སྲས་སྤྱོད་བཟང་གིས། །
འགྲོ་ལ་ཕན་པ་འབའ་ཞིག་སྒྲུབ་མཛད་པའི། །
གྲངས་མེད་སྐྱེ་རྒྱུའི་གཉེན་ལ་གསོལ་བ་འདེབས། །
ཤཱཀྱའི་རྒྱལ་པོའི་ལུང་གིས་བསྐུགས་པ་ལྟར། །
མཁས་གྲུབ་འབུམ་སྡེའི་བསྟི་གནས་དགའ་ལྡན་ཞེས། །
ཕྱོགས་ལས་རྣམ་པར་རྒྱལ་བའི་ཆོས་གྲྭ་ཆེ། །
འཛམ་གླིང་རྒྱན་དུ་བསྐྲུན་ལ་གསོལ་བ་འདེབས། །
བཤད་སྒྲུབ་གསེར་འཁོར་འཕགས་པའི་རྒྱལ་ཐབས་ཀྱིས། །
ལུང་རྟོགས་ཐུབ་བསྟན་ཁྱོན་ལ་དབང་བསྒྱུར་ཅིང་། །
ལྷར་བཅས་སྐྱེ་རྒྱུའི་གཙུག་གི་རྒྱན་གྱུར་པའི། །
མཚུངས་མེད་ཆོས་ཀྱི་རྒྱལ་པོར་གསོལ་བ་འདེབས། །
ཐུབ་བསྟན་ཀོ་ལ་ཤ་རིའི་ལྷུན་པོའི་སྤྱོར། །
ལུང་རྟོགས་ཡོན་ཏན་གཡུ་རལ་ཁྱུར་གྱིས་བརྗིད། །

རྒྱལ་ངན་སྣང་བ་འབུམ་སྡེ་ཟླ་གདོན་པའི། །

སྨྲ་བའི་སེང་ཆེན་མཆོག་ལ་གསོལ་བ་འདེབས། །

མགོན་ཁྱོད་གསེར་རིའི་ཁྲོད་ན་ལྷུན་པོ་བཞིན། །

ཆུ་ཤེལ་བུ་མོ་འཛུམ་པའི་ལྗོངས་འདི་རུ། །

ཐུབ་དང་འཁྱོན་འགྱུར་བསྟན་འཛིན་སྐྱེས་བུའི་ཁྲོད། །

འགྲན་པའི་དོ་ཟླས་དབེན་ལ་གསོལ་བ་འདེབས། །

སྐྱུན་བྲལ་འཆི་མེད་རྡོ་རྗེའི་སྐུ་བརྙེས་ཀྱང་། །

ཞིང་འདིའི་དངོས་ཀྱི་གདུལ་བྱ་རྫོགས་པའི་ཚེ། །

ཐ་མར་སྣང་ངོར་ཤར་བའི་གཟུགས་ཀྱི་སྐུ། །

དག་པའི་དབྱིངས་སུ་བསྡུས་ལ་གསོལ་བ་འདེབས། །

བར་དོ་ལོངས་སྤྱོད་རྫོགས་པ་སྤྲུ་མའི་སྐུ། །

མཆོག་གི་གོ་འཕང་མངོན་དུ་མཛད་པའི་ཚེ། །

གཟུགས་སྐུ་རགས་པ་ལྷ་ཡི་གཞོན་ནུ་བཞིན། །

འོད་ཀྱི་གོང་བུར་གྱུར་ལ་གསོལ་བ་འདེབས། །

དགའ་ལྡན་ཐེག་མཆོག་ཆོས་ཀྱི་ཕོ་བྲང་དུ། །

མི་ཕམ་སྲས་ཀྱི་ཐུ་བོའི་ཚུལ་འཛིན་ཀྱང་། །

དག་དང་མ་དག་དཔག་མེད་ཞིང་རྣམས་སུ། །

སྣ་ཚོགས་སྤྲུལ་བ་པོ་ལ་གསོལ་བ་འདེབས། །

ཁྱོད་སྐུ་མཐོང་བས་ངན་འགྲོའི་སྒོ་འགགས་ཤིང་། །

ཁྱོད་གསུང་ཐོས་པས་ཐར་བའི་ས་བོན་འདེབས། །

ཁྱོད་ཐུགས་དྲན་པས་དཔག་མེད་བདེ་སྟེར་བའི། །

རྗེ་བཙུན་བླ་མའི་ཞབས་ལ་གསོལ་བ་འདེབས། །

ལམ་དང་ལམ་མིན་ལྷ་བའི་མིག་གྱུར་ཀྱང་། །
ཕན་བདེ་ལེགས་ཚོགས་མ་ལུས་འབྱུང་བའི་གནས། །
འཁོར་བའི་མཚོ་ལས་སྒྲོལ་བའི་དེད་དཔོན་མཆོག །
མཚུངས་མེད་དཔལ་ལྡན་བླ་མར་གསོལ་བ་འདེབས། །
རྗེ་བཙུན་ཆོས་ཀྱི་རྒྱལ་པོ་ཙོང་ཁ་པ། །
རྗེ་གཅིག་གུས་པས་གསོལ་བ་བཏབ་པའི་མཐུས། །
དེང་ནས་རིང་མིན་དོན་གཉིས་མཐར་ཕྱིན་པའི། །
མགོན་པོ་ཁྱོད་ཀྱི་གོ་འཕང་མྱུར་ཐོབ་ཤོག །
རྒྱལ་དབང་ཁྱོད་བཞིན་གནས་སྐབས་ཐམས་ཅད་དུ། །
རྒྱལ་བ་ཀུན་གྱི་དམ་པའི་ཆོས་འཛིན་ཅིང་། །
རྒྱལ་སྲས་སྤྱོད་པ་ཕྱིན་དྲུག་བསྡུ་བཞི་སོགས། །
རྒྱལ་བ་དགྱེས་པའི་ལམ་བཟང་སྤྱོད་གྱུར་ཅིག །
ཐུབ་པའི་ལུགས་བཟང་ཐུབ་པའི་གཞུང་བཞིན་དར། །
རྒྱལ་པོ་རྣམས་ཀྱང་རྒྱལ་སྲིད་ཆོས་བཞིན་སྐྱོང་། །
དགེ་བཅུའི་ཁྲིམས་ཀྱི་དགེ་མཚན་དར་བའི་མཐུས། །
རྫོགས་ལྡན་དཔལ་ཀུན་རྫོགས་པའི་བཀྲ་ཤིས་ཤོག །

ཅེས་འཇམ་མགོན་ཆོས་ཀྱི་རྒྱལ་པོ་ཙོང་ཁ་པ་ཆེན་པོ་ལ་གསོལ་བ་འདེབས་པའི་ཚིགས་སུ་བཅད་པ་གཡས་འཁྱིལ་དུང་གི་སྒྲ་དབྱངས་ཞེས་བྱ་བ་འདི་ནི་རྨོངས་པའི་མུན་ཁྲོད་འཁྱམས་པའི་བློན་ནན་ཞིག་གིས་མགོན་པོ་གང་གི་ཡོན་ཏན་རྗེས་སུ་དྲན་ཏེ་གུས་པ་ཆེན་པོས་བྲིས་པའི་དགེ་བས་རྒྱལ་བ་འཇམ་དཔལ་སྙིང་པོའི་རིང་ལུགས་དྲི་མ་མེད་པ་འདི་ཉིད་ཕྱོགས་དུས་གནས་སྐབས་ཐམས་ཅད་དུ་དར་ཞིང་རྒྱས་ལ་ཡུན་རིང་དུ་གནས་པར་གྱུར་ཅིག། །།

༄༅། །བོད་ཀྱི་གཙུག་ལག་ལུགས་གཉིས་ཀྱི་སྲོལ་འབྱེད་བླ་
མའི་ཡང་བླ་མར་གྱུར་པ་ཆོས་ཀྱི་རྒྱལ་པོ་ཆེན་པོ༧སྲོང་
བཙན་སྒམ་པོའི་ལེགས་མཛད་ཙུང་ཟད་གླེང་བ་ངོ་
མཚར་གཏམ་གྱི་རོལ་མོ་བཞུགས་སོ། །

རྣམ་འདྲེན་སྟོབས་བཅུ་མངའ་བ་འབུམ་གྱི་བྱམས་བརྩེ་ཆུ་གཏེར་སྤྲུབས་ལས་སྐྱེས། །
འཕྲིན་ལས་ག་བུར་བདུད་རྩིའི་ཟེགས་མས་ཉམ་ཐག་བཀྲེས་པའི་གདུང་བ་སེལ། །
ཁམས་གསུམ་སྐྱེ་རྒུའི་ཕན་བདེ་ཀུ་མུད་རྣམ་པར་རྒྱས་པའི་དཔལ་ཡོན་ཅན། །
སྙིང་རྗེའི་ལྷ་གཅིག་བསིལ་སྦྱིན་མཁན་པོ་བྱང་ཆུབ་བར་དུ་སྐྱབས་སུ་འཛིན། །
གང་གི་ཐུགས་བསྐྱེད་ཁྱུང་སྔོན་སྐྱེས་ཀྱིས་གངས་ལྗོངས་ལྷ་ཡི་ལམ་ཡངས་པོར། །
རྒྱལ་བསྟན་ཉིན་བྱེད་འདྲེན་པའི་བྱེད་པོར་མི་རྗེ་ལྷ་ཡིས་མཛད་པའི་ཚུལ། །
གཟུར་གནས་སོར་རྩིས་སྙོམ་པོར་བསྐུལ་བའི་བརྟགས་བརྗོད་གཏམ་གྱི་རྒྱུད་མངས་སྒྲ། །
དཔྱོད་ལྡན་ཡིད་ལ་དགའ་བ་སྐྱེད་འདི་སྤྲོ་བ་ཕལ་གྱི་དོ་ཟླ་མིན། །
མགོན་ཁྱོད་དཔག་མེད་བསྐལ་པའི་སྔོན་ནས་འཆི་མེད་རྡོ་རྗེ་སྐུ་བརྙེས་ཀྱང་། །
ཞིང་འདིར་རྣམ་འདྲེན་ཤཱཀྱའི་རྒྱལ་པོའི་འདུན་ས་ཆོས་ཀྱི་དགའ་ཚལ་དེར། །
གངས་ཀྱི་ཨུ་ཁྱུད་འཛིན་པའི་ལྗོངས་འདི་སྐྱོང་བར་ཞལ་གྱིས་བཞེས་པ་བཞིན། །
རྒྱལ་བློན་མཁས་གྲུབ་འབངས་ལ་སོགས་པ་སྣ་ཚོགས་གཟུགས་ཀྱིས་འགྲོ་དོན་སྐྱོང་། །
ཁྱད་པར་དུས་ལས་ཡོལ་བ་མེད་པའི་ཐུགས་བསྐྱེད་འཕྲུལ་གྱི་ཞགས་པ་ཡིས། །
རྒྱལ་ཀུན་སྙིང་རྗེ་ཆོམ་བུར་སྨིན་པ་ཕྲུག་ན་འདབ་སྟོང་འཛིན་པའི་ལྷ། །

མན་ཤེལ་མེ་ཏོག་སྤུག་གུར་བཀྲ་བའི་ངོ་མཚར་གྱུ་འཛིན་གཉིས་པའི་རིར། །

ལུགས་གཉིས་བཀའ་ཁྲིམས་དྲང་པོར་སྲུང་ཞིང་མི་བསྲུན་རྣམ་གཙོན་བཙན་པོར་གྲགས། །

དགྲ་ཚོགས་སྟོང་སྡེ་ཟིལ་གྱིས་གནོན་པའི་དཔའ་བོའི་དཔུང་གི་ནུ་འདྲེན་པར། །

མི་འཇིགས་གོ་ཆ་བཙན་པོ་བགོས་པའི་དགྲ་སྡེ་ཟ་བའི་སྙིང་ཁམས་ཅན། །

སྟོབས་དང་སྒྱུ་རྩལ་པོ་ལག་ཡོངས་རྫོགས་བློ་དང་རིགས་པའི་དཔལ་འབར་བས། །

གང་གི་བཀའ་ཁྲིམས་གཡུང་དྲུང་རིས་སུ་ནོར་འཛིན་བུ་མོའི་མཐའ་ལ་འཁྱུད། །

མཚར་སྡུག་འོད་ལྡ་གཅིག་ཏུ་སྨིན་པའི་ཀུན་ཏུ་བཟང་པོ་རློས་པའི་གར། །

ས་གསུམ་སྐྱེ་རྒུའི་སྙོངས་པའི་གཤེད་དུ་ཧ་ལྡང་འཁྲུལ་གྱི་ཤིང་རྟས་དྲངས། །

བཞི་ལྷག་སུམ་ཅུའི་དབྱངས་གསལ་འོད་སྣང་སྣ་ལའི་ལྗོངས་འདིར་རྐྱོད་པའི་མཐུས། །

རིག་པའི་མེ་ཏོག་ཅི་ཡང་འཛུམ་འདི་སྟོང་གསུམ་ནོར་གྱིས་ཁྱུགས་ནུས་མིན། །

ཨེ་མ་མི་མཇེད་ཡངས་པའི་ཁམས་འདིར་སྟོབས་བཅུ་མངའ་བ་སྟོང་གི་དབུས། །

པད་དཀར་ལྟར་བསྟུགས་བུ་རམ་ཤིང་བའི་མདོ་རྒྱུད་ཉི་ཟླའི་དཀྱིལ་འཁོར་ཟུང་། །

ལྗོངས་འདིར་ཐོག་མར་འདྲེན་པའི་བྱེད་པོ་མགོན་པོ་ཁྲིད་ཀྱི་མིང་ཙམ་ཡང་། །

སྐལ་བཟང་གདུལ་བྱའི་གདུང་སྨུན་སེལ་བའི་ལེགས་བྱས་སྣང་བ་ཆེན་པོར་གྲུབ། །

མན་ཤེལ་ར་བ་དཀར་པོའི་ཞིང་འདིར་རྫོགས་ལྡན་དཔྱིད་ཀྱི་ལང་ཚོམ། །

ཕུན་ཚོགས་སྡེ་བཞིའི་སྙིག་པའི་ཉམས་ཀྱིས་རྣམ་པར་འདྲེན་པའི་བྱེད་པོ་ནུ། །

ཚེ་དང་ཡེ་ཤེས་དཔག་མེད་མགོན་དང་གནས་གསུམ་ཌཱ་ཀིས་ཨུ་རྒྱན་དུ། །

དྲི་མེད་རྡོ་རྗེ་དབྱངས་ཀྱིས་བསྟུགས་པ་ཕུན་ཚོགས་དོན་ལྡན་འབྲས་བུར་བཅས། །

མཚུངས་མེད་བློ་སྟོབས་རྩེབས་སྟོང་བཀྲ་བའི་ངོ་མཚར་གསེར་གྱི་འཁོར་ལོ་ཡིས། །

འཛམ་བུའི་རྒྱལ་མཚན་མཛེས་པའི་གླིང་འདིའི་སུམ་ཉིས་ཆ་ཀུན་དབང་བྱས་ཤིང་། །

ང་ལས་ནུ་ཡི་ལེགས་མཛད་མེ་ཏོག་གངས་རིའི་མགུལ་དུ་བཞད་པའི་མཐུས། །

རྫོགས་ལྡན་དཔྱིད་ཀྱི་ཕུན་ཚོགས་མ་ལུས་བྱེད་པོས་གནས་འདིར་བསྐུས་པ་བཞིན། །

མ་ཧཱ་ཙཱི་ནའི་རྒྱལ་ཁམས་ཆེན་པོར་སྟོབས་ཀྱི་དཔུང་བས་མངའ་བསྒྱུར་བའི། །

གསེར་འབྲུག་སེར་ལྡའི་ཁྲི་ལ་འཁྱིངས་པའི་མཐུ་ལྡན་གནམ་བསྐོས་བུ་ལ་སོགས། །

ཕྱོགས་བཞིའི་དྲེགས་ལྡན་ཆེ་རྒྱ་ཀུན་གྱིས་དཔྱ་དང་སྐྱེས་ཀྱིས་གུས་མཆོད་པས། །

གསེར་མངའ་ཅན་ཡང་ཁེངས་པ་བཏང་སྟེ་ཉི་ཟླའི་སྲོལ་གྱིས་ལྷ་བར་ལྷགས། །

སྲིད་འདིའི་དྲེགས་ལྡན་འབུམ་གྱིས་བཏུད་པའི་ངོ་མཚར་རིན་ཆེན་འབར་བའི་ཁྲིར། །

སྟོབས་དང་འབྱོར་བས་སྐེམས་པས་འཁྱིང་བའི་རྒྱལ་རིགས་ལས་བྱུང་ལང་ཚོམ། །

སྐབས་གསུམ་བུ་མོའི་མཛེས་པའི་དཔལ་འཕྲོག་སྐྱེ་རྒྱུའི་ཡིད་ཀྱི་ཚོམ་རྐྱན་ཟུང་། །

རིན་ཆེན་བཙུན་མོར་གྲུབ་པའི་སླུ་ཡིས་སྟོང་གསུམ་ཁྱོན་ཀུན་ཤིས་པར་བསྒྲུབས། །

པི་ཝཾ་ཀརྣའི་སོར་རྩེའི་འཕྲུལ་ལས་མཚན་དཔེའི་མེ་ཏོག་ཚོམ་བུར་སྨིན། །

རྒྱལ་བ་དངོས་ཀྱི་བྱིན་གྱིས་བརླབས་པའི་སྟོན་པའི་གདུང་འཚོབ་སྣང་བརྙན་ཟུང་། །

གང་གི་ཐུགས་བསྐྱེད་གསེར་གྱི་ཤིང་རྟས་ལྗོངས་འདིའི་དཔལ་དུ་དྲངས་པ་ལས། །

ཤེལ་དཀར་འདབ་མ་གཡོ་བའི་གླིང་འདི་བདེ་ལྡན་ཞིང་དང་ཐ་མི་དད། །

ཕྱག་ན་པད་མའི་གསང་གསུམ་སྒྱུ་འཕྲུལ་གཙུག་ལག་ཁང་གི་རྣམ་པ་རུ། །

ལྗོངས་འདིའི་འགྲོ་ངོར་ལེགས་པར་ཤར་བ་ཆོས་འཁོར་དཔལ་གྱི་ལྷ་ལྡན་དུ། །

རྒྱལ་བའི་སྣང་བརྙན་ཟུང་གིས་གཙོ་བྱས་རྟེན་གསུམ་ནོར་བུའི་དཔལ་འབར་བས། །

ས་ལ་གནས་པའི་འོག་མིན་ཞིང་ཞེས་སྙན་པའི་གྲགས་ཡིག་རང་སྒྲ་གྲོད། །

སྲོ་མཐོ་ས་འཛིན་ཡངས་པའི་ངོས་ལ་དྲི་མེད་མན་ཤེལ་རྩིག་པ་དང་། །

གསེར་དངུལ་མཆད་བྷུ་ཏ་ལས་གྲུབ་དབྱིབས་ལེགས་མཛེས་པའི་ཁང་བཟང་ལས། །

སྣ་ཚོགས་འོད་རིས་སྤུག་གུར་བཀྲ་བའི་ངོ་མཚར་རྩེ་དགའ་རྒོད་པ་ཡིས། །

གྲུ་འཛིན་རི་བོ་ཞེས་པའི་གྲགས་སྙན་གནས་འདིར་འབོད་པ་དོན་གྱིས་ཕྱུག །

གསེར་གྱི་བ་གམ་རྣམ་པར་རྒོད་པས་མཚན་ཡང་ཉིན་བཞིན་གསལ་བར་བྱེད། །

སྐར་ཁུང་སྒོ་གླེགས་གང་འཚམས་འབབ་རྟེགས་སྣ་ཚོགས་རིན་ཆེན་དུ་མས་གྲུབ། །

མན་ཤེལ་དཀར་པོའི་སྙིང་པོ་ལས་སྨིན་ཁང་བརྩེགས་མཁའ་ལ་བསྙེགས་པ་འབུམ། །
གང་གི་ཐུགས་བསྐྱེད་འཕྲུལ་ལས་བྱུང་འདི་ལྷ་ལྡན་ཞིང་དང་འོད་མི་དབྱེ། །
སྣ་མང་རིན་ཆེན་འདོད་དགུར་སྤྱོད་པས་རྣམ་ཐོས་སྲས་ཀྱི་བང་བ་ལ། །
འགྲན་པར་ནུས་པའི་གཙུག་ལག་ཁང་ནས་རིན་ཆེན་བདུན་གྱི་ཆར་བསྙིལ་བས། །
ཟས་ནོར་གོས་ཀྱིས་ཕོངས་པའི་སྐྱེ་བོ་ཕྱུགས་དང་མཚམས་ན་གནས་པ་ཀུན། །
གང་གི་སྙན་པའི་ལྕགས་ཀྱུས་དྲངས་ཏེ་ཉིན་བཞིན་འདི་ན་སྤྲིན་ལྟར་འཁྲིགས། །
རྒྱ་བལ་ཁ་ཆེ་རྒྱ་ནག་ལ་སོགས་མཐའ་བཞིའི་པཎ་གྲུབ་ཉིན་མོར་བྱེད། །
སྣ་ལའི་ནགས་ཀྱིས་མཛེས་པའི་གླིང་འདིར་ཐབས་མཁས་གོ་ལས་ཉེར་དྲངས་ཏེ། །
བཀའ་བསྟན་སྣང་བ་འབུམ་གྱི་གཟི་ཡིས་སྐལ་ལྡན་པད་དཀར་སྨིན་མཛད་ཅིང་། །
ལེགས་བྱས་འདོད་རྒུ་ལྡན་གྱིས་གྲུབ་འདི་རྗེད་དུས་དཔག་བསམ་ལྗོན་པ་ཉིད། །
ལྷག་བསམ་གསེར་གྱི་ཡུ་བ་རབ་བརྟན་སྙིང་སྟོབས་དཔུང་བ་བཙན་པོས་བསྒྲེངས། །
མི་ཆོས་གཙང་མའི་ཤམ་བུས་ལེགས་མཛེས་ལྷ་ཆོས་ནོར་བུའི་ཏོག་གིས་བརྒྱན། །
མཆོག་དམན་བར་མ་ཀུན་ལ་སྙོམས་པའི་བཀའ་ཁྲིམས་རིན་ཆེན་འབར་བའི་གདུགས། །
རིས་མེད་སྐྱེ་འགྲོའི་མི་བཟད་ཚ་གདུང་དྲུངས་ནས་འབྱིན་པའི་བྱེད་པོར་གྲུབ། །
མཁོ་དགུའི་དངོས་པོ་འདོད་རྒུར་འཛོ་བའི་བཟོ་ཡི་རིག་བྱེད་དར་དྲགས་ཤིང་། །
སྣ་ཚོགས་ཚོང་ཟོང་ཐང་མར་བརྡལ་བའི་ངོ་མཚར་དཔལ་གྱི་གཏེར་བརྗོལ་བས། །
ཁྲི་བཟང་ཡང་སྟོན་སྔགས་ཀྱི་བུ་ཡི་བློ་རིག་འཕྲུལ་གྱི་བཀོད་པ་ལས། །
སུམ་རྩེན་གྲོང་ཁྱེར་ལྗོངས་འདིར་བསྐྲུན་ལ་བརྒྱ་བྱིན་མཚར་བའི་རོལ་བ་འཛིན། །
ཟླ་ཤེལ་ར་བ་དཀར་པོའི་མུ་ཁྱུད་བྱེད་པོས་ཆེད་དུ་བཟོས་པ་བཞིན། །
གཡུ་མདངས་བཀྲ་བའི་སྤྱི་མཐོའི་ས་འཛིན་གནམ་སྟོན་འདེགས་པའི་ཀ་བ་བཞིན། །
སྔོ་ལྗང་ནེའུ་གསེང་གཡུ་ཡི་མེ་ལོང་ཁྲབ་འཇུག་འཕྲུལ་ལས་བྱུང་བ་བཞིན། །
མཚོ་དང་མཚོའུ་ལྟེང་ཀ་འབབ་ཆུ་ལྗོངས་འདིའི་བཅུད་དུ་འདུས་པ་བཞིན། །

མཐོ་རིས་འོད་ལྡན་ལྷའི་མཛེས་པ་ལ་ཟ་སྣ་ཚོགས་ཡིད་དགའ་འཛུམ་གྱིས་བཞད། །
མཆོད་ཡང་ཆོས་སྐྱེག་པའི་རྐང་འཐུང་ཕྱོགས་དང་མཚམས་ན་སྤྲིན་ལྟར་གཏིབས། །
ངང་དུར་ཁུ་བྱུག་གྲེ་འགྱུར་དབྱངས་ཀྱིས་དྲི་ཟའི་སྐྱེག་མོའི་གླུ་ལ་འཕྱོ། །
ཨེ་མ་སྣ་ལའི་ལྗོངས་འདིའི་དཔལ་གྱིས་གཡུ་ལོ་བཀོད་པའི་ཞིང་ལ་རྐོལ། །
ལོག་པར་སྤྱོད་པའི་རང་མདངས་གནག་པའི་མི་དགེ་ལྷུགས་ཀྱི་ས་འཛིན་གང་། །
མཁྱེན་བརྩེ་ནུས་པའི་ཐབས་མཁས་འཕྲུལ་གྱིས་ལེགས་བྱས་གསེར་གྱི་ཕུང་པོ་རུ། །
རྣམ་པར་བསྒྱུར་བའི་དགེ་མཚན་ལམ་ལས་རིགས་ཅན་གསུམ་གྱི་སྐྱེ་འགྲོའི་ཚོགས། །
མཐོ་རིས་ཐར་བའི་གྲོང་ལ་གཤེགས་པ་མཁའ་ཡི་རྒྱུ་སྐར་གྲངས་ལ་འཕྱོ། །
རྒོད་ཀྱི་སྟོང་སྡེ་གཅིག་ལྷག་དྲུག་ཅུ་ཕྱི་དགྲ་འཇོམས་པའི་ཐོ་བ་སྟེ། །
གཡུང་གི་སྡེ་ཡིས་བཟོ་ཚོང་ལས་དང་གནག་ཕྱུགས་སྐྱོང་ཞིང་སོ་ནམ་གཉེར། །
སྐྱུལ་བའི་མཛད་པའི་ཁྲིམས་སོགས་མེད་ཅིང་མངའ་འབངས་བདེ་བའི་དཔལ་ལ་སྤྱོད། །
བཙན་པོའི་གཉའ་གནོན་གསེར་གྱི་རིར་མཚུངས་གཉོམ་ཚུད་སྐྱོང་བའི་ཕམ་ཉིད། །
དཔའ་བོའི་དཔུང་གིས་སོ་མཚམས་སྲུང་ཞིང་འབངས་ལ་གནོད་པའི་ལས་མི་བྱེད། །
བྱས་རྗེས་ཅན་ལ་གཟེངས་སུ་བསྟོད་ཅིང་སྟར་མའི་ཚོགས་ལ་ཕ་ཞྭས་སྨད། །
མཛངས་པ་རྣམས་ལ་ཡིག་ཚང་གིས་བསྟོད་ཉེས་ཆེན་ཁྲིམས་གྱིས་མནར་ལུགས་སོགས། །
ཐབས་མཁས་འཕྲུལ་གྱིས་བོད་ཁམས་བསྐྱངས་པའི་ངོ་མཚར་མཛད་པ་ཕམ་མཐའ་ཡས། །
ས་ཡི་ཚངས་པ་སྲོང་བཙན་སྒམ་པོའི་ལེགས་མཛད་ཉིན་བྱེད་གཞོན་ནུ་ཡིས། །
བསིལ་ལྗོངས་བདེ་སྐྱིད་ས་མོས་ཚོགས་ཀྱི་འདབ་བརྒྱ་ལྷུག་པར་བཞད་པ་ལས། །
བསྐལ་བཟང་སྨྲང་རྩེའི་དཔལ་གྱིས་འཚོ་བའི་བོད་འབངས་ར་ཡིག་གཉིས་པའི་ཁྲུ། །
དགའ་བའི་གར་དང་སྐྱིད་པའི་གླུ་ཡིས་དྲི་ཟའི་འཇིག་རྟེན་རྫོགས་པར་བྱེད། །
ཞི་བའི་དབྱིངས་ལས་མ་གཡོས་བཞིན་དུ་སྣ་ཚོགས་འགྲོ་བ་འདུལ་སླད་དུ། །
དྲག་པོའི་དཔུང་གིས་ཞི་བདེར་རྫམ་པའི་མ་རུངས་ཡིད་སྲུབས་བྱེ་བའི་སྡེ། །

དུས་གཅིག་བཅོམ་པའི་གྲགས་སྙན་བ་དན་སྲིད་པའི་རྩེ་མོར་བསྒྲེངས་པ་ལས། །
མཚོད་སྦྱིན་བརྒྱ་བ་ཉེ་དབང་འཁོར་བཅས་འདུད་པར་བགྲོས་པའི་ཉེར་བསྟོག་རྩོམ། །
གྲུ་འཛིན་ཞིང་གི་དཔལ་དུ་གྱུར་པ་ཕྱག་ན་པད་དཀར་འཆང་བའི་ལྷ། །
ལྗོངས་འདིའི་འགྲོ་ལ་ལྷག་པར་རྗེས་ཆགས་ཐུགས་ཆེན་ཐུགས་བསྐྱེད་མཐུ་སྨོན་པས། །
སྲིད་འདིར་དྲེགས་པས་ཀུན་ནས་སྨྲོས་པའི་ཆེ་རྒྱུའི་རལ་བའི་ཅོད་པན་རྩེར། །
བོད་འབངས་ཕན་བདེ་བསིལ་དྲོད་སྙོམས་པས་བདེ་ལྡན་ཞིང་གི་རྗེས་འགྲོར་མཛད། །
ལྷག་བསམ་ས་སྲུང་རྟེན་ན་རབ་འགྱིངས་མི་འཛིགས་སྙིང་སྟོབས་གོ་ཆ་བཙན། །
ཕས་རྒོལ་ས་འཛིན་ཕྱི་མར་ཟློག་ནུས་མཐུ་སྟོབས་རྡོ་རྗེ་རྩེ་བརྒྱ་འཛིན། །
ནག་ཕྱོགས་ལྷ་མིན་བྱེ་བའི་གཤེད་གྱུར་སྲོང་བཙན་མཆོད་སྦྱིན་བརྒྱ་བ་ཡིས། །
གངས་ལྗོངས་ཡུམ་རྩེན་ལེགས་པར་བསྐྲུངས་པའི་རྨད་བྱུང་ལེགས་མཛད་དཔག་པར་ཡས། །
དཔག་མེད་བསྐལ་བར་བསོད་ནམས་ཡེ་ཤེས་ཚོགས་གཉིས་བྱེད་པོས་འདུ་བྱས་པས། །
མཚན་དཔེ་ཉི་མ་བརྒྱ་ཡི་གཟི་འབར་སྐུ་བཞིའི་གོ་འཕང་མངོན་མཛད་ཀྱང་། །
དག་དང་མ་དག་འཛིག་རྟེན་ཀུན་ཏུ་སྣ་ཚོགས་སྒྱུ་མའི་རོལ་གར་གྱིས། །
མཐའ་ཀླས་ཡིད་ཅན་ཁམས་ཀྱི་རྗེས་མཐུན་སྣ་ཚོགས་མཛད་བཟང་ཅིར་ཡང་སྣང་། །
ཁྱད་པར་ངོ་མཚར་དཔལ་གྱིས་མཐོ་བའི་ཁ་བ་རི་བོའི་རྒྱལ་ཁམས་སུ། །
སྟོབས་ཀྱི་དཔུང་བས་ཁ་ལོ་བསྒྱུར་བའི་རིམ་བྱོན་ས་སྐྱོང་གྲངས་མང་ཡང་། །
གསེར་རིའི་དབུས་ན་ལྷུན་པོ་ཇི་བཞིན་རྨད་བྱུང་མཛད་རྗེས་ཆེས་མཐོ་བའི། །
ཆོས་རྒྱལ་ཆེན་པོའི་ལེགས་མཛད་ཆ་ཙམ་སྨྲ་བའི་སྐལ་བཟང་སྟེས་ཀྱིས་རྙེད། །
དབྱངས་ཅན་རིག་པའི་གློག་འོད་འབར་བའི་ངོ་མཚར་སྒྲ་བརྒྱ་རྒོད་དང་ལྡན། །
ཞིང་གི་མཆོག་ལ་རྣམ་པར་བསྔགས་པའི་ཡན་ལག་བཞི་ཟུང་གྲུ་ཆར་གྱིས། །
དཔྱོད་ལྡན་མདོངས་མཐའ་སྤྲོ་དགའི་གར་བཅས་བསོད་ནམས་མངལ་གྱིས་མཛེས་པ་ཡང་། །

མཚན་ལྡན་མགོན་དང་མཆོག་གསུམ་བྱིན་རླབས་ཆུ་ཁུར་འཛིན་པ་པོ་ནའི་མཐུ། །
ཨེ་མ་གངས་ཀྱི་ལྗུ་ཁྲུད་འཛིན་པའི་ཞིང་འདི་སྟོངས་པར་མ་གྱུར་པར། །
དངོས་དང་སྤྲུལ་བས་ཡང་ཡང་སྐྱོང་བའི་སྣ་ཚོགས་སྒྱུ་མའི་རོལ་གར་ལས། །
ལྟོངས་འདིའི་འགྲོ་ལ་ལྷག་པར་སྨན་པའི་ཆོས་རྒྱལ་ཆེན་པོའི་ལེགས་མཛད་ཀྱི། །
ཆུ་གཏེར་ཆེ་ལས་ཐིགས་པ་ཙམ་ཞིག་གོ་སླའི་ངག་གིས་འདི་ན་སྤེལ། །
འདི་ལས་བྱུང་བའི་རྣམ་དཀར་གང་མཆིས་བསྟན་དང་འགྲོ་བའི་དཔལ་གྱུར་ཅིང་། །
བདག་ཀྱང་སྐྱེས་ཤིང་སྐྱེ་བའི་ཕྲེང་བར་མངའ་བདག་རྒྱལ་པོས་རྗེས་བཟུང་ནས། །
ལམ་གྱི་གཙོ་བོ་གསུམ་གྱིས་མཚོན་པའི་ས་ལམ་རྟོགས་པ་མཐར་ཕྱིན་ཏེ། །
མཐའ་དག་འགྲོ་བའི་དཔུང་གཉེན་ཆེན་པོ་སྤྱན་རས་གཟིགས་དང་མཚུངས་པར་ཤོག །

ཅེས་བོད་ཀྱི་གཙུག་ལག་ལུགས་གཉིས་ཀྱི་སྲོལ་འབྱེད་བླ་མའི་ཡང་བླ་མར་གྱུར་པ་ཆོས་ཀྱི་རྒྱལ་པོ་ཆེན་པོ ༧ སྲོང་བཙན་སྒམ་པོའི་ལེགས་མཛད་ཙུང་ཟད་སྙིང་བ་ངོ་མཚར་གཏམ་གྱི་རོལ་མོ་ཞེས་བྱ་བ་འདི་ནི་སྔོན་བྱོན་བོད་ཀྱི་མཁས་པ་རྣམས་ཀྱིས་མཛད་པའི་སྤྲིན་གྱི་བཞོན་པའི་རྟོགས་བརྗོད་དང་། ཀླུ་མ་ཧའི་རྟོགས་བརྗོད། སྐྱ་བསེང་བུ་ལྷའི་རྟོགས་བརྗོད་སོགས་འཕགས་པའི་ཡུལ་དུ་བྱོན་པའི་ས་ལ་སྤྱོད་པའི་མཐོ་རིས་ཀྱི་རྒྱལ་པོ་རྣམས་ཀྱི་རྟོགས་པ་བརྗོད་པ་སྙན་ངག་གི་ལམ་ནས་དྲངས་པ་མཐའ་ཡས་པ་ཞིག་མཆིས་ན་ཡང་། ཆོས་རྒྱལ་ཆེན་པོ་སྲོང་བཙན་སྒམ་པོ་སོགས་འཛམ་གླིང་ཡངས་པའི་ཁྲོན་ཀུན་ལ་སྙན་པའི་གྲགས་པ་རབ་ཏུ་གསལ་བའི་ས་ཡི་དབང་ཕྱུག་མང་པོ་ལྟོངས་འདིར་བྱོན་མོད། སྙན་ངག་གི་ལམ་ནས་དྲངས་པའི་དེ་དག་གི་རྟོགས་པ་བརྗོད་པ་ཞིག་ཐོས་ཆུང་བདག་གི་མིག་སྔར་མ་སོན་པས་རྐྱེན་བྱས་ཏེ། སྙན་ངག་སྨྲ་བ་ལ་འགྲན་པའི་ཟླ་དང་བྲལ་བའི་དྲན་དབང་དག་གིས་རྒྱལ་པོ་ཆེན་པོ་དེ་དག་གི་རྟོགས་པ་བརྗོད་པའི་སྙན་ཚིག་ཉིན་བྱེད་དབང་པོ་འདྲེན་པའི་ཁྲུང་སྔོན་སྐྱེས་ཀྱི་ཚུལ་དུ་སྔོངས་ཐན་བཤད་སྒྲུབ་རྒྱ་མཚོས་ཤིན་ཏུ་གུས་པ་ཆེན་པོས་བྲིས་པ་དགེ་བར་གྱུར་ཅིག །དགེའོ། །

༄༅། །ངེས་དོན་མཁས་པའི་ཁྱུ་མཆོག་རྗེ་འཇིགས་མེད་རིགས་པའི་བློ་གྲོས་དཔལ་བཟང་པོ་ལ་བསྟོད་པ་ངོ་མཚར་གཏམ་གྱི་མེ་ཏོག་ཅེས་བྱ་བ།

འཇིགས་མེད་སྟོབས་བཅུ་མངའ་བའི་མདོ་རྒྱུད་ལུགས་བཟང་གི་ལ་ཤ་ཡི་རི་སུལ་རྟག་ཏུ་སྐྱོང་། །དྲི་མེད་ལུང་དང་རིགས་པའི་ལུས་རྩལ་དར་བབ་པས་རྒོལ་འབུམ་སྡེ་གནོན་པའི་གད་རྒྱངས་ཅན། །ཟླ་མེད་བློ་གྲོས་མཆོག་གི་གཡུ་རལ་ཁྱུར་འཆང་གཞན་ཕན་ལྷག་བསམ་རང་མདངས་དུང་ལས་དཀར། །དཔག་མེད་སྐལ་ལྡན་རི་སྐྱེས་བྱེ་བའི་གཉེན་གྱུར་སྨྲ་བའི་སེང་ཆེན་ཕྱོགས་ལས་རྒྱལ་གྱུར་ཅིག །དག་པ་ལྷ་ལྡན་རིན་ཆེན་ཐེམ་སྐས་ལས་བབས་དམར་སེར་ཐུབ་མཚམས་གསར་བའི་ཐོལ་ལ་བརྟེན། །ཟབ་རྒྱས་ཤེས་བྱའི་རི་མོ་འདྲེས་གསལ་བྱེད་རྣམ་དག་ཡེ་ཤེས་འབར་བའི་གཟི་འོད་འཁྱུག །སྣ་ཚོགས་སོས་པའི་ཆུ་བོར་ཅེར་ཡང་འཆར་བའི་ངོ་མཚར་ཟླ་བརྙན་སྟོང་གི་རོལ་གར་གྱིས། །དཔག་ཡས་སྐྱེ་དགུར་མ་ནོར་ལམ་བཟང་མཚོན་མཁས་ཟླ་མེད་བཤེས་གཉེན་མཆོག་གང་སྲིད་ཞིའི་མིག །ངག་ལ་དབང་འགྱུར་དབྱངས་ལྡན་ལྷ་ཡི་བུ་མོ་ཐུགས་ཀྱི་ཁབ་ཏུ་བག་མར་བསུས་པའི་མཐུས། །དྭངས་གསལ་མཁྱེན་པའི་ཡེ་ཤེས་མེ་ལོང་གཅིག་ལ་བདེན་གཉིས་ཤེས་བྱའི་སྣང་བརྙན་འབུམ་དུ་རྫོགས། །བཅུ་ཕྲག་རིག་པའི་མེ་ཏོག་འཛུམ་བཀྲ་རྒོད་ལས་ལེགས་བཤད་སྦྲང་རྩིའི་འདོད་པ་ཅི་ཡང་འཛོ། །སྟོན་མེད་པད་ཆེན་རིན་ཆེན་དང་པོའི་ལྷུན་པོར་བདག་བློ་དད་པའི་ཕྱོགས་སུ་ཀུན་ནས་ལྷུང་། །ཀླུ་ཐོགས་བློ་གྲོས་གཅིག་ཏུ་བསྡེབས་པ་མིན་ནམ་འཆད་པ་སྐལ་

བཟང་སྙིང་གི་དཔྱིད་དུ་དར། །ཕྱོགས་སླད་གྲགས་པའི་རིགས་འཕྲུལ་འདུས་པ་མིན་ནམ་རྩོད་པ་ཕས་རྒོལ་འཇོམས་པའི་གཤེད་དུ་འབར། །དགེ་དབང་དཔའ་བོ་སྣར་ཡང་བྱོན་པ་མིན་ནམ་རྩོམ་པ་མཁས་དགྱེས་མཆོད་པའི་ཡོན་དུ་སྒྲོ། །འཇམ་དཔལ་སྙིང་པོའི་གར་གྱི་སྒྱུ་འཕྲུལ་མིན་ནམ་མཁས་རློམ་ཕལ་བ་སྟོང་གིས་སྤྱན་དུ་མེད། །ལྷ་ར་སྣང་སྟོང་སྐད་བྲག་ཆའི་གཞུང་ལུགས་མ་ཡིན་མདོ་རྒྱུད་གཞུང་བརྒྱ་ལེགས་པར་སྦྱངས་པས་མཁས། །ནག་ཚང་དུད་སྲིད་རྣམ་གཡེང་སྤྱོད་པ་མ་ཡིན་སྒོ་གསུམ་བག་ཡོད་ཁྲིམས་ཀྱིས་བསྡམས་པས་བཙུན། །རང་རྒྱལ་གཞན་ཕམ་ཕྱོགས་རིས་བསམ་པ་མ་ཡིན་རླབས་ཆེན་བྱང་ཆུབ་སེམས་མཆོག་འགྲོངས་པས་བཟང་། །རིགས་མཐུན་ལྷུན་པོ་འདུས་པས་བསྟི་བསྟང་མ་ཡིན་མཁས་དགྲུས་བཀུར་འོས་དགེ་བའི་བཤེས་སུ་འཁྱེམས། །ཨེ་མ་བསིལ་ལྡན་སྣ་ལའི་སྨན་གྱི་ལྗོངས་འདིར་རྫོགས་ལྡན་དཔྱིད་ཀྱི་ལང་ཚོ་དར་བའི་དུས། །མཁས་གྲུབ་ལོ་པཎ་སྟོང་གི་མཚན་གྱི་རོལ་མོ་ཕྱོགས་ཀྱི་བུ་མོས་བརྡུངས་པའི་རང་སྒྲ་སྙན། །འོན་ཀྱང་དེང་དུས་མ་ཞུམ་སྙིང་སྟོབས་མཆོག་གིས་ལེགས་བཤད་བདུད་རྩི་གསར་པའི་གྲུ་ཆར་གྱིས། །རིས་མེད་གདུལ་བྱའི་སྨྱུ་གུ་སྨིན་པར་བྱེད་མཁས་དྲན་དབང་ཆུ་འཛིན་དབང་པོ་རེ་རེ་ཙམ། །སྟོང་འཁྱུན་བདག་པོའི་སྣ་ཚོགས་ཐབས་འཕྲུལ་ངོ་མཚར་ཟ་འོག་རིས་སུ་སྨིན་པའི་དྲ་བ་ལས། །གང་འཚམས་དགེ་ལེགས་འདོད་དགུ་འཛོ་བ་རྨད་བྱུང་རིག་པའི་ལྗོན་བཟང་དཔག་བསམ་མེ་ཏོག་ཅན། །ནོར་བུ་པད་མ་རྩེན་པའི་ཞིང་འདིར་གནའ་ནས་འཛུམ་པའི་མན་ཤེལ་འདབ་ལྡན་སྟེང་འཕྲུང་དང་། །ལྷན་དུ་མཛེས་པར་བཞད་པ་འདི་ཡང་མགོན་པོ་གང་གི་ཐུགས་བསྐྱེད་འཕྲུལ་གྱི་ཆ་ཤས་ཉིད། །གང་ཐུགས་ཤེས་བྱའི་གཟུགས་མཚར་བཀྲ་བ་བརྒྱ་བྱིན་མིག་སྟོང་བགྲད་པས་མ་མཚོན་འཆི་མེད་གྲོང་ན་སོམ་ཉིས་གཟིར། །བརྩེ་ཆེན་སྤྲིན་ཞགས་དམན་སར་གཡོ་བས་སྲིད་པའི་གྲོང་འདི་སྟོང་བར་འགྱུར་ཞེས་ལུས་མེད་བདག་པོ་གདུང་བས་མནར། །ཕན་བདེ་འོད་རླབས་མཁའ་ལ་འཕྱུར་བ་ཀུན་ཏུ་བཟང་པོའི་མཆོད་པའི་སྤྲིན་གྱིས་རྒྱལ་དང་རྒྱལ་སྲས་དབྱིངས་ནས་དགྱེས། །ལེགས་བཤད་ནོར་བུའི་བགོ་སྐལ་བསྟབས་པས་སྐལ་བཟང་གཟུར་

གནས་སེམ་པའི་དབྱངས་སྙན་ཁོར་ཡུག་ར་བའི་ཁོང་ལས་བརྒྱལ། །ཚོགས་གཉིས་བཟོ་བོས་འཕྲུལ་གྱིས་བསྒྲུབས་པའི་ཟླ་བའི་ཚ་ལས་བཀོད་པ་ལ་འཁྲུ་མཛེས་སྟུག་གཟུགས་སྐྲ་སྒྲོ་བུར་ཡལ། །སྲིད་ཞིའི་ནད་བརྒྱ་འཇོམས་པའི་སྨན་མཆོག་གདུལ་བྱའི་བློ་དང་འཚམས་པར་འཇུག་པའི་ཚངས་དབྱངས་དབྱར་ཇ་དབྱིངས་སུ་འགགས། །ཟབ་རྒྱས་གཙུག་ལག་འབུམ་གྱི་མཛོད་བཤེས་སྒྲིབ་བྲལ་དག་པ་མཁྱེན་བརྩེ་གཏེར་ཆེན་མི་མངོན་ཞི་བའི་མལ་དུ་མནལ། །ཀྱེ་ཧུད་གང་ལ་དད་པའི་འགྲོ་རྣམས་མ་ཡིས་བོར་བའི་བྱིས་པ་དང་མཚུངས་ཉམ་ཐག་འོ་དོད་དབྱངས་ཀྱིས་བྲེལ། །འོན་ཏེ་ཆེར་སྙིགས་དུས་ཀྱིས་ནོངས་ཀྱང་སྟོན་གྱི་དམ་བཅའ་དཔག་བསམ་ནོར་བུའི་སྙིང་པོ་ཅན། །མི་ཞིག་གཡུང་དྲུང་རིས་སུ་སྨིན་པ་དུས་ལས་ཡོལ་བའི་གོ་སྐབས་ནམ་ཡང་སྲིད་མིན་པས། །དཔག་ཡས་མ་མར་གྱུར་པའི་སྐྱེ་དགུ་གཏན་བདེའི་བདུད་རྩིས་ཚིམ་པར་མ་བྱས་དེ་སྲིད་དུ། །མཁའ་དང་མཉམ་པར་འཇུག་པའི་འཕྲིན་ལས་བདག་སོགས་འགྲོ་བའི་སྐྱེ་ཞིང་སྐྱེ་བའི་དཔལ་དུ་ཤོག །

ཅེས་པ་འདི་ནི་གང་གི་ཞལ་སློབ་འགས་མགོན་པོ་གང་ལ་རྗེས་དྲན་གྱི་དེབ་ཆུང་གཅིག་སྒྲུན་རྩིས་ཀྱི་བཟ་འཁྱེར་སྐབས་རིག་སྨོན་པ་བཤད་སྒྲུབ་རྒྱ་མཚོས་ཤིན་ཏུ་དད་པས་འཕྲལ་དུ་བྲིས་པ་དགེའོ། །

༄༅། །གཙན་ཚའི་མ་ཏི་ཆོས་འཁོར་ཆེན་མོ་ལ་བསྔགས་པ་གདུང་སེལ་ཨ་རུའི་སྨོན་བཟང་ཞེས་བྱ་བ། །

བླ་མ་དང་མགོན་པོ་འཇམ་པའི་དབྱངས་ལ་ཕྱག་འཚལ་ལོ། །
ལྷ་ལྷན་ཡེ་ཤེས་འོད་ལྷའི་འཇའ་གླིང་ནས། །
ཟུང་འཇུག་མཚན་དཔེའི་འོད་ཀྱིས་སྣེག་པ་འཛིན། །
དུས་མཐར་དུར་སྒྲིག་ཟློལ་གྱིས་རོལ་བའི་མགོན། །
ཡོན་ཏན་རྒྱ་མཚོའི་འབྱུང་གནས་མཆོག་དེར་མཆོད། །
ཚོགས་གཉིས་རིན་ཆེན་ཞུན་མ་བསྒྲུབས་ལས་གྲུབ། །
ཟླ་བྲལ་སྐུ་བཞིའི་བང་རིམ་མཁའ་ལ་འཕགས། །
རྒྱལ་སྲས་གསེར་རི་སྟོང་གི་དབུས་ན་བརྗིད། །
ཐུབ་དབང་རི་རྒྱལ་ལྷུན་པོ་གཙུག་གིས་བསྟེན། །
བློ་ཆེན་རྒྱལ་བ་ཀུན་གྱི་ལུང་གིས་བསྔགས། །
མཁས་བཙུན་བཟང་བའི་རྣམ་ཐར་གཅིག་ཏུ་བསྡུམ། །
གྲགས་པ་རང་བྱུང་ལྷ་ཡི་རོལ་མོ་འཁྲོལ། །
རྒྱལ་བ་གཉིས་པར་བསྔགས་པ་དོན་གྱིས་མཛེས། །
རྣམ་འདྲེན་དོན་ཀུན་གྲུབ་པའི་མདོ་རྒྱུད་བསྟན། །
འཛིན་སྐྱོང་སྤེལ་བའི་ཐུགས་བསྐྱེད་མཐུ་སྨིན་པས། །
ལུང་རྟོགས་རིན་ཆེན་འབུམ་གྱི་གཏེར་མངའ་བའི། །
ཡོངས་འཛིན་རིགས་པའི་དཔའ་བོ་སྨོངས་འདིའི་དཔལ། །

ཟླ་མེད་འཇམ་དཔལ་སྙིང་པོ་ཡབ་སྲས་ཀྱི། །
གསང་གསུམ་སྒྱུ་མའི་འཕྲུལ་ལས་ཉེར་གྲུབ་པའི། །
གཟུངས་མཆོག་ཡི་གེ་དྲུག་མའི་ཆོས་འཁོར་མཆོག །
སྐྱེ་དགུའི་ཚ་གདུང་གཞིལ་བའི་ཙན་དན་ཉིད། །
རིན་ཆེན་གཉིས་པའི་ཞུན་མ་ལས་གྲུབ་པའི། །
ཟླ་མེད་ཕྱག་འཁོར་འདོད་དགུ་འཇོ་བའི་དཔྱིད། །
དུས་ངན་ཡིད་སྐྱབས་མཚོན་གྱིས་མ་བཅོམ་པར། །
ད་དུང་གནས་པ་ལེགས་ཚོགས་ཀུན་གྱི་ཞལ། །
རྒྱལ་དང་རྒྱལ་བའི་ཕྲུ་གུ་བགྲང་ཡས་པ། །
དཔག་ཡས་ངོ་མཚར་དངོས་པོའི་རོལ་གར་གྱིས། །
འགྲོ་དྲུག་དོན་ལ་གཞོལ་བའི་བཀའ་བདེན་ཕྱིར། །
དཔལ་སྟུག་ཆོས་འཁོར་གཟུགས་ལ་སོམ་ཉི་ཅི། །
རྟེན་འདི་འདོད་དགུ་འཇོ་བའི་དཔག་བསམ་ལྗོན། །
སྡུག་བསྔལ་མུན་སྟུག་འཇོམས་པའི་ཉིན་མོར་བྱེད། །
སྐལ་ལྡན་ཐར་བར་བསྒྲོལ་བའི་ཐེམ་སྐས་ཏེ། །
ངན་འགྲོའི་གཡང་ལས་སྐྱོབས་པའི་དཔུང་གཉེན་ལགས། །
དད་པས་ཕྱག་མཆོད་བསྐོར་བས་རིས་མེད་འགྲོར། །
གནས་སྐབས་མཐར་ཐུག་དགེ་ལེགས་འདོད་དགུའི་གཏེར། །
དུས་སུ་འཇོ་ཕྱིར་ཡིད་བཞིན་ནོར་བུར་ཡང་། །
འདི་ལ་འགྲན་ཟུས་ཆོས་འགའ་དམིགས་སུ་མེད། །
བསོད་ནམས་ཡེ་ཤེས་བྱེད་པོས་འདུ་བྱས་པའི། །
མཚན་དཔེའི་འཇའ་ཚོན་བཀྲ་བ་གཟུགས་ཀྱི་སྐུ། །

མངོན་སུམ་སྣང་ལྟའི་རྣམ་མང་སྒྲུ་ཡི་རྟེན། །
དད་པའི་ཡུལ་ན་འདོད་འཛོའི་སྙིང་པོར་འཁྲུམས། །
ཕྱག་ན་པད་དཀར་འཕྲེ་ཤིང་ལྡེམ་པའི་མགོན། །
ཐུབ་བསྟན་རྒྱ་མཚོའི་བདག་པོར་མངོན་བཞེངས་པའི། །
རྣམ་དག་སྨོན་པ་བདེན་ཚིག་གྲུབ་པའི་དབྱངས། །
བསྟན་འགྲོའི་གསོས་སུ་སྨིན་ལ་ཡིད་གཉིས་བྲལ། །
དེའི་ཕྱིར་རྟེན་འདིར་དད་པའི་ལུས་ཅན་རྣམས། །
གནས་སྐབས་རྒུད་པའི་མིང་ཡང་མི་འབྱུང་ཞིང་། །
རིང་མིན་ལྷ་ལྡན་ཆོས་ཀྱི་ཕོ་བྲང་དུ། །
སྟོབས་བཅུ་མངའ་བའི་རྒྱལ་ས་ཟིན་གྱུར་ཅིག །
ཅེས་པ་ འདི་ ནི་ རིག་ སྨོན་ པ་ བཤད་ སྒྲུབ་ རྒྱ་ མཚོས་ མཚོག་ ཏུ་ དད་ པས་ བྲིས་ པ་ དགེའོ། །

༄༅། །ངོ་མཚར་རྟོགས་བརྗོད་རིན་ཆེན་གསུམ་པའི་མེ་ཏོག་གི་པར་བྱང་སྨོན་ཚིག

བློ་བཟང་རྒྱལ་བའི་དྲི་མེད་རིང་ལུགས་མཆོག །
འཛིན་པའི་འཕྲིན་ལས་ལྷུན་གྱིས་འགྲུབ་པའི་རྗེ། །
ཆོས་ཀྱི་རྒྱལ་མཚན་སྲིད་རྩེར་སྒྲེང་མཁས་པ། །
ཁྱབ་བདག་བློ་མ་འོད་མཐའ་ཡས་པས་སྐྱོངས། །
སྟོན་ཚེ་ལྷ་མིའི་རྣམ་འདྲེན་ཟས་གཙང་སྲས། །
བུ་རམ་ཤིང་འཕེལ་གྲོང་དུ་གཤེགས་པ་བཞིན། །
དུས་ཀྱིས་སྣང་མཐའ་ཡས་པ་འཁོར་དང་བཅས། །
གནས་འདིར་བྱོན་པའི་ལེགས་མཛད་ནོར་གྱི་བུར། །
བློ་བཟང་ཐུབ་པ་ཆེན་པོའི་དམ་ཆོས་དཔྱིག །
ཐུགས་ཀྱི་མཛོད་དུ་བསྐྱིལ་བའི་བཤེས་གཉེན་དེའི། །
མཁྲིན་པ་གཡས་སུ་འཁྱིལ་བ་ལས་འོངས་པའི། །
སྣན་འཇེབས་དབྱངས་ཀྱིས་བསྟུགས་པ་ཀུན་དགའི་དཔྱིད། །
མི་འགྱུར་དད་གསུམ་ཚངས་ཆེན་བློ་གྲོས་དང་། །
དོན་སྒྲ་གབ་པའི་ཆུ་གཏེར་ལས་བྱུང་བའི། །
ངོ་མཚར་རིག་བྱེད་འབུམ་གྱི་རོལ་མོ་གང་། །
འཕྲུལ་གྱི་པར་དུ་བསྒྲུན་པའི་ལེགས་བྱས་མཐུས། །
ཚུལ་གནས་ཁྲིམས་ལྡན་དང་མོ་འབུམ་རྩེན་པའི། །

སྙན་གྲགས་རླབས་ཕྲེང་གཡོ་བའི་རྒྱ་མཚོ་ཆེར། །
འཇུག་པའི་དེད་དཔོན་བཤེས་གཉེན་གསེར་རིའི་ཕྲེང་། །
ཡངས་པའི་ནོར་འཛིན་རྒྱན་དུ་དར་གྱུར་ཅིག །
བསྐལ་བཟང་རྣམ་འདྲེན་བཞི་པའི་ལུང་རྟོགས་བསྟན། །
འཛིན་སྐྱོང་སྤེལ་བའི་གྲགས་པ་དབྱར་རྔའི་སྒྲ། །
དུས་ངན་དགུན་གྱི་ལྷགས་པས་མི་གཅོས་པར། །
རྒྱ་མཚོའི་མཐའ་ལས་བརྒྱལ་བའི་དཔལ་གྲུབ་ཤོག །
བློ་གྲོས་བཟང་པོའི་གངས་རི་ལས་འོངས་པའི། །
དྲི་བྲལ་ལུང་རྟོགས་ཐུབ་བསྟན་གང་གཱ་མ། །
སྐྱེ་དགུའི་བཀྲེས་གདུང་སེལ་བའི་བདུད་རྩི་དང་། །
ཕན་བདེའི་རྒྱ་མཚོའི་གསོས་སུ་འཕེལ་གྱུར་ཅིག །
མགོན་ཁྱོད་མ་འོངས་ཞིང་མཆོག་ཤམ་བྷ་ལར། །
རིགས་ལྡན་ཆོས་ཀྱི་རྒྱལ་པོའི་སྐུར་བཞེངས་ཚེ། །
བདག་སོགས་འཁོར་གྱི་ཐོག་མར་གྱུར་ནས་སུ། །
ཐུགས་བསྐྱེད་འཕྲིན་ལས་འགྲུབ་པའི་གྲོགས་བྱེད་ཤོག །
གཟུང་འཛིན་བདེན་ཞེན་འཁྲུལ་བའི་རང་སྣང་ལས། །
འགྲོ་དྲུག་འཁོར་བར་བཅིངས་པའི་སྒྱུ་ཐབས་ཅན། །
མ་དག་ཕྱུང་ཁམས་ལྷུགས་ཀྱི་སྙིང་ཟྲོས་ནས། །
ཟག་ཟད་ཟུང་འཇུག་འོད་སྐུ་འགྲུབ་གྱུར་ཅིག །
མདོར་ན་རྒྱལ་བསྟན་ཉིན་བྱེད་དགུང་ནས་ཤར། །
སྐྱེ་དགུའི་ཕན་བདེའི་པད་དཀར་ས་ནས་བཞད། །
སྐལ་བཟང་རྐང་དྲུག་ལེགས་གསུང་དཔལ་གྱིས་འཚོ། །

ཛོགས་ལྡན་དཔྱིད་ཀྱི་དུས་བཟང་དར་བར་ཤོག །

ཅེས་པ་འདི་ཡང་འབྱམས་རའི་ཛ་སག་ཧྲ་བླ་མའི་ཡང་སྤྲུལ་མཁས་པའི་དབང་པོ་བློ་བཟང་ལུང་རྟོགས་རྒྱ་མཚོ་དཔལ་བཟང་པོའི་རྟོགས་བརྗོད་འཕྲུལ་པར་དུ་བསྐྲུན་སྐབས་པར་བྱང་སྨོན་ཚིག་འདི་འདྲ་ཞིག་དགོས་ཞེས་བདོག་པའི་གནང་སྐྱེས་དང་བཅས་བཀའི་མེ་ཏོག་སྤྱི་བོར་བསྣུལ་བ་བཟློག་མ་ནུས་པར་ཕྲན་རིག་སྨོན་པ་བཤད་སྒྲུབ་རྒྱ་མཚོས་འབྲི་ཁྲུལ་བགྱིས་པ་འདི་ཡང། དཔལ་དང་པོའི་སངས་རྒྱས་གང་གིས་འབྲལ་མེད་རྗེས་སུ་འཛིན་པའི་རྒྱུར་གྱུར་ཅིག །

༄༅། །དབྱངས་ཅན་མའི་བསྟོད་པ།

སྔོ་སྦྱུགས་ཆུ་གཏེར་རླབས་ཀྱི་རྩེ་དགའ་ལ། །
ངོ་མཚར་རིག་བྱེད་རོལ་མོ་སྒྲོད་པ་ལས། །
ཚངས་ཆེན་ཡིད་ཀྱི་མེ་ཏོག་འཛུམ་པའི་དཔལ། །
དབྱངས་ལྡན་ས་གསུམ་མིག་གི་བདུད་རྩིར་གྱུར། །
དེའི་མཐུས་ས་འདིའི་རིག་བྱེད་འཛིན་པའི་ཕྱིར། །
མཁའ་ལ་རྒྱུ་སྐར་བཀྲ་བས་མ་མཚོན་པས། །
སྐྱེ་དགུ་མལ་ལས་ལྡང་ཆེ་འཕྱོ་དོགས་ནས། །
བྱེད་པོས་ཉི་ཟེར་གོས་ཀྱིས་བསྒྲིབས་སམ་སྙམ། །
དབྱངས་ཅན་མཛེས་སྐུ་དྲི་མེད་ཤེལ་དཀར་གྱི། །
ཉ་གང་ཟླ་བའི་དཔལ་ལ་རྣམ་བརྟགས་ནས། །
མཚར་སྡུག་སྐུ་ཡི་རྒྱལ་མཚན་བསླ་བའི་ཕྱིར། །
ལེགས་སྦྱིས་མཁའ་ལ་རྒྱུ་བ་ཅིས་མ་ཡིན། །
ཡིད་འོང་ཟླ་བ་གཞོན་ནུའི་འཁྲི་ཤིང་ལ། །
རེག་ན་བདེ་བའི་དཔལ་སྟེར་ལང་ཚོའི་དཔྱིད། །
ཀུན་ཡིད་བརྟན་པ་འཕྲོག་མཁས་སྨིན་ལེགས་མས། །
ཞལ་བཟང་དངོས་སུ་སྣང་བའི་དངོས་གྲུབ་སྩོལ། །
དབྱངས་ཀྱི་རྒྱལ་མོའི་མཚར་སྡུག་ལང་ཚོ་ལས། །
ཆུ་ཤེལ་མདངས་བཟང་བཀྲུས་པའི་རང་གདོང་གིས། །

བདེ་འབྱུང་གཙུག་རྒྱན་ཡངས་པའི་ལྷ་ལམ་དུ། །
ཆུ་འཛིན་ཡོལ་བས་སྤྲིབ་བཞིན་ཐྲོས་ཀྱིས་དོགས། །

༄༅།།སྐྱིད་མོས་ཚལ་གྱི་དྲི་བ།

ཀུན་ཁྱབ་མི་འགྱུར་འོད་ལྔ་འབར་བའི་རྡུལ། །
ལྷུན་གྲུབ་སྒྱུ་མའི་གར་གྱིས་རྩེན་པ་ལས། །
སྣང་བའི་གཟི་འབར་རྟ་བདུན་འཁོར་ལོའི་གཟིགས། །
ས་འདི་མུན་པའི་གཡུལ་ལས་རྒྱལ་བར་མཛོད། །

དྲི་བྲལ་སྔོ་བསངས་བུ་མོའི་ལྟོ་བ་ལ། །
མཚར་སྡུག་རྒྱུ་སྐར་དབྱིག་གི་རྒྱན་བཀོད་དེ། །
ཉི་ཟླའི་སྒྲོན་ཟུང་གདངས་པའི་རྣམ་འགྱུར་གྱིས། །
སྙིང་གི་དཔྱིད་གྱུར་གཞོན་ནུ་སུ་ལ་ལྟ། །

རྣམ་སད་དགའ་བའི་ཚལ་ལ་སྐྱེངས་སྟེར་བའི། །
ཡིད་འོང་ལམ་རར་ཡིད་དགའ་གཞོན་ནུའི་ཚོགས། །
འཛུམ་པའི་འདབ་ཕྲེང་གེ་སར་ཐིག་ལེ་འཛིན། །
དྲིན་ལྡན་དབྱར་གྱི་མ་མ་གང་གིས་བསྐྱངས། །

ལྷུ་བ་མུ་ཏིག་དཀར་པོའི་དོ་ཤལ་ཅན། །
ནངས་གསལ་མངར་བའི་བཅུད་ལྡན་གཏྣའི་ཕྲེང་། །
ཡང་ཚོ་བྲི་གང་མེད་པར་དབང་ཕྱོགས་སུ། །

སྙིག་པའི་ཉམས་ཀྱིས་རྒྱུ་འདི་སུ་ཡི་དྲིན། །

མཚར་སྡུག་ཚོ་ག་ཀུན་རྫོགས་འོད་ལྡ་བ། །
ཡངས་པའི་ལྗོངས་འདིར་དུས་བཞི་ལ་འཁྲིགས་པས། །
བརྒྱ་བྱིན་དགྱེས་པའི་འཕྲུལ་གྱིས་རོལ་བ་ལས། །
ཚལ་འདི་ཆེད་དུ་བསྐྲུན་པ་ཡིན་ནམ་སྙམ། །

པད་དཀར་མགོ་ལྡོག་ལྡེམ་པའི་རྣམ་འགྱུར་གྱིས། །
ཐོས་པའི་རྐང་དྲུག་ཤེལ་གྱི་འདབ་མ་ཅན། །
ཁུ་བྱུག་ཇ་བྱ་སྒྲོས་པའི་གྲེ་འགྱུར་དང་། །
ལྷན་ཅིག་ཡིད་འོང་གློས་གར་ཅི་ཞིག་འཁྲབ། །

ལི་ཁྲིའི་ཆུ་གཏེར་མཁའ་ལ་འགྱུ་བའི་རླབས། །
རྟ་བདུན་བདག་པོའི་སྣང་བར་རྩེན་པ་ལས། །
ཁྲག་ཁྲིག་སྒྲོན་མེའི་འོད་ཀྱི་རླབས་འཕྲུར་བས། །
ས་འདིའི་དགེ་མཚན་བརྟས་པ་ཡིན་ནམ་ཅི། །

གཡུ་ཡི་ལོ་འདབ་དུད་པའི་ལྗོན་བཟང་རྩེར། །
ཕུན་ཚོགས་མེ་ཏོག་བཞད་པའི་ལྡིང་ཁང་དུ། །
གཞན་གསོས་བུ་མོ་ཡིད་ཀྱི་སྡུག་གུ་མས། །
སྙན་འཇེབས་མགྲིན་པའི་དབྱངས་ཀྱིས་སུ་ལ་འབོད། །

གསེར་གྱི་ཁང་བར་ཧ་རིའི་ངད་ལྡང་ཞིང་། །
གཞན་དང་མི་མཉམ་ནོར་བུའི་ཁྲི་བརྩེགས་ཏེ། །
ཞིམ་མངར་རོ་བརྒྱའི་བྱེ་བྲག་འདུ་བྱས་ནས། །
བླ་བྲལ་གྲོགས་ཀྱི་དྭངས་མ་གང་ཞིག་བསྒུ། །

དེ་སྐད་སྐྱིད་མོས་ཚལ་གྱི་ངོ་མཚར་ཚང་། །
འཕྲུང་བས་བདག་ཉིད་སྤྲོ་དགས་སྨྱོས་དང་ལྡན། །
དྲི་ཚིག་དབྱངས་བདུན་རྫོགས་པའི་རིག་བྱེད་སླུ། །
ཕྱོགས་ཀྱི་བུ་མོའི་རྣ་བའི་རྒྱན་དུ་འབུལ།། །།

༄༅། །བཀྲ་ཤིས་རྟགས་བརྒྱད་ལ་སྦྱར་བའི་ཤིས་ཚིག

མགྱོགས་འགྲོ་བདུན་ལྡན་འཁོར་ལོར་རོལ་བའི་ཚེས། །
སྣང་བའི་སྦུ་ཁྱུད་གསར་བའི་རྫེ་དཀར་ཅན། །
པད་དཀར་གཞོན་ནུའི་འཛུམ་བརྒྱ་གྲོལ་བའི་གཉེན། །
འཇིག་རྟེན་མིག་གིས་མུན་པ་སེལ་ལ་རངས། །
དྲི་མེད་ལྷག་བསམ་ཕོ་ནའི་གཟི་བྱིན་གྱིས། །
དཔག་མེད་སྐྱེ་དགུའི་མགོན་སྐྱབས་མཆོག་གྱུར་པ། །
མཚུངས་མེད་ཏང་གི་ཞབས་སེན་ནོར་བུའི་ཕྲེང་། །
གྲངས་མེད་རིགས་བརྒྱའི་དམངས་ཀྱི་གཙུག་ན་མཛེས། །
ཡང་དག་སྲིད་ཧྲུས་ཀོ་ལ་ཤ་ཡི་རིར། །
རྣམ་མང་གཙོ་འཛིན་འཕྲོག་བྱེད་དབང་པོས་བཟུང་། །
དོན་ལྡན་གཏམ་གྱི་གད་རྒྱངས་ལྡིར་བའི་སྒྲ། །
གཡོ་ཅན་ཞ་སྐྱེས་སྙིང་གི་གཤེད་དུ་གྲགས། །
མཚུངས་མེད་བློ་སྟོབས་གསེར་གྱི་འཁོར་ལོ་ཡིས། །
མེས་རྒྱལ་འཛིན་མའི་ཁྱོན་ཡངས་དབང་བྱས་ནས། །
སྐྱེ་དགུའི་ཕན་བདེ་དར་ཞིང་རྒྱས་དྲགས་པས། །
ང་ལས་ནུ་དེ་གྲགས་པ་ཙམ་དུ་གྱུར། །
ཀུན་ཕན་བསམ་པའི་ཡུ་བ་བརྟན་པོའི་རྩེར། །
རྣམ་དག་སྤྱོད་བཟང་ཤམ་བུ་རབ་ཏུ་བཀྲ། །

ཡང་དག་ཆབ་སྲིད་བཟང་པོའི་གདུགས་དཀར་པོ། །
ལོག་སྤྱོད་ཚ་བས་གདུང་ལ་གྲིབ་ཏུ་བསིལ། །
སྤྱི་སྙོམས་བསམ་པའི་རང་མདངས་རབ་ཏུ་དཀར། །
རྩོད་སྒྲུབ་རིགས་པའི་རི་མོ་གཡས་སུ་འཁྱིལ། །
མར་ལེ་རིང་ལུགས་སྐྱེ་བ་ལྷ་བའི་དུང་། །
བཟོ་ཞིང་གཉིད་ལས་སློང་བའི་དཔྱིད་དུ་གྲགས། །
དམངས་ལ་གནག་པའི་རྩ་ལག་སྡེ་བཅས་དགྲ །
དུས་གཅིག་མིང་གི་ལྷག་མར་བྱེད་ནུས་པ། །
འགྲན་པའི་ཟླ་བྲལ་བཙིངས་འགྲོལ་དམག་དཔུང་གིས། །
ཕྱོགས་ལས་རྒྱལ་བའི་མཚན་མ་སྲིད་ན་མཐོ། །
ཕུན་ཚོགས་དགེ་མཚན་མ་ལུས་ལྷུན་གྲུབ་པའི། །
གུང་ཁྲན་རྫོགས་ལྡན་དུས་སྟོན་བསུ་བའི་ཕྱིར། །
ཅན་བཞི་མི་རིང་མྱུར་དུ་འགྲུབ་པ་ཡི། །
ཡིད་ཆེས་དཔལ་བེའུའི་མདུད་པ་གཞོམ་གཞིག་བྲལ། །
དོན་ལྡན་གྲགས་པའི་དབྱངས་སྙན་ལ་ཟ་བའི། །
དྲན་དབང་ཉེན་བྱེད་དགྱེས་པའི་ཟེར་མ་ལས། །
བློ་ལྡན་པད་དཀར་འཛུམ་པའི་རྒྱ་གྲོལ་ཏེ། །
སྙན་འཛེབས་གཏམ་གྱི་དྲི་བསུང་རིང་དུ་ངད། །
ཨེ་མ་ཤེས་བྱའི་ཆུ་གཏེར་ཡངས་པོའི་དབུས། །
སློབ་བརྩོན་གཤོག་བཟང་གཡོ་བའི་ཉློས་གར་གྱིས། །
རྩེན་པའི་སློབ་བུ་གསེར་མིག་འཁྱིལ་བའི་ཉ། །
འཛིག་རྟེན་དགེ་མཚན་འགུགས་པའི་ཕོ་ཉར་སྣང་། །

དོན་བཟང་བདུད་རྩིའི་བཅུད་ཀྱིས་ཡོངས་གཏམས་པའི། །
སྙན་ཚིག་འདོད་དགུ་འཛོ་བའི་བུམ་པ་བཟང་། །
མི་འགྱུར་མཛའ་སེམས་དར་གྱིས་ཉེར་སྤྲུད་པ། །
ཤེས་ལྡན་གཞོན་ནུ་མཆོད་པའི་ཡོན་དུ་འོས། །
ཡིད་འོང་ཕྱོགས་ཀྱི་བུ་མོ་སྨིན་ལེགས་མས། །
ཡོངས་སྤྱོད་འཁོར་ལོའི་སྒྲུབ་བརྒྱ་གྲོལ་བ་ལས།
རླབས་ཆེན་ཏང་ལ་བསྐོད་པའི་དྲུག་འགྱུར་སླུ། །
དྲི་ཟའི་པི་ཝང་དབྱངས་དང་མཉམ་དུ་གྲགས།། །།

༄༅། །མེས་རྒྱལ་ལ་བསྟུགས་པ།

འཛམ་བུའི་ན་དའི་གྲགས་པ་ལ་ཟ་བའི། །
གླིང་འདིའི་རྒྱན་གྱུར་རླབས་ཆེན་མེས་པོའི་ཁབ། །
ཉམས་དགའི་སུམ་རྩེན་དགའ་ཚལ་གཉིས་པ་ཞེས། །
བསྟུགས་པའི་རོལ་མོ་དྲི་ཟའི་གླུ་དང་བསྟེབས། །
ཨེ་མ་འཛིག་རྟེན་མེས་པོ་གསེར་མངལ་ཅན། །
གང་གི་དགེ་མཚན་དཔལ་གྱིས་ཡིད་འཕྲོག་སྟེ། །
མཛེས་སྡུག་མཐོ་རིས་སྐྱིད་ཚལ་ཡལ་བོར་ནས། །
ཉི་ཟླའི་ཟྭོལ་གྱིས་གླིང་འདིའི་མཁའ་ལ་ལྷགས། །
གཟི་ལྡན་ཏང་གི་དབུ་ཁྲིད་ཉིན་བྱེད་ཀྱིས། །
ཡོངས་སུ་བསྐྱངས་པའི་མེས་རྒྱལ་པད་མའི་ཚལ། །
ཕན་བདེ་འདབ་བརྒྱ་ལྷུག་པར་བཞད་པ་གང་། །
རིགས་བརྒྱའི་སྐལ་བཟང་བུང་བའི་ཉེར་འཚོའི་གཞི། །
གློག་ལམ་སྲིད་བུ་དབང་གཞུ་ལྟར་བཀྲ་ཞིང་། །
གྲོང་དང་གྲོང་ཁྱེར་རྒྱུ་སྐར་ཚོམ་བུར་འགྲན། །
སྣ་ཚོགས་འཕྲུལ་ཆས་མེ་ཏོག་སྟོང་བཞད་པའི། །
དེང་དུས་མེས་རྒྱལ་དཔྱིད་ཀྱི་དཔལ་ལ་འགྲན། །
སྟོན་བྱུང་སྐྱེ་རྒུ་འབུམ་གྱིས་སྨོན་པའི་ཡུལ། །
དགའ་པའི་འཛིག་རྟེན་བདེ་བ་ཅན་གྱི་ཞིང་། །

སྦྱོངས་འདིའི་དཔལ་ལ་འགྲན་པར་མ་བཟོད་པར། །
རེ་ཞིག་མི་མངོན་དབྱིངས་སུ་ཡིབས་སམ་སྙམ། །
རྣམ་མང་བཟོ་རིག་གནས་ལ་དབང་འབྱོར་བའི། །
མ་སྨད་མཁས་དབང་དུ་མའི་རིག་འཕྲུལ་ལས། །
བྱུང་བའི་ས་བསྲུང་རྒྱུ་སྐར་ལ་སོགས་པའི། །
སྣ་ཚོགས་མཁོ་དགུའི་དངོས་པོ་ཐང་མར་བརྡལ། །
སོ་ནམ་ལས་ལ་བརྩོན་པའི་འབངས་རྣམས་ཀྱིས། །
ངལ་བརྒྱུས་ཉེར་བསྐྱུན་ཁྱོན་ཡངས་ཞིང་ས་ལས། །
སྨིན་ལེགས་འབྲས་བུའི་མགོ་ལྡོག་ལྡེམ་པའི་ཚལ། །
སྣ་མང་འབྲུ་རིགས་འཕེལ་བའི་བང་མཛོད་ཉིད། །
བལྟ་བས་མི་ངོམ་མཛེས་པའི་ནེའུ་གསིང་གཞིར། །
ལུས་ཟུང་དར་བའི་རྐང་བཞི་ཕྱུགས་ཀྱི་ཁྱུར། །
རྣམ་སད་རྫིང་རིང་ནམ་མཁའི་སྨུ་ཏིག་གིས། །
མཛེས་པར་སྤྲུད་པའི་ཆ་ཙམ་མཚོན་ནུས་མིན། །
དཔའ་བོའི་དཔུང་བ་འདེགས་འཛོག་རེ་ལ་ཡང་། །
དགྲ་སྡེའི་དོན་སྙིང་སྐྲག་མར་འབྱིན་ནུས་པའི། །
འགྲན་ཟླས་དབེན་པའི་བཙེངས་འགྲོལ་དམག་དཔུང་གིས། །
ཕྱོགས་ལས་རྒྱལ་བའི་རུ་མཚོན་སྲིད་རྩེར་བསྒྲེངས། །
ཤེས་བྱ་པཉྩའི་ཆུ་གཏེར་ཡངས་པོའི་དབུས། །
འཕུར་ལྡིང་གར་གྱིས་རྩེན་པའི་ངང་མོའི་ཁྱུ། །
རྣམ་དཔྱོད་གཤོག་ཟུང་གཡོ་བའི་ཟློས་གར་གྱིས། །
ས་ཀུན་ཤེས་པར་བསྐྱུན་འདི་རྨད་དུ་བྱུང་།། །།

༄༅། །སྤྲང་ཆར་དུས་དེབ་ལ་ཕུལ་བ།

ཟབ་ཡངས་རྒྱ་གཏེར་སྤྲུབས་པ་ལས་འཁྲུངས་ཤིང་། །
ཀུ་མུད་འཛུམ་བརྒྱ་གྲོལ་བའི་མཛའ་བའི་ཕུལ། །
དྲི་བྲལ་བསིལ་སྦྲིན་དབང་པོའི་འོད་སྣང་གཟི། །
ཡངས་པོའི་ལྟོངས་འདིའི་མུན་པ་སེལ་བར་སྨོན། །
མཚར་སྡུག་འདབ་བརྒྱས་སྤྲེག་པའི་ཡིད་འོང་ཞིང་། །
རབ་མཛེས་ཟེའུ་འབྲུའི་ཐིག་ལེ་འཛུམ་པ་ལས། །
ཞིམ་མངར་རོ་བརྒྱའི་བཅུད་ལྡན་སྤྲང་མའི་རྩི། །
ཆར་བཞིན་འཛོ་བ་སྐྱེ་དགུའི་དགའ་སྟོན་ཉིད། །
འཛམ་བུའི་ལང་ཚོ་དར་ལ་བབས་པའི་ལྟོན། །
སྤྱི་བོའི་རྒྱན་དུ་ཕྱུད་པའི་ནོར་འཛིན་མར། །
གནའ་བོའི་དུས་ནས་རྒྱུད་པའི་རིམས་འཛོམས་པའི། །
གཙུག་ལག་མུ་ངན་མེད་པའི་མེ་ཏོག་རྐོད། །
ཁྱད་པར་གངས་ཀྱི་མེ་ཏོག་འཁྲིགས་པའི་ལྟོངས། །
དྲན་དབང་དུ་མའི་ཐུགས་རྗེ་ཇ་ཡབ་རྩེས། །
བྲན་པའི་གདུང་སེལ་ག་བུར་ཟེགས་མའི་རྒྱུན། །
འཕྲུང་བའི་བདུད་རྩིའི་རྒྱུན་བཟང་དེང་ཡང་འཛོ། །
སྣ་ཚོགས་ཡལ་འདབ་གཡོ་བའི་ཡིད་དགའི་ཚོགས། །
གཅིག་མིན་དུ་མར་སྤྲོས་པའི་ལྷབས་ཕྲེང་གིས། །

གངས་ལྗོངས་དབྱིག་འཛིན་ཕང་བར་གཟི་བྱིན་པས། །

ས་འདིར་རྫོགས་ལྡན་དཔལ་གྱི་ལང་ཚོས་སྣེག །

ཁྱད་པར་ལོ་འདབ་གཡུར་དུ་ཟ་བའི་ལྗོན། །

ཚར་དུ་དངར་བའི་ཉམས་དགའི་སྐྱིད་ཚལ་དུ། །

སྨིན་ལེགས་སྤྲང་རྩེའི་རྒྱལ་མཚན་རྒོད་པ་ལས། །

ཕུན་ཚོགས་དབྱར་གྱི་དུས་སྟོན་ཆར་དུ་སྙེལ། །

བཻཌཱུར་ལས་གྲུབ་ཨ་དར་ཤ་ཡི་ངོས། །

ཚལ་ཆིལ་གཡུ་རླབས་དགྲུང་ལ་གཡོ་བའི་རྩེར། །

ལེགས་པར་རྩེན་པའི་མཁའ་འགྲོ་དཀར་པོའི་ཁྱུ། །

གཞོག་ཟུང་གཡོ་བའི་ཀློས་གར་བསྒྱུར་ལ་བྲེལ། །

དྲི་མེད་དྭངས་གསལ་ལྷ་ལམ་ཡངས་པའི་དབུས། །

དཀར་གསལ་ཆུ་འཛིན་གཡོ་བའི་ལྡིང་ཁང་ལས། །

ཡན་ལག་བརྒྱད་ལྡན་བདུད་རྩིའི་ཆར་འཛོ་བས། །

གཞན་གསོས་བུ་མོའི་བགྲེས་གདུང་དྲུངས་ནས་འབྱིན། །

སྣ་ཚོགས་མེ་ཏོག་གཡོ་བའི་དབྱར་དུས་སུ། །

ཡལ་འདབ་རབ་རྒྱས་ལྗོན་པའི་རླབས་བརྫོལ་བས། །

གྲང་རེག་བུ་ཡུག་སྤྲིབས་པའི་དགུན་གྱི་དུས། །

མཛེས་པའི་ཚལ་འདིར་ཁྱོར་ཆུ་སྤྲིན་ཁྱུར་གྱུར། །

ཉི་གཞོན་འཛུམ་ཟེར་གཡོ་བའི་ལྡེ་མིག་གིས། །

དྲི་བཟང་ཁང་བ་དཀར་བའི་སྒོ་ཕྱེས་ཚེ། །

ཟད་པ་མེད་པའི་དུས་སྟོན་ལ་རོལ་བའི། །

ཡིད་འོང་སྤྲང་རྩེའི་བུ་རྣམས་སྐྱིད་པ་ལ། །

ཕུན་ཚོགས་ལོ་འབྲས་ཁུར་གྱིས་ཉེར་དུད་པའི། །
སཱ་ལའི་སྔོན་བཟང་ཚར་དུ་དངར་བའི་དྲུང་། །
གནས་བཅས་སྤྱོས་དཀར་ལ་ཟ་གཉིས་འཁྱུང་ཚོགས། །
སྒྲིགས་པའི་བསུང་ཞིམ་ནམ་མཁའི་སྤྲང་པོ་ཉིད། །
མདོར་ན་སྦྲང་ཆར་མཛེས་མའི་ཟུར་མིག་གིས། །
དྲངས་པའི་དབྱར་དང་མཛེས་ལྡན་གཞོན་ནུའི་བཞིན། །
སྐྱེ་དགུའི་གདུང་བ་སེལ་བའི་ཚིག་མཁན། །
མིག་གི་བདུད་རྩིར་སྨིན་འདི་སྐལ་བཟང་སྐམ། །
ལྷ་གཞོན་ལང་ཚོས་སྤྲས་པའི་སྨིན་ལེགས་མའི། །
ཞལ་བཟང་དྲི་མས་རྩུང་ཟད་གོས་པ་ཡང་། །
ཡན་ལག་བཀྲ་ཤིས་གྲངས་ཚང་གཱ་མས། །
དག་པར་བྱེད་པའི་བརྟུན་པ་སྙོད་མི་འཚོལ། །
ལྷ་རིག་པད་མའི་མེ་ཏོག་བཞད་པའི་ཁྲིད། །
བག་ཡངས་རྩེ་དགར་རོལ་བའི་གཞོན་ནུའི་ཚོགས། །
སྙན་འཛེབས་གཏམ་གྱི་ཕྲེང་བའི་རོལ་མོ་འདི། །
ལེགས་པར་འཁྲོལ་བས་དགའ་བ་སྐྱེད་གྱུར་ཅིག། ། །

༄༅།།བདེན་པའི་བུ་ཆུང་ལ་གླེང་མོལ་བྱས་པ།

——《མཚོ་སྔོན་སློབ་གསོ》1988ལོའི་དེབ་ལྔ་བའི་སྟེང་གི་ཁ་བྱང་མེད་པའི་རྩོམ་ཡིག་ཅེས་པ་བསླུགས་པའི་དྲན་ཚུལ་ཅིག

འདས་པའི་ལོ་རྒྱུས་ཆུ་རྒྱུན་རིང་མོ་འདས། །
མ་འོངས་སྟོང་བསམ་དབང་པོའི་གཞུ་རིས་ཡལ། །
སེམས་ཀྱི་ཆུ་གཏེར་བདེན་དོན་རླབས་ཀྱིས་བཟུང་། །
བདེན་པའི་བུ་ཆུང་ད་དུང་ཅི་ལ་སྡུག །
འཚོ་བ་ཀུན་ལ་ཕན་པའི་དཔལ་གྱི་ཆེད། །
དཔའ་བོའི་གཟུགས་བརྙན་དུས་བབས་སྟོང་དུ་འབར། །
ངོ་མཚར་སྒྱུ་འཕྲུལ་མཐའ་ཡས་རྫས་ཀྱི་མཐུ། །
བདེན་པའི་བུ་ཆུང་མལ་དུ་ལུས་དོན་ཅི། །
འདུན་པའི་བུ་མོར་གང་མགོ་རང་ལ་དབང་། །
མདོ་མེད་གཞོན་ནུ་རའང་གྲོགས་ཞིག་ངེས་པར་སྣང་། །
འདི་དག་ཀུན་ཀྱང་སེམས་ཀྱི་འཁྱེར་སོ་སྟེ། །
བདེན་པའི་བུ་ཆུང་གཟིར་བས་ག་ལ་ཕན། །
སྔོན་སྐྱེས་རྒན་མོ་ལུས་ཀྱི་འབྱུང་ཁམས་བདེ། །
གསར་བྱུང་མཛེས་མ་ངོ་མཚར་ལང་ཚོས་སྒེག །
མདངས་སྐྱེས་བུ་མོ་ད་དུང་མལ་ན་ལུས། །
བདེན་པའི་བུ་ཕྲུད་ངོ་ཚ་འཁུར་དོན་ཅི། །

བསླང་སྤྱོད་རྫོགས་ལྡན་དཔལ་གྱི་དུས་ནའང་སྣང་། །
ངང་སྤྱོད་གདོལ་བ་ཅན་པོའི་རྒྱུད་ནའང་ཡོད། །
འདི་དག་རྣམས་ཀྱང་གཞིས་སུ་མ་གྲུབ་པས། །
བདེན་པའི་སྟོབས་རྫོགས་དཔའ་བོ་ཡོད་ངེས་ལགས།། །།

༄༅། །འོད་གསལ་དབྱིངས་ནས་སྙིང་བའི་གདུང་དབྱངས།

ཀྱེ་མ། ཀྱི་ཧུད།

མགོན་ཡེ་ཤེས་ལྷ་ལྡན་རྡོ་རྗེ་འཆང་། །

དུས་སྙིགས་མར་དུར་སྦྲིག་གློས་གར་ཅན། །

དཔལ་སྐལ་ལྡན་རྒྱ་མཚོའི་མགོན་གཅིག་པུ། །

རྗེ་མཚུངས་མེད་བླ་མའི་ཞབས་ལ་འདུད། །

གནས་དག་པ་དབྱིངས་ཀྱི་ཕོ་བྲང་ནས། །

ཐུགས་དག་པ་ཤེལ་ལྟར་གསལ་བ་དེས། །

ཡིད་དག་པ་སྙིང་དབུས་ནས་བྱུང་བའི། །

ངག་དག་པའི་དབྱངས་འདི་གསན་དུ་གསོལ། །

དཔལ་རྒྱལ་བ་རྒྱ་མཚོའི་མཁྱེན་བརྩེ་ཀུན། །

མ་འགྲོ་བའི་དོན་དུ་གཅིག་བསྡུས་པ། །

སྐྱབས་བྱམས་བརྩེའི་འཛུམ་མདངས་འབར་བ་དེ། །

དེང་མཐོང་བའི་སྐལ་བ་མེད་འདི་སྐྱོ། །

ཚོས་ལེགས་བཤད་ཟབ་དགུའི་བཅུད་བསྡུས་ཏེ། །

དུས་རྟག་ཏུ་སྐལ་ལྡན་བུ་སློབ་ལ། །

ལམ་ཡང་དག་མཚོན་པ་ཚངས་པའི་དབྱངས། །

དེང་ཐོས་པའི་སྐལ་བ་མེད་འདི་སྐྱོ། །

ཐུགས་བྱམས་བརྩེ་དག་པའི་དཀྱིལ་འཁོར་ལས། །

ཆོས་ཀུན་གཟིགས་མཁྱེན་པའི་གཟི་འོད་འབར། །

དཔལ་སྟོབས་བཅུའི་ཡེ་ཤེས་མངོན་གྱུར་པའི། །

རྗེ་བླ་མའི་ཐུགས་གསང་ཡིད་ལ་དྲན། །

དཔལ་འཇམ་པའི་རྡོ་རྗེ་ཡབ་ཡུམ་དང་། །

དབྱེར་མེད་པའི་བླ་མ་རིན་པོ་ཆེ། །

བུས་ཉམ་ངའི་གཡང་ས་འགྲིམ་པ་འདི། །

གནས་དག་པའི་ཞིང་ནས་གཟིགས་ལགས་སམ། །

བུ་སྐལ་དམན་འབངས་ཀྱི་ཡང་མཐའ་བདག །

ཆུང་སེའུ་བཅུ་བའི་དུས་ནས་བཟུང་། །

མ་མཛངས་མས་བུ་ཆུང་སྐྱོང་བ་བཞིན། །

ཆོས་ལེགས་བཤད་འོ་མའི་བཅུད་ཀྱིས་གསོས། །

དེ་ལྟ་མོད་བྱུས་བསགས་མཐུ་ཆེ་བས། །

རྗེ་ཁྱེད་ཀྱི་དྲུང་ནས་གཞན་དུ་བསྒྲད། །

སྡིག་ལྷུང་བའི་གཡང་ས་ཆེ་རུ་ལྷུང་། །

དེ་དྲན་པས་སྐྱི་གཡའ་མཆིམ་འཚོར། །

མགོན་ཐུགས་རྗེ་གཏེར་ཆེན་ཁྱེད་ཉིད་ཀྱིས། །

སླར་བདེ་དགའི་སྣང་བའི་དཔལ་ལ་སྦྱོར། །

ཆོས་ཟབ་དགུའི་ནོར་མཆོག་ཕངས་མེད་བསྩལ། །

ལས་སྡིག་ལྷུང་སེལ་བའི་མན་ངག་བསྟན། །

རྗེ་བླ་མ་ཁྱེད་ཀྱི་བཀའ་དྲིན་ནི། །

འབངས་སྐལ་དམན་བདག་གིས་ཇི་ལྟར་གཞལ། །

གནས་སྟོང་གསུམ་ནོར་གྱིས་རབ་བཀང་སྟེ། །

རྗེ་ཁྱེད་ཀྱི་སྤྱན་སྔར་ཕྱུལ་ན་ཡང་། །

དྲིན་ཆ་ཙམ་གཞལ་བར་མི་ནུས་པར། །

དཔལ་བསླུ་མེད་ཚད་མའི་ལུང་གིས་གྲུབ། །

ཞབས་བརྟན་ཅིང་གསུང་གིས་དབུགས་རབ་དབྱུང་། །

ཐུགས་བརྩེ་བས་རྗེས་བཟུང་བུ་ལྟར་བསྐྱངས། །

མི་བདག་འདྲའི་རྟག་འཛིན་འདུལ་བའི་ཕྱིར། །

དེང་ཞི་བར་གཞོལ་འདིས་ཡིད་རེ་ཕམ། །

ཐུགས་སྒྲིབ་བྲལ་ཡེ་ཤེས་མི་ཡོང་ལ། །

ཆོས་བདེན་གཉིས་གཟུགས་བརྙན་ཀུན་འཆར་ན། །

སྤྲང་འཁོས་ཆུང་སྐྱོ་བའི་གདུང་དབྱངས་འདི། །

རྗེས་དག་པའི་དབྱིངས་ནས་ཅིས་མི་གསན། །

རྗེ་ཁྱེད་ལ་རེ་བའི་སློབ་འབངས་རྣམས། །

ལམ་འཛེགས་སར་དོར་བའི་བྱིས་པ་བཞིན། །

རྒྱུད་མྱ་ངན་དྲག་པོས་གདུང་བ་འདི། །

ཐུགས་བརྩེ་བས་གཟིགས་ལ་བྱིན་གྱིས་རློབས། །

འབངས་ཚེ་ལྷག་ཅི་ཙམ་གནས་ཀྱི་བར། །

ལས་དགེ་བར་ཙུང་ཟད་གཞོལ་ནུས་ཤིང་། །

སྒོས་བྱང་ཆུབ་སེམས་མཆོག་རྣམ་གཉིས་ལ། །

རྒྱུད་བག་ཆགས་བརྟན་པོ་འཛོག་པར་ཤོག །

ཚེ་འདི་ཡི་སྣང་བ་འགག་མ་ཐག །

དཔལ་དགའ་ལྡན་ཆོས་ཀྱི་ཕོ་བྲང་དུ། །

མགོན་ཁྱོད་ཀྱི་ཞལ་བཟང་མཇལ་བ་དང་། །

གསུང་བདུད་རྩིས་བདག་རྒྱུད་སྨིན་གྱུར་ཅིག །

དུས་དེང་ནས་བྱང་ཆུབ་སྙིང་པོའི་བར། །

རྗེ་བླ་མས་འབྲལ་མེད་རྗེས་བཟུང་ནས། །

ལམ་རིམ་གཉིས་རྫོགས་པ་མཐར་ཕྱིན་ཏེ། །

མགོན་རྒྱལ་བའི་གོ་འཕང་ཐོབ་གྱུར་ཅིག །

ཅེས་པ་འདི་ནི་ཆོས་སྡེ་དམ་པ་རྫོ་སྐྱར་དགོན་དགའ་ལྡན་ཐེག་ཆེན་ཆོས་འཁོར་གླིང་དུ་གུས་ཕྲན་སློམ་ལས་པ་བཤད་སྒྲུབ་རྒྱ་མཚོས་མཚུངས་མེད་བླ་མ་རིན་པོ་ཆེ་དྲན་པའི་གདུང་དབྱངས་སུ་ཐལ་བའོ། །

༄༅། །རྟོགས་བརྗོད་རྒྱུད་མངས་སྒྲ་དབྱངས།

གདོད་ནས་ཡོངས་གྲོལ་ཐུགས་བསྐྱེད་སྔོ་བསངས་མར། །
སྤྲངས་རྟོགས་ཉིན་བྱེད་སྟོང་གི་བྱིན་ཆགས་ཏེ། །
སྐྱེ་དགུའི་རྨོངས་ཆེན་འཇོམས་པའི་དཔལ་རྫོགས་པ། །
སྟོན་མཆོག་ཟས་གཙང་སྲས་པོས་དགེ་ལེགས་སྩོལ། །
རྣམ་པ་ཀུན་གཟིགས་ཡེ་ཤེས་རྣ་བདུན་འོད། །
བརྩེ་ཆེན་མཚམས་སྦྱིན་གློང་དུ་འཁྲུག་པའི་གཟི། །
མཚན་དཔེའི་དབང་གཞུའི་མདངས་སུ་རྩེན་པའི་སྐུ། །
མཁྱེན་རབ་རལ་གྲི་གདེངས་པའི་ལྷ་དེས་སྐྱོངས། །
རྒྱལ་ཀུན་ཐུགས་རྗེ་པུཎྜ་རཱི་ཀའི་ཟོན། །
ཞལ་དཀར་འཁྲི་ཤིང་གཅིག་ཏུ་བཀླུམས་པ་ལས། །
མཁའ་ཁྱབ་འགྲོ་ལ་འདོད་དགུའི་དཔལ་སྟེར་བ། །
ཕྱག་ན་པདྨོར་སྒོ་གསུམ་གུས་པས་འདུད། །
དམིགས་མེད་ཐུགས་རྗེ་ཡལ་འདབ་གྲོལ་བའི་རླབས། །
འགགས་མེད་ལེགས་གསུང་ཟིལ་དངར་དོག་པ་ཅན། །
རིས་མེད་གདུལ་བྱའི་དཔྱིད་དུ་འཛོ་མཁས་པའི། །
མཚུངས་མེད་བཤེས་གཉེན་ཚོགས་རྣམས་གཏན་གྱི་སྐྱབས། །
ཚངས་ཆེན་ཡིད་ཀྱི་ཆུ་གཏེར་འཕྲུར་བ་ལས། །
རྣམ་མང་རིག་བྱེད་གདངས་སུ་ལུད་པའི་བཅུད། །

ཞལ་དཀར་ལང་ཚོའི་དཔལ་རྫོགས་ཚངས་སྲས་ཀྱི། །
རྟོགས་བརྗོད་རྒྱུད་མངས་རྟུང་བའི་གྲོགས་མཛོད་ཅིག །
དགེ་ལེགས་ཚོགས་གཉིས་ཆུ་གཏེར་ལས་ཐོན་པའི། །
འདུན་ལྡན་རི་སྐྱོང་བསམ་འཕེལ་ནོར་བུའི་དབྱིག །
ཐུབ་བསྟན་གདུགས་དཀར་ཏོག་ཏུ་འཛིན་པ་ལ། །
ཕྱོགས་དུས་རྒྱལ་བ་རྒྱ་མཚོའི་གཟི་བྱིན་བརླམས། །
རྒྱལ་རྣམས་འགྲོ་ལ་རྗེས་ཆགས་འཛུམ་འོད་དེར། །
ཐུགས་རྗེའི་གཏེར་དུ་གྲགས་པའི་ལྷ་མཆོག་གང་། །
ལི་ཁྲིའི་སྲབ་འཛམ་བླ་གོས་ལ་ཞེན་པས། །
གསུམ་ལྡན་སྨྲ་མའི་རོལ་གར་བསྟན་ལ་གུས། །
མང་བཀུར་རྒྱལ་རིགས་པུཎྜ་རཱི་ཀའི་རྩེར། །
མཚར་སྡུག་མཚན་དཔེའི་འདབ་སྟོང་ཀྲོད་པ་ཅན། །
ལུང་རྟོགས་སྲུང་རྩེའི་བཅུད་ཀྱིས་ཡོངས་བཟུང་བ། །
སྐལ་བཟང་བྱུང་བ་འབུམ་གྱི་ཉེར་འཚོའི་གཞི། །
ཚུལ་གནས་ཁྲིམས་ལྡན་མ་ལ་ཡ་ཡི་ལྗོན། །
ཙ་མཚར་ལེགས་བཤད་དྲི་བསུང་ངད་པ་ཅན། །
ལེགས་བྲིས་དང་བཅས་དཔག་ཡས་འཇིག་རྟེན་གྱི། །
མཆོད་དང་བཀུར་བའི་ཞིང་མཆོག་བླ་ན་མེད། །
ལྷ་རིག་གླིང་བཞིའི་ནོར་འཛིན་ཡངས་པོའི་ཁྲོན། །
མཁྱེན་བཟང་གསེར་གྱི་འཁོར་ལོས་མངའ་བསྒྱུར་ཆེ། །
འཕགས་བོད་པཎ་ཆེན་བྱེ་བ་ཕྲག་བརྒྱ་ཡང་། །
མཐོ་རིས་རིན་ཆེན་སྐས་ལས་འབབ་མ་ནུས། །

ཁྱོད་ཀྱི་མཁྱེན་པའི་ཡུལ་དུ་མ་གྱུར་པའི། །
རྣམ་དག་རིག་པའི་གནས་དེ་གང་ཞིག་ཅེས། །
བརྒྱ་བྱིན་མིག་སྟོང་བགྲད་པའི་རོལ་བ་ཡིས། །
ཡངས་པོའི་འཇིག་རྟེན་ཀུན་ལ་འཚོ་བཞིན་རྒྱུ། །
ངེས་གསང་ཐེག་པ་ལྷ་ཡི་བདུད་རྩིའི་བཅུད། །
ཁྱོད་ཐུགས་རིན་ཆེན་བུམ་པར་བསྐྱིལ་བའི་མཐུས། །
དཔྱིད་དང་ཐིག་ལེ་སྦྱོར་བའི་ཏིང་འཛིན་ལས། །
གཉིས་མེད་ཟུང་འཇུག་དབང་གཞུའི་འཇུམ་ རླབས་སྤྲོས། །
མདོ་རྒྱུད་གཞུང་མང་ཐོས་པས་སྒྲོ་འདོགས་བཅད། །
དབེན་གནས་དུ་མར་སྒྲུབ་འབྲས་མངོན་དུ་གྱུར། །
རྣམ་བཞི་འཕྲིན་ལས་ཀུན་གསལ་མཐའ་ལ་འཁྱུད། །
བརྩེ་ཆེན་སྒྱུ་མའི་འཕྲུལ་དུ་འདིས་ཀྱང་འཕྱུམས། །
ཕྱུག་ན་པད་དཀར་འཁྲི་ཤིང་ལྡེམ་པའི་ལྷ། །
ཐུབ་བསྟན་རྒྱ་མཚོའི་གཉེན་དུ་ཤར་བ་སོགས། །
སྲིད་འདིའི་ཆེ་དགུའི་གཙུག་གི་ནོ་གོར་རྩེར། །
ཞབས་སེན་ཟླ་ཆེས་གསར་བའི་འོད་རིས་བྱིན། །
སྐྱེ་དགུའི་ཕན་བདེའི་འབྱུང་གནས་ནོར་བུའི་སྙོན། །
མི་བཟད་དུས་ཀྱིས་དམོད་པའི་འཁོར་ རླུང་གིས། །
ལྷག་མེད་འཇོམས་ལ་མངོན་དུ་ཕྱོགས་པའི་ཚེ། །
འཁྲུལ་བྲལ་ཐུབ་བསྟན་སྲོག་གི་ཀ་བ་བཟུང་། །
ལྷ་དང་བཅས་པའི་སྐྱེ་དགུ་ཀུན། །
ཁྱོད་ཡོན་རིན་ཆེན་ལ་སྲེད་པས། །

གཞན་ལ་བསྟུགས་པའི་འབབ་སྟེགས་ནི། །
རེ་ཞིག་ཀུན་གསལ་མལ་དུ་མནལ། །
རྒྱལ་བ་སྲས་དང་བཅས་རྣམས་ཀྱི། །
ངོ་མཚར་རྣམ་པར་ཐར་བ་ནི། །
ཚུར་མཐོང་བྱིས་པའི་ཡུལ་མིན་ན། །
ཁྱོད་ཀྱི་ཡོན་ཏན་ཇི་ལྟར་གཞལ། །
འོན་ཏང་ཁོ་བོ་འཁོར་བའི་མུན་ཁྲིད་དུ། །
འདུ་འཛིའི་ལོང་གཏམ་སྒྲོགས་པའི་སྐབས་ཉིད་ན། །
དད་གསུམ་ཀུན་རྟོག་སོར་མོས་འདེགས་འཛོག་གིས། །
བསྟུགས་ཚིག་དབྱངས་ལྡན་པི་ཝང་རྒྱུད་དུ་དྲངས། །
དབྱངས་ཅན་རིག་པའི་སྤྱོས་དཀར་ལ་ཟ་བའི། །
བདག་བློ་གཉིས་འཕུང་སྒྲིགས་པའི་བསུང་ངད་པ། །
མགོན་ཁྱོད་དགྱེས་པའི་མཆོད་པར་འབུལ་ལགས་ན། །
བརྩེས་གཟིགས་སྤྱན་ཞགས་འོག་མིན་ཞིང་ནས་སྐྱོངས།། །།

༄༅། །ཞིས་ཚིག་བྱུང་བ་སྨྲོས་པའི་གླུ་དབྱངས།

རྡོད་ལྡན་གཟི་འོད་འབར་བའི་ཚོན་པེར་གྱིས། །
ས་ལ་བཀྲ་ཞིས་རིས་མང་འགོད་མཁས་པ། །
མཚུངས་བྲལ་རྐ་བདུན་འཁོར་ལོའི་འོད་སྣང་གིས། །
སྡོངས་འདིའི་རྒྱུད་མུན་དྭངས་ནས་འཕྲིན་གྱུར་ཅིག །
ཞིལ་དཀར་ལང་ཚོ་གསར་བའི་མཛེས་སྡུག་ལ། །
ཡིད་འོང་ཐྲ་གཞོན་སྟོང་གི་དཔྱིད་བསྡུས་ཏེ། །
ཀུན་ལ་ཕན་བདེའི་དཔྱིག་གི་ཆར་འཛོ་བ། །
རྨད་བྱུང་སྒྱུ་འཕྲུལ་དྲ་བས་སྐྱོང་གྱུར་ཅིག །
ཡང་དག་སྣང་བའི་འཛུམ་ཟེར་འཁྲུགས་པའི་གློང་། །
གང་བསམ་འདོད་དགུ་འཛོ་བའི་འཕྲི་ཤིང་རྩེར། །
ལྷ་ལྡན་ཚོན་མདངས་འཁྱིལ་བའི་དབང་གཞུ་ལས། །
དར་བབས་ལང་ཚོའི་གཟི་དཔལ་འབར་གྱུར་ཅིག །
དྲི་བྲལ་གསེར་གྱི་པདྨ་བཞད་པའི་དྲུང་། །
སྙན་འཇེབས་དབྱངས་སུ་གྱེར་མཁས་སྤྲང་རྩེའི་བུས། །
མཛེས་སྡུག་གཞོག་ཡངས་བསྐྱོད་པའི་ཟློས་གར་གྱིས། །
སྐྱེ་དགུའི་ཡིད་ཀྱི་དགའ་སྟོན་དར་གྱུར་ཅིག །
རྣམ་མང་ཤེས་བྱའི་ཆུ་གཏེར་འཕྱུར་བ་ལས། །
ཇོ་མཚར་རིག་འཕྲུལ་རླབས་སུ་ལུད་པའི་རྩེར། །

ཟླ་མེད་ནོར་བུའི་ལྷུ་ཕྲེང་རྩོད་པ་གང་། །
སྒྱུར་དུ་བསླུ་བའི་ཧྲུས་བཟང་རྙེད་པར་ཤོག །
ཚེར་ལྡན་རྐང་འཐུང་ཡལ་ག་གེལ་བའི་རྩེར། །
མཐོན་པོའི་སྙེགས་ལ་འཁྲིལ་ནས་མཚོངས་རྩོམ་པའི། །
ངན་གཡོའི་རྩལ་ལ་གོམས་པའི་སྤྲེའུ་རྣམས། །
མཛེས་པའི་ཚལ་འདིར་མེང་གི་ལྷག་མར་ཤོག །
ལེགས་བྱས་ལྷན་མཐོ་བའི་དཔལ་ངོམ་པའི། །
སྲིད་འདིའི་རྨད་བྱུང་དགེ་མཚན་ཡོད་དོ་ཅིག །
མཚོ་ཆེན་ཁྲི་གཤོག་རྒྱལ་མོའི་ལྷ་ཕྱུགས་ཀྱི། །
ནོར་འཛིན་སྣེག་མོའི་རྒྱན་དུ་འཛོམས་གྱུར་ཅིག །
ལྗོངས་འདིའི་ཐ་དད་རིགས་གྱུར་སྐྱེ་དགུའི་ཚོགས། །
རིས་འཛིན་གདོན་གྱི་འཆིང་བ་རྒྱང་བསྲིངས་ནས། །
མཛའ་གཙུགས་མཐུན་སྒྲིལ་གསེར་གྱི་ཞག་ཐག་གིས། །
རྫོགས་ལྡན་ནོར་བུའི་དཔལ་ཡོན་འགྲུགས་གྱུར་ཅིག། །།

༄༅ །།ཚུ་ནགས་ཚུ་ཚན་གྱི་གནས་བསྟོད་
རིག་བྱེད་ངག་གི་རོལ་མོ།

སྟོབས་བཅུ་དཔལ་མངའ་རྫོགས་པའི་སངས་རྒྱས་དང་། །
ལུང་རྟོགས་དམ་པའི་ཆོས་དང་འདུས་པའི་སྡེ། །
གཅིག་ཆོག་གཏན་གྱི་སྐྱབས་གནས་བླམ་ལ། །
སྙིང་ནས་འདུད་དོ་བརྩེ་བས་རྗེས་སུ་ཟུངས། །
ཐུགས་རྗེའི་གཏེར་གྱུར་ནག་པོ་ཆེན་པོ་དང་། །
ཉི་མའི་བུ་དང་འདོད་ཁམས་བདག་མོ་སོགས། །
ཡེ་ཤེས་སྤྱན་ལྡན་སྲུང་མའི་ཚོགས་རྣམས་ཀྱིས། །
ཡུལ་འདིར་བཤད་སྒྲུབ་འོད་ཀྱིས་འགེངས་པར་མཛོད། །
ཉམས་དང་འགྱུར་བག་སྟོང་གི་པི་ཝང་རྒྱུད། །
བདག་བློ་སོར་རྩེས་དལ་བུར་བསྐྱུལ་བ་ལས། །
སྙན་འཇེབས་རིག་བྱེད་ངག་གི་རོལ་མོའི་སྒྲ། །
བློ་ལྡན་གཞོན་ནུ་མཆོད་པའི་ཡོན་དུ་སྒྲེངས། །
གཡུ་འབྲུག་སྔོན་མོ་ཐང་ལ་བབས་འདྲ་བ། །
རྨ་ཀླུང་གང་གཱའི་སྲིང་མོ་དལ་འགྲོ་མ། །
འདོད་འཇོ་ནོར་བུའི་དབྱིབས་སུ་རྩེན་པ་ལ། །
མདོ་སྨད་རྨ་བྱ་འོད་ཀྱི་གླིང་དུ་གྲགས། །
གསེར་ལྡན་སྙིག་པ་མོ་དེའི་ཉེ་བའི་འགྲམ། །

རང་བྱུང་རྡོ་རྗེ་བྲག་རི་བརྗིད་ཆགས་པས། །
ཁོར་ཡུག་དམ་པོར་འཁྱུད་པའི་ངོ་མཚར་གྱིས། །
ཚངས་ཆེན་རང་གི་འཕྲུལ་ལ་སེམས་ཉེ་བསྐྱུན། །
དྲང་དོན་ས་འཛིན་ལྷ་ན་སྡུག་པའི་ཚོགས། །
ངེས་དོན་ཧེ་རུ་ཀ་ཡི་དཀྱིལ་འཁོར་ཏེ། །
འཕུར་འགྲོའི་གནས་མཆོག་བྲེ་ཏ་པུ་རི་ཞེས། །
དམ་པའི་སྐྱེས་བུའི་ཚད་མའི་བཀའ་ཡིས་བསྔགས། །
ཡེ་ཤེས་རང་སྣང་ལས་གྲུབ་གཞལ་མེད་ཁང་། །
ལྷ་དང་ལྷ་མོའི་རོལ་བ་དཔག་ཡས་པ། །
སྣང་ལ་རང་བཞིན་བྲལ་བ་སྒྱུ་མའི་གར། །
དག་པའི་ངོ་མཚར་གཟིགས་སོ་མཆོག་ཏུ་འབབ། །
མ་དག་སོ་སྐྱེས་ཆུ་བུར་མིག་ལ་ཡང་། །
བཟོ་བོ་མཁས་པས་ཆེད་དུ་བསྐྲུན་མཚུངས་པའི། །
རྨད་བྱུང་གནས་མཆོག་འདི་ཡི་ངོ་མཚར་ཚོས། །
སྣང་བས་ཡིད་ལ་སྟོན་མེད་དགའ་བས་སྒྲོས། །
དབང་སྟོན་ལྷུན་པོ་དེ་ཡི་རྩ་བ་རུ། །
རྒྱལ་བའི་ཐུགས་བསྐྱེད་འཕྲུལ་གྱིས་ཉེར་དྲངས་པའི། །
རང་བྱུང་ཆུ་ཚན་མང་པོ་འབབ་པ་ནི། །
སྐྱེ་དགུའི་རིམས་ནད་སེལ་བའི་བདུད་རྩིར་གྲུབ། །
རྡོ་རྗེ་རྣམ་པར་འཇོམས་པའི་གྲུབ་ཆུ་ཞེས། །
རང་བྱུང་ཁྲུས་ཀྱི་རྫིང་བུ་ངོ་མཚར་བར། །
བདུད་རྩིའི་ཟེགས་མ་འཁྱོ་བའི་ན་བུན་ཁྲིད། །

དབང་གཞིའི་མདངས་བཟང་བཀྲ་བས་ཀུན་ཡིད་འགུགས། །
དགེ་སྦྱོང་མཆོག་གི་ཁྲུས་ཀྱི་ཆུ་བོ་ཞེས། །
གོར་མའི་བུམ་པས་ལུད་པའི་བསང་གཏོར་གྱིས། །
ཁོང་ནད་མ་ལུས་ལྷག་མེད་འཇོམས་པའི་གདམས། །
འདི་ན་སྐྱེ་བོ་ཡོངས་ཀྱི་མགྲིན་པ་གཅིག །
རང་བྱུང་གཙང་ཆབ་ཁྲུས་ཀྱི་འཕྲུལ་ཙམ་གྱིས། །
མི་དབལ་གཡན་པ་ལ་སོགས་པགས་ནད་དང་། །
དྲེག་དང་གྲུམ་བུ་མ་ཞི་བད་ཀན་སོགས། །
འགྲོ་བའི་ནད་བརྒྱའི་གདུང་བ་འཇོམས་པ་འདིས། །
རྒྱལ་དང་དེའི་སྲས་སེམས་དཔའི་ཚོགས་དང་བཅས། །
སྣ་ཚོགས་དངོས་པོ་སྟོང་གི་རོལ་གར་གྱིས། །
སྐྱེ་དགུའི་དོན་ལ་གཞོལ་བ་རྒྱལ་བའི་བཀའ། །
འཁྲུལ་བྲལ་ཚད་མ་ཉིད་དུ་ངེས་པ་རྟེད། །
གཙང་རོང་གཡང་སའི་རང་བྱུང་བཙན་འགག་ཏུ། །
དྲག་ཏུ་འཚུབ་ཞིང་འབབ་པའི་ཆུ་རྒྱུན་གྱིས། །
འདུས་བྱས་ཐམས་ཅད་མི་རྟག་གཡོ་བའི་ཚུལ། །
གསལ་བར་སྟོན་ལ་འཕྲུལ་གྱི་མེ་ལོང་ཉིད། །
དཀར་ནག་ཉལ་འགྲོའི་རྒྱུན་བཟང་ཆད་མེད་དུ། །
རྨ་གླུང་དང་བསྟེབས་རྒྱ་མཚོར་གཞོལ་བ་འདིས། །
ཐབས་ཤེས་ཟུང་འཇུག་ལམ་བཟང་ལེགས་བརྟེན་ན། །
ཐར་བ་མཆོག་གི་གྲོང་དུ་བགྲོད་པ་མཚོན། །
གཡས་རི་གདུགས་དཀར་བསྒྲེངས་པའི་གྲིབ་བསིལ་དང་། །

གཡོན་རི་ནོར་བུ་སྤུངས་པའི་མགུལ་རྣམས་སུ། །
སྟོན་ཕྱིན་ས་ལ་གནས་པའི་སེམས་དཔའ་མང་། །
མཁའ་སྤྱོད་གྲུབ་པའི་གཏམ་བཟང་དེང་ཡང་སྙན། །
པི་ཝཾ་གསྨས་ཆེད་དུ་བཟོས་འདྲ་བའི། །
ཁོར་ཡུག་སྨུ་ཁྱུད་བཀྲ་ཤིས་རྟགས་བརྒྱད་དང་། །
རྒྱལ་སྲིད་བདུན་གྱི་དབྱིབས་སུ་ལེགས་བསྒྲར་བའི། །
ཐད་བྱུང་རྟུལ་བརྩེགས་མིག་གི་བདུད་རྩི་ཉིད། །
ནོར་འཛིན་རང་བྱུང་པད་མ་འདབ་བརྒྱད་དང་། །
ལྷ་ལམ་ཆོས་འཁོར་རྩིབས་བརྒྱད་ལྟར་བཀྲ་དབུས། །
གླིགས་བམ་རལ་གྲི་རྡོ་རྗེའི་དབྱིབས་ལ་སོགས། །
ངོ་མཚར་ས་འཛིན་རིམ་པར་ཆགས་པའི་མདུན། །
འཇམ་མགོན་དགྱེས་པར་རྩེན་པའི་ཐང་ཡངས་པོར། །
རྡོ་རྗེ་རྡོན་པོའི་རོལ་གར་སྟོང་མཁར་བས། །
ཐུགས་བསྐྱེད་དོན་ཡོད་ཞགས་པས་ཡོས་བཟུང་བའི། །
བཀྲ་ཤིས་ཆོས་གླིང་ཆོས་ཀྱིས་རྣམ་པར་བརྗིད། །
རང་གྲུབ་བྲག་རི་ལྟར་བརྗིད་གཙུག་ལག་ཁང་། །
རྟེན་གསུམ་ནོར་བུའི་ཕུང་པོ་དཔག་ཡས་པ། །
འགྲོ་འདིའི་བསོད་ནམས་གསོག་པའི་ཞིང་ས་ཉ། །
རྒྱལ་བའི་ཐུགས་རྗེའི་མཁའ་ལས་བབས་པར་སྣམ། །
མ་དག་ཕུང་ཁམས་སྐྱེ་མཆེད་ལྷུགས་ཀྱི་གཞི། །
བདེ་སྟོང་ཏིང་འཛིན་གསེར་འགྱུར་རྩིས་བསྒྱུར་ཏེ། །
དག་པ་སྐུ་གསུམ་ས་ཟླའི་འོད་འབྱིན་པའི། །

གསུམ་ལྡན་རྡོ་རྗེ་འཛིན་རྣམས་བརྟགས་བྱའི་ཡུལ། །
བཙུན་ཚུང་ལེགས་གསུང་གློག་པའི་སྒྲ་དབྱངས་ཀྱིས། །
ཐོ་རངས་ཚུར་བསུས་མཚན་མོ་ཕར་བསྐྱལ་བས། །
བཞིན་བཟང་ལེགས་བྲིས་བུ་རྣམས་ངོ་མཚར་ཏེ། །
མི་ལྟུང་ཕྲེང་བའི་ཐྲོལ་གྱིས་ལྟ་བ་སྐམ། །
ལྷ་ཚུའི་འགྲམ་དུ་ཆགས་པའི་སྔེ་ཟུང་གིས། །
མི་རྣམས་མི་མཐུན་རྒྱུད་པའི་མུན་པ་སངས། །
དད་དང་གཏོང་ཕོད་དཔའ་དང་བློ་གྲོས་སོགས། །
ལེགས་པའི་ཡོན་ཏན་དབྱར་གྱི་དཔལ་ཡོན་བཞིན། །
སློབ་པའི་གྲྭ་ན་བློ་གསལ་ལེགས་བྲིས་བུས། །
སྣ་ཚོགས་རིག་བྱེད་བདུད་རྩིའི་བཅུད་འཐུངས་པས། །
དེང་རབས་ཤེས་བྱའི་ལྷ་ལམ་གཅོད་པའི་རྩལ། །
རིམ་གྱིས་རྫོགས་པའི་སྟ་གོན་འདི་ནས་རྩོམ། །
སྨིན་ལེགས་འབྲུ་དྲུག་ལྡེམ་པའི་ཞིང་ས་དང་། །
རྒྱུ་སྐར་ཐང་ལ་འཕོས་འདྲའི་བལ་ལྡན་ཁྱུས། །
མགོ་དགུའི་ལོངས་སྤྱོད་གཏེར་དུ་འཛོ་བ་ཡིས། །
བྱང་ཕྱོགས་རྒྱལ་པོའི་ཁེངས་པའི་རི་བོ་བསྐྱིལ། །
དེ་ལྟར་གསེར་གཞོང་མར་ཁུས་གཏམས་འདྲ་བའི། །
རྨད་བྱུང་གནས་ཀྱི་སྣོད་བཅུད་བཀོད་པ་ལ།
སྐན་འཇེབས་རིག་བྱེད་སྒྲུ་ཡིས་བརྟགས་པ་ཡང་། །
ལེགས་ཚོགས་ནོར་བུ་འཕེལ་བའི་རྒྱུར་གྱུར་ཅིག །
ཡུལ་འདིར་གནས་པའི་ལྷ་ཀླུ་གཞི་བདག་སོགས། །

མཐུ་དང་ནུས་པ་ལྡན་པ་ཐམས་ཅད་ཀྱིས། །
ས་ལ་བྱིན་ཕོབས་མི་ལ་བདེ་སྐྱིད་དང་། །
ལོ་ཕྱུགས་རྟག་ཏུ་ལེགས་པའི་བཀྲ་ཤིས་སྩོལ། །

༄༅། །ཐོལ་བྱུང་གི་འཆར་སྣང་སྤྲིང་བ་ཉམ་ཆུང་བསམ་པའི་
རང་མདངས་ཞེས་བྱ་བ།

དཀར་གསལ་འོ་མའི་ཆུ་གཏེར་འཕྱུར་བ་ལས། །
མཚར་སྡུག་འོད་ཀྱི་ཚོམ་བུར་སྨིན་པ་ཅན། །
ཀི་ལ་ཤ་རིར་ལྷག་པར་མཛའ་བའི་གྲོགས། །
མཚན་མོའི་མགོན་གྱི་བདག་ལ་སྣང་བ་སྐྱོལ། །
རྒྱལ་ཀུན་སྙིང་རྗེའི་འོ་མཚོ་འཕྱུར་བ་ལས། །
མཚན་དཔེའི་འོད་ཀྱི་ཚོམ་བུར་སྨིན་པའི་སྐུ། །
བསིལ་ལྡན་འགྲོ་ལ་ལྷག་པར་བརྩེ་བའི་མགོན། །
ཕྱག་ན་པད་མོར་སྒོ་གསུམ་དང་བས་འདུད། །
ཟླ་བའི་ཕྲེང་བ་བཅུ་ཕྲག་དུ་མ་ཡི། །
ལྗོངས་འདིའི་བདེ་སྡུག་ངོ་མཚར་སྒྱུ་མའི་འཕྲུལ། །
གློ་བུར་བདག་ཡིད་མི་ཡོང་ལ་འཚོས་པས། །
ཐོལ་བྱུང་གཏམ་འགའ་མགྲིན་ནས་དབང་མེད་ཐལ། །
རིང་ནས་རྗོ་རྗེ་གཤིས་སུ་སྨིན་པ་ཡི། །
མུན་པའི་དཀྱིལ་འཁོར་ལྷག་མེད་འཇོམས་པ་ལ། །
བདག་ཉིད་ཡོན་མཆོག་ཏུ་དཔའ་འོ་ཞེས། །
དབུགས་དབྱུང་སྙན་པའི་ཚིག་གིས་ས་ཆེན་སྒྲུལ། །
དྲི་བྲལ་འོད་སྟོང་ལྡན་པ་འདྲེན་པའི་བཟར། །

ཁྱུང་སྟོན་སྐྱེས་བཟང་མཁའ་ལ་ལྷུན་ཆགས་པས། །
ས་འདི་མྱ་ངན་བྲལ་བའི་མེ་ཏོག་གིས། །
མཛེས་པའི་སྐལ་བཟང་མཆོག་ལ་ཡིད་སྨོན་འཆའ། །
འོན་ཏང་བྱུས་བསགས་གོ་ལ་ཞུགས་ཆེ་བས། །
ཨ་དྣའི་གཞོན་ནུ་ཆུ་ལྷའི་ཡུལ་དུ་དྲངས། །
དུས་ཐུང་དགུན་ཉི་སྐད་ཅིག་ཉིད་ལ་འདས། །
སྨག་རུམ་སྡུག་པོས་ཁྱོན་ཀུན་གློ་བུར་བསྒྲིབས། །
དེ་ལ་འཇིག་རྟེན་མེས་པོས་སྙིང་བརྩེ་བས། །
མུན་པའི་གཤེད་དུ་མངགས་པའི་བསིལ་ཟེར་ཅན། །
མི་སྡུག་ར་རིའི་མཚན་མ་འཛིན་ནོ་ཞེས། །
ཆུ་འཛིན་སྡུག་པོའི་གོ་རར་དམ་དུ་བཙུད། །
ཉིན་བྱེད་གཞོན་ནུས་རིང་ནས་ལེགས་བསྐྱངས་ཤིང་། །
སྤྲང་རྩེའི་བུ་མོ་འབུམ་གྱི་ཉེར་འཚོའི་གཞི། །
པད་དཀར་སྟོན་བཟང་སད་ཀྱིས་བཅོམ་པ་འདིས། །
ཚལ་འདིའི་ཡིད་དགའི་ཚོགས་རྣམས་ངང་གིས་ཡལ། །
མི་སྡུག་དུས་ཀྱི་རིམས་ནད་དར་ཆེ་བས། །
ལེགས་བྱས་སྲོག་ལ་གཟན་པའི་རྩལ་རྫོགས་པ། །
མ་རུངས་འབྱུང་པོའི་འཕྲུལ་གྱིས་ས་ཆེན་ཁྱོན། །
རཀྟའི་གོས་ཀྱིས་བགོས་པའི་ཚུལ་འདིས་སྐྱོ། །
བྲེ་ཏའི་གྲོང་ལ་སླེབས་འདྲའི་སྐྱི་གཡའ་ཞིང་། །
ཟས་སོགས་མགོ་རྒྱུས་ཡོངས་པའི་ཉམ་ཐག་པའི། །
རང་དབང་བྲལ་བ་བཟོད་པའི་མུ་ཁྱུད་ཚོགས། །

སྡུག་བསྔལ་འོ་དོད་འབོད་པའི་མཐའ་མ་རིག །
ཀྱི་ཧུད་དམར་ནག་དཔུང་གི་ཉུ་འཛིངས་པས། །
དགེ་ལེགས་གཡུལ་ངོ་བཟློག་པའི་མཚོན་འབར་བ། །
ཕན་བདེ་ཁྲག་ལ་རྔམ་པའི་ཡིད་སྨུབས་སྟེས། །
ཡངས་པོའི་ས་ཆེན་ཁྱབ་པས་ལྷག་པར་སྐྱོ། །
དེའི་ཚེ་མན་ཤེལ་བུ་མོ་སྨིན་ལེགས་མས། །
ས་གསུམ་འདར་བྱེད་ངད་མོའི་དབྱངས་དང་བཅས། །
འདྲེན་བྱེད་ཟུང་ནས་ལྷུང་བའི་མཆི་མའི་རྒྱུན། །
རྨ་འབྲི་སྔོག་མོའི་གཟུགས་ཀྱིས་ཤར་ལ་བབས། །
དབང་ཕྱོགས་ས་འཛིན་མཐོན་པོའི་ཕྲག་པ་ཉ། །
ཉིན་མོའི་མགོན་ཁྱོད་དང་པོར་འཛུམ་ཙམ་ནས། །
གླིང་འདིའི་སྨག་མུན་དྲུངས་ནས་འབྱིན་ནོ་ཞེས། །
རྫོ་རྗེ་གཡར་དམ་ད་ལྟ་འདོར་འགྱུར་ཏམ། །
དེ་སྐད་གཞིན་ཚིག་དབྱངས་ཀྱིས་ཉེར་བསྐུལ་བས། །
གང་གི་ཐུགས་རྗེ་སྤྲིན་གྱི་སློང་ཉུམ་ནས། །
སྲིད་ཧུས་གྲུ་ཆར་སྟོམས་པོར་འཛོ་བ་ལས། །
ས་འདིར་དཔྱིད་ཀྱི་ལང་ཚོ་སླར་ཡང་ཤར། །
དེང་དུས་མཛེས་ལྡན་དབྱིག་གི་སློ་གྲོས་མ། །
མི་འདོད་རྐྱེན་ངན་གཙོང་ལས་གྲོལ་བའི་ཚེ། །
ལྷ་ལྡན་ཞིང་ནས་རྒྱལ་དང་དེའི་སྲས་ཀྱིས། །
ཤིས་བརྗོད་མེ་ཏོག་ཁ་བའི་ཐྲོལ་གྱིས་ཕབས། །
ཐབས་མཁས་དོན་ཡོད་འཕྲུལ་གྱི་ཞགས་པ་ཡིས། །

མ་རུངས་བདུད་བཞི་བཅིངས་པའི་གཏམ་སྙན་པོ། །
སྲིད་ཞིའི་དགེ་མཚན་འགྲུགས་པའི་བཀྲ་ཤིས་གླུ། །
ལྷར་བཅས་འཛིག་རྟེན་དགའ་བའི་དཔྱིད་དུ་གྲགས། །
དེང་རབས་ཅན་བཞིའི་མཛེས་སྡུག་ལུས་ཕྲ་མ། །
སྤྱོངས་འདིར་མགྲོན་དུ་འབོད་པའི་ཕོ་ཉ་མཁན། །
རྣམ་མང་རིག་པའི་གཞོན་ནུ་འདིར་སླེབས་པས། །
ཚལ་འདི་དགེ་མཚན་དཔལ་གྱི་ལང་ཚོས་བཟུང་། །
དབྱངས་ཅན་རིག་པ་བཻཌཱུར་རྒྱུད་སྟོང་ཅན། །
གྲུས་བརྩོན་སོར་རྩེས་སྙོམས་པོར་བསྒྲུལ་བ་ལས། །
སྙན་འཛེབས་དྲི་ཟའི་འཛིག་རྟེན་རྫོགས་པའི་གླུ། །
དཔྱོད་ལྡན་དགའ་བསྐྱེད་སྐྱིང་གི་དཔྱིད་དུ་སྨིན།། །།

༄༅། །ལྷག་བསམ་རང་མདངས།

ཡོངས་རྫོགས་རྒྱལ་བསྟན་བསམ་འཕེལ་ནོར་བུའི་དཔལ། །
མི་འགྱུར་དགེ་མཚན་གཟི་འོད་སྟོང་ལྡན་པ། །
བཀྲ་ཤིས་གཡས་འཁྱིལ་རིས་ཀྱིས་མཛེས་པའི་དབྱིག །
ངོ་མཚར་ཆོས་ཀྱི་སྙིངས་སུ་སྤྲུངས་པ་རྣད། །
ལེགས་གསུང་ཟླ་བའི་དཀྱིལ་འཁོར་འཕན་མེད་པས། །
དགེ་ལེགས་གྲིབ་མ་བསིལ་བའི་དཔལ་བྱིན་ཏེ། །
ཕན་བདེའི་ཀུ་མུད་དཀར་པོའི་ཚལ་བཞད་པ། །
ཡོངས་འདུས་རྐང་འཐུང་འཁྲིགས་པའི་གླིང་ན་གསལ། །
མིག་མི་འཛུམ་པའི་ཐུགས་བསྐྱེད་དཔག་བསམ་ལྗོན། །
ཟླ་ཤེལ་རྟུལ་བརྩེགས་ངོས་སུ་བསྐྱེད་བསྲིངས་པའི། །
ལེགས་བྱས་འདོད་དགུའི་གྲུ་ཆར་འཛོ་བ་ལ། །
ཕྱོགས་དུས་རྒྱལ་བ་དག་ཀྱང་སྲིད་པ་འཛིན། །
ཟླ་མེད་ལུང་རྟོགས་ནོར་བུའི་མཛོད་བརྙེས་པ། །
རིགས་བརྒྱའི་དཀྱིལ་འཁོར་སྤྲོ་ཞིང་བསྡུ་བའི་བདག །
མི་འཇིགས་ཆོས་ཀྱི་ཁྲི་ལ་རོལ་པའི་ལྷ། །
སྐྱབས་བཙུ་མངའ་བ་སཾ་སྐྲའི་མཚན་ཅན་གྱི། །
རྣམ་པར་རྟོག་པ་མེད་པའི་འཛུམ་རླབས་ཀྱིས། །
བསུས་པའི་ཐེག་མཆོག་ཆོས་ཀྱི་རྒྱ་མཚོ་ཆེ། །

སྲིད་ཞིའི་གདུང་སེལ་ཡན་ལག་བརྒྱད་ལྡན་ཆབ། །
གཅིག་ཏུ་བསྐྱིལ་བའི་གླིང་མཆོག་འདི་བསྔགས་སོ། །
ངར་སྒྲིག་ཕྲུ་སྟུག་ཕོས་ཀྱི་སྟོད་གཡོགས་དང་། །
ལེགས་བཤད་མཁྲིན་ཟ་དལ་བར་རྒོད་པ་ཅན། །
མཁས་གྲུབ་ངང་མོ་འབུམ་གྱི་བསྟི་བའི་གནས། །
བཀྲ་ཤིས་ཆོས་སྡིངས་ས་ཡི་འོག་མིན་ཉིད། །
དུས་བཞིར་སྒྲོད་ཀྱིས་བཏང་མེན་རང་མལ་དུ། །
ཆེ་བ་བཞི་ལྡན་གཞུང་གི་དགོངས་པའི་དོན། །
དཔྱད་འཛོག་ཟུང་གིས་ལེགས་པར་ཉམས་བཞེས་པའི། །
གསུང་རབ་གདམས་པར་ཤར་བ་འདི་ན་མང་། །
སྤངས་རྟོགས་ལྷ་ཡི་ལམ་ཡངས་ལ་སྤྱོད་ཀྱང་། །
བྱམས་བརྩེ་འོད་སྣང་དམན་པའི་སར་རྐྱོང་བ། །
རྒྱལ་སྲས་ཧ་བདུན་དབང་པོས་ལེགས་བཟུང་བའི། །
སྟེ་འདི་བྱ་རྒོད་ཕུང་པོའི་རི་བོ་བཞིན། །
མཚན་དཔེའི་ལང་ཚོ་དར་བབས་སྒྱུ་མའི་སྐུ། །
དོན་དམ་འོད་གསལ་སྙིག་མོར་མཉམ་སྦྱོར་བ། །
རིགས་ཀུན་ཁྱེད་པོ་དོན་གྱི་རྡོ་རྗེ་འཆང་། །
ཟུང་འཇུག་གྲུབ་པའི་དཔའ་བོ་ཟམ་མ་ཆད། །
བཙུ་ཕྲག་རིག་པ་རབ་དྭངས་མངར་བའི་མཚོར། །
གུས་རྟག་བརྩོན་པའི་འདབ་བཟང་གཡོ་བའི་གར། །
བསྒྱུར་མཁས་པཎ་ཆེན་གསེར་གྱི་ཉ་མོ་འབུམ། །
རྩེན་པའི་གྲགས་པ་འོག་མིན་ཞིང་ན་སྣན། །

ཐོས་བསམ་སྒོམ་པའི་ལུས་སྟོབས་ལྷུན་རྫོགས་ཤིང་། །
མཁས་བཙུན་བཟང་བའི་གཡུ་རལ་ཁྱུར་གྱིས་བརྫིད། །
འཆད་རྩོད་རྩོམ་པའི་གད་རྒྱངས་སྒྲོག་མཁས་པའི། །
སྨྲ་མཁས་སེང་ཆེན་རྒྱུ་སྐར་གྲངས་ལ་འཕྱོ། །
གྱུར་གྱུམ་མདངས་ཀྱིས་སྣེག་པའི་ཆུ་གཏེར་ཆེར། །
ལུང་རིགས་གཤོག་ཟུང་གཡོ་བའི་ཟློས་གར་གྱིས། །
རྩེན་པའི་འདབ་བཟང་འབུམ་གྱི་རྩལ་བཀྱེ་བར། །
མཁའ་ལ་མཚམས་སྦྱིན་འཕུར་བས་མཚོན་ནུས་མེད། །
ཡིད་འཕྲོག་ལི་ཁྲིའི་སྣང་བའི་རྩེ་དགའ་ཡིས། །
བྱང་རྒྱུད་ནོར་འཛིན་སྣེག་མོ་འཁྲུད་ཆེ་བས། །
དཔག་ཡས་ནམ་མཁའི་ལམ་ན་ལེགས་བྲིས་བྱུ། །
དག་པའི་ཞིང་དུ་བསྐྱོད་པའི་ངལ་བ་སྐྱོད། །
གང་དེར་ཚངས་ཆེན་གླུ་ཡི་ཚོན་པེར་གྱིས། །
བྲིས་པས་མཚོན་མེད་ནོར་བུའི་གཙུག་ལག་ཁང་། །
རྒྱལ་བྱེད་ཚལ་གྱི་བཀོད་པ་ལ་འཁྲུལ་བ། །
རྟེན་གསུམ་ནོར་བུའི་གཏེར་མཛོད་དཔག་ཏུ་མེད། །
བསྐལ་མང་འགྲོ་ལ་ཕན་གོམས་ལྷག་བསམ་མཐུས། །
མཐོང་ཐོས་དྲན་རེག་ཐར་བའི་དཔལ་སྦྱིན་ཕྱིར། །
བསྒྲུབས་པའི་རྟེན་མཆོག་ས་བརྟོལ་སྟོན་བཟང་གིས། །
གུས་ལྡན་ཡིད་དབང་ལྕགས་ཀྱུ་མེད་པར་དྲངས། །
སྟོབས་འབྱོར་ཟླ་བའི་དཀྱིལ་འཁོར་ཉ་གང་ཞིང་། །
དད་གསུམ་སྣང་བ་དཀར་པོའི་མུ་འཁྲུད་འཛིན། །

གཅིག་མིན་དུ་མས་དད་གུས་སྐྱེམ་པད་ཀྱིས། །
མཆོད་པའི་བདག་པ་དབྱར་གྱི་ཆར་སྤྲིན་བཞིན།། ༎

༄༅། །ཤེས་ཚིག་དཔག་བསམ་སླེ་མ།

རྒྱལ་ཀུན་མཁྱེན་བརྩེ་ནུས་པའི་རྡུལ། །
གཅིག་བསྡུས་ཡོན་ཏན་ཕུང་པོ་ལ། །
བསྔགས་བརྗོད་རྒྱུད་མངས་དབྱངས་སྙན་དང་། །
ལུས་ཡིད་གུས་པའི་མེ་ཏོག་སྤོབ། །
དངོས་འབྱོར་ཙམ་པ་ཀ་ཡི་འདབ། །
ཡིད་སྤྲུལ་མཎྜལ་བྱེ་བའི་ཚོགས། །
མཐའ་ཀླས་ནམ་མཁར་བྲེས་པའི་སྤྲིན། །
རྒྱུན་མཐའི་བར་དུ་མཆོད་པར་སྦྱོ། །
མ་རིག་སྨག་མུན་སྟུག་པོའི་ཁྲོད། །
བསགས་པའི་སྡིག་ལྟུང་རྒྱུ་དང་བཅས། །
ཤིན་ཏུ་གནོང་བས་མཐོལ་བཤགས་ཤིང་། །
སླན་ཆད་སྡོམ་པའི་གཡར་དམ་བཅའ། །
ཕྱོགས་དུས་སྐྱེ་འཕགས་རྒྱ་མཚོ་ཡི། །
ལེགས་བྱས་དུང་ཟླ་ཉ་གང་བར། །
ཡི་རངས་དབང་བཞིའི་ཐིག་ལེ་ནི། །
སྐལ་བཟང་འཛུམ་དཀར་དཔྱིད་དུ་སྤེལ། །
ཡང་དག་བཤུལ་ལམ་ཡལ་བོར་བའི། །
དཔག་བསམ་མ་མར་གྱུར་བའི་འགྲོ། །

ཐར་པའི་གྲོང་དུ་དགྲི་བའི་ཕྱིར། །
ཟབ་རྒྱས་ལེགས་གསུང་སྣང་བ་སྦྲིས། །
བསོད་ནམས་གདོང་ལྔས་མཐོར་བཏེགས་པའི། །
ནོར་བུའི་ཁྲི་འཕང་ཡངས་པོའི་སྟེང་། །
ཞབས་སེན་འོད་ཆགས་འབར་བ་དེ། །
འཕོ་མེད་བརྟན་པའི་དགེ་མཚན་ཅིན། །
ལེགས་བྱས་ལྷ་བའི་མ་མ་གང་། །
བསྔོ་བའི་ས་འཛིན་མཐུ་རས། །
བསྒྲུབས་ལས་རྣམ་གྲོལ་ལྷ་བའི་དཔལ། །
སྒྱུར་དུ་རྫོགས་པའི་བཀྲ་ཤིས་སྩོལ།། །།

༄༅། །མིང་མེད་རྩོམ་ཕྲུང་།

དེང་རབས་རྩོམ་རིག་ལྷ་ཡི་རྫིང་རིང་དུ། །
རང་དབང་སྙན་ཚིག་སྤྲིན་གྱིས་བསྒྲིབས་མཐོངས་ནས། །
ལེགས་བཤད་འོད་སྟོང་བཞད་པའི་དཔྱིའི་གཞུང་། །
གསལ་བར་མཐོང་དཀའི་ཚུལ་འདིས་ཤེས་པ་འགྱོ། །
མི་ལ་རང་དབང་ལྡན་ན་དེ་ཚིག་མོད། །
སྙན་ཚིག་རང་དབང་ལྡན་པས་ཅི་ཞིག་བྱ། །
ཀུན་ལ་རང་དབང་ཧ་ཅང་ཐལ་ཆེ་ན། །
འཚོལ་མས་ས་སྟེང་གང་ན་མི་འཛིགས་སམ། །
རང་དབང་ཚིག་ལ་འདོད་དགུར་དབང་བ་སྟེ། །
ཚིག་གི་ལྦུ་ལག་བཅད་པ་རང་དབང་མིན། །
དོན་གྱི་གནད་དང་ཚིག་གི་ཐོབ་ཐང་ལྟར། །
རྒྱ་མཚོའི་རླབས་ལྟར་འཕྱུར་བའི་ཚིག་སྦྱོར་མཛེས། །
ལྷ་རིག་པ་ཧ་ཆེན་ངག་གི་དབང་པོས་ཀྱང་།
གསལ་བར་མ་གཟིགས་རང་མོས་སྙན་ངག་འདི། །
འཁྲུག་པའི་བུ་མོས་རྒྱ་ཆས་སྤྲས་པ་བཞིན། །
ཀུན་གྱི་མིག་གི་ཚེར་མ་མ་ལགས་སམ། །
དེ་སྐད་ལྷག་བསམ་དག་པའི་མཁའ་དབྱིངས་ནས། །
ཀུན་ཕན་ཚིག་གི་གྲུ་ཆར་འཛོ་བ་འདི། །

རྣམ་དག་རྩོམ་རིག་ལྷ་ཡི་དགའ་ཚལ་ནས། །
སྙན་ཚིག་མེ་ཏོག་བཞད་པའི་རྒྱུར་གྱུར་ཅིག། །།

༄༅། །དྲན་པའི་གདུང་དབྱངས།

རྣམ་མང་སྙིང་འཕྱུང་འཇུམ་རྒྱ་གྲོལ་བའི་ངོ་མཚར་བླན་འབབ་བའི་དཔལ། །
མཚར་སྡུག་གཡུ་ལོ་ཐགས་སུ་བཀྲ་བའི་དཔག་བསམ་འདོད་དགུ་འཛོ་བའི་ལྗོན། །
སླ་ལའི་ཚང་ཚོང་ཁྲིད་དུ་འཇུགས་མཁས་གཟི་ལྡན་ནམ་མཁའི་ནོར་གྱི་བུ། །
བདག་བློ་མི་ཕྱིད་མེ་ཏོག་འཛུམ་པའི་དད་ཕྱུག་འདབ་མའི་དབུས་ན་མཐོ། །
མཛེས་སྡུག་སྨྲ་ངན་མེད་པའི་ཕོན་པོ་གཙུག་གི་རྒྱན་དུ་ཉེར་བཅིངས་པའི། །
སྤྲོ་དགའི་མེ་ཏོག་རྟག་པར་འཛུམ་པ་མན་ཤེལ་དྲ་བར་སྟོམ་པ་ལས། །
འཛད་མེད་མན་དྷ་ར་བའི་དྲི་བསུང་ཕྱོགས་ཀྱི་འཁོར་ལོའི་མཛེས་རྒྱན་དུ། །
ངད་པའི་དགེ་མཚན་ནམ་མཁའི་སྣང་བ་དེང་ཡང་ལྷ་ལམ་ངོས་ན་རྒྱུ། །
བདེ་ལྡན་མ་དྲོས་གཡས་སུ་འཁྱིལ་བའི་ཕ་མཐའ་ཡངས་པའི་ཆུ་གཏེར་ཆེ། །
ཟད་མེད་ཕྲི་གང་བྲལ་བའི་འཕྲུལ་མངའ་འོད་སྣང་དཔག་ཡས་གདེངས་ཅན་གྱིས། །
ཤེལ་དཀར་སོ་ཕྲེང་བཞད་པའི་ཀློང་དུ་འདོད་དགུར་དྲངས་པའི་འབྲས་རྟགས་སུ། །
བཅུ་གསུམ་གནམ་གྱི་སྐས་ལས་བབས་པའི་ཞབས་རྗེས་གཡུང་དྲུང་རིས་སུ་སྨིན། །
རབ་དཀར་ཆུ་འཛིན་ལང་ལོང་གཡོ་བའི་རྨད་བྱུང་ཤེལ་གྱི་ལྷིང་ཁང་དུ། །
སྲིད་ཞིའི་སྒྲ་བརྒྱ་ཟིལ་གྱིས་གནོན་པའི་དབྱར་རྔ་དལ་བུར་རྒོད་པ་ན། །
གཡུ་མདངས་ལང་ཚོའི་དཔལ་གྱིས་སྐེམ་པའི་སྨིན་ལེགས་རྨ་བྱའི་བུ་མོའི་ཚོགས། །
མ་སྨད་སྤྲོ་དགའི་གར་གྱིས་བྲེལ་བའི་ངོ་མཚར་མཆོག་འདིར་ལྷས་ཀྱང་བསྔགས། །
དེ་ཡི་མཐུ་ལས་དབྱིག་འཛིན་འཁོར་ལོར་སྤྲང་ཆར་བསིལ་མའི་བཅུད་ཕབ་པས། །
ཡིད་འོང་ལོ་འདབ་སྡུག་གུར་བཀྲ་བའི་རྣམ་མང་མེ་ཏོག་འཛུམ་གྲོལ་ཏེ། །

ལྷུན་སྟུག་སྤྲང་རྩེའི་ཐེལ་དངར་ལ་སྲིད་རྐང་དྲུག་བུ་མོ་སྤྲོ་དགའ་བཅས། །
ལུས་འདེགས་འདབ་མའི་རླྙོས་གར་བསྒྱུར་བའི་ངོ་མཚར་མཛེས་སྡུག་ཅི་ཡང་སྣང་། །
དཀར་གསལ་འོད་སྣང་འབུམ་གྱིས་འཁྱུད་པའི་མགྱོགས་འགྲོ་བདུན་ལྷན་ནོར་གྱི་བུ། །
ས་འདིར་དཔྱིད་དཔལ་ལང་ཚོ་དར་བའི་དགེ་མཚན་སྐྱོང་བ་ཡལ་པོར་ནས། །
ཆུ་ལྷའི་ཁྱིམ་དུ་གློ་བུར་བཞུད་ཚེ་གང་ལ་རེ་བའི་སྙིང་འཕྲང་ཚོགས། །
འཛིགས་ཉུང་རྟམ་གནག་མུན་པའི་ཁྲོད་དུ་གདུང་བའི་རྣམ་འགྱུར་ཅི་ཡང་ངོམ། །
མཚར་སྡུག་ལང་ཚོ་དཔྱིད་དུ་དར་བའི་ངོ་མཚར་འོད་ལྡ་དབྱིངས་སུ་ཡལ། །
རྒྱུད་སྟོང་པི་ཕང་དུས་སུ་རྡུང་བའི་སྐད་འཛེབས་རོལ་མོ་གློ་བུར་འགག །
དྲི་བྲལ་རིན་ཆེན་ཤེལ་གྱི་མེ་ལོང་དེང་འདིར་དྲན་ཡུལ་ཙམ་དུ་གྱུར། །
ཀྱེ་མ་ཀྱི་ཧུད་དམན་མོས་འགྲོ་བས་དགུན་གྱི་མཚན་རིང་ཇི་ལྟར་བགྲལ། །
རྣམ་མང་རིན་ཆེན་ཁམས་ལས་ལེགས་གྲུབ་ཕུན་ཚོགས་དཔལ་གྱིས་མངོན་མཐོ་བའི། །
སྙིང་པོར་བྱུང་བའི་མཚར་སྡུག་ཐིག་ལེ་ཀུན་གསལ་སྣང་བའི་རྩེ་དགའ་ཅན། །
མི་བཟད་ཚ་བས་ཉེན་པའི་འགྲོ་ལ་གདུང་སེལ་བདུད་རྩི་མཆོག་སྟོལ་བའི། །
དཀར་གསལ་ཟླ་ཚེས་གསར་བའི་དཀྱིལ་འཁོར་མཁའ་འདིར་མྱུར་བར་འཁྱོན་ལ་རེ། །
ཞེས་པ་ཏཱ་ཆེན་ཐམས་ཅད་མཁྱེན་པ་མྱུ་ངན་ལས་འདས་ནས་ལོ་འཁོར་གཅིག་འཁོར་ལ་ཉེ་བའི་སྐབས་སུ་བྲིས་པའོ།། །།

༄༅། །སེམས་ཀྱི་ཁྲིའུ་སྐྱེ་བའི་ཅ་ཅོ།

ལེགས་བྱས་ཀུན་གསལ་མཛེས་པའི་ཚལ་ཡངས་པོའི། །
དབང་ཕྱོགས་གོས་དམར་རྩེན་པའི་ལྡིང་ཁང་ནས། །
དལ་བུར་འཕགས་ལ་རྟ་བདུན་འཁོར་ལོའི་གཟིས། །
ལྗོངས་འདིར་སིམ་པའི་དགའ་ཚལ་ཡུན་དུ་སྐྱོངས། །
ཉིས་བརྒྱའི་སྨུག་གིས་བཟུང་བའི་ཡུལ་དུས་སུ། །
ཏིང་ཝོ་ཕིང་ཞེས་མུན་སེལ་ཟླ་བ་ཞིག །
ཙོནའི་ལྷ་ཕྱོགས་འབྲུ་བརྒྱའི་ཞིང་ཁམས་ནས། །
འཁྲུངས་པའི་སྨན་པ་སུམ་རྩེན་གྲོང་ན་གྲགས། །
པདྨའི་གཉེན་དང་འཕྲད་པའི་པདྨ་དང་། །
སྦྲང་རྩེའི་དཔལ་ལ་སྤྱོད་པའི་སྦྲང་མ་བཞིན། །
རྣམ་མང་གཙུག་ལག་རྣམ་སད་བཙུད་འཕྲུངས་པས། །
གང་ཕྲུགས་ཡོན་ཏན་ཉ་གང་དཔལ་ལ་འགྲན། །
དེའི་ཚེ་ནག་ཕྱོགས་ཡིད་སྦུབས་ཁྲིས་པའི་ཁྲུས། །
སྐྱེ་དགུའི་བདེ་སྐྱིད་ཁམ་དུ་ཕྱེད་པའི་ཚུལ། །
ཡང་ཡང་གཟིགས་པས་ཚིག་བདེན་དོན་ཟབ་ལུགས། །
འཚོལ་བའི་འདུན་པ་རྒྱ་མཚོའི་རླབས་སུ་ལུད། །
ཆུ་གཏེར་སྐྲ་རགས་དམ་པའི་རྒྱ་གྲོལ་ནས། །
ཆུ་ལྷ་ཁྲིས་འཁྲུག་རྫམ་པའི་ཁྲིམ་བསྐྱེན་ཏེ། །

འཇིག་རྟེན་བདེ་ལ་འགོད་པའི་འཕྲུལ་གྱི་ནོར། །
མར་ལེའི་དགོངས་ཟབ་རྒྱ་མཚོ་ཆེ་ལས་བླངས། །
དེ་ནས་བཟུང་སྟེ་གང་ཐུགས་ཡིད་བཞིན་མཚོར། །
རང་དོན་ཡིད་བྱེད་རྩལ་གྱིས་ཡོངས་བཏང་ཞིང་། །
དམངས་ཕན་ལྷག་བསམ་རྟ་དམར་ཅན་གཡོས་པས། །
ཞི་དྲག་བགྱི་བ་ཐ་སྙད་བཞིན་དུ་སྤེལ། །
འཛམ་བུའི་རྒྱལ་མཚན་འཛིན་པའི་འཇིག་རྟེན་ཀུན། །
ཟ་ལ་ཊམ་པའི་འབྱུང་བོའི་སྙིང་དབུས་སུ། །
མི་བཟད་གནམ་ལྕགས་འབར་བའི་མཚོན་བྱིན་པས། །
མི་བསྲུན་བསྣང་སྤྱོད་དུག་སྣངས་བག་ལ་ཞ། །
དམངས་ཡོངས་རྗོག་པས་བརྫི་བའི་སྟོབས་རྫོགས་པ། །
ངག་སྤྱོད་རྩལ་མང་བརྩེགས་པ་རྩེ་མོའི་གྲངས། །
རྨང་ནས་བསྐྱིལ་བ་ཡིད་འོང་སྐྱོམ་པའི་གཞིར། །
བདེ་སྐྱིད་པདྨའི་དགའ་ཚལ་ཅི་ཡང་བསྐྲུན། །
དེ་ལྟ་ན་ཡང་མ་ཉུངས་སྨྲ་གཅན་འགས། །
གང་སྐྲུ་བླ་བ་རིལ་པོ་སྒྲིབ་བརྩོན་ཀྱང་། །
དྲི་བྲལ་ཤེལ་དཀར་ལས་ལྷག་ལང་ཚོའི་ཆ། །
མ་ཉམས་བསིལ་ཟེར་སྣར་ལས་དཔལ་གྱིས་བརྗིད། །
སྣ་མང་གདུང་བའི་གཞི་ལ་སྤྱོད་པ་ཕལ། །
བདེ་ལྡན་དགའ་བའི་ཚལ་ལ་དབུགས་དབྱུང་བའི། །
ངོ་མཚར་ལེགས་མཛད་ཆ་ཤས་ཕྲ་མོ་ཡང་། །
ནོར་འཛིན་སྐྱེག་པ་མོ་འདིའི་ཁུར་དུ་ལྷི། །

མེས་རྒྱལ་སྐྱིད་ཚལ་མཛེས་པར་བཅོས་པ་དང་། །
འདབ་བརྒྱའི་གང་བུ་ལྷུག་པར་གྲོལ་བའི་མཐུས། །
ཕུན་ཚོགས་དཔལ་འབྱོར་ཏ་རེའི་ངད་ཐུལ་བ། །
གཟུར་གནས་བསྔགས་པའི་རོལ་མོ་འཁྲོལ་བའི་གཞི། །
ད་ཉི་གང་སྐྱ་ཕན་བདེ་གྲིབ་བསིལ་ཅན། །
ལེགས་ཚོགས་ཆ་ཤས་ཡོངས་གང་བསིལ་སྦྱིན་དབང་། །
སློ་བུར་ཞུབ་རིའི་གོས་དམར་བསྐྱེན་པ་ཡིས། །
ཀུན་གྱི་ཡིད་དབང་གདུང་བའི་ཁྲུར་གྱིས་ཐོན། །
རྣམ་དག་མཛད་པ་མཆོག་ལ་ཡི་རངས་པའི། །
བགྲང་བར་ངལ་བའི་དམངས་ཀྱི་འདྲེན་བྱེད་ལས། །
མཆེ་མའི་དོག་པ་སྨུ་ཏིག་བསྟར་བའི་ཕྲེང་། །
རྒྱ་འབྲི་ཆུ་བོའི་ཟློལ་གྱིས་རྒྱ་མཚོར་ལྷུང་། །
རྨད་བྱུང་མེས་རྒྱལ་དར་བབ་ལང་ཚོམ། །
མཛེས་བྱེད་དགོངས་ཟབ་སྨུ་ཏི་ཀ་ཡི་རྒྱན། །
སྤྱར་ལས་གཟི་འོད་འཁྱུག་པའི་རྗེ་དགའ་ལས། །
རྫོགས་ལྡན་དུས་སྟོན་དར་ལ་སླེང་ནས་རེ། །
དེ་སྐད་ཟློལ་བསྟོད་གཅམ་ཚིག་དང་བྲལ་ཅིང་། །
གོ་དཀའི་ཚིག་གི་མདུད་པས་བཅིངས་མེད་པ། །
སེམས་ཀྱི་ཁྲིའུ་སྐྱོ་བའི་ཅ་ཅོ་འདི། །
གཙོ་འཛིན་མཆོག་གང་དྲན་པའི་དབྱངས་སུ་གྱུར།། །།

༄༅། །གྲོགས་གནས་ལྷ་རིག་པ་བ་དཀོན་མཆོག་ཕུན་ཚོགས་ལ་ཕུལ་བ།

རྒྱལ་ཀུན་ཡེ་ཤེས་འོད་ལྔའི་ཕུང་པོ་ཀུན། །
གཅིག་བསྡུས་ངུར་སྨྲིག་རྣམ་རོལ་ཙོང་ཁ་བ། །
སྲས་བཅས་རྒྱུད་པའི་བྱིན་རླབས་གྲུ་ཆར་གྱིས། །
བསྐྱིལ་བའི་དགེ་ལེགས་དམ་པས་ཁྱོད་ལ་སྲུངས། །
རིང་ནས་ལྷག་བསམ་མཛའ་བས་མ་བཏང་བས། །
དཀོན་མཆོག་ནོར་བུ་དད་གསུམ་རྒྱལ་མཚན་རྩེར། །
མཆོད་པའི་ལེགས་བྱས་ཕུན་སུམ་ཚོགས་པའི་ནོར། །
སྙིང་གི་མཛོད་དུ་བསྐྱིལ་བའི་བློ་གྲོགས་དྲུང་། །
བཤད་སྒྲུབ་པད་མའི་བང་མཛོད་དུས་ཀྱིས་བསྐམས་ས། །
ལུང་རིགས་སྲུང་རྩེའི་རྒྱ་མཚོ་སད་ཀྱིས་བཅོམ། །
བསོད་ནམས་སྟོན་གྱི་དུས་བཟང་ཡལ་ལ་ཉེ། །
སྐལ་དམན་བུང་བས་སྐྱོ་བའི་གླུ་འདི་ཕུལ། །
ལེགས་བྱས་ནོར་བུའི་འཕྲུལ་གྱི་ཞགས་པ་ཡིས། །
དྲངས་པའི་དད་རྟེན་ཡིད་བཞིན་དབང་གི་རྒྱལ། །
སྐལ་བཟང་སྙིང་ལ་ཕན་པའི་ལེགས་བཤད་ནོར། །
ཛེ་དགར་འཛོ་བཞིན་བདེ་བར་འཚོ་ལགས་སམ། །

སྒྱུ་མའི་འདོད་ཡོན་ཨུདྦ་ལ་མིག་ཡངས་མས། །
ཟུར་མིག་སྙིང་ལ་བསྣུན་པའི་ཚིག་ཡིས། །
བདག་སེམས་ལྷར་སྣང་བདེ་བས་སེམ་ཕྱུར་ཏེ། །
སློབ་བུ་སྐྱོང་བའི་གཟུགས་བརྙན་ཙམ་ལ་བརྟེན། །
ལས་ཉོན་འཇིགས་རུང་སྲིན་པོ་ཁྲིས་པའི་མཐུས། །
སྐྱེ་དགུའི་ལེགས་ཚོགས་རྡུལ་དུ་རློག་པའི་སྐབས། །
ངུར་སྨྲིག་རྒྱལ་མཚན་གསར་བའི་བློ་གོས་ཀྱིས། །
དོན་ལྡན་ལས་ལ་བརྩོན་ཁྱོད་སྐལ་བ་མཐོ། །
ཁྱད་པར་དཀའ་གནད་གཞུང་གི་མདུད་པའི་རྒྱ། །
དུས་གཅིག་དགྲོལ་ནུས་དྲན་དབང་ནོར་བུའི་ཚོགས། །
བསམ་དང་སྦྱོར་བའི་རྒྱལ་མཚན་རྩེར་མཆོད་པས། །
ལེགས་བྱས་འདོད་དགུ་འཇོ་བ་ཟད་དུ་མེད། །
འཕགས་ཡུལ་མཛེས་པའི་རྒྱན་གཅིག་ན་ལེནྡྲ། །
སྔོངས་འདིར་ལེགས་བྱས་འཕྲུལ་གྱིས་ཉེར་དྲངས་པའི། །
བཀྲ་ཤིས་ཆོས་ཀྱི་སྡིངས་ཀ་ཉམས་དགའ་བར། །
ཆོས་བཞིན་འཚོ་བ་ཁྱོད་ལ་སློབ་དགའ། །
ལེགས་བཤད་ཆུ་གཏེར་འཕྱུར་བའི་གདེངས་ཀ་ལ། །
ལུང་རིགས་གར་གྱིས་རྩེན་པའི་སྐལ་མེད་ཀྱང་། །
ཉི་མའི་བུ་ཡི་ཕོ་ཉ་མ་སླེབས་ཚེ། །
ངུར་སྨྲིག་བརྟུལ་ཞུགས་ཙམ་ལ་བདག་ཀྱང་སྤྲོ། །
ཁྱོད་ཀྱི་རྣམ་དཔྱོད་ཆུ་ཁུར་འཛིན་པའི་རྩེར། །
རྩོད་པའི་སྒྲ་བརྒྱ་སྙལ་བའི་ང་རོ་ཡིས། །

དཔྱོད་ལྡན་མདངས་མཐའ་དགའ་བས་སྤྱོས་དང་ལྡན། །
སྟོན་མེད་ཡོན་ཏན་མངལ་གྱིས་སྦྲུམས་པར་མཛོད། །
དེ་སྐད་འཕྲིན་ཆུང་འཁོར་ལོའི་ལག་པ་ཅན། །
རྣམ་བཀྲ་དར་གྱི་གཤོག་ཟུང་གཡོ་བཞིན་དུ། །
ལེགས་བཤད་རླབས་ཕྲེང་གཡོ་བའི་ཆུ་གཏེར་ཆེ། །
མཛའ་བཤེས་དམ་པ་གནས་པའི་མདུན་སར་སོང།། །།

༄༅། །རྗེ་གྲགས་པ་རྒྱ་མཚོའི་མཆོག་སྤྲུལ་ལ་ཕུལ་བ་ཉམ་ཆུང་བུང་བའི་གཤོག་སྒྲ།

རྒྱལ་ཀུན་ཡེ་ཤེས་འོད་ལྔ་འབར་བའི་རྡུལ། །
ལྷུན་གྲུབ་སྒྱུ་མའི་གར་གྱིས་རྩེན་པ་ལས། །
སྲིད་ཞིའི་ལེགས་ཚོགས་རྒྱ་མཚོ་འབྱུང་བའི་གཞི། །
མཚུངས་མེད་བླ་མ་མཆོག་དེས་འགྲོ་འདི་སྐྱུངས། །
དུས་ལས་ཡོལ་མེད་གང་མཚམས་སྒྱུ་འཕྲུལ་གྱིས།
མཐའ་དག་སྐྱེ་དགུའི་གཉེན་དུ་དམ་བཅས་པའི། །
མཛད་འཕྲིན་ཚ་ཟེར་རྒྱས་པའི་སྣང་བ་ཅན། །
ཟླ་མེད་མཆོག་སྤྲུལ་ནམ་མཁའི་ནོར་བུའི་དྲུང་། །
རི་སྐྱེས་མ་ཡིས་བོར་བའི་ཕྲུ་གུ་བཞིན། །
སྙིང་ལ་མི་ཟད་གདུང་བའི་ཁུར་ལྕི་ཡང་། །
མི་འགྱུར་དད་གསུམ་ཆུ་གཏེར་རླབས་གཡོ་བས། །
ཞུ་འཕྲིན་ངུར་བའི་ཅ་ཅོ་སྒྲོག་ལ་རངས། །
འཁོར་ལོ་གསུམ་གྱི་མཛད་བཟང་སྣང་བའི་གཏེར། །
རྟོས་པ་མེད་པར་ཁྱོད་ཀྱིས་སྤྲོས་པ་ལས། །
དེང་དུས་བཤད་སྒྲུབ་ཐུབ་བསྟན་པད་མའི་ཚལ། །
ཆེས་ཆེར་རྒྱས་འདི་བསྔགས་འོས་ཕུལ་དུ་སོན། །
འཛམ་བུའི་འཁྲི་ཤིང་དར་ལ་བབས་པའི་ལྗོན། །

རང་གི་རྒྱན་དུ་འཛིན་པའི་ནོར་འཛིན་མར། །
གནའ་བོའི་དུས་ནས་རྒྱུད་པའི་རིམས་འཛོམས་པའི། །
ལེགས་བྱས་སྨྲ་ངན་མེད་པའི་མེ་ཏོག་རྐོད། །
ཁྱད་པར་གངས་ཀྱི་མེ་ཏོག་འཁྲིགས་པའི་ལྗོངས། །
གྲུ་འཛིན་དབང་ཕྱུག་ཐུགས་རྗེ་ཛ་ཡབ་རྗེས། །
བྲན་པའི་གདུང་སེལ་ག་བུར་ཟེགས་མའི་རྒྱུན། །
འཁྲུང་བའི་བདུད་རྩིའི་རྒྱུན་བཟང་དེང་ཡང་འཛོ། །
ཨུ་དུམ་ཝ་ར་ཨུཏྤལ་པད་མ་སོགས། །
སྣ་ཚོགས་ཡིད་དགའ་འཛུམ་པའི་ལྷབས་གཡོ་བས། །
མཚན་ཡང་ཉིན་མོར་བྱེད་པའི་དགེ་མཚན་གྱིས། །
ཀུན་བཟང་ཞིང་གི་དཔལ་ལ་སྐྱིངས་པ་སྦྱིན། །
དེ་ལྟར་གནའ་དུས་འཛམ་བུའི་གླིང་ཆེན་འདིར། །
མཁས་གྲུབ་དཔག་བསམ་ལྗོན་པས་ཡོངས་གང་མོད། །
དེང་དུས་དགེ་ལེགས་འདོད་རྒྱུ་འཛོ་བའི་དཔྱིད། །
བཤེས་གཉེན་ཡོངས་འདུས་ལྗོན་པ་ཁྲོད་ཉིད་ཙམ། །
བདེན་གཉིས་བདེན་བཞིའི་ཤེས་བྱའི་སྣང་བརྙན་ཀུན། །
རྣམ་དག་ཐུགས་ཀྱི་མེ་ལོང་ལ་གསལ་བ། །
གཟིགས་པས་རྒྱལ་བ་ཀུན་གྱི་མེས་པོ་ཡང་། །
སྐྱེངས་ནས་རྒྱལ་བའི་སྲས་ཀྱི་ཐུ་ལ་བརྟེན། །
ཆོས་ཀྱི་རྒྱལ་སྲིད་གཙང་མའི་འཕང་མཐོ་བས། །
ཡབ་གཅིག་རིགས་བརྒྱའི་བདག་པོ་སཾ་ལྷའི་མཚན། །
དག་པའི་དབྱིངས་ནས་གདུང་འཚོབ་གཞོན་ནུ་ཞིག །

བྱུང་སྨམ་ཐུགས་ལ་དགྱེས་པའི་གཏེར་ཁ་བརྗོལ། །
མཁའ་ཁྱབ་མ་མར་གྱུར་པའི་སྐྱེ་དགུ་ཀུན། །
ཚོགས་གཉིས་སྙིག་མོར་མཛའ་བ་བརྟན་པའི་སླད། །
ཕྱུག་ན་པད་མོའི་སྣང་བརྙན་བརྟེན་པ་བཅས། །
ལེགས་པར་བསྐྲུན་འདིས་བདག་ཡིད་ལྷག་པར་དྲངས། །
ཁྱོད་ཀྱི་རྨད་བྱུང་མཛད་པའི་ཆ་རེས་ཀྱང་། །
ཀུན་བཟང་རྒྱལ་བའི་སྤྱོད་ལ་ཅི་འདྲི་ན། །
དབྱངས་ཅན་ངག་གི་རོལ་མོ་འབུམ་བརྡུངས་ཏེ། །
ཁྱོད་ལ་བསྔགས་ཀྱང་ཆ་ཙམ་ག་ལ་ཞིག །

འཚམས་ཞུ།

གཞོག་ཟུང་རྩལ་གྱིས་བཏང་བའི་ངང་བ་བདག །
ལི་ཁྲིའི་ལྷབས་ཕྲེང་གཡོ་བའི་ཆུ་གཏེར་ཆེར། །
སྐྱན་འཇེབས་མགྲིན་པའི་ཟ�་ཊ་རྡུང་བཞིན་དུ། །
རོལ་བའི་སྐྱལ་བས་དབེན་འདིས་ཡིད་རེ་ཐམ། །
ཡིད་སྲུབས་མཚོན་གྱི་འཕྲུལ་འཁོར་རྣོ་དྲགས་པས། །
ལེགས་བྱས་སྐྱོག་ལ་གཅིག་ཏུ་ཊམ་པའི་རྩལ། །
དཔྱིད་དུ་དར་བ་མ་ཉུངས་བདག་འདྲ་ལ། །
ལྷག་པར་རྫེས་སུ་བརྩེ་བ་དམ་པའི་གཤིས། །
སྣང་མིན་ལམ་དུ་འཕྱན་པའི་དམུས་ལོང་བདག །
ངེས་ལེགས་ལྷན་མེད་པའི་གྲོང་ཁྱེར་དུ། །
བདེ་བར་འཇུག་པའི་སྐྱལ་བཟང་མ་ཐོབ་བར། །
བརྩེ་བའི་གཟིགས་པ་གཞན་ཡང་གཏོང་མི་འཚལ། །

བཀྲ་ཤིས་ཆོས་སྡིངས་སྤྲིན་སྔོན་གཡོ་བའི་སྟེར། །
མཁས་མང་སྒྲ་བརྒྱ་སྙལ་བའི་ང་རོ་ཡང་། །
དཔྱོད་ལྡན་མདོངས་མཐའ་སྤྲོ་བའི་མཆོད་ཡོན་དང་། །
རྩོལ་ངན་བྲག་རིའི་གཤེད་དུ་དར་བར་མཛོད། །
ཚོགས་གཉིས་དཔལ་གྱིས་བསྐྲུན་པའི་རྡོ་རྗེ་སྐུ། །
མཚན་དཔེ་ཉི་མ་བརྒྱ་བའི་སྣང་བ་ཅན། །
དགེ་ལེགས་དབྱར་གྱི་དུས་སྟོན་སྤེལ་བཞིན་དུ། །
བསྐལ་བར་འཚོ་བའི་ཐུགས་འདུན་སྙིད་མི་འཚལ། །
དེ་སྐད་འཕྲིན་ཡིག་བུང་བའི་ན་ཆུང་མས། །
སྔན་འཇེབས་མགྲིན་པའི་རྒྱུད་མངས་རྟུང་བཞིན་དུ། །
ལྷ་རྫས་གཞོག་ཟླུང་གཡོ་བའི་གར་དང་བཅས། །
མཚོག་སྤྲུལ་པད་དཀར་གཞོན་ནུའི་དྲུང་དུ་སོང་།། །།

༄༅། །ཨ་ལགས་གྲགས་པ་ལ་བསྐུར་བའི་ཡི་གེ

༄ བློ་བཟང་རྒྱལ་བསྟན་མྱུ་ངན་མེད། །
འཛིན་སྐྱོང་སྤེལ་བའི་ཐུགས་བསྐྱེད་དང་། །
གྲགས་པ་རྒྱ་མཚོའི་མཐར་བཀྱལ་བ། །
ཆོས་ཀྱི་དཔལ་དུ་སྔར་ལས་མཐོ། །
མདོར་ན་བཀྲ་ཤིས་ཆོས་ཀྱི་སྡིངས། །
བདུད་རྩི་རོལ་བའི་འཛིག་རྟེན་དང་། །
མཛའ་བ་གོར་མའི་རེ་ཁྲ་ནི། །
ད་དུང་སྔར་བཞིན་གསལ་བར་བཀྲ། །
བདག་ཀྱང་ལང་ཚོ་ཉི་མའི་ཟེར། །
ཆུ་ལྷའི་གོས་དམར་སྟོན་ཉི་ཡང་། །
ཡོངས་རྫོགས་བསླབ་ཁྲིམས་ཐག་པ་ཡིས། །
སྨྲ་སྐྱིད་དབང་པོའི་ཁྱིམ་དུ་བྲངས། །
རིང་ནས་ཐུགས་བསྐྱེད་ཀྱིས་བཟུང་བའི། །
ངོ་མཚར་ཆོས་ཀྱི་དགའ་ཚལ་འདིར། །
ཆོས་སྲིད་ལེགས་ཚོགས་གཏེར་ཆགས་པའི། །
སྐལ་བཟང་དགའ་སྟོན་སྤེལ་ལ་རེ། །
ལང་ཚོ་ཡོལ་བའི་རྒན་པོར་ཡང་། །
ཐུགས་བརྩེ་འོད་ཀྱི་གུར་ཁང་དུ། །

བྱིན་བརླབས་བདུད་རྩིའི་ཟས་བྱིན་ནས། །
ཐར་བའི་གྲོང་དུ་འཁྲིད་པར་འཚལ། །
དེ་སྐད་འཕྲིན་ཆུང་འཁོར་ལོའི་ལག །
དབང་ཕྱོགས་ཙནྡའི་ཞིང་ཁམས་ཀྱི། །
མཆོག་སྤྲུལ་ཟུང་གི་ཉེ་དྲུང་དུ། །
སྙན་འཇེབས་གཏམ་འདི་སྤྲུ་རུ་ཡོངས། །

ཞེས་སྨོམ་ལས་ཀློངས་པའི་ཁོལ་པོ་བཤད་སྒྲུབ་ཀྱིས་ཆོས་གྲྭ་ཆེན་པོ་དཔལ་མི་འགྱུར་དགེ་ལྡན་བཀྲ་ཤིས་ཆོས་སྡིངས་ནས་ཕུལ་བ་དགེ། །

༄༅། །འཕྲིན་ཡིག

རྣམ་པ་ཀུན་གཟིགས་རྒྱལ་བའི་ཡེ་ཤེས་སྤྲིན། །
ཞི་བསིལ་ཆོས་ཀྱི་གྲུ་ཆར་འཛོམ་མཁས་པའི། །
བདེ་ཆེན་པདྨའི་དགའ་ཚལ་བཞད་མཛད་མ། །
ངག་དབང་ལྷ་ཡི་བུ་མོར་ཕྱག་ཕྱས་ནས། །
མཁྱེན་བརྩེ་འདང་ཡངས་ཕྱོགས་སུ་གྲོལ་བའི་རླབས། །
ཞིམ་མངར་ལེགས་གསུང་ཟབ་མོའི་བཅུད་ཆགས་པ། །
དཔྱོད་ལྡན་རྐང་བ་དྲུག་པའི་ལོངས་སྤྱོད་དུ། །
སྐྱོལ་མཁས་མཆོག་སྤྲུལ་པདྨ་དཀར་པོའི་དྲུང་། །
འདོད་ཡོན་གཡོན་མིག་དགའ་མའི་སྟངས་སྟབས་ལ། །
སྲིད་པའི་ཞགས་པས་བཅིངས་པའི་འཁོར་བ་བ། །
སྣ་ཚོགས་ལས་སྣང་ཁུར་གྱིས་དུབ་པ་དེས། །
ཞུ་འཕྲིན་དཔྱིད་ཀྱི་ཕོ་ཉའི་སྨྲུ་འདི་འབུལ། །
གདོད་ནས་ཡོངས་གོམས་ཐུགས་བསྐྱེད་གསེར་གྱི་གཞིར། །
ལེགས་སྨིན་མཚན་དཔེའི་གཟི་བྱིན་འབར་བའི་སྐུ། །
གཡོ་མེད་གཡུང་དྲུང་གཤིས་སུ་ལྷུན་ཆགས་པའི། །
གཏམ་སྙན་དྲི་ཟའི་དབྱངས་ཀྱིས་ཡིད་རབ་སྨྱོས། །
ལེགས་པའི་སྤྱོད་ལ་འཁོན་པའི་ཉ་མོ་བདག །
འདིར་སྣང་སྒྱུ་མའི་གཤོག་ཟུང་བྲེལ་བཞིན་དུ། །

ལུས་སེམས་འབྱེད་པའི་ཞགས་པས་མ་ཟིན་པར། །
རྣམ་གཡེང་ཆུ་གཏེར་ཀློང་ན་བདེ་བར་འཚོ། །
ཤ་བ་རི་ཡི་དབྱངས་ཀྱིས་རི་སྐྱེས་བཞིན། །
སྲིད་པའི་བདེ་བ་ཕྲ་མོས་ཡིད་བཀུག་སྟེ། །
སྡུག་བསྔལ་བདེ་བར་རློམ་པའི་དུས་འདའ་བས། །
ཞུ་འོས་ལྷ་ལམ་པདྨའི་དོགས་པ་འཛིན། །
འོན་ཏང་སྔོན་འདྲིས་མཛའ་བ་ལྷ་ཡི་ཚལ། །
མཛེས་བྱེད་དྲི་ཟའི་ན་ཆུང་སྨིན་ལེགས་མས། །
བསྐུལ་བའི་སྙན་ཚིག་བཻ་ཧླུའི་པི་ཝང་སྒྲ། །
ཁྱོད་ཐུགས་དགྱེས་པ་སྐྱེད་པའི་རྐྱེན་དུ་གྲགས། །
ཁྱེད་སྐུའི་སྣང་བརྙན་ཡིད་ལ་ཤར་བའི་མོད། །
དགའ་དང་དད་པའི་ཡིད་རབ་མངོན་བྱས་ཀྱང་། །
བྱམས་བརྩེ་མདངས་ལྡན་ཞལ་དཀྱིལ་ཟླ་བ་དཀར། །
དངོས་སུ་མཇལ་བའི་སྐལ་བ་དམན་འདི་ཅི། །
ལྷ་ཡི་གནས་དང་ཀླུ་ཡི་གྲོང་ཇི་བཞིན། །
ཡུལ་གྱིས་བསྐལ་བས་ཁྱོད་ཞལ་ལས་འོངས་པའི། །
ལེགས་པར་བཤད་པ་ཡན་ལག་བརྒྱད་ལྡན་ཆབ། །
ལེགས་བྲིས་བདུད་རྩིའི་གཏམ་བཞིན་སྙན་པ་ཙམ། །
སྙན་ཚིག་འོ་མའི་མཚོ་ལ་རྩེན་པས་ཡིད། །
དགའ་བདེའི་འཚོ་བས་རེ་ཞིག་བཟུང་མིན་ན། །
མགོན་ཁྱོད་དྲན་པའི་གདུང་བའི་ཚ་ཟེར་གྱིས། །
འཚོ་བའི་སྲོག་ཀྱང་ལྷག་མེད་བྱེད་དོ་སྙམ། །

འོན་ཀྱང་ལྷག་བསམ་བསིལ་འཛམ་དྲི་བཙོན་དང་། །
སྨོན་ལམ་དག་པའི་འཁར་བ་ལ་བརྟེན་ནས། །
སྙིང་སྟོབས་གོམ་པའི་འདེགས་འཛོག་འགོད་བཞིན་དུ། །
སེམས་ཀྱི་ཁྱིའུ་ཁྱོད་དྲུང་ཡང་ཡང་བསྐྱིགས། །
ལྷ་དང་ཐུབ་པས་བསྟེན་འོས་སྨན་གྱི་ལྗོངས། །
ཕྱུན་སུམ་གོར་མ་ལས་གྲུབ་གཞལ་མེད་ཁང་། །
བྱ་བྱིའུ་མགྲིན་པའི་ཟླ་ཐ་བརྡུང་བ་སོགས། །
དབེན་པའི་གནས་མཆོག་ལྷ་ཡི་དགའ་ཚལ་དུ། །
ཐོག་མར་བསགས་པའི་ཐོས་བསམ་ནོར་བུའི་འོད། །
རང་སེམས་མུན་ལས་རྒྱལ་བའི་སྣང་བྱེད་དུ། །
བསྒྱུར་ཆེད་ཡང་དག་འཛོག་པའི་དགའ་སྟོན་ལ། །
རོལ་བ་འདི་ཀོ་དུས་ཀྱིས་ཇི་ལྟར་ཐེག །

འཚམས་ཞུ།

དུས་ངན་སྙིགས་དགུ་སྲིན་མོ་ཁྲོས་པའི་མཐུས། །
ཚོག་རྩུབ་མཚོན་ཆ་སྙིང་ལ་གཟན་ལགས་ཏེ། །
བསྐལ་བར་གོམས་པའི་བཟོད་མཆོག་གོ་ཆ་ཉིད། །
མི་འདོར་རྒྱལ་སྲས་རྣམ་ཐར་བདག་གིར་བྱ། །
བཟང་མིན་ལས་ལ་གོམས་པའི་གོས་བགོས་ཏེ། །
ལོག་སྤྱོད་ཁྲག་ལ་རོལ་བའི་ཕྲ་མེན་མས། །
ངན་གཡོའི་རླྭས་གར་རྩུང་ཟད་བསྒྱུར་བ་དེ། །
མགོན་ཁྱོད་བརྩེ་བའི་ཡུལ་དུ་ཅིས་མི་དགོངས། །
ཁྱོད་ཀྱི་རྣད་བྱུང་ལེགས་མཛད་སའི་ཟླ་བ། །

ཕོག་གཏམ་འཛིན་མའི་མངལ་དུ་གབ་ན་ཡང་། །
གཞོམ་བྲལ་འོད་ཀྱི་ཐིག་ལེ་མཁར་སྦྲ་བ། །
སྒྲིབ་བྲལ་དངོས་པོའི་ཆེ་བ་བླ་ན་མེད། །
དེའི་ཕྱིར་བཀྲ་ཤིས་ཚོས་སྡིངས་ལྷ་ཡི་ཚལ། །
མཛེས་བྱེད་ཐབས་མཁས་འདོད་འཛོའི་འཁྲི་ཤིང་རྩེར། །
ལེགས་བྱས་དོག་པ་མངར་བའི་སྐྱེམ་པ་ཅན། །
སྤྱིལ་ལ་སཾ་སྐཱའི་ཞབས་དང་མཚུངས་པར་མཛོད། །
ལུང་རྟོགས་ནོར་བུའི་སྐྱེ་མ་དུད་པ་ཅན། །
ཕན་བདེའི་དཔལ་གྱུར་ཐུབ་བསྟན་ཡོངས་འདུའི་སྡོན། །
བཤད་སྒྲུབ་སྲོལ་བཟང་བརྣན་གྱིས་བསྐྱེད་བསྲིངས་ནས། །
བསྐལ་བའི་མཐར་ཡང་ཉམས་པ་མེད་གྱུར་ཅིག །
བདག་ཀྱང་དེང་ནས་བྱང་ཆུབ་སྙིང་པོའི་བར། །
ཐེག་མཆོག་དགེ་བའི་བཤེས་ཀྱིས་རྗེས་བཟུང་སྟེ། །
རྣམ་འདྲེན་མཆོག་གི་རིང་ལུགས་འཛིན་པ་ལ། །
རྒྱལ་བའི་འཇམ་དཔལ་སྙིང་པོར་མཚུངས་གྱུར་ཅིག །

གོང་ནས་ཚིགས་བཅད་ཀྱིས་ཞུས་པ་བཞིན་ཉེ་ཆར་བྱུང་བའི་ཡིག་ངན་དེའི་དོན་ལ་བཟོད་པ་བཞེས་ནས་ཇེ་ཆེར་མ་བཏང་ན་བཟང་སྙམ་ན་ལེགས་མིན་ནམ་མཁའ་དང་མཉམ་པའི་ཐུགས་ཀྱིས་དཔྱད་པར་འཚལ། རིང་མིན་ཉིད་ཀྱི་རྣམ་ཐར་ས་བོན་བསྟུས་པ་ཞིག་གནང་རྒྱུ་ཅིས་ཀྱང་མཁྱེན། ཞེས་ལྷ་དར་བཅས།

བཤད་སྒྲུབ་ཀྱིས།

༄༅། །འཕྲིན་ཡིག

ཡེ་ཤེས་འཇའ་གུར་སྒྲོང་ལས་ཉེར་བསྒྲུམས་མཚན་དཔེའི་འོད་ཀྱི་སྣེག་པ་འཛིན། །
སྲིད་ཞིའི་མཛེས་པའི་ལང་ཚོ་གཅིག་བསྡུས་ཀུན་ཡིད་བརྟན་པ་འཁྲིག་མཁས་མ། །
རྒྱུད་མངས་པི་ཝང་དབྱངས་དང་ལྷན་དུ་དཔག་མེད་ཆོས་སྒོ་སྒྲུར་ལེན་པའི། །
རྒྱལ་བའི་ཡུམ་མཆོག་ཚངས་སྲས་མ་ཀྱི་བརྩེ་བའི་སྤྱན་ཞགས་བདག་ལ་རྐྱོངས། །

སློ་གྲོས་ནོར་བུའི་མེ་ལོང་ངོས་ཡངས་པོར། །
རྣམ་དག་གཙུག་ལག་སྣང་བརྙན་འབུམ་བཀྲ་བས། །
དཔྱོད་ལྡན་སྙིང་ལ་ཀུན་དགའི་དཔལ་སྟེར་བ། །
བླ་མེད་སྙིང་གྲོགས་མཆོག་གི་ཉེ་གམ་དུ། །
བཤད་སྒྲུབ་ལང་ཚོ་གསར་བའི་རྩེ་དགའ་ཉམས། །
དུག་ལྡེ་རྒྱ་མཚོ་ཆེན་པོའི་སྒྲོང་དུ་འཐོམ། །
མི་ཤེས་རྨོངས་པའི་གདོལ་བ་རྣན་པོ་ཞིག །
ཁྱོད་ལ་དགའ་བའི་སྐྱེས་སུ་འཕྲིན་འདི་སྦྲོན། །
འཇམ་དཔལ་སྙིང་པོའི་ལུགས་བཟང་པད་མའི་ཚལ། །
སྐྱོང་མཛད་དགེ་ལེགས་དཔལ་འབར་ནམ་མཁའི་ནོར། །
དེང་འདིར་ཆོས་ཀྱི་རྒྱལ་མཚན་རྩེར་མཆོད་པས། །
ལེགས་མཛད་འོད་སྣང་འགྲོ་བའི་མཐའ་མ་དམིགས། །
སྟོང་འཁྱུན་བདག་པོའི་ཐབས་འཕྲུལ་ཟླ་འོག་རིས། །
འཇའ་སྤྲིན་སྒྲོག་འོད་སྟེབ་པའི་དྲ་བ་ན། །

ངོ་མཚར་གསེར་མདོག་ནོར་བུའི་རིས་སྤྲིན་པ། །
གང་འཚམས་དགེ་ལེགས་འཛོ་བ་ཉིད་ཀྱི་དྲིན། །
གང་གི་བཀའ་ལུང་གཞིག་བྲལ་ན་དྣའི་དབྱངས། །
འགག་མེད་ནམ་མཁའི་གཤིས་སུ་ལྡིར་བ་ལ། །
ཁྱོད་ཡིད་དད་པའི་འབྲས་བཟང་དུད་པ་ཡང་། །
སྐལ་བཟང་ཀུན་དགའི་ཞུལ་དུ་ཕོ་བོས་འཁྱུམས། །
རྒྱལ་དང་རྒྱལ་བའི་སྲུ་གྲུ་བགྲང་ཡས་པས། །
གསང་གསུམ་མི་ཟད་འཁོར་ལོའི་སྒྲུ་འཕྲུལ་གྱིས། །
རྣམ་པར་རྟེན་པའི་འགྲོ་མགོན་དབྱིག་གི་ཕྲེང་། །
སྤྱི་བོས་མཆོད་པའི་སྐལ་བཟང་འདི་ཡང་རྨད། །
ཆེར་སྐྱིགས་ཚང་ཆེང་དཀྲིགས་པའི་ནགས་སློང་ན། །
བདེ་སྐྱིད་ཤིང་འབྲས་འཚོལ་འདོད་བླུན་པོ་བདག །
ལས་ཀླུང་དྲག་པོས་བདས་ཏེ་གཏོལ་མེད་པར། །
ཅི་དགར་འཁྱམས་པ་དྲང་བོའི་ངང་ཚུལ་ཡིན། །
རིང་ནས་མཛའ་བའི་ཡིད་ཀྱིས་མ་བཏང་བར། །
སྙིང་གཏམ་སྨུ་ཏིག་གསར་བའི་དོག་པ་འབུམ། །
འདྲེན་བྱེད་སེམ་པ་སྐྱིད་པའི་དཔལ་བསྟར་བས། །
བདག་སེམས་སྨྲ་ངན་མེད་པའི་དཔལ་ལ་བཀོད། །

འཚམས་ཞུ།

ཤེལ་དཀར་སྨུ་ཁྱུད་དག་པས་གཟི་བྱིན་པའི། །
ནོར་བུ་པད་མ་རྟེན་པའི་ཞིང་ཁམས་འདིར། །
དགེ་མཚན་ལང་ཚོ་དར་ལ་བབས་པ་མོས། །

བདེ་ལྡན་སྣེག་པའི་དཔལ་གྱི་ཁེངས་པ་བསྙིལ། །
སློབ་པའི་གྲྭ་འདིར་འཚང་རིག་བྱེད་སློག་པའི་ཁྱེ། །
ཆུ་གཏེར་རླབས་ལ་རྩེན་པའི་ལུས་དཀར་མང་། །
སྙན་འཇེབས་དྲི་ཟའི་མགྲིན་ཛ་བརྫུངས་པའི་སྒྲ། །
ཕྱོགས་སུ་ལྡིར་བའི་དགེ་མཚན་སྟེར་ལས་ལྷག །
ཁྱོད་ཀྱང་འདྲེན་མཆོག་འོད་མཐའ་ཡས་པའི་ཞབས། །
སྐྱེ་བོའི་རྒྱན་དུ་དད་གུས་ཚད་མས་བསྟེན། །
རྣམ་མང་དེད་དཔོན་གསུང་གསང་བང་བ་ལས། །
བརྡལ་བའི་ལེགས་བཤད་རིན་ཆེན་ལེན་ལ་འདོད། །
ཁྱད་པར་བརྒྱད་ཁྲི་བཞི་སྟོང་ཆོས་ཀྱི་གནད། །
འཇམ་མགོན་ཐུགས་ཀྱི་དཔལ་བེའུར་སྨིན་པའི་བཅུད། །
སྙིང་གི་བུམ་པར་བསྐྱིལ་བའི་མཐུ་མ་བྲི། །
དེ་སྐད་དཔྱིད་དཔལ་དར་ལ་བབས་པའི་དུས། །
བདག་མགྲིན་མ་ལ་ཡ་ཡི་དགའ་ཚལ་ནས། །
སྙན་འཇེབས་འཕྲིན་ཆུང་གཞན་གསོས་བུ་མོའི་གླུ། །
ཁྱོད་ལ་སྤྲོ་བ་བསྐྱེད་ཕྱིར་རྒྱང་ནས་ཕུལ།། །།

༄༅། །ཚེ་རིང་ཐར་ལ་སྤྲིངས་པའི་ཡི་གེ།

སྲིད་ཞིའི་མཛེས་སྡུག་གཅིག་ཏུ་རྫོགས་པའི་སྐུར། །
སྣ་ཚོགས་དབྱིག་གི་རྒྱན་འཆང་དབྱངས་ཅན་མས། །
པིཧྲུར་རྒྱུད་མངས་སྙོམས་པོར་བརྡུངས་པའི་སྒྲས། །
བདག་གི་ཡོངས་སྤྱོད་འཁོར་ལོ་མཛེས་པར་མཛོད། །
ཚེ་བསོད་ཡང་ཚོ་དར་ལ་བབས་པའི་སྟོན། །
རིང་ནས་ཤེས་རབ་ལོ་འདབ་དང་འགྲོགས་པ། །
ཐར་མེད་མཉོག་ཆུང་ཚེར་མའི་ཡལ་ག་བྲལ། །
བསྟུགས་འོས་དྲི་བསུང་འཕྱུལ་བའི་ཟླ་གྲོགས་དྲུང་། །
མཚོ་སྐྱེ་ཞེས་གྲགས་ས་ཡི་ཐིག་ལེ་འདིར། །
རྒྱ་བོད་ལ་སོགས་སྣ་ཚོགས་མི་རིགས་ཁྲོད། །
སློབ་འོས་དོན་བཟང་མཐའ་ཡས་མཆིས་མོད་ཀྱང་། །
བཤད་པ་ཙམ་ལ་ལུས་འདིས་འདི་སྐད་གསོལ། །
ཡིད་འོང་ཤེས་བྱའི་བུ་མོ་མིག་ཡངས་མ། །
ཁྱོད་བློ་གཞོན་ནུའི་གྲོགས་སུ་བསྟེབས་པ་ན། །
ལུང་དང་རིགས་པའི་དགའ་སྟོན་བཤམས་པ་དང་། །
ཚངས་སྲས་དགྱེས་པའི་གྲེ་འགྱུར་བསྒྱུར་ལ་བྲེལ། །
མདོ་སྨད་ཉུབ་རྒྱུད་འཛིན་མའི་གྲ་གཅིག་ན། །
ན་ཚོད་ཡོལ་བའི་རྫོངས་བརྟུལ་རྒན་པོ་ཡང་། །

ཡང་དག་རིག་པའི་དེ་ཉིད་མ་མཐོང་བར། །
བར་མ་དོ་ནས་མི་ཚེ་ཡུད་ཀྱིས་ཟད། །
ཨེ་མ་ཤེས་བྱ་ནམ་མཁའི་མཐོངས་ཡངས་པོར། །
སློབ་བརྩོན་གཤོག་རྩལ་ལྡན་པའི་གཉིས་སྐྱེས་བུ། །
ལེགས་པར་རྩེན་པའི་དཔལ་འདིར་ཚངས་པས་ཀྱང་། །
བསྔགས་བརྗོད་མན་ད་ར་བའི་གྲུ་ཆར་འབེབས། །
འཆད་པ་སྐལ་བཟང་རྣ་བའི་བཅུད་དུ་སྨིན། །
རྩོད་པ་ཕས་རྒོལ་སྙིང་གི་གཤེད་དུ་དར། །
རྩོམ་པ་གཟུར་གནས་མཚོད་པའི་ཡོན་དུ་སྤྲོ། །
མཁས་པའི་སྟན་པ་ཚངས་པའི་གནས་ན་གྲགས། །
པད་མའི་གཉེན་དང་ཕྲད་པའི་པད་ཚལ་བཞིན། །
སྣ་ཚོགས་རིག་པའི་ཡལ་འདབ་རྣམ་པར་གྲོལ། །
ཁྱད་པར་སྐད་མངས་སྒྲ་བའི་མགྲིན་སྤོབས་ཀྱིས། །
འཇིག་རྟེན་མིག་གི་ཚེ་ལོ་ཁྱོད་ཀྱིས་བླངས། །
རྒྱ་བོད་ཡིག་ཇོ་ཚོད་ལ་མཁས་པ་དང་། །
ཚོགས་བཅད་དམ་དུམ་སྤེལ་ལ་སྣན་ངག་པར། །
སྙོམ་པ་འགའ་དང་འགའ་ཡི་ཡིད་མཁའ་ན། །
ལེགས་བཤད་ཉིན་བྱེད་འཆར་བ་སྲིད་མཐའ་ཙམ། །
ཡང་དག་མཁས་པའི་ལེགས་གསུང་རྣ་བཞིན་འདོར། །
ཕལ་གཏམ་སྨྲོན་པའི་ཚིག་གི་ལད་དུ་ཟློ། །
སྲིན་བུའི་འཕོང་མེས་ཟུན་སེལ་ལ་རེ་བ། །
བདག་འདྲའང་འཆད་རྩོམ་ལས་ལ་བྲེལ་འདི་ཙི། །

ཚིགས་སུ་བཅད་པ་གཅིག་གི་དོན་ལ་ཡང་། །

མཐའ་དྲུག་ཚུལ་བཞིས་དཔྱོད་པའི་སྒོ་ཕྱེ་ནས། །

ཡང་དག་གཏམ་གྱི་ཆུ་གཏེར་རླབས་བརྫོལ་བས། །

མཁས་པའི་ལེགས་བཤད་ཤིན་ཏུ་མཛལ་ན་ལེགས། །

འཕགས་བོད་མཁས་མང་གསེར་རིའི་ཕྲེང་བསྐར་བས། །

བསྔགས་བརྗོད་རྒྱུད་མངས་རྡུང་ལ་ཆེར་བརྩོན་པ། །

ངག་གི་དབང་ཕྱུག་དབྱིའི་མེ་ལོང་གིས། །

སྤྱངས་འདིར་དབྱངས་ཅན་བསུས་པ་སུ་ཡིས་བསྐྱོན། །

ཤིན་ཏུ་སྲིད་ན་དཀོན་ཅིང་རིན་ཆེ་བའི། །

དབྱངས་ཅན་རིག་པ་དཔྱིག་གི་སྙིང་པོ་ཡང་། །

ཤིང་སྐམ་བུད་ཤིང་རྩིས་སུ་བྱེད་པ་ཡི། །

ཐོས་བྲལ་བླུན་པོ་དག་ལ་ངེས་པ་ཅི། །

ཁྱད་པར་སྐན་ངག་ཤེས་པར་རློམ་པ་འགས། །

དབྱིའི་མེ་ལོང་བོད་ལ་མི་འཚམས་ཤིང་། །

རང་གི་སྐད་དང་མཐུན་པའི་ཚིག་རྒྱན་གྱི། །

བསྟན་བཅོས་གསར་དུ་བརྩམས་ན་ལེགས་སོ་ལོ། །

ཁྱོད་ཀྱང་ལྷ་བྲང་རིག་པའི་ཐང་ཡངས་པོར། །

བློ་གྲོས་ཅང་ཤེས་གོམ་གྱིས་བགྲོད་པའི་ཚེ། །

བརྩོན་པའི་ལྕག་གིས་ནན་གྱིས་སྐུལ་བ་དང་། །

ཡང་དག་ལམ་ལ་གོམ་ཁ་བསྒྱུར་ན་ལེགས། །

ཕྲ་ཞིབ་རྣམ་དཔྱོད་ཡུར་བ་ལ་དྲངས་པའི། །

ལེགས་པར་བཤད་པ་ཡན་ལག་བརྒྱད་ལྡན་ཆབ། །

དཔྱོད་ལྡན་བགྲེས་གདུང་སེལ་བའི་མཆོད་ཡོན་དང་། །
དག་བྱེད་གང་གཱའི་སྲིང་མོར་གྲུབ་པར་མཛོད། །
འདི་ན་འགོ་ཁྲིད་གྲོགས་དང་བཅས་པ་ཡིས། །
རིན་ཆེན་གླིང་དུ་བཏང་བའི་བུ་བཞིན་དུ། །
ཁྱོད་ཀྱིས་རྣེད་པའི་ནོར་བུ་རང་ཁྱིམ་དུ། །
འདྲེན་པའི་རེ་བ་དོན་དང་ལྡན་པར་མཛོད། །
དེ་སྐད་འཕྲིན་ཆུང་བུང་བའི་བུ་མོ་ཁྱོད། །
ཁྱོད་ཀྱི་གྲོགས་མཆོག་པད་མའི་དྲུང་དུ་སོང་། །
སོང་ལ་སྐྱན་འཛེབས་གཏམ་འདི་གླུ་རུ་ཕུལ། །
ཕུལ་བའི་འཕྲིན་ལན་ཁྱེར་ལ་མྱུར་དུ་ཤོག །

ཅེས་པ་ཟླ་གསུམ་པའི་ཚེས་ཉེར་གཉིས་ལ་ཆབ་ཆནས་ཚེ་རིང་ཐར་ལ་སྤྲིངས་པའོ། །

༄༅། །བཀྲ་ཤིས་ཕུན་ཚོགས་ལ་སྤྲིངས་པའི་འཕྲིན།

རྨད་བྱུང་ཐུགས་བསྐྱེད་གསེར་གྱི་གཞིར་བརྟེན་རླབས་ཆེན་སྤྱོད་པའི་ཆུ་གཏེར་གཡོ། །
འཕགས་ནོར་བདུན་གྱི་གསེར་རིས་ཡོངས་བསྐོར་བསྡུ་བ་རྣམ་བཞིའི་བང་རིམ་མཛེས། །
མདོ་རྒྱུད་ཉི་ཟླའི་དཀྱིལ་འཁོར་གྱིས་བརྒྱན་བཤད་སྒྲུབ་དབྱིག་གི་ཁམས་ལས་གྲུབ། །
ཐར་འདོད་སུམ་རྩེན་བརྟེན་པའི་གཞིར་གྱུར་རྒྱལ་བསྟན་ལྷུན་པོ་གཙུག་ན་རྒྱལ། །

གྲངས་མེད་ཤེས་བྱའི་ཁྱོན་དང་མཉམ་བརྡལ་བའི། །
མཁྱེན་རབ་སྣང་བའི་གཟི་འབར་ངག་གི་ལྷ། །
རྒྱལ་བའི་ཡུམ་མཆོག་ཚངས་སྲས་འཁོར་ལོའི་ལག །
རྩེན་པར་མཛོད་ཅིག་ཁྱོད་བློ་པདྨའི་མཚོར། །
བཀྲ་ཤིས་དགེ་མཚན་མ་ལུས་ལྷུན་གྲུབ་པའི། །
སྔོ་ཏའི་མཁས་པའི་སྒྲོལ་བཟང་རིག་པའི་གནས། །
སྦྱོང་བའི་ལས་ལ་སྤྲོ་བ་མི་དམན་པའི། །
ཤེས་ལྡན་གྲོགས་མཆོག་དམ་པ་གང་གི་དྲུང་། །
བཤད་ཚེ་གཞུང་དོན་སྨྲ་བའི་སྤོབས་པ་ཕྲ། །
སྒྲུབ་ཚེ་ཉམས་རྟོགས་ཉི་མའི་འོད་ཀྱིས་བཏང་། །
རྒྱ་ཆེན་ཕྲ་རྒྱས་དབང་གྱུར་རྫོངས་པ་ངས། །
མཚོ་སྐྱེས་དཀར་པོའི་ཞུ་འཕྲིན་འདི་སྐད་ཅེས། །
རྒྱ་བོད་དྲན་དབང་གི་ལ་ཤ་རི་ལས། །

འོངས་པའི་ལེགས་བཤད་དབང་ཕྱུག་རལ་བའི་ཀླུང་། །

སྐལ་ལྡན་གདུང་སེལ་ཡན་ལག་བརྒྱད་ལྡན་ཆབ། །

ཁྱོད་བློ་ཆུ་གཏེར་འཕེལ་བའི་གྲོགས་སུ་སྐྱིལ། །

སློབ་དཔོན་མཁས་དབང་དམ་པ་དུ་མའི་བྲུང་། །

གྲྭ་ས་མཆོག་གི་སྲོལ་བཟང་ཇི་བཞིན་དུ། །

ཆེན་པོའི་གཞུང་ལ་ཞིབ་ཏུ་སྦྱོང་བ་ལས། །

མོ་མའི་ཡོང་གཏམ་ལྟ་བུ་སྤྱངས་ན་ལེགས། །

ཕ་གཅིག་བླམ་གཙུག་གི་རྒྱན་དུ་བརྟེན། །

དོན་གཉིས་འགྲུབ་ཕྱིར་ཉིན་མཚན་ཀུན་ཏུ་བརྩོན། །

སྒོ་གསུམ་དགེ་བའི་ལས་ལ་བགྱི་བ་ནི། །

སྐུ་བཞིའི་གོ་འཕང་སྒྲུན་པའི་ས་བོན་ལགས། །

ལྡན་སྐྱེས་ཤེས་རབ་མེ་ལྟར་འབར་བའི་སྐབས། །

རྣམ་དག་བརྩོན་པ་མཆོག་གི་གོ་བགོས་ན། །

གཞུང་ལུགས་རྒྱ་མཚོའི་དོན་ལ་ངེས་རྙེད་པའི། །

ཡང་དག་མཁས་པའི་གོ་འཕང་ཐག་མི་རིང་། །

རྡོ་ལྟར་འགྱུར་མེད་ལྷག་བསམ་རབ་ཏུ་བརྟན། །

རྫེ་བོར་འོས་པའི་ཡོན་ཏན་དུ་མས་ཕྱུག །

མཚོ་ལྟར་ཟབ་པའི་རྣམ་དཔྱོད་མཆོག་ལྡན་པའི། །

སྙིང་གི་གྲོགས་ཤིག་བརྟེན་ན་དགེ་འམ་སྙམ། །

དེ་སྐད་འཕྲིན་ཡིག་བྱུང་བའི་ན་ཚུང་མ། །

སྙན་འགྱུར་མགྲིན་པའི་རྒྱུད་མངས་འཁྲོལ་བཞིན་དུ། །

བསྔགས་འོས་ཡོན་ཏན་དྲི་བསུང་རབ་ལྡང་བའི། །
མཛའ་གྲོགས་པད་དཀར་གཞོན་ནུའི་དྲུང་དུ་སོང་། །
ཞེས་ཟླ་༡༢ ཚེས་༨ ལ་ཆབ་ཆ་ནས་ཕུལ།

༄༅། །སློབ་བུ་གནམ་ལྷ་བཀྲ་ཤིས་དང་ལྕགས་ཁྱུང་བཀྲ་ཤིས་གཉིས་ལ་སྤྲིངས་པའི་འཕྲིན།

རྒྱ་ཆེན་ཡེ་ཤེས་འོད་ལྔ་འབར་བའི་རྟུལ། །
ལི་ཁྲིའི་མདངས་བཟང་དཔྱིད་དུ་སྨིན་པ་ལས། །
ཟབ་རྒྱས་དམ་ཆོས་དབྱིངས་ནས་འབེབ་མཁས་པའི། །
སྐལ་བཟང་རྒྱ་མཚོའི་མགོན་རྣམས་སྤྱི་བོས་མཆོད། །
གནམ་སྟོན་བཅུ་གསུམ་རིམ་པའི་རྩེར་གནས་པའི། །
ལྷ་ཡིས་བསྔགས་འོས་གཙུག་ལག་དབང་གཞུ་ལྟར། །
བཀྲ་བ་གང་དེར་མོས་པ་མི་དམན་པའི། །
ཤེས་པའི་ལས་ལ་སྤྲོ་བའི་བློ་གྲོགས་དང་། །
ལྕགས་ལས་གྲུབ་འདྲའི་འདོད་བློ་བརྟན་པོ་དང་། །
ཁྱུང་ཆེན་མཁའ་ལ་འཕུར་འདྲའི་རྣམ་དཔྱོད་ཀྱི། །
བཀྲ་ཤིས་རེ་ཁྲམ་ཉམས་ལྡན་གྲུབ་པའི། །
མཛའ་གཙུགས་སྙིང་གི་ཐིག་ལེ་ཟུང་གི་དྲུང་། །
བཤད་ཚེ་ལེགས་བཤད་ནམ་མཁའི་པདྨའི་གྲོགས། །
སྒྲུབ་ཚེ་སྒྲུབ་པའི་ལས་དོན་འཛའ་རིས་བཞིན། །

རྒྱ་ཆེན་རྒྱ་བོད་གཞུང་ལུགས་མང་ཐོས་ཀྱང་། །

མཚོ་རྗེ་མཚོན་ནང་སྐམ་དེས་འདི་སྐད་ཅེས། །

རྣམ་དཔྱོད་ཆུ་འཛིན་གཡོ་བའི་ལྡིང་ཁང་ནས། །

ལེགས་བྱས་སློག་གི་འོད་སྣང་སྲོ་དང་ལྡན། །

སྙན་འཇེབས་འཕྲིན་བཟང་བདུད་རྩིའི་གྲུ་ཆར་རྒྱུན། །

བདག་བློ་གཞན་གསོས་བུ་མོའི་དཔྱིད་དུ་སྨིན། །

བདག་ཀྱང་ལུས་སེམས་དགའ་བདེར་འཚོན་ཡང་། །

བློ་གྲོས་མུན་པའི་ཁྱུང་བུར་སྐྱབས་འཚོལ་བས། །

དུས་ཀླུའི་གྲངས་ལྡན་ཐོབ་སྐལ་ལེན་པའི་ཕྱིར། །

སློབ་བུ་སྐྱོང་བའི་གཟུགས་བརྙན་ཙམ་ལ་བརྟེན། །

སྔོན་བྱོན་དྲན་དབང་གི་ལ་ཤ་རི་ལས། །

འོངས་པའི་གཙུག་ལག་དབང་ཕྱུག་རལ་བའི་ཀླུང་། །

སྐལ་ལྡན་གདུང་སེལ་ཡན་ལག་བརྒྱད་ལྡན་ཆབ། །

ཁྱོད་བློ་ཆུ་གཏེར་རྒྱས་པའི་གྲོགས་སུ་སྐྱེལ། །

གཞན་ཕན་ལྷག་བསམ་དྲི་བྲལ་མི་ལོང་ངོས། །

རྣམ་དག་སྤྱོད་བཟང་གཟུགས་བརྙན་འབུམ་བཀྲ་ཞིང་། །

དོན་ལྡན་ལས་རྣམས་དབྱར་གྱི་ཆུ་གཏེར་བཞིན། །

འཕེལ་བར་བརྩོན་ཞེས་སྙིང་གི་གྲོས་སུ་གདམས། །

ཡིད་འོང་ཉམས་སུ་དགའ་བའི་སྐྱིད་ཚལ་དུ། །

མཚར་མཛེས་ཕལ་བའི་སྤྱོན་པ་མང་ན་ཡང་། །

གང་ལ་བསྟེན་པས་ཚ་གདུང་ཀུན་སེལ་བའི། །

ཧ་རིའི་ཙན་དན་སྲིད་འདིར་ཤིན་ཏུ་དཀོན། །

དེ་བཞིན་ཕུན་ཚོགས་དཔལ་འབར་འཛིག་རྟེན་འདིར། །
མཆོག་དམན་བར་མའི་སྐྱེ་བོ་བགྲངས་ཡས་ཀྱང་། །
ལེགས་བཤད་དགའ་སྟོན་འགྱེད་མཁས་སྨྲ་བའི་དབང་། །
ས་གསུམ་མཛེས་རྒྱན་དམ་པ་སྲིད་མཐའ་ཙམ། །
སྲིད་པའི་ཕུན་ཚོགས་མ་ལུས་ལྷུན་གྲུབ་པའི། །
ཙན་བཞིའི་ཡོངས་འདུས་ སྟོན་བཟང་སྨིན་པའི་ཕྱིར། །
རིག་པའི་འདབ་བརྒྱ་བཞད་ལ་མངོན་ཕྱོགས་པའི། །
སློབ་བུ་སྐྱོང་ལ་སྐྱོ་བ་མེད་པར་མཛོད།། །།

༄༅། །སློབ་བུ་པདྨ་རྡོ་རྗེ་ལ་སྤྲིངས་པའི་འཕྲིན།

མཚར་སྡུག་ཟླ་བ་གཞོན་ནུའི་ལང་ཚོ་དང་། །
ལེགས་གསུང་སྙན་འཇེབས་པི་ཝང་བསྒྱུལ་བའི་སྒྲས། །
མཁས་དགུའི་ཡིད་ལ་དགེ་ལེགས་དཔལ་འཇོ་བའི། །
ཚངས་སྲས་ངག་གི་དབང་མོས་ཁྱོད་ལ་སྦྱངས། །
པད་དཀར་ལྟར་བསྡུགས་དྲི་བྲལ་ལྷག་བསམ་དང་། །
མ་རིག་མུན་སེལ་གཙུག་ལག་ལ་ཞེན་པ། །
རྡོ་ལྟར་འགྱུར་མེད་དམ་བཅའི་དཔལ་མངའ་བའི། །
རྗེ་ལ་གུས་པ་སྟོད་མིན་དེའི་གམ་དུ། །
བཤད་པའི་ཚུལ་འཆོས་སྤྲིན་སྟོན་དཔུང་ཇམ་ཞིང་། །
སྒྲུབ་པའི་ལས་ལ་གཡེལ་བའི་མུན་གཉིབ་པས། །
རྒྱ་ཆེན་ཤེས་བྱའི་ནམ་འཕང་མ་མཐོང་བ། །
མཚོན་ནང་རྡོ་ལྟར་སྐམས་དེས་འདི་སྐད་དོ། །
མི་རིགས་སློབ་གླིང་ལྷ་ཡི་དགའ་ཚལ་དེར། །
གཞོན་ནུ་བུང་བ་འཕུར་ལྡིང་བློས་གར་བཅས། །
དབྱངས་ཅན་རིག་པའི་དབྱངས་སྙན་སྒྲོག་བཞིན་དུ། །
བདེ་བར་འཚོ་བའི་གཏམ་སྙན་སྙིང་ལ་སྨན། །
འདི་ན་རྫོངས་མུན་ཁུང་བུར་གནས་བཅོས་པའི། །
བགྲང་བྱའི་ཁུར་གྱིས་དུབ་པའི་རྒན་པོ་ཡང་། །

འཚོ་བའི་ཉི་མ་ནུབ་རིར་འཆེལ་ཉེ་ཡང་། །
གཞན་ཕན་ལྷག་བསམ་ལང་ཚོམ་རྙིང་ཙམ། །
ཁྱོད་ཀྱི་རྣམ་དཔྱོད་ཆུ་གཏེར་ལས་ཐོན་པའི། །
སྙན་འཇེབས་འཕྲིན་ཡིག་ཟླ་བ་གསར་བའི་འོད། །
བདག་བློ་ཀུ་མུད་དཀར་པོའི་རྩེར་རེག་པས། །
དགའ་ཞིང་སྤྲོ་བའི་འདབ་བརྒྱ་ཕྱོགས་སུ་འཛུམ། །

འཚམས་ཞུ།

མཚར་སྡུག་མན་ཤེལ་བུ་མོ་སྨིན་ལེགས་མས། །
དམ་དུ་འཁྱུད་པའི་སྤྲོངས་ཆེན་རྫོ་ཏའི་ཁམས། །
གཙུག་ལག་ནོར་བུའི་ལྷུན་པོ་མཐོར་འཕགས་པས། །
ས་བླའི་མིང་གི་ཅོད་པན་ལྷ་ཡིས་གསོལ། །
དྲན་དབང་གསེར་གྱི་པདྨོ་མིག་ཡངས་མའི། །
དགྱེས་འཛུམ་ལྷུག་པོར་གྲོལ་བའི་ཞལ་སྒོ་ལས། །
ངད་པའི་ལེགས་བཤད་མཁའ་ལ་འཕྱུལ་བའི་དྲི། །
དེང་ཡང་ནམ་མཁའི་སྣང་བོའི་མཚན་གྱིས་འབོད། །
དེ་ལྟ་ན་ཡང་ཤེས་རློམ་ཕལ་བའི་ཤིང་། །
ལོག་རྟོགས་ཚེར་མ་གཟེང་བའི་ཏུ་འཛིང་བས། །
མཁྱེན་བརྩེ་མ་ལ་ཡར་སྐྱེས་ཙན་དན་ལྗོན། །
ལེགས་གསུང་དྲི་བསུང་སྤྲོ་བའི་སྐལ་བ་འཕྲོག །
དེའི་ཕྱིར་སྨྲ་མཁས་བརྩེ་ལྡན་ལེགས་བྲིས་བུས། །
གཙུག་ལག་བདུད་རྩི་དར་བའི་ཆར་ཕབ་སྟེ། །
ས་འདི་མྱ་ངན་མེད་པའི་ཚལ་བསྐྱུན་པའི། །

ངང་ཚུལ་དཔྱད་གསུམ་བློ་ཡིས་མཐོང་བར་མཛོད། །
འདི་ལྟའི་བཤེས་གཉེན་བསམ་འཕེལ་ནོར་གྱི་བུ། །
གཙུག་གི་རྒྱན་དུ་མཆོད་པས་འདོད་དགུའི་དཔྱིག །
ཆར་དུ་འཛོ་བ་དངོས་པོའི་གཤིས་ལུགས་པས། །
ཐོག་མའི་རྟེན་འབྲེལ་འགྲིག་པའི་ཐབས་ལ་འབུངས། །
རྒྱ་བོད་རིག་གནས་རིན་ཆེན་གཏེར་བརྙོལ་བའི། །
སློབ་གླིང་ཚུ་གཏེར་ཆེ་དེར་འཁྱོར་ན་ཡང་། །
རྣམ་གཡེང་རྐུན་པོས་གཅེས་ནོར་ཀུན་འཕྲོག་ནས། །
ལག་སྟོང་རང་ཡུལ་ལྡོག་པ་ཤིན་ཏུ་མང་། །
ལྷ་རིག་ལི་ཤིའི་དྲི་ལ་རབ་སྨྲེད་པའི། །
བློ་གྲོས་སྟོབས་ལྡན་སྦྲོས་ཀྱི་སླང་པོ་ཁྱོད། །
ཤེས་བྱའི་མེ་ཏོག་ཟློས་ནས་སྒྲིགས་པའི་བསུང་། །
ཁོར་ཡུག་རི་བོའི་ཁོང་ལས་བརྒྱལ་བར་མཛོད། །
ཞིམ་མངར་ཟས་དང་མཛེས་པའི་དར་གོས་ལ། །
གཏན་བདེར་རློམ་པའི་གྱི་ནར་འཁྲུམས་པ་བདག །
ལེགས་གསུང་བླན་མངར་བའི་འཆི་མེད་ཟས། །
ཡོངས་སུ་སྤྱོད་པའི་སྐལ་བ་ཤིན་ཏུ་དམྲ། །
དེའི་ཕྱིར་ལི་ཁྲིའི་ཆུ་གཏེར་འཕྱུར་བའི་མཚོར། །
ལུས་འདེགས་འདབ་མའི་རློས་གར་སྒྱུར་བཞིན་དུ། །
ལུང་རིགས་དབྱངས་སྙན་སྒྲོག་པའི་སྐལ་བཟང་ལ། །
རེ་བའི་པད་དཀར་སྙིང་གི་དཀྱིལ་ན་བཞད། །
འོན་ཀྱང་བྱས་བསགས་དྲི་བཙོན་ཤུགས་ཆེ་ཞིང་། །

ཉམ་ཐག་བདག་ལུས་ཤིང་ལོ་སྐྱབས་ཆུང་བས། །
དོན་ལྡན་ལས་ལ་བརྩོན་པར་འདོད་པའི་བློ། །
ད་དུང་འདི་ན་ཡོད་སྨོན་ཙམ་དུ་ལུས། །
དེ་ལྟར་སྡེབ་ལེགས་དྲི་ཟའི་པི་ཝང་རྒྱུད། །
བདག་བློའི་སོར་རྩེས་བསྐུལ་བའི་དབྱངས་དང་ལྡན། །
དོན་ལྡན་འཕྲིན་ཆུང་རིག་བྱེད་སྙིག་མོའི་གླུ། །
གྲོགས་ཁྱོད་དགའ་བ་བསྐྱེད་པའི་སྐྱེས་སུ་བླངས། །
ཞེས་ཟླ་༤ཚེས་༡དགེ་བར་ཆབ་ཆ་ནས་བསྐུར་བ་དགེའོ། །

༧༢ །།དགོན་སྡེ་ཁག་ལ་སྤྱིངས་པའི་འཕྲིན་ཡིག

འདྲེན་མཆོག་མཉམ་མེད་ཤཱཀྱའི་རྒྱལ་བའི་རྗེས་སུ་ཞུགས་པའི་ངུར་སྨྲིག་རྒྱལ་མཚན་འཆང་བའི་འཕགས་པའི་དགེ་འདུན་གྱི་སྡེ་དང་། གོས་དཀར་འཆང་བའི་སྔགས་འཆང་རིག་པ་འཛིན་པའི་སྡེ་ན་གནས་པའི་ཐར་འདོད་སྐྱེ་བོ་རྣམས་ཀྱིས་ལས་སུ་བྱ་བ་ནི། ཀློག་པ་ཐོས་བསམ་དང་། སྤོང་བ་བསམ་གཏན། བྱ་བ་ལས་ཀྱི་འཁོར་ལོ་སྟེ། འཁོར་ལོ་གསུམ་གྱི་བགྱི་བ་ལ་ཉིན་མཚན་ཁོར་མོ་ཡུག་ཏུ་བརྩོན་པ་བྱེད་རྒྱུ་དེ་ཡིན་པ་ངེས་པར་མཁྱེན་དགོས་ལ། འདིའི་སྐོར་ཞུ་བྱ་ཏ་ཅང་མང་ཡང་རེ་ཞིག་ཡི་གེར་འཇིགས་ནས་མ་བྲིས་མོད། ཐོས་བསམ་སྒོམ་པ་དང་བྱ་བ་ལས་ཀྱི་འཁོར་ལོ་གང་གི་སྐབས་སུ་ཡང་དགེ་འདུན་ཐུགས་མཐུན་ཞིང་ཁྲིམས་གཙང་བ་འདི་ཅི་ནས་ཀྱང་གལ་ཆེ། དེང་སྐབས་ཏང་དང་སྲིད་གཞུང་གིས་ཆོས་དད་རང་མོས་ཀྱི་སྲིད་ཇུས་ལེགས་པར་ཕྱག་ཏུ་བསྟར་ཏེ། བསྐལ་བཟང་རྫོགས་ལྡན་གྱི་དུས་སྐབས་བཟང་པོ་འདི་ལྟར་ཤར་བ་དང་། ཁྱད་པར་མི་རིགས་ས་ཁུལ་སྤྱི་དང་བོད་རིགས་ས་ཁུལ། ལྷག་པར་རང་རེའི་མཚོ་སྔོ་ཁུལ་དུ་དགོན་སྡེ་མང་པོ་སྒོ་ཕྱེ་ནས་གྲྭ་བཙུན་དང་སྔགས་པའི་གྲངས་ཀ་ཡང་འཕེལ་རྒྱས་བྱུང་བར་མ་ཟད་ཆོས་ཀྱི་བྱེད་སྒོ་སྣ་ཚོགས་རང་དབང་གིས་སྤེལ་བཞིན་པ་འདི་སུས་ཀྱང་བསྙོན་མི་ནུས་པས་ན། ང་ཚོ་ཆོས་ལུགས་པ་རང་གི་ངོས་ནས་དམ་པའི་ཆོས་ཀྱི་སྣང་དོར་གྱི་རྣམ་གཞག་དང་ཏང་གི་ཆོས་དད་སྲིད་ཇུས་ལ་བརྩི་བཀུར་སྐྱོང་ལག་བསྟར་ཡང་དག་པ་ཞིག་བྱེད་རྒྱུ་ནི་དོན་ཆེན་ཞིག་ཡིན། རྩོད་སྒྲུབ་ཀྱི་ལྟ་བ་ཙམ་དུ་མ་ཟད་བདག་ཅག་གི་སྟོན་པས་ཀྱང་དངོས་པོ་གང་དང་གང་འཕེལ་རྒྱས་དང་ཉམས་རྒུད་དུ་འགྲོ་བ་ལ་རང་རང་གི་ནང་གི་ཉེར་ལེན་དང་ཕྱི་རོལ་གྱི་རྐྱེན་སྣ་ཚོགས་འཛོམས་མིན་ལ་རག་ལས་ཀྱང་། ནང་གི་ཉེར་ལེན་ནི་མེད་མི་རུང་བའི་རྒྱུ་དང་པོ་ཡིན་པར་གསུངས་ཡོད་པ་དང་།

རྒྱལ་བའི་བསྟན་པ་ཡང་བསྟན་འཛིན་དུ་མིང་བཏགས་པའི་སྐྱེ་བོ་བདུད་ཀྱི་ཕོ་ཉ་འགས་འཇིག་པར་བྱེད་པ་ལས་གཞན་གྱིས་གཞིག་པར་བྱེད་མི་ནུས་པ་སེང་གེ་ཤི་བའི་གཟུགས་ཀྱི་དཔེ་དང་བཅས་བཀའ་ཚད་མ་ལས་བྱུང་བ་ལྟར་ལགས། དེ་ཡང་དགོན་སྡེ་ནང་ཁུལ་གྱི་མཐུན་སྒྲིལ་དང་། དགོན་སྡེ་ཕན་ཚུན་བར། གྲུབ་མཐའ་ཕན་ཚུན་བར། ཆོས་ལུགས་མི་འདྲ་བའི་བར། ཆོས་ལ་དད་པ་ཡོད་པ་དང་ཆོས་ལ་མི་དད་པ་ཚང་མར་མཐུན་སྒྲིལ་ཆེན་པོ་བྱེད་རྒྱུ་ནི་ཕོན་སྐྱེད་འཛུགས་སྐྲུན་སོགས་བྱ་བ་ཐམས་ཅད་ལེགས་འགྲུབ་འབྱུང་བའི་རྨང་གཞི་གལ་ཆེན་ཞིག་ཏུ་མ་ཟད། ཆོས་ཀྱི་ལས་དོན་སྣ་ཚོགས་ལེགས་པར་འགྲུབ་པའི་རྨང་གཞི་མེད་དུ་མི་རུང་བ་ཞིག་ཀྱང་ཡིན་ཏེ། མ་མཐའ་དགོན་སྡེ་གཅིག་གི་ནང་དུ་དགེ་འདུན་རྣམས་ཐུགས་མི་མཐུན་པར་ཕྱོགས་ཁག་ཏུ་གྱེས་ཏེ་རྩོད་ན། དགོན་སྡེ་དེ་གའི་ཆོས་འཆད་ཉན་བསླབ་པ་སློབ་གཉེར་སོགས་ལེགས་ཚོགས་ཐམས་ཅད་ངང་གིས་ཉམས་འགྲོ་བ་མངོན་སུམ་མ་ཡིན་ནམ། དེ་བས་བདག་ཅག་གི་སྟོན་པས་ཀྱང་དགེ་འདུན་ཐུགས་མི་མཐུན་པའི་ཉེས་པ་མང་དུ་བཀའ་སྩལ་ཅིང་དགེ་འདུན་ཐུགས་མི་མཐུན་པའི་ལས་ཀྱིས་ཚད་མེད་ཀྱི་ལས་ཀྱང་འབྱུང་ཉེན་ཆེ་བ་དང་ལས་འདི་བྱུང་ན་སངས་རྒྱས་འཇིག་རྟེན་དུ་བཞུགས་སྐབས་ལྟས་སྲིན་གྱིས་དགེ་རྒན་གཡེལ་བྱས་པ་ནས་འགྲོ་བ་ཐམས་ཅད་ཀྱི་རྒྱུད་ཀྱི་དགེ་རྩ་ཆད་པར་མདོ་ལས་གསུངས་པས་ན། ཉེས་པ་འདི་ལས་ཆེ་བ་མེད་ཚུལ་མཁྱེན་དགོས་ལ། དེར་མ་ཟད་ང་ཚོའི་ཕྱོགས་དང་ཁྱེད་ཚོའི་ཕྱོགས་ཞེས་དགེ་འདུན་རིས་སུ་གཅོད་པ་ནི་སྐྱབས་འགྲོ་འདོར་བའི་རྒྱུར་གསུངས་པས། སྐྱབས་འགྲོ་དོར་ན་དགེ་ཚུལ་སྡོང་གི་གྲལ་དུ་ཚུད་རྒྱུ་ལྟ་ཞོག ནང་པ་སངས་རྒྱས་པའི་གྲས་སུ་མི་རུང་ཚུལ་ལུང་དང་རིགས་པ་བརྒྱ་ཕྲག་གིས་འགྲུབ་པ་ཡིན་ལ། སྔགས་ལུགས་ཀྱི་དབང་དུ་བྱས་ན་འདུས་སྡེ་གཅིག་གི་དགེ་ཚུལ་སློང་ཕལ་ཆེར་རྡོ་རྗེ་སློབ་དཔོན་གཅིག་གི་མདུན་ནས་དབང་གསན་ཡོད་པ་གཞིར་བྱས་ན་དེ་ཐམས་ཅད་རྡོ་རྗེ་སྤུན་ཡིན་པས། རྡོ་རྗེ་སྤུན་གྱི་སྐྱོན་བརྗོད་པ་རྩ་ལྟུང་གསུམ་པ་ཡིན་པ་དང་། གོང་ནས་བརྗོད་ཟིན་པའི་ཉེས་པ་དེ་དག་བྱུང་ན་བདེ་གཤེགས་བཀའ་འདས་ཀྱི་རྩ་ལྟུང་དང་དད་ལྡན་ཀྱི

སེམས་ཡིད་འབྲིན་པའི་རྩ་ལྟུང་སོགས་དང་། དགེ་སློང་རྣམས་ལ་འདུལ་བ་ནས་གསུངས་པའི་ཁྲིམ་པ་ཡིད་འབྲིན་གྱི་ལྟུང་བ་སོགས་མི་དགེ་བ་དང་ཉེས་ལྟུང་གི་ཆར་འབབ་པར་འགྱུར་ལ། འདི་ལ་བརྟེན་ནས་ཕྱི་མ་རྣམས་སུ་ངན་སོང་ མུ་མཐའ་མེད་པའི་གནས་སུ་དུཿཁ་དཔག་ཏུ་མེད་པ་ཉམས་སུ་མྱོང་བར་འགྱུར་ཚུལ་མདོ་རྒྱུད་བསྟན་བཅོས་རྣམས་ལས་ཇི་སྙེད་ཅིག་གསུང་བ་ལ་ཡིད་ཆེས་པར་བྱས་ནས་བག་ཡོད་ལ་གནས་ན་བཟང་སྙམ། སྔོན་ཆད་འདི་ཕྱོགས་ལ་ཐེ་བ་སོགས་ཉེས་པ་བཟོས་ཟིན་ན་འགྱོད་སེམས་དྲག་པོས་བཤགས་ནས་ཕྱིན་ཆད་སྡོག་ལ་བབས་ཀྱང་དགེ་འདུན་གྱི་སྡེ་མི་དགྲིག་པ་ཅིས་ཀྱང་མཁྱེན་ཞེས་ཉམ་ཐག་པའི་ངུ་ངག་གིས་ཞུས་པ་ཡིན་པས་རང་ཉིད་དང་སེམས་ཅན་གྱི་དོན་ལ་ཅུང་ཟད་ཐུགས་བསམ་བཞེས་པ་རེ་ཡོད་ན་ཐུགས་གཞིག་ལེགས་པར་གནང་རོགས།

གཞན་ཡང་། ནང་བ་རྣམས་ཕན་ཚུན་ཅམ་དུ་མ་ཟད་ཕྱི་རོལ་བ་ལའང་སྨད་མི་རུང་སྟེ། རྒྱལ་བ་རྡོ་རྗེ་འཆང་གིས། མུ་སྟེགས་ཅན་ལ་སྨད་མི་བྱ། །མུ་སྟེགས་ཅན་ལ་སྨད་པ་ན། །རྣམ་པར་སྣང་མཛད་རིང་བའི་རྒྱུ། །ཞེས་པ་སོགས་མདོ་རྒྱུད་རྣམས་ལས་གསུངས་པ་འདིར་དྲངས་པས་ག་ལ་ཡང་། དེའི་ཕྱིར་ནང་བ་སངས་རྒྱས་ཀྱི་ཆོས་ལུགས་པ་དང་ཆོས་དད་མང་ཚོགས་ཐམས་ཅད་ཀྱིས་མཉམ་མེད་སྟོབས་བཅུ་མངའ་བའི་གསུང་ལ་ཡིད་རྟོན་པར་བྱ་ལ། ཧང་དང་སྲིད་གཞུང་གི་འགོ་ཁྲིད་འོག རྒྱལ་ཁབ་ཀྱི་བཅའ་ཁྲིམས་དང་ཧང་གི་སྲིད་ཇུས་ལག་ལེན་དང་གོང་བཀུར་བྱེད་ཅིང་། ཆོས་ཀྱི་བཅོས་ཁྲིམས་དང་དགེ་འདུན་གྱི་འདུལ་ཁྲིམས་བརྩི་སྲུང་ཡང་དག་པ་ཞིག་གནང་ཐོག་བསྟན་པ་རིན་པོ་ཆེ་དར་ཞིང་རྒྱས་ལ། འགྲོ་བ་ཐམས་ཅད་བདེ་ཞིང་སྐྱིད་པ། རྒྱལ་ཁབ་བདེ་འཇགས། འཛམ་གླིང་ཞི་བདེའི་དོན་དུ་འབད་པ་དང་ཐུགས་སྨོན་རྣམ་པར་དག་པ་ཞིག་གལ་ཆེའོ།། །།

༄༅། །སྙན་ངག་གི་རྒྱལ་པོ་སྤྲིན་གྱི་ཕོ་ཉའི་འགྲེལ་བ་གཞོན་ནུའི་མགུལ་རྒྱན་མ་ལླི་ཀཱའི་ཕྲེང་མཛེས་ཞེས་བྱ་བ།

༄༅། །བླ་མ་དང་ངག་གི་དབང་ཕྱུག་འཇམ་དབྱངས་ཡབ་ཡུམ་དབྱེར་མ་མཆིས་པའི་ཞབས་ལ་སྒོ་གསུམ་གུས་པས་ཕྱག་འཚལ་ཞིང་སྐྱབས་སུ་མཆིའོ། །ཚེ་རབས་ཐམས་ཅད་དུ་རྗེས་སུ་གཟུང་དུ་གསོལ།

འཇིག་རྟེན་མེས་པོའི་ཡིད་ཀྱི་འགྱུ་བ་ཆུ་གཏེར་གཟུགས་སུ་ལྡོ་ཡི་ཕྱོགས་སུ་གཏམས་པ་ལ། །དྲི་གཞོན་དྲག་པས་བསྐྱུལ་བ་ལས་བྱུང་ཟ་ལླབས་ཟེགས་མ་མཁའ་ལ་འཕྱུར་བའི་རྩེ་དགའ་ལས། །བརྟན་གཡོའི་དབྱངས་སྙན་གཅིག་ཏུ་བསྡུས་པས་ཚངས་ཆེན་བློ་གྲོས་དགའ་བདེའི་དཔལ་གྱིས་སིམ་པའི་གཟུགས། །དབྱངས་ཀྱི་རྒྱལ་མོ་སྨིན་ལེགས་མ་དེ་བདག་བློ་དྲི་ཟ་དགའ་བའི་ཚལ་དུ་རོལ་བར་མཛོད། །སྨྲ་བའི་འབབ་སྟེགས་སྟོད་པར་གྲོལ་བའི་མཁས་པས་རབ་སྤྱར་སྙན་ཚིག་མེ་ཏོག་ཕྲེང་བསྟར་ཡང་། །རྣམ་མང་ཉམས་ཀྱི་ཡལ་འདབ་འབུམ་བཀྲ་དོན་བཟང་བདུད་རྩིའི་ཟིལ་མངར་བཅུད་ཛོགས་དཔལ་གྱི་ལྡོན། །ཚངས་སྲས་རིག་པའི་ཡོངས་འདུས་བསྐྱུན་མཁས་ལྷ་རིག་པ་ཎ་ཆེན་ནག་མོ་ཁོལ་ཞེས་གྲགས་པའི་དབྱངས། །ཁོར་ཡུག་རི་བོའི་ཁོངས་ལས་བརྒལ་ཅེས་ཕྱོགས་ཀྱི་བུ་མོའི་མགྲིན་པའི་སྒྲ་རྣ་དེང་ཡང་གྱེར། །གང་ཐུགས་གཏིང་མཐའ་དཔག་པར་དཀའ་བ་ཆུ་བོའི་གཏེར་གྱི་དཔལ་འཛིན་པར། །དབྱངས་ཅན་བྱིན་རླབས་ཉི་ཟེར་གྱིས་རིག་ཉམས་འགྱུར་རླངས་པའི་དཔྱིད་བསྡུས་པ། །ཆུ་ཁུར་འཛིན་པའི་བྱ་མ་རྟ་ཞེས་སྙན་འཇེབས་ངག་གི་རྒྱལ་པོ་འདིའི། །དོན་བཟང་ནོར་བུའི་བསོ་སྐལ་འགྲེམ་ལ་བདག་བློ་ཤིན་ཏུ་སྤྲོ་བར་གྱུར། །ཞེས་ཚིགས་སུ་བཅད་པ་

འགས་མདུན་བསུས་ཏེ། འཛམ་གླིང་འཛིན་མའི་ཁྱོན་ལ་གྲགས་སྙན་གྱི་བ་དན་གཡོ་བའི་འཕགས་ཡུལ་པཎ་ཆེན་ནག་མོ་ཁོལ་གྱིས་མཛད་པའི་སྙན་ངག་སྤྲིན་གྱི་ཕོ་ཉའི་དོན་སྟབས་བདེར་འགྲེལ་བ་ལ། མཚན་དོན་དང་འགྱུར་ཕྱག་ནི།

༄༅། །རྒྱ་གར་སྐད་དུ། མེ་གྷ་དཱུ་ཏ་ནཱ་མ། བོད་སྐད་དུ། སྤྲིན་གྱི་ཕོ་ཉ་ཞེས་བྱ་བ། ཡང་དག་པར་རྫོགས་པའི་སངས་རྒྱས་གསུང་གི་དབང་ཕྱུག་ལ་ཕྱག་འཚལ་ལོ། །ཞེས་ཏེ་གོ་སླའོ། །

གཞུང་དངོས་ནི། **རྗེ་བོ་ཁྲེལ་བའི་ཤིན་ཏུ་ལྕི་བའི་བཀའ་ལུང་དག་གིས་གཟི་བརྗིད་ཉམས་པར་བྱས་གྱུར་ཅིང་། །གནོད་སྦྱིན་འགའ་ཞིག་ལ་ནི་རང་ཉིད་བག་མེད་དབང་གྱུར་མཛེས་མ་སྤྲང་ལ་ལོ་ཡི་བར། །ཡིད་འོང་སྐྱེད་བྱེད་བུ་མོའི་ཁྲུས་བྱས་བསོད་ནམས་ཆུ་བོ་རྣམས་དང་ཤིན་ཏུ་རབ་མཛེས་པའི། །རབ་བཟང་ལྗོན་ཤིང་དྲི་མ་དང་ལྡན་རཱ་མའི་རི་བོར་སོང་ལ་སྤྱོད་པས་གནས་པར་གྱིས།** །གནོད་སྦྱིན་གྱི་རྗེ་བོ་ཁྲེལ་བའི་ཤིན་ཏུ་ལྕི་བའི་བཀའ་ལུང་དག་གིས་ལུས་ཀྱི་གཟི་བརྗིད་ཉམས་པ་བྱས་པར་གྱུར་ཅིང་། གནོད་སྦྱིན་འགའ་ཞིག་ལས་འདི་ལ་ནི་རང་ཉིད་ཉེས་པ་ལ་མི་འཛེམ་པར་བག་མེད་པའི་དབང་དུ་གྱུར་པས་ན་དེའི་ཉེས་པས་མཛའ་གྲོགས་མཛེས་མ་སྤྲངས་ལ་ལོ་གཅིག་མ་འདས་པ་ཡི་བར་དུ། ཡིད་དུ་འོང་ཞིང་དགའ་བའི་དཔལ་སྐྱེད་པར་བྱེད་པའི་སཱི་ཏ་ཞེས་པའི་བུ་མོས་ཁྲུས་བྱས་སྤྱོད་ཞིང་བསོད་ནམས་ཆེ་བའི་དྲང་སྲོང་རྣམས་གནས་པ་དང་ཤིན་ཏུ་ཡི་གར་འོང་བའི་མེ་ཏོག་དང་འབྲས་བུས་མཛེས་ཤིང་། རབ་ཏུ་བཟང་བའི་ལྗོན་ཤིང་གི་གྲིབ་མ་སྟུམ་པོ་དང་ལྡན་པའི་སྟོན་རྒྱལ་པོ་རཱ་མ་ཎ་གནས་པའི་རི་བོར་སོང་ལ་བག་ཡོད་པའི་སྤྱོད་པས་གནས་པར་གྱིས་ཤིག །ཅེས་པའོ། །

འདོད་ལྡན་དེ་ནི་མཛེས་མ་སྤྲངས་ཤིང་ཟླ་བ་འགའ་ཡིས་རི་བོ་དེར་ནི་ཕྱིན་བྱས་པས། །ལག་པ་ཕྲ་བར་གྱུར་ནས་གསེར་གྱི་གདུ་བུ་དག

ཤི་དཔྱད་བའི་བར་དུ་རྒྱུ་བར་བྱེད། །ཚ་སྟོད་ཟླ་བ་རྫོགས་པའི་ཉིན་ལ་སྲིན་རྣམས་རི་ཤོད་རི་སྟེང་ཉལ་བར་གྱུར་པ་ཤི། །མཆོག་ཏུ་རོལ་ཅིང་མཛེས་པར་གྱུར་པའི་སྣང་ཆེན་ཡིན་ནམ་སླམ་དུ་རྟོག་ཅིང་མཐོང་བར་གྱུར། །

ཡིད་འདོད་པ་དྲག་པོ་དང་ལྡན་པའི་གནོད་སྦྱིན་དེ་ནི་ཡིད་མཐུན་མཛེས་མ་སྤྱངས་ཤིང་ཟླ་བ་འགའ་ཞིག་འདས་པ་ཡི་ནྡྲ་མ་ཋ་གནས་སྒྲོང་བའི་རི་བོ་དེར་ནི་རྩོལ་བ་དྲག་པོས་ཕྱིན་པར་བྱས་ནས་གནས་པས། དགའ་མ་དྲན་པའི་གདུང་བ་དང་དཀའ་ཐུབ་དྲག་པོ་སྤྱད་པའི་མཐུ་ལས་ལུས་ཀྱི་ཤ་རིད་ཅིང་ལག་པ་ཤིན་ཏུ་ཕྲ་བར་གྱུར་ནས་གསེར་གྱི་གདུ་བུ་དག་ནི་དཔྱང་བའི་མགོའི་བར་དུ་རྒྱུ་བར་བྱེད་ཅིང་། ཚ་སྟོད་ཟླ་བ་སྟེ་ཟླ་བ་དྲུག་པ་རྫོགས་པའི་དུས་ཉིད་ལ་ཆར་སྤྲིན་རྣམས་དུམ་བུ་དུམ་བུར་རི་ཤོད་དང་རི་སྟེང་དག་ཏུ་ཉལ་བ་ལྟར་གནས་པར་གྱུར་པ་ནི་སྣ་ཞགས་ས་ལ་གཏུགས་ནས་མཆོག་ཏུ་བག་ཡེབས་པའི་ཉམས་ཀྱིས་རོལ་ཅིང་ཤ་རྒྱས་པ་སོགས་ལུས་ཤིན་ཏུ་མཛེས་པར་གྱུར་པའི་སྣང་ཆེན་ཡིན་ནམ་སླམ་དུ་ཡིད་ཀྱིས་རྟོག་ཅིང་མིག་གིས་མཐོང་བར་གྱུར་ཏོ། །ཞེས་སོ། །

གནོད་སྦྱིན་རྒྱལ་པོའི་རྗེས་འབྲངས་དེ་ལྟར་གནས་དེ་མདུན་དུ་ཀེ་ཏའི་མེ་ཏོག་རྒྱས་སྟོབས་ཀྱིས། །ནང་དུ་ཡིད་ལ་རབ་ཏུ་གདུང་བའི་མཆི་མ་ཕྱུན་རིང་དག་ཏུ་ཅི་ཡང་ཐུབ་གྱུར་ཏེ། །མཁྲིན་པར་འཕྱུད་བྱེ་དགའ་མ་རིང་ན་གནས་པར་གྱུར་པའི་སྐྱེ་བོའི་སེམས་ལ་ནི། །ཆུ་འཛིན་མཐོང་ན་བདེ་ལྡན་ཡང་ནི་རྣམ་པ་གཞན་དུ་གདུང་བ་ཅི་ཡང་འཇུག་པར་འགྱུར། །

གནོད་སྦྱིན་རྒྱལ་པོའི་རྗེས་འབྲངས་དེ་ལྟར་གཅིག་པུར་གནས་པ་དེ་ཉིད་ཀྱི་མདུན་དུ་ཀེ་ཏ་ལ་སོགས་པའི་མེ་ཏོག་གི་ཚོགས་མང་པོ་རབ་ཏུ་རྒྱས་པའི་སྟོབས་ཉིད་ཀྱིས། །ནང་དུ་སྡུག་བསྔལ་བས་མནར་ཞིང་ཡིད་ལ་རབ་ཏུ་གདུང་བའི་དབང་གིས་མིག་ནས་མཆིམ་དྲག་པོའི་

རྒྱུན་གནས་སྐབས་ཙམ་མ་ཡིན་པར་ཡུན་ཤིན་ཏུ་རིང་པོ་དག་ཏུ་བསྲུན་མི་ནུས་པར་ཅི་ཡང་བྱུང་བར་གྱུར་ཏེ། དེ་ཡང་རིགས་པ་ནི། མགྲིན་པར་འཁྱུད་པར་བྱ་བ་དང་འོ་བྱེད་པ་ལ་སོགས་པས་དགའ་བའི་དཔལ་སྦྱིན་ནུས་པའི་དགའ་མ་རིང་ན་གནས་པར་གྱུར་པའི་བྱེ་ན་གནས་པའི་སྐྱེ་བོ་དག་གི་སེམས་ལ་ནི། ཆུ་ཁྱེར་འཛིན་པ་ལ་སོགས་པ་མཐོང་ན་བདེ་བ་དང་ལྡན་པར་བྱེད་པའི་ཡིད་དུ་འོང་བའི་དངོས་པོ་དེ་ཡང་འདོད་པ་དྲག་པོས་གཟིར་བ་ལ་ནི་རྣམ་པ་གཞན་དུ་གྱུར་ནས་གདུང་བ་མི་བཟད་པ་ཅི་ཡང་འཇུག་པར་འགྱུར་རོ། །ཞེས་སོ། །

དབྱར་དུས་ཟླ་བ་གཉིས་པ་འོངས་པར་གྱུར་ཚེ་བརྩེ་ལྡན་མ་ཡི་ཚེད་དུ་སྲོག་འཆང་བ། །དེ་ལ་ཆར་སྤྲིན་དག་གིས་རང་ཉིད་བདེའོ་ཞེས་པའི་ཚིག་འདི་ཁྱེར་ནས་འཇུག་པ་བཞིན། །ཀུན་དའི་ཟླ་ཡི་ཆུ་སྐྱེས་འཇམ་པ་རྣམས་ཀྱིས་དེ་ལ་མཆོད་པའི་ཚེད་དུ་དགའ་བྱེད་བཞིན། །མཛའ་བ་མདོན་དུ་གྱུར་པའི་ཚིག་ནི་དེ་ལ་ལེགས་པར་འོངས་སམ་དགའ་བཞིན་བརྗོད་པ་བཞིན། །

དབྱར་དུས་ཀྱི་ཟླ་བ་གཉིས་པ་སྟོ་ཧོར་ཟླ་ལྔ་བ(འདི་དཔྱད།)འོངས་བར་གྱུར་པའི་ཚེ་ན་བརྩེ་ལྡན་དགའ་མ་དེ་ཡི་ཚེད་དུ་ལུས་སེམས་ཀྱི་གདུང་བ་རྣམས་བཟོད་པར་བྱས་ཏེ་སྲོག་མ་ཧོར་བར་དམ་པར་འཆང་བ། སྐྱེ་བོ་སྙིང་སྟོབས་ཅན་དེ་ལ་ཆར་སྤྲིན་དག་གིས་ཁྱེད་རང་ཉིད་བདེའོ་ཞེས་པའི་ཚིག་འདི་ཆེད་དུ་ཁྱེར་ནས་དེ་ཡི་དྲུང་དུ་འཇུག་པ་བཞིན་ལ། རབ་ཏུ་དཀར་བའི་ཀུན་དའི་མེ་ཏོག་དང་དེའི་ཟླ་བོ་ནུ་གྱུར་པ་ཡི་ཆུ་སྐྱེས་པདྨའི་ཡལ་འདབ་འཇམ་ཞིང་གྲོལ་བ་རྣམས་ཀྱིས་དེ་ལ་དགྱེས་པ་སྐྱེད་པའི་མཆོད་པའི་ཚེད་འབའ་ཞིག་ཏུ་དགའ་ཞིང་རྐྱོད་པའི་ཉམས་ཁྱད་པར་ཅན་བྱེད་པ་བཞིན་དང་། མཛའ་ཞིང་གཅུགས་པའི་བསམ་པ་ཁྱད་པར་བ་ཞིག་མངོན་དུ་གྱུར་པའི་ཚེད་དུ་བཤད་དགོས་པའི་གཏམ་མཐའ་ཡས་ཀྱང་རེ་ཞིག་བརྗོད་རྒྱུའི་ཚིག་ནི་དེ་ལ་ཁྱེད་ལེགས་པར་འོངས་སམ་ཞེས་དགའ་བ་སྐྱེད་པའི་ཚིག་འདོད་དགོངས་ཀྱི་སྙིང་པོ་ལྡན་པ་ཞིག་བརྗོད་པ་བཞིན་ནོ། །ཞེས་སོ། །འདིའི་བཞིན་ནི་

མཚུངས་པ་གསལ་བྱེད་མ་ཡིན་པར་རབ་རྫོགས་གསལ་བྱེད་དུ་གོ་ནས་དཔྱད་ན་གོ་རྒྱུའི་གནད་ཤིན་ཏུ་ཆེའོ། །

གང་དུ་དུ་བ་གཟི་ལྡན་ཆུ་གཏེར་སྐྱུར་འགྲོ་རྣམས་ཀྱི་ཚོར་བ་ལས་ནི་ཆར་སྤྲིན་ཏེ། །གང་དུ་མཁས་པའི་བྱེད་པ་རྣམས་དང་སྤྲོག་རྣམས་ཀྱིས་ནི་ལེགས་བཤད་ཆེད་དུ་ཐོབ་པར་བྱེད། །ཅེས་པ་མཆོག་ཏུ་དགའ་བའི་གསང་བ་བ་ནི་དེ་ལ་ཡོངས་སུ་མི་ཤེས་གང་གིས་ནི། །འདོད་པའི་དོན་དུ་མཁས་དང་མི་མཁས་རྣམས་དང་སེམས་ལྡན་སེམས་མེད་རྣམས་ལ་ཞུ་བར་བྱེད། །

གང་དུ་དུ་བ་ཡི་གཟི་མདངས་དང་ལྡན་པའི་ཆུ་གཏེར་དང་སྐྱུར་འགྲོ་སྐྱེ་ཕྲུང་དང་ཉི་ཟེར་རྣམས་ཀྱི་ཕན་ཚུན་འདུས་ཤིང་འཕྲད་པའི་ཚོར་བ་ལས་ནི་ཆར་སྤྲིན་འབྱུང་བར་གྱུར་ཏེ། གང་དུ་མཁས་པའི་བྱེད་པ་སྐྱེ་འཆད་རྩོད་རྩོམ་པ་རྣམས་དང་སྤྲོག་དང་དབང་པོ་གསལ་བ་རྣམས་ཀྱིས་ནི་སྟོན་མེད་ཀྱི་ལེགས་བཤད་བླ་མེད་པ་ཆེད་དུ་ཐོབ་པར་བྱེད་ལ། དེ་ལྟ་ནའང་སུ་ལ་ཡང་གཏམ་འདི་དག་ཅེས་གསལ་བར་བརྗོད་མི་ནུས་པའི་མཛེས་ལྡན་གཞོན་ནུ་མ་ལ་མཆོག་ཏུ་དགའ་བའི་བསམ་པ་སྙིང་གི་དཀྱིལ་དུ་སྦས་པའི་གསང་བ་དང་ལྡན་པ་ནི་དེ་ལ་སེམས་ཁྲུང་གི་གསང་དོན་དེ་འདྲ་ཡོད་པ་ཡོངས་སུ་གཞན་གྱིས་མི་ཤེས་པའི་སྐྱེས་བུ་འདོད་ལྡན་གང་གིས་ནི། འདོད་པའི་དོན་དེའི་དོན་དུ་མཁས་པ་དང་མི་མཁས་པ་རྣམས་དང་སེམས་ལྡན་གྱི་གང་ཟག་དང་སེམས་མེད་ཀྱི་བེམ་པོ་རྣམས་ལ་ཞུ་བ་བགྱིད་པར་བྱེད་དོ། །ཞེས་སོ། །འདིས་ནི་སྤྲིན་ནི་སེམས་མེད་ཀྱི་བེམ་པོ་ཞིག་ཡིན་པས་དེ་ལ་ངག་འཕྲིན་བསྐུར་མི་རིགས་སོ་ཞེ་ན། འདོད་ལྡན་གྱི་གང་ཟག་གང་ཞིག་འདོད་སེམས་དྲག་པོའི་དབང་དུ་སོང་ན་སེམས་དང་ལྡན་མིན་གྱི་དངོས་པོ་མཐོང་ཚད་ལ་རང་གི་འདོད་དོན་གསོལ་བ་ནི་འོས་ཤིང་རིགས་པ་ཡིན་ནོ། །ཞེས་པའོ། །

ཁྱོད་ ནི་ རིགས་ མཆོག་ དང་ ལྡན་ མཆོད་ སྤྲིན་ བརྒྱ་ བའི་ བློན་ པོ་ མཆོག་ སྐྱེ་ འདོད་ འཇོའི་ ཇོ་ བོ་ ཉིད། །ས་ གསུམ་ མཐའ་ དག་ རིག་ ཅིང་ བསྐལ་ བར་ འཇུག་ པའི་ ཆེ་ བའི་ རྒྱ་ འཛིན་ ཉིད་ དུ་ བདག་ གིས་ ཤེས། །དེ་ ན་ཁྱེད་ནི་དོན་གཉེར་ཉིད་ལ་སྐལ་བའི་དབང་གིས་དམན་མིན་འདོད་པ་ ཐོབ་ པ་ ཉིད། །མཆོད་ སྤྲིན་ འབྲས་ མེད་ བདག་ གི་ རིང་ གནས་ གཉེན་ མདུན་དག་ཏུ་ཡོན་ཏན་མཆོག་དབང་ཁྱོད་གཤེགས་མཛོད། །

སྤྲིན་ཁྱོད་ནི་རིགས་མཆོག་དང་ལྡན་པས་ལྷའི་དབང་པོ་མཆོད་སྤྲིན་བརྒྱ་བའི་བློན་པོ་མཆོག་ཏུ་གྱུར་པ་ཞིག་སྐྱེ་འགྲོ་བ་རྣམས་ཀྱི་འདོད་པའི་དོན་ཡིད་བཞིན་དུ་འཇོ་བའི་ཇོ་བོ་ཉིད་དང་ལྡན་པ་ཡིན་ལ། ས་འོག་ས་སྟེང་ས་བླ་གསུམ་གྱི་གནས་ཚུལ་མཐའ་དག་རིག་ཅིང་མཁྱེན་ལ་བསྐལ་བའི་བར་དུ་ཟད་མཐའ་མེད་པར་འཇུག་པའི་ཆེས་ཆེ་བའི་རྒྱ་བོའི་གཏེར་ཉིད་དུའང་བདག་གིས་ཤེས། རྒྱ་མཚན་དེས་ན་ཁྱོད་ནི་རང་རང་གི་འདོད་པའི་དོན་ཆེན་དོན་དུ་གཉེར་བ་ཉིད་ལ་ལས་དང་སྐལ་བའི་དབང་གིས་དམན་པ་མིན་པ་སྐྱེ་མཆོག་གི་འདོད་པའི་རེ་འབྲས་ཐོབ་པར་བྱ་ནུས་པ་ཉིད་ཀྱང་ཡིན། མཆོད་སྤྲིན་འབྲས་མེད་དེ་སྔོན་བསོད་ནམས་བསགས་པའི་འབྲས་བུ་མེད་པ་བདག་གི་ཡུལ་ཧ་ཅང་ཐག་རིང་ན་གནས་པའི་གཉེན་གྱི་མཆོག་དགའ་མ་དེའི་མདུན་དག་ཏུ་ཡོན་ཏན་མཆོག་ལ་དབང་འབྱོར་བའི་སྤྲིན་ཁྱོད་གཤེགས་པར་མཛོད་ཅིག །ཅེས་པའོ། །

ཀྱཻ་ ཡེ་ ཆུ་ ལྡན་ ཁྱོད་ ནི་ ཤིན་ ཏུ་ གདུངས་ གྱུར་ སྐབས་ ཉིད་ དེ་ ཕྱིར་ བདག་ གི་ དགའ་ མ་ ལ། །གཏམ་ གྱི་ བདག་ པོ་ ཚབས་ ཆེར་ ཁྲོས་ པས་ འབྲུམས་ཤིང་བྲལ་བ་བདག་གི་འཕྲིན་ནི་མཛད་དུ་གསོལ། །ཕྱི་རོལ་སྐྱེད་ ཚལ་ མཆོག་ གནས་ འཕྲོག་ བྱེད་ གཙུག་ གི་ ཟླ་ བའི་ འོད་ ཀྱི་ སྣང་ བྱས་ ཁང་ བཟང་ ཅན། །གསང་ བའི་ བདག་ པོའི་ བསྟི་ གནས་ ཆེན་ པོ་ ལྕང་ ལོ་ ཅན་ ཞེས་བྱ་བའི་གནས་སུ་ཁྱོད་གཤེགས་མཛོད། །

ཀྱཻ་ཡེ་ཚུ་ཁྱེར་དང་ལྡན་པ་ཁྱོད་ནི་སེམས་ཤིན་ཏུ་གདུངས་པར་གྱུར་པའི་སྐྱེ་བོ་མགོན་མེད་པ་དག་གི་སྐྱབས་ཉིད་ཡིན་པ་དེ་ཕྱིར་བདག་གི་ཡུལ་ན་གནས་པའི་དགའ་མ་ལ། གཏམ་གྱི་བདག་པོ་སྟེ་བཀའ་ལུང་ཙམ་ལ་རང་གི་མངའ་འོག་པ་རྣམས་འདའ་བའི་སྐབས་མེད་པའི་གནོད་སྦྱིན་གྱི་རྒྱལ་པོ་དེ་ཉིད་ཚབས་ཆེར་ཏེ་ཆེས་ཆེར་ཁྲོས་པས་བྱེས་སུ་འབྲམས་པར་བྱས་ཤིང་མཛའ་གྲོགས་དང་བྲལ་བ་བདག་གི་འཕྲིན་ནི་ཅིས་ཀྱང་འཕྲོད་པར་མཛད་དུ་གསོལ། ཕྱི་རོལ་ཏུ་སྐྱེད་མོས་ཚལ་མཆོག་ཏུ་གྱུར་པ་མང་པོ་གནས་ཤིང་། ལྷ་ཆེན་པོ་འཕྲོག་བྱེད་ཀྱི་གཙུག་གི་ཟླ་བའི་འོད་ཀྱིས་མཆོག་ཏུ་སྣང་བར་བྱས་པའི་ཁང་བཟང་ཅན། འཕགས་མཆོག་གསང་བ་པོའི་བདག་པོའི་བསྟི་གནས་ལྕང་ལོ་ཅན་ཞེས་བྱ་བའི་གནས་སུ་ཁྱོད་གཤེགས་པར་མཛོད་ཅིག །ཅེས་སོ། །

ཁྱོད་ནི་དྲི་ཡི་བཞོན་པ་དང་ལྡན་མཁའ་ལམ་གཤེགས་པའི་དབང་གིས་ལམ་བགྲོད་མཛེས་མ་རྣམས། །བསམ་པ་དགའ་བར་གྱུར་ཏེ་ལན་བུའི་རྩེ་མོ་རྒྱབ་ཏུ་བྱས་ནས་བལྟ་ཞིང་གུས་པར་བྱེད། །ཁྱོད་འོངས་ཚེ་ན་བྲལ་བས་མཆོག་ཏུ་ཉེན་ཅིང་གཡོག་བཞིན་གཞན་དབང་གྱུར་པ་བདག་འདྲ་དང་། །གང་ཞིག་གཞན་ཡང་མཛེས་མའི་སྐྱེ་བོ་སུ་ཞིག་གུས་ཤིང་དགའ་བ་རྒྱ་ཆེར་བྱེད་མི་འགྱུར། །

སྤྲིན་མཆོག་ཁྱོད་ནི་དྲི་ཡི་བཞོན་པ་སྟེ་རླུང་གི་གྲོགས་དང་ལྡན་ཞིང་ནམ་མཁའི་ལམ་ལ་གཤེགས་པའི་དབང་གིས་ལམ་དུ་བགྲོད་པའི་མཛེས་ལྡན་གཞོན་ནུ་མ་རྣམས་ཚ་བའི་གདུང་བ་སེལ་ནས་བསམ་པ་དགའ་བ་མཆོག་གིས་བརྟས་པར་གྱུར་ཏེ་ལན་བུའི་རྩེ་མོ་རྒྱབ་ཏུ་དཔྱངས་པར་བྱས་ནས་བལྟ་ཞིང་མཆོག་ཏུ་གུས་པའི་རྣམ་འགྱུར་སྟོན་པར་བྱེད་ལ། ཁྱོད་འོངས་པའི་ཚེ་ན་དགའ་མ་དང་བྲལ་བའི་གདུང་བས་མཆོག་ཏུ་ཉེན་ཅིང་བྲན་གཡོག་བཞིན་དུ་འདོད་པའི་གཞན་དབང་དུ་གྱུར་པ་བདག་འདྲ་དང་། གང་ཞིག་དེ་ལས་གཞན་ཡང་མཛེས་མའི་སྐྱེ་བོ་གཞན་པ་སུ་ཞིག་གིས་ཁྱོད་ལ་མཆོག་ཏུ་གུས་ཤིང་དགའ་བས་བསུ་བ་རྒྱ

ཚེར་བྱེད་པར་མི་འགྱུར་ཏེ་འགྱུར་རོ། །ཞེས་སོ། །

དལ་བྲ་དལ་བྲུས་བསྐྱོད་པའི་དྲི་བཙོན་དག་གིས་ཁྱོད་ལ་རྗེས་མཐུན་ཞབས་ཏོག་བྱེད་པ་བཞིན། །སྨྲོས་པའི་ཙ་ཏ་ཀ་འང་ཁྱོད་ལ་སྙན་པའི་བསྟོད་པའི་ངག་ནི་གཡོན་དུ་སྒྲོགས་པ་དང་། །ཆུ་སྐྱར་མཛེས་མ་རྣམས་ཀྱང་སྐལ་བཟང་མིག་གིས་མཁའ་ལ་ཁྱོད་མཐོང་ཕྲེང་བར་བྱས་ནས་བརྟེན། །ངེས་པར་མངལ་ནི་རབ་ཏུ་འཛིན་པ་ཡོངས་སུ་གསལ་བ་ཉིད་དུ་བྱ་བ་བརྗོད་པར་ནུས། །

དལ་བུའམ་ཧ་ཅང་དལ་བུས་བསྐྱོད་པའི་དྲི་བཙོན་ཏེ་རླུང་དག་གིས་ཁྱོད་ལ་ཉིད་ཀྱི་ཁམས་དང་རྗེས་སུ་མཐུན་པའི་ཞབས་ཏོག་བྱེད་པར་འགྱུར་བ་བཞིན་དང་། ཆར་ཆུས་སྨྲོས་པའི་ཕྱིའུ་ཙ་ཏ་ཀ་དག་གིས་ཀྱང་ཁྱོད་ལ་ཚིག་སྙན་པའི་བསྟོད་པ་དག་ནི་གཡོན་ཕྱོགས་ནས་སྒྲོགས་པར་བྱེད་པ་དང་། ཆུ་སྐྱར་མཛེས་མ་རྣམས་ཀྱིས་ཀྱང་སྐལ་བ་བཟང་པོ་ལྡན་པའི་མིག་གིས་མཁའ་ལ་ཁྱོད་ཕེབས་པ་མཐོང་ནས་ཕྲེང་བསྒྲིགས་པར་བྱས་ནས་དགའ་བས་བརྟེན་ལ། ངེས་པར་མངལ་ནི་འཛིན་པ་གང་གི་དུས་བཟང་པོ་ཡོངས་སུ་གསལ་བ་ཐོབ་པ་ཉིད་དུ་ངེས་པས་དགའ་བའི་དགའ་སྟོན་གྱི་བྱ་བ་བྱེད་འོས་པར་བརྗོད་པར་ནུས་སོ། །ཞེས་སོ། །

བདག་གི་མཛེས་མ་དེ་ཡང་ཉིན་ཞག་གྲངས་བཞིན་བདག་པོ་གཅིག་པུ་ཡིད་ལ་འབྲི་བར་ནི། །གདོན་མི་ཟ་བར་ཛུར་དུ་གཟིགས་ཏེ་བདག་ནི་མ་ཤི་བ་ཉིད་ཁྱོད་ཀྱིས་བསྟན་པར་མཛོད། །གང་ཕྱིར་འཕྲལ་ལ་ཆུ་སྐྱེས་པལ་ཚེར་ཕྲེང་བས་བཅིངས་པས་ལྷུང་བ་མེད་པར་སྦྱར་བ་བཞིན། །ལྷ་མོའི་སྙིང་གི་དགའ་བ་བྲལ་ལས་ལྷུང་བ་འཕྲལ་ལ་འགོག་ཅིང་མཛའ་བས་འཚིང་བར་བྱེད། །

བདག་གི་མཛའ་ཞིང་མཐུན་པའི་མཛེས་མ་དེ་ཡང་ཉིན་ཞག་གི་གྲངས་རེ་རེ་བཞིན་བདག་པོ་ང་ཉིད་གཅིག་པུའི་བཞིན་གྱི་གཟུགས་བརྙན་ཡིད་ལ་འབྲི་བ་སྟེ་སེམས་པར་བྱེད་པ་

ནི། གདོན་མི་ཟ་བར་གནས་ངེས་པས་ན་ད་ནི་བདག་ཀྱང་རིང་པོར་མི་ཐོགས་པར་མྱུར་དུ་ཡུལ་དུ་གཤེགས་པར་འགྱུར་ཏེ་བདག་ནི་མ་ཤི་བ་གསོན་པོར་གནས་པ་ཉིད་དུ་ཁྱོད་ཀྱིས་གསལ་བར་བསྟན་པར་མཛོད་ཅིག གང་གི་ཕྱིར་ཞེ་ན་འཕྲུལ་ལ་ཆུ་སྐྱེས་ཕལ་ཆེར་ཕྲེང་བས་ཕྱོགས་གཅིག་ཏུ་བཅིངས་པས་མེ་ཏོག་དེ་དག་འཐོར་ཞིག་ཏུ་ལྷུང་བ་མེད་པར་གྱུར་པ་བཞིན་དུ་མཛེས་སྡུག་ལྷ་མོའི་བདག་ལ་སྙིང་གི་དགའ་བ་བྲལ་བ་ལས་མཛའ་ཞིང་བརྩེ་བའི་བསམ་པ་ལྷུང་བར་འགྱུར་བ་དེ་འཕྲུལ་ལ་འགོག་པར་བྱེད་ཅིང་མཛའ་བས་འཆིང་བ་དམ་པོས་རབ་ཏུ་འཆིང་བར་བྱེད་པར་འགྱུར་བས་སོ། །ཞེས་སོ། །

གང་ཞིག་ཁྱོད་ཀྱིས་འབྲུག་སྒྲ་སྒྲོགས་པ་དེ་ནི་སྐལ་བཟང་རྣ་བས་ཐོས་བྱས་ནས། །མཆོག་ཏུ་རྒྱས་པའི་མེ་ཏོག་དག་གིས་ས་གཞིའི་ཆེད་དུ་གདུགས་དག་བྱས་པར་གྱུར་པ་ཉིད། །ཁྱོད་ནི་ནམ་མཁའ་དག་ལ་གཤེགས་ཚེ་དགའ་བའི་ཡིད་ཀྱིས་མཚོ་དང་གངས་ཅན་བར་ལ་ནི། །པདྨའི་རྩ་བ་ལོ་མའི་ལམ་རྒྱགས་ལྡན་པའི་ངང་བའི་རྒྱལ་པོ་རྣམས་ཀྱང་གྲོགས་སུ་འགྱུར། །

གང་ཞིག་སྤྲིན་ཁྱོད་ཀྱིས་འབྲུག་གི་སྒྲ་སྙན་པར་སྒྲོགས་པ་དེ་ནི་སྐལ་བ་བཟང་པོ་དང་ལྡན་པའི་རྣ་བས་ཐོས་པར་བྱས་ནས། མཆོག་ཏུ་དགའ་བའི་ཡལ་འདབ་རྒྱས་པའི་མེ་ཏོག་དག་གིས་ས་གཞིའི་མཛེས་པའི་དཔལ་ཕུན་སུམ་ཚོགས་པ་འཛིན་པའི་ཆེད་དུ་ཁོར་ཡུག་ཡོངས་སུ་ཁྱབ་པའི་གདུགས་དག་ཏུ་བྱས་པ་ལྟ་བུ་ཉིད་དུ་གྱུར་པ་དང་། ཁྱོད་ནི་ནམ་མཁའ་ལམ་དག་ལ་གཤེགས་པའི་ཚེ་ན་དགའ་བའི་ཡིད་ཀྱིས་མཚོ་མ་དྲོས་དང་རི་བོ་གངས་ཅན་གྱི་བར་ལ་བསྐྱོད་པ་ན་ནི། པདྨའི་རྩ་བ་དང་སྡོང་ཤིང་གི་ལོ་མའི་ལམ་རྒྱགས་དང་ལྡན་པའི་ངང་བའི་རྒྱལ་པོ་རྣམས་ཀྱང་ཁྱོད་ཀྱི་གྲོགས་སུ་འགྱུར་རོ། །ཞེས་སོ། །

རྒྱུའི་བདག་པོའི་ཞབས་ཀྱིས་མཚན་པའི་རི་བོ་རྣམས་ལ་སྐྱེ་བོ་ཀུན་གྱིས་ཕྱག་བྱེད་པའི། །ཆེ་བའི་རི་བོ་འདི་ནི་ཁྱོད་ཀྱི་དགའ་བའི་

གྲོགས་བཟང་ཁྱོད་ལངས་འཕྱུད་པ་སྔོན་འགྲོ་བའི། །མཛའ་བ་གསལ་བྱས་ཡུན་རིང་འབྲལ་ལས་བྱུང་བའི་མཆི་མའི་དྲོ་བའང་འབྱུང་བ་ཡོངས་མཐོང་ལ། །ཁྱོད་དང་གང་དེ་དུས་དུས་དག་ཏུ་ཡང་དག་མཇལ་འགྱུར་ཞེས་ནི་བྱས་ནས་ཁམས་བདེ་མཛོད། །

རགྷུའི་བདག་པོ་སྟེ་རྒྱལ་པོ་རཱ་མ་ཊའི་ཞབས་ཀྱིས་མཚན་མ་བཀོད་པའི་རི་བོ་འདི་ཡི་ངོས་རྣམས་ལ་སྐྱེ་བོ་ཀུན་གྱིས་དད་པས་ཕྱག་བྱེད་པའི། ཆེ་བའི་བདག་ཉིད་དང་ལྡན་པའི་རི་བོ་འདི་ནི་ཁྱོད་ཀྱི་སྔོན་ནས་དགའ་ཞིང་མཐུན་པའི་གྲོགས་བཟང་ཡིན་པས་ཁྱོད་ལངས་ནས་མགྲིན་པ་ནས་འཕྱུད་པ་སྔོན་དུ་འགྲོ་བའི། མཛའ་བའི་རྣམ་པར་འགྱུར་བ་གསལ་བར་བྱས་ན་ཡུན་རིང་དུ་འབྲལ་བར་འགྱུར་བ་ལས་བྱུང་བའི་མཆི་མའི་རྒྱུན་དྲོ་བའང་དངོས་སུ་འབྱུང་བ་ཁྱོད་ཀྱིས་ཡོངས་སུ་མཐོང་བར་འགྱུར་ལ། ཁྱོད་དང་རི་ཆེན་པོ་གང་དེ་ཉིད་དུས་དང་དུས་དག་ཏུ་ཡང་དག་པར་མཇལ་བར་འགྱུར་རོ་ཞེས་པའི་ཚིག་ནི་ཁམས་བདེ་བའི་གཏམ་གྱི་ཚུལ་དུ་སྨྲ་བར་མཛོད་ཅིག་ཅེས་སོ། །འདིས་ནི་སྤྲིན་ཕལ་ཆེར་རི་སྟེང་ནས་ལངས་པ་དང་དེ་ལ་བརྟེན་ནས་ཆར་བ་འབབ་པ་སོགས་རབ་རྟོག་གི་ས་བོན་དུ་བྱས་ནས་སྤྲིན་དེ་ཉིད་སྔོན་ནས་རི་བོའི་གྲོགས་པོ་ཡིན་ཚུལ་དང་མགྲིན་པ་ནས་འཕྱུད་པའི་མཛའ་བའི་རྣམ་འགྱུར་སྟོན་དགོས་ཚུལ། དེ་ལ་བརྟེན་ནས་རི་དེ་ཁྱོད་དང་འབྲལ་བ་ནས་ཡུན་རིང་འགྲོ་བས་སྐྱོ་བས་མཆི་མ་འབྱུང་ཚུལ་སོགས་སེམས་ལྡན་གྱི་བྱད་ཆོས་སེམས་མེད་ལ་སྦྱར་བའི་ཏིང་འཛིན་རབ་རྟོག་གི་རྒྱན་ཆེས་ངོ་མཚར་བའི་ཚིག་གི་ཕྲེང་བ་ཞིག་གོ །

ཀཱ་ཡེ་ཆུ་འཛིན་རེ་ཞིག་ཁྱོད་ནི་ལམ་ལ་བགྲོད་པའི་ཐབས་ཀྱིས་གཏམ་ནི་མཉན་པར་མཛོད། །དེ་ཡི་རྗེས་སུ་བདག་གི་འཕྲིན་ནི་རྣ་བའི་བདེ་སྐྱེས་ཁྱོད་ཀྱི་རྣ་བས་གཟུང་བར་མཛོད། །ཤིན་ཏུ་ངལ་ཞིང་རབ་ཏུ་ངལ་ཚེ་རི་བོའི་རྩེ་ལ་རྐང་བཀོད་ངལ་བ་བསལ་ནས་གཤེགས། །གང་དུ་སྐམ་ཞིང་ཤིན་ཏུ་སྐམ་ན་ཆུང་ངུའི་ཆུ་དང་ཆེ་བའི་མཚོ་ལའང་བཏུང་

བར་བྱ། །

ཀྲྀ་ཡེ་ཆུ་འཛིན་ཞེས་པོས་ནས་རེ་ཞིག་སྟེ་རིམ་པ་བཞིན་དུ་ཁྱོད་ནི་ལྷུང་ལོ་ཅན་གྱི་ལམ་ལ་བགྲོད་པའི་ཐབས་ཀྱི་གཏམ་ངོ་མཚར་དག་ལ་ནི་མཉན་པར་མཛོད་ཅིག དེ་ཡི་རྗེས་སུ་བདག་གི་འཕྲིན་བཟང་པོ་འདི་ནི་རྣ་བའི་བདེ་བ་སྐྱེད་བྱེད་ཡིན་པས་ཁྱོད་ཀྱི་རྣ་བར་ནན་ཏན་དུ་གཟུང་བར་མཛོད་ཅིག བགྲོད་པའི་ལམ་ཐག་ཏུ་ཅང་རིང་བས་ལམ་དུ་ཤིན་ཏུ་ངལ་ཞིང་རབ་ཏུ་ངལ་བར་གྱུར་ཚེ་རི་བོའི་རྩེ་ལ་རྐང་བ་བཀོད་ལ་ངལ་བ་བསལ་ནས་གཤེགས་པར་མཛོད་ཅིག ལམ་གང་དུ་ཁ་སྐོམ་ཞིང་ཤིན་ཏུ་སྐོམ་པར་གྱུར་ན་ཉུང་ངུའི་ཆུ་དང་འཕྲད་ན་དེ་ལ་དང་ཆེ་བའི་མཚོ་དང་འཕྲད་ཚེ་དེ་ལའང་བཏུང་བར་བྱའོ། །ཞེས་སོ། །

ནི་རྩྭ་ལ་ནི་གསར་བས་གནས་འདི་ལས་ནི་ཁྱོད་ལངས་མཁའ་ལ་བྱང་དུ་གདོང་ཕྱོགས་མཛོད། །ཕྱོགས་ཀྱི་གླང་པོ་རྣམས་ཀྱི་ལག་པ་ཆེ་བས་བཅིངས་པའི་ལམ་ནི་ཡོངས་སུ་དོར་བར་གྱིས། །རི་ཡི་རྩེ་མོ་ཕྲོགས་ནས་དྲི་བཙན་འགྲོ་བའམ་ཆུ་འཛིན་ལངས་ནས་འགྲོ་བའི་ཅི་ཞེས་ཐེ་ཚོམ་དུ། །གྱུར་ནས་གྲུབ་པའི་བུད་མེད་རྣམས་ཀྱིས་གྱེན་ཕྱོགས་བལྟས་ཏེ་འཇིགས་ཤིང་སྐྲག་པས་རྫོངས་པར་འགྱུར། །

སྤྲིན་ཤིང་ནི་རྩྭ་ལ་ནི་གསར་བས་ཕྱོགས་ཀུན་ཁེབས་པའི་གནས་འདི་ལས་ནི་ཁྱོད་ཡར་ལངས་ནས་མཁའ་ལ་བསྐྱོད་དེ་བྱང་དུ་གདོང་ཕྱོགས་པ་མཛོད་ཅིག ཕྱོགས་ཀྱི་གླང་པོ་རྣམས་ཀྱི་ལག་པ་ཆེ་བས་བཅིངས་པ་སྟེ་སྣ་ཞགས་རིང་པོས་བཀག་པའི་ལམ་ནི་ཡོངས་སུ་དོར་བར་གྱིས་ཤིག ཁྱོད་འགྲོ་བ་མཐོང་བ་ན་རི་ཡི་རྩེ་མོ་འཕྲོག་པ་སྟེ་ཁྱེར་ནས་དྲི་བཙན་འགྲོ་བ་ཡིན་པའམ་ཡང་ན་ཆུ་འཛིན་ལངས་ནས་འགྲོ་བའི་ཁྱད་པར་འབྱེད་མ་ནུས་པར་ཅི་ཞེས་ཡིད་ཐེ་ཚོམ་དུ་གྱུར་ནས་གྲུབ་རིགས་ལས་སྐྱེས་པའི་བུད་མེད་རྣམས་ཀྱིས་གྱེན་ཕྱོགས་སུ་བལྟས་ཏེ་འཇིགས་ཤིང་སྐྲག་པས་ཀུན་ཏུ་རྫོངས་པར་འགྱུར་རོ། །ཞེས་སོ། །

རིན་ཆེན་འོད་ཀྱིས་སྣང་བ་བཞིན་དུ་རབ་མཛེས་མཆོད་སྦྱིན་བརྒྱ་

བའི་གཞུ་ཡི་དུམ་བུ་ནི། །ཆེ་བའི་གྲོག་མཁར་རྩེ་ལས་བྱུང་བ་དེ་ནི་མདུན་དུ་ཡང་དག་མཐོང་བར་འགྱུར། །ཁྱབ་འཇུག་སྣང་རྫིའི་ཚུལ་བཟུང་རྨ་བྱའི་སྒྲོ་ཡི་འོད་ཀྱིས་ཁྱབ་པར་གྱུར་པ་བཞིན། །ཁྱོད་སྐུ་མཆོག་ཏུ་མཛེས་པ་མཐིང་ནག་གང་གིས་ཀུན་ཏུ་ཁྱབ་པར་བྱེད་པ་ཐོབ་པར་འགྱུར། །

རིན་ཆེན་ལྔ་ཡི་འོད་ཀྱིས་ཕྱོགས་ཀུན་སྣང་བར་བྱས་པ་བཞིན་དུ་རབ་ཏུ་མཛེས་པའི་མཆོད་སྦྱིན་བརྒྱ་བའི་གཞུ་ཡི་དུམ་བུ་སྟེ་འཇའ་རིས་ནི་ཤིན་ཏུ་ཆེ་བའི་དྲང་སྲོང་གྲོག་མཁར་གནས་པའི་རི་བོའི་རྩེ་ལས་བྱུང་བ་དེ་ཉིད་ཁྱོད་ཀྱི་མདུན་དུ་ཡང་དག་པར་གསལ་བར་འགྱུར་ཞིང་། ལྷ་ཆེན་པོ་ཁྱབ་འཇུག་སྣང་རྫིའི་ཚུལ་བཟུང་བའི་མགྲིན་པ་རྨ་བྱའི་སྒྲོ་ཡི་འོད་ཀྱིས་ནམ་མཁའི་ཁྱོན་ཐམས་ཅད་ཁྱབ་པར་གྱུར་པ་བཞིན་དུ་ཁྱོད་ཀྱི་སྐུ་མཆོག་ཏུ་མཛེས་པ་མདོག་མཐིང་ནག་གང་གིས་ཕྱོགས་ཀུན་ཏུ་ཁྱབ་པ་ཡང་ཐོབ་པར་འགྱུར་རོ། །ཞེས་སོ། །

ཁྱོད་འོངས་ཚེ་ན་གྲོང་ཁྱེར་ན་ཆུང་དགའ་ཞིང་ཆགས་པའི་མིག་རྣམས་ཀྱིས་ནི་སྨིན་མ་ཡི། །རྣམ་འགྱུར་མངོན་པར་མི་ཤེས་བཞིན་དུ་བལྟ་ཞིང་འབྲུ་རྣམས་ཀུན་ནས་འཕེལ་བར་བྱེད་པའི་ཕྱིར། །ཁྱོད་ནི་རྔུང་ཟང་ཉུབ་ཏུ་བསྐྱོད་ཅིང་གནས་བྱ་འཕྲུལ་ལ་སྨོན་གྱི་རོ་ལ་དགའ་བ་ཡི། །གནམ་ཆུ་སྨུག་པའི་ཞིང་ལ་བྲུ་ཆར་རྒྱས་བྱ་སྐར་ཡང་བྱང་དུ་སྒྱུར་བར་དལ་གྱིས་གཤེགས། །

སྤྲིན་གྱི་མཆོག་ཁྱོད་འོངས་པའི་ཚེ་ན་གྲོང་ཁྱེར་གྱི་ན་ཆུང་གཞོན་ནུ་མ་རྣམས་དགའ་ཞིང་ཆགས་པའི་འགྱུར་བ་གསལ་བར་བྱེད་པའི་མིག་ཟུར་གྱི་ཞགས་པ་འཕེན་པ་རྣམས་ཀྱིས་ནི་སྨིན་མ་གཡོ་བ་ཡི། རྣམ་འགྱུར་མངོན་པར་མི་ཤེས་བཞིན་དུ་བལྟ་བར་བྱ་བ་སྟེ་མིག་ཟུམ་པ་མེད་པར་བལྟ་ཞིང་འབྲུའི་ཚོགས་རྣམས་ཀུན་ནས་འཕེལ་བར་བྱེད་པའི་ཕྱིར་དུ། ཁྱེད་ནི་རྔུང་ཟང་ཉུབ་ཕྱོགས་སོ་ནམ་དར་བའི་ཡུལ་དག་ཏུ་བསྐྱོད་ཅིང་རྔུང་ཟང་གནས་པར་བྱ་ལ།

ཁྱོད་ཕེབས་པའི་འཕྲིན་ལ་སྨོན་གྱི་རོ་མངར་བ་ལ་དགའ་བ་ཡི། གནམ་ཆུ་ལ་རེ་ཞིང་སྒྲུག་པའི་ཞིང་ལ་གྲུ་ཆར་དལ་བར་འབབ་པས་མྱུ་གུ་རྒྱས་པར་བྱ་ལ་སླར་ཡང་བྱང་གི་ཕྱོགས་སུ་དལ་གྱིས་གཤེགས་པར་མཛོད་ཅིག །ཅེས་པའོ། །

ལམ་དུ་ཡོངས་སུ་ངལ་བའི་ཚེ་ན་ངོས་ལྡན་ཨ་མྲ་བརྟེགས་པའི་རི་རྩེར་གནས་བྱ་སྟེ། །ཁྱོད་ཀྱིས་ནགས་ནང་ཤིང་རྐམ་རྣམས་ནི་ཆར་གྱིས་བརྣན་པར་བྱས་བཞིན་ལེགས་པར་མཛོད། །གང་ཕྱིར་ཆེ་བའི་སྐྱེ་བོ་དང་ཕར་ལེགས་བྱས་རྒྱུ་མཚན་ཐོབ་པའི་གྲོགས་བཟང་ལ། །དེ་ལྟའི་བྱ་བའི་གནས་ཆེད་ཅི་ཡང་བྱུར་ལ་ཕྱིར་ཕྱོགས་ངན་པའི་སྐྱེ་བོའང་འགྱུར་མ་ཡིན། །

ཁྱོད་ཕེབས་པའི་ལམ་དུ་ཡོངས་སུ་ངལ་བའི་ཚེ་ན་ངོས་ཡངས་པོ་ལྡན་པའི་ཤིང་ཏོག་ཨ་མྲ་ཕྱུངས་ཤིང་བརྟེགས་པའི་ཚུལ་གྱིས་མཛེས་པའི་སྤྲོན་པ་མང་པོ་ཡོད་པའི་རི་རྩེར་གནས་པར་བྱ་སྟེ། ཁྱོད་ཀྱིས་ནགས་ཚལ་གྱི་ནང་གི་ཤིང་སྐམ་པོ་རྣམས་ཆར་བའི་རྒྱུན་གྱིས་བརྣན་པར་བྱས་པ་བཞིན་དུ་ལེགས་པར་མཛོད་ཅིག གང་གི་ཕྱིར་ཞེ་ན་ཆེ་བའི་སྐྱེ་བོར་ལེགས་པར་བྱས་པའི་རྒྱུ་མཚན་ཐོབ་པ་སྟེ་རྒྱུ་མཚན་ཤེས་པའི་གྲོགས་པོ་བཟང་པོ་ལ། དེ་ལྟའི་བྱས་པ་ལ་དྲིན་དུ་བཟོ་བའི་བཟང་པོའི་བྱ་བས་གནས་གཡར་བ་ལ་སོགས་པའི་བསྟི་སྟངས་བྱེད་པའི་ཆེད་དུ་ལེགས་པའི་བགྱི་བ་ཅི་ཡང་བྱེད་པར་འགྱུར་ལ་དྲིན་ཅན་ལ་དྲིན་ལོག་ཟེར་བ་ལྟར་རང་ལ་ལེགས་པ་བྱས་པའི་ལན་དུ་དེའི་ཕྱིར་ཕྱོགས་པའི་ངན་བྱེད་པ་ནི་ངན་པའི་སྐྱེ་བོ་རྣམས་ཀྱིས་ཀྱང་བྱེད་པར་འགྱུར་བ་མ་ཡིན་ནོ། །ཞེས་སོ། །

ཀྭ་ཡེ་ཆུ་འཛིན་ཁྱོད་ནི་ལམ་ལ་ངལ་ཚེ་སྣ་ཚོགས་བརྟེགས་པ་ཞེས་པའི་རི་བོ་ནི། །ངོས་ལྡན་རྩེ་མོ་ཡངས་ལ་བསྡད་ནས་ཕན་ཚུན་སྔོན་དུ་ཕྱོགས་པའི་བསྟུན་ནི་བྱེད་བཞིན་པས། །ཁྱོད་ཀྱང་དེ་ཡི་སོ་ཀའི་མ་ནི་བདུད་རྩིས་ཞི་བྱེད་དེ་ཡང་ཕན་པའི་དངོས་པོའི་རྟེན་དུ་འགྱུར། །ཆེན་

པོ་རྣམས་ལ་ཕན་བཏགས་ལན་དུ་འཕྲུལ་ལ་འབྲས་བུ་དམ་པས་བརྟན་པ་ཉིད། །

ཀཱ་ཡེ་ཆུ་ཁུར་འཛིན་པ་ཁྱོད་ནི་ལམ་དུ་ངལ་ཞིང་དུབ་པར་གྱུར་ཆེ་རིན་ཆེན་སྣ་ཚོགས་བརྩེགས་པ་ཞེས་པའི་རི་བོ་ནི། ངོས་གཟར་བ་དང་ལྡན་པའི་རྩེ་མོ་ཡངས་པ་ལ་བསྙད་ནས་ཕན་ཚུན་གྱི་རི་དག་ལ་སྟོན་དུ་ཕྱོགས་པའི་བསྟུན་འདྲི་བ་ནི་བྱེད་པ་བཞིན་ཡིན་པས། ཁྱོད་ཀྱང་རི་བོ་དེ་ཡི་སོ་ཀའི་མ་སྐེ་དཔྱིད་ཀྱི་ཕུན་ཚོགས་རྣམས་ནི་ལྷའི་བདུད་རྩི་ཞི་བའི་བདེ་བ་ལ་སྤྱོད་པ་ལྟ་བུར་བྱེད་ཅིང་དེ་ཡང་མཆོག་ཏུ་ཕན་པའི་དངོས་པོའི་རྟེན་གཅིག་པུ་ཉིད་དུ་འགྱུར་དགོས་ཏེ། ཆེན་པོ་རྣམས་ལ་ཕན་བཏགས་པའི་ལན་དུ་འཕྲུལ་ལ་འབྲས་བུ་དམ་པས་བརླན་པ་སྟེ་འབྲས་བུ་ཕུན་སུམ་ཚོགས་པ་འཕྲུལ་དུ་སྨིན་པ་ཉིད་དུ་ངེས་པས་སོ། །ཞེས་པའོ། །

ཁྱོད་ནི་གཡོ་མེད་རྩེ་མོར་གནས་ཆེ་ཞ་སྲའི་ནགས་ཀྱི་འབྲས་བུ་རྒྱས་པར་སྨིན་པ་ནི། །ཕྱོགས་ཀུན་ཁྱབ་པར་བཀྲམ་པ་དཀའ་མའི་རྣམ་མཛེས་ལན་བུ་དག་དང་མཚུངས་པ་བཞིན་དུ་འགྱུར། །ས་གཞིའི་མཛེས་མའི་ནུ་རྒྱས་ལྟག་མ་དཀར་ཞིང་ཐིག་ལེ་སྔོན་པོས་མཛེས་པ་བཞིན། །འཆི་མེད་ཁྲོ་ཤུག་དག་ནི་ཡ་མཚན་ངེས་པ་ཐོབ་པའི་མིག་གིས་རབ་ཏུ་ལྟ་བར་བྱེད། །

སྤྲིན་ཁྱོད་ནི་གཡོ་བ་མེད་པར་རི་ཡི་རྩེ་མོར་གནས་པ་དེའི་ཆེ་ཞ་སྲའི་ནགས་ཀྱི་འབྲས་བུ་རྒྱས་པར་སྨིན་པ་ནི། ཕྱོགས་ཀུན་ཏུ་ཁྱབ་པར་བཀྲམ་པ་དཀའ་མའི་ལན་བུ་དག་གིས་རོ་སྟོད་ཁེབས་པའི་ཚུལ་དང་མཚུངས་པ་བཞིན་དུ་གྱུར་ཅིང་། ས་གཞི་དེ་ལས་ཚུང་ཟད་འབུར་དུ་ཐོན་པའི་རི་བོ་ནི་མཛེས་མའི་ནུ་མ་རྒྱས་པའི་ལྟག་མ་དཀར་ཞིང་རྩེ་མོར་ཐིག་ལེ་སྔོན་པོས་མཛེས་པ་བཞིན་དང་། འཆི་མེད་ཁྲོ་ཤུག་སྟེ་ལྷ་ཁྲོ་ཤུག་དག་ནི་ཡ་མཚན་ཞིང་ངེས་པ་ཐོབ་པ་སྟེ་མཆོག་ཏུ་གསལ་བའི་མིག་གིས་རབ་ཏུ་ལྟ་བར་བྱེད་དོ། །ཞེས་སོ། །

དེ་ནས་རི་དྭགས་བདག་པོའི་ཚང་མའི་ནགས་ཀྱི་ཁང་བ་དེ་ལ་

ཡུད་ཙམ་གནས་བྱས་ནས། །དེ་ཡི་ཕ་རོལ་ཆུ་ལས་ཐོན་ནས་མཆོག་ཏུ་ཕྱུར་པས་ལམ་གཞན་དག་ཏུ་གཟིགས་ཤིང་བགྲོད་པ་ན། །དྲང་སྲོང་བུ་མོའི་ཆུ་བོ་འབིགས་བྱེད་རི་ཡི་ཞབས་ནི་རྒྱུབ་པའི་རྫོ་ལ་འོག་ཏུ་འབབ་ལྡན་མ། །སོ་གཉིས་ཡན་ལག་མཆོག་ལས་དཀར་པོ་ཆོན་གྱིས་ལེགས་བྲིས་བཞིན་དུ་ཁྱོད་ཀྱིས་མཐོང་བར་འགྱུར། །

དེ་ནས་རི་དྭགས་ཀྱི་བདག་པོ་སྐྱེ་ཁྱི་ར་བའི་ཚུང་མ་དག་གནས་སའི་ནགས་ཁྲོད་ཀྱི་ཁང་བ་དེ་ལ་ཡུད་ཙམ་གནས་པར་བྱས་ནས། དེ་ཡི་ཕ་རོལ་གྱི་ཆུ་བོ་ལས་ཐོན་པ་སྐྱེ་བརྒྱལ་ནས་མཆོག་ཏུ་སྨྱུར་བའི་ནམ་མཁའི་ལམ་གཞན་དག་ཏུ་གཟིགས་ཤིང་བགྲོད་པར་བྱས་པ་ན། དྲང་སྲོང་ཛ་ཧྣའི་བུ་མོའི་མིང་དུ་གྲགས་པའི་ཆུ་བོ་གཙྭ་འབིགས་བྱེད་ཀྱི་རི་ཡི་ཞབས་ལ་ནི་རྒྱུབ་པའི་རྫོ་བ་གནས་པ་ལ་དེའི་འོག་ཏུ་འབབ་ལྡན་མ་དེ་ཉིད། སོ་གཉིས་ཏེ་སྣང་ཆེན་གྱི་ཡན་ལག་མཆོག་སྐེ་མགོ་བོ་ལ་དཀར་པོ་ཆོན་གྱིས་ལེགས་པར་བྲིས་པ་བཞིན་དུ་ཁྱོད་ཀྱིས་ལེགས་པར་མཐོང་བར་འགྱུར་རོ། །ཞེས་སོ། །

ཁྱོད་ཀྱིས་ཐོག་མར་ཆར་བ་སྐྱུག་བྱ་དེ་ཡི་ཆུ་ནི་འཐུངས་ནས་བགྲོད་པར་བྱ་སྟེ་ཕྱིན་ནས་ནི། །ནགས་ཀྱི་གླང་པོ་རྨོས་པའི་ཏིག་ཏའི་རོ་དང་འཛམ་བུའི་ཤིང་གིས་ཆུ་དེའང་སྐྱུར་དུ་འགེངས། །ཀྱཻ་ཡེ་སྤྲིན་སྟུག་ཁྱོད་ནི་ནང་གི་སྙིང་པོ་ལྡན་ན་དྲི་བཙན་དག་གིས་གཡོ་མི་ནུས། །གང་ཕྱིར་ཐམས་ཅད་སྟོང་ན་ཡང་བར་འགྱུར་ཞིང་ཡོངས་སུ་བཀང་ན་ཀུན་ཀྱང་ལྗི་བ་ཉིད། །

ཁྱོད་ཀྱིས་ཐོག་མར་སྐྱུག་པར་བྱ་བ་ལ་དེ་ནས་ཡུལ་དེ་ཡི་ཆུ་གསར་བ་དག་འཐུངས་ནས་ལམ་དུ་བགྲོད་པར་བྱ་སྟེ་རིམ་གྱིས་ཕྱིན་ནས་ཀྱང་ནི། ནགས་ཀྱི་གླང་པོ་འདོད་པས་རབ་ཏུ་མྱོས་པའི་ཏིག་ཏའི་རོ་དང་ལྡན་པའི་ཆུ་དང་འཛམ་བུའི་ཤིང་གིས་བཀག་པའི་ཆུ་དེའང་སྐྱུར་དུ་འགེངས་པར་འགྱུར་རོ། །ཀྱཻ་ཡེ་སྤྲིན་སྟུག་པོ་ཁྱོད་ནི་ནང་གི་སྙིང་པོ་ཆུ་དང་

ལྡན་ན་དྲི་བཞིན་དག་གིས་ཡོངས་སུ་གཡོ་བར་མི་ནུས་པར་རང་ཉིད་འདོད་པའི་གནས་སུ་འགྲོ་ནུས་ལ། གང་གི་ཕྱིར་ན་དངོས་པོ་ཐམས་ཅད་བཅུད་ཀྱིས་སྟོང་བར་གྱུར་ན་ཡང་བར་འགྱུར་ཞིང་བཅུད་ཀྱིས་ཡོངས་སུ་གང་བ་ཀུན་ཀྱང་ལྗི་བ་ཉིད་དུ་འགྱུར་བ་ནི་ཆོས་ཉིད་ཡིན་པས་སོ། །ཞེས་པའོ། །

དང་པོར་ཀནྡལི་ཡི་མེ་ཏོག་ཁ་འབུས་རྣམས་ནི་ཤུན་པས་བསྒྲིབས་པ་ཐུང་བ་དང་། །འདབ་མ་ལྗང་ཞིང་གེ་སར་དཀར་སེར་ཕྱེད་ལྡན་བསྟན་པ་རྣམས་ཀྱིས་ཆུ་སྐྱེས་མེ་ཏོག་མཐོང་ནས་ཀྱང་། །འབྲོག་དགོན་རྣམས་སུ་མེས་བསྲེགས་ས་གཞིར་དྲི་འཛིན་མནན་བྱ་དྲི་བཟང་མང་པོ་ཐུང་བ་ན། །ཆུ་འཛིན་དལ་བུས་ཆར་བསྙུན་ཁྱོད་ལ་སྨྲ་རིགས་རྣམས་ནི་སྟོན་པར་བྱེད་པར་འགྱུར། །

དང་པོར་ཀནྡལི་ཞེས་པའི་མེ་ཏོག་གསར་དུ་ཁ་འབུས་པ་རྣམས་ནི་ཤུན་པས་ཕྱེད་ཙམ་བསྒྲིབས་པ་ཁྱོད་ཀྱི་མིག་སྔར་བྱུང་བ་དང་། དེ་ནས་འདབ་མའི་མདོག་ལྗང་ཞིང་གེ་སར་གྱི་མདོག་དཀར་སེར་ཕྱེར་ཙུང་ཟད་ངོམ་པའི་ཕྱེ་བ་ལྡན་ཅིང་བསྟན་པ་རྣམས་ཀྱི་ཆུ་སྐྱེས་མེ་ཏོག་གི་ཚོགས་དག་མཐོང་བར་བྱས་ནས་ཀྱང་། འབྲོག་དགོན་པ་རྣམས་སུ་མེ་བསྲེགས་པའི་ས་གཞིར་དྲི་འཛིན་གྱིས་འཚིག་དྲི་དེ་མནན་པར་བྱ་ལ་དྲི་བཟང་པོ་མང་པོ་ཁྱོད་ཀྱི་སྣ་ལམ་དུ་ཐུང་བ་ན། ཆུ་འཛིན་ཁྱོད་ལས་དལ་བུས་ཕབས་པའི་ཆར་བསྐྱུན་པས་ཁྱོད་ལ་སྨྲ་རིགས་ཏེ་རི་སྐྱེས་ཀྱི་ཚོགས་རྣམས་ཀྱིས་ནི་དགའ་བ་སྟོན་པར་འགྱུར་རོ། །ཞེས་སོ། །

ཀྱཻ་ཡེ་གྲོགས་པོ་ཁྱོད་ནི་བདག་གི་དགའ་མའི་དོན་ལ་མྱུར་དུ་འགྲོ་སྙམ་ཡོད་ན་ཡང་། །ཀ་ཀུ་བྷ་ཡི་དྲི་ལྡན་རི་བོ་རི་བོ་རྣམས་ལ་ཡུན་རིང་ཐོགས་པར་བདག་གིས་ཤེས། །གཙུག་ཕུད་ཅན་གྱི་འདྲེན་བྱེད་ཆུ་དང་བཅས་པས་ལེགས་པར་འོངས་སམ་བྱས་ནས་ཡུན་རིང་གནས་པར་འདོད། །དེ་སྐད་ཁྱོད་ནི་ཤིན་ཏུ་མྱུར་བར་འགྲོ་བར་འགྱུར་བ་དག་ཀྱང་

ཇི་ལྟར་ཡིན། །

ཀུ་ཡེ་གྲོགས་པོ་ཁྱོད་ནི་བདག་གི་དགའ་མའི་གདུང་བ་སེལ་བའི་དོན་ལ་མྱུར་དུ་འགྲོ་སྙམ་པ་ཡོད་ན་ཡང་། ཀ་ཀུ་བྷ་ཡི་དྲི་བཟང་པོ་ལྡན་པའི་རི་བོ་དང་དེ་དང་མཚུངས་པའི་རི་བོ་རྣམས་ལ་ཡུན་རིང་དུ་ཐོགས་པ་སྲིད་འགོར་བ་བདག་གིས་ཤེས་ཏེ། གཙུག་ཕུད་ཅན་རྨ་བྱ་རྣམས་ཀྱི་འདྲེན་བྱེད་ཆུ་དང་བཅས་པས་ཁྱེད་ལེགས་པར་འོངས་སོ་ཞེས་སྨྲ་བའི་ཚིག་བརྗོད་ནས་ཡུན་རིང་དུ་གནས་པར་འདོད་པས་སོ། །དེ་སྐད་དེ་དེ་ཕྱིར་ཁྱོད་ཆེས་ཤིན་ཏུ་མྱུར་བ་འགྲོ་བར་འགྱུར་བ་དག་ཀྱང་ཇི་ལྟར་འགྱུར་བ་ཡིན་ནམ། ཞེས་སོ། །

ཁྱོད་འོངས་ཚེ་ན་དང་བ་རྣམས་ནི་དེ་ཉིད་ཙམ་ཟད་གནས་ནས་འགྲོ་ཞིང་འབྲས་བུ་ནི། །ཡོངས་སུ་སྨིན་པ་ལྗང་སྔོན་དང་འཛམ་བུའི་ནགས་ཀྱིས་བསྐོར་དབུས་དཀར་བོའི་འོད་ལྡན་ཆེ་བ་ཡི། །ནགས་ཀྱི་འཁྲི་ཤིང་ཀེ་ཏའི་ཆུ་སྐྱེས་གེ་སར་གསལ་བར་རྒྱས་ཤིང་གྲོང་དང་མཆོད་རྟེན་གྱིས། །བསྐོར་བའི་ཁང་བར་གཏོར་ལེན་ཚང་སྐྱེད་རྩོམ་པའི་གྲོང་ཁྱེར་ཏམ་ཤ་ཞེས་པས་མཆོད་པར་འགྱུར། །

ཁྱོད་འོངས་པའི་ཚེ་ན་ངང་བ་རྣམས་ཀྱིས་ནི་གནས་དེ་ཉིད་དུ་ཅུང་ཟད་གནས་ནས་འགྲོ་ཞིང་འབྲས་བུ་ནི། ཡོངས་སུ་སྨིན་པ་མདོག་ལྗང་སྔོན་དང་ལྡན་པ་འཛམ་བུ་ནགས་ཀྱིས་ལེགས་པར་བསྐོར་བའི་དབུས་སུ་དཀར་བའི་འོད་དང་ལྡན་པའི་མཆོག་ཏུ་རྒྱ་ཁྱོན་ཆེ་བ་ཡི། ནགས་ཀྱི་འཁྲི་ཤིང་སྟེང་དུ་ཀེ་ཏའི་ཆུ་སྐྱེས་གེ་སར་རབ་ཏུ་གསལ་བ་ཡལ་འདབ་རྒྱས་ཤིང་མཆོག་ཏུ་མཛེས་པ་དག་དང་མཆོད་རྟེན་གྱིས། ཡོངས་སུ་བསྐོར་བའི་ཁང་བར་བྱ་རྣམས་ཀྱིས་དྲང་སྲོང་དག་གི་གཏོར་མ་ལེན་ཅིང་ཚང་སྐྱེད་པ་ལ་རྩོམ་པའི་གྲོང་ཁྱེར་ཏམ་ཤ་ཞེས་པའི་གནས་ནས་མི་རྟོག་ལ་སོགས་པས་ཁྱོད་མཆོད་པར་འགྱུར་རོ། །ཞེས་སོ། །

ཁྱོད་ནི་ལེགས་པར་འོངས་ཚེ་སྐྲན་པའི་སྒྲ་བསྒྲགས་དུས་ན་གྲུབ་པ་རྣམས་ཀྱིས་མཆོད་བྱེད་ཅིང་། །རྡོ་ཏ་ཀ་རྣམས་ཆུ་ཡི་ཐིགས་པ་བཟུང་

ནས་དགའ་བས་འཐུང་ལ་ལྟ་བར་བྱེད་བཞིན་དང་། །ཚུ་སྒྲོགས་རྣམས་ནི་ཕྲེང་བར་བསྒྲིགས་རྣམས་ཡོངས་སུ་བསྐྲེང་ཞིང་ཅི་ཞེས་ངེས་པར་ལྟ་བཞིན་དང་། །མཆོག་ཏུ་འདར་བྱས་དགའ་བས་དགའ་མ་ལ་ནི་དམ་དུ་འཁྱུད་པ་རྣམས་ནི་བྱེད་པ་ཡིན། །

ཁྱོད་ནི་ནམ་མཁའི་ལམ་ནས་ལེགས་པར་འོངས་པའི་ཚེ་འབྲུག་སྒྲ་སྙན་པར་བསྒྲགས་པའི་དུས་ན་དྲང་སྲོང་གྲུབ་པ་རྣམས་ཀྱིས་མཆོད་པར་བྱེད་ཅིང་བྱེའུ་ཙཱ་ཏ་ཀ་རྣམས་ཀྱིས་ཁྱོད་ལས་བབས་པའི་ཆུ་ཡི་ཐིགས་པ་བཟུང་ནས་དགའ་བ་སྐྱེས་པས་ཆུ་འཐུང་བར་བྱ་ལ་མིག་གིས་ལྟ་བར་བྱེད་བཞིན་པ་དང་། ཆུ་སྒྲོགས་རྣམས་ནི་ཕྲེང་བསྟར་བསྒྲིགས་པ་རྣམས་ཀྱང་ཡོངས་སུ་གྱེན་དུ་བསྐྲེངས་ཤིང་འདི་ནི་ཅི་ཞེས་ངེས་པར་ཡ་མཚན་པས་ལྟ་བཞིན་པ་དང་། འདོད་པས་མཆོག་ཏུ་འདར་བར་བྱས་པའི་སྐྱེ་བོ་འདོད་ལྡན་རྣམས་ཀྱང་ཡིད་དགའ་བ་ཆེན་པོ་སྐྱེས་ཏེ་རང་གི་དགའ་མ་ལ་ནི་དམ་དུ་འཁྱུད་པ་དང་འོ་བྱེད་པ་སོགས་དགའ་མགུར་སྤྱོད་པའི་བྱ་བ་རྣམས་ནི་བྱེད་པ་ཡིན་ནོ། །ཞེས་པའོ། །

དེ་ཡི་བྱང་ཕྱོགས་གཞི་ལ་བི་དི་ཤ་ཞེས་མཆོད་ཆ་རྒྱལ་པོའི་ཁབ་ཏུ་སྨྲར་སོང་ནས། །དེར་ནི་ཁྱོད་ཀྱིས་ཤིན་ཏུ་ཆེ་བའི་འབྲས་བུ་མཆོག་གི་གོ་འཕང་འཕྲུལ་ལ་ཐོབ་འགྱུར་ཞིང་། །ཆེ་བའི་ཁ་ཞིང་དང་ལྡན་མཐའ་ནས་ལྷུང་ལྷུང་སྐད་སྙན་སྒྲོགས་ཤིང་དྭངས་ལ་བསིལ་ལྡན་པ། །གཡོ་བའི་རླབས་ཕྲེང་གདོང་ཁ་སྨིན་མ་གཡོ་བཞིན་པ་འདྲའི་མཚོ་དེའང་སྐལ་བཟང་ཁྱོད་འཐུང་འགྱུར། །

གནས་དེ་ཡི་བྱང་ཕྱོགས་ཀྱི་གཞི་ལ་བི་དི་ཤ་ཞེས་པའི་མཆོད་ཆ་མཆོག་ཏུ་དར་བའི་རྒྱལ་བའི་ཁབ་ཏུ་ཁྱོད་སྨྱུར་དུ་སོང་ནས། གནས་དེར་ནི་ཁྱོད་ཀྱིས་དོན་དུ་གཉེར་བའི་ཤིན་ཏུ་ཆེ་བའི་འབྲས་བུ་མཆོག་གི་གོ་འཕང་དམ་པ་འཕྲུལ་ལ་ཐོབ་པར་འགྱུར་ཞིང་། མཆོག་ཏུ་ཆེ་བའི་ཁ་ཞིང་དང་ལྡན་ལ་མཐའ་ནས་ནང་དུ་འཇུག་པའི་ཆུ་བོའི་སྒྲ་ལྷུང་J ལྷུང་ཞེས་སྐད

སྙན་སྒྲོགས་ཤིང་། ཤིན་ཏུ་དྭངས་ལ་བསིལ་བའི་རེག་བྱ་དང་ལྡན་པ། གཡོ་བའི་ཟ་ལྷབས་ཀྱི་ཕྲེང་བ་མཛེས་མའི་གདོང་དང་ཁ་དང་སྨིན་མ་གཡོ་བཞིན་པ་དང་འདྲ་བའི་མཚོ་དེའང་སྐལ་བཟང་ཅན་ཁྱོད་ཀྱིས་འཕྱུང་བར་འགྱུར་རོ། །ཞེས་སོ། །

གང་ཞིག་ནི་ཙ་ཞེས་གྲགས་རི་བོར་ཁྱོད་འོངས་ཐོབ་ལས་དེར་ནི་ངལ་གསོའི་ཆེད་དུ་གནས། །ཀ་དམ་པ་ཡི་མེ་ཏོག་དཀར་བས་སྤུ་ལོང་རྒྱས་ཤིང་གེ་སར་འཛུམ་པར་བྱེད་པ་བཞིན། །གྲོང་ཁྱེར་རྣམས་ནི་སྨན་འཚོང་མ་རྣམས་དཀར་བར་བྱེད་པའི་དྲི་བཟང་དག་གིས་གང་བ་རྣམས། །རྡོ་ཡི་བྲག་ཕུག་རྣམས་ཀྱིས་མཆོག་ཏུ་མཛེས་པའི་ལང་ཚོ་མ་རྣམས་སྨྲ་རུ་འཇུག་པ་བཞིན། །

གང་ཞིག་ཏུ་ནི་ཙ་ཞེས་སུ་གྲགས་པའི་རི་བོར་ཁྱོད་འོངས་པ་ཐོབ་པ་ལས་རི་བོ་དེར་ནི་ཁྱོད་ངལ་གསོའི་སྟེགས་ཀྱི་ཆེད་དུ་གནས་ལ་ཀ་དམ་པ་ཡི་མེ་ཏོག་རྣམས་དཀར་བས་སྤུ་ལོང་རྒྱས་ཤིང་གེ་སར་འཛུམ་སྟེ་ཁྱོད་ལ་དགའ་བས་བསུ་བར་བྱེད་པ་བཞིན་དང་། གྲོང་ཁྱེར་རྣམས་ལ་ནི་སྨན་འཚོང་མ་རྣམས་ཀྱི་གཞན་དག་དཀར་བར་བྱེད་པའི་དྲི་བཟང་བ་དག་གིས་གང་བ་ཡི་སྨན་རྣམས་ཀྱང་། རྡོ་ཡི་བྲག་ཕུག་རྣམས་ཀྱི་ནང་དུ་བཞག་ནས་ཁྱོད་ལ་མཛེས་ཤིང་སྡུག་པའི་ལང་ཚོ་མ་རྣམས་འདི་རུ་གནས་སོ་ཞེས་ཁྱོད་ལ་སྨྲ་རུ་འཇུག་པ་བཞིན་ནོ། །ཞེས་སོ། །

ངལ་སོས་བྱུར་ན་བགྲོད་བྱ་གསར་སྐྱེས་རྣམས་ཀྱིས་མེ་ཏོག་སེར་པོའི་དྲ་བ་མཛེས་པ་རྣམས། །ཆུ་བོ་ཆུ་རྡོགས་སྐྱེས་པ་རྣམས་ནི་ཆུ་ཐིགས་རྣམས་ཀྱིས་བྲན་པ་འཕྲུལ་དུ་འོངས་འགྱུར་ཞིང་། །ཆུ་སྐྱེས་ཐོག་མའི་གདོང་གི་འགྲམ་པའི་རྔུལ་ཐིགས་སེལ་ལ་རྣ་བའི་ཨུཏྤལ་ངལ་བ་དང་། །སྙིང་འགྱུར་ལ་ནི་ཉིད་ཀྱིས་སྐད་ཅིག་བདེ་བའི་གྲིབ་བསིལ་ཡོངས་སུ་གནང་བར་མཛོད་ཅིག་ཀྱི། །

ཁྱོད་ངལ་སོས་པར་གྱུར་ན་མདུན་དུ་བགྲོད་པར་བྱ་ཚེ་གསར་དུ་སྐྱེས་པའི་སྡོང་འཕྲུང་གི་ཚོགས་རྣམས་ཀྱིས་མེ་ཏོག་སེར་པོའི་དྲ་བ་ཏུ་འཛོངས་པ་མཛེས་སྡུག་དང་ལྡན་པ་རྣམས་དང་། ཆུ་བོའི་ནང་དང་ཆུ་ངོགས་སུ་སྐྱེས་པ་རྣམས་ནི་ཆུ་ཐིགས་ཀྱིས་བྲན་པའི་སྐལ་བ་བཟང་པོ་འཛིན་པ་འཕྲལ་དུ་འོངས་པར་འགྱུར་ཞིང་། ཆུ་སྐྱེས་ཕོག་མ་སྟེ་མེ་ཏོག་འཕྱུ་བའི་གཞོན་ནུ་མའི་གདོང་གི་འགྲམ་ངོས་ནས་ཟགས་པའི་རྫུལ་ཆུའི་ཐིགས་པ་སེལ་བར་གྱིས་ལ་རྣ་བའི་རྒྱན་དུ་བྱས་པའི་ཨུཏྤལ་ངལ་བ་སྟེ་རྙིང་བར་འགྱུར་བ་དང་། རྙིངས་པར་འགྱུར་བ་ལ་ནི་ཁྱོད་ཉིད་ཀྱིས་སྐད་ཅིག་ལ་བདེ་བའི་གྲིབ་བསིལ་ཡོངས་སུ་གནང་བར་མཛོད་ཅིག་གྱི། ། ཞེས་པའོ། །

ཡང་ནི་བྱང་གི་ཕྱོགས་སུ་བགྲོད་ཅིང་གང་ཞིག་ཁྱེད་ནི་འཁྱོག་པའི་ལམ་ལ་ཞུགས་པའི་ཚེ། །གྲོང་ཁྱེར་ཨུཛྫ་ཡ་ནའི་རྒྱལ་པོའི་ཕོ་བྲང་ནང་དུ་ཕྱིར་ཕྱོགས་མིན་པར་གནས་པར་མཛོད་ཅིག་གྱི། །དེ་ན་གྲོང་གི་དགའ་མ་རྣམས་ཀྱིས་རོལ་སློག་ཟུར་མིག་གློག་གི་ཕྲེང་ཐག་གཡོ་བ་ནི། །སྤྱོད་བྱེད་མིག་གིས་གལ་ཏེ་ཁྱོད་ནི་མ་མཐོང་འབྲས་བུ་མེད་ཅིང་བསླུས་པ་ཉིད་དུའང་འགྱུར། །

དེ་ནས་ཡང་ཁྱོད་ནི་བྱང་གི་ཕྱོགས་རྣམ་ཐོས་སྲས་ཀྱི་ཡུལ་དུ་བགྲོད་ཅིང་བསྐྱོད་པར་བྱེད་པ་གང་ཞིག་གི་ཚེ་ཁྱོད་ནི་འཁྱོག་པའི་ལམ་དུ་ཞུགས་པ་སྟེ་རི་ཞིག་ལམ་ལོག་ཏུ་འགྲོ་དགོས་པ་དེའི་ཚེ་ན། གྲོང་ཁྱེར་ཆེན་པོ་ཨུཛྫཡ་ནའི་རྒྱལ་པོའི་ཕོ་བྲང་ནང་དུ་ངོ་མཚར་བའི་གཟིགས་མོ་སྣ་ཚོགས་ལ་ལྟ་བཞིན་ཕྱིར་ཕྱོགས་མིན་པ་སྟེ་ཐུགས་ཕྱིར་འགྲོ་བ་ལ་བྲེལ་བ་མིན་པར་བག་ཕེབས་ཏེ་གནས་པ་མཛོད་ཅིག་གྱི། དེ་ན་གྲོང་གི་དགའ་མ་མཛེས་སྡུག་དང་ལྡན་པ་རྣམས་ཀྱིས་རོལ་ཅིང་སློག་པའི་ཟུར་མིག་གློག་ཕྲེང་གཡོ་བ་དག་ནི། ཕྱོགས་ཀུན་སྐྱོད་པར་བྱེད་པའི་མིག་གིས་གལ་ཏེ་ཁྱོད་ནི་མ་མཐོང་བ་ན་འདོད་པའི་གདུང་བ་སེལ་བའི་འབྲས་བུ་མེད་ཅིང་རང་ལ་རང་གིས་བསླུས་པ་ཉིད་དུའང་ཅིས་མི་འགྱུར་ཏེ་འགྱུར་རོ། །ཞེས་སོ། །

རླབས་ཕྲེང་གཡོ་ལྡན་སྙན་པར་སྒྲོགས་ཤིང་འདབ་ཆགས་ཕྲེང་བའི་སྐེད་རྒྱུན་སྐ་རགས་སིལ་སིལ་ཅན། །དལ་གྱིས་དལ་གྱིས་འགྲོ་ཞིང་ལང་ལིང་མཛེས་པའི་སྐལ་བཟང་འཁོར་ལོའི་ལྟེ་བ་དང་ལྡན་པ། །རོ་མཆོག་དང་ལྡན་ཆུ་བོའི་ན་ཆུང་བེར་བིན་ཏྲ་ནི་ཁྱོད་ནི་ལམ་ན་མངོན་བཞུགས་ནས། །དགའ་མ་རྣམས་ཀྱིས་མཛའ་བོ་རྣམས་ལ་རོལ་སྨེག་ཐོག་མར་སྟོན་ཅིང་སྐེད་རྒྱུན་འགྲོལ་འདྲ་མཐོང་། །

རླབས་ཀྱི་ཕྲེང་བ་ཆལ་ཆིལ་གཡོ་བ་དང་ལྡན་ལ་སྒྲ་སྙན་པར་སྒྲོགས་ཤིང་འདབ་ཆགས་སྣ་ཚོགས་ཕྲེང་བསྟར་བའི་སྐེད་རྒྱུན་སྐ་རགས་ཀྱི་སྒྲ་སིལ་སིལ་སྒྲོག་པ་ཅན། ད་ཅང་དལ་གྱིས་དལ་གྱིས་འགྲོ་ཞིང་འབབ་པའི་ལང་ལིང་སྟེ་འབྱུར་དུ་ཐོན་པའི་སྐལ་བཟང་འཁོར་ལོ་སྟེ་གཡུང་དྲུང་གི་ལྟེ་བ་དང་ལྡན་པ། རོ་མཆོག་དང་ལྡན་པའི་ཆུ་བོའི་ན་ཆུང་བེཏྲ་ཞེས་པ་ནི་ཁྱོད་ཀྱི་ལམ་ན་མངོན་པར་བཞུགས་ནས། དགའ་མ་རྣམས་ཀྱིས་རང་གི་མཛའ་བོ་རྣམས་ལ་རོལ་ཅིང་སྨེག་པའི་ཉམས་ཐོག་མར་སྟོན་པར་བྱེད་པ་སྟེ་ཐེངས་དང་པོ་དགའ་བའི་དགའ་སྟོན་ལ་རོལ་བའི་སྐབས་ཀྱི་རོལ་སྨེག་གི་ཉམས་དུ་མ་བྱེད་ཅིང་སྐེད་རྒྱུན་སྐ་རགས་འགྲོལ་བ་རང་དགར་དོར་བ་འདྲ་བ་དེ་ཁྱོད་ཀྱིས་མཐོང་བར་འགྱུར་རོ། །ཞེས་སོ། །

དེ་བརྒལ་སིནྡྷུའི་ཆུ་ནི་ལན་བུ་བཞིན་དུ་ལུས་ནི་རབ་ཏུ་ཕྲ་བར་གྱུར་པ་ཅན། །ངོགས་སུ་སྐྱེས་པའི་ཤིང་ནི་རྙིངས་པའི་འདབ་མ་ལྷུང་བ་རྣམས་ཀྱིས་ཁྲབ་པར་བསྒྲིབས་པས་དཀར། །ཀྭ་ཡེ་སྐལ་བཟང་ཁྱོད་དང་བྲལ་བར་གནས་པས་ལུས་ཀྱི་གནས་སྐབས་འདི་འདྲར་གྱུར། །གང་གི་ཚད་མ་ཐུབས་ནས་ཚེ་བའི་གནས་སྐབས་མཛད་དམ་ཁྱོད་མཁྱེན་དེ་ནི་ཟད་པར་བྱེད། །

ཆུ་བོ་དེ་བརྒལ་རྗེས་སིནྡྷུའི་ཆུ་བོ་ནི་སྤྲིན་ཁྱོད་དང་མ་འཕྲད་པས་ལུས་ནི་རབ་ཏུ་སྐམ་སྟེ་ཕྲ་བར་གྱུར་པའི་བདག་ཉིད་ཅན། ཆུ་དེའི་འགྲམ་ངོགས་སུ་སྐྱེས་པའི་ཤིང་དག་ནི་བརླན

དང་བྲལ་བས་རྙིང་བའི་འདབ་མ་ས་ལ་ལྷུང་བ་རྣམས་ཀྱིས་ཡོངས་སུ་ཁྱབ་པར་བསྒྲིབས་པས་མདངས་དཀར་པོར་གྱུར་ཏོ། །ཀཱ་ཡེ་སྐལ་བ་བཟང་པོ་དང་ལྡན་པ་ཁྱོད་དང་བྲལ་བར་ཡུན་རིང་དུ་གནས་པས་དེ་དག་གི་ལུས་ཀྱི་གནས་སྐབས་ཉམ་ཐག་པ་འདི་འདྲར་གྱུར་པས་ན། གང་གིས་ཚུང་མ་ཕོ་མོ་སྤྱངས་ནས་ཆེ་བའི་གནས་སྐབས་དེ་ཆེ་བའི་བརྟུལ་ཞུགས་མཛད་དམ་ཡང་ན་མཛའ་བའི་རྣམ་འགྱུར་སྟོན་པ་ཅི་བྱེད་ཀྱང་ཁྱོད་མཁྱེན་ཅེས་པའི་ཚིག་དེ་ནི་སིཛྙས་ཁྱོད་ལ་རྗོད་པར་བྱེད་དོ། །ཞེས་སོ། །

ཨ་ལཀྐཱའི་ཡུལ་ཐོག་ནས་ཨུ་ད་ཡ་ནའི་གཏམ་ནི་གྲོང་གི་རྒན་མོས་ཤེས་པ་ཡོད། །དེ་རྗེས་གྲོང་ཁྱེར་སྤར་བསྟན་ཁང་བཟང་ཡངས་ཤིང་དཔལ་དང་ཕྱུག་ཚོགས་ཆེ་ལྡན་ཡངས་པ་ཅན། །འཛམ་གླིང་ས་གཞིར་མཐོ་རིས་མཛེས་ལྡན་དུམ་བུ་བསོད་ནམས་ལྷག་མ་རྣམས་ཀྱིས་སྐབས་གསུམ་པའི། །ལེགས་བཤད་འབྲས་བུར་གྱུར་པ་ཅུང་ཤས་འགའ་ཞིག་དག་ནི་ཕྲོགས་ནས་འོངས་པར་གྱུར་པ་བཞིན། །

ཨ་ལཀྐཱ་ཞེས་པའི་ཡུལ་དེར་དར་ཅིག་ཐོག་ནས་གསོན་དང་དེ་ན་རྒྱལ་པོ་ཨུ་ད་ཡ་ན་བཙུན་མོ་ཨ་ཝན་ཏི་ཞེས་པ་ལ་ཆགས་ནས་རྒྱལ་སྲིད་ཀྱི་བྱ་བ་ལ་གཡེལ་བའི་གཏམ་རྒྱུད་གྲོང་གི་རྒན་མོས་ཀྱང་ཤེས་པ་ཞིག་ཡོད་ལ། དེའི་རྗེས་སུ་གྲོང་ཁྱེར་སྤར་བསྟན་པའི་ཨུ་ཛྫ་ན་ཞེས་པར་ཁང་བཟང་ཡངས་ཤིང་བསོད་ནམས་ཀྱི་དཔལ་དང་ཕྱུག་ཚོགས་སྣ་བཞིའི་ཆེ་བ་དང་ལྡན་པ་རྒྱ་ཁྱོན་ཏ་ཅང་ཡངས་པ་ཅན་ནི་འཛམ་བུ་གླིང་གི་ས་གཞིར་མཐོ་རིས་ལྷའི་སྐྱིད་མོས་ཚལ་སོགས་མཛེས་པ་དང་ལྡན་པའི་དུམ་བུ་ཞིག་སྔོན་བསོད་ནམས་བསགས་པའི་ལྷག་མ་རྣམས་ཀྱིས་སྐབས་གསུམ་པའི་ཕྱུག་ཚོགས་རྣམས་ལས། ལེགས་བཤད་འབྲས་བུར་གྱུར་པ་སྟེ་བསྔགས་བརྗོད་ཀྱི་འོས་སུ་གྱུར་པ་ཅུང་ཤས་འགའ་ཞིག་དག་ནི་ཕྲོགས་ནས་འོངས་པར་གྱུར་པ་བཞིན་ནོ། །ཞེས་སོ། །

གང་དུ་བཞད་རྣམས་རྒྱས་པའི་གདངས་སྙན་ཆེ་བར་སྒྲོག་ཅིང་

ཡིད་འོང་སྒྲ་ནི་གསལ་བར་བྱེད། །ཉི་གཞོན་གྱིས་རྒྱས་ཆུ་སྐྱེས་དྲི་བཟང་དགའ་སྐྱེད་བསྐྱ་བའི་རོ་ལྡན་ཡིད་དུ་འོང་གྱུར་ཅིང་། །ཆུ་ཐིགས་ཀྱིས་ཟན་དྲི་བཙོན་བུད་མེད་ཆགས་གཟིར་གདུང་བ་འཕྲོག་བྱེད་ལུས་ཀྱི་རྗེས་མཐུན་པ། །བདག་པོ་མཆོག་ནི་འདོད་དོན་གཉེར་བར་བྱེད་ལ་སླན་པར་སྒྲོག་ཅིང་དགའ་བ་བྱེད་པ་བཞིན། །

ཆུའི་ངོགས་གང་དུ་བཞད་རྣམས་དགའ་བས་སྨྱོས་པའི་གདངས་སླན་ཆེ་བར་སྒྲོག་པར་བྱེད་ཅིང་ཡིད་དུ་འོང་བར་བྱེད་པའི་སྒྲ་ནི་རྒྱང་རིང་ནས་གསལ་བར་ཐོས་པར་བྱེད་ལ། ཉི་གཞོན་གྱིས་རྒྱས་པར་བྱས་པའི་ཆུ་སྐྱེས་པདྨ་རྣམས་ལས་དྲི་བཟང་པོས་ཀུན་དགའ་བ་སྐྱེད་པར་བྱེད་ཅིང་པད་རྫ་སོགས་མང་བས་ཆུ་ནི་ཙུང་ཟད་བསྐྱ་བའི་རོ་དང་ལྡན་པ་དག་ཀྱང་ཡིད་དུ་འོང་བའི་ཚུལ་གྱིས་འབབ་པར་གྱུར་ཅིང་། ཆུ་ཐིགས་ཟན་པ་སྐྱེ་བརྟན་གྱིས་བཟུང་བའི་དྲི་བཙོན་ཡང་བུད་མེད་ཆགས་པས་གཟིར་བའི་གདུང་བ་འཕྲོག་པར་བྱེད་ཆེད་ལུས་ཀྱི་རྗེས་སུ་མཐུན་པ་སྟེ་ལུས་ལ་བདེ་བ་རྒྱས་པར་བྱེད་པ་སོགས་ནི། བདག་པོ་མཆོག་སྟེ་ཕྱུ་བོ་བཟང་པོ་ཞིག་གིས་ནི་འདོད་པ་དོན་དུ་གཉེར་བར་བྱེད་པའི་མཛའ་མོ་ལ་ཚིག་སླན་པར་སྒྲོག་ཅིང་ཆགས་པ་འཕེལ་བའི་རྣམ་འགྱུར་སྣ་ཚོགས་བསྟན་ནས་བུད་མེད་དེའི་ཡིད་དགའ་བར་བྱེད་པ་བཞིན་ནོ། །ཞེས་སོ། །

དེ་ཡི་ནོར་ལྡན་ཁང་བ་རྣམས་ན་ལན་བུ་སྤྲོས་ཀྱིས་བདུགས་པའི་དྲི་བཟང་དུ་བ་ནས། །ཐོན་པས་ཁྲོད་ལུས་ཆེར་འཕྱུར་ཁྲིམ་གྱི་གཙུག་ཕུད་ཅན་ནི་དགའ་བས་གཉེན་མཐོང་གར་གྱིས་ནི། །མཆོད་འབུལ་ཆུ་སྐྱེས་དྲི་བཟང་ལྡན་པ་བུད་མེད་རོལ་སྙེག་ལྡན་པའི་ཕང་བའི་ཚོན་རྣམས་ཀྱིས། །མཆན་པ་རྣམས་ཀྱི་དབུས་སུ་ལམ་གྱིས་དབབ་པར་གྱུར་པའི་རང་ཉིད་སྡུག་བསྔལ་བསལ་བར་བྱ། །

སྐྱེད་ཚལ་དེ་ཡི་ནོར་དང་ལྡན་པའི་ཁྲིམ་གྱི་ཁང་བ་རྣམས་ན་བུད་མེད་མཛེས་མའི་

སྐྲའི་ལན་བུ་སྦྱོར་གྱིས་བདུགས་པའི་དྲི་མ་བཟང་པོ་དང་ལྡན་པ་དྲ་བ་ནས། གསར་དུ་ཕྱེར་ཐོན་པས་ཁྱོད་ཀྱི་ལུས་ཆེར་འགྱུར་ཞིང་ཁྱིམ་གྱི་གཙུག་ཕུད་ཅན་རྨ་བྱ་རྣམས་ནི་ཡིད་མཆོག་ཏུ་དགའ་བས་གཉེན་གྱི་དམ་པ་ཁྱོད་མཐོང་ནས་ཡིད་དུ་འོང་བའི་གར་སྣ་ཚོགས་ཀྱིས་ནི། ཁྱོད་དགའ་བ་སྐྱེད་པའི་མཆོད་པ་འབུལ་བར་བྱེད་ཅིང་ཆུ་སྐྱེས་དྲི་བཟང་པོ་དང་ལྡན་པ་དང་བུད་མེད་གཞོན་ནུ་མ་མཛེས་པའི་རོལ་ཅིང་སྙེག་པའི་རྐང་བའི་ཚོན་དམར་པོ་རྣམས་ཀྱིས་མཚན་པ་སྟེ་རྗེས་བཞག་པའི་ཁང་བཟང་གི་དབུས་སུ་རྒྱུད་རིང་བའི་ལམ་གྱིས་ངལ་ཞིང་དུབ་པར་གྱུར་པའི་སྡུག་བསྔལ་བསལ་བར་བྱ་ལ་གནས་པར་མཛོད་ཅིག །ཅེས་སོ། །

ཡང་ནི་སྲིད་པ་གསུམ་གྱི་ལྷ་མ་དཔལ་མགྲིན་གནས་སུ་བསོད་ནམས་ལྡན་ཁྱོད་བགྲོད་པར་བྱ། །འཁོར་གྱི་ཚོགས་ཀྱིས་ཁྲབ་བདག་མགྲིན་འོད་མཚུངས་བཞིན་ཞེས་ནི་གུས་དང་བཅས་པས་ལྟ་བར་བྱེད། །ཡིད་འོང་དྲི་ལྡན་ཆུ་ལ་ལང་ཚོ་མ་རྣམས་རོལ་སྙེག་ཁྲུས་ནི་བྱེད་པའི་དྲི་ལྡང་ཞིང་། །ཨུཏྤལ་གེ་སར་ལྡན་པའི་དྲི་རྣམས་ཀྱིས་བསྐོས་རླུང་གིས་སྐྱེད་ཚལ་གཡོ་བར་བྱེད་པ་ཡོད། །

ཡང་ན་ནི་ས་འོག་ས་སྟེང་ས་བླའི་སྲིད་པ་གསུམ་གྱི་ལྷ་མ་དཔལ་གྱི་མགྲིན་པ་ཅན་དབང་ཕྱུག་ཆེན་པོའི་གནས་སུ་བསོད་ནམས་ལྡན་པ་ཁྱོད་བགྲོད་པར་བྱའོ། །དེ་ན་དབང་ཕྱུག་གི་འཁོར་ཆེན་པོའི་འཁོར་གྱི་ཚོགས་ཀྱིས་སྟོད་བཙུད་ཀུན་ལ་ཁྱབ་ཅིང་དེ་དག་གི་བདག་པོ་དབང་ཕྱུག་ཆེན་པོའི་མགྲིན་པའི་འོད་དང་མཚུངས་ཞེས་ནི་གུས་པ་དང་བཅས་པས་ཁྱོད་ལ་ལྟ་བར་བྱེད། ཡིད་དུ་འོང་བའི་དྲི་བཟང་ལྡན་པའི་ཆུ་ལ་ལང་ཚོ་མ་རྣམས་རོལ་སྙེག་ཉམས་ཀྱིས་ཁྲུས་ནི་ལེགས་པར་བྱེད་པའི་དྲི་ངད་ལྡང་ཞིང་། ཨུཏྤལ་གེ་སར་མཛེས་པ་དང་ལྡན་པའི་དྲི་བཟང་པོ་རྣམས་ཀྱིས་བསྒོས་པའི་རླུང་གིས་སྐྱེད་མོས་ཚལ་གཡོ་བར་བྱེད་པའང་དེ་ན་ཡོད་དོ། །ཞེས་སོ། །

ཀཱ་ཡེ་ཆུ་འཛིན་ནག་པོ་ཆེན་པོའི་གནས་སུ་བགྲོད་ནས་ཉིན་ཞག

གཞན་པའི་དུས་ལ་ཡང་། །ཉིན་མོར་བྱེད་པ་འདྲེན་བྱེད་ཡུལ་དུ་འོངས་པར་གྱུར་གྱི་བར་དུ་ཁྱོད་ནི་གནས་པར་མཛོད། །རྩེ་གསུམ་ཅན་ལ་ཐུན་མཚམས་ལ་ནི་གཏོར་མ་རྔ་ཆེན་བསྒྲགས་ཤིང་བསྟོད་དབྱངས་བྱེད་པ་བཞིན། །ཁྱོད་ཀྱིས་འབྲུག་དབྱངས་བསྒྲགས་ཚེ་མ་ཚང་མེད་པའི་འབྲས་བུ་ཐོབ་པས་ཀུན་གྱི་དོན་ཡང་བྱེད། །

ཀཱ་ལི་ཆུ་འཛིན་ཁྱོད་ཉིད་ནག་པོ་ཆེན་པོ་དབང་ཕྱུག་གི་གནས་སུ་བགྲོད་པར་བྱས་ནས་ཉིན་ཞག་གཞན་པའི་དུས་ཏེ་ཕྱིན་ཉིན་ལ་ཡང་། ཉིན་མོར་བྱེད་པ་འདྲེན་བྱེད་ཀྱི་ཡུལ་དུ་འོངས་པར་གྱུར་གྱི་བར་དུ་ཁྱོད་ནི་གནས་དེར་གནས་པར་མཛོད་ཅིག ལྷ་རྩེ་གསུམ་ཅན་ལ་ཐུན་མཚམས་ཀྱི་དུས་ལ་ནི་གཏོར་མ་འབུལ་བའི་རྔ་ཆེན་བསྒྲགས་ཤིང་བསྟོད་དབྱངས་འབུལ་བར་བྱེད་པ་བཞིན་དུ། ཁྱོད་ཀྱིས་འབྲུག་སྒྲའི་དབྱངས་སྙན་བསྒྲགས་པར་བྱས་ཚེ་མ་ཚང་མེད་པའི་དངོས་གྲུབ་ཀྱི་འབྲས་བུ་ཐོབ་པར་འགྱུར་བས་ལྷ་ཆེན་པོ་ལ་བསྟོད་ཅིང་མཆོད་པ་བྱེད་པ་ཀུན་གྱི་དོན་ཡང་ཁྱོད་ཀྱིས་བྱེད་པར་འགྱུར་རོ། །ཞེས་སོ། །

དེ་ནས་རྐང་བ་བགོད་པར་གྱུར་ཚེ་འོག་པག་དག་ལས་སིལ་སིལ་སྙན་པའི་སྒྲ་འབྱུང་ཞིང་། །རོལ་སྙེག་གཡོ་བའི་རིན་ཆེན་འོད་འཕྲོས་ལུས་མཛེས་རྔ་ཡབ་འཛིན་པའི་ངལ་བའི་ལག་པ་ཅན། །ཚོགས་ཀྱི་མཛེས་མ་སེན་རྗེས་གསར་བས་གདུངས་ལ་ཁྱོད་ལས་ཆར་ཐིགས་ཐོབ་ན་ཚིམ་བྱེད་པ། །ཁྱོད་ལ་སྙིང་རྗེ་བྱེད་པའི་ཕྲེང་བ་བཞིན་དུ་གཡོ་བའི་ཟུར་མིག་རིང་བ་དག་གིས་བལྟ་བར་འགྱུར། །

དེ་ནས་ཡུལ་གཞན་དུ་རྐང་བ་བགོད་པར་གྱུར་ཚེ་རིན་ཆེན་འོག་པག་དག་ལས་སིལ་སིལ་གྱི་སྙན་པའི་སྒྲ་འབྱུང་བར་འགྱུར་ཞིང་། རོལ་ཅིང་སྙེག་པའི་སྟབས་ཀྱིས་གཡོ་བར་བྱས་པའི་རིན་ཆེན་གྱི་རྒྱན་ཆ་རྣམས་ལས་འོད་སྣང་འཕྲོས་པས་ལུས་མཆོག་ཏུ་མཛེས་པ་རྔ་ཡབ་འཛིན་པས་ངལ་བའི་ལག་པ་ཅན་ཏེ་རྔ་ཡབ་གཡོབ་པ་ལ་བྲེལ་བ་ཅན། སྐྱེ་བོའི་ཚོགས་ཀྱི་

དབུས་སུ་མཛེས་མ་སྐྱེས་པ་གཞན་དང་དགའ་མགུར་སྤྱོད་པའི་སེན་རྗེས་གསར་བས་གདུངས་པ་དག་ལ་ཁྱོད་ལས་ཆར་གྱི་ཐིགས་པ་ཐོབ་ན་དགའ་བས་ཚོམ་པར་བྱེད་པ་དང་། ཁྱོད་ལ་སྨྲང་རྩེའི་ཟས་སུ་བྱེད་པ་བྱུང་བའི་ཕྲེང་བསྟར་བ་བཞིན་དུ་གཡོ་བའི་ཟུར་མིག་དཀྱུས་རིང་བ་དག་གིས་དགའ་བཞིན་བལྟ་བར་འགྱུར་རོ། །ཞེས་སོ། །

ཕྱུགས་བདག་སྣང་ཆེན་ཕྲུགས་རྣོན་འདོད་བཞིན་ཀྱུན་ནས་གར་ནི་རྩོམ་པ་འཁྲོག་པར་སྒྱུར་པ་བཞིན། །ཁྱོད་འོངས་ལྷ་དྲོའི་ཁྲུན་མཚམས་ཉི་གཞོན་དམར་བའི་འོད་ཀྱིས་དམར་བའི་ཆུ་སྐྱེས་འཛིན་བྱེད་ཅིང་། །རྒྱབ་ནས་མཐོ་བའི་ལག་པ་ཟླུམ་པོའི་ནགས་ཀྱི་ཤིང་ཆེན་དག་གིས་བརྒྱངས་ནས་འཛིན་ཅིང་གནས། །ཞི་བའི་ཆར་རྒྱུན་འབབ་ཚེ་རི་ཡི་སྲས་མོས་གཡོ་མེད་མིག་གིས་གུས་པས་ལྟ་བར་བྱེད། །

ཕྱུགས་བདག་སྟེ་ལྷ་ཆེན་པོ་ཁྲབ་འཇུག་གིས་སླང་ཆེན་པགས་པ་རློན་པ་ཅི་འདོད་ཀྱུན་འདོད་པའི་གློས་གར་ལ་ནི་རྩོམ་པ་དེ་ཉིད་འཁྲོགས་པར་སྒྱུར་པ་བཞིན་དུ། ཁྱོད་འོངས་པས་ལྷ་དྲོའི་ཁྲུན་མཚམས་དེ་ཉིད་དུ་ཉི་གཞོན་དམར་པོའི་འོད་ཀྱིས་དམར་པོའི་ཆུ་སྐྱེས་ཀྱི་མདངས་འཛིན་པར་བྱེད་ཅིང་། དེའི་རྒྱབ་ནས་ཤིན་ཏུ་མཐོ་བའི་ལག་པ་ཟླུམ་པོའི་ནགས་ཀྱི་ལྗོན་ཤིང་ཆེན་པོ་དག་གིས་བརྒྱངས་ནས་འཛིན་པར་བྱེད་ཅིང་གནས་ལ། ཞི་བའི་ཆར་རྒྱུན་འབབ་པར་བྱེད་ཚེ་རི་ཡི་སྲས་མོ་སྟེ་རི་སྐྱེས་ལྗོན་པ་རྣམས་ཀྱིས་གཡོ་བ་མེད་པའི་མིག་གིས་གུས་པས་ཁྱོད་ལ་ལྟ་བར་བྱེད་དོ། །ཞེས་སོ། །

དེ་ན་བདག་པོའི་གནས་སུ་མཆོག་གི་བཙུན་མོ་རྣམས་ནི་རབ་དགའ་སྐྱེག་པར་བྱེད་པ་ན། །མཚན་མོའི་མུན་པ་སྟུག་པོ་རྣམས་ཀྱིས་མི་ཡི་བདག་པོའི་ལམ་གྱི་སྣང་བ་འགོག་བྱེད་པས། །ཁྱོད་ཀྱི་གློག་འོད་གསེར་མདོག་འོད་ཀྱིས་སྣང་བས་ས་གཞིའི་ལམ་ནི་ཀུན་ནས་བསྟན་པར་མཛོད། །ཆུ་ཆར་འབྲུག་དབྱངས་སྒྲ་ཆེན་མང་པོ་མ་བྱེད་མཛེས་མ་དེ་

རྣམས་སྐྲག་ཅིང་འཆི་བར་འགྱུར། །

དེ་ན་བདག་པོའི་གནས་སུ་སྐྱེ་རྒྱལ་པོའི་ཕོ་བྲང་དུ་མཆོག་གི་བཙུན་མོ་རྣམས་ནི་རབ་ཏུ་དགའ་བ་སྐྱེག་པར་བྱེད་པ་སྐྱེ་རེ་བ་ན། མཚན་མོའི་མུན་པ་སྟུག་པོ་རྣམས་ཀྱིས་མི་ཡི་བདག་པོའི་ལམ་སྣང་བ་ལ་བསམ་ནག་བྱས་པ་བཞིན་དུ་ཆེད་དུ་འགོག་པར་བྱེད་པས། ཁྱོད་ཀྱི་གློག་འོད་གསེར་མདོག་གི་སྣང་བའི་འོད་ཀྱིས་སྣང་བར་བྱས་པས་རྒྱལ་པོ་དེ་ཉིད་འགྲོ་སའི་ས་གཞིའི་ལམ་ནི་ཀུན་ནས་བསྟན་པར་མཛོད་ཅིག ཆུ་ཆར་དྲག་པོ་དང་འབྲུག་གི་དབྱངས་ཀྱི་སྒྲ་ཆེན་པོ་མང་པོ་མ་བྱེད་ཅིག གལ་ཏེ་དེ་ལྟར་བྱས་ན་མཛེས་མ་དེ་དག་སྐྲག་ཅིང་འཇིགས་ཏེ་འཆི་བའི་དུས་བྱེད་པར་འགྱུར་རོ། །ཞེས་སོ། །

དེ་རྣམས་ཀྱིས་ནི་ཁང་བཟང་ཕུག་རོན་ཉལ་ས་སྟེང་གི་རྒྱ་ཕིབས་འགའ་ཞིག་དག་ཏུ་ནི། །ཡུན་རིང་འོངས་ལས་དུབ་པའི་རང་གི་དགའ་མ་གློག་མའི་དོན་དུ་མཚན་མོ་གནས་བྱས་ནས། །ཉི་མ་མཐོང་ཚེ་སྐྱར་ཡང་ཁྱོད་ནི་ལྷག་མའི་ལམ་དག་ཤིན་ཏུ་མགྱོགས་པས་བགྲོད་པར་བྱ། །གང་ཕྱིར་སྙིང་གྲོགས་དག་ནི་དོན་དུ་འབད་པ་བྱས་པ་ངེས་པར་བྱ་བ་བྱས་པ་ཉིད། །

བགྱི་བ་དེ་རྣམས་ཀྱི་ནི་ཁང་བཟང་གི་ཕུག་རོན་ཁྱུ་ཤུག་རྣམས་ཀྱི་ཉལ་ས་བྱེད་སའི་སྟེང་གི་རྒྱ་ཕིབས་འགའ་ཞིག་གི་ཐོག་ཏུ་ནི། ཡུན་རིང་པོར་འོང་བ་ལས་ངལ་ཞིང་དུབ་པར་གྱུར་པའི་རང་གི་དགའ་མ་གློག་མའི་དོན་དུ་མཚན་མོ་ངལ་གསོས་ཏེ་གནས་པར་བྱས་ནས། ཕྱི་ཉིན་ཉི་མ་མཐོང་བའི་ཚེ་ན་ཁྱོད་ནི་སྐྱར་ཡང་སོང་མ་ཚར་བའི་ལྷག་མའི་ལམ་དག་ལ་ཤིན་ཏུ་མགྱོགས་པས་བགྲོད་པར་བྱ་སྟེ། གང་གི་ཕྱིར་ན་སྙིང་གྲོགས་དག་གི་དོན་དུ་འབད་པ་བྱས་པ་ནི་ངེས་པར་བྱེད་འོས་པའི་བྱ་བ་བྱས་པ་ཉིད་ཡིན་པས་སོ། །ཞེས་སོ། །

དེ་ཡི་དུས་སུ་ཉིན་མོར་བྱེད་པའི་ལམ་ནི་ངོར་ནས་དེ་ནས་མྱུར་ཏུ་འགྲོ་བར་བྱ། །འོད་ཟེར་རབ་ཏུ་འཕྲོ་བ་བསྒྲིབས་ན་ཁྲོ་བ་ཆུང་བ་མིན་

པ་ཁྱོད་ལ་བྱེད་པར་འགྱུར། །མཚན་མོ་བདག་པོ་སོང་བའི་བུད་མེད་མིག་གི་མཆི་མ་སེལ་ལ་བདག་པོ་འོང་བ་བཞིན། །པདྨའི་ཡུམ་གྱི་ཚ་སྐྱེས་གདོང་གི་མིག་ཆུ་དེ་ཡང་རབ་ཏུ་སེལ་བར་བྱེད་པར་འགྱུར། །

ཁྱོད་ལམ་དུ་ཞུགས་པ་དེ་ཡི་དུས་སུ་ཉིན་མོར་བྱེད་པའི་ལམ་ནི་དོར་བར་བྱས་ནས་དེ་ནས་མྱུར་དུ་འགྲོ་བར་བྱ་རིགས་ཏེ། གལ་ཏེ་ཁྱོད་ཉིན་མོར་སོང་ནས་ཉི་མའི་འོད་ཟེར་རབ་ཏུ་འཕྲོ་བ་བསྒྲིབས་པར་བྱས་ན་སྐྱེ་དངོས་ཀུན་གྱིས་ཁྲོ་བ་ཆུང་བ་མིན་པ་ཁྱོད་ལ་བྱེད་པར་འགྱུར་ཞིང་། མཚན་མོ་སོང་ན་བདག་པོ་གཞན་དུ་སོང་བའི་ཁྱིམ་ན་གཅིག་པུར་གནས་པའི་བུད་མེད་ཀྱི་མིག་གི་མཆི་མ་སེལ་བར་བྱེད་པ་ལ་བདག་པོ་འོངས་པ་བཞིན་དང་། མཚན་མོ་ཉི་འོད་དང་བྲལ་བའི་པདྨའི་ཡུམ་སྟེ་པདྨ་སྒེག་མོ་ཆུ་ལས་སྐྱེས་པའི་གདོང་གི་མིག་ཆུ་དེ་ཡང་རབ་ཏུ་སེལ་བར་བྱེད་པར་འགྱུར་རོ། །ཞེས་སོ། །

རབ་ཏུ་དང་བའི་སེམས་བཞིན་ཤིན་ཏུ་ཟབ་མོ་དང་ལྡན་མཚོ་ཡི་ཆུ་ཡི་ནང་དུ་ནི། །ཁྱོད་ཀྱི་གཟུགས་བརྙན་ཡང་ནི་རང་བཞིན་བསྐལ་བ་བཟང་པོ་བདག་ཉིད་འཆར་བ་ཐོབ་པར་འགྱུར། །དེ་སྐད་དེ་ཡི་ཀུ་མུ་ཏ་ནི་དཀར་པོ་རྣམས་ཀྱིས་ཁྱོད་ལ་བཀུར་བསྟི་བསྙེན་བཀུར་བྱེད། །བརྟགས་པས་དོན་ཡོད་བྱ་བའི་ཆེད་དུ་གཡོ་ལྡན་གྱེན་དུ་འཕར་ཞིང་ལྟ་བར་བྱེད། །

བདག་གི་རབ་ཏུ་དང་བའི་སེམས་ལ་མཛའ་གྲོགས་ཀྱི་སྣང་བརྙན་འཆར་བ་བཞིན་དུ་གཏིང་ཟབ་མོ་དང་ལྡན་པའི་རྒྱ་མཚོ་ཡི་ཆུ་ཡི་ནང་དུ་ནི། ཁྱེད་ཀྱི་མཛེས་སྡུག་གི་གཟུགས་བརྙན་ཡང་ནི་རང་བཞིན་དང་སྐལ་བ་བཟང་པོ་དང་ལྡན་པའི་བདག་ཉིད་ཅན་འཆར་བ་ལེགས་པར་ཐོབ་པར་འགྱུར་ལ། དེ་ཡི་སྐད་དུ་མཚོ་དེ་ཡི་འགྲམ་གྱི་མེ་ཏོག་ཀུ་མུ་ཏ་དཀར་པོ་རྣམས་ཀྱིས་ཁྱེད་ལ་བཀུར་བསྟི་དང་བསྙེན་བཀུར་བྱེད་ཅིང་། བརྟགས་པས་དོན་ཡོད་བྱ་བའི་ཆེད་དུ་སྟེ་ཡུན་རིང་དུ་ཁྱོད་སེམས་ཤིང་དེ་ལྟར་བྱས་པ་དོན་དང་ལྡན་པའི་ཆེད་དུ

ཀླབས་ལ་བརྟེན་ནས་གཡོ་བར་བྱེད་པ་དང་ལྡན་པའི་ཉ་རྣམས་ཀྱིས་གྱེན་དུ་འཕར་ཞིང་ལྟ་བར་བྱེད་དོ། །ཞེས་སོ། །

དེ་ཡི་རྒྱུ་གོས་སྔོན་པོས་རྒྱ་ཡི་ངོགས་ཀྱི་ཚིང་ར་འཁྲིགས་པར་བྱས་ཏེ་སྤྲངས་པ་ན། །མ་འཁྲིག་ཅེས་ནི་ཤིང་ཆེན་ཡལ་གའི་ལག་པ་དག་གིས་དབུས་སུ་རྟུང་ཟད་འཛིན་པ་བཞིན། །ཀུ་ཡེ་གྲོགས་པོ་རྒྱ་འབྱུང་སྐྱོ་ཁེངས་འཕྱེད་རྟེན་འགྲོ་བར་ནུས་པ་ཡང་ནི་ཇི་ལྟར་ཡིན། །མཛེས་མའི་མདུན་སྒྲིམ་མཛེས་པའི་བྲོ་བ་ཤེས་ན་ཇི་ལྟར་འདོར་བའི་ནུས་པ་ཡོད་པ་ཡིན། །

དེ་ཡི་རྒྱུ་གོས་སྔོན་པོ་སྐྱེ་མཚོ་དེ་ཡི་མདངས་སྔོན་པོས་རྒྱ་ངོགས་ཀྱི་ཚང་ར་འཁྲིག་པར་བྱས་ཏེ་སྤྲངས་ཞེས་པ་སྐྱེ་རྒྱུ་སྐམ་ནས་རྒྱུ་འགྲམ་གསལ་བར་མངོན་པ་ན། མ་འཁྲིག་ཅེས་ནི་སྔོན་ཤིང་ཆེན་པོའི་ཡལ་གའི་ལག་པ་དག་གིས་དབུས་སུ་རྟུང་ཟད་འཛིན་པ་བཞིན་ཏེ་སྔོན་ཤིང་གི་དབུས་སུ་བསྣུན་རྟུང་ཟད་ཡོད་པའམ་རྒྱུ་རྟུང་ཟད་ཡོད་པའི་དོན་ནོ། །ཀུ་ཡེ་གྲོགས་པོ་ཁྱོད་འདི་འདྲའི་བརྡ་དང་ཚང་ར་གསལ་བར་ཕྱི་རུ་མངོན་པ་ལ་ཆགས་ནས་རྒྱུ་འབྱུངས་ཏེ་སྐྱོ་བ་ཁེངས་པ་དེ་ལ་འཕྱེད་ནས་ལུས་ལ་གོས་མེད་པ་རྗེན་པའི་རྒྱུ་འགྲམ་དུ་དེ་ལྟར་འགྲོ་བ་ཡང་ནི་ཇི་ལྟར་ཡིན་ནམ། འོན་ཀྱང་མཛེས་མའི་མདུན་སྒྲིམ་མཛེས་པ་ལ་རེག་པའི་བྲོ་བ་ཤེས་ན་ཇི་ལྟར་གོས་འདོར་བ་རྗེན་པར་དམར་ཧྲེང་དུ་འགྲོ་སོགས་ནུས་པ་ཡོད་པ་ཡིན་ནོ། །ཞེས་སོ། །

ཁྱོད་ནི་དེ་བའི་རི་ལས་ཉེ་བར་འགྲོ་ཚེ་དལ་བུ་དལ་བུའི་རླུང་ནི་ལྡང་འགྱུར་ཞིང་། །བསིལ་བའི་རླུང་གིས་བསྐོས་པའི་ཨུ་དུམ་ཝ་རའི་ནགས་ཀྱི་འབྲས་བུ་འཆང་ཞིང་རོལ་རྩེད་བྱེད། །ཁྱེད་ཀྱིས་ཆར་ཆེན་ཕབ་པས་ནོར་འཛིན་མ་ཡི་དྲི་དང་རླངས་པ་གཙང་མ་ཚོགས་པ་ནི། །སོ་ལྡན་རྣམས་ཀྱི་སྣ་ཡིས་རྟུབ་ཅིང་བུ་གའི་ནང་དུ་བསྐལ་བཟང་ཀླུ་དབྱངས་

སྒྲོག་པར་བྱེད། །

ཁྱོད་ནི་དེ་ལྟ་བུའི་རི་དག་ལས་ཉེ་བར་འགྲོ་ཚེ་དལ་བུ་དལ་བུའི་རླུང་དག་ནི་ལྷང་བར་འགྱུར་ཞིང་། བསིལ་བའི་རླུང་གིས་བསྐོས་པའི་སྤྲིན་ཞིང་རྒྱས་པའི་ཨུ་དུམ་ཝ་རའི་ནགས་ཚལ་གྱི་འབྲས་བུ་འཚང་ཞིང་དགའ་བའི་རོལ་རྩེད་བྱེད་པར་འགྱུར་ལ། ཁྱོད་ཀྱིས་ཆར་ཆེན་པོ་ཕབ་པས་ནོར་འཛིན་དགའ་མ་ཡི་དྲི་བཟང་པོ་དང་རླངས་པ་རྩལ་གྱིས་མ་སྨྲགས་པ་གཙང་མ་མང་པོ་ཚོགས་པ་ནི། སོ་ལྷན་ཏེ་སླང་ཆེན་རྣམས་ཀྱི་སྣ་ཡིས་རྟུབ་ཅིང་སྣའི་བུ་ག་འི་ནང་དུ་བསྐལ་བ་བཟང་ཞེས་སླུ་དབྱངས་སྙན་མོ་སྒྲོག་པར་བྱེད་ཅིང་ཁྱོད་ལ་བསུ་བ་བྱེད་དོ། །ཞེས་སོ། །

དེར་ནི་སྐྱེ་མཆེད་ཉི་མ་ལས་ལྷག་གཟི་ལྡན་ཕྲེག་ཟ་ལས་སྐྱེས་སོན་དུ་ཕྱོགས་པ་ཅན། །གཙུག་ན་ཟླ་བའི་རིན་ཆེན་མང་གི་དམག་ཚོགས་བསྲུང་བའི་དོན་དུ་བསྐོས་པ་དེ་ནི་གནས། །ཁྱོད་ཀྱིས་མཁའ་ཡི་གཏྣའི་ཆུ་ལས་སྲིན་གྱི་མེ་ཏོག་གཤེར་བ་མང་པོ་རྣམས་ཀྱིས་ནི། །མེ་ཏོག་གྲུ་ཆར་བདག་ཉིད་ཕབ་པ་རྣམས་ཀྱིས་གང་ཞིག་དེ་ནི་ཁྲུས་ནི་བྱེད་པར་འགྱུར། །

དེར་ནི་སྐྱེ་མཆེད་ཉི་མ་ལས་ལྷག་པའི་གཟི་འོད་ལྡན་པའི་ཕྲེག་ཟ་སྟེ་མེ་ལས་སྐྱེས་ཤིང་སོན་དུ་ཕྱོགས་པ་ཅན་དེ་སྲོག་ཐོབ་པ་ཅན། ལྷ་ཆེན་པོ་གཙུག་ན་ཟླ་བའི་རིན་ཆེན་མང་གི་དམག་ཚོགས་བསྲུང་བར་བྱ་བའི་དོན་དུ་ཆེད་དུ་བསྐོས་པའི་ལྷའི་དམག་དཔོན་གཞོན་ནུ་གདོང་དྲུག་ཅེས་པ་དེ་ནི་གནས་པའི་ཡུལ་ཡོད་པས། ཁྱོད་ཀྱིས་མཁའ་ཡི་གཏྣའི་ཆུ་སྟེ་གཏྣའི་རླངས་པ་མཁའ་ལ་གནས་པ་དེ་ལས་བླངས་པའི་ཆུ་ལས་སྲིན་གྱི་མེ་ཏོག་སྟེ་ཁ་བ་གཤེར་བ་མང་པོ་རྣམས་ཀྱིས་ནི། མེ་ཏོག་དལ་བུར་འབབ་པའི་གྲུ་ཆར་གྱི་བདག་ཉིད་དུ་ཕབ་པ་རྣམས་ཀྱིས་གང་ཞིག་གཞོན་ནུ་གདོང་དྲུག་དེ་ཉིད་ལ་ནི་ཁྲུས་ནི་བྱེད་པ་བཞིན་དུ་འགྱུར་རོ། །ཞེས་སོ། །

གཙུག་ཕུད་ལྡན་དེ་ཆུ་འབབ་དགའ་བས་ཕྱིན་ནས་རི་གཟུངས་

སྣན་པའི་སྒྲ་སྒྲོགས་གར་དག་བྱེད། །མིག་བྲར་དཀར་བའི་ཟེར་གྱིས་འགྲོག་བྱེད་གཙུག་གི་ཟླ་བའི་འོད་ཀྱི་ཟེར་ནི་སྐྱེངས་བྱེད་ཀྱང་། །གང་གི་ཆེ་བའི་མཧྟག་སྒྲོ་མདངས་འོད་ཆོན་རྫས་བྲིས་བཞིན་མཛེས་པ་ལྷུང་བ་འོང་གྱུར་པ། །ཨུ་མས་སྲས་ནི་དགའ་བར་བྱེད་པ་ཚུ་སྐྱེས་འདབ་མ་བཞིན་དུ་རྣ་བར་བྱེད་པ་ཡོད། །

གདོང་དྲུག་གི་བཞོན་པ་གཙུག་ཕུད་ལྡན་པ་རྨ་བྱ་དེ་ཡིས་ཁྱོད་ལས་བབས་པའི་ཆུ་འཕྲུངས་པའི་དགའ་བས་ཕྱོགས་ཀུན་ཏུ་ཕྱིན་ནས་རི་བོ་གཟུངས་ཏེ་སྣན་ཞིང་འཇེབས་པའི་སྒྲ་སྒྲོགས་ཤིང་མོས་པའི་གར་དག་བྱེད་པར་འགྱུར་ལ། མིག་བྲར་ཁྱོད་ལ་གཏད་པའི་དཀར་བའི་འོད་ཟེར་གྱིས་ལྷ་ཆེན་པོ་འགྲོག་བྱེད་ཀྱི་གཙུག་གི་ཟླ་བའི་འོད་ཀྱི་ཟེར་ནི་སྐྱེངས་པར་བྱེད་ཀྱང་། རྨ་བྱ་གང་གི་མཆོག་ཏུ་ཆེ་བའི་མཧྟག་སྒྲོ་མདངས་འོད་བཟོ་བོ་མཁས་པས་ཆོན་རྫས་ཆེད་དུ་བྲིས་པ་བཞིན་དུ་མཛེས་པ་དེ་ཉིད་གར་བྱེད་པའི་ཚེ་ལྷུང་བ་ལག་ཏུ་འོང་བར་གྱུར་པ་དག་ནི། ལྷ་མོ་ཨུ་མས་རང་གི་སྲས་གཞོན་ནུ་གདོང་དྲུག་ནི་དགའ་བར་བྱེད་པ་ཡི་ཆེད་དུ་ཚུ་སྐྱེས་འདབ་མ་བསྒྲིགས་པ་བཞིན་དུ་བཅོས་ནས་རྣ་བར་རྒྱན་དུ་བྱེད་པ་ཡོད་དོ། །ཞེས་སོ། །

སྐྱུག་མའི་ཚལ་ནས་སྐྱེས་པའི་ལྷ་དེ་ཡང་དག་མཆོད་ནས་སླར་ཡང་ལམ་ནི་བརྒྱལ་བར་མཛོད། །གྲུབ་པའི་ཁྲོ་ཤུག་དག་གི་ལག་པའི་པི་ཝང་ཆུ་ཐིགས་བརྙན་ལ་འཇིགས་པས་ལམ་ནི་སྤེར། །ཁྱོད་ཀྱིས་མཐོང་བར་འགྱུར་བའི་ས་བདག་དགའ་བའི་ལྷ་ཡི་སྲས་པོ་ཆུ་གཏེར་གཟུགས་འཛིན་ནི། །ས་ཡི་གཞི་ལ་བྱུང་ཞིང་ལྷུང་བ་འདོད་འཛོའི་བུ་མོ་འོངས་ནས་མཆོད་པ་བྱེད་པར་འགྱུར། །

སྐྱུག་མའི་ཚལ་ནས་སྐྱེས་པའི་ལྷ་གདོང་དྲུག་གང་དེ་ཁྱོད་ཀྱིས་ཡང་དག་པར་མཆོད་ནས་སླར་ཡང་ལམ་ནི་བརྒྱལ་བར་མཛོད་ཅིག དྲང་སྲོང་གྲུབ་པའི་ཁྲོ་ཤུག་དག་གི་ལག་པའི་

པི་ཝང་ཆུ་ཐིགས་ཀྱི་བསྣུན་པ་ལ་འཇིགས་པས་ཁྱོད་ལ་ལམ་ནི་སྟེར་བར་ངེས་སོ། །དེ་ན་ཁྱོད་ཀྱིས་མཐོང་བར་འགྱུར་བའི་གནས་ངོ་མཚར་བ་ཞིག་ནི་ས་བདག་དགའ་བ་བསྐྱེད་པའི་ལྷ་ཡི་སྲས་པོ་ཆུ་གཏེར་གྱི་གཟུགས་འཛིན་པ་ནི། ས་ཡི་གཞི་ལ་བྱུང་ཞིང་ལྡང་བ་སྐྱེ་དགུ་ཀུན་ལ་འདོད་པ་འཇོ་བའི་བུ་མོ་ཁྱོད་ཀྱི་མིག་སྔར་འོངས་ནས་ཁྱོད་ཀྱི་མཆོད་པ་ཡང་དག་པར་བྱེད་པར་འགྱུར་རོ། །ཞེས་སོ། །

ཁྱོད་ཀྱིས་དེ་ཡི་རླབས་ལྡན་མཚོ་ཡི་ཆུ་འཐུང་འོངས་པའི་ཚེ་ན་ཐག་རིང་མཐུ་ལས་ནི། །ཆེན་པོ་ཡིན་ཡང་ཕྲ་མོ་དང་ནི་སྣང་རྩེའི་བུ་ཡི་ཁ་དོག་བསྐུས་པར་གྱུར་པ་དང་། །ཆེན་པོའི་ས་ལ་ཨིནྡྲ་ནི་ལ་མུ་ཏིག་དོ་ཤལ་དག་གི་གཅིག་ཏུ་བཀོད་པ་བཞིན། །མཁའ་ལ་བགྲོད་པ་རྣམས་ཀྱི་མིག་རྣམས་དག་གིས་འོག་ཏུ་བལྟ་ཞིང་ངེས་པར་མཐོང་བར་འགྱུར། །

ཁྱོད་ཀྱིས་དེ་ཡི་རླབས་དང་ལྡན་པའི་མཚོ་ཡི་ཆུ་འཐུངས་ནས་འོངས་པའི་ཚེ་ན་ཁྱོད་དང་རྒྱུད་ཐག་རིང་བའི་མཐུ་ལས་ནི། སྤྲིན་ཆུ་དེ་ཉིད་ཆེན་པོ་ཡིན་ཡང་ཕྲ་མོ་དང་ནི་སྣང་རྩེའི་བུ་ཡི་ཁ་དོག་བསྐུས་པར་གྱུར་པ་སྟེ་མདོག་སྐྱ་མོག་ཙམ་ཞིག་དང་། ཆེན་པོ་ས་གཞི་ལ་ཨིནྡྲ་ནི་ལ་དང་མུ་ཏིག་གི་དོ་ཤལ་དག་ནི་དུས་གཅིག་ཏུ་བཀོད་པ་བཞིན་དུ་གྱུར་པ་མཐོང་བར་འགྱུར་ཏེ། མཁའ་མཐོན་པོ་བགྲོད་པ་རྣམས་ཀྱིས་མིག་རྣམ་དག་གིས་འོག་ཏུ་བལྟ་བར་བྱ་ཞིང་གཟིགས་ན་ངེས་པར་དེ་ལྟ་བུ་ཞིག་མཐོང་བར་འགྱུར་བས་སོ། །ཞེས་སོ། །

དེ་རྣམས་བརྒལ་ནས་བགྲོད་ཚེ་སྐྱིན་མ་འཁྲི་ཤིང་གཞོན་ནུ་རོལ་བ་རྣམས་ཀྱིས་མཛེས་པ་ཅན། །དཀར་ནག་འོད་ཟེར་དང་ལྡན་རྣམས་ཀྱི་ཐྲེ་མ་སྐྱེད་དུ་བསྐྱོད་པར་གྱུར་པའི་མཛེས་པ་དག །ཀུན་དའི་མེ་ཏོག་གཡོ་བའི་རྗེས་འགྲོ་སྣང་རྩེ་བྱེད་པའི་དཔལ་གྱིས་མཛེས་པ་བཞིན་དུ་ནི། །མཛེས་ལྡན་དཔ་ཞེས་བྱའི་གྲོང་ཁྱེར་ན་ཆུང་མིག་གིས་བལྟ་འདོད་ལ་ནི་རང་ལུས་བསྟན་པར་མཛོད། །

ཡུལ་དེ་རྣམས་བརྒྱལ་ནས་བགྲོད་ཚེ་སྨིན་མ་གཡོ་ཞིང་ལུས་ཀྱི་འཁྲི་ཤིང་གཞོན་ནུའི་ལང་ཚོ་སྨེག་པའི་ཉམས་ཀྱིས་རོལ་བ་རྣམས་ཀྱིས་མཛེས་པ་ཅན། དཀར་ནག་གི་མདངས་གསལ་ཞིང་འོད་ཟེར་དང་ལྡན་པ་རྣམས་ཀྱི་རྫི་མ་སྟེང་འོག་ཏུ་བསྐྱོད་པར་གྱུར་པའི་མཆོག་ཏུ་མཛེས་པའི་མིག་དག་ཀུན་དའི་མེ་ཏོག་གཡོ་བའི་རྗེས་སུ་འགྲོ་བ་སྤྲང་རྩི་བྱེད་པའི་དཔལ་གྱིས་མཛེས་པ་སྟེ་བུང་བ་འཕུར་ལྡིང་བྱེད་པ་བཞིན་དུ་ནི། ཤིན་ཏུ་མཛེས་པ་དང་ལྡན་པའི་ད་ཤ་ཞེས་བྱ་བའི་གྲོང་ཁྱེར་གྱི་ན་ཆུང་གཞོན་ནུ་རྣམས་ཀྱི་གོང་ནས་བཤད་པའི་ཁྱད་ཆོས་ལྡན་སུམ་ཚོགས་པའི་མིག་གིས་ཁྱོད་ལ་བལྟ་འདོད་པས་དེ་ལ་ཁྱོད་ལུས་ཤིན་ཏུ་མཛེས་པ་སྟོན་པར་མཛོད་ཅིག །ཅེས་སོ། །

དང་པོ་ཚངས་པ་འཇུག་པ་ཞེས་བྱའི་སྟོངས་ལ་ཁྱོད་ནི་བགྲོད་བྱ་འོག་ཏུ་སྲིབ་བསིལ་བྱ། །དེ་ནས་རྒྱལ་རིགས་བཙེམ་པའི་དུར་ལྡན་ཀུ་རུ་བ་ཡི་ཞིང་ནི་ཁྱོད་ཀྱིས་བསྙེན་པར་བྱ། །གང་དུ་སྲིད་སྒྲུབ་མདའ་རྣོན་བརྒྱ་ཕྲག་དག་གིས་རྒྱལ་རིགས་མང་པོའི་མགོ་བོ་བཅད་པ་ནི། །ཁྱོད་ཀྱིས་གྲུ་ཆར་ཆེན་པོ་རབ་ཏུ་མང་པོ་ཕབ་པས་པདྨ་རྣམས་ནི་ཆད་པ་བཞིན། །

དེ་ནས་སོང་ན་དང་པོ་ཚངས་པ་འཇུག་པ་ཞེས་བྱ་བའི་ཚངས་པ་ཆེན་པོའི་བསྟི་གནས་སུ་གྲགས་པའི་སྟོངས་ཡོད་པས་དེ་ལ་ཁྱོད་ནི་བགྲོད་པར་བྱ་ལ་འོག་ཏུ་སྲིབ་ནས་བསིལ་བར་བྱས་རྗེས། དེ་ནས་རྒྱལ་རིགས་བཙེམ་པའི་དུར་ལྡན་པའི་ཀུ་རུ་ཞེས་པའི་ཞིང་ཁམས་ནི་ཁྱོད་ཀྱིས་བསྙེན་པར་བྱ་སྟེ། གནས་གང་དུ་སྲིད་སྒྲུབ་ཀྱི་མདའ་རྣོན་པོ་བརྒྱ་ཕྲག་དག་འཕངས་ནས་དེ་དག་གིས་རྒྱལ་རིགས་མང་པོའི་མགོ་བོ་བཅད་པ་ནི། ཁྱོད་ཀྱིས་གྲུ་ཆར་ཆེན་པོ་རབ་ཏུ་མང་པོ་ཕབ་པས་པདྨ་རྣམས་ནི་འདབ་མ་ཆད་པ་བཞིན་བྱས་ལ་ཤུལ་ཙམ་ཡང་མི་མངོན་པར་གྱིས་ཤིག །ཅེས་སོ། །

མཉེས་པར་བྱེད་པའི་རོ་ལྡན་དགའ་མ་སྨར་མའི་མིག་གིས་མཚན་

པའི་སྲུང་བྱས་ནས། །རང་གི་གཉེན་ལ་དགའ་བར་གྱུར་པས་གཡུལ་ལས་ཕྱིར་ཕྱོགས་སྟོབས་བཟང་གང་དེ་བལྟ་བར་བྱ། །ཀཱ་ཡེ་ཞི་ལྡན་སྣ་ར་སྭ་ཏིའི་ཆུ་ལ་མངོན་པར་ཕྱོགས་ཚེ་ཁྱོད་ཀྱིས་འཐུངས་བྱས་ནས། །ལུས་ཀྱི་ཁ་དོག་དག་ནི་ནག་པོར་འགྱུར་ཞིང་ནང་གི་བསམ་པ་ཡང་ནི་དཀར་པོ་ཉིད། །

མཉེས་པར་བྱེད་པའི་རོ་མཆོག་དང་ལྡན་ཞིང་དགའ་མ་སྐར་མ་སྣར་མའི་དབྱིབས་ཀྱི་མིག་གིས་མཚན་པ་སྟེ་དེའི་གཟུགས་བརྙན་འཆར་བའི་ཆང་ནི་སྤང་བར་བྱས་ནས། རང་གི་གཉེན་དགའ་མ་དགའ་བར་གྱུར་པའི་གཡུལ་ལས་ཕྱིར་ཕྱོགས་པ་སྟེ་གཡུལ་ས་ནས་ཕྱིར་ཡོང་བའི་སྟོབས་བཟང་བ་གང་དེ་དག་ལ་ཡང་བལྟ་བར་བྱ་ལ། ཀཱ་ཡེ་ཡིད་ཞི་བའི་ཡོན་ཏན་དང་ལྡན་པའི་སྣ་ར་སྭ་ཏིའི་ཆུ་ལ་གདོང་མངོན་པར་ཕྱོགས་ཚེ་ཁྱོད་ཀྱིས་ཆུ་དེ་འཐུངས་པར་བྱས་ནས། ལུས་ཀྱི་ཁ་དོག་དག་ནི་ནག་པོར་འགྱུར་ཞིང་ནང་གི་བསམ་པ་ཡང་ནི་མདོག་དཀར་པོ་ཞི་བ་ཉིད་དུ་འགྱུར་རོ། །ཞེས་སོ། །

དེ་ནས་བགྲོད་པའི་ཕྱི་ནས་ནི་ཀ་ལ་ཡི་གྲོང་ཡོད་ཛ་ཧྣུའི་བུ་མོ་ནི་རྒྱལ་གྱི། །ངོས་ལ་བགྲོད་པ་དུག་ཅན་རྒྱལ་པོའི་བུ་ནི་མཐོ་རིས་དེ་ཡི་ཐེམ་སྐས་བགྲོད་པ་བཞིན། །གང་གི་དབྱུ་བའི་ཕྲེང་བ་རྣམས་ཀྱིས་གཽ་རཱིའི་ཞལ་གྱི་ཁྲོ་གཉེར་རྣམས་ལ་དགོད་པ་བཞིན། །བདེ་འབྱུང་སྤྲ་ནས་ཟླ་བས་ཀྱི་ལག་པ་དག་གིས་བཟུང་ནས་འཕྲོག་པར་བྱེད་པ་བཞིན། །

ཡུལ་དེ་ནས་བགྲོད་པའི་ཕྱི་ནས་ནི་ཀ་ལ་ཞེས་བྱ་བ་ཡི་གྲོང་ཡོད་དེ་ཛ་ཧྣུའི་བུ་མོ་སྟེ་ཆུ་བོ་གངྒཱ་ཞེས་པ་རི་རྒྱལ་གྱི་ངོས་ལ་བགྲོད་པ་དུག་ཅན་ཞེས་པའི་རྒྱལ་པོའི་བུ་དྲུག་ཁྲི་མཐོ་རིས་ལྷ་ཡུལ་དུ་དེ་ཡི་ཐེམ་སྐས་བྱས་ནས་བགྲོད་པར་བྱས་པ་བཞིན་དང་། ཆུ་བོ་གང་གི་དབྱུ་བའི་ཕྲེང་བ་འཕྱོ་ཞིང་ལྡང་བ་རྣམས་ཀྱིས་ལྷ་མོ་གཽ་རཱི་རིའི་ཞལ་གྱི་ཁྲོ་གཉེར་རྣམས་ལ་རྐོད་ཅིང་འཕྱ་བ་བཞིན། བདེ་འབྱུང་སྟེ་ལྷ་དབང་ཕྱུག་ཆེན་པོའི་སྤྲ་ནས་ཟླ་བས་ཀྱི་ལག་པ་དག་གིས་བཟུང་ནས་གཙུག་རྒྱན་ཟླ་བ

ཕྱེད་ཀྱི་ཚོད་པན་འཕྲོག་པ་ལ་བརྟོན་པར་བྱེད་པ་བཞིན་ནོ། །ཞེས་སོ། །

ཁྲོད་ནི་གལ་ཏེ་དེ་ཡི་ཆུ་འབྱུངས་བསམ་ན་ལུས་ཕྱེད་སྔ་མ་མཁའ་ལས་འཕྱང་བ་ནི། །ཟླ་ཡི་སྣང་བོ་བཞིན་ཏེ་ཆུ་དེ་དྭངས་ཤེང་དྲི་མེད་དཀར་བོའི་ཤེལ་བཞིན་སྣང་བ་ཉིད། །ཆུ་བོ་དེ་ལ་ཁྲོད་ཀྱི་གྲིབ་མ་བབས་པས་འཕྲུལ་ལ་ཡང་དག་འབྱུང་འགྱུར་མཛེས་པ་ནི། །ཡ་མུ་ན་ཡི་ཆུ་དང་གཀླ་འཁྲིགས་པའི་མཛེས་པ་ལས་འོངས་གྱུར་ལ་གནས་མ་ཡིན། །

ཁྱོད་ཀྱི་ནི་གལ་ཏེ་ས་དེ་ལ་གནས་ནས་ཆུ་འཕྱུངས་པར་བསམ་ན་ལུས་ཀྱི་ཕྱེད་སྔ་མ་མཁའ་ལ་འཕྱང་བ་ནི། ཟླའི་སྣང་པོ་ཆེ་བཞིན་དུ་འགྱུར་བ་བྱེད་དགོས་ཏེ་ཆུ་བོ་དེའི་ཞིང་ཁམས་ནི་དཀར་པོའི་ཤེལ་བཞིན་དྭངས་ཤིང་གསལ་བར་སྣང་བའི་བདག་ཉིད་ཅན་ཡིན་ནོ། །ཆུ་བོ་དེ་ལ་ཁྱོད་ཀྱི་གྲིབ་མ་གསལ་བར་བབས་པས་འཕྲུལ་ལ་ཡང་དག་པའི་འབྱུང་བར་འགྱུར་བའི་མཛེས་ཤིང་སྡུག་པ་ནི། མདོག་ནག་པོ་ཡིན་པའི་ཆུ་བོ་ཡ་མུ་ན་ཡི་ཆུ་དང་མདོག་དཀར་ཞིང་དྭངས་པའི་གཀླ་འཁྲིགས་པའི་མཛེས་པ་ལས་འོངས་པར་གྱུར་པའི་དཔལ་གྱིས་ཀྱང་དེ་ཡི་མཛེས་པ་ལ་མཚོན་པའི་གནས་མ་ཡིན་ནོ། །ཞེས་སོ། །

ཛོ་ལེབ་སྟེང་དུ་རི་དྭགས་གནས་པས་རི་དྭགས་ལྟེ་བའི་དྲི་བཟང་ལྡན་པའི་ཛོ་ལྡན་ཞིང་། །གཀླ་ཉིད་ཀྱི་ཡབ་གྱུར་ཁ་བས་དཀར་བའི་གཡོ་མེད་གངས་ལྡན་དེ་ཉིད་ཐོབ་བྱས་ནས། །ལམ་གྱི་ངལ་བ་རྣམ་པར་འདུལ་བའི་ཆེད་དུ་དེ་ཡི་རྩེ་ལ་སླེབས་ནས་འདུག་པ་ཡི། །མཛེས་པ་མིག་གསུམ་པ་ཡི་བཞོན་པ་དཀར་བའི་ཁྱུ་མཆོག་རྭ་ཡིས་འདམ་ནི་བླངས་པ་བཞིན། །

དེ་ནས་སོང་ན་ཛོ་ལེབ་སྟེང་དུ་རི་དྭགས་གླ་བ་གནས་པས་རི་དྭགས་དེའི་ལྟེ་བའི་གླ་རྩི་ལས་བྱུང་བའི་དྲི་བཟང་པོས་བསྒོས་པ་དང་ལྡན་པའི་ཛོ་མང་པོ་ལྡན་ཞིང་། གཀླ་ཉིད་ཀྱི་ཡབ་གྱུར་ཁ་བས་དཀར་པོར་བཀང་བའི་གཡོ་བ་མེད་པའི་གངས་དང་ལྡན་པའི་རི་བོ་ཏེ་སེ་དེ་

ཉིད་ཁྱོད་ཀྱི་སྟོད་གནས་སུ་ཐོབ་པར་བྱས་ནས། ལམ་གྱི་ངལ་བ་རྣམ་པར་འདུལ་བ་སྟེ་སེལ་བའི་ཆེད་དུ་རི་དེ་ཡི་རྩེ་ལ་སླེབས་ནས་འདུག་པ་ཡི་ནི། མཛེས་པ་མིག་གསུམ་པ་སྟེ་ལྷ་མོ་ཨུ་མ་ཡི་བཞོན་པ་བ་གླང་དཀར་པོའི་ཁྲུ་མཆོག་གི་རྭ་ཡིས་འདམ་ནག་པོའི་རི་ནི་བླངས་ནས་འཕྲོང་སྟེ་གཡོ་བ་མེད་པར་གནས་པ་བཞིན་ནོ། །ཞེས་སོ། །

དེ་ལ་གལ་ཏེ་རླུང་གིས་རབ་བསྐྱོད་ཐང་ཤིང་ལག་པ་ཀུན་ཏུ་འཐབ་པ་ལས་བྱུང་བའི། །མེ་ཡི་དུགས་དང་མེ་སྟག་དག་གིས་འབྲོང་གི་དགའ་མའི་སྤུ་ཚོགས་མང་པོ་སྲེག་བྱེད་ན། །ཁྱོད་ཀྱིས་དེ་རྣམས་ཞི་བའི་ཆེད་དུ་ཆུ་འཛིན་སྟོང་ཕྲག་མང་པོ་ཆར་ནི་བྱ་བར་འོས། །གང་ཕྱིར་ཆེན་པོ་རྣམས་ཀྱི་ཕུན་ཚོགས་འབྲས་བུ་མང་པོའི་སྡུག་བསྔལ་ཞི་བར་བྱེད་པ་ཡིན། །

རི་དེ་ལ་གལ་ཏེ་རླུང་ཆེན་པོ་དག་གིས་རབ་ཏུ་བསྐྱོད་པས་ཐང་ཤིང་ལག་པ་ཀུན་ཏུ་འཐབ་པ་སྟེ་ཡལ་ག་ཕན་ཚུན་བརྡར་ཞིང་གཙུབ་པ་ལས་བྱུང་བའི། མེ་ཡི་དུགས་ཏེ་དྲོད་དང་མེ་སྟག་དག་གིས་འབྲོང་གི་དགའ་མའི་སྤུ་ཚོགས་མང་པོ་སྲེག་པར་བྱེད་པ་དག་བྱུང་བ་ན། ཁྱོད་ཀྱིས་དེ་རྣམས་ཞི་བར་བྱེད་པའི་ཆེད་དུ་ཆུ་འཛིན་སྟོང་ཕྲག་མང་པོ་སྤྲུལ་ནས་ཆར་གྱི་རྒྱུན་ནི་ཆེན་པོ་འབེབས་པར་བྱ་བར་རིགས་ཤིང་འོས་ཏེ། གང་གི་ཕྱིར་ཞེ་ན་ཆེན་པོ་རྣམས་ཀྱི་རང་གིས་བསྒྲུབས་པའི་ཕུན་སུམ་ཚོགས་པའི་འབྲས་བུ་ནི་གཞན་སྐྱེ་དགུ་མང་པོའི་སྡུག་བསྔལ་ཞི་བར་བྱེད་པ་དེ་ཡི་དོན་འབའ་ཞིག་ཡིན་པས་སོ། །ཞེས་སོ། །

དེར་ནི་ཁྱོད་ཀྱིས་སྒྲ་ཆེན་བསྒྲགས་ལ་མ་བཟོད་ཆེ་བའི་དྲེགས་པ་ཀུན་ཏུ་ལྡན་པའི་ཝ་ཏ་བརྒྱད་པ། །ཁྱོད་ཀྱི་སྟེང་དུ་མཆོང་བར་བྱའོ་སྙམ་ནས་མཆོངས་པས་རང་གི་ཡན་ལག་ཀུན་ཏུ་ཞིས། །དེ་རྣམས་དག་ལ་རབ་ཏུ་བཞད་ལྡན་ཐོག་སེར་ཆར་པ་དྲག་པབ་མང་པོས་གཞོམ་པར་མཛོད། །རང་བཞིན་ངན་པར་གནས་པ་དག་གི་འབྲས་མེད་རྩོམ་པའི་

འབད་པ་རྣམས་ནི་ཅི་ཡང་མེད། །

རི་དེར་ནི་ཁྱོད་ཀྱི་འབྲུག་གི་སྒྲ་ཆེན་པོ་བསྒྲགས་པ་ལ་མ་བཟོད་པར་ཆེ་བའི་དྲེགས་པ་དང་ལྡན་པའི་སེངྒེ་ཁང་བ་བརྒྱད་པ་དེ་ནི་མི་བཟོད་པའི་ཞེ་སྡང་དྲག་པོ་སྐྱེས་ཏེ་ཁྱོད་ཀྱི་སྟེང་དུ་མཆོང་བར་བྱའོ་སྙམ་ནས་ཤུགས་ཆེན་པོས་མཆོངས་པས་མཁའ་ལམ་སླེབས་པར་བྲག་ལ་ཐོགས་ཏེ་རང་གི་ཡན་ལག་ཀུན་ཏུ་རྨས་པ་ན། དེ་ཡི་རྣམ་པ་དེ་རྣམས་དག་ལ་ཅི་མི་སྙམ་པར་འབྲུག་སྒྲའི་བཞད་གད་དང་ལྡན་བཞིན་ཐོག་སེར་ཆར་བ་དྲག་པོ་ཕབ་པ་སོགས་ཐབས་མང་པོས་སྡང་དགྲ་དེ་ཉིད་གནོམ་པར་མཛོད་ཅིག རང་བཞིན་ངན་པར་གྱུར་ཅིང་དེ་ཉིད་མི་བསྒྱུར་བར་གནས་པ་དག་གི་འབྲས་བུ་མེད་པའི་རྩོམ་པའི་འབད་པ་ཡི་ལས་དོན་གང་ཡིན་པ་རྣམས་ནི་སྙིང་པོ་ཅི་ཡང་མེད་དོ། །ཞེས་སོ། །

དེར་ནི་ཆེ་ཞིང་གསལ་བའི་རྡོ་ལ་གཙུག་ན་ཟླ་ཐུད་འཛིན་པའི་ཁང་བཀོད་རྗེས་ལ་ནི། །རྟག་ཏུ་གྲུབ་པ་རྣམས་ཀྱིས་གཏོར་མ་མཆོད་དེ་ཁྱོད་ཀྱིས་གུས་པས་ཕྱག་དང་བསྐོར་བ་མཛོད། །གང་ཞིག་མཐོང་ན་བྱེད་པས་བྱས་པའི་སྡིག་པ་རྣམས་ནི་ཤིན་ཏུ་རིང་པོར་འདོར་བྱེད་ཅིང་། །གུས་པ་འཛིན་པ་རྣམས་ནི་དེ་ཡི་འཁོར་དུ་གནས་པ་ཐོབ་བྱེད་བརྟན་པ་ཐོབ་པར་འགྱུར། །

རི་བོ་དེར་ནི་ཆེ་ཞིང་གསལ་བའི་རྡོ་བ་ལ་གཙུག་ན་ཟླ་ཐུད་འཛིན་པ་ལྷ་དབང་ཕྱུག་ཆེན་པོའི་ཁང་བ་བཀོད་པའི་རྗེས་མཆོག་ཏུ་གསལ་བ་ཡོད་པ་དེ་ལ་ནི། དུས་རྟག་ཏུ་དྲང་སྲོང་གྲུབ་པ་རྣམས་ཀྱིས་གཏོར་མ་ལ་སོགས་པས་མཆོད་པ་ཡོད་དེ་ཁྱོད་ཀྱིས་དེ་ལ་ཕྱག་དང་བསྐོར་བ་མཛོད་ཅིག གང་ཞིག་ཞབས་རྗེས་དེ་ཉིད་མཐོང་ན་འཇིག་རྟེན་བྱེད་པོས་སེམས་ཅན་རང་རང་གིས་བྱས་པའི་སྡིག་པ་རྣམས་ནི་ཤིན་ཏུ་རིང་པོར་འདོར་བར་བྱེད་ཅིང་། གུས་པ་འཛིན་པ་སྟེ་གུས་པས་ཕྱག་དང་སྐོར་བ་བྱེད་པ་སོགས་བཀུར་བསྟི་བྱེད་པ་ནི་ལྷ་ཆེན་པོ་དེ་ཡི་འཁོར་དུ་སྐྱེས་ནས་གནས་པའི་སྐལ་བ་བཟང་པོ་ཐོབ་པར་བྱེད་ཅིང་དེ་འདྲའི་བསོད

ནམས་བརྟན་པའང་ཐོབ་པར་འགྱུར་རོ། །ཞེས་སོ། །

དྲི་ཞིམ་རྣམས་ཀྱིས་ཁེངས་པར་གྱུར་པའི་ཁང་བ་ནང་ནས་སྙན་པའི་ཡིད་འོངས་སྒྲ་འབྱུང་ཞིང་། །མིའམ་ཅི་མོ་རྣམས་ཀྱིས་གྲོང་ཁྱེར་གསུམ་རྒྱལ་འགྱུར་ལས་ཡང་དག་དགའ་བའི་གླུ་དབྱངས་སྒྲོགས། །རྫ་རླུམ་སྙན་པའི་སྒྲ་བཞིན་གལ་ཏེ་ཁྱོད་ཀྱིས་རྔ་ཡི་གཙུག་ལག་ཁང་དེར་སྒྲ་སྙན་ནི། །བསྒྲགས་པར་གྱུར་ན་ངེས་པར་ཕྱུགས་བདག་དྲུང་དུ་གསུམ་འདུས་དབྱངས་སྙན་དོན་གྱི་ཚོགས་པ་འབྱུང་། །

དྲི་ཞིམ་པ་སྣ་ཚོགས་པ་རྣམས་ཀྱིས་ཁེངས་པར་གྱུར་པའི་ཁང་བཟང་དམ་པ་དག་གི་ནང་ནས་མཆོག་ཏུ་སྙན་པའི་རོལ་མོ་སྣ་ཚོགས་བརྡུང་བའི་ཡིད་དུ་འོང་བའི་སྒྲ་འབྱུང་བར་འགྱུར་ཞིང་། མིའམ་ཅི་བུ་མོ་རྣམས་ཀྱིས་ཀྱང་ལྷ་ཆེན་པོ་ལྷ་མ་ཡིན་གྱི་གྲོང་ཁྱེར་གསུམ་ལས་རྒྱལ་བའི་འགྱུར་བ་ལས་བྱུང་བའི་ཡང་དག་པའི་དགའ་བའི་གླུ་དབྱངས་སྒྲོག་པར་བྱེད་དེ། རྫ་རླུམ་སྙན་པའི་སྒྲ་བཞིན་དུ་གལ་ཏེ་སྤྲིན་ཁྱོད་ཀྱིས་རྔ་ཡི་གཙུག་ལག་ཁང་དེར་འབྲུག་གི་སྒྲ་དབྱངས་སྙན་པ་ནི་བསྒྲགས་པར་གྱུར་ན་ངེས་པར་ཕྱུགས་བདག་དེ་ལྷ་ཆེན་པོའི་དྲུང་དུ་རོལ་མོའི་སྒྲ་དང་གླུའི་སྒྲ་དང་འབྲུག་གི་སྒྲ་སྟེ་སྒྲ་མི་འདྲ་བ་གསུམ་འདུས་པའི་དབྱངས་སྙན་པ་དོན་གྱི་ཚོགས་པ་འབྱུང་བར་འགྱུར་རོ། །ཞེས་སོ། །

གངས་ཀྱི་རི་ལ་ཉེ་བའི་ཐང་ལ་རྐང་བ་བསྐྱོད་ཚེ་དེ་དང་དེ་ཡི་ཁྱད་པར་ལ། །ཀྲཽཉྩའི་རི་ཡི་ལམ་ལ་རབ་གྲགས་ཧྲི་གུའི་བདག་པོའི་མདའ་ཕུས་དང་བའི་སྒོ་ཅན་ཡོད། །དེ་ནས་ནོར་སྦྱིན་ཕྱོགས་སུ་ཁྱོད་ནི་རྗེས་སུ་འགྲོ་ཚེ་འཁྱོག་པོར་འགྲོ་བའི་མཛེས་པ་ནི། །སྟོབས་ལྡན་བསླུ་བའི་ཆེད་དུ་ཁྱབ་འཇུག་ས་འཛལ་རྐང་བ་སྔོ་བསངས་ཡང་དག་བཀོད་པ་བཞིན། །

གངས་ཀྱི་རི་བོ་ཧི་མ་ལ་ཡ་དང་ཉེ་བའི་ཐང་ལ་ཁྱོད་ཀྱི་རྐང་བ་བསྐྱོད་ཚེ་གནས་དེ་དང་དེ་ཡི་ཁྱད་པར་གྱི་ཆོས་ལ་ནི། ཀྲཽཉྩའི་རི་བོ་བགྲོད་པའི་ལམ་ལ་རབ་ཏུ་གྲགས་ཆེ་བ་ཧྲི་གུའི་

བདག་པོའི(དགྲ་སྟྭ་ར་ས་ན)མདའ་ཡིས་ཕུག་པའི་ངང་བ་འཕུར་ནུས་པའི་སྙོ་མཆོག་ཏུ་མཛེས་པ་ཅན་ཡོད་ལ། དེ་ནས་གནོད་སྦྱིན་གྱི་ཕྱོགས་སུ་ཕྱིན་ཁྱོད་ནི་རྗེས་སུ་ཕྱོགས་ཏེ་འགྲོ་ཚེ་ངང་བའི་འགྲོས་ཀྱིས་འཁྱོག་པོར་འགྲོ་བའི་མཆོག་ཏུ་མཛེས་པ་ནི། ལྷ་མ་ཡིན་སྟོབས་ལྡན་བསླུ་བའི་ཆེད་དུ་ལྷ་ཆེན་པོ་ཁྱབ་འཇུག་གིས་ས་གཞི་ཆེན་པོ་འཇལ་ཕྱིར་རྐང་བ་མདོག་སྔོ་བསངས་ཡང་དག་པར་བཀོད་པ་བཞིན་ནོ། །ཞེས་སོ། །

མཁྲིན་བཅུའི་ལག་པས་བསྐྱོད་བྱ་རི་རྫོས་སྤྲུངས་པ་དང་ལྡན་ཤེལ་ཀྱི་ཀཻ་ལ་ཤ་ཡི་རི། །སྐབས་གསུམ་མཛེས་མའི་གདོང་གི་མེ་ལོང་བསྟན་བྱའི་སྙིང་དུའང་སོང་སྟེ་ཙུང་ཟད་གནས་པར་བྱ། །གང་གི་རྩེ་མོ་ཤིན་ཏུ་མཛེ་བ་ཀུ་མུ་ཏ་ལྟར་མཁའ་ལ་ཁྱབ་པར་གནས་པ་ནི། །མིག་གསུམ་པ་ཡིས་རབ་ཏུ་བཀོད་པ་ཕྱོགས་བཅུ་དག་ནས་གཅིག་ཏུ་སྤྲུངས་པར་གྱུར་པ་བཞིན། །

སྲིན་པོའི་རྒྱལ་པོ་ལང་ཀ་མཁྲིན་བཅུའི་ལག་པས་བསྐྱོད་པར་བྱ་བའི་རི་བོའི་རྫོས་རིན་ཆེན་སྤྲུངས་པ་དང་ལྡན་པའི་མན་ཤེལ་གྱི་ཀཻ་ལ་ཤ་ཡི་རི་བོ་ནི། སྐབས་གསུམ་མཛེས་མའི་གདོང་གི་གཟུགས་བརྙན་འཆར་བའི་མེ་ལོང་བཞིན་རས་བསྟན་བྱའི་རི་བོའི་སྙིང་དུ་ཁྱོད་ཙུང་ཟད་གནས་པར་བྱས་ཏེ། རི་བོ་གང་གི་རྩེ་མོ་ཤིན་ཏུ་མཛེ་བ་མེ་ཏོག་ཀུ་མུ་ཏ་ལྟར་དཀར་བ་ནམ་མཁའ་ལ་ཁྱབ་པར་བཀྲམ་སྟེ་གནས་པ་ནི་མིག་གསུམ་པ་ཡིས་རབ་ཏུ་བཀོད་པ་སྟེ་ལྷ་ཆེན་པོ་བཞད་པའི་འཛུམ་དཀར་ཕྱོགས་བཅུ་དག་ནས་གནས་གཅིག་ཏུ་སྤྲུངས་པར་གྱུར་པ་བཞིན་ནོ། །ཞེས་སོ། །

དེ་ཡི་རི་རྫོས་དག་ལ་ཁྱོད་ནི་འགྲོ་ཚེ་སྐྱུམ་པའི་མིག་སྨན་དག་དང་མཚུངས་པ་དང་། །དེ་ནི་གཉིས་འཐུང་སོ་རུ་འཕྲུལ་ལ་བཅད་པར་བྱས་པ་ལྟ་བུར་དཀར་ཞིང་མཛེས་པ་སྟེ། །མཛེས་པའི་རི་བོ་ལ་ནི་གཡོ་བ་མེད་པའི་མིག་གིས་བལྟ་བྱ་ཉིད་དུ་འགྱུར་བ་དང་། །སྟོབས་ལྡན་དཀར་

བའི་དཔྱང་བ་དག་ལ་གོས་སྔོན་བཀོད་པར་གྱུར་བཞིན་འབྱུང་བ་བདག་གིས་ཤེས། །

རི་བོ་ཧེ་མ་དེ་ཡི་རི་ངོས་དག་ལ་སྤྲིན་ཁྱོད་འགྲོ་བའི་ཚེ་ན་གནག་ཅིང་སྨུམ་པའི་མིག་སྨན་གྱི་མདོག་དག་དང་མཚུངས་པར་འགྱུར་བ་དང་། རི་བོ་དེ་ནི་གཉིས་འཐུང་སྟེ་གླང་ཆེན་གྱི་སོ་ནི་འཕྲུལ་ལ་སྟེ་མྱུར་བར་བཅད་པར་བྱས་པ་ལྷ་བུར་མཆོག་ཏུ་དཀར་ཞིང་མཛེས་པ་སྟེ། མཛེས་ཤིང་སྡུག་པའི་རི་བོ་དེ་ལ་ནི་སྐྱེ་བོ་ཀུན་གྱི་གཡོ་བ་མེད་པའི་མིག་གིས་བལྟ་བར་བྱ་བའི་གནས་ཉིད་དུ་འགྱུར་བ་དང་། སྟོབས་དང་ལྡན་པའི་གླང་ཆེན་དཀར་པོའི་དཔྱང་བ་དག་ལ་གོས་སྔོན་པོ་བཀོད་པར་འགྱུར་བ་བཞིན་དུ་ཤིན་ཏུ་མཛེས་པ་འབྱུང་བ་བདག་གིས་ཤེས་སོ། །ཞེས་སོ། །

དེར་ནི་བདེ་འབྱུང་སྤྲུལ་གྱི་གདུ་བུ་དོར་ནས་གོ་ནྡིའི་ལག་པ་དག་ལ་འཛིན་བྱེད་ཅིང་། །གལ་ཏེ་ཡང་ནི་རོལ་རྩེད་ཆེད་དུ་ཞབས་ཀྱིས་འགྲོ་བས་རི་ལ་དེ་དག་དལ་འགྲོ་ན། །ཁྱོད་བགྲོད་ལུས་ནི་འཁྱིག་པར་འགྲོ་ཞིང་ནང་ན་གནས་པའི་ཆུ་ཆེན་དག་ནི་སྲང་བྱ་ཞིང་། །རིམ་པར་བྱས་ནས་སྟེང་དུ་འགྲོ་བ་རྣམས་ལ་རྐང་བའི་བདེ་བ་རེག་པར་བྱ་བ་མཛོད། །

ཏེ་སེ་ཞེས་པའི་རི་བོ་དེར་ནི་ཁྱོད་འགྲོ་ཚེ་བདེ་འབྱུང་སྟེ་དབང་ཕྱུག་ཆེན་པོས་སྤྲུལ་གྱི་རྒྱན་ཆ་གདུ་བུ་དོར་ནས་ལྷ་མོ་གོ་ནྡིའི་ལག་པ་དག་ལ་འཛིན་པར་བྱེད་ཅིང་། གལ་ཏེ་ལྷ་ཆེན་པོ་ཡབ་ཡུམ་ཡང་ནི་དགའ་བའི་རོལ་རྩེད་བྱེད་པའི་ཆེད་དུ་ཞབས་འགྲོས་ཀྱིས་འགྲོ་བར་ངེས་པས་ངོས་གཟར་ཕྱིར་བགྲོད་པ་དཀའ་ཞིང་རི་ལ་དེ་དག་དལ་གྱིས་འགྲོ་བ་མཐོང་ན། ཁྱོད་བགྲོད་པའི་ལུས་ནི་འཁྱིག་པོར་འགྲོ་བར་བྱ་ཞིང་ཞེས་པ་སྟེ་ལུས་གཅུས་ནས་བ་སོར་བས་ནང་ན་གནས་པའི་ཆུ་ཆེན་པོ་དག་ནི་སྲང་ས་པར་བྱ་ཞིང་སྐམས་པར་བྱས་ནས་རི་བོའི་སྟེང་དུ་འགྲོ་བ་དེ་རྣམས་ལ་རྐང་བའི་བདེ་བ་རེག་པར་བྱ་བ་མཛོད་ཅེས་པ་སྟེ་རི་རྩེར་འགྲོ་བ་རྣམས་ལ་རྐང་བས་འགྲོ་བདེ་བའི་ཆེད་དུ་ཐེམ་སྐས་མཛོད་ཅིག །ཅེས་སོ། །

རིགས་ གནས་ དེར་ ནི་ ཁྱོད་ ཀྱིས་ ཆུ་ རྣམས་ སྐྱུགས་ པར་ བྱས་ པས་ ངེས་ པར་ ནང་ ན་ མེད་ པ་ ན། །ལྷ་ ཡི་ ན་ ཆུང་ རྣམས་ ཀྱིས་ ཁྱོད་ ནི་ འཕྲུལ་ འཁོར་ གྱིས་ བཟུང་ ནང་ དུ་ འཕྱེར་ བར་ བྱེད། །ཀཱ་ ཡེ་ གྲོགས་ བཟང་ ཚ་ བས་ གདུངས་ པ་ དེ་ རྣམས་ ཆེད་ དུ་ གལ་ ཏེ་ ཁྱོད་ ནི་ མི་ གཏོང་ ན། །རོལ་ སྙེག་ གཡོ་ བའི་ མཛེས་ མ་ དེ་ རྣམས་ རྣ་ བར་ རྩུབ་ པའི་ སྒྲ་ ཆེན་ བསྒྲགས་ པས་ འཇིགས་ པར་ བྱ། །

ལྷ་དང་དྲང་སྲོང་གི་རིགས་གནས་པ་དེར་ནི་ཁྱོད་ཀྱིས་ནང་གི་ཆུ་རྣམས་སྐྱུག་པར་བྱས་པས་ངེས་པར་ནང་ན་ཆུ་མེད་ཅིང་ཡང་བར་གྱུར་པ་ན་ལྷ་ཡི་ན་ཆུང་སྟེ་ལྷའི་བུ་དང་བུ་མོ་རྣམས་ཀྱིས་སྤྲིན་ཁྱོད་ནི་འཕྲུལ་གྱིས་འཁོར་ལོ་རྣམས་ཀྱིས་བཟུང་ནས་ཁང་བཟང་ནང་དུ་འཕྱེར་བར་བྱེད་དེ། ཀཱ་ཡེ་གྲོགས་པོ་བཟང་པོ་ལྷ་ཡི་ན་ཆུང་དེ་དག་གི་ཚ་བས་གདུངས་པར་གྱུར་པ་དེ་རྣམས་སྐྱོབ་པའི་ཆེད་དུ་གལ་ཏེ་ཁྱོད་མི་གཏོང་བར་དམ་པར་འཛིན་ན། རོལ་སྙེག་གིས་གཡོ་བའི་མཛེས་ལྡན་མ་དེ་རྣམས་ཀྱི་རྣ་བར་ཤིན་ཏུ་རྩུབ་པའི་འབྲུག་སྒྲ་ཆེན་པོ་བསྒྲགས་པས་འཇིགས་པ་བསྐྱེད་པར་བྱ་སྟེ་དེ་ལྟར་བྱས་ན་ཁྱོད་གཏོང་བར་འགྱུར་རོ། །ཞེས་སོ། །

ཆུ་ ཐིགས་ དག་ གིས་ བྲན་ པ་ དང་ ལྡན་ དྲི་ བཙོན་ གྱིས་ བསྐྱོད་ དཔག་ བསམ་ ཤིང་ ལ་ གཡོ་ བཞིན་ དུ། །ཁྱོད་ ཀྱི་ གྲིབ་ འོད་ ཤེལ་ ལྟར་ དཀར་ བའི་ གོས་ ཀྱིས་ རི་ དབང་ དེ་ ནི་ ཡོངས་ སུ་ གཡོགས་ བྱ་ ཞིང་། །ཡིད་ འོང་ ཆུ་ བོ་ བཞི་ ཡི་ རྒྱུན་ ནི་ གསེར་ གྱི་ ཆུ་ སྐྱེས་ གསར་ བ་ ལྟར་ དེའང་ འབྱུང་ བ་ དང་། །ས་ སྲུང་ བུ་ ཡིས་ གདོང་ བའི་ གོས་ ནི་ ཅི་ འདོད་ སྤྱད་ ཅིང་ དགའ་ བའང་ སྐད་ ཅིག་ བྱ་ བར་ མཛོད། །

ཆུ་ཡི་ཐིགས་པ་དག་གིས་བྲན་པ་དང་ལྡན་པའི་དྲི་བཙོན་གྱིས་རབ་ཏུ་བསྐྱོད་པའི་དཔག་བསམ་གྱི་ཤིང་ལ་གཡོ་བ་ཇི་བཞིན་དུ། ཁྱོད་ཀྱི་གྲིབ་བསིལ་གྱི་འོད་ཤེལ་

ལྷར་དཀར་བའི་ཕོས་ཀྱིས་རི་ཡི་དབང་པོ་དེ་ནི་ཡོངས་སུ་གཡོགས་པར་བྱ་ཞིང༌། ཡིད་དུ་འོང་བའི་ཆུ་བོ་ཆེན་པོ་བཞི་ཡི་རྒྱུན་ནི་གསེར་གྱི་ཆུ་སྐྱེས་གསར་པ་ལྷར་དྭངས་ཤིང་གསལ་བ་དེའང་འཕྱུང་བར་བྱ་བ་དང༌། ལྷའི་དབང་པོའི་བཞོན་པ་གླང་པོ་ཆེ་ས་སྲུང་བུ་ཡི་གདོང་གཡོག་པའི་ཕོས་ལྷ་བུ་ཆུ་པོ་དེ་དག་ནི་མཁའ་ལ་དྭངས་ཏེ་ཅི་འདོད་དུ་ལོངས་སུ་སྤྱོད་ཅིང་ཆར་ཕབ་ནས་རི་བོ་དེ་ཉིད་དགའ་བའི་བྱ་བའང་སྐད་ཅིག་ལ་བྱ་བར་མཛོད་ཅིག ཅེས་པའོ། །

ཀྭ་ཡེ་འདོད་བཞིན་རྒྱུ་བྱེད་ཁྱོད་ནི་དེ་ལས་བརྒལ་ཚེ་ལྷུང་ལོ་ལྡན་མ་ཤེས་པར་འགྱུར། །སླར་ཡང་རི་དེ་གཡོ་ལྡན་གཀླའི་ཆུ་གོས་ལྡན་མའི་བདག་པོ་བཞིན་དུ་མི་མཐོང་མིན། །མཐོང་བའི་གཞལ་མེད་ཁང་སྟེང་ཆར་སྤྲིན་ཆེ་ལས་ཁྱོད་ཀྱིས་ཆུ་བྱས་སྐྱུགས་བྱས་དུས་སུ་ནི། །གང་ཞིག་འདོད་ལྡན་མ་ནི་ལན་བུ་སྨུ་ཏིག་དྲ་བས་བསྒྲིགས་པའི་ཕྲེང་བ་ལྡན་པ་བཞིན། །

ཀྭ་ཡེ་ཅི་འདོད་པའི་ཡུལ་དུ་དེ་བཞིན་རྒྱུ་བར་བྱེད་པ་ཁྱོད་ནི་ཡུལ་དེ་ལས་བརྒལ་ནས་འགྲོ་བའི་ཚེན་དབུ་སྐྲ་ལྷུང་ལོ་ལྡན་པའི་མཛེས་མ་དག་ཤེས་པར་འགྱུར་ཞིང༌། སླར་ཡང་རི་དེ་ནི་ནང་ན་ཀླབས་ཕྲེང་གཡོ་བ་ལྡན་པའི་གཀླའི་ཆུ་གོས་ལྡན་མའི་བདག་པོ་བཞིན་དུ་གྱུར་པ་ཁྱོད་ཀྱིས་མི་མཐོང་བ་མིན་ཏེ། གནས་དེ་མཐོང་བའི་གཞལ་མེད་ཁང་གི་སྟེང་དུ་སྤྲིན་ཆེ་བ་ལས་ཁྱོད་ཀྱིས་ཆ་ཤས་འགའ་ཞིག་ཆུ་བྱས་ནས་སྐྱུག་པར་བྱས་པའི་དུས་སུ་ནི། གང་ཞིག་འདོད་པ་དང་ལྡན་པའི་གཞོན་ནུ་མ་ནི་ལན་བུ་དག་མུ་ཏིག་གི་དྲ་བས་བསྒྲིགས་པ་མཆོག་ཏུ་མཛེས་པའི་ཕྲེང་བ་ལྡན་པ་བཞིན་དུ་འགྱུར་རོ། །ཞེས་སོ། །

ཁྱོད་ལ་གློག་འོད་ལྡན་བཞིན་སྙེག་པའི་མཛེས་མ་དང་ལྡན་དབང་པོའི་གཞུ་བཞིན་བཀྲ་བར་ལྡན། །སྨན་པའི་དབྱངས་ནི་ཟབ་པ་བཞིན་དུ་གླུ་དབྱངས་དག་དང་རོལ་མོའི་དབྱངས་སྨན་རྣམས་དང་ལྡན། །ཆུ་ཡི་

སྙིང་པོ་ཅན་བཞིན་ས་གཞི་ནོར་བུའི་རང་བཞིན་མཐོང་བཞིན་རྩེ་མོ་མཁའ་ལ་རེག །གང་དུ་ཁྱད་པར་དེ་རྣམས་ཀྱིས་ནི་ཁྱོད་དང་ཁང་བཟང་མཚུངས་པའི་ཆེད་དུ་ནུས་པར་ལྡན། །

ཁྱོད་ལ་གློག་གི་འོད་ལྡན་པ་བཞིན་དུ་ལྕང་ལོ་ཅན་གྱི་གྲོང་ཁྱེར་དུ་ཡང་ཚོས་སྣེག་པའི་མཛེས་མ་ལྡན་ཞིང་ཁྱོད་ལ་དབང་པོའི་གཞུ་བཞིན་དུ་བཀྲ་བ་དེ་ན་སྲང་ལམ་རྣམ་པར་བཀྲ་བར་ལྡན་ཞིང་། ཁྱོད་ལ་འབྲུག་སྒྲའི་སྙན་པའི་དབྱངས་ནི་ཟབ་པ་ལྡན་པ་བཞིན་དུ་དེ་ན་གླུ་དབྱངས་སྙན་འཛེབས་དག་དང་རོལ་མོའི་དབྱངས་སྙན་པ་སྣ་ཚོགས་པ་རྣམས་དང་ལྡན་ལ། ཁྱོད་ནི་ཆུ་ཡི་སྙིང་པོ་ཅན་ཡིན་པ་དེ་བཞིན་དུ་དེའི་ས་གཞི་ནོར་བུའི་རང་བཞིན་དང་ཁྱོད་མཁའ་འགྲོ་བ་བཞིན་དུ་དེ་ན་ཁང་བརྩེགས་རྣམས་ཀྱི་རྒྱ་ཕིབས་ཀྱི་རྩེ་མོ་མཁའ་ལ་རེག་ཅིང་། གང་དུ་ཁྱད་པར་གྱི་ཆོས་དེ་རྣམས་ཀྱིས་ནི་སྤྲིན་ཁྱོད་དང་ལྕང་ལོ་ཅན་གྱི་ཁང་བཟང་ཤིན་ཏུ་མཚུངས་པའི་ནུས་པ་ངེས་པར་ལྡན་པ་ཡིན་ནོ། །ཞེས་སོ། །

གང་དུ་ན་ཆུང་རྣམས་ནི་ལག་པད་མཛེས་ཤིང་ལན་བུའི་ཀུན་ད་གཞོན་ནུའི་སྐྲ་ནི་འཆིང་། །གདོང་གི་ཆུ་སྐྱེས་འཛུམ་ཞིང་དཀར་བའི་གེ་སར་དཔལ་ནི་གསར་བ་དག་གིས་མཛེས་བྱས་ཤིང་། །གཙུག་ཕུད་ཀུ་རུ་བ་ཀའི་མེ་ཏོག་ཞགས་པས་བཅིངས་པ་མཛེས་ཤིང་རྣ་བར་ཤུདྲལ་ཅན། །སྐྲ་མཚམས་བཀྲ་བའི་མེ་ཏོག་དག་དང་ལྡན་པའང་ཁྱོད་ནི་ཉེ་བར་འོངས་ལས་སྐྱེས་པ་ཡིན། །

གནས་གང་དུ་ན་ཆུང་གཞོན་ནུ་མ་རྣམས་ནི་ལག་པར་པད་མས་མཛེས་ཤིང་ལན་བུའི་བར་དག་ཏུ་མེ་ཏོག་ཀུན་ད་གཞོན་ནུ་སྟེ་གསར་དུ་བཞད་པའི་ཀུ་མུད་ཀྱི་སྐྲ་ནི་འཆིང་བར་བྱེད་ལ། གཙུག་ཕུད་ལ་ནི་ཀུ་རུ་བ་ཀའི་མེ་ཏོག་གི་ཞགས་པས་བཅིངས་པ་རྣམ་པར་མཛེས་ཤིང་རྣ་བར་ཤུདྲལ་གྱི་རྒྱན་བཟང་པོ་ཅན་མའི་སྐྲ་མཚམས་རྣམས་སུ་ལེགས་པར་བཀྲ་བའི་མེ་ཏོག་དག་དང་ལྡན་པའང་སྤྲིན་ཁྱོད་ཉེ་བར་འོངས་པ་ལས་གསར་དུ་སྐྱེས་པ་ཡིན་

ནོ། །ཞེས་སོ། །

གང་གི་དཀར་པོའི་ནོར་བུ་དང་ལྡན་རིན་ཆེན་འོད་ཀྱིས་ཁྱབ་པ་ཆུ་སྐྱེས་ལྟར་མཛེས་པའི། །ཡང་ཐོག་གཞི་ལ་གནོད་སྦྱིན་རྣམས་ལ་མཆོག་གི་དགའ་མ་དང་བཅས་ཡང་དག་གནས་བྱས་ནས། །དཔག་བསམ་ཤིང་ལས་རབ་ཏུ་འཁྲུངས་པའི་དགའ་མའི་རོལ་ལྡན་ཆང་ནི་ཀུན་ཏུ་འཐུང་བྱེད་ཅིང་། །དལ་བུ་རྣམས་ཀྱི་རྔ་རྣམས་ལ་ནི་བརྡུངས་པ་ཁྱོད་ཀྱི་འབྲུག་སྒྲ་ཟབ་པའི་དབྱངས་སྙན་བཞིན། །

གནས་མཆོག་གང་གི་དཀར་པོའི་ཡིད་བཞིན་ནོར་བུའི་འོད་དང་ལྡན་ཞིང་རིན་ཆེན་སྣ་ཚོགས་ཀྱི་གཟི་འོད་ཀྱིས་ཕྱོགས་ཀུན་ཁྱབ་པར་གྱུར་པ་ཆུ་སྐྱེས་པད་མ་བཞད་པ་ལྟར་ཤིན་ཏུ་མཛེས་པའི་ཁང་བཟང་ཡོད་པ་དེའི་ཡང་ཐོག་གི་གཞི་མཆོག་ཏུ་སྐྱིད་པ་ལ་གནོད་སྦྱིན་རྣམས་ལ་མཛའ་ཞིང་གཅུགས་པ་མཆོག་གི་དགའ་མ་དང་བཅས་པ་བདེ་ཞིང་སྐྱིད་པའི་ཡང་དག་པར་གནས་པར་བྱས་ནས། དཔག་བསམ་གྱི་ཤིང་ལས་རབ་ཏུ་འཁྲུངས་པའི་དགའ་མའི་རོལ་ལྡན་ཏེ་དགའ་མའི་རྩེ་དགའི་རོལ་བ་དེའི་ནང་དུ་གནས་པ་ལྷ་བུའི་ཆང་ནི་དུས་རྣམ་ཀུན་ཏུ་འཐུང་བར་བྱེད་ཅིང་། དལ་བུ་ནུ་རྩེ་ཞིང་དབྱངས་སྙན་ལེན་པ་རྣམས་ཀྱིས་བླངས་པའི་གླུ་སྒྲ་དང་ཆབས་ཅིག་གྲགས་པའི་རྔ་སོགས་རོལ་མོ་ལེགས་པར་བརྡུངས་པ་དེ་དག་ནི་ཁྱོད་ཀྱི་འབྲུག་སྒྲ་སྙན་ཞིང་ཟབ་མོ་བཞིན་ནོ། །ཞེས་སོ། །

གང་དུ་རབ་བགྲོད་ཆེས་ཆེར་འདར་བས་ལན་བུ་ལྷུང་ཞིང་མཐར་བའི་མེ་ཏོག་ནི། །མཚར་བར་གྱུར་ཅིང་རྣ་བའི་རྒྱན་གྱུར་རབ་མཛེས་གསེར་གྱི་མེ་ཏོག་ལྷུང་བར་གྱུར་པ་དང་། །ནུ་རྒྱས་སྨུ་ཏིག་དྲ་བས་མཚར་བར་གྱུར་ཅིང་དོ་ཤལ་སྲད་བུ་ཆད་པར་གྱུར་པ་ཡིས། །འདོད་ལྡན་མ་རྣམས་མཚན་མོ་ལམ་དུ་འགྲོ་ལ་བྱུང་བ་འོད་ལྡན་ཤར་ཚེ་གསལ་བར་བྱེད། །

གནས་གང་དུ་བུད་མེད་རྣམས་རང་གི་མཛའ་བོའི་སར་རབ་ཏུ་བགྲོད་ཆེ་འདོད་པའི་དབང་གིས་ཆེས་ཆེར་འདར་བའི་སྐྲའི་ལན་བུ་ལྷུང་ཞིང་ལྷའི་མཛར་བའི་མེ་ཏོག་གིས་ནི་ཚུལ་དེ་ཉིད་མཐོང་ནས་ངོ་མཚར་བར་གྱུར་ཅིང་རབ་ཏུ་མཛེས་པའི་གསེར་གྱི་མེ་ཏོག་གི་རྒྱན་ཆ་དག་ཀྱང་ས་ལ་ལྷུང་བར་གྱུར་པ་དང་། ནུ་མ་རྒྱས་པར་མུ་ཏིག་གི་དྲ་བ་སྤྲས་པ་ཡང་ཚུལ་དེ་ལ་ངོ་མཚར་བར་གྱུར་ཅིང་རིན་པོ་ཆེའི་རྒྱན་ཆའི་དོ་ཤལ་དག་གི་སྲད་བུ་ཆད་པར་གྱུར་པ་དེ་ཡིས་ནི་འདོད་ལྡན་མ་དེ་རྣམས་མཚན་མོ་མཛའ་གྲོགས་ཀྱི་དྲུང་དུ་ལམ་དུ་འགྲོ་བའི་ཚེ་ལ་ཧེ་ཧྲར་བྱུང་བ་ཡི་དོན་མཐའ་དག་འོད་ལྡན་ཉི་མ་ཤར་ཚེ་གསལ་བར་བྱེད་ནུས་པ་ཡིན་ནོ། །ཞེས་སོ། །

གང་དུ་ཆགས་པས་གནོད་སྦྱིན་བུད་མེད་རྣམས་ཀྱི་འོག་པག་བཅིངས་པ་འགྲོལ་ཞིང་གོས་དག་ནི། །བསལ་ལ་མཛའ་བོ་རྣམས་ལ་འདོད་མས་འདར་བར་གྱུར་ཅིང་གཡོ་བའི་ལག་པ་འཕེན་པ་ན། །མཆོག་ཏུ་ཆེ་བའི་འོད་ཟེར་དང་ལྡན་རིན་ཆེན་མར་མེ་མངོན་དུ་གནས་པ་མཐོང་བྱས་ནས། །ངོ་ཚས་སྨོངས་པ་རྣམས་ཀྱི་ལག་པ་དག་གིས་ཕྱེ་མ་གཏོར་བར་གྱུར་པ་འབྲས་མེད་འགྱུར། །

ལྕང་ལོ་ཅན་ཞེས་པའི་གནས་གང་དུ་གནོད་སྦྱིན་རྣམས་ཆགས་པ་རྒྱས་པས་གནོད་སྦྱིན་གྱི་བུད་མེད་རྣམས་ཀྱི་འོག་པག་བཅིངས་པའི་སྐ་རགས་ཀྱི་མདུད་པ་འགྲོལ་ཞིང་གོས་དག་ནི། བསལ་ལ་མཛའ་བོ་དེ་རྣམས་ལ་འདོད་ལྡན་མས་ལུས་ཆགས་པས་འདར་བར་གྱུར་ཅིང་ལུས་ལ་རེག་ཀྱང་གཡོ་བའི་ལག་པ་དབང་མེད་དུ་མགུལ་དུ་འཕེན་པ་ལ་མངོན་དུ་ཕྱོགས་པ་ན། མཆོག་ཏུ་ཆེ་བའི་འོད་ཟེར་དང་ལྡན་པའི་རིན་ཆེན་མར་མེ་དེ་དག་གི་ཉེ་དྲུང་དུ་གསལ་བར་མངོན་དུ་གནས་པ་མཐོང་བར་གྱུར་ནས། ངོ་ཚས་རབ་ཏུ་སྨོངས་པར་འགྱུར་བ་དེ་རྣམས་ཀྱི་ལག་པ་དག་གིས་སྤྱོས་ཀྱི་ཕྱེ་མ་གཏོར་ནས་མེ་གསོད་པར་རྩོམ་ཡང་འབྲས་བུ་མེད་པར་འགྱུར་བ་ཉིད་དོ། །ཞེས་སོ། །

གང་དུ་ཆུ་འཛིན་ས་སྟེང་གནས་རྣམས་འདྲེན་བྱེད་རྟག་འགྲོས་གཞལ་མེད་ཁང་ནང་དེད་པ་ན། །གང་ཞིག་རང་གི་ཆུ་ཐིགས་དག་གིས་བཀྲ་བའི་རི་མོ་རྣམས་ལ་འཕྲུལ་དུ་སྐྱོན་བྱུང་ནས། །ངོ་ཚ་རིག་པ་བཞིན་དུ་ཁྲོད་འདྲ་དུམ་བུ་དུམ་བུ་དག་ཏུ་འཐོན་པར་བྱེད་པ་ནི། །དྲ་མིག་རྣམས་ཀྱི་ནང་ནས་དུ་བ་ཞུགས་པ་འཐོན་པ་རྣམས་ཀྱི་རྗེས་སུ་བྱེད་པ་བཞིན། །

གནས་གང་དུ་ཆུ་ཕྱུར་འཛིན་པ་ས་སྟེང་དུ་གནས་པ་རྣམས་ཕྱོགས་ཀུན་ཏུ་འདྲེན་པར་བྱེད་པའི་རྟག་འགྲོ་སྟེ་རླུང་གིས་གཞལ་མེད་ཁང་ངོ་མཚར་བ་རྣམས་ཀྱི་ནང་དུ་དེད་པ་ན་ཆུ་འཛིན་གང་ཞིག་གི་རང་གི་ཆ་ཤས་ཆུ་ཐིགས་དག་གིས་ཁང་བཟང་གི་རབ་ཏུ་བཀྲ་བའི་རི་མོ་རྣམས་ལ་འཕྲུལ་སྐྱོན་བྱུང་བར་བྱས་ནས། ཚུལ་དེ་ལ་ངོ་ཚ་བ་ཡིས་རིག་པ་བཞིན་དུ་ཁྲོད་དང་འདྲ་བའི་སྤྲིན་དུམ་བུ་དུམ་བུ་དག་ཏུ་གྱུར་ནས་ཕྱི་རུ་འཐོན་པར་བྱེད་པ་ནི། ཁང་པའི་དྲ་མིག་རྣམས་ཀྱི་ནང་ནས་དུ་བ་ཞུགས་པ་ཕྱིར་འཐོན་པ་རྣམས་ཀྱི་རྗེས་སུ་འགྲོ་བ་བཞིན་ནོ། །ཞེས་སོ། །

གང་དུ་བུད་མེད་རྣམས་ཀྱི་བདག་པོ་མཆོག་གིས་ཀུན་ནས་འཁྱུད་པ་རྣམས་ནི་བཏང་བ་ན། །ལུས་ནི་ཀུན་ནས་གདུང་བར་བྱེད་ལ་ཟླ་བ་ཆུ་ཤེལ་སྲད་བུས་དྲ་བ་འཕྱང་བ་ཅན། །སྤྲིན་གྱིས་བསྒྲིབས་པ་མེད་ཅིང་དཀར་བའི་ཟླ་བའི་འོད་རྣམས་གསལ་བ་མཐོང་བར་གྱུར་པ་ན། །ཆུ་ཐིགས་འབབ་པ་ཀུན་ནས་རླུགས་པས་ཞི་བར་བྱེད་ཅིང་མཆོག་ཏུ་དགའ་བ་སྐྱེད་པ་ཉིད། །

གནས་ཀུན་ཏུ་བུད་མེད་རྣམས་ཀྱི་བདག་པོ་མཆོག་སྟེ་མཛའ་ཞིང་མཐུན་པའི་ཁྱོ་བོས་མཛའ་མོ་དེ་ཉིད་དམ་པར་ཀུན་ནས་འཁྱུད་པ་བཏང་བ་ན། ལུས་ནི་ངལ་ཞིང་དུབ་པས་ཀུན་ནས་གདུང་བར་བྱེད་པའི་ཚུལ་ནི་དཀར་ཞིང་མཛེས་སྡུག་ལྡན་པའི་ལུས་ལ་རྩལ་

ཚུའི་དོག་པ་འཛིན་པ་ཟླ་བ་ཉ་གང་བ་ལ་ཆུ་ཤེལ་གྱི་སྲད་བུས་དྲ་བ་འཕྱང་བ་ཅན་བཞིན་དུ། ཁྱོད་ཀྱིས་བསྒྲིབས་པ་མེད་ཅིང་མཆོག་ཏུ་གསལ་བའི་ཟླ་བའི་འོད་རྣམས་ལ་བརྟེན་ནས་གསལ་བར་མཐོང་བར་གྱུར་པ་ན་ཁྱོད་ལ་ཆུ་ཡི་ཐིགས་པ་འབབ་པ་དེས་མཛེས་མའི་དེ་ལྟ་བུའི་ལུས་ལ་ཀུན་ནས་བྱུགས་པས་གདུང་བ་ཞི་བར་བྱེད་ཅིང་མཆོག་ཏུ་དགའ་བ་སྐྱེད་པར་བྱེད་པ་ཡོན་ཉིད་དོ། །ཞེས་སོ། །

གང་དུ་གནོད་སྦྱིན་བདག་པོའི་གྲོགས་བཟང་ལྷ་ཉིད་མངོན་སུམ་ཉིད་དུ་གནས་པ་ཤེས་བྱས་ནས། །འཇིགས་པ་མང་ལས་ཡིད་སྨྲུབས་གཞུ་ནི་ཁང་དྲུག་པ་ཡི་གཞུ་རྒྱུད་ཅན་དེ་དོར་བས་ཆོག །བདག་པོའི་འབེན་ལ་མཛེས་མའི་སྨིན་མ་འཁྱོག་པོའི་གཞུ་ལ་ཟུར་མིག་གཡོ་བ་དག་གི་མདའ། །རོལ་སྙེག་གཡོ་བ་རྩོམ་པར་བྱེད་པ་ཉིད་ཀྱིས་དེ་ཡི་འབྲས་བུ་ངེས་པར་གྲུབ་པ་ཉིད། །

གནས་གང་དུ་གནོད་སྦྱིན་གྱི་བདག་པོའི་གྲོགས་པོ་བཟང་པོ་ལྷ་ཆེན་པོ་དབང་ཕྱུག་དེ་ཉིད་མངོན་སུམ་ཉིད་དུ་གནས་པ་ཤེས་པར་བྱས་ནས། ལུས་མེད་བདག་པོ་དེ་ཉིད་ལྷ་ཆེན་པོ་ལ་སྐྲག་པའི་འཇིགས་པ་མང་བ་ལས་ཡིད་སྨྲུབས་ཀྱི་གཞུ་ཁང་བ་དྲུག་པའི་གཞུ་རྒྱུད་ཅན་དེ་དོར་བས་ཆོག་མོད། བདག་པོའི་འབེན་ལ་གཏད་ཅིང་མཛེས་མའི་སྨིན་མ་འཁྱོག་པོའི་གཞུ་ལ་སྦྱར་བའི་ཟུར་མིག་གཡོ་བ་དག་གི་མདའ་ནི། འདོད་པའི་རྣམ་འགྱུར་གྱིས་རོལ་ཅིང་སྙེག་པའི་ཉམས་ཀྱིས་གཡོ་བ་ལ་རྩོམ་པར་བྱེད་པ་ཉིད་ཀྱིས་འདོད་ལྷ་དེ་ཡི་རེ་བའི་འབྲས་བུ་ནི་ངེས་པར་གྲུབ་པ་ཉིད་དོ། །ཞེས་སོ། །

དེ་ན་ནོར་གྱི་བདག་པོའི་ཁང་བཟང་ལས་ནི་བྱང་གི་ཕྱོགས་ན་བདག་གི་གྲོང་ཁྱེར་ནི། །མཐོ་རིས་བདག་པོའི་གཞུ་དང་འདྲ་བའི་རྟ་བབས་མཛེས་པས་རིང་ནས་མཚོན་པར་བྱས་པ་སྟེ། །གང་གི་སྐྱེད་ཚལ་མཐར་དང་ལྡོན་ཤིང་གཞོན་ནུ་བདག་གི་མཛེས་མའི་བུ་ལྟར་ནི། །

བསྐྱངས་པའི་མཐུ་ལས་འཕེལ་བའི་མེ་ཏོག་རྒྱན་འཕྱང་ཐུར་དུ་འཕྱང་བ་ལག་པས་ཐོབ་བྱ་ཡོད། །

གནས་དེ་ན་ནོར་གྱི་བདག་པོ་རྣམ་ཐོས་སྲས་ཀྱི་ཁང་བཟང་ལས་ནི་བདག་གི་ཁྱིམ་ཁྱེར་མཆིས་པ་ནི། མཐོ་རིས་བདག་པོ་བརྒྱ་བྱིན་གྱི་གཞུ་དང་འདྲ་བའི་རྟ་བབས་ཀྱིས་མཆོག་ཏུ་མཛེས་པས་རིང་ནས་བལྟས་ཀྱང་ཁོ་བོའི་ཕོ་བྲང་ཡིན་པ་མཚོན་པར་བྱས་པ་སྟེ་ཤེས་ནུས་པ་ཡོད་ལ། ཁང་བཟང་གང་གི་མཐའ་འཁོར་དུ་གནས་པའི་སྐྱེད་མོས་ཚལ་དག་ན་མཐུར་སོགས་མེ་ཏོག་དང་སྔོན་ཤིང་གཞོན་ནུ་རྣམས་ནི་བདག་གི་མཛེས་མའི་བུ་ལྟར་དུ་ནི། གཅེས་པར་བསྐྱངས་པར་བྱས་པའི་མཐུ་ལས་མེ་ཏོག་གི་རྒྱན་འཕྱང་ཐུར་དུ་འཕྱང་བ་ལག་པས་ཐོབ་པར་བྱ་བ་མང་པོ་ཡོད་དོ། །ཞེས་སོ། །

བཀོད་པ་བཟང་པོའི་ཆུ་ནི་མར་ཀ་ཏའི་རྡོ་ཡི་ཕྲེང་བ་བསྒྲིགས་པའི་ལམ་སྐས་ཅན། །འདི་ནས་མཛེས་པའི་གསེར་གྱི་པདྨ་རྒྱས་པའི་རིན་ཆེན་རྩ་ལྡན་རྣམས་ཀྱིས་ཁྱབ་པ་སྟེ། །གདུང་བ་དང་བྲལ་ངང་བའི་ཚོགས་རྣམས་དག་ནི་གནྣའི་ཆུ་ལ་གནས་པར་བྱས་པའི་ཚེ། །ཁྱོད་ཉིད་ཡང་དག་མཐོང་བར་གྱུར་ཀྱང་ཉེ་བར་གནས་པའི་ཡིད་འོང་མཚོ་ལས་འགྲོ་མི་འགྱུར། །

བཀོད་པ་བཟང་པོའི་ཆུ་སྟེགས་མཚོའུ་ནི་མར་ཀ་ཏ་ཡི་རྡོ་ཡི་ཕྲེང་བ་རིམ་པ་བཞིན་བསྒྲིགས་པའི་ཟམ་པ་དང་ལམ་ཐེམ་སྐས་བཅས་པ་ཅན་དང་། འདི་ནས་ཤིན་ཏུ་མཛེས་པར་བཞད་པའི་གསེར་གྱི་པདྨ་རྒྱས་པ་སོགས་མེ་ཏོག་ཙ་མཚར་བ་མང་པོ་དང་རིན་ཆེན་བཻཌཱུརྱ་སྔོ་ལྗང་དང་མཚུངས་ཤིང་ཕྱོགས་སུ་གྱེས་པའི་རྩ་བ་ལྡན་པའི་སྔོན་པ་རྣམས་ཀྱིས་ཁོར་ཡུག་ཀུན་ཏུ་ཁྱབ་པ་སྟེ། གདུང་བ་དང་བྲལ་བའི་ངང་བའི་ཚོགས་རྣམས་དག་ནི་གནྣ་ལྟ་བུའི་ཆུ་ལ་གནས་པར་བྱས་པ་དེ་ཡི་ཚེ་ན། ཁྱོད་ཉིད་ཡང་དག་པར་མཐོང་བར་གྱུར་ནས་སྟོན་གྱི་དུས་སྐབས་པ་ཤེས་ཀྱང་གམ་དུ་ཉེ་བར་གནས་པའི་ཡིད་དུ་འོང་བའི་མཚོ་ལས་ཡུལ་

གཞན་དུ་འགྲོ་བར་མི་འགྱུར་རོ། །ཞེས་སོ། །

ཀཱ་ཡེ་གྲོགས་བཟང་ཁྱོད་ནི་སློག་གི་དགའ་མ་གཡོ་བཞིན་ཉེ་བར་མཐོང་བར་གྱུར་པ་ན། །མཚོ་དེའི་ངོགས་ན་མཛེས་པའི་རི་བོ་ཡིད་འོང་མཆོག་གི་ཨིནྡྲ་ནཱི་ལ་རྣམས་ཀྱིས་ནི། །རྩེ་མོ་མཛེས་པར་བྱས་པར་གསེར་གྱི་བསྐོར་བ་རྣམས་ཀྱིས་བསྐོར་བ་ཁྱོད་ཀྱིས་བལྟ་བྱ་བ། །བདག་གི་དགའ་མ་དགའ་བྱེད་དང་བཅས་དེ་ཉིད་སེམས་གདུངས་བདག་ནི་ཤིན་ཏུ་དྲན་པར་གྱུར། །

ཀཱ་ཡེ་གྲོགས་པོ་བཟང་པོ་ཕྱིན་ཁྱོད་ནི་གློག་གི་དགའ་མ་སྣེག་པའི་ཉམས་ཀྱིས་གཡོ་བཞིན་པ་ཉེ་བར་མཐོང་བར་གྱུར་པ་ན། མཚོ་དེའི་ངོགས་ན་ཤིན་ཏུ་མཛེས་པའི་རི་བོ་ཡིད་དུ་འོང་བ་མཆོག་གི་ཨིནྡྲ་ནི་ལ་རྣམས་ཀྱིས་ནི། རྩེ་མོ་ཏ་ཙང་མཛེས་པར་བྱས་པ་ལེགས་པར་ལྟ་ན་སྡུག་ཅིང་། མ་རྙིངས་པའི་གསེར་གྱི་བསྐོར་བ་རྣམས་ཀྱིས་མུ་འཁྱུད་ལྟར་བསྐོར་བ་ཁྱོད་ཀྱིས་བལྟ་བར་བྱ་བའི་གནས་སུ་གྱུར་པ་དང་བདག་གི་མཛའ་ཞིང་མཐུན་པའི་དགའ་མ་དང་དེ་ཉིད་དགའ་བྱེད་ཀྱི་ལྟོན་པ་དང་། ཡིད་དུ་འོང་བའི་རི་བོ་དང་བཅས་པ་དེ་ཉིད་སེམས་རབ་ཏུ་གདུངས་པ་བདག་གིས་ནི་ཤིན་ཏུ་དྲན་པར་གྱུར་རོ། །ཞེས་སོ། །

དེ་ལ་ཀུ་རུ་བ་ཀའི་ཤིང་གིས་བསྐོར་བའི་ཡལ་གའི་ཁང་བཟང་དང་ལྡན་ཉེ་བ་ན། །སྨྲ་དན་མེད་ཤིང་དམར་དང་ཀེ་ས་ར་ཡི་ཤིང་ཆེན་ཡལ་འདབ་གཡོ་བ་མཛེས་པ་ཡོད། །གཅིག་ལ་ཁྱོད་ཀྱི་གྲོགས་སུ་གྱུར་པའི་དགའ་མ་བདག་དང་བཅས་གཡོན་པས་བསྙུན་འདོད་ཅིང་། །གཞན་ལ་གདོང་གི་ཆང་འཐུང་མེ་ཏོག་འབྱུང་བའི་དོན་དུ་དགའ་མ་དེ་ནི་བདག་འདོད་གྱུར། །

གནས་དེ་ལ་ཀུ་རུ་བ་ཀ་ཞེས་པའི་ཤིང་གིས་བསྐོར་བའི་ལྟོན་པ་དེའི་ཡལ་གའི་ཁང་བཟང་དང་ལྡན་ཞིང་དེ་དང་ཉེ་བ་ན། སྨྲ་དན་མེད་ཀྱི་ལྟོན་ཤིང་དམར་པོ་དང་ཀེ་ས་ར་ཞེས་

པ་ཡི་སྔོན་ཤིང་ཆེན་པོ་ཡལ་འདབ་གཡོ་བ་མཆོག་ཏུ་མཛེས་པའི་སྔོན་པ་གཉིས་ཡོད་ལ། གཅིག་གཅིག་ལ་སྐྱེ་བྲུ་ངན་མེད་པའི་ཤིང་ལ་མེ་ཏོག་བཞད་པའི་ཆེད་དུ་གྲོགས་སུ་གྱུར་པའི་དགའ་མ་དང་བདག་པོ་དང་བཅས་པའི་རྐང་བ་གཡོན་པས་བསྣུན་པར་འདོད་ཀྱང་། གཞན་ལ་སྐྱེ་ཀེ་ས་ར་ཞེས་པའི་སྔོན་པའི་མཛེས་མའི་གདོང་གི་འགྲམ་ཆང་འཐུང་ནས་མེ་ཏོག་འབྱུང་བ་དོན་དུ་གཉེར་བ་བཞིན་དུ་མཛེས་སྡུག་དགའ་མ་མཆོག་དེ་ནི་བདག་ཀྱང་འདོད་པར་གྱུར་རོ། །ཞེས་སོ། །

དེ་ཡི་དབུས་ན་རབ་དཀར་ཤེལ་གྱི་གཞི་ལ་གསེར་གྱི་སྡོང་བོ་ཆེ་ཞིང་མཐོ་བར་གནས། །རྩ་བ་རིན་ཆེན་ཕྲེང་བས་བཅིངས་པ་ཇོ་ཛེ་ཡ་ལམ་ཆེ་བ་མིན་པ་འོད་འཕྲོ་བ། །གང་ལ་ཁྱོད་ཀྱི་གྲོགས་བཟང་མགྲིན་སྔོན་གནས་ནས་ཉིན་བྱེད་སོང་ཚེ་རོལ་སྙེག་གར་བྱེད་ཅིང་། །བདག་གི་མཛེས་མ་རིན་ཆེན་གདུ་བུ་འཐབ་པའི་དབྱངས་སྙན་སྐལ་བཟང་མཆོག་ཏུ་མཛེས་པ་ཡོད། །

སྔོན་པའི་ཕྲེང་བ་དེ་ཡི་དབུས་ན་རབ་ཏུ་དཀར་བའི་ཤེལ་གྱི་ས་གཞི་ལ་གསེར་གྱི་སྡོང་པོ་ཆེ་ཞིང་མཐོ་བར་གནས་པ། རྩ་བ་རིན་ཆེན་སྣ་ཚོགས་ཀྱི་ཕྲེང་བས་བཅིངས་པ་ཇོ་ཛེ་ཡ་ལམ་ཆེ་བ་མིན་པ་དང་མར་གད་སོགས་ལས་འོད་འཕྲོ་བས་མཛེས་པ། དེ་ལྟ་བུའི་གནས་གང་ལ་སྤྲིན་ཁྱོད་ཀྱི་གྲོགས་བཟང་པོ་མགྲིན་སྔོན་ཅན་རྨ་བྱ་གནས་ནས་ཉིན་བྱེད་སོང་ཚེ་སྟེ་ཉི་མ་ནུབ་ཚེ་རོལ་ཅིང་སྙེག་པའི་གར་བྱེད་ཅིང་། བདག་གི་མཛེས་མ་དེ་ཡི་རིན་ཆེན་གདུ་བུ་འཐབ་པ་ལས་བྱུང་བའི་གདངས་དབྱངས་སྙན་པ་འབྱུང་བ་སོགས་སྐལ་བཟང་སྐྱེ་བོ་ཀུན་ལ་དགའ་བདེ་སྟེར་བའི་གནས་མཆོག་ཏུ་མཛེས་པ་ཡོད་དོ། །ཞེས་སོ། །

དེ་རྣམས་ཀྱིས་ནི་ལེགས་པར་མཚན་པ་ཀྭ་ཡེ་ལེགས་པའི་ཐུགས་འཛིན་ཁྱོད་ཀྱིས་བལྟ་བར་བྱ། །སྒོ་ཡི་མཐའ་དང་ཉེ་བ་དག་ན་དུང་དང་པདྨའི་གཟུགས་བྲིས་མཐོང་བར་བྱས་པ་ན། །ད་ལྟ་བདག་དང་བྲལ་བར

གྱུར་པས་ངེས་པར་མཛེས་པ་དམན་པ་ཉིད་དུ་གནས་པར་ངེས། །ཉི་མ་ནུབ་པར་གྱུར་པས་ངེས་པར་པདྨ་དག་གི་མཛེས་པ་ཉམས་པར་གྱུར་པ་ཉིད། །

གོང་ནས་སྨྲས་པའི་རྟགས་མཚན་དེ་རྣམས་ཀྱིས་ནི་ལེགས་པར་མཚོན་པ་དེ་བདག་གི་ཁྱིམ་ཡིན་པ་ཀཱ་ཡེ་གྲོགས་པོ་ཁྱོད་ཀྱི་ལེགས་པའི་ཐུགས་ལ་འཛིན་དགོས་ཤིང་དེར་ཐོན་པ་ན་མཚན་མ་དེ་དག་ལ་ཁྱོད་ཀྱིས་བལྟ་བར་བྱའོ། །དེར་མ་ཟད་སྒོ་ཡི་མཐའ་དང་ཉེ་བའི་ས་དག་ན་དུང་དང་པདྨའི་གཟུགས་ལ་སོགས་པའི་བཀྲ་ཤིས་པའི་རི་མོ་སྣ་ཚོགས་བདག་རྐྱེན་ངན་དང་བྲལ་ནས་མྱུར་དུ་ཡོང་བའི་རྟེན་འབྲེལ་དུ་བྲིས་ཡོད་པར་ངེས་པས་དེ་དག་ཀྱང་ཁྱོད་ཀྱིས་མཐོང་བར་བྱས་པ་ན་བདག་གི་ཁྱིམ་ཡིན་ངེས་ཀྱང་། ངའི་ཁྱིམ་དེ་ཡང་བདག་པོ་དང་བྲལ་བར་གྱུར་པས་ངེས་པར་མཛེས་སྡུག་གི་ཆ་རྣམས་སྔར་ལས་ཆེས་དམན་པ་ཉིད་དུ་གནས་པར་ངེས་ཏེ། ཉི་མ་ནུབ་པར་གྱུར་པས་ངེས་པར་པདྨ་དག་གི་མཛེས་པ་ཉམས་པར་གྱུར་པ་ནི་ཆོས་ཉིད་ཡིན་པས་སོ། །ཞེས་པའོ། །

མཛེས་མ་དེ་ནི་ཡོངས་སུ་བསྐྱངས་ཆེད་མྱུར་དུ་གཤེགས་ནས་གླང་ཕྲུག་ལུས་བཞིན་ཆུང་བ་ཡིས། །མཛེས་པའི་རི་བོ་དེ་ཡི་རྩེས་ལ་གནས་ནས་དང་པོར་ལེགས་བཤད་སྙན་པའི་གསུང་གླེང་མཛོད། །བདག་གི་ཁང་ནང་འཇུག་ཚེ་མེ་ཁྱེར་ཕྲེང་བ་ལྟ་བུའི་སྣང་བ་ཆུང་ཞིང་ཆུང་བ་ནི། །མཛེས་ཤིང་རོལ་བའི་སྤྲིན་མ་གཡོ་བའི་གློག་གི་མིག་ནི་བྱས་ནས་ཁྱོད་ཀྱིས་བལྟ་བར་འོས། །

བདག་གི་མཛེས་མ་དེ་ནི་ཡོངས་སུ་བསྐྱངས་པའི་ཆེད་དུ་ཁྱོད་ཉིད་མྱུར་དུ་གཤེགས་ནས་གླང་ཆེན་གྱི་ཕྲུ་གུའི་ལུས་བཞིན་དུ་ཤིན་ཏུ་ཆུང་བ་ཡིས། མཛེས་སྡུག་ལྡན་པའི་རི་བོ་དེ་ཡི་རྩེས་ལ་གནས་བཅས་ནས་དང་པོ་ལེགས་པར་བཤད་པའི་གཏམ་སྙན་པའི་གསུང་གླེང་ཞིབ་ཏུ་མཛོད་ཅིག བདག་གི་ཁྱིམ་གྱི་ཁང་པའི་ནང་དུ་དངོས་པོ་འཇུག་ཚེ་མེ་ཁྱེར་ཕྲེང་བ

ལྟ་བུའི་གློག་གི་སྣང་བ་ཆུང་ཞིང་ཁ་རོག་པར་ནང་དུ་ཆུད་པར་བྱ་བ་ནི་མཛེས་མ་ལ་འཇིགས་སྣང་མི་སྐྱིད་པའི་ཆེད་ཡིན་ལ། དེ་ནས་མཛེས་ཤིང་སྒེག་པའི་རོལ་བའི་སྨིན་མ་གཡོ་བའི་གློག་གི་མིག་བྱས་ནས་ཁྱོད་ཀྱིས་བདག་གི་མཛེས་མ་དེ་ལ་བལྟ་བར་འོས་སོ། །ཞེས་སོ། །

དེ་ན་བདག་གི་དགའ་མ་ལུས་ཕྲ་མདོག་མཛེས་གཉིས་སྐྱེས་བཀྲ་བའི་ཕྲ་ལམ་མཆུ་དག་ནི། །བིལ་བ་སྨིན་པ་སྐེད་པ་ཕྲ་ཞིང་འདྲེན་བྱེད་གཡོ་བའི་རི་དྭགས་མིག་ཅན་ལྟེ་བ་དམའ། །རོ་སྨད་སྦོམ་ཞིང་དལ་གྱིས་འགྲོ་མཁས་འོ་མ་འཛིན་པ་དག་གི་བར་དག་མཆོག་ཏུ་མཛེས། །ན་ཆུང་དག་གི་ཡིད་ལ་མངོན་དུ་ཞེན་པར་བྱེད་པོ་ཚངས་པས་དང་པོ་ཉིད་དུ་གྱུར། །

ཁང་བཟང་དེ་ན་བདག་གི་དགའ་མ་ལུས་ཕྲ་ཞིང་ལྟེམ་པ་མདོག་དཀར་ཞིང་མཛེས་པ་གཉིས་སྐྱེས་ཏེ་སོ་ཡི་ཕྲེང་བ་ཚར་དུ་དངར་བ་བཀྲ་བའི་ཕྲ་ལམ་མཆུ་དག་སྟེ་ཁ་ཆུང་ཞིང་མཆུ་དམར་བ་ནི། ཤིང་ཏོག་བིལ་བ་སྨིན་ཞིང་གསར་དུ་བསྐྱེད་པ་འདྲ་ཞིང་ཕྲ་ལ་དཀུས་རིང་བའི་འདྲེན་བྱེད་གཡོ་བའི་རི་དྭགས་ཨེ་ན་ཡའི་མིག་ཅན་ལྟེ་བ་དམའ་བ་སྟེ་སྐེད་པ་ཕྲ་བ། རོ་སྨད་སྦོམ་ཞིང་ངུར་བའི་འགྲོས་ཀྱིས་དལ་གྱིས་འགྲོ་བ་ལ་མཁས་པ་འོ་མ་འཛིན་པ་ནུ་མའི་བར་དག་མཆོག་ཏུ་མཛེས་པའི་མཛེས་མའི་ཡུལ་དུ་བྱུང་བ་འདི་ནི། ན་ཆུང་དག་གི་ཡིད་ལ་ཆགས་པ་རྒྱས་ནས་མངོན་དུ་ཞེན་པར་བྱེད་པའི་རྟེན་དུ་འཇིག་རྟེན་བྱེད་པོ་ཚངས་པས་བསྐྱེད་པའི་སྒེག་འཆང་མ་དང་པོ་ཉིད་དུ་གྱུར་ཏོ། །ཞེས་སོ། །

གཞོན་མ་དེ་ནི་བདག་གི་སྲོག་ནི་གཉིས་པར་ཤེས་པར་མཛོད་ཅེས་དལ་གྱིས་སྨྲ་བར་བྱ། །བདག་དང་ལྷན་ཅིག་སྤྱོར་ལ་ཤིན་ཏུ་རིང་བར་གྱུར་ཏེ་དང་མོ་གཅིག་པུར་གྱུར་པ་བཞིན། །འདི་ལ་ཉིན་ཞག་མང་པོ་འོང་བ་རྣམས་སུ་ཡིད་ལ་བཅགས་པ་མེད་པ་ཉིད་དུ་གྱུར། །དགུན་སྨད་པདྨ་ཅན་ནི་ཁ་བས་ཉམས་པ་བཞིན་དུ་གཟུགས་གཞན་ཐོབ་པར་བདག་

གིས་ཤེས། །

གཞོན་ནུ་མ་དེ་ནི་བདག་གི་སྲོག་ནི་གཉིས་པ་ཡིན་པར་ཤེས་པར་མཛོད་ཅེས་ཁྱོད་ཀྱིས་ཁོ་མོ་ལ་ངག་འཇམ་པོས་དལ་གྱིས་སྨྲ་བར་བྱ་སྟེ། བདག་དང་ལྷན་ཅིག་ཏུ་སྤྱོར་བའི་སྐལ་བ་ལ་ཤིན་ཏུ་རིང་བར་གྱུར་ཏེ་ངང་མོ་ཁྱོད་དང་བྲལ་ནས་གཅིག་པུར་གནས་པར་གྱུར་པ་བཞིན་དུ་གནས་ཡོད་པར་གདོན་མི་ཟའོ། །འདི་ལ་ཉིན་ཞག་མང་པོ་ཁོ་བོ་འོང་བ་ཁོ་ན་སེམས་ཤིང་དེའི་དོན་རྣམས་དུས་སུ་ཡིད་ལ་བཅག་པ་འབྲས་བུ་མེད་པ་ཉིད་དུ་གྱུར་པ་ནི། དགུན་སྨད་ཀྱི་དུས་སུ་པདྨ་ཅན་གྱི་སྐྱེད་ཚལ་རྣམས་ཁ་བས་ཉམས་པ་བཞིན་དུ་གཟུགས་ཀྱི་རྣམ་པ་གཞན་ཞིག་ཐོབ་ཡོད་པར་བདག་གིས་བསམ་ན་ཤེས་སོ། །ཞེས་སོ། །

དགའ་མ་དེ་ནི་ངེས་པར་མཆི་མ་མང་པོ་བབས་ལས་མིག་འབྲུར་ཆེ་བ་དག་ཏུ་གྱུར། །སྐྱེང་འོག་མཆུ་ཡི་པགས་པ་དག་ནི་ཤུགས་རིང་ཤིན་ཏུ་དྲོ་བའི་དབུགས་ནི་དུ་མ་བྱས། །གདོང་ནི་ལེགས་པར་བཀོད་ལ་ལན་བུ་འཕྱང་བས་བསྒྲིབས་པས་མཐའ་དག་གསལ་བ་མིན་པ་ནི། །ཟླ་བའི་འོད་ཀྱིས་མཛེས་པ་ཁྱོད་ནི་འོངས་པས་བསྒྲིབས་ལས་སྣང་མིན་སྡུག་པའི་འཛིན་པ་བཞིན། །

བདག་གི་དགའ་མ་དེ་ནི་ངེས་པར་ཕོ་བོ་དྲན་པས་མཆི་མ་མང་པོ་འབབ་པའི་སྟོབས་ལས་མིག་གཉིས་སྐྲང་ནས་འབྲུར་ཆེ་བ་དག་ཏུ་གྱུར་ཅིང་། སྐྱེང་འོག་གི་མཆུ་ཡི་པགས་པ་དག་ནི་ཤུགས་རིང་འཕྱིན་པའི་ཤིན་ཏུ་དྲོ་བའི་དབུགས་ཀྱིས་ནི་ཤུན་པ་སྐམ་སྟེ་ཐོག་པའི་སྐབས་དུ་མ་མངོན་དུ་བྱས་ངེས་ལ། སྐྱེས་པ་གཞན་ལ་མི་ལྟ་བར་གདོང་ནི་སྒྲུར་ནས་བྲང་ལ་ལེགས་པར་བཀོད་པ་ལ་ལན་བུ་སྔོན་དུ་འཕྱང་བས་བསྒྲིབས་པ་བཞིན་མཐའ་དག་གསལ་བ་མིན་པ་ཡི་ཚུལ་དུ་གྱུར་པ་ནི། ཟླ་བའི་འོད་ཀྱིས་མཆོག་ཏུ་མཛེས་པར་བྱས་པའི་དངོས་པོ་དག་སྤྲིན་ཁྱོད་ནི་འོངས་པས་བསྒྲིབས་པར་བྱས་པ་ལས་སྣང་མིན་ཏེ་དཀར་པོ་མིན་པ་སྡུག་པའི་རྣམ་པ་འཛིན་པ་བཞིན་ནོ། །ཞེས་སོ། །

གཏོར་མ་བྱེད་པའང་བྲལ་བས་བཏུད་པར་གྱུར་པ་བདག་འདྲ་ཡིད་ཀྱིས་རྟོག་བྱ་འབྲི་བའམ། །སྙན་པའི་ཚིག་གིས་སྨྲ་བའི་ཤ་རི་ཀ་ནི་གྲུར་གྱི་ནང་ན་གནས་ཤིང་གནས་པ་ལ། །ཀྱཻ་ཡེ་གྲོགས་མོ་ཐྲི་བོ་དེ་ཡི་དགའ་བ་དྲན་ནམ་ཞེས་པའི་དྲི་བ་བྱེད་ཀྱང་ནི། །ཁྱོད་ནི་མཐོང་བར་གྱུར་པ་ན་ནི་ང་ནི་མདུན་དུ་འོངས་ཤིང་དགའ་བར་བྱེད་པར་འགྱུར། །

བདག་གི་དགའ་མ་དེས་ནི་ལྷ་ལ་གཏོར་མ་འབུལ་བ་སོགས་མཆོད་པ་བྱེད་པའི་བྱ་བའང་བྲལ་བས་སེམས་བཏུད་པར་གྱུར་པ་ཡི་ངང་བདག་དང་འདྲ་བའི་སྣང་བརྙན་ཞིག་ཡིད་ཀྱིས་རྟོག་པར་བྱ་ཞིང་ལག་གིས་འབྲི་བའམ་ཡང་ན་སྙན་པའི་ཚིག་གིས་གཏམ་སྨྲ་བའི་ཤ་རི་ཀ་ནེ་ཙོ་ནི་གཟེབ་གུར་གྱི་ནང་ན་གནས་ཤིང་སྨྲ་བ་ལ་དགའ་བ་དེས་མྱུ་ངན་དང་བཅས་བཞིན་གནས་པའི་བདག་གི་མཛེས་མ་ལ། ཀྱཻ་ཡེ་གྲོགས་མོ་ཁྱོད་ལ་རྗེ་བོ་དེ་ཡི་དགའ་བ་སྙིང་དེ་ལ་བརྟེན་ནས་བྱུང་བའི་དགའ་བ་དྲན་ནམ་ཞེས་པའི་དྲི་བ་བྱེད་བཞིན་ཡོད་ཀྱང་ནི། ཕོ་ བོའི་འཕྲིན་འཁྱེར་མཁན་ཁྱོད་ནི་མཐོང་བར་གྱུར་པ་ན་ནི་ང་ནི་སྙེ་རང་ཉིད་དངོས་སུ་མདུན་དུ་འོངས་ནས་དགའ་བསུ་བྱེད་པར་འགྱུར་རོ། །ཞེས་སོ། །

ཀྱཻ་ཡེ་གྲོགས་བཟང་དྲི་མའི་གོས་དང་བཅས་པའི་རང་གི་པང་བར་པི་ཝང་བཞག་བྱས་ནས། །བདག་གི་མིང་ནས་བོད་པས་མཚན་ཅིང་འདོད་པའི་དབྱངས་སྙན་ཆེར་སྒྲོགས་སྙན་པར་གྱུར་པའི་ཚེ། །རང་གིས་བྱ་བ་བྱས་པར་གྱུར་ཀྱང་དབྱངས་སྙན་དུམ་བུ་དུམ་བུར་བཅས་ནས་སེམས་ཤིང་ཡང་ཡང་ནི། །མིག་ཆུས་བརྒྱན་པའི་རྒྱུད་མངས་རྡུང་ཟད་ཕྱི་བར་བྱས་ནས་ཀྱང་ནི་དེ་ནི་འོང་བར་འགྱུར། །

ཀྱཻ་ཡེ་གྲོགས་བཟང་བདག་གི་མཛའ་མོ་དེ་བྲལ་བའི་གདུངས་པས་གོས་ཡང་མི་བཀྲུ་བར་དྲི་མའི་གོས་དང་བཅས་པའི་རང་གི་པང་བར་པི་ཝང་བཞག་པར་བྱས་ནས། བདག་གི་མིང་ནས་ཐོད་པས་མཚན་པར་བྱེད་ཅིང་འདོད་པའི་དབྱངས་སྙན་པ་ཆེས་ཆེར་སྒྲོགས་པ་

རྒྱུད་མངས་ཀྱི་སྒྲ་དང་བསྟེབས་ནས་ཤིན་ཏུ་སྙན་པར་གྱུར་པའི་ཚེ་ན། གླུ་དབྱངས་དེའི་ཚིག་རང་གིས་བྱས་པར་གྱུར་ཀྱང་དབྱངས་སྙན་དེའི་དོན་དུམ་བུ་དུམ་བུར་བཅས་ནས་ཡིད་ལ་སེམས་ཤིང་ཡང་ནས་ཡང་དུ་ནི། མིག་ཆུས་བརླན་པའི་རྒྱུད་མངས་ཐུང་ཟད་ཕྱི་བར་བྱས་ནས་ཀྱང་ནི་སླར་ཡང་གླུ་ལེན་ཞིང་པི་ཝང་བསྐྱུལ་བ་དེ་ལྟ་བུའི་གནས་སྐབས་ནི་འོངས་པར་འགྱུར་ངེས་སོ། །ཞེས་སོ། །

བདག་ནི་འོངས་པའི་ཉིན་ནས་བཙམས་ཏེ་ཉིན་ཞག་དང་ནི་ཟླ་བ་སོང་བའི་ལྷག་མ་རྣམས། །ས་ལ་རྣམ་པར་འགོད་ཅིང་སྒོ་ཡི་ནང་དུ་གངས་ཀྱི་མེ་ཏོག་རྣམས་ནི་སྐྱུར་བར་བྱེད། །བདག་ཅག་ནམ་ནི་འཕྲད་པར་འགྱུར་རམ་སྙམ་པ་སྙིང་ལ་སེམས་པའི་རྩོམ་པ་མང་པོ་བྱེད། །ཕལ་ཆེར་བུད་མེད་རྣམས་ནི་བདག་པོ་བྲལ་བས་ཡིད་ཀྱི་གདུང་བ་མང་པོ་ཉིད། །

དགའ་མས་བདག་ནི་ས་འདིར་འོངས་པའི་ཉིན་ནས་བཙམས་ཏེ་ཉིན་ཞག་དང་ནི་ཟླ་བ་དུ་མ་སོང་བའི་ད་དུང་ལྷག་མ་ཅི་ཙམ་ཡོད་པ་རྣམས་ལེགས་པར་རྩི་བའི་ཕྱིར་གྲངས་ཀྱི་རི་མོ་ས་ལ་རྣམ་པར་འགོད་ཅིང་ཁང་བའི་སྒོ་ཡི་ནང་དུ་གངས་རི་ལས་སྐྱེས་པའི་མེ་ཏོག་རྣམས་ནི་སྐྱུར་བར་བྱེད་ཅིང་། བདག་ཅག་ནམ་ཞིག་ཏུ་ནི་འཕྲད་པར་འགྱུར་རམ་སྙམ་ལ་འབའ་ཞིག་སྙིང་ལ་སེམས་པ་དེའི་དོན་དུ་རྩོམ་པ་མང་པོ་བྱེད་པར་ངེས་ཏེ། ཕལ་ཆེར་བུད་མེད་རྣམས་ནི་བདག་པོ་བྲལ་བས་ཡིད་ཀྱི་ལས་ཀྱི་གདུང་བ་ཤུགས་དྲག་ཅིང་མང་པོ་བྱེད་པ་ཆོས་ཉིད་ཡིན་པས་སོ། །ཞེས་སོ། །

ཉིན་མོའི་བར་ལ་བྱ་བ་དང་ལྡན་བདག་དང་བྲལ་ལས་དེ་ལྟར་ཤིན་ཏུ་མིན་ན་ཡང་། །མཚན་མོ་ཤིན་ཏུ་རིང་ལས་ཁྱོད་ཀྱི་གྲོགས་མོ་བྱ་མེད་གདུང་བ་ཆེ་བར་བདག་གིས་ཤེས། །ལེགས་མ་མཚན་རིང་རྣམས་ལ་གཉིད་བྲལ་སྟན་མེད་ས་ལ་ཉལ་ཚེ་དྲ་མིག་ཉེ་བར་ནི། །གནས་ནས་བལྟ་

བྱ་བདག་གི་འཕྲིན་རྣམས་བཟླས་པ་རྣམས་ནི་བདེ་བའི་ཆེད་དུ་ནུས་པ་ཉིད། །

མཛའ་མོ་དེ་ནི་ཉིན་མོའི་བར་ལ་ཁྱིམ་གྱི་བྱ་བ་དང་ལྡན་པས་བདག་དང་བྲལ་བ་ལས་དེ་ལྟར་གདུང་བ་མི་བཟད་པ་ཤིན་ཏུ་སྨྱོང་བ་མིན་ན་ཡང་། མཚན་མོ་བདག་དྲན་པས་གཉིད་མེད་པར་དུས་ཤིན་ཏུ་རིང་ལས་སྤྲིན་ཕྲིད་ཀྱི་གྲོགས་མོ་དེ་ཉིད་བྱ་བ་མེད་པར་གདུང་བ་ཧ་ཅང་ཆེ་བར་བདག་གིས་ཤེས། སྨིན་ལེགས་མ་མཚན་མོ་རིང་བ་རྣམས་ལ་གཉིད་དང་བྲལ་བས་མལ་ཇི་ལྟར་བདེ་ཡང་སྟན་མེད་པར་ས་ལ་ཉལ་བ་ལྟ་བུར་གྱུར་པའི་ཚེ་ན་སྤྲིན་ཕྲིད་དྲ་མིག་དང་ཉེ་བར་འོངས་ནས་ནི། གནས་པར་བྱས་ནས་བལྟ་བར་བྱ་ཞིང་བདག་གི་འཕྲིན་རྣམས་དལ་བུར་དེའི་རྣ་བར་བཟླས་པར་བྱས་པ་ན་ཚིག་དེ་རྣམས་ནི་སེམས་བདེ་བའི་ཆེད་དུ་བྱས་པ་དང་མཚུངས་པའི་ནུས་པ་ཡོད་པ་ཉིད་དོ། །ཞེས་སོ། །

བྲལ་བས་ལྷག་པར་གདུངས་པས་ས་ཡི་གཞི་ལ་གཞོགས་གཅིག་བརྟེན་ཏེ་ཉལ་བར་གྱུར་པ་ནི། །ཚེས་གཅིག་ཟླ་བ་ཤར་བ་ཆ་གཅིག་ལྷག་མ་རྗེ་བར་གནས་པའི་ལུས་བཞིན་དུ་ནི་གྱུར། །བདག་དང་ལྷན་ཅིག་གནས་ཚེ་འདོད་པའི་དགའ་མ་རྣམས་ཀྱི་མཚན་མོ་སྐད་ཅིག་བཞིན་དུ་སོང་། །གང་དེ་ད་ལྟར་བྲལ་བ་ལས་སྐྱེས་མཆི་མ་དྲོན་པོ་རྣམས་བཅས་ཤིན་ཏུ་རིང་བ་ཉིད། །

བདག་པོ་དང་བྲལ་བས་ལྷག་པར་གདུངས་པས་དགའ་མ་དེ་ཡི་ས་ཡི་གཞི་ལ་གཞོགས་གཅིག་བརྟེན་ཏེ་ཉལ་བར་གྱུར་པ་ནི། མར་ངོའི་ཚེས་གཅིག་གི་ཟླ་བ་ཤར་བ་ཆ་གཅིག་ལྷག་མར་ལུས་པ་རིའི་རྗེ་ལ་རྣམ་པར་གནས་པ་དང་མཚུངས་པའི་ལུས་ཕྲ་བ་དེ་བཞིན་དུ་ནི་གྱུར་ཏོ། །བདག་པོ་དང་ལྷན་ཅིག་ཏུ་གནས་པའི་ཚེ་འདོད་པའི་བདེ་བས་འཚོ་བའི་དགའ་མ་རྣམས་མཚན་མོ་སྐད་ཅིག་མ་བཞིན་དུ་ཤིན་ཏུ་དུས་ཐུང་བར་སོང་ཞིང་། གང་བདག་པོ་དེ་ད་ལྟར་བྲལ་བ་ལས་སྐྱེས་པའི་མཆི་མ་དྲོན་མོ་འབབ་པ་རྣམས་དང་ཡིད་

སྡུག་བསྔལ་བ་དག་ལ་ནི་མཚན་དུས་ཤིན་ཏུ་རིང་བ་ཆོས་ཉིད་ཡིན་པས་སོ། །ཞེས་སོ། །

ཁྲུས་ཀྱིས་དག་ཅིང་ཡངས་ཤིང་རྒྱུབ་པའི་སྐྲ་ཡི་ལན་བུ་འགྲམ་པ་དག་ལས་འཕྱང་བ་རྣམས། །དབུགས་ཀྱི་རླུང་གིས་སེལ་བར་བྱེད་པ་རྣམས་ལ་མཆུ་ཡི་འདབ་མ་དག་ནི་ངལ་བར་ངེས། །གཉིད་ནི་འདོད་པ་མེད་ཅིང་བདག་དང་ཕྲད་པ་ལས་བྱུང་གཉིད་ནི་རྩང་ཟད་འབྱུང་འགྱུར་ཞེས། །དགའ་མ་དེ་ནི་འདྲེན་བྱེད་མཆི་མ་དང་བཅས་ཤིན་ཏུ་གདུངས་པ་མཐོང་བས་འགོག་པར་བྱེད། །

ཁྲུས་གྱིས་དག་པར་མ་བྱས་ཤིང་ཡངས་ཤིང་རྒྱུབ་པའི་སྐྲ་ཡི་ལན་བུ་འཛིང་པ་དག་འགྲམ་པའི་ངོས་དག་ལས་འཕྱང་བ་རྣམས། དབུགས་ཀྱི་རླུང་གིས་གདོང་གི་ངོས་ལས་སེལ་བར་བྱེད་པའི་བརྟོན་པ་རྣམས་ལ་མཆུ་ཡི་འདབ་མ་དག་ནི་དོན་མེད་དུ་ངལ་བར་བྱས་པ་ཙམ་དུ་ངེས་ཏེ་སེལ་མི་ཐུབ་ལ། སྤྱིར་གཉིད་ནི་གཏན་ནས་འདོད་པ་མེད་ཅིང་རྨི་ལམ་དུ་བདག་དང་འཕྲད་པ་ལས་བྱུང་བའི་དགའ་བ་ཉམས་སུ་མྱོང་ཆེད་གཉིད་ཙུང་འབྱུང་བར་འགྱུར་ན་ཅི་མ་རུང་ཞེས་བརྩོན་གྱིས་ཉལ་བའི་གཉིད་ཙུང་ཟད་བྱུང་ན་ཡང་། དགའ་མ་དེ་ནི་འདྲེན་བྱེད་མཆིམ་དང་བཅས་པ་ཤིན་ཏུ་གདུངས་པ་ཅན་ཡིན་པས་རྨི་ལམ་དུ་བདག་མཐོང་བས་ཤིན་ཏུ་མྱ་ངན་དྲག་པོ་སྐྱེས་ཏེ་སད་ཅིང་གཉིད་འགོག་པར་བྱེད་དོ། །ཞེས་སོ། །

བདག་གིས་བཅིངས་པའི་སྤྱི་གཙུག་ལན་བུ་བྲལ་བའི་ཉི་མ་དང་པོ་ཉིད་ལ་དོར་བྱས་ནས། །ལན་བུ་རྣམས་ནི་གཅིག་ཕྱུར་རེག་བྱ་རྒྱུབ་པ་མི་བཟད་འགྲམ་པ་དག་ལ་གནས་པ་ལས། །སེན་མོ་རིང་བའི་ལག་པས་རེག་པའི་ཉོན་མོངས་ལྡན་པས་ལན་ཅིག་མིན་པར་སྤྲུར་བྱེད་མ། །རྗེ་བོ་ཁྲོས་པའི་བཀའ་ལུང་རྫོགས་པ་གདུང་བྲལ་ཕྱུར་པ་བདག་གིས་གང་དེ་དགྲོལ་བར་བྱ། །

སྔོན་བདག་གིས་ལེགས་པར་བཅིངས་པའི་རིན་པོ་ཆེ་དང་མེ་ཏོག་གི་མཛེས་པའི་

དགའ་མའི་སྤྱི་གཙུག་གི་སྐྲའི་ལན་བུ་ནི་དགའ་མས་བདག་རང་ཁྱིམ་དང་ཁ་བྲལ་བས་གདུང་བས་བདག་སོང་བའི་ཉི་མ་དང་པོ་དེ་ཉིད་ལ་དོར་བར་བྱས་ནས། ལན་བུ་རྣམས་བཀྲུ་བ་དང་ཤད་པ་སོགས་བདག་དམ་མ་བྱས་པས་འཛིངས་ནས་གཅིག་ཏུ་གྱུར་ཅིང་རེག་བྱ་རྩུབ་པ་ཤིན་ཏུ་མི་བཟད་པ་གཟིང་ཞིང་འཁྲུག་པ་ནི་འགྲམ་པ་ཡི་ངོས་དག་ན་གནས་པ་ལས། སྐབས་འགར་སེན་མོ་རིང་བའི་ལག་པས་རེག་པའི་ཉོན་མོངས་པ་སྐྱེ་ལུས་སེམས་ལ་སྡུག་བསྔལ་སྐྱེར་བ་དང་ལྡན་པས་དེ་ཉིད་བཀྲུ་བ་སོགས་བྱེད་བསམ་ཡང་མྱ་ངན་གྱི་དབང་གིས་མཛེས་ཚོས་དེ་དག་ལན་ཅིག་མིན་པར་བྱེད་མ་འདོད་པར་ཡང་ཡང་སྐྱུར་བར་བྱེད་མ་དེའི་སྐྲ་ནི་རྗེ་བོ་ཁྲོས་པའི་བཀའ་ལུང་གིས་ཆད་པ་བཅད་པའི་དུས་རྫོགས་པའི་ཚེ་ན་དགའ་མ་དེ་ཡང་གདུང་བ་དང་བྲལ་བར་འགྱུར་བ་ཡིན་པས་བདག་གིས་དངོས་སུ་གང་དེ་ཡོངས་སུ་དགྲོལ་བར་བྱ་ལ་སྟེར་ལས་ཀྱང་མཛེས་ཚོས་ཀྱིས་བརྒྱན་པར་བྱའོ་ཞེས་སྨྲས་ཤིག ཅེས་པའོ། །

མིག་ནི་མཆི་མ་མང་པོ་རྣམས་ཀྱིས་གདུངས་ལ་རྫི་མ་རྣམས་ཀྱིས་བཀབ་པར་བྱས་ནས་ནི། །ཟླ་བའི་རྐང་བའི་འོད་ཟེར་བདུད་རྩི་སིལ་མ་རྣམས་ནི་དྲ་མིག་ནང་ནས་ཞུགས་པ་ན། །བཀབ་པ་བསལ་ཏེ་མངོན་དུ་འོངས་ནས་དང་པོར་དགའ་འགྱུར་ལྡོག་པ་ན་ནི་དེ་བཞིན་ཉིད། །སྤྲིན་དང་བཅས་པའི་ཉིན་མོ་ས་ལ་གནས་པའི་པདྨ་རྒྱས་མིན་ཟུམ་པ་མ་ཡིན་བཞིན། །

དགའ་མ་དེ་ཡི་མིག་ནི་མཆི་མ་མང་པོ་བྱུང་བ་རྣམས་ཀྱིས་སེམས་ཧ་ཅང་གདུངས་པ་མཚོན་པར་བྱེད་ལ་རྫི་མ་འབྱར་ཏེ་དེ་རྣམས་ཀྱིས་མིག་བཀབ་པར་བྱས་ནས་ནི། ཟླ་བའི་རྐང་བའི་འོད་ཀྱི་ཟེར་མ་བདུད་རྩི་མཆོག་གི་རང་བཞིན་ཅན་སིལ་མ་རྣམས་ནི་དགའ་མ་གནས་སའི་ཁང་བའི་དྲ་མིག་ནང་ནས་ཁང་བའི་ནང་དུ་ཞུགས་པ་ན། རྫི་མ་འབྱར་བས་མིག་བཀབ་པ་དེ་བསལ་ཏེ་ཟླ་འོད་ཀྱིས་མངོན་པར་གསལ་བའི་ནང་དུ་འོངས་ནས་དང་པོར་

དེ་ལ་བལྟ་ཞིང་དགའ་བར་གྱུར་མོད་བདག་ཡིད་ལ་དྲན་པའི་ཚེ་དགའ་བ་སླར་ཡང་ལྡོག་པ་ན་སྔར་གྱི་རྣམ་པ་དེ་བཞིན་ཉིད་དུ་འགྱུར་བ་ནི། དཔེར་ན་སྤྲིན་དང་བཅས་པའི་ཉིན་མོ་ལ་ནི་ས་ལ་གནས་པའི་པདྨ་མཆོག་ཏུ་རྒྱས་པ་མིན་ལ་ཏ་ཙང་ཟུམ་པ་ཡང་མ་ཡིན་པ་བཞིན་ནོ། །ཞེས་སོ། །

དགའ་མ་དེ་ནི་ཉིན་བར་མཛའ་བའི་གྲོགས་མོ་རྣམས་ཀྱིས་སྐད་ཅིག་ཀྱང་ནི་གཏོང་མིན་བཞིན། །ལུས་ཕྲ་མ་ལ་གཅིག་ནི་བལྟ་ཆེ་ཀུན་གྱི་སྨད་བྱུང་བལྟ་བས་འཇུག་པར་འགྱུར་བ་ཉིད། །མཚན་མོ་སྐྱེ་བོ་རྣམས་ནི་ཉལ་བར་གྱུར་ལ་མཛེས་མ་གཉིད་བྲལ་ཀྱཻ་ཡེ་རྒྱུ་འཛིན་ཁྱོད། །དྲ་མིག་དང་ནི་ཉེ་བར་གནས་ནས་ཉལ་སར་ཉེ་བར་འོངས་ཏེ་དེ་ནི་དགའ་བར་མཛོད། །

བདག་གི་དགའ་མ་དེ་ནི་ཉིན་པར་མཛའ་བའི་གྲོགས་མོ་རྣམས་ཀྱིས་ཕན་ཚུན་སྐད་གཅིག་ཀྱང་གཏོང་བར་མིན་པ་བཞིན་དུ། ལུས་ཕྲ་མ་སྐྱེ་བུད་མེད་རྣམས་ལ་ཡོད་པའི་ཐུན་མོང་གི་ཁྱད་ཆོས་ནི་གཅིག་ནི་བལྟ་བར་ཡོང་ཆེ་ཀུན་གྱིས་སྨད་བྱུང་སྐྱེ་ཡ་མཚན་པའི་རྣམ་པས་བལྟ་བས་འཇུག་པར་འགྱུར་བ་ཉིད་དུ་ངེས་ཤིང་། མཚན་མོ་སྐྱེ་བོ་རྣམས་ནི་མལ་དུ་བདེ་བར་ཉལ་བར་འགྱུར་བའི་ཚེ་ལ་བདག་གི་མཛེས་མ་དེ་ནི་གྲོགས་པོ་གཞན་མེད་ཅིང་གཉིད་དང་བྲལ་བར་འགྱུར་བ་དེའི་དུས་སུ་ཀྱཻ་ཡེ་རྒྱུ་འཛིན་ཁྱོད་ནི། བདག་གི་ཁྱིམ་གྱི་དྲ་མིག་དང་ཉེ་བའི་གནས་ནས་དགའ་མའི་ཉལ་སར་ཉེ་བར་འོངས་ཏེ་དེ་ལ་ནི་སེམས་དགའ་བར་བྱེད་པའི་གཏམ་སྨྲ་བར་མཛོད་ཅིག ཅེས་པའོ། །

ལན་བུ་གཅིག་ཏུ་གྱུར་ལ་རེག་པ་འཁྲམ་པ་ལ་གནས་སེན་མོ་མཐོ་བའི་ལག་པ་ཡིས། །ཡང་དང་ཡང་དུ་སེལ་བར་བྱེད་ཅིང་ས་ཡི་གཞི་ཡི་མལ་གྱི་སྟེང་དུ་གཞོགས་གཅིག་ནི། །ལྡུང་བར་བྱེད་ཅིང་དེ་ཡི་མཐའ་ན་མཆི་མ་རྣམས་ནི་འབབ་པ་ངོ་ཤལ་ཆད་པ་དག །གཡོ་ཞིང་ལྡུང་བར་

སྒྱུར་པ་བཞིན་དུ་གནས་པ་དེ་མཐོང་ཉིད་ཀྱིས་དཔལ་གྱིས་བརྗོད་པར་བྱ། །

བདག་གི་དགའ་མ་དེ་ནི་ཁྱོ་པོ་དང་བྲལ་བས་གདུངས་པས་སྐྲའི་ལན་བུ་འཛིང་ནས་གཅིག་ཏུ་སྒྱུར་པ་བཞིན་ལ་རེག་པ་འགྲམ་པ་ལ་གནས་པ་དེ་ཉིད་སེན་མོ་མ་བཅད་པར་མཐོ་བར་སྐྱེས་པའི་ལག་པ་ཡིས། ཡང་དང་ཡང་དུ་སེལ་བར་བྱེད་ཅིང་དེ་ཡི་སྡུས་ཀྱི་མཐའ་དག་ན་མཆི་མ་རྣམས་ནི་འབབ་པ་མུ་ཏིག་གི་དོ་ཤལ་ཆད་པ་ལྟ་བུ་དག་དང་། ལུས་གཡོ་ཞིང་ས་ལ་ལྷུང་བར་གྱུར་པ་གོང་ནས་བརྗོད་པ་ཇི་བཞིན་དུ་གནས་པ་མྱ་ངན་མ་དེ་ལ་མཐོང་བ་ཉིད་ཀྱིས་ཏེ་མཐོང་མ་ཐག་ཏུ་སེམས་ལ་འབབ་པའི་གཏམ་སྐད་དལ་གྱིས་བརྗོད་པར་བྱའོ། །ཞེས་སོ། །

མཛེས་མ་དེ་ནི་རྒྱན་རྣམས་ཡང་དག་བཞག་ཅིང་ལུས་ནི་ཤིན་ཏུ་ཕྲ་ལ་འཛིན་བྱེད་ཅིང་། །གདུང་བའི་སྡུག་བསྔལ་དག་གིས་མལ་སྟན་སྟེང་ན་ཡང་དང་ཡང་དུ་འདྲེ་ལྡོག་བྱེད་པ་ན། །ཁྱོད་ཀྱང་འཕྲུལ་ལ་ཆུ་ཡི་རང་བཞིན་མཆི་མ་འཛག་པ་ཉིད་དུ་འགྱུར་བ་གདོན་མི་ཟ། །ཕལ་ཆེར་ཐམས་ཅད་ནང་གི་བདག་ཉིད་བསྟན་པས་སྙིང་རྗེ་ཅི་ཡང་འཇུག་པར་འགྱུར་བ་ཉིད། །

བདག་གི་མཛེས་མ་དེ་ནི་རྒྱན་རྣམས་བཀྲོལ་ནས་ཡང་དག་པར་བཞག་ཅིང་ལུས་ནི་འདོད་གདུང་གིས་མནར་ཏེ་ཤིན་ཏུ་ཕྲ་བར་གྱུར་པ་ལ་སྲོག་ཙམ་འཛིན་པར་བྱེད་ཅིང་། གདུང་བའི་སྡུག་བསྔལ་བ་དག་གིས་མལ་སྟན་སྟེང་དུ་ཉལ་ནས་གཉིད་མ་ཁུག་པར་ཡང་དང་ཡང་དུ་འདྲེ་ལྡོག་བྱེད་པ་ན། སྤྲིན་ཁྱོད་ཀྱང་འཕྲུལ་ལ་ཆུ་ཡི་རང་བཞིན་ཅན་གྱི་ཕྱིར་མཆི་མ་འཛག་པ་ཉིད་དུ་འགྱུར་བ་གདོན་མི་ཟ་སྟེ། ནང་ན་སྡུག་བསྔལ་ཡོད་པ་ཕལ་ཆེར་ཐམས་ཅད་ཀྱི་ནང་གི་བདག་ཉིད་ཕྱིར་བསྟན་ཅིང་མངོན་པས་གཞན་སྙིང་རྗེ་དང་ལྡན་པ་རྣམས་དེའི་ཉམས་ཅི་ལ་ཡང་འཇུག་པར་འགྱུར་བ་ནི་ཆོས་ཉིད་ཡིན་པས་སོ། །ཞེས་སོ། །

ཀྭ་ཡེ་གྲོགས་པོ་ཁྱོད་ཀྱི་གྲོགས་མོ་བདག་ལ་མཛའ་བ་མང་དུ་འཛིན་པ་བདག་གིས་ཤེས། །དེ་ཕྱིར་དེ་ལྟར་གྱུར་པ་རྣམས་ནི་དང་པོར་བྲལ་ལ་དེ་ནི་བདག་ལ་སེམས་པར་བྱེད། །སྐལ་བཟང་ནང་གིས་བསམ་པ་དག་གིས་བརྗོད་པ་ངེས་པར་རྫུན་མིན་བདེན་པར་ཤེས་པ་ནི། །བདག་གིས་གང་གང་བརྗོད་པ་མ་ལུས་ཡུན་རིང་མིན་པར་ཁྱོད་ལ་མངོན་སུམ་ཉིད་དུ་འགྱུར། །

ཀྭ་ཡེ་གྲོགས་པོ་ཁྱོད་ཀྱི་གྲོགས་མོ་བདག་གི་མཛའ་ན་མོ་དེས་བདག་ལ་མཆོག་ཏུ་མཛའ་བ་མང་པོ་སྟེ་སྐད་ཅིག་ཀྱང་འབྲལ་མི་ཕོད་པ་དང་བྱམས་ཤིང་བརྩེ་བ་སོགས་ཀྱི་སེམས་རྟག་ཏུ་འཛིན་པ་བདག་གིས་ཤེས་སོ། །དེ་ཕྱིར་ལུས་སེམས་ཀྱི་གནས་སྐབས་གོང་ནས་བརྗོད་པ་དེ་ལྟར་གྱུར་པ་རྣམས་ནི་དང་པོར་བདག་དང་ཁ་བྲལ་བ་ནས་རིམ་བཞིན་བྱུང་བ་ཡིན་ལ་དེ་ཡང་བདག་ཁོ་ན་ཡིད་ལ་སེམས་པར་བྱེད་པ་དེའི་སྟབས་ཀྱིས་ཡིན་ཏེ། བསྐལ་བཟང་བདག་གི་ནང་གི་བསམ་པ་དག་གིས་བརྗོད་པ་ནི་ངེས་པར་རྫུན་མིན་ཞིང་བདེན་པར་ཤེས་པ་ནི། གོང་ནས་བདག་གིས་གང་དང་གང་བརྗོད་པར་བྱས་པ་མ་ལུས་པ་ཡུན་རིང་པོ་མིན་པར་བདག་གི་ཁྱིམ་དུ་སླེབས་ཚེ་ཁྱོད་ལ་མངོན་སུམ་ཉིད་དུ་འགྱུར་རོ། །ཞེས་སོ། །

ལན་བུ་རྣམས་ཀྱིས་མིག་ཟུར་གཉིས་པོ་གཡོ་བ་འགོག་ཅིང་མིག་སྨན་བྱུག་པ་གཏོར་བ་དང་། །ཉེས་པར་བྱེད་པ་ནམ་ཡང་མེད་པར་འགྱུར་ལས་སྨིན་མའི་རྣམ་འགྱུར་བརྗེད་པར་གྱུར་ན་ཡང་། །ཁྱོད་ནི་ཡོང་ལ་རི་དྭགས་མིག་ཅན་འདྲེན་བྱེད་སྟོང་ནི་གཡོ་བར་བྱེད་པར་བདག་གིས་ཤེས། །གང་ཞིག་ཉ་ཡིས་བསྐྱོད་ལས་ཆུ་སྐྱེས་གཡོ་བའི་དཔལ་ནི་འཛིན་པར་བྱེད་པ་ཉིད་དང་མཚུངས། །

བཅིངས་པ་ལ་སོགས་པ་མ་བྱས་པའི་ལན་བུ་རྣམས་ཀྱིས་མིག་ཟུར་གཉིས་པོ་གཡོ་བ་འགོག་ཅིང་མི་མཐོང་བར་བསྒྲིབས་པ་དང་མིག་སྨན་ནག་པོ་བྱུག་པ་ཡང་གཏོར་ནས་མི་ངོམ་

པ་བྱས་ཤིང་། སྐྱེས་པ་གཞན་དང་འགྲོགས་པའི་ཉེས་པ་བྱེད་པ་ནམ་ཡང་མེད་པར་གྱུར་པ་ལས་སྨིན་མའི་སྣེག་པའི་རྣམ་འགྱུར་སྟོན་པ་བརྗེད་པར་གྱུར་ངེས་ན་ཡང་། ཕྲིན་ཁྱོད་ནི་ཡོང་བའི་ཚེ་ལ་བདག་གི་འཕྲིན་བཟང་ཐོས་པའི་རི་དྭགས་མིག་ཅན་དེའི་འདྲེན་བྱེད་ཀྱི་སྟེང་ནི་གཡོ་བར་བྱེད་པའི་དགའ་བའི་རྣམ་འགྱུར་སྟོན་པར་བདག་གིས་ཤེས་ཏེ། ཁྱོད་ཀྱིས་ཞིབ་མོར་ལྟོས་དང་དེའི་ཚུལ་ནི་ཆུ་པོ་གང་ཞིག་ཏུ་ཉ་ཡིས་བསྐྱོད་པ་ལས་ཆུ་སྐྱེས་པདྨ་གཡོ་བའི་དཔལ་ནི་འཛིན་པར་བྱེད་པ་ཉིད་དང་ཤིན་ཏུ་མཚུངས་པ་ཉིད་དོ། །ཞེས་སོ། །

དེ་ཡི་བདག་གི་ལག་པའི་སེན་མོའི་རྗེས་ནི་མེད་ཅིང་སྨུ་ཏིག་རྣམས་ཀྱི་དྲ་བ་ནི། །ཡུན་རིང་ཉིད་ནས་དོར་བར་བྱས་པར་གྱུར་ཅིང་ལོངས་སྤྱོད་ཉིད་ཀྱིས་རྫོགས་པའི་མཐའ་རུ་ནི། །བདག་གིས་ལག་པ་རྣམས་ཀྱིས་མཉེས་པར་བྱས་པ་མེད་ཀྱང་ཁྱོད་འོངས་བསྐལ་བཟང་དབང་གིས་ནི། །དེ་ཡི་ཆུ་ཤིང་གསར་བའི་སྡོང་པོ་བརྒྱ་ཡང་གཡོན་པ་གཡོ་བ་ཉིད་ནི་ཐོབ་པར་འགྱུར། །

མཛེས་མ་དེ་ཡི་ནུ་མའི་ངོས་དག་ལ་བདག་གི་ལག་པའི་སེན་མོའི་རྗེས་ནི་བཞག་པ་མེད་ཅིང་། སྨུ་ཏིག་སོགས་རིན་པོ་ཆེ་རྣམས་ཀྱི་རྒྱན་ཆའི་དྲ་བ་ནི། ཡུན་རིང་པོ་ཉིད་ནས་དོར་བར་བྱས་པར་གྱུར་ཅིང་ལོངས་སྤྱོད་ཉིད་ཀྱིས་བྱ་བ་རྫོགས་པའི་མཐའ་སྟེ་མཛེས་སྡུག་ལྡན་མ་དེའི་ལུས་ལ་ལོངས་སྤྱོད་པ་ཉིད་ཀྱིས་བྱ་བ་དེ་ཉིད་རྫོགས་པའི་མཐའ་རུ་སླེབས་སོ། །རྒྱུ་མཚན་དེ་དག་གིས་ནི་བདག་གི་ལག་པའི་སོར་མོ་རྣམས་ཀྱིས་མཉེས་པར་བྱས་པ་ལ་སོགས་པའི་བྱ་བ་བྱས་པ་མེད་ཀྱང་ཁྱོད་འོངས་ནས་བདག་གི་འཕྲིན་ཐོས་པའི་བསྐལ་བ་བཟང་ཐོབ་པ་ཁོ་ནའི་དབང་གིས་ནི། དགའ་མ་དེ་ཡི་ཆུ་ཤིང་གསར་བའི་སྡོང་པོ་ལྟ་བུའི་དཀར་ཞིང་འཁྲང་ལ་རླུམ་པའི་བརླ་ཡང་གཡོན་པ་གཡོ་བ་སོགས་འདོད་པའི་རྣམ་འགྱུར་གསལ་བ་ཉིད་ནི་ཐོབ་པར་འགྱུར་བ་གདོན་མི་ཟའོ་སྙམ། ཞེས་སོ། །

ཀྱེ་ཆུ་འཛིན་དེ་ལ་དེ་ཡི་དུས་སུ་གལ་ཏེ་བདེ་བའི་གཉིད་ནི་

ཐོབ་གྱུར་ན། །དེ་ཚེ་ཁྱོད་ནི་ཐུན་མོང་བར་དུ་སྲ་སྒྲོགས་མིན་པར་ལྷན་ཅིག་དག་ཏུ་གནས་པར་མཛོད། །དེ་ཡི་བདག་པོར་གྱུར་པ་བདག་ལ་དཀའ་ཚེགས་ཆེན་པོས་ཐོབ་པར་འགྱུར་བའི་རྒྱི་ལམ་ནི། །མཁྲིན་པར་ལག་པའི་འཁྲི་ཤིང་དག་གིས་ཆེ་བར་འཁྱུད་པའི་མདུད་པ་འཕྲལ་ལ་གཏོང་བར་བྱེད། །

ཀཱ་ལི་ཆུ་འཛིན་མཛེས་མ་དེ་ལ་ཁྱོད་འོངས་པ་དེ་ཡི་དུས་སུ་གལ་ཏེ་བདེ་བའི་གཉིད་ནི་ཐོབ་པར་གྱུར་ཡོད་ན། དེ་ཡི་ཚེ་ཁྱོད་ནི་ཐུན་མོང་བར་དུ་སྐེ་ནམ་མ་ལངས་ཀྱི་བར་དུ་འབྲུག་སྒྲ་སྒྲོགས་པ་མིན་པར་དགའ་མ་དེ་དང་ལྷན་ཅིག་དག་ཏུ་དལ་གྱིས་གནས་པར་མཛོད་ཅིག དེ་ལྟར་མ་གནས་ན་དགའ་མ་དེ་ཡི་བདག་པོར་གྱུར་པ་བདག་ལ་དཀའ་ཚེགས་ཆེན་པོ་ཐོབ་པར་འགྱུར་བས་མཛེས་མའི་རྨི་ལམ་དུ་ནི། བདག་གི་མཁྲིན་པར་ལག་པའི་འཁྲི་ཤིང་དག་གིས་ཆེ་བར་འཁྱུད་པའི་མདུད་པ་འཕྲལ་བར་བྱེད་ལ་བདག་གཏོང་བར་བྱེད་དོ། །ཞེས་སོ། །

རང་གི་ཆུ་ཡི་ཐིགས་པ་བསིལ་བས་བསྔོས་པའི་རླུང་གི་སྣ་ལ་ཏ་ཡ་རྣམས་ཀྱིས་ནི། །ཤིན་ཏུ་གཞོན་པའི་མེ་ཏོག་བཅས་པ་དེ་ནི་བསླང་ནས་ཀྱང་ནི་དེ་ཡི་དབུགས་འབྱུང་མཛོད། །ཁྱོད་ནི་གློག་གི་འདྲེན་བྱེད་གཡོ་ཞིང་གཡོ་བ་ཁྱོད་མདོག་དང་མཚུངས་གནས་སུ་གནས་བྱས་ནས། །ཁེངས་ལྡན་མ་ལ་འབྲུག་དབྱངས་ཚིག་ནི་སྨན་པའི་བརྗོད་པ་ཁྱོད་ཀྱིས་ཡང་ཡང་རྩོམ་པར་མཛོད། །

ཆུ་འཛིན་ཁྱོད་རང་གི་ཆུ་ཡི་ཐིགས་པ་བསིལ་བས་རབ་ཏུ་བསྔོས་པའི་རླུང་གིས་སྣ་ལ་ཏ་ཡ་ཞེས་པའི་མེ་ཏོག་གི་ཚོགས་རྣམས་ཀྱིས་ནི་དང་། ཤིན་ཏུ་གཞོན་པའི་མེ་ཏོག་མཛེས་སྡུག་དང་བཅས་པ་དེ་ནི་ཁྱོད་གནས་པའི་དུས་སུ་མ་ཟད་སྐད་ཆད་ནས་ཀྱང་ནི་མཛེས་མ་དེ་ཡི་སྡུག་བསྔལ་སེལ་ཞིང་དབུགས་འབྱུང་བའི་ཆེད་དུ་བཞད་པར་མཛོད་ཅིག ཁྱོད་ནི་གློག་ཕྲེང་གི་འདྲེན་བྱེད་གཡོ་ཞིང་ཕྱོགས་ཀུན་ཏུ་གཡོ་བ་ཁྱོད་ནི་རང་མདོག་དང་མཚུངས་པ་སྨུག

ནག་པོའི་གནས་སུ་གནས་པར་བྱས་ནས། བདག་གི་ལང་ཚོའི་ཁེངས་པ་དང་ལྡན་པའི་དགའ་མ་ལ་འབྲུག་དབྱངས་ཀྱིས་ཚིག་ནི་སྙན་པའི་བརྗོད་པ་ལ་ཁྱོད་ཀྱིས་ཡང་ནས་ཡང་དུ་རྗོམ་པར་བྱའོ། །ཞེས་སོ། །

ཀཱ་ཡེ་ཁྱོད་ལྡན་ཆུ་གཞོན་མིང་ཅན་བདག་ནི་རྗེ་ཡི་གྲོགས་བཟང་ཡིན་པར་ཤེས་པར་མཛོད། །དེ་ཡི་འཕྲིན་སྙན་ཡིད་ལ་བཟུང་ལ་ཁྱོད་ཀྱི་དྲུང་དུ་ཉེ་བར་འོངས་པར་གྱུར་པ་ཉིད། །བདག་གི་སྒྲ་ནི་བསྒྲགས་ཚེ་ལམ་བགྲོད་དུབ་པའི་ཚོགས་རྣམས་སྒོ་ཡི་ནང་དུ་འབྲོས་པར་བྱེད། །སྙན་པའི་སྒྲ་དབྱངས་རྣམས་ཀྱིས་བུད་མེད་ལན་བུ་འགྲོལ་ཞིང་འདོད་པས་གཟིར་བར་མཆོན་པར་བྱེད། །

ཀཱ་ཡེ་ཁྱོད་ཀྱི་ཉེ་སར་གནས་པའམ་དེར་ལྡན་པའི་ཆུ་འཛིན་གཞོན་ནུའི་མིང་ཅན་བདག་ནི་མཛེས་མ་ཁྱོད་ཀྱི་རྗེ་བོ་ཡི་གྲོགས་པོ་བཟང་པོ་ཡིན་པར་ཁྱོད་ཀྱིས་ཤེས་པར་མཛོད་ཅིག ཁྱོད་ཀྱི་བདག་པོ་དེ་ཡི་འཕྲིན་སྙན་ཡིད་ལ་བཟུང་ནས་ཁྱོད་ཀྱི་དྲུང་དུ་ཕོ་ཉ་རུ་ཉེ་བར་འོངས་པར་གྱུར་པ་ཉིད་ཡིན་ནོ། །བདག་གི་འབྲུག་སྒྲ་ནི་བསྒྲགས་པར་བྱས་ཚེ་ལམ་དུ་བགྲོད་པའི་བྲལ་བས་ཉེན་ཅིང་ངལ་ཞིང་དུབ་པའི་སྐྱེ་བོའི་ཚོགས་རྣམས་སྒོ་ཡི་ནང་དུ་འབྲོས་པར་བྱེད་ཅིང། སྙན་ཞིང་འཇེབས་པའི་སྒྲ་དབྱངས་རྣམས་ཀྱིས་འདོད་པའི་གླུ་ལེན་ཅིང་ཁྲིམ་གྱི་ཕུག་ཏུ་བུད་མེད་ཀྱི་ལན་བུ་འགྲོལ་ཞིང་འདོད་པས་གཟིར་བ་མཆོན་པར་བྱེད་དོ་ཞེས་སྨྲོས་ཤིག ཅེས་པའོ། །

ཅེས་པ་དེ་སྐད་བཤད་ཚེ་དྲི་བཞོན་བུ་ནི་མྱ་ཐི་ལ་ཡི་བུ་མོས་མཐོང་བ་བཞིན། །དེ་ནི་དགའ་བདེའི་སྙིང་གིས་ཁྱོད་ལ་མངོན་ཕྱོགས་བལྟ་ཞིང་བདེན་པ་ཉིད་དུ་འང་ངེས་པ་ཉིད། །ཀཱ་ཡེ་གྲོགས་བཟང་དེ་ནས་ལེགས་པར་གནས་ལ་གཞན་ཡང་ཉན་འདོད་སྒྲ་ལྡན་མ་རྣམས་ནི། །བདག་པོའི་ཚིག་ནི་སྙིང་གྲོགས་དག་གིས་ཁྱེར་འོངས་གྱུར་ལས་ཕྲད་ལྟར

ལྷག་མར་ལུས་པ་ཉིད། །

ཐྲིན་ཁྱོད་ཀྱིས་བདག་གི་མཛེས་མ་ལ་ཁོ་བོ་ནི་ཁྱོད་ཀྱི་རྗེ་བོའི་གྲོགས་པོ་ཡིན་ནོ་ཞེས་པ་ལ་སོགས་པའི་ཚིག་དེ་སྐད་དུ་བཤད་ཆེ་དྲི་བཞོན་བུ་སྟེ་རླུང་ལྷའི་བུ་ནི་ལྷ་ཐེ་ལའི་བུ་མོས་མཐོང་བ་བཞིན་དུ། མཛེས་མ་དེ་ཡི་དགའ་བདེའི་སྙིང་གིས་ཁྱོད་ལ་མངོན་པར་ཕྱོགས་ནས་བལྟ་ཞིང་ཁྱོད་ཀྱིས་བཤད་པའི་གཏམ་བདེན་པ་ཉིད་དུའང་ངེས་པ་སྟེར་ནུས་པ་ཉིད་དུ་འགྱུར་རོ། །ཀྱཻ་ཡེ་ཆུ་འཛིན་གྲོགས་པོ་བཟང་པོ་དེ་ནི་གནས་དེ་ནས་བདེ་ཞིང་སྐྱིད་པར་གནས་པ་ལ་སོགས་པའི་གཏམ་སྙན་གཞན་མང་པོ་ཡང་ཉན་པར་འདོད་པའི་སྙན་པའི་སྒྲ་དང་ལྡན་པ་རྣམས་ནི། བདག་པོའི་འཕྲིན་བཟང་པོའི་ཚིག་སྙན་པ་ནི་སྙིང་གྲོགས་དག་གིས་དངོས་སུ་ཁྱེར་འོངས་པར་གྱུར་པས་དགའ་ཞིང་སྤྲོ་བ་ནི་དངོས་སུ་འཕྲད་པ་ལྟར་འགྱུར་ཡང་འདོད་པའི་བདེ་བ་ལ་སྤྱོད་པ་ད་དུང་ལྷག་མར་ལུས་པ་ཉིད་དོ། །ཞེས་སོ། །

ཀྱཻ་ཡེ་ཚེ་ལྡན་བདག་གི་ཚིག་དང་ཉིད་ཀྱིས་ཀྱང་ནི་དེ་ལ་ཕན་པའི་ཆེད་དུ་ནི། །ཁྱོད་ཀྱི་རྒྱལ་པོ་མཆོག་ནི་རྒྱལ་པོ་རྣ་མ་རི་ཡི་གནས་ན་གནས་ཤིང་འཚོ་བ་ཉིད། །ཁྱོད་ནི་ཐང་ས་པར་གྱུར་ལ་ཀྱཻ་ཡེ་མཛེས་མ་དགེ་འམ་དྲི་ཞེས་དེ་ལྟར་སྨྲ་བར་མཛོད། །གང་ཕྱིར་སྐྱེ་བོ་རྣམས་ནི་བྱེད་པ་ཉམས་ལ་དང་པོར་དེ་འདྲའི་དབུགས་དབྱུང་བྱེད་པ་ཉིད། །

ཀྱཻ་ཡེ་ཚེ་དང་ལྡན་པ་ཞེས་ཐྲིན་ལ་བོས་ནས་བདག་གི་ཚིག་དང་ཁྱོད་ཉིད་ཀྱིས་ཀྱང་བདག་གི་མཛའ་མོ་དེ་ལ་ཕན་པའི་ཆེད་དུ་ནི། ཁྱོད་ཀྱི་རྒྱལ་པོ་མཆོག་སྟེ་བདག་པོ་མཆོག་ནི་རྒྱལ་པོ་རྣམ་ཐ་བསྟད་སྲུང་བའི་རི་ཡི་གནས་ན་གནས་བཅས་ཤིང་བདེ་བར་འཚོ་བ་ཉིད་དོ། ཁྱོད་ནི་ཐང་ས་པར་གྱུར་པ་སྟེ་ཁྱོད་དང་ཁ་བྲལ་ནས་ཡུན་རིང་ཙམ་འགོར་བ་ལ་ཀྱཻ་ཡེ་མཛེས་མ་ཁྱོད་ཀྱི་ལུས་སེམས་དགེ་འམ་ཞེས་བདག་གིས་དེ་སྐད་དྲི་བ་བྱེད་དོ་ཞེས་དེ་ལྟར་དུ་ཁོ་མོ་ལ་སྨྲ་བར་མཛོད་ཅིག གང་ཕྱིར་ཞེ་ན་སྐྱེ་བོ་དགའ་བའི་བྱེད་པ་ཉམས་པའི་མི་རྣམས་ལ་ཐུག་ཆེ་དང་པོར་དེ་འདྲའི་གཏམ་གྱིས་དབུགས་དབྱུང་བར་བྱེད་པ་ནི་ཆོས་ཉིད་ཡིན་ནོ། །

ཞེས་སོ། །

ལུས་ཀྱི་ནང་ནས་ཤིན་ཏུ་ཕྲ་བས་ཕྲ་གྱུར་དང་ཉི་ཤིན་ཏུ་གདུངས་བས་གདུངས་གྱུར་དང་། །མཆི་མ་འཛག་པས་མཆི་མ་འཛག་གྱུར་ཆེ་བར་འཕྲད་འདོད་ཉིད་ཀྱིས་འཕྲད་འདོད་མཆོག་ཏུ་གྱུར། །དབུགས་རྡོན་ཤུགས་རིང་ལྷགས་པས་དབུགས་རྡོན་ཤུགས་རིང་མཆོག་ཏུ་ལྷགས་གྱུར་རིང་ནས་འཇུག་པ་ཅན། །བསོད་ནམས་ཆོམ་རྐུན་དག་གིས་ལམ་བཀག་གྱུར་ཅིང་དེ་རྣམས་ཡིད་ལ་སེམ་ཞིང་འཇུག་པ་ཡིན། །

ལུས་ཀྱི་ནང་ནས་ཤ་ཁྲི་ནས་ཁྱོད་ཀྱི་ལུས་ཤིན་ཏུ་ཕྲ་བར་གྱུར་པས་དེ་ལྟར་བདག་གི་ལུས་ཀྱང་ཤིན་ཏུ་ཕྲ་བ་དང་ཁྱོད་ཀྱི་སེམས་ཤིན་ཏུ་གདུངས་པས་དེ་བཞིན་དུ་བདག་ཀྱང་ཤིན་ཏུ་གདུངས་པར་གྱུར་པ་དང་། ཁྱོད་ཀྱི་མིག་ནས་མཆི་མ་འཛགས་པས་བདག་གི་མིག་ནས་ཀྱང་མཆི་མ་འཛགས་པར་གྱུར་པ་དང་ཁྱོད་ཀྱང་མྱུར་དུ་བདག་ལ་ཆེ་ཆེར་འཕྲད་པར་འདོད་པ་བཞིན་དུ་བདག་ཀྱང་ཁྱོད་ལ་འཕྲད་འདོད་མཆོག་ཏུ་གྱུར་པ་དང་། ཁྱོད་ཀྱི་དབུགས་རྡོན་མོའི་ཤུགས་རིང་འབྱིན་པ་ལྷགས་པས་བདག་ཀྱང་དབུགས་རྡོན་མོའི་ཤུགས་རིང་མཆོག་ཏུ་ལྷགས་པར་གྱུར་པ་སོགས་ཁྲལ་བའི་གདུངས་པས་རིངས་ནས་འཇུག་པ་ཅན་བདག་ཅག་གཉིས་ནི། བསོད་ནམས་ཆོམ་རྐུན་ཏེ་བསོད་ནམས་འཕྲོག་པར་བྱེད་པའི་བྱ་བ་དག་གིས་ལམ་བཀག་ནས་གནས་སྐབས་ཕན་ཚུན་མཐོང་མི་ཐུབ་པར་གྱུར་ཅིང་གནས་ཡོད་མོད། མཛའ་ཞིང་མཐུན་པ་སོགས་སྔོན་གྱི་གནས་ཚུལ་དེ་རྣམས་ནི་ངེད་གཉིས་ཀྱིས་ཡིད་ལ་མཐུན་པར་སེམ་ཞིང་འཇུག་པ་ཡིན་ནོ། །ཞེས་སྨྲོས་ཤིག ཅེས་པའོ། །

གྲོགས་མོའི་མདུན་དུ་དེ་ཡི་རྣ་བ་ལ་ནི་ཁྱོད་ཀྱི་གདོང་ནི་རེག་པར་ཐབ་གྱུར་པས། །ཁྱོད་ཀྱི་གང་ཡང་གྲུས་པའི་གཏམ་གྱི་ཆེད་དུ་གྱུར་པའི་ཆེ་བའི་སྒྲ་འདི་བརྗོད་པར་འོས། །གང་དེ་རྣ་བའི་ཡུལ་ལས་ཤིན་ཏུ་གང་ཡང་འདས་ཤིང་མིག་དག་གིས་ནི་མཐོང་བྱ་མིན། །ཁྱོད་དང་དགའ་བས་

འཕྲད་འདོད་སྒྱུར་ཞེས་བདག་གིས་ཁ་ཡི་ཚིག་འདི་ཟེར་ཞེས་སྨྲ་བར་མཛོད། །

བདག་གི་གྲོགས་མོའི་མདུན་དུ་གསང་གཏམ་ཤུབ་བུར་སྨྲ་བའི་ཚུལ་དུ་མཛེས་མ་དེ་ཡི་རྣ་བ་ལ་ནི་ཁྱོད་ཀྱི་གདོང་ནི་རེག་པར་བྱ་བ་ཐོབ་པར་གྱུར་པས་ཁྱོད་ཀྱི་ཚིག་གང་ཡང་གུས་པའི་གཏམ་དུ་འགྱུར་དགོས་པ་དེ་ཉིད་ཀྱི་ཆེད་དུ་གྱུར་པའི་དོན་ཆེ་བའི་སྨྲ་འདི་དག་བརྗོད་པར་འོས་ཏེ། གང་གིས་ངོས་སུ་བཤད་པའི་ཚིག་དེ་ནི་རྣ་བའི་ཡུལ་ལ་ཤིན་ཏུ་འགོས་ཤིང་གང་ཡང་གོ་མི་ཐུབ་པས་རིང་དུ་འདས་ཤིང་མཛེས་སྡུག་ལྡན་པའི་ལུས་ཀྱང་བདག་གི་མིག་དག་གིས་ནི་ངོས་སུ་མཐོང་བྱ་མིན་པར་གྱུར་པས། མཛེས་མ་ཁྱོད་དང་སེམས་དགའ་བའི་བར་དུ་འཕྲད་པར་འདོད་པ་ནི་བདག་གི་སེམས་ལ་གཟུགས་ཅན་བཞིན་དུ་སྐྱེས་པར་འགྱུར་ཞེས་བདག་གིས་ཁ་ཡི་ཚིག་འདི་ཁོ་ན་ཟེར་རོ་ཞེས་ཁྱོད་ཀྱིས་སྨྲ་བར་མཛོད་ཅིག ཅེས་པའོ། །

འཕྲི་ཤིང་འགའ་ལ་ཡན་ལག་མཛེས་པ་འཛིགས་བཅས་རི་དྭགས་མོ་ལ་མིག་མཛེས་གཡོ་བ་མཐོང་། །འགྲམ་པའི་མཛེས་འོད་རི་བོང་ཅན་ལ་སྐྲ་རྣམས་གཙུག་ཕུད་ཅན་གྱི་མཇུག་སྒྲོའི་ཚོགས་ལ་མཐོང་། །སྨིན་མའི་རོལ་སྙེག་མཛེས་པ་རྣམས་ནི་ཆུ་ཀླུང་རྦ་རླབས་ཕྲེང་ཕྲ་མོ་རྣམས་ལ་རབ་ཏུ་མཐོང་། །ཨེ་མ་གཅིག་ཏུ་ཚོགས་པ་དང་ལྡན་གཡོན་མིག་ཁྱོད་དང་མཚུངས་པ་འགའ་ཡང་ཡོད་མ་ཡིན། །

བདག་གིས་ནགས་ཁྲོད་འདིར་འཕྲི་ཤིང་གི་ཡལ་ག་འགའ་ཞིག་མཐོང་ནས་མཛེས་མ་ཁྱོད་ཀྱི་ཡན་ལག་གི་མཛེས་པ་ཡིད་ལ་དྲན་ཏེ་ཡིད་འཛིགས་པ་དང་བཅས་པར་འདི་ཅི་ཡིན་ནམ་སྙམ་པའི་ཚེ་ན་རི་དྭགས་མོ་ལ་ཡོད་པའི་ནག་ཅིང་སྐྱུམ་པའི་མིག་མཛེས་པ་ལས་ཁྱོད་ཀྱི་མིག་གཡོ་བ་མཐོང་ཞིང་། འགྲམ་པའི་མཛེས་པའི་འོད་ཟེར་ནི་རི་བོང་ཅན་ལ་དང་སྐྲ་རྣམས་ལ་རིན་པོ་ཆེས་བརྒྱན་པ་ནི་གཙུག་ཕུད་ཅན་གྱི་མཇུག་སྒྲོའི་ཚོགས་ལ་མཐོང་བ་དང་།

སྨིན་མའི་རོལ་སྙིག་མཆོག་ཏུ་མཛེས་པ་རྣམས་ནི་ཆུ་ཀླུང་གི་རླབས་ཀྱི་ཕྲེང་བ་ཕྲ་མོ་གཡོ་བ་རྣམས་ལ་མཐོང་ངོ་། །ཨེ་མ་སྲིད་འདིའི་མཛེས་སྡུག་གཅིག་ཏུ་ཚོགས་པ་དང་ལྡན་པའི་གཡོན་མིག་མ་ཁྱོད་དང་མཚུངས་པ་ཡི་དངོས་པོ་འགའ་ཡང་འཇིག་རྟེན་ཀུན་ཏུ་ཡོད་པ་མ་ཡིན་ནོ། །ཞེས་སོ། །

ཆར་གྱིས་བརླན་ལས་དྲི་མེད་སྤྲང་རྩེ་ཅན་བཞིན་ཁྱོད་ཀྱི་གདོང་། འདི་མཛེས་སོ་ལུས་ཕྲ་མ། །ཁྱོད་ནི་རིང་གྱུར་བདག་ནི་ཕྲ་བའི་ལུས་གྱུར་མདའ་ལྔ་བ་ཡི་གདུང་བ་ཡང་ཡང་བྱིན། །སོ་ག་རྫོགས་པའི་མཐའ་རུ་ཕྱོགས་ཀུན་ཆེ་བའི་ཆུ་འཛིན་སྟུག་པོས་བསྒྲིབས་པས་ཉི་མ་ཡི། །སྣང་བ་རྣམས་ནི་ཉམས་ཤིང་རྒྱུན་དུ་འཆར་འོང་བདག་གིས་ཞག་གི་གྲངས་ཇི་ལྟ་བ་ཡིན། །

ཆར་གྱིས་བརླན་པ་ལ་དྲི་མ་མེད་པའི་སྤྲང་རྩེ་ཅན་རྒྱས་པ་བཞིན་དུ་ཁྱོད་ཀྱི་གདོང་འདི་མཛེས་སོ་ཀྱི་ལུས་ཕྲ་མ། ཁྱོད་ནི་ཐག་རིང་དུ་གནས་པར་གྱུར་པས་བདག་ནི་ཕྲ་བའི་ལུས་སུ་གྱུར་ཅིང་འདོད་པའི་མདའ་ལྔ་བ་ཡི་གདུང་བ་ཡང་ནས་ཡང་དུ་བྱིན་ཅིང་། སོ་ག་རྫོགས་པའི་དུས་ཀྱི་མཐའ་རུ་མངོན་དུ་ཕྱོགས་ཆེས་གཞི་ཀུན་ལ་ཆེ་བའི་ཆུ་འཛིན་སྟུག་པོས་ཕྱོགས་ཀུན་བསྒྲིབས་པས་ཉི་མ་ཡི། སྣང་བས་ཚོགས་རྣམས་ནི་ཉམས་ཤིང་རྒྱུན་དུ་ཆར་འོང་བས་ཁྱོད་དྲན་པའི་གདུང་བ་ལྷག་པར་འཕེལ་བར་གྱུར་པས་བདག་གིས་ཁྲིམས་ཚད་ཁྱེར་བའི་ཞག་གི་གྲངས་རྫོགས་རྒྱུ་མེད་པ་འདི་ཇི་ལྟ་བ་ཡིན་ནམ། ཞེས་སོ། །

ཁྱོད་ནི་རྩེ་ལེབ་གཞི་ལ་ཁམས་ཀྱི་ཚོན་རྣམས་ཀྱིས་ནི་དགའ་དང་། ཁྲོ་བས་ལེགས་བྲིས་ཏེ། །དེ་རྗེས་རྫོགས་ནས་འདོད་པ་བྱ་བའི་ཆེད་དུ་ཁྱོད་ཀྱི་ཞབས་དྲུང་ལྷུང་བར་གྱུར་པ་ན། །ཚིག་ལན་མ་བྱུང་བདག་ལ་མཆི་མ་མང་པོ་ཡང་ཡང་བྱུང་བས་བྲུགས་པས་མིག་ལ་ཁྲོ། །དེར་ཡང་བདག་ཅག་གཉིས་ནི་ལྷན་ཅིག་འགྲོགས་པའི་སྐལ་བ་མེད་པས་ཉིད་དུ་

གྱུར་པ་ཞིག །

བདག་གིས་མཛེས་མ་ཁྱོད་ཀྱི་གཟུགས་བརྙན་ནི་རྡོ་ལེབ་ཀྱི་གཞི་ལ་རང་བྱུང་ཁམས་ཀྱི་ཚོན་རྣམས་ཀྱིས་ནི་དགའ་བ་དང་ཁྲོ་བས་རྣམ་འགྱུར་བསྟན་པ་ཅན་ལེགས་པར་བྲིས་ཏེ། གཟུགས་བརྙན་དེ་ཉིད་བྲིས་པ་རྫོགས་ནས་འདོད་པ་ཡི་རེ་བ་ཞུ་བའི་ཆེད་དུ་ཁྱོད་ཀྱི་ཞབས་དྲུང་དུ་མགོ་བོ་དུད་པའི་ཚུལ་གྱིས་ལྷུང་བར་གྱུར་པ་ན། བདག་གིས་ཞུས་པའི་ཚིག་ལ་ལན་མ་བྱུང་བས་མིག་ནས་མཆི་མ་མང་པོ་ཡང་ཡང་བྱུང་བས་གཟུགས་རིས་དེ་ཡང་བསྒྲིབ་ནས་མི་མཐོང་བར་བྱས་པས་མཆི་མ་བྲུགས་པའི་རང་གི་མིག་ལ་ཡང་ཁྲོ་བ་སྐྱེས་ཤིང་། དེར་ཡང་བདག་ཅག་གཉིས་ནི་རྒྱུན་དུ་ལྷན་ཅིག་འགྲོགས་པའི་སྐལ་བ་ཙམ་ཡང་མེད་པས་བདག་གཅིག་པུ་ཉིད་དུ་གནས་དགོས་པར་གྱུར་པ་འདི་ཅི་ཞིག་ཡིན་ནམ་སྙམ་བྱུང་། ཞེས་པའོ། །

ཁྱོད་ནི་བདག་གི་སྐྱི་ལམ་དག་ཏུ་འོངས་ཤིང་ཐོབ་པ་ཅི་ཡང་མཐོང་བར་གྱུར་པ་ན། །ཕོ་བོས་དམ་དུ་འཁྱུད་པར་བྱ་བའི་ཆེད་དུ་ནམ་མཁའ་དག་ལ་ལག་གཡུགས་བྱས་པ་ནི། །ས་ལ་གནས་པའི་ནགས་ཀྱི་ལྷ་རྣམས་ཀྱིས་ནི་ངེས་པར་མ་མཐོང་མ་ཡིན་མང་པོ་རུ། །མུ་ཏིག་བརྒྱུས་པ་བཞིན་དུ་ཤིང་གི་ཡལ་ག་རྣམས་ལ་མཆི་མའི་དུམ་བུ་ལྷུང་བར་གྱུར། །

མཛེས་མ་ཁྱོད་ནི་བདག་གི་སྐྱི་ལམ་དག་ཏུ་འོངས་ཤིང་སྐྱེས་པ་ན་དངོས་སུ་ཐོབ་པའམ་དཔྲ་ཅི་ཡང་ཁྱེད་མཐོང་བ་བདེན་པར་ངེས་སོ་སྙམ་པར་གྱུར་པས། ཕོ་བོས་ཁྱོད་ལུས་དམ་དུ་འཁྱུད་པར་བྱ་བའི་ཆེད་དུ་ནམ་མཁའ་དག་ལ་ལག་གཡུགས་བྱས་པ་ནི། ས་ལ་གནས་པའི་ནགས་ཀྱི་ལྷ་རྣམས་ནི་ངེས་པར་མ་མཐོང་བ་མ་ཡིན་པར་ལན་མང་པོ་རུ་མཐོང་བས། མུ་ཏིག་གི་དོག་པ་བརྒྱུས་པ་བཞིན་དུ་བདག་ལ་མཆོག་ཏུ་བརྩེ་བས་སྡོན་ཤིང་གི་ཡལ་ག་རྣམས་ལ་མཆི་མའི་དུམ་བུ་དུམ་བུ་དག་ནི་ས་ལ་ལྷུང་བར་གྱུར་ཏོ། །ཞེས་སོ། །

དེ་ལྟ་དྭ་རུའི་སྡོན་པ་རྣམས་ཀྱི་ཡལ་གའི་འདབ་མ་རྣམས་ནི་འཕྲལ་དུ་བཅད་བྱས་ནས། །དེ་རྣམས་ཀྱི་ནི་འོ་མ་ཟགས་པའི་དྲི་བཟང་

དང་ལྡན་སྐྱེ་ཕྱོགས་ཞུགས་པའི་དྲི་བཞོན་རྣམས། །གང་ཞིག་བདག་ལ་དང་པོར་རབ་ཏུ་འཁྱུད་དོ་ཀྱཱ་ཡེ་ཡོན་ཏན་མ་ལུས་དེ་རྣམས་ནི། །གངས་ཀྱི་རི་ལ་གལ་ཏེ་སོང་ན་ཁྱོད་ཀྱི་ལུས་ལ་རེག་པ་ངེས་པར་འགྱུར་རོ་ཅེའོ། །

དེ་ཕ་དྣ་རུའི་སྔོན་པ་ཞེས་དྲི་བསུང་ལྡན་པ་རྣམས་ཀྱི་ཡལ་གའི་འདབ་མ་རྣམས་ནི་འཕྲལ་དུ་བདག་གིས་བཅད་པར་བྱས་ནས། སྔོན་པ་དེ་རྣམས་ཀྱི་ཉི་འོ་མ་ཟགས་པ་ལས་བྱུང་བའི་དྲི་བཟང་པོ་དང་ལྡན་པ་དེ་རྣམས་ལྷོ་ཕྱོགས་སུ་ཞུགས་པའི་དྲི་ཡི་བཞོན་པ་རྣམས་ཀྱིས་ཁྱེར་ནས། གང་ཞིག་བདག་ལ་དང་པོར་རབ་ཏུ་འཁྱུད་དོ་ཀྱཱ་ཡེ་ཡོན་ཏན་དེ་རྣམས་ལྡན་པའི་རླུང་ནི། གངས་ཀྱི་རི་བོ་ལ་གལ་ཏེ་སོང་ན་ཁྱོད་ཀྱི་ལུས་ལའང་རེག་པ་ངེས་པར་ཐོབ་པར་འགྱུར་རོ་ཅེའོ། །ཞེས་སོ། །

ཐུན་གསུམ་སྲིན་པ་ཅན་མ་ཡུན་རིང་ཐུར་པ་སྐད་ཅིག་བཞིན་དུ་བསྡུས་པ་ཇི་ལྟར་ཡིན། །ཉིན་པར་ཡང་ནི་གནས་སྐབས་ཀུན་ཏུ་རྩང་ཟད་གདུང་བའང་ཇི་ལྟར་ཐུར་པ་ཡིན། །ཀྱཱ་ཡེ་འདྲེན་བྱེད་གཡོ་བ་དེ་ལྟར་ཐུར་པས་བདག་སེམས་དོན་གཉེར་སྐལ་བ་དམན་པར་ཐུར། །ཁྱོད་དང་བྲལ་བའི་གདུང་བ་རྣམས་དང་ཚེ་བའི་སྡུག་བསྔལ་རྣམས་ཀྱིས་བརྟན་པ་མིན་པར་བྱས། །

ཐུན་གསུམ་པར་སྲུན་པ་ཅན་མ་མཚན་མོ་དུས་ཡུན་རིང་བ་འདི་ཉིད་སྐད་ཅིག་མ་བཞིན་དུ་ཤིན་ཏུ་དུས་ཐུང་དུར་བསྡུས་པ་ན་ཇི་ལྟར་འགྱུར་བ་ཡིན་ནམ། ཉིན་པར་ཡང་ནི་དུས་དང་གནས་སྐབས་ཀུན་ཏུ་བརྗེད་དུ་མེད་པར་ཙུང་ཟད་གདུང་བ་འདིའང་ཇི་ལྟར་གྱུར་པ་ཡིན་ནམ། ཀྱཱ་ཡེ་འདྲེན་བྱེད་ཟུར་མིག་གཡོ་བ་ལ་མཁས་པའི་མཛེས་ལྡན་མ་ལགས་ཁྱོད་ཀྱི་ཁྱོ་བོ་བདག་དེ་ལྟར་དུ་གྱུར་པས་ན་བདག་གི་སེམས་ལ་ཁྱོད་དོན་དུ་གཉེར་ཀྱང་དངོས་སུ་འཕྲད་པའི་སྐལ་བ་ད་དུང་དམན་པར་གྱུར་ཏོ། །བདག་གི་སྙིང་དང་འདྲ་བ་ཁྱོད་དང་བྲལ་

བའི་གདུང་བ་རྒྱུན་རིང་ལ་ཤུགས་དྲག་པ་རྣམས་དང་ཆེ་བའི་སྡུག་བསྔལ་གཞན་རྣམས་ཀྱིས་ངའི་སེམས་བརྟན་པ་མིན་པར་བྱས་སོ། །ཞེས་པའོ། །

བདག་ནི་ཞག་གྲངས་མང་པོའི་བདག་ཉིད་བགྲང་ཞིང་ནང་གི་བསམ་པས་མི་འཆི་བར་ནི་ཤེས། །ཀཱ་ཡེ་དགེ་ལེགས་ལྡན་མ་ཁྱོད་ཀྱང་མྱ་ངན་མང་པོ་ཤིན་ཏུ་བྱ་བ་མ་ཡིན་ཏེ། །བདེ་བ་མཐའ་གཅིག་ལྡན་པས་སུ་ཡིན་རྟག་ཏུ་སྡུག་བསྔལ་མཐའ་གཅིག་པ་ཡང་སུ་ཞིག་ཡིན། །དེ་དག་འཁོར་ལོ་རྩིབས་ནི་ཅུང་ཟད་འོག་ཏུ་འགྲོ་ཞིང་སྟེང་དུའང་རིམ་གྱིས་བསྐོར་བ་བཞིན། །

བདག་ནི་ཞག་གྲངས་དེ་ལྟར་མང་པོའི་རིང་ལ་འདོད་གདུང་དྲག་པོས་མནར་བའི་བདག་ཉིད་ཅན་ཡིན་པས་ཉི་མ་རེ་རེ་བགྲང་ཞིང་སྡུག་བསྔལ་ལ་སྤྱོད་པ་ཞིག་ལགས་མོད་ནང་གི་བསམ་པས་དྲན་ཚོད་ལྟར་ན་མི་འཆི་བར་ནི་བདག་གིས་ཤེས་སོ། །ཀཱ་ཡེ་དགེ་ལེགས་ལྡན་མ་ཁྱོད་ཀྱིས་ཀྱང་མྱ་ངན་མང་པོ་དུས་ཤིན་ཏུ་རིང་པོར་བྱ་དགོས་པ་མ་ཡིན་ཏེ། འཇིག་རྟེན་ན་བདེ་བ་མཐའ་གཅིག་ཏུ་ལྡན་ཞིང་དེ་ཁོན་ལ་སྤྱོད་པས་འཚོ་བ་སུ་ཞིག་ཡིན་ལ་རྟག་ཏུ་སྡུག་བསྔལ་གྱི་མཐའ་གཅིག་ལ་སྤྱོད་པ་ཡང་སུ་ཞིག་ཡིན་ནམ། དེ་དག་ཐམས་ཅད་ཀྱིས་འཇིག་རྟེན་གྱི་བདེ་སྡུག་ལ་ལོངས་སྤྱོད་ཚུལ་ནི་འཁོར་ལོ་རྩིབས་ནི་སྐབས་འགར་ཅུང་ཟད་འོག་ཏུ་འགྲོ་ཞིང་སྐབས་འགར་སྟེང་དུའང་རིམ་གྱིས་བསྐོར་བ་བཞིན་ཡིན་ནོ། །ཞེས་སོ། །

ཁྱབ་འཇུག་ལག་འགྲོའི་གནས་ན་གཉིད་ལས་ལངས་ཆེ་རྗེ་བོ་ཁྲོས་པའི་བཀའ་ལུང་རྫོགས་པ་ཉིད། །དེ་ལ་ཟླ་བ་བཞི་ཡོད་དེ་བར་མིག་ནི་ཟུམ་པར་བྱས་ནས་ཁྱོད་ནི་གནས་པར་མཛོད། །ཕྱི་ནས་བདག་ཅག་གཉིས་ནི་ཡུན་རིང་བྲལ་བ་ལས་བྱུང་འདོད་པའི་ལོངས་སྤྱོད་དེ་ཐོབ་སྟེ། །སྟོན་ཀའི་ཟླ་བ་རྫོགས་པའི་མཚན་མོ་རྣམས་ལ་འདོད་པའི་ལོངས་སྤྱོད་དེ་དག་ལྡན་པར་འགྱུར། །

ལྷ་ཆེན་པོ་ཁྱབ་འཇུག་ལག་འཁྲོའི་གནས་ཏེ་ཀླུའི་གནས་ན་གཉིད་ལས་སད་ནས་ལངས་ཚེ་རྗེ་བོ་ཁྲོས་པའི་བཀའ་ལུང་གིས་ཁྲིམས་ཆད་བཅད་པའི་དུས་ཡུན་རྫོགས་པ་ཉིད་ཡིན་ཞིང་། དེ་ལ་ད་དུང་ཟླ་བ་བཞི་ཡོད་པས་དེའི་བར་ལ་མིག་ནི་ཟུམ་པར་བྱས་ནས་མཛའ་མོ་ཁྱོད་ནི་གནས་པར་མཛོད་ཅིག ཕྱི་ནས་བདག་ཅག་གཉིས་ལ་ནི་ཡུན་རིང་བར་བྲལ་བ་ལས་བྱུང་བའི་འདོད་པའི་བདེ་བ་ལ་རེ་བའི་ལོངས་སྤྱོད་མཆོག་དེ་ཉིད་ཐོབ་སྟེ། སྟོན་ཀའི་ཟླ་བ་རྫོགས་པའི་མཚན་མོ་རྣམས་ལ་འདོད་པའི་ཁམས་ཀྱི་ལོངས་སྤྱོད་དེ་དག་ལྡན་པར་འགྱུར་རོ། །ཞེས་སོ། །

ཡང་ནི་བརྗོད་པ་སྨོན་ནི་བདག་དང་ཁྱོད་ནི་མལ་སྟན་གནས་ན་མགྲིན་འཁྱུད་གཉིད་སོང་བས། །བདག་ནི་འཕྲལ་ལ་རབ་ཏུ་སད་པར་གྱུར་ནས་ཅི་ཡང་ངུ་བར་བྱས་པར་གྱུར་པ་ན། །ནང་ནས་རྒོད་པ་དང་བཅས་ལན་ཅིག་མིན་པར་ཁྱོད་ཀྱིས་བདག་ལ་དྲི་བ་བརྗོད་པ་ན། །ཀྱཻ་གཡོ་མ་འགའ་ཞིག་དང་ཡང་དགའ་བྱེད་རྨི་ལམ་མཐོང་ཞེས་བདག་གིས་ཁྱོད་ལའོ། །

ཡང་ན་ནི་བརྗོད་པར་བྱ་བ་ཞིག་ནི་སྔོན་གྱི་མཚན་མོ་ཞིག་ལ་ནི་བདག་དང་ཁྱོད་ནི་མལ་སྟན་གཅིག་གི་གནས་ན་ཕན་ཚུན་མགྲིན་པ་ནས་འཁྱུད་བཞིན་གཉིད་དུ་སོང་བས་བདག་ནི་འཕྲལ་ལ་རབ་ཏུ་སད་གྱུར་ནས་ཅི་ཡིན་འདི་ཡིན་གང་ཡང་མེད་པར་ངུ་བར་བྱས་པར་གྱུར་པ་ན། ནང་ནས་རྒོད་པ་དང་བཅས་ཏེ་ཞེས་པ་སྟེ་ཁོང་རྒོད་དང་བཅས་ཏེ་ལན་གཅིག་མིན་པར་ཁྱོད་ཀྱིས་བདག་ལ་ངུ་བའི་རྒྱུ་མཚན་ཅི་ཡིན་ཞེས་ནན་གྱིས་དྲི་བ་བརྗོད་པ་ན་ཀྱཻ་ཡེ་མཛའ་མོ་བདག་གཡོ་ཅན་མ་གཞན་འགའ་ཞིག་དང་ཡང་དགའ་མགུར་བྱེད་པ་རྨི་ལམ་དུ་མཐོང་ཞེས་བདག་གིས་ཁྱོད་ལ་བརྗོད་པས་ཁྱོད་ཁོང་ཁྲོ་བར་གྱུར་པ་དེ་དྲན་ནོ། །ཞེས་སོ། །

དེ་ལ་བདག་ནི་ཁྱོད་ལ་མཚན་མ་བཟང་པོ་སྨིན་པར་བྱེད་པ་ཡིན་

པར་རིག་བྱས་ནས། །ཀུ་ཡེ་འདྲེན་བྱེད་དཀར་མིན་སྐྱ་བོ་ངན་པའི་ཚིག་ལས་བདག་ལ་མི་གུས་འོས་མ་ཡིན། །གང་ཕྱིར་བྲལ་བས་གདུངས་པ་ཡོངས་སྨྱོད་བྲལ་ལ་དེ་རྣམས་མཛའ་བོའི་བརྗོད་པ་ཅི་ཞིག་ཡིན། །དངོས་པོ་རྣམས་ནི་མཐོང་ཚེ་མཆོག་ཏུ་དགའ་བའི་རོ་ནི་མང་བའི་ཕུང་པོ་ཉིད་དུ་འགྱུར། །

དེ་ལ་ཡང་བདག་ནི་ཁྱོད་ལ་ཡིད་མཆོག་ཏུ་ཆེས་པའི་མཚན་མ་བཟང་པོ་སྟེན་པར་བྱེད་པ་ཡིན་པར་རིག་པར་བྱས་ནས། ཀུ་ཡེ་འདྲེན་བྱེད་དཀར་མིན་ཏེ་གནག་ཅིང་སྨུམ་པའི་མིག་མཛེས་སྟུག་ལྡན་པ་ཁྱོད་ཀྱིས་སྐྱ་བོ་ངན་པའི་ཚིག་ཐོས་པ་ལས་བདག་ལ་མི་གུས་པ་ནི་འོས་པ་མ་ཡིན་ཏེ། གང་གི་ཕྱིར་ན་བྲལ་བས་གདུངས་པ་འདོད་པའི་ལོངས་སྤྱོད་དང་བྲལ་བ་ལ་བསམ་པ་དེ་རྣམས་ཀྱི་མཐུས་མཛའ་བོའི་བསམ་པ་འདོར་བར་འགྱུར་ཞེས་བརྗོད་པ་དེ་ཅི་ཞིག་ཡིན་ཞེས་པ་སྟེ་དེ་ལྟ་བུ་ཞིག་ག་ལ་ཡིན་ཏེ། རང་ཉིད་ཧ་ཅང་དགའ་བའི་དངོས་པོ་རྣམས་ནི་བྲལ་ཏེ་ཡུན་རིང་འགོར་བ་ཕྱིས་ལག་ཏུ་འཁྱེར་ནས་དངོས་སུ་མཐོང་ཚེ་མཆོག་ཏུ་དགའ་བའི་རོ་བོ་ནི་དགའ་བ་མང་པོ་སྤུངས་པའི་ཕུང་པོ་ཉིད་དུ་འགྱུར་བས་སོ། །ཞེས་སོ། །

འདི་རྣམས་ཀྱིས་ནི་དང་པོར་བྲལ་བས་གདུངས་པར་གྱུར་པའི་གྲོགས་མོ་དེ་ནི་དབུགས་དབྱུང་མཛོད། །མིག་གསུམ་པ་ཡི་ཁྲུ་མཆོག་ལྟ་བུར་དཀར་བའི་གཻ་ལ་ཤ་ཡི་རི་ལས་སླར་ལྡོག་བྱ། །དེ་ལའང་རང་གི་དགེ་བའི་མཚན་མ་ཁྱེར་འོངས་དེ་དང་དེ་ནི་བདག་ལ་བཤད་པར་བྱ། །ཁྱོད་ནི་ཀུན་དའི་གེ་སར་གཡོ་ལྡན་སྤྲུར་འགྲོ་རྣམས་ཀྱིས་བསྐུལ་བྱས་སྤྲུར་བར་འོང་བར་བྱ། །

གོང་ནས་བརྗོད་པའི་གཏམ་འདི་རྣམས་ཀྱིས་དང་པོར་བྲལ་བས་ཉེན་ཅིང་གདུངས་པར་གྱུར་པའི་གྲོགས་མོ་དེ་ནི་དབུགས་དབྱུང་བར་མཛོད་ཅིག དེ་ནས་རིང་བར་མ་བསྟོད་པར་མིག་གསུམ་པ་ཡི་བཞོན་པ་ཁྲུ་མཆོག་ལྟ་བུར་དཀར་བའི་གཻ་ལ་ཤ་ཡི་རི་ལས་སླར་ལྡོག

པར་བྱའོ། །དེ་ལྟའང་བདག་གི་ཆུང་མ་རང་གི་བདེ་བར་འཚོ་བ་ལ་སོགས་པའི་དགེ་བའི་མཚན་མ་ཇི་ལྟར་གནས་པ་དང་བདག་ལ་མཛའ་སེམས་ཇི་ལྟར་བཅངས་ཚུལ་སོགས་ཀྱི་གནས་ཚུལ་ཁྱེར་འོངས་ནས་གཏམ་སྙན་མོ་དེ་དང་དེ་ནི་བདག་ལ་བཤད་པར་བྱའོ། །སྤྲིན་མཆོག་ཁྱོད་ནི་མེ་ཏོག་ཀུན་དའི་གེ་སར་གཡོ་བ་དང་ལྡན་པའི་མྱུར་འགྲོ་སྟེ་རླུང་རྣམས་ཀྱིས་བསྐུལ་བར་བྱས་ནས་མྱུར་བར་འོང་བར་བྱའོ། །ཞེས་པའོ། །

ཀཱ་ཡེ་གྲོགས་བཟང་ཁྱོད་ཀྱིས་བདག་གི་གཉེན་འདུན་དག་ཏུ་རྟུང་ཟད་གནས་པ་འདི་བྱས་ནས། །སླར་ཡང་འཕྲིན་རྣམས་བརྟན་པ་ཁྱོད་ལས་ངེས་པར་བདག་ལ་འོང་བར་འགྱུར་ཞེས་བདག་སེམས་སོ། །རྟུ་ཏ་ཀ་རྣམས་སྒྲ་མེད་པར་ཡང་ཆུ་ནི་སྦྱིན་པར་མཛད་ཅེས་ཁྱོད་ལ་ཞུ་བར་སེམས། །གང་ཕྱིར་སྐྱེ་བོ་རྣམས་ལ་འདོད་པར་གྱུར་པ་རྣམས་ཀྱི་བྱ་བའི་དོན་ཉིད་ལན་གྱི་ཚིག །

ཀཱ་ཡེ་གྲོགས་པོ་བཟང་པོ་ཁྱོད་ཀྱིས་བདག་གི་གཉེན་འདུན་གྱི་ཉེ་འཁོར་དེ་དག་ཏུ་རྟུང་ཟད་གནས་ཏེ་བདག་གི་ཕོ་ཉའི་བྱ་བ་འདི་བྱས་ནས་ནི་སླར་ཡང་དགའ་མས་ང་ལ་བསྐུར་བའི་འཕྲིན་རྣམས་རང་བཞིན་བརྟན་པ་ཅན་ཁྱོད་ལས་ངེས་པར་བདག་ལ་འོང་བར་འགྱུར་ཞེས་བདག་གིས་ལེགས་པར་སེམས་སོ། །ཙཱ་ཏ་ཀ་རྣམས་ཀྱིས་ཁྱོད་ཀྱིས་འབྲུག་སྒྲ་སྒྲོགས་མེད་པར་འགྲོ་བའི་སྐབས་ལ་ཡང་བདག་ལ་ཆུ་སྦྱིན་པར་མཛོད་ཅིག་ཅེས་ཁྱོད་ལ་ཞུ་བ་བྱེད་པར་སེམས་སོ། །གང་གི་ཕྱིར་ཞེ་ན་སྐྱེ་བོ་རྣམས་ལ་འདོད་པའི་དབང་དུ་གྱུར་པ་རྣམས་ཀྱི་བྱ་བའི་དོན་ཞག་གཅིག་ནི་དེ་ཉིད་ཀྱི་ལན་གྱི་ཚིག་ཕོན་ལ་རེ་བ་ནི་ཆོས་ཉིད་ཡིན་པས་སོ། །ཞེས་སོ། །

ཀཱ་ཡེ་ཆུ་འཛིན་གདུང་ལྡན་བདག་གི་བརྗོད་པ་བདག་གི་སེམས་ལ་དོན་གཉེར་དགའ་བ་ཡི། །ཚོགས་འདི་བྱམས་པར་གྱུར་པའམ་རྗེས་སུ་རབ་ཏུ་བརྩེ་བའི་བློས་ནི་འདི་རྣམས་ཀུན་བྱས་ནས། །ཁྱོད་ཀྱང་འདོད་

པའི་ཡུལ་ནི་ཐོབ་ཅིང་མཛེས་པའི་ཆར་སྤྲིན་ཚོགས་འཛིན་དཔལ་དང་ལྡན་པ་དང་། །ཀློག་མ་དང་ཡང་ནམ་ཡང་མི་འབྲལ་གྱུར་ཅིག་དེ་བཞིན་ཀུན་ཀྱང་དགེ་ཞིང་ཤིས་གྱུར་ཅིག །

ཀྭ་ཡེ་ཆུ་ཁུར་འཛིན་པ་ཡིད་རབ་ཏུ་གདུང་བ་དང་ལྡན་པ་བདག་གི་བརྗོད་པ་དང་བདག་གི་སེམས་ལ་དོན་དུ་གཉེར་བའི་དགའ་བ་སྐྱེས་པའི་འོས་སུ་གྱུར་པའི་ཚིགས་འདི་དག་རྣམས་ནི་ཁྱོད་ཀྱི་བདག་ལ་མཆོག་ཏུ་བྱམས་པར་གྱུར་པའམ་རྗེས་སུ་རབ་ཏུ་བརྩེ་བའི་བློས་ནི་བདག་གིས་བཙལ་བའི་བྱ་བ་འདི་རྣམས་ཀུན་བདེ་བླག་ཏུ་བྱས་ཟིན་ནས། ཁྱོད་ཀྱང་འདོད་པའི་ཡུལ་ནི་ཐམས་ཅད་བར་ཆད་མེད་པར་ཐོབ་ཅིང་མཛེས་པའི་ཆར་སྤྲིན་གྱི་ཚོགས་གཞན་རྣམས་བསྡུ་ཞིང་འཛིན་ནུས་པ་དང་དཔལ་དང་གྲགས་པ་སོགས་ཡོན་ཏན་མ་ལུས་པ་ལྡན་པ་དང་། དགའ་མ་གློག་མ་དང་ཡང་ནམ་ཡང་མི་འབྲལ་བར་གྱུར་ཅིག དེ་བཞིན་དུ་འཇིག་རྟེན་ཀུན་ཀྱང་ཁྱོད་ལས་ཆར་ཆུ་དུས་སུ་འབབ་པ་སོགས་ཀྱིས་དགེ་བའི་ལེགས་ཚོགས་འཕེལ་ཞིང་རྟག་ཏུ་བཀྲ་ཤིས་པར་གྱུར་ཅིག ཅེས་པའོ། །

པཎྜི་ཏ་གང་གིས་མཛད་པ་ནི། སློབ་དཔོན་ཆེན་པོ་ནག་མོ་ཁོལ་གྱིས་མཛད་པའི་སྤྲིན་གྱི་ཕོ་ཉ་རྫོགས་སོ། །ཞེས་སོ། །

ལོ་པཎ་གང་གིས་བསྒྱུར་བ་ནི། བློ་གྲོས་དང་སྙིང་རྗེ་དང་། བརྟུལ་བ་དང་ངེས་པ་དང་། གཏོང་བ་ལ་སོགས་པའི་ཡོན་ཏན་ཐུལ་དུ་བྱུང་བ་དཔག་ཏུ་མེད་པས་སྤྲས་པའི་དཔོན་ཆེན་ནམ་མཁའ་བརྟན་པའི་བཀའ་ལུང་གིས། ཁ་ཆེའི་པཎྜི་ཏ་སློབ་དཔོན་ཆེན་པོ་སུ་མན་ཤྲཱི་དང་། ཞུ་ཆེན་གྱི་ལོ་ཙཱ་བ་མང་དུ་ཐོས་པའི་དགེ་སློང་བྱང་ཆུབ་རྩེ་མོ་དང་། ལོ་ཙཱ་བར་གནོགས་པ་ལུང་རིགས་སྨྲ་བ་ནམ་མཁའ་བཟང་པོས་དཔལ་ས་སྐྱའི་གཙུག་ལག་ཁང་ཆེན་པོར་བསྒྱུར་ཅིང་ཞུས་ཏེ་གཏན་ལ་ཕབ་པ། གང་ཞིག་བྱུགས་དགོངས་རྣམ་པར་དག་པ་ཡིས། །འདི་ལ་བསྐུལ་ཞིང་མཐུན་

རྐྱེན་ བསྐྱབས་ པ་ དང་། །བདག་ ཅག་ འབད་ ལས་ བསོད་ ནམས་ གང་ བསྐྱབས་པས། །འཁོར་བ་ལས་བཀྲལ་སྐུ་གསུམ་ཐོབ་པར་ཤོག །བྱང་གི་བདག་པོའི་གསུང་བཟང་ལས། །སྙན་ངག་འདི་ནི་བོད་སྐད་དུ། །ཁ་ཆེ་པཎ་ཆེན་དང་ལྷན་ཅིག །དགེ་སློང་བྱང་ཆུབ་རྩེ་མོས་བསྒྱུར། །འདི་འགྲོ་བ་དཔག་ཏུ་མེད་པ་ལ་ཕན་ཐོགས་ནས་བཀྲ་ཤིས་ཤིང་བདེ་ལེགས་སུ་གྱུར་ཅིག ཅེས་ཏེ་གོ་སླའོ། །

འདིར་སྨྲས་པ། སྤྲིས་བྲལ་གདོད་ནས་དག་པའི་དབྱིངས་ལས་མངོན་བཞེངས་མཚན་དཔེ་ལང་ཚོ་གསར་བའི་མཛེས་སྡུག་རྫོགས། །འགྲོ་ཁམས་སོས་པ་རྒྱ་མཚོའི་སྐལ་བར་འཇུག་པའི་ལེགས་གསུང་བཞི་ལྷག་དྲུག་ཅུའི་དབྱངས་ཀྱིས་འདོམས། །བདེན་གཉིས་ཆོས་ཀྱི་གཟུགས་བརྙན་ཅིག་ཅར་འཆར་བའི་ཡེ་ཤེས་ཐུགས་ཀྱི་མེ་ལོང་འགྲོ་ལ་ཆགས། །ལྷར་བཅས་འགྲོ་བའི་འདྲེན་མཆོག་སྤྲུ་འཕྲུལ་སྲས་དང་དབྱེར་མེད་བླ་མའི་ཞབས་པད་འདིར་ཡང་མཆོད། །ཟབ་ཅིང་ཡངས་པ་མཁྱེན་པའི་ཆུ་གཏེར་ལས་འཁྲུངས་སྤེབས་ལེགས་ཤེལ་དཀར་ལྷུག་ཕྲན་རྩེར་སྨིན་པའི། །སྒྲ་དོན་ཉམས་ཀྱི་འདབ་བརྒྱ་ཕྱོགས་སུ་གྲོལ་ཡང་བརྗོད་བྱེད་སྲིད་པུས་ཉེར་བཟུང་མ་ལླི་ཀཱའི། །རིན་བྲལ་ཁྱད་འཕགས་ཕྲེང་མཛེས་འདི་ཉིད་ལས་གཞན་དཔྱོད་ལྡན་མཁྲིན་པའི་རྒྱན་མཆོག་གཞན་མེད་ཅེས། །ཐེག་ལེ་མཆོག་མའི་བླུ་ཡིས་ཚངས་ཆེན་ཐུགས་ཀྱང་རྟོན་མེད་བདུད་རྩི་གསར་བས་སྨྱོས་པར་བྱས། །མཚར་སྡུག་དབང་པོའི་གཞུ་རིས་རྣམ་པར་བཀྲ་བས་ལྷ་ཡི་ལམ་ཡངས་སྐལ་བ་མཆོག་ལ་སྤྱོད། །གཞན་གསོས་བུ་མོའི་མགྲིན་པའི་རོལ་མོ་འཁྲོལ་ལས་མ་ལ་ཡ་ཡི་ཀློང་དུ་དཔྱིད་དཔལ་འདྲེན། །མགྲིན་སྔོན་ཅན་གྱི་སྒྲོ་གུར་ཆླུམ་པོར་བསྒྱུར་བས་གཡུ་མདངས་ནེའུ་གསིང་སྣེག་པའི་དཔལ་ངོམས་ཀྱང་། །མཁས་རྣམས་མངོན་དགའ་སྐྱེད་བྱེད་སྐྱེས་ཀྱི་མཆོག་ནི་སྒྲ་དོན་ཉམས་ལྡན་སྙན་པའི་ཚིག་ཡིན། །བློ་གྲོས་ལང་ཚོ་རྒྱ་བའི་ཁྱུར་གྱིས་རབ་བརྩམ་ཤིན་ཏུ་ཉམ་ཐག་སྐོངས་པའི་མཐར་བརྟེན་ཅིང་། །ཚིག་སྦྱོར་ཙམ་ལའང་བློ་མིག་ལྡན་པའི་གོ་འཕང་མངོན་བྱས་

རང་གི་དེ་ཉིད་གསལ་སྟོན་པ། །སྤྱི་བརྗོད་ཆེན་པོའི་མཁར་བ་ལ་འཁྲིལ་འགྲེལ་བའི་རི་ལ་ནན་གྱིས་འཛེག་པའི་དེབ་ཆུང་འདིར། །ལོག་བཤད་འགྲེ་ལྡོག་བྱུབ་པའི་རྗེས་ཤུལ་མང་ཡང་ལྷག་བསམ་དག་ཕྱིར་མཁས་རྣམས་བཟོད་པར་མཛོད། །

འདི་ཡི་དགེ་བས་ཚེ་རབས་ཐམས་ཅད་དུ། །

ལེགས་གསུང་སྣན་དགུར་འཁྲོལ་བའི་དྲི་བཞོན་གྱིས། །

འགྲོ་ཁམས་སོས་པའི་ཆུ་གཏེར་ལ་རེག་པས། །

སྤངས་རྟོགས་ལྷུ་བའི་སྟེང་འཕྲུང་རྒོད་པར་ཤོག །

ཅེས་སྙན་ངག་གི་རྒྱལ་པོ་སྤྲིན་གྱི་ཕོ་ཉའི་འགྲེལ་བ་མ་ལླི་ཀཱའི་ཕྲེང་མཛེས་ཞེས་བྱ་བ་འདི་ནི། འདི་གའི་དཔྱོད་ལྡན་འགའ་ལ་བསྟན་བཅོས་འདི་ཉིད་ཁྲིད་ཁྲུལ་བྱེད་སྐབས་རང་གི་བློ་བརྟེན་དུ་ཡི་གེར་བཏབ་པ་ཡིན་ལ། བསྟན་བཅོས་འདི་ལ་འགྲེལ་བ་འཐད་ལྡན་གཞན་མ་མཐོང་ཞིང་། ཚིག་དོན་བརླིང་ཞིང་ཟབ་པས་ཇི་བཞིན་འགྲེལ་བའི་རྗེ་མི་ཐོགས་ནའང་ནང་རིག་པའི་བསྟན་བཅོས་ལྟ་བུ་མིན་པས་སྐབས་འགར་ནོར་བ་རེ་མཆིས་ནའང་ཉེས་པ་ཆེན་པོ་འབྱུང་བར་མི་འགྱུར་སྙམ་ནས་སྤྱི་བརྗོད་བསྐྱེད་དེ་གཞུང་ཚིག་གོང་འོག་མ་དཀྲིགས་པར་མཐར་ཆགས་འབྲུ་འདེད་ལུགས་སུ་ཡི་གེར་འགོད་པ་པོ་ནི། ཆུ་གཏེར་ཆེན་པོ་ཁྲི་གཤོག་རྒྱལ་མོའི་འགྲམ་དུ་ལྷེ་ཁྲག་པོར་ཞིང་། གཞོན་དུས་སུ་ཆོས་གྲྭ་ཆེན་པོ་དཔེན་གནས་བཀྲ་ཤིས་ཆོས་སྡིངས་ཀྱི་གྲལ་མཐར་སྡོད་པའི་སྐལ་བཟང་ཐོབ་ཀྱང་ལས་ཀྱི་དབང་གིས་མི་ཚེ་དོན་མེད་དུ་འདས་པའི་གྱི་ན་བ་མཚོ་སྔོ་མི་རིགས་དགེ་འོས་སློབ་གྲྭའི་དགེ་མིང་ཙམ་འཛིན་པ་བཤད་སྒྲུབ་རྒྱ་མཚོ་མི་འཛིགས་མཚོ་བྱུང་དགྱེས་པའི་བློ་གྲོས་སུ་འབོད་པས་ཤིང་ཁྱི་ལོའི་སྨིན་དྲུག་ཟླ་བའི་དཀར་ཕྱོགས་ཇོགས་པ་གསུམ་པའི་ཉིན་ཆབ་ཆ་བདེ་སྐྱིད་དར་ཐང་གི་རིག་པའི་སྡིངས་ཀ་དགེ་འོས་སློབ་གྲྭའི་རང་སྤྱིལ་དུ་གྲུབ་པར་བགྱིས་པ་ཡིན་ནོ། །བཀྲ་ཤིས། བདེ་ལེགས་འབྱུང་བར་ཤོག །

༄༅། །མངོན་བརྗོད་ཀྱི་བསྟན་བཅོས་རྒྱ་མཚོའི་ཆུ་ཐིགས་ཞེས་པའི་སློབ་ཁྲིད་གྲ་སྒྲིག

དང་པོ། མངོན་བརྗོད་རིག་པ་དར་བའི་ལོ་རྒྱུས།

རིག་གནས་ཆེ་བ་ལྔའི་སྒྲ་རིག་པའི་ཡོངས་གཏོགས་མངོན་བརྗོད་ཀྱི་རིག་པ་འདི་ཐོག་མར་རྒྱ་གར་ནས་བོད་དུ་དར་བ་ཡིན་ལ། རྒྱ་གར་དུ་འདིའི་གཞུང《མངོན་བརྗོད་ཀྱི་བསྟན་བཅོས་མེ་དི་ནི་ཀ་ར》ཞེས་པ་དང་། 《སྣ་ཚོགས་གསལ་བ》《ཧ་ར་བ་ལི》ཞེས་པ་སོགས་ཡོད་པར་བཤད་ཀྱང་བསྟན་བཅོས་དེ་དག་བོད་དུ་མ་བསྒྱུར་ལ། དེའི་ཕྱིས་སློབ་དཔོན་ཆེན་པོ་འཆི་མེད་སེངྒེ་ཞེས་བྱ་བས། སྔོན་གྱི་སློབ་དཔོན་བྱཱ་ཌི་དང་། མཆོག་སྲེད་དང་། ཙནྡྲ་གོ་མི་ལ་སོགས་པའི་བསྟན་བཅོས་ལས་བཏུས་ཤིང་དེ་དག་ལས་ཁྱད་པར་འཕགས་པའི་བསྟན་བཅོས《འཆི་མེད་མཛོད》བརྩམས། འདི་ཉིད་རྒྱ་གར་གྱི་པཎྜི་ཏ་ཀཱིརྟི་ཙནྡྲ་དང་། ཡར་ཀླུང་ལོ་ཙཱ་བ་གྲགས་པ་རྒྱལ་མཚན་གཉིས་ཀྱིས་ཆ་ཚང་བར་བསྒྱུར། དེའི་འགྲེལ་བ་པཎྜི་ཏ་རབ་འབྱོར་ཟླ་བས་མཛད་པའི《འགྲེལ་བ་འདོད་འཇོ》ཞེས་བྱ་བ་ཚིགས་སུ་བཅད་པའི་གྲངས་ཀྱིས་བཅད་ན་ཚིག་ཁྲི་ཙམ་ཡོངས་པའི་ཟླིད་ལྷག་ཙམ་གྱི་རྒྱ་དཔེ་སྣེ་གདོང་རྩེའི་གཙུག་ལག་ཁང་ན་བཞུགས་པ་སྤྱན་སྔ་རིན་པོ་ཆེ་ངག་དབང་གྲགས་པའི་བཀའ་ལྟར་ཞ་ལུ་ལོ་ཙཱ་བ་ཆོས་སྐྱོང་བཟང་པོས་བསྒྱུར་བ་ནས་བོད་གངས་ཅན་གྱི་ལྗོངས་སུ་མཁས་པ་གོང་མ་རྣམས་ཀྱིས་གུས་ཏག་བསྟེན་པ་ཆུ་བོའི་རྒྱུན་བཞིན་བརྟེན་ནས་འཆད་ཉན་རྒྱ་ཆེར་གནང་བའི་མཐུ་ལས་རིག་པ་འདི་ཇེ་རྒྱས་ཇེ་ལེགས་སུ་སོང་ཞིང་དར་ཞིང་རྒྱས་པའི་རྩེ་མོར་གྱུར་ཏེ། བོད་རང་གི་མཁས་པས་མཛད་པའི《མངོན་བརྗོད་མཁས་པའི་རྣ་རྒྱན》

དང་། 《མངོན་བརྗོད་མུ་ཏིག་ཕྲེང་མཛེས》《སྣ་ཚོགས་ཀྱི་མངོན་བརྗོད་གསལ་བར་བྱེད་པ་མཁས་པའི་རོལ་མཚོ》《མངོན་བརྗོད་ཀྱི་བསྟན་བཅོས་རྒྱ་མཚོའི་ཆུ་ཐིགས》སོགས་མཐའ་ཡས་པ་བྱུང་བ་ཡིན་ནོ། །འདི་ནི་རིག་གནས་འདིའི་བསྒྱུར་རྩོམ་དང་། འཆད་ཉན་གྱི་སྲོལ་རྒྱ་ཆེར་དར་བའི་ཚུལ་ཙམ་ཟུར་བརྗོད་པ་ཡིན་ལ། མངོན་བརྗོད་ཀྱི་མིང་རྣམས་ནི་བསྟན་པ་སྔ་དར་དང་ཕྱི་དར་གྱི་དབུ་ཐོག་མར་ཚུགས་སྐབས་ནས་རྒྱ་གཞུང་རྣམས་སུ་ཐོར་རེ་བཞུགས་པ་དེ་དང་དེའི་ཐད་དུ་ལོ་ཙཱ་བ་རྣམས་ཀྱིས་བསྒྱུར་བ་ཡིན་ཞིང་། ཁྱད་པར་དུ་འཇམ་མགོན་ས་པཎ་གྱིས་རྒྱ་གར་མངོན་བརྗོད་ཀྱི་མིང་མང་པོ་གསར་དུ་བསྒྱུར་བ་དང་། བསྒྱུར་བཅོས་གནང་བ་གཞུང་མང་པོ་ལས་ད་ལྟ་ཡང་དངོས་སུ་མཐོང་རྒྱུ་ཡོད་པ་ལགས་སོ། །དེའི་ཚུལ་སྔོན་གྱི་མཁས་པའི་བསྒྱུར་རྩོམ་དང་། རང་རྩོམ་མང་པོ་དང་རྗེ་མི་ལའི་གསུང་མགུར་སོགས་ལ་བལྟས་ན་ཤིན་ཏུ་རྟོགས་སླ་བས་འདིར་ཡི་གེར་འཇིགས་ནས་ཞིབ་ཏུ་མ་བཀོད་དོ། །

གཉིས་པ། མངོན་བརྗོད་ཀྱི་མིང་གི་གྲུབ་ཚུལ།

༡. གཏམ་རྒྱུད་ལ་བརྟེན་ནས་བཏགས་པ། མངོན་བརྗོད་ཀྱི་མིང་དག་ནི་ཏ་ཅང་སྔ་བའི་གནའ་དུས་ནས་རིམ་བཞིན་བྱུང་བ་ཡིན་པས། ཕྱི་རོལ་པའི་གྲུབ་མཐའ་སྨྲ་བ་རྣམས་ཀྱིས་ལྷ་ཆེན་པོ་དབང་ཕྱུག་དང་། ཁྱབ་འཇུག ཚངས་པ་དང་། བརྒྱ་བྱིན་སོགས་དང་། དེ་དག་དང་འབྲེལ་བའི་སྟོད་བསྟུད་ཀྱི་དངོས་པོ་མཐའ་ཡས་པའི་མིང་གི་བྱུང་ཚུལ་ནི་ཕལ་ཆེར་རིག་བྱེད་ཀྱི་གཏམ་རྒྱུད་དེ་གནའ་བོའི་ལྷ་སྒྲུང་དག་ལ་བརྟེན་ནས་བྱུང་ཞིང་། སངས་རྒྱས་ཆོས་ལུགས་དར་བ་ནས་བཟུང་དེའི་གཏམ་རྒྱུད་དང་རྣམ་ཐར་གཞིར་བཟུང་ནས་བཏགས་པའི་མིང་གི་མངོན་བརྗོད་ཀྱང་དུ་མ་ཞིག་ཡོད་པ་གོང་དུ་བརྗོད་ཟིན་པ་ལས་ཤེས་པར་བྱའོ། །

༢. ནུས་པའམ་བྱེད་ལས་ཀྱི་སྒོ་ནས་བཏགས་པ། དཔེར་ན། ཆུ་རྟུལ་འཛིན་པར་

བྱེད་པའི་ཆ་ནས་སྤྲིན་ལ་ཆུ་འཛིན་དུ་གྲགས་པ་དང་། སྐྱེ་དངོས་རྣམས་སྲེག་པར་བྱེད་པའི་ནུས་པ་དང་ལྡན་པའི་ཆ་ནས་མེ་ལ་སྲེག་བྱེད་ཅེས་པ་དང་། ཟླ་བའི་འོད་ཀྱིས་སྐྱེ་དགུ་རྣམས་ཀྱི་ཚ་བའི་གདུང་བ་སེལ་བར་བྱེད་པའི་ཆ་ནས་བསིལ་སྦྱིན་དབང་པོ་དང་བསིལ་ཟེར་ཅན་ཞེས་པ་དང་། ནོར་གྱི་རིགས་རྣམས་འཛིན་པར་བྱེད་པའི་ནུས་པ་དང་ལྡན་པའི་ཆ་ནས་ས་གཞི་ལ་དབྱིག་འཛིན་དང་ནོར་འཛིན་སོགས་སུ་གྲགས་པ་དང་། སྤྲིན་ལ་ཉི་འོད་སྒྲིབ་པའི་ནུས་པ་ལྡན་པའི་ཆ་ནས་ཚ་ཟེར་འཛོམས་ཞེས་པ་ལྟ་བུས་མཚོན་པར་བྱའོ། །

༣. གཞི་དེ་ལ་ཆོས་དེ་ཡོད་པའམ་ལྡན་པའི་སྒོ་ནས་བཏགས་པ། དཔེར་ན། སྤྱན་རས་གཟིགས་ཀྱི་ཕྱག་ན་པདྨ་ཡོད་པའི་ཆ་ནས་ཕྱག་ན་པདྨ་དང་། གསེར་ལ་མདངས་ཡིད་དུ་འོང་ཞིང་གསལ་བ་ཞིག་ཡོད་པའི་ཆ་ནས་མདོག་ལྡན་དང་མདངས་ལྡན་ཞེས་སུ་འབོད་པ་དང་། ས་གཞི་ལ་གསེར་དངུལ་ལ་སོགས་རིན་པོ་ཆེ་སྣ་ཚོགས་ལྡན་པའི་ཆ་ནས་ནོར་ལྡན་ཞེས་པ་ལྟ་བུས་མཚོན་པར་བྱའོ། །

༤. རང་ཉིད་གནས་པའི་དུས་དང་དེའི་ཁྱད་ཆོས་ཀྱི་སྒོ་ནས་བཏགས་པ། དཔེར་ན། རྟོར་ཟླ་བཞི་བའི་མིང་ལ་མེ་ཏོག་ཅན་དུས་ཞེས་སུ་གྲགས་པ་དང་། དགུན་ཁ་ལ་ཁ་བའི་དུས་དང་། ཟླ་བ་ལ་མཚན་མོའི་མགོན་པོ་དང་། འབྲུག་སྒྲ་ལ་དབྱར་སྐྱེས་ཐ་ཞེས་པ་ལྟ་བུས་མཚོན་པར་བྱའོ། །

༥. གྲངས་ཀྱི་སྒོ་ནས་བཏགས་པ། དཔེར་ན། སེང྄ེ་ལ་གདོང་ལྔ་བ་དང་གཙུག་ཕུད་ལྔ་བ་ཞེས་པ་དང་། ལག་པའི་མིང་ལ་ཡལ་འདབ་ལྔ་བ་དང་། མཚན་མོ་ལ་ཐུན་གསུམ་པ། སྲིན་པོའི་རྒྱལ་པོ་ལ་མགྲིན་པ་བཅུ་བ་ཞེས་པ་ལྟ་བུས་མཚོན་ནོ། །

༦. གཞན་ཡང་རྒྱུ་དང་འབྲས་བུ། རྟེན་དང་བརྟེན་པ། མིང་ལ་འདོད་རྒྱལ་དང་རྗེས་གྲུབ། དངོས་མིང་དང་བཏགས་མིང་སོགས་དང་། དུས་གསུམ་དང་བྱ་བྱེད་སྐུལ་ཚིག་སོགས་ཀྱི་སྒོ་ནས་བཏགས་པའི་རྣམ་གཞག་མཐའ་ཡས་པ་རྣམས་ཞིབ་ཏུ་སྦྱངས་ནས་རྒྱ་ཆེར་ཤེས་པར་བྱའོ། །

གསུམ་པ། མིང་གི་མངོན་བརྗོད་ཀྱིས་རྩོམ་ཡིག་ལ་ཕན་པའི་ནུས་པ།

རྩོམ་ཡིག་གི་ཚིག་རྣམས་སྙན་ཞིང་འཇེབས་ལ་ཡིད་འཕྲོག་པར་བྱེད་པ་ལ་མངོན་བརྗོད་ཀྱི་མིང་རྣམས་མེད་དུ་མི་རུང་བ། དཔེར་ན། གུང་ཐང་བསྟན་པའི་སྒྲོན་མེས། འོད་སྟོང་ལྡན་ཕྱིད་ཆུ་སྐྱའི་ཕང་བ་ཏུ། །གལ་ཏེ་གཟིམས་པར་བཞེད་ན་དེ་བཞིན་མཛོད། །པད་ཚལ་མཛེས་པ་ཟུམ་པར་མི་འགྱུར་སླད། །ཚ་ཟེར་འོད་ཀྱི་ཕྲེང་བ་བཞག་འཚལ་ལོ། །ཞེས་པའི་རྩོམ་འདིའི་ནང་གི་མིང་གི་མངོན་བརྗོད་རྣམས་མ་བཀོལ་བར། ཉི་མ་ཁྱོད་ནི་ནུབ་ཀྱི་ཕྱོགས་དེ་རུ། །གལ་ཏེ་ནུབ་པར་འདོད་ན་དེ་བཞིན་མཛོད། །པདྨའི་འདབ་མ་ཟུམ་པར་མི་འགྱུར་ཆེད། །ཉི་མའི་འོད་ཀྱི་ཕྲེང་བ་བཞག་འཚལ་ལོ། །ཞེས་པའི་ཚིག་སྤྱི་གཉིས་ཀྱི་དོན་ལ་ཁྱད་པར་མེད་ཀྱང་། ཚིག་སྙན་མིན་ལ་ཁྱད་པར་ཆེན་པོ་ཡོད་པ་མངོན་སུམ་གྱིས་གྲུབ་པ་ལྟ་བུས་མཚོན་པར་བྱའོ། །

གཞན་ཡང་། མིང་གི་མངོན་བརྗོད་ཀྱིས་རྩོམ་ཡིག་གི་སྒྱུ་རྩལ་གྱི་རང་བཞིན་ཕུན་སུམ་ཚོགས་པར་བྱེད་ཅིང་། ཉམས་འགྱུར་གྱི་རྣམ་པ་ཁྱད་པར་ཅན་དུ་འགྱུར་བ། ནང་དོན་གཏིང་ཟབ་ཏུ་འགྲོ་བར་བྱེད་པ་བཅས་ལ་ཡང་དགེ་མཚན་ལྡན་པའི་ནུས་པ་གལ་ཆེན་ཡོད་པར་མ་ཟད། ཟུང་ལྡན་གྱི་རྒྱན་དང་རྗེས་ཁྲིད་ཀྱི་ཡོན་ཏན་སོགས་སྙན་ངག་གི་ཚིག་རྒྱན་རྣམས་ལ་ཡང་མིང་གི་མངོན་བརྗོད་བཀོལ་ན། ཚིག་བདེ་ཞིང་ཉན་སྦྲོ་བ། དོན་མི་བཟླས་ཤིང་གནད་ལ་འཁེལ་བ་སོགས་བྱེད་ནུས་དཔག་ཏུ་མེད་པ་མཆིས་སོ། །

གཞན་ཡང་། ཚིགས་སུ་བཅད་པའི་རྐང་བ་མ་ལོངས་ན། བརྗོད་བྱའི་དངོས་པོ་དེའི་མིང་གི་རྣམ་གྲངས་གཞན་ཞིག་བཀོལ་ནས་ཚིག་གི་ཁ་སྐོང་ཚོག་པ་དང་། ཚིག་བར་མང་བར་གྱུར་ཚེ་མིང་གི་རྣམ་གྲངས་གཞན་ཞིག་བཀོལ་ནས་ཇེ་ཉུང་ལ་གཏོང་ཚོག་ལ། བརྗོད་བྱ་ཙུང་ཟད་གབ་ནས་བརྗོད་དགོས་པའི་རྩོམ་ཡིག་འབྲི་ཚེ། ཀུན་ལ་རྒྱུན་ཏུ་མ་

གྲགས་པའི་མིང་གི་མངོན་བརྗོད་བཀོལ་ན། སྙན་རྩོམ་དེ་ཁ་དམ་ཞིང་དོན་རྟོགས་དཀའ་བར་འགྱུར་བ་སོགས་ཁྱད་ཆོས་བླུན་མ་མཆིས་པ་མང་དུ་མཆིས་ན་ཡང་། སྔོན་བྱོན་མཁས་པ་རྣམས་ཀྱི་ལྷུགས་རྩོམ་ལ་ཞིབ་ཏུ་བལྟས་ཤིང་དཔྱད་ན་ཤེས་པར་འགྱུར་བའི་ཕྱིར། འདིར་དཔེར་བརྗོད་གསལ་བཤད་དང་བཅས་པ་རྒྱས་པར་མ་བཀོད་དོ། །

མདོར་ན། མིང་གི་མངོན་བརྗོད་ཕུན་སུམ་ཚོགས་པ་ནི། བོད་ཀྱི་སྐད་ཡིག་འདི་མིང་ཚིག་གི་འཇོད་མཐའ་མེད་པའི་གཏེར་མཛོད་ཆེན་པོ་ཞིག་ཡིན་པའི་རྟགས་མཚན་བླུན་མེད་པ་ཡིན་པས། སྔོན་བྱུང་དངོས་པོ་མཐའ་ཡས་པར་མིང་ཚིག་གིས་མ་འདང་བ་མ་བྱུང་ཞིང་། ཕྱིས་འབྱུང་གི་དངོས་པོ་རྣམས་ལ་ཡང་སྔོན་གྱི་སྲོལ་བཞིན་འདྲ་འབྲེལ་རྒྱུ་འབྲས་སོགས་རྒྱུ་མཚན་དུ་བྱས་ནས་མིང་སྣ་ཚོགས་གསར་དུ་བཟོ་ཆོག་པ་ཡིན་ནོ། །དེའི་ཕྱིར། མངོན་བརྗོད་ཀྱི་རིག་པ་འདི་སློབ་སྦྱོང་དང་། རྒྱུན་འཛིན། འཕེལ་རྒྱས་བཅས་སུ་གཏོང་བ་ནི་སྤྱི་ཚོགས་རིང་ལུགས་ཀྱི་འགྱུར་བཞི་འཛུགས་སྐྲུན་བྱེད་པའི་དུས་སྐབས་འདིར་ཡང་དོན་སྙིང་ཆེན་པོ་ལྡན་པར་ཤེས་པར་བྱའོ། །

བཞི་པ། མངོན་བརྗོད་རིག་པ་ཁྲིད་སྐབས་དང་མངོན་བརྗོད་ཀྱི་མིང་བཀོལ་སྐབས་མཉམ་འཛོག་བྱེད་དགོས་པ།

མིང་གི་མངོན་བརྗོད་རེ་རེའི་བྱུང་བའི་གཏམ་རྒྱུད་དང་རྒྱུ་མཚན་སོགས་ཞིབ་ཏུ་ཁྲིད་ན་བཟང་མོད། སློབ་ཁྲིད་རྩ་གནད་ཀྱི་གཏན་ཕབ་དང་སློབ་ཁྲིད་ཀྱི་དུས་ཚོད་བཀོད་སྒྲིག་ལ་བརྩི་འཇོག་བྱེད་དགོས་པའི་ཕྱིར། རྒྱས་བསྡུས་འཚམས་ཤིང་སློབ་མའི་རྒྱུད་ཚོད་དང་བསྟུན་ནས་ཁྲིད་པ་གནད་དུ་འཛིན་དགོས། དེ་བས་དཀའ་གནད་རྣམས་དགེ་རྒན་གྱིས་ཞིབ་ཏུ་ཁྲིད་པ་ལས་ཅུང་སླ་བའི་རིགས་རྣམས་སློབ་མ་ཚོས་རང་སྦྱོང་ལ་བརྟེན་ནས་རྟོགས་པར་བྱས་ན་ལེགས། འདིའི་གཏམ་རྒྱུད་དག་ནི་རིག་བྱེད་ཀྱི་གཏམ་རྒྱུད་དང་སྐྱེས་རབས་

སོགས་བདེན་རྫུན་ཅི་རིགས་ལས་གྲུབ་པ་ཞིག་ཡིན་པས་མཐའ་གཅིག་ཏུ་བདེན་པར་འཛིན་མི་རུང་ལ། ལྷག་པར་དུ་སློབ་མ་རྣམས་ཀྱིས་རྩོད་སྒྲུབ་དངོས་གཙོ་སྨྲ་བ་དང་ལོ་རྒྱུས་དངོས་གཙོ་སྨྲ་བའི་ལྟ་ཚུལ་འཛུགས་པར་གནོད་མི་རུང་། མངོན་བརྗོད་ཀྱི་མིང་བཀོལ་ཆེ་བརྗོད་བྱའི་དངོས་པོ་ཇི་ལྟ་བ་ཞིག་ལ་རྗོད་བྱེད་ཀྱི་མིང་གི་མངོན་བརྗོད་ཀྱང་བབས་འབྲེལ་ཞིག་བཀོལ་ནས་ཚིག་དོན་མཐུན་པ་ཞིག་བྱེད་པ་ལས་ཡིད་ལ་གང་ཤར་དང་ལག་ལ་གང་བདེ་འཕྲལ་དུ་བྲིས་ན་བརྗོད་བྱའི་དོན་གྱི་ངོ་བོ་འགྱུར་ནས་རང་གིས་གང་བརྗོད་འདོད་པ་དེ་བརྗོད་མི་ཐུབ་པ་དང་། རྗོད་བྱེད་ཀྱི་ཚིག་ཀྱང་མི་སྙན་ཅིང་བརྗོད་བྱས་སྟོང་བ་ཞིག་ཏུ་གྱུར་ནས་ཀུན་གྱིས་བཞད་གད་བྱེད་ཡུལ་དུ་འགྱུར་རོ། །

གཅིག སློབ་ཁྲིད་ཀྱི་དགོས་པ། （རེ་འདུན།）

སྔོན་བྱོན་མཁས་པ་རྣམས་ཀྱིས "མངོན་བརྗོད་ཤེས་ན་མིང་ལ་མི་རྨོངས" ཞེས་གསུངས་པ་ལྟར། གནའ་དེང་གི་ཤེས་བྱ་རིག་པའི་གནས་གང་དང་གང་སྦྱོང་ན་ཡང་། ཐོག་མར་ཡི་གེའི་རྣམ་གཞག་དང་། མིང་གི་རྣམ་གཞག་དཔྱིས་ཕྱིན་པར་ཤེས་པར་བྱ་དགོས། དེ་ཡང་མངོན་བརྗོད་ཀྱི་རིག་པ་འདི་ངེས་པར་སྦྱངས་ནས་ཁོང་དུ་ཆུད་པ་ཤིན་ཏུ་གལ་ཆེ་སྟེ། མངོན་བརྗོད་ལ་སྦྱངས་བརྩོན་མ་བྱས་ན་མིང་ཚིག་ཡི་གེ་གསུམ་གྱི་ནང་གསེས་མིང་གི་ཚོགས་ལ་འཇུག་པའི་ཤེས་རབ་ཀྱི་མིག་ལྡོངས་བར་འགྱུར་ཞིང་རང་གིས་རྩོམ་ཡིག་ལེགས་པོ་ཞིག་འབྲི་མི་ཐུབ་པར་མ་ཟད། གཞན་གྱི་རྩོམ་རྣམས་ལ་ཡང་གོ་བ་ཡང་དག་པ་ཞིག་ལེན་མི་ཐུབ། དེའི་ཕྱིར་རིག་པའི་གནས་བཅུའི་ཡ་གྱལ་མངོན་བརྗོད་ཀྱི་རིག་པ་ནི། མ་སྦྱངས་ན་མི་ཆོག་པའི་རིག་པའི་གནས་ཤིན་ཏུ་གལ་ཆེན་ཞིག་ཡིན་པ་སློབ་མ་རྣམས་ཀྱི་ཡིད་ལ་ངེས་པར་བྱས་ནས་ཐོག་མ་ནས་རིག་པའི་གནས་འདི་ཉིད་ལེགས་པར་བསླབ་པའི་འདུན་མ་བརྟན་པོ་ཞིག་འཛུགས་དགོས་ལ། ཁྱད་པར་དུ་སློབ་ཚན་འདི་ལེགས་པར་བསླབས་པ་ལ་བརྟེན་ནས། འདིར་བཀོད་པའི་མིང་གི་མངོན་བརྗོད་རྣམས་ལ་གོ་བ་ཡང་དག་པར་ཆགས་ཤིང་ཡིད་ལ་ལེགས་པར་ངེས་དགོས་པར་མ་ཟད། རྗེས་གྲུབ་ཀྱི་མིང་གི་

མངོན་བརྗོད་རྣམས་ཀྱི་བཏགས་དོན་གྱི་རྒྱུ་མཚན་དང་གཏམ་རྒྱུད་དག་ཀྱང་ཅུང་ཟད་བྱང་ཆུབ་པ་ཞིག་ཤེས་དགོས། གཞན་ཚིག་མངོན་བརྗོད་ཀྱིས་བཅིངས་པ་རྣམས་ཀྱི་བརྗོད་བྱའི་དོན་བདེ་བླག་ཏུ་རྟོགས་དགོས་ཤིང་། མངོན་བརྗོད་དག་གིས་ཚིག་དེའི་ཉམས་འགྱུར་ལྡན་སུམ་ཚོགས་པར་འགྱུར་བའི་ཐད་ལ་ཐོན་པའི་ནུས་པ་རྣམས་ཀྱང་ངོས་ཟིན་པར་བྱ་དགོས་ལ། རང་གི་ཚིག་ཡིག་འབྲི་ཚེ་ཡང་མིང་གི་མངོན་བརྗོད་རྣམས་གང་ལ་གང་འཚམ་གྱིས་བཀོལ་ནས་ཚིག་སྤྲངས་རིགས་མི་འདྲ་བ་དུ་མ་རིམ་བཞིན་བྱང་ཆུབ་པར་བྱས་ཏེ་འབྲི་ཚིག་གི་ཆུ་ཚད་མཐོ་རུ་གཏོང་དགོས་སོ། །

གཉིས། སློབ་ཚན་བསྡུས་དོན།

བརྟན་པ་དང་གཡོ་བའི་དངོས་པོ་ནི་མཐའ་ཡས་པ་ནམ་མཁའ་ལྟ་བུ་ཞིག་ཡིན་ལ། དེ་རྣམས་ལ་སྟོན་ནས་སྦྱར་བའི་མིང་དང་། ཕྱིས་སུ་སྦྱར་བའི་ཐ་སྙད་ཀྱང་མཐའ་མེད་པ་ཞིག་ཡིན། དེའི་ཕྱིར་འཁོར་འདས་ཀྱི་དངོས་པོ་གང་ཡང་རུང་བ་ཞིག་ལ་འདྲ་བ་དང་། འབྲེལ་བ། རྒྱུ་དང་འབྲས་བུ། རྟེན་དང་བརྟེན་པ། དངོས་པོ་དེ་བྱུང་བའི་གཏམ་རྒྱུད་བདེན་རྫུན་ཅི་རིགས་སོགས་གཏན་ཚིགས་སུ་བྱས་ཤིང་། བརྗོད་བྱའི་དངོས་པོ་གཅིག་ལ་མིང་གི་རྣམ་གྲངས་དུ་མས་མངོན་པར་བརྗོད་པའམ། མིང་གཅིག་གིས་དོན་དུ་མ་མངོན་པར་བརྗོད་པའི་ཚུལ་གསལ་བར་བྱེད་པའི་མངོན་བརྗོད་ཀྱི་མིང་ཡང་ཕ་མཐའ་བྲལ་བ་རྒྱ་མཚོ་ལྟ་བུ་ཞིག་ཡིན་ཞིང་། ཡོངས་སུ་རྫོགས་པར་སུས་ཀྱང་བརྗོད་ཐབས་བྲལ་ན་ཡང་། སློབ་ཚན་འདིར་རྒྱུན་བཀོལ་གྱི་ཉེ་བར་མཁོ་བའི་མིང་གི་མངོན་པར་བརྗོད་པ་ཆུའི་ཐིགས་པ་ཙམ་ཞིག་བརྗོད་པ་ལས། མཐོ་རིས་ཀྱི་སྐྱེ་ཡན་ལག་དང་བཅས་པ་དང་། ས་འོག་གི་སྐྱེ་ཡན་ལག་དང་བཅས་པ་བརྗོད་བྱར་བྱས་པ་ཡིན་ལ། དེ་ལ་ཡང་བྱ་དངོས་ཏ་ལམ་དགུ་བཅུ་ཙམ་གྱི་མིང་མི་འདྲ་བ་བདུན་བརྒྱ་ཙམ་ལ་ཉེ་བ་ཞིག་བསྡུས་ཡོད།

རྗོད་བྱེད་ཀྱི་ཚིག་ཀྱང་སྙོར་འཛིན་བདེ་བའི་ཕྱིར་ཚིགས་བཅད་དུ་བསྡེབས་པ་དང་། འཚོལ་སླ་བའི་རབ་ཏུ་བྱེད་པ་མང་དུ་ཕྱེ་ཞིང་། དེ་རེ་རེར་ཡང་ཚན་པ་ཆུང་ངུ་དུ་མར་དབྱེས

པ། འཇུག་བདེ་བའི་ཕྱིར་ཉེ་བར་མཁོ་བ་རྣམས་འདུས་ཤིང་ཚིག་ཚོགས་མི་མང་བ་སོགས་གཞུང་འདི་ལ་ཁྱད་པར་དུ་འཕགས་པའི་ཁྱད་ཆོས་ཐུན་མོང་མ་ཡིན་པ་མང་དུ་མཆིས་སོ། །

གསུམ། ཚིག་དོན་དབྱེ་ཞིབ།

སློབ་ཚན་འདི་ནི་བོད་ཀྱི་མཁས་པ་ཆེན་པོ་དངུལ་ཆུ་ཆོས་བཟང་བས་མཛད་པའི་《མངོན་བརྗོད་ཀྱི་བསྟན་བཅོས་རྒྱ་མཚོའི་ཆུ་ཐིགས》ཞེས་པ་ལས་མཐོ་རིས་ཀྱི་སྡེ་ཡན་ལག་དང་བཅས་པའི་སྐོར་སློབ་ཚན་གཅིག་ཏུ་བསྒྲིགས་པ་ཡིན་ལ། དེ་ལ་ཡང་ནང་གསེས་དང་པོ་ལ་རབ་ཏུ་ཕྱེད་པ་བཞི་དང་། གཉིས་པ་ལ་གཅིག་སྟེ་ལྔ་ཡོད་དེ། གཅིག རྒྱལ་བ་དང་བྱང་ཆུབ་སེམས་དཔའ་ལ་སོགས་པའི་རབ་ཏུ་ཕྱེད་པ། གཉིས། ལྷ་དང་ཕྱོགས་ལ་སོགས་པའི་རབ་ཏུ་ཕྱེད་པ། གསུམ། ནམ་མཁའ་དང་གཟའ་སྐར་ལ་སོགས་པའི་རབ་ཏུ་ཕྱེད་པ། བཞི། དུས་དང་བསྐལ་བ་ལ་སོགས་པའི་རབ་ཏུ་ཕྱེད་པ། ལྔ། གཉིས་པ་ལ་ས་འོག་གི་སྡེ་ཡན་ལག་དང་བཅས་པའི་དུམ་མཚམས་གཅིག་བཅས་སོ། །ད་ནི་དེ་དག་གི་དོན་ཅུང་ཟད་ཅིག་ཞིབ་ཏུ་འགྲེལ་བ་ལ།

༡. རྒྱལ་བ་དང་བྱང་ཆུབ་སེམས་དཔའ་ལ་སོགས་པའི་རབ་ཏུ་ཕྱེད་པ།

(༡) ཐུབ་པ་རྡོ་རྗེ་འཆང་གི་མཚན་ལ། ཁ་སྦྱོར་བདུན་ལྡན་ཞེས་པའི་ཁ་སྦྱོར་ཡན་ལག་བདུན་ནི། སློབ་དཔོན་ངག་དབང་གྲགས་པས། ལོངས་སྤྱོད་རྫོགས་དང་ཁ་སྦྱོར་བདེ་ཆེན་རང་བཞིན་མེད། །སྙིང་རྗེས་ཡོངས་གང་རྒྱུན་མི་ཆད་དང་འགོག་པ་མེད། །ཅེས་པ་ལྟར་ལོངས་སྤྱོད་རྫོགས་པའི་ཡན་ལག་སོགས་ཡན་ལག་བདུན་དང་ལྡན་པའི་དོན་ཡིན་ལ། རིགས་དང་དཀྱིལ་འཁོར་ཐམས་ཅད་སྡོམ་ཞིང་བསྡུ་བའི་བདག་པོ་ཡིན་པས་རིགས་བརྒྱའི་བདག་ཅེས་པ་སྟེ། འདི་དག་ནི་རྒྱལ་བ་ཁྱབ་བདག་རྡོ་རྗེ་འཆང་གི་མཚན་གྱི་མངོན་པར་བརྗོད་པ་ཡིན་ནོ། །

(༢) ཉོན་མོངས་པའི་བདུད་དང་། ཕུང་པོའི་བདུད་དང་། ལྷའི་བུའི་བདུད་དང་། འཆི་བདག་གི་བདུད་དེ་བདུད་བཞིའི་དགྲ་ལས་རྣམ་པ་ཐམས་ཅད་དུ་རྒྱལ་བས་ན་རྒྱལ་བ་

དང་། མཆོག་ཏུ་བདེ་བའི་བདག་ཉིད་གྲུབ་པར་གཤེགས་པས་བདེ་གཤེགས་དང་། （འཆད་ཚུལ་གཞན་རྣམས་ཀྱང་དོན་ལ་མི་འགལ） ཇི་ལྟ་ཇི་སྙེད་ཀྱིས་བསྡུས་པའི་ཆོས་ཐམས་ཅད་སྐད་ཅིག་མ་གཅིག་ལ་མངོན་སུམ་དུ་མཁྱེན་པའི་མཐར་ཐུག་གི་མཁྱེན་པ་མངའ་བས་ན་ཀུན་མཁྱེན་དང་། འཁོར་བ་ལས་འགྲོ་བ་ཐམས་ཅད་རྣམ་པར་འདྲེན་པས་རྣམ་འདྲེན་དང་། དཔལ་གྱིས་གང་བས་ན་དཔལ་ལྡན་ཞེས་པ་སྟེ། དཔེ་བྱད་བརྒྱད་ཅུའི་རིན་པོ་ཆེ་ཡིས་བཀྲ། །སུམ་ཅུ་རྩ་གཉིས་མཚན་གྱིས་མཚན་པ་གང་། །དེ་ནི་ཚངས་མིན་ལྷ་བདག་རྣམས་ཀྱི་མིན། །དེ་བཞིན་གཤེགས་པ་རྣམས་ཀྱི་དཔལ་གྱི་སྐུ། །ཞེས་པ་ནི་དཔལ་གྱི་དོན་ཡིན་ལ། ལྡན་པ་ནི་ཚོགས་པའི་དོན་དུ་གསུངས་སོ། །ལྷ་དང་མི་རྣམས་ཀྱི་མཆོག་ཡིན་པས་རྐང་གཉིས་གཙོ་དང་། དེ་ཡོན་ཉིད་རང་དབང་དུ་སྟོན་པས་ན་གཉིས་མེད་གསུང་པ་དང་། བཅོམ་ལྡན་འདས་ནི། ཉོན་མོངས་ལས་དང་དེ་བཞིན་སྐྱེས། །ཉོན་མོངས་ཤེས་བྱའི་སྒྲིབ་དེ་དག །མི་མཐུན་ཕྱོགས་ཀྱི་ཆོས་རྣམས་ཀུན། །དེ་བཅོམ་པས་ན་བཅོམ་ཞེས་བྱ། །དབང་ཕྱུག་དང་ནི་གཟུགས་བཟང་དང་། །དཔལ་དང་གྲགས་དང་ཡེ་ཤེས་དང་། །བརྩོན་འགྲུས་ཕུན་སུམ་ཚོགས་པ་སྟེ། །དྲུག་པོ་འདི་ལ་སྐལ་ཞེས་བྱ། །ཞེས་པ་ལྟར་ཉོན་མོངས་པ་དང་དེས་བསྐྱེད་པའི་ལས་ལ་སོགས་པ་བཞི་བཅོམ་ཞིང་། དབང་ཕྱུག་ལ་སོགས་པའི་ཕུན་སུམ་ཚོགས་པ་དྲུག་གི་སྐལ་བ་དང་ལྡན་པས་ན་བཅོམ་ལྡན་ཞེས་བྱའོ། །ཚིག་འདི་རྒྱ་གར་གྱི་བྷ་ག་ཝན་བསྒྱུར་བ་ཡིན་ལ་འདི་ལ་འདས་ཞེས་པའི་སྐད་དོད་མེད་ནའང་། འཇིག་རྟེན་པའི་ལྷ་དབང་ཕྱུག་ལ་སོགས་པ་ལའང་བྷ་ག་ཝན་འཇུག་པས་དེ་དང་ཁྱད་ཕྱེ་བའི་ཆེད་ལོ་ཙཱ་བ་རྣམས་ཀྱིས་འདས་ཞེས་པའི་ཚིག་ལྷག་ཐབས་སུ་བསྣན་པར་གསུངས་སོ། །སྟོབས་བཅུ་ནི། གནས་དང་གནས་མིན་དང་། ལས་ཀྱི་རྣམ་པར་སྨིན་པ། མོས་པ་སྣ་ཚོགས་པ། ཁམས་དུ་མ་དང་། དབང་པོ་མཆོག་དང་མཆོག་མིན་དང་། ཐམས་ཅད་དུ་འགྲོ་བའི་ལམ་དང་། ཀུན་ནས་ཉོན་མོངས་དང་རྣམ་པར་བྱང་བ་དང་། སྔོན་གྱི་གནས་རྗེས་སུ་དྲན་པ་དང་། འཆི་འཕོ་སྐྱེ་གསུམ་དང་། ཟག་པ་ཟད་པ་བཅས་མཁྱེན་པའི་སྟོབས་ཏེ་བཅུ་ལ་སྟོབས་བཅུ་ཞེས་བྱ་ལ།

དེ་བཅུ་མངའ་བ་ལ་སྟོབས་བཅུ་མངའ་བ་ཞེས་ཟེར་བ་ཡིན་ནོ། །གོང་གི་འདི་རྣམས་སངས་རྒྱས་སྤྱིའི་མཚན་གྱི་མདོན་བརྗོད་དོ། །

(༢) སངས་རྒྱས་ཤཱཀྱ་ཐུབ་པའི་མཚན་དུ་བྱ་རམ་ཤིང་བ་དང་། ཉི་མའི་གཉེན། གོའུ་ཏ་མ་ཞེས་སུ་གྲགས་དོན་ནི། ཡུལ་གྲུ་འཛིན་དུ་རྒྱལ་པོ་བརྒྱ་བྱུང་བའི་མཐའ་མ་རྣ་བ་ཅན་ལ་བུ་གོའུ་ཏ་མ་དང་བྷ་ར་དྭ་ཛ་གཉིས་བྱུང་བ་ལས། གོའུ་ཏ་མ་རབ་ཏུ་བྱུང་ནས་ལོ་མའི་སྤྱིལ་བུར་བསམ་གཏན་སྒོམ་ཞིང་བཞུགས་པའི་དུས་ཤིག་ན། གཡོ་ཅན་པད་མའི་རྩ་ལག་དང་བཟང་མོ་དགའ་མགུར་སྤྱོད་པའི་དུས་ལས་ཡོལ་བས། བཟང་མོ་བསད་དེ་རལ་གྲི་ཁྲག་ཅན་ལོ་མའི་སྤྱིལ་བུའི་ཉེ་འདབས་སུ་བོར་བའི་རྐྱེན་གྱིས་གོའུ་ཏ་མ་བསལ་ཤིང་གི་རྩེ་ལ་བསྐྱོན་པའི་དུས། དྲང་སྲོང་མདོག་ནག་གི་རྫུ་འཕྲུལ་གྱིས་གྲུ་ཆར་གྱི་ཐིགས་པ་ལུས་ལ་རག་པར་བྱས་པས་འདོད་པའི་སེམས་སྐྱེས་ཏེ། ཁམས་ཀྱི་དྭངས་མ་གཉིས་བུ་རམ་གྱི་ཤིང་གསེབ་ཏུ་ལྷུང་བ་ཁྱིའུ་གཉིས་སུ་གྱུར་པ་ལ་བུ་རམ་ཤིང་བའམ་ཉི་མའི་གཉེན་དུ་གྲགས་ལ། སྟོན་པ་ཤཱཀྱ་ཐུབ་པ་ཡང་འདིའི་གདུང་རྒྱུད་དུ་བྱོན་པས་ཁོང་གི་མཚན་ལ་དེ་སྐད་དུ་གྲགས་སོ། །ཞིང་འདིར་བྱོན་པའི་རྒྱལ་སྲས་རྣམས་ཉོན་མོངས་ཀྱི་དབང་དུ་འགྲོ་བ་དཀོན་ཞིང་བཟོད་བསྲན་ཆེ་བས་ན་ཞིང་འདི་ལ་མི་མཇེད་འཇིག་རྟེན་ཟེར་ལ། སངས་རྒྱས་ཤཱཀྱ་ཐུབ་པ་ནི་ཞིང་འདིའི་བསྟན་པའི་བདག་པོ་ཡིན་པས་ན་མི་མཇེད་བདག་པོ་དང་། ཤཱཀྱའི་རྒྱུད་ལས་བྱུང་ཞིང་ཆོས་ཀྱི་འཁོར་ལོ་བསྐོར་བས་ཆོས་ཀྱི་རྒྱལ་པོ་སྟེ་ཁྱད་པར་གྱིས་བསྟུ་བས་ཤཱཀྱའི་རྒྱལ་པོ་དང་། ཚངས་པ་ལ་སོགས་པ་ནི་ལྷ་ཡིན་ལ་སངས་རྒྱས་ནི་དེ་རྣམས་ལ་ཆོས་སྟོན་མཁན་གྱི་བླ་མ་ཡིན་པས་ལྷ་ཡི་བླ་མ་དང་། ཤཱཀྱའི་ཡུལ་དུ་གནོད་སྦྱིན་ཤཱཀྱ་འཕེལ་ཞེས་པ་ཤཱཀྱ་རྣམས་ཀྱིས་ལྷར་བསྟེན་པ་ཞིག་ཡོད་པ་ལ། ཤཱཀྱའི་བུ་དང་བུ་མོ་གང་སྐྱེས་ཀྱང་ཕྱག་འཚལ་དགོས་པའི་སྲོལ་ཡོད་པ་ལ། གཞོན་ནུ་དོན་གྲུབ་འཁྲུངས་ནས་རིང་པོར་མ་ལོན་པར་གནས་དེར་རིན་པོ་ཆེའི་འཇོག་ས་ལ་སྤྱན་དྲངས་པའི་ཚེ་ཤཱཀྱ་གཏུམ་པོ་གཟུ་ལུམ་ཅན་དག་ཀྱང་སྤྱོད་ལམ་ཞི་ཞིང་དུལ་བར་གྱུར་ཏེ་བརྟུལ་ཞུགས་ལ་བྱུང་བའི་ཐུབ་པ་སྟེ་དྲང་སྲོང་རྣམས་དང་འདྲ་བར་

གྱུར་པ་ན། ཐམས་ཅད་ཀྱིས་དེ་ནི་གཞོན་ནུ་དེའི་མཐུར་ཤེས་ནས་ཤཱཀྱ་ཐུབ་པ་ཞེས་པའི་མཚན་གསོལ་བར་གྲགས་སོ། །གོང་གི་འདི་རྣམས་ནི་སངས་རྒྱས་ཤཱཀྱ་ཐུབ་པའི་མཚན་གྱི་མངོན་བརྗོད་ཡིན་ནོ། །

(༤) བྱང་ཆུབ་སེམས་དཔའ་ལ། བྱང་ཆུབ་ཀྱི་སེམས་ལ་སོགས་པ་ཡོན་ཏན་ཐམས་ཅད་སངས་རྒྱས་ལ་བརྟེན་ནས་སྐྱེས་པས་ན་རྒྱལ་སྲས་དང་། སངས་རྒྱས་ཀྱང་བྱང་ཆུབ་སེམས་དཔའ་ལས་འབྱུངས་པས་ན་རྒྱལ་བའི་མྱུ་གུ་དང་། འཕགས་མཆོག་ཅེས་པ་ནི། ཐེག་པ་གསུམ་གྱི་འཕགས་པ་ལ་འཇུག་པའི་སྐབས་ཤིག་དང་། བྱང་ཆུབ་སེམས་དཔའ་སྤྱི་ལ་འཇུག་པའི་སྐབས་ཤིག་དང་། སངས་རྒྱས་འཕགས་པ་ལ་འཇུག་པའི་སྐབས་ཤིག་དང་གསུམ་ཡོད་པས། འདིར་བར་མའི་དོན་ཏེ། འདི་རྣམས་ནི་བདག་ལས་གཞན་གཅེས་པའི་བྱང་ཆུབ་སེམས་དཔའ་སྤྱིའི་མཚན་གྱི་མངོན་བརྗོད་དོ། །

(༥) རྗེ་བཙུན་བྱམས་པ་ལ། ལྷའི་བུ་དམ་པ་ཏོག་དཀར་འཛམ་གླིང་དུ་བྱོན་སྐབས་དགའ་ལྡན་ཡིད་དགའ་ཆོས་འཛིན་དུ་རྒྱལ་ཚབ་ལ་དབང་བསྐུར་བས་ན་རྒྱལ་ཚབ་དང་། སྐབས་དེར་ལྷ་རྣམས་ཡི་མུག་ཅིང་སྡུག་བསྔལ་བར་གྱུར་བ་ན་ལྷའི་ཡུལ་དུ་རྗེ་བཙུན་བྱམས་པ་མགོན་པོས་ཆོས་སྟོན་པར་འགྱུར་བས་ནམ་ཡང་མི་ཕམ་མོ་ཞེས་པས་ལྷ་རྣམས་ཀྱི་སྡུག་བསྔལ་སེལ་བས་མི་ཕམ་མགོན་པོ་དང་། ས་བཅུ་བ་ཆོས་ཀྱི་སྤྲིན་ལ་གནས་པའི་ཚུལ་མཛད་པས་ས་བཅུ་དབང་ཕྱུག་སྟེ། འདི་དག་ནི་རྗེ་བཙུན་བྱམས་པ་མགོན་པོའི་མཚན་གྱི་མངོན་བརྗོད་ཡིན་ནོ། །

(༦) འཇམ་པའི་དབྱངས་ལ། འཇམ་དཔལ་ཡེ་ཤེས་སེམས་དཔའ་ནི་མ་སྐྱེས་པའི་རྣམ་པའི་སངས་རྒྱས་ཐམས་ཅད་ཀྱི་ཐུགས་ཀུན་གནས་པ་ཡིན་པས་བརྟན་པའི་འཁོར་ལོ་དང་། སྨྲ་བ་ངག་ལ་དབང་འབྱོར་བས་ནས་སྨྲ་བའི་རྒྱལ་པོ་དང་། དབུ་སྐྲར་ཟུར་ཕུད་ལྔ་དང་ལྡན་པས་ན་ཟུར་ཕུད་ལྔ་པ་དང་། སངས་རྒྱས་ཐམས་ཅད་ཀྱི་ཐུགས་གཅིག་ཏུ་བསྡུས་པའི་ངོ་བོ་ཡིན་པས་བློ་ཡི་གཏེར་དང་། དྲི་མ་དང་བྲལ་བའི་མེ་ལོང་ནང་དུ་གཟུགས་བརྙན་

སྣང་བ་ལྷར་བདེན་གཉིས་ཀྱིས་བསྡུས་པའི་ཆོས་ཐམས་ཅད་གཉིས་སུ་མེད་པའི་ཡེ་ཤེས་ལ་སྣང་ཞིང་དེ་ཉིད་ལྷ་སྐུའི་རྣམ་པར་ཤར་བས་ན་ཡེ་ཤེས་མེ་ལོང་སྟེ། འདི་དག་ནི་རྗེ་བཙུན་བྱམས་པ་མགོན་པོའི་མཚན་གྱི་མངོན་བརྗོད་ཡིན་ནོ། །

(༧) སྤྱན་རས་གཟིགས་ལ། ཐུགས་རྗེ་ཆེན་པོས་འཇིག་རྟེན་ཐམས་ཅད་དུས་རྟག་ཏུ་མི་གཏོང་ཞིང་སེམས་ཅན་གྱི་དོན་རང་དབང་དུ་བྱེད་པ་སོགས་ཡོན་ཏན་མ་ཚང་བ་མེད་པས་ཕྱུག་པས་འཇིག་རྟེན་དབང་ཕྱུག་དང་། རི་བོ་གྲུ་འཛིན་ཏེ་པོ་ཏ་ལའི་ཞིང་གི་གཙོ་བོ་ཡིན་པས་གྲུ་འཛིན་བདག་པོ་དང་། སྲིད་ཞིའི་སྐྱོན་གྱིས་མ་གོས་པ་མཚོན་བྱེད་དུ་ཕྱག་ན་པདྨ་དཀར་པོ་བསྣམས་པས་ཕྱག་ན་པདྨ་སྟེ། འདི་དག་ནི་སྤྱན་རས་གཟིགས་ཀྱི་མཚན་གྱི་མངོན་བརྗོད་དོ། །

(༨) ཕྱག་ན་རྡོ་རྗེ་ལ། ཕྱག་ན་བདུད་དཔུང་འཇོམས་པའི་རྡོ་རྗེ་འཛིན་པས་ཕྱག་ན་རྡོ་རྗེ་དང་། གསང་སྔགས་ཀྱི་བསྟན་པ་འཛིན་པའི་བདག་པོ་ཡིན་པས་གསང་བའི་བདག་པོ་དང་། རྒྱལ་བ་ཐམས་ཅད་ཀྱི་མཐུ་སྟོབས་གཅིག་ཏུ་བསྡུས་པའི་ངོ་བོ་ཡིན་པས་མཐུ་སྟོབས་བདག་པོ་སྟེ། འདི་དག་ནི་ཕྱག་ན་རྡོ་རྗེའི་མཚན་གྱི་མངོན་བརྗོད་ཡིན་ནོ། །

(༩) རྗེ་བཙུན་སྒྲོལ་མ་ལ། སངས་རྒྱས་ཐམས་ཅད་སྐྱེད་པའི་ཡུམ་ཡིན་པས་རྒྱལ་ཡུམ་དང་། འཇིགས་པ་བརྒྱད་ལ་སོགས་པའི་མི་མཐུན་ཕྱོགས་ཐམས་ཅད་ལས་མྱུར་དུ་སྐྱོབ་པས་ན་མྱུར་སྐྱོབ་དང་། ནད་གདོན་ལ་སོགས་པ་ཞི་བར་བྱེད་པས་ན་ཞི་མ་དང་། ཆོས་ཀྱི་དབྱིངས་ཀྱི་དཔལ་ལ་རྟག་ཏུ་རོལ་བས་ན་ཆོས་ཀྱི་དཔལ་མོ་སྟེ། འདི་དག་ནི་རྗེ་བཙུན་སྒྲོལ་མའི་མཚན་གྱི་རྣམ་གྲངས་སོ། །

(༡༠) ལྷ་མོ་དབྱངས་ཅན་མ་ནི། འཇིག་རྟེན་འདི་ཆགས་ནས་མི་རིང་བ་རྫོགས་ལྡན་ཐོག་མའི་སྐབས་ཤིག་རི་རབ་ཀྱི་ལྷོ་ཕྱོགས་རྒྱ་མཚོ་ཆེན་པོ་བདུད་རྩིའི་རང་བཞིན་དུ་གནས་པ་ལ། ཕྱོགས་ཀུན་ནས་རླུང་གི་བསྐོད་པ་མཐའ་ཡས་པ་ལངས་ཏེ། དེའི་རྒྱ་མཚོའི་ཐ་རླབས་རྣམ་པ་དུ་མར་གཡོས་པ་ལས་སྲིད་པ་གསུམ་གྱི་བརྟན་གཡོའི་སྒྲ་སྐད་ཐམས་ཅད

སྐྱན་ཞིང་འཇེབས་པས་དཔག་ཚད་བྱེ་བར་ཁྱབ་པར་གནས་སོ། །དེའི་ཚེ་ཚངས་པ་ཆེན་པོ་མི་འཆི་བ་ཞེས་བྱ་བའི་གྲོང་ཁྱེར་ན་སྤྱོད་པས་ན་སྒྲ་དེ་གསན་ནས་ལོ་སྟོང་ཕྲག་གི་བར་དུ་རྒྱ་མཚོ་གཡོ་བ་ལ་བལྟས་ཤིང་སྒྲ་དེ་ལ་མངོན་པར་དགའ་བའི་རོ་མྱོང་ངོ་། །དེའི་ཚེ་སྲིད་པ་གསུམ་གྱི་སྒྲ་དབྱངས་ཐམས་ཅད་འདུས་པ་ལས། འཇིག་རྟེན་ཤིན་ཏུ་རྒྱས་པ་ས་གསུམ་ན་འགྲན་ཟླ་དང་བྲལ་བའི་ལྷ་མོ་འདི་བྱུང་བ་ཡིན་ལ། དེའི་ཡུམ་གྱི་དོད་རྒྱ་མཚོ་དང་མའི་རྟུལ་གྱི་དོད་སྒྲ་དབྱངས་སྣ་ཚོགས། ཚངས་པའི་བསམ་པ་ནི་ཕའི་ས་བོན་གྱི་དོད་དོ། དེ་དག་ཀྱང་ཚངས་པ་ལས་བྱུང་བས་ན་དབྱངས་ཅན་མ་ལ་སྒྲ་དབྱངས་ལྷ་མོ་དང་། ཚངས་པའི་སྲས་མོ་དང་། མཚོ་བྱུང་མར་གྲགས་ལ། ཟླ་བ་ཡང་རྒྱ་མཚོ་བསྲུབས་པ་ལས་འཁྲུངས་པས་ན་ཟླ་བའི་སྲིང་མོར་ཡང་འབོད་པ་ཡིན་ཏེ། འདི་དག་ནི་དབྱངས་ཅན་མའི་མཚན་གྱི་རྣམ་གྲངས་སོ། །

(༡༡) ཛམ་ལྷ་ལ། སངས་རྒྱས་ཀྱི་སྐུ་བསྲུང་བའི་ཕྱིར་ལྷའི་སྤྲིན་གྱི་སྒྲོགས་རྗེས་ལུས་རྣམ་པའི་གདུང་བ་ཚ་རྒྱུན་གྱིས་སེལ་བར་བྱེད་པ་ལ་དབང་བས་ཆུའི་དབང་པོ་དང་། ལུས་སེམས་ལས་སུ་མི་རུང་བར་བྱེད་པའི་སེམས་བྱུང་ཞིག་ལ་རྨུགས་པ་ཟེར་ལ། ནོར་ལ་ཡང་དེའི་བྱེད་ལས་ལྡན་ཞིང་དེ་ཉིད་འཛིན་མཁན་དེ་དེའི་བདག་པོ་ཡིན་པས་རྨུགས་འཛིན་བདག་པོ་དང་། ལོངས་སྤྱོད་ལ་མངའ་འབྱོར་བས་ན་ནོར་གྱི་དབང་ཕྱུག་ཅེས་པ་སྟེ། འདི་དག་ནི་ཛམ་ལྷའི་མིང་གི་མངོན་བརྗོད་དོ། །

(༡༢) རང་སངས་རྒྱས་ལ། ཉན་ཐོས་ཀྱི་དགྲ་བཅོམ་པ་དང་། རང་སངས་རྒྱས་ཀྱི་དགྲ་བཅོམ་པ་དང་། རྫོགས་པའི་སངས་རྒྱས་ཏེ་འདི་གསུམ་གྱི་འབྲིང་པོ་ཡིན་པས་སངས་རྒྱས་འབྲིང་པོ་དང་། སྔོན་ལམ་གོམས་པའི་བག་ཆགས་ཀྱི་དབང་གིས་དུར་ཁྲོད་སོགས་སུ་མིའི་རུས་པ་མཐོང་བ་ལ་སོགས་པའི་རྐྱེན་གཅིག་གིས་རྟེན་འབྲེལ་ཡན་ལག་བཅུ་གཉིས་ལུགས་འབྱུང་ཟློག་ཏུ་བསྒོམས་པས་གྲོལ་བར་འགྱུར་བས་རྐྱེན་གཅིག་རྟོགས་དང་། རི་དྭགས་བསེ་རུ་ལྟར་གཅིག་པུར་གནས་པས་བསེ་རུའི་རྒྱལ་བ་སྟེ། འདི་དག་ནི་སངས་

རྒྱས་མི་འགྲོན་པའི་འཇིག་རྟེན་གྱི་ཁམས་སུ་བྱོན་པས་རང་སངས་རྒྱས་ཀྱི་མཚན་གྱི་རྣམ་གྲངས་སོ། །

(༡༣) ཉན་ཐོས་ལ། སངས་རྒྱས་ཀྱི་གསུང་ལ་བརྟེན་ནས་མངོན་རྟོགས་རྣམས་སྐྱེས་པས་ཐུབ་དབང་གསུང་སྐྱེས་དང་། མི་བརྗེད་པའི་གཟུངས་ཐོབ་པའི་མཐུས་སངས་རྒྱས་ཀྱི་གསུང་ཐོས་པ་རྣམས་འཛིན་ནུས་ཤིང་། གཞན་ལ་སྟོན་ཅིང་སྒྲོག་པར་མཛད་པས་ཐོས་སྒྲོག་དང་། སྡོམ་གསུམ་ཚུལ་ཁྲིམས་རྣམ་པར་དག་པའི་བརྟུལ་ཞུགས་མཆོག་ལ་གནས་པས་བརྟུལ་ཞུགས་དབང་པོ་སྟེ། འདི་དག་ནི་ཉན་ཐོས་ཀྱི་མཚན་གྱི་རྣམ་གྲངས་སོ། །

༢. ལྷ་དང་ཕྱོགས་ལ་སོགས་པའི་རབ་ཏུ་བྱེད་པ།

(༡) ངན་སོང་གསུམ་ལས་མཐོ་བའི་རིགས་སུ་གནས་པས་ན་ལྷ་དང་མི་གཉིས་ཀ་མཐོ་རིས་ཡིན་ལ། བཀྲ་ཤིས་པ་སོགས་བསོད་ནམས་ཕུལ་དུ་བྱུང་བར་བསྒྲུབས་པས་ན་ལྷ་ཡུལ་ལ་མཐོ་རིས་སུ་ཁྱད་པར་དུ་གྲགས་ཆེ་ལ། འདི་ནམ་མཁའ་ལ་བརྟེན་པས་ན་ས་བླ་དང་། ལྷ་རྣམས་ལ་སྐྱེ་འཇིག་གནས་གསུམ་ཡོད་པའི་ཆ་ནས་སྐབས་གསུམ་པ་ཟེར་ཞིང་། དེ་དག་གི་གནས་ཡིན་པས་སྐབས་གསུམ་གནས་དང་། ཚངས་པ་དང་ཁྱབ་འཇུག་དང་དབང་ཕྱུག་གསུམ་རྟེན་པའི་གནས་ཡིན་པས་སུམ་རྟེན་དང་། རིན་པོ་ཆེ་འབའ་ཞིག་ལས་གྲུབ་པས་དཔལ་འཛིན་ཏེ། འདི་དག་ནི་ལྷ་ཡུལ་གྱི་མིང་གི་མངོན་བརྗོད་དོ། །

(༢) ལྷ་ལ། མགྲིན་པ་དང་རྐང་བ་ལ་བཀྲ་ཤིས་ཀྱི་རི་མོ་ཡོད་པས་ལེགས་བྲིས་དང་། ཚེ་ཧ་ཅང་རིང་ཞིང་འཆི་བ་མེད་པ་ལྟར་གནས་པས་ན་འཆི་མེད་དང་། ནམ་མཁའ་ལ་གནས་པས་ན་མཁར་ཉལ་དང་། སོར་མོ་ལ་སོགས་པའི་ཚིགས་རྣམས་བཟང་བས་ཚིགས་བཟང་དང་། ཁྲོ་བའི་དམོད་པའི་མཚན་ཉིད་ཅན་ཡིན་པས་ཚིག་མདའ་ཅན་དང་། མེ་ལ་སྦྱིན་བསྲེག་བྱས་པའི་ཟས་ཟ་བས་མེ་ཞལ་དང་། གཉིད་མེད་པས་རྣམ་སད་དེ། འདི་དག་ནི་ལྷ་སྤྱིའི་མིང་གི་མངོན་བརྗོད་དོ། །

(༣) བརྒྱ་བྱིན་ལ། ཕྱོགས་ཀུན་ཏུ་སྙན་པའི་གྲགས་པ་ཕུན་སུམ་ཚོགས་པ་དང་

ལྡན་པས་ན་གྲགས་པའི་སྨུ་འཁྱུད་དང་། སྤྲིན་ཆེན་པོ་ས་སྲུང་བུ་ལ་སོགས་པ་འདིའི་བཞོན་པ་ཡིན་པས་སྤྲིན་ལ་ཞོན་དང་། ཕྱི་རོལ་བ་རྣམས་ཀྱིས་མཆོད་སྦྱིན་བརྒྱ་བྱས་པས་འདིའི་ལུས་འགྲུབ་པར་བཤད་པས་མཆོད་སྦྱིན་བརྒྱ་བ་ཟེར་ལ། མིག་སྟོང་ལྡང་བའི་ལོ་རྒྱུས་ནི། དྲང་སྲོང་གོའུ་ཏ་མའི་ཆུང་མ་ཨཧོལ་མེད་མ་ཞེས་བྱ་བ་ཤིན་ཏུ་ཡིད་དུ་འོང་བ་ཞིག་ཡོད་པ་ལ། དྲང་སྲོང་གཞོན་ནུ་སོང་བའི་ཤུལ་དུ་བརྒྱ་བྱིན་དེ་དང་ལྷན་ཅིག་གནས་པ་ལ། དེར་དྲང་སྲོང་འོངས་པས་བརྒྱ་བྱིན་སྐྲག་ནས་དེའི་མངལ་དུ་ཞུགས་པ་དྲང་སྲོང་གིས་མངོན་ཤེས་ཀྱིས་ཤེས་ཏེ་བདག་གིས་དམོད་པའི་མེས་བསྲེག་པར་བྱའོ་ཞེས་སྨྲས་པས་དེ་འཇིགས་ནས་ཕྱིར་ཕྱུང་ངོ། །དེར་ཁྱོད་ལྷའི་དབང་པོ་ཡིན་པས་གསད་པར་མི་བྱ་ཡི། ལུས་ལ་མོ་མཚན་སྟོང་དུ་གྱུར་ཅིག་ཅེས་པས་ལུས་ནི་མོ་མཚན་སྟོང་དུ་སོང་བ་ན། བཟོད་པར་གསོལ་བས་མིག་སྟོང་དུ་བྱས་སོ། །ཞེས་གྲགས། དེའི་ཕྱིར་མིག་སྟོང་ཅན་ཟེར་ལ། སུམ་ཅུ་རྩ་གསུམ་སོགས་ལྷ་ཡུལ་ལ་དབང་བྱེད་པས་ལྷའི་དབང་པོ་དང་། ལྷ་མ་ཡིན་གྱི་གྲོང་འཇོམས་པས་གྲོང་འཇོམས་ཏེ། འདི་དག་ནི་ལྷའི་དབང་པོ་བརྒྱ་བྱིན་གྱི་མིང་གི་མངོན་བརྗོད་དོ། །

(༤) བརྒྱ་བྱིན་གྱི་བཙུན་མོ་ལ། ལྷ་མ་ཡིན་གྱི་དྲང་སྲོང་པུ་ལོ་མ་ཞེས་པ་ལས་སྐྱེས་པས་པུ་ལོའི་སྲས་མོ་དང་། བདེ་བའི་མཆོག་སྟེར་བས་བདེ་སོགས་མ་དང་། སྒྲ་དབྱངས་ཤིན་ཏུ་སྙན་པས་ལེགས་བརྗོད་མ་སྟེ། འདི་དག་ནི་བརྒྱ་བྱིན་གྱི་བཙུན་མོའི་མིང་གི་མངོན་བརྗོད་དོ། །

(༥) ཚངས་པ་ལ། དྲན་པའི་གཞུང་ལས། ཁྱབ་འཇུག་རང་བྱུང་བཅོམ་ལྡན་གྱིས། །སྐྱེ་དགུ་སྣ་ཚོགས་བསྒྲུབ་འདོད་པས། དང་པོར་ཆུ་རྣམས་བསྐྱེད་བྱས་ནས། །དེ་ལ་ས་བོན་རབ་ཏུ་ཕབ། །གསེར་གྱི་མདོག་ཅན་རབ་མཛེས་པའི། །སྒོ་ང་ཆུ་ལས་རང་བྱུང་སྟེ། །དེ་ལས་མཆོད་སྦྱིན་རང་བྱུང་བ། །ཚངས་པ་རང་བྱུང་རྣམ་པར་གྲགས། །གསེར་གྱི་མདོག་ཅན་དེ་ཉིད་ལ། །བཅོམ་ལྡན་དེ་ནི་ལོ་གཅིག་གནས། །སྒོ་ང་དུམ་བུ་གཉིས་གྱུར་པས། །སྟེང་དང་འོག་ཏུ་དེ་ནས་ཆགས། །ཞེས་པ་ལྟར་ཚངས་པ་དང་པོར་གསེར་གྱི་སྒོ

ངའི་མངལ་ལས་སྐྱེས་པར་བཤད་པས་གསེར་མངལ་ཅན་དང་། གསེར་གྱི་མདོག་ཅན་གྱི་སྒོ་ང་ཆུ་ལས་རང་བྱུང་བ་ལས་ཚངས་པ་སྐྱེས་པས་རང་བྱུང་དང་། སྐྱེ་འགྲོ་ཐམས་ཅད་དེ་ལས་སྐྱེས་པར་འདོད་པས་སྐྱེ་དགུའི་བདག་པོ་དང་། སྐྱེ་དགུའི་བདག་པོ་རྣམས་ཀྱང་འདི་ཡིས་བསྐྱེད་པར་རློམ་པས་འཇིག་རྟེན་མེས་པོ་དང་། སྟོན་ཚངས་པས་ཐིག་ལེ་མཚོག་མ་ཞེས་བྱ་བའི་ལྷའི་བུ་མོ་ཞིག་སྤྲུལ་ནས་དེ་ལ་རང་ཉིད་ཆགས་ཏེ། བུ་མོ་དེས་ཕྱོགས་བཞིར་བསྐོར་བ་ལ་བལྟས་པས་གདོང་བཞི་དང་། སྟེང་དུ་སོང་བ་བལྟས་པས་གདོང་ལྔ་བྱུང་སྟེ། དབང་ཕྱུག་གིས་ནམ་མཁའ་ནས་མཐོང་སྟེ་དེར་ངོ་ཚ་བའི་ཆད་ལས་སུ་སྟེང་གདོང་བཅད་པ་ནས་གདོང་བཞི་བ་དང་། སྟོང་གསུམ་གྱི་སྟོང་ཆེན་པོའི་འཇིག་རྟེན་གྱི་ཁམས་འདིའི་བདག་པོ་ཡིན་པས་མི་མཛེད་བདག་དང་། ཁྱབ་འཇུག་གི་སྟེང་ནས་བལྟས། དབང་ཕྱུག་གིས་འོག་ནས་བལྟས་ཀྱང་ལུས་ཀྱི་ཚད་མ་རྙེད་པས་ན་ཚངས་པ་སྟེ། འདི་དག་ནི་ཚངས་པ་ཆེན་པོའི་མིང་གི་མངོན་བརྗོད་དོ། །

(༥) ཁྱབ་འཇུག་ལ། ལུས་ལ་རི་མོ་ཐིག་ལེ་དྲུག་ལྡན་པས་ཐིག་ལེ་དྲུག་པ་དང་། ལྟོ་བ་ལ་ཐ་གུས་དཀྲིས་ཡོད་པས་ཐ་གུའི་ལྟོ་ཅན་དང་། འཇུག་པ་བཅུ་ནི། གཅིག རིག་བྱེད་བཞི་རྒྱ་མཚོར་ནུབ་པ་ཁྱབ་འཇུག་ཉ་རུ་སྤྲུལ་ནས་བཏོན་པ། གཉིས། རུས་སྦལ་གྱི་གཟུགས་ཀྱིས་འཇིག་རྟེན་བཏེགས་ནས་རྒྱུན་དུ་གནས་པ། གསུམ། ཕག་རྒོད་ཀྱི་གཟུགས་ཀྱིས་ཚངས་པའི་འཇིག་རྟེན་མན་ཆད་མནན་པ། བཞི། སྨད་མི་ལ་སྟོད་སེང་གེ་གཟུགས་ཀྱིས་ལྷ་མིན་གྱི་དབང་པོ་འགྲོ་སྐྱབ་གསེར་ཅན་ལྟོ་དྲལ་ནས་བསད་པ། ལྔ། མིའུ་ཐུང་དུ་སྤྲུལ་ནས་ལྷ་མིན་སྟོབས་ལྡན་ལ་གོམ་པ་གསུམ་གྱིས་བསླངས་ནས་བསླུས་པ། དྲུག དགྲ་སྟ་རཱ་མར་སྤྲུལ་ནས་རྒྱལ་རིགས་སྲིད་སྒྲུབ་ལ་སོགས་པ་བསད་ནས་རྒྱལ་སྲིད་མེད་པར་བྱས་པ། བདུན། རཱ་མ་ཎར་སྤྲུལ་ནས་རང་གི་ཆུང་མ་སྲིན་པོའི་རྒྱལ་པོས་འཕྲོགས་པས་སྲིའུ་ཧ་ནི་མན་ད་ལ་གྲོགས་བཅོལ་ནས་སྲིན་པོ་བཏུལ་བ། བརྒྱད། ནག་པོར་སྤྲུལ་ནས་རྩོད་པའི་དུས་སུ་སེམས་ཅན་གྱི་དོན་བྱས་པ། དགུ། སངས་རྒྱས་ཤཱཀྱ་ཐུབ་པར་སྤྲུལ་ནས་སྟོན་རྒྱལ་

རིགས་བསད་པའི་སྡིག་པ་སྤྱངས་པ། བཙུ། རིགས་ལྡན་ཟླ་བཟང་གི་ཀྲྀ་ཏི་ཙེ་ཞེས་བྱ་བ་མ་འོངས་པ་ན་འབྱུང་བའི་སེམས་ཅན་མང་པོ་བཏུལ་བའི་མཐར་དུས་ལྡོག་པ་རྫོགས་པར་འགྱུར་བའོ། །

གཞན་ཡང་། ཁྱབ་འཇུག་གིས་གོས་སེར་པོ་གྱོན་པས་གོས་སེར་ཅན་དང་། ཁྱབ་འཇུག་དབང་པོ་དང་ཉེ་བས་ཉེ་དབང་དང་། དྲག་པོ་མཆོད་པའི་ཕྱིར་པདྨ་དཀར་པོ་སྟོང་གཏོར་མའི་གཟུགས་སུ་བྱས་པ་ལ། དྲག་པོས་དེ་ལས་གཅིག་མི་སྣང་བར་བྱས་པ་ན། འདིས་མིག་གཅིག་ཕྱུང་ནས་པདྨ་དཀར་པོའི་གནས་སུ་བཞག་པས་པད་དཀར་མིག་དང་། མི་ཡི་སེང་གེ་ནི་གོང་ལྟར་དང་། བརྟན་གཡོ་ཐམས་ཅད་འདིས་ཁྱབ་ཅིང་འཇུག་པས་ན་ཁྱབ་འཇུག་སྟེ། འདི་དག་ནི་ལྷ་ཆེན་པོ་ཁྱབ་འཇུག་གི་མིང་གི་མངོན་བརྗོད་དོ། །

(༧) དཔལ་མོ་ལ། བུད་མེད་པདྨ་ཅན་གྱི་རིགས་ཡིན་པས་པདྨ་ཅན་དང་། སྐྱེ་བོ་རྣམས་ཀྱི་ཡིད་འཕྲོག་པར་བྱེད་པའི་ཡུམ་ཡིན་པས་འཕྲོག་བྱེད་ཡུམ་དང་། རྒྱ་མཚོ་བསྲུབས་པ་ལས་བྱུང་བས་ལྷ་མོ་དཔལ་མོ་ཞེས་སུ་གྲགས་པ་སྟེ། འདི་དག་ནི་ཁྱབ་འཇུག་གི་ཆུང་མའི་མིང་གི་མངོན་བརྗོད་དོ། །

(༨) འདོད་ལྷ་ལ། སེམས་གཡེང་བར་བྱེད་པའི་བདག་པོ་ཡིན་པས་ཡིད་སྲུབས་བདག་པོ་དང་། ཉའི་རིགས་ཀྱི་རྟག་གི་མཚན་པའི་རྒྱལ་མཚན་གྱིས་མཚན་པས་ཉ་ཡི་རྟག་དང་། ལུས་ཀྱི་ཕྱི་ལ་རྒྱ་མ་བརྟོད་པར་སྙིང་ལ་འབུགས་པར་བྱེད་པས་མེ་ཏོག་མདའ་ཅན་དང་། སྨྱོ་བྱེད། སྲེད་བྱེད། ཀུན་ཏུ་རྨོངས་བྱེད། སྐེམ་བྱེད། འཆི་བྱེད་དེ་མདའ་ལྔ་དང་ལྡན་པས་མདའ་ལྔ་བ་དང་། དབང་ཕྱུག་ཆེན་པོ་རི་བོ་གངས་ཅན་དུ་གཏུམ་རིས་མཆོད་ཅིང་གནས་པའི་ཚེ་ན། དེའི་དཀའ་ཐུབ་ལ་ལྷ་རྣམས་ཐེ་ཚོམ་དུ་གྱུར་ཏེ་འདོད་པའི་ལྷ་ལྷ་བར་མངགས། དེས་འདོད་པའི་མདའ་ལྔ་རིམ་པ་བཞིན་དུ་འཕངས་པས། དང་པོ་དང་གཉིས་པ་ལ་རྟོག་པ་ཙམ་ཡང་མ་བྱུང་། གསུམ་པ་དང་བཞི་བ་རྟོག་པ་ཙམ་དུ་གྱུར་པས་གཽ་རི་དང་གནས་པའི་དཀའ་ཐུབ་ཞིག་གོ །དེའི་སྐད་ཅིག་ཕྱི་མ་ལ་འཁྲིད་ཅིང་ཅིའི་ཉེས་སྐམ་དུ་

བསམ་པས་འདོད་པའི་ལྷའི་ཉེས་པ་ཤེས་ནས་མིག་གསུམ་ནས་མེ་ཕྱུང་སྟེ་འདོད་པའི་ལྷ་བསྲེགས་ལ། འདོད་པ་མེད་པར་བྱས་ན་སྐྱེས་པ་ལེན་པ་མེད་པས་ལུས་མེད་དུ་བྱས་ནས་གནས་པར་བྱས་སོ། །ཞེས་གྲགས་པས་ལུས་མེད་དང་། ཆུ་སྲིན་གྱི་མགོ་བོས་མཚན་པའི་རྒྱལ་མཚན་འཛིན་པས་ཆུ་སྲིན་རྒྱལ་མཚན་ཅན་དང་། དགའ་མ་ནི་འདོད་ལྷའི་ཆུང་མའི་མིང་ཡིན་ལ་དེ་ལ་རབ་ཏུ་དབང་བྱེད་པས་དགའ་རབ་དབང་ཕྱུག་སྟེ། འདི་དག་ནི་འདོད་ལྷའི་མིང་གི་མངོན་བརྗོད་དོ། །

(༨) ཁྱབ་འཇུག་གི་བཙོན་པ་བྱ་ཁྱུང་གི་ལོ་རྒྱུས་ལ། སྔོན་རྒྱལ་པོ་ཞིག་ལ་འདུལ་བྱེད་མ་དང་བཀྲ་ཤིས་མ་ཞེས་པའི་བཙུན་མོ་གཉིས་ཡོད་པ་ལས། དེ་གཉིས་ཀྱིས་ལན་གཅིག་གིས་ཚེ་ཉི་མའི་ཤིང་རྟ་མཐོང་བས། འདུལ་བྱེད་མས་དཀར་པོ་རེད་ཟེར། བཀྲ་ཤིས་མས་ནག་པོ་རེད་ཟེར། དེ་གཉིས་ཀྱིས་རྒྱལ་བྱས་ནས་གང་བདེན་པས་བཙུན་མོ་དང་། མི་བདེན་པས་གཡོག་མོ་བྱེད་པར་བྱས་པ་ལ། བཀྲ་ཤིས་མས་ཡུལ་དེར་གནས་པའི་ཀླུ་ཞིག་ལ་བསྙེན་བཀུར་བྱས་ཏེ། ཁྱོད་ཀྱིས་ཉི་མའི་རྟ་ནག་པོར་མཐོང་བར་གྱིས་ཤིག དེ་ལྟར་མ་བྱས་ན་ཁོ་མོ་གཡོག་མོར་འགྱུར་ཚུལ་བཤད་པས་དེས་ཀྱང་ཁས་བླངས་སོ། །ཉི་མའི་རྟ་ནག་པོར་མཐོང་བས་འདུལ་བྱེད་མ་གཡོག་མོར་གྱུར་ཏེ་ཤིན་ཏུ་སྡུག་བསྔལ་བར་ཡོད་པ་ན། དྲང་སྲོང་ཏྲི་ཀླུས་སྒོ་ང་གསུམ་བྱིན་ཏེ། འདིས་ཁྱོད་ལ་ཕན་པར་འགྱུར་བས་ཞག་བདུན་ལ་མ་བརྡོལ་ཅིག་ཟེར་བ་ལ། དེ་རིངས་ཏེ་ཉི་མ་གསུམ་ན་གཅིག་བརྡོལ་བ་ན་གློག་ཏུ་གྱུར་ཏེ་ནམ་མཁའ་ལ་སོང་། དྲུག་པ་ན་གཅིག་བརྡོལ་བ་སྐར་མ་སྐྱ་རེངས་སུ་སོང་། བདུན་པ་ན་གཅིག་བརྡོལ་བ་བྱ་ཁྱུང་དུ་སོང་སྟེ། མ་ལ་ཕྱག་བྱས་ནས་ཁྱོད་ཀྱིས་བྱ་བ་གང་དགོས་པ་བདག་གིས་བྱའོ་ཟེར་བ་ལ། ཀླུའི་ཉེས་པས་ཀླུ་རྣམས་མེད་པར་གྱིས་ཤིག་ཅེས་སྨྲས་ཏེ། དེ་ནས་ཀླུ་རྣམས་བྱ་ཁྱུང་གིས་ཟ་བར་བྱེད་དོ། །ཞེས་གྲགས་ལ། དྲང་སྲོང་སྐར་མིག་གིས་བྱིན་པའི་སྒོ་ང་ལས་སྐྱེས་པས་སྐར་མིག་བུ་དང་། སྐྱ་རེངས་ཀྱི་རྗེས་ནས་སྐྱེས་པས་སྐྱ་རེངས་ནུ་བོ་དང་། བྱ་རྣམས་ཀྱི་རྒྱལ་པོ་ཡིན་པས་མཁའ་འགྲོའི་དབང་ཕྱུག་ཟེར་ལ། ཁྱབ་འཇུག་གི་བཙོན་པར་

གྱུར་དོན་ནི། ཁྱབ་འཇུག་གི་ཤིང་རྟ་བྱ་ཊི་ཊིའི་སྒོང་རྒྱ་མཚོའི་འགྲམ་ན་ཡོད་པ་ཆུའི་རླབས་ཀྱིས་མཚོ་ནང་དུ་སོང་། དེས་རྒྱ་མཚོ་ཟད་པར་འདོད་པས་གཤོག་པ་ཆུར་བཅུག་ཅིང་འདོན་པ་ན། དྲང་སྲོང་ཞིག་གིས་དུད་འགྲོ་མཐུ་ཆུང་ཟེར་བས། བྱ་ཁྱུང་དེ་ཡང་དེ་ན་གནས་པས་ཐོས་ཏེ་ཁྲོས་ནས་འདབ་མ་ཕྱེད་ཀྱིས་རྒྱ་མཚོ་བཀབ། ཕྱེད་ནམ་མཁའ་ལ་ཕྱར་བས་དེ་ན་གནས་པའི་ཀླུ་རྣམས་སྐྲག་སྟེ་ཕྱག་འཚལ་ནས་དེ་མ་ཐག་གཏད་དོ། །དེ་ནས་ལྷ་རྣམས་ཀྱང་ཤིན་ཏུ་སྐྲག་པར་གྱུར་པ་ན། ཁྱབ་འཇུག་ཤིན་ཏུ་རིད་པའི་དྲང་སྲོང་ཞིག་ཏུ་སྤྲུལ་ནས་དེའི་དྲུང་དུ་ཕྱིན་པ་ན། དེ་ཡང་བརྩེ་བ་སྐྱེས་ནས་གནས་པས། དེ་ལ་བདག་ལ་བྱ་བའི་དོན་ཆེན་པོ་ཞིག་ཡོད་པ་ལ་ལུས་སྟོབས་ཀྱིས་མི་ནུས་པས་ཁྱོད་ཀྱིས་སྒྲུབ་པའི་གྲོགས་བྱོས་ཤིག ཅེས་པས་དེས་ཀྱང་ཁས་བླངས། ཁྱོད་ཀྱིས་བདག་ལྷའི་ཡུལ་དུ་ཁྱེར་ཅིག་ཅེས་སྨྲས་པས་དེས་ཀྱང་དེ་ལྟར་བྱས་པས་ཁྱབ་འཇུག་གི་བཞོན་པར་གྱུར་ཏོ། །འདི་དག་ནི་ཁྱབ་འཇུག་གི་བཞོན་པ་བྱ་ཁྱུང་གི་མིང་གི་མངོན་བརྗོད་དོ། །

(༡༠) དབང་ཕྱུག་ཆེན་པོ་ལ། ལྷ་ལྷ་མིན་གཉིས་ཀྱིས་རྒྱ་མཚོ་བསྲུབས་པ་ལས་བྱུང་བའི་ཟླ་བའི་གཙུག་རྒྱན་དང་ལྡན་པས་གཙུག་ན་ཟླ་བ་དང་། དེའི་སྐབས་དུག་བུམ་པ་གང་བྱུང་བ་དབང་ཕྱུག་གིས་རང་གི་མགྲིན་པར་བཞག་པས་མགྲིན་པ་སྔོན་པོར་སོང་བས་མགྲིན་སྔོན་ཅན་དང་། རྨ་བྱའི་མགྲིན་པ་ལྟར་མཛེས་པའི་དཔལ་དང་ལྡན་ནོ་ཞེས་དཔལ་མགྲིན་དང་། དུས་རྟག་ཏུ་མཆོག་ཏུ་བདེ་བའི་གཟུགས་ཀྱིས་གནས་པས་ན་བདེ་འབྱུང་དང་། ཕྱུགས་ནི་སྐྱེས་བུ་རྣམས་ཏེ་དེ་རྣམས་འཁོར་བས་འཆིང་བ་ལས་སྐྱོབ་པས་ན་ཕྱུགས་བདག་དང་། འདིའི་གོང་ན་རྒྱལ་པོ་གཞན་མེད་པས་དབང་ཕྱུག་ཆེན་པོ་ཞེས་སུ་གྲགས་པ་སྟེ། འདི་དག་ནི་ལྷ་ཆེན་པོ་དབང་ཕྱུག་གི་མིང་གི་རྣམ་གྲངས་སོ། །

(༡༡) ལྷ་མོ་གཽ་རི་ལ། དབང་ཕྱུག་ཆེན་པོའི་དཀའ་ཐུབ་ལ་མ་མོས་པར་ངག་ནས་ཨུ་ཞེས་བརྗོད་པས་ཨུ་མ་དང་། དབང་ཕྱུག་གི་དཀའ་ཐུབ་ལ་གེགས་བྱས་པས་དཀའ་ཟློག་མ་དང་། གངས་རིའི་བུ་མོ་ཡིན་པའི་ཕྱིར་རི་སྐྱེས་དབང་ཕྱུག་ཅེས་པ་སྟེ། འདི་དག་ནི་

དབང་ཕྱུག་གི་བཙུན་མོ་གཽ་རཱིའི་མིང་གི་མངོན་བརྗོད་དོ། །

(༧༢) ཚོགས་བདག་ལ། ཨུ་མའི་བུ་སྨིན་དྲུག་དང་རྩེས་པ་ན་སྨིན་དྲུག་གིས་འདིའི་མཆེ་བ་གཅིག་ཕྱུང་ནས་ཆག་པས་མཆེ་བ་གཅིག་པ་དང་། དབང་ཕྱུག་ལ་ཆུང་མ་གཉིས་ལས་གཅིག་གངྒཱ་ཡིན་ལ། དེ་ལ་བུ་གཅིག་སྐྱེས་པ་ན་ཨུ་མ་ལྟ་བར་འོངས་ཚེ་བུ་ལ་མགོ་མེད་ཟེར་ནས་མ་བསྟན་པས། ཨུ་མ་ཁྲོས་ཏེ་མགོ་མེད་པར་གྱུར་ཅིག་ཅེས་སྨྲས་པས་དེ་བཞིན་དུ་གྱུར་ཏེ། སླར་ཨུ་མ་ལ་ཞུས་པས་མགོ་བྱང་དུ་བསྟན་པའི་རོ་གང་རྙེད་པ་ཅིག་གི་མགོ་ཆོད་ལ་སྦྱོར་ཅིག་དང་མགོ་ཡོད་པར་འགྱུར་རོ་ཞེས་པས། དེར་མིའི་མགོ་གཏན་ནས་མ་རྙེད་ལ་གླང་པོ་ཆེའི་རོ་གཅིག་རྙེད་ནས་མགོ་བཅད་དེ་སྦྱར་བས་གླང་པོའི་གདོང་དུ་གྲགས་ལ། དེ་ནས་ཨུ་མ་དང་གངྒཱ་གཉིས་ཀྱིས་བསྐྱངས་པས་མ་གཉིས་པ་ཡང་ཟེར། བགེགས་རྣམས་ཀྱི་གཙོ་བོ་ཡིན་པས་ལོག་འདྲེན་དང་། ཚོགས་ནི་གཏུམ་མ་ལ་སོགས་པ་འཇོམས་བྱེད་ཀྱི་ཚོགས་རྣམས་ཡིན་ལ། དེ་རྣམས་ཀྱི་བདག་པོར་གྱུར་པས་ཚོགས་བདག་སྟེ། འདི་དག་ནི་གླང་སྣའི་མིང་གི་མངོན་བརྗོད་དོ། །

(༧༣) གཞོན་ནུ་གདོང་དྲུག་ལ། དབང་ཕྱུག་དང་ཨུ་མ་སྙོམས་འཇུག་བྱེད་པའི་དུས་སུ་མེ་ལྷ་ན་རེ་ས་བོན་ཨུ་མའི་མངལ་དུ་ཞུགས་པས་ཤིན་ཏུ་ཐུ་བའི་བུ་ཞིག་འབྱུང་བས་མ་གཏོང་ཞིག་ཟེར་བས། དྲག་པོས་ས་བོན་ས་ལ་འཕོ་བ་ན། ཨུ་མའི་མེ་ལྷ་ཁྱོད་ཀྱི་མངལ་དུ་གནས་པར་གྱུར་ཅིག ཅེས་སྨྲས་པས་དེའི་མངལ་དུ་སོང་སྟེ་ཤིན་ཏུ་མི་བཟོད་པས་སྐྱོ་ཞིང་དུབ་པ་ན། ལྷ་མོ་གངྒཱའི་དྲུང་དུ་ཕྱིན་ནས་ཕྱུང་སྟེ་དེའི་མངལ་དུ་བཅོལ། དེས་སྨྱུག་མའི་ཚལ་དུ་ཕྱིན་ནས་སྐྱེས་པས་སྨྱུག་མའི་ཚལ་སྐྱེས་དང་། སྨིན་དྲུག་གིས་ནུ་མ་བསྣུན་ཏེ་ལེགས་པར་བསྐྱངས་པས་སྨིན་དྲུག་བུ། སྐར་མ་ས་ག་དང་ཟླ་བ་ལྡན་པས་མཚོན་པའི་དུས་སུ་སྐྱེས་པས་ས་ག་སྐྱེས་དང་། ཨུ་མ་དང་། མེ་ལྷ། གངྒཱ། སྨྱུག་མའི་ཚལ། སྨིན་དྲུག ས་ག་སྟེ་མ་དྲུག་ཡོད་པས་མ་དྲུག་དང་། འདི་ཚངས་པས་རྟག་ཏུ་བྱིས་པ་གཞོན་ནུ་ལྟ་བུར་གནས་པའི་མཆོག་བྱིན་པས་གཞོན་ནུ་དང་། ལྷའི་དམག་གི་རྔ་འདྲེན་པས་ལྷའི་དམག་དཔོན་དང་།

གདོང་དྲུག་དང་མིག་བཅུ་གཉིས་ཡོད་པས་བཅུ་གཉིས་མིག་དང་གདོང་དྲུག་ཅེས་སུ་གྲགས་པ་སྟེ། འདི་དག་ནི་གཞོན་ནུ་གདོང་དྲུག་གི་མིང་གི་རྣམ་གྲངས་སོ། །

（༡༣）མེ་ལྷའི་མིང་ལ། འདི་ཡང་ཐོག་མར་ཚངས་པས་བྱས་པའི་ཕྱིར་ཚངས་དབང་སྲས་པོ་དང་། མེ་ལྷའི་བཞོན་པ་ར་ཡིན་པས་ར་ལ་ཞོན་དང་། ཨུ་མས་དམོད་པས་དབང་ཕྱུག་གི་ཐིག་ལེ་ལྟོར་ཆགས་པས་གསེར་གྱི་མདོག་ཅན་གྱི་གཞོན་ནུ་བྱུང་བས་གསེར་གྱི་ཐིག་ལེ་དང་། ལྷ་མཆོད་པའི་སྦྱིན་སྲེག་བྱས་པ་ཟ་བར་བྱེད་པས་སྦྱིན་སྲེག་ཟ་དང་། བཞོན་པའི་རྟའི་མདོག་དམར་པོ་ཡིན་པས་རྟ་དམར་ཅན་ཞེས་པ་སྟེ། འདི་དག་ནི་མེ་ལྷའི་མིང་གི་མངོན་བརྗོད་དོ། །

（༡༤）མེ་ལ། མེ་ལྕེ་འཁྱོག་པོར་འབར་བའི་འཁྱོག་འབར་དང་། དྲང་སྲོང་བི་ཤྭ་ན་ར་ལས་སྐྱེས་པས་བི་ཤྭ་ན་རའི་བུ་དང་། རླུང་དང་འཕྲད་ན་རྒྱས་པས་རླུང་གི་གྲོགས་པོ་དང་། བསྲེགས་པའི་ཤུལ་ནག་པོ་ཡིན་པས་ལམ་ནག་ཞུགས་དང་། དངོས་པོ་གང་བསྲེགས་ཀྱང་འཚོག་པས་ནོར་ལས་རྒྱལ་ཞེས་པ་སྟེ། འདི་དག་ནི་མེའི་མིང་གི་མངོན་བརྗོད་དོ། །

（༡༥）གཤིན་རྗེ་ལ། ཉེས་པ་ཇི་ལྟ་བ་བཞིན་ཆོས་གཙོ་བོར་བྱས་ནས་ཆད་པ་སྦྱིན་པས་ཆོས་ཀྱི་རྒྱལ་པོ་དང་། མཚུན་ནི་ཕ་མེས་ཤི་བ་རྣམས་ཀྱི་མིང་ཡིན་ལ། དེ་དག་གི་ལྷ་ཡིན་པས་མཚུན་གྱི་ལྷ་དང་། ཆུ་བོ་ཡ་མུ་ན་དང་འདི་གཉིས་སྲུན་ཟླ་ཡིན་པར་གྲགས་པས་ཡ་མུ་ནའི་སྲུན་དང་། ལྡོ་བའི་ལམ་ནི་འཆི་བའི་མིང་ཡིན་ལ་དེའི་བདག་པོ་ཡིན་པས་ལྡོ་བའི་བདག་དང་། ཕ་ཉི་མ་ལས་སྐྱེས་པས་ཉི་མའི་བུ་དང་། དགྲ་གཉེན་རིས་སུ་མི་གཅོད་པར་ཆད་ལས་བྱེད་པས་མཚུངས་འཇུག་ཅེས་པ་སྟེ། འདི་དག་ནི་གཤིན་རྗེ་ཆོས་ཀྱི་རྒྱལ་པོའི་མིང་གི་མངོན་བརྗོད་དོ། །

（༡༦）སྲིན་པོའི་རྒྱལ་པོ་ལ། སྲིན་ཡུལ་ལངྐའི་གྲོང་ཁྱེར་གྱི་བདག་པོ་ཡིན་པས་ན་ལངྐའི་བདག་པོ་དང་། ལྷ་དབང་ཕྱུག་ཆེན་པོ་ཡུན་རིང་དུ་བསྒྲུབས་ཀྱང་མ་གྲུབ་པས་རང་

ཉིད་ལ་མགོ་བཅུ་ཡོད་པ་རེ་རེ་བཞིན་བཅད་ནས་སྦྱིན་སྲེག་ཏུ་ཕུལ་བའི་ཤུལ་ན་མགྲིན་པ་བཅུ་ཡོད་པས་མགྲིན་བཅུ་བ་དང་། ལྷོ་ནུབ་བདེན་བྲལ་གྱི་ཕྱོགས་ཛ་ཡབ་གླིང་ན་གནས་པའི་སྲིན་པོ་རྣམས་ཀྱི་རྒྱལ་པོ་ཡིན་པས་བདེན་བྲལ་བདག་པོ་སྟེ། འདི་དག་ནི་སྲིན་པོའི་རྒྱལ་པོའི་མིང་གི་མངོན་བརྗོད་དོ། །

(༡༨) སྲིན་པོ་སྤྱི་ལ། ངག་ནས་སྒྲ་མི་སྙན་པ་རྟག་ཏུ་འབོད་ཅིང་སྒྲོག་པས་འབོད་སྒྲོག་ཅེས་པ་དང་། གཞན་རྣམས་གོ་སླ། འདི་དག་ནི་སྲིན་པོ་སྤྱིའི་མིང་གི་མངོན་བརྗོད་དོ། །

(༡༩) ཆུ་ལྷ་ལ། སེམས་མཆོག་ཏུ་བཟང་བས་ན་མཆོག་སེམས་དང་། ཆུ་ལ་གནས་པའི་འགྲོ་བ་ཐམས་ཅད་ཀྱི་བདག་པོ་བྱེད་ཅིང་རྒྱ་མཚོའི་གཞི་ཡིན་པས་ཆུ་བདག་དང་། སྦྲུལ་གྱི་ཞགས་པ་འཛིན་པས་ཞགས་པ་ཅན་ཏེ། འདི་དག་ནི་ཆུ་ལྷའི་མིང་གི་མངོན་བརྗོད་དོ། །

(༢༠) རླུང་ལྷ་ལ། འདིའི་རྟ་མདོག་སྣ་ཚོགས་ཅན་ཡིན་པས་སྣ་ཚོགས་རྟ་ཅན་དང་། ལུས་ལ་སོགས་པ་སྟོབས་འབྱུང་བའི་གཞི་ཡོན་པས་སྟོབས་ཀྱི་ལྷ་དང་། རླུང་གིས་དངོས་པོ་ཐམས་ཅད་གཡོ་བར་བྱེད་ལ་དེའི་བདག་པོ་ཡིན་པའི་ཕྱིར་གཡོ་བྱེད་མགོན་པོ་ཞེས་པ་སྟེ། འདི་དག་ནི་རླུང་ལྷའི་མིང་གི་མངོན་བརྗོད་དོ། །

(༢༡) རླུང་ལ། དྲི་སྣ་ཚོགས་ཁུར་ཅིང་འཁྱེར་བས་དྲི་བཞོན་དང་། དུས་རྟག་ཏུ་མི་སྡོད་པར་འགྲོ་བས་རྟག་འགྲོ་དང་། མ་མོས་ནི་ཚངས་པ་ལ་སོགས་པ་ཡིན་ལ། དེ་དག་གིས་སྤྱེལ་བར་བྱེད་པས་མ་མོས་འཕེལ་དང་། རྩལ་གཡོ་བ་ལ་ཁ་ལོ་བསྒྱུར་བས་རྩལ་གྱི་ཁ་ལོ་སྟེ། འདི་དག་ནི་རླུང་སྤྱིའི་མིང་གི་མངོན་བརྗོད་དོ། །

(༢༢) རྣམ་ཐོས་སྲས་ལ། གཽ་ཏྲི་ཤིན་ཏུ་གཟུགས་མཛེས་པ་མཐོང་ནས་དེ་ལ་ཆགས་ཤིང་བལྟས་པས་དེའི་འོད་ཀྱིས་མིག་ཕྱེད་ཅིང་ཆུད་ཟས་པས། དྲག་པོས་དེ་ལྟར་མ་བྱེད་ཅེས་པ་ན་མིག་དམར་སྐྱུར་བྱས་པས་མིག་སྐྱུ་དང་། རིན་པོ་ཆེའི་གཏེར་གྱི་བདག་པོ་

ཡིན་པས་གསང་བདག་དང་། གནོད་སྦྱིན་རྣམས་ཀྱི་བདག་པོ་ཡིན་པས་གནོད་སྦྱིན་རྒྱལ་པོ་དང་། རྐང་བ་གསུམ་དང་མཆེ་བ་བརྒྱད་དང་ལྡན་པ་ཤིན་ཏུ་འཇིགས་ཤིང་མི་སྡུག་པས་ལུས་ངན་ཏེ། འདི་དག་ནི་རྣམ་ཐོས་སྲས་ཀྱི་མིང་གི་མངོན་བརྗོད་དོ། །

(༢༣) སའི་ལྷ་མོ་བརྟན་མ་ལ། སྟོན་སངས་རྒྱས་ཤཱཀྱ་ཐུབ་པ་རྡོ་རྗེ་གདན་དུ་བྱང་ཆུབ་སྙིང་པོར་བཞུགས་པ་ན། བདུད་སྡིག་ཅན་འོངས་ནས་ཁྱོད་ཀྱིས་བླ་ན་མེད་པའི་བྱང་ཆུབ་ག་ལ་ཐོབ་ཅེས་ཟེར་བས། སངས་རྒྱས་ཀྱིས་སྡིག་ཅན་ཁྱོད་ཀྱིས་མཆོད་སྦྱིན་གཅིག་བྱས་པས་ཀྱང་འདོད་པའི་ཁམས་ཀྱི་དབང་ཕྱུག་ཏུ་གྱུར་ན། ངས་སེམས་ཅན་གྱི་དོན་དུ་བསྐལ་བ་གྲངས་མེད་པ་གསུམ་དུ་མཆོད་སྦྱིན་བྱེ་བ་ཕྲག་ཁྲིག་མང་པོ་བྱས་པས་བླ་ན་མེད་པའི་བྱང་ཆུབ་ཅིའི་ཕྱིར་མི་ཐོབ། ཅེས་པས། ཁྱོད་ཀྱི་དེ་ལ་དཔང་པོ་སུ་ཡོད་ཟེར་བས། ཕྱག་གཡས་པ་ས་ལ་རེག་པར་མཛད་ནས། ས་འདི་འགྲོ་བ་ཀུན་གྱི་གནས་ཡིན་ཏེ། རྒྱུ་དང་མི་རྒྱུ་སྙོམས་ཤིང་ཉེ་འཁོན་མེད། འདི་ནི་བདག་གི་དཔང་སྟེ་བདེན་རྫུན་མེད། འདི་ལ་ཁྱོད་ནི་བདག་གི་དཔང་པོར་ཤོག ཅེས་གསུངས་པས། ས་རྣམ་པ་དྲུག་ཏུ་གཡོས་པའི་གསེབ་ནས། སའི་ལྷ་མོ་བརྟན་མས་ལུས་ཕྱེད་ཕྱུང་ནས་ཐལ་མོ་སྦྱར་ཏེ། སྐྱེས་བུ་ཆེན་པོ་དེ་དེ་བཞིན་ནོ། །འདི་ནི་བདག་ལ་མངོན་སུམ་མོ་ཞེས་བརྗོད་པས། བདུད་སྡིག་ཅན་བག་འཁུམས་ཤིང་སེམས་ཁོང་དུ་ཆུད་ནས་སོང་བར་གྲགས་པས་ན། བདེན་པའི་དཔང་པོ་དང་བདུད་ལ་སྐྱེངས་སྟེར་ཞེས་སུ་གྲགས་ལ། ཕག་གིས་དྲངས་པའི་ཤིང་རྟ་ལ་གཤེགས་པས་ཕག་གི་ཤིང་རྟ་ཅན་ཏེ། འདི་དག་ནི་སའི་ལྷ་མོ་བརྟན་མའི་མིང་གི་མངོན་བརྗོད་དོ། །

(༢༤) ལྷ་མ་ཡིན་ལ། ཐོག་མར་སྦྱིན་མ་ཟེར་བ་ལས་སྐྱེས་པས་སྦྱིན་སྐྱེས་དང་། གཞུ་ཞེས་པའི་མ་ལས་སྐྱེས་པས་ལྷ་མ་ཡིན་བདེ་མཆོག་ལ་སོགས་པ་ལ་གཞུ་སྐྱེས་དང་། ལྷའི་དབང་པོའི་དགྲ་ཡིན་པས་དབང་པོའི་དགྲ་དང་། ཁུ་བ་ནི་པ་སངས་ཀྱི་མིང་ཡིན་ལ་དེའི་སློབ་མ་ཡིན་པས་ཁུ་བའི་སློབ་མ་དང་། རྒྱ་མཚོ་བསྲུབས་པ་ལས་བྱུང་བའི་བཅུད་དེ་བདུད་རྩི་ལྷས་བདག་ཏུ་བྱས་ཏེ་འདི་ལ་མ་ཐོབ་པས་བཅུད་མི་ལྡན་དང་། ལྷའི་གནས་སྟོན་ཆད་

འདིའི་ཡིན་པར་གྲགས་པས་སྟོན་གྱི་ལྷ་སྟེ། འདི་དག་ནི་ལྷ་མ་ཡིན་གྱི་མིང་གི་མངོན་བརྗོད་དོ། །

(༢༥) ཕྱོགས་སྐྱི་ལ། ཕྱོགས་དང་མཚམས་ཀྱིས་མ་ཁྱབ་པའི་གནས་མེད་པས་ཀུན་ཁྱབ་དང་། སྐྱེ་བོ་རྣམས་གང་ལ་འགྲོ་བའི་ཕྱོགས་དེས་དེའི་སེམས་འཕྲོག་པར་བྱེད་པས་འཕྲོག་བྱེད་དེ། འདི་དག་ནི་ཕྱོགས་སྐྱིའི་མིང་གི་མངོན་བརྗོད་དོ། །

༣. ནམ་མཁའ་དང་གཟའ་སྐར་སོགས་རབ་ཏུ་བྱེད་པ།

(༡) ནམ་མཁའ་ལ། ལྷ་དང་སྤྲིན་དང་རྒྱུ་སྐར་རྒྱུ་བའི་ལམ་ལྟ་བུ་ཡིན་པས་ལྷ་ལམ་དང་སྤྲིན་ལམ་དང་རྒྱུ་སྐར་ལམ་ཟེར་ལ། དངོས་པོ་ཀུན་སྐྱེས་པའི་གོ་འབྱེད་པས་ཀུན་གསལ་དང་། རྫིང་རིང་ཞེས་པ་རྩེད་འཛོ་བྱེད་སའི་ཆུ་རྫིང་ནར་པོའི་མིང་ཡིན་ལ། ལྷ་རྣམས་འདི་ལ་རྫིང་རིང་ལྟར་རོལ་བས་ན་ལྷ་ཡི་རྫིང་རིང་དང་། གནམ་དང་དགུང་ནི་འདོད་རྒྱལ་ཡིན་ལ། དངོས་པོ་དང་དངོས་པོ་མེད་པ་ཀུན་ལ་ཁྱབ་པའི་ཕྱིར་ཀུན་ཁྱབ་ཅེས་སུ་གྲགས་པ་སྟེ། འདི་དག་ནི་ནམ་མཁའི་མིང་གི་མངོན་བརྗོད་དོ། །

(༢) སྤྲིན་ལ། ཆུའི་རྡུལ་ཕྲན་འཁྲིགས་པ་ལས་ཆགས་པས་ཆུ་འཛིན་དང་། ཉི་འོད་སྒྲིབ་པར་བྱེད་པས་ཚ་ཟེར་འཛོམས་དང་། ཆུ་ཁུར་ཅན་ཞེས་པ་བྱེད་ལས་ཀྱི་སྒོ་ནས་བཏགས་པ་ཤེས་སླ་ལ། སྒྲ་ལྡན་ཞེས་པ་ཡང་འབྲུག་སྒྲ་ལ་སོགས་པ་འབྱུང་བར་བྱེད་པས་བྱེད་ལས་སམ་འབྱུང་ཁུངས་ཀྱི་སྒོ་ནས་བཏགས་པ་ཡིན་ནོ། །མདོག་དང་དབྱིབས་ལ་སོགས་པ་སྣང་ཆེན་དང་ཆོས་མཚུངས་ཤིང་ནམ་མཁར་རྒྱུ་བས་ནམ་མཁའི་སྣང་པོ་ཞེས་སུ་གྲགས་པ་སྟེ། འདི་དག་ནི་སྤྲིན་གྱི་མིང་གི་མངོན་བརྗོད་དོ། །

(༣) གློག་ལ། ཁང་ཁྱིམ་ལ་སོགས་པ་དངོས་པོ་དུ་མ་ལྡན་ཅིག་ཏུ་ཐུག་ཀྱང་རྗེས་མེད་པར་འཇུག་པས་འཇུག་པ་བརྒྱ་བ་དང་། གཞི་ནམ་མཁའ་ལས་སྐྱེས་པས་གཞི་སྟོན་སྐྱེས་དང་། འོད་འཕྲུག་པ་ཕྲ་ཞིང་རིང་བས་ལུས་ཕྲ་དང་། འདི་འབྱུང་བ་ན་སྐྱེ་བོ་རྣམས་འཇིགས་པར་བྱེད་པས་བདེ་འཕྲུང་ཞེས་པ་སྟེ། འདི་དག་ནི་གློག་གི་མིང་གི་མངོན་བརྗོད་

དོ། །

(༤) འབྲུག་ལ། སྤྲིན་ཕན་ཚུན་འཐབ་པ་ལས་བྱུང་བའི་ཕྱིར་སྤྲིན་གྱི་སྒྲ་དང་། དབྱར་དུས་སུ་སྐྱེས་ཤིང་ཇ་ལྟར་ལྡིར་བས་དབྱར་སྐྱེས་ཇ་དང་། སྒྲ་ཤིན་ཏུ་ཆེ་ཞིང་གདངས་སྣ་ཚོགས་པས་སྒྲ་བརྒྱ་བ་སྟེ། འདི་དག་ནི་འབྲུག་སྐད་ཀྱི་མིང་གི་མངོན་བརྗོད་དོ། །

(༥) ཐོག་ལ། མེའི་ཆར་པ་དང་འདྲ་བས་མེ་ཆར་དང་། གནམ་ལས་བབས་པའི་ལྕགས་ལྟ་བུ་ཡིན་པས་གནམ་ལྕགས་དང་། སྤྲིན་ལ་བརྟེན་ནས་འབྱུང་བའི་འོད་ཡིན་པས་སྤྲིན་གྱི་འོད་དང་། བྲག་རི་སོགས་ཀྱང་འདི་ཡིས་འཇོམས་པར་བྱེད་པས་རི་འཇོམས་ཞེས་པ་སྟེ། འདི་དག་ནི་ཐོག་གི་མིང་གི་མངོན་བརྗོད་དོ། །

(༦) སེར་བ་ལ། ཤིན་ཏུ་དྲང་བའི་རླུང་དང་ལྷན་ཅིག་འབབ་པས་སྤྲིན་ཐང་དང་། སྤྲིན་ལས་བྱུང་ཞིང་རུས་པ་ལྟར་དཀར་ཞིང་སྲ་བས་སྤྲིན་གྱི་རུས་པ་དང་། ལོ་ཏོག་འཇོམས་པར་བྱེད་པས་ལོ་ཐོག་གཤེད་དང་། རྡོ་ལྟར་སྲ་བའི་ཆར་པ་ཡིན་པས་རྡོ་ཆར་དང་། ཆུ་ཆབ་རོམ་དུ་གྱུར་ནས་འཁྲིགས་པར་གྱུར་པ་ཡིན་པས་ཆུ་འཁྲིགས་ཞེས་པ་སྟེ། འདི་དག་ནི་སེར་བའི་མིང་གི་མངོན་བརྗོད་དོ། །

(༧) ཆར་བ་ལ། དལ་གྱིས་འབབ་པས་ན་གྲུ་ཆར་དང་། སྐྱེ་དངོས་ལ་ཕན་པས་ན་སྦྲང་ཆར་དང་། སྤྲིན་གྱི་ནང་དུ་འདུས་པའི་བཅུད་ལྟ་བུ་ཡིན་པས་སྤྲིན་བཅུད་དེ། འདི་དག་ནི་ཆར་བའི་མིང་གི་མངོན་བརྗོད་དོ། །

(༨) འཇའ་ཚོན་ལ། རླུང་གི་རྡུལ་རྫས་ཕྲ་བའི་འོད་ལ་བརྟེན་ནས་གྲུབ་ཅིང་རྒྱལ་མཚན་ལྟར་འཕྱར་བས་རླུང་གི་རྒྱལ་མཚན་དང་། འཇིག་རྟེན་མེས་པོས་ནམ་མཁར་བཀབ་པའི་ཐིག་ཅེས་རབ་བཏགས་ཀྱིས་སྨྲས་པས་རྣན་པོའི་ཐིག་དང་། འཇའ་ལ་དགྱེ་དཀུར་མེད་པའི་དྲང་པོ་དང་ཕྱོགས་གཅིག་ཏུ་དཀུར་བའི་འཁྱོག་པོ་སྟེ་གཉིས་ཡོད་པས་དྲང་འཁྱོག་དང་། མི་མངོན་པའི་དབྱིངས་སུ་སྣང་བའི་ཚུལ་གྱིས་གནས་པའི་རི་མོ་ཡིན་པས་གཞའ་རིས་དང་། གཞུ་དང་དབྱིབས་མཚུངས་པས་ལྷའི་དབང་པོའི་གཞུ་རུ་རབ་བཏགས་ཀྱིས་བརྗོད་པས

དབང་པོའི་གཞུ་དང་། དཔྱིད་དུས་སུ་ཐོག་མར་སྣང་བས་སོས་ཀ་བཞད་ཅེས་པ་སྟེ། འདི་དག་ནི་འཇའ་ཚོན་གྱི་མིང་གི་མངོན་བརྗོད་དོ། །

(༩) རི་བྱི་ལ། འདི་ཉིད་སྔོན་དྲང་སྲོང་ཆུ་ལྷ་ཞེས་པས་ལྷ་མོ་ཨུ་རྦ་ཤི་མཐོང་བས་ཁུ་བ་ཤོར་བ་བུམ་པར་བླུགས་པ་ལས་སྐྱེས་པས་བུམ་སྐྱེས་དང་ཆུ་ལྷའི་བུ་ཟེར་ལ། ཨ་གསྟྱའི་ཆུང་མ་ཆོས་ཅན་གྱི་མ་ཟེལ་གྱིས་མནན་པས་ཨ་གསྟྱཿཞེས་པ་སྟེ། འདི་དག་ནི་རི་བྱིའི་མིང་གི་མངོན་བརྗོད་དོ། །

(༡༠) དགྲ་གཅན་ལ། མཐོ་རིས་ཀྱི་ཡུལ་སྣང་བར་བྱེད་པས་མཐོ་རིས་སྣང་བྱེད་དང་། །ཉི་མའི་སྣང་བ་འགོག་པར་བྱེད་པས་མུན་པ་ཅན་དང་། ས་འོག་ས་སྟེང་ས་བླའི་སྲིད་པ་གསུམ་ལས་རྣམ་པར་རྒྱལ་བས་སྲིད་གསུམ་རྣམ་རྒྱལ་དང་། ཉི་མ་ལ་འཚེ་བར་བྱེད་པས་ནྲ་ཧུ་ལ་སྟེ་དགྲ་གཅན་དང་། དྲང་སྲོང་འགྲོ་སྐྱོབ་གསེར་ཅན་གྱི་སྲིང་མོ་སེངྒེ་མའི་བུ་ཡིན་པས་སེངྒེ་མའི་བུ་སྟེ། འདི་དག་ནི་དགྲ་གཅན་གྱི་མིང་གི་མངོན་བརྗོད་དོ། །

(༡༡) ཉི་མ་ལ། ཁྱིམ་བཅུ་གཉིས་ཀྱི་བདག་པོ་ཡིན་པས་བཅུ་གཉིས་བདག་ཅེས་པ་སྟེ། ཁྱིམ་བཅུ་གཉིས་ནི། བུམ་པ་དང་། ཉ། ལུག འབྲིག་པ། གླང་། སྡིལ་བ། སེངྒེ། བུ་མོ། སྲང་། སྡིག་པ། གཞུ། ཆུ་སྲིན་བཅས་སོ། །འདི་འདྲེན་པའི་རྟ་བདུན་ཡོད་པས་རྟ་བདུན་བདག་པོ་སྟེ། རྟ་བདུན་ནི། རླུང་དང་ཡིད་མགྱོགས་མདོག་ལྡ་དང་། །དེ་བཞིན་ཐིག་ལེ་ཅན་དང་ནི། །ངེས་བརྗོད་ཤིན་ཏུ་རྒྱལ་མཚན་དང་། །རི་བོ་འཇོམས་རྣམས་ཉི་མའི་རྟ། །ཞེས་པ་ལྟར་ལ། གཞན་རྣམས་ཤེས་སླ། འདི་དག་ནི་ཉི་མའི་མིང་གི་མངོན་བརྗོད་དོ། །

(༡༢) ཉི་མའི་ཁ་ལོ་བ་ལ། དྲང་སྲོང་འགྲོ་སྐྱོབ་ཀྱི་བུ་སྐྱ་རེངས་ཀྱི་བརླ་གཡས་པ་ཆག་ནས་མེད་པར་གྲགས་པས་བརླ་མེད་དང་། དྲང་སྲོང་འོད་སྲུང་གི་བུ་རྒྱུད་ཡིན་པས་འོད་སྲུང་རྒྱུད་དང་། ཁྱབ་འཇུག་གི་བཞོན་པ་བྱ་ཁྱུང་གི་སྔོན་དུ་སྐྱེས་པས་ཁྱུང་སྔོན་སྐྱེས་ཞེས་པ་སྟེ། གཞན་རྣམས་ཤེས་སླ། འདི་དག་ནི་སྐྱ་རེངས་ཀྱི་མིང་གི་མངོན་བརྗོད་དོ། །

(༡༣) ཟླ་བ་ལ། དབང་ཕྱུག་གི་རལ་བའི་རྒྱན་དུ་བྱས་པས་བདེ་འབྱུང་གཙུག་རྒྱན་དང་། བྱང་ཆུབ་སེམས་དཔའ་རི་བོང་གིས་ལུས་སྦྱིན་པར་བཏང་བས་བརྒྱ་སྦྱིན་ངོ་མཚར་ཏེ། རི་བོང་དེ་མཐོ་རིས་སུ་ཁྱེར་ནས་ལྷ་རྣམས་ལ་བསྟན་ཅིང་། མི་རྣམས་ལ་སྟོན་པའི་ཕྱིར་ཟླ་བའི་ངོས་ལ་དེའི་གཟུགས་འབྲི་རུ་བཙུག་པས་རི་བོང་འཛིན་དང་། རྒྱུ་སྐར་གཟའ་དང་ཁྲམ་ཐེ་དང་། །སྨན་དང་མཆོད་སྦྱིན་མཚན་མོ་རྣམས། །དེ་དག་ཀུན་གྱི་རྒྱལ་པོ་རུ། །ཟླ་བ་ཁྲམ་ཐེ་རྣམས་ཀྱིས་བསྐོས། །ཞེས་པ་ལྟར་གཉིས་སྐྱེས་རྒྱལ་པོ་དང་། ཟླ་བ་རྒྱས་པའི་ཚེ་རྒྱ་མཚོ་འཕེལ་བས་ཆུ་གཏེར་ཀུན་ཕན་དང་། ཆ་བཅུ་དྲུག་གི་ཆ་ཤས་ཀྱིས་ཟླ་བ་ཉ་གང་བར་བྱེད་པས་བཅུ་དྲུག་ཆ་ཞེས་པ་སྟེ། གཞན་རྣམས་ཤེས་སླ། འདི་དག་ནི་ཟླ་བའི་མིང་གི་མངོན་བརྗོད་དོ། །

(༡༤) གཟའ་མིག་དམར་ལ། པ་སངས་ཀྱི་བུ་ཡིན་ལ། པ་སངས་ས་ཁམས་ཡིན་པས་ས་སྐྱེས་དང་། གཟའ་འདི་གདུག་པ་ཆེ་བས་མི་ཤིས་པ་ལས་ལྡོག་པའི་མིང་གིས་བཀྲ་ཤིས་ཞེས་པ་སྟེ། གཞན་རྣམས་གོ་སླ། འདི་དག་ནི་མིག་དམར་གྱི་མིང་གི་མངོན་བརྗོད་དོ། །

(༡༥) ལྷག་པ་ལ། འདིའི་ཕ་ཟླ་བ་ཡིན་པས་ཟླ་བའི་བུ་དང་། མ་རྒྱུ་སྐར་སྐར་མ་ཡིན་པས་སྐར་མ་སྐྱེས་ཞེས་པ་སྟེ། འདི་དག་ནི་གཟའ་ལྷག་པའི་མིང་གི་མངོན་བརྗོད་དོ། །

(༡༦) ཕུར་བུ་ལ། སྒྲ་ལ་ཏ་ཙང་མཁས་པས་བློ་ལྡན་དང་། སློབ་ལ་མཁས་པས་དབྱངས་བདག་དང་། དྲང་སྲོང་མེ་བཞི་ལས་སྐྱེས་པས་མེ་བཞི་སྐྱེས་དང་། སྟོན་ལྷ་ཡུལ་དུ་སཏྭ་ཞེས་པའི་ལྷའི་སྒྲ་མཁན་ཞིག་བྱུང་སྟེ། དེས་ལེགས་སྦྱར་སྐད་ཐོགས་པ་མེད་པར་ཤེས་པས་བརྒྱ་བྱིན་ལ་བསླབས། དེ་ནས་བརྒྱ་བྱིན་བྱ་བས་བྲེལ་ཏེ་སྐབས་མ་བྱུང་བས་ཕུར་བུ་ལྷ་གཞོན་ནུ་རྣམས་ཀྱི་སྒྲ་སློབ་པའི་དཔོན་དུ་བསྐོས་པས་ལྷ་ཡི་བླམ་ཞེས་པ་སྟེ། འདི་དག་ནི་ཕུར་བུའི་མིང་གི་མངོན་བརྗོད་དོ། །

(༡༧) པ་སངས་ལ། མྱ་ངན་མེད་ཅིང་རྣམ་པ་ཐམས་ཅད་དུ་བཟང་བའི་ཕྱིར་

དཀར་པོ་དང་། དྲང་སྲོང་ངན་སྤོང་ཞེས་པའི་བུ་ཡིན་པས་ངན་སྤོང་བུ་དང་། ལྷ་མ་ཡིན་གྱི་དང་པོའི་ཕ་སྦྱིན་བྱེད་ཀྱི་བླམ་ཡིན་པས་ལྷ་མིན་བླམ་ཞེས་པ་སྟེ། འདི་དག་ནི་པ་སངས་ཀྱི་མིང་གི་མངོན་བརྗོད་དོ། །

(༡༨) སྤེན་པ་ལ། ཚངས་པ་ལས་སྐྱེས་པས་ཚངས་སྐྱེས་དང་། ཕ་ཉི་མ་ཡིན་པས་ཉི་མའི་བུ་ཞེས་པ་སྟེ། གཞན་རྣམས་རྟོགས་སླ། འདི་དག་ནི་སྤེན་པའི་མིང་གི་མངོན་བརྗོད་དོ། །

༤. དུས་དང་བསྐལ་བ་ལ་སོགས་པ་རབ་ཏུ་ཕྱེད་པ།

(༡) དུས་སྤྱི་ལ། འདས་པ་དང་། མ་འོངས་པ་དང་ད་ལྟ་བ་ལ་སོགས་པའི་དུས་ཐམས་ཅད་གྲངས་ཀྱིས་བགྲང་བྱ་ཡིན་པས་བགྲང་བྱ་དང་གཞན་རྣམས་ཤེས་སླའོ། །འདི་དག་ནི་དུས་སྤྱིའི་མིང་གི་མངོན་བརྗོད་དོ། །

(༢) ཉིན་མོ་ལ། ཉི་མ་ལ་ཁྲི་གདུགས་ཟེར་ལ། དེའི་དུས་ཡིན་པས་བསྟུས་ནས་གདུགས་དང་། མུན་པ་གསལ་བའི་དུས་ཡིན་པས་མུན་གསལ་དང་། འབྱུང་གདོན་སོགས་ཀྱི་གནོད་པ་མེད་པས་བདུད་འཇོམས་ཞེས་པ་སྟེ། འདི་དག་ནི་ཉིན་དཀར་གྱི་མིང་གི་རྣམ་གྲངས་སོ། །

(༣) མཚན་མོ་ལ། མི་དང་སྲོག་ཆགས་ཕལ་ཆེར་བྱ་བ་མི་བྱེད་པར་ངལ་གསོ་བའི་དུས་ཡིན་པས་བྱ་བྲལ་དུས་དང་། ཉི་འོད་མི་སྣང་བའི་དུས་ཡིན་པས་སྣང་མེད་དང་། ཛག་རྐུན་ལ་སོགས་པར་དོགས་ཟོན་བྱེད་དགོས་པའི་དུས་ཡིན་པས་མེལ་ཚེ་ཅན་དང་། ནམ་མཁའི་མདོག་ཏ་ཅང་དྭངས་པའི་དུས་ཡིན་པས་སྐྱ་སངས་ཆགས་དུས་ཞེས་པ་སྟེ། འདི་དག་ནི་མཚན་མོའི་མིང་གི་མངོན་བརྗོད་དོ། །

(༤) ལོ་འཁོར་དྲུག་ཅུའི་མིང་བཤད་པར་བྱ་བ་ལ། བྱི་བ་ལ་སོགས་པའི་ལོ་རྣམ་པ་བཅུ་གཉིས་པོ་རེ་རེ་ལ་ཤིང་མེ་ས་ལྕགས་ཆུ་སྟེ་ལྔ་ལྔར་ཕྱེ་བས་དྲུག་ཅུར་འདོད་དེ། དཔེར་ན། བྱི་བ་ལ། ཤིང་པོ། མེ་པོ། ས་པོ། ལྕགས་པོ། ཆུ་པོ་ལྔ་དང་། དེ་བཞིན་དུ། གླང་ལ།

ཤིང་མོ། མེ་མོ། ས་མོ། ལྕགས་མོ། ཆུ་མོ་ལྷཱ། དེ་བཞིན་དུ་ལྷག་མ་རྣམས་ལ་ཡང་ལྷཱ་ལྷཱར་འདོད་པའི་ཕྱིར་རོ། །ཕོ་མོའི་ཁྱད་པར་ནི། བྱི་སྟག་འབྲུག་རྟ་སྤྲེལ་ཁྱི་ཕོ། །གླང་ཡོས་སྦྲུལ་ལུག་བྱ་ཕག་མོ། །ཞེས་པ་ལྟར་ཕོ་དྲུག་དང་མོ་དྲུག་ཏུ་ཤེས་པར་བྱའོ། །འདི་ནི་རྒྱ་ནག་གི་རྩི་ཚུལ་ཡིན་ལ། རྒྱ་གར་ལྟར་ན་རབ་བྱུང་ལ་སོགས་ལོ་ཀན་དྲུག་ཅུ་སྟེ། བརྗོད་འགྲེལ་ལས། རབ་བྱུང་རྣམ་བྱུང་དཀར་པོ་དང་། །རབ་མྱོས་སྐྱེ་བདག་ཨང་གི་ར། །དཔལ་གདོང་དངོས་པོ་ན་ཚོད་ལྡན། །འཛིན་བྱེད་དབང་ཕྱུག་འབྲུ་མང་པོ། །མྱོས་ལྡན་རྣམ་གནོན་ཁྱུ་མཆོག་དང་། །སྣ་ཚོགས་ཉི་མ་ཉི་སྒྲོལ་བྱེད། །ས་སྐྱོང་མི་ཟད་ཐམས་ཅད་འདུལ། །ཀུན་འཛིན་འགལ་བ་རྣམ་འགྱུར་དང་། །བོང་བུ་དགའ་བ་རྣམ་རྒྱལ་ཉིད། །རྒྱལ་བ་མྱོས་བྱེད་གདོང་ངན་དང་། །གསེར་འཕྱང་རྣམ་འཕྱང་སྒྱུར་བྱེད་དང་། །ཀུན་ལྡན་འཕར་བ་དགེ་བར་བྱེད། །མཛེས་བྱེད་ཁྲོ་མོ་སྣ་ཚོགས་དབྱིག །ཟིལ་གནོན་སྤྲེའུ་ཞུར་བུ་དང་། །ཞི་བ་ཐུན་མོང་འགལ་བྱེད་དང་། །ཡོངས་འཛིན་བག་མེད་ཀུན་དགའ་དང་། །སྲིན་བུ་མེ་དང་དམར་སེར་ཅན། །དུས་ཀྱི་ཕོ་ཉ་དོན་གྲུབ་དྲག །བློ་ངན་རྔ་ཆེན་ཁྲག་སྐྱུག་པ། །མིག་དམར་ཁྲོ་བོ་ཟད་བྱེད་དོ། །ཞེས་གསུངས་པ་ལྟར་རོ། །འདིར་བཤད་པའི་རབ་བྱུང་སོགས་དྲུག་ཅུ་དང་མེ་ཡོས་ལ་སོགས་པ་དྲུག་ཅུ་དོན་གཅིག་ཡིན་ཏེ། རྒྱས་པར་རེའུ་མིག་ལས་ཤེས་པར་བྱའོ། །

(༥) ལོ་ཟླ་ཞག་གསུམ་གྱི་རྣམ་གཞག་ཟུར་ཙམ་བཤད་ན། དུས་མཐའི་སྐད་ཅིག་མ་བརྒྱ་དང་ཉི་ཤུ་བྱ་རྫོགས་ཀྱི་སྐད་ཅིག་དང་། དེ་དྲུག་ཅུ་ལ་ཐང་གཅིག དེ་སུམ་ཅུ་ལ་ཡུད་ཙམ་གཅིག དེ་སུམ་ཅུ་ལ་ཉིན་ཞག་གཅིག དེ་སུམ་ཅུ་ལ་ཟླ་གཅིག་ཏུ་འདོད་དོ། །ཟླ་བ་དེ་ལ་ཡང་དཀར་ཕྱོགས་དང་ནག་ཕྱོགས་གཉིས་དང་། དེ་གཉིས་བསྡོམས་པས་ཟླ་བ་འཇལ་བྱེད་ཡིན་ལ། ཟླ་བ་བཅུ་གཉིས་ཞག་མི་ཐུབ་ཀྱི་ཞག་དྲུག་ཅུ་དང་བཅས་པ་ལོར་འཇོག་སྟེ། མདོ་ལས། སྐད་ཅིག་མ་བརྒྱ་ཉི་ཤུ་ལ། །དེ་ཡི་སྐད་གཅིག་དེ་དག་ཀྱང་། །དྲུག་ཅུ་ལ་ནི་ཐང་གཅིག་གོ །ཡུད་ཙམ་ཉིན་ཞག་ཟླ་བཅས་ནི། །གོང་ནས་གོང་དུ་སུམ་ཅུར་འགྱུར། །ཞག་མི་ཐུབ་དང་བཅས་པ་ཡིས། །ཟླ་བ་བཅུ་གཉིས་ལ་ལོ་གཅིག །ཅེས་གསུངས་པས་

སོ། །འདི་ཡང་རགས་པའི་རྣམ་གཞག་ཙམ་ཡིན་གྱི། ཞིབ་ཏུ་བརྩིས་ན། ལོ་གཅིག་ལ་ཟླ་བ་བཅུ་གཉིས་དང་། ཆོས་ཞག་བཅུ་གཅིག་ཆུ་ཚོད་བཅུ་གཅིག་ལ་སོགས་པ་ཡོད་པའི་ཕྱིར། དུས་འཁོར་ལུགས་ལ་སྐྱེས་བུ་ནད་མེད་ཀྱི་དབུགས་ཕྱིར་འགྲོ་བ་དང་ནང་དུ་རྔུབ་པའི་ཁུག་པ་དྲུག་ལ་ཆུ་སྲང་གཅིག་དང་། ཆུ་སྲང་དྲུག་ཅུ་ལ་ཆུ་ཚོད་གཅིག ཆུ་ཚོད་ང་དགུ་རྫེས་འབྲང་དང་བཅས་པ་ལ་ཆོས་ཞག་གཅིག དེ་སུམ་ཅུ་ལ་ཆོས་ཟླ་གཅིག ཆོས་ཟླ་བཅུ་གཉིས་དང་ཆོས་ཞག་བཅུ་གཅིག ཆུ་ཚོད་བཅུ་གཅིག་ལ་སོགས་པ་ལ་ལོ་གཅིག་ཏུ་འཇོག་པ་ཡིན་ནོ། །

(༤) ཟླ་བ་བཅུ་གཉིས་པོ་འདིའི་མིང་གི་མངོན་བརྗོད་ནི། འདུལ་བ་ལྟར་ན། མགོ་རྒྱལ་མཆུ་ནི་དཔྱུན་ཟླ་གསུམ། །དབོ་དང་ནག་པ་ས་ག་དཔྱིད། །སྣྲོན་དང་ཆུ་སྟོད་གྲོ་བཞིན་དབྱར། །ཁྲུམས་དང་དབྱུ་གུ་སྨིན་དྲུག་སྟོན། །ཞེས་པ་ལྟར་ཤེས་པར་བྱ་ཞིང་། འདིའི་དོན་ཞིབ་ཏུ་ངེས་པ་ལ་འདུལ་བ་དང་དུས་འཁོར་གྱི་ལོ་མགོ་འཛིན་ཚུལ་སོགས་ཤེས་དགོས་པ་མང་དུ་སྣང་ནའང་འདིར་རྒྱས་པར་ཡིག་ཚོགས་ལ་འཇིགས་ནས་མ་སྤྲོས་པས་སྐར་རྩིས་ཀྱི་གཞུང་གཞན་ལས་ཤེས་པར་བྱའོ། །

(༥) ཉི་མའི་ཁྱིམ་བཅུ་གཉིས་ནི། ཉི་མས་རྒྱུ་སྐར་ཉི་ཤུ་རྩ་བདུན་ལ་རང་འགྲོས་ཀྱི་ཚུལ་གྱིས་ཡོངས་སྤྱོད་པའི་ཉི་མའི་ཁྱིམ་བཅུ་གཉིས་ཏེ། འདི་ཟླ་བ་བཅུ་གཉིས་དང་སྦྱར་ནས་བཤད་ན། དཔྱུན་ཟླ་ར་བ་ཉི་མ་གཞུའི་ཁྱིམ་ན་གནས་པའི་ཚེ་གྲང་ངར་གྱིས་གཞུ་སྒྲ་བར་བྱེད་པས་གཞུའི་ཁྱིམ་དང་། དེའི་ཕྱི་མ་ལ་ཆུ་སྲིན་མལ་ལས་ལྡང་བའི་དུས་ཡིན་པས་ཆུ་སྲིན་གྱི་ཁྱིམ་དང་། དེའི་ཕྱི་མ་ལ་བུམ་པའི་ནང་གི་ཆུ་འཁྱུགས་པའི་དུས་ཡིན་པས་བུམ་པའི་ཁྱིམ་སྟེ། དཔྱུན་དུས་ཀྱི་ཁྱིམ་གསུམ་དང་། དཔྱིད་ཟླ་ར་བ་ལ་ཉི་མ་ཉའི་ཁྱིམ་ན་གནས་པའི་ཚེ་དྲོད་སྐྱེས་པས་ཉ་ལྡང་བའི་དུས་ཡིན་པས་ཉའི་ཁྱིམ་དང་། དེའི་ཕྱི་མ་ལ་ཉི་མ་ལུག་གི་ཁྱིམ་ན་ཡོད་དུས་ལུག་རྣམས་ལུ་གུ་འཕྲིད་པའི་དུས་ཡིན་པས་ལུག་གི་ཁྱིམ་དང་། དེའི་ཕྱི་མ་ལ་གླང་རྣམས་ལ་གཉའ་ཤིང་འགེལ་བའི་དུས་ཡིན་པས་གླང་གི་ཁྱིམ་སྟེ། དཔྱིད་ཀྱི་ཁྱིམ་གསུམ་མོ། །དབྱར་ཟླ་ར་བ་ལ་ཉི་མ་འཁྲིག་པའི་ཁྱིམ་ན་གནས་པའི་ཚེ། སྲོག་ཆགས་པལ་

ཚེར་འཁྲིག་པ་སྤྱོད་པའི་དུས་ཡིན་པས་འཁྲིག་པའི་དུས་དང་། དེའི་ཕྱི་མ་ལ་ཀརྐ་ཊ་ཁ་ཕྱེ་བའི་དུས་ཡིན་པས་ཀརྐ་ཊའི་ཁྱིམ་ཟེར་ལ། ཀརྐ་ཊ་ནི་སྡལ་བའི་སྐད་དོད་ཡིན་ནོ། །དེའི་ཕྱི་མ་ལ་སེང་གེའི་འདོད་པ་སྤྱོད་པའི་དུས་ཡིན་པས་སེང་གེའི་ཁྱིམ་(སེང་གེས་ལོ་གཅིག་ལ་ཐེངས་གཅིག་ལས་འདོད་པ་མི་སྤྱོད)སྟེ། དབྱར་དུས་ཀྱི་ཁྱིམ་གསུམ་མོ། །སྟོན་ཟླ་ར་བ་ལ་ཉི་མ་བུ་མོའི་ཁྱིམ་དུ་གནས་པའི་ཚེ། བུ་མོ་རྣམས་ཀྱི་ཞལ་བཞིན་ཧ་ཅང་མཛེས་པའི་དུས་ཡིན་པས་བུ་མོའི་ཁྱིམ་དང་། དེའི་ཕྱི་མ་ལ་མི་རྣམས་ཀྱིས་མར་སྲང་ལ་འདེགས་པའི་དུས་ཡིན་པས་སྲང་གི་ཁྱིམ་དང་། དེའི་ཕྱི་མ་ལ་འབྲོག་པ་རྣམས་ཀྱིས་ཕྱུགས་ཟོག་མང་པོ་བཤའ་བའི་དུས་ཡིན་པས་སྡིག་པའི་ཁྱིམ་ཞེས་བྱའོ། །མི་རྒྱུན་དུ་འཇུག་པའི་གནས་ལ་ཁྱིམ་ཟེར་བ་བཞིན་དུ་ཉི་མ་ཁྱིམ་བཅུ་གཉིས་པོ་འདི་དག་ལ་རྒྱུན་དུ་འཇུག་པས་ཉི་མའི་ཁྱིམ་ཞེས་བྱ་བར་གསུངས་སོ། །

(༤) བསྐལ་བ་ནི་མངོན་པ་མཛོད་རྩ་བ་ལས། གྲངས་མེད་ནས་ནི་བཅུ་ཡི་བར། །བར་གྱི་བསྐལ་བ་གཅིག་ཏུ་འདོད། །དེ་དག་བརྒྱད་ཅུ་ལ་བསྐལ་ཆེན། །ཞེས་པ་ལྟར་མི་རྣམས་ཀྱི་ཚེ་ལོ་གྲངས་མེད་ཐུབ་པ་ནས། ཚེ་ལོ་བཅུ་བར་སོང་བའི་བར་ལ་ཡ་ཐོག་རིང་མོ་དང་། དེ་ནས་བརྒྱད་ཁྲིའི་བར་ཡར་འཕེལ་བ་ནས་བཅུ་བའི་བར་མར་བབས་ལ་བར་བསྐལ་གཅིག་ཏུ་བྱེད་ལ། དེ་ལྟ་བུ་བཅོ་བརྒྱད་དང་། མཐའ་མ་ཡར་འཕེལ་གྲངས་མེད་ནས་མར་བཅུ་བའི་བར་བབས་པའི་མ་ཐོག་རིང་མོ་གཅིག་སྟེ་བསྐལ་ཕྲན་ཉི་ཤུ་ལ་བསྐལ་བ་གཅིག་དང་། དེ་ལྟ་བུའི་འཇིག་པའི་ཡུན་ལ་ཉི་ཤུ། སྟོང་པའི་རྒྱུན་ལ་ཉི་ཤུ། ཆགས་པའི་རྒྱུན་ལ་ཉི་ཤུ་སྟེ། བསྐལ་ཕྲན་ནམ་བར་བསྐལ་བརྒྱད་ཅུ་ལ་བསྐལ་ཆེན་གཅིག་ཏུ་བྱེད་དོ། །བར་བསྐལ་རེ་རེར་མི་ལོ་དཀྲིགས་ཕྲག་དགུ་ཡོད་པར་གསུངས་པས། དུང་ཕྱུར་བརྒྱ་གཞིར་བྱས་ན་དེ་འདྲའི་མི་ལོ་དུང་ཕྱུར་དགུ་བཅུ་ཡིན་ནོ། །

ཆོས་ཀྱི་མིང་གི་རྣམ་གྲངས་ལེགས་པར་ཤེས་པའི་ཆེད་དུ་རེའུ་མིག་ཏུ་འགོད་པ།

ཡར་ངོ་དང་མར་ངོ།		ཆོས་ཀྱི་མིང་། ཆོས་གྲངས། ལན་གྲངས།	དགའ་བ།	བཟང་བ།	རྒྱལ་བ།	སྟོང་པ།	རྫོགས་པ།
མིང་དངོས།	མིང་གཞན།						
དཀར་ཕྱོགས།	ཞི་ཕྱོགས།	དང་པོ།	1	2	3	4	5
		གཉིས་པ།	6	7	8	9	10
	རྒྱས་ཕྱོགས།	གསུམ་པ།	11	12	13	14	15
དམར་ཕྱོགས།	དབང་ཕྱོགས།	དང་པོ།	16	17	18	19	20
		གཉིས་པ།	21	22	23	24	25
	དྲག་ཕྱོགས།	གསུམ་པ།	26	27	28	29	30

ཟླ་བ་དང་སྐར་ཁྱིམ་དང་དུས་བཞིའི་མིང་གི་རྣམ་གྲངས་ལེགས་པར་ཤེས་པའི་ཆེད་དུ་རེའུ་མིག་ཏུ་འགོད་པ།

ཧོར་ཟླ།	1	2	3	4	5	6	7	8	9	10	11	12
ཟླ་བའི་མིང་།	མཆུ་ཟླ་བ།	དབོ་ཟླ་བ།	ནག་པ་ཟླ་བ།	ས་ག་ཟླ་བ།	སྣྲོན་ཟླ་བ།	ཆུ་སྟོད་ཟླ་བ།	གྲོ་བཞིན་ཟླ་བ།	ཁྲུམས་ཟླ་བ།	དབྱུ་གུ་ཟླ་བ།	སྨིན་དྲུག་ཟླ་བ།	མགོ་ཟླ་བ།	རྒྱལ་ཟླ་བ།
སྐར་ཁྱིམ་གྱི་མིང་།	བུམ་པའི་ཁྱིམ།	ཉའི་ཁྱིམ།	ལུག་གི་ཁྱིམ།	གླང་གི་ཁྱིམ།	འཁྲིག་པ་ཡི་ཁྱིམ།	སྲལ་བ་ཡི་ཁྱིམ།	སེང་གེ་ཡི་ཁྱིམ།	བུ་མོའི་ཁྱིམ།	སྲང་གི་ཁྱིམ།	སྡིག་པ་ཡི་ཁྱིམ།	གཞུའི་ཁྱིམ།	ཆུ་སྲིན་གྱི་ཁྱིམ།
ཟླ་རེའི་མིང་གི་མངོན་བརྗོད།	དཀའ་ཐུབ་ཟླ་བ།	འབྲས་ཟླ།	འདོད་དུས།	མེ་ཏོག་ཅན། སྨྲང་དུས།	འདོད་འཕེལ་ཟླ་བ། དག་བྱེད་ཟླ་བ།	ཚ་བའི་དུས།	མཁའ་སྤྲིན་ཅན་གྱི་ཟླ་བ།	སྤྲིན་བཟང་ཟླ་བ། ཁྲུ་མཆོག་ཟླ་བ།	ལྟད་མོའི་ཟླ་བ།	སྨུ་དབྱངས་ཟླ་བ། མང་པོ་འཛིན།	གཟོད་ལྡན་མ། ལོའི་ཐོག་མ།	ཆོམ་བྱེད་ནུས་ཟླ།

ཧོར་ཟླ	1	2	3	4	5	6	7	8	9	10	11	12
དུས་བཞིའི་མིང་གི་མངོན་བརྗོད།	དཔྱིད།			དབྱར།			སྟོན།			དགུན།		
	དྲི་ཞིམ་དུས། སྟོད་འབེབས་དུས། འདོད་པའི་དུས། མེ་ཏོག་ལྡན་དུས། བདེ་བྱེད་དུས། ཚ་གདུང་དུས།			སྤྲིན་འབྱུང་དུས། ཆར་ལྡན་དུས།			འབྲས་ལྡན་དུས། དུས་ལྡེ་བ། མདའ་སྐྱིན།			གྲང་རེག་ཅན། བསིལ་ལྡན་མ། ཁ་བའི་དུས།		

རབ་བྱུང་གི་མིང་གི་རྣམ་གྲངས་གསལ་བའི་རེའུ་མིག

ལོའི་མིང་།		ལོའི་མིང་།		ལོའི་མིང་།	
ཕྱོར་ཐང་ལུགས།	སྐྱོད་འགྲེལ་ལུགས།	ཕྱོར་ཐང་ལུགས།	སྐྱོད་འགྲེལ་ལུགས།	ཕྱོར་ཐང་ལུགས།	སྐྱོད་འགྲེལ་ལུགས།
མེ་མོ་ཡོས།	རབ་བྱུང་།	མེ་མོ་ཕག	ཐམས་ཅད་འདུལ།	མེ་མོ་ལུག	སྤྲེའུ།
ས་ཕོ་འབྲུག	རྣམ་བྱུང་།	ས་ཕོ་བྱི།	ཀུན་འཛིན།	ས་ཕོ་སྤྲེལ།	ཕུར་བུ།
ས་མོ་སྦྲུལ།	དཀར་པོ།	ས་མོ་གླང་།	འགལ་བ།	ས་མོ་བྱ།	ཞི་བ།
ལྕགས་ཕོ་རྟ།	རབ་སྐྱེས།	ལྕགས་ཕོ་སྟག	རྣམ་འགྱུར།	ལྕགས་ཕོ་ཁྱི།	ཐུན་མོང་།
ལྕགས་མོ་ལུག	སྐྱེས་བདག	ལྕགས་མོ་ཡོས།	བོང་བུ།	ལྕགས་མོ་ཕག	འགལ་བྱེད།
ཆུ་ཕོ་སྤྲེལ།	ཨང་གི་ར།	ཆུ་ཕོ་འབྲུག	དགའ་བ།	ཆུ་ཕོ་བྱི།	ཡོངས་འཛིན།
ཆུ་མོ་བྱ།	དཔལ་གདོང་།	ཆུ་མོ་སྦྲུལ།	རྣམ་རྒྱལ།	ཆུ་མོ་གླང་།	བག་མེད།
ཤིང་ཕོ་ཁྱི།	དངོས་པོ།	ཤིང་ཕོ་རྟ།	རྒྱལ་བ།	ཤིང་ཕོ་སྟག	ཀུན་དགའ།
ཤིང་མོ་ཕག	ན་ཚོད་ལྡན།	ཤིང་མོ་ལུག	སྨྱོས་བྱེད།	ཤིང་མོ་ཡོས།	སྲིན་བུ།
མེ་ཕོ་བྱི།	འཛིན་བྱེད།	མེ་ཕོ་སྤྲེལ།	གདོང་ངན།	མེ་ཕོ་འབྲུག	མེ།
མེ་མོ་གླང་།	དབང་ཕྱུག	མེ་མོ་བྱ།	གསེར་འཕྱང་།	མེ་མོ་སྦྲུལ།	དམར་སེར་ཅན།
ས་ཕོ་སྟག	འབྲུ་མང་པོ།	ས་ཕོ་ཁྱི།	རྣམ་འཕྱང་།	ས་ཕོ་རྟ།	དུས་ཀྱི་ཕོ་ཉ།
ས་མོ་ཡོས།	སྨྱོས་ལྡན།	ས་མོ་ཕག	སྒྱུར་བྱེད།	ས་མོ་ལུག	དོན་གྲུབ།

ལོའི་མིང་།		ལོའི་མིང་།		ལོའི་མིང་།	
ལྕགས་ཕོ་འབྲུག	རྣམ་གནོན།	ལྕགས་ཕོ་བྱི།	ཀུན་ལྡན།	ལྕགས་ཕོ་སྤྲེལ།	དྲག་པོ།
ལྕགས་མོ་སྦྲུལ།	ཁྲུ་མཆོག	ལྕགས་མོ་གླང་།	འཕར་བ།	ལྕགས་མོ་བྱ།	བློ་ངན།
ཆུ་ཕོ་རྟ།	སྣ་ཚོགས།	ཆུ་ཕོ་སྟག	དགེ་བྱེད།	ཆུ་ཕོ་ཁྱི།	རྔ་ཆེན།
ཆུ་མོ་ལུག	ཉི་མ།	ཆུ་མོ་ཡོས།	མཛེས་བྱེད།	ཆུ་མོ་ཕག	ཁྲག་སྐྱུག
ཤིང་ཕོ་སྤྲེལ།	ཉི་སྒྲོལ་བྱེད།	ཤིང་ཕོ་འབྲུག	ཁྲོ་མོ།	ཤིང་ཕོ་བྱི།	མིག་དམར།
ཤིང་མོ་བྱ།	ས་སྐྱོང་།	ཤིང་མོ་སྦྲུལ།	སྣ་ཚོགས་དབྱིག	ཤིང་མོ་གླང་།	ཁྲོ་བོ།
མེ་ཕོ་ཁྱི།	མི་ཟད།	མེ་ཕོ་རྟ།	ཟིལ་གནོན།	མེ་ཕོ་སྟག	ཟད་པ།

༥. ས་འོག་སྐྱེ་ཡན་ལག་དང་བཅས་པ།

(༡) ས་འོག་ལ། ལྷ་མ་ཡིན་སྟོབས་ལྡན་ཁྱབ་འཇུག་གིས་རྐང་འོག་ཏུ་མནན་པས་རྐང་འོག་དང་། འདོད་ལྷ་རིགས་དྲུག་དང་གླིང་བཞི་སྟེ་བཅུའི་འོག་ཡིན་པས་བཅུ་འོག་དང་། ཁྱབ་འཇུག་གིས་ལྷ་མ་ཡིན་སྟོབས་ལྡན་ས་འོག་ཏུ་བསྐྲད་པས་སྟོབས་ལྡན་གནས་དང་། ཀླུ་ཡི་ཡུལ་ས་འོག་ཏུ་ཡོད་པར་གྲགས་པས་ཀླུ་ཡི་འཛིག་རྟེན་ཞེས་པ་སྟེ། ས་འོག་གི་མིང་གི་རྣམ་གྲངས་སོ། །

(༢) མུན་པ་ལ། མིག་མི་གསལ་བར་བྱེད་པས་རབ་རིབ་དང་། ནམ་མཁས་གཞན་མི་སྒྲིབ་ཀྱང་མུན་པ་འཐིབ་པས་ནམ་མཁའ་ཡང་མི་གསལ་བར་བྱེད་པས་ནམ་མཁའི་པགས་པ། མིག་གིས་གཟུགས་མི་མཐོང་ཞིང་ལོང་བ་ལྟ་བུར་བྱེད་པས་ལོང་བྱེད་ཅེས་པ་སྟེ། གཞན་རྣམས་ཤེས་སླ། མུན་པའི་མིང་གི་རྣམ་གྲངས་སོ། །

(༣) ཀླུ་ལ། རི་དང་ས་ལ་གནས་པར་གྲགས་པས་རི་གནས་དང་། མགོ་ན་སྦྲུལ་གྱི་གདེངས་ཀ་ཡོད་པས་གདེངས་ཅན་དང་། སྔོན་དྲང་སྲོང་འོད་སྲུང་གི་ཆུང་མ་ཀ་དྲུ་ཞེས་པ་ལས་སྐྱེས་པར་བཤད་པས་ཀ་དྲུའི་བུ་དང་། ནཱ་ག་ནི་ལེགས་སྦྱར་སྐད་ཀྱི་ཀླུའི་མིང་སྟེ། འདི་དག་ནི་ཀླུའི་མིང་གི་རྣམ་གྲངས་སོ། །

(༤) སྒྱུ་ལ། ཀང་བ་རྣམས་མི་མངོན་པས་ཀང་སྦས་དང་། སྟོ་བས་འགྲོ་བས་སྟོ་འཕྱེ་དང་། མིག་གིས་སྒྲ་ཐོས་ཤིང་རྣ་བའི་དོན་ཀྱང་བྱེད་པས་མིག་གིས་ཐོས་ཞེས་པ་སྟེ། གཞན་རྣམས་ཤེས་སླ། སྦྲུལ་གྱི་མིང་གི་རྣམ་གྲངས་སོ། །

(༥) དུག་ལ། ལྷ་དང་ལྷ་མིན་འཐབ་པ་ན་འབྱུང་བར་གྲགས་པའི་ནག་པོ་བརྩེགས་པ་ཞེས་བྱ་བའི་དུག་དང་། ཚངས་པའི་བུ་ཞེས་བྱ་བའི་དུག་དང་། བེའུ་ལྟེ་བ་དང་མཚུངས་པའི་དུག་སོགས་དབྱེ་བ་དགུ་ཡོད་པར་བཤད་དོ། །

(༦) དམྱལ་བ་ལ། བདེ་བ་མེད་པ་སྟེ། འདི་དག་འཆི་བ་ལས་ལོག་པའི་འདུ་ཤེས་ཀྱིས་བདེ་བར་འཛིན་པར་གྲགས་པས་འདོད་པའི་འབྲས་བྲལ་དང་། ངན་འགྲོ་རྣམས་ཀྱི་ནང་ནས་ཀྱང་སྡུག་བསྔལ་ཆེ་ཤོས་ཡིན་པས་ངན་འགྲོའི་མཐིལ་དང་། བདེ་བའི་གོ་སྐབས་མེད་པས་བདེ་མེད་ཅེས་པ་སྟེ། འདི་དག་ནི་དམྱལ་བའི་མིང་གི་མངོན་བརྗོད་དོ། །

(༧) ཡི་དྭགས་ལ། ངན་འགྲོ་ཡིན་ལ་གནས་ལ་ངེས་པ་མེད་པར་ཀུན་ལ་ཁྱབ་པས་ངན་ཁྱབ་དང་། དཔལ་དང་འབྱོར་བ་མེད་པའམ་ལོངས་སུ་སྤྱོད་མི་ནུས་པས་དཔལ་མིན་དང་། ཟུན་སུམ་ཚོགས་པ་མི་མངའ་བའམ་དེ་ལ་ཚུལ་བཞིན་སྤྱོད་མི་ནུས་པས་ཟུན་ཚོགས་མིན་དང་། འདིའི་སྡུག་བསྔལ་ལས་ཐར་དཀའ་བས་ཆུ་བོ་རབ་མེད་ཅེས་པ་སྟེ། འདི་དག་ནི་ཡི་དྭགས་ཀྱི་མིང་གི་མངོན་བརྗོད་དོ། །

(༨) ངན་འགྲོའི་སྡུག་བསྔལ་སྤྱིའི་མིང་ལ། བཟོད་དཀའ་བའི་ཕྱིར་བརྟག་དཀའ་དང་། སྡུག་བསྔལ་གྱི་མྱོང་ཚོར་དྲག་པོ་ལྡན་པས་ཟུག་རྡུ་དང་། ཐོ་འཚལ་བ་ནི་ཕྱིར་ནད་བྱུང་བའི་དོན་ཡིན་ལ་འདིས་ཀྱང་ནད་ཀྱིས་མནར་བ་ལྟར་ལུས་སེམས་ཉམ་ཐག་པར་བྱེད་པས་ཐོ་འཚལ་བ་ཞེས་པ་སྟེ། འདི་དག་ནི་ངན་འགྲོའི་སྡུག་བསྔལ་གྱི་མིང་གི་མངོན་བརྗོད་དོ། །

(༩) རྒྱ་མཚོ་ལ། ཟླ་བ་ཤར་བ་ན་རྒྱས་པས་ཟླ་བས་འཕེལ་དང་། རིན་པོ་ཆེ་སྣ་ཚོགས་འདི་ལས་འབྱུང་བས་རིན་ཆེན་འབྱུང་གནས་དང་། ཆུ་བོ་སིནྡྷུ་དང་གངྒཱ་རྣམས་ཀྱང་རྒྱ་མཚོ་ལ་འབབ་པས་སིནྡྷུའི་བདག་དང་གངྒཱ་འཛིན་ཅེས་པ་དང་། ཟླ་བ་ཡང་རྒྱ་མཚོ

བསྒྲུབས་པ་ལས་བྱུང་བའི་ཕྱིར་ཟླ་བའི་མ་མ་ཞེས་སུ་གྲགས་པ་སྟེ། འདི་དག་ནི་རྒྱ་མཚོའི་མིང་གི་མངོན་བརྗོད་དོ། །

(༡༠) ཆུའི་མིང་གི་མངོན་བརྗོད་རྣམས། ཤེས་སླ་བས་འདིར་ཞིབ་ཏུ་མ་བྲིས་སོ། །

(༡༡) ཆུ་བོ་གཙྲ་ལ། ཛ་ཧྣུའི་བུ་མོ་དང་། ལམ་གསུམ་འགྲོ། ལྷ་ཡི་ཆུ་བོ་ཞེས་སུ་གྲགས་དོན་ནི། སྔོན་དུས་ཧྣུང་ཐུབ་དང་སར་ལྡན་ཞེས་བྱ་བའི་ལྷ་མ་ཡིན་སྲུན་གཉིས་ཡོད་པ་ལ། ཧྣུང་ཐུབ་ཐུག་པོའི་གཟུགས་སུ་བྱས་ཤིང་། སར་ལྡན་མིའི་ཆ་ལུགས་སུ་བྱས་ནས་དྲང་སྲོང་རྣམས་མགྲོན་དུ་བོས་ཏེ། ཧྣུང་ཐུབ་བཤས་ནས་བསྙེན་བཀུར་ཆེན་པོ་བྱས་ཤིང་། དེ་རྣམས་ཟས་ཀྱིས་ཚིམས་རྗེས་སར་ལྡན་ཕྱི་རོལ་ཏུ་སོང་སྟེ། ཧྣུང་ཐུབ་པོས་པས་དེ་ཉིད་ཟ་མཁན་ཐམས་ཅད་ཀྱི་གསུས་པ་བརྩོལ་ཏེ་བྱུང་བས་དྲང་སྲོང་གི་རིགས་དང་། བྲམ་ཟེའི་རིགས་ཅུང་ཟད་ཙམ་ལས་མ་ལུས་ལ། ལྷ་རྣམས་ལ་མཆོད་སྦྱིན་བྱེད་པ་ཡང་ཟད་པར་གྱུར་པ་ན། ལྷ་རྣམས་འདུས་ཏེ་དྲང་སྲོང་ཆེན་པོ་ཨ་གསྟྱའི་གནས་སུ་སོང་སྟེ་བྱུང་བ་རྣམས་གསོལ་ཅིང་དེ་གཉིས་གསོད་པར་ཞུས་པས། དྲང་སྲོང་དེ་གཉིས་ཀྱི་གནས་སུ་སོང་བ་ལ་ཡང་སྔར་བཞིན་བྱས་པ་ན། དྲང་སྲོང་གིས་སྒྲིགས་པ་བཏོན་ཏེ་དེ་ནི་བདག་གིས་ཟོས་ཟིན་ཏོ། །ཞེས་སྨྲས་ནས་སར་ལྡན་ཡང་མངོན་སུམ་དུ་ཟོས་སོ། །དེ་ནས་སྐོམ་པས་གདུང་བས་མཚོ་དང་རྫིང་བུ་ལ་སོགས་པ་ཡོད་ཚད་འཐུངས་ཀྱང་མངོན་པར་མ་གྱུར་པར། རྒྱ་མཚོ་ཆེན་པོ་འཐུངས་པའི་ཚེ། དུག་ཅན་ཞེས་བྱ་བའི་རྒྱལ་པོ་ཞིག་ཡོད་པ་དང་དེ་ལ་བཙུན་མོ་གཉིས་ཡོད་པ་ལས། གཅིག་ལ་འཚོལ་བ་ཞེས་པའི་བུ་ཞིག་ཡོད་པ་དང་། གཅིག་ཤོས་ལ་ལྷ་ཆེན་པོས་མཆོག་སྦྱིན་པས་བུ་དྲུག་ཁྲི་ཡོད་པ་ལས། རེ་ཞིག་གི་ཚེ་ན་རྒྱལ་པོ་དེས་རྟའི་ཚོལ་ཞེས་བྱ་བའི་མཆོད་སྦྱིན་བྱེད་པར་རྩོམ་པར་གྱུར་ནས་སྡོམ་པ་བླངས་ཏེ། མཆོད་སྡོང་ལ་བཏགས་པའི་རྟ་མཆོད་སྦྱིན་གྱི་ཡོ་བྱད་དུ་སོགས་ཤིང་སེ་ཐབ་ཀྱི་ཁ་ཁྱེར་ལ་སོགས་པ་བྱས་ནས་རྟ་དེ་རྣམས་ཡོངས་སུ་བསྲུང་བའི་ཕྱིར། བུ་དྲུག་ཁྲི་པོ་ཐམས་ཅད་གོ་ཆ་བགོས་ཤིང་མཚོན་ཆ་ཁྱེར་

ནས་བསྲུང་དུ་བཅུག་གོ །དེའི་ཚེ་ཁྱབ་འཇུག་གིས་བསམས་པ། རྒྱ་མཚོ་འདི་ཐམས་ཅད་སྐམས་པར་གྱུར་ན་ཐབས་གང་གིས་ཀྱང་འདི་ཡོངས་སུ་གང་བ་དཀའ་བས། རྒྱལ་པོ་དུག་ཅན་གྱི་མཆོད་སྦྱིན་བྱེད་པའི་ཧ་རྣམས་རྐུས་ན་ངའི་དོན་འདི་འགྲུབ་པར་འགྱུར་རོ་སྙམ་ནས། ཧ་ཁྱེར་ནས་ས་འོག་ཏུ་ཞུགས་པར་གྱུར་པའི་ཚེ། དུག་ཅན་གྱི་བུ་རྣམས་ཀྱིས་གཏམ་དེ་ཐོས་པ་དང་ས་བརྐོས་ཏེ་ས་འོག་ཏུ་ཞུགས་པ་ལས་ཁྱབ་འཇུག་དྲང་སྲོང་སེར་སྐྱའི་གཟུགས་ཀྱིས་གནས་པའི་དྲུང་ན་ཧ་རྣམས་ཡོད་པ་ལ། ཁྲོ་བ་ཆེན་པོས་ཁྱབ་འཇུག་ལ་བརྙས་པ་ན། དེས་ཁྲོ་བའི་མིག་གིས་བལྟས་པ་ཙམ་གྱིས་དེ་དག་ཐལ་བར་བྱས་ནས་དམྱལ་བར་སྐྱེས་སོ། །དུག་ཅན་གྱིས་དེའི་ཚུལ་ཤེས་ནས་ཧ་རྣམས་ལེན་པའི་ཕྱིར་འཚོལ་བ་བཏང་ངོ་། །དེས་ཁྱབ་འཇུག་ལ་བསྟོད་པ་དང་མཆོད་པས་མགུ་བར་བྱས་ནས་ཧ་རྣམས་བླངས་ཏེ་རང་གི་གྲོང་ཁྱེར་དུ་འོངས་ནས་རྒྱལ་པོས་ཀྱང་མཆོད་སྦྱིན་བྱས་པས་ལྷ་ཡུལ་དུ་སྐྱེས་སོ། །དེ་ནས་འཚོལ་བ་རྒྱལ་པོ་བྱས་ཤིང་དེའི་རྗེས་སུ་དེའི་བུ་མྱུར་བ་ཞེས་བྱ་བས་རྒྱལ་པོ་བྱེད་པའི་སྐབས་བསམས་པ། བདག་གི་ཁུ་བོ་རྣམས་ཀྱི་དོན་བྱའོ་སྙམ་ནས་ལྷའི་ལོ་སུམ་ཁྲིའི་བར་དུ་དཀའ་ཐུབ་སྤྱད་ཀྱང་གངྒཱ་དབབ་པར་མ་ནུས། དེའི་བུ་ལི་བས་ལྷའི་ལོ་སུམ་ཁྲིའི་བར་དུ་དཀའ་ཐུབ་སྤྱད་ཀྱང་དབབ་མ་ནུས་སོ། །དེའི་བུ་བྷ་གི་ར་ཐས་ཚངས་པ་མགུ་བར་བྱས་པས་ཚངས་པས་གངྒཱ་ལ་ཁྱོད་མིའི་ཡུལ་དུ་འབབ་པར་གྱིས་ཤིག་ཅེས་སྨྲས་པས། དེས་ང་དེར་སོང་ན་རིགས་ངན་ལ་སོགས་པས་ཀྱང་བརྟེན་པར་འགྱུར་ན་དེ་ཇི་ལྟར་བཟོད་ཅེས་སྒྲོངས་འདོན་པར་བྱེད་ཅིང་། མེས་པོའི་བཀའ་ལས་འདའ་བར་མ་ནུས་པས། ཤུགས་ཆེན་པོས་འགྲོ་ལ་ས་འོག་ཏུ་ཞུགས་པར་བྱ་སྙམ་དུ་བསམ་པ་ན། ལྷ་ཆེན་པོས་དེའི་བསམ་པ་ཤེས་ཏེ། ཁྱོད་ཀྱིས་མིའི་འཇིག་རྟེན་དག་པར་མ་བྱས་པར་ས་འོག་ཏུ་ཞུགས་པར་བྱེད་དམ། ཞེས་ཚར་བཅད་ནས་རང་གི་རལ་བའི་ནང་དུ་བཞག་པས། དེ་ནས་འབབ་པའི་ཕྱིར་ལྷའི་ལོ་སྟོང་གི་བར་དུ་འཁོར་ཞིང་འབབ་ཀྱང་རལ་བའི་མཐའ་མ་རྙེད་ལ། དེ་ནས་ཡང་སྐལ་ལྡན་ཤིང་རྟས་ལྷ་ཆེན་པོ་མཉེས་པར་བྱས་ནས་རལ་བ་བ་ཅོར་བ་ལས་རི་ཏི་སེའི་སྟེང་དུ་ཐིགས་པ་གཅིག

བབས་པ་རྒྱ་མཚོ་ཆེན་པོ་གཅིག་ཏུ་གྱུར་ཏོ། དེང་སང་ན་ཡང་ཐིགས་པ་བདུན་དུ་གྱུར་པ་ནི། སི་ཏ་སིནྡྷུ་པཀྵུ་དང་། །གངྒཱ་དེ་བཞིན་འཛིག་རྟེན་རྒྱན། །ཀཱལ་དང་ཚོམ་པ་ཉིད་དང་ནི། །ན་ལི་ལི་ནི་བདུན་པར་བཤད། །ཅེས་པ་ཡིན་ནོ། །དེ་ནས་གངྒཱས་ལྷོ་ཕྱོགས་ཀྱི་རྒྱ་མཚོ་ཆེན་པོ་དེ་བདའ་བར་བྱ་སྐམ་ནས་དྲེགས་པ་དང་བཅས་པར་རི་ཁ་བ་ཅན་ཕྱུག་སྟེ། དེའི་ཡུལ་ནས་བདེ་བར་བབས་པ་ན། དྲང་སྲོང་ཛ་ཧྣུ་ཞེས་བྱ་བ་དཀའ་ཐུབ་དྲག་པོ་ཅན་ཞིག་ཡོད་པ་དེ་རི་ཁ་བ་ཅན་གྱི་སུལ་ན་རྣལ་འབྱོར་བསྒོམ་པ་ལ་བརྩོན་ཅིང་གནས་པ་དེས། གངྒཱ་ཙ་ཙོ་སྒྲོགས་ཤིང་སྣེག་པའི་ཉམས་ཀྱིས་འབབ་པ་མཐོང་ནས། ཤིན་ཏུ་ཁྲོས་ཏེ་སྨྲས་པ། ང་ཡིས་དང་ཉེ་བ་འདིར། །བུད་མེད་འདི་ནི་སྣེག་པ་ཡིས། །འཛེམ་པ་མེད་པར་ཅི་ཕྱིར་འགྲོ། །སྤྱོད་ངན་སྡིག་པ་ཆེན་པོ་ཡིན། །ཞེས་བླངས་ནས་འཐུངས་སོ། །ཡང་ཧྣ་གོ་ར་ཐས་དྲང་སྲོང་དེ་དཀའ་ཐུབ་ཀྱིས་མགུ་བར་བྱས་ནས་དེས་སྐྱུགས་པ་ནས་གེགས་མེད་པར་ཕྱོགས་བཞིར་སོང་སྟེ། ས་འོག་གང་བར་བྱས་ནས་དུག་ཅན་གྱི་བུ་དང་འབྲེལ་བའི་གནས་སྐབས་ཀྱི་ལྷག་མ་རྣམས་རྣམ་པར་བཀྲུས་ལ། དེས་ཀྱང་དེ་རྣམས་དམྱལ་བ་ལས་ཚེ་འཕོས་ཏེ་ལྷར་སྐྱེས་སོ་ཞེས་གྲགས་པས། གངྒཱ་ལ་ཛ་ཧྣུའི་བུ་མོ་དང་། ལྷ་ཡི་ཆུ་བོ་དང་། དྲག་པོའི་ཐོད་དང་། སྐལ་ལྡན་ཤིང་རྟའི་བུ་སོགས་སུ་འབོད་པ་ཡིན་ལ། མཐོ་རིས་དང་མི་ཡུལ་དང་ས་འོག་གསུམ་དུ་འགྲོ་བས་ལམ་གསུམ་འགྲོ་ཞེས་སུ་གྲགས་པ་ཡིན་ནོ། །འདི་དག་ནི་ཆུ་བོ་གངྒཱའི་མིང་གི་མངོན་བརྗོད་དོ། །

(༧༢) ཆུ་བོ་པཀྵུ་ལ། ཆུ་འདི་ཕྱོགས་གང་དུ་འབབ་པར་སྔོན་གྱི་མི་རྣམས་ཀྱིས་རྗོད་པར་གྲགས་པས་རྗོད་ཅན་དང་། འདིའི་ཕ་ཉི་མ་ཡིན་པར་གྲགས་པས་ཉི་མའི་བུ་མོ་དང་། ཞི་བ་ནི་གཤིན་རྗེ་ལ་ལྡོག་པའི་སྒོ་ནས་བཏགས་པའི་མིང་ཡིན་ལ་དེའི་སྲིང་མོ་ཡིན་པར་གྲགས་པས་ཞི་བའི་སྲིང་མོ་ཞེས་པ་སྟེ། འདི་དག་ནི་ཆུ་བོ་ཡ་མུ་ནའི་མིང་གི་མངོན་བརྗོད་ཡིན་ནོ། །

(༧༣) སིནྡྷུའི་མིང་ལ། ལྷ་རྣམས་རྩེད་འཇོ་རོལ་བའི་གནས་ཡིན་པར་གྲགས་པས་

རྩེད་འཇོའི་ཆུ་བོ་དང་། ཟླ་བ་ལས་བྱུང་བར་གྲགས་པས་ཟླ་བ་སྐྱེས་དང་། གཏྲུའི་སྟོན་དུ་བབས་པར་གྲགས་པས་སྟོན་གྱི་གཏྲུ་སྟེ། འདི་དག་ནི་ཆུ་བོ་རེ་བཱ་ཞེས་བྱ་བའི་མིང་གི་མངོན་བརྗོད་དོ། །

(༧༤) སི་ཏཱའི་མིང་ལ། འདི་ལས་དུས་རྟག་ཏུ་རྡུལ་དམར་པོ་ཟླ་མཚན་ལྟ་བུ་འཕབ་པས་ཁྲག་འབབ་པ་དང་། བུའི་མྱ་ངན་གྱི་ལྟོ་བར་རྡོ་བཅིངས་ཏེ་ཞུགས་པ་ལ། དྲང་སྲོང་གནས་འཇོག་གིས་རྣམ་པ་བརྒྱར་བཤིག་པས་བརྒྱར་གྱེས་ཏེ་ཡུལ་ཛ་ལནྡྷ་ར་ལ་སོགས་པ་བརྒྱར་འཕགས་ཏེ་གནས་པར་གྲགས་པས་བརྒྱར་གྱེས་དང་། ཨརྫུ་ནི་སྲིད་སྒྲུབ་མ་ཉིད་ཀྱི་ཕྱིར་དཀར་པོ་འབབ་ཅེས་པའམ། ཡང་ན་བསིལ་བར་འབབ་ཅེས་པའི་དོན་དུ་གསུང་བ་དང་། ལྷ་ཆེན་པོས་ལྷ་མོ་ཨུ་མ་བག་མར་བླངས་པའི་ལག་པའི་ཆུ་ལས་འབྱུང་བར་གྲགས་པས་ལག་ཆུ་ཞེས་པ་སྟེ། འདི་དག་ནི་ཆུ་བོ་སི་ཏཱའི་མིང་གི་མངོན་བརྗོད་ཡིན་ནོ། །

(༧༥) དངོས་པོ་གཞན་འགའི་མིང་ལ། དུང་གཡས་འཁྱིལ་ལ་སྐྱེས་པ་ལྷུ་བར་གྲགས་དོན་ནི། བྱང་ཆུབ་སེམས་དཔའ་དག་སྐྱེས་པ་ལྷུ་བར་སྨོན་ལམ་གྱི་དབང་གིས་དུང་གཡས་འཁྱིལ་ཞིག་ཏུ་སྐྱེས་ནས་དེའི་སྒྲ་ཐོས་ཚད་ངན་སོང་དུ་མི་འགྲོ་བར་གསུངས། དེད་དཔོན་ལ་ཚོ་ཤ་རྣམ་བདུན་ཞེས་པའི་རྒྱུ་མཚན་ནི། རང་གི་ལུས་ཀྱི་རྫོལ་བ་ལ་བརྟེན་ནས་གླ་ཕོག་ཨང་བདུན་པ་ཐོབ་མཁན་ཡིན་པས་དེ་ལྟར་བཏགས་པར་བཤད། སྲམ་ལ་ཞུག་པ་མཆོད་བྱེད་ཅེས་པའི་རྒྱུ་མཚན་ནི། མཚན་མོར་ཞུག་པ་སྲམ་གནས་པའི་ཆུ་ཁར་འོངས་ནས་སྐད་དྲག་ཏུ་འདོན་པ་ན། སྲམ་སྐྲག་སྟེ་ཉ་མང་པོ་བཟུང་ནས་མཆོད་པ་ཞུག་པས་ཟོས་ཏེ་ལྟོ་བ་འགྲང་དུ་ཉེ་བ་ན་སྲམ་ཡང་བཟུང་ནས་ཟ་བར་གྲགས་སོ། །གཞན་རྣམས་ཤེས་སླ་བས་ཡི་གེ་མང་བར་འཇིགས་ནས་ཞིབ་ཏུ་མ་བྲིས་སོ། །

༄༅།།ཤེས་རབ་རྒྱན་པོའི་འབེལ་གཏམ་གྱི་དྲིས་ལན།

༡. བཀྲ་ཤིས་གདན་ལ་བཞུགས་ཞེས་པའི་སྐབས་ཀྱི་གདན་དེ་གང་ལ་ངོས་འཛིན་དགོས།

བཀྲ་ཤིས་གདན་ལ་བཞུགས་ཟེར་ན། སྐབས་འདིའི་བཀྲ་ཤིས་ལ་བཞུགས་པ་པོ་ཞེས་པའི་མིང་ཙམ་འདོགས་རུང་མོད། བཀྲ་ཤིས་ཁོ་རང་ལས་བཞུགས་བྱའི་དངོས་པོ་གཞན་ཞིག་མེད་པས་བྱ་བྱེད་ཐ་མི་དད་པའི་ལས་ཚིག་ཏུ་གྱུར་པ་རེད། སྐབས་འདིའི་གདན་ནི་བཞུགས་པའི་བྱ་བ་བྱེད་སའི་གནས་གཞི་ཙམ་ཡིན་པ་ལས། བྱ་བ་སྒྲུབ་པའི་ཡུལ་ལ་ལས་ཀྱི་དངོས་པོ་ཞེས་པའི་དངོས་པོ་གཞན་དེ་མིན་ནོ། །

འདི་ཡང་གསལ་པོར་བཤད་ན། བཀྲ་ཤིས་གདན་ལ་བཞུགས་ཞེས་པ་འདིས་བཀྲ་ཤིས་ཁོ་རང་བཞུགས་པའི་བྱ་བ་བྱས་པར་སྟོན་པ་ཙམ་ལས་བཀྲ་ཤིས་ཀྱིས་གདན་ཡུལ་དུ་བྱས་ནས་དེ་ལ་བྱ་བ་གཞན་ཞིག་བྱས་པར་སྟོན་པ་མིན་པས། བཞུགས་པ་པོ་བཀྲ་ཤིས་དང་བཞུགས་བྱའི་གདན་ཞེས་སྦྱོར་མི་རུང་བ་ཤིན་ཏུ་གསལ་ལོ། །བཀྲ་ཤིས་ཀྱིས་གདན་ཁྱེར་ཟེར་ན་མི་འདྲ་སྟེ། འདིས་བཀྲ་ཤིས་ཀྱིས་གདན་བྱ་ཡུལ་དུ་བྱས་ནས་དེ་ཁྱེར་བའི་བྱ་བ་གཞན་ཞིག་བྱས་པར་སྟོན་པས། བཀྲ་ཤིས་བྱེད་པ་པོ། གདན་ལས་ཀྱི་དངོས་པོ། ཁྱེར་བ་བྱ་བར་འཛོག་པ་སྟེ། འཁྱེར་བ་པོ་བཀྲ་ཤིས་དང་། འཁྱེར་བྱའི་གདན་སོགས་སུ་དབྱེ་ནས་བྱ་བྱེད་ཐ་དད་པའི་ལས་ཚིག་ཏུ་བཞག་པ་ཡིན་ནོ། །

༢. གང་འདྲ་ཞིག་ལ་བྱ་བྱེད་ཀྱི་སྒྲ་ཤེད་མཚུངས་པ་ཟེར།

བྱ་བྱེད་ཀྱི་སྒྲ་ཕན་ཚུན་ཤེད་མཚུངས་པ་དང་བྱེད་འབྲེལ་ལས་ཚིག་དོན་འདྲ་ལ། བྱ་བྱེད་ཀྱི་སྒྲ་ཕན་ཚུན་ཤེད་མི་མཚུངས་པ་དང་བྱེད་མེད་ལས་ཚིག་དོན་གཅིག་ཡིན། བྱ་བྱེད་

ཐ་དད་པའི་ལས་ཚིག་དཔེར་ན། བྱ་བ་སྒྲུབ་པ་པོ། སྒྲུབ་བྱེད། སྒྲུབ་པར་བྱེད་ཅེས་པའི་བྱེད་ཚིག་དང་། བསྒྲུབ་བྱའི་བྱ་བ། བསྒྲུབ་པར་བྱ་ཞེས་བྱ་ཚིག་གཉིས་སུ་དབྱེར་ཡོད་པས་དེ་གཉིས་ཕན་ཚུན་ཤེད་མཚུངས་པའམ་དོ་མཉམ་པས་དེ་སྐད་ཅེས་གྲགས་སོ། །བོད་སྐད་ཀྱི་ལས་ཚིག་ལ་བྱ་བ་སྒྲུབ་བཞིན་པ་ལྟ་བུ་དུས་དངོས་སུ་སྟོན་པ་ཞིག་དང་། བྱ་བ་སྒྲུབ་པ་པོ་ལྟ་བུ་དུས་མི་སྟོན་པར་བྱ་བྱེད་ཀྱི་དོན་སྟོན་པ་ཞིག་སྟེ་གཉིས་དང་། སྒྲུབ་དང་གྲུབ་ལྟ་བུ་བྱེད་པ་གཞན་དང་དངོས་སུ་འབྲེལ་མ་འབྲེལ་གཉིས་ཡོད་པས། རྟགས་འཇུག་ཏུ། པོ་ནི་འདས་དང་གཞན་བསྒྲུབ་ཕྱིར། །ཞེས་སོགས་ཀྱིས་བདག་གཞན་དང་དུས་གསུམ་གྱི་རྣམ་གཞག་གཉིས་སུ་ཕྱེ་ནས་གསུངས་པ་ཡིན་ལ། རྒྱས་པར་ཚད་ལྡན་གྱི་གཞུང་དང་སློབ་དཔོན་མཁས་པའི་གསུང་ལས་ཤེས་པར་བྱའོ། །

༣. ག་བ་གཉིས་རྗེས་འཇུག་གི་ཕོ་ཡིག་དང་མིང་གཞིའི་མོ་ཡིག་ཡིན་པ་འདྲ་ཡང་། ག་མཐའ་ཡང་འཇུག་ཅན་སྐྱེས་བུ་རབ་དང་བ་མཐའ་ཡང་འཇུག་ཅན་སྐྱེས་བུ་འབྲིང་ཡིན་པའི་རྒྱུ་མཚན་ཅི་ཡིན།

སྤྱིར་རྗེས་འཇུག་གི་རྟགས་ཀྱི་དབྱེ་ཚུལ་ལ་མཁས་པ་རྣམས་ལ་བཞེད་ཚུལ་མི་མཐུན་པ་མང་སྟེ། པཎ་ཆེན་སི་ཏུས་ག་མཐའ་སའི་ཡང་འཇུག་ཅན་ནི་སྒྲ་ཏ་ཙང་དྲག་པ་མངོན་སུམ་གྱིས་གྲུབ་པའི་སྐྱེས་བུ་རབ་དང་། བ་མཐའ་སའི་ཡང་འཇུག་ཅན་ནི་དེ་ལས་ཅུང་ཞན་པ་མངོན་སུམ་གྱིས་གྲུབ་པས་སྐྱེས་བུ་འབྲིང་དུ་བཞག་པ་སྟེ། དཔེར་ན། སྒྲགས་དང་སྒྲུབས། སྟགས་དང་སྟབས་ཞེས་སྒྲ་བརྗོད་དག་པ་དག་གིས་བརྗོད་ཚེ་རིམ་པ་བཞིན་བརྗོད་པའི་རླུང་ཤུགས་ལ་ཆེ་ཆུང་དང་། སྒྲ་གདངས་ལ་དྲག་ཞན་ཡོད་པ་མངོན་སུམ་གྱིས་རྟོགས་ནུས་པ་ལྟ་བུས་མཚོན་པར་བྱའོ། །སྐབས་འདིར་མཁས་པ་གཞན་དག་གིས་དོགས་སློང་གནང་བ་དང་། སྤྱིར་རྗེས་འཇུག་གི་རྟགས་ཀྱི་དབྱེ་ཚུལ་ལ། དྲག་པ་གསུམ་ཉིད་ནང་ཕྲད་དམ། །ཞེས་སོགས་དང་སྔོར་སྐབས་སི་ཏུའི་ལུགས་ཅུང་བཙན་སྔོར་གྱི་ཉམས་ཡོད་པར་གསུངས་པ་ཡང་བདེན་པ་འདྲ་སྟེ་དཔྱད་པར་བྱའོ། །

༩. བཟོ་བས་ལྷུགས་ལ་རྫི་བཏང་ཞེས་པ་ལྟ་བུར་མཚོན་ན། བྱ་བྱེད་ལས་གསུམ་དང་བདག་གཞན་དུས་གསུམ་ཇི་ལྟར་དགར་བ་དང་། བྱེད་འབྲེལ་ལས་ཚིག་གི་དུས་འདས་པ་དང་སྐུལ་ཚིག་གཉིས་དངོས་པོ་བདག་གཞན་གྱི་ཁོངས་སུ་ཇི་ལྟར་བསྡུ་དགོས།

བཟོ་བས་ལྷུགས་ལ་རྫི་བཏང་ཞེས་པ་ལྟ་བུར་མཚོན་ན། བཟོ་བ་ནི་རྫི་གཏོང་བ་པོ་ཡིན་པས་བྱེད་པ་པོ་དང་། ལག་ཆ་དང་རྩོལ་བ་སོགས་ནི་རྫི་གཏོང་བྱེད་ཡིན་པས་བྱེད་པ་སྟེ་ཤུགས་བསྟན། ལྷུགས་ནི་བྱ་བ་བྱེད་སའི་ཡུལ་ལམ་གཞི་དང་། ལ་ནི་རྣམ་དབྱེ་གཉིས་པའི་སྒྲ་དང་། རྫི་ནི་བྱ་བ་སྒྲུབ་པའི་ཡུལ་ཏེ་ལས་ཀྱི་དངོས་པོ་དང་། བཏང་ནི་བྱ་བ་སྟེ་བཏང་ཟིན་པ་དུས་འདས་པ་སྟོན་པ་ཡིན་ནོ། །བདག་གཞན་དུ་དབྱེ་ཚེ་རྫི་གཏོང་བ་པོ་བཟོ་བ་དང་དེའི་རྩོལ་བ། དེ་དང་འབྲེལ་བའི་བྱེད་པའི་ལས་རྣམས་ལ་དངོས་པོ་བདག་ཅེས་བྱ་ཞིང་། གཏང་བྱའི་རྫི་དང་བཏང་བའི་བྱ་བ་དང་དེ་དང་འབྲེལ་བའི་བྱ་བའི་ལས་རྣམས་ལ་དངོས་པོ་གཞན་ཟེར་རོ། །འདིའི་བདག་གི་ཁོངས་སུ་གཏོགས་པ་རྣམས་དུས་ད་ལྟ་བ་དང་། གཞན་གྱི་ཁོངས་སུ་གཏོགས་པ་རྣམས་དུས་མ་འོངས་པར་བསྡུ་ལ། འདི་ཡང་བདག་གཞན་ལས་ཀྱི་དུས་ད་ལྟ་བ་དང་མ་འོངས་པ་ལས་དུས་ཀྱི་དུས་ད་ལྟ་བ་དང་མ་འོངས་པ་མིན་ཚུལ་ཤེས་དགོས་ཏེ། རྫི་གཏོང་བ་པོ་སོགས་བྱེད་ཚིག་གི་གཏོང་དང་། རྫི་གཏོང་བཞིན་པ་ཞེས་པའི་དུས་ད་ལྟ་བ་སྟོན་པའི་ལས་ཚིག་གཏོང་གཉིས་འདྲ་བ་དང་། གཏང་བྱའི་རྫི་ཞེས་པའི་བྱ་ཚིག་གི་གཏང་དང་། རྫི་གཏང་འགྱུར་ཞེས་པའི་མ་འོངས་པའི་ལས་ཚིག་གཏང་གཉིས་འདྲ་བ་ལ་དགོངས་ནས་དུས་ཀྱི་མིང་བཏགས་པ་ཙམ་ཡིན་པའི་ཕྱིར་རོ། །གཞན་ཡང་། བྱེད་འབྲེལ་ལས་ཚིག་གི་དུས་ད་ལྟ་བ་ནི་བདག་གི་ཁོངས་སུ་བསྡུ་བ་དང་། མ་འོངས་པ་ནི་གཞན་གྱི་ཁོངས་སུ་བསྡུ་བ་ཡང་། དེ་དག་དངོས་པོ་བདག་དང་གཞན་དངོས་མ་ཡིན་པར་བྱ་བ་སྒྲུབ་པ་པོ་ཞེས་པའི་དངོས་པོ་བདག་སྟོན་པའི་ལས་ཚིག་སྒྲུབ་དང་། སྒྲུབ་བཞིན་པ་ཞེས་པའི་དུས་ད་ལྟ་བ་སྟོན་པའི་ལས་ཚིག་སྒྲུབ་གཉིས་འདྲ་བ་དང་། བསྒྲུབ་བྱའི་བྱ་བ་ཞེས་པའི་

དངོས་པོ་གཞན་སྟོན་པའི་ལས་ཚིག་བསྒྲུབ་དང་། བྱ་བ་བསྒྲུབ་འགྱུར་ཞེས་པའི་དུས་མ་འོངས་པ་སྟོན་པའི་ལས་ཚིག་བསྒྲུབ་གཉིས་འདྲ་བ་ལ་དགོངས་ནས་དེ་ལྟར་བཏགས་པ་ཙམ་ཡིན་ནོ། །སྐབས་འདིར་དེ་ལྟར་བཏགས་པའི་དགོས་པ་ནི་ལས་ཚིག་འདེམ་བདེ་བའི་ཆེད་ཡིན་པར་ཤེས་པར་བྱ་ལ། འོན་འདས་པ་དང་སྐུལ་ཚིག་གང་དུ་བསྡུ་ཞེ་ན། བྱ་བ་གང་ཞིག་ཡིན་རུང་བསྒྲུབས་ཟིན་པའི་རྗེས་ཤུལ་ནི་བྱེད་པ་པོ་སོགས་ཀྱི་སྟེང་ནས་མངོན་རྒྱུ་ཅི་ཡང་མེད་པར་གྱུར་ཏེ་བྱ་བ་བྱེད་སའི་གཞི་འབའ་ཞིག་གི་སྟེང་ནས་མངོན་པས་གཞན་གྱི་ཕྱོགས་སུ་བསྡུ་བ་ཡིན་ཏེ། དཔེར་ན། ཞིང་ལ་ས་བོན་བཏབ་ཅེས་པ་ལྟ་བུར་ས་བོན་བཏབ་ཟིན་པའི་རྗེས་ཤུལ་ནི་འདེབས་མཁན་སོགས་ཀྱི་སྟེང་ནས་མངོན་རྒྱུ་ཅི་ཡང་མེད་པར་ཞིང་ས་འབའ་ཞིག་གི་སྟེང་ནས་མངོན་པ་ལྟ་བུའོ། །སྐུལ་ཚིག་ནི་ད་ལྟ་བ་དང་དངོས་པོ་བདག་གི་ཕྱོགས་སུ་བསྡུ་དགོས་ཏེ། སྐུལ་བྱེད་ཀྱི་ཚིག་ཅེས་པ་བསྡུས་ནས་སྐུལ་ཚིག་ཏུ་གྱུར་པ་ལས་བསྐུལ་བྱའི་ཚིག་ཅེས་སྦྱོར་མི་རུང་བའི་ཕྱིར་རོ། །དེས་ན་འདི་ལ་སྟོན་འཇུག་འཕྲི་བ་དང་མི་འཕྲི་བའི་སྲོལ་གཉིས་ཡོད་པ་ལས་ཕྱི་མ་འཐད་པར་ཤེས་པར་བྱའོ། །

༥. བཞུགས་པ་པོའམ་བྱེད་པ་པོར་བཞུགས་བྱའི་དངོས་པོ་ཞེས་བྲིས་ན་འགྲིག་གམ་མི་འགྲིག

སྐབས་འདིའི་བཞུགས་པ་པོ་དེ་ཉིད་བཞུགས་པར་བྱ་རྒྱུའི་ལས་ཀྱི་དངོས་པོའམ་དངོས་པོ་གཞན་ཡང་ཡིན་པ་ལྟ་བུར་སྟོན་པའི་ཚིག་དེང་དུས་ཀྱི་མཁས་པའི་གསུང་ནང་སྣང་སོང་། སྐབས་འདིར་ངེས་པར་ཤེས་དགོས་པ་ནི། བྱེད་པ་པོ་གཞན་དང་འབྲེལ་མ་འབྲེལ་གྱི་དོན་དེ་ཉིད་ཡིན་ལ། དངོས་པོ་གང་ཞིག་ལ་ལས་གང་ཞིག་བྱེད་པ་གཞན་གྱིས་དངོས་སུ་སྒྲུབ་པར་བྱེད་པ་དེ་ལ་བྱེད་པ་པོ་གཞན་དང་འབྲེལ་བའི་ལས་ཞེས་དང་། དངོས་པོ་གང་ཞིག་ལ་ལས་གང་ཞིག་བྱེད་པ་པོ་གཞན་གྱིས་སྒྲུབ་པ་མིན་པར་རང་གི་ངང་གིས་འགྲུབ་པར་སྣང་བ་ལ་བྱེད་པ་པོ་གཞན་དང་མ་འབྲེལ་བའི་ལས་ཞེས་པ་ཡིན་ཞིང་། བྱེད་པ་པོ་གཞན་དང་འབྲེལ་མ་འབྲེལ་གྱི་གཞན་དེ་ནི་བྱེད་པ་པོ་ལས་གཞན་པའི་ལས་ཀྱི་དངོས་པོ་

སྟེ་དངོས་པོ་གཞན་ལ་གོ་མི་རུང་བར་བྱེད་པ་པོ་ཁོ་རང་ལ་གོ་དགོས་པས། འདིའི་བཀྲ་ཤིས་ལ་བྱེད་པོའི་མིང་ཙམ་འདོགས་ན་མ་གཏོགས་བྱེད་པོ་གཞན་དང་འབྲེལ་ཞེས་པའི་བྱེད་པ་པོ་དངོས་མིན་ནོ། །དེ་བཞིན་སྐབས་འདིའི་བཀྲ་ཤིས་ལ་བཞུགས་བྱ་ཞེས་པའི་མིང་ཙམ་ཡང་འདོགས་མི་རུང་ཞེས་པ་མིན་ཡང་། དེ་ལྟར་བཤད་ན་བྱེད་པོ་གཞན་དང་འབྲེལ་མིན་གོ་བ་ལ་དགོས་པ་མེད་པར་མ་ཟད། ལས་དང་པོ་བ་རྣམས་བློ་གྲོས་རྨོག་པའི་རྒྱུར་འགྱུར་བའི་ཕྱིར་དེ་ལྟར་མ་བྲིས་ན་བཟང་སྙམ། འོན་ཀྱང་བྱེད་པ་པོ་གཞན་དང་འབྲེལ་མ་འབྲེལ་གྱི་གཞན་དང་། བདག་གཞན་ལས་གསུམ་གྱི་གཞན་གཅིག་ཏུ་མི་འདྲུལ་བ་གནད་དམ་པ་ཡིན་ནོ། །

༨. མདོ་སྨད་ཀྱི་ཡུལ་དུ་ཀླུ་འབུམ་མི་རྐོད་ཟེར་བའི་མི་ཞིག་བྱུང་ཟེར་བ་ཇི་བདེན།

མདོ་སྨད་ཀྱི་ཡུལ་འདིར་ཀླུ་འབུམ་མི་རྐོད་ཟེར་བའི་གྲུབ་སྟོབས་ཆེན་ཞིག་བྱུང་སྐྱོང་བ་ནི་ངེས་པར་བདེན་ཞིང་ཐེ་ཚོམ་བྱེད་མི་དགོས་ཏེ། འདིའི་འབྱུངས་ཡུལ་ནི་སྐྱ་འབུམ་དགོན་པ་ལ་ལྷ་སྡེ་ཚོ་བའམ་ཤོག་ཁ་དྲུག་ཡོད་པའི་ནང་གསེས་ཀླུ་འབུམ་ཚོ་བ་ཡིན།（བཤད་ཚུལ་གཞན་ཡང་ཡོད）སྡེ་བ་འདིའི་ཉེ་འདབས་སུ་ཆུ་མིག་ཏ་ཙང་མང་བས་ཀླུ་འབུམ་ཞེས་གྲགས། དབུས་ཀྱི་འབྲས་སྤུངས་དང་དགའ་ལྡན་གྱི་ཀླུ་འབུམ་ཁམས་ཚན་ཞེས་པའི་མིང་ཡང་ཚོ་བ་འདིའི་མིང་ལ་བརྟེན་ནས་བཏགས་པ་ནི། རྗེ་ཙོང་ཁ་པ་ཁམས་ཚན་འདིར་ཐོབ་པས་ཤེས་སོ། །ཚོ་བ་དེར་ད་སྐབས་ད་དུང་ཀླུ་འབུམ་མི་རྐོད་ཀྱི་འབྲུངས་ཁྱིམ་ངོ་མ་ངོས་འཛིན་རྒྱུ་ཡོད་ཅེས་སྐྱ་འབུམ་གྱི་དགེ་བཤེས་འགས་གསུངས། མདོ་དབུས་ཀུན་ཏུ་ངག་རྒྱུན་ལ་རླུང་ལྟར་གྲགས་པ་ནི། ཀླུ་འབུམ་མི་རྐོད་དང་བསམ་བློ་མི་ཐུང་གཉིས་དབུས་ལྷ་ལྡན་ལ་སླེབས་ཏེ་ཇོ་བོ་རིན་པོ་ཆེར་མཇལ་སྐབས། བསམ་བློ་མི་ཐུང་གིས（མཚན་དངོས་ལ་བསོད་ནམས་རྒྱལ་མཚན་ཟེར）མདོ་སྔགས་ཀྱི་གཞུང་ལ་སློབ་གཉེར་མཐར་ཕྱིན་ཏེ་དགེ་བའི་བཤེས་གཉེན་ཆེན་པོ་ཞིག་ཏུ་འགྱུར་བ་དང་། ཀླུ་འབུམ་མི་རྐོད་ཀྱིས་ས་སྟེང་གི་སྐྱེ་བོ་ངན་པ་རྣམས་ཟིལ་གྱིས་གནོན་

ནུས་པའི་མི་སྟོབས་ལྡན་ཞིག་ཏུ་འགྱུར་བའི་སྨོན་ལམ་བཏབ་པ་ཕྱིས་མ་འགྲུངས་པར་དེ་བཞིན་གྲུབ་པ་རེད་ཟེར། གླུ་འབུམ་མི་རྒོད་ཀྱིས་རྡོ་ཕ་བོང་ཆེན་པོ་གསུམ་གྱིས་འབྲས་སྤུངས་ཚོགས་ཆེན་འདུ་ཁང་གི་སྒོ་གསུམ་བཅད་ནས་ཚོགས་གྲོལ་དུ་མ་བཅུག་པར། དགེ་བཤེས་ཡོད་ན་འཕུར་ལ་ཤོག་རྡོབ་རྡོབ་ཡོད་ན་སློགས་ལ་ཤོག་ཅེས་སྨྲས་ནས་སྒོ་མང་གྲྭ་ཚང་དང་གླུ་འབུམ་ཁམས་ཚན་ལ་བཞུགས་གྲལ་ཞིག་བླངས་པར་གྲགས་པའི་རྡོ་ཆེན་པོ་དེ་དག་ད་དུང་འབྲས་སྤུངས་སྐོར་ལམ་ན་ཡོད་ཅིང་། དེའི་སྟེང་དུ་ཁོང་ལ་ཞེ་སའི་ཚུལ་དུ་སྡེ་བ་གཞུང་གིས་རྒྱལ་མཚན་ཞིག་བཙུགས་པ་ལ་མི་འགའ་ཚང་མ་རངས་པར། གླུ་འབུམ་མི་རྒོད་མི་རེད། །རྡོ་ཡི་རྒྱལ་མཚན་རྡོ་རེད། །མགོ་ལ་རྒྱལ་མཚན་བཙུགས་པ། །སྐྱེ་བ་སྔོན་གྱི་ལས་རེད། །ཅེས་གཞས་བླངས་པར་ཡང་བཤད་དོ། །དེར་མ་ཟད་རྡོ་ཁང་ཆེན་མོའི་ཁྱམས་ཀྱི་ཀ་བའི་སྟེང་དུ་གླུ་འབུམ་མི་རྒོད་ཀྱིས་རྟེད་མོའི་ཚུལ་གྱིས་བརྒྱབ་ནས་འཛུལ་བར་གྲགས་པའི་རྡོ་མང་པོ་ད་སྐབས་ད་དུང་ཡོད་ལ། ཁོང་ནི་ཀུན་མཁྱེན་འཇམ་དབྱངས་བཞད་པ་དང་ཐལ་ཆེར་དུས་མཉམ་པར་མངོན་ཏེ། སྡེ་སྲིད་སངས་རྒྱས་པས་ཀུན་མཁྱེན་ལ་རྩོམ་པའི་ཚོད་བརྟག་ཆེད་དུག་བྲངས་པ་འདིས་ནན་གྱིས་ཞུས་ནས་སྦྱོང་དུ་བཅུག་པའི་ལོ་རྒྱུས་སྣང་བས་སོ། །

བསམ་བློ་མི་ཐུང་ནི་མཁས་པ་ཆེན་པོ་ཞིག་ཡིན་ལ། ཁོང་གི་འཁྲུངས་ཡུལ་ནི་སྐུ་འབུམ་དགོན་པའི་ཉེ་འདབས་རྒྱ་ཡག་ཅེས་པའི་སྡེ་བ་དེ་རེད། (ཡུལ་གཞན་དང་གཞན་ནས་འཁྲུངས་པའི་བཤད་སྲོལ་ཀྱང་ཡོད།) ཁོང་དབུས་ཡུལ་དུ་སླེབས་སྐབས་ཆ་བཞི་འདོན་མ་ཤེས་པར་ཡུལ་མི་རྣམས་ཀྱིས་འཕྱ་སྨོད་བྱས་པ་འགོག་ཆེད་རྡོ་ཡི་གཏོར་མའི་གཟུགས་བྱས་པ་ད་ལྟའང་ཁོང་གི་འཁྲུངས་གཞིས་དེར་ཡོད་ཅེས་སྐུ་འབུམ་དགེ་བཤེས་དག་གི་གསུང་ལས་ཐོས་ཤིང་། ཁོང་ལ་སློབ་མ་མཁས་པ་མང་དུ་བྱོན་པ་གདན་རབ་རྣམ་ཐར་མང་པོ་ན་གསལ། ལྷག་པར་སུམ་པ་པཎྜི་ཏས་ཁོང་གི་དྲུང་ནས་སུམ་རྟགས་སོགས་གཞུང་ཁྲིད་མང་དུ་གསན་པར་སུམ་པའི་རང་རྣམ་དུ་གསུངས་སོ། །

༧. མཛོད་དགེ་ཚུལ་ཁྲིམས་བཟོད་པར་ཞལ་སློབ་དང་གསུང་རྩོམ་གང་དག་ཡོད།

སྨྲ་བའི་དབང་ཕྱུག་མཛོད་དགེ་བ་རྗེ་ཚུལ་ཁྲིམས་རྒྱ་མཚོའམ་བློ་བཟང་རྒྱ་མཚོ་ནི་གཞོན་དུས་ནས་དཔལ་ལྡན་བཀྲ་ཤིས་འཁྱིལ་དུ་ཚོགས་ཞུགས་གནང་ཞིང་བཀའ་པོད་མང་པོར་སློབ་གཉེར་མཐིལ་ཕྱིན་མཛད། སྐབས་ཤིག་རྗེ་རྗེ་འཆང་སེ་རྭའི་ཞབས་ཀྱི་སྔན་པ་གསན་ཏེ་དྲུང་དུ་ཕེབས་པ་ནས་སྡོམ་པ་བཙན་ཆོད་སྒོམ་ལམ་ཡོངས་རྫོགས་ཀྱི་ཉམས་བཞེས་ལ་གཞོལ་བའི་ཐུར་ཆོས་རྒྱུན་རྣམ་དག་མཐའ་ཡས་པ་གསན་བཞེས་གནང་ཞིང་། དེར་ཡང་བཀའ་པོད་མང་པོའི་དཔེ་ཁྲིད་གསན་པ་མ་ཆག་པ་མཛད། ཁྱད་པར་རྗེ་ཚ་དཔལ་ལྡན་བཀྲ་ཤིས་ཆོས་སྡིངས་གཞི་བཟུང་ཞིང་སྡེ་འདིར་མཚན་ཉིད་གསར་དུ་བཙུགས་པ་ནས་ཉིད་ཀྱིས་ཧོར་ཆེན་སྨྲ་བའི་སེངྒེ་རྗེ་བཙུན་ཡེ་ཤེས་རྒྱ་མཚོ་ལས་བཀའ་པོད་གཞུང་ཆེན་མང་པོའི་མཇུབ་ཁྲིད་ཞིབ་རྒྱས་སུ་གསན་པར་མ་ཟད། བློ་གསལ་རིག་པ་སྨྲ་བའི་བུ་སློབ་མཐའ་ཡས་པ་ཟབ་རྒྱས་ཆོས་ཀྱིས་ལེགས་པར་བསྐྱངས། ཞལ་སློབ་སྨིན་སྐྱོང་བ་བློ་བཟང་དཔལ་ལྡན། ཁ་སྣང་འཕྲིན་འོད་པ་སོགས་བཀའ་རབ་འབྱམས་སྨྲ་བའི་དགེ་བའི་བཤེས་གཉེན་མང་པོ་དང་རོང་པོ་དཔལ་ཆོས་མཁན་ཆེན་མཆོག་སྤྲུལ་རིན་པོ་ཆེ་བློ་བཟང་ལུང་རྟོགས་ཆོས་ཀྱི་རྒྱ་མཚོ་དང་། གྲུབ་དབང་ཨ་ཕྱུའི་མཆོག་སྤྲུལ་རིན་པོ་ཆེ་རྗེ་འཇིགས་མེད་དམ་ཆོས་རྒྱ་མཚོ་སོགས་མཁས་གྲུབ་དམ་པ་ཤིན་ཏུ་མང་ལ། དམ་པའི་ལེགས་བཤད་མང་པོ་ས་རྟུལ་ཁྲིད་ན་འོ་བརྒྱལ་བར་གཟིགས་པས་དཔེ་རྩོམ་གནང་རྒྱུར་ཐུགས་མི་སྤྲོ་བ་ཞིག་ཡིན་པར་གྲགས་སོ། །

༨. རྗེ་ཐུའུ་བཀྭན་བློ་བཟང་ཆོས་ཀྱི་ཉི་མའི་མཚན་གྱི་ཐུའུ་བཀྭན་ཞེས་པའི་དོན་ཅི་ཡིན།

ཐུའུ་བཀྭན་(土官)ཞེས་པ་ནི་རྒྱའི་སྐད་དེ། བོད་སྐད་དུ་སའི་བདག་པོ་ཞེས་པའི་དོན་ཡིན་པར་རྗེ་ཆོས་ཀྱི་ཉི་མས་གསུངས་ཤིང་། དེ་ཡང་ཐུའུ་བཀྭན་སྐུ་ཕྲེང་དང་པོ་བློ་བཟང་རབ་བརྟན་འཁྲུངས་སའི་ཁྱིམ་གཞིས་དེ་ནི་ཐུའུ་བཀྭན་ཏེ་སའི་བདག་པོ་ཞེས་པའི་ཚོ་

པོ་ཅན་ཞིག་ཡིན་པས། ཁོང་ལ་ཐུའུ་བཀྲན་ཞེས་པའི་མཚན་ཐོགས་ཤིང་དེ་ནས་སྲུ་ཐེང་རིམ་བྱོན་ཐམས་ཅད་ལ་མཚན་དེ་འཇོགས་པ་ཡིན་ནོ། །

༩. རི་བོ་ཉི་ཟླའི་མིང་ཇི་ལྟར་ཐོགས་པ་ཡིན།

དེ་ལ་བཤད་ཚུལ་འདྲ་མིན་མང་པོ་ཡོད་ཀྱང་བོད་རིགས་དམངས་ཁྲོད་ཀྱི་ངག་རྒྱུན་ལྟར་ན། རྒྱ་བཟའ་ཀོང་ཇོ་བོད་ལ་ཕེབས་སྐབས་ཕ་ཡུལ་ལ་ཞེན་པ་འདོར་ཆེད་བློན་པོ་མགར་གྱིས་ཐབས་མཁས་ཀྱིས་ཀོང་ཇོ་བསླུལ་ཏེ། ཐང་གི་རྒྱལ་མཛོད་དུ་གསེར་དངུལ་གྱི་ཉི་ཟླ་གཉིས་ཡོད་པ་སློང་དུ་བཅུག་པ་ལ། རྒྱལ་པོས་སྟེར་མ་ཕོད་པར་མགར་ལ་ཐབས་དྲིས་པས། མགར་གྱིས་ཇོ་ཡི་ཉི་ཟླ་འདྲ་བ་གཉིས་བཟོས་ལ་གསེར་དངུལ་གྱི་ཆོས་བྱུགས་ཏེ་ཀོ་བློན་གྱིས་ཐམས་ལ་བོད་དབུས་ལ་མ་སླེབས་བར་དུ་ཁ་འབྱེད་མི་ཆོག་པར་བཀའ་བསྒྲུལ་ན་དེས་འཐུས། ཞེས་གསོལ་བ་བདེན་པར་བསམས་ནས་དེ་ལྟར་བྱས་ཡོད་པ་ལ། ཀོང་ཇོ་འཁོར་བཅས་རི་བོ་འདི་བརྒྱུད་ནས་ཕེབས་སྐབས་མགར་གྱིས་རྗེས་ཟིན་པས། ཀོང་ཇོ་ལ་ཁྱོད་ལ་ཡབ་ཡུམ་སོགས་ཀྱི་འདངས་བརྗེ་ཆེན་པོ་གནང་གི་མེད་མོད། ཁོ་བོའི་ཚིག་ལ་ཁྱོད་ཀྱིས་ཡིད་ཆེས་གནང་དཀའ། ཐུགས་མི་ཆེས་ན་ཉི་ཟླ་གཉིས་ལ་གཟིགས་དང་ཞུས་པ་ལྟར་གཟིགས་པས་ཆོས་ཀོ་བའི་ངོས་ལ་འབྱར་ནས་རྗེ་གསལ་བར་མངོན་པ་ན་ངོ་ཚ་ཞིང་ཐུགས་ཁྲོས་པའི་ཚུལ་གྱིས་རྗེ་གཉིས་རིའི་གཡས་གཡོན་དུ་ཐབ་ལ་བསྐྲིལ་ནས་འདི་གཉིས་རི་མགོ་འདིར་རང་བཞིན་གྱིས་འདུ་བར་མ་གྱུར་གྱི་བར་དུ་རང་གི་ཕ་ཡུལ་དུ་གཏན་ནས་མི་འགྲོ་བའི་བློ་ཐོར་བར་གྲགས་པའི་རྗོའི་ཉི་ཟླ་གཉིས་རི་འདིའི་རྩེ་མོར་ཡོད་པས་རི་མིང་དེ་སྐད་དུ་གྲགས་སོ། །

༡༠. མཚོ་སྔོན་པོའི་འགྲམ་གྱི་རིག་སྨན་ཐང་ཞེས་པའི་ས་མིང་འདི་ཇི་ལྟར་ཐོགས་པ་ཡིན།

མཚོ་སྔོན་པོའི་འགྲམ་གྱི་རིག་སྨན་ཐང་ངམ་རིག་སྨན་གཞུང་ཞེས་པའི་ས་མིང་ཇི་ལྟར་ཐོགས་པའི་ཚུལ་ནི། ཡུལ་འདིའི་སྐྱེ་བོ་རྣམས་ཀྱི་ངག་རྒྱུན་ལས་ས་ཆ་འདི་རྩ་ཆུ་འཛོམས་ཤིང་ཉམས་དགའ་བའི་གནས་མཆོག་ཏུ་བཟང་པོ་ཞིག་ཡིན་སྐབས། མི་རྣམས་ཀྱིས་ས་འདི་

རིག་ན་སྨོན་པ་དབང་མེད་དུ་འཚོར་བས་ན་དེ་ལྟར་བཏགས་པར་གྲགས་ལ། སུམ་པ་པཎྜིཏའི་《ཚངས་གླུ་གསར་སྙན》དུ་ཡང་རིག་སྨོན་གཞུང་ཞེས་བྲིས་ཡོད་པར་གཞིགས་ན་ངག་རྒྱུན་དེ་དག་པར་སེམས་སོ། རྒྱལ་དབང་ལྔ་པ་ཆེན་མོའི་རང་རྣམ་དུ་རིང་མོ་ཐང་ཞེས་སྣང་བས་འདི་གཉིས་གང་བྲིས་ཀྱང་མི་འགལ་ལོ། །

༧༧. རྒྱའི“孔子”ཟེར་བ་དེ་བོད་ཀྱིས་ཀོང་ཙེ་འཕྲུལ་གྱི་རྒྱལ་པོ་ཟེར་བ་དེ་ཨེ་ཡིན།

བོད་གཞུང་རྣམས་ལས་ཀོང་ཙེ་འཕྲུལ་གྱི་རྒྱལ་པོ་ཟེར་བ་ནི་ཕལ་ཆེར་རྒྱའི་ཁུང་ཙེ་ཟེར་བའི་མཁས་པ་དེ་ཡིན་ངེས་ཀྱང་། ལོ་རྒྱུས་དེབ་ཐེར་ལ་ལར་ཀོང་ཙོ་ལ་ཀོང་ཙེ་ཞེས་བྲིས་པའང་སྣང་ལ། རྒྱ་ནག་ནས་བོད་ལ་དར་བའི་ས་དཔྱད་དང་འབྱུང་རྩིས་སོགས་ཀྱི་དཔེ་ཆ་སུས་བརྩམས་མི་ཤེས་པ་དག་ལ་ཀོང་ཙེ་འཕྲུལ་གྱི་རྒྱལ་པོས་བརྩམས་ཚུལ་བྲིས་པ་ནི། བོད་མི་འགས་རང་དགར་བློ་བཟོ་བྱས་པ་ཡིན་ཚུལ་ལྷུང་སྐྱ་རིན་པོ་ཆེ་སོགས་ཀྱིས་གསུངས་པ་ནི་ཤིན་ཏུ་མང་དེ། ཁུང་ཙེའི་སློབ་གསོ་མཁན་ཆེན་པོ་ཞིག་དང་། མི་ཆོས་རིང་ལུགས་ཀྱི་སློབ་དཔོན་ཞིག་ལས་གཏོ་དང་ས་དཔྱད་ཀྱི་ལས་ལ་འཇུག་མཁན་མིན་ལ། གཏོ་དང་འབྱུང་རྩིས་ཀྱི་མོ་སོགས་ནི་སྟོན་པ་ལོ་ཙེ་ནས་བྱུང་བའི་ཏོ་ཟེའི་ཆོས་ལུགས་དང་འབྲེལ་ནས་འཕེལ་བ་ཞིག་ལས་ཁུང་ཙེས་བརྩམས་པའི་འདི་རིགས་ཀྱི་དཔེ་ཆ་ཡོད་ཚུལ་རྒྱ་ནག་གི་བསྟན་བཅོས་གང་ནས་ཀྱང་མ་བཤད་པས་སོ་སྙམ།

༧༢. ཏྥ་ཞེས་པའི་ཡི་གེ་འདི་ནི་མི་བཟང་མགོན་པོ་སྐྱབས་ཀྱིས་མཛད་པའི་《རྒྱ་ནག་ཆོས་འབྱུང》ལས། “ཏ་ལ་ཕ་བཏགས་པ་འདི་བོད་ལུགས་ཡིན་ཀྱང་། དེ་གཉིས་སྦྲགས་ན་དེ་བཞིན་ཐོན་པས་དགོས་དབང་གིས་བྱས” ཞེས་པའི་ཟུར་དུ་ཏྥ་ཡིག་འབྲི་སྲོལ་ཨེ་ཡོད།

ཏྥ་ཞེས་པའི་ཡི་གེ་འདི་རྒྱལ་དབང་ལྔ་པ་ཆེན་མོའི་དུས་ཀྱི་དཔེ་ཆ་རྣམས་ལས་དངོས་སུ་མཐོང་རྒྱུ་ཡོད་ཅིང་། ཏུན་ཧོང་གཏེར་ཡིག་ཏུའང་འདི་འདྲའི་ཡི་གེ་མང་ཙམ་ཡོད་པ་

སོགས་ལ་དཔགས་ན་ཡིག་གཟུགས་འདི་དག་ནི་ཁྲི་སྲོང་ལྡེ་བཙན་སོགས་བཙན་པོའི་རྒྱལ་རབས་ནས་རྒྱ་བོད་མི་རིགས་གཉིས་ཀྱི་འབྲེལ་བའི་རྒྱུ་རྐྱེན་ཆེ་ཆེར་གྱུར་པས་རིག་གནས་བརྗེ་རེས་སོགས་ཀྱི་དགོས་མཁོར་དམིགས་ནས་མཁས་པ་རྣམས་ཀྱིས་རྒྱ་སྐད་ཀྱི་སྒྲ་གདངས་དག་པར་འདོན་ཆེད་རེམ་བཞིན་བཟོས་པ་ཡིན་ལ། འདི་ཡང་ཧྭ་ཙམ་དུ་མ་ཟད་ཞུང་དང་ཧྭ་ཧྭན་སོགས་ཤིན་ཏུ་མང་ངོ་། །འདི་དག་ཀྱང་སྒྲ་གདངས་ལ་ཞིབ་ཏུ་བརྟགས་ནས་བཟོས་པ་ཞིག་ལས་གྱུ་ཚོམ་དུ་བཟོས་པ་མིན་ཏེ། དཔེར་ན། ཧ་དང་ཕའི་གདངས་འདུས་པ་ལས་(法)དང་། ཧ་དང་བའི་གདངས་འདུས་པ་ལས་(华)དང་། ལ་དང་ཡའི་གདངས་ལ་ང་སྦྱར་བས་(凉) ཞེས་པའི་སྒྲ་གདངས་གྲུབ་པར་ཞིབ་ཏུ་བརྟགས་ན་དབྱོད་ལྡན་སུས་ཀྱང་རྟོགས་ནུས་པས་མང་པོ་བཤད་མ་དགོས་ལ། དེང་རབས་ཀྱི་རིག་པའི་གནས་མང་པོ་བོད་ཡིག་ཏུ་བསྒྱུར་སྐབས་མི་རིགས་གཞན་གྱི་སྐད་སོར་བཞག་བྱེད་དགོས་པ་རྣམས་ལ་རིག་པ་འདི་སྤྱད་ན་བོད་ཡིག་གིས་སྒྲ་གདངས་མཐའ་ཡས་པ་ཞིག་འབྲི་ནུས་པའང་མཁྱེན་པར་བྱའོ། །

༡༣. ཁྲི་སྲོང་ལྡེ་བཙན་གྱི་སྐབས་སུ་རྒྱ་ཆུའི་བྱང་ཕྱོགས་ཀྱི་བཀའ་མ་ལོག་ཅེས་པའི་ས་ཆར་སྐྱེན་པོ་མི་དགུ་མཐའ་མཚམས་སྲུང་བར་མངགས་པ་དེ་དག་གི་མཚན་དང་། "བཀའ་མ་ལོག" ཅེས་པ་ད་ལྟའི་ས་ཆ་གང་ལ་ངོས་འཛིན་དགོས་ཚུལ་གྱི་ལན་གསལ་པོ་ཞིག་འདེབས་པར་འཚལ།

བཙན་པོའི་དུས་སུ་དབུས་ནས་དཔལ་རྟུལ་སྐྱེན་པོ་མི་དགུ་མཐའ་མཚམས་སོ་བསྲུང་དུ་ཨ་མདོར་མངགས་པ་ཕྱིས་ཁོ་ཚོས་ཕྱིར་ཕ་ཡུལ་དུ་ལོག་རྒྱུའི་རེ་བ་ཞུས་པ་ལ། བཙན་པོའི་བཀས་ལོག་མི་ཆོག་པའི་གསེར་ཡིག་ཕབ་སྐབས་ལོག་མ་ཐུབ་པར་ཨ་མདོའི་མཐའ་ཁུལ་དུ་གཞི་ཆགས་པ་ལ་བཀའ་མ་ལོག་ཟེར་ཞིང་། དེང་སྐབས་ཀྱང་སྟེ་མིང་དེ་ལྟར་དུ་གྲགས་ལ་ཀན་སུའུ་ཞིང་ཆེན་དང་མཐའ་འབྲེལ་བའི་མཚོ་སྔོན་ཞིང་ཆེན་གྱི་ཤར་ཕྱོགས་མིན་ཧོ་རྫོང་

(民和县) དུ་ཡོད། སྐྱེན་པོ་མི་དགུའི་མཚན་ནི་ང་ཚོས་རྒྱུན་དུ་མཐོང་བའི་ལོ་རྒྱུས་ཀྱི་གཞུང་རྣམས་སུ་མ་མཐོང་བས། ས་གནས་ཀྱི་ལོ་རྒྱུས་དང་ངག་སྒྲོས་ལས་འཚོལ་བ་ལས་ཐབས་མེད་པས་གནས་སྐབས་སུ་ང་ཚོས་ལན་གདབ་རྒྱུ་ཧ་ཅང་དཀའོ། །

༡༩. ཧོར་རིགས་སོག་པོའི་རྒྱུད་པ་ཡིན་ཟེར་བར་ལོ་རྒྱུས་ཀྱི་ཁུངས་འདེད་རྒྱུ་ཨེ་ཡོད།

ཧོར་ཞེས་པ་ནི་ལོ་རྒྱུས་ཀྱི་དུས་སྐབས་མི་འདྲ་བ་སོ་སོར་གོ་རྒྱུ་ཡང་མི་འདྲ་བ་ཡོད་མོད། སྤྱིར་སོག་རིགས་སྤྱི་ལ་ཧོར་སོག་ཏུ་གྲགས་ཤིང་། ད་ལྟའི་ཧུའུ་ཀྲུའུ་སོགས་ཀྱི་ཧོར་རིགས (土族) ནི་ཇིང་གིར་རྒྱལ་པོའི་དུས་སུ་ཨལ་ཐལ་ཞེས་པའི་དམག་དཔོན་ཞིག་གིས་དམག་མང་པོ་ཁྲིད་ནས་འདི་ཕྱོགས་སུ་ཡོང་བའི་རྒྱུད་ལས་འཕེལ་བ་དང་། དམག་དཔོན་དེ་ཤི་རྗེས་མི་མ་ཡིན་མཐུ་པོ་ཆེ་ཞིག་ཏུ་སྐྱེས་ནས་རྒྱལ་སྲས་རིན་པོ་ཆེས་དགོན་ལུང་འདེབས་སྐབས་དཀོར་བདག་ཏུ་བསྐོས་ནས་མཚན་ལ་འོད་ཟེར་རྒྱ་མཚོ་བཏགས་ཚུལ་སོགས་རྗེ་ཐུའུ་བཀྭན་རིན་པོ་ཆེས་དགོན་ལུང་གདན་རབས་སུ་གསུངས་ཤིང་། མདོ་སྨད་ཆོས་འབྱུང་སོགས་དེབ་ཐེར་ཚད་ལྡན་མང་པོར་ཡང་དེ་བཞིན་གསུངས་པ་ཉིད་ཚད་མ་ཡིན་ལ། དེར་མ་ཟད་ཁོ་ཚོའི་ཐན་རབས་རྣམས་ཀྱི་ངག་རྒྱུན་དུའང་ཁོ་ཚོ་སོག་པོ་ཆ་དཀར་ནས་ཡོང་བར་གྲགས་ཤིང་། གོས་སོགས་ཡུལ་སྲོལ་རྣམས་ཀྱང་སོག་ལུགས་དང་ཕལ་ཆེར་མཐུན་པར་མ་ཟད་སྐད་ཆའང་བརྒྱ་ཆའི་བདུན་ཅུ་ལྷག་ཙམ་སོག་སྐད་ཡིན་ལ། ཉེ་ཆར་ཧོར་བའི་དེང་རབས་ཀྱི་ལོ་རྒྱུས་ཞིབ་འཇུག་པས་བྲིས་པའི་ཧོར་གྱི་ལོ་རྒྱུས་ལས་ཀྱང་ཧོར་ནི་སོག་པོའི་རྒྱུད་ལས་མཆེད་ཅེས་བྲིས་འདུག་པ་འདིས་ཀྱང་མཚོན་ཐུབ། ཡིན་ན་ཡང་ཞིབ་འཇུག་པ་ལ་ལས་ཧོར་བ་འདི་ཐུ་ཡུ་ཧུང (土谷浑) ཞེས་པའི་གནའ་བོའི་མི་རིགས་དེའི་རྒྱུད་དུ་འཆད་པ་ནི་རྒྱ་སྐད་ཀྱི་མིང་ཙམ་མཐུན་པ་ལ་བསམས་མོད། འདིའི་ཐུ་ནི (土) ཐུ་བཀྭན་ཆོས་རྒྱམ་འབྲུངས་པའི་ཁྱིམ་དེ་ནི་ཐུ་བཀྭན་ཞེས་པའི་ཚོ་ལོ་ཅན་ཞིག་ཡིན་ཞིང་། དེའི་མངའ་འབངས་རྣམས་ལ་རྒྱས་ཐུ་རིན་ཞེས་པ་བཅིངས་འགྲོལ་རྗེས་སུ་ཐུ་རིགས (土族) ཞེས་པར་བསྒྱུར་

ཡིན་པས་གནའ་བོའི་ཐུ་ཡུ་ཧྲུང་དང་འབྲེལ་བ་མེད་དོ། །ད་དུང་འདི་ལ་བཤད་པར་བྱ་བའི་རྣམ་གྲངས་འགའ་མཆིས་ཀྱང་རེ་ཞིག་བཞག་གོ །

༡༥. ད་ལྟའི་ཞུན་ཧྭ་རྫོང་མཁར་ལ་ཡ་རྫི་ཞེས་འབོད་དོན་ཅི་ཡིན།

ཞུན་ཧྭ་རྫོང་མཁར་འདི་གནའ་དུས་བོད་མི་རྣམས་ཀྱིས“ཡར་ཟུར”མཁར་དུ་འབོད་ཀྱང་། ཕྱིས་སུ་ཟུར་ཆགས་ནས་ཡ་རྫི་མཁར་ཞེས་པར་གྱུར་ཅིང་། འདིའི་བྱང་ཕྱོགས་རྨ་ཆུའི་ཕ་རོལ་ན་རྒྱ་ཞུར་ཞེས་པའི་བོད་གྲོང་ཞིག་ཡོད་པ་དེ་ནི་བླ་ཆེན་པོ་དགོངས་པ་རབ་གསལ་འཁྲུངས་པའི་གནས་ཡིན་ལ། གནའ་བོའི་དུས་ནས་ཡུལ་འདིར་བོད་རིགས་ཀྱི་འབྲོག་སྡེ་མང་པོ་གནས་ཤིང་འཚོ་བ་ཡིན་ཞེས་ས་དེའི་ཡུལ་མི་རྣམས་ཀྱི་ངག་སྒྲོས་སུ་སྣང་ངོ། །

༡༦. བོད་དང་པོད་ཆེན་པོ་ཞེས་པའི་ཁྱད་པར་ཇི་ལྟར་འབྱེད།

ཡོངས་གྲགས་ལ་དབུས་གཙང་ལ་བོད་དང་ཁམས་དང་ཨ་མདོ་སོགས་ལ་བོད་ཆེན་པོར་འབོད་ཀྱང་། འདི་ཡང་བོད་རྒྱལ་གྱིས་དངོས་སུ་དབང་བསྒྱུར་བའི་ཡུལ་དག་ལ་བོད་དང་། དེས་དངོས་སུ་དབང་མ་བསྒྱུར་བའི་བོད་རིགས་གནས་པའི་ཡུལ་ལ་བོད་ཆེན་པོར་གྲགས་པ་ཡིན་པས་རྒྱལ་སྲིད་དར་རྒྱུད་ཀྱི་དབང་གིས་དུས་སྐབས་སོ་སོར་ངོས་འཛིན་ཚུལ་མི་འདྲ་བ་ཡོད་པ་ནི་འབྲོམ་སྟོན་པས་ཇོ་བོ་སྤྱན་འདྲེན་གྱི་ཡི་གེར་དབུས་གཙང་ལ་བོད་ཆེན་པོར་གསུང་བས་གསལ་ལོ། །

༡༧. བ་ཡན་རྫོང་དང་ཁྲི་ཀའི་རྫོང་དུ་གཡུ་རྩ་ཟེར་བའི་སྡེ་འགའ་ཡོད་པ་དེའི་དོན་ཅི་ཡིན་ནམ།

དེ་ནི་མངའ་བདག་ཁྲི་རལ་རྒྱ་ནག་ཏུ་དམག་ལ་བྱོན་སྐབས་ལྡོང་ཚ་ཆེན་བཅོ་བརྒྱད་ཀྱི་ནང་གསེས་གཡུ་ཚོའི་དམག་དཔོན་ཆེན་པོ་ཞིག་ཡོད་པ་དེའི་མི་བརྒྱུད་བ་ཡན་ཕྱོགས་སུ་ཡོད་པ་གཡུ་ཚ་ཟུར་ཆག་པས་གཡུ་རྩར་གྲགས་ལ། དེའི་བུ་བརྒྱུད་ཀྱི་དམག་དཔོན་ཞིག་བསང་གཞུང་དུ་བསྡད་པ་ལ་བུ་གསུམ་བྱུང་བའི་ཆེ་བ་ཕ་ནེའི་བརྒྱུད་པ་ཁ་གྱ། འབྲིང་བ་ཁྲོ་

རྒྱལ་གྱི་བརྒྱུད་པ་ཀན་སུ། ཆུང་བ་གནམ་ལྷའི་བརྒྱུད་པ་གནམ་ལྷ་སྟེ། དེ་དག་དང་དེ་དག་ལས་འཕྲོས་པ་རྐང་ཚོ། ཀན་སུ། གཙོས། ཙ་ཡུལ། གནམ་ལྷ་སྟེ་ཁ་གྱ་ཚོ་དྲུག་ཏུ་གྲགས་པ་རྣམས་ཀྱང་འདི་ལས་བྱུང་བ་ཡིན་ལ། མཚོ་སྔོན་པོའི་རྐང་ཚོ་དང་ཕྱོགས་གཞན་གྱི་རྐང་ཚོའི་མི་སྡེ་རྣམས་ཀྱང་ཁ་གྱུའི་རྐང་ཚོ་ལས་གྱེས་པ་ཡིན་ནོ། །

༡༨. མཚོ་སྔོ་ཁུལ་སྲིད་གཞུང་གནས་ཡུལ་འདི་ལ་ཆབ་ཆ་ཞེས་པ་མི་རིགས་གང་གི་སྐད་ཡིན་པ་དང་དོན་ཅི་ཡིན།

འདི་སོག་སྐད་ཟུར་ཆག་པ་ཡིན་ལ། དོན་ནི་སོ་རྒྱག་ཅེས་པ་ཡིན་པར་བཤད་(གྲིས་གཏུབ་པའི་དོན) དེ་ལྟར་ན་ཡུལ་དེའི་ཉེ་འཁོར་དུ་སོ་རྒྱག་ཅེས་པའི་ནག་ག་ཞིག་ཡོད་པ་དེ་ལས་བཏགས་པར་མངོན། རབ་བྱུང་བཅུ་བའི་ས་སྟག་(༡༥༧༨)ལོར་རྒྱལ་བ་བསོད་ནམས་རྒྱ་མཚོ་ཕྱོགས་འདིར་ཆིབས་བསྒྱུར་སྐབས་སོག་པོ་ཨལ་ཐན་རྒྱལ་པོས་བོད་སོག་གི་རྟ་བ་ཁྲི་ཕྲག་ལྷག་བསྐུལ་ཏེ་བསུ་བ་རྒྱ་ཆེན་པོ་མཛད་པའི་གནས་ཀྱང་འདི་ཉིད་ཡིན་ལ། རྒྱལ་བ་མཆོད་ཡོན་གྱིས་རྒྱའི་བཟོ་པོ་དུམ་བཀུག་སྟེ་ཆབ་ཆ་ཐེག་མཆོག་གླིང་གཙུག་ལག་ཁང་ཤིན་ཏུ་རྒྱ་ཆེ་བ་བཞེངས་ཏེ་འགྲོ་དོན་མཛད་པ་དང་། ལྕེ་བ་ཆེན་མོ་རྒྱ་ལ་ཐེབས་སྐབས་ཡར་ལམ་ཆབ་ཆའི་ལྷ་ཁང་ནས་ཨ་རིག་ཚུ་ཚན་ཁར་ཐེབས་ཚུལ་གསུངས་པའི་ཆབ་ཆ་ཞེས་པའང་ཡུལ་འདི་ཉིད་ཡིན་པ་ནི། ཚན་གན་ཐོ་ལོ་གེ་(སྟོང་འཁོར་རྫོང་གི་ཞི་བདེ་ཞང)ནས་བ་ཡན་ནོར་(གུང་ཧོ་རྫོང་གི་རིག་སྨོན་ཞང)དང་། དེ་ནས་ཆབ་ཆའི་ལྷ་ཁང་། དེ་ནས་རིམ་གྱིས་ཨ་རིག་ཚུ་ཚན་ཁར་(ཞིན་ཏེ་རྫོང་གི་ཆུ་འཁོལ་ཞང)ཐེབས་པར་གསུངས་པས་ཤེས་ནུས་སོ། །འོ་ན་ཆབ་ཆའི་ལྷ་ཁང་ཐེག་མཆོག་གླིང་གང་ན་ཡོད་དམ་ཟེར་ན། དེ་ནི་ཡུལ་འདིའི་ཉེ་འདབས་རྒྱ་ར་ཞེས་པའི་གྲོང་སྡེའི་ལྟག་ན་མཁར་ཤུལ་ཞིག་ཡོད་པ་དེར་ཆགས་པ་ཡིན་ཞིང་། ལྷ་ཁང་སྡེ་དང་བཅས་པ་མཚོ་སྔོན་དུས་འཁྲུག་(༡༧༢༣)སྐབས་མེ་ལ་སྦྱར་བས་ད་ལྟའང་ཤིང་བསྲེག་པའི་སོལ་བ་དང་ལྷ་སྐུ་ཆག་པོ་དུམ་མཆོད་རྟེན་འཛིག་པའི་ཤུལ་བཅས་དངོས་སུ་མཐོང་རྒྱུ་ཡོད་དོ། །

༡༩. མཚོ་སྔོན་ཀོས་ནན་རྫོང་དུ་ཀློའུ་ཚང་ཟེར་བའི་འབྲོག་སྡེ་ཞིག་ཡོད་པ་དེའི་ཀློའུ་ཞེས་པ་ནི་རྒྱའི་རུས་ལོའུ"鲁"ཡིན་ཟེར་བ་ཡེ་བདེན།

མི་བདེན་ཏེ། གནའ་དུས་སུ་ལྡོང་གི་རིགས་ལས་བྱུང་བའི་རྒད་པོ་ཞིག་ལ་ཐར་བ་འབུམ། བདུད་ལྷ་རྒྱལ། ཞ་བསེ་སྐྱབས་ཟེར་བའི་བུ་གསུམ་སྐྱེས་ཤིང་དེ་དག་མི་བརྒྱུད་མི་སྡེ་ཆེན་པོ་གསུམ་དུ་འཕེལ་རྒྱས་བྱུང་བ་ལ། ཐར་ཤུལ། བདུད་ཤུལ། ཞ་ཤུལ་ཞེས་སུ་བྱ་ཞིང་། སྦྲ་ནག་ཁག་གསུམ་ཞེས་པའང་འདི་གསུམ་ཡིན་ནོ། །དེའི་ཐར་བ་འབུམ་ལའང་བུ་གསུམ་སྐྱེས་ཤིང་ཐ་ཆུང་ཀླུགས་པ་ཞིག་ཡིན་པས་དེའི་བུ་བརྒྱུད་རྣམས་ལ་ཀློའུ་ཚང་ཞེས་སུ་གྲགས་པ་ཡིན་ལ། ཀློའུ་ཞེས་པ་ཀླུགས་པའི་དོན་ཡིན་པ་ཡུལ་འདིའི་བྱིས་པ་ཆོས་ཀྱང་ཤེས་པས་རྒྱུ་མཚན་མང་པོ་འགོད་མ་དགོས་ཤིང་། སྦྲ་ནག་ཁག་གསུམ་གྱི་ལོ་རྒྱུས་ཅུང་ཞིབ་མོར་བྲིས་ན་འོས་མོད་ཡིག་ཚོགས་བསྐྱུང་བའི་ཕྱིར་འདིར་དེ་ཙམ་མོ། །

༢༠. ཆོས་སྐྱོང་པེ་ཧར་སོགས་བྱུང་ཚུལ།

ཆོས་སྐྱོང་པེ་ཧར་འདི་ཉིད་ངེས་པའི་དོན་དུ་རིགས་ལྔའི་ངོ་བོར་བཞུགས་ཀྱང་སྣང་ཚུལ་ཙམ་དུ་དཀོར་བདག་རྒྱལ་པོ་ཆེན་པོ་སྐུ་ལྔའི་རྣམ་འགྱུར་དུ་བཞེངས་ཤིང་འཕྲིན་ལས་རྣམ་བཞིའི་ལས་ལ་ཐོགས་མེད་མྱུར་མགྱོགས་མཐུ་རྩལ་ཕུལ་དུ་བྱུང་བའི་དམ་ཚིག་ཅན་གྱི་པོ་ཉ་སྟེ། བསྐལ་བ་དཔག་ཏུ་མེད་པའི་སྔོན་རོལ་ཏུ་རྒྱལ་རིགས་ཧཱུྃ་ཛ་ལ་ཞེས་པ་དང་། སློབ་དཔོན་ཉིད་བློན་པོའི་བུར་གྱུར་བ་ལས་དེ་གཉིས་ཤིན་ཏུ་མཛའ་བས་རབ་ཏུ་བྱུང་བའི་ཚད་བྱས། མཁན་པོ་ཟླ་འོད་ཅེས་བྱ་བ་ལས་ཚངས་སྤྱོད་ཀྱི་སྡོམ་པ་བླངས་ཏེ་ལྷན་ཅིག་ཏུ་གནས་པ་ན། རྒྱལ་པོའི་བུ་ནི་བཤད་པ་དང་། བློན་པོའི་བུ་ནི་སྒོམ་པ་ལ་དགའ་བས་མ་མཐུན་ནོ། །ཇི་ཞིག་ན་རྒྱལ་བུ་ཉིད་བྲམ་ཟེ་མོ་མཛེས་ལྡན་མ་དང་འདུས་པས་ཚངས་སྤྱོད་ཉམས་པ་ན་གནས་བརྟན་དང་བློན་པོའི་བུས་དེ་ལས་ཕྱོག་པར་སྨྲས་ཀྱང་། ཁྲོས་ཏེ་སྨྲར་རྒོལ་ཞིང་སྡིགས་པའི་ལས་ཀྱིས་མི་བསྲུན་པའི་སྐྱེ་བ་ཇི་སྙེད་བརྒྱུད་པའི་མཐར་གནོད་སྦྱིན་གདུག་པའི་

རིགས་སུ་སྐྱེས། སློན་པོའི་བུ་ནི་ཆོས་ཉིད་ཀྱི་དོན་མཐོང་ནས་དགྲ་བཅོམ་པ་ལེགས་ལྡན་ཞེས་བྱ་བར་གྱུར་ཏོ། །དེའི་ཚེ་ཡང་སྔོན་གྱི་བག་ཆགས་ཀྱིས་དགེ་སློང་འདི་ལ་གནོད་ཅིང་འཚེ་བར་བྱེད་པ་ན་གསང་བའི་བདག་པོ་དང་དགེ་སློང་གཉིས་ཀྱིས་གནད་ལ་ཕབས་ཏེ་གཟིར་ཞིང་དམ་ལ་བཏགས། སངས་རྒྱས་ཀྱི་བསྟན་པ་སྲུང་བར་ཁས་བླངས་སོ། །དེ་ནས་དུས་ཕྱིས་བོད་ཡུལ་གྱི་ཁྲི་སྲོང་ལྡེ་བཙན་གྱིས་མཁན་སློབ་ཁྱད་པར་ཅན་རྣམས་སྤྱན་དྲངས། དམ་པའི་ཆོས་ཀྱི་སྣང་བས་ཁྱབ་པར་བྱས་པའི་ཚེ་སློབ་དཔོན་ཆེན་པོས་གནོད་སྦྱིན་གདུག་པ་ཅན་ཐམས་ཅད་དམ་ལ་བཏགས། ཁྱད་པར་རྒྱལ་པོ་འདིས་མཐོ་འཚམས་ཤིང་དགོངས་ཉམས་སད་པར་བྱས་པ་ལས་ཕྱག་རྒྱ་གཉན་པོས་ཟིལ་གྱིས་མནན་ནས་ག་ཚོགས་ལ་ཕབ། སྲོག་གི་སྙིང་པོ་མདོངས་གསོལ་དུ་ཕུལ་བ་ལས་དྲེགས་པ་ཡོངས་ཀྱི་རྗེ་བོར་དབང་བསྐུར་ཏེ་དམ་ཚིག་གཉེར་གཏད། ཁྱད་པར་བསམ་ཡས་ཆོས་འཁོར་ཆེན་པོའི་སྲུང་མ་མཁན་སློབ་བཀའ་བགྲོས་པ་ན་དྲེགས་པ་འདི་ཉིད་ཁྱད་པར་འགྱུར་བར་དགོངས་པ་མཐུན། ཟ་ཧོར་གྱི་ཡུལ་ནས་སྲུང་མ་སྤྱན་འདྲེན་པའི་ཆེད་དུ་ཧོར་གྱི་སྒོམ་གྲྭ་བར་བ་བཅོམ་སྟེ་དཀོར་ཆ་རྣམས་ཁྱེར་བའི་རྗེས་སུ་བེ་ཧར་འཁོར་བཅས་སྤྱན་པ་སྲུང་མར་བཀའ་བསྒོས། པེ་དཀར་གླིང་དུ་རྟེན་བཙུགས་ཏེ་གཙུག་ལག་ཆོས་འཁོར་དཀོར་ནོར་དང་བཅས་པ་གཉེར་དུ་གཏད། རང་ཅག་རི་བོ་དགེ་ལྡན་པའི་བསྟན་པ་འདི་ལ་ཡང་འཇམ་དབྱངས་ཆོས་རྗེས་འབྲས་སྤུངས་བཏབ་སྐྱེ་ཆོས་སྐྱེ་དེའི་སྲུང་མར་མངའ་གསོལ། རྒྱལ་དབང་ཕྱག་ན་པདྨ་རིམ་བྱོན་གྱི་དགྲ་ལྷའི་གཙོ་བོར་མཛད་ཅིང་། རི་བོ་དགེ་ལྡན་པའི་བསྟན་འཛིན་དམ་པ་རྣམས་དང་ཆོས་སྐྱེ་ཕལ་མོ་ཆེས་སྲུང་མར་བསྟེན་པ་མཛད་དོ། །

དེ་ཡང་གནོད་སྦྱིན་ཆེན་པོ་འདི་ཉིད་ནི་ངེས་དོན་དུ་འཇམ་དཔལ་གཤིན་རྗེ་གཤེད་ཀྱི་རྣམ་སྤྲུལ་ཡིན་ཅིང་། དྲང་དོན་དུ་སྟོན་འདས་པའི་བསྐལ་བ་ཞིག་ཏུ་རྒྱལ་པོ་གསེར་གྱི་ཤུགས་ཅན་དང་བཙུན་མོ་ཨུཏྤ་ལའི་རྒྱན་བྱ་བ་གཉིས་ལ་སྲས་གཅེན་གྲགས་ལྡན་དང་གཅུང་གྲགས་སྐྱེས་བྱ་བ་གཉིས་ཀྱི་གཅེན་ཆོས་ལ་དད་ཅིང་གཅུང་པོ་མུ་སྟེགས་ལ་དད་པས་མ་

འཆམ་པ་ལ་ཆོ་ལོ་རྒྱབ་ནས་སུ་རྒྱལ་བ་ལ་དེའི་ཆོས་ལུགས་ལ་ཞུགས་དགོས་པར་འཆམ་པ་ལ་ཆོ་ལོ་རྒྱབ་པས་གཅེན་རྒྱལ། གཅུང་ཆོས་ལ་ཞུགས་ཤིག་བྱས་ཀྱང་མཉན་པར་བྲོས་པ་གཅེན་གྱིས་བདས་ཏེ་བཟུང་ནས་གསོད་པར་བརྩམས་པ་ལ་གཅུང་བོས་བདག་མ་གསོད་པར་ཐོངས་དང་གཅེན་ཉིད་སངས་རྒྱས་པའི་དུས་སུ་ངས་བསྟན་སྲུང་བགྱིད་དོ་ཞེས་དམ་བཅས། དེར་གཅེན་གྱིས་དབང་བསྐུར་ཏེ་དབང་རྟགས་ཟངས་ཀྱི་རོལ་མཁར་བ། བསེའི་མདའ་གཞུ་གཏད། མིང་སྲོག་བདག་ཡབ་ཤུད་དམར་པོ་ཞེས་བཏགས། གཅེན་ནི་བདག་ཅག་གི་སྟོན་པ་དང་གཅུང་གྲགས་སྐྱེས་ནི་ཆོས་སྐྱོང་འདི་ཉིད་དོ། །བཅོམ་ལྡན་འདས་ཞིང་འདིར་སངས་རྒྱས་པའི་ཚུལ་བསྟན་པ་ན་སྔོན་གྱི་སྨོན་ལམ་གྱི་དབང་གིས་བྱང་ཤར་མུ་ངན་གྱི་ཡུལ་བདུན་འདས་པའི་ཕ་རོལ་ན། མདའ་ན་ཁྲག་མཚོ་འཁྱིལ་ཞིང་ཕུ་ན་པདྨ་བྲག་རྩེགས་མི་རོ་རྟ་རོ་གཅལ་དུ་བཀྲམ་ཞིང་མི་ཁྲག་རྟ་ཁྲག་མཚོ་རུ་འཁྱིལ་བ། ཤིན་ཏུ་འཇིགས་ཤིང་སྐྱི་གཡའ་བའི་གནས་ནས་ཕ་གནོད་སྦྱིན་ཟངས་ཀྱི་རལ་པ་ཅན་དང་། མ་སྲིན་མོ་ཁྲག་གི་རལ་པ་ཅན། ཕ་ཞེ་སྡང་མེ་ལྟར་འབར་ཞིང་མ་འདོད་ཆགས་ཆུ་ལྟར་འཁྲུགས་པ་དེ་གཉིས་ཚོགས་པ་ལས་བྱུ་རུའི་སྒོ་ང་དང་བསེའི་སྒོ་ང་གཉིས་སྐྱེས། དེ་གཉིས་ཕ་མས་མ་ཐུབ་པར་བར་སྣང་དུ་འཕྱོ་བས་བར་གྱི་གཟའ་བརྒྱད། སྟེང་དུ་ལྷ་ཆེན་བརྒྱད། འོག་ཏུ་ཀླུ་ཆེན་བརྒྱད་བཏུལ། ཕ་མ་གཉིས་འཛོམས་ལ་ཁད་པ་ལ་ཕ་མས་མ་ཧཱ་དེ་ཤ་དང་ཡུམ་ཨེ་ཀ་ཛ་ཏི་གཉིས་དུར་ཁྲོད་གནོད་སྦྱིན་ཕུག་ན་ཡོད་པ་བསྐུལ་བས། དབང་སྡུད་ཀྱི་ཏིང་ངེ་འཛིན་ལ་སྙོམས་པར་ཞུགས་ནས་ཁ་ཊྂ་ག་རྒྱབ་པས་སྒོ་ང་གཉིས་བརྡོལ་བས་བྱུ་རུའི་སྒོ་ང་ལས་མི་དམར་པོ་ཟངས་ཀྱི་བག་ཙེ་གྱོན་པ། མདའ་གཞུ་དང་ཟངས་གྲི་བསེའི་མདུང་ཐོགས་པ་གཅིག་ཐོན་པ་མ་ཧཱ་དེ་ཤས་དམ་ལ་བཏགས་ཏེ་དྲི་བ་དྲིས་ལན་གྱི་ཚུལ་དུ་བཤད་པ་སྒྲོལ་བྱེད་ཀྱི་རྒྱུད་གསུངས། བསེའི་སྒོ་ང་ལས་བུད་མེད་ལུས་སྔོ་ལ་གདོང་སེ་དུང་དང་། སྨིན་མ་གཡུ་མེའི་རལ་པ་ཅན་ཟངས་གྲི་དང་ཕུར་བུ་ཐོགས་པ་ཞིག་ཐོན་པ་ཨེ་ཀ་ཛ་ཏིས་དམ་ལ་བཏགས་དེ་དྲི་བ་དྲིས་ལན་གྱི་ཚུལ་དུ་དམར་མོ་བཤད་པ་འཇིག་རྟེན་ཟ་བྱེད་མའི་རྒྱུད་གསུངས། དེ་ལྟ་

བུའི་རྒྱུད་ཀྱི་ཁུངས་ལ་བརྟེན་ནས་ཨ་ཀྱཱ་ཉེ་འོད་གྲགས་པས་མ་ཧཱ་དེ་ཞ་ལ་ལུང་མནོས་ཏེ་སྒྲུབ་པས་གྲུབ་སྟེ་ནག་པོ་གནང་། དེས་སྲས་ཀླུ་ཡ་རྒྱ་ར་ར། དེས་གཉན་ལོ་ཙཱ་བ་དང་། མར་པ་ལོ་ཙཱ་བ་སོགས་ལ་གནང་ནས་རིམ་གྱིས་གྲུབ་ཐོབ་འདའ་ཏུ་བ་རིན་ཆེན་བཟང་པོས་གསན། སློབ་དཔོན་དེ་ཉིད་ཀྱིས་ནགས་རྒྱལ་ལྷ་ཆུར་སློབ་དཔོན་པདྨ་དངོས་དང་མཇལ་ཏེ་དེ་ལས་ཀྱང་གསན། དེ་ནས་རིམ་པར་ས་དགེའི་སྐྱེས་བུ་དམ་པ་ཕལ་ཆེ་བས་གསན་ཅིང་སྲུང་མ་ཁྱད་པར་ཅན་མཛད་པ་ཡིན་ནོ། །

༢༧. ཆི་ཀྱ་དང་ན་ཀྱ་ཟེར་བ་དེ་རྒྱ་ཡིག་གི་"祁家"དང་"那家" ཟུར་ཆག་པ་ཤེ་རེད།

ཆི་ཀྱ་དང་ན་ཀྱ་ཞེས་པ་དེ་རྒྱ་ཡིག་གི"祁家"དང"那家"ཟུར་ཆག་པ་ཡིན་ཟེར་བ་ལ་རྒྱུ་མཚན་ཅི་ཡང་མེད། འོན་དེའི་རྒྱུ་མཚན་ཅི་ཡིན་ཞེ་ན། དེ་ཡང་གནའ་དུས་སུ་སྟེ་འདིའི་མི་མང་པོ་མཉམ་དུ་འདུས་ནས་ཆོས་ལུགས་ཀྱི་བྱ་འགུལ་སྤེལ་བའམ། སྲིད་དོན་བགྲོ་བའི་ཚེ་ཚོ་ཁག་སོ་སོར་རང་རང་གི་མི་རྣམས་སྡོད་སའི་གྲལ་ངེས་ཅན་རེ་ཡོད་སྐབས། གྱི་གྲལ་ལ་ཆི་ཀྱ་དང་གྲལ་སྨད་ལ་ལྷོག་གྲལ་ཏེ་སྨད་ཀྱ་ཞེས་སྟེ་མིང་དུ་གྲགས་པ་ཡིན་ལ། གྱི་ལ་གྱི་དང་གྲངས་ལ་ཀྱངས་ཟེར་བ་བཞིན་གྲལ་ལ་ཀྱ་ཞེས་ཏེ་སྨད་བའང་བརྗོད་སྙིང་ཡིན་ཞིང་། ཨ་མདོའི་ཁ་སྐད་དུ་བརྗོད་སྙིང་མང་སྐབས་ད་ལྟའང་དེ་ལྟར་བརྗོད་བཞིན་པ་ཚང་མས་མཁྱེན་གསལ་ལྟར་ཡིན་ནོ། །

༢༢. ཆིན་རྒྱལ་རབས་ཀྱི་རྒྱལ་པོ་བཅུ་ལ་བོད་སྐད་ཀྱི་མཚན་ཡོད་ཟེར་བ་བདེན་ནམ།

དྲི་བ་འདི་ཤིན་ཏུ་གལ་ཆེ་སྟེ། ལོ་རྒྱུས་དང་རྣམ་ཐར་རྣམས་ལ་ཞིབ་འཇུག་བྱེད་པ་ལ་འདི་དག་ངེས་པར་ཤེས་དགོས་པས་སོ། །དཔྱད་གཞི་ཡིག་རིགས་འགའི་ནང་དུ་བཙལ་ཏེ། ཆིན་རྒྱལ་རབས་ཀྱི་གོང་མ་ཞེན་ཐུང་ཡན་གྱི་རྒྱལ་པོ་དགུའི་མཚན་གསལ་བར་ཤེས་པ་འདི་ལྟར། ཧྲུན་ཀྲི(顺治)ལ་ཐབས་སྐྱོང་རྒྱལ་པོ། ཁང་ཞི(康熙)ལ་བདེ་སྐྱོང་རྒྱལ་པོ། ཡུང་

ཡེང་(雍正)ལ་གནམ་སྐྱོང་རྒྱལ་པོ། ཆན་ལུང་(乾隆)ལ་ལྷ་སྐྱོང་རྒྱལ་པོ། ཅ་ཆེན་(嘉庆)ལ་བརྟགས་སྨོན་རྒྱལ་པོ། ཏོ་བཀྲང་(道光)ལ་སྲིད་གསལ་རྒྱལ་པོ། ཞན་ཧྥུན་(咸丰)ལ་སྲིད་སྐྱོང་རྒྱལ་པོ། ཐུང་ཀྲི་(同治)ལ་ཀུན་སྐྱོང་རྒྱལ་པོ། བཀྲང་ཞི་(光绪)ལ་འོད་གསལ་རྒྱལ་པོ་ཟེར། དཔྱད་གཞིའི་ཡིག་ཆ་དཀོན་པའི་དབང་གིས་ཞོན་ཐུང་ལ་བོད་མཚན་ཡོད་མེད་མ་ངེས་པས། དཔྱོད་ལྡན་རྣམས་ཀྱིས་ལོ་རྒྱུས་ཀྱི་གཞུང་ལས་འཚོལ་བར་ཞུ།

༄༅། །སྙན་ངག་གི་ཉམས་སྦྱིན་ཚུལ་སོགས་
དཀའ་གནད་འགའི་དཔྱད་ཐོ།

༄༅། །བླམ་དང་འཇམ་དབྱངས་ཡབ་ཡུམ་དབྱེར་མ་མཆིས་པའི་ཞབས་ལ་སྒོ་གསུམ་གུས་པ་ཆེན་པོས་ཕྱག་འཚལ་ལོ། །

སྙན་ངག་རིག་པ་ནི་མི་རྣམས་ཀྱི་སྐད་ཆའི་སྒྱུ་རྩལ་འཕེལ་རྒྱས་ཀྱི་ཡང་རྩེ་ཡིན་ལ། དགའ་སྡུག་ཁྲོ་ཆགས་ཀྱི་བསམ་བློའི་འགྱུར་བ་དྲག་པོ་ཇི་ལྟ་བ་བཞིན་མཚོན་པར་བྱེད་པའི་ངག་གི་རྣམ་པར་རིག་བྱེད་གཞན་འགྲན་མེད་པ་ཞིག་ཀྱང་ཡིན། འཛམ་གླིང་ཡོངས་ཀྱི་རིག་གནས་ཅུང་དར་རྒྱས་ཆེ་བའི་མི་རིགས་ཀུན་ལ་རང་རང་གི་སྙན་ངག་ཡོད་པར་མ་ཟད་དེ་དག་གི་ལོ་རྒྱུས་འཕེལ་རིམ་དང་སྤྱི་ཚོགས་ཀྱི་གོམས་སྲོལ། སྐད་ཆའི་བཤད་སྟངས་བཅས་མི་འདྲ་བའི་དབང་གིས་སྙན་ངག་གི་མཚན་ཉིད་འཛོག་ཚུལ་ཅུང་མི་མཐུན་པ་ཡོད་སྲིད་ཀྱང་། གོང་གསལ་གྱི་སྙན་ངག་གི་ཁྱད་པར་གྱི་ཆོས་དེ་ལྟ་བུ་ཞིག་ཡིན་ཚུལ་ལ་བཞེད་པ་མི་མཐུན་པ་གཏན་ནས་མེད་སྙམ། གངས་ཅན་སྟ་ལའི་སྨན་ལྗོངས་འདིར་ཡང་ལོ་རྒྱུས་ཀྱི་དུས་ཡུན་ལོ་སྟོ་མོ་ནས་ངག་ཐོག་དང་ཡིག་ཐོག་གི་སྙན་ངག་དར་ཀྱང་། རིག་པའི་གནས་འདི་ཉིད་ཀྱི་གཞུང་ལུགས《ཚིག་རྒྱན་རིག་པ》དང་འཆད་ཉན་རྒྱ་ཆེར་བྱེད་པའི་སྲོལ་ནི་དབྱིའི《མེ་ལོང》བོད་ལ་བསྒྱུར་བ་ནས་བྱུང་བ་ཡིན་མོད་དེའི་ཚུན་བྱུང་བའི་ཚིགས་བཅད་ཀྱི་རྩོམ་ཡོད་ཚད་སྙན་ངག་མིན་ཞིང་། བཅད་ལྷུག་སྤེལ་མའི་རྩོམ་ཡོད་ཚད་སྙན་ངག་དེ་བས་ཀྱང་མིན། འོ་ན་སྙན་ངག་ནི་ཇི་འདྲ་ཞིག་ཡིན་ནམ་ཞེ་ན་སྙན་ངག་ལ་རྩོམ་གཞན་དང་མི་འདྲ་བའི་ཁྱད་ཆོས་ཐུན་མོང་མིན་པ་ཞིག་དགོས་པ་སྟེ། ཚིགས་སུ་བཅད་པ་དང་ལྷུག་པ་དང་སྤེལ་མ་གསུམ་ནི་རྒྱན་གང་ལ་འདོགས་པའི་གཞི་ཡིན་པས་ན་སྙན་ངག་གི་ལུས་དང་། དེ་མཛེས་

པར་བྱེད་པའི་དཔེ་དང་གཏན་ཚིགས་སོགས་ཚིག་སྦྱོར་གྱི་ཆ་ཕྲད་དུ་བྱུང་བའི་ཡོན་ཏན་གྱི་ཆོས་གང་ཅི་ཡང་རུང་བ་ལ་རྒྱན་ཞེས་བྱ་ལ། ལུས་རྒྱན་དེ་གཉིས་ལྡན་ཅིག་སྦྱར་བའི་ནང་གི་བསམ་བློའི་འགྱུར་བ་དྲག་པོ་ཇི་བཞིན་མཚོན་ནུས་པའི་ཉམས་ཕུལ་དུ་བྱུང་བ་དང་ལྡན་པའི་ཚིག་ལ་སྙན་ངག་ཟེར་བ་ནི། དཔལ་ལྡན་དཎྜིས། སྙན་ངག་མཛེས་པར་བྱེད་པ་ཡི། །ཆོས་རྣམས་རྒྱན་ཞེས་རབ་ཏུ་བརྗོད། །ཅེས་པའི་ཐད་ཀྱི་རྩ་འགྲེལ་རྣམས་ལས་གསལ་བར་གསུངས་པས་ན། སྙན་ངག་མེ་ལོང་དང་བོད་ཀྱི་སྙན་འགྲེལ་རྣམས་ལས་སྙན་ངག་གི་མཚན་ཉིད་གསལ་བར་མ་བསྟན་པར་བཤད་པ་དག་ནི་དཔེ་ཀློག་ཙམ་ལ་ཡང་ངལ་བ་མ་བྱས་པའི་རང་མཚང་ཕྱིར་ངོམ་པ་ཤེས་པར་བྱའོ། །འདི་ལ་ལུས་དང་རྒྱན་གྱི་རྣམ་གཞག སྒྲིག་བཞེད་མིན་གྱི་རྒྱུ་མཚན། ཉམས་འགྱུར་ཕྲད་དུ་བྱུང་བའི་ཚིག་ཏུ་ཇི་ལྟར་གྱུར་ཚུལ་སོགས་ལེགས་པར་བསམ་དགོས་པའི་གནས་ཤིན་ཏུ་མང་པོ་མཆིས་པ་ལས་འདིར་དེ་དག་གི་སྐོར་མདོར་བསྡུས་ཙམ་ཞིག་གླེང་བ་ལ་འཇུག་གོ །

དང་པོ། ལུས་ཀྱི་རྣམ་གཞག

《མེ་ལོང་》ལས།

ལུས་ནི་རེ་ཞིག་འདོད་པ་ཡི། །
དོན་གྱི་རྣམ་བཅད་ཚིག་གི་ཕྲེང་། །

ཞེས་པའི་ཐད་ཀྱི་རྒྱ་འགྲེལ་གཉིས་སོགས་སུ་གསལ་བར་གསུངས་པ་ལྟར་སྙན་ངག་མཁན་གྱིས་གང་བརྗོད་པར་འདོད་པའི་བརྗོད་བྱའི་དངོས་པོའི་ཁྱད་པར་གྱི་ཆོས་ལེགས་པར་ངེས་པར་བྱས་ནས་ཇི་ལྟར་བརྗོད་པར་འདོད་པའི་དོན་དེ་ཉིད་བསམ་པས་རང་དབང་དུ་བྱས་པའམ་ཁྱད་པར་དུ་བྱས་པའི་ཚིག་གི་རྒྱུན་ནི་སྙན་ངག་གི་ལུས་ཡིན་ལ། དེ་ཡང་ཐོག་མར་སྙན་ངག་མཁན་གྱིས་རང་གི་གང་བརྗོད་རྒྱུའི་བརྗོད་བྱའི་དངོས་པོ་དེའི་ཁྱད་གཞི་དང་

ཁྱད་ཆོས་ཐུན་མོང་བ་དང་ཐུན་མོང་མིན་པ་རྣམས་གཞན་དང་མ་འདྲེས་པར་བློ་ལ་ངེས་པར་བྱེད་རྒྱུ་ནི་ཤིན་ཏུ་གལ་ཆེ་སྟེ། དཔེར་ན་རི་མོ་མཁན་ཞིག་གིས་སྟོན་ཤིང་ཞིག་འབྲི་བའི་དབང་དུ་བྱས་ན་ཐོག་མར་བྲི་བྱའི་སྟོན་ཤིང་དེ་ཉིད་ཀྱི་རྣམ་པ་དང་ཁྱད་ཆོས་མ་ལུས་པ་ཞིབ་ཏུ་ངེས་དགོས་པ་དང་། དེ་དག་བློ་ལ་ངེས་པའི་ཚད་ཅི་འདྲ་གཏིང་ཟབ་པ་དང་། ཅི་འདྲ་རྒྱ་ཆེ་བ་ཡིན་ན་དེ་ལྟར་དུ་བྲིས་པའི་རི་མོའི་སྟོན་ཤིང་དེ་ཉིད་ཀྱིས་བྲི་བྱའི་སྟོན་པའི་རྣམ་པ་ཇི་མ་ཇི་བཞིན་མཚོན་ཐུབ་པ་དེ་བཞིན་དུ་སྙན་ངག་མཁན་གྱིས་ཀྱང་རང་གི་གང་བརྗོད་རྒྱུའི་དངོས་པོ་དེའི་རྣམ་པ་དང་ཁྱད་ཆོས་རྣམས་ལ་ཞིབ་ཏུ་ལྟ་ཤེས་དགོས་པ་དང་། བལྟས་པ་ཅི་ཙམ་གཏིང་ཟབ་པ་དང་རྒྱ་ཆེ་བ་ཡིན་ན། དེས་བྲིས་པའི་སྙན་ངག་གིས་བརྗོད་བྱའི་དངོས་པོ་ཉིད་ཇི་ལྟ་བ་བཞིན་ཚུལ་ལྷག་པར་རྒྱ་ཆེ་ཞིང་གཏིང་ཟབ་པའི་སྒོ་ནས་མཚོན་ཐུབ་པ་ཡིན་པས《སྙན་འགྲེལ་ངག་གི་རོལ་མཚོ》ལས། སྒྲུབ་པོས་བརྗོད་པར་འདོད་པའི་གཏམ་རྒྱུད་སོགས་གང་ཡིན་པའི་བརྗོད་བྱའི་དོན་དེ་ངེས་པར་བྱས་ནས་ཞེས་དང་། ཚིག་རྒྱན་གྱི་བསྟན་བཅོས་གཞན་རྣམས་ཀྱང་འདི་བཞིན་གསུངས་ཏེ། ཞིབ་ཏུ་བསམ་ན་གོ་རྒྱུའི་གནད་ཏ་ཅང་ཆེའོ། །དེས་ན་སྙན་ངག་གི་བརྗོད་བྱ་དེ་ཡང་སྐྱེ་ཚོགས་ཀྱི་འཚོ་བ་དངོས་ལས་བྱུང་བ་ཞིག་ཡིན་དགོས་པ་དང་། དེ་ཡང་སྟོན་བྱུང་གཏམ་ལས་གྱུར་པའམ། །ཅིག་ཤོས་ལེགས་པ་ལ་བརྟེན་པ། །ཞེས་པ་ལྟར་རྩོམ་པ་པོ་རང་གིས་དངོས་སུ་མཐོང་བ་མིན་ཡང་མི་རབས་བརྒྱ་ཕྲག་མང་པོར་རིམ་བཞིན་བརྒྱུད་པའི་གཏམ་རྒྱུད་ངོ་མཚར་བ་དག་དང་། གཞན་ཞིག་ནི་རྩོམ་མཁན་རང་ཉིད་ཀྱིས་མཐོང་ཐོས་ཀྱི་ཡུལ་དུ་དངོས་སུ་གྱུར་པའི་སྐྱེ་ཚོགས་ཀྱི་སྣང་ཚུལ་སྣ་ཚོགས་བརྗོད་པ་སྟེ། དེ་གཉིས་སུ་མ་འདུས་པའི་བརྗོད་བྱ་ཞིག་གཏན་ནས་རྙེད་པར་མི་འགྱུར་ལ། དེ་གཉིས་གང་བརྗོད་ཀྱང་བརྗོད་བྱའི་དོན་གྱི་རྣམ་པར་བརྟག་དཔྱད་ཞིབ་འཇུག་སོགས་དེ་དག་གི་ཆོས་ཉིད་ནན་ཏན་གྱིས་ཕོང་དུ་ཆུད་པར་བྱེད་དགོས། དེ་ཡང་གསལ་བར་བཤད་ན། སྙན་ངག་པས་བརྗོད་བྱའི་དངོས་པོ་དེའི་རྣམ་པ་སོགས་ཡིད་ཀྱིས་ངེས་ཚུལ་དང་བསམ་པས་བརྟག་པ་བྱེད་ཚུལ། ལྟ་ཚུལ་བཅས་ནི་རྩོམ་མཁན་གཞན་གྱིས་

བརྗོད་བྱའི་དངོས་པོ་ངེས་ཚུལ་དང་མི་འདྲ་བ་ཞིག་ཡིན་དགོས་སྐབས་རྒྱ་འགྲེལ་གཞན་དུ་བྲངས་པ་ལས། དོན་གྱི་རྣམ་བཅད་ཅེས་པའི་དོན་འགྲེལ་སྐབས་འདོད་པའི་དོན་སྒྲུབ་པོའི་བསམ་པས་རང་དབང་དུ་བྱས་པའམ་ཁྱད་པར་དུ་བྱས་པའོ། །དེས་ན་འདོད་པའི་དོན་རྣམ་པར་བཅད་པའི་ཚིག་གི་ཕྲེང་བ་ནི་སྙན་ངག་གི་ལུས་སུ་ཤེས་པར་བྱ་སྟེ། ཞེས་གསུངས་སོ། །གོང་གསལ་བསམ་པས་རང་དབང་དུ་བྱས་པའམ་ཁྱད་པར་དུ་བྱས་པ་ཞེས་པའི་དོན་ནི། དཔེར་ན། མིའི་རིགས་ཀྱི་ལོ་རྒྱུས་དུས་རབས་རིམ་བཞིན་བརྒྱུད་པའི་གཏམ་རྒྱུད་སོགས་དང་། ད་ལྟའི་སྤྱི་ཚོགས་ཀྱི་འཚོ་བ་དངོས་ཀྱི་ཁྲོད་ཀྱི་སྣང་ཚུལ་སྣ་ཚོགས་པ་ནི་མ་བཅོས་རྒྱུ་ཆ་ལྟ་བུ་ཞིག་དང་། སྙན་ངག་མཁན་གྱི་བསམ་པ་ནི་འཕྲུལ་འཁོར་ལྟ་བུ་ཞིག བརྗོད་བྱའི་དངོས་པོ་དེ་དག་མཚོན་བྱེད་ཀྱི་སྙན་ངག་ནི་ཐོན་རྫས་ལྟ་བུ་ཞིག་ཡིན་པས་བཟོ་གྲྭའི་ཐོན་རྫས་བཟང་ངན་ནི་མ་བཅོས་རྒྱུ་ཆའི་སྤུས་ཚད་དང་ལྷག་པར་འཕྲུལ་ཆས་ཀྱི་བཟང་ངན། ལས་སྟོན་བྱས་པ་ལེགས་མིན་བཅས་ལ་འབྲེལ་བ་ཧ་ཅང་ཆེ་བ་ལྟར། སྙན་ཚིག་ལེགས་པོ་ཞིག་འབྲི་བ་ལ་ཡང་བརྗོད་བྱ་འདེམས་མཁས་དགོས་པར་མ་ཟད་ལྷག་པར་སྙན་ངག་མཁན་གྱི་བསམ་པའི་ལས་སྟོན་ལེགས་པར་བྱས་པ་བརྒྱུད་དེ། ཚིག་གི་སྦེབ་ལེགས་པར་སྦྱར་བ་ལ་བརྟེན་ནས། སྙན་ངག་ལ་བློ་ཁ་ཕྱོགས་པའི་གང་ཟག་རྣམས་ཀྱིས་ཞིབ་ཏུ་བསླུགས་ཤིང་བསམས་ན་བརྗོད་བྱའི་དངོས་པོ་དེ་ཉིད་ཀྱི་དོན་སྤྱི་ལེགས་པར་འཆར་ནུས་པ་ཞིག་དགོས་པ་ཡིན་ནོ། །འདོད་པའི་དོན་སྒྲུབ་པོའི་བསམ་པས་རང་དབང་དུ་བྱས་པ་ཞེས་པའི་དོན་ཡང་། དཔེར་ན། སྙན་ངག་མཁན་ཞིག་གིས་འདོད་ལྡན་གཞོན་ནུ་ཕོ་མོ་གཉིས་ཀྱི་མཛའ་གཙུགས་དང་བརྩེ་འདུངས་སོགས་བརྗོད་པའི་སྙན་ཚིག་ཅིག་འབྲི་ན། ཐོག་མར་དེ་གཉིས་ཀྱི་བརྩེ་འདུངས་དང་། མཛའ་ཞིང་མཐུན་པའི་གནས་ཚུལ་ངོ་མ་སྙན་ངག་མཁན་དེའི་ལུས་སེམས་ཀྱི་ཚོར་བས་དངོས་སུ་ཉམས་སུ་མྱོང་ཐབས་མེད་ཀྱང་། དེ་གཉིས་བར་གྱི་མཛའ་བརྩེ་ཆགས་པའི་བརྒྱུད་རིམ་དང་། བརྩེ་འདུངས་ཀྱི་གནས་ཚུལ་རྣམས་ཀྱི་དོན་སྤྱིའམ་སྣྲ་སྤྱི་ཕལ་ཆེར་བློ་ངོར་ལེགས་པར་འཆར་བ་བྱེད་དགོས་པར་བསྟན་པ་སྟེ། མདོར་ན་

སྤྱི་ཚོགས་ལ་ཟབ་ཞུགས་སློས་བརྟག་དཔྱད་ཞིབ་འཇུག་གཏིང་ཟབ་པ་ཞིག་བྱས་ནས་བརྗོད་བྱའི་རྒྱུ་ཆ་ཕྱུ་ནོམ་པ་ཞིག་རང་གི་ཀླད་པའི་ནང་དུ་གསོག་མཁས་པོ་བྱེད་དགོས། ཞེས་པའི་དོན་ཡིན་ནོ། །བརྗོད་པར་འདོད་པའི་དོན་སྒྲུབ་པོའི་བསམ་པས་ཁྱད་པར་དུ་བྱས་པ་ཞེས་པ་ཡང་སྙན་ངག་མཁན་གྱིས་རང་གི་ཀླད་པའི་ནང་བསགས་ཟིན་པའི་བརྗོད་བྱའི་མ་བཙོས་རྒྱུ་ཆ་དེ་དག་ལེགས་པར་བསམ་གཞིག་གིས་ལས་སྒྲོན་བྱས་པ་བརྒྱུད་དེ། ཁྱད་པར་བའི་བརྗོད་ཐབས་ཤིག་ལ་བརྟེན་ནས་ནང་གི་བསམ་བློའི་འགྱུར་བ་དེ་ཉིད་ཕྱིར་མངོན་པའི་ཉམས་རྨད་དུ་བྱུང་བའི་ཚིག་གི་ཕྲེང་བ་ཞིག་ལ་སྙན་ངག་གི་ལུས་ཟེར་བའི་དོན་དུ་གོ་དགོས་པས་སྙན་ངག་གི་དཀའ་ས་ནི་འདི་ལ་ཐུག་པ་ཡིན་ནོ། །འཇམ་དབྱངས་བསྟན་པའི་སྒྲོན་མེའི་གསུང་སྒྲོས་ལས་བོད་ལ་སྙན་ངག་པ་ཆེན་པོ་ཆེས་མང་པོ་ཞིག་མ་བྱོན་པར་གསུང་བ་ཡང་བོད་ལ་བཅད་ལྷུག་སྤེལ་མའི་རྩོམ་སྤེལ་མཁན་ཤིན་ཏུ་མང་པོ་བྱོན་པ་མ་དགོངས་པ་མིན་པར་མཚན་ཉིད་ཚང་བའི་སྙན་རྩོམ་འབྲི་རྒྱུ་ནི་ཧ་ཅང་དཀའ་བའི་གནས་ཤིག་ཡིན་པར་དགོངས་ནས་གསུངས་པ་ཡིན་པས་གོ་རྒྱུའི་གནད་ཆེའོ། །དེ་ཡང་དཔེར་ན། དངོས་པོ་ཞིག་རི་མོར་འགོད་རྒྱུ་ནི་ཧ་ཅང་མི་དཀའ་མོད། དངོས་པོ་ཞིག་གི་རྣམ་པ་ཇི་ལྟ་བཞིན་མཚོན་ཐུབ་ཅིང་ཀུན་གྱི་ཡིད་དབང་འགུགས་ནུས་པའི་རི་མོ་ཞིག་འབྲི་རྒྱུ་ནི་ཧ་ཅང་དཀའ་བ་ལྟ་བུ་ཡིན་ནོ། །བཅད་ལྷུག་སྤེལ་མ་གསུམ་ནི་སྙན་ངག་ཁོ་ནའི་ལུས་མ་ཡིན་པར་རྩོམ་ཐམས་ཅད་ཀྱི་ལུས་དེ་གསུམ་ལས་མ་འདས་ཏེ། ལུས་ཞེས་པ་རྩོམ་འགྲུབ་བྱེད་དང་རྒྱན་འདོགས་པའི་གཞི་ལ་བཤད་པ་ཡིན་པས་སོ། །དེས་ན་དེང་དུས་ཀྱི་ཤེས་ལྡན་ལ་ལས་རྣམ་ཐར་དང་མགུར་སོགས་ལ་རྩོམ་ལུས་ཀྱི་མིང་བཏགས་པ་མཐོང་ཡང་ཞིབ་ཏུ་དཔྱད་ན་དེ་དག་ནི་གྲུབ་ཟིན་པའི་རྩོམ་གྱི་རིགས་མི་འདྲ་བ་ཙམ་ཡིན་པས། དེ་དག་ལ་རྩོམ་ལུས་ཀྱི་མིང་སྦྱོར་འཁྱོར་དཀའ་བར་སེམས་པས་འཐད་མིན་བརྟག་པར་བྱའོ། །ད་དུང་《མེ་ལོང》ལས། སྙན་ངག་གི་ལུས་ལ་སྐད་རིགས་ཀྱི་སྒོ་ནས་བཞི་རུ་དབྱེ་བར་གསུངས་པ་ཡང་རྒྱ་གར་ཁོ་ན་མ་ཡིན་པར་བོད་ལའང་འདྲ་སྟེ། ལོ་པཎ་རྣམས་ཀྱིས་གཏན་ལ་ཕབ་པའི་དམ་པའི་ཆོས་བསྒྱུར་

བའི་ཡིག་སྐད་ཀྱིས་བརྩམས་པ་ཧ་ཅང་མང་ཡང་། ལྷ་སའི་སྐད་གཙོ་བོར་བྱས་པའི་ཡུལ་འཁོར་ཆེན་པོའི་སྐད་ཀྱིས་བརྩམས་པ་དང་། རྒྱ་མོ་ཚ་བ་རོང་སོགས་མཐའ་ཁུལ་རི་བྲག་པའི་སྐད་དུ་བརྩམས་པ་དང་། མི་རིགས་གཞན་དང་འབྲེལ་སྡོད་བྱས་ནས་རང་སྐད་ཀྱི་ཟུར་ཆག་པའམ་སྐད་རིགས་གཞན་བསྲེས་ནས་བརྩམས་པའང་ཡོད་དོ། །འོ་ན་སྙན་ངག་ལ་ཕལ་སྐད་དང་གྲོང་སྐད་རྣམ་པ་ཀུན་ཏུ་སྤང་དགོས་པ་མ་ཡིན་ནམ་ཞེ་ན། འདིར་སྤང་བྱར་གསུངས་པའི་ཕལ་སྐད་ནི་ཚོགས་པར་དབྱུང་དུ་མི་རུང་བའི་གཞན་གྱིས་ཐོས་ན་ངོ་ཚ་འོས་པའི་སྐད་སྤང་དགོས་པའི་དོན་ཡིན་པ་ནི《མེ་ལོང》རང་ལས་སྤང་བྱའི་དོན་གྱི་གྲོང་བ་ངོས་བཟུང་བའི་དཔེར་བརྗོད་ཀྱིས་ཤེས་པས་སྒྲུབ་བྱེད་གཞན་འགོད་མ་དགོས་སོ། །《མེ་ལོང》གི་ཚོགས་བཅད་རྐང་བཞི་དེ་ལ་ཡང་། ཞེས་སོགས་ཀྱི་ཚིག་ལ་བརྟེན་ནས་འགའ་ཞིག་གིས་ཚོགས་བཅད་སྙན་ངག་ནི་ངེས་པར་རྐང་བ་བཞི་ཅན་ཞིག་དགོས་པར་བཤད་ཀྱང་། འཐད་པར་མ་མཐོང་སྟེ། མཁས་པས་སྦྱར་བའི་སྙན་ཚིག་རྐང་བ་ལྔ་རེ་ཅན་སོགས་རྐང་བ་མ་ངེས་པ་མང་དུ་མཐོང་བས། དེ་དག་སྤྱིར་སྙན་ཚིག་ཡིན་ན་རྐང་བ་བཞི་རེའི་གྲངས་དང་མི་མཐུན་པ་ཕོ་ནའི་རྒྱུན་གྱིས་སྙན་ངག་མ་ཡིན་པར་ཅི་ལ་འགྱུར། 《མེ་ལོང》གི་གཞུང་དོན་ནི་སྤྱིར་ཤོ་ལོ་ཀ་གཅིག་ལ་རྐང་བ་བཞིར་འདོད་པ་དང་དྲུག་ཏུ་འདོད་པ་སོགས་ཡོད་ཀྱང་སྙན་ངག་རང་ལུགས་ལ་བཞིར་འདོད་པའི་དོན་ཡིན་ནོ། །སྙན་ངག་གི་ལུས་ཡིན་ན་ཚོགས་བཅད་ཡིན་པས་ཁྱབ་པར་འདོད་པ་སོགས་ནི་དཔལ་ལྡན་དཎྜིའི་མེ་ལོང་དང་དངོས་སུ་འགལ་ཞིང་རྒྱུ་མཚན་གཏན་ནས་མེད་པའི་དཔྱད་མི་བཟོད་པའི་ཚིག་ཏུ་རིག་པར་བྱ་ལ། ལུས་ཀྱི་སྐབས་འདིར་ཞིབ་ཏུ་དཔྱད་འོས་ཀྱི་རྣམ་གྲངས་ད་དུང་མང་དུ་མཆིས་ཀྱང་ཡིག་ཚོགས་ཆེ་སྐབས་རེ་ཞིག་འདི་ཙམ་གྱིས་ཆོག་ཤེས་པར་བྱས་སོ། །

གཉིས་པ། རྒྱན་གྱི་རྣམ་གཞག་དང་དེས་ལེགས་པར་སྤྲས་པའི་ཉམས་འགྱུར་སྨད་དུ་བྱུང་བའི་ཚིག་ཇི་ལྟར་གྲུབ་ཚུལ།

《མེ་ལོང་》ལས།

སྙན་ངག་མཛེས་པར་བྱེད་པ་ཡི། །
ཆོས་རྣམས་རྒྱན་ཞེས་རབ་ཏུ་བརྗོད། །

ཅེས་པ་ལྟར་གོང་ནས་བཤད་པའི་ལུས་དེ་ཉིད་མཛེས་པར་བྱེད་པའི་ཚིག་དང་དོན་གྱི་ཡོན་ཏན་གྱི་ཆོས་གང་ཅི་རུང་བ་ཐམས་ཅད་སྙན་ངག་གི་རྒྱན་ཟེར་བ་ནི། དཔེར་ན། སྐྱེས་བུའི་ལུས་མཛེས་པར་བྱེད་པའི་རིན་པོ་ཆེའི་མགུལ་རྒྱན་སོགས་ལ་རྒྱན་ཟེར་བ་དང་འདྲའོ། །དེ་ཡང་《དབྱངས་ཅན་མགུལ་རྒྱན》དང་། དཎྜིའི་《མེ་ལོང་》སོགས་ལུས་རྒྱན་སྤྱིར་ནས་སྙན་ངག་ཇི་ལྟར་འགྲུབ་པའི་ཚུལ་སྟོན་པའི་བསྟན་བཅོས་ལ་ནི་ཚིག་རྒྱན་གྱི་བསྟན་བཅོས་དང་། 《རྟོགས་བརྗོད་རིན་པོ་ཆེ་དཔག་བསམ་འཁྲི་ཤིང་》སོགས་ལུས་རྒྱན་སྤྱིར་ནས་སྙན་ཞིང་འཇེབས་པའི་ཚིག་ཏུ་གྲུབ་ཟིན་པའི་བསྟན་བཅོས་ཐམས་ཅད་ལ་སྙན་ངག་གི་བསྟན་བཅོས་སུ་གྲགས་པར་གསུངས་པ་ཡང་《མེ་ལོང་》སོགས་ལས་ཚིག་མཛེས་པར་བྱེད་པའི་རྒྱན་གྱི་རྣམ་གཞག་ལེགས་པར་སྟོན་པས་ན་རྒྱ་གར་མཁས་མཆོག་དག་གི་སྲོལ་བཞིན་བརྗོད་བྱའི་སྒོ་ནས་བཏགས་པ་ཡིན་ལ། ཕྱི་མ་ནི་གོ་སླའོ། །དེས་ན་ཚིག་གི་སྦྱོར་ལེགས་པར་སྤྲས་བས་བརྗོད་བདེ་ཞིང་གོ་སླ་བ། སྒྲ་དང་དོན་གྱི་ཉམས་ཁྱད་པར་བ་དང་ལྡན་པར་སྤྲས་བས་གཞན་གྱིས་ཉན་སྨྲོ་ཞིང་ཡིད་ཀྱི་དབང་པོ་འགུགས་པར་ནུས་པའི་ཚིག་གི་ཆ་ཤས་ཁྱད་པར་ཅན་ཐམས་ཅད་ཚིག་རྒྱན་དང་། སྨད་དུ་བྱུང་བའི་ཁྱད་ཆོས་དེ་ལྟ་བུ་དང་ལྡན་པའི་ཚིག་གི་ཕྲེང་བ་ནི་སྙན་ངག་ཏུ་གྲུབ་པོ། །དེ་བས་སྔོན་བྱོན་མཁས་པ་རྣམས་ཀྱིས་སྙན་ཞིང་འཇེབས་ལ་ཡིད་དུ་འོང་བའི་ཚིག་སྦྱོར་ཐམས་ཅད་སྙན་ངག་ཏུ་གསུངས་པ་ཡིན་ཞིང་།

དཔྱོད་ལྡན་རིག་པ་སྨྲ་བ་རྣམས་ཀྱིས་འདི་ལ་སྐབས་སུ་མ་བབ་པའི་དཔྱད་པ་མང་པོ་མི་བྱེད་པར་སྙན་ཞིང་འཇེབས་ལ་ཡིད་དུ་འོང་བའི་ཚིག་སྦྱོར་ཇི་ལྟར་གྲུབ་ཚུལ་ལ་དཔྱད་ཅིང་འབད་པ་ཡིན་ན། སྙན་ངག་ལ་འཇུག་པའི་རྣམ་དཔྱོད་མཆོག་ཏུ་ཡངས་པར་འགྱུར་རོ། །དེ་ཡང་སྔོན་བྱོན་མཁས་པའི་ཁྱད་རྒྱུན་དྲི་མ་མེད་པ་ཇི་བཞིན་མ་ཐོས་པར་རང་ཉིད་ཀྱི་གོ་བ་ཙམ་ལ་བརྟེན་ནས་སྙན་ངག་འཆད་སྤེལ་བྱེད་མཁན་དག་དང་། དེ་དག་གི་ངག་ལ་བརྟེན་ནས་མཆོག་ཏུ་བརླིང་བའི་མཁས་པའི་གསུང་གི་དགོངས་ཞུགས་ཀྱི་བསྟན་བྱ་དང་། ཚིག་ཟུར་གྱི་གོ་བར་བྱ་བ། སྙན་པའི་ཉམས་ཀྱི་རོ་བཅུད་སོགས་ཇི་བཞིན་རྟོགས་པའི་སྐལ་བ་ཤིན་ཏུ་ཕྲ་བ་ཤེས་པར་གྱིས་ལ། སློབ་དཔོན་མཁས་པའི་སྲུན་སྦྱར་སྙན་ངག་སོགས་དྲི་མ་མེད་པའི་རིག་པའི་གནས་རྣམས་ལ་གུས་རྟག་བརྩོན་པ་ཆུ་བོའི་རྒྱུན་བཞིན་བརྟེན་ནས་སྦྱངས་པ་གནད་དུ་འགྲོ་ངེས་ཤིག་བྱེད་པ་ཤིན་ཏུ་གལ་ཆེ་སྙམ།

སྙན་པའི་ཉམས་ཀྱི་རོ་མངར་ནད་དུ་བྱུང་བའི་ཚིག་གི་སྦྱོར་བ་ཅི་འདྲ་ཞིག་ཡིན་ཚུལ་ནི་《མེ་ལོང》སོགས་རྒྱ་བོད་སྙན་ངག་མཁས་པ་མང་པོའི་སྙན་ཚིག་རྣམས་ལ་ཞིབ་ཏུ་བརྟགས་ན་ཤེས་ནུས་པར་ཡོད་པས་སློབ་དཔོན་མཁས་པའི་གསུང་རྒྱུན་བཞིན་དེའི་སྐོར་ཅུང་ཟད་འགོད་པ་ལ། ཉམས་དང་འགྱུར་བ་ནི་《འཆི་མེད་མཛོད》ལས་ཡིད་ཀྱི་རྣམ་འགྱུར་བསམ་པའོ། །ཞེས་པ་ལྟར་དགའ་བ་དང་ཁྲོ་བ་སོགས་ཡིད་ཀྱི་རྣམ་འགྱུར་ལུས་ངག་ཏུ་མ་ཤར་བ་ནི་འགྱུར་བ་ཡིན། དེ་ཡང་དེང་སྐབས་ཀྱི་སྐད་ཆ་ལྟར་གསལ་བར་བཤད་ན་རྐྱེན་གལ་ཆེན་ཞིག་ལ་བརྟེན་ནས་བྱུང་བའི་དགའ་སྐྱོ་ཁྲོ་ཆགས་སོགས་སེམས་ཀྱི་འགྱུལ་སྐྱོད་དྲག་པོ་དག་ལ་འདིར་འགྱུར་བ་ཟེར་ཞིང་། དེ་ཉིད་རྒྱས་པས་བཞིན་འཛུམ་པ་དང་ཁྲོ་གཉེར་སོགས་བྱུང་བ་ནི་ལུས་ཀྱི་ཉམས་དང་། ངག་གི་རྒོད་པ་དང་ཚིག་སྨོད་སོགས་བྱེད་པ་ནི་ངག་གི་ཉམས་ཡིན་པས《འཆི་མེད་མཛོད》ལས་བསམ་པའི་གོ་བྱེད་རྗེས་འགྱུར་བའོ། །ཞེས་གསུངས་སོ། །སྤྱིར་ནང་གི་བསམ་པའི་འགྱུར་བ་ནི་རྒྱུ་དང་ལུས་ངག་གི་ཉམས་ནི་རྒྱུ་དེ་འཕེལ་བ་ལས་བྱུང་བའི་འབྲས་བུ་ཡིན་པས་བྱུང་རིམ་གྱི་དབང་དུ་བྱས་ན

འགྱུར་བ་སྟོན་དང་ཉམས་རྗེས་སུ་བྱུང་བ་ཡིན་མོད་བརྗོད་བདེ་བའི་ཕྱིར་ཉམས་འགྱུར་དུ་གྲགས་པ་ཡིན་ནོ། །

དེ་འདྲའི་སྙན་པའི་ཉམས་དང་ལྡན་པའི་ཚིག་ནི་《མེ་ལོང》ལས།

སྙན་པ་ཉམས་ལྡན་ཚིག་དང་ནི། །

དངོས་པོ་ལ་ཡང་ཉམས་གནས་པ། །

སྦྲང་རྩི་སྦྱོད་པ་སྦྲང་རྩིས་བཞིན། །

གང་གིས་བློ་ལྡན་དགའ་བྱེད་ཡིན། །

ཞེས་པ་ལྟར་སྙན་པ་ཞེས་པ་ནི་ཉམས་དང་ལྡན་པའི་ཚིག་སྦྱོར་ལ་བྱ་ཞིང་། དེ་ཡང་ཚིག་དང་། དོན་གྱི་དངོས་པོ་ལ་ཉམས་ཁྱད་པར་ཅན་གནས་པ་ནི། དཔེར་ན། སྦྲང་རྩི་སྦྱོད་པའི་བུང་བ་རྣམས་ལ་སྦྲང་རྩིས་དགའ་བ་སྐྱེད་པ་ལྟར། ཉམས་ལྡན་སུམ་ཚོགས་པའི་ཚིག་དེས་ཀྱང་ཚིག་རྒྱན་ལ་མ་རྨོངས་པའི་བློ་ལྡན་རྣམས་ལ་དགའ་བ་སྐྱེད་པར་བྱེད་དོ། །འདིའི་ཚིག་གམ་སྒྲའི་ཉམས་ནི་ལེའུ་དང་པོའི་སྐབས་ནས་བསྟན་པའི་ཚིག་མཚུངས་ཉེ་བའི་ཉམས་དང་། ཆང་བ་ལ་བསྒོར་བ་དང་ཚིག་ལ་བསྐོར་བའི་རྗེས་ཁྲིད་སོགས་དང་། ལེའུ་གསུམ་པའི་སྐབས་ནས་བསྟན་པའི་ཟུང་ལྡན་གྱི་རྒྱན་སོགས་ལ་བྱ་ཞིང་། དོན་གྱི་ཉམས་ནི་ལེའུ་གཉིས་པ་ནས་བསྟན་པའི་དོན་རྒྱན་སོ་ལྔ་སོགས་ལ་ཟེར་བས་རྒྱན་རེ་རེ་ལའང་ཐུན་མོང་མ་ཡིན་པའི་ཚིག་དང་དོན་གྱི་རོ་བཅུད་ཁྱད་པར་ཅན་ཞིག་སྨོང་རྒྱུ་ཡོད་པ་ཞིག་དགོས་པ་ཡིན་ནོ། །ངེས་པར་རྒྱན་རྣམས་ཀུན་ལ་ཡང་། །དོན་གྱི་ཉམས་དག་སྦྱིན་པར་བྱེད། །ཅེས་གསུངས་པ་ལྟར་སྒྲའི་ཉམས་ཀུང་སྙན་པའི་རོ་ཉམས་ཕུན་སུམ་ཚོགས་པ་དང་ལྡན་ཀྱང་། རྗེས་ཁྲིད་དང་ཟུང་ལྡན་སོགས་སྒྲ་རྒྱན་དང་། རང་བཞིན་བརྗོད་པ་སོགས་དོན་རྒྱན་སྡེ་དང་། ཁྱད་པར་དུ་དགའ་བའི་རྒྱན་དང་ཉམས་ལྡན་གྱི་རྒྱན་སོགས་ལ་དོན་གྱི་རོ་ཉམས་ཁྱད་པར་ཅན་ལྡན་པ་ཞིག་ངེས་པར་དགོས་ཏེ། དེ་མི་ལྡན་ན་བརྗོད་བྱ་སྟོང་བའི་པི་ཝང་གི་སྒྲ་བཞིན་དུ་འགྱུར་བ་ཡིན་ནོ། །

སྙན་ངག་གི་སྤྲོག་ཅེས་པའི་ཐ་སྙད་ནི་《མེ་ལོང》ལས་དངོས་སུ་མ་བསྟན་པས་བོད་མཁས་པ་སོགས་ཀྱིས་མི་བཞེད་ལ། ཟུར་མཁར་བློ་གྲོས་རྒྱལ་པོས་ལུས་རྒྱན་སྤྲོག་གསུམ་གྱི་ཐ་སྙད་སྦྱར་ནས་འཆད་ཅིང་། རྒྱལ་དབང་ལྔ་བ་ཆེན་མོས་ཀྱང་ཆེན་པོ་ཟླ་བའི་བཞེད་པ་ཡིན་ནོ་ཞེས་ངོམ་བཤད་དང་བཅས་སྤྲོག་གི་རྣམ་གཞག་ཏ་ཙང་འཐད་ཕྱོགས་སུ་མཛད་པ་སོགས་སྙན་ངག་གི་སྤྲོག་བཞེད་མིན་ལ་སྔོན་བྱོན་སྙན་ངག་སྨྲ་བའི་མཁས་པ་རྣམས་ཀྱིས་བཞེད་ཚུལ་མི་འདྲ་བ་མཆིས་ཀྱང་། བརྗོད་བྱའི་དོན་གྱིས་སྟོང་བའི་སྙན་ངག་འདོད་པའི་མཁས་པ་གཅིག་ཀྱང་མེད་པས། སྤྲོག་ཅེས་པའི་ཐ་སྙད་ཙམ་སྐབས་འདིར་བཞེད་མིན་གྱི་ཁྱད་པར་ཙམ་མ་གཏོགས་དགོངས་པའི་གནད་གཅིག་པར་སེམས་སོ། །

སྐབས་འདིའི་བརྗོད་བྱའི་སྤྲོག་དང་ལྡན་པ་ཞེས་པ་ནི་བརྗོད་བྱའི་དོན་ཞིག་སྟོན་པ་ཙམ་ལ་མི་བྱ་བར་དོན་གྱི་རོ་བཅུད་ཁྱད་པར་ཅན་ཞིག་ཉམས་སུ་མྱོང་རྒྱུ་ཡོད་པ་ལ་བྱ་དགོས་པས། 《མེ་ལོང》ལས་ཚོགས་པའི་སྤྱོད་ཡུལ་བསྐོར་བ་ནི། །ཁོ་ན་ཟུང་དང་ལྡན་པར་རིགས། །དེ་ཡང་གཅིག་ཏུ་སྙན་པ་མིན། །ཞེས་དང་། ངེས་པར་རྒྱན་རྣམས་ཀུན་ལ་ཡང་། །ཞེས་སོགས་གོང་དུ་དྲངས་པའི་ཚིག་དེ་དག་ལས་ཟུང་ལྡན་སོགས་སྒྲ་རྒྱན་རྣམས་ནི་མཐའ་གཅིག་ཏུ་སྙན་པའི་ཉམས་དང་ལྡན་པའི་ངེས་པ་མེད་པ་དང་། རྒྱན་ཐམས་ཅད་ལ་ངེས་པར་དོན་གྱི་ཉམས་སྦྱིན་དགོས་པར་གསུངས་པ་སོགས《མེ་ལོང》གི་ཚིག་རྣམས་ནི་ཚངས་སྲས་རིག་པའི་གནད་ལ་ཤིན་ཏུ་མཁས་པའི་མི་རིགས་གང་གི་སྙན་ངག་མཁན་ཡིན་ན་ཡང་ངོ་མཚར་བའི་ཟླ་མེད་ལེགས་བཤད་དུ་མི་འཛིན་པ་མི་སྲིད་སྙམ་མོ། །

གསུམ་པ། 《མེ་ལོང》ལས་བྱུང་བའི་དཔེར་བརྗོད་འགའ་དྲངས་ནས་དོན་གྱི་ཉམས་སྒྱུར་ཚུལ་རྒྱང་གསལ་བར་བཤད་པ།

དང་པོ། རང་བཞིན་བརྗོད་པའི་རྒྱན་ནི། 《མེ་ལོང》ལས།

དངོས་པོ་རྣམས་ཀྱི་རང་བཞིན་དང་། །
གནས་སྐབས་སྣ་ཚོགས་དངོས་གསལ་བྱེད། །

ཅེས་སོགས་ཀྱིས་བརྗོད་པར་འདོད་པའི་དངོས་པོ་རིགས་བྱ་བ་ཡོན་ཏན་ རྫས་བཞི་པོའི་གང་ཡང་རུང་བ་ཞིག་ཁྱད་གཞིར་བྱས་ནས། དེ་མཚོན་བྱེད་ཀྱི་མཚན་ཉིད་གཅིག་ཙམ་གྱིས་མ་ཡིན་པར་རྣམ་པ་སྣ་ཚོགས་པའི་སྒོ་ནས་བརྗོད་ཅིང་། འཁྲུག་བརྗོད་ཀྱིས་མ་བསླད་པར་བརྗོད་བྱའི་དངོས་པོ་དེ་ཉིད་ཚིག་གི་བྱེད་པས་དངོས་སུ་གསལ་བར་བྱེད་པའི་རྒྱན་ལ་རང་བཞིན་བརྗོད་པའི་རྒྱན་ཞེས་བྱ་བར་གསུངས་སོ། །དེས་ན་རང་བཞིན་བརྗོད་པའི་ཚིག་ཐམས་ཅད་རང་བཞིན་བརྗོད་པའི་རྒྱན་དུ་མི་འགྱུར་ཏེ། དངོས་པོའི་གནས་ལུགས་གང་ཡིན་པ་ལ་སྒྲོམ་བཏགས་སྐྱུར་བ་མ་བཏབ་པར་བསྟོད་སྨད་ཀྱི་ཆ་སྤངས་ནས་དྲང་པོར་བརྗོད་པ་ཐམས་ཅད་རང་བཞིན་བརྗོད་པའི་ཚིག་ཡིན་ཡང་། རྒྱན་དུ་འགྱུར་བ་ལ་དེ་ཙམ་གྱིས་མི་ཆོག་པར་ཚིག་གི་བྱེད་པས་དངོས་སུ་གསལ་བར་བྱེད་པ་ཞེས་པའི་ཁྱད་ཆོས་དེ་ངེས་པར་ཚང་དགོས་པས་སོ། །

སྤྱིར་《མེ་ལོང》ལས།

རང་བཞིན་བརྗོད་དང་འཁྲུག་བརྗོད་ཅེས། །
ངག་གི་རང་བཞིན་ཐ་དད་གཉིས། །

ཞེས་པ་ལྟར་སྙན་ངག་གི་མཛེས་པར་བྱེད་པའི་རྒྱན་མ་ལུས་པ་བསྡུས་ན་རང་བཞིན་

དྲང་པོར་བརྗོད་པ་དང་། འཁྱོག་པོར་བརྗོད་པའི་རིགས་གཉིས་སུ་མ་འདུས་པ་མེད་ལ། རང་བཞིན་བརྗོད་པའི་རྒྱན་དུ་འགྱུར་བ་ལ་འཁྱོག་བརྗོད་ཀྱིས་མ་བསླད་པ་ཞིག་དགོས་པར་མ་ཟད་གཙོ་བོ་ནི་ཚིག་གི་བྱེད་པས་དངོས་སུ་གསལ་བར་བྱེད་ཅེས་པ་འདི་ཤིན་ཏུ་གལ་ཆེ་སྟེ། ཁྱད་ཆོས་སྟོན་མ་མི་ཚང་ན་རང་བཞིན་བརྗོད་པར་འགྱུར་ལ། ཕྱི་མ་མེད་ན་རྒྱན་དུ་མི་འགྱུར་བ་ཡིན་ནོ། །སྙན་ངག་གི་སྐབས་འདིར་ཁྱད་ཆོས་ཕྱི་མ་འདི་ལྷག་པར་གལ་ཆེན་དུ་འཛིན་དགོས་པའི་རྒྱུ་མཚན་ཡང་རང་བཞིན་དྲང་པོར་བརྗོད་པའི་ཚིག་ཐམས་ཅད་སྙན་ངག་ཏུ་མི་འགྱུར་བའི་གནད་འདི་ལ་ཐུག་པ་ཡིན་ཞིང་། སྙན་ངག་གི་རྒྱན་རྣམས་ཀྱི་དཔེར་བརྗོད་ལས་རང་བཞིན་བརྗོད་པའི་དཔེར་བརྗོད་ཙུང་དཀའ་བར་གསུང་རྒྱུན་ལས་བྱུང་བ་ཡང་འཁྱོག་བརྗོད་ཀྱིས་མ་བསླད་པ་ཙམ་དཀའ་བ་མིན་པར་ཚིག་གི་བྱེད་པས་དངོས་སུ་གསལ་པོར་བྱེད་པ་ཞེས་པ་སྟེ་སྙན་ངག་ལ་གོ་བ་ཆགས་པའི་གང་ཟག་སུ་ཞིག་ཡིན་རུང་སྙན་ཚིག་དེ་བཀླགས་ཤིང་དོན་ལ་བསམ་གཞིགས་ལེགས་པར་བྱས་པ་བརྒྱུད་ནས་བརྗོད་བྱའི་དངོས་པོ་དེ་ཉིད་ཀྱི་རྣམ་པ་དངོས་སུ་སྣང་ནུས་པ་ཞིག་ཡིན་དགོས་ལ། དེ་ཡང་དཔེ་གཟུགས་རབ་རྟོག་སོགས་འཁྱོག་བརྗོད་དང་མ་འདྲེས་པར་དྲང་པོར་བརྗོད་དགོས་པས་དཀའ་བ་ཡིན་ནོ། །

《མེ་ལོང་》གི་དཔེར་བརྗོད་སོགས་སྙན་ཚིག་འགའ་ཞིག་དྲངས་ནས་གསལ་བར་མ་བཤད་ན་དོན་འདི་ད་དུང་རྟོགས་དཀའ་བར་ཡོད་པས་དེ་ལྟར་འཆད་པ་ལ་རྒྱན་འདི་ལ་དབྱེ་ན་རིགས་བྱ་བ་ཡོན་ཏན་རྫས་རང་བཞིན་བརྗོད་པའི་རྒྱན་ཏེ་བཞི་ཡོད་པ་ལས། རིགས་རང་བཞིན་བརྗོད་པ་ལ་《མེ་ལོང་》ལས།

མཆུ་ནི་དམར་ཞིང་གུག་པ་དང་། །
གཞོག་པ་ལྷུང་ཞིང་མཉེན་པ་དང་། །
མགྲིན་པ་ཁ་དོག་གསུམ་ཕྲེང་ཅན། །
ནེ་ཙོ་འདི་དག་ཚིག་འཇམ་ལྡན། །

ཞེས་པའི་རྐང་པ་དང་པོ་གསུམ་གྱིས་ནི་ཚིའི་ལུས་ཀྱི་ཁྱད་ཆོས་ཐུན་མོང་མིན་པ་ལྔ་བསྟན་པ་སྟེ། ནི་ཚི་ལ་ཡོད་པའི་བྱ་གཞན་དང་མི་འདྲ་བའི་ཁྱད་ཆོས་མཆུའི་མདོག་དམར་ཞིང་དབྱིབས་གུག་པ་དང་གཉིས། གཤོག་པའི་ཁ་དོག་ལྗང་ཞིང་མཉེན་པ། རིག་བྱ་འཛམ་པ་དང་གཉིས། མགྲིན་པའི་ནང་ནས་ཚིག་སྙན་པ་སྒྲོག་པའི་ཁྱད་ཆོས་གཅིག་སྟེ་ལྔ་བསྟན་པའི་སྒོ་ནས་བརྗོད་བྱའི་དངོས་པོ་ནི་ཚི་གསོན་པོ་ཇི་ལྟ་བུ་བཞིན་མཚོན་ནུས་པ་འདི་འདྲའི་ཚིག་གི་ཕྲེང་བ་ལ་སྙན་པའི་ཉམས་དང་ལྡན་པའི་རྒྱན་ཞེས་བྱ་བ་ཡིན་ལ། ཚིག་གི་བྱེད་པས་དངོས་སུ་གསལ་བར་བྱེད་པ་ཞེས་པ་ཡང་འདི་ལྟར་གོ་དགོས་པ་ལས་སྙན་འགྲེལ་དག་ལས་ཤུགས་བསྟན་ཙམ་མ་ཡིན་པར་ཞེས་པའི་ཚིག་ཙམ་བསམ་ནས་སྙན་ཚིག་ཅེས་བརྗོད་བྱའི་དངོས་པོས་དངོས་སུ་སྟོན་པ་ཙམ་གྱིས་ཚོག་པར་འདོད་ན་ད་དུང་སྐབས་འདིའི་རྒྱན་དུ་འགྱུར་ཚུལ་ལ་གོ་བ་ཟབ་མོ་ཞིག་མ་ཆགས་པ་ཡིན་ཚུལ་ཤེས་པར་བྱའོ། །གནའ་དུས་རྒྱ་གཞུང་རྣམས་བོད་སྐད་དུ་བསྒྱུར་སྐབས་ད་ལྟའི་བསྒྱུར་གཞུང་དག་དང་མི་འདྲ་བར་ཚིག་གི་སྦེབ་སྦྱོར་ལུགས་ཁྱད་པར་དོན་སྟོན་ཚུལ་ཐ་ན་ཕྲད་དང་རྣམ་དབྱེ་སྦྱོར་ཚུལ་ཡན་ཆད་བསྒྱུར་བྱའི་གཞུང་དང་མཐུན་པ་བྱེད་དགོས་སྟབས་ཚིག་གི་ཉམས་སྔར་བཞིན་ཐོན་པ་ཅུང་དཀའ་བས་ན། སྙན་ངག་མེ་ལོང་གི་དཔེར་བརྗོད་ཀྱི་ཚིག་རྣམས་ལ་ཞིབ་ཏུ་མ་བརྟག་མ་དཔྱད་པར་རང་བཞིན་གྱིས་བལྟས་པ་ཡིན་ན། ཚིག་གི་ཉམས་སོགས་དེ་འདྲའི་ཁྱད་འཕགས་ཤིག་མ་ཡིན་པའི་སྣང་བ་སྐྱེར་མོད། སྙན་ངག་ལ་ནང་བྱན་ཆུད་པའི་མཁས་པ་ཞིག་ཡིན་ཚེ《མེ་ལོང》གི་དཔེར་བརྗོད་ཀྱི་བརྗོད་བྱའི་དོན་གྱི་ཉམས་དང་ཚིག་དོན་གྱི་རོ་བཅུད་ཕུན་སུམ་ཚོགས་པ་རྣམས་ལ་ཤིན་ཏུ་མྱངས་ན་ཡིད་དབང་བཀུག་ནས་ངོ་མཚར་དུ་མི་འཛིན་པ་མི་སྲིད་སྙམ།

སྐབས་འདིའི་རིགས་བརྗོད་པའི་དོན་ཡང་། ནི་ཚི་འདི་དག་ཅེས་པ་རིགས་ཀྱི་སྒྲ་དངོས་དང་ཁྱད་གཞི་ལྷག་མ་མཆུ་དམར་ཞིང་གུག་པ་སོགས་ནི་ཁྱད་གཞི་དེ་ཉིད་མཚོན་བྱེད་ཀྱི་ཁྱད་པར་གྱི་ཆོས་སྣ་ཚོགས་པས་ཁྱད་གཞི་དེ་ཉིད་གསལ་བར་བྱེད་པའི་དོན་དུ་སྦྱར་བ་

ཡིན་ལ། དེ་ཡང་ནི་རྩོའི་རིགས་མ་ཡིན་པ་རྣམ་པར་གཅོད་པའི་གཞན་སེལ་གྱི་ཆེད་དུ་སྦྱར་བ་ཡིན་ཞིང་། དཔེར་ན་ཤིང་དང་བ་ལང་ཞེས་པ་རིགས་ཀྱི་སྒྲ་དང་། རྩ་བ་ལོ་མ་ཡལ་ག་འབྲས་བུ། ནོག་དང་སྐྲོག་ཤལ་སོགས་བརྗོད་པས་རང་རང་གི་ཁྱད་པར་གྱི་ཆོས་དེས་ཆོས་ཅན་ནམ་ཁྱད་གཞིའི་ཆོས་ཤིང་དང་བ་ལང་གསལ་བར་གོ་ཞིང་དེ་དང་དེ་མ་ཡིན་པ་རྣམ་པར་གཅོད་པ་ལྟ་བུ་སྟེ། 《རིག་གཏེར》ལས་རིགས་དེ་གཞན་སེལ་ལས་གཞན་མིན་ཞེས་པ་དང་། 《རྣམ་འགྲེལ་རང་འགྲེལ》ལས་ཀྱང་དངོས་པོ་རིགས་མཐུན་པ་རྣམས་ཀྱི་འདྲ་བ་གང་ཡིན་པ་དེ་ནི་རིགས་ཡིན་ནོ་ཞེས་གསུངས་པ་ལྟར་སྐབས་འདིར་ཡང་མཆུ་དམར་ཞིང་གྲུག་པ་ལ་སོགས་པའི་ཁྱད་པར་གྱི་ཆོས་ལྟ་བརྗོད་ནས་ཁྱད་གཞི་ནི་རྩོའི་རིགས་ཐམས་ཅད་ལ་ཁྱབ་པའི་ཚུལ་གྱིས་སྦྱར་བས་ན་རིགས་བརྗོད་པ་ཞེས་པ་ཡིན། སྤྱིར་རིགས་ལ་སྤྱི་ལ་ཁྱབ་པའི་ཆོས་གཅིག་བརྗོད་པས་དེའི་བྱེ་བྲག་མང་པོ་གོ་བ་ཛཱ་ཏིའི་སྒྲ་ལས་དྲངས་པ་ཡལ་ག་ལོ་འདབ་དང་ལྡན་པ་བརྗོད་པས་ལྗོན་ཤིང་གི་བྱེ་བྲག་མང་པོ་གོ་བ་ཞིག་དང་། རྒྱལ་རིགས་དང་བྲམ་ཟེའི་རིགས་ཞེས་པ་ལྟ་བུ་རིགས་རྒྱུད་ལ་འཇུག་པ་ཀུ་ལའི་སྒྲ་ལས་དྲངས་པ་གཉིས་ཡོད་པ་ལས་སྐབས་འདིར་རིགས་སྔ་མའི་དོན་དུ་གོ་དགོས་ཀྱང་། སྙན་ངག་གི་རིགས་ཞེས་པ་ཡོད་ཚད་འདི་ཁོ་ནར་གོ་མི་རུང་སྟེ་ལྷ་ཡི་རིགས་ལས་བྱུང་བ་མིན་ཞེས་པ་ལྟ་བུ་རིགས་རྒྱུད་ལ་གོ་བའི་སྐབས་ཀྱང་མང་པོ་ཡོད་པ་ཤེས་དགོས་སོ། །འདིའི་ནི་རྩོའི་རིགས་ཐམས་ཅད་ལ་ཁྱབ་པའི་ཚུལ་གྱིས་སྦྱར་བ་ཞེས་ཚིག་ལ་བསམས་ནས་དཔྱོད་ལྡན་ལ་ལས་ནི་རྩོ་ཡིན་ན་གནོག་པའི་མདོག་ལྗང་གུ་ཡིན་པས་ཁྱབ་པ་མེད་ཚུལ་དང་། རྩེ་གླིང་སོགས་ན་ནི་རྩོ་དཀར་པོ་ཡོད་ཚུལ་སོགས་བརྗོད་པ་དག་སྣང་མོད་སྤྱིར་ཐ་སྙད་རིག་གནས་ཀྱི་སྐབས་འདིར་ཁྱབ་པ་གཅོད་པའི་སྲོལ་ཆེར་མེད་ལ། སྐབས་འདིར་ལྷག་པར་ནི་རྩོ་སྤྱིའི་ཁྱད་ཆོས་བརྗོད་པའི་སྒོ་ནས་ནི་རྩོའི་རིགས་ཀུན་གསལ་བར་གོ་བའི་ངག་གི་རྣམ་པར་རིག་བྱེད་རྐྱང་དུ་བྱུང་བའི་ཚིག་ལ་རིགས་རང་བཞིན་བརྗོད་པའི་རྒྱན་ཞེས་པ་དེ་ཇི་ལྟ་བུ་ཞིག་ཡིན་ཚུལ་གོ་བ་ནི་གནད་དམ་པ་ཡིན་ལ། མདོག་མི་འདྲ་བའི་ནི་རྩོ་ཡོད་མེད་སོགས་ནི་སྲོག་ཆགས་རིག་པ་དག་གིས

དཔྱད་བྱའི་རྣམ་གྲངས་སུ་འོས་ཀྱང་སྐབས་འདིར་དེ་དག་དཔྱོད་པ་སྐབས་སུ་མ་བབས་སྙམ།

བྱ་བ་རང་བཞིན་བརྗོད་པ་ལ་ཡང་མགྲིན་པའི་ནང་ནས་སྙན་ལ་མི་གསལ་བའི་སྒྲ་སྒྲོག་པ། སྨྲོས་པའི་མིག་དམར་པོ་ཕྱོགས་ཀུན་ཏུ་གཡོ་ཞིང་འཕྲུལ་བ། དགའ་མ་ལ་བསྐོར་ཅིང་མཆུ་སྦྱོར་བ་སྟེ་སྤྲོག་ཆགས་གཞན་དག་དང་ཐུན་མི་འདྲ་བའི་ཁྱད་པར་གྱི་ཆོས་གསུམ་དངོས་སུ་བསྟན་པའི་སྒོ་ནས་བརྗོད་བྱའི་ཁྱད་གཞི་ཕུག་རོན་གྱི་འཕྲིག་པའི་བྱ་བ་གསལ་བར་བྱེད་པ་ཞིག་དང་། ཡོན་ཏན་རང་བཞིན་བརྗོད་པ་ལ་ཡང་། ཆགས་པའི་སྤུ་ལོང་རྒྱས་པ། ཡིད་བདེ་བས་སིམ་པ། མིག་དག་ཟིམ་པར་བྱེད་པའི་ཁྱད་པར་གྱི་ཆོས་གསུམ་དངོས་སུ་བརྗོད་པས་ཁྱད་གཞི་དགའ་མའི་ལུས་ཀྱི་རེག་བྱའི་ཡོན་ཏན་ནམ་བྱེད་ལས་གསལ་བར་བྱེད་པ་ཞིག་དང་། རྫས་རང་བཞིན་བརྗོད་པ་ལ་ཡང་མགྲིན་པ་སྔོན་པོ་ཡིན་པ། ལག་ན་ཐོད་པ་འཛིན་པ། ཟླ་བ་ཕྱེད་ཀྱི་ཅོད་པན་ཅན། སྐྲུམ་ཞིང་དམར་བའི་རལ་བ་འཆང་བ། གླང་ཆེན་གྱིས་མཚན་པའི་རྒྱལ་མཚན་འཛིན་པ་སྟེ། ཁྱད་པར་གྱི་ཆོས་ལྔ་རིམ་བཞིན་སྨྲས་ཏེ་ཁྱད་གཞི་ལྷ་དབང་ཕྱུག་ཆེན་པོ་གསལ་བར་བྱེད་པ་ཞིག་ཡིན། སྤྱི་རྗེས་གང་ཡིན་ཡང་བརྗོད་བྱའི་དངོས་པོ་རང་རང་གི་ཁྱད་ཆོས་མ་འདྲེས་པར་བརྗོད་པ་ཞིག་དགོས་པ་ཡིན་ལ་ལྷག་པར་རང་བཞིན་བརྗོད་པའི་རྒྱན་ལ་གནད་འདི་ཏ་ཙང་གལ་ཆེ་སྟབས་རིགས་བརྗོད་པའི་སྐབས་སུ་ནི་ཙོ་ཁོན་ལ་ཡོད་པའི་ཁྱད་ཆོས་ཐུན་མོང་མ་ཡིན་པ་སྨྲས་ནས་ནི་ཙོའི་རིགས་གསལ་བར་བྱས་པ་ཡིན་ལ། གཞན་རྣམས་ལའང་འདྲ་བ་གོང་ནས་ཅུང་ཟད་བརྗོད་པས་ཤེས་པར་བྱའོ། །

ཁྱད་པར་ཆོས་འགའ་བརྗོད་ནས་དངོས་པོ་དེའི་རིགས་ཅན་མང་པོ་གོ་བ་རིགས་བརྗོད་པ་དང་། དེ་ལྟར་བརྗོད་ནས་བྱ་བ་དང་བྱེད་ལས་སམ་རྣམ་འགྱུར་ནུས་པ་དང་ལྡན་པ་ལེགས་པར་སྟོན་པ་ནི་བྱ་བ་དང་ཡོན་ཏན་བརྗོད་པ་དང་། མགྲིན་པ་སྔོན་པོ་སོགས་ཁྱད་པར་གྱི་ཆོས་བཞིའམ་ལྔ་བརྗོད་ནས་ཁྱད་གཞི་དབང་ཕྱུག་གཅིག་གོ་བ་ནི་རྫས་བརྗོད་པ་ཡིན་པས་བརྗོད་བྱའི་དངོས་པོ་གང་ཞིག་དྲང་པོར་བརྗོད་ཀྱང་། བརྗོད་ཚུལ་འདི་བཞི་ལས་མ་

འདས་པས་ན་རང་བཞིན་བརྗོད་པའི་རྒྱན་ལ་འདི་བཞིར་དབྱེ་བ་དང་། རང་བཞིན་བརྗོད་པ་འདི་བཞི་ནི་བསྟན་བཅོས་ཀུན་ལས་རྒྱལ་པོའི་སྲིད་དང་འདྲ་བར་གསུངས་པ་སོགས་ལ་ཞིབ་མོའི་བློས་དཔྱད་ན་རྒྱུ་མཚན་གལ་ཆེན་ཞིག་ཡོད་དོ། །

གཞན་ཡང་། ཆོས་དེའི་སྤྱི་མཚན་གྱི་ངོ་བོ་དང་། ཆོས་དེའི་བྱ་བ་དང་ཆོས་དེའི་རྣམ་འགྱུར་སྟོན་པ་དང་། ཆོས་དེའི་རང་མཚན་ཐུན་མོང་མ་ཡིན་པ་རྫས་ལ་ངོས་བཟུང་ནས་ཕྱི་རོལ་བའི་འདོད་པའི་ཚིག་གི་དོན་དྲུག་དང་སྦྲེལ་ནས་ཞིབ་ཏུ་དཔྱད་ན་ཕྱི་ནང་གི་གྲུབ་མཐའི་འགངས་མང་པོ་ཞིག་ཤེས་ནུས་པར་མ་ཟད་གྲངས་ཅན་པས་སྤྱི་གཙོ་བོ་འདོད་ཚུལ་རྡུལ་མུན་སྙིང་སྟོབས་ཀྱི་རྣམ་གཞག སྐབས་འདིའི་ཡོན་ཏན་དང་ཆོས་སོ་སོའི་ཡོན་ཏན་གཅིག་པུར་འགྱུར་བའི་དོགས་སློང་། དེ་གཉིས་ལ་ཡིན་མིན་གྱི་མུ་བཞི་ཡོད་ཚུལ་སོགས་ཤེས་དགོས་པའི་རྣམ་གྲངས་ཏ་ཅང་མང་ཡང་། འདིར་གཙོ་བོ་ཚིག་དོན་གྱི་ཉམས་འདོན་ཚུལ་དང་རྒྱན་དུ་འགྱུར་ཚུལ་གཙོ་བོར་བཤད་འདོད་པས་དཀའ་གནད་གཞན་དག་འགོད་པའི་ངལ་བ་མ་བྱས་པའང་མཁྱེན་པར་བྱའོ། །

གཉིས་པ། དཔེ་རྒྱན་ནི། 《མེ་ལོང་》ལས།

ཇི་ལྟ་ཅི་ཞིག་ལྟར་མཚུངས་པར། །
གསལ་བར་གང་དུ་རྟོགས་བྱེད་པ། །
དེ་ནི་དཔེ་ཞེས་བྱ་སྟེ་དེའི། །

ཞེས་པ་ལྟར་དཔེ་དང་དཔེ་ཅན་གཉིས་རྣམ་པ་ཐམས་ཅད་དུ་འདྲ་བ་ཞིག་རྙེད་པར་དཀའ་བས། ཡོན་ཏན་ལ་སོགས་པའི་རྣམ་པ་གང་ཅི་ཡང་རུང་བས་མཚུངས་ཀྱང་། མཚུངས་ཆོས་དངོས་སུ་བརྗོད་པའམ་ཤུགས་ལ་བརྗོད་པས་བརྗོད་བྱའི་དངོས་པོ་དེ་ཉིད་གསལ་བར་རྟོགས་པར་བྱེད་པས་ཚིག་དོན་གྱི་རོ་བཅུད་ཁྱད་པར་ཅན་སྦྱིན་ནུས་པའི་ངག་གི་ཕྲེང་བ་ཞིག་ལ་དཔེ་རྒྱན་ཞེས་བྱ་ལ། དེ་ཡང་དཔེར་ན། མཛེས་མ་ཁྱོད་ཀྱི་ལག་མཐིལ་ནི། །ཆུ་སྐྱེས་བཞིན་དུ་ཀུན་ཏུ་དམར། །ཞེས་པས་མཛེས་མའི་ལག་མཐིལ་དཔེ་ཅན་དང་།

ཆུ་སྐྱེས་པདྨ་ནི་དཔེ་ཡིན་ལ། མདོག་ཀུན་ཏུ་དམར་བ་ནི་དངོས་སུ་བསྟན་པའི་མཚུངས་ཆོས་དང་འཇམ་ཞིང་གཞོན་ཤ་ཆགས་པ་ནི་ཤུགས་ལ་བསྟན་པའི་མཚུངས་ཆོས་ཡིན་ནོ། །སྐབས་འདིའི་ཀུན་ཏུ་དམར་ཞེས་པར་སི་ཏུས་ཙུང་ཟད་དམར་ཞེས་འགྱུར་བཅོས་མཛད་ཀྱང་། གནའ་དུས་སུ་རྒྱ་གར་བའི་སྲོལ་ལ། ལག་མཐིལ་དུ་ཚོན་དམར་པོ་བྱུགས་པ་ནི་བུད་མེད་ལང་ཚོ་དར་ལ་བབས་པའི་རྟགས་ཡིན་པར་བྲིས་འབུར་གྱི་ལྷ་སྐུ་རྙིང་བ་དག་ལ་བལྟས་ན་ཤེས་པས་འགྱུར་བཅོས་མ་བྱས་པར་སྔར་བཞིན་ཀུན་ཏུ་དམར་ཞེས་ན་གོ་རྒྱུ་ཆེན་པོ་ཡོད་དེ། འདོད་ལྡན་གྱི་གང་ཟག་ཅིག་གིས་ལང་ཚོ་དར་ལ་བབས་པའི་བུ་མོ་གཞོན་ནུ་མ་ཞིག་གི་ལག་པར་འཇུས་ཏེ། འཇམ་ཞིང་གཞོན་ཤ་ཆགས་པའི་རེག་བྱ་ཉམས་སུ་མྱོང་ནས་འདོད་པའི་འགྱུར་བ་དྲག་པོ་འཕེལ་བ་ན་དེ་ཉིད་དངོས་སུ་མ་བརྗོད་པར་མཛེས་མ་ཁྱེད་ཀྱི་ལག་མཐིལ་ནི་པདྨ་དང་མཚུངས་པར་ཀུན་ཏུ་དམར་བའི་མདངས་དང་ལྡན་ནོ་ཞེས་བརྗོད་པས། བུ་མོ་དེ་ཉིད་འདོད་པ་སྤྱོད་པའི་དུས་ལ་བབས་པ་གོ་ཞིང་ཕོ་མོ་གཉིས་ཀྱི་བར་ལ་འདོད་པའི་མཛའ་འབྲེལ་ཟབ་མོ་ཞིག་གི་དབུ་བརྙམས་པ་ཤེས་ཐུབ་པ་དང་། རྗོད་མཁན་དེ་ཉིད་ཀྱི་ནང་གི་བསམ་བློའི་འགྱུར་བ་དྲག་པོ་འཕེལ་བ་མངོན་པར་མཚོན་པའི་ཉམས་རྒྱད་དུ་བྱུང་བའི་ཚིག་ཏུ་གྲུབ་ཅིང་སྙན་ཞིང་འཇེབས་ལ་ཡིད་དུ་འོང་བའི་སྙན་ངག་ཏུའང་གྱུར་པ་ཡིན་ནོ། །

རྣམ་པ་ཀུན་ཏུ་མཚུངས་པའི་དངོས་པོ་རྙེད་པར་དཀའ་བ་ཡང་མཛེས་མའི་ལག་མཐིལ་དང་ཆུ་སྐྱེས་སྐབས་འདིར་དཔེ་ཅན་དང་དཔེ་རུ་སྦྱར་བ་ཡིན་ཡང་། དེ་གཉིས་ལ་མི་མཚུངས་པའི་ཁྱད་ཆོས་དཔག་ཏུ་མེད་པ་ཡོད་པ་གཞིར་བཅས་ལ། འོན་ཀྱང་དཔེ་དང་དཔེ་ཅན་གཉིས་ཁྱད་པར་གྱི་ཆོས་གང་ཡང་རུང་བ་ཞིག་གི་སྒོ་ནས་མཚུངས་ས་དེ་ཉིད་དངོས་དང་ཤུགས་ཀྱིས་བསྟན་པས་བརྗོད་བྱའི་དངོས་པོ་དཔེ་ཅན་གྱི་ངོ་བོ་དང་ཁྱད་པར་སོགས་ལྷག་པར་གསལ་བར་བྱེད་པ་ལ་ཕན་འདོགས་པའི་ངག་གི་རྣམ་རིག་ཁྱད་པར་ཅན་ཞིག་ཡིན་ཚེ་དཔེ་རྒྱན་དུ་འཇོག་ཆོག་པ་ཡིན་ནོ། །དཔེ་རྒྱན་འདི་འཁྱོག་བརྗོད་སྙན་ངག་ཏུ་འཇོག

དོན་ཡང་དཔེ་དང་དཔེ་ཅན་གཉིས་མི་མཚུངས་པ་ལ་མཚུངས་པར་བརྗོད་པས་ན་ཆོས་དེའི་རང་བཞིན་ལ་སྒྲོ་བཏགས་སྐྱུར་བ་མ་བཏབ་པར་བརྗོད་པ་མིན་པས་འཕྲོག་བརྗོད་དུ་གྱུར་པ་ཡིན་ནོ། །

འདི་ལ་ཡང་། རྫོངས་པའི་དཔེ་ནི།

ལུས་ཕྲ་ཁྱོད་གདོང་རི་བོང་ཅན། །
ཞེས་བརྟགས་ཁྱོད་གདོང་བསམ་པ་ཡིས། །
ཟླ་བ་ཡི་ཡང་རྗེས་སུ་བསྙེགས། །

ཞེས་སྐབས་འགར་ལུས་ཕྲ་མའི་གདོང་འདི་ནི་ཟླ་བ་ཡིན་ནོ་སྙམ་དུ་འཁྲུལ་ནས་བརྟགས་ཤིང་བསམ་ཚུལ། སྐབས་འགར་ནམ་མཁའི་ཟླ་བ་མཐོང་བའི་ཚེ་ཁྱོད་ཀྱི་གདོང་ཡིན་ནོ་སྙམ་དུ་བསམ་ནས་སྙིང་གྲོགས་སྙེག་མོ་དེ་ཉིད་དོན་དུ་གཉེར་བའི་བསམ་པས་ཟླ་བའི་རྗེས་སུ་བསྙེགས་ནས་ཕྱིན་ནོ། །ཞེས་འདོད་ལྡན་སྐྱེས་པ་ཞིག་གིས་རང་ཉིད་ཀྱི་ཧ་ཅང་མཛའ་ཞིང་གཅུགས་པའི་གྲོགས་མོའི་གདོང་དཀར་ཞིང་མཛེས་སྡུག་ལྡན་པ་མཐོང་ནས་འདོད་པའི་འགྱུར་བ་འཕེལ་ཏེ། མཛེས་མའི་གདོང་མཐོང་ཚེ་ཟླ་བར་འཁྲུལ་བ་སྐད་དུ་བརྗོད་པ་ཞིག་དང་། ལྷག་པར་མཛེས་མ་དངོས་སུ་མཐོང་བའི་གོ་སྐབས་མ་བྱུང་བའི་དུས་སུ་ནམ་མཁའི་ཟླ་བ་མཐོང་ནས་མཛེས་མ་ཡིད་ལ་དྲན་པས་འདོད་པའི་འགྱུར་བ་འཕེལ་ནས་མཛེས་མའི་གདོང་དུ་འཁྲུལ་བ་སྐད་དུ་བརྗོད་པ་དང་། ཁྱད་པར་ཟླ་བ་ཡི་ཡང་རྗེས་སུ་བསྙེགས་ཞེས་ལང་ཚོ་མ་དེ་ཉིད་དྲན་པའི་བསམ་བློའི་འགྱུར་བ་དྲག་པོའི་གཞན་དབང་དུ་གྱུར་ཏེ་དཀར་ཞིང་ཟླུམ་པའི་ཟླ་བའི་དཀྱིལ་འཁོར་དེ་ཉིད་ཀྱི་རྗེས་སུ་བསྙེགས་ནས་ཕྱིན་པར་སྨྲས་པས་རང་བཞིན་གྱི་ཡོན་ཚུན་མཚུངས་ཆེས་ནས་འཁྲུལ་བ་ཙམ་མིན་པར་ལང་ཚོ་མ་དེ་ཉིད་དྲན་པའི་བསམ་བློའི་འགྱུར་བ་དྲག་པོའི་གཞན་དབང་དུ་གྱུར་ཏེ། སྔང་ལ་མ་ངེས་པ་ལྟ་བུས་ཟླ་བའི་རྗེས་སུ་འབྲངས་ནས་ཅི་ཡིན་འདི་ཡིན་མེད་པར་ཕྱིན་པ་སྐད་དུ་བརྗོད་ཅིང་། ཡང་སྒྲའི་ནུས་པས་མཛེས་མ་དངོས་སུ་མཐོང་ན་ལྟ་ཅི་སྨྲོས་པར་གོ་ནུས་པ་འདོད་ལྡན་གང་

ཟག་དེའི་ནང་གི་འགྱུར་བ་དྲག་པོ་ལེགས་པར་མཚོན་ཐུབ་པའི་ཉམས་ཁྱད་པར་དུ་འཕགས་པ་དེ་གཉིས་ཀྱི་མཛའ་གཏུགས་དང་བསམ་བློ་མངོན་པར་མཚོན་པའི་ཉམས་རྒྱད་དུ་བྱུང་བའི་ཚིག་མཛའ་ཞིང་གཏུགས་པའི་མཛེས་མ་དྲན་པའི་འགྱུར་བ་འཕེལ་ནས་དཀར་ཞིང་ཀླུམ་པ་དེ་ཉིད་མཛེས་མའི་གདོང་དུ་འཁྲུལ་བ་སྐད་དུ་བརྗོད་པ་དང་། ཁྱད་པར་རང་བཞིན་གྱི་འཁྲུལ་བ་ཙམ་མ་ཡིན་པར་ལུས་ཀྱིས་དངོས་སུ་དེ་རྗེས་སུ་བསྙེགས་ནས་ཕྱིན་པར་སྨྲས་པ་ལས་ལང་ཚོམ་དེ་ཉིད་དྲན་པའི་བསམ་བློའི་འགྱུར་བ་དྲག་པོ་འཕེལ་ཆེས་པ་དེའི་དབང་དུ་འགྱུར་ཏེ། སྣང་ལམ་ངེས་པ་ལྟ་བུའི་སྣང་ཚུལ་བརྗོད་ཅིང་། ཡང་སྐྲའི་ཐུས་པའི་མཛེས་མ་དེ་ཉིད་དངོས་སུ་མཐོང་ན་རྗེས་སུ་འབྲངས་ནས་འགྲོ་བ་ལྟ་ཅི་སྨྲས་པར་གོ་ཐུས་པ་སོགས་ནང་བསམ་བློའི་འགྱུར་བ་དྲག་པོ་ཇི་ལྟ་བ་བཞིན་མཚོན་པར་བྱེད་པ་ཉམས་ཁྱད་པར་དུ་འཕགས་པའི་ཚིག་སྦྱོར་ཏུ་གྲུབ་ཚུལ་ལ་བློ་གྲོས་ཀྱི་འཇུག་པ་མཆོག་ཏུ་ཡངས་པར་བྱས་ན་མཆོག་ཏུ་ངོ་མཚར་བའི་གནས་མང་པོ་ཤེས་རྒྱུ་ཡོད་པར་མ་ཟད་སྙན་ངག་གི་སྙན་པའི་རོ་བཅུད་ཉམས་སུ་མྱོང་ཐུབ་པ་ཡིན་ནོ། །དེ་ལྟར་དཔེ་རྒྱན་གཉིས་ཙམ་གྱི་ཁྱད་ཆོས་ཅུང་ཟད་སྨྲས་པས། དཔེ་རྒྱན་གཞན་དག་གི་ཁྱད་ཆོས་ཀྱང་ཤེས་པར་བྱ་ལ། གཞན་ཡང་རྩ་བའི་རྒྱན་འདིའི་དཔེར་བརྗོད་བཅུ་ཕྲག་གསུམ་ལྷག་པ་ཐམས་ཅད་དཔེ་ཅན་མཛེས་མའི་གདོང་ཟླ་ལ་སྦྱར་བ་འདིས་ཀྱང་འདོད་ལྡན་གང་ཟག་རྣམས་ཀྱི་འདོད་པའི་འགྱུར་བ་རིམ་གྱིས་འཕེལ་བའི་ཁྱད་ཆོས་དང་མཐུན་པར་བརྗོད་ཡོད་པས། དེ་དག་དང་ལེགས་པར་སྦྲོ་བསྡུར་ནས་ལེགས་པར་བསམ་ཞིང་བརྟག་ན་དོན་གྱི་ཁྱད་པར་དུ་འཕགས་པའི་སྙན་ངག་ཡིན་ཚུལ་ལ་གོ་བ་ཆེན་པོ་རྙེད་དུ་ཡོད་དོ། །

གསུམ་པ། གཟུགས་ཅན་གྱི་རྒྱན་ནི།

《མེ་ལོང》ལས།

ཐ་དད་སྣང་མིན་གྱུར་པ་ཡི། །
དཔེ་ཉིད་དག་ནི་གཟུགས་ཅན་འདོད། །

ཅེས་པ་ལྟར་གོང་གི་དཔེ་རྒྱན་བཞིན་དཔེ་དཔེ་ཅན་ཐ་དད་དུ་བཀོད་ནས་དེ་གཉིས་འདྲ་བ་ཙམ་བརྗོད་པ་མ་ཡིན་པར་ཐ་དད་དུ་སྣང་བའི་དཔེ་ཅན་དེ་ཉིད་དཔེ་དེ་ཡིན་པ་སྐད་དུ་བརྗོད་པའམ་དཔེ་ཅན་དཔེའི་གཟུགས་སུ་བཀོད་པས་ན་གཟུགས་རྒྱན་ཟེར་བ་ཡིན་ནོ། །རྒྱན་འདི་སྤྱིར་དཔེ་རྒྱན་གྱི་བྱེ་བྲག་ཡིན་པ་སྙན་ངག་གི་བསྟན་བཅོས་མང་པོ་ལས་གསུངས་པ་ལྟར་ལགས་ནའང་། མཛེས་མའི་གདོང་དང་མཚུངས་པར་བརྗོད་པ་ལས་མཛེས་མའི་གདོང་ཟླ་བ་ཡིན་པར་བརྗོད་པའམ་དེ་ཟླ་བའི་གཟུགས་སུ་བཀོད་པའི་ཚིག་གི་སྦྱོར་བ་ཉིད་སྙན་པའི་ཉམས་དང་ལྡན་པ་ཡིན་ཏེ། དཔེར་ན། བཞིན་ཟླ་འཛུམ་པའི་ཟླ་འོད་དང་། །ཞེས་པས་བཞིན་ཟླ་བའི་གཟུགས་སུ་བྱས་པ་དང་། འཛུམ་པ་འོད་ཟེར་གྱི་གཟུགས་སུ་བྱས་པ་ལས་འདོད་ལྡན་གྱི་གང་ཟག་ཅིག་གི་སྣང་ངོར་མཛེས་མའི་བཞིན་དཀར་ཞིང་ཟླུམ་པ་དེ་ཟླ་བ་དང་འདྲ་བར་བརྗོད་པས་མ་ཚིམས་པར་ཟླ་བ་དངོས་ཡིན་པར་བརྗོད་པའམ་དེའི་གཟུགས་སུ་བཀོད་ནས་བརྗོད་པས་འདོད་ལྡན་གྱི་གང་ཟག་དེའི་བསམ་པའི་འགྱུར་བ་དྲག་པོ་ཇི་ལྟ་བུར་མཚོན་པའི་ནུས་པ་ལྷག་པར་ཇེ་ཆེར་གྱུར་པར་མ་ཟད། བཞིན་དེ་ཉིད་འཛུམ་པ་ཟླ་འོད་ཀྱི་གཟུགས་སུ་བྱས་པས་ཟླ་བའི་མཛེས་པ་གཙོ་བོ་འོད་ཀྱིས་འབྱིན་པ་ལྟར་འདོད་ལྡན་གྱི་གང་ཟག་དེའི་སྣང་ངོར་མཛེས་མའི་བཞིན་གྱི་མཛེས་སྡུག་ཀྱང་གཙོ་བོ་བཞིན་འཛུམ་པས་འབྱིན་ཚུལ་ནི། མཛེས་མའི་བཞིན་མཐོང་ནས་འདོད་པའི་འགྱུར་བ་ལྷག་པར་འཕེལ་བ་འདི་ལ་ཐུག་པ་ཡིན་པས། ཚིག་འདིས་འདོད་ལྡན་གྱི་གང་ཟག་དེའི་ནང་གི་བསམ་པའི་འགྱུར་ཚུལ་ལ་འདི་ལྟར་གོ་བ་ལེགས་པར་ཆགས་པ་ཡིན་ན། རྒྱན་འདི་དཔེ་རྒྱན་ལས་གཏིང་ཟབ་པ་དང་སྙན་ཚིག་ཏུ་འགྱུར་ཚུལ་ལ་གོ་རྒྱུའི་གནད་ཆུང་ཆེ་བ་ཞིག་རྟོགས་རྒྱུ་ཡོད་སྙམ། དཔེ་རྒྱན་དང་གཟུགས་རྒྱན་བསྲེས་ནས་དཔེའི་གཟུགས་ཅན་གྱི་རྒྱན་དུ་གྱུར་པའི་དཔེར་བརྗོད་ལ་ལྷག་པར་དུ་སྙན་པའི་ཉམས་ཁྱད་པར་དུ་འཕགས་པ་འབྱུང་བ་ནི།

《མེ་ལོང་》ལས།

སོས་པས་ཀུན་ཏུ་དམར་བ་ཡིས། །
བཀབ་པ་བཞིན་གྱི་ཟླ་བ་འདི། །
འཆར་ཀའི་དམར་བ་ཕུན་ཚོགས་པའི། །
ཟླ་བ་ལ་ནི་རབ་ཏུ་འགྲན། །

ཞེས་ཚགས་པས་སྨྱོས་པའི་དམར་མདངས་ཀྱིས་བཀབ་པའི་སྙིང་སྟུག་སྣེག་མོའི་བཞིན་རས་ཀྱི་ཟླ་བ་འདི་ནི། འཆར་ཀའི་དམར་འོད་ཀྱིས་མཛེས་སྟུག་ཕུན་སུམ་ཚོགས་པར་བྱས་པའི་ནམ་མཁའི་ཉ་གང་བ་ཟླ་བ་ལ་རབ་ཏུ་འགྲན་ནོ། །ཞེས་པ་ལས་དཀར་ཞིང་ཟླུམ་པ་དྭངས་ཤིང་གསལ་བ་སོགས་ཟླ་བ་དང་ཆོས་མཚུངས་པའི་མཛེས་མའི་གདོང་གི་ཡོན་ཏན་གཞན་རྣམས་དངོས་སུ་མ་བརྗོད་པར་འདོད་པས་སྨྱོས་པའི་དམར་མདངས་ཚགས་པའི་བཞིན་དེ་ཉིད་ཟླ་བའི་གཟུགས་སུ་བྱས་པས་འདོད་ལྡན་གང་ཟག་དེ་ཉིད་ཀྱི་སྐབས་དེའི་འདོད་པའི་འགྱུར་བ་འཕེལ་བའི་རྒྱུ་རྐྱེན་གཙོ་བོར་གྱུར་པ་དངོས་སུ་བརྗོད་ནས་ནང་གི་བསམ་བློའི་འགྱུར་བ་དྲག་པོ་དངོས་སུ་མཚོན་པར་བྱེད་པའི་ཉམས་ཆེས་རྨད་དུ་བྱུང་བའི་ཚིག་ཏུ་གྱུར་ཅིང་དེ་ལྟ་བུའི་གདོང་དེ་ཡང་ཟླ་བ་དངོས་ཡིན་པ་སྐད་དུ་བརྗོད་ནས་ཤུགས་ལ་བསྟན་པའི་དཀར་ཞིང་དྭངས་པ་སོགས་དང་། དངོས་སུ་བསྟན་པའི་ཚགས་པས་སྨྱོས་པའི་དམར་མདངས་ཀྱིས་བཀབ་པའི་ཁྱད་ཆོས་དེ་དག་གིས་དཀར་ཞིང་དྭངས་ལ་འཆར་ཀའི་དམར་འོད་ཀྱིས་མཛེས་པར་བྱས་པའི་ཉ་གང་ཟླ་བའི་དཀྱིལ་འཁོར་དང་མཚུངས་པར་སྨྲས་པས་ཚིག་ལྷག་པར་སྟན་ཞིང་འཇེབས་པར་མ་ཟད་བརྗོད་བྱའི་རྣམ་པ་དངོས་སུ་སྣང་ནུས་པ་ལྟ་བུར་གྱུར་ནས་དོན་གྱི་ཉམས་ཀྱང་ཆེས་ཕུན་སུམ་ཚོགས་པར་བྱས་པ་ཡིན་ལ། འདིས་མཚོན་ནས་གཟུགས་ཅན་གྱི་རྒྱན་གཞན་རྣམས་ལའང་ཞིབ་ཏུ་དཔྱད་མཁས་པར་བྱའོ། །

བཞི་པ། གསལ་བྱེད་ཀྱི་རྒྱན་ནི། 《མེ་ལོང》ལས།

རིགས་དང་བྱ་བ་ཡོན་ཏན་རྫས། །
ཚིག་གཅིག་ལ་ནི་གནས་པ་ཡི། །

གལ་ཏེ་ངག་ཀུན་ལ་ཕན་ན། །
དེ་ནི་གསལ་བྱེད་དུ་བརྗོད་དཔེར། །

ཞེས་པ་ལྟར་རིགས་སོགས་བཞི་པོ་ཚིག་གི་ཕྲེང་བ་དེའི་ཐོག་མཐའ་བར་གསུམ་གང་རུང་དུ་གནས་པས། ཚིགས་སུ་བཅད་པ་དེ་ཉིད་ཀྱི་ངག་གི་རྒྱན་ཀུན་ལ་ཕན་པར་བྱེད་ན། དེ་ལ་གསལ་བྱེད་ཀྱི་རྒྱན་ཞེས་སུ་གྲགས་ཤིང་། འདི་ལའང་ནང་གསེས་རྒྱན་མང་དུ་མཆིས་པ་ལས་དང་པོ་རིགས་བརྗོད་པ་ཐོག་མའི་གསལ་བྱེད་ནི།

སྨྲ་ཡི་རླུང་གིས་འཁྲི་ཤིང་གི །
འདབ་མ་རྙིང་བ་ལྷགས་པར་བྱེད། །
དུད་པའི་ལུས་ཅན་མ་རྣམས་ཀྱིས། །
ཁེངས་པ་གསར་དུ་འཛོམས་པར་བྱེད། །

ཅེས་སྨྲ་སྦྲུགས་རི་བོ་མ་ལ་ཡ་ནས་འོངས་པའི་སྟོན་ཀའི་རླུང་དེས་འཁྲི་ཤིང་གི་འདབ་མ་རྙིང་བ་རྣམས་ས་ལ་ལྷགས་པར་བྱེད་ཅིང་། བསིལ་རླུང་དེས་ལང་ཚོའི་ཁྲུར་གྱིས་དུད་ཅིང་སྐྱེས་པ་ལ་མི་འདུད་པའི་ཁེངས་ལྡན་མ་རྣམས་ཀྱང་འདོད་པ་རྒྱས་ནས་ཁེངས་པ་གསར་དུ་འཛོམས་པར་བྱེད་དོ་ཞེས་པ་སྟེ། རྒྱ་གར་ནི་ཚ་བའི་ཡུལ་དུ་སོང་གཤིས་དབྱར་གྱི་དུས་སུ་ཚ་བས་གདུང་ནས་འདོད་པ་འཕེལ་བའི་སྐབས་མེད་པ་བསྟན་ཅིང་། སྟོན་དུས་སུ་སྨྲ་རླུང་བསིལ་བ་ལྡང་བ་ལས་ལང་ཚོའི་ཁྲུར་གྱིས་དུད་པའི་གཞོན་ནུ་མ་རྣམས་ཀྱང་ཚ་བའི་གདུང་བ་ཟུང་ཟད་ཞི་བ་ལ་བརྟེན་ནས་འདོད་པ་འཕེལ་ཏེ། གྲོགས་སྐྱེས་པ་ལ་མི་འདུད་པའི་ཁེངས་པ་མེད་པར་གྱུར་ཅིང་། མཛའ་བ་ཇི་བརྟན་དང་། བརྩེ་འདུངས་ཇི་ཆེར་གྱུར་པ་མངོན་པར་མཚོན་ཆེད་དང་། གདུང་བས་མནར་བའི་ཚེ་རང་བཞིན་གྱིས་ལུས་སེམས་ཉམ་ང་བར་གྱུར་པས་འདོད་པའི་འགྱུར་བ་འཕེལ་བར་མི་འགྱུར་ཞིང་། ལུས་སེམས་བདེ་བས་སིམ་པའི་སྐབས་སུ་འདོད་པའི་འགྱུར་བ་འཕེལ་བ་ཤུགས་ལ་གོ་བའི་ཆེད་དུ། སྟོན་དུས་ཀྱི་བསིལ་བའི་རླུང་གིས་ལྗོན་ཤིང་གི་འདབ་མ་རྙིང་བ་ལྷགས་པར་བྱེད་པ་དང་ཆབས་ཅིག་བུད་མེད་ཀྱིས་

སྐྱེས་པ་ལ་མི་འདུད་པའི་ཁེངས་པ་འཛོམས་པ་དངོས་སུ་བསྟན་པས་ན་དོན་གྱི་ཉམས་འབབ་མེད་དུ་ཐོན་ཏེ་སྟན་ཚིག་ཏུ་གྱུར་པ་ཡིན་ལ། ལྷོ་ཡི་ཀླུང་ཞེས་པའི་རིགས་ཀྱི་སྒྲས་ངག་གི་རྒྱུན་ཀུན་ལ་ཕན་པར་བྱེད་པ་སྟེ། ཕྱིར་ལྷོ་ཡི་ཀླུང་གིས་འཁྲི་ཤིང་གི་འདབ་མ་རྙིང་བ་ལྷུང་བར་བྱེད་པ། ལྷོ་ཡི་ཀླུང་གིས་བུད་མེད་ཀྱི་ཁེངས་པ་གསར་དུ་མི་སྐྱེས་པར་བྱེད་པ་ཞེས་ཚིག་གཉིས་སྦྱོར་འོས་ཀྱང་། ཚིག་གི་སྡེབ་ལེགས་པ་དང་ཐོར་ཡངས་པའི་ཆེད་དུ་རིགས་ཀྱི་སྒྲ་གཅིག་ལས་བརྗོད་མ་དགོས་པ་ཡིན་ནོ། །

ཕྱིར་གཞུང་མང་པོའི་ཐོག་མཐའ་བར་གསུམ་དུ་སྦྱར་བའི་གསལ་བྱེད་ཀྱི་ཚིག་རྣམས་ཀྱི་རྣམ་བཅད་ཡོངས་གཅོད་ཀྱི་དགོས་པ་མང་པོ་ཞིག་མ་ཤེས་ན་གཞུང་ཆེན་མོ་ལ་དཔྱོད་པའི་སྒོ་འགག་པར་འགྱུར་བ་དང་། དེང་རབས་ཀྱི་རང་རྩོམ་དང་སྒྱུར་རྩོམ་དག་ལས་གནད་འདི་ཤེས་པར་མི་དགོས་པའི་ཚིག་ལྷག་མཐའ་ཡས་པ་ཞིག་བྲིས་སྣང་བས། གསལ་བྱེད་ཀྱི་ཚིག་སྦྱོར་ཚུལ་ལ་བློ་གྲོས་ཀྱི་འཇུག་པ་ཡངས་པར་བྱེད་པ་ནི་ཤིན་ཏུ་གལ་ཆེ་བ་རིགས་པར་བྱའོ། །

ལྔ་པ། བསྐོར་བའི་རྒྱན་ནི། 《མེ་ལོང》ལས།

གསལ་བྱེད་ཀྱི་ནི་གནས་ཉིད་དུ། །
དོན་བསྐོར་དང་ནི་ཚིག་བསྐོར་དང་། །
གཉིས་ཀ་བསྐོར་བ་ཞེས་པ་ཡི། །
རྒྱན་གསུམ་པོ་དག་འདོད་དེ་དཔེར། །

ཞེས་པ་ལྟར། གོང་ནས་བརྗོད་པའི་གསལ་བྱེད་ཀྱི་གནས་དེ་དག་ཏུ་དོན་གཅིག་བཟླས་ཏེ་བསྐོར་ཡང་ཚིག་ཐ་དད་པས་སྐྱོན་མེད་པ་དང་། ཚིག་བཟླས་ཏེ་བསྐོར་ཡང་དོན་ཐ་དད་པས་སྐྱོན་མེད་པ་དང་། ཚིག་དོན་གཉིས་ཀ་བཟླས་ཏེ་བསྐོར་ཡང་གོ་རྒྱུའི་དོན་གནད་ཁྱད་པར་ཅན་ཞིག་ཡོད་པས་དོན་གཅིག་པའི་སྐྱོན་དུ་མི་འགྱུར་བའི་རྒྱན་གསུམ་འདོད་པ་ཡིན་ལ། འདིའི་རྒྱན་སྔོན་མ་གཉིས་གོ་སླ་བས་གསལ་བར་བརྗོད་མི་དགོས་ཤིང་། གསུམ་པ་ཚིག་དོན་གཉིས་ཀ་བསྐོར་བ་ལ། 《མེ་ལོང》ལས།

ཀུན་ལས་རྒྱལ་ནས་དེ་རིང་ཁྱོད། །
བཙུན་མོ་རྣམས་དང་རྩེ་བར་བྱེད། །
ཁྱོད་ཀྱི་དགྲ་སྡེ་མཐོ་རིས་སོང་། །
ལྷ་མོ་རྣམས་དང་རྩེ་བར་བྱེད། །

ཅེས་རྒྱལ་པོ་ཆེན་པོ་ཁྱོད་ནི་དགྲ་ཟླ་ཀུན་ལས་རྣམ་པར་རྒྱལ་ནས་དགའ་སྟོན་ཆེན་པོའི་ངང་རང་གི་བཙུན་མོའི་ཚོགས་རྣམས་དང་ལྷན་ཅིག་ཏུ་རྩེ་དགའི་འཚོ་བ་རོལ་བར་བྱེད་ལ། ཁྱོད་ཀྱི་དགྲ་ཟླར་གྱུར་པའི་གཞན་སྡེ་དེ་དག་ཀུང་གཡུལ་ངོར་ཁྱོད་ཀྱི་རལ་གྲིའི་ལམ་བརྒྱུད་དེ་མཐོ་རིས་སུ་སོང་ནས་ལྷ་མོ་རྣམས་དང་ཆབས་ཅིག་གླུ་གར་ལ་རོལ་ཅིང་རྩེ་བར་བྱེད་དོ། །ཅེས་པའི་རྐང་བ་དང་པོས་རྒྱལ་པོ་དགྲ་སྡེ་ལས་རྣམ་པར་རྒྱལ་བ་དངོས་སུ་བསྟན་པ་དང་། རྐང་བ་གསུམ་པས་དགྲ་ཟླ་མཐོ་རིས་སུ་སོང་བ་དངོས་སུ་བསྟན་པའི་ཤུགས་ལ་དེ་ཉིད་བསད་ཟིན་པ་རྟོགས་ནུས་པས་དེ་ཡང་རྒྱལ་པོ་དགྲ་སྡེ་ལས་རྣམ་པར་རྒྱལ་བའི་དོན་ཡིན་པས་དོན་བསྐོར་བ་དང་། རྒྱལ་པོ་ནི་རང་གི་བཙུན་མོའི་ཚོགས་དང་ལྷན་ཅིག་འདོད་པའི་རྩེ་དགར་རོལ་བ་དང་། དགྲ་ཟླ་དེ་ཡང་ལྷ་མོའི་ཚོགས་རྣམས་དང་ལྷན་ཅིག་རྩེ་དགར་རོལ་བར་བསྟན་པས་ཚིག་བསྐོར་བ་ཡིན་ན་ཡང་། བཟླས་སྐྱོན་མི་འབྱུང་བ་དང་། ཚིག་དོན་གྱི་སྙན་ཆ་ཕུན་སུམ་ཚོགས་པ་འདི་འདྲ་ནི་རྒྱ་གར་གྱི་པཎ་ཆེན་ངག་གི་དབང་ཕྱུག་དཎྜི་ལྟ་བུ་ལས་གཞན་གྱིས་ཐོན་རྒྱུར་ཅུང་དཀའ་བར་སེམས། སྤྱིར་ཚིག་དོན་བཟླས་པ་ནི་སྐྱོན་ཡིན་པས་སྤངས་དགོས་མོད་འདི་འདྲའི་ཚིག་ལ་སྐྱོན་མི་འཇུག་པ་ནི་གོང་གསལ་སྦྱོར་ཚུལ་ཁྱད་པར་ཅན་དེ་ལྟར་སྦྱར་བ་ཡིན་ཚུལ་ལ་ཐུག་པས་འདི་ཡང་སྙན་ངག་གི་སྐབས་ཕོན་ཙམ་མིན་པར་བསྟན་བཅོས་གང་བརྩམས་ནའང་གོ་རྒྱུ་ཁྱད་པར་ཅན་ཡོད་ཅིང་། ཚིག་དོན་བཟླས་པ་སྐྱོན་དུ་མི་འགྱུར་བའི་ཚུལ་ལེགས་པར་ཤེས་པར་བྱེད་པའི་མན་ངག་གལ་ཆེན་ཞིག་ཏུ་རྟོགས་དགོས་སྙམ།

དྲུག་པ། འགོག་པའི་རྒྱུན་ནི། 《མི་ཡོང》ལས།

དགག་པ་བརྗོད་པ་འགོག་པ་སྟེ། །

ཞེས་པ་ལྟར་དགག་བྱའི་ཡུལ་མཇའ་བོ་འགྲོ་བ་སོགས་གང་ཡང་རུང་བ་ཞིག་ལ། འགོག་བྱེད་ཀྱི་ཚིག་མ་འགྲོ་ཞེས་སམ་མི་སྲིད་ཅེས་པ་ལྟ་བུ་མ་མི་མིན་མེད་སོགས་དགག་སྒྲའི་ཕྲད་དངོས་སུ་ཡོད་པའམ། དངོས་སུ་མེད་ཀྱང་ཤུགས་ལ་གོ་བའི་ཚིག་ལེགས་པར་སྦྱར་བས་གོ་རྒྱུའི་གནད་ཁྱད་པར་ཅན་ཞིག་ཡོད་པས་ཚིག་རྒྱན་དུ་གྱུར་ཅིང་། ཚིག་གི་ཕྲེང་བ་དེ་ཡང་ཉམས་ཁྱད་པར་དུ་འཕགས་པའི་སྙན་ངག་ཏུ་གྱུར་པ་ཡིན་ནོ། །

འདི་ཡང་། དཔེར་ན། གྲོགས་ཀྱིས་འགོག་པ་ནི། 《མི་ཡོང》ལས།

གལ་ཏེ་གཤེགས་ན་མྱུར་དུ་བཞུད། །

ཕྱིས་ནས་གཉེན་འདུན་འབྲུགས་པའི་ཁས། །

བསྒྲགས་པའི་ཚོང་འགྲོ་བ་ཡི། །

གེགས་གྱུར་ཁྱོད་ཀྱི་རྣ་བར་འོང་། །

ཞེས་གལ་ཏེ་མཇའ་གྲོགས་ཁྱོད་གཤེགས་པར་འདོད་ནས་ཅིས་ཀྱང་བཟློག་མི་ཐུབ་ན་མྱུར་དུ་གཤེགས་པར་མཛད་ན་ལེགས་ཏེ། ཕེབས་རྒྱུ་ཙུང་ཟད་འགོར་ན། ཁྱོད་བཞུད་མི་ཐུབ་སྟེ། ཁྱོད་འགྲོ་བ་མཐོང་ཚེ་ཁོ་མོ་བྲལ་བའི་གདུང་བས་མྱུར་དུ་འཆི་བར་འགྱུར་བས། དེའི་ཚེ་གཉེན་འདུན་རྣམས་མྱ་ངན་གྱིས་འབྲུགས་པའི་ཁས་བསྒྲགས་པའི་ཚོང་དྲག་པོ་ཁྱོད་འགྲོ་བའི་གེགས་སུ་གྱུར་པ་དག་ཁྱོད་ཀྱི་རྣ་བར་འོང་ངེས་ཡིན་ནོ། །ཞེས་པ་སྟེ། ཚིག་སྦྱོར་འདིས་མཇའ་བོ་ལ་ཤིན་ཏུ་ཆགས་པའི་བུད་མེད་ཀྱིས་མཇའ་བོ་གཞན་དུ་བགྲོད་པ་འགོག་ཆེད། མཐའ་གཅིག་ཏུ་ཁྱོད་མ་འགྲོ་ཞེས་མ་བཀག་པར། ཤིན་ཏུ་ཐབས་མཁས་པའི་ཚིག་བྲལ་བའི་གདུངས་པས། རང་ཉིད་འཆི་བར་འགྱུར་ཞིང་། དེའི་རྐྱེན་གྱིས་གཉེན་འདུན་འབྲུགས་པ་སོགས་གནས་སྐབས་ངན་པ་དེ་ལྟ་བུར་འགྱུར་བས་ཁྱོད་མྱུར་དུ་བཞུད་ན་ལེགས་ཞེས་འགོག་པ་འདི་ནི་འདོད་ལྡན་མ་ཞིག་གིས་མཇའ་བོ་འགྲོ་བ་འགོག་པའི་ཐབས་མཁས་ཀྱི་

ཚིག་གི་བརྗོད་ཚུལ་ངོ་མཚར་བ་ཞིག་མངོན་པར་མཚོན་ཞིང་། མཛའ་བོ་ལ་དུང་བའི་ནང་གི་བསམ་བློའི་འགྱུར་བ་དྲག་པོའང་ཞོར་ལ་རྟོགས་པས་ན་ཁྱད་དུ་འཕགས་པའི་སྙན་ཚིག་ཏུ་གྱུར་པ་ཡིན་ནོ། །

འདིའི་རྒྱན་གཞན་དག དཔེར་ན། ཆོས་ཅན་འགོག་པ་ལ།

དེ་ནི་མཛེས་པའམ་མ་ཡིན། །
རྣམ་རིགས་འདི་ནི་ཅི་ལས་སྐྱེས། །
དེར་ནི་འོད་ཙམ་གཡོ་བ་ཉིད། །
མཐོང་བར་གྱུར་གྱི་རྟེན་མ་ཡིན། །
ཞེས་དང་། གཞན་དབང་གིས་འགོག་པ་ལ།
སྐད་ཅིག་ལྟ་བའི་གེགས་བྱེད་པའི། །
རྫི་མ་བསྐྱོད་པ་ལ་ཁྲོ་བ། །
ཁྱོད་ཀྱིས་མཛའ་བོར་འགྲོ་བ་སློས། །
བདག་ནི་དེ་ཡི་འདོད་པ་འདོད། །

ཅེས་སོགས་སྐབས་འདིའི་རྒྱན་རེ་རེའི་དཔེར་བརྗོད་རྣམས་ལ་ཞིབ་ཏུ་དཔྱད་ན་ཉམས་འགྱུར་རྣད་དུ་བྱུང་བའི་སྙན་ངག་ཏུ་འགྱུར་ཚུལ་ལ་ངེས་པ་ལེགས་པོ་ཞིག་རྙེད་རྒྱུ་ཡོད་པ་ལེགས་པར་བསམ་པ་གལ་ཆེའོ། །(འདིའི་མན་རྫོམ་འཁོར་ལུས།)

༄༅། །སྙན་ངག་གི་ཉམས་ཇི་ལྟར་འདོན་ཚུལ།

༡. སྙན་ངག་གི་ཉམས་འདོན་ཚུལ་སྤྱིར་བཤད་པ།

（༡）སྙན་རྩོམ་ནི་བརྗོད་བྱ་གང་ཡིན་པ་དེ་གཞན་རྒྱུད་ལ་འགོད་ནུས་པ་ཞིག་དགོས་པའི་ཕྱིར་ཏ་ཙང་མདོར་བསྡུས་པ་ཞིག་དང་། བློ་ཆུང་རྣམས་ཀྱིས་བཟུང་བར་དཀའ་བ་དང་ཉན་པ་པོ་སྐྱོ་བར་མི་འགྱུར་བའི་ཕྱིར་ཏ་ཙང་རྒྱས་པའི་མཐའ་གཉིས་སུ་མ་ལྷུང་བར་རྒྱས་བསྡུས་འཚམས་པ་ཞིག་གལ་ཆེ་ལ། དེ་ལ་ཡང་ཉམས་འགྱུར་ཕུན་སུམ་ཚོགས་པའི་ལམ་ནས་བརྗོད་དགོས་པས། ཉམས་དང་འགྱུར་བ་ནི《འཆི་མེད་མཛོད》ལས། ཡིད་ཀྱི་རྣམ་འགྱུར་བསམ་པའོ། །ཞེས་འབྱུང་བ་ལྟར་དགའ་བ་དང་ཁྲོ་བ་སོགས་ཡིད་ཀྱི་རྣམ་འགྱུར་ལུས་ངག་ཏུ་མ་ཤར་བ་ནི་འགྱུར་བ་ཡིན་ལ། དེ་ཉིད་རྒྱས་པས་འཛུམ་པ་དང་ཁྲོ་གཉེར་ལྟ་བུ་ལུས་ངག་གི་བྱ་བས་གསལ་བར་གྱུར་པ་ནི་ཉམས་ཡིན་ཏེ། ལུང་དེ་ཉིད་ལས། བསམ་པའི་གོ་བྱེད་རྗེས་འགྱུར་བའོ། །ཞེས་དེ་གཉིས་རྒྱུ་འབྲས་ཀྱི་ཚུལ་དུ་གནས་པར་གསུངས་ཤིང་། དེ་དག་གི་དབྱེ་བ་འདོད་ལུགས་མང་ཡང་། སྙན་ངག་གི་སྐབས་འདིར་བསྡུས་པའི་ཚིགས་བཅད་སློབ་དཔོན་རཏྣ་ཤྲཱིས། དགའ་དང་དགོད་དང་སྨ་ངན་དང་། །ཁྲོ་དང་སྤྲོ་བ་དེ་བཞིན་འཇིགས། །སྐྱུག་བྲོ་ངོ་མཚར་ཞེས་པ་རྣམས། །གནས་བྱེད་འགྱུར་བར་རབ་ཏུ་གྲགས། །འགྱུར་བ་དེ་འཕེལ་ཉམས་ཡིན་ཏེ། །སྒེག་དང་དགོད་དང་སྙིང་རྗེ་དང་། །དྲག་པོ་དཔའ་བ་འཇིགས་བྱེད་དང་། །མི་སྡུག་རྨད་བྱུང་མིང་ཅན་ཞེས། །བརྒྱད་རྣམས་གར་གྱི་ཉམས་སུ་བཤད། །ཅེས་གསུངས་པ་ལྟར་དགའ་བ་འཕེལ་ནས་བསྐྱེད་པའི་སྒེག་པའི་ཉམས་དང་། དེ་བཞིན་དུ་སྨ་ངན་འཕེལ་ནས་སྙིང་རྗེའི་ཉམས་དང་། ཁྲོ་བ་ལ་དྲག་པོའི་

ཉམས་དང་། སྒྲོ་བ་ལ་དཔའ་བའི་ཉམས་དང་། འཇིགས་པ་ལ་འཇིགས་ཤིང་བག་འཁུམས་པའི་ཉམས་དང་། སྐྱུག་བྲོ་བ་ལ་མི་སྡུག་པའི་ཉམས་དང་། ངོ་མཚར་བ་ལ་རྨད་བྱུང་གི་ཉམས་རྣམས་ལེའུ་གཉིས་པར་དཔེར་བརྗོད་དང་བཅས་པ་རྒྱས་པར་འཆད་པར་འགྱུར་རོ། །སྙན་ངག་ནི་དེ་ལྟ་བུའི་ཉམས་དང་འགྱུར་བ་བརྗོད་ཆེ་རོ་ཉམས་ཕུན་སུམ་ཚོགས་པ་དངོས་གནས་གཟུགས་སུ་འཆར་རྒྱུ་ཡོད་པ་ལྟ་བུ་ཞིག་ཡིན་དགོས་ཤིང་། འདིར་ཉམས་སྟོན་དང་འགྱུར་བ་རྗེས་སུ་བྱས་པ་ནི། སློབ་པོའི་ངག་ཏུ་བརྗོད་པའི་ཚེ། རོ་ཉམས་རྒྱུར་གྱུར་པ་ཉིད་སྟོན་དང་། ཕ་རོལ་ཉན་པ་པོའི་རྒྱུད་ལ་དེའི་འབྲས་བུར་གྱུར་པའི་འགྱུར་བ་ཕྱིས་འཆར་བ་ལ་དགོངས་པར་གསུངས་སོ། །

(༢) སྙན་རྩོམ་ཚོགས་བཅད་ལ་སྦྱེབ་སྦྱོར་ལས་འབྱུང་བའི་ཕྲིནྡྲ་དབང་པོ་རྡོ་རྗེ་ལ་སོགས་པ་དང་། དེས་མཚོན་ཧྲུ་ཧྲིས་ཀྱང་སྨྲས་པ་དང་གཅིག་མཚོག་གི་གཞུང་ལུགས་ལས་རྗེས་སུ་བསྟན་པ་བརྡ་སྦྱོད་པ་དང་མི་འགལ་བར་སྦྱར་བ་དང་གཉིས། དོན་ཕན་ཚུན་འབྲེལ་ཞིང་གཅིག་གིས་གཅིག་ལ་ཕན་འདོགས་པའི་ཚུལ་དུ་ལེགས་པར་སྦྱེབ་པ་དང་གསུམ་ཚང་དགོས་པར་གསུངས་སོ། །བཅད་ལྷུག་སྤེལ་མ་གང་རྩོམ་ན་ཡང་། སུམ་རྟགས་དག་གསུམ་གྱི་དགོངས་དོན་དང་མི་འགལ་ཞིང་། བརྗོད་དོན་རྫོགས་པར་སྟོན་ལ་ཚིག་ཉག་ཉོག་མ་ཡིན་པར་གང་བརྗོད་བྱའི་དོན་རྣམས་ཚིག་གིས་བདེ་བླག་ཏུ་སྟོན་པ། ཚིག་སྦྱ་ཕྱི་འབྲེལ་ཆགས་ཤིང་ལྷུ་འགྲིག་པ། བརྗོད་བྱའི་དོན་གྱི་གནད་རྣམས་དཔེ་དང་གཏན་ཚིགས་ཀྱི་སྒོ་ནས་གསལ་བར་སྟོན་པ། སྙན་ངག་གི་རྒྱན་གང་དང་སྦྱར་ན་ཡང་རྒྱན་དེའི་མཚན་ཉིད་ཚང་བ་སོགས་ནི། སྙན་ངག་གི་ཚིག་སྦྱོར་ལེགས་པོ་འབྱུང་ཐབས་དམ་པ་ཡིན་ནོ། །དེ་ཡང་སྙན་ངག་ཐོག་མར་སྦྱོང་སྐབས་རྒྱན་རེ་རེའི་མཚན་ཉིད་ཚང་ངེས་སུ་སྦྱོར་དགོས་པ་ལས་སྙན་ངག་གི་ཉམས་དང་ལྡན་པའི་བསྟན་བཅོས་རྩོམ་ཆེ་རྒྱན་སྣ་ཚོགས་བསྲེས་ནས་སྦྱར་བ་ཤུགས་ཆེ་བས། རྒྱན་རེ་རེའི་མཚན་ཉིད་དང་མཐུན་པར་སྦྱོར་དགོས་པའི་ངེས་པ་མི་སྣང་ངོ། །

(༣) སཱ་ཞེས་པ་ལེའུའི་མིང་ཡིན་ལ་དེའི་མགོ་མཇུག་ཐམས་ཅད་དུ་དཀྱུས་ལས་

གཞན་པའི་སྡེབ་སྦྱོར་ཐ་དད་པས་བསྟུས་པ་《དཔག་བསམ་འཁྲི་ཤིང》ལས་ཇི་ལྟར་མཐོང་བ་བཞིན་དུ་སྟེ། ལུས་ལྷུག་པ་ལ་མགོ་དང་མཇུག་ཏུ་ཚིགས་བཅད་དང་། ལུས་ཚིགས་བཅད་ཡིན་ན་གཞམ་དུ་ཚིག་ལྷུག་པའམ་རྒྱུན་ཆགས་ལྟ་བུ་རྐང་བ་རིང་པོས་བརྒྱན་ཅིང་མཛེས་པར་བྱ་ལ། གཞུང་ཕལ་ཆེར་རྐང་བ་གཅིག་ལ་ཚིག་བར་ཉེར་གཅིག་ཙམ་ཡོད་ན། མཐའ་ཇོགས་མཚམས་སུ་བཅོ་ལྔ་དགུ་བདུན་སོགས་སུ་མར་འབེབས་ཤིང་། གཞུང་ཚིག་ཕལ་ཆེར་ཚིག་བར་བདུན་ལྟ་བུ་ཡིན་ན་དགུ་བཅུ་གཅིག་སོགས་སུ་ཡར་འཕེལ་བ་སྟེ། རྒྱ་མཚོའི་རྦ་རླབས་ལྟར་ཚིག་གི་སྡེབ་ལེགས་པར་སྦྱར་བས། ཉན་པ་པོ་སྐྱིད་ལུག་པར་མི་འགྱུར་ཞིང་ཉན་སྨོ་བར་མ་ཟད། འཇིག་རྟེན་ན་མཁས་པ་རྣམས་དགའ་བར་བྱེད་ལ། དེ་ལྟ་བུའི་དོན་གྱི་ཉམས་ལྡན་སུམ་ཚོགས་ཤིང་སྒྲ་རྒྱན་དང་དོན་རྒྱན་གབ་ཚིག་གི་རྒྱན་གྱིས་མཛེས་པའི་སྙན་ངག་གི་བསྟན་བཅོས་ནི་བསྐལ་བ་ཇི་སྲིད་གནས་པ་དེ་སྲིད་དུ་མི་ནུབ་པར་གནས་པར་འགྱུར་རོ། །

(༨) སྤྱིར་ཚིག་གང་ལ་ཡང་དོན་གོ་ངེས་པ་ལས་དགོས་མེད་ཀྱི་ཚིག་ལྷག་རྣམས་དོར་ནས་བརྗོད་ན་བརྗོད་པ་ངོས་གཙང་བ་དང་། དགོས་མེད་མིན་པར་དོན་ལ་ཕྱོབ་པའི་རྣམ་དབྱེ་སོགས་ཀྱང་ཅི་རིགས་སུ་བསྡུས་ཏེ། ནོར་ས་ཡོད་པ་དང་། དོན་གསལ་ངེས་སོགས་མི་བཞག་ག་མེད་ལས་གཞན་ཅི་རིགས་སུ་བསྡུས་ན་ཚིག་ཟུར་ཡངས་ལ་ངོས་གཙང་བ་ཞིག་འབྱུང་སྟེ། དཔེར་ན། འཇིག་རྟེན་གྱི་ཁམས་མི་མཇེད་ཅེས་བྱ་བ་འདིར་སངས་རྒྱས་བཅོམ་ལྡན་འདས་བྱོན་ནས་དམ་པའི་ཆོས་བསྟན་ཏེ་གདུལ་བྱ་ལམ་ལ་བཀོད་ཅིང་བསྟན་པ་རྒྱས་པར་གྱུར་ནས་འཕགས་པའི་གང་ཟག་མང་དུ་བྱུང་ངོ་། །ཞེས་བརྗོད་པ་ལ་བྱོན་ནས་བསྟན་ནས་བཀོད་ནས་གྱུར་ནས་ཞེས་ཚིག་ཕྲད་ཐམས་ཅད་སྒྲ་གཅིག་ཏུ་བྱས་ན་རྣ་བར་མི་མཛེས་ཤིང་། དོན་གོ་བ་ལ་ཡང་ལྷག་བཅས་ཤ་སྟག་བརྒྱུད་པས་མི་བདེ་བའི་སྐྱོན་ཡོད་དོ། །དེས་ན་ཚིག་མཐའ་དེ་དག་གོང་ལྟར་སྒྲ་གདངས་མི་འདྲ་བ་སོ་སོར་བསྒྱུར་ན་སྐྱོན་མེད་མོད། འོན་ཀྱང་ཕྲད་དེ་དག་བསྡུས་ཏེ། སངས་རྒྱས་བཅོམ་ལྡན་འདས་ཀྱིས་ཆོས་བསྟན། ལམ་

ལ་བཀོད། བསྟན་པ་རྒྱས་པར་མཛད་པས་འཕགས་པ་མང་དུ་བྱུང་ངོ་ལྟ་བུ་བྱས་ན་ཆོས་བསྟན། ལམ་ལ་བཀོད་སོགས་གཅོད་མཚམས་ཐ་དད་པར་བྱ་དགོས་ཤིང་། དེ་ལྟར་ན་དོན་གོ་བ་ལ་ཁྱད་མེད་ཀྱང་སྒྲ་ཟེར་ཡངས་ལ་མཛེས་པར་གྱུར་པ་འདིས་མཚོན་ནས་ཚིག་སྡུད་བྲུག་བཤད་པ་ཅི་རིགས་སུ་སྦྱར་ཏེ། དོན་གོ་བ་ལ་ཁྱད་མེད་ན་མང་པོ་རྣམས་ཅི་རིགས་སུ་བསྡུ་ཞིང་། བར་གྱི་མཚམས་སྦྱོར་ཚིག་ཕྲད་རེ་ཙམ་བཞག་ན་ལེགས་པར་གསུངས་པ་དང་། དེར་མ་ཟད་ཚིགས་བཅད་ཀྱི་རྐང་བའི་མཐར་ལྷག་བཅས་ཀྱི་ཏེ་སྒྲ་སོགས་དང་། རྣམ་དབྱེ་གཅིག་གི་སྒྲ་ཊ་མཚུངས་པ་སོགས་རྣ་བར་མི་མཛེས་ཤིང་། རྐང་བ་བཞིའི་མཐའ་ཡི་གེ་གཅིག་མ་ཡིན་པར་སོ་སོ་དང་། དབྱངས་དང་། སྐྱེ་གནས་ཀྱང་སོ་སོ་བར་གྱུར་པ་ཕལ་ཆེར་བརྗོད་པ་མཛེས་པར་མཐོང་ལ། རྐང་བ་བཞིའི་མཐའ་འདྲ་བར་ཆེད་དུ་སྦྱར་བ་འགའ་ཞིག་བསམ་བཞིན་དེ་ལྟར་བྱས་པའི་དོན་གྱི་མི་མཛེས་པ་ཆེར་མེད་པའང་ཡོད་དོ། །དེ་ལྟར་ཞིབ་ཏུ་དཔྱད་ན་ཚིག་གོང་འོག་བྱེད་ཚུལ་གྱི་གོ་རིམ་དང་། འཆད་ཚུལ། བརྗོད་ཚུལ་ལ་གོ་བདེ་མི་བདེ། དོན་སྟོན་མི་སྟོན། ངག་སྙན་མི་སྙན་སོགས་ཀྱི་ཁྱད་པར་ཕྲ་མོ་བློ་རགས་པས་གར་ཡོད་ཀྱང་མ་རྟོགས་པ་དུ་མ་ཞིག་ཡོད་པ་རྣམ་པར་དཔྱད་པའི་ས་བོན་འདིས་མཚོན་ནས་བློ་ལྡན་རྣམས་ཀྱིས་ཤེས་པར་བྱའོ། །ཞེས《སྙན་འགྲེལ་དབྱངས་ཅན་དགྱེས་པའི་རོལ་མཚོ》ལས་གསུངས་པ་ལྟར་ཞིབ་ཏུ་དཔྱད་ནས་ཁྲིད་ཅིང་བསླབས་ན་ཚིག་སྦྱོར་ལེགས་པོ་འབྱུང་བ་ལ་ཕན་ངེས་ཡིན་ནོ། །

（༥）སྙན་ངག་གི་རྩོམ་ལུགས་ལ། བོད་ཀྱི་མཁས་པ་ཁ་ཅིག་རྒྱ་གར་ཤར་ཕྱོགས་ཀྱི་མཁས་པ་རྣམས་དང་འདྲ་བར་རྩོམ་གཤིས་ཚུང་ཟད་ཁ་དམ་ཞིང་འཕྲུལ་དུ་གོ་དཀའ་བར་མོས་པ་དང་། མཁས་པ་ལ་ལ་རྒྱ་གར་ལྷོ་བའི་མཁས་པ་ལྟར་ཤིན་ཏུ་ཁ་གསལ་ཞིང་གོ་བདེ་བའི་འབོལ་རྩོམ་ལ་མོས་པ་སྟེ་རིགས་གཉིས་ཡོད་པར་གསུངས་པས། རྒྱ་གར་གྱི་ཤར་ལྷོའི་ལམ་སྲོལ་མི་འདྲ་བའི་ཁྱད་པར་ཤེས་པ་ལ། ལྷོ་ཤར་གཉིས་ཀྱི་འདོད་ཚུལ་ཤེས་ན་ཕན་ངེས་པས། ལེའུ་དང་པོའི་རབ་ཏུ་དྲངས་པའི་ཡོན་ཏན་ལ་ལྷོ་བའི་ལུགས་ཀྱིས《སྙན་ངག་མེ་

ཡོང་》གི་དཔེར་བརྗོད་ནི། ཟླ་བའི་མཚན་མ་ཨུཏྤལ་གྱི། །འོད་ཀྱིས་མཛེས་པ་རྒྱས་ཞེས་པ། །རྟོགས་པའི་སྐལ་བཟང་ལྡན་པའི་ཚོགས། །ཅེས་པ་སྟེ། ཟླ་བའི་ངོས་ལ་སྣང་བའི་རི་བོང་གི་གཟུགས་ཀྱི་མཚན་མདོག་སྔོ་བའི་ཨུཏྤལ་གྱི་འོད་ཀྱིས་ཟླ་བ་དེའི་མཛེས་པ་རྒྱས་པར་བྱས་སོ་ཞེས་པ་ལྟ་བུ་བརྗོད་བྱའི་དོན་ཤིན་ཏུ་གསལ་བས་རྟོགས་སླ་བ་འཇིག་རྟེན་ན་ཡོངས་སུ་གྲགས་པ་བཞིན་སྦྱར་བ་ཞིག་ཡིན་ལ། ཤར་བའི་ལུགས་ཀྱི་དཔེར་བརྗོད་ལ་ཡང་《སྙན་ངག་མེ་ལོང་》དུ། ཤིན་ཏུ་དཀར་མིན་ཆུ་ལས་སྐྱེས། །དེ་འདྲས་མཚན་པ་འོད་དཀར་ཅན། །ཞེས་པ་སྟེ། སྔོན་པོ་ལ་ཤིན་ཏུ་དཀར་མིན་དང་། ཨུཏྤལ་ལ་ཆུ་ལས་སྐྱེས་ཞེས་པའི་སྒྲ་བཤད་དུ་ཙུང་བ་ཙམ་ལས་དེ་གཉིས་ཀྱི་མིང་དངོས་མིན་པས་ཚིག་དོན་བདེ་བླག་ཏུ་རྟོགས་མི་ནུས་ཤིང་བརྟག་དགོས་པ་ལྟ་བུ་འཇིག་རྟེན་ན་ཤིན་ཏུ་གྲགས་ཆེ་བ་མ་ཡིན་པའི་གོ་དཀའ་བ་རབ་དྭངས་ཀྱི་ཡོན་ཏན་དུ་འདོད་པ་ཡིན་ལ། དཔེར་བརྗོད་འདི་གཉིས་ཀྱི་བརྗོད་བྱ་གཅིག་ཡིན་ན་ཡང་ཚིག་སྦྱོར་སྤྱིལ་སྤྱངས་མི་འདྲ་བས་དོན་རྟོགས་དཀའ་སླ་དང་ཁ་དམ་མིན་གྱི་ཁྱད་པར་ཡོད་པ་མངོན་སུམ་གྱིས་གྲུབ་པ་འདིས་མཚོན་པར་བྱའོ། །

དེ་བཞིན་དུ་བོད་ཀྱི་མཁས་པ་རྣམས་ཀྱི་རྩོམ་གཤིས་ཀྱང་རིགས་མི་འདྲ་བ་གཉིས་ཡོད་པ། དཔེར་ན། ཀུན་མཁྱེན་བླ་མ་ངག་དབང་བརྩོན་འགྲུས་ཀྱིས་མཛད་པའི་《གྲུབ་མཐའ་ཆེན་པོའི》བར་སྐབས་ཚིགས་བཅད་ལས། མང་དུ་ཐོས་ཀྱང་གྱ་གྱུའི་སེམས་ལྡན་འགས། །སྦྱོངས་ཞེས་ཁྲིས་བཤུས་རྒྱུ་སྐར་མང་ཚོགས་ཀྱང་། །འཁྲུལ་སྣུན་མ་སངས་དགག་སྒྲུབ་ཚེ་ངེའི་སྐབས། །ལེགས་བཤད་འོད་སྟོང་སྤྲོས་འདི་སྐྱེ་དགུའི་མིག །ཅེས་དང་། རྗེ་འཇིགས་མེད་དབང་པོས་མཛད་པའི་ལྕུང་སྐྱའི་འཁྲུངས་རབས་རྣམ་ཐར་ལས། མཐའ་ཡས་སྐྱེ་དགུའི་རྐང་སྟེགས་ཉིད་གྱུར་ཅིང་། །དགེ་ལེགས་ནགས་ཚལ་ཕྲེང་བ་བསྐྲུན་པ་འདི། །ནོར་འཛིན་ཁྱོན་ནམ་ཁྱོད་ཀྱི་འཕྲིན་ལས་ཞེས། །བདག་གི་ཡིད་ནི་ཐེ་ཚོམ་དཔྱང་ཐག་འཛིན། །ཅེས་གསུངས་ཏེ་སྔ་མ་ཤར་བ་དང་ཕྱི་མ་ལྷོ་བའི་སྙན་ངག་གི་ཉམས་ཐོན་ཡོད་པ་བསླུགས་པ་ཙམ་གྱིས་རྟོགས་ནུས་སོ། །

(༤) རབ་བཏགས་དང་ཐུལ་བྱུང་དང་བསྙོན་དོར་གྱི་རྒྱན་སོགས་འཁྱོག་བརྗོད་ཀྱི་ཉམས་དང་འབྲེལ་བའི་སྙན་ཚིག་རྣམས་ནི་རང་བཞིན་གྱིས་ཁ་ཚུང་ཟད་དམ་ཡང་ཤིན་ཏུ་སྙན་པ་ཡིན་ལ། དེ་ལྟ་བུའི་སྙན་པའི་ཉམས་དང་དོན་ཟབ་མོ་གང་ཡང་སྟོན་རྒྱུ་མེད་པར་ཁ་མི་གསལ་ཞིང་དོན་མི་གོ་བ་ཞིག་ཡིན་ཚེ། རྩོམ་སྐྱོན་ཡིན་གྱི། ཡོན་ཏན་མ་ཡིན་ནོ། །རྩོམ་རབ་ལ་བལྟས་མ་ཐག་ཏུ་ཤེས་ཞེས་པ་ལྟར་རྩོམ་གཤིས་ཁ་གསལ་བ་ཡོན་ཏན་ཡིན་མོད། དམིགས་བསལ་ཀུན་གྱིས་གོ་མི་ནུས་པའི་གསང་གཏམ་སོགས་ཧ་ཅང་གསལ་ན་ཉེན་ཁ་གང་འབྱུང་ཆམ་འཚལ་བས་ཚིག་ཚུང་ཟད་དམ་པོས་བཅིངས་ན་ལེགས་ལ། འཕྲིན་ཡིག་སོགས་ལ་བསྒྱུར་བྱའི་ཡུལ་ལ་མ་བལྟོས་པར་གང་དགར་སྦྱར་ན་དོན་ཕྱིན་ཅི་ལོག་ཏུ་གོ་ནས་འགལ་རྐྱེན་ཚབས་ཆེན་བྱུང་བ། དཔེར་ན། སྔོན་གྱི་ལོ་རྒྱུས་སྟེང་རྒྱལ་དབང་ཡོན་ཏན་རྒྱ་མཚོ་སོག་ཡུལ་ནས་བོད་དུ་ཕེབས་སྐབས་ཞྭ་དམར་ངག་དབང་ཆོས་གྲགས་ཀྱིས་ཞུ་ཡིག་སྙན་ངག་ཅན་ཕུལ་བས་དོན་ལོག་པར་གོ་ནས་ཀར་དགེ་གཉིས་ཀྱི་བར་དུ་སེལ་ཞུགས་པ་ལྟ་བུ་ལགས། ཡུལ་གང་ལ་བསྒྱུར་ན་ཡང་སྙན་ངག་གི་འཕྲིན་ཡིག་ལྟ་བུ་སྙན་པའི་ཉམས་དང་ལྡན་པའི་གཞན་ཡིད་འགུགས་ནུས་པ་ཡིན་ན་བཟང་མོད། ཁ་ཧ་ཅང་དམ་དྲགས་ན་མི་ལེགས་པར་མངོན་ཏེ། གུང་ཐང་བསྟན་པའི་སྒྲོན་མེ་སྐུ་གཞོན་ནུའི་སྐབས་ཁ་དམ་པར་དགྱེས་པ་ལ། ཐུའུ་བཀྭན་ཆོས་ཀྱི་ཉི་མས། ང་ཆོས་འཕྲིན་ཡིག་ཅིག་ལ་དངོས་ཤུགས་ཀྱི་བསྟན་བྱ་མང་པོ་འབྱེད་མི་ཤེས་ཞེས་བཀའ་བཀྱོན་གནང་བ་ལ་བརྟེན་ནས་ཕྱིས་སྙན་འཇེབས་རྟོགས་སླ་བ་འབབ་ཞིག་བྲིས་གནང་མཛད་པ་ལྟ་བུའོ། །དེ་ལྟ་ན་ཡང་། འཕྲིན་ཡིག་སོགས་ལ་ཡང་བསྒྱུར་ཡུལ་དང་སྐབས་དོན་ལ་བལྟོས་ནས་གོ་དཀའ་སླ་ཅི་རིགས་པར་བྱ་ཞིང་། ཕྱིར་རྩོམ་རིག་ནི་ཚིག་གི་སྒྱུ་རྩལ་འཛོམས་པ་ཞིག་ཡིན་དགོས་པས་ཚིག་གི་སྡེབ་སྦྱོར་སྦྱང་ནས་མཛེས་ཆོས་ཐོན་པ་གལ་ཆེ་ཞིང་། ལྷག་པར་སྙན་རྩོམ་ལ། ཚིག་ཉུང་ལ་དོན་འདུས་པ། ཚིག་སྦྱོར་སྡེབ་ལེགས་ཤིང་སྤྲུས་གཙང་བ། བརླགས་ཆེ་འགྱུར་ཁྱུག་འདེགས་འཇོག་དབྱངས་ཀྱི་ཡོན་ཏན་རང་བྱུང་གིས་ཐོན་པ་ཞིག་དགོས་ལ། བསྟན་བཅོས་ཀྱི་གཞུང་འགྲེལ་ཕལ་ཆེར་ལ་

ཡང་། ཚིག་ཉམས་ལྡན་ཞིང་དོན་གསལ་བ། གྲིམ་ཤ་ཆེ་ཞིང་དོན་ལ་གཞོལ་བ། འགྲོག་བཤད་མེད་ཅིང་འགྲེལ་སླ་བ་ཉིད་ལེགས་ཏེ། འཆད་ཉན་གྱི་འཇུག་པ་བདེ་བས་སོ། །དེ་དག་གང་ལ་ཡང་དོན་གྱི་ཉམས་དང་ལྡན་པར་བྱ་བ་ནི་ཤིན་ཏུ་གལ་ཆེ་བའི་གནད་དམ་པ་ཡིན་ནོ། །

༢. རྩོམ་རྩལ་གྱི་དམིགས་བསལ་འགའ།

སྙན་ངག་ཆེན་པོ་ཞེས་པ་བརྗོད་བྱ་རྒྱ་ཆེ་བ་དང་། ཆ་ཚང་བ་ཞིག་དགོས་མོད། གྲོང་ཁྱེར་ལ་བསྔགས་པ་ལ་སོགས་པའི་སྐབས་སུ་ཡང་ཡན་ལག་སྔར་བཤད་པ་རྣམས་ཀྱི་ནང་ནས་ཆང་འཕྱངས་པ་དང་གཞོན་ནུ་སྐྱེས་པའི་བསྔགས་པ་སོགས་ཀྱི་ཆ་ཤས་འགའ་ཞིག་མ་ཚང་ཡང་། ཇི་ལྟར་བཀོད་པའི་ཡན་ལག་གཞན་རྣམས་ཚིག་སྦྱོར་ཕུན་སུམ་ཚོགས་པའི་སྒྲོར་བས་སྙན་ངག་རིག་པའི་མཁས་པ་རྣམས་མགུ་བར་བྱེད་ནུས་ན་སྙན་ངག་ཆེན་པོ་མིན་པར་མི་འགྱུར་བས། སྐབས་འདིར་སྐྱོན་དུ་མི་འགྱུར་བར་གསུངས་སོ། །དེས་ན་སྙན་ངག་ཆེན་པོའི་བསྟན་བཅོས་ལ་ཡང་གང་བརྗོད་རྒྱུའི་བརྗོད་བྱའི་དོན་དེ་ཉིད་གསལ་ཞིང་ཡོངས་སུ་རྫོགས་ལ། སྙན་པའི་ཉམས་ཕུན་སུམ་ཚོགས་པས་བརྗོད་པས་མཁས་པ་མགུ་བ་བསྐྱེད་པ་ཞིག་ཡིན་ན་ཆོག་ལ། སྙན་ངག་ཆེན་པོ་དང་ཆུང་ངུའི་ཁྱད་པར་ནི་ལེའུར་བཅད་པ་དང་མ་བཅད་པས་དབྱེ་བ་ཡང་ཤེས་པར་བྱའོ། །

༣. ཉམས་བརྗོད་རྩལ་གྱི་རྣམ་གྲངས་གཞན་བཤད་པ།

དེང་རབས་ཀྱི་དུས་དང་བསྟུན་ན་མི་དམངས་བཅིངས་འགྲོལ་དམག་ལ་དཔའ་མཛངས་དང་སྙིང་སྟོབས། དམག་ཇུས་དང་སྒྲིག་ཁྲིམས། མཚོན་ཆ་དང་གོ་ཆ་སོགས་གང་

གི་ཆ་ནས་ཆེས་བླ་ན་མེད་པའི་ཚུལ་ཉམས་འགྱུར་རྨད་དུ་བྱུང་བའི་ཚིག་གིས་ཉེ་བར་བསྟན་པ་ཞིག་ཡོད་དེ། བརྟགས་ནས། དེས་མེས་རྒྱལ་ལ་གནོད་པ་བྱེད་མཁན་དགྲ་དམག་ཡོངས་རྫོགས་མིང་ཙམ་ཡང་ཤུལ་ལུས་མེད་པར་ཐལ་བའི་རྡུལ་དུ་བརླགས་པའི་ཚུལ་བརྗོད་པའི་སྙན་ངག་གི་ལམ་གྱི་སྲོལ་འདི་ནི་འཛིག་རྟེན་ན་རང་བཞིན་གྱིས་མཛེས་ཤིང་ཡིད་དུ་འོང་བ་ཡིན་མོད་ཀྱི། ད་དུང་དེ་བས་དགྲ་ཟླ་ཕ་རོལ་བའི་དཔུང་སྡེ་ལ་དཔའ་བརྟུལ་དང་སྙིང་སྟོབས་དྲག་ཆས་དང་གཡོ་འཕྲུལ་སོགས་ཆ་གང་གི་ཐད་ནས་ཀྱང་གཞན་གྱིས་བསྙུན་དུ་མེད་པའི་ཚུལ་ཉེ་བར་བརྗོད་ནས་རྒྱ་ཆེར་བསྟོད་ཅིང་། འཐབ་ཚུལ་ཕལ་བ་ཞིག་གིས་འཕམ་པར་མི་ནུས་པའི་སྟོབས་དང་ལྡན་པའི་དྲག་དཔུང་འགྲན་ཟླ་བྲལ་བ་ཞིག་ཡིན་ཚུལ་བརྗོད་པའི་མཐར། དེ་འདྲའི་དཔུང་ཁག་རྒྱལ་དཀའ་བ་ལས་ཀྱང་བསྟགས་བྱའི་མི་དམངས་བཅིངས་འགྲོལ་དམག་བདེ་བླག་ཏུ་གཡུལ་ལས་རྣམ་པར་རྒྱལ་བར་བསྟགས་པ་ནི། མི་དམངས་བཅིངས་འགྲོལ་དམག་ཕྱོགས་གང་ནས་ཀྱང་འགྲན་ཟླ་དང་བྲལ་ཚུལ་མ་བརྗོད་ཀྱང་དེའི་ཚུལ་ལེགས་པར་རྟོགས་ནུས་པས་སྙན་ངག་གི་ཉམས་ཆེས་ཁྱད་པར་འཕགས་པ་ཞིག་ཡིན་ནོ། །དེ་ལས་ལྡོག་སྟེ་དགྲ་དམག་རྣམས་ནུས་མེད་འཛེམས་སླ་བ་ཤ་སྟག་ཡིན་ཚུལ་བརྗོད་ནས་མི་དམངས་བཅིངས་འགྲོལ་དམག་དེ་དག་ལས་རྣམ་པར་རྒྱལ་བར་བསྟགས་པ་ཡིན་ན་ཡ་མཚར་རྒྱུ་ཅི་ཡང་མེད་པས། ཚིག་དེ་ལ་གཞན་གྱི་ཡིད་འགུགས་པའི་ནུས་པ་སྙན་པའི་ཉམས་ཞེས་པ་དེ་ཡོད་པ་མ་ཡིན་ནོ། །དེང་རབས་ཀྱི་གློག་བརྙན་འགའ་ཞིག་ཏུ་དགྲ་དམག་རྣམས་ཐུག་མ་ཐག་ཏུ་འགྱེལ་འགྲོ་བ་ལྟ་བུ་ཞིག་བཅོས་ཡོད་པས་མི་རྣམས་ཀྱི་ཡིད་དབང་འགུགས་མི་ནུས་ཤིང་ལྟ་བར་མི་སྤྲོ་བའི་རྒྱུ་མཚན་ཡང་འདིའི་ཐད་ཀྱི་སྒྱུ་རྩལ་ཅུང་ཞན་པའི་སྐྱོན་གྱིས་བྱས་སམ་སྙམ། འཐབ་འཁྲུག་གི་ཚུལ་ནི་མཚོན་པ་ཙམ་སྟེ་བརྗོད་བྱའི་དངོས་པོ་གཞན་ལའང་སྦྱར་བར་བྱའོ། །

མདོར་ན། 《སྙན་ངག་མེ་ལོང་གི་སྤྱི་དོན་སྟེང་ལེགས་རིག་པའི་འཆར་སྒོ》ལས། དེ་ལྟར་ཚིགས་བཅད་ཀྱི་སྦྱོར་བ་ཇི་ལྟར་བརྩེབས་པའི་ཚུལ་ལ་བློ་ཁ་ཉེ་བར་ཕྱོགས་ཚེ་ཚིག

ལྷུག་པའམ་བཅད་ལྷུག་སྤེལ་མ་གང་རྩོམ་པའི་ཚེ་ཡང་སུམ་རྟགས་དག་གསུམ་གྱི་དགོངས་དོན་དང་མི་འགལ་བར་གཞིར་བྱས་པའི་སྟེང་། ཚིག་གི་རྒྱས་བསྡུས་སྐབས་བབ་དང་བསྟུན་ཏེ་ཐབས་ཅི་ཞིག་གིས་བཤད་ན་སྐབས་དོན་རྫོགས་པར་སྟོན་པ་དང་། ཉན་པར་མི་སྒྲོ་བའི་ཚིག་སྦྱོར་ཉག་ཉོག་ཏུ་མ་གྱུར་པར་འདྲིལ་ཆེ་བ་དང་། ཚིག་གི་གོང་འོག་བསྟོལ་བསྡེབས་ཀྱི་ལྷུ་འགྲིག་པ་དང་། མཚམས་མཚམས་སུ་དཔེ་དང་གཏན་ཚིགས་ལུང་འདྲེན་སོགས་ཀྱིས་དོན་དེ་གནད་དུ་ཐེངས་པར་སྟོན་པ་སོགས་ཀྱི་ཚུལ་ལ་གཟབ་པར་བྱ་བ་ནི་ཚིག་སྦྱོར་ལེགས་པོ་འབྱུང་བའི་ཐབས་དམ་པ་ཡིན་ནོ། །ཞེས་གསུངས་པའི་དོན་དཔྱིས་ཕྱིན་པར་བསམ་པར་བྱའོ། །(འདིའི་མན་རྩོམ་འཁྲོར་ལུས།)

༄༅། །སྙན་ངག་གི་ལུས་རྒྱན་གྱི་རྣམ་གཞག་མདོ་ཙམ་བརྗོད་པ་གཟུར་གནས་དགྱེས་པའི་གཏམ།

༄ སྨྲ་བའི་དབང་ཕྱུག་ལ་ཕྱག་འཚལ་ལོ། །
ཚངས་ཆེན་ཡིད་ཀྱི་ཆུ་གཏེར་འཕྱུར་བ་ལས། །
ངོ་མཚར་རིག་བྱེད་ རླབས་སུ་ལུད་པའི་བཅུད། །
མཚར་སྡུག་དབང་གཞུའི་མདངས་སུ་རྟེན་པའི་སྒྲ། །
ཚངས་སྲས་མ་ཀྱི་སྨྲ་བའི་སྤོབས་པ་སྩོལ། །

སྙིང་གཞི།

འཛམ་གླིང་ཡོངས་ཀྱི་རིག་གནས་ཅུང་དར་རྒྱས་ཆེ་བའི་མི་རིགས་ཀུན་ལ་རང་རང་གི་ལུགས་ཀྱི་སྙན་ངག་ཡོད་ལ། དེ་དག་གི་ལོ་རྒྱུས་འཕེལ་རིམ་དང་སྤྱི་ཚོགས་ཀྱི་གོམས་སྲོལ་འཚོ་བའི་སྤྱོད་སྟངས། སྐད་ཆའི་ཆོས་ཉིད་སོགས་མི་འདྲ་བའི་དབང་གིས་སྙན་ངག་ཅེས་པའི་ཐ་སྙད་འདིར་གོ་བ་ལེན་ཚུལ་དང་། མཚན་ཉིད་འཛོག་ཚུལ་མི་གཅིག་པ་ཡོད་སྲིད་ནའང་། སྙན་ཚིག་ནི་མི་རྣམས་ཀྱི་སྐད་ཆའི་སྒྱུ་རྩལ་འཕེལ་རྒྱས་ཀྱི་རྟེར་སོན་ཅིང་། དགའ་སྡུག་ཁྲོ་ཆགས་སོགས་བསམ་བློའི་འགྱུར་བ་དྲག་པོ་ཇི་ལྟ་བ་བཞིན་མཚོན་པར་བྱེད་ཅིང་། ངག་གི་རྣམ་པར་རིག་བྱེད་གཞན་གང་གིས་ཀྱང་གཏན་ནས་འགྲན་མི་བཟོད་པ་ཞིག་ཏུ་མ་ཟད་ཚིག་གི་ཚགས་དམ་ཞིང་ཞིབ་ཆ་ཆེ་བ། ཚིག་སྦྱ་ཕྱི་སློམས་ཤིང་སྐབས་དང་སྦྱར་བ། ཚིག་སྦྱ་མས་ཕྱི་མ་འབད་མེད་དུ་འདྲེན་ནུས་པས་བརྗོད་བདེ་བ། ཚིག་ཉུང་ངུས་ཀྱང་དོན་

རྒྱ་ཆེན་པོ་མ་འདྲིས་པར་གསལ་པོར་སྟོན་ནུས་པ། ཚིག་དོན་གང་ནས་བརྟགས་ཀྱང་འགལ་ཟླས་མ་འབྲེལ་བའི་སྐྱོན་དང་བྲལ་ཞིང་། བརྗོད་བྱའི་དོན་ གྱི་ལེགས་པར་འཆར་ནུས་པས་དོན་ཉམས་ཁྱད་པར་དུ་འཕགས་པས་ཚངས་སྲས་རིག་པ་ལ་མ་རྨོངས་པའི་མཁས་དགུའི་རྣ་བའི་བདུད་རྩིར་འགྱུར་བ་ཞིག་དང་། གོང་གསལ་ཚིག་གི་ཁྱད་ཆོས་འཛོམས་པ་གཞིར་བྱས་པའི་སྟེང་དུ། སྒྲ་དོན་གྱི་རྒྱན་ཕུན་སུམ་ཚོགས་པ་ཅི་རིགས་ཀྱིས་ཕྱུད་པས་རྣ་བའི་བཅུད་ལེན་དུ་གྱུར་པ་ཞིག་ངེས་པར་ཡིན་དགོས་པ་སྟེ། མདོར་ན་ཚིག་རྣ་བར་སྙན་ཞིང་། དོན་ཡིད་ལ་འཇེབས་པ། བསམ་ན་ངོ་མཚར་ཞིང་། བསྟན་དོན་མཚོན་ཚུལ་ཐུན་མིན་གྱི་ཁྱད་ཆོས་ལྡན་པ་སོགས་ཀྱི་ཁྱད་ཆོས་རྨད་དུ་བྱུང་བ་རྣམས་ངེས་པར་ཚང་བའི་རྩོམ་ཁྱད་པར་ཅན་ཞིག་ངེས་པར་ཡིན་དགོས་པ་ནི་གངས་ཅན་སྙན་རིག་སྨྲ་བའི་མཁས་པ་ཙམ་དུ་མ་ཟད། འཛམ་གླིང་ཡོངས་ཀྱི་ཚངས་སྲས་རིག་པ་སྨྲ་བ་ལ་ནང་བྱན་ཆུད་པའི་མཁས་པ་ཐམས་ཅད་མགྲིན་གཅིག་དབྱངས་གཅིག་ཡིན་སྙམ། དེ་ལྟར་མིན་ན་སྙན་ངག་ཅེས་པ་དེ་ཡང་རྩོམ་རིགས་གཞན་དང་ཁྱད་པར་ཆེན་པོ་མེད་པ་ཞིག་ཏུ་གྱུར་ནས་སྙན་ངག་གི་ཁྱད་ཆོས་ཐུན་མོང་མིན་ཞིང་ཀུན་གྱིས་གོ་བདེ་བ་ཞིག་བཤད་ཐབས་མེད་ལ། མིའི་རིགས་སྤྱིའི་མཁས་པའི་སྐྱེ་བོ་ཐུན་མོང་གིས་ཁས་ལེན་པའི་སྙན་རྩོམ་ཞིག་ཀྱང་ཡོད་ཚུལ་མེད་དོ། །དེ་ལྟ་ན་ཡང་རྨོངས་པ་བདག་ནི་འཛམ་གླིང་ཁྱོན་ཡོངས་ཕར་ཞོག་བསིལ་ལྡན་ཁ་བ་རི་བའི་ཚངས་སྲས་རིག་པའི་གནས་ལ་འཇུག་པའི་རྣམ་དཔྱོད་ཤིན་ཏུ་སྲ་བས། འདི་ལྟའི་གཏམ་སྨྲ་བའི་འོས་མེད་ན་ཡང་། མིའི་རིགས་ཀྱི་སྤྱི་ཚོགས་སྟེང་དར་རྒྱས་བྱུང་བའི་རིག་པའི་གནས་ཐམས་ཅད་ལ་རང་རང་གི་རིགས་མཐུན་པ་རྣམས་ལ་ཕན་ཚུན་འདྲ་བའི་ཆ་དང་མི་འདྲ་བའི་ཆ་གཉིས་གཉིས་ཡོད་པ་རྣམས་ཀུན་ཏུ་མཚུངས་པས་ན་སྙན་ངག་ལ་ཡང་དེ་ལྟར་ཡིན་ངེས་སྙམ་ནས་སྤྱི་བརྗོད་བསྐྱེད་དེ་བཤད་པ་ཡིན་ནོ། །བསིལ་ལྡན་སྣོ་ལའི་སྨན་ལྗོངས་འདིར་ཡང་མིའི་འགྲོ་བ་བྱུང་བ་ནས་ཐོན་སྐྱེད་དང་འཚོ་བ་དངོས་ཀྱི་ཁྲོད་དུ་དགའ་སྡུག་ཁྲོ་ཆགས་སོགས་ནང་གི་འགྱུར་བ་དྲག་པོ་བྱུང་བ་ན་དེའི་རྣམ་པ་ཕྱི་རུ་མངོན་པའི་ངག་གི་རྣམ་རིག་མི་

འདྲ་བ་དག་བྱུང་ཞིང་། དེ་ཡང་རིམ་གྱིས་འཕེལ་ནས་རིགས་མི་འདྲ་བའི་དམངས་གླུ་མང་པོ་བྱུང་བ་དང་། དེ་ཡང་འཕེལ་ནས་ངག་ཐོག་གི་སྙན་ངག་དང་། ཡི་གེ་བྱུང་བ་ནས་ཡིག་ཐོག་གི་སྙན་ངག་བྱུང་བར་གདོན་མི་ཟའོ། །དེ་ལྟ་ན་ཡང་གནའ་དུས་ཀྱི་ངག་ཐོག་དང་ཡིག་ཐོག་གི་སྙན་ངག་ནི《མེ་ལོང》ནས་བསྟན་པའི་སྙན་ངག་གི་མཚན་ཉིད་ཀྱི་སྒྲང་ལ་བཅལ་ན་ཚད་དང་ལྡན་མིན་ཅི་རིགས་མཆིས་ངེས་ན་ཡང་གནའ་དུས་ཀྱི་སྙན་ངག་གི་ཚིག་སྦྱོར་ཞིག་ཏུ་ངེས་པར་ཁས་ལེན་ཆོག་སྙམ། འོ་ན་དམངས་གླུ་སོགས་ཀྱང་སྙན་ངག་ཡིན་ནམ་ཞེ་ན། དེ་ནི་སྙན་ངག་འབྱུང་བའི་ཐོག་མའི་ས་བོན་ཙམ་དུ་འོས་ཀྱང་། སྙན་ངག་དངོས་མ་ཡིན་པའི་རྒྱུ་མཚན་ནི་གཞམ་ནས་སྙན་ངག་ཅེས་པ་ཅི་འདྲ་ཞིག་ཡིན་ཚུལ་ཅུང་ཟད་བརྗོད་པར་འདོད་ཅིང་དེ་ལ་བརྟེན་ནས་ཤེས་པར་འགྱུར་བས་སྐབས་འདིར་མ་བཀོད་དོ། །གནའ་བོའི་ངག་ཐོག་གི་སྙན་ངག་དང་། ཡི་གེ་བྱུང་བ་ནས《མེ་ལོང་མ》བོད་ལ་མ་བསྒྱུར་གོང་གི་བོད་རང་གི་སྙན་ངག་གི་ཚིག་སྦྱོར་ནི། བན་བོན་གྱི་ལྡའི་ཚིག་དང་། བསང་ཡིག་སོགས་ལས་ཤེས་ནུས་ཀྱང་། དེའི་སྐོར་འདིར་བཀོད་ན་ཡི་གེ་མང་བར་འགྱུར་བས་མ་བཀོད་མོད་དེ་དག་ལ་ལེགས་པར་བརྟགས་ནས་བྲིས་པའི་དཔྱད་རྩོམ་ཚད་ལྡན་ཞིག་ད་དུང་དགོན་པར་སྣང་བས་བློ་ལྡན་དག་གིས་དེ་དག་ལ་ཡང་ཞིབ་ཏུ་འཇུག་པར་བྱའོ། །

བོད་ལ་ཤིན་ཏུ་གནའ་དུས་ནས་རང་གི་ལུགས་ཀྱི་སྙན་ངག་ཡོད་ཚུལ་འདི་ལྟར་ལགས་ནའང་། རིག་པའི་གནས་འདི་ཉིད་ཀྱི་གཞུང་ལུགས་ལ་འཆད་ཉན་རྒྱ་ཆེར་བྱས་ནས་གཞུང་ལུགས་དེ་དང་མཐུན་པར་སྦྱར་བའི་སྙན་ངག་གི་བསྟན་བཅོས་མཐའ་ཡས་པ་ནི། ཤོང་དཔང་ཡབ་སྲས་ཀྱིས《སྙན་ངག་མེ་ལོང》བོད་དུ་བསྒྱུར་བ་ནས་བྱུང་ཚུལ་ནི་སྔོན་གྱི་སྙན་འགྲེལ་ཐམས་ཅད་དུ་གསལ་བས་འདིར་སྤྲོ་མ་དགོས་ཀྱང་། དེའི་རྗེས་བྱུང་བའི་ཚིགས་བཅད་ཀྱི་རྩོམ་ཡོད་ཚད་སྙན་ངག་མིན་ལ། བཅད་ལྷུག་སྤེལ་མའི་རྩོམ་ཡོད་ཚད་སྙན་ངག་དེ་བས་ཀྱང་མིན་ནོ། །འོ་ན་སྙན་ངག་ཅེས་པ་ཅི་ལྟ་བུ་ཞིག་ཡིན་ནམ་ཞེ་ན། འདི་ལེགས་པར་ཤེས་པ་ལ་སྙན་ངག་གི་ལུས་དང་རྒྱན་གྱི་རྣམ་གཞག སྲོག་བཞེད་མིན་གྱི་རྒྱུ་མཚན། ལུས་

རྒྱན་སྦྱར་བའི་ཉམས་འགྱུར་རྣད་དུ་བྱུང་བའི་ཚིག ཇི་ལྟར་གྲུབ་ཚུལ་སོགས་ཤེས་དགོས་པའི་གནས་ཤིན་ཏུ་མང་བས་འདིའི་སྐོར་ཙུང་ཟད་སློང་བ་ལ་འཇུག་གོ །

ལུས་ཀྱི་རྣམ་གཞག

《སྙན་ངག་མེ་ལོང་》ལས།

ལུས་ནི་བརྗོད་པར་འདོད་པ་ཡི། །
དོན་གྱི་རྣམ་བཅད་ཚིག་གི་ཕྲེང་། །

ཞེས་པ་ལྟར་སྙན་ངག་མཁན་གྱིས་གང་བརྗོད་པར་འདོད་པའི་བརྗོད་བྱའི་དངོས་པོའི་ཁྱད་པར་གྱི་ཆོས་ལེགས་པར་ངེས་པར་བྱས་ནས་ཇི་ལྟར་བརྗོད་པར་འདོད་པའི་དོན་དེ་ཉིད་བསམ་པས་རང་དབང་དུ་བྱས་པའམ། ཁྱད་པར་དུ་བྱས་པའི་ཚིག་གི་རྒྱུན་ནི་སྙན་ངག་གི་ལུས་ཡིན་ནོ། །

༡. སྙན་ངག་མཁན་གྱིས་གང་བརྗོད་རྒྱུའི་བརྗོད་བྱའི་དོན་ནི《མེ་ལོང་》ལས།

སྔོན་བྱུང་གཏམ་ལས་གྱུར་པའམ། །
ཅིག་ཤོས་ལེགས་པ་ལ་བརྟེན་པ། །

ཞེས་པ་ལྟར་མིའི་རིགས་ཀྱི་ལོ་རྒྱུས་དུས་རབས་རིང་མོའི་ནང་དངོས་སུ་བྱུང་བའི་སྤྱི་ཚོགས་ཀྱི་སྣང་ཚུལ་སྣ་ཚོགས་པའམ། དངོས་སུ་བྱུང་བ་མིན་ཡང་སྤྱི་ཚོགས་ཀྱི་དངོས་བྱུང་གནས་ཚུལ་མཚོན་པར་བྱེད་པའི་སྔོན་བྱུང་ལྷ་སྒྲུང་ལ་སོགས་པ་ནི་སྔོན་བྱུང་གཏམ་ལས་གྱུར་པ་ཞེས་པ་དེ་ཡིན་ལ། རྩོམ་མཁན་གྱིས་དངོས་སུ་མཐོང་ཐོས་ཀྱི་ཡུལ་དུ་གྱུར་པའི་སྤྱི་ཚོགས་ཀྱི་སྣང་ཚུལ་སྣ་ཚོགས་པ་ནི་ཅིག་ཤོས་ཞེས་པ་ཡིན་པས། འདི་གཉིས་སུ་མ་འདུས་པའི་སྙན་ངག་གི་བརྗོད་བྱ་གཞན་ཞིག་གཏན་ནས་མེད་པར་མ་ཟད། རྩོམ་རིག་ཀུན་གྱི་བརྗོད་བྱའང་འདི་གཉིས་གང་རུང་ལས་མ་འདས་ཤིང་། ལྷག་པར་ལེགས་པ་ལ་བརྟེན་པ་ཞེས་པའི་དོན

ནི། བསྔོད་པ་འབའ་ཞིག་འབྲི་དགོས་ཞེས་པའམ་བརྗོད་བྱའི་དངོས་པོ་དེའི་ལེགས་པའི་ཕྱོགས་ཡོན་མཚོན་དགོས་ཞེས་པའི་དོན་དུ་གོ་མི་རུང་བས། རྗོད་ཚུལ་ཁྱད་པར་བ་ཞིག་ལ་བརྟེན་ནས་བརྗོད་བྱའི་དངོས་པོ་དེ་ཉིད་ལེགས་པར་མཚོན་དགོས་པའི་དོན་དུ་གོ་དགོས་པ་དང་། གོང་གི་ཚིག་འདི་རྐང་བ་གཉིས་ཀའི་མཐའ་མའི་གསལ་བྱེད་དུ་འགྱུར་ཚུལ་ལ་བློ་གྲོས་ཀྱི་འཇུག་པ་ཡངས་པར་བྱས་ན་《མེ་ལོང》གི་ཚིག་འདི་དག་ལ་གོ་རྒྱུའི་གནད་ཤིན་ཏུ་ཆེ་བ་བློ་ལྡན་རྣམས་ཀྱིས་མཁྱེན་པར་བྱའོ། །དེ་ཡང་སྙན་ཚིག་མཚན་ཉིད་དང་ལྡན་པ་ཞིག་འབྲི་བ་ལ། ཐོག་མར་སྙན་ངག་མཁན་དེས་རང་གི་གང་བརྗོད་རྒྱུའི་བརྗོད་བྱའི་དངོས་པོའི་ཁྱད་པར་གྱི་ཆོས་རྣམས་བློ་ལ་ངེས་པར་བྱེད་རྒྱུ་འདི་ཤིན་ཏུ་གལ་ཆེ་སྟབས《སྙན་འགྲེལ་ངག་གི་རོལ་མཚོ》ལས། སྨྲ་བ་པོས་བརྗོད་པར་འདོད་པའི་གཏམ་རྒྱུད་ལ་སོགས་གང་ཡིན་པའི་བརྗོད་བྱའི་དོན་དེ་ངེས་པར་བྱས་ནས་ཞེས་དང་། སྙན་འགྲེལ་གཞན་རྣམས་ལས་ཀྱང་དོན་འདི་ཉིད་ནན་ཏན་གྱིས་འདོམས་པར་མཛད་དོན་ནི། ཞིབ་ཏུ་བསམ་ན་གོ་རྒྱུའི་གནད་ཏ་ཅང་ཆེ་སྟེ། དཔེར་ན། རི་མོ་མཁན་ཞིག་གིས་ལྗོན་ཤིང་ཞིག་འབྲི་ན་ཐོག་མར་བྲི་བྱའི་ལྗོན་ཤིང་གི་རྣམ་པ་དང་ཁྱད་པར་གྱི་ཆོས་ཐུན་མོང་བ་དང་ཐུན་མོང་མ་ཡིན་པ་ཐམས་ཅད་ཞིབ་ཏུ་བློ་ལ་ངེས་དགོས་པ་དང་། དེ་དག་བློ་ལ་ངེས་པའི་ཚད་ཅི་ཙམ་གཏིང་ཟབ་པ་དང་། རྒྱ་ཆེ་བ་ཡིན་ན་དེ་ལྟར་དུ་དེས་བྲིས་པའི་རི་མོའི་ལྗོན་ཤིང་དེ་ཉིད་ཀྱིས་བྲི་བྱའི་ལྗོན་པ་རོ་མ་མཚོན་པ་ལ་ལྷག་པར་ཕན་པ་དེ་བཞིན་དུ། སྙན་ངག་པས་ཀྱང་གང་འབྲི་རྒྱུའི་བརྗོད་བྱའི་དངོས་པོ་དེའི་རྣམ་པར་ལུས་པར་ཞིབ་ཏུ་ལྟ་ཤེས་དགོས་པ་དང་། བལྟས་པ་ཅི་ཙམ་གཏིང་ཟབ་པ་དང་རྒྱ་ཆེ་བ་ཡིན་ན། དེས་བྲིས་པའི་སྙན་ངག་དེས་བརྗོད་བྱའི་དོན་ཅི་ལྟ་བ་བཞིན་མཚོན་པ་ལ་ཆེས་ཆེར་ཕན་པ་ཡིན་ནོ། །

དེ་ཡང་སྙན་ངག་པས་བརྗོད་བྱའི་དངོས་པོར་ཡིད་ཀྱི་ངེས་པ་འདྲེན་ཚུལ་དང་། བསམ་གཞིག་གིས་བརྟག་པ་བྱེད་ཚུལ་ནི་རྩོམ་མཁན་གཞན་དག་གིས་བརྗོད་བྱའི་དངོས་པོ་ངེས་ཚུལ་དང་། ལྟ་ཚུལ་བཅས་དང་ཁྱད་པར་ཡོད་པ་ཞིག་ཡིན་དགོས་པ་ནི། དེ་དག་གིས་

བྲིས་པའི་རྩོམ་དེ་ཉིད་སྙན་རྩོམ་དུ་འགྱུར་མིན་གྱི་གནད་ལ་ཐུག་པས་ཤིན་ཏུ་གལ་ཆེ་ཡང་། སྐབས་འདིར་མི་སྤྲོ་བར་རྗེས་ནས་རིམ་བཞིན་རྒྱན་གྱི་རྣམ་གཞག་དང་ལུས་རྒྱན་སྦྱར་ནས་སྙན་ཚིག་ཏུ་ཇི་ལྟར་གྲུབ་ཚུལ་སོགས་འཆད་པར་འགྱུར་བ་དེ་ལས་མཁྱེན་ནུས་སོ། །

༢. གོང་གསལ《མེ་ལོང》གི་ཚིག"དོན་གྱི་རྣམ་བཅད"ཅེས་པའི་དོན་འགྲེལ་སྐབས་རྒྱ་འགྲེལ་གཉིས་ལས་འདི་ལྟར་འབྱུང་བར་གསུངས་ཏེ། འདོད་པའི་དོན་སྒྲུབ་པོའི་བསམ་པས་རང་དབང་དུ་བྱས་པའམ་ཁྱད་པར་དུ་བྱས་པའོ། །དེས་ན་འདོད་པའི་དོན་རྣམ་པར་བཅད་པ་ནི་སྙན་ངག་གི་ལུས་སུ་ཤེས་པར་བྱ་སྟེ། ཞེས་སོ། །རྒྱ་གར་མཁས་པའི་གསུང་འདི་ལ་ཞིབ་ཏུ་བསམ་ན་གོ་རྒྱུ་ཤིན་ཏུ་ཆེ་སྟེ། བོད་ཀྱི་ལོ་ཙྪ་བ་སྔ་མ་ལ་ལས་དོན་གྱི་རྣམ་པ་དཔྱད་དུ་བསྒྱུར་བ་དང་། ལ་ལས་དོན་གྱི་རྣམ་བཅད་དུ་བསྒྱུར་བའི་འགྱུར་མི་འདྲ་བ་གཉིས་བྱུང་ཞིང་། གང་བྱས་ཀྱང་ཚིག་དང་དོན་གྱི་རྣམ་གྲངས་སོ་སོར་བཅད་ནས་འབྲི་དགོས་པའི་དོན་མ་ཡིན་པར་བྲི་བྱའི་དངོས་པོ་ཡིད་ཀྱིས་ལེགས་པར་དཔྱད་ནས་ངེས་པར་བྱས་ཏེ་བརྗོད་ཐབས་ཁྱད་པར་ཅན་ཞིག་ལ་བརྟེན་ནས་འབྲི་དགོས་པའི་དོན་ཡིན་ཐོག་ལྟག་པར་སྒྲུབ་པོས་བསམ་པས་རང་དབང་དུ་བྱས་པ་དང་ཁྱད་པར་དུ་བྱས་པ་ཞེས་པ་སྟེ། དཔེར་ན། སྙན་ངག་མཁན་ཞིག་གིས་འདོད་ལྡན་གཞོན་ནུ་ཕོ་མོ་གཉིས་ཀྱི་བརྩེ་འདུངས་དང་མཛའ་གཅུགས་སོགས་འབྲི་ན། ཐོག་མར་དེ་གཉིས་བར་དུ་མཛའ་བརྩེ་ཆགས་པའི་བརྒྱུད་རིམ་དང་། བརྩེ་འདུངས་ལྡན་པའི་ནང་གི་འགྱུར་བ་དང་དེ་ཉིད་ཕྱི་རོལ་ཏུ་ཤར་བའི་ཉམས་དག་ལ་བརྟགས་ཤིང་དཔྱད་ནས། དེའི་ཁྱད་པར་ཆོས་རྣམས་ཀྱི་དོན་སྤྱི་རང་གི་བློ་ངོར་གསལ་པོར་འཇགས་དགོས་ལ། དེ་ཙམ་གྱིས་མི་ཚོག་པར་རྐྱེན་དེ་ལ་བརྟེན་ནས་བྱུང་བའི་ལུས་ངག་གི་ཉམས་མ་ལུས་པ་སྙན་ངག་མཁན་པོ་དེ་ཉིད་ཀྱིས་བསམ་པས་དབང་དུ་བྱེད་དགོས་པ་སྟེ། ཆ་ཚང་ལ་གཏིང་ཟབ་པའི་སྒོ་ནས་རྟོགས་དགོས་པ་ཡིན་ནོ། །དེ་ལྟར་ཀླད་པའི་ནང་དུ་བསགས་ཟིན་པའི་བརྗོད་བྱའི་དངོས་པོ་དེ་ཉིད་བསམ་གཞིག་གིས་ལས་སྣོན་བྱས་པ་བརྒྱུད་དེ། ཁྱད་པར་གྱི་བརྗོད་ཐབས་ཤིག་ལ་བརྟེན་ནས་ནང་གི་བསམ་བློའི་

འགྱུར་བ་དང་། དེའི་འབྲས་བུར་གྱུར་པའི་ལུས་ངག་གི་ཉམས་དག་ཇི་ལྟ་བ་བཞིན་མཚོན་པར་བྱེད་པའི་ཚིག་དོན་གྱི་ཉམས་རྒྱད་དུ་བྱུང་བ་ཞིག་བྱུང་ན་བསམ་པས་ཁྱད་པར་དུ་བྱས་པ་ཞེས་པའི་ཁྱད་ཆོས་དེ་ཡང་ཚང་བ་ཡིན་ནོ། །དེ་ཡང་དཔེར་ན། མིའི་རིགས་ཀྱི་ལོ་རྒྱུས་དུས་རབས་སོ་སོར་རིམ་བཞིན་བྱུང་བའི་གཏམ་རྒྱུད་སོགས་དང་། ད་ལྟའི་སྤྱི་ཚོགས་ཀྱི་དངོས་བྱུང་གནས་ཚུལ་སྣ་ཚོགས་པ་ནི་མ་བཅོས་རྒྱུ་ཆ་ལྟ་བུ་ཞིག་དང་། སྙན་ངག་མཁན་གྱི་བསམ་པ་ནི་འཕྲུལ་འཁོར་ལྟ་བུ་ཞིག བརྗོད་བྱའི་དངོས་པོ་དེ་དག་ལེགས་པར་མཚོན་པར་བྱེད་པའི་སྙན་ཚིག་ནི་ཐོན་རྫས་ལྟ་བུ་ཞིག་ཡིན་ལ། བཟོ་གྲྭའི་ཐོན་རྫས་ཀྱི་བཟང་ངན་ནི་མ་བཅོས་རྒྱུ་ཆའི་སྤུས་ཚད་དང་། ལྷག་པར་འཕྲུལ་འཁོར་གྱི་བཟང་ངན་བཟོ་བའི་སེམས་རགས་ཞིབ། ལས་སྟོན་བྱས་པ་ལེགས་མིན་བཅས་ལ་འབྲེལ་བ་ཧ་ཅང་ཆེ་བ་ལྟར། སྙན་ཚིག་ལེགས་པོ་ཞིག་འབྱུང་མིན་ཡང་། བརྗོད་བྱ་གདམས་མཁས་དགོས་པར་མ་ཟད། ལྷག་པར་སྙན་ངག་མཁན་གྱི་བསམ་བློས་ལས་སྟོན་བྱས་པ་བརྒྱུད་དེ། ཚིག་གི་སྦྱོར་སོགས་ཆ་གང་ནས་བརྟགས་ཀྱང་། སྐྱོན་ཕྲ་མོ་ཙམ་མེད་པའི་ངག་མཐར་གཏུགས་ལ། སྙན་ཞིང་འཇེབས་པའི་ཚིག་གི་ཕྲེང་བ་གང་ཞིག་སྙན་ངག་ལ་བློ་ཁ་ཕྱོགས་པའི་མི་རྣམས་ཀྱིས་ཞིབ་ཏུ་བསླུགས་ཤིང་བསམ་ན་བརྗོད་བྱའི་དངོས་པོ་དེ་ཉིད་ཀྱི་རྣམ་པ་དངོས་སུ་སྣང་ནུས་པ་ལྟ་བུ་ཞིག་དགོས་པ་སྟེ། མདོར་ན། སྤྱི་ཚོགས་ལ་ཟབ་ཞུགས་སྨྲས་བརྟག་དཔྱད་ཞིབ་འཇུག་གཏིང་ཟབ་པ་ཞིག་བྱས་ནས་བརྗོད་བྱའི་རྒྱུ་ཆ་གྱ་ནོམ་པ་ཞིག་རང་གི་ཡིད་པའི་ནང་བསོག་མཁས་དགོས་ལ། བསགས་ཟིན་པའི་བརྗོད་བྱ་དེ་དག་ལ་བསམ་གཞིག་གིས་ལས་སྟོན་བྱས་ཏེ། ཁྱད་པར་གྱི་བརྗོད་ཐབས་ཤིག་ལ་བརྟེན་ནས་ནང་གི་བསམ་བློའི་འགྱུར་བ་ཕྱིར་མངོན་པའི་ཉམས་རྒྱད་དུ་བྱུང་བའི་ཚིག་ལ་སྙན་ངག་གི་ལུས་ཡིན་ཞེས་པའི་དོན་དུ་གོ་དགོས་པས། སྙན་ངག་གི་དཀའ་ས་ནི་འདི་ཡིན་ནོ། །འཇམ་དབྱངས་བསྟན་པའི་སྒྲོན་མེའི་གསུང་སྒྲོས་ལས་བོད་ལ་སྙན་ངག་པ་ཆེན་པོ་ཆེས་མང་པོ་མ་བྱོན་པར་གསུངས་པ་ཡང་བཅད་ལྷུག་སྤེལ་མའི་རྩོམ་སྤེལ་མཁན་མང་པོ་བྱོན་པར་དགོངས་པ་མིན་པར་མཚན་ཉིད་

ལེགས་པར་ཚང་བའི་སྙན་རྩོམ་གྱིས་འབྲི་རྒྱུ་ནི་ཧ་ཅང་དཀའ་བར་དགོངས་ནས་དེ་ལྟར་གསུངས་པ་ཡིན་ཞིང་། འདི་ཡང་དཔེར་ན། དངོས་པོ་ཞིག་རི་མོར་འགོད་རྒྱུ་ནི་དེ་ཙམ་མི་དཀའ་མོད། དངོས་པོ་ཞིག་གི་རྣམ་པ་ཇི་ལྟ་བ་བཞིན་མཚོན་ཐུབ་པའི་རི་མོ་ཞིག་འབྲི་རྒྱུ་ནི་ཧ་ཅང་དཀའ་བ་ལྟ་བུ་ཡིན་ནོ། །

༣. སྙན་ངག་གི་ལུས་ཀྱི་དབྱེ་བ་ནི། 《མེ་ལོང》ལས།

དེ་ཡང་ཚིགས་བཅད་ལྷུག་པ་དང་། །
སྤེལ་མ་རྣམ་པ་གསུམ་དུ་འདོད། །

ཅེས་པ་ལྟར་སྙན་ངག་གི་ལུས་ལ་ཚིགས་སུ་བཅད་པ་དང་། ལྷུག་པ་དང་སྤེལ་མ་སྟེ་རིགས་མི་འདྲ་བ་གསུམ་ཡོད་ཅིང་དེ་ཡང་ཚིགས་སུ་བཅད་པ་ཤློ་ཀ་གཅིག་ལ་རྐང་པ་བཞི་རེ་ཅན་སྙན་ངག་རིང་ལུགས་ལ་ངེས་པར་དགོས་པའི་སྒྲུབ་བྱེད་དུ《མེ་ལོང》ལས་ཚིགས་བཅད་རྐང་བཞི་དེ་ལ་ཡང་། ཞེས་སོགས་དྲངས་ནས་འཆད་མཁན་དག་སྣང་མོད། ལེགས་པར་དཔྱད་དགོས་ཏེ། མཁས་པས་སྦྱར་བའི་སྙན་ཚིག་རྐང་པ་ལྔ་རེ་ཅན་སོགས་མ་ངེས་པ་མང་དུ་མཐོང་བས། དེ་རྣམས་ཕྱིར་སྙན་ངག་ཡིན་ན། རྐང་པ་བཞི་རེའི་གྲངས་དང་མི་མཐུན་པ་ཁོ་ནས་སྙན་ཚིག་མ་ཡིན་པར་ཅི་ལ་འགྱུར《མེ་ལོང》ཚིག་དེའི་དོན་ནི་ཕྱིར་རྐང་པ་བཞི་ལ་ཤློ་ཀ་གཅིག་ཏུ་བརྩི་བ་དང་། དྲུག་ལ་ཤློ་ཀ་གཅིག་ཏུ་བརྩི་བའི་སྲོལ་གཉིས་ཡོད་ཀྱང་། སྙན་ངག་དང་སྙེབ་སྦྱོར་རིང་ལུགས་ལ་རྐང་པ་བཞི་ལ་ཤློ་ཀ་གཅིག་ཏུ་བརྩི་ཞེས་པའི་དོན་ཡིན་ལ། དྲང་སྲོང་གྲོག་མཁར་གྱི་ལོ་རྒྱུས་དང་འབྲེལ་བའི་ཤློ་ཀའི་མིང་བྱུང་ཚུལ་གྱི་གཏམ་རྒྱུད་རིང་པོ་ཞིག་བརྗོད་རྒྱུ་ཡོད་ཀྱང་། འདིར་ཡི་གེ་སྤྲུང་བའི་ཕྱིར་མ་བཀོད་པས་རྒྱས་པར་རྟོགས་འདོད་པ་རྣམས་ཀྱིས་གཞན་ལས་མཁྱེན་པར་བྱའོ། །མགོན་མཆོད་བརྗོད་དང་བར་ན་བར་སྐབས་ཀྱི་ཚིགས་བཅད། མཇུག་ན་དགེ་བསྔོ་སོགས་ཀྱི་ཚིགས་སུ་བཅད་པ་འགའ་ཞིག་ཡོད་ཀྱང་། ལུས་ཡོངས་རྫོགས་ཚིག་ལྷུག་ཡིན་ན། ལུས་ལྷུག་པའི་གྲས་སུ་འཛོག་ཆོག་པ་ལས་སྤེལ་མ་མིན་ལ། སྤེལ་མ་ཞེས་པའི་དོན་ནི་ཚིག་བཅད་ལྷུག་སྤེལ་མར་

ཡོད་པ་སྟེ། ཚིགས་བཅད་ཀྱི་རྗེས་སུ་ལྷུག་པ་དང་། ལྷུག་པའི་རྗེས་སུ་སླར་ཡང་ཚིགས་བཅད་དེ། ཕན་ཚུན་སྤེལ་མར་ཡོད་པ་《གཞོན་ནུ་ཟླ་མེད་ཀྱི་གཏམ་རྒྱུད》ལྟ་བུ་ཡིན་ནོ། །བཅད་ལྷུག་སྤེལ་མ་གསུམ་ནི་སྙན་ངག་གི་ལུས་ཙམ་མ་ཡིན་པར་རྩོམ་ཐམས་ཅད་ཀྱི་ལུས་དེ་གསུམ་ལས་མ་འདས་ཏེ། ལུས་ཞེས་པ་རྩོམ་འགྲུབ་བྱེད་དང་རྒྱན་འདོགས་པའི་གཞི་ལ་བཤད་པ་ཡིན་པས་སོ། །དེས་ན་དེང་དུས་ཀྱི་ཤེས་ལྡན་ལ་ལས་རྣམ་ཐར་དང་མགུར་སོགས་ལ་རྩོམ་ལུས་ཀྱི་མིང་བཏགས་པ་མཐོང་ཡང་ཞིབ་ཏུ་དཔྱད་དགོས་ཏེ། དེ་དག་ནི་གྲུབ་ཟིན་པའི་རྩོམ་གྱི་རིགས་མི་འདྲ་བ་ཙམ་ཡིན་པས། རྩོམ་ལུས་ཀྱི་མིང་འཇོར་དཀའ་བས་སོ་སྙམ་ན་འགྲིག་མིན་དཔྱོད་ལྡན་རྣམས་ཀྱིས་བསམ་པར་བྱའོ། །

ད་དུང་《མེ་ལོང》ལས། སྙན་ངག་གི་ལུས་སྐད་རིགས་ཀྱི་སྒོ་ནས་བཞི་རུ་དབྱེ་བར་གསུངས་པ་རྒྱ་གར་པོ་མིན་པར་བོད་ལའང་འདྲ་སྟེ། ལོ་པཎ་རྣམས་ཀྱིས་གཏན་ལ་ཕབ་པའི་ཡིག་སྐད་ནི་ལེགས་སྦྱར་གྱི་སྐད་དང་། ལྷ་ས་སོགས་ཡུལ་འཁོར་ཆེན་པོ་ལ་བརྟེན་པའི་མི་རྣམས་ཀྱི་སྐད་ནི་ཡུལ་མི་རང་བཞིན་པའི་སྐད་དང་། རྒྱལ་མོ་ཚ་བ་རོང་སོགས་མཐའ་ཁུལ་གྱི་མི་རྣམས་ཀྱི་སྐད་ནི་རི་བྲག་པའི་སྐད། མི་རིགས་གཞན་དང་འདྲེས་སྡོད་ཀྱི་དབང་གིས་བོད་སྐད་ཀྱི་ཟུར་ཆག་ནས་མ་གཞི་བོད་སྐད་ཡིན་ཡང་བོད་མི་གཞན་གྱིས་གོ་དཀའ་བའི་སྐད་ནི་ཟུར་ཆག་གི་སྐད་ཡིན་ལ། དེ་དག་གིས་བརྩམས་པའི་བསྟན་བཅོས་སམ་སྙན་རྩོམ་ཡང་མི་ཉུང་བ་མཆིས་པས་སོ་སྙམ། འོན་སྙན་ངག་ལ་ཕལ་སྐད་དང་། གྲོང་སྐད་རྣམ་པ་ཐམས་ཅད་དུ་སྤངས་དགོས་པ་མ་ཡིན་ནམ་ཞེ་ན། འདིར་སྤང་བྱར་གསུངས་པའི་གྲོང་སྐད་དམ་ཕལ་སྐད་ནི། ཚིགས་པར་དབྱུང་དུ་མི་རུང་ཞིང་། གཞན་གྱིས་ཐོས་ན་ངོ་ཚ་འོས་པའི་སྐད་དག་ཡིན་པ་《མེ་ལོང》རང་ལས་སྤངས་བྱའི་གྲོང་བ་ངོས་བཟུང་བའི་དཔེར་བརྗོད་ཀྱིས་ཤེས་ནུས་པས། སྒྲུབ་བྱེད་མང་པོ་འགོད་པའི་ངལ་བ་བྱེད་མ་དགོས་ལ། དེ་ལྟ་ན་ཡང་སྙན་ངག་གི་དམངས་གླུ་སོགས་ཕལ་རྩོམ་རྣམས་དང་བསྡུར་ན་ཚིག་གི་སྙན་ཆ་དང་། དོན་གྱི་ཟབ་ཚད་སོགས་ཆ་གང་ནས་བརྟགས་ཀྱང་ཁྱད་པར་འཕགས་པ་ཞིག་ཡིན་དགོས་པ་སྨོས་མ་

དགོས་ལ། དེས་ན་སྔན་ངག་ནི། ཚིག་ཉམས་སྣ་ཚོགས་པའི་བདུད་རྩི་དང་ལྡན་པ་དོན་ཤིན་ཏུ་ཟབ་པ། བློ་མ་སྦྱངས་པ་དག་གིས་འཇུག་པར་དཀའ་བ་ཞིག་ཡིན་དགོས་ཕྱིར་《མེ་ལོང་》ལས། རིག་དེ་སྙན་ངག་རྒྱ་མཚོ་ནི། ཞེས་སྙན་ངག་གི་རིག་པ་རྒྱ་མཚོའི་གཟུགས་སུ་བཀོད་ནས་གསུངས་པར་སྙན་འགྲེལ་ཆེན་མོ་དག་ལས་འབྱུང་བ་ནི་ལེགས་བཤད་ བླ་མེད་ཅིག་ཏུ་འཁྱེམས་སོ། །(འདིའི་མན་རྩོམ་འཕྲོར་ལུས།)

རྒྱན་གྱི་བསྟན་བཅོས་མེ་ལོང་གི་ཁྲིད་ཐེན་བརྗོད་བྱང་དུ་བཀོད་པ།

སྙིང་གཞི།

ཇི་སྐད་དུ། སྙན་ངག་མེ་ལོང་ལས།

སྙན་ངག་ཆུང་ངུ་ལ་ཡང་ངལ་བྱས་ཀྱི། །
མཁས་པའི་འདུན་ས་དག་ཏུ་འདུག་ལ་དབང་། །

ཞེས་དང་། རྗེ་ཙོང་ཁ་པ་ཆེན་པོས་ཀྱང་།

རིགས་ལམ་ཕྲ་མོ་བྱེད་པའི་རྣམ་དཔྱོད་དང་། །
གཞུང་ལུགས་གདམས་པར་ཤར་བའི་ཉམས་ལེན་དང་། །
ཚིག་སྦྱོར་རྩལ་ལ་མཁས་པའི་ངག་གི་དཔལ། །
ས་སྟེང་འདི་ན་རིན་ཆེན་རྣམ་གསུམ་སྣང་། །
འདི་ནི་ཤིན་ཏུ་དཀོན་ཞིང་འདོད་པ་འཇོ། །
རྨད་དུ་བྱུང་བའི་དགའ་བ་རྒྱས་བྱེད་པའི། །
རིན་པོ་ཆེ་ཞེས་མཁས་པ་རྣམས་ལ་གྲགས། །
མཁས་པའི་ཡིད་འཕྲོག་རིན་ཆེན་གཞན་ཡོད་མིན། །

ཞེས་བློ་ལྡན་རྣམས་ཀྱིས་སྒྲུང་བར་བྱ་བའི་གནས་མཆོག་ཏུ་གལ་ཆེ་བ་གསུམ་གྱི་ནང་ཚན། འཛིག་རྟེན་འདི་ན་རབ་ཏུ་དཀོན་པ་དང་འགྲོ་བའི་རེ་འདོད་འཇོ་བས་ནོར་བུ་མཁས་པ་རྣམས་ངོ་མཚར་རྨད་དུ་བྱུང་བའི་དགའ་བ་རྒྱས་པར་བྱེད་པའི་ཁྱད་ཆོས་ཆེན་པོ་དང་ལྡན་པའི་རིན་པོ་ཆེ་གསུམ་གྱི་ཡ་གྱལ། ཚིག་གི་རྒྱན་ཕུན་སུམ་ཚོགས་པ་དུ་མས་སྤྲུད་པའི་སྙན་

ངག་གི་ལམ་སྲོལ་འདི་ནི་འཕགས་བོད་ཀྱི་མཁས་དབང་མུ་ཏིག་བསྟར་ལ་བརྒྱུས་པ་ལྟ་བུ་རྣམས་ཀྱི་འཇུག་ངོགས་རྨད་དུ་བྱུང་བར་སྣང་བ་ཡིན་ནོ། །

སྤྱིར་ཤེས་པར་བྱ་བའི་གནས་བསམ་གྱིས་མི་ཁྱབ་ནའང༌། བསྡུས་ན་རིག་པའི་གནས་ཆེན་པོ་ལྔར་འདུ་བར་གསུངས་ཏེ། དེ་ལས་སྒྲ་དང་ཚད་མ། བཟོ་དང་གསོ་བ། ནང་དོན་རིག་པ་སྟེ་ལྔ་དང༌། གཞན་ཡང་སྒྲ་རིག་པའི་ཡན་ལག་ཏུ་གྱུར་པའི་ཚིག་རྒྱན་ཤེས་ན་སྙན་ངག་ལ་མི་རྨོངས། མངོན་བརྗོད་ཤེས་ན་མིང་ལ་མི་རྨོངས། སྡེབ་སྦྱོར་ཤེས་ན་ཚིགས་བཅད་ལ་མི་རྨོངས། ཟློས་གར་ཤེས་ན་སྐད་རིགས་ལ་མི་རྨོངས། སྐར་རྩིས་ཤེས་ན་གྲངས་ལ་མི་རྨོངས། ཞེས་རིག་པའི་གནས་ཆེ་ཆུང་བཅུ་ལ་མཁས་པ་ལ་མཁས་པའམ་པཎྜི་ཏ་ཞེས་པའི་མིང་ཐོབ་ལ། བྱེ་བྲག་གང་ལ་མཁས་པ་དེ་ལ་ཡང༌། མཁས་པ་ཞེས་བྱ་བའི་གྲངས་སུ་འགྲོ་ཞིང་མིང་ཐོབ་པ་ཡིན་ཏེ། ས་པཎ་གྱིས།

མཁས་གང་ཤེས་བྱའི་དེ་ཉིད་ནི། །
ཇི་བཞིན་རྟོགས་པ་ཡིན་པར་འདོད། །
བྱེ་བྲག་སྦྱངས་པའི་དོན་ཤེས་ན། །
དེ་ཡང་དེ་ལ་མཁས་ཞེས་བྱ། །

ཞེས་གསུངས་པ་ལྟར་རོ། །

ད་ནི་རེ་ཞིག་ལེའུ་དང་པོ་ནས་བསྟན་པའི་ཐུན་མོང་མ་ཡིན་པའི་རྒྱན་རྣམས་བཏང་སྙོམས་སུ་བཞག་ནས་ལེའུ་གཉིས་པའི་དོན་རྒྱན་སོ་སོའི་ངོས་འཛིན་དང་དཔེར་བརྗོད་བཅས་འཆད་པ་ལ།

དང་པོ། རང་བཞིན་བརྗོད་པའི་རྒྱན།

དང་པོ་རང་བཞིན་གནས་སྐབས་སོགས། །

གང་ཡིན་དེ་ལས་གཞན་དུ་ནི། །
སྒྲོ་འདོགས་མེད་པར་དྲང་པོ་རུ། །
བརྗོད་པར་རང་བཞིན་བརྗོད་པའི་རྒྱན། །

བརྗོད་བྱའི་དངོས་པོ་གང་གི་རང་བཞིན་གནས་སྐབས་སོགས། གང་དང་གང་ཡིན་པ་དེ་ལས་གཞན་སྒྲོ་མ་བཏགས་པར་གནས་ཚུལ་དྲང་པོར་བརྗོད་པ་གང་ཡིན་པ་དེ་ནི་རང་བཞིན་བརྗོད་པའི་རྒྱན་ཅེས་བྱ་བ་ཡིན་ནོ། །

༡. དེ་ལས་རིགས་རང་བཞིན་བརྗོད་པའི་རྒྱན་ནི། ཁྱད་པར་གྱི་ཆོས་འགའ་ཞིག་སྔོན་དུ་སོང་བཀོད་ནས། ཁྱད་ཆོས་དེ་ལྡན་གྱི་ཁྱད་གཞི་དེ་དང་མཚུངས་པའི་རིགས་ལྡན་གཞན་ལ་ཡང་ཁྱད་ཆོས་དེ་དག་ཡོད་པར་གོ་ནུས་པ་ཞིག་སྟེ། དཔེར་ན།

མཚན་དཔེའི་ཚ་རྫོགས་མཛེས་སྡུག་ཡིད་འོང་སྐུ། །
ཡན་ལག་དྲུག་ཅུའི་ཚངས་དབྱངས་སྙན་པའི་གསུང་། །
ཟབ་གསལ་ཀུན་ཁྱབ་བདེ་སྟོང་ལྷན་སྐྱེས་ཐུགས། །
རྫོགས་པའི་སངས་རྒྱས་རྣམས་ལ་གུས་པས་འདུད། །

ཡང་ན།

གཉིས་སྣང་སྤྲོས་པའི་མཚན་མ་ཀུན་སྤངས་ཤིང་། །
ཇི་ལྟ་ཇི་སྙེད་ཆོས་རྣམས་མངོན་སུམ་གཟིགས། །
གཞན་ཕན་ལྷུན་གྱི་གྲུབ་པའི་འཕྲིན་ལས་ཅན། །
རབ་འབྱམས་རྒྱལ་བའི་དབང་པོ་རྣམས་ལ་འདུད། །ཅེས་པ་ལྟ་བུའོ། །

༢. བྱ་བ་རང་བཞིན་བརྗོད་པའི་རྒྱན་ནི། བྱེད་པ་པོའམ་བྱེད་པ་དངོས་སུ་བརྗོད་པའི་སྒོ་ནས་དེས་བྱ་བ་བཟང་ངན་གང་བྱས་པ་དྲང་བར་བརྗོད་པ་ཞིག་སྟེ། དཔེར་ན།

སྐལ་ལྡན་ཚོགས་ལ་ལེགས་བཤད་དོན་བཞིན་བསྟན། །
བྱམས་བརྩེའི་ཐུགས་ཀྱིས་འགྲོ་རྣམས་ཐར་བར་འདྲེན། །

འཆད་རྩོད་རྩོམ་པས་ཐུབ་བསྟན་སྐྱོང་མཁས་པའི། །
བཀའ་དྲིན་མཚུངས་མེད་མགོན་ཁྱོད་ཕྱག་གི་ཡུལ། །

ཞེས་དང་། ཡང་ན།

བསམ་སྦྱོར་དག་པའི་བཤེས་གཉེན་གུས་བསྟེན་ནས། །
དཀའ་བ་དུ་མས་གཞུང་ལུགས་སྦྱངས་པའི་དོན། །
བརྩོན་པས་ཡུན་རིང་ཉམས་སུ་བསྐུར་བ་བཞིན། །
འགྲོ་ལ་བརྩེ་བས་འདོམས་མཛད་བྲཛྲའི་(ཤེས་རབ)ཞབས། །ཞེས་པ་ལྟ་བུའོ། །

༣. ཡོན་ཏན་རང་བཞིན་བརྗོད་པ་ནི། ཉི་འོད་ཕོག་པ་ལས་མེ་ཏོག་གི་འདབ་མ་ཁ་ཕྱེ་བ་དང་། ཚེར་མ་རྣུག་པ་ལ་ན་རྣུག་སྐྱེད་པར་སྟོན་པ་ལྟ་བུ་སྟེ། དངོས་པོའི་དེའི་བྱེད་ལས་སམ་ནུས་པ་གང་དང་གང་བྱུང་བ་དྲང་བར་བརྗོད་པའི་ཚིག་ལ་ཡོན་ཏན་རང་བཞིན་བརྗོད་པའི་རྒྱན་ཞེས་བྱ་སྟེ། དཔེར་ན།

དྲན་དབང་དུ་མས་ཉིན་བཞིན་གདམས་པའི་མཐུས། །
གནས་ལུ་རིག་པ་སྨྲ་ལ་ཐོགས་མེད་ཅིང་། །
ཟབ་རྒྱས་གཞུང་ལ་སྦྱངས་པ་མཐར་སོན་ཏེ། །
དཀྲིའི་གཞུང་ལུགས་སྤེལ་མཁས་བདག་གི་མགོན། །ཞེས་པ་ལྟ་བུའོ། །

༤. རྫས་རང་བཞིན་བརྗོད་པའི་རྒྱན་ནི། ཁྱད་གཞི་གང་གི་ངོ་བོ་དང་ནུས་པ་གང་ཡང་མི་སྟོན་པར་དེ་དང་འབྲེལ་བའི་རྫས་ཀྱི་ངོ་བོ་ཙམ་སྟོན་པ་ཞིག་སྟེ། དཔེར་ན།

རབ་དཀར་པད་ཟླ་མཛེས་པའི་སྟེང་ན་བཞུགས། །
རིན་ཆེན་རྒྱན་དང་སྣ་ཚོགས་དར་གྱིས་མཛེས། །
པཱཎྜི་རྒྱུད་མངས་སྒྲེང་མཁས་དབྱངས་ལྷ་མོས། །
མི་འཇིགས་སྤྲོ་བའི་སྤོབས་པ་བདག་ལ་སྩོལ། །ཞེས་པ་ལྟ་བུའོ། །

གོང་དུ་བཤད་པའི་རང་བཞིན་བརྗོད་པའི་རྒྱན་བཞི་པོ་དེའི་དོན་མདོར་བསྡུས་ན་

འདི་ལྟར་ཡིན་ཏེ། དངོས་པོ་དེའི་བྱ་བ་དང་ཡོན་ཏན་རྣམ་སོགས་གཙོ་བོར་བརྗོད་པ་མིན་པར། ཁྱད་ཆོས་དེ་དག་དང་ལྡན་པའི་དངོས་པོ་དེའི་ངོ་བོ་སྤྱི་ཙམ་ཞིག་བརྗོད་པ་ནི་རིགས་ཀྱི་རང་བཞིན་བརྗོད་པ་དང་། བྱེད་པ་པོའམ། བྱེད་པ་གང་ཡང་རུང་བས་བྱ་བ་བྱེད་ཚུལ་གཙོ་བོར་སྟོན་པ་ནི་བྱ་བ་རང་བཞིན་བརྗོད་པའི་རྒྱན་དང་། དངོས་པོ་དེའི་ཁྱད་ཆོས་སམ་ནུས་པ་གཙོ་བོར་སྟོན་པ་ནི་ཡོན་ཏན་རང་བཞིན་བརྗོད་པའི་རྒྱན་དང་། ཁྱད་གཞི་གང་ལ་ཡོད་པའི་རྣམ་ཀྱི་ངོ་བོ་ཙམ་སྟོན་པ་ལས་རང་བཞིན་དང་བྱ་བ་ཁྱད་ཆོས་བཅས་གང་ཡང་མི་སྟོན་པ་ནི་རྣམ་ཀྱི་རང་བཞིན་བརྗོད་པའི་རྒྱན་ཡིན་ནོ། །

གཉིས་པ། དཔེའི་རྒྱན།

དཔེའི་རྒྱན་ཞེས་བྱ་བ་དེ་ནི་ཇི་ལྟ་བུ་ཞིག་ཡིན་ཞེ་ན། དཔེ་དང་དཔེར་བྱའི་དངོས་པོ་དེ་གཉིས་རྣམ་པ་ཐམས་ཅད་ནས་འདྲ་བ་རྙེད་དཀའ་བས་ཇི་ལྟར་ཇི་ཞིག་ལྟར་ཏེ་ཡོན་ཏན་ལ་སོགས་པའི་རྣམ་པ་ཕྱོགས་རེ་བ་གང་ཅི་ཡང་རུང་བས་མཚུངས་པ་སྟེ་གཟུགས་རྒྱན་བཞིན་དུ་དཔེ་དོན་ཐ་མི་དད་དུ་འདྲེས་པའི་མི་གསལ་བ་ལྟ་བུ་མ་ཡིན་པར་འདིར་ཐ་དད་དུ་མ་འདྲེས་པར་སྣང་བས་གསལ་བར་བྱེད་པའི་ཚིག་གི་རྒྱན་ལ་དཔེའི་རྒྱན་ཞེས་བྱ་ལ། དེའི་ནང་ཚན་གྱི་ སྤྲོས་པ་སུམ་ཅུ་རྩ་གཉིས་ཡོད་དོ། །

༡. དཔེ་རྒྱན་གྱི་ནང་གསེས་ཆོས་དཔེ་ནི་དཔེ་རྒྱན་གྱི་མཚུངས་ཆོས་འདྲ་བ་གཅིག་བཀོད་པའི་སྒོ་ནས་དེ་གཉིས་མཚུངས་པར་སྟོན་པ་ཞིག་ཡིན་ཏེ། དཔེར་ན།

ལང་ཚོའི་དཔལ་གྱུར་ངག་དབང་དབྱངས་ལྡན་མའི། །
མཛེས་སྡུག་ཞལ་རས་དབྱར་གྱི་མེ་ཏོག་བཞིན། །
ཀུན་གྱི་ཡིད་དབང་འཕྲོག་པའི་བྱེད་པོ་གང་། །
དངོས་སུ་མཇལ་བའི་སྐལ་བཟང་བདག་ལ་སྩོལ། །ཅེས་དང་།

ཡང་ན།

ཕྲོག་ལམ་དྲ་བ་དབང་གཞུ་ལྟར་བཀྲ་ཞིང་། །
གྲོང་དང་གྲོང་ཁྱེར་རྒྱུ་སྐར་ཚོམ་བུར་འཁྲུན། །
རིགས་བརྒྱའི་དམངས་རྣམས་མེ་ཏོག་ལྟར་བཞད་པས། །
དེང་དུས་མེས་རྒྱལ་སུམ་རྩེན་（ལྷ་ཡུལ）ལྟ་བུར་སྐྱིད། །ཅེས་པ་ལྟ་བུའོ། །

༢. དངོས་པོའི་དཔེ་ནི། དཔེ་དང་དཔེ་ཅན་གཉིས་ཀྱི་ཁྱད་ཆོས་དངོས་སུ་མ་བརྗོད་པར་དཔེ་དང་དཔེ་ཅན་གཉིས་མཚུངས་པ་ཙམ་དངོས་སུ་བརྗོད་པའི་ཤུགས་ལ་དེ་གཉིས་ཁྱད་ཆོས་གང་གི་སྒོ་ནས་མཚུངས་པར་གོ་ནུས་པ་ཞིག་སྟེ། དཔེར་ན།

ཆུ་འཛིན་དང་མཚུངས་ཁྱོད་ཞལ་ལས་འོངས་པའི། །
ལེགས་གསུང་བདུད་རྩིའི་ཆར་པ་རབ་འཛོ་བ། །
སྨོང་བའི་སྐལ་ལྡན་དཔྱིད་ཀྱི་ཕོ་ཉའི་ཁྱུ། །
ངང་གིས་ འདུ་ བའི་ གནས་ འདི་ སྐྱིད་ ཚལ་ བཞིན། །ཞེས་ པ་ ལྟ་ བུའོ། །

༣. བཟློག་པའི་དཔེ་ནི། སྤྱིར་དཔེ་ལ་བརྟེན་ནས་དཔེ་ཅན་གོ་བར་བྱེད་དགོས་ཀྱང་མི་མཐུན་པར་གོ་བཟློག་ནས་དཔེ་ཅན་དཔེ་ཡི་ཚུལ་དང་དཔེ་དཔེ་ཅན་གྱི་ཚུལ་དུ་བྱས་ནས་དཔེ་དང་དཔེ་ཅན་གཉིས་ཁྱད་ཆོས་འདྲ་བའི་སྒོ་ནས་མཚུངས་པར་སྟོན་པ་ཞིག་ཡིན་ཏེ། དཔེར་ན།

ཟླ་བྲལ་ལྷ་རིག་སྨྲ་བ་ཁྱོད་ཉིད་ཀྱིས། །
ལེགས་པར་བཤད་པའི་སྒོ་བརྒྱ་འབྱེད་པ་བཞིན། །
རྟ་བདུན་དབང་པོའི་ཀུན་སྣང་འབར་བའི་གཟིས། །
མཛེས་སྡུག་པད་དཀར་འདབ་བརྒྱ་རྣམ་པར་བཀྲོལ། །ཞེས་པ་ལྟ་བུའོ། །

༤. ཕན་ཚུན་དཔེ་ནི། དཔེ་ལ་བརྟེན་ནས་དཔེ་ཅན་གོ་བ་དང་། སླར་ཡང་དཔེ་

ཅན་ལ་བརྟེན་ནས་དཔེ་གོ་བར་བྱེད་པ་སྟེ། དཔེ་དང་དཔེ་ཅན་གཉིས་ཡན་ཚུན་དཔེ་བླངས་རེས་བྱས་པའི་སྒོ་ནས་དཔེ་དང་དཔེ་ཅན་གཉིས་མཚུངས་བར་སྟོན་པ་ཞིག་ཡིན་ཏེ། དཔེར་ན།

མ་ རྨད་འདབ་བརྒྱའི་ཚལ་རབ་བཞད་པ་བཞིན། །
ལང་ཚོའི་དཔལ་འཛིན་ཁྱོད་སྐུ་ཡིད་དུ་འོང་། །
ལེགས་གསུང་རིག་པའི་དགའ་སྟོན་འགྱེད་པ་བཞིན། །
ཞིམ་མངར་སྦྲང་རྩིའི་དྲི་བཟང་ཕྱོགས་བཅུར་སྤྲོ། །ཞེས་པ་ལྟ་བུའོ། །

༥. ངེས་པའི་དཔེ་ནི། དཔེ་ཅན་དེ་ལ་དཔེ་གཞན་ཞིག་བཀོད་དེ་དེ་གཉིས་མཚུངས་པར་བརྗོད་པར་མ་ཟད། དཔེ་ཅན་དེ་ཉིད་དཔེ་དེ་ཁོ་ན་དང་མཚུངས་ཀྱི། དེ་ལས་གཞན་པའི་དཔེ་མེད་པར་སྟོན་པ་ཞིག་ཡིན་ཏེ། དཔེར་ན།

ཀུན་གྱི་ཡིད་འཕྲོག་ན་ཆུང་གཞོན་ནུ་མའི། །
འཛུམ་སྣེག་ཉམས་ལྡན་ལང་ཚོས་དྲེགས་པའི་སྐུར། །
ཆ་ཤས་ཡོངས་རྫོགས་བདེ་འབྱུང་གཙུག་རྒྱན་ལས། །
མཚུངས་ཟླ་གཞན་འགའ་སྲིད་འདིར་དམིགས་སུ་མེད། །ཅེས་པ་ལྟ་བུའོ། །

༦. ངེས་པ་མེད་པའི་དཔེ་ནི། དཔེ་ཅན་དེར་དཔེ་གཅིག་བཀོད་དེ་དེ་དང་མཚུངས་པའི་དངོས་པོ་གཞན་ཡོད་ན་ཡང་དཔེ་ཅན་དེའི་དཔེར་འོས་སོ་ཞེས་སྟོན་པ་ཞིག་ཡིན་ཏེ། དཔེར་ན། དཀར་མཛེས་ལང་ཚོ་ལྡན་པའི་སྨིན་ལེགས་མའི། །

ཡིད་འོང་བཞིན་རས་སྟོན་གྱི་ཟླ་བ་དང་། །
རི་ཞིག་མཐུན་མོད་དེ་འདྲའི་དངོས་པོ་གཞན། །
གལ་ཏེ་མཆིས་ན་དཔེ་རུ་ཅིས་མི་འོས། །ཞེས་པ་ལྟ་བུའོ། །

༧. བསྟུས་པའི་དཔེ་ནི། དཔེ་ཅན་དེ་ཉིད་དཔེ་དེ་དང་ངོ་བོའི་སྒོ་ནས་མཚུངས་པ་ཙམ་མིན་གྱི། ཁྱད་ཆོས་གཞན་ཞིག་གི་སྒོ་ནས་ཀྱང་དཔེ་དེ་དང་མཚུངས་པར་སྟོན་པ་ཞིག་

ཡིན་ཏེ། དཔེར་ན།

མཁས་དགྱུའི་མེས་པོ་ཧ་ས་བཛྲ་(བཞད་པའི་རྡོ་རྗེ) ཉིད། །
རབ་འབྱམས་གཞུང་ལུགས་སྦྲ་བ་ཁོན་ཡིས། །
ཀུན་མཁྱེན་ཙོང་ཁ་པ་དང་མཚུངས་མིན་ཏེ། །
སྤངས་རྟོགས་ཡོན་ཏན་རྫོགས་པ་འདི་ཡིས་ཀྱང་། །ཞེས་པ་ལྟ་བུའོ། །

༨. ཕུལ་བྱུང་གི་དཔེ་ནི། དཔེ་དང་དཔེ་ཅན་གཉིས་རྟེན་ནམ་གནས་གཞི་ཐ་དད་པའི་ཁྱད་པར་ཙམ་མ་གཏོགས། དེ་གཉིས་ཁྱད་ཆོས་གཞན་གྱི་སྒོ་ནས་མི་འདྲ་བའི་ཁྱད་པར་མེད་ཅེས། དཔེ་དང་དཔེ་ཅན་གཉིས་སྤྱིར་མི་འདྲ་བའི་ཁྱད་པར་ཡོད་ཀྱང་། སྐབས་དེར་མི་འདྲ་བའི་ཁྱད་པར་མེད་པར་བརྗོད་པ་ཞིག་ཡིན་ཏེ། དཔེར་ན།

དཔལ་ལྡན་དབྱི་འཕགས་པའི་ཡུལ་དུ་འབྲུངས། །
མགོན་ཁྱོད་ཀོ་ལ་ཤ་རིའི་ལྗོངས་སུ་བལྟམས། །
དེ་ལས་གཞན་པའི་ཁྱད་པར་འཕྱེད་ཆོས་ཤིག །
མིག་བརྒྱར་སྤྱུལ་ནས་བཙལ་ཀྱང་རྙེད་མི་འགྱུར། །ཞེས་པ་ལྟ་བུའོ། །

༩. རབ་བཏགས་ཀྱི་དཔེ་ནི། དཔེ་ཅན་གྱི་ཁྱད་ཆོས་དེ་ཉིད་སེམས་མེད་ཀྱི་དཔེ་ལ་ཡོད་སྙམ་པའི་ང་རྒྱལ་ཡོད་པ་ལྟ་བུར་སྒྲོ་བཏགས་ནས། དེའི་ང་རྒྱལ་འགོག་པའི་ཆེད་དུ་དཔེ་གཞན་ཞིག་འགོད་པ་ཡིན་ཏེ། དཔེར་ན།

མགོན་པོ་ཁྱོད་ཀྱི་གསང་གསུམ་ཡོན་ཏན་གཏེར། །
མཆོན་སྙམ་ཆུ་སྲིན་གྲོང་ཁྱེར་སྙེམས་མི་འཚལ། །
རབ་ཏུ་ཡངས་པའི་ཀུན་གསལ་སྙིག་མོར་ཡང་། །
གཏིང་མཐའ་བྲལ་བའི་ཆོས་དེ་ལྡན་ཕྱིར་རོ། །ཞེས་པ་ལྟ་བུའོ། །

༡༠. རྨད་བྱུང་དཔེ་ནི། དཔེ་དེ་ལ་དཔེ་ཅན་གྱི་ཁྱད་ཆོས་དང་ལྡན་ན་དཔེ་ཅན་དེ་དཔེར་འོས་སོ་ཞེས་དཔེ་ཅན་དེའི་དཔེར་བརྟག་པ་མཐའ་བཟུང་གི་སྒོ་ནས་བཀོད་དེ་དཔེ་

ཅན་དེ་ལ་དཔེ་དེས་འགྲན་ཟླ་བྱེད་ནུས་པར་སྟོན་པ་ཞིག་ཡིན་ཏེ། དཔེར་ན།

ཤེལ་དཀར་སྔོན་བཟང་ཕྲ་ཞིང་ལྷེམ་པ་ལ། །
འབྲས་དུས་ཟླ་བའི་འོད་ཀྱིས་ཉེར་སྤུད་(རྒྱན)དེ། །
ཚངས་པའི་དབྱངས་ཀྱིས་ལེགས་བཤད་འདོམས་མཁས་ན། །
སྒྲ་དབྱངས་ལྷ་མོ་ཁྱོད་དང་མཚུངས་པར་འགྱུར། །ཞེས་པ་ལྟ་བུའོ། །

༡༡. སྒོང་བའི་དཔེ་ནི། དཔེ་ཅན་མཐོང་བའི་ཚེ་ན་དཔེ་དང་། དཔེ་མཐོང་བ་ཚེ་ན་དཔེ་ཅན་དེ་ཉིད་ཡིན་ནམ་སྙམ་དུ་འཁྲུལ་ནས་དཔེ་དང་དཔེ་ཅན་གཉིས་ཀྱི་དབྱེ་བ་མ་ཕྱེ་བར་སྒོང་བའི་ཚུལ་ལུས་ངག་གི་རྣམ་འགྱུར་གྱིས་གསལ་བ་ལྟར་བརྗོད་པ་ཞིག་ཡིན་ཏེ། དཔེར་ན།

དབྱངས་ཅན་མཛེས་སྐུ་དྲི་མེད་ཤེལ་དཀར་གྱི། །
ཞུན་མ་ལུས་གྲུབ་ཟླ་བར་རབ་བརྟགས་ནས། །
སྲིད་གསུམ་མཛེས་བའི་ཕུལ་དེར་མཇལ་བའི་ཕྱིར། །
མཐའ་བྲལ་ལྷ་ལམ་ཡངས་པར་རྒྱུ་ལ་བརྩོན། །ཞེས་པ་ལྟ་བུའོ། །

༡༢. ཐེ་ཚོམ་གྱི་དཔེ་ནི། དཔེ་དང་དཔེ་ཅན་གྱི་ཁྱད་ཆོས་སོ་སོར་སྨོས་ནས་དཔེ་ཅན་དེ་ཉིད་དང་། དཔེ་གཉིས་སོ་སོར་དབྱེ་བ་ཕྱེ་མ་ནུས་པར་ཐེ་ཚོམ་ཟ་བར་བརྗོད་པའི་ཤུགས་ལ་དཔེ་དང་དཔེ་ཅན་མཚུངས་པར་སྟོན་པ་ཞིག་ཡིན་ཏེ། དཔེར་ན།

སྤྲིན་བྲལ་ལྷ་ལམ་རབ་ཏུ་ཡངས་པའི་དབུས། །
བཅུ་གཉིས་བདག་པོའི་དཀྱིལ་འཁོར་ཤར་བའམ། །
ཡང་ན་རྣམ་འདྲེན་ཤཱཀྱའི་རྒྱལ་པོའི་སྐུར། །
མཚར་སྡུག་འོད་སྟོང་འཕྲོ་སྙམ་འཕྱང་མོ་ཉུག །ཅེས་པ་ལྟ་བུའོ། །

༡༣. གཏན་འབེབས་ཀྱི་དཔེ་ནི། དཔེ་དང་དཔེ་ཅན་གཉིས་ཁྱད་ཆོས་འདྲ་བའི་སྒོ་ནས་སོ་སོར་དབྱེ་བ་ཕྱེ་མ་ནུས་པར་ངེས་སུ་བརྟགས་ནས་དཔེར་ཡོད་པའི་སྐྱོན་དེ་དཔེ་ཅན་

ལ་མེད་པ་དང་། དཔེ་ཅན་ལ་ཡོད་པའི་ཡོན་ཏན་དེ་དཔེ་ལ་མེད་པའི་ཁྱད་པར་དེའི་སྒོ་ནས་དཔེ་ཅན་དེ་ཡིན་པར་གཏན་ལ་འབེབས་པར་བྱེད་པ་ཞིག་ཡིན་ཏེ། དཔེར་ན།

སྲིད་ཞིའི་མཛེས་པའི་དཔལ་འཁྲིག་ཚངས་སྲས་སྐུ། །
མཛལ་བ་ཙམ་གྱི་མཆོག་ཐུན་དངོས་གྲུབ་ཀུན། །
ལེགས་པར་འཇོ་ཕྱིར་དཔག་བསམ་ལྗོན་མིན་ཏེ། །
དེས་ནི་སྲིད་པའི་ཕུན་ཚོགས་སྟེར་ནུས་ཙམ། །ཞེས་པ་ལྟ་བུའོ། །

༧༤. སྦྱོར་བའི་དཔེ་ནི། དཔེ་དང་དཔེ་ཅན་གཉིས་པོ་སྦྲ་དང་། ཁྱད་ཆོས་མཚུངས་པ་ལྡན་ཅིག་ཏུ་སྦྱོར་བའི་སྒོ་ནས་དཔེ་དང་དཔེ་ཅན་གཉིས་མཚུངས་པར་གོ་བར་བྱེད་པ་ཞིག་ཏེ། དཔེར་ན།

རབ་དཀར་མཛེས་སྡུག་ཀུན་གྱི་ཡིད་འཕྲོག་ཅིང་། །
ལྟ་བས་མི་ངོམ་སྣང་བའི་རྩེ་དགའ་འགྱེད། །
ཐུན་པའི་དགྲ་ཟླ་མཚོ་བྱུང་སྒེག་པ་མོའི། །
འཛུམ་པའི་ཞལ་བཟང་སྟོན་ཟླའི་དཔལ་ལ་འཁྲུ། །ཞེས་པ་ལྟ་བུའོ། །

༧༥. མཉམ་ཉིད་དཔེ་ནི། ཚིག་གི་གཅོད་མཚམས་ཀྱི་སྒོ་ནས་དཔེ་དང་དཔེ་ཅན་གཉིས་ཀར་གོ་རུང་ཞིང་། དེའི་ཤུགས་ལ་དཔེ་དང་དཔེ་ཅན་གཉིས་ཀ་མཚུངས་པར་གོ་ནུས་པ་ཞིག་ཡིན་ཏེ། དཔེར་ན།

འཛོ་སྒེག་ཉམས་དང་ལྡན་པའི་ན་ཆུང་མ། །
རིག་པའི་གནས་ལ་བརྩོན་པའི་མཆན་བུ་བཞིན། །
བདེ་བའི་དོན་ལ་འབད་ཅིང་འབྲས་བུ་འབྱིན། །
ཀུན་ལ་མཐུན་ཞིང་བག་མེད་འཚོལ་མ་ཡིན། །ཞེས་དང་།

ཡང་ན།

སྒྲ་བའི་ལྷ་གཅིག་མཚོ་བྱུང་སྒེག་པ་མོ། །

མཛེས་ལྡན་སྨིན་ལེགས་གཞོན་ནུའི་ངོ་མཚར་བཞིན། །
འདོད་པའི་དཔལ་སྟེར་ན་ཚོད་གཞོན་ལུས་ཅན། །
གཞན་ཟུར་མིག་རོལ་བས་འཕྲུད་པས་སོ། །ཞེས་པ་ལྟ་བུའོ། །

▲ འདི་གོ་དཀའ་བས་གསལ་བར་བཤད་ན།

①བརྗོད་བྱ་དོན་གྱི་མཚུངས་ཆོས་མེད་ཀྱང་སྒྲ་མཚུངས་ཕོ་ནའི་ཆོས་མཚམས་སྦྱར་ནས་བསླགས་པའི་ཚེ་དཔེ་དང་དཔེ་ཅན་གཉིས་པོ་ཚིག་ཏུ་གྲུབ་པའི་སྒྲ་གཅོད་མཚམས་ཀྱིས་མཚུངས་པས་མཉམ་ཉིད་དུ་འདྲེས་པར་འགྱུར་བ་ལ་བྱས་ཏེ་དཔེ་དོན་མཚུངས་པར་སྒྲུབ་པ་ནི་མཉམ་ཉིད་ཀྱི་དཔེ་ཞེས་བྱའོ། །

②སྦྱར་དཔེ་དང་འདི་གཉིས་ཀྱི་ཁྱད་པར་ནི། སྦྱར་བའི་དཔེ་ལ་མཚུངས་པའི་ཡོན་ཏན་གཉིས་ལས་མི་ཉུང་བ་ཞིག་དགོས་པ་དང་། དོན་ལ་སྦྱར་བ་ཡིན་ལ། འདིར་ནི་མཚུངས་པའི་ཡོན་ཏན་གཅིག་གིས་ཆོག་ཅིང་སྒྲ་དོན་གང་ལ་སྦྱར་ཀྱང་སྐྱོན་མེད་པ། འདོན་པ་པོས་གཅོད་མཚམས་ཐ་དད་དུ་བསླགས་ཚུལ་གྱི་དཔེ་དོན་སོ་སོར་གོ་བ་ཞིག་ཡིན།

③ཐ་དད་ཚིག་འདྲའི་སྦྱར་བ་དང་འདྲ་ཡང་། མཚུངས་པ་གསལ་བྱེད་ཀྱི་སྒྲ་ཡོད་མེད་ཀྱི་ཁྱད་པར་རོ། །

༡༥. སྨད་པའི་དཔེ་ནི། དཔེ་དང་དཔེ་ཅན་གཉིས་ཁྱད་ཆོས་འགའ་ཞིག་གིས་མཚུངས་ཀྱང་། སྐྱོན་འགའ་ཞིག་གི་སྒོ་ནས་དཔེ་དཔེ་ཅན་ལས་དམན་པར་བརྗོད་པ་ཞིག་ཡིན་ཏེ། དཔེར་ན།

ཟླ་བ་མཛེས་པར་སྣང་ཡང་རིག་ཆོས་དབེན། །
གཏིང་མཐའ་ཟབ་པའི་རྒྱ་གཏེར་བ་ཚས་རྙོག །
གདོན་ནས་རང་གཤིས་བཟང་པོའི་གྲོགས་མཆོག་ལ། །
ཚུལ་དེས་གཞལ་བའི་ནུས་པ་ག་ལ་ཡོད། །ཅེས་པ་ལྟ་བུའོ། །(ཁྱད་ཆོས་འགའ་ཞིག་གིས་མཚུངས་པ་ཤུགས་ལ་གོ་ནུས།)

༡༦. བསྔགས་པའི་དཔེ་ནི། དཔེ་ལ་ཁྱད་ཆོས་ཁྱད་པར་འཕགས་པ་འགའ་ཞིག་གི་སྒོ་ནས་བསྔགས་པ་བརྗོད་དེ་དཔེ་ཅན་དེ་དང་མཚུངས་པར་སྟོན་པ་ཞིག་ཡིན་ཏེ། དཔེར་ན།

བསིལ་སྦྱིན་དབང་པོ་ར་རི་དྲི་མས་དབེན། །
ཟབ་ཡངས་རྒྱ་མཚོ་ནོར་བུའི་གཏེར་དུ་གྲུབ། །
དེ་དག་ཉིད་དང་སྙིང་གི་ཐིག་ལེ་ཁྱོད། །
རྣམ་པ་ཀུན་ཏུ་མཚུངས་སོ་གཞོན་ནུ་ཀྱེ། །ཞེས་པ་ལྟ་བུའོ། །

༡༨. བརྗོད་འདོད་ཀྱི་དཔེ་ནི། དཔེ་ལ་མཛེས་པ་སོགས་ཀྱི་ཡོན་ཏན་དང་མི་མཛེས་པ་སོགས་ཀྱི་སྐྱོན་ཇི་ལྟར་ཡོད་ཀྱང་། དཔེ་དང་དཔེ་ཅན་གཉིས་མཐུན་ནོ་ཞེས་བརྗོད་འདོད་བདག་གི་སྙིང་ན་ཡོད་ཅེས་བརྗོད་པ་ཞིག་ཡིན་ཏེ། དཔེར་ན།

མཛེས་སྡུག་ཡིད་འོང་ལང་ཚོའི་གསལ་བྱེད་དམ། །
བཞད་གད་སྒྲོང་བའི་གཏམ་དུ་གྱུར་ཀྱང་རུང་། །
ཁྱོད་ལུས་བསིལ་ཟེར་ཅན་དང་མཐུན་ནོ་ཞེས། །
བརྗོད་འདོད་ཡིད་ལ་ཤར་བ་བཟློག་མ་ནུས། །ཞེས་པ་ལྟ་བུའོ། །

༡༩. འགལ་བའི་དཔེ་ནི། དཔེ་ཅན་གྱི་ཡོན་ཏན་ལ་བསྟུགས་པའི་དཔེ་འགའ་ཞིག་བཀོད་ནས། དེ་དང་དཔེ་ཅན་རྣམས་ཁྱད་ཆོས་སྒོ་ནས་གཅིག་པ་ཡིན་ལ་ངོ་བོའམ་རྣམ་པའི་ཆ་ནས་མི་འདྲ་བའི་ཁྱད་པར་ཡོད་པས་འགལ་བ་ཡོད་པར་སྟོན་པ་ཞིག་ཡིན་ཏེ། དཔེར་ན།

ཡིད་འོང་ཆུ་འཛིན་གཞོན་ནུའི་ཕུང་པོ་དང་། །
ཕུལ་བྱུང་འདབ་བརྒྱ་བཞད་པའི་པད་དཀར་ཚལ། །
མཛའ་གཅུགས་སྙིང་གི་ཚལ་བུ་གཞོན་ནུའི་སྐུ། །
མཚུངས་ཀྱང་ཕན་ཚུན་འགལ་བའི་རྣམ་པ་འཛིན། །ཞེས་པ་ལྟ་བུའོ། །

༢༠. དགག་པའི་དཔེ་ནི། དཔེ་ལ་ཡོད་པའི་སྐྱོན་འགའ་ཞིག་དངོས་སུ་བརྗོད་དེ། དཔེ་ཅན་དང་འགྲན་ཟླ་བྱེད་མི་ནུས་པར་སྟོན་པ་ཞིག་ཡིན་ཏེ། དཔེར་ན།

སྒྲུ་རྩལ་མཁན་གྱི་སོར་མོས་འདེགས་འཇོག་དང་། །

སྲིད་པུའི་རྒྱུད་ལས་འཐོན་པའི་པི་ཝང་སྒྲ། །
དོན་གྱི་དཔེན་ཞིང་སྙིང་པོ་མི་ལྡན་པས། །
ཚངས་སྲས་ཀྱི་འགྱུར་དབྱངས་དང་ཇི་ལྟར་མཐུན། །ཞེས་པ་ལྟ་བུའོ། །

༢༡. ངོ་བསྟོད་ཀྱི་དཔེ་ནི། དཔེ་ཅན་ལ་བསྔགས་པར་འོས་པའི་ཆ་ཤས་ཀྱི་ཁྱད་ཆོས་ཙམ་ལྡན་པ་དང་། དཔེ་ལ་ཁྱད་ཆོས་ཡོངས་སུ་རྫོགས་པར་ཚང་བའི་ཆ་ནས་དཔེ་ཅན་ལས་ལྷག་པ་མིན་པར་དཔེ་ཅན་དང་དཔེ་གཉིས་ཡོན་ཏན་གྱི་ཆས་མཚུངས་སོ་ཞེས་བརྗོད་པ་ཞིག་ཡིན་ཏེ། དཔེར་ན།

བརྟན་པའི་འཁོར་ལོ་མཚན་དཔེའི་ཆ་རྫོགས་ཤིང་། །
བློ་བཟང་རྒྱལ་བ་མཚན་དཔེ་འགའ་རེ་ཙམ། །
འོན་ཏེ་མིག་གི་བདུད་རྩིར་སྨིན་པའི་འགྲོར། །
དཔག་མེད་བདེ་ལ་སྦྱོར་བར་མཚུངས་པ་ཉིད། །ཅེས་པ་ལྟ་བུའོ། །

༢༢. དེ་ཉིད་བརྗོད་པའི་དཔེ་ནི། དཔེ་དང་དཔེ་ཅན་གཉིས་ཀ་ལ་ཡོད་པའི་མཚུངས་ཆོས་དངོས་སུ་སྨྲས་ནས། མཚུངས་ཆོས་དེ་དང་ལྡན་པའི་ཆོས་འདི་ནི་དཔེ་ཅན་ཡིན་པ་ལས་དཔེ་མིན་པར་བརྗོད་པའི་ཤུགས་ལ་དཔེ་དང་དཔེ་ཅན་གཉིས་ཀ་ཏ་ཅང་འདྲ་བར་གོ་ནུས་པ་ཞིག་ཡིན་ཏེ། དཔེར་ན།

འདི་ཀོ་འཛམ་མགོན་བླ་མའི་མཛེས་སྐུ་སྟེ། །
ཕུན་ཚོགས་འོད་སྟོང་འབར་བའི་ཉི་མ་མིན། །
སྙན་འཇེབས་སྒྲ་འདི་དྲི་ཟའི་དབྱངས་མིན་ཏེ། །
ལེགས་པར་བཤད་པའི་དགའ་སྟོན་འགྱེད་པར་ངེས། །ཞེས་པ་ལྟ་བུའོ། །

༢༣. ཐུན་མོང་མིན་པའི་དཔེ་ནི། དཔེ་ཅན་དེ་ཡི་ཁྱད་ཆོས་ལ་བསྔགས་བྱེད་ཀྱི་དཔེ་འགའ་ཞིག་གམ་གཙོ་བོ་ཞིག་དངོས་སུ་བཀོད་ནས་དེས་ཀྱང་དཔེ་ཅན་དེ་ཡི་ཆོས་རྣམས་ཡོངས་སུ་རྫོགས་པར་མཚོན་མི་ནུས་པས་ན་བདག་གམ་རང་ཉིད་ཁོ་ན་དང་མཚུངས་པར་

བརྗོད་པ་ལ་རྗེས་འགྲོ་མེད་པའི་རྒྱན་དུ་འདོད་དོ། །དཔེར་ན།

མཛེས་པའི་དཔྱིད་ཀྱུར་སྟོན་གྱི་ཟླ་བ་དང་། །

པུཎྜ་རཱི་ཀའི་ཆ་ཙམ་སྨྲུན་མིན་ན། །

དབྱངས་ཅན་ལྷ་མོའི་རབ་མཛེས་ལང་ཚོའི་དཔེར། །

རང་ཉིད་ཙམ་ལས་སུས་ཀྱང་འགྲན་མི་བཟོད། །ཅེས་པ་ལྟ་བུའོ། །

༢༤. བྱུང་མིན་དཔེ་ནི། དཔེ་ལ་ཡོད་པའི་མཛེས་པའི་ཁྱད་ཆོས་སམ་ཡོན་ཏན་གང་ཡོད་ཕྱོགས་གཅིག་ཏུ་བསྡུས་བཞིན་དཔེ་ཅན་ལ་ལྷག་པར་སྟོན་པ་ཞིག་ཡིན་ཏེ། དཔེར་ན།

སྲིད་ཞིའི་མཛེས་སྡུག་ཀུན་གྱི་སྙིང་པོ་རྣམས། །

གཅིག་ཏུ་བསྡུས་པ་དང་མཚུངས་དབྱངས་ཅན་སྐུ། །

མཚན་དཔེ་དཔལ་འབར་བཅུ་དྲུག་ལང་ཚོའི་དཔྱིད། །

ཕུན་ཚོགས་འདོད་དགུ་འཛོ་བའི་འབྱུང་གནས་ལགས། །ཞེས་པ་ལྟ་བུའོ། །

༢༥. སྲིད་མིན་གྱི་དཔེ་ནི།དཔེ་དང་དཔེ་ཅན་གཉིས་ཀ་ལ་སྐྱོན་གྱི་རིགས་གཏན་ནས་འབྱུང་བ་མི་སྲིད་པར་སྟོན་པ་ཞིག་ཡིན་ཏེ། དཔེར་ན།

ཧ་ལྡངས་ཅན་ལས་སྦྲོས་བས་བསིལ་ཟེར་དང་། །

ཟླ་བའི་མ་མ་བསྲུབས་པའི་མེ་ལྕེ་བཞིན། །

སྙིང་གྲོགས་ཁྱོད་ཀྱི་འཛུམ་པའི་མཆུ་སྦྲོས་ལས། །

གཞན་ལ་ཁྲོ་བའི་ཚིག་འགའ་འབྱུང་མི་སྲིད། །ཅེས་པ་ལྟ་བུའོ། །

༢༦. མང་བའི་དཔེ་ནི། དཔེ་ཅན་གྱི་ཁྱད་ཆོས་དང་མཐུན་པའི་དཔེ་འགའ་ཞིག་བཀོད་ནས། དཔེ་དེ་རྣམས་ལ་ལྡན་པའི་ཁྱད་ཆོས་བྱེ་བྲག་པ་གཅིག་དཔེ་ཅན་དེ་ལ་ཚང་བར་སྟོན་པ་ཞིག་ཡིན་ཏེ། དཔེར་ན།

གེ་ལ་ཤ་དང་སྟོན་གྱི་ཟླ་བ་དང་། །

པུཎྜ་རཱི་ཀ་སྐྱེ་བ་ལྷ་བའི་དུང་། །

ཞེལ་དཀར་མེ་ལོང་དང་མཚུངས་དབྱངས་ཅན་ཞལ། །

བདག་གི་མིག་སྔར་མངོན་སུམ་སྣང་བར་མཛོད། །ཅེས་པ་ལྟ་བུའོ། །

༢༧. རྣམ་འགྱུར་གྱི་དཔེ་ནི། དཔེ་ཅན་དེ་ཉིད་དཔེ་ཡི་རྣམ་འགྱུར་གྱི་ཚུལ་དུ་སྟོན་པའི་ཤུགས་ལ་དཔེ་དང་དཔེ་ཅན་གཉིས་མཚུངས་པར་སྟོན་པ་ཞིག་ཡིན་ཏེ། དཔེར་ན།

རབ་དཀར་མཛེས་སྡུག་ལྟ་ན་ཡིད་འོང་སྐུ། །

ཆ་རྫོགས་ཟླ་བའི་དཔལ་ལས་བླངས་པ་བཞིན། །

ཡན་ལག་དྲུག་ཅུའི་སྙན་པའི་ཚངས་དབྱངས་ཀྱང་། །

དྲི་ཟའི་རྒྱུད་མངས་སྒྲ་ལས་དྲངས་དང་མཚུངས། །ཞེས་པ་ལྟ་བུའོ། །

༢༨. ཕྲེང་བའི་དཔེ་ནི། དཔེ་མང་པོ་བཀོད་ནས་སྔ་མ་སྔ་མ་དཔེ་དང་། ཕྱི་མ་ཕྱི་མ་དཔེ་ཅན་དུ་བརྗོད་པའི་ཚུལ་གྱིས་དཔེ་དང་དཔེ་ཅན་ཕྲེང་བ་བརྒྱུད་པ་བཞིན་དུ་ཡོད་པ་ཞིག་ཡིན་ཏེ། དཔེར་ན།

ཉིན་མོར་བྱེད་པའི་འོད་བཞིན་དེ་ཡིས་ཀྱང་། །

པདྨའི་ཚལ་བཞིན་དེ་ཡིས་སྦྲང་རྩི་བཞིན། །

དེའི་མཐུས་ར་ཡིག་གཉིས་པའི་ལུས་སྟོབས་བཞིན། །

ལྷབས་ཆེན་ཧང་གིས་འགྲོ་བའི་བདེ་སྐྱིད་སྤེལ། །ཞེས་པ་ལྟ་བུའོ། །

༢༩. ངག་དོན་གྱི་དཔེ་ནི། དཔེ་ཅན་མང་པོ་ལ་དེའི་ཁྱད་ཆོས་ཀྱང་སོ་སོར་བཀོད་ནས་རྗེས་སུ་དེ་དང་མཚུངས་པའི་དཔེ་ཡང་སོ་སོར་བཀོད་ནས་མཐུག་ཏུ་དཔེ་དང་དཔེ་ཅན་གཉིས་ཀའི་ཁྱད་ཆོས་ཐུན་མོང་དུ་གོ་བར་བྱེད་པའི་བྱ་ཚིག་གཅིག་ཡོད་པ་ཞིག་ཡིན་ཏེ། དེ་ཡང་ནང་གསེས་བཞིན་སྒྲ་གཅིག་པ་དང་བཞིན་སྒྲ་དུ་མ་གཉིས་ཡོད་པའི་དང་པོ་ནི་དཔེ་དང་དཔེ་ཅན་མཚུངས་པར་སྟོན་པ་ལ་བཞིན་སྒྲ་གཅིག་ཡོད་པ་ལ་བྱ་ཞིང་། གཉིས་པ་ནི་དེ་སྟོན་བྱེད་བཞིན་སྒྲ་མང་པོ་ཡོད་པ་ལ་གོ་དགོས་སོ། །དེའི་དང་པོའི་དཔེར་བརྗོད།

དབྱངས་ཅན་ལྷ་མོའི་དགྱེས་འཛུམ་བཞིན་གྱི་རྗེར། །

རྣམ་མང་རིན་ཆེན་ནོར་བུའི་རྒྱན་སྤྲས་པ། །
ཟླ་ཟེར་ཁུ་བས་ཡོངས་སྨིན་ཀ་ལ་ཤར། །
རྒྱ་སྐར་ཕྲེང་བའི་ཕྲུད་པ་བཞིན་དུ་མཛེས། །ཞེས་དང་།

གཉིས་པའི་དཔེར་བརྗོད།

དབྱར་གྱི་ཆུ་འཛིན་བཞིན་དུ་སྔོན་པའི་གྲྭ། །
བདུད་རྩིའི་གྲུ་ཆར་བཞིན་དུ་རིག་པའི་གནས། །
སྤྲམ་ར་བཞིན་སྐལ་ལྡན་གྲོགས་རྣམས་ཀྱིས། །
སྤྲང་རྩི་བཞིན་ཏུ་སྤྱུད་པའི་ངོམས་མི་ཤེས། །ཞེས་པ་ལྟ་བུའོ། །

༣༠. ཟླ་བོ་དངོས་པའི་དཔེ་ནི། མཚུངས་གསལ་གྱི་སྒྲ་དངོས་སུ་མེད་ཀྱང་དཔེ་དང་དཔེ་ཅན་དེའི་ཁྱད་ཆོས་སྟོན་དུ་བཀོད་ནས་དེ་དང་མཚུངས་པའི་དཔེ་གཞན་ཞིག་ཀྱང་དེའི་རིགས་ཟླའམ་གྲོགས་ཀྱི་ཚུལ་དུ་བཀོད་པའི་ཤུགས་ལས་དཔེ་དང་དཔེ་ཅན་གཉིས་མཚུངས་པར་གོ་ནུས་པ་ཞིག་ཡིན་ཏེ། དཔེར་ན།

སྔོངས་འདིར་མཁས་པའི་དབང་པོ་མང་བྱོན་ཡང་། །
འཛམ་མགོན་ཙོང་ཁ་བ་ལ་སུ་ཡིས་འགྲན། །
འདོད་དགུ་ཀུན་འབྱུང་ནོར་བུ་གྲངས་མང་ཡང་། །
འགྲན་ཟླ་བྲལ་བ་འཛོག་པའི་གཙུག་རྒྱན་ཙམ། །ཞེས་པ་ལྟ་བུའོ། །

༣༡. མཚུངས་སྦྱོར་གྱི་དཔེ་ནི། དཔེ་དང་དཔེ་ཅན་དུ་སྦྱོར་རྒྱུའི་དཔེ་དེའི་ཡོན་ཏན་ལྷག་ཅིང་དཔེ་ཅན་དེ་ཉིད་དམན་པ་ཡིན་ཡང་དེ་གཉིས་ཀྱི་བྱ་བ་སོགས་མཚུངས་པར་ཚིག་གི་སྦྱོར་བས་ན་མཚུངས་སྦྱོར་གྱི་དཔེ་ཞེས་བྱ་སྟེ། དཔེར་ན།

དཔལ་ལྡན་གྲགས་པས་འཕགས་པའི་ཡུལ་དུ་སྟེ། །
མགོན་ཁྱོད་ཁ་བའི་སྔོངས་འདིར་རིགས་པ་སྨྲ། །
དེས་ནི་སྨྲ་ངན་རྒོལ་པའི་ཚོགས་རྣམས་དང་། །

ཁྱོད་ཀྱིས་རྫོངས་པའི་མུན་པ་ལྷག་མེད་བཅོམ། །ཞེས་པ་ལྟ་བུའོ། །

༣༢. རྒྱུའི་དཔེ་ནི། ཡོན་ཏན་དང་རང་བཞིན་སོགས་རྒྱུ་ཞིག་བཀོད་ནས་དཔེ་དང་དཔེ་ཅན་གཉིས་འདྲ་བར་སྟོན་པ་ཞིག་ཡིན་ཏེ། དཔེར་ན།

དབྱངས་ཅན་ཁྱོད་སྐུ་དཀར་བས་བསིལ་སྦྱིན་དབང་། །
ཟླ་ཞིང་ལྡེམ་པས་པདྨའི་སྡོང་དང་མཚུངས། །
རིག་དཀྱུས་རིང་བས་དབང་པོའི་གཞུ་རིས་དང་། །
མཚུངས་པ་དེའི་ཕྱིར་བདག་ཡུལ་ལྷག་པར་དྲངས། །ཞེས་པ་ལྟ་བུའོ། །

གསུམ་པ། གཟུགས་ཅན་གྱི་རྒྱན།

གཟུགས་ཅན་གྱི་རྒྱན་གྱི་མཚན་ཉིད་དམ་གོ་དོན་ནི། དཔེ་དང་དཔེ་ཅན་ངོ་བོ་ཐ་དད་དུ་མ་བྱས་པར་དོན་ཉིད་དཔེ་ཡི་གཟུགས་སུ་བྱས་ནས་དཔེ་དོན་ཐ་མི་དད་པའི་ཚུལ་གྱིས་བཀོད་པའི་ཚིག་མཛེས་པར་བྱེད་པའི་རྒྱན་ལ་གཟུགས་རྒྱན་ཞེས་བྱ་སྟེ། དེའི་དབྱེ་བ་ཉི་ཤུ་ལས།

༡. བསྡུས་པའི་གཟུགས་ཅན་ནི། དཔེ་དང་དཔེ་ཅན་གཉིས་བར་ཕན་ཚུན་མཚམས་སྦྱོར་བྱེད་ཀྱི་དྲུག་སྒྲ་བསྡུས་ནས་བཀོད་པ་ལ་བྱ་སྟེ། དཔེར་ན།

ཁྱོད་ཞལ་པད་དཀར་འདབ་མ་ལས་འོངས་པའི། །
ལེགས་གསུང་དྲི་བཟང་ཕྱོགས་ཀྱི་མཐར་སྤྲོས་ཏེ། །
བློ་ལྡན་གཞོན་ནུ་ར་ཡིག་གཉིས་པའི་ཚོགས། །
གཞུང་དོན་སྦྲང་རྩིའི་བཅུད་བཟང་ཅི་ཡང་སྤྱོད། །ཞེས་པ་ལྟ་བུའོ། །

༢. མ་བསྡུས་པའི་གཟུགས་ཅན་ནི། མཚོན་བྱ་དང་མཚོན་བྱེད་བར་གྱི་དྲུག་སྒྲ་མ་བསྡུས་པ་ལ་བྱ་སྟེ། དཔེར་ན།

སྐྱེས་སྦྱོང་རིག་པའི་ཆ་ཤས་ཡོངས་སུ་གང་། །
འཆད་རྩོད་རྩོམ་པའི་འོད་སྣང་འབུམ་དུ་འགྱེད། །
ལྷག་བསམ་བཟང་པོའི་རི་དྭགས་མཚན་མས་མཛེས། །
སྨྲ་བའི་ཟླ་བ་ཤེས་བྱའི་མཁའ་ལ་རྒྱུ། །ཞེས་པ་ལྟ་བུའོ། །

༣. བསྡུས་ཤིང་མ་བསྡུས་པའི་གཟུགས་ནི། དཔེ་དང་དཔེ་ཅན་གྱི་དྲུག་སྒྲ་འགའ་ཞིག་བསྡུས་ལ་འགའ་ཞིག་མ་བསྡུས་པར་གཟུགས་སུ་བཀོད་པའི་རྒྱན་ཞིག་ཡིན་ཏེ། དཔེར་ན།

གྲོགས་མཆོག་ཁྱོད་ཐུགས་ལྷ་ལམ་ཡངས་པའི་ངོར། །
རྣམ་པར་དཔྱོད་པའི་ཆུ་འཛིན་འཁྲིགས་པ་ལས། །
སྙན་འཛེབས་གཏམ་གྱི་ཕྲེང་བ་དབྱར་ཟའི་སྒྲས། །
བདག་བློ་རྨ་བྱ་དགའ་སྟོའི་མངལ་གྱིས་སྤྲུད། །ཅེས་པ་ལྟ་བུའོ། །

༤. མཐའ་དག་གཟུགས་ཅན་ནི། ཡན་ལག་དང་ཡན་ལག་ཅན་ནམ་ཁྱད་གཞི་དང་ཁྱད་ཆོས་གཉིས་གཟུགས་སུ་བཀོད་པ་ལ་ནི་མཐའ་དག་གཟུགས་ཅན་ཞེས་བྱ་སྟེ། དཔེར་ན།

མཛེས་ལྡན་ལང་ཚོའི་རྐང་འཐུང་ལྡེམ་པ་ལ། །
ཕྱག་ཞྭང་ལྷུག་ཕྲན་ཡལ་འདབ་རབ་ཏུ་རྒྱས། །
དཀར་དམར་མདངས་ལྡན་བཞིན་གྱི་མེ་ཏོག་བཞད། །
ཀུན་ཡིད་འཕྲོག་པའི་ལྗོན་བཟང་འདི་རྨད་བྱུང་། །ཞེས་པ་ལྟ་བུའོ། །

༥. ཆ་ཤས་གཟུགས་ཅན་ནི། བརྗོད་བྱའི་དོན་གྱི་ངོ་བོ་དེའི་ཆ་ཤས་རྣམས་གཟུགས་སུ་བྱས་ལ་ཆ་ཅན་ཉིད་གཟུགས་སུ་མ་བྱས་པ་ལ་ཆ་ཤས་གཟུགས་ཅན་ཡིན་ཏེ། དཔེར་ན།
མཚན་དཔེའི་ཆ་རྫོགས་ངག་དབང་དབྱངས་ལྡན་མའི། །
དཀར་འཛམ་ཞབས་ཀྱི་ཟླ་བ་ལས་སྐྱེན་པའི། །

བྱིན་རླབས་སྣང་བའི་ཟེར་བརྒྱ་སྤྲོས་པའི་མོད། །

ཀུན་སྙོམས་མུན་པ་མེད་གི་ལྷག་མར་གྱུར། །ཞེས་པ་ལྟ་བུའོ། །

༦. ཆ་ཤས་ཅན་གྱི་གཟུགས་ཅན་ནི། གོང་གི་འདི་ལས་ལྡོག་སྟེ་ཆ་ཤས་གཟུགས་སུ་མ་བྱས་པར་ཆ་ཅན་ཉིད་གཟུགས་སུ་བཀོད་པ་ཞིག་ཡིན་ཏེ། དཔེར་ན།

བློ་བཟང་རྒྱལ་གསུང་སྐྱེ་བ་ལྔ་བའི་དབྱངས། །

མདོ་སྔགས་ཟུང་འབྲེལ་འཇམ་དཔལ་སྙིང་པོའི་ལུགས། །

སྐལ་བཟང་ཐར་འདོད་ཡོངས་ཀྱི་ལམ་བཟང་གང་། །

མྱུར་དུ་འཇལ་བའི་སྐལ་བ་བདག་ལ་སྩོལ། །ཞེས་པ་ལྟ་བུའོ། །

༧. ཡན་ལག་གཅིག་གཟུགས་སོགས་ནི། སྐབས་འདིར་ཡན་ལག་གཅིག་གཟུགས་སུ་བྱས་པ་ལས་ཡན་ལག་ཅན་གཟུགས་སུ་མ་བྱས་པ་ནི་ཡན་ལག་གཅིག་གཟུགས་དང་། སོགས་སྒྲའི་ཁོངས་ནས་ཡན་ལག་གཉིས་དང་གསུམ་གཟུགས་ལ་སོགས་ཡན་ལག་ཅི་ཙམ་གཟུགས་སུ་བྱས་པ་དེའི་གྲངས་དང་མཉམ་པའི་གཟུགས་ཅན་ཡོད་པའི་ནང་ནས་ཡན་ལག་གཅིག་གཟུགས་ནི། དཔེར་ན།

ཁྱབ་བདག་གདོད་མའི་མགོན་པོ་སཾ་བྷའི་མཚན། །

གང་གསུམ་ལེགས་བཤད་པདྨ་རྒྱུད་མངས་སྒྲས། །

དོན་སྒྲ་གབ་པའི་སྙན་འགྱུར་རིག་ལམ་ནས། །

ཟབ་དོན་གདམས་པའི་སྙིང་པོ་དབྱངས་སུ་ལེན། །

ཞེས་པ་ལྟ་བུ་འདིས་མཚོན་ཡན་ལག་གཉིས་གཟུགས་སོགས་ཤེས་པར་བྱའོ། །

༨. ལྡན་པའི་གཟུགས་ཅན་ནི། དཔེ་དང་དཔེ་ཅན་གཉིས་པོ་རང་རང་གི་ཁྱད་ཆོས་ལྡན་ཅིང་འོས་པའི་སྒོ་ནས་གཟུགས་སུ་བཀོད་པ་ནི་ལྡན་པའི་གཟུགས་ཅན་ཞེས་བྱ་སྟེ། དཔེར་ན།

ཁྱོད་གདོང་པད་མའི་འདབ་བརྒྱ་བཞད་པའི་རྩེར། །

བཅུ་ཕྲག་རིག་གནས་འཛུམ་པའི་མེ་ཏོག་ལས། །
ལེགས་བཤད་གཏམ་གྱི་སྦྲང་རྩི་འཁྱིལ་བ་གང་། །
སྐལ་བཟང་རྐང་དྲུག་ཚོགས་ཀྱི་སྤྱོད་བྱར་འོས། །ཞེས་པ་ལྟ་བུའོ། །

༩. ལྷན་མིན་གཟུགས་ཅན་ནི། གོང་གི་འདི་ལས་ལྡོག་སྟེ་དཔེ་དང་དཔེ་ཅན་གཉིས་ཁྱད་ཆོས་སྦྱོར་བར་མི་འོས་པའམ་མི་ལྷན་པས་ལྷན་མིན་གཟུགས་ཅན་ནམ་མི་འོས་པའི་གཟུགས་ཅན་ཞེས་བྱ་ལ། བརྒྱད་པ་དང་དགུ་བ་འདི་གཉིས་ཀྱང་ཡན་ལག་གཟུགས་ཅན་གྱི་བྱེ་བྲག་སྦྱོར་ཚུལ་མི་འདྲ་བ་ཙམ་མོ། །དཔེར་ན།

རབ་མཛེས་བཞིན་གྱི་ཟླ་བ་འཛུམ་པ་ལས། །
འདྲེན་བྱེད་བུང་བ་འཕུར་ལྡིང་གར་གྱིས་རྩེན། །
སྣ་ཚོགས་རིན་ཆེན་རྒྱན་གྱི་རྒྱུ་སྐར་བཀྲ། །
མཛའ་གཙུགས་པད་མའི་མེ་ཏོག་འདི་ན་བཞད། །ཅེས་པ་ལྟ་བུའོ། །

༡༠. མི་མཉམ་པའི་གཟུགས་ཅན་ནི། ཡན་ལག་ཅན་རྐྱང་བའམ་ཉིས་བརྩེགས་གཟུགས་སུ་བཀོད་པ་དང་། ཡན་ལག་འགའ་ཞིག་གཟུགས་སུ་བཀོད་ལ་ཡན་ལག་འགའ་ཞིག་གཟུགས་སུམ་བཀོད་པ་དང་། འགའ་ཞིག་གཟུགས་སུ་འཕར་མར་ཡང་བཀོད་ནས་མི་རྐང་བ་འཐེང་བའི་འགྲོས་ལྟར་སྤྱེལ་མར་ཡོད་པ་ནི་མི་མཉམ་པའི་གཟུགས་ཅན་ཞེས་བྱ་སྟེ། དཔེར་ན།

རབ་འབྱམས་རྒྱལ་བའི་ཡབ་གཅིག་མཁྱེན་པའི་གཏེར། །
ཁྱོད་སྐུ་ཡིད་འོང་དཔག་བསམ་ལྗོན་པའི་རྩེར། །
མཚན་དཔེའི་ལོ་འདབ་ནོར་བུའི་འོད་འབར་བ། །
སྐལ་བཟང་ཡོངས་ཀྱི་བསོད་ནམས་ཞིང་དུ་སྨིན། །ཞེས་པ་ལྟ་བུའོ། །

༡༡. ཁྱད་པར་ཅན་གྱི་གཟུགས་ཅན་ནི། དཔེ་ཅན་གྱི་དངོས་པོའི་ཁྱད་པར་མི་འདྲ་བ་དམའ་ཤས་གང་ཞིག་དཔེ་རྒྱལ་མཚན་ལ་སོགས་པའི་དཔེར་བྱ་བའི་དངོས་པོ་ཁྱད་པར་དུ་

འཕགས་པ་ཞིག་གི་གཟུགས་སུ་བཀོད་པ་ལ་ཁྱད་པར་ཅན་གྱི་གཟུགས་ཅན་ཞེས་བྱ་སྟེ། དཔེར་ན།

རྣམ་འདྲེན་བུ་རམ་ཤིང་བའི་ཞབས་ཀྱི་རྡུལ། །
སྐལ་ལྡན་ལྷ་མིའི་སྤྱི་བོའི་རྩེར་མཆོད་པས། །
ཡིད་སྨྲུབས་འབུམ་སྟེ་འཛོམས་པའི་རྒྱལ་མཚན་དུ། །
བསྒྲེངས་པའི་དགེ་མཚན་ས་འདིར་ཁྱབ་གྱུར་ཅིག །ཅེས་པ་ལྟ་བུའོ། །

༡༢. འགལ་བའི་གཟུགས་ཅན་ནི། དཔེ་ཅན་དེས་དཔེ་དེ་ཡིས་བསྒྲུབ་པར་འོས་པའི་བྱ་བ་རྣམས་མི་བྱེད་ཅིང་། དཔེ་དེ་ཡིས་མི་བྱེད་པའི་བྱ་བ་བྱེད་པས་བྱ་བ་འགལ་བར་བརྗོད་དེ་དཔེ་ཅན་དེ་ཉིད་དཔེའི་གཟུགས་སུ་བཀོད་པ་ལ་བྱ་སྟེ། དཔེར་ན།

མཁའ་ལ་རྒྱུ་བའི་གཞོག་ཟུང་མི་ལྡན་ཞིང་། །
ས་ལ་ཡུད་ཀྱིས་སྒྲོལ་བའི་སྐལ་བ་བཟལ། །
བཟོ་ཞིང་ཕྱུགས་ལས་ཐོན་སྐྱིད་འཕུར་མཆོངས་འདིས། །
ཡངས་པའི་འཛིག་རྟེན་ཀུན་ལ་ངོ་མཚར་སྦྱིན། །ཞེས་པ་ལྟ་བུའོ། །

༡༣. རྒྱུའི་གཟུགས་ཅན་ནི། དཔེ་དེ་ལ་ཡོད་པའི་ཁྱད་ཆོས་དེ་དང་མཚུངས་པ་ཞིག་དཔེ་ཅན་ལ་ཡོད་པ་དེའི་རྒྱུས་དཔེ་ཅན་དེ་དཔེ་ཉིད་དུ་རྟོགས་པར་བྱེད་པ་ནི་རྒྱུའི་གཟུགས་ཅན་ཞེས་བྱ་སྟེ། དཔེར་ན།

ཁྱོད་ནི་ཀུན་ལ་བརྩེ་བས་ཡུམ་གྱི་མཆོག །
ཕན་བདེ་ལེགས་ཚོགས་འབྱུང་བས་དཔག་བསམ་ལྗོན། །
སྡུག་བསྔལ་མཚོ་ལས་སྒྲོལ་བས་དེད་དཔོན་དང་། །
ལམ་དང་ལམ་མིན་ལྟ་བས་མིག་ཀྱང་ལགས། །ཞེས་པ་ལྟ་བུའོ། །

༡༤. སྦྱར་བའི་གཟུགས་ཅན་ནི། གཟུགས་སུ་འགོད་རྒྱུ་དེ་དང་བཀོད་པའི་གཟུགས་གཉིས་ཀའི་ཁྱད་ཆོས་རྣམས་སྒྲ་དང་དོན་གྱི་སྒོ་ནས་སོ་སོར་སྦྱར་རྒྱུ་ཡོད་པ་ཞིག

ཡིན་ཏེ། དཔེར་ན།

འཇམ་མགོན་བླ་མའི་གསུང་གསང་རྒྱ་མཚོ་ཆེར། །
སྐལ་ལྡན་གཉིས་སྐྱེས་དགའ་བའི་གར་གྱིས་རོལ། །
ཡིད་འོང་སློག་བྲལ་དྭངས་ཤིང་གསལ་བ་འདིར། །
གཞོན་ནུའི་ཚོགས་རྣམས་ལེགས་པར་འཇུག་ལ་རིངས། །ཞེས་པ་ལྟ་བུའོ། །

༧༥. དཔེའི་གཟུགས་ཅན་ནི། གཟུགས་ཅན་གྱི་རྒྱན་གང་ཞིག་གཟུགས་སུ་འགོད་རྒྱུ་དེ་དང་བཀོད་པའི་གཟུགས་གཉིས་པོ་ཁྱད་ཆོས་མཐུན་པའི་སྒོ་ནས་མཚུངས་པར་བརྗོད་ནས་དཔེ་ཅན་དེ་ཉིད་དཔེའི་ངོ་བོར་བཀོད་པ་དེ་ནི་དཔེའི་གཟུགས་ཅན་ཞེས་བྱ་བ་ཡིན་ཏེ། དཔེར་ན།

རྒྱལ་ཀུན་སྙིང་རྗེའི་རང་གཟུགས་པད་དཀར་འཆང་། །
རབ་མཛེས་དཀྱིལ་འཛུམ་ཞལ་གྱི་ཟླ་བ་ལས། །
མཁའ་མཉམ་འགྲོ་ལ་བརྩེ་བའི་འོད་དཀར་གྱིས། །
བསིལ་སྦྱིན་མཁན་གྱི་ཁེངས་པ་ཀུན་ནས་འགོག །ཞེས་པ་ལྟ་བུའོ། །

༧༦. ལྡོག་པ་ཅན་གྱི་གཟུགས་ཅན་ནི། ཐོག་མར་དཔེ་དང་དཔེ་ཅན་གཉིས་ལ་ཡོད་པའི་ཁྱད་ཆོས་དངོས་སུ་བརྗོད་ནས་སླར་ཡང་དཔེ་ཅན་ལ་ཡོད་པའི་ཁྱད་ཆོས་དེ་དཔེ་ལ་མེད་པའི་སྒོ་ནས་ཆོས་མི་མཐུན་པར་སོ་སོར་འབྱེད་པའི་གཟུགས་ཅན་ཉིད་ནི་ལྡོག་པ་ཅན་གྱི་གཟུགས་ཅན་ཞེས་བྱ་སྟེ། དཔེར་ན།

ངང་པའི་ཚོགས་རྣམས་པདྨའི་ཐེང་བུར་རོལ། །
ཁོ་བོས་ལེགས་བཤད་བདུད་རྩིའི་དཔལ་ལ་སྤྱོད། །
ཆུ་སྲིན་གྲོང་ཁྱེར་བ་རླབས་འོད་ཀྱིས་གོས། །
ལེགས་གསུང་བཅུད་འདི་མཁས་ཀུན་མཆོད་པའི་ཡོན། །ཞེས་པ་ལྟ་བུའོ། །

༧༧. འགོག་པའི་གཟུགས་ཅན་ནི། འགོད་རྒྱུའི་གཟུགས་ཅན་དེ་ཉིད་བཀོད་པའི་

གཟུགས་ཀྱི་ཁྱད་ཆོས་འགལ་བ་རྒྱུ་མཚན་དུ་བྱས་ནས་གཟུགས་ཅན་དེ་དངོས་ཡིན་པ་འགོག་པས་ན་འགོག་པའི་གཟུགས་ཅན་ཞེས་བྱ་སྟེ། དཔེར་ན།

རབ་དཀར་གཻ་ལ་ཤ་རི་ལས་འོངས་པའི། །
དམ་པའི་གཞུང་ལུགས་གཀླའི་ཆུ་རྒྱུན་གྱིས། །
ཀོལ་ངན་སྙིང་ལ་བརྟག་དཀའི་བགྲེས་པའི་གདུང་། །
སྟེར་ཕྱིར་བདུད་རྩིའི་ངོ་བོར་གང་གིས་འགྲུབ། །ཅེས་པ་ལྟ་བུའོ། །

༡༨. མཉམ་འཛོག་གི་གཟུགས་ཅན་ནི། གཟུགས་ཅན་དེ་ཉིད་ལ་སྐྱོན་ཡོད་པ་ལྟ་བུར་སྣང་པར་མ་ཟད། དེའི་ཡུལ་ཅན་རང་ཉིད་ལ་ཡང་སྐྱོན་ཡོད་པའི་ཆ་ནས་ཡུལ་དང་ཡུལ་ཅན་གཉིས་ཀར་སྐྱོན་མཉམ་དུ་འཛོག་པས་ན་མཉམ་འཛོག་གཟུགས་ཅན་ཞེས་བྱ་སྟེ། དཔེར་ན།

མཁའ་མཉམ་འགྲོ་བའི་ཁམས་དང་མོས་པ་བཞིན། །
སྣ་ཚོགས་སྒྱུ་འཕྲུལ་རོལ་བའི་ཉི་མའི་སྐུས། །
ནག་ཕྱོགས་བསྣོག་འདི་གང་ཉིད་འོད་ཆེ་བར། །
མ་ཟད་དེ་ཡིས་འགྲོ་ལ་གནོད་པས་ཀྱང་། །ཞེས་པ་ལྟ་བུའོ། །

༡༩. གཟུགས་ཅན་གྱི་གཟུགས་ཅན་ནི། ཐོག་མར་གཟུགས་ཅན་དེ་ཉིད་གཟུགས་གཅིག་གི་ངོ་བོར་བཀོད་ནས་སླར་ཡང་བཀོད་པའི་གཟུགས་ཅན་དེ་ཉིད་གཞན་ཞིག་གི་གཟུགས་སུ་འཕར་མར་བཀོད་པ་ལ་གཟུགས་ཅན་འཕར་མའམ། གཟུགས་ཅན་གྱི་གཟུགས་ཅན་ཞེས་བྱ་སྟེ། དཔེར་ན།

སློབ་གྲྭ་པདྨ་མཛེས་པའི་ལྷ་མོ་འདིར། །
རིག་གནས་ཆུ་འཛིན་འདབ་མ་གཡོ་བ་ལ། །
སྙན་འཛེབས་རིག་པ་སྦྲང་རྩིའི་གྲུ་ཆར་འདེབས། །
ཤེས་ལྡན་གཞོན་ནུའི་ཡིད་དབང་ཀུན་ནས་འགུགས། །ཞེས་པ་ལྟ་བུའོ། །

༡༠. བསྙོན་དོར་གྱི་གཟུགས་ཅན་ནི། ཐོག་མར་གཟུགས་ཅན་དེ་ཉིད་ཀྱི་ཁྱད་ཆོས་བཀོད་ནས་དེའི་རྗེས་དེ་ལྡན་པའི་གཟུགས་ཅན་མིན་ཞེས་འགོད་རྒྱུའི་གཟུགས་ཅན་དེ་ཉིད་ལ་མངོན་སུམ་དུ་བསྙོན་འདདངས་པའི་ཚུལ་གྱིས་དེའི་ཡོན་ཏན་གསལ་བར་བྱེད་པ་ནི་བསྙོན་དོར་གྱི་གཟུགས་ཅན་ཞེས་བྱ་སྟེ། དཔེར་ན།

འདི་ནི་ཁྱོད་སྐུམ་ཡིན་པ་རྫོའི་སྔོན། །
གང་གི་གསུང་མིན་ར་ཡིག་གཉིས་པའི་གླུ། །
ཐུགས་མིན་གསེར་མདོག་གེ་སར་རྒྱས་པ་སྟེ། །
མི་མིན་ལྷ་ཡི་བུ་མཆོག་དེ་རྨད་བྱུང་། །ཞེས་པ་ལྟ་བུའོ། །

སྦྱང་གཞི།

༡. ཡོན་ཏན་རང་བཞིན་བརྗོད་པ།

སྙིང་སྟོབས་ཧ་ཅང་ཆེན་པོའི་མཐུས། །
སྡུག་དང་མི་སྡུག་བར་མ་ཡི། །
ཡིད་ལ་ཆགས་སྡང་སྔོངས་པའི་བློས། །
སེམས་འདི་གཡོ་ཞིང་ཡང་ཡང་འཇུག །ཅེས་པ་ལྟ་བུའོ།

༢. རབ་བཏགས་དང་རྨད་བྱུང་།

༣. སྦྱར་བ། ཁྱད་ཆོས་མཚུངས་པ་ལྡན་ཅིག་ཏུ་སྦྱོར་བ། མཉམ་ཉིད། སྒྲ་མཚུངས་པ་ཙམ་དོན་སོ་སོར།

༤. ཡན་ལག་གཟུགས་ཅན་དང་ཆ་ཤས་གཟུགས་ཅན། ཡན་ལག་མང་གཟུགས་འགོད་མི་རུང་།

༥. ལྡན་མིན་གཟུགས་ཅན་ཞེས་པའི་མི་ལྡན་པ་གང་ཡིན། དཔེ་ལ་དཔེ་ཅན་གྱི་ཁྱད་ཆོས་མི་ལྡན་པ་དེ་ཡིན།

༦. འགོག་གཟུགས་ཞེས་པའི་གང་འགོག་པ་ཡིན།

༧. འགལ་གཟུགས་ཞེས་པའི་གང་འགལ་བ་ཡིན།

བཞི་པ། གསལ་བྱེད་ཀྱི་རྒྱན།

སྔར་རང་བཞིན་བརྗོད་པའི་སྐབས་དང་འདྲ་བའི་རིགས་དང་། བྱ་བ་ཡོན་ཏན་རྫས་རྣམས་ལ་ཚིག་གཅིག་གིས་ཐོག་མཐའ་བར་གསུམ་དུ་གནས་པའི་གསལ་བྱེད་དེ་མེད་ན་ལྷག་མའི་ཚིག་རྣམས་མི་གསལ་ཞིང་འབྲེལ་མེད་དུ་འགྱུར་བ་ལ་དེ་ཉིད་ཡོད་པས་ངག་དེའི་རྒྱུན་སྤྱི་ཀུན་གསལ་བར་བྱེད་པའི་ཚིག་རྒྱན་ཞིག་ལ་ཟེར།

༡. རིགས་བརྗོད་ཐོག་མའི་གསལ་བྱེད་ནི། རིགས་སམ་རང་བཞིན་གསལ་བྱེད་ཀྱི་ཚིག་ཅིག་ཚིགས་བཅད་ཀྱི་ཐོག་མར་ཡོད་པས་ངག་ཀུན་གསལ་བར་བྱེད་པ་ཞིག་སྟེ། དཔེར་ན།

གྲུབ་པའི་དབང་ཕྱུག་བཞད་པའི་རྡོ་རྗེ་ཡིས། །
སྐལ་ལྡན་འགྲོ་རྣམས་སྨིན་ཅིང་གྲོལ་བར་མཛད། །
སྡིག་པའི་སེམས་འཆང་ལོག་ལྟའི་སྐྱེས་པོ་ཡང་། །
མ་རུང་གླིང་ནང་མཐའ་དག་དབྱུང་ལ་བརྩོན། །

ཞེས་པ་ལྟ་བུའམ། ཡང་ན།

སྐྱེ་འདིར་སྨན་ཚིག་རིག་པས་གཞོན་ནུ་རྣམས། །
དགའ་བའི་འཇུམ་མདངས་པ་སྙོའི་དཔལ་ལ་སྤྱོར། །
ལོག་པའི་ལམ་དུ་འཕྲུན་པའི་ན་ཆུང་འགའི། །
མི་ཤེས་རྨོངས་པའི་དྲི་མའང་སེལ་བར་བྱས། །ཞེས་པ་ལྟ་བུའོ། །

༢. བྱ་བ་ཐོག་མའི་གསལ་བྱེད་ནི། དངོས་པོ་དེའི་བྱ་བ་གསལ་བྱེད་ཀྱི་ཚིག་ཅིག་ཚིགས་བཅད་ཀྱི་ཐོག་མར་ཡོད་པས་ཚིག་གསལ་བར་བྱེད་པ་ཞིག་སྟེ། དཔེར་ན།

མཛེས་པར་བྱས་སོ་ཀུན་གསལ་སྣེག་མོའི་ཁྲོན། །

མཚར་སྡུག་འོད་སྟོང་འགྲོ་བའི་ཉི་མས་ཏེ། །
བློ་བཟང་རྒྱལ་བའི་བཤད་སྒྲུབ་ཐུབ་བསྟན་ཡང་། །
མགོན་པོ་ཁྱོད་ཀྱིས་ལེགས་པར་བཤད་པས་སོ། །ཞེས་པ་ལྟ་བུའོ། །

༣. ཡོན་ཏན་ཐོག་མའི་གསལ་བྱེད་ནི། དངོས་པོ་དེའི་ནུས་པའམ་བྱེད་ལས་སམ་དབྱིབས་དང་ཁ་དོག་སོགས་ཡོན་ཏན་བརྗོད་པའི་ཚིག་ཅིག་ཚིགས་བཅད་ཀྱི་ཐོག་མར་ཡོད་པ་ནི་ཡོན་ཏན་ཐོག་མའི་གསལ་བྱེད་ཅེས་བྱ་སྟེ། དཔེར་ན།

དཀར་པོ་ཉིད་དོ་ཀོ་ལ་ཤ་ཡི་རིར། །
རབ་མཛེས་ཟླ་བའི་འོད་ཀྱིས་འཕྱུད་པས་ཏེ། །
རྟག་ཏུ་དགེ་ལ་འདུན་པའི་བསམ་པ་ཡང་། །
རྣམ་པར་དག་པའི་ལྷག་བསམ་བཟང་པོ་ཡང་། །ཞེས་པ་ལྟ་བུའོ། །

གསལ་པོར་བཤད་ན། གཟུགས་མཛེས་པ་དང་མི་མཛེས་པ་གཉིས་ཀ་གཟུགས་ཀྱི་ཡོན་ཏན་ཡིན་ལ། དེ་བཞིན་དུ་བར་མ་བཏང་སློམས་རྣམས་ནི་མི་གསལ་ཞིང་རྩལ་མ་རྫོགས་པའི་ཕྱིར་སྙན་ངག་གི་སྐབས་འདིར་ཡོན་ཏན་གྱི་དཔེར་མི་རུང་བ་ཤེས་པར་བྱའོ། །

༤. རྫས་བརྗོད་ཐོག་མའི་གསལ་བྱེད་ནི། དངོས་པོ་གང་གི་རྫས་བརྗོད་པ་ཐོག་མ་ན་ཡོད་པས་ལྷག་མའི་ངག་ཀུན་གསལ་བར་བྱེད་པ་ཞིག་སྟེ། དཔེར་ན།

ལྷ་ལམ་ཡངས་པོར་སྤྲིན་གྱི་ར་རླབས་འཁྲིགས། །
ཡན་ལག་བརྒྱད་ལྡན་བདུད་རྩིའི་གཟེགས་མ་འཐོར། །
དཔྱིད་ཀྱི་ཕོ་ཉར་སྦྲ་བས་དགའ་སྟོན་འགྱེད། །
སྡུག་བསྔལ་ཚ་བས་གདུང་ལའང་བསིལ་བ་སྟེར། །ཞེས་པ་ལྟ་བུའོ། །

༥. རིགས་བརྗོད་བར་གྱི་གསལ་བྱེད་ནི། རིགས་བརྗོད་པའི་ཚིག་ཅིག་ཚིགས་བཅད་ཅིག་གི་བར་ན་ཡོད་པས་གོང་འོག་གི་ཚིག་ཀུན་གསལ་བར་བྱེད་པ་ཞིག་སྟེ། དཔེར་ན།

དཔག་མེད་བསྐལ་པར་ཚོགས་གཉིས་①མཐར་སོན་ཅིང་། །
གསང་གསུམ་②ཡོན་ཏན་ཕ་མཐའ་གཞལ་དུ་མེད། །
སྟོན་མཆོག་འཇིག་རྟེན་འདྲེན་པས་དུས་ཀུན་ཏུ། །
མ་ཕྱུར་འགྲོ་ལ་ཐར་བའི་ལམ་བཟང་སྟོན། །ཞེས་པ་ལྟ་བུའོ། །

༤. བྱ་བ་བར་གསལ་ནི། བྱ་བ་བརྗོད་པའི་ཚིག་ཅིག་བར་ན་ཡོད་པས་གོང་འོག་གི་ཚིག་ཀུན་གསལ་བར་བྱེད་པ་ཞིག་ཡིན་ཏེ། དཔེར་ན།

རྫོད་སྒྲུབ་རིག་པའི་ཚུལ་ལ་ཐེ་ཚོམ་སྤྲོ། །
མཁོ་དགུ་གསར་དུ་བསྒྲུན་པར་སྣང་མིག་གཡོ། །
ནམ་ཕྱུགས་ཕན་འབྲས་བླ་མེད་འབྱིན་པ་ཡང་། །
སྐྱོན་དུ་ལྟ་རྣམས་ལོག་པའི་ལམ་ལ་ཞུགས། །ཞེས་པ་ལྟ་བུའམ།

ཡང་ན།

གསལ་འཚེར་ཁ་བའི་རྟུལ་གྱི་ལྷུན་པོ་ཡིས། །
འཕགས་ཡུལ་གཉིས་པ་བསིལ་ལྡན་ རྔོ་ཏའི་ལྡོངས། །
མཛེས་པར་བྱས་སོ་བློ་ལྡན་གཞོན་ནུའི་ཡིད། །
བཅུ་ཕྲག་རིག་པ་ནོར་བུའི་གཏེར་གྱིས་སོ། །ཞེས་པ་ལྟ་བུའོ། །

(༡) རྒྱ་བ་འདིའི་དཔེ་བརྗོད་ཀྱི་གསལ་དངོས་ནི་འགྱུར་ཅེས་བྱ་བ་བརྗོད་པའི་ཚིག་བར་ན་ཡོད་པ་འདི་ཡིན་ལ། འཁྲུམས་པ་རྣམས་ལའོ་ཞེས་པའང་རིགས་མཐའ་གསལ་དུ་འགྱུར་མོད། ཞར་བྱུང་ལས་ཐོན་པ་ཡིན་གྱི་སྐབས་དོན་མིན་ནོ། །

(༢) སྐབས་འདིར་འགྱུར་བྱེད་ཀྱི་རྒྱ་སྐད་ལ་ཀཱནྟ་ཞེས་འབྱུང་བ་སྔོན་བྱོན་མཁས་པ་རྣམས་ཀྱིས་བོད་སྐད་དུ་བསྒྱུར་ཚེ་ལན་ཚྭ་དང་བུལ་ཏོག་བ་ཚྭ་རྒྱ་ཚྭ་སོགས་སྣ་ཚོགས་སུ་

① ཚོགས་གཉིས་ནི། བསོད་ནམས་ཀྱི་ཚོགས་དང་ཡེ་ཤེས་ཀྱི་ཚོགས་སོ། །
② གསང་གསུམ་ནི། སྐུ་གསུང་ཐུགས་སོ། །

བསྒྱུར་ནའང་། སྤྱིར་ཡང་སྒྲ་གཅིག་དོན་མང་ཡིན་པས་ཚ་ལ་དཀར་པོ་སོགས་དོན་དུ་མར་འཇུག་མོད། འདིར་སྤྱིར་ཚ་ལ་འཇུག་ཅིང་། དེའི་ནང་ནས་ཀྱང་རྒྱ་ཚྭའི་བྲོ་བ་ལྟ་བུའི་རོའི་ཁྱད་པར་ལ་འཇུག་པར་འདོད་དོ། །

(༣) འདི་དང་ཡུལ་ལ་བསྟོན་པ་གཉིས་མི་འདྲ་སྟེ། འདིར་ནི་བྲལ་བའི་ཉེན་པ་རྣམས་ཟླ་བ་ལ་སོགས་ཡིད་དུ་འོང་བའི་དངོས་པོ་རྣམས་ཀྱང་མེ་ཏུ་འགྱུར་བར་སྨྲ་བ་པོ་གཞན་གྱིས་དེའི་ཚུལ་བརྗོད་པ་ཙམ་ལས་བསྟོན་དོར་མེད་ལ། ཡུལ་ལ་བསྟོན་དོར་གྱི་སྐབས་བྲལ་བའི་ཉེན་པའི་འདོད་ལྡན་རང་ཉིད་ཀྱིས་རང་གི་ཡུལ་ལ་དེ་རྣམས་ཆེས་བསིལ་བ་སོགས་མི་སོགས་སུ་དངོས་སུ་བསྟོན་དོར་བའི་བརྗོད་ཚུལ་གྱི་ཁྱད་པར་རོ། །

༧. རིགས་མཐའ་མའི་གསལ་བྱེད་ནི། རིགས་བརྗོད་པའི་ཚིག་ཅིག་ཚིགས་བཅད་ཅིག་གི་མཐའ་ན་ཡོད་པས། གོང་གི་ཚིག་ཀུན་གསལ་བར་བྱེད་ཅེས་པ་ནི་རིགས་བརྗོད་མཐའི་གསལ་བྱེད་ཅེས་ཟེར་ལ། དཔེར་ན།

ལ་ལས་གཅེས་དགུའི་ཤ་ཁྲག་ཐོད་ལ་ཕོར། །
འགའ་ཞིག་དམངས་དོན་སྒྲུབ་ལ་མཆོག་ཏུ་བྲེལ། །
གཞན་དག་རྟོན་སྐྱོད་ཚུལ་གྱིས་རིས་མེད་འགྲོ། །
བདེར་འགོད་འདི་དག་སྐྱེ་དགུའི་མ་མ་ལགས། །

ཞེས་པ་ལྟ་བུ་དང་། ཡང་ན།

འགའ་ཞིག་བཙུ་ཕྲག་རིག་པའི་གནས་ལ་སྦྱངས། །
ལ་ལས་དཔྱད་འཛོག་སློམ་གྱིས་རང་རྒྱུད་འདུལ། །
གཞན་དག་འཆད་རྩོད་རྩོམ་པའི་བྱ་བ་ཡིས། །
ཐུབ་བསྟན་སྤྱིལ་མཁས་འདི་ཀུན་དམ་པའི་མགོན། །

ཞེས་པ་ལྟ་བུའོ། །

༨. བྱ་བ་བརྗོད་པ་མཐའི་གསལ་བྱེད་ནི། མཉམ་དུ་བྱས་ལྟ་བུའི་བྱ་བ་བརྗོད་པའི་

ཚིག་ཅིག་ཚིགས་བཅད་ཀྱི་མཐའ་ན་ཡོད་པས་ངག་ཀུན་གསལ་བར་བྱེད་པ་ཞིག་སྟེ། དཔེར་ན།

སྦོ་བསང་ངན་པའི་ལུས་ཀྱིས་རང་ཉིད་དེ། །
ས་སྐྱོང་གཏུམ་པོའི་ལུགས་ཀྱིས་སྐྱེ་དགུ་ཀུན། །
ངར་འཛིན་ཨ་འཐས་སྣང་བས་བདག་བློ་ཡང་། །
རྣམ་པ་ཀུན་ཏུ་འཕུང་བའི་རྒྱུ་ལ་སྦྱོར། །ཞེས་པ་ལྟ་བུ་དང་།

ཡང་ན།

གོམས་སྲོལ་རང་གཤིས་འཛིངས་པས་ལུས་ཕུང་སྟེ། །
ལོག་རྟོག་ཨ་འཐས་ཐག་ཞགས་དམ་པོས་ཡིད། །
གཞན་དབང་ལྕུག་སྒྲིག་ཕྲ་བས་རེ་བའི་གནས། །
འཛོལ་མེད་གཞན་དུ་འགྱུགས་པ་མེད་པར་བསྡམས། །ཞེས་པ་ལྟ་བུའོ། །

༩. ཕྲེང་བའི་གསལ་བྱེད་ནི། རྐང་བ་གཉིས་པའི་མགོར་འཕེལ་བྱེད་ལྟ་བུའི་བྱ་ཚིག་དེ་ཡང་གསལ་བྱེད་ཡིན་ན་ཡང་། ཕྱི་མ་ཕྱི་མ་གསལ་བ་སྔ་མ་སྔ་མའི་རྒྱུ་ལ་ལྟོས་པའི་འབྲེལ་བ་ཕྲེང་བ་བཞིན་དུ་རིམ་པ་བསྟར་ཚགས་སུ་གནས་ཤིང་། དེ་ཐམས་ཅད་ཀྱང་གསལ་བྱེད་ཀྱི་བྱ་ཚིག་གིས་གསལ་བར་བྱེད་པ་ཞིག་ཡིན་ཏེ། དཔེར་ན།

ཡོངས་འཛིན་དམ་པའི་དྲིན་གྱིས་གཞུང་ལུགས་ལ། །
འཆད་ཉན་འཕེལ་དེས་ཡོངས་རྫོགས་རྒྱལ་བའི་བསྟན། །
དེས་ནི་བླ་མེད་བྱང་ཆུབ་དམ་པའི་ལམ། །
དེས་ཀྱང་དཔག་མེད་འགྲོ་བའི་བདེ་སྐྱིད་དོ། །ཞེས་པ་ལྟ་བུའོ། །

༡༠. འགལ་དོན་གསལ་བྱེད་ནི། བྱེད་པ་པོ་དེ་ལ་བྱ་བ་འགལ་བ་གཉིས་ཡོད་པའམ་དེས་བྱ་བ་གཉིས་བྱེད་པར་སྟོན་པ་ཞིག་ཡིན་ཏེ། དཔེར་ན།

རིག་པའི་དབང་པོ་དགེ་ལེགས་དཔལ་བཟང་པོས། །

མི་འཇིགས་ལྷུང་རིགས་གད་རྒྱངས་སྒྲོག་པའི་མོད། །
གཞན་སྡེ་རྒོལ་ངན་འབུམ་གྱི་སྙིང་འགས་ཤིང་། །
གཟིར་གནས་དྲན་དབང་ཡིད་ལ་དགའ་བ་སྟེར། །ཞེས་པ་ལྟ་བུའོ། །

༡༡. དོན་གཅིག་གསལ་བྱེད་ནི། བྱེད་པ་པོ་གང་ཞིག་གིས་བྱ་བ་གཅིག་གསལ་བར་བྱེད་པའི་ཕྱིར་དུ་བྱ་ཚིག་གི་ཟུར་མི་འདྲ་བ་དུ་མའི་སྒོ་ནས་བཀོད་པ་ནི་དོན་གཅིག་གསལ་བྱེད་ཅེས་བརྗོད་པ་ཡིན་ཏེ། དཔེར་ན།

ཏ་བདུན་དབང་པོའི་ཀུན་སྣང་འབར་བའི་གཟིས། །
མུན་པའི་དཀྱིལ་འཁོར་མ་ལུས་རིང་དུ་བསྐྲད། །
མཛེས་སྡུག་པད་དཀར་འདབ་བརྒྱ་རྣམ་པར་བཀྲོལ། །
ཡངས་པའི་ནོར་འཛིན་མཛེས་པའི་དགེ་མཚན་རྒྱས། །ཞེས་པ་ལྟ་བུའོ། །

༡༢. སྦྱར་བའི་གསལ་བྱེད་ནི། སྦྱར་གཞི་གཅིག་ལ་བྱ་ཚིག་དངོས་སུ་སྦྱར་བས་ཅིག་ཤོས་ལ་ཚིག་ཟུར་ཙམ་སྦྱར་བས་གོ་བ་ཞིག་ཡིན་ཏེ། དཔེར་ན།

ཡིད་དུ་འོང་ཞིང་སྐྱོན་གྱི་དྲི་མས་དབེན། །
དཀར་གསལ་ཆ་ཤས་ཡོངས་གང་མཛེས་པའི་དཔྱིད། །
བསིལ་སྦྱིན་དབང་པོ་ཀུན་གསལ་ཡངས་པོར་རྒྱུ། །
དབྱངས་ཅན་ལྷ་མོ་ཚངས་པའི་གནས་ནའོ། །ཞེས་པ་ལྟ་བུའོ། །

ལྔ་བ། བསྐྱོར་བའི་རྒྱན།

ཟློས་པའམ་བསྐྱོར་བའི་རྒྱན་ནི། བྱ་བ་གསལ་བྱེད་ཀྱི་ཚིག་གནས་ཐོག་བར་མཐའ་གང་རུང་དུ་དོན་གཅིག་བསྡུས་ཏེ་བསྐྱོར་ཡང་ཚིག་ཐ་ཚིག་ཐ་དད་པ་དང་། ཚིག་ཟློས་ཏེ་བསྐྱོར་ཡང་དོན་ཐ་དད་པ་དང་། ཚིག་དོན་གཉིས་ཀ་ཟློས་ཏེ་བསྐྱོར་ཡང་སྐྱོན་དུ་མི་འགྱུར་

བའི་རྒྱན་གྱི་དབྱེ་བ་གསུམ་ཡོད་པས་བསྐོར་བའི་རྒྱན་ཞེས་བྱའོ། །

༡. དོན་བསྐོར་ནི། དོན་ཡང་ཡང་ཟློས་ཀྱང་ཚིག་ཐ་དད་ཡིན་པས་ན་ཟློས་སྐྱོན་མེད་པ་ཞིག་སྟེ། དཔེར་ན།

ཟླ་གཞོན་ཞུན་མའི་ཁུ་བ་ལས་གྲུབ་པའི། །
ཤེལ་དཀར་རྡུལ་གྱི་ཕུང་པོ་སྤུངས་པ་བཞིན། །
ཙམ་པ་ཀ་ཡིས་གྲུབ་པའི་ལྷུན་པོ་ཡིས། །
བསིལ་ལྡན་བོད་ཀྱི་ཡུལ་ལྗོངས་ཀུན་ནས་མཛེས། །ཞེས་པ་ལྟ་བུའོ། །

༢. ཚིག་བསྐོར་ནི། ཚིག་ཡང་ཡང་ཟློས་ཀྱང་དོན་ཐ་དད་པས་ན་ཟློས་སྐྱོན་མེད་པ་ཞིག་སྟེ། དཔེར་ན།

གསལ་སྟོང་འཛིན་མེད་ཨིནྡྲ་ནི་ལའི་ཁམས། །
བཞུས་འདྲའི་ནམ་མཁའི་མཐའ་ལ་དཔག་ཏུ་མེད། །
སྣ་ཚོགས་ཐབས་ཀྱི་རིག་རྩལ་འབུམ་ཕྲག་ལས། །
བྱུང་བའི་རྫས་ཀྱི་ནུས་པའང་དཔག་ཏུ་མེད། །ཞེས་པ་ལྟ་བུའོ། །

༣. གཉིས་ཀ་བསྐོར་བ་ནི། ཚིགས་བཅད་གཅིག་གི་ཕྱེད་སྔ་ཕྱི་གཉིས་ཀྱི་བརྗོད་དོན་འདྲ་བ་གཉིས་སྒྲ་འདྲ་བའི་ཚིག་གཅིག་ལ་བཟླས་ཤིང་བསྐོར་བ་ཞིག་སྟེ། དཔེར་ན།

མགོན་ཁྱོད་མངོན་སྤྱོད་དྲག་པོའི་ལས་བགྱིས་ཚེ། །
མ་རུང་བཅོམ་འདིས་དགའ་བ་ཉམས་སུ་མྱོང་། །
གང་ལ་མཐོ་འཚམ་མི་སྲུན་སྐྱེས་པོ་ཡང་། །
དག་པའི་གནས་སུ་དགའ་བ་ཉམས་སུ་མྱོང་། །ཞེས་པ་ལྟ་བུའོ། །

རྡུག་པ། འགོག་པའི་རྒྱན།

འགོག་པའི་རྒྱན་ནི། དགག་བྱ་གང་ཡང་རུང་བ་ཞིག་ལ་འགོག་བྱེད་ཀྱི་ཚིག་ཉམས་དང་ལྡན་པར་འགོག་པ་ནི་འགོག་རྒྱན་སྤྱིའི་མཚན་ཉིད་དོ། །

༡. བྱུང་བ་འགོག་པའི་རྒྱན་ནི། རང་བཞིན་གང་ཡང་རུང་བའི་སྔར་བྱུང་བའི་བསམ་པ་ཞིག་ད་ལྟའི་བསམ་པ་དེས་སྐྱོན་བརྗོད་པའི་ཚུལ་གྱིས་འགོག་པ་ནི་བྱུང་བ་འགོག་པའོ། །དཔེར་ན།

སྨྲ་བའི་ཁྲུ་མཆོག་དགེ་ལེགས་དཔལ་བཟང་པོས། །
ལུང་རིགས་གད་རྒྱངས་ལན་འགའ་བསྒྲགས་ཙམ་གྱིས། །
ཕྱོགས་རྣམས་ཀུན་ལས་རྒྱལ་བའི་གཏམ་དེ་རྫུན། །
འོན་ཀྱང་རྒྱལ་བའི་སྒྱུ་འཕྲུལ་བསམ་ལས་འདས། །

ཞེས་པ་ལྟ་བུ་དང་། ཡང་ན།

སྔོན་ཚེ་གྲུབ་པ་མཆོག་བརྙེས་གྲགས་སྙན་དར། །
རབ་འབྱམས་ཞིང་ན་གཡོ་བ་མི་ལ་རྫེ། །
མཁའ་རུ་འཕུར་བའི་གཏམ་དེ་ཨུད་པོ་ཆེ། །
འོན་ཏེ་སྒྲུ་ཡི་སྒྱུ་འཕྲུལ་དཔག་པར་ཡས། །ཞེས་པ་ལྟ་བུའོ། །

༢. མངོན་གྱུར་འགོག་པ་ནི། ད་ལྟ་ཡོད་པའི་གནས་ཚུལ་དེ་ལ་མི་རིགས་པར་སྟོན་པའི་ཚིག་གིས་འགོག་པ་ཞིག་ཡིན་ཏེ། དཔེར་ན།

མཚོ་བྱུང་དབྱངས་ཀྱི་རྒྱལ་མོའི་ཕྱག་སོར་རྩེས། །
རིན་ཆེན་རྒྱུད་མངས་སྦྲེང་ལ་བརྩོན་ཅི་དགོས། །
ཐོས་འཛིན་བདུད་རྩིའི་ཁང་པར་སྒྲུབ་པའི་མཐུ། །

ཁྱོད་གསུང་ཚ་ཞེས་རེར་ཡང་རྫོགས་མིན་ནམ། །

ཞེས་པ་ལྟ་བུ་དང་། ཡང་ན།

ལས་འབྲས་བསླུ་བ་མེད་པ་ཤེས་བཞིན་དུ། །

ཤེས་ལྡན་གྲོགས་ཁྱོད་ཅིའི་ཕྱིར་བདེ་བར་སྡོད། །

དལ་འབྱོར་རྟེན་ལ་སྙིང་པོ་ལེན་པ་ལས། །

ལྷག་པའི་དགོས་པ་གཞན་ཡོད་སེམས་སམ་ཅི། །ཞེས་པ་ལྟ་བུའོ། །

༣. འབྱུང་འགྱུར་འགོག་པ་ནི། རྗེས་སུ་འབྱུང་ངེས་པའི་གནས་ཚུལ་ཞིག་ལ་བསམ་ནས་དེ་མི་འབྱུང་བའི་ཕྱིར་དུ་འགོག་པར་བྱེད་པ་ཞིག་ཡིན་ཏེ། དཔེར་ན།

སྤྲུལ་པ་མཆོག་རྣམས་གཞུང་ལུགས་ཆེན་པོ་ཚོར། །

སྦྱོང་བའི་དཀའ་སྤྱད་དང་དུ་མི་བཞེས་ན། །

ཕྱིས་འབྱུང་རྣམ་དཔྱོད་ཀྱིས་མཛེས་དད་ལྡན་རྣམས། །

ཁྱོད་ཞབས་འདུ་བའི་ཐུགས་སྨོན་མཛད་ཅི་འོས། །

ཞེས་པ་ལྟ་བུ་དང་། ཡང་ན།

གང་གི་གསུང་ལ་ཐོས་འཛིན་མི་གཏོད་པར། །

རྣམ་གཡེང་བྲེ་མོའི་གཏམ་གྱིས་ཉིན་མཚན་ཀུན། །

ཡོལ་བའི་ཐབས་ལ་བརྟེན་པའི་སློབ་བུ་འགའ། །

ཡོན་ ཏན་ ནོར་ བུས་ ནམ་ ཞིག་ སྟོངས་ པར་ འགྱུར། །ཞེས་ པ་ ལྟ་བུའོ། །

༤. ཆོས་འགོག་པ་ནི། འགག་བྱའི་ཁྱད་ཆོས་དངོས་དེ་ལ་མི་འོས་པའི་ཆོས་གཞན་ཞིག་ཡོད་པ་ལྟ་བུ་སྟོན་པའི་སྒོ་ནས་ཆོས་དངོས་དེ་འགོག་པར་བྱེད་པ་ཞིག་ཡིན་ཏེ། དཔེར་ན།

མཉན་འོས་ལེགས་བཤད་གཏམ་གྱིས་ཕ་རོལ་བའི། །

ཡིད་བརྟན་དབང་མེད་འཁྲུག་པའི་གཏམ་དེ་ཛུན། །

གཞན་དུ་ཀུན་སྙོང་དྲ་བར་ཚུད་པ་རྣམས། །

དམ་ཆོས་ཐོས་པས་སྐྱོ་བ་ག་ལ་འཕེལ། །

ཞེས་པ་ལྟ་བུ་དང་། ཡང་ན།

མཚུངས་མེད་ས་སྐྱོང་ཆེན་པོའི་སྙིང་རྗེ་ཡིས། །

མངའ་འབངས་ཀུན་ལ་བདེ་བ་སྦྱིན་པ་ཛུན། །

གཞན་དུ་མི་སྨུན་སྙིང་ལ་བཟོད་དཀའ་བའི། །

སྡུག་བསྔལ་ཚོར་བ་དྲག་པོས་ཅི་ལ་གདུང་། །ཞེས་པ་ལྟ་བུའོ། །

༥. ཆོས་ཅན་འགོག་པའི་རྒྱན་ནི། ཆོས་ཅན་གང་ཞིག་གི་ཕྱིའི་རྣམ་པ་ཙམ་ལ་བརྟེན་ནས་དོན་དངོས་དེ་ཡིན་ཞེས་འཛིན་མི་རིགས་པའི་རྒྱུ་མཚན་གྱིས། ཕྱི་ཡི་རྣམ་པ་ལས་དོན་དངོས་དེ་མ་མཐོང་བའི་ཚུལ་གྱིས་འགོག་པ་ཞིག་ཡིན་ཏེ། དཔེར་ན།

བསྐལ་བཟང་རྣམ་འདྲེན་བཞི་བའི་གཟུགས་ཀྱི་སྐུར། །

མཚན་དཔེའི་ཆ་ཤས་རྫོགས་སམ་མ་རྫོགས་ཞེས། །

དཔྱད་པར་མི་འོས་འོད་ཟེར་ཚད་མེད་པ། །

འཁྲོ་བ་ཙམ་ལས་སྐུ་ཉིད་མངོན་སུམ་མིན། །

ཞེས་པ་ལྟ་བུ་དང་། ཡང་ན།

འཇམ་དབྱངས་ལང་ཚོ་གཞོན་ནུའི་མདངས་ལྡན་དཔལ། །

མཛེས་དང་མི་མཛེས་སུ་ཡིས་སྨྲ་བར་སྤོབས། །

རབ་དཀར་ཏི་སེའི་སྤོ་ལ་ཐུན་མཚམས་སྦྲིན། །

འཁྱུག་པ་ཙམ་ལས་སྐུ་ཉིད་མངོན་སུམ་མིན། །ཞེས་པ་ལྟ་བུའོ། །

༦. རྒྱུ་འགོག་པ་ནི། བྱ་བ་གང་ཞིག་གི་འབྲས་བུའི་ཚོགས་པ་མང་པོ་བསགས་ཀྱང་འབྲས་བུ་དེ་དག་སྐྱེས་པའི་རྒྱུ་གང་ཡང་མེད་པའི་ཚུལ་གྱིས་འགོག་པ་ཞིག་ཡིན་ཏེ།

དཔེར་ན། （འདིར་རྒྱུ་འགོག་པ་དང་འབྲས་བུ་འགོག་པའི་དཔེར་བརྗོད་གཉིས་ཆད་འདུག）

༢. རྗེས་གནང་འགོག་པ་ནི། དགག་བྱ་ཕ་རོལ་པོའི་འདོད་པ་དེ་ལ་བསྟུན་པའི་ཚུལ་གྱིས་གནང་བ་བྱིན་ནས་འགོག་བྱེད་ཀྱི་རྒྱུན་དེ་ཉིད་ལ་བརྟེན་ནས་ཉེས་པ་གཞན་འབྱུང་ངེས་པར་སྟོན་པའི་སྒོ་ནས་འགོག་པར་བྱེད་པའི་རྒྱན་ཞིག་ཡིན་ཏེ། དཔེར་ན།

མགོན་ཁྱོད་ཞི་བའི་དབྱིངས་སུ་གཟིམས་བཞེད་ན། །
དེ་བཞིན་མཛོད་དང་དགའ་བའི་འབངས་རྣམས་ནི། །
མྱ་ངན་དྲག་པོས་ཡུན་རིང་མི་ཐོགས་པར། །
ལྷ་བར་གྱུར་ན་གདུང་བ་ཡུན་མི་རིང་། །

ཞེས་པ་ལྟ་བུ་དང་། ཡང་ན།

བཤེས་ཁྱོད་འཆད་ཉན་ལས་ཀྱི་ཁུར་པོ་ཆེ། །
སྐུ་ཡིས་མི་ཐུབ་གས་རང་སར་ཕེབས་བཞེད་ན། །
དེ་བཞིན་མཛོད་དང་གསུང་སྐྱེས་སློབ་བུ་རྣམས། །
ད་ལྟ་ཉིད་ནས་རིག་པའི་སྐལ་བ་ཆད། །ཞེས་པ་ལྟ་བུའོ། །

༣. དབང་གིས་འགོག་པ་ནི། གཞན་ཕ་རོལ་བའི་འདོད་པ་དེ་བཞིན་བྱས་ན་དགོས་པ་སོགས་ཡོད་ངེས་ཡིན་ཀྱང་རང་གི་འདོད་པ་དབང་ཆེ་བའི་ཚུལ་གྱིས་འགོག་པར་བྱེད་པ་ཞིག་ཡིན་ཏེ། དཔེར་ན།

ཁྱོད་ནི་མཐའ་དབུས་ཡུལ་ཁམས་གར་བཞུད་ཀྱང་། །
དམ་པའི་སྤྱོད་ལམ་ཉམས་པ་ཡོང་མི་སྲིད། །
གཞན་ཕན་ཕྱོགས་མེད་འབྱུང་བར་ཐ་མཆིས་མོད། །
འོན་ཀྱང་གནས་འདིར་བཞུགས་སྟན་འདྲགས་འཚལ་ལོ། །

ཞེས་པ་ལྟ་བུ་དང་། ཡང་ན།

སྙིང་གྲོགས་ཁྱོད་ནི་ཡུལ་ཕྱོགས་གར་བཞུད་ཀྱང་། །

སྐྱིད་པ་བཟང་པོ་ཉམས་པར་མི་འགྱུར་ཞིང་། །

རིས་མེད་བསླབ་བྱ་སྦྱོང་བ་བྱེད་མོད་ཀྱི། །

འོན་ཀྱང་བདག་དང་ལྷན་ཅིག་གནས་པར་མཛོད། །ཞེས་པ་ལྟ་བུའོ། །

༡༠. མ་གུས་པའི་འགོག་པ་ནི། རང་གི་འདོད་པ་དྲང་པོར་བརྗོད་པའི་རྗེས་སུ་ཕ་རོལ་བའི་ཞེ་འདོད་ལ་བསྟུན་པའི་ཚུལ་གྱིས་ཤུགས་ལ་ཕ་རོལ་བའི་བསམ་པ་འགོག་པར་བྱེད་པའི་རྒྱན་ཞིག་ཡིན་ཏེ། དཔེར་ན།

ཕོ་བོ་ཁྱིམ་འི་གནས་སྐབས་འབའ་ཞིག་སེམས། །

མཚོག་ཆུང་ཚེ་འདིའི་དོན་ལ་དེ་ལྟ་མིན། །

གྲོགས་ཁྱོད་སྒྲུབ་པ་བྱེད་དམ་མི་བྱེད་ཀྱང་། །

རང་གི་ངང་ཚུལ་དྲང་པོར་སྨྲས་པ་ལགས། །

ཞེས་པ་ལྟ་བུ་དང་། ཡང་ན།

བདག་ནི་གུས་རྟག་བརྩོན་པ་གྲོགས་སུ་བསྟེན། །

རྣམ་གཡེང་ལེ་ལོའི་ཕྱོགས་ལ་དེ་ལྟ་མིན། །

ཁྱོད་ཉིད་ཚུལ་འདིར་མོས་སམ་མི་མོས་ཀྱང་། །

རང་གི་བསམ་ཚུལ་ཙམ་ཞིག་སྨྲས་པ་ཡིན། །ཞེས་པ་ལྟ་བུའོ། །

༡༡. ཤིས་བརྗོད་ཀྱི་འགོག་པ་ནི། བྱ་བ་གང་ཞིག་སྒྲུབ་པ་ལ་མཐུན་འགྱུར་ལྟ་བུའི་སྒོ་ནས་ཁ་གཡང་ངམ་ཤིས་བརྗོད་བགྱིས་ཏེ། ལོགས་སུ་བྱ་བ་མི་ལེགས་པ་གཞན་ཞིག་གིས་སྔར་གྱི་བྱ་བ་དེ་སྒྲུབ་ཏུ་མི་སྟེར་བ་ཞིག་ལ་བྱ་སྟེ། དཔེར་ན།

ཁྱོད་རང་ཟིན་མེད་བྱ་བཞག་སྣ་མང་པོར། །

གཞོལ་བར་འདོད་ན་གང་བསམ་འགྲུབ་གྱུར་ཅིག །

བདག་ཅག་མི་མེད་དབེན་པའི་ནགས་ཁྲོད་དུ། །

སྐྱབ་པའི་རྒྱལ་མཚན་སྒྲེང་བར་སྙིང་ནས་སྨོན། །

ཞེས་པ་ལྟ་བུ་དང་། ཡང་ན།

ཁྲོགས་ཁྱོད་ཚེ་འདིར་རང་ཉིད་བདེ་བ་ཙམ། །

སེམས་པར་བྱེད་ན་གེགས་མེད་འགྲུབ་གྱུར་ཅིག །

བདག་གིས་ནམ་ཡང་གཞན་དོན་འབའ་ཞིག་ལ། །

བརྩོན་པ་བརླག་མེད་མཐའ་རུ་འཁྱོལ་བར་ཤོག །ཞེས་པ་ལྟ་བུའོ། །

༡༢. རྩུབ་མོས་འགོག་པ་ནི། ཕ་རོལ་པོའི་བསམ་པ་དེ་ལ་དམའ་འབེབས་ཀྱི་ཚིག་རྩུབ་པོ་བརྗོད་པའི་སྒོ་ནས་བྱ་བ་དེ་འགོག་པར་བྱེད་པ་ཞིག་ཡིན་ཏེ། དཔེར་ན།

རྗེ་ཉིད་ཐུགས་ལས་ཆུང་བར་བཞུགས་སྲིད་ན། །

བསྟན་པའི་བྱ་བ་བགྱིད་ནུས་འགའ་ཚོལ་ཅིག །

ཁྱོད་གསུང་བདུད་རྩིར་སྤྱོད་པ་བདག་ཅག་རྣམས། །

སྐྱོ་བས་ཡུལ་གཞན་འཁྲམས་པར་ཐེ་ཚོམ་མེད། །

ཅེས་པ་ལྟ་བུ་དང་། ཡང་ན།

མགོན་ཁྱོད་གཟུགས་སྐུའི་བཀོད་པ་བསྟུ་བཞེད་ན། །

རྒྱུན་འཛིན་བཤེས་གཉེན་དམ་པ་འཚོལ་བར་རིགས། །

ཞབས་པད་སྤྱི་གཙུག་རྒྱན་དུ་བསྟེན་པ་བདག །

སྐྱོ་བས་རིང་དུ་འཚོ་བའི་རེ་བ་སྐྱུང་། །

ཞེས་པ་ལྟ་བུ་དང་། འདི་ལ་ཡང་།

ཕ་ཁྱོད་སྦྱིན་པ་ངེས་པར་མི་གཏོང་ན། །

ཟས་ནོར་སྲུང་མི་བུ་གཞན་ཚོལ་ལ་ཞོག །

བདག་ནི་ཁྱོད་འདྲའི་ཕ་སྐལ་ཟ་བ་ལས། །

གཏོང་ཕོད་ཅན་གྱི་གཡོག་པོ་མཆོག་ཏུ་འདོད། །ཞེས་པ་ལྟ་བུའོ། །

༡༣. གྲོགས་ཀྱིས་འགོག་པ་ནི། གཞན་ཕ་རོལ་པོ་གང་ཞིག་ལ་བྱ་བ་གང་ཞིག་རྩོམ་པར་འདོད་ན་མྱུར་དུ་སྒྲུབས་ཤིག་མ་གཏོགས་ཕྱི་ནས་བྱ་བ་དེ་སྒྲུབ་པ་ལ་གེགས་ཤིག་ངེས་པར་འབྱུང་བར་སྟོན་པའི་སྒོ་ནས་ཕ་རོལ་པོ་ལ་གྲོགས་བྱེད་པའི་ཚུལ་གྱིས་འགོག་པ་ཞིག་ཡིན་ཏེ། དཔེར་ན།

ཁྱོད་རང་ཉིད་བཀུར་གྲགས་པ་སྒྲུབ་བཞེད་ན། །
རིང་མིན་ཐབས་ཚུལ་སྣ་དགུས་འབད་པར་འཚལ། །
ཕྱིས་ནི་ཕུན་ཚོགས་ཀུན་ལ་ཆགས་བཞིན་དུ། །
འདི་སྣང་ཡུད་ཀྱིས་ནུབ་པའི་དུས་ཤིག་འབྱུང་། །

ཞེས་པ་ལྟ་བུ་དང་། ཡང་ན།

གྲོགས་ཁྱོད་ལེ་ལོས་ཉིན་མཚན་འདའ་བཞེད་ན། །
གཏི་མུག་བྲེ་མོའི་གཞན་དབང་གཏོང་བར་འཚལ། །
ཕྱིས་སུ་རྒྱ་མཚོའི་གླིང་དུ་ཕྱིན་པ་ཡི། །
ཚོང་བ་ལག་སྟོང་ལྟ་བུའི་དུས་ཤིག་འོང་། །ཞེས་པ་ལྟ་བུའོ། །

༡༤. འབད་པས་འགོག་པ་ནི། རང་ཉིད་ཀྱིས་ཕ་རོལ་པོའི་འདོད་པ་ལྟར་གྱིས་ཤིག་ཅེས་བརྗོད་རྒྱུར་འབད་བརྩོན་བྱས་ཀྱང་རང་གི་བསམ་པར་འདོད་པ་དེ་མེད་པའི་དབང་གིས་དེ་ལྟར་མ་བྱེད་ཅེས་པའི་ཚིག་ཁ་ནས་དབང་མེད་དུ་ཐལ་ཚུལ་བརྗོད་པའི་སྒོ་ནས་ཕ་རོལ་པོའི་བྱ་བ་དེ་འགོག་པར་བྱེད་པ་ཞིག་ཡིན་ཏེ། དཔེར་ན།

རྟོགས་ལྡན་དགའ་བ་བསྐྱེད་ཕྱིར་འདོད་ཡོན་ལ། །
ཅི་བདེར་སྤྱོད་པས་གྲོལ་ཞེས་སླེང་བཅམས་ཀྱང་། །
དཀར་ནག་ལས་ཀྱི་འབྲས་བུ་འཆོལ་མེད་པས། །
ཉེས་སྤྱོད་སྤོངས་ཞེས་ཁོན་ལ་ཅི་བྱར་ཡོད། །

ཞེས་པ་ལྟ་བུ་དང་། ཡང་ན།

གྲོགས་ཀུན་དགྱེས་ཕྱིར་བདུད་རྩི་བཞེས་རོགས་ཞེས། །
སྣན་པའི་གཏམ་ཞིག་བརྗོད་པར་སེམས་གྱུར་མོད། །
ཉེས་པའི་སྨོ་ཀུན་བསྐྱེད་བྱའི་གཞི་ཡིན་ཞེས། །
གྲགས་པའི་གཏམ་དེ་དབང་མེད་ངག་ནས་ཐལ། །ཞེས་པ་ལྟ་བུའོ། །

༧༥. གཞན་དབང་གིས་འགོག་པ་ནི། ཕ་རོལ་པོའི་བསམ་པ་དེ་ལྟར་དུ་གྱིས་ཞེས་བསྐུལ་བའི་ཟློལ་གྱིས་སྨྲས་ཏེ། རང་ཉིད་གཞན་དབང་དུ་གྱུར་ཡོད་པ་སྟོན་པའི་སྒོ་ནས་ཕ་རོལ་པོའི་བསམ་པ་དེ་འགོག་པར་བྱེད་པ་ཞིག་ཡིན་ཏེ། དཔེར་ན།

མགོན་ཁྱོད་ལེགས་པར་བཤད་པའི་དགའ་སྟོན་གྱིས། །
གུས་ལྡན་སློབ་ཚོགས་བསྐྱང་བར་མི་བཞེད་ན། །
བདག་ཡིད་མང་ཐོས་དོན་གཉེར་ཤུགས་དྲག་པའི། །
དབང་གྱུར་དེ་ལ་ཁྱོད་ཀྱིས་གྲོས་མཛོད་ཅིག །

ཅེས་པ་ལྟ་བུ་དང་། ཡང་ན།

ཁྱོད་ཀྱིས་མི་དགེ་བཅུ་པོ་སྤྱོད་ཟེར་བའི། །
གྲོས་དེ་བདག་ལ་དྲིས་པས་ཅི་ཞིག་བྱ། །
བླང་དོར་འབྱེད་མཁས་རྩ་བའི་བླ་མ་ལ། །
ཞུས་དང་དེ་ཡི་གསུངས་བཞིན་བདག་ཀྱང་བྱ། །ཞེས་པ་ལྟ་བུའོ། །

༧༦. ཐབས་ཀྱིས་འགོག་པ་ནི། ཕ་རོལ་པོས་སྒྲུབ་པར་དཀའ་བའི་དོན་ཞིག་རང་ཉིད་ལ་འདོད་པ་ཡོད་པའི་ཚུལ་དུ་བརྗོད་དེ། འདོད་དོན་དེ་བསྒྲུབས་ན་དེའི་བློ་དང་བསྟུན་ལ། མ་སྒྲུབ་ན་མི་བསྟུན་པའི་ཚིག་བརྗོད་པའི་གཡོ་ཐབས་ལ་བརྟེན་ནས་འགོག་པར་བྱེད་པ་ཞིག་ཡིན་ཏེ། དཔེར་ན།

ཆོས་ཀྱི་སྐལ་བ་ཞན་པའི་རང་སེམས་ལ། །
བརྣག་དཀའི་གདུང་བ་ཐོབ་འདི་བཟོད་པར་བགྱི། །

ཐོས་པ་མ་བཅལ་བ་ཡང་ཤེས་བྱའི་གནས། །

མ་འདྲིས་གསལ་བར་མཐོང་བའི་ཐབས་ཤིག་སྟོལ། །ཅེས་པ་ལྟ་བུ་དང་།

ཡང་ན།

མུན་པའི་ཚོགས་ཀུན་བཅོམ་པའི་འོད་དཀར་ཅན། །

ཆུ་ལྷའི་ཕང་བར་གཟིམས་པར་བཟོད་པར་བགྱི། །

ཀུན་དའི་ཚལ་རྣམས་ནམ་ཡང་མི་ཟུམ་པའི། །

རབ་བསིལ་བདུད་རྩིའི་ཕྲེང་བ་རྒྱུན་པར་སྟོལ། །ཅེས་པ་ལྟ་བུའོ། །

༡༧. ཁྲོ་བས་འགོག་པ་ནི། རང་ཉིད་ལ་སྨྲ་བར་མི་འོས་པའི་ཚིག་དེ་ཙམ་ཞིག་སྨྲ་བ། ཁྱོད་ནི་རང་ཉིད་ལ་དགོས་པ་མེད་ཅེས་ཁྲོས་པའི་རྣམ་འགྱུར་གྱི་སྒོ་ནས་འགོག་པ་ཞིག་ཡིན་ཏེ། དཔེར་ན།

བཙུན་གཟུགས་ལ་ལས་དངུལ་ཞོ་གང་གི་ཕྱིར། །

སོ་སོ་ཐར་བའི་བསླབ་ཁྲིམས་རྩྭ་བཞིན་འདོར། །

ད་ནི་ཞི་ཞིང་དུལ་བའི་ཚུལ་བཟུང་ཡང་། །

མཛངས་པའི་བློ་ལྡན་སུ་ཞིག་ཡིད་རྟོན་བྱེད། །

ཅེས་པ་ལྟ་བུ་དང་། ཡང་ན།

གྲོགས་ཁྱོད་གཞོན་དུས་རིག་པའི་གནས་རྣམས་ལ། །

གཡོལ་མེད་ཚེ་འདིའི་བྱ་བའི་དུས་འདའ་ན། །

ནམ་ཞིག་ལང་ཚོ་ཡོལ་ཚེ་བསླབ་བྱ་ལ། །

སྤྱངས་ཀྱང་མཁས་པ་སུ་ཞིག་ཡིད་སྨོན་བྱེད། །ཅེས་པ་ལྟ་བུའོ། །

༡༨. སྨྱུ་ངན་ནམ་སྙིང་རྗེས་འགོག་པ་ནི། ཕ་རོལ་པོའི་བྱ་བ་དེ་ལ་མི་བཟོད་པའི་སྙིང་རྗེ་བའི་ཚིག་གིས་བྱ་བ་དེ་ལ་འཇུག་མི་རིགས་པར་སྟོན་པ་ཞིག་ཡིན་ཏེ། དཔེར་ན།

ནོར་བུ་རྒྱལ་མཚན་རྩེ་ལ་མ་མཆོད་ཅིང་། །

མཛེས་པའི་གཙུག་གི་རྒྱན་ཡང་མ་བྱས་ལ། །

ཁྱོད་ཀྱི་དགྲ་ཟླའི་ཡ་ངའི་ཛེང་ནང་ན། །

མཁོ་མེད་དངོས་པོར་གྱུར་པའི་ཚུལ་འདི་སྐྱོ། །

ཞེས་པ་ལྟ་བུ་དང་། ཡང་ན།

གཞུང་འགྲེལ་མ་བརྩམ་རྒྱུད་ལ་མ་སྦྱང་ཞིང་། །

དཔྱོད་ལྡན་ཡིད་ཀྱི་སྒྲོ་འདོགས་མ་བཅད་པར། །

དམ་པའི་ཞལ་ལས་ཐོས་པའི་ལེགས་བཤད་ནོར། །

བརྗོད་ངེས་རྒྱན་པོས་ཕྲོགས་འདི་ཡིད་རེ་ཕམ། །ཞེས་པ་ལྟ་བུའོ། །

༡༩. འགྱོད་པས་འགོག་པའི་རྒྱན་ནི། བྱ་བ་དེ་བསྒྲུབ་ནུས་པའི་སྐབས་སུ་མ་སྒྲུབ་པས་རྗེས་སུ་བསྒྲུབ་མི་ནུས་པའི་དུས་སྐབས་དང་འཕྲད་ཚེ་སྔར་གྱི་གནས་ཚུལ་ལ་འགྱོད་པ་སྐྱེས་པ་དང་ཆབས་ཅིག ད་ལྟར་བྱ་བ་དེ་སྒྲུབ་པ་འགོག་པ་ཞིག་སྟེ། དཔེར་ན།

བསམ་སྦྱོར་དག་པའི་བཤེས་གཉེན་མ་བསྟེན་ཅིང་། །

བཅུ་ཕྲག་རིག་པའི་གནས་ལ་སྦྱང་མ་བྱས། །

སྒོ་གསུམ་དགེ་བའི་ལས་ཀྱིས་མ་གཅུན་པར། །

དལ་རྟེན་འདོར་ཚེ་འགྱོད་ཀྱང་ཐབས་ཀྱིས་དབུལ། །ཞེས་པ་ལྟ་བུའོ། །

༢༠. ཐེ་ཚོམ་འགོག་པ་ནི། རང་གཞན་གང་རུང་གི་བསམ་པའི་ཐེ་ཚོམ་སེལ་བའི་ཆེད་དུ་ཕན་ཚུན་རྣམ་པར་དབྱེ་བའི་ཚིག་བརྗོད་པའི་སྒོ་ནས་ཐེ་ཚོམ་འགོག་པར་བྱེད་ཞེས་བྱ་སྟེ། དཔེར་ན།

སྤྲིན་བྲལ་མཁའ་ལ་ཤར་བའི་ཟླ་བའམ། །

ཡང་ན་དབྱངས་ཅན་ལྷ་ཁྱོད་དགྱེས་པའི་ཞལ། །

མཐོང་བའི་མོད་ལ་ངེས་ལེགས་བདེ་བའི་དཔྱིད། །

ལེགས་པར་འཛོ་ཕྱིར་རི་བོང་ཅན་མ་ལགས། །ཞེས་པ་ལྟ་བུའོ། །

༢༡. སྦྱར་བའི་འགོག་པ་ནི། དགག་བྱའི་སྒྲ་འདྲ་བའམ་དོན་དང་ཡོན་ཏན་འདྲ་བ་ཕན་ཚུན་སྦྱར་ནས། ཡོན་ཏན་དེ་དང་ལྡན་པས་ཁྱད་གཞི་ཅིག་ཤོས་དགོས་པ་མེད་པར་སྟོན་པ་ལྟ་བུ་ནི་སྦྱར་བའི་འགོག་པ་ཞེས་བྱ་སྟེ། དཔེར་ན།

ངུས་གསུམ་རྒྱལ་བའི་ཐུགས་རྗེ་གཅིག་བསྡུས་པ། །
གངས་ལྗོངས་འགྲོ་བའི་གཏན་གྱི་སྐྱབས་གཅིག་པུ། །
ཀུན་གཟིགས་པད་དཀར་འཆང་བ་ཡོད་བཞིན་དུ། །
སྙིང་རྗེའི་ལྷ་གཞན་འཚོལ་ལ་ཅི་ཞིག་ཡོད། །

ཅེས་པ་ལྟ་བུ་དང་། ཡང་ན།

མཛེས་ལྡན་ལང་ཚོའི་ཆ་ཤས་ཡོངས་སུ་གང་། །
རབ་དཀར་འོད་སྣང་འབར་བས་རྩེ་དགའ་དགོད། །
དབྱངས་ཀྱི་རྒྱལ་མོའི་ཞལ་བཟང་འདི་མཐོང་བཞིན། །
ཕལ་བའི་ཟླ་བ་འཚོལ་བ་ཤིན་ཏུ་བླུན། །ཞེས་པ་ལྟ་བུའོ། །

༢༢. དོན་གཞན་འགོག་པ་ནི། དགག་གཞི་གང་ཞིག་ལ་ཡོན་ཏན་ནམ་སྐྱོན་དེ་དང་ལྡན་པ་དེ་ཡ་མཚན་དུ་འཛིན་པ་དགག་བྱར་བྱས་ནས། དེ་འགོག་བྱེད་དུ་དེ་དང་རིགས་མཐུན་པའི་དངོས་པོ་གཞན་ཞིག་ལ་ཡོན་ཏན་ནམ་སྐྱོན་གྱི་ཆ་དེ་བཀོད་པ་ནི་དོན་གཞན་འགོག་པ་ཞེས་བྱ་སྟེ། དཔེར་ན།

ཤེས་བྱའི་དེ་ཉིད་རྗེན་པར་གཟིགས་ན་ཡང་། །
ད་དུང་འབད་པས་རིག་གནས་སློབ་འདི་ཅི། །
འོན་ཀྱང་གཏིང་མཐའ་བྲལ་བའི་རྒྱ་གཏེར་ཆེར། །
ཆུ་བོ་ཞུགས་པའི་གང་བ་མེད་ལ་ལྟོས། །ཞེས་པ་ལྟ་བུའོ། །

༢༣. རྒྱུས་འགོག་པ་ནི། དགག་བྱ་དེ་འགོག་བྱེད་ཀྱི་རྒྱུ་དངོས་སུ་སྨོས་ནས་འགོག་པ་ནི་རྒྱུས་འགོག་པ་ཞེས་བྱ་སྟེ། དཔེར་ན།

ལེགས་ཚོགས་ཀུན་གྱི་འབྱུང་གནས་མགོན་ཁྱོད་ཀྱིས། །
འགྲོ་ཀུན་བདེ་ལ་སྦྱོར་ཞེས་བསྔགས་འོས་ཅི། །
སྐྱབས་བྲལ་དུཿཁས་མནར་བའི་འགྲོ་རྣམས་ཀྱིས། །
མགོན་ཁྱོད་སྐྱིད་པའི་མ་ལྟར་མཐོང་བས་སོ། །ཞེས་པ་ལྟ་བུའོ། །

བདུན་པ། དོན་གཞན་བཀོད་པའི་རྒྱན།

དོན་གཞན་བཀོད་པའི་རྒྱན་ནི། ཚིག་རྒྱན་གང་ཞིག་ཏུ་བརྗོད་འདོད་ཀྱི་དངོས་པོ་འགའ་བཀོད་ནས། དེའི་སྒྲུབ་བྱེད་དུ་དངོས་པོ་སྤྱི་ལ་ཁྱབ་པར་སྟོན་པའི་ཚུལ་གྱིས་བསྒྲུབ་བྱ་ལས་རྒྱ་ཆེར་བཀོད་པའི་ཚིག་སྦྱོར་དེ་ནི་དོན་གཞན་བཀོད་པའི་རྒྱན་དུ་ཤེས་པར་བྱའོ། །

༡. ཀུན་ཁྱབ་ཀྱི་དོན་གཞན་བཀོད་པ་ནི། སྒྲུབ་བྱེད་སྤྱི་ལ་ཁྱབ་པའི་དངོས་པོ་ཞིག་བཀོད་ནས་བསྒྲུབ་བྱ་དེ་ཉིད་སྒྲུབ་པ་ནི་ཀུན་ཁྱབ་ཀྱི་དོན་གཞན་བཀོད་པ་ཞེས་བྱ་སྟེ། དཔེར་ན།

སྲིད་ན་མཚར་བའི་དཔེར་འོས་ལང་ཚོམ། །
གློ་བུར་རྐྱེན་ངན་གཞན་གྱི་དབང་དུ་གྱུར། །
བརྟན་དང་གཡོ་བའི་འདུ་བྱས་མ་ལུས་པ། །
འཇིག་པའི་རང་གཤིས་ནམ་ཡང་འགྱུར་དུ་མེད། །

ཅེས་དང་། ཡང་ན།

སྟོབས་ལྡན་རླུང་ཆེན་གཡོ་བའི་བང་རིམ་ལས། །
བརྒྱལ་ནས་འཇིག་རྟེན་བསྐོར་འདི་ངོ་མཚར་མོད། །
ཚན་རིག་གསང་བ་བརྗོལ་བའི་འཕྲུལ་འཁོར་ལས། །
མི་འབྱུང་ཤེས་བྱའི་གནས་དེ་གང་ན་མཆིས། །ཞེས་པ་ལྟ་བུའོ། །

༢. ཁྱད་པར་ལ་གནས་པའི་དོན་གཞན་བཀོད་པ་ནི། དངོས་པོ་གང་ཞིག་གི་ཡོན་ཏན་ནམ་ཁྱད་ཆོས་བཀོད་ནས། དེ་དང་རིགས་མཐུན་པའི་དངོས་པོ་གཞན་ཞིག་ལའང་ཁྱད་ཆོས་སམ་ཡོན་ཏན་ཁྱད་པར་ཅན་ཡོད་པ་སྒྲུབ་བྱེད་དུ་བཀོད་པ་ཞིག་ཡིན་ཏེ། དཔེར་ན། (འདིའི་མན་ཆད་ཀྱི་རྒྱན་རྣམས་ཆད།)

བརྒྱད་པ། ཐོག་པ་ཅན་གྱི་རྒྱན།

༡ མཚུངས་ཆོས་འབྱེད་བྱེད་གཉིས་ཀ་སྨྲས་ཟིན་པའི་ཐོག་པ་ཅན་ནི། དཔེ་དང་དོན་གཉིས་ཀྱི་མཚུངས་ཆོས་དངོས་སུ་གསལ་བར་མ་ཟད། འབྱེད་བྱེད་ཀྱང་དངོས་སུ་གསལ་བ་ཞིག་ཡིན་ཏེ། དཔེར་ན།

སྙིང་གྲོགས་གཞོན་ནུའི་ལུས་དང་པད་དཀར་འདབ། །
འཇམ་གཉེན་མཛེས་སྡུག་རེག་པས་བདེ་སྟེར་ཀྱང་། །
ཕྱིད་སྐྱར་ཕྱུག་ཞབས་ཡན་ལག་རྣམ་པར་ལྡན། །
པཉྫར་ཡལ་ག་ལོ་འདབ་ཕུན་སུམ་ཚོགས། །ཞེས་པ་ལྟ་བུའོ། །

གཉིས་ཐོག་ནི་འབྱེད་ཆོས་གཉིས་གཏན་ནས་མི་འདྲ་བས་ཐོག་པ་དང་། འདི་ནི་འབྱེད་བྱེད་ཀྱི་ཆོས་ཀྱང་འདྲ་བའི་སྒོ་ནས་ཐོག་པར་སྟོན་པ་ཞིག་ཡིན་སྙམ།

༢. འབྱེད་བྱེད་ཅན་ནི། བརྗོད་འདོད་ཀྱི་དཔེ་དང་དོན་གཉིས་ཀྱི་མཚུངས་ཆོས་དངོས་སུ་མ་བརྗོད་པར་དེ་གཉིས་མི་མཚུངས་པའི་འབྱེད་བྱེད་ཀྱི་ཁྱད་ཆོས་ཚིག་གིས་དངོས་སུ་བརྗོད་པ་ཞིག་ཡིན་ཏེ། དཔེར་ན།

ཡིད་འོང་ཆུ་འཛིན་གཞོན་ནུ་ནམ་མཁའི་རྒྱན། །
བློ་ལྡན་སྙིང་གྲོགས་གཞོན་ནུ་སློབ་གྲྭའི་རྒྱན། །
ཀུན་གསལ་ཡངས་པོར་གཉིས་སྐྱེས་ཁྲུ་ཚོགས་འཁྲིགས། །

སྟེ་འདིར་ཤེས་ལྡན་ཚོགས་རྣམས་ངང་གིས་འདུ། །ཞེས་པ་ལྟ་བུའོ། །

༣. རིགས་མཐུན་འབྱེད་པའི་ལྡོག་པ་ཅན་ནི། དངོས་པོ་གང་དང་རིགས་མཐུན་ཆོས་གཞན་ལས་ཁྱད་པར་དུ་བྱེད་པའི་འབྱེད་ཆོས་ལ་བརྟེན་ནས་རིགས་གཞན་དག་དང་མི་མཚུངས་པར་སྟོན་པ་ཞིག་ཡིན་ཏེ། དཔེར་ན།

ལྷོ་སྤྲིན་སྨུག་པོ་འཁྲུར་བས་མི་སུམ་ཞིང་། །
རྟ་བདུན་དབང་པོ་འབར་བས་མི་གདོན་པ། །
སྐྱེས་སྐྱུངས་ལས་ཐོབ་ཤེས་རབ་འབར་བའི་གཟིས། །
ཀུན་སྨོངས་གནག་པའི་མུན་པ་རྩད་ནས་འབྱིན། །

ཞེས་དང་། ཡང་ན།

རྟ་གདོང་མེ་རིའི་ཟིལ་གྱིས་མ་བཅོམ་ཞིང་། །
ཡན་ལག་བརྒྱད་ལྡན་ཆབ་ཀྱིས་གཞིལ་མིན་པའི། །
མཁས་དབང་ཁྱེད་ཀྱི་ལེགས་བཤད་མེ་ལྕེ་འདིས། །
ཀུན་ཉོན་ཚང་ཚིང་མ་ལུས་སྲེག་པར་བྱེད། །ཞེས་པ་ལྟ་བུའོ། །

དགུ་བ། སྲིད་པ་ཅན་གྱི་རྒྱན།

བརྗོད་བྱ་གང་ལ་ཡོངས་སུ་གྲགས་པའི་རྒྱུའི་ངེས་པ་བཀག་ནས་དེ་ལས་གཞན་པའི་རྒྱུ་སྲིད་པ་ཙམ་གྱིས་རང་གི་འབྲས་བུ་དེ་གོ་བར་བྱེད་པའི་ངག་གོ །

༡. ཕྱི་དུས་ལ་སྦྱར་བ་ནི། འཇིག་རྟེན་ན་གྲགས་པའི་རྒྱུ་བཀག་ནས་དེའི་འབྲས་བུ་རང་ཉིད་བརྗོད་པའི་ཤུགས་ལས་ཕྱིའི་རྐྱེན་གཞན་ཙུང་ཟད་སྲིད་པར་སྟོན་པ་ཞིག་ཡིན་ཏེ། དཔེར་ན།

ཚོན་གྱིས་མ་བསྒྱུར་ནེའུ་གསིང་གཡུ་ཡི་མདངས། །

མ་བཏབ་མེ་ཏོག་སྣ་ཚོགས་མཛེས་པར་བཞད། །
མ་བསྐུལ་བར་ཡང་བུང་བའི་གླུ་ལེན་པའི། །
མ་བསྡུས་ཕུན་ཚོགས་ཀུན་འཛོམས་དབྱར་གྱི་དཔལ། །ཞེས་པ་ལྟ་བུའོ། །

༢. ནང་ལང་ཚོ་ལ་སྦྱར་བ་ནི། དེ་ལྟ་བུའི་ཚུལ་གྱིས་འཇིག་རྟེན་ནམ་གྲུ་ཚུགས་པའི་ནང་གི་རྒྱུ་ཅུང་ཟད་ཡོད་པར་སྟོན་པ་ཞིག་ཡིན་ཏེ། དཔེར་ན།

ཁ་དོག་མ་བསྒྱུར་དཀར་དམར་མདངས་ཀྱིས་མཛེས། །
མ་བྲིས་སྨིན་མའི་རི་མོ་བལྟ་ན་སྡུག །
མ་བཙུགས་དུང་གི་སོ་ཕྲེང་ཚར་དུ་དངར། །
མ་འཁྲུག་ཡིད་ཀྱི་ཆོམ་རྐུན་གཞོན་ནུའི་དཔལ། །

ཞེས་དང་། ཡང་ན།

མ་འཐེན་མིག་གི་ཡ་ལྡིབས་ཕྱུར་དུ་འཕྱང་། །
མ་དབྱུང་དུང་གི་སོ་ཕྲེང་རྩད་ནས་འཁྱིན། །
མ་སྒྲོས་རྐང་བས་འདེགས་འཛོག་གཏད་སོ་བྲལ། །
མ་བསྒྲིགས་སོལ་བའི་དཔལ་འབྱམ་རྐན་པའི་ཆོས། །ཞེས་པ་ལྟ་བུའོ། །

༣. ངོ་བོ་ཙམ་སྟོན་པ་ནི། དེ་ལྟ་བུའི་ཚུལ་གྱིས་རྒྱུ་གཞན་གང་མང་ཡོད་པ་ལ། འབྲས་བུ་རང་གི་ངོ་བོ་ཙམ་སྟོན་པ་ཞིག་ཡིན་ཏེ། དཔེར་ན།

མ་བརྩིགས་མན་ཤེལ་ལྷུན་པོ་དབྱིངས་སུ་བསྐྱེགས། །
མ་བྲིས་དབང་གཞུའི་མདངས་འཛིན་ནེའུ་གསེང་བཀྲ། །
མ་བཅོས་ལྷུན་གྱིས་གྲུབ་པའི་བྲག་རི་མཐོ། །
མ་བསྡུས་དགེ་མཚན་ཀུན་ཚང་བསིལ་ལྡན་ལྗོངས། །ཞེས་པ་ལྟ་བུའོ། །

བཅུ་པ། བསྡུས་བརྗོད་ཀྱི་རྒྱན།

བསྡུས་བརྗོད་ཀྱི་རྒྱན་ནི། བསམ་དོན་གྱི་དངོས་པོ་ལ་བལྟས་ནས་དངོས་སུ་བརྗོད་པའི་དོན་དེས་བརྗོད་པ་པོའི་བསམ་བྱའི་དོན་དང་ཉན་པ་པོའི་གོ་བྱ་གཞན་ཞིག་སྟོན་པའི་ཚུལ་གྱིས་རྗོད་པར་བྱེད་པའི་ཕྱིར་བསྡུས་པ་བརྗོད་པ་ཞེས་བྱའོ།།

༡. གོང་གསལ་ཆོས་ཉིད་སྤྱི་ཙམ་མཚང་བའི་སྒོ་ནས་བརྗོད་པ་ནི་སྤྱིའི་བསྡུས་བརྗོད་ཅེས་བྱ་སྟེ། དེ་ཡང་དཔེ་ཅན་གྱི་ཁྱད་གཞི་དང་ཁྱད་ཆོས་ལས་དཔེའི་ཁྱད་གཞི་དང་ཁྱད་ཆོས་གོ་ནུས་པ་ཞིག་ཡིན་དགོས་ཏེ། དཔེར་ན།

རི་བོང་འཛིན་པ་རྒྱ་སྐར་ཕྲེང་བ་ཅན། །
མཚན་མོ་མཁའ་ལ་རྒྱུ་བ་མ་མཐོང་ནས། །
དྭངས་པའི་མཚོ་ནང་འདི་ན་ཟླ་བ་ཞེས། །
གཟུགས་བརྙན་ཟླ་བར་འཛིན་པ་བྱིས་པའི་བློ། །

ཞེས་དང་། ཡང་ན།

སྨུག་མུན་སྟུག་པོ་གཞོམ་ལ་ཟླ་ཐལ་བའི། །
གསེར་མདོག་སྣང་བའི་དཔལ་གྱི་སྨུ་ཁྲུད་ཅན། །
པད་དཀར་གཞོན་ནུའི་གཉེན་གཅིག་བཅུ་གཉིས་མགོན། །
ཆུ་ལྷའི་ཕྱོ་བར་ཡིབས་པའི་ཚུལ་འདི་སྐྱོ། །

ཞེས་པ་ལྟ་བུ་འམ། ཡང་ན།

རྒུད་པའི་མུན་སྟུག་གཞོམ་ལ་ཟླ་ཐལ་བའི། །
སྲིད་རྩུས་བཟང་པོའི་དཔལ་གྱི་འོད་སྣང་ཅན། །
མི་དམངས་སྐྱོང་བའི་གཉེན་གཅིག་མའོ་ཀྲུའུ་ཞི། །

ལྷ་བའི་ལམ་དུ་བཞུད་འདི་སྐྱོ་བ་ལ། །ཞེས་པ་ལྟ་བུའོ། །

༢. བྱེ་བྲག་ལ།

(༡) ཁྱད་གཞི་ཐ་དད་ཁྱད་ཆོས་གཅིག་པའི་བསྡུས་བརྗོད་ནི། ཁྱད་གཞི་མི་འདྲ་བའི་ཁྱད་ཆོས་མཚུངས་པ་བསམ་ནས་ཁྱད་གཞི་དངོས་གསང་བའི་ཚུལ་གྱིས་བརྗོད་པ་ཞིག་ཡིན་ཏེ། དཔེར་ན།

ཙ་བ་རབ་བརྟན་འབྲས་བུའི་ཁུར་གྱིས་ལྕི། །
ཡལ་གའི་ཁྱོན་ཡངས་མཛེས་པའི་མེ་ཏོག་བཀྲ། །
འདོད་དགུ་ཆར་དུ་འབབ་པའི་ལྗོན་པ་ཆེ། །
ཡོངས་འདུས་ས་རྟོལ་བདག་གི་སྐལ་བས་རྙེད། །

ཅེས་པ་ལྟ་བུ་དང༌། ཡང་ན།

ལྷག་བསམ་རབ་བརྟན་ཡོན་ཏན་ཁུར་གྱིས་ལྕི། །
རྣམ་དཔྱོད་ཁྱོན་ཡངས་རྟོགས་པའི་འདབ་མ་རྒྱས། །
ལེགས་བཤད་འདོད་དགུ་འཛོ་བའི་བཤེས་གཉེན་མཆོག །
མགོན་དུ་ཐོབ་འདི་བདག་ཉིད་སྐལ་བ་བཟང༌། །ཞེས་པ་ལྟ་བུའོ། །

(༢) ཁྱད་ཆོས་ཐ་དད་དང་ཐ་དད་མིན་པའི་བསྡུས་བརྗོད་ནི། བརྗོད་བྱ་དངོས་དང་བསམ་བྱ་གཉིས་ཀྱི་ཁྱད་ཆོས་འགའ་ཞིག་ཐ་དད་ཅིང་འགའ་ཐ་མི་དད་པར་གཉིས་ཀར་སྦྱོར་དུ་རུང་བ་ཞིག་ལ་བྱ་སྟེ། དཔེར་ན།

མཚར་སྡུག་མེ་ཏོག་དུ་མ་བཞད་པའི་རྩེར། །
ག་བུར་གསར་བའི་དྲི་བསུང་ཀུན་ནས་ལྡང༌། །
ཡིད་འོང་ཉམས་སུ་དགའ་བའི་སྐྱིད་ཚལ་འདིའི། །
རྟོགས་ལྡན་སུམ་རྩེན་གནས་ཀྱང་གྲོག་མོར་བསྒྲུབ། །ཅེས་པ་ལྟ་བུའོ། །

(༣) སྔོན་མེད་བསྡུས་བརྗོད་ནི། བསམ་དོན་གྱི་ཁྱད་ཆོས་སྤྲས་པའི་ཚུལ་གྱིས་

བརྗོད་ཅིང༌། ཁྱད་ཆོས་འགའ་ཞིག་དངོས་སུ་བརྗོད་བྱའི་ཁྱད་གཞི་ལ་མི་སྣང་བས་བསམ་བྱ་བསྡུས་ནས་བརྗོད་པ་ཞིག་ཡིན་ཏེ། དཔེར་ན།

ཉི་མས་མ་བསྐྱངས་འདབ་བརྒྱ་མ་བཀྲོལ་བར། །
སྤྲང་རྩེའི་བཅུད་འཛིན་ཀུན་གྱི་ཡིད་འཕྲོག་པའི། །
སྨྲ་ན་མེད་པའི་པད་དཀར་སྟོན་པ་བཞི། །
བསིལ་ལྡན་ཁ་བའི་ལྗོངས་སུ་ཡུད་ཀྱིས་བཞད། །ཅེས་པ་ལྟ་བུའོ། །

བཅུ་གཅིག་པ། ཕུལ་བྱུང་གི་རྒྱན།

ཕུལ་བྱུང་གི་རྒྱན་ནི། མཆོག་ཏུ་གྱུར་པའི་བརྗོད་འདོད་ཀྱི་བློ་གང་གིས་བརྗོད་བྱའི་དངོས་པོ་དེའི་ཡོན་ཏན་སོགས་འཇིག་རྟེན་ན་གནས་ཚོད་ཀྱི་མཚམས་ལས་བརྒལ་བར་ཱུད་ཀྱིས་བརྗོད་པ་ཞིག་ཡིན།

༡ ཁྱད་འཕགས་ཕུལ་བྱུང་ནི། བརྗོད་འདོད་ཀྱི་དངོས་པོ་དེ་ཁྱད་པར་དུ་འཕགས་པའི་དངོས་པོ་ཞིག་དང་དཔེར་མེད་དུ་འདྲེས་ནས་དབྱེ་བ་འབྱེད་མ་ནུས་པར་ཱུད་ཀྱིས་བརྗོད་པ་ཞིག་ཡིན་ལ། འདིར་ཟླ་བའི་འོད་ལ་མཚོན་པ་སྐྱེ་འགྲན་པར་མི་ནུས་པར་གོ་ན་ཕུལ་བྱུང་ཉམས་པར་མ་ཟད། བསྟགས་ཡུལ་དེའི་དཔེའི་བསྟགས་པ་ཙམ་དུ་སོང་ལ། ཡང་ཟླ་བའི་འོད་ཀྱིས་ཞེས་རྣམ་དབྱེ་གསུམ་པར་བསྒྱུར་ན་དཔེ་རྒྱན་དུ་འགྱུར་བར་མི་རིགས་པ་གོ་བར་བྱའོ། །དཔེར་ན།

རབ་དཀར་པད་ཟླ་མཛེས་པའི་གདན་སྟེང་ན། །
དྲི་མེད་ཤེལ་དཀར་ཞུན་མ་ལས་གྲུབ་སྐུར། །
མཚུངས་མེད་སྣང་བའི་གཟི་འབར་དབྱངས་ལྡན་མ། །
ཟླ་བ་སྟོང་གི་འོད་ལ་མཚོན་མ་ཡིན། །ཞེས་པ་ལྟ་བུའོ། །

འདི་འཇིག་རྟེན་གནས་ཚོད་ལས་བརྒལ་བར་བརྗོད་པའི་ཕྱིར་ཕུལ་བྱུང་དུ་སོང་བ་ཡིན།

༢. ཐེ་ཚོམ་ཕུལ་བྱུང་ནི། བརྗོད་འདོད་ཀྱི་དངོས་པོ་དེའི་ཁྱད་ཆོས་སམ་ཡོན་ཏན་ལ་བསྔགས་པ་བརྗོད་ནས་ཐེ་ཚོམ་བྱེད་མི་འོས་པ་ལ་སླན་ངག་མཁན་གྱིས་སྒྲོ་བཏགས་ནས་ཐེ་ཚོམ་སྐྱེས་པ་ལྟ་བུར་འདུད་ཀྱིས་བརྗོད་པ་ཞིག་ཡིན་ཏེ། དཔེར་ན།

ཕྱག་ན་པདྨོའི་ཐུགས་རྗེ་ཅིན་རླབས་ཀྱིས། །
ཡོངས་སུ་བསྐྱངས་པའི་ཛྙཱ་ཏའི་ལྗོངས་འདི་ན། །
སྲིད་པའི་མཚོ་ལས་མ་སྒྲོལ་ལུས་ཅན་འགའ། །
ཡོད་མེད་ཅི་ཞེས་བདག་ཡིད་འཕྱུང་མོ་ཉུག །ཅེས་པ་ལྟ་བུའོ། །

༣. ངེས་པའི་ཕུལ་བྱུང་ནི། བརྗོད་བྱའི་དངོས་པོ་དེའི་དོན་གྱི་ཁྱད་ཆོས་འགའ་ཞིག་ལ་ངེས་པ་རྙེད་དཀའ་བ་ལྟ་བུར་འདུད་བྱས་ནས་ཁྱད་ཆོས་གཞན་ཞིག་ཡོད་པ་རྒྱུ་མཚན་དུ་ངེས་ཤེས་རྙེད་པ་ལྟ་བུར་བརྗོད་པ་ཞིག་ཡིན་ཏེ། དཔེར་ན།

གྲངས་མེད་རྒྱལ་བ་སྲས་དང་བཅས་རྣམས་ཀྱིས། །
གངས་རིའི་ལྗོངས་འདིར་གཞན་དོན་ལྷུར་ལེན་པས། །
འཁོར་བའི་བཙོན་རར་འཁྱམས་པའི་ལུས་ཅན་འགའ། །
ད་དུང་ངེས་པར་སྲིད་ལ་ཐེ་མི་ཚོམ། །ཞེས་པ་ལྟ་བུའོ། །

༤. གྲགས་པ་ཕུལ་བྱུང་ནི། བརྗོད་པར་འདོད་པའི་དོན་གྱི་ཁྱད་ཆོས་གཅིག་གཙོ་བོར་བྱས་ནས་དེའི་ཁྱད་དུ་འཕགས་པའི་ཡོན་ཏན་གྱི་ཚད་འདི་ཙམ་ཞེས་དཔག་པར་མི་ནུས་པ་ལྟ་བུར་འདུད་ཆེན་པོས་བརྗོད་པ་ཞིག་ཡིན་ཏེ། དཔེར་ན།

བློ་བཟང་རྒྱལ་བའི་དབང་པོ་སྟོང་ཁ་བ། །
ལེགས་བཤད་འགྲན་ཟླ་མེད་པའི་ནོར་གྱི་གཏེར། །
ཐོགས་མེད་འདེགས་པར་བཟོད་པའི་ནོར་འཛིན་མ། །

ཆུ་གཏེར་སློང་དུ་ཅིའི་ཕྱིར་བྱིང་མ་གྱུར། །ཅེས་པ་ལྟ་བུའོ། །

(༡) ཡུལ་བྱུང་གི་རྒྱན་འདི་ནི་རང་བཞིན་བརྗོད་པ་དང་འཁྲུག་པར་བརྗོད་པའི་རྒྱན་ཐམས་ཅད་ཀྱི་དཔུང་གཉེན་དུ་ཤེས་པར་བྱའོ།།

(༢) རྩ་བ་ལས་དངོས་སུ་བསྟན་པ་གོང་གི་འདི་བཞིན་མ་ཟད་ཡུལ་བྱུང་གི་རྒྱན་གཞན་ཡང་དུ་མ་ཞིག་འབྱུང་སྟེ། དཔེར་ན།

མིག་ནི་སྔོན་པོའི་མདངས་འཕྲོ་ཞིང་། །
སོ་ནི་དཀར་པའི་འོད་ཟེར་འབར། །
དེ་དག་ཐམས་ཅད་ལྡན་པ་ཡི། །
གནྡྷའི་ལྷ་མོའི་དཔལ་དག་འཛིན། །

ཞེས་པ་ལྟ་བུ་ལ་དཔེའི་རྗེས་སུ་འགྲོ་བའི་ཡུལ་བྱུང་ཟེར། ཡང་ན།

བཞིན་ཟླ་འཛིན་པའི་ཟླ་འོད་དག །
འཁྲིག་པ་འོད་ཀྱི་མཛེས་པ་ནི། །
ཟླ་བའི་དཀྱིལ་འཁོར་དམའ་བ་འདི། །
མཚན་མོ་གསལ་ཕྱིར་འོངས་བར་གྱུར། །

ཅེས་པ་ལྟ་བུ་གཟུགས་ཅན་དང་རྗེས་སུ་འགྲོ་བའི་ཡུལ་བྱུང་ཟེར་ཏེ། གཞན་ཡང་མང་ངོ་། །

བཅུ་གཉིས་པ། རབ་རྟོག་གི་རྒྱན།

མཚན་ཉིད་ནི། སེམས་དང་ལྡན་པའམ་སེམས་མེད་པའི་དངོས་པོ་གང་ཞིག་གི་ཁྱད་ཆོས་དངོས་ཡོད་དེ་ཉིད་རབ་རྟོག་འབྱུང་བའི་རྒྱུར་བྱས་ནས། དེ་ཉིད་རྣམ་པ་གཞན་དུ་གནས་པའི་ཚུལ་གྱིས་སྒྲོ་བཏགས་པའི་རབ་རྟོག་གསལ་བྱེད་ཀྱི་སྒྲ་དང་ལྡན་པ་ནི་རབ་རྟོག

གི་རྒྱན་དུ་རིགས་པར་བྱའོ།།

༡. སེམས་ལྡན་རབ་རྟོག་སྐྱམ་སྒྲ་ཅན་ནི། སེམས་ལྡན་གྱི་དངོས་པོ་ཞིག་གི་ཁྱད་ཆོས་དངོས་ཇི་ལྟར་གནས་པ་དེ་ལས་རྣམ་པ་གཞན་དུ་སྒྲོ་བཏགས་པའི་རབ་རྟོག་གསལ་བྱེད་ཀྱི་སྒྲ་དང་ལྡན་པ་ཞིག་ཡིན་ཏེ། དཔེར་ན།

སྲིད་ཞིའི་མཛེས་སྡུག་ཀུན་གྱི་སྙིང་པོ་རྣམས། །
གཅིག་ཏུ་བསྡུས་པ་དང་མཚུངས་དབྱངས་ཅན་སྐྱུར། །
ཟླ་གཞོན་སྐྱེངས་ཏེ་གླིང་གཞན་ཐྲོས་དོགས་ནས། །
པཉྩ་ལི་ཀའི་གོས་ཀྱིས་ཀླུབས་སོ་སྙམ། །

ཞེས་པ་ལྟ་བུ་དང་། འདི་ཡང་ཀུན་གཟིགས་ལྔ་བ་ཆེན་པོས།

དབྱངས་ཅན་ཐོར་ཚུགས་རྣམ་པར་གཡོ་བའི་རྩེར། །
ཟླ་ཆོས་གསར་བས་རབ་ཏུ་ལེགས་བརྒྱན་པ། །
དམར་ཕྱོགས་རྫོགས་པ་གསུམ་པའི་སྟོ་བསངས་དུས། །
སྡུག་པའི་མུན་པ་སེལ་བར་དགོངས་སོ་སྙམ། །ཞེས་པ་ལྟ་བུའོ། །

༢. སེམས་མེད་རབ་རྟོག་དོགས་སྒྲ་ཅན་ནི། སེམས་མེད་ཀྱི་དངོས་པོ་ཞིག་གི་ཁྱད་ཆོས་ཇི་ལྟར་གནས་པའི་ཚུལ་དེ་རྣམ་པ་གཞན་དུ་སྒྲོ་བཏགས་པའི་རབ་རྟོག་གསལ་བྱེད་ཀྱི་སྒྲ་དང་ལྡན་པ་ཞིག་ཡིན་ཏེ། དཔེར་བརྗོད་ནི།

དབྱངས་ཅན་ལྷ་མོའི་མཛེས་སྡུག་ལང་ཚོ་ལས། །
ཆུ་ཤེལ་མདངས་བཟང་རྐུས་པའི་རང་གདོང་གིས། །
བདེ་འབྱུང་གཙུག་རྒྱན་ཡངས་པའི་ལྷ་ལམ་དུ། །
ཆུ་འཛིན་ཡོལ་བས་སྒྲིབ་བཞིན་ཐྲོས་ཀྱིས་དོགས། །ཞེས་པ་ལྟ་བུའོ། །

༣. རབ་རྟོག་བཞིན་སྒྲ་ཅན་ནི། སེམས་མེད་ཀྱི་དངོས་པོ་ཞིག་ལ་སེམས་ལྡན་གྱི་ཁྱད་ཆོས་བཀོད་ནས་རྣམ་པ་གཞན་དུ་སྒྲོ་བཏགས་ནས་རབ་རྟོག་གསལ་བཤད་ཀྱི་སྒྲ་བཞིན་

དང་ལྡན་པ་ཞིག་ཡིན་ལ། འདི་ལ་ཏིང་ངེ་འཛིན་གྱི་རབ་རྟོག་ཅེས་ཀྱང་བྱའོ། །དཔེར་ན།

ཀུན་གསལ་སྐྱེག་མོས་རྒྱུ་སྐར་རྒྱན་ཆ་དང་། །
རབ་དཀར་ཟླ་བའི་གཙུག་རྒྱན་གྱིས་སྤུད་དེ། །
ཉིན་བྱེད་དབང་པོའི་དཔལ་ལ་རྗེས་ཆགས་ནས། །
འཛུམ་དཀར་སྐྱ་རེངས་སོ་ཕྲེང་ངོམ་བཞིན་རྒྱུ། །ཞེས་པ་ལྟ་བུའོ། །

(༡) གོང་གི་རབ་རྟོག་གི་རྒྱན་ལ་རབ་རྟོག་གསལ་བྱེད་ཀྱི་སྒྲ་དངོས་སུ་ཡོད་དགོས་པར་བཤད་ན། རབ་རྟོག་གསལ་བྱེད་ཀྱི་སྒྲ་ལ་སྒྲོ་བཏགས་ཅི་ཙམ་ཡོད་ཞེ་ན། སྤྱིར་མཁས་པ་སྔ་མ་རྣམས་ཀྱི་དཔེ་བརྗོད་དང་སྦྱར་བའི་རབ་རྟོག་གསལ་བྱེད་ཀྱི་སྒྲ་དགུ་ཡོད་དེ། 1 མིན་ནམ། 2 ཅིས་མ་ཡིན། 3 སྙམ། 4 དོགས། 5 བཞིན། 6 ངེས། 7 འདྲ། 8 རྟོག 9 ཇི་ལྟར་མིན་བཅས་སོ། །

(༢) རྩ་བ་ལས་དངོས་སུ་མ་བསྟན་པ། རྟོག་སྒྲ་ཅན་ནི། དཔེར་ན།

མཐོ་བརྩེགས་བཀོད་ལེགས་ཕོ་བྲང་པོ་ཏ་ལ། །
བྱུ་རུའི་ཁང་བཟང་ཉིད་དང་ཡོངས་འཁྲུལ་ནས། །
རབ་གསལ་ཉི་ཟླས་ཉིན་མཚན་རེས་མོས་སུ། །
བསྐོར་བའི་ཟློལ་གྱིས་མཁའ་ལ་ལྷགས་པར་རྟོག །ཅེས་པ་ལྟ་བུའོ། །

མིན་ནམ་སྒྲ་ཅན་ནི། དཔེར་ན།

ས་སྟེང་དགེ་མཚན་མ་ལུས་འདིར་ཚང་ཞེས། །
ཕྱོགས་མཚམས་རི་ཐང་བཀྲ་ཤིས་རྟགས་བརྒྱད་ཀྱི། །
དབྱིབས་གཟུགས་རང་བྱུང་ཁམས་ཀྱི་བཟོ་བོ་ཡིས། །
ཆེད་དུ་བཀོད་པ་མིན་ནམ་ལྷ་སའི་ལྗོངས། །ཞེས་པ་ལྟ་བུའོ། །

ཅིས་མ་ཡིན་ནི། དཔེར་ན།

སྲིད་པའི་སྒྲོན་མེས་འོད་སྟོང་འཕྱེད་པ་འདི། །

ཐུབ་གསུམ་མུན་པ་སེལ་ཕྱིར་སྐྱ་རེངས་ཀྱིས། །
སྐར་ཚོགས་མ་ལུས་བསྡུས་པའི་ངོ་མཚར་གཟུགས། །
དཀྱུང་སྔོན་མཁའ་ལ་དྲངས་པ་ཅེས་མ་ཡིན། །ཞེས་པ་ལྟ་བུའོ། །

བཅུ་གསུམ་པ། རྒྱུའི་རྒྱན།

རྒྱན་སྤྱིའི་མཚན་ཉིད། བྱེད་པའི་རིགས་སྐྱེད་བྱེད་དམ་ཉམས་བྱེད་བསྒྱུར་བྱེད་ལྟ་བུ་གང་ཡང་རུང་བ་དེའི་རྒྱུ་བྱས་ཏེ་འབྲས་བུ་དངོས་ཤུགས་གང་རུང་དུ་གོ་ཞིང་ཤེས་པར་བྱེད་པའི་ངག་གི་སྦྱོར་བ་ཞིག་ཡིན་ཏེ།

༡. སྐྱེད་བྱེད་ཀྱི་རྒྱུ་ནི། དངོས་པོ་ཞིག་གི་རྒྱུ་བྱས་ནས་སྔར་མེད་པའི་འབྲས་བུ་སྐྱེད་པར་བྱེད་པ་དངོས་སུ་བསྟན་ནས་རྒྱུ་དེའི་འབྲས་བུ་འགྲུབ་པར་བྱེད་པ་ཞིག་ཡིན་ཏེ། དཔེར་ན།

འཛོ་སྒེག་ཉམས་ཀྱི་རྣམ་འགྱུར་རྣད་བྱུང་བའི། །
ལང་ཚོའི་དཔལ་རྒྱས་རབ་མཛེས་གཞོན་ནུ་མ། །
ཡངས་པའི་ལྟོངས་འདིར་དལ་གྱིས་རྒྱུ་བ་དེས། །
སྲིད་ལྡན་ཀུན་ལ་རབ་དགའི་ཚོར་བ་འཕེལ། །ཞེས་པ་ལྟ་བུའོ། །

༢. ཉམས་བྱེད་ཀྱི་རྒྱུ་ནི། དངོས་པོ་དེའི་རྒྱུ་བྱས་ནས་སྔར་མེད་པའི་འབྲས་བུ་ཉམས་པར་བརྗོད་པ་ཞིག་ཡིན་ཏེ། དཔེར་ན།

ཤིན་ཏུ་ཡིད་འོང་དམ་པའི་མཆུ་སྒྲོས་འཛུམ། །
རབ་དཀར་འདོད་པའི་སྨྱོས་བུམ་གསར་བ་ངོམ། །
ཆགས་པའི་ཟུར་མིག་འཕེན་མཁས་སྨིན་ལེགས་མས། །
འདུལ་འཛིན་རྣམས་ཀྱི་དགའ་བ་ཉམས་པར་བྱེད། །ཅེས་པ་ལྟ་བུའོ། །

༣. རྣམ་འགྱུར་གྱི་རྒྱུ་ནི། བསྒྱུར་བྱའི་དངོས་པོ་གང་ཞིག་སྒྱུར་བྱེད་ཀྱི་རྐྱེན་གཞན་ཞིག་ལ་བརྟེན་ནས་རྣམ་པའི་ངོ་བོ་གཞན་ཞིག་ཏུ་འགྱུར་བར་སྟོན་པ་ཞིག་སྟེ། དཔེར་ན།

ཡལ་འདབ་རབ་ཏུ་རྒྱས་པའི་ལྗོན་ཤིང་དང་། །
དྭངས་གསལ་རྙོག་པ་མེད་པའི་པད་མའི་རྫིང་། །
བཀོད་ལེགས་ཉམས་སུ་དགའ་བའི་ཁང་ཁྱིམ་བཅས། །
ཐར་འདོད་རྣམས་ཀྱིས་མེ་མུར་ཀློང་དུ་ལྟ། །ཞེས་པ་ལྟ་བུའོ། །

༤. ཐོབ་བྱེད་ཀྱི་རྒྱུ་ནི། འཐོབ་བྱའི་འབྲས་བུ་དེ་ཉིད་བྱེད་པ་པོ་ཞིག་གིས་བྱས་པའི་བྱ་བ་དེ་ལས་ཐད་ཀར་འཐོབ་པ་མ་ཡིན་པར། རྒྱུ་ཁྱད་པར་བ་གཞན་ཞིག་ལས་ཐོབ་པར་སྟོན་པ་ཞིག་སྟེ། དཔེར་ན།

བསུང་ཞིམ་ངད་ལྡང་དཔལ་ལ་སྤྱོད་པའི་ཕྱིར། །
ཨུཏྤལ་གསར་བའི་འདབ་མ་གཙལ་དུ་བཀྲམ། །
ཁོར་ཡུག་ཀུན་ཏུ་སྦྲོ་བའི་རོལ་རྩེད་ལ། །
ཆུ་ལུད་ཐྲོད་ཀྱིས་སྐྱིད་པའི་སོ་ནམ་བྱས། །

ཞེས་དང་། ཡང་ན།

འགའ་ཞིག་འདིར་སྣང་སྤྱོར་བ་སྒྲུབ་པའི་སྲོལ། །
བསྐྱུང་ན་ཀུན་ལ་ཕན་ཞེས་གྲོས་འདེབས་ཀྱང་། །
སྐྱེ་བོ་ཕལ་བའི་སྨོན་པ་དང་འགལ་བའི། །
སྤྲང་སློང་དམན་པའི་འཚོ་བའི་ཡིད་དམ་བྱས། །ཞེས་པ་ལྟ་བུའོ། །

འདིའི་ཐད་ཀྱི་རྩ་བའི་ཚིག་ལ་འགྲེལ་ཚུལ་དུ་མ་ཡོད་པ་རྣམས་གོ་བ་ལེན་བདེ་བའི་ཆེད་དུ་བཀོད་ན།

(༡) རང་གི་མཛའ་བར་ཆགས་པའི་བུ་མོ་གཞན་དབང་ལས་དེ་དང་མི་མཐུན་པར་ཁེངས་པ་བསམས་པར་བྱའོ། །དེ་དང་རང་གི་མཛའ་བོ་ལ་མ་ནུས་པར་རང་ཉིད་ཀྱི་གྲོགས་པོ་

གཞན་ཞིག་མཛའ་བོ་ཡིན་པ་ལྟར་བྱས་ནས་སྡོད་དུ་བཅུག་སྟེ། ཁེངས་པའི་ང་རྒྱལ་གྱི་ཁྲོ་བའི་རྣམ་འགྱུར་སྨིན་མ་འཁྱོག་ཅིང་མིག་ཡོན་པར་ལྟ་བ་དང་མཆུ་གཡོ་བ་ལ་སོགས་པའི་རྣམ་འགྱུར་སྟོན་པར་བྱེད་དེ། དེ་ལས་མཛའ་བོ་ལ་དུས་རྟག་ཏུ་འགྲོགས་པ་ཐོབ་པར་འགྱུར་རོ། །ཞེས་འབྲུག་ཁམས་སྤྲུལ་གྱིས་བཞེད།

(༢) སྐྱེ་བོ་ལང་ཚོ་ཅན་དེས་བུ་མོ་མཛེས་མ་རང་གི་འཐོབ་བྱའི་འབྲས་བུ་དང་། བུ་མོ་དེའི་རང་གི་གྲོགས་པོ་འགའ་ཞིག་གིས་དེས་གཞན་དང་མཐུན་པར་ཞེ་སྡང་ཡང་། འཕྲལ་མཛའ་བོའི་གནས་སུ་བཀོད་པ་སྟེ། སྙིང་གཏམ་ལྟར་བྱས་ནས་མཛའ་བོ་ལ་ཁེངས་པ་གོམས་པར་བྱའོ་ཞེས་བརྗོད་པ་བུ་མོས་རིག་སྟེ། སྨིན་མ་འཁྱོག་ཅིང་མིག་ཡོན་པོར་ལྟ་བ་དང་སྨོད་ཚིག་གི་མཆུ་ནི་གཡོ་བ་སོགས་རྒྱུ་ཡིན་ཞེས་ལྷ་བ་ཆེན་པོས་བཞེད།

(༣) འཇུ་མི་ཕམ་པའི་སྙན་འགྲེལ་ལྟར་ན། འཐོབ་བྱེད་ཀྱི་རྒྱུ་ནི་གྲོང་ཆོས་ལ་ཞུགས་ཤིང་། སྐྱེས་པ་གཞན་མེད་པའི་ཁེངས་པ་ཅན་གྱི་བུ་མོ་འདི་རིམ་གྱིས་གྲོང་ཆོས་ལ་གོམས་པར་བྱའོ་སྙམ་པའི་ཀུན་སློང་སྔོན་དུ་བཏང་བའི་བུ་མོ་ཞིག་གིས་བུ་མོ་ཕྱུགས་ཆུང་མ་དེ་ལ་རང་གི་མཛའ་བོའི་གནས་སམ་གམ་དུ་བཀོད་ནས། བུ་མོ་དེས་དེ་གཉིས་ལ་སྨིན་མ་འཁྱོག་ཅིང་མིག་ཡོན་པར་ལྟ་བའི་ཚུལ་གྱིས་མཆུ་ནི་གཡོ་ཞིང་། ཁྱོད་གཉིས་མཛའ་བོའི་བར་ཁྲོས་ཤིག་ཅེས་བཏས་ཀོ་བར་བྱས་ནས་ཡང་ཡང་ལྟ་བར་བྱེད་དོ། །དེ་ལྟར་བྱས་པས་བུ་མོ་དེ་ངོ་ཚ་དང་བྲལ་ནས་མཛའ་བོར་འགྲོགས་པ་ཐོབ་པར་འགྱུར་རོ། །

༥. ཕྱིའི་དུས་ཤེས་བྱེད་ཀྱི་རྒྱུ་ནི། རྗོད་བྱེད་ཀྱི་ཚིག་ཅིག་གིས་ཕྱི་རོལ་ཡུལ་གྱི་དུས་བཞིའི་རྣམ་པ་སོགས་བརྗོད་པ་དེས་དུས་སྐབས་གང་ཡིན་ཤེས་པར་བྱེད་པའི་ངག་གི་སྦྱོར་བ་ཞིག་སྟེ། དཔེར་ན།

སྐྱ་རེངས་སྦ་དབྱུག་ཀླད་ལ་བསྐོར་ཙམ་གྱིས། །
རྒྱུ་སྐར་ཐག་པ་དུམ་བུར་བཅད་པའི་མོད། །
ཟླ་བའི་མ་མའི་བཞིན་རས་གསལ་མཐོང་དུས། །

གཡལ་བའི་འབྲས་བཅས་ཁྲུས་ལ་འཇུག་པར་བརྩོན། །ཞེས་པ་ལྟ་བུའོ། །

༤. ནང་ཤེས་བྱེད་ཀྱི་རྒྱུ་ནི། རྗོད་བྱེད་ཀྱི་ཚིག་གང་གིས་སྐྱེས་བུ་གང་གི་ལུས་ངག་གི་ཕྱིར་རོལ་ཡུལ་གྱི་རྣམ་པ་སྣ་ཚོགས་དངོས་སུ་བརྗོད་པས། རྣམ་འགྱུར་དེ་ལྡན་གྱི་སྐྱེས་བུ་དེའི་ནང་གི་བསམ་བློའི་ཁྱད་པར་རྟོགས་པར་བྱེད་པ་ཞིག་ཡིན་ཏེ། དཔེར་ན།

ཁྲོགས་ཁྱོད་འདོད་སྨྲས་ཞགས་པས་ཡིད་འཆིང་བ། །

དལ་ཞིང་བསིལ་ལ་སྨུག་གིས་མི་ཐློག་པ། །

དཔྱང་རྐོད་སྣ་ཡིས་མུ་ཏིག་དོག་པ་འཛིན། །

སྨུམ་པའི་མིག་གཉིས་ས་ལ་ཟུམ་པས་རྟོགས། །

ཞེས་དང་། ཡང་ན།

མགོན་ཁྱོད་ལྷབས་ཆེན་བསམ་ལ་གོམས་པ་ནི། །

མཁའ་མཉམ་འགྲོ་ཀུན་སྐྱིད་པའི་མ་ལྟར་ལྟ། །

ཚོགས་གཉིས་དམ་པའི་ལམ་བཟང་སྒྲུབ་པ་ལ། །

སྐད་ཅིག་ཙམ་ཡང་གཡེལ་བ་མེད་འདིས་རྟོགས། །ཞེས་པ་ལྟ་བུའོ། །

༥. སྔ་ན་མེད་པའི་བྱེད་རྒྱུ་ནི། འཐོབ་པར་རེ་བའི་རྒྱུ་རྣམས་སྔར་མེད་པའམ་མ་བྱས་པ་ལ་འབྲས་བུ་གཞན་ཞིག་འབྱུང་བར་སྟོན་པ་ཞིག་ཡིན་ཏེ། དཔེར་ན།

བྱན་མོ་མཁས་པའི་ངག་ལ་མཉན་ཅིང་། །

སྣ་ཚོགས་སྤྱོད་ཀྱི་སྟེབ་བསྒྲིག་ཡངས་མ་བྱས། །

མ་ཚོས་དུམ་བུར་བསིལ་བའི་ལ་དུ་འདིས། །

རོ་འཛིན་བསྒྲ་བའི་ལས་ལ་སྦྱོར་འདིས་སྐྱོ། །

ཞེས་དང་། ཡང་ན།

བསམ་སྦྱོར་དག་པའི་བཤེས་གཉེན་མ་བསྟེན་ཅིང་། །

བཅུ་ཕྲག་རིག་པའི་གནས་ལ་སྦྱང་མ་བྱས། །

སྒོ་གསུམ་དགེ་བའི་ལས་ཀྱིས་མ་བཅུད་པར། །

དལ་རྟེན་འདོད་ཆེ་འགྲོད་ཀྱང་ཐབས་ཀྱིས་དབུལ། །ཞེས་པ་ལྟ་བུའོ། །

༨. ཞིག་ནས་མེད་པའི་བྱེད་རྒྱུ་ནི། སྔར་ཡོད་པའི་རྒྱུ་འགའ་ཞིག་ད་སྔ་མེད་པའི་དབང་གིས་འབྲས་བུ་ཁྱད་པར་གཞན་ཞིག་འབྱུང་བར་སྟོན་པ་ཞིག་ཡིན་ཏེ། དཔེར་ན།

མཛེས་སྡུག་ལང་ཚོའི་དཔལ་རྣམས་རིམ་གྱིས་ཉམས། །

མཛའ་བཤེས་གཉེན་འདུན་ཀུན་ཀྱང་གཞན་དབང་གྱུར། །

འབད་པས་བསགས་པའི་ནོར་ཀྱང་འཛད་གྱུར་པའི། །

རྐྱེན་འདིས་ཁོ་བོའི་བློ་སྣ་ཆོས་ལ་བསྒྱུར། །ཞེས་པ་ལྟ་བུའོ། །

༩. ཕན་ཚུན་མེད་པའི་བྱེད་རྒྱུ་ནི། བསྟོད་སྨད་བྱ་ཡུལ་གྱི་དངོས་པོ་གཉིས་མཉམ་དུ་བཀོད་ནས་བསྟོད་བྱའི་དངོས་པོའི་ཁྱད་པར་དེ་སྨད་བྱའི་དངོས་པོ་ལ་མི་ལྡན་པའམ་སྨད་བྱའི་དངོས་པོའི་ཁྱད་པར་དེ་སྨད་བྱའི་དངོས་པོ་ལ་མི་རྒྱུ་དེས་དགེ་སྐྱོན་གྱི་དངོས་པོ་གཞན་ཞིག་ཐོབ་པར་བརྗོད་པ་དེ་ནི་ཕན་ཚུན་མེད་པའི་བྱེད་རྒྱུའི་རྒྱན་ཡིན། གུང་ཐང་བསྟན་པའི་སྒྲོན་མེས།

ངང་བ་འདི་དག་འཆལ་སྒྲོག་བློན་པོ་མིན། །

རྟེའུ་ཆུང་བག་མེད་གྱུར་པའི་བཙུན་མོ་མིན། །

ལྷབས་ཕྲེང་འདི་དག་འདུག་པའི་དཔུང་ཚོགས་མིན། །

རྫོང་འདི་རྒྱལ་སྲིད་མིན་ཕྱིར་སྐྱིད་དུ་སྡུག །ཅེས་པ་ལྟ་བུའོ། །

༡༠. སྤངས་ནས་མེད་པའི་བྱེད་རྒྱུ་ནི། གང་ཡང་རུང་བའི་དངོས་པོ་ཞིག་ལ་ཞེན་ལོག་པའམ་ཡིད་འབྱུང་བ་ལ་བརྟེན། ཤེས་བཞིན་དུ་དངོས་པོ་དེ་སྤངས་པ་རྒྱུར་བྱས་པ་དེས་འབྲས་བུ་དངོས་པོ་གཞན་ཞིག་ཐོབ་པར་བྱེད་པའོ། །《ཚུ་ཤིང་བསྟན་བཅོས》ཀྱི་རྩོམ་པ་པོ་གུང་ཐང་བསྟན་པའི་སྒྲོན་མེས།

ཉེས་བརྒྱའི་འབྱུང་གནས་རང་ཉིད་གཅེས་འཛིན་བློ། །

རྒྱལ་སྲས་དམ་པ་རྣམས་ཀྱིས་རིང་སྤངས་པའི། །
དེ་དག་ཐུགས་ལ་ཟག་མེད་བདེ་བའི་དཔལ། །
ནམ་ཡང་ཉམས་པ་མེད་པར་ངང་གིས་འཕེལ། །ཞེས་པ་ལྟ་བུའོ། །

༡༡. རྒྱུ་ངེས་མེད་ཀྱིས་འབྲས་བུ་ངེས་མེད་བསྐྱེད་པ། ཡང་ན་བཟློག་པ་སྐྱེད་བྱེད་ཀྱི་རྒྱུས་བརྗོད་པར་འདོད་པའི་རྒྱུ་ལ་དགག་ཚིག་ཉིས་བརྩེགས་སུ་སྦྱར་ནས་རྒྱུ་དེ་ཡོད་པའམ་ལྡན་པར་བྱས་ཏེ་བརྟག་པ་མཐའ་བཟུང་གི་ཚིག་ཅིག་སྦྱར་ཏེ། དེའི་ནུས་པས་ཡང་བསྒྱུར་རྒྱུ་དེ་མེད་པར་བྱས་པའི་དབང་གིས་འབྱུང་འགྱུར་གྱི་འབྲས་བུ་ཡང་མེད་པར་བྱེད་པའི་ངག་གི་སྦྱོར་བ་ལ་དེ་སྐད་དུ་བརྗོད། དཔེར་ན། ཨ་ལགས་དུང་དཀར་ཚང་གིས།

སྔོན་རབས་གནམ་རིག་མཁས་པས་འཛིག་རྟེན་ཁམས། །
ཟླུམ་པོའི་གཟུགས་སུ་ཤེས་པ་མིན་ན། །
ལི་དབར་ཁྲི་ཕྲག་དུ་མའི་མཚོ་ཐོག་ཏུ། །
གྲུ་གཟིངས་བསྐྱོད་པའི་ངལ་བ་འབྱུང་མི་འགྱུར། །

ཞེས་དང་། དབྱངས་ཅན་དགའ་བློས།

གཞོན་དུས་ཤེས་བྱ་རིག་པའི་གནས་ཀུན་ལ། །
གུས་རྟག་བརྩོན་པས་མ་བསླབས་པ་མིན་ན། །
འཆད་རྩོད་རྩོམ་པ་གང་ལའང་ཐོགས་མེད་ཀྱིས། །
མཁས་པའི་སྙན་གྲགས་ཕྱོགས་ཀུན་འགེངས་པར་འགྱུར། །ཞེས་པ་ལྟ་བུའོ། །

༡༢. རང་འབྲས་ཀྱི་རྒྱུ་ནི། བརྗོད་པར་འདོད་པའི་རྒྱུ་དེས་རང་མཐུན་གྱི་འབྲས་བུའམ་ཆེད་དམིགས་ཀྱི་འབྲས་བུ་ཞིག་སྐྱེད་པར་བྱེད་མོད། དེ་བས་ཀྱང་རྒྱུ་དེའི་ནུས་པས་ཆེད་དམིགས་མིན་པར་རིང་དུ་གནས་པའམ། རྒྱུ་དེའི་རང་འབྲས་མིན་པ་ཞིག་བསྐྱེད་པ་གཙོ་བོར་བརྗོད་པ་ནི་རིང་འབྲས་ཀྱི་རྒྱུའོ། །

སྐབས་འདིའི་རིང་བའི་དོན་ནི། 《དབྱངས་ཅན་དགྱེས་པའི་རོལ་མཚོ》ལས། ཆེད་དུ་བྱ་བའི་ཡུལ་མ་ཡིན་པས་རྒྱུ་དེ་དང་ཉེ་བ་མ་ཡིན་པས་རིང་བའམ། ཡང་ན་རྒྱུ་དེ་དང་གོ་ས་གཅིག་མིན་པ་ལ་དེ་ལས་རིང་བ་ཞེས་པའི་དོན་ནོ། །ཞེས་གསུངས་འདུག

གུང་ཐང་བསྟན་པའི་སྒྲོན་མེས།

ས་ཆེན་དཔྱང་བས་འཛིན་པའི་མི་ཡི་རྗེ། །
ཆབ་འབབས་ཚོགས་རྣམས་ཆོས་བཞིན་བསྐྱངས་པ་ན། །
རིང་ན་གནས་པའི་མི་བསྲུན་དགྲ་སྡེའི་ཚོགས། །
གུས་པའི་ཡིད་ཀྱིས་ཁྱོད་ཞབས་བསྙེན་པར་བྱེད། །ཅེས་པ་ལྟ་བུའོ། །

༡༣. རྒྱུ་འབྲས་ལྷན་གཅིག་པ་ནི། བརྗོད་པར་འདོད་པའི་རྒྱུ་དེ་གཙོ་བོར་འདོད་ཆེད་དུ་དེའི་ནུས་པ་ཁྱད་པར་ཅན་དེ་རྒྱུ་དེའི་འབྲས་བུ་ཡང་དུས་སྔ་ཕྱི་མེད་པར་རྒྱུ་དེ་ཉིད་དང་མཉམ་དུ་འབྱུང་བར་བྱེད་པའི་ངག་གི་སྦྱོར་བའོ། །

དབྱངས་ཅན་དགའ་བའི་བློ་གྲོས་ཀྱིས།

མཁས་པའི་ལེགས་བཤད་དགའ་སྟོན་འགྱེད་པ་དང་། །
བསྟན་པའི་བསྒྲེ་བསླད་སེལ་བ་ལྷན་གཅིག་ཉིད། །
སྐལ་བཟང་གདུལ་བྱ་རྣམས་ཀྱི་བློ་མིག་གྱི། །
མ་ནོར་བླང་དོར་ཅིག་ཅར་རྣམ་པར་བགྲུ། །ཞེས་པ་ལྟ་བུའོ། །

༡༤. འབྲས་བུ་སྔ་བའི་རྒྱུ་ནི། འབྲས་བུ་སྔར་སྐྱེས་བསྟན་ནས་དེའི་རྗེས་སུ། །འཕེལ་རྒྱུ་སྐྱེས་པར་སྟོན་པ་ཞིག་གང་རུང་། །འབྲས་བུ་སྔར་སྐྱེས་དེ་མ་ཐག་རྒྱུར་སྐྱེས། །ཞེས་སོ། །དཔེར་ན།

གུང་ཐང་བསྟན་པའི་སྒྲོན་མེས།

མི་བཟད་སྲིད་པའི་རྒྱ་མཚོ་ཆེན་པོ་འདིར། །
སྐྱེས་པའི་རྣམ་འཕྲུལ་བཟུང་སྟེ་དུང་ཡང་། །

དེ་ཡི་བྱ་བར་ཡོངས་སུ་གོམས་པའི་མཐུས། །

སྣ་ཚོགས་ལས་ཀྱི་ལམ་ལ་འཇུག་པར་བྱེད། །ཅེས་པ་ལྟ་བུ་དང་།

ཡང་ན་པ་ཎ་ཆེན་སྐུ་ཕྲེང་བརྒྱད་པ་བསྟན་པའི་དབང་ཕྱུག་གིས།

མཁན་སློབ་དྲུང་དུ་སོ་ཐར་སྡོམ་པ་གསུམ། །

རིམ་པ་ཅན་དུ་ཚིག་ཚད་ལྡན་གྱིས། །

སྤར་ཉིད་ཐོབ་ལ་སྦྱིད་པའི་ངེས་འབྱུང་བའི། །

བློ་གྲོས་དེ་ནི་བདག་གི་རྗེས་སུ་རྟེན། །ཅེས་པ་ལྟ་བུའོ། །

༧༥. རིགས་མིན་གྱི་རྒྱུ་ནི། བརྗོད་པར་འདོད་པའི་རྒྱུ་དེའི་ནུས་པ་ཁྱད་པར་ཅན་གྱིས་བསྐྱེད་པར་མི་འོས་པའི་ལྡོག་ཕྱོགས་ཀྱི་འབྲས་བུ་ཞིག་བརྗོད་པས་ན་དེ་སྐད་ཟེར།

དུས་གསུམ་ག་ནས་གསུམ་གཟིགས་པའི་སྤྱན་གསུམ་གྱིས། །

གཟིགས་སྟངས་བསྐལ་བའི་ཕུང་ལྟར་རྟག་བྱས་པས། །

ཞི་བའི་ཆུ་ལྷན་དོ་ཤེལ་ཅེས་མི་བསྙིངས། །

ས་གསུམ་དཔལ་མོའི་སྙིང་གར་ཤིན་ཏུ་གསལ། །ཞེས་པ་ལྟ་བུའོ། །

༧༦. རིགས་པའི་རྒྱུ་ནི། བརྗོད་བྱའི་རྒྱུ་དེ་ཉིད་མཐུན་ཞིང་སྐྱེད་པར་འོས་པའི་རང་འབྲས་ཁྱད་པར་བ་ཞིག་བསྐྱེད་པར་བསྟན་པའོ། །

དཔེར་ན་གུང་ཐང་བསྟན་པའི་སྒྲོན་མེས།

བགྲང་ཡས་རྒྱལ་པོའི་ངག་གི་དངོས་གྲུབ་ཀུན། །

མཛེས་སྡུག་ལྷ་མོའི་རྣམ་རོལ་འོད་དཀར་ཅན། །

ཡིད་ལ་རོལ་བས་བློ་གྲོས་ཀུ་མུད་དា། །

རྣམ་པར་རྒྱལ་བའི་དགའ་སྟོན་ཅི་ཡང་རོལ། །ཞེས་པ་ལྟ་བུའོ། །

འདིར་རྒྱུ་དེ་ཡོན་ཉིད་ཀྱིས་མ་གཏོགས་འབྲས་བུ་དེ་སུས་ཀྱང་མི་ནུས་པས་ན་མཚར་བའི་རྒྱུའོ། །

བཅུ་ཞི་བ། ཕྲ་མོའི་རྒྱན།

མཚན་ཉིད། ཕ་རོལ་པོ་ལ་ནང་གི་བསམ་པ་ཤེས་པར་བྱ་བའི་དོན་དུ་ངག་ནས་ཚིག་གསལ་པོར་མ་བརྗོད་པར་ལུས་ཀྱི་རྣམ་འགྱུར་དང་བརྡ་ཐབས་ཕྲ་མོ་ཙམ་གྱིས་གོ་བར་བྱེད་པའི་ངག་གོ །

༡. ཟུར་ཀྱི་ཕྲ་མོ་ནི། རང་གི་བསམ་པ་ཤེས་པར་བྱ་བའི་དོན་དུ་བརྗོད་འདོད་ཀྱི་བློ་སྟོན་དུ་བཏང་། ཡང་ངག་ནས་ཚིག་གསལ་པོར་མ་བརྗོད་པར་བརྡ་ཐབས་ཕྲ་མོ་ཙམ་གྱིས་བསྟན་ནས་གོ་བར་བྱེད་པའི་ངག་གོ །དཔེར་ན།

གུང་ཐང་བསྟན་པའི་སྒྲོན་མེས།

རིང་ནས་རྣ་བའི་གྲགས་འབར་རྗེ་ཞུགས་ཏེ། །
སྐྱོང་བར་འདོད་ཀྱང་གཟི་བྱིན་མ་བཀོད་པའི། །
སྨུ་ཏིག་སྤུག་བསྤེལ་གཟིགས་པའི་ས་སྐྱོང་གིས། །
ནོར་བུའི་གདུབ་གོར་མཛེས་པའི་ཕྱག་གཡས་བསྐྱངས། །

ཞེས་དང་། ཡང་ན།

ནམ་ཞིག་དགྲ་འདི་མཚོན་གྱིས་བདེར་འདྲེན་ཞེས། །
ཚིགས་སུ་རོ་འཛིན་བསྐྱུད་པར་མ་ནུས་པ། །
ཟླ་བོ་མཐོང་ནས་རོལ་བའི་གར་མཁན་གྱིས། །
མིག་གཉིས་ཟུམ་དང་ལྷན་དུ་མཁྲིགས་མ་བརྡབས། །ཞེས་པ་ལྟ་བུའོ། །

༢. རྣམ་པའི་ཕྲ་མོ་ནི།

གཞན་ནོར་བདག་གིར་བྱས་པ་རྗོད་པའི་གྲྭར། །
ཕན་ཚུན་འགལ་བའི་བདེན་རྫོན་གླེང་བའི་མོད། །

ཨག་ཚོམ་དང་བཅས་སྨྲ་བ་འབར་བའི་རྩེ། །

དལ་བའི་སྨུག་ཅིང་འདར་བའི་མཛེས་པ་མཐོང་། །ཞེས་པ་ལྟ་བུའོ། །

གོང་གི་འདིའི་མཚན་ཉིད་ནི། བསམ་དོན་དངོས་ཚིག་ལ་དངོས་སུ་མ་བརྗོད་པར་ལུས་ཀྱི་རྣམ་འགྱུར་ཕྲ་མོ་ཞིག་ལ་བརྟེན་ནས་བསམ་དོན་གོ་བར་བྱེད་པ་ཞིག་གོ །

བཅོ་ལྔ་པ། ཆའི་རྒྱན།

རྒྱན་སྤྱིའི་མཚན་ཉིད། རང་གི་ངོ་བོ་གསལ་པོར་མངོན་ཟིན་པའི་དེ་ཉིད་བསྒྲིབ་པའམ་སྦེད་པར་བྱ་བའི་ཆེད་དུ་བསྒྲིབ་བྱའི་རྣམ་པ་དེ་དང་འདྲ་བའི་སྒྲིབ་བྱེད་གཞན་ཞིག་ཏུ་ཁ་བསྒྱུར་ནས་སྦས་པ་ཞིག་ལ་ཆའི་རྒྱན་ཞེས་བརྗོད་པ་ཡིན་ནོ། །འདིའི་ཆ་ཞེས་པ་ཆ་ཤས་ལ་གོ་དགོས།

༡. འོས་པའི་ཆ་ནི། དངོས་སུ་གསལ་བཞིན་པའི་བསྒྲིབ་བྱ་འོས་པའི་དངོས་པའི་དངོས་པོ་ཞིག་དེ་དང་མཐུན་པའི་སྒྲིབ་བྱེད་འོས་པ་ཞིག་ཟོལ་གྱིས་སྨྲས་པའི་སྒོ་ནས་སྦེད་པར་བྱེད་པ་ཞིག་ཡིན་ཏེ། དཔེར་ན།

མགྲིན་པ་བཟང་པོས་①དར་ལ་ཟུངས་ཁྲག་གིས། །

གཞུ་གཞུའི་རི་མོ་གཞན་གྱིས་མཐོང་བའི་ཚེ། །

ཟ་བྱེད་མཆེ་བ་འབར་བའི་གཅན་གཟན་ཞིག །

ཟོས་པས་དནི་སྨྲེང་པ་དང་བཅས་ཟེར། །ཞེས་པ་ལྟ་བུའོ། །

༢. མི་འོས་པའི་ཆ་ནི། མངོན་སུམ་དུ་གསལ་ཟིན་པའི་བསྒྲིབ་བྱའི་རང་བཞིན་མི་འོས་པ་དེ་ཉིད་བསྒྲིབ་པར་བྱ་བའི་ཆེད་དུ་སྒྲིབ་བྱེད་འོས་པའི་དངོས་པོ་གཞན་ཞིག་ལ་ཁ་བསྒྱུར་ནས་སྦེད་པར་བྱེད་པ་ཞིག་ཡིན་ཏེ། དཔེར་ན།(དཔེར་བརྗོད་ཆད།)

---

① མགྲིན་པ་བཟང་པོ་ནི་པོང་བུ་ལ་ཟེར།

༣. སྨད་པའི་ཆ་ནི། བསྒྲིབ་བྱའི་སྐྱོན་ལ་སོགས་པ་སྒྲིབ་བྱེད་ཡོན་ཏན་དུ་སྒྲོ་བཏགས་ཏེ་བསྟོད་པའི་ཚུལ་གྱིས་དོན་ལ་སྨད་པར་སོང་བ་ཞིག་ཡིན་ཏེ། དཔེར་ན།

སྒྲ་མཁས་རྩེད་འཇོའི་གཞན་སྣང་ཐད་ཀར་འདྲེན། །
འདུ་འཛིའི་ཡོ་ལང་སྒྲོ་བསྐུས་སྤྲིན་ཕུང་དཀྲིགས། །
ཉམས་འགྱུར་གར་གྱིས་གཞན་གྱི་ལད་ཟློ་འདི། །
དབེན་པར་འདུག་པ་ཁྱོད་ཀྱི་གྲོགས་སུ་འོས། །

ཞེས་པ་ལྟ་བུ་འདི་བསྟོད་པ་ཙོན་སྟེ། ཇི་ལྟར་སྨད་ཅེ་ན། གཡུལ་ལ་སྒྲོ་བའི་བརྩོན་འགྲུས་སམ། ཕ་རོལ་གནོན་པ་ཁྱད་པར་དུ་འཕགས་པ་ནི་བསྟོད་པ་ཡིན་མོད། སྐབས་འདིར་ཆ་ཡི་སྨད་པ་ཉིད་དེ། འདོད་པ་ལ་རྒྱུན་དུ་སྤྱོད་པར་འདོད་པའི་བུ་མོར་འདི་ནི་གཡུལ་གྱི་དགའ་སྟོན་ལ་ཆེས་ཆགས་སོ་ཞེས་སྨྲས་པས། དེས་རང་གི་བདག་པོར་འདོད་པའི་བསམ་པ་བཟློག་པར་ནུས་ཞུས་བསྟོད་པ་ཙོན་འི་ནང་བུ་མོའི་བསམ་པ་ལ་ལྟོས་ནས་སྨད་པའི་ཆ་ཙུང་ཟད་སྟོན་པས་ན་ཆ་ནས་སྨད་པའི་རྒྱན་ནོ། །

༤. ཟོལ་གྱིས་བསྟོད་པའི་ཆ་ནི། བསྒྲུབ་བྱ་ཕ་རོལ་བའི་ཡོན་ཏན་འགའ་ཞིག་ལ་སྒྲིབ་བྱེད་སྨད་པའི་ཚིག་བརྗོད་པའི་ཤུགས་ལ་བསྟོད་བསྔགས་བྱེད་པར་གོ་ནུས་པ་ཞིག་སྟེ། དཔེར་ན།

མཛའ་གཅུགས་གཞན་ལ་གྲོས་ཙམ་མི་བགྱིད་པར།
གསེར་དངུལ་དངོས་གཞན་བསྒྲུབ་པར་བྱས་སོ་སྐད། །
ད་ནི་དཔག་དཀའི་གྲོང་དང་གྲོང་ཁྱེར་དུ། །
ཁྱི་བཞིན་འཁྱམས་ཀྱང་བདག་བསམ་ག་ལ་གཡོ། །ཞེས་པ་ལྟ་བུའོ། །

བཅུ་དྲུག་པ། རིམ་པ་ཅན་གྱི་རྒྱན།

རིམ་ཅན་རྒྱན་གྱི་མཚན་ཉིད་ནི། ཚིག་གི་དངོས་ཟིན་ལ་བཀོད་པའི་བརྗོད་བྱའི་

དོན་གྱི་གོ་རིམ་དང་མཐུན་པར་མཚོན་བྱེད་ཀྱི་དཔེ་རྣམས་རིམ་པ་མ་འཆོལ་བར་བཀོད་པ་ཞིག་སྟེ། དཔེར་ན།

བརྒྱད་གཉིས་ལང་ཚོའི་ཁུར་གྱིས་ཡོངས་དུབ་པའི། །
གཞོན་ནུའི་མཛེས་འཛུམ་རྣམ་པར་འཕྲུལ་བའི་མིག །
པད་ཟླ་ཨུཏྤལ་གཞོན་ནུའི་སྙིང་པོའི་དཔལ། །
ལན་བརྒྱར་བརྩེགས་པར་ངེས་སོ་གཡོན་མིག་མ། །ཞེས་པ་ལྟ་བུའོ། །

བཅུ་བདུན་པ། དགའ་བའི་རྒྱན།

དགའ་བའི་རྒྱན་སྤྱིའི་མཚན་ཉིད་ནི། རང་ཉིད་ཀྱིས་དོན་དུ་གཉེར་བྱའི་ཡུལ་ཁྲིད་དུ་འཕགས་པ་དེར་ཧ་ཅང་དགའ་བའི་རྣམ་འགྱུར་མཚོན་བྱེད་ཀྱི་ཉམས་དང་ལྡན་པའི་ཚིག་ཅིག་ལ་དགའ་བའི་རྒྱན་ཞེས་བརྗོད་པ་ཡིན་ནོ། །

༡. དངོས་ཐོབ་ཀྱི་དགའ་བ་ནི། རང་ཉིད་གང་ལ་དགའ་བའི་ཡུལ་དེ་དངོས་སུ་ཐོབ་པ་ལ་བརྟེན་ནས་སེམས་ལ་ཁྱད་དུ་འཕགས་པའི་དགའ་བ་སྐྱེས་པ་དེ་སྐད་ཡང་སྐྱེ་བར་སྟོན་པ་ཞིག་སྟེ། དཔེར་ན།

རྒྱལ་ཀུན་ཡེ་ཤེས་སྒྱུ་མའི་རོལ་གར་ལས། །
མངོན་པར་བཞེངས་པ་མཚན་ཉིད་བཅུ་ལྡན་པ། །
དཔག་ཡས་བསྐལ་བར་བཙལ་ཀྱང་རྙེད་དཀའི་མགོན། །
ཐོབ་ལས་དགའ་བ་སྐད་ཡང་འཛད་མེད་སྒྲོལ། །ཅེས་པ་ལྟ་བུའོ། །

༢. གཟུགས་བརྙན་གྱི་དགའ་བ་ནི། རང་ཉིད་གང་ལ་དགའ་བའི་ཡུལ་དེ་ཡི་གཟུགས་བརྙན་ཙམ་ཞིག་ལ་ཡང་ལྷག་པར་དུ་དགའ་བ་སྐྱེས་པའི་ཉམས་འགྱུར་སྟོན་པ་ཞིག་སྟེ། དཔེར་ན།

མཚན་དཔེ་གསལ་རྫོགས་རབ་འབྱམས་རྒྱལ་བའི་ཞལ། །
དངོས་སུ་མཇལ་བའི་སྐལ་བ་དམན་གྱུར་ཀྱང་། །
རྒྱལ་ཀུན་འདུས་ཞལ་མཚུངས་མེད་བླ་མའི་སྐུ། །
མཇལ་བ་འདི་ཀོ་རྨི་ལམ་མིན་ནམ་ཅི། །ཞེས་པ་ལྟ་བུའོ། །

བཅོ་བརྒྱད་པ། ཉམས་ལྡན་གྱི་རྒྱན།

ཉམས་ལྡན་རྒྱན་སྤྱིའི་མཚན་ཉིད་ནི། སྒེག་པ་དང་དགའ་བ་ལ་སོགས་པའི་ཉམས་བརྒྱད་པོ་གང་རུང་གི་རྣམ་འགྱུར་མཚོན་པར་བྱེད་པའི་ཚིག་རྒྱན་ཞིག་ལ་དེ་སྐད་བརྗོད།

༡. སྒེག་པའི་ཉམས་ནི། གཞན་ལས་ཁྱད་པར་དུ་འཕགས་པའི་ཡོན་ཏན་ལྡན་པ་སོགས་རྒྱུ་མཚན་དུ་བྱས་ནས་རང་ཉིད་ཀྱི་ཡིད་ལ་དགའ་སྤྲོས་ཁེངས་པའི་ཉམས་འགྱུར་ཕྱི་རོལ་ཏུ་ཤར་བའི་ཚིག་གི་བརྗོད་པ་ཞིག་ཡིན་ཏེ། དཔེར་ན།

མ་རུང་བདུད་བཞིའི་སྨག་རིམ་སྟུག་པོའི་གློང་། །
ནམ་ཡང་གཏད་སོ་བྲལ་བའི་དམུས་ལོང་བཞིན། །
རྣམ་པར་འཕྲམས་བདག་སྣང་བའི་ཁྲིད་སྟེགས་ལ། །
མངོན་པར་འཁྲིད་བའི་སྟངས་འདི་ཨེ་མ་མཚར། །

ཞེས་དང་། ཡང་ན།

ཚང་ལམ་ནོར་བསིལ་ལྡན་རིག་པའི་གནས། །
མ་རུང་གདོན་གྱི་ལྷག་མེད་བཅོམ་པ་གང་། །
བཀའ་དྲིན་འཁོར་མེད་རྣམ་འདྲེན་དམ་པའི་མཐུས། །
ཡང་གཅིག་མཇལ་བའི་སྐལ་བ་འདི་ཅི་ཞིག །ཅེས་པ་ལྟ་བུའོ། །

༢. དྲག་ཤུལ་གྱི་ཉམས་ནི། ཁྲོ་བར་བྱ་བའི་ཡུལ་གང་ཡང་རུང་བ་ལ་ཁྲོས་པའི་

ཉམས་དང་ལྡན་པས་ཕྱི་རོལ་ཏུ་དྲག་ཤུལ་ཆེ་བའི་རྣམ་འགྱུར་སྟོན་པར་བྱེད་པའི་ཚིག་ཞིག་སྟེ། དཔེར་ན།

མཐུ་ལྡན་གེ་སར་ནོར་བུ་དགྲ་འདུལ་གྱིས། །
འབར་བའི་སྤྱན་ཟུང་ཡོན་པོར་བསྒྱུར་བའི་དྲུང་། །
འགྲོ་ལ་འཚེ་བའི་མ་རུང་གཉེད་མའི་ཚོགས། །
ཡུད་ཙམ་འཚོ་བའི་སྐལ་བ་ཡོད་དམ་ཅི། །ཞེས་པ་ལྟ་བུའོ། །

༣. དཔའ་བའི་ཉམས་ནི། རང་ཉིད་ལ་ཡོད་པའི་ཤུགས་སྟོབས་ཚོགས་པའི་ཡོན་ཏན་གང་ཡང་རུང་བ་ཞིག་ལ་སེམས་ཁེངས་པའི་རྣམ་པ་ཅན་གྱི་སྒྲོ་བ་རྒྱས་པའི་ཚིག་བརྗོད་པ་ཞིག་སྟེ། དཔེར་ན།

དམར་ནག་དམག་གི་རུ་འདྲེན་མ་བྱས་ཤིང་། །
མཚོན་གྱི་རལ་ཁའི་ཞགས་པ་མ་འཁྱིད་ལ། །
ཕ་རོལ་དགྲ་དཔུང་གཞོམ་པར་མ་བྱས་པར། །
དཔའ་བོའི་སྟེང་ལ་འཁྱིང་བ་འདི་ཅི་ཞིག །ཅེས་པ་ལྟ་བུའོ། །

༤. སྙིང་རྗེའི་ཉམས་ནི། སྡུག་བསྔལ་མྱོང་བའི་རྒྱུ་སྡིག་ཉེས་བསགས་པ་དང་། དེའི་འབྲས་བུ་མི་འདོད་པའི་སྡུག་བསྔལ་སྣ་ཚོགས་ལ་སྤྱོད་པར་སེམས་ཀྱི་གཏིང་ནས་བཟོད་གླགས་མེད་པའི་མྱ་ངན་གྱི་ཚིག་གི་བརྗོད་པ་ཞིག་སྟེ། དཔེར་ན།

འཇམ་མཉེན་གོས་ཀྱི་མལ་བསྟན་ཡངས་པའི་ཁར། །
གཅེས་རྒྱས་ལེགས་པར་བསྐྱངས་པ་རྒྱལ་བའི་སྲས། །
དུམ་བུར་གཏུབ་པའི་དགྲ་ཡི་གཤེད་མའི་དྲུང་། །
ཧྲིག་ཧྲིག་གདོང་ལ་ལྟ་འདི་བཟོད་སྲིད་དམ། །ཞེས་པ་ལྟ་བུའོ། །

༥. མི་སྡུག་པའི་ཉམས་ནི། བརྗོད་བྱའི་དངོས་པོ་གང་གི་རྣམ་པ་ཡིད་དུ་མི་འོང་ཞིང་སྐྱུག་བྲོ་བའི་གནས་སྣ་ཚོགས་ལ་བརྟེན་ནས་ཞེ་ལོག་པའི་ཉམས་སྟོན་པ་ནི་མི་སྡུག་པའི་

ཉམས་ཏེ། དཔེར་ན།

ཆང་ལ་བག་མེད་སྤྱོད་པའི་སྐྱེ་བོ་ཞིག །
ཤ་ཁྲག་ཟས་ལ་ཅི་དགར་རོལ་བ་དང་། །
བཤང་གཅི་དོར་བའི་ཁྲོད་དུ་འགྲེ་ལོག་ཅིང་། །
ཁ་ནས་རྣག་ཁྲག་སྐྱུག་བཞིན་སླུ་ལེན་ནོ། །ཞེས་པ་ལྟ་བུའོ། །

༤. བཞད་གད་ཀྱི་ཉམས་ནི། ངག་ཏུ་བརྗོད་པའི་ཚིག་དེ་ལ་བརྟེན་ནས་ཉན་པ་པོ་རྣམས་ལ་རྒོད་བྲོ་བའི་ཉམས་འཕེལ་བར་བྱེད་པའི་ཚིག་ཞིག་ཡིན་ཏེ། དཔེར་ན།

ཟུར་མིག་འཕེན་ཞིང་འདོད་པའི་སྒྱུ་རྩལ་ལ། །
སྟངས་སྟབས་འགྱུ་ལ་ཁྲོད་ཀྱི་མཆུ་སྒྲོས་ལ། །
མུ་ཏིག་ལྟར་དཀར་སྣབས་ལུད་དོག་པ་འཛིན། །
རེ་ཞིག་མགོ་འཕང་སྨོད་ལ་གཞན་ཏུ་བཤོལ། །ཞེས་པ་ལྟ་བུའོ། །

༥. རྨད་བྱུང་གི་ཉམས་ནི། སྔོན་ཆད་འཇིག་རྟེན་འདིར་བྱུང་མ་མྱོང་ཞིང་མེད་པ་ལྟ་བུའི་ཁྱད་དུ་འཕགས་པའི་ཡོན་ཏན་བརྗོད་པ་ལ་བརྟེན་ནས་ངོ་མཚར་ཆེ་བའི་རྣམ་འགྱུར་ཐོན་པར་བྱེད་པ་ཞིག་སྟེ། དཔེར་ན།

མི་མེད་ཁྲིས་ཀྱང་སྟོང་བའི་དབེན་པ་འདིར། །
རང་བྱུང་རྡོ་རྗེ་ཕུག་པ་ལྷུན་གྱིས་གྲུབ། །
ནེའུ་གསེང་པདྨའི་མལ་སྟན་ སྤོས་དང་བཅས། །
སྔ་ཚོགས་སྐད་འབྱིན་བྱ་རིགས་དག་དང་རྟེན། །ཞེས་པ་ལྟ་བུའོ། །

༦. འཇིགས་རུང་གི་ཉམས་ནི། བལྟ་ན་བཟོད་པར་དཀའ་ཞིང་འཇིགས་སུ་རུང་བའི་རྒྱུ་གང་ཡང་རུང་བ་ཞིག་ལས་སྐྲག་པའི་རྣམ་འགྱུར་སྣ་ཚོགས་ཐོན་ནུས་པ་ཞིག་སྟེ། དཔེར་ན།

སྲོག་ལ་ཆེར་ཧམ་སྟག་གཟིག་དོམ་དྲེད་ཀྱིས། །
འབར་བའི་མིག་བགྲད་ཁ་གདངས་མཆེ་བ་གཙིགས། །

སྐྱེ་གཡའི་ང་རོ་དང་བཅས་བདས་པའི་ཚུལ། །
མཐོང་བའི་མོད་ལ་ཀྱཱ་ཀྱཱུའི་དྲི་ཆུ་འདོན། །ཞེས་པ་ལྟ་བུའོ། །

བརྒྱ་དགུ་བ། གཟི་བརྗིད་ཅན་གྱི་རྒྱན།

མཚན་ཉིད་ནི། རང་ཉིད་གཞན་ལས་ཁྱད་དུ་འཕགས་པ་ལྟ་བུའི་ང་རྒྱལ་གྱི་ཚིག་སྨྲས་པས་བརྗིད་ཉམས་ལྡན་པར་སྟོན་པ་ཞིག་ཡིན་ཏེ། དཔེར་ན།

ལུང་དང་རིགས་པའི་གད་རྒྱངས་གཅིག་གིས་ཀྱང་། །
ཕྱིར་རྒོལ་བྱེ་བ་ཟིལ་གྱིས་གནོན་ནོ་ཞེས། །
འདར་ཞིང་བག་འཁུམ་མི་བྱ་དེ་དག་གིས། །
བློ་ཆུང་བྱིས་པའི་ཚོགས་ལ་དཔུང་དབྱུང་བྱེད། །ཅེས་པ་ལྟ་བུའོ། །

ཉི་བརྒྱ་བ། རྣམ་གྲངས་བརྗོད་པའི་རྒྱན།

མཚན་ཉིད་ནི། རང་ཉིད་ཀྱི་བསམ་དོན་དངོས་དེ་འགྲུབ་པར་བྱ་བའི་ཆེད་དུ་དོན་དེ་དངོས་སུ་མ་བརྗོད་པར་དོན་གོ་བར་བྱེད་པའི་ཚིག་གཞན་ལ་བརྟེན་ནས་བསམ་དོན་དངོས་དེ་འགྲུབ་ཐབས་བྱེད་པ་ཞིག་ཡིན་ཏེ། དཔེར་ན།

ཀུ་མུད་རྣམ་པར་བཞད་པའི་ཟེའུ་འབྲུ་ཡིས། །
ཟླ་ཟེར་ཕུབ་ཀྱིས་འདྲེན་པ་བལྟ་བའི་ཕྱིར། །
ཁ་ཐ་བདེ་ལྡན་སྐྱིད་མོའི་ཚལ་དུ་འགྲོ། །
གྲོགས་དག་རེ་ཞིག་གནས་འདིར་བཞུགས་འཚལ་ལོ། །ཞེས་པ་ལྟ་བུའོ། །

ཉེར་གཅིག་པ། ཀུན་ལྡན་གྱི་རྒྱན།

མཚན་ཉིད་ནི། རང་གིས་བསྒྲུབ་པར་འདོད་པའི་བྱ་བ་དེ་རྫོམ་པ་ལ་ཞུགས་པའི་ཚེ། འབད་བརྩོན་མ་བྱས་ཀྱང་སྐབས་ལེགས་པའི་དབང་གིས་བྱ་བ་དེ་འགྲུབ་པའི་ཆ་རྐྱེན་གཞན་དག་འཛོམས་པར་སྟོན་པར་ཞིག་སྟེ། དཔེར་ན།

གཙོང་རོང་ངམ་གྲོག་བྲག་རིའི་གཡང་ཆེན་པོར། །
མི་སྡུག་དུཿཁའི་འཚུབས་རླུང་དྲག་པོ་ཡིས། །
གཞན་དབང་ཆེན་པོས་ཁྱེར་ཚེ་དེའི་མོད་ལ། །
ཞི་བར་བྱས་འདིའི་སྐལ་བ་ལྷ་ཡིས་བྱིན། །

ཞེས་དང་། ཡང་ན།

གཞན་ཉིད་འཆི་བ་མཐོང་བས་ཡིད་སྐྱོ་ཞིང་། །
རང་ཉིད་མི་རྟག་བསམ་པས་ཞེ་འཚེར་དུས། །
མཚུངས་བྲལ་སྐྱོབས་བཞི་ཚང་བའི་མན་ངག་འདི། །
སྒྲིབ་གཉིས་སྦྱོང་བའི་ཐབས་སུ་བླ་མས་བསྩལ། །ཅེས་པ་ལྟ་བུའོ། །

ཉེར་གཉིས་པ། རྒྱ་ཆེ་བའི་རྒྱན།

རྒྱན་སྤྱིའི་མཚན་ཉིད་ནི། བརྗོད་པར་འདོད་པའི་བསྟགས་ཡུལ་དེའི་བསམ་པའི་འབྱོར་བའི་ཁྱད་པར་གཞན་ལས་ཁྱད་པར་དུ་འཕགས་པར་སྟོན་པ་ཞིག་ལ་སྐབས་འདིར་རྒྱ་ཆེ་བའི་རྒྱན་དུ་བརྗོད་པ་ཡིན་ནོ། །

༡. བསམ་པ་རྒྱ་ཆེ་བ་ནི། བསྟགས་པར་འདོད་པའི་ཡུལ་དེའི་བསམ་པའི་ཁྱད་ཆོས་

ཟླ་ན་མེད་པའི་གནས་ཚུལ་གསལ་བར་བརྗོད་པའི་སྒོ་ནས་དེའི་བསམ་པ་ཧ་ཅང་རྒྱ་ཆེ་བའི་ཁྱད་ཆོས་སྟོན་པ་ཞིག་ཡིན་ཏེ། དཔེར་ན།

དཔག་ཡས་ཉོན་མོངས་པོ་ནའི་གཞན་དབང་ཕྱིར། །
གདུལ་དཀའི་ཕོལ་མོར་གྱུར་པའི་དམུ་རྒོད་བདག །
ཕ་མས་བུ་བཞིན་གང་འཚམ་ཐབས་མཁས་ཀྱིས། །
དགྲི་བ་འདི་ཀོ་ལྷག་བསམ་པོ་ནས་མཐུ། །ཞེས་པ་ལྟ་བུའོ། །

༢. འཁོར་བ་རྒྱ་ཆེ་བ་ནི། གནས་དང་ལུས་དང་ལོངས་སྤྱོད་སོགས་འཁོར་བའི་ཁྱད་པར་འགྲན་ཟླ་མེད་པའི་གནས་ཚུལ་འགའ་ཞིག་བརྗོད་པའི་སྒོ་ནས་དེ་ཉིད་གང་ལ་ལྡན་པའི་བདག་པོ་དེ་གཞན་ལས་ཁྱད་དུ་འཕགས་པར་སྟོན་པ་ཞིག་ཡིན་ཏེ། དཔེར་ན།

རིན་ཆེན་དུ་མ་ལས་གྲུབ་ས་གཞི་དང་། །
རི་རབ་བྱ་དང་ལྗོན་ཤིང་ཆུ་ཀླུང་སོགས། །
གཅིག་ཀྱང་རང་གཟུགས་དག་པས་རབ་འབྱམས་སུ། །
སྣང་བ་བདེ་ལྡན་ཞིང་གི་བཀོད་པའོ། །ཞེས་པ་ལྟ་བུའོ། །

ཉེར་གསུམ་པ། བསྒྲོན་དོར་གྱི་རྒྱན།

རྒྱན་སྤྱིའི་མཚན་ཉིད་ནི། དངོས་སུ་ཡོད་པའི་ཆོས་དེའི་ཁྱད་ཆོས་དང་ངོ་བོ་སོགས་ལ་དེ་ཉིད་དངོས་མིན་པར་བརྗོད་པས་དོན་གཞན་ཅུང་ཟད་སྟོན་པ་ཞིག་ལ་བསྒྲོན་དོར་གྱི་རྒྱན་ཞེས་བྱའོ། །

༡. ཆོས་ལ་བསྒྲོན་པ་ནི། བརྗོད་པར་འདོད་པའི་དངོས་པོ་དེའི་ཁྱད་ཆོས་དེ་ཉིད་དངོས་མིན་པར་སྟོན་པའི་ཚིག་དེས་དོན་གཞན་ཅུང་ཟད་གོ་ནུས་པ་ཞིག་ཡིན་ཏེ། དཔེར་ན།

འགྲོ་ལ་རྗེས་སུ་ཆགས་པའི་དཀྱུས་རིང་སྤྱན། །
ཟུང་དུ་ངེས་པ་མིན་ཏེ་ཤེས་བྱ་ཀུན། །
སྐད་ཅིག་གཅིག་ལ་གཟིགས་པའི་ཡེ་ཤེས་སྤྱན། །
དེ་རྟེན་ཤེས་བྱའི་གྲངས་དང་མཉམ་པས་སོ། །ཞེས་པ་ལྟ་བུའོ། །

༢. ཡུལ་ལ་བསློན་པ་ནི། བརྗོད་པར་འདོད་པའི་དངོས་པོ་དེའི་ཁྱད་ཆོས་དེ་ཉིད་ཡུལ་གཞན་དང་ཕྲད་པ་ན་དེ་ལ་ལྟོས་ཏེ་དེ་ཉིད་མིན་པར་འགྱུར་པར་སྟོན་པའི་སྒོ་ནས་ཁྱད་ཆོས་དངོས་དེ་ཁས་མི་ལེན་པ་ལྟར་བྱས་པ་ཞིག་ཡིན་ཏེ། དཔེར་ན།

ཏ་ལྷུང་གཞོན་ནུའི་འཁོར་ལོར་རོལ་བའི་ཆོས། །
སྣང་བའི་འོད་ཀྱི་ཟེར་མ་འབུམ་བརྩེགས་པ། །
ཐན་བྱའི་མིག་ལ་གནག་པའི་ཕུང་པོར་སྨིན། །
གཞན་དུ་འཇིག་རྟེན་གསལ་བའི་སྒྲོན་མེར་གྲགས། །ཞེས་པ་ལྟ་བུའོ། །

༣. རང་བཞིན་ལ་བསློན་པ་ནི། བརྗོད་པར་འདོད་པའི་དངོས་པོ་དེའི་ངོ་བོ་དངོས་ཇི་ལྟར་གནས་པ་དེ་ཁས་མ་བླངས་པ་ལྟར་བྱས་ནས། དེའི་རང་བཞིན་གཞན་ཞིག་ཏུ་གནས་པར་སྟོན་པ་ཞིག་ཡིན་ཏེ། དཔེར་ན།

མཛེས་སྡུག་ལང་ཚོའི་ཆ་རྫོགས་སྨིན་ལེགས་མ། །
འགྲོགས་པས་དགའ་བདེ་འཕེལ་ཞེས་ཀུན་ལ་གྲགས། །
སྒྱུ་མའི་རང་བཞིན་བུད་མེད་ཅི་ཙམ་ཞིག །
བསྟན་པ་ལྷག་པར་གདུང་ཞིང་མྱ་ངན་སྐྱེད། །ཅེས་པ་ལྟ་བུའོ། །

ཉེར་བཞི་པ། སྒྱུར་བའི་རྒྱན།

རྒྱན་སྤྱིའི་མཚན་ཉིད་ནི། རྗོད་བྱེད་ཀྱི་ཚིག་གཟུགས་གཅིག་པར་སྒྱུར་བ་ལ་བརྟེན་

ནས་སྒྲ་མཚུངས་པ་དང་དོན་མཚུངས་གང་ཡང་རུང་བས་སྦྱར་གཞི་དང་སྦྱར་ཆོས་ཕན་ཚུན་འབྲེལ་ཆགས་ཤིང་དོན་དུ་མར་སྦྱར་ཚིག་པའི་རྒྱན་ཞིག་ལ་སྦྱར་བའི་རྒྱན་ཞེས་བརྗོད།

༡. ཐ་དད་མིན་པའི་སྦྱར་བ་ནི། ཚིག་སྦྱོར་གང་དུ་སྦྱར་གཞི་དང་སྦྱར་ཆོས་གཟུགས་གཅིག་ཅིང་གཅོད་མཚམས་ཀྱང་གཅིག་པའི་སྒོ་ནས་སྦྱར་གཞི་མི་འདྲ་བར་སྦྱར་ཚིག་པ་ཞིག་ཡིན་ཏེ། དཔེར་ན།

སྲིད་པའི་སྒྲོན་མེ་བཙོམ་གསེར་གྱི་མདངས། །
འོད་ཟེར་འབུམ་སྦྲོ་དབང་པོའི་གཞུ་ཡིས་བསྐོར། །
མཐོན་པོར་གཤེགས་ཀྱང་དམན་ལ་ལྷག་པར་ཕན། །
འཇིག་རྟེན་མ་ལུས་གསལ་བའི་བྱེད་པོ་ལགས། །ཞེས་པ་ལྟ་བུའོ། །

༢. ཐ་དད་ཚིག་འདྲའི་སྦྱར་བ་ནི། རྗོད་བྱེད་ཀྱི་ཚིག་གང་དུ་ཚིག་གཟུགས་གཅིག་ལ་གཅོད་མཚམས་མི་འདྲ་བའི་སྒོ་ནས་སྦྱར་གཞི་ཐ་དད་པ་སོ་སོར་སྦྱར་ཚིག་པ་ཞིག་ཡིན་ཏེ། དཔེར་ན།

རྐྱེན་ལས་ལེགས་འཁྲུངས་མཚོ་སྐྱེས་གཞོན་ནུ་འདི། །
ནོར་འཛིན་ཁམས་ཀྱི་གྲོགས་སུ་མཐུན་བྱེད་ཅིང་། །
བདེ་འབྱུང་གཙུག་རྒྱན་ཟེར་བརྒྱ་བཀྲ་བ་ན། །
གནོད་པའི་དྲི་མ་བྲལ་བཞིན་བདེ་བར་ཟུམ། །ཞེས་པ་ལྟ་བུའོ། །

༣. བྱ་བ་ཐ་དད་མིན་པར་སྦྱར་བ་ནི། བརྗོད་པར་འདོད་པའི་སྦྱར་གཞི་གཉིས་ཀས་བྱ་བ་གཅིག་བྱེད་པར་སྟོན་པ་ཞིག་ཡིན་ཏེ། དཔེར་ན།

དལ་གྱིས་གཡོ་ཞིང་བགྲོད་པའི་ཆ་ལུགས་མཛེས། །
བལྟ་བས་མི་ངོམ་ལང་ཚོའི་དཔལ་རྫོགས་པའི། །
དཀར་གསལ་ཉི་མས་ཡོངས་བཏང་ཟླ་བ་དང་། །
གཞོན་ནུ་མས་ཀྱང་གཞན་ཡིད་འཕྲོག་པར་བྱེད། །

ཅེས་དང་། ཡང་ན།

ཀྱེ་ཀྱེའི་མགྲིན་གདངས་སྙན་པའི་རང་བཞིན་ཅན། །

རབ་མཛེས་དབྱར་དཔལ་རྒྱས་པར་རོལ་མཁས་མ། །

པདྨའི་ཁང་བར་རྩེན་པའི་བུང་བ་དང་། །

ཁུ་བྱུག་གིས་ཀྱང་དབྱར་གྱི་བདུད་རྩི་འཐུངས། །ཞེས་པ་ལྟ་བུའོ། །

༤. བྱ་བ་འགལ་མེད་སྦྱར་བ་ནི། སྦྱར་ཆོས་མི་འདྲ་བ་མང་པོའི་བྱ་བ་རྣམས་ཁྱད་གཞི་ལས་ཐ་དད་ཡིན་ཀྱང་བྱ་བ་དེ་དག་འབྲས་བུ་རིགས་གཅིག་གི་ཕྱོགས་སུ་འགྱུར་བར་སྟོན་པ་ཞིག་ཡིན་ཏེ། དཔེར་ན།

རབ་མཛེས་ཡིད་འོང་འདབ་མ་བཞད་པའི་དཔལ། །

ཕང་ཕུང་གཡོ་བཞིན་གར་གྱི་ལད་ཟློ་བའི། །

ལྷུག་ཕྲན་འགྱུ་བའི་པདྨ་ཆེར་རྒྱས་ཏེ། །

ར་ཡིག་གཉིས་པའི་ལང་ཚོ་དར་ལ་བབས། །ཞེས་པ་ལྟ་བུའོ། །

༥. འགལ་བའི་ལས་ཅན་གྱི་སྦྱར་བ་ནི། ཁྱད་ཆོས་སོ་སོར་སྒྲ་དོན་གང་རུང་གིས་སྦྱར་རུང་བའི་ཁྱད་ཆོས་གཅིག་སྦྱར་ནས། སླར་ཡང་ཁྱད་ཆོས་དེ་ལྡན་གྱི་ཁྱད་གཞི་གཉིས་པོ་དེའི་བྱ་བ་འགལ་བ་གཉིས་མཉམ་དུ་འབྱུང་བར་སྟོན་པ་ཞིག་ཡིན་ཏེ། དཔེར་ན།

འཛིན་མེད་མཁའ་ལ་ལྡིང་བའི་མཛེས་སྟུག་གིས། །

འདོད་ལྡན་མྱོས་པའི་ཙ་ཙོ་སྒྲོག་བྱེད་ཅིང་། །

གནས་ལྷ་འཛུམ་པའི་རང་མདངས་ཡལ་གྱུར་ནས། །

གཙུག་ཕུད་ཅན་དེ་མཁའ་ན་མངོན་པར་མཛེས། །ཞེས་པ་ལྟ་བུའོ། །

༦. ངེས་པ་ཅན་གྱི་སྦྱར་བ་ནི། སྦྱར་རྒྱུའི་ཚིག་དེ་སྤྱིར་ན་དོན་གཉིས་གར་འཇུག་པའི་སྐབས་ཡོད་ཀྱང་། སྐབས་སུ་བབ་པའི་སྦྱར་ཡུལ་དེའི་མིང་དངོས་སུ་སྨོས་པ་དེས་སྦྱར་གཞི་གཞན་དག་མི་འཇུག་པར་སྟོན་པ་ཞིག་ཡིན་ཏེ། དཔེར་ན།

གྱུར་ཁང་སྟོན་མོར་བདུད་རྩིའི་ཁ་ཟས་ཅན། །
སྐན་འགྱུར་མཁྱེན་པའི་དབྱངས་ཀྱིས་ཉེར་གཞོལ་བའི། །
རབ་མཛེས་ཨུཏྤལ་སྟོན་པོར་གནས་པའི་ཚོས། །
ཁྲི་གཉོག་རྒྱལ་མོའི་མཆོ་ལ་ངེས་པར་གནས། །ཞེས་པ་ལྟ་བུའོ། །

༧. ངེས་པ་འགོག་པའི་སྦྱར་བ་ནི། རྗོད་བྱེད་ཀྱི་སྒྲ་གཅིག་སྐབས་དོན་གྱི་ཡུལ་དེ་ལ་ལྟོས་ཏེ་སྒྲ་དང་དོན་གང་ཡང་རུང་བའི་སྒོ་ནས་སྦྱར་གཞི་གཅིག་ཉོས་ཕོ་ན་ལ་འཇུག་པར་ངེས་བཟུང་བྱས་པའི་རྗེས་སུ། སླར་ཡང་སྦྱར་ཚོས་དེ་དང་ལྡན་པའི་དངོས་པོ་གཞན་དག་ཀྱང་ཡོད་པར་སྟོན་པ་ཞིག་ཡིན་ཏེ། དཔེར་ན།

ཟླུམ་པའི་ནོར་འཛིན་ཡུད་ཀྱིས་བསྐོར་ནུས་པས། །
འོད་སྟོང་འཕྲོ་བའི་རྟ་བདུན་དབང་པོ་ཉིད། །
འོན་ཀྱང་མ་ངེས་ཤེས་ལྡན་བློ་གྲོས་ཀྱིས། །
བསྒྲུན་པའི་ས་སྲུང་རྒྱ་སྐར་དག་ཀྱང་མཐོང་། །ཞེས་པ་ལྟ་བུའོ། །

༨. འགལ་བ་མེད་པའི་སྦྱར་བ་ནི། མཚོན་བྱ་དོན་གྱི་སྦྱར་གཞི་སྦྱར་ཚོས་མི་འདྲ་བ་རྣམས་མཚོན་བྱེད་དཔེའི་ཁྱད་གཞི་ཁྱད་ཚོས་དང་སྒྲ་དོན་གང་རུང་གི་སྒོ་ནས་འགལ་བ་མེད་པར་སོ་སོར་སྦྱར་རུང་བ་ཞིག་ཡིན་ཏེ། དཔེར་ན།

གང་ཉིད་བསྒྲུབས་ལས་འཁྲུངས་བའི་མཚར་སྡུག་ལས། །
འགྲོ་བའི་མིག་གཅིག་སྲིད་ན་མངོན་མཛེས་པ། །
དབང་མེད་རླུང་གིས་བསྐྱོད་པའི་འཁོར་བ་བ། །
སྨིག་པའི་བཞིན་གྱིས་འདོད་ལྡན་གཞོམ་པར་བྱེད། །ཅེས་པ་ལྟ་བུའོ། །

ཉེར་ལྔ་བ། ཁྱད་པར་བརྗོད་པའི་རྒྱན།

ཁྱད་པར་བརྗོད་པའི་རྒྱན་སྤྱིའི་མཚན་ཉིད་ནི། བརྗོད་པར་འདོད་པའི་དངོས་པོ་དེར་ཡོན་ཏན་དང་རིགས་ལ་སོགས་པའི་ཁྱད་ཆོས་འགའ་ཞིག་མ་ཚང་ཡང་རིགས་མཐུན་གཞན་དང་མི་འདྲ་བའི་དམིགས་བསལ་གྱི་ཁྱད་ཆོས་ལྷན་པར་སྟོན་པ་ནི་ཁྱད་པར་བརྗོད་པའི་རྒྱན་ཞེས་བྱ།

༡. ཡོན་ཏན་མ་ཚང་བར་ཁྱད་པར་བརྗོད་པ་ནི། བརྗོད་པར་འདོད་པའི་དངོས་པོ་དེར་ཡོན་ཏན་གྱི་ཁྱད་པར་འགའ་ཞིག་མ་ཚང་ཡང་ཁྱད་པར་བའི་ཡོན་ཏན་གཞན་ལྷན་པར་བརྗོད་པ་ཞིག་ཡིན་ཏེ། དཔེར་ན།

གྲུབ་མཆོག་མི་ལ་ཁྱོད་ཀྱི་དཀའ་ཐུབ་གོས། །
སྲ་བ་མ་ལགས་མཁྲེགས་མིན་འཐུག་པོའང་མིན། །
དེ་ལྟ་ན་ཡང་སྲིད་པའི་གདོན་ཚོགས་ཀྱིས། །
མཚོན་ཆར་ཕབ་ཀྱང་མགོན་ཁྱོད་བཟི་མ་ནུས། །ཞེས་པ་ལྟ་བུའོ། །

༢. རིགས་མ་ཚང་བའི་ཁྱད་པར་བརྗོད་པ་ནི། བརྗོད་པར་འདོད་པའི་དངོས་པོ་དེར་རིགས་ཀྱི་ཁྱད་པར་འགའ་ཞིག་མ་ཚང་ཡང་། རིགས་ཀྱི་ཁྱད་པར་དེ་དག་ལ་ཡོད་པའི་ཁྱད་ཆོས་ལྷན་པར་བརྗོད་པ་ཞིག་ཡིན་ཏེ། དཔེར་ན།

ལང་ཚོའི་དྲེགས་པ་མོ་གང་སུམ་རྩེན་དང་། །
ཡིད་འོང་སྡོན་པའི་རིགས་ལས་བྱུང་མིན་ཀྱང་། །
ཏིང་འཛིན་བདེ་བའི་འཚོ་བའི་དྲུང་སྲོང་ཡང་། །
དཀའ་ཐུབ་ཚལ་ལས་སྐྱོང་བའི་ལང་ཚོ་འབར། །ཞེས་པ་ལྟ་བུའོ། །

༣. བྱ་བ་མ་ཚང་བའི་ཁྱད་པར་བརྗོད་པ་ནི། བརྗོད་པར་འདོད་པའི་དངོས་པོ་དེས་

བྱ་བ་འགའ་ཞིག་དངོས་སུ་མ་བྱེད་ཀྱང་། དེའི་འབྲས་བུ་ཐོབ་པའི་ཁྱད་པར་གཞན་བརྗོད་པ་ཞིག་ཡིན་ཏེ། དཔེར་ན།

མཛེས་པའི་ཞལ་བཟང་འཛུམ་གྱིས་མ་བསུས་ཤིང་། །
སྣན་ཞིང་འཇེབས་པའི་སྙིང་གཏམ་མ་སྨྲས་ལ། །
ཟུར་མིག་བུང་བས་རྩེ་དགའ་མ་འགྱེད་པར། །
བདག་བློ་དབང་མེད་འཕྲོག་མཁས་སྒྱུ་མའི་ཚོས། །ཞེས་པ་ལྟ་བུའོ། །

༤. རྫས་མ་ཚང་བའི་ཁྱད་པར་བརྗོད་པ་ནི། བརྗོད་པར་འདོད་པའི་དངོས་པོ་དེར་རྫས་ཀྱི་ཁྱད་པར་འགའ་ཞིག་མ་ཚང་ཡང་། རྫས་ཀྱི་དངོས་པོ་དེ་དག་ལ་ཡོད་པའི་ཁྱད་ཆོས་གཞན་ལྡན་པར་བརྗོད་པ་ཞིག་ཡིན་ཏེ། དཔེར་ན།

འཇིགས་རུང་མཚོན་ཆའི་འཕྲུལ་འཁོར་མ་བསྐོར་ཞིང་། །
སྲ་ཞིང་འཐས་པའི་ཡ་ལད་མ་བགོས་པར། །
དམིགས་མེད་སྙིང་རྗེ་ཆེན་པོས་དགྲ་སྡེའི་ཚོགས། །
དུས་གཅིག་དབང་དུ་བྱེད་ནུས་རྡོ་རྗེ་གྲགས། །ཞེས་པ་ལྟ་བུའོ། །

༥. རྒྱུ་མ་ཚང་བའི་ཁྱད་པར་བརྗོད་པ་ནི། བརྗོད་པར་འདོད་པའི་དངོས་པོ་དེར་རྒྱུའི་ཁྱད་པར་འགའ་ཞིག་མ་ཚང་ཡང་། རྒྱུའི་ཁྱད་པར་དེ་དག་ལས་བྱུང་བའི་འབྲས་བུ་འཐོབ་པར་བརྗོད་པ་ཞིག་ཡིན་ཏེ། དཔེར་ན།

དཀའ་ཐུབ་ཟ་ཡི་འཚོ་བས་ལུས་མནར་ཞིང་། །
རྒྱན་ཆ་ལྟ་ཅི་གོས་ཀྱང་ཕྱག་དར་ཁྲིད། །
འོན་ཀྱང་གྲུབ་པའི་ཁྱུ་མཆོག་དབེན་ས་བས། །(བློ་བཟང་དོན་གྲུབ།)
སྲིད་འདིའི་ཆེན་པོ་མ་ལུས་ཟིལ་གྱིས་མནན། །ཞེས་པ་ལྟ་བུའོ། །

ཉེར་དྲུག་པ། མཚུངས་སྦྱོར་གྱི་རྒྱན།

མཚུངས་སྦྱོར་རྒྱན་སྤྱིའི་མཚན་ཉིད་ནི། བརྗོད་པར་འདོད་པའི་དངོས་པོ་འགའ་ཞིག་མིང་ངམ་རྣམ་གྲངས་གང་རུང་གི་སྒོ་ནས་སྒྲོ་བཏགས་ཏེ་རིགས་མཚུངས་པར་སྦྱོར་བ་ཞིག་ལ་མཚུངས་སྦྱོར་གྱི་རྒྱན་ནོ། །

༡. བསྟོད་པའི་མཚུངས་སྦྱོར་ནི། བརྗོད་པར་འདོད་པའི་བསྟོད་ཡུལ་འགའ་ཞིག་མིང་ངམ་རྣམ་གྲངས་གང་རུང་སྒོ་ནས་སྒྲོ་བཏགས་ཏེ་རིགས་མཚུངས་པར་སྦྱོར་བ་ཞིག་ཡིན་ཏེ། དཔེར་ན།

རྒྱལ་པོའི་དགོངས་པ་རང་དབང་དུ་འགྲེལ་བ། །
མཁས་པའི་གཙུག་རྒྱན་བློ་བཟང་རྒྱལ་བ་དང་། །
མགོན་ཁྱོད་མཁས་པའི་སྙན་གྲགས་འཛིན་པའི་དཔལ། །
ཐ་མི་དད་པར་འཇིག་རྟེན་ཀུན་ཏུ་མཛེས། །ཞེས་པ་ལྟ་བུའོ། །

༢. སྨད་པའི་མཚུངས་སྦྱོར་ནི། བརྗོད་འདོད་ཀྱི་སྨད་ཡུལ་འགའ་ཞིག་ལ་མིང་དང་རྣམ་གྲངས་གང་རུང་གི་སྒོ་ནས་མཚུངས་པར་སྒྲོ་བཏགས་ཏེ་སྨད་པ་ཞིག་ཡིན་ཏེ། དཔེར་ན།

མ་སྦྱངས་མཁས་པར་རློམ་པའི་ང་རྒྱལ་གྱིས། །
སྙན་ཚིག་རིག་པ་རང་དབང་དུ་འགྲེལ་བ། །
སྟོང་པའི་ཚོན་མདངས་འཛིན་པ་དབང་པོའི་གཞུ། །
མཛེས་པའང་ནམ་ཕྱུག་སླིང་པོའི་རང་མཚང་འབྱིན། །ཞེས་པ་ལྟ་བུའོ། །

ཉེར་བདུན་པ། འགལ་བའི་རྒྱན།

འགལ་བའི་རྒྱན་སྤྱིའི་མཚན་ཉིད་ནི། བརྗོད་འདོད་པའི་དངོས་པོ་གཅིག་ཉིད་ལ་འགལ་ཟླ་ཅན་གྱི་ཁྱད་ཆོས་མང་པོ་མཉམ་དུ་འགྲོགས་པར་སྟོན་པ་ཞིག་ལ་འགལ་བའི་རྒྱན་ཞེས་བརྗོད་པ་ཡིན།

༡. ཐ་དད་པའི་བྱ་བ་འགལ་བ་ནི། བརྗོད་འདོད་ཀྱི་ཁྱད་གཞི་ཐ་དད་པ་གཉིས་ཀྱི་བྱ་བ་འགལ་བ་གཉིས་མཉམ་དུ་འགྲོགས་པར་སྟོན་པ་ཞིག་ཡིན་ཏེ། དཔེར་ན།

ནློ་ལྡན་ཚོགས་རྣམས་ལེགས་བྱས་གོམས་པའི་མཐུས། །
དགའ་བདེའི་དཔལ་ལ་ཆེས་ཆེར་གཞོལ་ན་ཡང་། །
ལུས་མེད་ཕྱོགས་སྒྱུར་ནག་པོའི་སྡེ་དང་བཅས། །
གནག་དཀའི་ཚོར་བ་དྲག་པོས་ཀུན་ནས་མནར། །ཞེས་པ་ལྟ་བུའོ། །

༢. གཞི་གཅིག་གི་ཡོན་ཏན་འགལ་བ་ནི། བརྗོད་པར་འདོད་པའི་ཁྱད་གཞི་གཅིག་གི་ཁྱད་ཆོས་འགལ་བ་གཉིས་མཉམ་དུ་འགྲོགས་པར་སྟོན་པ་ཞིག་ཡིན་ཏེ། དཔེར་ན།

འགྲོ་ལ་རྗེས་སུ་ཆགས་པའི་འཛུམ་ཆླབས་ཀྱིས། །
སྐལ་བཟང་འགྲོ་རྣམས་རྣམ་གྲོལ་སར་འཕེལ་ཞིང་། །
སྲིད་ལ་བརྐམ་པའི་གདོད་མའི་བག་ཆགས་ཀྱང་། །
ལྷག་མ་མེད་པར་དྲུངས་ནས་འབྱིན་པར་བྱས། །ཞེས་པ་ལྟ་བུའོ། །

༣. རྫས་ཀྱི་འགལ་བ་ནི། བརྗོད་པར་འདོད་པའི་ཁྱད་གཞི་གཅིག་གི་སྟེང་དུ་རྫས་ཀྱི་ཁྱད་ཆོས་འགལ་བ་ཅན་མང་པོ་མཉམ་དུ་འགྲོགས་པར་སྟོན་པ་ཞིག་ཡིན་ཏེ། དཔེར་ན།

རྩ་བ་རབ་རྒྱས་ཡལ་ག་ཤིན་ཏུ་སྲ། །
ལོ་འདབ་སྔོ་ལྗང་འབྲས་བུ་དམར་པོའི་མདོག །

དབྱར་གྱི་དུས་སུ་དར་ཞིང་དགུན་རྒུད་པའི། །

འཁྲི་ཤིང་འདི་ཡིས་མིག་ལྡན་སུམ་བཅོམ། །ཞེས་པ་ལྟ་བུའོ། །

༤. གཞི་གཅིག་གི་ཆོས་མང་པོ་འགལ་བ་ནི། བརྗོད་པར་འདོད་པའི་ཁྱད་གཞི་གཅིག་ལ་འགལ་བ་སྣ་ཚོགས་ཅན་གྱི་ཁྱད་ཆོས་མང་པོ་མཉམ་དུ་འགྲོགས་པར་སྟོན་པ་ཞིག་སྟེ། དཔེར་ན།

ཆ་རྫོགས་ཟླ་བ་རྒྱས་པའི་བཞིན་རས་ལ། །

དཀྱུས་རིང་རི་དྭགས་མིག་གི་མཚན་མས་མཛེས། །

རྒྱ་སྐར་ཚེམས་ཕྲེང་རྐོད་པའི་གཡོན་མིག་མས། །

བདག་ཅག་གདུང་བའི་ལས་ལ་ཅིའི་ཕྱིར་བགོད། །ཅེས་པ་ལྟ་བུའོ། །

༥. གཞི་གཅིག་གི་བྱ་བ་འགལ་བ་ནི། བརྗོད་པར་འདོད་པའི་ཁྱད་གཞི་གཅིག་གི་སྟེང་དུ་བྱ་བ་མ་བྱས་ཀྱང་བྱ་ལས་འགལ་བ་གཉིས་མཉམ་དུ་འགྲོགས་པར་སྟོན་པ་ཞིག་སྟེ། དཔེར་ན།

ཐིག་དཀའི་ཁྲིས་པོའི་ལྡིད་ཀྱིས་མ་མནར་ཞིང་། །

གྲང་རེག་དྲི་བཙོན་དྲིག་པོས་རེག་མིན་ཡང་། །

དོན་མཐུན་གྲོགས་ཕྱོད་གནས་འདིར་སླེབས་པའི་ཚེ། །

བ་སྤུ་གཡོ་ཞིང་ལུས་ཀྱི་འཁྲི་ཤིང་འདར། །ཞེས་པ་ལྟ་བུའོ། །

༦. སྦྱར་བའི་འགལ་བ་ནི། འགལ་བ་ཅན་གྱི་དངོས་པོ་འགའ་ཞིག་སྒྲ་དོན་གང་རུང་གི་སྒོ་ནས་ཕྱོགས་གཉིས་ལ་སྦྱར་དུ་རུང་བ་ཞིག་ཡིན་ཏེ། དཔེར་ན།

རོལ་བའི་གནས་སུ་ཡོངས་རྫིན་མཁའ་འགྲོའི་ཚོགས། །

སྨད་བྱུང་བདུད་རྩིར་སྤྱོད་ལ་མཐུ་ཆེ་ཡང་། །

གང་ཚེ་བཙུད་བྲལ་གཞན་གྱི་དབང་གྱུར་ཚེ། །

དགའ་སྤྲོའི་ཡིད་བརྟན་འཆའ་བའི་བློ་ལྡན་སུ། །ཞེས་པ་ལྟ་བུའོ། །

ཉེར་བརྒྱད་པ། སྐབས་མིན་བསྟོད་པའི་རྒྱན།

སྐབས་མིན་བསྟོད་པའི་རྒྱན་ནི། བརྗོད་བྱའི་ཡུལ་དེར་དངོས་དོན་ལ་བསྟོད་པའི་སྐབས་སུམ་བབས་ཀྱང་རང་གི་འདོད་པའི་དབང་གིས་རེ་ཞིག་བསྟོད་པ་ལྟར་བྱས་པ་ཞིག་ཡིན་ཏེ། དཔེར་ན།

གཞན་གྱི་ངོ་བསྲུང་བྱེད་པའི་ཁྲལ་མེད་ཅིང་། །
ཟས་ནོར་གོས་ལ་བརྩོན་པ་མི་དགོས་པར། །
ནེའུ་གསེང་ཡངས་པའི་དཀྱིལ་ན་བག་ཡངས་སུ། །
རྩེན་པའི་རི་སྐྱེས་བུ་འདི་སྐྱིད་པ་སྙམ། །ཞེས་པ་ལྟ་བུའོ། །

ཉེར་དགུ་པ། ཟོལ་བསྟོད་ཀྱི་རྒྱན།

ཟོལ་བསྟོད་ཀྱི་རྒྱན་སྤྱིའི་མཚན་ཉིད་ནི། བསྟོད་ཡུལ་གྱི་དངོས་པོ་ཞིག་ལ་དངོས་སུ་སྨད་པ་ལྟར་བྱས་ཀྱང་། ཤུགས་ལ་དེའི་ཡོན་ཏན་བརྗོད་པར་སོང་བ་ཞིག་ལ་ཟོལ་བསྟོད་ཀྱི་རྒྱན་ཞེས་བརྗོད་པ་ཡིན།

༡. མཐུ་ལྡན་སུམ་ཚོགས་པའི་ཟོལ་བསྟོད་ཀྱི་རྒྱན་ནི། བརྗོད་པར་འདོད་པའི་དངོས་པོ་དེར་ནུས་མཐུའི་ཁྱད་པར་ལྡན་སུམ་ཚོགས་པ་ཞིག་ཡོད་པ་དེ་རྒྱུ་མཚན་དུ་བྱས་ནས་ཁེངས་པ་ཡོད་པ་ལྟར་སྨད་ནས། ཁྱད་ཆོས་དེ་དང་ལྡན་པའི་དངོས་པོ་གཞན་དག་ཀྱང་ཡོད་པར་སྟོན་པ་ཞིག་ཡིན་ཏེ། དཔེར་ན།

མཚུངས་མེད་གནམ་བསྐོས་ཧང་གིར་རྒྱལ་པོ་ཡིས། །
འཛམ་གླིང་ཡུལ་གྲུ་ཀུན་ཏུ་མངའ་དབང་མཛད། །

རྒྱལ་པོ་ཁྱོད་ཀྱིས་སྟོང་འཁྲུན་ཁྱོན་ཙམ་ཞིག །
དཔང་དུ་བྱས་པ་ཙམ་ལ་ཅིའི་ཕྱིར་ཁེངས། །ཞེས་པ་ལྟ་བུའོ། །

༢. དཔའ་བ་ཕུན་སུམ་ཚོགས་པའི་ཟོལ་བསྟོད་ཀྱི་རྒྱན་ནི། བརྗོད་པར་འདོད་པའི་བསྟོད་ཡུལ་དེའི་ཞུམ་པ་མེད་པའི་ཡོན་ཏན་གྱི་ཁྱད་པར་འགའ་ཞིག་ལ་སྨད་པ་ལྟར་བྱས་ནས་དོན་དངོས་སུ་བསྟོད་པར་སོང་བ་ཞིག་ཡིན་ཏེ། དཔེར་ན།

བཅོམ་ལྡན་དུས་དགྲའི་འཁོར་ལོའི་ལས་སྦྱོར་གྱིས། །
སྣང་དགྲ་ཐལ་བར་བརླག་པའི་མཛད་སྤྱོད་འདི། །
གྲངས་མེད་བསྐལ་པར་རླབས་ཆེན་སེམས་སྒོམ་པའི། །
རྒྱལ་བའི་སྲས་པོ་ཁྱོད་ཀྱིས་མཛད་འོས་སམ། །ཞེས་པ་ལྟ་བུའོ། །

༣. སྦྱོར་བའི་ཟོལ་བསྟོད་ནི། བསྟོད་བྱའི་ཡུལ་དེར་སྒྲ་དང་དོན་གང་རུང་སྦྱོར་བའི་སྒོ་ནས་སྨད་པ་ལྟར་བྱས་ཏེ་དོན་དངོས་སུ་བསྟོད་པར་སོང་བ་ཞིག་ཡིན་ཏེ། དཔེར་ན།

ཁྱོད་ཀྱི་སོ་གཉིས་མཚོན་གྱི་རྩེ་རྣོ་བས། །
རང་ལ་གནོད་པའི་མ་རུང་དག་ལ་ཟ། །
ཅིའི་སླད་གདོང་ལྷ་ཚུལ་ལ་ཉེར་ཆགས་ཞེས། །
སྐྱེམས་པ་འཆང་བར་འོས་སམ་བློ་ལྡན་ཀྱི། །ཞེས་པ་ལྟ་བུའོ། །

སུམ་ཅུ་བ། ངེས་བསྟན་གྱི་རྒྱན།

ངེས་བསྟན་གྱི་རྒྱན་སྤྱིའི་མཚན་ཉིད་ནི། ངེས་པར་སྟོན་བྱེད་ཀྱི་དཔེ་སྔོན་དུ་བཀོད་ནས་དེ་དང་མཚུངས་པའི་དོན་དངོས་མཆོག་དམན་གང་རུང་ཞིག་མཚོན་པའི་ངེས་བསྟན་གསལ་བྱེད་ཀྱི་སྒྲ་དང་ལྡན་པ་ཞིག་ལ་ངེས་བསྟན་གྱི་རྒྱན་ཞེས་བརྗོད་པ་ཡིན་ནོ། །

༡. མཆོག་གི་ངེས་བསྟན་ནི། མཆོག་ཏུ་གྱུར་པའི་དོན་དངོས་མཚོན་བྱེད་ཀྱི་དཔེ་

སྟོན་དུ་བཀོད་ནས་དེ་ཉིད་ཀྱིས་མཚོན་པའི་དོན་ལ་ངེས་བསྟན་གསལ་བྱེད་ཀྱི་སྒྲ་སྦྱོར་བ་ཞིག་ཡིན་ཏེ། དཔེར་ན།

བསིལ་སྦྱིན་དབང་པོ་འཇུམ་པའི་ཟེར་མ་ཡིས། །
ཀུ་མུད་དགའ་སྒྲོའི་བཞིན་གྱི་འདབ་མ་བཞད། །
གང་དེས་རྡོ་རྗེ་དབྱངས་ཀྱི་དབང་ཕྱུག་མས། །
སྐལ་ལྡན་བློ་གྲོས་རྣམ་པར་འབྱེད་པ་མཚོན། །ཞེས་པ་ལྟ་བུའོ། །

༢. མཚོག་མིན་གྱི་ངེས་བསྟན་ནི། མཚོག་ཏུ་གྱུར་བ་མ་ཡིན་པའི་དོན་མཚོན་བྱེད་ཀྱི་དཔེ་སྟོན་དུ་བཀོད་པ་དེས་མཚོན་པའི་དོན་ལ་ངེས་བསྟན་གསལ་བྱེད་ཀྱི་སྒྲ་སྦྱོར་བ་ཞིག་ཡིན་ཏེ། དཔེར་ན།

དྭངས་གསལ་སྟོང་བའི་མཁའ་ལ་རྐྱེན་དབང་གིས། །
མཛེས་པར་བཀྲ་བ་དབང་པོའི་གཞུ་རིས་འདིས། །
ལང་ཚོའི་དཔལ་འཛིན་སྨིན་ལེགས་གཞོན་ནུ་ཡི། །
ལུས་འདི་ངེས་པར་འཇིག་པའི་ཆོས་སུ་བསྟོན། །ཞེས་པ་ལྟ་བུའོ། །

སོ་གཅིག་པ། ལྷན་ཅིག་བརྗོད་པའི་རྒྱན།

ལྷན་ཅིག་བརྗོད་པའི་རྒྱན་སྤྱིའི་མཚན་ཉིད་ནི། བརྗོད་པར་འདོད་པའི་དངོས་པོ་དེའི་ཡོན་ཏན་དང་བྱ་བ་སོགས་ལྷན་ཅིག་ཏུ་ཚོགས་པའི་དངོས་པོ་གཞན་དང་མཉམ་དུ་བརྗོད་པ་ཞིག་ལ་ལྷན་ཅིག་བརྗོད་པའི་རྒྱན་ཞེས་བྱ་བ་ཡིན་ནོ། །

༡. ཡོན་ཏན་ལྷན་ཅིག་བརྗོད་པ་ནི། བརྗོད་པར་འདོད་པའི་དོན་གང་གི་ཡོན་ཏན་འགའ་ཞིག་དེ་དང་མཚུངས་པའི་དངོས་པོ་གཞན་དང་ལྷན་ཅིག་ཏུ་འགྲོགས་པ་ལྟར་བརྗོད་པ་ཞིག་ཡིན་ཏེ། དཔེར་ན།

འབྲས་དུས་ནམ་མཁའི་ཆུ་ཤེལ་འཛུམ་དང་ལྡན། །
སྔོན་བྱོན་མཁས་པའི་ལྷག་བསམ་རྣམ་པར་དཀར། །
གཞན་གསོའི་བུ་མོའི་དབྱངས་དང་ཆབ་ཅིག་ཏུ། །
དམ་པའི་གསུང་གསང་རྣ་བའི་དཔྱིད་དུ་སྨྲན། །ཞེས་པ་ལྟ་བུའོ། །

༢. བྱ་བ་ཐ་དད་པ་ལྡན་ཅིག་བརྗོད་པ་ནི། བརྗོད་པར་འདོད་པའི་དངོས་པོ་གང་དང་བྱ་བ་ཐ་དད་པའི་དངོས་པོ་གཞན་ལྷན་ཅིག་ཏུ་གནས་པ་ལྟར་བརྗོད་པ་ཞིག་ཡིན་ཏེ། དཔེར་ན།

མགོན་ཕྱོད་རྗེས་སུ་དྲན་པའི་དད་པ་དང་། །
ལྷན་ཅིག་དགེ་མཚན་སྣང་བ་ཆེར་བདོ་ཞིང་། །
མི་ཤེས་རྨོངས་པས་སྒྲིབ་པའི་སེམས་དང་ལྷན། །
བཟོད་དཀའི་གདུང་བ་མིང་གི་ལྷག་མར་གྱུར། །ཅེས་པ་ལྟ་བུའོ། །

༣. བྱ་བ་གཅིག་པའི་ལྷན་ཅིག་བརྗོད་པ་ནི། བརྗོད་པར་འདོད་པའི་ཁྱད་གཞི་ཐ་དད་པ་རྣམས་ཀྱི་བྱ་བ་གཅིག་མཉམ་དུ་ཚོགས་པ་ལྟར་བྱས་ནས་ཐུན་མོང་གི་བྱ་བ་སྟོན་བྱེད་ཀྱི་ཚིག་གཅིག་ཏུ་བསྡུས་ཏེ་བརྗོད་པ་ཞིག་ཡིན་ཏེ། དཔེར་ན།

སྲིད་ལ་སྐྱོ་བའི་རྣམ་དག་ངེས་འབྱུང་དང་། །
འགྲོ་བ་སྒྲོལ་བའི་ཁུར་འཁྱེར་བྱང་ཆུབ་སེམས། །
མ་ནོར་ལམ་བཟང་འཚོལ་བའི་འདུན་པ་སྟེ། །
རྣམ་པ་འདི་གསུམ་འགྲན་པ་བཞིན་དུ་འཕེལ། །ཞེས་པ་ལྟ་བུའོ། །

སོ་གཉིས་པ། ཡོངས་བརྗེས་ཀྱི་རྒྱན།

ཡོངས་བརྗེས་ཀྱི་རྒྱན་ནི། བརྗོད་པར་འདོད་པའི་དངོས་པོ་གང་གི་ཡོན་ཏན་དང་བྱ་

བ་སོགས་ཕན་ཚུན་བསྡོལ་ནས་བརྗེས་པ་ལྟ་བུར་སྒྲ་བཏགས་ནས་བརྗོད་པ་ཞིག་ཡིན་ཏེ། དཔེར་ན།

མགོན་པོ་ཁྱེད་ཀྱི་དཔག་མེད་གདུང་བའི་འགྲོར། །
ཟད་བྱུང་བདེ་བ་མཆོག་གི་དཔལ་བསྩལ་ནས། །
དེ་དག་ཡིད་ཀྱི་བརྟན་པ་དབང་མེད་དུ། །
ཕྲོགས་པའི་གྲགས་སྙན་ཕྱོགས་ཀྱི་བུ་མོས་སྒྲོག །ཅེས་པ་ལྟ་བུའོ། །

སོ་གསུམ་པ། ཤིས་བརྗོད་ཀྱི་རྒྱན།

ཤིས་བརྗོད་ཀྱི་རྒྱན་སྤྱིའི་མཚན་ཉིད་ནི། རང་ཉིད་ཀྱིས་མངོན་པར་འདོད་པའི་དངོས་པོ་དེ་སྲུང་བའམ་འཐོབ་པའི་ཕྱིར་དུ། འདོད་བྱའི་དོན་དེ་གེགས་མེད་དུ་འགྲུབ་པའི་རེ་བ་འཆའ་བའི་སྨོན་ཚིག་ལྟ་བུ་ཞིག་ཡིན་ཏེ། དཔེར་ན།

རྒྱལ་ཀུན་སོ་སོར་རྟོགས་པའི་ཡེ་ཤེས་རྟུལ། །
རྟག་བརྟན་ཐིག་ལེ་གཅིག་ཏུ་རྫོགས་པའི་དཔྱིད། །
བློ་གྲོས་སྣང་བའི་དཔལ་སྟེར་རྗེ་བཙུན་མས། །
མཚུངས་བྲལ་གཤིས་ལེགས་གྲོགས་ལ་དགེ་ལེགས་སྩོལ། །ཅེས་པ་ལྟ་བུའོ། །

སོ་བཞི་པ། རབ་སྤེལ་གྱི་རྒྱན།

རབ་སྤེལ་གྱི་རྒྱན་སྤྱིའི་མཚན་ཉིད་ནི། ཚིག་སྦྱོར་དེར་བརྗོད་བྱའི་དོན་གྱི་བརྗོད་ཚུལ་རྣམ་པ་མི་འདྲ་བའི་རྒྱན་གཉིས་ཡན་ཆད་མཉམ་དུ་བསྲེས་པ་ཞིག་ལ་རབ་སྤེལ་གྱི་རྒྱན་ཞེས་བརྗོད་པ་ཡིན།

༡. གཅིག་ལ་གཅིག་རྟེན་གྱི་རབ་སྦྱོལ་ནི། ཚིག་སྦྱོར་དེར་བསྒྲེ་བྱའི་རྒྱན་རྣམས་རང་ཚུགས་མ་ཡིན་པར་ཕན་ཚུན་གཅིག་ལ་གཅིག་ལྟོས་པའི་སྒོ་ནས་སྦྱོལ་བ་ཞིག་ཡིན་ཏེ། དཔེར་ན།(དཔེ་བརྗོད་ཆད་འདུག)

༢. སྟོབས་མཚུངས་སྦྱོལ་བ་ནི། ཚིག་སྦྱོར་གང་དུ་བསྒྲེ་བྱའི་རྒྱན་དེ་རྣམས་ངོ་མི་མཉམ་རང་ཚུགས་སུ་གནས་པའི་སྒོ་ནས་སྦྱོལ་བ་ཞིག་ཡིན་ཏེ། དཔེར་ན།(དཔེ་བརྗོད་ཆད་འདུག)

སྙན་ངག་ལེའུ་དང་པོའི་ཁྲིད་ཟིན་བརྗེད་བྱང་།

ལེའུ་དང་པོ་ནས་བསྟན་པའི་སྦྱར་བ་སོགས་རྒྱན་སོ་སོའི་ཁྱད་ཆོས་མ་འདྲེས་པར་ཞིབ་ཏུ་ཕྱེ་བ་དཀའ་སྟེ། པོད་མཁས་པས།

གི་ལ་ཤ་རིའི་མགུལ་གྱི་སྙན་ངག་མཁན། །
ཕལ་ཆེར་ཡོན་ཏན་རྣམ་བཅུའི་འཇུག་པ་ཡིས། །
ཚིག་སྦྱོར་ས་ཆེན་འདེགས་ཚེ་རི་མོ་ལ། །
བྲིས་པའི་སྐྲོན་མེ་མཚུངས་པར་གསལ་ཆས་དཔེན། །

ཞེས་པ་ལྟར་ལ། དེས་ན་ཐོས་ཚུང་བདག་ལྟ་བུས་འདི་འདྲའི་དོན་ལ་བརྟོན་པ་ནི་ངལ་བའི་རྒྱུ་བྱས་པ་ལས་མ་འདས་མོད། འོན་ཀྱང་རང་ཉིད་གཞུང་ཁྱད་པར་དུ་འཕགས་པ་འདིར་འཇུག་པ་དང་། རང་དང་སྐལ་བ་མཉམ་པའི་ལས་དང་པོ་བ་འགའ་ལའང་ཕན་པ་རེ་སྲིད་དམ་སྙམ་ནས་ཉུང་ངུ་རྣམ་གསལ་གྱི་ཚུལ་དུ་འགོད་པ་ལ།

༡. ཡོན་ཏན་བཅུ་པོ་འདིའི་ཁུངས་ནི་དྲང་སྲོང་རྒྱས་པས་བརྩམས་ཤིང་། ཚོགས་བདག་གིས་ཡིག་མཁན་བྱས་པར་རིག་བྱེད་ཀྱི་གཏམ་རྒྱུད་ལ་གྲགས་པའི་སྙན་ངག་གི་གཞུང་ཆེན་པོ་ཤ་ལོ་ཀ་འབུམ་ལྷག་ཡོད་པ་ཧྭ་ར་ཏ་ཞེས་བྱ་བ་དེ་ཉིད་ལས་སྙན་ངག་མི་ལོང་དུ་བསྡུས་

པ་ཡིན་པར་གསུངས།

2. ལེགས་སྦྱར་གྱི་ཡི་གེ ཀ་སྡེ། ཙ་སྡེ། ཊ་སྡེ། ཏ་སྡེ། པ་སྡེ་སྟེ། སྡེ་བ་ལྔའི་ཡི་གེ་དང་པོ། ཀ་ཙ་ཊ་ཏ་པ་ལྔ་དང་། གསུམ་པ་ག་ཛ་ཌ་ད་བ་ལྔ་དང་། ལྔ་བ་ང་ཉ་ཎ་ན་མ་ལྔ་དང་། མཐར་གནས་ཀྱི་ཡི་གེ་ཡ་ར་ལ་ཝ་བཞི་སྟེ། བཅུ་དགུ་ནི་བརྗོད་པའི་ཚེ་རླུང་ཤུགས་ཆུང་བའི་ཕྱིར་སྲོག་ཆུང་དང་འཇམ་པ་དང་སྟོད་པ་དང་གཉེན་པ་ཞེས་བྱ་ལ། ཡི་གེ་དེ་དག་མང་དུ་འདུས་པའི་ཚིག་སྦྱོར་ལ་སྦྱོར་བ་ཡང་བ་ཟེར། སྡེ་བ་གཉིས་པའི་ཁ་ཆ་ཐ་ཕ་ལྔ་དང་། སྡེ་བ་ལྔའི་བཞི་བ་གྷ་ཛྷ་ཌྷ་དྷ་བྷ་ལྔ་དང་། ཐ་བའི་ཡི་གེ་ཤ་ཥ་ས་ཧ་ཀྵ་བཅས་བཅོ་ལྔ་པོ་འདི་ནི་སྲོག་ཆེན་དང་རྩུབ་པ་དང་དམ་པ་དང་གྱོང་བ་ཞེས་བྱ། ཡི་གེ་དེ་རྣམས་འདུས་པའི་ཚིག་སྦྱོར་ལ་སྦྱོར་བ་ཞེས་ཟེར།

ཀ་ཁ་ག་ཉྭང་། ཙ་ཚ་ཛ་ཛྷ་ཉ། ཊ་ཋ་ཌ་ཌྷ་ཎ། ཏ་ཐ་ད་དྷ་ན། པ་ཕ་བ་བྷ་མ། ཡ་ར་ལ་ཝ། ཤ་ཥ་ས་ཧ།

བོད་ཡིག་ལ་ཀ་ག་ང་། ཅ་ཇ་ཉ། ཏ་ད་ན། པ་བ་མ། ཙ་ཚ་ཝ། འ་ཡ་ར་ལ་ཨ་སྟེ། ཡི་གེ་ཉི་ཤུ་པོ་སྲོག་ཆུང་དང་། ཁ་ཆ་ཐ་ཕ་ཚ་ཞ་ཟ་ཤ་ས་ཧ་བཅུ་ནི་སྲོག་ཆེན་ཡིན། འགའ་ཞིག་གིས་ཞ་ཟ་འ་གསུམ་ཨ་ཡིག་ཏུ་འདུ་བར་འདོར་བཞང་ཡོད་དེ། ད་དུང་གསལ་པོར་ཤེས་དགོས་པ་ཞིག་ནི། སྤྱིར་སྲོག་ཆུང་ཡིན་ཡང་མགོ་ཅན་གསུམ་དང་འདོགས་ཅན་གསུམ་གང་རུང་ཡོད་པའི་དབང་གིས་སྒྲ་དྲག་པོར་གྱུར་ན་རྩུབ་པའི་ཡི་གེ་ཡིན་པ་དང་། འཕུལ་འཇུག་ཡོད་པའི་མགོ་འདོག་ཅན་རྣམས་ནི་སྦྱོར་བ་ལྷི་བར་འགྱུར་བ་དང་། འཕུལ་དང་མིང་གཞི་རྗེས་འཇུག་གསུམ་ནང་ཕན་ཚུན་དྲག་ཞན་འཕྲད་པའི་སྒྲ་དྲག་ཞན་དུ་འགྱུར་ཚུལ་ལ་རྟགས་འཇུག་ལྟར་ཡིན་ན་ལེགས་སོ་སྙམ། སྤྱིར་བོད་ཡིག་གི་སྲོག་ཆེ་ཆུང་གི་ཁྱད་པར་རྟགས་འཇུག་གི་གཞུང་ལྟར་སྦྱར་ན་ལེགས་པར་རྒྱལ་དབང་ལྔ་བ་ཆེན་མོ་དང་། འབྲུག་ཁམས་སྨྱུལ་གྱིས་བཞེད་པ་ཚད་མར་ངེས་པས། སྔོན་ཆད་འདི་ལྟར་བརྩམས་པ་མ་མཐོང་ཡང་ཕྱིས་འབྱུང་དཔྱོད་ལྡན་རྣམས་ཀྱིས་འདི་ལྟར་རྩོམ་ན་ཡང་རུང་བར་མངོན་ནོ། །

ལེགས་སྦྱར་ལ་སྐབས་འདིའི་སྦྱོར་བ་ལྟི་ཡང་དང་། སྦྱོར་ཡི་གེའི་ལྟི་ཡང་མི་འདྲ་སྟེ། སྐབས་འདིར་ཡི་གེ་སྲོག་ཆེན་མང་པོ་རྣམས་ཚིགས་བཅད་དུ་སྟེབ་ཚེ་སྒྲ་གྱོང་པོ་འབྱུང་བ་ལ་སྦྱོར་བ་ལྗི་བ་ཟེར་ཞིང་། དེ་ལས་ལྡོག་པར་སྲོག་ཆུང་ནི་ཡི་གེ་མང་པོ་ཚིགས་བཅད་དུ་སྟེབ་ཚེ་སྒྲ་སྙོད་པ་འབྱུང་བས་སྦྱོར་བ་ཡང་བ་ཟེར། སྦྱོར་ཡི་གེ་ལྟི་ཡང་ནི་ཕ་རོལ་དུ་ཡི་གེ་བརྩེགས་མ་དང་། རྣམ་བཅད་དང་། ང་རོ་མེད་པའི་དབྱངས་ཐུང་ངུ་ཅན་རྣམས་ནི་ཡང་བ་ཡིན་ལ། ཕ་རོལ་དུ་གསལ་བྱེད་དབྱངས་མེད་ཧ་ལན་ཏས་མཚན་པ་ཅན་དང་། གསལ་བྱེད་བརྩེགས་པ་ཡོད་ན་དེ་ལས་ཚུ་རོལ་གྱི་ཡི་གེ་དེ་ལྟི་བ་དང་། དབྱངས་རིང་ཆ་ཅན་དང་འགྲེང་བུ་ན་རོ་ཅན་དེ་རིང་པོ་རྣམས་དང་། པ་ལུ་ཏའི་རྟགས་ཅན་རྣམས་ནི་གནས་སྐབས་ཐམས་ཅད་དུ་བརྩི་བ་ཡིན་པ་དང་། རྣམ་བཅད་ཅན་རྗེས་སུ་ང་རོ་ཅན་རྣམས་ཀྱང་ལྟི་བ་ཡིན་ནོ། ། སྐབས་འདིའི་ལྟི་ཡང་ནི་སྦྱོར་བ་ལྟི་ཡང་དང་། སྟེབ་སྦྱོར་གྱི་ལྟི་ཡང་ནི་ཡི་གེ་ལྟི་ཡང་ཡིན་པས་ཁྱད་པར་ཆེ་བར་གསུངས་སོ། །

ཤར་བའི་རབ་ཏུ་དྭངས་པའི་རྒྱན་ནི། དཔེར་ན།

པཻ་ཌཱུརྱ་ཞུན་མའི་ཁམས་ཡངས་མཛེས་པའི་རྒྱན། །

དྲི་བྲལ་ཤེལ་གྱི་ཕྱེ་མ་ཐང་མར་བརྡལ། །

མཛའ་མཐུན་གཞོན་ནུ་དགའ་བའི་འཛུམ་གྱིས་བསུ། །

སྲིད་གསུམ་མཛེས་བྱེད་རྒྱན་གཅིག་དེང་འདིར་སྣང་། །ཞེས་པ་ལྟ་བུའོ། །

༣. མཉམ་ཉིད་ལ་སྟོ་བའི་ལུགས་ཀྱི་ཚིགས་བཅད་ཕྱེད་སྤྱ་མར་འཇམ་པ་དང་། ཕྱི་མར་རྩུབ་པོ་ཁོན་ཤས་ཆེ་སྟེ། དཔེར་ན།

ཡིད་འོང་པདྨ་དཀར་པོའི་སྟོན་པ་ལྟར། །

མ་གྱུར་འགྲོ་ཀུན་དགའ་བདེ་འབྱུང་བའི་ཡུལ། །

བསིལ་སྦྱིན་མཁན་མཆོག་མཁའ་མཐར་ཤར་མཚུངས་ཤིང་། །

སྲིད་གསུམ་ཆོས་བཞིན་སྐྱོང་མཁས་ལྷ་ཁྱོད་བསྔགས། །ཞེས་པ་ལྟ་བུའོ། །

ཤར་བའི་མཉམ་ཉིད་ནི།

ཡིད་འོང་ནོར་འཛིན་རྨད་བྱུང་སྐྱིད་ཚལ་དུ། །

རྣམ་མང་འདབ་བརྒྱ་བཀྲོལ་བའི་པད་དཀར་སྔོན། །

གསར་འཁྲུངས་མཚར་སྡུག་འཁྲི་ཤིང་གཞོན་ནུ་མར། །

འགྲན་པར་བྱེད་གང་དབྱར་གྱི་ཡོན་ཏན་ཉིད། །ཅེས་པ་ལྟ་བུའོ། །

༨. སྒྲའི་ཉམས་ལ་ལྷོ་ཕྱོགས་པ་ཁོནས་འདོད་པའི་ཚིག་མཚུངས་ཉེ་བའི་ཉམས་ནི།

(༡) དབྱངས་ཅན་ངག་དབང་ཆོས་དབྱངས་ཀུན་མཁྱེན་མ། །

སྐྱེས་ཤིང་སྐྱེས་པའི་སྐྱེ་འགྲོ་སྐྱོང་བའི་ཕྱིར། །

ཟླ་ཐལ་ཐུགས་སྐྱེད་ཟླ་ལྟར་དཀར་བ་འདི། །

ཡང་ཡང་དྲན་པས་ཡང་ནས་ཡང་དུ་བསྟགས། །ཞེས་པ་ལྟ་བུའོ། །

(༢) རྐང་བ་ལ་བསྐོར་བའི་རྗེས་ཁྲིད་ནི། ཤར་ཕྱོགས་པས་འདོད་པ་གཙོ།

མཚན་དང་དཔེ་བྱད་བཟང་པོས་རབ་བརྒྱན་ཅིང་། །

མཚུངས་མེད་བལྟ་བས་མི་ངོམས་ཡིད་འོང་བའི། །

ཚངས་པའི་བུ་མོའི་རབ་མཛེས་གཟུགས་ཀྱི་སྐུ། །

ཚེ་འདིར་དངོས་སུ་མཇལ་བའི་སྐལ་བཟང་བཅས། །ཞེས་པ་ལྟ་བུའོ། །

(༣) ཚིག་ལ་བསྐོར་བའི་རྗེས་ཁྲིད་ནི།

ལེགས་བྱས་རྒྱ་གཏེར་ལས་འཁྲུངས་ལང་ཚོའི་སྣེག །

མཛེས་སྡུག་ཡིད་འོང་དཔལ་འཛིན་མཚོ་སྐྱེས་འཛུམ། །

སྒྲ་དབྱངས་སྒྲོག་མཁས་སྒྲ་ལྡན་ལྷ་མོ་ལ། །

མཚན་དཔེ་ལྡན་པ་འགས་ཀྱང་མཚོན་དུ་མེད། །ཅེས་པ་ལྟ་བུའོ། །

གཉིས་པ་དཔེ་བརྗོད་དངོས་བཤད་པ།

(༡) སྦྱོར་བའི་མཚན་ཉིད་ཀྱི་རྩ་བའི་ཚིག་འགྲེལ་ཚུལ།

(༢) སྲོག་ཆུང་ཡི་གེ་མཆོག་སྟེ་ལྷོད་པ་ཁོ་ནར་སྦྱར་བའི་སྐྱོན་གྱིས་མ་རེག་པ། སྦྱར་བ་ནི་སྲོན་ཆུང་གི་ཡི་གེ་མཆོག་ཏུ་བཟང་བ་ཤས་ཆེ་ཞིང་། ལྷོད་པ་ཉིད་ཀྱིས་མ་རེག་པ་སྟེ། འབའ་ཞིག་མ་ཡིན་པ།

(༣) ཡི་གེ་གྲངས་རྩིས་ན་སྲོག་ཆུང་གི་ཡིག་ཟུང་མང་བ་ལ་སྲོག་ཆེན་ཟུང་ཟད་འདྲེས་པ་འདི་ཉིད་བརྗོད་པ་གསལ་བའི་ཕྱིར་ཉན་པ་པོའི་རྣ་བར་སྲོག་ཆེན་གྱི་ཡི་གེ་དེ་སྲ་ཤུགས་ཆེ་བར་གོ་བ་ཞིག་དང་། གཞན་ཡང་། རིན་སྤུངས་པ་དང་རྒྱལ་དབང་ལྔ་པས་སྲོན་ཆེན་གྱི་ཡི་གེ་ཤས་ཆེ་ཞིང་། གཙོ་བོར་སྦྱར་བར་བཞེད་ལ། འདར་ལོས་དཔེ་བརྗོད་སྲོག་ཆེ་ཆུང་མཉམ་པར་སྦྱར་བས། དཎ་ཌིའི་དགོངས་པ་དང་གང་མཐུན་གཟིར་གནས་དཔྱོད་ལྡན་རྣམས་ཀྱིས་དཔྱད་པར་བྱའོ། །

༥. ལྷོ་བའི་ཤིན་གཞོན་ནི།

ཉིན་བྱེད་འོད་སྣང་འབར་བའི་དཔྱིད་དུས་སུ། །
དཔྱིད་ཀྱི་ཕོ་ཉས་སྙན་པའི་སྒྲུ་དབྱངས་ལེན། །
སྦྲང་རྩིའི་བརྒྱལ་ཞུགས་པ་ཡང་གཉིད་སད་དེ། །
དྲི་བཟང་ཁང་བར་གར་གྱིས་རྩེན། །ཅེས་པ་ལྟ་བུའོ། །

༦. ཤར་བའི་ཤིན་གཞོན་ནི།

ཆུ་མཐོངས་ལམ་དུ་རྒྱུ་བའི་ཆར་སྤྲིན་ལས། །
བདེ་འབྱུང་འབྲུག་འབྲུག་གཡོ་བའི་གར་དང་ལྡན། །
དབྱར་སྐྱེས་ཇ་གསང་རྟག་ཏུ་སྒྲོག་པའི་ཚེ། །
སྒྲོ་ལྡན་སྒེག་མོ་ཕལ་ཆེར་སྒྲོ་དགས་བྲེལ། །ཅེས་པ་ལྟ་བུའོ། །

༤. སྙོ་ཤར་ཐུན་མོང་དུ་འདོད་པའི་དོན་གསལ་ནི།

དམ་པའི་ཐུགས་རྗེའི་སྤྲིན་རིམ་ལས་བབས་པའི། །

བསིལ་བའི་གྲུབ་ཆར་ལུས་ལ་རེག་པའི་མོད། །

ཁམས་ཀྱི་དྭངས་མ་སྨོན་པར་ཟག་པ་ལས། །

མིག་གི་གྲངས་ལྡན་ཟླ་མེད་ཁྲིའུ་བལྟམས། །

ཞེས་པ་ལྟ་བུ་དང་། ཡང་ན་ཤར་བ་འགའ་ཞིག་གིས་འདོད་པའི་དོན་གསལ་ནི།

མངར་བའི་རོ་ལྡན་མཛེས་པའི་སྨོན་པ་ལ། །

བཅུ་གཉིས་བདག་པོའི་སྣང་བས་འབྱུད་པ་ལས། །

མཚར་སྡུག་མིག་གི་དཔྱིད་ཀྱུར་ཁྲིའུ་ཟུང་། །

འཛིག་རྟེན་དགེ་མཚན་དར་བའི་དཔལ་དུ་བལྟམས། །ཞེས་པ་ལྟ་བུའོ། །

༥. སྙོ་བའི་རྒྱ་ཆེ་བའི་ཡོན་ཏན་ནི།

མཚན་ཉིད་བཅུ་ལྡན་ཐེག་མཆོག་དགེ་བའི་བཤེས། །

ལན་ཅིག་མིག་གི་དཔྱིད་དུ་སྨིན་པའི་ཚེ། །

ཡོན་ཏན་ནོར་གྱིས་ཕྱུག་པའི་དྲན་དབང་གཞན། །

བསྟེན་པའི་འདུན་པ་དབང་བའི་གཞུ་ལྟར་ཡལ། །

ཅེས་པ་ལྟ་བུ་དང་། ཡང་ན་ཤར་བ་འགའ་ཞིག་གི་འདོད་པ་རྒྱ་ཆེ་བའི་ཡོན་ཏན་ནི།

སྣ་ཚོགས་རིན་ཆེན་ལས་གྲུབ་ཁང་བཟང་དུ། །

རྣམ་བཀྲ་འོད་འབར་ནོར་བུའི་སྒྲོན་མེ་དང་། །

དབྱངས་སྙན་འཁྲོལ་བའི་གསེར་གྱི་དྲིལ་ཆུང་སོགས། །

སྣ་མང་མཁོ་དགུའི་བདོག་དངོས་ཕྱུར་བུར་གཏམས། །ཞེས་པ་ལྟ་བུའོ། །

༨. སྔོ་ཕྱོགས་པའི་མཛེས་པ།

(༡) གཏམ་ལ་སྦྱར་བའི་མཛེས་པ་ནི།

ནམ་འདྲེན་སྟོབས་བཅུ་མངའ་བ་མཐའ་ཡས་བའི། །
ཞབས་ཟུང་བཀྲ་ཤིས་རི་མོ་ཉམས་པ། །
ལན་གཅིག་མིན་པར་བཀོད་པའི་ཞིང་མཆོག་འདིར། །
མི་བཟེད་འཛིག་རྟེན་ཞེས་བྱ་དོན་དང་ལྡན། །

ཞེས་དང་། ཡང་ན།

ཐུགས་རྗེ་གཏེར་གྱུར་ཕྱག་ན་པདྨོའི་ཞབས། །
མཁས་གྲུབ་རྗེ་བློན་རྣམས་ཀྱི་རྣམ་རོལ་ནས། །
དུས་ཀུན་སྐྱོང་མཛད་གི་ལ་ཤ་རིའི་ལྗོངས། །
གྲུ་འཛིན་རི་བོར་གྲགས་པ་དོན་གྱི་ཕྱུག །ཅེས་པ་ལྟ་བུའོ། །

(༢) ཡོན་ཏན་བསྔགས་པ་སྦྱར་བའི་མཛེས་པ་ནི།

ཟབ་བརླིང་རིག་པའི་ཆུ་གཏེར་ཆེན་པོ་ལས། །
དོན་བཟང་ནོར་བུ་ལེན་ལ་གོམས་པའི་མཐུས། །
རྣམ་དག་བརྩོན་པའི་གྲུ་ཆེན་ལེགས་བསྟེན་པ། །
དན་ཏྲིའི་ལུགས་བཟང་རྟེད་འདི་ཨེ་མ་རྨད། །ཅེས་པ་ལྟ་བུའོ། །

༩. ཤར་ཕྱོགས་པའི་མཛེས་པ།

(༡) གཏམ་ལ་སྦྱར་བའི་མཛེས་པ་ནི།

དམིགས་མེད་སྙིང་རྗེའི་གཏེར་གྱུར་སྤྱན་རས་གཟིགས། །
དཔག་ཡས་རྫུ་འཕྲུལ་རོལ་བའི་གློས་གར་གྱིས། །
རྣམ་པར་རོལ་བའི་གནས་མཆོག་བསིལ་ལྡན་ལྗོངས། །
གྲུ་འཛིན་ཞིང་གི་ཡོན་ཏན་ལས་ཀྱང་བརྒྱལ། །ཞེས་པ་ལྟ་བུའོ། །

(༢) ཡོན་ཏན་བསྡུགས་པ་ལ་སྦྱར་བའི་མཛེས་པ་ནི།

མགོན་པོ་ཁྱོད་ཀྱི་རླབས་ཆེན་མཛད་རྗེས་རྣམས། །

ཡངས་པའི་ནོར་འཛིན་ཁྱོན་ལ་ཤོང་མིན་པ། །

འཇིག་རྟེན་བྱེད་པོ་མ་བརྟག་བབ་ཅོལ་གྱིས། །

ས་གཞི་ཆུང་ངུར་བསྐྲུན་པ་བཅོས་སུ་མེད། །ཅེས་པ་ལྟ་བུའོ། །

༡༠. ཧིང་ངེ་འཛིན།

(༡) ཆོས་སྤྱི་ཙམ་བཀོད་པའི་ཧིང་ངེ་འཛིན།

ཉིན་བྱེད་གཞོན་ནུ་དགའ་བའི་འཛུམ་ཟེར་གྱིས། །

པད་དཀར་སྐྱེག་མོའི་ཟུར་མིག་ཕྱོགས་དེར་དྲངས། །

ཀུན་སྐྱུར་གཡོན་མིག་གང་ལ་ཕྲག་དོག་གི །

བཟོད་དཀའི་གདུང་བས་བཞིན་རས་གནག་པར་གྱུར། །ཅེས་པ་ལྟ་བུའོ། །

(༢) ཆོས་གཅིག་བཀོད་པའི་ཧིང་ངེ་འཛིན་ནི།

ཀུན་གསལ་སྐྱེག་མོ་བགྲུས་པའི་གྲུ་ཆར་རྒྱུན། །

ཟགས་རྣམས་འཕྲུང་བས་ཡིད་སྨོས་ཀུན་དགའི་ཚོགས། །

སྒྲོ་དགས་འཛུམ་པའི་ཞབས་ཟུང་བདུད་རྩའི་རྒྱུན། །

ཡང་ནས་ཡང་དུ་ཟགས་པར་བྱེད་པ་འདྲ། །ཞེས་པ་ལྟ་བུའོ། །

(༣) ཆོས་དུ་མ་བཀོད་པའི་ཧིང་ངེ་འཛིན་ནི།

ཉིན་བྱེད་གཞོན་ནུའི་འོད་ཀྱི་ལྡེ་མིག་གིས། །

དྲི་བཟང་ཁང་བ་དཀར་པོའི་སྒོ་ཕྱེ་ཆེ། །

ཟད་པ་ལེན་པའི་དུས་སྟོན་ལ་རོལ་བའི། །

ཡིད་འོང་སྦྲང་རྩིའི་བུ་རྣམས་སྐྱིད་པ་ཨང་། །ཞེས་པ་ལྟ་བུའོ། །

སྨྲས་པ།

སྔོན་བྱོན་མཁས་པའི་ལེགས་བཤད་འོད་ཀྱིས་བཏང་། །
སྣ་ཚོགས་གཏམ་གྱི་མུན་པས་ས་ཁྱབ་དུས། །
རྩོད་སྤོངས་བློ་གནམ་རུའི་རྒྱུན་ལས་ཉེར་འཕོས་པའི། །
ལོག་གཏམ་ཉག་ཕྲན་མཁས་པའི་སྙིང་ལ་གཟན། །
གང་ཡང་མ་བསླབས་ཅི་ཡང་མི་ཤེས་པའི། །
བླུན་རྫོངས་བདག་བློ་ཉམ་ཆུང་རྫིང་བུའི་ནང་། །
ལེགས་བཤད་ནོར་བུ་འབྱུང་བ་མི་སྲིད་པས། །
མཁས་པ་དགྱེས་པའི་ངོ་མཚར་སྐྱེས་ཀྱི་ཕོངས། །
འོན་ཀྱང་དྲན་དབང་ཉིན་བྱེད་དབང་པོས་ཀྱང་། །
འབྱེད་པར་མ་ནུས་བ་ཀུ་ལ་ཡི་འདབ། །
དཔྱོད་ལྡན་གཡོན་མིག་མ་ཡི་འགྲམ་ཆང་གིས། །
ཚོགས་མེད་ལེགས་པར་བཀྲོལ་བའང་སྲིད་པ་ཉིད། །
ཚུལ་འདིར་འབད་པའི་རྣམ་དཀར་གླང་གའི་རྒྱུན། །
བྱང་ཆེན་རྒྱ་མཚོའི་གློང་དུ་འཁྱིལ་བ་ལས། །
འདིས་མཚོན་གངས་ལྗོངས་གཙུག་ལག་ནོར་གྱི་བུས། །
སྐལ་བཟང་རྫོངས་པའི་མུན་པ་སེལ་གྱུར་ཅིག། །།

༄༅། །བོད་ཀྱི་སྐད་ཡིག་གི་ཐོག་མའི་དར་ཚུལ་མདོ་ཙམ་བརྗོད་པ།

བསིལ་ལྡན་བོད་ཀྱི་ལྗོངས་འདི་ལའང་མིའི་འགྲོ་བ་བྱུང་ནས་དུས་ཡུན་ཤིན་ཏུ་རིང་པོའི་སྤྱི་ཚོགས་ཀྱི་ཐོན་སྐྱེད་དང་འཚོ་བ་དངོས་ཀྱི་ཁྲོད་དུ་ཕོ་ཚོ་ཕན་ཚུན་ཁ་བྲལ་མི་ཐུབ་པའི་འབྲེལ་བ་ཞིག་ཆགས་ཤིང་། མི་རྣམས་ཐུན་མོང་གི་བྱ་སྤྱོད་གཅིག་གྱུར་ཞིག་ཡོང་བ་བྱེད་དགོས་བྱུང་སྐབས། དེ་དག་གི་བསམ་བློ་མཚོན་བྱེད་ཀྱི་ས་ཁུལ་རེར་གཅིག་གྱུར་ཡིན་པའི་སྐད་ཆ་ཞིག་དང་། དེ་ནི་ཐོག་མའི་དུས་སྐབས་སུ་དར་བའི་བོད་སྐད་ཡིན་ལ། དེ་ཡང་མི་རིགས་གཞན་ཀུན་གྱི་སྐད་ཆ་དང་འདྲ་བར་ཐོག་མར་དར་དུས་སུ་སྐད་ཆ་ཧ་ཅང་སྟབས་བདེ་ལ་ཆ་མི་ཚང་བ་ཞིག་ཡིན་ན་ཡང་ལོ་རྒྱུས་ཀྱི་དུས་སྐབས་ཤིན་ཏུ་རིང་པོ་ཞིག་གི་ནང་དུ། ཐོན་སྐྱེད་རིམ་བཞིན་འཕེལ་རྒྱས་ཆེན་པོ་བྱུང་བ་དང་འབྲེལ། མི་རྣམས་ཀྱི་བསམ་བློའི་ཤེས་རྒྱ་ཡང་ཇེ་ཆེར་གྱུར་པ་དང་། ཕན་ཚུན་འབྲེལ་བ་བྱེད་པའི་རྒྱ་ཁྱོན་ཡང་ཇེ་ཆེར་གྱུར་པས། དེའི་ཡོ་བྱད་གཙོ་བོར་གྱུར་པའི་སྐད་ཆ་དེ་ཡང་རིམ་གྱིས་རྒྱ་ཇེ་ཆེ་དང་སྣ་ཇེ་འཛོམས་སུ་གྱུར་ཅིང་། གཅིག་གྱུར་ཡིན་པའི་ཚད་ཀྱང་ཇེ་མཐོར་སོང་བ་རེད། ཡུལ་འདིར་མིའི་འགྲོ་བ་བྱུང་བ་ནས་ཡི་གེ་ཐོག་མར་བྱུང་བའི་བར་གྱི་ལོ་ཁྲི་སྟོང་མང་པོའི་དུས་ཡུན་ནང་དུ་བོད་ཀྱི་སྐད་ཆ་རིམ་གྱིས་འཕེལ་རྒྱས་བྱུང་ནས་ཐོན་མིའི་དུས་སུ་བོད་ཁམས་ཡོངས་ཀྱི་མི་རྣམས་ཀྱིས་ཐུན་མོང་དུ་སྤྱོད་པའི་སྐད་ཆ་ཙུང་ཟད་ཆ་ཚང་ལ་ཕུན་སུམ་ཚོགས་པ་ཞིག་ཆགས་ཟིན་ལ། རྨང་གཞི་དེའི་སྟེང་དུ་བོད་སྐད་ཀྱི་ཆོས་ཉིད་དང་མཐུན་པའི་བོད་ཡིག་གསར་དུ་བྱུང་ཞིང་། བརྗོད་བྱའི་དོན་དང་རྗོད་བྱེད་ཀྱི་ཚིག་ཕུན་སུམ་ཚོགས་པའི་སུམ་རྟགས་སོགས་སྒྲ་རིག་པའི་བསྟན་བཅོས་རྣམས་དང་། མི་རིགས་གཞན་གྱི་སྐད་ལས་བོད་སྐད་དུ་བསྒྱུར་བའི་སྤྱན་རས་གཟིགས་ཀྱི་མདོ་རྒྱུད་ཉེར་གཅིག་སོགས་བཀའ་བསྟན་དུ་མ་བྱུང་། རྨང་གཞི་དེ་མེད་ན་ཡི་

གེ་ཐོག་མར་བྱུང་དུས་བརྩམས་པའམ་བསྒྱུར་ངེས་པའི་གླེགས་བམ་རྣམས་ལས་ཆ་ཚང་ལ་ཡིད་འཕྲོག་པའི་ཐ་སྙད་འདི་འདྲ་མང་པོ་ཞིག་དང་ཚིག་སྦྱོར་ཕུན་སུམ་ཚོགས་པ་འདི་ལྟ་བུ་ཞིག་འབྱུང་མི་སྲིད་དོ། །ཐ་སྙད་ལ་ལ་ཐོན་མི་སོགས་ལོ་ཙཱ་བ་རྣམས་ཀྱིས་མི་རིགས་གཞན་གྱི་སྐད་བོད་སྐད་ལ་བསྒྱུར་སྐབས་དེའི་དོན་ལ་གཞིགས་ནས་གསར་དུ་བརྩམས་པ་དང་། མང་ཆེ་བ་བོད་རང་སྐད་ལ་སྔོན་ནས་ཡོད་པའི་ཐ་སྙད་རྣམས་ཡིག་ཐོག་ལ་བྲིས་ནས་ཚིག་སྦྱོར་བྱེད་སྟངས་གཏན་ལ་ཕབ་པ་ཞིག་ཡིན་པ་ནི་སྨོས་མ་དགོས། དེ་ཡང་གསལ་བར་བཤད་ན། རྒྱལ་པོ་སྲོང་བཙན་སྒམ་པོའི་དུས་དེར། མདོ་དབུས་ཁམས་གསུམ་གྱི་སྐད་ཆ་ད་ལྟའི་འདི་ལྟ་བུའི་ཁྱད་པར་ཆེན་པོ་མེད་པ་མངོན་ཏེ། རྒྱུ་མཚན་ནི། དུས་རབས་བཅུ་གསུམ་པའི་དུས་མགོར། འབྲི་གུང་དུ་འཇིག་རྟེན་མགོན་པོ་འཚོ་བཞུགས་སྐབས་སྔོན་འཇུག་ཡོད་མེད་དང་མགོ་ཅན་ཡིན་མིན་སོགས་ཀྱི་ཁྱད་པར་གསལ་བའི་ཀློག་དག་པར་འདོན་པའི་སྲོལ་ཡོད་པར་པཎ་ཆེན་སི་ཏུས་གསུངས་པ་ལས་སྐབས་དེ་དང་དེའི་སྔོན་དུ་མདོ་དབུས་ཁམས་གསུམ་གྱི་ཡི་གེ་ཀློག་ཚུལ་ཕལ་ཆེར་གཅིག་པར་ཤེས་ཐུབ་ཀྱང་། ད་ལྟ་དབུས་གཙང་གི་ཡུལ་གྲུ་མང་པོར་དེ་ལྟ་བུའི་ཀློག་དག་པར་འདོན་པའི་སྲོལ་ཉུབ་པའང་ཕོ་ཚོའི་སྐད་ཆ་འགྱུར་ཆེ་བ་ལ་བརྟེན་ནས་བྱུང་བར་མངོན་ཞིང་། བོད་ཀྱི་མཐའ་ཁུལ་རྒྱ་མོ་རོང་དང་། ཨ་མདོ་སྤྱི་དང་ལྷག་པར་འབྲོག་ཁུལ་དུ་དེང་དུས་ལ་ཡང་རྗེས་འཇུག་ཡོད་མེད་དང་མགོ་ཅན་ཡིན་མིན་སོགས་ཀློག་ཚུལ་ལ་ཁྱད་པར་གསལ་བར་ཡོད་པར་མ་ཟད། སྔོན་འཇུག་ཡོད་མེད་དང་ཐ་ན་ཡང་འཇུག་ད་དྲག་ཡོད་མེད་ཀྱི་ཁྱད་པར་ཡང་ཀློག་དག་པར་འདོན་པ་དག་གིས་གསལ་བར་འབྱེད་ཐུབ་པ་འདིས་ས་འདི་དག་གི་སྐད་ཆ་འགྱུར་བ་ཆུང་དལ་བ་མཚོན་ཐུབ་པས། དེ་ལ་སྤུ་བའི་བཙན་པོའི་དུས་ཀྱི་བོད་མིའི་ཁ་སྐད་དེ་བས་ཀྱང་མཐུན་ཆེ་ཙམ་ཡོད་པ་རྟོགས་ནུས་པར་མ་ཟད། ལྷག་པར་དུ་བཙན་པོའི་དུས་སུ་བྲིས་པའི་རྡོ་རིང་གི་ཡི་གེ་དང་། ཏུན་ཧོང་ནས་བུད་པའི་ཡིག་རྙིང་། བཀས་བཅད་དང་པོའི་སྐབས་སུ་བྲིས་ནས་ཕྱིས་སུ་འགྱུར་བཅོས་མ་བྱས་པའི་གླེགས་བམ་བྲིས་མ་ཁྱིམ་ཚང་རྙིང་བ་དང་། དགོན་སྡེ་སོ་སོའི་རྟེན་ཁྲོད་དུ

བཞུགས་པ་སོགས་ལ་ཞིབ་ཏུ་དཔྱད་ན། དེ་དག་ཏུ་འཁོད་པའི་བརྡ་རྙིང་གི་ཐ་སྙད་མང་པོ་ཞིག་དེང་དུས་ཀྱི་དབུས་གཙང་གི་སྐད་ལས་མདོ་སྨད་ཀྱི་སྐད་དང་མཐུན་པ་ཅུང་མང་བ་འབྱུང་བ་སོགས་ལས་ཀྱང་སྲོང་བཙན་སྒམ་པོའི་དུས་སུ་མདོ་དབུས་ཁམས་གསུམ་གྱི་ཁ་སྐད་ད་ལྟའི་ཁྱད་པར་འདི་ལྟ་བུ་མེད་པ་ཤེས་སླ་སྟེ། དེ་ལྟར་མིན་ན་སྐབས་དེར་བྲིས་པའི་མིང་ཚིག་རྣམས་རྒྱལ་པོ་དང་བློན་མི་སོགས་རྒྱུན་དུ་བཞུགས་སའི་དབུས་གཙང་གི་སྐད་ལས་མདོ་སྨད་ཀྱི་སྐད་དང་མཐུན་པ་འདི་ཇི་ལྟར་འབྱུང་བ་དཔྱོད་ལྡན་རྣམས་ཀྱིས་དཔྱད་པར་བྱའོ། །

སྐབས་དེར་གཅིག་མཐུན་ཡིན་པའི་བོད་སྐད་བཤད་མཁན་ནི་དབུས་གཙང་ཕྱོགས་ཀྱི་མི་ཉུང་ཤེས་ཤིག་མ་ཡིན་པར་མངའ་རིས་དང་། མདོ་སྨད་སོགས་ཀྱི་མི་ཧ་ཅང་མང་པོ་དག་ཡིན་པ་དང་། དེ་ལྟ་བུའི་གཅིག་མཐུན་ཡིན་པའི་ཁ་སྐད་དེ་ནི། རྒྱལ་པོའི་བཀས་བཙན་གྱིས་གཅིག་སྒྱུར་བྱས་ནས་བྱུང་བ་ཞིག་མིན་ལ། སྐབས་དེར་གློ་བུར་དུ་བྱུང་བ་ཞིག་ཀྱང་མིན་པར་ལོ་རྒྱུས་ཀྱི་དུས་ཡུན་ཧ་ཅང་རིང་པོ་ཞིག་གི་ནང་དུ་རྒྱུ་རྐྱེན་སྣ་ཚོགས་ལ་བརྟེན་ནས་རིམ་གྱིས་གཅིག་གྱུར་བྱུང་བ་ཞིག་ཡིན་པས། མ་མཐའ་ཡང་རྒྱལ་པོ་སྲོང་བཙན་ཡན་གྱི་ལོ་བརྒྱ་ཕྲག་དུ་མའི་སྔོན་ནས་བྱུང་ཟིན་པར་གདོན་མི་ཟའོ། །ལྷབས་ཆེན་སློབ་དཔོན་མར་ཁེ་སིས《ས་ཕྱོགས་དང་གོམས་སྐད》ཅེས་པའི་གསུང་རྩོམ་ནང་མི་རིགས་ཀྱི་སྐད་རྣམས་གཅིག་གྱུར་ཆགས་པའི་འགྲོ་ལམ་སྐོར་ལས"ས་ཕྱོགས་ཀྱི་སྐད་རྣམས་གཅིག་ཏུ་གྱུར་ནས་མི་རིགས་ཀྱི་སྐད་ཐུན་མོང་བ་ཞིག་བྱུང་བ་ནི་དཔལ་འབྱོར་དང་ཆབ་སྲིད་གཅིག་ཏུ་གྱུར་པ་ལ་རག་ལས་ཡོད།"ཅེས་གསུངས་པ་ལྟར་བོད་ཡུལ་འདིར་ཡང་ཤིན་ཏུ་སྔ་བའི་གཉའ་ཁྲི་བཙན་པོ་སོགས་ཀྱི་དུས་ནས་ཚོ་བ་ཁག་གཅིག་ཏུ་འདྲེས་ཏེ་མི་རིགས་གཅིག་གྱུར་ཅིག་ཆགས་ཟིན་པ་གནའ་དུས་ནས་མདོ་དབུས་མཐོ་སྒང་ཕྱིལ་པོར་གནས་པའི་བོད་མིའི་སྐད་ཆ་གཅིག་མཐུན་ཡིན་པ་འདི་ཙམ་གྱིས་ཀྱང་གསལ་བར་རྟོགས་ནུས་པས། གཉའ་ཁྲི་བཙན་པོའི་སྔོན་གྱི་དུས་ཡུན་ཧ་ཅང་རིང་པོའི་སྔོན་དུ་བོད་ཅེས་པ་ནི་ཡུལ་གྲུ་ཆུང་བ་ཞིག་ནས་རིམ་

གྱིས་འཕེལ་བ་ཡིན་སྲིད་ཀྱང་། གཉའ་ཁྲི་བཙན་པོ་སོགས་ཀྱི་དུས་ཀྱི་བོད་ཅེས་པ་ནི་ཡར་ལུང་སོགས་ཡུལ་ཉེ་ཚེ་བ་ཞིག་གི་མིང་མིན་པ་ཚིག་ཐག་བཅད་ནས་བཤད་ཚོག་སྙམ། དེར་མ་ཟད་བོད་ཀྱི་དེབ་ཐེར་རྣམས་གཞིར་བཞག་ཐོག་ཤུན་རྫོང་གཏེར་ཡིག་དང་སྔོ་བསྟན་ཏེ་སྲོང་བཙན་ནི་མདོ་དབུས་མཐོ་སྨད་གི་ཚོ་བ་ཁག་གཅིག་སྤྱད་བྱེད་མཁན་རྒྱལ་པོ་དང་པོ་མིན་ལ། དེའི་སྔོན་ལ་བོད་ཁམས་ཡོངས་ལ་དབང་བསྒྱུར་བའི་རྒྱལ་པོ་ཞིག་བྱུང་ཡོད་པའི་སྐོར་ལ་དེང་དུས་ཀྱི་མཁས་པ་ལ་ལ་དང་ཅུང་མི་མཐུན་པའི་རྩོད་ཀ་ཆར་འགའ་ཞིག་བདག་ལ་ཞུ་རྒྱུ་ཡོད་ཀྱང་། འདིར་བརྗོད་པ་སྐབས་སུ་མ་བབ་པས་ཤེས་ལྡན་རྣམས་ལ་དཔྱོད་པའི་སྒོ་ཙམ་བསྟན་པ་འདི་ཙམ་གྱིས་ཚོག་ཤེས་པར་བྱའོ། །

འདིར་སྐབས་སུ་བབ་པ་བོད་ཡིག་གསར་སྒྲུབ་ཀྱི་ལོ་རྒྱུས་ཐད་ལ། གངས་ཅན་མཁས་དབང་དུ་མས་མགྲིན་གཅིག་གིས་འདི་ལྟར་འདོད་དེ། རྒྱལ་པོ་སྲོང་བཙན་སྒམ་པོའི་སྔོན་དུ་བོད་ལ་ཡི་གེ་མེད་ཅིང་། རྒྱལ་པོ་འདིའི་དུས་སུ་སངས་རྒྱས་ཀྱི་ཆོས་ལུགས་བོད་ལ་དར་བའི་མགོ་བརྩམས་པ་དང་། དམག་པོའི་དཔུང་གིས་མཐའ་བཞིའི་རྒྱལ་ཁྲབ་དུ་མ་མངའ་འོག་ཏུ་བཅུག་པ་དང་། དངོས་སུ་དབང་མ་བསྒྱུར་ཀྱང་ཡུལ་ལུགས་ཀྱི་སྐྱེས་འབུལ་མཁན་རྒྱལ་ཁབ་དང་རྒྱལ་ཁྲབ་ཁག་གི་ཕོ་ཉ་དབྱར་དུས་ཆར་ཕྲིན་གྱི་འདུ་འགོད་དང་མཚུངས་པར་གྱུར་པ་དང་། སྟག་གཟིག་དང་རྒྱ་གར་རྒྱ་ནག་སོགས་མི་རིགས་གཞན་གྱི་མཁས་པ་དུ་མ་བོད་ལ་ཕེབས་པ་དང་། བོད་རང་ལ་ཡི་གེ་མེད་ཀྱང་མི་རིགས་གཞན་གྱི་ཡི་གེ་ལ་སྦྱངས་ནས་མཁས་པར་གྱུར་པའི་བོད་མིའང་དུ་མ་ཞིག་བྱུང་ཡོད་པ་དང་། ལྷག་པར་དུ་ཆབ་སྲིད་དང་དཔལ་འབྱོར་དར་བའི་རྗེ་མོར་སོན་པ་བཅས་ལ་བརྟེན། རྒྱལ་སྲིད་སྐྱོང་བ་ལ་ཡི་གེ་འདི་ཤིན་ཏུ་གལ་ཆེ་བར་རྒྱལ་བློན་འབངས་དང་བཅས་པས་ལེགས་པར་རྟོགས་ནས་རྒྱལ་པོའི་བཀས་ཐོན་མི་འཁོར་དང་བཅས་པ་རྒྱ་གར་དུ་ཡི་གེ་སློབ་ཏུ་མངགས་པ་ཡིན་ནོ། །དཔྲ་མི་ལ་ལས། རྒྱལ་པོ་སྲོང་བཙན་གྱིས་བལ་བཟའ་ཁབ་ཏུ་བཞེས་པས་རྒྱ་གར་རིག་གནས་ཀྱི་ཤུགས་རྐྱེན་ཆེན་པོ་ཐེབས་སྐབས། ཐོན་མི་འཁོར་བཅས་པ་རྒྱ་གར་དུ་ཡི་གེ་སློབ་ཏུ་མངགས་པར

བཤད་པ་ནི་འཐད་པར་མི་སེམས་ཏེ། འོག་ནས་འཆད་འགྱུར་ལྟར་ཐོན་མི་རྒྱ་གར་དུ་ཕེབས་པའི་ལོ་ནི་རྒྱལ་པོ་དགུང་ལོ་བཅུ་བདུན་བཞེས་པའི་ཐོག་དང་། བལ་བཟའ་ཁབ་ཏུ་བསུས་པའི་ལོ་ནི་རྒྱལ་པོ་དགུང་ལོ་ཉེར་གསུམ་བཞེས་པའི་ཐོག་ཡིན་པར་ལོ་རྒྱུས་དེབ་ཐེར་དག་ལས་བཤད་ཅིང་། སྐབས་དེར་མགར་གྱི་རོགས་སུ་ཐོན་མི་ཡོད་ངེས་ཡིན་པས། ཐོན་མི་རྒྱ་གར་ནས་ཕྱིར་ཕེབས་པའི་ལམ་དུ་བལ་བཟའ་བསུས་པའམ་བོད་དུ་སླེབས་ནས་བལ་བཟའ་བསུ་རུ་ཕེབས་པ་གང་ཡིན་ཀྱང་ཐོན་མི་རྒྱ་གར་དུ་ཕེབས་པའི་དུས་ནི་བལ་བཟའ་བོད་དུ་སླེབས་པའི་སྔོན་ཡིན་པ་ལ་དོགས་པ་གཏན་ནས་བྱེད་མི་དགོས་པས་སོ། །

དེར་མ་ཟད། ཡི་གེ་སོགས་རིག་གནས་ཁྱད་པར་བ་ཞིག་གསར་དུ་དར་བར་བྱེད་པ་ལ་མི་རིགས་དེ་རང་ལ་ཆ་རྐྱེན་མང་པོ་ཞིག་འཛོམས་མི་དགོས་པར་རྒྱལ་པོས་མི་རིགས་གཞན་གྱི་བཙུན་མོ་ཞིག་ཁབ་ཏུ་བཞེས་པ་ཙམ་གྱིས་མི་རིགས་དེའི་རིག་གནས་དར་ཐུབ་པ་ཞིག་མིན་པ་ནི་སུས་ཀྱང་ཤེས་སླ་བས་རྒྱུ་མཚན་མང་པོ་འགོད་མ་དགོས། འོན་ཀྱང་དུས་དེར་བོད་རང་ལ་གོང་ནས་བཤད་པའི་ཆ་རྐྱེན་དེ་དག་འཛོམས་ཐོག་བལ་བཟའ་དང་རྒྱ་བཟའ་གཉིས་སྐུ་ཕྱིར་བོད་ཀྱི་རྒྱལ་པོའི་བཙུན་མོར་བསུས་པས། རྒྱ་བལ་གྱི་རིག་གནས་རིགས་མང་པོ་ཞིག་བོད་ལ་དར་བའི་རྐྱེན་གལ་ཆེན་ཞིག་ཏུ་གྱུར་ཡོད་པ་ནི་བཤད་མ་དགོས་སོ། །རྒྱལ་པོ་སྲོང་བཙན་སྒམ་པོའི་འཁྲུངས་ལོ་ལ་བཞེད་ཚུལ་མི་འདྲ་བ་ཡོད་ནའང་། ས་ཆེན་གྲགས་པ་རྒྱལ་མཚན་དང་། བུ་སྟོན་རིན་ཆེན་སོགས་ཀྱི་བཞེད་པ་ལྟར་ན་མེ་མཁའ་རྒྱ་མཚོའི་འདས་ལོ་མ་ཚུགས་པའི་སྔོན་གྱི་ལོ(༨༡༧)མེ་མོ་གླང་ལ་རྒྱལ་པོ་འཁྲུངས་ནས་དགུང་ལོ་བཅུ་བདུན་དང་ཐོན་མི་དགུང་ལོ་བཅོ་ལྔ་བཞེས་པའི་ཐོག་སྤྱི་ཚུ་སྦྲུལ་ལོར་(༨༣༣) ཐོན་མི་འཁོར་དང་བཅས་པ་རྒྱ་གར་དུ་ཆས་ནས་རིང་པོར་འགོར་བར་ལམ་དུ་ཉེ་ཚོ་མེད་པར་རྒྱ་གར་དུ་བདེ་བར་ཐོན། དེ་ནས་རྒྱ་གར་གྱི་ཡུལ་གྲགས་ཆེ་བ་ཀུན་མྱུལ་ཞིང་། མཐར་ལྷོ་ཕྱོགས་ཀྱི་མཁས་པ་ཆེན་པོ་བྲམ་ཟེ་ལི་བྱིན་སློབ་དཔོན་དུ་བསྟེན་ནས་ཡིག་རིགས་མི་འདྲ་བ་དུ་མ་ལ་མཁས་པར་སྦྱངས། པཎྜི་ཏ་ལྷ་རིག་པའི་སེང་གེ་ཞེས་པ་ལས་སྒྲ་པཱ་ཎི་པ་དང་། ཀ་

ལྔ་བ། ཙནྡྲ་བ་རྣམས་དང་། སྤྱན་རས་གཟིགས་ཀྱི་མདོ་རྒྱུད་ཉེར་གཅིག་སོགས་ཐུན་མོང་དང་ཐུན་མོང་མ་ཡིན་པའི་རིག་གནས་དུ་མར་སྦྱངས་པ་མཐར་སོན་ཏེ། ཐོན་མི་དགུང་ལོ་ཉེར་གཅིག་ཐོག་བོད་དུ་ཕྱིར་ཕེབས། དེ་ནས་བོད་ཡུལ་ཀུན་ཏུ་རིག་གནས་དར་རྒྱས་ཆེན་པོ་འབྱུང་ཆེད། རྒྱལ་པོ་ཉིད་ནས་ཐོན་མི་སློབ་དཔོན་དུ་བསྟེན་ཏེ་སྐུ་མཁར་མ་རུར་ལོ་གསུམ་ལ་སྐུ་མཚམས་བཅད་ནས་རྒྱ་གར་གྱི་ཡི་གེ་དང་སྒྲ་རིག་པ་ལ་ཞིབ་ཏུ་སྦྱངས་ཏེ་མཁས་པར་གྱུར་ཀྱང་། རྒྱ་གར་གྱི་ཡི་གེ་དེས་བོད་སྐད་འབྲི་མི་ནུས་པ་དང་། སྒྲ་རིག་པའང་བོད་བརྡ་དང་མི་འཚམ་པས། བོད་ཀྱི་སྐད་དང་མཐུན་པའི་ཡི་གེ་ཞིག་གསར་དུ་བཟོ་དགོས་པར་རྒྱལ་པོའི་བཀས་བསྐུལ་བ་ལ་བརྟེན་ནས་ཐོན་མིས་བོད་ཀྱི་སྐད་ལ་རྟོག་དཔྱོད་ཞིབ་ཏུ་གནང་རྗེས་སྐབས་དེར་རྒྱ་གར་དུ་ལཉྫ་ཙའི་ཡི་གེ ཝརྟུ་ལའི་ཡི་གེ ནཱ་ག་ར་མིའི་ཡི་གེ་ཞེས་སུ་གྲགས་པ་ལ་སོགས་པའི་ཡིག་རིགས་དུ་མ་ཡོད་པ་ལས་ལཉྫ་ལ་དཔེར་བྱས་ནས་དབུ་ཅན་དང་། ཝརྟུ་ལ་དཔེར་བྱས་ནས་དབུ་མེད་དང་། ནཱ་ག་ར་ལ་དཔེར་བྱས་ནས་ལན་ཚར་གྱི་འབྲི་ཚུགས་ལས་སྤབས་བདེར་བྱས་ནས་བོད་ཡིག་གི་ཡིག་གཟུགས་དངོས་སུ་གཏན་ལ་ཕབ་པ་དང་། སུམ་རྟགས་སོགས་བོད་ཀྱི་སྒྲ་རིག་པའི་བསྟན་བཅོས་བརྒྱད་ལ་སོགས་པའང་རིམ་གྱིས་བརྩམས་ཤིང་། སྤྱན་རས་གཟིགས་ཀྱི་མདོ་རྒྱུད་ཉེར་གཅིག་སོགས་བཀའ་བསྟན་དུ་མ་བོད་ལ་ཐོག་མར་བསྒྱུར་བ་ཡིན་ནོ། །རྒྱལ་པོས་ཀྱང་ཐོན་མི་ལ་བཀུར་བསྟི་བསམ་གྱིས་མི་ཁྱབ་པ་མཛད་ནས་སློབ་དཔོན་ཞེས་པའི་མཚན་གསོལ་ཞིང་། བོད་ཕྲུག་མཛངས་མི་བདུན་གྱི་བཞི་བར་བསྡུགས་སོ། །དེའི་སྐབས་རྒྱལ་པོའི་བཀའ་བཞིན་དུ་བློན་འབངས་ཀུན་གྱིས་ཡི་གེ་འབྲི་ཀློག་དང་སྒྲ་རིག་པ་སོགས་རིག་པའི་གནས་དུ་མ་ལ་སྦྱང་བ་རྒྱ་ཆེར་བྱས་ནས་ཐོན་མིའི་སློབ་མ་ཧྲཀྲ་ཀོ་ཁྲ་དང་ལྷ་ལུང་རྡོ་རྗེ་དཔལ་སོགས་བྱོན་ཅིང་། བོད་ཡུལ་མུན་པའི་གླིང་དུ་རིག་གནས་ཀྱི་ཉི་མ་ཤར་བ་ཡིན་ནོ་ཞེས་མཁས་པ་དུ་མས་གསུངས་སོ། །མཁས་པ་འགས་ཐོན་མིའི་བརྩམས་ཆོས་སུམ་རྟགས་ལས་གཞན་པའི་སྒྲ་རིག་པའི་བསྟན་བཅོས་རྣམས་བསྟན་པ་སྔ་དར་དང་ཕྱི་དར་གྱི་མཚམས་སུ་ནུབ་ནས་མེད་པར་བཤད་ཀྱང་སྟོན་གྱི་ལོ་

རྒྱུས་དེབ་ཐེར་རྣམས་སུ་ཐོན་མིའི་བརྩམས་ཆོས་བགྲང་སྐབས། སུམ་རྟགས་ལས་གཞན། དང་པོ་ཡི་གེའི་རྣམ་འགྱུར་གྱི་བཟོ་བརྩམས་པ་དང་། ཀ་མད་སུམ་ཅུར་བསྒྱུར་བ། སྦེབ་སྦྱོར་སྒྲིག་པའི་གཞི་མ། ཐོན་མིའི་མདོ་རྗེའི་སྒྲ་མདོ་ཟེར་བ་སོགས་ཡོད་པར་བཤད་ཅིང་། དེབ་ཐེར་རྙོམ་པ་པོ་དག་གིས་གླེགས་བམ་འདི་དག་དངོས་སུ་གཟིགས་མྱོང་བ་ཚིག་གི་དངོས་ཤུགས་ཅི་རིགས་ཀྱིས་གསལ་བར་བསྟན་ཡོད་པ་ལ་བརྟག་ན། སྐབས་དེར་དཔེ་ཆ་དེ་དག་ད་དུང་བཞུགས་ཡོད་པ་ཤེས་ཐུབ་པས། ད་ལྟ་ཡང་གླེགས་བམ་འགའ་རེ་མེད་པ་མི་སྲིད་ཀྱང་དཔེ་རྒྱུན་ཧ་ཅང་དཀོན་པས་བདག་ཅག་གི་མིག་ལམ་དུ་སྣང་བར་མ་གྱུར་པ་ཙམ་མོ་སྙམ། སྔོན་གྱི་ལོ་རྒྱུས་རྣམས་སུ་ཐོན་མིས་བོད་ཡིག་གསར་དུ་བཟོས་ཚུལ་བཀོད་ཡོད་པའང་རང་བཟོ་བྱས་པའམ། སྔོན་གྱི་ངག་སྒྲོས་བཀོད་པ་ཙམ་མ་ཡིན་པར་གོང་གསལ་ཐོན་མི་ཉིད་ཀྱིས་བརྩམས་པའི་གླེགས་བམ་དེ་དག་ཞིབ་ཏུ་གཟིགས་ནས་བྲིས་པར་མངོན་ཏེ། 《རྒྱལ་རབས་གསལ་མེ》ལས་ཐོན་མིས་ཡི་གེ་བཟོས་ཚུལ་རྒྱས་པར་ཤེས་འདོད་ན་དེ་དག་ཏུ་གཟིགས་ཤིག་ཅེས་གདམས་ཡོད་པས་སོ། །དེ་ལྟར་ཐོན་མིས་བོད་ཡིག་གསར་དུ་བཟོས་པར་སྔོན་བྱོན་མཁས་པ་ཐམས་ཅད་ཀྱི་ཞལ་མཐུན་ཡང་། བོད་ཡིག་གི་དཔེར་ལེན་སའི་ཕྱི་མོའི་ཡི་གེ་གང་ཡིན་སོགས་དོན་གནད་འགའ་ཞིག་ལ་འདོད་ཚུལ་ཅུང་མི་མཐུན་པས་དེ་དག་ལ་ཅུང་ཟད་དཔྱད་ན། དེ་ཡང་དཔེར་ལེན་ས་ནི་ཆོས་སྐྱོབ་ཤྲཱི་ལ་ཧྲ་དྲའི་ཆོས་འབྱུང་དུ་ནཱ་ག་ར་ལས་བོད་ཡིག་གཟབ་མར་བསྒྱུར། ཧྲ་ཏུ་རི་ལས་བོད་ཡིག་བཤུར་མར་བསྒྱུར་ཞེས་དང་། བུ་སྟོན་རིན་པོ་ཆེས་ཁ་ཆེའི་ཡི་གེ་ལ་དཔེར་བླངས་པར་གསུངས་པ་དང་། དཔའ་བོ་གཙུག་ཕྲེང་གིས་ནཱ་ག་ར་དང་ཁ་ཆེའི་ཡི་གེར་དཔེར་བྱས་པར་གསུངས། ཐུའུ་བཀྭན་ཆོས་ཀྱི་ཉི་མས་ནཱ་ག་རའི་ཡི་གེ་ལ་དཔེར་བྱས་ནས་མགོ་ཅན་གྱི་གཟབ་དང་། ཝརྟུ་ལུའི་ཡི་གེར་དཔེར་བྱས་ནས་མགོ་མེད་ཀྱི་གཤར་གཉིས་བཟོས་ཞེས་དང་། དེབ་དཀར་དུ། ཐོན་མི་ནི་རྒྱ་གར་གྱི་གུཔྟའི་སྲིད་སྐྱོང་བའི་སྐབས་སུ་བྱོན་པས། བོད་ཡིག་གང་ལ་དཔེར་མཛད་པའི་ཕྱི་མོ་ནི་གུཔྟའི་ཡི་གེ་ཡིན་ནོ་ཟེར། དེ་ལྟར་བཞེད་ཚུལ་མི་གཅིག་པ་དུ་མ་ཡོད་ཀྱང་། ལྔ་བ་ཆེན་མོ་

སོགས་ཀྱིས་བཞེད་པ་ལྟར་ལཉྫ་ལ་དཔེར་བྱས་ནས་དབུ་ཅན་དང་། ཝརྟུ་ལ་དཔེར་བྱས་ནས་དབུ་མེད་བཟོས་པ་ནི་ལུང་དང་རིགས་པས་སྒྲུབ་མི་དགོས་པར་ལན་ཞར་དང་བོད་ཡིག་གཉིས་བསྡུར་ནས་ཞིབ་ཏུ་བལྟས་ན་གསལ་བར་ཤེས་ནུས་ཀྱང་། ཡིད་མི་ཆེས་ན་དེང་དུས་ཀྱི་མཁས་པ་ཆེན་པོ་དབྱངས་ལྡན་རིག་པའི་འདོད་འཇོམས་ཐོན་མིས་ལན་ཞར་དཔེར་བྱས་ནས་བོད་ཡིག་གི་གཟུགས་ཇི་ལྟར་བཟོས་ཚུལ་མཚོན་བྱེད་རེའུ་མིག་ཅིག་ཁོང་གིས་བརྩམས་པའི་སྒྲ་རིག་པའི་བསྟན་བཅོས་ལེ་ཚན་འགའ་ཕྱོགས་བསྡུས་ཞེས་པའི་དེབ་དེའི་མཇུག་ཏུ་འཁོད་ཡོད་པས། དེར་གཟིགས་ན་སོམ་ཉི་སེལ་བར་འགྱུར་རོ། །འོན་ཀྱང་ཐོན་མི་ནི་ཡིག་རིགས་དུ་མ་ལ་མཁས་པ་ཡིན་པས་ལཉྫ་དང་ཝརྟུ་གཉིས་གཞིར་བཞག་ཐོག་ཁ་ཆེའི་ཡི་གེ་སོགས་ཡིག་རིགས་གཞན་དུ་མ་ལས་ཀྱང་ལེགས་པའི་ཆ་བླངས་ནས་བོད་ཀྱི་ཡིག་གཟུགས་གཏན་ལ་ཕབ་པ་ཡིན་ནོ་ཞེས་སྨྲས་ན། གོང་ནས་བཤད་པའི་མཁས་པ་དེ་དག་གི་གསུང་ཡང་འགལ་བར་མི་འགྱུར་བས་ལེགས་པར་སེམས་སོ། །ཡིག་གཟུགས་ཙམ་དུ་མ་ཟད་ཡི་གེ་རེ་རེའི་སྒྲ་གདངས་ཡང་ལཉྫའི་ཀློག་ཚུལ་དང་ཕལ་ཆེར་མཚུངས་པ་འདིས་ཀྱང་བོད་ཡིག་གང་ལ་དཔེར་བླངས་པ་གསལ་བར་ཤེས་ནུས་སོ། །གཞན་ཡང་དེབ་ཐེར་དག་ཏུ་བློན་པོའི་བུ་བློ་རྡོ་བ་བཅུ་དྲུག་རྒྱ་གར་དུ་ཡི་གེ་སློབ་ཏུ་བཏང་ན་ཡང་། ལ་ལ་ལམ་བགྲོད་དཀའ་བ་ལ་འཇིགས་ནས་འགྲོ་མ་ནུས། ལ་ལ་རྒྱ་གར་དུ་ཕྱིན་ཀྱང་ཚད་པས་ཤི། ལ་ལས་རྒྱ་སྐད་མ་ཤེས་པར་ཕྱིར་ལོག་ཅེས་པ་འདི་དང་། ཡང་དེའི་ཚེ་བློན་པོའི་མཆོག་མགར་སྟོང་བཙན་ཡུལ་སྲུང་འཁོར་དང་བཅས་པ་རྒྱ་གར་དུ་ཡི་གེ་སློབ་ཏུ་བཏང་སྟེ། ཏ་ལ་ཁ་ཏའི་རྣམ་གསུམ་གྱི་སར་ཕྱིན་པ་ན་གཡོག་ཕལ་ཆེར་ས་ཆུམ་འཁྱོད་པས་ཤི མགར་རང་ཉིད་འཆི་བར་དོགས་ནས་སླར་ལོག་ཅེས་པ་འདི་གཉིས་ཐེངས་གཅིག་ཡིན་ལ། མཁས་པ་མང་པོས་ཐོན་མི་འཁོར་བཅུ་གཉིས་དང་བཅས་ཏེ་རྒྱ་གར་དུ་བྱོན་པར་བཤད་པས། བུ་སྟོན་གྱིས་འཁོར་བཅུ་དྲུག་ཏུ་གསུང་བ་ནི་གོང་གི་བློན་པོའི་བུ་བཅུ་དྲུག་མངགས་པ་དང་ཐེངས་གཅིག་ཏུ་བཞེད་པའམ་ཡིག་ནོར་རྒྱུན་འབྱམས་སུ་སོང་བའང་སྲིད་དོ། །ཡིག་བཤད་མཁས་པའི་ཁ་རྒྱན་སོགས་སུ་

ཙ་ཚ་ཛ་ཞ་ཟ་འ་སྟེ་ཡི་གེ་དྲུག་ཇི་ལྟར་རྙེད་པ་ནི་སློབ་དཔོན་གྱིས་བོད་ཡིག་གསར་བཟོ་གནང་སྐབས་ལམ་དུ་འགྲོ་བའི་མགྲོན་པོ་ཞིག་དང་བགྲོ་གླེང་མཛད་པའི་ཚིག་ཟུར་ལས་རྒྱ་གར་གྱི་གསལ་བྱེད་སོ་བཞིའི་གྲས་སུ་མེད་པའི་ཡི་གེ་དེ་དག་བོད་ཡིག་ཏུ་སྣོན་དགོས་པ་ཐུགས་ལ་ཤར་ནས། གསར་དུ་བཟོས་པ་ཡིན་པར་གསུང་སོ། །

《དེབ་ཐེར་དཔྱིད་ཀྱི་རྒྱལ་མོའི་གླུ་དབྱངས》སོགས་སུ་བོད་སྐད་ཀྱི་གཅིག་དང་ཆོས་སོགས་ལ་རྒྱ་གར་གྱི་ཨེ་ཀ་ཧྣཱ་སོགས་སུ་བརྗོད་པས་རྒྱ་གར་གྱི་ཡི་གེར་ཙ་ཚ་སོགས་མི་དགོས་པ་འདིར་བསྟན་ཞེས་དང་། སྔོན་གྱི་ཡིག་རྙིང་ཞིག་ཏུ། ཡུལ་དྲུག་གི་མིང་ལས་ཡི་གེ་འདི་དྲུག་རྙེད་པར་གསུང་པ་རྣམས་ཀྱང་ཞིབ་ཏུ་བརྟག་ན་འགལ་བ་གཏན་ནས་མེད་དེ། ཐོན་མིས་མགྲོན་པོ་དེའི་ཚིག་གི་རྐྱེན་བྱས་ཏེ་ཙ་ཚ་སོགས་གོང་གསལ་ཡི་གེ་དྲུག་དགོས་པའི་མིང་ཚིག་དུ་མ་ཞིག་ཐུགས་ལ་ཤར་ནས་ཡི་གེ་དེ་དག་གསར་དུ་བཟོས་པར་ངེས་པས་སོ། །

ཡང་ལོ་རྒྱུས་ཁ་ཅིག་ཏུ་འཐུག་པོ་ལྷ་དང་ལོག་པ་ལྷ་སོགས་བོད་ཡིག་གི་འབྲི་ཚུལ་འདི་གཟུངས་སྔགས་སོགས་བོད་ཡིག་ཏུ་འབྲི་ཆེད་ཕྱིས་ཀྱི་ལོ་ཙྪ་བ་རྣམས་ཀྱིས་བཅོས་པར་གསུང་ན་ཡང་། སུམ་ཅུ་པའི་མཚན་དོན་གྱི་རྒྱ་གར་སྐད་དེ་ནི་ཐོན་མིས་བོད་ཡིག་ཏུ་བྲིས་ངེས་ཡིན་པར་མ་ཟད་སྤྱན་རས་གཟིགས་ཀྱི་མདོ་རྒྱུད་ཉེར་གཅིག་སོགས་སུ་གཟུངས་སྔགས་དུ་མ་ཞིག་འབྱུང་བ་དེ་དག་ཀྱང་ཐོན་མིས་གླེགས་བམ་དེ་དག་བསྒྱུར་སྐབས་བོད་ཡིག་ཏུ་བྲིས་ངེས་ཡིན་པས་གཟུངས་སྔགས་སོགས་བོད་ཡིག་ཏུ་འབྲི་ཆེ་ལོག་པ་ལྷ་དང་འཐུག་པོ་ལྷ་སོགས་ཀྱི་ཡི་གེ་དེ་དག་བོད་ཡིག་ལ་ངེས་པར་འབྲི་དགོས་པ་ཐོན་མིས་དགོངས་ནས་བོད་ཡིག་བཟོས་པའི་ཞར་ལ་དེ་དག་གི་ཡིག་གཟུགས་ཀྱང་བཟོས་པ་ཡིན་ནོ། །མཁས་པ་ལ་ལས། དབུ་མེད་ཀྱི་ཡི་གེ་དབུ་ཅན་དང་མཉམ་དུ་ཐོན་མིས་བཟོས་པ་མིན་པར། དབུ་ཅན་འདི་ཀ་རང་མགྱོགས་པར་བྲིས་པ་ལས་དབུ་མེད་རང་བཞིན་བྱུང་བ་ལྟར་མངོན་ཏེ། སྔོན་གྱི་ཡིག་རྙིང་མང་པོ་དང་། ད་ལྟ་ཡང་འབྲུག་ཡུལ་དུ་དར་སྲོལ་ཆེ་བའི་སྐྱ་ཡིག་ཏུ་གྲགས་པའི་ཡིག་གཟུགས་རྣམས་ལ་བལྟས་ན་དབུ་ཅན་དབུ་མེད་དུ་འགྱུར་ཚུལ་མངོན་སུམ་དུ་མཐོང་བ་ལྟར་

འདུག་སྟེ་ཞེས་གསུང་ན་ཡང་། བདག་གི་རྫོངས་འཆར་ལ། ཐོན་མིའི་དུས་སུ་རྒྱ་གར་ན་གཟབ་བྲིས་ལཉྫ་དང་བཤུར་བྲིས་ཝརྟུ་གཉིས་ཀྱི་འབྲི་སྲོལ་ཡོད་པ་བཞིན་བོད་ལ་ཡང་གཟབ་ནས་འབྲི་རྒྱུའི་དབུ་ཅན་དང་། མགྱོགས་པར་འབྲི་རྒྱུའི་དབུ་མེད་ཀྱི་ཡི་གེ་གཉིས་སློབ་དཔོན་ཉིད་ཀྱིས་བཟོས་པ་ཡིན་པར་སེམས་སོ། །ཝརྟུ་ནི་ལཉྫ་མགྱོགས་པར་བྲིས་པ་ལྟ་བུར་སྣང་བ་བཞིན་དུ། ཐོན་མིས་དབུ་མེད་བཟོ་སྐབས་དབུ་ཅན་མགྱོགས་པར་བྲིས་པ་ལྟ་བུ་ཞིག་བཟོས་ཤིང་། ཡི་གེ་འདི་གཉིས་ནི་རྣམ་པ་གཏན་ནས་མི་འདྲ་བའི་ཡི་གེ་གཉིས་མིན་པས། དབུ་ཅན་མགྱོགས་པར་བྲིས་པ་ལས་དབུ་མེད་ཀྱི་རྣམ་པ་འབྱུང་བ་འདི་ཙམ་གྱིས་ཐོན་མིའི་དུས་སུ་དབུ་མེད་མ་བྱུང་བར་སྒྲུབ་མི་ནུས་སམ་སྙམ་མོ། །

བོད་ཀྱི་ཡི་གེ་སཾསྐྲི་ཏའི་རིག་ལམ་ནས་དྲངས་ཏེ་གསར་དུ་བཟོས་པ་ཡིན་པ་ཙམ་མ་ཟད། གསོ་བ་རིག་པ་སོགས་རིག་གནས་ཆེ་བ་རྣམས་དང་། སྙན་ངག་སོགས་རིག་གནས་ཆུང་བ་རྣམས་ཀྱང་། སྔོན་བྱོན་ལོ་པཎ་རྣམས་ཀྱིས་རྒྱ་གར་གཙོ་བོར་བྱས་པའི་མི་རིགས་གཞན་དུ་མའི་རིག་གནས་ཀྱི་སྙིང་བཅུད་བསྡུས་ཏེ། བོད་རང་གི་ཐུན་མོང་མ་ཡིན་པའི་ཁྱད་ཆོས་ལྡན་པའི་རིག་གནས་ཤིག་ཏུ་འཕེལ་རྒྱས་བཏང་བ་ཡིན་ན་ཡང་། རིག་གནས་དེ་དག་བོད་ཀྱི་རིག་གནས་ཡིན་པ་ལས་རྒྱ་གར་སོགས་མི་རིགས་གཞན་པ་དག་གི་རིག་གནས་ག་ལ་ཡིན། དཔེར་ན། ཕྱི་རྒྱལ་གྱིས་བཟོས་པའི་གནམ་གྲུ་ལ་དཔེར་བྱས་ནས་རང་གིས་ཧུས་འགོད་ཀྱིས་བཟོས་པའི་རང་རྒྱལ་གྱི་གནམ་གྲུ་ནི་རང་རྒྱལ་གྱི་གནམ་གྲུ་ཡིན་པ་ལས་ཕྱི་རྒྱལ་གྱི་གནམ་གྲུ་མིན་པ་བཞིན་ནོ། །

ལོ་རྒྱུས་དོན་གནད་འགའ་ཤས་ཆབ་སྲིད་ཀྱི་དགོས་མཁོ་དང་གྲུབ་མཐའི་ཕྱོགས་རིས་སོགས་དོན་གཞན་འགའ་ཞིག་གི་དབང་གིས་འཁྱོག་བཤད་བྱས་པ་རྣམས་རྒྱུ་མཚན་ཡང་དག་པ་བཀོད་ནས་དྲང་བཅོས་བྱེད་དགོས་པ་ལས། ལུང་རིགས་ཀྱི་རྒྱུ་མཚན་རྣལ་མ་ཞིག་འགོད་རྒྱུ་མེད་པར་ཤཱཀྱའི་རིང་ལུགས་འཛིན་པ་རྣམས་ཀྱིས་ཤཱཀྱ་ཐུབ་པ་དང་འབྲེལ་བའི་ཆེད་དུ་བྱས་པ་ཡིན་ནོ་ཞེས་པ་ལྟ་བུས་མི་ལ་སྐྲག་བསྐུར་ནས་སྐད་ཆ་བཤད་དུ་མི་འཇུག་པར་

བྱེད་ཐུབ་པ་ཙམ་ལས་གཞན་ཅི་ཡང་མི་འགྲུབ་སྙམ།

གཞན་ཡང་། བོན་གྱི་བསྟན་འབྱུང་རྣམས་སུ་སྲོང་བཙན་གྱི་གོང་དུ་བོད་ལ་བོན་ཆོས་དར་རྒྱས་ཆེན་པོ་ཡོད་པས་ཡི་གེ་མེད་ཟེར་བ་མི་བདེན་ཞིང་། སྟག་གཟིག་འོལ་མོ་གླིང་གི་ཕྱུངས་ཆེན་དང་ཕྱུངས་ཆུང་གཉིས་རིམ་བཞིན་ཞང་ཞུང་གི་སྨར་ཆེན་དང་སྨར་ཆུང་གཉིས་སུ་བསྒྱུར། དེ་ཡང་རིམ་གྱིས་ཟླ་ར་རྗེ་ཡངས་དང་གཟུགས་རྗེ་ལེགས་སུ་བཏང་ནས། ད་ལྟའི་དབུ་ཅན་དང་དབུ་མེད་ཀྱི་ཡིག་གཟུགས་གཉིས་བྱུང་བ་ཡིན་ནོ་ཞེས་འཁོད་དོ། །

འདིའི་ཤེས་བྱེད་དུ་མི་ལ་ལས་བཤད་ཚུལ་ཡ་མཚན་པ་དུ་མ་ཞིག་སྤེལ་བཞིན་ཡོད་པ་ལ་ཅུང་ཟད་དཔྱད་ན་གཞོན་ནུ་ལས་དང་པོ་བ་དག་ལ་སྣང་ནོ་སྙམ་ནས་མདོ་ཙམ་བརྗོད་པར་བྱ་སྟེ། རྒྱལ་པོ་སྲོང་བཙན་སྔོན་བོད་ལ་ཡི་གེ་མེད་པར་སྔོན་གྱི་རྒྱལ་རབས་ཚད་ལྡན་དག་ལས་བཤད་པ་ནི། གྲུབ་མཐའ་ཕྱོགས་རིས་ཀྱི་གཏམ་ཙམ་མ་ཡིན་པར་བདེན་པ་འདྲ་སྟེ། བཙན་པོའི་དུས་སུ་བོད་མི་རང་གིས་བྲིས་ཏེ། བཅོས་སྒྱུར་མཁན་གྱི་སྒྱུག་རྩིས་མ་རེག་པར་ལོ་ཆིག་སྟོང་ཉེ་བའི་དུས་ལ་བྱེ་མའི་འོག་ནས་གཟིམས་པར་གྲགས་པའི་ཏུན་ཧོང་གཏེར་ཡིག་ཏུ་འདི་ལྟར་འབྱུང་སྟེ། བོད་ལ་སྔོན་ཆད་ཡི་གེ་མེད་ཡང་། བཙན་པོ་འདིའི་ཚེ་བྱུང་ནས་ཞེས་པ་འདི་དང་། ཐང་ཡིག་གསར་རྙིང་གི་ཐུ་རྫོང་ཀྱི་དེབ་ཐེར་ལས་ཀྱང་ཡི་གེ་མེད་ཅིང་། ཐག་ལ་མདུད་པ་དང་ཤིང་ལ་རྟགས་བུ་བཏབ་ནས་རྩིས་བྱེད། ཅེས་བྲིས་ཡོད་པ་འདི་གཉིས་ལས་ཀྱང་བོད་ལ་སྔོན་ཆད་ཡི་གེ་མེད་པ་ཤེས་སམ་སྙམ། འོན་ཀྱང་རྣམ་པ་གཞན་དུ་ན་དེང་དུས་ཀྱི་མཁས་པ་འགས་གསུང་བ་ལྟར་རྒྱལ་པོ་སྲོང་བཙན་སྒམ་པོའི་གོང་དུ་བོད་ཡིག་རྙིང་བ་ཞིག་ཡོད་པ་ནི་ཞང་ཞུང་གི་ཡིག་རྙིང་ཡིན་པ་དང་། དེ་ནི་ཆ་མི་ཚང་ཞིང་རགས་ཡིག་ཅིག་ཡིན་པས་ཐོན་སྐྱེད་གོང་དུ་འཕེལ་བའི་དགོས་མཁོ་དང་འཚམ་མི་ཐུབ་པར་བརྟེན་རྒྱལ་པོའི་བཀའ་བཞིན་ཐོན་མིས་ད་ལྟའི་བོད་ཡིག་འདི་གསར་དུ་བཟོས་པའང་སྲིད་དོ། །

སྲོང་བཙན་སྔོན་བོད་ལ་ཡི་གེ་ཡོད་མེད་ནི་ད་དུང་སྙིག་གྲུར་གྱི་དཔྱད་བྱ་ཆེན་པོ་ཞིག་ཡིན་པས། བདག་ལྟ་བུས་ཁ་ཚོན་གཅོད་ཐབས་མེད་མོད། རྒྱལ་ཁབ་ཀྱི་འབྲེལ་ཡོད་སྣེ་

ཁག་གིས་ཤུགས་ཆེན་གྱིས་རྒྱབ་སྐྱོར་གནང་འོག སྲོང་བཙན་སྒོན་ཆད་ཀྱི་ཡིན་ངེས་ཤིང་། ཞང་ཞུང་གི་ཡི་གེ་འབའ་ཞིག་གིས་བྲིས་པའི་བོན་བསྟན་གླེགས་བམ་མ། རྫ་རིང་ངམ་བྲག་ལ་བརྐོས་པའི་ཡིག་རྙིང་སོགས་བཙལ་ནས་རྙེད་པ་ཡིན་ན། ཐེ་ཚོམ་བྱེད་མི་དགོས་པར་དོན་འདི་རང་བཞིན་གྱིས་གསལ་བར་འགྱུར་རོ། །འོན་ཀྱང་ད་སྐབས་དངོས་སུ་མཐོང་རྒྱུ་ཡོད་པའི་བོན་དཔེ་རྣམས་ནི་དབུ་ཅན་དང་དབུ་མེད་ཀྱིས་བྲིས་པ་ཁོ་ནར་སྣང་ཞིང་། གོང་ནས་བཤད་པའི་ཡི་གེ་དེ་ལྟ་བུ་གཅིག་ཀྱང་རྙེད་རྒྱུ་མེད་ན་གཞན་ཡིད་ཆེས་སུ་འཇུག་དཀའ་སྙམ། སྲོང་བཙན་སྔོན་དུ་བོད་ལ་ཡི་གེ་ཡོད་མེད་གང་ལྟར་ཡང་ད་ལྟའི་བོད་ཡིག་འདི་ཐོན་མིས་གསར་དུ་བཟོས་པ་ཡིན་པའི་དོན་འདི་སུས་ཀྱང་བསྐྱོན་མི་ནུས་ལ། ཐོན་མི་རྒྱ་གར་དུ་ཐེབས་པའི་སྐབས་བབ་ཀྱི་དགོས་པ་ཡང་དུ་མ་ཞིག་ཡོད་སྲིད་ཀྱང་། གཙོ་བོ་ནི་རྒྱ་གར་གྱི་སྒྲ་རིག་པ་ལེགས་པར་བསླབས་ཏེ་བོད་ལ་ཡི་གེ་གསར་དུ་བསྒྱུན་ཅིང་། རིག་གནས་དར་བའི་ཆེད་ཡིན་པར་ལོ་རྒྱུས་སྨྲ་བ་རྣམས་དགོངས་པ་གཅིག་དང་དབྱངས་གཅིག་པས་ན། དོན་འདི་སུས་ཀྱང་ཤེས་མི་ཐུབ་པ་ཞིག་དང་། རྗེས་འཇུག་རྣམས་མགོ་བོ་མགལ་མེའི་འཁོར་ལོ་ལྟར་འཁོར་དགོས་པ་ཞིག་མ་ཡིན་པར་ཆགས་སྣང་གི་དྲི་མ་རིང་དུ་དོར་ཏེ་སེམས་ཞིབ་མོས་བསམ་ན་རྟོགས་ནུས་སོ། །སྟག་གཟིག་འོལ་མོ་གླིང་ནི་དུས་འཁོར་གྱི་རྒྱུད་ཐོག་མར་དར་སའི་ཡུལ་ཤམ་བྷ་ལ་དོན་གཅིག་པར་བོན་གྱི་བསྟན་འབྱུང་རྣམས་ལས་བཤད་ཅིང་། ཤམ་བྷ་ལ་ནི་ཤཱཀྱའི་རིགས་ཀྱིས་ཐོག་མར་བཟུང་བའི་ཡུལ་ཞིག་ཡིན་པར་བཀའ་བསྟན་དུ་མ་ལས་འབྱུང་བས་ན། ཡུལ་འདིའི་ཡི་གེ་ཡང་རྒྱ་གར་གྱི་ཡི་གེ་རིགས་ཤིག་ཡིན་པར་སེམས། དེས་ན་བོད་ཡིག་གི་ཕྱི་མོ་སྟག་གཟིག་གི་ཡི་གེ་དང་རྒྱ་གར་གྱི་ལན་ཚར་གང་ཡིན་ཡང་བོད་ལ་སྔོན་ཆད་ཡི་གེ་མེད་པར་མི་རིགས་གཞན་གྱི་ཡི་གེར་དཔེར་བྱས་ནས་གསར་དུ་བཟོས་པ་འདྲ་བས་ན། བོད་ཡིག་གི་ཁུངས་ལན་ཚར་ཡིན་པར་འཆད་པ་འདི་ཁོ་ནས་རང་གི་ཕ་མེས་ཀྱི་མཚང་བྲུས་པ་དང་། ང་ཚོ་དགོས་པའི་གནས་སོགས་སུ་གྱུར་པའི་རྒྱུ་མཚན་ཅི་ཡིན་ནམ། གཞན་ལ་ཉེ་རིང་ཆགས་སྡང་དང་གྲུབ་མཐའི་ཕྱོགས་རིས་སོགས་ཀྱིས་མ་གོས་པར་བྱེད་

དགོས་པར་གདམས་མཁན་ཁོ་རང་ལ་དེ་ལྟ་བུའི་ཉེས་པས་མ་གོས་པ་ཡིན་ན་ཤིན་ཏུ་ལེགས་སོ། །བོད་ལ་སྔོན་ཆད་ཡི་གེ་ཞིག་ཡོད་པ་ནི་བོན་པོའི་ཡི་གེ་ཡིན་པས། བོད་ལ་མི་ཕན་ཅིང་བེད་མི་ཚོད་དོ་ཞེས་མཁས་པ་གང་གི་གསུང་ལས་ཀྱང་མ་མཐོང་བས་ཞང་ཞུང་གི་སྐར་ཆེ་ཆུང་གི་ཡིག་གཟུགས་འདི་ནི་མཐོང་རྒྱ་མེད་མཁན་ཚོས་མ་མཐོང་བ་ཙམ་ལས་ད་ལྟ་གསར་དུ་བྱུང་བ་ཞིག་མ་ཡིན་པར་སྔོན་གྱི་ཡི་གེ་མ་ཕྱི་སོགས་ན་ཡོད་ཅིང་། བོད་ཡིག་དང་ཁྱད་པར་ཆེན་པོ་མེད་པས། ཐོན་མིའི་རྗེས་སུ་བོད་ཀྱི་མཁས་དབང་རིམ་བྱོན་རྣམས་ཀྱི་བློ་གྲོས་ཀྱི་རྩལ་དང་སོར་མོའི་འདུ་བྱེད་ལས་བསྐྲུན་པའི་ཡིག་གཟུགས་མཐའ་ཡས་པ་ཞིག་ཡོད་པས་དེའི་ནང་གི་གཅིག་ཡིན་པར་སེམས་སོ། །སྐར་ཆེ་ཆུང་གི་ཡི་གེ་འདིར་ཙ་ཚ་སོགས་འདོར་ལེན་བྱེད་མི་དགོས་པས་བོད་ཡིག་གི་ཕྱི་མོ་ཡིན་ནོ་ཟེར་ན། སྔོན་གྱི་མ་ཕྱི་དུ་མ་ན་ཡོད་པའི་སྔིན་པོའི་ཡི་གེར་གྲགས་པ་དང་། གཏེར་ཡིག་དང་། བཙ་ཡིག་ཏུ་མར་ཡང་འདོར་ལེན་གང་ཡང་བྱེད་མི་དགོས་པས་བོད་ཡིག་གི་ཁུངས་སུ་བྱེད་དགོས་པས་ཧ་ཅང་ཐལ་ལོ་སྙམ།

ཡང་མི་ལ་ལས། བོད་ཀྱི་ལོ་རྒྱུས་ཐོག་ཐོན་མི་ཟེར་བའི་མི་ཞིག་བྱུང་ཡོད་མེད་ལའང་ཐེ་ཚོམ་ཡོད་ཀྱང་། གལ་ཏེ་ཡོད་པ་བདེན་ན་ཁོང་བོད་ཡིག་བཟོ་སྐབས་ཀྱི་མགོ་འདྲེན་མཁན་དང་རྩ་འཛུགས་མཁན་ཡིན་སྲིད་མོད། བོད་ཡིག་ནི་མི་གཅིག་གིས་གསར་དུ་བཟོ་མི་ཐུབ་པས། ཐོན་མིའི་བོད་ཡིག་གསར་དུ་བཟོས་པ་ཡིན་མི་སྲིད་ཟེར། འདོད་རྒྱལ་འདི་ཡང་ཅུང་ཟད་དཔྱད་པར་བྱ་སྟེ། རྒྱལ་པོ་སྲོང་བཙན་སྐབས་སུ་གངས་ཅན་འགྲོ་བའི་མུན་པ་སེལ་བའི་ཉི་མ་ཆེན་པོ། བདག་ཅག་གི་རྩ་བའི་མཁན་པོ་ཐོན་མི་འཛམ་པའི་དབྱངས་དེ་སྔོངས་འདིའི་དཔལ་དུ་དངོས་སུ་ཤར་བ་ཙམ་དུ་མ་ཟད། གཙུག་ལག་ཀུན་གྱི་ཕྱི་མོ་ཡི་གེ་གསར་བསྐྲུན་གནང་བའང་བདག་གིས་གོང་ནས་ཐོ་རེ་བ་བརྗོད་པ་དང་། ལྷག་པར་དུ་དེབ་ཐེར་ཚད་ལྡན་རྣམས་ལ་ཞིབ་ཏུ་གཟིགས་ན་ཤེས་པར་འགྱུར་མོད། ཡིད་ཆེས་པའི་ཕྱིར་དུ་སླར་ཡང་དེའི་རྒྱུ་མཚན་ཅུང་ཟད་འགོད་ན། ཐོན་མིའི་སྲས་མ་ཧཱ་ས་ཏ་ཡར་རྒྱབ་སྐྱེ་བ་རྣམ་རྒྱལ་སྐུ་མཆེད་ཀྱི་བར་མི་རྒྱུད་བར་མ་ཆད་པར་བྱོན་པ་རྣམས་ཀྱི་མཚན་དང་མཛད་པ་ཐོ་རེ་

བ་ལྷ་བ་ཆེན་མོས་《དེབ་ཐེར་དཔྱིད་ཀྱི་རྒྱལ་མོའི་གླུ་དབྱངས》སུ་བཀའ་སྩལ་བ་ལྟར་དང་། འབོན་མིའི་སློབ་མ་ཧྣཚ་ཀོ་ཁ་དང་། ལྷ་ལུང་རྡོ་རྗེ་དཔལ་སོགས་ལོ་ཙཱ་བ་མཁས་པ་དུ་མ་དང་ཆང་ར་རིན་ཆེན་འབར་སོགས་ཡིག་མཁན་དུ་མ་ཟམ་མ་ཆད་དུ་བྱོན་པར་ཡང་སྟོན་གྱི་ལོ་རྒྱུས་རྣམས་ལས་གསུངས་ཤིང་། ལྷག་པར་དུ་འབོན་མི་ཉིད་ཀྱིས་བརྩམས་པའི་གཞུང་སུམ་རྟགས་གཉིས་ད་སྐབས་དངོས་སུ་མཇལ་རྒྱུ་ཡོད་པར་མ་ཟད་ཁོང་གིས་རྒྱལ་པོ་སྲོང་བཙན་སྒམ་པོར་བསྟོད་བསྔགས་བྱས་པའི་སྙན་ཚིག་ལྷ་སའི་ཤར་རྒྱུད་འཛན་ཁོག་ནང་ལྷ་ཁང་གི་བྲག་རྡོའི་ཐོག་བརྐོས་ཡོད་པ་སོགས་ལས་ཀྱང་། འབོན་མི་ནི་ལོ་རྒྱུས་ཐོག་དངོས་སུ་བྱོན་པའི་མི་ཞིག་ཡིན་མིན་གྱི་ཐེ་ཚོམ་ལྷག་མེད་དུ་གཞོམ་ནུས་ཏེ། སྟོན་ཀན་མོ་ཞིག་གིས་བཀའ་གདམས་པའི་དགེ་བཤེས་པོ་ཏོ་བ་ལ། ཤཱཀྱ་ཐུབ་པ་ཟེར་བ་ཞིག་འཇིག་རྟེན་དུ་དངོས་སུ་བྱོན་པ་བདེན་ནམ་ཞེས་དྲིས་པ་ན། དགེ་བཤེས་པོ་ཏོ་བས། ཁོ་ཚོའི་སྐྱེ་བའི་འདས་ཟིན་པའི་མི་མིང་ཆེན་ཞིག་ཡོད་པ་དེ་བྱུང་བ་བདེན་ནམ་ཞེས་པས། ཀན་མོས་དེས་ལོས་བདེན། དེའི་བུའི་མིང་ལ་འདི་ཟེར་ལ་ཚ་བོའི་མིང་ལ་འདི་ཟེར། ཁང་ཁྱིམ་འདི་ཡིན་ལ། བྱས་རྗེས་འདི་ལྟ་བུ་བཞག་ཅེས་པས། པོ་ཏོ་བས་ཀྱང་དེས་ན་སངས་རྒྱས་ཤཱཀྱ་ཐུབ་པ་ཡང་དངོས་སུ་བྱོན་པ་ཡིན་ཏེ། ཁོང་གིས་གསུང་བའི་ཆོས་འདི་ཡིན་པ་དང་། སློབ་མ་འདི་དང་འདི་རྣམས་ཡིན་པ་དང་ཡང་སློབ་ཛ་བོ་རྗེ་ཡིན་པ་སོགས་རིམ་གྱིས་གསུང་བས་ཀན་མོ་དེ་ཡིད་ཆེས་སུ་གྱུར་པར་གསུངས་པ་ལྟར། ལོ་རྒྱུས་ཐོག་གི་མི་ཞིག་དངོས་སུ་བྱུང་བའི་ཤེས་བྱེད་ནི་དེའི་བཞག་པའི་བྱས་རྗེས་དང་། བུ་རྒྱུད་བྱུང་ཚུལ། ལོ་རྒྱུས་དེར་ཐེར་གྱི་ལུང་བཅས་ལ་བརྟེན་པ་ལས་གཞན་པའི་ཐབས་ཤིག་མེད་པས་སོ། །

འཛམ་གླིང་ཐོག་གི་མི་རིགས་གཞན་དུ་མར་ཚན་རིག་མཁས་པ་མང་པོ་བྱོན་ཅིང་། ཚན་རིག་ལག་རྩལ་ཐད་ཀྱི་གྲུབ་འབྲས་གལ་ཆེན་འདི་ནི་མི་འདིས་གསར་དུ་བསྐྲུན་པ་ཡིན་ནོ་ཞེས་མི་རེའི་མིང་འཛིན་རྒྱུ་ཡོད་ན། བོད་ལ་རང་གི་སྐད་དང་མཐུན་པའི་ཡི་གེ་གསར་དུ་བཟོ་མཁན་གྱི་མི་གཅིག་ཀྱང་བྱུང་མི་ཆོག་པའི་རྒྱུ་མཚན་ཅི་ཡིན། རིག་པའི་གནས་ལ་

གཏན་ནས་མ་སྦྱངས་པའི་གླུན་པོ་ཞིག་གིས་ཡི་གེ་ཞིག་གསར་དུ་བཟོ་མི་ཐུབ་པ་བདེན་ན་ཡང་། ཐོན་མི་ལྟ་བུ་མི་རིགས་གཞན་གྱི་ཡིག་རིགས་དུ་མར་སྦྱངས་པ་མཐར་ཕྱིན་པའི་མཁས་པ་ཆེན་པོ་ཞིག་གིས་མི་རིགས་གཞན་གྱི་ཡི་གེར་དཔེར་བལྟས་ཤིང་། རང་གི་མི་རིགས་ཀྱི་སྐད་ལ་བརྟག་དཔྱད་ཞིབ་ཏུ་བྱས་ན། ཡི་གེ་གསར་བསྐྲུན་བྱེད་ཐུབ་པར་མ་ཟད། དེ་ལྟར་ཡི་གེ་གསར་དུ་བཟོས་པ་ཡིན་ནོ་ཞེས་སྨྲས་ན། དེ་འགོག་བྱེད་ཀྱི་གཏན་ཚིགས་ཡང་དག་འགོད་རྒྱུ་ག་ལ་ཡོད། ཐོན་མི་དངོས་སུ་བྱུང་སྲིད་མིན་ལ་ཐེ་ཚོམ་ཟ་བ་དང་། ཡི་གེ་ནི་ཐོན་མིས་གསར་དུ་བཟོས་པ་མིན་པའི་ཚོད་གཏམ་བཟོས་པ་སོགས་ནི་ཀུན་སློང་ངན་པ་གཞན་ཞིག་གིས་ཀུན་ནས་བསླངས་ཏེ། རྒྱུ་མཚན་ཅི་ཡང་མེད་པའི་གཏམ་འཆལ་དེ་དག་སྤེལ་བ་མིན་ནམ་སྙམ་པའི་དོགས་པ་མི་སྐྱེ་ག་མེད་བྱུང་། ད་ང་གི་མི་རིགས་སྤྱིད་རྗེས་ཀྱི་འོད་སྣང་སྣར་ཡང་མེས་རྒྱལ་གྱི་ས་གཞི་ཆེན་པོར་འཕྲོས་ཤིང་། རིགས་སོ་སོའི་མི་དམངས་མཛའ་ཞིང་མཐུན་པའི་དུས་འདིར་འདི་ལྟ་བུའི་གཏམ་ཁྱབ་བརྡལ་དུ་སྒྲོག་པའི་སྐབས་མ་ཡིན་པ་ཤེས་པར་གྱིས་ཤིག

དེ་ལྟར་གངས་ཅན་མཁས་པའི་མེས་པོ་ཐོན་མི་སམ་བྷོ་ཊ་ནི་བོད་ཀྱི་ཡི་གེ་གསར་སྐྲུན་བྱེད་མཁན་ཡིན་པར་མ་ཟད། སུམ་རྟགས་སོགས་ཡུལ་དུ་བྱུང་བའི་བསྟན་བཅོས་དུ་མ་གསར་དུ་རྩོམ་མཁན་གྱི་ཁྱད་པར་འཕགས་པའི་རྩོམ་པ་པོ་དང་། བཀའ་བསྟན་དུ་མ་བོད་ལ་ཐོག་མར་བསྒྱུར་མཁན་གྱི་ལོ་ཙྪ་བ་ཆེན་པོ་བཅས་ཡིན་པས། མེས་རྒྱལ་གྱི་མདོ་དབུས་མཐོ་སྒང་དུ་ཤེས་རིག་དར་རྒྱས་བྱུང་བ་ནི་ལོ་ཙྪ་བ་ཆེན་པོ་འདིའི་བཀའ་དྲིན་ཡིན་པར་མ་ཟད། སོག་རིགས་དང་ཧོར་རིགས་སོགས་མི་རིགས་གཞན་ལ་རིག་གནས་དར་བ་ཡང་འདིའི་དྲིན་ཡིན་པར་སོག་རིགས་ཀྱི་མཁས་པ་ཆེན་པོ་བསྟན་དར་བས་གསུངས་པ་ལྟར་ལ། ཁོང་མགར་གྱི་རྒྱགས་སུ་རྒྱ་ནག་དང་། བལ་ཡུལ་དུ་ཕྱིན་ནས་རྒྱ་བཟའ་དང་བལ་བཟའ་བོད་ལ་བསུ་ཕྱིར་འབད་པ་ཆེན་པོ་གནང་ཡོད་པ་དང་། ལྷག་པར་དུ་རྒྱ་བོད་མི་རིགས་ཀྱི་འབྲེལ་བ་ཇེ་ལེགས་སུ་གཏོང་ཆེད་ལེགས་སྐྱེས་ཆེན་པོ་ཕུལ་ཡོད་པར་ངེས་པས། ཁོང་གི་

མཚན་སྙན་དེ་མེས་རྒྱལ་གྱི་ལོ་རྒྱུས་དེབ་ཐེར་ཐོག་ཏུ་ངེས་པར་འགོད་འོས་སྙམ། བོད་ལ་རང་གི་ཡི་གེ་གསར་དུ་སྐྲུན་མཁན་ཐོན་མི་བྱོན་པར་མ་ཟད། བོད་ཡིག་ལ་དཔེར་བྱས་ནས་ས་སྐྱ་པཎྜི་ཏ་ཀུན་དགའ་རྒྱལ་མཚན་གྱིས་སོག་ཡིག་ཐོག་མར་བཟོས་ཤིང་། འགྲོ་མགོན་འཕགས་པས་ཐམ་ཀ་སོགས་སུ་འབྲི་རྒྱུར་ཧོར་ཡིག་གྲུ་བཞི་མ་གསར་དུ་བཟོས་པ་དང་། ཀུན་མཁྱེན་ཆོས་སྐུ་འོད་ཟེར་ཧོར་ཡུལ་དུ་ཕེབས་ནས་བཀའ་འགྱུར་སོག་ཡིག་ཏུ་བསྒྱུར་སྐབས་སྔོན་གྱི་སོག་ཡིག་ལ་སྒྲ་གདངས་མ་འདང་སྐབས། གུག་རྟགས་མང་པོ་བསྣན་ནས་སྒྲ་གདངས་ཇེ་མང་དུ་བཏང་སྟེ། ད་ལྟའི་སོག་ཡིག་འདི་བྱུང་བར་གསུངས་སོ། །གཞན་ཡང་ཏུན་ཧོང་གཏེར་ཡིག་སོགས་གནའ་རྙོམ་འགའ་ཞིག་གི་ཚིག་སྦྱོར་དང་ཕྲད་སྦྱོར་སྟངས་སོགས་སུམ་རྟགས་དང་མི་མཐུན་པ་དུ་མ་ཞིག་འབྱུང་བས། རྒྱལ་པོ་ཁྲི་རལ་སྔོན་དུ་སུམ་རྟགས་སོགས་ཀྱི་འཆད་ཉན་དར་རྒྱས་མེད་པའམ། ཕྲད་དང་རྣམ་དབྱེ་སྦྱོར་ཚུལ་སུམ་རྟགས་དང་བསྟུན་མི་དགོས་པར་འཆད་མཁན་ཡོད་པར་མ་ཟད། འདིའི་སྐབས་གཞན་དུ་ཡང་མཁས་ལྷུན་དུ་མས་རང་རང་གི་འདོད་ཚུལ་སྣ་ཚོགས་ཤིག་སྤེལ་བཞིན་ཡོད་པ་ལ། རིགས་མེད་ཀྱི་ལྟ་ཚུལ་ཙུང་ཟད་བརྗོད་ན་ལེགས་ཀྱང་། བདག་ལྟ་བུ་བླུན་པོ་རྣམས་ནི་སྨྲ་བ་ཉུང་ན་མཛེས་པ་དང་། ཡིག་ཚོགས་ཀྱང་མང་བར་འགྱུར་བའི་ཕྱིར་འདིར་མི་སྤྲོ་ལ། རྣམ་དཔྱོད་དང་ལྡན་པའི་མཁས་པ་རྣམས་ཀྱིས་འདི་དག་བཏང་སྙོམས་སུ་མི་འཇོག་པར་དཔྱད་པར་འཚལ་ཞེས་སྙིང་ནས་ཞུའོ། །འདིས་མཚོན་རིག་པའི་གནས་གང་དང་གང་ལ་ཡང་རང་གིས་རྩོམ་ཡིག་རེ་འབྲི་ཚེ། སྔོན་བྱོན་མཁས་པའི་ལེགས་བཤད་ཅིག་རང་ལུགས་སུ་གཞིར་བཞག་ཐོག མཁས་པ་གཞན་གྱིས་གསལ་བཤད་མ་མཛད་པར། ཡོག་བཤད་དུ་སོང་བ་རྣམས་གསལ་བར་བྱས་པ་ཡིན་ན། ཁྱོད་ཀྱིས་བྲིས་པའི་རྩོམ་ཡིག་དེ་ནི་བློ་ལྡན་མགུ་བར་བྱེད་པའི་ལེགས་བཤད་རྨད་དུ་བྱུང་བ་ཞིག་ཏུ་གོར་མ་ཆག་མོད། དེང་དུས་ཀྱི་བདག་ལྟ་བུའི་མི་ལ་ལ་དེ་ལྟར་མ་ཡིན་པར། སྔོན་བྱོན་མཁས་པའི་ཚད་མའི་ལུང་དང་། ཚུལ་གསུམ་ཚང་བའི་རིགས་པས་ལན་གྲངས་དུ་མར་དཔྱད་པ་ལས་བྱུང་བའི་ལེགས་བཤད་གསེར་ལྟ་བུ་

རྣམས་ཕྱག་དོར་ཁྲིད་དུ་འདོར་ཅི་ཐུབ་བྱེད་ཅིང༌། རང་ཉིད་ཀྱིས་གསར་བཤད་རེ་སྤེལ་ཏེ། དེར་ཡིད་བཞིན་ནོར་བུ་ལྟར་རིན་ཐང་གཞལ་དུ་མེད་པ་ཞིག་ཏུ་མཐོང་བ་ནི། རང་གཞན་ཀུན་ལ་ཧ་ཅང་མི་ཕན་པས། ཅུང་ཟད་ཁྲེལ་བག་དང་ལྡན་པར་བྱས་ན་བཟང་སྙམ་ནས་རེ་ཞིག་འདི་ཙམ་གྱིས་ཚིག་ཤེས་པར་བྱས་སོ། །

《དྲིས་ལན་ངག་གི་འཁོར་ལོའི་》ཚིག་དོན་ལ་ཅུང་ཟད་དཔྱད་པ་བདེན་གཏམ་གསེར་གྱི་མེ་ཏོག་ཅེས་བྱ་བ།

རྣམ་དག་གཙུག་ལག་ནམ་མཁའི་ནོར་བུའི་འོད་སྣང་ཐགས་སུ་བསྐྲུན་པ་ལས། །
མཛེས་སྡུག་སྙིང་འཕྲུང་འཛུམ་བརྒྱ་གྲོལ་བ་ཕྱོགས་སུ་བཞད་པའི་བཀྲ་ཤིས་དཔྱིད། །
རྫོགས་ལྡན་དབྱར་དཔལ་མགྲོན་དུ་བསུ་བའི་ངོ་མཚར་བླན་འབབ་བའི་འཕྲིན། །
དགེ་མཚན་ལང་ཚོའི་དཔལ་གྱིས་སྐེམ་པའི་དཔྱིད་ཀྱི་ཕོ་ཉ་འདི་ན་གྲགས། །

༡༩༨༤ལོའི་མཚོ་སྔོན་སློབ་གསོ་དེབ་དང་པོའི་ཐོག་ཏུ་བཀོད་པའི་རྩོམ་ཡིག《དྲིས་ལན་ངག་གི་འཁོར་ལོ་ཞེས་བྱ་བ》དེ་ད་ལྟ་ཀློག་མཁན་ཚང་མས་དངོས་སུ་མཐོང་ཡོད་པར་ངེས་ལ། བླུན་པོ་བདག་གིས་ཀྱང་དགག་ཡིག་དེ་མཐོང་བའི་མོད་ལ་དགའ་བའི་ཀུན་ད་ཕོང་ནས་རྒོད་པའི་སྐལ་བཟང་མངོན་དུ་གྱུར་ཅིང། བསྔགས་བརྗོད་མན་ད་ར་བའི་གྲུ་ཆར་འབེབས་པ་ལ་ཆེས་ཆེར་མི་བརྩོན་པའི་ཐབས་མེད་པར་གྱུར་ཏོ། །

སྤྱིར་ཤེས་བརྩོན་ལྡན་པའི་གཞོན་ནུ་རྣམས་ཀྱིས་རིག་པའི་གནས་གང་དང་གང་ལ་ཡང་དེང་རབས་ཀྱི་དུས་དང་འཚམ་ལ་ཀུན་གྱིས་གོ་བདེ་བ། རང་རིགས་མཁས་པས་དཔྱད་གསུམ་ཚད་མས་གཏན་ལ་ཕབ་པའི་གསུང་རབ་ཀྱི་དགོངས་དོན་གཞིར་བཞག་ཐོག་མི་རིགས་གཞན་པའི་རིག་གནས་ཀྱི་སྙིང་བཅུད་བསྡུས་པའི་རྩོམ་ཡིག་མི་ཉུང་བ་ཞིག་ངེས་པར་འབྲི་འོས་ལ། སུ་དང་གང་གིས་བྲིས་ཀྱང་འདི་ལྟ་བུའི་རྩོམ་ཡིག་ཅིག་ཡིན་ཚེ། གཞུང་དོན་ལ་འཇུག་པའི་རྣམ་དཔྱོད་ཁབ་ཀྱི་བུ་ག་ལས་ཕྲ་བས་དེ་དག་གི་དོན་ལ་ཇི་བཞིན་དཔྱོད་པའི་སྐལ་བ་ཤིན་ཏུ་དམན་པ་གནག་ཇེ་ཆེན་པོ་བདག་ལྟ་བུས་ཀྱང་རྗེས་སུ་ཡི་རངས་ཙམ་མི་བྱེད་པའི་རྒྱུ་མཚན་ཅི་ཡང་མེད་དོ། །དེ་ཡང་ཀེ་ལ་ཤ་རིའི་ལྗོངས་འདིར་སྔོན་བྱུང་དྲན་དཔང་

གསེར་རིའི་ཕྲེང་བ་ལྟ་བུར་ཚར་དུ་དངར་བར་ཕྱིན་པ་རྣམས་ཀྱི་ཐུགས་བཅུད། དྲི་མ་མེད་པའི་ལེགས་བཤད་ཀྱིས་ཕྱུར་བུར་གཏམས་པའི་གླེགས་བམ་མཐའ་ཡས་པ་ད་དུང་བློ་ལྡན་རྣམས་ཀྱི་སྤྱི་ནོར་དུ་དངོས་སུ་བཞུགས་བཞིན། གསར་རྩོམ་སྤེལ་བའི་ངལ་བས་ཅི་བྱ་ཞེ་ན། ཚད་མ་གསུམ་གྱིས་མངོན་པར་བཞག་པའི་མཁས་པ་སྔོན་མ་རྣམས་ཀྱི་ལེགས་བཤད་དེ་དག་གི་དགོངས་པ་སོར་བཞག་བྱས་ཐོག་མི་རིགས་གཞན་གྱི་གཙུག་ལག་ལས་ཀྱང་ལེགས་པའི་ཆ་མཐའ་དག་བསྡུ་ཐུབ་ཚེ་རང་རེའི་ཁ་བའི་ལྗོངས་ཀྱི་རིག་གནས་འདི་འཛམ་གླིང་རིག་གནས་ཀྱི་རབ་དང་། ཐུལ་དང་། གཙོ་བོ་དང་གྱ་ནོམ་པའི་གནས་སུ་འཕེལ་རྒྱས་སུ་འགྲོ་ཐུབ་པ་དང་། རང་རེའི་མི་རིགས་འདི་ཡང་སྔོན་ཐོན་མི་རིགས་ཀྱི་གྲངས་སུ་ཚུད་ཐུབ་པར་གདོན་མི་ཟ་བས་ན། དཔྱོད་ལྡན་གཞོན་ནུ་རྣམས་རང་གཞན་དགེ་བར་འགྱུར་བའི་དོན་ཆེན་པོ་འདི་ལྟ་བུ་ལ་འཇུག་པ་ནི་ཤིན་ཏུ་ལེགས་སོ། །ལྷག་པར་དུ་ངག་འཁོར་མཁན་པོས་བྲིས་པའི་རྩོམ་ཡིག་དེའི་ནང་དུ། སྔོན་ཕྱིན་མཁས་པའི་ལུགས་གཞིར་འཛིན་པ་ལས་རྟོག་བཟོ་དང་། རྒྱངས་བཤད་དང་ལོག་བཤད་སོགས་གཏན་ནས་བྱེད་མི་རུང་བར་གསུང་བ་ན་ཧ་ཅང་ཡང་དག་ཅིང་ཐུགས་མད་པས། བདག་ཁོ་ནར་མ་ཟད་བདག་ཅག་འདིར་གནས་ཀུན་གྱིས་རྗེས་སུ་ཡི་རངས་ཤིང་བསྔགས་པའི་མེ་ཏོག་འཐོར་བར་བྱེད་དོ། །རིག་པའི་གནས་ལ་བརྟག་དཔྱད་དང་། བློ་མཐུན་བར་ཕན་ཚུན་དྲི་བ་དང་ལན་འདེབས་པ་དང་། མི་མཐུན་པའི་འདོད་པ་དག་བྱུང་ཚེ་བརྒལ་ལན་བྱེད་པ་སོགས་ནི། སྔོན་ཕྱིན་མཁས་པའི་སྲོལ་ལ་ཡོད་ཅིང་། ཏང་གི་རིག་རྩལ་སྲིད་ཇུས་དང་ཡང་ཡོངས་སུ་མཐུན་པས། ཤིན་ཏུ་རིགས་ཤིང་འོས་ལ། ད་ལྟ་གཞོན་ནུ་དུ་མས་འདི་ལྟ་བུའི་རྩོམ་ཡིག་སྤེལ་བཞིན་ཡོད་པ་ནི་རིག་གནས་དར་རྒྱས་དང་། ཤེས་ལྡན་གཞོན་ནུ་དུ་མ་འཚར་ལོངས་འབྱུང་བཞིན་ཡོད་པའི་མཚོན་རྟགས་གལ་ཆེན་ཞིག་ཡིན་པས་ཧ་ཅང་བཟང་མོད། དྲིས་ལན་ངག་གི་འཁོར་ལོ་ཞེས་པའི་རྩོམ་ཡིག་འདིས་མཚོན་རྩོམ་ཡིག་འགའ་ཞིག་ཏུ་ལུང་དང་རིགས་པའི་རྒྱུ་མཚན་རྣལ་མ་ཅི་ཡང་འགོད་རྒྱུ་མེད་ལ། ཐ་ན་ཕྱོགས་སྔའི་འདོད་པ་ཡང་གསལ་པོར་ངོས་མ་ཟིན་པར་གྱི་

ཚོམ་དུ་སྡིག་དམོད་དང་། ཟུར་ཟ་ཁོ་ནས་ཕོག་ལྡེ་གང་ཐབས་ལ་བརྩོན་པ་ནི་ཤིན་ཏུ་ཡང་ཞིང་ཡི་མུག་གོ །རྩོད་པའི་སྐབས་སུ་ཤགས་འགྱེད་པ་ནི་རྒྱ་བོད་མཁས་པའི་ལུགས་ལ་ཡང་གདོན་མི་ཟ་བར་ཡོད་མོད། དེ་དག་ལ་དགོངས་གཞི་དང་དགོས་པ་དངོས་ལ་གནོད་བྱེད་གསུམ་གྱི་སྒོ་ནས་རྒྱ་ཆེར་བསྟད་དུ་ཡོད་ཅིང་། འཚོལ་མའི་དམར་འཛིང་འདི་ལྟ་བུ་ཞིག་ག་ལ་ཡིན། བློན་པོ་བདག་ནི་ལོང་བས་ལོང་བ་འཁྲིད་མཁན་གྱི་དགེ་མིང་འཛིན་པ་ཞིག་དང་། གཞུང་དོན་ལ་ཞུགས་ཚེ་བློང་དོར་གྱི་གནས་ལ་ཆེས་ཆེར་རྨོངས་པས་ཁྱི་དང་སློབ་འཕྲད་པ་ལྟ་བུ་ཞིག་གམ་རྨོངས་ཞེན་གྲགས་པའི་རྗེས་འབྲང་བློན་པོ་ཚུ་སྣ་གར་ཁྲིད་ཅིག་ཡིན་ཞིང་། དེ་ཡང་ངག་འཁོར་མཁན་པོས་བཤད་པ་ལྟར་གཞུང་ལུགས་རྒྱ་མཚོའི་དོན་ལ་ཐོས་བསམ་རྩ་རྩེའི་ཐིགས་པ་ཙམ་ཡང་མ་བསྒྲུབས་པའི་འབྲས་བུ་ཉིད་ལས་གཞན་དུ་ཅི། དེ་ལྟར་རང་ཉིད་ལྷག་པར་རྨོངས་བཞིན་དུ་གཞུང་དོན་འཆད་པའི་ངལ་བ་ལྷུར་ལེན་པ་ནི་ཤིན་ཏུ་མི་རིགས་ཤིང་མི་འཚམ་པས། དམ་པ་རྣམས་ཁྲེལ་བའི་རྒྱུ་ལས་མ་འདས་ཤིང་། དེ་བས་རང་གཞན་ཕུང་ལ་སྦྱོར་བའི་གཞུང་དོན་བཤད་འཁྲིད་ཀྱི་ཁུར་འདི་ལྟ་བུ་མ་བླངས་ན་ཅི་མ་རུང་སྙམ་པའི་འདུན་པ་ཞིག་སྤྱི་མོ་ནས་ཡོད་ཐོག་ལྷག་པར་ངག་འཁོར་མཁན་པོས་གཤེ་བའི་ཚིག་དེ་དག་གིས་རྐྱེན་བྱས་ཏེ་ཡིད་སྐྱོ་ཞིང་ཞེ་འཚེར་ན་ཡང་ཏང་གིས་བསྔོས་པའི་ལས་ཀ་ཡིན་པ་དང་། ཁྱད་པར་དུ་འདི་ཀའི་འགོ་ཁྲིད་རྣམས་ཀྱི་བཀོད་བསྒྲིགས་ཡིན་པས་ཁྲེལ་མེད་པའི་བྱ་བ་དག་ལའང་རེ་ཞིག་མི་འཇུག་པའི་ཐབས་མེད་དོ། །

ད་ནི་བདག་གིས་མི་ཤེས་པའི་དོན་འགའ་ཞིག་དྲི་བར་བྱ་སྟེ། གངས་ཅན་བོད་ཀྱི་ཡུལ་འདིར་དེང་སྐབས་མིང་དོན་མཚུངས་པའི་མཁས་དབང་རེ་གཉིས་ལས་མི་བཞུགས་ལ། དེ་དག་ཀྱང་ཡུལ་གྱིས་བསྐལ་བའི་དབང་གིས་ཞལ་མཇལ་གསུང་ཐོས་ཀྱི་སྐལ་ལྡན་མང་པོ་མེད་ཅིང་། རང་རེའི་རིག་གནས་འདི་ཧ་ཅང་ཉམ་ང་ཞིང་ཉག་ཕྲ་བའི་སྐབས་འདིར་བྱ་མེད་སར་བུང་བུས་ནམ་ཚོད་འཛིན་མཁན་བདག་ཅག་ཙམ་དུ་མ་ཟད་ད་དུང་མང་པོ་ཞིག་ཡོད་ཚོད་དུ་སྣང་བས། དེ་དག་ལ་མཁས་པ་རྣམས་ཀྱིས་རྒྱབ་སྐྱོར་དང་རོགས་རམ་གནང་འོས་

པ་ཞིག་ལས་ཟུར་ཟ་དང་སྙིགས་མོ་མཚང་འབྲུ་བ་སོགས་བྱས་ན་དེ་དག་ལྷག་པར་སྤྲ་བཀོང་བར་གྱུར་ནས་སྔོན་བྱོན་དྲན་དབང་རྣམས་ཀྱིས་ངལ་བ་བརྒྱ་ཕྲག་གིས་བསྐྱུན་པའི་གངས་ཅན་བོད་ཀྱི་རིག་གནས་འདིའི་རྒྱུན་ཙམ་ཡང་སྤྱིལ་མཁན་མེད་པར་འགྱུར་ཏེ་རང་བཞིན་བག་ལ་ཞ་བར་མི་འགྱུར་རམ། ལྷག་པར་དུས་དེབ་དང་དཔེ་ཆ་ཞིག་གི་སྟེང་དུ་དངོས་སུ་བཏོན་པ་མིན་ལ་འདི་ནས་སྐད་ངག་འཁྲིད་སྐབས་སློབ་མའི་བློ་སྒོ་འབྱེད་ཆེད་བཏོན་པའི་དྲི་བ་ཞིག་ལ་འདི་ལྟའི་གཤེ་གཤེ་དང་བཅས་པའི་དགག་པ་བྱེད་པ་ལས། དེང་སྐབས་རིག་པའི་གནས་སྤྱི་དང་ཁྱད་པར་སྐད་ངག་ལའང་སྔོན་བྱོན་མཁས་པའི་བཞེད་ཚུལ་དང་མི་མཐུན་པའི་ཉོད་ཚུལ་དག་དངོས་སུ་པར་སྐྲུན་བྱས་པའི་དཔེ་དེབ་དག་ན་མཐོང་རྒྱུ་ཡོད་པས། དེ་དག་ལ་དགག་བཞག་ཅུང་ཟད་བྱས་ན་མི་ལེགས་སམ། མཁས་འདོད་དང་གྲགས་འདོད་ཀྱིས་ཀུན་ནས་བསླངས་ཏེ་གཞན་གྱིས་ཅི་ཉོད་ལ་ཡ་ང་བ་དང་བག་ཚ་བ་ཅུང་ཟད་ཙམ་ཡང་མེད་པར་གཞུང་ལུགས་རྒྱ་མཚོའི་དོན་ལ་ཐོས་བསམ་ཚུལ་བཞིན་བྱེད་ལུགས་དང་། དཔྱད་འཇོག་གང་ཡང་མི་ཤེས་པའི་བླུན་པོ་ཞིག་ལ་སྦྱོར་རྒྱུའི་ཚིག་ཡིན་ནམ། དེང་སྐབས་ཏང་གི་སྲིད་ཇུས་ལྟར་མི་རིགས་གཞན་གྱི་མཁས་པ་རྣམས་ཀྱིས་ཀྱང་རིག་གཞུང་ཐད་ལ་རང་གི་འདོད་ཚུལ་ལྷུག་པར་བརྗོད་པ་དང་མི་མཐུན་པའི་འདོད་ཚུལ་དག་ལ་རྒྱུ་མཚན་སྣ་ཚོགས་བརྗོད་ནས་བགྲོ་གླེང་བྱེད་པའི་རྩོམ་ཡིག་མཐའ་ཡས་པ་ཞིག་ཡོད་ཀྱང་། དྲིས་ལན་ངག་འཁོར་བཞིན་དགོས་པའི་ལེགས་བཤད་དང་རྒྱུ་མཚན་ཡང་དག་པས་སྟོངས་ཤིང་དབེན་པའི་ཐག་མི་དགོས་པའི་སྙིག་མོ་ཁོ་ན་བྱེད་པའི་འཁོན་ཡིག་འདི་ལྟ་བུ་ཞིག་ཡོད་དམ། གནས་ཚུལ་གཞན་ཞིག་གི་རྐྱེན་གྱིས་དྲི་ཚིག་འདི་ལ་ཁ་གཡར་ནས་གྱེན་ཕྱོགས་ཤོག་ཁའི་ཡིག་ཆེན་ཚགས་པར་དང་འདྲ་བའི་རྩོམ་ཡིག་འདི་ལྟ་བུ་བྲིས་ཏེ། མི་གཞན་ལ་དམའ་འབེབས་དང་། སྨིགས་དམོད་བྱས་ན་ལེགས་ཆ་ཅི་སྐད། བདག་གིས་གོང་ནས་དྲིས་པའི་དོན་འདི་དག་ལ་ཀློག་མཁན་རྣམས་ཀྱིས་དགོངས་བཞེས་ཕྲན་བུ་གནང་རོགས་ཞུ།

དེ་ལྟར་བདེན་པའི་ཚིག་གིས་གླེང་སློང་བའི་གཏམ་དུམ་བུ་ཞིག་སྔོན་དུ་བཏང་ནས

སྐབས་དོན་དངོས་ལ་འཇུག་པར་བྱ་བ་ལ། དེ་ཡང་རྒྱ་མཚན་གསལ་པོར་མི་ཤེས་པ་ཞིག་གིས་ངག་གི་འཁོར་ལོ་ལ་བལྟས་ཚེ། སྔོན་ངག་གི་རང་བཞིན་བརྗོད་པའི་རྒྱན་སྡེ་དང་ལྷག་པར་ཡོན་ཏན་རང་བཞིན་བརྗོད་པའི་རྒྱན་ལ་བདག་ཅག་རྣམས་མགོ་བོ་མགལ་མེའི་འཁོར་ལོ་ལྟར་འཁོར་ནས་ཅི་བྱ་གཏོལ་མེད་དུ་གྱུར་ཏེ་ཕོ་རང་ལ་སྐྱབས་བཙལ་བའི་ཚུལ་གྱིས་བྲིས་པ་ལྟར་འདུག་མོད། དོན་འདི་འདྲི་བར་ཕོའི་གམ་དུ་དངོས་སུ་བཅར་བ་ཕར་ཞོག་ཐ་ན་སྐུར་ཡིག་གི་ལམ་ནས་ཀྱང་འདྲི་རྒྱུ་མ་བྱུང་བས་ན། དྲིས་ལན་ཞེས་པ་དོན་མེད་ཅིང་། ཕྱིར་ངག་ལ་དགེ་མི་དགེ་ལུང་མ་བསྟན་གསུམ་ཡོད་ཀྱང་། རྩོམ་ཡིག་དེར་བསྐོར་བའི་ངག་གི་འཁོར་ལོ་ནི་རང་བཞིན་གྱི་ངག་ཙམ་མ་ཡིན་པར་མི་དགེ་བའི་ངག་ལས་ཚིག་རྩུབ་དང་ཀྱལ་བའི་ངག་འབའ་ཞིག་ཏུ་སྣང་བས་ན། ཆོས་ཐམས་ཅད་དོན་ལ་མིང་དུ་གསོལ་བའི་རྒྱ་གར་གྱི་མཁས་པའི་ལུགས་བཞིན། རྩོམ་ཡིག་དེའི་མིང་ལ་ཚིག་རྩུབ་ངག་ཀྱལ་འཁོར་ལོ་ཞེས་གསོལ་ན་དོན་དང་འགྲོར་བར་སེམས་སོ། །

གཞན་ཡང་། རྩོམ་ཡིག་དེའི་མགོ་བཙུགས་མ་ཐག་ཏུ་རྗོད་བྱེད་ཀྱི་ཡོལ་རས་ཕྱེ་ནས་བརྗོད་བྱ་ཁྲིམ་པའི་མིག་གི་ལྟད་མོར་འགྲེམས་རྒྱུ་ཡིན་ལུགས་བཀོད་འདུག་པ་འདི་ངོ་མཚར་ཆེ་སྟེ། རྗོད་བྱེད་དོར་ནས་བརྗོད་བྱ་ཕོ་ན་གཞན་ལ་ཤེས་སུ་འཇུག་ཐུབ་ན་ངག་འཁོར་མཁན་པོས་ཧ་ཅང་མཁྱེན་ཤོས་ཆེ་བའི་རང་བཞིན་བརྗོད་པའི་རྒྱན་གྱི་མཚན་ཉིད་དེ་ངག་འཁོར་མཁན་པོའི་ཐུགས་ལས་མི་གཞན་རྣམས་ཀྱི་བློ་ངོར་རྫུ་འཕྲུལ་གྱིས་འཕོ་བ་ལས་འོས་མེད་དོ། །དེར་མ་ཟད་རྩོམ་ཡིག་དེའི་བརྗོད་བྱ་ཁྲིམ་པའི་མིག་གི་ལྟད་མོར་འགྲེམ་རྒྱུ་ཡིན་ཚེ། དེ་མིག་གིས་དངོས་སུ་མཐོང་དགོས་པ་གང་ཞིག་དེ་ལྟར་ན་ཁྱོད་ཀྱི་རྩོམ་དེའི་བརྗོད་བྱ་མིག་ཤེས་ཀྱི་གཟུང་བྱ་ཡིན་པར་ཐལ་བར་འགྱུར་བས། ཚིག་འདི་ལ་བསྡུས་གྲྭའི་རིགས་ལམ་ལ་བྱུང་བ་ཞིག་གིས་ཞིབ་ཏུ་བརྟགས་ཚེ་བཞད་གད་ཀྱི་རྒྱུ་ལས་མ་འདས་སོ། །འོ་ན་སྔོན་བྱོན་མཁས་པའི་གསུང་ན་ཡང་འདི་ལྟ་བུའི་ཚིག་མེད་དམ་ཞེ་ན། མཁས་པའི་གསུང་ལས་འབྱུང་བའི་འདི་དང་ཙུང་འདྲ་བའི་ཚིག་རྣམས་ནི་རྗོད་བྱེད་ཀྱི་སྒྲ་མཚོན་བྱེད་ཀྱི་ཡིག

གཟུགས་དེ་ཉིད་གཞན་གྱི་མིག་སྣར་འགྲེམ་པའི་དོན་ཡིན་ལ་རྗོད་བྱེད་དོར་ནས་བརྗོད་བྱ་རྐྱང་བ་ཁྲིམ་པའི་མིག་གི་ལྟད་མོར་འགྲེམས་མཁན་ཞིག་ཕྱོད་པོ་ན་ལས་རྒྱ་བོད་གང་དུ་ཡང་བྱུང་མ་མྱོང་བ་འདྲ། འདི་ལྟར་རྩོམ་ཡིག་དེའི་ཚིག་ལ་ནོར་འཁྲུལ་དང་ཆད་ལྷག་བྱུང་ཚད་འདིར་དྲངས་ནས་རེ་རེ་བཞིན་བརྒལ་ལན་བྱས་ན་ཡིག་ཚོགས་མང་བ་དང་། སྐབས་དོན་སྟོང་བ་ལས་དགོས་པ་གཞན་མེད་པས་རྒྱས་པར་མི་སྤྲོ་ཡང་མཚུབ་མོས་རི་སྟོན་གྱི་ཚུལ་དུ་ཚིག་སྐྱོན་ཆེ་ཤོས་འགའ་ཞིག་འགོད་ན། སྔ་ཤར་ཐུན་མོང་གི་རྒྱུན་ལ་དབྱེ་ན་ཞེས་ན་འོས་ཀྱང་། སྔ་ཤར་གཉིས་ཀས་ཐུན་མོང་དུ་ལེན་པའི་རྒྱུན་ལ་དབྱེ་ན་ཞེས་ན་མི་འོས་པ་དང་། རང་བཞིན་བརྗོད་པའི་རྒྱུན་གྱི་གསུམ་པ་ཡོན་ཏན་རང་བཞིན་བརྗོད་པའི་མཚན་ཉིད་ལ་ཞེས་ན་འོས་མོད། དོན་རྒྱུན་ལས་གསུམ་པ་ཡོན་ཏན་རང་བཞིན་བརྗོད་པའི་རྒྱུན་མཚན་ཉིད་དང་བཅས་པའི་གོ་དོན་ལ་ཞེས་ན་མི་འོས་པ་དང་། རང་བཞིན་བརྗོད་པའི་རྒྱུན་གྱི་མཚན་ཉིད་དང་མཚན་གཞི་ངོས་འཛིན་པའི་ཐད་ལ་ཞེས་ན་འོས་མོད། དོན་རྒྱུན་སོ་ལྔའི་ནང་གསེས་དང་པོ་རང་བཞིན་བརྗོད་པའི་རྒྱུན་གྱི་མཚན་ཉིད་དང་མཚན་གཞི་ལ་ངོས་འཛིན་པའི་ཐད་ཅེས་ན་མི་འོས་པ་དང་། ཁས་ལེན་དམ་བཅའ་ཡང་དེར་ལྡན་པ་ངེས་ཏེ་མིན་ན་ཞེས་ན་འོས་མོད། ཁས་ལེན་དམ་བཅའ་ཡང་དེར་ལྡན་པ་ངེས་པར་སྟོན། གལ་ཏེ་དེར་མི་མངའ་ན་ཞེས་ན་མི་འོས་པ་དང་། ཚིག་ཧྲིལ་པོར་ཞིབ་ཏུ་བརྟགས་ནས་ཚོད་འགྲེལ་བྱས་ན་མ་གཏོགས་ཕོ་བོས་བརྗོད་བྱའི་དངོས་པོ་གང་དང་ཅི་ཡིན་ཞེས་པ་དང་། སྤྱིར་བཏང་ཕོ་བོ་སྐད་ངག་གི་འཇུག་ཚུལ་ལ་ཞེས་པའི་ཕོ་བོ་སྤྱི་གཉིས་ཀྱིས་རང་གཞན་གཉིས་ཀྱི་གང་བསྟན་ཡོད་པ་མི་ཤེས་པས་མི་འོས་པ་དང་། རང་ཉིད་སྒྲུང་བའི་ཡོན་ཏན་དམན་ཡང་གཞུང་དོན་ལོག་པར་འགྲེལ་མ་མྱོང་བའི་སྒྲུབ་བྱེད་དུ། རིག་གནས་རྒྱ་ཆེ་ཞིང་གཏིང་ཟབ་པ་ཞིག་ཡིན་ཚུལ་བཀོད་པ་མི་འོས་པ་དང་། ཐོས་བསམ་སྒྲུབ་པ་དང་དཔྱད་འཛོག་ཅེས་པའི་ཐ་སྙད་ཀྱི་དོན་ཙམ་ཡང་མ་གོ་བར་དགག་ཡིག་བསྐལ་མེའི་ཚིག་དུམ་བུ་ཞིག་འདིར་བཙན་གྱིས་བཙུག་ནས་བརྗོད་བྱ་དང་རྗོད་བྱེད་གཉིས་ཀ་འབྲེལ་མི་ཆགས་པར་གྱུར་པས་མི་

འོས་པ་དང་། ཁྲིལ་མེད་ཀྱི་བཟོ་ལྟ་ནི་རང་ཁྲིམ་ལས་རིང་དུ་བྲོས་ཟེར་ན། ཕོ་རང་ལྟ་ཞོག་ཕོའི་བུད་མེད་དང་བྲིས་པ་ལ་ཡང་དེ་འདྲའི་བཟོ་ལྟ་མེད་པ་ཡིན་ནམ་སྙམ་པའི་དོགས་པ་སྐྱེས་སླ་བས་མི་འོས་པ་དང་། བསྟན་དར་ལྷ་རམས་པས་མཛད་པའི་ཞེས་ན་འོས་མོད། ལྷ་རམས་དགེ་བཤེས་ཨ་ལ་ཤ་ངག་དབང་བསྟན་དར་གྱིས་མཛད་པའི་ཞེས་ན་ཡིག་ཚོགས་ཆེ་བ་དང་ཚིག་སྐྱོན་ཡོད་པས་མི་འོས་པ་དང་། མཁས་ཉམས་སྟོན་པ་དང་རྩོམ་ཡོན་ལ་ཧ་ཅང་སྲིད་ཆེ་བའི་དབང་གིས་རྩོམ་པ་པོ་དང་བརྩམས་པའི་བསྟན་བཅོས་བཅུ་ཕྲག་ཙམ་གྱི་མཚན་ཡི་གེ་གཅིག་ཀྱང་མི་ཆད་པར་བཀོད་པ་མི་འོས་པ་དང་། ཞེ་ས་མི་བྱེད་ན་འཛམ་དབྱངས་བཞད་པས་ཞེས་ན་འོས་མོད། འཛམ་བཞད་རྗེ་རྗེ་ངག་བརྩོན་གྱིས་ཞེས་ན་མི་འོས་པ་སྟེ། མདོར་ན་ཚིག་སྐྱོན་དང་སྡེབ་མི་ལེགས་པ་དུ་མ་ཞིག་ཡོད་པ་ནི། གཟུར་གནས་མཁས་པ་ལྟ་ཞོག་བརྡ་དག་གཞུང་ལུགས་ལས་ཚིག་དོན་ཕྲན་བུ་ཙམ་གྱིས་ཀྱང་འཛིགས་པའི་རྩལ་ནག་རྒྱུགས་པར་བྱེད་ཅིང་མཚན་ཉིད་ཚང་བའི་སློབ་ཆུང་ཞིག་ཏུའང་ཉེན་གཅིག་ཀྱང་ཡི་གེ་གློག་མ་སྦྱོང་བའི་གནག་རྗེ་རྒན་པོ་བདག་ལྟ་བུས་ཀྱང་གསལ་པོར་རྟོགས་ནུས་ན། གཞུང་དོན་ལོག་འགྲེལ་གཏན་ནས་མ་བྱུས་པར་ཁས་འཆེ་བའི་དྲན་དབང་ངག་འཁོར་མཁན་པོ་ལྟ་བུས་མི་མཁྱེན་པ་ག་ལ་སྲིད་ཀྱང་། ཀོ་ཆོད་ལ་བློ་མཐུན་གང་ཉིད་སྒྱུར་ལས་བྲེལ་ཆེ་ལ། ལྷག་པར་ལེགས་བཤད་དང་བསླབ་བྱ་རྩོམ་པ་ལ་ཆེས་ཆེར་བརྩོན་བཞིན་པའི་མུར། བདག་ཅག་རྨོངས་པ་ཚོགས་པའི་ཚོགས་རྣམས་བཀའ་བཀྱོན་དྲག་པོས་ཚར་གཅོད་དགོས་སྐབས། འདི་ལྟ་བུའི་དོན་ཆུང་དུ་རྣམས་ལ་ཐུགས་མཉམ་མ་བཞེས་པ་ཡིན་ནམ་སྙམ། གཞན་ཡང་ཐ་སྙད་ཇ་པོར་བཏང་བ་ཞེས་དང་། ཨུ་ཚུགས་གཤེད་མར་འགྲན་པ་ཞེས་སོགས་ཀུན་ལ་མ་གྲགས་པའི་ཐ་སྙད་ཀྱང་དུ་མ་ཞིག་སྣང་བས་ཉིད་ཀྱིས་རང་འགྲེལ་ཞིག་བརྩམས་ན་མ་གཏོགས་གློག་མཁན་ཡོངས་ཀྱིས་རྩོམ་ཡིག་དེའི་དོན་ཇི་ལྟ་བ་བཞིན་དུ་གོ་ཐུབ་པའི་ངེས་པ་མི་སྣང་ངོ། །

ད་ནི་དྲི་བ་འདི་ཇི་ལྟར་བསླངས་ཚུལ་ལས་བརྩམས་ཏེ་དགག་བཞག་ཙུང་ཟད་བཤད་

ན། ཕྱི་གཉིས་ལོར་(༡༩༤༢)འདི་གར་སྐད་ངག་འཁྲིད་སྐབས་གསར་སློབ་གཞོན་ནུ་འགའ་ཞིག་གིས་གོམས་གཤིས་ཀྱི་དབང་གིས་རང་བཞིན་བརྗོད་པའི་རྒྱན་གྱི་གསུམ་པ་ཡོན་ཏན་རང་བཞིན་བརྗོད་པའི་སྐབས་ཀྱི་ཡོན་ཏན་ཞེས་པ་སྐྱོན་ཡོན་གཉིས་ཀྱི་ཟླས་ཕྱེ་བའི་ཡོན་ཏན་ཏེ་དེང་སྐབས་ཀུན་གྱིས་རྒྱུན་དུ་སྤྱོད་པའི་བཟང་ཆ་ཞེས་པ་དེ་ཕོ་ནར་གོ་ནས་མགོ་རྨོངས་པར་གྱུར་པ་དེ་སེལ་བའི་ཆེད་དུ་ཡོན་ཏན་རང་བཞིན་བརྗོད་པ་ལ་སྐྱོན་བརྗོད་པ་ཡོད་དམ་མེད། དེའི་རྒྱུ་མཚན་ཅི་ཡིན་ཞེས་པའི་དྲི་ཚིག་འདི་འདྲ་ཞིག་བཏོན་ནས། འདིའི་སྐབས་ཀྱི་ཡོན་ཏན་ཞེས་པ་སྐྱོན་ཡོན་གཉིས་ཀྱི་ཕྱི་མ་ཙམ་ལ་གོ་ན་ཏ་ཙང་རྒྱ་ཆུང་བར་གྱུར་པས། དེ་ནི་དངོས་པོ་གང་དང་གང་གི་རང་གཤིས་སུ་མངའ་བའི་བྱེད་ལས་སམ་ནུས་པ་ལ་གོ་དགོས་པར་བསྟན་པ་ཡིན། དེ་ཡང་གསལ་པོར་བཤད་ན། སྤྱིར་འཇིག་རྟེན་གྲགས་པའི་རྗེས་སུ་འབྲངས་མི་ལེགས་པའི་སྐྱོན་གྱི་ཆར་བརྩི་བའི་དངོས་པོ་ཞིག་ཡིན་ཡང་། དེ་ཉིད་དངོས་པོ་ཞིག་གི་རང་གཤིས་མངའ་བའི་བྱེད་ལས་སམ་ནུས་པ་ཡིན་ཕྱིན་སྐབས་འདིའི་ཡོན་ཏན་དུ་ངེས་པར་འཛོག་དགོས་ཞེས་པ་ཡིན། དེ་ཡང་ཡིན་ཏེ། དངོས་པོ་ཞིག་གི་ནུས་པ་ཡིན་ན་མི་རྣམས་ཀྱིས་རྒྱུན་དུ་བཤད་པའི་བཟང་ཆ་ཡིན་པས་མ་ཁྱབ་ལ། འདིའི་སྐབས་ཀྱི་ཡོན་ཏན་ཡིན་ན་སྐྱོན་ཡོན་གཉིས་ཀྱི་ཡོན་ཏན་ཡིན་པས་ཀྱང་མ་ཁྱབ་པའི་ཕྱིར་རོ། །གལ་ཏེ་དེ་ལྟར་མིན་ན་ཆང་གི་བྱེད་ལས་ཀྱིས་མི་བསད་པ་ལྟ་བུ་ཡང་ཡོན་ཏན་ཡིན་ཟེར་དགོས་པས། དེ་ལྟར་བཤད་ཚེ་འཇིག་རྟེན་གྱི་སྐྱོན་ཡོན་རྣམ་གཞག་ཐམས་ཅད་ཞིག་པར་འགྱུར་ལ། མཁས་པ་དུ་མས་འདིའི་སྐབས་ཀྱི་ཡོན་ཏན་དང་སྐྱོན་ཡོན་གཉིས་ཀྱི་ཟླས་ཕྱེ་བའི་ཡོན་ཏན་ལ་ཁྱབ་ཆེ་ཆུང་ཡོད་པར་གསུངས་པ་ཡང་མི་འཐད་པར་འགྱུར་རོ། །དོན་འདི་ལྟ་བུ་ལ་དགོངས་ནས་སི་ཏུ་པཎ་ཆེན་གཙུག་ལག་ཆོས་ཀྱི་སྣང་བའི་གདམས་ངག་གི་མཐིལ་གཅིག་ཏུ་འཛིན་པ་འབྲུག་ཁམས་སྤྲུལ་བསྟན་འཛིན་ཆོས་ཀྱི་ཉི་མས་ཀྱང་། འདིའི་ཡོན་ཏན་ནི་སྐྱོན་ཡོན་གཉིས་ཀྱི་ཟླས་ཕྱེ་བའི་ཡོན་ཏན་ནམ་འདོད་པའི་ཡོན་ཏན་ལྔ་ཞེས་པའི་ཡོན་ཏན་དེ་ཡིན་ནོ་སྙམ་པའི་གོ་བ་ཙམ་ལས་བོད་འགྲེལ་ཕལ་ཆེ་བ་དང་སྐད་ངག་པར་ཁས་འཆེ་བ་

རྣམས་ལ་མི་འདུག་མོད། འོན་ཀྱང་དེ་ལྟ་བུ་ལ་ངོས་བཟུང་ན་གཞུང་གི་དགོངས་དོན་དང་འགལ་བས་ནོངས་པར་འགྱུར་ཏེ་ཞེས་བརྡ་སྦྱོད་མངོན་བརྗོད་རྒྱན་གྱི་བསྟན་བཅོས་སོགས་རྒྱ་གཞུང་རྣམ་དག་དུ་མར་ཁུངས་བཙལ་ནས་རྒྱ་ཆེར་སྒྲུབ་འདུག་པ་དང་། ཡུལ་མདོ་སྨད་གྱི་པཎྜི་ཏ་བློ་བཟང་དཔལ་བ་ཡབ་སྲས་ཀྱི་ཞལ་སྐྱིན་ཆེན་པོ་གངས་རིའི་ལྗོངས་འདིར་གཅིག་ཏུ་སྨན་པའི་ཟླ་གྲལ་མཁས་པའི་དབང་པོ་ངག་དབང་དབྱངས་ལྡན་རིག་པའི་འདོད་འཛོམས་ཀྱང་རང་གི་མཐུ་དང་ནུས་པ་བརྗོད་བྱར་བྱས་ཏེ་དྲང་པོར་བརྗོད་པའི་ཆནས་ཡོན་ཏན་རང་བཞིན་བརྗོད་པ་ཞེས་འདིའི་ཡོན་ཏན་ནི་ཁྱད་གཞི་དངོས་པོ་གང་གི་ཁྱད་ཆོས་མཐུ་དང་ནུས་པ་བྱེད་ལས་དང་བཅས་པར་གོ་དགོས་པར་གསུང་བ་དང་། ཁྱད་པར་དུ་ཚིག་རྒྱན་རིག་པའི་སྒོ་འབྱེད་ལས་ཀྱང་། ཉི་འོད་ཕོག་པ་ལས་པདྨ་ཁ་བྱེ་བ་དང་། ཚེར་མ་ཟུག་པ་ལས་ན་ཟུག་བསྐྱེད་པར་སྟོན་པ་ལྟ་བུ་ཞིག་ལ་ཡོན་ཏན་རང་བཞིན་བརྗོད་པའི་རྒྱན་ཞེས་བྱ་ཞེས་རྒྱ་ཆེར་གསུངས་སོ། །གོང་དུ་དྲངས་པའི་ལུང་འདི་དག་ལས་སྐྱོན་ཡོན་གཉིས་ཀྱི་ཡོན་ཏན་ནམ་འདོད་པའི་ཡོན་ཏན་ལྟ་ཡང་འདིའི་ཡོན་ཏན་གྱི་བྱེ་བྲག་ཙམ་ཡིན་ཡང་འདི་ཁོ་ན་ལ་གོ་མི་རུང་བར། བརྗོད་བྱའི་དངོས་པོ་གང་དང་གང་གི་བྱེད་ལས་སམ་ནུས་པ་ཡོད་ཚད་འདིའི་སྐབས་ཀྱི་ཡོན་ཏན་དུ་ངེས་པར་འཛིན་དགོས་ལ། དེ་དག་གི་གནས་སྐབས་སྣ་ཚོགས་ཤུགས་བསྟན་ཙམ་མ་ཡིན་པར་ཚིག་གིས་དངོས་སུ་གསལ་བར་བྱེད་ཅིང་སྒྲོ་བཏགས་ནས་བསྟོད་པ་དང་སྨད་པ་ལྟ་བུའི་འཁྱོག་པར་བརྗོད་པ་མ་ཡིན་པར་གནས་ཚུལ་དྲང་པོར་བརྗོད་པ་ཞིག་ལ་ཡོན་ཏན་རང་བཞིན་བརྗོད་པའི་རྒྱན་ཞེས་པ་ཡིན་པར་བདག་ཅག་འདོད་དོ། །

རྒྱུ་མཚན་དེའི་ཕྱིར། བདག་ཅག་གིས་འདི་ནས་སྙན་ངག་བཤད་འཁྲིད་བྱེད་སྐབས་ཀྱང་རང་བཞིན་བརྗོད་པའི་རྒྱན་གྱི་མཚན་ཉིད་དང་མཚན་གཞི་ནི་སྔོན་བྱོན་མཁས་པའི་ལུགས་སྤྱི་དང་། ཁྱད་པར་དུ་ཚིག་རྒྱན་རིག་པའི་སྒོ་འབྱེད་ལྟར་བཤད་པ་ཡིན་པས་འདོད་པ་མི་མཐུན་པ་ཞིག་གཏན་ནས་བཏོན་མ་མྱོང་སྟབས། ངག་འཁོར་དུ་ཕྱོགས་སྔའི་འདོད་པ་འགོད་སྐབས་རང་བཞིན་བརྗོད་པའི་རྒྱན་གྱི་མཚན་ཉིད་དང་མཚན་གཞི་ལ་ངོས་འཛིན

པའི་ཐད་འདོད་ཚུལ་མི་མཐུན་པ་ཞིག་བྱུང་ཟེར་བ་ནི་སྙིང་པོས་སྟོང་བའི་རྫུན་གཏམ་ཉིད་དུ་སུས་མི་ཤེས་ཤིང་། དྲི་བ་འདིའི་དོན་ནི་ཡོན་ཏན་རང་བཞིན་བརྗོད་པའི་སྐབས་ཀྱི་ཡོན་ཏན་ཞེས་པ་སྐྱོན་ཡོན་གཉིས་ཀྱི་ཡོན་ཏན་ཙམ་སྟེ་བཟང་ཆ་ཁོ་ན་ལ་གོ་མི་རུང་བའི་དོན་ཡིན་པ་ནི་ཐོག་ལ་བྱིང་ཙམ་གྱི་བྱིས་པ་དག་གིས་ཀྱང་འདི་ཚིག་འདིའི་ཚིག་རིས་ཙམ་ལ་བརྟེན་ན་གསལ་བར་རྟོགས་ནུས་པས་ན། འདི་ལ་སྨྲོ་འདོགས་དེ་འདྲ་མང་པོ་བྱས་ནས་ཀླན་ཀ་བྱེད་དགོས་པའི་རྒྱུ་མཚན་ཡེ་ནས་མ་མཆིས་ཀྱང་། ངག་འཕྲོར་མཁན་པོས་དྲི་ཚིག་འདི་ལ་བསྙད་ནས་བདག་ཅག་གི་མགོར་ཡོན་ཏན་རང་བཞིན་བརྗོད་པའི་རྒྱན་གྱི་ལོགས་སུ་སྐྱོན་བརྗོད་པའི་རྒྱན་ནམ། སྐྱོན་རང་བཞིན་བརྗོད་པའི་རྒྱན་ཞེས་པ་ཞིག་བཙན་གྱིས་འཇོག་དགོས་པའི་རྒྱུ་མཚན་ཅི་ཡིན་ནམ། བདག་ཅག་གིས་དེ་འདྲའི་རྒྱན་ཞིག་འདོད་པ་ཁོས་གང་ནས་ཤེས་པ་ཡིན། གལ་ཏེ་ཟ་ཟེའི་མངོན་ཤེས་ཀྱིས་མཁྱེན་པ་ཡིན་ཆེ་ཤེས་པ་རང་བཞིན་དུ་མི་གནས་པའི་རྟགས་ཡིན་པས་མི་འདོད་པའི་གཅོང་ནད་ཚབས་པོ་ཆེ་ཞིག་གིས་ཟིན་པའམ་མི་ཤེས་པའི་ལྟས་ཆེན་པོ་ཞིག་ཡིན་སྲིད་པས་བག་ཟོན་བྱས་ན་བཟང་སྙམ།

དེའི་ཕྱིར་ངག་འཕྲོར་དུ་འདིའི་སྐབས་ཀྱི་ཡོན་ཏན་ཞེས་པ་སྐྱོན་ཡོན་གཉིས་ཀྱི་ཡོན་ཏན་ཏེ་བཟང་ཆ་ཁོ་ནར་ཨུ་ཚུགས་ཀྱིས་གོ་བ་བླངས་ནས་ཤུགས་ལ་སྐྱོན་བརྗོད་པ་ཞིག་ཀྱང་ངེས་པར་ཡོད་སྙམ་སྟེ། དྲི་བ་འདི་བཏོན་པ་ཡིན་ཚུལ་མོ་མས་ལུང་བསྟན་བཞིན་དུ་བཀོད་ནས་དགག་པ་བྱས་པ་དང་། ཡང་དཔེ་རྒྱན་ལ་ངེས་པའི་དཔེ་དང་ངེས་མེད་དཔེ། ཐེ་ཚོམ་དཔེ་དང་གཏན་འབེབས་དཔེ། སྨད་པའི་དཔེ་དང་བསྟུགས་པའི་དཔེ་སོགས་སྦྱར་ཡོད་པར་རིགས་བསྒྲེས་ནས་ཡོན་ཏན་རང་བཞིན་བརྗོད་པ་ལའང་སྐྱོན་བརྗོད་པ་ཡོད་ངེས་སྙམ་སྟེ་འདི་ལྟ་བུའི་དྲི་བ་བཏོན་པ་ཡིན་ཚུལ་བསྙོན་བཤད་བྱས་ནས་དགག་པའི་ཁུར་ལེན་པ་དང་། ཡང་སྐྱོན་བརྗོད་པ་ཞེས་པའི་རྒྱན་ཞིག་བར་དེ་ན་སྐབས་སླ་གས་འཚོལ་བའི་གནས་མེད་དོ་ཞེས་པ་ལ་སོགས་པའི་སྐྱོན་པའི་ལབ་བརྗོལ་ཅི་ཡང་འཕྱིན་པ་དག་ཕྱོགས་སྔའི་ནམ་མ་ལངས་པར་དགག་སྒྲུབ་ཀྱི་ཉི་མ་ཤར་ཟེར་བ་འདི་ལྟ་བུ་ལ་སྤྱུར་མི་འོས་སོ། འདྲེ་ཤར་དུ་བཞག་ནས་ཀླུད

ནུབ་ཏུ་བཙུང་བ་ལྷ་བུ་ཞིག་ཡིན་པས་དཔྱད་རིན་མ་མཆིས་པ་ཤེས་སླ། འོན་ཀྱང་གློག་མཁན་ཀུན་གྱིས་དོན་འདི་གསལ་བར་མཁྱེན་པའི་ཆེད་དུ་ཁོས་བཀོད་པའི་རྒྱུ་མཚན་གཞན་ཁ་ཤས་འདིར་དྲངས་ནས་ཅུང་ཟད་དཔྱད་ན། སྔོན་བྱོན་མཁས་པའི་སྐན་འགྲེལ་རྣམས་སུ་འདི་ལྟ་བུའི་དྲི་བ་བརྟན་པ་གཏན་ནས་མེད་པས། དྲི་བ་འདི་བརྟན་པ་མི་འཐད་པར་བཤད་པ་ནི་ཤིན་ཏུ་མི་རིགས་ཏེ། དེ་ལྟར་ན་རིག་པའི་གནས་གཞན་དག་ལ་མཁས་པ་རྣམས་ཀྱིས་དྲི་བ་བརྟན་ཚུལ་མི་གླེང་བར་སྐན་ངག་ལ་བོད་མཁས་པའི་དྲི་ཚིག་ཚངས་པའི་མགྲིན་རྒྱུན་དུ་མཁས་པ་གཞན་གྱིས་གསུང་མ་སྨྱོང་བའི་དྲི་བ་མང་པོ་ཞིག་བྱུས་ཡོད་པས་དེ་དག་ཀྱང་འདོན་མི་རིགས་པར་འགྱུར་བ་དང་། དགེ་རྒན་གྱིས་སློབ་མ་ལ་བརྟན་པའི་དྲི་བ་ཡོངས་རྫོགས་ཚིག་གཅིག་ཀྱང་མ་ཆད་པར་སྔོན་བྱོན་མཁས་པའི་གསུང་ན་ཡོད་དགོས་པར་འགྱུར་བས། ཚིག་འདི་དག་ནི་ཟེར་རྒྱུས་ཕོངས་པའི་གཏི་ཐུག་པའི་མུ་ཅོར་ཙམ་དུ་ཟད་དོ། །

ཡང་ངག་འཁོར་དུ་ཁྱད་གཞི་གང་ལ་བརྟེན་ནས་བྱུང་བའམ་རང་གི་ཆོས་ལ་རང་ཆོས་སུ་མངའ་བའི་ཁྱད་ཆོས་སམ་ཡོན་ཏན་ཏེ་ནུས་མཐུ་གང་ཡིན་དྲང་པོར་བརྗོད་པའི་ཚིག་སྦྱོར་ཐམས་ཅད་སྐབས་འདིའི་ཡོན་ཏན་དུ་འཛོག་ཟེར་བ་འདི་ནི་ཤིན་ཏུ་རྩིང་ཆེ་བའི་ཚིག་ཡིན་ཏེ། དེ་ལྟར་ན་ཡོན་ཏན་རང་བཞིན་བརྗོད་པའི་སྐབས་འདིའི་བརྗོད་བྱའི་ཡོན་ཏན་དང་དེ་རྗོད་བྱེད་ཀྱི་ཚིག་གཉིས་ལ་ཁྱད་མེད་པར་འགྱུར་ལ། དེ་ལྟར་འཐད་ན་ངག་འཁོར་མཁན་པོ་ཁོ་རང་དང་ངག་འཁོར་མཁན་པོ་ཞེས་བརྗོད་པའི་སྒྲ་གཉིས་ཀྱང་ངོ་བོ་གཅིག་པར་མི་འགྱུར་རམ། ཡོན་ཏན་དང་ཡོན་ཏན་བརྗོད་པའི་ངག་ལ་ཡང་ཁྱད་པར་འབྱེད་མ་ཤེས་པ་འདི་ནི། ནམ་ཡང་ཤེས་བརྗོན་གཅིག་ཏུ་བསྒྲིལ་ནས་ཐོས་བསམ་སྒྲུབ་པའི་གནས་ལ་གསོབ་གསོབ་དང་རྗ་མོག་མོག་གི་སྒྲུ་ལྟར་མ་སོང་བར་ཚིག་གི་གནད་ལ་སྒྲོ་འདོགས་གཅོད་པ་དང་བཅད་པའི་དོན་ལ་དཔྱད་འཛོག་ཡང་ཡང་བྱེད་ཅིང་ཁྱད་པར་དུ་བླང་བར་བྱ་བ་དང་དོར་བར་བྱ་བའི་གནས་རྣམས་སོ་སོར་བརྟགས་ཤིང་ཞིབ་ཏུ་དཔྱད་དེ་ངེས་ཤེས་གཞན་གྱིས་བཀྲིར་མི་གཏུབ་པ་འདྲེན་པ་ཆེས་གནད་དམ་པར་བཟུང་བའི་འབྲས་བུ་ཡིན་ནམ། སུ་ལ་སྙིང་རྗེ་

དགོས་པ་དང་དགོད་བྲོ་འོས་པར་དཔྱོད་ལྡན་རྣམས་ཀྱིས་ཚིག་འདི་ཙམ་ལ་བརྟགས་ན་ཡང་གསལ་བར་རྟོགས་ནུས་སོ། །ལྷག་པར་དུ་ངག་འཁོར་མཁན་པོས་གཞན་སྡེ་ཟིལ་གྱིས་གནོན་པའི་འགྱིངས་ཉམས་དང་བཅས་ཏེ་སྔོན་བྱོན་དྲན་དབང་རྣམས་ཀྱིས་མཛད་པའི་སྙན་འགྲེལ་བསྟན་བཅོས་གང་གང་གི་ནང་དུའང་གཉིས་པ་དོན་རྒྱན་ལས་གསུམ་པ་ཡོན་ཏན་རང་བཞིན་བརྗོད་པའི་རྒྱན་གྱི་མཚན་ཉིད་དང་བཅས་པའི་གོ་དོན་ལ་ངོས་འཛིན་མི་མཐུན་པ་མེད་པ་མཐོང་བཞིན་དུ་ད་ལྟ་གློ་བུར་དུ་དྲི་བ་དེ་འདྲ་ཞིག་བསླངས་ན་མི་རིགས་ཚུལ་བཀའ་བསྐྱོན་དྲག་པོ་དང་བཅས་ཏེ་བརྗོད་འདུག་པ་དང་། ཡང་མཁས་པ་རྣམས་ཀྱིས་མཛད་པའི་སྙན་འགྲེལ་བཅུ་ཕྲག་ཙམ་གྱི་མིང་བསྐར་ཆགས་སུ་བཀོད་དེ། གནའ་དེང་དཔྱོད་ལྡན་དྲན་དབང་རྣམས་ཀྱིས་མཛད་པའི་སྙན་ངག་མེ་ལོང་གི་མཚན་ཉིད་འགྲེལ་བཤད་དཔེར་བརྗོད་དང་བཅས་པའི་བསྟན་བཅོས་འདི་དག་གི་ནང་རང་བཞིན་བརྗོད་པའི་རྒྱན་གྱི་རྒྱན་རྣམ་པ་བཞི་པོ་སོ་སོར་མཚན་ཉིད་དང་། མཚན་གཞི་བཀོད་པའི་ཐད་བསམ་འཆར་དང་འགྲེལ་བཤད་མཐུན་པོ་ཡོད། ཅེས་ཚིག་ཐག་བཅད་ནས་བཤད་དོ། །འོ་ན་ཁོས་བཤད་པ་ལྟར་སྔོན་བྱོན་མཁས་པ་རྣམས་ལ་སྐབས་འདིར་རྩོད་པ་ཅུང་ཟད་ཙམ་ཡང་མེད་པར་བཞེད་ཚུལ་ཤིན་ཏུ་མཐུན་པ་ཡིན་ནམ་ཞེ་ན། དེ་ག་ལ་ཡིན། རང་བཞིན་བརྗོད་པའི་རྒྱན་གྱི་མཚན་ཉིད་ལ་བོད་ཀྱི་འགྲེལ་བཤད་ཕལ་ཆེར་གྱིས་རིགས་སོགས་བཞིའི་སྤྱི་མིང་ལ་རང་བཞིན་བརྗོད་པའི་རྒྱན་ཞེས་འཆད་པ་ལས་རིགས་ཀྱི་རྒྱན་ཞེས་མི་འདོད་ལ། དེ་གཉིས་དོན་གཅིག་མིང་གི་རྣམ་གྲངས་ཙམ་ཡིན་པར་མི་བཞེད་པས་རྩ་བའི་ཚིག་གི་འགྱུར་ཡང་། དེ་ནི་རང་བཞིན་བརྗོད་པ་སྟེ། དང་པོའི་རྒྱན་ཡིན་རིགས་སོགས་དཔེར། །ཞེས་བཀོད་ནས་འབྲུ་བསྣན་པ་འབབ་ཞིག་ཡིན་ལ། བོད་མཁས་པས་དཀྲིའི་དགོངས་རྒྱན་དུ་སྣར་གྱི་འགྱུར་རྙིང་རང་སོར་བཞག་ནས་འགྲེལ་ཡང་། དོན་རྒྱན་དོགས་གཅོད་ལས་ས་པཎ་མཁས་འཇུག་གི་ལུང་། ངོ་བོ་དངོས་སུ་བསྟུགས་པ་ནི། །རང་བཞིན་བརྗོད་པའི་རིགས་ཡིན་ཏེ། །ཞེས་དང་། དཔང་ལོ་ཆེན་པོས། དངོས་པོ་བརྗོད་པར་བྱ་བ་རྣམས་ཀྱི་རང་

བཞིན་གང་གནས་སྐབས་གཅིག་ཉིད་མ་ཡིན་པར་སྣ་ཚོགས་པ་དུ་མ་ཇི་ལྟ་བ་བཞིན་དངོས་སུ་སྟེ་ཞུགས་ལས་མིན་པའི་རྗོད་བྱེད་ཀྱི་བྱེད་པས་གསལ་བར་བྱེད་པ་དེ་ནི་རང་བཞིན་བརྗོད་པའི་མིང་ཙམ་ཏེ་མིང་གཞན་རིགས་ཀྱི་རྒྱན་ཞེས་བྱ་བ་རྒྱན་དང་པོ་ཡིན་ནོ། །ཞེས་པའི་ལུང་འདི་གཉིས་དྲངས་ནས་རྩ་བའི་ཚིག་ཀྱང་དེ་ནི་རང་བཞིན་བརྗོད་པ་དང་རིགས་ཞེས་དང་པོའི་རྒྱན་ཡིན་དཔེར། ཞེས་འགྱུར་བཅོས་མཛད་ཅིང་། རང་བཞིན་བརྗོད་པའི་རྒྱན་དང་རིགས་ཀྱི་རྒྱན་དོན་གཅིག་མིང་གི་རྣམ་གྲངས་སུ་གསུངས་སོ། །ཕྱིས་ཀྱི་འགྲེལ་བཤད་འབྲུག་ཁམས་སྤྲུལ་སོགས་ཀྱིས་བོད་མཁས་པའི་བཞེད་ཚུལ་འདི་ཚད་མར་འཛིན་ཀྱང་། མ་ཧཱ་པཎྜི་ཏ་རྗེ་ཞྭ་དམར་བས། རང་བཞིན་བརྗོད་པའི་རྒྱན་རྣམས་རིགས་ཀྱི་རྒྱན་དུ་འདོག་ཚུལ་བོད་མཁས་པས། སྤྱིར་རིགས་ལ་ཤིང་ཞེས་པ་ལྟ་བུ་སྤྱི་སྒྲ་ཅིག་གིས་དེའི་རིགས་ཅན་མང་པོར་གོ་བར་བྱེད་པ་ཛ་ཏིའི་སྒྲ་ལས་དྲངས་པ་དང་། རྒྱལ་བའི་རྒྱུད་ལ་རྒྱལ་རིགས་ཞེས་པ་ལྟ་བུ་ཀུ་ལའི་སྒྲ་ལས་དྲངས་པ་གཉིས་ཡོད་པ་ལས་སྐབས་དོན་སྔ་མའི་དབང་དུ་བྱས་ནས་བཤད་པ་ལྟར་གོ་དགོས་མོད། དེ་ལྟར་ན་ནི་ཙཻ་ཞེས་པས་རིགས་ཅན་མང་པོ་གོ་བ་དང་། ཕྱུག་རྟེན་གྱི་འཁྲིག་པའི་བྱ་བས་དེའི་བྱེ་བྲག་མང་པོ་གོ་བ་དང་། བུད་མེད་ཀྱི་རིག་བྱའི་ཡོན་ཏན་གྱིས་དེའི་རིགས་ཅན་མང་པོ་གོ་བ་ལྟ་བུ་བཤད་དུ་རུང་མོད། དབང་ཕྱུག་གང་ཟག་གཅིག་ལ་ནང་གསེས་ཀྱི་རིགས་ཅན་མང་པོར་འཇོག་དཀའ་སྐབས་རྗེས་བརྗོད་པ་རིགས་ཀྱི་རྒྱན་དུ་འགྲོ་ཚུལ་བརྟག་དགོས། ཞེས་དོགས་སློང་གནང་ཡོད་ལ། སྙན་འགྲེལ་ཡང་གསལ་སྣང་མཛོད་ལས་ཀྱང་དེ་དང་མཐུན་པར་གསུངས་ཡོད། འཇུ་མི་ཕམ་པའི་སྙན་འགྲེལ་དབྱངས་ཅན་དགྱེས་པའི་རོལ་མཚོར། སྙན་ངག་མེ་ལོང་གི་ཚིག་ལ་འབྲུ་སྣོན་ཚུལ་ཕལ་ཆེར་འབྲུག་ཁམས་སྤྲུལ་གྱི་སྙན་འགྲེལ་ངག་གི་རོལ་མཚོའི་རྗེས་སུ་འབྲངས་ཡོད་ཀྱང་། སྐབས་འདིར་དེའི་རྗེས་སུ་མ་འབྲངས་པར་སྔར་གྱི་འགྱུར་རྙིང་རང་སོར་བཞག་ན་ལེགས་པར་གསུངས་པ་དང་། འགྲེལ་བཤད་སྔོན་མ་རྣམས་དང་མཐུན་པར་འགྲེལ་བ་འདི་ལ་ཁོང་གིས་དངོས་སུ་མ་གསུང་བ་ལས་རྒྱུ་མཚན་ཞིག་མེད་པ་ག་ལ་ཡིན། ཁོང་གིས་རིགས་ཀྱི་རྒྱན་དང་

རང་བཞིན་བརྗོད་པའི་རྒྱན་དོན་གཅིག་ཏུ་བཞེད་ཀྱང་། རིགས་ཀྱི་དོན་ནི་རིགས་ཅན་མང་པོ་ལ་ཁྱབ་དགོས་པའི་དོན་མིན་པར་དངོས་པོ་དེའི་ངོ་བོའམ་རང་བཞིན་ལ་གོ་དགོས་པར་གསུངས་སོ། །དེས་ན་རང་བཞིན་བརྗོད་པའི་རྒྱན་གྱི་མཚན་ཉིད་ཐད་མཁས་པ་རྣམས་ལ་བཞེད་པ་མི་འདྲ་བ་དུ་མ་ཡོད་ལ། ཅི་ལྟར་བཤད་ན་ལེགས་པར་ད་དུང་དཔྱོད་ལྡན་རྣམས་ཀྱིས་དཔྱད་བྱར་སྣང་ངོ་། །

མཚན་གཞི་རིགས་བྱ་བ་རྫས་རང་བཞིན་བརྗོད་པའི་རྒྱན་གྱི་མཚན་ཉིད་ལ་བཞེད་ཚུལ་མི་འདྲ་བ་ཡོད་ཚུལ་གནས་སྐབས་མི་གླེང་བར་རང་རེའི་རྩོད་གཞིར་གྱུར་པའི་ཡོན་ཏན་རང་བཞིན་བརྗོད་པའི་རྒྱན་གྱི་མཚན་ཉིད་དང་ལྷག་པར་འདིའི་སྐབས་ཀྱི་ཡོན་ཏན་ལ་ངོས་འཛིན་ཚུལ་མི་འདྲ་བ་ཡོད་ཚུལ་ཐུང་ཟད་བརྗོད་ན། བོད་ཀྱི་འགྲེལ་བཤད་སྟོན་མ་ཕལ་ཆེར་གྱིས་འདིའི་སྐབས་ཀྱི་ཡོན་ཏན་ནི་གནས་སྐབས་དང་མཐར་ཐུག་གི་ཡོན་ཏན་མཐའ་དག་ལ་བཞེད་པས། སྟོན་གྱི་སྙན་ངག་ཚངས་པའི་མགུལ་རྒྱན་དུ། ཡོན་ཏན་རང་བཞིན་བརྗོད་པའི་དཔེར་བརྗོད་ལ།

མི་འཇིགས་སྟོབས་དང་མ་འདྲེས་ཆོས། །
ས་དང་ཕ་རོལ་ཕྱིན་རྫོགས་པས། །
ཀུན་ཏུ་སྐྱེམ་བྲལ་ཐུབ་པ་ཡི། །
མཁྱེན་པས་ཤེས་བྱ་ཀུན་ལ་ཁྱབ། །

ཅེས་སངས་རྒྱས་ཀྱི་ཡོན་ཏན་ལ་སྦྱར་བ་ཡིན་ནོ། །འོན་ཀྱང་དབྱངས་ཅན་དགྱེས་གླུར། རྩ་བའི་ཡོན་ཏན་རང་བཞིན་བརྗོད་པའི་དཔེར་བརྗོད་ནི། བྱད་མེད་ཀྱི་ལུས་ཀྱི་རེག་བྱའི་ཡོན་ཏན་ལ་སྦྱར་བས་མཚོན་འདིའི་ཡོན་ཏན་ནི་གཟུགས་སྒྲ་དྲི་རོ་རེག་བྱ་སོགས་འདོད་པའི་ཡོན་ཏན་ལ་སྦྱོར་བ་ཡིན་ལ། སྔོང་ལོས་མི་འཇིགས་སྟོབས་དང་མ་འདྲེས་ཆོས། །ཞེས་སོགས་སངས་རྒྱས་ཀྱི་ཐུགས་རྒྱུད་ཀྱི་ཡོན་ཏན་དང་སྦྱར་བ་འདིས་མི་གནོད་དམ་སྙམ་ན། ཟག་མེད་ཀྱི་ཡོན་ཏན་ནི་ཐུགས་ཀྱི་རེག་བྱ་ཡིན་ཞེས་སློབ་དཔོན་མཁས་པ་ཆེན་པོས་གསུངས་

སོ། །ཞེས་སྔོན་འགྲོ་ལོ་ཙཱ་བ་ཡབ་སྲས་དང་ལྷ་བ་ཆེན་མོས་འདིའི་སྐབས་ཡོན་ཏན་ནི་འདོད་པའི་ཡོན་ཏན་ལྔ་ལ་སྦྱོར་བར་འདོད་ཅིང་དཔེར་བརྗོད་དུའང་།

འཛམ་ཞིང་མཉེན་པའི་ཚུ་སྐྱེས་གདན་ལ་གནས། །
འཆི་མེད་བདུད་རྩི་བཏུང་བས་རབ་ཏུ་རྫོམས། །
ཐིག་ལེའི་དཔྱིད་ཀྱུར་སྣེག་མོར་འདྲེན་བྱེད་ནི། །
བཅུ་གཉིས་དག་གིས་བལྟ་བའི་གསེར་མདངས་ཅན། །

ཞེས་རྐང་བ་དང་པོས་རེག་བྱ། གཉིས་པས་རོ། ཕྱི་མ་གཉིས་ཀྱིས་གཟུགས་ཀྱི་ཡོན་ཏན་ལ་སྦྱར་བ་ཡིན་ནོ། །

གཞན་ཡང་སྙན་འགྲེལ་ངག་གི་རོལ་མཚོ་ལས་འདོད་པའི་ཡོན་ཏན་ལྔ་ཡང་གཟུགས་སྒྲ་ལ་སོགས་པ་དེ་དང་དེའི་ཡོན་ཏན་ཡིན་པས་སྐབས་འདིའི་ཡོན་ཏན་གྱི་བྱེ་བྲག་ཙམ་ཡིན་མོད། དེ་ཁོ་ནར་བསམ་ན་ཧ་ཅང་རྒྱ་ཆུང་བར་འགྱུར་བས་རྒྱལ་དབང་ལྔ་བ་ཆེན་མོའི་དཀའ་འགྲེལ་དབྱངས་ཅན་དགྱེས་གླུར། ཤིང་ལོས། མི་འཇིགས་སྤོབས་དང་མ་འདྲེས་ཆོས། །ཞེས་སོགས་སངས་རྒྱས་ཀྱི་ཐུགས་རྒྱུད་ཀྱི་ཡོན་ཏན་དང་སྦྱར་བ་འདིས་མི་གནོད་དམ་སྙམ་ན་སོགས་གསུངས་པའི་དོགས་སློང་འགོད་པ་གནང་དགོས་པའི་རྒྱུ་མཚན་ཡང་འདི་ཡིན་ཅིང། མི་འཇིགས་པ་སོགས་དེ་རྣམས་ཐུགས་ཀྱི་རེག་བྱ་ཡིན་གསུངས་ན་ག་ལ་འཐད་ཀྱང་ཐུགས་ཀྱི་ཡོན་ཏན་དུ་ངེས་པར་བཞག་ཏུང་ཞེས་འདིའི་ཡོན་ཏན་ནི་འདོད་ཡོན་ལྔ་ཙམ་ལ་གོ་ཏུང་ཞིང་མི་འཇིགས་པ་སོགས་ཐུགས་ཀྱི་རེག་བྱ་མིན་པར་གསུངས་ཀྱང། མཁས་པ་གཞན་གྱིས་སྔོན་འགྲོ་བས་ཟག་མེད་ཀྱི་ཡོན་ཏན་ཐུགས་ཀྱི་རེག་བྱ་ཡིན་གསུངས་པས་པཎྜི་ཏའི་རང་བཞིན་མཆོན་པར་སེམས་ཞེས་བསྔགས་བརྗོད་གནང་བ་ཡང་ཡོད་དོ། །

ཡང་ངག་གི་རོལ་མཚོ་ལས་འདིའི་སྐབས་ཀྱི་ཡོན་ཏན་ངོས་འཛིན་སྐབས། དེའི་ཡོན་ཏན་ནི་དཔེར་ན་མུ་སྟེགས་པས་འདོད་པའི་བདག་དམ་པའི་ཡོན་ཏན་རྡུལ་མུན་སྙིང་སྟོབས་གསུམ་ཡིན་པ་ཨ་མ་ར་ཀོ་ཤར། ཡོན་ཏན་སྙིང་སྟོབས་རྡུལ་དང་མུན། །ཅེས་གསུངས་པ་ལྟ་

བུ་དང་། གཞན་ཡང་མཐོ་རིས་ཀྱི་བདེ་བ་ངན་སོང་གི་སྡུག་བསྔལ་ཆུ་བོ་ཐུར་དུ་འབབ་པ་ལྟ་བུ་རང་རང་གི་གཞིས་ལ་རང་ཆོས་སུ་མངའ་བའི་རྣམ་འགྱུར་ནུས་པ་ཅན་གང་ཡིན་པ་ཐམས་ཅད་སྐབས་འདིའི་ཡོན་ཏན་དུ་འཇོག་པར་གསུངས་མོད། ཇི་ལྟ་དམར་བས། འགའ་ཞིག་ཕྱི་རོལ་བའི་འདོད་པའི་ཡོན་ཏན་རྡུལ་མུན་སྙིང་སྟོབས་གསུམ་ལ་བྱེད་པར་བཤད་པའང་རང་འདོད་ཙམ་ལས་ཤེས་བྱེད་དཀའ་སླམ་ཞེས་དོགས་སློང་གནང་ཡོད་པ་ལ། ཚིག་རྒྱན་རིག་པའི་སྒོ་འབྱེད་ལས། འགའ་ཞིག་ཆུ་བོ་ཐུར་དུ་འབབ་པ་དང་མེ་གྱེན་དུ་འབར་བ་སོགས་དངོས་པོའི་གཤིས་ལུགས་ལ་ངོས་འཛིན་ཀྱང་། དེ་ལྟར་ན་རིགས་ཀྱི་རང་བཞིན་བརྗོད་པའི་རྒྱན་དང་དབྱེ་བ་འབྱེད་མི་ཐུབ་པར་འགྱུར་བར་སྣང་བས། དེས་ན་རང་ལུགས་ལ་དངོས་པོ་དེའི་བྱེད་ལས་སམ་ནུས་པ་དྲང་པོར་སྟོན་པ་ཞིག་ལ་ཡོན་ཏན་རང་བཞིན་བརྗོད་པའི་རྒྱན་དུ་འཇོག་དགོས་པར་གསུངས་སོ། །དེ་དག་ཙམ་དུ་མ་ཟད་རྩ་བའི་ཚིག་ཀྱང་། དགའ་མ་ཡིས་ནི་རིག་པ་འདིས། །ཞེས་དང་། དགའ་མ་ཡིས་ནི་རིག་པས་འདིར། །ཞེས་མི་མཐུན་པ་གཉིས་བྱུང་ནས་འགྲེལ་བཤད་རྣམས་ཀྱིས་ཚིག་འདི་འགྲེལ་ཚུལ་ལ་བྲྀད་པར་ཡོད་པ་སྔོན་བྱོན་མཁས་པའི་སྙན་འགྲེལ་རྣམས་ལ་ཞིབ་ཏུ་བལྟས་ན་ཤེས་པར་འགྱུར་རོ། །དེ་ལྟར་གནའ་དེང་གི་མཁས་པ་རྣམས་ཀྱིས་མཛད་པའི་སྙན་ངག་མེ་ལོང་གི་འགྲེལ་བ་མཐའ་དག་དཔེ་རྒྱུན་ཤིན་ཏུ་དཀོན་པའི་དབང་གིས་དངོས་སུ་མཇལ་བའི་སྐལ་བ་མེད་པས་དཔྱད་ཐབས་མེད་ཀྱང་། བདག་ཅག་གི་མིག་སྔར་དངོས་སུ་སྣང་ཐུབ་པའི་སྙན་འགྲེལ་གྱི་བསྟན་བཅོས་ཁ་ཤས་ལས་བྱུང་བའི་རང་བཞིན་བརྗོད་པའི་རྒྱན་གྱི་གསུམ་པ་ཡོན་ཏན་རང་བཞིན་བརྗོད་པའི་སྐབས་ཀྱི་རྒྱུན་ཡོན་ཏན་ངོས་འཛིན་ཚུལ་མི་མཐུན་པ་མདོ་ཙམ་འདིར་བཀོད་པ་ཡིན་ལ། དེ་ལས་གཞན་རིགས་བྱ་བ་རྫས་སོགས་ལའང་མཁས་པ་རྣམས་ལ་བཞེད་ཚུལ་མི་འདྲ་བ་ཡོད་ཀྱང་དེ་ཐམས་ཅད་བཀོད་ན་ཡི་གེ་མང་བར་འགྱུར་བས་འདིར་འཕོད་པའི་ངལ་བ་མ་བྱས་ལ། ཤེས་པར་འདོད་ན་སྔོན་བྱོན་མཁས་པའི་སྙན་འགྲེལ་རྣམས་ལ་སྦྱོས་པ་ལྟར་མ་སོང་བར་ཞིབ་ཏུ་བལྟ་བར་བྱའོ། །འོ་ན་རང་ལུགས་གང་ལྟར་ཡིན་ཞེ་ན།

བཞེད་སྲོལ་མི་འདྲ་བ་དེ་ཐམས་ཅད་ཀྱང་མཁས་དབང་སོ་སོས་ལུང་རིགས་ཀྱི་རྒྱུ་མཚན་དང་བཅས་ཏེ་གཏན་ལ་ཕབས་པ་འབའ་ཞིག་ཡིན་པས། བདག་དང་བདག་འདྲ་བས་འདི་འཐད་དང་འདི་མི་འཐད་ཀྱི་རྣམ་གཞག་བྱར་མེད་ནའང་། དེང་སྐབས་ཀྱི་མཁས་དབང་ངག་དབང་དབྱངས་ལྡན་རིག་པའི་འདོད་འཇོམས་མཛད་པའི་སྣན་ངག་སྤྱི་དོན་སྟེང་ལེགས་རིག་པའི་འཆར་སྒོ་དང་། དུང་དཀར་བློ་བཟང་འཕྲིན་ལས་ཀྱིས་མཛད་པའི་ཚིག་རྒྱན་རིག་པའི་སྒོ་འབྱེད་ལྟར་བྱས་ན་གོ་བ་ལེན་བདེ་བས་ལེགས་པར་སེམས། གཞན་ཡང་ཀློག་མཁན་རྣམས་ཀྱིས་འདིར་གོ་བ་གཏིང་ཟབ་ཏུ་འགྲོ་ཆེད་སྣན་འགྲེལ་དབྱངས་ཅན་དགྱེས་པའི་རོལ་མཚོའི་ཚིག་དུམ་བུ་ཞིག་འདིར་འགོད་ན། སྤྱིར་ནི་ཙོ་ལྟ་བུ་རིགས་ཅན་དུ་མའི་སྤྱི་མིང་། རྒྱུའོ། བཅད་དོ་ལྟ་བུའི་བྱ་ཚིག དཀར་སྔོ་དམར་སོགས་དང་བདེ་སྡུག་སོགས་ཡོན་ཏན་གྱི་མིང་ཡིན་ཀྱང་། དེའི་བརྗོད་བྱར་བྱས་པ་ཙམ་གྱིས་དེ་དག་གི་རང་བཞིན་བརྗོད་པའི་རྒྱན་སྐབས་འདིར་བཤད་པ་དེའི་དོན་མ་ཡིན་ཏེ། རིགས་ཀྱི་སྐབས་སུ་ལྗང་མཉེན་དམར་སོགས་ཡོན་ཏན་དང་བྱ་བའི་སྐབས་སུའང་རིགས་ཀྱི་སྒྲ་ཕུག་རོན་སོགས་བརྗོད་པ་བཞིན་ནོ། །དེས་ན་འདིའི་གོ་བ་ཕྱིན་ཅི་མ་ལོག་པ་ནི་བརྗོད་བྱ་རྣམས་ཀྱི་རང་བཞིན་ཆོས་གང་དང་གང་གི་ཡང་རང་གི་ངོ་བོ་ས་སྤྲ་བ། ཆུ་གཤེར་བ་སོགས་དང་། ཤིང་ལ་ཡལ་ག་ལོ་འདབ་ལྡན་པ་སོགས་རང་གི་མཚན་ཉིད་དམ་རང་བཞིན་ཇི་ལྟ་བུ་ཡིན་པ་སྒྲོ་སྐུར་བྲལ་ཏེ་དྲང་པོར་བརྗོད་པ་ནི་རིགས་བརྗོད་པ་དང་། འགྲོ་བའམ་འཁྲིག་པའམ་སྒྲ་བ་ལྟ་བུའི་བྱ་བ་ཉིད་བརྗོད་བྱར་བྱས་ནས་དེ་དྲང་པོར་བརྗོད་པ་བྱ་བ་བརྗོད་པ། དངོས་པོ་གང་དང་གང་གི་མཐུའམ་ནུས་པ་བརྗོད་བྱའི་གཙོ་བོར་བྱས་ཏེ་བརྗོད་ན་ཡོན་ཏན་བརྗོད་པ། གང་ཟག་གང་ལ་ཡོད་པའི་རྫས་བརྗོད་བྱར་བྱས་ནས་བརྗོད་ན་རྫས་བརྗོད་པར་འགྱུར་ལ། དེ་དག་སོ་སོའི་རང་བཞིན་དྲང་པོར་བརྗོད་པ་ནི་རང་བཞིན་བརྗོད་པའི་རྒྱན་ནོ། །དེ་ལྟར་ན་བྱ་བ་དང་ཡོན་ཏན་རྫས་ཀྱི་གནས་སྐབས་བརྗོད་བྱའི་གཙོ་བོར་བྱས་པའི་ཚེ་དེ་དང་དེ་བརྗོད་པར་འགྱུར་ཏེ་བྱ་བ་ཅན་ནམ་བྱེད་པ་པོ་དང་བྱ་བ་གཉིས་ལས་བྱ་བ་བརྗོད་བྱའི་གཙོ་བོར་བྱས

པས་བྱ་བ་བརྗོད་པ། དེ་བཞིན་ཡོན་ཏན་དང་ཡོན་ཏན་ཅན། རྫས་དང་རྫས་ཅན་ལ་ཡང་ཤེས་པར་བྱའོ། །རྫས་དང་ཡོན་ཏན་བྱ་བ་བརྗོད་བྱའི་གཙོ་བོར་མ་བྱས་པར། རྫས་དང་བྱ་བ་ཡོན་ཏན་གྱི་དངོས་པོ་དེ་ཉིད་བརྗོད་བྱའི་གཙོ་བོར་བསྟན་ཏེ་དྲང་བོར་བརྗོད་ན་རིགས་བརྗོད་པར་འགྱུར་གྱི་གཞན་དུ་མི་འགྱུར་བའི་ཚུལ་ཤེས་དགོས་ཀྱི་རིགས་བརྗོད་པ་ལ་བྱ་བ་སོགས་གསུམ་པོ་གང་ཡང་འབྲི་མི་རུང་བ་དང་བྱ་བ་སོགས་གསུམ་པོ་བརྗོད་པ་ལ་ཆོས་ཅན་རིགས་ཀྱི་སྒྲ་འདྲེས་མི་རུང་བ་ཡིན་ན་དེ་འདྲའི་བརྗོད་བྱ་གང་དུའང་རྙེད་དཀའ་བས་ཆོས་ཆོས་ཅན། ཁྱད་གཞི་ཁྱད་ཆོས་འདི་དག་ཕན་ཚུན་ལྟོས་པ་ཅན་ཡིན་ན་ཡང་། སྐབས་སུ་གང་བརྗོད་བྱར་བྱས་པ་དེའི་ཕྱོགཚ་ནས་རང་བཞིན་བརྗོད་པའི་རྒྱན་བཞི་པོའི་དབྱེ་བ་ཤེས་པར་བྱའོ། །ཞེས་གསུངས་པ་འདི་ལ་བློ་རིག་བསྒྲིམས་ཏེ་ཞིབ་ཏུ་དཔྱད་ན་རིག་པའི་སྒོ་མོ་འབྱེད་པའི་མན་ངག་གི་ལྡེ་མིག་ཡིན་པར་སེམས་སོ། །ད་དུང་། ཆོས་དེ་ཉིད་རིགས་དང་། ཆོས་དེའི་བྱ་བ་བྱ་བ་དང་། ཆོས་དེའི་ཁྱད་ཆོས་ཡོན་ཏན་དང་། དེའི་རང་མཚན་ཐུན་མོང་མ་ཡིན་པ་རྫས་ལ་ངོས་བཟུང་ནས་ཕྱི་རོལ་བས་འདོད་པའི་ཚིག་གི་དོན་དྲུག་དང་སྦྲེལ་ཏེ་ཞིབ་ཏུ་བསམས་ན་ཕྱི་ནང་གི་གྲུབ་མཐའི་འགངས་མང་པོ་ཞིག་རྙེད་དུ་ཡོད་མོད་ཡིག་ཚོགས་ཆེ་བས་འདིར་ཞིབ་ཏུ་འགོད་པར་མི་སྤྲོ་ལ། ཤེས་པར་འདོད་ན་གྲུབ་མཐའ་ཆེན་མོ་སོགས་ལ་བལྟ་བར་བྱའོ། །

གཞན་ཡང་ཕྱི་རོལ་བས་འདོད་པའི་ཡོན་ཏན་སྙིང་སྟོབས་རྡུལ་དང་མུན་ཞེས་པ་སོག་ཤེས་ཡིན་ཚུལ། འདིའི་ཡོན་ཏན་དང་ཆོས་སོ་སོའི་མཚན་ཉིད་གཅིག་པར་འགྱུར་བའི་དོགས་སློང་། དེ་གཉིས་ཡིན་མིན་གྱི་མུ་བཞི་སོགས་རྒྱ་ཆེར་བརྗོད་དུ་ཡོད་ཀྱང་། གཟུར་གནས་ལས་གཡོ་ཅན་གཏི་ཐུག་པར་ཁྲེན་པའི་ལག་འགྲོ་ལ་རྒྱ་མཚོའི་དཔེ་བཞིན་ལགས་པས་འདིར་ཞིབ་ཏུ་མ་བཀོད་དོ། །

ད་ནི་གནའ་དེང་གི་མཁས་པ་རྣམས་ལ་སྐབས་འདིར་བཞེད་སྲོལ་མི་མཐུན་པ་གཏན་ནས་མེད་པར་འདོད་པ་ངག་འཁོར་མཁན་པོའི་ལོག་རྟོག་དེ་ཚང་མའི་མདུན་སར་ལྷག་མེད་

ཏུ་གྱུར་པ་དང་ཆབས་ཅིག་ཕོ་རང་བུད་ཤིང་ཟད་པའི་མེ་བཞིན་ཅི་བྱ་གཏོལ་མེད་ཀྱི་གནས་སུ་ལྷུང་ཡོད་པར་ངེས་པས། དེང་ཕྱིན་ཆད་བག་ཡོད་པར་བྱོས་ལ་མི་སྨྲ་བའི་བརྟུལ་ཞུགས་ལ་གནས་པར་བྱའོ། །

སྤྱིར་བསྟན་བཅོས་རྩོམ་ཚེ་སྔོན་བྱོན་མཁས་པའི་གཞུང་སྣ་ཚོགས་ལ་ཞིབ་ཏུ་དཔྱད་ནས་དེ་དག་གི་དགོངས་པ་འདྲིས་པར་ཤེས་དགོས་ལ། ལུང་རིགས་ཀྱི་རྒྱུ་མཚན་ཡང་དག་པ་དང་བཅས་ཏེ་གཞན་ལུགས་དགག་པ་དང་རང་ལུགས་མ་ནོར་བ་འཛུག་དགོས་ཀྱང་། དེ་ལྟ་བུ་རང་རེའི་ལས་དང་པོ་བ་རྣམས་ཀྱིས་མི་ནུས་མོད་མ་མཐའ་འང་རང་གིས་ཤེས་བྱེད་དུ་དྲངས་པའི་ལུང་དོན་ཕྱིན་ཅི་མ་ལོག་པར་རྟོགས་དགོས། འོན་ཀྱང་ངག་འཁོར་མཁན་པོ་བཞིན་རང་ཉིད་མཁས་པའི་གྲགས་པ་འབར་ཆེད་བསྟན་བཅོས་རྩོམ་པ་ལ་ཆེས་ཆེར་བྲེལ་བས་རིག་པའི་གནས་ལ་ཤེས་བརྩོན་གཅིག་ཏུ་བསྒྲིམས་ནས་ཐོས་བསམ་བྱས་ལུགས་དང་དོན་གྱི་གནད་ལ་སྒྲོ་འདོགས་བཅད་ཚུལ་སོགས་མི་འོས་པའི་ཁ་ཕོ་ཅི་ཙམ་བསྒྲགས་ཀྱང་ཕོའི་ཚིག་ལ་ཞིབ་ཏུ་དཔྱད་ཚེ་དཔེ་ཀློག་ཙམ་ཡང་མ་བྱས་པ་ནི་བདག་གི་ངག་ངན་འདི་ལ་མ་བལྟས་པར་ཀློག་མཁན་ཡོངས་ཀྱིས་གསལ་པོར་རྟོགས་ནུས་སོ། །དེ་བས་སྔན་འགྲེལ་དུ་མའི་མཚན་དང་རྩོམ་མཁན་མཁས་པ་རྣམས་ཀྱི་མཚན་བསྟར་ཆགས་སུ་བཀོད་པ་ཙམ་ལས་བཞེད་སྲོལ་མི་མཐུན་པ་དག་ལ་དོགས་སློང་ཙམ་ཡང་འགོད་མ་ཤེས་པར་དེ་དག་གི་བསམ་འཆར་དང་འགྲེལ་བཤད་མཐུན་པོ་ཡོད་ཅེས་པའི་མིག་བཙུམ་ནས་བསྙོན་བཤད་བྱེད་དགོས་བྱུང་བ་ཡིན་པས། ཇི་སྐད་དུ།

མཁས་ཁུར་ཁྱོད་ལ་མི་མཛེས་པས། །
བརྩུན་པོར་བསྣད་ན་མི་ལེགས་སམ། །
རྩོམ་པ་ཁྱོད་ལ་མི་མཛེས་པས། །
ཡིག་སྙིང་བསླུགས་ན་མི་ལེགས་སམ། །

ཞེས་དང་། ཐླུན་པོ་སྨྲ་བ་ཉུང་ན་མཛེས། །ཞེས་པའི་མཁས་པའི་ལེགས་བཤད་འདི་

དག་བློ་ལ་བཟུང་ནས་བདག་ཅག་བླུན་པོ་རྣམས་ནི་རྩོམ་པ་ལ་མ་བྲེལ་བར་དཔེ་ཀློག་རེ་བྱས་ན་བཟང་སྙམ། ཅེས་ཀྱང་རྩོམ་ན་ཀུན་ལ་མི་འགལ་བའི་སྙུང་ཐུང་རེ་བྲིས་ན་མི་ཚོག་པ་ཆེར་མེད་པར་སེམས། བདག་ལའང་འདི་ལྟ་བུ་འབྲི་འདུན་རྩ་བ་ནས་མེད་ཀྱང་། ངག་འཁོར་མཁན་པོས་སྤེལ་བའི་རྫུན་ཚིག་དེ་དག་ལ་བརྟེན་ནས་མཁས་པ་རྣམས་ཐུགས་ཁྲེལ་ན་མི་ལེགས་པས་དག་སེལ་གྱི་ཆེད་དུ་བྲིས་པ་ཙམ་ཡིན་ལ། བླུན་རྒན་བདག་ནི་འཆད་རྩོད་རྩོམ་གསུམ་ལྟ་ཞོག་གཞུང་ཕལ་མོ་ཆེར་འཇུག་པའི་བློ་གྲོས་ཤིན་ཏུ་ཕྲ་བས། ཚིག་དོན་གང་གི་ཆ་ནས་ཀྱང་མཁས་པ་དགྱེས་པའི་ལེགས་བཤད་ཀྱི་སྐྱེས་ག་ལ་ཡོད་ཀྱང་། སྔོན་བྱོན་དྲན་དབང་རྣམས་དང་གནའ་མི་རྣམས་ཀྱི་དྲིན་ལས། སྔགས་མོ་དང་དམའ་འབེབས་བྱེད་པ་ལ་མཁོ་བའི་ལེགས་བཤད་དང་གཏམ་དཔེ་ཁ་ཤས་བྲི་བ་ལ་ལག་མི་ཐོགས་ནའང་བློ་ལྡན་རྣམས་མི་ཁྲེལ་བའི་ཆེད་དུ་འདི་ཙམ་ལས་མ་བྲིས་པ་ཡིན་ནོ། །

སྨྲས་པ།

ཀྱེ་མ་དྲན་དབང་ཉིན་མོར་བྱེད་པས་ཞེས། །

རྫུན་གཏམ་མུན་པ་སྟུག་པོས་ཀུན་བསྒྲིབས་ཏེ། །

ཕྱོགས་ལྷུང་གནམ་རུའི་རྒྱུད་ལས་ཉེར་འཕོས་པའི། །

ལྟར་སྣང་རིགས་པའི་ཉག་ཕྲན་སྙིང་ལ་གཟན། །

ཕྲག་དོག་ཆེར་མའི་མལ་དུ་གནས་བཅས་ནས། །

གཞན་སྨོད་མུ་ཅོར་ཨ་བ་འཐོད་པའི་སྐབས། །

ཀུན་ཡིད་བསྒྲིགས་ཀྱང་སྟོང་གཏམ་ཕྱེ་སའི་རྫས། །

ལོངས་སུ་སྤྱོད་པའི་གཉིས་སྐྱེས་ཉོན་རེ་མོངས། །

ཨེ་མ་མཁས་མཆོག་སྨྲ་ལའི་འཁྲི་ཤིང་དྲུང་། །

གནས་བཅས་ལེགས་བཤད་སྤྱོས་དཀར་ལ་ཟ་བའི། །

བློ་ལྡན་གཉིས་འཐུང་ཚོགས་རྣམས་སྒྲིགས་པའི་བསུང་། །

མངར་བའི་རང་བཞིན་འགག་ཏུ་ག་ལ་མཆིས། །
ལོག་བཤད་ཞ་སྐྱེས་ཚོད་མེད་གཡོ་བའི་གར། །
རྣམ་དཔྱོད་མཆེ་སྡེར་འབར་བ་ཙམ་གྱིས་ཀྱང་། །
ཉི་མའི་བུ་ལ་སྦྱིན་བྱེད་རིགས་པའི་རྩལ། །
སྟོབས་སུ་རྫོགས་པའི་དངོས་གྲུབ་ཤར་རྒྱ།། །།

༄༅། །བོད་ཡིག་གཙོ་བོ་དང་སྐད་གཉིས་ཤན་སྦྱར་གྱིས་སློབ་ཁྲིད་བྱེད་པའི་དགེ་མཚན་རགས་ཙམ་གླེང་བ།

སྲིད་གྲོས་མཚོ་སྔོ་ཞེང་ཡུལ་ཨུ་ཡོན་ལྷན་ཁང་།

བདག་གིས་རང་ཞེང་ཡུལ་གྱི་མི་རིགས་སློབ་གྲྭ་ཆུང་འབྲིང་གིས་བོད་ཡིག་གཙོ་བོར་བཟུང་བའི་རྨང་གཞིའི་ཐོག་རྒྱ་བོད་སྐད་གཉིས་ཟུང་འབྲེལ་གྱིས་སློབ་ཁྲིད་བྱེད་དགོས་པའི་རྒྱུ་མཚན་དང་། དེ་ལྟར་སློབ་ཁྲིད་བྱས་པའི་དགེ་མཚན་འགའ་ཞིག་གླེང་བར་བྱ་བ་ལ།

སྤྱིར་སློབ་གསོ་ཙམ་མ་ཡིན་པར་བྱ་བ་གང་དང་གང་ཞིག་ཡིན་ཡང་གནས་ཚུལ་དངོས་དང་བསྟུན་ནས་ཐག་གཅོད་པ་ལས་འགོ་ཁྲིད་མི་སྣ་འགའ་ཞིག་གམ་འགོ་ཁྲིད་ལས་ཁུངས་འགའ་ཞིག་གིས་གནས་ཚུལ་དངོས་ལ་མ་བལྟས་པར་སོ་སོ་རང་གི་བསམ་པའི་དྲན་ཚུལ་ལྟར་ཐག་བཅད་ནས་བཀའ་འབེབས་བཀོད་འདོམས་ཀྱིས་ལག་ལེན་བྱས་པ་ཡིན་ན་མཇུག་མཐར་ཕམ་ངེས་ཡིན་པ་ནི། བདག་གིས་མང་པོ་ཞུམ་དགོས་པར་ཚང་མའི་ཐུགས་ན་མངའ་བ་ལྟར་རེད། དེ་བས་བོད་ཡིག་གཙོ་བོ་དང་རྒྱ་བོད་ཟུང་འབྲེལ་གྱིས་སློབ་ཁྲིད་བྱེད་དགོས་པ་འདི་ཡང་རང་ཞེང་ཡུལ་གྱི་སྐབས་བབ་ཀྱི་གནས་ཚུལ་དངོས་ཀྱིས་ཐག་གིས་བཅད་པ་ཞིག་ཡིན་པས་རང་སྣང་གང་ཤར་གྱིས་བསྒྱུར་མི་རུང་བའི་དོན་གནད་གལ་ཆེན་ཞིག་ཡིན་ནོ། །

གཅིག རང་རེའི་ཞེང་ཡུལ་ལ་མི་གྲངས་༣༢༥. ༠༠༠ལྷག་ཙམ་ཡོད་ལ། དེའི་ནང་བོད་རིགས་༡༥༥. ༠༠༠ གཞན་པའི་གྲངས་ཉུང་མི་རིགས་༢༥. ༠༠༠ཡོད་པས་གྲངས་ཉུང་མི་རིགས་ཀྱིས་ཞེང་ཡོངས་ཀྱི་མི་གྲངས་ཀྱི་༥༥% ཙམ་ཟིན་པ་དང་། ཁྲི་ཀའི་རྫོང་མཁར་དང་ཆབ་ཆ་ན་རྒྱ་རིགས་ཉུང་མང་བོ་ཡོད་པ་ལས་གཞན་རྫོང་སོ་སོའི་རྒྱ་ཆེ་བའི་ས་ཁུལ་ཐམས་ཅད་བོད་རིགས་འདུས་སྡོད་ཀྱི་ས་གནས་ཡིན་ཞིང་། དེ་དག་གིས་མི་རིགས་རང་གི་

སྐད་ཆ་དང་ཡི་གེ་སྤྱོད་བཞིན་ཡོད་གཤིས་རྒྱ་སྐད་ལེགས་པར་གོ་བའི་མི་ཉ་ཙང་ཉུང་བར་མ་ཟད། བོད་རིགས་དང་མཉམ་དུ་སྡོད་པའི་རྒྱ་རིགས་ཤིན་ཏུ་མང་པོས་ཀྱང་བོད་སྐད་བཤད་བཞིན་ཡོད་པ་དང་། རྒྱ་རིགས་ཙུང་འདུས་སྡོད་མང་བོའི་ས་ཁུལ་དུ་གནས་པའི་གྲངས་ཉུང་མི་རིགས་ཧེ་རིགས་སོགས་རེ་འགའ་ལས། ཁུལ་ཡོངས་ཀྱི་སོག་རིགས་གྲངས་ཉུང་མི་རིགས་གཞན་དུ་མས་ཀྱང་མི་རིགས་རང་གི་སྐད་ཡིག་བརྗེད་དེ་བོད་སྐད་བཤད་ཅིང་བོད་ཡིག་སློབ་བཞིན་ཡོད་པས། བོད་སྐད་དང་བོད་ཡིག་ནི་རང་རེའི་ཁུལ་གྱི་སྐད་ཡིག་གཙོ་བོ་ཡིན་པ་ཤིན་ཏུ་གསལ་ལོ། །དེའི་ཕྱིར་བོད་ཡིག་གཙོ་བོ་བྱེད་དགོས་པ་ནི་རང་རེའི་ཁུལ་གྱི་གཞི་རྩ་འདིས་ཐག་གིས་བཅད་པ་ལས་མི་རེ་འགས་རང་གི་འདོད་བློ་གཙོ་བོར་བཟུང་བ་མིན་ཚུལ་རྟོགས་སླའོ། །སྤྱི་ཚོགས་ཀྱི་རྨང་གཞི་དང་མཐུན་པ་ཞིག་ཡིན་ནའང་། སྐད་ཡིག་གང་ཞིག་སྤྱོད་དེ་དམའ་རིམ་སློབ་གསོ་ཁྲབ་གདལ་དུ་གཏོང་རྒྱུ་དང་། སྐད་ཡིག་གང་ཞིག་གཙོ་བོར་བཟུང་ནས་མི་རིགས་སློབ་གསོ་དར་རྒྱས་སུ་འགྲོ་ཐུབ་པ་དང་མི་རིགས་དེར་ཤེས་ལྡན་མི་སྣ་མང་པོ་འབྱུང་ཐུབ་པའི་ཐད་ལ་རྒྱལ་ཁབ་དབུ་བཅིངས་ནས་གཞུང་ལུགས་ཐད་ནས་ད་བར་རྩོད་གླེང་གནས་བཞིན་ཡོད་ལ། ལག་ལེན་ཐད་དུའང་ཕྱོགས་སྣོང་ཐེངས་འགའ་བྱུང་སྲོང་ཡོད་པས། བདག་གིས་བལྟས་ན་ཡི་གེ་ཡོད་པའི་མི་རིགས་ཤིག་ཡིན་ཕྱིན་རང་གི་མི་རིགས་ཀྱི་སྐད་ཡིག་གཙོ་བོར་བཟུང་ནས་སློབ་ཁྲིད་བྱེད་དགོས་པ་དང་མི་རིགས་རང་གི་སློབ་གསོའི་མ་ལག་ཆ་ཚང་ཞིག་ཆགས་པ་བྱེད་དགོས་པའི་ཐོག་རྒྱུའི་སྐད་ཡིག་གི་སློབ་ཁྲིད་ལ་ཤུགས་སྣོན་དགོས་ཤིང་། རང་བྱུང་ཚན་རིག་གི་ཚན་པ་སོ་སོའི་མི་རིགས་རང་གི་སྐད་ཡིག་གི་སློབ་གསོའི་མ་ལག་ཆ་ཚང་བ་ཞིག་ཆགས་མེད་པའི་ད་ལྟའི་གནས་ཚུལ་འོག་སྐད་ཡིག་ཟུང་གིས་སློབ་ཁྲིད་བྱས་ན་དགེ་མཚན་ཆེ་སྙམ་སྟེ། དེའི་རྒྱུ་མཚན་རྣམས་གཤམ་དུ་འགོད་པར་འདོད་དོ། །

གཉིས། མི་རིགས་ཀྱི་སྐད་ཡིག་གཙོ་བོ་བྱེད་རྒྱུ་ནི་མི་རིགས་རང་གི་ཁེ་ཕན་དང་རྒྱལ་ཁབ་ཀྱི་བཅའ་ཁྲིམས། ཏང་གི་སྲིད་ཇུས་བཅས་ཀྱིས་ཐག་གིས་བཅད་པ་ཞིག་རེད། མི་རིགས་རང་གི་སྐད་ཡིག་སློབ་སྦྱོང་དང་འཕེལ་རྒྱས་གཏོང་རྒྱུ་ནི། མི་རིགས་དེའི་རྒྱ་ཆེ་བའི་

མི་དམངས་ཀྱི་ཕན་བདེ་དང་འབྲེལ་བའི་དབང་ཆ་ བླ་ན་མེད་པ་ཞིག་ཡིན་ཏེ། རང་རྒྱལ་གྱི་ རྫ་ཁྲིམས་ནང་དུ་མི་རིགས་སོ་སོར་རང་གི་སྐད་དང་ཡི་གེ་བཀོལ་སྤྱོད་དང་འཕེལ་རྒྱས་སུ་གཏོང་བའི་རང་དབང་ཡོད། ཅེས་གཏན་ཕབ་གསལ་བོར་མཛད་ཡོད་ལ། ལེ་ཉིན་གྱིས་གསུང་དོན་སུ་ཞིག་གིས་མི་རིགས་འདྲ་མཉམ་དང་སྐད་ཆ་འདྲ་མཉམ་ཁས་མི་ལེན་པ་དང་རྒྱུན་འཁྱོངས་མི་བྱེད་པ། མི་རིགས་གཞན་གནོན་དང་འདྲ་མཉམ་མིན་པའི་གནས་ཚུལ་ལ་འཐབ་རྩོད་མི་བྱེད་པ་ཞིག་ཡིན་ཕྱིན། དེ་ནི་མར་ཁེ་སི་རིང་ལུགས་པ་ཞིག་མིན་ལ། ཐ་ན་དམངས་གཙོ་རིང་ལུགས་པ་ཞིག་ཀྱང་མིན་ནོ། །ཞེས་དང་། མའོ་ཀྲུའུ་ཞིས《མཉམ་འབྲེལ་སྲིད་གཞུང་སྐོར་བཤད་པ》ཞེས་པའི་གསུང་རྩོམ་ནང་གྲངས་ཉུང་མི་རིགས་ཀྱི་སྐད་དང་ཡི་གེ་ལ་བརྩི་འཇོག་བྱེད་དགོས། ཞེས་གསལ་བོར་བསྟན་ཡོད་ལ། ཀྲོའུ་རྩུང་ལིས་ཀྱང་《རྒྱལ་དམངས་དཔལ་འབྱོར་འཛུགས་སྐྲུན་བྱེད་པའི་ལོ་ལྔའི་འཆར་གཞི་ཨང་གཉིས་པའི་སྐོར་གྱི་སྙན་ཞུའི》ནང་དུ། གྲངས་ཉུང་མི་རིགས་འདུས་སྡོད་དང་འདྲེས་སྡོད་ཐར་ཐོར་དུ་སྡོད་པའི་ས་ཁུལ་གང་ཡིན་རུང་ཁོ་ཚོའི་སྐད་དང་ཡི་གེ་ལ་བརྩི་འཇོག་བྱེད་དགོས་ཞེས་གསུངས་ཡོད་དོ། །དེར་མ་ཟད་རྒྱལ་སྤྱིའི་སྟེང་དུ་ཕ་སྐད་སྤྱད་དེ་སློབ་ཁྲིད་བྱེད་པ་ནི་རིག་གནས་རྒྱུན་འཛིན་དང་། མི་དམངས་རྣམས་རྒྱལ་ཁབ་ཀྱི་འཛུགས་སྐྲུན་ལ་གཞུག་པར་བསྐུལ་འདེད་གཏོང་བའི་ཆེས་ཆེ་བའི་སྒྲུལ་ཤུགས། ཡིག་རྨོངས་དང་བློན་རྨོངས་སེལ་ནས་དམའ་འབེབས་དང་དབུལ་ཕོངས་ལ་འཐབ་རྩོད་བྱེད་པའི་དྲག་ཆས་སྟོབས་དང་ལྡན་པ་ཞིག་ཡིན་པར་མཁས་པ་མང་པོའི་མགྲིན་གཅིག་གིས་ངོས་འཛིན་གནང་བཞིན་ཡོད་པ་རེད། ལྷག་དོན་བོད་ཡིག་ནི་ཚད་མཐོ་བའི་ཚན་རིག་དང་མཐུན་ཞིང་ལོ་རྒྱུས་རིང་བ། བོད་སྤྱིའི་སྐད་ཆ་དང་མཐུན་ཞིང་རིག་པའི་གནས་གང་དང་གང་ཞིག་ཡིན་རུང་ཡི་གེ་འདིའི་ཐོག་ནས་སྤེལ་ཐུབ་པ་ཞིག་ཡིན་པར་ཐེ་ཚོམ་གཏན་ནས་བྱེད་མི་དགོས་སོ། །བོད་རིགས་མི་དམངས་ཀྱི་ལོ་ངོ་སྟོང་ཕྲག་དུ་མའི་ལོ་རྒྱུས་ཀྱི་དུས་ཡུན་ནང་དུ་རང་གི་སྐད་དང་མཐུན་པའི་ཡི་གེ་གསར་དུ་བཟོས་ཤིང་འཕེལ་རྒྱས་སུ་བཏང་སྟེ། མི་རིགས་རང་གི་འོད་སྟོང་འབར་བའི་ལོ་

རྒྱུས་དང་རིག་གནས་གསར་དུ་བསྐྲུན་ཅིང་འཛམ་གླིང་ཡོངས་ཀྱི་མཁས་པ་རྣམས་ཀྱིས་ཚད་མཐོ་བའི་གདེང་འཇོག་ཐོབ་པའི་བོད་རིག་པ་ཞེས་པ་འདི་བྱུང་བ་རེད། བོད་ཀྱི་ཡི་གེ་དང་རིག་གནས་ནི་མེས་རྒྱལ་རིག་གནས་ནོར་མཛོད་ནང་གི་འོད་སྟོང་འབར་བའི་ནོར་བུ་ལྟ་བུ་ཞིག་དང་། འཛམ་གླིང་རིག་གནས་ཀྱི་ཁྲོད་དུའང་ངོ་མཚར་བའི་མུ་ཏིག་གི་ཚོམ་བུ་ལྟ་བུ་ཞིག་རེད་ཅེས་རྒྱལ་ཁབ་ཕྱི་ནང་གི་ཤེས་ལྡན་རྣམས་ཀྱིས་བསྔགས་བརྗོད་གནང་བཞིན་ཡོད་པ་རེད། བོད་མི་དམངས་ཀྱི་རང་གི་སྐད་ཡིག་གིས་སློབ་ཁྲིད་བྱེད་རྒྱུའི་རེ་འདུན་ནན་མོ་བཏོན་དང་འདོན་བཞིན་ཡོད་པ་ནི་ཚུལ་དང་མཐུན་པ་ཞིག་ཡིན་པར་ཧ་ཅང་གལ་ཆེ་བ་ཞིག་ཡིན་ཏེ། དེ་བས་རང་གི་ཡི་གེ་དོར་ནས་མི་རིགས་གཞན་གྱི་ཡི་གེ་བསླབས་པར་བརྟེན་ནས་མི་རིགས་དེ་སྔོན་ཐོན་དུ་འགྱུར་འདོད་པ་ནི་དོན་དངོས་དང་མི་མཐུན་པས་ངེས་པར་སྒྲུབ་མི་ཐུབ་པ་ཞིག་ཡིན་ཏེ། སྔོན་གྱི་བོད་ཀྱི་རིག་གནས་སྒྲ་དང་གསོ་བ་རིག་པ་སོགས་རིག་གནས་ཆེ་བ་རྣམས་དང་། སྙན་ངག་དང་ཉིས་གར་སོགས་རིག་གནས་ཆུང་བ་རྣམས་ཀྱང་རྒྱ་གར་གཙོ་བོར་བྱས་པའི་མི་རིགས་གཞན་དུ་མའི་རིག་གནས་ཀྱི་ཉིད་བཅུད་བསྡུས་ཐོག་བོད་མི་རིགས་ལ་སྤྱར་ནས་ཡོད་པའི་རིག་གནས་དང་ཟུང་འབྲེལ་བྱས་ནས་འཕེལ་རྒྱས་བྱུང་བ་ཞིག་ཡིན་ནའང་། ལོ་ཙཱ་བ་ཆེན་པོ་རྣམས་ཀྱིས་དེ་དག་བོད་རང་གི་སྐད་ཡིག་ཏུ་བསྒྱུར་བར་བརྟེན་ནས་འདི་ལྟར་འཕེལ་ཞིང་རྒྱས་པ་ལས། རྒྱ་གར་སོགས་མི་རིགས་གཞན་གྱི་སྐད་ཡིག་གིས་སློབ་པ་ཡིན་ན་འདི་ལྟར་དར་མི་ཐུབ་པ་མངོན་གསལ་རེད། དེར་མ་ཟད་རང་རྒྱལ་ཕྱུག་ལྡན་ཟླའི་མི་རིགས་ཁྲོད་དུ་རྒྱ་རིགས་ནི་ཤིན་ཏུ་སྔོན་ཐོན་ཡིན་པ་ཡང་རྒྱའི་མཁས་པ་རྣམས་ཀྱིས་དེང་རབས་ཀྱི་ཤེས་བྱ་རིག་པའི་གནས་མང་པོ་རང་གི་མི་རིགས་ཀྱི་སྐད་ཡིག་ཏུ་བསྒྱུར་ནས་ཁྲིད་སྟབས་འདི་ལྟར་སྔོན་ཐོན་དུ་གྱུར་པ་ལས་ཕྱི་རྒྱལ་གྱི་སྐད་ཡིག་ཐོག་ནས་སློབ་པ་ཡིན་ན་འདི་འདྲའི་སྔོན་ཐོན་དུ་འགྱུར་མི་ཐུབ་སྙམ།

གསུམ། སྐད་གཉིས་ཟུང་འབྲེལ་བྱེད་དགོས་པའི་རྒྱུ་མཚན། རང་རྒྱལ་མི་གྲངས་སྤྱིའི་བརྒྱ་ཆའི་དགུ་བཅུ་གོ་བཞི་རྒྱ་རིགས་ཡིན་ལ། རྒྱ་སྐད་དང་རྒྱ་ཡིག་ནི་རྒྱལ་ཁབ་ཀྱི་ཡི་གེ

ཡིན་པ་ནི་ང་ཚོས་རྒྱ་ཡིག་ལེགས་པར་སྦྱང་དགོས་པའི་རྒྱུ་མཚན་གཙོ་བོ་ཞིག་ཡིན་ལ། ལྷག་པར་རྒྱ་རིགས་ནི་ལོ་རྒྱུས་རིང་ལ་རིག་གནས་ཧ་ཅང་དར་སྤྱ་བའི་མི་རིགས་ཤིག་ཡིན་པ་སྟེ། ཡིག་ཐོག་ཁུངས་སྐྱེད་ཐུབ་པའི་ལོ་ལྔ་སྟོང་ལ་ཉེ་བའི་ལོ་རྒྱུས་ཡོད་ཅིང་། གནའ་བོའི་རྒྱ་ཡིག་གི་རིག་གནས་ནི་ཧ་ཅང་ཕུན་སུམ་ཚོགས་པ་ཞིག་ཡིན་པས་འདིའི་ནང་དུ་ང་ཚོར་སློབ་འོས་པའི་ཤེས་བྱ་རིག་པའི་གནས་མཐའ་ཡས་པ་ཞིག་ཡོད། དེ་ཙམ་གྱིས་མི་ཚད་ཉེ་རབས་ཀྱི་ལོ་རྒྱུས་སུ་རྒྱའི་མཁས་པ་རྣམས་ཀྱིས་ཕྱི་རྒྱལ་གྱི་སྔོན་ཐོན་རིག་གནས་མང་པོ་བསྒྱུ་ལེན་བྱས་ནས་རྒྱ་ཡིག་གི་རིག་གནས་ནི་ཕུན་སུམ་ཚོགས་པ་ཞིག་བྱུང་ཡོད་པ་དང་། བོད་ཡིག་ཏུ་དེང་རབས་ཀྱི་རིག་གནས་བསྒྱུས་པ་ཧ་ཅང་ཉུང་བས་ང་ཚོས་རྒྱ་ཡིག་ལེགས་པར་སློབ་དགོས་པའི་རྒྱུ་མཚན་ཡོད་པ་ཞིག……

(འདིའི་མན་གྱིམ་ཡིག་མ་རྙེད།)

གཏན་ཚིགས་རིག་པའི་རྣམ་གཞག་གོ་སླ་བར་ཅུང་ཟད་བརྗོད་པ།

གངས་ཅན་བོད་ཀྱི་ཡུལ་དུ་དར་བའི་གཙུག་ལག་རིག་པའི་གནས་ཆེ་བ་ལྔའི་ཡ་གྱལ་ཚད་མ་རིག་པ་ནི། འཕགས་ཡུལ་མཁས་པའི་གྲུ་མཆོག་སློབ་དཔོན་ཆེན་པོ་ཕྱོགས་ཀྱི་གླང་པོ་དང་། ཆོས་གྲགས་པའི་ཚད་མ་སྡེ་བདུན་མདོ་དང་བཅས་པའི་དགོངས་དོན་གོ་ལ་ཤ་རིའི་མགུལ་དུ་རིགས་པའི་སེང་ཆེན་བརྒྱུད་སོགས་སྨྲ་བའི་དབང་ཕྱུག་གསེར་རིའི་ཕྲེང་བ་ཚར་དུ་དངར་བ་ལྟ་བུར་རིམ་པར་བྱོན་པ་རྣམས་ཀྱིས་འཕེལ་རྒྱས་དང་དར་སྤེལ་རྒྱ་ཆེན་གནང་བ་ལ་བརྟེན་ནས་བྱུང་ཞིང་། དེར་མ་ཟད་བོད་རང་ལ་གནའ་ཤིན་ཏུ་སྔ་མོ་ནས་དམངས་སྤྱིས་བསྐྱུན་ནས་དར་བའི་ལྡེའུ་སོགས་རིག་འཕྲུལ་དག་ཀྱང་ཚད་མ་རིག་པ་དར་བའི་རྨང་གཞི་གལ་ཆེན་ཞིག་ཡིན་སྐབས། ལོ་རྒྱུས་སྨྲ་བའི་མཁས་དབང་ཡོངས་ཀྱིས་མགྲིན་གཅིག་ཏུ་བོན་སྒྲུང་ལྡེའུ་གསུམ་ནི་རིམ་བཞིན་འདུལ་བ་མདོ་སྡེ་མངོན་པའི་ཉེན་བྱེད་འདྲེན་པའི་ཁྲུང་སྟོན་སྐྱེས་སུ་བསྟུགས་པ་ཡིན་ནོ། །

མངོན་པ་ལ་ལུང་གི་མངོན་པ་དང་རིགས་པའི་མངོན་པ་གཉིས་མཆིས་པ་ལས་ཚད་མ་རིག་པ་ནི་རིགས་པའི་མངོན་པའི་ཁོངས་སུ་གཏོགས་པ་ཡིན་ལ། དེ་ལ་ཡང་རང་བྱུང་ཆེན་པོའི་བྱ་དངོས་རྣམས་ཀྱི་བྱུང་འཕེལ་འཇིག་གསུམ་གྱི་གནས་ལུགས་དང་། དེ་དག་གི་ངོ་བོ་དང་བྱེད་ལས་སོགས་དང་། ཁྱད་པར་དེ་དག་གི་སྤྱི་བྱེ་བྲག་གི་ངོ་བོ་མཐར་ཐུག་པ་ཡིན་ལུགས་སམ་སྡོད་ལུགས་ཐུན་མོང་དང་ཐུན་མོང་མིན་པ་གཏན་ལ་འབེབ་པའི་རིགས་པའི་རྣམ་གཞག་སྟེ་མཚན་ཉིད་རིག་པ་དང་གཅིག གང་ཟག་གི་རྒྱུད་ཀྱིས་བསྡུས་པའི་ཤེས་

པ་རྣམས་ཇི་ལྟར་སྐྱེས་ཚུལ་དང་། དེ་དང་ཡུལ་ཤེས་བྱ་བར་གྱི་འབྲེལ་བ་སྟེ་ཤེས་པ་ཡུལ་ལ་ཇི་ལྟར་འཇུག་ཚུལ་དང་། གཙོ་སེམས་དང་འཁོར་སེམས་བྱུང་（སེམས་ཀྱི་འགྱུལ་སྐྱོད།）སོ་སོའི་སྐྱེས་ཚུལ་བློ་ཚད་མ་（ཤེས་པ་ཡང་དག）དང་ཚད་མིན་གྱི་རྣམ་གཞག་སོགས་གསལ་བར་གཏན་ལ་ཕབ་སྟེ་བསམ་པ་བཟང་པོ་རྣམས་དར་སྤེལ་དང་ངན་པ་རྣམས་བསྒྱུར་བཅོས་བྱེད་ཚུལ་སོགས་གསལ་བར་སྟོན་པ་བློ་རིག་གི་སྐོར་དང་གཉིས། བློ་ཚད་མ་དེ་ལ་ཡང་རང་ཡུལ་གཟུགས་སྒྲ་དྲི་རོ་སོགས་དངོས་སུ་སྣང་ཞིང་དེ་དག་མ་འཁྲུལ་བར་རྟོགས་པའི་མངོན་སུམ་ཚད་མ་དང་། ཡུལ་དངོས་སུ་སྣང་མི་ནུས་པའི་རྗེས་དཔག་ཚད་མ་དང་གཉིས་ཡོད་སྟབས། རྗེས་དཔག་ཚད་མའི་རྒྱུར་གྱུར་པའི་རྒྱུ་མཚན་ཡང་དག་ཇི་ལྟར་འགོད་ཚུལ་དང་དེར་བརྟེན་ནས་སྐྱེས་པའི་རྗེས་དཔག་ཚད་མའི་རྣམ་གཞག་མ་ནོར་བར་ཤེས་དགོས་པར་མ་ཟད། དེའི་ཕྱོག་ཟླ་རྒྱུ་མཚན་ལྟར་སྣང་དང་དེ་ལ་བརྟེན་ནས་སྐྱེས་པའི་རྗེས་དཔག་ལྟར་སྣང་ཡང་ངེས་པར་ཤེས་དགོས་པས། ཞར་བྱུང་གཏན་ཚིགས་ཀྱི་རྣམ་གཞག་གཏན་ལ་འབེབས་པ་རྟགས་རིག་གི་སྐོར་དང་གསུམ་དུ་དབྱེ་ཚོག་སླམ་མོད་བསྡུ་ན་ཡན་ལག་ཕྱི་མ་གཉིས་ཀྱང་མཚན་ཉིད་རིག་པ་ཡིན་ནོ། །

འདི་དག་ཅུང་ཞིབ་མོར་གོ་སླ་བར་བྲིས་ན་དེང་རབས་ཀྱི་གཞོན་ནུ། རིག་གནས་འདི་མཐིལ་ཕྱིན་དུ་སྦྱོང་བའི་གོ་སྐབས་མེད་པ་རྣམས་ཀྱི་བློ་གྲོས་འཕེལ་བའི་ཆ་རྐྱེན་དུ་འགྱུར་བ་སྙམ་མ་དགོས་ཀྱང་། ཡོངས་སུ་རྫོགས་པར་བྲིས་ན་ཡིག་ཚོགས་ཏ་ཙང་ཆེ་བར་འགྱུར་བའི་ཕྱིར་འདིར་གཏན་ཚིགས་རིག་པའི་སྐོར་ཅུང་ཟད་བརྗོད་པར་བྱ་བ་ལས་གོང་ནས་བཤད་པའི་ཡན་ལག་གཞན་གཉིས་དང་། ཚད་མ་ཇི་ལྟར་དར་བའི་ལོ་རྒྱུས་སོགས་རེ་ཞིག་འགོད་པར་མི་སྤྲོ་བས་གཞན་དུ་ཤེས་པར་བྱའོ། །

གཏན་ཚིགས་རིག་པ་ཤེས་པའི་དགོས་པ།

སྤྱིར་གཏན་ཚིགས་རིག་པ་ཤེས་པའི་དགོས་པ་མཐའ་ཡས་པ་ཞིག་མཆིས་ནའང་གཙོ་བོ་ནི་ཚིག་དོན་གྱི་འཁྲུལ་བ་ཚར་གཅོད་པ་དེ་ཡིན་པའི་ཕྱིར། འཆད་རྩོད་རྩོམ་གསུམ་གང་ལ་འཇུག་ནའང་རིག་པ་འདི་ལ་ངེས་པ་རྒྱལ་མ་ཞིག་སྐྱེད་པ་མེད་མི་རུང་བར་མ་ཟད། སྔོན་བྱུང་བོད་གཞུང་ཕལ་ཆེར་ཚད་མ་རིག་པའི་རིག་ལམ་ནས་བརྩམས་པ་འབའ་ཞིག་ཡིན་པས་གཞུང་དེ་དག་ལ་གོ་བ་ཡང་དག་པ་ཞིག་ལེན་པ་ལ་ཡང་རིག་གནས་འདི་རྟོགས་པ་ངེས་པར་གལ་ཆེ་བ་དང་། ཤེས་བྱ་རིག་པའི་གནས་རྣམས་ལ་ཞིབ་འཇུག་གིས་དཔྱོད་པའི་ཚེ་ཡང་རིག་པ་འདི་ལ་བརྟེན་ན་ཚིག་གསལ་ཞིང་འབྲེལ་ཆེ་ལ་སྐྱོན་དང་བྲལ་བ་དང་། དེ་དག་ཙམ་དུ་མ་ཟད་ཐ་ན་ཤགས་འགྱེད་དང་ཀུ་རེ་སོགས་ཀྱི་སྐབས་སུ་ཡང་རིག་པ་འདི་སྦྱང་བ་ཞིག་ཡིན་ན་གཞན་ལས་ཚིག་རྩེ་ཞིང་མྱུར་བ་བྱུང་བའི་ལོ་རྒྱུས་ཀུན་ལ་གྲགས་པ་མཐའ་ཡས་ཤིང་མངོན་སུམ་གྱིས་ཀྱང་གྲུབ་པས་བདག་ལྟ་བུས་རྒྱས་པར་བརྗོད་ག་ལ་དགོས། དེང་སྐབས་མཁས་པར་གྲགས་པ་རེ་འགའི་ཆེད་རྩོམ་གྲགས་ཆེན་དག་ནའང་ཚིག་དོན་གཉིས་ཀྱི་ཆ་ནས་ཞིབ་ཏུ་བརྟགས་ན་དཔྱད་མི་བཟོད་པ་མང་དུ་མཆིས་པ་ཡང་། རྗེ་ཙོང་ཁ་བ་ཆེན་པོས། གལ་ཏེ་ཡང་དག་དམ་བཅའ་ཙམ་ཞིག་གིས། ངེས་པ་རྙེད་ཀྱང་སྒྲུབ་དང་སུན་འབྱིན་གྱིས། །ཚད་མའི་ཐེ་ཚོམ་ཅི་ཡང་མ་ཆོད་ཕྱིར། །འདམ་ལ་བཏབ་པའི་ཕུར་བ་བཞིན་འགྱུར་བས། ཡང་དག་བག་ཆགས་བརྟན་པོ་འཇོག་མི་ནུས། ཞེས་གསུངས་པའི་ངང་ཚུལ་ཁོ་ན་ལས་བྱུང་བ་ཡིན་ལ། དེ་ལས་ལྡོག་སྟེ་སྔོན་བྱོན་མཁས་པ་རྣམས་ཀྱི་གསུང་ལ་ཅི་ཙམ་བརྟགས་ཀྱང་ཚིག་དོན་གང་གི་ཆ་ནས་སྐྱོན་ཕྲ་མོ་ཙམ་ཡང་བཙལ་དཀའ་བ་ནི་ཁོང་པ་ཚོ་གཏན་ཚིགས་རིག་པར་ནང་བྱན་ཚུད་པའི་རྐྱེན་གྱིས་ཡིན་ནོ། །རྒྱུ་མཚན་དེ་དག་གི་ཕྱིར་དེང་སྐབས་ཀྱི་གཞོན་ནུ་མཁས་པར་འདོད་པ་རྣམས་ཀྱིས་ཀྱང་ཚད་མ་རིག་པ་འདི་ཉིད་གྲྭ

ཚང་དག་ཁོ་ནའི་སྒྲུང་བྱུར་མི་བརྗེ་བར་ཚན་རིག་གི་ལྟ་བ་བཟུང་ནས་སློབ་སྦྱོང་དང་། ཚན་རིག་གི་ཐབས་ཤེས་སྤྱད་ནས་དབྱེ་ཞིབ། ཚན་རིག་གི་བྱེད་ཐབས་བཀོལ་ནས་ཆོད་ལྟ་བཅས་བྱས་ཏེ། གངས་ཅན་མཁས་པ་སྔོན་མ་རྣམས་ཀྱིས་བཞག་པའི་རིག་པའི་གནས་འདི་རྒྱུན་འཛིན་དང་། འཕེལ་རྒྱས་སུ་བཏང་ནས་མིས་རྒྱལ་དེང་རབས་ཅན་བཞིའི་འཛུགས་སྐྲུན་དང་། སྤྱི་ཚོགས་རིང་ལུགས་དཔལ་ཡོན་གཉིས་ཀྱི་འཛུགས་སྐྲུན་ལ་དགེ་མཚན་ལྡན་པའི་སྲི་ཞུ་བྱེད་དུ་འཇུག་རྒྱུའི་རེ་བ་ཞུའོ། །

གཏན་ཚིགས་ཀྱི་གོ་དོན།

སྐབས་འདིར་རྒྱུ་མཚན་དང་གཏན་ཚིགས། རྟགས་ཞེས་པ་རྣམས་དོན་འདྲ་ལ། གཞུང་ལས་རྟགས་སུ་བཀོད་པ་རྟགས་ཀྱི་མཚན་ཉིད། བདག་མེད་ཡིན་ན་རྟགས་ཡིན་པས་ཁྱབ་སྟེ། རི་བོང་རྭ་རྟགས་ཡིན་པའི་ཕྱིར། ཞེས་སོགས་གསུངས་ཤིང་། འདིའི་དོན་གསལ་བར་བཤད་ན། ཡོད་མེད་གང་ཡིན་རུང་རྒྱུ་མཚན་ནམ་རྟགས་སུ་བཀོད་ཚོག་པས་ན་དེ་ཐམས་ཅད་རྟགས་ཡིན་ཏེ། དཔེར་ན། གཏན་ནས་མེད་པ་རི་བོང་རྭ་ལྟ་བུ་ཡང་སྒྲ་ཆོས་ཅན། མི་རྟག་སྟེ། རི་བོང་རྭ་ཡིན་པའི་ཕྱིར་ཞེས་པའི་རྟགས་སུ་བཀོད་པས་ན་རྟགས་ཡིན་ཞེས་པ་ཡིན། གོང་གི་གཏན་ཚིགས་འདི་ལྟ་བུ་རྟགས་ཡང་དག་མིན་ལ། ལྟར་སྣང་ཡིན་ཡང་གཏན་ཚིགས་ནི་ཡིན་དགོས་པའི་ཚུལ་ཤེས་པར་བྱའོ། །

གཏན་ཚིགས་ཡང་དག་བཤད་པ།

༡. རྟགས་ཡང་དག་གི་མཚན་ཉིད།

ཚུལ་གསུམ་ཚང་བ་རྟགས་ཡང་དག་གི་མཚན་ཉིད། རྟགས་ཀྱི་ཚུལ་གསུམ་ཞེས་པ་ནི། （འདིའི་མན་ཚོམ་འཕྲོར་ལུས།）

༄༅། །ཚད་མ་རིག་པའི་རིགས་ལམ་གཏོང་ཚུལ་ལས་ཁ་དོག་དཀར་དམར་སྐོར་གྱི་དོགས་སློང་།

དེ་ཡང་ཤེས་བྱ་རིག་པའི་གནས་སྤྱི་དང་བྱེ་བྲག་ཚད་མ་རིག་པར་ཅུང་ཟད་ཀྱང་མ་སྦྱངས་པར་འཆད་རྩོད་རྩོམ་པ་གང་ལའང་འཇུག་པའི་ཐབས་མེད་ལ། ཚད་མ་རིག་པ་དེ་ལ་ཡང་རྟག་དངོས་ཀྱིས་བསྡུས་པའི་ཤེས་བྱ་ཡུལ་གྱི་རྣམ་གཞག ཚད་མ་དང་ཚད་མིན་གྱིས་བསྡུས་པའི་ཡུལ་ཅན་ཤེས་པའི་རྣམ་གཞག་(བློ་རིག) རྟགས་ཡང་དག་དང་ལྟར་སྣང་གིས་བསྡུས་པའི་གཏན་ཚིགས་ཀྱི་རྣམ་གཞག་(རྟགས་རིག) སྟེ་གསུམ་ཡོད་ལ། དེ་རྣམས་མ་ལུས་པར་འཆད་ཤེས་དགོས་ན་བཤེས་གཉེན་མཁས་པའི་མདུན་སར་གཞུང་མང་པོ་འདྲི་གཏུགས་དང་འཆད་ཉན། གྲོགས་རིག་པ་སྨྲ་བའི་ཚོགས་དང་ལྷན་དུ་བརྒལ་བརྟགས་ཀྱིས་གཏན་ལ་འབེབ་པ་མེད་མི་རུང་ཡང་། འདིར་ཆོས་གྲྭར་རྩོད་པ་བྱེད་པའི་གོ་སྐབས་མེད་པའི་གཞོན་ནུ་སློབ་གྲྭ་བ་རྣམས་ལ་ཕན་དུ་རེ་ནས་བསྡུས་གྲྭའི་རིགས་ལམ་གྱིས་རྩོད་པ་བྱེད་ཚུལ་ལས་ཁ་དོག་དཀར་དམར་སྐོར་གྱི་རྩོད་ཚུལ་ཅུང་ཞིག་འགོད་པ་ལ། སྤྱིར་ཁ་དོག་ཡིན་ན་དམར་པོ་ཡིན་པས་མ་ཁྱབ་པ་སྟེ། ཁ་དོག་ཡོད་ཚད་དམར་པོ་མིན་པ་ནི་མི་ཕལ་ཆེར་གྱིས་ཤེས་པའི་དོན་ཞིག་ཡིན་མོད། འདི་ཡང་བསྡུས་གྲྭའི་རིགས་ལམ་ནས་དྲངས་ན་རྩོད་རྒྱུ་མི་ཉུང་བ་ཡོད་པ། དཔེར་ན། ཆོས་དུང་དཀར་པོའི་ཁ་དོག་གོང་གསལ་ཁྱབ་མཐའ་འདེད་མ་ཁྱབ་པའི་མཚན་གཞིར་བཞག་ན། དེ་དཀར་པོར་གྱུར་པའི་ཆོས་དུང་དཀར་པོའི་ཁ་དོག་ཡིན་ཟེར་དགོས་ལ། དེས་ན་དེ་ཁ་དོག་ཏུ་གྱུར་པའི་ཆོས་དུང་དཀར་པོའི་ཁ་དོག་ཡིན་དགོས། དེ་ཡིན་ན་ཁ་དོག་ཏུ་གྱུར་པའི་ཆོས་དུང་དཀར་པོ་ཡོད་དགོས་པ་སྨོས་མ་དགོས་མོད། ཁ་དོག་ཏུ་གྱུར་པའི་ཆོས་དུང་དཀར་པོ་ག་ལ་ཡོད་དེ། ཁ་དོག་ཏུ་གྱུར་པའི་རྟ་དཀར་

བོ་མེད་པ་བཞིན་ཡིན་པའི་ཕྱིར་རོ། །གལ་ཏེ་ཁ་དོག་ཏུ་གྱུར་པའི་ཧ་དཀར་པོ་ཡོད་ཟེར་ན། གཟུགས་སུ་གྱུར་པའི་ཧ་དཀར་པོ་ཡོད་དགོས་པ་དང་། གང་ཟག་མ་ཡིན་པར་གྱུར་པའི་ཧ་དཀར་པོ་ཡོད་དགོས་པ་སོགས་གནོད་བྱེད་མཐའ་ཡས་པ་འབབ་པས་གོང་གསལ་གྱི་ཁས་ལེན་དེ་མི་འདོར་ཀ་མེད་དུ་འགྱུར་རོ། །ཡང་གལ་ཏེ་ཆོས་དུང་དཀར་པོའི་ཁ་དོག་ཁ་དོག་ཏུ་གྱུར་པའི་ཆོས་དུང་དཀར་པོའི་ཁ་དོག་མིན་ཟེར་ན། དེ་ཡིན་དགོས་ཏེ། ཆོས་དུང་དཀར་པོའི་ཁ་དོག་ཁ་དོག་ཡིན་པར་གྱུར་པའི་ཆོས་དུང་དཀར་པོའི་ཁ་དོག་ཡིན་པའི་ཕྱིར་དང་། ཆོས་དུང་དཀར་པོའི་ཁ་དོག་ཁ་དོག་དང་ཆོས་དུང་དཀར་པོའི་ཁ་དོག་གཉིས་ཀ་ཡིན་པའི་ཕྱིར་རོ། །ཡང་ཁ་ཅིག་གིས་ཁ་དོག་དང་ཆོས་དུང་དཀར་པོའི་ཁ་དོག་གཉིས་ཀ་ཡིན་པས་ཁ་དོག་ཏུ་གྱུར་པའི་ཆོས་དུང་དཀར་པོའི་ཁ་དོག་ཡིན་པའི་གོ་མི་ཆོད་ཟེར་ན། འོ་ན་བོད་མི་དང་མཁས་པ་གཉིས་ཀ་ཡིན་པས་བོད་མིར་གྱུར་པའི་མཁས་པའི་གོ་མི་ཆོད་པས་བོད་མིར་གྱུར་པའི་མཁས་པ་ཡོད་མི་སྲིད་པར་འགྱུར་བ་དང་། དེ་བཞིན་དུ་འདུས་བྱས་སུ་གྱུར་པའི་བུམ་པ་དང་། འདུས་མ་བྱས་སུ་གྱུར་པའི་ནམ་མཁའ་སོགས་ཀྱང་འཇོག་ཐབས་མེད་པས་ཧ་ཅང་ཐལ་ལོ། །གོང་གསལ་ཁྱབ་མཐའ་དེ་ལ་རྩོད་པ་འབྱུང་བའི་རྒྱུ་མཚན་ནི། ཆོས་དུང་དཀར་པོའི་ཁ་དོག་ཁ་དོག་ཏུ་གྱུར་པའི་ཆོས་དུང་དཀར་པོའི་ཁ་དོག་ཡིན་ཞེས་པས་ཆོས་དུང་དཀར་པོའི་ཁ་དོག་དེ་ཉིད་ཁ་དོག་ཡིན་ལ་ཆོས་དུང་དཀར་པོའི་ཁ་དོག་ཡང་ཡིན་ཞེས་པའི་གོ་རྒྱུ་ཞིག་དང་། ཆོས་དུང་དཀར་པོའི་ཁ་དོག་ཁ་དོག་ཡིན་པར་གྱུར་པའི་ཆོས་དུང་དཀར་པོ་དེ་ཉིད་ཀྱི་ཁ་དོག་ཡིན་ཞེས་པའི་གོ་རྒྱུ་ཞིག་དང་གཉིས་ཡོད་པའི་སྐབས་ཀྱིས་ཡིན་པ་སྟེ། གསལ་བར་བཤད་ན། ཁ་དོག་ཡིན་པར་གྱུར་པའི་ཆོས་དུང་དཀར་པོའི་ཁ་དོག་ཡོད་པ་དང་། ཁ་དོག་ཡིན་པར་གྱུར་པའི་ཆོས་དུང་དཀར་པོ་མེད་པའི་གནད་ལ་ཐུག་པ་ཤེས་པར་བྱའོ། །

འདིར་ཡང་ཧ་དཀར་པོ་ཧ་དཀར་པོ་ཡིན་ན་ཡང་ཧ་དཀར་པོ་དང་དཀར་པོ་གཉིས་ཀ་ཡིན་ཏེ། ཧ་དཀར་པོ་གང་ཟག་ཡིན་པའི་ཕྱིར་དང་། དཀར་པོ་ཡིན་ན་ཁ་དོག་ཡིན་སྐབས་

གཟུགས་ཡིན་པ་ལས་འོས་མེད་ལ། རྗ་དཀར་པོ་དེ་ཉིད་དངོས་པོ་ལ་གཟུགས་ཞེས་ལྡན་མིན་འདུ་བྱེད་གསུམ་ཡོད་པའི་ནང་གི་ལྡན་མིན་འདུ་བྱེད་ཡིན་པས་དཀར་པོ་དང་ཁ་དོག་ག་ལ་ཡིན། དེའི་ཕྱིར་རྗ་དཀར་པོ་དཀར་པོ་མིན་ལ་རྗ་དཀར་པོའི་ཁ་དོག་དཀར་པོ་ཡིན་ཞེས་པའི་བསྡུས་གྲྭའི་རིགས་འཕྲུལ་གྱི་ཞིབ་ཆ་འདི་ཙམ་ཡང་གཞན་གྱི་བློ་ངོར་འཆར་བ་ཙུང་དཀའ་བར་སེམས། ཡང་ཆོས་དུང་དཀར་པོའི་ཁ་དོག་ཆོས་དུང་དཀར་པོའི་ཁ་དོག་དཀར་པོ་དང་གཅིག་ཡིན་ནམ་མིན། ཡིན་ན། ཆོས་དུང་དཀར་པོའི་ཁ་དོག་དཀར་པོ་དང་གཅིག་ཡིན་པར་ཁས་ལེན་དགོས་པ་དང་། ཆོས་དུང་དཀར་པོའི་ཁ་དོག་ཁ་དོག་དཀར་པོ་དང་གཅིག་ཡིན་པར་ཁས་ལེན་དགོས་ཤིང་། དེ་ལྟར་ཁས་བླངས་ན་ཁ་དོག་དཀར་པོའི་བྱེ་བྲག་པ་ཡིན་ཞེས་ཁས་ལེན་དགོས་པའང་ཟློག་ཏུ་མེད་དོ། །མིན་ན། 《བསྡུས་གྲྭའི་ལེགས་བཤད》ལས། ཆོས་དུང་དཀར་པོའི་ཁ་དོག་དཀར་པོ་ཆོས་ཅན། ཁ་དོག་དཀར་པོ་ཡིན་པར་ཐལ། ཆོས་དུང་དཀར་པོའི་ཁ་དོག་དཀར་པོ་དང་གཅིག་ཡིན་པའི་ཕྱིར། ཞེས་གསུངས་པ་འདི་དང་འགལ་བར་འགྱུར་རོ། །

ཡང་། ཁ་དོག་ཡིན་ན་དམར་པོ་ཡིན་པས་ཁྱབ་དགོས་ཏེ། དམར་པོ་མ་ཡིན་པ་རྟག་པ་ཡིན་སྐབས་དམར་པོ་མ་ཡིན་པའི་ཁ་དོག་ག་ལ་ཡོད། གལ་ཏེ་ཡོད་ན་དམར་པོ་མ་ཡིན་པའི་སྒྲིག་དབང་ཡོད་དགོས་པས་དམར་པོ་མ་ཡིན་པ་གང་ཟག་ཡིན་ཟེར་དགོས་པ་སོགས་རང་གིས་མི་འདོད་པ་དུ་མ་ཞིག་རང་དབང་མེད་པར་ཁས་ལེན་དགོས་སོ། །

ཡང་གལ་ཏེ་དམར་པོ་མ་ཡིན་པའི་ཁ་དོག་མེད་ཟེར་ན། སློབ་མ་མ་ཡིན་པའི་མཁས་པ་མེད་ཟེར་དགོས་པ་དང་། མདུན་གྱི་དམ་བཅའ་བ་མ་ཡིན་པའི་སངས་རྒྱས་མེད་ཟེར་དགོས་པ་བྱུང་ངོ་། །

ཡང་དཀར་དམར་གང་རུང་མིག་ཤེས་ཀྱི་གཟུང་བྱ་ཡིན་ནམ་མིན། ཡིན་ཟེར་ན་མི་འཐད་དེ། དཀར་དམར་གང་རུང་དཀར་དམར་གང་རུང་མ་ཡིན་པས་ཁ་དོག་མིན་ན་མིག་ཤེས་ཀྱི་གཟུང་བྱ་ག་ལ་ཡིན། གལ་ཏེ་དཀར་དམར་གང་རུང་དཀར་དམར་གང་རུང་ཡིན་

ཟེར་ན། དེ་མིན་ཏེ། དཀར་དམར་གང་རུང་དཀར་པོ་མིན་ལ་དམར་པོ་ཡང་མིན་པས་རྟག་པ་ཡིན་དགོས་སོ། །དཀར་དམར་གང་རུང་མིག་ཤེས་ཀྱི་གཟུང་བྱ་མིན་ཟེར་ན། དཀར་པོ་མཐོང་བའི་མིག་ཤེས་དེ་དཀར་དམར་གང་རུང་མཐོང་བའི་མིག་ཤེས་མ་ཡིན་པར་འགྱུར་བ་དང་། ཕ་མ་གང་རུང་གི་བུ་མེད་པར་འགྱུར་བ་སོགས་ཀུན་གྱི་བཞད་གད་ཀྱི་རྒྱུར་གྱུར་པའི་ཁས་ལེན་མང་པོ་ཞིག་མ་བྱས་ཀ་མེད་ཡིན་ནོ། །

ཡང་། རང་མཐོང་བའི་མིག་ཤེས་ཡོད་ན་རང་ཉིད་མིག་ཤེས་ཀྱི་གཟུང་བྱ་ཡིན་པས་ཁྱབ་ཟེར་ན། སྒྲ་ཡང་མིག་ཤེས་ཀྱི་གཟུང་བྱ་ཡིན་དགོས་ཏེ། སངས་རྒྱས་ཀྱི་མིག་ཤེས་ཀྱིས་སྒྲ་མཐོང་བའི་ཕྱིར་དང་། ཆོས་ཐམས་ཅད་མཐོང་བའི་ཕྱིར་དང་རྣམ་མཁྱེན་ཡིན་པའི་ཕྱིར་རོ། །སེམས་ཅན་གྱི་དབང་དུ་བྱས་ན་ཁྱབ་ཟེར་ན། ཚད་ཆེན་ལས། སྤྲུལ་རྣམས་མིག་གིས་ཉན་པ་ཡིན། ཞེས་པ་ལྟར་སྤྲུལ་གྱི་མིག་གིས་སྒྲ་མཐོང་བར་ཁས་ལེན་དགོས་པས་སྒྲ་མིག་ཤེས་ཀྱི་གཟུང་བྱ་མིན་ཞེས་ཇི་ལྟར་སྨོན་ནུས། མི་གཞིར་བཞག་ན་ཁྱབ་ཟེར་ན། མདོ་ལས་འཛམ་བུ་གླིང་ན་སྤྲུལ་ཉིད་ཀྱི་མིག་གིས་སྒྲ་འཛིན་ཅིང་ཐོས་པར་བྱེད་པ་དེ་བཞིན་དུ་བ་ལང་སྤྱོད་ན་མི་ཉིད་ཀྱི་མིག་གིས་འཛིན་ཅིང་ཐོས་སོ། །ཞེས་གསུངས་པས་སྒྲ་བ་ལང་སྤྱོད་ཀྱི་མིའི་མིག་ཤེས་ཀྱི་གཟུང་བྱ་ཡིན་པར་ཁས་ལེན་དགོས་སྐབས་སྒྲ་མིག་ཤེས་ཀྱི་གཟུང་བྱ་ཡིན་པར་ཁས་མི་ལེན་ཀ་མེད་དུ་འགྱུར་རོ། །གཞན་དུ་ན་སྤྲུལ་གྱི་མིག་གིས་མཐོང་བས་སེམས་ཅན་གྱིས་མཐོང་བའི་གོ་མི་ཆོད་པ་དང་། བ་ལང་སྤྱོད་ཀྱི་མིའི་མིག་གིས་མཐོང་བས་མིའི་མིག་གིས་མཐོང་བའི་གོ་མི་ཆོད་པ་དང་། སེམས་ཅན་འགའ་ཞིག་གི་མིག་ཤེས་ཀྱི་གཟུང་བྱ་ཡིན་པས་མིག་ཤེས་ཀྱི་གཟུང་བྱ་ཡིན་པའི་གོ་མི་ཆོད་པར་འགྱུར་རོ། །

ཡང་ཡོད་པའི་ཁ་དོག་ཡོད་དམ་མེད། ཡོད་ཟེར་ན། ཡོད་པ་རྟག་པ་ཡིན་སྐབས་དེ་ལ་ཁ་དོག་ག་ལ་ཡོད། རྟག་པ་ཡིན་ཡང་དེ་ལ་ཁ་དོག་ཡོད་ཆོག་ཟེར་ན། འོ་ན་ནམ་མཁའ་ལ་ཡང་ཁ་དོག་ཡོད་དགོས་པས་ཧ་ཅང་མི་འཐད་དོ། །མེད་ཟེར་ན། ཡོད་པའི་བུམ་པ་ཡང་མེད་ཟེར་དགོས་ལ། དེ་ལྟར་ན་ཀུན་མཁྱེན་བླ་མས། ཡོད་པའི་རྫས་ཡོད་པར་ཐལ། ཡོད་

པའི་བུམ་པ་ཡོད་པ་གང་ཞིག བུམ་པ་རྫས་ཡིན་པའི་ཕྱིར་ན་མ་ཁྱབ། ཅེས་གསུངས་པ་མི་འཐད་པར་འགྱུར་རོ། །གལ་ཏེ་ཡོད་པའི་བུམ་པ་ཡོད་ན། ཡོད་པའི་དབང་པོ་ལྟ་བོ་རེ་རེ་ནས་ཡོད་དགོས་པ་དང་ཡོད་པའི་སྒྲོག་དབང་ཡོད་དགོས་པར་འགྱུར་ལ། དེ་ལྟར་ན། ཡོད་པ་གང་ཟག་ཡིན་པར་ཁས་ལེན་དགོས་པ་ཟློག་ཏུ་མེད་དོ། །

ཡང་། སངས་རྒྱས་ལ་ཁ་དོག་ཡོད་དམ་མེད། ཡོད་ཟེར་ན། མི་འཐད་དེ། སངས་རྒྱས་རྟག་པ་ཡིན་པས་དེ་ལ་ཁ་དོག་ཡོད་ཅེས་ཁས་ལེན་ཐབས་ག་ལ་ཡོད། གལ་ཏེ་སངས་རྒྱས་རྟག་པ་མིན་ལ་དངོས་པོ་ཡིན་ཟེར་ན། དངོས་པོ་ཡིན་ན་ངེས་པར་རང་ཉིད་མེད་པའི་དུས་ཤིག་ཡོད་དགོས་པས་ན་སངས་རྒྱས་མེད་པའི་དུས་ཡོད་ཟེར་དགོས་པར་འགྱུར་བས་དེ་ལྟར་ཁས་ལེན་ཐབས་མེད་དོ། །མེད་ཟེར་ན། སངས་རྒྱས་ལ་ཕྱག་ཞབས་དང་འོད་ཟེར་མཚན་དཔེ་སོགས་མེད་ཟེར་དགོས་པས་དེ་ལྟར་ཡང་ཁས་ལེན་དཀའོ། །

ཡང་། སྒྲིར་ཁ་དོག་ཡིན་ན་དམར་པོ་ཡིན་པས་ཁྱབ་དགོས་ཏེ། རྟག་པ་ཡིན་པའི་ཕྱིར་ཏེ། རྟག་པ་ཡིན་བཞིན་ཁ་དོག་ཡིན་ན་གང་དྲན་དྲན་ཡིན་པས་ཁྱབ་པའི་ཕྱིར་རོ། །སྒྲིར་རྟག་པ་ཡིན་ཏེ། དངོས་པོ་མ་ཡིན་པའི་ཕྱིར་དང་དངོས་པོ་གསུམ་པོ་གང་རུང་མ་ཡིན་པའི་ཕྱིར་རོ། །སྒྲིར་རྟག་པ་ཡིན་ཟེར་ན། སྒྲིར་ངག་སྨྲ་སྐབས་རྟག་པ་ག་ལ་ཡིན། ངག་མི་སྨྲ་ཟེར་ན། སྒྲིར་ཆོས་མི་གསུང་བར་ཁས་ལེན་དགོས་ཤིང་། དེ་ལྟར་ན་སྒྲིར་སངས་རྒྱས་ཀྱིས་ཆོས་མི་གསུང་ཟེར་དགོས་ཏེ། གཞན་དུ་ན་སངས་རྒྱས་ཀྱིས་གསུངས་པས་ཆོས་གསུང་བའི་གོ་མི་ཆོད་པར་འགྱུར་རོ། །ཡང་། སངས་རྒྱས་ཚེ་དཔག་མེད་ཀྱི་ཁ་དོག་དམར་པོ་ཡིན་པར་ཡིག་ཆར་གསུངས་ན་ཡང་དེ་ལ་རྩ་བའི་ཁ་དོག་བཞི་དང་ཡན་ལག་གི་ཁ་དོག་བརྒྱད་ལ་སོགས་པ་རིས་མི་འདྲ་བ་ཁ་དོག་མཐའ་མེད་པ་ཡོད་སྐབས་དམར་པོ་ག་ལ་ཡིན་ཏེ། མདོ་ལས་དེ་བཞིན་གཤེགས་པའི་སྐུ་ནི་ཁ་དོག་ཐ་དད་པས་ཚད་མེད་པའོ། །ཞེས་གསུངས་པས་སོ། །འདི་རྒྱལ་བ་རིགས་ལྔ་ཀུན་ལའང་མཚུངས་སོ། །

ཡང་། རྩ་བའི་ཁ་དོག་བཞི་ལ། སྔོ་སེར་དཀར་དམར་བཞི་འདྲེན་ན་ཡང་ད་དུང་

དཔྱད་པར་བྱ་བའི་གནས་དུ་མ་མཆིས་ཏེ། སྔོན་པོ་དཀར་པོ་དང་ནག་པོ་གཉིས་ཀྱི་ཡན་ལག་གི་ཁ་དོག་ཡིན་ཏེ《རྩོམ་འཕྲོ》ལས། དཀར་པོ་དང་ནག་པོ་གཉིས་ཀྱི་ཡན་ལག་གི་ཁ་དོག་སྔོན་པོ་ཞེས་དང་། རྩ་བའི་ཁ་དོག་ལ་དཀར་སེར་དམར་ནག་བཞི་དང་། ཞེས་པས་རྩ་བའི་ཁ་དོག་བཞིའི་གྲས་སུ་ནག་པོ་འདྲེན་དགོས་པར་གསལ་བར་གསུངས་པས་དཔྱད་པར་བྱ་ཞིང་། འོན་ཀྱང་ནག་པོ་རྩ་བའི་ཁ་དོག་ཡིན་ཟེར་ན། 《མཛོད་འགྲེལ》ལས། དམར་པོ་དང་འདུས་པའི་སྔོན་པོ་ཤས་ཆེ་བ་ནག་པོ་དང་། ཞེས་པས་ནག་པོ་སྔོན་པོ་དང་དམར་པོ་གཉིས་ཀྱི་ཡན་ལག་གི་ཁ་དོག་ཏུ་གསུངས་ཤིང་། 《མཐའ་དཔྱོད》ལས། རྩ་བའི་ཁ་དོག་ཡིན་ན་རྩ་བའི་ཁ་དོག་བཞི་པོ་གང་རུང་ཡིན་པས་ཁྱབ་ཟེར་ན། ནག་པོ་ཆོས་ཅན་ཞེས་གསུངས་པ་དང་ཡང་འགལ་བར་འགྱུར་བས་འདི་ཡང་དཔྱད་པར་བྱའོ། །

ཡང་། རིང་ཐུང་གཉིས་ཀྱི་ཡིན་པ་ཡོད་དམ་མེད། ཡོད་ཟེར་ན། དབྱིབས་བརྒྱད་མེད་པར་འགྱུར་ཏེ། རིང་ཐུང་གཉིས་དང་། མཐོ་དམའ་གཉིས་གཅིག་ཏུ་འགྱུར་བའི་ཕྱིར་རོ། །མེད་ཟེར་ན། འདོམ་གསུམ་ཅན་གྱི་ཀ་བ་དེ་འདོམ་གཉིས་ཅན་གྱི་ཀ་བ་ལ་བལྟོས་ཏེ་རིང་པོ་དང་། འདོམ་ལྔ་ཅན་གྱི་ཀ་བ་ལ་བལྟོས་ཏེ་ཐུང་ངུར་འཇོག་དགོས་པས་དེ་འདྲའི་ཀ་བ་དེ་རིང་ཐུང་གཉིས་ཅིའི་ཕྱིར་མིན། དེ་བཞིན་དུ་མཐོ་དམའ་གཉིས་ཀྱང་བལྟོས་ས་བལྟོས་འཇོག་གིས་བཞག་པ་ཞིག་ལས་ལྷན་སྐྱེས་སུ་འདི་མཐོན་པོ་དང་འདི་དམའ་མོ་ཡིན་ཞེས་པ་ཞིག་གང་ན་སྣང་ཟེར་བ་དང་། གལ་ཏེ་ལྟོས་འཇོག་གིས་བཞག་པའི་རིང་པོ་རིང་པོ་དང་ཐུང་ངུ་ཐུང་ངུ་མིན་ཟེར་ན། དབྱིབས་བརྒྱད་ཀྱི་མཚན་གཞི་གཏན་ནས་རྙེད་མི་ནུས་པར་འགྱུར། ཞེས་ནའང་དཔྱད་དགོས་པར་སྣང་ངོ་། །

ཡང་། ཕྱེ་ལེ་བ་མ་ཡིན་པ་དབྱིབས་མིན་ཏེ། རྟག་པ་ཡིན་པའི་ཕྱིར་ཟེར་ན། ལན་ཇི་ལྟར་འདེབས། རྟག་པ་མིན་ཟེར་ན《མཐའ་དཔྱོད》ལས། ཁྱོད་མ་ཡིན་པ་རྟག་པ་ཡིན་པར་ཐལ། ཁྱོད་ཡོད་པ་ཡིན་པའི་ཕྱིར། ཞེས་པས་ཁྱོད་མ་ཡིན་པ་ཡོད་པ་ཡིན་ན་ཁྱོད་མ་ཡིན་པ་རྟག་པ་ཡིན་པས་ཁྱབ་པར་གསུངས་པ་དང་འགལ་བར་འགྱུར་རོ། །ཕྱེ་ལེ་བ་མ་

ཡིན་པ་དབྱིབས་མིན་ཟེར་ན། ཡིག་ཆར་ཟླ་ལེ་བ་མ་ཡིན་པ་དབྱིབས་བརྒྱད་ཀྱི་གྲངས་སུ་བགྲང་བ་མི་འཐད་པར་འགྱུར་ཞིང་དབྱིབས་བརྒྱད་ཀྱང་ཅི་ལྟར་བརྩི། འདི་ཡང་བསམ་པར་བྱའོ། །

ཡང་མང་པོ་ཞིག་གིས། མིག་ཤེས་ཀྱི་གཟུང་བྱ་ཡིན་ན། དབྱིབས་དང་ཁ་དོག་གཉིས་པོ་གང་རུང་ཡིན་པས་ཁྱབ་པར་འདོད་ཀྱང་། འཐད་པར་མི་སེམས་ཏེ། དབྱིབས་དང་ཁ་དོག་ལས་གཞན་པའི་མིག་ཤེས་ཀྱི་གཟུང་བྱ་ཡོད་པའི་ཕྱིར་ཏེ། མིག་ཤེས་ལ་སྣང་བའི་བར་སྣང་སྐྱ་སང་གི་གཟུགས་དེ་མིག་ཤེས་ཀྱི་གཟུང་བྱ་ཡིན་དགོས་པའི་ཕྱིར། 《ཐར་ལམ་གསལ་བྱེད》ལས། འདིར་སྣང་བ་ནི་བར་སྣང་གི་མངོན་པར་སྐབས་ཡོད་ཀྱི་གཟུགས་ཏེ། དེ་མེད་པར་ཐག་རིང་པོའི་བུམ་པ་སོགས་མཐོང་བ་མི་སྲིད་ཅིང་། འདི་ནི་མིག་ཤེས་ཀྱི་དམིགས་རྐྱེན་གྱི་ཐོང་སུ་འདུ་ལ། ཞེས་པ་ནས། འདི་ནི་ཁ་དོག་དང་དབྱིབས་ལས་གཞན་པའི་མིག་ཤེས་ཀྱི་ཡུལ་དུ་གྱུར་པའི་གཟུགས་སོ། །ཞེས་གསུངས་པས་སོ། །

སྤྱིར་བུམ་པ་དང་ས་ཆུ་མེ་རླུང་སོགས་ལུས་ཤེས་ཀྱི་རེག་བྱ་ཡིན་ཡང་། སོ་སྐྱེ་འགའ་ཞིག་གི་མིག་ཤེས་ཀྱི་གཟུང་བྱར་མི་འགལ་ཏེ། དཔེར་ན་མུན་ཁུང་ན་གནས་པའི་བུམ་པ་ལ་ལག་པས་རེག་ནས་ངོ་ཤེས་པའི་ཚེ། བུམ་པ་གང་ཟག་དེའི་ལུས་ཤེས་ཀྱི་རེག་བྱ་དང་། ལུས་ཀྱི་རེག་པ་མེད་པར་མིག་གིས་བལྟས་ནས་ངོ་ཤེས་པའི་ཚེ། བུམ་པ་གང་ཟག་དེའི་མིག་ཤེས་ཀྱི་གཟུང་བྱར་འགྱུར་བ་སོགས་མིག་ཤེས་ཀྱི་གཟུང་བྱར་འགྱུར་བའི་སྐབས་ཡོད་པར་ངེས་པར་ཁས་ལེན་དགོས་ཏེ། 《སྟོང་ཐུན་སྐལ་བཟང་མིག་འབྱེད》ལས། དེས་ན་ཆུ་རླུང་དང་དེའི་འོག་གཞིའི་ས་གཉིས་ལས་མིའི་མིག་ཤེས་ཆུ་ལ་ཚད་མར་སོང་གི་འོག་གཞིའི་ས་ལ་ཚད་མར་མ་སོང་། ཡི་དྭགས་ཀྱི་མིག་ཤེས་འོག་གཞིའི་ས་ལ་ཚད་མར་སོང་གི་ཆུ་ལ་ཚད་མར་མ་སོང་ངོ་། །ཞེས་གསུངས་པའི་ཕྱིར། ཟེར་ན་དཔྱད་དགོས་ལ། འདི་ལ་དེ་ལྟ་བུའི་མིག་ཤེས་ཀྱིས་ཆུ་དངོས་སུ་རྟོགས་ཀྱང་ཆུ་དེ་མིག་ཤེས་ཀྱི་གཟུང་བྱ་མིན་ཟེར་ན། ཆུ་དེ་མིག་ཤེས་དེས་དངོས་སུ་རྟོགས་ཤིང་འཛིན་པས་ན། མིག་ཤེས་དེ་ཆུ་དེ་དངོས་སུ་འཛིན་པ་པོ་ཕལ་བའམ་

འཛིན་བྱེད་ཡིན་ལ་ཆུ་དེ་མིག་ཤེས་དེའི་གཟུང་བྱ་ཡིན་པ་ནི་བཟ་སྤྱོད་སྒྲུབ་ཀུན་ལ་གྲུབ་པའི་རྒྱུན་ཤེས་ཡིན་ནོ། །

དེ་ལྟར་ས་ཆུ་མེ་རླུང་སོགས་སོ་སྐྱེས་འགའ་ཞིག་གི་མིག་ཤེས་ཀྱི་གཟུང་བྱ་ཡིན་ཡང་། དེ་དག་སྤྱིར་མིག་ཤེས་ཀྱི་གཟུང་བྱ་མིན་ཞེས་ཁས་ལེན་མི་རིགས་ཏེ། དེ་དག་འབྱུང་བ་ཡིན་པའི་ཕྱིར་དང་《མཛོད》ལས། འབྱུང་བ་ལས་གྱུར་དོན་ཕྱིར་བཞི། །ཞེས་དབང་ཤེས་ལྔའི་གོ་རིམ་བཤད་པས་འགྲུབ་བོ། །འདིར་ཡང་བུམ་པ་མིག་ཤེས་ཀྱི་གཟུང་བྱ་ཡིན་དགོས་ཏེ། དེ་དཔེབས་ཡིན་པའི་ཕྱིར་ཏེ། 《རྟོད་རིག་འགྲེལ་བ》ལས། དེ་ལྟར་ན་འཛིམ་པའི་བདག་ཉིད་མགྲིན་པ་ལ་སོགས་པ་དབྱིབས་ཀྱི་ཁྱབ་པར་རྒྱུན་མི་ཆད་པ་ནི་བུམ་པའོ་ཞེས་བརྗོད་དོ། །ཅེས་གསུངས་པའི་ཕྱིར་ཟེར་ན་དཔྱད།

ཡང་ན། རེག་བྱའི་སྐྱེ་མཆེད་དང་གཟུགས་ཀྱི་སྐྱེ་མཆེད་གཉིས་འགལ་བ་ཡིན་ནམ་མིན་ཟེར་ན། དེ་གཉིས་ཡིན་པ་མི་སྲིད་པའི་ཤེས་བྱ་ཡིན་དགོས་པས། དེ་གཉིས་ཀ་ཡིན་པའི་ཆོས་ཤིག་མེད་དགོས་པ་ལ། སྣང་བའི་ནང་གི་ལུས་ཤེས་ཀྱི་རེག་བྱར་གྱུར་པའི་ཀ་བ་དེ་ལུས་ཤེས་ཀྱིས་རེག་ནས་ཤེས་རྒྱུ་ཡོད་པས་ལུས་ཤེས་ཀྱི་རེག་བྱ་དང་། མིག་ཤེས་ཀྱིས་དངོས་སུ་མཐོང་རྒྱུ་ཡོད་པས་མིག་ཤེས་ཀྱི་གཟུང་བྱ་གཉིས་ཀ་ཡིན་སྐབས་ལུས་ཤེས་ཀྱི་རེག་བྱ་དང་གཟུགས་ཀྱི་སྐྱེ་མཆེད་གཉིས་ཀའི་ཡིན་པ་ཅིའི་ཕྱིར་མིན། 《རྟོམ་འགྲོ》ལས་བུམ་པ་ཡིན་ན་གཟུགས་ཀྱི་སྐྱེ་མཆེད་ཡིན་པས་ཁྱབ་པར་ཐལ། བུམ་པ་གཟུགས་ཀྱི་སྐྱེ་མཆེད་ཡིན་པའི་ཕྱིར་ན་མ་ཁྱབ། ཅེས་གསུངས་པ་ཡང་དོན་འདི་ལ་དགོངས་པ་ཡིན་པའི་ཕྱིར་རོ། །དེ་གཉིས་འགལ་བ་མིན་ཟེར་ན། མི་འཐད་དེ། མིག་ཤེས་ཀྱི་གཟུང་བྱ་དང་ལུས་ཤེས་ཀྱི་རེག་བྱ་གཉིས་ཡིན་པ་མི་སྲིད་པའི་ཤེས་བྱ་ཡིན་པའི་ཕྱིར་ཏེ། 《རྟོམ་འགྲོ》ལས། དབང་ཤེས་ལྔའི་གཟུང་བྱ་སོ་སོར་ངེས་པས་ནང་ཕན་ཚུན་གཞི་མཐུན་མི་སྲིད་པའི་ཕྱིར་ཞེས་གསལ་བར་གསུངས་པའི་ཕྱིར། ཟེར་ན་ལན་ཇི་ལྟར་འདེབས། བསམ་པར་བྱའོ། །

ཡང་། 《བསྡུས་གཞུང་ལེགས་བཤད་ཉི་མའི་འོད་ཟེར》ལས། ས་དང་སའི་ཁམས་

དོན་གཅིག ཆུ་དང་ཆུའི་ཁམས་དོན་གཅིག ལྷག་མ་གཉིས་ལའང་རིགས་འདྲ། ཞེས་གསུངས་པ་ལྟར་ན། ཆོས་དེ་ལ་སའི་ཁམས་དང་ཆུའི་ཁམས་ཡོད་ན། དེ་ལ་ས་དང་ཆུ་ཡོད་པས་ཁྱབ་དགོས་ཏེ། སྐབས་འདིའི་དོན་གཅིག་ཅེས་པ་ནི་སྤྱིར་བཏང་ཚིག་གི་དོན་གོ་རྒྱུ་གཅིག་ལས་མེད་ན་དེ་གཉིས་ཀྱི་དོན་གཅིག་ཡིན་ཞེས་པ་ལྟ་བུ་མ་ཡིན་པར་ཆོས་དེ་གཉིས་ཡིན་ཁྱབ་མཉམ་དང་ཡོད་ཁྱབ་མཉམ་ཡིན་ན་དེ་གཉིས་དོན་གཅིག་ཏུ་བཞག་ཆོག་པ་ཡིན་ནོ། །

དེའི་ཕྱིར་གོང་གསལ་ཡོད་ཁྱབ་མཉམ་དེ་ཁས་མ་བླངས་ཀ་མེད་ཡིན་པ་ཤེས་པར་བྱ་ལ། དེ་ལྟར་ཁས་ལེན་ན། རྡུལ་ཕྲ་རབ་ཀྱི་ཚོགས་པ་ནའང་ས་ཆུ་མེ་རླུང་སྟེ་འབྱུང་བ་བཞི་དང་། གཟུགས་དྲི་རོ་རེག་བྱ་བཞི་རེ་རེ་ནས་ཡོད་དགོས་ཏེ། དེ་དག་གི་ཁམས་ཡོད་པའི་ཕྱིར། རྡུལ་རྫས་བརྒྱད་པོ་གང་རུང་ཞིག་མ་ཚང་ན་རྡུལ་དུ་མི་རུང་སྟབས། རྡུལ་ཕྲ་རབ་རྡུལ་མིན་ཟེར་དགོས་པས་དེ་ལྟར་ན་མི་ཆུང་ངུ་མི་མིན་པར་འགྱུར་རོ། །རྡུལ་ཕྲ་རབ་ཀྱི་ཚོགས་པ་ན་ས་རྡུལ་སོགས་ཡོད་ཟེར་ན། དེ་གཟུགས་ཀྱི་མཐར་ཐུག་མ་ཡིན་པར་འགྱུར་བས་ག་ལ་འཐད། 《རྣམ་འགྲེལ》ལས། ས་ཆུ་མེ་རླུང་བཞི་དང་སའི་ཁམས་དོན་མི་གཅིག་སྟེ། རྡུལ་ཕྲ་རབ་ལ་ས་ཆུ་མེ་རླུང་བཞི་མཚན་ཉིད་པ་མེད་པར་མ་ཟད། ཆུ་གྲང་མོ་དྭངས་གསལ་དེ་མེ་ཁམས་དང་ལྡན་ཡང་མེ་དང་མི་ལྡན་ལ། ཤིང་སྐམ་པོ་དེ་ཆུའི་ཁམས་དང་ལྡན་ཡང་ཆུ་དང་མི་ལྡན་པའི་ཕྱིར། ཞེས་གསུངས་པའི་ཕྱིར་ཟེར་ན་ལེགས་པར་དཔྱད་དགོས་པར་སྣང་ངོ་། །ཡང་། ལྕགས་གོང་དམར་འབར་བ་དེ། དབུ་མའི་མཐའ་དཔྱོད་ལས་ཀྱང་དེ་མེ་ཡིན་པར་གསལ་བར་གསུངས་ཤིང་། དེ་ལ་ཚ་ཞིང་བསྲེག་པའི་མེའི་མཚན་ཉིད་ཚང་བའི་ཕྱིར་མེ་ཡིན་ཞེས་ཁས་ལེན་དགོས་ནའང་། དེ་ཉིད་འབྱུང་བ་བཞི་པོ་གང་རུང་མིན་པས་མེ་ག་ལ་ཡིན། ལྕགས་གོང་དམར་འབར་བ་ལྕགས་མིན་ཞེས་ཁས་ལེན་མི་ནུས་ཤིང་། དེ་ལྕགས་ཡིན་ན་འབྱུང་བ་མིན་པར་འབྱུང་འགྱུར་ཡིན་དགོས་ཏེ། 《རྣམ་འགྲེལ》ལས། ལྕགས་ཆོས་ཅན། འབྱུང་བ་ཡིན་པར་ཐལ། ས་ཡིན་པའི་ཕྱིར། འདོད་མི་ནུས་ཏེ། འབྱུང་འགྱུར་ཡིན་

པའི་ཕྱིར་ཞེས་གསུངས་པ་འདི་ལས་ལྟུགས་འབྱུང་འགྱུར་ཡིན་པར་གསལ་བར་བསྟན་པར་མ་ཟད། འབྱུང་བ་ཡིན་ན་འབྱུང་འགྱུར་ཡིན་མི་དུང་བ་དང་རྡོ་དང་གསེར་དངུལ་ལ་སོགས་པ་རྣམས་ཀྱང་འབྱུང་འགྱུར་ཡིན་པར་གོ་ནུས་པའི་ཕྱིར་ཞེས་ན་ལན་ཇི་ལྟར་འདེབས། འདི་ལ་ཡང་བསྟན་བཅོས་དག་ལས་རྡོ་དང་ལྟུགས་ལ་སོགས་པ་འཛིག་རྟེན་ཡོངས་གྲགས་ལ་ས་མིན་ལ། བསྟན་བཅོས་ལ་གྲགས་པའི་ས་ཡིན་ཞེས་པའང་སྣང་བས་དཔྱད་པར་བྱའོ། །

ཡང་། 《བསྡུས་གཞུང་ལེགས་བཤད་ཉི་མའི་འོད་ཟེར》ལས། མིག་དང་མིག་གི་ཁམས་དོན་གཅིག་ཏུ་གསུངས་ཤིང་། 《མཛོད》ལས་ཀྱང་། དབང་དོན་དེ་དག་ཁོ་ན་ལ། །སྐྱེ་མཆེད་དང་ནི་ཁམས་བཅུར་འདོད། །ཅེས་གསུངས་པས། དེ་གཉིས་དོན་གཅིག་ཏུ་ཁས་ལེན་དགོས་ཤིང་། དེ་ལྟར་ན《ཀུན་བཏུས》ལས། མིག་ཡིན་ལ་མིག་གི་ཁམས་མ་ཡིན་པ་ཡང་ཡོད་དེ། དགྲ་བཅོམ་ཐ་མའི་མིག་གོ །མིག་གི་ཁམས་ཡིན་ལ་མིག་མ་ཡིན་པ་ཡང་ཡོད་དེ། སྒོང་ངའི་ནང་ན་འདུག་པ་དང་། ནུར་ནུར་པོར་གྱུར་པ་དང་། མེར་མེར་པོར་གྱུར་པ་དང་། མའི་མངལ་ན་གནས་པ་མིག་མ་ཐོབ་པ་དང་། མིག་ཞར་བ་དང་། གཟུགས་མེད་པར་སྐྱེས་པའི་སོ་སོ་སྐྱེ་བོའི་མིག་གི་རྒྱུའོ། །ཞེས་མིག་དང་མིག་གི་ཁམས་གཉིས་ལ་ཡིན་མིན་གྱི་མུ་བཞི་ཡོད་པར་གསུངས་པ་འདི་འཐད་པར་འགྱུར་རོ། །ཟེར་ན་ལན་ཇི་ལྟར་འདེབས། ཡང་སྐྱེས་བུའི་ཤེས་རྒྱུད་ཀྱིས་བསྡུས་པའི་གཟུགས་ཡིན་ན། དབང་པོ་གཟུགས་ཅན་གྱིས་ཟིན་པས་ཁྱབ་ཟེར། སྐྲའི་རྩེ་མོ་དང་སེན་མོའི་རྩེ་མོ་སོགས་ཀྱང་ནང་གི་གཟུགས་ཡིན་པར《བསྡུས་གྲྭའི་རྫོམ་འཕྲོ》ལས། སྐྲའི་རྩེ་མོ་དང་། མཆིལ་མ་དང་སྣབས་སོགས་ནང་གི་གཟུགས་ཡིན་ཡང་ཞེས་པས་འགྲུབ་ལ། དེར་མ་ཟད་ནང་གི་རྟེན་གྱི་འབྱུང་བ་རྒྱུར་བྱས་པའི་གཟུགས་ཡིན་པས་ནང་གི་གཟུགས་ཅིའི་ཕྱིར་མིན། ཟེར་ན་དཔྱད་དགོས་ལ། ཡིན་ཟེར་ན་འདི་ལ་ལུག་བསད་པའི་ཤ་དང་མི་ཤི་བའི་ལུས་སོགས་ཀྱང་། ནང་གི་རྟེན་གྱི་འབྱུང་བ་རྒྱུར་བྱས་པའི་གཟུགས་ཡིན་པས་ནང་གི་གཟུགས་ཅིའི་ཕྱིར་མིན། དེ་ཡང་ཡིན་ཟེར་ན། དེ་དག་སྐྱེས་བུའི་ཤེས་རྒྱུད་ཀྱིས་བསྡུས་པའི་གཟུགས་ཡིན་དགོས་ཏེ།

ནང་གི་གཟུགས་ཀྱི་དོན་དེ་ལྟར་ཡིན་པར་བསྡུས་གཞུང་མང་པོ་ལས་གསུངས་པའི་ཕྱིར་ཟེར་ན་ཡང་དཔྱད་པར་བྱ་ལ། ཡང་ལུག་བསད་པའི་ཤ་ལུག་གི་ཤ་ཡིན་པས། རྒྱུད་ཀྱིས་བསྡུས་པ་མིན་ཚུལ་ཞིག་གང་ན་ཡོད་དེ། ལུག་གི་ཤ་ཁྲག་རུས་གསུམ་གང་རུང་ཡིན་ན་ལུག་གི་རྒྱུད་ཀྱིས་བསྡུས་པ་ཡིན་དགོས་པས་སོ། །ལུག་གི་ཤ་ཞེས་པའང་ལུག་གི་རྒྱུད་ཀྱིས་བསྡུས་པའི་ཤ་ཞེས་པའི་འབྲུ་མང་པོའི་ཚིག་སྡུད་ཅེའི་ཕྱིར་མིན། གལ་ཏེ་ལུག་བསད་པའི་ཤ་ལུག་གི་ཤ་མིན་ན། ཁྱོད་ཀྱིས་ལུག་གི་ཤ་ཁམ་གང་ཡང་མ་ཟོས་ཟེར་དགོས་པར་འགྱུར་རོ། །

ཆོས་ཀྱི་སྐྱེ་མཆེད་ཀྱི་གཟུགས་ལྔའི་ནང་ཚན་གྱི་བསྡུས་པ་ལས་གྱུར་པ་དང་མངོན་པར་སྐབས་ཡོད་པའི་གཟུགས་གཉིས་ལ་རྒྱུད་ཀྱིས་བསྡུས་པས་ཁྱབ་པ་དང་དགེ་མི་དགེ་གང་རུང་ཡིན་པས་ཁྱབ་པ་རེ་རེ་ནས་ཡོད་པར་ཐལ། 《རྫོམ་འཕྲོ》ལས། ཆོས་ཀྱི་སྐྱེ་མཆེད་ཀྱི་གཟུགས་ལྔའི་ནང་ཚན་གྱི་བསྡུས་པ་ལས་གྱུར་པ་དང་། མངོན་པར་སྐབས་ཡོད་པ་གཉིས་ལ་དགེ་མི་དགེ་གང་རུང་དང་། སྐྱེས་བུའི་ཤེས་རྒྱུད་ཀྱིས་བསྡུས་པ་དགོས་པར་གྲུབ་མཐའ་བཞི་པོ་མཐུན་པ་གང་ཞིག དེ་གཉིས་ནང་ཚན་གྱི་ཀུན་བཏགས་པའི་གཟུགས་དང་། དབང་འབྱོར་བའི་གཟུགས་གཉིས་ལ་དགེ་མི་དགེ་དང་། ཤེས་རྒྱུད་ཀྱིས་བསྡུས་པ་མི་དགོས་པར་གྲུབ་མཐའ་བཞི་མཐུན་པའི་ཕྱིར། ཞེས་གསུངས་པའི་ཕྱིར། ཁྱབ་པ་ཡོད་ཟེར་ན་དེ་ལྔའི་ནང་ཚན་གྱི་བསྡུས་པ་ལས་གྱུར་པ་དང་། མངོན་པར་སྐབས་ཡོད་པའི་གཟུགས་གཉིས་པོ་གང་རུང་ཡིན་ན། སྐྱེས་བུའི་ཤེས་རྒྱུད་ཀྱིས་བསྡུས་པས་ཁྱབ་པ་མེད་དེ། རྫུལ་ཕྲ་རབ་དེ། དེ་ལྔའི་ནང་ཚན་གྱི་བསྡུས་པ་ལས་གྱུར་པའི་གཟུགས་ཡིན་པར《རྫོམ་འཕྲོ》ལས། དང་པོའི་མཚན་གཞི་རྫུལ་ཕྲ་རབ་དང་། ཞེས་གསུངས་པས་འགྲུབ་མོད། དེ་སྐྱེས་བུའི་ཤེས་རྒྱུད་ཀྱིས་བསྡུས་པ་ག་ལ་ཡིན།

ཡང་མིག་ཤེས་ལ་བར་སྣང་སྐྱ་སང་སྣང་བ་དེ་མངོན་པར་སྐབས་ཡོད་པའི་གཟུགས་ཡིན་པར《རྫོམ་འཕྲོ》ལས། གཉིས་པའི་མཚན་གཞིར་མིག་ཤེས་ལ་བར་སྣང་སྐྱ་སང་སྣང་བ་གྲུབ་མཐའ་བཞི་གས་བཞག་པའི་ཕྱིར། ཞེས་པས་གསལ་བར་བསྟན་ན་ཡང་། དེ་དགེ་

མི་དགེ་གང་རུང་མིན་ཏེ་《རྣམ་འགྲེལ》ལས། དེ་གཉིས་དགེ་བ་དང་མི་དགེ་བར་སུས་ཀྱང་མི་འདོད་པའི་ཕྱིར་ཞེས་གསུངས་པའི་ཕྱིར། ཞེས་ན་དཔྱད་པར་བྱའོ། །

ཡང་ཆོས་ཀྱི་སྐྱེ་མཆེད་ཀྱི་གཟུགས་ཡིན་ན་བསྟན་མེད་ཐོགས་མེད་ཀྱི་གཟུགས་ཡིན་པས་ཁྱབ་པར་ཐལ། 《མདོ》ལས། བསྟན་དུ་མེད་ལ་ཐོགས་པ་མེད་པའི་གཟུགས་ཀྱང་ཡོད་དོ་ཞེས་དང་། 《ཀུན་བཏུས་དར་ཊཱི་ཀ》ལས། ཆོས་ཀྱི་སྐྱེ་མཆེད་པའི་གཟུགས་དང་མིང་གཞིའི་ཕུང་པོ་དང་འདུས་མ་བྱས་རྣམས་ནི་ཐོགས་པ་མེད་པའོ། །ཞེས་གསུངས་པའི་ཕྱིར། ཁྱབ་ཟེར་ན། རྡུལ་ཕྲ་རབ་དེ་ཡང་ཆོས་ཀྱི་སྐྱེ་མཆེད་ཀྱི་གཟུགས་ཡིན་པས་ཐོགས་མེད་ཡིན་ཟེར་དགོས་ན་ཡང་། རྡུལ་ཕྲ་རབ་གཟུགས་ཡིན་སྐབས་ཐོགས་བཅས་ངེས་པར་དུ་ཡིན་དགོས་ཏེ་《མཛོད་འགྲེལ》ལས། གཟུགས་སུ་རུང་བ་ནི། ཐོགས་པ་དང་བཅས་པའོ། །ཞེས་གསུངས་པའི་ཕྱིར་ཟེར་ན་ཡང་དཔྱད་པར་བྱ་ལ། གཞན་ཡང་། གསེར་བུམ་དང་བུམ་པ་གཉིས་ཐོགས་བཅས་ཡིན་མིན། གསེར་བུམ་གྱི་གོ་སར་བུམ་པ་ཡོད་མེད་སོགས་སྤྲོ་བྱ་མང་ངོ་། །

ཡང་ཟིན་པའི་འབྱུང་བ་ལས་གྱུར་པའི་སྒྲ་དང་། མ་ཟིན་པའི་འབྱུང་བ་ལས་གྱུར་པའི་སྒྲ་གཉིས་འགལ་ལམ་མི་འགལ། དེ་གཉིས་འགལ་བ་མིན་ཟེར་ན《བསྡུས་གཞུང་ཉི་མའི་འོད་ཟེར》ལས། སྐྱེས་བུས་ཐལ་མོ་རྡེབ་པའི་སྒྲ་ཆོས་ཅན། མ་ཟིན་པའི་འབྱུང་བ་ལས་གྱུར་པའི་སྒྲ་མ་ཡིན་པར་ཐལ། ཟིན་པའི་འབྱུང་བ་ལས་གྱུར་པའི་སྒྲ་ཡིན་པའི་ཕྱིར། ཞེས་ཟིན་པའི་འབྱུང་བ་ལས་གྱུར་པའི་སྒྲ་དང་མ་ཟིན་པའི་འབྱུང་བ་ལས་གྱུར་པའི་སྒྲ་གཉིས་འགལ་བ་ཡིན་པར་གསུངས་པ་དང་འགལ་ཞིང་མི་འཐད་ལ། དེ་གཉིས་འགལ་བ་ཡིན་ཟེར་ན། ཟིན་པའི་འབྱུང་བ་ལས་གྱུར་པའི་སྒྲ་དང་མ་ཟིན་པའི་འབྱུང་བ་ལས་གྱུར་པའི་སྒྲ་གཉིས་ཀྱི་ཡིན་པ་མེད་དགོས་ནའང་དེ་གཉིས་ལ་ཡིན་མིན་གྱི་མུ་བཞི་ཡོད་དེ། གཉིས་ཀ་ཡིན་པ་ནི་སྐྱེས་བུའི་ལག་པས་རྔ་རྡ་བརྡུང་བ་ལས་བྱུང་བའི་སྒྲ་ལྟ་བུ་ཡིན་དགོས་ཏེ། དེ་ལྟ་བུའི་སྒྲ་དེ་སྐྱེས་བུའི་ལག་པ་ལ་བརྟེན་ནས་བྱུང་བའི་སྒྲ་ཡིན་པས་ཟིན་པའི་འབྱུང་བ་ལས

གྱུར་པའི་སྒྲ་ཡིན་ལ། རྫའི་སྒྲ་ཡིན་པས་མ་ཟིན་པའི་འབྱུང་བ་ལས་གྱུར་པའི་སྒྲ་ཡིན་པར་ཡང་སྐྱོན་མི་ནུས་ཏེ་གཉིས་ཀ་ཅིའི་ཕྱིར་མིན། 《རྣམ་འགྲེལ》ལས་ཀྱང་། བྱེ་སྨྲས་འདི་མི་འདོད་ཀྱང་ལུགས་འདིར་འདོད་པ་འདྲའོ་ཞེས་པས་བྱེ་སྨྲས། དེ་ལྟ་བུའི་སྒྲ་གཉིས་ཀ་ཡིན་པར་མི་འདོད་ཀྱང་མདོ་སྡེ་བའི་ལུགས་འདིར་འདོད་པར་གསུངས་པས་ཀྱང་འགྲུབ་པོ། །ཞེས་དཔྱད། ཡང་ངག་ཡིན་ན་རང་རྒྱུ་སྐྱེས་བུའི་བྱེད་པ་ལྕེ་རྐན་ལས་བྱུང་བའི་སྒྲ་ཡིན་དགོས་སམ་མི་དགོས། དགོས་ཟེར་ན། ལྷའི་རྔ་བོ་ཆེ་ལས་བྱུང་བའི་འདུས་བྱས་ཐམས་ཅད་མི་རྟག་ཅེས་བརྗོད་པའི་སྒྲ་དེ་ནི། བརྗོད་བྱ་ཡོད་པའི་སྒྲ་ཡིན་པས་བརྗོད་བྱེད་ཀྱི་སྒྲ་ཡིན་དགོས་ཤིང་། དེ་ལྟར་ན་ངག་ཡིན་དགོས་ཀྱང་། རང་རྒྱུ་སྐྱེས་བུའི་ལྕེ་རྐན་ལས་བྱུང་བའི་སྒྲ་ག་ལ་ཡིན། དེར་མ་ཟད《རྣམ་འགྲེལ》ལས་ཀྱང་གང་ཟག་མ་ཡིན་པར་གྱུར་པའི་སྤྲུལ་པའི་གཟུགས་ཀྱིས་འདུས་བྱས་མི་རྟག་ཅེས་བརྗོད་པའི་སྒྲ་ཆོས་ཅན། རང་རྒྱུ་སྐྱེས་བུའི་ལྕེ་རྐན་ལས་བྱུང་བར་ཐལ། ངག་ཡིན་པའི་ཕྱིར་ན། མ་ཁྱབ། ཅེས་གསུངས་པས་ཀྱང་ངག་ཡིན་ན་རང་རྒྱུ་སྐྱེས་བུའི་ལྕེ་རྐན་ལས་བྱུང་བ་ཡིན་མི་དགོས་པ་གསལ་བར་བསྟན་པ་དང་འགལ་བར་འགྱུར་རོ། །གཞན་ཡང་། དེ་འདྲའི་སྤྲུལ་པའི་གཟུགས་ཀྱིས་འདུས་བྱས་ཐམས་ཅད་མི་རྟག་པ་ཡིན་པར་ཐལ། བྱས་པ་ཡིན་པའི་ཕྱིར་ཞེས་པའི་ཐལ་འགྱུར་དེ་ལྟ་བུ《རིགས་རྒྱན》ལས། ངག་མ་ཡིན་ན་ཐལ་འགྱུར་དུ་མི་རུང་བས་ཞེས་གསུངས་པའི་ཕྱིར་ན། ཐལ་འགྱུར་ཡིན་ན་ངག་ཡིན་དགོས་པ་འགྲུབ་ནུས་ལ། མི་དགོས་ཟེར་ན། ངག་ཡིན་ན། རང་རྒྱུ་སྐྱེས་བུའི་བྱེད་པ་ལྕེ་རྐན་ལས་བྱུང་བ་ཞིག་ཡིན་དགོས་ཏེ། 《ཕར་ཕྱིན་མཐའ་དཔྱོད》ལས། རྒྱུ་སྐྱེས་བུའི་བྱེད་པ་ལྕེ་རྐན་ལས་བྱུང་བར་ཐལ། ངག་ཡིན་པའི་ཕྱིར། ཞེས་ངག་ཡིན་ན་རང་རྒྱུ་སྐྱེས་བུའི་བྱེད་པ་ལྕེ་རྐན་ལས་བྱུང་བས་ཁྱབ་པར་གསུངས་པའི་ཕྱིར་རོ། །ཟེར་ན་ལན་ཅི་འདེབས་བསམ་པར་བྱའོ། །

རྗེ་བཙུན་བྱམས་པའི་ཐུགས་རྒྱུད་ལ་ཤར་མ་ཐག་པའི་མངོན་རྟོགས་རྒྱན་ཆོས་ཅན། རང་རྒྱུ་སྐྱེས་བུའི་བྱེད་པ་ལྕེ་རྐན་ལས་བྱུང་བར་ཐལ། ངག་ཡིན་པའི་ཕྱིར། འདོད་ན།

ཞལ་ནས་གསུངས་ཟིན་པར་ཐལ། རང་རྒྱུ་སྐྱེས་བུའི་བྱེད་པ་ལྷེ་ཀན་ལས་བྱུང་བའི་ཕྱིར། འདོད་ཟེར་མི་རུང་སྟེ། ཞལ་ནས་མ་གསུངས་ཀྱང་བརྗོད་བྱ་ཐམས་ཅད་ཐུགས་རྒྱུད་ལ་བཞུགས་པའི་བསྟན་བཅོས་ཡིན་པའི་ཕྱིར་ཟེར་ན་དཔྱད།

ཡང་། དེ་ལྟ་བུའི་མངོན་རྟོགས་རྒྱན་ཆོས་ཅན། ཞལ་ནས་གསུངས་ཤིང་གྲགས་བཞིན་པའི་བསྟན་བཅོས་ཡིན་པར་ཐལ། དེ་ཐོས་པའི་རྣ་ཤེས་ཚད་མ་ཡོད་པའི་ཕྱིར། རྟགས་མ་གྲུབ་ཟེར་ན། དེ་ལྟ་བུའི་མངོན་རྟོགས་རྒྱན་ཆོས་ཅན། དེར་ཐལ། ཁྱོད་ཐོས་པའི་གདུལ་བྱའི་རྒྱུད་ཀྱི་རྣ་ཤེས་ཚད་མ་ཡོད་པའི་ཕྱིར། དེ་ལ་ཡང་རྟགས་མ་གྲུབ་ཟེར་ན། དེར་ཐལ། ཁྱོད་གདུལ་བྱ་ལ་ཐར་ལམ་ཕྱིན་ཅི་མ་ལོག་པར་སྟོན་པའི་ངག་ཡིན་པའི་ཕྱིར། དེར་ཐལ། ཁྱོད་གདུལ་བྱའི་རྒྱུད་ཀྱི་སྒྲིབ་གཉིས་སེལ་ཞིང་ལམ་རྣམ་པར་དག་པ་རྒྱུད་ལ་བསྐྱེད་པར་བྱེད་པའི་ངག་ཡིན་པའི་ཕྱིར། དེར་ཐལ། རྒྱུད་ལྡན་རིགས་དྲུག་གིས་བསྡུས་པའི་འགྲོ་བ་ཐམས་ཅད་ཁྱོད་ལ་བརྟེན་ནས་སྒྲིབ་གཉིས་བྱང་ཞིང་ཚོགས་གཉིས་རྫོགས་ཏེ། ཟག་མེད་རྣམ་མཁྱེན་རྒྱལ་བའི་གོ་འཕང་ཐོབ་ངེས་ཡིན་པའི་ཕྱིར། དེར་ཐལ། ཁྱོད་རྒྱལ་སྲས་ཀུན་གྱི་བགྲོད་པ་གཅིག་གི་ལམ་ལེགས་པར་སྟོན་པའི་བསྟན་བཅོས་ཡིན་པའི་ཕྱིར། དེར་ཐལ། ཁྱོད་ཤེར་ཕྱིན་གྱི་མདོ་སྡེ་རིན་པོ་ཆེ་སྦས་དོན་མངོན་རྟོགས་ཀྱི་རིམ་པ་གཏན་ལ་འབེབས་པའི་བསྟན་བཅོས་ཡིན་པའི་ཕྱིར་རོ། །

༡༢ ། །གཅིག་དུ་བྲལ་གྱི་རྟགས་ཀྱི་དཔག་བྱ།

སྟོང་ཉིད་རྟོགས་པའི་ལྟ་བ་རྒྱུད་ལ་སྐྱེད་པ་ལ། དགག་བྱ་ངོས་ཟིན་པ་ཤིན་ཏུ་དགོས་ཏེ། དེ་ངོས་མ་ཟིན་པར་དེ་བཀག་པའི་མེད་དགག་སྟོང་ཉིད་ངོས་མི་ཟིན་པའི་ཕྱིར། སྤྱོད་འཇུག་ལས། བརྟགས་པའི་དངོས་ལ……།

དེས་ཀྱང་སྤྲོག་ཆགས་ཐམས་ཅད་ལ་ཡང་དག་པར་དངོས་པོའི་བདག་ཉིད་ལྟ་བུར་ཉེ་བར་སྟོན་པ་མཐོང་བར་འགྱུར་ཏེ། དེའི་ཕྱིར། དེ་དག་གི་བསམ་པའི་དབང་གིས་དངོས་པོ་རྟེན་པའི་ངོ་བོ་ཐམས་ཅད་ནི་ཀུན་རྫོབ་ཏུ་ཡོད་པ་ཁོ་ནའོ། །ཞེས་དབུ་མ་སྣང་བ་ལས་གསུངས་སོ། །ངོ་བོ་དཔྱོད་པ་རྣམ་ལྔ་དང་རྣམ་བདུན་དང་གཅིག་དུ་བྲལ་གྱི་གཏན་ཚིགས་གསུམ་དང་། རྒྱུ་ལ་དཔྱོད་པ་རྡོ་རྗེ་གཟེགས་མའི་གཏན་ཚིགས་དང་། འབྲས་བུ་དཔྱོད་པ་ཡོད་མེད་སྐྱེ་འགོག་གི་གཏན་ཚིགས་དང་། རྒྱུ་འབྲས་གཉིས་ཀ་ལ་དཔྱོད་པ་མཐའ་བཞི་སྐྱེ་འགོག་དང་། མུ་བཞི་སྐྱེ་འགོག་གི་གཏན་ཚིགས་གཉིས་དང་། ཆོས་ཐམས་ཅད་ལ་དཔྱོད་པ་འགལ་ཟླ་དམིགས་པའི་གཏན་ཚིགས་དང་། མཐའ་གཉིས་སེལ་བ་རིགས་པའི་རྒྱལ་པོ་རྟེན་འབྲེལ་གྱི་གཏན་ཚིགས་དང་དགུ་སོགས་ཡོད་པའི་ཕྱིར།

(༡) རྣམ་ལྔའི་གཏན་ཚིགས་ནི། དེ་བཞིན་གཤེགས་པ་ཆོས་ཅན། བདེན་པར་གྲུབ་པ་མེད་དེ། རང་གི་གདགས་བྱའི་ཕུང་པོ་དང་གཅིག་མ་ཡིན། རང་གི་གདགས་གཞིའི་ཕུང་པོ་ལས་གཞན་པ་ངོ་བོ་ཐ་དད་པ་མ་ཡིན། ཁྱོད་ལ་ཕུང་པོ་བདེན་པའི་རྟེན་དུ་མེད། ཁྱོད་ཀྱང་ཕུང་པོ་དེར་བདེན་པའི་བརྟེན་པར་མེད། རང་གི་ཕུང་པོ་དང་ངོ་བོ་ཉིད་ཀྱིས་མི་ལྡན་པའི་ཕྱིར། ཞེས་པའོ། །རྩ་ཤེས་ལས། ཕུང་མིན་ཕུང་པོ་ལས་གཞན་མིན། །དེ་ལ་ཕུང་མེད་དེར་དེ་མེད། །དེ་བཞིན་གཤེགས་པ་ཕུང་ལྡན་མིན། །དེ་བཞིན་གཤེགས་

པ་གང་ཞིག་ཡིན། །ཞེས་དང་། རྣམ་པ་ལྔས་ནི་བཙལ་བྱས་ན། །ཞེས་སོ། །

(༢) རྣམ་བདུན་གྱི་གཏན་ཚིགས་ནི། དེ་བཞིན་གཤེགས་པ་ཆོས་ཅན། བདེན་པར་མེད་དེ། རང་གི་གདགས་གཞིའི་ཕུང་པོ་དང་བདེན་པའི་གཅིག་མ་ཡིན། དེ་དང་བདེན་པའི་ངོ་བོ་ཐ་དད་པའི་གཞན་མ་ཡིན། ཁྱོད་ལ་བདེན་པའི་ཕུང་པོའི་རྟེན་དུ་མེད། ཁྱོད་ཀྱང་བདེན་པའི་ཕུང་པོ་དེར་བརྟེན་པ་མེད། ཁྱོད་ཕུང་པོ་དང་བདེན་པར་ལྡན་པ་མ་ཡིན། ཕུང་པོ་འདུས་ཙམ་བདེན་པར་ཁྱོད་མ་ཡིན། བདེན་པར་ཕུང་པོའི་དབྱིབས་ཀྱང་ཁྱོད་མ་ཡིན་པའི་ཕྱིར། དཔེར་ན། ཤིང་རྟ་རྣམ་པ་བདུན་གྱིས་བཙལ་ན་མི་རྙེད་པ་བཞིན་ཡིན་པའི་ཕྱིར། འཇུག་པ་ལས། དེ་ཕྱིར་ངར་འཛིན་རྟེན་ནི་དངོས་པོ་མིན། །འདུས་པ་ཙམ་མིན་དབྱིབས་མིན་ཇི་བཞིན་ནོ། །

(༣) གཅིག་དུ་བྲལ་གྱི་གཏན་ཚིགས་ནི། གཞི་ལམ་རྣམ་གསུམ་ཆོས་ཅན། བདེན་པར་མེད་དེ། བདེན་གྲུབ་ཀྱི་གཅིག་དང་བདེན་གྲུབ་ཀྱི་དུ་མ་གང་རུང་དང་བྲལ་བའི་ཕྱིར། དཔེར་ན། མེ་ལོང་ནང་གི་གཟུགས་བརྙན་བཞིན་ནོ། །

(༤) རྡོ་རྗེ་ཟེགས་མའི་གཏན་ཚིགས་ནི། དངོས་པོ་རྣམས་ཆོས་ཅན། དོན་དམ་པར་སྐྱེ་བ་མེད་དེ། རང་ལས་མི་སྐྱེ། དོན་དམ་པར་གཞན་ལས་མི་སྐྱེ། དོན་དམ་པར་གཉིས་ཀ་ལས་མི་སྐྱེ། རྒྱུ་མེད་ལས་མི་སྐྱེ་བའི་ཕྱིར། ལམ་སྒྲོན་ལས། དངོས་པོ་རང་ལས་མི་སྐྱེ་ཞིང་། །གཞན་དང་གཉིས་ཀ་ལས་ཀྱང་མིན། །རྒྱུ་མེད་ལས་མིན་དེ་ཡི་ཕྱིར། །ངོ་བོ་ཉིད་ཀྱི་རང་བཞིན་མེད། །ཅེས་གསུངས་སོ། །

(༥) ཡོད་མེད་སྐྱེ་འགོག་ནི། མྱུ་གུ་ཆོས་ཅན། དོན་དམ་པར་མི་སྐྱེ་སྟེ། ཡོད་ཟིན་ནའང་མི་སྐྱེ། མེད་པའང་མི་སྐྱེ་བའི་ཕྱིར། དབུ་མ་སྙིང་པོ་ལས། ཡོད་པ་རྣམ་པར་མི་སྐྱེ་སྟེ། །མེད་པ་ནམ་མཁའི་པདྨོ་བཞིན། །ཞེས་གསུངས་སོ། །

(༦) མཐའ་བཞི་སྐྱེ་འགོག་ནི། དངོས་པོ་རྣམས་ཆོས་ཅན། དོན་དམ་པར་སྐྱེ་བ་མེད་དེ། དོན་དམ་པར་ཡོད་ཟིན་ན་མི་སྐྱེ། མེད་པའང་མི་སྐྱེ། དེ་གཉིས་ཡིན་པའང་མི་སྐྱེ།

དེ་གཉིས་གང་ཡང་མིན་པའང་མི་སྐྱེ་བའི་ཕྱིར། འཇུག་པ་ལས། ཡོད་ན་སྐྱེད་བྱེད་ཅི་དགོས་མེད་ལའང་དེས་ནི་ཅི་ཞིག་བྱ། །གཉིས་ཉིད་ལ་དེས་ཅི་བྱ་གཉིས་དང་བྲལ་བ་ལའང་དེས་ཅི་བྱ། །ཞེས་གསུངས་སོ། །

(༧) མུ་བཞི་སྐྱེ་འགོག་ནི། མྱུ་གུ་རྣམས་ཆོས་ཅན། དོན་དམ་པར་མི་སྐྱེ་སྟེ། རྒྱུ་དུ་མས་འབྲས་བུ་གཅིག་པོ་ན་མི་སྐྱེད། རྒྱུ་གཅིག་པོ་ནས་འབྲས་བུ་དུ་མའང་མི་སྐྱེ། དོན་དམ་པར་རྒྱུ་གཅིག་གིས་འབྲས་བུ་གཅིག་པོ་ན་ཡང་མི་སྐྱེད་པའི་ཕྱིར་ཏེ། བདེན་གཉིས་ལས། དུ་མས་དངོས་པོ་གཅིག་མི་བྱེད། །དུ་མས་དུ་མ་བྱེད་མ་ཡིན། །གཅིག་གིས་དུ་མ་དངོས་མི་བྱེད། །གཅིག་གིས་གཅིག་བྱེད་པ་ཡང་མིན། །ཞེས་གསུངས་སོ། །འདི་དག་འབྲེལ་ཟླ་མ་དམིགས་པའི་རྟགས་ཡིན་ནོ། །

(༨) འགལ་ཟླ་དམིགས་པ་ནི། ས་སོགས་འགྱུར་བ་རྣམས་ཆོས་ཅན། དོན་དམ་པར་འགྱུར་བའི་དངོས་པོ་མེད་དེ། བྱས་པའི་ཕྱིར། དཔེར་ན་ཤེས་པ་བཞིན། དབུ་མ་སྙིང་པོ་ལས། འདིར་ནི་ས་ལ་སོགས་པ་དག །དོན་དམ་པར་ནི་འགྱུར་བ་ཡི། །ངོ་བོ་ཉིད་མིན་བྱས་ཕྱིར་དང་། །རྒྱུ་ལྡན་སོགས་ཕྱིར་ཤེས་པ་བཞིན། །ཞེས་གསུངས་སོ། །

(༩) རྟེན་འབྲེལ་གྱི་གཏན་ཚིགས་ནི། གཞི་ལམ་རྣམ་གསུམ་ཆོས་ཅན། བདེན་པར་མེད་དེ། རྟེན་འབྲེལ་ཡིན་པའི་ཕྱིར། དཔེར་ན། མེ་ལོང་ནང་གི་གཟུགས་བརྙན་བཞིན། །མ་དྲོས་པས་ཞུས་པ་ལས། གང་ཞིག་རྐྱེན་ལས་སྐྱེས་པ་དེ་མ་སྐྱེས། །དེ་ལ་སྐྱེ་བའི་རང་བཞིན་ཡོད་མ་ཡིན། །རྐྱེན་ལ་རག་ལས་གང་དེ་སྟོང་བར་བཤད། །གང་ཞིག་སྟོང་ཉིད་ཤེས་དེ་བག་ཡོད་ཡིན། །ཞེས་གསུངས་སོ། །

༄༅། །རིག་འཕྲུལ་གསེར་གྱི་མེ་ཏོག་ཅེས་བྱ་བ་བཞུགས་སོ། །

༄༅། །བླ་མ་དང་མགོན་པོ་འཇམ་པའི་དབྱངས་ལ་ཕྱག་འཚལ་ལོ། །

(༡) ཤེས་བྱ་ཆོས་ཅན། ཡོད་པར་རྟོགས་པའི་ཚད་མ་ཡོད་པ་དང་། དངོས་པོར་རྟོགས་པའི་ཚད་མ་ཡོད་པ་གཉིས་ཀ་མ་ཡིན་པར་ཐལ། འདོད་མི་ནུས་ཏེ། གཞི་གྲུབ་པའི་ཕྱིར།

(༢) ཤེས་བྱ་ཆོས་ཅན། ཡོད་པར་རྟོགས་པའི་ཚད་མས་གཞལ་བྱ་ཡིན་པར་ཐལ། ཡོད་པར་རྟོགས་པའི་ཚད་མ་ཡོད་པའི་ཕྱིར་ན། མ་ཁྱབ་སྟེ། དེ་ལ་འདོད་ལན་བཏབ་པས་ཤེས་བྱ་ཤེས་བྱ་ཡོད་པར་རྟོགས་པའི་ཚད་མས་གཞལ་བྱ་ཡིན་པར་འདོད།

(༣) ཡོད་པ་ཡིན་ན་རྟག་པར་རྟོགས་པའི་ཚད་མས་གཞལ་བྱ་ཡིན་པས་ཁྱབ་ཟེར་ན། བུམ་པ་ཆོས་ཅན། དེར་ཐལ། རྟག་པར་རྟོགས་པའི་རྣམ་མཁྱེན་གྱི་གཞལ་བྱ་ཡིན་པའི་ཕྱིར།

(༤) རྟག་པར་རྟོགས་པའི་རྣམ་མཁྱེན་གྱི་གཞལ་བྱ་ཞིག་མེད་པར་ཐལ། དེ་ལ་རྟག་པ་ཞིག་མེད་པ་གང་ཞིག དངོས་པོ་ཞིག་མེད་པའི་ཕྱིར་འདོད་མི་ནུས་ཏེ། རྣམ་ངེས་ཊཱི་ཀ་ཆེན་ལས།……

(༥) རྟག་པར་རྟོགས་པའི་ཚད་མ་མེད་པར་རྟོགས་པའི་ཚད་མ་ཡོད་ན། རྟག་པར་རྟོགས་པའི་ཚད་མ་དང་མེད་པར་རྟོགས་པའི་ཚད་མ་གང་རུང་ཡོད་པས་ཁྱབ་ཟེར་ན། ཀ་བ་ཆོས་ཅན། རྟག་པར་རྟོགས་པའི་ཚད་མ་མེད་པ་གང་ཞིག དངོས་པོར་རྟོགས་པའི་ཚད་མ་ཡོད་པར་ཐལ། འདོད་ན། ཀ་བ་རྟག་པར་རྟོགས་པའི་ཚད་མ་ཆོས་ཅན། མེད་པར་རྟོགས་པའི་ཚད་མ་ཡོད་པར་ཐལ། མེད་པ་(ཡིན་པའི་ཕྱིར།)

(༦) ཞེས་བྱ་རྟག་པར་རྟོགས་པར་རྟོགས་པའི་ཚད་མ་ཡོད་པ་གང་ཞིག དངོས་པོ་ཡིན་པར་ཐལ། ཀ་བ་རྟག་པར་རྟོགས་པའི་ཚད་མ་མེད་པ་གང་ཞིག དངོས་པོ་མ་ཡིན་པའི་ཕྱིར།

(༧) རྟག་པར་རྟོགས་པའི་ཚད་མ་ཡོད་པ་དང་། རྟག་པ་གཉིས་དོན་གཅིག་མིན་ཏེ། དེ་ཡིན་པར་གྱུར་པའི་གཟུགས་ཡོད་པ་དཔེར་ན། རྟག་པར་རྟོགས་པའི་སངས་རྒྱས་ཀྱི་ཁདོག ཞེས་པ་རྟག་པར་རྟོགས་པའི་རྣམ་མཁྱེན་ཚད་མ། ལྟན་མིན་འདུ་བྱེད། རྟག་པར་རྟོགས་པའི་རྣམ་མཁྱེན་མི་རྟག་པ་སོགས་ཡོད་པའི་ཕྱིར།

(༨) ཕན་ཚུན་གཅིག་ལ་གཅིག་མེད་པ་ཡིན་ན་མེད་པ་ཡིན་པས་ཁྱབ་ཟེར་ན། རྟ་དང་བ་ལང་གཉིས་ཆོས་ཅན། རྟ་ལ་མགོ་མེད་པར་ཐལ་བ་དང་། དགེ་སློང་ལ་ཡན་ལག་མེད་པར་ཐལ་བ་སོགས་སྲོ། རྟ་བ་ལང་མེད་ན། གཟན་ཞན (ཞམ) ཐབས་མེད་པ་དང་། ཕ་མ་བུ་ཚ་སོགས་མེད་པའི་སྐྱོན་འབྱུང་ངོ་། །ཡོད་ན་རི་བོང་རྭ་དང་སྨྲ་རྟག་པ་སོགས་ཀྱང་ཡོད་དགོས་པར་འགྱུར་རོ། །

(༩) རྟག་པར་གྱུར་པའི་ཚད་མས་དམིགས་པ། རྟག་པར་གྱུར་པའི་ཡོད་པའི་མཚན་ཉིད་ཡིན་པར་ཐལ། རྟག་པར་གྱུར་པའི་ཚད་མས་དམིགས་པ་མེད་དེ། གཞི་གྲུབ་ན་དངོས་པོར་གྱུར་པའི་ཚད་མས་དམིགས་པ་ཡིན་པའི་ཁྱབ་པའི་ཕྱིར་དང་དངོས་པོར་གྱུར་པའི་རྣམ་མཁྱེན་གྱི་དམིགས་པ་ཡིན་པས་ཁྱབ་པའི་ཕྱིར།

(༡༠) གཞི་གྲུབ་ན་ཁྱོད་ཚད་མས་དམིགས་པ་ཁྱོད་ཡོད་པའི་མཚན་ཉིད་ཡིན་པས་ཁྱབ་པར《རྣམ་འགྲེལ》ལས་གསུངས་པས་ཁས་ལེན་དགོས་ལ། དེ་ལྟར་ན། ཡོད་པ་ཆོས་ཅན། ཁྱོད་ཡོད་པར་ཚད་མས་དམིགས་པ་ཁྱོད་ཡོད་པའི་མཚན་ཉིད་ཡིན་པར་ཐལ། འདོད་ན། ཡོད་པ་ཚད་མའི་དམིགས་པ་རྟོགས་ནས་ཡོད་པ་མ་རྟོགས་པའི་གང་ཟག་ཡོད་པར་ཐལ་ལོ། །

(༡༡) རྣམ་མཁྱེན་ཚད་མའི་དམིགས་པ་རྟོགས་པ་ལ། རྣམ་མཁྱེན་རྟོགས་མི་

དགོས་པར་ཐལ་བ་དང་། རྣམ་མཁྱེན་རྟོགས་པ་ལ་དེའི་མཚན་ཉིད་དམིགས་རྣམ་སོགས་ཆོས་ཐམས་ཅད་རྟོགས་དགོས་པའི་ཕྱིར་ཏེ། ཕར་ཕྱིན་མཐའ་དཔྱོད་ལས། ཁྱད་གཞི་མ་རྟོགས་པར་ཁྱད་ཆོས་རྟོགས་པར་ཐལ་བ་དང་། ཞེས་གསུངས་པའི་ཕྱིར།

(༡༢) མདུན་གྱི་དམ་བཅའ་བའི་རྒྱུད་ཀྱིས་བསྡུས་པའི་རྣམ་མཁྱེན་ཡོད་པར་ཐལ། དེའི་རྒྱུད་ཀྱིས་བསྡུས་པའི་མིག་དབང་རྟོགས་པའི་རྣམ་མཁྱེན་ཡོད་པའི་ཕྱིར།

(༡༣) མདུན་གྱི་གཞི་འདིར་བུམ་པ་ཡོད་པར་རྟོགས་པའི་ཚད་མ་ཡོད་པར་ཐལ། མདུན་གྱི་གཞི་འདིར་བུམ་པ་ཡོད་པར་རྟོགས་པའི་གང་ཟག་ཡོད་པའི་ཕྱིར་དང་། མདུན་གྱི་གཞི་འདིར་བུམ་པ་ཡོད་པར་ཁས་ལེན་པའི་གང་ཟག་ཡོད་པའི་ཕྱིར། བུམ་པ་མེད་པར་རྟོགས་པའི་ཚད་མ་མདུན་གྱི་གཞི་འདིར་མེད་ཀྱང་། མདུན་གྱི་གཞི་འདིར་བུམ་པ་མེད་པར་རྟོགས་པའི་གང་ཟག་ཡོད་ཟེར་ན། མདུན་གྱི་གཞི་འདིར་ཆོས་ཅན། བུམ་པ་མེད་པར་རྟོགས་པའི་གང་ཟག་མེད་པར་ཐལ། ཁྱོད་གཞི་གྲུབ་པའི་ཕྱིར། དེ་འདྲའི་གང་ཟག་མེད་ངེས་ཡིན་པའི་ཕྱིར།

(༡༤) དངོས་པོར་རྟོགས་པའི་ཚད་མ་ཆོས་ཅན། གཞི་གྲུབ་ན་ཁྱོད་མེད་པས་ཁྱབ་པར་ཐལ། ཁྱོད་མེད་ངེས་ཡིན།

(༡༥) བུམ་པ་མེད་པ་ཡོད་པར་ཐལ། བུམ་པ་མེད་པའི་དུས་ཡོད་པའི་ཕྱིར་ཞེ་ན། བུམ་པ་མེད་པར་གྲུབ་པའི་དུས་ཡོད་པར་ཐལ། བུམ་པ་མེད་པར་རྟོགས་པའི་ཚད་མ་ཡོད་པར་ཐལ།

(༡༦) ཆོས་ཐམས་ཅད་སངས་རྒྱས་འཕགས་པའི་ཤེས་པ་ཡིན་པར་ཐལ། ཆོས་ཐམས་ཅད་སངས་རྒྱས་འཕགས་པས་ཤེས་པ་མིན་པར་སོགས་སྨྲོ།

(༡༧) ཚུར་རི་ན་ཕ་རི་རྟོགས་པའི་ཚད་མ་ཡོད་པར་ཐལ། ཕ་རི་རྟོགས་པའི་ཚད་མ་ཚུར་རི་ན་ཡོད་པའི་ཕྱིར་ན། མ་ཁྱབ་སྟེ། ཡང་མདུན་གྱི་གཞི་འདིར་རྒྱ་གར་རྡོ་རྗེ་གདན་རྟོགས་པའི་ཚད་མ་ཡོད་པར་ཐལ། ཆོས་ཐམས་ཅད་མངོན་སུམ་དུ་གཟིགས་པའི་རྣམ་

མཁྱེན་ཡོད་པས་སོ། །

ཡིན་ལོག་མིན་ལོག

(༡) ཁྱོད་མ་ཡིན་པ་ལས་ལོག་པ་ཡོད་ན། ཁྱོད་ཡིན་པ་ལས་ལོག་པ་ཡོད་པས་ཁྱབ་ཟེར་ན། ཡོད་པ་ཆོས་ཅན། ཉི་ཟེར་ལས། ཁྱོད་མ་ཡིན་པ་མེད་ན། ཁྱོད་ཡིན་པ་ལས་ལོག་པ་མེད་པས་ཁྱབ་པའི་ཕྱིར། ཞེས་གསུངས།

(༢) ཉི་ཟེར་ལས། ཁྱོད་ཀྱི་ཡིན་པ་མེད་ན། ཁྱོད་མ་ཡིན་པ་ལས་ལོག་པ་མེད་པས་ཁྱབ་སྟེ། དཔེར་ན། མཚན་མཚོན་གཉིས་བཞིན། ཞེས་གསུངས་ཤིང་། དེ་ལྟར་ན། རིག་པ་བློའི་མཚན་ཉིད་དུ་ཉི་ཟེར་ལས་གསུངས་པ་དང་། རིག་རྒྱན་ལས། རང་ཡུལ་སྣང་བའི་བློ་རིག་པའི་མཚན་ཉིད་ཅེས་གསུངས་སོ། །རིག་པ་ཆོས་ཅན། གང་དྲན་དྲན་ཡིན་པར་ཐལ། མཚན་མཚོན་གཉིས་ཀྱི་གཞི་མཐུན་ཡིན་པའི་ཕྱིར།

(༣) ཡིན་པ་མི་སྲིད་པའི་ཤེས་བྱ་ཡིན་ན། བདག་མེད་ཡིན་ན་ཁྱོད་མ་ཡིན་པའི་ཁྱབ་པ་ཡོད་པར་ཐལ། བསྡུས་གྲྭའི་ལེགས་བཤད་ལས། བདག་མེད་ཡིན་ན་ཁྱོད་མ་ཡིན་པས་ཁྱབ་པར་ཐལ། ཁྱོད་ཡིན་པ་མི་སྲིད་པའི་ཤེས་བྱ་ཡིན་པའི་ཕྱིར། ཞེ་ན། འདི་ལ། ཀ་བུམ་གཉིས་དང་མེད་པ་གང་རུང་ཆོས་ཅན། དེར་ཐལ། དེའི་ཕྱིར། འདོད་ན་རི་བོང་རྭ་ཆོས་ཅན། ཉི་ཟེར་ལས། ཡིན་པ་མི་སྲིད་པའི་ཤེས་བྱ་ཡིན་ན། འགལ་བ་ཡིན་པས་ཁྱབ་ཟེར་ན། ཀ་བུམ་གཉིས་དང་མེད་པ་གང་རུང་ཆོས་ཅན། འགལ་བ་ཡིན་པར་ཐལ། ཡིན་པ་མི་སྲིད་པའི་ཤེས་བྱ་ཡིན་པའི་ཕྱིར། ཞེས་གསུངས་པའི་ཕྱིར། རི་བོང་རྭ་ཆོས་ཅན། ཀ་བུམ་གཉིས་དང་མེད་པ་གང་རུང་ཡིན་པར་ཐལ། མེད་པ་ཡིན་པའི་ཕྱིར། ཟེར་ན། ཀ་བུམ་གཉིས་དང་མེད་པ་གང་རུང་ཆོས་ཅན། ཁྱོད་ཡིན་ན་གང་དྲན་དྲན་ཡིན་པས་ཁྱབ་པར་ཐལ། ཁྱོད་ཡིན་པ་མི་སྲིད་པའི་ཤེས་བྱ་ཡིན་པས་ཕྱིར། ཁྱབ་སྟེ། འཕྲུལ་ལྡེ་ལས།

ཁྱོད་ཡིན་ན་གང་དྲན་དྲན་ཡིན་པས་ཁྱབ་པར་ཐལ། ཁྱོད་གང་དྲན་དྲན་ཡིན་པས་ཕྱིར། ཞེས་གསུངས་པས་སོ། །

(༤) ཁྱོད་ཀྱི་ཡིན་པ་ཡོད་ན། ཁྱོད་མ་ཡིན་པ་ལས་ལོག་པ་ཡོད་པས་ཁྱབ་པར་ཐལ། ཉེ་ཟེར་ལས། ཁྱོད་མ་ཡིན་པ་ལས་ལོག་པ་ཡོད་པར་ཐལ། ཁྱོད་ཀྱི་ཡིན་པ་ཡོད་པས་ཕྱིར། ཞེས་གསུངས། ཁྱབ་ཟེར་ན། རང་དང་གཅིག་ཆོས་ཅན། དེར་ཐལ། དེའི་ཕྱིར། མ་གྲུབ་ན། རང་ཆོས་ཅན། ཁྱོད་དང་གཅིག་གི་ཡིན་པ་ཡོད་པར་ཐལ། ཁྱོད་གཞི་གྲུབ་པའི་ཕྱིར། རྩ་བར་འདོད་ན། འཕྲུལ་ལྡེ་ལས། གཞི་གྲུབ་ན། ཁྱོད་ཡིན་པས་ཁྱབ་ན། ཁྱོད་ཀྱི་ཡིན་པ་ཡོད་པས་ཁྱབ་ཟེར་ན། རང་དང་གཅིག་ཆོས་ཅན། ཞེས་གསུངས་པས་ཕྱིར།

(༥) ཁྱོད་མ་ཡིན་པ་ལས་ལོག་པ་ཡོད་ན། ཁྱོད་ཡོད་པའི་(ཁྱབ)ཟེར་ན། དངོས་པོ་ཁོ་ན་ཆོས་ཅན། ཁྱོད་ཡོད་པར་ཐལ། ཁྱོད་མ་(ཡིན)པ་ལས་ལོག་པ་ཡོད་པའི་ཕྱིར། ཞེས་ཉེ་ཟེར་ལས་གསུངས།

(༦) འདི་ལ། དངོས་མེད་མ་ཡིན་པ་ལས་ལོག་པ་མེད་པར་ཐལ། དངོས་པོ་ཁོ་ན་མ་ཡིན་པ་ལས་ལོག་པ་ཡོད་པའི་ཕྱིར། ཁྱབ་སྟེ། དངོས་པོ་མ་ཡིན་པ་ལས་ལོག་པ་ཁོ་ན་ཡོད་ཅེས་པའི་ཁོ་ནའི་སྒྲས་དངོས་མེད་མ་ཡིན་པ་ལས་ལོག་པ་ཡོད་པ་གཅོད་པའི་ཕྱིར་ཏེ། དངོས་པོ་ཁོ་ན་ཡོད་ཅེས་པས་དངོས་མེད་ཡོད་པ་གཅོད་པའི་ཕྱིར།

(༧) གསལ་བ་མ་ཡིན་པ་ལས་ལོག་པ་ཡིན་ན། ཤེས་པ་ཡིན་པའི་ཁྱབ་པར་ཐལ། བློ་དང་གསལ་བ། ཤེས་པ་སོགས་དོན་གཅིག་ཡིན་པའི་ཕྱིར་ཞེ་ན། འདི་ལ། ཆོས་དུང་དཀར་པོ་ཆོས་ཅན། གསལ་བ་མ་ཡིན་པ་ལས་ལོག་པ་ཡིན་པར་ཐལ། གསལ་བ་ཡིན་པའི་ཕྱིར། དེར་ཐལ། ཐལ་འགྱུར་གྱི་གསལ་བ་ཡིན་པའི་ཕྱིར། མིན་ཟེར་ན། ཐལ་འགྱུར་གྱི་རྟགས་ཡིན་པས་རྟགས་ཡིན་པའི་གོ་མི་ཆོད་པར་ཐལ་བ་སོགས་སྦྱོ།

སློག་པ་ངོས་འཛིན།

（༡）ཁྱོད་ཀྱི་ལྡོག་པ་ཡོད་ན་ཁྱོད་ཀྱི་དོན་ལྡོག་ཡོད་པས་ཁྱབ་ཟེར་ན། ཀ་བུམ་གཉིས་ཆོས་ཅན། ཁྱོད་ཀྱི་ལྡོག་པ་ཡོད་པར་ཐལ། ཁྱོད་གཞི་གྲུབ་པའི་ཕྱིར། ཁྱོད་ཀྱི་དོན་ལྡོག་མེད་པར་ཐལ། ཁྱོད་ཀྱི་མཚན་ཉིད་མེད་པའི་ཕྱིར།

（༢）རྟག་དངོས་གཉིས་ཆོས་ཅན། ཁྱོད་ཀྱི་ལྡོག་པ་གཅིག་ཡིན་པར་ཐལ། ཡོད་པ་གང་ཞིག་ཐ་དད་མ་ཡིན་པའི་ཕྱིར། རྟགས་ཕྱི་མ་གྲུབ་སྟེ། ཉེ་ཟེར་ལས། རྟག་དངོས་གཉིས་ཀྱི་ལྡོག་པ་དུ་མ་ཡིན་པར་ཐལ། རྟག་དངོས་གཉིས་ལྡོག་པ་དུ་མ་ཡོད་པའི་ཕྱིར་ན། མ་ཁྱབ་ཅེས་གསུངས་པའི་ཕྱིར། འདོད་མི་ནུས་ཏེ། ཀ་བུམ་གཉིས་ཀྱི་ལྡོག་པ་ཐ་དད་ཡིན་པའི་ཕྱིར་དང་། རྟོག་པ་ལ་དོན་སྤྱི་ཐ་དད་དུ་འཆར་རུང་བའི་ཆོས་ཡིན་པའི་ཕྱིར། གཞན་ཡང་ཀ་བུམ་གཉིས་ཀྱི་ཁ་དོག་གཅིག་པ་དང་། ལྷ་མི་གཉིས་ཀྱི་མགོ་གཅིག་པ། ཕྱི་ནང་གཉིས་ཀྱི་སྟོན་པ་གཅིག་པ་སོགས་སྦྱོ།

（༣）མེད་ངེས་ཀྱི་དོན་ལྡོག་ཡོད་པར་ཐལ། ལུན་སེལ་ལས། མེད་ངེས་ཀྱི་མཚན་ཉིད་སྣང་རུང་མ་དམིགས་པ་ཞེས་དང་། རྣམ་འགྲེལ་ལས། སྣང་དུ་རུང་བས་མེད་པ་ནི། །མི་དམིགས་པ་ལས་གཞན་མ་ཡིན། །ཞེས་གསུངས་པའི་ཕྱིར། འདི་ལ། མེད་ངེས་ཆོས་ཅན། ཁྱོད་ཀྱི་གཞི་ལྡོག་སོགས་མེད་པར་ཐལ། ཁྱོད་གཞི་མ་གྲུབ་པའི་ཕྱིར། ཁྱབ་སྟེ། གཞི་མ་གྲུབ་ཀྱི་མཚན་མཚོན་སོགས་ཁས་ལེན་མི་རུང་བར་སྡེ་བདུན་རྒྱན་ལས་གསུངས་པའི་ཕྱིར།

（༤）གཟུགས་དང་དངོས་པོ་གཉིས་ཀྱི་མཚན་གཞི་མེད་པར་གསུངས་པ་ལྟར་ཁས་ལེན་མི་རུང་སྟེ། བུམ་པ་དེས་དེ་གཉིས་ཀའི་མཚན་གཞིའི་དོན་ཚོགས་པའི་ཕྱིར། ཡང་། གཟུགས་དང་དངོས་པོ་ཆོས་ཅན། ཁྱོད་ཀྱི་མཚན་ཉིད་ཀྱི་སྐབས་སུ་བབ་པའི་མཚོན་བྱ་

མཚོན་པའི་གཞིར་གྱུར་པ་ཡོད་པར་ཐལ། ཁྱོད་ཀྱི་མཚན་གཞི་ཡོད་པའི་ཕྱིར། འདོད་ན། ཁྱོད་ཀྱི་མཚན་ཉིད་ཡོད་པར་ཐལ།

(༥) ཆོས་དང་སྐད་གཅིག་མ་མ་ཡིན་པའི་གཞི་མཐུན་ཆོས་ཅན། ཁྱོད་མཚན་ཉིད་ཀྱི་སྐབས་སུ་བབ་པའི་མཚོན་བྱ་མཚོན་པའི་གཞིར་གྱུར་པ་ཡོད་པར་ཐལ། ཁྱོད་ཀྱི་མཚན་གཞི་ཡོད་པའི་ཕྱིར་ཏེ། རྟག་པའི་མཚན་གཞི་ཡིན་ན་ཆོས་དང་སྐད་ཅིག་མ་མ་ཡིན་པའི་གཞི་མཐུན་པའི་མཚན་གཞི་ཡིན་པས་ཁྱབ་པའི་ཕྱིར། ཉེ་ཟེར་ལས། ཆོས་དང་སྐད་ཅིག་མ་མ་ཡིན་པའི་གཞི་མཐུན་པའི་མཚན་གཞི་ཡིན་པར་ཐལ། རྟག་པའི་མཚན་གཞི་ཡིན་པའི་ཕྱིར་ཞེས་གསུངས་པའི་ཕྱིར། གོང་དུ་འདོད་ན། དེ་ཆོས་ཅན། ཁྱོད་ཀྱི་མཚན་ཉིད་ཡོད་པར་ཐལ། ཁྱོད་མཚན་ཉིད་ཀྱི་སྐབས་སུ་བབས་པའི་མཚོན་བྱ་མཚོན་པའི་གཞིར་གྱུར་པ། མཚན་གཞིའི་མཚན་ཉིད་དུ་སྡེ་བདུན་རྒྱན་ལས་གསུངས་པའི་ཕྱིར།

(༦) རྣམ་མཁྱེན་དང་ཐ་དད་ལས་ལོག་པའི་ཆོས་དེ། རྣམ་མཁྱེན་གྱི་ལྡོག་པའི་མཚན་ཉིད། རྣམ་མཁྱེན་དེའི་མཚན་གཞི་ཡིན་ཟེར་ན། དེའི་དམིགས་རྣམ་མ་བཅད་པར་ཤེས་པའི་རབ་དབྱེ་རྟོགས་ནུས་མིན། བདག་མེད་རྟོགས་ན་བདག་མེད་དང་གཅིག་རྟོགས་དགོས་མིན་སོགས་སྦྲོ།

(༧) བསྡུས་གཞུང་རྣམས་སུ་གཞི་གྲུབ་ན། ཁྱོད་ཀྱི་ལྡོག་པ་དུ་མ་མ་གྲུབ་པས་ཁྱབ་པར་གསུངས་པ་ལ། ཁོ་ན་རེ། ཁྱོད་ཆོས་ཅན། ཁྱོད་ཀྱི་ལྡོག་པ་དུ་མ་མ་གྲུབ་པར་ཐལ། ཁྱོད་གཞི་གྲུབ་པའི་ཕྱིར། འདོད་ན། ཁྱོད་ཆོས་ཅན། ཁྱོད་ཀྱི་ལྡོག་པ་དུ་མ་གྲུབ་པར་ཐལ། རྟག་པ་དེ་ཡང་དེ་ཡིན། དངོས་པོ་དེ་ཡང་དེ་ཡིན་པའི་ཕྱིར། རྟག་པ་ཆོས་ཅན། ཁྱོད་ཀྱི་ལྡོག་པ་ཡོད་པར་ཐལ། ཁྱོད་གཞི་གྲུབ་པའི་ཕྱིར།

(༨) ཁྱོད་མཚོན་བྱ་ཡིན་ན། ཁྱོད་ཀྱི་མཚན་ཉིད་ཡིན་ན་ཁྱོད་ཀྱི་དོན་ལྡོག་ཡིན་པས་ཁྱབ་ཟེར་ན། ཁྱོད་ཆོས་ཅན། དེར་ཐལ། དེའི་ཕྱིར། མ་གྲུབ་ན། དེར་ཐལ། ཚད་མས་དམིགས་པ་ཡོད་པ་ཁྱོད་ཀྱི་མཚན་ཉིད་ཡིན་པའི་ཕྱིར་ཟེར་ན། རྟགས་མ་གྲུབ་སྟེ།

ཚད་མས་དམིགས་པ་ཡོད་པ་ཁྱོད་ཀྱི་མཚན་ཉིད་མ་ཡིན་པའི་ཕྱིར། ཚད་མས་དམིགས་པ་ཡོད་པ་ཆོས་ཅན། ཁྱོད་ཀྱི་མཚན་ཉིད་ཡིན་པར་ཐལ། ཁྱོད་ཀྱི་དོན་ལྡོག་ཡིན་པའི་ཕྱིར། ཟེར་ན། འདོད་པ་ཡིན་ཏེ། ཚད་མས་དམིགས་པ་ཡོད་པའི་མཚན་ཉིད་ཡིན་པར་འདོད་ཅེས་ཆོག་པའི་ཕྱིར། འདི་དག་ནི་རྩོད་གཞི་བླངས་མ་བླངས་ཀྱི་ཁྱད་ཡིན་ནོ། །

(༩) སྒྲ་ལ་ལྡོག་པ་དྲུ་མ་མེད་པར་ཐལ། སྒྲ་ལྷ་བུ་གཅིག་ལ་ཡང་སྒྲམ་ཡིན་པའི་ཤེས་བྱ་ཇི་སྙེད་ཡོད་པ་དེ་སྙེད་ཀྱི་གྲངས་དང་མཉམ་པའི་དེ་དག་ལས་ལོག་པའི་ལྡོག་པ་ཡོད་པའི་ཕྱིར། ཞེས་ཊཱི་ཀ་ཆེན་ལས་གསུངས་པའི་ཕྱིར་ཟེར་ན་སྒྲ་བྱས་པ་མ་ཡིན་པ་ལས་ལོག་པའི་ལྡོག་པ་དང་། སྒྲ་རྟག་པ་ཡིན་པ་ལས་ལོག་པའི་ལྡོག་པ་སོགས་སྒྲའི་སྟེང་དུ་གྲུབ་པའི་དོན་ཡིན་པའི་ཕྱིར། རྣམ་འགྲེལ་ལས། མཐུན་དངོས་གཞན་གྱི་དངོས་དག་ལ། །ལྡོག་པ་ལ་ནི་བརྟེན་པ་ཅན། །ཞེས་གསུངས་པའི་ཕྱིར།

(༡༠) སྒྲའི་ལྡོག་པ་དྲུ་མ་གྲུབ་པར་ཐལ། དེ་ལ་རང་ལྡོག དོན་ལྡོག གཞི་ལྡོག་གསུམ་གྲུབ་པའི་ཕྱིར།

(༡༡) ཁྱོད་མཚོན་བྱ་ཡིན་ན། ཁྱོད་དང་གཅིག་ཡིན་ན་མཚོན་བྱ་ཡིན་པས་ཁྱབ་གསུངས་པ་ལ། ཁྱོད་ཡོད་པ་ཆོས་ཅན། དེར་ཐལ། དེའི་ཕྱིར། མ་གྲུབ་ན། ཁྱོད་ཡོད་པ་ཆོས་ཅན། ཁྱོད་དང་གཅིག་ཡིན་ན་མཚོན་བྱ་ཡིན་པས་ཁྱབ་པར་ཐལ། ཁྱོད་མཚོན་བྱ་ཡིན་པའི་ཕྱིར། ཡོད་པ་ཆོས་ཅན། ཁྱོད་ཡོད་པ་མཚོན་བྱ་ཡིན་པར་ཐལ། ཁྱོད་ཡོད་པ་ཚད་མས་དམིགས་པ་ཁྱོད་ཡོད་པའི་མཚན་ཉིད་ཡིན་པའི་ཕྱིར། མ་གྲུབ་ན། དེར་ཐལ། ཁྱོད་གཞི་གྲུབ་པའི་ཕྱིར། གོང་དུ་འདོད་ན། རི་བོང་རྭ་ཆོས་ཅན། མཚོན་བྱ་ཡིན་པར་ཐལ། ཡོད་པ་ཡོད་པ་དང་གཅིག་ཡིན་པའི་ཕྱིར། འདོད་མི་ནུས་ཏེ་མེད་ངེས་ཡིན་པའི་ཕྱིར། རྟག་རྟག་པ་དང་དངོས་པོ་དངོས་པོ་ཆོས་ཅན་སོགས་སྦྱོ།

(༡༢) བུམ་པ་དང་གཅིག་ཏུ་གྱུར་པའི་བུམ་པ་དང་གཅིག་ཡིན་ན། བུམ་པ་དང་གཅིག་ཡིན་དགོས་ཏེ། བུམ་པ་དང་གཅིག་མ་ཡིན་ན། བུམ་པ་དང་གཅིག་ཏུ་གྱུར་པའི་

བུམ་པ་མ་ཡིན་པས་ཁྱབ་པའི་ཕྱིར་ཏེ། མཐའ་དཔྱོད་ལས། བུམ་པ་དང་གཅིག་ཏུ་གྱུར་པའི་བུམ་པ་མ་ཡིན་པར་ཐལ། བུམ་པ་དང་གཅིག་མ་ཡིན་པའི་ཕྱིར། ཞེས་གསུངས་པའི་ཕྱིར། འདི་ལ་གོ་ན་རེ། དེ་མི་འཐད་པར་ཐལ། བུམ་པ་དང་གཅིག་ཏུ་གྱུར་པའི་བུམ་པ་དང་གཅིག་ཡིན་ན། བུམ་པ་དང་གཅིག་མ་ཡིན་པས་ཁྱབ་པའི་ཕྱིར། མ་གྲུབ་ན། བུམ་པ་དང་གཅིག་ཏུ་གྱུར་པའི་བུམ་པ་ཆོས་ཅན། ཁྱོད་དང་གཅིག་ཡིན་ན་བུམ་པ་དང་གཅིག་མ་ཡིན་པས་ཁྱབ་པར་ཐལ། ཁྱོད་བུམ་པ་དང་ཐ་དད་ཡིན་པའི་ཕྱིར། ཁ་ཅིག་དེ་སྒྲ་སྒྲུར་ནས་འདོད་ཟེར་ན། བུམ་པ་དང་གཅིག་ཏུ་གྱུར་པའི་བུམ་པ་ཆོས་ཅན། ཁྱོད་དང་གཅིག་ཏུ་མ་གྲུབ་པར་ཐལ། ཁྱོད་ཁྱོད་དང་གཅིག་ཡིན་པ་གང་ཞིག བུམ་པ་ཁྱོད་དང་གཅིག་ཡིན་པའི་ཕྱིར། མ་གྲུབ་ན། བུམ་པ་ཆོས་ཅན། བུམ་པ་དང་གཅིག་ཏུ་གྱུར་པའི་བུམ་པ་གཅིག་མ་ཡིན་པར་ཐལ། བུམ་པ་དང་གཅིག་ཡིན་པའི་ཕྱིར། ཁྱབ་སྟེ། བུམ་པ་དང་གཅིག་མ་ཡིན་ན། བུམ་པ་དང་གཅིག་ཏུ་གྱུར་པའི་བུམ་པ་མ་ཡིན་པར་གསུངས་པའི་རྒྱུ་མཚན་ཡོད་པའི་ཕྱིར།

(༡༣) བུམ་པ་ཆོས་ཅན། ད་ཁྱོད་དང་གཅིག་ཏུ་མ་གྲུབ་པར་ཐལ། ཁྱོད་ཁྱོད་དང་གཅིག་ཡིན་པ་གང་ཞིག ཡོད་པ་གང་ཞིག བུམ་པ་ཁྱོད་དང་གཅིག་ཡིན་པའི་ཕྱིར་ཟེར།

(༡༤) བུམ་པ་གཅིག་ཡིན་པ་གང་ཞིག བུམ་པ་དང་གཅིག་ཡིན་ན། བུམ་པ་དང་གཅིག་ཡིན་པས་ཁྱབ་པར་ཐལ། འདོད་པའི་ཕྱིར། འདོད་ན། བུམ་པ་དང་གཅིག་ཡིན་པ་གང་ཞིག བུམ་པ་ཡིན་པའི་ཕྱིར། དེ་ཆོས་ཅན། ཁྱོད་ཁྱོད་རང་ཡིན་པར་ཐལ། ཁྱོད་གཞི་གྲུབ་པའི་ཕྱིར། གོང་དུ་འདོད་ན། བུམ་པ་དང་ཡིན་ཁྱབ་མཉམ་ཡིན་པར་ཐལ། བུམ་པ་དང་གཅིག་ཡིན་པའི་ཕྱིར། འདོད་ན། གསེར་བུམ་ཆོས་ཅན་སོགས་སྦྱོ། ཡང་བུམ་པ་དང་གཅིག་ཡིན་པ་གང་ཞིག བུམ་པ་དང་གཅིག་ཡིན་ན། བུམ་པ་དང་གཅིག་ཡིན་པས་ཁྱབ་པར་ཐལ། ཉེ་ཟེར་ལས། བུམ་པ་ཆོས་ཅན། ཁྱོད་དང་གཅིག་ཡིན་པར་ཐལ། བུམ་པ་

དང་གཅིག་ཡིན་པ་གང་ཞིག བུམ་པ་དང་གཅིག་ཡིན་ན། ཁྱོད་དང་གཅིག་ཡིན་དགོས་པའི་ཕྱིར་ན་མ་ཁྱབ་ཅེས་གསུངས་པའི་ཕྱིར། དེ་བཞིན་དུ། བུམ་པ་ཡོད་པ་གང་ཞིག མི་རྟག་པ་མི་རྟག་པའི་ལྡོག་པ་ཡིན་མིན་སོགས་སྦྱོ།

(༡༥) གཞི་གྲུབ་ན་བུམ་པའི་ལྡོག་པ་ཡོད་པས་ཁྱབ་པར་ཐལ། གཞི་གྲུབ་ན་བུམ་པའི་ལྡོག་པ་དང་བུམ་པ་དང་གཅིག་གཉིས་ཡིན་ཁྱབ་མཉམ་ཡིན་པས་ཁྱབ་པའི་ཕྱིར་ཏེ། མཐའ་དཔྱོད་ལས། བུམ་པའི་ལྡོག་པ་དང་བུམ་པ་དང་གཅིག་ཡིན་ཁྱབ་མཉམ་ཡིན་ཏེ། གཞི་གྲུབ་ན་ཁྱོད་ཁྱོད་དང་གཅིག་ཡིན་པས་ཁྱབ་པའི་ཕྱིར་ཞེས་གསུངས་པའི་ཕྱིར། ཞེ་ན། བུམ་པའི་དགག་གཞི་ཆོས་ཅན། བུམ་པའི་ལྡོག་པ་ཡོད་པར་ཐལ། བུམ་པའི་ལྡོག་པ་དང་བུམ་པ་དང་གཅིག་གཉིས་ཡིན་ཁྱབ་མཉམ་ཡིན་པར་ཐལ། འདོད་མི་ནུས་ཏེ། བུམ་པའི་དགག་གཞི་ཡིན་པའི་ཕྱིར།

གཅིག་ཐ་དད་ཀྱི་རྣམ་གཞག

(༡) དངོས་མིང་གཅིག་གིས་གོ་བར་བྱ་བའི་ཆོས་དེ་གཅིག་གི་མཚན་ཉིད། དངོས་མིང་ཐ་དད་ཀྱིས་གོ་བར་བྱ་བའི་ཆོས་དེ་ཐ་དད་ཀྱི་མཚན་ཉིད་ཡིན་ཏེ། རྣམ་འགྲེལ་ལས། དེའི་ཕྱིར་ཁྱད་པར་གང་ཞིག་ཆོས། །གང་གིས་གོ་བར་གྱུར་པ་དེ། །དེ་ལས་གཞན་གྱིས་ནུས་མ་ཡིན། །དེས་ན་ཐ་དད་རྣམ་པར་གནས། །ཞེས་དང་། སྒྲུན་སེལ་ལས་ཀྱང་། གཞི་གྲུབ་ཆོས་དེ་དངོས་མིང་ཐ་དད་དུ་གོ་བར་བྱ་བ་ཐ་དད་ཀྱི་མཚན་ཉིད་དུ་གསུངས་པའི་ཕྱིར། ཟླ་བ་དང་བསིལ་ཟེར་ཅན་གཉིས་ཆོས་ཅན་སོགས་སྦྱོ།

(༢) དངོས་མིང་གཅིག་གིས་གོ་བར་བྱ་བའི་ཆོས་ཆོས་ཅན། ཁྱོད་གཅིག་གི་མཚན་ཉིད་དུ་འཇོག་མི་རུང་བར་ཐལ། ཁྱོད་ངེས་ནས་གཅིག་མ་ངེས་པ་ཞིག་མི་སྲིད་པའི་ཕྱིར།

(༣) གྲུབ་བདེ་གཅིག་ཡིན་ན། གྲུབ་བདེ་རྫས་གཅིག་ཡིན་པས་ཁྱབ་ཟེར་ན། བྱ་

རམ་གྱི་རོ་གཟུགས་གཉིས་ཆོས་ཅན། དེར་ཐལ། དེའི་ཕྱིར། བུ་རམ་ཆོས་ཅན། ཁྱོད་ཀྱི་རོ་གཟུགས་གཉིས་གྲུབ་པ་དུས་མཉམ་གནས་པ་དུས་མཉམ། འཇིག་པ་དུས་མཉམ་ཡིན་པར་ཐལ། ཁྱོད་འདོད་ཁམས་ཀྱི་གཟུགས་རགས་པ་ཡིན་པའི་ཕྱིར། རྩ་བར་འདོད་ན། བུ་རམ་ཆོས་ཅན། ཁྱོད་ཀྱི་ཚོགས་པའི་རོ་གཟུགས་གཉིས། སྐྱེ་འགག་གནས་གསུམ་དུས་མཉམ་ཡིན་པར་ཐལ། འདོད་པའི་ཕྱིར། འདོད་མི་ནུས་ཏེ། རྣམ་འགྲེལ་མཐའ་དཔྱོད་ལས། རྫས་དང་དུས་སོགས་ཀྱི་བུ་རོ་མེད་ལ་བུར་གཟུགས་ཡོད་པ་དང་། བུར་གཟུགས་ཡོད་ལ་བུ་རོ་མེད་པར་གྱུར་པའི་དུས་ཡོད་པའི་ཕྱིར་ཏེ། དཔེར་ན། རྡོ་རུས་ཀྱི་གོས་ཀྱི་གཟུགས་དྲི་བཞིན། ཞེས་གསུངས་པའི་ཕྱིར་དང་། བུར་ཤིང་གི་སྨྱུ་གུའི་དུས་ན་བུ་རམ་གྱི་དྲི་དམིགས་པར་ཐལ། བུར་རོ་དམིགས་པའི་ཕྱིར། འདོད་ན། དེའི་དུས་སུ་བུ་རམ་གྲུབ་ཟིན་པར་ཐལ་ལོ། །བུར་ཤིང་གི་ཚོགས་པ་ན་བུར་རོ་ཡོད་མེད། དུས་དེར་དེའི་ཚོགས་པ་ན་བུར་ཁུ་ཡོད་མེད། འོ་མའི་ཚོགས་པ་ན་མར་ཡོད་མེད་དང་མར་གྱི་ཉེར་ལེན་ཡོད་མེད་སོགས་སྤྲོའོ། །

(༩) རྫས་གཅིག་ཡིན་ན། རྫས་རིགས་གཅིག་ཡིན་པས་ཁྱབ་པར་ཐལ། དེ་ཡིན་ན་ཉེར་ལེན་གཅིག་ལས་སྐྱེས་པའི་དངོས་པོ་ཡིན་པས་ཁྱབ་པའི་ཕྱིར་ཏེ། བསྡུས་གཞུང་ལས། ཉེར་ལེན་གཅིག་ལས་སྐྱེས་པའི་དངོས་པོ་དེ། རྫས་རིགས་གཅིག་གི་མཚན་ཉིད་དུ་སྟར་བཤད་ལ། ཞེས་གསུངས་པའི་ཕྱིར། འདོད་ན། ཀ་བུམ་གཉིས་ཆོས་ཅན། རྫས་རིགས་གཅིག་ཡིན་པར་ཐལ། རང་གི་ཉེར་ལེན་གཅིག་ལས་སྐྱེས་པའི་འདུ་བྱས་ཡིན་པའི་ཕྱིར། ཁྱབ་པ་ཁས། རྟགས་གྲུབ་སྟེ། ཉེ་ཟེར་ལས། ཀ་བུམ་གཉིས་ཆོས་ཅན། རྫས་རིགས་གཅིག་ཡིན་པར་ཐལ། རང་གི་ཉེར་ལེན་གཅིག་ལས་སྐྱེ་བའི་འདུ་བྱས་ཡིན་པའི་ཕྱིར་ན། མ་ཁྱབ་ཅེས་གསུངས་པའི་ཕྱིར། ཡང་དེ་ཆོས་ཅན། རྫས་རིགས་གཅིག་ཡིན་པར་ཐལ། ཐ་དད་གང་ཞིག རང་གི་ཉེར་ལེན་གཅིག་ལས་སྐྱེས་པ་ཡིན་པའི་ཕྱིར། ཁྱབ་པ་མཐའ་དཔྱོད་ཀྱིས་གྲུབ། འདོད་མི་ནུས་ཏེ། རྫས་རིགས་གཅིག་ཏུ་འཇོག་པ་ལ་རང་ཉེར་

ལེན་ཐུན་མོང་བ་གཅིག་ལས་སྐྱེས་པའི་འདུ་བྱས་ཐ་དད་དགོས་པའི་ཕྱིར། ཀ་བུམ་གཉིས་ཀྱི་ཉེར་ལེན་གྱི་གཞི་མཐུན་མེད་པའི་ཕྱིར། ཡང་བུམ་པ་ཆོས་ཅན། རྫས་རིགས་གཅིག་ཡིན་པར་ཐལ། ཉེར་ལེན་གཅིག་ལས་སྐྱེས་པའི་དངོས་པོ་ཡིན་པའི་ཕྱིར། འདོད་ན། ཐ་དད་ཡིན་པར་ཐལ་ལོ། །

(༥) གསེར་གྱི་གོང་བུ་གཅིག་གིས་ཉེར་ལེན་བྱས་པའི་གསེར་གྱི་ཀ་བུམ་གཉིས་ཆོས་ཅན། རྫས་རིགས་གཅིག་ཡིན་པར་ཐལ། ཕན་ཚུན་ཐ་དད་དུ་གྱུར་བའི་འདུ་བྱས་གང་ཞིག ཁྱོད་ཀྱི་ཉེར་ལེན་གཞི་མཐུན་གྲུབ་ཅིང་རང་གི་ཉེར་ལེན་གཅིག་ལས་སྐྱེས་པའི་ཕྱིར། མཐའ་དཔྱོད་ལས། ཀ་བུམ་ཆོས་ཅན། ཁྱོད་ཀྱི་ཡིན་པ་ཡོད་པར་ཐལ། ཁྱོད་དུ་འགྱུར་ངེས་ཡོད་པའི་ཕྱིར་ན་མ་ཁྱབ་ཅེས་གསུངས་ཤིང་། ཀ་བུམ་གཉིས་ཀྱི་ཉེར་ལེན་དང་འགྱུར་ངེས་ཀྱི་ཡིན་པ་རེ་རེ་ནས་ཡོད་ཟེར་མི་ནུས་ཏེ། 《རྟོམ་འགྲེ》ལས། ཀ་བུམ་གཉིས་ཆོས་ཅན། ཁྱོད་ཀྱི་ཉེར་ལེན་གྱི་ཡིན་པ་ཡོད་པར་ཐལ། ཁྱོད་ཀྱི་རྒྱུའི་ཡིན་པ་ཡོད་པའི་ཕྱིར་ན་མ་ཁྱབ་ཅེས་དང་། ཉི་ཟེར་ལས། ཀ་བུམ་གཉིས་སུ་འགྱུར་ངེས་ཀྱི་ཡིན་པ་མེད་པར་ཐལ། ཀ་བུམ་གཉིས་སུ་གྱུར་མ་ཐག་པ་མི་སྲིད་པའི་ཕྱིར། ཞེས་གསུངས་པའི་ཕྱིར། གསེར་གྱི་གོང་བུ་དེ་ཆོས་ཅན། ཁྱོད་ཀ་བུམ་གཉིས་གར་འགྱུར་ངེས་མ་ཡིན་པར་ཐལ། ཁྱོད་ཀྱི་ཚོགས་པ་ན་དེ་གཉིས་ཀྱི་འགྱུར་ངེས་ཀྱི་རྟུལ་སོ་སོར་ཡོད་པའི་ཕྱིར་དང་། དེ་གཉིས་མ་འདྲེས་པར་སངས་རྒྱས་ཀྱིས་གཟིགས་པའི་ཕྱིར།

(༦) རང་གི་དངོས་ཀྱི་ཉེར་ལེན་གཅིག་ལས་སྐྱེས་པའི་ཐ་དད་པའི་འདུ་བྱས་དེ་རྫས་རིགས་གཅིག་གི་མཚན་ཉིད་དུ་མཐའ་དཔྱོད་ལས་གསུངས་པ་ལ། ས་བོན་ནས་རྗོག་གཅིག་ལས་སྐྱེས་པའི་ནས་འབྲུ་ཆེ་ཆུང་གཉིས་ཆོས་ཅན། དེར་ཐལ། དེའི་ཕྱིར། འདོད་མི་ནུས་ཏེ། བརྒྱུད་རྒྱུ་ཡིན་པའི་ཕྱིར་དང་ཁྱོད་དང་ཁྱོད་ཀྱི་འབྲས་བུའི་བར་ལ་ཉིན་མང་པོས་ཆོད་པའི་ཕྱིར། ཡང་དེ་ཆོས་ཅན། ཁྱོད་རང་འབྲས་ནས་འབྲུ་སོགས་ཀྱི་དངོས་ཀྱི་ཉེར་ལེན་མ་ཡིན་པར་ཐལ། ཁྱོད་ཀྱི་ཉེར་ལེན་བྱས་པ་ལས་སྡོང་བུ་དུམ་དང་སྡོང་བུ་རེ་རེ་ལས་དུས་ཡུན་

རིང་འགོར་དགོས་པའི་ཕྱིར། 《རྩོམ་འཕྲོ》ལས། དཔྱིད་དུས་ནས་རྟོག་གཅིག་ས་བོན་དུ་བཏབ་པ་ལས། སྨྱུ་གུ་སྔོན་པོ་དུ་མ་འབྱུང་ཞིང་། དེ་རེ་རེ་ལ་སྙེ་མ་རེ་རེ་དང་སྙེ་མ་རེ་རེའི་ནང་དུ་ནས་འབྲུ་མང་པོ་འབྱུང་བར་མངོན་སུམ་གྱིས་གྲུབ་པའི་ཕྱིར་ཞེས་གསུངས་པའི་ཕྱིར། ཡང་དེ་ཆོས་ཅན། ཁྱོད་རང་འབྲས་ནས་འབྲུ་ཆེ་ཆུང་གཉིས་ཀའི་དུས་ན། ནས་འབྲུ་ཆེ་བར་གྱུར་ཟིན་མིན། ནས་འབྲུ་ཆུང་བར་འགྱུར་ཟིན་མིན། ཆེ་ཆུང་གཉིས་ཀ་ཡིན་མིན་སོགས་སྦྱོ།

(༧)《ཉི་ཟེར》ལས། རྒྱུད་གཅིག་པའི་ལྷ་མི་གཉིས་ཆོས་ཅན། རིགས་གཅིག་ཡིན་པར་ཐལ། རྫས་རིགས་གཅིག་ཡིན་པའི་ཕྱིར་ན་མ་ཁྱབ་ཅེས་གསུངས་པ་ལ། དེར་ཐལ། དེའི་ཕྱིར། འདོད་མི་ནུས་ཏེ། ཁྱོད་སྔ་ཕྱི་རིམ་ཅན་དུ་སྐྱེས་པ་ཡིན་པའི་ཕྱིར་དང་། སང་ཉིན་དེ་རིང་གཉིས་ཀྱི་དངོས་ཀྱི་ཉེར་ལེན་གྱི་གཞི་མཐུན་ཡོད་པར་ཐལ་བ་དང་། རྒྱུད་གཅིག་པའི་རྟ་དང་བ་གླང་གཉིས་ཀྱི་དངོས་ཀྱི་ཉེར་ལེན་གྱི་གཞི་མཐུན་ཡོད་པར་ཐལ་བ་སོགས་སྦྱོ།

(༨) བུམ་པ་དང་གྲུབ་བདེ་གཅིག་ཡིན་ན། བུམ་པ་དང་གྲུབ་བདེ་རྫས་གཅིག་ཡིན་པས་ཁྱབ་ཟེར་ན། བུམ་པ་དང་དུས་མཉམ་དུ་གྲུབ་པའི་ཀ་བ་ཆོས་ཅན། དེར་ཐལ། དེའི་ཕྱིར། རྟགས་གྲུབ་སྟེ། བུམ་པ་དང་སྐྱེ་འཇིག་གནས་གསུམ་དུས་མཉམ་པའི་དངོས་པོ་ཡིན་པའི་ཕྱིར། འདོད་མི་ནུས་ཏེ། བུམ་པ་དང་འབྲེལ་མེད་དོན་གཞན་ཡིན་པའི་ཕྱིར།

(༩) བུམ་པ་དང་རྫས་གཅིག་ཡིན་ན། བུམ་པ་དང་གྲུབ་བདེ་རྫས་གཅིག་ཡིན་པས་ཁྱབ་ཟེར་ན། དེ་རིང་གི་དུས་ཀྱི་བུམ་པ་ཆོས་ཅན། དེར་ཐལ། དེའི་ཕྱིར། བུམ་པའི་བྱེ་བྲག་ཡིན་པའི་ཕྱིར།

(༡༠) མདུན་གྱི་གཞི་འདིར་རྟ་དང་བ་ལང་གཉིས་ཡོད་པར་ཐལ། མདུན་གྱི་དམ་བཅའ་བའི་རྒྱུར་གྱུར་པའི་རྟ་དང་བ་ལང་གཉིས་ཡོད་པའི་ཕྱིར། དེའི་རྒྱུར་གྱུར་པའི་འགྲོ་བ་རིགས་དྲུག་ཡོད་པའི་ཕྱིར། ཡང་མཐའ་དཔྱོད་ལས། མདུན་གྱི་གཞི་འདིར་རྟ་དང་བ་ལང་

གཉིས་རིགས་མི་འདྲ་བ་ཡིན་པར་ཐལ། རིགས་མི་འདྲ་བ་འཇོག་རྒྱུ་ཡོད་པའི་ཕྱིར། དེ་ལ་དྲི་རོ་གཉིས་བཞག་ཚོག་པའི་ཕྱིར། ……

（༡༡）སྒྲུབ་པར་གྱུར་པའི་ལྡོག་པ་རིགས་གཅིག་གི་མཚན་ཉིད་ལ། བྱད་གཟུགས་སོགས་ཀུན་ནས་མཚུངས་པའི་མི་གཉིས་ཆོས་ཅན། དེར་ཐལ། དེའི་ཕྱིར།

（༡༢）དྲིལ་བུའི་སྒྲ་དང་གླིང་བུའི་སྒྲ་གཉིས་ཆོས་ཅན། མཚན་ཉིད་དེར་ཐལ། མཚོན་བྱ་དེའི་ཕྱིར། འདོད་མི་ནུས་ཏེ། སྒྲ་དེ་གཉིས་འདྲའོ་སྙམ་པ་གང་ཟག་སུ་ལའང་མི་འཆར་བའི་ཕྱིར། ཙན་དན་གྱི་ཀ་བ་དང་ཤུག་པའི་ཀ་བ་གཉིས་འདྲ་བར་མཐའ་དཔྱོད་ལས་གསུངས་པའི་ཕྱིར། དེས་ན། སངས་རྒྱས་དང་སེམས་ཅན་གཉིས་འདྲ་བར་ཐལ་བ་དང་། རྣམ་མཁྱེན་དང་འདོད་ཆགས་གཉིས་འདྲ་བར་ཐལ་བ་སོགས་སྦྲོ།

（༡༣）རྒྱལ་པོ་གཅིག་གི་སྲས་སུ་གྱུར་པའི་བྱད་དབྱིབས་སོགས་ཆེས་མི་འདྲ་བ་གཉིས་ཆོས་ཅན། མཚོན་བྱ་དེ་མ་ཡིན་པར་ཐལ། མཚན་ཉིད་མ་ཡིན་པའི་ཕྱིར། གང་ཟག་གང་དང་གང་གི་ཡིད་གཏད་པས་མཐོང་ཙམ་ཉིད་ནས་འདི་གཉིས་འདྲའོ་སྙམ་པའི་བློ་ངང་གིས་སྐྱེས་ནུས་པའི་ཆོས་མ་ཡིན་པའི་ཕྱིར། འདོད་ན་རིགས་གཅིག་ཀྱང་མ་ཡིན་པར་ཐལ་ལོ། །

（༡༤）སྒྲུབ་པར་གྱུར་པའི་ལྡོག་པ་རིགས་གཅིག་ཡིན་ན། སྒྲུབ་པ་ཡིན་པས་མ་ཁྱབ་ཟེར་ན། དེ་མི་འཐད་པར་ཐལ། མཐའ་དཔྱོད་ལས། སྒྲུབ་པར་གྱུར་པའི་ལྡོག་པ་རིགས་གཅིག་མ་ཡིན་པར་ཐལ། སྒྲུབ་པ་མ་ཡིན་པའི་ཕྱིར། ཞེས་གསུངས་པའི་ཕྱིར། 《རྟོམ་འཁྲོ》ལས། སྒྲུབ་པ་ཡིན་པར་ཐལ། སྒྲུབ་པར་གྱུར་པའི་ལྡོག་པ་རིགས་གཅིག་ཡིན་པའི་ཕྱིར་ན་མ་ཁྱབ་ཅེས་གསུངས་པ་ཅི་ལྟར་འགྲེལ།

（༡༥）དགག་པར་གྱུར་པའི་ལྡོག་པ་རིགས་གཅིག་གི་མཚན་ཉིད་ལྟར་ན། དེ་ཡིན་ན་མེད་དགག་ཡིན་དགོས་པ་ལ། བུམ་པའི་མི་རྟག་པ་དང་ཀ་བའི་མི་རྟག་པ་གཉིས་དགག་པར་གྱུར་པའི་ལྡོག་པ་རིགས་གཅིག་ཡིན་ཏེ། དགག་བྱའི་ཆོས་འདྲ་བའི་དགག་པ་དེ་དགག་

བྱ་རིགས་གཅིག་གི་མཚན་ཉིད་ཡིན་ཏེ། འདིའི་རིགས་གཅིག་ཚུལ་དགག་བྱའི་སྒོ་ནས་འཇོག་པའི་ཕྱིར་ཏེ། ཞེས་གསུངས་པའི་ཕྱིར།

（༡༥）ཤེས་བྱ་དང་རི་བོང་རྭ་གཉིས་ཐ་དད་ཡིན་པར་ཉི་ཟེར་ལས་གསུངས་པ་ལྟར་ན། ཡོད་པ་དང་མེད་པ་གཉིས་ཀྱང་ཐ་དད་ཡིན་ཟེར་ན། ཁྱོད་རང་ལྡོག་ཐ་དད་ཡིན་པར་ཐལ། ཐ་དད་པའི་ཕྱིར། འདོད་མི་ནུས་ཏེ་ཁྱོད་ངེས་མེད་ཡིན་པའི་ཕྱིར། མཐའ་དཔྱོད་ལས། ཁྱོད་ཀྱི་རང་ལྡོག་མེད་པར་ཐལ། ཁྱོད་མེད་པའི་ཕྱིར། འདི་ལ་རྟག་དངོས་གཉིས་རྟག་པ་ཡིན་མིན་སོགས་སྦྱོ།

（༡༦）ཐ་དད་ཐ་དད་ཡིན་མིན་དང་། དུ་མ་དུ་མ་ཡིན་མིན་སོགས་སྦྱོ། ཤེས་བྱ་སོ་སོ་བ་མ་ཡིན་པའི་ཆོས་ཡིན་པའི་ཕྱིར། ཡང་ཤེས་བྱ་གྲངས་མེད་མ་ཡིན་པར་ཐལ། སངས་རྒྱས་ཀྱི་ཡུལ་གྲངས་མེད་མ་ཡིན་པར་ཐལ་བ་སོགས་སྦྱོའོ། །

རྒྱུ་འབྲས་ཆུང་ངུའི་རྣམ་གཞག

（༡）རྟག་ལ་རྒྱུ་འབྲས་ཡོད་མིན་ཏེ། ཞི་ན། འགོག་བདེན་ཆོས་ཅན། འབྲས་བུ་མ་ཡིན་པར་ཐལ། མཛོད་ལས། འདུས་མ་བྱས་ལ་དེ་དག་མེད་ཅེས་དང་། ཤཱཀྱའི་དགེ་སློང་ལྟར་བཅོས་ནས་རྟག་པའི་རྒྱུ་འབྲས་ཁས་ལེན་པ་ནི་བདུད་རིགས་དངོས་ཡིན་པར་ཤེས་པར་བྱོས་ཤིག་ཅེས་མཛོད་འགྲེལ་ལས་གསུངས་པའི་ཕྱིར།

（༢）ཡོད་པའི་རྒྱུ་འབྲས་གཉིས་ཡོད་པར་ཐལ། ཚད་མས་དམིགས་པའི་རྒྱུ་འབྲས་གཉིས་ཡོད་པའི་ཕྱིར། ཡོད་པའི་བུམ་པ་ཡོད་མེད། ཡོད་པའི་སྐྱེ་ཀ་ན་འཆི་བཞི་ཡོད་མེད། ཡོད་པའི་ངག་སྨྲ་བའི་དུས་ཡོད་མེད། ཡོད་པ་སྐྱེས་བུ་ཡིན་པའི་དུས་ཡིན་མིན་སོགས་སྦྱོ།

（༣）ཤེས་པ་ཡིན་ན། ཁྱོད་ཀྱི་ས་བོན་ཁྱོད་རང་གི་རྫས་རྒྱུན་དུ་རྫས་སུ་གཙོ་བོར་སྐྱེད་བྱེད་ཡིན་པས་ཁྱབ་པའི་ཕྱིར་ཏེ། དེ་ལྟར་མཐའ་དཔྱོད་ལས་གསུངས་པའི་ཕྱིར་ན།

མིག་ཤེས་སྣ་ཤེས་གཉིས་ཆོས་ཅན། ཁྱོད་ཀྱི་ས་བོན་ཁྱོད་རང་གི་རྗེས་རྒྱུན་དུ་རྗེས་སུ་གཙོ་བོར་སྐྱེད་བྱེད་ཡིན་པར་ཐལ། ཁྱོད་ཤེས་པ་ཡིན་པའི་ཕྱིར། ཡང་རྣམ་ཤེས་ཀྱི་ཉེར་ལེན་ཡིན་ན། རྣམ་ཤེས་ཡིན་པས་མ་ཁྱབ་པར་ཐལ། རྣམ་ཤེས་ཀྱི་ས་བོན་རྣམ་ཤེས་ཀྱི་ཉེར་ལེན་ཡིན་པའི་ཕྱིར། འདོད་མི་ནུས་ཏེ། ཐེག་ཆེན་སེམས་བསྐྱེད་ཀྱི་ཉེར་ལེན་ཡིན་ན། རྣམ་ཤེས་ཡིན་པས་ཁྱབ་པའི་རྒྱུ་མཚན་ཡོད་པའི་ཕྱིར། ཕར་ཕྱིན་མཐའ་དཔྱོད་ལས། ཐེག་ཆེན་སེམས་བསྐྱེད་ཀྱི་ཉེར་ལེན་ལ་རྣམ་ཤེས་ཤིག་མི་དགོས་པར་ཐལ། དེའི་སེམས་རྟེན་ལ་རྣམ་ཤེས་ཤིག་མི་དགོས་པའི་ཕྱིར་ན། ཤིན་ཏུ་མ་ཁྱབ་སྟེ། ཞེས་དང་། རྣམ་བཤད་ལས། རྣམ་ཤེས་མིན་པ་རྣམ་ཤེས་ཀྱི་ཉེར་ལེན་དུ་རུང་བ་མིན་པའི་ཕྱིར། ཞེས་གསུངས་པའི་ཕྱིར།

(༤) གསེར་སྲང་བཅུ་ལས་བྱས་པའི་བུམ་པར་འགྱུར་ངེས་ཀྱི་གསེར་སྲང་གང་ཡོད་པར་ཐལ། དེ་ལྟར་བྱས་པའི་བུམ་པའི་ཚོགས་པ་ན་གསེར་སྲང་གང་ལས་བྱས་པའི་བུམ་པ་ཡོད་པའི་ཕྱིར། དེར་ཐལ། དེའི་ཚོགས་པ་དེའི་ཉེར་ལེན་གསེར་སྐར་མ་གང་ཡོད་པའི་ཕྱིར།

(༥) གཟུགས་ཡིན་ན་ཁྱོད་སྐད་ཅིག་ཐ་མ་ཡོད་པས་ཁྱབ་པར་ཐལ། མཐའ་དཔྱོད་ལས། ཁྱོད་སྐད་ཅིག་ཐ་མ་དངོས་པོ་ཡིན་པར་ཐལ། ཁྱོད་གཟུགས་ཡིན་པའི་ཕྱིར་ཞེས་གསུངས་པའི་ཕྱིར། འདོད་ན། སྐད་ཅིག་ཐ་མའི་ཀློག་ཆོས་ཅན། དེར་ཐལ། དེའི་ཕྱིར། མཐའ་དཔྱོད་ལས། ཀློག་ཆོས་ཅན། ཁྱོད་སྐད་ཅིག་ཐ་མ་རྒྱུན་ཆད་ཐ་མ་ཡིན་པར་ཐལ། ཁྱོད་སྐད་ཅིག་ཙམ་གྱིས་རྒྱུན་ཆད་ངེས་ཀྱི་དངོས་པོ་ཡིན་པའི་ཕྱིར། ཡང་ཀློག་ཆོས་ཅན། དེ་མ་ཡིན་པར་ཐལ། ཁྱོད་སྐད་ཅིག་སྔ་ཕྱི་བར་གསུམ་གྱི་བདག་ཉིད་ཅན་གྱི་དངོས་པོ་ཡིན་པའི་ཕྱིར་ཏེ། རྒྱུན་བཅས་ཀྱི་དངོས་པོ་ཡིན་པའི་ཕྱིར།

(༦) དངོས་པོ་དེའི་རྒྱུ་ཡིན་ན། དངོས་པོ་དེའི་ཉེར་ལེན་ཡིན་པས་ཁྱབ་ཟེར་ན། བུམ་པའི་རྒྱུར་གྱུར་པའི་གང་ཟག་ཆོས་ཅན། དེར་ཐལ། དེའི་ཕྱིར། དེ་ལྟར་ཉེ་ཟེར་ལས་གསུངས་པའི་ཕྱིར། འདོད་ན། དེ་ཆོས་ཅན། ཁྱོད་མེད་ན་དངོས་པོ་དེ་མེད་པས་ཁྱབ་པར་ཐལ། ཁྱོད་དངོས་པོ་དེའི་རྒྱུ་ཡིན་པའི་ཕྱིར། འདོད་ན། བུམ་པའི་དགག་གཞི་ཆོས་

ཅན། དེར་ཐལ། དེའི་ཕྱིར།

(༧) རྒྱུ་འབྲས་ཡིན་ན་མེད་ན་མི་འབྱུང་གི་འབྲེལ་བ་གྲུབ་དགོས་ཏེ། རྣམ་འགྲེལ་ལས། གང་དག་ཡོད་ན་གང་འགྱུར་ཉིད། །དེ་དག་ལས་གཞན་དེ་ཡི་རྒྱུར། །རྟོག་པ་ཡིན་ན་ཐམས་ཅད་ལ། །རྒྱུ་རྣམས་ཐུག་པ་མེད་པར་འགྱུར། །ཞེས་དང་། 《རྩོམ་འཕྲོ》ལས། རྗེས་སུ་འགྲོ་ལྡོག་དེ་མི་དགོས་ན་འབྲས་བུ་གང་དང་གང་གི་རྒྱུ་ཡིན་མིན་ཐུག་མེད་དུ་ཐལ་བའི་སྐྱོན་འབྱུང་བའི་ཕྱིར་ཟེར་ན། གསེར་བུམ་གྱི་མགར་བ་དང་ལག་ཆ་སོགས་རེ་རེ་ནས་ཆོས་ཅན། ཁྱོད་མེད་ན་གསེར་བུམ་མེད་པས་ཁྱབ་པར་ཐལ། དེའི་རྒྱུ་ཡིན་པའི་ཕྱིར། མིའི་སྐྱེ་བ་སྔ་མར་གྱུར་པའི་ཧ་སྣང་གཉིས་མེད་ན་མི་འབྱུང་གི་འབྲེལ་བ་གྲུབ་མིན་དང་། མདུན་གྱི་གཞི་འདིར་དམ་བཅའ་བ་མེད་པར་ཐལ། དེའི་རྒྱུར་གྱུར་པའི་ལྷ་དབང་མེད་པའི་ཕྱིར། མདུན་གྱི་གཞི་འདིར་དམ་བཅའ་བའི་གང་ཟག་དེའི་སྐྱེ་བ་སྔ་ཕྱི་ཡོད་མེད་སོགས་སོ། །

(༨) དངོས་ཀྱི་རྒྱུ་འབྲས་ཡིན་ན། རྒྱུ་གཞན་གྱིས་བར་མ་ཆོད་པས་ཁྱབ་སྟེ། ཚད་མའི་མཐའ་དཔྱོད་ལས། ས་བོན་སྐད་ཅིག་ཐ་མ་མྱུ་གུའི་དངོས་ཀྱི་ཉེར་ལེན་དང་ས་བོན་སྐད་ཅིག་དང་པོ་མྱུ་གུའི་བརྒྱུད་ཀྱི་ཉེར་ལེན་ཡིན་པའི་ཕྱིར། ཞེས་གསུངས་པའི་ཕྱིར། འདོད་ན། དྲང་ངེས་མཆན་ལས། དེ་བཞིན་དུ་སྐྱེ་བ་འདི་ཕྱི་མའི་དངོས་རྒྱུ་ཡིན་ཡང་དེར་འགྱུར་ཁམ་མ་ཡིན་པ་སོགས་ཚིག་ལ་གཟབ་དགོས། ཞེས་གསུངས་པས་དེ་གཉིས་ཀའི་བར་དུ་བར་སྲིད་ཀྱིས་ཆོད་པས་ན། དངོས་རྒྱུར་ཇི་ལྟར་འགྱུར། ད་དུང་དགེ་སློང་ལྡས་ཕྱིན་དང་ལུས་རྟེན་གཅིག་བསྡུས་ཀྱི་ཕྱིས་པ་དེའི་དངོས་རྒྱུ་ཡིན་མིན། དགེ་ཚུལ་ལྡས་ཕྱིན་དང་དགེ་སློང་ལྡས་ཕྱིན་གཉིས་ཀྱི་དངོས་རྒྱུའི་ཡིན་པ་ཡོད་མེད། དམ་བཅའ་བ་དང་རྒྱུད་གཅིག་པའི་མའི་མངལ་དུ་ཉིང་མཚམས་སྦྱར་མ་དེ་དམ་བཅའ་བའི་དངོས་རྒྱུ་ཡིན་མིན་སོགས་སྤྲོ།

(༩) རྒྱུ་འབྲས་དུས་མཉམ་དུ་གྲུབ་པ་ཡོད་དེ། མ་བུ་གཉིས་རྒྱུ་འབྲས་ཡིན་ཡང་།

དེ་གཉིས་དུས་མཉམ་དུ་ཡོད་པའི་ཕྱིར་ཟེར་ན། མི་འཐད་དེ། རྣམ་འགྲེལ་ལས། རྒྱུ་རྣམས་ཐམས་ཅད་སྔར་ཡོད་ཡིན། །ཞེས་དང་། ལུང་རིགས་སྨྲ་ལུགས་རྒྱུ་འབྲས་དུས་མི་མཉམ་ཞེས་གསུངས་པའི་ཕྱིར།

(༡༠) གཟུགས་ཀྱི་ཕྱི་ལོགས་སུ་བྱུང་བའི་སྔ་ལོགས་སུ་བྱུང་བའི་སྔ་ལོགས་སུ་བྱུང་བ་དང་། གཟུགས་ཀྱི་སྔ་ལོགས་སུ་བྱུང་བ་གཉིས་པོ་དུས་མཉམ་དུ་སྐྱེས་པ་ཡིན་པར་མཐའ་དཔྱོད་ལས་གསུངས་པ་ལ། གཟུགས་ཀྱི་བརྒྱུད་རྒྱུའི་དུས་སུ་གཟུགས་ཀྱི་སྔ་ལོགས་སུ་བྱུང་བ་ཡོད་པར་ཐལ། དེའི་དུས་སུ་གཟུགས་ཀྱི་བརྒྱུད་རྒྱུ་ཡོད་པ་གང་ཞིག དེ་གཟུགས་ཀྱི་སྔ་ལོགས་སུ་བྱུང་བ་ཡིན་པའི་ཕྱིར་ན། མ་ཁྱབ། འདོད་ན། གཟུགས་ཀྱི་སྔ་ལོགས་སུ་བྱུང་བ་ཆོས་ཅན། གཟུགས་ཀྱི་བརྒྱུད་རྒྱུའི་དུས་སུ་ཁྱོད་མེད་པར་ཐལ། ཁྱོད་གཟུགས་ཀྱི་དངོས་རྒྱུ་ཡིན་པའི་ཕྱིར།

(༡༡) བུམ་པའི་ཕྱི་ལོགས་སུ་བྱུང་བ་ཆོས་ཅན། བུམ་པའི་ཕྱི་ལོགས་སུ་བྱུང་བའི་འབྲས་བུ་ཡིན་པར་ཐལ། བུམ་པའི་འབྲས་བུ་ཡིན་པའི་ཕྱིར། ཁྱབ་སྟེ། བསྡུས་གྲྭའི་ལེགས་བཤད་ལས། ཁྱབ་པ་མ་བྱུང་ཟེར་ན། འོ་ན། བུམ་པའི་འབྲས་བུ་བུམ་པ་དང་དུས་མཉམ་གྲུབ་པ་ཡོད་པར་ཐལ། བུམ་པའི་འབྲས་བུ་ཡིན་ན་བུམ་པའི་ཕྱི་ལོགས་སུ་བྱུང་བའི་འབྲས་བུ་ཡིན་པས་ཁྱབ་པའི་ཕྱིར། འཁོར་གསུམ། ཞེས་གསུངས་པའི་ཕྱིར། ཡང་བུམ་པའི་ཕྱི་ལོགས་སུ་བྱུང་བ་ཆོས་ཅན། ཁྱོད་བུམ་པའི་ཕྱི་ལོགས་སུ་བྱུང་བ་དང་དུས་མཉམ་དུ་མ་གྲུབ་པར་ཐལ། ཁྱོད་བུམ་པའི་ཕྱི་ལོགས་སུ་བྱུང་བའི་འབྲས་བུ་ཡིན་པའི་ཕྱིར། འདོད་ན། དེ་ཆོས་ཅན། ཁྱོད་ཁྱོད་དང་དུས་མཉམ་དུ་གྲུབ་པར་ཐལ། ཁྱོད་གཞི་གྲུབ་པའི་ཕྱིར། དེ་ཆོས་ཅན། ཁྱོད་བུམ་པའི་ཕྱི་ལོགས་སུ་བྱུང་བའི་འབྲས་བུ་མ་ཡིན་པར་ཐལ། ཁྱོད་བུམ་པའི་ཕྱི་ལོགས་སུ་བྱུང་བ་དང་གཅིག་ཡིན་པའི་ཕྱིར་ཞེ་ན། དེ་སྐྲ་སྦྱོར་ཤེས་དགོས་པར་བཤད།

(༡༢) ཆོས་དེ་ལ་ཕན་འདོགས་བྱེད་ཆོས་དེའི་མཚན་ཉིད་དུ་བསྡུས་གཞུང་རྣམས་

སུ་གསུངས་པ་ལ། སངས་རྒྱས་སེམས་ཅན་གྱི་རྒྱུ་ཡིན་མིན་དང་ངན་འགྲོའི་རྒྱུ་ཡིན་མིན་སོགས་དང་། དམ་བཅའ་བའི་ཁ་ཟས་དམ་བཅའ་བའི་རྒྱུ་ཡིན་མིན་སོགས་སྦྱོ།

(༧༣) རང་གི་རྒྱུ་ལས་སྐྱེས་པ། འདུས་བྱས་ཀྱི་མཚན་ཉིད་དུ་གསུངས་པ་ལ། དེ་གཉིས་ཡིན་ཁྱབ་མཉམ་ཡིན་པར་ཐལ། བསྡུས་གཞུང་ལས། དེ་ཁྱོད་ཀྱི་མཚོན་བྱ་ཡིན་ན་ཁྱོད་ཡིན་པས་ཁྱབ་པ་སོགས་སྒོ་བརྒྱད་ཀ་ངེས་དགོས་པའི་ཕྱིར། ཞེས་གསུངས་པའི་ཕྱིར། རྟག་པ་ཆོས་ཅན། རང་གི་རྒྱུ་ལས་སྐྱེས་པ་ཡོད་པར་ཐལ། འདུ་བྱས་ཡོད་པའི་ཕྱིར་དང་། ཁྱབ་པ་སྒོ་བརྒྱད་ཀ་ངེས་མི་དགོས་པའི་ཕྱིར་ཏེ། རྩ་ཚིག་ལས། མཚན་མཚོན་སྒོ་བཞི་ཡིན་ཞེས་གསུངས་པའི་ཕྱིར།

(༧༤) གསེར་བུམ་གསེར་ལས་སྐྱེས་པ་ཡིན་པར་འདོད་ན། གསེར་བུམ་གསེར་གྱི་འབྲས་བུ་ཡིན་པར་འགྱུར་ཀྱང་། གསེར་བུམ་གསེར་གྱི་བྱེ་བྲག་མ་ཡིན་པར་འགྱུར་རོ། །རྒྱུ་རྒྱུ་ལས་སྐྱེས་པ་ཡིན་ན་རྒྱུ་རང་ལས་སྐྱེས་པ་ཡིན་པར་འགྱུར་བ་དང་། མ་མ་ལས་སྐྱེས་པ་ཡིན་མིན། རང་གི་རྒྱུ་ལས་སྐྱེས་པས་རྒྱུ་ལས་སྐྱེས་པའི་གོ་ཆོད་མིན་སོགས་སྦྱོ།

(༧༥) ཙན་དན་གྱི་མེ་དུ་བའི་རྒྱུ་ཡིན་ཟེར་ན། དེ་ཆོས་ཅན། ཁྱོད་མེད་ན་དུ་བ་མེད་པས་ཁྱབ་པར་ཐལ། ཁྱོད་དུ་བའི་རྒྱུ་ཡིན་པའི་ཕྱིར། འདོད་མི་ནུས་ཏེ། ཙན་དན་གྱི་མེ་མ་དམིགས་པའི་ས་ཕྱོགས་སུ་དུ་བ་དམིགས་པའི་ཕྱིར་དང་། ཙན་དན་གྱི་མེ་དུ་བའི་རྒྱུ་མ་ཡིན་པར་མཐའ་དཔྱོད་ལས་གསུངས་པའི་ཕྱིར། འདི་ལ་མདོ་སྨད་ཀྱི་མེ་དུ་བའི་རྒྱུ་མ་ཡིན་པར་ཐལ། འདོད་ན། དུ་བའི་རྒྱུ་ས་ཕྱོགས་གང་ནའང་མི་དམིགས་པར་ཐལ། མདོ་སྨད་དུ་དུ་བ་མེད་པར་ཐལ། དེའི་རྒྱུ་མ་དམིགས་པའི་ཕྱིར། སྡེ་(བདུན)རྒྱན་ལས། ཕྱོགས་བཅུ་དབུས་གང་ནའང་མི་གནས་པའི་ཕྱིར། གཟུགས་ཅན་མ་ཡིན་པར་འགྱུར་རོ། །ཞེས་གསུངས་པ་ཇི་ལྟར་འགྲེལ།

(༧༦) ཙན་དན་མེད་ན། ཙན་དན་གྱི་མེ་མེད་པས་ཁྱབ། ཅེས་པ་ལ། བུད་ཤིང་ཟད་པ་དང་མེ་མེད་པ་དུས་མཉམ་ཡིན་པར་འགྱུར་རོ། །

(༡༧) དངོས་པོ་ཡིན་ན། གསར་དུ་སྐྱེས་མ་ཐག་པ་ཡིན་པས་ཁྱབ། ཅེས་པ་ལ་སྐྱེས་ནས་ལོ་བརྒྱའི་བར་དུ་སྡོད་པའི་རྒན་པོ་མེད་པར་ཐལ་བ་སོགས་སྦྱོ།

(༡༨) གང་ཟག་གི་ས་བོན་གང་ཟག་ཡིན་པར་ཐལ། འདོད་ན། ཕུང་པོ་བཞིའམ་ལྔའི་རྒྱུན་ལ་བཏགས་པའི་ཁྱབ་མ་ཁྱབ། ཤེས་པའི་ཉེར་ལེན་ཤེས་པ་དགོས་མིན་སོགས་སྦྱོར། །

ཡུལ་དང་ཡུལ་ཅན་གྱི་རྣམ་གཞག

(༡) དངོས་པོ་ཡིན་ན་གཟུགས་ཡིན་པས་ཁྱབ་པར་ཐལ། ཤེས་བྱ་ཡིན་པའི་ཕྱིར། ཁྱབ་སྟེ། ཤེས་བྱ་ཡིན་ན་དངོས་པོ་ཡིན་ན་གཟུགས་ཡིན་པས་ཁྱབ་པའི་ཕྱིར། དེར་ཐལ། ཤེས་བྱ་ཡིན་ན་དངོས་པོ་ཡིན་ན་གང་དྲན་དྲན་ཡིན་པས་ཁྱབ་པའི་ཕྱིར། རྩ་བར་འདོད་མི་ནུས་ཏེ། དངོས་པོ་ཡིན་ན་གཟུགས་ཡིན་པས་མ་ཁྱབ་པའི་ཕྱིར། བྱས་པ་ལ། ཁོ་ན་རེ། དངོས་པོ་ཡིན་ན་གཟུགས་ཡིན་པས་ཁྱབ་པར་ཐལ། ཤེས་བྱ་ཡིན་པའི་ཕྱིར། ཞེས་པའི་ཐལ་འགྱུར་ལ་ལན་མི་ཐེབས་པར་ཐལ། འདོད་པའི་ཕྱིར། འདོད་མི་ནུས་ཏེ། དེ་ལ་ཁྱབ་མེད་ཀྱི་ལན་ཐེབས་པའི་ཕྱིར། ཤེས་བྱ་ཡིན་ན་དངོས་པོ་ཡིན་ན་གཟུགས་ཡིན་པས་མ་ཁྱབ་པའི་ཕྱིར་ཏེ། ལྡན་མིན་འདུ་བྱེད་གཞི་གྲུབ་པའི་ཕྱིར།

(༢) ཡོད་པ་ཡིན་ན་གཞལ་བྱ་ཡིན་པར་ཐལ། གཞི་གྲུབ་པའི་ཕྱིར་ཞེ་ན། རི་བོང་རྭ་ཆོས་ཅན། གཞལ་བྱ་ཡིན་པར་ཐལ། གཞི་གྲུབ་ན་ཡོད་པ་ཡིན་པའི་ཕྱིར། རྟགས་ཁྱབ་ཁས།

(༣) གཟུགས་ཡིན་ན་གཞལ་བྱ་ཡིན་ན། མིག་ཤེས་ཡིན་ན་གང་དྲན་དྲན་ཡིན་པས་ཁྱབ་བྱས་པ་ལ། ཁོ་ན་རེ། དེ་ཡིན་ན་ཚད་མ་ཡིན་པས་ཁྱབ་པར་ཐལ། འདོད་པའི་ཕྱིར། འདོད་མི་ནུས་ཏེ། ཉི་ཟེར་ལས། གཟུགས་ཡིན་ན་གཞལ་བྱ་ཡིན་ན་མིག་ཤེས་ཡིན་

ན་ཚད་མ་ཡིན་པས་ཁྱབ་ཟེར་ན་ཞེས་གསུངས་པའི་ཕྱིར།

(༤) བདག་མེད་ཡིན་ན་ཡོད་པས་ཁྱབ་པར་ཐལ། མ་ཁྱབ་པའི་སྐྱོན་མེད་པའི་ཕྱིར། མ་གྲུབ་ན། དེའི་སྐྱོན་ལ་རྟག་དངོས་གང་རུང་ཡོད་པར་ཐལ། དེར་སྐྱོན་ཡོད་པའི་ཕྱིར། དེའི་སྐྱོན་ལ་མེད་པ་ཞིག་འཇོག་མི་དགོས་པར་ཐལ་ལོ། །

(༥) དངོས་པོ་ཁོ་ནའི་ཡིན་པ་མེད་པར་ཐལ། རྟག་པའི་ཡིན་པ་ཡོད་པའི་ཕྱིར། ཁྱབ་སྟེ། དངོས་པོ་ཁོ་ནའི་ཡིན་པ་ཡོད་ཅེས་པས་རྟག་པའི་ཡིན་པ་ཡོད་པ་གཅོད་པའི་ཕྱིར།

(༦) རྟག་དངོས་གཉིས་ཀ་རྣམ་པ་ཐམས་ཅད་པའི་རྟག་པ་མིན་ཟེར་ན་རྟག་དངོས་གཉིས་ཀ་ཆོས་ཅན། རྣམ་པ་ཐམས་ཅད་པའི་རྟག་པ་ཡིན་པར་ཐལ། ཁྱོད་རྟག་པ་ཡིན་པ་གང་ཞིག རེ་འགའ་བའི་རྟག་པ་མ་ཡིན་པའི་ཕྱིར། འདི་ལ། རྟག་དངོས་གཉིས་ཀ་དུས་རྟག་ཏུ་ཡོད་པར་ཐལ། འདོད་མི་ནུས་ཏེ། ཉི་ཟེར་ལས། དངོས་པོ་དུས་ཐམས་ཅད་དུ་ཡོད་པ་མ་ཡིན་པར་ཐལ། དངོས་པོ་རང་གི་རྒྱུ་དུས་སུ་ཡོད་པ་མ་ཡིན་པའི་ཕྱིར། ཞེས་གསུངས་པའི་ཕྱིར་ན། འོ་ན། ཁྱོད་མེད་པའི་དུས་ཡོད་ན་ཁྱོད་རྟག་ཏུ་ཡོད་པ་མ་ཡིན་པས་ཁྱབ་པར་ཐལ། འདོད་པའི་ཕྱིར། འདོད་ན་བུམ་པ་དང་གཅིག་ཆོས་ཅན། དེར་ཐལ། དེའི་ཕྱིར། རྟགས་གྲུབ་སྟེ་རྩོམ་འཕྲོ་ལས། བུམ་པ་དང་གཅིག་ཆོས་ཅན། ཁྱོད་མེད་པའི་དུས་གཅིག་མེད་པར་ཐལ། ཁྱོད་རྟག་ཏུ་ཡོད་པའི་ཕྱིར་ན་མ་ཁྱབ་ཅེས་དང་། བུམ་པ་ཞིག་པའི་དུས་སུ་བུམ་པ་མེད་པའི་རྒྱུ་མཚན་གྱིས་དེ་མེད་པ་ཡིན་གྱི། དེ་ཞིག་པའི་རྒྱུ་མཚན་གྱིས་མ་ཡིན་ནོ། །ཞེས་གསུངས་པའི་ཕྱིར། དེ་ལ། དེ་ཆོས་ཅན། ཁྱོད་དུས་རྟག་ཏུ་རྟག་པ་ཡིན་པར་ཐལ། ཁྱོད་དུས་རྟག་ཏུ་ཡོད་པའི་ཕྱིར་ན་མ་ཁྱབ། རྟགས་གྲུབ་སྟེ། རྟག་པ་ཡིན་པའི་ཕྱིར། འདོད་ན་དུས་ཐམས་ཅད་དུ་རྟག་པ་ཡིན་པར་ཐལ། འདོད་པའི་ཕྱིར། འདོད་ན། བུམ་པའི་རྒྱུ་དུས་དང་འབྲས་དུས་སུ་རྟག་པ་ཡིན་པར་ཐལ་འདོད་པ་དེའི་ཕྱིར། ཁྱབ་སྟེ། བུམ་པ་སོགས་དུས་ཐམས་ཅད་དུ་ཡོད་པ་མིན་པའི་རྒྱུ་མཚན་ཡོད་པའི་ཕྱིར།

(༧) དུས་རྟག་ཏུ་རྟག་པ་ཡིན་པར་ཐལ། རྟག་པ་མ་ཡིན་པའི་དུས་ཡོད་པའི་ཕྱིར་

དང་། རྟག་པར་རྟོགས་པའི་ཚད་མ་མེད་པའི་དུས་ཡོད་པའི་ཕྱིར། དེ་བཞིན་དུ་ཡོད་པ་དང་བདག་མེད་མ་ཡིན་པའི་དུས་ཡོད་མེད་སོགས་སྦྱོ།

(༨) དམ་བཅའ་བ་སངས་རྒྱས་པའི་དུས་སུ་རྟག་པ་མ་ཡིན་པར་ཐལ། དམ་བཅའ་བ་སངས་རྒྱས་པའི་དུས་སུ་དངོས་པོ་ཡིན་པའི་ཕྱིར། དེར་ཐལ། དམ་བཅའ་བ་སངས་རྒྱས་པའི་དུས་སུ་སྐྱོན་ཀུན་ཟད་ཡོན་ཏན་ཀུན་ལྡན་གྱི་སྐྱེས་བུ་ཡིན་པའི་ཕྱིར། ཟེར་ན་དེ་སངས་རྒྱས་པའི་དུས་སུ་དངོས་པོ་མ་ཡིན་པར་ཐལ། དེའི་དུས་སུ་རྟག་པ་ཡིན་པའི་ཕྱིར། དེར་ཐལ། དེའི་དུས་སུ་ཕྱིར་རྟག་པ་ཡིན་པའི་ཕྱིར། དེར་ཐལ། དམ་བཅའ་བ་སངས་རྒྱས་པའི་དུས་སུ་ཕྱིར་རྟག་པ་ཡིན་པར་ཁས་ལེན་ཤེས་པའི་ཕྱིར། ཞེས་སོགས་སྦྱོ།

(༩) ཕྱིར་ཆོས་ཅན། ཀ་བུམ་གཉིས་ཡིན་པར་ཐལ། ཀ་བུམ་གཉིས་ཡིན་ན་ཀ་བུམ་གཉིས་ཡིན་དགོས་པའི་ཕྱིར་ཏེ། དེ་ཡིན་ན་གང་དྲན་དྲན་ཡིན་དགོས་པའི་ཕྱིར། འདོད་མི་ནུས་ཏེ། བདག་མེད་ཡིན་པའི་ཕྱིར་ཞེ་ན། ཀ་བུམ་གཉིས་ཡིན་ན་གང་དྲན་དྲན་ཡིན་པས་མ་ཁྱབ་པར་ཐལ། དེ་ཡིན་ན་དམ་བཅའ་བ་འཁོར་བའི་འཁོར་ལོ་སྐོར་བ་པོ་ཡིན་མི་དགོས་པའི་ཕྱིར། མ་གྲུབ་ན། ཀ་བུམ་གཉིས་ཡིན་ན་ཆོས་ཅན། དམ་བཅའ་བ་འཁོར་བའི་འཁོར་ལོ་བསྐོར་བ་པོ་མ་ཡིན་པར་ཐལ། ཆོས་ཀྱི་འཁོར་ལོ་བསྐོར་བ་ཡིན་པས་ཕྱིར། མ་ཁྱབ་ན་དེ་ཆོས་ཅན། དམ་བཅའ་བ་འཁོར་བའི་འཁོར་ལོ་སྐོར་བ་པོ་དང་ཆོས་ཀྱི་འཁོར་ལོ་སྐོར་བ་པོ་གཉིས་ཀ་ཡིན་པར་ཐལ། འདོད་པའི་ཕྱིར། འདོད་མི་ནུས་ཏེ། དེ་གཉིས་ཀ་མ་ཡིན་པའི་ཕྱིར། དེར་ཐལ། གང་དྲན་དྲན་ཞེས་པའི་དོན་ཡོད་པའི་ཕྱིར།

(༡༠) སངས་རྒྱས་གཅིག་རྟག་པ་ཡིན་པར་ཐལ། སངས་རྒྱས་གཅིག་དང་རྟག་པའི་གཞི་མཐུན་ཡོད་པའི་ཕྱིར་ཟེར་ན། འོ་ན། སངས་རྒྱས་གཅིག་གིས་རང་རྒྱུ་ཚོགས་གཉིས་བསགས། ཆོས་ཀྱི་འཁོར་ལོ་བསྐོར་བ་མ་ཡིན་པར་ཐལ། འདོད་པའི་ཕྱིར། འདོད་མི་ནུས་ཏེ། བསྟུས་གཞུང་ཉི་ཟེར་ལས། སངས་རྒྱས་གཅིག་གིས་རང་རྒྱུ་ཚོགས་གཉིས་བསགས་ནས་ཆོས་ཀྱི་འཁོར་ལོ་བསྐོར་བ་ཡོད་པའི་ཕྱིར། ཞེས་གསུངས་པའི་ཕྱིར།

(༡) ཡུལ་ཡིན་ན་ཡུལ་ཅན་ཡིན་པར་གྱུར་པའི་ཚད་མའི་ཡུལ་ཡིན་པས་ཁྱབ་ཟེར་ན། ཤེས་བྱ་ཆོས་ཅན། དེ་ཐལ། དེའི་ཕྱིར། འདོད་མི་ནུས་ཏེ། ཡུལ་ཅན་མ་ཡིན་པར་གྱུར་པའི་ཚད་མའི་ཡུལ་ཡིན་པའི་ཕྱིར། དེར་ཐལ། རྟག་པར་གྱུར་པའི་ཡོད་པ་ཡིན་པའི་ཕྱིར་དང་། རྟག་པར་གྱུར་པའི་ཚད་མའི་དམིགས་པ་ཡིན་པའི་ཕྱིར།

(༢) ཡུལ་ཡིན་ན་དངོས་པོར་གྱུར་པའི་ཚད་མའི་ཡུལ་ཡིན་པས་ཁྱབ་པའི་ཕྱིར་ཏེ། དེ་ཡིན་ན་ཤེས་པར་གྱུར་པའི་རྣམ་མཁྱེན་གྱི་གཞལ་བྱ་ཡིན་པའི་ཕྱིར། དེར་ཐལ། རྣམ་མཁྱེན་ཡིན་པར་གྱུར་པའི་རྣམ་མཁྱེན་གྱི་གཞལ་བྱ་ཡིན་པས་ཁྱབ་པའི་ཕྱིར་ཏེ། ལུང་རིགས་ཉི་མ་ལས། ཤེས་པར་གྱུར་པའི་རྣམ་མཁྱེན་གྱི་གཞལ་བྱ་ཡིན་པའི་ཕྱིར། དེར་ཐལ། གཞི་གྲུབ་པའི་ཕྱིར། ཞེས་གསུངས་པའི་ཕྱིར། ཡང་འདི་ལ། ཤེས་བྱ་ཆོས་ཅན། རྟག་པར་གྱུར་པའི་ཚད་མའི་ཡུལ་མ་ཡིན་པར་ཐལ། རྟག་པར་གྱུར་པའི་ཚད་མ་མེད་པའི་ཕྱིར་ན་མ་ཁྱབ་བྱས་པ་ལ། རྟག་པར་གྱུར་པའི་ཚད་མ་ཆོས་ཅན། ཁྱོད་མེད་ན་ཁྱོད་ཀྱི་ཡུལ་མེད་པས་ཁྱབ་པར་ཐལ། ཁྱོད་གང་ཟག་གི་བདག་མེད་ཡིན་པའི་ཕྱིར་ཟེར་ན། དེ་ལ་དེ་སྨྲ་སྨྲར་ནས་ལན་འདེབས།

(༣) ཤེས་བྱ་ཆོས་ཅན། དངོས་པོར་གྱུར་པའི་ཚད་མའི་ཡུལ་ཡིན་པར་ཐལ། དངོས་པོར་གྱུར་པའི་ཚད་མས་ཁྱོད་རྟོགས་པའི་ཕྱིར་ན། མ་ཁྱབ་སྟེ། ཉི་ཟེར་ལས། སྤྱིར་ཆོས་ཅན། དངོས་པོར་གྱུར་པའི་ཚད་མའི་གཞལ་བྱ་ཡིན་པར་ཐལ། དངོས་པོར་གྱུར་པས་ཁྱོད་རྟོགས་པའི་ཕྱིར་ན། རང་གི་ལུགས་ལ་མ་ཁྱབ་ཅེས་གསུངས་པའི་ཕྱིར། བུམ་པ་མ་ཡིན་པའི་ཡུལ་ཡོད་མེད་སོགས་སྦྱོ།

(༤) སློ་དེའི་ཡུལ་ཡིན་ན། ཡུལ་ཡིན་པས་ཁྱབ་ཟེར་ན། ཚད་མས་བསལ་བ་ཆོས་ཅན། ཡུལ་ཡིན་པར་ཐལ། སློ་དེའི་ཡུལ་ཡིན་པའི་ཕྱིར། ཁྱབ་པ་ཁས། རྟགས་གྲུབ་སྟེ། བདག་མེད་ཡིན་པའི་ཕྱིར། འདོད་མི་ནུས་ཏེ། མེད་པ་ཡིན་པའི་ཕྱིར། ཁྱབ་སྟེ། ཚད་མས་བསལ་བ་མེད་པ། ཡོད་པ་མ་ཡིན་པ་རྣམས་ཡིན་ཁྱབ་མཉམ་ཡིན་པར་ཉི་ཟེར་ལས་

གསུངས་པའི་ཕྱིར། འདི་ལ་འོ་ན། ཚད་མས་བསལ་བ་ཡུལ་ཡིན་པར་ཐལ། ཚད་མས་བསལ་བ་ཡོད་པའི་ཕྱིར་ཏེ། བསྡུས་ཆེན་རྣམ་གཞག་ལས། ཚད་མས་བསལ་བ་མེད་པར་ཐལ། ཚད་མས་མ་དམིགས་པ་མེད་པའི་ཕྱིར་ན། མ་ཁྱབ། ཅེས་གསུངས་པའི་ཕྱིར། འདི་ལ་སངས་རྒྱས་ཀྱིས་མ་བཞག་པའི་ཆོས་ཡོད་མེད་སོགས་འཕེན།

(༥) མ་ཡིན་པར་རྟོགས་པའི་ཚད་མའི་ཡུལ་མེད་པར་ཐལ། ཡིན་པར་རྟོགས་པའི་ཚད་མའི་ཡུལ་ཡོད་པའི་ཕྱིར། དེར་ཐལ། ཡོད་པ་དེ་ཡིན་པའི་ཕྱིར་ན་མ་ཁྱབ་སྟེ། ཡོད་པ་ཡོད་པར་རྟོགས་པའི་ཚད་མའི་ཡུལ་ཡིན་པའི་ཕྱིར་ཏེ། དེའི་དམིགས་ཡུལ་ཡིན་པའི་ཕྱིར། ཡང་། ཡོད་པ་ཡིན་པར་རྟོགས་པའི་རྗེས་དཔག་ཆོས་ཅན། ཁྱོད་ཀྱི་དམིགས་ཡུལ་ཡོད་པར་ཐལ། ཁྱོད་ཤེས་པ་ཡིན་པའི་ཕྱིར་ན། འདོད་པ་ཡིན་ཏེ། དེའི་དམིགས་ཡུལ་ལ་སྤྱིར་གང་འཇོག་ཞེ་ན། ཡུལ་ལ་སྤྱིར་དེ་ཡོད་པ་འཇོག སྣང་ཡུལ་ལ་སྤྱིར་ཡོད་པ་ཡིན་པའི་དོན་སྤྱི་འཇོག་དགོས་པའི་ཕྱིར། བྱས་པ་ལ། ཁོ་ན་རེ། སྤྱིར་ཡོད་པ་ཡིན་པའི་དོན་སྤྱི་ཆོས་ཅན། ཡོད་པ་ཡིན་པར་རྟོགས་པའི་སྣང་ཡུལ་མ་ཡིན་པར་ཐལ། དེའི་དམིགས་ཡུལ་ཡིན་པའི་ཕྱིར་ཟེར་ན། འདོད་ལན་ཐེབས་པ་ཡིན་ཏེ། རྩེ་བའི་ཆེན་སྤྱིར་ཡོད་པ་ཡིན་པའི་དོན་སྤྱི་དེ་སྤྱིར་ཡོད་པ་ཡིན་པའི་དོན་སྤྱི་ཡོད་པ་ཡིན་པར་རྟོགས་པའི་རྗེས་དཔག་གི་སྣང་ཡུལ་མ་ཡིན་པར་འདོད་ཅེས་བརྗེ་དགོས་ལ། བདག་མེད་ཡིན་ན་ཡིན་པར་རྟོགས་པའི་ཚད་མ་དང་ཡོད་པར་རྟོགས་པའི་ཚད་མ་སོགས་ཀྱི་སྣང་ཡུལ་མ་ཡིན་པས་ཁྱབ་པ་སོགས་རྩ་ཆོག་འགྲེལ་བར་གསུངས་སོ། །

(༦) བློ་དེའི་ཡུལ་ཡིན་ན། བློ་དེའི་འཛིན་སྟངས་ཀྱི་ཡུལ་ཡིན་པས་ཁྱབ་ཟེར་ན། སྒྲ་ཆོས་ཅན། ཞེས་གསུངས་པ་ལ། སྒྲ་ཆོས་ཅན། བློ་དེའི་འཛིན་སྟངས་ཀྱི་ཡུལ་ཡིན་པར་ཐལ། སྒྲ་འཛིན་རྟོག་པའི་འཛིན་སྟངས་ཀྱི་ཡུལ་ཡིན་པའི་ཕྱིར། མ་ཁྱབ་ན། བློ་དེའི་ཡུལ་ཡང་མ་ཡིན་པར་ཐལ་ལོ། །

(༧) བློ་དེའི་གཟུང་ཡུལ་ཡིན་ན། བློ་དེའི་འཛིན་སྟངས་ཀྱི་ཡུལ་ཡིན་པས་མ་ཁྱབ།

བུམ་པའི་དོན་སྤྱི་ཆོས་ཅན། བློ་དེའི་འཛིན་སྟངས་ཀྱི་ཡུལ་ཡིན་པར་ཐལ། བུམ་པའི་དོན་སྤྱི་འཛིན་པའི་རྟོག་པའི་འཛིན་སྟངས་ཀྱི་ཡུལ་ཡིན་པའི་ཕྱིར། མ་ཁྱབ་ན། བློ་དེའི་གཟུང་ཡུལ་ཡིན་པའི་སྒྲུབ་བྱེད་ཀྱང་མེད་པར་འགྱུར་རོ། །

(༤) ཡོད་མེད་གང་རུང་ཡིན་ན། རྟག་པར་འཛིན་པའི་བློའི་ཡུལ་ཡིན་པས་མ་ཁྱབ་ཟེར་ན། དེ་ལ་ཁྱབ་པ་ཡོད་པར་ཐལ། བདག་མེད་ཡིན་ན། རྟག་པར་འཛིན་པའི་བློ་དོན་མཐུན་དང་ དོན་ མི་ མཐུན་ གང་ རུང་ གི་ དམིགས་ པ་ ཡིན་ པས་ ཁྱབ་ པའི་ ཕྱིར་ ཟེར་ བ་ དང་། ……

(༦) ཚད་མ་དེའི་དམིགས་པ་ཡིན་ན་ཡོད་པས་ཁྱབ་པར་ཐལ། འདོད་ན། ནམ་ མཁའི་མེ་ ཏོག་ ཆོས་ ཅན། ཡོད་ པར་ ཐལ། ཚད་ མ་ དེའི་ དམིགས་ པ་ ཡིན་ པའི་ ཕྱིར། རྟགས་གྲུབ་སྟེ། ལུང་རིགས་ཉི་མ་ལས། ཚད་མའི་དམིགས་པ་ཡིན་ན། ཡོད་པས་མ་ཁྱབ་པར་ཐལ། ཚད་མ་དེའི་དམིགས་པ་ཡིན་ན། ཡོད་པས་མ་ཁྱབ་པར་ཐལ། ཚད་མ་དེའི་དམིགས་པ་ཡིན་ན་ཡོད་པས་མ་ཁྱབ་པའི་ཕྱིར་ན། མ་ཁྱབ་བམ་སྙམ་ནས། ནམ་མཁའི་མེ་ཏོག་ཆོས་ཅན། ཁྱོད་མེད་པར་རྟོགས་པའི་ཚད་མ་དང་། ཁྱོད་ཡོད་པར་སྒྲོ་འདོགས་པའི་སྒྲོ་འདོགས་ གཉིས་ དམིགས་ པ་ གཅིག་ ལ་ དམིགས་ ནས་ འཛིན་ སྟངས་ དངོས་ འགལ་ དུ་ ཞུགས་པ་ཡིན་པར་ཐལ། ཁྱོད་མེད་ངེས་ཡིན་པའི་ཕྱིར། ཞེས་གསུངས་པའི་ཕྱིར། འདིའི་ནམ་མཁའི་མེ་ཏོག་ཆོས་ཅན། ཚད་མ་དེའི་སྒྲོ་འདོགས་བཅད་པར་བྱ་བའི་གཞི་ཡིན་པར་ཐལ། ཚད་མ་དེའི་དམིགས་པ་ཡིན་པའི་ཕྱིར། རྟགས་ཁས། འདོད་ན། གཞི་གྲུབ་པར་ཐལ་ལོ། །ཡང་། རི་བོང་རྭ་མེད་པར་རྟོགས་པའི་རྗེས་དཔག་གི་དམིགས་ཡུལ་ལ་རི་བོང་རྭ་འཇོག་རིགས་པར་ཐལ། ནམ་མཁའི་མེ་ཏོག་ལ་དེའི་ཕྱིར། རྟགས་ཁས། འདོད་མི་ནུས་ཏེ། དེ་ལ་རི་བོང་གི་མགོ་བཞག་ཆོག་པའི་ཕྱིར་ཏེ། རི་བོང་རྭ་བདག་ཏུ་གྲུབ་པར་འཛིན་པའི་བློ་དང་བདག་མེད་དུ་རྟོགས་པའི་ཚད་མ་གཉིས་ཀའི་དམིགས་ཡུལ་དེ་ལ་འཇོག་པའི་ཕྱིར།

(༡༠) རྟོག་པ་གཅིག་ལ་འཛིན་སྟངས་མི་འདྲ་བ་གཉིས་ཡོད་ཟེར་ན། དེ་མེད་པར་ཐལ། བསྡུས་གཞུང་ལས། རྟོག་པ་ཡིན་ན་འཛིན་སྟངས་གཅིག་པོ་ན་ཅན་ཡིན་པས་ཁྱབ་པའི་ཕྱིར། ཞེས་གསུངས་པའི་ཕྱིར། བྱས་པ་ལ། པོ་ན་རེ། ཀ་བ་དང་བུམ་པ་ལ་སོགས་པ་རེ་རེ་ནས་རྟོག་པ་གཅིག་གི་འཛིན་སྟངས་ཀྱི་ཡུལ་མ་ཡིན་པར་ཐལ། འདོད་པའི་ཕྱིར། འདོད་མི་ནུས་ཏེ། གཞི་གྲུབ་ན་རྟོག་པ་གཅིག་པུའི་ཞེན་ཡུལ་ཡིན་པའི་ཁྱབ་པའི་ཕྱིར།

(༡༡) རྟོག་པ་ཡིན་ན་རང་གི་སྣང་ཡུལ་ལ་འཁྲུལ་བས་ཁྱབ་པར་འདོད་པ་ལ། པོ་ན་རེ། རྗེས་དཔག་ཆོས་ཅན། རང་གི་སྣང་ཡུལ་ལ་འཁྲུལ་བར་ཐལ། རྟོག་པ་ཡིན་པའི་ཕྱིར། འདོད་མི་ནུས་ཏེ། རང་གི་སྣང་ཡུལ་དངོས་སུ་རྟོགས་པའི་ཕྱིར། མ་གྲུབ་ན། རྗེས་དཔག་གི་སྣང་ཡུལ་ཆོས་ཅན། ཁྱོད་རྗེས་དཔག་གི་དངོས་སུ་རྟོག་པར་ཐལ། ཁྱོད་སྒྲིག་གྱུར་ཡིན་པའི་ཕྱིར། ཟེར་བ་ལ། དེ་ལ་སྐྱོན་མེད་པར་ཐལ། རྗེས་དཔག་གི་སྣང་ཡུལ་ལ་རྗེས་དཔག་མ་འཁྲུལ་ཡང་རྗེས་དཔག་རྗེས་དཔག་གི་སྣང་ཡུལ་ལ་འཁྲུལ་བའི་ཕྱིར་ཟེར་ཡང་དཔྱད།

(༡༢) རང་གི་ཞེན་ཡུལ་ཡོད་ན་རྟོག་པ་ཡིན་པས་ཁྱབ་ཟེར་ན། སྐྱེས་བུ་ཆོས་ཅན། དེར་ཐལ། དེའི་ཕྱིར། རིགས་རྒྱན་ལས། ཆོས་དེས་ཞེན་པའི་སྒོ་ནས་རིག་པར་བྱ་བ། ཆོས་དེའི་ཞེན་ཡུལ་གྱི་མཚན་ཉིད། དབྱེ་ན་སྐྱེས་བུའི་ཞེན་ཡུལ་དང་རྟོག་པའི་ཞེན་ཡུལ་གཉིས། ཞེས་གསུངས་པའི་ཕྱིར། ཡང་། མངོན་སུམ་གྱི་ཚད་མ་ཆོས་ཅན། རྟོག་པ་ཡིན་པར་ཐལ། རང་གི་ཞེན་ཡུལ་ཡོད་པའི་ཕྱིར་ཏེ། རྣམ་ངེས་ཊཱི་ཀ་ཆེན་ལས། མངོན་སུམ་ཚད་མ་ལ་ཞེན་ཡུལ་སློབ་དཔོན་ཆོས་མཆོག་བཞེད་དེ། ཞེས་དང་། རིགས་ཐིགས་དར་ཊཱི་ཀ་ལས་ཀྱང་། ཞེན་པའི་ཡུལ་ནི་ཚད་མས་རྟོགས་པའི་དོན་ཏེ། རྗེས་དཔག་གིས་རྟོགས་པའི་དོན་སྒྲིག་གྱུར་རང་མཚན་དང་། མངོན་སུམ་གྱིས་རྟོགས་པའི་དོན་རང་མཚན་གཉིས་ཀ་ཞེན་པའི་ཡུལ་ཡིན་ནོ། །ཞེས་གསུངས་པའི་ཕྱིར་ཟེར། འདི་ལ། མངོན་སུམ་སོགས་རྟོག་མེད་ཀྱི་ཤེས་པ་ལ་ཞེན་ཡུལ་བཞག་ན་མཐའ་དཔྱོད་སོགས་དང་འགལ་ཞིང་། སློབ་

དཔོན་ཆོས་མཆོག་གིས་ཀྱང་མངོན་སུམ་གྱིས་དྲངས་པའི་ངེས་ཤེས་ཀྱི་ཞེན་ཡུལ་ལ་མངོན་སུམ་གྱི་ཞེན་ཡུལ་ཞེས་ཐ་སྙད་ཙམ་བཏགས་པ་ཡིན་གྱི་མངོན་སུམ་རང་ལ་ཞེན་ཡུལ་བཞེད་པ་མ་ཡིན་པའི་ཕྱིར། རིགས་ཐིགས་དར་ཊཱི་ཀ་ལས། སློབ་དཔོན་ཆོས་མཆོག་གིས་ཀྱང་མངོན་སུམ་གྱིས་དྲངས་པའི་ངེས་ཤེས་ཀྱིས་ཞེན་པར་བྱས་པ་ལ་བཏགས་ནས་མངོན་སུམ་ཚད་མ་ལ་ཡང་ཞེན་ཡུལ་ཡོད་པའི་ཐ་སྙད་མཛད་དོ། །ཞེས་གསུངས་པའི་ཕྱིར།

(༧༣) ཡུལ་ཅན་ཡིན་ན། ཡུལ་དང་ཡུལ་ཅན་གཉིས་སུ་ཕྱེ་བའི་ཡུལ་ཅན་ཡིན་པས་མ་ཁྱབ་སྟེ། རྟོད་བྱེད་ཀྱི་སྒྲ་དང་གང་ཟག་གཉིས་པོ་གང་རུང་ཡིན་ན། དེ་གཉིས་སུ་ཕྱེ་བའི་ཡུལ་ཡིན་པས་མ་ཁྱབ་པའི་ཕྱིར། བསྡུས་གཞུང་ཤེས་བྱའི་སྒོ་འབྱེད་ལས། ཡུལ་ཅན་ཡིན་ན་ཡུལ་དང་ཡུལ་ཅན་གཉིས་སུ་ཕྱེ་བའི་ཡུལ་ཅན་ཡིན་པས་ཁྱབ་པར་འདོད་པའི་ལུགས་གཅིག་དང་། དེ་ལྟར་མ་ཡིན་པར་རྟོད་བྱེད་ཀྱི་སྒྲ་དང་། གང་ཟག་ལ་ཡུལ་དང་ཡུལ་ཅན་གཉིས་སུ་ཕྱེ་བའི་ཡུལ་ཅན་མ་ཡིན་པས་ཁྱབ་པར་འདོད་པའི་ལུགས་གཉིས་ལས་ཕྱི་མའི་རྗེས་སུ་འབྲང་ངོ་། །ཞེས་གསུངས་པའི་ཕྱིར། འདི་ལ་ཡང་། དེ་ལྟར་བཤད་ཀྱང་ལུགས་སྔ་མ་རང་ལུགས་སུ་ཁས་ལེན་དགོས་པར་ཐལ། ཉི་ཟེར་ལས། ཡུལ་དང་ཡུལ་ཅན་གཉིས་སུ་ཕྱེ་བའི་ཡུལ་ཅན་ཡིན་པར་ཐལ། ཡུལ་ཅན་ཡིན་པའི་ཕྱིར། ཞེས་གསུངས་པའི་ཕྱིར་ཞེ་ན། ཚད་མ་ཆོས་ཅན། ཡུལ་དང་ཡུལ་ཅན་གཉིས་སུ་ཕྱེ་བའི་ཡུལ་ཡིན་པར་ཐལ། དེ་གཉིས་སུ་ཕྱེ་བའི་ཚད་མའི་རྟོགས་པར་བྱ་བ་ཡིན་པའི་ཕྱིར། ཁྱབ་སྟེ། དེ་དེ་གཉིས་སུ་ཕྱེ་བའི་ཡུལ་གྱི་མཚན་ཉིད་ཡིན་པའི་ཕྱིར་ཞེས་སོགས་གསུངས་པའི་ཕྱིར། ཞེ་ན། ཚད་མ་ཆོས་ཅན། ཡུལ་དང་ཡུལ་ཅན་གཉིས་སུ་ཕྱེ་བའི་ཡུལ་ཡིན་པར་ཐལ། དེ་གཉིས་སུ་ཕྱེ་བའི་ཚད་མའི་རྟོགས་པར་བྱ་བ་ཡིན་པའི་ཕྱིར། ཁྱབ་སྟེ། དེ་དེ་གཉིས་སུ་ཕྱེ་བའི་ཡུལ་གྱི་མཚན་ཉིད་ཡིན་པའི་ཕྱིར། འདོད་ན། ཡུལ་ཅན་ཡིན་ན། དེ་གཉིས་སུ་ཕྱེ་བའི་ཡུལ་ཡིན་པས་ཁྱབ་པར་ཐལ་ལོ། །མ་ཁྱབ་མཚམས་ལ་རྟགས་མ་གྲུབ་ན། ཚད་མ་ཆོས་ཅན། དེར་ཐལ། དེ་གཉིས་སུ་ཕྱེ་བའི་ཚད་མའི་དམིགས་པ་ཡིན་པའི་ཕྱིར། མ་གྲུབ་ན། དེར་ཐལ། དེ་གཉིས་

སུ་སྐྱེ་བའི་ཡོད་པ་ཡིན་པའི་ཕྱིར། ཉི་ཟེར་ལས། ཡུལ་དང་ཡུལ་ཅན་གཉིས་སུ་སྐྱེ་བའི་ཡོད་པ་ཡིན་པར་ཐལ། དེ་གཉིས་སུ་སྐྱེ་བའི་ཡུལ་ཅན་ཡིན་པའི་ཕྱིར། ཞེས་གསུངས་པའི་ཕྱིར། ཁྱབ་སྟེ། ཡུལ་ཅན་ཡིན་ན་ཡུལ་དང་ཡུལ་ཅན་གཉིས་སུ་སྐྱེ་བའི་ཡོད་པ་ཡིན་དགོས་ལ། དེ་གཉིས་སུ་སྐྱེ་བའི་ཡུལ་མ་ཡིན་པའི་ཁྱད་པར་འབྱེད་དཀའ་བའི་ཕྱིར། དེ་གཉིས་སུ་སྐྱེ་བའི་ཡུལ་དང་དེ་གཉིས་སུ་སྐྱེ་བའི་ཡོད་པ་གཉིས་དོན་གཅིག་ཡིན་པའི་ཕྱིར།

(༡༤) འདུ་བྱས་སུ་གྱུར་པའི་བདག་མེད་ཡིན་ན། ཁྱོད་འཛིན་རྟོག་པའི་ཞེན་ཡུལ་དང་། ཁྱོད་འཛིན་རྟོག་པའི་སྣང་ཡུལ་གཉིས་འགལ་བ་ཡིན་པས་ཁྱབ། བྱས་པ་ལ། ཁོ་ན་རེ། བདག་མེད་ཡིན་ན་མ་ཁྱབ་པར་ཐལ། འདུ་བྱས་དམིགས་ཀྱིས་བསལ་བའི་རྒྱུ་མཚན་ཡོད་པའི་ཕྱིར། འདོད་མི་ནུས་ཏེ། མཐའ་དཔྱོད་ལས། ཁྱོད་འཛིན་རྟོག་པའི་འཛིན་སྟངས་ཀྱི་ཡུལ་དང་། ཁྱོད་འཛིན་རྟོག་པའི་སྣང་ཡུལ་གཉིས་འགལ་བ་ཡིན་པར་ཐལ། ཁྱོད་བདག་མེད་ཡིན་པའི་ཕྱིར། ཞེས་གསུངས་པའི་ཕྱིར། འདི་ལ་མེད་པ་ཆོས་ཅན། ཁྱོད་འཛིན་རྟོག་པའི་དེ་གཉིས་འགལ་བ་ཡིན་པར་ཐལ། དེའི་ཕྱིར། འདོད་ན། དེ་གཉིས་ཆོས་ཅན། ཐ་དད་ཅིང་གཞི་མཐུན་མི་སྲིད་པའི་ཆོས་ཡིན་པར་ཐལ། འགལ་བ་ཡིན་པའི་ཕྱིར།

(༡༥) རྟག་པ་ཡིན་ན། རྟོག་པའི་སྣང་ཡུལ་ཡིན་པས་ཁྱབ། བྱས་པ་ལ། ཁོ་ན་རེ། བུམ་པའི་རྣམ་པ་བཅད་ཙམ་གྱི་མེད་དགག་ཆོས་ཅན། རྟོག་པའི་སྣང་ཡུལ་ཡིན་པར་ཐལ། རྟག་པ་ཡིན་པའི་ཕྱིར་ཏེ། མེད་དགག་ཡིན་པའི་ཕྱིར། འདོད་མི་ནུས་ཏེ། མངོན་སུམ་ལེའུའི་ཊཱིཀྐ་ལས། སྒྲ་སྤྱི་དོན་སྤྱི་གང་རུང་ཡིན་པར་ཐལ། རྟོག་པའི་སྣང་ཡུལ་ཡིན་པའི་ཕྱིར། ཞེས་པའི་ཁྱབ་པ་གཞུང་གི་དོན་ཐོབ་ཡིན་པས་སྤྱི་མཚན་ལ་རྟོག་པའི་སྣང་ཡུལ་གྱིས་མ་ཁྱབ་ཅིང་། ཞེས་གསུངས་པའི་ཕྱིར། འདི་ལ་རྟག་པ་ཡིན་ན་སྒྲ་དོན་ཡིན་པས་མ་ཁྱབ་པར་ཐལ། རྟོག་པའི་སྣང་ཡུལ་ཡིན་པས་མ་ཁྱབ་པའི་ཕྱིར། རྟགས་ཁས། ཁྱབ་སྟེ། ཊཱིཀྐ་ཆེན་ལས། རྟོག་པའི་སྣང་ཡུལ་མ་ཡིན་ན། སྒྲ་དོན་ཡིན་པར་འགལ་བའི་ཕྱིར། ཞེས་

གསུངས་པའི་ཕྱིར། འདོད་མི་ནུས་ཏེ། སྤྱི་མཚན་དང་། སྒྲ་དོན། རྟག་པ་རྣམས་དོན་གཅིག་ཡིན་པའི་ཕྱིར་ཏེ། ཊཱིཀྐ་ཆེན་ལས་ཀྱང་། བུམ་པ་རྣམ་པར་བཅད་ཙམ་ལྡོ་བུ་ལ་བུམ་པའི་སྒྲ་དོན་ན་མ་ཡིན་པ་སོགས་ཀྱིས་ཁྱབ་ཅིང་། ཕྱིར་མེད་དགག་གི་གཞན་སེལ་ལ་སྒྲ་དོན་ཡིན་པས་ཁྱབ་སྟེ། སྤྱི་མཚན་ཡིན་པས་ཁྱབ་པའི་ཕྱིར་རོ། །ཞེས་གསུངས་པའི་ཕྱིར།

(༡༤) ཤེས་བྱ་ཆོས་ཅན། རྟོག་པའི་སྣང་ཡུལ་ཡིན་པར་ཐལ། རང་འཛིན་རྟོག་པའི་སྣང་ཡུལ་ཡིན་པའི་ཕྱིར། རྟགས་གྲུབ་སྟེ། རིགས་རྒྱན་ལས། ཤེས་བྱ་ཆོས་ཅན། རང་འཛིན་རྟོག་པའི་སྣང་ཡུལ་ཡིན་པར་ཐལ། རྟོག་པའི་སྣང་ཡུལ་ཡིན་པ་གང་ཞིག རང་འཛིན་རྟོག་པ་ལས་གཞན་པའི་རྟོག་པའི་སྣང་ཡུལ་མ་ཡིན་པའི་ཕྱིར། ཞེས་གསུངས་པའི་ཕྱིར། འདོད་མི་ནུས་ཏེ། རང་འཛིན་རྟོག་པའི་ཞེན་ཡུལ་ཡིན་པའི་ཕྱིར་ན་མ་ཁྱབ། བྱས་པ་ལ། ཁོན་རེ། དེ་ལ་ཁྱབ་པ་ཡོད་པར་ཉི་ཟེར་ལས་གསུངས་པའི་ཕྱིར། ཡང་། དེ་ཆོས་ཅན། རྟོག་པའི་སྣང་ཡུལ་ཡིན་པར་ཐལ། སྤྱི་མཚན་ཡིན་པའི་ཕྱིར། ཁྱབ་སྟེ། སྤྱི་མཚན་ཡིན་ན། ངོ་བོའི་ཁྱད་པར་དོན་བྱེད་མི་ནུས་པ་དང་། སྣང་ཚུལ་གྱི་ཁྱད་པར་ཐུན་མོང་བར་སྣང་བ་དང་། ཡུལ་ཅན་གྱི་ཁྱད་པར་སྒྲ་རྟོག་གི་སྣང་ཡུལ་ལས་མ་འདས་པ་དང་། བྱེད་ལས་ཀྱི་ཁྱད་པར་རང་འཛིན་རྟོག་པ་སྐྱེད་ནུས་པ་ཞིག་ཡིན་པས་ཁྱབ་པའི་ཕྱིར། ཊཱིཀྐ་ཆེན་ལས། དེ་ལས་ལྡོག་པ་བཞི་སྤྱི་མཚན་གྱི་ཆོས་སུ་ཤེས་པར་བྱ་བའི་ཕྱིར། ཞེས་གསུངས་པའི་ཕྱིར།

(༡༥) རྟག་པ་ཡིན་ན་རྟོག་པའི་སྣང་ཡུལ་ཡིན་པས་ཁྱབ་པར་ཐལ། ཚད་མའི་སྣང་ཡུལ་དུ་གྱུར་པའི་གཞལ་བྱ་ལ་སྒྲ་དོན་དང་། རང་མཚན་གཉིས་པོ་གང་རུང་གིས་ཁྱབ་པའི་ཕྱིར། སྒྲ་ཡི་ཡུལ་དང་ཡུལ་མིན་པའི་ཕྱིར། ཞེས་གསུངས་པའི་ཕྱིར་ཏེ། སྨོན་ཊཱིཀྐ་ལས། རྟོག་པའི་སྣང་ཡུལ་དུ་གྱུར་པའི་སྒོ་ནས་རྗོད་བྱེད་ཀྱི་སྒྲའི་ཡུལ་དང་དེ་མིན་པའི་ཆོས་གཉིས་སུ་གྲངས་ངེས་པའི་ཕྱིར། ཞེས་གསུངས་པའི་ཕྱིར། ཤེས་བྱའི་སྒོ་འབྱེད་ལས། རང་ཡུལ་ཅི་རིགས་ལྡན་པའི་དངོས་པོ་དེ། ཡུལ་ཅན་གྱི་མཚན་ཉིད། ཅེས་གསུངས་པའི་ཕྱིར།

(༡༦) ཡུལ་ཅན་ཡིན་ན་དངོས་པོ་ཡིན་པས་ཁྱབ་པར་ཐལ། ཁྱོད་ཀྱི་མཚན་ཉིད་

འཐད་པའི་ཕྱིར། འདོད་ན། ཕྱིར་སངས་རྒྱས་ཆོས་ཅན། དངོས་པོ་ཡིན་པར་ཐལ། ཡུལ་ཅན་ཡིན་པའི་ཕྱིར། ཁྱབ་པ་ཁས། མ་གྲུབ་ན། དེ་ཆོས་ཅན། དེར་ཐལ། ཁྱོད་ཀྱི་ཡུལ་ཡོད་པའི་ཕྱིར། དེར་ཐལ། ཁྱོད་ཀྱི་གཞལ་བྱ་ཡོད་པའི་ཕྱིར། དེར་ཐལ། གཞི་གྲུབ་ན་ཁྱོད་ཀྱི་གཞལ་བྱ་ཡིན་པས་ཁྱབ་པའི་ཕྱིར། ཁྱབ་སྟེ། མཐའ་དཔྱོད་ལས། ཁྱོད་ཀྱི་གཞལ་བྱ་ཡོད་པར་ཐལ། གཞི་གྲུབ་ན་ཁྱོད་ཀྱི་གཞལ་བྱ་ཡིན་པས་ཁྱབ་པའི་ཕྱིར། ཞེས་གསུངས་པའི་ཕྱིར། ཡང་། དེ་ཆོས་ཅན། ཡུལ་ཅན་ཡིན་པར་ཐལ། རང་ཡུལ་ལ་འཇུག་པའི་ཆོས་ཡིན་པའི་ཕྱིར། ཁྱབ་སྟེ། ཡིག་ཆར། ཡུལ་ཅན་གྱི་མཚན་ཉིད་ཡོད་དེ། རང་ཡུལ་ལ་འཇུག་པའི་ཆོས་དེ་ཡིན་པའི་ཕྱིར། ཞེས་གསུངས་པའི་ཕྱིར།

(༡༩) རྟག་པ་རྣམ་མཁྱེན་ཆོས་ཅན། ཁྱོད་ཀྱི་གཞལ་བྱ་ཡོད་པར་ཐལ། གཞི་གྲུབ་ན་ཁྱོད་ཀྱི་གཞལ་བྱ་ཡིན་པས་ཁྱབ་པའི་ཕྱིར། འདོད་ན། དེ་ཆོས་ཅན། ཁྱོད་ཀྱི་ཡུལ་དུ་གྱུར་པའི་མི་རྟག་པ་ཡོད་པར་ཐལ། འདོད་པའི་ཕྱིར། འདོད་ན། སངས་རྒྱས་ཆོས་ཅན། མི་རྟག་པ་ཡིན་པར་ཐལ། ཁྱོད་ཀྱི་ཡུལ་དུ་གྱུར་པའི་མི་རྟག་པ་ཡོད་པའི་ཕྱིར། ཁྱབ་པ་ཡོད་དེ་རྗེ་བར། ཤེས་བྱ་མི་རྟག་པ་ཉིད་ཀྱིས། །དེ་ནི་མི་བརྟན་ཉིད་ཕྱིར་རོ། །ཞེས་དང་། ཊཱི་ཀཱ་ཆེན་ལས་ཀྱང་། ཡུལ་ཤེས་བྱ་མི་རྟག་པ་ཉིད་ཀྱིས་དེའི་ཡུལ་ཅན་གྱི་ཚད་མ་དེ་ནི་མི་བརྟན་པ་ཉིད་དུ་སྒྲུབ་ནུས་པའི་ཕྱིར། ཞེས་གསུངས་པའི་ཕྱིར། ཞེས་དང་། སྔོན་ཊཱི་ཀཱ་ལས་ཀྱང་། ཡུལ་གྱི་ཤེས་བྱ་མི་རྟག་པ་ཉིད་ཀྱི་ཡུལ་ཅན་གྱི་ཤེས་པ་དེ་ནི་མི་བརྟན་ཉིད་ཡིན་དགོས་པའི་ཕྱིར། ཞེས་སོ། །དེ་ཡུལ་ཅན་ལའང་འདྲ་བའི་ཕྱིར།

(༢༠) རང་ཡུལ་རྟོགས་པའི་ཚད་མ་ཡོད་པར་ཐལ། རང་ཡུལ་ལ་འཇུག་པའི་ཆོས་ཡོད་པའི་ཕྱིར། འདོད་ན། རང་ཡུལ་ཅན་ཡིན་པར་ཐལ། འདོད་པའི་ཕྱིར། འདོད་ན། རང་གི་ཡུལ་དང་གཞལ་བྱ་ཡོད་པར་ཐལ། འདོད་པའི་ཕྱིར། འདོད་ན་རང་གི་རྒྱུ་དང་འབྲས་བུ་ཡོད་པར་ཐལ། འདོད་ན། རང་གི་རྒྱུ་མེད་ན་རང་མེད་པར་ཁྱབ་པར་ཐལ་ལོ། །

(༢༡) གཞི་གྲུབ་ན་སངས་རྒྱས་འཕགས་པའི་འཇུག་ཡུལ་ཡིན་པའི་ཁྱབ་པར་ཐལ།

སངས་རྒྱས་འཕགས་པས་དངོས་སུ་རྟོགས་བྱ་ཡིན་པས་ཁྱབ་པའི་ཕྱིར། འདོད་ན། ཕམ་པ་བཞི་སངས་འཕགས་ཀྱི་འཇུག་ཡུལ་ཡིན་པར་ཐལ་ལོ། །

(༢༢) བསྡུས་ཆེན་ལས། ཁྱོད་ཀྱི་གཞལ་བྱ་མེད་པར་ཐལ། ཁྱོད་གཟུགས་ཡིན་པའི་ཕྱིར་ཞེ་ན། སངས་རྒྱས་ཀྱི་དབུ་སྐྲ་སོགས་ཆོས་ཅན། དེར་ཐལ། དེའི་ཕྱིར་ཟེར་ན། སྐལ་བཟང་འཇུག་ངོགས་ལས། སངས་རྒྱས་ཀྱི་ཤེས་པ་ཐམས་ཅད་ཀྱིས་ཆོས་ཐམས་ཅད་མངོན་སུམ་དུ་རྟོགས་ཤིང་། དབུ་སྐྲ་ལ་སོགས་པའི་འདུ་བྱས་གཞན་རྣམས་ཀྱིས་ཆོས་ཐམས་ཅད་གཟིགས་ཀྱང་། མཁྱེན་པ་དང་རྟོགས་མི་ཟེར་བས་ཡུལ་ཅན་མིན་ཟེར་བ་དང་། འགྲེལ་བའི་ཟིན་བྲིས་ལས། སངས་རྒྱས་ཀྱི་གཙུག་ཏོར་དང་མཛོད་སྤུ་སོགས་ཀྱིས་ཆོས་ཐམས་ཅད་མཁྱེན་པར་གསུངས་པ་ལྟར་ཁས་ལེན་དགོས་པའི་ཕྱིར་ཟེར།

(༢༣) བུམ་འཛིན་རྟོག་པ་ཡིན་ན། བུམ་པ་ཁྱོད་ཀྱི་ཞེན་ཡུལ་ཡིན་པས་ཁྱབ་ཟེར་ན། བུམ་པ་སྒྲ་སྤྱི་ཙམ་གྱི་སྒོ་ནས་འཛིན་པའི་རྟོག་པ་ཆོས་ཅན། དེར་ཐལ། དེའི་ཕྱིར། འདོད་མི་ནུས་ཏེ། བུམ་པ་ཁྱོད་ཀྱི་ཤུགས་ཡུལ་ཡིན་པའི་ཕྱིར། མཐའ་དཔྱོད་ལས། བུམ་པ་ཆོས་ཅན། བུམ་པ་སྒྲ་སྤྱི་ཙམ་གྱི་སྒོ་ནས་འཛིན་པའི་རྟོག་པའི་ཞེན་ཡུལ་མ་ཡིན་པར་ཐལ། བུམ་པ་སྒྲ་སྤྱི་ཙམ་གྱི་སྒོ་ནས་འཛིན་པའི་རྟོག་པའི་ཤུགས་ཡུལ་ཡིན་པའི་ཕྱིར། ཞེས་གསུངས་པའི་ཕྱིར། འདི་ལ་ཁོན་རེ། བུམ་པ་སྒྲ་སྤྱི་ཙམ་གྱི་སྒོ་ནས་འཛིན་པའི་རྟོག་པ་ཆོས་ཅན། བུམ་པའི་དོན་སྤྱི་ཤར་བའི་རྟོག་པ་མ་ཡིན་པར་ཐལ། བུམ་པ་སྒྲ་སྤྱི་ཙམ་གྱི་སྒོ་ནས་འཛིན་པའི་རྟོག་པ་ཡིན་པའི་ཕྱིར། ཁྱབ་སྟེ། དེའི་ཙམ་སྒྲས་བུམ་པའི་དོན་སྤྱི་ཤར་བ་གཅོད་པའི་ཕྱིར།འདོད་མི་ནུས་ཏེ། དེ་ལ་ལྟོ་ལྡིར་བའི་རྣམ་པ་མཐར་ཡང་བུམ་པའི་དོན་སྤྱི་ཤར་བའི་ཕྱིར། དེར་ཐལ། དངོས་པོ་སྒྲ་སྤྱི་ཙམ་གྱི་སྒོ་ནས་འཛིན་པའི་རྟོག་པ་ལ་དོན་བྱེད་ནུས་པའི་དོན་སྤྱི་མ་ཤར་ཡང་དངོས་པོའི་དོན་སྤྱི་ཤར་བའི་ཕྱིར། རྣམ་འགྲེལ་མཐའ་དཔྱོད་ལས། དོན་བྱེད་ནུས་པའི་དོན་སྤྱི་མ་ཤར་ཡང་། དངོས་པོའི་དོན་སྤྱི་ཤར་བ་ཡོད་པའི་ཕྱིར། དེར་ཐལ། དངོས་པོའི་སྒྲ་སྤྱི་རྐྱང་བ་འཛིན་པའི་རྟོག་པ་དེ་དེ་ཡིན་པའི་ཕྱིར། ཞེས་

གསུངས་པའི་ཕྱིར། ཡང་དེ་ཆོས་ཅན། དོན་སྤྱི་དོན་དུ་འཁྲུལ་བའི་རིག་པ་མ་ཡིན་པར་དེ་ལ་བུམ་པ་མ་ཤར་བའི་རྒྱུ་མཚན་ཡོད་པའི་ཕྱིར། ཁྱབ་སྟེ། དོན་མ་སྣང་བར་དོན་སྤྱི་དོན་དུ་འཁྲུལ་ཚུལ་མེད་པའི་ཕྱིར། འདོད་མི་ནུས་ཏེ། རྒྱུན་མཐའ་བ་མན་ཆད་ཀྱི་རྟོག་པ་ཡིན་པ་ཡིན་པའི་ཕྱིར།

(༢༤) བུམ་པ་སྒྲ་སྤྱི་ཙམ་གྱི་སྒོ་ནས་འཛིན་པའི་རྟོག་པ་ཆོས་ཅན། སྒྲ་དོན་འདྲེས་རུང་དུ་འཛིན་པའི་ཞེན་རིག་ཡིན་པར་ཐལ། རྟོག་པ་ཡིན་པའི་ཕྱིར། འདོད་མི་ནུས་ཏེ། སྒྲ་སྤྱི་རྐྱང་བ་འཛིན་པའི་རྟོག་པ་ཡིན་པའི་ཕྱིར། སྡེ་བདུན་རྒྱན་ལས། རྟོག་པའི་མཚན་ཉིད་སྒྲ་སྤྱི་དང་དོན་སྤྱི་འདྲེས་པའམ་འདྲེས་རུང་བར་འཛིན་པ་སོགས་ཡིན་ན་སྒྲ་སྤྱི་རྐྱང་བ་འཛིན་པའི་རྟོག་པ་ཡོད་པ་འབུད་ཅེས་ཀྱང་གསུངས་པའི་ཕྱིར་རོ། །

(༢༥) སྒྲ་དོན་འདྲེས་རུང་དུ་འཛིན་པའི་ཞེན་རིག་ཆོས་ཅན། སྒྲ་དོན་འདྲེས་རུང་དུ་འཛིན་པའི་ཞེན་རིག་ཡིན་པར་ཐལ། རྟོག་པ་ཡིན་པའི་ཕྱིར། ཁྱབ་པ་ཁས། རྟགས་གྲུབ་སྟེ། སྒྲ་དོན་འདྲེས་རུང་དུ་འཛིན་པའི་ཞེན་རིག་ཡོད་པའི་ཕྱིར། སྒྲ་སྤྱི་དང་དོན་སྤྱིའི་མཚན་ཉིད་ཀྱང་སོ་སོར་བཤད་པའི་ཕྱིར་ཟེར་བ་ལ། དེ་མི་འཐད་པར་ཐལ། སྒྲ་སྤྱི་དང་དོན་སྤྱི་སོ་སོར་འབྱེད་རྒྱུ་མ་ཡིན་པའི་ཕྱིར། དེར་ཐལ། སྡེ་བདུན་རྒྱན་ལས། སྒྲ་སྤྱི་དང་དོན་སྤྱི་སོ་སོར་འབྱེད་རྒྱུ་མིན་གྱི། ཞེས་གསུངས་པའི་ཕྱིར།

(༢༦) རྟོག་པ་ལོག་ཤེས་ཡིན་ན། ཁྱོད་ཀྱི་འཇུག་ཡུལ་ཡིན་ན་མེད་པས་མ་ཁྱབ་ཟེར་ན། དེར་ཐལ། ཉི་ཟེར་ལས། ཁྱོད་ཀྱི་འཇུག་ཡུལ་ཡིན་པ་མེད་པས་ཁྱབ་པར་ཐལ། ཁྱོད་རྟོག་པ་ལོག་ཤེས་ཡིན་པའི་ཕྱིར། ཞེས་གསུངས་པའི་ཕྱིར་ཞེ་ན། རི་བོང་རྭ་རི་བོང་འཛིན་པའི་རྟོག་པ་ཆོས་ཅན། ཁྱོད་ཀྱི་འཇུག་ཡུལ་ཡིན་ན་མེད་པས་ཁྱབ་པར་ཐལ། ཁྱོད་རྟོག་པ་ལོག་ཤེས་ཡིན་པའི་ཕྱིར། འདོད་ན། བུམ་པ་ཆོས་ཅན། མེད་པར་ཐལ། རི་བོང་རྭ་རི་བོང་འཛིན་པའི་རྟོག་པའི་ཞེན་ཡུལ་ཡིན་པའི་ཕྱིར།

(༢༧) རྟོག་པ་ཡིན་ན། ཁྱོད་ཀྱི་སྣང་ཡུལ་དུ་གྱུར་པའི་སྒྲ་སྤྱི་དང་དོན་སྤྱི་གང་རུང་

ཡོད་པས་ཁྱབ་ཟེར་བ་ལ། སྒྲ་རྟག་གམ་མི་རྟག་སྙམ་དུ་ཆ་མཉམ་པའི་ཐེ་ཚོམ་ཆོས་ཅན། དེར་ཐལ། དེའི་ཕྱིར། ཁྱབ་པ་ཁས། འདོད་ན། དེ་ཆོས་ཅན། ཁྱོད་ཀྱི་སྣང་ཡུལ་དུ་གྱུར་པའི་སྒྲ་སྤྱི་དང་དོན་སྤྱི་གང་རུང་མེད་པར་ཐལ། དེ་ལ་སྒྲ་སྤྱི་མེད་པ་གང་ཞིག དོན་སྤྱི་མེད་པའི་ཕྱིར། རྟགས་དང་པོ་མ་གྲུབ་ན། དེ་ཆོས་ཅན། ཁྱོད་སྒྲ་རྟག་མི་རྟག་གཉིས་ཀའི་སྒྲ་སྤྱི་ཤར་བའི་བློ་ཡིན་པར་ཐལ། དེ་གཉིས་ཀའི་གཅིག་ཤར་ལ་གཅིག་མི་ཤར་བའི་རྒྱུ་མཚན་མེད་པའི་ཕྱིར། འདོད་ན། དེ་ཆོས་ཅན། སྒྲ་མི་རྟག་པར་འཛིན་པའི་བློ་ཡིན་པར་ཐལ། རྟག་མི་རྟག་པ་སྒྲ་སྤྱིའི་སྒོ་ནས་འཛིན་པའི་རྟོག་པ་ཡིན་པའི་ཕྱིར། འདོད་ན། བློ་དོན་མཐུན་ཡིན་པར་ཐལ་ལོ། འདོད་མི་ནུས་ཏེ། ལོག་ཤེས་དང་རྩ་ཉོན་ཡིན་པའི་ཕྱིར་དང་། ཐེ་ཚོམ་ཡིན་པའི་ཕྱིར་རོ། །རྟགས་གཉིས་པ་མ་གྲུབ་ན། དེ་ཆོས་ཅན། ཁྱོད་སྒྲ་རྟག་མི་རྟག་གཉིས་ཀའི་དོན་སྤྱི་ཤར་བའི་སྒོ་ནས་སྒྲ་རྟག་མི་རྟག་གཉིས་ཀར་འཛིན་པའི་བློ་ཡིན་པར་ཐལ། བློ་རྩེ་འཐད་པའི་ཕྱིར། འདོད་ན། བློ་དོན་མཐུན་དོན་མི་མཐུན་གཉིས་ཀ་ཡིན་པར་ཐལ་ལོ། ཡང་། དེ་ཆོས་ཅན། སྒྲ་རྟག་འཛིན་གྱི་བློ་ཡིན་པར་ཐལ། སྒྲ་རྟག་པར་ཐེ་ཚོམ་གྱི་སྒོ་ནས་འཛིན་པའི་བློ་ཡིན་པའི་ཕྱིར། མ་ཁྱབ་ན། སྒྲ་རྟག་འཛིན་གྱི་བློ་ཡིན་ན། སྒྲ་རྟག་པར་མཐའ་གཅིག་འཛིན་གྱི་བློ་ཡིན་པས་ཁྱབ་པར་ཐལ་ལོ། །ཡང་དེ་ཆོས་ཅན། རང་གི་འཛིན་སྟངས་ཀྱི་ཡུལ་ལ་འཁྲུལ་བའི་རིག་པ་ཡིན་པར་ཐལ། ལོག་ཤེས་ཡིན་པའི་ཕྱིར་ཟེར་བ་ལ་ཁ་ཅིག རྟགས་མ་གྲུབ་སྟེ། དེ་འཁྲུལ་ཤེས་ཡིན་ཡང་ལོག་ཤེས་མ་ཡིན་པའི་ཕྱིར། རིགས་རྒྱན་ལས། སྒྲ་རྟག་གམ་མི་རྟག་སྙམ་དུ་ཐེ་ཚོམ་ཟ་བའི་བློ་ཆོས་ཅན། ལོག་ཤེས་ཡིན་པར་ཐལ། འཁྲུལ་ཤེས་ཡིན་པའི་ཕྱིར། ཁྱབ་པ་ཁས། ཞེས་གསུངས་པའི་ཕྱིར། ཞེས་ཀྱང་ཟེར་རོ། །

(༢༨) གསར་དུ་མི་བསླུ་བའི་ཤེས་པ་ཚད་མའི་མཚན་ཉིད་མ་ཡིན་པར་ཐལ། དེ་ལ་མ་ཁྱབ། ཁྱབ་ཆེ་མི་སྲིད་པ་གསུམ་གྱི་སྐྱོན་ཡོད་པའི་ཕྱིར། ཁྱབ་སྟེ། རིགས་གཏེར་ལས། མ་ཁྱབ་ཁྱབ་ཆེ་མི་སྲིད་གསུམ། །མཚན་ཉིད་ཀྱི་ནི་སྤྱི་སྐྱོན་ཡིན། །ཞེས་གསུངས་པའི་ཕྱིར།

རྟགས་གྲུབ་སྟེ། དེ་ལ་མ་ཁྱབ་པའི་སྐྱོན་ཡོད་པ་གང་ཞིག ཁྱབ་ཆེ་བའི་སྐྱོན་ཡོད། མི་སྲིད་པའི་སྐྱོན་ཡོད་པའི་ཕྱིར། རྟགས་དང་པོ་དེར་ཐལ། དེ་ལ་སྒྲ་བྱུང་གི་ཚད་མས་མ་ཁྱབ་པའི་ཕྱིར་ཟེར་ན། སྒྲ་བྱུང་ཚད་མ་ཞེས་པ་གང་ལ་ཟེར། བུམ་པ་ཞེས་བརྗོད་པའི་ངག་ལས་བུམ་པ་གོ་བའི་བློ་ལྟ་བུ་ལ་བྱེད་ཟེར་ན། དེ་ལྟ་བུའི་བློ་ཆོས་ཅན། ཁྱོད་མཚན་ཉིད་དེ་ལ་མ་ཁྱབ་པའི་སྐྱོན་མེད་པར་ཐལ། ཁྱོད་གསར་དུ་མི་བསླུ་བའི་རིག་པ་མ་ཡིན་པའི་ཕྱིར་ཏེ། ཡིད་དཔྱོད་ཡིན་པའི་ཕྱིར། ཚད་ཆེན་ལས། འདི་ནི་སྔག་ཏུ་གྱུར་པའི་ཕྱིར། །ཡུལ་ཅན་ཡིན་ཕྱིར་མངོན་སུམ་མིན། །རྗེས་དཔག་ཏུ་ཡང་མི་འཐད་དེ། །དེ་ཡི་མཚན་ཉིད་བྲལ་ཕྱིར་རོ། །ཞེས་གསུངས་པའི་ཕྱིར། བུམ་པ་ཞེས་བརྗོད་པའི་ངག་ལ་བརྟེན་ནས་སྨྲ་བ་པོའི་རྒྱུད་ལ་བུམ་པ་བརྗོད་འདོད་ཀྱི་ཀུན་སློང་ཡོད་པར་དཔོག་པའི་བློ་ལྟ་བུ་ལ་ཟེར་ན། དེ་ལྟར་དཔོག་པའི་བློ་ཆོས་ཅན། ཁྱོད་ལ་མ་ཁྱབ་པའི་སྐྱོན་མེད་པར་ཐལ། ཁྱོད་རྗེས་དཔག་ཡིན་པའི་ཕྱིར། འདོད་མི་ནུས་ཏེ། སྒྲ་ལས་བྱུང་བའི་མངོན་སུམ་ཚད་མ་ཡོད་པའི་ཕྱིར། དེར་ཐལ། སྒྲ་རྟོགས་པའི་མངོན་སུམ་གྱི་ཚད་མ་དེ་སྒྲ་ལས་བྱུང་བའི་མངོན་སུམ་གྱི་ཚད་མ་ཡིན་པའི་ཕྱིར། གོང་གི་རྟགས་གཉིས་པ་མ་གྲུབ་སྟེ། བཅད་ཤེས་ཀྱང་ཚད་མར་འགྱུར་བའི་སྐྱོན་ཡོད་པའི་ཕྱིར། དེར་ཐལ། གསར་དུ་མི་བསླུ་བའི་རིག་པ་ཡིན་པའི་ཕྱིར་ཟེར་ན། བཅད་ཤེས་ཆོས་ཅན། མཚན་ཉིད་དེ་ཁྱོད་ལ་ཁྱབ་ཆེ་བའི་སྐྱོན་ཡོད་པར་མི་འདོད་པར་ཐལ། ཁྱོད་རང་འདྲེན་བྱེད་ཀྱི་ཚད་མ་སྔ་མའི་སྟོབས་ལ་ལྟོས་ནས་རང་གི་གཞལ་བྱ་འཇལ་བའི་རིག་པ་ཡིན་པའི་ཕྱིར། གཟུང་བ་འཛིན་ཕྱིར་ཀུན་རྫོབ་ནི། །མི་འདོད་ཅེས་གསུངས་པའི་ཕྱིར། ཁྱབ་སྟེ། སློབ་དཔོན་དྷརྨོཏྟ་རས། གསར་དུ་མི་བསླུ་བའི་རིག་པར་མི་འདོད་དེ། རང་གི་ཉེར་ལེན་དུ་གྱུར་པའི་ཚད་མ་སྔ་མས་གཟུང་བ་འཛིན་པའི་དོན་ལ་སླར་ཡང་བསྟན་ནས་འཛིན་པའི་ཤེས་པ་ཡིན་པའི་ཕྱིར། ཞེས་གསུངས་པའི་ཕྱིར། ཁ་ཅིག་འདིའི་ཕྱོགས་སྔ་ཤེས་ཚད་མར་བཞེད་པའི་ཐལ་འགྱུར་བ་ཡིན་པར་ཐལ། དེ་ལ་ཕྱོགས་སྔ་ཞིག་དགོས་པའི་ཕྱིར། རྣམ་བཤད་ལས། ཀུན་རྫོབ་པ་དྲན་པ་བཅད་ཤེས་ཆོས་ཅན། ཚད་མ་ཉིད་དུ་མི་འདོད་དེ་

ཞེས་སོགས་ཀྱིས་བཅད་ཤེས་ཚད་མ་མིན་པར་སྒྲུབ་པའི་ཕྱིར་ཟེར་ན་འདི་ལ། ཐལ་འགྱུར་བ་ཆོས་ཅན། བཅད་ཤེས་ཚད་མ་མིན་པར་གྲུབ་ཟིན་པའི་རྒོལ་བ་ཡིན་པར་ཐལ། འདིའི་ཕྱོགས་སྔ་ཡིན་པའི་ཕྱིར། ཁྱབ་སྟེ། ཊཱི་ཀ་ཆེན་ལས། ཊཱི་ཀ་བྱེད་གཞན་དག་ཚད་མ་ཉིད་དུ་མི་འདོད་ཅེས་འཆད་པ་མི་འཐད་དེ། ཕྱོགས་སྔ་སྨྲ་བ་ཆོས་དེ་ཉིད་ཚད་མ་མིན་པར་གྲུབ་ཟིན་ནས་དེ་ལ་ཡང་མཚན་ཉིད་དེ་ཞུགས་པས་ཁྱབ་ཆེ་བའི་སྐྱོན་དུ་འགྱུར་རོ། །ཞེས་རྒོལ་བ་ཡིན་པའི་ཕྱིར། ཞེས་གསུངས་པའི་ཕྱིར། འདོད་མི་ནུས་ཏེ། བཅད་ཤེས་ཚད་མར་ཁས་ལེན་པའི་གང་ཟག་ཡིན་པའི་ཕྱིར། གོང་གི་རྟགས་གསུམ་པ་དེར་ཐལ། ཚད་མ་ལ་ཤེས་པ་མི་སྲིད་པའི་མཚན་ཉིད་ཟུར་དུ་ཤེས་པ་སྨྲས་པ་མི་འཐད་པའི་ཕྱིར། དེར་ཐལ། དོན་ཡོངས་སུ་དཔྱོད་པའི་ཚད་མ་ནི་མིག་ལ་སོགས་པའི་དབང་པོ་རྣམས་ཡིན་པའི་ཕྱིར། མཛོད་ལས། མིག་གིས་གཟུགས་རྣམས་མཐོང་རྟེན་བཅས། །དེ་ལ་བརྟེན་པའི་རྣམ་ཤེས་མིན། །གང་ཕྱིར་བར་དུ་ཆོད་པ་ཡི། །གཟུགས་ནི་མཐོང་བ་མིན་ཕྱིར་རོ། །ཞེས་དང་། སྙེ་བདུན་རྒྱན་ལས་ཀྱང་། དེ་ལྟར་གསུངས་པའི་ཕྱིར།

(༢༩) རྣམ་མཁྱེན་སྐད་ཅིག་གཉིས་པ་རྟོགས་ཟིན་རྟོགས་པའི་རིག་པ་ཡིན་ཟེར་ན། རྣམ་མཁྱེན་སྐད་ཅིག་གཉིས་པ་ཆོས་ཅན། རང་འདྲེན་བྱེད་ཀྱི་ཚད་མ་སྔ་མའི་སྟོབས་ལ་ལྟོས་ཏེ་རང་གི་གཞལ་བྱ་འཇལ་བའི་རིག་པ་ཡིན་པར་ཐལ། རྟོགས་ཟིན་རྟོགས་པའི་རིག་པ་ཡིན་པའི་ཕྱིར། རྟགས་ཁས། འདོད་མི་ནུས་ཏེ། རང་གིས་ཡོངས་སུ་དཔྱད་པ་ལྟར་གྱི་གཞལ་བྱ་ལ་རང་དབང་དུ་བསླུ་བ་མེད་པ་ཅན་གྱི་ཤེས་པ་ཡིན་པའི་ཕྱིར། དེར་ཐལ། ཚད་མ་ཡིན་པའི་ཕྱིར། ཁྱབ་སྟེ། ཚད་མ་བསླུ་མེད་ཅན་ཤེས་པ། ཞེས་གསུངས་པའི་ཕྱིར།

(༣༠) བཅད་ཤེས་ཡིན་ན། རང་གི་གཞལ་བྱ་ལ་སྒྲོ་འདོགས་གཅོད་པས་ཁྱབ་པར་ཐལ། དེ་ཡིན་ན་མི་བསླུ་བའི་ཤེས་པ་ཡིན་པས་ཁྱབ་པའི་ཕྱིར། དེར་ཐལ། བློ་རིགས་ཟུར་རྒྱན་ལས། དེ་དང་རང་གི་གཞལ་བྱ་ལ་སྒྲོ་འདོགས་གཅོད་པའི་རིག་པ་དང་། མི་བསླུ་བའི་རིག་པ་རྣམས་དོན་གཅིག་ཡིན་པའི་ཕྱིར། ཞེས་གསུངས་པའི་ཕྱིར་ཟེར། འདི་ལ། བཅད་

ཤེས་ཡིན་ན། རང་གི་གཞལ་བྱ་ལ་སྒྲོ་འདོགས་གཅོད་པས་ཁྱབ་པར་ཐལ། འདོད་པའི་ཕྱིར། འདོད་མི་ནུས་ཏེ། བཅད་ཤེས་ཡིན་ན། རང་གི་གཞལ་བྱ་ལ་ཚད་མ་སྔ་མས་སྒྲོ་འདོགས་བཅད་ཟིན་པས་ཁྱབ་པའི་ཕྱིར། ཁྱབ་སྟེ། བློ་རིག་མཐའ་དཔྱོད་ལས། ཡུལ་དེ་ལ་སྒྲོ་འདོགས་ཁྱོད་ཀྱིས་མི་གཅོད་པར་ཐལ། ཚད་མ་སྔ་མས་བཅད་ཟིན་པའི་ཕྱིར། ཞེས་དང་། རྩ་བར། བྱ་བ་གྲུབ་ཅན་ལས་ལ་ནི། །གང་ཞིག་རང་གི་ལས་མི་བྱེད། །ཅེས་གསུངས་པའི་ཕྱིར།

(༣༡) ངེས་ཤེས་བཅད་ཤེས་མིན་ཟེར་ན། དེ་མི་འཐད་པར་ཐལ། ངེས་ཤེས་ཡིན་ན་རྟོག་པ་བཅད་ཤེས་ཡིན་པས་ཁྱབ་པའི་ཕྱིར། ཉི་ཟེར་ལས། དྲན་ཤེས། ངེས་ཤེས། རྟོག་པ་བཅད་ཤེས་རྣམས་དོན་གཅིག ཅེས་གསུངས་པའི་ཕྱིར་ཟེར། འདི་ལ། ངེས་ཤེས་ལ་ཚད་མ་དང་ཚད་མིན་གཉིས་མེད་པར་ཐལ། ངེས་ཤེས་ཡིན་ན་རྟོག་པ་བཅད་ཤེས་ཡིན་པས་ཁྱབ་པའི་ཕྱིར། རྟགས་ཁས། འདོད་ན། ངེས་ཤེས་ལ་རྗེས་དཔག་མེད་པར་ཐལ། འདོད་པའི་ཕྱིར། འདོད་མི་ནུས་ཏེ། རྗེས་དཔག་ཡིན་ན་ངེས་ཤེས་ཡིན་པས་ཁྱབ་པའི་ཕྱིར། ཡིད་ཀྱི་མུན་སེལ་ལས། ངེས་ཤེས་ཀྱི་མཚན་ཉིད། ཚད་མ་ཡིན་པའམ་ཚད་མའི་སྟོབས་ཀྱིས་དྲངས་པའི་བློ་གང་ཞིག་རང་ཡུལ་ངེས་པའི་སྒོ་ནས་འཛིན་པ། དབྱེ་ན། རྗེས་དཔག་ཚད་མ་དང་བཅད་ཤེས་གཉིས་ཞེས་གསུངས་པའི་ཕྱིར།

(༣༢) སྒོ་འཛིན་མིག་ཤེས་ཉམས་སྨྱོང་གི་རང་རིག་དེ། རང་རིག་གི་མཚན་ཉིད་དུ་མཐའ་དཔྱོད་ལས་གསུངས་པ་ལ། ཁྱོད་ངེས་ནས་འཛིན་རྣམ་རང་རིག་མ་ངེས་པའི་གང་ཟག་ཡོད་པར་ཐལ། ཁྱོད་རང་རིག་གི་མཚན་ཉིད་ཡིན་པའི་ཕྱིར། ཁྱབ་སྟེ། རིགས་ཐིགས་དར་ཊཱི་ཀ་ལས། མཚན་གཞི་མ་གྲུབ་པའི་སྔ་རོལ་ཏུ་མཚན་ཉིད་དང་མཚོན་བྱ་གང་ཡང་ངེས་མི་ནུས་པའི་ཕྱིར། ཞེས་གསུངས་པའི་ཕྱིར། འདོད་མི་ནུས་ཏེ། སྒོ་འཛིན་མིག་ཤེས་ཉམས་སྨྱོང་གི་རང་རིག་རྟོགས་ན་རང་རིག་རྟོགས་དགོས་པའི་ཕྱིར།

(༣༣) ཤེས་པ་ཡིན་ན། རང་ཉམས་སུ་སྨྱོང་བའི་རང་རིག་གིས་རྟོགས་པས་མ་

ཁྱབ་ཟེར་ན། དེ་ལ་ཁྱབ་པ་ཡོད་པར་ཐལ། ཁྱོད་ཉམས་སྨྱོང་གི་རང་རིག་ཡིན་ན། ཁྱོད་དངོས་སུ་རྟོགས་པའི་ཚད་མ་ཡིན་པས་ཁྱབ་པའི་ཕྱིར། མཐའ་དཔྱོད་ལས། ཁྱོད་སྣང་ཡུལ་དུ་བྱེད་པའི་མངོན་སུམ་གྱི་ཚད་མ་ཡོད་པར་ཐལ། ཁྱོད་ཉམས་སྨྱོང་གི་རང་རིག་དེ་དེ་ཡིན་པའི་ཕྱིར། དེར་ཐལ། ཁྱོད་ཤེས་པ་ཡིན་པའི་ཕྱིར། ཞེས་དང་། ཟུར་རྒྱན་ལས། ཁྱོད་དེ་དངོས་སུ་རྟོགས་པའི་ཚད་མ་ཡིན་པར་ཐལ། ཁྱོད་དེ་ཉམས་སྨྱོང་གི་རང་རིག་ཡིན་པའི་ཕྱིར། ཞེས་དང་། རྣམ་འགྲེལ་ལས་ཀྱང་། འདི་ནི་ཀུན་ལ་སྦྱར་བར་བྱ་ཞེས་གསུངས་པའི་ཕྱིར།

(༣༨) ཚད་མ་ཡིན་ན། རང་གི་ངོ་བོ་ཡོད་ཙམ་དང་ཤེས་པ་ཡིན་པར་རང་སྨྱོང་རང་རིག་གིས་རྟོགས་པས་ཁྱབ་པར་ཐལ། རང་ལས་རང་གི་ངོ་བོ་རྟོགས། ཞེས་དང་། སྒྲོན་ཊཱི་ཀ་ལས། སྒོ་འཛིན་མངོན་སུམ་ཚད་མ་ཆོས་ཅན། རང་གི་ངོ་བོ་ཡོད་ཙམ་དང་ཤེས་པ་ཡིན་པར་ངེས་བྱེད་ཡོད་དེ། རང་སྨྱོང་རང་རིག་མངོན་སུམ་ལས་རང་གི་ངོ་བོ་ཡོད་ཙམ་དང་ཤེས་པ་ཡིན་པར་རྟོགས་པའི་ཕྱིར། ཞེས་དང་། ཊཱི་ཀ་ཆེན་ལས། ཚད་མ་རྣམས་ཀྱི་རང་གི་ངོ་བོ་གཞལ་བྱ་ལ་མི་བསླུ་བ་ནི། རང་སྨྱོང་བའི་རང་རིག་མངོན་སུམ་ལས་རྟོགས་ལ། རང་གིས་ཡོངས་སུ་དཔྱད་པའི་གཞལ་བྱ་ལ་མི་བསླུ་བའི་ཤེས་པ་དེ་ཉིད་ཚད་མ་ཉིད་དུ་རྟོགས་པ་ནི། ཞེས་གསུངས་པའི་ཕྱིར་ཟེར། འདི་ལ། ཚད་མ་རྒྱུད་ལྡན་གྱི་གང་ཟག་ཡིན་ན། ཚད་མ་རྟོགས་པས་ཁྱབ་པར་ཐལ། འདོད་པའི་ཕྱིར། འདོད་ན། གང་ཟག་སུ་ཡང་ཚད་མ་དང་ཚད་མིན་གྱི་རྣམ་དབྱེ་ལ་རྨོངས་པ་མི་སྲིད་པར་ཐལ། ཁྱོད་ཀྱི་ཞེ་འདོད་འཐད་པའི་ཕྱིར། འདོད་ན། གསར་དུ་མི་བསླུ་བའི་རིག་པ་ཚད་མའི་མཚན་ཉིད་མ་ཡིན་པར་ཐལ་བ་དང་། རྒྱང་འཕེན་པས་ཀྱང་རང་རྒྱུད་ཀྱི་རྗེས་དཔག་ཚད་མ་རྟོགས་པར་ཐལ་ལོ། ། འདོད་ན། ཐ་སྙད་ལས་ནི་ཚད་མ་ཉིད། །བསྟན་བཅོས་རྨོངས་པ་ཟློག་བྱེད་ཡིན། །ཞེས་གསུངས་པ་དང་འགལ་ལོ། །ཡང་། གང་ཟག་ཡིན་ན། ཤེས་པ་རྟོགས་པས་ཁྱབ་པར་ཐལ། རང་རྒྱུད་ཀྱི་ཤེས་པ་ཡིན་ན་རང་ཉམས་སུ་སྨྱོང་བའི་རང་རིག་གིས་མངོན་སུམ་དུ་རྟོགས་པས་ཁྱབ་པའི་ཕྱིར། རྟགས་ཁྱབ་ཁས། འདོད་ན། གསལ་ཞིང་རིག་པ་རྟོགས་ནས་ཤེས་

པ་མ་རྟོགས་པའི་གང་ཟག་མེད་པར་ཐལ། གང་ཟག་ཡིན་ན། ཤེས་པ་རྟོགས་པས་ཁྱབ་པའི་ཕྱིར། རྟགས་ཁས། འདོད་མི་ནུས་ཏེ། གསལ་ཞིང་རིག་པ་ཤེས་པའི་མཚན་ཉིད་ཡིན་པའི་ཕྱིར།

(༣༥) རང་རྒྱུད་ཀྱི་ཤེས་པ་ཡིན་ན། རང་ལ་ལྐོག་གྱུར་དུ་མ་སོང་བས་ཁྱབ་པར་ཐལ། འདོད་པའི་ཕྱིར། འདོད་ན། ཁྱོད་རང་གིས་ཉིན་གཅིག་ལ་རྣམ་རྟོག་གི་གྲངས་ཅི་ཙམ་བཏུས་པའི་རྟོག་པ་ཆོས་ཅན། རང་རིག་མངོན་སུམ་གྱིས་གྲུབ་པར་ཐལ། ཤེས་པ་ཡིན་པའི་ཕྱིར། ཁྱབ་པ་ཁས། འདོད་མི་ནུས་ཏེ། སེམས་ཅན་གཞན་ལ་རྟགས་མེད་པའི། །རྣམ་རྟོག་ལ་སོགས་མི་འགྲུབ་བཞིན། །ཞེས་གསུངས་པའི་ཕྱིར།

(༣༦) མཐའ་དཔྱོད་ལས། སེམས་ཀྱི་མཚན་ཉིད་སྔར་བཤད་ཟིན་ཏོ། །ཞེས་གསུངས་པ་མི་འཐད་པར་ཐལ། སེམས་ཀྱི་མཚན་ཉིད་སྔར་གང་དུ་ཡང་མ་བཤད་པའི་ཕྱིར་ཟེར་བ་ལ། རྟགས་མ་གྲུབ་སྟེ། རང་གི་འཁོར་དུ་སོང་བའི་སེམས་བྱུང་ཡོད་པའི་གཞན་རིག་གི་ཤེས་པ་གང་ཞིག་རང་གི་ཆ་དུ་མ་འདུས་པ་དེ། རྣམ་པར་ཤེས་པའི་ཕུང་པོའི་མཚན་ཉིད་དུ་གསུངས་ནས། དེ་སེམས་ཀྱི་མཚན་ཉིད་དུ་ཡང་བཤད་པའི་ཕྱིར། དེ་གཉིས་མཚོན་བྱ་ཐ་དད་ཀྱང་དོན་གཅིག་པས་མཚན་ཉིད་སོ་སོར་འཇོག་མི་རིགས་པའི་ཕྱིར་ཏེ། མཐའ་དཔྱོད་རང་ལས། གཞན་སེལ་དང་དགག་པ་གཉིས་དོན་གཅིག་པས་མཚན་ཉིད་འཇོག་མི་དགོས་སོ། །ཞེས་གསུངས་པ་དང་མཚུངས་པའི་ཕྱིར་ཟེར། འདི་ལ་འོ་ན། རྣམ་པར་ཤེས་པའི་ཕུང་པོའི་མཚན་ཉིད་བཤད་ན། སེམས་ཀྱི་མཚན་ཉིད་བཤད་པས་ཁྱབ་པར་ཐལ། བཤད་ཚུལ་འཐད་པའི་ཕྱིར། འདོད་ན། རྣམ་པར་ཤེས་པའི་ཕུང་པོའི་མཚན་ཉིད་ཡིན་ན། སེམས་ཀྱི་མཚན་ཉིད་ཡིན་ན་ཞེས་པའི་མཚན་ཉིད་ཡིན་པས་ཁྱབ་པར་ཐལ་ལོ། །ཡང་མཚན་ཉིད་དེ་ཆོས་ཅན། ཁྱོད་ཀྱི་མཚོན་བྱ་དུ་མ་གྲུབ་པར་ཐལ། ཁྱོད་རྣམ་པར་ཤེས་པའི་ཕུང་པོའི་མཚན་ཉིད་ཡིན་པ་གང་ཞིག སེམས་ཀྱི་མཚན་ཉིད་ཀྱང་ཡིན་པའི་ཕྱིར། རྟགས་ཁས། འདོད་མི་ནུས་ཏེ། མཐའ་དཔྱོད་ལས། ཁྱོད་ཀྱི་མཚོན་བྱ་དུ་མ་མ་གྲུབ་པར་ཐལ།

ཁྱོད་མཚན་ཉིད་ཡིན་པའི་ཕྱིར། ཞེས་གསུངས་པའི་ཕྱིར། དེས་ན། ཟུར་རྒྱན་ལས། རང་ཡུལ་རང་སྟོབས་ཀྱིས་སོ་སོར་རིག་པའི་གཙོ་བོའི་རྣམ་རིག་དེ་སེམས་ཀྱི་མཚན་ཉིད། ཅེས་གསུངས་པ་ལྷ་བུའི་གཞུང་གཞན་དུ་སྣང་བཤད་ཟིན་པའི་དོན་དུ་བྱས་ཆོག་པའི་ཕྱིར་ཟེར།

(༣༧) ཡུལ་ཡིན་ན་རྣམ་མཁྱེན་དང་མཚུངས་ལྡན་དུ་སོང་བའི་ཚོར་བའི་གཞལ་བྱ་ཡིན་པས་ཁྱབ། རྣམ་མཁྱེན་དང་མཚུངས་ལྡན་དུ་སོང་བའི་ཚད་མའི་དམིགས་པ་ཡིན་པས་ཁྱབ་པའི་ཕྱིར་ཟེར་ན། བུམ་པ་ཆོས་ཅན། རྣམ་མཁྱེན་དང་མཚུངས་ལྡན་དུ་སོང་བའི་ཚོར་བའི་གཞལ་བྱ་མ་ཡིན་པར་ཐལ། དེ་དང་མཚུངས་ལྡན་དུ་མ་སོང་བའི་ཚོར་བའི་གཞལ་བྱ་ཡིན་པའི་ཕྱིར། དེར་ཐལ། ཕྱིའི་གཟུགས་ཡིན་པའི་ཕྱིར། མ་གྲུབ་ན། སྐྱེས་བུའི་ཤེས་རྒྱུད་ཀྱིས་བསྡུས་པའི་ཚད་མའི་དམིགས་པ་ཡིན་པས་ཁྱབ་པར་ཐལ་ལོ། །

(༣༨) སངས་འཕགས་ལ་མངོན་གྱུར་ཡིན་ན་མངོན་གྱུར་ཡིན་པས་ཁྱབ་ཟེར་ན། ཤེས་བྱ་ཆོས་ཅན། དེར་ཐལ། དེའི་ཕྱིར། ཉི་ཟེར་ལས། དེར་ཐལ། སངས་འཕགས་ལ་མངོན་གྱུར་ཡིན་པའི་ཕྱིར། ཞེས་གསུངས་པའི་ཕྱིར། འདོད་མི་ནུས་ཏེ། དངོས་པོ་མ་ཡིན་པའི་ཕྱིར། ཁྱབ་སྟེ། དངོས་པོ་དང་མངོན་གྱུར་རང་མཚན་དོན་གཅིག་ཡིན་པའི་ཕྱིར། ཞེས་པ་ལ། ཁོ་ན་རེ། དངོས་པོ་ཡིན་ན། མངོན་གྱུར་ཡིན་པས་ཁྱབ་པར་ཐལ། སྒྲུབ་ཚུལ་འཐད་པའི་ཕྱིར། འདོད་ན། རྣམ་མཁྱེན་ཆོས་ཅན། མངོན་གྱུར་ཡིན་པར་ཐལ། དངོས་པོ་ཡིན་པའི་ཕྱིར། ཁྱབ་པ་ཁས། འདོད་ན། དེ་ཆོས་ཅན། མངོན་སུམ་ཚད་མས་དངོས་སུ་རྟོགས་པར་བྱ་བ་ཡིན་པར་ཐལ། མངོན་གྱུར་ཡིན་པའི་ཕྱིར། རྟགས་ཁས། ཁྱབ་སྟེ། མངོན་སུམ་ཚད་མས་དངོས་སུ་རྟོགས་པར་བྱ་བ་མངོན་གྱུར་གྱི་མཚན་ཉིད་དུ་མཐའ་དཔྱོད་ལས་གསུངས་པའི་ཕྱིར། འདོད་ན། དེ་ཆོས་ཅན། ཁྱོད་མངོན་སུམ་ཚད་མས་དངོས་སུ་རྟོགས་པར་བྱ་བ་མ་ཡིན་པར་ཐལ། ཁྱོད་སེམས་ཅན་གྱི་མངོན་སུམ་ཚད་མས་དངོས་སུ་རྟོགས་པར་བྱ་བ་མ་ཡིན་པ་གང་ཞིག སངས་རྒྱས་ཀྱི་མངོན་སུམ་ཚད་མས་རྟོགས་པར་བྱ་བ་ཡིན་ན། མངོན་སུམ་ཚད་མས་དངོས་སུ་རྟོགས་པར་བྱ་བ་ཡིན་མི་དགོས་པའི་ཕྱིར།

རྟགས་དང་པོ་མ་གྲུབ་ན། རྣམ་མཁྱེན་ཆོས་ཅན། དེར་ཐལ། ཁྱོད་དངོས་སུ་རྟོགས་པའི་མངོན་སུམ་ཚད་མ་དང་ཁྱོད་སྣང་ཡུལ་དུ་བྱེད་པའི་མངོན་སུམ་ཚད་མ་གཉིས་པོ་གང་རུང་ཡིན་ན་སེམས་ཅན་གྱི་རྒྱུད་ན་མེད་པས་ཁྱབ་པའི་ཕྱིར། གཉིས་པ་གྲུབ་སྟེ། རྣམ་མཁྱེན་གྱིས་ཆོས་ཐམས་ཅད་མངོན་སུམ་དུ་རྟོགས་པར་མཐའ་དཔྱོད་ལས་གསུངས་པའི་ཕྱིར། གཞན་ཡང་། དེ་ལྟར་ཡིན་པར་ཐལ། ཟུར་རྒྱན་ལས། དངོས་པོ་ཡིན་ན་མངོན་གྱུར་ཡིན་པས་མ་ཁྱབ་སྟེ། ཞེས་གསུངས་པའི་ཕྱིར་དང་། མངོན་ཊཱིཀྐ་ལས། མངོན་གྱུར་ལ་རང་མཚན་གྱིས་ཁྱབ་པ་དང་། ལྐོག་གྱུར་ལ་སྤྱི་མཚན་གྱིས་ཁྱབ་པ་མི་གཟུང་ངོ་། །ཞེས་ཀྱང་གསུངས་པའི་ཕྱིར།

(༣༩) སངས་འཕགས་ཆོས་ཅན། ཁྱོད་ཀྱིས་ཤེས་བྱ་ཐམས་ཅད་མངོན་གྱུར་དུ་གཟིགས་པར་ཐལ། གཟིགས་པ་གང་ཞིག ལྐོག་གྱུར་དུ་མ་གཟིགས་པའི་ཕྱིར། ཁྱབ་སྟེ། དེ་གཉིས་གང་རུང་མ་ཡིན་པའི་གཟིགས་ཚུལ་མེད་པའི་ཕྱིར། འདོད་ན། ཤེས་བྱ་ཆོས་ཅན། ཁྱོད་མངོན་གྱུར་ཡིན་པར་ཐལ། སངས་རྒྱས་འཕགས་པས་ཁྱོད་མངོན་གྱུར་དུ་གཟིགས་པའི་ཕྱིར། རྟགས་ཁས། འདོད་མི་ནུས་ཏེ། སངས་རྒྱས་འཕགས་པས་ཁྱོད་ལྐོག་གྱུར་དུ་གཟིགས་པའི་ཕྱིར། དེར་ཐལ། ཁྱོད་ལྐོག་གྱུར་ཡིན་པའི་ཕྱིར།

(༤༠) སངས་རྒྱས་འཕགས་པ་ལ་ལྐོག་གྱུར་མེད་པར་ཐལ། གཞི་གྲུབ་ན་སངས་རྒྱས་འཕགས་པ་ལ་མངོན་གྱུར་ཡིན་པས་ཁྱབ་པའི་ཕྱིར། འདོད་ན། སངས་རྒྱས་འཕགས་པ་ལ་ཡོད་པ་མེད་པར་ཐལ། འདོད་པའི་ཕྱིར། འདོད་མི་ནུས་ཏེ། སངས་རྒྱས་འཕགས་པ་ལ་མཚན་དཔེ་སོགས་ཡོད་པའི་ཕྱིར་རོ། །ཡང་སངས་འཕགས་ལ་ལྐོག་ཏུ་གྱུར་པའི་ཆོས་ཡོད་པར་ཐལ། སངས་རྒྱས་འཕགས་པ་ལ་ལྐོག་གྱུར་ཡོད་པའི་ཕྱིར། འདོད་མི་ནུས་ཏེ། བཅོ་བརྒྱད་ཁམས་ཀྱི་རབ་དབྱེ་མཐའ་དག་ལ། །ཁྱོད་ལ་ལྐོག་ཏུ་གྱུར་པ་གང་ཡང་མེད། །ཅེས་གསུངས་པའི་ཕྱིར། ཡང་། ཤེས་བྱ་ཆོས་ཅན། མངོན་གྱུར་ཡིན་པར་ཐལ། སངས་རྒྱས་ཀྱི་ཡེ་ཤེས་ཀྱིས་མངོན་དུ་གྱུར་པའི་ཚུལ་གྱིས་རྟོགས་པའི་ཕྱིར་ན་མ་ཁྱབ་སྟེ། ཡིད་ཀྱི་

མྱུར་སེལ་ལས། སངས་རྒྱས་ཀྱི་ཡེ་ཤེས་ལ་དངོས་མེད་མངོན་དུ་གྱུར་པའི་ཚུལ་གྱིས་སྣང་ཡང་། སངས་རྒྱས་ཀྱི་ཡེ་ཤེས་ཀྱིས་དངོས་མེད་མངོན་འགྱུར་ཡིན་པར་གཞལ་བྱ་མ་ཡིན་པས། ཞེས་གསུངས་པའི་ཕྱིར། འདོད་མི་ནུས་ཏེ། རྟག་པ་ཡིན་པའི་ཕྱིར།

(༤༧) གཞི་གྲུབ་ན། མངོན་ལྐོག་གཉིས་ཀ་ཡིན་པས་ཁྱབ་པར་ཐལ། རྣམ་མཁྱེན་གྱི་ངོར། གཉིས་ཀ་ཡིན་པས་ཁྱབ་པའི་ཕྱིར་ཟེར། འོ་ན། བློ་གཅིག་གི་ངོར་མངོན་ལྐོག་གཉིས་ཀའི་ཡིན་པ་ཡོད་པར་ཐལ། འདོད་པ་འཐད་པའི་ཕྱིར། འདོད་མི་ནུས་ཏེ། སྡེ་བདུན་རྒྱན་ལས། བློ་གཅིག་གི་ངོར་ད་ལྟ་མངོན་གྱུར་ཡིན་པ་དང་། ད་ལྟ་ལྐོག་གྱུར་ཡིན་པ་གཉིས་འགལ་བ་ཡིན་ནོ། །ཞེས་གསུངས་པའི་ཕྱིར།

(༤༨) རྟག་པ་ཡིན་ན་རྣམ་མཁྱེན་གྱིས་གསལ་བར་སྣང་བའི་སྒོ་ནས་རྟོགས་པས་ཁྱབ་པར་ཐལ། སྒྲུབ་བྱེད་འཐད་པའི་ཕྱིར། འདོད་མི་ནུས་ཏེ། རྟག་པ་ཡིན་ན། ཁྱོད་གསལ་བར་སྣང་བའི་མངོན་སུམ་མེད་པས་ཁྱབ་པའི་ཕྱིར། དེར་ཐལ། ཁྱོད་སྤྱི་མཚན་ཡིན་པས་ཁྱབ་པའི་ཕྱིར། ཁྱབ་པ་བསྟུས་གཞུང་དུ་མས་གྲུབ་པའི་ཕྱིར་ཟེར། འདི་ལ། རྣམ་མཁྱེན་གྱིས་མངོན་སུམ་དུ་རྟོགས་པར་བྱ་བ་ཡིན་ན། མངོན་སུམ་གྱིས་མངོན་སུམ་དུ་རྟོགས་པར་བྱ་བ་ཡིན་པས་ཁྱབ་པར་ཐལ། འདོད་པའི་ཕྱིར། འདོད་ན། སངས་རྒྱས་ཀྱི་མིག་ཤེས་ཀྱི་གཟུང་བྱ་ཡིན་ན། མིག་ཤེས་ཀྱི་གཟུང་བྱ་ཡིན་པས་ཁྱབ་པར་ཐལ། འདོད་པའི་ཕྱིར། འདོད་ན། རྟག་པ་ཆོས་ཅན། དེར་ཐལ། དེའི་ཕྱིར། ཁྱབ་པ་ཁས། གཞན་ཡང་། དེ་མི་འཐད་པར་ཐལ། རྟག་པ་ཡིན་ན། རྣམ་མཁྱེན་ལ་གསལ་བར་སྣང་བའི་སྒོ་ནས་རྟོགས་པས་ཁྱབ་པའི་ཕྱིར། དེར་ཐལ། དེ་ཡིན་ན་རྣམ་མཁྱེན་གྱིས་མངོན་སུམ་དུ་རྟོགས་པས་ཁྱབ་པའི་ཕྱིར། མྱུར་སེལ་ལས། སངས་རྒྱས་ཀྱི་ཡེ་ཤེས་ལ་དངོས་མེད་མངོན་གྱུར་ཡིན་པ་ནི་འདོད་པ་ཡིན་ལ། ཞེས་གསུངས་པའི་ཕྱིར། མཐའ་དཔྱོད་ལས། ཆོས་ཐམས་ཅད་སྐད་ཅིག་མ་གཅིག་ལ་མངོན་སུམ་དུ་རྟོགས་པའི་མཐར་ཐུག་གི་མཁྱེན་པ་དེ། རྣམ་མཁྱེན་གྱི་མཚན་ཉིད་དུ་གསུངས་པའི་ཕྱིར་རོ། །

སྐྱེ་དང་བྱེ་བྲག་གི་རྣམ་གཞག

（༡）བུམ་པ་ཁྱོད་ཀྱི་སྤྱི་ཡིན་ན། ཁྱོད་བུམ་པའི་བྱེ་བྲག་ཡིན་པས་ཁྱབ་ཟེར་ན། མ་ཡིན་པར་གྱུར་པའི་རྟག་པའི་མཚོན་བྱ་ཆོས་ཅན། དེར་ཐལ། དེའི་ཕྱིར་ཟེར། ཡང་བུམ་པ་ཁྱོད་ཀྱི་བྱེ་བྲག་ཡིན་ན་ཁྱོད་བུམ་པའི་སྤྱི་ཡིན་པས་ཁྱབ་ཟེར་ན། དངོས་པོར་རྟོགས་པའི་ཚད་མ་མི་རྟག་པ་ཆོས་ཅན། བུམ་པའི་སྤྱི་ཡིན་པར་ཐལ། བུམ་པ་ཁྱོད་ཀྱི་བྱེ་བྲག་ཡིན་པའི་ཕྱིར། ཁྱབ་པ་ཁས། རྟགས་གྲུབ་སྟེ། བུམ་པ་དངོས་པོར་རྟོགས་པའི་ཚད་མ་ཤེས་བྱའི་བྱེ་བྲག་ཡིན་པའི་ཕྱིར། རྩ་བར་འདོད་ན། དེ་ཆོས་ཅན། སྤྱི་ཡིན་པར་ཐལ། བུམ་པའི་སྤྱི་ཡིན་པའི་ཕྱིར། རྟགས་ཁས། གཞན་ཡང་དེ་ཆོས་ཅན། ཁྱོད་བུམ་པ་དང་གཅིག་ཡིན་པར་ཐལ། བུམ་པ་ཁྱོད་ཀྱི་བྱེ་བྲག་ཡིན་པའི་ཕྱིར། ཁྱབ་སྟེ། ཉི་ཟེར་ལས། ཁྱོད་བུམ་པ་དང་བདག་ཉིད་གཅིག་ཡིན་པར་ཐལ། བུམ་པ་ཁྱོད་ཀྱི་བྱེ་བྲག་ཡིན་པའི་ཕྱིར། ཞེས་གསུངས་པའི་ཕྱིར། འདོད་ན། ཡོད་པར་ཐལ་ལོ། །འདི་ལ་ཁོ་ན་རེ། མི་རྟག་པ་ཆོས་ཅན། བུམ་པ་དང་བདག་ཉིད་གཅིག་ཡིན་པར་ཐལ། འདོད་པའི་ཕྱིར། འདོད་མི་ནུས་ཏེ། ཤེས་བྱ་ཡང་དུ་བ་དང་བདག་ཉིད་གཅིག་ཡིན་པར་ཐལ་ལོ། །ཞེས་གསུངས་པའི་ཕྱིར།

（༢）ཁ་ཅིག་མ་ཡིན་པ་ལས་ལོག་པའི་གསེར་བུམ་བུམ་པ་ཆོས་ཅན། བུམ་པའི་སྤྱི་ཡིན་པར་ཐལ། བུམ་པ་ཁྱོད་ཀྱི་བྱེ་བྲག་ཡིན་པའི་ཕྱིར། ཁྱབ་པ་ཁས་ཟེར། འོ་ན། དངོས་པོ་ཁྱོད་ཀྱི་བྱེ་བྲག་ཡིན་ན་ཁྱོད་དངོས་པོའི་སྤྱི་ཡིན་པས་ཁྱབ་པར་ཐལ། འདོད་པའི་ཕྱིར། འདོད་མི་ནུས་ཏེ། མཐའ་དཔྱོད་ལས། དངོས་པོའི་སྤྱི་ཡིན་པར་ཐལ། དངོས་པོ་ཁྱོད་ཀྱི་བྱེ་བྲག་ཡིན་པའི་ཕྱིར། ཞེས་གསུངས་པའི་ཕྱིར། ཞེས་པ་ལ། མ་ཡིན་པ་ལས་ལོག་པའི་བུམ་པ་མི་རྟག་པ་ཆོས་ཅན། དངོས་པོའི་སྤྱི་ཡིན་པར་ཐལ། དངོས་པོ་ཁྱོད་ཀྱི་བྱེ་བྲག་ཡིན་པའི་ཕྱིར། ཁྱབ་པ་ཁས་ཟེར།

(༣) བྱེ་བྲག་ཡིན་ན། ཤེས་བྱ་ཁྱོད་ཀྱི་སྤྱི་ཡིན་པས་ཁྱབ་ཟེར་ན། ཡོད་པར་རྟོགས་པའི་ཚད་མ་མི་རྟག་པ་ཆོས་ཅན། ཤེས་བྱ་ཁྱོད་ཀྱི་སྤྱི་ཡིན་པར་ཐལ། བྱེ་བྲག་ཡིན་པའི་ཕྱིར། ཁྱབ་པ་ཁས། མ་གྲུབ་ན། དེར་ཐལ། དངོས་པོ་ཡིན་པའི་ཕྱིར། རྩ་བར་འདོད་ན། དེ་ཆོས་ཅན། ཤེས་བྱ་ཁྱོད་ཀྱི་སྤྱི་མ་ཡིན་པར་ཐལ། ཤེས་བྱ་ཁྱོད་ཀྱི་བྱེ་བྲག་ཡིན་པའི་ཕྱིར། མ་གྲུབ་ན། ཤེས་བྱ་ཡོད་པར་རྟོགས་པའི་ཚད་མ་མི་རྟག་པ་ཆོས་ཅན། མི་རྟག་པའི་བྱེ་བྲག་ཏུ་སོང་བའི་རྟགས་གསུམ་གྲུབ་པའི་ཕྱིར། དེ་ལ་ཁོ་ན་རེ། ཡོད་པར་རྟོགས་པའི་མཚན་མ་མི་རྟག་པ་ཆོས་ཅན། མི་རྟག་པའི་བྱེ་བྲག་ཡིན་པར་ཐལ། མི་རྟག་པའི་བྱེ་བྲག་ཏུ་སོང་བའི་རྟགས་གསུམ་གྲུབ་པའི་ཕྱིར།

(༤) དངོས་པོ་ཡིན་ན་བྱེ་བྲག་ཡིན་པས་ཁྱབ། བྱས་པ་ལ། ཁོ་ན་རེ། རྗེས་དཔག་ཚད་མ་ཆོས་ཅན། བྱེ་བྲག་ཡིན་པར་ཐལ། དངོས་པོ་ཡིན་པའི་ཕྱིར། འདོད་ན། དེ་ཆོས་ཅན། ཤེས་བྱའི་བྱེ་བྲག་ཡིན་པར་ཐལ། བྱེ་བྲག་ཡིན་པའི་ཕྱིར། འདོད་ན། ཁྱོད་མ་ཡིན་ཞིང་ཤེས་བྱ་ཡིན་པའི་གཞི་མཐུན་དུ་མ་གྲུབ་པར་ཐལ། འདོད་པའི་ཕྱིར། འདོད་མི་ནུས་ཏེ། གཞི་གྲུབ་ན། རྗེས་དཔག་ཚད་མ་ཡིན་པས་ཁྱབ་པའི་ཕྱིར། གཞན་ཡང་། སྒྲ་མི་རྟག་པ་ཆོས་ཅན། དེར་ཐལ། དེའི་ཕྱིར། འདོད་ན། ཁྱོད་མ་ཡིན་པའི་ཤེས་བྱ་དུ་མ་ཡོད་པར་ཐལ། འདོད་པའི་ཕྱིར། འདོད་མི་ནུས་ཏེ། བདག་མེད་ཡིན་ན་སྒྲ་མི་རྟག་པ་ཡིན་དགོས་པའི་ཕྱིར་ཟེར་ན། འདི་ལ་རྗེས་དཔག་ཚད་མ་མ་ཡིན་ཞིང་། ཤེས་བྱ་ཡིན་པའི་གཞི་མཐུན་དུ་མ་གྲུབ་པར་ཐལ། བུམ་པ་དེ་ཡང་དེ་ཡིན། ཀ་བ་དེ་ཡང་དེ་ཡིན་པའི་ཕྱིར། གཞན་ཡང་སྒྲ་མི་རྟག་པ་ཆོས་ཅན། བྱེ་བྲག་ཡིན་པར་ཐལ། དངོས་པོ་ཡིན་པའི་ཕྱིར། ཁྱབ་སྟེ། བསྡུས་གཞུང་ལས། ཁྱོད་ཀྱི་སྤྱི་རྟག་པ་ཡིན་པར་ཐལ། བྱེ་བྲག་ཡིན་པའི་ཕྱིར་ཏེ་དངོས་པོ་ཡིན་པའི་ཕྱིར། ཞེས་གསུངས་པའི་ཕྱིར། འོ་ན། རྟག་པ་སྒྲ་མི་རྟག་པ་མ་ཡིན་ཞིང་ཤེས་བྱ་ཡིན་པའི་གཞི་མཐུན་པ་ཡིན་པར་ཐལ། རྟག་པ་དེ་སྒྲ་མི་རྟག་པ་མ་ཡིན་ཞིང་ཤེས་བྱ་ཡིན་པའི་གཞི་མཐུན་པ་ཡིན་པའི་ཕྱིར་ན། མ་ཁྱབ། འདོད་མི་ནུས་ཏེ། རྟག་པ་སྒྲ་མི་རྟག་པ

མ་ཡིན་པ་དང་མེད་པ་གཉིས་ཀ་ཡིན་པའི་ཕྱིར། ཡང་སྒྲ་མི་རྟག་པ་མ་ཡིན་པ་ཡོད་པར་ཐལ། སྒྲ་དངོས་པོ་མ་ཡིན་པ་ཡོད་པའི་ཕྱིར། དེར་ཐལ། སྒྲ་མེད་པ་ཡོད་པའི་ཕྱིར། འདི་ལ་ཡང་། སྒྲ་མཉན་བྱ་མ་ཡིན་པ་ཡོད་པར་ཐལ། སྒྲ་མི་རྟག་པ་མ་ཡིན་པ་ཡོད་པའི་ཕྱིར། དེར་ཐལ། སྒྲ་མེད་པ་ཡོད་པའི་ཕྱིར། འདི་ལ་ཡང་། སྒྲ་མཉན་བྱ་མ་ཡིན་པ་ཡོད་པར་ཐལ། སྒྲ་མི་རྟག་པ་མ་ཡིན་པ་ཡོད་པའི་ཕྱིར། འདོད་མི་ནུས་ཏེ། ཉི་ཟེར་ལས། སྒྲ་མཉན་བྱ་མ་ཡིན་པའང་གཞི་མ་གྲུབ་སྟེ། ཞེས་གསུངས་པའི་ཕྱིར་ཟེར་ན།……།

(༥) བདག་མེད་རྟོགས་པའི་ཚད་མ་ཆོས་ཅན། བྱེ་བྲག་ཡིན་པར་ཐལ། ཤེས་བྱ་ཡིན་པའི་ཕྱིར། ཁྱབ་པ་ཁས། འདོད་ན། བདག་མེད་རྟོགས་པའི་ཚད་མ་ཚད་མ་མ་ཡིན་ཞིང་། ཤེས་བྱ་ཡིན་པའི་གཞི་མཐུན་ཡོད་པར་ཐལ་ལོ། །

གཞན་ཡང་། ཤེས་པ་ཡིན་ན་མི་རྟག་པ་དང་བདག་ཉིད་གཅིག་ཡིན་པས་ཁྱབ། (འདིའི་མན་རྩོམ་འགྲོར་ལུས།)

༄༅། །མཇུག་གི་གཏམ།

མཁྱེན་རབ་རལ་གྲིའི་འོད་རྣོན་འབར་བའི་རྩལ། །རྩོངས་པའི་དཔྲ་སྙིང་ལྷུགས་པོང་ལ་ཟ་བའི། །སྤྲོས་བྲལ་འོད་ལྡའི་ཕུང་པོར་སྨིན་པའི་གཟིས། །སྤོངས་འདི་འོད་དཀར་སྣང་བས་རིང་དུ་སྐྱོངས། །ལྷ་རིག་ཤེས་བྱ་ཡངས་པའི་ཐང་ཆེན་ལ། །བློ་གྲོས་མིའུ་ཐུང་ཕོམ་པས་དབང་བསྒྱུར་ཞིང་། །རྩོངས་ལྡན་འཛིན་མའི་མཆེ་བའི་གཙོང་རོང་དུ། །ཕྱུགས་མཛད་དྲིན་ལྡན་བླ་མ་དེང་ཡང་དྲན། །ཤེས་རིག་གཞན་ལ་འདོམས་པའི་ཁུར་བགྱི་སྐབས། །དགྲོལ་དཀའི་གནད་ལ་རབ་རིབ་འགྲེལ་རྒྱག་དུས། །སོམ་ཉིའི་དྲ་རྒྱར་གཤོག་ཟུང་བསྡམས་པའི་ཚེ། །ཡབ་གཅིག་བླམ་སྙིང་ནས་ཡང་ཡང་དྲན། །མགོན་ཁྱོད་ལྷ་ལྡན་ཕྱུལ་བའི་ཞིང་ཁམས་ནས། །ཡེ་ཤེས་འཛའ་གུར་གཡོ་བའི་སྤྲིན་ཟུང་གིས། །དུཿཁའི་གཡང་ལ་འཁྱམས་པའི་ཉམ་ཐག་ལ། །བརྩེ་གཟིགས་སྤྲིན་ཞགས་གཞར་ཡང་མི་སྐྱོད་འཚལ། །

དེ་ཡང་བདག་རྣམས་ལ་བཀའ་དྲིན་མཚུངས་ཟླ་མ་མཆིས་པའི་མཛའ་བཤེས་ཆེན་པོ། ངེས་པ་དོན་གྱི་དགེ་བའི་བཤེས་གཉེན། གསང་བའི་མཁས་པ། སྨྲས་པའི་བརྟུལ་ཞུགས་ཅན། དོན་གྱི་སྣད་དུ་མཚན་ནས་སྨོས་ན་༧རྗེ་བཤད་སྒྲུབ་རྒྱ་མཚོ་དབྱངས་ཅན་འཛུམ་པའི་མི་རྟོག་མཆོག་མཛད་པ་གཟིམ་ཁྲིམ་ཐའ་ཅན་དུ་གྱུར་ནས་བགྲང་བྱ་འགའ་ཞིག་འདས་པའི་དུས་འདིར། གང་གི་གསུང་སྐྱེས་ཀྱི་བུ་སློབ་ཐ་ཤལ་བ་བདག་ཅག་གི་སེམས་རབ་ཏུ་སྐྱོ་ཞིང་ཤིན་ཏུ་དད་གུས་ཆེན་པོས་དམ་པ་གང་གི་སྐུ་དྲིན་རི་རབ་ཀྱི་གཏོས་དང་མཉམ་པ་ལས། ཆ་ཤས་རྩལ་ཕྲན་ཙམ་ཞིག་གཞལ་འདོད་ཀྱིས་ཀུན་ནས་བསླངས་ཏེ། གང་གི་ལེགས་གསུང་པར་དུ་བཀོད་པ་དང་མ་འགོད་པ་ཐར་ཐོར་དུ་ལུས་པ་རྣམས་འབད་པ་ཆེན་པོས་ཕྱོགས་གཅིག་ཏུ་བསྒྲིགས་ཤིང་ཞུ་དག་བྱེད་ཁུལ་ཙམ་བགྱིས་ཏེ། འཕྲུལ་གྱི་རི་མོར་འགོད་པའི་སྙིང་

ཙམ་བསྒྲངས་པ་ན། སྣང་དོར་གྱི་གནས་ལ་འཇུག་ལྡོག་གི་བློ་གྲོས་ཡངས་ཤིང་རྣམ་དཀར་ལས་ལ་གཏོང་ཕོད་ཕྱུག་ཟུང་གི་འདབ་བརྒྱ་ལྷུག་པར་གྲོལ་བའི་སློབ་གྲྭའི་དབུ་ཁྲིད་བརྗེ་བཀྲ་ཤིས་དང་འཇིགས་མེད་རྡོ་རྗེ། བསོད་ནམས་དཔལ་ལྡན་སོགས་ཀྱིས་རྒྱབ་སྐྱོར་ཚད་མེད་དང་མཐུན་རྐྱེན་གང་ལེགས་སྦྱར་བ་མ་ཟད་ཁོང་གི་སྐུ་མཆེན་མཁའ་འབུམ་བཟའ་མི་གཉིས་ཀྱིས་མ་ཡིག་འཚོལ་སྡུད་ཐད་རོགས་སྐྱོར་ཆེན་པོ་བགྱིས་པའི་རྐྱེན་བྱས། དམ་པ་གང་ཉིད་མཉེས་པར་བྱེད་པའི་མཆོད་སྤྲིན་དང་། ཕྱིས་འབྱུང་བློ་གསར་དག་ལའང་རིན་ཐང་གཞལ་དུ་མེད་པའི་གསོས་སུ་ཨེ་འགྱུར་དམིགས་ནས་གསུང་འབུམ་འདི་ཉིད་པར་སྐྲུན་བྱས་པ་ལགས།

སྤྱིར་དམ་པ་ཉིད་ནི་རིག་པའི་གནས་ཀུན་ལ་མཁྱེན་སྤྱན་མཁའ་ལྟར་ཡངས་ཤིང་ཐུགས་རིག་སྒྱུ་སྐར་ལྟར་རྣམ་པར་བཀྲ་བས་ཁོང་གི་ཐུགས་བཅུད་ལས་བྱུང་བའི་རྩོམ་རིག་དང་དཔྱད་རྩོམ། རྟོགས་བརྗོད། གཞུང་འགྲེལ་སྣ་ཚོགས། བསྒྱུར་རྩོམ། དམངས་ཁྲིད་རྩོམ་རིག་སོགས་ཕྱུག་རྩོམ་མཐའ་ཡས་པ་ཞིག་རྩོམ་གནང་མཛད་ཡོད་ཀྱང་ལ་ལ་བོར་བརླག་བྱུང་བ་དང་། ལ་ལ་རྩོམ་འཁྱེར་ལུས་པ། ལ་ལའི་མ་ཕྱིར་རལ་སྐྱོན་ཐེབས་པ་བཅས་ཀྱི་རྐྱེན་པས། ང་ཚོའི་རྩོམ་སྒྲིག་གི་བྱ་བར་དཀའ་ལས་ཆེན་པོ་ཐེབས་ཤིང་། 《བོད་ཀྱི་ལོ་རྒྱུས་ངོ་མཚར་ནོར་བུའི་མེ་ལོང་》སོགས་ཀྱང་ངེད་ཙག་ལ་གཞུང་འདིའི་ཞལ་ཁྲིད་ཀྱི་བཀའ་དྲིན་སྐྱོང་སྐབས་ཀྱི་དྲན་ཐོ་ཙམ་ལས་བསྟན་བཅོས་ཀྱི་ལུགས་སུ་མཛད་མེད་པས། ས་བཅད་འགྲེམ་སྟངས་སོགས་ང་ཚོའི་འདོད་བློ་ལྟར་བསྒྲིགས་པ་ལས་སྐུ་ཉིད་ཀྱི་དགོངས་བབས་དང་མི་མཐུན་པའི་ཉེས་འགལ་དག་ཀྱང་རང་བཞིན་གྱིས་བཟོས་ཡོད་པར། ཤེས་ལྡན་རྣམས་ཀྱིས་དགོངས་ཁྲེལ་མི་གནང་བར་ཞུ་ཞུ།

རྩོམ་སྒྲིག་གི་གོ་རིམ་ནི། གསུང་རྩོམ་ཡོངས་ཁག་གསུམ་དུ་བགོས་ཡོད་དེ། ཁག་དང་པོ་དང་གཉིས་པ་རྣམ་ཐར་ལོ་རྒྱུས་ཀྱི་སྐོར་དང་། ཁག་གསུམ་པ་རྩོམ་རིག་དང་གཏན་ཚིགས་རིག་པའི་སྐོར་བཅས་སུ་བསྒྲིགས་ཡོད། གཞན་དཔེ་དེབ་སྣ་ཚོགས་ཀྱི་འགོ་བརྗོད

དང་མཇུག་བྱང་། ཁོང་གིས་བསྒྲིགས་གནང་མཛད་པའི་བོད་ཀྱི་གཏམ་དཔེ་ཐོར་བུ། མཛའ་གྲོགས་དང་སློབ་བུ་དག་ལ་ཀུལ་ཀའི་ཚུལ་དུ་གནང་བའི་སྙན་རྩོམ་ཐོར་བུ་སོགས་མང་པོ་བཞུགས་པ་ང་ཚོར་འདེམས་སྒྲུག་གི་མཐུ་ནུས་ཞན་པས་གསུང་རྩོམ་དུ་བསྒྲིག་མེད་པར་རྒྱ་ཆེའི་སློག་མཁན་རྣམས་ཀྱིས་དགོངས་འཇགས་འཚལ།

གསུང་འབུམ་འདི་ནི་དམ་པ་གང་ཉིད་སྐུ་གཤེགས་ནས་བགྲང་བྱ་གཉིས་འཁོར་བར་དྲན་གསོ་ཞུ་བའི་ལེགས་སྐྱེས་སུ་མཚོ་སྔོ་ཁུལ་མི་རིགས་དགེ་ཐོན་སློབ་གྲྭ་རང་སློབ་གྲྭ་ནས་པར་དུ་བསྐྲུན་པ་གཞིར་བྱས། འདི་ག་པར་སྐྲུན་ཁང་ནས་དངོས་སུ་པར་བསྐྲུན་བྱས་པ་ཡིན་ལ། འདིས་རང་རེའི་རིག་གནས་ལོ་རྒྱུས་ཞིབ་འཇུག་གནང་མཁན་གྱི་ཤེས་ལྡན་རྣམས་ལ་དཔྱད་གཞིའི་ཆ་རྐྱེན་ངེས་ཅན་ཞིག་བསྐྲུན་ཡོད་པར་མ་ཟད། དུས་རབས་ཉེར་གཅིག་པའི་མི་རིགས་སློབ་གསོའི་ལས་དོན་གོང་དུ་སྤེལ་བར་རྟེན་སྐྲུལ་དང་། གནའ་བཟང་དེང་སྤྱོད། སྔིགས་དོར་བཅུད་ལེན་བྱེད་པ་སོགས་ལ་དགེ་མཚན་མི་དམན་པ་བཅས་སུ་དམིགས་ནས། ང་ཚོས་བགྲང་བྱ་འགའི་རིང་། མ་ཕྱི་འཚོལ་སྡུད་དང་རྩོམ་སྒྲིག ཞུ་དག་བཅས་ཀྱི་ཐད་རང་ནུས་གང་ཡོད་བཏོན་ཡང་། ང་ཚོར་བྱ་བའི་བྲེལ་ཟིང་ཆེ་བ་དང་རྩོམ་སྒྲིག་གི་ཉམས་མྱོང་ཞན་པ། ཤེས་ཡོན་དམན་པ་བཅས་ཀྱི་དབང་གིས་སྐྱོན་དང་ནོར་འཁྲུལ་འབྱུང་སྲིད་པས་ཤེས་ལྡན་མཁྱེན་སྤྱན་ཡངས་པ་དག་གིས་དགོངས་འཆར་ལྷུག་སྤྲོལ་གནང་བར་སྙིང་ཐག་པ་ནས་བཀའ་དྲིན་ཆེ་ཆེ་ཞུ་བ་ལགས།

དད་པའི་སྟོབས་ཀྱིས་དོན་ལྡན་ལེགས་གསུང་དབྱངས། །
འཕྲུལ་གྱི་རི་མོར་བསྒྲུབས་པའི་དགེ་འབྲས་ཀྱིས། །
སྔོངས་འདིར་ལྔ་རིག་སྣང་བའི་དཔལ་རྒྱས་ཤིང་། །
གང་ཉིད་མཆོད་པའི་རྒྱུ་རུ་འགྱུར་བར་སྨོན། །

ཞེས་རབ་རྒྱུན་ཤིང་ལུག་ལོའི་མགོ་ཟླའི་དཀར་ཕྱོགས་གཉིས་པའི་རྫོགས་པ་ལ། མཚོ་སྔོ་ཁུལ་མི་རིགས་མཐོ་འབྲིང་དང་པོའི་བོད་ཡིག་ཁྲིད་དསྟོད་ཁང་ནས། །དགེའོ། །

རྩོམ་སྒྲིག་འགན་འཁུར་པ། ཨ་ནན། འཇམ་དབྱངས་དར་རྒྱས།
མདུན་ཤོག་ཇུས་འགོད་པ། ཡེ་གྲི་ཀྲོའུ།

༄༅། །དགེ་བའི་བཤེས་གཉེན་ཆེན་མོ་བཤད་སྒྲུབ་རྒྱ་མཚོའི་གསུང་འབུམ་བཞུགས་སོ།།

(༣)

མཚོ་སྔོ་ཁུལ་མི་རིགས་མཐོ་འབྲིང་དང་པོའི་བོད་ཡིག་སློབ་དཔྱོད་ཁང་གིས་བསྒྲིགས།

*

ཀྲུང་གོའི་བོད་རིག་པ་དཔེ་སྐྲུན་ཁང་གིས་བསྐྲུན་ཏེ་བཀྲམ།

ཀྲུང་གོའི་གློག་བརྙན་དཔེ་སྐྲུན་ཁང་གི་པར་ཁང་གིས་པར་བཏབ།

དེབ་ཚད། 787mm × 1092mm 1/16

པར་གྲངས། 0001－2500 དཔར་ཤོག 80

2016ལོའི་ཟླ9པར་པར་གཞི་དང་པོ་བསྒྲིགས།

2016ལོའི་ཟླ9པར་པར་ཐེངས་དང་པོ་བཏབ།

ISBN 978－7－80253－927－3/K・473

དེབ་དཀྱུས་མ་ལ་རིན་གོང་སྒོར། 138.00

图书在版编目(CIP)数据

夏珠嘉措文集:全3册:藏文/海南州民族高级第一中学藏文教研室编.
—北京:中国藏学出版社,2016.9

ISBN 978-7-80253-927-3

Ⅰ.①夏… Ⅱ.①海… Ⅲ.①藏学—文集—藏语 Ⅳ.①K281.4-53

中国版本图书馆CIP数据核字(2016)第231554号

夏珠嘉措文集

(3)

海南州民族高级第一中学藏文教研室 编

*

中国藏学出版社出版发行

中国电影出版社印刷厂印刷

开本:787mm×1092mm 1/16

印数:0001-2500册 印张:80

2016年9月第1版第1次印刷

ISBN 978-7-80253-927-3/K·473

全套定价(平装):138.00元